2024

法律法规全书系列

中华人民共和国最新司法解释全书

（含司法文件）

中国法制出版社
CHINA LEGAL PUBLISHING HOUSE

出 版 说 明

随着中国特色社会主义法律体系的建成，中国的立法进入了"修法时代"。在这一时期，为了使法律体系进一步保持内部的科学、和谐、统一，会频繁出现对法律各层级文件的适时清理。目前，清理工作已经全面展开且取得了阶段性的成果，但这一清理过程在未来几年仍将持续。这对于读者如何了解最新法律修改信息、如何准确适用法律带来了使用上的不便。基于这一考虑，我们精心编辑出版了本书，一方面重在向读者展示我国立法的成果与现状，另一方面旨在帮助读者在法律文件修改频率较高的时代准确适用法律。

本书独具以下四重价值：

1. **文本权威，内容全面。**本书涵盖司法解释与司法文件；书中收录文件均为经过清理修改的现行有效文本，方便读者及时掌握最新法律文件。

2. **查找方便，附录实用。**全书法律文件按照紧密程度排列，方便读者对某一类问题的集中查找。同时，本书采用可平摊使用的独特开本，避免因书籍太厚难以摊开使用的弊端。

3. **免费增补，动态更新。**为保持本书与新法的同步更新，避免读者因部分法律的修改而反复购买同类图书，我们为读者专门设置了以下服务：(1) 扫码添加书后"法规编辑部"公众号→点击菜单栏→进入资料下载栏→选择法律法规全书资料项→点击网址或扫码下载，即可获取本书每次改版修订内容的电子版文件；(2) 通过"法规编辑部"公众号，及时了解最新立法信息，并可线上留言，编辑团队会就图书相关疑问动态解答。

4. **目录赠送，配套使用。**赠送本书目录的电子版，与纸书配套，立体化、电子化使用，便于检索、快速定位；同时实现将本书装进电脑，随时随地查。

修 订 说 明

本书自出版以来，深受广大读者的欢迎和好评。本书在上一版的基础上，根据司法解释等相关文件的制定和修改情况，进行了相应的增删和修订。修订情况如下：

一、增加的文件：

《最高人民法院关于适用〈中华人民共和国民法典〉合同编通则若干问题的解释》《最高人民法院关于生态环境侵权民事诉讼证据的若干规定》《最高人民法院关于审理破坏森林资源刑事案件适用法律若干问题的解释》《最高人民法院关于适用〈中华人民共和国涉外民事关系法律适用法〉若干问题的解释（二）》《最高人民法院关于审理涉外民商事案件适用国际条约和国际惯例若干问题的解释》《最高人民法院、最高人民检察院、公安部、司法部关于办理醉酒危险驾驶刑事案件的意见》等。

二、删除的文件：

《最高人民法院关于审理破坏森林资源刑事案件具体应用法律若干问题的解释》《最高人民法院关于国家赔偿案件案由的规定》《最高人民法院关于审理破坏林地资源刑事案件具体应用法律若干问题的解释》等。

总 目 录

一、综　合 ………………………………………… (1)
二、民　事 ………………………………………… (19)
　（一）综合 ……………………………………… (19)
　（二）婚姻 ……………………………………… (51)
　（三）继承 ……………………………………… (58)
　（四）房地产 …………………………………… (60)
　（五）知识产权 ………………………………… (68)
　（六）侵权责任 ………………………………… (98)
　（七）劳动争议 ………………………………… (121)
　（八）合同 ……………………………………… (127)
　（九）担保 ……………………………………… (166)
　（十）金融 ……………………………………… (174)
　（十一）破产改制 ……………………………… (183)
　（十二）公司　证券　期货 …………………… (211)
　（十三）涉外经济 ……………………………… (236)
　（十四）海事　海商 …………………………… (239)
　（十五）诉讼时效 ……………………………… (243)
三、民事诉讼 ……………………………………… (246)
　（一）综合 ……………………………………… (246)
　（二）起诉和受理 ……………………………… (300)
　（三）管辖 ……………………………………… (313)
　（四）诉讼参加人 ……………………………… (316)
　（五）证据 ……………………………………… (317)
　（六）保全和先予执行 ………………………… (329)
　（七）期间　送达 ……………………………… (333)
　（八）诉讼费用 ………………………………… (334)
　（九）第一审程序 ……………………………… (340)
　（十）第二审程序 ……………………………… (345)
　（十一）审判监督程序 ………………………… (345)
　（十二）督促程序 ……………………………… (353)
　（十三）公示催告程序 ………………………… (353)
　（十四）执行程序 ……………………………… (353)
　（十五）涉外及港澳台民事诉讼程序 ………… (398)
　（十六）海事诉讼特别程序 …………………… (408)
　（十七）仲裁 …………………………………… (413)
四、刑　事 ………………………………………… (419)
　（一）刑法适用范围 …………………………… (419)
　（二）犯罪和刑事责任 ………………………… (421)
　（三）刑罚 ……………………………………… (425)
　（四）刑罚的具体运用 ………………………… (426)
　（五）危害国家安全罪 ………………………… (437)
　（六）危害公共安全罪 ………………………… (438)
　（七）破坏社会主义市场经济秩序罪 ………… (454)
　（八）侵犯公民人身权利、民主
　　　　权利罪 ………………………………… (505)
　（九）侵犯财产罪 ……………………………… (519)
　（十）妨害社会管理秩序罪 …………………… (541)
　（十一）危害国防利益罪 ……………………… (616)
　（十二）贪污贿赂罪 …………………………… (618)
　（十三）渎职罪 ………………………………… (631)
　（十四）军人违反职责罪 ……………………… (633)
五、刑事诉讼 ……………………………………… (634)
　（一）综合 ……………………………………… (634)
　（二）回避 ……………………………………… (764)
　（三）辩护与代理 ……………………………… (766)
　（四）证据 ……………………………………… (774)

（五）司法鉴定 ………………………… (786)
　　（六）强制措施 ………………………… (792)
　　（七）附带民事诉讼 …………………… (801)
　　（八）立案、侦查与起诉 ……………… (802)
　　（九）死刑复核程序 …………………… (839)
　　（十）审判监督程序 …………………… (841)
　　（十一）执行 …………………………… (844)
　　（十二）未成年人犯罪刑事诉讼程序 … (844)
六、行政诉讼 ……………………………… (858)
　　（一）综合 ……………………………… (858)
　　（二）受案范围 ………………………… (879)
　　（三）管辖 ……………………………… (887)
　　（四）诉讼参加人 ……………………… (887)
　　（五）起诉与受理 ……………………… (888)
　　（六）证据 ……………………………… (889)
　　（七）审理和判决 ……………………… (895)
　　（八）执行 ……………………………… (897)
　　（九）法律适用 ………………………… (899)
　　（十）诉讼费用 ………………………… (904)
七、国家赔偿 ……………………………… (905)
　　（一）综合 ……………………………… (905)
　　（二）行政赔偿 ………………………… (922)
　　（三）刑事赔偿 ………………………… (925)
　　（四）司法赔偿 ………………………… (928)

目 录*

一、综 合

最高人民法院关于进一步加强合议庭职责的若
　干规定 ………………………………………（1）
　　（2010 年 1 月 11 日）
最高人民法院关于巡回法庭审理案件若干问题
　的规定 ………………………………………（2）
　　（2016 年 12 月 27 日）
最高人民法院关于审理发生在我国管辖海域相
　关案件若干问题的规定（一）………………（3）
　　（2016 年 8 月 1 日）
最高人民法院关于审理发生在我国管辖海域相
　关案件若干问题的规定（二）………………（4）
　　（2016 年 8 月 1 日）
最高人民法院关于人民法院庭审录音录像的若
　干规定 ………………………………………（5）
　　（2017 年 2 月 22 日）
最高人民法院关于互联网法院审理案件若干问
　题的规定 ……………………………………（6）
　　（2018 年 9 月 6 日）

最高人民法院关于知识产权法庭若干问题的规定……（9）
　　（2023 年 10 月 21 日）
最高人民法院关于适用《中华人民共和国人民
　陪审员法》若干问题的解释 ………………（10）
　　（2019 年 4 月 24 日）
《中华人民共和国人民陪审员法》实施中若干
　问题的答复 …………………………………（11）
　　（2020 年 8 月 11 日）
最高人民法院关于加强和规范案件提级管辖和
　再审提审工作的指导意见 …………………（12）
　　（2023 年 7 月 28 日）
最高人民法院关于法律适用问题请示答复的
　规定 …………………………………………（16）
　　（2023 年 5 月 26 日）
最高人民法院关于综合治理类司法建议工作若
　干问题的规定 ………………………………（17）
　　（2023 年 11 月 15 日）

二、民 事

（一）综合

全国法院民商事审判工作会议纪要 …………（19）
　　（2019 年 11 月 8 日）
最高人民法院关于审理因垄断行为引发的民事
　纠纷案件应用法律若干问题的规定 ………（41）
　　（2020 年 12 月 29 日）
最高人民法院关于审理涉及公证活动相关民事
　案件的若干规定 ……………………………（42）
　　（2020 年 12 月 29 日）

最高人民法院关于适用《中华人民共和国民法
　典》时间效力的若干规定 …………………（43）
　　（2020 年 12 月 29 日）
最高人民法院关于审理银行卡民事纠纷案件若
　干问题的规定 ………………………………（45）
　　（2021 年 5 月 24 日）
最高人民法院关于审理使用人脸识别技术处理个
　人信息相关民事案件适用法律若干问题的规定 …（46）
　　（2021 年 7 月 28 日）

---

* 编者按：本目录中的时间为法律文件的公布时间或最后一次修正、修订公布时间。

最高人民法院关于适用《中华人民共和国民法典》总则编若干问题的解释 …………… (48)
（2022 年 2 月 24 日）

最高人民法院关于商品房消费者权利保护问题的批复 ………………………………… (51)
（2023 年 4 月 20 日）

（二）婚姻

最高人民法院关于适用《中华人民共和国民法典》婚姻家庭编的解释（一）………… (51)
（2020 年 12 月 29 日）

最高人民法院、最高人民检察院、公安部、民政部关于妥善处理以冒名顶替或者弄虚作假的方式办理婚姻登记问题的指导意见 ………… (57)
（2021 年 11 月 18 日）

最高人民法院关于审理涉彩礼纠纷案件适用法律若干问题的规定 ………………………… (58)
（2024 年 1 月 17 日）

（三）继承

最高人民法院关于适用《中华人民共和国民法典》继承编的解释（一）………………… (58)
（2020 年 12 月 29 日）

（四）房地产

最高人民法院关于审理商品房买卖合同纠纷案件适用法律若干问题的解释 ……………… (60)
（2020 年 12 月 29 日）

最高人民法院关于审理涉及国有土地使用权合同纠纷案件适用法律问题的解释 ………… (62)
（2020 年 12 月 29 日）

最高人民法院关于审理建筑物区分所有权纠纷案件适用法律若干问题的解释 …………… (64)
（2020 年 12 月 29 日）

最高人民法院关于审理物业服务纠纷案件适用法律若干问题的解释 …………………… (65)
（2020 年 12 月 29 日）

最高人民法院关于审理涉及农村土地承包经营纠纷调解仲裁案件适用法律若干问题的解释 …………………………………………… (66)
（2020 年 12 月 29 日）

最高人民法院关于适用《中华人民共和国民法典》物权编的解释（一）………………… (67)
（2020 年 12 月 29 日）

（五）知识产权

最高人民法院关于审理侵犯专利权纠纷案件应用法律若干问题的解释 …………………… (68)
（2009 年 12 月 28 日）

最高人民法院关于审理侵犯专利权纠纷案件应用法律若干问题的解释（二）…………… (70)
（2020 年 12 月 29 日）

最高人民法院关于审理专利授权确权行政案件适用法律若干问题的规定（一）………… (73)
（2020 年 9 月 10 日）

最高人民法院关于审理专利纠纷案件适用法律问题的若干规定 ………………………… (76)
（2020 年 12 月 29 日）

最高人民法院关于审理侵犯商业秘密民事案件适用法律若干问题的规定 ……………… (78)
（2020 年 9 月 10 日）

最高人民法院关于涉网络知识产权侵权纠纷几个法律适用问题的批复 ………………… (81)
（2020 年 9 月 12 日）

最高人民法院关于审理侵害信息网络传播权民事纠纷案件适用法律若干问题的规定 …… (81)
（2020 年 12 月 29 日）

最高人民法院关于审理植物新品种纠纷案件若干问题的解释 ………………………………… (83)
（2020 年 12 月 29 日）

最高人民法院关于审理侵害植物新品种权纠纷案件具体应用法律问题的若干规定 ……… (83)
（2020 年 12 月 29 日）

最高人民法院关于审理侵害植物新品种权纠纷案件具体应用法律问题的若干规定（二）… (84)
（2021 年 7 月 5 日）

最高人民法院关于审理涉及计算机网络域名民事纠纷案件适用法律若干问题的解释 …… (86)
（2020 年 12 月 29 日）

最高人民法院关于审理著作权民事纠纷案件适用法律若干问题的解释 ………………… (87)
（2020 年 12 月 29 日）

最高人民法院关于审理商标民事纠纷案件适用法律若干问题的解释 …………………… (89)
（2020 年 12 月 29 日）

最高人民法院关于审理注册商标、企业名称与
在先权利冲突的民事纠纷案件若干问题的规定 … （91）
（2020 年 12 月 29 日）

最高人民法院关于审理涉及驰名商标保护的民
事纠纷案件应用法律若干问题的解释 …… （91）
（2020 年 12 月 29 日）

最高人民法院关于商标法修改决定施行后商标
案件管辖和法律适用问题的解释 ………… （93）
（2020 年 12 月 29 日）

最高人民法院关于审理侵害知识产权民事案件
适用惩罚性赔偿的解释 …………………… （94）
（2021 年 3 月 2 日）

最高人民法院关于知识产权侵权诉讼中被告以
原告滥用权利为由请求赔偿合理开支问题的
批复 ……………………………………… （95）
（2021 年 6 月 3 日）

最高人民法院关于审理申请注册的药品相关
的专利权纠纷民事案件适用法律若干问题
的规定 …………………………………… （95）
（2021 年 7 月 4 日）

最高人民法院关于适用《中华人民共和国反不
正当竞争法》若干问题的解释 …………… （96）
（2022 年 3 月 16 日）

（六）侵权责任

最高人民法院关于依法妥善审理高空抛物、坠
物案件的意见 …………………………… （98）
（2019 年 10 月 21 日）

最高人民法院关于审理食品安全民事纠纷案件
适用法律若干问题的解释（一）………… （100）
（2020 年 12 月 8 日）

最高人民法院关于确定民事侵权精神损害赔偿
责任若干问题的解释 …………………… （101）
（2020 年 12 月 29 日）

最高人民法院关于审理道路交通事故损害赔偿
案件适用法律若干问题的解释 ………… （101）
（2020 年 12 月 29 日）

最高人民法院关于审理利用信息网络侵害人身权
益民事纠纷案件适用法律若干问题的规定 … （104）
（2020 年 12 月 29 日）

最高人民法院关于审理医疗损害责任纠纷案件
适用法律若干问题的解释 ……………… （105）
（2020 年 12 月 29 日）

最高人民法院关于审理食品药品纠纷案件适用
法律若干问题的规定 …………………… （108）
（2021 年 11 月 18 日）

最高人民法院关于审理矿业权纠纷案件适用法
律若干问题的解释 ……………………… （109）
（2020 年 12 月 29 日）

最高人民法院关于审理铁路运输人身损害赔偿
纠纷案件适用法律若干问题的解释 …… （111）
（2021 年 12 月 8 日）

最高人民法院关于生态环境侵权民事诉讼证据
的若干规定 ……………………………… （112）
（2023 年 8 月 14 日）

最高人民法院关于审理生态环境侵权责任纠纷
案件适用法律若干问题的解释 ………… （114）
（2023 年 8 月 14 日）

最高人民法院关于具有专门知识的人民陪审员
参加环境资源案件审理的若干规定 …… （117）
（2023 年 7 月 26 日）

最高人民法院关于审理生态环境侵权纠纷案件
适用惩罚性赔偿的解释 ………………… （118）
（2022 年 1 月 12 日）

最高人民法院关于审理人身损害赔偿案件适用
法律若干问题的解释 …………………… （119）
（2022 年 4 月 24 日）

（七）劳动争议

最高人民法院关于在民事审判工作中适用《中
华人民共和国工会法》若干问题的解释 … （121）
（2020 年 12 月 29 日）

最高人民法院关于审理劳动争议案件适用法律
问题的解释（一） ……………………… （122）
（2020 年 12 月 29 日）

（八）合同

最高人民法院关于适用《中华人民共和国民法
典》合同编通则若干问题的解释 ……… （127）
（2023 年 12 月 4 日）

最高人民法院关于适用《中华人民共和国保险
法》若干问题的解释（一） …………… （136）
（2009 年 9 月 21 日）

最高人民法院关于适用《中华人民共和国保险
法》若干问题的解释（二） …………… （136）
（2020 年 12 月 29 日）

最高人民法院关于适用《中华人民共和国保险法》若干问题的解释（三） …………… (138)
（2020年12月29日）
最高人民法院关于适用《中华人民共和国保险法》若干问题的解释（四） …………… (140)
（2020年12月29日）
最高人民法院关于审理铁路运输损害赔偿案件若干问题的解释 ………………………… (142)
（2020年12月29日）
最高人民法院关于审理技术合同纠纷案件适用法律若干问题的解释 …………………… (143)
（2020年12月29日）
最高人民法院关于审理涉及农村土地承包纠纷案件适用法律问题的解释 ……………… (148)
（2020年12月29日）
最高人民法院关于审理森林资源民事纠纷案件适用法律若干问题的解释 ……………… (150)
（2022年6月13日）
最高人民法院关于审理城镇房屋租赁合同纠纷案件具体应用法律若干问题的解释 …… (152)
（2020年12月29日）
最高人民法院关于审理旅游纠纷案件适用法律若干问题的规定 ………………………… (153)
（2020年12月29日）
最高人民法院关于审理买卖合同纠纷案件适用法律问题的解释 ………………………… (155)
（2020年12月29日）
最高人民法院关于国有土地开荒后用于农耕的土地使用权转让合同纠纷案件如何适用法律问题的批复 ………………………… (158)
（2020年12月29日）
最高人民法院关于审理融资租赁合同纠纷案件适用法律问题的解释 …………………… (158)
（2020年12月29日）
最高人民法院关于审理民间借贷案件适用法律若干问题的规定 ………………………… (159)
（2020年12月29日）
最高人民法院关于审理建设工程施工合同纠纷案件适用法律问题的解释（一） ……… (162)
（2020年12月29日）
最高人民法院关于新民间借贷司法解释适用范围问题的批复 …………………………… (165)
（2020年12月29日）

（九）担保

最高人民法院关于适用《中华人民共和国民法典》有关担保制度的解释 ……………… (166)
（2020年12月31日）

（十）金融

最高人民法院关于审理信用证纠纷案件若干问题的规定 ………………………………… (174)
（2020年12月29日）
最高人民法院关于审理存单纠纷案件的若干规定 ………………………………………… (176)
（2020年12月29日）
最高人民法院关于审理票据纠纷案件若干问题的规定 …………………………………… (178)
（2020年12月29日）

（十一）破产改制

最高人民法院关于审理企业破产案件若干问题的规定 …………………………………… (183)
（2002年7月30日）
最高人民法院关于对《最高人民法院关于审理企业破产案件若干问题的规定》第五十六条理解的答复 ………………………… (190)
（2003年9月9日）
最高人民法院对《关于审理企业破产案件若干问题的规定》第三十八条、第四十四条第二款的理解与适用的请示的答复 ……… (190)
（2004年2月3日）
最高人民法院关于审理企业破产案件确定管理人报酬的规定 …………………………… (191)
（2007年4月12日）
最高人民法院关于审理企业破产案件指定管理人的规定 ………………………………… (192)
（2007年4月12日）
最高人民法院关于适用《中华人民共和国企业破产法》若干问题的规定（一） ……… (196)
（2011年9月9日）
最高人民法院关于适用《中华人民共和国企业破产法》若干问题的规定（二） ……… (197)
（2020年12月29日）
最高人民法院关于适用《中华人民共和国企业破产法》若干问题的规定（三） ……… (201)
（2020年12月29日）

最高人民法院关于个人独资企业清算是否可以参照适用企业破产法规定的破产清算程序的批复 …… （203）
　　（2012年12月11日）
最高人民法院关于审理军队、武警部队、政法机关移交、撤销企业和与党政机关脱钩企业相关纠纷案件若干问题的规定 …… （203）
　　（2020年12月29日）
最高人民法院关于审理与企业改制相关的民事纠纷案件若干问题的规定 …… （204）
　　（2020年12月29日）
· 司法政策 ·
全国法院破产审判工作会议纪要 …… （206）
　　（2018年3月4日）

（十二）公司　证券　期货

最高人民法院关于适用《中华人民共和国公司法》若干问题的规定（一） …… （211）
　　（2014年2月20日）
最高人民法院关于适用《中华人民共和国公司法》若干问题的规定（二） …… （211）
　　（2020年12月29日）
最高人民法院关于适用《中华人民共和国公司法》若干问题的规定（三） …… （214）
　　（2020年12月29日）
最高人民法院关于适用《中华人民共和国公司法》若干问题的规定（四） …… （217）
　　（2020年12月29日）
最高人民法院关于适用《中华人民共和国公司法》若干问题的规定（五） …… （219）
　　（2020年12月29日）
最高人民法院关于审理期货纠纷案件若干问题的规定 …… （220）
　　（2020年12月29日）
最高人民法院关于审理期货纠纷案件若干问题的规定（二） …… （223）
　　（2020年12月29日）

最高人民法院关于审理证券市场虚假陈述侵权民事赔偿案件的若干规定 …… （224）
　　（2022年1月21日）
· 司法政策 ·
最高人民法院关于审理期货纠纷案件座谈会纪要（节录） …… （228）
　　（1995年10月27日）
全国法院审理债券纠纷案件座谈会纪要 …… （231）
　　（2020年7月15日）

（十三）涉外经济

最高人民法院关于适用《中华人民共和国外商投资法》若干问题的解释 …… （236）
　　（2019年12月26日）
最高人民法院关于审理外商投资企业纠纷案件若干问题的规定（一） …… （236）
　　（2020年12月29日）
最高人民法院关于审理涉台民商事案件法律适用问题的规定 …… （239）
　　（2020年12月29日）

（十四）海事　海商

最高人民法院关于审理涉船员纠纷案件若干问题的规定 …… （239）
　　（2020年9月27日）
最高人民法院关于审理船舶碰撞和触碰案件财产损害赔偿的规定 …… （240）
　　（2020年12月29日）
最高人民法院关于审理船舶碰撞纠纷案件若干问题的规定 …… （242）
　　（2020年12月29日）

（十五）诉讼时效

最高人民法院关于债务人在约定的期限届满后未履行债务而出具没有还款日期的欠款条诉讼时效期间应从何时开始计算问题的批复 …… （243）
　　（2020年12月29日）
最高人民法院关于审理民事案件适用诉讼时效制度若干问题的规定 …… （243）
　　（2020年12月29日）

三、民事诉讼

（一）综合

最高人民法院关于审判人员在诉讼活动中执行回避制度若干问题的规定 ……（246）
　　（2011年6月10日）

最高人民法院关于对配偶父母子女从事律师职业的法院领导干部和审判执行人员实行任职回避的规定 ……（247）
　　（2020年4月17日）

最高人民法院关于证券纠纷代表人诉讼若干问题的规定 ……（248）
　　（2020年7月30日）

最高人民法院、最高人民检察院关于检察公益诉讼案件适用法律若干问题的解释 ……（251）
　　（2020年12月29日）

最高人民法院、最高人民检察院关于办理海洋自然资源与生态环境公益诉讼案件若干问题的规定 ……（253）
　　（2022年5月10日）

最高人民法院关于在审理经济纠纷案件中涉及经济犯罪嫌疑若干问题的规定 ……（254）
　　（2020年12月29日）

最高人民法院关于人民法院民事调解工作若干问题的规定 ……（255）
　　（2020年12月29日）

最高人民法院关于审理环境民事公益诉讼案件适用法律若干问题的解释 ……（256）
　　（2020年12月29日）

最高人民法院关于审理消费民事公益诉讼案件适用法律若干问题的解释 ……（259）
　　（2020年12月29日）

最高人民法院关于审理生态环境损害赔偿案件的若干规定（试行） ……（260）
　　（2020年12月29日）

最高人民法院关于审理网络消费纠纷案件适用法律若干问题的规定（一） ……（262）
　　（2022年3月1日）

最高人民法院关于适用《中华人民共和国民事诉讼法》的解释 ……（264）
　　（2022年4月1日）

（二）起诉和受理

最高人民法院关于税务机关就破产企业欠缴税款产生的滞纳金提起的债权确认之诉应否受理问题的批复 ……（300）
　　（2012年6月26日）

最高人民法院关于人民法院登记立案若干问题的规定 ……（300）
　　（2015年4月15日）

民事案件案由规定 ……（301）
　　（2020年12月29日）

（三）管辖

最高人民法院关于第三人能否对管辖权提出异议问题的批复 ……（313）
　　（1990年7月28日）

最高人民法院关于审理商标案件有关管辖和法律适用范围问题的解释 ……（313）
　　（2020年12月29日）

最高人民法院关于审理民事级别管辖异议案件若干问题的规定 ……（314）
　　（2020年12月29日）

最高人民法院关于军事法院管辖民事案件若干问题的规定 ……（314）
　　（2020年12月29日）

最高人民法院关于调整中级人民法院管辖第一审民事案件标准的通知 ……（315）
　　（2021年9月17日）

最高人民法院关于第一审知识产权民事、行政案件管辖的若干规定 ……（316）
　　（2022年4月20日）

（四）诉讼参加人

最高人民法院关于产品侵权案件的受害人能否以产品的商标所有人为被告提起民事诉讼的批复 ……（316）
　　（2020年12月29日）

（五）证据

最高人民法院关于民事诉讼证据的若干规定 …（317）
　　（2019年12月25日）

最高人民法院关于人民法院民事诉讼中委托鉴
　　定审查工作若干问题的规定 ……………(324)
　　(2020年7月31日)
最高人民法院关于知识产权民事诉讼证据的若
　　干规定 …………………………………(326)
　　(2020年11月16日)

(六) 保全和先予执行

最高人民法院关于审查知识产权纠纷行为保全
　　案件适用法律若干问题的规定 …………(329)
　　(2018年12月12日)
最高人民法院关于人民法院对注册商标权进行
　　财产保全的解释 …………………………(330)
　　(2020年12月29日)
最高人民法院关于人民法院办理财产保全案件
　　若干问题的规定 …………………………(331)
　　(2020年12月29日)

(七) 期间　送达

最高人民法院关于以法院专递方式邮寄送达民
　　事诉讼文书的若干规定 …………………(333)
　　(2004年9月17日)

(八) 诉讼费用

最高人民法院关于对经济确有困难的当事人提
　　供司法救助的规定 ………………………(334)
　　(2005年4月5日)
诉讼费用交纳办法 ………………………………(335)
　　(2006年12月19日)
最高人民法院关于诉讼收费监督管理的规定 …(340)
　　(2007年9月20日)

(九) 第一审程序

最高人民法院关于人民法院合议庭工作的若干
　　规定 ………………………………………(340)
　　(2002年8月12日)
最高人民法院关于适用简易程序审理民事案件
　　的若干规定 ………………………………(342)
　　(2020年12月29日)

(十) 第二审程序

最高人民法院关于第二审人民法院因追加、更
　　换当事人发回重审的民事裁定书上应如何列
　　当事人问题的批复 ………………………(345)
　　(1990年4月14日)

最高人民法院关于第二审人民法院在审理过程
　　中可否对当事人的违法行为径行制裁等问题
　　的批复 ……………………………………(345)
　　(1990年7月25日)
最高人民法院关于原审法院确认合同效力有错
　　误而上诉人未对合同效力提出异议的案件第
　　二审法院可否变更问题的复函 …………(345)
　　(1991年8月14日)
最高人民法院关于原告诉讼请求的根据在第二
　　审期间被人民政府撤销的案件第二审法院如
　　何处理问题的复函 ………………………(345)
　　(1991年10月24日)

(十一) 审判监督程序

最高人民法院关于办理不服本院生效裁判案件
　　的若干规定 ………………………………(345)
　　(2001年10月29日)
最高人民法院关于规范人民法院再审立案的若
　　干意见(试行) …………………………(346)
　　(2002年9月10日)
最高人民法院关于受理审查民事申请再审案件
　　的若干意见 ………………………………(348)
　　(2009年4月27日)
最高人民法院关于民事审判监督程序严格依法
　　适用指令再审和发回重审若干问题的规定 …(350)
　　(2015年2月16日)
最高人民法院关于适用《中华人民共和国民事
　　诉讼法》审判监督程序若干问题的解释 …(351)
　　(2020年12月29日)

(十二) 督促程序

最高人民法院关于支付令生效后发现确有错误
　　应当如何处理问题的复函 ………………(353)
　　(1992年7月13日)

(十三) 公示催告程序

最高人民法院关于对遗失金融债券可否按"公
　　示催告"程序办理的复函 ………………(353)
　　(1992年5月8日)

(十四) 执行程序

最高人民法院关于冻结、拍卖上市公司国有股
　　和社会法人股若干问题的规定 …………(353)
　　(2001年9月21日)

最高人民法院关于民事执行中查封、扣押、冻结财产有关期限问题的答复 ………………… (355)
　　(2006年7月11日)

最高人民法院关于人民法院办理执行案件若干期限的规定 ………………………………… (355)
　　(2006年12月23日)

最高人民法院关于人民法院执行公开的若干规定 ……………………………………………… (356)
　　(2006年12月23日)

最高人民法院关于在执行工作中如何计算迟延履行期间的债务利息等问题的批复 ………… (357)
　　(2009年5月11日)

最高人民法院关于网络查询、冻结被执行人存款的规定 …………………………………… (357)
　　(2013年8月29日)

最高人民法院关于执行程序中计算迟延履行期间的债务利息适用法律若干问题的解释 …… (358)
　　(2014年7月7日)

最高人民法院关于扣押与拍卖船舶适用法律若干问题的规定 ……………………………… (359)
　　(2015年2月28日)

最高人民法院关于限制被执行人高消费及有关消费的若干规定 …………………………… (360)
　　(2015年7月20日)

最高人民法院关于人民法院网络司法拍卖若干问题的规定 ………………………………… (361)
　　(2016年8月2日)

最高人民法院关于公布失信被执行人名单信息的若干规定 ………………………………… (365)
　　(2017年2月28日)

最高人民法院关于执行款物管理工作的规定 … (366)
　　(2017年2月27日)

最高人民法院关于公证债权文书执行若干问题的规定 ………………………………………… (368)
　　(2018年9月30日)

最高人民法院关于人民法院扣押铁路运输货物若干问题的规定 …………………………… (370)
　　(2020年12月29日)

最高人民法院关于人民法院能否对信用证开证保证金采取冻结和扣划措施问题的规定 …… (371)
　　(2020年12月29日)

最高人民法院关于对被执行人存在银行的凭证式国库券可否采取执行措施问题的批复 …… (371)
　　(2020年12月29日)

最高人民法院关于人民法院执行工作若干问题的规定(试行) ……………………………… (372)
　　(2020年12月29日)

最高人民法院关于人民法院民事执行中查封、扣押、冻结财产的规定 …………………… (377)
　　(2020年12月29日)

最高人民法院关于人民法院民事执行中拍卖、变卖财产的规定 …………………………… (379)
　　(2020年12月29日)

最高人民法院关于适用《中华人民共和国民事诉讼法》执行程序若干问题的解释 ………… (382)
　　(2020年12月29日)

最高人民法院关于委托执行若干问题的规定 … (384)
　　(2020年12月29日)

最高人民法院关于人民法院办理执行异议和复议案件若干问题的规定 …………………… (385)
　　(2020年12月29日)

最高人民法院关于民事执行中变更、追加当事人若干问题的规定 ………………………… (388)
　　(2020年12月29日)

最高人民法院关于民事执行中财产调查若干问题的规定 …………………………………… (391)
　　(2020年12月29日)

最高人民法院关于执行和解若干问题的规定 … (393)
　　(2020年12月29日)

最高人民法院关于执行担保若干问题的规定 … (394)
　　(2020年12月29日)

最高人民法院关于法院冻结财产的户名与账号不符银行能否自行解冻的请示的答复 ……… (395)
　　(2020年12月29日)

最高人民法院关于人民法院强制执行股权若干问题的规定 ………………………………… (395)
　　(2021年12月20日)

最高人民法院关于办理人身安全保护令案件适用法律若干问题的规定 …………………… (397)
　　(2022年7月14日)

(十五) 涉外及港澳台民事诉讼程序

最高人民法院关于内地与澳门特别行政区相互认可和执行民商事判决的安排 …………… (398)
　　(2006年3月21日)

最高人民法院关于认可和执行台湾地区法院民事判决的规定 …………（400）
（2015 年 6 月 29 日）

最高人民法院关于内地与香港特别行政区法院相互认可和执行民商事案件判决的安排 ……（402）
（2024 年 1 月 25 日）

最高人民法院关于适用《中华人民共和国涉外民事关系法律适用法》若干问题的解释（一）……（405）
（2020 年 12 月 29 日）

最高人民法院关于适用《中华人民共和国涉外民事关系法律适用法》若干问题的解释（二）……（406）
（2023 年 11 月 30 日）

最高人民法院关于审理涉外民商事案件适用国际条约和国际惯例若干问题的解释 …………（407）
（2023 年 12 月 28 日）

最高人民法院关于涉外民商事案件管辖若干问题的规定 ……………………………………（408）
（2022 年 11 月 14 日）

（十六）海事诉讼特别程序

最高人民法院关于适用《中华人民共和国海事诉讼特别程序法》若干问题的解释 …………（408）
（2003 年 1 月 6 日）

（十七）仲裁

最高人民法院关于确认仲裁协议效力几个问题的批复 ……………………………………（413）
（1998 年 10 月 26 日）

最高人民法院关于适用《中华人民共和国仲裁法》若干问题的解释 …………………………（414）
（2006 年 8 月 23 日）

最高人民法院关于人民法院办理仲裁裁决执行案件若干问题的规定 …………………………（415）
（2018 年 2 月 22 日）

最高人民法院关于仲裁机构"先予仲裁"裁决或者调解书立案、执行等法律适用问题的批复 …（418）
（2018 年 6 月 5 日）

四、刑　事

（一）刑法适用范围

最高人民法院关于适用刑法时间效力规定若干问题的解释 ……………………………………（419）
（1997 年 9 月 25 日）

最高人民法院关于适用刑法第十二条几个问题的解释 ……………………………………（419）
（1997 年 12 月 31 日）

最高人民法院、最高人民检察院关于适用刑事司法解释时间效力问题的规定 ………………（420）
（2001 年 12 月 16 日）

最高人民法院关于在裁判文书中如何表述修正前后刑法条文的批复 …………………………（420）
（2012 年 5 月 15 日）

最高人民法院关于《中华人民共和国刑法修正案（九）》时间效力问题的解释 …………………（420）
（2015 年 10 月 29 日）

（二）犯罪和刑事责任

最高人民法院关于审理单位犯罪案件具体应用法律有关问题的解释 …………………………（421）
（1999 年 6 月 25 日）

最高人民法院关于审理贪污、职务侵占案件如何认定共同犯罪几个问题的解释 ……………（421）
（2000 年 6 月 30 日）

最高人民法院关于审理单位犯罪案件对其直接负责的主管人员和其他直接责任人员是否区分主犯、从犯问题的批复 ………………（422）
（2000 年 9 月 30 日）

最高人民检察院关于涉嫌犯罪单位被撤销、注销、吊销营业执照或者宣告破产的应如何进行追诉问题的批复 ……………………（422）
（2002 年 7 月 9 日）

最高人民检察院关于已满十四周岁不满十六周岁的人承担刑事责任范围问题的复函 ………（422）
（2002 年 8 月 9 日）

最高人民检察院法律政策研究室关于相对刑事责任年龄的人承担刑事责任范围有关问题的答复 …（422）
（2003 年 4 月 18 日）

最高人民法院、最高人民检察院、公安部关于依法适用正当防卫制度的指导意见 ……………（423）
（2020 年 8 月 28 日）

（三）刑罚

最高人民法院关于对故意伤害、盗窃等严重破坏社会秩序的犯罪分子能否附加剥夺政治权利问题的批复 ……………………………（425）
（1997年12月31日）

最高人民法院关于对怀孕妇女在羁押期间自然流产审判时是否可以适用死刑问题的批复 …（425）
（1998年8月7日）

最高人民法院关于适用财产刑若干问题的规定……（425）
（2000年12月13日）

（四）刑罚的具体运用

最高人民法院关于判决宣告后又发现被判刑的犯罪分子的同种漏罪是否实行数罪并罚问题的批复 ……………………………………（426）
（1993年4月16日）

最高人民法院关于在执行附加刑剥夺政治权利期间犯新罪应如何处理的批复 ………（426）
（2009年5月25日）

最高人民法院关于处理自首和立功具体应用法律若干问题的解释 ………………………（427）
（1998年4月17日）

最高人民法院关于被告人对行为性质的辩解是否影响自首成立问题的批复 ………（428）
（2004年3月26日）

最高人民法院关于处理自首和立功若干具体问题的意见 ……………………………（428）
（2010年12月22日）

最高人民法院关于减刑、假释案件审理程序的规定 ………………………………（430）
（2014年4月23日）

最高人民法院关于办理减刑、假释案件具体应用法律的规定 ……………………（432）
（2016年11月14日）

最高人民法院关于办理减刑、假释案件具体应用法律的补充规定 ………………（436）
（2019年4月24日）

最高人民检察院关于认定累犯如何确定刑罚执行完毕以后"五年以内"起始日期的批复 …（436）
（2018年12月28日）

最高人民法院、最高人民检察院关于缓刑犯在考验期满后五年内再犯应当判处有期徒刑以上刑罚之罪应否认定为累犯问题的批复 ……（437）
（2020年1月17日）

（五）危害国家安全罪

最高人民法院关于审理为境外窃取、刺探、收买、非法提供国家秘密、情报案件具体应用法律若干问题的解释 ………………（437）
（2001年1月17日）

（六）危害公共安全罪

最高人民法院关于审理交通肇事刑事案件具体应用法律若干问题的解释 ……………（438）
（2000年11月15日）

最高人民法院、最高人民检察院、公安部、司法部关于办理醉酒危险驾驶刑事案件的意见 …（438）
（2023年12月13日）

最高人民法院、最高人民检察院关于办理非法制造、买卖、运输、储存毒鼠强等禁用剧毒化学品刑事案件具体应用法律若干问题的解释 …（442）
（2003年9月4日）

最高人民检察院法律政策研究室关于非法制造、买卖、运输、储存以火药为动力发射弹药的大口径武器的行为如何适用法律问题的答复 ………………………………………（442）
（2004年11月3日）

最高人民法院关于审理非法制造、买卖、运输枪支、弹药、爆炸物等刑事案件具体应用法律若干问题的解释 ………………………（443）
（2009年11月16日）

最高人民法院、最高人民检察院关于涉以压缩气体为动力的枪支、气枪铅弹刑事案件定罪量刑问题的批复 ………………………（445）
（2018年3月8日）

最高人民法院关于审理破坏公用电信设施刑事案件具体应用法律若干问题的解释 ………（445）
（2004年12月30日）

最高人民法院关于审理破坏广播电视设施等刑事案件具体应用法律若干问题的解释 ………（446）
（2011年6月7日）

最高人民法院关于审理破坏电力设备刑事案件具体应用法律若干问题的解释 ……………（447）
（2007年8月15日）

最高人民法院、最高人民检察院关于办理危害生产安全刑事案件适用法律若干问题的解释 …………………………………………（447）
（2015年12月14日）

最高人民法院、最高人民检察院关于办理危害生产安全刑事案件适用法律若干问题的解释（二） ……………… (449)
　　（2022年12月15日）
安全生产行政执法与刑事司法衔接工作办法 … (451)
　　（2019年4月16日）

（七）破坏社会主义市场经济秩序罪

最高人民法院关于适用《全国人民代表大会常务委员会关于惩治虚开、伪造和非法出售增值税专用发票犯罪的决定》的若干问题的解释 … (454)
　　（1996年10月17日）
最高人民法院关于审理骗购外汇、非法买卖外汇刑事案件具体应用法律若干问题的解释 … (455)
　　（1998年8月28日）
最高人民法院关于审理非法出版物刑事案件具体应用法律若干问题的解释 …………… (456)
　　（1998年12月17日）
最高人民法院关于审理倒卖车票刑事案件有关问题的解释 ………………………… (458)
　　（1999年9月6日）
最高人民法院关于审理扰乱电信市场管理秩序案件具体应用法律若干问题的解释 ………… (458)
　　（2000年5月12日）
最高人民法院关于审理伪造货币等案件具体应用法律若干问题的解释 ………………… (459)
　　（2000年9月8日）
最高人民法院关于审理伪造货币等案件具体应用法律若干问题的解释（二） ……………… (459)
　　（2010年10月20日）
最高人民检察院关于擅自销售进料加工保税货物的行为法律适用问题的解释 ……… (460)
　　（2000年10月16日）
最高人民法院关于对变造、倒卖变造邮票行为如何适用法律问题的解释 ……………… (460)
　　（2000年12月5日）
最高人民法院、最高人民检察院关于办理生产、销售伪劣商品刑事案件具体应用法律若干问题的解释 ………………………… (460)
　　（2001年4月9日）
最高人民检察院关于非法经营国际或港澳台地区电信业务行为法律适用问题的批复 …… (462)
　　（2002年2月6日）

最高人民法院、最高人民检察院关于办理非法生产、销售、使用禁止在饲料和动物饮用水中使用的药品等刑事案件具体应用法律若干问题的解释 ……………………………… (462)
　　（2002年8月16日）
最高人民法院关于审理骗取出口退税刑事案件具体应用法律若干问题的解释 ………… (462)
　　（2002年9月17日）
最高人民法院关于审理偷税抗税刑事案件具体应用法律若干问题的解释 ……………… (463)
　　（2002年11月5日）
最高人民检察院法律政策研究室关于1998年4月18日以前的传销或者变相传销行为如何处理的答复 ………………………… (464)
　　（2003年3月21日）
最高人民检察院法律政策研究室关于税务机关工作人员通过企业以"高开低征"的方法代开增值税专用发票的行为如何适用法律问题的答复 ………………………………… (464)
　　（2004年3月17日）
最高人民法院、最高人民检察院关于办理侵犯知识产权刑事案件具体应用法律若干问题的解释 … (465)
　　（2004年12月8日）
最高人民法院、最高人民检察院关于办理侵犯知识产权刑事案件具体应用法律若干问题的解释（二） ……………………………… (467)
　　（2007年4月5日）
最高人民法院、最高人民检察院关于办理侵犯知识产权刑事案件具体应用法律若干问题的解释（三） ……………………………… (467)
　　（2020年9月12日）
最高人民法院、最高人民检察院关于办理侵犯著作权刑事案件中涉及录音录像制品有关问题的批复 ………………………………… (469)
　　（2005年10月13日）
最高人民法院、最高人民检察院、公安部关于办理侵犯知识产权刑事案件适用法律若干问题的意见 ………………………………… (469)
　　（2011年1月10日）
最高人民法院关于如何认定国有控股、参股股份有限公司中的国有公司、企业人员的解释 …… (472)
　　（2005年8月1日）

最高人民检察院关于公证员出具公证书有重大
失实行为如何适用法律问题的批复 ………… (472)
　　(2009年1月7日)
最高人民法院关于审理洗钱等刑事案件具体应
用法律若干问题的解释 ………………… (472)
　　(2009年11月4日)
最高人民法院、最高人民检察院关于办理非法
生产、销售烟草专卖品等刑事案件具体应用
法律若干问题的解释 …………………… (473)
　　(2010年3月2日)
最高人民法院、最高人民检察院关于办理内幕
交易、泄露内幕信息刑事案件具体应用法律
若干问题的解释 ………………………… (474)
　　(2012年3月29日)
最高人民法院、最高人民检察院、公安部关于
办理非法集资刑事案件适用法律若干问题的
意见 ……………………………………… (476)
　　(2014年3月25日)
最高人民法院、最高人民检察院、公安部关于
办理非法集资刑事案件若干问题的意见 … (477)
　　(2019年1月30日)
最高人民法院、最高人民检察院关于办理妨害
文物管理等刑事案件适用法律若干问题的
解释 ……………………………………… (479)
　　(2015年12月30日)
最高人民法院、最高人民检察院、公安部、国
家文物局关于办理妨害文物管理等刑事案件
若干问题的意见 ………………………… (481)
　　(2022年8月16日)
最高人民法院、最高人民检察院关于办理非法
采矿、破坏性采矿刑事案件适用法律若干问
题的解释 ………………………………… (483)
　　(2016年11月28日)
最高人民法院、最高人民检察院关于办理妨害
信用卡管理刑事案件具体应用法律若干问题
的解释 …………………………………… (485)
　　(2018年11月28日)
最高人民法院、最高人民检察院、公安部、司
法部关于办理非法放贷刑事案件若干问题的
意见 ……………………………………… (487)
　　(2019年7月23日)

最高人民法院关于审理非法集资刑事案件具体
应用法律若干问题的解释 ……………… (488)
　　(2022年2月23日)
最高人民法院、最高人民检察院关于办理非法
从事资金支付结算业务、非法买卖外汇刑事
案件适用法律若干问题的解释 ………… (490)
　　(2019年1月31日)
最高人民法院、最高人民检察院关于办理操纵
证券、期货市场刑事案件适用法律若干问题
的解释 …………………………………… (491)
　　(2019年6月27日)
最高人民法院、最高人民检察院关于办理利用
未公开信息交易刑事案件适用法律若干问题
的解释 …………………………………… (493)
　　(2019年6月27日)
最高人民法院关于审理走私、非法经营、非
法使用兴奋剂刑事案件适用法律若干问题
的解释 …………………………………… (494)
　　(2019年11月18日)
最高人民法院、最高人民检察院关于办理危害食
品安全刑事案件适用法律若干问题的解释……… (495)
　　(2021年12月30日)
最高人民法院、最高人民检察院关于办理危害
药品安全刑事案件适用法律若干问题的解释…… (498)
　　(2022年3月3日)
药品行政执法与刑事司法衔接工作办法 ……… (501)
　　(2023年1月10日)

(八) 侵犯公民人身权利、民主权利罪

最高人民法院关于审理拐卖妇女案件适用法律
有关问题的解释 ………………………… (505)
　　(2000年1月3日)
最高人民法院关于审理拐卖妇女儿童犯罪案件
具体应用法律若干问题的解释 ………… (506)
　　(2016年12月21日)
最高人民法院关于对为索取法律不予保护的债
务非法拘禁他人行为如何定罪问题的解释…… (506)
　　(2000年7月13日)
最高人民法院、最高人民检察院关于办理利用
信息网络实施诽谤等刑事案件适用法律若干
问题的解释 ……………………………… (506)
　　(2013年9月6日)

最高人民法院、最高人民检察院、公安部关于依法惩治网络暴力违法犯罪的指导意见 …… (507)
（2023年9月20日）

最高人民法院、最高人民检察院、公安部、司法部关于办理性侵害未成年人刑事案件的意见…… (509)
（2023年5月24日）

最高人民法院、最高人民检察院关于办理强奸、猥亵未成年人刑事案件适用法律若干问题的解释 …………………………… (513)
（2023年5月24日）

最高人民法院、全国妇联关于开展家庭教育指导工作的意见（节录）…………… (514)
（2023年5月30日）

最高人民法院、最高人民检察院关于办理侵犯公民个人信息刑事案件适用法律若干问题的解释 … (515)
（2017年5月8日）

最高人民法院、最高人民检察院、教育部关于落实从业禁止制度的意见 ……………… (517)
（2022年11月10日）

·司法政策·

关于办理假冒伪劣烟草制品等刑事案件适用法律问题座谈会纪要 ………………… (517)
（2003年12月23日）

（九）侵犯财产罪

最高人民法院关于村民小组组长利用职务便利非法占有公共财物行为如何定性问题的批复…… (519)
（1999年6月25日）

最高人民法院关于如何理解刑法第二百七十二条规定的"挪用本单位资金归个人使用或者借贷给他人"问题的批复 ……… (519)
（2000年7月20日）

最高人民检察院关于挪用尚未注册成立公司资金的行为适用法律问题的批复 …… (519)
（2000年10月9日）

最高人民法院关于审理抢劫案件具体应用法律若干问题的解释 …………………… (520)
（2000年11月22日）

最高人民法院关于抢劫过程中故意杀人案件如何定罪问题的批复 …………………… (520)
（2001年5月23日）

最高人民法院关于审理抢劫、抢夺刑事案件适用法律若干问题的意见 …………………… (520)
（2005年6月8日）

最高人民法院、最高人民检察院关于办理抢夺刑事案件适用法律若干问题的解释…………… (522)
（2013年11月11日）

最高人民法院关于审理抢劫刑事案件适用法律若干问题的指导意见………………………… (523)
（2016年1月6日）

最高人民法院关于在国有资本控股、参股的股份有限公司中从事管理工作的人员利用职务便利非法占有本公司财物如何定罪问题的批复 ……………………… (526)
（2001年5月23日）

最高人民检察院关于单位有关人员组织实施盗窃行为如何适用法律问题的批复…… (526)
（2002年8月9日）

最高人民法院、最高人民检察院关于办理盗窃油气、破坏油气设备等刑事案件具体应用法律若干问题的解释…………… (526)
（2007年1月15日）

最高人民法院、最高人民检察院关于办理与盗窃、抢劫、诈骗、抢夺机动车相关刑事案件具体应用法律若干问题的解释 …… (527)
（2007年5月9日）

最高人民法院、最高人民检察院关于办理盗窃刑事案件适用法律若干问题的解释 ……… (528)
（2013年4月2日）

最高人民法院、最高人民检察院、公安部关于办理盗窃油气、破坏油气设备等刑事案件适用法律若干问题的意见 ……………… (530)
（2018年9月28日）

最高人民检察院关于拾得他人信用卡并在自动柜员机（ATM机）上使用的行为如何定性问题的批复…………………………… (531)
（2008年4月18日）

最高人民法院、最高人民检察院关于办理诈骗刑事案件具体应用法律若干问题的解释 …… (531)
（2011年3月1日）

最高人民法院、最高人民检察院、公安部关于办理电信网络诈骗等刑事案件适用法律若干问题的意见 ……………………… (532)
（2016年12月19日）

最高人民法院、最高人民检察院、公安部关于办理电信网络诈骗等刑事案件适用法律若干问题的意见（二） ………… (535)
（2021年6月17日）

最高人民法院、最高人民检察院、公安部关于办理医保骗保刑事案件若干问题的指导意见 ………………………………… (537)
（2024年2月28日）

最高人民法院关于审理拒不支付劳动报酬刑事案件适用法律若干问题的解释 …………… (540)
（2013年1月16日）

（十）妨害社会管理秩序罪

最高人民法院关于对设置圈套诱骗他人参赌又向索还钱财的受骗者施以暴力或暴力威胁的行为应如何定罪问题的批复 …… (541)
（1995年11月6日）

最高人民检察院关于将公务用枪用作借债质押的行为如何适用法律问题的批复 ………… (541)
（1998年11月3日）

最高人民检察院关于以暴力威胁方法阻碍事业编制人员依法执行行政执法职务是否可对侵害人以妨害公务罪论处的批复 ……… (541)
（2000年4月24日）

最高人民法院关于审理破坏土地资源刑事案件具体应用法律若干问题的解释 …………… (541)
（2000年6月19日）

最高人民法院关于审理黑社会性质组织犯罪的案件具体应用法律若干问题的解释 ……… (542)
（2000年12月5日）

最高人民法院、最高人民检察院关于办理伪造、贩卖伪造的高等院校学历、学位证明刑事案件如何适用法律问题的解释 ……… (543)
（2001年7月3日）

最高人民法院、最高人民检察院关于办理妨害预防、控制突发传染病疫情等灾害的刑事案件具体应用法律若干问题的解释 …… (543)
（2003年5月14日）

最高人民检察院法律政策研究室关于伪造、变造、买卖政府设立的临时性机构的公文、证件、印章行为如何适用法律问题的答复 … (545)
（2003年6月3日）

最高人民法院、最高人民检察院关于办理利用互联网、移动通讯终端、声讯台制作、复制、出版、贩卖、传播淫秽电子信息刑事案件具体应用法律若干问题的解释（一） …… (545)
（2004年9月3日）

最高人民法院、最高人民检察院关于办理利用互联网、移动通讯终端、声讯台制作、复制、出版、贩卖、传播淫秽电子信息刑事案件具体应用法律若干问题的解释（二） …… (547)
（2010年2月2日）

最高人民法院、最高人民检察院关于办理赌博刑事案件具体应用法律若干问题的解释 …… (549)
（2005年5月11日）

最高人民法院、最高人民检察院、公安部关于办理网络赌博犯罪案件适用法律若干问题的意见 ………………………………………… (549)
（2010年8月31日）

最高人民法院、最高人民检察院、公安部关于办理利用赌博机开设赌场案件适用法律若干问题的意见 ……………………………… (551)
（2014年3月26日）

最高人民法院关于审理破坏森林资源刑事案件适用法律若干问题的解释 ……………… (552)
（2023年8月13日）

办理毒品犯罪案件适用法律若干问题的意见 … (555)
（2007年12月18日）

最高人民法院、最高人民检察院、公安部关于办理制毒物品犯罪案件适用法律若干问题的意见 ………………………………………… (556)
（2009年6月23日）

最高人民法院、最高人民检察院关于办理走私刑事案件适用法律若干问题的解释………… (557)
（2014年8月12日）

最高人民法院关于审理毒品犯罪案件适用法律若干问题的解释 ……………………………… (561)
（2016年4月6日）

最高人民检察院关于《非药用类麻醉药品和精神药品管制品种增补目录》能否作为认定毒品依据的批复 …………………………… (564)
（2019年4月29日）

最高人民法院、最高人民检察院关于办理非法采供血液等刑事案件具体应用法律若干问题的解释……（564）
（2008年9月22日）

最高人民法院、最高人民检察院关于办理危害计算机信息系统安全刑事案件应用法律若干问题的解释……（565）
（2011年8月1日）

最高人民法院关于审理破坏草原资源刑事案件应用法律若干问题的解释……（567）
（2012年11月2日）

最高人民法院、最高人民检察院关于办理妨害国（边）境管理刑事案件应用法律若干问题的解释……（568）
（2012年12月12日）

关于依法惩治妨害国（边）境管理违法犯罪的意见……（569）
（2022年6月29日）

最高人民法院、最高人民检察院关于办理寻衅滋事刑事案件适用法律若干问题的解释……（572）
（2013年7月15日）

最高人民法院关于审理编造、故意传播虚假恐怖信息刑事案件适用法律若干问题的解释……（573）
（2013年9月18日）

最高人民检察院关于强迫借贷行为适用法律问题的批复……（574）
（2014年4月17日）

最高人民法院关于审理非法行医刑事案件具体应用法律若干问题的解释……（574）
（2016年12月16日）

最高人民法院、最高人民检察院关于办理环境污染刑事案件适用法律若干问题的解释……（575）
（2023年8月8日）

最高人民法院、最高人民检察院关于办理组织、利用邪教组织破坏法律实施等刑事案件适用法律若干问题的解释……（577）
（2017年1月25日）

最高人民法院、最高人民检察院关于办理扰乱无线电通讯管理秩序等刑事案件适用法律若干问题的解释……（579）
（2017年6月27日）

最高人民法院、最高人民检察院关于办理组织、强迫、引诱、容留、介绍卖淫刑事案件适用法律若干问题的解释……（581）
（2017年7月21日）

最高人民法院、最高人民检察院关于办理利用网络云盘制作、复制、贩卖、传播淫秽电子信息牟利行为定罪量刑问题的批复……（583）
（2017年11月22日）

最高人民法院、最高人民检察院关于办理虚假诉讼刑事案件适用法律若干问题的解释……（583）
（2018年9月26日）

最高人民法院、最高人民检察院、公安部、司法部关于办理"套路贷"刑事案件若干问题的意见……（584）
（2019年2月28日）

最高人民法院、最高人民检察院、公安部、司法部关于办理恶势力刑事案件若干问题的意见……（586）
（2019年2月28日）

最高人民法院、最高人民检察院、公安部、司法部关于办理黑恶势力刑事案件中财产处置若干问题的意见……（589）
（2019年4月9日）

最高人民法院、最高人民检察院、公安部、司法部关于办理实施"软暴力"的刑事案件若干问题的意见……（591）
（2019年4月9日）

最高人民法院、最高人民检察院、公安部、司法部关于办理利用信息网络实施黑恶势力犯罪刑事案件若干问题的意见……（592）
（2019年7月23日）

最高人民法院、最高人民检察院关于办理组织考试作弊等刑事案件适用法律若干问题的解释……（593）
（2019年9月2日）

最高人民法院、最高人民检察院关于办理非法利用信息网络、帮助信息网络犯罪活动等刑事案件适用法律若干问题的解释……（595）
（2019年10月21日）

最高人民法院、最高人民检察院、公安部关于办理信息网络犯罪案件适用刑事诉讼程序若干问题的意见……（597）
（2022年8月26日）

最高人民法院、最高人民检察院关于适用《中华人民共和国刑法》第三百四十四条有关问题的批复……………………………………(599)
　　(2020年3月19日)

最高人民法院、最高人民检察院、公安部、司法部关于依法严惩利用未成年人实施黑恶势力犯罪的意见………………(600)
　　(2020年3月23日)

最高人民法院关于审理拒不执行判决、裁定刑事案件适用法律若干问题的解释……………(601)
　　(2020年12月29日)

最高人民法院关于审理掩饰、隐瞒犯罪所得、犯罪所得收益刑事案件适用法律若干问题的解释……(602)
　　(2021年4月13日)

最高人民法院、最高人民检察院关于办理窝藏、包庇刑事案件适用法律若干问题的解释……(603)
　　(2021年8月9日)

最高人民法院、最高人民检察院关于办理破坏野生动物资源刑事案件适用法律若干问题的解释……………………(605)
　　(2022年4月6日)

· 司法政策 ·

全国部分法院审理毒品犯罪案件工作座谈会纪要（节录）…………………(607)
　　(2008年12月1日)

最高人民法院、最高人民检察院、公安部、司法部、生态环境部关于办理环境污染刑事案件有关问题座谈会纪要……(612)
　　(2019年2月20日)

(十一) 危害国防利益罪

最高人民法院关于审理危害军事通信刑事案件具体应用法律若干问题的解释……(616)
　　(2007年6月26日)

最高人民法院、最高人民检察院关于办理妨害武装部队制式服装、车辆号牌管理秩序等刑事案件具体应用法律若干问题的解释………(617)
　　(2011年7月20日)

(十二) 贪污贿赂罪

最高人民检察院关于挪用国库券如何定性问题的批复……………………(618)
　　(1997年10月13日)

最高人民法院关于审理挪用公款案件具体应用法律若干问题的解释……………(619)
　　(1998年4月29日)

最高人民法院关于对受委托管理、经营国有财产人员挪用国有资金行为如何定罪问题的批复………………………(619)
　　(2000年2月16日)

最高人民检察院关于国家工作人员挪用非特定公物能否定罪的请示的批复………(620)
　　(2000年3月15日)

最高人民法院关于国家工作人员利用职务上的便利为他人谋取利益离退休后收受财物行为如何处理问题的批复……(620)
　　(2000年7月13日)

最高人民检察院关于挪用失业保险基金和下岗职工基本生活保障资金的行为适用法律问题的批复………………………(620)
　　(2003年1月28日)

最高人民检察院法律政策研究室关于集体性质的乡镇卫生院院长利用职务之便收受他人财物的行为如何适用法律问题的答复……(620)
　　(2003年4月2日)

最高人民法院关于挪用公款犯罪如何计算追诉期限问题的批复………………(621)
　　(2003年9月22日)

最高人民法院、最高人民检察院关于办理受贿刑事案件适用法律若干问题的意见……(621)
　　(2007年7月8日)

最高人民法院、最高人民检察院关于办理商业贿赂刑事案件适用法律若干问题的意见…(622)
　　(2008年11月20日)

最高人民法院、最高人民检察院关于办理行贿刑事案件具体应用法律若干问题的解释……(623)
　　(2012年12月26日)

最高人民法院、最高人民检察院关于办理贪污贿赂刑事案件适用法律若干问题的解释……(624)
　　(2016年4月18日)

最高人民检察院关于贪污养老、医疗等社会保险基金能否适用《最高人民法院最高人民检察院关于办理贪污贿赂刑事案件适用法律若干问题的解释》第一条第二款第一项规定的批复…(627)
　　(2017年7月26日)

·司法政策·
全国法院审理经济犯罪案件工作座谈会纪要 …（627）
（2003年11月13日）

（十三）渎职罪

最高人民检察院对《关于中国证监会主体认定的请示》的答复函 ………………（631）
（2000年4月30日）

最高人民检察院关于镇财政所所长是否适用国家机关工作人员的批复 ………（631）
（2000年5月4日）

最高人民检察院关于合同制民警能否成为玩忽职守罪主体问题的批复 ………（631）
（2000年10月9日）

最高人民检察院关于工人等非监管机关在编监管人员私放在押人员行为和失职致使在押人员脱逃行为适用法律问题的解释 …（631）
（2001年3月2日）

最高人民检察院关于企业事业单位的公安机构在机构改革过程中其工作人员能否构成渎职侵权犯罪主体问题的批复 ………（631）
（2002年4月29日）

最高人民检察院关于非司法工作人员是否可以构成徇私枉法罪共犯问题的答复 …（632）
（2003年4月16日）

最高人民检察院关于对林业主管部门工作人员在发放林木采伐许可证之外滥用职权玩忽职守致使森林遭受严重破坏的行为适用法律问题的批复 …（632）
（2007年5月16日）

最高人民法院、最高人民检察院关于办理渎职刑事案件适用法律若干问题的解释（一） …（632）
（2012年12月7日）

（十四）军人违反职责罪

最高人民法院、最高人民检察院关于对军人非战时逃离部队的行为能否定罪处罚问题的批复 …（633）
（2000年12月5日）

五、刑事诉讼

（一）综合

最高人民法院关于死刑缓期执行限制减刑案件审理程序若干问题的规定 ………（634）
（2011年4月25日）

最高人民法院、最高人民检察院、公安部、司法部关于对判处管制、宣告缓刑的犯罪分子适用禁止令有关问题的规定（试行） …（634）
（2011年4月28日）

最高人民法院、最高人民检察院、公安部、国家安全部、司法部、全国人大常委会法制工作委员会关于实施刑事诉讼法若干问题的规定 …（636）
（2012年12月26日）

人民检察院刑事诉讼涉案财物管理规定 ………（639）
（2015年3月6日）

人民检察院刑事诉讼规则 …………（644）
（2019年12月30日）

最高人民法院、最高人民检察院、公安部关于刑事案件涉扶贫领域财物依法快速返还的若干规定 …………（707）
（2020年7月24日）

最高人民法院、最高人民检察院、公安部、国家安全部、司法部关于规范量刑程序若干问题的意见 …………（707）
（2020年11月5日）

最高人民法院关于适用《中华人民共和国刑事诉讼法》的解释 ………（710）
（2021年1月26日）

（二）回避

检察人员任职回避和公务回避暂行办法 …（764）
（2000年7月17日）

（三）辩护与代理

最高人民检察院关于依法保障律师执业权利的规定 …………（766）
（2014年12月23日）

最高人民法院、最高人民检察院、公安部、国家安全部、司法部关于依法保障律师执业权利的规定 …………（767）
（2015年9月16日）

最高人民法院关于依法切实保障律师诉讼权利
　　的规定 …………………………………（772）
　　（2015年12月29日）
关于依法保障律师执业权利的十条意见 ……（772）
　　（2023年3月1日）

（四）证据

最高人民检察院关于CPS多道心理测试鉴定结
　　论能否作为诉讼证据使用问题的批复 …（774）
　　（1999年9月10日）
最高人民检察院关于"骨龄鉴定"能否作为
　　确定刑事责任年龄证据使用的批复 ……（774）
　　（2000年2月21日）
最高人民法院、最高人民检察院、公安部、国
　　家安全部、司法部关于办理死刑案件审查判
　　断证据若干问题的规定 …………………（774）
　　（2010年6月13日）
最高人民法院、最高人民检察院、公安部、国
　　家安全部、司法部关于办理刑事案件排除非
　　法证据若干问题的规定 …………………（779）
　　（2010年6月13日）
最高人民法院、最高人民检察院、公安部关于
　　办理刑事案件收集提取和审查判断电子数据
　　若干问题的规定 …………………………（780）
　　（2016年9月9日）
最高人民法院、最高人民检察院、公安部、国
　　家安全部、司法部关于办理刑事案件严格排
　　除非法证据若干问题的规定 ……………（783）
　　（2017年6月20日）

（五）司法鉴定

人民检察院鉴定机构登记管理办法 …………（786）
　　（2006年11月30日）
人民检察院鉴定人登记管理办法 ……………（788）
　　（2006年11月30日）
人民检察院鉴定规则（试行） ………………（790）
　　（2006年11月30日）

（六）强制措施

最高人民检察院、公安部关于适用刑事强制措
　　施有关问题的规定 ………………………（792）
　　（2000年8月28日）
最高人民检察院、公安部关于依法适用逮捕措
　　施有关问题的规定 ………………………（795）
　　（2001年8月6日）

最高人民检察院关于对涉嫌盗窃的不满十六周
　　岁未成年人采取刑事拘留强制措施是否违法
　　问题的批复 ………………………………（797）
　　（2011年1月25日）
关于取保候审若干问题的规定 ………………（797）
　　（2022年9月5日）

（七）附带民事诉讼

最高人民法院关于对被判处死刑的被告人未提
　　出上诉、共同犯罪的部分被告人或者附带民
　　事诉讼原告人提出上诉的案件应适用何种程
　　序审理的批复 ……………………………（801）
　　（2010年3月17日）
最高人民法院、最高人民检察院关于人民检察
　　院提起刑事附带民事公益诉讼应否履行诉前
　　公告程序问题的批复 ……………………（801）
　　（2019年11月25日）

（八）立案、侦查与起诉

最高人民检察院关于人民检察院立案侦查的案件
　　改变定性后可否直接提起公诉问题的批复 …（802）
　　（2006年12月22日）
最高人民检察院、公安部关于公安机关管辖的
　　刑事案件立案追诉标准的规定（一） …（802）
　　（2008年6月25日）
最高人民检察院、公安部关于公安机关管辖的
　　刑事案件立案追诉标准的规定（一）的补充
　　规定 ………………………………………（816）
　　（2017年4月27日）
最高人民检察院、公安部关于公安机关管辖的
　　刑事案件立案追诉标准的规定（二） …（820）
　　（2022年4月6日）
最高人民检察院、公安部关于公安机关管辖的
　　刑事案件立案追诉标准的规定（三） …（832）
　　（2012年5月16日）
最高人民检察院、公安部关于加强和规范补充
　　侦查工作的指导意见 ……………………（836）
　　（2020年3月27日）
最高人民检察院关于先后受理同一犯罪嫌疑人
　　涉嫌职务犯罪和其他犯罪的案件审查起诉期
　　限如何起算问题的批复 …………………（839）
　　（2022年11月15日）

（九）死刑复核程序

最高人民法院关于统一行使死刑案件核准权有关问题的决定 ……（839）
（2006年12月28日）

最高人民法院关于办理死刑复核案件听取辩护律师意见的办法 ……（839）
（2014年12月29日）

最高人民法院关于适用刑事诉讼法第二百二十五条第二款有关问题的批复 ……（840）
（2016年6月23日）

最高人民法院关于死刑复核及执行程序中保障当事人合法权益的若干规定 ……（840）
（2019年8月8日）

（十）审判监督程序

最高人民法院关于刑事再审案件开庭审理程序的具体规定（试行）……（841）
（2001年12月26日）

最高人民法院关于审理人民检察院按照审判监督程序提出的刑事抗诉案件若干问题的规定 ……（843）
（2011年10月14日）

（十一）执行

最高人民法院关于撤销缓刑时罪犯在宣告缓刑前羁押的时间能否折抵刑期问题的批复 ……（844）
（2002年4月10日）

（十二）未成年人犯罪刑事诉讼程序

最高人民法院关于审理未成年人刑事案件具体应用法律若干问题的解释 ……（844）
（2006年1月11日）

人民检察院办理未成年人刑事案件的规定 ……（846）
（2013年12月27日）

最高人民法院关于加强新时代未成年人审判工作的意见 ……（854）
（2020年12月24日）

最高人民检察院、中华全国妇女联合会、中国关心下一代工作委员会关于在办理涉未成年人案件中全面开展家庭教育指导工作的意见 ……（856）
（2021年5月31日）

六、行政诉讼

（一）综合

最高人民法院关于审理行政许可案件若干问题的规定 ……（858）
（2009年12月14日）

最高人民法院关于适用《中华人民共和国行政诉讼法》的解释 ……（859）
（2018年2月6日）

最高人民法院关于审理行政协议案件若干问题的规定 ……（874）
（2019年11月27日）

最高人民法院关于行政机关负责人出庭应诉若干问题的规定 ……（876）
（2020年6月22日）

最高人民法院关于办理行政申请再审案件若干问题的规定 ……（878）
（2021年3月25日）

（二）受案范围

最高人民法院关于审理政府信息公开行政案件若干问题的规定 ……（879）
（2011年7月29日）

最高人民法院关于审理涉及农村集体土地行政案件若干问题的规定 ……（880）
（2011年8月7日）

最高人民法院关于对与证券交易所监管职能相关的诉讼案件管辖与受理问题的规定 ……（881）
（2020年12月29日）

最高人民法院关于行政案件案由的暂行规定 ……（882）
（2020年12月25日）

·请示答复·

最高人民法院行政审判庭关于公安机关未具法定立案搜查手续对公民进行住宅人身搜查被搜查人提起诉讼人民法院可否按行政案件受理问题的电话答复 ……（884）
（1991年6月18日）

最高人民法院行政审判庭关于纳税人仅对税务机关核定的收入额有异议而起诉的法院应否受理的答复 …………………………………（884）
（1992年1月18日）
最高人民法院关于不服政府或房地产行政主管部门对争执房屋的确权行为提起诉讼人民法院应作何种案件受理问题的函 …………………………（884）
（1993年4月17日）
最高人民法院关于当事人对行政机关作出的全民所有制工业企业分立的决定不服提起诉讼人民法院应作为何种行政案件受理问题的复函 …………………………………………（885）
（1994年6月27日）
最高人民法院关于对"当事人以卫生行政部门不履行法定职责为由提起行政诉讼人民法院应否受理"的答复 …………………………（885）
（1995年6月14日）
最高人民法院关于不服计划生育管理部门采取的扣押财物、限制人身自由等强制措施而提起的诉讼人民法院应否受理问题的批复 …（885）
（1997年4月4日）
最高人民法院行政审判庭关于对当事人不服公安机关采取的留置措施提起的诉讼法院能否作为行政案件受理的答复 ……………（885）
（1997年10月29日）
最高人民法院行政审判庭关于拖欠社会保险基金纠纷是否由法院主管的答复 …………（885）
（1998年3月25日）
最高人民法院关于劳动行政部门作出责令用人单位支付劳动者工资报酬、经济补偿和赔偿金的劳动监察指令书是否属于可申请法院强制执行的具体行政行为的答复 …………（886）
（1998年5月17日）
最高人民法院关于当事人不服教育行政部门对适龄儿童入学争议作出的处理决定可否提起行政诉讼的答复 …………………………（886）
（1998年8月21日）
最高人民法院行政庭关于对行政机关作出的改变原具体行政行为的行政行为，当事人不服能否提起行政诉讼的电话答复 …………（886）
（2000年11月15日）
最高人民法院关于教育行政主管部门出具介绍信的行为是否属于可诉具体行政行为请示的答复 …………………………………………（886）
（2003年11月26日）
最高人民法院行政审判庭关于李彩莲、姜伟诉兰州市公安局违法使用武器及行政赔偿一案请示的电话答复 …………………………（886）
（2005年12月29日）

（三）管辖
最高人民法院关于国有资产产权管理行政案件管辖问题的解释 …………………………（887）
（2001年2月16日）

（四）诉讼参加人
最高人民法院关于审理涉及保险公司不正当竞争行为的行政处罚案件时如何确定行政主体问题的复函 …………………………………（887）
（2003年12月10日）
最高人民法院关于正确确定县级以上地方人民政府行政诉讼被告资格若干问题的规定 ……（887）
（2021年3月25日）

（五）起诉与受理
最高人民法院对如何理解《最高人民法院关于执行〈中华人民共和国行政诉讼法〉若干问题的解释》第四十四条第一款第（十）项规定的请示的答复 …………………………（888）
（2000年6月5日）
最高人民法院关于适用《行政复议法》第三十条第一款有关问题的批复 ……………（888）
（2003年2月25日）
最高人民法院关于行政诉讼撤诉若干问题的规定 ………………………………………（888）
（2008年1月14日）
·请示答复·
最高人民法院对《关于非诉执行案件中作为被执行人的法人终止，人民法院是否可以直接裁定变更被执行人的请示》的答复 ……（889）
（2000年5月29日）

（六）证据
最高人民法院关于行政诉讼证据若干问题的规定 ………………………………………（889）
（2002年7月24日）

(七) 审理和判决

最高人民法院关于房地产管理机关能否撤销错误的注销抵押登记行为问题的批复 ………… (895)
　　(2003 年 10 月 17 日)
最高人民法院关于复议机关是否有权改变复议决定请示的答复 ………………………… (896)
　　(2004 年 4 月 5 日)
最高人民法院关于行政申请再审案件立案程序的规定 ……………………………………… (896)
　　(2017 年 10 月 13 日)

(八) 执行

最高人民法院关于办理申请人民法院强制执行国有土地上房屋征收补偿决定案件若干问题的规定 ……………………………………… (897)
　　(2012 年 3 月 26 日)
最高人民法院关于违法的建筑物、构筑物、设施等强制拆除问题的批复 ………………… (898)
　　(2013 年 3 月 27 日)
最高人民法院关于对林业行政机关依法作出具体行政行为申请人民法院强制执行问题的复函 ………………………………………… (899)
　　(2020 年 12 月 29 日)

·司法政策·

最高人民法院对《当事人对人民法院强制执行生效具体行政行为的案件提出申诉人民法院应如何受理和处理的请示》的答复 ………… (899)
　　(1995 年 8 月 22 日)

(九) 法律适用

最高人民法院行政审判庭关于部门规章之间规定不一致时应如何对待问题的复函 ……… (899)
　　(1991 年 10 月 16 日)
最高人民法院关于审理房屋登记案件若干问题的规定 ……………………………………… (899)
　　(2010 年 11 月 5 日)
最高人民法院关于审理工伤保险行政案件若干问题的规定 ………………………………… (901)
　　(2014 年 6 月 18 日)

·司法政策·

最高人民法院关于审理行政案件适用法律规范问题的座谈会纪要 ………………………… (902)
　　(2004 年 5 月 18 日)

(十) 诉讼费用

最高人民法院关于受理行政赔偿案件是否收取诉讼费用的答复 …………………………… (904)
　　(1995 年 9 月 18 日)

七、国家赔偿

(一) 综合

最高人民法院关于人民法院执行《中华人民共和国国家赔偿法》几个问题的解释 ……… (905)
　　(1996 年 5 月 6 日)
人民检察院国家赔偿工作规定 ……………… (905)
　　(2010 年 11 月 22 日)
最高人民法院关于适用《中华人民共和国国家赔偿法》若干问题的解释 (一) ………… (910)
　　(2011 年 2 月 28 日)
最高人民法院关于人民法院赔偿委员会审理国家赔偿案件程序的规定 …………………… (911)
　　(2011 年 3 月 17 日)
最高人民检察院关于适用修改后《中华人民共和国国家赔偿法》若干问题的意见 ……… (912)
　　(2011 年 4 月 25 日)
最高人民法院关于国家赔偿案件立案工作的规定 ……………………………………………… (913)
　　(2012 年 1 月 13 日)
关于司法赔偿案件案由的规定 ……………… (915)
　　(2023 年 4 月 19 日)
最高人民法院关于人民法院赔偿委员会适用质证程序审理国家赔偿案件的规定 ………… (916)
　　(2013 年 12 月 19 日)
最高人民法院关于人民法院赔偿委员会依照《中华人民共和国国家赔偿法》第三十条规定纠正原生效的赔偿委员会决定应如何适用人身自由赔偿标准问题的批复 …………… (918)
　　(2014 年 6 月 30 日)

最高人民法院关于国家赔偿监督程序若干问题
　　的规定 ……………………………………（918）
　　（2017年4月20日）
最高人民法院关于审理国家赔偿案件确定精神
　　损害赔偿责任适用法律若干问题的解释 ……（921）
　　（2021年3月24日）

（二）行政赔偿

最高人民法院关于被限制人身自由期间的工资
　　已由单位补发国家是否还应支付被限制人身
　　自由的赔偿金的批复 …………………………（922）
　　（2000年1月26日）
最高人民法院关于行政机关工作人员执行职务
　　致人伤亡构成犯罪的赔偿诉讼程序问题的批复 …（922）
　　（2002年8月23日）
最高人民法院关于审理行政赔偿案件若干问题
　　的规定 …………………………………………（922）
　　（2022年3月20日）

（三）刑事赔偿

最高人民法院、最高人民检察院关于办理刑事
　　赔偿案件适用法律若干问题的解释 …………（925）
　　（2015年12月28日）

（四）司法赔偿

最高人民法院关于限制出境是否属于国家赔偿
　　范围的复函 ……………………………………（928）
　　（2013年6月4日）
最高人民法院关于审理民事、行政诉讼中司法
　　赔偿案件适用法律若干问题的解释 …………（928）
　　（2016年9月7日）
最高人民法院关于审理涉执行司法赔偿案件适
　　用法律若干问题的解释 ………………………（930）
　　（2022年2月8日）
最高人民法院关于审理司法赔偿案件适用请求
　　时效制度若干问题的解释 ……………………（932）
　　（2023年5月23日）

一、综　合

最高人民法院关于进一步加强合议庭职责的若干规定

- 2009年12月14日最高人民法院审判委员会第1479次会议通过
- 2010年1月11日最高人民法院公告公布
- 自2010年2月1日起施行
- 法释〔2010〕1号

为了进一步加强合议庭的审判职责，充分发挥合议庭的职能作用，根据《中华人民共和国人民法院组织法》和有关法律规定，结合人民法院工作实际，制定本规定。

第一条　合议庭是人民法院的基本审判组织。合议庭全体成员平等参与案件的审理、评议和裁判，依法履行审判职责。

第二条　合议庭由审判员、助理审判员或者人民陪审员随机组成。合议庭成员相对固定的，应当定期交流。人民陪审员参加合议庭的，应当从人民陪审员名单中随机抽取确定。

第三条　承办法官履行下列职责：

（一）主持或者指导审判辅助人员进行庭前调解、证据交换等庭前准备工作；

（二）拟定庭审提纲，制作阅卷笔录；

（三）协助审判长组织法庭审理活动；

（四）在规定期限内及时制作审理报告；

（五）案件需要提交审判委员会讨论的，受审判长指派向审判委员会汇报案件；

（六）制作裁判文书提交合议庭审核；

（七）办理有关审判的其他事项。

第四条　依法不开庭审理的案件，合议庭全体成员均应当阅卷，必要时提交书面阅卷意见。

第五条　开庭审理时，合议庭全体成员应当共同参加，不得缺席、中途退庭或者从事与该庭审无关的活动。合议庭成员未参加庭审、中途退庭或者从事与该庭审无关的活动，当事人提出异议的，应当纠正。合议庭仍不纠正的，当事人可以要求休庭，并将有关情况记入庭审笔录。

第六条　合议庭全体成员均应当参加案件评议。评议案件时，合议庭成员应当针对案件的证据采信、事实认定、法律适用、裁判结果以及诉讼程序等问题充分发表意见。必要时，合议庭成员还可提交书面评议意见。

合议庭成员评议时发表意见不受追究。

第七条　除提交审判委员会讨论的案件外，合议庭对评议意见一致或者形成多数意见的案件，依法作出判决或者裁定。下列案件可以由审判长提请院长或者庭长决定组织相关审判人员共同讨论，合议庭成员应当参加：

（一）重大、疑难、复杂或者新类型的案件；

（二）合议庭在事实认定或法律适用上有重大分歧的案件；

（三）合议庭意见与本院或上级法院以往同类型案件的裁判有可能不一致的案件；

（四）当事人反映强烈的群体性纠纷案件；

（五）经审判长提请且院长或者庭长认为确有必要讨论的其他案件。

上述案件的讨论意见供合议庭参考，不影响合议庭依法作出裁判。

第八条　各级人民法院的院长、副院长、庭长、副庭长应当参加合议庭审理案件，并逐步增加审理案件的数量。

第九条　各级人民法院应当建立合议制落实情况的考评机制，并将考评结果纳入岗位绩效考评体系。考评可采取抽查卷宗、案件评查、检查庭审情况、回访当事人等方式。考评包括以下内容：

（一）合议庭全体成员参加庭审的情况；

（二）院长、庭长参加合议庭庭审的情况；

（三）审判委员会委员参加合议庭庭审的情况；

（四）承办法官制作阅卷笔录、审理报告以及裁判文书的情况；

（五）合议庭其他成员提交阅卷意见、发表评议意见的情况；

（六）其他应当考核的事项。

第十条　合议庭组成人员存在违法审判行为的，应当按照《人民法院审判人员违法审判责任追究办法（试行）》等规定追究相应责任。合议庭审理案件有下列情形之一的，合议庭成员不承担责任：

（一）因对法律理解和认识上的偏差而导致案件被改判或者发回重审的；

（二）因对案件事实和证据认识上的偏差而导致案件被改判或者发回重审的；

（三）因新的证据而导致案件被改判或者发回重审的；

（四）因法律修订或者政策调整而导致案件被改判或者发回重审的；

（五）因裁判所依据的其他法律文书被撤销或变更而导致案件被改判或者发回重审的；

（六）其他依法履行审判职责不应当承担责任的情形。

第十一条 执行工作中依法需要组成合议庭的，参照本规定执行。

第十二条 本院以前发布的司法解释与本规定不一致的，以本规定为准。

最高人民法院关于巡回法庭审理案件若干问题的规定

- 2015年1月5日最高人民法院审判委员会第1640次会议通过
- 根据2016年12月19日最高人民法院审判委员会《关于修改〈最高人民法院关于巡回法庭审理案件若干问题的规定〉的决定》修正
- 2016年12月27日最高人民法院公告公布
- 该修正自2016年12月28日起施行
- 法释〔2016〕30号

为依法及时公正审理跨行政区域重大行政和民商事等案件，推动审判工作重心下移、就地解决纠纷、方便当事人诉讼，根据《中华人民共和国人民法院组织法》《中华人民共和国行政诉讼法》《中华人民共和国民事诉讼法》《中华人民共和国刑事诉讼法》等法律以及有关司法解释，结合最高人民法院审判工作实际，就最高人民法院巡回法庭（简称巡回法庭）审理案件等问题规定如下：

第一条 最高人民法院设立巡回法庭，受理巡回区内相关案件。第一巡回法庭设在广东省深圳市，巡回区为广东、广西、海南、湖南四省区。第二巡回法庭设在辽宁省沈阳市，巡回区为辽宁、吉林、黑龙江三省。第三巡回法庭设在江苏省南京市，巡回区为江苏、上海、浙江、福建、江西五省市。第四巡回法庭设在河南省郑州市，巡回区为河南、山西、湖北、安徽四省。第五巡回法庭设在重庆市，巡回区为重庆、四川、贵州、云南、西藏五省区。第六巡回法庭设在陕西省西安市，巡回区为陕西、甘肃、青海、宁夏、新疆五省区。最高人民法院本部直接受理北京、天津、河北、山东、内蒙古五省区市有关案件。

最高人民法院根据有关规定和审判工作需要，可以增设巡回法庭，并调整巡回法庭的巡回区和案件受理范围。

第二条 巡回法庭是最高人民法院派出的常设审判机构。巡回法庭作出的判决、裁定和决定，是最高人民法院的判决、裁定和决定。

第三条 巡回法庭审理或者办理巡回区内应当由最高人民法院受理的以下案件：

（一）全国范围内重大、复杂的第一审行政案件；

（二）在全国有重大影响的第一审民商事案件；

（三）不服高级人民法院作出的第一审行政或者民商事判决、裁定提起上诉的案件；

（四）对高级人民法院作出的已经发生法律效力的行政或者民商事判决、裁定、调解书申请再审的案件；

（五）刑事申诉案件；

（六）依法定职权提起再审的案件；

（七）不服高级人民法院作出的罚款、拘留决定申请复议的案件；

（八）高级人民法院因管辖权问题报请最高人民法院裁定或者决定的案件；

（九）高级人民法院报请批准延长审限的案件；

（十）涉港澳台民商事案件和司法协助案件；

（十一）最高人民法院认为应当由巡回法庭审理或者办理的其他案件。

巡回法庭依法办理巡回区内向最高人民法院提出的来信来访事项。

第四条 知识产权、涉外商事、海事海商、死刑复核、国家赔偿、执行案件和最高人民检察院抗诉的案件暂由最高人民法院本部审理或者办理。

第五条 巡回法庭设立诉讼服务中心，接受并登记属于巡回法庭受案范围的案件材料，为当事人提供诉讼服务。对于依照本规定应当由最高人民法院本部受理案件的材料，当事人要求巡回法庭转交的，巡回法庭应当转交。

巡回法庭对于符合立案条件的案件，应当在最高人民法院办案信息平台统一编号立案。

第六条 当事人不服巡回区内高级人民法院作出的第一审行政或者民商事判决、裁定提起上诉的，上诉状应当通过原审人民法院向巡回法庭提出。当事人直接向巡回法庭上诉的，巡回法庭应当在五日内将上诉状移交原审人民法院。原审人民法院收到上诉状、答辩状，应当在五日内连同全部案卷和证据，报送巡回法庭。

第七条 当事人对巡回区内高级人民法院作出的已经发生法律效力的判决、裁定申请再审或者申诉的，应当向巡回法庭提交再审申请书、申诉书等材料。

第八条 最高人民法院认为巡回法庭受理的案件对统一法律适用有重大指导意义的，可以决定由本部审理。

巡回法庭对于已经受理的案件，认为对统一法律适用有重大指导意义的，可以报请最高人民法院本部审理。

第九条 巡回法庭根据审判工作需要，可以在巡回区内巡回审理案件、接待来访。

第十条 巡回法庭按让审理者裁判、由裁判者负责原则，实行主审法官、合议庭办案责任制。巡回法庭主审法官由最高人民法院从办案能力突出、审判经验丰富的审判人员中选派。巡回法庭的合议庭由主审法官组成。

第十一条 巡回法庭庭长、副庭长应当参加合议庭审理案件。合议庭审理案件时，由承办案件的主审法官担任审判长。庭长或者副庭长参加合议庭审理案件时，自己担任审判长。巡回法庭作出的判决、裁定，经合议庭成员签署后，由审判长签发。

第十二条 巡回法庭受理的案件，统一纳入最高人民法院审判信息综合管理平台进行管理，立案信息、审判流程、裁判文书面向当事人和社会依法公开。

第十三条 巡回法庭设廉政监察员，负责巡回法庭的日常廉政监督工作。

最高人民法院监察局通过受理举报投诉、查处违纪案件、开展司法巡查和审务督察等方式，对巡回法庭及其工作人员进行廉政监督。

最高人民法院关于审理发生在我国管辖海域相关案件若干问题的规定（一）

- 2015年12月28日最高人民法院审判委员会第1674次会议通过
- 2016年8月1日最高人民法院公告公布
- 自2016年8月2日起施行
- 法释〔2016〕16号

为维护我国领土主权、海洋权益，平等保护中外当事人合法权利，明确我国管辖海域的司法管辖与法律适用，根据《中华人民共和国领海及毗连区法》《中华人民共和国专属经济区和大陆架法》《中华人民共和国刑法》《中华人民共和国出境入境管理法》《中华人民共和国治安管理处罚法》《中华人民共和国刑事诉讼法》《中华人民共和国民事诉讼法》《中华人民共和国海事诉讼特别程序法》《中华人民共和国行政诉讼法》及中华人民共和国缔结或者参加的有关国际条约，结合审判实际，制定本规定。

第一条 本规定所称我国管辖海域，是指中华人民共和国内水、领海、毗连区、专属经济区、大陆架，以及中华人民共和国管辖的其他海域。

第二条 中国公民或组织在我国与有关国家缔结的协定确定的共同管理的渔区或公海从事捕捞等作业的，适用本规定。

第三条 中国公民或者外国人在我国管辖海域实施非法猎捕、杀害珍贵濒危野生动物或者非法捕捞水产品等犯罪的，依照我国刑法追究刑事责任。

第四条 有关部门依据出境入境管理法、治安管理处罚法，对非法进入我国内水从事渔业生产或者渔业资源调查的外国人，作出行政强制措施或行政处罚决定，行政相对人不服的，可分别依据出境入境管理法第六十四条和治安管理处罚法第一百零二条的规定，向有关机关申请复议或向有管辖权的人民法院提起行政诉讼。

第五条 因在我国管辖海域内发生海损事故，请求损害赔偿提起的诉讼，由管辖该海域的海事法院、事故船舶最先到达地的海事法院、船舶被扣押地或者被告住所地海事法院管辖。

因在公海等我国管辖海域外发生海损事故，请求损害赔偿在我国法院提起的诉讼，由事故船舶最先到达地、船舶被扣押地或者被告住所地海事法院管辖。

事故船舶为中华人民共和国船舶的，还可以由船籍港所在地海事法院管辖。

第六条 在我国管辖海域内，因海上航运、渔业生产及其他海上作业造成污染，破坏海洋生态环境，请求损害赔偿提起的诉讼，由管辖该海域的海事法院管辖。

污染事故发生在我国管辖海域外，对我国管辖海域造成污染或污染威胁，请求损害赔偿或者预防措施费用提起的诉讼，由管辖该海域的海事法院或采取预防措施地的海事法院管辖。

第七条 本规定施行后尚未审结的案件，适用本规定；本规定施行前已经终审，当事人申请再审或者按照审判监督程序决定再审的案件，不适用本规定。

第八条 本规定自2016年8月2日起施行。

最高人民法院关于审理发生在我国管辖海域相关案件若干问题的规定(二)

- 2016年5月9日最高人民法院审判委员会第1682次会议通过
- 2016年8月1日最高人民法院公告公布
- 自2016年8月2日起施行
- 法释〔2016〕17号

为正确审理发生在我国管辖海域相关案件,维护当事人合法权益,根据《中华人民共和国刑法》《中华人民共和国渔业法》《中华人民共和国民事诉讼法》《中华人民共和国刑事诉讼法》《中华人民共和国行政诉讼法》,结合审判实际,制定本规定。

第一条 当事人因船舶碰撞、海洋污染等事故受到损害,请求侵权人赔偿渔船、渔具、渔获损失以及收入损失的,人民法院应予支持。

当事人违反渔业法第二十三条,未取得捕捞许可证从事海上捕捞作业,依照前款规定主张收入损失的,人民法院不予支持。

第二条 人民法院在审判执行工作中,发现违法行为,需要有关单位对其依法处理的,应及时向相关单位提出司法建议,必要时可以抄送该单位的上级机关或者主管部门。违法行为涉嫌犯罪的,依法移送刑事侦查部门处理。

第三条 违反我国国(边)境管理法规,非法进入我国领海,具有下列情形之一的,应当认定为刑法第三百二十二条规定的"情节严重":

(一)经驱赶拒不离开的;
(二)被驱离后又非法进入我国领海的;
(三)因非法进入我国领海被行政处罚或者被刑事处罚后,一年内又非法进入我国领海的;
(四)非法进入我国领海从事捕捞水产品等活动,尚不构成非法捕捞水产品等犯罪的;
(五)其他情节严重的情形。

第四条 违反保护水产资源法规,在海洋水域,在禁渔区、禁渔期或者使用禁用的工具、方法捕捞水产品,具有下列情形之一的,应当认定为刑法第三百四十条规定的"情节严重":

(一)非法捕捞水产品一万公斤以上或者价值十万元以上的;
(二)非法捕捞有重要经济价值的水生动物苗种、怀卵亲体二千公斤以上或者价值二万元以上的;
(三)在水产种质资源保护区内捕捞水产品二千公斤以上或者价值二万元以上的;
(四)在禁渔区内使用禁用的工具或者方法捕捞的;
(五)在禁渔期内使用禁用的工具或者方法捕捞的;
(六)在公海使用禁用渔具从事捕捞作业,造成严重影响的;
(七)其他情节严重的情形。

第五条 非法采捕珊瑚、砗磲或者其他珍贵、濒危水生野生动物,具有下列情形之一的,应当认定为刑法第三百四十一条第一款规定的"情节严重":

(一)价值在五十万元以上的;
(二)非法获利二十万元以上的;
(三)造成海域生态环境严重破坏的;
(四)造成严重国际影响的;
(五)其他情节严重的情形。

实施前款规定的行为,具有下列情形之一的,应当认定为刑法第三百四十一条第一款规定的"情节特别严重":

(一)价值或者非法获利达到本条第一款规定标准五倍以上的;
(二)价值或者非法获利达到本条第一款规定的标准,造成海域生态环境严重破坏的;
(三)造成海域生态环境特别严重破坏的;
(四)造成特别严重国际影响的;
(五)其他情节特别严重的情形。

第六条 非法收购、运输、出售珊瑚、砗磲或者其他珍贵、濒危水生野生动物及其制品,具有下列情形之一的,应当认定为刑法第三百四十一条第一款规定的"情节严重":

(一)价值在五十万元以上的;
(二)非法获利在二十万元以上的;
(三)具有其他严重情节的。

非法收购、运输、出售珊瑚、砗磲或者其他珍贵、濒危水生野生动物及其制品,具有下列情形之一的,应当认定为刑法第三百四十一条第一款规定的"情节特别严重":

(一)价值在二百五十万元以上的;
(二)非法获利在一百万元以上的;
(三)具有其他特别严重情节的。

第七条 对案件涉及的珍贵、濒危水生野生动物的种属难以确定的,由司法鉴定机构出具鉴定意见,或者由国务院渔业行政主管部门指定的机构出具报告。

珍贵、濒危水生野生动物或者其制品的价值,依照国务院渔业行政主管部门的规定核定。核定价值低于实际交易价格的，以实际交易价格认定。

本解释所称珊瑚、砗磲，是指列入《国家重点保护野生动物名录》中国家一、二级保护的，以及列入《濒危野生动植物种国际贸易公约》附录一、附录二中的珊瑚、砗磲的所有种，包括活体和死体。

第八条 实施破坏海洋资源犯罪行为，同时构成非法捕捞罪、非法猎捕、杀害珍贵、濒危野生动物罪、组织他人偷越国(边)境罪、偷越国(边)境罪等犯罪的，依照处罚较重的规定定罪处罚。

有破坏海洋资源犯罪行为，又实施走私、妨害公务等犯罪的，依照数罪并罚的规定处理。

第九条 行政机关在行政诉讼中提交的于中华人民共和国领域外形成的，符合我国相关法律规定的证据，可以作为人民法院认定案件事实的依据。

下列证据不得作为定案依据：

（一）调查人员不具有所在国法律规定的调查权；

（二）证据调查过程不符合所在国法律规定，或者违反我国法律、法规的禁止性规定；

（三）证据不完整，或保管过程存在瑕疵，不能排除篡改可能的；

（四）提供的证据为复制件、复制品，无法与原件核对，且所在国执法部门亦未提供证明复制件、复制品与原件一致的公函；

（五）未履行中华人民共和国与该国订立的有关条约中规定的证明手续，或者未经所在国公证机关证明，并经中华人民共和国驻该国使领馆认证；

（六）不符合证据真实性、合法性、关联性的其他情形。

第十条 行政相对人未依法取得捕捞许可证擅自进行捕捞，行政机关认为该行为构成渔业法第四十一条规定的"情节严重"情形的，人民法院应当从以下方面综合审查，并作出认定：

（一）是否未依法取得渔业船舶检验证书或渔业船舶登记证书；

（二）是否故意遮挡、涂改船名、船籍港；

（三）是否标写伪造、变造的渔业船舶船名、船籍港，或者使用伪造、变造的渔业船舶证书；

（四）是否标写其他合法渔业船舶的船名、船籍港或者使用其他渔业船舶证书；

（五）是否非法安装挖捕珊瑚等国家重点保护水生野生动物设施；

（六）是否使用相关法律、法规、规章禁用的方法实施捕捞；

（七）是否非法捕捞水产品、非法捕捞有重要经济价值的水生动物苗种、怀卵亲体或者在水产种质资源保护区内捕捞水产品，数量或价值较大；

（八）是否于禁渔区、禁渔期实施捕捞；

（九）是否存在其他严重违法捕捞行为的情形。

第十一条 行政机关对停靠在渔港，无船名、船籍港和船舶证书的船舶，采取禁止离港、指定地点停放等强制措施，行政相对人以行政机关超越法定职权为由提起诉讼的，人民法院不予支持。

第十二条 无船名、无船籍港、无渔业船舶证书的船舶从事非法捕捞，行政机关经审慎调查，在无相反证据的情况下，将现场负责人或者实际负责人认定为违法行为人的，人民法院应予支持。

第十三条 行政机关有证据证明行政相对人采取将装载物品倒入海中等故意毁灭证据的行为，但行政相对人予以否认的，人民法院可以根据行政相对人的行为给行政机关举证造成困难的实际情况，适当降低行政机关的证明标准或者决定由行政相对人承担相反事实的证明责任。

第十四条 外国公民、无国籍人、外国组织，认为我国海洋、公安、海关、渔业行政主管部门及其所属的渔政监督管理机构等执法部门在行政执法过程中侵害其合法权益的，可以依据行政诉讼法等相关法律规定提起行政诉讼。

第十五条 本规定施行后尚未审结的一审、二审案件，适用本规定；本规定施行前已经终审，当事人申请再审或者按照审判监督程序决定再审的案件，不适用本规定。

第十六条 本规定自2016年8月2日起施行。

最高人民法院关于人民法院庭审录音录像的若干规定

- 2017年1月25日最高人民法院审判委员会第1708次会议通过
- 2017年2月22日最高人民法院公告公布
- 自2017年3月1日起施行
- 法释〔2017〕5号

为保障诉讼参与人诉讼权利，规范庭审活动，提高庭审效率，深化司法公开，促进司法公正，根据《中华人民共和国刑事诉讼法》《中华人民共和国民事诉讼法》《中华人民共和国行政诉讼法》等法律规定，结合审判工作实际，制定本规定。

第一条　人民法院开庭审判案件，应当对庭审活动进行全程录音录像。

第二条　人民法院应当在法庭内配备固定或者移动的录音录像设备。

有条件的人民法院可以在法庭安装使用智能语音识别同步转换文字系统。

第三条　庭审录音录像应当自宣布开庭时开始，至闭庭时结束。除下列情形外，庭审录音录像不得人为中断：

（一）休庭；

（二）公开庭审中的不公开举证、质证活动；

（三）不宜录制的调解活动。

负责录音录像的人员应当对录音录像的起止时间、有无中断等情况进行记录并附卷。

第四条　人民法院应当采取叠加同步录制时间或者其他措施保证庭审录音录像的真实和完整。

因设备故障或技术原因导致录音录像不真实、不完整的，负责录音录像的人员应当作出书面说明，经审判长或独任审判员审核签字后附卷。

第五条　人民法院应当使用专门设备在线或离线存储、备份庭审录音录像。因设备故障等原因导致不符合技术标准的录音录像，应当一并存储。

庭审录音录像的归档，按照人民法院电子诉讼档案管理规定执行。

第六条　人民法院通过使用智能语音识别系统同步转换生成的庭审文字记录，经审判人员、书记员、诉讼参与人核对签字后，作为法庭笔录管理和使用。

第七条　诉讼参与人对法庭笔录有异议并申请补正的，书记员可以播放庭审录音录像进行核对、补正；不予补正的，应当将申请记录在案。

第八条　适用简易程序审理民事案件的庭审录音录像，经当事人同意的，可以替代法庭笔录。

第九条　人民法院应当将替代法庭笔录的庭审录音录像同步保存在服务器或者刻录成光盘，并由当事人和其他诉讼参与人对其完整性校验值签字或者采取其他方法进行确认。

第十条　人民法院应当通过审判流程信息公开平台、诉讼服务平台以及其他便民诉讼服务平台，为当事人、辩护律师、诉讼代理人等依法查阅庭审录音录像提供便利。

对提供查阅的录音录像，人民法院应当设置必要的安全防范措施。

第十一条　当事人、辩护律师、诉讼代理人等可以依照规定复制录音或者誊录庭审录音录像，必要时人民法院应当配备相应设施。

第十二条　人民法院可以播放依法公开审理案件的庭审录音录像。

第十三条　诉讼参与人、旁听人员违反法庭纪律或者有关法律规定，危害法庭安全、扰乱法庭秩序的，人民法院可以通过庭审录音录像进行调查核实，并将其作为追究法律责任的证据。

第十四条　人民检察院、诉讼参与人认为庭审活动不规范或者违反法律规定的，人民法院应当结合庭审录音录像进行调查核实。

第十五条　未经人民法院许可，任何人不得对庭审活动进行录音录像，不得对庭审录音录像进行拍录、复制、删除和迁移。

行为人实施前款行为的，依照规定追究其相应责任。

第十六条　涉及国家秘密、商业秘密、个人隐私等庭审活动的录制，以及对庭审录音录像的存储、查阅、复制、誊录等，应当符合保密管理等相关规定。

第十七条　庭审录音录像涉及的相关技术保障、技术标准和技术规范，由最高人民法院另行制定。

第十八条　人民法院从事其他审判活动或者进行执行、听证、接访等活动需要进行录音录像的，参照本规定执行。

第十九条　本规定自2017年3月1日起施行。最高人民法院此前发布的司法解释及规范性文件与本规定不一致的，以本规定为准。

最高人民法院关于互联网法院审理案件若干问题的规定

· 2018年9月3日最高人民法院审判委员会第1747次会议通过
· 2018年9月6日最高人民法院公告公布
· 自2018年9月7日起施行
· 法释〔2018〕16号

为规范互联网法院诉讼活动，保护当事人及其他诉讼参与人合法权益，确保公正高效审理案件，根据《中华人民共和国民事诉讼法》《中华人民共和国行政诉讼法》等法律，结合人民法院审判工作实际，就互联网法院审理案件相关问题规定如下。

第一条 互联网法院采取在线方式审理案件,案件的受理、送达、调解、证据交换、庭前准备、庭审、宣判等诉讼环节一般应当在线上完成。

根据当事人申请或者案件审理需要,互联网法院可以决定在线下完成部分诉讼环节。

第二条 北京、广州、杭州互联网法院集中管辖所在市的辖区内应当由基层人民法院受理的下列第一审案件:

(一)通过电子商务平台签订或者履行网络购物合同而产生的纠纷;

(二)签订、履行行为均在互联网上完成的网络服务合同纠纷;

(三)签订、履行行为均在互联网上完成的金融借款合同纠纷、小额借款合同纠纷;

(四)在互联网上首次发表作品的著作权或者邻接权权属纠纷;

(五)在互联网上侵害在线发表或者传播作品的著作权或者邻接权而产生的纠纷;

(六)互联网域名权属、侵权及合同纠纷;

(七)在互联网上侵害他人人身权、财产权等民事权益而产生的纠纷;

(八)通过电子商务平台购买的产品,因存在产品缺陷,侵害他人人身、财产权益而产生的产品责任纠纷;

(九)检察机关提起的互联网公益诉讼案件;

(十)因行政机关作出互联网信息服务管理、互联网商品交易及有关服务管理等行政行为而产生的行政纠纷;

(十一)上级人民法院指定管辖的其他互联网民事、行政案件。

第三条 当事人可以在本规定第二条确定的合同及其他财产权益纠纷范围内,依法协议约定与争议有实际联系地点的互联网法院管辖。

电子商务经营者、网络服务提供商等采取格式条款形式与用户订立管辖协议的,应当符合法律及司法解释关于格式条款的规定。

第四条 当事人对北京互联网法院作出的判决、裁定提起上诉的案件,由北京市第四中级人民法院审理,但互联网著作权权属纠纷和侵权纠纷、互联网域名纠纷的上诉案件,由北京知识产权法院审理。

当事人对广州互联网法院作出的判决、裁定提起上诉的案件,由广州市中级人民法院审理,但互联网著作权权属纠纷和侵权纠纷、互联网域名纠纷的上诉案件,由广州知识产权法院审理。

当事人对杭州互联网法院作出的判决、裁定提起上诉的案件,由杭州市中级人民法院审理。

第五条 互联网法院应当建设互联网诉讼平台(以下简称诉讼平台),作为法院办理案件和当事人及其他诉讼参与人实施诉讼行为的专用平台。通过诉讼平台作出的诉讼行为,具有法律效力。

互联网法院审理案件所需涉案数据,电子商务平台经营者、网络服务提供商、相关国家机关应当提供,并有序接入诉讼平台,由互联网法院在线核实、实时固定、安全管理。诉讼平台对涉案数据的存储和使用,应当符合《中华人民共和国网络安全法》等法律法规的规定。

第六条 当事人及其他诉讼参与人使用诉讼平台实施诉讼行为的,应当通过证件证照比对、生物特征识别或者国家统一身份认证平台认证等在线方式完成身份认证,并取得登录诉讼平台的专用账号。

使用专用账号登录诉讼平台所作出的行为,视为被认证人本人行为,但因诉讼平台技术原因导致系统错误,或者被认证人能够证明诉讼平台账号被盗用的除外。

第七条 互联网法院在线接收原告提交的起诉材料,并于收到材料后七日内,在线作出以下处理:

(一)符合起诉条件的,登记立案并送达案件受理通知书、诉讼费交纳通知书、举证通知书等诉讼文书。

(二)提交材料不符合要求的,及时发出补正通知,并于收到补正材料后次日重新起算受理时间;原告未在指定期限内按要求补正的,起诉材料作退回处理。

(三)不符合起诉条件的,经释明后,原告无异议的,起诉材料作退回处理;原告坚持继续起诉的,依法作出不予受理裁定。

第八条 互联网法院受理案件后,可以通过原告提供的手机号码、传真、电子邮箱、即时通讯账号等,通知被告、第三人通过诉讼平台进行案件关联和身份验证。

被告、第三人应当通过诉讼平台了解案件信息,接收和提交诉讼材料,实施诉讼行为。

第九条 互联网法院组织在线证据交换的,当事人应当将在线电子数据上传、导入诉讼平台,或者将线下证据通过扫描、翻拍、转录等方式进行电子化处理后上传至诉讼平台进行举证,也可以运用已经导入诉讼平台的电子数据证明自己的主张。

第十条 当事人及其他诉讼参与人通过技术手段将身份证明、营业执照副本、授权委托书、法定代表人身份证明等诉讼材料,以及书证、鉴定意见、勘验笔录等证据材料进行电子化处理后提交的,经互联网法院审核通过后,视为符合原件形式要求。对方当事人对上述材料真实性提出异议且有合理理由的,互联网法院应当要求当事人提供原件。

第十一条 当事人对电子数据真实性提出异议的,互联网法院应当结合质证情况,审查判断电子数据生成、收集、存储、传输过程的真实性,并着重审查以下内容:

(一)电子数据生成、收集、存储、传输所依赖的计算机系统等硬件、软件环境是否安全、可靠;

(二)电子数据的生成主体和时间是否明确,表现内容是否清晰、客观、准确;

(三)电子数据的存储、保管介质是否明确,保管方式和手段是否妥当;

(四)电子数据提取和固定的主体、工具和方式是否可靠,提取过程是否可以重现;

(五)电子数据的内容是否存在增加、删除、修改及不完整等情形;

(六)电子数据是否可以通过特定形式得到验证。

当事人提交的电子数据,通过电子签名、可信时间戳、哈希值校验、区块链等证据收集、固定和防篡改的技术手段或者通过电子取证存证平台认证,能够证明其真实性的,互联网法院应当确认。

当事人可以申请具有专门知识的人就电子数据技术问题提出意见。互联网法院可以根据当事人申请或者依职权,委托鉴定电子数据的真实性或者调取其他相关证据进行核对。

第十二条 互联网法院采取在线视频方式开庭。存在确需当庭查明身份、核对原件、查验实物等特殊情形的,互联网法院可以决定在线下开庭,但其他诉讼环节仍应当在线完成。

第十三条 互联网法院可以视情决定采取下列方式简化庭审程序:

(一)开庭前已经在线完成当事人身份核实、权利义务告知、庭审纪律宣示的,开庭时可以不再重复进行;

(二)当事人已经在线完成证据交换的,对于无争议的证据,法官在庭审中说明后,可以不再举证、质证;

(三)经征得当事人同意,可以将当事人陈述、法庭调查、法庭辩论等庭审环节合并进行。对于简单民事案件,庭审可以直接围绕诉讼请求或者案件要素进行。

第十四条 互联网法院根据在线庭审特点,适用《中华人民共和国人民法院法庭规则》的有关规定。除经查明确属网络故障、设备损坏、电力中断或不可抗力等原因外,当事人不按时参加在线庭审的,视为"拒不到庭",庭审中擅自退出的,视为"中途退庭",分别按照《中华人民共和国民事诉讼法》《中华人民共和国行政诉讼法》及相关司法解释的规定处理。

第十五条 经当事人同意,互联网法院应当通过中国审判流程信息公开网、诉讼平台、手机短信、传真、电子邮件、即时通讯账号等电子方式送达诉讼文书及当事人提交的证据材料等。

当事人未明确表示同意,但已经约定发生纠纷时在诉讼中适用电子送达的,或者通过回复收悉、作出相应诉讼行为等方式接受已经完成的电子送达,并且未明确表示不同意电子送达的,可以视为同意电子送达。

经告知当事人权利义务,并征得其同意,互联网法院可以电子送达裁判文书。当事人提出需要纸质版裁判文书的,互联网法院应当提供。

第十六条 互联网法院进行电子送达,应当向当事人确认电子送达的具体方式和地址,并告知电子送达的适用范围、效力、送达地址变更方式以及其他需告知的送达事项。

受送达人未提供有效电子送达地址的,互联网法院可以将能够确认为受送达人本人的近三个月内处于日常活跃状态的手机号码、电子邮箱、即时通讯账号等常用电子地址作为优先送达地址。

第十七条 互联网法院向受送达人主动提供或者确认的电子地址进行送达的,送达信息到达受送达人特定系统时,即为送达。

互联网法院向受送达人常用电子地址或者能够获取的其他电子地址进行送达的,根据下列情形确定是否完成送达:

(一)受送达人回复已收到送达材料,或者根据送达内容作出相应诉讼行为的,视为完成有效送达。

(二)受送达人的媒介系统反馈受送达人已阅知,或者有其他证据可以证明受送达人已经收悉的,推定完成有效送达,但受送达人能够证明存在媒介系统错误、送达地址非本人所有或者使用、非本人阅知等未收悉送达内容的情形除外。

完成有效送达的,互联网法院应当制作电子送达凭证。电子送达凭证具有送达回证效力。

第十八条 对需要进行公告送达的事实清楚、权利义务关系明确的简单民事案件,互联网法院可以适用简易程序审理。

第十九条 互联网法院在线审理的案件,审判人员、法官助理、书记员、当事人及其他诉讼参与人通过在线确认、电子签章等在线方式对调解协议、笔录、电子送达凭证及其他诉讼材料予以确认的，视为符合《中华人民共和国民事诉讼法》有关"签名"的要求。

第二十条 互联网法院在线审理的案件，可以在调解、证据交换、庭审、合议等诉讼环节运用语音识别技术同步生成电子笔录。电子笔录以在线方式核对确认后，与书面笔录具有同等法律效力。

第二十一条 互联网法院应当利用诉讼平台随案同步生成电子卷宗，形成电子档案。案件纸质档案已经全部转化为电子档案的，可以以电子档案代替纸质档案进行上诉移送和案卷归档。

第二十二条 当事人对互联网法院审理的案件提起上诉的，第二审法院原则上采取在线方式审理。第二审法院在线审理规则参照适用本规定。

第二十三条 本规定自2018年9月7日起施行。最高人民法院之前发布的司法解释与本规定不一致的，以本规定为准。

最高人民法院关于知识产权法庭若干问题的规定

- 2018年12月3日最高人民法院审判委员会第1756次会议通过
- 根据2023年10月16日最高人民法院审判委员会第1901次会议通过的《最高人民法院关于修改〈最高人民法院关于知识产权法庭若干问题的规定〉的决定》修正
- 2023年10月21日最高人民法院公告公布
- 该修正自2023年11月1日起施行
- 法释〔2023〕10号

为进一步统一知识产权案件裁判标准，依法平等保护各类市场主体合法权益，加大知识产权司法保护力度，优化科技创新法治环境，加快实施创新驱动发展战略，根据《中华人民共和国人民法院组织法》《中华人民共和国民事诉讼法》《中华人民共和国行政诉讼法》《全国人民代表大会常务委员会关于专利等知识产权案件诉讼程序若干问题的决定》等法律规定，结合审判工作实际，就最高人民法院知识产权法庭相关问题规定如下。

第一条 最高人民法院设立知识产权法庭，主要审理专利等专业技术性较强的知识产权上诉案件。

知识产权法庭是最高人民法院派出的常设审判机构，设在北京市。

知识产权法庭作出的判决、裁定、调解书和决定，是最高人民法院的判决、裁定、调解书和决定。

第二条 知识产权法庭审理下列上诉案件：

（一）专利、植物新品种、集成电路布图设计授权确权行政上诉案件；

（二）发明专利、植物新品种、集成电路布图设计权属、侵权民事和行政上诉案件；

（三）重大、复杂的实用新型专利、技术秘密、计算机软件权属、侵权民事和行政上诉案件；

（四）垄断民事和行政上诉案件。

知识产权法庭审理下列其他案件：

（一）前款规定类型的全国范围内重大、复杂的第一审民事和行政案件；

（二）对前款规定的第一审民事和行政案件已经发生法律效力的判决、裁定、调解书依法申请再审、抗诉、再审等适用审判监督程序的案件；

（三）前款规定的第一审民事和行政案件管辖权争议，行为保全裁定申请复议，罚款、拘留决定申请复议，报请延长审限等案件；

（四）最高人民法院认为应当由知识产权法庭审理的其他案件。

第三条 审理本规定第二条所称案件的下级人民法院应当按照规定及时向知识产权法庭移送纸质、电子卷宗。

第四条 知识产权法庭可以要求当事人披露涉案知识产权相关权属、侵权、授权确权等关联案件情况。当事人拒不如实披露的，可以作为认定其是否遵循诚实信用原则和构成滥用权利等的考量因素。

第五条 知识产权法庭可以根据案件情况到实地或者原审人民法院所在地巡回审理案件。

第六条 知识产权法庭采取保全等措施，依照执行程序相关规定办理。

第七条 知识产权法庭审理的案件的立案信息、合议庭组成人员、审判流程、裁判文书等依法公开。

第八条 知识产权法庭法官会议由庭长、副庭长和若干资深法官组成，讨论重大、疑难、复杂案件等。

第九条 知识产权法庭应当加强对有关案件审判工作的调研，及时总结裁判标准和审判规则，指导下级人民法院审判工作。

第十条 对知识产权法院、中级人民法院已经发生法律效力的本规定第二条第一款规定类型的第一审民事和行政案件判决、裁定、调解书，省级人民检察院向高级人民法院提出抗诉的，高级人民法院应当告知其由最高人民检察院依法向最高人民法院提出，并由知识产权法庭审理。

第十一条 本规定自2019年1月1日起施行。最高人民法院此前发布的司法解释与本规定不一致的，以本规定为准。

最高人民法院关于适用《中华人民共和国人民陪审员法》若干问题的解释

· 2019年2月18日最高人民法院审判委员会第1761次会议通过
· 2019年4月24日最高人民法院公告公布
· 自2019年5月1日起施行
· 法释〔2019〕5号

为依法保障和规范人民陪审员参加审判活动，根据《中华人民共和国人民陪审员法》等法律的规定，结合审判实际，制定本解释。

第一条 根据人民陪审员法第十五条、第十六条的规定，人民法院决定由人民陪审员和法官组成合议庭审判的，合议庭成员确定后，应当及时告知当事人。

第二条 对于人民陪审员法第十五条、第十六条规定之外的第一审普通程序案件，人民法院应当告知刑事案件被告人、民事案件原告和被告、行政案件原告，在收到通知五日内有权申请由人民陪审员参加合议庭审判案件。

人民法院接到当事人在规定期限内提交的申请后，经审查决定由人民陪审员和法官组成合议庭审判的，合议庭成员确定后，应当及时告知当事人。

第三条 人民法院应当在开庭七日前从人民陪审员名单中随机抽取确定人民陪审员。

人民法院可以根据案件审判需要，从人民陪审员名单中随机抽取一定数量的候补人民陪审员，并确定递补顺序，一并告知当事人。

因案件类型需要具有相应专业知识的人民陪审员参加合议庭审判的，可以根据具体案情，在符合专业需求的人民陪审员名单中随机抽取确定。

第四条 人民陪审员确定后，人民法院应当将参审案件案由、当事人姓名或名称、开庭地点、开庭时间等事项告知参审人民陪审员及候补人民陪审员。

必要时，人民法院可以将参加审判活动的时间、地点等事项书面通知人民陪审员所在单位。

第五条 人民陪审员不参加下列案件的审理：

（一）依照民事诉讼法适用特别程序、督促程序、公示催告程序审理的案件；

（二）申请承认外国法院离婚判决的案件；

（三）裁定不予受理或者不需要开庭审理的案件。

第六条 人民陪审员不得参与审理由其以人民调解员身份先行调解的案件。

第七条 当事人依法有权申请人民陪审员回避。人民陪审员的回避，适用审判人员回避的法律规定。

人民陪审员回避事由经审查成立的，人民法院应当及时确定递补人选。

第八条 人民法院应当在开庭前，将相关权利和义务告知人民陪审员，并为其阅卷提供便利条件。

第九条 七人合议庭开庭前，应当制作事实认定问题清单，根据案件具体情况，区分事实认定问题与法律适用问题，对争议事实问题逐项列举，供人民陪审员在庭审时参考。事实认定问题和法律适用问题难以区分的，视为事实认定问题。

第十条 案件审判过程中，人民陪审员依法有权参加案件调查和调解工作。

第十一条 庭审过程中，人民陪审员依法有权向诉讼参加人发问，审判长应当提示人民陪审员围绕案件争议焦点进行发问。

第十二条 合议庭评议案件时，先由承办法官介绍案件涉及的相关法律、证据规则，然后由人民陪审员和法官依次发表意见，审判长最后发表意见并总结合议庭意见。

第十三条 七人合议庭评议时，审判长应当归纳和介绍需要通过评议讨论决定的案件事实认定问题，并列出案件事实问题清单。

人民陪审员全程参加合议庭评议，对于事实认定问题，由人民陪审员和法官在共同评议的基础上进行表决。对于法律适用问题，人民陪审员不参加表决，但可以发表意见，并记录在卷。

第十四条 人民陪审员应当认真阅读评议笔录，确认无误后签名。

第十五条 人民陪审员列席审判委员会讨论其参加审理的案件时，可以发表意见。

第十六条 案件审结后，人民法院应将裁判文书副本及时送交参加该案审判的人民陪审员。

第十七条 中级、基层人民法院应当保障人民陪审员均衡参审，结合本院实际情况，一般在不超过30件的范围内合理确定每名人民陪审员年度参加审判案件的数量上限，报高级人民法院备案，并向社会公告。

第十八条 人民法院应当依法规范和保障人民陪审

员参加审判活动,不得安排人民陪审员从事与履行法定审判职责无关的工作。

第十九条 本解释自 2019 年 5 月 1 日起施行。

本解释公布施行后,最高人民法院于 2010 年 1 月 12 日发布的《最高人民法院关于人民陪审员参加审判活动若干问题的规定》同时废止。最高人民法院以前发布的司法解释与本解释不一致的,不再适用。

《中华人民共和国人民陪审员法》实施中若干问题的答复

- 2020 年 8 月 11 日
- 法发〔2020〕29 号

在《中华人民共和国人民陪审员法》(以下简称《人民陪审员法》)及配套规范性文件实施过程中,部分地方就有关问题进行请示,经研究,现答复如下:

1. 新疆维吾尔自治区生产建设兵团法院如何选任人民陪审员?

答:没有对应同级人民代表大会的兵团基层人民法院人民陪审员的名额由兵团分院确定,经公示后确定的人民陪审员人选,由基层人民法院院长提请兵团分院任命。在未设立垦区司法局的垦区,可以由师(市)司法局会同垦区人民法院、公安机关组织开展人民陪审员选任工作。

2.《人民陪审员法》第六条第一项所指的监察委员会、人民法院、人民检察院、公安机关、国家安全机关、司法行政机关的工作人员是否包括行政编制外人员?

答:上述工作人员包括占用行政编制和行政编制外的所有工作人员。

3. 乡镇人民代表大会主席团的成员能否担任人民陪审员?

答:符合担任人民陪审员条件的乡镇人民代表大会主席团成员,不是上级人民代表大会常务委员会组成人员的,可以担任人民陪审员,法律另有禁止性规定的除外。

4. 人民代表大会常务委员会的工作人员能否担任人民陪审员?

答:人民代表大会常务委员会的工作人员,符合人民陪审员条件的,可以担任人民陪审员,法律另有禁止性规定的除外。

5. 人民代表大会常务委员会的组成人员、法官、检察官,以及人民法院、人民检察院的其他工作人员,监察委员会、公安机关、国家安全机关、司法行政机关的工作人员离任后能否担任人民陪审员?

答:(1)人民代表大会常务委员会的组成人员,监察委员会、人民法院、人民检察院、公安机关、国家安全机关、司法行政机关的工作人员离任后,符合担任人民陪审员条件的,可以担任人民陪审员。上述人员担任人民陪审员的比例应当与其他人员的比例适当平衡。

(2)法官、检察官从人民法院、人民检察院离任后二年内,不得担任人民陪审员。

(3)法官从人民法院离任后,曾在基层人民法院工作的,不得在原任职的基层人民法院担任人民陪审员;检察官从人民检察院离任后,曾在基层人民检察院工作的,不得在与原任职的基层人民检察院同级、同辖区的人民法院担任人民陪审员。

(4)法官从人民法院离任后,担任人民陪审员的,不得参与原任职人民法院的审判活动;检察官从人民检察院离任后,担任人民陪审员的,不得参与原任职人民检察院同级、同辖区的人民法院的审判活动。

6. 劳动争议仲裁委员会的仲裁员能否担任人民陪审员?

答:劳动争议仲裁委员会的仲裁员不能担任人民陪审员。

7. 被纳入失信被执行人名单的公民能否担任人民陪审员?

答:公民被纳入失信被执行人名单期间,不得担任人民陪审员。人民法院撤销或者删除失信信息后,公民符合法定条件的,可以担任人民陪审员。

8. 公民担任人民陪审员不得超过两次,是否包括《人民陪审员法》实施前以及在不同人民法院任职的情形?

答:公民担任人民陪审员总共不得超过两次,包括《人民陪审员法》实施前任命以及在不同人民法院任职的情形。

9. 有独立请求权的第三人是否可以申请由人民陪审员参加合议庭审判案件?

答:有独立请求权的第三人可以依据《人民陪审员法》相关规定申请由人民陪审员参加合议庭审判案件。

10. 人民法院可否吸收人民陪审员参加减刑、假释案件的审理?

答:人民法院可以结合案件情况,吸收人民陪审员参加减刑、假释案件审理,但不需要开庭审理的除外。

11. 人民陪审员是否可以参加案件执行工作?

答:根据《人民陪审员法》,人民陪审员参加第一审刑事、民事、行政案件的审判。人民法院不得安排人民陪审员参加案件执行工作。

12.人民法院可以根据案件审判需要，从人民陪审员名单中随机抽取一定数量的候补人民陪审员，并确定递补顺序，一并告知当事人。如果原定人民陪审员因故无法到庭，由候补人民陪审员参加案件审理，是否需要就变更合议庭成员另行告知双方当事人？候补人民陪审员的递补顺序，应如何确定？

答：人民法院已一并告知候补人民陪审员名单的，如变更由候补人民陪审员参加陪审的，无需另行告知当事人。确定候补人民陪审员的递补顺序，可按照姓氏笔画排序等方式确定。

13.根据《最高人民法院关于适用〈中华人民共和国人民陪审员法〉若干问题的解释》，七人合议庭开庭前和评议时，应当制作事实认定问题清单。审判实践中，如何制作事实认定问题清单？

答：事实认定问题清单应当立足全部案件事实，重点针对案件难点和争议的焦点内容。刑事案件中，可以犯罪构成要件事实为基础，主要包括构成犯罪的事实、不构成犯罪的事实，以及有关量刑情节的事实等。民事案件中，可以根据不同类型纠纷的请求权规范基础，归纳出当事人争议的要件事实。行政案件中，主要包括审查行政行为合法性所必须具备的事实。

14.合议庭评议案件时，人民陪审员和法官可否分组分别进行评议、表决？

答：合议庭评议案件时，人民陪审员和法官应当共同评议、表决，不得分组进行。

15.案件审结后，人民法院将裁判文书副本送交参加该案审判的人民陪审员时，能否要求人民陪审员在送达回证上签字？

答：人民陪审员不是受送达对象，不能要求人民陪审员在送达回证上签字。人民法院将裁判文书副本送交人民陪审员时，可以适当方式请人民陪审员签收后存档。

16.如何把握人民陪审员年度参审数上限一般不超过30件的要求？对于人民陪审员参与审理批量系列案件的，如何计算案件数量？

答：个别案件量大的人民法院可以结合本院实际情况，提出参审数上限在30件以上设置的意见，层报高级人民法院备案后实施。高级人民法院应统筹辖区整体情况从严把握。

人民陪审员参加审理批量系列案件的，可以按一定比例折算案件数以核定是否超出参审数上限。具体折算比例，由高级人民法院确定。

17.对于人民陪审员参审案件数占第一审案件数的比例即陪审率，是否可以设定考核指标？

答：《人民陪审员法》及相关司法解释规定了人民陪审员参审案件范围和年度参审数上限，要严格执行相关规定。人民法院不得对第一审案件总体陪审率设定考核指标，但要对第一审案件总体陪审率、人民陪审员参加七人合议庭等情况进行统计监测。

18.人民陪审员是否适用法官法中法官任职回避的规定？

答：人民陪审员适用民事、刑事、行政诉讼法中诉讼回避的规定，不适用法官法中法官任职回避的规定。

19.人民陪审员在参加庭审等履职过程中，着装有何要求？

答：人民陪审员在参加庭审等履职过程中，着装应当端庄、得体，但不得配发、穿着统一制服。

最高人民法院关于加强和规范案件提级管辖和再审提审工作的指导意见

· 2023年7月28日
· 法发〔2023〕13号

为加强人民法院审级监督体系建设，做深做实新时代能动司法，推动以审判工作现代化服务保障中国式现代化，现根据相关法律和司法解释的规定，结合审判工作实际，就加强和规范人民法院案件提级管辖、再审提审工作，制定本意见。

一、一般规定

第一条 健全完善案件提级管辖、再审提审工作机制，是完善四级法院审级职能定位改革的重要内容，有利于促进诉源治理、统一法律适用、维护群众权益。各级人民法院应当通过积极、规范、合理适用提级管辖，推动将具有指导意义、涉及重大利益、可能受到干预的案件交由较高层级人民法院审理，发挥典型案件裁判的示范引领作用，实现政治效果、社会效果、法律效果的有机统一。中级以上人民法院应当加大再审提审适用力度，精准履行审级监督和再审纠错职能。最高人民法院聚焦提审具有普遍法律适用指导意义、存在重大法律适用分歧的典型案件，充分发挥最高审判机关监督指导全国审判工作、确保法律正确统一适用的职能。

第二条 本意见所称"提级管辖"，是指根据《中华人民共和国刑事诉讼法》第二十四条、《中华人民共和国民事诉讼法》第三十九条、《中华人民共和国行政诉讼法》第二十四条的规定,下级人民法院将所管辖的第一审案件转移至上级人民法院审理,包括上级人民法院依下级人民法院报请提级管辖、上级人民法院依职权提级管辖。

第三条 本意见所称"再审提审",是指根据《中华人民共和国民事诉讼法》第二百零五条第二款、第二百一十一条第二款,《中华人民共和国行政诉讼法》第九十一条、第九十二条第二款的规定,上级人民法院对下级人民法院已经发生法律效力的民事、行政判决、裁定,认为确有错误并有必要提审的,裁定由本院再审,包括上级人民法院依职权提审、上级人民法院依当事人再审申请提审、最高人民法院依高级人民法院报请提审。

二、完善提级管辖机制

第四条 下级人民法院对已经受理的第一审刑事、民事、行政案件,认为属于下列情形之一,不宜由本院审理的,应当报请上一级人民法院审理:

(一)涉及重大国家利益、社会公共利益的;
(二)在辖区内属于新类型,且案情疑难复杂的;
(三)具有诉源治理效应,有助于形成示范性裁判,推动同类纠纷统一、高效、妥善化解的;
(四)具有法律适用指导意义的;
(五)上一级人民法院或者其辖区内人民法院之间近三年裁判生效的同类案件存在重大法律适用分歧的;
(六)由上一级人民法院一审更有利于公正审理的。

上级人民法院对辖区内人民法院已经受理的第一审刑事、民事、行政案件,认为属于上述情形之一,有必要由本院审理的,可以决定提级管辖。

第五条 "在辖区内属于新类型,且案情疑难复杂的"案件,主要指案件所涉领域、法律关系、规制范围等在辖区内具有首案效应或者相对少见,在法律适用上存在难点和争议。

"具有诉源治理效应,有助于形成示范性裁判,推动同类纠纷统一、高效、妥善化解的"案件,是指案件具有示范引领价值,通过确立典型案件的裁判规则,能够对处理类似纠纷形成规范指引,引导当事人作出理性选择,促进批量纠纷系统化解,实现纠纷源头治理。

"具有法律适用指导意义的"案件,是指法律、法规、司法解释、司法指导性文件等没有明确规定,需要通过典型案件裁判进一步明确法律适用;司法解释、司法指导性文件、指导性案例发布时所依据的客观情况发生重大变化,继续适用有关规则审理明显有违公平正义。

"由上一级人民法院一审更有利于公正审理的"案件,是指案件因所涉领域、主体、利益等因素,可能受地方因素影响或者外部干预,下级人民法院不宜行使管辖权。

第六条 下级人民法院报请上一级人民法院提级管辖的案件,应当经本院院长或者分管院领导批准,以书面形式请示。请示应当包含案件基本情况、报请提级管辖的事实和理由等内容,并附必要的案件材料。

第七条 民事、行政第一审案件报请提级管辖的,应当在当事人答辩期届满后,至迟于案件法定审理期限届满三十日前向上一级人民法院报请。

刑事第一审案件报请提级管辖的,应当至迟于案件法定审理期限届满十五日前向上一级人民法院报请。

第八条 上一级人民法院收到案件报请提级管辖的请示和材料后,由立案庭编立"辖"字号,转相关审判庭组成合议庭审查。上一级人民法院应当在编立案号之日起三十日内完成审查,但法律和司法解释对审查时限另有规定的除外。

合议庭经审查并报本院院长或者分管院领导批准后,根据本意见所附诉讼文书样式,作出同意或者不同意提级管辖的法律文书。相关法律文书一经作出即生效。

第九条 上级人民法院根据本意见第二十一条规定的渠道,发现下级人民法院受理的第一审案件可能需要提级管辖的,可以及时与相关人民法院沟通,并书面通知提供必要的案件材料。

上级人民法院认为案件应当提级管辖的,经本院院长或者分管院领导批准后,根据本意见所附诉讼文书样式,作出提级管辖的法律文书。

第十条 上级人民法院作出的提级管辖法律文书,应当载明以下内容:

(一)案件基本信息;
(二)本院决定提级管辖的理由和分析意见。

上级人民法院不同意提级管辖的,应当在相关法律文书中载明理由和分析意见。

第十一条 上级人民法院决定提级管辖的,应当在作出法律文书后五日内,将法律文书送原受诉人民法院。原受诉人民法院收到提级管辖的法律文书后,应当在五日内送达当事人,并在十日内将案卷材料移送上级人民法院。上级人民法院应当在收到案卷材料后五日内立案。对检察机关提起公诉的案件,上级人民法院决定提级管辖的,应当书面通知同级人民检察院,原受诉人民法院应当将案卷材料退回同级人民检察院,并书面通知当事人。

上级人民法院决定不予提级管辖的,应当在作出法律文书后五日内,将法律文书送原受诉人民法院并退回相关案卷材料。案件由原受诉人民法院继续审理。

第十二条 上级人民法院决定提级管辖的案件,应当依法组成合议庭适用第一审普通程序审理。

原受诉人民法院已经依法完成的送达、保全、鉴定等程序性工作,上级人民法院可以不再重复开展。

第十三条 中级人民法院、高级人民法院决定提级管辖的案件,应当报上一级人民法院立案庭备案。

第十四条 按照本意见提级管辖的案件,审理期限自上级人民法院立案之日起重新计算。

下级人民法院向上级人民法院报送提级管辖请示的期间和上级人民法院审查处理期间,均不计入案件审理期限。

对依报请不同意提级管辖的案件,自原受诉人民法院收到相关法律文书之日起恢复案件审限计算。

三、规范民事、行政再审提审机制

第十五条 上级人民法院对下级人民法院已经发生法律效力的民事、行政判决、裁定,认为符合再审条件的,一般应当提审。

对于符合再审条件的民事、行政判决、裁定,存在下列情形之一的,最高人民法院、高级人民法院可以指令原审人民法院再审,或者指定与原审人民法院同级的其他人民法院再审,但法律和司法解释另有规定的除外:

(一)原判决、裁定认定事实的主要证据未经质证的;

(二)对审理案件需要的主要证据,当事人因客观原因不能自行收集,书面申请人民法院调查收集,人民法院未调查收集的;

(三)违反法律规定,剥夺当事人辩论权利的;

(四)发生法律效力的判决、裁定是由第一审法院作出的;

(五)当事人一方人数众多或者当事人双方均为公民的民事案件;

(六)经审判委员会讨论决定的其他情形。

第十六条 最高人民法院依法受理的民事、行政申请再审审查案件,除法律和司法解释规定应当提审的情形外,符合下列情形之一的,也应当裁定提审:

(一)在全国有重大影响的;

(二)具有普遍法律适用指导意义的;

(三)所涉法律适用问题在最高人民法院内部存在重大分歧的;

(四)所涉法律适用问题在不同高级人民法院之间裁判生效的同类案件存在重大分歧的;

(五)由最高人民法院提审更有利于案件公正审理的;

(六)最高人民法院认为应当提审的其他情形。

最高人民法院依职权主动发现地方各级人民法院已经发生法律效力的民事、行政判决、裁定确有错误,并且符合前款规定的,应当提审。

第十七条 高级人民法院对于本院和辖区内人民法院作出的已经发生法律效力的民事、行政判决、裁定,认为适用法律确有错误,且属于本意见第十六条第一款第一项至第五项所列情形之一的,经本院审判委员会讨论决定后,可以报请最高人民法院提审。

第十八条 高级人民法院报请最高人民法院再审提审的案件,应当向最高人民法院提交书面请示,请示应当包括以下内容:

(一)案件基本情况;

(二)本院再审申请审查情况;

(三)报请再审提审的理由;

(四)合议庭评议意见、审判委员会讨论意见;

(五)必要的案件材料。

第十九条 最高人民法院收到高级人民法院报送的再审提审请示及材料后,由立案庭编立"监"字号,转相关审判庭组成合议庭审查,并在三个月以内作出下述处理:

(一)符合提审条件的,作出提审裁定;

(二)不符合提审条件的,作出不同意提审的批复。

最高人民法院不同意提审的,应当在批复中说明意见和理由。

第二十条 案件报请最高人民法院再审提审的期间和最高人民法院审查处理期间,不计入申请再审审查案件办理期限。

对不同意再审提审的案件,自高级人民法院收到批复之日起,恢复申请再审审查案件的办理期限计算。

四、完善提级管辖、再审提审的保障机制

第二十一条 上级人民法院应当健全完善特殊类型案件的发现、监测、甄别机制,注重通过以下渠道,主动启动提级管辖或者再审提审程序:

(一)办理下级人民法院关于法律适用问题的请示;

(二)开展审务督察、司法巡查、案件评查;

(三)办理检察监督意见;

(四)办理人大代表、政协委员关注的事项或者问题;
(五)办理涉及具体案件的群众来信来访;
(六)处理当事人提出的提级管辖或者再审提审请求;
(七)开展案件舆情监测;
(八)办理有关国家机关、社会团体等移送的其他事项。

第二十二条 对于提级管辖、再审提审案件,相关人民法院应当加大监督管理力度,配套完善激励、考核机制,把提级管辖、再审提审案件的规则示范意义、对下指导效果、诉源治理成效、成果转化情况、社会各界反映等作为重要评价内容。

第二十三条 最高人民法院各审判庭应当强化对下监督指导,统筹做好本审判条线相关案件的提级管辖、再审提审工作,全面掌握案件情况,及时办理请示事项。各高级人民法院应当定期向最高人民法院报送提级管辖案件情况,加强辖区内人民法院各审判业务条线的沟通交流、问题反馈和业务指导,结合辖区审判工作实际,细化明确提级管辖、再审提审案件的范围、情形和程序。

第二十四条 最高人民法院、高级人民法院应当健全完善提级管辖、再审提审案件的裁判规则转化机制,将提级管辖案件的裁判统一纳入人民法院案例库,积极将具有法律适用指导意义的提级管辖、再审提审案件作为指导性案例、参考性案例培育,推动将具有规则确立意义、示范引领作用的裁判转化为司法解释、司法指导性文件、司法建议、调解指引等。加大对提级管辖、再审提审案件的宣传力度,将宣传重点聚焦到增强人民群众获得感、促进提升司法公信力、有力破除"诉讼主客场"现象上来,积极通过庭审公开、文书说理、案例发布、新闻报道、座谈交流等方式,充分展示相关审判工作成效,促进公众和社会法治意识的养成,为有序推进相关工作营造良好氛围。

五、附 则

第二十五条 本意见由最高人民法院解释。各高级人民法院可以根据相关法律、司法解释和本意见,结合审判工作实际,制定或者修订本地区关于提级管辖、再审提审的实施细则,报最高人民法院备案。

第二十六条 本意见自2023年8月1日起施行。之前有关规定与本意见不一致的,按照本意见执行。

附件:
1. 刑事请示(下级人民法院报请提级管辖用)(略)
2. 民事请示(下级人民法院报请提级管辖用)(略)
3. 行政请示(下级人民法院报请提级管辖用)(略)
4. 刑事决定书(上级人民法院依报请同意提级管辖用)(略)
5. 民事裁定书(上级人民法院依报请同意提级管辖用)(略)
6. 行政决定书(上级人民法院依报请同意提级管辖用)(略)
7. 刑事决定书(上级人民法院不同意提级管辖用)(略)
8. 民事批复(上级人民法院不同意提级管辖用)(略)
9. 行政决定书(上级人民法院不同意提级管辖用)(略)
10. 刑事决定书(上级人民法院依职权提级管辖用)(略)
11. 民事裁定书(上级人民法院依职权提级管辖用)(略)
12. 行政裁定书(上级人民法院依职权提级管辖用)(略)
13. 民事请示(高级人民法院将依申请再审的案件报请最高人民法院再审提审用)(略)
14. 民事请示(高级人民法院将依职权再审的案件报请最高人民法院再审提审用)(略)
15. 行政请示(高级人民法院将依申请再审的案件报请最高人民法院再审提审用)(略)
16. 行政请示(高级人民法院将依职权再审的案件报请最高人民法院再审提审用)(略)
17. 民事裁定书(最高人民法院依高级人民法院报请同意提审该院依申请再审的案件用)(略)
18. 民事裁定书(最高人民法院依高级人民法院报请同意提审该院依职权再审的案件用)(略)
19. 行政裁定书(最高人民法院依高级人民法院报请同意提审该院依申请再审的案件用)(略)
20. 行政裁定书(最高人民法院依高级人民法院报请同意提审该院依职权再审的案件用)(略)
21. 民事批复(最高人民法院不同意高级人民法院报请再审提审用)(略)
22. 行政批复(最高人民法院不同意高级人民法院报请再审提审用)(略)

最高人民法院关于法律适用问题请示答复的规定

- 2023 年 5 月 26 日
- 法〔2023〕88 号

一、一般规定

第一条 为规范人民法院法律适用问题请示答复工作,加强审判监督指导,提升司法公正与效率,根据有关法律、司法解释的规定,结合审判工作实际,制定本规定。

第二条 具有下列情形之一的,高级人民法院可以向最高人民法院提出请示:

(一)法律、法规、司法解释、规范性文件等没有明确规定,适用法律存在重大争议的;

(二)对法律、法规、司法解释、规范性文件等规定具体含义的理解存在重大争议的;

(三)司法解释、规范性文件制定时所依据的客观情况发生重大变化,继续适用有关规定明显有违公平正义的;

(四)类似案件裁判规则明显不统一的;

(五)其他对法律适用存在重大争议的。

技术类知识产权和反垄断法律适用问题,具有前款规定情形之一的,第一审人民法院可以向最高人民法院提出请示。

最高人民法院认为必要时,可以要求下级人民法院报告有关情况。

第三条 不得就案件的事实认定问题提出请示。

二、请 示

第四条 向最高人民法院提出请示,应当经本院审判委员会讨论决定,就法律适用问题提出意见,并说明理由;有分歧意见的,应当写明倾向性意见。

第五条 请示应当按照审级逐级层报。

第六条 提出请示的人民法院应当以院名义制作书面请示,扼要写明请示的法律适用问题,并制作请示综合报告,写明以下内容:

(一)请示的法律适用问题及由来;

(二)合议庭、审判委员会对请示的法律适用问题的讨论情况、分歧意见及各自理由;

(三)类案检索情况;

(四)需要报告的其他情况;

(五)联系人及联系方式。

高级人民法院就基层、中级人民法院请示的法律适用问题向最高人民法院请示的,应当同时附下级人民法院的请示综合报告。

请示、请示综合报告一式五份,连同电子文本,一并报送最高人民法院立案庭。

三、办 理

第七条 最高人民法院立案庭应当自收到请示材料之日起三个工作日内审查完毕。请示材料符合要求的,应当编定案号,并按照下列情形分别处理:

(一)符合请示范围、程序的,应当受理,并确定请示的承办部门;

(二)不属于请示范围,或者违反请示程序的,不予受理,并书面告知提出请示的人民法院。

请示材料不符合要求的,应当一次性告知提出请示的人民法院在指定的期限内补充。

第八条 最高人民法院立案庭应当按照下列规定确定请示的承办部门:

(一)请示的法律适用问题涉及司法解释、规范性文件规定的具体含义,或者属于司法解释、规范性文件所针对的同类问题的,由起草部门承办;有多个起草部门的,由主要起草部门承办;

(二)不属于前项规定情形的,根据职责分工确定请示的承办部门。

承办部门难以确定的,由立案庭会同研究室确定。

第九条 承办部门收到立案庭转来的请示材料后,经审查认为不属于本部门职责范围的,应当在三个工作日内,与立案庭协商退回;协商不成的,报分管领导批准后,退回立案庭重新提出分办意见。有关部门不得自行移送、转办。

其他部门认为请示应当由本部门办理的,应当报分管院领导批准后,向立案庭提出意见。

第十条 承办部门应当指定专人办理请示。承办人研究提出处理意见后,承办部门应当组织集体研究。

对请示的法律适用问题,承办部门可以商请院内有关部门共同研究,或者提出初步处理意见后,征求院内有关部门意见。必要时,可以征求院外有关部门或者专家的意见。

第十一条 承办部门应当将处理意见报分管院领导审批。必要时,分管院领导可以报院长审批或者提请审判委员会讨论决定。

在报分管院领导审批前,承办部门应当将处理意见送研究室审核。研究室一般在五个工作日内出具审核意见。研究室提出不同意见的,承办部门在报分管院领导审批时,应当作出说明。

第十二条 最高人民法院应当分别按照以下情形作

出处理：

（一）对请示的法律适用问题作出明确答复，并写明答复依据；

（二）不属于请示范围，或者违反请示程序的，不予答复，并书面告知提出请示的人民法院；

（三）最高人民法院对相同或者类似法律适用问题作出过答复的，可以不予答复，并将有关情况告知提出请示的人民法院。

第十三条 最高人民法院的答复应当以院名义作出。

答复一般采用书面形式。以电话答复等其他形式作出的，应当将底稿等材料留存备查。

答复作出后，承办部门应当及时将答复上传至查询数据库。

第十四条 最高人民法院应当尽快办理请示，至迟在受理请示之日起二个月内办结。需要征求院外有关部门意见或者提请审判委员会讨论的，可以延长二个月。

因特殊原因不能在前款规定的期限内办结的，承办部门应当在报告分管院领导后，及时通知提出请示的人民法院，并抄送审判管理办公室。

对于涉及刑事法律适用问题的请示，必要时，可以提醒有关人民法院依法变更强制措施。

第十五条 对最高人民法院的答复，提出请示的人民法院应当执行，但不得作为裁判依据援引。

第十六条 可以公开的答复，最高人民法院应当通过适当方式向社会公布。

四、其他规定

第十七条 最高人民法院对办理请示答复编定案号，类型代字为"法复"。

第十八条 最高人民法院在办理请示答复过程中，认为请示的法律适用问题具有普遍性、代表性，影响特别重大的，可以通知下级人民法院依法将有关案件移送本院审判。

第十九条 答复针对的法律适用问题具有普遍指导意义的，提出请示的人民法院可以编写案例，作为备选指导性案例向最高人民法院推荐。

第二十条 对请示的法律适用问题，必要时，最高人民法院可以制定司法解释作出明确。

第二十一条 最高人民法院应当建设本院办理请示答复的专门模块和查询数据库，对请示答复进行信息化办理、智能化管理和数字化分析应用。

请示答复的流程管理、质量评查等由审判管理办公室负责。

承办部门超过本规定第十四条规定期限未办结的，审判管理办公室应当要求承办部门书面说明情况，督促其限期办结，并视情予以通报。

第二十二条 提出、办理请示等工作，应当遵守有关保密工作规定。

第二十三条 基层、中级人民法院就法律适用问题提出请示，中级、高级人民法院对法律适用问题作出处理的，参照适用本规定。

第二十四条 各高级人民法院、解放军军事法院应当在每年1月31日之前，将上一年度本院作出的答复报送最高人民法院研究室。

第二十五条 本规定自2023年9月1日起施行。此前的规范性文件与本规定不一致的，以本规定为准。

附件：文书参考样式（略）

最高人民法院关于综合治理类司法建议工作若干问题的规定

· 2023年10月19日最高人民法院审判委员会第1902次会议通过
· 2023年11月15日最高人民法院公告公布
· 自2023年11月16日起施行
· 法释〔2023〕11号

为进一步加强和规范综合治理类司法建议工作，更好发挥审判机关在国家和社会治理中的重要作用，根据《中华人民共和国人民法院组织法》等法律规定，结合人民法院工作实际，制定本规定。

第一条 人民法院在履行审判执行职责时发现社会治理领域中存在引起矛盾纠纷多发高发，影响经济社会发展和人民群众权益保护的突出问题，需要向有关主管机关或者其他有关单位提出改进工作、完善治理的司法建议的，适用本规定。

第二条 人民法院提出司法建议，应当遵循确有必要的原则，确保司法建议的针对性、规范性和实效性。

第三条 人民法院提出司法建议时，应当根据综合治理问题涉及的行业、领域等向相应的主管机关或者其他有关单位提出；向主管机关提出的，一般应当向本院辖区范围内的同级主管机关提出。发现的综合治理问题需要异地主管机关采取措施的，可以提出工作建议，层报相应的上级人民法院决定。

第四条 司法建议应当以人民法院名义提出。

第五条 人民法院提出司法建议前,应当结合审判执行工作中发现的问题充分调查研究,并积极与被建议单位沟通,听取其意见。

第六条 人民法院提出司法建议,应当制作司法建议书。

司法建议书实行统一编号。

第七条 司法建议书起草完成后,应当依照《中华人民共和国人民法院组织法》第三十七条第一款第四项的规定提请审判委员会审议。

司法建议书审议通过后,由院长签发。

第八条 人民法院提出司法建议时,应当告知被建议单位就建议采纳落实情况等予以书面答复。答复期限根据具体情况确定,一般不超过两个月;法律、司法解释另有规定的,依照其规定。

人民法院应当结合审判执行工作支持、配合、督促被建议单位采取相应措施,协同抓好司法建议相关工作的落实。

第九条 司法建议涉及的问题重大,需要引起高度重视的,人民法院可以将司法建议书抄送被建议单位的上级主管机关或者其他有关单位。

第十条 各级人民法院应当确定司法建议工作日常管理机构,完善审核、指导、考核、激励等机制,并将司法建议工作质效纳入绩效考核。

第十一条 各级人民法院应当依照《中华人民共和国人民法院组织法》第九条的规定,将司法建议工作情况列入向同级人民代表大会及其常务委员会报告的事项。

第十二条 人民法院提出综合治理类司法建议以外的其他司法建议的,依照有关法律、司法解释、其他规范性文件的规定办理。有关法律、司法解释、其他规范性文件没有规定的事项,可以根据本辖区的具体情况和实际需要,参照本规定办理。

第十三条 本规定自2023年11月16日起施行。最高人民法院此前发布的司法解释和其他规范性文件与本规定不一致的,以本规定为准。

附件:
1. 人民法院司法建议书制作规范(略)
2. 文书样式(略)
3. 封面样式(略)

二、民　事

(一) 综　合

全国法院民商事审判工作会议纪要（节录）

- 2019 年 11 月 8 日
- 法〔2019〕254 号

……

一、关于民法总则适用的法律衔接

会议认为，民法总则施行后至民法典施行前，拟编入民法典但尚未完成修订的物权法、合同法等民商事基本法，以及不编入民法典的公司法、证券法、信托法、保险法、票据法等民商事特别法，均可能存在与民法总则规定不一致的情形。人民法院应当依照《立法法》第 92 条、《民法总则》第 11 条等规定，综合考虑新的规定优于旧的规定、特别规定优于一般规定等法律适用规则，依法处理好民法总则与相关法律的衔接问题，主要是处理好与民法通则、合同法、公司法的关系。

1.【民法总则与民法通则的关系及其适用】民法通则既规定了民法的一些基本制度和一般性规则，也规定了合同、所有权及其他财产权、知识产权、民事责任、涉外民事法律关系适用等具体内容。民法总则基本吸收了民法通则规定的基本制度和一般性规则，同时作了补充、完善和发展。民法通则规定的合同、所有权及其他财产权、民事责任等具体内容还需要在编撰民法典各分编时作进一步统筹，系统整合。因民法总则施行后暂不废止民法通则，在此之前，民法总则与民法通则规定不一致的，根据新的规定优于旧的规定的法律适用规则，适用民法总则的规定。最高人民法院已依据民法总则制定了关于诉讼时效问题的司法解释，而原依据民法通则制定的关于诉讼时效的司法解释，只要与民法总则不冲突，仍可适用。

2.【民法总则与合同法的关系及其适用】根据民法典编撰工作"两步走"的安排，民法总则施行后，目前正在进行民法典的合同编、物权编等各分编的编撰工作。民法典施行后，合同法不再保留。在这之前，因民法总则施行前成立的合同发生的纠纷，原则上适用合同法的有关规定处理。因民法总则施行后成立的合同发生的纠纷，如果合同法"总则"对此的规定与民法总则的规定不一致的，根据新的规定优于旧的规定的法律适用规则，适用民法总则的规定。例如，关于欺诈、胁迫问题，根据合同法的规定，只有合同当事人之间存在欺诈、胁迫行为的，被欺诈、胁迫一方才享有撤销合同的权利。而依民法总则的规定，第三人实施的欺诈、胁迫行为，被欺诈、胁迫一方也有撤销合同的权利。另外，合同法视欺诈、胁迫行为所损害利益的不同，对合同效力作出了不同规定：损害合同当事人利益的，属于可撤销或者可变更合同；损害国家利益的，则属于无效合同。民法总则则未加区别，规定一律按可撤销合同对待。再如，关于显失公平问题，合同法将显失公平与乘人之危作为两类不同的可撤销或者可变更合同事由，而民法总则则将二者合并为一类可撤销合同事由。

民法总则施行后发生的纠纷，在民法典施行前，如果合同法"分则"对此的规定与民法总则不一致的，根据特别规定优于一般规定的法律适用规则，适用合同法"分则"的规定。例如，民法总则仅规定了显名代理，没有规定《合同法》第 402 条的隐名代理和第 403 条的间接代理。在民法典施行前，这两条规定应当继续适用。

3.【民法总则与公司法的关系及其适用】民法总则与公司法的关系，是一般法与商事特别法的关系。民法总则第三章"法人"第一节"一般规定"和第二节"营利法人"基本上是根据公司法的有关规定提炼的，二者的精神大体一致。因此，涉及民法总则这一部分的内容，规定一致的，适用民法总则或者公司法皆可；规定不一致的，根据《民法总则》第 11 条有关"其他法律对民事关系有特别规定的，依照其规定"的规定，原则上应当适用公司法的规定。但应当注意也有例外情况，主要表现在两个方面：一是就同一事项，民法总则制定时有意修正公司法有关条款的，应当适用民法总则的规定。例如，《公司法》第 32 条第 3 款规定："公司应当将股东的姓名或者名称及其出资额向公司登记机关登记；登记事项发生变更的，应当办理变更登记。未经登记或者变更登记的，不得对抗第三人。"而《民法总则》第 65 条的规定则把"不得对抗第三人"修正为"不得对抗善意相对人"。经查询有关立法理由,可以认为,此种情况应当适用民法总则的规定。二是民法总则在公司法规定基础上增加了新内容的,如《公司法》第22条第2款就公司决议的撤销问题进行了规定,《民法总则》第85条在该条基础上增加规定:"但是营利法人依据该决议与善意相对人形成的民事法律关系不受影响。"此时,也应当适用民法总则的规定。

4.【民法总则的时间效力】根据"法不溯及既往"的原则,民法总则原则上没有溯及力,故只能适用于施行后发生的法律事实;民法总则施行前发生的法律事实,适用当时的法律;某一法律事实发生在民法总则施行前,其行为延续至民法总则施行后的,适用民法总则的规定。但要注意有例外情形,如虽然法律事实发生在民法总则施行前,但当时的法律对此没有规定而民法总则有规定的,例如,对于虚伪意思表示、第三人实施欺诈行为,合同法均无规定,发生纠纷后,基于"法官不得拒绝裁判"规则,可以将民法总则的相关规定作为裁判依据。又如,民法总则施行前成立的合同,根据当时的法律应当认定无效,而根据民法总则应当认定有效或者可撤销的,应当适用民法总则的规定。

在民法总则无溯及力的场合,人民法院应当依据法律事实发生时的法律进行裁判,但如果法律事实发生时的法律虽有规定,但内容不具体、不明确的,如关于无权代理在被代理人不予追认时的法律后果,民法通则和合同法均规定由行为人承担民事责任,但对民事责任的性质和方式没有规定,而民法总则对此有明确且详细的规定,人民法院在审理案件时,就可以在裁判文书的说理部分将民法总则规定的内容作为解释法律事实发生时法律规定的参考。

二、关于公司纠纷案件的审理

会议认为,审理好公司纠纷案件,对于保护交易安全和投资安全,激发经济活力,增强投资创业信心,具有重要意义。要依法协调好公司债权人、股东、公司等各种利益主体之间的关系,处理好公司外部与内部的关系,解决好公司自治与司法介入的关系。

(一)关于"对赌协议"的效力及履行

实践中俗称的"对赌协议",又称估值调整协议,是指投资方与融资方在达成股权性融资协议时,为解决交易双方对目标公司未来发展的不确定性、信息不对称以及代理成本而设计的包含了股权回购、金钱补偿等对未来目标公司的估值进行调整的协议。从订立"对赌协议"的主体来看,有投资方与目标公司的股东或者实际控制人"对赌"、投资方与目标公司"对赌"、投资方与目标公司的股东、目标公司"对赌"等形式。人民法院在审理"对赌协议"纠纷案件时,不仅应当适用合同法的相关规定,还应当适用公司法的相关规定;既要坚持鼓励投资方对实体企业特别是科技创新企业投资原则,从而在一定程度上缓解企业融资难问题,又要贯彻资本维持原则和保护债权人合法权益原则,依法平衡投资方、公司债权人、公司之间的利益。对于投资方与目标公司的股东或者实际控制人订立的"对赌协议",如无其他无效事由,认定有效并支持实际履行,实践中并无争议。但投资方与目标公司订立的"对赌协议"是否有效以及能否实际履行,存在争议。对此,应当把握如下处理规则:

5.【与目标公司"对赌"】投资方与目标公司订立的"对赌协议"在不存在法定无效事由的情况下,目标公司仅以存在股权回购或者金钱补偿约定为由,主张"对赌协议"无效的,人民法院不予支持,但投资方主张实际履行的,人民法院应当审查是否符合公司法关于"股东不得抽逃出资"及股份回购的强制性规定,判决是否支持其诉讼请求。

投资方请求目标公司回购股权的,人民法院应当依据《公司法》第35条关于"股东不得抽逃出资"或者第142条关于股份回购的强制性规定进行审查。经审查,目标公司未完成减资程序的,人民法院应当驳回其诉讼请求。

投资方请求目标公司承担金钱补偿义务的,人民法院应当依据《公司法》第35条关于"股东不得抽逃出资"和第166条关于利润分配的强制性规定进行审查。经审查,目标公司没有利润或者虽有利润但不足以补偿投资方的,人民法院应当驳回或者部分支持其诉讼请求。今后目标公司有利润时,投资方还可以依据该事实另行提起诉讼。

(二)关于股东出资加速到期及表决权

6.【股东出资应否加速到期】在注册资本认缴制下,股东依法享有期限利益。债权人以公司不能清偿到期债务为由,请求未届出资期限的股东在未出资范围内对公司不能清偿的债务承担补充赔偿责任的,人民法院不予支持。但是,下列情形除外:

(1)公司作为被执行人的案件,人民法院穷尽执行措施无财产可供执行,已具备破产原因,但不申请破产的;

(2)在公司债务产生后,公司股东(大)会决议或以其他方式延长股东出资期限的。

7.【表决权能否受限】股东认缴的出资未届履行期

限,对未缴纳部分的出资是否享有以及如何行使表决权等问题,应当根据公司章程来确定。公司章程没有规定的,应当按照认缴出资的比例确定。如果股东(大)会作出不按认缴出资比例而按实际出资比例或者其他标准确定表决权的决议,股东请求确认决议无效,人民法院应当审查该决议是否符合修改公司章程所要求的表决程序,即必须代表三分之二以上表决权的股东通过。符合的,人民法院不予支持;反之,则依法予以支持。

（三）关于股权转让

8.【有限责任公司的股权变动】当事人之间转让有限责任公司股权,受让人以其姓名或者名称已记载于股东名册为由主张其已经取得股权的,人民法院依法予以支持,但法律、行政法规规定应当办理批准手续生效的股权转让除外。未向公司登记机关办理股权变更登记的,不得对抗善意相对人。

9.【侵犯优先购买权的股权转让合同的效力】审判实践中,部分人民法院对公司法司法解释（四）第 21 条规定的理解存在偏差,往往以保护其他股东的优先购买权为由认定股权转让合同无效。准确理解该条规定,既要注意保护其他股东的优先购买权,也要注意保护股东以外的股权受让人的合法权益,正确认定有限责任公司的股东与股东以外的股权受让人订立的股权转让合同的效力。一方面,其他股东依法享有优先购买权,在其主张按照股权转让合同约定的同等条件购买股权的情况下,应当支持其诉讼请求,除非出现该条第 1 款规定的情形。另一方面,为保护股东以外的股权受让人的合法权益,股权转让合同如无其他影响合同效力的事由,应当认定有效。其他股东行使优先购买权的,虽然股东以外的股权受让人关于继续履行股权转让合同的请求不能得到支持,但不影响其依约请求转让股东承担相应的违约责任。

（四）关于公司人格否认

公司人格独立和股东有限责任是公司法的基本原则。否认公司独立人格,由滥用公司法人独立地位和股东有限责任的股东对公司债务承担连带责任,是股东有限责任的例外情形,旨在矫正有限责任制度在特定法律事实发生时对债权人保护的失衡现象。在审判实践中,要准确把握《公司法》第 20 条第 3 款规定的精神。一是只有在股东实施了滥用公司法人独立地位及股东有限责任的行为,且该行为严重损害了公司债权人利益的情况下,才能适用。损害债权人利益,主要是指股东滥用权利使公司财产不足以清偿公司债权人的债权。二是只有实施了滥用法人独立地位和股东有限责任行为的股东才对公司债务承担连带清偿责任,而其他股东不应承担此责任。三是公司人格否认不是全面、彻底、永久地否定公司的法人资格,而只是在具体案件中依据特定的法律事实、法律关系,突破股东对公司债务不承担责任的一般规则,例外地判令其承担连带责任。人民法院在个案中否认公司人格的判决的既判力仅仅约束该诉讼的各方当事人,不当然适用于涉及该公司的其他诉讼,不影响公司独立法人资格的存续。如果其他债权人提起公司人格否认诉讼,已生效判决认定的事实可以作为证据使用。四是《公司法》第 20 条第 3 款规定的滥用行为,实践中常见的情形有人格混同、过度支配与控制、资本显著不足等。在审理案件时,需要根据查明的案件事实进行综合判断,既审慎适用,又当用则用。实践中存在标准把握不严而滥用这一例外制度的现象,同时也存在因法律规定较为原则、抽象,适用难度大,而不善于适用、不敢于适用的现象,均应当引起高度重视。

10.【人格混同】认定公司人格与股东人格是否存在混同,最根本的判断标准是公司是否具有独立意思和独立财产,最主要的表现是公司的财产与股东的财产是否混同且无法区分。在认定是否构成人格混同时,应当综合考虑以下因素:

（1）股东无偿使用公司资金或者财产,不作财务记载的;

（2）股东用公司的资金偿还股东的债务,或者将公司的资金供关联公司无偿使用,不作财务记载的;

（3）公司账簿与股东账簿不分,致使公司财产与股东财产无法区分的;

（4）股东自身收益与公司盈利不加区分,致使双方利益不清的;

（5）公司的财产记载于股东名下,由股东占有、使用的;

（6）人格混同的其他情形。

在出现人格混同的情况下,往往同时出现以下混同:公司业务和股东业务混同;公司员工与股东员工混同,特别是财务人员混同;公司住所与股东住所混同。人民法院在审理案件时,关键要审查是否构成人格混同,而不要求同时具备其他方面的混同,其他方面的混同往往只是人格混同的补强。

11.【过度支配与控制】公司控制股东对公司过度支配与控制,操纵公司的决策过程,使公司完全丧失独立性,沦为控制股东的工具或躯壳,严重损害公司债权人利益,应当否认公司人格,由滥用控制权的股东对公司债务承担连带责任。实践中常见的情形包括：

（1）母子公司之间或者子公司之间进行利益输送的；

（2）母子公司或者子公司之间进行交易，收益归一方，损失却由另一方承担的；

（3）先从原公司抽走资金，然后再成立经营目的相同或者类似的公司，逃避原公司债务的；

（4）先解散公司，再以原公司场所、设备、人员及相同或者相似的经营目的另设公司，逃避原公司债务的；

（5）过度支配与控制的其他情形。

控制股东或实际控制人控制多个子公司或者关联公司，滥用控制权使多个子公司或者关联公司财产边界不清、财务混同，利益相互输送，丧失人格独立性，沦为控制股东逃避债务、非法经营，甚至违法犯罪工具的，可以综合案件事实，否认子公司或关联公司法人人格，判令承担连带责任。

12.【资本显著不足】资本显著不足指的是，公司设立后在经营过程中，股东实际投入公司的资本数额与公司经营所隐含的风险相比明显不匹配。股东利用较少资本从事力所不及的经营，表明其没有从事公司经营的诚意，实质是恶意利用公司独立人格和股东有限责任把投资风险转嫁给债权人。由于资本显著不足的判断标准有很大的模糊性，特别是要与公司采取"以小博大"的正常经营方式相区分，因此在适用时要十分谨慎，应当与其他因素结合起来综合判断。

13.【诉讼地位】人民法院在审理公司人格否认纠纷案件时，应当根据不同情形确定当事人的诉讼地位：

（1）债权人对债务人公司享有的债权已经由生效裁判确认，其另行提起公司人格否认诉讼，请求股东对公司债务承担连带责任的，列股东为被告，公司为第三人；

（2）债权人对债务人公司享有的债权提起诉讼的同时，一并提起公司人格否认诉讼，请求股东对公司债务承担连带责任的，列公司和股东为共同被告；

（3）债权人对债务人公司享有的债权尚未经生效裁判确认，直接提起公司人格否认诉讼，请求公司股东承担连带责任的，人民法院应当向债权人释明，告知其追加公司为共同被告。债权人拒绝追加的，人民法院应当裁定驳回起诉。

（五）关于有限责任公司清算义务人的责任

关于有限责任公司股东清算责任的认定，一些案件的处理结果不适当地扩大了股东的清算责任。特别是实践中出现了一些职业债权人，从其他债权人处大批量超低价收购僵尸企业的"陈年旧账"后，对批量僵尸企业提起强制清算之诉，在获得人民法院对公司主要财产、账册、重要文件等灭失的认定后，根据公司法司法解释（二）第18条第2款的规定，请求有限责任公司的股东对公司债务承担连带清偿责任。有的人民法院没有准确把握上述规定的适用条件，判决没有"怠于履行义务"的小股东或者虽"怠于履行义务"但与公司主要财产、账册、重要文件等灭失没有因果关系的小股东对公司债务承担远远超过其出资数额的责任，导致出现利益明显失衡的现象。需要明确的是，上述司法解释关于有限责任公司股东清算责任的规定，其性质是因股东怠于履行清算义务致使公司无法清算所应当承担的侵权责任。在认定有限责任公司股东是否应当对债权人承担侵权赔偿责任时，应当注意以下问题：

14.【怠于履行清算义务的认定】公司法司法解释（二）第18条第2款规定的"怠于履行义务"，是指有限责任公司的股东在法定清算事由出现后，在能够履行清算义务的情况下，故意拖延、拒绝履行清算义务，或者因过失导致无法进行清算的消极行为。股东举证证明其已经为履行清算义务采取了积极措施，或者小股东举证证明其既不是公司董事会或者监事会成员，也没有选派人员担任该机关成员，且从未参与公司经营管理，以不构成"怠于履行义务"为由，主张其不应当对公司债务承担连带清偿责任的，人民法院依法予以支持。

15.【因果关系抗辩】有限责任公司的股东举证证明其"怠于履行义务"的消极不作为与"公司主要财产、账册、重要文件等灭失，无法进行清算"的结果之间没有因果关系，主张其不应对公司债务承担连带清偿责任的，人民法院依法予以支持。

16.【诉讼时效期间】公司债权人请求股东对公司债务承担连带清偿责任，股东以公司债权人对公司的债权已经超过诉讼时效期间为由抗辩，经查证属实的，人民法院依法予以支持。

公司债权人以公司法司法解释（二）第18条第2款为依据，请求有限责任公司的股东对公司债务承担连带清偿责任的，诉讼时效期间自公司债权人知道或者应当知道公司无法进行清算之日起计算。

（六）关于公司为他人提供担保

关于公司为他人提供担保的合同效力问题，审判实践中裁判尺度不统一，严重影响了司法公信力，有必要予以规范。对此，应当把握以下几点：

17.【违反《公司法》第16条构成越权代表】为防止

法定代表人随意代表公司为他人提供担保给公司造成损失，损害中小股东利益，《公司法》第16条对法定代表人的代表权进行了限制。根据该条规定，担保行为不是法定代表人所能单独决定的事项，而必须以公司股东（大）会、董事会等公司机关的决议作为授权的基础和来源。法定代表人未经授权擅自为他人提供担保的，构成越权代表，人民法院应当根据《合同法》第50条关于法定代表人越权代表的规定，区分订立合同时债权人是否善意分别认定合同效力：债权人善意的，合同有效；反之，合同无效。

18.【善意的认定】前条所称的善意，是指债权人不知道或者不应当知道法定代表人超越权限订立担保合同。《公司法》第16条对关联担保和非关联担保的决议机关作出了区别规定，相应地，在善意的判断标准上也应当有所区别。一种情形是，为公司股东或者实际控制人提供关联担保，《公司法》第16条明确规定必须由股东（大）会决议，未经股东（大）会决议，构成越权代表。在此情况下，债权人主张担保合同有效，应当提供证据证明其在订立合同时对股东（大）会决议进行了审查，决议的表决程序符合《公司法》第16条的规定，即在排除被担保股东表决权的情况下，该项表决由出席会议的其他股东所持表决权的过半数通过，签字人员也符合公司章程的规定。另一种情形是，公司为公司股东或者实际控制人以外的人提供非关联担保，根据《公司法》第16条的规定，此时由公司章程规定是由董事会决议还是股东（大）会决议。无论章程是否对决议机关作出规定，也无论章程规定决议机关为董事会还是股东（大）会，根据《民法总则》第61条第3款关于"法人章程或者法人权力机构对法定代表人代表权的限制，不得对抗善意相对人"的规定，只要债权人能够证明其在订立担保合同时对董事会决议或者股东（大）会决议进行了审查，同意决议的人数及签字人员符合公司章程的规定，就应当认定其构成善意，但公司能够证明债权人明知公司章程对决议机关有明确规定的除外。

债权人对公司机关决议内容的审查一般限于形式审查，只要求尽到必要的注意义务即可，标准不宜太过严苛。公司以机关决议系法定代表人伪造或者变造、决议程序违法、签章（名）不实、担保金额超过法定限额等事由抗辩债权人非善意的，人民法院一般不予支持。但是，公司有证据证明债权人明知决议系伪造或者变造的除外。

19.【无须机关决议的例外情况】存在下列情形的，即便债权人知道或者应当知道没有公司机关决议，也应当认定担保合同符合公司的真实意思表示，合同有效：

（1）公司是以为他人提供担保为主营业务的担保公司，或者是开展保函业务的银行或者非银行金融机构；

（2）公司为其直接或者间接控制的公司开展经营活动向债权人提供担保；

（3）公司与主债务人之间存在相互担保等商业合作关系；

（4）担保合同系由单独或者共同持有公司三分之二以上有表决权的股东签字同意。

20.【越权担保的民事责任】依据前述3条规定，担保合同有效，债权人请求公司承担担保责任的，人民法院依法予以支持；担保合同无效，债权人请求公司承担担保责任的，人民法院不予支持，但可以按照担保法及有关司法解释关于担保无效的规定处理。公司举证证明债权人明知法定代表人超越权限或者机关决议系伪造或者变造，债权人请求公司承担合同无效后的民事责任的，人民法院不予支持。

21.【权利救济】法定代表人的越权担保行为给公司造成损失，公司请求法定代表人承担赔偿责任的，人民法院依法予以支持。公司没有提起诉讼，股东依据《公司法》第151条的规定请求法定代表人承担赔偿责任的，人民法院依法予以支持。

22.【上市公司为他人提供担保】债权人根据上市公司公开披露的关于担保事项已经董事会或者股东大会决议通过的信息订立的担保合同，人民法院应当认定有效。

23.【债务加入准用担保规则】法定代表人以公司名义与债务人约定加入债务并通知债权人或者向债权人表示愿意加入债务，该约定的效力问题，参照本纪要关于公司为他人提供担保的有关规则处理。

（七）关于股东代表诉讼

24.【何时成为股东不影响起诉】股东提起股东代表诉讼，被告以行为发生时原告尚未成为公司股东为由抗辩该股东不是适格原告的，人民法院不予支持。

25.【正确适用前置程序】根据《公司法》第151条的规定，股东提起代表诉讼的前置程序之一是，股东必须先书面请求公司有关机关向人民法院提起诉讼。一般情况下，股东没有履行该前置程序的，应当驳回起诉。但是，该项前置程序针对的是公司治理的一般情况，即在股东向公司有关机关提出书面申请之时，存在公司有关机关提起诉讼的可能性。如果查明的相关事实表明，根本不存在该种可能性的，人民法院不应当以原告未履行前置程序为由驳回起诉。

26.【股东代表诉讼的反诉】股东依据《公司法》第151条第3款的规定提起股东代表诉讼后,被告以原告股东恶意起诉侵犯其合法权益为由提起反诉的,人民法院应予受理。被告以公司在案涉纠纷中应当承担侵权或者违约等责任为由对公司提出的反诉,因不符合反诉的要件,人民法院应当裁定不予受理;已经受理的,裁定驳回起诉。

27.【股东代表诉讼的调解】公司是股东代表诉讼的最终受益人,为避免因原告股东与被告通过调解损害公司利益,人民法院应当审查调解协议是否为公司的意思。只有在调解协议经公司股东(大)会、董事会决议通过后,人民法院才能出具调解书予以确认。至于其具体决议机关,取决于公司章程的规定。公司章程没有规定的,人民法院应当认定公司股东(大)会为决议机关。

(八)其他问题

28.【实际出资人显名的条件】实际出资人能够提供证据证明有限责任公司过半数的其他股东知道其实际出资的事实,且对其实际行使股东权利未曾提出异议的,对实际出资人提出的登记为公司股东的请求,人民法院依法予以支持。公司以实际出资人的请求不符合公司法司法解释(三)第24条的规定为由抗辩的,人民法院不予支持。

29.【请求召开股东(大)会不可诉】公司召开股东(大)会本质上属于公司内部治理范围。股东请求判令公司召开股东(大)会的,人民法院应当告知其按照《公司法》第40条或者第101条规定的程序自行召开。股东坚持起诉的,人民法院应当裁定不予受理;已经受理的,裁定驳回起诉。

三、关于合同纠纷案件的审理

会议认为,合同是市场化配置资源的主要方式,合同纠纷也是民商事纠纷的主要类型。人民法院在审理合同纠纷案件时,要坚持鼓励交易原则,充分尊重当事人的意思自治。要依法审慎认定合同效力。要根据诚实信用原则,合理解释合同条款、确定履行内容,合理确定当事人的权利义务关系,审慎适用合同解除制度,依法调整过高的违约金,强化对守约者诚信行为的保护力度,提高违法违约成本,促进诚信社会构建。

(一)关于合同效力

人民法院在审理合同纠纷案件过程中,要依职权审查合同是否存在无效的情形,注意无效与可撤销、未生效、效力待定等合同效力形态之间的区别,准确认定合同效力,并根据效力的不同情形,结合当事人的诉讼请求,确定相应的民事责任。

30.【强制性规定的识别】合同法施行后,针对一些人民法院动辄以违反法律、行政法规的强制性规定为由认定合同无效,不当扩大无效合同范围的情形,合同法司法解释(二)第14条将《合同法》第52条第5项规定的"强制性规定"明确限于"效力性强制性规定"。此后,《最高人民法院关于当前形势下审理民商事合同纠纷案件若干问题的指导意见》进一步提出了"管理性强制性规定"的概念,指出违反管理性强制性规定的,人民法院应当根据具体情形认定合同效力。随着这一概念的提出,审判实践中又出现了另一种倾向,有的人民法院认为凡是行政管理性质的强制性规定都属于"管理性强制性规定",不影响合同效力。这种望文生义的认定方法,应予纠正。

人民法院在审理合同纠纷案件时,要依据《民法总则》第153条第1款和合同法司法解释(二)第14条的规定慎重判断"强制性规定"的性质,特别是要在考量强制性规定所保护的法益类型、违法行为的法律后果以及交易安全保护等因素的基础上认定其性质,并在裁判文书中充分说明理由。下列强制性规定,应当认定为"效力性强制性规定":强制性规定涉及金融安全、市场秩序、国家宏观政策等公序良俗的;交易标的禁止买卖的,如禁止人体器官、毒品、枪支等买卖;违反特许经营规定的,如场外配资合同;交易方式严重违法的,如违反招投标等竞争性缔约方式订立的合同;交易场所违法的,如在批准的交易场所之外进行期货交易。关于经营范围、交易时间、交易数量等行政管理性质的强制性规定,一般应当认定为"管理性强制性规定"。

31.【违反规章的合同效力】违反规章一般情况下不影响合同效力,但该规章的内容涉及金融安全、市场秩序、国家宏观政策等公序良俗的,应当认定合同无效。人民法院在认定规章是否涉及公序良俗时,要在考察规范对象基础上,兼顾监管强度、交易安全保护以及社会影响等方面进行慎重考量,并在裁判文书中进行充分说理。

32.【合同不成立、无效或者被撤销的法律后果】《合同法》第58条就合同无效或者被撤销时的财产返还责任和损害赔偿责任作了规定,但未规定合同不成立的法律后果。考虑到合同不成立时也可能发生财产返还和损害赔偿责任问题,故应当参照适用该条的规定。

在确定合同不成立、无效或者被撤销后财产返还或者折价补偿范围时,要根据诚实信用原则的要求,在当事人之间合理分配,不能使不诚信的当事人因合同不成立、无效或者被撤销而获益。合同不成立、无效或者被撤销情况下,当事人所承担的缔约过失责任不应超过合同履行利益。比如,依据《最高人民法院关于审理建设工程施工合同纠纷案件适用法律问题的解释》第2条规定,建设工程施工合同无效,在建设工程经竣工验收合格情况下,可以参照合同约定支付工程款,但除非增加了合同约定之外新的工程项目,一般不应超出合同约定支付工程款。

33.【财产返还与折价补偿】合同不成立、无效或者被撤销后,在确定财产返还时,要充分考虑财产增值或者贬值的因素。双务合同不成立、无效或者被撤销,双方因该合同取得财产的,应当相互返还。应予返还的股权、房屋等财产相对于合同约定价款出现增值或者贬值的,人民法院要综合考虑市场因素、受让人的经营或者添附等行为与财产增值或者贬值之间的关联性,在当事人之间合理分配或者分担,避免一方因合同不成立、无效或者被撤销而获益。在标的物已经灭失、转售他人或者其他无法返还的情况下,当事人主张返还原物的,人民法院不予支持,但其主张折价补偿的,人民法院依法予以支持。折价时,应当以当事人交易时约定的价款为基础,同时考虑当事人在标的物灭失或者转售时的获益情况综合确定补偿标准。标的物灭失时当事人获得的保险金或者其他赔偿金,转售时取得的对价,均属于当事人因标的物而获得的利益。对获益高于或者低于价款的部分,也应当在当事人之间合理分配或者分担。

34.【价款返还】双务合同不成立、无效或者被撤销时,标的物返还与价款返还互为对待给付,双方应当同时返还。关于应否支付利息问题,只要一方对标的物有使用情形的,一般应支付使用费,该费用可与占有价款一方应当支付的资金占用费相互抵销,故在一方返还原物前,另一方仅须支付本金,而无须支付利息。

35.【损害赔偿】合同不成立、无效或者被撤销时,仅返还财产或者折价补偿不足以弥补损失,一方还可以向有过错的另一方请求损害赔偿。在确定损害赔偿范围时,既要根据当事人的过错程度合理确定责任,又要考虑在确定财产返还范围时已经考虑过的财产增值或者贬值因素,避免双重获利或者双重受损的现象发生。

36.【合同无效时的释明问题】在双务合同中,原告起诉请求确认合同有效并请求继续履行合同,被告主张合同无效的,或者原告起诉请求确认合同无效并返还财产,而被告主张合同有效的,都要防止机械适用"不告不理"原则,仅就当事人的诉讼请求进行审理,而应向原告释明变更或者增加诉讼请求,或者向被告释明提出同时履行抗辩,尽可能一次性解决纠纷。例如,基于合同有给付行为的原告请求确认合同无效,但并未提出返还原物或者折价补偿、赔偿损失等请求的,人民法院应当向其释明,告知其一并提出相应诉讼请求;原告请求确认合同无效并要求被告返还原物或者赔偿损失,被告基于合同也有给付行为的,人民法院同样应当向被告释明,告知其也可以提出返还请求;人民法院经审理认定合同无效的,除了要在判决书"本院认为"部分对同时返还作出认定外,还应当在判项中作出明确表述,避免因判令单方返还而出现不公平的结果。

第一审人民法院未予释明,第二审人民法院认为应当对合同不成立、无效或者被撤销的法律后果作出判决的,可以直接释明并改判。当然,如果返还财产或者赔偿损失的范围确实难以确定或者双方争议较大的,也可以告知当事人通过另行起诉等方式解决,并在裁判文书中予以明确。

当事人按照释明变更诉讼请求或者提出抗辩的,人民法院应当将其归纳为案件争议焦点,组织当事人充分举证、质证、辩论。

37.【未经批准合同的效力】法律、行政法规规定某类合同应当办理批准手续生效的,如商业银行法、证券法、保险法等法律规定购买商业银行、证券公司、保险公司5%以上股权须经相关主管部门批准,依据《合同法》第44条第2款的规定,批准是合同的法定生效条件,未经批准的合同因欠缺法律规定的特别生效条件而未生效。实践中的一个突出问题是,把未生效合同认定为无效合同,或者虽认定为未生效,却按无效合同处理。无效合同从本质上来说是欠缺合同的有效要件,或者具有合同无效的法定事由,自始不发生法律效力。而未生效合同已具备合同的有效要件,对双方具有一定的拘束力,任何一方不得擅自撤回、解除、变更,但因欠缺法律、行政法规规定或当事人约定的特别生效条件,在该生效条件成就前,不能产生请求对方履行合同主要权利义务的法律效力。

38.【报批义务及相关违约条款独立生效】须经行政机关批准生效的合同,对报批义务及未履行报批义务的违约责任等相关内容作出专门约定的,该约定独立生效。一方因另一方不履行报批义务,请求解除合同并请求其承担合同约定的相应违约责任的,人民法院依法予以支持。

39.【报批义务的释明】须经行政机关批准生效的合同,一方请求另一方履行合同主要权利义务的,人民法院应当向其释明,将诉讼请求变更为请求履行报批义务。

一方变更诉讼请求的,人民法院依法予以支持;经释明后当事人拒绝变更的,应当驳回其诉讼请求,但不影响其另行提起诉讼。

40.【判决履行报批义务后的处理】人民法院判决一方履行报批义务后,该当事人拒绝履行,经人民法院强制执行仍未履行,对方请求其承担合同违约责任的,人民法院依法予以支持。一方依据判决履行报批义务,行政机关予以批准,合同发生完全的法律效力,其请求对方履行合同的,人民法院依法予以支持;行政机关没有批准,合同不具有法律上的可履行性,一方请求解除合同的,人民法院依法予以支持。

41.【盖章行为的法律效力】司法实践中,有些公司有意刻制两套甚至多套公章,有的法定代表人或者代理人甚至私刻公章,订立合同时恶意加盖非备案的公章或者假公章,发生纠纷后法人以加盖的是假公章为由否定合同效力的情形并不鲜见。人民法院在审理案件时,应当主要审查签约人于盖章之时有无代表权或者代理权,从而根据代表或者代理的相关规则来确定合同的效力。

法定代表人或者其授权之人在合同上加盖法人公章的行为,表明其是以法人名义签订合同,除《公司法》第16条等法律对其职权有特别规定的情形外,应当由法人承担相应的法律后果。法人以法定代表人事后已无代表权、加盖的是假章、所盖之章与备案公章不一致等为由否定合同效力的,人民法院不予支持。

代理人以被代理人名义签订合同,要取得合法授权。代理人取得合法授权后,以被代理人名义签订的合同,应当由被代理人承担责任。被代理人以代理人事后已无代理权、加盖的是假章、所盖之章与备案公章不一致等为由否定合同效力的,人民法院不予支持。

42.【撤销权的行使】撤销权应当由当事人行使。当事人未请求撤销的,人民法院不应当依职权撤销合同。一方请求另一方履行合同,另一方以合同具有可撤销事由提出抗辩的,人民法院应当在审查合同是否具有可撤销事由以及是否超过法定期间等事实的基础上,对合同是否可撤销作出判断,不能仅以当事人未提起诉讼或者反诉为由不予审查或者不予支持。一方主张合同无效,依据的却是可撤销事由,此时人民法院应当全面审查合同是否具有无效事由以及当事人主张的可撤销事由。当事人关于合同无效的事由成立的,人民法院应当认定合同无效。当事人主张合同无效的理由不成立,而可撤销的事由成立的,因合同无效和可撤销的后果相同,人民法院也可以结合当事人的诉讼请求,直接判决撤销合同。

(二)关于合同履行与救济

在认定以物抵债协议的性质和效力时,要根据订立协议时履行期限是否已经届满予以区别对待。合同解除、违约责任都是非违约方寻求救济的主要方式,人民法院在认定合同应否解除时,要根据当事人有无解除权、是约定解除还是法定解除等不同情形,分别予以处理。在确定违约责任时,尤其要注意依法适用违约金调整的相关规则,避免简单地以民间借贷利率的司法保护上限作为调整依据。

43.【抵销】抵销权既可以通知的方式行使,也可以提出抗辩或者提起反诉的方式行使。抵销的意思表示自到达对方时生效,抵销一经生效,其效力溯自抵销条件成就之时,双方互负的债务在同等数额内消灭。双方互负的债务数额,是截至抵销条件成就之时各自负有的包括主债务、利息、违约金、赔偿金等在内的全部债务数额。行使抵销权一方享有的债权不足以抵销全部债务数额,当事人对抵销顺序又没有特别约定的,应当根据实现债权的费用、利息、主债务的顺序进行抵销。

44.【履行期届满后达成的以物抵债协议】当事人在债务履行期限届满后达成以物抵债协议,抵债物尚未交付债权人,债权人请求债务人交付的,人民法院要着重审查以物抵债协议是否存在恶意损害第三人合法权益等情形,避免虚假诉讼的发生。经审查,不存在以上情况,且无其他无效事由的,人民法院依法予以支持。

当事人在一审程序中因达成以物抵债协议申请撤回起诉的,人民法院可予准许。当事人在二审程序中申请撤回上诉的,人民法院应当告知其申请撤回起诉。当事人申请撤回起诉,经审查不损害国家利益、社会公共利益、他人合法权益的,人民法院可予准许。当事人不申请撤回起诉,请求人民法院出具调解书对以物抵债协议予以确认的,因债务人完全可以立即履行该协议,没有必要由人民法院出具调解书,故人民法院不应准许,同时应当继续对原债权债务关系进行审理。

45.【履行期届满前达成的以物抵债协议】当事人在债务履行期届满前达成以物抵债协议,抵债物尚未交付债权人,债权人请求债务人交付的,因此种情况不同于本纪要第71条规定的让与担保,人民法院应当向其释明,其应当根据原债权债务关系提起诉讼。经释明后当事人仍拒绝变更诉讼请求的,应当驳回其诉讼请求,但不影响其根据原债权债务关系另行提起诉讼。

46.【通知解除的条件】审判实践中,部分人民法院对合同法司法解释(二)第24条的理解存在偏差,认为不论发出解除通知的一方有无解除权,只要另一方未在异议期限内以起诉方式提出异议,就判令解除合同,这不符合合同法关于合同解除权行使的有关规定。对该条的准确理解是,只有享有法定或者约定解除权的当事人才能以通知方式解除合同。不享有解除权的一方向另一方发出解除通知,另一方即便未在异议期限内提起诉讼,也不发生合同解除的效果。人民法院在审理案件时,应当审查发出解除通知的一方是否享有约定或者法定的解除权来决定合同应否解除,不能仅以受通知一方在约定或者法定的异议期限届满内未起诉这一事实就认定合同已经解除。

47.【约定解除条件】合同约定的解除条件成就时,守约方以此为由请求解除合同的,人民法院应当审查违约方的违约程度是否显著轻微,是否影响守约方合同目的实现,根据诚实信用原则,确定合同应否解除。违约方的违约程度显著轻微,不影响守约方合同目的实现,守约方请求解除合同的,人民法院不予支持;反之,则依法予以支持。

48.【违约方起诉解除】违约方不享有单方解除合同的权利。但是,在一些长期性合同如房屋租赁合同履行过程中,双方形成合同僵局,一概不允许违约方通过起诉的方式解除合同,有时对双方都不利。在此前提下,符合下列条件,违约方起诉请求解除合同的,人民法院依法予以支持:

(1)违约方不存在恶意违约的情形;

(2)违约方继续履行合同,对其显失公平;

(3)守约方拒绝解除合同,违反诚实信用原则。

人民法院判决解除合同的,违约方本应当承担的违约责任不能因解除合同而减少或者免除。

49.【合同解除的法律后果】合同解除时,一方依据合同中有关违约金、约定损害赔偿的计算方法、定金责任等违约责任条款的约定,请求另一方承担违约责任的,人民法院依法予以支持。

双务合同解除时人民法院的释明问题,参照本纪要第 36 条的相关规定处理。

50.【违约金过高标准及举证责任】认定约定违约金是否过高,一般应当以《合同法》第 113 条规定的损失为基础进行判断,这里的损失包括合同履行后可以获得的利益。除借款合同外的双务合同,作为对价的价款或者报酬给付之债,并非借款合同项下的还款义务,不能以受法律保护的民间借贷利率上限作为判断违约金是否过高的标准,而应当兼顾合同履行情况、当事人过错程度以及预期利益等因素综合确定。主张违约金过高的违约方应当对违约金是否过高承担举证责任。

(三)关于借款合同

人民法院在审理借款合同纠纷案件过程中,要根据防范化解重大金融风险、金融服务实体经济、降低融资成本的精神,区别对待金融借贷与民间借贷,并适用不同规则与利率标准。要依法否定高利转贷行为、职业放贷行为的效力,充分发挥司法的示范、引导作用,促进金融服务实体经济。要注意到,为深化利率市场化改革,推动降低实体利率水平,自 2019 年 8 月 20 日起,中国人民银行已经授权全国银行间同业拆借中心于每月 20 日(遇节假日顺延)9 时 30 分公布贷款市场报价利率(LPR),中国人民银行贷款基准利率这一标准已经取消。因此,自此之后人民法院裁判贷款利息的基本标准应改为全国银行间同业拆借中心公布的贷款市场报价利率。应予注意的是,贷款利率标准尽管发生了变化,但存款基准利率并未发生相应变化,相关标准仍可适用。

51.【变相利息的认定】金融借款合同纠纷中,借款人认为金融机构以服务费、咨询费、顾问费、管理费等为名变相收取利息,金融机构或者由其指定的人收取的相关费用不合理的,人民法院可以根据提供服务的实际情况确定借款人应否支付或者酌减相关费用。

52.【高利转贷】民间借贷中,出借人的资金必须是自有资金。出借人套取金融机构信贷资金又高利转贷给借款人的民间借贷行为,既增加了融资成本,又扰乱了信贷秩序,根据民间借贷司法解释第 14 条第 1 项的规定,应当认定此类民间借贷行为无效。人民法院在适用该条规定时,应当注意把握以下几点:一是要审查出借人的资金来源。借款人能够举证证明在签订借款合同时出借人尚欠银行贷款未还的,一般可以推定为出借人套取信贷资金,但出借人能够举反证予以推翻的除外;二是从宽认定"高利"转贷行为的标准,只要出借人通过转贷行为牟利的,就可以认定为是"高利"转贷行为;三是对该条规定的"借款人事先知道或者应当知道的"要件,不宜把握过苛。实践中,只要出借人在签订借款合同时存在尚欠银行贷款未还事实的,一般可以认为满足了该条规定的"借款人事先知道或者应当知道"这一要件。

53.【职业放贷人】未依法取得放贷资格的以民间借贷为业的法人,以及以民间借贷为业的非法人组织或者自然人从事的民间借贷行为,应当依法认定无效。同一出借人在一定期间内多次反复从事有偿民间借贷行为的,一般可以认定为是职业放贷人。民间借贷比较活跃的地方的高级人民法院或者经其授权的中级人民法院，可以根据本地区的实际情况制定具体的认定标准。

四、关于担保纠纷案件的审理

会议认为，要注意担保法及其司法解释与物权法对独立担保、混合担保、担保期间等有关制度的不同规定，根据新的规定优于旧的规定的法律适用规则，优先适用物权法的规定。从属性是担保的基本属性，要慎重认定独立担保行为的效力，将其严格限定在法律或者司法解释明确规定的情形。要根据区分原则，准确认定担保合同效力。要坚持物权法定、公示公信原则，区分不动产与动产担保物权在物权变动、效力规则等方面的异同，准确适用法律。要充分发挥担保对缓解融资难融资贵问题的积极作用，不轻易否定新类型担保、非典型担保的合同效力及担保功能。

（一）关于担保的一般规则

54.【独立担保】从属性是担保的基本属性，但由银行或者非银行金融机构开立的独立保函除外。独立保函纠纷案件依据《最高人民法院关于审理独立保函纠纷案件若干问题的规定》处理。需要进一步明确的是：凡是由银行或者非银行金融机构开立的符合该司法解释第1条、第3条规定情形的保函，无论是用于国际商事交易还是用于国内商事交易，均不影响保函的效力。银行或者非银行金融机构之外的当事人开立的独立保函，以及当事人有关排除担保从属性的约定，应当认定无效。但是，根据"无效法律行为的转换"原理，在否定其独立担保效力的同时，应当将其认定为从属性担保。此时，如果主合同有效，则担保合同有效，担保人与主债务人承担连带保证责任。主合同无效，则该所谓的独立担保也随之无效，担保人无过错的，不承担责任；担保人有过错的，其承担民事责任的部分，不应超过债务人不能清偿部分的三分之一。

55.【担保责任的范围】担保人承担的担保责任范围不应当大于主债务，是担保从属性的必然要求。当事人约定的担保责任的范围大于主债务的，如针对担保责任约定专门的违约责任、担保责任的数额高于主债务、担保责任约定的利息高于主债务利息、担保责任的履行期先于主债务履行期届满，等等，均应认定大于主债务部分的约定无效，从而使担保责任缩减至主债务的范围。

56.【混合担保中担保人之间的追偿问题】被担保的债权既有保证又有第三人提供的物的担保的，担保法司法解释第38条明确规定，承担了担保责任的担保人可以要求其他担保人清偿其应当分担的份额。但《物权法》第176条并未作出类似规定，根据《物权法》第178条关

于"担保法与本法的规定不一致的，适用本法"的规定，承担了担保责任的担保人向其他担保人追偿的，人民法院不予支持，但担保人在担保合同中约定可以相互追偿的除外。

57.【借新还旧的担保物权】贷款到期后，借款人与贷款人订立新的借款合同，将新贷用于归还旧贷，旧贷因清偿而消灭，为旧贷设立的担保物权也随之消灭。贷款人以旧贷上的担保物权尚未进行涂销登记为由，主张对新贷行使担保物权的，人民法院不予支持，但当事人约定继续为新贷提供担保的除外。

58.【担保债权的范围】以登记作为公示方式的不动产担保物权的担保范围，一般应当以登记的范围为准。但是，我国目前不动产担保物权登记，不同地区的系统设置及登记规则并不一致，人民法院在审理案件时应当充分注意制度设计上的差异，作出符合实际的判断：一是多数省区市的登记系统未设置"担保范围"栏目，仅有"被担保主债权数额（最高债权数额）"的表述，且只能填写固定数字。而当事人在合同中又往往约定担保物权的担保范围包括主债权及其利息、违约金等附属债权，致使合同约定的担保范围与登记不一致。显然，这种不一致是由于该地区登记系统设置及登记规则造成的该地区的普遍现象。人民法院以合同约定认定担保物权的担保范围，是符合实际的妥当选择。二是一些省区市不动产登记系统设置与登记规则比较规范，担保物权登记范围与合同约定一致在该地区是常态或者普遍现象，人民法院在审理案件时，应当以登记的担保范围为准。

59.【主债权诉讼时效届满的法律后果】抵押权人应当在主债权的诉讼时效期间内行使抵押权。抵押权人在主债权诉讼时效届满前未行使抵押权，抵押人在主债权诉讼时效届满后请求涂销抵押权登记的，人民法院依法予以支持。

以登记作为公示方法的权利质权，参照适用前款规定。

（二）关于不动产担保物权

60.【未办理登记的不动产抵押合同的效力】不动产抵押合同依法成立，但未办理抵押登记手续，债权人请求抵押人办理抵押登记手续的，人民法院依法予以支持。因抵押物灭失以及抵押物转让他人等原因不能办理抵押登记，债权人请求抵押人以抵押物的价值为限承担责任的，人民法院依法予以支持，但其范围不得超过抵押权有效设立时抵押人所应当承担的责任。

61.【房地分别抵押】根据《物权法》第182条之规

定,仅以建筑物设定抵押的,抵押权的效力及于占用范围内的土地;仅以建设用地使用权抵押的,抵押权的效力亦及于其上的建筑物。在房地分别抵押,即建设用地使用权抵押给一个债权人,而其上的建筑物又抵押给另一个人的情况下,可能产生两个抵押权的冲突问题。基于"房地一体"规则,此时应当将建筑物和建设用地使用权视为同一财产,从而依照《物权法》第199条的规定确定清偿顺序:登记在先的先清偿;同时登记的,按照债权比例清偿。同一天登记的,视为同时登记。应予注意的是,根据《物权法》第200条的规定,建设用地使用权抵押后,该土地上新增的建筑物不属于抵押财产。

62.【抵押权随主债权转让】抵押权是从属于主合同的从权利,根据"从随主"规则,债权转让的,除法律另有规定或者当事人另有约定外,担保该债权的抵押权一并转让。受让人向抵押人主张行使抵押权,抵押人以受让人不是抵押合同的当事人、未办理变更登记等为由提出抗辩的,人民法院不予支持。

(三)关于动产担保物权

63.【流动质押的设立与监管人的责任】在流动质押中,经常由债权人、出质人与监管人订立三方监管协议,此时应当查明监管人究竟是受债权人的委托还是受出质人的委托监管质物,确定质物是否已经交付债权人,从而判断质权是否有效设立。如果监管人系受债权人的委托监管质物,则其是债权人的直接占有人,应当认定完成了质物交付,质权有效设立。监管人违反监管协议约定,违规向出质人放货、因保管不善导致质物毁灭失,债权人请求监管人承担违约责任的,人民法院依法予以支持。

如果监管人系受出质人委托监管质物,表明质物并未交付债权人,应当认定质权未有效设立。尽管监管协议约定监管人系受债权人的委托监管质物,但有证据证明其并未履行监管职责,质物实际上仍由出质人管领控制的,也应当认定质物并未实际交付,质权未有效设立。此时,债权人可以基于质押合同的约定请求质押人承担违约责任,但其范围不得超过质权有效设立时质押人所应当承担的责任。监管人未履行监管职责的,债权人也可以请求监管人承担违约责任。

64.【浮动抵押的效力】企业将其现有的以及将有的生产设备、原材料、半成品及产品等财产设定浮动抵押后,又将其中的生产设备等部分财产设定了动产抵押,都办理了抵押登记的,根据《物权法》第199条的规定,登记在先的浮动抵押优先于登记在后的动产抵押。

65.【动产抵押权与质权竞存】同一动产上同时设立

质权和抵押权的,应当参照适用《物权法》第199条的规定,根据是否完成公示以及公示先后情况来确定清偿顺序:质权有效设立、抵押权办理了抵押登记的,按照公示先后确定清偿顺序;顺序相同的,按照债权比例清偿;质权有效设立,抵押权未办理抵押登记的,质权优先于抵押权;质权未有效设立,抵押权未办理抵押登记的,因此时抵押权已经有效设立,故抵押权优先受偿。

根据《物权法》第178条规定的精神,担保法司法解释第79条第1款不再适用。

(四)关于非典型担保

66.【担保关系的认定】当事人订立的具有担保功能的合同,不存在法定无效情形的,应当认定有效。虽然合同约定的权利义务关系不属于物权法规定的典型担保类型,但是其担保功能应予肯定。

67.【约定担保物权的效力】债权人与担保人订立担保合同,约定以法律、行政法规未禁止抵押或者质押的财产设定以登记作为公示方法的担保,因无法定的登记机构而未能进行登记的,不具有物权效力。当事人请求按照担保合同的约定就该财产折价、变卖或者拍卖所得价款等方式清偿债务的,人民法院依法予以支持,但对其他权利人不具有对抗效力和优先性。

68.【保兑仓交易】保兑仓交易作为一种新类型融资担保方式,其基本交易模式是,以银行信用为载体、以银行承兑汇票为结算工具、由银行控制货权、卖方(或者仓储方)受托保管货物并以承兑汇票与保证金之间的差额作为担保。其基本的交易流程是:卖方、买方和银行订立三方合作协议,其中买方向银行缴存一定比例的承兑保证金,银行向买方签发以卖方为收款人的银行承兑汇票,买方将银行承兑汇票交付卖方作为货款,银行根据买方缴纳的保证金的一定比例向卖方签发提货单,卖方根据提货单向买方交付对应金额的货物,买方销售货物后,将货款再缴存为保证金。

在三方协议中,一般来说,银行的主要义务是及时签发承兑汇票并按约定方式将其交给卖方,卖方的主要义务是根据银行签发的提货单发货,并在买方未及时销售或者回赎货物时,就保证金与承兑汇票之间的差额部分承担责任。银行为保障自身利益,往往还会约定卖方要将货物交给由其指定的当事人监管,并设定质押,从而涉及监管协议以及流动质押等问题。实践中,当事人还可能在前述基本交易模式基础上另行作出其他约定,只要不违反法律、行政法规的效力性强制性规定,这些约定应当认定有效。

一方当事人因保兑仓交易纠纷提起诉讼的，人民法院应当以保兑仓交易合同作为审理案件的基本依据，但买卖双方没有真实买卖关系的除外。

69.【无真实贸易背景的保兑仓交易】保兑仓交易以买卖双方有真实买卖关系为前提。双方无真实买卖关系的，该交易属于名为保兑仓交易实为借款合同，保兑仓交易因构成虚伪意思表示而无效，被隐藏的借款合同是当事人的真实意思表示，如不存在其他合同无效情形，应当认定有效。保兑仓交易认定为借款合同关系的，不影响卖方和银行之间担保关系的效力，卖方仍应当承担担保责任。

70.【保兑仓交易的合并审理】当事人就保兑仓交易中的不同法律关系的相对方分别或者同时向同一人民法院起诉的，人民法院可以根据民事诉讼法司法解释第221条的规定，合并审理。当事人未起诉某一方当事人的，人民法院可以依职权追加未参加诉讼的当事人为第三人，以便查明相关事实，正确认定责任。

71.【让与担保】债务人或者第三人与债权人订立合同，约定将财产形式上转让至债权人名下，债务人到期清偿债务，债权人将该财产返还给债务人或第三人，债务人到期没有清偿债务，债权人可以对财产拍卖、变卖、折价偿还债权的，人民法院应当认定合同有效。合同如果约定债务人到期没有清偿债务，财产归债权人所有的，人民法院应当认定该部分约定无效，但不影响合同其他部分的效力。

当事人根据上述合同约定，已经完成财产权利变动的公示方式转让至债权人名下，债务人到期没有清偿债务，债权人请求确认财产归其所有的，人民法院不予支持，但债权人请求参照法律关于担保物权的规定对财产拍卖、变卖、折价优先偿还其债权的，人民法院依法予以支持。债务人因到期没有清偿债务，请求对该财产拍卖、变卖、折价偿还所欠债权人合同项下债务的，人民法院亦应依法予以支持。

五、关于金融消费者权益保护纠纷案件的审理

会议认为，在审理金融产品发行人、销售者以及金融服务提供者（以下简称卖方机构）与金融消费者之间因销售各类高风险等级金融产品和为金融消费者参与高风险等级投资活动提供服务而引发的民商事案件中，必须坚持"卖者尽责、买者自负"原则，将金融消费者是否充分了解相关金融产品、投资活动的性质及风险并在此基础上作出自主决定作为应当查明的案件基本事实，依法保护金融消费者的合法权益，规范卖方机构的经营行为，推动形成公开、公平、公正的市场环境和市场秩序。

72.【适当性义务】适当性义务是指卖方机构在向金融消费者推介、销售银行理财产品、保险投资产品、信托理财产品、券商集合理财计划、杠杆基金份额、期权及其他场外衍生品等高风险等级金融产品，以及为金融消费者参与融资融券、新三板、创业板、科创板、期货等高风险等级投资活动提供服务的过程中，必须履行的了解客户、了解产品、将适当的产品（或者服务）销售（或者提供）给适合的金融消费者等义务。卖方机构承担适当性义务的目的是为了确保金融消费者能够在充分了解相关金融产品、投资活动的性质及风险的基础上作出自主决定，并承受由此产生的收益和风险。在推介、销售高风险等级金融产品和提供高风险等级金融服务领域，适当性义务的履行是"卖者尽责"的主要内容，也是"买者自负"的前提和基础。

73.【法律适用规则】在确定卖方机构适当性义务的内容时，应当以合同法、证券法、证券投资基金法、信托法等法律规定的基本原则和国务院发布的规范性文件作为主要依据。相关部门在部门规章、规范性文件中对高风险等级金融产品的推介、销售，以及为金融消费者参与高风险等级投资活动提供服务作出的监管规定，与法律和国务院发布的规范性文件的规定不相抵触的，可以参照适用。

74.【责任主体】金融产品发行人、销售者未尽适当性义务，导致金融消费者在购买金融产品过程中遭受损失的，金融消费者既可以请求金融产品的发行人承担赔偿责任，也可以请求金融产品的销售者承担赔偿责任，还可以根据《民法总则》第167条的规定，请求金融产品的发行人、销售者共同承担连带赔偿责任。发行人、销售者请求人民法院明确各自的责任份额的，人民法院可以在判决发行人、销售者对金融消费者承担连带赔偿责任的同时，明确发行人、销售者在实际承担了赔偿责任后，有权向责任方追偿其应当承担的赔偿份额。

金融服务提供者未尽适当性义务，导致金融消费者在接受金融服务后参与高风险等级投资活动遭受损失的，金融消费者可以请求金融服务提供者承担赔偿责任。

75.【举证责任分配】在案件审理过程中，金融消费者应当对购买产品（或者接受服务）、遭受的损失等事实担举证责任。卖方机构对其是否履行了适当性义务承担举证责任。卖方机构不能提供其已经建立了金融产品（或者服务）的风险评估及相应管理制度、对金融消费者的风险认知、风险偏好和风险承受能力进行了测试、向金融消费者告知产品(或者服务)的收益和主要风险因素等相关证据的,应当承担举证不能的法律后果。

76.【告知说明义务】告知说明义务的履行是金融消费者能够真正了解各类高风险等级金融产品或者高风险等级投资活动的投资风险和收益的关键,人民法院应当根据产品、投资活动的风险和金融消费者的实际情况,综合理性人能够理解的客观标准和金融消费者能够理解的主观标准来确定卖方机构是否已经履行了告知说明义务。卖方机构简单地以金融消费者手写了诸如"本人明确知悉可能存在本金损失风险"等内容主张其已经履行了告知说明义务,不能提供其他相关证据的,人民法院对其抗辩理由不予支持。

77.【损失赔偿数额】卖方机构未尽适当性义务导致金融消费者损失的,应当赔偿金融消费者所受的实际损失。实际损失为损失的本金和利息,利息按照中国人民银行发布的同期同类存款基准利率计算。

金融消费者因购买高风险等级金融产品或者为参与高风险投资活动接受服务,以卖方机构存在欺诈行为为由,主张卖方机构应当根据《消费者权益保护法》第55条的规定承担惩罚性赔偿责任的,人民法院不予支持。卖方机构的行为构成欺诈的,对金融消费者提出赔偿其支付金钱总额的利息损失请求,应当注意区分不同情况进行处理:

(1)金融产品的合同文本中载明了预期收益率、业绩比较基准或者类似约定的,可以将其作为计算利息损失的标准;

(2)合同文本以浮动区间的方式对预期收益率或者业绩比较基准等进行约定,金融消费者请求按照约定的上限作为利息损失计算标准的,人民法院依法予以支持;

(3)合同文本虽然没有关于预期收益率、业绩比较基准或者类似约定,但金融消费者能够提供证据证明产品发行的广告宣传资料中载明了预期收益率、业绩比较基准或者类似表述的,应当将宣传资料作为合同文本的组成部分;

(4)合同文本及广告宣传资料中未载明预期收益率、业绩比较基准或者类似表述的,按照全国银行间同业拆借中心公布的贷款市场报价利率计算。

78.【免责事由】因金融消费者故意提供虚假信息、拒绝听取卖方机构的建议等自身原因导致其购买产品或者接受服务不适当,卖方机构请求免除相应责任的,人民法院依法予以支持,但金融消费者能够证明该虚假信息的出具系卖方机构误导的除外。卖方机构能够举证证明根据金融消费者的既往投资经验、受教育程度等事实,适当性义务的违反并未影响金融消费者作出自主决定的,对其关于应当由金融消费者自负投资风险的抗辩理由,人民法院依法予以支持。

六、关于证券纠纷案件的审理

(一)关于证券虚假陈述

会议认为,《最高人民法院关于审理证券市场因虚假陈述引发的民事赔偿案件的若干规定》施行以来,证券市场的发展出现了新的情况,证券虚假陈述纠纷案件的审理对司法能力提出了更高的要求。在案件审理过程中,对于需要借助其他学科领域的专业知识进行职业判断的问题,要充分发挥专家证人的作用,使得案件的事实认定符合证券市场的基本常识和普遍认知或者认可的经验法则,责任承担与侵权行为及其主观过错程度相匹配,在切实维护投资者合法权益的同时,通过民事责任追究实现震慑违法的功能,维护公开、公平、公正的资本市场秩序。

79.【共同管辖的案件移送】原告以发行人、上市公司以外的虚假陈述行为人为被告提起诉讼,被告申请追加发行人或者上市公司为共同被告的,人民法院应当准许。人民法院在追加后发现其他有管辖权的人民法院已先行受理因同一虚假陈述引发的民事赔偿案件的,应当按照民事诉讼法司法解释第36条的规定,将案件移送给先立案的人民法院。

80.【案件审理方式】案件审理方式方面,在传统的"一案一立、分别审理"的方式之外,一些人民法院已经进行了将部分案件合并审理、在示范判决基础上委托调解等改革,初步实现了案件审理的集约化和诉讼经济。在认真总结审判实践经验的基础上,有条件的地方人民法院可以选择个案以《民事诉讼法》第54条规定的代表人诉讼方式进行审理,逐步开展试点工作。就案件审理中涉及的适格原告范围认定、公告通知方式、投资者权利登记、代表人推选、执行款项的发放等具体工作,积极协调相关部门和有关方面,推动信息技术审判辅助平台和常态化、可持续的工作机制建设,保障投资者能够便捷、高效、透明和低成本地维护自身合法权益,为构建符合中国国情的证券民事诉讼制度积累审判经验,培养审判队伍。

81.【立案登记】多个投资者就同一虚假陈述向人民法院提起诉讼,可以采用代表人诉讼方式对案件进行审理的,人民法院在登记立案时可以根据原告起诉状中所描述的虚假陈述的数量、性质及其实施日、揭露日或者更正日等时间节点,将投资者作为共同原告统一立案登记。

原告主张被告实施了多个虚假陈述的,可以分别立案登记。

82.【案件甄别及程序决定】人民法院决定采用《民事诉讼法》第54条规定的方式审理案件的,在发出公告前,应当先行就被告的行为是否构成虚假陈述,投资者的交易方向与诱多、诱空的虚假陈述是否一致,以及虚假陈述的实施日、揭露日或者更正日等案件基本事实进行审查。

83.【选定代表人】权利登记的期间届满后,人民法院应当通知当事人在指定期间内完成代表人的推选工作。推选不出代表人的,人民法院可以与当事人商定代表人。人民法院在提出人选时,应当将当事人诉讼请求的典型性和利益诉求的份额等作为考量因素,确保代表行为能够充分、公正地表达投资者的诉讼主张。国家设立的投资者保护机构以自己的名义提起诉讼,或者接受投资者的委托指派工作人员或者委托诉讼代理人参与案件审理活动的,人民法院可以商定该机构或者其代理的当事人作为代表人。

84.【揭露日和更正日的认定】虚假陈述的揭露和更正,是指虚假陈述被市场所知悉、了解,其精确程度并不以"镜像规则"为必要,不要求达到全面、完整、准确的程度。原则上,只要交易市场对监管部门立案调查、权威媒体刊载的揭露文章等信息存在着明显的反应,对一方主张市场已经知悉虚假陈述的抗辩,人民法院依法予以支持。

85.【重大性要件的认定】审判实践中,部分人民法院对重大性要件和信赖要件存在着混淆认识,以行政处罚认定的信息披露违法行为对投资者的交易决定没有影响为由否定违法行为的重大性,应当引起注意。重大性是指可能对投资者进行投资决策具有重要影响的信息,虚假陈述已经被监管部门行政处罚的,应当认为是具有重大性的违法行为。在案件审理过程中,对于一方提出的监管部门作出处罚决定的行为不具有重大性的抗辩,人民法院不予支持,同时应当向其释明,该抗辩并非民商事案件的审理范围,应当通过行政复议、行政诉讼加以解决。

(二)关于场外配资

会议认为,将证券市场的信用交易纳入国家统一监管的范围,是维护金融市场透明度和金融稳定的重要内容。不受监管的场外配资业务,不仅盲目扩张了资本市场信用交易的规模,也容易冲击资本市场的交易秩序。融资融券作为证券市场的主要信用交易方式和证券经营机构的核心业务之一,依法属于国家特许经营的金融业务,未经依法批准,任何单位和个人不得非法从事配资业务。

86.【场外配资合同的效力】从审判实践看,场外配资业务主要是指一些P2P公司或者私募类配资公司利用互联网信息技术,搭建起游离于监管体系之外的融资业务平台,将资金融出方、资金融入方即用资人和券商营业部三方连接起来,配资公司利用计算机软件系统的二级分仓功能将其自有资金或者以较低成本融入的资金出借给用资人,赚取利息收入的行为。这些场外配资公司所开展的经营活动,本质上属于只有证券公司才能依法开展的融资活动,不仅规避了监管部门对融资融券业务中资金来源、投资标的、杠杆比例等诸多方面的限制,也加剧了市场的非理性波动。在案件审理过程中,除依法取得融资融券资格的证券公司与客户开展的融资融券业务外,对其他任何单位或者个人与用资人的场外配资合同,人民法院应当根据《证券法》第142条、合同法司法解释(一)第10条的规定,认定为无效。

87.【合同无效的责任承担】场外配资合同被确认无效后,配资方依场外配资合同的约定,请求用资人向其支付约定的利息和费用的,人民法院不予支持。

配资方依场外配资合同的约定,请求分享用资人因使用配资所产生的收益的,人民法院不予支持。

用资人以其因使用配资导致投资损失为由请求配资方予以赔偿的,人民法院不予支持。用资人能够证明因配资方采取更改密码等方式控制账户使得用资人无法及时平仓止损,并据此请求配资方赔偿其因此遭受的损失的,人民法院依法予以支持。

用资人能够证明配资合同是因配资方招揽、劝诱而订立,请求配资方赔偿其全部或者部分损失的,人民法院应当综合考虑配资方招揽、劝诱行为的方式、对用资人的实际影响、用资人自身的投资经历、风险判断和承受能力等因素,判决配资方承担与其过错相适应的赔偿责任。

七、关于营业信托纠纷案件的审理

会议认为,从审判实践看,营业信托纠纷主要表现为事务管理信托纠纷和主动管理信托纠纷两种类型。在事务管理信托纠纷案件中,对信托公司开展和参与的多层嵌套、通道业务、回购承诺等融资活动,要以其实际构成的法律关系确定其效力,并在此基础上依法确定各方的权利义务。在主动管理信托纠纷案件中,应当重点审查受托人在"受人之托,忠人之事"的财产管理过程中,是否恪尽职守,履行了谨慎、有效管理等法定或者约定义务。

88.【营业信托纠纷的认定】信托公司根据法律法规以及金融监督管理部门的监管规定,以取得信托报酬为目的接受委托人的委托,以受托人身份处理信托事务的经营行为,属于营业信托。由此产生的信托当事人之间的纠纷,为营业信托纠纷。

根据《关于规范金融机构资产管理业务的指导意见》的规定,其他金融机构开展的资产管理业务构成信托关系的,当事人之间的纠纷适用信托法及其他有关规定处理。

89.【资产或者资产收益权转让及回购】信托公司在资金信托成立后,以募集的信托资金受让特定资产或者特定资产收益权,属于信托公司在资金依法募集后的资金运用行为,由此引发的纠纷不应当认定为营业信托纠纷。如果合同中约定由转让方或者其指定的第三方在一定期间后以交易本金加上溢价款等固定价款无条件回购的,无论转让方所转让的标的物是否真实存在、是否实际交付或者过户,只要合同不存在法定无效事由,对信托公司提出的由转让方或者其指定的第三方按约定承担责任的诉讼请求,人民法院依法予以支持。

当事人在相关合同中同时约定采用信托公司受让目标公司股权、向目标公司增资方式并以相应股权担保债权实现的,应当认定在当事人之间成立让与担保法律关系。当事人之间的具体权利义务,根据本纪要第 71 条的规定加以确定。

90.【劣后级受益人的责任承担】信托文件及相关合同将受益人区分为优先级受益人和劣后级受益人等不同类别,约定优先级受益人以其财产认购信托计划份额,在信托到期后,劣后级受益人负有对优先级受益人从信托财产获得利益与其投资本金及约定收益之间的差额承担补足义务,优先级受益人请求劣后级受益人按照约定承担责任的,人民法院依法予以支持。

信托文件中关于不同类型受益人权利义务关系的约定,不影响受益人与受托人之间信托法律关系的认定。

91.【增信文件的性质】信托合同之外的当事人提供第三方差额补足、代为履行到期回购义务、流动性支持等类似承诺文件作为增信措施,其内容符合法律关于保证的规定的,人民法院应当认定当事人之间成立保证合同关系。其内容不符合法律关于保证的规定的,依据承诺文件的具体内容确定相应的权利义务关系,并根据案件事实情况确定相应的民事责任。

92.【保底或者刚兑条款无效】信托公司、商业银行等金融机构作为资产管理产品的受托人与受益人订立的含有保证本息固定回报、保证本金不受损失等保底或者刚兑条款的合同,人民法院应当认定该条款无效。受益人请求受托人对其损失承担与其过错相适应的赔偿责任的,人民法院依法予以支持。

实践中,保底或者刚兑条款通常不在资产管理产品合同中明确约定,而是以"抽屉协议"或者其他方式约定,不管形式如何,均应认定无效。

93.【通道业务的效力】当事人在信托文件中约定,委托人自主决定信托设立、信托财产运用对象、信托财产管理运用处分方式等事宜,自行承担信托资产的风险管理责任和相应风险损失,受托人仅提供必要的事务协助或者服务,不承担主动管理职责的,应当认定为通道业务。《中国人民银行、中国银行保险监督管理委员会、中国证券监督管理委员会、国家外汇管理局关于规范金融机构资产管理业务的指导意见》第 22 条在规定"金融机构不得为其他金融机构的资产管理产品提供规避投资范围、杠杆约束等监管要求的通道服务"的同时,也在第 29 条明确按照"新老划断"原则,将过渡期设置为截止 2020 年底,确保平稳过渡。在过渡期内,对通道业务中存在的利用信托通道掩盖风险、规避资金投向、资产分类、拨备计提和资本占用等监管规定,或者通过信托通道将表内资产虚假出表等信托业务,如果不存在其他无效事由,一方以信托目的违法违规为由请求确认无效的,人民法院不予支持。至于委托人和受托人之间的权利义务关系,应当依据信托文件的约定加以确定。

94.【受托人的举证责任】资产管理产品的委托人以受托人未履行勤勉尽责、公平对待客户等义务损害其合法权益为由,请求受托人承担损害赔偿责任的,应当由受托人举证证明其已经履行了义务。受托人不能举证证明,委托人请求其承担相应赔偿责任的,人民法院依法予以支持。

95.【信托财产的诉讼保全】信托财产在信托存续期间独立于委托人、受托人、受益人各自的固有财产。委托人将其财产委托给受托人进行管理,在信托依法设立后,该信托财产即独立于委托人未设立信托的其他固有财产。受托人因承诺信托而取得的信托财产,以及通过对信托财产的管理、运用、处分等方式取得的财产,均独立于受托人的固有财产。受益人对信托财产享有的权利表现为信托受益权,信托财产并非受益人的责任财产。因此,当事人因其与委托人、受托人或者受益人之间的纠纷申请对存管银行或者信托公司专门账户中的信托资金采取保全措施的,除符合《信托法》第 17 条规定的情形外,人民法院不应当准许。已经采取保全措施的，存管银行或者信托公司能够提供证据证明该账户为信托账户的，应当立即解除保全措施。对信托公司管理的其他信托财产的保全，也应当根据前述规则办理。

当事人申请对受益人的受益权采取保全措施的，人民法院应当根据《信托法》第47条的规定进行审查，决定是否采取保全措施。决定采取保全措施的，应当将保全裁定送达受托人和受益人。

96.【信托公司固有财产的诉讼保全】除信托公司作为被告外，原告申请对信托公司固有资金账户的资金采取保全措施的，人民法院不应准许。信托公司作为被告，确有必要对其固有财产采取诉讼保全措施的，必须强化善意执行理念，防范发生金融风险。要严格遵守相应的适用条件与法定程序，坚决杜绝超标的执行。在采取具体保全措施时，要尽量寻求依法平等保护各方利益的平衡点，优先采取方便执行且对信托公司正常经营影响最小的执行措施，能采取"活封""活扣"措施的，尽量不进行"死封""死扣"。在条件允许的情况下，可以为信托公司预留必要的流动资金和往来账户，最大限度降低对信托公司正常经营活动的不利影响。信托公司申请解除财产保全符合法律、司法解释规定情形的，应当在法定期限内及时解除保全措施。

八、关于财产保险合同纠纷案件的审理

会议认为，妥善审理财产保险合同纠纷案件，对于充分发挥保险的风险管理和保障功能，依法保护各方当事人合法权益，实现保险业持续健康发展和服务实体经济，具有重大意义。

97.【未依约支付保险费的合同效力】当事人在财产保险合同中约定以投保人支付保险费作为合同生效条件，但对该生效条件是否为全额支付保险费约定不明，已经支付了部分保险费的投保人主张保险合同已经生效的，人民法院依法予以支持。

98.【仲裁协议对保险人的效力】被保险人和第三者在保险事故发生前达成的仲裁协议，对行使保险代位求偿权的保险人是否具有约束力，实务中存在争议。保险代位求偿权是一种法定债权转让，保险人在向被保险人赔偿保险金后，有权行使被保险人对第三者请求赔偿的权利。被保险人和第三者在保险事故发生前达成的仲裁协议，对保险人具有约束力。考虑到涉外民商事案件的处理常常涉及国际条约、国际惯例的适用，相关问题具有特殊性，故具有涉外因素的民商事纠纷案件中该问题的处理，不纳入本条规范的范围。

99.【直接索赔的诉讼时效】商业责任保险的被保险人给第三者造成损害，被保险人对第三者应当承担的赔偿责任确定后，保险人应当根据被保险人的请求，直接向第三者赔偿保险金。被保险人怠于提出请求的，第三者有权依据《保险法》第65条第2款的规定，就其应获赔偿部分直接向保险人请求赔偿保险金。保险人拒绝赔偿的，第三者请求保险人直接赔偿保险金的诉讼时效期间的起算时间如何认定，实务中存在争议。根据诉讼时效制度的基本原理，第三者请求保险人直接赔偿保险金的诉讼时效期间，自其知道或者应当知道向保险人的保险金赔偿请求权行使条件成就之日起计算。

九、关于票据纠纷案件的审理

会议认为，人民法院在审理票据纠纷案件时，应当注意区分票据的种类和功能，正确理解票据行为无因性的立法目的，在维护票据流通性功能的同时，依法认定票据行为的效力，依法确认当事人之间的权利义务关系以及保护合法持票人的权益，防范和化解票据融资市场风险，维护票据市场的交易安全。

100.【合谋伪造贴现申请材料的后果】贴现行的负责人或者有权从事该业务的工作人员与贴现申请人合谋，伪造贴现申请人与其前手之间具有真实的商品交易关系的合同、增值税专用发票等材料申请贴现，贴现行主张其享有票据权利的，人民法院不予支持。对贴现行因支付资金而产生的损失，按照基础关系处理。

101.【民间贴现行为的效力】票据贴现属于国家特许经营业务，合法持票人向不具有法定贴现资质的当事人进行"贴现"的，该行为应当认定无效，贴现款和票据应当相互返还。当事人不能返还票据的，原合法持票人可以拒绝返还贴现款。人民法院在民商事案件审理过程中，发现不具有法定资质的当事人以"贴现"为业的，因该行为涉嫌犯罪，应当将有关材料移送公安机关。民商事案件的审理必须以相关刑事案件的审理结果为依据的，应当中止诉讼，待刑事案件审结后，再恢复案件的审理。案件的基本事实无须以相关刑事案件的审理结果为依据的，人民法院应当继续审理。

根据票据行为无因性原理，在合法持票人向不具有贴现资质的主体进行"贴现"，该"贴现"人给付贴现款后直接将票据交付其后手，其后手支付对价并记载自己为被背书人后，又基于真实的交易关系和债权债务关系将票据进行背书转让的情形下，应当认定最后持票人为合法持票人。

102.【转贴现协议】转贴现是通过票据贴现持有票据

的商业银行为了融通资金,在票据到期日之前将票据权利转让给其他商业银行,由转贴现行在收取一定的利息后,将转贴现款支付给持票人的票据转让行为。转贴现行提示付款被拒付后,依据转贴现协议的约定,请求未在票据上背书的转贴现申请人按照合同法律关系返还转贴现款并赔偿损失的,案由应当确定为合同纠纷。转贴现合同法律关系有效成立的,对于原告的诉讼请求,人民法院依法予以支持。当事人虚构转贴现事实,或者当事人之间不存在真实的转贴现合同法律关系的,人民法院应当向当事人释明按照真实交易关系提起诉讼请求,并按照真实交易关系和当事人约定本意依法确定当事人的责任。

103.【票据清单交易、封包交易案件中的票据权利】审判实践中,以票据贴现为手段的多链条融资模式引发的案件应当引起重视。这种交易俗称票据清单交易、封包交易,是指商业银行之间就案涉票据订立转贴现或者回购协议,附以票据清单,或者将票据封包作为质押,双方约定按照票据清单中列明的基本信息进行票据转贴现或者回购,但往往并不进行票据交付和背书。实务中,双方还往往再订立一份代保管协议,约定由原票据持有人代对方继续持有票据,从而实现合法、合规的形式要求。

出资银行仅以参与交易的单个或者部分银行为被告提起诉讼行使据追索权,被告能够举证证明票据交易存在诸如不符合正常转贴现交易顺序的倒打款、未进行背书转让、票据未实际交付等相关证据,并据此主张相关金融机构之间并无转贴现的真实意思表示,抗辩出资银行不享有票据权利的,人民法院依法予以支持。

出资银行在取得商业承兑汇票后又将票据转贴现给其他商业银行,持票人向其前手主张票据权利的,人民法院依法予以支持。

104.【票据清单交易、封包交易案件的处理原则】在村镇银行、农信社等作为直贴行,农信社、农商行、城商行、股份制银行等多家金融机构共同开展以商业承兑汇票为基础的票据清单交易、封包交易引发的纠纷案件中,在商业承兑汇票的出票人等实际用资人不能归还票款的情况下,为实现纠纷的一次性解决,出资银行以实际用资人和参与交易的其他金融机构为共同被告,请求实际用资人归还本息、参与交易的其他金融机构承担与其过错相应的赔偿责任的,人民法院依法予以支持。

出资银行仅以整个交易链条的部分当事人为被告提起诉讼的,人民法院应当向其释明,其应当申请追加参与交易的其他当事人作为共同被告。出资银行拒绝追加实际用资人为被告的,人民法院应当驳回其诉讼请求;出资银行拒绝追加参与交易的其他金融机构为被告的,人民法院在确定其他金融机构的过错责任范围时,应当将未参加诉讼的当事人应当承担的相应份额作为考量因素,相应减轻本案当事人的责任。在确定参与交易的其他金融机构的过错责任范围时,可以参照其收取的"通道费""过桥费"等费用的比例以及案件的其他情况综合加以确定。

105.【票据清单交易、封包交易案件中的民刑交叉问题】人民法院在案件审理过程中,如果发现公安机关已经就实际用资人、直贴行、出资银行的工作人员涉嫌骗取票据承兑罪、伪造印章罪等立案侦查,一方当事人根据《最高人民法院关于在审理经济纠纷案件中涉及经济犯罪嫌疑若干问题的规定》第11条的规定申请将案件移送公安机关的,因该节事实对于查明出资银行是否为正当持票人,以及参与交易的其他金融机构的抗辩理由能否成立存在重要关联,人民法院应当将有关材料移送公安机关。民商事案件的审理必须以相关刑事案件的审理结果为依据的,应当中止诉讼,待刑事案件审结后,再恢复案件的审理。案件的基本事实无须以相关刑事案件的审理结果为依据的,人民法院应当继续案件的审理。

参与交易的其他商业银行以公安机关已经对其工作人员涉嫌受贿、伪造印章等犯罪立案侦查为由请求将案件移送公安机关的,因该节事实并不影响相关当事人民事责任的承担,人民法院应当根据《最高人民法院关于在审理经济纠纷案件中涉及经济犯罪嫌疑若干问题的规定》第10条的规定继续审理。

106.【恶意申请公示催告的救济】公示催告程序本为对合法持票人进行失票救济所设,但实践中却沦为部分票据出卖方在未获得票款情形下,通过伪报票据丧失事实申请公示催告、阻止合法持票人行使票据权利的工具。对此,民事诉讼法司法解释已经作出了相应规定。适用时,应当区别付款人是否已经付款等情形,作出不同认定:

(1)在除权判决作出后,付款人尚未付款的情况下,最后合法持票人可以根据《民事诉讼法》第223条的规定,在法定期限内请求撤销除权判决,待票据恢复效力后再依法行使票据权利。最后合法持票人也可以基于基础法律关系向其直接前手退票并请求其直接前手另行给付基础法律关系项下的对价。

(2)除权判决作出后,付款人已经付款的,因恶意申请公示催告并持除权判决获得票款的行为损害了最后合法持票人的权利,最后合法持票人请求申请人承担侵权损害赔偿责任的,人民法院依法予以支持。

十、关于破产纠纷案件的审理

会议认为,审理好破产案件对于推动高质量发展、深化供给侧结构性改革、营造稳定公平透明可预期的营商环境,具有十分重要的意义。要继续深入推进破产审判工作的市场化、法治化、专业化、信息化,充分发挥破产审判公平清理债权债务、促进优胜劣汰、优化资源配置、维护市场经济秩序等重要功能。一是要继续加大对破产保护理念的宣传和落实,及时发挥破产重整制度的积极拯救功能,通过平衡债权人、债务人、出资人、员工等利害关系人的利益,实现社会整体价值最大化;注重发挥和解程序简便快速清理债权债务关系的功能,鼓励当事人通过和解程序或者达成自行和解的方式实现各方利益共赢;积极推进清算程序中的企业整体处置方式,有效维护企业营运价值和职工就业。二是要推进不符合国家产业政策、丧失经营价值的企业主体尽快从市场退出,通过依法简化破产清算程序流程加快对"僵尸企业"的清理。三是要注重提升破产制度实施的经济效益,降低破产程序运行的时间和成本,有效维护企业营运价值,最大程度发挥各类要素和资源潜力,减少企业破产给社会经济造成的损害。四是要积极稳妥进行实践探索,加强理论研究,分步骤、有重点地推进建立自然人破产制度,进一步推动健全市场主体退出制度。

107.【继续推动破产案件的及时受理】充分发挥破产重整案件信息网的线上预约登记功能,提高破产案件的受理效率。当事人提出破产申请的,人民法院不得以非法定理由拒绝接收破产申请材料。如果可能影响社会稳定的,要加强府院协调,制定相应预案,但不应以"影响社会稳定"之名,行消极不作为之实。破产申请材料不完备的,立案部门应当告知当事人在指定期限内补充材料,待材料齐备后以"破申"作为案件类型代字编制案号登记立案,并及时将案件移送破产审判部门进行破产审查。

注重发挥破产和解制度简便快速清理债权债务关系的功能,债务人根据《企业破产法》第95条的规定,直接提出和解申请,或者在破产申请受理后宣告破产前申请和解的,人民法院应当依法受理并及时作出是否批准的裁定。

108.【破产申请的不予受理和撤回】人民法院裁定受理破产申请前,提出破产申请的债权人的债权因清偿或者其他原因消灭的,因申请人不再具备申请资格,人民法院应当裁定不予受理。但该裁定不影响其他符合条件的主体再次提出破产申请。破产申请受理后,管理人以上述清偿符合《企业破产法》第31条、第32条为由请求撤销的,人民法院查实后应当予以支持。

人民法院裁定受理破产申请系对债务人具有破产原因的初步认可,破产申请受理后,申请人请求撤回破产申请的,人民法院不予准许。除非存在《企业破产法》第12条第2款规定的情形,人民法院不得裁定驳回破产申请。

109.【受理后债务人财产保全措施的处理】要切实落实破产案件受理后相关保全措施应予解除、相关执行措施应当中止、债务人财产应当及时交付管理人等规定,充分运用信息化技术手段,通过信息共享与整合,维护债务人财产的完整性。相关人民法院拒不解除保全措施或者拒不中止执行的,破产受理人民法院可以请求该法院的上级人民法院依法予以纠正。对债务人财产采取保全措施或者执行措施的人民法院未依法及时解除保全措施、移交处置权,或者中止执行程序并移交有关财产的,上级人民法院应当依法予以纠正。相关人员违反上述规定造成严重后果的,破产受理人民法院可以向人民法院纪检监察部门移送其违法审判责任线索。

人民法院审理企业破产案件时,有关债务人财产被其他具有强制执行权力的国家行政机关,包括税务机关、公安机关、海关等采取保全措施或者执行程序的,人民法院应当积极与上述机关进行协调和沟通,取得有关机关的配合,参照上述具体操作规程,解除有关保全措施、中止有关执行程序,以便保障破产程序顺利进行。

110.【受理后有关债务人诉讼的处理】人民法院受理破产申请后,已经开始而尚未终结的有关债务人的民事诉讼,在管理人接管债务人财产和诉讼事务后继续进行。债权人已经对债务人提起的给付之诉,破产申请受理后,人民法院应当继续审理,但是在判定相关当事人实体权利义务时,应当注意与企业破产法及其司法解释的规定相协调。

上述裁判作出并生效前,债权人可以同时向管理人申报债权,但其作为债权尚未确定的债权人,原则上不得行使表决权,除非人民法院临时确定其债权额。上述裁判生效后,债权人应当根据裁判认定的债权数额在破产程序中依法统一受偿,其对债务人享有的债权利息应当按照《企业破产法》第46条第2款的规定停止计算。

人民法院受理破产申请后,债权人新提起的要求债务人清偿的民事诉讼,人民法院不予受理,同时告知债权人应当向管理人申报债权。债权人申报债权后,对管理人编制的债权表记载有异议的,可以根据《企业破产法》第58条的规定提起债权确认之诉。

111.【债务人自行管理的条件】重整期间,债务人同

时符合下列条件的,经申请,人民法院可以批准债务人在管理人的监督下自行管理财产和营业事务:

(1)债务人的内部治理机制仍正常运转;

(2)债务人自行管理有利于债务人继续经营;

(3)债务人不存在隐匿、转移财产的行为;

(4)债务人不存在其他严重损害债权人利益的行为。

债务人提出重整申请时可以一并提出自行管理的申请。经人民法院批准由债务人自行管理财产和营业事务的,企业破产法规定的管理人职权中有关财产管理和营业经营的职权应当由债务人行使。

管理人应当对债务人的自行管理行为进行监督。管理人发现债务人存在严重损害债权人利益的行为或者有其他不适宜自行管理情形的,可以申请人民法院作出终止债务人自行管理的决定。人民法院决定终止的,应当通知管理人接管债务人财产和营业事务。债务人有上述行为而管理人未申请人民法院作出终止决定的,债权人等利害关系人可以向人民法院提出申请。

112.【重整中担保物权的恢复行使】重整程序中,要依法平衡保护担保物权人的合法权益和企业重整价值。重整申请受理后,管理人或者自行管理的债务人应当及时确定设定有担保物权的债务人财产是否为重整所必需。如果认为担保物不是重整所必需,管理人或者自行管理的债务人应当及时对担保物进行拍卖或者变卖,拍卖或者变卖担保物所得价款在支付拍卖、变卖费用后优先清偿担保物权人的债权。

在担保物权暂停行使期间,担保物权人根据《企业破产法》第75条的规定向人民法院请求恢复行使担保物权的,人民法院应当自收到恢复行使担保物权申请之日起三十日内作出裁定。经审查,担保物权人的申请不符合第75条的规定,或者虽然符合该条规定但管理人或者自行管理的债务人有证据证明担保物是重整所必需,并且提供与减少价值相应担保或者补偿的,人民法院应当裁定不予批准恢复行使担保物权。担保物权人不服该裁定的,可以自收到裁定书之日起十日内,向作出裁定的人民法院申请复议。人民法院裁定批准行使担保物权的,管理人或者自行管理的债务人应当自收到裁定书之日起十五日内启动对担保物的拍卖或者变卖,拍卖或者变卖担保物所得价款在支付拍卖、变卖费用后优先清偿担保物权人的债权。

113.【重整计划监督期间的管理人报酬及诉讼管辖】要依法确保重整计划的执行和有效监督。重整计划的执行期间和监督期间原则上应当一致。二者不一致的,人民法院在确定和调整重整程序中的管理人报酬方案时,应当根据重整期间和重整计划监督期间管理人工作量的不同予以区别对待。其中,重整期间的管理人报酬应当根据管理人对重整发挥的实际作用等因素予以确定和支付;重整计划监督期间管理人报酬的支付比例和支付时间,应当根据管理人监督职责的履行情况,与债权人按照重整计划实际受偿比例和受偿时间相匹配。

重整计划执行期间,因重整程序终止后新发生的事实或者事件引发的有关债务人的民事诉讼,不适用《企业破产法》第21条有关集中管辖的规定。除重整计划有明确约定外,上述纠纷引发的诉讼,不再由管理人代表债务人进行。

114.【重整程序与破产清算程序的衔接】重整期间或者重整计划执行期间,债务人因法定事由被宣告破产的,人民法院不再另立新的案号,原重整程序的管理人原则上应当继续履行破产清算程序中的职责。原重整程序的管理人不能继续履行职责或者不适宜继续担任管理人的,人民法院应当依法重新指定管理人。

重整程序转破产清算案件中的管理人报酬,应当综合管理人为重整工作和清算工作分别发挥的实际作用等因素合理确定。重整期间因法定事由转入破产清算程序的,应当按照破产清算案件确定管理人报酬。重整计划执行期间因法定事由转入破产清算程序的,后续破产清算阶段的管理人报酬应当根据管理人实际工作量予以确定,不能简单根据债务人最终清偿的财产价值总额计算。

重整程序因人民法院裁定批准重整计划草案而终止的,重整案件可作结案处理。重整计划执行完毕后,人民法院可以根据管理人等利害关系人申请,作出重整程序终结的裁定。

115.【庭外重组协议效力在重整程序中的延伸】继续完善庭外重组与庭内重整的衔接机制,降低制度性成本,提高破产制度效率。人民法院受理重整申请前,债务人和部分债权人已经达成的有关协议与重整程序中制作的重整计划草案内容一致的,有关债权人对该协议的同意视为对该重整计划草案表决的同意。但重整计划草案对协议内容进行了修改并对有关债权人有不利影响,或者与有关债权人重大利益相关的,受到影响的债权人有权按照企业破产法的规定对重整计划草案重新进行表决。

116.【审计、评估等中介机构的确定及责任】要合理区分人民法院和管理人在委托审计、评估等财产管理工作中的职责。破产程序中确实需要聘请中介机构对债务人财产进行审计、评估的,根据《企业破产法》第28条的规定,经人民法院许可后,管理人可以自行公开聘请,但是应当对其聘请的中介机构的相关行为进行监督。上述中介机构因不当履行职责给债务人、债权人或者第三人造成损害的,应当承担赔偿责任。管理人在聘用过程中存在过错的,应当在其过错范围内承担相应的补充赔偿责任。

117.【公司解散清算与破产清算的衔接】要依法区分公司解散清算与破产清算的不同功能和不同适用条件。债务人同时符合破产清算条件和强制清算条件的,应当及时适用破产清算程序实现对债权人利益的公平保护。债权人对符合破产清算条件的债务人提起公司强制清算申请,经人民法院释明,债权人仍然坚持申请对债务人强制清算的,人民法院应当裁定不予受理。

118.【无法清算案件的审理与责任承担】人民法院在审理债务人相关人员下落不明或者财产状况不清的破产案件时,应当充分贯彻债权人利益保护原则,避免债务人通过破产程序不当损害债权人利益,同时也要避免不当突破股东有限责任原则。

人民法院在适用《最高人民法院关于债权人对人员下落不明或者财产状况不清的债务人申请破产清算案件如何处理的批复》第3款的规定,判定债务人相关人员承担责任时,应当依照企业破产法的相关规定来确定相关主体的义务内容和责任范围,不得根据公司法司法解释(二)第18条第2款的规定来判定相关主体的责任。

上述批复第3款规定的"债务人的有关人员不履行法定义务,人民法院可依据有关法律规定追究其相应法律责任",系指债务人的法定代表人、财务管理人员和其他经营管理人员不履行《企业破产法》第15条规定的配合清算义务,人民法院可以根据《企业破产法》第126条、第127条追究其相应法律责任,或者参照《民事诉讼法》第111条的规定,依法拘留,构成犯罪的,依法追究刑事责任;债务人的法定代表人或者实际控制人不配合清算的,人民法院可以依据《出境入境管理法》第12条的规定,对其作出不准出境的决定,以确保破产程序顺利进行。

上述批复第3款规定的"其行为导致无法清算或者造成损失",系指债务人的有关人员不配合清算的行为导致债务人财产状况不明,或者依法负有清算责任的人未依照《企业破产法》第7条第3款的规定及时履行破产申请义务,导致债务人主要财产、账册、重要文件等灭失,致使管理人无法执行清算职务,给债权人利益造成损害。

"有关权利人起诉请求其承担相应民事责任",系指管理人请求上述主体承担相应损害赔偿责任并将因此获得的赔偿归入债务人财产。管理人未主张上述赔偿,个别债权人可以代表全体债权人提起上述诉讼。

上述破产清算案件被裁定终结后,相关主体以债务人主要财产、账册、重要文件等重新出现为由,申请对破产清算程序启动审判监督的,人民法院不予受理,但符合《企业破产法》第123条规定的,债权人可以请求人民法院追加分配。

十一、关于案外人救济案件的审理

案外人救济案件包括案外人申请再审、案外人执行异议之诉和第三人撤销之诉三种类型。修改后的民事诉讼法在保留案外人执行异议之诉及案外人申请再审的基础上,新设立第三人撤销之诉制度,在为案外人权利保障提供更多救济渠道的同时,因彼此之间错综复杂的关系也容易导致认识上的偏差,有必要厘清其相互之间的关系,以便正确适用不同程序,依法充分保护各方主体合法权益。

119.【案外人执行异议之诉的审理】案外人执行异议之诉以排除对特定标的物的执行为目的,从程序上而言,案外人依据《民事诉讼法》第227条提出执行异议被驳回的,即可向执行人民法院提起执行异议之诉。人民法院对执行异议之诉的审理,一般应当就案外人对执行标的物是否享有权利、享有什么样的权利、权利是否足以排除强制执行进行判断。至于是否作出具体的确权判项,视案外人的诉讼请求而定。案外人未提出确权或者给付诉讼请求的,不作出确权判项,仅在裁判理由中进行分析判断并作出是否排除执行的判项即可。但案外人既提出确权、给付请求,又提出排除执行请求的,人民法院对该请求是否支持、是否排除执行,均应当在具体判项中予以明确。执行异议之诉不以否定作为执行依据的生效裁判为目的,案外人如认为裁判确有错误的,只能通过申请再审或者提起第三人撤销之诉的方式进行救济。

120.【债权人能否提起第三人撤销之诉】第三人撤销之诉中的第三人仅局限于《民事诉讼法》第56条规定的有独立请求权及无独立请求权的第三人,而且一般不包括债权人。但是,设立第三人撤销之诉的目的在于,救济第三人享有的因不能归责于本人的事由未参加诉讼但因生效裁判文书内容错误受到损害的民事权益,因此,债权人在下列情况下可以提起第三人撤销之诉:

(1)该债权是法律明确给予特殊保护的债权,如《合同法》第286条规定的建设工程价款优先受偿权,《海商法》第22条规定的船舶优先权;

(2)因债务人与他人的权利义务被生效裁判文书确定,导致债权人本来可以对《合同法》第74条和《企业破

产法》第31条规定的债务人的行为享有撤销权而不能行使的;

(3)债权人有证据证明,裁判文书主文确定的债权内容部分或者全部虚假的。

债权人提起第三人撤销之诉还要符合法律和司法解释规定的其他条件。对于除此之外的其他债权,债权人原则上不得提起第三人撤销之诉。

121.【必要共同诉讼漏列的当事人申请再审】民事诉讼法司法解释对必要共同诉讼漏列的当事人申请再审规定了两种不同的程序,二者在管辖法院及申请再审期限的起算点上存在明显差别,人民法院在审理相关案件时应予注意:

(1)该当事人在执行程序中以案外人身份提出异议,异议被驳回,根据民事诉讼法司法解释第423条的规定,其可以在驳回异议裁定送达之日起6个月内向原审人民法院申请再审;

(2)该当事人未在执行程序中以案外人身份提出异议的,根据民事诉讼法司法解释第422条的规定,其可以根据《民事诉讼法》第200条第8项的规定,自知道或者应当知道生效裁判之日起6个月内向上一级人民法院申请再审。当事人一方人数众多或者当事人双方为公民的案件,也可以向原审人民法院申请再审。

122.【程序启动后案外人不享有程序选择权】案外人申请再审与第三人撤销之诉功能上近似,如果案外人既有申请再审的权利,又符合第三人撤销之诉的条件,对于案外人是否可以行使选择权,民事诉讼法司法解释采取了限制的司法态度,即依据民事诉讼法司法解释第303条的规定,按照启动程序的先后,案外人只能选择相应的救济程序:案外人先启动执行异议程序的,对执行异议裁定不服,认为原裁判内容错误损害其合法权益的,只能向作出原裁判的人民法院申请再审,而不能提起第三人撤销之诉;案外人先启动了第三人撤销之诉的,即便在执行程序中又提出执行异议,也只能继续进行第三人撤销之诉,而不能依《民事诉讼法》第227条申请再审。

123.【案外人依据另案生效裁判对非金钱债权的执行提起执行异议之诉】审判实践中,案外人有时依据另案生效裁判所认定的与执行标的物有关的权利提起执行异议之诉,请求排除对标的物的执行。此时,鉴于作为执行依据的生效裁判与作为案外人提出执行异议依据的生效裁判,均涉及对同一标的物物权或给付的认定,性质上属于两个生效裁判所认定的权利之间可能产生的冲突,人民法院在审理执行异议之诉时,需区别不同情况作出判断:如果作为执行依据的生效裁判是确权裁判,不论作为执行异议依据的裁判是确权裁判还是给付裁判,一般不应据此排除执行,但人民法院应当告知案外人对作为执行依据的确权裁判申请再审;如果作为执行依据的生效裁判是给付标的物的裁判,而作为提出异议之诉依据的裁判是确权裁判,一般应据此排除执行,此时人民法院应告知其对该确权裁判申请再审;如果两个裁判均属给付标的物的裁判,人民法院需依法判断哪个裁判所认定的给付权利具有优先性,进而判断是否可以排除执行。

124.【案外人依据另案生效裁判对金钱债权的执行提起执行异议之诉】作为执行依据的生效裁判并未涉及执行标的物,只是执行中为实现金钱债权对特定标的物采取了执行措施。对此种情形,《最高人民法院关于人民法院办理执行异议和复议案件若干问题的规定》第26条规定了解决案外人执行异议的规则,在审理执行异议之诉时可以参考适用。依据该条规定,作为案外人提起执行异议之诉依据的裁判将执行标的物确权给案外人,可以排除执行;作为案外人提起执行异议之诉依据的裁判,未将执行标的物确权给案外人,而是基于不以转移所有权为目的的有效合同(如租赁、借用、保管合同),判令向案外人返还执行标的物的,其性质属于物权请求权,亦可以排除执行;基于以转移所有权为目的有效合同(如买卖合同),判令向案外人交付标的物的,其性质属于债权请求权,不能排除执行。

应予注意的是,在金钱债权执行中,如果案外人提出执行异议之诉依据的生效裁判认定以转移所有权为目的的合同(如买卖合同)无效或应当解除,进而判令向案外人返还执行标的物的,此时案外人享有的是物权性质的返还请求权,本可排除金钱债权的执行,但在双务合同无效的情况下,双方互负返还义务,在案外人未返还价款的情况下,如果允许其排除金钱债权的执行,将会使申请执行人既执行不到被执行人名下的财产,又执行不到本应返还给被执行人的价款,显然有失公允。为平衡各方当事人的利益,只有在案外人已经返还价款的情况下,才能排除普通债权人的执行。反之,案外人未返还价款的,不能排除执行。

125.【案外人系商品房消费者】实践中,商品房消费者向房地产开发企业购买商品房,往往没有及时办理房地产过户手续。房地产开发企业因欠债而被强制执行,人民法院在对尚登记在房地产开发企业名下但已出卖给消费者的商品房采取执行措施时,商品房消费者往往会提出执行异议,以排除强制执行。对此,《最高人民法院关于人民法院办理执行异议和复议案件若干问题的规定》第29条规定，符合下列情形的，应当支持商品房消费者的诉讼请求：一是在人民法院查封之前已签订合法有效的书面买卖合同；二是所购商品房系用于居住且买受人名下无其他用于居住的房屋；三是已支付的价款超过合同约定总价款的百分之五十。人民法院在审理执行异议之诉案件时，可参照适用此条款。

问题是，对于其中"所购商品房系用于居住且买受人名下无其他用于居住的房屋"如何理解，审判实践中掌握的标准不一。"买受人名下无其他用于居住的房屋"，可以理解为在案涉房屋同一设区的市或者县级市范围内商品房消费者名下没有用于居住的房屋。商品房消费者名下虽然已有1套房屋，但购买的房屋在面积上仍然属于满足基本居住需要的，可以理解为符合该规定的精神。

对于其中"已支付的价款超过合同约定总价款的百分之五十"如何理解，审判实践中掌握的标准也不一致。如果商品房消费者支付的价款接近于百分之五十，且已按照合同约定将剩余价款支付给申请执行人或者按照人民法院的要求交付执行的，可以理解为符合该规定的精神。

126.【商品房消费者的权利与抵押权的关系】根据《最高人民法院关于建设工程价款优先受偿权问题的批复》第1条、第2条的规定，交付全部或者大部分款项的商品房消费者的权利优先于抵押权人的抵押权，故抵押权人申请执行登记在房地产开发企业名下但已销售给消费者的商品房，消费者提出执行异议的，人民法院依法予以支持。但应当特别注意的是，此情况是针对实践中存在的商品房预售不规范现象为保护消费者生存权而作出的例外规定，必须严格把握条件，避免扩大范围，以免动摇抵押权具有优先性的基本原则。因此，这里的商品房消费者应当仅限于符合本纪要第125条规定的商品房消费者。买受人不是本纪要第125条规定的商品房消费者，而是一般的房屋买卖合同的买受人，不适用上述处理规则。

127.【案外人系商品房消费者之外的一般买受人】金钱债权执行中，商品房消费者之外的一般买受人对登记在被执行人名下的不动产提出异议，请求排除执行的，《最高人民法院关于人民法院办理执行异议和复议案件若干问题的规定》第28条规定，符合下列情形的依法予以支持：一是在人民法院查封之前已签订合法有效的书面买卖合同；二是在人民法院查封之前已合法占有该不动产；三是已支付全部价款，或者已按照合同约定支付部分价款且将剩余价款按照人民法院的要求交付执行；四是非因买受人自身原因未办理过户登记。人民法院在审理执行异议之诉案件时，可参照适用此条款。

实践中，对于该规定的前3个条件，理解并无分歧。对于其中的第4个条件，理解不一致。一般而言，买受人只要有向房屋登记机构递交过户登记材料，或向出卖人提出了办理过户登记的请求等积极行为的，可以认为符合该条件。买受人无上述积极行为，其未办理过户登记有合理的客观理由的，亦可认定符合该条件。

十二、关于民刑交叉案件的程序处理

会议认为，近年来，在民间借贷、P2P等融资活动中，与涉嫌诈骗、合同诈骗、票据诈骗、集资诈骗、非法吸收公众存款等犯罪有关的民商事案件的数量有所增加，出现了一些新情况和新问题。在审理案件时，应当依照《最高人民法院关于在审理经济纠纷案件中涉及经济犯罪嫌疑若干问题的规定》《最高人民法院关于审理非法集资刑事案件具体应用法律若干问题的解释》《最高人民法院最高人民检察院公安部关于办理非法集资刑事案件适用法律若干问题的意见》以及民间借贷司法解释等规定，处理好民刑交叉案件之间的程序关系。

128.【分别审理】同一当事人因不同事实分别发生民商事纠纷和涉嫌刑事犯罪，民商事案件与刑事案件应当分别审理，主要有下列情形：

（1）主合同的债务人涉嫌刑事犯罪或者刑事裁判认定其构成犯罪，债权人请求担保人承担民事责任的；

（2）行为人以法人、非法人组织或者他人名义订立合同的行为涉嫌刑事犯罪或者刑事裁判认定其构成犯罪，合同相对人请求该法人、非法人组织或者他人承担民事责任的；

（3）法人或者非法人组织的法定代表人、负责人或者其他工作人员的职务行为涉嫌刑事犯罪或者刑事裁判认定其构成犯罪，受害人请求该法人或者非法人组织承担民事责任的；

（4）侵权行为人涉嫌刑事犯罪或者刑事裁判认定其构成犯罪，被保险人、受益人或者其他赔偿权利人请求保险人支付保险金的；

（5）受害人请求涉嫌刑事犯罪的行为人之外的其他主体承担民事责任的。

审判实践中出现的问题是，在上述情形下，有的人民法院仍然以民商事案件涉嫌刑事犯罪为由不予受理，已经受理的，裁定驳回起诉。对此，应予纠正。

129.【涉众型经济犯罪与民商事案件的程序处理】2014年颁布实施的《最高人民法院最高人民检察院公安部关于办理非法集资刑事案件适用法律若干问题的意

见》和 2019 年 1 月颁布实施的《最高人民法院最高人民检察院公安部关于办理非法集资刑事案件若干问题的意见》规定的涉嫌集资诈骗、非法吸收公众存款等涉众型经济犯罪，所涉人数众多、当事人分布地域广、标的额特别巨大、影响范围广，严重影响社会稳定，对于受害人就同一事实提起的以犯罪嫌疑人或者刑事被告人为被告的民事诉讼，人民法院应当裁定不予受理，并将有关材料移送侦查机关、检察机关或者正在审理该刑事案件的人民法院。受害人的民事权利保护应当通过刑事追赃、退赔的方式解决。正在审理民商事案件的人民法院发现有上述涉众型经济犯罪线索的，应当及时将犯罪线索和有关材料移送侦查机关。侦查机关作出立案决定前，人民法院应当中止审理；作出立案决定后，应当裁定驳回起诉；侦查机关未及时立案的，人民法院必要时可以将案件报请党委政法委协调处理。除上述情形人民法院不予受理外，要防止通过刑事手段干预民商事审判，搞地方保护，影响营商环境。

当事人因租赁、买卖、金融借款等与上述涉众型经济犯罪无关的民事纠纷，请求上述主体承担民事责任的，人民法院应予受理。

130.【民刑交叉案件中民商事案件中止审理的条件】人民法院在审理民商事案件时，如果民商事案件必须以相关刑事案件的审理结果为依据，而刑事案件尚未审结的，应当根据《民事诉讼法》第 150 条第 5 项的规定裁定中止诉讼。待刑事案件审结后，再恢复民商事案件的审理。如果民商事案件不是必须以相关的刑事案件的审理结果为依据，则民商事案件应当继续审理。

最高人民法院关于审理因垄断行为引发的民事纠纷案件应用法律若干问题的规定

- 2012 年 1 月 30 日最高人民法院审判委员会第 1539 次会议通过
- 根据 2020 年 12 月 23 日最高人民法院审判委员会第 1823 次会议通过的《最高人民法院关于修改〈最高人民法院关于审理侵犯专利权纠纷案件应用法律若干问题的解释（二）〉等十八件知识产权类司法解释的决定》修正
- 2020 年 12 月 29 日最高人民法院公告公布
- 该修正自 2021 年 1 月 1 日起施行
- 法释〔2020〕19 号

为正确审理因垄断行为引发的民事纠纷案件，制止垄断行为，保护和促进市场公平竞争，维护消费者利益和社会公共利益，根据《中华人民共和国民法典》《中华人民共和国反垄断法》和《中华人民共和国民事诉讼法》等法律的相关规定，制定本规定。

第一条 本规定所称因垄断行为引发的民事纠纷案件（以下简称垄断民事纠纷案件），是指因垄断行为受到损失以及因合同内容、行业协会的章程等违反反垄断法而发生争议的自然人、法人或者非法人组织，向人民法院提起的民事诉讼案件。

第二条 原告直接向人民法院提起民事诉讼，或者在反垄断执法机构认定构成垄断行为的处理决定发生法律效力后向人民法院提起民事诉讼，并符合法律规定的其他受理条件的，人民法院应当受理。

第三条 第一审垄断民事纠纷案件，由知识产权法院，省、自治区、直辖市人民政府所在地的市、计划单列市中级人民法院以及最高人民法院指定的中级人民法院管辖。

第四条 垄断民事纠纷案件的地域管辖，根据案件具体情况，依照民事诉讼法及相关司法解释有关侵权纠纷、合同纠纷等的管辖规定确定。

第五条 民事纠纷案件立案时的案由并非垄断纠纷，被告以原告实施了垄断行为为由提出抗辩或者反诉且有证据支持，或者案件需要依据反垄断法作出裁判，但受诉人民法院没有垄断民事纠纷案件管辖权的，应当将案件移送有管辖权的人民法院。

第六条 两个或者两个以上原告因同一垄断行为向有管辖权的同一法院分别提起诉讼的，人民法院可以合并审理。

两个或者两个以上原告因同一垄断行为向有管辖权的不同法院分别提起诉讼的，后立案的法院在得知有关法院先立案的情况后，应当在七日内裁定将案件移送先立案的法院；受移送的法院可以合并审理。被告应当在答辩阶段主动向受诉人民法院提供其因同一行为在其他法院涉诉的相关信息。

第七条 被诉垄断行为属于反垄断法第十三条第一款第一项至第五项规定的垄断协议的，被告应对该协议不具有排除、限制竞争的效果承担举证责任。

第八条 被诉垄断行为属于反垄断法第十七条第一款规定的滥用市场支配地位的，原告应当对被告在相关市场内具有支配地位和其滥用市场支配地位承担举证责任。

被告以其行为具有正当性为由进行抗辩的，应当承担举证责任。

第九条 被诉垄断行为属于公用企业或者其他依法具有独占地位的经营者滥用市场支配地位的，人民法院可以根据市场结构和竞争状况的具体情况，认定被告在相关市场内具有支配地位，但有相反证据足以推翻的除外。

第十条 原告可以以被告对外发布的信息作为证明其具有市场支配地位的证据。被告对外发布的信息能够证明其在相关市场内具有支配地位的，人民法院可以据此作出认定，但有相反证据足以推翻的除外。

第十一条 证据涉及国家秘密、商业秘密、个人隐私或者其他依法应当保密的内容的，人民法院可以依职权或者当事人的申请采取不公开开庭、限制或者禁止复制、仅对代理律师展示、责令签署保密承诺书等保护措施。

第十二条 当事人可以向人民法院申请一至二名具有相应专门知识的人员出庭，就案件的专门性问题进行说明。

第十三条 当事人可以向人民法院申请委托专业机构或者专业人员就案件的专门性问题作出市场调查或者经济分析报告。经人民法院同意，双方当事人可以协商确定专业机构或者专业人员；协商不成的，由人民法院指定。

人民法院可以参照民事诉讼法及相关司法解释有关鉴定意见的规定，对前款规定的市场调查或者经济分析报告进行审查判断。

第十四条 被告实施垄断行为，给原告造成损失的，根据原告的诉讼请求和查明的事实，人民法院可以依法判令被告承担停止侵害、赔偿损失等民事责任。

根据原告的请求，人民法院可以将原告因调查、制止垄断行为所支付的合理开支计入损失赔偿范围。

第十五条 被诉合同内容、行业协会的章程等违反反垄断法或者其他法律、行政法规的强制性规定的，人民法院应当依法认定其无效。但是，该强制性规定不导致该民事法律行为无效的除外。

第十六条 因垄断行为产生的损害赔偿请求权诉讼时效期间，从原告知道或者应当知道权益受到损害以及义务人之日起计算。

原告向反垄断执法机构举报被诉垄断行为的，诉讼时效从其举报之日起中断。反垄断执法机构决定不立案、撤销案件或者决定终止调查的，诉讼时效期间从原告知道或者应当知道不立案、撤销案件或者终止调查之日起重新计算。反垄断执法机构调查后认定构成垄断行为的，诉讼时效期间从原告知道或者应当知道反垄断执法机构认定构成垄断行为的处理决定发生法律效力之日起重新计算。

原告知道或者应当知道权益受到损害以及义务人之日起超过三年，如果起诉时被诉垄断行为仍然持续，被告提出诉讼时效抗辩的，损害赔偿应当自原告向人民法院起诉之日起向前推算三年计算。自权利受到损害之日起超过二十年的，人民法院不予保护，有特殊情况的，人民法院可以根据权利人的申请决定延长。

最高人民法院关于审理涉及公证活动相关民事案件的若干规定

- 2014年4月28日最高人民法院审判委员会第1614次会议通过
- 根据2020年12月23日最高人民法院审判委员会第1823次会议通过的《最高人民法院关于修改〈最高人民法院关于人民法院民事调解工作若干问题的规定〉等十九件民事诉讼类司法解释的决定》修正
- 2020年12月29日最高人民法院公告公布
- 该修正自2021年1月1日起施行
- 法释〔2020〕20号

为正确审理涉及公证活动相关民事案件，维护当事人的合法权益，根据《中华人民共和国民法典》《中华人民共和国公证法》《中华人民共和国民事诉讼法》等法律的规定，结合审判实践，制定本规定。

第一条 当事人、公证事项的利害关系人依照公证法第四十三条规定向人民法院起诉请求民事赔偿的，应当以公证机构为被告，人民法院应作为侵权责任纠纷案件受理。

第二条 当事人、公证事项的利害关系人起诉请求变更、撤销公证书或者确认公证书无效的，人民法院不予受理，告知其依照公证法第三十九条规定可以向出具公证书的公证机构提出复查。

第三条 当事人、公证事项的利害关系人对公证书所公证的民事权利义务有争议的，可以依照公证法第四十条规定就该争议向人民法院提起民事诉讼。

当事人、公证事项的利害关系人对具有强制执行效力的公证债权文书的民事权利义务有争议直接向人民法院提起民事诉讼的，人民法院依法不予受理。但是，公证债权文书被人民法院裁定不予执行的除外。

第四条 当事人、公证事项的利害关系人提供证据证明公证机构及其公证员在公证活动中具有下列情形之一的,人民法院应当认定公证机构有过错：

（一）为不真实、不合法的事项出具公证书的；

（二）毁损、篡改公证书或者公证档案的；

（三）泄露在执业活动中知悉的商业秘密或者个人隐私的；

（四）违反公证程序、办证规则以及国务院司法行政部门制定的行业规范出具公证书的；

（五）公证机构在公证过程中未尽到充分的审查、核实义务,致使公证书错误或者不真实的；

（六）对存在错误的公证书,经当事人、公证事项的利害关系人申请仍不予纠正或者补正的；

（七）其他违反法律、法规、国务院司法行政部门强制性规定的情形。

第五条 当事人提供虚假证明材料申请公证致使公证书错误造成他人损失的,当事人应当承担赔偿责任。公证机构依法尽到审查、核实义务的,不承担赔偿责任；未依法尽到审查、核实义务的,应当承担与其过错相应的补充赔偿责任；明知公证证明的材料虚假或者与当事人恶意串通的,承担连带赔偿责任。

第六条 当事人、公证事项的利害关系人明知公证机构所出具的公证书不真实、不合法而仍然使用造成自己损失,请求公证机构承担赔偿责任的,人民法院不予支持。

第七条 本规定施行后,涉及公证活动的民事案件尚未终审的,适用本规定；本规定施行前已经终审,当事人申请再审或者按照审判监督程序决定再审的,不适用本规定。

最高人民法院关于适用《中华人民共和国民法典》时间效力的若干规定

- 2020年12月14日最高人民法院审判委员会第1821次会议通过
- 2020年12月29日最高人民法院公告公布
- 自2021年1月1日起施行
- 法释〔2020〕15号

根据《中华人民共和国立法法》《中华人民共和国民法典》等法律规定,就人民法院在审理民事纠纷案件中有关适用民法典时间效力问题作出如下规定。

一、一般规定

第一条 民法典施行后的法律事实引起的民事纠纷案件,适用民法典的规定。

民法典施行前的法律事实引起的民事纠纷案件,适用当时的法律、司法解释的规定,但是法律、司法解释另有规定的除外。

民法典施行前的法律事实持续至民法典施行后,该法律事实引起的民事纠纷案件,适用民法典的规定,但是法律、司法解释另有规定的除外。

第二条 民法典施行前的法律事实引起的民事纠纷案件,当时的法律、司法解释有规定,适用当时的法律、司法解释的规定,但是适用民法典的规定更有利于保护民事主体合法权益,更有利于维护社会和经济秩序,更有利于弘扬社会主义核心价值观的除外。

第三条 民法典施行前的法律事实引起的民事纠纷案件,当时的法律、司法解释没有规定而民法典有规定的,可以适用民法典的规定,但是明显减损当事人合法权益、增加当事人法定义务或者背离当事人合理预期的除外。

第四条 民法典施行前的法律事实引起的民事纠纷案件,当时的法律、司法解释仅有原则性规定而民法典有具体规定的,适用当时的法律、司法解释的规定,但是可以依据民法典具体规定进行裁判说理。

第五条 民法典施行前已经终审的案件,当事人申请再审或者按照审判监督程序决定再审的,不适用民法典的规定。

二、溯及适用的具体规定

第六条 《中华人民共和国民法总则》施行前,侵害英雄烈士等的姓名、肖像、名誉、荣誉,损害社会公共利益引起的民事纠纷案件,适用民法典第一百八十五条的规定。

第七条 民法典施行前,当事人在债务履行期限届满前约定债务人不履行到期债务时抵押财产或者质押财产归债权人所有的,适用民法典第四百零一条和第四百二十八条的规定。

第八条 民法典施行前成立的合同,适用当时的法律、司法解释的规定合同无效而适用民法典的规定合同有效的,适用民法典的相关规定。

第九条 民法典施行前订立的合同,提供格式条款一方未履行提示或者说明义务,涉及格式条款效力认定的,适用民法典第四百九十六条的规定。

第十条 民法典施行前,当事人一方未通知对方而直接以提起诉讼方式依法主张解除合同的,适用民法典第五百六十五条第二款的规定。

第十一条　民法典施行前成立的合同，当事人一方不履行非金钱债务或者履行非金钱债务不符合约定，对方可以请求履行，但是有民法典第五百八十条第一款第一项、第二项、第三项除外情形之一，致使不能实现合同目的，当事人请求终止合同权利义务关系的，适用民法典第五百八十条第二款的规定。

第十二条　民法典施行前订立的保理合同发生争议的，适用民法典第三编第十六章的规定。

第十三条　民法典施行前，继承人有民法典第一千一百二十五条第一款第四项和第五项规定行为之一，对该继承人是否丧失继承权发生争议的，适用民法典第一千一百二十五条第一款和第二款的规定。

民法典施行前，受遗赠人有民法典第一千一百二十五条第一款规定行为之一，对受遗赠人是否丧失受遗赠权发生争议的，适用民法典第一千一百二十五条第一款和第三款的规定。

第十四条　被继承人在民法典施行前死亡，遗产无人继承又无人受遗赠，其兄弟姐妹的子女请求代位继承，适用民法典第一千一百二十八条第二款和第三款的规定，但是遗产已经在民法典施行前处理完毕的除外。

第十五条　民法典施行前，遗嘱人以打印方式立的遗嘱，当事人对该遗嘱效力发生争议的，适用民法典第一千一百三十六条的规定，但是遗产已经在民法典施行前处理完毕的除外。

第十六条　民法典施行前，受害人自愿参加具有一定风险的文体活动受到损害引起的民事纠纷案件，适用民法典第一千一百七十六条的规定。

第十七条　民法典施行前，受害人为保护自己合法权益采取扣留侵权人的财物等措施引起的民事纠纷案件，适用民法典第一千一百七十七条的规定。

第十八条　民法典施行前，因非营运机动车发生交通事故造成无偿搭乘人损害引起的民事纠纷案件，适用民法典第一千二百一十七条的规定。

第十九条　民法典施行前，从建筑物中抛掷物品或者从建筑物上坠落的物品造成他人损害引起的民事纠纷案件，适用民法典第一千二百五十四条的规定。

三、衔接适用的具体规定

第二十条　民法典施行前成立的合同，依照法律规定或者当事人约定该合同的履行持续至民法典施行后，因民法典施行前履行合同发生争议的，适用当时的法律、司法解释的规定；因民法典施行后履行合同发生争议的，适用民法典第三编第四章和第五章的相关规定。

第二十一条　民法典施行前租赁期限届满，当事人主张适用民法典第七百三十四条第二款规定的，人民法院不予支持；租赁期限在民法典施行后届满，当事人主张适用民法典第七百三十四条第二款规定的，人民法院依法予以支持。

第二十二条　民法典施行前，经人民法院判决不准离婚后，双方又分居满一年，一方再次提起离婚诉讼的，适用民法典第一千零七十九条第五款的规定。

第二十三条　被继承人在民法典施行前立有公证遗嘱，民法典施行后又立有新遗嘱，其死亡后，因该数份遗嘱内容相抵触发生争议的，适用民法典第一千一百四十二条第三款的规定。

第二十四条　侵权行为发生在民法典施行前，但是损害后果出现在民法典施行后的民事纠纷案件，适用民法典的规定。

第二十五条　民法典施行前成立的合同，当时的法律、司法解释没有规定且当事人没有约定解除权行使期限，对方当事人也未催告的，解除权人在民法典施行前知道或者应当知道解除事由，自民法典施行之日起一年内不行使的，人民法院应当依法认定该解除权消灭；解除权人在民法典施行后知道或者应当知道解除事由的，适用民法典第五百六十四条第二款关于解除权行使期限的规定。

第二十六条　当事人以民法典施行前受胁迫结婚为由请求人民法院撤销婚姻的，撤销权的行使期限适用民法典第一千零五十二条第二款的规定。

第二十七条　民法典施行前成立的保证合同，当事人对保证期间约定不明确，主债务履行期限届满至民法典施行之日不满二年，当事人主张保证期间为主债务履行期限届满之日起二年的，人民法院依法予以支持；当事人对保证期间没有约定，主债务履行期限届满至民法典施行之日不满六个月，当事人主张保证期间为主债务履行期限届满之日起六个月的，人民法院依法予以支持。

四、附　则

第二十八条　本规定自2021年1月1日起施行。

本规定施行后，人民法院尚未审结的一审、二审案件适用本规定。

最高人民法院关于审理银行卡民事纠纷案件若干问题的规定

- 2019年12月2日最高人民法院审判委员会第1785次会议通过
- 2021年5月24日最高人民法院公告公布
- 自2021年5月25日起施行
- 法释〔2021〕10号

为正确审理银行卡民事纠纷案件，保护当事人的合法权益，根据《中华人民共和国民法典》《中华人民共和国民事诉讼法》等规定，结合司法实践，制定本规定。

第一条 持卡人与发卡行、非银行支付机构、收单行、特约商户等当事人之间因订立银行卡合同、使用银行卡等产生的民事纠纷，适用本规定。

本规定所称银行卡民事纠纷，包括借记卡纠纷和信用卡纠纷。

第二条 发卡行在与持卡人订立银行卡合同时，对收取利息、复利、费用、违约金等格式条款未履行提示或者说明义务，致使持卡人没有注意或者理解该条款，持卡人主张该条款不成为合同的内容，对其不具有约束力的，人民法院应予支持。

发卡行请求持卡人按照信用卡合同的约定给付透支利息、复利、违约金等，或者给付分期付款手续费、利息、违约金等，持卡人以发卡行主张的总额过高为由请求予以适当减少的，人民法院应当综合考虑国家有关金融监管规定、未还款的数额及期限、当事人过错程度、发卡行的实际损失等因素，根据公平原则和诚信原则予以衡量，并作出裁决。

第三条 具有下列情形之一的，应当认定发卡行对持卡人享有的债权请求权诉讼时效中断：

（一）发卡行按约定在持卡人账户中扣划透支款本息、违约金等；

（二）发卡行以向持卡人预留的电话号码、通讯地址、电子邮箱发送手机短信、书面信件、电子邮件等方式催收债权；

（三）发卡行以持卡人恶意透支存在犯罪嫌疑为由向公安机关报案；

（四）其他可以认定为诉讼时效中断的情形。

第四条 持卡人主张争议交易为伪卡盗刷交易或者网络盗刷交易的，可以提供生效法律文书、银行卡交易时真卡所在地、交易行为地、账户交易明细、交易通知、报警记录、挂失记录等证据材料进行证明。

发卡行、非银行支付机构主张争议交易为持卡人本人交易或者其授权交易的，应当承担举证责任。发卡行、非银行支付机构可以提供交易单据、对账单、监控录像、交易身份识别信息、交易验证信息等证据材料进行证明。

第五条 在持卡人告知发卡行其账户发生非因本人交易或者本人授权交易导致的资金或者透支数额变动后，发卡行未及时向持卡人核实银行卡的持有及使用情况，未及时提供或者保存交易单据、监控录像等证据材料，导致有关证据材料无法取得的，应承担举证不能的法律后果。

第六条 人民法院应当全面审查当事人提交的证据，结合银行卡交易行为地与真卡所在地距离、持卡人是否进行了基础交易、交易时间和报警时间、持卡人用卡习惯、银行卡被盗刷的次数及频率、交易系统、技术和设备是否具有安全性等事实，综合判断是否存在伪卡盗刷交易或者网络盗刷交易。

第七条 发生伪卡盗刷交易或者网络盗刷交易，借记卡持卡人基于借记卡合同法律关系请求发卡行支付被盗刷存款本息并赔偿损失的，人民法院依法予以支持。

发生伪卡盗刷交易或者网络盗刷交易，信用卡持卡人基于信用卡合同法律关系请求发卡行返还扣划的透支款本息、违约金并赔偿损失的，人民法院依法予以支持；发卡行请求信用卡持卡人偿还透支款本息、违约金等的，人民法院不予支持。

前两款情形，持卡人对银行卡、密码、验证码等身份识别信息、交易验证信息未尽妥善保管义务具有过错，发卡行主张持卡人承担相应责任的，人民法院应予支持。

持卡人未及时采取挂失等措施防止损失扩大，发卡行主张持卡人自行承担扩大损失责任的，人民法院应予支持。

第八条 发卡行在与持卡人订立银行卡合同或者在开通网络支付业务功能时，未履行告知持卡人银行卡具有相关网络支付功能义务，持卡人以其未与发卡行就争议网络支付条款达成合意为由请求不承担因使用该功能而导致网络盗刷责任的，人民法院应予支持，但有证据证明持卡人同意使用该网络支付功能的，适用本规定第七条规定。

非银行支付机构新增网络支付业务类型时，未向持卡人履行前款规定义务的，参照前款规定处理。

第九条 发卡行在与持卡人订立银行卡合同或者新增网络支付业务时，未完全告知某一网络支付业务持卡人身份识别方式、交易验证方式、交易规则等足以影响持卡人决定是否使用该功能的内容,致使持卡人没有全面准确理解该功能,持卡人以其未与发卡行就相关网络支付条款达成合意为由请求不承担因使用该功能而导致网络盗刷责任的,人民法院应予支持,但持卡人对于网络盗刷具有过错的,应当承担相应过错责任。发卡行虽然未尽前述义务,但是有证据证明持卡人知道并理解该网络支付功能的,适用本规定第七条规定。

非银行支付机构新增网络支付业务类型时,存在前款未完全履行告知义务情形,参照前款规定处理。

第十条 发卡行或者非银行支付机构向持卡人提供的宣传资料载明其承担网络盗刷先行赔付责任,该允诺具体明确,应认定为合同的内容。持卡人据此请求发卡行或者非银行支付机构承担先行赔付责任的,人民法院应予支持。

因非银行支付机构相关网络支付业务系统、设施和技术不符合安全要求导致网络盗刷,持卡人请求判令该机构承担先行赔付责任的,人民法院应予支持。

第十一条 在收单行与发卡行不是同一银行的情形下,因收单行未尽保障持卡人用卡安全义务或者因特约商户未尽审核持卡人签名真伪、银行卡真伪等审核义务导致发生伪卡盗刷交易,持卡人请求收单行或者特约商户承担赔偿责任的,人民法院应予支持,但持卡人对伪卡盗刷交易具有过错,可以减轻或者免除收单行或者特约商户相应责任。

持卡人请求发卡行承担责任,发卡行申请追加收单行或者特约商户作为第三人参加诉讼的,人民法院可以准许。

发卡行承担责任后,可以依法主张存在过错的收单行或者特约商户承担相应责任。

第十二条 发卡行、非银行支付机构、收单行、特约商户承担责任后,请求盗刷者承担侵权责任的,人民法院应予支持。

第十三条 因同一伪卡盗刷交易或者网络盗刷交易,持卡人向发卡行、非银行支付机构、收单行、特约商户、盗刷者等主体主张权利,所获赔偿数额不应超过其因银行卡被盗刷所致损失总额。

第十四条 持卡人依据其对伪卡盗刷交易或者网络盗刷交易不承担或者不完全承担责任的事实,请求发卡行及时撤销相应不良征信记录的,人民法院应予支持。

第十五条 本规定所称伪卡盗刷交易,是指他人使用伪造的银行卡刷卡进行取现、消费、转账等,导致持卡人账户发生非基于本人意思的资金减少或者透支数额增加的行为。

本规定所称网络盗刷交易,是指他人盗取并使用持卡人银行卡网络交易身份识别信息和交易验证信息进行网络交易,导致持卡人账户发生非因本人意思的资金减少或者透支数额增加的行为。

第十六条 本规定施行后尚未终审的案件,适用本规定。本规定施行前已经终审,当事人申请再审或者按照审判监督程序决定再审的案件,不适用本规定。

最高人民法院关于审理使用人脸识别技术处理个人信息相关民事案件适用法律若干问题的规定

- 2021年6月8日最高人民法院审判委员会第1841次会议通过
- 2021年7月28日最高人民法院公告公布
- 自2021年8月1日起施行
- 法释〔2021〕15号

为正确审理使用人脸识别技术处理个人信息相关民事案件,保护当事人合法权益,促进数字经济健康发展,根据《中华人民共和国民法典》《中华人民共和国网络安全法》《中华人民共和国消费者权益保护法》《中华人民共和国电子商务法》《中华人民共和国民事诉讼法》等法律的规定,结合审判实践,制定本规定。

第一条 因信息处理者违反法律、行政法规的规定或者双方的约定使用人脸识别技术处理人脸信息、处理基于人脸识别技术生成的人脸信息所引起的民事案件,适用本规定。

人脸信息的处理包括人脸信息的收集、存储、使用、加工、传输、提供、公开等。

本规定所称人脸信息属于民法典第一千零三十四条规定的"生物识别信息"。

第二条 信息处理者处理人脸信息有下列情形之一的,人民法院应当认定属于侵害自然人人格权益的行为:

(一)在宾馆、商场、银行、车站、机场、体育场馆、娱乐场所等经营场所、公共场所违反法律、行政法规的规定使用人脸识别技术进行人脸验证、辨识或者分析;

(二)未公开处理人脸信息的规则或者未明示处理的目的、方式、范围;

(三)基于个人同意处理人脸信息的,未征得自然人或者其监护人的单独同意,或者未按照法律、行政法规的规定征得自然人或者其监护人的书面同意;

(四)违反信息处理者明示或者双方约定的处理人

脸信息的目的、方式、范围等；

（五）未采取应有的技术措施或者其他必要措施确保其收集、存储的人脸信息安全，致使人脸信息泄露、篡改、丢失；

（六）违反法律、行政法规的规定或者双方的约定，向他人提供人脸信息；

（七）违背公序良俗处理人脸信息；

（八）违反合法、正当、必要原则处理人脸信息的其他情形。

第三条 人民法院认定信息处理者承担侵害自然人人格权益的民事责任，应当适用民法典第九百九十八条的规定，并结合案件具体情况综合考量受害人是否为未成年人、告知同意情况以及信息处理的必要程度等因素。

第四条 有下列情形之一，信息处理者以已征得自然人或者其监护人同意为由抗辩的，人民法院不予支持：

（一）信息处理者要求自然人同意处理其人脸信息才提供产品或者服务的，但是处理人脸信息属于提供产品或者服务所必需的除外；

（二）信息处理者以与其他授权捆绑等方式要求自然人同意处理其人脸信息的；

（三）强迫或者变相强迫自然人同意处理其人脸信息的其他情形。

第五条 有下列情形之一，信息处理者主张其不承担民事责任的，人民法院依法予以支持：

（一）为应对突发公共卫生事件，或者紧急情况下为保护自然人的生命健康和财产安全所必需而处理人脸信息的；

（二）为维护公共安全，依据国家有关规定在公共场所使用人脸识别技术的；

（三）为公共利益实施新闻报道、舆论监督等行为在合理的范围内处理人脸信息的；

（四）在自然人或者其监护人同意的范围内合理处理人脸信息的；

（五）符合法律、行政法规规定的其他情形。

第六条 当事人请求信息处理者承担民事责任的，人民法院应当依据民事诉讼法第六十四条及《最高人民法院关于适用〈中华人民共和国民事诉讼法〉的解释》第九十条、第九十一条、《最高人民法院关于民事诉讼证据的若干规定》的相关规定确定双方当事人的举证责任。

信息处理者主张其行为符合民法典第一千零三十五条第一款规定情形的，应当就此所依据的事实承担举证责任。

信息处理者主张其不承担民事责任的，应当就其行为符合本规定第五条规定的情形承担举证责任。

第七条 多个信息处理者处理人脸信息侵害自然人人格权益，该自然人主张多个信息处理者按照过错程度和造成损害结果的大小承担侵权责任的，人民法院依法予以支持；符合民法典第一千一百六十八条、第一千一百六十九条第一款、第一千一百七十条、第一千一百七十一条等规定的相应情形，该自然人主张多个信息处理者承担连带责任的，人民法院依法予以支持。

信息处理者利用网络服务处理人脸信息侵害自然人人格权益的，适用民法典第一千一百九十五条、第一千一百九十六条、第一千一百九十七条等规定。

第八条 信息处理者处理人脸信息侵害自然人人格权益造成财产损失，该自然人依据民法典第一千一百八十二条主张财产损害赔偿的，人民法院依法予以支持。

自然人为制止侵权行为所支付的合理开支，可以认定为民法典第一千一百八十二条规定的财产损失。合理开支包括该自然人或者委托代理人对侵权行为进行调查、取证的合理费用。人民法院根据当事人的请求和具体案情，可以将合理的律师费用计算在赔偿范围内。

第九条 自然人有证据证明信息处理者使用人脸识别技术正在实施或者即将实施侵害其隐私权或者其他人格权益的行为，不及时制止将使其合法权益受到难以弥补的损害，向人民法院申请采取责令信息处理者停止有关行为的措施的，人民法院可以根据案件具体情况依法作出人格权侵害禁令。

第十条 物业服务企业或者其他建筑物管理人以人脸识别作为业主或者物业使用人出入物业服务区域的唯一验证方式，不同意的业主或者物业使用人请求其提供其他合理验证方式的，人民法院依法予以支持。

物业服务企业或者其他建筑物管理人存在本规定第二条规定的情形，当事人请求物业服务企业或者其他建筑物管理人承担侵权责任的，人民法院依法予以支持。

第十一条 信息处理者采用格式条款与自然人订立合同，要求自然人授予其无期限限制、不可撤销、可任意转授权等处理人脸信息的权利，该自然人依据民法典第四百九十七条请求确认格式条款无效的，人民法院依法予以支持。

第十二条 信息处理者违反约定处理自然人的人脸信息，该自然人请求其承担违约责任的，人民法院依法予以支持。该自然人请求信息处理者承担违约责任时，请求删除人脸信息的，人民法院依法予以支持；信息处理者以双方未对人脸信息的删除作出约定为由抗辩的，人民法院不予支持。

第十三条 基于同一信息处理者处理人脸信息侵害自然人人格权益发生的纠纷，多个受害人分别向同一人民法院起诉的，经当事人同意，人民法院可以合并审理。

第十四条 信息处理者处理人脸信息的行为符合民事诉讼法第五十五条、消费者权益保护法第四十七条或者其他法律关于民事公益诉讼的相关规定，法律规定的机关和有关组织提起民事公益诉讼的，人民法院应予受理。

第十五条 自然人死亡后，信息处理者违反法律、行政法规的规定或者双方的约定处理人脸信息，死者的近亲属依据民法典第九百九十四条请求信息处理者承担民事责任的，适用本规定。

第十六条 本规定自2021年8月1日起施行。

信息处理者使用人脸识别技术处理人脸信息、处理基于人脸识别技术生成的人脸信息的行为发生在本规定施行前的，不适用本规定。

最高人民法院关于适用《中华人民共和国民法典》总则编若干问题的解释

- 2021年12月30日最高人民法院审判委员会第1861次会议通过
- 2022年2月24日最高人民法院公告公布
- 自2022年3月1日起施行
- 法释〔2022〕6号

为正确审理民事案件，依法保护民事主体的合法权益，维护社会和经济秩序，根据《中华人民共和国民法典》《中华人民共和国民事诉讼法》等相关法律规定，结合审判实践，制定本解释。

一、一般规定

第一条 民法典第二编至第七编对民事关系有规定的，人民法院直接适用该规定；民法典第二编至第七编没有规定的，适用民法典第一编的规定，但是根据其性质不能适用的除外。

就同一民事关系，其他民事法律的规定属于对民法典相应规定的细化的，应当适用该民事法律的规定。民法典规定适用其他法律的，适用该法律的规定。

民法典及其他法律对民事关系没有具体规定的，可以遵循民法典关于基本原则的规定。

第二条 在一定地域、行业范围内长期为一般人从事民事活动时普遍遵守的民间习俗、惯常做法等，可以认定为民法典第十条规定的习惯。

当事人主张适用习惯的，应当就习惯及其具体内容提供相应证据；必要时，人民法院可以依职权查明。

适用习惯，不得违背社会主义核心价值观，不得违背公序良俗。

第三条 对于民法典第一百三十二条所称的滥用民事权利，人民法院可以根据权利行使的对象、目的、时间、方式、造成当事人之间利益失衡的程度等因素作出认定。

行为人以损害国家利益、社会公共利益、他人合法权益为主要目的行使民事权利的，人民法院应当认定构成滥用民事权利。

构成滥用民事权利的，人民法院应当认定该滥用行为不发生相应的法律效力。滥用民事权利造成损害的，依照民法典第七条等有关规定处理。

二、民事权利能力和民事行为能力

第四条 涉及遗产继承、接受赠与等胎儿利益保护，父母在胎儿娩出前作为法定代理人主张相应权利的，人民法院依法予以支持。

第五条 限制民事行为能力人实施的民事法律行为是否与其年龄、智力、精神健康状况相适应，人民法院可以从行为与本人生活相关联的程度，本人的智力、精神健康状况能否理解其行为并预见相应的后果，以及标的、数量、价款或者报酬等方面认定。

三、监　护

第六条 人民法院认定自然人的监护能力，应当根据其年龄、身心健康状况、经济条件等因素确定；认定有关组织的监护能力，应当根据其资质、信用、财产状况等因素确定。

第七条 担任监护人的被监护人父母通过遗嘱指定监护人，遗嘱生效时被指定的人不同意担任监护人的，人民法院应当适用民法典第二十七条、第二十八条的规定确定监护人。

未成年人由父母担任监护人，父母中的一方通过遗嘱指定监护人，另一方在遗嘱生效时有监护能力，有关当事人对监护人的确定有争议的，人民法院应当适用民法典第二十七条第一款的规定确定监护人。

第八条 未成年人的父母与其他依法具有监护资格的人订立协议，约定免除具有监护能力的父母的监护职责的，人民法院不予支持。协议约定在未成年人的父母丧失监护能力时由该具有监护资格的人担任监护人的，人民法院依法予以支持。

依法具有监护资格的人之间依据民法典第三十条的规定，约定由民法典第二十七条第二款、第二十八条规定的不同顺序的人共同担任监护人，或者由顺序在后的人担任监护人的，人民法院依法予以支持。

第九条 人民法院依据民法典第三十一条第二款、第三十六条第一款的规定指定监护人时，应当尊重被监护人的真实意愿，按照最有利于被监护人的原则指定，具体参考以下因素：

（一）与被监护人生活、情感联系的密切程度；

（二）依法具有监护资格的人的监护顺序；

（三）是否有不利于履行监护职责的违法犯罪等情形；

（四）依法具有监护资格的人的监护能力、意愿、品行等。

人民法院依法指定的监护人一般应当是一人，由数人共同担任监护人更有利于保护被监护人利益的，也可以是数人。

第十条 有关当事人不服居委员会、村民委员会或者民政部门的指定，在接到指定通知之日起三十日内向人民法院申请指定监护人的，人民法院经审理认为指定并无不当，依法裁定驳回申请；认为指定不当，依法判决撤销指定并另行指定监护人。

有关当事人在接到指定通知之日起三十日后提出申请的，人民法院应当按照变更监护关系处理。

第十一条 具有完全民事行为能力的成年人与他人依据民法典第三十三条的规定订立书面协议事先确定自己的监护人后，协议的任何一方在该成年人丧失或者部分丧失民事行为能力前请求解除协议的，人民法院依法予以支持。该成年人丧失或者部分丧失民事行为能力后，协议确定的监护人无正当理由请求解除协议的，人民法院不予支持。

该成年人丧失或者部分丧失民事行为能力后，协议确定的监护人有民法典第三十六条第一款规定的情形之一，该条第二款规定的有关个人、组织申请撤销其监护人资格的，人民法院依法予以支持。

第十二条 监护人、其他依法具有监护资格的人之间就监护人是否有民法典第三十九条第一款第二项、第四项规定的应当终止监护关系的情形发生争议，申请变更监护人的，人民法院应当依法受理。经审理认为理由成立的，人民法院依法予以支持。

被依法指定的监护人与其他具有监护资格的人之间协议变更监护人的，人民法院应当尊重被监护人的真实意愿，按照最有利于被监护人的原则作出裁判。

第十三条 监护人因患病、外出务工等原因在一定期限内不能完全履行监护职责，将全部或者部分监护职责委托给他人，当事人主张受托人因此成为监护人的，人民法院不予支持。

四、宣告失踪和宣告死亡

第十四条 人民法院审理宣告失踪案件时，下列人员应当认定为民法典第四十条规定的利害关系人：

（一）被申请人的近亲属；

（二）依据民法典第一千一百二十八条、第一千一百二十九条规定对被申请人有继承权的亲属；

（三）债权人、债务人、合伙人等与被申请人有民事权利义务关系的民事主体，但是不申请宣告失踪不影响其权利行使、义务履行的除外。

第十五条 失踪人的财产代管人向失踪人的债务人请求偿还债务的，人民法院应当将财产代管人列为原告。

债权人提起诉讼，请求失踪人的财产代管人支付失踪人所欠的债务和其他费用的，人民法院应当将财产代管人列为被告。经审理认为债权人的诉讼请求成立的，人民法院应当判决财产代管人从失踪人的财产中支付失踪人所欠的债务和其他费用。

第十六条 人民法院审理宣告死亡案件时，被申请人的配偶、父母、子女，以及依据民法典第一千一百二十九条规定对被申请人有继承权的亲属应当认定为民法典第四十六条规定的利害关系人。

符合下列情形之一的，被申请人的其他近亲属，以及依据民法典第一千一百二十八条规定对被申请人有继承权的亲属应当认定为民法典第四十六条规定的利害关系人：

（一）被申请人的配偶、父母、子女均已死亡或者下落不明的；

（二）不申请宣告死亡不能保护其相应合法权益的。

被申请人的债权人、债务人、合伙人等民事主体不能认定为民法典第四十六条规定的利害关系人，但是不申请宣告死亡不能保护其相应合法权益的除外。

第十七条 自然人在战争期间下落不明的，利害关系人申请宣告死亡的期间适用民法典第四十六条第一款第一项的规定，自战争结束之日或者有关机关确定的下落不明之日起计算。

五、民事法律行为

第十八条 当事人未采用书面形式或者口头形式，但是实施的行为本身表明已经作出相应意思表示，并符合民事法律行为成立条件的，人民法院可以认定为民法典第一百三十五条规定的采用其他形式实施的民事法律行为。

第十九条　行为人对行为的性质、对方当事人或者标的物的品种、质量、规格、价格、数量等产生错误认识，按照通常理解如果不发生该错误认识行为人就不会作出相应意思表示的，人民法院可以认定为民法典第一百四十七条规定的重大误解。

行为人能够证明自己实施民事法律行为时存在重大误解，并请求撤销该民事法律行为的，人民法院依法予以支持；但是，根据交易习惯等认定行为人无权请求撤销的除外。

第二十条　行为人以其意思表示存在第三人转达错误为由请求撤销民事法律行为的，适用本解释第十九条的规定。

第二十一条　故意告知虚假情况，或者负有告知义务的人故意隐瞒真实情况，致使当事人基于错误认识作出意思表示的，人民法院可以认定为民法典第一百四十八条、第一百四十九条规定的欺诈。

第二十二条　以给自然人及其近亲属等的人身权利、财产权利以及其他合法权益造成损害或者以给法人、非法人组织的名誉、荣誉、财产权益等造成损害为要挟，迫使其基于恐惧心理作出意思表示的，人民法院可以认定为民法典第一百五十条规定的胁迫。

第二十三条　民事法律行为不成立，当事人请求返还财产、折价补偿或者赔偿损失的，参照适用民法典第一百五十七条的规定。

第二十四条　民事法律行为所附条件不可能发生，当事人约定为生效条件的，人民法院应当认定民事法律行为不发生效力；当事人约定为解除条件的，应当认定未附条件，民事法律行为是否失效，依照民法典和相关法律、行政法规的规定认定。

六、代　理

第二十五条　数个委托代理人共同行使代理权，其中一人或者数人未与其他委托代理人协商，擅自行使代理权的，依据民法典第一百七十一条、第一百七十二条等规定处理。

第二十六条　由于急病、通讯联络中断、疫情防控等特殊原因，委托代理人自己不能办理代理事项，又不能与被代理人及时取得联系，如不及时转委托第三人代理，会给被代理人的利益造成损失或者扩大损失的，人民法院应当认定为民法典第一百六十九条规定的紧急情况。

第二十七条　无权代理行为未被追认，相对人请求行为人履行债务或者赔偿损失的，由行为人就相对人知道或者应当知道行为人无权代理承担举证责任。行为人不能证明的，人民法院依法支持相对人的相应诉讼请求；行为人能够证明的，人民法院应当按照各自的过错认定行为人与相对人的责任。

第二十八条　同时符合下列条件的，人民法院可以认定为民法典第一百七十二条规定的相对人有理由相信行为人有代理权：

（一）存在代理权的外观；

（二）相对人不知道行为人行为时没有代理权，且无过失。

因是否构成表见代理发生争议的，相对人应当就无权代理符合前款第一项规定的条件承担举证责任；被代理人应当就相对人不符合前款第二项规定的条件承担举证责任。

第二十九条　法定代理人、被代理人依据民法典第一百四十五条、第一百七十一条的规定向相对人作出追认的意思表示的，人民法院应当依据民法典第一百三十七条的规定确认其追认意思表示的生效时间。

七、民事责任

第三十条　为了使国家利益、社会公共利益、本人或者他人的人身权利、财产权利以及其他合法权益免受正在进行的不法侵害，而针对实施侵害行为的人采取的制止不法侵害的行为，应当认定为民法典第一百八十一条规定的正当防卫。

第三十一条　对于正当防卫是否超过必要的限度，人民法院应当综合不法侵害的性质、手段、强度、危害程度和防卫的时机、手段、强度、损害后果等因素判断。

经审理，正当防卫没有超过必要限度的，人民法院应当认定正当防卫人不承担责任。正当防卫超过必要限度的，人民法院应当认定正当防卫人在造成不应有的损害范围内承担部分责任；实施侵害行为的人请求正当防卫人承担全部责任的，人民法院不予支持。

实施侵害行为的人不能证明防卫行为造成不应有的损害，仅以正当防卫人采取的反击方式和强度与不法侵害不相当为由主张防卫过当的，人民法院不予支持。

第三十二条　为了使国家利益、社会公共利益、本人或者他人的人身权利、财产权利以及其他合法权益免受正在发生的急迫危险，不得已而采取紧急措施的，应当认定为民法典第一百八十二条规定的紧急避险。

第三十三条　对于紧急避险是否采取措施不当或者

超过必要的限度，人民法院应当综合危险的性质、急迫程度、避险行为所保护的权益以及造成的损害后果等因素判断。

经审理，紧急避险采取措施并无不当且没有超过必要限度的，人民法院应当认定紧急避险人不承担责任。紧急避险采取措施不当或者超过必要限度的，人民法院应当根据紧急避险人的过错程度、避险措施造成不应有的损害的原因力大小、紧急避险人是否为受益人等因素认定紧急避险人在造成的不应有的损害范围内承担相应的责任。

第三十四条 因保护他人民事权益使自己受到损害，受害人依据民法典第一百八十三条的规定请求受益人适当补偿的，人民法院可以根据受害人所受损失和已获赔偿的情况、受益人受益的多少及其经济条件等因素确定受益人承担的补偿数额。

八、诉讼时效

第三十五条 民法典第一百八十八条第一款规定的三年诉讼时效期间，可以适用民法典有关诉讼时效中止、中断的规定，不适用延长的规定。该条第二款规定的二十年期间不适用中止、中断的规定。

第三十六条 无民事行为能力人或者限制民事行为能力人的权利受到损害的，诉讼时效期间自其法定代理人知道或者应当知道权利受到损害以及义务人之日起计算，但是法律另有规定的除外。

第三十七条 无民事行为能力人、限制民事行为能力人的权利受到原法定代理人损害，且在取得、恢复完全民事行为能力或者在原法定代理终止并确定新的法定代理人后，相应民事主体才知道或者应当知道权利受到损害的，有关请求权诉讼时效期间的计算适用民法典第一百八十八条第二款、本解释第三十六条的规定。

第三十八条 诉讼时效依据民法典第一百九十五条的规定中断后，在新的诉讼时效期间内，再次出现第一百九十五条规定的中断事由，可以认定为诉讼时效再次中断。

权利人向义务人的代理人、财产代管人或者遗产管理人等提出履行请求的，可以认定为民法典第一百九十五条规定的诉讼时效中断。

九、附　则

第三十九条 本解释自 2022 年 3 月 1 日起施行。

民法典施行后的法律事实引起的民事案件，本解释施行后尚未终审的，适用本解释；本解释施行前已经终审，当事人申请再审或者按照审判监督程序决定再审的，不适用本解释。

最高人民法院关于商品房消费者权利保护问题的批复

- 2023 年 2 月 14 日最高人民法院审判委员会第 1879 次会议通过
- 2023 年 4 月 20 日最高人民法院公告公布
- 自 2023 年 4 月 20 日起施行
- 法释〔2023〕1 号

河南省高级人民法院：

你院《关于明确房企风险化解中权利顺位问题的请示》（豫高法〔2023〕36 号）收悉。就人民法院在审理房地产开发企业因商品房已售逾期难交付引发的相关纠纷案件中涉及的商品房消费者权利保护问题，经研究，批复如下：

一、建设工程价款优先受偿权、抵押权以及其他债权之间的权利顺位关系，按照《最高人民法院关于审理建设工程施工合同纠纷案件适用法律问题的解释（一）》第三十六条的规定处理。

二、商品房消费者以居住为目的购买房屋并已支付全部价款，主张其房屋交付请求权优先于建设工程价款优先受偿权、抵押权以及其他债权的，人民法院应当予以支持。

只支付了部分价款的商品房消费者，在一审法庭辩论终结前已实际支付剩余价款的，可以适用前款规定。

三、在房屋不能交付且无实际交付可能的情况下，商品房消费者主张价款返还请求权优先于建设工程价款优先受偿权、抵押权以及其他债权的，人民法院应当予以支持。

（二）婚　姻

最高人民法院关于适用《中华人民共和国民法典》婚姻家庭编的解释（一）

- 2020 年 12 月 25 日最高人民法院审判委员会第 1825 次会议通过
- 2020 年 12 月 29 日最高人民法院公告公布
- 自 2021 年 1 月 1 日起施行
- 法释〔2020〕22 号

为正确审理婚姻家庭纠纷案件，根据《中华人民共和国民法典》《中华人民共和国民事诉讼法》等相关法律规定，结合审判实践，制定本解释。

一、一般规定

第一条 持续性、经常性的家庭暴力，可以认定为民法典第一千零四十二条、第一千零七十九条、第一千零九十一条所称的"虐待"。

第二条　民法典第一千零四十二条、第一千零七十九条、第一千零九十一条规定的"与他人同居"的情形，是指有配偶者与婚外异性，不以夫妻名义，持续、稳定地共同居住。

第三条　当事人提起诉讼仅请求解除同居关系的，人民法院不予受理；已经受理的，裁定驳回起诉。

当事人因同居期间财产分割或者子女抚养纠纷提起诉讼的，人民法院应当受理。

第四条　当事人仅以民法典第一千零四十三条为依据提起诉讼的，人民法院不予受理；已经受理的，裁定驳回起诉。

第五条　当事人请求返还按照习俗给付的彩礼的，如果查明属于以下情形，人民法院应当予以支持：

（一）双方未办理结婚登记手续的；

（二）双方办理结婚登记手续但确未共同生活的；

（三）婚前给付并导致给付人生活困难的。

适用前款第二项、第三项的规定，应当以双方离婚为条件。

二、结　婚

第六条　男女双方依据民法典第一千零四十九条规定补办结婚登记的，婚姻关系的效力从双方均符合民法典所规定的结婚的实质要件时起算。

第七条　未依据民法典第一千零四十九条规定办理结婚登记而以夫妻名义共同生活的男女，提起诉讼要求离婚的，应当区别对待：

（一）1994年2月1日民政部《婚姻登记管理条例》公布实施以前，男女双方已经符合结婚实质要件的，按事实婚姻处理。

（二）1994年2月1日民政部《婚姻登记管理条例》公布实施以后，男女双方符合结婚实质要件的，人民法院应当告知其补办结婚登记。未补办结婚登记的，依据本解释第三条规定处理。

第八条　未依据民法典第一千零四十九条规定办理结婚登记而以夫妻名义共同生活的男女，一方死亡，另一方以配偶身份主张享有继承权的，依据本解释第七条的原则处理。

第九条　有权依据民法典第一千零五十一条规定向人民法院就已办理结婚登记的婚姻请求确认婚姻无效的主体，包括婚姻当事人及利害关系人。其中，利害关系人包括：

（一）以重婚为由的，为当事人的近亲属及基层组织；

（二）以未到法定婚龄为由的，为未到法定婚龄者的近亲属；

（三）以有禁止结婚的亲属关系为由的，为当事人的近亲属。

第十条　当事人依据民法典第一千零五十一条规定向人民法院请求确认婚姻无效，法定的无效婚姻情形在提起诉讼时已经消失的，人民法院不予支持。

第十一条　人民法院受理请求确认婚姻无效案件后，原告申请撤诉的，不予准许。

对婚姻效力的审理不适用调解，应当依法作出判决。

涉及财产分割和子女抚养的，可以调解。调解达成协议的，另行制作调解书；未达成调解协议的，应当一并作出判决。

第十二条　人民法院受理离婚案件后，经审理属无效婚姻的，应当将婚姻无效的情形告知当事人，并依法作出确认婚姻无效的判决。

第十三条　人民法院就同一婚姻关系分别受理了离婚和请求确认婚姻无效案件的，对于离婚案件的审理，应当待请求确认婚姻无效案件作出判决后进行。

第十四条　夫妻一方或者双方死亡后，生存一方或者利害关系人依据民法典第一千零五十一条的规定请求确认婚姻无效的，人民法院应当受理。

第十五条　利害关系人依据民法典第一千零五十一条的规定，请求人民法院确认婚姻无效的，利害关系人为原告，婚姻关系当事人双方为被告。

夫妻一方死亡的，生存一方为被告。

第十六条　人民法院审理重婚导致的无效婚姻案件时，涉及财产处理的，应当准许合法婚姻当事人作为有独立请求权的第三人参加诉讼。

第十七条　当事人以民法典第一千零五十一条规定的三种无效婚姻以外的情形请求确认婚姻无效的，人民法院应当判决驳回当事人的诉讼请求。

当事人以结婚登记程序存在瑕疵为由提起民事诉讼，主张撤销结婚登记的，告知其可以依法申请行政复议或者提起行政诉讼。

第十八条　行为人以给另一方当事人或者其近亲属的生命、身体、健康、名誉、财产等方面造成损害为要挟，迫使另一方当事人违背真实意愿结婚的，可以认定为民法典第一千零五十二条所称的"胁迫"。

因受胁迫而请求撤销婚姻的，只能是受胁迫一方的婚姻关系当事人本人。

第十九条　民法典第一千零五十二条规定的"一

年",不适用诉讼时效中止、中断或者延长的规定。

受胁迫或者被非法限制人身自由的当事人请求撤销婚姻的,不适用民法典第一百五十二条第二款的规定。

第二十条 民法典第一千零五十四条所规定的"自始没有法律约束力",是指无效婚姻或者可撤销婚姻在依法被确认无效或者被撤销时,才确定该婚姻自始不受法律保护。

第二十一条 人民法院根据当事人的请求,依法确认婚姻无效或者撤销婚姻的,应当收缴双方的结婚证书并将生效的判决书寄送当地婚姻登记管理机关。

第二十二条 被确认无效或者被撤销的婚姻,当事人同居期间所得的财产,除有证据证明为当事人一方所有的以外,按共同共有处理。

三、夫妻关系

第二十三条 夫以妻擅自中止妊娠侵犯其生育权为由请求损害赔偿的,人民法院不予支持;夫妻双方因是否生育发生纠纷,致使感情确已破裂,一方请求离婚的,人民法院经调解无效,应依照民法典第一千零七十九条第三款第五项的规定处理。

第二十四条 民法典第一千零六十二条第一款第三项规定的"知识产权的收益",是指婚姻关系存续期间,实际取得或者已经明确可以取得的财产性收益。

第二十五条 婚姻关系存续期间,下列财产属于民法典第一千零六十二条规定的"其他应当归共同所有的财产":

(一)一方以个人财产投资取得的收益;

(二)男女双方实际取得或者应当取得的住房补贴、住房公积金;

(三)男女双方实际取得或者应当取得的基本养老金、破产安置补偿费。

第二十六条 夫妻一方个人财产在婚后产生的收益,除孳息和自然增值外,应认定为夫妻共同财产。

第二十七条 由一方婚前承租、婚后用共同财产购买的房屋,登记在一方名下的,应当认定为夫妻共同财产。

第二十八条 一方未经另一方同意出售夫妻共同所有的房屋,第三人善意购买、支付合理对价并已办理不动产登记,另一方主张追回该房屋的,人民法院不予支持。

夫妻一方擅自处分共同所有的房屋造成另一方损失,离婚时另一方请求赔偿损失的,人民法院应予支持。

第二十九条 当事人结婚前,父母为双方购置房屋出资的,该出资应当认定为对自己子女个人的赠与,但父母明确表示赠与双方的除外。

当事人结婚后,父母为双方购置房屋出资的,依照约定处理;没有约定或者约定不明确的,按照民法典第一千零六十二条第一款第四项规定的原则处理。

第三十条 军人的伤亡保险金、伤残补助金、医药生活补助费属于个人财产。

第三十一条 民法典第一千零六十三条规定为夫妻一方的个人财产,不因婚姻关系的延续而转化为夫妻共同财产。但当事人另有约定的除外。

第三十二条 婚前或者婚姻关系存续期间,当事人约定将一方所有的房产赠与另一方或者共有,赠与方在赠与房产变更登记之前撤销赠与,另一方请求判令继续履行的,人民法院可以按照民法典第六百五十八条的规定处理。

第三十三条 债权人就一方婚前所负个人债务向债务人的配偶主张权利的,人民法院不予支持。但债权人能够证明所负债务用于婚后家庭共同生活的除外。

第三十四条 夫妻一方与第三人串通,虚构债务,第三人主张该债务为夫妻共同债务的,人民法院不予支持。

夫妻一方在从事赌博、吸毒等违法犯罪活动中所负债务,第三人主张该债务为夫妻共同债务的,人民法院不予支持。

第三十五条 当事人的离婚协议或者人民法院生效判决、裁定、调解书已经对夫妻财产分割问题作出处理的,债权人仍有权就夫妻共同债务向男女双方主张权利。

一方就夫妻共同债务承担清偿责任后,主张由另一方按照离婚协议或者人民法院的法律文书承担相应债务的,人民法院应予支持。

第三十六条 夫或者妻一方死亡的,生存一方应当对婚姻关系存续期间的夫妻共同债务承担清偿责任。

第三十七条 民法典第一千零六十五条第三款所称"相对人知道该约定的",夫妻一方对此负有举证责任。

第三十八条 婚姻关系存续期间,除民法典第一千零六十六条规定情形以外,夫妻一方请求分割共同财产的,人民法院不予支持。

四、父母子女关系

第三十九条 父或者母向人民法院起诉请求否认亲子关系,并已提供必要证据予以证明,另一方没有相反证据又拒绝做亲子鉴定的,人民法院可以认定否认亲子关系一方的主张成立。

父或者母以及成年子女起诉请求确认亲子关系,并提供必要证据予以证明,另一方没有相反证据又拒绝做亲子鉴定的,人民法院可以认定确认亲子关系一方的主张成立。

第四十条 婚姻关系存续期间,夫妻双方一致同意进行人工授精,所生子女应视为婚生子女,父母子女间的权利义务关系适用民法典的有关规定。

第四十一条 尚在校接受高中及其以下学历教育,或者丧失、部分丧失劳动能力等非因主观原因而无法维持正常生活的成年子女,可以认定为民法典第一千零六十七条规定的"不能独立生活的成年子女"。

第四十二条 民法典第一千零六十七条所称"抚养费",包括子女生活费、教育费、医疗费等费用。

第四十三条 婚姻关系存续期间,父母双方或者一方拒不履行抚养子女义务,未成年子女或者不能独立生活的成年子女请求支付抚养费的,人民法院应予支持。

第四十四条 离婚案件涉及未成年子女抚养的,对不满两周岁的子女,按照民法典第一千零八十四条第三款规定的原则处理。母亲有下列情形之一,父亲请求直接抚养的,人民法院应予支持:

(一)患有久治不愈的传染性疾病或者其他严重疾病,子女不宜与其共同生活的;

(二)有抚养条件不尽抚养义务,而父亲要求子女随其生活;

(三)因其他原因,子女确不宜随母亲生活。

第四十五条 父母双方协议不满两周岁子女由父亲直接抚养,并对子女健康成长无不利影响的,人民法院应予支持。

第四十六条 对已满两周岁的未成年子女,父母均要求直接抚养,一方有下列情形之一的,可予优先考虑:

(一)已做绝育手术或者因其他原因丧失生育能力的;

(二)子女随其生活时间较长,改变生活环境对子女健康成长明显不利的;

(三)无其他子女,而另一方有其他子女的;

(四)子女随其生活,对子女成长有利,而另一方患有久治不愈的传染性疾病或者其他严重疾病,或者有其他不利于子女身心健康的情形,不宜与子女共同生活。

第四十七条 父母抚养子女的条件基本相同,双方均要求直接抚养子女,但子女单独随祖父母或者外祖父母共同生活多年,且祖父母或者外祖父母要求并且有能力帮助子女照顾孙子女或外孙子女的,可以作为父或者母直接抚养子女的优先条件予以考虑。

第四十八条 在有利于保护子女利益的前提下,父母双方协议轮流直接抚养子女的,人民法院应予支持。

第四十九条 抚养费的数额,可以根据子女的实际需要、父母双方的负担能力和当地的实际生活水平确定。

有固定收入的,抚养费一般可以按其月总收入的百分之二十至三十的比例给付。负担两个以上子女抚养费的,比例可以适当提高,但一般不得超过月总收入的百分之五十。

无固定收入的,抚养费的数额可以依据当年总收入或者同行业平均收入,参照上述比例确定。

有特殊情况的,可以适当提高或者降低上述比例。

第五十条 抚养费应当定期给付,有条件的可以一次性给付。

第五十一条 父母一方无经济收入或者下落不明的,可以用其财物折抵抚养费。

第五十二条 父母双方可以协议由一方直接抚养子女并由直接抚养方负担子女全部抚养费。但是,直接抚养方的抚养能力明显不能保障子女所需费用,影响子女健康成长的,人民法院不予支持。

第五十三条 抚养费的给付期限,一般至子女十八周岁为止。

十六周岁以上不满十八周岁,以其劳动收入为主要生活来源,并能维持当地一般生活水平的,父母可以停止给付抚养费。

第五十四条 生父与继母离婚或者生母与继父离婚时,对曾受其抚养教育的继子女,继父或者继母不同意继续抚养的,仍应由生父或者生母抚养。

第五十五条 离婚后,父母一方要求变更子女抚养关系的,或者子女要求增加抚养费的,应当另行提起诉讼。

第五十六条 具有下列情形之一,父母一方要求变更子女抚养关系的,人民法院应予支持:

(一)与子女共同生活的一方因患严重疾病或者因伤残无力继续抚养子女的;

(二)与子女共同生活的一方不尽抚养义务或有虐待子女行为,或者其与子女共同生活对子女身心健康确有不利影响的;

(三)已满八周岁的子女,愿随另一方生活,该方又有抚养能力的;

(四)有其他正当理由需要变更。

第五十七条 父母双方协议变更子女抚养关系的,人民法院应予支持。

第五十八条 具有下列情形之一,子女要求有负担能力的父或者母增加抚养费的,人民法院应予支持:

(一)原定抚养费数额不足以维持当地实际生活水平;

(二)因子女患病、上学,实际需要已超过原定数额;
(三)有其他正当理由应当增加。

第五十九条 父母不得因子女变更姓氏而拒付子女抚养费。父或者母擅自将子女姓氏改为继母或继父姓氏而引起纠纷的,应当责令恢复原姓氏。

第六十条 在离婚诉讼期间,双方均拒绝抚养子女的,可以先行裁定暂由一方抚养。

第六十一条 对拒不履行或者妨害他人履行生效判决、裁定、调解书中有关子女抚养义务的当事人或者其他人,人民法院可依照民事诉讼法第一百一十一条的规定采取强制措施。

五、离 婚

第六十二条 无民事行为能力人的配偶有民法典第三十六条第一款规定行为,其他有监护资格的人可以要求撤销其监护资格,并依法指定新的监护人;变更后的监护人代理无民事行为能力一方提起离婚诉讼的,人民法院应予受理。

第六十三条 人民法院审理离婚案件,符合民法典第一千零七十九条第三款规定"应当准予离婚"情形的,不应当因当事人有过错而判决不准离婚。

第六十四条 民法典第一千零八十一条所称的"军人一方有重大过错",可以依据民法典第一千零七十九条第三款前三项规定及军人有其他重大过错导致夫妻感情破裂的情形予以判断。

第六十五条 人民法院作出的生效的离婚判决中未涉及探望权,当事人就探望权问题单独提起诉讼的,人民法院应予受理。

第六十六条 当事人在履行生效判决、裁定或者调解书的过程中,一方请求中止探望的,人民法院在征询双方当事人意见后,认为需要中止探望的,依法作出裁定;中止探望的情形消失后,人民法院应当根据当事人的请求书面通知其恢复探望。

第六十七条 未成年子女、直接抚养子女的父或者母以及其他对未成年子女负担抚养、教育、保护义务的法定监护人,有权向人民法院提出中止探望的请求。

第六十八条 对于拒不协助另一方行使探望权的有关个人或者组织,可以由人民法院依法采取拘留、罚款等强制措施,但是不能对子女的人身、探望行为进行强制执行。

第六十九条 当事人达成的以协议离婚或者到人民法院调解离婚为条件的财产以及债务处理协议,如果双方离婚未成,一方在离婚诉讼中反悔的,人民法院应当认定该财产以及债务处理协议没有生效,并根据实际情况依照民法典第一千零八十七条和第一千零八十九条的规定判决。

当事人依照民法典第一千零七十六条签订的离婚协议中关于财产以及债务处理的条款,对男女双方具有法律约束力。登记离婚后当事人因履行上述协议发生纠纷提起诉讼的,人民法院应当受理。

第七十条 夫妻双方协议离婚后就财产分割问题反悔,请求撤销财产分割协议的,人民法院应当受理。

人民法院审理后,未发现订立财产分割协议时存在欺诈、胁迫等情形的,应当依法驳回当事人的诉讼请求。

第七十一条 人民法院审理离婚案件,涉及分割发放到军人名下的复员费、自主择业费等一次性费用的,以夫妻婚姻关系存续年限乘以年平均值,所得数额为夫妻共同财产。

前款所称年平均值,是指将发放到军人名下的上述费用总额按具体年限均分得出的数额。其具体年限为人均寿命七十岁与军人入伍时实际年龄的差额。

第七十二条 夫妻双方分割共同财产中的股票、债券、投资基金份额等有价证券以及未上市股份有限公司股份时,协商不成或者按市价分配有困难的,人民法院可以根据数量按比例分配。

第七十三条 人民法院审理离婚案件,涉及分割夫妻共同财产中以一方名义在有限责任公司的出资额,另一方不是该公司股东的,按以下情形分别处理:

(一)夫妻双方协商一致将出资额部分或者全部转让给该股东的配偶,其他股东过半数同意,并且其他股东均明确表示放弃优先购买权的,该股东的配偶可以成为该公司股东;

(二)夫妻双方就出资额转让份额和转让价格等事项协商一致后,其他股东半数以上不同意转让,但愿意以同等条件购买该出资额的,人民法院可以对转让出资所得财产进行分割。其他股东半数以上不同意转让,也不愿意以同等条件购买该出资额的,视为其同意转让,该股东的配偶可以成为该公司股东。

用于证明前款规定的股东同意的证据,可以是股东会议材料,也可以是当事人通过其他合法途径取得的股东的书面声明材料。

第七十四条 人民法院审理离婚案件,涉及分割夫妻共同财产中以一方名义在合伙企业中的出资,另一方不是该企业合伙人的,当夫妻双方协商一致,将其合伙企业中的财产份额全部或者部分转让给对方时,按以下情形分别处理：

（一）其他合伙人一致同意的，该配偶依法取得合伙人地位；

（二）其他合伙人不同意转让，在同等条件下行使优先购买权的，可以对转让所得的财产进行分割；

（三）其他合伙人不同意转让，也不行使优先购买权，但同意该合伙人退伙或者削减部分财产份额的，可以对结算后的财产进行分割；

（四）其他合伙人既不同意转让，也不行使优先购买权，又不同意该合伙人退伙或者削减部分财产份额的，视为全体合伙人同意转让，该配偶依法取得合伙人地位。

第七十五条　夫妻以一方名义投资设立个人独资企业的，人民法院分割夫妻在该个人独资企业中的共同财产时，应当按照以下情形分别处理：

（一）一方主张经营该企业的，对企业资产进行评估后，由取得企业资产所有权一方给予另一方相应的补偿；

（二）双方均主张经营该企业的，在双方竞价基础上，由取得企业资产所有权的一方给予另一方相应的补偿；

（三）双方均不愿意经营该企业的，按照《中华人民共和国个人独资企业法》等有关规定办理。

第七十六条　双方对夫妻共同财产中的房屋价值及归属无法达成协议时，人民法院按以下情形分别处理：

（一）双方均主张房屋所有权并且同意竞价取得的，应当准许；

（二）一方主张房屋所有权的，由评估机构按市场价格对房屋作出评估，取得房屋所有权的一方应当给予另一方相应的补偿；

（三）双方均不主张房屋所有权的，根据当事人的申请拍卖、变卖房屋，就所得价款进行分割。

第七十七条　离婚时双方对尚未取得所有权或者尚未取得完全所有权的房屋有争议且协商不成的，人民法院不宜判决房屋所有权的归属，应当根据实际情况判决由当事人使用。

当事人就前款规定的房屋取得完全所有权后，有争议的，可以另行向人民法院提起诉讼。

第七十八条　夫妻一方婚前签订不动产买卖合同，以个人财产支付首付款并在银行贷款，婚后用夫妻共同财产还贷，不动产登记于首付款支付方名下的，离婚时该不动产由双方协议处理。

依前款规定不能达成协议的，人民法院可以判决该不动产归登记一方，尚未归还的贷款为不动产登记一方的个人债务。双方婚后共同还贷支付的款项及其相对应财产增值部分，离婚时应根据民法典第一千零八十七条第一款规定的原则，由不动产登记一方对另一方进行补偿。

第七十九条　婚姻关系存续期间，双方用夫妻共同财产出资购买以一方父母名义参加房改的房屋，登记在一方父母名下，离婚时另一方主张按照夫妻共同财产对该房屋进行分割的，人民法院不予支持。购买该房屋时的出资，可以作为债权处理。

第八十条　离婚时夫妻一方尚未退休、不符合领取基本养老金条件，另一方请求按照夫妻共同财产分割基本养老金的，人民法院不予支持；婚后以夫妻共同财产缴纳基本养老保险费，离婚时一方主张将养老金账户中婚姻关系存续期间个人实际缴纳部分及利息作为夫妻共同财产分割的，人民法院应予支持。

第八十一条　婚姻关系存续期间，夫妻一方作为继承人依法可以继承的遗产，在继承人之间尚未实际分割，起诉离婚时另一方请求分割的，人民法院应当告知当事人在继承人之间实际分割遗产后另行起诉。

第八十二条　夫妻之间订立借款协议，以夫妻共同财产出借给一方从事个人经营活动或者用于其他个人事务的，应视为双方约定处分夫妻共同财产的行为，离婚时可以按照借款协议的约定处理。

第八十三条　离婚后，一方以尚有夫妻共同财产未处理为由向人民法院起诉请求分割的，经审查该财产确属离婚时未涉及的夫妻共同财产，人民法院应当依法予以分割。

第八十四条　当事人依据民法典第一千零九十二条的规定向人民法院提起诉讼，请求再次分割夫妻共同财产的诉讼时效期间为三年，从当事人发现之日起计算。

第八十五条　夫妻一方申请对配偶的个人财产或者夫妻共同财产采取保全措施的，人民法院可以在采取保全措施可能造成损失的范围内，根据实际情况，确定合理的财产担保数额。

第八十六条　民法典第一千零九十一条规定的"损害赔偿"，包括物质损害赔偿和精神损害赔偿。涉及精神损害赔偿的，适用《最高人民法院关于确定民事侵权精神损害赔偿责任若干问题的解释》的有关规定。

第八十七条　承担民法典第一千零九十一条规定的损害赔偿责任的主体，为离婚诉讼当事人中无过错方的配偶。

人民法院判决不准离婚的案件，对于当事人基于民法典第一千零九十一条提出的损害赔偿请求，不予支持。

在婚姻关系存续期间，当事人不起诉离婚而单独依据民法典第一千零九十一条提起损害赔偿请求的,人民法院不予受理。

第八十八条 人民法院受理离婚案件时,应当将民法典第一千零九十一条等规定中当事人的有关权利义务,书面告知当事人。在适用民法典第一千零九十一条时,应当区分以下不同情况:

(一)符合民法典第一千零九十一条规定的无过错方作为原告基于该条规定向人民法院提起损害赔偿请求的,必须在离婚诉讼的同时提出。

(二)符合民法典第一千零九十一条规定的无过错方作为被告的离婚诉讼案件,如果被告不同意离婚也不基于该条规定提起损害赔偿请求的,可以就此单独提起诉讼。

(三)无过错方作为被告的离婚诉讼案件,一审时被告未基于民法典第一千零九十一条规定提出损害赔偿请求,二审期间提出的,人民法院应当进行调解;调解不成的,告知当事人另行起诉。双方当事人同意由第二审人民法院一并审理的,第二审人民法院可以一并裁判。

第八十九条 当事人在婚姻登记机关办理离婚登记手续后,以民法典第一千零九十一条规定为由向人民法院提出损害赔偿请求的,人民法院应当受理。但当事人在协议离婚时已经明确表示放弃该项请求的,人民法院不予支持。

第九十条 夫妻双方均有民法典第一千零九十一条规定的过错情形,一方或者双方向对方提出离婚损害赔偿请求的,人民法院不予支持。

六、附　则

第九十一条 本解释自2021年1月1日起施行。

最高人民法院、最高人民检察院、公安部、民政部关于妥善处理以冒名顶替或者弄虚作假的方式办理婚姻登记问题的指导意见

·2021年11月18日

一、人民法院办理当事人冒名顶替或者弄虚作假婚姻登记类行政案件,应当根据案情实际,以促进问题解决、维护当事人合法权益为目的,依法立案、审理并作出裁判。

人民法院对当事人冒名顶替或者弄虚作假办理婚姻登记类行政案件,应当结合具体案情依法认定起诉期限;对被冒名顶替者或者其他当事人不属于其自身的原因耽误起诉期限的,被耽误的时间不计算在起诉期限内,但最长不得超过《中华人民共和国行政诉讼法》第四十六条第二款规定的起诉期限。

人民法院对相关事实进行调查认定后认为应当撤销婚姻登记的,应当及时向民政部门发送撤销婚姻登记的司法建议书。

二、人民检察院办理当事人冒名顶替或者弄虚作假婚姻登记类行政诉讼监督案件,应当依法开展调查核实,认为人民法院生效行政裁判确有错误的,应当依法提出监督纠正意见。可以根据案件实际情况,开展行政争议实质性化解工作。发现相关个人涉嫌犯罪的,应当依法移送线索、监督立案查处。

人民检察院根据调查核实认定情况、监督情况,认为婚姻登记存在错误应当撤销的,应当及时向民政部门发送检察建议书。

三、公安机关应当及时受理当事人冒名顶替或者弄虚作假婚姻登记的报案、举报,有证据证明存在违法犯罪事实,符合立案条件的,应当依法立案侦查。经调查属实的,依法依规认定处理并出具相关证明材料。

四、民政部门对于当事人反映身份信息被他人冒用办理婚姻登记,或者婚姻登记的一方反映另一方系冒名顶替、弄虚作假骗取婚姻登记的,应当及时将有关线索转交公安、司法等部门,配合相关部门做好调查处理。

民政部门收到公安、司法等部门出具的事实认定相关证明、情况说明、司法建议书、检察建议书等证据材料,应当对相关情况进行审核,符合条件的及时撤销相关婚姻登记。

民政部门决定撤销或者更正婚姻登记的,应当将撤销或者更正婚姻登记决定书于作出之日起15个工作日内送达当事人及利害关系人,同时抄送人民法院、人民检察院或者公安机关。

民政部门作出撤销或者更正婚姻登记决定后,应当及时在婚姻登记管理信息系统中备注说明情况并在附件中上传决定书。同时参照婚姻登记档案管理相关规定存档保管相关文书和证据材料。

五、民政部门应当根据《关于对婚姻登记严重失信当事人开展联合惩戒的合作备忘录》等文件要求,及时将使用伪造、变造或者冒用他人身份证件、户口簿、无配偶证明及其他证件、证明材料办理婚姻登记的当事人纳入婚姻登记领域严重失信当事人名单,由相关部门进行联合惩戒。

六、本指导意见所指当事人包括:涉案婚姻登记行为记载的自然人,使用伪造、变造的身份证件或者冒用他人

身份证件办理婚姻登记的自然人、被冒用身份证件的自然人、其他利害关系人。

七、本指导意见自印发之日起施行。法律法规、规章、司法解释有新规定的，从其规定。

最高人民法院关于审理涉彩礼纠纷案件适用法律若干问题的规定

- 2023年11月13日最高人民法院审判委员会第1905次会议通过
- 2024年1月17日最高人民法院公告公布
- 自2024年2月1日起施行
- 法释〔2024〕1号

为正确审理涉彩礼纠纷案件，根据《中华人民共和国民法典》《中华人民共和国民事诉讼法》等法律规定，结合审判实践，制定本规定。

第一条 以婚姻为目的依据习俗给付彩礼后，因要求返还产生的纠纷，适用本规定。

第二条 禁止借婚姻索取财物。一方以彩礼为名借婚姻索取财物，另一方要求返还的，人民法院应予支持。

第三条 人民法院在审理涉彩礼纠纷案件中，可以根据一方给付财物的目的，综合考虑双方当地习俗、给付的时间和方式、财物价值、给付人及接收人等事实，认定彩礼范围。

下列情形给付的财物，不属于彩礼：

（一）一方在节日、生日等有特殊纪念意义时点给付的价值不大的礼物、礼金；

（二）一方为表达或者增进感情的日常消费性支出；

（三）其他价值不大的财物。

第四条 婚约财产纠纷中，婚约一方及其实际给付彩礼的父母可以作为共同原告；婚约另一方及其实际接收彩礼的父母可以作为共同被告。

离婚纠纷中，一方提出返还彩礼诉讼请求的，当事人仍为夫妻双方。

第五条 双方已办理结婚登记且共同生活，离婚时一方请求返还按照习俗给付的彩礼的，人民法院一般不予支持。但是，如果共同生活时间较短且彩礼数额过高的，人民法院可以根据彩礼实际使用及嫁妆情况，综合考虑彩礼数额、共同生活及孕育情况、双方过错等事实，结合当地习俗，确定是否返还以及返还的具体比例。

人民法院认定彩礼数额是否过高，应当综合考虑彩礼给付方所在地居民人均可支配收入、给付方家庭经济情况以及当地习俗等因素。

第六条 双方未办理结婚登记但已共同生活，一方请求返还按照习俗给付的彩礼的，人民法院应当根据彩礼实际使用及嫁妆情况，综合考虑共同生活及孕育情况、双方过错等事实，结合当地习俗，确定是否返还以及返还的具体比例。

第七条 本规定自2024年2月1日起施行。

本规定施行后，人民法院尚未审结的一审、二审案件适用本规定。本规定施行前已经终审、施行后当事人申请再审或者按照审判监督程序决定再审的案件，不适用本规定。

（三）继　承

最高人民法院关于适用《中华人民共和国民法典》继承编的解释（一）

- 2020年12月25日最高人民法院审判委员会第1825次会议通过
- 2020年12月29日最高人民法院公告公布
- 自2021年1月1日起施行
- 法释〔2020〕23号

为正确审理继承纠纷案件，根据《中华人民共和国民法典》等相关法律规定，结合审判实践，制定本解释。

一、一般规定

第一条 继承从被继承人生理死亡或者被宣告死亡时开始。

宣告死亡的，根据民法典第四十八条规定确定的死亡日期，为继承开始的时间。

第二条 承包人死亡时尚未取得承包收益的，可以将死者生前对承包所投入的资金和所付出的劳动及其增值和孳息，由发包单位或者接续承包合同的人合理折价、补偿。其价额作为遗产。

第三条 被继承人生前与他人订有遗赠扶养协议，同时又立有遗嘱的，继承开始后，如果遗赠扶养协议与遗嘱没有抵触，遗产分别按协议和遗嘱处理；如果有抵触，按协议处理，与协议抵触的遗嘱全部或者部分无效。

第四条 遗嘱继承人依遗嘱取得遗产后，仍有权依照民法典第一千一百三十条的规定取得遗嘱未处分的遗产。

第五条 在遗产继承中，继承人之间因是否丧失继承权发生纠纷，向人民法院提起诉讼的，由人民法院依据民法典第一千一百二十五条的规定，判决确认其是否丧失继承权。

第六条 继承人是否符合民法典第一千一百二十五条第一款第三项规定的"虐待被继承人情节严重",可以从实施虐待行为的时间、手段、后果和社会影响等方面认定。

虐待被继承人情节严重的,不论是否追究刑事责任,均可确认其丧失继承权。

第七条 继承人故意杀害被继承人的,不论是既遂还是未遂,均应当确认其丧失继承权。

第八条 继承人有民法典第一千一百二十五条第一款第一项或者第二项所列之行为,而被继承人以遗嘱将遗产指定由该继承人继承的,可以确认遗嘱无效,并确认该继承人丧失继承权。

第九条 继承人伪造、篡改、隐匿或者销毁遗嘱,侵害了缺乏劳动能力又无生活来源的继承人的利益,并造成其生活困难的,应当认定为民法典第一千一百二十五条第一款第四项规定的"情节严重"。

二、法定继承

第十条 被收养人对养父母尽了赡养义务,同时又对生父母扶养较多的,除可以依照民法典第一千一百二十七条的规定继承养父母的遗产外,还可以依照民法典第一千一百三十一条的规定分得生父母适当的遗产。

第十一条 继子女继承了继父母遗产的,不影响其继承生父母的遗产。

继父母继承了继子女遗产的,不影响其继承生子女的遗产。

第十二条 养子女与生子女之间、养子女与养子女之间,系养兄弟姐妹,可以互为第二顺序继承人。

被收养人与其亲兄弟姐妹之间的权利义务关系,因收养关系的成立而消除,不能互为第二顺序继承人。

第十三条 继兄弟姐妹之间的继承权,因继兄弟姐妹之间的扶养关系而发生。没有扶养关系的,不能互为第二顺序继承人。

继兄弟姐妹之间相互继承了遗产的,不影响其继承亲兄弟姐妹的遗产。

第十四条 被继承人的孙子女、外孙子女、曾孙子女、外曾孙子女都可以代位继承,代位继承人不受辈数的限制。

第十五条 被继承人的养子女、已形成扶养关系的继子女的生子女可以代位继承;被继承人亲生子女的养子女可以代位继承;被继承人养子女的养子女可以代位继承;与被继承人已形成扶养关系的继子女的养子女也可以代位继承。

第十六条 代位继承人缺乏劳动能力又没有生活来源,或者对被继承人尽过主要赡养义务的,分配遗产时,可以多分。

第十七条 继承人丧失继承权的,其晚辈直系血亲不得代位继承。如该代位继承人缺乏劳动能力又没有生活来源,或者对被继承人尽赡养义务较多的,可以适当分给遗产。

第十八条 丧偶儿媳对公婆、丧偶女婿对岳父母,无论其是否再婚,依照民法典第一千一百二十九条规定作为第一顺序继承人时,不影响其子女代位继承。

第十九条 对被继承人生活提供了主要经济来源,或者在劳务等方面给予了主要扶助的,应当认定其尽了主要赡养义务或主要扶养义务。

第二十条 依照民法典第一千一百三十一条规定可以分给适当遗产的人,分给他们遗产时,按具体情况可以多于或者少于继承人。

第二十一条 依照民法典第一千一百三十一条规定可以分给适当遗产的人,在其依法取得被继承人遗产的权利受到侵犯时,本人有权以独立的诉讼主体资格向人民法院提起诉讼。

第二十二条 继承人有扶养能力和扶养条件,愿意尽扶养义务,但被继承人因有固定收入和劳动能力,明确表示不要求其扶养的,分配遗产时,一般不应因此而影响其继承份额。

第二十三条 有扶养能力和扶养条件的继承人虽然与被继承人共同生活,但对需要扶养的被继承人不尽扶养义务,分配遗产时,可以少分或者不分。

三、遗嘱继承和遗赠

第二十四条 继承人、受遗赠人的债权人、债务人,共同经营的合伙人,也应当视为与继承人、受遗赠人有利害关系,不能作为遗嘱的见证人。

第二十五条 遗嘱人未保留缺乏劳动能力又没有生活来源的继承人的遗产份额,遗产处理时,应当为该继承人留下必要的遗产,所剩余的部分,才可参照遗嘱确定的分配原则处理。

继承人是否缺乏劳动能力又没有生活来源,应当按遗嘱生效时该继承人的具体情况确定。

第二十六条 遗嘱人以遗嘱处分了国家、集体或者他人财产的,应当认定该部分遗嘱无效。

第二十七条 自然人在遗书中涉及死后个人财产处分的内容,确为死者的真实意思表示,有本人签名并注明了年、月、日,又无相反证据的,可以按自书遗嘱对待。

第二十八条 遗嘱人立遗嘱时必须具有完全民事行为能力。无民事行为能力人或者限制民事行为能力人所立的遗嘱，即使其本人后来具有完全民事行为能力，仍属无效遗嘱。遗嘱人立遗嘱时具有完全民事行为能力，后来成为无民事行为能力人或者限制民事行为能力人的，不影响遗嘱的效力。

第二十九条 附义务的遗嘱继承或者遗赠，如义务能够履行，而继承人、受遗赠人无正当理由不履行，经受益人或者其他继承人请求，人民法院可以取消其接受附义务部分遗产的权利，由提出请求的继承人或者受益人负责按遗嘱人的意愿履行义务，接受遗产。

四、遗产的处理

第三十条 人民法院在审理继承案件时，如果知道有继承人而无法通知的，分割遗产时，要保留其应继承的遗产，并确定该遗产的保管人或者保管单位。

第三十一条 应当为胎儿保留的遗产份额没有保留的，应从继承人所继承的遗产中扣回。

为胎儿保留的遗产份额，如胎儿出生后死亡的，由其继承人继承；如胎儿娩出时是死体的，由被继承人的继承人继承。

第三十二条 继承人因放弃继承权，致其不能履行法定义务的，放弃继承权的行为无效。

第三十三条 继承人放弃继承应当以书面形式向遗产管理人或者其他继承人表示。

第三十四条 在诉讼中，继承人向人民法院以口头方式表示放弃继承的，要制作笔录，由放弃继承的人签名。

第三十五条 继承人放弃继承的意思表示，应当在继承开始后、遗产分割前作出。遗产分割后表示放弃的不再是继承权，而是所有权。

第三十六条 遗产处理前或者在诉讼进行中，继承人对放弃继承反悔的，由人民法院根据其提出的具体理由，决定是否承认。遗产处理后，继承人对放弃继承反悔的，不予承认。

第三十七条 放弃继承的效力，追溯到继承开始的时间。

第三十八条 继承开始后，受遗赠人表示接受遗赠，并于遗产分割前死亡的，其接受遗赠的权利转移给他的继承人。

第三十九条 由国家或者集体组织供给生活费用的烈属和享受社会救济的自然人，其遗产仍应准许合法继承人继承。

第四十条 继承人以外的组织或者个人与自然人签订遗赠扶养协议后，无正当理由不履行，导致协议解除的，不能享有受遗赠的权利，其支付的供养费用一般不予补偿；遗赠人无正当理由不履行，导致协议解除的，则应当偿还继承人以外的组织或者个人已支付的供养费用。

第四十一条 遗产因无人继承又无人受遗赠归国家或者集体所有制组织所有时，按照民法典第一千一百三十一条规定可以分给适当遗产的人提出取得遗产的诉讼请求，人民法院应当视情况适当分给遗产。

第四十二条 人民法院在分割遗产中的房屋、生产资料和特定职业所需要的财产时，应当依据有利于发挥其使用效益和继承人的实际需要，兼顾各继承人的利益进行处理。

第四十三条 人民法院对故意隐匿、侵吞或者争抢遗产的继承人，可以酌情减少其应继承的遗产。

第四十四条 继承诉讼开始后，如继承人、受遗赠人中有既不愿参加诉讼，又不表示放弃实体权利的，应当追加为共同原告；继承人已书面表示放弃继承、受遗赠人在知道受遗赠后六十日内表示放弃受遗赠或者到期没有表示的，不再列为当事人。

五、附 则

第四十五条 本解释自2021年1月1日起施行。

（四）房地产

最高人民法院关于审理商品房买卖合同纠纷案件适用法律若干问题的解释

- 2003年3月24日最高人民法院审判委员会第1267次会议通过
- 根据2020年12月23日最高人民法院审判委员会第1823次会议通过的《最高人民法院关于修改〈最高人民法院关于在民事审判工作中适用《中华人民共和国工会法》若干问题的解释〉等二十七件民事类司法解释的决定》修正
- 2020年12月29日最高人民法院公告公布
- 该修正自2021年1月1日起施行
- 法释〔2020〕17号

为正确、及时审理商品房买卖合同纠纷案件，根据《中华人民共和国民法典》《中华人民共和国城市房地产管理法》等相关法律，结合民事审判实践，制定本解释。

第一条 本解释所称的商品房买卖合同，是指房地产开发企业（以下统称为出卖人）将尚未建成或者已竣工的房屋向社会销售并转移房屋所有权于买受人，买受人支付价款的合同。

第二条 出卖人未取得商品房预售许可证明，与买受人订立的商品房预售合同，应当认定无效，但是在起诉前取得商品房预售许可证明的，可以认定有效。

第三条 商品房的销售广告和宣传资料为要约邀请，但是出卖人就商品房开发规划范围内的房屋及相关设施所作的说明和允诺具体确定，并对商品房买卖合同的订立以及房屋价格的确定有重大影响的，构成要约。该说明和允诺即使未载入商品房买卖合同，亦应当为合同内容，当事人违反的，应当承担违约责任。

第四条 出卖人通过认购、订购、预订等方式向买受人收受定金作为订立商品房买卖合同担保的，如果因当事人一方原因未能订立商品房买卖合同，应当按照法律关于定金的规定处理；因不可归责于当事人双方的事由，导致商品房买卖合同未能订立的，出卖人应当将定金返还买受人。

第五条 商品房的认购、订购、预订等协议具备《商品房销售管理办法》第十六条规定的商品房买卖合同的主要内容，并且出卖人已经按照约定收受购房款的，该协议应当认定为商品房买卖合同。

第六条 当事人以商品房预售合同未按照法律、行政法规规定办理登记备案手续为由，请求确认合同无效的，不予支持。

当事人约定以办理登记备案手续为商品房预售合同生效条件的，从其约定，但当事人一方已经履行主要义务，对方接受的除外。

第七条 买受人以出卖人与第三人恶意串通，另行订立商品房买卖合同并将房屋交付使用，导致其无法取得房屋为由，请求确认出卖人与第三人订立的商品房买卖合同无效的，应予支持。

第八条 对房屋的转移占有，视为房屋的交付使用，但当事人另有约定的除外。

房屋毁损、灭失的风险，在交付使用前由出卖人承担，交付使用后由买受人承担；买受人接到出卖人的书面交房通知，无正当理由拒绝接收的，房屋毁损、灭失的风险自书面交房通知确定的交付使用之日起由买受人承担，但法律另有规定或者当事人另有约定的除外。

第九条 因房屋主体结构质量不合格不能交付使用，或者房屋交付使用后，房屋主体结构质量经核验确属不合格，买受人请求解除合同和赔偿损失的，应予支持。

第十条 因房屋质量问题严重影响正常居住使用，买受人请求解除合同和赔偿损失的，应予支持。

交付使用的房屋存在质量问题，在保修期内，出卖人应当承担修复责任；出卖人拒绝修复或者在合理期限内拖延修复的，买受人可以自行或者委托他人修复。修复费用及修复期间造成的其他损失由出卖人承担。

第十一条 根据民法典第五百六十三条的规定，出卖人迟延交付房屋或者买受人迟延支付购房款，经催告后在三个月的合理期限内仍未履行，解除权人请求解除合同的，应予支持，但当事人另有约定的除外。

法律没有规定或者当事人没有约定，经对方当事人催告后，解除权行使的合理期限为三个月。对方当事人没有催告的，解除权人自知道或者应当知道解除事由之日起一年内行使。逾期不行使的，解除权消灭。

第十二条 当事人以约定的违约金过高为由请求减少的，应当以违约金超过造成的损失30%为标准适当减少；当事人以约定的违约金低于造成的损失为由请求增加的，应当以违约造成的损失确定违约金数额。

第十三条 商品房买卖合同没有约定违约金数额或者损失赔偿额计算方法，违约金数额或者损失赔偿额可以参照以下标准确定：

逾期付款的，按照未付购房款总额，参照中国人民银行规定的金融机构计收逾期贷款利息的标准计算。

逾期交付使用房屋的，按照逾期交付使用房屋期间有关主管部门公布或者有资格的房地产评估机构评定的同地段同类房屋租金标准确定。

第十四条 由于出卖人的原因，买受人在下列期限届满未能取得不动产权属证书的，除当事人有特殊约定外，出卖人应当承担违约责任：

（一）商品房买卖合同约定的办理不动产登记的期限；

（二）商品房买卖合同的标的物为尚未建成房屋的，自房屋交付使用之日起90日；

（三）商品房买卖合同的标的物为已竣工房屋的，自合同订立之日起90日。

合同没有约定违约金或者损失数额难以确定的，可以按照已付购房款总额，参照中国人民银行规定的金融机构计收逾期贷款利息的标准计算。

第十五条 商品房买卖合同约定或者城市房地产开发经营管理条例第三十二条规定的办理不动产登记的期限届满后超过一年，由于出卖人的原因，导致买受人无法办理不动产登记，买受人请求解除合同和赔偿损失的，应予支持。

第十六条 出卖人与包销人订立商品房包销合同，约定出卖人将其开发建设的房屋交由包销人以出卖人的名义销售的，包销期满未销售的房屋，由包销人按照合同约定的包销价格购买，但当事人另有约定的除外。

第十七条 出卖人自行销售已经约定由包销人包销的房屋，包销人请求出卖人赔偿损失的，应予支持，但当事人另有约定的除外。

第十八条 对于买受人因商品房买卖合同与出卖人发生的纠纷，人民法院应当通知包销人参加诉讼；出卖人、包销人和买受人对各自的权利义务有明确约定的，按照约定的内容确定各方的诉讼地位。

第十九条 商品房买卖合同约定，买受人以担保贷款方式付款，因当事人一方原因未能订立商品房担保贷款合同并导致商品房买卖合同不能继续履行的，对方当事人可以请求解除合同和赔偿损失。因不可归责于当事人双方的事由未能订立商品房担保贷款合同并导致商品房买卖合同不能继续履行的，当事人可以请求解除合同，出卖人应当将收受的购房款本金及其利息或者定金返还买受人。

第二十条 因商品房买卖合同被确认无效或者被撤销、解除，致使商品房担保贷款合同的目的无法实现，当事人请求解除商品房担保贷款合同的，应予支持。

第二十一条 以担保贷款为付款方式的商品房买卖合同的当事人一方请求确认商品房买卖合同无效或者撤销、解除合同的，如果担保权人作为有独立请求权第三人提出诉讼请求，应当与商品房担保贷款合同纠纷合并审理；未提出诉讼请求的，仅处理商品房买卖合同纠纷。担保权人就商品房担保贷款合同纠纷另行起诉的，可以与商品房买卖合同纠纷合并审理。

商品房买卖合同被确认无效或者被撤销、解除后，商品房担保贷款合同也被解除的，出卖人应当将收受的购房贷款和购房款的本金及利息分别返还担保权人和买受人。

第二十二条 买受人未按照商品房担保贷款合同的约定偿还贷款，亦未与担保权人办理不动产抵押登记手续，担保权人起诉买受人，请求处分商品房买卖合同项下买受人合同权利的，应当通知出卖人参加诉讼；担保权人同时起诉出卖人时，如果出卖人为商品房担保贷款合同提供保证的，应当列为共同被告。

第二十三条 买受人未按照商品房担保贷款合同的约定偿还贷款，但是已经取得不动产权属证书并与担保权人办理了不动产抵押登记手续，抵押权人请求买受人偿还贷款或者就抵押的房屋优先受偿的，不应当追加出卖人为当事人，但出卖人提供保证的除外。

第二十四条 本解释自 2003 年 6 月 1 日起施行。

城市房地产管理法施行后订立的商品房买卖合同发生的纠纷案件，本解释公布施行后尚在一审、二审阶段的，适用本解释。

城市房地产管理法施行后订立的商品房买卖合同发生的纠纷案件，在本解释公布施行前已经终审，当事人申请再审或者按照审判监督程序决定再审的，不适用本解释。

城市房地产管理法施行前发生的商品房买卖行为，适用当时的法律、法规和《最高人民法院〈关于审理房地产管理法施行前房地产开发经营案件若干问题的解答〉》。

最高人民法院关于审理涉及国有土地使用权合同纠纷案件适用法律问题的解释

- 2004 年 11 月 23 日最高人民法院审判委员会第 1334 次会议通过
- 根据 2020 年 12 月 23 日最高人民法院审判委员会第 1823 次会议通过的《最高人民法院关于修改〈最高人民法院关于在民事审判工作中适用《中华人民共和国工会法》若干问题的解释〉等二十七件民事类司法解释的决定》修正
- 2020 年 12 月 29 日最高人民法院公告公布
- 该修正自 2021 年 1 月 1 日起施行
- 法释〔2020〕17 号

为正确审理国有土地使用权合同纠纷案件，依法保护当事人的合法权益，根据《中华人民共和国民法典》《中华人民共和国土地管理法》《中华人民共和国城市房地产管理法》等法律规定，结合民事审判实践，制定本解释。

一、土地使用权出让合同纠纷

第一条 本解释所称的土地使用权出让合同，是指市、县人民政府自然资源主管部门作为出让方将国有土地使用权在一定年限内让与受让方，受让方支付土地使用权出让金的合同。

第二条 开发区管理委员会作为出让方与受让方订立的土地使用权出让合同，应当认定无效。

本解释实施前，开发区管理委员会作为出让方与受让方订立的土地使用权出让合同，起诉前经市、县人民政府自然资源主管部门追认的，可以认定合同有效。

第三条 经市、县人民政府批准同意以协议方式出让的土地使用权，土地使用权出让金低于订立合同时当地政府按照国家规定确定的最低价的，应当认定土地使用权出让合同约定的价款条款无效。

当事人请求按照订立合同时的市场评估价格交纳土地使用权出让金的，应予支持；受让方不同意按照市场评估价格补足，请求解除合同的，应予支持。因此造成的损失，由当事人按照过错承担责任。

第四条 土地使用权出让合同的出让方因未办理土地使用权出让批准手续而不能交付土地,受让方请求解除合同的,应予支持。

第五条 受让方经出让方和市、县人民政府城市规划行政主管部门同意,改变土地使用权出让合同约定的土地用途,当事人请求按照起诉时同种用途的土地出让金标准调整土地出让金的,应予支持。

第六条 受让方擅自改变土地使用权出让合同约定的土地用途,出让方请求解除合同的,应予支持。

二、土地使用权转让合同纠纷

第七条 本解释所称的土地使用权转让合同,是指土地使用权人作为转让方将出让土地使用权转让于受让方,受让方支付价款的合同。

第八条 土地使用权人作为转让方与受让方订立土地使用权转让合同后,当事人一方以双方之间未办理土地使用权变更登记手续为由,请求确认合同无效的,不予支持。

第九条 土地使用权人作为转让方就同一出让土地使用权订立数个转让合同,在转让合同有效的情况下,受让方均要求履行合同的,按照以下情形分别处理:

(一)已经办理土地使用权变更登记手续的受让方,请求转让方履行交付土地等合同义务的,应予支持;

(二)均未办理土地使用权变更登记手续,已先行合法占有投资开发土地的受让方请求转让方履行土地使用权变更登记等合同义务的,应予支持;

(三)均未办理土地使用权变更登记手续,又未合法占有投资开发土地,先行支付土地转让款的受让方请求转让方履行交付土地和办理土地使用权变更登记等合同义务的,应予支持;

(四)合同均未履行,依法成立在先的合同受让方请求履行合同的,应予支持。

未能取得土地使用权的受让方请求解除合同、赔偿损失的,依照民法典的有关规定处理。

第十条 土地使用权人与受让方订立合同转让划拨土地使用权,起诉前经有批准权的人民政府同意转让,并由受让方办理土地使用权出让手续的,土地使用权人与受让方订立的合同可以按照补偿性质的合同处理。

第十一条 土地使用权人与受让方订立合同转让划拨土地使用权,起诉前经有批准权的人民政府决定不办理土地使用权出让手续,并将该划拨土地使用权直接划拨给受让方使用的,土地使用权人与受让方订立的合同可以按照补偿性质的合同处理。

三、合作开发房地产合同纠纷

第十二条 本解释所称的合作开发房地产合同,是指当事人订立的以提供出让土地使用权、资金等作为共同投资,共享利润、共担风险合作开发房地产为基本内容的合同。

第十三条 合作开发房地产合同的当事人一方具备房地产开发经营资质的,应当认定合同有效。

当事人双方均不具备房地产开发经营资质的,应当认定合同无效。但起诉前当事人一方已经取得房地产开发经营资质或者已依法合作成立具有房地产开发经营资质的房地产开发企业的,应当认定合同有效。

第十四条 投资数额超出合作开发房地产合同的约定,对增加的投资数额的承担比例,当事人协商不成的,按照当事人的违约情况确定;因不可归责于当事人的事由或者当事人的违约情况无法确定的,按照约定的投资比例确定;没有约定投资比例的,按照约定的利润分配比例确定。

第十五条 房屋实际建筑面积少于合作开发房地产合同的约定,对房屋实际建筑面积的分配比例,当事人协商不成的,按照当事人的违约情况确定;因不可归责于当事人的事由或者当事人违约情况无法确定的,按照约定的利润分配比例确定。

第十六条 在下列情形下,合作开发房地产合同的当事人请求分配房地产项目利益的,不予受理;已经受理的,驳回起诉:

(一)依法需经批准的房地产建设项目未经有批准权的人民政府主管部门批准;

(二)房地产建设项目未取得建设工程规划许可证;

(三)擅自变更建设工程规划。

因当事人隐瞒建设工程规划变更的事实所造成的损失,由当事人按照过错承担。

第十七条 房屋实际建筑面积超出规划建筑面积,经有批准权的人民政府主管部门批准后,当事人对超出部分的房屋分配比例协商不成的,按照约定的利润分配比例确定。对增加的投资数额的承担比例,当事人协商不成的,按照约定的投资比例确定;没有约定投资比例的,按照约定的利润分配比例确定。

第十八条 当事人违反规划开发建设的房屋,被有批准权的人民政府主管部门认定为违法建筑责令拆除,当事人对损失承担协商不成的,按照当事人过错确定责任;过错无法确定的,按照约定的投资比例确定责任;没有约定投资比例的,按照约定的利润分配比例确定责任。

第十九条 合作开发房地产合同约定仅以投资数额

确定利润分配比例，当事人未足额交纳出资的，按照当事人的实际投资比例分配利润。

第二十条 合作开发房地产合同的当事人要求将房屋预售款充抵投资参与利润分配的，不予支持。

第二十一条 合作开发房地产合同约定提供土地使用权的当事人不承担经营风险，只收取固定利益的，应当认定为土地使用权转让合同。

第二十二条 合作开发房地产合同约定提供资金的当事人不承担经营风险，只分配固定数量房屋的，应当认定为房屋买卖合同。

第二十三条 合作开发房地产合同约定提供资金的当事人不承担经营风险，只收取固定数额货币的，应当认定为借款合同。

第二十四条 合作开发房地产合同约定提供资金的当事人不承担经营风险，只以租赁或者其他形式使用房屋的，应当认定为房屋租赁合同。

四、其 它

第二十五条 本解释自 2005 年 8 月 1 日起施行；施行后受理的第一审案件适用本解释。

本解释施行前最高人民法院发布的司法解释与本解释不一致的，以本解释为准。

最高人民法院关于审理建筑物区分所有权纠纷案件适用法律若干问题的解释

- 2009 年 3 月 23 日最高人民法院审判委员会第 1464 次会议通过
- 根据 2020 年 12 月 23 日最高人民法院审判委员会第 1823 次会议通过的《最高人民法院关于修改〈最高人民法院关于在民事审判工作中适用《中华人民共和国工会法》若干问题的解释〉等二十七件民事类司法解释的决定》修正
- 2020 年 12 月 29 日最高人民法院公告公布
- 该修正自 2021 年 1 月 1 日起施行
- 法释〔2020〕17 号

为正确审理建筑物区分所有权纠纷案件，依法保护当事人的合法权益，根据《中华人民共和国民法典》等法律的规定，结合民事审判实践，制定本解释。

第一条 依法登记取得或者依据民法典第二百二十九条至第二百三十一条规定取得建筑物专有部分所有权的人，应当认定为民法典第二编第六章所称的业主。

基于与建设单位之间的商品房买卖民事法律行为，已经合法占有建筑物专有部分，但尚未依法办理所有权登记的人，可以认定为民法典第二编第六章所称的业主。

第二条 建筑区划内符合下列条件的房屋，以及车位、摊位等特定空间，应当认定为民法典第二编第六章所称的专有部分：

（一）具有构造上的独立性，能够明确区分；
（二）具有利用上的独立性，可以排他使用；
（三）能够登记成为特定业主所有权的客体。

规划上专属于特定房屋，且建设单位销售时已经根据规划列入该特定房屋买卖合同中的露台等，应当认定为前款所称的专有部分的组成部分。

本条第一款所称房屋，包括整栋建筑物。

第三条 除法律、行政法规规定的共有部分外，建筑区划内的以下部分，也应当认定为民法典第二编第六章所称的共有部分：

（一）建筑物的基础、承重结构、外墙、屋顶等基本结构部分，通道、楼梯、大堂等公共通行部分，消防、公共照明等附属设施、设备，避难层、设备层或者设备间等结构部分；
（二）其他不属于业主专有部分，也不属于市政公用部分或者其他权利人所有的场所及设施等。

建筑区划内的土地，依法由业主共同享有建设用地使用权，但属于业主专有的整栋建筑物的规划占地或者城镇公共道路、绿地占地除外。

第四条 业主基于对住宅、经营性用房等专有部分特定使用功能的合理需要，无偿利用屋顶以及与其专有部分相对应的外墙面等共有部分的，不应认定为侵权。但违反法律、法规、管理规约，损害他人合法权益的除外。

第五条 建设单位按照配置比例将车位、车库，以出售、附赠或者出租等方式处分给业主的，应当认定其行为符合民法典第二百七十六条有关"应当首先满足业主的需要"的规定。

前款所称配置比例是指规划确定的建筑区划内规划用于停放汽车的车位、车库与房屋套数的比例。

第六条 建筑区划内在规划用于停放汽车的车位之外，占用业主共有道路或者其他场地增设的车位，应当认定为民法典第二百七十五条第二款所称的车位。

第七条 处分共有部分，以及业主大会依法决定或者管理规约依法确定应由业主共同决定的事项，应当认定为民法典第二百七十八条第一款第（九）项规定的有关共有和共同管理权利的"其他重大事项"。

第八条 民法典第二百七十八条第二款和第二百八十三条规定的专有部分面积可以按照不动产登记簿记载的面积计算；尚未进行物权登记的，暂按测绘机构的实测面积计算；尚未进行实测的，暂按房屋买卖合同记载的面积计算。

第九条 民法典第二百七十八条第二款规定的业主人数可以按照专有部分的数量计算，一个专有部分按一人计算。但建设单位尚未出售和虽已出售但尚未交付的部分，以及同一买受人拥有一个以上专有部分的，按一人计算。

第十条 业主将住宅改变为经营性用房，未依据民法典第二百七十九条的规定经有利害关系的业主一致同意，有利害关系的业主请求排除妨害、消除危险、恢复原状或者赔偿损失的，人民法院应予支持。

将住宅改变为经营性用房的业主以多数有利害关系的业主同意其行为进行抗辩的，人民法院不予支持。

第十一条 业主将住宅改变为经营性用房，本栋建筑物内的其他业主，应当认定为民法典第二百七十九条所称"有利害关系的业主"。建筑区划内，本栋建筑物之外的业主，主张与自己有利害关系的，应证明其房屋价值、生活质量受到或者可能受到不利影响。

第十二条 业主以业主大会或者业主委员会作出的决定侵害其合法权益或者违反了法律规定的程序为由，依据民法典第二百八十条第二款的规定请求人民法院撤销该决定的，应当在知道或者应当知道业主大会或者业主委员会作出决定之日起一年内行使。

第十三条 业主请求公布、查阅下列应当向业主公开的情况和资料的，人民法院应予支持：

（一）建筑物及其附属设施的维修资金的筹集、使用情况；

（二）管理规约、业主大会议事规则，以及业主大会或者业主委员会的决定及会议记录；

（三）物业服务合同、共有部分的使用和收益情况；

（四）建筑区划内规划用于停放汽车的车位、车库的处分情况；

（五）其他应当向业主公开的情况和资料。

第十四条 建设单位、物业服务企业或者其他管理人等擅自占用、处分业主共有部分、改变其使用功能或者进行经营性活动，权利人请求排除妨害、恢复原状、确认处分行为无效或者赔偿损失的，人民法院应予支持。

属于前款所称擅自进行经营性活动的情形，权利人请求建设单位、物业服务企业或者其他管理人等将扣除合理成本之后的收益用于补充专项维修资金或者业主共同决定的其他用途的，人民法院应予支持。行为人对成本的支出及其合理性承担举证责任。

第十五条 业主或者其他行为人违反法律、法规、国家相关强制性标准、管理规约，或者违反业主大会、业主委员会依法作出的决定，实施下列行为的，可以认定为民法典第二百八十六条第二款所称的其他"损害他人合法权益的行为"：

（一）损害房屋承重结构，损害或者违章使用电力、燃气、消防设施，在建筑物内放置危险、放射性物品等危及建筑物安全或者妨碍建筑物正常使用；

（二）违反规定破坏、改变建筑物外墙面的形状、颜色等损害建筑物外观；

（三）违反规定进行房屋装饰装修；

（四）违章加建、改建，侵占、挖掘公共通道、道路、场地或者其他共有部分。

第十六条 建筑物区分所有权纠纷涉及专有部分的承租人、借用人等物业使用人的，参照本解释处理。

专有部分的承租人、借用人等物业使用人，根据法律、法规、管理规约、业主大会或者业主委员会依法作出的决定，以及其与业主的约定，享有相应权利，承担相应义务。

第十七条 本解释所称建设单位，包括包销期满，按照包销合同约定的包销价格购买尚未销售的物业后，以自己名义对外销售的包销人。

第十八条 人民法院审理建筑物区分所有权案件中，涉及有关物权归属争议的，应当以法律、行政法规为依据。

第十九条 本解释自2009年10月1日起施行。

因物权法施行后实施的行为引起的建筑物区分所有权纠纷案件，适用本解释。

本解释施行前已经终审，本解释施行后当事人申请再审或者按照审判监督程序决定再审的案件，不适用本解释。

最高人民法院关于审理物业服务纠纷案件适用法律若干问题的解释

- 2009年4月20日最高人民法院审判委员会第1466次会议通过
- 根据2020年12月23日最高人民法院审判委员会第1823次会议通过的《最高人民法院关于修改〈最高人民法院关于在民事审判工作中适用《中华人民共和国工会法》若干问题的解释〉等二十七件民事类司法解释的决定》修正
- 2020年12月29日最高人民法院公告公布
- 该修正自2021年1月1日起施行
- 法释〔2020〕17号

为正确审理物业服务纠纷案件，依法保护当事人的合法权益，根据《中华人民共和国民法典》等法律规定，结合民事审判实践,制定本解释。

第一条 业主违反物业服务合同或者法律、法规、管理规约,实施妨碍物业服务与管理的行为,物业服务人请求业主承担停止侵害、排除妨碍、恢复原状等相应民事责任的,人民法院应予支持。

第二条 物业服务人违反物业服务合同约定或者法律、法规、部门规章规定,擅自扩大收费范围、提高收费标准或者重复收费,业主以违规收费为由提出抗辩的,人民法院应予支持。

业主请求物业服务人退还其已经收取的违规费用的,人民法院应予支持。

第三条 物业服务合同的权利义务终止后,业主请求物业服务人退还已经预收,但尚未提供物业服务期间的物业费的,人民法院应予支持。

第四条 因物业的承租人、借用人或者其他物业使用人实施违反物业服务合同,以及法律、法规或者管理规约的行为引起的物业服务纠纷,人民法院可以参照关于业主的规定处理。

第五条 本解释自2009年10月1日起施行。

本解释施行前已经终审,本解释施行后当事人申请再审或者按照审判监督程序决定再审的案件,不适用本解释。

最高人民法院关于审理涉及农村土地承包经营纠纷调解仲裁案件适用法律若干问题的解释

- 2013年12月27日最高人民法院审判委员会第1601次会议通过
- 根据2020年12月23日最高人民法院审判委员会第1823次会议通过的《最高人民法院关于修改〈最高人民法院关于在民事审判工作中适用《中华人民共和国工会法》若干问题的解释〉等二十七件民事类司法解释的决定》修正
- 2020年12月29日最高人民法院公告公布
- 该修正自2021年1月1日起施行
- 法释〔2020〕17号

为正确审理涉及农村土地承包经营纠纷调解仲裁案件,根据《中华人民共和国农村土地承包法》《中华人民共和国农村土地承包经营纠纷调解仲裁法》《中华人民共和国民事诉讼法》等法律的规定,结合民事审判实践,就审理涉及农村土地承包经营纠纷调解仲裁案件适用法律的若干问题,制定本解释。

第一条 农村土地承包仲裁委员会根据农村土地承包经营纠纷调解仲裁法第十八条规定,以超过申请仲裁的时效期间为由驳回申请后,当事人就同一纠纷提起诉讼的,人民法院应予受理。

第二条 当事人在收到农村土地承包仲裁委员会作出的裁决书之日起三十日后或者签收农村土地承包仲裁委员会作出的调解书后,就同一纠纷向人民法院提起诉讼的,裁定不予受理;已经受理的,裁定驳回起诉。

第三条 当事人在收到农村土地承包仲裁委员会作出的裁决书之日起三十日内,向人民法院提起诉讼,请求撤销仲裁裁决的,人民法院应当告知当事人就原纠纷提起诉讼。

第四条 农村土地承包仲裁委员会依法向人民法院提交当事人财产保全申请的,申请财产保全的当事人为申请人。

农村土地承包仲裁委员会应当提交下列材料:

(一)财产保全申请书;

(二)农村土地承包仲裁委员会发出的受理案件通知书;

(三)申请人的身份证明;

(四)申请保全财产的具体情况。

人民法院采取保全措施,可以责令申请人提供担保,申请人不提供担保的,裁定驳回申请。

第五条 人民法院对农村土地承包仲裁委员会提交的财产保全申请材料,应当进行审查。符合前条规定的,应予受理;申请材料不齐全或不符合规定的,人民法院应当告知农村土地承包仲裁委员会需要补齐的内容。

人民法院决定受理的,应当于三日内向当事人送达受理通知书并告知农村土地承包仲裁委员会。

第六条 人民法院受理财产保全申请后,应当在十日内作出裁定。因特殊情况需要延长的,经本院院长批准,可以延长五日。

人民法院接受申请后,对情况紧急的,必须在四十八小时内作出裁定;裁定采取保全措施的,应当立即开始执行。

第七条 农村土地承包经营纠纷仲裁中采取的财产保全措施,在申请保全的当事人依法提起诉讼后,自动转为诉讼中的财产保全措施,并适用《最高人民法院关于适用〈中华人民共和国民事诉讼法〉的解释》第四百八十七条关于查封、扣押、冻结期限的规定。

第八条 农村土地承包仲裁委员会依法向人民法院提交当事人证据保全申请的,应当提供下列材料:

(一)证据保全申请书;

(二)农村土地承包仲裁委员会发出的受理案件通知书;

(三)申请人的身份证明;

(四)申请保全证据的具体情况。

对证据保全的具体程序事项,适用本解释第五、六、七条关于财产保全的规定。

第九条 农村土地承包仲裁委员会作出先行裁定后,一方当事人依法向被执行人住所地或者被执行的财产所在地基层人民法院申请执行的,人民法院应予受理和执行。

申请执行先行裁定的,应当提供以下材料:

(一)申请执行书;

(二)农村土地承包仲裁委员会作出的先行裁定书;

(三)申请执行人的身份证明;

(四)申请执行人提供的担保情况;

(五)其他应当提交的文件或证件。

第十条 当事人根据农村土地承包经营纠纷调解仲裁法第四十九条规定,向人民法院申请执行调解书、裁决书,符合《最高人民法院关于人民法院执行工作若干问题的规定(试行)》第十六条规定条件的,人民法院应予受理和执行。

第十一条 当事人因不服农村土地承包仲裁委员会作出的仲裁裁决向人民法院提起诉讼的,起诉期从其收到裁决书的次日起计算。

第十二条 本解释施行后,人民法院尚未审结的一审、二审案件适用本解释规定。本解释施行前已经作出生效裁判的案件,本解释施行后依法再审的,不适用本解释规定。

最高人民法院关于适用《中华人民共和国民法典》物权编的解释(一)

- 2020年12月25日最高人民法院审判委员会第1825次会议通过
- 2020年12月29日最高人民法院公告公布
- 自2021年1月1日起施行
- 法释〔2020〕24号

为正确审理物权纠纷案件,根据《中华人民共和国民法典》等相关法律规定,结合审判实践,制定本解释。

第一条 因不动产物权的归属,以及作为不动产物权登记基础的买卖、赠与、抵押等产生争议,当事人提起民事诉讼的,应当依法受理。当事人已经在行政诉讼中申请一并解决上述民事争议,且人民法院一并审理的除外。

第二条 当事人有证据证明不动产登记簿的记载与真实权利状态不符,其为该不动产物权的真实权利人,请求确认其享有物权的,应予支持。

第三条 异议登记因民法典第二百二十条第二款规定的事由失效后,当事人提起民事诉讼,请求确认物权归属的,应当依法受理。异议登记失效不影响人民法院对案件的实体审理。

第四条 未经预告登记的权利人同意,转让不动产所有权等物权,或者设立建设用地使用权、居住权、地役权、抵押权等其他物权的,应当依照民法典第二百二十一条第一款的规定,认定其不发生物权效力。

第五条 预告登记的买卖不动产物权的协议被认定无效、被撤销,或者预告登记的权利人放弃债权的,应当认定为民法典第二百二十一条第二款所称的"债权消灭"。

第六条 转让人转让船舶、航空器和机动车等所有权,受让人已经支付合理价款并取得占有,虽未经登记,但转让人的债权人主张其为民法典第二百二十五条所称的"善意第三人"的,不予支持,法律另有规定的除外。

第七条 人民法院、仲裁机构在分割共有不动产或者动产等案件中作出并依法生效的改变原有物权关系的判决书、裁决书、调解书,以及人民法院在执行程序中作出的拍卖成交裁定书、变卖成交裁定书、以物抵债裁定书,应当认定为民法典第二百二十九条所称导致物权设立、变更、转让或者消灭的人民法院、仲裁机构的法律文书。

第八条 依据民法典第二百二十九条至第二百三十一条规定享有物权,但尚未完成动产交付或者不动产登记的权利人,依据民法典第二百三十五条至第二百三十八条的规定,请求保护其物权的,应予支持。

第九条 共有份额的权利主体因继承、遗赠等原因发生变化时,其他按份共有人主张优先购买的,不予支持,但按份共有人之间另有约定的除外。

第十条 民法典第三百零五条所称的"同等条件",应当综合共有份额的转让价格、价款履行方式及期限等因素确定。

第十一条 优先购买权的行使期间,按份共有人之间有约定的,按照约定处理;没有约定或者约定不明的,按照下列情形确定:

(一)转让人向其他按份共有人发出的包含同等条件内容的通知中载明行使期间的,以该期间为准;

（二）通知中未载明行使期间，或者载明的期间短于通知送达之日起十五日的，为十五日；

（三）转让人未通知的，为其他按份共有人知道或者应当知道最终确定的同等条件之日起十五日；

（四）转让人未通知，且无法确定其他按份共有人知道或者应当知道最终确定的同等条件的，为共有份额权属转移之日起六个月。

第十二条 按份共有人向共有人之外的人转让其份额，其他按份共有人根据法律、司法解释规定，请求按照同等条件优先购买该共有份额的，应予支持。其他按份共有人的请求具有下列情形之一的，不予支持：

（一）未在本解释第十一条规定的期间内主张优先购买，或者虽主张优先购买，但提出减少转让价款、增加转让人负担等实质性变更要求的；

（二）以其优先购买权受到侵害为由，仅请求撤销共有份额转让合同或者认定该合同无效。

第十三条 按份共有人之间转让共有份额，其他按份共有人主张依据民法典第三百零五条规定优先购买的，不予支持，但按份共有人之间另有约定的除外。

第十四条 受让人受让不动产或者动产时，不知道转让人无处分权，且无重大过失的，应当认定受让人为善意。

真实权利人主张受让人不构成善意的，应当承担举证证明责任。

第十五条 具有下列情形之一的，应当认定不动产受让人知道转让人无处分权：

（一）登记簿上存在有效的异议登记；

（二）预告登记有效期内，未经预告登记的权利人同意；

（三）登记簿上已经记载司法机关或者行政机关依法裁定、决定查封或者以其他形式限制不动产权利的有关事项；

（四）受让人知道登记簿上记载的权利主体错误；

（五）受让人知道他人已经依法享有不动产物权。

真实权利人有证据证明不动产受让人应当知道转让人无处分权的，应当认定受让人具有重大过失。

第十六条 受让人受让动产时，交易的对象、场所或者时机等不符合交易习惯的，应当认定受让人具有重大过失。

第十七条 民法典第三百一十一条第一款第一项所称的"受让人受让该不动产或者动产时"，是指依法完成不动产物权转移登记或者动产交付之时。

当事人以民法典第二百二十六条规定的方式交付动产的，转让动产民事法律行为生效时为动产交付之时；当事人以民法典第二百二十七条规定的方式交付动产的，转让人与受让人之间有关转让返还原物请求权的协议生效时为动产交付之时。

法律对不动产、动产物权的设立另有规定的，应当按照法律规定的时间认定权利人是否为善意。

第十八条 民法典第三百一十一条第一款第二项所称"合理的价格"，应当根据转让标的物的性质、数量以及付款方式等具体情况，参考转让时交易地市场价格以及交易习惯等因素综合认定。

第十九条 转让人将民法典第二百二十五条规定的船舶、航空器和机动车等交付给受让人的，应当认定符合民法典第三百一十一条第一款第三项规定的善意取得的条件。

第二十条 具有下列情形之一，受让人主张依据民法典第三百一十一条规定取得所有权的，不予支持：

（一）转让合同被认定无效；

（二）转让合同被撤销。

第二十一条 本解释自2021年1月1日起施行。

（五）知识产权

最高人民法院关于审理侵犯专利权纠纷案件应用法律若干问题的解释

- 2009年12月21日最高人民法院审判委员会第1480次会议通过
- 2009年12月28日最高人民法院公告公布
- 自2010年1月1日起施行
- 法释〔2009〕21号

为正确审理侵犯专利权纠纷案件，根据《中华人民共和国专利法》、《中华人民共和国民事诉讼法》等有关法律规定，结合审判实际，制定本解释。

第一条 人民法院应当根据权利人主张的权利要求，依据专利法第五十九条第一款的规定确定专利权的保护范围。权利人在一审法庭辩论终结前变更其主张的权利要求的，人民法院应当准许。

权利人主张以从属权利要求确定专利权保护范围的，人民法院应当以该从属权利要求记载的附加技术特征及其引用的权利要求记载的技术特征，确定专利权的保护范围。

第二条 人民法院应当根据权利要求的记载，结合本领域普通技术人员阅读说明书及附图后对权利要求的理解,确定专利法第五十九条第一款规定的权利要求的内容。

第三条 人民法院对于权利要求,可以运用说明书及附图、权利要求书中的相关权利要求、专利审查档案进行解释。说明书对权利要求用语有特别界定的,从其特别界定。

以上述方法仍不能明确权利要求含义的,可以结合工具书、教科书等公知文献以及本领域普通技术人员的通常理解进行解释。

第四条 对于权利要求中以功能或者效果表述的技术特征,人民法院应当结合说明书和附图描述的该功能或者效果的具体实施方式及其等同的实施方式,确定该技术特征的内容。

第五条 对于仅在说明书或者附图中描述而在权利要求中未记载的技术方案,权利人在侵犯专利权纠纷案件中将其纳入专利权保护范围的,人民法院不予支持。

第六条 专利申请人、专利权人在专利授权或者无效宣告程序中,通过对权利要求、说明书的修改或者意见陈述而放弃的技术方案,权利人在侵犯专利权纠纷案件中又将其纳入专利权保护范围的,人民法院不予支持。

第七条 人民法院判定被诉侵权技术方案是否落入专利权的保护范围,应当审查权利人主张的权利要求所记载的全部技术特征。

被诉侵权技术方案包含与权利要求记载的全部技术特征相同或者等同的技术特征的,人民法院应当认定其落入专利权的保护范围;被诉侵权技术方案的技术特征与权利要求记载的全部技术特征相比,缺少权利要求记载的一个以上的技术特征,或者有一个以上技术特征不相同也不等同的,人民法院应当认定其没有落入专利权的保护范围。

第八条 在与外观设计专利产品相同或者相近种类产品上,采用与授权外观设计相同或者近似的外观设计的,人民法院应当认定被诉侵权设计落入专利法第五十九条第二款规定的外观设计专利权的保护范围。

第九条 人民法院应当根据外观设计产品的用途,认定产品种类是否相同或者相近。确定产品的用途,可以参考外观设计的简要说明、国际外观设计分类表、产品的功能以及产品销售、实际使用的情况等因素。

第十条 人民法院应当以外观设计专利产品的一般消费者的知识水平和认知能力,判断外观设计是否相同或者近似。

第十一条 人民法院认定外观设计是否相同或者近似时,应当根据授权外观设计、被诉侵权设计的设计特征,以外观设计的整体视觉效果进行综合判断;对于主要由技术功能决定的设计特征以及对整体视觉效果不产生影响的产品的材料、内部结构等特征,应当不予考虑。

下列情形,通常对外观设计的整体视觉效果更具有影响:

(一)产品正常使用时容易被直接观察到的部位相对于其他部位;

(二)授权外观设计区别于现有设计的设计特征相对于授权外观设计的其他设计特征。

被诉侵权设计与授权外观设计在整体视觉效果上无差异的,人民法院应当认定两者相同;在整体视觉效果上无实质性差异的,应当认定两者近似。

第十二条 将侵犯发明或者实用新型专利权的产品作为零部件,制造另一产品的,人民法院应当认定属于专利法第十一条规定的使用行为;销售该另一产品的,人民法院应当认定属于专利法第十一条规定的销售行为。

将侵犯外观设计专利权的产品作为零部件,制造另一产品并销售的,人民法院应当认定属于专利法第十一条规定的销售行为,但侵犯外观设计专利权的产品在该另一产品中仅具有技术功能的除外。

对于前两款规定的情形,被诉侵权人之间存在分工合作的,人民法院应当认定为共同侵权。

第十三条 对于使用专利方法获得的原始产品,人民法院应当认定为专利法第十一条规定的依照专利方法直接获得的产品。

对于将上述原始产品进一步加工、处理而获得后续产品的行为,人民法院应当认定属于专利法第十一条规定的使用依照该专利方法直接获得的产品。

第十四条 被诉落入专利权保护范围的全部技术特征,与一项现有技术方案中的相应技术特征相同或者无实质性差异的,人民法院应当认定被诉侵权人实施的技术属于专利法第六十二条规定的现有技术。

被诉侵权设计与一个现有设计相同或者无实质性差异的,人民法院应当认定被诉侵权人实施的设计属于专利法第六十二条规定的现有设计。

第十五条 被诉侵权人以非法获得的技术或者设计主张先用权抗辩的,人民法院不予支持。

有下列情形之一的,人民法院应当认定属于专利法第六十九条第(二)项规定的已经作好制造、使用的必要准备:

（一）已经完成实施发明创造所必需的主要技术图纸或者工艺文件；

（二）已经制造或者购买实施发明创造所必需的主要设备或者原材料。

专利法第六十九条第（二）项规定的原有范围，包括专利申请日前已有的生产规模以及利用已有的生产设备或者根据已有的生产准备可以达到的生产规模。

先用权人在专利申请日后将其已经实施或作好实施必要准备的技术或设计转让或者许可他人实施，被诉侵权人主张该实施行为属于在原有范围内继续实施的，人民法院不予支持，但该技术或设计与原有企业一并转让或者承继的除外。

第十六条 人民法院依据专利法第六十五条第一款的规定确定侵权人因侵权所获得的利益，应当限于侵权人因侵犯专利权行为所获得的利益；因其他权利所产生的利益，应当合理扣除。

侵犯发明、实用新型专利权的产品系另一产品的零部件的，人民法院应当根据该零部件本身的价值及其在实现成品利润中的作用等因素合理确定赔偿数额。

侵犯外观设计专利权的产品为包装物的，人民法院应当按照包装物本身的价值及其在实现被包装产品利润中的作用等因素合理确定赔偿数额。

第十七条 产品或者制造产品的技术方案在专利申请日以前为国内外公众所知的，人民法院应当认定该产品不属于专利法第六十一条第一款规定的新产品。

第十八条 权利人向他人发出侵犯专利权的警告，被警告人或者利害关系人经书面催告权利人行使诉权，自权利人收到该书面催告之日起一个月内或者自书面催告发出之日起二个月内，权利人不撤回警告也不提起诉讼，被警告人或者利害关系人向人民法院提起请求确认其行为不侵犯专利权的诉讼的，人民法院应当受理。

第十九条 被诉侵犯专利权行为发生在 2009 年 10 月 1 日以前的，人民法院适用修改前的专利法；发生在 2009 年 10 月 1 日以后的，人民法院适用修改后的专利法。

被诉侵犯专利权行为发生在 2009 年 10 月 1 日以前且持续到 2009 年 10 月 1 日以后，依据修改前和修改后的专利法的规定侵权人均应承担赔偿责任的，人民法院适用修改后的专利法确定赔偿数额。

第二十条 本院以前发布的有关司法解释与本解释不一致的，以本解释为准。

最高人民法院关于审理侵犯专利权纠纷案件应用法律若干问题的解释（二）

- 2016 年 1 月 25 日最高人民法院审判委员会第 1676 次会议通过
- 根据 2020 年 12 月 23 日最高人民法院审判委员会第 1823 次会议通过的《最高人民法院关于修改〈最高人民法院关于审理侵犯专利权纠纷案件应用法律若干问题的解释（二）〉等十八件知识产权类司法解释的决定》修正
- 2020 年 12 月 29 日最高人民法院公告公布
- 该修正自 2021 年 1 月 1 日起施行
- 法释〔2020〕19 号

为正确审理侵犯专利权纠纷案件，根据《中华人民共和国民法典》《中华人民共和国专利法》《中华人民共和国民事诉讼法》等有关法律规定，结合审判实践，制定本解释。

第一条 权利要求书有两项以上权利要求的，权利人应当在起诉状中载明据以起诉被诉侵权人侵犯其专利权的权利要求。起诉状对此未记载或者记载不明的，人民法院应当要求权利人明确。经释明，权利人仍不予明确的，人民法院可以裁定驳回起诉。

第二条 权利人在专利侵权诉讼中主张的权利要求被国务院专利行政部门宣告无效的，审理侵犯专利权纠纷案件的人民法院可以裁定驳回权利人基于该无效权利要求的起诉。

有证据证明宣告上述权利要求无效的决定被生效的行政判决撤销的，权利人可以另行起诉。

专利权人另行起诉的，诉讼时效期间从本条第二款所称行政判决书送达之日起计算。

第三条 因明显违反专利法第二十六条第三款、第四款导致说明书无法用于解释权利要求，且不属于本解释第四条规定的情形，专利权因此被请求宣告无效的，审理侵犯专利权纠纷案件的人民法院一般应当裁定中止诉讼；在合理期限内专利权未被请求宣告无效的，人民法院可以根据权利要求的记载确定专利权的保护范围。

第四条 权利要求书、说明书及附图中的语法、文字、标点、图形、符号等存有歧义，但本领域普通技术人员通过阅读权利要求书、说明书及附图可以得出唯一理解的，人民法院应当根据该唯一理解予以认定。

第五条 在人民法院确定专利权的保护范围时，独立权利要求的前序部分、特征部分以及从属权利要求的引用部分、限定部分记载的技术特征均有限定作用。

第六条 人民法院可以运用与涉案专利存在分案申请关系的其他专利及其专利审查档案、生效的专利授权确权裁判文书解释涉案专利的权利要求。

专利审查档案,包括专利审查、复审、无效程序中专利申请人或者专利权人提交的书面材料,国务院专利行政部门制作的审查意见通知书、会晤记录、口头审理记录、生效的专利复审请求审查决定书和专利权无效宣告请求审查决定书等。

第七条 被诉侵权技术方案在包含封闭式组合物权利要求全部技术特征的基础上增加其他技术特征的,人民法院应当认定被诉侵权技术方案未落入专利权的保护范围,但该增加的技术特征属于不可避免的常规数量杂质的除外。

前款所称封闭式组合物权利要求,一般不包括中药组合物权利要求。

第八条 功能性特征,是指对于结构、组分、步骤、条件或其之间的关系等,通过其在发明创造中所起的功能或者效果进行限定的技术特征,但本领域普通技术人员仅通过阅读权利要求即可直接、明确地确定实现上述功能或者效果的具体实施方式的除外。

与说明书及附图记载的实现前款所称功能或者效果不可缺少的技术特征相比,被诉侵权技术方案的相应技术特征是以基本相同的手段,实现相同的功能,达到相同的效果,且本领域普通技术人员在被诉侵权行为发生时无需经过创造性劳动就能够联想到的,人民法院应当认定该相应技术特征与功能性特征相同或者等同。

第九条 被诉侵权技术方案不能适用于权利要求中使用环境特征所限定的使用环境的,人民法院应当认定被诉侵权技术方案未落入专利权的保护范围。

第十条 对于权利要求中以制备方法界定产品的技术特征,被诉侵权产品的制备方法与其不相同也不等同的,人民法院应当认定被诉侵权技术方案未落入专利权的保护范围。

第十一条 方法权利要求未明确记载技术步骤的先后顺序,但本领域普通技术人员阅读权利要求书、说明书及附图后直接、明确地认为该技术步骤应当按照特定顺序实施的,人民法院应当认定该步骤顺序对于专利权的保护范围具有限定作用。

第十二条 权利要求采用"至少""不超过"等用语对数值特征进行界定,且本领域普通技术人员阅读权利要求书、说明书及附图后认为专利技术方案特别强调该用语对技术特征的限定作用,权利人主张与其不相同的数值特征属于等同特征的,人民法院不予支持。

第十三条 权利人证明专利申请人、专利权人在专利授权确权程序中对权利要求书、说明书及附图的限缩性修改或者陈述被明确否定的,人民法院应当认定该修改或者陈述未导致技术方案的放弃。

第十四条 人民法院在认定一般消费者对于外观设计所具有的知识水平和认知能力时,一般应当考虑被诉侵权行为发生时授权外观设计所属相同或者相近种类产品的设计空间。设计空间较大的,人民法院可以认定一般消费者通常不容易注意到不同设计之间的较小区别;设计空间较小的,人民法院可以认定一般消费者通常更容易注意到不同设计之间的较小区别。

第十五条 对于成套产品的外观设计专利,被诉侵权设计与其一项外观设计相同或者近似的,人民法院应当认定被诉侵权设计落入专利权的保护范围。

第十六条 对于组装关系唯一的组件产品的外观设计专利,被诉侵权设计与其组合状态下的外观设计相同或者近似的,人民法院应当认定被诉侵权设计落入专利权的保护范围。

对于各构件之间无组装关系或者组装关系不唯一的组件产品的外观设计专利,被诉侵权设计与其全部单个构件的外观设计均相同或者近似的,人民法院应当认定被诉侵权设计落入专利权的保护范围;被诉侵权设计缺少其单个构件的外观设计或者与之不相同也不近似的,人民法院应当认定被诉侵权设计未落入专利权的保护范围。

第十七条 对于变化状态产品的外观设计专利,被诉侵权设计与变化状态图所示各种使用状态下的外观设计均相同或者近似的,人民法院应当认定被诉侵权设计落入专利权的保护范围;被诉侵权设计缺少其一种使用状态下的外观设计或者与之不相同也不近似的,人民法院应当认定被诉侵权设计未落入专利权的保护范围。

第十八条 权利人依据专利法第十三条诉请在发明专利申请公布日至授权公告日期间实施该发明的单位或者个人支付适当费用的,人民法院可以参照有关专利许可使用费合理确定。

发明专利申请公布时申请人请求保护的范围与发明专利公告授权时的专利权保护范围不一致,被诉技术方案均落入上述两种范围的,人民法院应当认定被告在前款所称期间内实施了该发明;被诉技术方案仅落入其中一种范围的,人民法院应当认定被告在前款所称期间内未实施该发明。

发明专利公告授权后，未经专利权人许可，为生产经营目的使用、许诺销售、销售在本条第一款所称期间内已由他人制造、销售、进口的产品，且该他人已支付或者书面承诺支付专利法第十三条规定的适当费用的，对于权利人关于上述使用、许诺销售、销售行为侵犯专利权的主张，人民法院不予支持。

第十九条 产品买卖合同依法成立的，人民法院应当认定属于专利法第十一条规定的销售。

第二十条 对于将依照专利方法直接获得的产品进一步加工、处理而获得的后续产品，进行再加工、处理的，人民法院应当认定不属于专利法第十一条规定的"使用依照该专利方法直接获得的产品"。

第二十一条 明知有关产品系专门用于实施专利的材料、设备、零部件、中间物等，未经专利权人许可，为生产经营目的将该产品提供给他人实施了侵犯专利权的行为，权利人主张该提供者的行为属于民法典第一千一百六十九条规定的帮助他人实施侵权行为的，人民法院应予支持。

明知有关产品、方法被授予专利权，未经专利权人许可，为生产经营目的积极诱导他人实施了侵犯专利权的行为，权利人主张该诱导者的行为属于民法典第一千一百六十九条规定的教唆他人实施侵权行为的，人民法院应予支持。

第二十二条 对于被诉侵权人主张的现有技术抗辩或者现有设计抗辩，人民法院应当依照专利申请日时施行的专利法界定现有技术或者现有设计。

第二十三条 被诉侵权技术方案或者外观设计落入在先的涉案专利权的保护范围，被诉侵权人以其技术方案或者外观设计被授予专利权为由抗辩不侵犯涉案专利权的，人民法院不予支持。

第二十四条 推荐性国家、行业或者地方标准明示所涉必要专利的信息，被诉侵权人以实施该标准无需专利权人许可为由抗辩不侵犯该专利权的，人民法院一般不予支持。

推荐性国家、行业或者地方标准明示所涉必要专利的信息，专利权人、被诉侵权人协商该专利的实施许可条件时，专利权人故意违反其在标准制定中承诺的公平、合理、无歧视的许可义务，导致无法达成专利实施许可合同，且被诉侵权人在协商中无明显过错的，对于权利人请求停止标准实施行为的主张，人民法院一般不予支持。

本条第二款所称实施许可条件，应当由专利权人、被诉侵权人协商确定。经充分协商，仍无法达成一致的，可以请求人民法院确定。人民法院在确定上述实施许可条件时，应当根据公平、合理、无歧视的原则，综合考虑专利的创新程度及其在标准中的作用、标准所属的技术领域、标准的性质、标准实施的范围和相关的许可条件等因素。

法律、行政法规对实施标准中的专利另有规定的，从其规定。

第二十五条 为生产经营目的使用、许诺销售或者销售不知道是未经专利权人许可而制造并售出的专利侵权产品，且举证证明该产品合法来源的，对于权利人请求停止上述使用、许诺销售、销售行为的主张，人民法院应予支持，但被诉侵权产品的使用者举证证明其已支付该产品的合理对价的除外。

本条第一款所称不知道，是指实际不知道且不应当知道。

本条第一款所称合法来源，是指通过合法的销售渠道、通常的买卖合同等正常商业方式取得产品。对于合法来源，使用者、许诺销售者或者销售者应当提供符合交易习惯的相关证据。

第二十六条 被告构成对专利权的侵犯，权利人请求判令其停止侵权行为的，人民法院应予支持，但基于国家利益、公共利益的考量，人民法院可以不判令被告停止被诉行为，而判令其支付相应的合理费用。

第二十七条 权利人因被侵权所受到的实际损失难以确定的，人民法院应当依照专利法第六十五条第一款的规定，要求权利人对侵权人因侵权所获得的利益进行举证；在权利人已经提供侵权人所获利益的初步证据，而与专利侵权行为相关的账簿、资料主要由侵权人掌握的情况下，人民法院可以责令侵权人提供该账簿、资料；侵权人无正当理由拒不提供或者提供虚假的账簿、资料的，人民法院可以根据权利人的主张和提供的证据认定侵权人因侵权所获得的利益。

第二十八条 权利人、侵权人依法约定专利侵权的赔偿数额或者赔偿计算方法，并在专利侵权诉讼中主张依据该约定确定赔偿数额的，人民法院应予支持。

第二十九条 宣告专利权无效的决定作出后，当事人根据该决定依法申请再审，请求撤销专利权无效宣告前人民法院作出但未执行的专利侵权的判决、调解书的，人民法院可以裁定中止再审审查，并中止原判决、调解书的执行。

专利权人向人民法院提供充分、有效的担保，请求继续执行前款所称判决、调解书的，人民法院应当继续执行；侵权人向人民法院提供充分、有效的反担保，请求中止执行的,人民法院应当准许。人民法院生效裁判未撤销宣告专利权无效的决定的,专利权人应当赔偿因继续执行给对方造成的损失;宣告专利权无效的决定被人民法院生效裁判撤销,专利权仍有效的,人民法院可以依据前款所称判决、调解书直接执行上述反担保财产。

第三十条 在法定期限内对宣告专利权无效的决定不向人民法院起诉或者起诉后生效裁判未撤销该决定,当事人根据该决定依法申请再审,请求撤销宣告专利权无效前人民法院作出但未执行的专利侵权的判决、调解书的,人民法院应当再审。当事人根据该决定,依法申请终结执行宣告专利权无效前人民法院作出但未执行的专利侵权的判决、调解书的,人民法院应当裁定终结执行。

第三十一条 本解释自 2016 年 4 月 1 日起施行。最高人民法院以前发布的相关司法解释与本解释不一致的,以本解释为准。

最高人民法院关于审理专利授权确权行政案件适用法律若干问题的规定(一)

- 2020 年 8 月 24 日最高人民法院审判委员会第 1810 次会议通过
- 2020 年 9 月 10 日最高人民法院公告公布
- 自 2020 年 9 月 12 日起施行
- 法释〔2020〕8 号

为正确审理专利授权确权行政案件,根据《中华人民共和国专利法》《中华人民共和国行政诉讼法》等法律规定,结合审判实际,制定本规定。

第一条 本规定所称专利授权行政案件,是指专利申请人因不服国务院专利行政部门作出的专利复审请求审查决定,向人民法院提起诉讼的案件。

本规定所称专利确权行政案件,是指专利权人或者无效宣告请求人因不服国务院专利行政部门作出的专利无效宣告请求审查决定,向人民法院提起诉讼的案件。

本规定所称被诉决定,是指国务院专利行政部门作出的专利复审请求审查决定、专利无效宣告请求审查决定。

第二条 人民法院应当以所属技术领域的技术人员在阅读权利要求书、说明书及附图后所理解的通常含义,界定权利要求的用语。权利要求的用语在说明书及附图中有明确定义或者说明的,按照其界定。

依照前款规定不能界定的,可以结合所属技术领域的技术人员通常采用的技术词典、技术手册、工具书、教科书、国家或者行业技术标准等界定。

第三条 人民法院在专利确权行政案件中界定权利要求的用语时,可以参考已被专利侵权民事案件生效裁判采纳的专利权人的相关陈述。

第四条 权利要求书、说明书及附图中的语法、文字、数字、标点、图形、符号等有明显错误或者歧义,但所属技术领域的技术人员通过阅读权利要求书、说明书及附图可以得出唯一理解的,人民法院应当根据该唯一理解作出认定。

第五条 当事人有证据证明专利申请人、专利权人违反诚实信用原则,虚构、编造说明书及附图中的具体实施方式、技术效果以及数据、图表等有关技术内容,并据此主张相关权利要求不符合专利法有关规定的,人民法院应予支持。

第六条 说明书未充分公开特定技术内容,导致在专利申请日有下列情形之一的,人民法院应当认定说明书及与该特定技术内容相关的权利要求不符合专利法第二十六条第三款的规定:

(一)权利要求限定的技术方案不能实施的;

(二)实施权利要求限定的技术方案不能解决发明或者实用新型所要解决的技术问题的;

(三)确认权利要求限定的技术方案能够解决发明或者实用新型所要解决的技术问题,需要付出过度劳动的。

当事人仅依据前款规定的未充分公开的特定技术内容,主张与该特定技术内容相关的权利要求符合专利法第二十六条第四款关于"权利要求书应当以说明书为依据"的规定的,人民法院不予支持。

第七条 所属技术领域的技术人员根据说明书及附图,认为权利要求有下列情形之一的,人民法院应当认定该权利要求不符合专利法第二十六条第四款关于清楚地限定要求专利保护的范围的规定:

(一)限定的发明主题类型不明确的;

(二)不能合理确定权利要求中技术特征的含义的;

(三)技术特征之间存在明显矛盾且无法合理解释的。

第八条 所属技术领域的技术人员阅读说明书及附图后,在申请日不能得到或者合理概括得出权利要求限定的技术方案的,人民法院应当认定该权利要求不符合专利法第二十六条第四款关于"权利要求书应当以说明书为依据"的规定。

第九条 以功能或者效果限定的技术特征,是指对于结构、组分、步骤、条件等技术特征或者技术特征之间的相互关系等,仅通过其在发明创造中所起的功能或者效果进行限定的技术特征,但所属技术领域的技术人员通过阅读权利要求即可直接、明确地确定实现该功能或者效果的具体实施方式的除外。

对于前款规定的以功能或者效果限定的技术特征,权利要求书、说明书及附图未公开能够实现该功能或者效果的任何具体实施方式的,人民法院应当认定说明书和具有该技术特征的权利要求不符合专利法第二十六条第三款的规定。

第十条 药品专利申请人在申请日以后提交补充实验数据,主张依赖该数据证明专利申请符合专利法第二十二条第三款、第二十六条第三款等规定的,人民法院应予审查。

第十一条 当事人对实验数据的真实性产生争议的,提交实验数据的一方当事人应当举证证明实验数据的来源和形成过程。人民法院可以通知实验负责人到庭,就实验原料、步骤、条件、环境或者参数以及完成实验的人员、机构等作出说明。

第十二条 人民法院确定权利要求限定的技术方案的技术领域,应当综合考虑主题名称等权利要求的全部内容、说明书关于技术领域和背景技术的记载,以及该技术方案所实现的功能和用途等。

第十三条 说明书及附图未明确记载区别技术特征在权利要求限定的技术方案中所能达到的技术效果的,人民法院可以结合所属技术领域的公知常识,根据区别技术特征与权利要求中其他技术特征的关系、区别技术特征在权利要求限定的技术方案中的作用等,认定所属技术领域的技术人员所能确定的该权利要求实际解决的技术问题。

被诉决定对权利要求实际解决的技术问题未认定或者认定错误的,不影响人民法院对权利要求的创造性依法作出认定。

第十四条 人民法院认定外观设计专利产品的一般消费者所具有的知识水平和认知能力,应当考虑申请日时外观设计专利产品的设计空间。设计空间较大的,人民法院可以认定一般消费者通常不容易注意到不同设计之间的较小区别;设计空间较小的,人民法院可以认定一般消费者通常更容易注意到不同设计之间的较小区别。

对于前款所称设计空间的认定,人民法院可以综合考虑下列因素:

(一)产品的功能、用途;

(二)现有设计的整体状况;

(三)惯常设计;

(四)法律、行政法规的强制性规定;

(五)国家、行业技术标准;

(六)需要考虑的其他因素。

第十五条 外观设计的图片、照片存在矛盾、缺失或者模糊不清等情形,导致一般消费者无法根据图片、照片及简要说明确定所要保护的外观设计的,人民法院应当认定其不符合专利法第二十七条第二款关于"清楚地显示要求专利保护的产品的外观设计"的规定。

第十六条 人民法院认定外观设计是否符合专利法第二十三条的规定,应当综合判断外观设计的整体视觉效果。

为实现特定技术功能必须具备或者仅有有限选择的设计特征,对于外观设计专利视觉效果的整体观察和综合判断不具有显著影响。

第十七条 外观设计与相同或者相近种类产品的一项现有设计相比,整体视觉效果相同或者属于仅具有局部细微区别等实质相同的情形的,人民法院应当认定其构成专利法第二十三条第一款规定的"属于现有设计"。

除前款规定的情形外,外观设计与相同或者相近种类产品的一项现有设计相比,二者的区别对整体视觉效果不具有显著影响的,人民法院应当认定其不具有专利法第二十三条第二款规定的"明显区别"。

人民法院应当根据外观设计产品的用途,认定产品种类是否相同或者相近。确定产品的用途,可以参考外观设计的简要说明、外观设计产品分类表、产品的功能以及产品销售、实际使用的情况等因素。

第十八条 外观设计专利与相同种类产品上同日申请的另一项外观设计专利相比,整体视觉效果相同或者属于仅具有局部细微区别等实质相同的情形的,人民法院应当认定其不符合专利法第九条关于"同样的发明创造只能授予一项专利权"的规定。

第十九条 外观设计与申请日以前提出申请、申请日以后公告,且属于相同或者相近种类产品的另一项外观设计相比,整体视觉效果相同或者属于仅具有局部细微区别等实质相同的情形的,人民法院应当认定其构成专利法第二十三条第一款规定的"同样的外观设计"。

第二十条 根据现有设计整体上给出的设计启示,以一般消费者容易想到的设计特征转用、拼合或者替换等方式,获得与外观设计专利的整体视觉效果相同或者仅具有局部细微区别等实质相同的外观设计,且不具有独特视觉效果的,人民法院应当认定该外观设计专利与现有设计特征的组合相比不具有专利法第二十三条第二款规定的"明显区别"。

具有下列情形之一的,人民法院可以认定存在前款所称的设计启示:

(一)将相同种类产品上不同部分的设计特征进行拼合或者替换的;

(二)现有设计公开了将特定种类产品的设计特征转用于外观设计专利产品的;

(三)现有设计公开了将不同的特定种类产品的外观设计特征进行拼合的;

(四)将现有设计中的图案直接或者仅做细微改变后用于外观设计专利产品的;

(五)将单一自然物的特征转用于外观设计专利产品的;

(六)单纯采用基本几何形状或者仅做细微改变后得到外观设计的;

(七)使用一般消费者公知的建筑物、作品、标识等的全部或者部分设计的。

第二十一条 人民法院在认定本规定第二十条所称的独特视觉效果时,可以综合考虑下列因素:

(一)外观设计专利产品的设计空间;

(二)产品种类的关联度;

(三)转用、拼合、替换的设计特征的数量和难易程度;

(四)需要考虑的其他因素。

第二十二条 专利法第二十三条第三款所称的"合法权利",包括就作品、商标、地理标志、姓名、企业名称、肖像,以及有一定影响的商品名称、包装、装潢等享有的合法权利或者权益。

第二十三条 当事人主张专利复审、无效宣告请求审查程序中的下列情形属于行政诉讼法第七十条第三项规定的"违反法定程序",人民法院应予支持:

(一)遗漏当事人提出的理由和证据,且对当事人权利产生实质性影响的;

(二)未依法通知应当参加审查程序的专利申请人、专利权人及无效宣告请求人等,对其权利产生实质性影响的;

(三)未向当事人告知合议组组成人员,且合议组成人员存在法定回避事由而未回避的;

(四)未给予被诉决定对其不利的一方当事人针对被诉决定所依据的理由、证据和认定的事实陈述意见的

机会的;

(五)主动引入当事人未主张的公知常识或者惯常设计,未听取当事人意见且对当事人权利产生实质性影响的;

(六)其他违反法定程序,可能对当事人权利产生实质性影响的。

第二十四条 被诉决定有下列情形之一的,人民法院可以依照行政诉讼法第七十条的规定,判决部分撤销:

(一)被诉决定对于权利要求书中的部分权利要求的认定错误,其余正确的;

(二)被诉决定对于专利法第三十一条第二款规定的"一件外观设计专利申请"中的部分外观设计认定错误,其余正确的;

(三)其他可以判决部分撤销的情形。

第二十五条 被诉决定对当事人主张的全部无效理由和证据均已评述并宣告权利要求无效,人民法院认为被诉决定认定该权利要求无效的理由均不能成立的,应当判决撤销或者部分撤销该决定,并可视情判决被告就该权利要求重新作出审查决定。

第二十六条 审查决定系直接依据生效裁判重新作出且未引入新的事实和理由,当事人对该决定提起诉讼的,人民法院依法裁定不予受理;已经受理的,依法裁定驳回起诉。

第二十七条 被诉决定查明事实或者适用法律确有不当,但对专利授权确权的认定结论正确的,人民法院可以在纠正相关事实查明和法律适用的基础上判决驳回原告的诉讼请求。

第二十八条 当事人主张有关技术内容属于公知常识或者有关设计特征属于惯常设计的,人民法院可以要求其提供证据证明或者作出说明。

第二十九条 专利申请人、专利权人在专利授权确权行政案件中提供新的证据,用于证明专利申请不应当被驳回或者专利权应当维持有效的,人民法院一般应予审查。

第三十条 无效宣告请求人在专利确权行政案件中提供新的证据,人民法院一般不予审查,但下列证据除外:

(一)证明在专利无效宣告请求审查程序中已主张的公知常识或者惯常设计的;

(二)证明所属技术领域的技术人员或者一般消费者的知识水平和认知能力的;

(三)证明外观设计专利产品的设计空间或者现有

设计的整体状况的;

(四)补强在专利无效宣告请求审查程序中已被采信证据的证明力的;

(五)反驳其他当事人在诉讼中提供的证据的。

第三十一条 人民法院可以要求当事人提供本规定第二十九条、第三十条规定的新的证据。

当事人向人民法院提供的证据系其在专利复审、无效宣告请求审查程序中被依法要求提供但无正当理由未提供的,人民法院一般不予采纳。

第三十二条 本规定自 2020 年 9 月 12 日起施行。

本规定施行后,人民法院正在审理的一审、二审案件适用本规定;施行前已经作出生效裁判的案件,不适用本规定再审。

最高人民法院关于审理专利纠纷案件适用法律问题的若干规定

- 2001 年 6 月 19 日最高人民法院审判委员会第 1180 次会议通过
- 根据 2013 年 2 月 25 日最高人民法院审判委员会第 1570 次会议通过的《最高人民法院关于修改〈最高人民法院关于审理专利纠纷案件适用法律问题的若干规定〉的决定》第一次修正
- 根据 2015 年 1 月 19 日最高人民法院审判委员会第 1641 次会议通过的《最高人民法院关于修改〈最高人民法院关于审理专利纠纷案件适用法律问题的若干规定〉的决定》第二次修正
- 根据 2020 年 12 月 23 日最高人民法院审判委员会第 1823 次会议通过的《最高人民法院关于修改〈最高人民法院关于审理侵犯专利权纠纷案件应用法律若干问题的解释(二)〉等十八件知识产权类司法解释的决定》第三次修正
- 2020 年 12 月 29 日最高人民法院公告发布
- 该修正自 2021 年 1 月 1 日起施行
- 法释〔2020〕19 号

为了正确审理专利纠纷案件,根据《中华人民共和国民法典》《中华人民共和国专利法》《中华人民共和国民事诉讼法》和《中华人民共和国行政诉讼法》等法律的规定,作如下规定:

第一条 人民法院受理下列专利纠纷案件:
1. 专利申请权权属纠纷案件;
2. 专利权权属纠纷案件;
3. 专利合同纠纷案件;
4. 侵害专利权纠纷案件;
5. 假冒他人专利纠纷案件;
6. 发明专利临时保护期使用费纠纷案件;
7. 职务发明创造发明人、设计人奖励、报酬纠纷案件;
8. 诉前申请行为保全纠纷案件;
9. 诉前申请财产保全纠纷案件;
10. 因申请行为保全损害责任纠纷案件;
11. 因申请财产保全损害责任纠纷案件;
12. 发明创造发明人、设计人署名权纠纷案件;
13. 确认不侵害专利权纠纷案件;
14. 专利权宣告无效后返还费用纠纷案件;
15. 因恶意提起专利权诉讼损害责任纠纷案件;
16. 标准必要专利使用费纠纷案件;
17. 不服国务院专利行政部门维持驳回申请复审决定案件;
18. 不服国务院专利行政部门专利权无效宣告请求决定案件;
19. 不服国务院专利行政部门实施强制许可决定案件;
20. 不服国务院专利行政部门实施强制许可使用费裁决案件;
21. 不服国务院专利行政部门行政复议决定案件;
22. 不服国务院专利行政部门作出的其他行政决定案件;
23. 不服管理专利工作的部门行政决定案件;
24. 确认是否落入专利权保护范围纠纷案件;
25. 其他专利纠纷案件。

第二条 因侵犯专利权行为提起的诉讼,由侵权行为地或者被告住所地人民法院管辖。

侵权行为地包括:被诉侵犯发明、实用新型专利权的产品的制造、使用、许诺销售、销售、进口等行为的实施地;专利方法使用行为的实施地,依照该专利方法直接获得的产品的使用、许诺销售、销售、进口等行为的实施地;外观设计专利产品的制造、许诺销售、销售、进口等行为的实施地;假冒他人专利的行为实施地。上述侵权行为的侵权结果发生地。

第三条 原告仅对侵权产品制造者提起诉讼,未起诉销售者,侵权产品制造地与销售地不一致的,制造地人民法院有管辖权;以制造者与销售者为共同被告起诉的,销售地人民法院有管辖权。

销售者是制造者分支机构,原告在销售地起诉侵权产品制造者制造、销售行为的,销售地人民法院有管辖权。

第四条 对申请日在 2009 年 10 月 1 日前（不含该日）的实用新型专利提起侵犯专利权诉讼，原告可以出具由国务院专利行政部门作出的检索报告；对申请日在 2009 年 10 月 1 日以后的实用新型或者外观设计专利提起侵犯专利权诉讼，原告可以出具由国务院专利行政部门作出的专利权评价报告。根据案件审理需要，人民法院可以要求原告提交检索报告或者专利权评价报告。原告无正当理由不提交的，人民法院可以裁定中止诉讼或者判令原告承担可能的不利后果。

侵犯实用新型、外观设计专利权纠纷案件的被告请求中止诉讼的，应当在答辩期内对原告的专利权提出宣告无效的请求。

第五条 人民法院受理的侵犯实用新型、外观设计专利权纠纷案件，被告在答辩期间内请求宣告该项专利权无效的，人民法院应当中止诉讼，但具备下列情形之一的，可以不中止诉讼：

（一）原告出具的检索报告或者专利权评价报告未发现导致实用新型或者外观设计专利权无效的事由的；

（二）被告提供的证据足以证明其使用的技术已经公知的；

（三）被告请求宣告该项专利权无效所提供的证据或者依据的理由明显不充分的；

（四）人民法院认为不应当中止诉讼的其他情形。

第六条 人民法院受理的侵犯实用新型、外观设计专利权纠纷案件，被告在答辩期间届满后请求宣告该项专利权无效的，人民法院不应当中止诉讼，但经审查认为有必要中止诉讼的除外。

第七条 人民法院受理的侵犯发明专利权纠纷案件或者经国务院专利行政部门审查维持专利权的侵犯实用新型、外观设计专利权纠纷案件，被告在答辩期间内请求宣告该项专利权无效的，人民法院可以不中止诉讼。

第八条 人民法院决定中止诉讼，专利权人或者利害关系人请求责令被告停止有关行为或者采取其他制止侵权损害继续扩大的措施，并提供了担保，人民法院经审查符合有关法律规定的，可以在裁定中止诉讼的同时一并作出有关裁定。

第九条 人民法院对专利权进行财产保全，应当向国务院专利行政部门发出协助执行通知书，载明要求协助执行的事项，以及对专利权保全的期限，并附人民法院作出的裁定书。

对专利权保全的期限一次不得超过六个月，自国务院专利行政部门收到协助执行通知书之日起计算。如果仍然需要对该专利权继续采取保全措施的，人民法院应当在保全期限届满前向国务院专利行政部门另行送达继续保全的协助执行通知书。保全期限届满前未送达的，视为自动解除对该专利权的财产保全。

人民法院对出质的专利权可以采取财产保全措施，质权人的优先受偿权不受保全措施的影响；专利权人与被许可人已经签订的独占实施许可合同，不影响人民法院对该专利权进行财产保全。

人民法院对已经进行保全的专利权，不得重复进行保全。

第十条 2001 年 7 月 1 日以前利用本单位的物质技术条件所完成的发明创造，单位与发明人或者设计人订有合同，对申请专利的权利和专利权的归属作出约定的，从其约定。

第十一条 人民法院受理的侵犯专利权纠纷案件，涉及权利冲突的，应当保护在先依法享有权利的当事人的合法权益。

第十二条 专利法第二十三条第三款所称的合法权利，包括就作品、商标、地理标志、姓名、企业名称、肖像，以及有一定影响的商品名称、包装、装潢等享有的合法权利或者权益。

第十三条 专利法第五十九条第一款所称的"发明或者实用新型专利权的保护范围以其权利要求的内容为准，说明书及附图可以用于解释权利要求的内容"，是指专利权的保护范围应当以权利要求记载的全部技术特征所确定的范围为准，也包括与该技术特征相等同的特征所确定的范围。

等同特征，是指与所记载的技术特征以基本相同的手段，实现基本相同的功能，达到基本相同的效果，并且本领域普通技术人员在被诉侵权行为发生时无需经过创造性劳动就能够联想到的特征。

第十四条 专利法第六十五条规定的权利人因被侵权所受到的实际损失可以根据专利权人的专利产品因侵权所造成销售量减少的总数乘以每件专利产品的合理利润所得之积计算。权利人销售量减少的总数难以确定的，侵权产品在市场上销售的总数乘以每件专利产品的合理利润所得之积可以视为权利人因被侵权所受到的实际损失。

专利法第六十五条规定的侵权人因侵权所获得的利益可以根据该侵权产品在市场上销售的总数乘以每件侵权产品的合理利润所得之积计算。侵权人因侵权所获得的利益一般按照侵权人的营业利润计算，对于完全以侵权为业的侵权人,可以按照销售利润计算。

第十五条 权利人的损失或者侵权人获得的利益难以确定,有专利许可使用费可以参照的,人民法院可以根据专利权的类型、侵权行为的性质和情节、专利许可的性质、范围、时间等因素,参照该专利许可使用费的倍数合理确定赔偿数额;没有专利许可使用费可以参照或者专利许可使用费明显不合理的,人民法院可以根据专利权的类型、侵权行为的性质和情节等因素,依照专利法第六十五条第二款的规定确定赔偿数额。

第十六条 权利人主张其为制止侵权行为所支付合理开支的,人民法院可以在专利法第六十五条确定的赔偿数额之外另行计算。

第十七条 侵犯专利权的诉讼时效为三年,自专利权人或者利害关系人知道或者应当知道权利受到损害以及义务人之日起计算。权利人超过三年起诉的,如果侵权行为在起诉时仍在继续,在该项专利权有效期内,人民法院应当判决被告停止侵权行为,侵权损害赔偿数额应当自权利人向人民法院起诉之日起向前推算三年计算。

第十八条 专利法第十一条、第六十九条所称的许诺销售,是指以做广告、在商店橱窗中陈列或者在展销会上展出等方式作出销售商品的意思表示。

第十九条 人民法院受理的侵犯专利权纠纷案件,已经过管理专利工作的部门作出侵权或者不侵权认定的,人民法院仍应当就当事人的诉讼请求进行全面审查。

第二十条 以前的有关司法解释与本规定不一致的,以本规定为准。

最高人民法院关于审理侵犯商业秘密民事案件适用法律若干问题的规定

- 2020年8月24日最高人民法院审判委员会第1810次会议通过
- 2020年9月10日最高人民法院公告公布
- 自2020年9月12日起施行
- 法释〔2020〕7号

为正确审理侵犯商业秘密民事案件,根据《中华人民共和国反不正当竞争法》《中华人民共和国民事诉讼法》等有关法律规定,结合审判实际,制定本规定。

第一条 与技术有关的结构、原料、组分、配方、材料、样品、样式、植物新品种繁殖材料、工艺、方法或其步骤、算法、数据、计算机程序及其有关文档等信息,人民法院可以认定构成反不正当竞争法第九条第四款所称的技术信息。

与经营活动有关的创意、管理、销售、财务、计划、样本、招投标材料、客户信息、数据等信息,人民法院可以认定构成反不正当竞争法第九条第四款所称的经营信息。

前款所称的客户信息,包括客户的名称、地址、联系方式以及交易习惯、意向、内容等信息。

第二条 当事人仅以与特定客户保持长期稳定交易关系为由,主张该特定客户属于商业秘密的,人民法院不予支持。

客户基于对员工个人的信赖而与该员工所在单位进行交易,该员工离职后,能够证明客户自愿选择与该员工或者该员工所在的新单位进行交易的,人民法院应当认定该员工没有采用不正当手段获取权利人的商业秘密。

第三条 权利人请求保护的信息在被诉侵权行为发生时不为所属领域的相关人员普遍知悉和容易获得的,人民法院应当认定为反不正当竞争法第九条第四款所称的不为公众所知悉。

第四条 具有下列情形之一的,人民法院可以认定有关信息为公众所知悉:

(一)该信息在所属领域属于一般常识或者行业惯例的;

(二)该信息仅涉及产品的尺寸、结构、材料、部件的简单组合等内容,所属领域的相关人员通过观察上市产品即可直接获得的;

(三)该信息已经在公开出版物或者其他媒体上公开披露的;

(四)该信息已通过公开的报告会、展览等方式公开的;

(五)所属领域的相关人员从其他公开渠道可以获得该信息的。

将为公众所知悉的信息进行整理、改进、加工后形成的新信息,符合本规定第二条规定的,应当认定该新信息不为公众所知悉。

第五条 权利人为防止商业秘密泄露,在被诉侵权行为发生以前所采取的合理保密措施,人民法院应当认定为反不正当竞争法第九条第四款所称的相应保密措施。

人民法院应当根据商业秘密及其载体的性质、商业秘密的商业价值、保密措施的可识别程度、保密措施与商业秘密的对应程度以及权利人的保密意愿等因素,认定权利人是否采取了相应保密措施。

第六条 具有下列情形之一,在正常情况下足以防

止商业秘密泄露的,人民法院应当认定权利人采取了相应保密措施:

(一)签订保密协议或者在合同中约定保密义务的;

(二)通过章程、培训、规章制度、书面告知等方式,对能够接触、获取商业秘密的员工、前员工、供应商、客户、来访者等提出保密要求的;

(三)对涉密的厂房、车间等生产经营场所限制来访者或者进行区分管理的;

(四)以标记、分类、隔离、加密、封存、限制能够接触或者获取的人员范围等方式,对商业秘密及其载体进行区分和管理的;

(五)对能够接触、获取商业秘密的计算机设备、电子设备、网络设备、存储设备、软件等,采取禁止或者限制使用、访问、存储、复制等措施的;

(六)要求离职员工登记、返还、清除、销毁其接触或者获取的商业秘密及其载体,继续承担保密义务的;

(七)采取其他合理保密措施的。

第七条 权利人请求保护的信息因不为公众所知悉而具有现实的或者潜在的商业价值的,人民法院经审查可以认定为反不正当竞争法第九条第四款所称的具有商业价值。

生产经营活动中形成的阶段性成果符合前款规定的,人民法院经审查可以认定该成果具有商业价值。

第八条 被诉侵权人以违反法律规定或者公认的商业道德的方式获取权利人的商业秘密,人民法院应当认定属于反不正当竞争法第九条第一款所称的以其他不正当手段获取权利人的商业秘密。

第九条 被诉侵权人在生产经营活动中直接使用商业秘密,或者对商业秘密进行修改、改进后使用,或者根据商业秘密调整、优化、改进有关生产经营活动的,人民法院应当认定属于反不正当竞争法第九条所称的使用商业秘密。

第十条 当事人根据法律规定或者合同约定所承担的保密义务,人民法院应当认定属于反不正当竞争法第九条第一款所称的保密义务。

当事人未在合同中约定保密义务,但根据诚信原则以及合同的性质、目的、缔约过程、交易习惯等,被诉侵权人知道或者应当知道其获取的信息属于权利人的商业秘密的,人民法院应当认定被诉侵权人对其获取的商业秘密承担保密义务。

第十一条 法人、非法人组织的经营、管理人员以及具有劳动关系的其他人员,人民法院可以认定为反不正当竞争法第九条第三款所称的员工、前员工。

第十二条 人民法院认定员工、前员工是否有渠道或者机会获取权利人的商业秘密,可以考虑与其有关的下列因素:

(一)职务、职责、权限;

(二)承担的本职工作或者单位分配的任务;

(三)参与和商业秘密有关的生产经营活动的具体情形;

(四)是否保管、使用、存储、复制、控制或者以其他方式接触、获取商业秘密及其载体;

(五)需要考虑的其他因素。

第十三条 被诉侵权信息与商业秘密不存在实质性区别的,人民法院可以认定被诉侵权信息与商业秘密构成反不正当竞争法第三十二条第二款所称的实质上相同。

人民法院认定是否构成前款所称的实质上相同,可以考虑下列因素:

(一)被诉侵权信息与商业秘密的异同程度;

(二)所属领域的相关人员在被诉侵权行为发生时是否容易想到被诉侵权信息与商业秘密的区别;

(三)被诉侵权信息与商业秘密的用途、使用方式、目的、效果等是否具有实质性差异;

(四)公有领域中与商业秘密相关信息的情况;

(五)需要考虑的其他因素。

第十四条 通过自行开发研制或者反向工程获得被诉侵权信息的,人民法院应当认定不属于反不正当竞争法第九条规定的侵犯商业秘密行为。

前款所称的反向工程,是指通过技术手段对从公开渠道取得的产品进行拆卸、测绘、分析等而获得该产品的有关技术信息。

被诉侵权人以不正当手段获取权利人的商业秘密后,又以反向工程为由主张未侵犯商业秘密的,人民法院不予支持。

第十五条 被申请人试图或者已经以不正当手段获取、披露、使用或者允许他人使用权利人所主张的商业秘密,不采取行为保全措施会使判决难以执行或者造成当事人其他损害,或者将会使权利人的合法权益受到难以弥补的损害的,人民法院可以依法裁定采取行为保全措施。

前款规定的情形属于民事诉讼法第一百条、第一百零一条所称情况紧急的,人民法院应当在四十八小时内作出裁定。

第十六条 经营者以外的其他自然人、法人和非法人组织侵犯商业秘密,权利人依据反不正当竞争法第十七条的规定主张侵权人应当承担的民事责任的,人民法院应予支持。

第十七条 人民法院对于侵犯商业秘密行为判决停止侵害的民事责任时,停止侵害的时间一般应当持续到该商业秘密已为公众所知悉时为止。

依照前款规定判决停止侵害的时间明显不合理的,人民法院可以在依法保护权利人的商业秘密竞争优势的情况下,判决侵权人在一定期限或者范围内停止使用该商业秘密。

第十八条 权利人请求判决侵权人返还或者销毁商业秘密载体,清除其控制的商业秘密信息的,人民法院一般应予支持。

第十九条 因侵权行为导致商业秘密为公众所知悉的,人民法院依法确定赔偿数额时,可以考虑商业秘密的商业价值。

人民法院认定前款所称的商业价值,应当考虑研究开发成本、实施该项商业秘密的收益、可得利益、可保持竞争优势的时间等因素。

第二十条 权利人请求参照商业秘密许可使用费确定因被侵权所受到的实际损失的,人民法院可以根据许可的性质、内容、实际履行情况以及侵权行为的性质、情节、后果等因素确定。

人民法院依照反不正当竞争法第十七条第四款确定赔偿数额的,可以考虑商业秘密的性质、商业价值、研究开发成本、创新程度、能带来的竞争优势以及侵权人的主观过错、侵权行为的性质、情节、后果等因素。

第二十一条 对于涉及当事人或者案外人的商业秘密的证据、材料,当事人或者案外人书面申请人民法院采取保密措施的,人民法院应当在保全、证据交换、质证、委托鉴定、询问、庭审等诉讼活动中采取必要的保密措施。

违反前款所称的保密措施的要求,擅自披露商业秘密或者在诉讼活动之外使用或者允许他人使用在诉讼中接触、获取的商业秘密的,应当依法承担民事责任。构成民事诉讼法第一百一十一条规定情形的,人民法院可以依法采取强制措施。构成犯罪的,依法追究刑事责任。

第二十二条 人民法院审理侵犯商业秘密民事案件时,对在侵犯商业秘密犯罪刑事诉讼程序中形成的证据,应当按照法定程序,全面、客观地审查。

由公安机关、检察机关或者人民法院保存的与被诉侵权行为具有关联性的证据,侵犯商业秘密民事案件的当事人及其诉讼代理人因客观原因不能自行收集,申请调查收集的,人民法院应当准许,但可能影响正在进行的刑事诉讼程序的除外。

第二十三条 当事人主张依据生效刑事裁判认定的实际损失或者违法所得确定涉及同一侵犯商业秘密行为的民事案件赔偿数额的,人民法院应予支持。

第二十四条 权利人已经提供侵权人因侵权所获得的利益的初步证据,但与侵犯商业秘密行为相关的账簿、资料由侵权人掌握的,人民法院可以根据权利人的申请,责令侵权人提供该账簿、资料。侵权人无正当理由拒不提供或者不如实提供的,人民法院可以根据权利人的主张和提供的证据认定侵权人因侵权所获得的利益。

第二十五条 当事人以涉及同一被诉侵犯商业秘密行为的刑事案件尚未审结为由,请求中止审理侵犯商业秘密民事案件,人民法院在听取当事人意见后认为必须以该刑事案件的审理结果为依据的,应予支持。

第二十六条 对于侵犯商业秘密行为,商业秘密独占使用许可合同的被许可人提起诉讼的,人民法院应当依法受理。

排他使用许可合同的被许可人和权利人共同提起诉讼,或者在权利人不起诉的情况下自行提起诉讼的,人民法院应当依法受理。

普通使用许可合同的被许可人和权利人共同提起诉讼,或者经权利人书面授权单独提起诉讼的,人民法院应当依法受理。

第二十七条 权利人应当在一审法庭辩论结束前明确所主张的商业秘密具体内容。仅能明确部分的,人民法院对该明确的部分进行审理。

权利人在第二审程序中另行主张其在一审中未明确的商业秘密具体内容的,第二审人民法院可以根据当事人自愿的原则就与该商业秘密具体内容有关的诉讼请求进行调解;调解不成的,告知当事人另行起诉。双方当事人均同意由第二审人民法院一并审理的,第二审人民法院可以一并裁判。

第二十八条 人民法院审理侵犯商业秘密民事案件,适用被诉侵权行为发生时的法律。被诉侵权行为在法律修改之前已经发生且持续到法律修改之后的,适用修改后的法律。

第二十九条 本规定自 2020 年 9 月 12 日起施行。最高人民法院以前发布的相关司法解释与本规定不一致的,以本规定为准。

本规定施行后,人民法院正在审理的一审、二审案件适用本规定;施行前已经作出生效裁判的案件,不适用本规定再审。

最高人民法院关于涉网络知识产权侵权纠纷几个法律适用问题的批复

- 2020年8月24日最高人民法院审判委员会第1810次会议通过
- 2020年9月12日最高人民法院公告公布
- 自2020年9月14日起施行
- 法释〔2020〕9号

各省、自治区、直辖市高级人民法院，解放军军事法院，新疆维吾尔自治区高级人民法院生产建设兵团分院：

近来，有关方面就涉网络知识产权侵权纠纷法律适用的一些问题提出建议，部分高级人民法院也向本院提出了请示。经研究，批复如下：

一、知识产权权利人主张其权利受到侵害并提出保全申请，要求网络服务提供者、电子商务平台经营者迅速采取删除、屏蔽、断开链接等下架措施的，人民法院应当依法审查并作出裁定。

二、网络服务提供者、电子商务平台经营者收到知识产权权利人依法发出的通知后，应当及时将权利人的通知转送相关网络用户、平台内经营者，并根据构成侵权的初步证据和服务类型采取必要措施；未依法采取必要措施，权利人主张网络服务提供者、电子商务平台经营者对损害的扩大部分与网络用户、平台内经营者承担连带责任的，人民法院可以依法予以支持。

三、在依法转送的不存在侵权行为的声明到达知识产权权利人后的合理期限内，网络服务提供者、电子商务平台经营者未收到权利人已经投诉或者提起诉讼通知的，应当及时终止所采取的删除、屏蔽、断开链接等下架措施。因办理公证、认证手续等权利人无法控制的特殊情况导致的延迟，不计入上述期限，但该期限最长不超过20个工作日。

四、因恶意提交声明导致电子商务平台经营者终止必要措施并造成知识产权权利人损害，权利人依照有关法律规定请求相应惩罚性赔偿的，人民法院可以依法予以支持。

五、知识产权权利人发出的通知内容与客观事实不符，但其在诉讼中主张该通知系善意提交并请求免责，且能够举证证明的，人民法院依法审查属实后应当予以支持。

六、本批复作出时尚未终审的案件，适用本批复；本批复作出时已经终审，当事人申请再审或者按照审判监督程序决定再审的案件，不适用本批复。

最高人民法院关于审理侵害信息网络传播权民事纠纷案件适用法律若干问题的规定

- 2012年11月26日最高人民法院审判委员会第1561次会议通过
- 根据2020年12月23日最高人民法院审判委员会第1823次会议通过的《最高人民法院关于修改〈最高人民法院关于审理侵犯专利权纠纷案件应用法律若干问题的解释（二）〉等十八件知识产权类司法解释的决定》修正
- 2020年12月29日最高人民法院公告公布
- 该修正自2021年1月1日起施行
- 法释〔2020〕19号

为正确审理侵害信息网络传播权民事纠纷案件，依法保护信息网络传播权，促进信息网络产业健康发展，维护公共利益，根据《中华人民共和国民法典》《中华人民共和国著作权法》《中华人民共和国民事诉讼法》等有关法律规定，结合审判实际，制定本规定。

第一条 人民法院审理侵害信息网络传播权民事纠纷案件，在依法行使裁量权时，应当兼顾权利人、网络服务提供者和社会公众的利益。

第二条 本规定所称信息网络，包括以计算机、电视机、固定电话机、移动电话机等电子设备为终端的计算机互联网、广播电视网、固定通信网、移动通信网等信息网络，以及向公众开放的局域网络。

第三条 网络用户、网络服务提供者未经许可，通过信息网络提供权利人享有信息网络传播权的作品、表演、录音录像制品，除法律、行政法规另有规定外，人民法院应当认定其构成侵害信息网络传播权行为。

通过上传到网络服务器、设置共享文件或者利用文件分享软件等方式，将作品、表演、录音录像制品置于信息网络中，使公众能够在个人选定的时间和地点以下载、浏览或者其他方式获得的，人民法院应当认定其实施了前款规定的提供行为。

第四条 有证据证明网络服务提供者与他人以分工合作等方式共同提供作品、表演、录音录像制品，构成共同侵权行为的，人民法院应当判令其承担连带责任。网络服务提供者能够证明其仅提供自动接入、自动传输、信息存储空间、搜索、链接、文件分享技术等网络服务，主张其不构成共同侵权行为的，人民法院应予支持。

第五条 网络服务提供者以提供网页快照、缩略图等方式实质替代其他网络服务提供者向公众提供相关作品的，人民法院应当认定其构成提供行为。

前款规定的提供行为不影响相关作品的正常使用,且未不合理损害权利人对该作品的合法权益,网络服务提供者主张其未侵害信息网络传播权的,人民法院应予支持。

第六条 原告有初步证据证明网络服务提供者提供了相关作品、表演、录音录像制品,但网络服务提供者能够证明其仅提供网络服务,且无过错的,人民法院不应认定为构成侵权。

第七条 网络服务提供者在提供网络服务时教唆或者帮助网络用户实施侵害信息网络传播权行为的,人民法院应当判令其承担侵权责任。

网络服务提供者以言语、推介技术支持、奖励积分等方式诱导、鼓励网络用户实施侵害信息网络传播权行为的,人民法院应当认定其构成教唆侵权行为。

网络服务提供者明知或者应知网络用户利用网络服务侵害信息网络传播权,未采取删除、屏蔽、断开链接等必要措施,或者提供技术支持等帮助行为的,人民法院应当认定其构成帮助侵权行为。

第八条 人民法院应当根据网络服务提供者的过错,确定其是否承担教唆、帮助侵权责任。网络服务提供者的过错包括对于网络用户侵害信息网络传播权行为的明知或者应知。

网络服务提供者未对网络用户侵害信息网络传播权的行为主动进行审查的,人民法院不应据此认定其具有过错。

网络服务提供者能够证明已采取合理、有效的技术措施,仍难以发现网络用户侵害信息网络传播权行为的,人民法院应当认定其不具有过错。

第九条 人民法院应当根据网络用户侵害信息网络传播权的具体事实是否明显,综合考虑以下因素,认定网络服务提供者是否构成应知:

(一)基于网络服务提供者提供服务的性质、方式及其引发侵权的可能性大小,应当具备的管理信息的能力;

(二)传播的作品、表演、录音录像制品的类型、知名度及侵权信息的明显程度;

(三)网络服务提供者是否主动对作品、表演、录音录像制品进行了选择、编辑、修改、推荐等;

(四)网络服务提供者是否积极采取了预防侵权的合理措施;

(五)网络服务提供者是否设置便捷程序接收侵权通知并及时对侵权通知作出合理的反应;

(六)网络服务提供者是否针对同一网络用户的重复侵权行为采取了相应的合理措施;

(七)其他相关因素。

第十条 网络服务提供者在提供网络服务时,对热播影视作品等以设置榜单、目录、索引、描述性段落、内容简介等方式进行推荐,且公众可以在其网页上直接下载、浏览或者其他方式获得的,人民法院可以认定其应知网络用户侵害信息网络传播权。

第十一条 网络服务提供者从网络用户提供的作品、表演、录音录像制品中直接获得经济利益的,人民法院应当认定其对该网络用户侵害信息网络传播权的行为负有较高的注意义务。

网络服务提供者针对特定作品、表演、录音录像制品投放广告获取收益,或者获取与其传播的作品、表演、录音录像制品存在其他特定联系的经济利益,应当认定为前款规定的直接获得经济利益。网络服务提供者因提供网络服务而收取一般性广告费、服务费等,不属于本款规定的情形。

第十二条 有下列情形之一的,人民法院可以根据案件具体情况,认定提供信息存储空间服务的网络服务提供者应知网络用户侵害信息网络传播权:

(一)将热播影视作品等置于首页或者其他主要页面等能够为网络服务提供者明显感知的位置的;

(二)对热播影视作品等的主题、内容主动进行选择、编辑、整理、推荐,或者为其设立专门的排行榜的;

(三)其他可以明显感知相关作品、表演、录音录像制品为未经许可提供,仍未采取合理措施的情形。

第十三条 网络服务提供者接到权利人以书信、传真、电子邮件等方式提交的通知及构成侵权的初步证据,未及时根据初步证据和服务类型采取必要措施的,人民法院应当认定其明知相关侵害信息网络传播权行为。

第十四条 人民法院认定网络服务提供者转送通知、采取必要措施是否及时,应当根据权利人提交通知的形式,通知的准确程度,采取措施的难易程度,网络服务的性质,所涉作品、表演、录音录像制品的类型、知名度、数量等因素综合判断。

第十五条 侵害信息网络传播权民事纠纷案件由侵权行为地或者被告住所地人民法院管辖。侵权行为地包括实施被诉侵权行为的网络服务器、计算机终端等设备所在地。侵权行为地和被告住所地均难以确定或者在境外,原告发现侵权内容的计算机终端等设备所在地可以视为侵权行为地。

第十六条 本规定施行之日起,《最高人民法院关于审理涉及计算机网络著作权纠纷案件适用法律若干问题的解释》(法释〔2006〕11号)同时废止。

本规定施行之后尚未终审的侵害信息网络传播权民事纠纷案件,适用本规定。本规定施行前已经终审,当事人申请再审或者按照审判监督程序决定再审的,不适用本规定。

最高人民法院关于审理植物新品种纠纷案件若干问题的解释

- 2000年12月25日最高人民法院审判委员会第1154次会议通过
- 根据2020年12月23日最高人民法院审判委员会第1823次会议通过的《最高人民法院关于修改〈最高人民法院关于审理侵犯专利权纠纷案件应用法律若干问题的解释(二)〉等十八件知识产权类司法解释的决定》修正
- 2020年12月29日最高人民法院公告公布
- 该修正自2021年1月1日起施行
- 法释〔2020〕19号

为依法受理和审判植物新品种纠纷案件,根据《中华人民共和国民法典》《中华人民共和国种子法》《中华人民共和国民事诉讼法》《中华人民共和国行政诉讼法》《全国人民代表大会常务委员会关于在北京、上海、广州设立知识产权法院的决定》和《全国人民代表大会常务委员会关于专利等知识产权案件诉讼程序若干问题的决定》的有关规定,现就有关问题解释如下:

第一条 人民法院受理的植物新品种纠纷案件主要包括以下几类:

(一)植物新品种申请驳回复审行政纠纷案件;

(二)植物新品种权无效行政纠纷案件;

(三)植物新品种权更名行政纠纷案件;

(四)植物新品种权强制许可纠纷案件;

(五)植物新品种权实施强制许可使用费纠纷案件;

(六)植物新品种申请权权属纠纷案件;

(七)植物新品种权权属纠纷案件;

(八)植物新品种申请权转让合同纠纷案件;

(九)植物新品种权转让合同纠纷案件;

(十)侵害植物新品种权纠纷案件;

(十一)假冒他人植物新品种权纠纷案件;

(十二)植物新品种培育人署名权纠纷案件;

(十三)植物新品种临时保护期使用费纠纷案件;

(十四)植物新品种行政处罚纠纷案件;

(十五)植物新品种行政复议纠纷案件;

(十六)植物新品种行政赔偿纠纷案件;

(十七)植物新品种行政奖励纠纷案件;

(十八)其他植物新品种权纠纷案件。

第二条 人民法院在依法审查当事人涉及植物新品种权的起诉时,只要符合《中华人民共和国民事诉讼法》第一百一十九条、《中华人民共和国行政诉讼法》第四十九条规定的民事案件或者行政案件的起诉条件,均应当依法予以受理。

第三条 本解释第一条所列第一至五类案件,由北京知识产权法院作为第一审人民法院审理;第六至十八类案件,由知识产权法院,各省、自治区、直辖市人民政府所在地和最高人民法院指定的中级人民法院作为第一审人民法院审理。

当事人对植物新品种纠纷民事、行政案件第一审判决、裁定不服,提起上诉的,由最高人民法院审理。

第四条 以侵权行为地确定人民法院管辖的侵害植物新品种权的民事案件,其所称的侵权行为地,是指未经品种权所有人许可,生产、繁殖或者销售该授权植物新品种的繁殖材料的所在地,或者为商业目的将该授权品种的繁殖材料重复使用于生产另一品种的繁殖材料的所在地。

第五条 关于植物新品种申请驳回复审行政纠纷案件、植物新品种权无效或者更名行政纠纷案件,应当以植物新品种审批机关为被告;关于植物新品种强制许可纠纷案件,应当以植物新品种审批机关为被告;关于实施强制许可使用费纠纷案件,应当根据原告所请求的事项和所起诉的当事人确定被告。

第六条 人民法院审理侵害植物新品种权纠纷案件,被告在答辩期间内向植物新品种审批机关请求宣告该植物新品种权无效的,人民法院一般不中止诉讼。

最高人民法院关于审理侵害植物新品种权纠纷案件具体应用法律问题的若干规定

- 2006年12月25日最高人民法院审判委员会第1411次会议通过
- 根据2020年12月23日最高人民法院审判委员会第1823次会议通过的《最高人民法院关于修改〈最高人民法院关于审理侵犯专利权纠纷案件应用法律若干问题的解释(二)〉等十八件知识产权类司法解释的决定》修正
- 2020年12月29日最高人民法院公告公布
- 该修正自2021年1月1日起施行
- 法释〔2020〕19号

为正确处理侵害植物新品种权纠纷案件,根据《中华人民共和国民法典》《中华人民共和国种子法》《中华人民共和国民事诉讼法》《全国人民代表大会常务委员会关于在北京、上海、广州设立知识产权法院的决定》和《全国人民代表大会常务委员会关于专利等知识产权案件诉讼程序若干问题的决定》等有关规定，结合侵害植物新品种权纠纷案件的审判经验和实际情况，就具体应用法律的若干问题规定如下：

第一条 植物新品种权所有人（以下称品种权人）或者利害关系人认为植物新品种权受到侵害的，可以依法向人民法院提起诉讼。

前款所称利害关系人，包括植物新品种实施许可合同的被许可人、品种权财产权利的合法继承人等。

独占实施许可合同的被许可人可以单独向人民法院提起诉讼；排他实施许可合同的被许可人可以和品种权人共同起诉，也可以在品种权人不起诉时，自行提起诉讼；普通实施许可合同的被许可人经品种权人明确授权，可以提起诉讼。

第二条 未经品种权人许可，生产、繁殖或者销售授权品种的繁殖材料，或者为商业目的将授权品种的繁殖材料重复使用于生产另一品种的繁殖材料的，人民法院应当认定为侵害植物新品种权。

被诉侵权物的特征、特性与授权品种的特征、特性相同，或者特征、特性的不同是因非遗传变异所致的，人民法院一般应当认定被诉侵权物属于生产、繁殖或者销售授权品种的繁殖材料。

被诉侵权人重复以授权品种的繁殖材料为亲本与其他亲本另行繁殖的，人民法院一般应当认定属于为商业目的将授权品种的繁殖材料重复使用于生产另一品种的繁殖材料。

第三条 侵害植物新品种权纠纷案件涉及的专门性问题需要鉴定的，由双方当事人协商确定的有鉴定资格的鉴定机构、鉴定人鉴定；协商不成的，由人民法院指定的有鉴定资格的鉴定机构、鉴定人鉴定。

没有前款规定的鉴定机构、鉴定人的，由具有相应品种检测技术水平的专业机构、专业人员鉴定。

第四条 对于侵害植物新品种权纠纷案件涉及的专门性问题可以采取田间观察检测、基因指纹图谱检测等方法鉴定。

对采取前款规定方法作出的鉴定意见，人民法院应当依法质证，认定其证明力。

第五条 品种权人或者利害关系人向人民法院提起侵害植物新品种权诉讼前，可以提出行为保全或者证据保全请求，人民法院经审查作出裁定。

人民法院采取证据保全措施时，可以根据案件具体情况，邀请有关专业技术人员按照相应的技术规程协助取证。

第六条 人民法院审理侵害植物新品种权纠纷案件，应当依照民法典第一百七十九条、第一千一百八十五条、种子法第七十三条的规定，结合案件具体情况，判决侵权人承担停止侵害、赔偿损失等民事责任。

人民法院可以根据权利人的请求，按照权利人因被侵权所受实际损失或者侵权人因侵权所得利益确定赔偿数额。权利人的损失或者侵权人获得的利益难以确定的，可以参照该植物新品种权许可使用费的倍数合理确定。权利人为制止侵权行为所支付的合理开支应当另行计算。

依照前款规定难以确定赔偿数额的，人民法院可以综合考虑侵权的性质、期间、后果，植物新品种权许可使用费的数额，植物新品种实施许可的种类、时间、范围及权利人调查、制止侵权所支付的合理费用等因素，在300万元以下确定赔偿数额。

故意侵害他人植物新品种权，情节严重的，可以按照第二款确定数额的一倍以上三倍以下确定赔偿数额。

第七条 权利人和侵权人均同意将侵权物折价抵扣权利人所受损失的，人民法院应当准许。权利人或者侵权人不同意折价抵扣的，人民法院依照当事人的请求，责令侵权人对侵权物作消灭活性等使其不能再被用作繁殖材料的处理。

侵权物正处于生长期或者销毁侵权物将导致重大不利后果的，人民法院可以不采取责令销毁侵权物的方法，而判令其支付相应的合理费用。但法律、行政法规另有规定的除外。

第八条 以农业或者林业种植为业的个人、农村承包经营户接受他人委托代为繁殖侵害品种权的繁殖材料，不知道代繁物是侵害品种权的繁殖材料并说明委托人的，不承担赔偿责任。

最高人民法院关于审理侵害植物新品种权纠纷案件具体应用法律问题的若干规定（二）

- 2021年6月29日最高人民法院审判委员会第1843次会议通过
- 2021年7月5日最高人民法院公告公布
- 自2021年7月7日起施行
- 法释〔2021〕14号

为正确审理侵害植物新品种权纠纷案件，根据《中华人民共和国民法典》《中华人民共和国种子法》《中华人民共和国民事诉讼法》等法律规定,结合审判实践,制定本规定。

第一条 植物新品种权(以下简称品种权)或者植物新品种申请权的共有人对权利行使有约定的,人民法院按照其约定处理。没有约定或者约定不明的,共有人主张其可以单独实施或者以普通许可方式许可他人实施的,人民法院应予支持。

共有人单独实施该品种权,其他共有人主张该实施收益在共有人之间分配的,人民法院不予支持,但是其他共有人有证据证明其不具备实施能力或者实施条件的除外。

共有人之一许可他人实施该品种权,其他共有人主张收取的许可费在共有人之间分配的,人民法院应予支持。

第二条 品种权转让未经国务院农业、林业主管部门登记、公告,受让人以品种权人名义提起侵害品种权诉讼的,人民法院不予受理。

第三条 受品种权保护的繁殖材料应当具有繁殖能力,且繁殖出的新个体与该授权品种的特征、特性相同。

前款所称的繁殖材料不限于以品种权申请文件所描述的繁殖方式获得的繁殖材料。

第四条 以广告、展陈等方式作出销售授权品种的繁殖材料的意思表示的,人民法院可以以销售行为认定处理。

第五条 种植授权品种的繁殖材料的,人民法院可以根据案件具体情况,以生产、繁殖行为认定处理。

第六条 品种权人或者利害关系人(以下合称权利人)举证证明被诉侵权品种繁殖材料使用的名称与授权品种相同的,人民法院可以推定该被诉侵权品种繁殖材料属于授权品种的繁殖材料;有证据证明不属于该授权品种的繁殖材料的,人民法院可以认定被诉侵权人构成假冒品种行为,并参照假冒注册商标行为的有关规定确定民事责任。

第七条 受托人、被许可人超出与品种权人约定的规模或者区域生产、繁殖授权品种的繁殖材料,或者超出与品种权人约定的规模销售授权品种的繁殖材料,品种权人请求判令受托人、被许可人承担侵权责任的,人民法院依法应予支持。

第八条 被诉侵权人知道或者应当知道他人实施侵害品种权的行为,仍然提供收购、存储、运输、以繁殖为目的的加工处理等服务或者提供相关证明材料等条件的,人民法院可以依据民法典第一千一百六十九条的规定认定为帮助他人实施侵权行为。

第九条 被诉侵权物既可以作为繁殖材料又可以作为收获材料,被诉侵权人主张被诉侵权物系作为收获材料用于消费而非用于生产、繁殖的,应当承担相应的举证责任。

第十条 授权品种的繁殖材料经品种权人或者经其许可的单位、个人售出后,权利人主张他人生产、繁殖、销售该繁殖材料构成侵权的,人民法院一般不予支持,但是下列情形除外:

(一)对该繁殖材料生产、繁殖后获得的繁殖材料进行生产、繁殖、销售;

(二)为生产、繁殖目的将该繁殖材料出口到不保护该品种所属植物属或者种的国家或者地区。

第十一条 被诉侵权人主张对授权品种进行的下列生产、繁殖行为属于科研活动的,人民法院应予支持:

(一)利用授权品种培育新品种;

(二)利用授权品种培育形成新品种后,为品种权申请、品种审定、品种登记需要而重复利用授权品种的繁殖材料。

第十二条 农民在其家庭农村土地承包经营合同约定的土地范围内自繁自用授权品种的繁殖材料,权利人对此主张构成侵权的,人民法院不予支持。

对前款规定以外的行为,被诉侵权人主张其行为属于种子法规定的农民自繁自用授权品种的繁殖材料的,人民法院应当综合考虑被诉侵权行为的目的、规模、是否营利等因素予以认定。

第十三条 销售不知道也不应当知道是未经品种权人许可而售出的被诉侵权品种繁殖材料,且举证证明具有合法来源的,人民法院可以不判令销售者承担赔偿责任,但应当判令其停止销售并承担权利人为制止侵权行为所支付的合理开支。

对于前款所称合法来源,销售者一般应当举证证明购货渠道合法、价格合理、存在实际的具体供货方、销售行为符合相关生产经营许可制度等。

第十四条 人民法院根据已经查明侵害品种权的事实,认定侵权行为成立的,可以先行判决停止侵害,并可以依据当事人的请求和具体案情,责令采取消灭活性等阻止被诉侵权物扩散、繁殖的措施。

第十五条 人民法院为确定赔偿数额,在权利人已经尽力举证,而与侵权行为相关的账簿、资料主要由被诉侵权人掌握的情况下,可以责令被诉侵权人提供与侵权行为相关的账簿、资料;被诉侵权人不提供或者提供虚假账簿、资料的,人民法院可以参考权利人的主张和提供的证据判定赔偿数额。

第十六条 被诉侵权人有抗拒保全或者擅自拆封、转移、毁损被保全物等举证妨碍行为，致使案件相关事实无法查明的，人民法院可以推定权利人就该证据所涉证明事项的主张成立。构成民事诉讼法第一百一十一条规定情形的，依法追究法律责任。

第十七条 除有关法律和司法解释规定的情形以外，以下情形也可以认定为侵权行为情节严重：

（一）因侵权被行政处罚或者法院裁判承担责任后，再次实施相同或者类似侵权行为的；

（二）以侵害品种权为业的；

（三）伪造品种权证书的；

（四）以无标识、标签的包装销售授权品种；

（五）违反种子法第七十七条第一款第一项、第二项、第四项的规定；

（六）拒不提供被诉侵权物的生产、繁殖、销售和储存地点。

存在前款第一项至第五项情形的，在依法适用惩罚性赔偿时可以按照计算基数的二倍以上确定惩罚性赔偿数额。

第十八条 品种权终止后依法恢复权利，权利人要求实施品种权的单位或者个人支付终止期间实施品种权的费用的，人民法院可以参照有关品种权实施许可费，结合品种类型、种植时间、经营规模、当时的市场价值等因素合理确定。

第十九条 他人未经许可，自品种权初步审查合格公告之日起至被授予品种权之日止，生产、繁殖或者销售该授权品种的繁殖材料，或者为商业目的将该授权品种的繁殖材料重复使用于生产另一品种的繁殖材料，权利人对此主张追偿利益损失的，人民法院可以按照临时保护期使用费纠纷处理，并参照有关品种权实施许可费，结合品种类型、种植时间、经营规模、当时的市场价值等因素合理确定该使用费数额。

前款规定的被诉行为延续到品种授权之后，权利人对品种权临时保护期使用费和侵权损害赔偿均主张权利的，人民法院可以合并审理，但应当分别计算处理。

第二十条 侵害品种权纠纷案件涉及的专门性问题需要鉴定的，由当事人在相关领域鉴定人名录或者国务院农业、林业主管部门向人民法院推荐的鉴定人中协商确定；协商不成的，由人民法院从中指定。

第二十一条 对于没有基因指纹图谱等分子标记检测方法进行鉴定的品种，可以采用行业通用方法对授权品种与被诉侵权物的特征、特性进行同一性判断。

第二十二条 对鉴定意见有异议的一方当事人向人民法院申请复检、补充鉴定或者重新鉴定，但未提出合理理由和证据的，人民法院不予准许。

第二十三条 通过基因指纹图谱等分子标记检测方法进行鉴定，待测样品与对照样品的差异位点小于但接近临界值，被诉侵权人主张二者特征、特性不同的，应当承担举证责任；人民法院也可以根据当事人的申请，采取扩大检测位点进行加测或者提取授权品种标准样品进行测定等方法，并结合其他相关因素作出认定。

第二十四条 田间观察检测与基因指纹图谱等分子标记检测的结论不同的，人民法院应当以田间观察检测结论为准。

第二十五条 本规定自 2021 年 7 月 7 日起施行。本院以前发布的相关司法解释与本规定不一致的，按照本规定执行。

最高人民法院关于审理涉及计算机网络域名民事纠纷案件适用法律若干问题的解释

- 2001 年 6 月 26 日最高人民法院审判委员会第 1182 次会议通过
- 根据 2020 年 12 月 23 日最高人民法院审判委员会第 1823 次会议通过的《最高人民法院关于修改〈最高人民法院关于审理侵犯专利权纠纷案件应用法律若干问题的解释（二）〉等十八件知识产权类司法解释的决定》修正
- 2020 年 12 月 29 日最高人民法院公告公布
- 该修正自 2021 年 1 月 1 日起施行
- 法释〔2020〕19 号

为了正确审理涉及计算机网络域名注册、使用等行为的民事纠纷案件（以下简称域名纠纷案件），根据《中华人民共和国民法典》《中华人民共和国反不正当竞争法》和《中华人民共和国民事诉讼法》（以下简称民事诉讼法）等法律的规定，作如下解释：

第一条 对于涉及计算机网络域名注册、使用等行为的民事纠纷，当事人向人民法院提起诉讼，经审查符合民事诉讼法第一百一十九条规定的，人民法院应当受理。

第二条 涉及域名的侵权纠纷案件，由侵权行为地或者被告住所地的中级人民法院管辖。对难以确定侵权行为地和被告住所地的，原告发现该域名的计算机终端等设备所在地可以视为侵权行为地。

涉外域名纠纷案件包括当事人一方或者双方是外国人、无国籍人、外国企业或组织、国际组织，或者域名注册地在外国的域名纠纷案件。在中华人民共和国领域内发生的涉外域名纠纷案件，依照民事诉讼法第四编的规定确定管辖。

第三条 域名纠纷案件的案由，根据双方当事人争议的法律关系的性质确定，并在其前冠以计算机网络域名；争议的法律关系的性质难以确定的，可以通称为计算机网络域名纠纷案件。

第四条 人民法院审理域名纠纷案件，对符合以下各项条件的，应当认定被告注册、使用域名等行为构成侵权或者不正当竞争：

（一）原告请求保护的民事权益合法有效；

（二）被告域名或其主要部分构成对原告驰名商标的复制、模仿、翻译或音译；或者与原告的注册商标、域名等相同或近似，足以造成相关公众的误认；

（三）被告对该域名或其主要部分不享有权益，也无注册、使用该域名的正当理由；

（四）被告对该域名的注册、使用具有恶意。

第五条 被告的行为被证明具有下列情形之一的，人民法院应当认定其具有恶意：

（一）为商业目的将他人驰名商标注册为域名的；

（二）为商业目的注册、使用与原告的注册商标、域名等相同或近似的域名，故意造成与原告提供的产品、服务或者原告网站的混淆，误导网络用户访问其网站或其他在线站点的；

（三）曾要约高价出售、出租或者以其他方式转让该域名获取不正当利益的；

（四）注册域名后自己并不使用也未准备使用，而有意阻止权利人注册该域名的；

（五）具有其他恶意情形的。

被告举证证明在纠纷发生前其所持有的域名已经获得一定的知名度，且能与原告的注册商标、域名等相区别，或者具有其他情形足以证明其不具有恶意的，人民法院可以不认定被告具有恶意。

第六条 人民法院审理域名纠纷案件，根据当事人的请求以及案件的具体情况，可以对涉及的注册商标是否驰名依法作出认定。

第七条 人民法院认定域名注册、使用等行为构成侵权或者不正当竞争的，可以判令被告停止侵权、注销域名，或者依原告的请求判令由原告注册使用该域名；给权利人造成实际损害的，可以判令被告赔偿损失。

侵权人故意侵权且情节严重，原告有权向人民法院请求惩罚性赔偿。

最高人民法院关于审理著作权民事纠纷案件适用法律若干问题的解释

- 2002年10月12日最高人民法院审判委员会第1246次会议通过
- 根据2020年12月23日最高人民法院审判委员会第1823次会议通过的《最高人民法院关于修改〈最高人民法院关于审理侵犯专利权纠纷案件应用法律若干问题的解释（二）〉等十八件知识产权类司法解释的决定》修正
- 2020年12月29日最高人民法院公告公布
- 该修正自2021年1月1日起施行
- 法释〔2020〕19号

为了正确审理著作权民事纠纷案件，根据《中华人民共和国民法典》《中华人民共和国著作权法》《中华人民共和国民事诉讼法》等法律的规定，就适用法律若干问题解释如下：

第一条 人民法院受理以下著作权民事纠纷案件：

（一）著作权及与著作权有关权益权属、侵权、合同纠纷案件；

（二）申请诉前停止侵害著作权、与著作权有关权益行为，申请诉前财产保全、诉前证据保全案件；

（三）其他著作权、与著作权有关权益纠纷案件。

第二条 著作权民事纠纷案件，由中级以上人民法院管辖。

各高级人民法院根据本辖区的实际情况，可以报请最高人民法院批准，由若干基层人民法院管辖第一审著作权民事纠纷案件。

第三条 对著作权行政管理部门查处的侵害著作权行为，当事人向人民法院提起诉讼追究该行为人民事责任的，人民法院应当受理。

人民法院审理已经过著作权行政管理部门处理的侵害著作权行为的民事纠纷案件，应当对案件事实进行全面审查。

第四条 因侵害著作权行为提起的民事诉讼，由著作权法第四十七条、第四十八条所规定侵权行为的实施地、侵权复制品储藏地或者查封扣押地、被告住所地人民法院管辖。

前款规定的侵权复制品储藏地，是指大量或者经常性储存、隐匿侵权复制品所在地；查封扣押地，是指海关、版权等行政机关依法查封、扣押侵权复制品所在地。

第五条 对涉及不同侵权行为实施地的多个被告提起的共同诉讼，原告可以选择向其中一个被告的侵权行为实施地人民法院提起诉讼；仅对其中某一被告提起的诉讼，该被告侵权行为实施地的人民法院有管辖权。

第六条 依法成立的著作权集体管理组织，根据著作权人的书面授权，以自己的名义提起诉讼，人民法院应当受理。

第七条 当事人提供的涉及著作权的底稿、原件、合法出版物、著作权登记证书、认证机构出具的证明、取得权利的合同等，可以作为证据。

在作品或者制品上署名的自然人、法人或者非法人组织视为著作权、与著作权有关权益的权利人，但有相反证明的除外。

第八条 当事人自行或者委托他人以定购、现场交易等方式购买侵权复制品而取得的实物、发票等，可以作为证据。

公证人员在未向涉嫌侵权的一方当事人表明身份的情况下，如实对另一方当事人按照前款规定的方式取得的证据和取证过程出具的公证书，应当作为证据使用，但有相反证据的除外。

第九条 著作权法第十条第(一)项规定的"公之于众"，是指著作权人自行或者经著作权人许可将作品向不特定的人公开，但不以公众知晓为构成条件。

第十条 著作权法第十五条第二款所指的作品，著作权人是自然人的，其保护期适用著作权法第二十一条第一款的规定；著作权人是法人或非法人组织的，其保护期适用著作权法第二十一条第二款的规定。

第十一条 因作品署名顺序发生的纠纷，人民法院按照下列原则处理：有约定的按约定确定署名顺序；没有约定的，可以按照创作作品付出的劳动、作品排列、作者姓氏笔画等确定署名顺序。

第十二条 按照著作权法第十七条规定委托作品著作权属于受托人的情形，委托人在约定的使用范围内享有使用作品的权利；双方没有约定使用作品范围的，委托人可以在委托创作的特定目的范围内免费使用该作品。

第十三条 除著作权法第十一条第三款规定的情形外，由他人执笔，本人审阅定稿并以本人名义发表的报告、讲话等作品，著作权归报告人或者讲话人享有。著作权人可以支付执笔人适当的报酬。

第十四条 当事人合意以特定人物经历为题材完成的自传体作品，当事人对著作权权属有约定的，依其约定；没有约定的，著作权归该特定人物享有，执笔人或整理人对作品完成付出劳动的，著作权人可以向其支付适当的报酬。

第十五条 由不同作者就同一题材创作的作品，作品的表达系独立完成并且有创作性的，应当认定作者各自享有独立著作权。

第十六条 通过大众传播媒介传播的单纯事实消息属于著作权法第五条第(二)项规定的时事新闻。传播报道他人采编的时事新闻，应当注明出处。

第十七条 著作权法第三十三条第二款规定的转载，是指报纸、期刊登载其他报刊已发表作品的行为。转载未注明被转载作品的作者和最初登载的报刊出处的，应当承担消除影响、赔礼道歉等民事责任。

第十八条 著作权法第二十二条第(十)项规定的室外公共场所的艺术作品，是指设置或者陈列在室外社会公众活动处所的雕塑、绘画、书法等艺术作品。

对前款规定艺术作品的临摹、绘画、摄影、录像人，可以对其成果以合理的方式和范围再行使用，不构成侵权。

第十九条 出版者、制作者应当对其出版、制作有合法授权承担举证责任，发行者、出租者应当对其发行或者出租的复制品有合法来源承担举证责任。举证不能的，依据著作权法第四十七条、第四十八条的相应规定承担法律责任。

第二十条 出版物侵害他人著作权的，出版者应当根据其过错、侵权程度及损害后果等承担赔偿损失的责任。

出版者对其出版行为的授权、稿件来源和署名、所编辑出版物的内容等未尽到合理注意义务的，依据著作权法第四十九条的规定，承担赔偿损失的责任。

出版者应对其已尽合理注意义务承担举证责任。

第二十一条 计算机软件用户未经许可或者超过许可范围商业使用计算机软件的，依据著作权法第四十八条第(一)项、《计算机软件保护条例》第二十四条第(一)项的规定承担民事责任。

第二十二条 著作权转让合同未采取书面形式的，人民法院依据民法典第四百九十条的规定审查合同是否成立。

第二十三条 出版者将著作权人交付出版的作品丢失、毁损致使出版合同不能履行的，著作权人有权依据民法典第一百八十六条、第二百三十八条、第一千一百八十四条等规定要求出版者承担相应的民事责任。

第二十四条 权利人的实际损失，可以根据权利人因侵权所造成复制品发行减少量或者侵权复制品销售量与权利人发行该复制品单位利润乘积计算。发行减少量难以确定的，按照侵权复制品市场销售量确定。

第二十五条 权利人的实际损失或者侵权人的违法所得无法确定的，人民法院根据当事人的请求或者依职权适用著作权法第四十九条第二款的规定确定赔偿数额。

人民法院在确定赔偿数额时,应当考虑作品类型、合理使用费、侵权行为性质、后果等情节综合确定。

当事人按照本条第一款的规定就赔偿数额达成协议的,应当准许。

第二十六条 著作权法第四十九条第一款规定的制止侵权行为所支付的合理开支,包括权利人或者委托代理人对侵权行为进行调查、取证的合理费用。

人民法院根据当事人的诉讼请求和具体案情,可以将符合国家有关部门规定的律师费用计算在赔偿范围内。

第二十七条 侵害著作权的诉讼时效为三年,自著作权人知道或者应当知道权利受到损害以及义务人之日起计算。权利人超过三年起诉的,如果侵权行为在起诉时仍在持续,在该著作权保护期内,人民法院应当判决被告停止侵权行为;侵权损害赔偿数额应当自权利人向人民法院起诉之日起向前推算三年计算。

第二十八条 人民法院采取保全措施的,依据民事诉讼法及《最高人民法院关于审查知识产权纠纷行为保全案件适用法律若干问题的规定》的有关规定办理。

第二十九条 除本解释另行规定外,人民法院受理的著作权民事纠纷案件,涉及著作权法修改前发生的民事行为的,适用修改前著作权法的规定;涉及著作权法修改以后发生的民事行为的,适用修改后著作权法的规定;涉及著作权法修改前发生,持续到著作权法修改后的民事行为的,适用修改后著作权法的规定。

第三十条 以前的有关规定与本解释不一致的,以本解释为准。

最高人民法院关于审理商标民事纠纷案件适用法律若干问题的解释

- 2002年10月12日最高人民法院审判委员会第1246次会议通过
- 根据2020年12月23日最高人民法院审判委员会第1823次会议通过的《最高人民法院关于修改〈最高人民法院关于审理侵犯专利权纠纷案件应用法律若干问题的解释(二)〉等十八件知识产权类司法解释的决定》修正
- 2020年12月29日最高人民法院公告公布
- 该修正自2021年1月1日起施行
- 法释〔2020〕19号

为了正确审理商标纠纷案件,根据《中华人民共和国民法典》《中华人民共和国商标法》《中华人民共和国民事诉讼法》等法律的规定,就适用法律若干问题解释如下:

第一条 下列行为属于商标法第五十七条第(七)项规定的给他人注册商标专用权造成其他损害的行为:

(一)将与他人注册商标相同或者相近似的文字作为企业的字号在相同或者类似商品上突出使用,容易使相关公众产生误认的;

(二)复制、摹仿、翻译他人注册的驰名商标或其主要部分在不相同或者不相类似商品上作为商标使用,误导公众,致使该驰名商标注册人的利益可能受到损害的;

(三)将与他人注册商标相同或者相近似的文字注册为域名,并且通过该域名进行相关商品交易的电子商务,容易使相关公众产生误认的。

第二条 依据商标法第十三条第二款的规定,复制、摹仿、翻译他人未在中国注册的驰名商标或其主要部分,在相同或者类似商品上作为商标使用,容易导致混淆的,应当承担停止侵害的民事法律责任。

第三条 商标法第四十三条规定的商标使用许可包括以下三类:

(一)独占使用许可,是指商标注册人在约定的期间、地域和以约定的方式,将该注册商标仅许可一个被许可人使用,商标注册人依约定不得使用该注册商标;

(二)排他使用许可,是指商标注册人在约定的期间、地域和以约定的方式,将该注册商标仅许可一个被许可人使用,商标注册人依约定可以使用该注册商标但不得另行许可他人使用该注册商标;

(三)普通使用许可,是指商标注册人在约定的期间、地域和以约定的方式,许可他人使用其注册商标,并可自行使用该注册商标和许可他人使用其注册商标。

第四条 商标法第六十条第一款规定的利害关系人,包括注册商标使用许可合同的被许可人、注册商标财产权利的合法继承人等。

在发生注册商标专用权被侵害时,独占使用许可合同的被许可人可以向人民法院提起诉讼;排他使用许可合同的被许可人可以和商标注册人共同起诉,也可以在商标注册人不起诉的情况下,自行提起诉讼;普通使用许可合同的被许可人经商标注册人明确授权,可以提起诉讼。

第五条 商标注册人或者利害关系人在注册商标续展宽展期内提出续展申请,未获核准前,以他人侵犯其注册商标专用权提起诉讼的,人民法院应当受理。

第六条 因侵犯注册商标专用权行为提起的民事诉

讼,由商标法第十三条、第五十七条所规定侵权行为的实施地、侵权商品的储藏地或者查封扣押地、被告住所地人民法院管辖。

前款规定的侵权商品的储藏地,是指大量或者经常性储存、隐匿侵权商品所在地;查封扣押地,是指海关等行政机关依法查封、扣押侵权商品所在地。

第七条 对涉及不同侵权行为实施地的多个被告提起的共同诉讼,原告可以选择其中一个被告的侵权行为实施地人民法院管辖;仅对其中某一被告提起的诉讼,该被告侵权行为实施地的人民法院有管辖权。

第八条 商标法所称相关公众,是指与商标所标识的某类商品或者服务有关的消费者和与前述商品或者服务的营销有密切关系的其他经营者。

第九条 商标法第五十七条第(一)(二)项规定的商标相同,是指被控侵权的商标与原告的注册商标相比较,二者在视觉上基本无差别。

商标法第五十七条第(二)项规定的商标近似,是指被控侵权的商标与原告的注册商标相比较,其文字的字形、读音、含义或者图形的构图及颜色,或者其各要素组合后的整体结构相似,或者其立体形状、颜色组合近似,易使相关公众对商品的来源产生误认或者认为其来源与原告注册商标的商品有特定的联系。

第十条 人民法院依据商标法第五十七条第(一)(二)项的规定,认定商标相同或者近似按照以下原则进行:

(一)以相关公众的一般注意力为标准;

(二)既要进行对商标的整体比对,又要进行对商标主要部分的比对,比对应当在比对对象隔离的状态下分别进行;

(三)判断商标是否近似,应当考虑请求保护注册商标的显著性和知名度。

第十一条 商标法第五十七条第(二)项规定的类似商品,是指在功能、用途、生产部门、销售渠道、消费对象等方面相同,或者相关公众一般认为其存在特定联系、容易造成混淆的商品。

类似服务,是指在服务的目的、内容、方式、对象等方面相同,或者相关公众一般认为存在特定联系、容易造成混淆的服务。

商品与服务类似,是指商品和服务之间存在特定联系,容易使相关公众混淆。

第十二条 人民法院依据商标法第五十七条第(二)项的规定,认定商品或者服务是否类似,应当以相关公众对商品或者服务的一般认识综合判断;《商标注册用商品和服务国际分类表》《类似商品和服务区分表》可以作为判断类似商品或者服务的参考。

第十三条 人民法院依据商标法第六十三条第一款的规定确定侵权人的赔偿责任时,可以根据权利人选择的计算方法计算赔偿数额。

第十四条 商标法第六十三条第一款规定的侵权所获得的利益,可以根据侵权商品销售量与该商品单位利润乘积计算;该商品单位利润无法查明的,按照注册商标商品的单位利润计算。

第十五条 商标法第六十三条第一款规定的因被侵权所受到的损失,可以根据权利人因侵权所造成商品销售减少量或者侵权商品销售量与该注册商标商品的单位利润乘积计算。

第十六条 权利人因被侵权所受到的实际损失、侵权人因侵权所获得的利益、注册商标使用许可费均难以确定的,人民法院可以根据当事人的请求或者依职权适用商标法第六十三条第三款的规定确定赔偿数额。

人民法院在适用商标法第六十三条第三款规定确定赔偿数额时,应当考虑侵权行为的性质、期间、后果,侵权人的主观过错程度,商标的声誉及制止侵权行为的合理开支等因素综合确定。

当事人按照本条第一款的规定就赔偿数额达成协议的,应当准许。

第十七条 商标法第六十三条第一款规定的制止侵权行为所支付的合理开支,包括权利人或者委托代理人对侵权行为进行调查、取证的合理费用。

人民法院根据当事人的诉讼请求和案件具体情况,可以将符合国家有关部门规定的律师费用计算在赔偿范围内。

第十八条 侵犯注册商标专用权的诉讼时效为三年,自商标注册人或者利害权利人知道或者应当知道权利受到损害以及义务人之日起计算。商标注册人或者利害关系人超过三年起诉的,如果侵权行为在起诉时仍在持续,在该注册商标专用权有效期限内,人民法院应当判决被告停止侵权行为,侵权损害赔偿数额应当自权利人向人民法院起诉之日起向前推算三年计算。

第十九条 商标使用许可合同未经备案的,不影响该许可合同的效力,但当事人另有约定的除外。

第二十条 注册商标的转让不影响转让前已经生效的商标使用许可合同的效力,但商标使用许可合同另有约定的除外。

第二十一条 人民法院在审理侵犯注册商标专用权纠纷案件中，依据民法典第一百七十九条、商标法第六十条的规定和案件具体情况，可以判决侵权人承担停止侵害、排除妨碍、消除危险、赔偿损失、消除影响等民事责任，还可以作出罚款，收缴侵权商品、伪造的商标标识和主要用于生产侵权商品的材料、工具、设备等财物的民事制裁决定。罚款数额可以参照商标法第六十条第二款的有关规定确定。

行政管理部门对同一侵犯注册商标专用权行为已经给予行政处罚的，人民法院不再予以民事制裁。

第二十二条 人民法院在审理商标纠纷案件中，根据当事人的请求和案件的具体情况，可以对涉及的注册商标是否驰名依法作出认定。

认定驰名商标，应当依照商标法第十四条的规定进行。

当事人对曾经被行政主管机关或者人民法院认定的驰名商标请求保护的，对方当事人对涉及的商标驰名不持异议，人民法院不再审查。提出异议的，人民法院依照商标法第十四条的规定审查。

第二十三条 本解释有关商品商标的规定，适用于服务商标。

第二十四条 以前的有关规定与本解释不一致的，以本解释为准。

最高人民法院关于审理注册商标、企业名称与在先权利冲突的民事纠纷案件若干问题的规定

- 2008年2月18日最高人民法院审判委员会第1444次会议通过
- 根据2020年12月23日最高人民法院审判委员会第1823次会议通过的《最高人民法院关于修改〈最高人民法院关于审理侵犯专利权纠纷案件应用法律若干问题的解释（二）〉等十八件知识产权类司法解释的决定》修正
- 2020年12月29日最高人民法院公告公布
- 该修正自2021年1月1日起施行
- 法释〔2020〕19号

为正确审理注册商标、企业名称与在先权利冲突的民事纠纷案件，根据《中华人民共和国民法典》《中华人民共和国商标法》《中华人民共和国反不正当竞争法》和《中华人民共和国民事诉讼法》等法律的规定，结合审判实践，制定本规定。

第一条 原告以他人注册商标使用的文字、图形等侵犯其著作权、外观设计专利权、企业名称权等在先权利为由提起诉讼，符合民事诉讼法第一百一十九条规定的，人民法院应当受理。

原告以他人使用在核定商品上的注册商标与其在先的注册商标相同或者近似为由提起诉讼的，人民法院应当根据民事诉讼法第一百二十四条第（三）项的规定，告知原告向有关行政主管机关申请解决。但原告以他人超出核定商品的范围或者以改变显著特征、拆分、组合等方式使用的注册商标，与其注册商标相同或者近似为由提起诉讼的，人民法院应当受理。

第二条 原告以他人企业名称与其在先的企业名称相同或者近似，足以使相关公众对其商品的来源产生混淆，违反反不正当竞争法第六条第（二）项的规定为由提起诉讼，符合民事诉讼法第一百一十九条规定的，人民法院应当受理。

第三条 人民法院应当根据原告的诉讼请求和争议民事法律关系的性质，按照民事案件案由规定，确定注册商标或者企业名称与在先权利冲突的民事纠纷案件的案由，并适用相应的法律。

第四条 被诉企业名称侵犯注册商标专用权或者构成不正当竞争的，人民法院可以根据原告的诉讼请求和案件具体情况，确定被告承担停止使用、规范使用等民事责任。

最高人民法院关于审理涉及驰名商标保护的民事纠纷案件应用法律若干问题的解释

- 2009年4月22日最高人民法院审判委员会第1467次会议通过
- 根据2020年12月23日最高人民法院审判委员会第1823次会议通过的《最高人民法院关于修改〈最高人民法院关于审理侵犯专利权纠纷案件应用法律若干问题的解释（二）〉等十八件知识产权类司法解释的决定》修正
- 2020年12月29日最高人民法院公告公布
- 该修正自2021年1月1日起施行
- 法释〔2020〕19号

为在审理侵犯商标权等民事纠纷案件中依法保护驰名商标，根据《中华人民共和国商标法》《中华人民共和国反不正当竞争法》《中华人民共和国民事诉讼法》等有关法律规定，结合审判实际，制定本解释。

第一条 本解释所称驰名商标，是指在中国境内为相关公众所熟知的商标。

第二条 在下列民事纠纷案件中,当事人以商标驰名作为事实根据,人民法院根据案件具体情况,认为确有必要的,对所涉商标是否驰名作出认定:

(一)以违反商标法第十三条的规定为由,提起的侵犯商标权诉讼;

(二)以企业名称与其驰名商标相同或者近似为由,提起的侵犯商标权或者不正当竞争诉讼;

(三)符合本解释第六条规定的抗辩或者反诉的诉讼。

第三条 在下列民事纠纷案件中,人民法院对于所涉商标是否驰名不予审查:

(一)被诉侵犯商标权或者不正当竞争行为的成立不以商标驰名为事实根据的;

(二)被诉侵犯商标权或者不正当竞争行为因不具备法律规定的其他要件而不成立的。

原告以被告注册、使用的域名与其注册商标相同或者近似,并通过该域名进行相关商品交易的电子商务,足以造成相关公众误认为由,提起的侵权诉讼,按照前款第(一)项的规定处理。

第四条 人民法院认定商标是否驰名,应当以证明其驰名的事实为依据,综合考虑商标法第十四条第一款规定的各项因素,但是根据案件具体情况无需考虑该条规定的全部因素即足以认定商标驰名的情形除外。

第五条 当事人主张商标驰名的,应当根据案件具体情况,提供下列证据,证明被诉侵犯商标权或者不正当竞争行为发生时,其商标已属驰名:

(一)使用该商标的商品的市场份额、销售区域、利税等;

(二)该商标的持续使用时间;

(三)该商标的宣传或者促销活动的方式、持续时间、程度、资金投入和地域范围;

(四)该商标曾被作为驰名商标受保护的记录;

(五)该商标享有的市场声誉;

(六)证明该商标已属驰名的其他事实。

前款所涉及的商标使用的时间、范围、方式等,包括其核准注册前持续使用的情形。

对于商标使用时间长短、行业排名、市场调查报告、市场价值评估报告、是否曾被认定为著名商标等证据,人民法院应当结合认定商标驰名的其他证据,客观、全面地进行审查。

第六条 原告以被告商标的使用侵犯其注册商标专用权为由提起民事诉讼,被告以原告的注册商标复制、摹仿或者翻译其在先未注册驰名商标为由提出抗辩或者提起反诉的,应当对其在先未注册商标驰名的事实负举证责任。

第七条 被诉侵犯商标权或者不正当竞争行为发生前,曾被人民法院或者行政管理部门认定驰名的商标,被告对该商标驰名的事实不持异议的,人民法院应当予以认定。被告提出异议的,原告仍应当对该商标驰名的事实负举证责任。

除本解释另有规定外,人民法院对于商标驰名的事实,不适用民事诉讼证据的自认规则。

第八条 对于在中国境内为社会公众所熟知的商标,原告已提供其商标驰名的基本证据,或者被告不持异议的,人民法院对该商标驰名的事实予以认定。

第九条 足以使相关公众对使用驰名商标和被诉商标的商品来源产生误认,或者足以使相关公众认为使用驰名商标和被诉商标的经营者之间具有许可使用、关联企业关系等特定联系的,属于商标法第十三条第二款规定的"容易导致混淆"。

足以使相关公众认为被诉商标与驰名商标具有相当程度的联系,而减弱驰名商标的显著性、贬损驰名商标的市场声誉,或者不正当利用驰名商标的市场声誉的,属于商标法第十三条第三款规定的"误导公众,致使该驰名商标注册人的利益可能受到损害"。

第十条 原告请求禁止被告在不相类似商品上使用与原告驰名的注册商标相同或者近似的商标或者企业名称的,人民法院应当根据案件具体情况,综合考虑以下因素后作出裁判:

(一)该驰名商标的显著程度;

(二)该驰名商标在使用被诉商标或者企业名称的商品的相关公众中的知晓程度;

(三)使用驰名商标的商品与使用被诉商标或者企业名称的商品之间的关联程度;

(四)其他相关因素。

第十一条 被告使用的注册商标违反商标法第十三条的规定,复制、摹仿或者翻译原告驰名商标,构成侵犯商标权的,人民法院应当根据原告的请求,依法判决禁止被告使用该商标,但被告的注册商标有下列情形之一的,人民法院对原告的请求不予支持:

(一)已经超过商标法第四十五条第一款规定的请求宣告无效期限的;

(二)被告提出注册申请时,原告的商标并不驰名的。

第十二条 当事人请求保护的未注册驰名商标,属于商标法第十条、第十一条、第十二条规定不得作为商标使用或者注册情形的，人民法院不予支持。

第十三条 在涉及驰名商标保护的民事纠纷案件中，人民法院对于商标驰名的认定，仅作为案件事实和判决理由，不写入判决主文；以调解方式审结的，在调解书中对商标驰名的事实不予认定。

第十四条 本院以前有关司法解释与本解释不一致的，以本解释为准。

最高人民法院关于商标法修改决定施行后商标案件管辖和法律适用问题的解释

- 2014年2月10日最高人民法院审判委员会第1606次会议通过
- 根据2020年12月23日最高人民法院审判委员会第1823次会议通过的《最高人民法院关于修改〈最高人民法院关于审理侵犯专利权纠纷案件应用法律若干问题的解释（二）〉等十八件知识产权类司法解释的决定》修正
- 2020年12月29日最高人民法院公告公布
- 该修正自2021年1月1日起施行
- 法释〔2020〕19号

为正确审理商标案件，根据2013年8月30日第十二届全国人民代表大会常务委员会第四次会议《关于修改〈中华人民共和国商标法〉的决定》和重新公布的《中华人民共和国商标法》《中华人民共和国民事诉讼法》和《中华人民共和国行政诉讼法》等法律的规定，就人民法院审理商标案件有关管辖和法律适用等问题，制定本解释。

第一条 人民法院受理以下商标案件：
1. 不服国家知识产权局作出的复审决定或者裁定的行政案件；
2. 不服国家知识产权局作出的有关商标的其他行政行为的案件；
3. 商标权权属纠纷案件；
4. 侵害商标权纠纷案件；
5. 确认不侵害商标权纠纷案件；
6. 商标权转让合同纠纷案件；
7. 商标使用许可合同纠纷案件；
8. 商标代理合同纠纷案件；
9. 申请诉前停止侵害注册商标专用权案件；
10. 申请停止侵害注册商标专用权损害责任案件；
11. 申请诉前财产保全案件；
12. 申请诉前证据保全案件；
13. 其他商标案件。

第二条 不服国家知识产权局作出的复审决定或者裁定的行政案件及国家知识产权局作出的有关商标的行政行为案件，由北京市有关中级人民法院管辖。

第三条 第一审商标民事案件，由中级以上人民法院及最高人民法院指定的基层人民法院管辖。

涉及对驰名商标保护的民事、行政案件，由省、自治区人民政府所在地市、计划单列市、直辖市辖区中级人民法院及最高人民法院指定的其他中级人民法院管辖。

第四条 在行政管理部门查处侵害商标权行为过程中，当事人就相关商标提起商标权权属或者侵害商标权民事诉讼的，人民法院应当受理。

第五条 对于在商标法修改决定施行前提出的商标注册及续展申请，国家知识产权局于决定施行后作出对该商标申请不予受理或者不予续展的决定，当事人提起行政诉讼的，人民法院审查时适用修改后的商标法。

对于在商标法修改决定施行前提出的商标异议申请，国家知识产权局于决定施行后作出对该异议不予受理的决定，当事人提起行政诉讼的，人民法院审查时适用修改前的商标法。

第六条 对于在商标法修改决定施行前当事人就尚未核准注册的商标申请复审，国家知识产权局于决定施行后作出复审决定或者裁定，当事人提起行政诉讼的，人民法院审查时适用修改后的商标法。

对于在商标法修改决定施行前受理的商标复审申请，国家知识产权局于决定施行后作出核准注册决定，当事人提起行政诉讼的，人民法院不予受理；国家知识产权局于决定施行后作出不予核准注册决定，当事人提起行政诉讼的，人民法院审查相关诉权和主体资格问题时，适用修改前的商标法。

第七条 对于在商标法修改决定施行前已经核准注册的商标，国家知识产权局于决定施行前受理、在决定施行后作出复审决定或者裁定，当事人提起行政诉讼的，人民法院审查相关程序问题适用修改后的商标法，审查实体问题适用修改前的商标法。

第八条 对于在商标法修改决定施行前受理的相关商标案件，国家知识产权局于决定施行后作出决定或者裁定，当事人提起行政诉讼的，人民法院认定该决定或者裁定是否符合商标法有关审查时限规定时，应当从修改决定施行之日起计算该审查时限。

第九条 除本解释另行规定外，商标法修改决定施行后人民法院受理的商标民事案件，涉及该决定施行前发生的行为的,适用修改前商标法的规定;涉及该决定施行前发生,持续到该决定施行后的行为的,适用修改后商标法的规定。

最高人民法院关于审理侵害知识产权民事案件适用惩罚性赔偿的解释

- 2021年2月7日最高人民法院审判委员会第1831次会议通过
- 2021年3月2日最高人民法院公告公布
- 自2021年3月3日起施行
- 法释〔2021〕4号

为正确实施知识产权惩罚性赔偿制度,依法惩处严重侵害知识产权行为,全面加强知识产权保护,根据《中华人民共和国民法典》《中华人民共和国著作权法》《中华人民共和国商标法》《中华人民共和国专利法》《中华人民共和国反不正当竞争法》《中华人民共和国种子法》《中华人民共和国民事诉讼法》等有关法律规定,结合审判实践,制定本解释。

第一条 原告主张被告故意侵害其依法享有的知识产权且情节严重,请求判令被告承担惩罚性赔偿责任的,人民法院应当依法审查处理。

本解释所称故意,包括商标法第六十三条第一款和反不正当竞争法第十七条第三款规定的恶意。

第二条 原告请求惩罚性赔偿的,应当在起诉时明确赔偿数额、计算方式以及所依据的事实和理由。

原告在一审法庭辩论终结前增加惩罚性赔偿请求的,人民法院应当准许;在二审中增加惩罚性赔偿请求的,人民法院可以根据当事人自愿的原则进行调解,调解不成的,告知当事人另行起诉。

第三条 对于侵害知识产权的故意的认定,人民法院应当综合考虑被侵害知识产权客体类型、权利状态和相关产品知名度、被告与原告或者利害关系人之间的关系等因素。

对于下列情形,人民法院可以初步认定被告具有侵害知识产权的故意:

(一)被告经原告或者利害关系人通知、警告后,仍继续实施侵权行为的;

(二)被告或其法定代表人、管理人是原告或者利害关系人的法定代表人、管理人、实际控制人的;

(三)被告与原告或者利害关系人之间存在劳动、劳务、合作、许可、经销、代理、代表等关系,且接触过被侵害的知识产权的;

(四)被告与原告或者利害关系人之间有业务往来或者为达成合同等进行过磋商,且接触过被侵害的知识产权的;

(五)被告实施盗版、假冒注册商标行为的;

(六)其他可以认定为故意的情形。

第四条 对于侵害知识产权情节严重的认定,人民法院应当综合考虑侵权手段、次数,侵权行为的持续时间、地域范围、规模、后果,侵权人在诉讼中的行为等因素。

被告有下列情形的,人民法院可以认定为情节严重:

(一)因侵权被行政处罚或者法院裁判承担责任后,再次实施相同或者类似侵权行为的;

(二)以侵害知识产权为业;

(三)伪造、毁坏或者隐匿侵权证据;

(四)拒不履行保全裁定;

(五)侵权获利或者权利人受损巨大;

(六)侵权行为可能危害国家安全、公共利益或者人身健康;

(七)其他可以认定为情节严重的情形。

第五条 人民法院确定惩罚性赔偿数额时,应当分别依照相关法律,以原告实际损失数额、被告违法所得数额或者因侵权所获得的利益作为计算基数。该基数不包括原告为制止侵权所支付的合理开支;法律另有规定的,依照其规定。

前款所称实际损失数额、违法所得数额、因侵权所获得的利益均难以计算的,人民法院依法参照该权利许可使用费的倍数合理确定,并以此作为惩罚性赔偿数额的计算基数。

人民法院依法责令被告提供其掌握的与侵权行为相关的账簿、资料,被告无正当理由拒不提供或者提供虚假账簿、资料的,人民法院可以参考原告的主张和证据确定惩罚性赔偿数额的计算基数。构成民事诉讼法第一百一十一条规定情形的,依法追究法律责任。

第六条 人民法院依法确定惩罚性赔偿的倍数时,应当综合考虑被告主观过错程度、侵权行为的情节严重程度等因素。

因同一侵权行为已经被处以行政罚款或者刑事罚金且执行完毕,被告主张减免惩罚性赔偿责任的,人民法院不予支持,但在确定前款所称倍数时可以综合考虑。

第七条 本解释自2021年3月3日起施行。最高人民法院以前发布的相关司法解释与本解释不一致的,以本解释为准。

最高人民法院关于知识产权侵权诉讼中被告以原告滥用权利为由请求赔偿合理开支问题的批复

- 2021年5月31日最高人民法院审判委员会第1840次会议通过
- 2021年6月3日最高人民法院公告公布
- 自2021年6月3日起施行
- 法释〔2021〕11号

上海市高级人民法院：

你院《关于知识产权侵权诉讼中被告以原告滥用权利为由请求赔偿合理开支问题的请示》（沪高法〔2021〕215号）收悉。经研究，批复如下：

在知识产权侵权诉讼中，被告提交证据证明原告的起诉构成法律规定的滥用权利损害其合法权益，依法请求原告赔偿其因该诉讼所支付的合理的律师费、交通费、食宿费等开支的，人民法院依法予以支持。被告也可以另行起诉请求原告赔偿上述合理开支。

最高人民法院关于审理申请注册的药品相关的专利权纠纷民事案件适用法律若干问题的规定

- 2021年5月24日最高人民法院审判委员会第1839次会议通过
- 2021年7月4日最高人民法院公告公布
- 自2021年7月5日起施行
- 法释〔2021〕13号

为正确审理申请注册的药品相关的专利权纠纷民事案件，根据《中华人民共和国专利法》《中华人民共和国民事诉讼法》等有关法律规定，结合知识产权审判实际，制定本规定。

第一条 当事人依据专利法第七十六条规定提起的确认是否落入专利权保护范围纠纷的第一审案件，由北京知识产权法院管辖。

第二条 专利法第七十六条所称相关的专利，是指适用国务院有关行政部门关于药品上市许可审批与药品上市许可申请阶段专利权纠纷解决的具体衔接办法（以下简称衔接办法）的专利。

专利法第七十六条所称利害关系人，是指前款所称专利的被许可人、相关药品上市许可持有人。

第三条 专利权人或者利害关系人依据专利法第七十六条起诉的，应当按照民事诉讼法第一百一十九条第三项的规定提交下列材料：

（一）国务院有关行政部门依据衔接办法所设平台中登记的相关专利信息，包括专利名称、专利号、相关的权利要求等；

（二）国务院有关行政部门依据衔接办法所设平台中公示的申请注册药品的相关信息，包括药品名称、药品类型、注册类别以及申请注册药品与所涉及的上市药品之间的对应关系等；

（三）药品上市许可申请人依据衔接办法作出的四类声明及声明依据。

药品上市许可申请人应当在一审答辩期内，向人民法院提交其向国家药品审评机构申报的、与认定是否落入相关专利权保护范围对应的必要技术资料副本。

第四条 专利权人或者利害关系人在衔接办法规定的期限内未向人民法院提起诉讼的，药品上市许可申请人可以向人民法院起诉，请求确认申请注册药品未落入相关专利权保护范围。

第五条 当事人以国务院专利行政部门已经受理专利法第七十六条所称行政裁决请求为由，主张不应当受理专利法第七十六条所称诉讼或者中止诉讼的，人民法院不予支持。

第六条 当事人依据专利法第七十六条起诉后，以国务院专利行政部门已经受理宣告相关专利权无效的请求为由，申请中止诉讼的，人民法院一般不予支持。

第七条 药品上市许可申请人主张具有专利法第六十七条、第七十五条第二项等规定情形的，人民法院经审查属实，可以判决确认申请注册的药品相关技术方案未落入相关专利权保护范围。

第八条 当事人对其在诉讼中获取的商业秘密或者其他需要保密的商业信息负有保密义务，擅自披露或者在该诉讼活动之外使用、允许他人使用的，应当依法承担民事责任。构成民事诉讼法第一百一十一条规定情形的，人民法院应当依法处理。

第九条 药品上市许可申请人向人民法院提交的申请注册的药品相关技术方案，与其向国家药品审评机构申报的技术资料明显不符，妨碍人民法院审理案件的，人民法院依照民事诉讼法第一百一十一条的规定处理。

第十条 专利权人或者利害关系人在专利法第七十六条所称诉讼中申请行为保全，请求禁止药品上市许可申请人在相关专利权有效期内实施专利法第十一条规定的行为的，人民法院依照专利法、民事诉讼法有关规定处理；请求禁止药品上市申请行为或者审评审批行为的，人民法院不予支持。

第十一条 在针对同一专利权和申请注册药品的侵害专利权或者确认不侵害专利权诉讼中，当事人主张依据专利法第七十六条所称诉讼的生效判决认定涉案药品技术方案是否落入相关专利权保护范围的，人民法院一般予以支持。但是，有证据证明被诉侵权药品技术方案与申请注册的药品相关技术方案不一致或者新主张的事由成立的除外。

第十二条 专利权人或者利害关系人知道或者应当知道其主张的专利权应当被宣告无效或者申请注册药品的相关技术方案未落入专利权保护范围，仍提起专利法第七十六条所称诉讼或者请求行政裁决的，药品上市许可申请人可以向北京知识产权法院提起损害赔偿之诉。

第十三条 人民法院依法向当事人在国务院有关行政部门依据衔接办法所设平台登载的联系人、通讯地址、电子邮件等进行的送达，视为有效送达。当事人向人民法院提交送达地址确认书后，人民法院也可以向该确认书载明的送达地址送达。

第十四条 本规定自 2021 年 7 月 5 日起施行。本院以前发布的相关司法解释与本规定不一致的，以本规定为准。

最高人民法院关于适用《中华人民共和国反不正当竞争法》若干问题的解释

- 2022 年 1 月 29 日最高人民法院审判委员会第 1862 次会议通过
- 2022 年 3 月 16 日最高人民法院公告公布
- 自 2022 年 3 月 20 日起施行
- 法释〔2022〕9 号

为正确审理因不正当竞争行为引发的民事案件，根据《中华人民共和国民法典》《中华人民共和国反不正当竞争法》《中华人民共和国民事诉讼法》等有关法律规定，结合审判实践，制定本解释。

第一条 经营者扰乱市场竞争秩序，损害其他经营者或者消费者合法权益，且属于违反反不正当竞争法第二章及专利法、商标法、著作权法等规定之外情形的，人民法院可以适用反不正当竞争法第二条予以认定。

第二条 与经营者在生产经营活动中存在可能的争夺交易机会、损害竞争优势等关系的市场主体，人民法院可以认定为反不正当竞争法第二条规定的"其他经营者"。

第三条 特定商业领域普遍遵循和认可的行为规范，人民法院可以认定为反不正当竞争法第二条规定的"商业道德"。

人民法院应当结合案件具体情况，综合考虑行业规则或者商业惯例、经营者的主观状态、交易相对人的选择意愿、对消费者权益、市场竞争秩序、社会公共利益的影响等因素，依法判断经营者是否违反商业道德。

人民法院认定经营者是否违反商业道德时，可以参考行业主管部门、行业协会或者自律组织制定的从业规范、技术规范、自律公约等。

第四条 具有一定的市场知名度并具有区别商品来源的显著特征的标识，人民法院可以认定为反不正当竞争法第六条规定的"有一定影响的"标识。

人民法院认定反不正当竞争法第六条规定的标识是否具有一定的市场知名度，应当综合考虑中国境内相关公众的知悉程度，商品销售的时间、区域、数额和对象，宣传的持续时间、程度和地域范围，标识受保护的情况等因素。

第五条 反不正当竞争法第六条规定的标识有下列情形之一的，人民法院应当认定其不具有区别商品来源的显著特征：

（一）商品的通用名称、图形、型号；

（二）仅直接表示商品的质量、主要原料、功能、用途、重量、数量及其他特点的标识；

（三）仅由商品自身的性质产生的形状，为获得技术效果而需有的商品形状以及使商品具有实质性价值的形状；

（四）其他缺乏显著特征的标识。

前款第一项、第二项、第四项规定的标识经过使用取得显著特征，并具有一定的市场知名度，当事人请求依照反不正当竞争法第六条规定予以保护的，人民法院应予支持。

第六条 因客观描述、说明商品而正当使用下列标识，当事人主张属于反不正当竞争法第六条规定的情形的，人民法院不予支持：

（一）含有本商品的通用名称、图形、型号；

（二）直接表示商品的质量、主要原料、功能、用途、重量、数量以及其他特点；

（三）含有地名。

第七条 反不正当竞争法第六条规定的标识或者其显著识别部分属于商标法第十条第一款规定的不得作为商标使用的标志，当事人请求依照反不正当竞争法第六条规定予以保护的，人民法院不予支持。

第八条 由经营者营业场所的装饰、营业用具的式样、营业人员的服饰等构成的具有独特风格的整体营业形象，人民法院可以认定为反不正当竞争法第六条第一项规定的"装潢"。

第九条 市场主体登记管理部门依法登记的企业名称,以及在中国境内进行商业使用的境外企业名称,人民法院可以认定为反不正当竞争法第六条第二项规定的"企业名称"。

有一定影响的个体工商户、农民专业合作社(联合社)以及法律、行政法规规定的其他市场主体的名称(包括简称、字号等),人民法院可以依照反不正当竞争法第六条第二项予以认定。

第十条 在中国境内将有一定影响的标识用于商品、商品包装或者容器以及商品交易文书上,或者广告宣传、展览以及其他商业活动中,用于识别商品来源的行为,人民法院可以认定为反不正当竞争法第六条规定的"使用"。

第十一条 经营者擅自使用与他人有一定影响的企业名称(包括简称、字号等)、社会组织名称(包括简称等)、姓名(包括笔名、艺名、译名等)、域名主体部分、网站名称、网页等近似的标识,引人误认为是他人商品或者与他人存在特定联系,当事人主张属于反不正当竞争法第六条第二项、第三项规定的情形的,人民法院应予支持。

第十二条 人民法院认定与反不正当竞争法第六条规定的"有一定影响的"标识相同或者近似,可以参照商标相同或者近似的判断原则和方法。

反不正当竞争法第六条规定的"引人误认为是他人商品或者与他人存在特定联系",包括误认为与他人具有商业联合、许可使用、商业冠名、广告代言等特定联系。

在相同商品上使用相同或者视觉上基本无差别的商品名称、包装、装潢等标识,应当视为足以造成与他人有一定影响的标识相混淆。

第十三条 经营者实施下列混淆行为之一,足以引人误认为是他人商品或者与他人存在特定联系的,人民法院可以依照反不正当竞争法第六条第四项予以认定:

(一)擅自使用反不正当竞争法第六条第一项、第二项、第三项规定以外"有一定影响的"标识;

(二)将他人注册商标、未注册的驰名商标作为企业名称中的字号使用,误导公众。

第十四条 经营者销售带有违反反不正当竞争法第六条规定的标识的商品,引人误认为是他人商品或者与他人存在特定联系,当事人主张构成反不正当竞争法第六条规定的情形的,人民法院应予支持。

销售不知道是前款规定的侵权商品,能证明该商品是自己合法取得并说明提供者,经营者主张不承担赔偿责任的,人民法院应予支持。

第十五条 故意为他人实施混淆行为提供仓储、运输、邮寄、印制、隐匿、经营场所等便利条件,当事人请求依据民法典第一千一百六十九条第一款予以认定的,人民法院应予支持。

第十六条 经营者在商业宣传过程中,提供不真实的商品相关信息,欺骗、误导相关公众的,人民法院应当认定为反不正当竞争法第八条第一款规定的虚假的商业宣传。

第十七条 经营者具有下列行为之一,欺骗、误导相关公众的,人民法院可以认定为反不正当竞争法第八条第一款规定的"引人误解的商业宣传":

(一)对商品作片面的宣传或者对比;

(二)将科学上未定论的观点、现象等当作定论的事实用于商品宣传;

(三)使用歧义性语言进行商业宣传;

(四)其他足以引人误解的商业宣传行为。

人民法院应当根据日常生活经验、相关公众一般注意力、发生误解的事实和被宣传对象的实际情况等因素,对引人误解的商业宣传行为进行认定。

第十八条 当事人主张经营者违反不正当竞争法第八条第一款的规定并请求赔偿损失的,应当举证证明其因虚假或者引人误解的商业宣传行为受到损失。

第十九条 当事人主张经营者实施了反不正当竞争法第十一条规定的商业诋毁行为的,应当举证证明其为该商业诋毁行为的特定损害对象。

第二十条 经营者传播他人编造的虚假信息或者误导性信息,损害竞争对手的商业信誉、商品声誉的,人民法院应当依照反不正当竞争法第十一条予以认定。

第二十一条 未经其他经营者和用户同意而直接发生的目标跳转,人民法院应当认定为反不正当竞争法第十二条第二款第一项规定的"强制进行目标跳转"。

仅插入链接,目标跳转由用户触发的,人民法院应当综合考虑插入链接的具体方式、是否具有合理理由以及对用户利益和其他经营者利益的影响等因素,认定该行为是否违反反不正当竞争法第十二条第二款第一项的规定。

第二十二条 经营者事前未明确提示并经用户同意,以误导、欺骗、强迫用户修改、关闭、卸载等方式,恶意干扰或者破坏其他经营者合法提供的网络产品或者服务,人民法院应当依照反不正当竞争法第十二条第二款第二项予以认定。

第二十三条 对于反不正当竞争法第二条、第八条、第十一条、第十二条规定的不正当竞争行为，权利人因被侵权所受到的实际损失、侵权人因侵权所获得的利益难以确定，当事人主张依据反不正当竞争法第十七条第四款确定赔偿数额的，人民法院应予支持。

第二十四条 对于同一侵权人针对同一主体在同一时间和地域范围实施的侵权行为，人民法院已经认定侵害著作权、专利权或者注册商标专用权等并判令承担民事责任，当事人又以该行为构成不正当竞争为由请求同一侵权人承担民事责任的，人民法院不予支持。

第二十五条 依据反不正当竞争法第六条的规定，当事人主张判令被告停止使用或者变更其企业名称的诉讼请求依法应予支持的，人民法院应当判令停止使用该企业名称。

第二十六条 因不正当竞争行为提起的民事诉讼，由侵权行为地或者被告住所地人民法院管辖。

当事人主张仅以网络购买者可以任意选择的收货地作为侵权行为地的，人民法院不予支持。

第二十七条 被诉不正当竞争行为发生在中华人民共和国领域外，但侵权结果发生在中华人民共和国领域内，当事人主张由该侵权结果发生地人民法院管辖的，人民法院应予支持。

第二十八条 反不正当竞争法修改决定施行以后人民法院受理的不正当竞争民事案件，涉及该决定施行前发生的行为的，适用修改前的反不正当竞争法；涉及该决定施行前发生、持续到该决定施行以后的行为的，适用修改后的反不正当竞争法。

第二十九条 本解释自2022年3月20日起施行。《最高人民法院关于审理不正当竞争民事案件应用法律若干问题的解释》（法释〔2007〕2号）同时废止。

本解释施行以后尚未终审的案件，适用本解释；施行以前已经终审的案件，不适用本解释再审。

（六）侵权责任

最高人民法院关于依法妥善审理高空抛物、坠物案件的意见

· 2019年10月21日
· 法发〔2019〕25号

近年来，高空抛物、坠物事件不断发生，严重危害公共安全，侵害人民群众合法权益，影响社会和谐稳定。为充分发挥司法审判的惩罚、规范和预防功能，依法妥善审理高空抛物、坠物案件，切实维护人民群众"头顶上的安全"，保障人民安居乐业，维护社会公平正义，依据《中华人民共和国刑法》《中华人民共和国侵权责任法》等相关法律，提出如下意见。

一、加强源头治理，监督支持依法行政，有效预防和惩治高空抛物、坠物行为

1. 树立预防和惩治高空抛物、坠物行为的基本理念。人民法院要切实贯彻以人民为中心的发展理念，将预防和惩治高空抛物、坠物行为作为当前和今后一段时期的重要任务，充分发挥司法职能作用，保护人民群众生命财产安全。要积极推动预防和惩治高空抛物、坠物行为的综合治理、协同治理工作，及时排查整治安全隐患，确保人民群众"头顶上的安全"，不断增强人民群众的幸福感、安全感。要努力实现依法制裁、救济损害与维护公共安全、保障人民群众安居乐业的有机统一，促进社会和谐稳定。

2. 积极推动将高空抛物、坠物行为的预防与惩治纳入诉源治理机制建设。切实发挥人民法院在诉源治理中的参与、推动、规范和保障作用，加强与公安、基层组织等的联动，积极推动和助力有关部门完善防范高空抛物、坠物的工作举措，形成有效合力。注重发挥司法建议作用，对在审理高空抛物、坠物案件中发现行政机关、基层组织、物业服务企业等有关单位存在的工作疏漏、隐患风险等问题，及时提出司法建议，督促整改。

3. 充分发挥行政审判促进依法行政的职能作用。注重发挥行政审判对预防和惩治高空抛物、坠物行为的积极作用，切实保护受害人依法申请行政机关履行保护其人身权、财产权等合法权益法定职责的权利，监督行政机关依法行使行政职权、履行相应职责。受害人等行政相对方对行政机关在履职过程中违法行使职权或者不作为提起行政诉讼的，人民法院应当依法及时受理。

二、依法惩处构成犯罪的高空抛物、坠物行为，切实维护人民群众生命财产安全

4. 充分认识高空抛物、坠物行为的社会危害性。高空抛物、坠物行为损害人民群众人身、财产安全，极易造成人身伤亡和财产损失，引发社会矛盾纠纷。人民法院要高度重视高空抛物、坠物行为的现实危害，深刻认识运用刑罚手段惩治情节和后果严重的高空抛物、坠物行为的必要性和重要性，依法惩治此类犯罪行为，有效防范、坚决遏制此类行为发生。

5. 准确认定高空抛物犯罪。对于高空抛物行为，应

当根据行为人的动机、抛物场所、抛掷物的情况以及造成的后果等因素,全面考量行为的社会危害程度,准确判断行为性质,正确适用罪名,准确裁量刑罚。

故意从高空抛弃物品,尚未造成严重后果,但足以危害公共安全的,依照刑法第一百一十四条规定的以危险方法危害公共安全罪定罪处罚;致人重伤、死亡或者使公私财产遭受重大损失的,依照刑法第一百一十五条第一款的规定处罚。为伤害、杀害特定人员实施上述行为的,依照故意伤害罪、故意杀人罪定罪处罚。

6. 依法从重惩治高空抛物犯罪。具有下列情形之一的,应当从重处罚,一般不得适用缓刑:(1)多次实施的;(2)经劝阻仍继续实施的;(3)受过刑事处罚或者行政处罚后又实施的;(4)在人员密集场所实施的;(5)其他情节严重的情形。

7. 准确认定高空坠物犯罪。过失导致物品从高空坠落,致人死亡、重伤,符合刑法第二百三十三条、第二百三十五条规定的,依照过失致人死亡罪、过失致人重伤罪定罪处罚。在生产、作业中违反有关安全管理规定,从高空坠落物品,发生重大伤亡事故或者造成其他严重后果的,依照刑法第一百三十四条第一款的规定,以重大责任事故罪定罪处罚。

三、坚持司法为民、公正司法,依法妥善审理高空抛物、坠物民事案件

8. 加强高空抛物、坠物民事案件的审判工作。人民法院在处理高空抛物、坠物民事案件时,要充分认识此类案件中侵权行为给人民群众生命、健康、财产造成的严重损害,把维护人民群众合法权益放在首位。针对此类案件直接侵权人查找难、影响面广、处理难度大等特点,要创新审判方式,坚持多措并举,依法严惩高空抛物行为人,充分保护受害人。

9. 做好诉讼服务与立案释明工作。人民法院对高空抛物、坠物案件,要坚持有案必立、有诉必理,为受害人线上线下立案提供方便。在受理从建筑物中抛掷物品、坠落物品造成他人损害的纠纷案件时,要向当事人释明尽量提供具体明确的侵权人,尽量限缩"可能加害的建筑物使用人"范围,减轻当事人诉累。对侵权人不明又不能依法追加其他责任人的,引导当事人通过多元化纠纷解决机制化解矛盾,补偿损失。

10. 综合运用民事诉讼证据规则。人民法院在适用侵权责任法第八十七条裁判案件时,对能够证明自己不是侵权人的"可能加害的建筑物使用人",依法予以免责。要加大依职权调查取证力度,积极主动向物业服务企业、周边群众、技术专家等询问查证,加强与公安部门、基层组织等沟通协调,充分运用日常生活经验法则,最大限度查找确定直接侵权人并依法判决其承担侵权责任。

11. 区分坠落物、抛掷物的不同法律适用规则。建筑物及其搁置物、悬挂物发生脱落、坠落造成他人损害的,所有人、管理人或者使用人不能证明自己没有过错的,人民法院应当适用侵权责任法第八十五条的规定,依法判决其承担侵权责任;有其他责任人的,所有人、管理人或者使用人赔偿后向其他责任人主张追偿权的,人民法院应予支持。从建筑物中抛掷物品造成他人损害的,应当尽量查明直接侵权人,并依法判决其承担侵权责任。

12. 依法确定物业服务企业的责任。物业服务企业不履行或者不完全履行物业服务合同约定或者法律法规规定、相关行业规范确定的维修、养护、管理和维护义务,造成建筑物及其搁置物、悬挂物发生脱落、坠落致使他人损害的,人民法院依法判决其承担侵权责任。有其他责任人的,物业服务企业承担责任后,向其他责任人行使追偿权的,人民法院应予支持。物业服务企业隐匿、销毁、篡改或者拒不向人民法院提供相应证据,导致案件事实难以认定的,应当承担相应的不利后果。

13. 完善相关的审判程序机制。人民法院在审理疑难复杂或社会影响较大的高空抛物、坠物民事案件时,要充分运用人民陪审员、合议庭、主审法官会议等机制,充分发挥院、庭长的监督职责。涉及侵权责任法第八十七条适用的,可以提交院审判委员会讨论决定。

四、注重多元化解,坚持多措并举,不断完善预防和调处高空抛物、坠物纠纷的工作机制

14. 充分发挥多元解纷机制的作用。人民法院应当将高空抛物、坠物民事案件的处理纳入到建设一站式多元解纷机制的整体工作中,加强诉前、诉中调解工作,有效化解矛盾纠纷,努力实现法律效果与社会效果相统一。要根据每一个高空抛物、坠物案件的具体特点,带着对受害人的真挚感情,为当事人解难题、办实事,尽力做好调解工作,力促案结事了人和。

15. 推动完善社会救助工作。要充分运用诉讼费缓减免和司法救助制度,依法及时对经济上确有困难的高空抛物、坠物案件受害人给予救济。通过案件裁判、规则指引积极引导当事人参加社会保险转移风险、分担损失。支持各级政府有关部门探索建立高空抛物事故社会救助基金或者进行试点工作,对受害人损害进行合理分担。

16. 积极完善工作举措。要通过多种形式特别是人民群众喜闻乐见的方式加强法治宣传,持续强化以案释法工作,充分发挥司法裁判规范、指导、评价、引领社会价值的重要作用,大力弘扬社会主义核心价值观,形成良好社会风尚。要深入调研高空抛物、坠物案件的司法适用疑难问题,认真总结审判经验。对审理高空抛物、坠物案件中发现的新情况、新问题,及时层报最高人民法院。

最高人民法院关于审理食品安全民事纠纷案件适用法律若干问题的解释(一)

- 2020年10月19日最高人民法院审判委员会第1813次会议通过
- 2020年12月8日最高人民法院公告公布
- 自2021年1月1日起施行
- 法释〔2020〕14号

为正确审理食品安全民事纠纷案件,保障公众身体健康和生命安全,根据《中华人民共和国民法典》《中华人民共和国食品安全法》《中华人民共和国消费者权益保护法》《中华人民共和国民事诉讼法》等法律的规定,结合民事审判实践,制定本解释。

第一条 消费者因不符合食品安全标准的食品受到损害,依据食品安全法第一百四十八条第一款规定诉请食品生产者或者经营者赔偿损失,被诉的生产者或者经营者以赔偿责任应由生产经营者中的另一方承担为由主张免责的,人民法院不予支持。属于生产者责任的,经营者赔偿后有权向生产者追偿;属于经营者责任的,生产者赔偿后有权向经营者追偿。

第二条 电子商务平台经营者以标记自营业务方式所销售的食品或者虽未标记自营但实际开展自营业务所销售的食品不符合食品安全标准,消费者依据食品安全法第一百四十八条规定主张电子商务平台经营者承担作为食品经营者的赔偿责任的,人民法院应予支持。

电子商务平台经营者虽非实际开展自营业务,但其所作标识等足以误导消费者让消费者相信系电子商务平台经营者自营,消费者依据食品安全法第一百四十八条规定主张电子商务平台经营者承担作为食品经营者的赔偿责任的,人民法院应予支持。

第三条 电子商务平台经营者违反食品安全法第六十二条和第一百三十一条规定,未对平台内食品经营者进行实名登记、审查许可证,或者未履行报告、停止提供网络交易平台服务等义务,使消费者的合法权益受到损害,消费者主张电子商务平台经营者与平台内食品经营者承担连带责任的,人民法院应予支持。

第四条 公共交通运输的承运人向旅客提供的食品不符合食品安全标准,旅客主张承运人依据食品安全法第一百四十八条规定承担作为食品生产者或者经营者的赔偿责任的,人民法院应予支持;承运人以其不是食品的生产经营者或者食品是免费提供为由进行免责抗辩的,人民法院不予支持。

第五条 有关单位或者个人明知食品生产经营者从事食品安全法第一百二十三条第一款规定的违法行为而仍为其提供设备、技术、原料、销售渠道、运输、储存或者其他便利条件,消费者主张该单位或者个人依据食品安全法第一百二十三条第二款的规定与食品生产经营者承担连带责任的,人民法院应予支持。

第六条 食品经营者具有下列情形之一,消费者主张构成食品安全法第一百四十八条规定的"明知"的,人民法院应予支持:

(一)已过食品标明的保质期但仍然销售的;
(二)未能提供所售食品的合法进货来源的;
(三)以明显不合理的低价进货且无合理原因的;
(四)未依法履行进货查验义务的;
(五)虚假标注、更改食品生产日期、批号的;
(六)转移、隐匿、非法销毁食品进销货记录或者故意提供虚假信息的;
(七)其他能够认定为明知的情形。

第七条 消费者认为生产经营者生产经营不符合食品安全标准的食品同时构成欺诈的,有权选择依据食品安全法第一百四十八条第二款或者消费者权益保护法第五十五条第一款规定主张食品生产者或者经营者承担惩罚性赔偿责任。

第八条 经营者经营明知是不符合食品安全标准的食品,但向消费者承诺的赔偿标准高于食品安全法第一百四十八条规定的赔偿标准,消费者主张经营者按照承诺赔偿的,人民法院应当依法予以支持。

第九条 食品符合食品安全标准但未达到生产经营者承诺的质量标准,消费者依照民法典、消费者权益保护法等法律规定主张生产经营者承担责任的,人民法院应予支持,但消费者主张生产经营者依据食品安全法第一百四十八条规定承担赔偿责任的,人民法院不予支持。

第十条 食品不符合食品安全标准,消费者主张生产者或者经营者依据食品安全法第一百四十八条第二款规定承担惩罚性赔偿责任,生产者或者经营者以未造成消费者人身损害为由抗辩的,人民法院不予支持。

第十一条 生产经营未标明生产者名称、地址、成分或者配料表，或者未清晰标明生产日期、保质期的预包装食品，消费者主张生产者或者经营者依据食品安全法第一百四十八条第二款规定承担惩罚性赔偿责任的，人民法院应予支持，但法律、行政法规、食品安全国家标准对标签标注事项另有规定的除外。

第十二条 进口的食品不符合我国食品安全国家标准或者国务院卫生行政部门决定暂予适用的标准，消费者主张销售者、进口商等经营者依据食品安全法第一百四十八条规定承担赔偿责任，销售者、进口商等经营者仅以进口的食品符合出口地食品安全标准或者已经过我国出入境检验检疫机构检验检疫为由进行免责抗辩的，人民法院不予支持。

第十三条 生产经营不符合食品安全标准的食品，侵害众多消费者合法权益，损害社会公共利益，民事诉讼法、消费者权益保护法等法律规定的机关和有关组织依法提起公益诉讼的，人民法院应予受理。

第十四条 本解释自2021年1月1日起施行。

本解释施行后人民法院正在审理的一审、二审案件适用本解释。

本解释施行前已经终审，本解释施行后当事人申请再审或者按照审判监督程序决定再审的案件，不适用本解释。

最高人民法院以前发布的司法解释与本解释不一致的，以本解释为准。

最高人民法院关于确定民事侵权精神损害赔偿责任若干问题的解释

· 2001年2月26日最高人民法院审判委员会第1161次会议通过
· 根据2020年12月23日最高人民法院审判委员会第1823次会议通过的《最高人民法院关于修改〈最高人民法院关于在民事审判工作中适用《中华人民共和国工会法》若干问题的解释〉等二十七件民事类司法解释的决定》修正
· 2020年12月29日最高人民法院公告公布
· 该修正自2021年1月1日起施行
· 法释〔2020〕17号

为在审理民事侵权案件中正确确定精神损害赔偿责任，根据《中华人民共和国民法典》等有关法律规定，结合审判实践，制定本解释。

第一条 因人身权益或者具有人身意义的特定物受到侵害，自然人或者其近亲属向人民法院提起诉讼请求精神损害赔偿的，人民法院应当依法予以受理。

第二条 非法使被监护人脱离监护，导致亲子关系或者近亲属间的亲属关系遭受严重损害，监护人向人民法院起诉请求赔偿精神损害的，人民法院应当依法予以受理。

第三条 死者的姓名、肖像、名誉、荣誉、隐私、遗体、遗骨等受到侵害，其近亲属向人民法院提起诉讼请求精神损害赔偿的，人民法院应当依法予以支持。

第四条 法人或者非法人组织以名誉权、荣誉权、名称权遭受侵害为由，向人民法院起诉请求精神损害赔偿的，人民法院不予支持。

第五条 精神损害的赔偿数额根据以下因素确定：
（一）侵权人的过错程度，但是法律另有规定的除外；
（二）侵权行为的目的、方式、场合等具体情节；
（三）侵权行为所造成的后果；
（四）侵权人的获利情况；
（五）侵权人承担责任的经济能力；
（六）受理诉讼法院所在地的平均生活水平。

第六条 在本解释公布施行之前已经生效施行的司法解释，其内容有与本解释不一致的，以本解释为准。

最高人民法院关于审理道路交通事故损害赔偿案件适用法律若干问题的解释

· 2012年9月17日最高人民法院审判委员会第1556次会议通过
· 根据2020年12月23日最高人民法院审判委员会第1823次会议通过的《最高人民法院关于修改〈最高人民法院关于在民事审判工作中适用《中华人民共和国工会法》若干问题的解释〉等二十七件民事类司法解释的决定》修正
· 2020年12月29日最高人民法院公告公布
· 该修正自2021年1月1日起施行
· 法释〔2020〕17号

为正确审理道路交通事故损害赔偿案件，根据《中华人民共和国民法典》《中华人民共和国道路交通安全法》《中华人民共和国保险法》《中华人民共和国民事诉讼法》等法律的规定，结合审判实践，制定本解释。

一、关于主体责任的认定

第一条 机动车发生交通事故造成损害，机动车所有人或者管理人有下列情形之一，人民法院应当认定其对损害的发生有过错，并适用民法典第一千二百零九条的规定确定其相应的赔偿责任：

（一）知道或者应当知道机动车存在缺陷，且该缺陷是交通事故发生原因之一的；

（二）知道或者应当知道驾驶人无驾驶资格或者未取得相应驾驶资格的；

（三）知道或者应当知道驾驶人因饮酒、服用国家管制的精神药品或者麻醉药品，或者患有妨碍安全驾驶机动车的疾病等依法不能驾驶机动车的；

（四）其它应当认定机动车所有人或者管理人有过错的。

第二条 被多次转让但是未办理登记的机动车发生交通事故造成损害，属于该机动车一方责任，当事人请求由最后一次转让并交付的受让人承担赔偿责任的，人民法院应予支持。

第三条 套牌机动车发生交通事故造成损害，属于该机动车一方责任，当事人请求由套牌机动车的所有人或者管理人承担赔偿责任的，人民法院应予支持；被套牌机动车所有人或者管理人同意套牌的，应当与套牌机动车的所有人或者管理人承担连带责任。

第四条 拼装车、已达到报废标准的机动车或者依法禁止行驶的其他机动车被多次转让，并发生交通事故造成损害，当事人请求由所有的转让人和受让人承担连带责任的，人民法院应予支持。

第五条 接受机动车驾驶培训的人员，在培训活动中驾驶机动车发生交通事故造成损害，属于该机动车一方责任，当事人请求驾驶培训单位承担赔偿责任的，人民法院应予支持。

第六条 机动车试乘过程中发生交通事故造成试乘人损害，当事人请求提供试乘服务者承担赔偿责任的，人民法院应予支持。试乘人有过错的，应当减轻提供试乘服务者的赔偿责任。

第七条 因道路管理维护缺陷导致机动车发生交通事故造成损害，当事人请求道路管理者承担相应赔偿责任的，人民法院应予支持。但道路管理者能够证明已经依照法律、法规、规章的规定，或者按照国家标准、行业标准、地方标准的要求尽到安全防护、警示等管理维护义务的除外。

依法不得进入高速公路的车辆、行人，进入高速公路发生交通事故造成自身损害的，当事人请求高速公路管理者承担赔偿责任的，适用民法典第一千二百四十三条的规定。

第八条 未按照法律、法规、规章或者国家标准、行业标准、地方标准的强制性规定设计、施工，致使道路存在缺陷并造成交通事故，当事人请求建设单位与施工单位承担相应赔偿责任的，人民法院应予支持。

第九条 机动车存在产品缺陷导致交通事故造成损害，当事人请求生产者或者销售者依照民法典第七编第四章的规定承担赔偿责任的，人民法院应予支持。

第十条 多辆机动车发生交通事故造成第三人损害，当事人请求多个侵权人承担赔偿责任的，人民法院应当区分不同情况，依照民法典第一千一百七十条、第一千一百七十一条、第一千一百七十二条的规定，确定侵权人承担连带责任或者按份责任。

二、关于赔偿范围的认定

第十一条 道路交通安全法第七十六条规定的"人身伤亡"，是指机动车发生交通事故侵害被侵权人的生命权、身体权、健康权等人身权益所造成的损害，包括民法典第一千一百七十九条和第一千一百八十三条规定的各项损害。

道路交通安全法第七十六条规定的"财产损失"，是指因机动车发生交通事故侵害被侵权人的财产权益所造成的损失。

第十二条 因道路交通事故造成下列财产损失，当事人请求侵权人赔偿的，人民法院应予支持：

（一）维修被损坏车辆所支出的费用、车辆所载物品的损失、车辆施救费用；

（二）因车辆灭失或者无法修复，为购买交通事故发生时与被损坏车辆价值相当的车辆重置费用；

（三）依法从事货物运输、旅客运输等经营性活动的车辆，因无法从事相应经营活动所产生的合理停运损失；

（四）非经营性车辆因无法继续使用，所产生的通常替代性交通工具的合理费用。

三、关于责任承担的认定

第十三条 同时投保机动车第三者责任强制保险（以下简称"交强险"）和第三者责任商业保险（以下简称"商业三者险"）的机动车发生交通事故造成损害，当事人同时起诉侵权人和保险公司的，人民法院应当依照民法典第一千二百一十三条的规定，确定赔偿责任。

被侵权人或者其近亲属请求承保交强险的保险公司优先赔偿精神损害的，人民法院应予支持。

第十四条 投保人允许的驾驶人驾驶机动车致使投保人遭受损害，当事人请求承保交强险的保险公司在责任限额范围内予以赔偿的，人民法院应予支持，但投保人为本车上人员的除外。

第十五条 有下列情形之一导致第三人人身损害，当事人请求保险公司在交强险责任限额范围内予以赔偿，人民法院应予支持：

（一）驾驶人未取得驾驶资格或者未取得相应驾驶资格的；

（二）醉酒、服用国家管制的精神药品或者麻醉药品后驾驶机动车发生交通事故的；

（三）驾驶人故意制造交通事故的。

保险公司在赔偿范围内向侵权人主张追偿权的，人民法院应予支持。追偿权的诉讼时效期间自保险公司实际赔偿之日起计算。

第十六条 未依法投保交强险的机动车发生交通事故造成损害，当事人请求投保义务人在交强险责任限额范围内予以赔偿的，人民法院应予支持。

投保义务人和侵权人不是同一人，当事人请求投保义务人和侵权人在交强险责任限额范围内承担相应责任的，人民法院应予支持。

第十七条 具有从事交强险业务资格的保险公司违法拒绝承保、拖延承保或者违法解除交强险合同，投保义务人在向第三人承担赔偿责任后，请求该保险公司在交强险责任限额范围内承担相应赔偿责任的，人民法院应予支持。

第十八条 多辆机动车发生交通事故造成第三人损害，损失超出各机动车交强险责任限额之和的，由各保险公司在各自责任限额范围内承担赔偿责任；损失未超出各机动车交强险责任限额之和，当事人请求由各保险公司按照其责任限额与责任限额之和的比例承担赔偿责任的，人民法院应予支持。

依法分别投保交强险的牵引车和挂车连接使用时发生交通事故造成第三人损害，当事人请求由各保险公司在各自的责任限额范围内平均赔偿的，人民法院应予支持。

多辆机动车发生交通事故造成第三人损害，其中部分机动车未投保交强险，当事人请求先由已承保交强险的保险公司在责任限额范围内予以赔偿的，人民法院应予支持。保险公司就超出其应承担的部分向未投保交强险的投保义务人或者侵权人行使追偿权的，人民法院应予支持。

第十九条 同一交通事故的多个被侵权人同时起诉的，人民法院应当按照各被侵权人的损失比例确定交强险的赔偿数额。

第二十条 机动车所有权在交强险合同有效期内发生变动，保险公司在交通事故发生后，以该机动车未办理交强险合同变更手续为由主张免除赔偿责任的，人民法院不予支持。

机动车在交强险合同有效期内发生改装、使用性质改变等导致危险程度增加的情形，发生交通事故后，当事人请求保险公司在责任限额范围内予以赔偿的，人民法院应予支持。

前款情形下，保险公司另行起诉请求投保义务人按照重新核定后的保险费标准补足当期保险费的，人民法院应予支持。

第二十一条 当事人主张交强险人身伤亡保险金请求权转让或者设定担保的行为无效的，人民法院应予支持。

四、关于诉讼程序的规定

第二十二条 人民法院审理道路交通事故损害赔偿案件，应当将承保交强险的保险公司列为共同被告。但该保险公司已经在交强险责任限额范围内予以赔偿且当事人无异议的除外。

人民法院审理道路交通事故损害赔偿案件，当事人请求将承保商业三者险的保险公司列为共同被告的，人民法院应予准许。

第二十三条 被侵权人因道路交通事故死亡，无近亲属或者近亲属不明，未经法律授权的机关或者有关组织向人民法院起诉主张死亡赔偿金的，人民法院不予受理。

侵权人以已向未经法律授权的机关或者有关组织支付死亡赔偿金为理由，请求保险公司在交强险责任限额范围内予以赔偿的，人民法院不予支持。

被侵权人因道路交通事故死亡，无近亲属或者近亲属不明，支付被侵权人医疗费、丧葬费等合理费用的单位或者个人，请求保险公司在交强险责任限额范围内予以赔偿的，人民法院应予支持。

第二十四条 公安机关交通管理部门制作的交通事故认定书，人民法院应依法审查并确认其相应的证明力，但有相反证据推翻的除外。

五、关于适用范围的规定

第二十五条 机动车在道路以外的地方通行时引发的损害赔偿案件，可以参照适用本解释的规定。

第二十六条 本解释施行后尚未终审的案件，适用本解释；本解释施行前已经终审，当事人申请再审或者按照审判监督程序决定再审的案件，不适用本解释。

最高人民法院关于审理利用信息网络侵害人身权益民事纠纷案件适用法律若干问题的规定

- 2014年6月23日最高人民法院审判委员会第1621次会议通过
- 根据2020年12月23日最高人民法院审判委员会第1823次会议通过的《最高人民法院关于修改〈最高人民法院关于在民事审判工作中适用《中华人民共和国工会法》若干问题的解释〉等二十七件民事类司法解释的决定》修正
- 2020年12月29日最高人民法院公告公布
- 该修正自2021年1月1日起施行
- 法释〔2020〕17号

为正确审理利用信息网络侵害人身权益民事纠纷案件，根据《中华人民共和国民法典》《全国人民代表大会常务委员会关于加强网络信息保护的决定》《中华人民共和国民事诉讼法》等法律的规定，结合审判实践，制定本规定。

第一条 本规定所称的利用信息网络侵害人身权益民事纠纷案件，是指利用信息网络侵害他人姓名权、名称权、名誉权、荣誉权、肖像权、隐私权等人身权益引起的纠纷案件。

第二条 原告依据民法典第一千一百九十五条、第一千一百九十七条的规定起诉网络用户或者网络服务提供者的，人民法院应予受理。

原告仅起诉网络用户，网络用户请求追加涉嫌侵权的网络服务提供者为共同被告或者第三人，人民法院应予准许。

原告仅起诉网络服务提供者，网络服务提供者请求追加可以确定的网络用户为共同被告或者第三人的，人民法院应予准许。

第三条 原告起诉网络服务提供者，网络服务提供者以涉嫌侵权的信息系网络用户发布为由抗辩的，人民法院可以根据原告的请求及案件的具体情况，责令网络服务提供者向人民法院提供能够确定涉嫌侵权的网络用户的姓名（名称）、联系方式、网络地址等信息。

网络服务提供者无正当理由拒不提供的，人民法院可以依据民事诉讼法第一百一十四条的规定对网络服务提供者采取处罚等措施。

原告根据网络服务提供者提供的信息请求追加网络用户为被告的，人民法院应予准许。

第四条 人民法院适用民法典第一千一百九十五条第二款的规定，认定网络服务提供者采取的删除、屏蔽、断开链接等必要措施是否及时，应当根据网络服务的类型和性质、有效通知的形式和准确程度、网络信息侵害权益的类型和程度等因素综合判断。

第五条 其发布的信息被采取删除、屏蔽、断开链接等措施的网络用户，主张网络服务提供者承担违约责任或者侵权责任，网络服务提供者以收到民法典第一千一百九十五条第一款规定的有效通知为由抗辩的，人民法院应予支持。

第六条 人民法院依据民法典第一千一百九十七条认定网络服务提供者是否"知道或者应当知道"，应当综合考虑下列因素：

（一）网络服务提供者是否以人工或者自动方式对侵权网络信息以推荐、排名、选择、编辑、整理、修改等方式作出处理；

（二）网络服务提供者应当具备的管理信息的能力，以及所提供服务的性质、方式及其引发侵权的可能性大小；

（三）该网络信息侵害人身权益的类型及明显程度；

（四）该网络信息的社会影响程度或者一定时间内的浏览量；

（五）网络服务提供者采取预防侵权措施的技术可能性及其是否采取了相应的合理措施；

（六）网络服务提供者是否针对同一网络用户的重复侵权行为或者同一侵权信息采取了相应的合理措施；

（七）与本案相关的其他因素。

第七条 人民法院认定网络用户或者网络服务提供者转载网络信息行为的过错及其程度，应当综合以下因素：

（一）转载主体所承担的与其性质、影响范围相适应的注意义务；

（二）所转载信息侵害他人人身权益的明显程度；

（三）对所转载信息是否作出实质性修改，是否添加或者修改文章标题，导致其与内容严重不符以及误导公众的可能性。

第八条 网络用户或者网络服务提供者采取诽谤、诋毁等手段，损害公众对经营主体的信赖，降低其产品或者服务的社会评价，经营主体请求网络用户或者网络服务提供者承担侵权责任的，人民法院应依法予以支持。

第九条 网络用户或者网络服务提供者，根据国家机关依职权制作的文书和公开实施的职权行为等信息来源所发布的信息，有下列情形之一，侵害他人人身权益，

被侵权人请求侵权人承担侵权责任的,人民法院应予支持:

（一）网络用户或者网络服务提供者发布的信息与前述信息来源内容不符;

（二）网络用户或者网络服务提供者以添加侮辱性内容、诽谤性信息、不当标题或者通过增删信息、调整结构、改变顺序等方式致人误解;

（三）前述信息来源已被公开更正,但网络用户拒绝更正或者网络服务提供者不予更正;

（四）前述信息来源已被公开更正,网络用户或者网络服务提供者仍然发布更正之前的信息。

第十条 被侵权人与构成侵权的网络用户或者网络服务提供者达成一方支付报酬,另一方提供删除、屏蔽、断开链接等服务的协议,人民法院应认定为无效。

擅自篡改、删除、屏蔽特定网络信息或者以断开链接的方式阻止他人获取网络信息,发布该信息的网络用户或者网络服务提供者请求侵权人承担侵权责任的,人民法院应予支持。接受他人委托实施该行为的,委托人与受托人承担连带责任。

第十一条 网络用户或者网络服务提供者侵害他人人身权益,造成财产损失或者严重精神损害,被侵权人依据民法典第一千一百八十二条和第一千一百八十三条的规定,请求其承担赔偿责任的,人民法院应予支持。

第十二条 被侵权人为制止侵权行为所支付的合理开支,可以认定为民法典第一千一百八十二条规定的财产损失。合理开支包括被侵权人或者委托代理人对侵权行为进行调查、取证的合理费用。人民法院根据当事人的请求和具体案情,可以将符合国家有关部门规定的律师费用计算在赔偿范围内。

被侵权人因人身权益受侵害造成的财产损失以及侵权人因此获得的利益难以确定的,人民法院可以根据具体案情在50万元以下的范围内确定赔偿数额。

第十三条 本规定施行后人民法院正在审理的一审、二审案件适用本规定。

本规定施行前已经终审,本规定施行后当事人申请再审或者按照审判监督程序决定再审的案件,不适用本规定。

最高人民法院关于审理医疗损害责任纠纷案件适用法律若干问题的解释

· 2017年3月27日最高人民法院审判委员会第1713次会议通过
· 根据2020年12月23日最高人民法院审判委员会第1823次会议通过的《最高人民法院关于修改〈最高人民法院关于在民事审判工作中适用《中华人民共和国工会法》若干问题的解释〉等二十七件民事类司法解释的决定》修正
· 2020年12月29日最高人民法院公告公布
· 该修正自2021年1月1日起施行
· 法释〔2020〕17号

为正确审理医疗损害责任纠纷案件,依法维护当事人的合法权益,推动构建和谐医患关系,促进卫生健康事业发展,根据《中华人民共和国民法典》《中华人民共和国民事诉讼法》等法律规定,结合审判实践,制定本解释。

第一条 患者以在诊疗活动中受到人身或者财产损害为由请求医疗机构,医疗产品的生产者、销售者、药品上市许可持有人或者血液提供机构承担侵权责任的案件,适用本解释。

患者以在美容医疗机构或者开设医疗美容科室的医疗机构实施的医疗美容活动中受到人身或者财产损害为由提起的侵权纠纷案件,适用本解释。

当事人提起的医疗服务合同纠纷案件,不适用本解释。

第二条 患者因同一伤病在多个医疗机构接受诊疗受到损害,起诉部分或者全部就诊的医疗机构的,应予受理。

患者起诉部分就诊的医疗机构后,当事人依法申请追加其他就诊的医疗机构为共同被告或者第三人的,应予准许。必要时,人民法院可以依法追加相关当事人参加诉讼。

第三条 患者因缺陷医疗产品受到损害,起诉部分或者全部医疗产品的生产者、销售者、药品上市许可持有人和医疗机构的,应予受理。

患者仅起诉医疗产品的生产者、销售者、药品上市许可持有人、医疗机构中部分主体,当事人依法申请追加其他主体为共同被告或者第三人的,应予准许。必要时,人民法院可以依法追加相关当事人参加诉讼。

患者因输入不合格的血液受到损害提起侵权诉讼的,参照适用前两款规定。

第四条 患者依据民法典第一千二百一十八条规定主张医疗机构承担赔偿责任的,应当提交到该医疗机构就诊、受到损害的证据。

患者无法提交医疗机构或者其医务人员有过错、诊疗行为与损害之间具有因果关系的证据，依法提出医疗损害鉴定申请的，人民法院应予准许。

医疗机构主张不承担责任的，应当就民法典第一千二百二十四条第一款规定情形等抗辩事由承担举证证明责任。

第五条 患者依据民法典第一千二百一十九条规定主张医疗机构承担赔偿责任的，应当按照前条第一款规定提交证据。

实施手术、特殊检查、特殊治疗的，医疗机构应当承担说明义务并取得患者或者患者近亲属明确同意，但属于民法典第一千二百二十条规定情形的除外。医疗机构提交患者或者患者近亲属明确同意证据的，人民法院可以认定医疗机构尽到说明义务，但患者有相反证据足以反驳的除外。

第六条 民法典第一千二百二十二条规定的病历资料包括医疗机构保管的门诊病历、住院志、体温单、医嘱单、检验报告、医学影像检查资料、特殊检查（治疗）同意书、手术同意书、手术及麻醉记录、病理资料、护理记录、出院记录以及国务院卫生行政主管部门规定的其他病历资料。

患者依法向人民法院申请医疗机构提交由其保管的与纠纷有关的病历资料等，医疗机构未在人民法院指定期限内提交的，人民法院可以依照民法典第一千二百二十二条第二项规定推定医疗机构有过错，但是因不可抗力等客观原因无法提交的除外。

第七条 患者依据民法典第一千二百二十三条规定请求赔偿的，应当提交使用医疗产品或者输入血液、受到损害的证据。

患者无法提交使用医疗产品或者输入血液与损害之间具有因果关系的证据，依法申请鉴定的，人民法院应予准许。

医疗机构、医疗产品的生产者、销售者、药品上市许可持有人或者血液提供机构主张不承担责任的，应当对医疗产品不存在缺陷或者血液合格等抗辩事由承担举证证明责任。

第八条 当事人依法申请对医疗损害责任纠纷中的专门性问题进行鉴定的，人民法院应予准许。

当事人未申请鉴定，人民法院对前款规定的专门性问题认为需要鉴定的，应当依职权委托鉴定。

第九条 当事人申请医疗损害鉴定的，由双方当事人协商确定鉴定人。

当事人就鉴定人无法达成一致意见，人民法院提出确定鉴定人的方法，当事人同意的，按照该方法确定；当事人不同意的，由人民法院指定。

鉴定人应当从具备相应鉴定能力、符合鉴定要求的专家中确定。

第十条 委托医疗损害鉴定的，当事人应当按照要求提交真实、完整、充分的鉴定材料。提交的鉴定材料不符合要求的，人民法院应当通知当事人更换或者补充相应材料。

在委托鉴定前，人民法院应组织当事人对鉴定材料进行质证。

第十一条 委托鉴定书，应当有明确的鉴定事项和鉴定要求。鉴定人应当按照委托鉴定的事项和要求进行鉴定。

下列专门性问题可以作为申请医疗损害鉴定的事项：

（一）实施诊疗行为有无过错；

（二）诊疗行为与损害后果之间是否存在因果关系以及原因力大小；

（三）医疗机构是否尽到了说明义务、取得患者或者患者近亲属明确同意的义务；

（四）医疗产品是否有缺陷、该缺陷与损害后果之间是否存在因果关系以及原因力的大小；

（五）患者损伤残疾程度；

（六）患者的护理期、休息期、营养期；

（七）其他专门性问题。

鉴定要求包括鉴定人的资质、鉴定人的组成、鉴定程序、鉴定意见、鉴定期限等。

第十二条 鉴定意见可以按照导致患者损害的全部原因、主要原因、同等原因、次要原因、轻微原因或者与患者损害无因果关系，表述诊疗行为或者医疗产品等造成患者损害的原因力大小。

第十三条 鉴定意见应当经当事人质证。

当事人申请鉴定人出庭作证，经人民法院审查同意，或者人民法院认为鉴定人有必要出庭的，应当通知鉴定人出庭作证。双方当事人同意鉴定人通过书面说明、视听传输技术或者视听资料等方式作证的，可以准许。

鉴定人因健康原因、自然灾害等不可抗力或者其他正当理由不能按期出庭的，可以延期开庭；经人民法院许可，也可以通过书面说明、视听传输技术或者视听资料等方式作证。

无前款规定理由，鉴定人拒绝出庭作证，当事人对鉴定意见又不认可的，对该鉴定意见不予采信。

第十四条 当事人申请通知一至二名具有医学专门知识的人出庭，对鉴定意见或者案件的其他专门性事实问题提出意见，人民法院准许的，应当通知具有医学专门知识的人出庭。

前款规定的具有医学专门知识的人提出的意见，视为当事人的陈述，经质证可以作为认定案件事实的根据。

第十五条 当事人自行委托鉴定人作出的医疗损害鉴定意见，其他当事人认可的，可予采信。

当事人共同委托鉴定人作出的医疗损害鉴定意见，一方当事人不认可的，应当提出明确的异议内容和理由。经审查，有证据足以证明异议成立的，对鉴定意见不予采信；异议不成立的，应予采信。

第十六条 对医疗机构或者其医务人员的过错，应当依据法律、行政法规、规章以及其他有关诊疗规范进行认定，可以综合考虑患者病情的紧急程度、患者个体差异、当地的医疗水平、医疗机构与医务人员资质等因素。

第十七条 医务人员违反民法典第一千二百一十九条第一款规定义务，但未造成患者人身损害，患者请求医疗机构承担损害赔偿责任的，不予支持。

第十八条 因抢救生命垂危的患者等紧急情况且不能取得患者意见时，下列情形可以认定为民法典第一千二百二十条规定的不能取得患者近亲属意见：

（一）近亲属不明的；

（二）不能及时联系到近亲属的；

（三）近亲属拒绝发表意见的；

（四）近亲属达不成一致意见的；

（五）法律、法规规定的其他情形。

前款情形，医务人员经医疗机构负责人或者授权的负责人批准立即实施相应医疗措施，患者因此请求医疗机构承担赔偿责任的，不予支持；医疗机构及其医务人员怠于实施相应医疗措施造成损害，患者请求医疗机构承担赔偿责任的，应予支持。

第十九条 两个以上医疗机构的诊疗行为造成患者同一损害，患者请求医疗机构承担赔偿责任的，应当区分不同情况，依照民法典第一千一百六十八条、第一千一百七十一条或者第一千一百七十二条的规定，确定各医疗机构承担的赔偿责任。

第二十条 医疗机构邀请本单位以外的医务人员对患者进行诊疗，因受邀医务人员的过错造成患者损害的，由邀请医疗机构承担赔偿责任。

第二十一条 因医疗产品的缺陷或者输入不合格血液受到损害，患者请求医疗机构、缺陷医疗产品的生产者、销售者、药品上市许可持有人或者血液提供机构承担赔偿责任的，应予支持。

医疗机构承担赔偿责任后，向缺陷医疗产品的生产者、销售者、药品上市许可持有人或者血液提供机构追偿的，应予支持。

因医疗机构的过错使医疗产品存在缺陷或者血液不合格，医疗产品的生产者、销售者、药品上市许可持有人或者血液提供机构承担赔偿责任后，向医疗机构追偿的，应予支持。

第二十二条 缺陷医疗产品与医疗机构的过错诊疗行为共同造成患者同一损害，患者请求医疗机构与医疗产品的生产者、销售者、药品上市许可持有人承担连带责任的，应予支持。

医疗机构或者医疗产品的生产者、销售者、药品上市许可持有人承担赔偿责任后，向其他责任主体追偿的，应当根据诊疗行为与缺陷医疗产品造成患者损害的原因力大小确定相应的数额。

输入不合格血液与医疗机构的过错诊疗行为共同造成患者同一损害的，参照适用前两款规定。

第二十三条 医疗产品的生产者、销售者、药品上市许可持有人明知医疗产品存在缺陷仍然生产、销售，造成患者死亡或者健康严重损害，被侵权人请求生产者、销售者、药品上市许可持有人赔偿损失及二倍以下惩罚性赔偿的，人民法院应予支持。

第二十四条 被侵权人同时起诉两个以上医疗机构承担赔偿责任，人民法院经审理，受诉法院所在地的医疗机构依法不承担赔偿责任，其他医疗机构承担赔偿责任的，残疾赔偿金、死亡赔偿金的计算，按下列情形分别处理：

（一）一个医疗机构承担责任的，按照该医疗机构所在地的赔偿标准执行；

（二）两个以上医疗机构均承担责任的，可以按照其中赔偿标准较高的医疗机构所在地标准执行。

第二十五条 患者死亡后，其近亲属请求医疗损害赔偿的，适用本解释；支付患者医疗费、丧葬费等合理费用的人请求赔偿该费用的，适用本解释。

本解释所称的"医疗产品"包括药品、消毒产品、医疗器械等。

第二十六条 本院以前发布的司法解释与本解释不一致的，以本解释为准。

本解释施行后尚未终审的案件,适用本解释;本解释施行前已经终审,当事人申请再审或者按照审判监督程序决定再审的案件,不适用本解释。

最高人民法院关于审理食品药品纠纷案件适用法律若干问题的规定

- 2013年12月9日最高人民法院审判委员会第1599次会议通过
- 根据2020年12月23日最高人民法院审判委员会第1823次会议通过的《最高人民法院关于修改〈最高人民法院关于在民事审判工作中适用《中华人民共和国工会法》若干问题的解释〉等二十七件民事类司法解释的决定》第一次修正
- 根据2021年11月15日最高人民法院审判委员会第1850次会议通过的《最高人民法院关于修改〈最高人民法院关于审理食品药品纠纷案件适用法律若干问题的规定〉的决定》第二次修正
- 2021年11月18日最高人民法院公告公布
- 该修正自2021年12月1日起施行
- 法释〔2021〕17号

为正确审理食品药品纠纷案件,根据《中华人民共和国民法典》《中华人民共和国消费者权益保护法》《中华人民共和国食品安全法》《中华人民共和国药品管理法》《中华人民共和国民事诉讼法》等法律的规定,结合审判实践,制定本规定。

第一条 消费者因食品、药品纠纷提起民事诉讼,符合民事诉讼法规定受理条件的,人民法院应予受理。

第二条 因食品、药品存在质量问题造成消费者损害,消费者可以分别起诉或者同时起诉销售者和生产者。

消费者仅起诉销售者或者生产者的,必要时人民法院可以追加相关当事人参加诉讼。

第三条 因食品、药品质量问题发生纠纷,购买者向生产者、销售者主张权利,生产者、销售者以购买者明知食品、药品存在质量问题而仍然购买为由进行抗辩的,人民法院不予支持。

第四条 食品、药品生产者、销售者提供给消费者的食品或者药品的赠品发生质量安全问题,造成消费者损害,消费者主张权利,生产者、销售者以消费者未对赠品支付对价为由进行免责抗辩的,人民法院不予支持。

第五条 消费者举证证明所购买食品、药品的事实以及所购食品、药品不符合合同的约定,主张食品、药品的生产者、销售者承担违约责任的,人民法院应予支持。

消费者举证证明因食用食品或者使用药品受到损害,初步证明损害与食用食品或者使用药品存在因果关系,并请求食品、药品的生产者、销售者承担侵权责任的,人民法院应予支持,但食品、药品的生产者、销售者能证明损害不是因产品不符合质量标准造成的除外。

第六条 食品的生产者与销售者应当对于食品符合质量标准承担举证责任。认定食品是否安全,应当以国家标准为依据;对地方特色食品,没有国家标准的,应当以地方标准为依据。没有前述标准的,应当以食品安全法的相关规定为依据。

第七条 食品、药品虽在销售前取得检验合格证明,且食用或者使用时尚在保质期内,但经检验确认产品不合格,生产者或者销售者以该食品、药品具有检验合格证明为由进行抗辩的,人民法院不予支持。

第八条 集中交易市场的开办者、柜台出租者、展销会举办者未履行食品安全法规定的审查、检查、报告等义务,使消费者的合法权益受到损害的,消费者请求集中交易市场的开办者、柜台出租者、展销会举办者承担连带责任的,人民法院应予支持。

第九条 消费者通过网络交易第三方平台购买食品、药品遭受损害,网络交易第三方平台提供者不能提供食品、药品的生产者或者销售者的真实名称、地址与有效联系方式,消费者请求网络交易第三方平台提供者承担责任的,人民法院应予支持。

网络交易第三方平台提供者承担赔偿责任后,向生产者或者销售者行使追偿权的,人民法院应予支持。

网络交易第三方平台提供者知道或者应当知道食品、药品的生产者、销售者利用其平台侵害消费者合法权益,未采取必要措施,给消费者造成损害,消费者要求其与生产者、销售者承担连带责任的,人民法院应予支持。

第十条 未取得食品生产资质与销售资质的民事主体,挂靠具有相应资质的生产者与销售者,生产、销售食品,造成消费者损害,消费者请求挂靠者与被挂靠者承担连带责任的,人民法院应予支持。

消费者仅起诉挂靠者或者被挂靠者的,必要时人民法院可以追加相关当事人参加诉讼。

第十一条 消费者因虚假广告推荐的食品、药品存在质量问题遭受损害,依据消费者权益保护法等法律相关规定请求广告经营者、广告发布者承担连带责任的,人民法院应予支持。

其他民事主体在虚假广告中向消费者推荐食品、药品,使消费者遭受损害,消费者依据消费者权益保护法等法律相关规定请求其与食品、药品的生产者、销售者承担连带责任的,人民法院应予支持。

第十二条 食品检验机构故意出具虚假检验报告,造成消费者损害,消费者请求其承担连带责任的,人民法院应予支持。

食品检验机构因过失出具不实检验报告,造成消费者损害,消费者请求其承担相应责任的,人民法院应予支持。

第十三条 食品认证机构故意出具虚假认证,造成消费者损害,消费者请求其承担连带责任的,人民法院应予支持。

食品认证机构因过失出具不实认证,造成消费者损害,消费者请求其承担相应责任的,人民法院应予支持。

第十四条 生产、销售的食品、药品存在质量问题,生产者与销售者需同时承担民事责任、行政责任和刑事责任,其财产不足以支付,当事人依照民法典等有关法律规定,请求食品、药品的生产者、销售者首先承担民事责任的,人民法院应予支持。

第十五条 生产不符合安全标准的食品或者销售明知是不符合安全标准的食品,消费者除要求赔偿损失外,依据食品安全法等法律规定向生产者、销售者主张赔偿金的,人民法院应予支持。

生产假药、劣药或者明知是假药、劣药仍然销售、使用的,受害人或者其近亲属除请求赔偿损失外,依据药品管理法等法律规定向生产者、销售者主张赔偿金的,人民法院应予支持。

第十六条 食品、药品的生产者与销售者以格式合同、通知、声明、告示等方式作出排除或者限制消费者权利,减轻或者免除经营者责任,加重消费者责任等对消费者不公平、不合理的规定,消费者依法请求认定该内容无效的,人民法院应予支持。

第十七条 消费者与化妆品、保健食品等产品的生产者、销售者、广告经营者、广告发布者、推荐者、检验机构等主体之间的纠纷,参照适用本规定。

法律规定的机关和有关组织依法提起公益诉讼的,参照适用本规定。

第十八条 本规定所称的"药品的生产者"包括药品上市许可持有人和药品生产企业,"药品的销售者"包括药品经营企业和医疗机构。

第十九条 本规定施行后人民法院正在审理的一审、二审案件适用本规定。

本规定施行前已经终审,本规定施行后当事人申请再审或者按照审判监督程序决定再审的案件,不适用本规定。

最高人民法院关于审理矿业权纠纷案件适用法律若干问题的解释

- 2017年2月20日最高人民法院审判委员会第1710次会议通过
- 根据2020年12月23日最高人民法院审判委员会第1823次会议通过的《最高人民法院关于修改〈最高人民法院关于在民事审判工作中适用〈中华人民共和国工会法〉若干问题的解释〉等二十七件民事类司法解释的决定》修正
- 2020年12月29日最高人民法院公告公布
- 该修正自2021年1月1日起施行
- 法释〔2020〕17号

为正确审理矿业权纠纷案件,依法保护当事人的合法权益,根据《中华人民共和国民法典》《中华人民共和国矿产资源法》《中华人民共和国环境保护法》等法律法规的规定,结合审判实践,制定本解释。

第一条 人民法院审理探矿权、采矿权等矿业权纠纷案件,应当依法保护矿业权流转,维护市场秩序和交易安全,保障矿产资源合理开发利用,促进资源节约与环境保护。

第二条 县级以上人民政府自然资源主管部门作为出让人与受让人签订的矿业权出让合同,除法律、行政法规另有规定的情形外,当事人请求确认自依法成立之日起生效的,人民法院应予支持。

第三条 受让人请求自矿产资源勘查许可证、采矿许可证载明的有效期起始日确认其探矿权、采矿权的,人民法院应予支持。

矿业权出让合同生效后、矿产资源勘查许可证或者采矿许可证颁发前,第三人越界或者以其他方式非法勘查开采,经出让人同意已实际占有勘查作业区或者矿区的受让人,请求第三人承担停止侵害、排除妨碍、赔偿损失等侵权责任的,人民法院应予支持。

第四条 出让人未按照出让合同的约定移交勘查作业区或者矿区、颁发矿产资源勘查许可证或者采矿许可证,受让人请求解除出让合同的,人民法院应予支持。

受让人勘查开采矿产资源未达到自然资源主管部门批准的矿山地质环境保护与土地复垦方案要求,在自然资源主管部门规定的期限内拒不改正,或者因违反法律法规被吊销矿产资源勘查许可证、采矿许可证,或者未按照出让合同的约定支付矿业权出让价款,出让人解除出让合同的,人民法院应予支持。

第五条 未取得矿产资源勘查许可证、采矿许可证,签订合同将矿产资源交由他人勘查开采的,人民法院应依法认定合同无效。

第六条 矿业权转让合同自依法成立之日起具有法律约束力。矿业权转让申请未经自然资源主管部门批准,受让人请求转让人办理矿业权变更登记手续的,人民法院不予支持。

当事人仅以矿业权转让申请未经自然资源主管部门批准为由请求确认转让合同无效的,人民法院不予支持。

第七条 矿业权转让合同依法成立后,在不具有法定无效情形下,受让人请求转让人履行报批义务或者转让人请求受让人履行协助报批义务的,人民法院应予支持,但法律上或者事实上不具备履行条件的除外。

人民法院可以依据案件事实和受让人的请求,判决受让人代为办理报批手续,转让人应当履行协助义务,并承担由此产生的费用。

第八条 矿业权转让合同依法成立后,转让人无正当理由拒不履行报批义务,受让人请求解除合同、返还已付转让款及利息,并由转让人承担违约责任的,人民法院应予支持。

第九条 矿业权转让合同约定受让人支付全部或者部分转让款后办理报批手续,转让人在办理报批手续前请求受让人先履行付款义务的,人民法院应予支持,但受让人有确切证据证明存在转让人将同一矿业权转让给第三人、矿业权人将被兼并重组等符合民法典第五百二十七条规定情形的除外。

第十条 自然资源主管部门不予批准矿业权转让申请致使矿业权转让合同被解除,受让人请求返还已付转让款及利息,采矿权人请求受让人返还获得的矿产品及收益,或者探矿权人请求受让人返还勘查资料和勘查中回收的矿产品及收益的,人民法院应予支持,但受让人可请求扣除相关的成本费用。

当事人一方对矿业权转让申请未获批准有过错的,应赔偿对方因此受到的损失;双方均有过错的,应当各自承担相应的责任。

第十一条 矿业权转让合同依法成立后、自然资源主管部门批准前,矿业权人又将矿业权转让给第三人并经自然资源主管部门批准、登记,受让人请求解除合同、返还已付转让款及利息,并由矿业权人承担违约责任的,人民法院应予支持。

第十二条 当事人请求确认矿业权租赁、承包合同自依法成立之日起生效的,人民法院应予支持。

矿业权租赁、承包合同约定矿业权人仅收取租金、承包费,放弃矿山管理,不履行安全生产、生态环境修复等法定义务,不承担相应法律责任的,人民法院应依法认定合同无效。

第十三条 矿业权人与他人合作进行矿产资源勘查开采所签订的合同,当事人请求确认自依法成立之日起生效的,人民法院应予支持。

合同中有关矿业权转让的条款适用本解释关于矿业权转让合同的规定。

第十四条 矿业权人为担保自己或者他人债务的履行,将矿业权抵押给债权人的,抵押合同自依法成立之日起生效,但法律、行政法规规定不得抵押的除外。

当事人仅以未经主管部门批准或者登记、备案为由请求确认抵押合同无效的,人民法院不予支持。

第十五条 当事人请求确认矿业权之抵押权自依法登记时设立的,人民法院应予支持。

颁发矿产资源勘查许可证或者采矿许可证的自然资源主管部门根据相关规定办理的矿业权抵押备案手续,视为前款规定的登记。

第十六条 债务人不履行到期债务或者发生当事人约定的实现抵押权的情形,抵押权人依据民事诉讼法第一百九十六条、第一百九十七条规定申请实现抵押权的,人民法院可以拍卖、变卖矿业权或者裁定以矿业权抵债,但矿业权竞买人、受让人应具备相应的资质条件。

第十七条 矿业权抵押期间因抵押人被兼并重组或者矿床被压覆等原因导致矿业权全部或者部分灭失,抵押权人请求就抵押人因此获得的保险金、赔偿金或者补偿金等款项优先受偿或者将该款项予以提存的,人民法院应予支持。

第十八条 当事人约定在自然保护区、风景名胜区、重点生态功能区、生态环境敏感区和脆弱区等区域内勘查开采矿产资源,违反法律、行政法规的强制性规定或者损害环境公共利益的,人民法院应依法认定合同无效。

第十九条 因越界勘查开采矿产资源引发的侵权责任纠纷,涉及自然资源主管部门批准的勘查开采范围重复或者界限不清的,人民法院应告知当事人先向自然资源主管部门申请解决。

第二十条 因他人越界勘查开采矿产资源,矿业权人请求侵权人承担停止侵害、排除妨碍、返还财产、赔偿损失等侵权责任的,人民法院应予支持,但探矿权人请求侵权人返还越界开采的矿产品及收益的除外。

第二十一条 勘查开采矿产资源造成环境污染,或者导致地质灾害、植被毁损等生态破坏,国家规定的机关或者法律规定的组织提起环境公益诉讼的,人民法院应依法予以受理。

国家规定的机关或者法律规定的组织为保护国家利益、环境公共利益提起诉讼的,不影响因同一勘查开采行为受到人身、财产损害的自然人、法人和非法人组织依据民事诉讼法第一百一十九条的规定提起诉讼。

第二十二条 人民法院在审理案件中,发现无证勘查开采、勘查资质、地质资料造假,或者勘查开采未履行生态环境修复义务等违法情形的,可以向有关行政主管部门提出司法建议,由其依法处理;涉嫌犯罪的,依法移送侦查机关处理。

第二十三条 本解释施行后,人民法院尚未审结的一审、二审案件适用本解释规定。本解释施行前已经作出生效裁判的案件,本解释施行后依法再审的,不适用本解释。

最高人民法院关于审理铁路运输人身损害赔偿纠纷案件适用法律若干问题的解释

- 2010 年 1 月 4 日最高人民法院审判委员会第 1482 次会议通过
- 根据 2020 年 12 月 23 日最高人民法院审判委员会第 1823 次会议通过的《最高人民法院关于修改〈最高人民法院关于在民事审判工作中适用〈中华人民共和国工会法〉若干问题的解释〉等二十七件民事类司法解释的决定》第一次修正
- 根据 2021 年 11 月 24 日最高人民法院审判委员会第 1853 次会议通过的《最高人民法院关于修改〈最高人民法院关于审理铁路运输人身损害赔偿纠纷案件适用法律若干问题的解释〉的决定》第二次修正
- 2021 年 12 月 8 日最高人民法院公告公布
- 该修正自 2022 年 1 月 1 日起施行
- 法释〔2021〕19 号

为正确审理铁路运输人身损害赔偿纠纷案件,依法维护各方当事人的合法权益,根据《中华人民共和国民法典》《中华人民共和国铁路法》《中华人民共和国民事诉讼法》等法律的规定,结合审判实践,就有关适用法律问题作如下解释:

第一条 人民法院审理铁路行车事故及其他铁路运营事故造成的铁路运输人身损害赔偿纠纷案件,适用本解释。

铁路运输企业在客运合同履行过程中造成旅客人身损害的赔偿纠纷案件,不适用本解释;与铁路运输企业建立劳动合同关系或者形成劳动关系的铁路职工在执行职务中发生的人身损害,依照有关调整劳动关系的法律规定及其他相关法律规定处理。

第二条 铁路运输人身损害的受害人以及死亡受害人的近亲属为赔偿权利人,有权请求赔偿。

第三条 赔偿权利人要求对方当事人承担侵权责任的,由事故发生地、列车最先到达地或者被告住所地铁路运输法院管辖。

前款规定的地区没有铁路运输法院的,由高级人民法院指定的其他人民法院管辖。

第四条 铁路运输造成人身损害的,铁路运输企业应当承担赔偿责任;法律另有规定的,依照其规定。

第五条 铁路行车事故及其他铁路运营事故造成人身损害,有下列情形之一的,铁路运输企业不承担赔偿责任:

(一)不可抗力造成的;

(二)受害人故意以卧轨、碰撞等方式造成的;

(三)法律规定铁路运输企业不承担赔偿责任的其他情形造成的。

第六条 因受害人的过错行为造成人身损害,依照法律规定应当由铁路运输企业承担赔偿责任的,根据受害人的过错程度可以适当减轻铁路运输企业的赔偿责任,并按照以下情形分别处理:

(一)铁路运输企业未充分履行安全防护、警示等义务,铁路运输企业承担事故主要责任的,应当在全部损害的百分之九十至百分之六十之间承担赔偿责任;铁路运输企业承担事故同等责任的,应当在全部损害的百分之六十至百分之五十之间承担赔偿责任;铁路运输企业承担事故次要责任的,应当在全部损害的百分之四十至百分之十之间承担赔偿责任;

(二)铁路运输企业已充分履行安全防护、警示等义务,受害人仍施以过错行为的,铁路运输企业应当在全部损害的百分之十以内承担赔偿责任。

铁路运输企业已充分履行安全防护、警示等义务,受害人不听从值守人员劝阻强行通过铁路平交道口、人行过道,或者明知危险后果仍然无视警示规定沿铁路线路纵向行走、坐卧故意造成人身损害的,铁路运输企业不承担赔偿责任,但是有证据证明并非受害人故意造成损害的除外。

第七条 铁路运输造成无民事行为能力人人身损害的,铁路运输企业应当承担赔偿责任;监护人有过错的,按照过错程度减轻铁路运输企业的赔偿责任。

铁路运输造成限制民事行为能力人人身损害的，铁路运输企业应当承担赔偿责任；监护人或者受害人自身有过错的，按照过错程度减轻铁路运输企业的赔偿责任。

第八条　铁路机车车辆与机动车发生碰撞造成机动车驾驶人员以外的人人身损害的，由铁路运输企业与机动车一方对受害人承担连带赔偿责任。铁路运输企业与机动车一方之间的责任份额根据各自责任大小确定；难以确定责任大小的，平均承担责任。对受害人实际承担赔偿责任超出应当承担份额的一方，有权向另一方追偿。

铁路机车车辆与机动车发生碰撞造成机动车驾驶人员人身损害的，按照本解释第四条至第六条的规定处理。

第九条　在非铁路运输企业实行监护的铁路无人看守道口发生事故造成人身损害的，由铁路运输企业按照本解释的有关规定承担赔偿责任。道口管理单位有过错的，铁路运输企业对赔偿权利人承担赔偿责任后，有权向道口管理单位追偿。

第十条　对于铁路桥梁、涵洞等设施负有管理、维护等职责的单位，因未尽职责使该铁路桥梁、涵洞等设施不能正常使用，导致行人、车辆穿越铁路线路造成人身损害，铁路运输企业按照本解释有关规定承担赔偿责任后，有权向该单位追偿。

第十一条　有权作出事故认定的组织依照《铁路交通事故应急救援和调查处理条例》等有关规定制作的事故认定书，经庭审质证，对于事故认定书所认定的事实，当事人没有相反证据和理由足以推翻的，人民法院应当作为认定事实的根据。

第十二条　在专用铁路及铁路专用线上因运输造成人身损害，依法应当由肇事工具或者设备的所有人、使用人或者管理人承担赔偿责任的，适用本解释。

第十三条　本院以前发布的司法解释与本解释不一致的，以本解释为准。

最高人民法院关于生态环境侵权民事诉讼证据的若干规定

- 2023 年 4 月 17 日最高人民法院审判委员会第 1885 次会议通过
- 2023 年 8 月 14 日最高人民法院公告公布
- 自 2023 年 9 月 1 日起施行
- 法释〔2023〕6 号

为保证人民法院正确认定案件事实，公正、及时审理生态环境侵权责任纠纷案件，保障和便利当事人依法行使诉讼权利，保护生态环境，根据《中华人民共和国民法典》《中华人民共和国民事诉讼法》《中华人民共和国环境保护法》等有关法律规定，结合生态环境侵权民事案件审判经验和实际情况，制定本规定。

第一条　人民法院审理环境污染责任纠纷案件、生态破坏责任纠纷案件和生态环境保护民事公益诉讼案件，适用本规定。

生态环境保护民事公益诉讼案件，包括环境污染民事公益诉讼案件、生态破坏民事公益诉讼案件和生态环境损害赔偿诉讼案件。

第二条　环境污染责任纠纷案件、生态破坏责任纠纷案件的原告应当就以下事实承担举证责任：

（一）被告实施了污染环境或者破坏生态的行为；

（二）原告人身、财产受到损害或者有遭受损害的危险。

第三条　生态环境保护民事公益诉讼案件的原告应当就以下事实承担举证责任：

（一）被告实施了污染环境或者破坏生态的行为，且该行为违反国家规定；

（二）生态环境受到损害或者有遭受损害的重大风险。

第四条　原告请求被告就其污染环境、破坏生态行为支付人身、财产损害赔偿费用，或者支付民法典第一千二百三十五条规定的损失、费用的，应当就其主张的损失、费用的数额承担举证责任。

第五条　原告起诉请求被告承担环境污染、生态破坏责任的，应当提供被告行为与损害之间具有关联性的证据。

人民法院应当根据当事人提交的证据，结合污染环境、破坏生态的行为方式、污染物的性质、环境介质的类型、生态因素的特征、时间顺序、空间距离等因素，综合判断被告行为与损害之间的关联性是否成立。

第六条　被告应当就其行为与损害之间不存在因果关系承担举证责任。

被告主张不承担责任或者减轻责任的，应当就法律规定的不承担责任或者减轻责任的情形承担举证责任。

第七条　被告证明其排放的污染物、释放的生态因素、产生的生态影响未到达损害发生地，或者其行为在损害发生后才实施且未加重损害后果，或者存在其行为不可能导致损害发生的其他情形的，人民法院应当认定被告行为与损害之间不存在因果关系。

第八条　对于发生法律效力的刑事裁判、行政裁判因未达到证明标准未予认定的事实,在因同一污染环境、破坏生态行为提起的生态环境侵权民事诉讼中,人民法院根据有关事实和证据确信待证事实的存在具有高度可能性的,应当认定该事实存在。

第九条 对于人民法院在生态环境保护民事公益诉讼生效裁判中确认的基本事实,当事人在因同一污染环境、破坏生态行为提起的人身、财产损害赔偿诉讼中无需举证证明,但有相反证据足以推翻的除外。

第十条 对于可能损害国家利益、社会公共利益的事实,双方当事人未主张或者无争议,人民法院认为可能影响裁判结果的,可以责令当事人提供有关证据。

前款规定的证据,当事人申请人民法院调查收集,符合《最高人民法院关于适用〈中华人民共和国民事诉讼法〉的解释》第九十四条规定情形的,人民法院应当准许;人民法院认为有必要的,可以依职权调查收集。

第十一条 实行环境资源案件集中管辖的法院,可以委托侵权行为实施地、侵权结果发生地、被告住所地等人民法院调查收集证据。受委托法院应当在收到委托函次日起三十日内完成委托事项,并将调查收集的证据及有关笔录移送委托法院。

受委托法院未能完成委托事项的,应当向委托法院书面告知有关情况及未能完成的原因。

第十二条 当事人或者利害关系人申请保全环境污染、生态破坏相关证据的,人民法院应当结合下列因素进行审查,确定是否采取保全措施:

(一)证据灭失或者以后难以取得的可能性;
(二)证据对证明待证事实有无必要;
(三)申请人自行收集证据是否存在困难;
(四)有必要采取证据保全措施的其他因素。

第十三条 在符合证据保全目的的情况下,人民法院应当选择对证据持有人利益影响最小的保全措施,尽量减少对保全标的物价值的损害和对证据持有人生产、生活的影响。

确需采取查封、扣押等限制保全标的物使用的保全措施的,人民法院应当及时组织当事人对保全的证据进行质证。

第十四条 人民法院调查收集、保全或者勘验涉及环境污染、生态破坏专门性问题的证据,应当遵守相关技术规范。必要时,可以通知鉴定人到场,或者邀请负有环境资源保护监督管理职责的部门派员协助。

第十五条 当事人向人民法院提交证据后申请撤回该证据,或者声明不以该证据证明案件事实的,不影响其他当事人援引该证据证明案件事实以及人民法院对该证据进行审查认定。

当事人放弃使用人民法院依其申请调查收集或者保全的证据的,按照前款规定处理。

第十六条 对于查明环境污染、生态破坏案件事实的专门性问题,人民法院经审查认为有必要的,应当根据当事人的申请或者依职权委托具有相应资格的机构、人员出具鉴定意见。

第十七条 对于法律适用、当事人责任划分等非专门性问题,或者虽然属于专门性问题,但可以通过法庭调查、勘验等其他方式查明的,人民法院不予委托鉴定。

第十八条 鉴定人需要邀请其他机构、人员完成部分鉴定事项的,应当向人民法院提出申请。

人民法院经审查认为确有必要的,在听取双方当事人意见后,可以准许,并告知鉴定人对最终鉴定意见承担法律责任;主要鉴定事项由其他机构、人员实施的,人民法院不予准许。

第十九条 未经人民法院准许,鉴定人邀请其他机构、人员完成部分鉴定事项的,鉴定意见不得作为认定案件事实的根据。

前款情形,当事人申请退还鉴定费用的,人民法院应当在三日内作出裁定,责令鉴定人退还;拒不退还的,由人民法院依法执行。

第二十条 鉴定人提供虚假鉴定意见的,该鉴定意见不得作为认定案件事实的根据。人民法院可以依照民事诉讼法第一百一十四条的规定进行处理。

鉴定事项由其他机构、人员完成,其他机构、人员提供虚假鉴定意见的,按照前款规定处理。

第二十一条 因没有鉴定标准、成熟的鉴定方法、相应资格的鉴定人等原因无法进行鉴定,或者鉴定周期过长、费用过高的,人民法院可以结合案件有关事实、当事人申请的有专门知识的人的意见和其他证据,对涉及专门性问题的事实作出认定。

第二十二条 当事人申请有专门知识的人出庭,就鉴定意见或者污染物认定、损害结果、因果关系、生态环境修复方案、生态环境修复费用、生态环境受到损害至修复完成期间服务功能丧失导致的损失、生态环境功能永久性损害造成的损失等专业问题提出意见的,人民法院可以准许。

对方当事人以有专门知识的人不具备相应资格为由提出异议的,人民法院对该异议不予支持。

第二十三条 当事人就环境污染、生态破坏的专门性问题自行委托有关机构、人员出具的意见，人民法院应当结合本案的其他证据，审查确定能否作为认定案件事实的根据。

对方当事人对该意见有异议的，人民法院应当告知提供意见的当事人可以申请出具意见的机构或者人员出庭陈述意见；未出庭的，该意见不得作为认定案件事实的根据。

第二十四条 负有环境资源保护监督管理职责的部门在其职权范围内制作的处罚决定等文书所记载的事项推定为真实，但有相反证据足以推翻的除外。

人民法院认为有必要的，可以依职权对上述文书的真实性进行调查核实。

第二十五条 负有环境资源保护监督管理职责的部门及其所属或者委托的监测机构在行政执法过程中收集的监测数据、形成的事件调查报告、检验检测报告、评估报告等材料，以及公安机关单独或者会同负有环境资源保护监督管理职责的部门提取样品进行检测获取的数据，经当事人质证，可以作为认定案件事实的根据。

第二十六条 对于证明环境污染、生态破坏案件事实有重要意义的书面文件、数据信息或者录音、录像等证据在对方当事人控制之下的，承担举证责任的当事人可以根据《最高人民法院关于适用〈中华人民共和国民事诉讼法〉的解释》第一百一十二条的规定，书面申请人民法院责令对方当事人提交。

第二十七条 承担举证责任的当事人申请人民法院责令对方当事人提交证据的，应当提供有关证据的名称、主要内容、制作人、制作时间或者其他可以将有关证据特定化的信息。根据申请人提供的信息不能使证据特定化的，人民法院不予准许。

人民法院应当结合申请人是否参与证据形成过程、是否接触过该证据等因素，综合判断其提供的信息是否达到证据特定化的要求。

第二十八条 承担举证责任的当事人申请人民法院责令对方当事人提交证据的，应当提出证据由对方当事人控制的依据。对方当事人否认控制有关证据的，人民法院应当根据法律规定、当事人约定、交易习惯等因素，结合案件的事实、证据作出判断。

有关证据虽未由对方当事人直接持有，但在其控制范围之内，其获取不存在客观障碍的，人民法院应当认定有关证据由其控制。

第二十九条 法律、法规、规章规定当事人应当披露或者持有的关于其排放的主要污染物名称、排放方式、排放浓度和总量、超标排放情况、防治污染设施的建设和运行情况、生态环境开发利用情况、生态环境违法信息等环境信息，属于《最高人民法院关于民事诉讼证据的若干规定》第四十七条第一款第三项规定的"对方当事人依照法律规定有权查阅、获取的书证"。

第三十条 在环境污染责任纠纷、生态破坏责任纠纷案件中，损害事实成立，但人身、财产损害赔偿数额难以确定的，人民法院可以结合侵权行为对原告造成损害的程度、被告因侵权行为获得的利益以及过错程度等因素，并可以参考负有环境资源保护监督管理职责的部门的意见等，合理确定。

第三十一条 在生态环境保护民事公益诉讼案件中，损害事实成立，但生态环境修复费用、生态环境受到损害至修复完成期间服务功能丧失导致的损失、生态环境功能永久性损害造成的损失等数额难以确定的，人民法院可以根据污染环境、破坏生态的范围和程度等已查明的案件事实，结合生态环境及其要素的稀缺性、生态环境恢复的难易程度、防治污染设备的运行成本、被告因侵权行为获得的利益以及过错程度等因素，并可以参考负有环境资源保护监督管理职责的部门的意见等，合理确定。

第三十二条 本规定未作规定的，适用《最高人民法院关于民事诉讼证据的若干规定》。

第三十三条 人民法院审理人民检察院提起的环境污染民事公益诉讼案件、生态破坏民事公益诉讼案件，参照适用本规定。

第三十四条 本规定自 2023 年 9 月 1 日起施行。

本规定公布施行后，最高人民法院以前发布的司法解释与本规定不一致的，不再适用。

最高人民法院关于审理生态环境侵权责任纠纷案件适用法律若干问题的解释

- 2023 年 6 月 5 日最高人民法院审判委员会第 1890 次会议通过
- 2023 年 8 月 14 日最高人民法院公告公布
- 自 2023 年 9 月 1 日起施行
- 法释〔2023〕5 号

为正确审理生态环境侵权责任纠纷案件，依法保护当事人合法权益，根据《中华人民共和国民法典》《中华人民共和国民事诉讼法》《中华人民共和国环境保护法》等法律的规定，结合审判实践，制定本解释。

第一条 侵权人因实施下列污染环境、破坏生态行为造成他人人身、财产损害，被侵权人请求侵权人承担生态环境侵权责任的，人民法院应予支持：

（一）排放废气、废水、废渣、医疗废物、粉尘、恶臭气体、放射性物质等污染环境的；

（二）排放噪声、振动、光辐射、电磁辐射等污染环境的；

（三）不合理开发利用自然资源的；

（四）违反国家规定，未经批准，擅自引进、释放、丢弃外来物种的；

（五）其他污染环境、破坏生态的行为。

第二条 因下列污染环境、破坏生态引发的民事纠纷，不作为生态环境侵权案件处理：

（一）未经由大气、水、土壤等生态环境介质，直接造成损害的；

（二）在室内、车内等封闭空间内造成损害的；

（三）不动产权利人在日常生活中造成相邻不动产权利人损害的；

（四）劳动者在职业活动中受到损害的。

前款规定的情形，依照相关法律规定确定民事责任。

第三条 不动产权利人因经营活动污染环境、破坏生态造成相邻不动产权利人损害，被侵权人请求其承担生态环境侵权责任的，人民法院应予支持。

第四条 污染环境、破坏生态造成他人损害，行为人不论有无过错，都应当承担侵权责任。

行为人以外的其他责任人对损害发生有过错的，应当承担侵权责任。

第五条 两个以上侵权人分别污染环境、破坏生态造成同一损害，每一个侵权人的行为都足以造成全部损害，被侵权人根据民法典第一千一百七十一条的规定请求侵权人承担连带责任的，人民法院应予支持。

第六条 两个以上侵权人分别污染环境、破坏生态，每一个侵权人的行为都不足以造成全部损害，被侵权人根据民法典第一千一百七十二条的规定请求侵权人承担责任的，人民法院应予支持。

侵权人主张其污染环境、破坏生态行为不足以造成全部损害的，应当承担相应举证责任。

第七条 两个以上侵权人分别污染环境、破坏生态，部分侵权人的行为足以造成全部损害，部分侵权人的行为只造成部分损害，被侵权人请求足以造成全部损害的侵权人对全部损害承担责任，并与其他侵权人就共同造成的损害部分承担连带责任的，人民法院应予支持。

被侵权人依照前款规定请求足以造成全部损害的侵权人与其他侵权人承担责任的，受偿范围应以侵权行为造成的全部损害为限。

第八条 两个以上侵权人分别污染环境、破坏生态，部分侵权人能够证明其他侵权人的侵权行为已先行造成全部或者部分损害，并请求在相应范围内不承担责任或者减轻责任的，人民法院应予支持。

第九条 两个以上侵权人分别排放的物质相互作用产生污染物造成他人损害，被侵权人请求侵权人承担连带责任的，人民法院应予支持。

第十条 为侵权人污染环境、破坏生态提供场地或者储存、运输等帮助，被侵权人根据民法典第一千一百六十九条的规定请求行为人与侵权人承担连带责任的，人民法院应予支持。

第十一条 过失为侵权人污染环境、破坏生态提供场地或者储存、运输等便利条件，被侵权人请求行为人承担与过错相适应责任的，人民法院应予支持。

前款规定的行为人存在重大过失的，依照本解释第十条的规定处理。

第十二条 排污单位将所属的环保设施委托第三方治理机构运营，第三方治理机构在合同履行过程中污染环境造成他人损害，被侵权人请求排污单位承担侵权责任的，人民法院应予支持。

排污单位依照前款规定承担责任后向有过错的第三方治理机构追偿的，人民法院应予支持。

第十三条 排污单位将污染物交由第三方治理机构集中处置，第三方治理机构在合同履行过程中污染环境造成他人损害，被侵权人请求第三方治理机构承担侵权责任的，人民法院应予支持。

排污单位在选任、指示第三方治理机构中有过错，被侵权人请求排污单位承担相应责任的，人民法院应予支持。

第十四条 存在下列情形之一的，排污单位与第三方治理机构应当根据民法典第一千一百六十八条的规定承担连带责任：

（一）第三方治理机构按照排污单位的指示，违反污染防治相关规定排放污染物的；

（二）排污单位将明显存在缺陷的环保设施交由第三方治理机构运营，第三方治理机构利用该设施违反污染防治相关规定排放污染物的；

（三）排污单位以明显不合理的价格将污染物交由第三方治理机构处置，第三方治理机构违反污染防治相

关规定排放污染物的;

(四)其他应当承担连带责任的情形。

第十五条 公司污染环境、破坏生态,被侵权人请求股东承担责任,符合公司法第二十条规定情形的,人民法院应予支持。

第十六条 侵权人污染环境、破坏生态造成他人损害,被侵权人请求未尽到安全保障义务的经营场所、公共场所的经营者、管理者或者群众性活动的组织者承担相应补充责任的,人民法院应予支持。

第十七条 依照法律规定应当履行生态环境风险管控和修复义务的民事主体,未履行法定义务造成他人损害,被侵权人请求其承担相应责任的,人民法院应予支持。

第十八条 因第三人的过错污染环境、破坏生态造成他人损害,被侵权人请求侵权人或者第三人承担责任的,人民法院应予支持。

侵权人以损害是由第三人过错造成的为由,主张不承担责任或者减轻责任的,人民法院不予支持。

第十九条 因第三人的过错污染环境、破坏生态造成他人损害,被侵权人同时起诉侵权人和第三人承担责任,侵权人对损害的发生没有过错的,人民法院应当判令侵权人、第三人就全部损害承担责任。侵权人承担责任后有权向第三人追偿。

侵权人对损害的发生有过错的,人民法院应当判令侵权人就全部损害承担责任,第三人承担与其过错相适应的责任。侵权人承担责任后有权就第三人应当承担的责任份额向其追偿。

第二十条 被侵权人起诉第三人承担责任的,人民法院应当向被侵权人释明是否同时起诉侵权人。被侵权人不起诉侵权人的,人民法院应当根据民事诉讼法第五十九条的规定通知侵权人参加诉讼。

被侵权人仅请求第三人承担责任,侵权人对损害的发生也有过错的,人民法院应当判令第三人承担与其过错相适应的责任。

第二十一条 环境影响评价机构、环境监测机构以及从事环境监测设备和防治污染设施维护、运营的机构存在下列情形之一,被侵权人请求其与造成环境污染、生态破坏的其他责任人根据环境保护法第六十五条的规定承担连带责任的,人民法院应予支持:

(一)故意出具失实评价文件的;

(二)隐瞒委托人超过污染物排放标准或者超过重点污染物排放总量控制指标的事实的;

(三)故意不运行或者不正常运行环境监测设备或者防治污染设施的;

(四)其他根据法律规定应当承担连带责任的情形。

第二十二条 被侵权人请求侵权人赔偿因污染环境、破坏生态造成的人身、财产损害,以及为防止损害发生和扩大而采取必要措施所支出的合理费用的,人民法院应予支持。

被侵权人同时请求侵权人根据民法典第一千二百三十五条的规定承担生态环境损害赔偿责任的,人民法院不予支持。

第二十三条 因污染环境、破坏生态影响他人取水、捕捞、狩猎、采集等日常生活并造成经济损失,同时符合下列情形,请求人主张行为人承担责任的,人民法院应予支持:

(一)请求人的活动位于或者接近生态环境受损区域;

(二)请求人的活动依赖受损生态环境;

(三)请求人的活动不具有可替代性或者替代成本过高;

(四)请求人的活动具有稳定性和公开性。

根据国家规定须经相关行政主管部门许可的活动,请求人在污染环境、破坏生态发生时未取得许可的,人民法院对其请求不予支持。

第二十四条 两个以上侵权人就污染环境、破坏生态造成的损害承担连带责任,实际承担责任超过自己责任份额的侵权人根据民法典第一百七十八条的规定向其他侵权人追偿的,人民法院应予支持。侵权人就惩罚性赔偿责任向其他侵权人追偿的,人民法院不予支持。

第二十五条 两个以上侵权人污染环境、破坏生态造成他人损害,人民法院应当根据行为有无许可,污染物的种类、浓度、排放量、危害性,破坏生态的方式、范围、程度,以及行为对损害后果所起的作用等因素确定各侵权人的责任份额。

两个以上侵权人污染环境、破坏生态承担连带责任,实际承担责任的侵权人向其他侵权人追偿的,依照前款规定处理。

第二十六条 被侵权人对同一污染环境、破坏生态行为造成损害的发生或者扩大有重大过失,侵权人请求减轻责任的,人民法院可以予以支持。

第二十七条 被侵权人请求侵权人承担生态环境侵权责任的诉讼时效期间,以被侵权人知道或者应当知道权利受到损害以及侵权人、其他责任人之日起计算。

被侵权人知道或者应当知道权利受到损害以及侵权人、其他责任人之日，侵权行为仍持续的，诉讼时效期间自行为结束之日起计算。

第二十八条 被侵权人以向负有环境资源监管职能的行政机关请求处理因污染环境、破坏生态造成的损害为由，主张诉讼时效中断的，人民法院应予支持。

第二十九条 本解释自 2023 年 9 月 1 日起施行。

本解释公布施行后，《最高人民法院关于审理环境侵权责任纠纷案件适用法律若干问题的解释》（法释〔2015〕12 号）同时废止。

最高人民法院关于具有专门知识的人民陪审员参加环境资源案件审理的若干规定

- 2023 年 4 月 17 日最高人民法院审判委员会第 1885 次会议通过
- 2023 年 7 月 26 日最高人民法院公告公布
- 自 2023 年 8 月 1 日起施行
- 法释〔2023〕4 号

为依法妥善审理环境资源案件，规范和保障具有专门知识的人民陪审员参加环境资源案件审判活动，根据《中华人民共和国刑事诉讼法》《中华人民共和国民事诉讼法》《中华人民共和国行政诉讼法》《中华人民共和国人民陪审员法》等法律的规定，结合环境资源案件特点和审判实际，制定本规定。

第一条 人民法院审理的第一审环境资源刑事、民事、行政案件，符合人民陪审员法第十五条规定，且案件事实涉及复杂专门性问题的，由不少于一名具有专门知识的人民陪审员参加合议庭审理。

前款规定外的第一审环境资源案件，人民法院认为有必要的，可以由具有专门知识的人民陪审员参加合议庭审理。

第二条 符合下列条件的人民陪审员，为本规定所称具有专门知识的人民陪审员：

（一）具有环境资源领域专门知识；

（二）在环境资源行政主管部门、科研院所、高等院校、企业、社会组织等单位从业三年以上。

第三条 人民法院参与人民陪审员选任，可以根据环境资源审判活动需要，结合案件类型、数量等特点，协商司法行政机关确定一定数量具有专门知识的人民陪审员候选人。

第四条 具有专门知识的人民陪审员任期届满后，人民法院认为有必要的，可以商请本人同意后协商司法行政机关经法定程序再次选任。

第五条 需要具有专门知识的人民陪审员参加案件审理的，人民法院可以根据环境资源案件的特点和具有专门知识的人民陪审员选任情况，在符合专业需求的人民陪审员名单中随机抽取确定。

第六条 基层人民法院可以根据环境资源案件审理的需要，协商司法行政机关选任具有专门知识的人民陪审员。

设立环境资源审判专门机构的基层人民法院，应当协商司法行政机关选任具有专门知识的人民陪审员。

设立环境资源审判专门机构的中级人民法院，辖区内基层人民法院均未设立环境资源审判专门机构的，应当指定辖区内不少于一家基层人民法院协商司法行政机关选任具有专门知识的人民陪审员。

第七条 基层人民法院审理的环境资源案件，需要具有专门知识的人民陪审员参加合议庭审理的，组成不少于一名具有专门知识的人民陪审员参加的三人合议庭。

基层人民法院审理的可能判处十年以上有期徒刑且社会影响重大的环境资源刑事案件，以及环境行政公益诉讼案件，需要具有专门知识的人民陪审员参加合议庭审理的，组成不少于一名具有专门知识的人民陪审员参加的七人合议庭。

第八条 中级人民法院审理的环境民事公益诉讼案件、环境行政公益诉讼案件、生态环境损害赔偿诉讼案件以及其他具有重大社会影响的环境污染防治、生态保护、气候变化应对、资源开发利用、生态环境治理与服务等案件，需要具有专门知识的人民陪审员参加合议庭审理的，组成不少于一名具有专门知识的人民陪审员参加的七人合议庭。

第九条 实行环境资源案件跨区域集中管辖的中级人民法院审理第一审环境资源案件，需要具有专门知识的人民陪审员参加合议庭审理的，可以从环境资源案件集中管辖区域内基层人民法院具有专门知识的人民陪审员名单中随机抽取确定。

第十条 铁路运输法院等没有对应同级人民代表大会的法院审理第一审环境资源案件，需要具有专门知识的人民陪审员参加合议庭审理的，在其所在地级市辖区或案件管辖区域内基层人民法院具有专门知识的人民陪审员名单中随机抽取确定。

第十一条 符合法律规定的审判人员应当回避的情

形，或所在单位与案件有利害关系的，具有专门知识的人民陪审员应当自行回避。当事人也可以申请具有专门知识的人民陪审员回避。

第十二条 审判长应当依照人民陪审员法第二十条的规定，对具有专门知识的人民陪审员参加的下列工作，重点进行指引和提示：

（一）专门性事实的调查；

（二）就是否进行证据保全、行为保全提出意见；

（三）庭前会议、证据交换和勘验；

（四）就是否委托司法鉴定，以及鉴定事项、范围、目的和期限提出意见；

（五）生态环境修复方案的审查；

（六）环境民事公益诉讼案件、生态环境损害赔偿诉讼案件的调解、和解协议的审查。

第十三条 具有专门知识的人民陪审员参加环境资源案件评议时，应当就案件事实涉及的专门性问题发表明确意见。

具有专门知识的人民陪审员就该专门性问题发表的意见与合议庭其他成员不一致的，合议庭可以将案件提请院长决定是否提交审判委员会讨论决定。有关情况应当记入评议笔录。

第十四条 具有专门知识的人民陪审员可以参与监督生态环境修复、验收和修复效果评估。

第十五条 具有专门知识的人民陪审员参加环境资源案件的审理，本规定没有规定的，适用《最高人民法院关于适用〈中华人民共和国人民陪审员法〉若干问题的解释》的规定。

第十六条 本规定自2023年8月1日起施行。

最高人民法院关于审理生态环境侵权纠纷案件适用惩罚性赔偿的解释

- 2021年12月27日最高人民法院审判委员会第1858次会议通过
- 2022年1月12日最高人民法院公告公布
- 自2022年1月20日起施行
- 法释〔2022〕1号

为妥善审理生态环境侵权纠纷案件，全面加强生态环境保护，正确适用惩罚性赔偿，根据《中华人民共和国民法典》《中华人民共和国环境保护法》《中华人民共和国民事诉讼法》等相关法律规定，结合审判实践，制定本解释。

第一条 人民法院审理生态环境侵权纠纷案件适用惩罚性赔偿，应当严格审慎，注重公平公正，依法保护民事主体合法权益，统筹生态环境保护和经济社会发展。

第二条 因环境污染、生态破坏受到损害的自然人、法人或者非法人组织，依据民法典第一千二百三十二条的规定，请求判令侵权人承担惩罚性赔偿责任的，适用本解释。

第三条 被侵权人在生态环境侵权纠纷案件中请求惩罚性赔偿的，应当在起诉时明确赔偿数额以及所依据的事实和理由。

被侵权人在生态环境侵权纠纷案件中没有提出惩罚性赔偿的诉讼请求，诉讼终结后又基于同一污染环境、破坏生态事实另行起诉请求惩罚性赔偿的，人民法院不予受理。

第四条 被侵权人主张侵权人承担惩罚性赔偿责任的，应当提供证据证明以下事实：

（一）侵权人污染环境、破坏生态的行为违反法律规定；

（二）侵权人具有污染环境、破坏生态的故意；

（三）侵权人污染环境、破坏生态的行为造成严重后果。

第五条 人民法院认定侵权人污染环境、破坏生态的行为是否违反法律规定，应当以法律、法规为依据，可以参照规章的规定。

第六条 人民法院认定侵权人是否具有污染环境、破坏生态的故意，应当根据侵权人的职业经历、专业背景或者经营范围，因同一或者同类行为受到行政处罚或者刑事追究的情况，以及污染物的种类，污染环境、破坏生态行为的方式等因素综合判断。

第七条 具有下列情形之一的，人民法院应当认定侵权人具有污染环境、破坏生态的故意：

（一）因同一污染环境、破坏生态行为，已被人民法院认定构成破坏环境资源保护犯罪的；

（二）建设项目未依法进行环境影响评价，或者提供虚假材料导致环境影响评价文件严重失实，被行政主管部门责令停止建设后拒不执行的；

（三）未取得排污许可证排放污染物，被行政主管部门责令停止排污后拒不执行，或者超过污染物排放标准或者重点污染物排放总量控制指标排放污染物，经行政主管机关责令限制生产、停产整治或者给予其他行政处罚后仍不改正的；

（四）生产、使用国家明令禁止生产、使用的农药，被行政主管部门责令改正后拒不改正的；

（五）无危险废物经营许可证而从事收集、贮存、利用、处置危险废物经营活动，或者知道或者应当知道他人无许可证而将危险废物提供或者委托给其从事收集、贮存、利用、处置等活动的；

（六）将未经处理的废水、废气、废渣直接排放或者倾倒的；

（七）通过暗管、渗井、渗坑、灌注，篡改、伪造监测数据，或者以不正常运行防治污染设施等逃避监管的方式，违法排放污染物的；

（八）在相关自然保护区域、禁猎（渔）区、禁猎（渔）期使用禁止使用的猎捕工具、方法猎捕、杀害国家重点保护野生动物、破坏野生动物栖息地的；

（九）未取得勘查许可证、采矿许可证，或者采取破坏性方法勘查开采矿产资源的；

（十）其他故意情形。

第八条 人民法院认定侵权人污染环境、破坏生态行为是否造成严重后果，应当根据污染环境、破坏生态行为的持续时间、地域范围、造成环境污染、生态破坏的范围和程度，以及造成的社会影响等因素综合判断。

侵权人污染环境、破坏生态行为造成他人死亡、健康严重损害，重大财产损失，生态环境严重损害或者重大不良社会影响的，人民法院应当认定为造成严重后果。

第九条 人民法院确定惩罚性赔偿金数额，应当以环境污染、生态破坏造成的人身损害赔偿金、财产损失数额作为计算基数。

前款所称人身损害赔偿金、财产损失数额，依照民法典第一千一百七十九条、第一千一百八十四条规定予以确定。法律另有规定的，依照其规定。

第十条 人民法院确定惩罚性赔偿金数额，应当综合考虑侵权人的恶意程度、侵权后果的严重程度、侵权人因污染环境、破坏生态行为所获得的利益或者侵权人所采取的修复措施及其效果等因素，但一般不超过人身损害赔偿金、财产损失数额的二倍。

因同一污染环境、破坏生态行为已经被行政机关给予罚款或者被人民法院判处罚金，侵权人主张免除惩罚性赔偿责任的，人民法院不予支持，但在确定惩罚性赔偿金数额时可以综合考虑。

第十一条 侵权人因同一污染环境、破坏生态行为，应当承担包括惩罚性赔偿在内的民事责任、行政责任和刑事责任，其财产不足以支付的，应当优先用于承担民事责任。

侵权人因同一污染环境、破坏生态行为，应当承担包括惩罚性赔偿在内的民事责任，其财产不足以支付的，应当优先用于承担惩罚性赔偿以外的其他责任。

第十二条 国家规定的机关或者法律规定的组织作为被侵权人代表，请求判令侵权人承担惩罚性赔偿责任的，人民法院可以参照前述规定予以处理。但惩罚性赔偿金数额的确定，应当以生态环境受到损害至修复完成期间服务功能丧失导致的损失、生态环境功能永久性损害造成的损失数额作为计算基数。

第十三条 侵权行为实施地、损害结果发生地在中华人民共和国管辖海域内的海洋生态环境侵权纠纷案件惩罚性赔偿问题，另行规定。

第十四条 本规定自2022年1月20日起施行。

最高人民法院关于审理人身损害赔偿案件适用法律若干问题的解释

- 2003年12月4日最高人民法院审判委员会第1299次会议通过
- 根据2020年12月23日最高人民法院审判委员会第1823次会议通过的《最高人民法院关于修改〈最高人民法院关于在民事审判工作中适用《中华人民共和国工会法》若干问题的解释〉等二十七件民事类司法解释的决定》第一次修正
- 根据2022年2月15日最高人民法院审判委员会第1864次会议通过的《最高人民法院关于修改〈最高人民法院关于审理人身损害赔偿案件适用法律若干问题的解释〉的决定》第二次修正
- 2022年4月24日最高人民法院公告公布
- 该修正自2022年5月1日起施行
- 法释〔2022〕14号

为正确审理人身损害赔偿案件，依法保护当事人的合法权益，根据《中华人民共和国民法典》《中华人民共和国民事诉讼法》等有关法律规定，结合审判实践，制定本解释。

第一条 因生命、身体、健康遭受侵害，赔偿权利人起诉请求赔偿义务人赔偿物质损害和精神损害的，人民法院应予受理。

本条所称"赔偿权利人"，是指因侵权行为或者其他致害原因直接遭受人身损害的受害人以及死亡受害人的近亲属。

本条所称"赔偿义务人"，是指因自己或者他人的侵权行为以及其他致害原因依法应当承担民事责任的自然人、法人或者非法人组织。

第二条 赔偿权利人起诉部分共同侵权人的，人民法院应当追加其他共同侵权人作为共同被告。赔偿权利人在诉讼中放弃对部分共同侵权人的诉讼请求的,其他共同侵权人对被放弃诉讼请求的被告应当承担的赔偿份额不承担连带责任。责任范围难以确定的,推定各共同侵权人承担同等责任。

人民法院应当将放弃诉讼请求的法律后果告知赔偿权利人,并将放弃诉讼请求的情况在法律文书中叙明。

第三条 依法应当参加工伤保险统筹的用人单位的劳动者,因工伤事故遭受人身损害,劳动者或者其近亲属向人民法院起诉请求用人单位承担民事赔偿责任的,告知其按《工伤保险条例》的规定处理。

因用人单位以外的第三人侵权造成劳动者人身损害,赔偿权利人请求第三人承担民事赔偿责任的,人民法院应予支持。

第四条 无偿提供劳务的帮工人,在从事帮工活动中致人损害的,被帮工人应当承担赔偿责任。被帮工人承担赔偿责任后向有故意或者重大过失的帮工人追偿的,人民法院应予支持。被帮工人明确拒绝帮工的,不承担赔偿责任。

第五条 无偿提供劳务的帮工人因帮工活动遭受人身损害的,根据帮工人和被帮工人各自的过错承担相应的责任;被帮工人明确拒绝帮工的,被帮工人不承担赔偿责任,但可以在受益范围内予以适当补偿。

帮工人在帮工活动中因第三人的行为遭受人身损害的,有权请求第三人承担赔偿责任,也有权请求被帮工人予以适当补偿。被帮工人补偿后,可以向第三人追偿。

第六条 医疗费根据医疗机构出具的医药费、住院费等收款凭证,结合病历和诊断证明等相关证据确定。赔偿义务人对治疗的必要性和合理性有异议的,应当承担相应的举证责任。

医疗费的赔偿数额,按照一审法庭辩论终结前实际发生的数额确定。器官功能恢复训练所必要的康复费、适当的整容费以及其他后续治疗费,赔偿权利人可以待实际发生后另行起诉。但根据医疗证明或者鉴定结论确定必然发生的费用,可以与已经发生的医疗费一并予以赔偿。

第七条 误工费根据受害人的误工时间和收入状况确定。

误工时间根据受害人接受治疗的医疗机构出具的证明确定。受害人因伤致残持续误工的,误工时间可以计算至定残日前一天。

受害人有固定收入的,误工费按照实际减少的收入计算。受害人无固定收入的,按照其最近三年的平均收入计算;受害人不能举证证明其最近三年的平均收入状况的,可以参照受诉法院所在地相同或者相近行业上一年度职工的平均工资计算。

第八条 护理费根据护理人员的收入状况和护理人数、护理期限确定。

护理人员有收入的,参照误工费的规定计算;护理人员没有收入或者雇佣护工的,参照当地护工从事同等级别护理的劳务报酬标准计算。护理人员原则上为一人,但医疗机构或者鉴定机构有明确意见的,可以参照确定护理人员人数。

护理期限应计算至受害人恢复生活自理能力时止。受害人因残疾不能恢复生活自理能力的,可以根据其年龄、健康状况等因素确定合理的护理期限,但最长不超过二十年。

受害人定残后的护理,应当根据其护理依赖程度并结合配制残疾辅助器具的情况确定护理级别。

第九条 交通费根据受害人及其必要的陪护人员因就医或者转院治疗实际发生的费用计算。交通费应当以正式票据为凭;有关凭据应当与就医地点、时间、人数、次数相符合。

第十条 住院伙食补助费可以参照当地国家机关一般工作人员的出差伙食补助标准予以确定。

受害人确有必要到外地治疗,因客观原因不能住院,受害人本人及其陪护人员实际发生的住宿费和伙食费,其合理部分应予赔偿。

第十一条 营养费根据受害人伤残情况参照医疗机构的意见确定。

第十二条 残疾赔偿金根据受害人丧失劳动能力程度或者伤残等级,按照受诉法院所在地上一年度城镇居民人均可支配收入标准,自定残之日起按二十年计算。但六十周岁以上的,年龄每增加一岁减少一年;七十五周岁以上的,按五年计算。

受害人因伤致残但实际收入没有减少,或者伤残等级较轻但造成职业妨害严重影响其劳动就业的,可以对残疾赔偿金作相应调整。

第十三条 残疾辅助器具费按照普通适用器具的合理费用标准计算。伤情有特殊需要的,可以参照辅助器具配制机构的意见确定相应的合理费用标准。

辅助器具的更换周期和赔偿期限参照配制机构的意见确定。

第十四条 丧葬费按照受诉法院所在地上一年度职

工月平均工资标准，以六个月总额计算。

第十五条 死亡赔偿金按照受诉法院所在地上一年度城镇居民人均可支配收入标准，按二十年计算。但六十周岁以上的，年龄每增加一岁减少一年；七十五周岁以上的，按五年计算。

第十六条 被扶养人生活费计入残疾赔偿金或者死亡赔偿金。

第十七条 被扶养人生活费根据扶养人丧失劳动能力程度，按照受诉法院所在地上一年度城镇居民人均消费支出标准计算。被扶养人为未成年人的，计算至十八周岁；被扶养人无劳动能力又无其他生活来源的，计算二十年。但六十周岁以上的，年龄每增加一岁减少一年；七十五周岁以上的，按五年计算。

被扶养人是指受害人依法应当承担扶养义务的未成年人或者丧失劳动能力又无其他生活来源的成年近亲属。被扶养人还有其他扶养人的，赔偿义务人只赔偿受害人依法应当负担的部分。被扶养人有数人的，年赔偿总额累计不超过上一年度城镇居民人均消费支出额。

第十八条 赔偿权利人举证证明其住所地或者经常居住地城镇居民人均可支配收入高于受诉法院所在地标准的，残疾赔偿金或者死亡赔偿金可以按照其住所地或者经常居住地的相关标准计算。

被扶养人生活费的相关计算标准，依照前款原则确定。

第十九条 超过确定的护理期限、辅助器具费给付年限或者残疾赔偿金给付年限，赔偿权利人向人民法院起诉请求继续给付护理费、辅助器具费或者残疾赔偿金的，人民法院应予受理。赔偿权利人确需继续护理、配制辅助器具，或者没有劳动能力和生活来源的，人民法院应当判令赔偿义务人继续给付相关费用五至十年。

第二十条 赔偿义务人请求以定期金方式给付残疾赔偿金、辅助器具费的，应当提供相应的担保。人民法院可以根据赔偿义务人的给付能力和提供担保的情况，确定以定期金方式给付相关费用。但是，一审法庭辩论终结前已经发生的费用、死亡赔偿金以及精神损害抚慰金，应当一次性给付。

第二十一条 人民法院应当在法律文书中明确定期金的给付时间、方式以及每期给付标准。执行期间有关统计数据发生变化的，给付金额应当适时进行相应调整。

定期金按照赔偿权利人的实际生存年限给付，不受本解释有关赔偿期限的限制。

第二十二条 本解释所称"城镇居民人均可支配收入""城镇居民人均消费支出""职工平均工资"，按照政府统计部门公布的各省、自治区、直辖市以及经济特区和计划单列市上一年度相关统计数据确定。

"上一年度"，是指一审法庭辩论终结时的上一统计年度。

第二十三条 精神损害抚慰金适用《最高人民法院关于确定民事侵权精神损害赔偿责任若干问题的解释》予以确定。

第二十四条 本解释自2022年5月1日起施行。施行后发生的侵权行为引起的人身损害赔偿案件适用本解释。

本院以前发布的司法解释与本解释不一致的，以本解释为准。

(七)劳动争议

最高人民法院关于在民事审判工作中适用《中华人民共和国工会法》若干问题的解释

- 2003年1月9日最高人民法院审判委员会第1263次会议通过
- 根据2020年12月23日最高人民法院审判委员会第1823次会议通过的《最高人民法院关于修改〈最高人民法院关于在民事审判工作中适用《中华人民共和国工会法》若干问题的解释〉等二十七件民事类司法解释的决定》修正
- 2020年12月29日最高人民法院公告公布
- 该修正自2021年1月1日起施行
- 法释〔2020〕17号

为正确审理涉及工会经费和财产、工会工作人员权利的民事案件，维护工会和职工的合法权益，根据《中华人民共和国民法典》《中华人民共和国工会法》和《中华人民共和国民事诉讼法》等法律的规定，现就有关法律的适用问题解释如下：

第一条 人民法院审理涉及工会组织的有关案件时，应当认定依照工会法建立的工会组织的社团法人资格。具有法人资格的工会组织依法独立享有民事权利，承担民事义务。建立工会的企业、事业单位、机关与所建工会以及工会投资兴办的企业，根据法律和司法解释的规定，应当分别承担各自的民事责任。

第二条 根据工会法第十八条规定，人民法院审理劳动争议案件，涉及确定基层工会专职主席、副主席或者委员延长的劳动合同期限的，应当自上述人员工会职务任职期限届满之日起计算，延长的期限等于其工会职务任职的期间。

工会法第十八条规定的"个人严重过失",是指具有《中华人民共和国劳动法》第二十五条第(二)项、第(三)项或者第(四)项规定的情形。

第三条 基层工会或者上级工会依照工会法第四十三条规定向人民法院申请支付令的,由被申请人所在地的基层人民法院管辖。

第四条 人民法院根据工会法第四十三条的规定受理工会提出的拨缴工会经费的支付令申请后,应当先行征询被申请人的意见。被申请人仅对应拨缴经费数额有异议的,人民法院应当就无异议部分的工会经费数额发出支付令。

人民法院在审理涉及工会经费的案件中,需要按照工会法第四十二条第一款第(二)项规定的"全部职工""工资总额"确定拨缴数额的,"全部职工""工资总额"的计算,应当按照国家有关部门规定的标准执行。

第五条 根据工会法第四十三条和民事诉讼法的有关规定,上级工会向人民法院申请支付令或者提起诉讼,要求企业、事业单位拨缴工会经费的,人民法院应当受理。基层工会要求参加诉讼的,人民法院可以准许其作为共同申请人或者共同原告参加诉讼。

第六条 根据工会法第五十二条规定,人民法院审理涉及职工和工会工作人员因参加工会活动或者履行工会法规定的职责而被解除劳动合同的劳动争议案件,可以根据当事人的请求裁判用人单位恢复其工作,并补发被解除劳动合同期间应得的报酬;或者根据当事人的请求裁判用人单位给予本人年收入二倍的赔偿,并根据劳动合同法第四十六条、第四十七条规定给予解除劳动合同时的经济补偿。

第七条 对于企业、事业单位无正当理由拖延或者拒不拨缴工会经费的,工会组织向人民法院请求保护其权利的诉讼时效期间,适用民法典第一百八十八条的规定。

第八条 工会组织就工会经费的拨缴向人民法院申请支付令的,应当按照《诉讼费用交纳办法》第十四条的规定交纳申请费;督促程序终结后,工会组织另行起诉的,按照《诉讼费用交纳办法》第十三条规定的财产案件受理费标准交纳诉讼费用。

最高人民法院关于审理劳动争议案件适用法律问题的解释(一)

- 2020年12月25日最高人民法院审判委员会第1825次会议通过
- 2020年12月29日最高人民法院公告公布
- 自2021年1月1日起施行
- 法释〔2020〕26号

为正确审理劳动争议案件,根据《中华人民共和国民法典》《中华人民共和国劳动法》《中华人民共和国劳动合同法》《中华人民共和国劳动争议调解仲裁法》《中华人民共和国民事诉讼法》等相关法律规定,结合审判实践,制定本解释。

第一条 劳动者与用人单位之间发生的下列纠纷,属于劳动争议,当事人不服劳动争议仲裁机构作出的裁决,依法提起诉讼的,人民法院应予受理:

(一)劳动者与用人单位在履行劳动合同过程中发生的纠纷;

(二)劳动者与用人单位之间没有订立书面劳动合同,但已形成劳动关系后发生的纠纷;

(三)劳动者与用人单位因劳动关系是否已经解除或者终止,以及应否支付解除或者终止劳动关系经济补偿金发生的纠纷;

(四)劳动者与用人单位解除或者终止劳动关系后,请求用人单位返还其收取的劳动合同定金、保证金、抵押金、抵押物发生的纠纷,或者办理劳动者的人事档案、社会保险关系等移转手续发生的纠纷;

(五)劳动者以用人单位未为其办理社会保险手续,且社会保险经办机构不能补办导致其无法享受社会保险待遇为由,要求用人单位赔偿损失发生的纠纷;

(六)劳动者退休后,与尚未参加社会保险统筹的原用人单位因追索养老金、医疗费、工伤保险待遇和其他社会保险待遇而发生的纠纷;

(七)劳动者因为工伤、职业病,请求用人单位依法给予工伤保险待遇发生的纠纷;

(八)劳动者依据劳动合同法第八十五条规定,要求用人单位支付加付赔偿金发生的纠纷;

(九)因企业自主进行改制发生的纠纷。

第二条 下列纠纷不属于劳动争议:

(一)劳动者请求社会保险经办机构发放社会保险金的纠纷;

(二)劳动者与用人单位因住房制度改革产生的公

有住房转让纠纷；

（三）劳动者对劳动能力鉴定委员会的伤残等级鉴定结论或者对职业病诊断鉴定委员会的职业病诊断鉴定结论的异议纠纷；

（四）家庭或者个人与家政服务人员之间的纠纷；

（五）个体工匠与帮工、学徒之间的纠纷；

（六）农村承包经营户与受雇人之间的纠纷。

第三条 劳动争议案件由用人单位所在地或者劳动合同履行地的基层人民法院管辖。

劳动合同履行地不明确的，由用人单位所在地的基层人民法院管辖。

法律另有规定的，依照其规定。

第四条 劳动者与用人单位均不服劳动争议仲裁机构的同一裁决，向同一人民法院起诉的，人民法院应当并案审理，双方当事人互为原告和被告，对双方的诉讼请求，人民法院应当一并作出裁决。在诉讼过程中，一方当事人撤诉的，人民法院应当根据另一方当事人的诉讼请求继续审理。双方当事人就同一仲裁裁决分别向有管辖权的人民法院起诉的，后受理的人民法院应当将案件移送给先受理的人民法院。

第五条 劳动争议仲裁机构以无管辖权为由对劳动争议案件不予受理，当事人提起诉讼的，人民法院按照以下情形分别处理：

（一）经审查认为该劳动争议仲裁机构对案件确无管辖权的，应当告知当事人向有管辖权的劳动争议仲裁机构申请仲裁；

（二）经审查认为该劳动争议仲裁机构有管辖权的，应当告知当事人申请仲裁，并将审查意见书面通知该劳动争议仲裁机构；劳动争议仲裁机构仍不受理，当事人就该劳动争议事项提起诉讼的，人民法院应予受理。

第六条 劳动争议仲裁机构以当事人申请仲裁的事项不属于劳动争议为由，作出不予受理的书面裁决、决定或者通知，当事人不服依法提起诉讼的，人民法院应当分别情况予以处理：

（一）属于劳动争议案件的，应当受理；

（二）虽不属于劳动争议案件，但属于人民法院主管的其他案件，应当依法受理。

第七条 劳动争议仲裁机构以申请仲裁的主体不适格为由，作出不予受理的书面裁决、决定或者通知，当事人不服依法提起诉讼，经审查确属主体不适格的，人民法院不予受理；已经受理的，裁定驳回起诉。

第八条 劳动争议仲裁机构为纠正原仲裁裁决错误重新作出裁决，当事人不服依法提起诉讼的，人民法院应当受理。

第九条 劳动争议仲裁机构仲裁的事项不属于人民法院受理的案件范围，当事人不服依法提起诉讼的，人民法院不予受理；已经受理的，裁定驳回起诉。

第十条 当事人不服劳动争议仲裁机构作出的预先支付劳动者劳动报酬、工伤医疗费、经济补偿或者赔偿金的裁决，依法提起诉讼的，人民法院不予受理。

用人单位不履行上述裁决中的给付义务，劳动者依法申请强制执行的，人民法院应予受理。

第十一条 劳动争议仲裁机构作出的调解书已经发生法律效力，一方当事人反悔提起诉讼的，人民法院不予受理；已经受理的，裁定驳回起诉。

第十二条 劳动争议仲裁机构逾期未作出受理决定或仲裁裁决，当事人直接提起诉讼的，人民法院应予受理，但申请仲裁的案件存在下列事由的除外：

（一）移送管辖的；

（二）正在送达或者送达延误的；

（三）等待另案诉讼结果、评残结论的；

（四）正在等待劳动争议仲裁机构开庭的；

（五）启动鉴定程序或者委托其他部门调查取证的；

（六）其他正当事由。

当事人以劳动争议仲裁机构逾期未作出仲裁裁决为由提起诉讼的，应当提交该仲裁机构出具的受理通知书或者其他已接受仲裁申请的凭证、证明。

第十三条 劳动者依据劳动合同法第三十条第二款和调解仲裁法第十六条规定向人民法院申请支付令，符合民事诉讼法第十七章督促程序规定的，人民法院应予受理。

依据劳动合同法第三十条第二款规定申请支付令被人民法院裁定终结督促程序后，劳动者就劳动争议事项直接提起诉讼的，人民法院应当告知其先向劳动争议仲裁机构申请仲裁。

依据调解仲裁法第十六条规定申请支付令被人民法院裁定终结督促程序后，劳动者依据调解协议直接提起诉讼的，人民法院应予受理。

第十四条 人民法院受理劳动争议案件后，当事人增加诉讼请求的，如该诉讼请求与讼争的劳动争议具有不可分性，应当合并审理；如属独立的劳动争议，应当告知当事人向劳动争议仲裁机构申请仲裁。

第十五条 劳动者以用人单位的工资欠条为证据直接提起诉讼，诉讼请求不涉及劳动关系其他争议的，视为拖欠劳动报酬争议,人民法院按照普通民事纠纷受理。

第十六条 劳动争议仲裁机构作出仲裁裁决后,当事人对裁决中的部分事项不服,依法提起诉讼的,劳动争议仲裁裁决不发生法律效力。

第十七条 劳动争议仲裁机构对多个劳动者的劳动争议作出仲裁裁决后,部分劳动者对仲裁裁决不服,依法提起诉讼的,仲裁裁决对提起诉讼的劳动者不发生法律效力;对未提起诉讼的部分劳动者,发生法律效力,如其申请执行的,人民法院应当受理。

第十八条 仲裁裁决的类型以仲裁裁决书确定为准。仲裁裁决书未载明该裁决为终局裁决或者非终局裁决,用人单位不服该仲裁裁决向基层人民法院提起诉讼的,应当按照以下情形分别处理:

(一)经审查认为该仲裁裁决为非终局裁决的,基层人民法院应予受理;

(二)经审查认为该仲裁裁决为终局裁决的,基层人民法院不予受理,但应告知用人单位可以自收到不予受理裁定书之日起三十日内向劳动争议仲裁机构所在地的中级人民法院申请撤销该仲裁裁决;已经受理的,裁定驳回起诉。

第十九条 仲裁裁决书未载明该裁决为终局裁决或者非终局裁决,劳动者依据调解仲裁法第四十七条第一项规定,追索劳动报酬、工伤医疗费、经济补偿或者赔偿金,如果仲裁裁决涉及数项,每项确定的数额均不超过当地月最低工资标准十二个月金额的,应当按照终局裁决处理。

第二十条 劳动争议仲裁机构作出的同一仲裁裁决同时包含终局裁决事项和非终局裁决事项,当事人不服该仲裁裁决向人民法院提起诉讼的,应当按照非终局裁决处理。

第二十一条 劳动者依据调解仲裁法第四十八条规定向基层人民法院提起诉讼,用人单位依据调解仲裁法第四十九条规定向劳动争议仲裁机构所在地的中级人民法院申请撤销仲裁裁决的,中级人民法院应当不予受理;已经受理的,应当裁定驳回申请。

被人民法院驳回起诉或者劳动者撤诉的,用人单位可以自收到裁定书之日起三十日内,向劳动争议仲裁机构所在地的中级人民法院申请撤销仲裁裁决。

第二十二条 用人单位依据调解仲裁法第四十九条规定向中级人民法院申请撤销仲裁裁决,中级人民法院作出的驳回申请或者撤销仲裁裁决的裁定为终审裁定。

第二十三条 中级人民法院审理用人单位申请撤销终局裁决的案件,应当组成合议庭开庭审理。经过阅卷、调查和询问当事人,对没有新的事实、证据或者理由,合议庭认为不需要开庭审理的,可以不开庭审理。

中级人民法院可以组织双方当事人调解。达成调解协议的,可以制作调解书。一方当事人逾期不履行调解协议的,另一方可以申请人民法院强制执行。

第二十四条 当事人申请人民法院执行劳动争议仲裁机构作出的发生法律效力的裁决书、调解书,被申请人提出证据证明劳动争议仲裁裁决书、调解书有下列情形之一,并经审查核实的,人民法院可以根据民事诉讼法第二百三十七条规定,裁定不予执行:

(一)裁决的事项不属于劳动争议仲裁范围,或者劳动争议仲裁机构无权仲裁的;

(二)适用法律、法规确有错误的;

(三)违反法定程序的;

(四)裁决所根据的证据是伪造的;

(五)对方当事人隐瞒了足以影响公正裁决的证据的;

(六)仲裁员在仲裁该案时有索贿受贿、徇私舞弊、枉法裁决行为的;

(七)人民法院认定执行该劳动争议仲裁裁决违背社会公共利益的。

人民法院在不予执行的裁定书中,应当告知当事人在收到裁定书之次日起三十日内,可以就该劳动争议事项向人民法院提起诉讼。

第二十五条 劳动争议仲裁机构作出终局裁决,劳动者向人民法院申请执行,用人单位向劳动争议仲裁机构所在地的中级人民法院申请撤销的,人民法院应当裁定中止执行。

用人单位撤回撤销终局裁决申请或者其申请被驳回的,人民法院应当裁定恢复执行。仲裁裁决被撤销的,人民法院应当裁定终结执行。

用人单位向人民法院申请撤销仲裁裁决被驳回后,又在执行程序中以相同理由提出不予执行抗辩的,人民法院不予支持。

第二十六条 用人单位与其它单位合并的,合并前发生的劳动争议,由合并后的单位为当事人;用人单位分立为若干单位的,其分立前发生的劳动争议,由分立后的实际用人单位为当事人。

用人单位分立为若干单位后,具体承受劳动权利义务的单位不明确的,分立后的单位均为当事人。

第二十七条 用人单位招用尚未解除劳动合同的劳

动者,原用人单位与劳动者发生的劳动争议,可以列新的用人单位为第三人。

原用人单位以新的用人单位侵权为由提起诉讼的,可以列劳动者为第三人。

原用人单位以新的用人单位和劳动者共同侵权为由提起诉讼的,新的用人单位和劳动者列为共同被告。

第二十八条 劳动者在用人单位与其他平等主体之间的承包经营期间,与发包方和承包方双方或者一方发生劳动争议,依法提起诉讼的,应当将承包方和发包方作为当事人。

第二十九条 劳动者与未办理营业执照、营业执照被吊销或者营业期限届满仍继续经营的用人单位发生争议的,应当将用人单位或者其出资人列为当事人。

第三十条 未办理营业执照、营业执照被吊销或者营业期限届满仍继续经营的用人单位,以挂靠等方式借用他人营业执照经营的,应当将用人单位和营业执照出借方列为当事人。

第三十一条 当事人不服劳动争议仲裁机构作出的仲裁裁决,依法提起诉讼,人民法院审查认为仲裁裁决遗漏了必须共同参加仲裁的当事人的,应当依法追加遗漏的人为诉讼当事人。

被追加的当事人应当承担责任的,人民法院应当一并处理。

第三十二条 用人单位与其招用的已经依法享受养老保险待遇或者领取退休金的人员发生用工争议而提起诉讼的,人民法院应当按劳务关系处理。

企业停薪留职人员、未达到法定退休年龄的内退人员、下岗待岗人员以及企业经营性停产放长假人员,因与新的用人单位发生用工争议而提起诉讼的,人民法院应当按劳动关系处理。

第三十三条 外国人、无国籍人未依法取得就业证件即与中华人民共和国境内的用人单位签订劳动合同,当事人请求确认与用人单位存在劳动关系的,人民法院不予支持。

持有《外国专家证》并取得《外国人来华工作许可证》的外国人,与中华人民共和国境内的用人单位建立用工关系的,可以认定为劳动关系。

第三十四条 劳动合同期满后,劳动者仍在原用人单位工作,原用人单位未表示异议的,视为双方同意以原条件继续履行劳动合同。一方提出终止劳动关系的,人民法院应予支持。

根据劳动合同法第十四条规定,用人单位应当与劳动者签订无固定期限劳动合同而未签订的,人民法院可以视为双方之间存在无固定期限劳动合同关系,并以原劳动合同确定双方的权利义务关系。

第三十五条 劳动者与用人单位就解除或者终止劳动合同办理相关手续、支付工资报酬、加班费、经济补偿或者赔偿金等达成的协议,不违反法律、行政法规的强制性规定,且不存在欺诈、胁迫或者乘人之危情形的,应当认定有效。

前款协议存在重大误解或者显失公平情形,当事人请求撤销的,人民法院应予支持。

第三十六条 当事人在劳动合同或者保密协议中约定了竞业限制,但未约定解除或者终止劳动合同后给予劳动者经济补偿,劳动者履行了竞业限制义务,要求用人单位按照劳动者在劳动合同解除或者终止前十二个月平均工资的30%按月支付经济补偿的,人民法院应予支持。

前款规定的月平均工资的30%低于劳动合同履行地最低工资标准的,按照劳动合同履行地最低工资标准支付。

第三十七条 当事人在劳动合同或者保密协议中约定了竞业限制和经济补偿,当事人解除劳动合同时,除另有约定外,用人单位要求劳动者履行竞业限制义务,或者劳动者履行了竞业限制义务后要求用人单位支付经济补偿的,人民法院应予支持。

第三十八条 当事人在劳动合同或者保密协议中约定了竞业限制和经济补偿,劳动合同解除或者终止后,因用人单位的原因导致三个月未支付经济补偿,劳动者请求解除竞业限制约定的,人民法院应予支持。

第三十九条 在竞业限制期限内,用人单位请求解除竞业限制协议的,人民法院应予支持。

在解除竞业限制协议时,劳动者请求用人单位额外支付劳动者三个月的竞业限制经济补偿的,人民法院应予支持。

第四十条 劳动者违反竞业限制约定,向用人单位支付违约金后,用人单位要求劳动者按照约定继续履行竞业限制义务的,人民法院应予支持。

第四十一条 劳动合同被确认为无效,劳动者已付出劳动的,用人单位应当按照劳动合同法第二十八条、第四十六条、第四十七条的规定向劳动者支付劳动报酬和经济补偿。

由于用人单位原因订立无效劳动合同,给劳动者造成损害的,用人单位应当赔偿劳动者因合同无效所造成的经济损失。

第四十二条 劳动者主张加班费的,应当就加班事实的存在承担举证责任。但劳动者有证据证明用人单位掌握加班事实存在的证据,用人单位不提供的,由用人单位承担不利后果。

第四十三条 用人单位与劳动者协商一致变更劳动合同,虽未采用书面形式,但已经实际履行了口头变更的劳动合同超过一个月,变更后的劳动合同内容不违反法律、行政法规且不违背公序良俗,当事人以未采用书面形式为由主张劳动合同变更无效的,人民法院不予支持。

第四十四条 因用人单位作出的开除、除名、辞退、解除劳动合同、减少劳动报酬、计算劳动者工作年限等决定而发生的劳动争议,用人单位负举证责任。

第四十五条 用人单位有下列情形之一,迫使劳动者提出解除劳动合同的,用人单位应当支付劳动者的劳动报酬和经济补偿,并可支付赔偿金:

(一)以暴力、威胁或者非法限制人身自由的手段强迫劳动的;

(二)未按照劳动合同约定支付劳动报酬或者提供劳动条件的;

(三)克扣或者无故拖欠劳动者工资的;

(四)拒不支付劳动者延长工作时间工资报酬的;

(五)低于当地最低工资标准支付劳动者工资的。

第四十六条 劳动者非因本人原因从原用人单位被安排到新用人单位工作,原用人单位未支付经济补偿,劳动者依据劳动合同法第三十八条规定与新用人单位解除劳动合同,或者新用人单位向劳动者提出解除、终止劳动合同,在计算支付经济补偿或赔偿金的工作年限时,劳动者请求把在原用人单位的工作年限合并计算为新用人单位工作年限的,人民法院应予支持。

用人单位符合下列情形之一的,应当认定属于"劳动者非因本人原因从原用人单位被安排到新用人单位工作":

(一)劳动者仍在原工作场所、工作岗位工作,劳动合同主体由原用人单位变更为新用人单位;

(二)用人单位以组织委派或任命形式对劳动者进行工作调动;

(三)因用人单位合并、分立等原因导致劳动者工作调动;

(四)用人单位及其关联企业与劳动者轮流订立劳动合同;

(五)其他合理情形。

第四十七条 建立了工会组织的用人单位解除劳动合同符合劳动合同法第三十九条、第四十条规定,但未按照劳动合同法第四十三条规定事先通知工会,劳动者以用人单位违法解除劳动合同为由请求用人单位支付赔偿金的,人民法院应予支持,但起诉前用人单位已经补正有关程序的除外。

第四十八条 劳动合同法施行后,因用人单位经营期限届满不再继续经营导致劳动合同不能继续履行,劳动者请求用人单位支付经济补偿的,人民法院应予支持。

第四十九条 在诉讼过程中,劳动者向人民法院申请采取财产保全措施,人民法院经审查认为申请人经济确有困难,或者有证据证明用人单位存在欠薪逃匿可能的,应当减轻或者免除劳动者提供担保的义务,及时采取保全措施。

人民法院作出的财产保全裁定中,应当告知当事人在劳动争议仲裁机构的裁决书或者在人民法院的裁判文书生效后三个月内申请强制执行。逾期不申请的,人民法院应当裁定解除保全措施。

第五十条 用人单位根据劳动合同法第四条规定,通过民主程序制定的规章制度,不违反国家法律、行政法规及政策规定,并已向劳动者公示的,可以作为确定双方权利义务的依据。

用人单位制定的内部规章制度与集体合同或者劳动合同约定的内容不一致,劳动者请求优先适用合同约定的,人民法院应予支持。

第五十一条 当事人在调解仲裁法第十条规定的调解组织主持下达成的具有劳动权利义务内容的调解协议,具有劳动合同的约束力,可作为人民法院裁判的根据。

当事人在调解仲裁法第十条规定的调解组织主持下仅就劳动报酬争议达成调解协议,用人单位不履行调解协议确定的给付义务,劳动者直接提起诉讼的,人民法院可以按照普通民事纠纷受理。

第五十二条 当事人在人民调解委员会主持下仅就给付义务达成的调解协议,双方认为有必要的,可以共同向人民调解委员会所在地的基层人民法院申请司法确认。

第五十三条 用人单位对劳动者作出的开除、除名、辞退等处理,或者因其他原因解除劳动合同确有错误的,人民法院可以依法判决予以撤销。

对于追索劳动报酬、养老金、医疗费以及工伤保险待遇、经济补偿金、培训费及其他相关费用等案件,给付数额不当的,人民法院可以予以变更。

第五十四条 本解释自2021年1月1日起施行。

（八）合　同

最高人民法院关于适用《中华人民共和国民法典》合同编通则若干问题的解释

- 2023年5月23日最高人民法院审判委员会第1889次会议通过
- 2023年12月4日最高人民法院公告公布
- 自2023年12月5日起施行
- 法释〔2023〕13号

为正确审理合同纠纷案件以及非因合同产生的债权债务关系纠纷案件，依法保护当事人的合法权益，根据《中华人民共和国民法典》《中华人民共和国民事诉讼法》等相关法律规定，结合审判实践，制定本解释。

一、一般规定

第一条　人民法院依据民法典第一百四十二条第一款、第四百六十六条第一款的规定解释合同条款时，应当以词句的通常含义为基础，结合相关条款、合同的性质和目的、习惯以及诚信原则，参考缔约背景、磋商过程、履行行为等因素确定争议条款的含义。

有证据证明当事人之间对合同条款有不同于词句的通常含义的其他共同理解，一方主张按照词句的通常含义理解合同条款的，人民法院不予支持。

对合同条款有两种以上解释，可能影响该条款效力的，人民法院应当选择有利于该条款有效的解释；属于无偿合同的，应当选择对债务人负担较轻的解释。

第二条　下列情形，不违反法律、行政法规的强制性规定且不违背公序良俗的，人民法院可以认定为民法典所称的"交易习惯"：

（一）当事人之间在交易活动中的惯常做法；

（二）在交易行为当地或者某一领域、某一行业通常采用并为交易对方订立合同时所知道或者应当知道的做法。

对于交易习惯，由提出主张的当事人一方承担举证责任。

二、合同的订立

第三条　当事人对合同是否成立存在争议，人民法院能够确定当事人姓名或者名称、标的和数量的，一般应当认定合同成立。但是，法律另有规定或者当事人另有约定的除外。

根据前款规定能够认定合同已经成立的，对合同欠缺的内容，人民法院应当依据民法典第五百一十条、第五百一十一条等规定予以确定。

当事人主张合同无效或者请求撤销、解除合同等，人民法院认为合同不成立的，应当依据《最高人民法院关于民事诉讼证据的若干规定》第五十三条的规定将合同是否成立作为焦点问题进行审理，并可以根据案件的具体情况重新指定举证期限。

第四条　采取招标方式订立合同，当事人请求确认合同自中标通知书到达中标人时成立的，人民法院应予支持。合同成立后，当事人拒绝签订书面合同的，人民法院应当依据招标文件、投标文件和中标通知书等确定合同内容。

采取现场拍卖、网络拍卖等公开竞价方式订立合同，当事人请求确认合同自拍卖师落槌、电子交易系统确认成交时成立的，人民法院应予支持。合同成立后，当事人拒绝签订成交确认书的，人民法院应当依据拍卖公告、竞买人的报价等确定合同内容。

产权交易所等机构主持拍卖、挂牌交易，其公布的拍卖公告、交易规则等文件公开确定了合同成立需要具备的条件，当事人请求确认合同自该条件具备时成立的，人民法院应予支持。

第五条　第三人实施欺诈、胁迫行为，使当事人在违背真实意思的情况下订立合同，受到损失的当事人请求第三人承担赔偿责任的，人民法院依法予以支持；当事人亦有违背诚信原则的行为的，人民法院应当根据各自的过错确定相应的责任。但是，法律、司法解释对当事人与第三人的民事责任另有规定的，依照其规定。

第六条　当事人以认购书、订购书、预订书等形式约定在将来一定期限内订立合同，或者为担保在将来一定期限内订立合同交付了定金，能够确定将来所要订立合同的主体、标的等内容的，人民法院应当认定预约合同成立。

当事人通过签订意向书或者备忘录等方式，仅表达交易的意向，未约定在将来一定期限内订立合同，或者虽然有约定但是难以确定将来所要订立合同的主体、标的等内容，一方主张预约合同成立的，人民法院不予支持。

当事人订立的认购书、订购书、预订书等已就合同标的、数量、价款或者报酬等主要内容达成合意，符合本解释第三条第一款规定的合同成立条件，未明确约定在将来一定期限内另行订立合同，或者虽然有约定但是当事人一方已实施履行行为且对方接受的，人民法院应当认定本约合同成立。

第七条　预约合同生效后，当事人一方拒绝订立本约合同或者在磋商订立本约合同时违背诚信原则导致未能订立本约合同的,人民法院应当认定该当事人不履行预约合同约定的义务。

人民法院认定当事人一方在磋商订立本约合同时是否违背诚信原则,应当综合考虑该当事人在磋商时提出的条件是否明显背离预约合同约定的内容以及是否已尽合理努力进行协商等因素。

第八条 预约合同生效后,当事人一方不履行订立本约合同的义务,对方请求其赔偿因此造成的损失的,人民法院依法予以支持。

前款规定的损失赔偿,当事人有约定的,按照约定;没有约定的,人民法院应当综合考虑预约合同在内容上的完备程度以及订立本约合同的条件的成就程度等因素酌定。

第九条 合同条款符合民法典第四百九十六条第一款规定的情形,当事人仅以合同系依据合同示范文本制作或者双方已经明确约定合同条款不属于格式条款为由主张该条款不是格式条款的,人民法院不予支持。

从事经营活动的当事人一方仅以未实际重复使用为由主张其预先拟定且未与对方协商的合同条款不是格式条款的,人民法院不予支持。但是,有证据证明该条款不是为了重复使用而预先拟定的除外。

第十条 提供格式条款的一方在合同订立时采用通常足以引起对方注意的文字、符号、字体等明显标识,提示对方注意免除或者减轻其责任、排除或者限制对方权利等与对方有重大利害关系的异常条款的,人民法院可以认定其已经履行民法典第四百九十六条第二款规定的提示义务。

提供格式条款的一方按照对方的要求,就与对方有重大利害关系的异常条款的概念、内容及其法律后果以书面或者口头形式向对方作出通常能够理解的解释说明的,人民法院可以认定其已经履行民法典第四百九十六条第二款规定的说明义务。

提供格式条款的一方对其已经尽到提示义务或者说明义务承担举证责任。对于通过互联网等信息网络订立的电子合同,提供格式条款的一方仅以采取了设置勾选、弹窗等方式为由主张其已经履行提示义务或者说明义务的,人民法院不予支持,但是其举证符合前两款规定的除外。

三、合同的效力

第十一条 当事人一方是自然人,根据该当事人的年龄、智力、知识、经验并结合交易的复杂程度,能够认定其对合同的性质、合同订立的法律后果或者交易中存在的特定风险缺乏应有的认知能力的,人民法院可以认定该情形构成民法典第一百五十一条规定的"缺乏判断能力"。

第十二条 合同依法成立后,负有报批义务的当事人不履行报批义务或者履行报批义务不符合合同的约定或者法律、行政法规的规定,对方请求其继续履行报批义务的,人民法院应予支持;对方主张解除合同并请求其承担违反报批义务的赔偿责任的,人民法院应予支持。

人民法院判决当事人一方履行报批义务后,其仍不履行,对方主张解除合同并参照违反合同的违约责任请求其承担赔偿责任的,人民法院应予支持。

合同获得批准前,当事人一方起诉请求对方履行合同约定的主要义务,经释明后拒绝变更诉讼请求的,人民法院应当判决驳回其诉讼请求,但是不影响其另行提起诉讼。

负有报批义务的当事人已经办理申请批准等手续或者已经履行生效判决确定的报批义务,批准机关决定不予批准,对方请求其承担赔偿责任的,人民法院不予支持。但是,因迟延履行报批义务等可归责于当事人的原因导致合同未获批准,对方请求赔偿因此受到的损失的,人民法院应当依据民法典第一百五十七条的规定处理。

第十三条 合同存在无效或者可撤销的情形,当事人以该合同已在有关行政管理部门办理备案、已经批准机关批准或者已依据该合同办理财产权利的变更登记、移转登记等为由主张合同有效的,人民法院不予支持。

第十四条 当事人之间就同一交易订立多份合同,人民法院应当认定其中以虚假意思表示订立的合同无效。当事人为规避法律、行政法规的强制性规定,以虚假意思表示隐藏真实意思表示的,人民法院应当依据民法典第一百五十三条第一款的规定认定被隐藏合同的效力;当事人为规避法律、行政法规关于合同应当办理批准等手续的规定,以虚假意思表示隐藏真实意思表示的,人民法院应当依据民法典第五百零二条第二款的规定认定被隐藏合同的效力。

依据前款规定认定被隐藏合同无效或者确定不发生效力的,人民法院应当以被隐藏合同为事实基础,依据民法典第一百五十七条的规定确定当事人的民事责任。但是,法律另有规定的除外。

当事人就同一交易订立的多份合同均系真实意思表示,且不存在其他影响合同效力情形的,人民法院应当在查明各合同成立先后顺序和实际履行情况的基础上,认定合同内容是否发生变更。法律、行政法规禁止变更合同内容的，人民法院应当认定合同的相应变更无效。

第十五条 人民法院认定当事人之间的权利义务关系，不应当拘泥于合同使用的名称，而应当根据合同约定的内容。当事人主张的权利义务关系与根据合同内容认定的权利义务关系不一致的，人民法院应当结合缔约背景、交易目的、交易结构、履行行为以及当事人是否存在虚构交易标的等事实认定当事人之间的实际民事法律关系。

第十六条 合同违反法律、行政法规的强制性规定，有下列情形之一，由行为人承担行政责任或者刑事责任能够实现强制性规定的立法目的的，人民法院可以依据民法典第一百五十三条第一款关于"该强制性规定不导致该民事法律行为无效的除外"的规定认定该合同不因违反强制性规定无效：

（一）强制性规定虽然旨在维护社会公共秩序，但是合同的实际履行对社会公共秩序造成的影响显著轻微，认定合同无效将导致案件处理结果有失公平公正；

（二）强制性规定旨在维护政府的税收、土地出让金等国家利益或者其他民事主体的合法权益而非合同当事人的民事权益，认定合同有效不会影响该规范目的的实现；

（三）强制性规定旨在要求当事人一方加强风险控制、内部管理等，对方无能力或者无义务审查合同是否违反强制性规定，认定合同无效将使其承担不利后果；

（四）当事人一方虽然在订立合同时违反强制性规定，但是在合同订立后其已经具备补正违反强制性规定的条件却违背诚信原则不予补正；

（五）法律、司法解释规定的其他情形。

法律、行政法规的强制性规定旨在规制合同订立后的履行行为，当事人以合同违反强制性规定为由请求认定合同无效的，人民法院不予支持。但是，合同履行必然导致违反强制性规定或者法律、司法解释另有规定的除外。

依据前两款认定合同有效，但是当事人的违法行为未经处理的，人民法院应当向有关行政管理部门提出司法建议。当事人的行为涉嫌犯罪的，应当将案件线索移送刑事侦查机关；属于刑事自诉案件的，应当告知当事人可以向有管辖权的人民法院另行提起诉讼。

第十七条 合同虽然不违反法律、行政法规的强制性规定，但是有下列情形之一，人民法院应当依据民法典第一百五十三条第二款的规定认定合同无效：

（一）合同影响政治安全、经济安全、军事安全等国家安全的；

（二）合同影响社会稳定、公平竞争秩序或者损害社会公共利益等违背社会公共秩序的；

（三）合同背离社会公德、家庭伦理或者有损人格尊严等违背善良风俗的。

人民法院在认定合同是否违背公序良俗时，应当以社会主义核心价值观为导向，综合考虑当事人的主观动机和交易目的、政府部门的监管强度、一定期限内当事人从事类似交易的频次、行为的社会后果等因素，并在裁判文书中充分说明。当事人确因生活需要进行交易，未给社会公共秩序造成重大影响，且不影响国家安全，也不违背善良风俗的，人民法院不应当认定合同无效。

第十八条 法律、行政法规的规定虽然有"应当""必须"或者"不得"等表述，但是该规定旨在限制或者赋予民事权利，行为人违反该规定将构成无权处分、无权代理、越权代表等，或者导致合同相对人、第三人因此获得撤销权、解除权等民事权利的，人民法院应当依据法律、行政法规规定的关于违反该规定的民事法律后果认定合同效力。

第十九条 以转让或者设定财产权利为目的订立的合同，当事人或者真正权利人仅以让与人在订立合同时对标的物没有所有权或者处分权为由主张合同无效的，人民法院不予支持；因未取得真正权利人事后同意或者让与人事后未取得处分权导致合同不能履行，受让人主张解除合同并请求让与人承担违反合同的赔偿责任的，人民法院依法予以支持。

前款规定的合同被认定有效，且让与人已经将财产交付或者移转登记至受让人，真正权利人请求认定财产权利未发生变动或者请求返还财产的，人民法院应予支持。但是，受让人依据民法典第三百一十一条等规定善意取得财产权利的除外。

第二十条 法律、行政法规为限制法人的法定代表人或者非法人组织的负责人的代表权，规定合同所涉事项应当由法人、非法人组织的权力机构或者决策机构决议，或者应当由法人、非法人组织的执行机构决定，法定代表人、负责人未取得授权而以法人、非法人组织的名义订立合同，未尽到合理审查义务的相对人主张该合同对法人、非法人组织发生效力并由其承担违约责任的，人民法院不予支持，但是法人、非法人组织有过错的，可以参照民法典第一百五十七条的规定判决其承担相应的赔偿责任。相对人已尽到合理审查义务，构成表见代表的，人民法院应当依据民法典第五百零四条的规定处理。

合同所涉事项未超越法律、行政法规规定的法定代表人或者负责人的代表权限，但是超越法人、非法人组织的章程或者权力机构等对代表权的限制，相对人主张该合同对法人、非法人组织发生效力并由其承担违约责任的，人民法院依法予以支持。但是，法人、非法人组织举证证明相对人知道或者应当知道该限制的除外。

法人、非法人组织承担民事责任后，向有过错的法定代表人、负责人追偿因越权代表行为造成的损失的，人民法院依法予以支持。法律、司法解释对法定代表人、负责人的民事责任另有规定的，依照其规定。

第二十一条 法人、非法人组织的工作人员就超越其职权范围的事项以法人、非法人组织的名义订立合同，相对人主张该合同对法人、非法人组织发生效力并由其承担违约责任的，人民法院不予支持。但是，法人、非法人组织有过错的，人民法院可以参照民法典第一百五十七条的规定判决其承担相应的赔偿责任。前述情形，构成表见代理的，人民法院应当依据民法典第一百七十二条的规定处理。

合同所涉事项有下列情形之一的，人民法院应当认定法人、非法人组织的工作人员在订立合同时超越其职权范围：

（一）依法应当由法人、非法人组织的权力机构或者决策机构决议的事项；

（二）依法应当由法人、非法人组织的执行机构决定的事项；

（三）依法应当由法定代表人、负责人代表法人、非法人组织实施的事项；

（四）不属于通常情形下依其职权可以处理的事项。

合同所涉事项未超越依据前款确定的职权范围，但是超越法人、非法人组织对工作人员职权范围的限制，相对人主张该合同对法人、非法人组织发生效力并由其承担违约责任的，人民法院应予支持。但是，法人、非法人组织举证证明相对人知道或者应当知道该限制的除外。

法人、非法人组织承担民事责任后，向故意或者有重大过失的工作人员追偿的，人民法院依法予以支持。

第二十二条 法定代表人、负责人或者工作人员以法人、非法人组织的名义订立合同且未超越权限，法人、非法人组织仅以合同加盖的印章不是备案印章或者系伪造的印章为由主张该合同对其不发生效力的，人民法院不予支持。

合同系以法人、非法人组织的名义订立，但是仅有法定代表人、负责人或者工作人员签名或者按指印而未加盖法人、非法人组织的印章，相对人能够证明法定代表人、负责人或者工作人员在订立合同时未超越权限的，人民法院应当认定合同对法人、非法人组织发生效力。但是，当事人约定以加盖印章作为合同成立条件的除外。

合同仅加盖法人、非法人组织的印章而无人员签名或者按指印，相对人能够证明合同系法定代表人、负责人或者工作人员在其权限范围内订立的，人民法院应当认定该合同对法人、非法人组织发生效力。

在前三款规定的情形下，法定代表人、负责人或者工作人员在订立合同时虽然超越代表或者代理权限，但是依据民法典第五百零四条的规定构成表见代表，或者依据民法典第一百七十二条的规定构成表见代理的，人民法院应当认定合同对法人、非法人组织发生效力。

第二十三条 法定代表人、负责人或者代理人与相对人恶意串通，以法人、非法人组织的名义订立合同，损害法人、非法人组织的合法权益，法人、非法人组织主张不承担民事责任的，人民法院应予支持。法人、非法人组织请求法定代表人、负责人或者代理人与相对人对因此受到的损失承担连带赔偿责任的，人民法院应予支持。

根据法人、非法人组织的举证，综合考虑当事人之间的交易习惯、合同在订立时是否显失公平、相关人员是否获取了不正当利益、合同的履行情况等因素，人民法院能够认定法定代表人、负责人或者代理人与相对人存在恶意串通的高度可能性的，可以要求前述人员就合同订立、履行的过程等相关事实作出陈述或者提供相应的证据。其无正当理由拒绝作出陈述，或者所作陈述不具合理性又不能提供相应证据的，人民法院可以认定恶意串通的事实成立。

第二十四条 合同不成立、无效、被撤销或者确定不发生效力，当事人请求返还财产，经审查财产能够返还的，人民法院应当根据案件具体情况，单独或者合并适用返还占有的标的物、更正登记簿册记载等方式；经审查财产不能返还或者没有必要返还的，人民法院应当以认定合同不成立、无效、被撤销或者确定不发生效力之日该财产的市场价值或者以其他合理方式计算的价值为基准判决折价补偿。

除前款规定的情形外，当事人还请求赔偿损失的，人民法院应当结合财产返还或者折价补偿的情况，综合考虑财产增值收益和贬值损失、交易成本的支出等事实，按照双方当事人的过错程度及原因力大小，根据诚信原则和公平原则，合理确定损失赔偿额。

合同不成立、无效、被撤销或者确定不发生效力,当事人的行为涉嫌违法且未经处理,可能导致一方或者双方通过违法行为获得不当利益的,人民法院应当向有关行政管理部门提出司法建议。当事人的行为涉嫌犯罪的,应当将案件线索移送刑事侦查机关;属于刑事自诉案件的,应当告知当事人可以向有管辖权的人民法院另行提起诉讼。

第二十五条 合同不成立、无效、被撤销或者确定不发生效力,有权请求返还价款或者报酬的当事人一方请求对方支付资金占用费的,人民法院应当在当事人请求的范围内按照中国人民银行授权全国银行间同业拆借中心公布的一年期贷款市场报价利率(LPR)计算。但是,占用资金的当事人对于合同不成立、无效、被撤销或者确定不发生效力没有过错的,应当以中国人民银行公布的同期同类存款基准利率计算。

双方互负返还义务,当事人主张同时履行的,人民法院应予支持;占有标的物的一方对标的物存在使用或者依法可以使用的情形,对方请求将其应支付的资金占用费与应收取的标的物使用费相互抵销的,人民法院应予支持,但是法律另有规定的除外。

四、合同的履行

第二十六条 当事人一方未根据法律规定或者合同约定履行开具发票、提供证明文件等非主要债务,对方请求继续履行该债务并赔偿因怠于履行该债务造成的损失的,人民法院依法予以支持;对方请求解除合同的,人民法院不予支持,但是不履行该债务致使不能实现合同目的或者当事人另有约定的除外。

第二十七条 债务人或者第三人与债权人在债务履行期限届满后达成以物抵债协议,不存在影响合同效力情形的,人民法院应当认定该协议自当事人意思表示一致时生效。

债务人或者第三人履行以物抵债协议后,人民法院应当认定相应的原债务同时消灭;债务人或者第三人未按照约定履行以物抵债协议,经催告后在合理期限内仍不履行,债权人选择请求履行原债务或者以物抵债协议的,人民法院应予支持,但是法律另有规定或者当事人另有约定的除外。

前款规定的以物抵债协议经人民法院确认或者人民法院根据当事人达成的以物抵债协议制作成调解书,债权人主张财产权利自确认书、调解书生效时发生变动或者具有对抗善意第三人效力的,人民法院不予支持。

债务人或者第三人以自己不享有所有权或者处分权的财产权利订立以物抵债协议的,依据本解释第十九条的规定处理。

第二十八条 债务人或者第三人与债权人在债务履行期限届满前达成以物抵债协议的,人民法院应当在审理债权债务关系的基础上认定该协议的效力。

当事人约定债务人到期没有清偿债务,债权人可以对抵债财产拍卖、变卖、折价以实现债权的,人民法院应当认定该约定有效。当事人约定债务人到期没有清偿债务,抵债财产归债权人所有的,人民法院应当认定该约定无效,但是不影响其他部分的效力;债权人请求对抵债财产拍卖、变卖、折价以实现债权的,人民法院应予支持。

当事人订立前款规定的以物抵债协议后,债务人或者第三人未将财产权利转移至债权人名下,债权人主张优先受偿的,人民法院不予支持;债务人或者第三人已将财产权利转移至债权人名下的,依据《最高人民法院关于适用〈中华人民共和国民法典〉有关担保制度的解释》第六十八条的规定处理。

第二十九条 民法典第五百二十二条第二款规定的第三人请求债务人向自己履行债务的,人民法院应予支持;请求行使撤销权、解除权等民事权利的,人民法院不予支持,但是法律另有规定的除外。

合同依法被撤销或者被解除,债务人请求债权人返还财产的,人民法院应予支持。

债务人按照约定向第三人履行债务,第三人拒绝受领,债权人请求债务人向自己履行债务的,人民法院应予支持,但是债务人已经采取提存等方式消灭债务的除外。第三人拒绝受领或者受领迟延,债务人请求债权人赔偿因此造成的损失的,人民法院依法予以支持。

第三十条 下列民事主体,人民法院可以认定为民法典第五百二十四条第一款规定的对履行债务具有合法利益的第三人:

(一)保证人或者提供物的担保的第三人;

(二)担保财产的受让人、用益物权人、合法占有人;

(三)担保财产上的后顺位担保权人;

(四)对债务人的财产享有合法权益且该权益将因财产被强制执行而丧失的第三人;

(五)债务人为法人或者非法人组织的,其出资人或者设立人;

(六)债务人为自然人的,其近亲属;

(七)其他对履行债务具有合法利益的第三人。

第三人在其已经代为履行的范围内取得对债务人的债权,但是不得损害债权人的利益。

担保人代为履行债务取得债权后,向其他担保人主张担保权利的,依据《最高人民法院关于适用〈中华人民共和国民法典〉有关担保制度的解释》第十三条、第十四条、第十八条第二款等规定处理。

第三十一条 当事人互负债务,一方以对方没有履行非主要债务为由拒绝履行自己的主要债务的,人民法院不予支持。但是,对方不履行非主要债务致使不能实现合同目的或者当事人另有约定的除外。

当事人一方起诉请求对方履行债务,被告依据民法典第五百二十五条的规定主张双方同时履行的抗辩且抗辩成立,被告未提起反诉的,人民法院应当判决被告在原告履行债务的同时履行自己的债务,并在判项中明确原告申请强制执行的,人民法院应当在原告履行自己的债务后对被告采取执行行为;被告提起反诉的,人民法院应当判决双方同时履行自己的债务,并在判项中明确任何一方申请强制执行的,人民法院应当在该当事人履行自己的债务后对对方采取执行行为。

当事人一方起诉请求对方履行债务,被告依据民法典第五百二十六条的规定主张原告应先履行的抗辩且抗辩成立的,人民法院应当驳回原告的诉讼请求,但是不影响原告履行债务后另行提起诉讼。

第三十二条 合同成立后,因政策调整或者市场供求关系异常变动等原因导致价格发生当事人在订立合同时无法预见的、不属于商业风险的涨跌,继续履行合同对于当事人一方明显不公平的,人民法院应当认定合同的基础条件发生了民法典第五百三十三条第一款规定的"重大变化"。但是,合同涉及市场属性活跃、长期以来价格波动较大的大宗商品以及股票、期货等风险投资型金融产品的除外。

合同的基础条件发生了民法典第五百三十三条第一款规定的重大变化,当事人请求变更合同的,人民法院不得解除合同;当事人一方请求变更合同,对方请求解除合同的,或者当事人一方请求解除合同,对方请求变更合同的,人民法院应当结合案件的实际情况,根据公平原则判决变更或者解除合同。

人民法院依据民法典第五百三十三条的规定判决变更或者解除合同的,应当综合考虑合同基础条件发生重大变化的时间、当事人重新协商的情况以及因合同变更或者解除给当事人造成的损失等因素,在判项中明确合同变更或者解除的时间。

当事人事先约定排除民法典第五百三十三条适用的,人民法院应当认定该约定无效。

五、合同的保全

第三十三条 债务人不履行其对债权人的到期债务,又不以诉讼或者仲裁方式向相对人主张其享有的债权或者与该债权有关的从权利,致使债权人的到期债权未能实现的,人民法院可以认定为民法典第五百三十五条规定的"债务人怠于行使其债权或者与该债权有关的从权利,影响债权人的到期债权实现"。

第三十四条 下列权利,人民法院可以认定为民法典第五百三十五条第一款规定的专属于债务人自身的权利:

(一)抚养费、赡养费或者扶养费请求权;

(二)人身损害赔偿请求权;

(三)劳动报酬请求权,但是超过债务人及其所扶养家属的生活必需费用的部分除外;

(四)请求支付基本养老保险金、失业保险金、最低生活保障金等保障当事人基本生活的权利;

(五)其他专属于债务人自身的权利。

第三十五条 债权人依据民法典第五百三十五条的规定对债务人的相对人提起代位权诉讼的,由被告住所地人民法院管辖,但是依法应当适用专属管辖规定的除外。

债务人或者相对人以双方之间的债权债务关系订有管辖协议为由提出异议的,人民法院不予支持。

第三十六条 债权人提起代位权诉讼后,债务人或者相对人以双方之间的债权债务关系订有仲裁协议为由对法院主管提出异议的,人民法院不予支持。但是,债务人或者相对人在首次开庭前就债务人与相对人之间的债权债务关系申请仲裁的,人民法院可以依法中止代位权诉讼。

第三十七条 债权人以债务人的相对人为被告向人民法院提起代位权诉讼,未将债务人列为第三人的,人民法院应当追加债务人为第三人。

两个以上债权人以债务人的同一相对人为被告提起代位权诉讼的,人民法院可以合并审理。债务人对相对人享有的债权不足以清偿其对两个以上债权人负担的债务的,人民法院应当按照债权人享有的债权比例确定相对人的履行份额,但是法律另有规定的除外。

第三十八条 债权人向人民法院起诉债务人后,又向同一人民法院对债务人的相对人提起代位权诉讼,属于该人民法院管辖的,可以合并审理。不属于该人民法院管辖的,应当告知其向有管辖权的人民法院另行起诉;在起诉债务人的诉讼终结前,代位权诉讼应当中止。

第三十九条 在代位权诉讼中,债务人对超过债权人代位请求数额的债权部分起诉相对人，属于同一人民法院管辖的，可以合并审理。不属于同一人民法院管辖的，应当告知其向有管辖权的人民法院另行起诉；在代位权诉讼终结前，债务人对相对人的诉讼应当中止。

第四十条 代位权诉讼中，人民法院经审理认为债权人的主张不符合代位权行使条件的，应当驳回诉讼请求，但是不影响债权人根据新的事实再次起诉。

债务人的相对人仅以债权人提起代位权诉讼时债权人与债务人之间的债权债务关系未经生效法律文书确认为由，主张债权人提起的诉讼不符合代位权行使条件的，人民法院不予支持。

第四十一条 债权人提起代位权诉讼后，债务人无正当理由减免相对人的债务或者延长相对人的履行期限，相对人以此向债权人抗辩的，人民法院不予支持。

第四十二条 对于民法典第五百三十九条规定的"明显不合理"的低价或者高价，人民法院应当按照交易当地一般经营者的判断，并参考交易时交易地的市场交易价或者物价部门指导价予以认定。

转让价格未达到交易时交易地的市场交易价或者指导价百分之七十的，一般可以认定为"明显不合理的低价"；受让价格高于交易时交易地的市场交易价或者指导价百分之三十的，一般可以认定为"明显不合理的高价"。

债务人与相对人存在亲属关系、关联关系的，不受前款规定的百分之七十、百分之三十的限制。

第四十三条 债务人以明显不合理的价格，实施互易财产、以物抵债、出租或者承租财产、知识产权许可使用等行为，影响债权人的债权实现，债务人的相对人知道或者应当知道该情形，债权人请求撤销债务人的行为的，人民法院应当依据民法典第五百三十九条的规定予以支持。

第四十四条 债权人依据民法典第五百三十八条、第五百三十九条的规定提起撤销权诉讼的，应当以债务人和债务人的相对人为共同被告，由债务人或者相对人的住所地人民法院管辖，但是依法应当适用专属管辖规定的除外。

两个以上债权人就债务人的同一行为提起撤销权诉讼的，人民法院可以合并审理。

第四十五条 在债权人撤销权诉讼中，被撤销行为的标的可分，当事人主张在受影响的债权范围内撤销债务人的行为的，人民法院应予支持；被撤销行为的标的不可分，债权人主张将债务人的行为全部撤销的，人民法院应予支持。

债权人行使撤销权所支付的合理的律师代理费、差旅费等费用，可以认定为民法典第五百四十条规定的"必要费用"。

第四十六条 债权人在撤销权诉讼中同时请求债务人的相对人向债务人承担返还财产、折价补偿、履行到期债务等法律后果的，人民法院依法予以支持。

债权人请求受理撤销权诉讼的人民法院一并审理其与债务人之间的债权债务关系，属于该人民法院管辖的，可以合并审理。不属于该人民法院管辖的，应当告知其向有管辖权的人民法院另行起诉。

债权人依据其与债务人的诉讼、撤销权诉讼产生的生效法律文书申请强制执行的，人民法院可以就债务人对相对人享有的权利采取强制执行措施以实现债权人的债权。债权人在撤销权诉讼中，申请对相对人的财产采取保全措施的，人民法院依法予以准许。

六、合同的变更和转让

第四十七条 债权转让后，债务人向受让人主张其对让与人的抗辩的，人民法院可以追加让与人为第三人。

债务转移后，新债务人主张原债务人对债权人的抗辩的，人民法院可以追加原债务人为第三人。

当事人一方将合同权利义务一并转让后，对方就合同权利义务向受让人主张抗辩或者受让人就合同权利义务向对方主张抗辩的，人民法院可以追加让与人为第三人。

第四十八条 债务人在接到债权转让通知前已经向让与人履行，受让人请求债务人履行的，人民法院不予支持；债务人接到债权转让通知后仍然向让与人履行，受让人请求债务人履行的，人民法院应予支持。

让与人未通知债务人，受让人直接起诉债务人请求履行债务，人民法院经审理确认债权转让事实的，应当认定债权转让自起诉状副本送达时对债务人发生效力。债务人主张因未通知而给其增加的费用或者造成的损失从认定的债权数额中扣除的，人民法院依法予以支持。

第四十九条 债务人接到债权转让通知后，让与人以债权转让合同不成立、无效、被撤销或者确定不发生效力为由请求债务人向其履行的，人民法院不予支持。但是，该债权转让通知被依法撤销的除外。

受让人基于债务人对债权真实存在的确认受让债权后，债务人又以该债权不存在为由拒绝向受让人履行的，人民法院不予支持。但是，受让人知道或者应当知道该债权不存在的除外。

第五十条 让与人将同一债权转让给两个以上受让

人，债务人以已经向最先通知的受让人履行为由主张其不再履行债务的，人民法院应予支持。债务人明知接受履行的受让人不是最先通知的受让人，最先通知的受让人请求债务人继续履行债务或者依据债权转让协议请求让与人承担违约责任的，人民法院应予支持；最先通知的受让人请求接受履行的受让人返还其接受的财产的，人民法院不予支持，但是接受履行的受让人明知该债权在其受让前已经转让给其他受让人的除外。

前款所称最先通知的受让人，是指最先到达债务人的转让通知中载明的受让人。当事人之间对通知到达时间有争议的，人民法院应当结合通知的方式等因素综合判断，而不能仅根据债务人认可的通知时间或者通知记载的时间予以认定。当事人采用邮寄、通讯电子系统等方式发出通知的，人民法院应当以邮戳时间或者通讯电子系统记载的时间等作为认定通知到达时间的依据。

第五十一条 第三人加入债务并与债务人约定了追偿权，其履行债务后主张向债务人追偿的，人民法院应予支持；没有约定追偿权，第三人依照民法典关于不当得利等的规定，在其已经向债权人履行债务的范围内请求债务人向其履行的，人民法院应予支持，但是第三人知道或者应当知道加入债务会损害债务人利益的除外。

债务人就其对债权人享有的抗辩向加入债务的第三人主张的，人民法院应予支持。

七、合同的权利义务终止

第五十二条 当事人就解除合同协商一致时未对合同解除后的违约责任、结算和清理等问题作出处理，一方主张合同已经解除的，人民法院应予支持。但是，当事人另有约定的除外。

有下列情形之一的，除当事人一方另有意思表示外，人民法院可以认定合同解除：

（一）当事人一方主张行使法律规定或者合同约定的解除权，经审理认为不符合解除权行使条件但是对方同意解除的；

（二）双方当事人均不符合解除权行使的条件但是均主张解除合同。

前两款情形下的违约责任、结算和清理等问题，人民法院应当依据民法典第五百六十六条、第五百六十七条和有关违约责任的规定处理。

第五十三条 当事人一方以通知方式解除合同，并以对方未在约定的异议期限或者其他合理期限内提出异议为由主张合同已经解除的，人民法院应当对其是否享有法律规定或者合同约定的解除权进行审查。经审查，

享有解除权的，合同自通知到达对方时解除；不享有解除权的，不发生合同解除的效力。

第五十四条 当事人一方未通知对方，直接以提起诉讼的方式主张解除合同，撤诉后再次起诉主张解除合同，人民法院经审理支持该主张的，合同自再次起诉的起诉状副本送达对方时解除。但是，当事人一方撤诉后又通知对方解除合同且该通知已经到达对方的除外。

第五十五条 当事人一方依据民法典第五百六十八条的规定主张抵销，人民法院经审理认为抵销权成立的，应当认定通知到达对方时双方互负的主债务、利息、违约金或者损害赔偿金等债务在同等数额内消灭。

第五十六条 行使抵销权的一方负担的数项债务种类相同，但是享有的债权不足以抵销全部债务，当事人因抵销的顺序发生争议的，人民法院可以参照民法典第五百六十条的规定处理。

行使抵销权的一方享有的债权不足以抵销其负担的包括主债务、利息、实现债权的有关费用在内的全部债务，当事人因抵销的顺序发生争议的，人民法院可以参照民法典第五百六十一条的规定处理。

第五十七条 因侵害自然人人身权益，或者故意、重大过失侵害他人财产权益产生的损害赔偿债务，侵权人主张抵销的，人民法院不予支持。

第五十八条 当事人互负债务，一方以其诉讼时效期间已经届满的债权通知对方主张抵销，对方提出诉讼时效抗辩的，人民法院对该抗辩应予支持。一方的债权诉讼时效期间已经届满，对方主张抵销的，人民法院应予支持。

八、违约责任

第五十九条 当事人一方依据民法典第五百八十条第二款的规定请求终止合同权利义务关系的，人民法院一般应当以起诉状副本送达对方的时间作为合同权利义务关系终止的时间。根据案件的具体情况，以其他时间作为合同权利义务关系终止的时间更加符合公平原则和诚信原则的，人民法院可以以该时间作为合同权利义务关系终止的时间，但是应当在裁判文书中充分说明理由。

第六十条 人民法院依据民法典第五百八十四条的规定确定合同履行后可以获得的利益时，可以在扣除非违约方为订立、履行合同支出的费用等合理成本后，按照非违约方能够获得的生产利润、经营利润或者转售利润等计算。

非违约方依法行使合同解除权并实施了替代交易，主张按照替代交易价格与合同价格的差额确定合同履行

后可以获得的利益的,人民法院依法予以支持;替代交易价格明显偏离替代交易发生时当地的市场价格,违约方主张按照市场价格与合同价格的差额确定合同履行后可以获得的利益的,人民法院应予支持。

非违约方依法行使合同解除权但是未实施替代交易,主张按照违约行为发生后合理期间内合同履行地的市场价格与合同价格的差额确定合同履行后可以获得的利益的,人民法院应予支持。

第六十一条　在以持续履行的债务为内容的定期合同中,一方不履行支付价款、租金等金钱债务,对方请求解除合同,人民法院经审理认为合同应当依法解除的,可以根据当事人的主张,参考合同主体、交易类型、市场价格变化、剩余履行期限等因素确定非违约方寻找替代交易的合理期限,并按照该期限对应的价款、租金等扣除非违约方应当支付的相应履约成本确定合同履行后可以获得的利益。

非违约方主张按照合同解除后剩余履行期限相应的价款、租金等扣除履约成本确定合同履行后可以获得的利益的,人民法院不予支持。但是,剩余履行期限少于寻找替代交易的合理期限的除外。

第六十二条　非违约方在合同履行后可以获得的利益难以根据本解释第六十条、第六十一条的规定予以确定的,人民法院可以综合考虑违约方因违约获得的利益、违约方的过错程度、其他违约情节等因素,遵循公平原则和诚信原则确定。

第六十三条　在认定民法典第五百八十四条规定的"违约一方订立合同时预见到或者应当预见到的因违约可能造成的损失"时,人民法院应当根据当事人订立合同的目的,综合考虑合同主体、合同内容、交易类型、交易习惯、磋商过程等因素,按照与违约方处于相同或者类似情况的民事主体在订立合同时预见到或者应当预见到的损失予以确定。

除合同履行后可以获得的利益外,非违约方主张还有其向第三人承担违约责任应当支出的额外费用等其他因违约所造成的损失,并请求违约方赔偿,经审理认为该损失系违约一方订立合同时预见到或者应当预见到的,人民法院应予支持。

在确定违约损失赔偿额时,违约方主张扣除非违约方未采取适当措施导致的扩大损失、非违约方也有过错造成的相应损失、非违约方因违约获得的额外利益或者减少的必要支出的,人民法院依法予以支持。

第六十四条　当事人一方通过反诉或者抗辩的方式,请求调整违约金的,人民法院依法予以支持。

违约方主张约定的违约金过分高于违约造成的损失,请求予以适当减少的,应当承担举证责任。非违约方主张约定的违约金合理的,也应当提供相应的证据。

当事人仅以合同约定不得对违约金进行调整为由主张不予调整违约金的,人民法院不予支持。

第六十五条　当事人主张约定的违约金过分高于违约造成的损失,请求予以适当减少的,人民法院应当以民法典第五百八十四条规定的损失为基础,兼顾合同主体、交易类型、合同的履行情况、当事人的过错程度、履约背景等因素,遵循公平原则和诚信原则进行衡量,并作出裁判。

约定的违约金超过造成损失的百分之三十的,人民法院一般可以认定为过分高于造成的损失。

恶意违约的当事人一方请求减少违约金的,人民法院一般不予支持。

第六十六条　当事人一方请求对方支付违约金,对方以合同不成立、无效、被撤销、确定不发生效力、不构成违约或者非违约方不存在损失等为由抗辩,未主张调整过高的违约金的,人民法院应当就若不支持该抗辩,当事人是否请求调整违约金进行释明。第一审人民法院认为抗辩成立且未予释明,第二审人民法院认为应当判决支付违约金的,可以直接释明,并根据当事人的请求,在当事人就是否应当调整违约金充分举证、质证、辩论后,依法判决适当减少违约金。

被告因客观原因在第一审程序中未到庭参加诉讼,但是在第二审程序中到庭参加诉讼并请求减少违约金的,第二审人民法院可以在当事人就是否应当调整违约金充分举证、质证、辩论后,依法判决适当减少违约金。

第六十七条　当事人交付留置金、担保金、保证金、订约金、押金或者订金等,但是没有约定定金性质,一方主张适用民法典第五百八十七条规定的定金罚则的,人民法院不予支持。当事人约定了定金性质,但是未约定定金类型或者约定不明,一方主张为违约定金的,人民法院应予支持。

当事人约定以交付定金作为订立合同的担保,一方拒绝订立合同或者在磋商订立合同时违背诚信原则导致未能订立合同,对方主张适用民法典第五百八十七条规定的定金罚则的,人民法院应予支持。

当事人约定以交付定金作为合同成立或者生效条件,应当交付定金的一方未交付定金,但是合同主要义务已经履行完毕并为对方所接受的,人民法院应当认定合同在对方接受履行时已经成立或者生效。

当事人约定定金性质为解约定金,交付定金的一方主张以丧失定金为代价解除合同的,或者收受定金的一方主张以双倍返还定金为代价解除合同的,人民法院应予支持。

第六十八条 双方当事人均具有致使不能实现合同目的的违约行为,其中一方请求适用定金罚则的,人民法院不予支持。当事人一方仅有轻微违约,对方具有致使不能实现合同目的的违约行为,轻微违约方主张适用定金罚则,对方以轻微违约方也构成违约为由抗辩的,人民法院对该抗辩不予支持。

当事人一方已经部分履行合同,对方接受并主张按照未履行部分所占比例适用定金罚则的,人民法院应予支持。对方主张按照合同整体适用定金罚则的,人民法院不予支持,但是部分未履行致使不能实现合同目的的除外。

因不可抗力致使合同不能履行,非违约方主张适用定金罚则的,人民法院不予支持。

九、附则

第六十九条 本解释自 2023 年 12 月 5 日起施行。

民法典施行后的法律事实引起的民事案件,本解释施行后尚未终审的,适用本解释;本解释施行前已经终审,当事人申请再审或者按照审判监督程序决定再审的,不适用本解释。

最高人民法院关于适用《中华人民共和国保险法》若干问题的解释(一)

- 2009 年 9 月 14 日最高人民法院审判委员会第 1473 次会议通过
- 2009 年 9 月 21 日最高人民法院公告公布
- 自 2009 年 10 月 1 日起施行
- 法释〔2009〕12 号

为正确审理保险合同纠纷案件,切实维护当事人的合法权益,现就人民法院适用 2009 年 2 月 28 日第十一届全国人大常委会第七次会议修订的《中华人民共和国保险法》(以下简称保险法)的有关问题规定如下:

第一条 保险法施行后成立的保险合同发生的纠纷,适用保险法的规定。保险法施行前成立的保险合同发生的纠纷,除本解释另有规定外,适用当时的法律规定;当时的法律没有规定的,参照适用保险法的有关规定。

认定保险合同是否成立,适用合同订立时的法律。

第二条 对于保险法施行前成立的保险合同,适用当时的法律认定无效而适用保险法认定有效的,适用保险法的规定。

第三条 保险合同成立于保险法施行前而保险标的转让、保险事故、理赔、代位求偿等行为或事件,发生于保险法施行后的,适用保险法的规定。

第四条 保险合同成立于保险法施行前,保险法施行后,保险人以投保人未履行如实告知义务或者申报被保险人年龄不真实为由,主张解除合同的,适用保险法的规定。

第五条 保险法施行前成立的保险合同,下列情形下的期间自 2009 年 10 月 1 日起计算:

(一)保险法施行前,保险人收到赔偿或者给付保险金的请求,保险法施行后,适用保险法第二十三条规定的三十日的;

(二)保险法施行前,保险人知道解除事由,保险法施行后,按照保险法第十六条、第三十二条的规定行使解除权,适用保险法第十六条规定的三十日的;

(三)保险法施行后,保险人按照保险法第十六条第二款的规定请求解除合同,适用保险法第十六条规定的二年的;

(四)保险法施行前,保险人收到保险标的转让通知,保险法施行后,以保险标的转让导致危险程度显著增加为由请求按照合同约定增加保险费或者解除合同,适用保险法第四十九条规定的三十日的。

第六条 保险法施行前已经终审的案件,当事人申请再审或者按照审判监督程序提起再审的案件,不适用保险法的规定。

最高人民法院关于适用《中华人民共和国保险法》若干问题的解释(二)

- 2013 年 5 月 6 日最高人民法院审判委员会第 1577 次会议通过
- 根据 2020 年 12 月 23 日最高人民法院审判委员会第 1823 次会议通过的《最高人民法院关于修改〈最高人民法院关于破产企业国有划拨土地使用权应否列入破产财产等问题的批复〉等二十九件商事类司法解释的决定》修正
- 2020 年 12 月 29 日最高人民法院公告公布
- 该修正自 2021 年 1 月 1 日起施行
- 法释〔2020〕18 号

为正确审理保险合同纠纷案件,切实维护当事人的合法权益,根据《中华人民共和国民法典》《中华人民共和国保险法》《中华人民共和国民事诉讼法》等法律规定，结合审判实践，就保险法中关于保险合同一般规定部分有关法律适用问题解释如下：

第一条 财产保险中，不同投保人就同一保险标的分别投保，保险事故发生后，被保险人在其保险利益范围内依据保险合同主张保险赔偿的，人民法院应予支持。

第二条 人身保险中，因投保人对被保险人不具有保险利益导致保险合同无效，投保人主张保险人退还扣减相应手续费后的保险费的，人民法院应予支持。

第三条 投保人或者投保人的代理人订立保险合同时没有亲自签字或者盖章，而由保险人或者保险人的代理人代为签字或者盖章的，对投保人不生效。但投保人已经交纳保险费的，视为其对代签字或者盖章行为的追认。

保险人或者保险人的代理人代为填写保险单证后经投保人签字或者盖章确认的，代为填写的内容视为投保人的真实意思表示。但有证据证明保险人或者保险人的代理人存在保险法第一百一十六条、第一百三十一条相关规定情形的除外。

第四条 保险人接受了投保人提交的投保单并收取了保险费，尚未作出是否承保的意思表示，发生保险事故，被保险人或者受益人请求保险人按照保险合同承担赔偿或者给付保险金责任，符合承保条件的，人民法院应予支持；不符合承保条件的，保险人不承担保险责任，但应当退还已经收取的保险费。

保险人主张不符合承保条件的，应承担举证责任。

第五条 保险合同订立时，投保人明知的与保险标的或者被保险人有关的情况，属于保险法第十六条第一款规定的投保人"应当如实告知"的内容。

第六条 投保人的告知义务限于保险人询问的范围和内容。当事人对询问范围及内容有争议的，保险人负举证责任。

保险人以投保人违反了对投保单询问表中所列概括性条款的如实告知义务为由请求解除合同的，人民法院不予支持。但该概括性条款有具体内容的除外。

第七条 保险人在保险合同成立后知道或者应当知道投保人未履行如实告知义务，仍然收取保险费，又依照保险法第十六条第二款的规定主张解除合同的，人民法院不予支持。

第八条 保险人未行使合同解除权，直接以存在保险法第十六条第四款、第五款规定的情形为由拒绝赔偿的，人民法院不予支持。但当事人就拒绝赔偿事宜及保险合同存续另行达成一致的情况除外。

第九条 保险人提供的格式合同文本中的责任免除条款、免赔额、免赔率、比例赔付或者给付等免除或者减轻保险人责任的条款，可以认定为保险法第十七条第二款规定的"免除保险人责任的条款"。

保险人因投保人、被保险人违反法定或者约定义务，享有解除合同权利的条款，不属于保险法第十七条第二款规定的"免除保险人责任的条款"。

第十条 保险人将法律、行政法规中的禁止性规定情形作为保险合同免责条款的免责事由，保险人对该条款作出提示后，投保人、被保险人或者受益人以保险人未履行明确说明义务为由主张该条款不成为合同内容的，人民法院不予支持。

第十一条 保险合同订立时，保险人在投保单或者保险单等其他保险凭证上，对保险合同中免除保险人责任的条款，以足以引起投保人注意的文字、字体、符号或者其他明显标志作出提示的，人民法院应当认定其履行了保险法第十七条第二款规定的提示义务。

保险人对保险合同中有关免除保险人责任条款的概念、内容及其法律后果以书面或者口头形式向投保人作出常人能够理解的解释说明的，人民法院应当认定保险人履行了保险法第十七条第二款规定的明确说明义务。

第十二条 通过网络、电话等方式订立的保险合同，保险人以网页、音频、视频等形式对免除保险人责任条款予以提示和明确说明的，人民法院可以认定其履行了提示和明确说明义务。

第十三条 保险人对其履行了明确说明义务负举证责任。

投保人对保险人履行了符合本解释第十一条第二款要求的明确说明义务在相关文书上签字、盖章或者以其他形式予以确认的，应当认定保险人履行了该项义务。但另有证据证明保险人未履行明确说明义务的除外。

第十四条 保险合同中记载的内容不一致的，按照下列规则认定：

（一）投保单与保险单或者其他保险凭证不一致的，以投保单为准。但不一致的情形系经保险人说明并经投保人同意的，以投保人签收的保险单或者其他保险凭证载明的内容为准；

（二）非格式条款与格式条款不一致的，以非格式条款为准；

（三）保险凭证记载的时间不同的，以形成时间在后

（四）保险凭证存在手写和打印两种方式的，以双方签字、盖章的手写部分的内容为准。

第十五条 保险法第二十三条规定的三十日核定期间，应自保险人初次收到索赔请求及投保人、被保险人或者受益人提供的有关证明和资料之日起算。

保险人主张扣除投保人、被保险人或者受益人补充提供有关证明和资料期间的，人民法院应予支持。扣除期间自保险人根据保险法第二十二条规定作出的通知到达投保人、被保险人或者受益人之日起，至投保人、被保险人或者受益人按照通知要求补充提供的有关证明和资料到达保险人之日止。

第十六条 保险人应以自己的名义行使保险代位求偿权。

根据保险法第六十条第一款的规定，保险人代位求偿权的诉讼时效期间应自其取得代位求偿权之日起算。

第十七条 保险人在其提供的保险合同格式条款中对非保险术语所作的解释符合专业意义，或者虽不符合专业意义，但有利于投保人、被保险人或者受益人的，人民法院应予认可。

第十八条 行政管理部门依据法律规定制作的交通事故认定书、火灾事故认定书等，人民法院应当依法审查并确认其相应的证明力，但有相反证据能够推翻的除外。

第十九条 保险事故发生后，被保险人或者受益人起诉保险人，保险人以被保险人或者受益人未要求第三者承担责任为由抗辩不承担保险责任的，人民法院不予支持。

财产保险事故发生后，被保险人就其所受损失从第三者取得赔偿后的不足部分提起诉讼，请求保险人赔偿的，人民法院应予依法受理。

第二十条 保险公司依法设立并取得营业执照的分支机构属于《中华人民共和国民事诉讼法》第四十八条规定的其他组织，可以作为保险合同纠纷案件的当事人参加诉讼。

第二十一条 本解释施行后尚未终审的保险合同纠纷案件，适用本解释；本解释施行前已经终审，当事人申请再审或者按照审判监督程序决定再审的案件，不适用本解释。

最高人民法院关于适用《中华人民共和国保险法》若干问题的解释（三）

- 2015年9月21日最高人民法院审判委员会第1661次会议通过
- 根据2020年12月23日最高人民法院审判委员会第1823次会议通过的《最高人民法院关于修改〈最高人民法院关于破产企业国有划拨土地使用权应否列入破产财产等问题的批复〉等二十九件商事类司法解释的决定》修正
- 2020年12月29日最高人民法院公告公布
- 该修正自2021年1月1日起施行
- 法释〔2020〕18号

为正确审理保险合同纠纷案件，切实维护当事人的合法权益，根据《中华人民共和国民法典》《中华人民共和国保险法》《中华人民共和国民事诉讼法》等法律规定，结合审判实践，就保险法中关于保险合同章人身保险部分有关法律适用问题解释如下：

第一条 当事人订立以死亡为给付保险金条件的合同，根据保险法第三十四条的规定，"被保险人同意并认可保险金额"可以采取书面形式、口头形式或者其他形式；可以在合同订立时作出，也可以在合同订立后追认。

有下列情形之一的，应认定为被保险人同意投保人为其订立保险合同并认可保险金额：

（一）被保险人明知他人代其签名同意而未表示异议的；

（二）被保险人同意投保人指定的受益人的；

（三）有证据足以认定被保险人同意投保人为其投保的其他情形。

第二条 被保险人以书面形式通知保险人和投保人撤销其依据保险法第三十四条第一款规定所作出的同意意思表示的，可认定为保险合同解除。

第三条 人民法院审理人身保险合同纠纷案件时，应主动审查投保人订立保险合同时是否具有保险利益，以及以死亡为给付保险金条件的合同是否经过被保险人同意并认可保险金额。

第四条 保险合同订立后，因投保人丧失对被保险人的保险利益，当事人主张保险合同无效的，人民法院不予支持。

第五条 保险合同订立时，被保险人根据保险人的要求在指定医疗服务机构进行体检，当事人主张投保人如实告知义务免除的，人民法院不予支持。

保险人知道被保险人的体检结果，仍以投保人未就相关情况履行如实告知义务为由要求解除合同的,人民法院不予支持。

第六条 未成年人父母之外的其他履行监护职责的人为未成年人订立以死亡为给付保险金条件的合同,当事人主张参照保险法第三十三条第二款、第三十四条第三款的规定认定该合同有效的,人民法院不予支持,但经未成年人父母同意的除外。

第七条 当事人以被保险人、受益人或者他人已经代为支付保险费为由,主张投保人对应的交费义务已经履行的,人民法院应予支持。

第八条 保险合同效力依照保险法第三十六条规定中止,投保人提出恢复效力申请并同意补交保险费的,除被保险人的危险程度在中止期间显著增加外,保险人拒绝恢复效力的,人民法院不予支持。

保险人在收到恢复效力申请后,三十日内未明确拒绝的,应认定为同意恢复效力。

保险合同自投保人补交保险费之日恢复效力。保险人要求投保人补交相应利息的,人民法院应予支持。

第九条 投保人指定受益人未经被保险人同意的,人民法院应认定指定行为无效。

当事人对保险合同约定的受益人存在争议,除投保人、被保险人在保险合同之外另有约定外,按以下情形分别处理:

(一)受益人约定为"法定"或者"法定继承人"的,以民法典规定的法定继承人为受益人;

(二)受益人仅约定为身份关系的,投保人与被保险人为同一主体时,根据保险事故发生时与被保险人的身份关系确定受益人;投保人与被保险人为不同主体时,根据保险合同成立时与被保险人的身份关系确定受益人;

(三)约定的受益人包括姓名和身份关系,保险事故发生时身份关系发生变化的,认定为未指定受益人。

第十条 投保人或者被保险人变更受益人,当事人主张变更行为自变更意思表示发出时生效的,人民法院应予支持。

投保人或者被保险人变更受益人未通知保险人,保险人主张变更对其不发生效力的,人民法院应予支持。

投保人变更受益人未经被保险人同意,人民法院应认定变更行为无效。

第十一条 投保人或者被保险人在保险事故发生后变更受益人,变更后的受益人请求保险人给付保险金的,人民法院不予支持。

第十二条 投保人或者被保险人指定数人为受益人,部分受益人在保险事故发生前死亡、放弃受益权或者依法丧失受益权的,该受益人应得的受益份额按照保险合同的约定处理;保险合同没有约定或者约定不明的,该受益人应得的受益份额按照以下情形分别处理:

(一)未约定受益顺序和受益份额的,由其他受益人平均享有;

(二)未约定受益顺序但约定受益份额的,由其他受益人按照相应比例享有;

(三)约定受益顺序但未约定受益份额的,由同顺序的其他受益人平均享有;同一顺序没有其他受益人的,由后一顺序的受益人平均享有;

(四)约定受益顺序及受益份额的,由同顺序的其他受益人按照相应比例享有;同一顺序没有其他受益人的,由后一顺序的受益人按照相应比例享有。

第十三条 保险事故发生后,受益人将与本次保险事故相对应的全部或者部分保险金请求权转让给第三人,当事人主张该转让行为有效的,人民法院应予支持,但根据合同性质、当事人约定或者法律规定不得转让的除外。

第十四条 保险金根据保险法第四十二条规定作为被保险人遗产,被保险人的继承人要求保险人给付保险金,保险人以其已向持有保险单的被保险人的其他继承人给付保险金为由抗辩的,人民法院应予支持。

第十五条 受益人与被保险人存在继承关系,在同一事件中死亡且不能确定死亡先后顺序的,人民法院应依据保险法第四十二条第二款推定受益人死亡在先,并按照保险法及本解释的相关规定确定保险金归属。

第十六条 人身保险合同解除时,投保人与被保险人、受益人为不同主体,被保险人或者受益人要求退还保险单的现金价值的,人民法院不予支持,但保险合同另有约定的除外。

投保人故意造成被保险人死亡、伤残或者疾病,保险人依照保险法第四十三条规定退还保险单的现金价值的,其他权利人按照被保险人、被保险人的继承人的顺序确定。

第十七条 投保人解除保险合同,当事人以其解除合同未经被保险人或者受益人同意为由主张解除行为无效的,人民法院不予支持,但被保险人或者受益人已向投保人支付相当于保险单现金价值的款项并通知保险人的除外。

第十八条 保险人给付费用补偿型的医疗费用保险金时,主张扣减被保险人从公费医疗或者社会医疗保险取得的赔偿金额的,应当证明该保险产品在厘定医疗费用保险费率时已经将公费医疗或者社会医疗保险部分相应扣除,并按照扣减后的标准收取保险费。

第十九条 保险合同约定按照基本医疗保险的标准核定医疗费用,保险人以被保险人的医疗支出超出基本医疗保险范围为由拒绝给付保险金的,人民法院不予支持;保险人有证据证明被保险人支出的费用超过基本医疗保险同类医疗费用标准,要求对超出部分拒绝给付保险金的,人民法院应予支持。

第二十条 保险人以被保险人未在保险合同约定的医疗服务机构接受治疗为由拒绝给付保险金的,人民法院应予支持,但被保险人因情况紧急必须立即就医的除外。

第二十一条 保险人以被保险人自杀为由拒绝承担给付保险金责任的,由保险人承担举证责任。

受益人或者被保险人的继承人以被保险人自杀时无民事行为能力为由抗辩的,由其承担举证责任。

第二十二条 保险法第四十五条规定的"被保险人故意犯罪"的认定,应当以刑事侦查机关、检察机关和审判机关的生效法律文书或者其他结论性意见为依据。

第二十三条 保险人主张根据保险法第四十五条的规定不承担给付保险金责任的,应当证明被保险人的死亡、伤残结果与其实施的故意犯罪或者抗拒依法采取的刑事强制措施的行为之间存在因果关系。

被保险人在羁押、服刑期间因意外或者疾病造成伤残或者死亡,保险人主张根据保险法第四十五条的规定不承担给付保险金责任的,人民法院不予支持。

第二十四条 投保人为被保险人订立以死亡为给付保险金条件的人身保险合同,被保险人被宣告死亡后,当事人要求保险人按照保险合同约定给付保险金的,人民法院应予支持。

被保险人被宣告死亡之日在保险责任期间之外,但有证据证明下落不明之日在保险责任期间之内,当事人要求保险人按照保险合同约定给付保险金的,人民法院应予支持。

第二十五条 被保险人的损失系由承保事故或者非承保事故、免责事由造成难以确定,当事人请求保险人给付保险金的,人民法院可以按照相应比例予以支持。

第二十六条 本解释施行后尚未终审的保险合同纠纷案件,适用本解释;本解释施行前已经终审,当事人申请再审或者按照审判监督程序决定再审的案件,不适用本解释。

最高人民法院关于适用《中华人民共和国保险法》若干问题的解释(四)

- 2018年5月14日最高人民法院审判委员会第1738次会议通过
- 根据2020年12月23日最高人民法院审判委员会第1823次会议通过的《最高人民法院关于修改〈最高人民法院关于破产企业国有划拨土地使用权应否列入破产财产等问题的批复〉等二十九件商事类司法解释的决定》修正
- 2020年12月29日最高人民法院公告公布
- 该修正自2021年1月1日起施行
- 法释〔2020〕18号

为正确审理保险合同纠纷案件,切实维护当事人的合法权益,根据《中华人民共和国民法典》《中华人民共和国保险法》《中华人民共和国民事诉讼法》等法律规定,结合审判实践,就保险法中财产保险合同部分有关法律适用问题解释如下:

第一条 保险标的已交付受让人,但尚未依法办理所有权变更登记,承担保险标的毁损灭失风险的受让人,依照保险法第四十八条、第四十九条的规定主张行使被保险人权利的,人民法院应予支持。

第二条 保险人已向投保人履行了保险法规定的提示和明确说明义务,保险标的受让人以保险标的的转让后保险人未向其提示或者明确说明为由,主张免除保险人责任的条款不成为合同内容的,人民法院不予支持。

第三条 被保险人死亡,继承保险标的的当事人主张承继被保险人的权利和义务的,人民法院应予支持。

第四条 人民法院认定保险标的是否构成保险法第四十九条、第五十二条规定的"危险程度显著增加"时,应当综合考虑以下因素:

(一)保险标的用途的改变;
(二)保险标的使用范围的改变;
(三)保险标的所处环境的变化;
(四)保险标的因改装等原因引起的变化;
(五)保险标的使用人或者管理人的改变;
(六)危险程度增加持续的时间;
(七)其他可能导致危险程度显著增加的因素。

保险标的危险程度虽然增加,但增加的危险属于保险合同订立时保险人预见或者应当预见的保险合同承保范围的,不构成危险程度显著增加。

第五条 被保险人、受让人依法及时向保险人发出保险标的转让通知后,保险人作出答复前,发生保险事故，被保险人或者受让人主张保险人按照保险合同承担赔偿保险金的责任的，人民法院应予支持。

第六条 保险事故发生后，被保险人依照保险法第五十七条的规定，请求保险人承担为防止或者减少保险标的的损失所支付的必要、合理费用，保险人以被保险人采取的措施未产生实际效果为由抗辩的，人民法院不予支持。

第七条 保险人依照保险法第六十条的规定，主张代位行使被保险人因第三者侵权或者违约等享有的请求赔偿的权利的，人民法院应予支持。

第八条 投保人和被保险人为不同主体，因投保人对保险标的的损害而造成保险事故，保险人依法主张代位行使被保险人对投保人请求赔偿的权利的，人民法院应予支持，但法律另有规定或者保险合同另有约定的除外。

第九条 在保险人以第三者为被告提起的代位求偿权之诉中，第三者以被保险人在保险合同订立前已放弃对其请求赔偿的权利为由进行抗辩，人民法院认定上述放弃行为合法有效，保险人就相应部分主张行使代位求偿权的，人民法院不予支持。

保险合同订立时，保险人就是否存在上述放弃情形提出询问，投保人未如实告知，导致保险人不能代位行使请求赔偿的权利，保险人请求返还相应保险金的，人民法院应予支持，但保险人知道或者应当知道上述情形仍同意承保的除外。

第十条 因第三者对保险标的的损害而造成保险事故，保险人获得代位请求赔偿的权利的情况未通知第三者或者通知到达第三者前，第三者在被保险人已经从保险人处获赔的范围内又向被保险人作出赔偿，保险人主张代位行使被保险人对第三者请求赔偿的权利的，人民法院不予支持。保险人就相应保险金主张被保险人返还的，人民法院应予支持。

保险人获得代位请求赔偿的权利的情况已经通知到第三者，第三者又向被保险人作出赔偿，保险人主张代位行使请求赔偿的权利，第三者以其已经向被保险人赔偿为由抗辩的，人民法院不予支持。

第十一条 被保险人因故意或者重大过失未履行保险法第六十三条规定的义务，致使保险人未能行使或者未能全部行使代位请求赔偿的权利，保险人主张在其损失范围内扣减或者返还相应保险金的，人民法院应予支持。

第十二条 保险人以造成保险事故的第三者为被告提起代位求偿权之诉的，以被保险人与第三者之间的法律关系确定管辖法院。

第十三条 保险人提起代位求偿权之诉时，被保险人已经向第三者提起诉讼的，人民法院可以依法合并审理。

保险人行使代位求偿权时，被保险人已经向第三者提起诉讼，保险人向受理该案的人民法院申请变更当事人，代位行使被保险人对第三者请求赔偿的权利，被保险人同意的，人民法院应予准许；被保险人不同意的，保险人可以作为共同原告参加诉讼。

第十四条 具有下列情形之一的，被保险人可以依照保险法第六十五条第二款的规定请求保险人直接向第三者赔偿保险金：

（一）被保险人对第三者所负的赔偿责任经人民法院生效裁判、仲裁裁决确认；

（二）被保险人对第三者所负的赔偿责任经被保险人与第三者协商一致；

（三）被保险人对第三者应负的赔偿责任能够确定的其他情形。

前款规定的情形下，保险人主张按照保险合同确定保险赔偿责任的，人民法院应予支持。

第十五条 被保险人对第三者应负的赔偿责任确定后，被保险人不履行赔偿责任，且第三者以保险人为被告或者以保险人与被保险人为共同被告提起诉讼时，被保险人尚未向保险人提出直接向第三者赔偿保险金的请求的，可以认定为属于保险法第六十五条第二款规定的"被保险人怠于请求"的情形。

第十六条 责任保险的被保险人因共同侵权依法承担连带责任，保险人以该连带责任超出被保险人应承担的责任份额为由，拒绝赔付保险金的，人民法院不予支持。保险人承担保险责任后，主张就超出被保险人责任份额的部分向其他连带责任人追偿的，人民法院应予支持。

第十七条 责任保险的被保险人对第三者所负的赔偿责任已经生效判决确认并已进入执行程序，但未获得清偿或者未获得全部清偿，第三者依法请求保险人赔偿保险金，保险人以前述生效判决已进入执行程序为由抗辩的，人民法院不予支持。

第十八条 商业责任险的被保险人向保险人请求赔偿保险金的诉讼时效期间，自被保险人对第三者应负的赔偿责任确定之日起计算。

第十九条 责任保险的被保险人与第三者就被保

人的赔偿责任达成和解协议且经保险人认可，被保险人主张保险人在保险合同范围内依据和解协议承担保险责任的，人民法院应予支持。

被保险人与第三者就被保险人的赔偿责任达成和解协议，未经保险人认可，保险人主张对保险责任范围以及赔偿数额重新予以核定的，人民法院应予支持。

第二十条 责任保险的保险人在被保险人向第三者赔偿之前向被保险人赔偿保险金，第三者依照保险法第六十五条第二款的规定行使保险金请求权时，保险人以其已向被保险人赔偿为由拒绝赔偿保险金的，人民法院不予支持。保险人向第三者赔偿后，请求被保险人返还相应保险金的，人民法院应予支持。

第二十一条 本解释自2018年9月1日起施行。

本解释施行后人民法院正在审理的一审、二审案件，适用本解释；本解释施行前已经终审，当事人申请再审或者按照审判监督程序决定再审的案件，不适用本解释。

最高人民法院关于审理铁路运输损害赔偿案件若干问题的解释

- 1994年10月27日印发
- 根据2020年12月23日最高人民法院审判委员会第1823次会议通过的《最高人民法院关于修改〈最高人民法院关于在民事审判工作中适用〈中华人民共和国工会法〉若干问题的解释〉等二十七件民事类司法解释的决定》修正
- 2020年12月29日最高人民法院公告公布
- 该修正自2021年1月1日起施行
- 法释〔2020〕17号

为了正确、及时地审理铁路运输损害赔偿案件，现就审判工作中遇到的一些问题，根据《中华人民共和国铁路法》（以下简称铁路法）和有关的法律规定，结合审判实践，作出如下解释，供在审判工作中执行。

一、实际损失的赔偿范围

铁路法第十七条中的"实际损失"，是指因灭失、短少、变质、污染、损坏导致货物、包裹、行李实际价值的损失。

铁路运输企业按照实际损失赔偿时，对灭失、短少的货物、包裹、行李，按照其实际价值赔偿；对变质、污染、损坏降低原有价值的货物、包裹、行李，可按照其受损前后实际价值的差额或者加工、修复费用赔偿。

货物、包裹、行李的赔偿价值按照托运时的实际价值计算。实际价值中未包含已支付的铁路运杂费、包装费、保险费、短途搬运费等费用的，按照损失部分的比例加算。

二、铁路运输企业的重大过失

铁路法第十七条中的"重大过失"是指铁路运输企业或者其受雇人、代理人对承运的货物、包裹、行李明知可能造成损失而轻率地作为或不作为。

三、保价货物损失的赔偿

铁路法第十七条第一款（一）项中规定的"按照实际损失赔偿，但最高不超过保价额。"是指保价运输的货物、包裹、行李在运输中发生损失，无论托运人在办理保价运输时，保价额是否与货物、包裹、行李的实际价值相符，均应在保价额内按照损失部分的实际价值赔偿，实际损失超过保价额的部分不予赔偿。

如果损失是因铁路运输企业的故意或者重大过失造成的，比照铁路法第十七条第一款（二）项的规定，不受保价额的限制，按照实际损失赔偿。

四、保险货物损失的赔偿

投保货物运输险的货物在运输中发生损失，对不属于铁路运输企业免责范围的，适用铁路法第十七条第一款（二）项的规定，由铁路运输企业承担赔偿责任。

保险公司按照保险合同的约定向托运人或收货人先行赔付后，对于铁路运输企业应按货物实际损失承担赔偿责任的，保险公司按照支付的保险金额向铁路运输企业追偿，因不足额保险产生的实际损失与保险金的差额部分，由铁路运输企业赔偿；对于铁路运输企业应按限额承担赔偿责任的，在足额保险的情况下，保险公司向铁路运输企业的追偿额为铁路运输企业的赔偿限额，在不足额保险的情况下，保险公司向铁路运输企业的追偿额在铁路运输企业的赔偿限额内按照投保金额与货物实际价值的比例计算，因不足额保险产生的铁路运输企业的赔偿限额与保险公司在限额内追偿额的差额部分，由铁路运输企业赔偿。

五、保险保价货物损失的赔偿

既保险又保价的货物在运输中发生损失，对不属于铁路运输企业免责范围的，适用铁路法第十七条第一款（一）项的规定由铁路运输企业承担赔偿责任。对于保险公司先行赔付的，比照本解释第四条对保险货物损失的赔偿处理。

六、保险补偿制度的适用

《铁路货物运输实行保险与负责运输相结合的补偿制度的规定（试行）》（简称保险补偿制度），适用于1991年5月1日铁路法实施以前已投保货物运输险的案件。铁路法实施后投保货物运输险的案件，适用铁路法第十七条第一款的规定,保险补偿制度中有关保险补偿的规定不再适用。

七、逾期交付的责任

货物、包裹、行李逾期交付,如果是因铁路逾期运到造成的,由铁路运输企业支付逾期违约金;如果是因收货人或旅客逾期领取造成的,由收货人或旅客支付保管费;既因逾期运到又因收货人或旅客逾期领取造成的,由双方各自承担相应的责任。

铁路逾期运到并且发生损失时,铁路运输企业除支付逾期违约金外,还应当赔偿损失。对收货人或者旅客逾期领取,铁路运输企业在代保管期间因保管不当造成损失的,由铁路运输企业赔偿。

八、误交付的责任

货物、包裹、行李误交付(包括被第三者冒领造成的误交付),铁路运输企业查找超过运到期限的,由铁路运输企业支付逾期违约金。不能交付的,或者交付时有损失的,由铁路运输企业赔偿。铁路运输企业赔付后,再向有责任的第三者追偿。

九、赔偿后又找回原物的处理

铁路运输企业赔付后又找回丢失、被盗、冒领、逾期等按灭失处理的货物、包裹、行李的,在通知托运人、收货人或旅客退还赔款领回原物的期限届满后仍无人领取的,适用铁路法第二十二条按无主货物的规定处理。铁路运输企业未通知托运人、收货人或者旅客而自行处理找回的货物、包裹、行李的,由铁路运输企业赔偿实际损失与已付赔款差额。

十、代办运输货物损失的赔偿

代办运输的货物在铁路运输中发生损失,对代办运输企业接受托运人的委托以自己的名义与铁路运输企业签订运输合同托运或领取货物的,如委托人依据委托合同要求代办运输企业向铁路运输企业索赔的,应予支持。对代办运输企业未及时索赔而超过运输合同索赔时效的,代办运输企业应当赔偿。

十一、铁路旅客运送责任期间

铁路运输企业对旅客运送的责任期间自旅客持有效车票进站时起到旅客出站或者应当出站时止。不包括旅客在候车室内的期间。

十二、第三者责任造成旅客伤亡的赔偿

在铁路旅客运送期间因第三者责任造成旅客伤亡,旅客或其继承人要求铁路运输企业先予赔偿的,应予支持。铁路运输企业赔付后,有权向有责任的第三者追偿。

最高人民法院关于审理技术合同纠纷案件适用法律若干问题的解释

- 2004 年 11 月 30 日最高人民法院审判委员会第 1335 次会议通过
- 根据 2020 年 12 月 23 日最高人民法院审判委员会第 1823 次会议通过的《最高人民法院关于修改〈最高人民法院关于审理侵犯专利权纠纷案件应用法律若干问题的解释(二)〉等十八件知识产权类司法解释的决定》修正
- 2020 年 12 月 29 日最高人民法院公告公布
- 该修正自 2021 年 1 月 1 日起施行
- 法释〔2020〕19 号

为了正确审理技术合同纠纷案件,根据《中华人民共和国民法典》《中华人民共和国专利法》和《中华人民共和国民事诉讼法》等法律的有关规定,结合审判实践,现就有关问题作出以下解释。

一、一般规定

第一条 技术成果,是指利用科学技术知识、信息和经验作出的涉及产品、工艺、材料及其改进等的技术方案,包括专利、专利申请、技术秘密、计算机软件、集成电路布图设计、植物新品种等。

技术秘密,是指不为公众所知悉、具有商业价值并经权利人采取相应保密措施的技术信息。

第二条 民法典第八百四十七条第二款所称"执行法人或者非法人组织的工作任务",包括:

(一)履行法人或者非法人组织的岗位职责或者承担其交付的其他技术开发任务;

(二)离职后一年内继续从事与其原所在法人或者非法人组织的岗位职责或者交付的任务有关的技术开发工作,但法律、行政法规另有规定的除外。

法人或者非法人组织与其职工就职工在职期间或者离职以后所完成的技术成果的权益有约定的,人民法院应当依约定确认。

第三条 民法典第八百四十七条第二款所称"物质技术条件",包括资金、设备、器材、原材料、未公开的技术信息和资料等。

第四条 民法典第八百四十七条第二款所称"主要是利用法人或者非法人组织的物质技术条件",包括职工在技术成果的研究开发过程中,全部或者大部分利用了法人或者非法人组织的资金、设备、器材或者原材料等物质条件,并且这些物质条件对形成该技术成果具有实质性的影响;还包括该技术成果实质性内容是在法人或者

非法人组织尚未公开的技术成果、阶段性技术成果基础上完成的情形。但下列情况除外：

（一）对利用法人或者非法人组织提供的物质技术条件，约定返还资金或者交纳使用费的；

（二）在技术成果完成后利用法人或者非法人组织的物质技术条件对技术方案进行验证、测试的。

第五条 个人完成的技术成果，属于执行原所在法人或者非法人组织的工作任务，又主要利用了现所在法人或者非法人组织的物质技术条件的，应当按照该自然人原所在和现所在法人或者非法人组织达成的协议确认权益。不能达成协议的，根据对完成该项技术成果的贡献大小由双方合理分享。

第六条 民法典第八百四十七条所称"职务技术成果的完成人"、第八百四十八条所称"完成技术成果的个人"，包括对技术成果单独或者共同作出创造性贡献的人，也即技术成果的发明人或者设计人。人民法院在对创造性贡献进行认定时，应当分解所涉及技术成果的实质性技术构成。提出实质性技术构成并由此实现技术方案的人，是作出创造性贡献的人。

提供资金、设备、材料、试验条件，进行组织管理，协助绘制图纸、整理资料、翻译文献等人员，不属于职务技术成果的完成人、完成技术成果的个人。

第七条 不具有民事主体资格的科研组织订立的技术合同，经法人或者非法人组织授权或者认可的，视为法人或者非法人组织订立的合同，由法人或者非法人组织承担责任；未经法人或者非法人组织授权或者认可的，由该科研组织成员共同承担责任，但法人或者非法人组织因该合同受益的，应当在其受益范围内承担相应责任。

前款所称不具有民事主体资格的科研组织，包括法人或者非法人组织设立的从事技术研究开发、转让等活动的课题组、工作室等。

第八条 生产产品或者提供服务依法须经有关部门审批或者取得行政许可，而未经审批或者许可的，不影响当事人订立的相关技术合同的效力。

当事人对办理前款所称审批或者许可的义务没有约定或者约定不明确的，人民法院应当判令由实施技术的一方负责办理，但法律、行政法规另有规定的除外。

第九条 当事人一方采取欺诈手段，就其现有技术成果作为研究开发标的与他人订立委托开发合同收取研究开发费用，或者就同一研究开发课题先后与两个或者两个以上的委托人分别订立委托开发合同重复收取研究开发费用，使对方在违背真实意思的情况下订立的合同，受损害方依照民法典第一百四十八条规定请求撤销合同的，人民法院应当予以支持。

第十条 下列情形，属于民法典第八百五十条所称的"非法垄断技术"：

（一）限制当事人一方在合同标的技术基础上进行新的研究开发或者限制其使用所改进的技术，或者双方交换改进技术的条件不对等，包括要求一方将其自行改进的技术无偿提供给对方、非互惠性转让给对方、无偿独占或者共享该改进技术的知识产权；

（二）限制当事人一方从其他来源获得与技术提供方类似技术或者与其竞争的技术；

（三）阻碍当事人一方根据市场需求，按照合理方式充分实施合同标的技术，包括明显不合理地限制技术接受方实施合同标的技术生产产品或者提供服务的数量、品种、价格、销售渠道和出口市场；

（四）要求技术接受方接受并非实施技术必不可少的附带条件，包括购买非必需的技术、原材料、产品、设备、服务以及接收非必需的人员等；

（五）不合理地限制技术接受方购买原材料、零部件、产品或者设备等的渠道或者来源；

（六）禁止技术接受方对合同标的技术知识产权的有效性提出异议或者对提出异议附加条件。

第十一条 技术合同无效或者被撤销后，技术开发合同研究开发人、技术转让合同让与人、技术许可合同许可人、技术咨询合同和技术服务合同的受托人已经履行或者部分履行了约定的义务，并且造成合同无效或者被撤销的过错在对方的，对其已履行部分应当收取的研究开发经费、技术使用费、提供咨询服务的报酬，人民法院可以认定为因对方原因导致合同无效或者被撤销给其造成的损失。

技术合同无效或者被撤销后，因履行合同所完成新的技术成果或者在他人技术成果基础上完成后续改进技术成果的权利归属和利益分享，当事人不能重新协议确定的，人民法院可以判决由完成技术成果的一方享有。

第十二条 根据民法典第八百五十条的规定，侵害他人技术秘密的技术合同被确认无效后，除法律、行政法规另有规定的以外，善意取得该技术秘密的一方当事人可以在其取得时的范围内继续使用该技术秘密，但应当向权利人支付合理的使用费并承担保密义务。

当事人双方恶意串通或者一方知道或者应当知道另一方侵权仍与其订立或者履行合同的，属于共同侵权，人民法院应当判令侵权人承担连带赔偿责任和保密义务，因此取得技术秘密的当事人不得继续使用该技术秘密。

第十三条 依照前条第一款规定可以继续使用技术秘密的人与权利人就使用费支付发生纠纷的，当事人任何一方都可以请求人民法院予以处理。继续使用技术秘密但又拒不支付使用费的，人民法院可以根据权利人的请求判令使用人停止使用。

人民法院在确定使用费时，可以根据权利人通常对外许可该技术秘密的使用费或者使用人取得该技术秘密所支付的使用费，并考虑该技术秘密的研究开发成本、成果转化和应用程度以及使用人的使用规模、经济效益等因素合理确定。

不论使用人是否继续使用技术秘密，人民法院均应当判令其向权利人支付已使用期间的使用费。使用人已向无效合同的让与人或者许可人支付的使用费应当由让与人或者许可人负责返还。

第十四条 对技术合同的价款、报酬和使用费，当事人没有约定或者约定不明确的，人民法院可以按照以下原则处理：

（一）对于技术开发合同和技术转让合同、技术许可合同，根据有关技术成果的研究开发成本、先进性、实施转化和应用的程度，当事人享有的权益和承担的责任，以及技术成果的经济效益等合理确定；

（二）对于技术咨询合同和技术服务合同，根据有关咨询服务工作的技术含量、质量和数量，以及已经产生和预期产生的经济效益等合理确定。

技术合同价款、报酬、使用费中包含非技术性款项的，应当分项计算。

第十五条 技术合同当事人一方迟延履行主要债务，经催告后在30日内仍未履行，另一方依据民法典第五百六十三条第一款第（三）项的规定主张解除合同的，人民法院应当予以支持。

当事人在催告通知中附有履行期限且该期限超过30日的，人民法院应当认定该履行期限为民法典第五百六十三条第一款第（三）项规定的合理期限。

第十六条 当事人以技术成果向企业出资但未明确约定权属，接受出资的企业主张该技术成果归其享有的，人民法院一般应当予以支持，但是该技术成果价值与该技术成果所占资额比例明显不合理损害出资人利益的除外。

当事人对技术成果的权属约定有比例的，视为共同所有，其权利使用和利益分配，按共有技术成果的有关规定处理，但当事人另有约定的，从其约定。

当事人对技术成果的使用权约定有比例的，人民法院可以视为当事人对实施该项技术成果所获收益的分配比例，但当事人另有约定的，从其约定。

二、技术开发合同

第十七条 民法典第八百五十一条第一款所称"新技术、新产品、新工艺、新品种或者新材料及其系统"，包括当事人在订立技术合同时尚未掌握的产品、工艺、材料及其系统等技术方案，但对技术上没有创新的现有产品的改型、工艺变更、材料配方调整以及对技术成果的验证、测试和使用除外。

第十八条 民法典第八百五十一条第四款规定的"当事人之间就具有实用价值的科技成果实施转化订立的"技术转化合同，是指当事人之间就具有实用价值但尚未实现工业化应用的科技成果包括阶段性技术成果，以实现该科技成果工业化应用为目标，约定后续试验、开发和应用等内容的合同。

第十九条 民法典第八百五十五条所称"分工参与研究开发工作"，包括当事人按照约定的计划和分工，共同或者分别承担设计、工艺、试验、试制等工作。

技术开发合同当事人一方仅提供资金、设备、材料等物质条件或者承担辅助协作事项，另一方进行研究开发工作的，属于委托开发合同。

第二十条 民法典第八百六十一条所称"当事人均有使用和转让的权利"，包括当事人均有不经对方同意而自己使用或者以普通使用许可的方式许可他人使用技术秘密，并独占由此所获利益的权利。当事人一方将技术秘密成果的转让权让与他人，或者以独占或者排他使用许可的方式许可他人使用技术秘密，未经对方当事人同意或者追认的，应当认定该让与或者许可行为无效。

第二十一条 技术开发合同当事人依照民法典的规定或者约定自行实施专利或使用技术秘密，但因其不具备独立实施专利或者使用技术秘密的条件，以一个普通许可方式许可他人实施或者使用的，可以准许。

三、技术转让合同和技术许可合同

第二十二条 就尚待研究开发的技术成果或者不涉及专利、专利申请或者技术秘密的知识、技术、经验和信息所订立的合同，不属于民法典第八百六十二条规定的技术转让合同或者技术许可合同。

技术转让合同中关于让与人向受让人提供实施技术的专用设备、原材料或者提供有关的技术咨询、技术服务的约定，属于技术转让合同的组成部分。因此发生的纠纷,按照技术转让合同处理。

当事人以技术入股方式订立联营合同,但技术入股人不参与联营体的经营管理,并且以保底条款形式约定联营体或者联营对方支付其技术价款或者使用费的,视为技术转让合同或者技术许可合同。

第二十三条 专利申请权转让合同当事人以专利申请被驳回或者被视为撤回为由请求解除合同,该事实发生在依照专利法第十条第三款的规定办理专利申请权转让登记之前的,人民法院应当予以支持;发生在转让登记之后的,不予支持,但当事人另有约定的除外。

专利申请因专利申请权转让合同成立时即存在尚未公开的同样发明创造的在先专利申请被驳回,当事人依据民法典第五百六十三条第一款第(四)项的规定请求解除合同的,人民法院应当予以支持。

第二十四条 订立专利权转让合同或者专利申请权转让合同前,让与人自己已经实施发明创造,在合同生效后,受让人要求让与人停止实施的,人民法院应当予以支持,但当事人另有约定的除外。

让与人与受让人订立的专利权、专利申请权转让合同,不影响在合同成立前让与人与他人订立的相关专利实施许可合同或者技术秘密转让合同的效力。

第二十五条 专利实施许可包括以下方式:

(一)独占实施许可,是指许可人在约定许可实施专利的范围内,将该专利仅许可一个被许可人实施,许可人依约定不得实施该专利;

(二)排他实施许可,是指许可人在约定许可实施专利的范围内,将该专利仅许可一个被许可人实施,但许可人依约定可以自行实施该专利;

(三)普通实施许可,是指许可人在约定许可实施专利的范围内许可他人实施该专利,并且可以自行实施该专利。

当事人对专利实施许可方式没有约定或者约定不明确的,认定为普通实施许可。专利实施许可合同约定被许可人可以再许可他人实施专利的,认定该再许可为普通实施许可,但当事人另有约定的除外。

技术秘密的许可使用方式,参照本条第一、二款的规定确定。

第二十六条 专利实施许可合同许可人负有在合同有效期内维持专利权有效的义务,包括依法缴纳专利年费和积极应对他人提出宣告专利权无效的请求,但当事人另有约定的除外。

第二十七条 排他实施许可合同许可人不具备独立实施其专利的条件,以一个普通许可的方式许可他人实施专利的,人民法院可以认定为许可人自己实施专利,但当事人另有约定的除外。

第二十八条 民法典第八百六十四条所称"实施专利或者使用技术秘密的范围",包括实施专利或者使用技术秘密的期限、地域、方式以及接触技术秘密的人员等。

当事人对实施专利或者使用技术秘密的期限没有约定或者约定不明确的,受让人、被许可人实施专利或者使用技术秘密不受期限限制。

第二十九条 当事人之间就申请专利的技术成果所订立的许可使用合同,专利申请公开以前,适用技术秘密许可合同的有关规定;发明专利申请公开以后、授权以前,参照适用专利实施许可合同的有关规定;授权以后,原合同即为专利实施许可合同,适用专利实施许可合同的有关规定。

人民法院不以当事人就已经申请专利但尚未授权的技术订立专利实施许可合同为由,认定合同无效。

四、技术咨询合同和技术服务合同

第三十条 民法典第八百七十八条第一款所称"特定技术项目",包括有关科学技术与经济社会协调发展的软科学研究项目,促进科技进步和管理现代化、提高经济效益和社会效益等运用科学知识和技术手段进行调查、分析、论证、评价、预测的专业性技术项目。

第三十一条 当事人对技术咨询合同委托人提供的技术资料和数据或者受托人提出的咨询报告和意见未约定保密义务,当事人一方引用、发表或者向第三人提供的,不认定为违约行为,但侵害对方当事人对此享有的合法权益的,应当依法承担民事责任。

第三十二条 技术咨询合同受托人发现委托人提供的资料、数据等有明显错误或者缺陷,未在合理期限内通知委托人的,视为其对委托人提供的技术资料、数据等予以认可。委托人在接到受托人的补正通知后未在合理期限内答复并予补正的,发生的损失由委托人承担。

第三十三条 民法典第八百七十八条第二款所称"特定技术问题",包括需要运用专业技术知识、经验和信息解决的有关改进产品结构、改良工艺流程、提高产品质量、降低产品成本、节约资源能耗、保护资源环境、实现安全操作、提高经济效益和社会效益等专业技术问题。

第三十四条 当事人一方以技术转让或者技术许可的名义提供已进入公有领域的技术,或者在技术转让合同、技术许可合同履行过程中合同标的技术进入公有领域,但是技术提供方进行技术指导、传授技术知识,为对方解决特定技术问题符合约定条件的,按照技术服务合同处理,约定的技术转让费、使用费可以视为提供技术服务的报酬和费用,但是法律、行政法规另有规定的除外。

依照前款规定,技术转让费或者使用费视为提供技术服务的报酬和费用明显不合理的,人民法院可以根据当事人的请求合理确定。

第三十五条 技术服务合同受托人发现委托人提供的资料、数据、样品、材料、场地等工作条件不符合约定,未在合理期限内通知委托人的,视为其对委托人提供的工作条件予以认可。委托人在接到受托人的补正通知后未在合理期限内答复并予补正的,发生的损失由委托人承担。

第三十六条 民法典第八百八十七条规定的"技术培训合同",是指当事人一方委托另一方对指定的学员进行特定项目的专业技术训练和技术指导所订立的合同,不包括职业培训、文化学习和按照行业、法人或者非法人组织的计划进行的职工业余教育。

第三十七条 当事人对技术培训必需的场地、设施和试验条件等工作条件的提供和管理责任没有约定或者约定不明确的,由委托人负责提供和管理。

技术培训合同委托人派出的学员不符合约定条件,影响培训质量的,由委托人按照约定支付报酬。

受托人配备的教员不符合约定条件,影响培训质量,或者受托人未按照计划和项目进行培训,导致不能实现约定培训目标的,应当减收或者免收报酬。

受托人发现学员不符合约定条件或者委托人发现教员不符合约定条件,未在合理期限内通知对方,或者接到通知的一方未在合理期限内按约定改派的,应当由负有履行义务的当事人承担相应的民事责任。

第三十八条 民法典第八百八十七条规定的"技术中介合同",是指当事人一方以知识、技术、经验和信息为另一方与第三人订立技术合同进行联系、介绍以及对履行合同提供专门服务所订立的合同。

第三十九条 中介人从事中介活动的费用,是指中介人在委托人和第三人订立技术合同前,进行联系、介绍活动所支出的通信、交通和必要的调查研究等费用。中介人的报酬,是指中介人为委托人与第三人订立技术合同以及对履行该合同提供服务应当得到的收益。

当事人对中介人从事中介活动的费用负担没有约定或者约定不明确的,由中介人承担。当事人约定该费用由委托人承担但未约定具体数额或者计算方法的,由委托人支付中介人从事中介活动支出的必要费用。

当事人对中介人的报酬数额没有约定或者约定不明确的,应当根据中介人所进行的劳务合理确定,并由委托人承担。仅在委托人与第三人订立的技术合同中约定中介条款,但未约定给付中介人报酬或者约定不明确的,应当支付的报酬由委托人和第三人平均承担。

第四十条 中介人未促成委托人与第三人之间的技术合同成立的,其要求支付报酬的请求,人民法院不予支持;其要求委托人支付其从事中介活动必要费用的请求,应当予以支持,但当事人另有约定的除外。

中介人隐瞒与订立技术合同有关的重要事实或者提供虚假情况,侵害委托人利益的,应当根据情况免收报酬并承担赔偿责任。

第四十一条 中介人对造成委托人与第三人之间的技术合同的无效或者被撤销没有过错,并且该技术合同的无效或者被撤销不影响有关中介条款或者技术中介合同继续有效,中介人要求按照约定或者本解释的有关规定给付从事中介活动的费用和报酬的,人民法院应当予以支持。

中介人收取从事中介活动的费用和报酬不应当被视为委托人与第三人之间的技术合同纠纷中一方当事人的损失。

五、与审理技术合同纠纷有关的程序问题

第四十二条 当事人将技术合同和其他合同内容或者将不同类型的技术合同内容订立在一个合同中的,应当根据当事人争议的权利义务内容,确定案件的性质和案由。

技术合同名称与约定的权利义务关系不一致的,应当按照约定的权利义务内容,确定合同的类型和案由。

技术转让合同或者技术许可合同中约定让与人或者许可人负责包销或者回购受让人、被许可人实施合同标的技术制造的产品,仅因让与人或者许可人不履行或者不能全部履行包销或者回购义务引起纠纷,不涉及技术问题的,应当按照包销或者回购条款约定的权利义务内容确定案由。

第四十三条 技术合同纠纷案件一般由中级以上人民法院管辖。

各高级人民法院根据本辖区的实际情况并报经最高人民法院批准,可以指定若干基层人民法院管辖第一审技术合同纠纷案件。

其他司法解释对技术合同纠纷案件管辖另有规定的,从其规定。

合同中既有技术合同内容,又有其他合同内容,当事人就技术合同内容和其他合同内容均发生争议的,由具有技术合同纠纷案件管辖权的人民法院受理。

第四十四条 一方当事人以诉讼争议的技术合同侵害他人技术成果为由请求确认合同无效,或者人民法院在审理技术合同纠纷中发现可能存在该无效事由的,人民法院应当依法通知有关利害关系人,其可以作为有独立请求权的第三人参加诉讼或者依法向有管辖权的人民法院另行起诉。

利害关系人在接到通知后15日内不提起诉讼的,不影响人民法院对案件的审理。

第四十五条 第三人向受理技术合同纠纷案件的人民法院就合同标的技术提出权属或者侵权请求时,受诉人民法院对此也有管辖权的,可以将权属或者侵权纠纷与合同纠纷合并审理;受诉人民法院对此没有管辖权的,应当告知其向有管辖权的人民法院另行起诉或者将已经受理的权属或者侵权纠纷案件移送有管辖权的人民法院。权属或者侵权纠纷另案受理后,合同纠纷应当中止诉讼。

专利实施许可合同诉讼中,被许可人或者第三人向国家知识产权局请求宣告专利权无效的,人民法院可以不中止诉讼。在案件审理过程中专利权被宣告无效的,按照专利法第四十七条第二款和第三款的规定处理。

六、其 他

第四十六条 计算机软件开发等合同争议,著作权法以及其他法律、行政法规另有规定的,依照其规定;没有规定的,适用民法典第三编第一分编的规定,并可以参照民法典第三编第二分编第二十章和本解释的有关规定处理。

第四十七条 本解释自2005年1月1日起施行。

最高人民法院关于审理涉及农村土地承包纠纷案件适用法律问题的解释

- 2005年3月29日最高人民法院审判委员会第1346次会议通过
- 根据2020年12月23日最高人民法院审判委员会第1823次会议通过的《最高人民法院关于修改〈最高人民法院关于在民事审判工作中适用〈中华人民共和国工会法〉若干问题的解释〉等二十七件民事类司法解释的决定》修正
- 2020年12月29日最高人民法院公告公布
- 该修正自2021年1月1日起施行
- 法释〔2020〕17号

为正确审理农村土地承包纠纷案件,依法保护当事人的合法权益,根据《中华人民共和国民法典》《中华人民共和国农村土地承包法》《中华人民共和国土地管理法》《中华人民共和国民事诉讼法》等法律的规定,结合民事审判实践,制定本解释。

一、受理与诉讼主体

第一条 下列涉及农村土地承包民事纠纷,人民法院应当依法受理:

(一)承包合同纠纷;

(二)承包经营权侵权纠纷;

(三)土地经营权侵权纠纷;

(四)承包经营权互换、转让纠纷;

(五)土地经营权流转纠纷;

(六)承包地征收补偿费用分配纠纷;

(七)承包经营权继承纠纷;

(八)土地经营权继承纠纷。

农村集体经济组织成员因未实际取得土地承包经营权提起民事诉讼的,人民法院应当告知其向有关行政主管部门申请解决。

农村集体经济组织成员就用于分配的土地补偿费数额提起民事诉讼的,人民法院不予受理。

第二条 当事人自愿达成书面仲裁协议的,受诉人民法院应当参照《最高人民法院关于适用〈中华人民共和国民事诉讼法〉的解释》第二百一十五条、第二百一十六条的规定处理。

当事人未达成书面仲裁协议,一方当事人向农村土地承包仲裁机构申请仲裁,另一方当事人提起诉讼的,人民法院应予受理,并书面通知仲裁机构。但另一方当事人接受仲裁管辖后又起诉的,人民法院不予受理。

当事人对仲裁裁决不服并在收到裁决书之日起三十日内提起诉讼的,人民法院应予受理。

第三条 承包合同纠纷,以发包方和承包方为当事人。

前款所称承包方是指以家庭承包方式承包本集体经济组织农村土地的农户,以及以其他方式承包农村土地的组织或者个人。

第四条 农户成员为多人的,由其代表人进行诉讼。农户代表人按照下列情形确定:

(一)土地承包经营权证等证书上记载的人;

(二)未依法登记取得土地承包经营权证等证书的,为在承包合同上签名的人;

(三)前两项规定的人死亡、丧失民事行为能力或者因其他原因无法进行诉讼的,为农户成员推选的人。

二、家庭承包纠纷案件的处理

第五条 承包合同中有关收回、调整承包地的约定违反农村土地承包法第二十七条、第二十八条、第三十一条规定的，应当认定该约定无效。

第六条 因发包方违法收回、调整承包地，或者因发包方收回承包方弃耕、撂荒的承包地产生的纠纷，按照下列情形，分别处理：

（一）发包方未将承包地另行发包，承包方请求返还承包地的，应予支持；

（二）发包方已将承包地另行发包给第三人，承包方以发包方和第三人为共同被告，请求确认其所签订的承包合同无效、返还承包地并赔偿损失的，应予支持。但属于承包方弃耕、撂荒情形的，对其赔偿损失的诉讼请求，不予支持。

前款第（二）项所称的第三人，请求受益方补偿其在承包地上的合理投入的，应予支持。

第七条 承包合同约定或者土地承包经营权证等证书记载的承包期限短于农村土地承包法规定的期限，承包方请求延长的，应予支持。

第八条 承包方违反农村土地承包法第十八条规定，未经依法批准将承包地用于非农建设或者对承包地造成永久性损害，发包方请求承包方停止侵害、恢复原状或者赔偿损失的，应予支持。

第九条 发包方根据农村土地承包法第二十七条规定收回承包地前，承包方已经以出租、入股或者其他形式将其土地经营权流转给第三人，且流转期限尚未届满，因流转价款收取产生的纠纷，按照下列情形，分别处理：

（一）承包方已经一次性收取了流转价款，发包方请求承包方返还剩余流转期限的流转价款的，应予支持；

（二）流转价款为分期支付，发包方请求第三人按照流转合同的约定支付流转价款的，应予支持。

第十条 承包方交回承包地不符合农村土地承包法第三十条规定程序的，不得认定其为自愿交回。

第十一条 土地经营权流转中，本集体经济组织成员在流转价款、流转期限等主要内容相同的条件下主张优先权的，应予支持。但下列情形除外：

（一）在书面公示的合理期限内未提出优先权主张的；

（二）未经书面公示，在本集体经济组织以外的人开始使用承包地两个月内未提出优先权主张的。

第十二条 发包方胁迫承包方将土地经营权流转给第三人，承包方请求撤销其与第三人签订的流转合同的，应予支持。

发包方阻碍承包方依法流转土地经营权，承包方请求排除妨碍、赔偿损失的，应予支持。

第十三条 承包方未经发包方同意，转让其土地承包经营权的，转让合同无效。但发包方无法定理由不同意或者拖延表态的除外。

第十四条 承包方依法采取出租、入股或者其他方式流转土地经营权，发包方仅以该土地经营权流转合同未报其备案为由，请求确认合同无效的，不予支持。

第十五条 因承包方不收取流转价款或者向对方支付费用的约定产生纠纷，当事人协商变更无法达成一致，且继续履行又显失公平的，人民法院可以根据发生变更的客观情况，按照公平原则处理。

第十六条 当事人对出租地流转期限没有约定或者约定不明的，参照民法典第七百三十条规定处理。除当事人另有约定或者属于林地承包经营外，承包地交回的时间应当在农作物收获期结束后或者下一耕种期开始前。

对提高土地生产能力的投入，对方当事人请求承包方给予相应补偿的，应予支持。

第十七条 发包方或者其他组织、个人擅自截留、扣缴承包收益或者土地经营权流转收益，承包方请求返还的，应予支持。

发包方或者其他组织、个人主张抵销的，不予支持。

三、其他方式承包纠纷的处理

第十八条 本集体经济组织成员在承包费、承包期限等主要内容相同的条件下主张优先承包的，应予支持。但在发包方将农村土地发包给本集体经济组织以外的组织或者个人，已经法律规定的民主议定程序通过，并由乡（镇）人民政府批准后主张优先承包的，不予支持。

第十九条 发包方就同一土地签订两个以上承包合同，承包方均主张取得土地经营权的，按照下列情形，分别处理：

（一）已经依法登记的承包方，取得土地经营权；

（二）均未依法登记的，生效在先合同的承包方取得土地经营权；

（三）依前两项规定无法确定的，已经根据承包合同合法占有使用承包地的人取得土地经营权，但争议发生后一方强行先占承包地的行为和事实，不得作为确定土地经营权的依据。

四、土地征收补偿费用分配及土地承包经营权继承纠纷的处理

第二十条 承包地被依法征收，承包方请求发包方

给付已经收到的地上附着物和青苗的补偿费的，应予支持。

承包方已将土地经营权以出租、入股或者其他方式流转给第三人的，除当事人另有约定外，青苗补偿费归实际投入人所有，地上附着物补偿费归附着物所有人所有。

第二十一条 承包地被依法征收，放弃统一安置的家庭承包方，请求发包方给付已经收到的安置补助费的，应予支持。

第二十二条 农村集体经济组织或者村民委员会、村民小组，可以依照法律规定的民主议定程序，决定在本集体经济组织内部分配已经收到的土地补偿费。征地补偿安置方案确定时已经具有本集体经济组织成员资格的人，请求支付相应份额的，应予支持。但已报全国人大常委会、国务院备案的地方性法规、自治条例和单行条例、地方政府规章对土地补偿费在农村集体经济组织内部的分配办法另有规定的除外。

第二十三条 林地家庭承包中，承包方的继承人请求在承包期内继续承包的，应予支持。

其他方式承包中，承包方的继承人或者权利义务承受者请求在承包期内继续承包的，应予支持。

五、其他规定

第二十四条 人民法院在审理涉及本解释第五条、第六条第一款第（二）项及第二款、第十五条的纠纷案件时，应当着重进行调解。必要时可以委托人民调解组织进行调解。

第二十五条 本解释自 2005 年 9 月 1 日起施行。施行后受理的第一审案件，适用本解释的规定。

施行前已经生效的司法解释与本解释不一致的，以本解释为准。

最高人民法院关于审理森林资源民事纠纷案件适用法律若干问题的解释

· 2022 年 4 月 25 日最高人民法院审判委员会第 1869 次会议通过
· 2022 年 6 月 13 日最高人民法院公告公布
· 自 2022 年 6 月 15 日起施行
· 法释〔2022〕16 号

为妥善审理森林资源民事纠纷案件，依法保护生态环境和当事人合法权益，根据《中华人民共和国民法典》《中华人民共和国环境保护法》《中华人民共和国森林法》《中华人民共和国农村土地承包法》《中华人民共和国民事诉讼法》等法律规定，结合审判实践，制定本解释。

第一条 人民法院审理涉及森林、林木、林地等森林资源的民事纠纷案件，应当贯彻民法典绿色原则，尊重自然、尊重历史、尊重习惯，依法推动森林资源保护和利用的生态效益、经济效益、社会效益相统一，促进人与自然和谐共生。

第二条 当事人因下列行为，对林地、林木的物权归属、内容产生争议，依据民法典第二百三十四条的规定提起民事诉讼，请求确认权利的，人民法院应当依法受理：

（一）林地承包；

（二）林地承包经营权互换、转让；

（三）林地经营权流转；

（四）林木流转；

（五）林地、林木担保；

（六）林地、林木继承；

（七）其他引起林地、林木物权变动的行为。

当事人因对行政机关作出的林地、林木确权、登记行为产生争议，提起民事诉讼的，人民法院告知其依法通过行政复议、行政诉讼程序解决。

第三条 当事人以未办理批准、登记、备案、审查、审核等手续为由，主张林地承包、林地承包经营权互换或者转让、林地经营权流转、林木流转、森林资源担保等合同无效的，人民法院不予支持。

因前款原因，不能取得相关权利的当事人请求解除合同、由违约方承担违约责任的，人民法院依法予以支持。

第四条 当事人一方未依法经林权证等权利证书载明的共有人同意，擅自处分林地、林木，另一方主张取得相关权利的，人民法院不予支持。但符合民法典第三百一十一条关于善意取得规定的除外。

第五条 当事人以违反法律规定的民主议定程序为由，主张集体林地承包合同无效的，人民法院应予支持。但下列情形除外：

（一）合同订立时，法律、行政法规没有关于民主议定程序的强制性规定的；

（二）合同订立未经民主议定程序讨论决定，或者民主议定程序存在瑕疵，一审法庭辩论终结前已经依法补正的；

（三）承包方对村民会议或者村民代表会议决议进行了合理审查，不知道且不应当知道决议系伪造、变造，并已经对林地大量投入的。

第六条 家庭承包林地的承包方转让林地承包经营

权未经发包方同意,或者受让方不是本集体经济组织成员,受让方主张取得林地承包经营权的,人民法院不予支持。但发包方无法定理由不同意或者拖延表态的除外。

第七条 当事人就同一集体林地订立多个经营权流转合同,在合同有效的情况下,受让方均主张取得林地经营权的,由具有下列情形的受让方取得:

(一)林地经营权已经依法登记的;

(二)林地经营权均未依法登记,争议发生前已经合法占有使用林地并大量投入的;

(三)无前两项规定情形,合同生效在先的。

未取得林地经营权的一方请求解除合同、由违约方承担违约责任的,人民法院依法予以支持。

第八条 家庭承包林地的承包方以林地经营权人擅自再流转林地经营权为由,请求解除林地经营权流转合同、收回林地的,人民法院应予支持。但林地经营权人能够证明林地经营权再流转已经承包方书面同意的除外。

第九条 本集体经济组织成员以其在同等条件下享有的优先权受到侵害为由,主张家庭承包林地经营权流转合同无效的,人民法院不予支持;其请求赔偿损失的,依法予以支持。

第十条 林地承包期内,因林地承包经营权互换、转让、继承等原因,承包方发生变动,林地经营权人请求新的承包方继续履行原林地经营权流转合同的,人民法院应予支持。但当事人另有约定的除外。

第十一条 林地经营权流转合同约定的流转期限超过承包期的剩余期限,或者林地经营权再流转合同约定的流转期限超过原林地经营权流转合同的剩余期限,林地经营权流转、再流转合同当事人主张超过部分无效的,人民法院不予支持。

第十二条 林地经营权流转合同约定的流转期限超过承包期的剩余期限,发包方主张超过部分的约定对其不具有法律约束力的,人民法院应予支持。但发包方对此知道或者应当知道的除外。

林地经营权再流转合同约定的流转期限超过原林地经营权流转合同的剩余期限,承包方主张超过部分的约定对其不具有法律约束力的,人民法院应予支持。但承包方对此知道或者应当知道的除外。

因前两款原因,致使林地经营权流转合同、再流转合同不能履行,当事人请求解除合同、由违约方承担违约责任的,人民法院依法予以支持。

第十三条 林地经营权流转合同终止时,对于林地经营权人种植的地上林木,按照下列情形处理:

(一)合同有约定的,按照约定处理,但该约定依据民法典第一百五十三条的规定应当认定无效的除外;

(二)合同没有约定或者约定不明,当事人协商一致延长合同期限至轮伐期或者其他合理期限届满,承包方请求由林地经营权人承担林地使用费的,对其合理部分予以支持;

(三)合同没有约定或者约定不明,当事人未能就延长合同期限协商一致,林地经营权人请求对林木价值进行补偿的,对其合理部分予以支持。

林地承包合同终止时,承包方种植的地上林木的处理,参照适用前款规定。

第十四条 人民法院对于当事人为利用公益林林地资源和森林景观资源开展林下经济、森林旅游、森林康养等经营活动订立的合同,应当综合考虑公益林生态区位保护要求、公益林生态功能及是否经科学论证的合理利用等因素,依法认定合同效力。

当事人仅以涉公益林为由主张经营合同无效的,人民法院不予支持。

第十五条 以林地经营权、林木所有权等法律、行政法规未禁止抵押的森林资源资产设定抵押,债务人不履行到期债务或者发生当事人约定的实现抵押权的情形,抵押权人与抵押人协议以抵押的森林资源资产折价,并据此请求接管经营抵押财产的,人民法院依法予以支持。

抵押权人与抵押人未就森林资源资产抵押权的实现方式达成协议,抵押权人依据民事诉讼法第二百零三条、第二百零四条的规定申请实现抵押权的,人民法院依法裁定拍卖、变卖抵押财产。

第十六条 以森林生态效益补偿收益、林业碳汇等提供担保,债务人不履行到期债务或者发生当事人约定的实现担保物权的情形,担保物权人请求就担保财产优先受偿的,人民法院依法予以支持。

第十七条 违反国家规定造成森林生态环境损害,生态环境能够修复的,国家规定的机关或者法律规定的组织依据民法典第一千二百三十四条的规定,请求侵权人在合理期限内以补种树木、恢复植被、恢复林地土壤性状、投放相应生物种群等方式承担修复责任的,人民法院依法予以支持。

人民法院判决侵权人承担修复责任的,可以同时确定其在期限内不履行修复义务时应承担的森林生态环境修复费用。

第十八条 人民法院判决侵权人承担森林生态环境修复责任的,可以根据鉴定意见,或者参考林业主管部门、林业调查规划设计单位、相关科研机构和人员出具的专业意见，合理确定森林生态环境修复方案，明确侵权人履行修复义务的具体要求。

第十九条 人民法院依据民法典第一千二百三十五条的规定确定侵权人承担的森林生态环境损害赔偿金额，应当综合考虑受损森林资源在调节气候、固碳增汇、保护生物多样性、涵养水源、保持水土、防风固沙等方面的生态环境服务功能，予以合理认定。

第二十条 当事人请求以认购经核证的林业碳汇方式替代履行森林生态环境损害赔偿责任的，人民法院可以综合考虑各方当事人意见、不同责任方式的合理性等因素，依法予以准许。

第二十一条 当事人请求以森林管护、野生动植物保护、社区服务等劳务方式替代履行森林生态环境损害赔偿责任的，人民法院可以综合考虑侵权人的代偿意愿、经济能力、劳动能力、赔偿金额、当地相应工资标准等因素，决定是否予以准许，并合理确定劳务代偿方案。

第二十二条 侵权人自愿交纳保证金作为履行森林生态环境修复义务担保的，在其不履行修复义务时，人民法院可以将保证金用于支付森林生态环境修复费用。

第二十三条 本解释自2022年6月15日起施行。施行前本院公布的司法解释与本解释不一致的，以本解释为准。

最高人民法院关于审理城镇房屋租赁合同纠纷案件具体应用法律若干问题的解释

- 2009年6月22日最高人民法院审判委员会第1469次会议通过
- 根据2020年12月23日最高人民法院审判委员会第1823次会议通过的《最高人民法院关于修改〈最高人民法院关于在民事审判工作中适用《中华人民共和国工会法》若干问题的解释〉等二十七件民事类司法解释的决定》修正
- 2020年12月29日最高人民法院公告公布
- 该修正自2021年1月1日起施行
- 法释〔2020〕17号

为正确审理城镇房屋租赁合同纠纷案件，依法保护当事人的合法权益，根据《中华人民共和国民法典》等法律规定，结合民事审判实践，制定本解释。

第一条 本解释所称城镇房屋，是指城市、镇规划区内的房屋。

乡、村庄规划区内的房屋租赁合同纠纷案件，可以参照本解释处理。但法律另有规定的，适用其规定。

当事人依照国家福利政策租赁公有住房、廉租住房、经济适用住房产生的纠纷案件，不适用本解释。

第二条 出租人就未取得建设工程规划许可证或者未按照建设工程规划许可证的规定建设的房屋，与承租人订立的租赁合同无效。但在一审法庭辩论终结前取得建设工程规划许可证或者经主管部门批准建设的，人民法院应当认定有效。

第三条 出租人就未经批准或者未按照批准内容建设的临时建筑，与承租人订立的租赁合同无效。但在一审法庭辩论终结前经主管部门批准建设的，人民法院应当认定有效。

租赁期限超过临时建筑的使用期限，超过部分无效。但在一审法庭辩论终结前经主管部门批准延长使用期限的，人民法院应当认定延长使用期限内的租赁期间有效。

第四条 房屋租赁合同无效，当事人请求参照合同约定的租金标准支付房屋占有使用费的，人民法院一般应予支持。

当事人请求赔偿因合同无效受到的损失，人民法院依照民法典第一百五十七条和本解释第七条、第十一条、第十二条的规定处理。

第五条 出租人就同一房屋订立数份租赁合同，在合同均有效的情况下，承租人均主张履行合同的，人民法院按照下列顺序确定履行合同的承租人：

（一）已经合法占有租赁房屋的；
（二）已经办理登记备案手续的；
（三）合同成立在先的。

不能取得租赁房屋的承租人请求解除合同、赔偿损失的，依照民法典的有关规定处理。

第六条 承租人擅自变动房屋建筑主体和承重结构或者扩建，在出租人要求的合理期限内仍不予恢复原状，出租人请求解除合同并要求赔偿损失的，人民法院依照民法典第七百一十一条的规定处理。

第七条 承租人经出租人同意装饰装修，租赁合同无效时，未形成附合的装饰装修物，出租人同意利用的，可折价归出租人所有；不同意利用的，可由承租人拆除。因拆除造成房屋毁损的，承租人应当恢复原状。

已形成附合的装饰装修物，出租人同意利用的，可折价归出租人所有；不同意利用的，由双方各自按照导致合同无效的过错分担现值损失。

第八条 承租人经出租人同意装饰装修，租赁期间届满或者合同解除时，除当事人另有约定外，未形成附合的装饰装修物，可由承租人拆除。因拆除造成房屋毁损的，承租人应当恢复原状。

第九条 承租人经出租人同意装饰装修，合同解除时，双方对已形成附合的装饰装修物的处理没有约定的，人民法院按照下列情形分别处理：

（一）因出租人违约导致合同解除，承租人请求出租人赔偿剩余租赁期内装饰装修残值损失的，应予支持；

（二）因承租人违约导致合同解除，承租人请求出租人赔偿剩余租赁期内装饰装修残值损失的，不予支持。但出租人同意利用的，应在利用价值范围内予以适当补偿；

（三）因双方违约导致合同解除，剩余租赁期内的装饰装修残值损失，由双方根据各自的过错承担相应的责任；

（四）因不可归责于双方的事由导致合同解除的，剩余租赁期内的装饰装修残值损失，由双方按照公平原则分担。法律另有规定的，适用其规定。

第十条 承租人经出租人同意装饰装修，租赁期间届满时，承租人请求出租人补偿附合装饰装修费用的，不予支持。但当事人另有约定的除外。

第十一条 承租人未经出租人同意装饰装修或者扩建发生的费用，由承租人负担。出租人请求承租人恢复原状或者赔偿损失的，人民法院应予支持。

第十二条 承租人经出租人同意扩建，但双方对扩建费用的处理没有约定的，人民法院按照下列情形分别处理：

（一）办理合法建设手续的，扩建造价费用由出租人负担；

（二）未办理合法建设手续的，扩建造价费用由双方按照过错分担。

第十三条 房屋租赁合同无效、履行期限届满或者解除，出租人请求负有腾房义务的次承租人支付逾期腾房占有使用费的，人民法院应予支持。

第十四条 租赁房屋在承租人按照租赁合同占有期限内发生所有权变动，承租人请求房屋受让人继续履行原租赁合同的，人民法院应予支持。但租赁房屋具有下列情形或者当事人另有约定的除外：

（一）房屋在出租前已设立抵押权，因抵押权人实现抵押权发生所有权变动的；

（二）房屋在出租前已被人民法院依法查封的。

第十五条 出租人与抵押权人协议折价、变卖租赁房屋偿还债务，应当在合理期限内通知承租人。承租人请求以同等条件优先购买房屋的，人民法院应予支持。

第十六条 本解释施行前已经终审，本解释施行后当事人申请再审或者按照审判监督程序决定再审的案件，不适用本解释。

最高人民法院关于审理旅游纠纷案件适用法律若干问题的规定

· 2010 年 9 月 13 日最高人民法院审判委员会第 1496 次会议通过
· 根据 2020 年 12 月 23 日最高人民法院审判委员会第 1823 次会议通过的《最高人民法院关于修改〈最高人民法院关于在民事审判工作中适用《中华人民共和国工会法》若干问题的解释〉等二十七件民事类司法解释的决定》修正
· 2020 年 12 月 29 日最高人民法院公告公布
· 该修正自 2021 年 1 月 1 日起施行
· 法释〔2020〕17 号

为正确审理旅游纠纷案件，依法保护当事人合法权益，根据《中华人民共和国民法典》《中华人民共和国消费者权益保护法》《中华人民共和国旅游法》《中华人民共和国民事诉讼法》等有关法律规定，结合民事审判实践，制定本规定。

第一条 本规定所称的旅游纠纷，是指旅游者与旅游经营者、旅游辅助服务者之间因旅游发生的合同纠纷或者侵权纠纷。

"旅游经营者"是指以自己的名义经营旅游业务，向公众提供旅游服务的人。

"旅游辅助服务者"是指与旅游经营者存在合同关系，协助旅游经营者履行旅游合同义务，实际提供交通、游览、住宿、餐饮、娱乐等旅游服务的人。

旅游者在自行旅游过程中与旅游景点经营者因旅游发生的纠纷，参照适用本规定。

第二条 以单位、家庭等集体形式与旅游经营者订立旅游合同，在履行过程中发生纠纷，除集体以合同一方当事人名义起诉外，旅游者个人提起旅游合同纠纷诉讼的，人民法院应予受理。

第三条 因旅游经营者方面的同一原因造成旅游者人身损害、财产损失，旅游者选择请求旅游经营者承担违约责任或者侵权责任的，人民法院应当根据当事人选择的案由进行审理。

第四条 因旅游辅助服务者的原因导致旅游经营者违约，旅游者仅起诉旅游经营者的，人民法院可以将旅游辅助服务者追加为第三人。

第五条 旅游经营者已投保责任险,旅游者因保险责任事故仅起诉旅游经营者的,人民法院可以应当事人的请求将保险公司列为第三人。

第六条 旅游经营者以格式条款、通知、声明、店堂告示等方式作出排除或者限制旅游者权利、减轻或者免除旅游经营者责任、加重旅游者责任等对旅游者不公平、不合理的规定,旅游者依据消费者权益保护法第二十六条的规定请求认定该内容无效的,人民法院应予支持。

第七条 旅游经营者、旅游辅助服务者未尽到安全保障义务,造成旅游者人身损害、财产损失,旅游者请求旅游经营者、旅游辅助服务者承担责任的,人民法院应予支持。

因第三人的行为造成旅游者人身损害、财产损失,由第三人承担责任;旅游经营者、旅游辅助服务者未尽安全保障义务,旅游者请求其承担相应补充责任的,人民法院应予支持。

第八条 旅游经营者、旅游辅助服务者对可能危及旅游者人身、财产安全的旅游项目未履行告知、警示义务,造成旅游者人身损害、财产损失,旅游者请求旅游经营者、旅游辅助服务者承担责任的,人民法院应予支持。

旅游者未按旅游经营者、旅游辅助服务者的要求提供与旅游活动相关的个人健康信息并履行如实告知义务,或者不听从旅游经营者、旅游辅助服务者的告知、警示,参加不适合自身条件的旅游活动,导致旅游过程中出现人身损害、财产损失,旅游者请求旅游经营者、旅游辅助服务者承担责任的,人民法院不予支持。

第九条 旅游经营者、旅游辅助服务者以非法收集、存储、使用、加工、传输、买卖、提供、公开等方式处理旅游者个人信息,旅游者请求其承担相应责任的,人民法院应予支持。

第十条 旅游经营者将旅游业务转让给其他旅游经营者,旅游者不同意转让,请求解除旅游合同、追究旅游经营者违约责任的,人民法院应予支持。

旅游经营者擅自将其旅游业务转让给其他旅游经营者,旅游者在旅游过程中遭受损害,请求与其签订旅游合同的旅游经营者和实际提供旅游服务的旅游经营者承担连带责任的,人民法院应予支持。

第十一条 除合同性质不宜转让或者合同另有约定之外,在旅游行程开始前的合理期限内,旅游者将其在旅游合同中的权利义务转让给第三人,请求确认转让合同效力的,人民法院应予支持。

因前款所述原因,旅游经营者请求旅游者、第三人给付增加的费用或者旅游者请求旅游经营者退还减少的费用的,人民法院应予支持。

第十二条 旅游行程开始前或者进行中,因旅游者单方解除合同,旅游者请求旅游经营者退还尚未实际发生的费用,或者旅游经营者请求旅游者支付合理费用的,人民法院应予支持。

第十三条 签订旅游合同的旅游经营者将其部分旅游业务委托旅游目的地的旅游经营者,因受托方未尽旅游合同义务,旅游者在旅游过程中受到损害,要求作出委托的旅游经营者承担赔偿责任的,人民法院应予支持。

旅游经营者委托前款规定以外的人从事旅游业务,发生旅游纠纷,旅游者起诉旅游经营者的,人民法院应予受理。

第十四条 旅游经营者准许他人挂靠其名下从事旅游业务,造成旅游者人身损害、财产损失,旅游者依据民法典第一千一百六十八条的规定请求旅游经营者与挂靠人承担连带责任的,人民法院应予支持。

第十五条 旅游经营者违反合同约定,有擅自改变旅游行程、遗漏旅游景点、减少旅游服务项目、降低旅游服务标准等行为,旅游者请求旅游经营者赔偿未完成约定旅游服务项目等合理费用的,人民法院应予支持。

旅游经营者提供服务时有欺诈行为,旅游者依据消费者权益保护法第五十五条第一款规定请求旅游经营者承担惩罚性赔偿责任的,人民法院应予支持。

第十六条 因飞机、火车、班轮、城际客运班车等公共客运交通工具延误,导致合同不能按照约定履行,旅游者请求旅游经营者退还未实际发生的费用的,人民法院应予支持。合同另有约定的除外。

第十七条 旅游者在自行安排活动期间遭受人身损害、财产损失,旅游经营者未尽到必要的提示义务、救助义务,旅游者请求旅游经营者承担相应责任的,人民法院应予支持。

前款规定的自行安排活动期间,包括旅游经营者安排的在旅游行程中独立的自由活动期间、旅游者不参加旅游行程的活动期间以及旅游者经导游或者领队同意暂时离队的个人活动期间等。

第十八条 旅游者在旅游行程中未经导游或者领队许可,故意脱离团队,遭受人身损害、财产损失,请求旅游经营者赔偿损失的,人民法院不予支持。

第十九条 旅游经营者或者旅游辅助服务者为旅游者代管的行李物品损毁、灭失,旅游者请求赔偿损失的,人民法院应予支持,但下列情形除外:

(一)损失是由于旅游者未听从旅游经营者或者旅

游辅助服务者的事先声明或者提示,未将现金、有价证券、贵重物品由其随身携带而造成的;

（二）损失是由于不可抗力造成的;

（三）损失是由于旅游者的过错造成的;

（四）损失是由于物品的自然属性造成的。

第二十条 旅游者要求旅游经营者返还下列费用的,人民法院应予支持:

（一）因拒绝旅游经营者安排的购物活动或者另行付费的项目被增收的费用;

（二）在同一旅游行程中,旅游经营者提供相同服务,因旅游者的年龄、职业等差异而增收的费用。

第二十一条 旅游经营者因过错致其代办的手续、证件存在瑕疵,或者未尽妥善保管义务而遗失、毁损,旅游者请求旅游经营者补办或者协助补办相关手续、证件并承担相应费用的,人民法院应予支持。

因上述行为影响旅游行程,旅游者请求旅游经营者退还尚未发生的费用、赔偿损失的,人民法院应予支持。

第二十二条 旅游经营者事先设计,并以确定的总价提供交通、住宿、游览等一项或者多项服务,不提供导游和领队服务,由旅游者自行安排游览行程的旅游过程中,旅游经营者提供的服务不符合合同约定,侵害旅游者合法权益,旅游者请求旅游经营者承担相应责任的,人民法院应予支持。

第二十三条 本规定施行前已经终审,本规定施行后当事人申请再审或者按照审判监督程序决定再审的案件,不适用本规定。

最高人民法院关于审理买卖合同纠纷案件适用法律问题的解释

- 2012年3月31日最高人民法院审判委员会第1545次会议通过
- 根据2020年12月23日最高人民法院审判委员会第1823次会议通过的《最高人民法院关于修改〈最高人民法院关于在民事审判工作中适用《中华人民共和国工会法》若干问题的解释〉等二十七件民事类司法解释的决定》修正
- 2020年12月29日最高人民法院公告公布
- 该修正自2021年1月1日起施行
- 法释〔2020〕17号

为正确审理买卖合同纠纷案件,根据《中华人民共和国民法典》《中华人民共和国民事诉讼法》等法律的规定,结合审判实践,制定本解释。

一、买卖合同的成立

第一条 当事人之间没有书面合同,一方以送货单、收货单、结算单、发票等主张存在买卖合同关系的,人民法院应当结合当事人之间的交易方式、交易习惯以及其他相关证据,对买卖合同是否成立作出认定。

对账确认函、债权确认书等函件、凭证没有记载债权人名称,买卖合同当事人一方以此证明存在买卖合同关系的,人民法院应予支持,但有相反证据足以推翻的除外。

二、标的物交付和所有权转移

第二条 标的物为无需以有形载体交付的电子信息产品,当事人对交付方式约定不明确,且依照民法典第五百一十条的规定仍不能确定的,买受人收到约定的电子信息产品或者权利凭证即为交付。

第三条 根据民法典第六百二十九条的规定,买受人拒绝接收多交部分标的物的,可以代为保管多交部分标的物。买受人主张出卖人负担代为保管期间的合理费用的,人民法院应予支持。

买受人主张出卖人承担代为保管期间非因买受人故意或者重大过失造成的损失的,人民法院应予支持。

第四条 民法典第五百九十九条规定的"提取标的物单证以外的有关单证和资料",主要应当包括保险单、保修单、普通发票、增值税专用发票、产品合格证、质量保证书、质量鉴定书、品质检验证书、产品进出口检疫书、原产地证明书、使用说明书、装箱单等。

第五条 出卖人仅以增值税专用发票及税款抵扣资料证明其已履行交付标的物义务,买受人不认可的,出卖人应当提供其他证据证明交付标的物的事实。

合同约定或者当事人之间习惯以普通发票作为付款凭证,买受人以普通发票证明已经履行付款义务的,人民法院应予支持,但有相反证据足以推翻的除外。

第六条 出卖人就同一普通动产订立多重买卖合同,在买卖合同均有效的情况下,买受人均要求实际履行合同的,应当按照以下情形分别处理:

（一）先行受领交付的买受人请求确认所有权已经转移的,人民法院应予支持;

（二）均未受领交付,先行支付价款的买受人请求出卖人履行交付标的物等合同义务的,人民法院应予支持;

（三）均未受领交付,也未支付价款,依法成立在先合同的买受人请求出卖人履行交付标的物等合同义务的,人民法院应予支持。

第七条 出卖人就同一船舶、航空器、机动车等特殊动产订立多重买卖合同，在买卖合同均有效的情况下，买受人均要求实际履行合同的，应当按照以下情形分别处理：

（一）先行受领交付的买受人请求出卖人履行办理所有权转移登记手续等合同义务的，人民法院应予支持；

（二）均未受领交付，先行办理所有权转移登记手续的买受人请求出卖人履行交付标的物等合同义务的，人民法院应予支持；

（三）均未受领交付，也未办理所有权转移登记手续，依法成立在先合同的买受人请求出卖人履行交付标的物和办理所有权转移登记手续等合同义务的，人民法院应予支持；

（四）出卖人将标的物交付给买受人之一，又为其他买受人办理所有权转移登记，已受领交付的买受人请求将标的物所有权登记在自己名下的，人民法院应予支持。

三、标的物风险负担

第八条 民法典第六百零三条第二款第一项规定的"标的物需要运输的"，是指标的物由出卖人负责办理托运，承运人系独立于买卖合同当事人之外的运输业者的情形。标的物毁损、灭失的风险负担，按照民法典第六百零七条第二款的规定处理。

第九条 出卖人根据合同约定将标的物运送至买受人指定地点并交付给承运人后，标的物毁损、灭失的风险由买受人负担，但当事人另有约定的除外。

第十条 出卖人出卖交由承运人运输的在途标的物，在合同成立时知道或者应当知道标的物已经毁损、灭失却未告知买受人，买受人主张出卖人负担标的物毁损、灭失的风险的，人民法院应予支持。

第十一条 当事人对风险负担没有约定，标的物为种类物，出卖人未以装运单据、加盖标记、通知买受人等可识别的方式清楚地将标的物特定于买卖合同，买受人主张不负担标的物毁损、灭失的风险的，人民法院应予支持。

四、标的物检验

第十二条 人民法院具体认定民法典第六百二十一条第二款规定的"合理期限"时，应当综合当事人之间的交易性质、交易目的、交易方式、交易习惯、标的物的种类、数量、性质、安装和使用情况、瑕疵的性质、买受人应尽的合理注意义务、检验方法和难易程度、买受人或者检验人所处的具体环境、自身技能以及其他合理因素，依据诚实信用原则进行判断。

民法典第六百二十一条第二款规定的"二年"是最长的合理期限。该期限为不变期间，不适用诉讼时效中止、中断或者延长的规定。

第十三条 买受人在合理期限内提出异议，出卖人以买受人已经支付价款、确认欠款数额、使用标的物等为由，主张买受人放弃异议的，人民法院不予支持，但当事人另有约定的除外。

第十四条 民法典第六百二十一条规定的检验期限、合理期限、二年期限经过后，买受人主张标的物的数量或者质量不符合约定的，人民法院不予支持。

出卖人自愿承担违约责任后，又以上述期限经过为由翻悔的，人民法院不予支持。

五、违约责任

第十五条 买受人依约保留部分价款作为质量保证金，出卖人在质量保证期未及时解决质量问题而影响标的物的价值或者使用效果，出卖人主张支付该部分价款的，人民法院不予支持。

第十六条 买受人在检验期限、质量保证期、合理期限内提出质量异议，出卖人未按要求予以修理或者因情况紧急，买受人自行或者通过第三人修理标的物后，主张出卖人负担因此发生的合理费用的，人民法院应予支持。

第十七条 标的物质量不符合约定，买受人依照民法典第五百八十二条的规定要求减少价款的，人民法院应予支持。当事人主张以符合约定的标的物和实际交付的标的物按交付时的市场价值计算差价的，人民法院应予支持。

价款已经支付，买受人主张返还减价后多出部分价款的，人民法院应予支持。

第十八条 买卖合同对付款期限作出的变更，不影响当事人关于逾期付款违约金的约定，但该违约金的起算点应当随之变更。

买卖合同约定逾期付款违约金，买受人以出卖人接受价款时未主张逾期付款违约金为由拒绝支付该违约金的，人民法院不予支持。

买卖合同约定逾期付款违约金，但对账单、还款协议等未涉及逾期付款责任，出卖人根据对账单、还款协议等主张欠款时请求买受人依约支付逾期付款违约金的，人民法院应予支持，但对账单、还款协议等明确载有本金及逾期付款利息数额或者已经变更买卖合同中关于本金、利息等约定内容的除外。

买卖合同没有约定逾期付款违约金或者该违约金的

计算方法,出卖人以买受人违约为由主张赔偿逾期付款损失,违约行为发生在2019年8月19日之前的,人民法院可以中国人民银行同期同类人民币贷款基准利率为基础,参照逾期罚息利率标准计算;违约行为发生在2019年8月20日之后的,人民法院可以违约行为发生时中国人民银行授权全国银行间同业拆借中心公布的一年期贷款市场报价利率(LPR)标准为基础,加计30—50%计算逾期付款损失。

第十九条 出卖人没有履行或者不当履行从给付义务,致使买受人不能实现合同目的,买受人主张解除合同的,人民法院应当根据民法典第五百六十三条第一款第四项的规定,予以支持。

第二十条 买卖合同因违约而解除后,守约方主张继续适用违约金条款的,人民法院应予支持;但约定的违约金过分高于造成的损失的,人民法院可以参照民法典第五百八十五条第二款的规定处理。

第二十一条 买卖合同当事人一方以对方违约为由主张支付违约金,对方以合同不成立、合同未生效、合同无效或者不构成违约等为由进行免责抗辩而未主张调整过高的违约金的,人民法院应当就法院若不支持免责抗辩,当事人是否需要主张调整违约金进行释明。

一审法院认为免责抗辩成立且未予释明,二审法院认为应当判决支付违约金的,可以直接释明并改判。

第二十二条 买卖合同当事人一方违约造成对方损失,对方主张赔偿可得利益损失的,人民法院在确定违约责任范围时,应根据当事人的主张,依据民法典第五百八十四条、第五百九十一条、第五百九十二条、本解释第二十三条等规定进行认定。

第二十三条 买卖合同当事人一方因对方违约而获有利益,违约方主张从损失赔偿额中扣除该部分利益的,人民法院应予支持。

第二十四条 买受人在缔约时知道或者应当知道标的物质量存在瑕疵,主张出卖人承担瑕疵担保责任的,人民法院不予支持,但买受人在缔约时不知道该瑕疵会导致标的物的基本效用显著降低的除外。

六、所有权保留

第二十五条 买卖合同当事人主张民法典第六百四十一条关于标的物所有权保留的规定适用于不动产的,人民法院不予支持。

第二十六条 买受人已经支付标的物总价款的百分之七十五以上,出卖人主张取回标的物的,人民法院不予支持。

在民法典第六百四十二条第一款第三项情形下,第三人依民法典第三百一十一条的规定已经善意取得标的物所有权或者其他物权,出卖人主张取回标的物的,人民法院不予支持。

七、特种买卖

第二十七条 民法典第六百三十四条第一款规定的"分期付款",系指买受人将应付的总价款在一定期限内至少分三次向出卖人支付。

分期付款买卖合同的约定违反民法典第六百三十四条第一款的规定,损害买受人利益,买受人主张该约定无效的,人民法院应予支持。

第二十八条 分期付款买卖合同约定出卖人在解除合同时可以扣留已受领价金,出卖人扣留的金额超过标的物使用费以及标的物受损赔偿额,买受人请求返还超过部分的,人民法院应予支持。

当事人对标的物的使用费没有约定的,人民法院可以参照当地同类标的物的租金标准确定。

第二十九条 合同约定的样品质量与文字说明不一致且发生纠纷时当事人不能达成合意,样品封存后外观和内在品质没有发生变化的,人民法院应当以样品为准;外观和内在品质发生变化,或者当事人对是否发生变化有争议而又无法查明的,人民法院应当以文字说明为准。

第三十条 买卖合同存在下列约定内容之一的,不属于试用买卖。买受人主张属于试用买卖的,人民法院不予支持:

(一)约定标的物经过试用或者检验符合一定要求时,买受人应当购买标的物;

(二)约定第三人经试验对标的物认可时,买受人应当购买标的物;

(三)约定买受人在一定期限内可以调换标的物;

(四)约定买受人在一定期限内可以退还标的物。

八、其他问题

第三十一条 出卖人履行交付义务后诉请买受人支付价款,买受人以出卖人违约在先为由提出异议的,人民法院应当按照下列情况分别处理:

(一)买受人拒绝支付违约金、拒绝赔偿损失或者主张出卖人应当采取减少价款等补救措施的,属于提出抗辩;

(二)买受人主张出卖人应支付违约金、赔偿损失或者要求解除合同的,应当提起反诉。

第三十二条 法律或者行政法规对债权转让、股权转让等权利转让合同有规定的，依照其规定；没有规定的，人民法院可以根据民法典第四百六十七条和第六百四十六条的规定，参照适用买卖合同的有关规定。

权利转让或者其他有偿合同参照适用买卖合同的有关规定的，人民法院应当首先引用民法典第六百四十六条的规定，再引用买卖合同的有关规定。

第三十三条 本解释施行前本院发布的有关购销合同、销售合同等有偿转移标的物所有权的合同的规定，与本解释抵触的，自本解释施行之日起不再适用。

本解释施行后尚未终审的买卖合同纠纷案件，适用本解释；本解释施行前已经终审，当事人申请再审或者按照审判监督程序决定再审的，不适用本解释。

最高人民法院关于国有土地开荒后用于农耕的土地使用权转让合同纠纷案件如何适用法律问题的批复

· 2011 年 11 月 21 日最高人民法院审判委员会第 1532 次会议通过
· 根据 2020 年 12 月 23 日最高人民法院审判委员会第 1823 次会议通过的《最高人民法院关于修改〈最高人民法院关于在民事审判工作中适用《中华人民共和国工会法》若干问题的解释〉等二十七件民事类司法解释的决定》修正
· 2020 年 12 月 29 日最高人民法院公告公布
· 该修正自 2021 年 1 月 1 日起施行
· 法释〔2020〕17 号

甘肃省高级人民法院：

你院《关于对国有土地经营权转让如何适用法律的请示》（甘高法〔2010〕84 号）收悉。经研究，答复如下：

开荒后用于农耕而未交由农民集体使用的国有土地，不属于《中华人民共和国农村土地承包法》第二条规定的农村土地。此类土地使用权的转让，不适用《中华人民共和国农村土地承包法》的规定，应适用《中华人民共和国民法典》和《中华人民共和国土地管理法》等相关法律规定加以规范。

对于国有土地开荒后用于农耕的土地使用权转让合同，不违反法律、行政法规的强制性规定的，当事人仅以转让方未取得土地使用权证书为由请求确认合同无效的，人民法院依法不予支持；当事人根据合同约定主张对方当事人履行办理土地使用权证书义务的，人民法院依法应予支持。

最高人民法院关于审理融资租赁合同纠纷案件适用法律问题的解释

· 2013 年 11 月 25 日最高人民法院审判委员会第 1597 次会议通过
· 根据 2020 年 12 月 23 日最高人民法院审判委员会第 1823 次会议通过的《最高人民法院关于修改〈最高人民法院关于在民事审判工作中适用《中华人民共和国工会法》若干问题的解释〉等二十七件民事类司法解释的决定》修正
· 2020 年 12 月 29 日最高人民法院公告公布
· 该修正自 2021 年 1 月 1 日起施行
· 法释〔2020〕17 号

为正确审理融资租赁合同纠纷案件，根据《中华人民共和国民法典》《中华人民共和国民事诉讼法》等法律的规定，结合审判实践，制定本解释。

一、融资租赁合同的认定

第一条 人民法院应当根据民法典第七百三十五条的规定，结合标的物的性质、价值、租金的构成以及当事人的合同权利和义务，对是否构成融资租赁法律关系作出认定。

对名为融资租赁合同，但实际不构成融资租赁法律关系的，人民法院应按照其实际构成的法律关系处理。

第二条 承租人将其自有物出卖给出租人，再通过融资租赁合同将租赁物从出租人处租回的，人民法院不应仅以承租人和出卖人系同一人为由认定不构成融资租赁法律关系。

二、合同的履行和租赁物的公示

第三条 承租人拒绝受领租赁物，未及时通知出租人，或者无正当理由拒绝受领租赁物，造成出租人损失，出租人向承租人主张损害赔偿的，人民法院应予支持。

第四条 出租人转让其在融资租赁合同项下的部分或者全部权利，受让方以此为由请求解除或者变更融资租赁合同的，人民法院不予支持。

三、合同的解除

第五条 有下列情形之一，出租人请求解除融资租赁合同的，人民法院应予支持：

（一）承租人未按照合同约定的期限和数额支付租金，符合合同约定的解除条件，经出租人催告后在合理期限内仍不支付的；

（二）合同对于欠付租金解除合同的情形没有明确约定，但承租人欠付租金达到两期以上，或者数额达到全部租金百分之十五以上，经出租人催告后在合理期限内仍不支付的；

（三）承租人违反合同约定，致使合同目的不能实现的其他情形。

第六条 因出租人的原因致使承租人无法占有、使用租赁物，承租人请求解除融资租赁合同的，人民法院应予支持。

第七条 当事人在一审诉讼中仅请求解除融资租赁合同，未对租赁物的归属及损失赔偿提出主张的，人民法院可以向当事人进行释明。

四、违约责任

第八条 租赁物不符合融资租赁合同的约定且出租人实施了下列行为之一的，承租人依照民法典第七百四十四条、第七百四十七条的规定，要求出租人承担相应责任的，人民法院应予支持：

（一）出租人在承租人选择出卖人、租赁物时，对租赁物的选定起决定作用的；

（二）出租人干预或者要求承租人按照出租人意愿选择出卖人或者租赁物的；

（三）出租人擅自变更承租人已经选定的出卖人或者租赁物的。

承租人主张其系依赖出租人的技能确定租赁物或者出租人干预选择租赁物的，对上述事实承担举证责任。

第九条 承租人逾期履行支付租金义务或者迟延履行其他付款义务，出租人按照融资租赁合同的约定要求承租人支付逾期利息、相应违约金的，人民法院应予支持。

第十条 出租人既请求承租人支付合同约定的全部未付租金又请求解除融资租赁合同的，人民法院应告知其依照民法典第七百五十二条的规定作出选择。

出租人请求承租人支付合同约定的全部未付租金，人民法院判决后承租人未予履行，出租人再行起诉请求解除融资租赁合同、收回租赁物的，人民法院应予受理。

第十一条 出租人依照本解释第五条的规定请求解除融资租赁合同，同时请求收回租赁物并赔偿损失的，人民法院应予支持。

前款规定的损失赔偿范围为承租人全部未付租金及其他费用与收回租赁物价值的差额。合同约定租赁期间届满后租赁物归出租人所有的，损失赔偿范围还应包括融资租赁合同到期后租赁物的残值。

第十二条 诉讼期间承租人与出租人对租赁物的价值有争议的，人民法院可以按照融资租赁合同的约定确定租赁物价值；融资租赁合同未约定或者约定不明的，可以参照融资租赁合同约定的租赁物折旧以及合同到期后租赁物的残值确定租赁物价值。

承租人或者出租人认为依前款确定的价值严重偏离租赁物实际价值的，可以请求人民法院委托有资质的机构评估或者拍卖确定。

五、其他规定

第十三条 出卖人与买受人因买卖合同发生纠纷，或者出租人与承租人因融资租赁合同发生纠纷，当事人仅对其中一个合同关系提起诉讼，人民法院经审查后认为另一合同关系的当事人与案件处理结果有法律上的利害关系的，可以通知其作为第三人参加诉讼。

承租人与租赁物的实际使用人不一致，融资租赁合同当事人未对租赁物的实际使用人提起诉讼，人民法院经审查后认为租赁物的实际使用人与案件处理结果有法律上的利害关系的，可以通知其作为第三人参加诉讼。

承租人基于买卖合同和融资租赁合同直接向出卖人主张受领租赁物、索赔等买卖合同权利的，人民法院应通知出租人作为第三人参加诉讼。

第十四条 当事人因融资租赁合同租金欠付争议向人民法院请求保护其权利的诉讼时效期间为三年，自租赁期限届满之日起计算。

第十五条 本解释自2014年3月1日起施行。《最高人民法院关于审理融资租赁合同纠纷案件若干问题的规定》（法发〔1996〕19号）同时废止。

本解释施行后尚未终审的融资租赁合同纠纷案件，适用本解释；本解释施行前已经终审，当事人申请再审或者按照审判监督程序决定再审的，不适用本解释。

最高人民法院关于审理民间借贷案件适用法律若干问题的规定

- 2015年6月23日最高人民法院审判委员会第1655次会议通过
- 根据2020年8月18日最高人民法院审判委员会第1809次会议通过的《最高人民法院关于修改〈关于审理民间借贷案件适用法律若干问题的规定〉的决定》第一次修正
- 根据2020年12月23日最高人民法院审判委员会第1823次会议通过的《最高人民法院关于修改〈最高人民法院关于在民事审判工作中适用《中华人民共和国工会法》若干问题的解释〉等二十七件民事类司法解释的决定》第二次修正
- 2020年12月29日最高人民法院公告公布
- 该修正自2021年1月1日起施行
- 法释〔2020〕17号

为正确审理民间借贷纠纷案件，根据《中华人民共和国民法典》《中华人民共和国民事诉讼法》《中华人民共和国刑事诉讼法》等相关法律之规定，结合审判实践，制定本规定。

第一条 本规定所称的民间借贷，是指自然人、法人和非法人组织之间进行资金融通的行为。

经金融监管部门批准设立的从事贷款业务的金融机构及其分支机构，因发放贷款等相关金融业务引发的纠纷，不适用本规定。

第二条 出借人向人民法院提起民间借贷诉讼时，应当提供借据、收据、欠条等债权凭证以及其他能够证明借贷法律关系存在的证据。

当事人持有的借据、收据、欠条等债权凭证没有载明债权人，持有债权凭证的当事人提起民间借贷诉讼的，人民法院应予受理。被告对原告的债权人资格提出有事实依据的抗辩，人民法院经审查认为原告不具有债权人资格的，裁定驳回起诉。

第三条 借贷双方就合同履行地未约定或者约定不明确，事后未达成补充协议，按照合同相关条款或者交易习惯仍不能确定的，以接受货币一方所在地为合同履行地。

第四条 保证人为借款人提供连带责任保证，出借人仅起诉借款人的，人民法院可以不追加保证人为共同被告；出借人仅起诉保证人的，人民法院可以追加借款人为共同被告。

保证人为借款人提供一般保证，出借人仅起诉保证人的，人民法院应当追加借款人为共同被告；出借人仅起诉借款人的，人民法院可以不追加保证人为共同被告。

第五条 人民法院立案后，发现民间借贷行为本身涉嫌非法集资等犯罪的，应当裁定驳回起诉，并将涉嫌非法集资等犯罪的线索、材料移送公安或者检察机关。

公安或者检察机关不予立案，或者立案侦查后撤销案件，或者检察机关作出不起诉决定，或者经人民法院生效判决认定不构成非法集资等犯罪，当事人又以同一事实向人民法院提起诉讼的，人民法院应予受理。

第六条 人民法院立案后，发现与民间借贷纠纷案件虽有关联但不是同一事实的涉嫌非法集资等犯罪的线索、材料的，人民法院应当继续审理民间借贷纠纷案件，并将涉嫌非法集资等犯罪的线索、材料移送公安或者检察机关。

第七条 民间借贷纠纷的基本案件事实必须以刑事案件的审理结果为依据，而该刑事案件尚未审结的，人民法院应当裁定中止诉讼。

第八条 借款人涉嫌犯罪或者生效判决认定其有罪，出借人起诉请求担保人承担民事责任的，人民法院应予受理。

第九条 自然人之间的借款合同具有下列情形之一的，可以视为合同成立：

（一）以现金支付的，自借款人收到借款时；

（二）以银行转账、网上电子汇款等形式支付的，自资金到达借款人账户时；

（三）以票据交付的，自借款人依法取得票据权利时；

（四）出借人将特定资金账户支配权授权给借款人的，自借款人取得对该账户实际支配权时；

（五）出借人以与借款人约定的其他方式提供借款并实际履行完成时。

第十条 法人之间、非法人组织之间以及它们相互之间为生产、经营需要订立的民间借贷合同，除存在民法典第一百四十六条、第一百五十三条、第一百五十四条以及本规定第十三条规定的情形外，当事人主张民间借贷合同有效的，人民法院应予支持。

第十一条 法人或者非法人组织在本单位内部通过借款形式向职工筹集资金，用于本单位生产、经营，且不存在民法典第一百四十四条、第一百四十六条、第一百五十三条、第一百五十四条以及本规定第十三条规定的情形，当事人主张民间借贷合同有效的，人民法院应予支持。

第十二条 借款人或者出借人的借贷行为涉嫌犯罪，或者已经生效的裁判认定构成犯罪，当事人提起民事诉讼的，民间借贷合同并不当然无效。人民法院应当依据民法典第一百四十四条、第一百四十六条、第一百五十三条、第一百五十四条以及本规定第十三条之规定，认定民间借贷合同的效力。

担保人以借款人或者出借人的借贷行为涉嫌犯罪或者已经生效的裁判认定构成犯罪为由，主张不承担民事责任的，人民法院应当依据民间借贷合同与担保合同的效力、当事人的过错程度，依法确定担保人的民事责任。

第十三条 具有下列情形之一的，人民法院应当认定民间借贷合同无效：

（一）套取金融机构贷款转贷的；

（二）以向其他营利法人借贷、向本单位职工集资，或者以向公众非法吸收存款等方式取得的资金转贷的；

（三）未依法取得放贷资格的出借人，以营利为目的向社会不特定对象提供借款的；

（四）出借人事先知道或者应当知道借款人借款用于违法犯罪活动仍然提供借款的；

（五）违反法律、行政法规强制性规定的；

（六）违背公序良俗的。

第十四条 原告以借据、收据、欠条等债权凭证为依据提起民间借贷诉讼，被告依据基础法律关系提出抗辩或者反诉，并提供证据证明债权纠纷非民间借贷行为引起的，人民法院应当依据查明的案件事实，按照基础法律关系审理。

当事人通过调解、和解或者清算达成的债权债务协议，不适用前款规定。

第十五条 原告仅依据借据、收据、欠条等债权凭证提起民间借贷诉讼，被告抗辩已经偿还借款的，被告应当对其主张提供证据证明。被告提供相应证据证明其主张后，原告仍应就借贷关系的存续承担举证责任。

被告抗辩借贷行为尚未实际发生并能作出合理说明的，人民法院应当结合借贷金额、款项交付、当事人的经济能力、当地或者当事人之间的交易方式、交易习惯、当事人财产变动情况以及证人证言等事实和因素，综合判断查证借贷事实是否发生。

第十六条 原告仅依据金融机构的转账凭证提起民间借贷诉讼，被告抗辩转账系偿还双方之前借款或者其他债务的，被告应当对其主张提供证据证明。被告提供相应证据证明其主张后，原告仍应就借贷关系的成立承担举证责任。

第十七条 依据《最高人民法院关于适用〈中华人民共和国民事诉讼法〉的解释》第一百七十四条第二款之规定，负有举证责任的原告无正当理由拒不到庭，经审查现有证据无法确认借贷行为、借贷金额、支付方式等案件主要事实的，人民法院对原告主张的事实不予认定。

第十八条 人民法院审理民间借贷纠纷案件时发现有下列情形之一的，应当严格审查借贷发生的原因、时间、地点、款项来源、交付方式、款项流向以及借贷双方的关系、经济状况等事实，综合判断是否属于虚假民事诉讼：

（一）出借人明显不具备出借能力；

（二）出借人起诉所依据的事实和理由明显不符合常理；

（三）出借人不能提交债权凭证或者提交的债权凭证存在伪造的可能；

（四）当事人双方在一定期限内多次参加民间借贷诉讼；

（五）当事人无正当理由拒不到庭参加诉讼，委托代理人对借贷事实陈述不清或者陈述前后矛盾；

（六）当事人双方对借贷事实的发生没有任何争议或者诉辩明显不符合常理；

（七）借款人的配偶或者合伙人、案外人的其他债权人提出有事实依据的异议；

（八）当事人在其他纠纷中存在低价转让财产的情形；

（九）当事人不正当放弃权利；

（十）其他可能存在虚假民间借贷诉讼的情形。

第十九条 经查明属于虚假民间借贷诉讼，原告申请撤诉的，人民法院不予准许，并应当依据民事诉讼法第一百一十二条之规定，判决驳回其请求。

诉讼参与人或者其他人恶意制造、参与虚假诉讼，人民法院应当依据民事诉讼法第一百一十一条、第一百一十二条和第一百一十三条之规定，依法予以罚款、拘留；构成犯罪的，应当移送有管辖权的司法机关追究刑事责任。

单位恶意制造、参与虚假诉讼的，人民法院应当对该单位进行罚款，并可以对其主要负责人或者直接责任人员予以罚款、拘留；构成犯罪的，应当移送有管辖权的司法机关追究刑事责任。

第二十条 他人在借据、收据、欠条等债权凭证或者借款合同上签名或者盖章，但是未表明其保证人身份或者承担保证责任，或者通过其他事实不能推定其为保证人，出借人请求其承担保证责任的，人民法院不予支持。

第二十一条 借贷双方通过网络贷款平台形成借贷关系，网络贷款平台的提供者仅提供媒介服务，当事人请求其承担担保责任的，人民法院不予支持。

网络贷款平台的提供者通过网页、广告或者其他媒介明示或者有其他证据证明其为借贷提供担保，出借人请求网络贷款平台的提供者承担担保责任的，人民法院应予支持。

第二十二条 法人的法定代表人或者非法人组织的负责人以单位名义与出借人签订民间借贷合同，有证据证明所借款项系法定代表人或者负责人个人使用，出借人请求将法定代表人或者负责人列为共同被告或者第三人的，人民法院应予准许。

法人的法定代表人或者非法人组织的负责人以个人名义与出借人订立民间借贷合同，所借款项用于单位生产经营，出借人请求单位与个人共同承担责任的，人民法院应予支持。

第二十三条 当事人以订立买卖合同作为民间借贷

合同的担保,借款到期后借款人不能还款,出借人请求履行买卖合同的,人民法院应当按照民间借贷法律关系审理。当事人根据法庭审理情况变更诉讼请求的,人民法院应当准许。

按照民间借贷法律关系审理作出的判决生效后,借款人不履行生效判决确定的金钱债务,出借人可以申请拍卖买卖合同标的物,以偿还债务。就拍卖所得的价款与应偿还借款本息之间的差额,借款人或者出借人有权主张返还或者补偿。

第二十四条 借贷双方没有约定利息,出借人主张支付利息的,人民法院不予支持。

自然人之间借贷对利息约定不明,出借人主张支付利息的,人民法院不予支持。除自然人之间借贷的外,借贷双方对借贷利息约定不明,出借人主张利息的,人民法院应当结合民间借贷合同的内容,并根据当地或者当事人的交易方式、交易习惯、市场报价利率等因素确定利息。

第二十五条 出借人请求借款人按照合同约定利率支付利息的,人民法院应予支持,但是双方约定的利率超过合同成立时一年期贷款市场报价利率四倍的除外。

前款所称"一年期贷款市场报价利率",是指中国人民银行授权全国银行间同业拆借中心自2019年8月20日起每月发布的一年期贷款市场报价利率。

第二十六条 借据、收据、欠条等债权凭证载明的借款金额,一般认定为本金。预先在本金中扣除利息的,人民法院应当将实际出借的金额认定为本金。

第二十七条 借贷双方对前期借款本息结算后将利息计入后期借款本金并重新出具债权凭证,如果前期利率没有超过合同成立时一年期贷款市场报价利率四倍,重新出具的债权凭证载明的金额可认定为后期借款本金。超过部分的利息,不应认定为后期借款本金。

按前款计算,借款人在借款期间届满后应当支付的本息之和,超过以最初借款本金与以最初借款本金为基数、以合同成立时一年期贷款市场报价利率四倍计算的整个借款期间的利息之和的,人民法院不予支持。

第二十八条 借贷双方对逾期利率有约定的,从其约定,但是以不超过合同成立时一年期贷款市场报价利率四倍为限。

未约定逾期利率或者约定不明的,人民法院可以区分不同情况处理:

(一)既未约定借期内利率,也未约定逾期利率,出借人主张借款人自逾期还款之日起参照当时一年期贷款市场报价利率标准计算的利息承担逾期还款违约责任的,人民法院应予支持;

(二)约定了借期内利率但是未约定逾期利率,出借人主张借款人自逾期还款之日起按照借期内利率支付资金占用期间利息的,人民法院应予支持。

第二十九条 出借人与借款人既约定了逾期利率,又约定了违约金或者其他费用,出借人可以选择主张逾期利息、违约金或者其他费用,也可以一并主张,但是总计超过合同成立时一年期贷款市场报价利率四倍的部分,人民法院不予支持。

第三十条 借款人可以提前偿还借款,但是当事人另有约定的除外。

借款人提前偿还借款并主张按照实际借款期限计算利息的,人民法院应予支持。

第三十一条 本规定施行后,人民法院新受理的一审民间借贷纠纷案件,适用本规定。

2020年8月20日之后新受理的一审民间借贷案件,借贷合同成立于2020年8月20日之前,当事人请求适用当时的司法解释计算自合同成立到2020年8月19日的利息部分的,人民法院应予支持;对于自2020年8月20日到借款返还之日的利息部分,适用起诉时本规定的利率保护标准计算。

本规定施行后,最高人民法院以前作出的相关司法解释与本规定不一致的,以本规定为准。

最高人民法院关于审理建设工程施工合同纠纷案件适用法律问题的解释(一)

- 2020年12月25日最高人民法院审判委员会第1825次会议通过
- 2020年12月29日最高人民法院公告公布
- 自2021年1月1日起施行
- 法释〔2020〕25号

为正确审理建设工程施工合同纠纷案件,依法保护当事人合法权益,维护建筑市场秩序,促进建筑市场健康发展,根据《中华人民共和国民法典》《中华人民共和国建筑法》《中华人民共和国招标投标法》《中华人民共和国民事诉讼法》等相关法律规定,结合审判实践,制定本解释。

第一条 建设工程施工合同具有下列情形之一的,应当依据民法典第一百五十三条第一款的规定,认定无效:

（一）承包人未取得建筑业企业资质或者超越资质等级的；

（二）没有资质的实际施工人借用有资质的建筑施工企业名义的；

（三）建设工程必须进行招标而未招标或者中标无效的。

承包人因转包、违法分包建设工程与他人签订的建设工程施工合同，应当依据民法典第一百五十三条第一款及第七百九十一条第二款、第三款的规定，认定无效。

第二条 招标人和中标人另行签订的建设工程施工合同约定的工程范围、建设工期、工程质量、工程价款等实质性内容，与中标合同不一致，一方当事人请求按照中标合同确定权利义务的，人民法院应予支持。

招标人和中标人在中标合同之外就明显高于市场价格购买承建房产、无偿建设住房配套设施、让利、向建设单位捐赠财物等另行签订合同，变相降低工程价款，一方当事人以该合同背离中标合同实质性内容为由请求确认无效的，人民法院应予支持。

第三条 当事人以发包人未取得建设工程规划许可证等规划审批手续为由，请求确认建设工程施工合同无效的，人民法院应予支持，但发包人在起诉前取得建设工程规划许可证等规划审批手续的除外。

发包人能够办理审批手续而未办理，并以未办理审批手续为由请求确认建设工程施工合同无效的，人民法院不予支持。

第四条 承包人超越资质等级许可的业务范围签订建设工程施工合同，在建设工程竣工前取得相应资质等级，当事人请求按照无效合同处理的，人民法院不予支持。

第五条 具有劳务作业法定资质的承包人与总承包人、分包人签订的劳务分包合同，当事人请求确认无效的，人民法院依法不予支持。

第六条 建设工程施工合同无效，一方当事人请求对方赔偿损失的，应当就对方过错、损失大小、过错与损失之间的因果关系承担举证责任。

损失大小无法确定，一方当事人请求参照合同约定的质量标准、建设工期、工程价款支付时间等内容确定损失大小的，人民法院可以结合双方过错程度、过错与损失之间的因果关系等因素作出裁判。

第七条 缺乏资质的单位或者个人借用有资质的建筑施工企业名义签订建设工程施工合同，发包人请求出借方与借用方对建设工程质量不合格等因出借资质造成的损失承担连带赔偿责任的，人民法院应予支持。

第八条 当事人对建设工程开工日期有争议的，人民法院应当分别按照以下情形予以认定：

（一）开工日期为发包人或者监理人发出的开工通知载明的开工日期；开工通知发出后，尚不具备开工条件的，以开工条件具备的时间为开工日期；因承包人原因导致开工时间推迟的，以开工通知载明的时间为开工日期。

（二）承包人经发包人同意已经实际进场施工的，以实际进场施工时间为开工日期。

（三）发包人或者监理人未发出开工通知，亦无相关证据证明实际开工日期的，应当综合考虑开工报告、合同、施工许可证、竣工验收报告或者竣工验收备案表等载明的时间，并结合是否具备开工条件的事实，认定开工日期。

第九条 当事人对建设工程实际竣工日期有争议的，人民法院应当分别按照以下情形予以认定：

（一）建设工程经竣工验收合格的，以竣工验收合格之日为竣工日期；

（二）承包人已经提交竣工验收报告，发包人拖延验收的，以承包人提交验收报告之日为竣工日期；

（三）建设工程未经竣工验收，发包人擅自使用的，以转移占有建设工程之日为竣工日期。

第十条 当事人约定顺延工期应当经发包人或者监理人签证等方式确认，承包人虽未取得工期顺延的确认，但能够证明在合同约定的期限内向发包人或者监理人申请过工期顺延且顺延事由符合合同约定，承包人以此为由主张工期顺延的，人民法院应予支持。

当事人约定承包人未在约定期限内提出工期顺延申请视为工期不顺延的，按照约定处理，但发包人在约定期限后同意工期顺延或者承包人提出合理抗辩的除外。

第十一条 建设工程竣工前，当事人对工程质量发生争议，工程质量经鉴定合格的，鉴定期间为顺延工期期间。

第十二条 因承包人的原因造成建设工程质量不符合约定，承包人拒绝修理、返工或者改建，发包人请求减少支付工程价款的，人民法院应予支持。

第十三条 发包人具有下列情形之一，造成建设工程质量缺陷，应当承担过错责任：

（一）提供的设计有缺陷；

（二）提供或者指定购买的建筑材料、建筑构配件、设备不符合强制性标准；

（三）直接指定分包人分包专业工程。

承包人有过错的，也应当承担相应的过错责任。

第十四条 建设工程未经竣工验收，发包人擅自使用后，又以使用部分质量不符合约定为由主张权利的，人民法院不予支持；但是承包人应当在建设工程的合理使用寿命内对地基基础工程和主体结构质量承担民事责任。

第十五条 因建设工程质量发生争议的，发包人可以以总承包人、分包人和实际施工人为共同被告提起诉讼。

第十六条 发包人在承包人提起的建设工程施工合同纠纷案件中，以建设工程质量不符合合同约定或者法律规定为由，就承包人支付违约金或者赔偿修理、返工、改建的合理费用等损失提出反诉的，人民法院可以合并审理。

第十七条 有下列情形之一，承包人请求发包人返还工程质量保证金的，人民法院应予支持：

（一）当事人约定的工程质量保证金返还期限届满；

（二）当事人未约定工程质量保证金返还期限的，自建设工程通过竣工验收之日起满二年；

（三）因发包人原因建设工程未按约定期限进行竣工验收的，自承包人提交工程竣工验收报告九十日后当事人约定的工程质量保证金返还期限届满；当事人未约定工程质量保证金返还期限的，自承包人提交工程竣工验收报告九十日后起满二年。

发包人返还工程质量保证金后，不影响承包人根据合同约定或者法律规定履行工程保修义务。

第十八条 因保修人未及时履行保修义务，导致建筑物毁损或者造成人身损害、财产损失的，保修人应当承担赔偿责任。

保修人与建筑物所有人或者发包人对建筑物毁损均有过错的，各自承担相应的责任。

第十九条 当事人对建设工程的计价标准或者计价方法有约定的，按照约定结算工程价款。

因设计变更导致建设工程的工程量或者质量标准发生变化，当事人对该部分工程价款不能协商一致的，可以参照签订建设工程施工合同时当地建设行政主管部门发布的计价方法或者计价标准结算工程价款。

建设工程施工合同有效，但建设工程经竣工验收不合格的，依照民法典第五百七十七条规定处理。

第二十条 当事人对工程量有争议的，按照施工过程中形成的签证等书面文件确认。承包人能够证明发包人同意其施工，但未能提供签证文件证明工程量发生的，可以按照当事人提供的其他证据确认实际发生的工程量。

第二十一条 当事人约定，发包人收到竣工结算文件后，在约定期限内不予答复，视为认可竣工结算文件的，按照约定处理。承包人请求按照竣工结算文件结算工程价款的，人民法院应予支持。

第二十二条 当事人签订的建设工程施工合同与招标文件、投标文件、中标通知书载明的工程范围、建设工期、工程质量、工程价款不一致，一方当事人请求将招标文件、投标文件、中标通知书作为结算工程价款的依据的，人民法院应予支持。

第二十三条 发包人将依法不属于必须招标的建设工程进行招标后，与承包人另行订立的建设工程施工合同背离中标合同的实质性内容，当事人请求以中标合同作为结算建设工程价款依据的，人民法院应予支持，但发包人与承包人因客观情况发生了在招标投标时难以预见的变化而另行订立建设工程施工合同的除外。

第二十四条 当事人就同一建设工程订立的数份建设工程施工合同均无效，但建设工程质量合格，一方当事人请求参照实际履行的合同关于工程价款的约定折价补偿承包人的，人民法院应予支持。

实际履行的合同难以确定，当事人请求参照最后签订的合同关于工程价款的约定折价补偿承包人的，人民法院应予支持。

第二十五条 当事人对垫资和垫资利息有约定，承包人请求按照约定返还垫资及其利息的，人民法院应予支持，但是约定的利息计算标准高于垫资时的同类贷款利率或者同期贷款市场报价利率的部分除外。

当事人对垫资没有约定的，按照工程欠款处理。

当事人对垫资利息没有约定，承包人请求支付利息的，人民法院不予支持。

第二十六条 当事人对欠付工程价款利息计付标准有约定的，按照约定处理。没有约定的，按照同期同类贷款利率或者同期贷款市场报价利率计息。

第二十七条 利息从应付工程价款之日开始计付。当事人对付款时间没有约定或者约定不明的，下列时间视为应付款时间：

（一）建设工程已实际交付的，为交付之日；

（二）建设工程没有交付的，为提交竣工结算文件之日；

（三）建设工程未交付，工程价款也未结算的，为当事人起诉之日。

第二十八条 当事人约定按照固定价结算工程价款，一方当事人请求对建设工程造价进行鉴定的，人民法院不予支持。

第二十九条　当事人在诉讼前已经对建设工程价款结算达成协议，诉讼中一方当事人申请对工程造价进行鉴定的，人民法院不予准许。

第三十条　当事人在诉讼前共同委托有关机构、人员对建设工程造价出具咨询意见，诉讼中一方当事人不认可该咨询意见申请鉴定的，人民法院应予准许，但双方当事人明确表示受该咨询意见约束的除外。

第三十一条　当事人对部分案件事实有争议的，仅对有争议的事实进行鉴定，但争议事实范围不能确定，或者双方当事人请求对全部事实鉴定的除外。

第三十二条　当事人对工程造价、质量、修复费用等专门性问题有争议，人民法院认为需要鉴定的，应当向负有举证责任的当事人释明。当事人经释明未申请鉴定，虽申请鉴定但未支付鉴定费用或者拒不提供相关材料的，应当承担举证不能的法律后果。

一审诉讼中负有举证责任的当事人未申请鉴定，虽申请鉴定但未支付鉴定费用或者拒不提供相关材料，二审诉讼中申请鉴定，人民法院认为确有必要的，应当依照民事诉讼法第一百七十条第一款第三项的规定处理。

第三十三条　人民法院准许当事人的鉴定申请后，应当根据当事人申请及查明案件事实的需要，确定委托鉴定的事项、范围、鉴定期限等，并组织当事人对争议的鉴定材料进行质证。

第三十四条　人民法院应当组织当事人对鉴定意见进行质证。鉴定人将当事人有争议且未经质证的材料作为鉴定依据的，人民法院应当组织当事人就该部分材料进行质证。经质证认为不能作为鉴定依据的，根据该材料作出的鉴定意见不得作为认定案件事实的依据。

第三十五条　与发包人订立建设工程施工合同的承包人，依据民法典第八百零七条的规定请求其承建工程的价款就工程折价或者拍卖的价款优先受偿的，人民法院应予支持。

第三十六条　承包人根据民法典第八百零七条规定享有的建设工程价款优先受偿权优于抵押权和其他债权。

第三十七条　装饰装修工程具备折价或者拍卖条件，装饰装修工程的承包人请求工程价款就该装饰装修工程折价或者拍卖的价款优先受偿的，人民法院应予支持。

第三十八条　建设工程质量合格，承包人请求其承建工程的价款就工程折价或者拍卖的价款优先受偿的，人民法院应予支持。

第三十九条　未竣工的建设工程质量合格，承包人请求其承建工程的价款就其承建工程部分折价或者拍卖的价款优先受偿的，人民法院应予支持。

第四十条　承包人建设工程价款优先受偿的范围依照国务院有关行政主管部门关于建设工程价款范围的规定确定。

承包人就逾期支付建设工程价款的利息、违约金、损害赔偿金等主张优先受偿的，人民法院不予支持。

第四十一条　承包人应当在合理期限内行使建设工程价款优先受偿权，但最长不得超过十八个月，自发包人应当给付建设工程价款之日起算。

第四十二条　发包人与承包人约定放弃或者限制建设工程价款优先受偿权，损害建筑工人利益，发包人根据该约定主张承包人不享有建设工程价款优先受偿权的，人民法院不予支持。

第四十三条　实际施工人以转包人、违法分包人为被告起诉的，人民法院应当依法受理。

实际施工人以发包人为被告主张权利的，人民法院应当追加转包人或者违法分包人为本案第三人，在查明发包人欠付转包人或者违法分包人建设工程价款的数额后，判决发包人在欠付建设工程价款范围内对实际施工人承担责任。

第四十四条　实际施工人依据民法典第五百三十五条规定，以转包人或者违法分包人怠于向发包人行使到期债权或者与该债权有关的从权利，影响其到期债权实现，提起代位权诉讼的，人民法院应予支持。

第四十五条　本解释自2021年1月1日起施行。

最高人民法院关于新民间借贷司法解释适用范围问题的批复

- 2020年11月9日最高人民法院审判委员会第1815次会议通过
- 2020年12月29日最高人民法院公告公布
- 自2021年1月1日起施行
- 法释〔2020〕27号

广东省高级人民法院：

你院《关于新民间借贷司法解释有关法律适用问题的请示》（粤高法〔2020〕108号）收悉。经研究，批复如下：

一、关于适用范围问题。经征求金融监管部门意见，由地方金融监管部门监管的小额贷款公司、融资担保公司、区域性股权市场、典当行、融资租赁公司、商业保理公司、地方资产管理公司等七类地方金融组织，属于经金融监管部门批准设立的金融机构，其因从事相关金融业务引发的纠纷,不适用新民间借贷司法解释。

二、其它两问题已在修订后的司法解释中予以明确,请遵照执行。

三、本批复自 2021 年 1 月 1 日起施行。

(九)担　保

最高人民法院关于适用《中华人民共和国民法典》有关担保制度的解释

- 2020 年 12 月 25 日最高人民法院审判委员会第 1824 次会议通过
- 2020 年 12 月 31 日最高人民法院公告公布
- 自 2021 年 1 月 1 日起施行
- 法释〔2020〕28 号

为正确适用《中华人民共和国民法典》有关担保制度的规定,结合民事审判实践,制定本解释。

一、关于一般规定

第一条　因抵押、质押、留置、保证等担保发生的纠纷,适用本解释。所有权保留买卖、融资租赁、保理等涉及担保功能发生的纠纷,适用本解释的有关规定。

第二条　当事人在担保合同中约定担保合同的效力独立于主合同,或者约定担保人对主合同无效的法律后果承担担保责任,该有关担保独立性的约定无效。主合同有效的,有关担保独立性的约定无效不影响担保合同的效力;主合同无效的,人民法院应当认定担保合同无效,但是法律另有规定的除外。

因金融机构开立的独立保函发生的纠纷,适用《最高人民法院关于审理独立保函纠纷案件若干问题的规定》。

第三条　当事人对担保责任的承担约定专门的违约责任,或者约定的担保责任范围超出债务人应当承担的责任范围,担保人主张仅在债务人应当承担的责任范围内承担责任的,人民法院应予支持。

担保人承担的责任超出债务人应当承担的责任范围,担保人向债务人追偿,债务人主张仅在其应当承担的责任范围内承担责任的,人民法院应予支持;担保人请求债权人返还超出部分的,人民法院依法予以支持。

第四条　有下列情形之一,当事人将担保物权登记在他人名下,债务人不履行到期债务或者发生当事人约定的实现担保物权的情形,债权人或者其受托人主张该财产优先受偿的,人民法院依法予以支持:

(一)为债券持有人提供的担保物权登记在债券受托管理人名下;

(二)为委托贷款人提供的担保物权登记在受托人名下;

(三)担保人知道债权人与他人之间存在委托关系的其他情形。

第五条　机关法人提供担保的,人民法院应当认定担保合同无效,但是经国务院批准为使用外国政府或者国际经济组织贷款进行转贷的除外。

居民委员会、村民委员会提供担保的,人民法院应当认定担保合同无效,但是依法代行村集体经济组织职能的村民委员会,依照村民委员会组织法规定的讨论决定程序对外提供担保的除外。

第六条　以公益为目的的非营利性学校、幼儿园、医疗机构、养老机构等提供担保的,人民法院应当认定担保合同无效,但是有下列情形之一的除外:

(一)在购入或者以融资租赁方式承租教育设施、医疗卫生设施、养老服务设施和其他公益设施时,出卖人、出租人为担保价款或者租金实现而在该公益设施上保留所有权;

(二)以教育设施、医疗卫生设施、养老服务设施和其他公益设施以外的不动产、动产或者财产权利设立担保物权。

登记为营利法人的学校、幼儿园、医疗机构、养老机构等提供担保,当事人以其不具有担保资格为由主张担保合同无效的,人民法院不予支持。

第七条　公司的法定代表人违反公司法关于公司对外担保决议程序的规定,超越权限代表公司与相对人订立担保合同,人民法院应当依照民法典第六十一条和第五百零四条等规定处理:

(一)相对人善意的,担保合同对公司发生效力;相对人请求公司承担担保责任的,人民法院应予支持。

(二)相对人非善意的,担保合同对公司不发生效力;相对人请求公司承担赔偿责任的,参照适用本解释第十七条的有关规定。

法定代表人超越权限提供担保造成公司损失,公司请求法定代表人承担赔偿责任的,人民法院应予支持。

第一款所称善意,是指相对人在订立担保合同时不知道且不应当知道法定代表人超越权限。相对人有证据证明已对公司决议进行了合理审查,人民法院应当认定其构成善意,但是公司有证据证明相对人知道或者应当知道决议系伪造、变造的除外。

第八条　有下列情形之一,公司以其未依照公司法关于公司对外担保的规定作出决议为由主张不承担担保责任的,人民法院不予支持：

（一）金融机构开立保函或者担保公司提供担保；

（二）公司为其全资子公司开展经营活动提供担保；

（三）担保合同系由单独或者共同持有公司三分之二以上对担保事项有表决权的股东签字同意。

上市公司对外提供担保,不适用前款第二项、第三项的规定。

第九条 相对人根据上市公司公开披露的关于担保事项已经董事会或者股东大会决议通过的信息,与上市公司订立担保合同,相对人主张担保合同对上市公司发生效力,并由上市公司承担担保责任的,人民法院应予支持。

相对人未根据上市公司公开披露的关于担保事项已经董事会或者股东大会决议通过的信息,与上市公司订立担保合同,上市公司主张担保合同对其不发生效力,且不承担担保责任或者赔偿责任的,人民法院应予支持。

相对人与上市公司已公开披露的控股子公司订立的担保合同,或者相对人与股票在国务院批准的其他全国性证券交易场所交易的公司订立的担保合同,适用前两款规定。

第十条 一人有限责任公司为其股东提供担保,公司以违反公司法关于公司对外担保决议程序的规定为由主张不承担担保责任的,人民法院不予支持。公司因承担担保责任导致无法清偿其他债务,提供担保时的股东不能证明公司财产独立于自己的财产,其他债权人请求该股东承担连带责任的,人民法院应予支持。

第十一条 公司的分支机构未经公司股东（大）会或者董事会决议以自己的名义对外提供担保,相对人请求公司或者其分支机构承担担保责任的,人民法院不予支持,但是相对人不知道且不应当知道分支机构对外提供担保未经公司决议程序的除外。

金融机构的分支机构在其营业执照记载的经营范围内开立保函,或者经有权从事担保业务的上级机构授权开立保函,金融机构或者其分支机构以违反公司法关于公司对外担保决议程序的规定为由主张不承担担保责任的,人民法院不予支持。金融机构的分支机构未经金融机构授权提供保函之外的担保,金融机构或者其分支机构主张不承担担保责任的,人民法院应予支持,但是相对人不知道且不应当知道分支机构对外提供担保未经金融机构授权的除外。

担保公司的分支机构未经担保公司授权对外提供担保,担保公司或者其分支机构主张不承担担保责任的,人民法院应予支持,但是相对人不知道且不应当知道分支机构对外提供担保未经担保公司授权的除外。

公司的分支机构对外提供担保,相对人非善意,请求公司承担赔偿责任的,参照本解释第十七条的有关规定处理。

第十二条 法定代表人依照民法典第五百五十二条的规定以公司名义加入债务的,人民法院在认定该行为的效力时,可以参照本解释关于公司为他人提供担保的有关规则处理。

第十三条 同一债务有两个以上第三人提供担保,担保人之间约定相互追偿及分担份额,承担了担保责任的担保人请求其他担保人按照约定分担份额的,人民法院应予支持；担保人之间约定承担连带共同担保,或者约定相互追偿但是未约定分担份额的,各担保人按照比例分担向债务人不能追偿的部分。

同一债务有两个以上第三人提供担保,担保人之间未对相互追偿作出约定且未约定承担连带共同担保,但是各担保人在同一份合同书上签字、盖章或者按指印,承担了担保责任的担保人请求其他担保人按照比例分担向债务人不能追偿部分的,人民法院应予支持。

除前两款规定的情形外,承担了担保责任的担保人请求其他担保人分担向债务人不能追偿部分的,人民法院不予支持。

第十四条 同一债务有两个以上第三人提供担保,担保人受让债权的,人民法院应当认定该行为系承担担保责任。受让债权的担保人作为债权人请求其他担保人承担担保责任的,人民法院不予支持；该担保人请求其他担保人分担相应份额的,依照本解释第十三条的规定处理。

第十五条 最高额担保中的最高债权额,是指包括主债权及其利息、违约金、损害赔偿金、保管担保财产的费用、实现债权或者实现担保物权的费用等在内的全部债权,但是当事人另有约定的除外。

登记的最高债权额与当事人约定的最高债权额不一致的,人民法院应当依据登记的最高债权额确定债权人优先受偿的范围。

第十六条 主合同当事人协议以新贷偿还旧贷,债权人请求旧贷的担保人承担担保责任的,人民法院不予支持；债权人请求新贷的担保人承担担保责任的,按照下列情形处理：

（一）新贷与旧贷的担保人相同的,人民法院应予支持；

(二)新贷与旧贷的担保人不同,或者旧贷无担保新贷有担保的,人民法院不予支持,但是债权人有证据证明新贷的担保人提供担保时对以新贷偿还旧贷的事实知道或者应当知道的除外。

主合同当事人协议以新贷偿还旧贷,旧贷的物的担保人在登记尚未注销的情形下同意继续为新贷提供担保,在订立新的贷款合同前又以该担保财产为其他债权人设立担保物权,其他债权人主张其担保物权顺位优先于新贷债权人的,人民法院不予支持。

第十七条 主合同有效而第三人提供的担保合同无效,人民法院应当区分不同情形确定担保人的赔偿责任:

(一)债权人与担保人均有过错的,担保人承担的赔偿责任不应超过债务人不能清偿部分的二分之一;

(二)担保人有过错而债权人无过错的,担保人对债务人不能清偿的部分承担赔偿责任;

(三)债权人有过错而担保人无过错的,担保人不承担赔偿责任。

主合同无效导致第三人提供的担保合同无效,担保人无过错的,不承担赔偿责任;担保人有过错的,其承担的赔偿责任不应超过债务人不能清偿部分的三分之一。

第十八条 承担了担保责任或者赔偿责任的担保人,在其承担责任的范围内向债务人追偿的,人民法院应予支持。

同一债权既有债务人自己提供的物的担保,又有第三人提供的担保,承担了担保责任或者赔偿责任的第三人,主张行使债权人对债务人享有的担保物权的,人民法院应予支持。

第十九条 担保合同无效,承担了赔偿责任的担保人按照反担保合同的约定,在其承担赔偿责任的范围内请求反担保人承担担保责任的,人民法院应予支持。

反担保合同无效的,依照本解释第十七条的有关规定处理。当事人仅以担保合同无效为由主张反担保合同无效的,人民法院不予支持。

第二十条 人民法院在审理第三人提供的物的担保纠纷案件时,可以适用民法典第六百九十五条第一款、第六百九十六条第一款、第六百九十七条第二款、第六百九十九条、第七百条、第七百零一条、第七百零二条等关于保证合同的规定。

第二十一条 主合同或者担保合同约定了仲裁条款的,人民法院对约定仲裁条款的合同当事人之间的纠纷无管辖权。

债权人一并起诉债务人和担保人的,应当根据主合同确定管辖法院。

债权人依法可以单独起诉担保人且仅起诉担保人的,应当根据担保合同确定管辖法院。

第二十二条 人民法院受理债务人破产案件后,债权人请求担保人承担担保责任,担保人主张担保债务自人民法院受理破产申请之日起停止计息的,人民法院对担保人的主张应予支持。

第二十三条 人民法院受理债务人破产案件,债权人在破产程序中申报债权后又向人民法院提起诉讼,请求担保人承担担保责任的,人民法院依法予以支持。

担保人清偿债权人的全部债权后,可以代替债权人在破产程序中受偿;在债权人的债权未获全部清偿前,担保人不得代替债权人在破产程序中受偿,但是有权就债权人通过破产分配和实现担保物权等方式获得清偿总额中超出债权的部分,在其承担担保责任的范围内请求债权人返还。

债权人在债务人破产程序中未获全部清偿,请求担保人继续承担担保责任的,人民法院应予支持;担保人承担担保责任后,向和解协议或者重整计划执行完毕后的债务人追偿的,人民法院不予支持。

第二十四条 债权人知道或者应当知道债务人破产,既未申报债权也未通知担保人,致使担保人不能预先行使追偿权的,担保人就该债权在破产程序中可能受偿的范围内免除担保责任,但是担保人因自身过错未行使追偿权的除外。

二、关于保证合同

第二十五条 当事人在保证合同中约定了保证人在债务人不能履行债务或者无力偿还债务时才承担保证责任等类似内容,具有债务人应当先承担责任的意思表示的,人民法院应当将其认定为一般保证。

当事人在保证合同中约定了保证人在债务人不履行债务或者未偿还债务时即承担保证责任、无条件承担保证责任等类似内容,不具有债务人应当先承担责任的意思表示的,人民法院应当将其认定为连带责任保证。

第二十六条 一般保证中,债权人以债务人为被告提起诉讼的,人民法院应予受理。债权人未就主合同纠纷提起诉讼或者申请仲裁,仅起诉一般保证人的,人民法院应当驳回起诉。

一般保证中,债权人一并起诉债务人和保证人的,人民法院可以受理,但是在作出判决时,除有民法典第六百八十七条第二款但书规定的情形外,应当在判决书主文中明确,保证人仅对债务人财产依法强制执行后仍不能履行的部分承担保证责任。

债权人未对债务人的财产申请保全,或者保全的债务人的财产足以清偿债务,债权人申请对一般保证人的财产进行保全的,人民法院不予准许。

第二十七条 一般保证的债权人取得对债务人赋予强制执行效力的公证债权文书后,在保证期间内向人民法院申请强制执行,保证人以债权人未在保证期间内对债务人提起诉讼或者申请仲裁为由主张不承担保证责任的,人民法院不予支持。

第二十八条 一般保证中,债权人依据生效法律文书对债务人的财产依法申请强制执行,保证债务诉讼时效的起算时间按照下列规则确定:

(一)人民法院作出终结本次执行程序裁定,或者依照民事诉讼法第二百五十七条第三项、第五项的规定作出终结执行裁定的,自裁定送达债权人之日起开始计算;

(二)人民法院自收到申请执行书之日起一年内未作出前项裁定的,自人民法院收到申请执行书满一年之日起开始计算,但是保证人有证据证明债务人仍有财产可供执行的除外。

一般保证的债权人在保证期间届满前对债务人提起诉讼或者申请仲裁,债权人举证证明存在民法典第六百八十七条第二款但书规定情形的,保证债务的诉讼时效自债权人知道或者应当知道该情形之日起开始计算。

第二十九条 同一债务有两个以上保证人,债权人以其已经在保证期间内依法向部分保证人行使权利为由,主张已经在保证期间内向其他保证人行使权利的,人民法院不予支持。

同一债务有两个以上保证人,保证人之间相互有追偿权,债权人未在保证期间内依法向部分保证人行使权利,导致其他保证人在承担保证责任后丧失追偿权,其他保证人主张在其不能追偿的范围内免除保证责任的,人民法院应予支持。

第三十条 最高额保证合同对保证期间的计算方式、起算时间等有约定的,按照其约定。

最高额保证合同对保证期间的计算方式、起算时间等没有约定或者约定不明,被担保债权的履行期限均已届满的,保证期间自债权确定之日起开始计算;被担保债权的履行期限尚未届满的,保证期间自最后到期债权的履行期限届满之日起开始计算。

前款所称债权确定之日,依照民法典第四百二十三条的规定认定。

第三十一条 一般保证的债权人在保证期间内对债务人提起诉讼或者申请仲裁后,又撤回起诉或者仲裁申请,债权人在保证期间届满前未再行提起诉讼或者申请仲裁,保证人主张不再承担保证责任的,人民法院应予支持。

连带责任保证的债权人在保证期间内对保证人提起诉讼或者申请仲裁后,又撤回起诉或者仲裁申请,起诉状副本或者仲裁申请书副本已经送达保证人的,人民法院应当认定债权人已经在保证期间内向保证人行使了权利。

第三十二条 保证合同约定保证人承担保证责任直至主债务本息还清时为止等类似内容的,视为约定不明,保证期间为主债务履行期限届满之日起六个月。

第三十三条 保证合同无效,债权人未在约定或者法定的保证期间内依法行使权利,保证人主张不承担赔偿责任的,人民法院应予支持。

第三十四条 人民法院在审理保证合同纠纷案件时,应当将保证期间是否届满、债权人是否在保证期间内依法行使权利等事实作为案件基本事实予以查明。

债权人在保证期间内未依法行使权利的,保证责任消灭。保证责任消灭后,债权人书面通知保证人要求承担保证责任,保证人在通知书上签字、盖章或者按指印,债权人请求保证人继续承担保证责任的,人民法院不予支持,但是债权人有证据证明成立了新的保证合同的除外。

第三十五条 保证人知道或者应当知道主债权诉讼时效期间届满仍然提供保证或者承担保证责任,又以诉讼时效期间届满为由拒绝承担保证责任或者请求返还财产的,人民法院不予支持;保证人承担保证责任后向债务人追偿的,人民法院不予支持,但是债务人放弃诉讼时效抗辩的除外。

第三十六条 第三人向债权人提供差额补足、流动性支持等类似承诺文件作为增信措施,具有提供担保的意思表示,债权人请求第三人承担保证责任的,人民法院应当依照保证的有关规定处理。

第三人向债权人提供的承诺文件,具有加入债务或者与债务人共同承担债务等意思表示的,人民法院应当认定为民法典第五百五十二条规定的债务加入。

前两款中第三人提供的承诺文件难以确定是保证还是债务加入的,人民法院应当将其认定为保证。

第三人向债权人提供的承诺文件不符合前三款规定的情形,债权人请求第三人承担保证责任或者连带责任的,人民法院不予支持,但是不影响其依据承诺文件请求第三人履行约定的义务或者承担相应的民事责任。

三、关于担保物权
(一)担保合同与担保物权的效力

第三十七条 当事人以所有权、使用权不明或者有争议的财产抵押,经审查构成无权处分的,人民法院应当依照民法典第三百一十一条的规定处理。

当事人以依法被查封或者扣押的财产抵押,抵押权人请求行使抵押权,经审查查封或者扣押措施已经解除的,人民法院应予支持。抵押人以抵押权设立时财产被查封或者扣押为由主张抵押合同无效的,人民法院不予支持。

以依法被监管的财产抵押的,适用前款规定。

第三十八条 主债权未受全部清偿,担保物权人主张就担保财产的全部行使担保物权的,人民法院应予支持,但是留置权人行使留置权的,应当依照民法典第四百五十条的规定处理。

担保财产被分割或者部分转让,担保物权人主张就分割或者转让后的担保财产行使担保物权的,人民法院应予支持,但是法律或者司法解释另有规定的除外。

第三十九条 主债权被分割或者部分转让,各债权人主张就其享有的债权份额行使担保物权的,人民法院应予支持,但是法律另有规定或者当事人另有约定的除外。

主债务被分割或者部分转移,债务人自己提供物的担保,债权人请求以该担保财产担保全部债务履行的,人民法院应予支持;第三人提供物的担保,主张对未经其书面同意转移的债务不再承担担保责任的,人民法院应予支持。

第四十条 从物产生于抵押权依法设立前,抵押权人主张抵押权的效力及于从物的,人民法院应予支持,但是当事人另有约定的除外。

从物产生于抵押权依法设立后,抵押权人主张抵押权的效力及于从物的,人民法院不予支持,但是在抵押权实现时可以一并处分。

第四十一条 抵押权依法设立后,抵押财产被添附,添附物归第三人所有,抵押权人主张抵押权效力及于补偿金的,人民法院应予支持。

抵押权依法设立后,抵押财产被添附,抵押人对添附物享有所有权,抵押权人主张抵押权的效力及于添附物的,人民法院应予支持,但是添附导致抵押财产价值增加的,抵押权的效力不及于增加的价值部分。

抵押权依法设立后,抵押人与第三人因添附成为添附物的共有人,抵押权人主张抵押权的效力及于抵押人对共有物享有的份额的,人民法院应予支持。

本条所称添附,包括附合、混合与加工。

第四十二条 抵押权依法设立后,抵押财产毁损、灭失或者被征收等,抵押权人请求按照原抵押权的顺位就保险金、赔偿金或者补偿金等优先受偿的,人民法院应予支持。

给付义务人已经向抵押人给付了保险金、赔偿金或者补偿金,抵押权人请求给付义务人向其给付保险金、赔偿金或者补偿金的,人民法院不予支持,但是给付义务人接到抵押权人要求向其给付的通知后仍然向抵押人给付的除外。

抵押权人请求给付义务人向其给付保险金、赔偿金或者补偿金的,人民法院可以通知抵押人作为第三人参加诉讼。

第四十三条 当事人约定禁止或者限制转让抵押财产但是未将约定登记,抵押人违反约定转让抵押财产,抵押权人请求确认转让合同无效的,人民法院不予支持;抵押财产已经交付或者登记,抵押权人请求确认转让不发生物权效力的,人民法院不予支持,但是抵押权人有证据证明受让人知道的除外;抵押权人请求抵押人承担违约责任的,人民法院依法予以支持。

当事人约定禁止或者限制转让抵押财产且已经将约定登记,抵押人违反约定转让抵押财产,抵押权人请求确认转让合同无效的,人民法院不予支持;抵押财产已经交付或者登记,抵押权人主张转让不发生物权效力的,人民法院应予支持,但是因受让人代替债务人清偿债务导致抵押权消灭的除外。

第四十四条 主债权诉讼时效期间届满后,抵押权人主张行使抵押权的,人民法院不予支持;抵押人以主债权诉讼时效期间届满为由,主张不承担担保责任的,人民法院应予支持。主债权诉讼时效期间届满前,债权人仅对债务人提起诉讼,经人民法院判决或者调解后未在民事诉讼法规定的申请执行时效期间内对债务人申请强制执行,其向抵押人主张行使抵押权的,人民法院不予支持。

主债权诉讼时效期间届满后,财产被留置的债务人或者对留置财产享有所有权的第三人请求债权人返还留置财产的,人民法院不予支持;债务人或者第三人请求拍卖、变卖留置财产并以所得价款清偿债务的,人民法院应予支持。

主债权诉讼时效期间届满的法律后果,以登记作为公示方式的权利质权,参照适用第一款的规定;动产质权、以交付权利凭证作为公示方式的权利质权，参照适用第二款的规定。

第四十五条 当事人约定当债务人不履行到期债务或者发生当事人约定的实现担保物权的情形，担保物权人有权将担保财产自行拍卖、变卖并就所得的价款优先受偿的，该约定有效。因担保人的原因导致担保物权人无法自行对担保财产进行拍卖、变卖，担保物权人请求担保人承担因此增加的费用的，人民法院应予支持。

当事人依照民事诉讼法有关"实现担保物权案件"的规定，申请拍卖、变卖担保财产，被申请人以担保合同约定仲裁条款为由主张驳回申请的，人民法院经审查后，应当按照以下情形分别处理：

（一）当事人对担保物权无实质性争议且实现担保物权条件已经成就的，应当裁定准许拍卖、变卖担保财产；

（二）当事人对实现担保物权有部分实质性争议的，可以就无争议的部分裁定准许拍卖、变卖担保财产，并告知可以就有争议的部分申请仲裁；

（三）当事人对实现担保物权有实质性争议的，裁定驳回申请，并告知可以向仲裁机构申请仲裁。

债权人以诉讼方式行使担保物权的，应当以债务人和担保人作为共同被告。

（二）不动产抵押

第四十六条 不动产抵押合同生效后未办理抵押登记手续，债权人请求抵押人办理抵押登记手续的，人民法院应予支持。

抵押财产因不可归责于抵押人自身的原因灭失或者被征收等导致不能办理抵押登记，债权人请求抵押人在约定的担保范围内承担责任的，人民法院不予支持；但是抵押人已经获得保险金、赔偿金或者补偿金等，债权人请求抵押人在其所获金额范围内承担赔偿责任的，人民法院依法予以支持。

因抵押人转让抵押财产或者其他可归责于抵押人自身的原因导致不能办理抵押登记，债权人请求抵押人在约定的担保范围内承担责任的，人民法院依法予以支持，但是不得超过抵押权能够设立时抵押人应当承担的责任范围。

第四十七条 不动产登记簿就抵押财产、被担保的债权范围等所作的记载与抵押合同约定不一致的，人民法院应当根据登记簿的记载确定抵押财产、被担保的债权范围等事项。

第四十八条 当事人申请办理抵押登记手续时，因登记机构的过错致使其不能办理抵押登记，当事人请求登记机构承担赔偿责任的，人民法院依法予以支持。

第四十九条 以违法的建筑物抵押的，抵押合同无效，但是一审法庭辩论终结前已经办理合法手续的除外。抵押合同无效的法律后果，依照本解释第十七条的有关规定处理。

当事人以建设用地使用权依法设立抵押，抵押人以土地上存在违法的建筑物为由主张抵押合同无效的，人民法院不予支持。

第五十条 抵押人以划拨建设用地上的建筑物抵押，当事人以该建设用地使用权不能抵押或者未办理批准手续为由主张抵押合同无效或者不生效的，人民法院不予支持。抵押权依法实现时，拍卖、变卖建筑物所得的价款，应当优先用于补缴建设用地使用权出让金。

当事人以划拨方式取得的建设用地使用权抵押，抵押人以未办理批准手续为由主张抵押合同无效或者不生效的，人民法院不予支持。已经依法办理抵押登记，抵押权人主张行使抵押权的，人民法院应予支持。抵押权依法实现时所得的价款，参照前款有关规定处理。

第五十一条 当事人仅以建设用地使用权抵押，债权人主张抵押权的效力及于土地上已有的建筑物以及正在建造的建筑物已完成部分的，人民法院应予支持。债权人主张抵押权的效力及于正在建造的建筑物的续建部分以及新增建筑物的，人民法院不予支持。

当事人以正在建造的建筑物抵押，抵押权的效力范围限于已办理抵押登记的部分。当事人按照担保合同的约定，主张抵押权的效力及于续建部分、新增建筑物以及规划中尚未建造的建筑物的，人民法院不予支持。

抵押人将建设用地使用权、土地上的建筑物或者正在建造的建筑物分别抵押给不同债权人的，人民法院应当根据抵押登记的时间先后确定清偿顺序。

第五十二条 当事人办理抵押预告登记后，预告登记权利人请求就抵押财产优先受偿，经审查存在尚未办理建筑物所有权首次登记、预告登记的财产与办理建筑物所有权首次登记时的财产不一致、抵押预告登记已经失效等情形，导致不具备办理抵押登记条件的，人民法院不予支持；经审查已经办理建筑物所有权首次登记，且不存在预告登记失效等情形的，人民法院应予支持，并应当认定抵押权自预告登记之日起设立。

当事人办理了抵押预告登记，抵押人破产，经审查抵押财产属于破产财产，预告登记权利人主张就抵押财产优先受偿的，人民法院应当在受理破产申请时抵押财产的价值范围内予以支持,但是在人民法院受理破产申请前一年内,债务人对没有财产担保的债务设立抵押预告登记的除外。

(三)动产与权利担保

第五十三条 当事人在动产和权利担保合同中对担保财产进行概括描述,该描述能够合理识别担保财产的,人民法院应当认定担保成立。

第五十四条 动产抵押合同订立后未办理抵押登记,动产抵押权的效力按照下列情形分别处理:

(一)抵押人转让抵押财产,受让人占有抵押财产后,抵押权人向受让人请求行使抵押权的,人民法院不予支持,但是抵押权人能够举证证明受让人知道或者应当知道已经订立抵押合同的除外;

(二)抵押人将抵押财产出租给他人并移转占有,抵押权人行使抵押权的,租赁关系不受影响,但是抵押权人能够举证证明承租人知道或者应当知道已经订立抵押合同的除外;

(三)抵押人的其他债权人向人民法院申请保全或者执行抵押财产,人民法院已经作出财产保全裁定或者采取执行措施,抵押权人主张对抵押财产优先受偿的,人民法院不予支持;

(四)抵押人破产,抵押权人主张对抵押财产优先受偿的,人民法院不予支持。

第五十五条 债权人、出质人与监管人订立三方协议,出质人以通过一定数量、品种等概括描述能够确定范围的货物为债务的履行提供担保,当事人有证据证明监管人系受债权人的委托监管并实际控制该货物的,人民法院应当认定质权于监管人实际控制货物之日起设立。监管人违反约定向出质人或者其他人放货、因保管不善导致货物毁损灭失,债权人请求监管人承担违约责任的,人民法院依法予以支持。

在前款规定情形下,当事人有证据证明监管人系受出质人委托监管该货物,或者虽然受债权人委托但是未实际履行监管职责,导致货物仍由出质人实际控制的,人民法院应当认定质权未设立。债权人可以基于质押合同的约定请求出质人承担违约责任,但是不得超过质权有效设立时出质人应当承担的责任范围。监管人未履行监管职责,债权人请求监管人承担责任的,人民法院依法予以支持。

第五十六条 买受人在出卖人正常经营活动中通过支付合理对价取得已被设立担保物权的动产,担保物权人请求就该动产优先受偿的,人民法院不予支持,但是有下列情形之一的除外:

(一)购买商品的数量明显超过一般买受人;

(二)购买出卖人的生产设备;

(三)订立买卖合同的目的在于担保出卖人或者第三人履行债务;

(四)买受人与出卖人存在直接或者间接的控制关系;

(五)买受人应当查询抵押登记而未查询的其他情形。

前款所称出卖人正常经营活动,是指出卖人的经营活动属于其营业执照明确记载的经营范围,且出卖人持续销售同类商品。前款所称担保物权人,是指已经办理登记的抵押权人、所有权保留买卖的出卖人、融资租赁合同的出租人。

第五十七条 担保人在设立动产浮动抵押并办理抵押登记后又购入或者以融资租赁方式承租新的动产,下列权利人为担保价款债权或者租金的实现而订立担保合同,并在该动产交付后十日内办理登记,主张其权利优先于在先设立的浮动抵押权的,人民法院应予支持:

(一)在该动产上设立抵押权或者保留所有权的出卖人;

(二)为价款支付提供融资而在该动产上设立抵押权的债权人;

(三)以融资租赁方式出租该动产的出租人。

买受人取得动产但未付清价款或者承租人以融资租赁方式占有租赁物但是未付清全部租金,又以标的物为他人设立担保物权,前款所列权利人为担保价款债权或者租金的实现而订立担保合同,并在该动产交付后十日内办理登记,主张其权利优先于买受人为他人设立的担保物权的,人民法院应予支持。

同一动产上存在多个价款优先权的,人民法院应当按照登记的时间先后确定清偿顺序。

第五十八条 以汇票出质,当事人以背书记载"质押"字样并在汇票上签章,汇票已经交付质权人的,人民法院应当认定质权自汇票交付质权人时设立。

第五十九条 存货人或者仓单持有人在仓单上以背书记载"质押"字样,并经保管人签章,仓单已经交付质权人的,人民法院应当认定质权自仓单交付质权人时设立。没有权利凭证的仓单,依法可以办理出质登记的,仓单质权自办理出质登记时设立。

出质人既以仓单出质,又以仓储物设立担保,按照公示的先后确定清偿顺序;难以确定先后的,按照债权比例清偿。

保管人为同一货物签发多份仓单，出质人在多份仓单上设立多个质权，按照公示的先后确定清偿顺序；难以确定先后的，按照债权比例受偿。

存在第二款、第三款规定的情形，债权人举证证明其损失系由出质人与保管人的共同行为所致，请求出质人与保管人承担连带赔偿责任的，人民法院应予支持。

第六十条 在跟单信用证交易中，开证行与开证申请人之间约定以提单作为担保的，人民法院应当依照民法典关于质权的有关规定处理。

在跟单信用证交易中，开证行依据其与开证申请人之间的约定或者跟单信用证的惯例持有提单，开证申请人未按照约定付款赎单，开证行主张对提单项下货物优先受偿的，人民法院应予支持；开证行主张对提单项下货物享有所有权的，人民法院不予支持。

在跟单信用证交易中，开证行依据其与开证申请人之间的约定或者跟单信用证的惯例，通过转让提单或者提单项下货物取得价款，开证申请人请求返还超出债权部分的，人民法院应予支持。

前三款规定不影响合法持有提单的开证行以提单持有人身份主张运输合同项下的权利。

第六十一条 以现有的应收账款出质，应收账款债务人向质权人确认应收账款的真实性后，又以应收账款不存在或者已经消灭为由主张不承担责任的，人民法院不予支持。

以现有的应收账款出质，应收账款债务人未确认应收账款的真实性，质权人以应收账款债务人为被告，请求就应收账款优先受偿，能够举证证明办理出质登记时应收账款真实存在的，人民法院应予支持；质权人不能举证证明办理出质登记时应收账款真实存在，仅以已经办理出质登记为由，请求就应收账款优先受偿的，人民法院不予支持。

以现有的应收账款出质，应收账款债务人已经向应收账款债权人履行了债务，质权人请求应收账款债务人履行债务的，人民法院不予支持，但是应收账款债务人接到质权人要求向其履行的通知后，仍然向应收账款债权人履行的除外。

以基础设施和公用事业项目收益权、提供服务或者劳务产生的债权以及其他将有的应收账款出质，当事人为应收账款设立特定账户，发生法定或者约定的质权实现事由时，质权人请求就该特定账户内的款项优先受偿的，人民法院应予支持；特定账户内的款项不足以清偿债务或者未设立特定账户，质权人请求折价或者拍卖、变卖项目收益权等将有的应收账款，并以所得的价款优先受偿的，人民法院依法予以支持。

第六十二条 债务人不履行到期债务，债权人因同一法律关系留置合法占有的第三人的动产，并主张就该留置财产优先受偿的，人民法院应予支持。第三人以该留置财产并非债务人的财产为由请求返还的，人民法院不予支持。

企业之间留置的动产与债权并非同一法律关系，债务人以该债权不属于企业持续经营中发生的债为由请求债权人返还留置财产的，人民法院应予支持。

企业之间留置的动产与债权并非同一法律关系，债权人留置第三人的财产，第三人请求债权人返还留置财产的，人民法院应予支持。

四、关于非典型担保

第六十三条 债权人与担保人订立担保合同，约定以法律、行政法规尚未规定可以担保的财产权利设立担保，当事人主张合同无效的，人民法院不予支持。当事人未在法定的登记机构依法进行登记，主张该担保具有物权效力的，人民法院不予支持。

第六十四条 在所有权保留买卖中，出卖人依法有权取回标的物，但是与买受人协商不成，当事人请求参照民事诉讼法"实现担保物权案件"的有关规定，拍卖、变卖标的物的，人民法院应予准许。

出卖人请求取回标的物，符合民法典第六百四十二条规定的，人民法院应予支持；买受人以抗辩或者反诉的方式主张拍卖、变卖标的物，并在扣除买受人未支付的价款以及必要费用后返还剩余款项的，人民法院应当一并处理。

第六十五条 在融资租赁合同中，承租人未按照约定支付租金，经催告后在合理期限内仍不支付，出租人请求承租人支付全部剩余租金，并以拍卖、变卖租赁物所得的价款受偿的，人民法院应予支持；当事人请求参照民事诉讼法"实现担保物权案件"的有关规定，以拍卖、变卖租赁物所得价款支付租金的，人民法院应予准许。

出租人请求解除融资租赁合同并收回租赁物，承租人以抗辩或者反诉的方式主张返还租赁物价值超过欠付租金以及其他费用的，人民法院应当一并处理。当事人对租赁物的价值有争议的，应当按照下列规则确定租赁物的价值：

（一）融资租赁合同有约定的，按照其约定；

（二）融资租赁合同未约定或者约定不明的，根据约定的租赁物折旧以及合同到期后租赁物的残值来确定；

（三）根据前两项规定的方法仍然难以确定，或者当事人认为根据前两项规定的方法确定的价值严重偏离租赁物实际价值的，根据当事人的申请委托有资质的机构评估。

第六十六条 同一应收账款同时存在保理、应收账款质押和债权转让，当事人主张参照民法典第七百六十八条的规定确定优先顺序的，人民法院应予支持。

在有追索权的保理中，保理人以应收账款债权人或者应收账款债务人为被告提起诉讼，人民法院应予受理；保理人一并起诉应收账款债权人和应收账款债务人的，人民法院可以受理。

应收账款债权人向保理人返还保理融资款本息或者回购应收账款债权后，请求应收账款债务人向其履行应收账款债务的，人民法院应予支持。

第六十七条 在所有权保留买卖、融资租赁等合同中，出卖人、出租人的所有权未经登记不得对抗的"善意第三人"的范围及其效力，参照本解释第五十四条的规定处理。

第六十八条 债务人或者第三人与债权人约定将财产形式上转移至债权人名下，债务人不履行到期债务，债权人有权对财产折价或者以拍卖、变卖该财产所得价款偿还债务的，人民法院应当认定该约定有效。当事人已经完成财产权利变动的公示，债务人不履行到期债务，债权人请求参照民法典关于担保物权的有关规定就该财产优先受偿的，人民法院应予支持。

债务人或者第三人与债权人约定将财产形式上转移至债权人名下，债务人不履行到期债务，财产归债权人所有的，人民法院应当认定该约定无效，但是不影响当事人有关提供担保的意思表示的效力。当事人已经完成财产权利变动的公示，债务人不履行到期债务，债权人请求对该财产享有所有权的，人民法院不予支持；债权人请求参照民法典关于担保物权的规定对财产折价或者以拍卖、变卖该财产所得的价款优先受偿的，人民法院应予支持；债务人履行债务后请求返还财产，或者请求对财产折价或者以拍卖、变卖所得的价款清偿债务的，人民法院应予支持。

债务人与债权人约定将财产转移至债权人名下，在一定期间后再由债务人或者其指定的第三人以交易本金加上溢价款回购，债务人到期不履行回购义务，财产归债权人所有的，人民法院应当参照第二款规定处理。回购对象自始不存在的，人民法院应当依照民法典第一百四十六条第二款的规定，按照其实际构成的法律关系处理。

第六十九条 股东以将其股权转移至债权人名下的方式为债务履行提供担保，公司或者公司的债权人以股东未履行或者未全面履行出资义务、抽逃出资等为由，请求作为名义股东的债权人与股东承担连带责任的，人民法院不予支持。

第七十条 债务人或者第三人为担保债务的履行，设立专门的保证金账户并由债权人实际控制，或者将其资金存入债权人设立的保证金账户，债权人主张就该账户内的款项优先受偿的，人民法院应予支持。当事人以保证金账户内的款项浮动为由，主张实际控制该账户的债权人对账户内的款项不享有优先受偿权的，人民法院不予支持。

在银行账户下设立的保证金分户，参照前款规定处理。

当事人约定的保证金并非为担保债务的履行设立，或者不符合前两款规定的情形，债权人主张就保证金优先受偿的，人民法院不予支持，但是不影响当事人依照法律的规定或者按照当事人的约定主张权利。

五、附 则

第七十一条 本解释自2021年1月1日起施行。

（十）金　融

最高人民法院关于审理信用证纠纷案件若干问题的规定

- 2005年10月24日最高人民法院审判委员会第1368次会议通过
- 根据2020年12月23日最高人民法院审判委员会第1823次会议通过的《最高人民法院关于修改〈最高人民法院关于破产企业国有划拨土地使用权应否列入破产财产等问题的批复〉等二十九件商事类司法解释的决定》修正
- 2020年12月29日最高人民法院公告公布
- 该修正自2021年1月1日起施行
- 法释〔2020〕18号

根据《中华人民共和国民法典》《中华人民共和国涉外民事关系法律适用法》《中华人民共和国民事诉讼法》等法律，参照国际商会《跟单信用证统一惯例》等相关国际惯例，结合审判实践，就审理信用证纠纷案件的有关问题，制定本规定。

第一条　本规定所指的信用证纠纷案件,是指在信用证开立、通知、修改、撤销、保兑、议付、偿付等环节产生的纠纷。

第二条　人民法院审理信用证纠纷案件时,当事人约定适用相关国际惯例或者其他规定的,从其约定;当事人没有约定的,适用国际商会《跟单信用证统一惯例》或者其他相关国际惯例。

第三条　开证申请人与开证行之间因申请开立信用证而产生的欠款纠纷、委托人和受托人之间因委托开立信用证产生的纠纷、担保人为申请开立信用证或者委托开立信用证提供担保而产生的纠纷以及信用证项下融资产生的纠纷,适用本规定。

第四条　因申请开立信用证而产生的欠款纠纷、委托开立信用证纠纷和因此产生的担保纠纷以及信用证项下融资产生的纠纷应当适用中华人民共和国相关法律。涉外合同当事人对法律适用另有约定的除外。

第五条　开证行在作出付款、承兑或者履行信用证项下其他义务的承诺后,只要单据与信用证条款、单据与单据之间在表面上相符,开证行应当履行在信用证规定的期限内付款的义务。当事人以开证申请人与受益人之间的基础交易提出抗辩的,人民法院不予支持。具有本规定第八条的情形除外。

第六条　人民法院在审理信用证纠纷案件中涉及单证审查的,应当根据当事人约定适用的相关国际惯例或者其他规定进行;当事人没有约定的,应当按照国际商会《跟单信用证统一惯例》以及国际商会确定的相关标准,认定单据与信用证条款、单据与单据之间是否在表面上相符。

信用证项下单据与信用证条款之间、单据与单据之间在表面上不完全一致,但并不导致相互之间产生歧义的,不应认定为不符点。

第七条　开证行有独立审查单据的权利和义务,有权自行作出单据与信用证条款、单据与单据之间是否在表面上相符的决定,并自行决定接受或者拒绝接受单据与信用证条款、单据与单据之间的不符点。

开证行发现信用证项下存在不符点后,可以自行决定是否联系开证申请人接受不符点。开证申请人决定是否接受不符点,并不影响开证行最终决定是否接受不符点。开证行和开证申请人另有约定的除外。

开证行向受益人明确表示接受不符点的,应当承担付款责任。

开证行拒绝接受不符点时,受益人以开证申请人已接受不符点为由要求开证行承担信用证项下付款责任的,人民法院不予支持。

第八条　凡有下列情形之一的,应当认定存在信用证欺诈:

(一)受益人伪造单据或者提交记载内容虚假的单据;

(二)受益人恶意不交付货物或者交付的货物无价值;

(三)受益人和开证申请人或者其他第三方串通提交假单据,而没有真实的基础交易;

(四)其他进行信用证欺诈的情形。

第九条　开证申请人、开证行或者其他利害关系人发现有本规定第八条的情形,并认为将会给其造成难以弥补的损害时,可以向有管辖权的人民法院申请中止支付信用证项下的款项。

第十条　人民法院认定存在信用证欺诈的,应当裁定中止支付或者判决终止支付信用证项下款项,但有下列情形之一的除外:

(一)开证行的指定人、授权人已按照开证行的指令善意地进行了付款;

(二)开证行或者其指定人、授权人已对信用证项下票据善意地作出了承兑;

(三)保兑行善意地履行了付款义务;

(四)议付行善意地进行了议付。

第十一条　当事人在起诉前申请中止支付信用证项下款项符合下列条件的,人民法院应予受理:

(一)受理申请的人民法院对该信用证纠纷案件享有管辖权;

(二)申请人提供的证据材料证明存在本规定第八条的情形;

(三)如不采取中止支付信用证项下款项的措施,将会使申请人的合法权益受到难以弥补的损害;

(四)申请人提供了可靠、充分的担保;

(五)不存在本规定第十条的情形。

当事人在诉讼中申请中止支付信用证项下款项的,应当符合前款第(二)、(三)、(四)、(五)项规定的条件。

第十二条　人民法院接受中止支付信用证项下款项申请后,必须在四十八小时内作出裁定;裁定中止支付的,应当立即开始执行。

人民法院作出中止支付信用证项下款项的裁定,应当列明申请人、被申请人和第三人。

第十三条　当事人对人民法院作出中止支付信用证

项下款项的裁定有异议的,可以在裁定书送达之日起十日内向上一级人民法院申请复议。上一级人民法院应当自收到复议申请之日起十日内作出裁定。

复议期间,不停止原裁定的执行。

第十四条 人民法院在审理信用证欺诈案件过程中,必要时可以将信用证纠纷与基础交易纠纷一并审理。

当事人以基础交易欺诈为由起诉的,可以将与案件有关的开证行、议付行或者其他信用证法律关系的利害关系人列为第三人;第三人可以申请参加诉讼,人民法院也可以通知第三人参加诉讼。

第十五条 人民法院通过实体审理,认定构成信用证欺诈并且不存在本规定第十条的情形的,应当判决终止支付信用证项下的款项。

第十六条 保证人以开证行或者开证申请人接受不符点未征得其同意为由请求免除保证责任的,人民法院不予支持。保证合同另有约定的除外。

第十七条 开证申请人与开证行对信用证进行修改未征得保证人同意的,保证人只在原保证合同约定的或者法律规定的期间和范围内承担保证责任。保证合同另有约定的除外。

第十八条 本规定自2006年1月1日起施行。

最高人民法院关于审理存单纠纷案件的若干规定

- 1997年11月25日最高人民法院审判委员会第946次会议通过
- 根据2020年12月23日最高人民法院审判委员会第1823次会议通过的《最高人民法院关于修改〈最高人民法院关于破产企业国有划拨土地使用权应否列入破产财产等问题的批复〉等二十九件商事类司法解释的决定》修正
- 2020年12月29日最高人民法院公告公布
- 该修正自2021年1月1日起施行
- 法释〔2020〕18号

为正确审理存单纠纷案件,根据《中华人民共和国民法典》的有关规定和在总结审判经验的基础上,制定本规定。

第一条 存单纠纷案件的范围

(一)存单持有人以存单为重要证据向人民法院提起诉讼的纠纷案件;

(二)当事人以进账单、对账单、存款合同等凭证为主要证据向人民法院提起诉讼的纠纷案件;

(三)金融机构向人民法院起诉要求确认存单、进账单、对账单、存款合同等凭证无效的纠纷案件;

(四)以存单为表现形式的借贷纠纷案件。

第二条 存单纠纷案件的案由

人民法院可将本规定第一条所列案件,一律以存单纠纷为案由。实际审理时应以存单纠纷案件中真实法律关系为基础依法处理。

第三条 存单纠纷案件的受理与中止

存单纠纷案件当事人向人民法院提起诉讼,人民法院应当依照《中华人民共和国民事诉讼法》第一百一十九条的规定予以审查,符合规定的,均应受理。

人民法院在受理存单纠纷案件后,如发现犯罪线索,应将犯罪线索及时书面告知公安或检察机关。如案件当事人因伪造、变造、虚开存单或涉嫌诈骗,有关国家机关已立案侦查,存单纠纷案件确须待刑事案件结案后才能审理的,人民法院应当中止审理。对于追究有关当事人的刑事责任不影响对存单纠纷案件审理的,人民法院应对存单纠纷案件有关当事人是否承担民事责任以及承担民事责任的大小依法及时进行认定和处理。

第四条 存单纠纷案件的管辖

依照《中华人民共和国民事诉讼法》第二十三条的规定,存单纠纷案件由被告住所地人民法院或出具存单、进账单、对账单或与当事人签订存款合同的金融机构住所地人民法院管辖。住所地与经常居住地不一致的,由经常居住地人民法院管辖。

第五条 对一般存单纠纷案件的认定和处理

(一)认定

当事人以存单或进账单、对账单、存款合同等凭证为主要证据向人民法院提起诉讼的存单纠纷案件和金融机构向人民法院提起的确认存单或进账单、对账单、存款合同等凭证无效的存单纠纷案件,为一般存单纠纷案件。

(二)处理

人民法院在审理一般存单纠纷案件中,除应审查存单、进账单、对账单、存款合同等凭证的真实性外,还应审查持有人与金融机构间存款关系的真实性,并以存单、进账单、对账单、存款合同等凭证的真实性以及存款关系的真实性为依据,作出正确处理。

1. 持有人以上述真实凭证为证据提起诉讼的,金融机构应当对持有人与金融机构间是否存在存款关系负举证责任。如金融机构有充分证据证明持有人未向金融机构交付上述凭证所记载的款项的,人民法院应当认定持有人与金融机构间不存在存款关系,并判决驳回原告的诉讼请求。

2. 持有人以上述真实凭证为证据提起诉讼的,如金融机构不能提供证明存款关系不真实的证据,或仅以金融机构底单的记载内容与上述凭证记载内容不符为由进行抗辩的,人民法院应认定持有人与金融机构间存款关系成立,金融机构应当承担兑付款项的义务。

3.持有人以在样式、印鉴、记载事项上有别于真实凭证,但无充分证据证明系伪造或变造的瑕疵凭证提起诉讼的,持有人应对瑕疵凭证的取得提供合理的陈述。如持有人对瑕疵凭证的取得提供了合理陈述,而金融机构否认存款关系存在的,金融机构应当对持有人与金融机构间是否存在存款关系负举证责任。如金融机构有充分证据证明持有人未向金融机构交付上述凭证所记载的款项的,人民法院应当认定持有人与金融机构间不存在存款关系,判决驳回原告的诉讼请求;如金融机构不能提供证明存款关系不真实的证据,或仅以金融机构底单的记载内容与上述凭证记载内容不符为由进行抗辩的,人民法院应认定持有人与金融机构间存款关系成立,金融机构应当承担兑付款项的义务。

4.存单纠纷案件的审理中,如有充足证据证明存单、进账单、对账单、存款合同等凭证系伪造、变造,人民法院应在查明案件事实的基础上,依法确认上述凭证无效,并可驳回持上述凭证起诉的原告的诉讼请求或根据实际存款数额进行判决。如有本规定第三条中止审理情形的,人民法院应当中止审理。

第六条　对以存单为表现形式的借贷纠纷案件的认定和处理

(一)认定

在出资人直接将款项交与用资人使用,或通过金融机构将款项交与用资人使用,金融机构向出资人出具存单或进账单、对账单或与出资人签订存款合同,出资人从用资人或从金融机构取得或约定取得高额利差的行为中发生的存单纠纷案件,为以存单为表现形式的借贷纠纷案件。但符合本规定第七条所列委托贷款和信托贷款的除外。

(二)处理

以存单为表现形式的借贷,属于违法借贷,出资人收取的高额利差应充抵本金,出资人,金融机构与用资人因参与违法借贷均应当承担相应的民事责任。可分以下几种情况处理:

1.出资人将款项或票据(以下统称资金)交付给金融机构,金融机构给出资人出具存单或进账单、对账单或与出资人签订存款合同,并将资金自行转给用资人的,金融机构与用资人对偿还出资人本金及利息承担连带责任;利息按人民银行同期存款利率计算至给付之日。

2.出资人未将资金交付给金融机构,而是依照金融机构的指定将资金直接转给用资人,金融机构给出资人出具存单或进账单、对账单或与出资人签订存款合同的,首先由用资人偿还出资人本金及利息,金融机构对用资人不能偿还出资人本金及利息部分承担补充赔偿责任;利息按人民银行同期存款利率计算至给付之日。

3.出资人将资金交付给金融机构,金融机构给出资人出具存单或进账单、对账单或与出资人签订存款合同,出资人再指定金融机构将资金转给用资人的,首先由用资人返还出资人本金和利息。利息按人民银行同期存款利率计算至给付之日。金融机构因其帮助违法借贷的过错,应当对用资人不能偿还出资人本金部分承担赔偿责任,但不超过不能偿还本金部分的百分之四十。

4.出资人未将资金交付给金融机构,而是自行将资金直接转给用资人,金融机构给出资人出具存单或进账单、对账单或与出资人签订存款合同的,首先由用资人返还出资人本金和利息。利息按人民银行同期存款利率计算至给付之日。金融机构因其帮助违法借贷的过错,应当对用资人不能偿还出资人本金部分承担赔偿责任,但不超过不能偿还本金部分的百分之二十。

本条中所称交付,指出资人向金融机构转移现金的占有或出资人向金融机构交付注明出资人或金融机构(包括金融机构的下属部门)为收款人的票据。出资人向金融机构交付有资金数额但未注明收款人的票据的,亦属于本条中所称交付。

如以存单为表现形式的借贷行为确已发生,即使金融机构向出资人出具的存单、进账单、对账单或与出资人签订的存款合同存在虚假、瑕疵,或金融机构工作人员超越权限出具上述凭证等情形,亦不影响人民法院按以上规定对案件进行处理。

(三)当事人的确定

出资人起诉金融机构的,人民法院应通知用资人作为第三人参加诉讼;出资人起诉用资人的,人民法院应通知金融机构作为第三人参加诉讼;公款私存的,人民法院在查明款项的真实所有人基础上,应通知款项的真实所有人为权利人参加诉讼,与存单记载的个人为共同诉讼人。该个人申请退出诉讼的,人民法院可予准许。

第七条　对存单纠纷案件中存在的委托贷款关系和信托贷款关系的认定和纠纷的处理

(一)认定

存单纠纷案件中,出资人与金融机构、用资人之间按有关委托贷款的要求签订有委托贷款协议的,人民法院应认定出资人与金融机构间成立委托贷款关系。金融机构向出资人出具的存单或进账单、对账单或与出资人签订的存款合同,均不影响金融机构与出资人间委托贷款关系的成立。出资人与金融机构间签订委托贷款协议后,由金融机构自行确定用资人的,人民法院应认定出资人与金融机构间成立信托贷款关系。

委托贷款协议和信托贷款协议应当用书面形式。口头委托贷款或信托贷款,当事人无异议的,人民法院可予以认定;有其他证据能够证明金融机构与出资人之间确系委托贷款或信托贷款关系的,人民法院亦予以认定。

(二)处理

构成委托贷款的,金融机构出具的存单或进账单、对账单或与出资人签订的存款合同不作为存款关系的证明,借款方不能偿还贷款的风险应当由委托人承担。如有证据证明金融机构出具上述凭证是对委托贷款进行担保的,金融机构对偿还贷款承担连带担保责任。委托贷款中约定的利率超过人民银行规定的部分无效。构成信托贷款的,按人民银行有关信托贷款的规定处理。

第八条　对存单质押的认定和处理

存单可以质押。存单持有人以伪造、变造的虚假存单质押的,质押合同无效。接受虚假存单质押的当事人如以该存单质押为由起诉金融机构,要求兑付存款优先受偿的,人民法院应判决驳回其诉讼请求,并告知其可另案起诉出质人。

存单持有人以金融机构开具的、未有实际存款或与实际存款不符的存单进行质押,以骗取或占用他人财产的,该质押关系无效。接受存单质押的人起诉的,该存单持有人与开具存单的金融机构为共同被告。利用存单骗取或占用他人财产的存单持有人对侵犯他人财产权承担赔偿责任,开具存单的金融机构因其过错致他人财产权受损,对所造成的损失承担连带赔偿责任。接受存单质押的人在审查存单的真实性上有重大过失的,开具存单的金融机构仅对所造成的损失承担补充赔偿责任。明知存单虚假而接受存单质押的,开具存单的金融机构不承担民事赔偿责任。

以金融机构核押的存单出质的,即便存单系伪造、变造、虚开,质押合同均为有效,金融机构应当依法向质权人兑付存单所记载的款项。

第九条　其他

在存单纠纷案件的审理中,有关当事人如有违法行为,依法应给予民事制裁的,人民法院可依法对有关当事人实施民事制裁。案件审理中发现的犯罪线索,人民法院应及时书面告知公安或检查机关,并将有关材料及时移送公安或检察机关。

最高人民法院关于审理票据纠纷案件若干问题的规定

- 2000年2月24日最高人民法院审判委员会第1102次会议通过
- 根据2020年12月23日最高人民法院审判委员会第1823次会议通过的《最高人民法院关于修改〈最高人民法院关于破产企业国有划拨土地使用权应否列入破产财产等问题的批复〉等二十九件商事类司法解释的决定》修正
- 2020年12月29日最高人民法院公告公布
- 该修正自2021年1月1日起施行
- 法释〔2020〕18号

为了正确适用《中华人民共和国票据法》(以下简称票据法),公正、及时审理票据纠纷案件,保护票据当事人的合法权益,维护金融秩序和金融安全,根据票据法及其他有关法律的规定,结合审判实践,现对人民法院审理票据纠纷案件的若干问题规定如下:

一、受理和管辖

第一条　因行使票据权利或者票据法上的非票据权利而引起的纠纷,人民法院应当依法受理。

第二条　依照票据法第十条的规定,票据债务人(即出票人)以在票据未转让时的基础关系违法、双方不具有真实的交易关系和债权债务关系、持票人应付对价而未付对价为由,要求返还票据而提起诉讼的,人民法院应当依法受理。

第三条　依照票据法第三十六条的规定,票据被拒绝承兑、被拒绝付款或者汇票、支票超过提示付款期限后,票据持有人背书转让的,被背书人以背书人为被告行使追索权而提起诉讼的,人民法院应当依法受理。

第四条　持票人不先行使付款请求权而先行使追索权遭拒绝提起诉讼的,人民法院不予受理。除有票据法第六十一条第二款和本规定第三条所列情形外,持票人只能在首先向付款人行使付款请求权而得不到付款时,才可以行使追索权。

第五条　付款请求权是持票人享有的第一顺序权利,追索权是持票人享有的第二顺序权利,即汇票到期被拒绝付款或者具有票据法第六十一条第二款所列情形的,持票人请求背书人、出票人以及汇票的其他债务人支付票据法第七十条第一款所列金额和费用的权利。

第六条 因票据纠纷提起的诉讼,依法由票据支付地或者被告住所地人民法院管辖。

票据支付地是指票据上载明的付款地,票据上未载明付款地的,汇票付款人或者代理付款人的营业场所、住所或者经常居住地,本票出票人的营业场所,支票付款人或者代理付款人的营业场所所在地为票据付款地。代理付款人即付款人的委托代理人,是指根据付款人的委托代为支付票据金额的银行、信用合作社等金融机构。

二、票据保全

第七条 人民法院在审理、执行票据纠纷案件时,对具有下列情形之一的票据,经当事人申请并提供担保,可以依法采取保全措施或者执行措施:

(一)不履行约定义务,与票据债务人有直接债权债务关系的票据当事人所持有的票据;

(二)持票人恶意取得的票据;

(三)应付对价而未付对价的持票人持有的票据;

(四)记载有"不得转让"字样而用于贴现的票据;

(五)记载有"不得转让"字样而用于质押的票据;

(六)法律或者司法解释规定有其他情形的票据。

三、举证责任

第八条 票据诉讼的举证责任由提出主张的一方当事人承担。

依照票据法第四条第二款、第十条、第十二条、第二十一条的规定,向人民法院提起诉讼的持票人有责任提供诉争票据。该票据的出票、承兑、交付、背书转让涉嫌欺诈、偷盗、胁迫、恐吓、暴力等非法行为的,持票人对持票的合法性应当负责举证。

第九条 票据债务人依照票据法第十三条的规定,对与其有直接债权债务关系的持票人提出抗辩,人民法院合并审理票据关系和基础关系的,持票人应当提供相应的证据证明已经履行了约定义务。

第十条 付款人或者承兑人被人民法院依法宣告破产,持票人因行使追索权而向人民法院提起诉讼时,应当向受理法院提供人民法院依法作出的宣告破产裁定书或者能够证明付款人或者承兑人破产的其他证据。

第十一条 在票据诉讼中,负有举证责任的票据当事人应当在一审人民法院法庭辩论结束以前提供证据。因客观原因不能在上述举证期限以内提供的,应当在举证期限届满以前向人民法院申请延期。延长的期限由人民法院根据案件的具体情况决定。

票据当事人在一审人民法院审理期间隐匿票据、故意有证不举,应当承担相应的诉讼后果。

四、票据权利及抗辩

第十二条 票据法第十七条第一款第(一)、(二)项规定的持票人对票据的出票人和承兑人的权利,包括付款请求权和追索权。

第十三条 票据债务人以票据法第十条、第二十一条的规定为由,对业经背书转让票据的持票人进行抗辩的,人民法院不予支持。

第十四条 票据债务人依照票据法第十二条、第十三条的规定,对持票人提出下列抗辩的,人民法院应予支持:

(一)与票据债务人有直接债权债务关系并且不履行约定义务的;

(二)以欺诈、偷盗或者胁迫等非法手段取得票据,或者明知有前列情形,出于恶意取得票据的;

(三)明知票据债务人与出票人或者与持票人的前手之间存在抗辩事由而取得票据的;

(四)因重大过失取得票据的;

(五)其他依法不得享有票据权利的。

第十五条 票据债务人依照票据法第九条、第十七条、第十八条、第二十二条和第三十一条的规定,对持票人提出下列抗辩的,人民法院应予支持:

(一)欠缺法定必要记载事项或者不符合法定格式的;

(二)超过票据权利时效的;

(三)人民法院作出的除权判决已经发生法律效力的;

(四)以背书方式取得但背书不连续的;

(五)其他依法不得享有票据权利的。

第十六条 票据出票人或者背书人被宣告破产的,而付款人或者承兑人不知其事实而付款或者承兑,因此所产生的追索权可以登记为破产债权,付款人或者承兑人为债权人。

第十七条 票据法第十七条第一款第(三)、(四)项规定的持票人对前手的追索权,不包括对票据出票人的追索权。

第十八条 票据法第四十条第二款和第六十五条规定的持票人丧失对其前手的追索权,不包括对票据出票人的追索权。

第十九条 票据法第十七条规定的票据权利时效发生中断的,只对发生时效中断事由的当事人有效。

第二十条　票据法第六十六条第一款规定的书面通知是否逾期，以持票人或者其前手发出书面通知之日为准；以信函通知的，以信函投寄邮戳记载之日为准。

第二十一条　票据法第七十条、第七十一条所称中国人民银行规定的利率，是指中国人民银行规定的企业同期流动资金贷款利率。

第二十二条　代理付款人在人民法院公示催告公告发布以前按照规定程序善意付款后，承兑人或者付款人以已经公示催告为由拒付代理付款人已经垫付的款项的，人民法院不予支持。

五、失票救济

第二十三条　票据丧失后，失票人直接向人民法院申请公示催告或者提起诉讼的，人民法院应当依法受理。

第二十四条　出票人已经签章的授权补记的支票丧失后，失票人依法向人民法院申请公示催告的，人民法院应当依法受理。

第二十五条　票据法第十五条第三款规定的可以申请公示催告的失票人，是指按照规定可以背书转让的票据在丧失票据占有以前的最后合法持票人。

第二十六条　出票人已经签章但未记载代理付款人的银行汇票丧失后，失票人依法向付款人即出票银行所在地人民法院申请公示催告的，人民法院应当依法受理。

第二十七条　超过付款提示期限的票据丧失以后，失票人申请公示催告的，人民法院应当依法受理。

第二十八条　失票人通知票据付款人挂失止付后三日内向人民法院申请公示催告的，公示催告申请书应当载明下列内容：

（一）票面金额；

（二）出票人、持票人、背书人；

（三）申请的理由、事实；

（四）通知票据付款人或者代理付款人挂失止付的时间；

（五）付款人或者代理付款人的名称、通信地址、电话号码等。

第二十九条　人民法院决定受理公示催告申请的，应当同时通知付款人及代理付款人停止支付，并自立案之日起三日内发出公告。

第三十条　付款人或者代理付款人收到人民法院发出的止付通知，应当立即停止支付，直至公示催告程序终结。非经发出止付通知的人民法院许可擅自付款的，不得免除票据责任。

第三十一条　公告应当在全国性报纸或者其他媒体上刊登，并于同日公布于人民法院公告栏内。人民法院所在地有证券交易所的，还应当同日在该交易所公布。

第三十二条　依照《中华人民共和国民事诉讼法》（以下简称民事诉讼法）第二百一十九条的规定，公告期间不得少于六十日，且公示催告期间届满日不得早于票据付款日后十五日。

第三十三条　依照民事诉讼法第二百二十条第二款的规定，在公示催告期间，以公示催告的票据质押、贴现，因质押、贴现而接受该票据的持票人主张票据权利的，人民法院不予支持，但公示催告期间届满以后人民法院作出除权判决以前取得该票据的除外。

第三十四条　票据丧失后，失票人在票据权利时效届满以前请求出票人补发票据，或者请求债务人付款，在提供相应担保的情况下因债务人拒绝付款或者出票人拒绝补发票据提起诉讼的，由被告住所地或者票据支付地人民法院管辖。

第三十五条　失票人因请求出票人补发票据或者请求债务人付款遭到拒绝而向人民法院提起诉讼的，被告为与失票人具有票据债权债务关系的出票人、拒绝付款的票据付款人或者承兑人。

第三十六条　失票人为行使票据所有权，向非法持有票据人请求返还票据的，人民法院应当依法受理。

第三十七条　失票人向人民法院提起诉讼的，应向人民法院说明曾经持有票据及丧失票据的情形，人民法院应当根据案件的具体情况，决定当事人是否应当提供担保以及担保的数额。

第三十八条　对于伪报票据丧失的当事人，人民法院在查明事实，裁定终结公示催告或者诉讼程序后，可以参照民事诉讼法第一百一十一条的规定，追究伪报人的法律责任。

六、票据效力

第三十九条　依照票据法第一百零八条以及经国务院批准的《票据管理实施办法》的规定，票据当事人使用的不是中国人民银行规定的统一格式票据的，按照《票据管理实施办法》的规定认定，但在中国境外签发的票据除外。

第四十条　票据出票人在票据上的签章上不符合票据法以及下述规定的，该签章不具有票据法上的效力：

（一）商业汇票上的出票人的签章，为该法人或者该单位的财务专用章或者公章加其法定代表人、单位负责人或者其授权的代理人的签名或者盖章；

（二）银行汇票上的出票人的签章和银行承兑汇票

的承兑人的签章,为该银行汇票专用章加其法定代表人或者其授权的代理人的签名或者盖章;

(三)银行本票上的出票人的签章,为该银行的本票专用章加其法定代表人或者其授权的代理人的签名或者盖章;

(四)支票上的出票人的签章,出票人为单位的,为与该单位在银行预留签章一致的财务专用章或者公章加其法定代表人或者其授权的代理人的签名或者盖章;出票人为个人的,为与该个人在银行预留签章一致的签名或者盖章。

第四十一条 银行汇票、银行本票的出票人以及银行承兑汇票的承兑人在票据上未加盖规定的专用章而加盖该银行的公章,支票的出票人在票据上未加盖与该单位在银行预留签章一致的财务专用章而加盖该出票人公章的,签章人应当承担票据责任。

第四十二条 依照票据法第九条以及《票据管理实施办法》的规定,票据金额的中文大写与数码不一致,或者票据载明的金额、出票日期或者签发日期、收款人名称更改,或者违反规定加盖银行部门印章代替专用章,付款人或者代理付款人对此类票据付款的,应当承担责任。

第四十三条 因更改银行汇票的实际结算金额引起纠纷而提起诉讼,当事人请求认定汇票效力的,人民法院应当认定该银行汇票无效。

第四十四条 空白授权票据的持票人行使票据权利时未对票据必须记载事项补充完全,因付款人或者代理付款人拒绝接收该票据而提起诉讼的,人民法院不予支持。

第四十五条 票据的背书人、承兑人、保证人在票据上的签章不符合票据法以及《票据管理实施办法》规定的,或者无民事行为能力人、限制民事行为能力人在票据上签章的,其签章无效,但不影响人民法院对票据上其他签章效力的认定。

七、票据背书

第四十六条 因票据质权人以质押票据再行背书质押或者背书转让引起纠纷而提起诉讼的,人民法院应当认定背书行为无效。

第四十七条 依照票据法第二十七条的规定,票据的出票人在票据上记载"不得转让"字样,票据持有人背书转让的,背书行为无效。背书转让后的受让人不得享有票据权利,票据的出票人、承兑人对受让人不承担票据责任。

第四十八条 依照票据法第二十七条和第三十条的规定,背书人未记载被背书人名称即将票据交付他人的,持票人在票据被背书人栏内记载自己的名称与背书人记载具有同等法律效力。

第四十九条 依照票据法第三十一条的规定,连续背书的第一背书人应当是在票据上记载的收款人,最后的票据持有人应当是最后一次背书的被背书人。

第五十条 依照票据法第三十四条和第三十五条的规定,背书人在票据上记载"不得转让""委托收款""质押"字样,其后手再背书转让、委托收款或者质押的,原背书人对后手的被背书人不承担票据责任,但不影响出票人、承兑人以及原背书人之前手的票据责任。

第五十一条 依照票据法第五十七条第二款的规定,贷款人恶意或者有重大过失从事票据质押贷款的,人民法院应当认定质押行为无效。

第五十二条 依照票据法第二十七条的规定,出票人在票据上记载"不得转让"字样,其后手以此票据进行贴现、质押的,通过贴现、质押取得票据的持票人主张票据权利的,人民法院不予支持。

第五十三条 依照票据法第三十四条和第三十五条的规定,背书人在票据上记载"不得转让"字样,其后手以此票据进行贴现、质押的,原背书人对后手的被背书人不承担票据责任。

第五十四条 依照票据法第三十五条第二款的规定,以汇票设定质押时,出质人在汇票上只记载了"质押"字样未在票据上签章的,或者出质人未在汇票、粘单上记载"质押"字样而另行签订质押合同、质押条款的,不构成票据质押。

第五十五条 商业汇票的持票人向其非开户银行申请贴现,与向自己开立存款账户的银行申请贴现具有同等法律效力。但是,持票人有恶意或者与贴现银行恶意串通的除外。

第五十六条 违反规定区域出票,背书转让银行汇票,或者违反票据管理规定跨越票据交换区域出票、背书转让银行本票、支票的,不影响出票人、背书人依法应当承担的票据责任。

第五十七条 依照票据法第三十六条的规定,票据被拒绝承兑、被拒绝付款或者超过提示付款期限,票据持有人背书转让的,背书人应当承担票据责任。

第五十八条 承兑人或者付款人依照票据法第五十三条第二款的规定对逾期提示付款的持票人付款与按照规定的期限付款具有同等法律效力。

八、票据保证

第五十九条 国家机关、以公益为目的的事业单位、社会团体作为票据保证人的,票据保证无效,但经国务院批准为使用外国政府或者国际经济组织贷款进行转贷,国家机关提供票据保证的除外。

第六十条 票据保证无效的,票据的保证人应当承担与其过错相应的民事责任。

第六十一条 保证人未在票据或者粘单上记载"保证"字样而另行签订保证合同或者保证条款的,不属于票据保证,人民法院应当适用《中华人民共和国民法典》的有关规定。

九、法律适用

第六十二条 人民法院审理票据纠纷案件,适用票据法的规定;票据法没有规定的,适用《中华人民共和国民法典》等法律以及国务院制定的行政法规。

中国人民银行制定并公布施行的有关行政规章与法律、行政法规不抵触的,可以参照适用。

第六十三条 票据当事人因对金融行政管理部门的具体行政行为不服提起诉讼的,适用《中华人民共和国行政处罚法》、票据法以及《票据管理实施办法》等有关票据管理的规定。

中国人民银行制定并公布施行的有关行政规章与法律、行政法规不抵触的,可以参照适用。

第六十四条 人民法院对票据法施行以前已经作出终审裁决的票据纠纷案件进行再审,不适用票据法。

十、法律责任

第六十五条 具有下列情形之一的票据,未经背书转让的,票据债务人不承担票据责任;已经背书转让的,票据无效不影响其他真实签章的效力:

(一)出票人签章不真实的;

(二)出票人为无民事行为能力人的;

(三)出票人为限制民事行为能力人的。

第六十六条 依照票据法第十四条、第一百零二条、第一百零三条的规定,伪造、变造票据者除应当依法承担刑事、行政责任外,给他人造成损失的,还应当承担民事赔偿责任。被伪造签章者不承担票据责任。

第六十七条 对票据未记载事项或者未完全记载事项作补充记载,补充事项超出授权范围的,出票人对补充后的票据应当承担票据责任。给他人造成损失的,出票人还应当承担相应的民事责任。

第六十八条 付款人或者代理付款人未能识别出伪造、变造的票据或者身份证件而错误付款,属于票据法第五十七条规定的"重大过失",给持票人造成损失的,应当依法承担民事责任。付款人或者代理付款人承担责任后有权向伪造者、变造者依法追偿。

持票人有过错的,也应当承担相应的民事责任。

第六十九条 付款人及其代理付款人有下列情形之一的,应当自行承担责任:

(一)未依照票据法第五十七条的规定对提示付款人的合法身份证明或者有效证件以及汇票背书的连续性履行审查义务而错误付款的;

(二)公示催告期间对公示催告的票据付款的;

(三)收到人民法院的止付通知后付款的;

(四)其他以恶意或者重大过失付款的。

第七十条 票据法第六十三条所称"其他有关证明"是指:

(一)人民法院出具的宣告承兑人、付款人失踪或者死亡的证明、法律文书;

(二)公安机关出具的承兑人、付款人逃匿或者下落不明的证明;

(三)医院或者有关单位出具的承兑人、付款人死亡的证明;

(四)公证机构出具的具有拒绝证明效力的文书。

承兑人自己作出并发布的表明其没有支付票款能力的公告,可以认定为拒绝证明。

第七十一条 当事人因申请票据保全错误而给他人造成损失的,应当依法承担民事责任。

第七十二条 因出票人签发空头支票、与其预留本名的签名式样或者印鉴不符的支票给他人造成损失的,支票的出票人和背书人应当依法承担民事责任。

第七十三条 人民法院在审理票据纠纷案件时,发现与本案有牵连但不属同一法律关系的票据欺诈犯罪嫌疑线索的,应当及时将犯罪嫌疑线索提供给有关公安机关,但票据纠纷案件不应因此而中止审理。

第七十四条 依据票据法第一百零四条的规定,由于金融机构工作人员在票据业务中玩忽职守,对违反票据法规定的票据予以承兑、付款、贴现或者保证,给当事人造成损失的,由该金融机构与直接责任人员依法承担连带责任。

第七十五条 依照票据法第一百零六条的规定,由于出票人制作票据,或者其他票据债务人未按照法定条件在票据上签章,给他人造成损失的,除应当按照所记载事项承担票据责任外,还应当承担相应的民事责任。

持票人明知或者应当知道前款情形而接受的,可以适当减轻出票人或者票据债务人的责任。

(十一) 破产改制

最高人民法院关于审理企业破产案件若干问题的规定

- 2002年7月18日最高人民法院审判委员会第1232次会议通过
- 2002年7月30日最高人民法院公告公布
- 自2002年9月1日起施行
- 法释〔2002〕23号

为正确适用《中华人民共和国企业破产法(试行)》(以下简称企业破产法)、《中华人民共和国民事诉讼法》(以下简称民事诉讼法),规范对企业破产案件的审理,结合人民法院审理企业破产案件的实际情况,特制定以下规定。

一、关于企业破产案件管辖

第一条 企业破产案件由债务人住所地人民法院管辖。债务人住所地指债务人的主要办事机构所在地。债务人无办事机构的,由其注册地人民法院管辖。

第二条 基层人民法院一般管辖县、县级市或者区的工商行政管理机关核准登记企业的破产案件;

中级人民法院一般管辖地区、地级市(含本级)以上的工商行政管理机关核准登记企业的破产案件;

纳入国家计划调整的企业破产案件,由中级人民法院管辖。

第三条 上级人民法院审理下级人民法院管辖的企业破产案件,或者将本院管辖的企业破产案件移交下级人民法院审理,以及下级人民法院需要将自己管辖的企业破产案件交由上级人民法院审理的,依照民事诉讼法第三十九条的规定办理;省、自治区、直辖市范围内因特殊情况需对个别企业破产案件的地域管辖作调整的,须经共同上级人民法院批准。

二、关于破产申请与受理

第四条 申请(被申请)破产的债务人应当具备法人资格,不具备法人资格的企业、个体工商户、合伙组织、农村承包经营户不具备破产主体资格。

第五条 国有企业向人民法院申请破产时,应当提交其上级主管部门同意其破产的文件;其他企业应当提供其开办人或者股东会议决定企业破产的文件。

第六条 债务人申请破产,应当向人民法院提交下列材料:

(一)书面破产申请;
(二)企业主体资格证明;
(三)企业法定代表人与主要负责人名单;
(四)企业职工情况和安置预案;
(五)企业亏损情况的书面说明,并附审计报告;
(六)企业至破产申请日的资产状况明细表,包括有形资产、无形资产和企业投资情况等;
(七)企业在金融机构开设账户的详细情况,包括开户审批材料、账号、资金等;
(八)企业债权情况表,列明企业的债务人名称、住所、债务数额、发生时间和催讨偿还情况;
(九)企业债务情况表,列明企业的债权人名称、住所、债权数额、发生时间;
(十)企业涉及的担保情况;
(十一)企业已发生的诉讼情况;
(十二)人民法院认为应当提交的其他材料。

第七条 债权人申请债务人破产,应当向人民法院提交下列材料:

(一)债权发生的事实与证据;
(二)债权性质、数额、有无担保,并附证据;
(三)债务人不能清偿到期债务的证据。

第八条 债权人申请债务人破产,人民法院可以通知债务人核对以下情况:

(一)债权的真实性;
(二)债权在债务人不能偿还的到期债务中所占的比例;
(三)债务人是否存在不能清偿到期债务的情况。

第九条 债权人申请债务人破产,债务人对债权人的债权提出异议,人民法院认为异议成立的,应当告知债权人先行提起民事诉讼。破产申请不予受理。

第十条 人民法院收到破产申请后,应当在7日内决定是否立案;破产申请人提交的材料需要更正、补充的,人民法院可以责令申请人限期更正、补充。按期更正、补充材料的,人民法院自收到更正补充材料之日起7日内决定是否立案;未按期更正、补充的,视为撤回申请。

人民法院决定受理企业破产案件的,应当制作案件受理通知书,并送达申请人和债务人。通知书作出时间为破产案件受理时间。

第十一条 在人民法院决定受理企业破产案件前,破产申请人可以请求撤回破产申请。

人民法院准许申请人撤回破产申请的,在撤回破产申请之前已经支出的费用由破产申请人承担。

第十二条 人民法院经审查发现有下列情况的，破产申请不予受理：

（一）债务人有隐匿、转移财产等行为，为了逃避债务而申请破产的；

（二）债权人借破产申请毁损债务人商业信誉，意图损害公平竞争的。

第十三条 人民法院对破产申请不予受理的，应当作出裁定。

破产申请人对不予受理破产申请的裁定不服的，可以在裁定送达之日起10日内向上一级人民法院提起上诉。

第十四条 人民法院受理企业破产案件后，发现不符合法律规定的受理条件或者有本规定第十二条所列情形的，应当裁定驳回破产申请。

人民法院受理债务人的破产申请后，发现债务人巨额财产下落不明且不能合理解释财产去向的，应当裁定驳回破产申请。

破产申请人对驳回破产申请的裁定不服的，可以在裁定送达之日起10日内向上一级人民法院提起上诉。

第十五条 人民法院决定受理企业破产案件后，应当组成合议庭，并在10日内完成下列工作：

（一）将合议庭组成人员情况书面通知破产申请人和被申请人，并在法院公告栏张贴企业破产受理公告。公告内容应当写明：破产申请受理时间、债务人名称、申报债权的期限、地点和逾期未申报债权的法律后果、第一次债权人会议召开的日期、地点；

（二）在债务人企业发布公告，要求保护好企业财产，不得擅自处理企业的账册、文书、资料、印章，不得隐匿、私分、转让、出售企业财产；

（三）通知债务人立即停止清偿债务，非经人民法院许可不得支付任何费用；

（四）通知债务人的开户银行停止债务人的结算活动，并不得扣划债务人款项抵扣债务。但经人民法院依法许可的除外。

第十六条 人民法院受理债权人提出的企业破产案件后，应当通知债务人在15日内向人民法院提交有关会计报表、债权债务清册、企业资产清册以及人民法院认为应当提交的资料。

第十七条 人民法院受理企业破产案件后，除应当按照企业破产法第九条的规定通知已知的债权人外，还应当于30日内在国家、地方有影响的报纸上刊登公告，公告内容同第十五条第（一）项的规定。

第十八条 人民法院受理企业破产案件后，除可以随即进行破产宣告成立清算组的外，在企业原管理组织不能正常履行管理职责的情况下，可以成立企业监管组。企业监管组成员从企业上级主管部门或者股东会议代表、企业原管理人员、主要债权人中产生，也可以聘请会计师、律师等中介机构参加。企业监管组主要负责处理以下事务：

（一）清点、保管企业财产；

（二）核查企业债权；

（三）为企业利益而进行的必要的经营活动；

（四）支付人民法院许可的必要支出；

（五）人民法院许可的其他工作。

企业监管组向人民法院负责，接受人民法院的指导、监督。

第十九条 人民法院受理企业破产案件后，以债务人为原告的其他民事纠纷案件尚在一审程序的，受诉人民法院应当将案件移送受理破产案件的人民法院；案件已进行到二审程序的，受诉人民法院应当继续审理。

第二十条 人民法院受理企业破产案件后，对债务人财产的其他民事执行程序应当中止。

以债务人为被告的其他债务纠纷案件，根据下列不同情况分别处理：

（一）已经审结但未执行完毕的，应当中止执行，由债权人凭生效的法律文书向受理破产案件的人民法院申报债权。

（二）尚未审结且无其他被告和无独立请求权的第三人的，应当中止诉讼，由债权人向受理破产案件的人民法院申报债权。在企业被宣告破产后，终结诉讼。

（三）尚未审结并有其他被告或者无独立请求权的第三人的，应当中止诉讼，由债权人向受理破产案件的人民法院申报债权。待破产程序终结后，恢复审理。

（四）债务人系从债务人的债务纠纷案件继续审理。

三、关于债权申报

第二十一条 债权人申报债权应当提交债权证明和合法有效的身份证明；代理申报人应当提交委托人的有效身份证明、授权委托书和债权证明。

申报的债权有财产担保的，应当提交证明财产担保的证据。

第二十二条 人民法院在登记申报的债权时，应当记明债权人名称、住所、开户银行、申报债权数额、申报债权的证据、财产担保情况、申报时间、联系方式以及其他必要的情况。

已经成立清算组的,由清算组进行上述债权登记工作。

第二十三条 连带债务人之一或者数人破产的,债权人可就全部债权向该债务人或者各债务人行使权利,申报债权。债权人未申报债权的,其他连带债务人可就将来可能承担的债务申报债权。

第二十四条 债权人虽未在法定期间申报债权,但有民事诉讼法第七十六条规定情形的,在破产财产分配前可向清算组申报债权。清算组负责审查其申报的债权,并由人民法院审查确定。债权人会议对人民法院同意该债权人参加破产财产分配有异议的,可以向人民法院申请复议。

四、关于破产和解与破产企业整顿

第二十五条 人民法院受理企业破产案件后,在破产程序终结前,债务人可以向人民法院申请和解。人民法院在破产案件审理过程中,可以根据债权人、债务人具体情况向双方提出和解建议。

人民法院作出破产宣告裁定前,债权人会议与债务人达成和解协议并经人民法院裁定认可的,由人民法院发布公告,中止破产程序。

人民法院作出破产宣告裁定后,债权人会议与债务人达成和解协议并经人民法院裁定认可,由人民法院裁定中止执行破产宣告裁定,并公告中止破产程序。

第二十六条 债务人不按和解协议规定的内容清偿全部债务的,相关债权人可以申请人民法院强制执行。

第二十七条 债务人不履行或者不能履行和解协议的,经债权人申请,人民法院应当裁定恢复破产程序。和解协议系在破产宣告前达成的,人民法院应当在裁定恢复破产程序的同时裁定宣告债务人破产。

第二十八条 企业由债权人申请破产的,如被申请破产的企业系国有企业,依照企业破产法第四章的规定,其上级主管部门可以申请对该企业进行整顿。整顿申请应当在债务人被宣告破产前提出。

企业无上级主管部门的,企业股东会议可以通过决议并以股东会议名义申请对企业进行整顿。整顿工作由股东会议指定人员负责。

第二十九条 企业整顿期间,企业的上级主管部门或者负责实施整顿方案的人员应当定期向债权人会议和人民法院报告整顿情况、和解协议执行情况。

第三十条 企业整顿期间,对于债务人财产的执行仍适用企业破产法第十一条的规定。

五、关于破产宣告

第三十一条 企业破产法第三条第一款规定的"不能清偿到期债务"是指:

(一)债务的履行期限已届满;

(二)债务人明显缺乏清偿债务的能力。

债务人停止清偿到期债务并呈连续状态,如无相反证据,可推定为"不能清偿到期债务"。

第三十二条 人民法院受理债务人破产案件后,有下列情形之一的,应当裁定宣告债务人破产:

(一)债务人不能清偿债务且与债权人不能达成和解协议的;

(二)债务人不履行或者不能履行和解协议的;

(三)债务人在整顿期间有企业破产法第二十一条规定情形的;

(四)债务人在整顿期满后有企业破产法第二十二条第二款规定情形的。

宣告债务人破产应当公开进行。由债权人提出破产申请的,破产宣告时应当通知债务人到庭。

第三十三条 债务人自破产宣告之日起停止生产经营活动。为债权人利益确有必要继续生产经营的,须经人民法院许可。

第三十四条 人民法院宣告债务人破产后,应当通知债务人的开户银行,限定其银行账户只能由清算组使用。人民法院通知开户银行时应当附破产宣告裁定书。

第三十五条 人民法院裁定宣告债务人破产后应当发布公告,公告内容包括债务人亏损情况、资产负债状况、破产宣告时间、破产宣告理由和法律依据以及对债务人的财产、账册、文书、资料和印章的保护等内容。

第三十六条 破产宣告后,破产企业的财产在其他民事诉讼程序中被查封、扣押、冻结的,受理破产案件的人民法院应当立即通知采取查封、扣押、冻结措施的人民法院予以解除,并向受理破产案件的人民法院办理移交手续。

第三十七条 企业被宣告破产后,人民法院应当指定必要的留守人员。破产企业的法定代表人、财会、财产保管人员必须留守。

第三十八条 破产宣告后,债权人或者债务人对破产宣告有异议的,可以在人民法院宣告企业破产之日起10日内,向上一级人民法院申诉。上一级人民法院应当组成合议庭进行审理,并在30日内作出裁定。

六、关于债权人会议

第三十九条 债权人会议由申报债权的债权人组成。

债权人会议主席由人民法院在有表决权的债权人中指定。必要时,人民法院可以指定多名债权人会议主席,成立债权人会议主席委员会。

少数债权人拒绝参加债权人会议,不影响会议的召开。但债权人会议不得作出剥夺其对破产财产受偿的机会或者不利于其受偿的决议。

第四十条 第一次债权人会议应当在人民法院受理破产案件公告3个月期满后召开。除债务人的财产不足以支付破产费用,破产程序提前终结外,不得以一般债权的清偿率为零为理由取消债权人会议。

第四十一条 第一次债权人会议由人民法院召集并主持。人民法院除完成本规定第十七条确定的工作外,还应当做好以下准备工作:

(一)拟订第一次债权人会议议程;

(二)向债务人的法定代表人或者负责人发出通知,要求其必须到会;

(三)向债务人的上级主管部门、开办人或者股东会议代表发出通知,要求其派员列席会议;

(四)通知破产清算组成员列席会议;

(五)通知审计、评估人员参加会议;

(六)需要提前准备的其他工作。

第四十二条 债权人会议一般包括以下内容:

(一)宣布债权人会议职权和其他有关事项;

(二)宣布债权人资格审查结果;

(三)指定并宣布债权人会议主席;

(四)安排债务人法定代表人或者负责人接受债权人询问;

(五)由清算组通报债务人的生产经营、财产、债务情况并作清算工作报告和提出财产处理方案及分配方案;

(六)讨论并审查债权的证明材料、债权的财产担保情况及数额、讨论通过和解协议、审阅清算组的清算报告、讨论通过破产财产的处理方案与分配方案等。讨论内容应当记明笔录。债权人对人民法院或者清算组登记的债权提出异议的,人民法院应当及时审查并作出裁定;

(七)根据讨论情况,依照企业破产法第十六条的规定进行表决。

以上第(五)至(七)项议程内的工作在本次债权人会议上无法完成的,交由下次债权人会议继续进行。

第四十三条 债权人认为债权人会议决议违反法律规定或者侵害其合法权益的,可以在债权人会议作出决议后7日内向人民法院提出,由人民法院依法裁定。

第四十四条 清算组财产分配方案经债权人会议两次讨论未获通过的,由人民法院依法裁定。

对前款裁定,占无财产担保债权总额半数以上债权的债权人有异议的,可以在人民法院作出裁定之日起10日内向上一级人民法院申诉。上一级人民法院应当组成合议庭进行审理,并在30日内作出裁定。

第四十五条 债权人可以委托代理人出席债权人会议,并可以授权代理人行使表决权。代理人应当向人民法院或者债权人会议主席提交授权委托书。

第四十六条 第一次债权人会议后又召开债权人会议的,债权人会议主席应当在发出会议通知前3日报告人民法院,并由会议召集人在开会前15日将会议时间、地点、内容、目的等事项通知债权人。

七、关于清算组

第四十七条 人民法院应当自裁定宣告企业破产之日起15日内成立清算组。

第四十八条 清算组成员可以从破产企业上级主管部门、清算中介机构以及会计、律师中产生,也可以从政府财政、工商管理、计委、经委、审计、税务、物价、劳动、社会保险、土地管理、国有资产管理、人事等部门中指定。人民银行分(支)行可以按照有关规定派人参加清算组。

第四十九条 清算组经人民法院同意可以聘请破产清算机构、律师事务所、会计事务所等中介机构承担一定的破产清算工作。中介机构就清算工作向清算组负责。

第五十条 清算组的主要职责是:

(一)接管破产企业。向破产企业原法定代表人及留守人员接收原登记造册的资产明细表、有形资产清册,接管所有财产、账册、文书档案、印章、证照和有关资料。破产宣告前成立企业监管组的,由企业监管组和企业原法定代表人向清算组进行移交;

(二)清理破产企业财产,编制财产明细表和资产负债表,编制债权债务清册,组织破产财产的评估、拍卖、变现;

(三)回收破产企业的财产,向破产企业的债务人、财产持有人依法行使财产权利;

(四)管理、处分破产财产,决定是否履行合同和在清算范围内进行经营活动。确认别除权、抵销权、取回权;

(五)进行破产财产的委托评估、拍卖及其他变现工作;

(六)依法提出并执行破产财产处理和分配方案;

(七)提交清算报告;

(八)代表破产企业参加诉讼和仲裁活动;

（九）办理企业注销登记等破产终结事宜；

（十）完成人民法院依法指定的其他事项。

第五十一条　清算组对人民法院负责并且报告工作，接受人民法院的监督。人民法院应当及时指导清算组的工作，明确清算组的职权与责任，帮助清算组拟订工作计划，听取清算组汇报工作。

清算组有损害债权人利益的行为或者其他违法行为的，人民法院可以根据债权人的申请或者依职权予以纠正。

人民法院可以根据债权人的申请或者依职权更换不称职的清算组成员。

第五十二条　清算组应当列席债权人会议，接受债权人会议的询问。债权人有权查阅有关资料、询问有关事项；清算组的决定违背债权人利益的，债权人可以申请人民法院裁定撤销该决定。

第五十三条　清算组对破产财产应当及时登记、清理、审计、评估、变价。必要时，可以请求人民法院对破产企业财产进行保全。

第五十四条　清算组应当采取有效措施保护破产企业的财产。债务人的财产权利如不依法登记或者及时行使将丧失权利的，应当及时予以登记或者行使；对易损、易腐、跌价或者保管费用较高的财产应当及时变卖。

八、关于破产债权

第五十五条　下列债权属于破产债权：

（一）破产宣告前发生的无财产担保的债权；

（二）破产宣告前发生的虽有财产担保但是债权人放弃优先受偿的债权；

（三）破产宣告前发生的虽有财产担保但是债权数额超过担保物价值部分的债权；

（四）票据出票人被宣告破产，付款人或者承兑人不知其事实而向持票人付款或者承兑所产生的债权；

（五）清算组解除合同，对方当事人依法或者依照合同约定产生的对债务人可以用货币计算的债权；

（六）债务人的受托人在债务人破产后，为债务人的利益处理委托事务所发生的债权；

（七）债务人发行债券形成的债权；

（八）债务人的保证人代替债务人清偿债务后依法可以向债务人追偿的债权；

（九）债务人的保证人按照《中华人民共和国担保法》第三十二条的规定预先行使追偿权而申报的债权；

（十）债务人为保证人的，在破产宣告前已经被生效的法律文书确定承担的保证责任；

（十一）债务人在破产宣告前因侵权、违约给他人造成财产损失而产生的赔偿责任；

（十二）人民法院认可的其他债权。以上第（五）项债权以实际损失为计算原则。违约金不作为破产债权，定金不再适用定金罚则。

第五十六条　因企业破产解除劳动合同，劳动者依法或者依据劳动合同对企业享有的补偿金请求权，参照企业破产法第三十七条第二款第（一）项规定的顺序清偿。

第五十七条　债务人所欠非正式职工（含短期劳动工）的劳动报酬，参照企业破产法第三十七条第二款第（一）项规定的顺序清偿。

第五十八条　债务人所欠企业职工集资款，参照企业破产法第三十七条第二款第（一）项规定的顺序清偿。但对违反法律规定的高额利息部分不予保护。

职工向企业的投资，不属于破产债权。

第五十九条　债务人退出联营应当对该联营企业的债务承担责任的，联营企业的债权人对该债务人享有的债权属于破产债权。

第六十条　与债务人互负债权债务的债权人可以向清算组请求行使抵销权，抵销权的行使应当具备以下条件：

（一）债权人的债权已经得到确认；

（二）主张抵销的债权债务均发生在破产宣告之前。

经确认的破产债权可以转让。受让人以受让的债权抵销其所欠债务人债务的，人民法院不予支持。

第六十一条　下列债权不属于破产债权：

（一）行政、司法机关对破产企业的罚款、罚金以及其他有关费用；

（二）人民法院受理破产案件后债务人未支付应付款项的滞纳金，包括债务人未执行生效法律文书应当倍支付的迟延利息和劳动保险金的滞纳金；

（三）破产宣告后的债务利息；

（四）债权人参加破产程序所支出的费用；

（五）破产企业的股权、股票持有人在股权、股票上的权利；

（六）破产财产分配开始后向清算组申报的债权；

（七）超过诉讼时效的债权；

（八）债务人开办单位对债务人未收取的管理费、承包费。

上述不属于破产债权的权利，人民法院或者清算组也应当对当事人的申报进行登记。

第六十二条　政府无偿拨付给债务人的资金不属于破产债权。但财政、扶贫、科技管理等行政部门通过签订合同,按有偿使用、定期归还原则发放的款项,可以作为破产债权。

第六十三条　债权人对清算组确认或者否认的债权有异议的,可以向清算组提出。债权人对清算组的处理仍有异议的,可以向人民法院提出。人民法院应当在查明事实的基础上依法作出裁决。

九、关于破产财产

第六十四条　破产财产由下列财产构成:
(一) 债务人在破产宣告时所有的或者经营管理的全部财产;
(二) 债务人在破产宣告后至破产程序终结前取得的财产;
(三) 应当由债务人行使的其他财产权利。

第六十五条　债务人与他人共有的物、债权、知识产权等财产或者财产权,应当在破产清算中予以分割,债务人分割所得属于破产财产;不能分割的,应当就其应得部分转让,转让所得属于破产财产。

第六十六条　债务人的开办人注册资金投入不足的,应当由该开办人予以补足,补足部分属于破产财产。

第六十七条　企业破产前受让他人财产并依法取得所有权或者土地使用权的,即便未支付或者未完全支付对价,该财产仍属于破产财产。

第六十八条　债务人的财产被采取民事诉讼执行措施的,在受理破产案件后尚未执行的或者未执行完毕的剩余部分,在该企业被宣告破产后列入破产财产。因错误执行应当执行回转的财产,在执行回转后列入破产财产。

第六十九条　债务人依照法律规定取得代位求偿权的,依该代位求偿权享有的债权属于破产财产。

第七十条　债务人在被宣告破产时未到期的债权视为已到期,属于破产财产,但应当减去未到期的利息。

第七十一条　下列财产不属于破产财产:
(一) 债务人基于仓储、保管、加工承揽、委托交易、代销、借用、寄存、租赁等法律关系占有、使用的他人财产;
(二) 抵押物、留置物、出质物,但权利人放弃优先受偿权的或者优先偿付被担保债权剩余的部分除外;
(三) 担保物灭失后产生的保险金、补偿金、赔偿金等代位物;
(四) 依照法律规定存在优先权的财产,但权利人放弃优先受偿权或者优先偿付特定债权剩余的部分除外;
(五) 特定物买卖中,尚未转移占有但相对人已完全支付对价的特定物;
(六) 尚未办理产权证或者产权过户手续但已向买方交付的财产;
(七) 债务人在所有权保留买卖中尚未取得所有权的财产;
(八) 所有权专属于国家且不得转让的财产;
(九) 破产企业工会所有的财产。

第七十二条　本规定第七十一条第(一)项所列的财产,财产权利人有权取回。
前款财产在破产宣告前已经毁损灭失的,财产权利人仅能以直接损失额为限申报债权;在破产宣告后因清算组的责任毁损灭失的,财产权利人有权获得等值赔偿。
债务人转让上述财产获利的,财产权利人有权要求债务人等值赔偿。

十、关于破产财产的收回、处理和变现

第七十三条　清算组应当向破产企业的债务人和财产持有人发出书面通知,要求债务人和财产持有人于限定的时间向清算组清偿债务或者交付财产。
破产企业的债务人和财产持有人有异议的,应当在收到通知后的7日内提出,由人民法院作出裁定。
破产企业的债务人和财产持有人在收到通知后既不向清算组清偿债务或者交付财产,又没有正当理由不在规定的异议期内提出异议的,由清算组向人民法院提出申请,经人民法院裁定后强制执行。
破产企业在境外的财产,由清算组予以收回。

第七十四条　债务人享有的债权,其诉讼时效自人民法院受理债务人的破产申请之日起,适用《中华人民共和国民法通则》第一百四十条关于诉讼时效中断的规定。债务人与债权人达成和解协议,中止破产程序的,诉讼时效自人民法院中止破产程序裁定之日重新计算。

第七十五条　经人民法院同意,清算组可以聘用律师或者其他中介机构的人员追收债权。

第七十六条　债务人设立的分支机构和没有法人资格的全资机构的财产,应当一并纳入破产程序进行清理。

第七十七条　债务人在其开办的全资企业中的投资权益应当予以追收。
全资企业资不抵债的,清算组停止追收。

第七十八条　债务人对外投资形成的股权及其收益应当予以追收。对该股权可以出售或者转让,出售、转让所得列入破产财产进行分配。
股权价值为负值的,清算组停止追收。

第七十九条　债务人开办的全资企业,以及由其参股、控股的企业不能清偿到期债务,需要进行破产还债的,应当另行提出破产申请。

第八十条　清算组处理集体所有土地使用权时,应当遵守相关法律规定。未办理土地征用手续的集体所有土地使用权,应当在该集体范围内转让。

第八十一条　破产企业的职工住房,已经签订合同、交付房款,进行房改给个人的,不属于破产财产。未进行房改的,可由清算组向有关部门申请办理房改事项,向职工出售。按照国家规定不具备房改条件,或者职工在房改中不购买住房的,由清算组根据实际情况处理。

第八十二条　债务人的幼儿园、学校、医院等公益福利性设施,按国家有关规定处理,不作为破产财产分配。

第八十三条　处理破产财产前,可以确定有相应评估资质的评估机构对破产财产进行评估,债权人会议、清算组对破产财产的评估结论、评估费用有异议的,参照最高人民法院《关于民事诉讼证据的若干规定》第二十七条的规定处理。

第八十四条　债权人会议对破产财产的市场价格无异议的,经人民法院同意后,可以不进行评估。但是国有资产除外。

第八十五条　破产财产的变现应当以拍卖方式进行。由清算组负责委托有拍卖资格的拍卖机构进行拍卖。依法不得拍卖或者拍卖所得不足以支付拍卖所需费用的,不进行拍卖。

前款不进行拍卖或者拍卖不成的破产财产,可以在破产分配时进行实物分配或者作价变卖。债权人对清算组在实物分配或者作价变卖中对破产财产的估价有异议的,可以请求人民法院进行审查。

第八十六条　破产财产中的成套设备,一般应当整体出售。

第八十七条　依法属于限制流通的破产财产,应当由国家指定的部门收购或者按照有关法律规定处理。

十一、关于破产费用

第八十八条　破产费用包括:
(一)破产财产的管理、变卖、分配所需要的费用;
(二)破产案件的受理费;
(三)债权人会议费用;
(四)催收债务所需费用;
(五)为债权人的共同利益而在破产程序中支付的其他费用。

第八十九条　人民法院受理企业破产案件可以按照《人民法院诉讼收费办法补充规定》预收案件受理费。

破产宣告前发生的经人民法院认可的必要支出,从债务人财产中拨付。债务人财产不足以支付的,如系债权人申请破产的,由债权人支付。

第九十条　清算期间职工生活费、医疗费可以从破产财产中优先拨付。

第九十一条　破产费用可随时支付,破产财产不足以支付破产费用的,人民法院根据清算组的申请裁定终结破产程序。

十二、关于破产财产的分配

第九十二条　破产财产分配方案经债权人会议通过后,由清算组负责执行。财产分配可以一次分配,也可以多次分配。

第九十三条　破产财产分配方案应当包括以下内容:
(一)可供破产分配的财产种类、总值,已经变现的财产和未变现的财产;
(二)债权清偿顺序、各顺序的种类与数额,包括破产企业所欠职工工资、劳动保险费用和破产企业所欠税款的数额和计算依据,纳入国家计划调整的企业破产,还应当说明职工安置费的数额和计算依据;
(三)破产债权总额和清偿比例;
(四)破产分配的方式、时间;
(五)对将来能够追回的财产拟进行追加分配的说明。

第九十四条　列入破产财产的债权,可以进行债权分配。债权分配以便于债权人实现债权为原则。

将人民法院已经确认的债权分配给债权人的,由清算组向债权人出具债权分配书,债权人可以凭债权分配书向债务人要求履行。债务人拒不履行的,债权人可以申请人民法院强制执行。

第九十五条　债权人未在指定期限内领取分配的财产的,对该财产可以进行提存或者变卖后提存价款,并由清算组向债权人发出催领通知书。债权人在收到催领通知书一个月后或者在清算组发出催领通知书两个月后,债权人仍未领取的,清算组应当对该部分财产进行追加分配。

十三、关于破产终结

第九十六条　破产财产分配完毕,由清算组向人民法院报告分配情况,并申请人民法院终结破产程序。

人民法院在收到清算组的报告和终结破产程序申请

后,认为符合破产程序终结规定的,应当在7日内裁定终结破产程序。

第九十七条 破产程序终结后,由清算组向破产企业原登记机关办理企业注销登记。

破产程序终结后仍有可以追收的破产财产、追加分配等善后事宜需要处理的,经人民法院同意,可以保留清算组或者保留部分清算组成员。

第九十八条 破产程序终结后出现可供分配的财产的,应当追加分配。追加分配的财产,除企业破产法第四十条规定的由人民法院追回的财产外,还包括破产程序中因纠正错误支出收回的款项,因权利被承认追回的财产,债权人放弃的财产和破产程序终结后实现的财产权利等。

第九十九条 破产程序终结后,破产企业的账册、文书等卷宗材料由清算组移交破产企业上级主管机关保存;无上级主管机关的,由破产企业的开办人或者股东保存。

十四、其 他

第一百条 人民法院在审理企业破产案件中,发现破产企业的原法定代表人或者直接责任人员有企业破产法第三十五条所列行为的,应当向有关部门建议,对该法定代表人或者直接责任人员给予行政处分;涉嫌犯罪的,应当将有关材料移送相关国家机关处理。

第一百零一条 破产企业有企业破产法第三十五条所列行为,致使企业财产无法收回,造成实际损失的,清算组可以对破产企业的原法定代表人、直接责任人员提起民事诉讼,要求其承担民事赔偿责任。

第一百零二条 人民法院受理企业破产案件后,发现企业有巨额财产下落不明的,应当将有关涉嫌犯罪的情况和材料,移送相关国家机关处理。

第一百零三条 人民法院可以建议有关部门对破产企业的主要责任人员限制其再行开办企业,在法定期限内禁止其担任公司的董事、监事、经理。

第一百零四条 最高人民法院发现各级人民法院,或者上级人民法院发现下级人民法院在破产程序中作出的裁定确有错误的,应当通知其纠正;不予纠正的,可以裁定指令下级人民法院重新作出裁定。

第一百零五条 纳入国家计划调整的企业破产案件,除适用本规定外,还应适用国家有关企业破产的相关规定。

第一百零六条 本规定自2002年9月1日起施行。在本规定发布前制定的有关审理企业破产案件的司法解释,与本规定相抵触的,不再适用。

最高人民法院关于对《最高人民法院关于审理企业破产案件若干问题的规定》第五十六条理解的答复

· 2003年9月9日
· 法函〔2003〕46号

劳动和社会保障部:

你部2002年12月15日对我院《关于审理企业破产案件若干问题的规定》(以下简称《规定》)第五十六条执行中的有关问题征求意见的函收悉,经研究,答复如下:

一、《规定》第五十六条不适用于纳入国家计划调整的企业破产案件,该类企业破产案件适用国务院国发〔1994〕59号《关于在若干城市试行国有企业破产有关问题的通知》和国发〔1997〕10号《关于在若干城市试行国有企业兼并破产和职工再就业有关问题的补充通知》的有关规定。在根据相关规定向破产企业职工发放安置费、经济补偿金后,不再就解除劳动合同补偿金予以补偿。

二、《规定》第五十六条中"依法或者依据劳动合同"的含义是:第一,补偿金的数额应当依据劳动合同的约定,劳动合同中没有约定的,则应依照法律、法规、参照部门规章的相关规定予以补偿。第二,如果劳动合同约定的补偿金或者根据有关规定确定的补偿金额过低或者过高,清算组可以根据有关规定进行调整。调整的标准,应当以破产企业正常生产经营状况下职工十二个月的月平均工资为基数计算补偿金额。第三,清算组调整后,企业的工会、职工个人认为补偿金仍然过低的,可以向受理破产案件的人民法院提出变更申请;债权人会议对清算组确定的职工补偿金有异议的,按《规定》第四十四条规定的程序进行。

此复。

最高人民法院对《关于审理企业破产案件若干问题的规定》第三十八条、第四十四条第二款的理解与适用的请示的答复

· 2004年2月3日
· 〔2003〕民二他字第64号

湖北省高级人民法院:

你院鄂高法〔2003〕389号请示收悉。我庭研究认为,《关于审理企业破产案件若干问题的规定》(以下简称《规定》)第三十八条和第四十四条第二款规定的申诉程序,是最高法院在法律没有具体规定时,根据法律的精神和现实的需要,探索如何完善上级法院对下级法院审

理企业破产案件进行审判监督的具体体现。鉴于此种申诉程序尚在探索阶段，我庭谨提供如下意见供参考：

一、人民法院作出破产宣告裁定依法应当进行公告，鉴于破产宣告裁定对破产程序当事人影响较大，也仅要求在人民法院公告栏进行公告，因此人民法院在破产宣告裁定作出当日即应当进行公告，公告之日即裁定之日。《规定》第三十八条规定债权人或债务人向上级法院进行申诉的申诉期自裁定之日起算，也即从公告之日起算。如人民法院在裁定之日未作公告，而在裁定日后公告的，可酌情考虑自公告之日起算当事人的申诉期。

二、破产案件分配方案经债权人会议两次讨论未通过的，人民法院可以依法作出裁定。由于债权人会议系债权人自治组织，根据破产法的规定享有审查、通过破产财产分配方案的权力，因此，人民法院在债权人会议未通过破产财产分配方案时如以裁定形式通过方案，性质上属于司法对债权人意思自治的干预，因此，人民法院不仅在裁定中要说明裁定的理由，而且应当在债权人会议期间作出裁定并向参加会议的全体债权人宣读，使债权人及时知悉自身权利状态。《规定》第四十四条第二款规定债权人就该裁定向上级法院申诉的期间起算自裁定之日，也即起算自人民法院向参加会议的全体债权人宣读裁定之日。由于人民法院通过破产财产分配方案的裁定无需公告，也无需送达债权人（债权人人数众多时也无法送达），因此，在债权人会议期间宣读裁定应当是必要的。

司法实践中，有的法院不在债权人会议期间进行裁定，而是在债权人会议后通过书面审理进行，并且裁定后也不送达，确实存在不利于债权人维护自身权利的情况。对于此种情况如何进行救济尚有待探索，但从程序上要求人民法院在债权人会议期间作出裁定并向参加会议的全体债权人宣读裁定，是避免出现上述情况的重要保证，各级人民法院应当予以充分重视。

此复

最高人民法院关于审理企业破产案件确定管理人报酬的规定

- 2007年4月4日最高人民法院审判委员会第1422次会议通过
- 2007年4月12日最高人民法院公告公布
- 自2007年6月1日起施行
- 法释〔2007〕9号

为公正、高效审理企业破产案件，规范人民法院确定管理人报酬工作，根据《中华人民共和国企业破产法》的规定，制定本规定。

第一条 管理人履行企业破产法第二十五条规定的职责，有权获得相应报酬。

管理人报酬由审理企业破产案件的人民法院依据本规定确定。

第二条 人民法院应根据债务人最终清偿的财产价值总额，在以下比例限制范围内分段确定管理人报酬：

（一）不超过一百万元（含本数，下同）的，在12%以下确定；

（二）超过一百万元至五百万元的部分，在10%以下确定；

（三）超过五百万元至一千万元的部分，在8%以下确定；

（四）超过一千万元至五千万元的部分，在6%以下确定；

（五）超过五千万元至一亿元的部分，在3%以下确定；

（六）超过一亿元至五亿元的部分，在1%以下确定；

（七）超过五亿元的部分，在0.5%以下确定。

担保权人优先受偿的担保物价值，不计入前款规定的财产价值总额。

高级人民法院认为有必要的，可以参照上述比例在30%的浮动范围内制定符合当地实际情况的管理人报酬比例限制范围，并通过当地有影响的媒体公告，同时报最高人民法院备案。

第三条 人民法院可以根据破产案件的实际情况，确定管理人分期或者最后一次性收取报酬。

第四条 人民法院受理企业破产申请后，应当对债务人可供清偿的财产价值和管理人的工作量作出预测，初步确定管理人报酬方案。管理人报酬方案应当包括管理人报酬比例和收取时间。

第五条 人民法院采取公开竞争方式指定管理人的，可以根据社会中介机构提出的报价确定管理人报酬方案，但报酬比例不得超出本规定第二条规定的限制范围。

上述报酬方案一般不予调整，但债权人会议异议成立的除外。

第六条 人民法院应当自确定管理人报酬方案之日起三日内，书面通知管理人。

管理人应当在第一次债权人会议上报告管理人报酬方案内容。

第七条 管理人、债权人会议对管理人报酬方案有意见的，可以进行协商。双方就调整管理人报酬方案内容协商一致的,管理人应向人民法院书面提出具体的请求和理由,并附相应的债权人会议决议。

人民法院经审查认为上述请求和理由不违反法律和行政法规强制性规定,且不损害他人合法权益的,应当按照双方协商的结果调整管理人报酬方案。

第八条 人民法院确定管理人报酬方案后,可以根据破产案件和管理人履行职责的实际情况进行调整。

人民法院应当自调整管理人报酬方案之日起三日内,书面通知管理人。管理人应当自收到上述通知之日起三日内,向债权人委员会或者债权人会议主席报告管理人报酬方案调整内容。

第九条 人民法院确定或者调整管理人报酬方案时,应当考虑以下因素:

(一)破产案件的复杂性;
(二)管理人的勤勉程度;
(三)管理人为重整、和解工作做出的实际贡献;
(四)管理人承担的风险和责任;
(五)债务人住所地居民可支配收入与物价水平;
(六)其他影响管理人报酬的情况。

第十条 最终确定的管理人报酬及收取情况,应列入破产财产分配方案。在和解、重整程序中,管理人报酬方案内容应列入和解协议草案或重整计划草案。

第十一条 管理人收取报酬,应当向人民法院提出书面申请。申请书应当包括以下内容:

(一)可供支付报酬的债务人财产情况;
(二)申请收取报酬的时间和数额;
(三)管理人履行职责的情况。

人民法院应当自收到上述申请书之日起十日内,确定支付管理人的报酬数额。

第十二条 管理人报酬从债务人财产中优先支付。

债务人财产不足以支付管理人报酬和管理人执行职务费用的,管理人应提请人民法院终结破产程序。但债权人、管理人、债务人的出资人或者其他利害关系人愿意垫付上述报酬和费用的,破产程序可以继续进行。

上述垫付款项作为破产费用从债务人财产中向垫付人随时清偿。

第十三条 管理人对担保物的维护、变现、交付等管理工作付出合理劳动的,有权向担保权人收取适当的报酬。管理人与担保权人就上述报酬数额不能协商一致的,人民法院应当参照本规定第二条规定的方法确定,但报酬比例不得超出该条规定限制范围的10%。

第十四条 律师事务所、会计师事务所通过聘请本专业的其他社会中介机构或者人员协助履行管理人职责的,所需费用从其报酬中支付。

破产清算事务所通过聘请其他社会中介机构或者人员协助履行管理人职责的,所需费用从其报酬中支付。

第十五条 清算组中有关政府部门派出的工作人员参与工作的不收取报酬。其他机构或人员的报酬根据其履行职责的情况确定。

第十六条 管理人发生更换的,人民法院应当分别确定更换前后的管理人报酬。其报酬比例总和不得超出本规定第二条规定的限制范围。

第十七条 债权人会议对管理人报酬有异议的,应当向人民法院书面提出具体的请求和理由。异议书应当附有相应的债权人会议决议。

第十八条 人民法院应当自收到债权人会议异议书之日起三日内通知管理人。管理人应当自收到通知之日起三日内作出书面说明。

人民法院认为有必要的,可以举行听证会,听取当事人意见。

人民法院应当自收到债权人会议异议书之日起十日内,就是否调整管理人报酬问题书面通知管理人、债权人委员会或者债权人会议主席。

最高人民法院关于审理企业破产案件指定管理人的规定

· 2007年4月4日最高人民法院审判委员会第1422次会议通过
· 2007年4月12日最高人民法院公告公布
· 自2007年6月1日起施行
· 法释〔2007〕8号

为公平、公正审理企业破产案件,保证破产审判工作依法顺利进行,促进管理人制度的完善和发展,根据《中华人民共和国企业破产法》的规定,制定本规定。

一、管理人名册的编制

第一条 人民法院审理企业破产案件应当指定管理人。除企业破产法和本规定另有规定外,管理人应当从管理人名册中指定。

第二条 高级人民法院应当根据本辖区律师事务所、会计师事务所、破产清算事务所等社会中介机构及专职从业人员数量和企业破产案件数量,确定由本院或者所辖中级人民法院编制管理人名册。

人民法院应当分别编制社会中介机构管理人名册和

个人管理人名册。由直辖市以外的高级人民法院编制的管理人名册中,应当注明社会中介机构和个人所属中级人民法院辖区。

第三条 符合企业破产法规定条件的社会中介机构及其具备相关专业知识并取得执业资格的人员,均可申请编入管理人名册。已被编入机构管理人名册的社会中介机构中,具备相关专业知识并取得执业资格的人员,可以申请编入个人管理人名册。

第四条 社会中介机构及个人申请编入管理人名册的,应当向所在地区编制管理人名册的人民法院提出,由该人民法院予以审定。

人民法院不受理异地申请,但异地社会中介机构在本辖区内设立的分支机构提出申请的除外。

第五条 人民法院应当通过本辖区有影响的媒体就编制管理人名册的有关事项进行公告。公告应当包括以下内容:

(一)管理人申报条件;
(二)应当提交的材料;
(三)评定标准、程序;
(四)管理人的职责以及相应的法律责任;
(五)提交申报材料的截止时间;
(六)人民法院认为应当公告的其他事项。

第六条 律师事务所、会计师事务所申请编入管理人名册的,应当提供下列材料:

(一)执业证书、依法批准设立文件或者营业执照;
(二)章程;
(三)本单位专职从业人员名单及其执业资格证书复印件;
(四)业务和业绩材料;
(五)行业自律组织对所提供材料真实性以及有无被行政处罚或者纪律处分情况的证明;
(六)人民法院要求的其他材料。

第七条 破产清算事务所申请编入管理人名册的,应当提供以下材料:

(一)营业执照或者依法批准设立的文件;
(二)本单位专职从业人员的法律或者注册会计师资格证书,或者经营管理经历的证明材料;
(三)业务和业绩材料;
(四)能够独立承担民事责任的证明材料;
(五)行业自律组织对所提供材料真实性以及有无被行政处罚或纪律处分情况的证明,或者申请人就上述情况所作的真实性声明;

(六)人民法院要求的其他材料。

第八条 个人申请编入管理人名册的,应当提供下列材料:

(一)律师或者注册会计师执业证书复印件以及执业年限证明;
(二)所在社会中介机构同意其担任管理人的函件;
(三)业务专长及相关业绩材料;
(四)执业责任保险证明;
(五)行业自律组织对所提供材料真实性以及有无被行政处罚或者纪律处分情况的证明;
(六)人民法院要求的其他材料。

第九条 社会中介机构及个人具有下列情形之一的,人民法院可以适用企业破产法第二十四条第三款第四项的规定:

(一)因执业、经营中故意或者重大过失行为,受到行政机关、监管机构或者行业自律组织行政处罚或者纪律处分之日起未逾三年;
(二)因涉嫌违法行为正被相关部门调查;
(三)因不适当履行职务或者拒绝接受人民法院指定等原因,被人民法院从管理人名册除名之日起未逾三年;
(四)缺乏担任管理人所应具备的专业能力;
(五)缺乏承担民事责任的能力;
(六)人民法院认为可能影响履行管理人职责的其他情形。

第十条 编制管理人名册的人民法院应当组成专门的评审委员会,决定编入管理人名册的社会中介机构和个人名单。评审委员会成员应不少于七人。

人民法院应当根据本辖区社会中介机构以及社会中介机构中个人的实际情况,结合其执业业绩、能力、专业水准、社会中介机构的规模、办理企业破产案件的经验等因素制定管理人评定标准,由评审委员会根据申报人的具体情况评定其综合分数。

人民法院根据评审委员会评审结果,确定管理人初审名册。

第十一条 人民法院应当将管理人初审名册通过本辖区有影响的媒体进行公示,公示期为十日。

对于针对编入初审名册的社会中介机构和个人提出的异议,人民法院应当进行审查。异议成立、申请人确不宜担任管理人的,人民法院应将该社会中介机构或者个人从管理人初审名册中删除。

第十二条 公示期满后,人民法院应审定管理人名册,并通过全国有影响的媒体公布,同时逐级报最高人民法院备案。

第十三条 人民法院可以根据本辖区的实际情况，分批确定编入管理人名册的社会中介机构及个人。

编制管理人名册的全部资料应当建立档案备查。

第十四条 人民法院可以根据企业破产案件受理情况、管理人履行职务以及管理人资格变化等因素，对管理人名册适时进行调整。新编入管理人名册的社会中介机构和个人应当按照本规定的程序办理。

人民法院发现社会中介机构或者个人有企业破产法第二十四条第三款规定情形的，应当将其从管理人名册中除名。

二、管理人的指定

第十五条 受理企业破产案件的人民法院指定管理人，一般应从本地管理人名册中指定。

对于商业银行、证券公司、保险公司等金融机构以及在全国范围内有重大影响、法律关系复杂、债务人财产分散的企业破产案件，人民法院可以从所在地区高级人民法院编制的管理人名册列明的其他地区管理人或者异地人民法院编制的管理人名册中指定管理人。

第十六条 受理企业破产案件的人民法院，一般应指定管理人名册中的社会中介机构担任管理人。

第十七条 对于事实清楚、债权债务关系简单、债务人财产相对集中的企业破产案件，人民法院可以指定管理人名册中的个人为管理人。

第十八条 企业破产案件有下列情形之一的，人民法院可以指定清算组为管理人：

（一）破产申请受理前，根据有关规定已经成立清算组，人民法院认为符合本规定第十九条的规定的；

（二）审理企业破产法第一百三十三条规定的案件；

（三）有关法律规定企业破产时成立清算组；

（四）人民法院认为可以指定清算组为管理人的其他情形。

第十九条 清算组为管理人的，人民法院可以从政府有关部门、编入管理人名册的社会中介机构、金融资产管理公司中指定清算组成员，人民银行及金融监督管理机构可以按照有关法律和行政法规的规定派人参加清算组。

第二十条 人民法院一般应当按照管理人名册所列名单采取轮候、抽签、摇号等随机方式公开指定管理人。

第二十一条 对于商业银行、证券公司、保险公司等金融机构或者在全国范围内有重大影响、法律关系复杂、债务人财产分散的企业破产案件，人民法院可以采取公告的方式，邀请编入各地人民法院管理人名册中的社会中介机构参与竞争，从参与竞争的社会中介机构中指定管理人。参与竞争的社会中介机构不得少于三家。

采取竞争方式指定管理人的，人民法院应当组成专门的评审委员会。

评审委员会应当结合案件的特点，综合考量社会中介机构的专业水准、经验、机构规模、初步报价等因素，从参与竞争的社会中介机构中择优指定管理人。被指定为管理人的社会中介机构应经评审委员会成员二分之一以上通过。

采取竞争方式指定管理人的，人民法院应当确定一至两名备选社会中介机构，作为需要更换管理人时的接替人选。

第二十二条 对于经过行政清理、清算的商业银行、证券公司、保险公司等金融机构的破产案件，人民法院除可以按照本规定第十八条第一项的规定指定管理人外，也可以在金融监督管理机构推荐的已编入管理人名册的社会中介机构中指定管理人。

第二十三条 社会中介机构、清算组成员有下列情形之一，可能影响其忠实履行管理人职责的，人民法院可以认定为企业破产法第二十四条第三款第三项规定的利害关系：

（一）与债务人、债权人有未了结的债权债务关系；

（二）在人民法院受理破产申请前三年内，曾为债务人提供相对固定的中介服务；

（三）现在是或者在人民法院受理破产申请前三年内曾经是债务人、债权人的控股股东或者实际控制人；

（四）现在担任或者在人民法院受理破产申请前三年内曾经担任债务人、债权人的财务顾问、法律顾问；

（五）人民法院认为可能影响其忠实履行管理人职责的其他情形。

第二十四条 清算组成员的派出人员、社会中介机构的派出人员、个人管理人有下列情形之一，可能影响其忠实履行管理人职责的，可以认定为企业破产法第二十四条第三款第三项规定的利害关系：

（一）具有本规定第二十三条规定情形的；

（二）现在担任或者在人民法院受理破产申请前三年内曾经担任债务人、债权人的董事、监事、高级管理人员；

（三）与债权人或者债务人的控股股东、董事、监事、高级管理人员存在夫妻、直系血亲、三代以内旁系血亲或者近姻亲关系；

（四）人民法院认为可能影响其公正履行管理人职责的其他情形。

第二十五条　在进入指定管理人程序后，社会中介机构或者个人发现与本案有利害关系的，应主动申请回避并向人民法院书面说明情况。人民法院认为社会中介机构或者个人与本案有利害关系的，不应指定该社会中介机构或者个人为本案管理人。

第二十六条　社会中介机构或者个人有重大债务纠纷或者因涉嫌违法行为正被相关部门调查的，人民法院不应指定该社会中介机构或者个人为本案管理人。

第二十七条　人民法院指定管理人应当制作决定书，并向被指定为管理人的社会中介机构或者个人、破产申请人、债务人、债务人的企业登记机关送达。决定书应与受理破产申请的民事裁定书一并公告。

第二十八条　管理人无正当理由，不得拒绝人民法院的指定。

管理人一经指定，不得以任何形式将管理人应当履行的职责全部或者部分转给其他社会中介机构或者个人。

第二十九条　管理人凭指定管理人决定书按照国家有关规定刻制管理人印章，并交人民法院封样备案后启用。

管理人印章只能用于所涉破产事务。管理人根据企业破产法第一百二十二条规定终止执行职务后，应当将管理人印章交公安机关销毁，并将销毁的证明送交人民法院。

第三十条　受理企业破产案件的人民法院应当将指定管理人过程中形成的材料存入企业破产案件卷宗，债权人会议或者债权人委员会有权查阅。

三、管理人的更换

第三十一条　债权人会议根据企业破产法第二十二条第二款的规定申请更换管理人的，应由债权人会议作出决议并向人民法院提出书面申请。

人民法院在收到债权人会议的申请后，应当通知管理人在两日内作出书面说明。

第三十二条　人民法院认为申请理由不成立的，应当自收到管理人书面说明之日起十日内作出驳回申请的决定。

人民法院认为申请更换管理人的理由成立的，应当自收到管理人书面说明之日起十日内作出更换管理人的决定。

第三十三条　社会中介机构管理人有下列情形之一的，人民法院可以根据债权人会议的申请或者依职权迳行决定更换管理人：

（一）执业许可证或者营业执照被吊销或者注销；

（二）出现解散、破产事由或者丧失承担执业责任风险的能力；

（三）与本案有利害关系；

（四）履行职务时，因故意或者重大过失导致债权人利益受到损害；

（五）有本规定第二十六条规定的情形。

清算组成员参照适用前款规定。

第三十四条　个人管理人有下列情形之一的，人民法院可以根据债权人会议的申请或者依职权迳行决定更换管理人：

（一）执业资格被取消、吊销；

（二）与本案有利害关系；

（三）履行职务时，因故意或者重大过失导致债权人利益受到损害；

（四）失踪、死亡或者丧失民事行为能力；

（五）因健康原因无法履行职务；

（六）执业责任保险失效；

（七）有本规定第二十六条规定的情形。

清算组成员的派出人员、社会中介机构的派出人员参照适用前款规定。

第三十五条　管理人无正当理由申请辞去职务的，人民法院不予许可。正当理由的认定，可参照适用本规定第三十三条、第三十四条规定的情形。

第三十六条　人民法院对管理人申请辞去职务未予许可，管理人仍坚持辞去职务并不再履行管理人职责的，人民法院应当决定更换管理人。

第三十七条　人民法院决定更换管理人的，原管理人应当自收到决定书之次日起，在人民法院监督下向新任管理人移交全部资料、财产、营业事务及管理人印章，并及时向新任管理人书面说明工作进展情况。原管理人不能履行上述职责的，新任管理人可以直接接管相关事务。

在破产程序终结前，原管理人应当随时接受新任管理人、债权人会议、人民法院关于其履行管理人职责情况的询问。

第三十八条　人民法院决定更换管理人的，应将决定书送达原管理人、新任管理人、破产申请人、债务人以及债务人的企业登记机关，并予公告。

第三十九条　管理人申请辞去职务未获人民法院许可，但仍坚持辞职并不再履行管理人职责，或者人民法院决定更换管理人后，原管理人拒不向新任管理人移交相关事务，人民法院可以根据企业破产法第一百三十条的规定和具体情况，决定对管理人罚款。对社会中介机构为管理人的罚款5万元至20万元人民币，对个人为管理人的罚款1万元至5万元人民币。

管理人有前款规定行为或者无正当理由拒绝人民法院指定的，编制管理人名册的人民法院可以决定停止其担任管理人一年至三年，或者将其从管理人名册中除名。

第四十条 管理人不服罚款决定的，可以向上一级人民法院申请复议，上级人民法院应在收到复议申请后五日内作出决定，并将复议结果通知下级人民法院和当事人。

最高人民法院关于适用《中华人民共和国企业破产法》若干问题的规定（一）

- 2011年8月29日最高人民法院审判委员会第1527次会议通过
- 2011年9月9日最高人民法院公告公布
- 自2011年9月26日起施行
- 法释〔2011〕22号

为正确适用《中华人民共和国企业破产法》，结合审判实践，就人民法院依法受理企业破产案件适用法律问题作出如下规定。

第一条 债务人不能清偿到期债务并且具有下列情形之一的，人民法院应当认定其具备破产原因：
（一）资产不足以清偿全部债务；
（二）明显缺乏清偿能力。

相关当事人以对债务人的债务负有连带责任的人未丧失清偿能力为由，主张债务人不具备破产原因的，人民法院应不予支持。

第二条 下列情形同时存在的，人民法院应当认定债务人不能清偿到期债务：
（一）债权债务关系依法成立；
（二）债务履行期限已经届满；
（三）债务人未完全清偿债务。

第三条 债务人的资产负债表，或者审计报告、资产评估报告等显示其全部资产不足以偿付全部负债的，人民法院应当认定债务人资产不足以清偿全部债务，但有相反证据足以证明债务人资产能够偿付全部负债的除外。

第四条 债务人账面资产虽大于负债，但存在下列情形之一的，人民法院应当认定其明显缺乏清偿能力：

（一）因资金严重不足或者财产不能变现等原因，无法清偿债务；
（二）法定代表人下落不明且无其他人员负责管理财产，无法清偿债务；
（三）经人民法院强制执行，无法清偿债务；
（四）长期亏损且经营扭亏困难，无法清偿债务；
（五）导致债务人丧失清偿能力的其他情形。

第五条 企业法人已解散但未清算或者未在合理期限内清算完毕，债权人申请债务人破产清算的，除债务人在法定异议期限内举证证明其未出现破产原因外，人民法院应当受理。

第六条 债权人申请债务人破产的，应当提交债务人不能清偿到期债务的有关证据。债务人对债权人的申请未在法定期限内向人民法院提出异议，或者异议不成立的，人民法院应当依法裁定受理破产申请。

受理破产申请后，人民法院应当责令债务人依法提交其财产状况说明、债务清册、债权清册、财务会计报告等有关材料，债务人拒不提交的，人民法院可以对债务人的直接责任人员采取罚款等强制措施。

第七条 人民法院收到破产申请时，应当向申请人出具收到申请及所附证据的书面凭证。

人民法院收到破产申请后应当及时对申请人的主体资格、债务人的主体资格和破产原因，以及有关材料和证据等进行审查，并依据企业破产法第十条的规定作出是否受理的裁定。

人民法院认为申请人应当补充、补正相关材料的，应当自收到破产申请之日起五日内告知申请人。当事人补充、补正相关材料的期间不计入企业破产法第十条规定的期限。

第八条 破产案件的诉讼费用，应根据企业破产法第四十三条的规定，从债务人财产中拨付。相关当事人以申请人未预先交纳诉讼费用为由，对破产申请提出异议的，人民法院不予支持。

第九条 申请人向人民法院提出破产申请，人民法院未接收其申请，或者未按本规定第七条执行的，申请人可以向上一级人民法院提出破产申请。

上一级人民法院接到破产申请后，应当责令下级法院依法审查并及时作出是否受理的裁定；下级法院仍不作出是否受理裁定的，上一级人民法院可以径行作出裁定。

上一级人民法院裁定受理破产申请的，可以同时指令下级人民法院审理该案件。

最高人民法院关于适用《中华人民共和国企业破产法》若干问题的规定(二)

- 2013年7月29日最高人民法院审判委员会第1586次会议通过
- 根据2020年12月23日最高人民法院审判委员会第1823次会议通过的《最高人民法院关于修改〈最高人民法院关于破产企业国有划拨土地使用权应否列入破产财产等问题的批复〉等二十九件商事类司法解释的决定》修正
- 2020年12月29日最高人民法院公告公布
- 该修正自2021年1月1日起施行
- 法释〔2020〕18号

根据《中华人民共和国民法典》《中华人民共和国企业破产法》等相关法律,结合审判实践,就人民法院审理企业破产案件中认定债务人财产相关的法律适用问题,制定本规定。

第一条 除债务人所有的货币、实物外,债务人依法享有的可以用货币估价并可以依法转让的债权、股权、知识产权、用益物权等财产和财产权益,人民法院均应认定为债务人财产。

第二条 下列财产不应认定为债务人财产:
(一)债务人基于仓储、保管、承揽、代销、借用、寄存、租赁等合同或者其他法律关系占有、使用的他人财产;
(二)债务人在所有权保留买卖中尚未取得所有权的财产;
(三)所有权专属于国家且不得转让的财产;
(四)其他依照法律、行政法规不属于债务人的财产。

第三条 债务人已依法设定担保物权的特定财产,人民法院应当认定为债务人财产。

对债务人的特定财产在担保物权消灭或者实现担保物权后的剩余部分,在破产程序中可用以清偿破产费用、共益债务和其他破产债权。

第四条 债务人对按份享有所有权的共有财产的相关份额,或者共同享有所有权的共有财产的相应财产权利,以及依法分割共有财产所得部分,人民法院均应认定为债务人财产。

人民法院宣告债务人破产清算,属于共有财产分割的法定事由。人民法院裁定债务人重整或者和解的,共有财产的分割应当依据民法典第三百零三条的规定进行;基于重整或者和解的需要必须分割共有财产,管理人请求分割的,人民法院应予准许。

因分割共有财产导致其他共有人损害产生的债务,其他共有人请求作为共益债务清偿的,人民法院应予支持。

第五条 破产申请受理后,有关债务人财产的执行程序未依照企业破产法第十九条的规定中止的,采取执行措施的相关单位应当依法予以纠正。依法执行回转的财产,人民法院应当认定为债务人财产。

第六条 破产申请受理后,对于可能因有关利益相关人的行为或者其他原因,影响破产程序依法进行的,受理破产申请的人民法院可以根据管理人的申请或者依职权,对债务人的全部或者部分财产采取保全措施。

第七条 对债务人财产已采取保全措施的相关单位,在知悉人民法院已裁定受理有关债务人的破产申请后,应当依照企业破产法第十九条的规定及时解除对债务人财产的保全措施。

第八条 人民法院受理破产申请后至破产宣告前裁定驳回破产申请,或者依据企业破产法第一百零八条的规定裁定终结破产程序的,应当及时通知原已采取措施并已依法解除保全措施的单位按照原保全顺位恢复相关保全措施。

在已依法解除保全的单位恢复保全措施或者表示不再恢复之前,受理破产申请的人民法院不得解除对债务人财产的保全措施。

第九条 管理人依据企业破产法第三十一条和第三十二条的规定提起诉讼,请求撤销涉及债务人财产的相关行为并由相对人返还债务人财产的,人民法院应予支持。

管理人因过错未依法行使撤销权导致债务人财产不当减损,债权人提起诉讼主张管理人对其损失承担相应赔偿责任的,人民法院应予支持。

第十条 债务人经过行政清理程序转入破产程序的,企业破产法第三十一条和第三十二条规定的可撤销行为的起算点,为行政监管机构作出撤销决定之日。

债务人经过强制清算程序转入破产程序的,企业破产法第三十一条和第三十二条规定的可撤销行为的起算点,为人民法院裁定受理强制清算申请之日。

第十一条 人民法院根据管理人的请求撤销涉及债务人财产的以明显不合理价格进行的交易的,买卖双方应当依法返还从对方获取的财产或者价款。

因撤销该交易,对于债务人应返还受让人已支付价款所产生的债务,受让人请求作为共益债务清偿的,人民法院应予支持。

第十二条 破产申请受理前一年内债务人提前清偿的未到期债务,在破产申请受理前已经到期,管理人请求撤销该清偿行为的，人民法院不予支持。但是，该清偿行为发生在破产申请受理前六个月内且债务人有企业破产法第二条第一款规定情形的除外。

第十三条 破产申请受理后，管理人未依据企业破产法第三十一条的规定请求撤销债务人无偿转让财产、以明显不合理价格交易、放弃债权行为的，债权人依据民法典第五百三十八条、第五百三十九条等规定提起诉讼，请求撤销债务人上述行为并将因此追回的财产归入债务人财产的，人民法院应予受理。

相对人以债权人行使撤销权的范围超出债权人的债权抗辩的，人民法院不予支持。

第十四条 债务人对以自有财产设定担保物权的债权进行的个别清偿，管理人依据企业破产法第三十二条的规定请求撤销的，人民法院不予支持。但是，债务清偿时担保财产的价值低于债权额的除外。

第十五条 债务人经诉讼、仲裁、执行程序对债权人进行的个别清偿，管理人依据企业破产法第三十二条的规定请求撤销的，人民法院不予支持。但是，债务人与债权人恶意串通损害其他债权人利益的除外。

第十六条 债务人对债权人进行的以下个别清偿，管理人依据企业破产法第三十二条的规定请求撤销的，人民法院不予支持：

（一）债务人为维系基本生产需要而支付水费、电费等的；

（二）债务人支付劳动报酬、人身损害赔偿金的；

（三）使债务人财产受益的其他个别清偿。

第十七条 管理人依据企业破产法第三十三条的规定提起诉讼，主张被隐匿、转移财产的实际占有人返还债务人财产，或者主张债务人虚构债务或者承认不真实债务的行为无效并返还债务人财产的，人民法院应予支持。

第十八条 管理人代表债务人依据企业破产法第一百二十八条的规定，以债务人的法定代表人和其他直接责任人员对所涉债务人财产的相关行为存在故意或者重大过失，造成债务人财产损失为由提起诉讼，主张上述责任人员承担相应赔偿责任的，人民法院应予支持。

第十九条 债务人对外享有债权的诉讼时效，自人民法院受理破产申请之日起中断。

债务人无正当理由未对其到期债权及时行使权利，导致其对外债权在破产申请受理前一年内超过诉讼时效期间的，人民法院受理破产申请之日起重新计算上述债权的诉讼时效期间。

第二十条 管理人代表债务人提起诉讼，主张出资人向债务人依法缴付未履行的出资或者返还抽逃的出资本息，出资人以认缴出资尚未届至公司章程规定的缴纳期限或者违反出资义务已经超过诉讼时效为由抗辩的，人民法院不予支持。

管理人依据公司法的相关规定代表债务人提起诉讼，主张公司的发起人和负有监督股东履行出资义务的董事、高级管理人员，或者协助抽逃出资的其他股东、董事、高级管理人员、实际控制人等，对股东违反出资义务或者抽逃出资承担相应责任，并将财产归入债务人财产的，人民法院应予支持。

第二十一条 破产申请受理前，债权人就债务人财产提起下列诉讼，破产申请受理时案件尚未审结的，人民法院应当中止审理：

（一）主张次债务人代替债务人直接向其偿还债务的；

（二）主张债务人的出资人、发起人和负有监督股东履行出资义务的董事、高级管理人员，或者协助抽逃出资的其他股东、董事、高级管理人员、实际控制人等直接向其承担出资不实或者抽逃出资责任的；

（三）以债务人的股东与债务人法人人格严重混同为由，主张债务人的股东直接向其偿还债务人对其所负债务的；

（四）其他就债务人财产提起的个别清偿诉讼。

债务人破产宣告后，人民法院应当依照企业破产法第四十四条的规定判决驳回债权人的诉讼请求。但是，债权人一审中变更其诉讼请求为追收的相关财产归入债务人财产的除外。

债务人破产宣告前，人民法院依据企业破产法第十二条或者第一百零八条的规定裁定驳回破产申请或者终结破产程序的，上述中止审理的案件应当依法恢复审理。

第二十二条 破产申请受理前，债权人就债务人财产向人民法院提起本规定第二十一条第一款所列诉讼，人民法院已经作出生效民事判决书或者调解书但尚未执行完毕的，破产申请受理后，相关执行行为应当依据企业破产法第十九条的规定中止，债权人应当依法向管理人申报相关债权。

第二十三条 破产申请受理后，债权人就债务人财产向人民法院提起本规定第二十一条第一款所列诉讼的，人民法院不予受理。

债权人通过债权人会议或者债权人委员会，要求管理人依法向次债务人、债务人的出资人等追收债务人财产，管理人无正当理由拒绝追收，债权人会议依据企业破产法第二十二条的规定，申请人民法院更换管理人的，人民法院应予支持。

管理人不予追收，个别债权人代表全体债权人提起相关诉讼，主张次债务人或者债务人的出资人等向债务人清偿或者返还债务人财产，或者依法申请合并破产的，人民法院应予受理。

第二十四条 债务人有企业破产法第二条第一款规定的情形时，债务人的董事、监事和高级管理人员利用职权获取的以下收入，人民法院应当认定为企业破产法第三十六条规定的非正常收入：

（一）绩效奖金；

（二）普遍拖欠职工工资情况下获取的工资性收入；

（三）其他非正常收入。

债务人的董事、监事和高级管理人员拒不向管理人返还上述债务人财产，管理人主张上述人员予以返还的，人民法院应予支持。

债务人的董事、监事和高级管理人员因返还第一款第（一）项、第（三）项非正常收入形成的债权，可以作为普通破产债权清偿。因返还第一款第（二）项非正常收入形成的债权，依据企业破产法第一百一十三条第三款的规定，按照该企业职工平均工资计算的部分作为拖欠职工工资清偿；高出该企业职工平均工资计算的部分，可以作为普通破产债权清偿。

第二十五条 管理人拟通过清偿债务或者提供担保取回质物、留置物，或者与质权人、留置权人协议以质物、留置物折价清偿债务等方式，进行对债权人利益有重大影响的财产处分行为的，应当及时报告债权人委员会。未设立债权人委员会的，管理人应当及时报告人民法院。

第二十六条 权利人依据企业破产法第三十八条的规定行使取回权，应当在破产财产变价方案或者和解协议、重整计划草案提交债权人会议表决前向管理人提出。权利人在上述期限后主张取回相关财产的，应当承担延迟行使取回权增加的相关费用。

第二十七条 权利人依据企业破产法第三十八条的规定向管理人主张取回相关财产，管理人不予认可，权利人以债务人为被告向人民法院提起诉讼请求行使取回权的，人民法院应予受理。

权利人依据人民法院或者仲裁机关的相关生效法律文书向管理人主张取回所涉争议财产，管理人以生效法律文书错误为由拒绝其行使取回权的，人民法院不予支持。

第二十八条 权利人行使取回权时未依法向管理人支付相关的加工费、保管费、托运费、委托费、代销费等费用，管理人拒绝其取回相关财产的，人民法院应予支持。

第二十九条 对债务人占有的权属不清的鲜活易腐等不易保管的财产或者不及时变现价值将严重贬损的财产，管理人及时变价并提存变价款后，有关权利人就该变价款行使取回权的，人民法院应予支持。

第三十条 债务人占有的他人财产被违法转让给第三人，依据民法典第三百一十一条的规定第三人已善意取得财产所有权，原权利人无法取回该财产的，人民法院应当按照以下规定处理：

（一）转让行为发生在破产申请受理前的，原权利人因财产损失形成的债权，作为普通破产债权清偿；

（二）转让行为发生在破产申请受理后的，因管理人或者相关人员执行职务导致原权利人损害产生的债务，作为共益债务清偿。

第三十一条 债务人占有的他人财产被违法转让给第三人，第三人已向债务人支付了转让价款，但依据民法典第三百一十一条的规定未取得财产所有权，原权利人依法追回转让财产的，对因第三人已支付对价而产生的债务，人民法院应当按照以下规定处理：

（一）转让行为发生在破产申请受理前的，作为普通破产债权清偿；

（二）转让行为发生在破产申请受理后的，作为共益债务清偿。

第三十二条 债务人占有的他人财产毁损、灭失，因此获得的保险金、赔偿金、代偿物尚未交付给债务人，或者代偿物虽已交付给债务人但能与债务人财产予以区分的，权利人主张取回就此获得的保险金、赔偿金、代偿物的，人民法院应予支持。

保险金、赔偿金已经交付给债务人，或者代偿物已经交付给债务人且不能与债务人财产予以区分的，人民法院应当按照以下规定处理：

（一）财产毁损、灭失发生在破产申请受理前的，权利人因财产损失形成的债权，作为普通破产债权清偿；

（二）财产毁损、灭失发生在破产申请受理后的，因管理人或者相关人员执行职务导致权利人损害产生的债务，作为共益债务清偿。

债务人占有的他人财产毁损、灭失，没有获得相应的保险金、赔偿金、代偿物，或者保险金、赔偿金、代偿物不足以弥补其损失的部分，人民法院应当按照本条第二款的规定处理。

第三十三条 管理人或者相关人员在执行职务过程中，因故意或者重大过失不当转让他人财产或者造成他人财产毁损、灭失，导致他人损害产生的债务作为共益债务，由债务人财产随时清偿不足弥补损失，权利人向管理人或者相关人员主张承担补充赔偿责任的，人民法院应予支持。

上述债务作为共益债务由债务人财产随时清偿后，债权人以管理人或者相关人员执行职务不当导致债务人财产减少给其造成损失为由提起诉讼，主张管理人或者相关人员承担相应赔偿责任的，人民法院应予支持。

第三十四条　买卖合同双方当事人在合同中约定标的物所有权保留，在标的物所有权未依法转移给买受人前，一方当事人破产的，该买卖合同属于双方均未履行完毕的合同，管理人有权依据企业破产法第十八条的规定决定解除或者继续履行合同。

第三十五条　出卖人破产，其管理人决定继续履行所有权保留买卖合同的，买受人应当按照原买卖合同的约定支付价款或者履行其他义务。

买受人未依约支付价款或者履行完毕其他义务，或者将标的物出卖、出质或者作出其他不当处分，给出卖人造成损害，出卖人管理人依法主张取回标的物的，人民法院应予支持。但是，买受人已经支付标的物总价款百分之七十五以上或者第三人善意取得标的物所有权或者其他物权的除外。

因本条第二款规定未能取回标的物，出卖人管理人依法主张买受人继续支付价款、履行完毕其他义务，以及承担相应赔偿责任的，人民法院应予支持。

第三十六条　出卖人破产，其管理人决定解除所有权保留买卖合同，并依据企业破产法第十七条的规定要求买受人向其交付买卖标的物的，人民法院应予支持。

买受人以其不存在未依约支付价款或者履行完毕其他义务，或者将标的物出卖、出质或者作出其他不当处分情形抗辩的，人民法院不予支持。

买受人依法履行合同义务并依据本条第一款将买卖标的物交付出卖人管理人后，买受人已支付价款损失形成的债权作为共益债务清偿。但是，买受人违反合同约定，出卖人管理人主张上述债权作为普通破产债权清偿的，人民法院应予支持。

第三十七条　买受人破产，其管理人决定继续履行所有权保留买卖合同的，原买卖合同中约定的买受人支付价款或者履行其他义务的期限在破产申请受理时视为到期，买受人管理人应当及时向出卖人支付价款或者履行其他义务。

买受人管理人无正当理由未及时支付价款或者履行完毕其他义务，或者将标的物出卖、出质或者作出其他不当处分，给出卖人造成损害，出卖人依据民法典第六百四十一条等规定主张取回标的物的，人民法院应予支持。但是，买受人已支付标的物总价款百分之七十五以上或者第三人善意取得标的物所有权或者其他物权的除外。

因本条第二款规定未能取回标的物，出卖人依法主张买受人继续支付价款、履行完毕其他义务，以及承担相应赔偿责任的，人民法院应予支持。对因买受人未支付价款或者未履行完毕其他义务，以及买受人管理人将标的物出卖、出质或者作出其他不当处分导致出卖人损害产生的债务，出卖人主张作为共益债务清偿的，人民法院应予支持。

第三十八条　买受人破产，其管理人决定解除所有权保留买卖合同，出卖人依据企业破产法第三十八条的规定主张取回买卖标的物的，人民法院应予支持。

出卖人取回买卖标的物，买受人管理人主张出卖人返还已支付价款的，人民法院应予支持。取回的标的物价值明显减少给出卖人造成损失的，出卖人可从买受人已支付价款中优先予以抵扣后，将剩余部分返还给买受人；对买受人已支付价款不足以弥补出卖人标的物价值减损损失形成的债权，出卖人主张作为共益债务清偿的，人民法院应予支持。

第三十九条　出卖人依据企业破产法第三十九条的规定，通过通知承运人或者实际占有人中止运输、返还货物、变更到达地，或者将货物交给其他收货人等方式，对在运途中标的物主张了取回权但未能实现，或者在货物未达管理人前已向管理人主张取回在运途中标的物，在买卖标的物到达管理人后，出卖人向管理人主张取回的，管理人应予准许。

出卖人对在运途中标的物未及时行使取回权，在买卖标的物到达管理人后向管理人行使在运途中标的物取回权的，管理人不应准许。

第四十条　债务人重整期间，权利人要求取回债务人合法占有的权利人的财产，不符合双方事先约定条件的，人民法院不予支持。但是，因管理人或者自行管理的债务人违反约定，可能导致取回物被转让、毁损、灭失或者价值明显减少的除外。

第四十一条　债权人依据企业破产法第四十条的规定行使抵销权，应当向管理人提出抵销主张。

管理人不得主动抵销债务人与债权人的互负债务，但抵销使债务人财产受益的除外。

第四十二条　管理人收到债权人提出的主张债务抵

销的通知后,经审查无异议的,抵销自管理人收到通知之日起生效。

管理人对抵销主张有异议的,应当在约定的异议期限内或者自收到主张债务抵销的通知之日起三个月内向人民法院提起诉讼。无正当理由逾期提起的,人民法院不予支持。

人民法院判决驳回管理人提起的抵销无效诉讼请求的,该抵销自管理人收到主张债务抵销的通知之日起生效。

第四十三条 债权人主张抵销,管理人以下列理由提出异议的,人民法院不予支持:

(一)破产申请受理时,债务人对债权人负有的债务尚未到期;

(二)破产申请受理时,债权人对债务人负有的债务尚未到期;

(三)双方互负债务标的物种类、品质不同。

第四十四条 破产申请受理前六个月内,债务人有企业破产法第二条第一款规定的情形,债务人与个别债权人以抵销方式对个别债权人清偿,其抵销的债权债务属于企业破产法第四十条第(二)、(三)项规定的情形之一,管理人在破产申请受理之日起三个月内向人民法院提起诉讼,主张该抵销无效的,人民法院应予支持。

第四十五条 企业破产法第四十条所列不得抵销情形的债权人,主张以其对债务人特定财产享有优先受偿权的债权,与债务人对其不享有优先受偿权的债权抵销,债务人管理人以抵销存在企业破产法第四十条规定的情形提出异议的,人民法院不予支持。但是,用以抵销的债权大于债权人享有优先受偿权财产价值的除外。

第四十六条 债务人的股东主张以下列债务与债务人对其负有的债务抵销,债务人管理人提出异议的,人民法院应予支持:

(一)债务人股东因欠缴债务人的出资或者抽逃出资对债务人所负的债务;

(二)债务人股东滥用股东权利或者关联关系损害公司利益对债务人所负的债务。

第四十七条 人民法院受理破产申请后,当事人提起的有关债务人的民事诉讼案件,应当依据企业破产法第二十一条的规定,由受理破产申请的人民法院管辖。

受理破产申请的人民法院管辖的有关债务人的第一审民事案件,可以依据民事诉讼法第三十八条的规定,由上级人民法院提审,或者报请上级人民法院批准后交下级人民法院审理。

受理破产申请的人民法院,如对有关债务人的海事纠纷、专利纠纷、证券市场因虚假陈述引发的民事赔偿纠纷等案件不能行使管辖权的,可以依据民事诉讼法第三十七条的规定,由上级人民法院指定管辖。

第四十八条 本规定施行前本院发布的有关企业破产的司法解释,与本规定相抵触的,自本规定施行之日起不再适用。

最高人民法院关于适用《中华人民共和国企业破产法》若干问题的规定(三)

- 2019年2月25日最高人民法院审判委员会第1762次会议通过
- 根据2020年12月23日最高人民法院审判委员会第1823次会议通过的《最高人民法院关于修改〈最高人民法院关于破产企业国有划拨土地使用权应否列入破产财产等问题的批复〉等二十九件商事类司法解释的决定》修正
- 2020年12月29日最高人民法院公告公布
- 该修正自2021年1月1日起施行
- 法释〔2020〕18号

为正确适用《中华人民共和国企业破产法》,结合审判实践,就人民法院审理企业破产案件中有关债权人权利行使等相关法律适用问题,制定本规定。

第一条 人民法院裁定受理破产申请的,此前债务人尚未支付的公司强制清算费用、未终结的执行程序中产生的评估费、公告费、保管费等执行费用,可以参照企业破产法关于破产费用的规定,由债务人财产随时清偿。

此前债务人尚未支付的案件受理费、执行申请费,可以作为破产债权清偿。

第二条 破产申请受理后,经债权人会议决议通过,或者第一次债权人会议召开前经人民法院许可,管理人或者自行管理的债务人可以为债务人继续营业而借款。提供借款的债权人主张参照企业破产法第四十二条第四项的规定优先于普通破产债权清偿的,人民法院应予支持,但其主张优先于此前已就债务人特定财产享有担保的债权清偿的,人民法院不予支持。

管理人或者自行管理的债务人可以为前述借款设定抵押担保,抵押物在破产申请受理前已为其他债权人设定抵押的,债权人主张按照民法典第四百一十四条规定的顺序清偿,人民法院应予支持。

第三条 破产申请受理后,债务人欠缴款项产生的滞纳金,包括债务人未履行生效法律文书应当加倍支付的迟延利息和劳动保险金的滞纳金,债权人作为破产债权申报的，人民法院不予确认。

第四条 保证人被裁定进入破产程序的，债权人有权申报其对保证人的保证债权。

主债务未到期的，保证债权在保证人破产申请受理时视为到期。一般保证的保证人主张行使先诉抗辩权的，人民法院不予支持，但债权人在一般保证人破产程序中的分配额应予提存，待一般保证人应承担的保证责任确定后再按照破产清偿比例予以分配。

保证人被确定应当承担保证责任的，保证人的管理人可以就保证人实际承担的清偿额向主债务人或其他债务人行使求偿权。

第五条 债务人、保证人均被裁定进入破产程序的，债权人有权向债务人、保证人分别申报债权。

债权人向债务人、保证人均申报全部债权的，从一方破产程序中获得清偿后，其对另一方的债权额不作调整，但债权人的受偿额不得超出其债权总额。保证人履行保证责任后不再享有求偿权。

第六条 管理人应当依照企业破产法第五十七条的规定对所申报的债权进行登记造册，详尽记载申报人的姓名、单位、代理人、申报债权额、担保情况、证据、联系方式等事项，形成债权申报登记册。

管理人应当依照企业破产法第五十七条的规定对债权的性质、数额、担保财产、是否超过诉讼时效期间、是否超过强制执行期间等情况进行审查，编制债权表并提交债权人会议核查。

债权表、债权申报登记册及债权申报材料在破产期间由管理人保管，债权人、债务人、债务人职工及其他利害关系人有权查阅。

第七条 已经生效法律文书确定的债权，管理人应当予以确认。

管理人认为债权人据以申报债权的生效法律文书确定的债权错误，或者有证据证明债权人与债务人恶意通过诉讼、仲裁或者公证机关赋予强制执行力公证文书的形式虚构债权债务的，应依法通过审判监督程序向作出该判决、裁定、调解书的人民法院或者上一级人民法院申请撤销生效法律文书，或者向受理破产申请的人民法院申请撤销或者不予执行仲裁裁决、不予执行公证债权文书后，重新确定债权。

第八条 债务人、债权人对债权表记载的债权有异议的，应当说明理由和法律依据。经管理人解释或调整后，异议人仍然不服，或者管理人不予解释或调整的，异议人应当在债权人会议核查结束后十五日内向人民法院提起债权确认的诉讼。当事人之间在破产申请受理前订立有仲裁条款或仲裁协议的，应当向选定的仲裁机构申请确认债权债务关系。

第九条 债务人对债权表记载的债权有异议向人民法院提起诉讼的，应将被异议债权人列为被告。债权人对债权表记载的他人债权有异议的，应将被异议债权人列为被告；债权人对债权表记载的本人债权有异议的，应将债务人列为被告。

对同一笔债权存在多个异议人，其他异议人申请参加诉讼的，应当列为共同原告。

第十条 单个债权人有权查阅债务人财产状况报告、债权人会议决议、债权人委员会决议、管理人监督报告等参与破产程序所必需的债务人财务和经营信息资料。管理人无正当理由不予提供的，债权人可以请求人民法院作出决定；人民法院应当在五日内作出决定。

上述信息资料涉及商业秘密的，债权人应当依法承担保密义务或者签署保密协议；涉及国家秘密的应当依照相关法律规定处理。

第十一条 债权人会议的决议除现场表决外，可以由管理人事先将相关决议事项告知债权人，采取通信、网络投票等非现场方式进行表决。采取非现场方式进行表决的，管理人应当在债权人会议召开后的三日内，以信函、电子邮件、公告等方式将表决结果告知参与表决的债权人。

根据企业破产法第八十二条规定，对重整计划草案进行分组表决时，权益因重整计划草案受到调整或者影响的债权人或者股东，有权参加表决；权益未受到调整或者影响的债权人或者股东，参照企业破产法第八十三条的规定，不参加重整计划草案的表决。

第十二条 债权人会议的决议具有以下情形之一，损害债权人利益，债权人申请撤销的，人民法院应予支持：

（一）债权人会议的召开违反法定程序；

（二）债权人会议的表决违反法定程序；

（三）债权人会议的决议内容违法；

（四）债权人会议的决议超出债权人会议的职权范围。

人民法院可以裁定撤销全部或者部分事项决议，责令债权人会议依法重新作出决议。

债权人申请撤销债权人会议决议的，应当提出书面申请。债权人会议采取通信、网络投票等非现场方式进行表决的，债权人申请撤销的期限自债权人收到通知之日起算。

第十三条 债权人会议可以依照企业破产法第六十八条第一款第四项的规定,委托债权人委员会行使企业破产法第六十一条第一款第二、三、五项规定的债权人会议职权。债权人会议不得作出概括性授权,委托其行使债权人会议所有职权。

第十四条 债权人委员会决定所议事项应获得全体成员过半数通过,并作成议事记录。债权人委员会成员对所议事项的决议有不同意见的,应当在记录中载明。

债权人委员会行使职权应当接受债权人会议的监督,以适当的方式向债权人会议及时汇报工作,并接受人民法院的指导。

第十五条 管理人处分企业破产法第六十九条规定的债务人重大财产的,应当事先制作财产管理或者变价方案并提交债权人会议进行表决,债权人会议表决未通过的,管理人不得处分。

管理人实施处分前,应当根据企业破产法第六十九条的规定,提前十日书面报告债权人委员会或者人民法院。债权人委员会可以依照企业破产法第六十八条第二款的规定,要求管理人对处分行为作出相应说明或者提供有关文件依据。

债权人委员会认为管理人实施的处分行为不符合债权人会议通过的财产管理或变价方案的,有权要求管理人纠正。管理人拒绝纠正的,债权人委员会可以请求人民法院作出决定。

人民法院认为管理人实施的处分行为不符合债权人会议通过的财产管理或变价方案的,应当责令管理人停止处分行为。管理人应当予以纠正,或者提交债权人会议重新表决通过后实施。

第十六条 本规定自2019年3月28日起实施。

实施前本院发布的有关企业破产的司法解释,与本规定相抵触的,自本规定实施之日起不再适用。

最高人民法院关于个人独资企业清算是否可以参照适用企业破产法规定的破产清算程序的批复

- 2012年12月10日最高人民法院审判委员会第1563次会议通过
- 2012年12月11日最高人民法院公告公布
- 自2012年12月18日起施行
- 法释〔2012〕16号

贵州省高级人民法院:

你院《关于个人独资企业清算是否可以参照适用破产清算程序的请示》(〔2012〕黔高研请字第2号)收悉。经研究,批复如下:

根据《中华人民共和国企业破产法》第一百三十五条的规定,在个人独资企业不能清偿到期债务,并且资产不足以清偿全部债务或者明显缺乏清偿能力的情况下,可以参照适用企业破产法规定的破产清算程序进行清算。

根据《中华人民共和国个人独资企业法》第三十一条的规定,人民法院参照适用破产清算程序裁定终结个人独资企业的清算程序后,个人独资企业的债权人仍然可以就其未获清偿的部分向投资人主张权利。

最高人民法院关于审理军队、武警部队、政法机关移交、撤销企业和与党政机关脱钩企业相关纠纷案件若干问题的规定

- 2001年2月6日最高人民法院审判委员会第1158次会议通过
- 根据2020年12月23日最高人民法院审判委员会第1823次会议通过的《最高人民法院关于修改〈最高人民法院关于破产企业国有划拨土地使用权应否列入破产财产等问题的批复〉等二十九件商事类司法解释的决定》修正
- 2020年12月29日最高人民法院公告公布
- 该修正自2021年1月1日起施行
- 法释〔2020〕18号

为依法准确审理军队、武警部队、政法机关移交、撤销企业和与党政机关脱钩的企业所发生的债务纠纷案件和破产案件,根据《中华人民共和国民法典》《中华人民共和国公司法》《中华人民共和国民事诉讼法》《中华人民共和国企业破产法》的有关规定,作如下规定:

一、移交、撤销、脱钩企业债务纠纷的处理

第一条 军队、武警部队、政法机关和党政机关开办的企业(以下简称被开办企业)具备法人条件并领取了企业法人营业执照的,根据民法典第六十条的规定,应当以其全部财产独立承担民事责任。

第二条 被开办企业领取了企业法人营业执照,虽然实际投入的资金与注册资金不符,但已达到了《中华人民共和国企业法人登记管理条例施行细则》第十二条第七项规定数额的,应当认定其具备法人资格,开办单位应当在该企业实际投入资金与注册资金的差额范围内承担民事责任。

第三条 被开办企业虽然领取了企业法人营业执

照，但投入的资金未达到《中华人民共和国企业法人登记管理条例施行细则》第十二条第七项规定数额的，或者不具备企业法人其他条件的，应当认定其不具备法人资格，其民事责任由开办单位承担。

第四条 开办单位抽逃、转移资金或者隐匿财产以逃避被开办企业债务的，应当将所抽逃、转移的资金或者隐匿的财产退回，用以清偿被开办企业的债务。

第五条 开办单位或其主管部门在被开办企业撤销时，向工商行政管理机关出具证明文件，自愿对被开办企业的债务承担责任的，应当按照承诺对被开办企业的债务承担民事责任。

第六条 开办单位已经在被开办企业注册资金不实的范围内承担了民事责任的，应视为开办单位的注册资金已经足额到位，不再继续承担注册资金不实的责任。

二、移交、撤销、脱钩企业破产案件的处理

第七条 被开办企业或者债权人向人民法院申请破产的，不论开办单位的注册资金是否足额到位，人民法院均应当受理。

第八条 被开办企业被宣告破产的，开办单位对其没有投足的注册资金、收取的资金和实物、转移的资金或者隐匿的财产，都应当由清算组负责收回。

第九条 被开办企业向社会或者向企业内部职工集资未清偿的，在破产财产分配时，应当按照《中华人民共和国企业破产法》第一百一十三条第一款第一项的规定予以清偿。

三、财产保全和执行

第十条 人民法院在审理有关移交、撤销、脱钩的企业的案件时，认定开办单位应当承担民事责任的，不得对开办单位的国库款、军费、财政经费账户、办公用房、车辆等其他办公必需品采取查封、扣押、冻结、拍卖等保全和执行措施。

四、适用范围

第十一条 本规定仅适用于审理此次军队、武警部队、政法机关移交、撤销企业和与党政机关脱钩的企业所发生的债务纠纷案件和破产案件。

最高人民法院关于审理与企业改制相关的民事纠纷案件若干问题的规定

- 2002年12月3日最高人民法院审判委员会第1259次会议通过
- 根据2020年12月23日最高人民法院审判委员会第1823次会议通过的《最高人民法院关于修改〈最高人民法院关于破产企业国有划拨土地使用权应否列入破产财产等问题的批复〉等二十九件商事类司法解释的决定》修正
- 2020年12月29日最高人民法院公告公布
- 该修正自2021年1月1日起施行
- 法释〔2020〕18号

为了正确审理与企业改制相关的民事纠纷案件，根据《中华人民共和国民法典》《中华人民共和国公司法》《中华人民共和国全民所有制工业企业法》《中华人民共和国民事诉讼法》等法律、法规的规定，结合审判实践，制定本规定。

一、案件受理

第一条 人民法院受理以下平等民事主体间在企业产权制度改造中发生的民事纠纷案件：
（一）企业公司制改造中发生的民事纠纷；
（二）企业股份合作制改造中发生的民事纠纷；
（三）企业分立中发生的民事纠纷；
（四）企业债权转股权纠纷；
（五）企业出售合同纠纷；
（六）企业兼并合同纠纷；
（七）与企业改制相关的其他民事纠纷。

第二条 当事人起诉符合本规定第一条所列情形，并符合民事诉讼法第一百一十九条规定的起诉条件的，人民法院应当予以受理。

第三条 政府主管部门在对企业国有资产进行行政性调整、划转过程中发生的纠纷，当事人向人民法院提起民事诉讼的，人民法院不予受理。

二、企业公司制改造

第四条 国有企业依公司法整体改造为国有独资有限责任公司的，原企业的债务，由改造后的有限责任公司承担。

第五条 企业通过增资扩股或者转让部分产权，实现他人对企业的参股，将企业整体改造为有限责任公司或者股份有限公司的，原企业债务由改造后的新设公司承担。

第六条 企业以其部分财产和相应债务与他人组建新公司，对所转移的债务债权人认可的，由新组建的公司

承担民事责任;对所转移的债务未通知债权人或者虽通知债权人,而债权人不予认可的,由原企业承担民事责任。原企业无力偿还债务,债权人就此向新设公司主张债权的,新设公司在所接收的财产范围内与原企业承担连带民事责任。

第七条 企业以其优质财产与他人组建新公司,而将债务留在原企业,债权人以新设公司和原企业作为共同被告提起诉讼主张债权的,新设公司应当在所接收的财产范围内与原企业共同承担连带责任。

三、企业股份合作制改造

第八条 由企业职工买断企业产权,将原企业改造为股份合作制的,原企业的债务,由改造后的股份合作制企业承担。

第九条 企业向其职工转让部分产权,由企业与职工共同组建股份合作制企业的,原企业的债务由改造后的股份合作制企业承担。

第十条 企业通过其职工投资增资扩股,将原企业改造为股份合作制企业的,原企业的债务由改造后的股份合作制企业承担。

第十一条 企业在进行股份合作制改造时,参照公司法的有关规定,公告通知了债权人。企业股份合作制改造后,债权人就原企业资产管理人(出资人)隐瞒或者遗漏的债务起诉股份合作制企业的,如债权人在公告期内申报过该债权,股份合作制企业在承担民事责任后,可再向原企业资产管理人(出资人)追偿。如债权人在公告期内未申报过该债权,则股份合作制企业不承担民事责任,人民法院可告知债权人另行起诉原企业资产管理人(出资人)。

四、企业分立

第十二条 债权人向分立后的企业主张债权,企业分立时对原企业的债务承担有约定,并经债权人认可的,按照当事人的约定处理;企业分立时对原企业债务承担没有约定或者约定不明,或者虽然有约定但债权人不予认可的,分立后的企业应当承担连带责任。

第十三条 分立的企业在承担连带责任后,各分立的企业间对原企业债务承担有约定的,按照约定处理;没有约定或者约定不明的,根据企业分立时的资产比例分担。

五、企业债权转股权

第十四条 债权人与债务人自愿达成债权转股权协议,且不违反法律和行政法规强制性规定的,人民法院在审理相关的民事纠纷案件中,应当确认债权转股权协议有效。

政策性债权转股权,按照国务院有关部门的规定处理。

第十五条 债务人以隐瞒企业资产或者虚列企业资产为手段,骗取债权人与其签订债权转股权协议,债权人在法定期间内行使撤销权的,人民法院应当予以支持。

债权转股权协议被撤销后,债权人有权要求债务人清偿债务。

第十六条 部分债权人进行债权转股权的行为,不影响其他债权人向债务人主张债权。

六、国有小型企业出售

第十七条 以协议转让形式出售企业,企业出售合同未经有审批权的地方人民政府或其授权的职能部门审批的,人民法院在审理相关的民事纠纷案件时,应当确认该企业出售合同不生效。

第十八条 企业出售中,当事人双方恶意串通,损害国家利益的,人民法院在审理相关的民事纠纷案件时,应当确认该企业出售行为无效。

第十九条 企业出售中,出卖人实施的行为具有法律规定的撤销情形,买受人在法定期限内行使撤销权的,人民法院应当予以支持。

第二十条 企业出售合同约定的履行期限届满,一方当事人拒不履行合同,或者未完全履行合同义务,致使合同目的不能实现,对方当事人要求解除合同并要求赔偿损失的,人民法院应当予以支持。

第二十一条 企业出售合同约定的履行期限届满,一方当事人未完全履行合同义务,对方当事人要求继续履行合同并要求赔偿损失的,人民法院应当予以支持。双方当事人均未完全履行合同义务的,应当根据当事人的过错,确定各自应当承担的民事责任。

第二十二条 企业出售时,出卖人对所售企业的资产负债状况、损益状况等重大事项未履行如实告知义务,影响企业出售价格,买受人就此向人民法院起诉主张补偿的,人民法院应当予以支持。

第二十三条 企业出售合同被确认无效或者被撤销的,企业售出后买受人经营企业期间发生的经营盈亏,由买受人享有或者承担。

第二十四条 企业售出后,买受人将所购企业资产纳入本企业或者将所购企业变更为所属分支机构的,所购企业的债务,由买受人承担。但买卖双方另有约定,并经债权人认可的除外。

第二十五条 企业售出后,买受人将所购企业资产作价入股与他人重新组建新公司,所购企业法人予以注销的,对所购企业出售前的债务,买受人应当以其所有财产,包括在新组建公司中的股权承担民事责任。

第二十六条 企业售出后,买受人将所购企业重新注册为新的企业法人,所购企业法人被注销的,所购企业出售前的债务,应当由新注册的企业法人承担。但买卖双方另有约定,并经债权人认可的除外。

第二十七条 企业售出后,应当办理而未办理企业法人注销登记,债权人起诉该企业的,人民法院应当根据企业资产转让后的具体情况,告知债权人追加责任主体,并判令责任主体承担民事责任。

第二十八条 出售企业时,参照公司法的有关规定,出卖人公告通知了债权人。企业售出后,债权人就出卖人隐瞒或者遗漏的原企业债务起诉买受人的,如债权人在公告期内申报过该债权,买受人在承担民事责任后,可再行向出卖人追偿。如债权人在公告期内未申报过该债权,则买受人不承担民事责任。人民法院可告知债权人另行起诉出卖人。

第二十九条 出售企业的行为具有民法典第五百三十八条、第五百三十九条规定的情形,债权人在法定期限内行使撤销权的,人民法院应当予以支持。

七、企业兼并

第三十条 企业兼并协议自当事人签字盖章之日起生效。需经政府主管部门批准的,兼并协议自批准之日起生效;未经批准的,企业兼并协议不生效。但当事人在一审法庭辩论终结前补办报批手续的,人民法院应当确认该兼并协议有效。

第三十一条 企业吸收合并后,被兼并企业的债务应当由兼并方承担。

第三十二条 企业新设合并后,被兼并企业的债务由新设合并后的企业法人承担。

第三十三条 企业吸收合并或新设合并后,被兼并企业应当办理而未办理工商注销登记,债权人起诉被兼并企业的,人民法院应当根据企业兼并后的具体情况,告知债权人追加责任主体,并判令责任主体承担民事责任。

第三十四条 以收购方式实现对企业控股的,被控股企业的债务,仍由其自行承担。但因控股企业抽逃资金、逃避债务,致被控股企业无力偿还债务的,被控股企业的债务则由控股企业承担。

八、附 则

第三十五条 本规定自二○○三年二月一日起施行。在本规定施行前,本院制定的有关企业改制方面的司法解释与本规定相抵触的,不再适用。

· 司法政策

全国法院破产审判工作会议纪要

· 2018年3月4日
· 法〔2018〕53号

为落实党的十九大报告提出的贯彻新发展理念、建设现代化经济体系的要求,紧紧围绕高质量发展这条主线,服务和保障供给侧结构性改革,充分发挥人民法院破产审判工作在完善社会主义市场经济主体拯救和退出机制中的积极作用,为决胜全面建成小康社会提供更加有力的司法保障,2017年12月25日,最高人民法院在广东省深圳市召开了全国法院破产审判工作会议。各省、自治区、直辖市高级人民法院、设立破产审判庭的市中级人民法院的代表参加了会议。与会代表经认真讨论,对人民法院破产审判涉及的主要问题达成共识。现纪要如下:

一、破产审判的总体要求

会议认为,人民法院要坚持以习近平新时代中国特色社会主义经济思想为指导,深刻认识破产法治对决胜全面建成小康社会的重要意义,以更加有力的举措开展破产审判工作,为经济社会持续健康发展提供更加有力的司法保障。当前和今后一个时期,破产审判工作总的要求是:

一要发挥破产审判功能,助推建设现代化经济体系。人民法院要通过破产工作实现资源重新配置,用好企业破产中权益、经营管理、资产、技术等重大调整的有利契机,对不同企业分类处置,把科技、资本、劳动力和人力资源等生产要素调动好、配置好、协同好,促进实体经济和产业体系优质高效。

二要着力服务构建新的经济体制,完善市场主体救治和退出机制。要充分运用重整、和解法律手段实现市场主体的有效救治,帮助企业提质增效;运用清算手段促使丧失经营价值的企业和产能及时退出市场,实现优胜劣汰,从而完善社会主义市场主体的救治和退出机制。

三要健全破产审判工作机制,最大限度释放破产审判的价值。要进一步完善破产重整企业识别、政府与法院协调、案件信息沟通、合法有序的利益衡平四项破产审判工作机制,推动破产审判工作良性运行,彰显破产审判工作的制度价值和社会责任。

四要完善执行与破产工作的有序衔接,推动解决"执行难"。要将破产审判作为与立案、审判、执行既相互衔接、又相对独立的一个重要环节,充分发挥破产审判对化解执行积案的促进功能,消除执行转破产的障碍,从司法工作机制上探索解决"执行难"的有效途径。

二、破产审判的专业化建设

审判专业化是破产审判工作取得实质性进展的关键环节。各级法院要大力加强破产审判专业化建设，努力实现审判机构专业化、审判队伍专业化、审判程序规范化、裁判规则标准化、绩效考评科学化。

1. 推进破产审判机构专业化建设。省会城市、副省级城市所在地中级人民法院要根据最高人民法院《关于在中级人民法院设立清算与破产审判庭的工作方案》（法〔2016〕209号），抓紧设立清算与破产审判庭。其他各级法院可根据本地工作实际需求决定设立清算与破产审判庭或专门的合议庭，培养熟悉清算与破产审判的专业法官，以适应破产审判工作的需求。

2. 合理配置审判任务。要根据破产案件数量、案件难易程度、审判力量等情况，合理分配各级法院的审判任务。对于债权债务关系复杂、审理难度大的破产案件，高级人民法院可以探索实行中级人民法院集中管辖为原则，基层人民法院管辖为例外的管辖制度；对于债权债务关系简单、审理难度不大的破产案件，可以主要由基层人民法院管辖，通过快速审理程序高效审结。

3. 建立科学的绩效考评体系。要尽快完善清算与破产审判工作绩效考评体系，在充分尊重司法规律的基础上确定绩效考评标准，避免将办理清算破产案件与普通案件简单对比、等量齐观、同等考核。

三、管理人制度的完善

管理人是破产程序的主要推动者和破产事务的具体执行者。管理人的能力和素质不仅影响破产审判工作的质量，还关系到破产企业的命运与未来发展。要加快完善管理人制度，大力提升管理人职业素养和执业能力，强化对管理人的履职保障和有效监督，为改善企业经营、优化产业结构提供有力制度保障。

4. 完善管理人队伍结构。人民法院要指导编入管理人名册的中介机构采取适当方式吸收具有专业技术知识、企业经营能力的人员充实到管理人队伍中来，促进管理人队伍内在结构更加合理，充分发挥和提升管理人在企业病因诊断、资源整合等方面的重要作用。

5. 探索管理人跨区域执业。除从本地名册选择管理人外，各地法院还可以探索从外省、市管理人名册中选任管理人，确保重大破产案件能够遴选出最佳管理人。两家以上具备资质的中介机构请求联合担任同一破产案件管理人的，人民法院经审查符合自愿协商、优势互补、权责一致要求且有必要的，可以准许。

6. 实行管理人分级管理。高级人民法院或者自行编制管理人名册的中级人民法院可以综合考虑管理人的专业水准、工作经验、执业操守、工作绩效、勤勉程度等因素，合理确定管理人等级，对管理人实行分级管理、定期考评。对债务人财产数量不多、债权债务关系简单的破产案件，可以在相应等级的管理人中采取轮候、抽签、摇号等随机方式指定管理人。

7. 建立竞争选定管理人工作机制。破产案件中可以引入竞争机制选任管理人，提升破产管理质量。上市公司破产案件、在本地有重大影响的破产案件或者债权债务关系复杂，涉及债权人、职工以及利害关系人人数较多的破产案件，在指定管理人时，一般应当通过竞争方式依法选定。

8. 合理划分法院和管理人的职能范围。人民法院应当支持和保障管理人依法履行职责，不得代替管理人作出本应由管理人自己作出的决定。管理人应当依法管理和处分债务人财产，审慎决定债务人内部管理事务，不得将自己的职责全部或者部分转让给他人。

9. 进一步落实管理人职责。在债务人自行管理的重整程序中，人民法院要督促管理人制订监督债务人的具体制度。在重整计划规定的监督期内，管理人应当代表债务人参加监督期开始前已经启动而尚未终结的诉讼、仲裁活动。重整程序、和解程序转入破产清算程序后，管理人应当按照破产清算程序继续履行管理人职责。

10. 发挥管理人报酬的激励和约束作用。人民法院可以根据破产案件的不同情况确定管理人报酬的支付方式，发挥管理人报酬在激励、约束管理人勤勉履职方面的积极作用。管理人报酬原则上应当根据破产案件审理进度和管理人履职情况分期支付。案情简单、耗时较短的破产案件，可以在破产程序终结后一次性向管理人支付报酬。

11. 管理人聘用其他人员费用负担的规制。管理人经人民法院许可聘用企业经营管理人员，或者管理人确有必要聘请其他社会中介机构或人员处理重大诉讼、仲裁、执行或审计等专业性较强工作，如所需费用需要列入破产费用的，应当经债权人会议同意。

12. 推动建立破产费用的综合保障制度。各地法院要积极争取财政部门支持，或采取从其他破产案件管理人报酬中提取一定比例等方式，推动设立破产费用保障资金，建立破产费用保障长效机制，解决因债务人财产不足以支付破产费用而影响破产程序启动的问题。

13. 支持和引导成立管理人协会。人民法院应当支持、引导、推动本辖区范围内管理人名册中的社会中介机构、个人成立管理人协会,加强对管理人的管理和约束,维护管理人的合法权益,逐步形成规范、稳定和自律的行业组织,确保管理人队伍既充满活力又规范有序发展。

四、破产重整

会议认为,重整制度集中体现了破产法的拯救功能,代表了现代破产法的发展趋势,全国各级法院要高度重视重整工作,妥善审理企业重整案件,通过市场化、法治化途径挽救困境企业,不断完善社会主义市场主体救治机制。

14.重整企业的识别审查。破产重整的对象应当是具有挽救价值和可能的困境企业;对于僵尸企业,应通过破产清算,果断实现市场出清。人民法院在审查重整申请时,根据债务人的资产状况、技术工艺、生产销售、行业前景等因素,能够认定债务人明显不具备重整价值以及拯救可能性的,应裁定不予受理。

15.重整案件的听证程序。对于债权债务关系复杂、债务规模较大,或者涉及上市公司重整的案件,人民法院在审查重整申请时,可以组织申请人、被申请人听证。债权人、出资人、重整投资人等利害关系人经人民法院准许,也可以参加听证。听证期间不计入重整申请审查期限。

16.重整计划的制定及沟通协调。人民法院要加强与管理人或债务人的沟通,引导其分析债务人陷于困境的原因,有针对性地制定重整计划草案,促使企业重新获得盈利能力,提高重整成功率。人民法院要与政府建立沟通协调机制,帮助管理人或债务人解决重整计划草案制定中的困难和问题。

17.重整计划的审查与批准。重整不限于债务减免和财产调整,重整的重点是维持企业的营运价值。人民法院在审查重整计划时,除合法性审查外,还应审查其中的经营方案是否具有可行性。重整计划中关于企业重新获得盈利能力的经营方案具有可行性、表决程序合法、内容不损害各表决组中反对者的清偿利益的,人民法院应当自收到申请之日起三十日内裁定批准重整计划。

18.重整计划草案强制批准的条件。人民法院应当审慎适用企业破产法第八十七条第二款,不得滥用强制批准权。确需强制批准重整计划草案的,重整计划草案除应符合企业破产法第八十七条第二款规定外,如债权人分多组的,还应当至少有一组已经通过重整计划草案,且各表决组中反对者能够获得的清偿利益不低于依照破产清算程序所能获得的利益。

19.重整计划执行中的变更条件和程序。债务人应严格执行重整计划,但因出现国家政策调整、法律修改变化等特殊情况,导致原重整计划无法执行的,债务人或管理人可以申请变更重整计划一次。债权人会议决议同意变更重整计划的,应自决议通过之日起十日内提请人民法院批准。债权人会议决议不同意或者人民法院不批准变更申请的,人民法院经管理人或者利害关系人请求,应当裁定终止重整计划的执行,并宣告债务人破产。

20.重整计划变更后的重新表决与裁定批准。人民法院裁定同意变更重整计划的,债务人或者管理人应当在六个月内提出新的重整计划。变更后的重整计划应提交给因重整计划变更而遭受不利影响的债权人组和出资人组进行表决。表决、申请人民法院批准以及人民法院裁定是否批准的程序与原重整计划的相同。

21.重整后企业正常生产经营的保障。企业重整后,投资主体、股权结构、公司治理模式、经营方式等与原企业相比,往往发生了根本变化,人民法院要通过加强与政府的沟通协调,帮助重整企业修复信用记录,依法获取税收优惠,以利于重整企业恢复正常生产经营。

22.探索推行庭外重组与庭内重整制度的衔接。在企业进入重整程序之前,可以先由债权人与债务人、出资人等利害关系人通过庭外商业谈判,拟定重组方案。重整程序启动后,可以重组方案为依据拟定重整计划草案提交人民法院依法审查批准。

五、破产清算

会议认为,破产清算作为破产制度的重要组成部分,具有淘汰落后产能、优化市场资源配置的直接作用。对于缺乏拯救价值和可能性的债务人,要及时通过破产清算程序对债权债务关系进行全面清理,重新配置社会资源,提升社会有效供给的质量和水平,增强企业破产法对市场经济发展的引领作用。

23.破产宣告的条件。人民法院受理破产清算申请后,第一次债权人会议上无人提出重整或和解申请的,管理人应当在债权审核确认和必要的审计、资产评估后,及时向人民法院提出宣告破产的申请。人民法院受理破产和解或重整申请后,债务人出现应当宣告破产的法定原因时,人民法院应当依法宣告债务人破产。

24.破产宣告的程序及转换限制。相关主体向人民法院提出宣告破产申请的,人民法院应当自收到申请之日起七日内作出破产宣告裁定并进行公告。债务人被宣告破产后,不得再转入重整程序或和解程序。

25.担保权人权利的行使与限制。在破产清算和破产和解程序中,对债务人特定财产享有担保权的债权人可以随时向管理人主张就该特定财产变价处置行使优先受偿权，管理人应及时变价处置，不得以须经债权人会议决议等为由拒绝。但因单独处置担保财产会降低其他破产财产的价值而应整体处置的除外。

26. 破产财产的处置。破产财产处置应当以价值最大化为原则，兼顾处置效率。人民法院要积极探索更为有效的破产财产处置方式和渠道，最大限度提升破产财产变价率。采用拍卖方式进行处置的，拍卖所得预计不足以支付评估拍卖费用，或者拍卖不成的，经债权人会议决议，可以采取作价变卖或实物分配方式。变卖或实物分配的方案经债权人会议两次表决仍未通过的，由人民法院裁定处理。

27. 企业破产与职工权益保护。破产程序中要依法妥善处理劳动关系，推动完善职工欠薪保障机制，依法保护职工生存权。由第三方垫付的职工债权，原则上按照垫付的职工债权性质进行清偿；由欠薪保障基金垫付的，应按照企业破产法第一百一十三条第一款第二项的顺序清偿。债务人欠缴的住房公积金，按照债务人拖欠的职工工资性质清偿。

28. 破产债权的清偿原则和顺序。对于法律没有明确规定清偿顺序的债权，人民法院可以按照人身损害赔偿债权优先于财产性债权、私法债权优先于公法债权、补偿性债权优先于惩罚性债权的原则合理确定清偿顺序。因债务人侵权行为造成的人身损害赔偿，可以参照企业破产法第一百一十三条第一款第一项规定的顺序清偿，但其中涉及的惩罚性赔偿除外。破产财产依照企业破产法第一百一十三条规定的顺序清偿后仍有剩余的，可依次用于清偿破产受理前产生的民事惩罚性赔偿金、行政罚款、刑事罚金等惩罚性债权。

29. 建立破产案件审理的繁简分流机制。人民法院审理破产案件应当提升审判效率，在确保利害关系人程序和实体权利不受损害的前提下，建立破产案件审理的繁简分流机制。对于债权债务关系明确、债务人财产状况清楚的破产案件，可以通过缩短程序时间、简化流程等方式加快案件审理进程，但不得突破法律规定的最低期限。

30. 破产清算程序的终结。人民法院终结破产清算程序应当以查明债务人财产状况、明确债务人财产的分配方案、确保破产债权获得依法清偿为基础。破产申请受理后，经管理人调查，债务人财产不足以清偿破产费用且无人代为清偿或垫付的，人民法院应当依管理人申请宣告破产并裁定终结破产清算程序。

31. 保证人的清偿责任和求偿权的限制。破产程序终结前，已向债权人承担了保证责任的保证人，可以要求债务人向其转付已申报债权的债权人在破产程序中应得清偿部分。破产程序终结后，债权人就破产程序中未受清偿部分要求保证人承担保证责任的，应在破产程序终结后六个月内提出。保证人承担保证责任后，不得再向和解或重整后的债务人行使求偿权。

六、关联企业破产

会议认为，人民法院审理关联企业破产案件时，要立足于破产关联企业之间的具体关系模式，采取不同方式予以处理。既要通过实质合并审理方式处理法人人格高度混同的关联关系，确保全体债权人公平清偿，也要避免不当采用实质合并审理方式损害相关利益主体的合法权益。

32. 关联企业实质合并破产的审慎适用。人民法院在审理企业破产案件时，应当尊重企业法人人格的独立性，以对关联企业成员的破产原因进行单独判断并适用单个破产程序为基本原则。当关联企业成员之间存在法人人格高度混同、区分各关联企业成员财产的成本过高、严重损害债权人公平清偿利益时，可例外适用关联企业实质合并破产方式进行审理。

33. 实质合并申请的审查。人民法院收到实质合并申请后，应当及时通知相关利害关系人并组织听证，听证时间不计入审查时间。人民法院在审查实质合并申请过程中，可以综合考虑关联企业之间资产的混同程序及其持续时间、各企业之间的利益关系、债权人整体清偿利益、增加企业重整的可能性等因素，在收到申请之日起三十日内作出是否实质合并审理的裁定。

34. 裁定实质合并时利害关系人的权利救济。相关利害关系人对受理法院作出的实质合并审理裁定不服的，可以自裁定书送达之日起十五日内向受理法院的上一级人民法院申请复议。

35. 实质合并审理的管辖原则与冲突解决。采用实质合并方式审理关联企业破产案件的，应由关联企业中的核心控制企业住所地人民法院管辖。核心控制企业不明确的，由关联企业主要财产所在地人民法院管辖。多个法院之间对管辖权发生争议的，应当报请共同的上级人民法院指定管辖。

36. 实质合并审理的法律后果。人民法院裁定采用实质合并方式审理破产案件的，各关联企业成员之间的债权债务归于消灭，各成员的财产作为合并后统一的破产财产，由各成员的债权人在同一程序中按照法定顺序公平受偿。采用实质合并方式进行重整的，重整计划草案中应当制定统一的债权分类、债权调整和债权受偿方案。

37. 实质合并审理后的企业成员存续。适用实质合并规则进行破产清算的，破产程序终结后各关联企业成员均应予以注销。适用实质合并规则进行和解或重整的，各关联企业原则上应当合并为一个企业。根据和解协议或重整计划，确需要保持个别企业独立的，应当依照企业分立的有关规则单独处理。

38. 关联企业破产案件的协调审理与管辖原则。多个关联企业成员均存在破产原因但不符合实质合并条件的，人民法院可根据相关主体的申请对多个破产程序进行协调审理，并可根据程序协调的需要，综合考虑破产案件审理的效率、破产申请的先后顺序、成员负债规模大小、核心控制企业住所地等因素，由共同的上级法院确定一家法院集中管辖。

39. 协调审理的法律后果。协调审理不消灭关联企业成员之间的债权债务关系，不对关联企业成员的财产进行合并，各关联企业成员的债权人仍以该企业成员财产为限依法获得清偿。但关联企业成员之间不当利用关联关系形成的债权，应当劣后于其他普通债权顺序清偿，且该劣后债权人不得就其他关联企业成员提供的特定财产优先受偿。

七、执行程序与破产程序的衔接

执行程序与破产程序的有效衔接是全面推进破产审判工作的有力抓手，也是破解"执行难"的重要举措。全国各级法院要深刻认识执行转破产工作的重要意义，大力推动符合破产条件的执行案件，包括执行不能案件进入破产程序，充分发挥破产程序的制度价值。

40. 执行法院的审查告知、释明义务和移送职责。执行部门要高度重视执行与破产的衔接工作，推动符合条件的执行案件向破产程序移转。执行法院发现作为被执行人的企业法人符合企业破产法第二条规定的，应当及时询问当事人是否同意将案件移送破产审查并释明法律后果。执行法院作出移送决定后，应当书面通知所有已知执行法院，执行法院均应中止对被执行人的执行程序。

41. 执行转破产案件的移送和接收。执行法院与受移送法院应加强移送环节的协调配合，提升工作实效。执行法院移送案件时，应当确保材料完整，内容、形式符合规定。受移送法院应当认真审核并及时反馈意见，不得无故不予接收或暂缓立案。

42. 破产案件受理后查封措施的解除或查封财产的移送。执行法院收到破产受理裁定后，应当解除对债务人财产的查封、扣押、冻结措施；或者根据破产受理法院的要求，出具函件将查封、扣押、冻结财产的处置权交破产受理法院。破产受理法院可以持执行法院的移送处置函件进行续行查封、扣押、冻结，解除查封、扣押、冻结，或者予以处置。

执行法院收到破产受理裁定拒不解除查封、扣押、冻结措施的，破产受理法院可以请求执行法院的上级法院依法予以纠正。

43. 破产审判部门与执行部门的信息共享。破产受理法院可以利用执行查控系统查控债务人财产，提高破产审判工作效率，执行部门应予以配合。

各地法院要树立线上线下法律程序同步化的观念，逐步实现符合移送条件的执行案件网上移送，提升移送工作的透明度，提高案件移送、通知、送达、沟通协调等相关工作的效率。

44. 强化执行转破产工作的考核与管理。各级法院要结合工作实际建立执行转破产工作考核机制，科学设置考核指标，推动执行转破产工作开展。对应当征询当事人意见不征询、应当提交移送审查不提交、受移送法院违反相关规定拒不接收执行转破产材料或者拒绝立案的，除应当纳入绩效考核和业绩考评体系外，还应当公开通报和严肃追究相关人员的责任。

八、破产信息化建设

会议认为，全国法院要进一步加强破产审判的信息化建设，提升破产案件审理的透明度和公信力，增进破产案件审理质效，促进企业重整再生。

45. 充分发挥破产重整案件信息平台对破产审判工作的推动作用。各级法院要按照最高人民法院相关规定，通过破产重整案件信息平台规范破产案件审理，全程公开、步步留痕。要进一步强化信息网的数据统计、数据检索等功能，分析研判企业破产案件情况，及时发现新情况，解决新问题，提升破产案件审判水平。

46. 不断加大破产重整案件的信息公开力度。要增加对债务人企业信息的公开内容，吸引潜在投资者，促进资本、技术、管理能力等要素自由流动和有效配置，帮助企业重整再生。要确保债权人等利害关系人及时、充分了解案件进程和债务人相关财务、重整计划草案、重整计划执行等情况，维护债权人等利害关系人的知情权、程序参与权。

47. 运用信息化手段提高破产案件处理的质量与效率。要适应信息化发展趋势，积极引导以网络拍卖方式处置破产财产,提升破产财产处置效益。鼓励和规范通过网络方式召开债权人会议,提高效率,降低破产费用,确保债权人等主体参与破产程序的权利。

48. 进一步发挥人民法院破产重整案件信息网的枢纽作用。要不断完善和推广使用破产重整案件信息网,在确保增量数据及时录入信息网的同时,加快填充有关存量数据,确立信息网在企业破产大数据方面的枢纽地位,发挥信息网的宣传、交流功能,扩大各方运用信息网的积极性。

九、跨境破产

49. 对跨境破产与互惠原则。人民法院在处理跨境破产案件时,要妥善解决跨境破产中的法律冲突与矛盾,合理确定跨境破产案件中的管辖权。在坚持同类债权平等保护的原则下,协调好外国债权人利益与我国债权人利益的平衡,合理保护我国境内职工债权、税收债权等优先权的清偿利益。积极参与、推动跨境破产国际条约的协商与签订,探索互惠原则适用的新方式,加强我国法院和管理人在跨境破产领域的合作,推进国际投资健康有序发展。

50. 跨境破产案件中的权利保护与利益平衡。依照企业破产法第五条的规定,开展跨境破产协作。人民法院认可外国法院作出的破产案件的判决、裁定后,债务人在中华人民共和国境内的财产在全额清偿境内的担保人、职工债权和社会保险费用、所欠税款等优先权后,剩余财产可以按照该外国法院的规定进行分配。

(十二) 公司　证券　期货

最高人民法院关于适用《中华人民共和国公司法》若干问题的规定(一)

- 2006 年 3 月 27 日最高人民法院审判委员会第 1382 次会议通过
- 根据 2014 年 2 月 17 日最高人民法院审判委员会第 1607 次会议《关于修改关于适用〈中华人民共和国公司法〉若干问题的规定的决定》修正
- 2014 年 2 月 20 日最高人民法院公告公布
- 该修正自 2014 年 3 月 1 日起施行
- 法释〔2014〕2 号

为正确适用 2005 年 10 月 27 日十届全国人大常委会第十八次会议修订的《中华人民共和国公司法》,对人民法院在审理相关的民事纠纷案件中,具体适用公司法的有关问题规定如下:

第一条　公司法实施后,人民法院尚未审结的和新受理的民事案件,其民事行为或事件发生在公司法实施以前的,适用当时的法律法规和司法解释。

第二条　因公司法实施前有关民事行为或者事件发生纠纷起诉到人民法院的,如当时的法律法规和司法解释没有明确规定时,可参照适用公司法的有关规定。

第三条　原告以公司法第二十二条第二款、第七十四条第二款规定事由,向人民法院提起诉讼时,超过公司法规定期限的,人民法院不予受理。

第四条　公司法第一百五十一条规定的 180 日以上连续持股期间,应为股东向人民法院提起诉讼时,已期满的持股时间;规定的合计持有公司百分之一以上股份,是指两个以上股东持股份额的合计。

第五条　人民法院对公司法实施前已经终审的案件依法进行再审时,不适用公司法的规定。

第六条　本规定自公布之日起实施。

最高人民法院关于适用《中华人民共和国公司法》若干问题的规定(二)

- 2008 年 5 月 5 日最高人民法院审判委员会第 1447 次会议通过
- 根据 2014 年 2 月 17 日最高人民法院审判委员会第 1607 次会议《关于修改关于适用〈中华人民共和国公司法〉若干问题的规定的决定》第一次修正
- 根据 2020 年 12 月 23 日最高人民法院审判委员会第 1823 次会议通过的《最高人民法院关于修改〈最高人民法院关于破产企业国有划拨土地使用权应否列入破产财产等问题的批复〉等二十九件商事类司法解释的决定》第二次修正
- 2020 年 12 月 29 日最高人民法院公告公布
- 该修正自 2021 年 1 月 1 日起施行
- 法释〔2020〕18 号

为正确适用《中华人民共和国公司法》,结合审判实践,就人民法院审理公司解散和清算案件适用法律问题作出如下规定。

第一条　单独或者合计持有公司全部股东表决权百分之十以上的股东,以下列事由之一提起解散公司诉讼,并符合公司法第一百八十二条规定的,人民法院应予受理:

(一)公司持续两年以上无法召开股东会或者股东大会,公司经营管理发生严重困难的;

(二)股东表决时无法达到法定或者公司章程规定的比例,持续两年以上不能做出有效的股东会或者股东

大会决议,公司经营管理发生严重困难的;

(三)公司董事长期冲突,且无法通过股东会或者股东大会解决,公司经营管理发生严重困难的;

(四)经营管理发生其他严重困难,公司继续存续会使股东利益受到重大损失的情形。

股东以知情权、利润分配请求权等权益受到损害,或者公司亏损、财产不足以偿还全部债务,以及公司被吊销企业法人营业执照未进行清算等为由,提起解散公司诉讼的,人民法院不予受理。

第二条 股东提起解散公司诉讼,同时又申请人民法院对公司进行清算的,人民法院对其提出的清算申请不予受理。人民法院可以告知原告,在人民法院判决解散公司后,依据民法典第七十条、公司法第一百八十三条和本规定第七条的规定,自行组织清算或者另行申请人民法院对公司进行清算。

第三条 股东提起解散公司诉讼时,向人民法院申请财产保全或者证据保全的,在股东提供担保且不影响公司正常经营的情形下,人民法院可予以保全。

第四条 股东提起解散公司诉讼应当以公司为被告。

原告以其他股东为被告一并提起诉讼的,人民法院应当告知原告将其他股东变更为第三人;原告坚持不予变更的,人民法院应当驳回原告对其他股东的起诉。

原告提起解散公司诉讼应当告知其他股东,或者由人民法院通知其参加诉讼。其他股东或者有关利害关系人申请以共同原告或者第三人身份参加诉讼的,人民法院应予准许。

第五条 人民法院审理解散公司诉讼案件,应当注重调解。当事人协商同意由公司或者股东收购股份,或者以减资等方式使公司存续,且不违反法律、行政法规强制性规定的,人民法院应予支持。当事人不能协商一致使公司存续的,人民法院应当及时判决。

经人民法院调解公司收购原告股份的,公司应当自调解书生效之日起六个月内将股份转让或者注销。股份转让或者注销之前,原告不得以公司收购其股份为由对抗公司债权人。

第六条 人民法院关于解散公司诉讼作出的判决,对公司全体股东具有法律约束力。

人民法院判决驳回解散公司诉讼请求后,提起该诉讼的股东或者其他股东又以同一事实和理由提起解散公司诉讼的,人民法院不予受理。

第七条 公司应当依照民法典第七十条、公司法第一百八十三条的规定,在解散事由出现之日起十五日内成立清算组,开始自行清算。

有下列情形之一,债权人、公司股东、董事或其他利害关系人申请人民法院指定清算组进行清算的,人民法院应予受理:

(一)公司解散逾期不成立清算组进行清算的;

(二)虽然成立清算组但故意拖延清算的;

(三)违法清算可能严重损害债权人或者股东利益的。

第八条 人民法院受理公司清算案件,应当及时指定有关人员组成清算组。

清算组成员可以从下列人员或者机构中产生:

(一)公司股东、董事、监事、高级管理人员;

(二)依法设立的律师事务所、会计师事务所、破产清算事务所等社会中介机构;

(三)依法设立的律师事务所、会计师事务所、破产清算事务所等社会中介机构中具备相关专业知识并取得执业资格的人员。

第九条 人民法院指定的清算组成员有下列情形之一的,人民法院可以根据债权人、公司股东、董事或其他利害关系人的申请,或者依职权更换清算组成员:

(一)有违反法律或者行政法规的行为;

(二)丧失执业能力或者民事行为能力;

(三)有严重损害公司或者债权人利益的行为。

第十条 公司依法清算结束并办理注销登记前,有关公司的民事诉讼,应当以公司的名义进行。

公司成立清算组的,由清算组负责人代表公司参加诉讼;尚未成立清算组的,由原法定代表人代表公司参加诉讼。

第十一条 公司清算时,清算组应当按照公司法第一百八十五条的规定,将公司解散清算事宜书面通知全体已知债权人,并根据公司规模和营业地域范围在全国或者公司注册登记地省级有影响的报纸上进行公告。

清算组未按照前款规定履行通知和公告义务,导致债权人未及时申报债权而未获清偿,债权人主张清算组成员对因此造成的损失承担赔偿责任的,人民法院应依法予以支持。

第十二条 公司清算时,债权人对清算组核定的债权有异议的,可以要求清算组重新核定。清算组不予重新核定,或者债权人对重新核定的债权仍有异议,债权人以公司为被告向人民法院提起诉讼请求确认的,人民法院应予受理。

第十三条 债权人在规定的期限内未申报债权,在公司清算程序终结前补充申报的，清算组应予登记。

公司清算程序终结，是指清算报告经股东会、股东大会或者人民法院确认完毕。

第十四条 债权人补充申报的债权，可以在公司尚未分配财产中依法清偿。公司尚未分配财产不能全额清偿，债权人主张股东以其在剩余财产分配中已经取得的财产予以清偿的，人民法院应予支持；但债权人因重大过错未在规定期限内申报债权的除外。

债权人或者清算组，以公司尚未分配财产和股东在剩余财产分配中已经取得的财产，不能全额清偿补充申报的债权为由，向人民法院提出破产清算申请的，人民法院不予受理。

第十五条 公司自行清算的，清算方案应当报股东会或者股东大会决议确认；人民法院组织清算的，清算方案应当报人民法院确认。未经确认的清算方案，清算组不得执行。

执行未经确认的清算方案给公司或者债权人造成损失，公司、股东、董事、公司其他利害关系人或者债权人主张清算组成员承担赔偿责任的，人民法院应依法予以支持。

第十六条 人民法院组织清算的，清算组应当自成立之日起六个月内清算完毕。

因特殊情况无法在六个月内完成清算的，清算组应当向人民法院申请延长。

第十七条 人民法院指定的清算组在清理公司财产、编制资产负债表和财产清单时，发现公司财产不足清偿债务的，可以与债权人协商制作有关债务清偿方案。

债务清偿方案经全体债权人确认且不损害其他利害关系人利益的，人民法院可依清算组的申请裁定予以认可。清算组依据该清偿方案清偿债务后，应当向人民法院申请裁定终结清算程序。

债权人对债务清偿方案不予确认或者人民法院不予认可的，清算组应当依法向人民法院申请宣告破产。

第十八条 有限责任公司的股东、股份有限公司的董事和控股股东未在法定期限内成立清算组开始清算，导致公司财产贬值、流失、毁损或者灭失，债权人主张其在造成损失范围内对公司债务承担赔偿责任的，人民法院应依法予以支持。

有限责任公司的股东、股份有限公司的董事和控股股东因怠于履行义务，导致公司主要财产、账册、重要文件等灭失，无法进行清算，债权人主张其对公司债务承担连带清偿责任的，人民法院应依法予以支持。

上述情形系实际控制人原因造成，债权人主张实际控制人对公司债务承担相应民事责任的，人民法院应依法予以支持。

第十九条 有限责任公司的股东、股份有限公司的董事和控股股东，以及公司的实际控制人在公司解散后，恶意处置公司财产给债权人造成损失，或者未经依法清算，以虚假的清算报告骗取公司登记机关办理法人注销登记，债权人主张其对公司债务承担相应赔偿责任的，人民法院应依法予以支持。

第二十条 公司解散应当在依法清算完毕后，申请办理注销登记。公司未经清算即办理注销登记，导致公司无法进行清算，债权人主张有限责任公司的股东、股份有限公司的董事和控股股东，以及公司的实际控制人对公司债务承担清偿责任的，人民法院应依法予以支持。

公司未经依法清算即办理注销登记，股东或者第三人在公司登记机关办理注销登记时承诺对公司债务承担责任，债权人主张其对公司债务承担相应民事责任的，人民法院应依法予以支持。

第二十一条 按照本规定第十八条和第二十条第一款的规定应当承担责任的有限责任公司的股东、股份有限公司的董事和控股股东，以及公司的实际控制人为二人以上的，其中一人或者数人依法承担民事责任后，主张其他人员按照过错大小分担责任的，人民法院应依法予以支持。

第二十二条 公司解散时，股东尚未缴纳的出资均应作为清算财产。股东尚未缴纳的出资，包括到期应缴未缴的出资，以及依照公司法第二十六条和第八十条的规定分期缴纳尚未届满缴纳期限的出资。

公司财产不足以清偿债务时，债权人主张未缴出资股东，以及公司设立时的其他股东或者发起人在未缴出资范围内对公司债务承担连带清偿责任的，人民法院应依法予以支持。

第二十三条 清算组成员从事清算事务时，违反法律、行政法规或者公司章程给公司或者债权人造成损失，公司或者债权人主张其承担赔偿责任的，人民法院应依法予以支持。

有限责任公司的股东、股份有限公司连续一百八十日以上单独或者合计持有公司百分之一以上股份的股东，依据公司法第一百五十一条第三款的规定，以清算组成员有前款所述行为为由向人民法院提起诉讼的，人民法院应予受理。

公司已经清算完毕注销，上述股东参照公司法第一百五十一条第三款的规定，直接以清算组成员为被告、其他股东为第三人向人民法院提起诉讼的，人民法院应予受理。

第二十四条 解散公司诉讼案件和公司清算案件由公司住所地人民法院管辖。公司住所地是指公司主要办事机构所在地。公司办事机构所在地不明确的，由其注册地人民法院管辖。

基层人民法院管辖县、县级市或者区的公司登记机关核准登记公司的解散诉讼案件和公司清算案件；中级人民法院管辖地区、地级市以上的公司登记机关核准登记公司的解散诉讼案件和公司清算案件。

最高人民法院关于适用《中华人民共和国公司法》若干问题的规定(三)

- 2010年12月6日最高人民法院审判委员会第1504次会议通过
- 根据2014年2月17日最高人民法院审判委员会第1607次会议《关于修改关于适用〈中华人民共和国公司法〉若干问题的规定的决定》第一次修正
- 根据2020年12月23日最高人民法院审判委员会第1823次会议通过的《最高人民法院关于修改〈最高人民法院关于破产企业国有划拨土地使用权应否列入破产财产等问题的批复〉等二十九件商事类司法解释的决定》第二次修正
- 2020年12月29日最高人民法院公告公布
- 该修正自2021年1月1日起施行
- 法释〔2020〕18号

为正确适用《中华人民共和国公司法》，结合审判实践，就人民法院审理公司设立、出资、股权确认等纠纷案件适用法律问题作出如下规定。

第一条 为设立公司而签署公司章程、向公司认购出资或者股份并履行公司设立职责的人，应当认定为公司的发起人，包括有限责任公司设立时的股东。

第二条 发起人为设立公司以自己名义对外签订合同，合同相对人请求该发起人承担合同责任的，人民法院应予支持；公司成立后合同相对人请求公司承担合同责任的，人民法院应予支持。

第三条 发起人以设立中公司名义对外签订合同，公司成立后合同相对人请求公司承担合同责任的，人民法院应予支持。

公司成立后有证据证明发起人利用设立中公司的名义为自己的利益与相对人签订合同，公司以此为由主张不承担合同责任的，人民法院应予支持，但相对人为善意的除外。

第四条 公司因故未成立，债权人请求全体或者部分发起人对设立公司行为所产生的费用和债务承担连带清偿责任的，人民法院应予支持。

部分发起人依照前款规定承担责任后，请求其他发起人分担的，人民法院应当判令其他发起人按照约定的责任承担比例分担责任；没有约定责任承担比例的，按照约定的出资比例分担责任；没有约定出资比例的，按照均等份额分担责任。

因部分发起人的过错导致公司未成立，其他发起人主张其承担设立行为所产生的费用和债务的，人民法院应当根据过错情况，确定过错一方的责任范围。

第五条 发起人因履行公司设立职责造成他人损害，公司成立后受害人请求公司承担侵权赔偿责任的，人民法院应予支持；公司未成立，受害人请求全体发起人承担连带赔偿责任的，人民法院应予支持。

公司或者无过错的发起人承担赔偿责任后，可以向有过错的发起人追偿。

第六条 股份有限公司的认股人未按期缴纳所认股份的股款，经公司发起人催缴后在合理期间内仍未缴纳，公司发起人对该股份另行募集的，人民法院应当认定该募集行为有效。认股人延期缴纳股款给公司造成损失，公司请求该认股人承担赔偿责任的，人民法院应予支持。

第七条 出资人以不享有处分权的财产出资，当事人之间对于出资行为效力产生争议的，人民法院可以参照民法典第三百一十一条的规定予以认定。

以贪污、受贿、侵占、挪用等违法犯罪所得的货币出资后取得股权的，对违法犯罪行为予以追究、处罚时，应当采取拍卖或者变卖的方式处置其股权。

第八条 出资人以划拨土地使用权出资，或者以设定权利负担的土地使用权出资，公司、其他股东或者公司债权人主张认定出资人未履行出资义务的，人民法院应当责令当事人在指定的合理期间内办理土地变更手续或者解除权利负担；逾期未办理或者未解除的，人民法院应当认定出资人未依法全面履行出资义务。

第九条 出资人以非货币财产出资，未依法评估作价，公司、其他股东或者公司债权人请求认定出资人未履行出资义务的，人民法院应当委托具有合法资格的评估机构对该财产评估作价。评估确定的价额显著低于公司章程所定价额的，人民法院应当认定出资人未依法全面履行出资义务。

第十条 出资人以房屋、土地使用权或者需要办理权属登记的知识产权等财产出资,已经交付公司使用但未办理权属变更手续,公司、其他股东或者公司债权人主张认定出资人未履行出资义务的,人民法院应当责令当事人在指定的合理期间内办理权属变更手续;在前述期间内办理了权属变更手续的,人民法院应当认定其已经履行了出资义务;出资人主张自其实际交付财产给公司使用时享有相应股东权利的,人民法院应予支持。

出资人以前款规定的财产出资,已经办理权属变更手续但未交付给公司使用,公司或者其他股东主张其向公司交付、并在实际交付之前不享有相应股东权利的,人民法院应予支持。

第十一条 出资人以其他公司股权出资,符合下列条件的,人民法院应当认定出资人已履行出资义务:

(一)出资的股权由出资人合法持有并依法可以转让;

(二)出资的股权无权利瑕疵或者权利负担;

(三)出资人已履行关于股权转让的法定手续;

(四)出资的股权已依法进行了价值评估。

股权出资不符合前款第(一)、(二)、(三)项的规定,公司、其他股东或者公司债权人请求认定出资人未履行出资义务的,人民法院应当责令该出资人在指定的合理期间内采取补正措施,以符合上述条件;逾期未补正的,人民法院应当认定其未依法全面履行出资义务。

股权出资不符合本条第一款第(四)项的规定,公司、其他股东或者公司债权人请求认定出资人未履行出资义务的,人民法院应当按本规定第九条的规定处理。

第十二条 公司成立后,公司、股东或者公司债权人以相关股东的行为符合下列情形之一且损害公司权益为由,请求认定该股东抽逃出资的,人民法院应予支持:

(一)制作虚假财务会计报表虚增利润进行分配;

(二)通过虚构债权债务关系将其出资转出;

(三)利用关联交易将出资转出;

(四)其他未经法定程序将出资抽回的行为。

第十三条 股东未履行或者未全面履行出资义务,公司或者其他股东请求其向公司依法全面履行出资义务的,人民法院应予支持。

公司债权人请求未履行或者未全面履行出资义务的股东在未出资本息范围内对公司债务不能清偿的部分承担补充赔偿责任的,人民法院应予支持;未履行或者未全面履行出资义务的股东已经承担上述责任,其他债权人提出相同请求的,人民法院不予支持。

股东在公司设立时未履行或者未全面履行出资义务,依照本条第一款或者第二款提起诉讼的原告,请求公司的发起人与被告股东承担连带责任的,人民法院应予支持;公司的发起人承担责任后,可以向被告股东追偿。

股东在公司增资时未履行或者未全面履行出资义务,依照本条第一款或者第二款提起诉讼的原告,请求未尽公司法第一百四十七条第一款规定的义务而使出资未缴足的董事、高级管理人员承担相应责任的,人民法院应予支持;董事、高级管理人员承担责任后,可以向被告股东追偿。

第十四条 股东抽逃出资,公司或者其他股东请求其向公司返还出资本息、协助抽逃出资的其他股东、董事、高级管理人员或者实际控制人对此承担连带责任的,人民法院应予支持。

公司债权人请求抽逃出资的股东在抽逃出资本息范围内对公司债务不能清偿的部分承担补充赔偿责任、协助抽逃出资的其他股东、董事、高级管理人员或者实际控制人对此承担连带责任的,人民法院应予支持;抽逃出资的股东已经承担上述责任,其他债权人提出相同请求的,人民法院不予支持。

第十五条 出资人以符合法定条件的非货币财产出资后,因市场变化或者其他客观因素导致出资财产贬值,公司、其他股东或者公司债权人请求该出资人承担补足出资责任的,人民法院不予支持。但是,当事人另有约定的除外。

第十六条 股东未履行或者未全面履行出资义务或者抽逃出资,公司根据公司章程或者股东会决议对其利润分配请求权、新股优先认购权、剩余财产分配请求权等股东权利作出相应的合理限制,该股东请求认定该限制无效的,人民法院不予支持。

第十七条 有限责任公司的股东未履行出资义务或者抽逃全部出资,经公司催告缴纳或者返还,其在合理期间内仍未缴纳或者返还出资,公司以股东会决议解除该股东的股东资格,该股东请求确认该解除行为无效的,人民法院不予支持。

在前款规定的情形下,人民法院在判决时应当释明,公司应当及时办理法定减资程序或者由其他股东或者第三人缴纳相应的出资。在办理法定减资程序或者其他股东或者第三人缴纳相应的出资之前,公司债权人依照本规定第十三条或者第十四条请求相关当事人承担相应责任的,人民法院应予支持。

第十八条　有限责任公司的股东未履行或者未全面履行出资义务即转让股权,受让人对此知道或者应当知道,公司请求该股东履行出资义务、受让人对此承担连带责任的,人民法院应予支持;公司债权人依照本规定第十三条第二款向该股东提起诉讼,同时请求前述受让人对此承担连带责任的,人民法院应予支持。

受让人根据前款规定承担责任后,向该未履行或者未全面履行出资义务的股东追偿的,人民法院应予支持。但是,当事人另有约定的除外。

第十九条　公司股东未履行或者未全面履行出资义务或者抽逃出资,公司或者其他股东请求其向公司全面履行出资义务或者返还出资,被告股东以诉讼时效为由进行抗辩的,人民法院不予支持。

公司债权人的债权未过诉讼时效期间,其依照本规定第十三条第二款、第十四条第二款的规定请求未履行或者未全面履行出资义务或者抽逃出资的股东承担赔偿责任,被告股东以出资义务或者返还出资义务超过诉讼时效期间为由进行抗辩的,人民法院不予支持。

第二十条　当事人之间对是否已履行出资义务发生争议,原告提供对股东履行出资义务产生合理怀疑证据的,被告股东应当就其已履行出资义务承担举证责任。

第二十一条　当事人向人民法院起诉请求确认其股东资格的,应当以公司为被告,与案件争议股权有利害关系的人作为第三人参加诉讼。

第二十二条　当事人之间对股权归属发生争议,一方请求人民法院确认其享有股权的,应当证明以下事实之一:

(一)已经依法向公司出资或者认缴出资,且不违反法律法规强制性规定;

(二)已经受让或者以其他形式继受公司股权,且不违反法律法规强制性规定。

第二十三条　当事人依法履行出资义务或者依法继受取得股权后,公司未根据公司法第三十一条、第三十二条的规定签发出资证明书、记载于股东名册并办理公司登记机关登记,当事人请求公司履行上述义务的,人民法院应予支持。

第二十四条　有限责任公司的实际出资人与名义出资人订立合同,约定由实际出资人出资并享有投资权益,以名义出资人为名义股东,实际出资人与名义股东对该合同效力发生争议的,如无法律规定的无效情形,人民法院应当认定该合同有效。

前款规定的实际出资人与名义股东因投资权益的归属发生争议,实际出资人以其实际履行了出资义务为由向名义股东主张权利的,人民法院应予支持。名义股东以公司股东名册记载、公司登记机关登记为由否认实际出资人权利的,人民法院不予支持。

实际出资人未经公司其他股东半数以上同意,请求公司变更股东、签发出资证明书、记载于股东名册、记载于公司章程并办理公司登记机关登记的,人民法院不予支持。

第二十五条　名义股东将登记于其名下的股权转让、质押或者以其他方式处分,实际出资人以其对于股权享有实际权利为由,请求认定处分股权行为无效的,人民法院可以参照民法典第三百一十一条的规定处理。

名义股东处分股权造成实际出资人损失,实际出资人请求名义股东承担赔偿责任的,人民法院应予支持。

第二十六条　公司债权人以登记于公司登记机关的股东未履行出资义务为由,请求其对公司债务不能清偿的部分在未出资本息范围内承担补充赔偿责任,股东以其仅为名义股东而非实际出资人为由进行抗辩的,人民法院不予支持。

名义股东根据前款规定承担赔偿责任后,向实际出资人追偿的,人民法院应予支持。

第二十七条　股权转让后尚未向公司登记机关办理变更登记,原股东将仍登记于其名下的股权转让、质押或者以其他方式处分,受让股东以其对于股权享有实际权利为由,请求认定处分股权行为无效的,人民法院可以参照民法典第三百一十一条的规定处理。

原股东处分股权造成受让股东损失,受让股东请求原股东承担赔偿责任、对于未及时办理变更登记有过错的董事、高级管理人员或者实际控制人承担相应责任的,人民法院应予支持;受让股东对于未及时办理变更登记也有过错的,可以适当减轻上述董事、高级管理人员或者实际控制人的责任。

第二十八条　冒用他人名义出资并将该他人作为股东在公司登记机关登记的,冒名登记行为人应当承担相应责任;公司、其他股东或者公司债权人以未履行出资义务为由,请求被冒名登记为股东的承担补足出资责任或者对公司债务不能清偿部分的赔偿责任的,人民法院不予支持。

最高人民法院关于适用《中华人民共和国公司法》若干问题的规定(四)

- 2016年12月5日最高人民法院审判委员会第1702次会议通过
- 根据2020年12月23日最高人民法院审判委员会第1823次会议通过的《最高人民法院关于修改〈最高人民法院关于破产企业国有划拨土地使用权应否列入破产财产等问题的批复〉等二十九件商事类司法解释的决定》修正
- 2020年12月29日最高人民法院公告公布
- 该修正自2021年1月1日起施行
- 法释〔2020〕18号

为正确适用《中华人民共和国公司法》，结合人民法院审判实践，现就公司决议效力、股东知情权、利润分配权、优先购买权和股东代表诉讼等案件适用法律问题作出如下规定。

第一条 公司股东、董事、监事等请求确认股东会或者股东大会、董事会决议无效或者不成立的，人民法院应当依法予以受理。

第二条 依据民法典第八十五条、公司法第二十二条第二款请求撤销股东会或者股东大会、董事会决议的原告，应当在起诉时具有公司股东资格。

第三条 原告请求确认股东会或者股东大会、董事会决议不成立、无效或者撤销决议的案件，应当列公司为被告。对决议涉及的其他利害关系人，可以依法列为第三人。

一审法庭辩论终结前，其他有原告资格的人以相同的诉讼请求申请参加前款规定诉讼的，可以列为共同原告。

第四条 股东请求撤销股东会或者股东大会、董事会决议，符合民法典第八十五条、公司法第二十二条第二款规定的，人民法院应当予以支持，但会议召集程序或者表决方式仅有轻微瑕疵，且对决议未产生实质影响的，人民法院不予支持。

第五条 股东会或者股东大会、董事会决议存在下列情形之一，当事人主张决议不成立的，人民法院应当予以支持：

（一）公司未召开会议的，但依据公司法第三十七条第二款或者公司章程规定可以不召开股东会或者股东大会而直接作出决定，并由全体股东在决定文件上签名、盖章的除外；

（二）会议未对决议事项进行表决的；

（三）出席会议的人数或者股东所持表决权不符合公司法或者公司章程规定的；

（四）会议的表决结果未达到公司法或者公司章程规定的通过比例的；

（五）导致决议不成立的其他情形。

第六条 股东会或者股东大会、董事会决议被人民法院判决确认无效或者撤销的，公司依据该决议与善意相对人形成的民事法律关系不受影响。

第七条 股东依据公司法第三十三条、第九十七条或者公司章程的规定，起诉请求查阅或者复制公司特定文件材料的，人民法院应当依法予以受理。

公司有证据证明前款规定的原告在起诉时不具有公司股东资格的，人民法院应当驳回起诉，但原告有初步证据证明在持股期间其合法权益受到损害，请求依法查阅或者复制其持股期间的公司特定文件材料的除外。

第八条 有限责任公司有证据证明股东存在下列情形之一的，人民法院应当认定股东有公司法第三十三条第二款规定的"不正当目的"：

（一）股东自营或者为他人经营与公司主营业务有实质性竞争关系业务的，但公司章程另有规定或者全体股东另有约定的除外；

（二）股东为了向他人通报有关信息查阅公司会计账簿，可能损害公司合法利益的；

（三）股东在向公司提出查阅请求之日前的三年内，曾通过查阅公司会计账簿，向他人通报有关信息损害公司合法利益的；

（四）股东有不正当目的的其他情形。

第九条 公司章程、股东之间的协议等实质性剥夺股东依据公司法第三十三条、第九十七条规定查阅或者复制公司文件材料的权利，公司以此为由拒绝股东查阅或者复制的，人民法院不予支持。

第十条 人民法院审理股东请求查阅或者复制公司特定文件材料的案件，对原告诉讼请求予以支持的，应当在判决中明确查阅或者复制公司特定文件材料的时间、地点和特定文件材料的名录。

股东依据人民法院生效判决查阅公司文件材料的，在该股东在场的情况下，可以由会计师、律师等依法或者依据执业行为规范负有保密义务的中介机构执业人员辅助进行。

第十一条 股东行使知情权后泄露公司商业秘密导致公司合法利益受到损害，公司请求该股东赔偿相关损失的，人民法院应当予以支持。

根据本规定第十条辅助股东查阅公司文件材料的会计师、律师等泄露公司商业秘密导致公司合法利益受到损害,公司请求其赔偿相关损失的,人民法院应当予以支持。

第十二条 公司董事、高级管理人员等未依法履行职责,导致公司未依法制作或者保存公司法第三十三条、第九十七条规定的公司文件材料,给股东造成损失,股东依法请求负有相应责任的公司董事、高级管理人员承担民事赔偿责任的,人民法院应当予以支持。

第十三条 股东请求公司分配利润案件,应当列公司为被告。

一审法庭辩论终结前,其他股东基于同一分配方案请求分配利润并申请参加诉讼的,应当列为共同原告。

第十四条 股东提交载明具体分配方案的股东会或者股东大会的有效决议,请求公司分配利润,公司拒绝分配利润且其关于无法执行决议的抗辩理由不成立的,人民法院应当判决公司按照决议载明的具体分配方案向股东分配利润。

第十五条 股东未提交载明具体分配方案的股东会或者股东大会决议,请求公司分配利润的,人民法院应当驳回其诉讼请求,但违反法律规定滥用股东权利导致公司不分配利润,给其他股东造成损失的除外。

第十六条 有限责任公司的自然人股东因继承发生变化时,其他股东主张依据公司法第七十一条第三款规定行使优先购买权的,人民法院不予支持,但公司章程另有规定或者全体股东另有约定的除外。

第十七条 有限责任公司的股东向股东以外的人转让股权,应就其股权转让事项以书面或者其他能够确认收悉的合理方式通知其他股东征求同意。其他股东半数以上不同意转让,不同意的股东不购买的,人民法院应当认定视为同意转让。

经股东同意转让的股权,其他股东主张转让股东应当向其以书面或者其他能够确认收悉的合理方式通知转让股权的同等条件的,人民法院应当予以支持。

经股东同意转让的股权,在同等条件下,转让股东以外的其他股东主张优先购买的,人民法院应当予以支持,但转让股东依本规定第二十条放弃转让的除外。

第十八条 人民法院在判断是否符合公司法第七十一条第三款及本规定所称的"同等条件"时,应当考虑转让股权的数量、价格、支付方式及期限等因素。

第十九条 有限责任公司的股东主张优先购买转让股权的,应当在收到通知后,在公司章程规定的行使期间内提出购买请求。公司章程没有规定行使期间或者规定不明确的,以通知确定的期间为准,通知确定的期间短于三十日或者未明确行使期间的,行使期间为三十日。

第二十条 有限责任公司的转让股东,在其他股东主张优先购买后又不同意转让股权的,对其他股东优先购买的主张,人民法院不予支持,但公司章程另有规定或者全体股东另有约定的除外。其他股东主张转让股东赔偿其损失合理的,人民法院应当予以支持。

第二十一条 有限责任公司的股东向股东以外的人转让股权,未就其股权转让事项征求其他股东意见,或者以欺诈、恶意串通等手段,损害其他股东优先购买权,其他股东主张按照同等条件购买该转让股权的,人民法院应当予以支持,但其他股东自知道或者应当知道行使优先购买权的同等条件之日起三十日内没有主张,或者自股权变更登记之日起超过一年的除外。

前款规定的其他股东仅提出确认股权转让合同及股权变动效力等请求,未同时主张按照同等条件购买转让股权的,人民法院不予支持,但其他股东非因自身原因导致无法行使优先购买权,请求损害赔偿的除外。

股东以外的股权受让人,因股东行使优先购买权而不能实现合同目的的,可以依法请求转让股东承担相应民事责任。

第二十二条 通过拍卖向股东以外的人转让有限责任公司股权的,适用公司法第七十一条第二款、第三款或者第七十二条规定的"书面通知""通知""同等条件"时,根据相关法律、司法解释确定。

在依法设立的产权交易场所转让有限责任公司国有股权的,适用公司法第七十一条第二款、第三款或者第七十二条规定的"书面通知""通知""同等条件"时,可以参照产权交易场所的交易规则。

第二十三条 监事会或者不设监事会的有限责任公司的监事依据公司法第一百五十一条第一款规定对董事、高级管理人员提起诉讼的,应当列公司为原告,依法由监事会主席或者不设监事会的有限责任公司的监事代表公司进行诉讼。

董事会或者不设董事会的有限责任公司的执行董事依据公司法第一百五十一条第一款规定对监事提起诉讼的,或者依据公司法第一百五十一条第三款规定对他人提起诉讼的,应当列公司为原告,依法由董事长或者执行董事代表公司进行诉讼。

第二十四条 符合公司法第一百五十一条第一款规

定条件的股东,依据公司法第一百五十一条第二款、第三款规定,直接对董事、监事、高级管理人员或者他人提起诉讼的,应当列公司为第三人参加诉讼。

一审法庭辩论终结前,符合公司法第一百五十一条第一款规定条件的其他股东,以相同的诉讼请求申请参加诉讼的,应当列为共同原告。

第二十五条 股东依据公司法第一百五十一条第二款、第三款规定直接提起诉讼的案件,胜诉利益归属于公司。股东请求被告直接向其承担民事责任的,人民法院不予支持。

第二十六条 股东依据公司法第一百五十一条第二款、第三款规定直接提起诉讼的案件,其诉讼请求部分或者全部得到人民法院支持的,公司应当承担股东因参加诉讼支付的合理费用。

第二十七条 本规定自2017年9月1日起施行。

本规定施行后尚未终审的案件,适用本规定;本规定施行前已经终审的案件,或者适用审判监督程序再审的案件,不适用本规定。

最高人民法院关于适用《中华人民共和国公司法》若干问题的规定(五)

- 2019年4月22日最高人民法院审判委员会第1766次会议审议通过
- 根据2020年12月23日最高人民法院审判委员会第1823次会议通过的《最高人民法院关于修改〈最高人民法院关于破产企业国有划拨土地使用权应否列入破产财产等问题的批复〉等二十九件商事类司法解释的决定》修正
- 2020年12月29日最高人民法院公告公布
- 该修正自2021年1月1日起施行
- 法释〔2020〕18号

为正确适用《中华人民共和国公司法》,结合人民法院审判实践,就股东权益保护等纠纷案件适用法律问题作出如下规定。

第一条 关联交易损害公司利益,原告公司依据民法典第八十四条、公司法第二十一条规定请求控股股东、实际控制人、董事、监事、高级管理人员赔偿所造成的损失,被告仅以该交易已经履行了信息披露、经股东会或者股东大会同意等法律、行政法规或者公司章程规定的程序为由抗辩的,人民法院不予支持。

公司没有提起诉讼的,符合公司法第一百五十一条第一款规定条件的股东,可以依据公司法第一百五十一条第二款、第三款规定向人民法院提起诉讼。

第二条 关联交易合同存在无效、可撤销或者对公司不发生效力的情形,公司没有起诉合同相对方的,符合公司法第一百五十一条第一款规定条件的股东,可以依据公司法第一百五十一条第二款、第三款规定向人民法院提起诉讼。

第三条 董事任期届满前被股东会或者股东大会有效决议解除职务,其主张解除不发生法律效力的,人民法院不予支持。

董事职务被解除后,因补偿与公司发生纠纷提起诉讼的,人民法院应当依据法律、行政法规、公司章程的规定或者合同的约定,综合考虑解除的原因、剩余任期、董事薪酬等因素,确定是否补偿以及补偿的合理数额。

第四条 分配利润的股东会或者股东大会决议作出后,公司应当在决议载明的时间内完成利润分配。决议没有载明时间的,以公司章程规定的为准。决议、章程中均未规定时间或者时间超过一年的,公司应当自决议作出之日起一年内完成利润分配。

决议中载明的利润分配完成时间超过公司章程规定时间的,股东可以依据民法典八十五条、公司法第二十二条第二款规定请求人民法院撤销决议中关于该时间的规定。

第五条 人民法院审理涉及有限责任公司股东重大分歧案件时,应当注重调解。当事人协商一致以下列方式解决分歧,且不违反法律、行政法规的强制性规定的,人民法院应予支持:

(一)公司回购部分股东股份;
(二)其他股东受让部分股东股份;
(三)他人受让部分股东股份;
(四)公司减资;
(五)公司分立;
(六)其他能够解决分歧,恢复公司正常经营,避免公司解散的方式。

第六条 本规定自2019年4月29日起施行。

本规定施行后尚未终审的案件,适用本规定;本规定施行前已经终审的案件,或者适用审判监督程序再审的案件,不适用本规定。

本院以前发布的司法解释与本规定不一致的,以本规定为准。

最高人民法院关于审理期货纠纷案件若干问题的规定

- 2003年5月16日最高人民法院审判委员会第1270次会议通过
- 根据2020年12月23日最高人民法院审判委员会第1823次会议通过的《最高人民法院关于修改〈最高人民法院关于破产企业国有划拨土地使用权应否列入破产财产等问题的批复〉等二十九件商事类司法解释的决定》修正
- 2020年12月29日最高人民法院公告公布
- 该修正自2021年1月1日起施行
- 法释〔2020〕18号

为了正确审理期货纠纷案件,根据《中华人民共和国民法典》《中华人民共和国民事诉讼法》等有关法律、行政法规的规定,结合审判实践经验,对审理期货纠纷案件的若干问题制定本规定。

一、一般规定

第一条 人民法院审理期货纠纷案件,应当依法保护当事人的合法权益,正确确定其应承担的风险责任,并维护期货市场秩序。

第二条 人民法院审理期货合同纠纷案件,应当严格按照当事人在合同中的约定确定违约方承担的责任,当事人的约定违反法律、行政法规强制性规定的除外。

第三条 人民法院审理期货侵权纠纷和无效的期货交易合同纠纷案件,应当根据各方当事人是否有过错,以及过错的性质、大小,过错和损失之间的因果关系,确定过错方承担的民事责任。

二、管辖

第四条 人民法院应当依据民事诉讼法第二十三条、第二十八条和第三十四条的规定确定期货纠纷案件的管辖。

第五条 在期货公司的分公司、营业部等分支机构进行期货交易的,该分支机构住所地为合同履行地。

因实物交割发生纠纷的,期货交易所住所地为合同履行地。

第六条 侵权与违约竞合的期货纠纷案件,依当事人选择的诉由确定管辖。当事人既以违约又以侵权起诉的,以当事人起诉状中在先的诉讼请求确定管辖。

第七条 期货纠纷案件由中级人民法院管辖。

高级人民法院根据需要可以确定部分基层人民法院受理期货纠纷案件。

三、承担责任的主体

第八条 期货公司的从业人员在本公司经营范围内从事期货交易行为产生的民事责任,由其所在的期货公司承担。

第九条 期货公司授权非本公司人员以本公司的名义从事期货交易行为的,期货公司应当承担由此产生的民事责任;非期货公司人员以期货公司名义从事期货交易行为,具备民法典第一百七十二条所规定的表见代理条件的,期货公司应当承担由此产生的民事责任。

第十条 公民、法人受期货公司或者客户的委托,作为居间人为其提供订约的机会或者订立期货经纪合同的中介服务的,期货公司或者客户应当按照约定向居间人支付报酬。居间人应当独立承担基于居间经纪关系所产生的民事责任。

第十一条 不以真实身份从事期货交易的单位或者个人,交易行为符合期货交易所交易规则的,交易结果由其自行承担。

第十二条 期货公司设立的取得营业执照和经营许可证的分公司、营业部等分支机构超出经营范围开展经营活动所产生的民事责任,该分支机构不能承担的,由期货公司承担。

客户有过错的,应当承担相应的民事责任。

四、无效合同责任

第十三条 有下列情形之一的,应当认定期货经纪合同无效:

(一)没有从事期货经纪业务的主体资格而从事期货经纪业务的;

(二)不具备从事期货交易主体资格的客户从事期货交易的;

(三)违反法律、行政法规的强制性规定的。

第十四条 因期货经纪合同无效给客户造成经济损失的,应当根据无效行为与损失之间的因果关系确定责任的承担。一方的损失系对方行为所致,应当由对方赔偿损失;双方有过错的,根据过错大小各自承担相应的民事责任。

第十五条 不具有主体资格的经营机构因从事期货经纪业务而导致期货经纪合同无效,该机构按客户的交易指令入市交易的,收取的佣金应当返还给客户,交易结果由客户承担。

该机构未按客户的交易指令入市交易,客户没有过错的,该机构应当返还客户的保证金并赔偿客户的损失。赔偿损失的范围包括交易手续费、税金及利息。

五、交易行为责任

第十六条 期货公司在与客户订立期货经纪合同

时,未提示客户注意《期货交易风险说明书》内容,并由客户签字或者盖章,对于客户在交易中的损失,应当依据民法典第五百条第三项的规定承担相应的赔偿责任。但是,根据以往交易结果记载,证明客户已有交易经历的,应当免除期货公司的责任。

第十七条　期货公司接受客户全权委托进行期货交易的,对交易产生的损失,承担主要赔偿责任,赔偿额不超过损失的百分之八十,法律、行政法规另有规定的除外。

第十八条　期货公司与客户签订的期货经纪合同对下达交易指令的方式未作约定或者约定不明确的,期货公司不能证明其所进行的交易是依据客户交易指令进行的,对该交易造成客户的损失,期货公司应当承担赔偿责任,客户予以追认的除外。

第十九条　期货公司执行非受托人的交易指令造成客户损失,应当由期货公司承担赔偿责任,非受托人承担连带责任,客户予以追认的除外。

第二十条　客户下达的交易指令没有品种、数量、买卖方向的,期货公司未予拒绝而进行交易造成客户的损失,由期货公司承担赔偿责任,客户予以追认的除外。

第二十一条　客户下达的交易指令数量和买卖方向明确,没有有效期限的,应当视为当日有效;没有成交价格的,应当视为按市价交易;没有开平仓方向的,应当视为开仓交易。

第二十二条　期货公司错误执行客户交易指令,除客户认可的以外,交易的后果由期货公司承担,并按下列方式分别处理:

(一)交易数量发生错误的,多于指令数量的部分由期货公司承担,少于指令数量的部分,由期货公司补足或者赔偿直接损失;

(二)交易价格超出客户指令价位范围的,交易差价损失或者交易结果由期货公司承担。

第二十三条　期货公司不当延误执行客户交易指令给客户造成损失的,应当承担赔偿责任,但由于市场原因致客户交易指令未能全部或者部分成交的,期货公司不承担责任。

第二十四条　期货公司超出客户指令价位的范围,将高于客户指令价格卖出或者低于客户指令价格买入后的差价利益占为己有的,客户要求期货公司返还的,人民法院应予支持,期货公司与客户另有约定的除外。

第二十五条　期货交易所未按交易规则规定的期限、方式,将交易或者持仓头寸的结算结果通知期货公司,造成期货公司损失的,由期货交易所承担赔偿责任。

期货公司未按期货经纪合同约定的期限、方式,将交易或者持仓头寸的结算结果通知客户,造成客户损失的,由期货公司承担赔偿责任。

第二十六条　期货公司与客户对交易结算结果的通知方式未作约定或者约定不明确,期货公司未能提供证据证明已经发出上述通知的,对客户因继续持仓而造成扩大的损失,应当承担主要赔偿责任,赔偿额不超过损失的百分之八十。

第二十七条　客户对当日交易结算结果的确认,应当视为对该日之前所有持仓和交易结算结果的确认,所产生的交易后果由客户自行承担。

第二十八条　期货公司对交易结算结果提出异议,期货交易所未及时采取措施导致损失扩大的,对造成期货公司扩大的损失应当承担赔偿责任。

客户对交易结算结果提出异议,期货公司未及时采取措施导致损失扩大的,期货公司对造成客户扩大的损失应当承担赔偿责任。

第二十九条　期货公司对期货交易所或者客户对期货公司的交易结算结果有异议,而未在期货交易所交易规则规定或者期货经纪合同约定的时间内提出的,视为期货公司或者客户对交易结算结果已予以确认。

第三十条　期货公司进行混码交易的,客户不承担责任,但期货公司能够举证证明其已按照客户交易指令入市交易的,客户应当承担相应的交易结果。

六、透支交易责任

第三十一条　期货交易所在期货公司没有保证金或者保证金不足的情况下,允许期货公司开仓交易或者继续持仓,应当认定为透支交易。

期货公司在客户没有保证金或者保证金不足的情况下,允许客户开仓交易或者继续持仓,应当认定为透支交易。

审查期货公司或者客户是否透支交易,应当以期货交易所规定的保证金比例为标准。

第三十二条　期货公司的交易保证金不足,期货交易所未按规定通知期货公司追加保证金的,由于行情向持仓不利的方向变化导致期货公司透支发生的扩大损失,期货交易所应当承担主要赔偿责任,赔偿额不超过损失的百分之六十。

客户的交易保证金不足,期货公司未按约定通知客户追加保证金的,由于行情向持仓不利的方向变化导致客户透支发生的扩大损失,期货公司应当承担主要赔偿责任,赔偿额不超过损失的百分之八十。

第三十三条　期货公司的交易保证金不足,期货交易所履行了通知义务,而期货公司未及时追加保证金,期货公司要求保留持仓并经书面协商一致的,对保留持仓期间造成的损失,由期货公司承担;穿仓造成的损失,由期货交易所承担。

客户的交易保证金不足,期货公司履行了通知义务而客户未及时追加保证金,客户要求保留持仓并经书面协商一致的,对保留持仓期间造成的损失,由客户承担;穿仓造成的损失,由期货公司承担。

第三十四条　期货交易所允许期货公司开仓透支交易的,对透支交易造成的损失,由期货交易所承担主要赔偿责任,赔偿额不超过损失的百分之六十。

期货公司允许客户开仓透支交易的,对透支交易造成的损失,由期货公司承担主要赔偿责任,赔偿额不超过损失的百分之八十。

第三十五条　期货交易所允许期货公司透支交易,并与其约定分享利益,共担风险的,对透支交易造成的损失,期货交易所承担相应的赔偿责任。

期货公司允许客户透支交易,并与其约定分享利益,共担风险的,对透支交易造成的损失,期货公司承担相应的赔偿责任。

七、强行平仓责任

第三十六条　期货公司的交易保证金不足,又未能按期货交易所规定的时间追加保证金的,按交易规则的规定处理;规定不明确的,期货交易所有权就其未平仓的期货合约强行平仓,强行平仓所造成的损失,由期货公司承担。

客户的交易保证金不足,又未能按期货经纪合同约定的时间追加保证金的,按期货经纪合同的约定处理;约定不明确的,期货公司有权就其未平仓的期货合约强行平仓,强行平仓造成的损失,由客户承担。

第三十七条　期货交易所因期货公司违规超仓或者其他违规行为而必须强行平仓的,强行平仓所造成的损失,由期货公司承担。

期货公司因客户违规超仓或者其他违规行为而必须强行平仓的,强行平仓所造成的损失,由客户承担。

第三十八条　期货公司或者客户交易保证金不足,符合强行平仓条件后,应当自行平仓而未平仓造成的扩大损失,由期货公司或者客户自行承担。法律、行政法规另有规定或者当事人另有约定的除外。

第三十九条　期货交易所或者期货公司强行平仓数额应当与期货公司或者客户需追加的保证金数额基本相当。因超量平仓引起的损失,由强行平仓者承担。

第四十条　期货交易所对期货公司、期货公司对客户未按期货交易所交易规则规定或者期货经纪合同约定的强行平仓条件、时间、方式进行强行平仓,造成期货公司或者客户损失的,期货交易所或者期货公司应当承担赔偿责任。

第四十一条　期货交易所依法或依交易规则强行平仓发生的费用,由被平仓的期货公司承担;期货公司承担责任后有权向有过错的客户追偿。

期货公司依法或依约定强行平仓所发生的费用,由客户承担。

八、实物交割责任

第四十二条　交割仓库未履行货物验收职责或者因保管不善给仓单持有人造成损失的,应当承担赔偿责任。

第四十三条　期货公司没有代客户履行申请交割义务的,应当承担违约责任;造成客户损失的,应当承担赔偿责任。

第四十四条　在交割日,卖方期货公司未向期货交易所交付标准仓单,或者买方期货公司未向期货交易所账户交付足额货款,构成交割违约。

构成交割违约的,违约方应当承担违约责任;具有民法典第五百六十三条第一款第四项规定情形的,对方有权要求终止交割或者要求违约方继续交割。

征购或者竞卖失败的,应当由违约方按照交易所有关赔偿办法的规定承担赔偿责任。

第四十五条　在期货合约交割期内,买方或者卖方客户违约的,期货交易所应当代期货公司、期货公司应当代客户向对方承担违约责任。

第四十六条　买方客户未在期货交易所交易规则规定的期限内对货物的质量、数量提出异议的,应视为其对货物的数量、质量无异议。

第四十七条　交割仓库不能在期货交易所交易规则规定的期限内,向标准仓单持有人交付符合期货合约要求的货物,造成标准仓单持有人损失的,交割仓库应当承担责任,期货交易所承担连带责任。

期货交易所承担责任后,有权向交割仓库追偿。

九、保证合约履行责任

第四十八条　期货公司未按照每日无负债结算制度的要求,履行相应的金钱给付义务,期货交易所亦未代期货公司履行,造成交易对方损失的,期货交易所应当承担赔偿责任。

期货交易所代期货公司履行义务或者承担赔偿责任后,有权向不履行义务的一方追偿。

第四十九条　期货交易所未代期货公司履行期货合

约,期货公司应当根据客户请求向期货交易所主张权利。

期货公司拒绝代客户向期货交易所主张权利的,客户可直接起诉期货交易所,期货公司可作为第三人参加诉讼。

第五十条 因期货交易所的过错导致信息发布、交易指令处理错误,造成期货公司或者客户直接经济损失的,期货交易所应当承担赔偿责任,但其能够证明系不可抗力的除外。

第五十一条 期货交易所依据有关规定对期货市场出现的异常情况采取合理的紧急措施造成客户损失的,期货交易所不承担赔偿责任。

期货公司执行期货交易所的合理的紧急措施造成客户损失的,期货公司不承担赔偿责任。

十、侵权行为责任

第五十二条 期货交易所、期货公司故意提供虚假信息误导客户下单的,由此造成客户的经济损失由期货交易所、期货公司承担。

第五十三条 期货公司私下对冲、与客户对赌等不将客户指令入市交易的行为,应当认定为无效,期货公司应当赔偿由此给客户造成的经济损失;期货公司与客户均有过错的,应当根据过错大小,分别承担相应的赔偿责任。

第五十四条 期货公司擅自以客户的名义进行交易,客户对交易结果不予追认的,所造成的损失由期货公司承担。

第五十五条 期货公司挪用客户保证金,或者违反有关规定划转客户保证金造成客户损失的,应当承担赔偿责任。

十一、举证责任

第五十六条 期货公司应当对客户的交易指令是否入市交易承担举证责任。

确认期货公司是否将客户下达的交易指令入市交易,应当以期货交易所的交易记录、期货公司通知的交易结算结果与客户交易指令记录中的品种、买卖方向是否一致,价格、交易时间是否相符为标准,指令交易数量可以作为参考。但客户有相反证据证明其交易指令未入市交易的除外。

第五十七条 期货交易所通知期货公司追加保证金,期货公司否认收到上述通知的,由期货交易所承担举证责任。

期货公司向客户发出追加保证金的通知,客户否认收到上述通知的,由期货公司承担举证责任。

十二、保全和执行

第五十八条 人民法院保全与会员资格相应的会员资格费或者交易席位,应当依法裁定不得转让该会员资格费或者交易席位,但不得停止该会员交易席位的使用。人民法院在执行过程中,有权依法采取强制措施转让该交易席位。

第五十九条 期货交易所、期货公司为债务人的,人民法院不得冻结、划拨期货公司在期货交易所或者客户在期货公司保证金账户中的资金。

有证据证明该保证金账户中有超出期货公司、客户权益资金的部分,期货交易所、期货公司在人民法院指定的合理期限内不能提出相反证据的,人民法院可以依法冻结、划拨该账户中属于期货交易所、期货公司的自有资金。

第六十条 期货公司为债务人的,人民法院不得冻结、划拨专用结算账户中未被期货合约占用的用于担保期货合约履行的最低限额的结算准备金;期货公司已经结清所有持仓并清偿客户资金的,人民法院可以对结算准备金依法予以冻结、划拨。

期货公司有其他财产的,人民法院应当依法先行冻结、查封、执行期货公司的其他财产。

第六十一条 客户、自营会员为债务人的,人民法院可以对其保证金、持仓依法采取保全和执行措施。

十三、其 它

第六十二条 本规定所称期货公司是指经依法批准代理投资者从事期货交易业务的经营机构及其分公司、营业部等分支机构。客户是指委托期货公司从事期货交易的投资者。

第六十三条 本规定自2003年7月1日起施行。

2003年7月1日前发生的期货交易行为或者侵权行为,适用当时的有关规定;当时规定不明确的,参照本规定处理。

最高人民法院关于审理期货纠纷案件若干问题的规定(二)

- 2010年12月27日最高人民法院审判委员会第1507次会议通过
- 根据2020年12月23日最高人民法院审判委员会第1823次会议通过的《最高人民法院关于修改〈最高人民法院关于破产企业国有划拨土地使用权应否列入破产财产等问题的批复〉等二十九件商事类司法解释的决定》修正
- 2020年12月29日最高人民法院公告公布
- 该修正自2021年1月1日起施行
- 法释[2020]18号

为解决相关期货纠纷案件的管辖、保全与执行等法律适用问题,根据《中华人民共和国民事诉讼法》等有关法律、行政法规的规定以及审判实践的需要,制定本规定。

第一条 以期货交易所为被告或者第三人的因期货交易所履行职责引起的商事案件,由期货交易所所在地的中级人民法院管辖。

第二条 期货交易所履行职责引起的商事案件是指:

(一)期货交易所会员及其相关人员、保证金存管银行及其相关人员、客户、其他期货市场参与者,以期货交易所违反法律法规以及国务院期货监督管理机构的规定,履行监督管理职责不当,造成其损害为由提起的商事诉讼案件;

(二)期货交易所会员及其相关人员、保证金存管银行及其相关人员、客户、其他期货市场参与者,以期货交易所违反其章程、交易规则、实施细则的规定以及业务协议的约定,履行监督管理职责不当,造成其损害为由提起的商事诉讼案件;

(三)期货交易所因履行职责引起的其他商事诉讼案件。

第三条 期货交易所为债务人,债权人请求冻结、划拨以下账户中资金或者有价证券的,人民法院不予支持:

(一)期货交易所会员在期货交易所保证金账户中的资金;

(二)期货交易所会员向期货交易所提交的用于充抵保证金的有价证券。

第四条 期货公司为债务人,债权人请求冻结、划拨以下账户中资金或者有价证券的,人民法院不予支持:

(一)客户在期货公司保证金账户中的资金;

(二)客户向期货公司提交的用于充抵保证金的有价证券。

第五条 实行会员分级结算制度的期货交易所的结算会员为债务人,债权人请求冻结、划拨结算会员以下资金或者有价证券的,人民法院不予支持:

(一)非结算会员在结算会员保证金账户中的资金;

(二)非结算会员向结算会员提交的用于充抵保证金的有价证券。

第六条 有证据证明保证金账户中有超过上述第三条、第四条、第五条规定的资金或者有价证券部分权益的,期货交易所、期货公司或者期货交易所结算会员在人民法院指定的合理期限内不能提出相反证据的,人民法院可以依法冻结、划拨超出部分的资金或者有价证券。

有证据证明期货交易所、期货公司、期货交易所结算会员自有资金与保证金发生混同,期货交易所、期货公司或者期货交易所结算会员在人民法院指定的合理期限内不能提出相反证据的,人民法院可以依法冻结、划拨相关账户内的资金或者有价证券。

第七条 实行会员分级结算制度的期货交易所或者其结算会员为债务人,债权人请求冻结、划拨期货交易所向其结算会员依法收取的结算担保金的,人民法院不予支持。

有证据证明结算会员在结算担保金专用账户中有超过交易所要求的结算担保金数额部分的,结算会员在人民法院指定的合理期限内不能提出相反证据的,人民法院可以依法冻结、划拨超出部分的资金。

第八条 人民法院在办理案件过程中,依法需要通过期货交易所、期货公司查询、冻结、划拨资金或者有价证券的,期货交易所、期货公司应当予以协助。应当协助而拒不协助的,按照《中华人民共和国民事诉讼法》第一百一十四条之规定办理。

第九条 本规定施行前已经受理的上述案件不再移送。

第十条 本规定施行前本院作出的有关司法解释与本规定不一致的,以本规定为准。

最高人民法院关于审理证券市场虚假陈述侵权民事赔偿案件的若干规定

- 2021年12月30日最高人民法院审判委员会第1860次会议通过
- 2022年1月21日最高人民法院公告公布
- 自2022年1月22日起施行
- 法释〔2022〕2号

为正确审理证券市场虚假陈述侵权民事赔偿案件,规范证券发行和交易行为,保护投资者合法权益,维护公开、公平、公正的证券市场秩序,根据《中华人民共和国民法典》《中华人民共和国证券法》《中华人民共和国公司法》《中华人民共和国民事诉讼法》等法律规定,结合审判实践,制定本规定。

一、一般规定

第一条 信息披露义务人在证券交易场所发行、交易证券过程中实施虚假陈述引发的侵权民事赔偿案件,适用本规定。

按照国务院规定设立的区域性股权市场中发生的虚假陈述侵权民事赔偿案件,可以参照适用本规定。

第二条 原告提起证券虚假陈述侵权民事赔偿诉讼,符合民事诉讼法第一百二十二条规定,并提交以下证据或者证明材料的,人民法院应当受理:

（一）证明原告身份的相关文件；
（二）信息披露义务人实施虚假陈述的相关证据；
（三）原告因虚假陈述进行交易的凭证及投资损失等相关证据。

人民法院不得仅以虚假陈述未经监管部门行政处罚或者人民法院生效刑事判决的认定为由裁定不予受理。

第三条 证券虚假陈述侵权民事赔偿案件，由发行人住所地的省、自治区、直辖市人民政府所在的市、计划单列市和经济特区中级人民法院或者专门人民法院管辖。《最高人民法院关于证券纠纷代表人诉讼若干问题的规定》等对管辖另有规定的，从其规定。

省、自治区、直辖市高级人民法院可以根据本辖区的实际情况，确定管辖第一审证券虚假陈述侵权民事赔偿案件的其他中级人民法院，报最高人民法院备案。

二、虚假陈述的认定

第四条 信息披露义务人违反法律、行政法规、监管部门制定的规章和规范性文件关于信息披露的规定，在披露的信息中存在虚假记载、误导性陈述或者重大遗漏的，人民法院应当认定为虚假陈述。

虚假记载，是指信息披露义务人披露的信息中对相关财务数据进行重大不实记载，或者对其他重要信息作出与真实情况不符的描述。

误导性陈述，是指信息披露义务人披露的信息隐瞒了与之相关的部分重要事实，或者未及时披露相关更正、确认信息，致使已经披露的信息因不完整、不准确而具有误导性。

重大遗漏，是指信息披露义务人违反关于信息披露的规定，对重大事件或者重要事项等应当披露的信息未予披露。

第五条 证券法第八十五条规定的"未按照规定披露信息"，是指信息披露义务人未按照规定的期限、方式等要求及时、公平披露信息。

信息披露义务人"未按照规定披露信息"构成虚假陈述的，依照本规定承担民事责任；构成内幕交易的，依照证券法第五十三条的规定承担民事责任；构成公司法第一百五十二条规定的损害股东利益行为的，依照该法承担民事责任。

第六条 原告以信息披露文件中的盈利预测、发展规划等预测性信息与实际经营情况存在重大差异为由主张发行人实施虚假陈述的，人民法院不予支持，但有下列情形之一的除外：

（一）信息披露文件未对影响该预测实现的重要因素进行充分风险提示的；
（二）预测性信息所依据的基本假设、选用的会计政策等编制基础明显不合理的；
（三）预测性信息所依据的前提发生重大变化时，未及时履行更正义务的。

前款所称的重大差异，可以参照监管部门和证券交易场所的有关规定认定。

第七条 虚假陈述实施日，是指信息披露义务人作出虚假陈述或者发生虚假陈述之日。

信息披露义务人在证券交易场所的网站或者符合监管部门规定条件的媒体上公告发布具有虚假陈述内容的信息披露文件，以披露日为实施日；通过召开业绩说明会、接受新闻媒体采访等方式实施虚假陈述的，以该虚假陈述的内容在具有全国性影响的媒体上首次公布之日为实施日。信息披露文件或者相关报导内容在交易日收市后发布的，以其后的第一个交易日为实施日。

因未及时披露相关更正、确认信息构成误导性陈述，或者未及时披露重大事件或者重要事项等构成重大遗漏的，以应当披露相关信息期限届满后的第一个交易日为实施日。

第八条 虚假陈述揭露日，是指虚假陈述在具有全国性影响的报刊、电台、电视台或监管部门网站、交易场所网站、主要门户网站、行业知名的自媒体等媒体上，首次被公开揭露并为证券市场知悉之日。

人民法院应当根据公开交易市场对相关信息的反应等证据，判断投资者是否知悉了虚假陈述。

除当事人有相反证据足以反驳外，下列日期应当认定为揭露日：

（一）监管部门以涉嫌信息披露违法为由对信息披露义务人立案调查的信息公开之日；
（二）证券交易场所等自律管理组织因虚假陈述对信息披露义务人等责任主体采取自律管理措施的信息公布之日。

信息披露义务人实施的虚假陈述呈连续状态的，以首次被公开揭露并为证券市场知悉之日为揭露日。信息披露义务人实施多个相互独立的虚假陈述的，人民法院应当分别认定其揭露日。

第九条 虚假陈述更正日，是指信息披露义务人在证券交易场所网站或者符合监管部门规定条件的媒体上，自行更正虚假陈述之日。

三、重大性及交易因果关系

第十条 有下列情形之一的，人民法院应当认定虚假陈述的内容具有重大性：

（一）虚假陈述的内容属于证券法第八十条第二款、第八十一条第二款规定的重大事件；

（二）虚假陈述的内容属于监管部门制定的规章和规范性文件中要求披露的重大事件或者重要事项；

（三）虚假陈述的实施、揭露或者更正导致相关证券的交易价格或者交易量产生明显的变化。

前款第一项、第二项所列情形，被告提交证据足以证明虚假陈述并未导致相关证券交易价格或者交易量明显变化的，人民法院应当认定虚假陈述的内容不具有重大性。

被告能够证明虚假陈述不具有重大性，并以此抗辩不应当承担民事责任的，人民法院应当予以支持。

第十一条 原告能够证明下列情形的，人民法院应当认定原告的投资决定与虚假陈述之间的交易因果关系成立：

（一）信息披露义务人实施了虚假陈述；

（二）原告交易的是与虚假陈述直接关联的证券；

（三）原告在虚假陈述实施日之后、揭露日或更正日之前实施了相应的交易行为，即在诱多型虚假陈述中买入了相关证券，或者在诱空型虚假陈述中卖出了相关证券。

第十二条 被告能够证明下列情形之一的，人民法院应当认定交易因果关系不成立：

（一）原告的交易行为发生在虚假陈述实施前，或者是在揭露或更正之后；

（二）原告在交易时知道或者应当知道存在虚假陈述，或者虚假陈述已经被证券市场广泛知悉；

（三）原告的交易行为是受到虚假陈述实施后发生的上市公司的收购、重大资产重组等其他重大事件的影响；

（四）原告的交易行为构成内幕交易、操纵证券市场等证券违法行为的；

（五）原告的交易行为与虚假陈述不具有交易因果关系的其他情形。

四、过错认定

第十三条 证券法第八十五条、第一百六十三条所称的过错，包括以下两种情形：

（一）行为人故意制作、出具存在虚假陈述的信息披露文件，或者明知信息披露文件存在虚假陈述而不予指明、予以发布；

（二）行为人严重违反注意义务，对信息披露文件中虚假陈述的形成或者发布存在过失。

第十四条 发行人的董事、监事、高级管理人员和其他直接责任人员主张对虚假陈述没有过错的，人民法院应当根据其工作岗位和职责、在信息披露资料的形成和发布等活动中所起的作用、取得和了解相关信息的渠道、为核验相关信息所采取的措施等实际情况进行审查认定。

前款所列人员不能提供勤勉尽责的相应证据，仅以其不从事日常经营管理、无相关职业背景和专业知识、相信发行人或者管理层提供的资料、相信证券服务机构出具的专业意见等理由主张其没有过错的，人民法院不予支持。

第十五条 发行人的董事、监事、高级管理人员依照证券法第八十二条第四款的规定，以书面方式发表附具体理由的意见并依法披露的，人民法院可以认定其主观上没有过错，但在审议、审核信息披露文件时投赞成票的除外。

第十六条 独立董事能够证明下列情形之一的，人民法院应当认定其没有过错：

（一）在签署相关信息披露文件之前，对不属于自身专业领域的相关具体问题，借助会计、法律等专门职业的帮助仍然未能发现问题的；

（二）在揭露日或更正日之前，发现虚假陈述后及时向发行人提出异议并监督整改或者向证券交易场所、监管部门书面报告的；

（三）在独立意见中对虚假陈述事项发表保留意见、反对意见或无法表示意见并说明具体理由的，但在审议、审核相关文件时投赞成票的除外；

（四）因发行人拒绝、阻碍其履行职责，导致无法对相关信息披露文件是否存在虚假陈述作出判断，并及时向证券交易场所、监管部门书面报告的；

（五）能够证明勤勉尽责的其他情形。

独立董事提交证据证明其在履职期间能够按照法律、监管部门制定的规章和规范性文件以及公司章程的要求履行职责的，或者在虚假陈述被揭露后及时督促发行人整改且效果较为明显的，人民法院可以结合案件事实综合判断其过错情况。

外部监事和职工监事，参照适用前两款规定。

第十七条 保荐机构、承销机构等机构及其直接责任人员提交的尽职调查工作底稿、尽职调查报告、内部审核意见等证据能够证明下列情形的，人民法院应当认定其没有过错：

（一）已经按照法律、行政法规、监管部门制定的规章和规范性文件、相关行业执业规范的要求，对信息披露文件中的相关内容进行了审慎尽职调查；

（二）对信息披露文件中没有证券服务机构专业意

见支持的重要内容，经过审慎尽职调查和独立判断，有合理理由相信该部分内容与真实情况相符；

（三）对信息披露文件中证券服务机构出具专业意见的重要内容，经过审慎核查和必要的调查、复核，有合理理由排除了职业怀疑并形成合理信赖。

在全国中小企业股份转让系统从事挂牌和定向发行推荐业务的证券公司，适用前款规定。

第十八条　会计师事务所、律师事务所、资信评级机构、资产评估机构、财务顾问等证券服务机构制作、出具的文件存在虚假陈述的，人民法院应当按照法律、行政法规、监管部门制定的规章和规范性文件，参考行业执业规范规定的工作范围和程序要求等内容，结合其核查、验证工作底稿等相关证据，认定其是否存在过错。

证券服务机构的责任限于其工作范围和专业领域。证券服务机构依赖保荐机构或者其他证券服务机构的基础工作或者专业意见致使其出具的专业意见存在虚假陈述，能够证明其对所依赖的基础工作或者专业意见经过审慎核查和必要的调查、复核，排除了职业怀疑并形成合理信赖的，人民法院应当认定其没有过错。

第十九条　会计师事务所能够证明下列情形之一的，人民法院应当认定其没有过错：

（一）按照执业准则、规则确定的工作程序和核查手段并保持必要的职业谨慎，仍未发现被审计的会计资料存在错误的；

（二）审计业务必须依赖的金融机构、发行人的供应商、客户等相关单位提供不实证明文件，会计师事务所保持了必要的职业谨慎仍未发现的；

（三）已对发行人的舞弊迹象提出警告并在审计业务报告中发表了审慎审计意见的；

（四）能够证明没有过错的其他情形。

五、责任主体

第二十条　发行人的控股股东、实际控制人组织、指使发行人实施虚假陈述，致使原告在证券交易中遭受损失的，原告起诉请求直接判令该控股股东、实际控制人依照本规定赔偿损失的，人民法院应当予以支持。

控股股东、实际控制人组织、指使发行人实施虚假陈述，发行人在承担赔偿责任后要求该控股股东、实际控制人赔偿实际支付的赔偿款、合理的律师费、诉讼费用等损失的，人民法院应当予以支持。

第二十一条　公司重大资产重组的交易对方所提供的信息不符合真实、准确、完整的要求，导致公司披露的相关信息存在虚假陈述，原告起诉请求判令该交易对方

与发行人等责任主体赔偿由此导致的损失的，人民法院应当予以支持。

第二十二条　有证据证明发行人的供应商、客户，以及为发行人提供服务的金融机构等明知发行人实施财务造假活动，仍然为其提供相关交易合同、发票、存款证明等予以配合，或者故意隐瞒重要事实致使发行人的信息披露文件存在虚假陈述，原告起诉请求判令其与发行人等责任主体赔偿由此导致的损失的，人民法院应当予以支持。

第二十三条　承担连带责任的当事人之间的责任分担与追偿，按照民法典第一百七十八条的规定处理，但本规定第二十条第二款规定的情形除外。

保荐机构、承销机构等责任主体以存在约定为由，请求发行人或者其控股股东、实际控制人补偿其因虚假陈述所承担的赔偿责任的，人民法院不予支持。

六、损失认定

第二十四条　发行人在证券发行市场虚假陈述，导致原告损失的，原告有权请求按照本规定第二十五条的规定赔偿损失。

第二十五条　信息披露义务人在证券交易市场承担民事赔偿责任的范围，以原告因虚假陈述而实际发生的损失为限。原告实际损失包括投资差额损失、投资差额损失部分的佣金和印花税。

第二十六条　投资差额损失计算的基准日，是指在虚假陈述揭露或更正后，为将原告应获赔偿限定在虚假陈述所造成的损失范围内，确定损失计算的合理期间而规定的截止日期。

在采用集中竞价的交易市场中，自揭露日或更正日起，被虚假陈述影响的证券集中交易累计成交量达到可流通部分100%之日为基准日。

自揭露日或更正日起，集中交易累计换手率在10个交易日内达到可流通部分100%的，以第10个交易日为基准日；在30个交易日内未达到可流通部分100%的，以第30个交易日为基准日。

虚假陈述揭露日或更正日起至基准日期间每个交易日收盘价的平均价格，为损失计算的基准价格。

无法依前款规定确定基准价格的，人民法院可以根据有专门知识的人的专业意见，参考对相关行业进行投资时的通常估值方法，确定基准价格。

第二十七条　在采用集中竞价的交易市场中，原告因虚假陈述买入相关股票所造成的投资差额损失，按照下列方法计算：

（一）原告在实施日之后、揭露日或更正日之前买入，在揭露日或更正日之后、基准日之前卖出的股票，按买入股票的平均价格与卖出股票的平均价格之间的差额，乘以已卖出的股票数量；

（二）原告在实施日之后、揭露日或更正日之前买入，基准日之前未卖出的股票，按买入股票的平均价格与基准价格之间的差额，乘以未卖出的股票数量。

第二十八条　在采用集中竞价的交易市场中，原告因虚假陈述卖出相关股票所造成的投资差额损失，按照下列方法计算：

（一）原告在实施日之后、揭露日或更正日之前卖出，在揭露日或更正日之后、基准日之前买回的股票，按买回股票的平均价格与卖出股票的平均价格之间的差额，乘以买回的股票数量；

（二）原告在实施日之后、揭露日或更正日之前卖出，基准日之前未买回的股票，按基准价格与卖出股票的平均价格之间的差额，乘以未买回的股票数量。

第二十九条　计算投资差额损失时，已经除权的证券，证券价格和证券数量应当复权计算。

第三十条　证券公司、基金管理公司、保险公司、信托公司、商业银行等市场参与主体依法设立的证券投资产品，在确定因虚假陈述导致的损失时，每个产品应当单独计算。

投资者及依法设立的证券投资产品开立多个证券账户进行投资的，应当将各证券账户合并，所有交易按照成交时间排序，以确定其实际交易及损失情况。

第三十一条　人民法院应当查明虚假陈述与原告损失之间的因果关系，以及导致原告损失的其他原因等案件基本事实，确定赔偿责任范围。

被告能够举证证明原告的损失部分或者全部是由他人操纵市场、证券市场的风险、证券市场对特定事件的过度反应、上市公司内外部经营环境等其他因素所导致的，对其关于相应减轻或者免除责任的抗辩，人民法院应当予以支持。

七、诉讼时效

第三十二条　当事人主张以揭露日或更正日起算诉讼时效的，人民法院应当予以支持。揭露日与更正日不一致的，以在先的为准。

对于虚假陈述责任人中的一人发生诉讼时效中断效力的事由，应当认定对其他连带责任人也发生诉讼时效中断的效力。

第三十三条　在诉讼时效期间内，部分投资者向人民法院提起人数不确定的普通代表人诉讼的，人民法院应当认定该起诉行为对所有具有同类诉讼请求的权利人发生时效中断的效果。

在普通代表人诉讼中，未向人民法院登记权利的投资者，其诉讼时效自权利登记期间届满后重新开始计算。向人民法院登记权利后申请撤回权利登记的投资者，其诉讼时效自撤回权利登记之次日重新开始计算。

投资者保护机构依照证券法第九十五条第三款的规定作为代表人参加诉讼后，投资者声明退出诉讼的，其诉讼时效自声明退出之次日起重新开始计算。

八、附　则

第三十四条　本规定所称证券交易场所，是指证券交易所、国务院批准的其他全国性证券交易场所。

本规定所称监管部门，是指国务院证券监督管理机构、国务院授权的部门及有关主管部门。

本规定所称发行人，包括证券的发行人、上市公司或者挂牌公司。

本规定所称实施日之后、揭露日或更正日之后、基准日之前，包括该日；所称揭露日或更正日之前，不包括该日。

第三十五条　本规定自2022年1月22日起施行。《最高人民法院关于受理证券市场因虚假陈述引发的民事侵权纠纷案件有关问题的通知》《最高人民法院关于审理证券市场因虚假陈述引发的民事赔偿案件的若干规定》同时废止。《最高人民法院关于审理涉及会计师事务所在审计业务活动中民事侵权赔偿案件的若干规定》与本规定不一致的，以本规定为准。

本规定施行后尚未终审的案件，适用本规定。本规定施行前已经终审，当事人申请再审或者按照审判监督程序决定再审的案件，不适用本规定。

·司法政策

最高人民法院关于审理期货纠纷案件座谈会纪要（节录）

· 1995年10月27日
· 法〔1995〕140号

……

一、关于审理期货纠纷案件应遵循的原则问题。会议认为期货纠纷案件是新类型案件，如何公正、及时审理好前一阶段在期货市场盲目、无序状态下所形成的期货纠纷案件，保护当事人的合法权益，制裁非法交易行为，维护正常的期货市场秩序，是当前人民法院的一项重要任务。审理这类纠纷案件政策性强，缺乏法律依据；这类纠纷案件与其他经济纠纷案件相比，有着鲜明的特点。因此，处理这类案件，应特别注意坚持以下原则：

（一）坚持正确适用法律的原则。目前我国的期货交易法尚未颁布，人民法院审理期货纠纷案件，应当以民法通则作为基本依据，同时依照有关行政法规和地方性法规，参照国务院有关部门和地方人民政府制定的有关期货交易的规范性文件规定的精神，但对这类文件不宜直接引用。还应当明确处理客户与经纪公司之间的期货代理纠纷不能适用经济合同法和民法通则中关于委托代理的规定。处理涉外、涉港澳期货纠纷案件，还应参照有关国际惯例。

（二）坚持风险和利益相一致的原则。期货交易的投机性和风险性都很大，期货交易者必须具备风险意识。人民法院在审理期货纠纷案件处理风险与利益的关系时，要按照期货交易的特点，既要依法保护期货交易双方的合法利益，也要正确确定其应承担的风险，任何一方不能只享有利益而不承担风险，或只承担风险而不享受利益。

（三）坚持过错和责任相一致的原则。在审理期货纠纷案件中，要坚持过错和责任相一致的原则。认真分析各方当事人是否有过错以及过错的性质、大小、过错和损失之间的因果关系，并据此确定他们各自应承担的责任。

（四）坚持尊重当事人合法约定的原则。对于当事人的约定，只要其不违背法律、行政法规的规定和期货交易的惯例，就可以作为处理当事人之间纠纷的依据。

会议还认为，目前人民法院受理的期货纠纷大多数是在前一阶段期货市场混乱无序，当事人各方在交易过程中的行为很不规范，有关期货交易方面的法律、法规不健全的情况下发生的，因此，对这类案件的受理和审理均应持慎重态度。有些纠纷可先通过行政或其他有关部门解决，确实解决不了必须通过法院依诉讼程序解决的，要依法受理。在审理过程中，遇到难度大、涉及面广或其他有关社会稳定的案件，要主动听取期货管理机关及其他有关方面的意见，必要时，请示上级法院，以使案件得到及时、妥善公正地处理。

二、关于期货纠纷案件的管辖问题。 会议认为，这类案件专业性较强，审理难度大，因此，一般应由被告所在地或期货交易所、经纪公司及领取营业执照的期货经纪公司的分支机构所在地的中级人民法院管辖，案件比较集中且审判人员素质较高的地方，经高级人民法院批准，基层人民法院也可以管辖。涉外、涉港澳期货纠纷案件参照民事诉讼法第四编第二十五章的规定确定管辖。高级人民法院作一审，须报最高人民法院同意。

三、关于从事期货交易业务的资格问题。 会议认为，在1993年4月28日国家工商行政管理局发布《期货经纪公司登记管理暂行办法》（以下简称《暂行办法》）之前，经有关机关批准登记后，在获准的范围内从事境内期货经纪业务的期货经纪公司，应认定为具有经营期货经纪业务的主体资格。期货经纪公司在《暂行办法》发布后，经国家工商局重新登记注册或者予以单项核定的，以及在规定的期限内已申请尚未予以登记或核定，但未对其作出变更登记、注销登记的，应认定其具有在核定的业务范围内经营期货业务的主体资格。在《暂行办法》发布后，届期不提出重新登记申请，或者提出申请后登记主管机关对其作出变更或注销登记决定的，或经中国证监会审核后不予批准或取消资格的，自中国证监会正式公布的日期之后应认定为不再具备经营期货业务的主体资格。

会议还认为，在1994年5月16日国务院办公厅转发国务院证券委员会《关于坚决制止期货市场盲目发展若干意见的请示》下发前，经有关机关批准登记后，在获准的范围内，从事境外期货经纪业务的，可认定其具有经营主体资格。在该文件下发后，所有期货经纪公司不再具有从事境外期货经纪业务的主体资格。少数全国性有进出口业务的公司已经中国证券监督管理委员会受理审核的，在审核结束前，可以认定其具有主体资格。审核结束后，应取得中国证券监督管理委员会颁发的《境外期货业务许可证》，否则应认定为无经营主体资格。未取得国家外汇管理局核发的"经营外汇业务许可证"和"经营外汇期货业务许可证"，而开展外汇期货的，应认定不具备经营此项业务的主体资格。

四、关于经纪人的法律地位及民事责任的承担问题。 会议认为，期货经纪公司的从业人员，不能独立地对外承担民事责任，其受委托所从事的行为产生的责任应由其所在的期货经纪公司承担。但因经纪人的非职务行为所产生的民事责任，应由经纪人自己承担。

五、关于违约纠纷的处理问题。 会议认为：

（一）在期货交易过程中，期货交易所应承担保证期货合约履行的责任。任何一方不能如期全面履行期货合约规定的义务时，交易所均应代为履行，未代为履行的，应承担赔偿责任。交易所在代为履行后，享有向不履行义务一方追偿的权利。

(二)对客户下达的违反有关法律、行政法规、部门规章以及交易所交易规则的指令,经纪公司有权拒绝执行;因客户下达指令错误而造成损失的,由客户自己承担。就缺少品种的指令,经纪公司擅自进行交易,客户不予认可的,由经纪公司承担交易后果;只是缺少数量的,以实际交易量为准;只是缺少有效期限的,应视为当日委托有效;只是缺少价格的,应视为按市价交易。

(三)经纪公司应当准确及时地执行客户的指令,因错误执行客户指令而给客户造成损失的,由经纪公司承担赔偿责任。

(四)客户委派其工作人员具体操作交易的,应当在委托协议中确定操作人员的姓名或者向经纪公司留存其法定代表人的授权委托书。进行交易时,经纪公司只能按照客户操作人员的指令交易,接受非操作人员指令的,由经纪公司和下指令者共同承担责任。

(五)交易成交后,经纪公司应当在规定的时间内将交易的结果通知客户,因未及时通知而造成客户损失的,由经纪公司承担赔偿责任。但非经纪公司原因未能及时送达的,应分别情况区别对待。

(六)期货交易中经纪公司或者客户应当按照规定追加保证金。经纪公司或客户接到追加保证金的通知后,未能在规定的时间内追加保证金,交易所或者经纪公司可以就其未平仓的期货合约强行平仓,因强行平仓而造成的损失由经纪公司或客户承担。交易所或经纪公司未履行通知义务而强行平仓,给经纪公司或客户造成损失的,应承担赔偿责任。

(七)在规定的交割期限内,卖方未交付有效提货凭证的或者买方未向交易所账户解交足额货款的,交割期过后,卖方未按规定的时间、质量、数量交货,或者买方未按规定时间提货的均属违约,违约方应当按照交易所的规则承担违约责任。交易所委托的仓库接受卖方货物时,应当履行验收的责任,未在规定的期限内提出质量异议或因其保管不善造成损失的,卖方不承担责任,由交易所对买方承担违约责任,交易所再向仓库追索。

(八)期货交易所应提供完好的设备供会员公司使用,如因信息设备发生故障而给会员或客户造成损失的,期货交易所应当承担赔偿责任。但是,设备故障的原因如超出交易所合理控制范围的,可以免除交易所的责任。

六、关于期货交易中侵权纠纷的处理问题。会议认为,人民法院在处理期货交易中的侵权纠纷时,应当认真审查侵权行为和损失之间是否具有因果关系,行为人是否有过错,并应当按照过错大小准确定当事人的民事责任。有过错的一方应当对无过错方的损失承担赔偿责任;双方均有过错的,各自承担相应的责任。

会议还认为,经纪公司应当将客户的保证金和自己的自有资金分户存放,专款专用,挪用客户的保证金给客户造成损失的,应当赔偿。会员公司或者客户透支的,应当返还占用交易所或经纪公司的款项;交易所允许会员透支所造成的损失,应由交易所承担;经纪公司允许客户透支,并和其约定分享利益、承担风险,对客户用透支款项交易造成的亏损,应当按照约定承担责任,未作约定的,由经纪公司承担。

七、关于期货交易中的无效民事行为及其民事责任问题。会议认为,期货交易中的下列行为应认定为无效:

(一)没有从事期货经纪业务的主体资格而从事期货经纪业务的;

(二)以欺诈手段诱骗对方违背真实意思所为的;

(三)制造、散布虚假信息误导客户下单的;

(四)私下对冲、与客户对赌等违规操作的;

(五)其他违反法律或社会公共利益的。

上述无效行为给当事人造成保证金或佣金等损失的,应当根据无效行为与损失之间的因果关系确定责任的承担,如果一方的损失确系对方行为所致,则应判令对方承担赔偿损失的责任;如果一方的损失属于正常风险,而非另一方的行为所致,则不应判令另一方承担赔偿损失的责任,例如,未经批准而从事期货经纪业务的,如果有证据证明期货经纪公司已经按照客户的指令,进入期货交易市场进行交易,客户的损失属于正常风险损失,经纪公司对此不应承担民事赔偿责任。

会议还认为,对实施无效民事行为的当事人,根据具体情况,可以按照民法通则等有关规定,对其予以民事制裁。构成犯罪的,应移送有关机关依法追究刑事责任。

八、关于外汇按金交易问题。会议认为,外汇按金交易就其实质而言,属于一种远期的外汇现货交易,而不属于期货交易,但其在形式上与期货交易有相似之处。对这类案件可参照处理期货纠纷案件的有关原则处理。凡未经证监会和国家外汇管理局批准,擅自开展外汇按金交易业务的,客户委托未经批准登记的机构进行外汇按金交易的,均属违法行为。客户对剩余保证金可以请求返还。对客户请求赔偿损失的,也应认真分析损失与行为之间的因果关系,根据过错责任原则予以处理。

九、关于期货纠纷案件中的举证责任问题。会议认为,人民法院审理期货纠纷案件,一般应当贯彻民事诉讼法第六十四条规定的"谁主张、谁举证"的原则,但是如果客户主张经纪公司未入市交易,经纪公司否认的,应由经纪公司负举证责任。如果经纪公司提供不出相应的证据,就应当推定没有入市交易。

会议还认为,期货纠纷案件是一种新类型案件,难度大,政策性强,为了及时公正地审理这类案件,各级人民法院应当抽调较强的力量,组成专门合议庭,具体负责这类案件的审理。上级人民法院要加强对审理期货纠纷案件的监督指导,积极慎重、稳妥地完成这批期货纠纷案件的审判任务。

全国法院审理债券纠纷案件座谈会纪要

- 2020 年 7 月 15 日
- 法〔2020〕185 号

近年来,我国债券市场发展迅速,为服务实体经济发展和国家重点项目建设提供了有力的支持和保障。债券市场在平稳、有序、健康发展的同时,也出现了少数债券发行人因经营不善、盲目扩张、违规担保等原因而不能按期还本付息,以及欺诈发行、虚假陈述等违法违规事件,严重损害了债券持有人和债券投资者的合法权益。为正确审理因公司债券、企业债券、非金融企业债务融资工具的发行和交易所引发的合同、侵权和破产民商事案件,统一法律适用,最高人民法院于 2019 年 12 月 24 日在北京召开了全国法院审理债券纠纷相关案件座谈会,邀请全国人大常委会法制工作委员会、司法部、国家发展和改革委员会、中国人民银行、中国证监会等单位有关负责同志参加会议,各省、自治区、直辖市高级人民法院和解放军军事法院以及新疆维吾尔自治区高级人民法院生产建设兵团分院主管民商事审判工作的院领导、相关庭室的负责同志,沪、深证券交易所、中国银行间市场交易商协会等市场自律监管机构、市场中介机构的代表也参加了会议。与会同志经认真讨论,就案件审理中的主要问题取得了一致意见,现纪要如下:

一、关于案件审理的基本原则

会议认为,当前债券市场风险形势总体稳定。债券市场风险的有序释放和平稳化解,是防范和化解金融风险的重要组成部分,事关国家金融安全和社会稳定。因此,人民法院必须高度重视此类案件,并在审理中注意坚持以下原则:

1. 坚持保障国家金融安全原则。民商事审判工作是国家维护经济秩序、防范和化解市场风险、维护国家经济安全的重要手段。全国法院必须服从和服务于防范和化解金融风险的国家工作大局,以民法总则、合同法、侵权责任法、公司法、中国人民银行法、证券法、信托法、破产法、企业债券管理条例等法律和行政法规为依据,将法律规则的适用与中央监管政策目标的实现相结合,将个案风险化解与国家经济政策、金融市场监管和社会影响等因素相结合,本着规范债券市场、防范金融风险、维护金融稳定和安全的宗旨,依法公正审理此类纠纷案件,妥善防范和化解金融风险,为国家经济秩序稳定和金融安全提供有力司法服务和保障。

2. 坚持依法公正原则。目前,债券发行和交易市场的规则体系,主要由法律、行政法规、部门规章、行政规范性文件构成。人民法院在审理此类案件中,要根据法律和行政法规规定的基本原理,对具有还本付息这一共同属性的公司债券、企业债券、非金融企业债务融资工具适用相同的法律标准。正确处理好保护债券持有人和债券投资者的合法权益、强化对发行人的信用约束、保障债券市场风险处置的平稳有序和促进债券市场健康发展之间的关系,统筹兼顾公募与私募、场内与场外等不同市场发展的实际情况,妥善合理弥补部门规章、行政规范性文件和自律监管规则的模糊地带,确保案件审理的法律效果和社会效果相统一。

3. 坚持"卖者尽责、买者自负"原则。债券依法发行后,因发行人经营与收益的变化导致的投资风险,依法应当由投资人自行负责。但是,"买者自负"的前提是"卖者尽责"。对于债券欺诈发行、虚假陈述等侵权民事案件的审理,要立足法律和相关监管规则,依法确定发行人董事、监事、高级管理人员及其控股股东、实际控制人,以及增信机构,债券承销机构,信用评级机构、资产评估机构、会计师事务所、律师事务所等中介机构(以下简称债券服务机构),受托管理人或者具有同等职责的机构(以下简称受托管理人)等相关各方的权利、义务和责任,将责任承担与行为人的注意义务、注意能力和过错程度相结合,将民事责任追究的损失填补与震慑违法两个功能相结合,切实保护债券持有人、债券投资者的合法权益,维护公开、公平、公正的资本市场秩序。

4. 坚持纠纷多元化解原则。债券纠纷案件涉及的投资者人数众多、发行和交易方式复杂、责任主体多元,要充分发挥债券持有人会议的议事平台作用,保障受托管理人和其他债券代表人能够履行参与诉讼、债务重组、破产重整、和解、清算等债券持有人会议赋予的职责。要进一步加强与债券监管部门的沟通联系和信息共享,建立、健全有机衔接、协调联动、高效便民的债券纠纷多元化解机制，协调好诉讼、调解、委托调解、破产重整、和解、清算等多种司法救济手段之间的关系，形成纠纷化解合力，构建债券纠纷排查预警机制，防止矛盾纠纷积累激化。充分尊重投资者的程序选择权，着眼于纠纷的实际情况，灵活确定纠纷化解的方式、时间和地点，尽可能便利投资者，降低解决纠纷成本。

二、关于诉讼主体资格的认定

会议认为，同期发行债券的持有人利益诉求高度同质化且往往人数众多，采用共同诉讼的方式能够切实降低债券持有人的维权成本，最大限度地保障债券持有人的利益，也有利于提高案件审理效率，节约司法资源，实现诉讼经济。案件审理中，人民法院应当根据当事人的协议约定或者债券持有人会议的决议，承认债券受托管理人或者债券持有人会议推选的代表人的法律地位，充分保障受托管理人、诉讼代表人履行统一行使诉权的职能。对于债券违约合同纠纷案件，应当以债券受托管理人或者债券持有人会议推选的代表人集中起诉为原则，以债券持有人个别起诉为补充。

5. 债券受托管理人的诉讼主体资格。债券发行人不能如约偿付债券本息或者出现债券募集文件约定的违约情形时，受托管理人根据债券募集文件、债券受托管理协议的约定或者债券持有人会议决议的授权，以自己的名义代表债券持有人提起、参加民事诉讼，或者申请发行人破产重整、破产清算的，人民法院应当依法予以受理。

受托管理人应当向人民法院提交符合债券募集文件、债券受托管理协议或者债券持有人会议规则的授权文件。

6. 债券持有人自行或者共同提起诉讼。在债券持有人会议决议授权受托管理人或者推选代表人代表部分债券持有人主张权利的情况下，其他债券持有人另行单独或者共同提起、参加民事诉讼，或者申请发行人破产重整、破产清算的，人民法院应当依法予以受理。

债券持有人会议以受托管理人怠于行使职责为由作出自行主张权利的有效决议后，债券持有人根据决议单独、共同或者代表其他债券持有人向人民法院提起诉讼、申请发行人破产重整或者破产清算的，人民法院应当依法予以受理。

7. 资产管理产品管理人的诉讼地位。通过各类资产管理产品投资债券的，资产管理产品的管理人根据相关规定或者资产管理文件的约定以自己的名义提起诉讼的，人民法院应当依法予以受理。

8. 债券交易对诉讼地位的影响。债券持有人以债券质押式回购、融券交易、债券收益权转让等不改变债券持有人身份的方式融资的，不影响其诉讼主体资格的认定。

三、关于案件的受理、管辖与诉讼方式

会议认为，对债券纠纷案件实施相对集中管辖，有利于债券纠纷的及时、有序化解和裁判尺度的统一。在债券持有人、债券投资者自行提起诉讼的情况下，受诉法院也要选择适当的共同诉讼方式，实现案件审理的集约化。同时，为切实降低诉讼维权成本，应当允许符合条件的受托管理人、债券持有人和债券投资者以自身信用作为财产保全的担保方式。

9. 欺诈发行、虚假陈述案件的受理。债券持有人、债券投资者以自己受到欺诈发行、虚假陈述侵害为由，对欺诈发行、虚假陈述行为人提起的民事赔偿诉讼，符合民事诉讼法第一百一十九条规定的，人民法院应当予以受理。欺诈发行、虚假陈述行为人以债券持有人、债券投资者主张的欺诈发行、虚假陈述行为未经有关机关行政处罚或者生效刑事裁判文书认定为由请求不予受理或者驳回起诉的，人民法院不予支持。

10. 债券违约案件的管辖。受托管理人、债券持有人以发行人或者增信机构为被告提起的要求依约偿付债券本息或者履行增信义务的合同纠纷案件，由发行人住所地人民法院管辖。债券募集文件与受托管理协议另有约定的，从其约定。

债券募集文件与受托管理协议中关于管辖的约定不一致，根据《最高人民法院关于适用〈中华人民共和国民事诉讼法〉若干问题的解释》第三十条第一款的规定不能确定管辖法院的，由发行人住所地人民法院管辖。

本纪要发布之前，人民法院以原告住所地为合同履行地确定管辖的案件，尚未开庭审理的，应当移送发行人住所地人民法院审理；已经生效尚未申请执行的案件，应当向发行人住所地人民法院申请强制执行；已经执行尚未执结的案件，应当交由发行人住所地人民法院继续执行。

11. 欺诈发行和虚假陈述案件的管辖。债券持有人、债券投资者以发行人、债券承销机构、债券服务机构等为被告提起的要求承担欺诈发行、虚假陈述民事责任的侵权纠纷案件，由省、直辖市、自治区人民政府所在的市、计划单列市和经济特区中级人民法院管辖。

多个被告中有发行人的，由发行人住所地有管辖权的人民法院管辖。

12. 破产案件的管辖。受托管理人、债券持有人申请发行人重整、破产清算的破产案件，以及发行人申请重整、和解、破产清算的破产案件，由发行人住所地中级人民法院管辖。

13. 允许金融机构以自身信用提供财产保全担保。诉讼中，对证券公司、信托公司、基金公司、期货公司等由金融监管部门批准设立的具有独立偿付债务能力的金融机构及其分支机构以其自身财产作为信用担保的方式提出的财产保全申请，根据《最高人民法院关于人民法院办理财产保全案件若干问题的规定》（法释〔2016〕22号）第九条规定的精神，人民法院可以予以准许。

14. 案件的集中审理。为节约司法资源，对于由债券持有人自行主张权利的债券违约纠纷案件，以及债券持有人、债券投资者依法提起的债券欺诈发行、虚假陈述侵权赔偿纠纷案件，受诉人民法院可以根据债券发行和交易的方式等案件具体情况，以民事诉讼法第五十二条、第五十三条、第五十四条，证券法第九十五条和《最高人民法院关于适用〈中华人民共和国民事诉讼法〉若干问题的解释》的相关规定为依据，引导当事人选择适当的诉讼方式，对案件进行审理。

四、关于债券持有人权利保护的特别规定

会议认为，债券持有人会议是强化债券持有人权利主体地位、统一债券持有人立场的债券市场基础性制度，也是债券持有人指挥和监督受托管理人勤勉履职的专门制度安排。人民法院在案件审理过程中，要充分发挥债券持有人会议的议事平台作用，尊重债券持有人会议依法依规所作出决议的效力，保障受托管理人和诉讼代表人能够履行参与诉讼、债务重组、破产重整、和解、清算等债券持有人会议赋予的职责。对可能减损、让渡债券持有人利益的相关协议内容的表决，受托管理人和诉讼代表人必须忠实表达债券持有人的意愿。支持受托管理人开展代债券持有人行使担保物权、统一受领案件执行款等工作，切实保护债券持有人的合法权益。

15. 债券持有人会议决议的效力。债券持有人会议根据债券募集文件规定的决议范围、议事方式和表决程序所作出的决议，除非存在法定无效事由，人民法院应当认定为合法有效，除本纪要第5条、第6条和第16条规定的事项外，对全体债券持有人具有约束力。

债券持有人会议表决过程中，发行人及其关联人以及对决议事项存在利益冲突的债券持有人应当回避表决。

16. 债券持有人重大事项决定权的保留。债券持有人会议授权的受托管理人或者推选的代表人作出可能减损、让渡债券持有人利益的行为，在案件审理中与对方当事人达成调解协议，或者在破产程序中就发行人重整计划草案、和解协议进行表决时，如未获得债券持有人会议特别授权的，应当事先征求各债券持有人的意见或者由各债券持有人自行决定。

17. 破产程序中受托管理人和代表人的债委会成员资格。债券持有人会议授权的受托管理人或者推选的代表人参与破产重整、清算、和解程序的，人民法院在确定债权人委员会的成员时，应当将其作为债权人代表人选。

债券持有人自行主张权利的，人民法院在破产重整、清算、和解程序中确定债权人委员会的成员时，可以责成自行主张权利的债券持有人通过自行召集债券持有人会议等方式推选出代表人，并吸收该代表人进入债权人委员会，以体现和代表多数债券持有人的意志和利益。

18. 登记在受托管理人名下的担保物权行使。根据《最高人民法院关于〈国土资源部办公厅关于征求为公司债券持有人办理国有土地使用权抵押登记意见函〉的答复》精神，为债券设定的担保物权可登记在受托管理人名下，受托管理人根据民事诉讼法第一百九十六条、第一百九十七条的规定或者通过普通程序主张担保物权的，人民法院应当予以支持，但应在裁判文书主文中明确由此所得权益归属于全体债券持有人。受托管理人仅代表部分债券持有人提起诉讼的，人民法院还应当根据其所代表的债券持有人份额占当期发行债券的比例明确其相应的份额。

19. 受托管理人所获利益归属于债券持有人。受托管理人提起诉讼或者参与破产程序的，生效裁判文书的既判力及于其所代表的债券持有人。在执行程序、破产程序中所得款项由受托管理人受领后在十个工作日内分配给各债券持有人。

20. 共益费用的分担。债券持有人会议授权的受托管理人或者推选的代表人在诉讼中垫付的合理律师费等维护全体债券持有人利益所必要的共益费用，可以直接从执行程序、破产程序中受领的款项中扣除，将剩余款项按比例支付给债券持有人。

五、关于发行人的民事责任

会议认为，民事责任追究是强化债券发行人信用约束的重要手段，各级人民法院要充分发挥审判职能作用，严格落实债券发行人及其相关人员的债务兑付和信息披露责任，依法打击公司控股股东、实际控制人随意支配发行人资产，甚至恶意转移资产等"逃废债"的行为。对于债券违约案件，要根据法律规定和合同约定，依法确定发行人的违约责任；对于债券欺诈发行和虚假陈述侵权民事案件，应当根据债券持有人和债券投资者的实际损失确定发行人的赔偿责任,依法提高债券市场违法违规成本。

21. 发行人的违约责任范围。债券发行人未能如约偿付债券当期利息或者到期本息的,债券持有人请求发行人支付当期利息或者到期本息,并支付逾期利息、违约金、实现债权的合理费用的,人民法院应当予以支持。

债券持有人以发行人出现债券募集文件约定的违约情形为由,要求发行人提前还本付息的,人民法院应当综合考量债券募集文件关于预期违约、交叉违约等的具体约定以及发生事件的具体情形予以判断。

债券持有人以发行人存在其他证券的欺诈发行、虚假陈述为由,请求提前解除合同并要求发行人承担还本付息等责任的,人民法院应当综合考量其他证券的欺诈发行、虚假陈述等行为是否足以导致合同目的不能实现等因素,判断是否符合提前解除合同的条件。

22. 债券欺诈发行和虚假陈述的损失计算。债券信息披露文件中就发行人财务业务信息等与其偿付能力相关的重要内容存在虚假记载、误导性陈述或者重大遗漏的,欺诈发行的债券认购人或者欺诈发行、虚假陈述行为实施日及之后、揭露日之前在交易市场上买入该债券的投资者,其损失按照如下方式计算:

(1) 在起诉日之前已经卖出债券,或者在起诉时虽然持有债券,但在一审判决作出前已经卖出的,本金损失按投资人购买该债券所支付的加权平均价格扣减持有该债券期间收取的本金偿付(如有),与卖出该债券的加权平均价格的差额计算,并可加计实际损失确定之日至实际清偿之日止的利息。利息分段计算,在2019年8月19日之前,按照中国人民银行确定的同期同类贷款基准利率计算;在2019年8月20日之后,按照中国人民银行授权全国银行间同业拆借中心公布的贷款市场报价利率(LPR)标准计算。

(2) 在一审判决作出前仍然持有该债券的,债券持有人请求按照本纪要第21条第一款的规定计算损失赔偿数额的,人民法院应当予以支持;债券持有人请求赔偿虚假陈述行为所导致的利息损失的,人民法院应当在综合考量欺诈发行、虚假陈述等因素的基础上,根据相关虚假陈述内容被揭露后的发行人真实信用状况所对应的债券发行利率或者债券估值,确定合理的利率赔偿标准。

23. 损失赔偿后债券的交还与注销。依照本纪要第21条、第22条第二项的规定请求发行人承担还本付息责任的,人民法院应当在一审判决作出前向债券登记结算机构调取本案当事人的债券交易情况,并通知债券登记结算机构冻结本案债券持有人所持有的相关债券。

人民法院判令发行人依照本纪要第21条、第22条第二项的规定承担还本付息责任的,无论债券持有人是否提出了由发行人赎回债券的诉讼请求,均应当在判项中明确债券持有人交回债券的义务,以及发行人依据生效法律文书申请债券登记结算机构注销该债券的权利。

24. 因果关系抗辩。债券持有人在债券信息披露文件中的虚假陈述内容被揭露后在交易市场买入债券的,对其依据本纪要第22条规定要求发行人承担责任的诉讼请求,人民法院不予支持。

债券投资人在债券信息披露文件中的虚假陈述内容被揭露后在交易市场买入该债券,其后又因发行人的其他信息披露文件中存在虚假记载、误导性陈述或者重大遗漏导致其信用风险进一步恶化所造成的损失,按照本纪要第22条的规定计算。

人民法院在认定债券信息披露文件中的虚假陈述内容对债券投资者交易损失的影响时,发行人及其他责任主体能够证明投资者通过内幕交易、操纵市场等方式卖出债券,导致交易价格明显低于卖出时的债券市场公允价值的,人民法院可以参考欺诈发行、虚假陈述行为揭露日之后的十个交易日的加权平均交易价格或前三十个交易日的市场估值确定该债券的市场公允价格,并以此计算债券投资者的交易损失。

发行人及其他责任主体能够证明债券持有人、债券投资者的损失部分或者全部是由于市场无风险利率水平变化(以同期限国债利率为参考)、政策风险等与欺诈发行、虚假陈述行为无关的其他因素造成的,人民法院在确定损失赔偿范围时,应当根据原因力的大小相应减轻或者免除赔偿责任。

人民法院在案件审理中,可以委托市场投资者认可的专业机构确定欺诈发行、虚假陈述行为对债券持有人和债券投资者损失的影响。

六、关于其他责任主体的责任

会议认为,对于债券欺诈发行、虚假陈述案件的审理,要按照证券法的规定,严格落实债券承销机构和债券服务机构保护投资者利益的核查把关责任,将责任承担与过错程度相结合。债券承销机构和债券服务机构对各自专业相关的业务事项未履行特别注意义务,对其他业务事项未履行普通注意义务的,应当判令其承担相应法律责任。

25. 受托管理人的赔偿责任。受托管理人未能勤勉尽责公正履行受托管理职责,损害债券持有人合法利益,债券持有人请求其承担相应赔偿责任的,人民法院应当予以支持。

26. 债券发行增信机构与发行人的共同责任。债券发行人不能如约偿付债券本息或者出现债券募集文件约定的违约情形时，人民法院应当根据相关增信文件约定的内容，判令增信机构向债券持有人承担相应的责任。监管文件中规定或者增信文件中约定增信机构的增信范围包括损失赔偿内容的，对债券持有人、债券投资者要求增信机构对发行人因欺诈发行、虚假陈述而应负的赔偿责任承担相应担保责任的诉讼请求，人民法院应当予以支持。增信机构承担责任后，有权向发行人等侵权责任主体进行追偿。

27. 发行人与其他责任主体的连带责任。发行人的控股股东、实际控制人、发行人的董事、监事、高级管理人员或者履行同等职责的人员，对其制作、出具的信息披露文件中存在虚假记载、误导性陈述或者重大遗漏，足以影响投资人对发行人偿债能力判断的，应当与发行人共同对债券持有人、债券投资者的损失承担连带赔偿责任，但是能够证明自己没有过错的除外。

28. 发行人内部人的过错认定。对发行人的执行董事、非执行董事、独立董事、监事、职工监事、高级管理人员或者履行同等职责的人员，以及参与信息披露文件制作的责任人员所提出的其主观上没有过错的抗辩理由，人民法院应当根据前述人员在公司中所处的实际地位、在信息披露文件的制作中所起的作用、取得和了解相关信息的渠道及其为核验相关信息所做的努力等实际情况，审查、认定其是否存在过错。

29. 债券承销机构的过错认定。债券承销机构存在下列行为之一，导致信息披露文件中的关于发行人偿付能力相关的重要内容存在虚假记载、误导性陈述或者重大遗漏，足以影响投资人对发行人偿债能力判断的，人民法院应当认定其存在过错：

（1）协助发行人制作虚假、误导性信息，或者明知发行人存在上述行为而故意隐瞒的；

（2）未按照合理性、必要性和重要性原则开展尽职调查，随意改变尽职调查工作计划或者不适当地省略工作计划中规定的步骤；

（3）故意隐瞒所知悉的有关发行人经营活动、财务状况、偿债能力和意愿等重大信息；

（4）对信息披露文件中相关债券服务机构出具专业意见的重要内容已经产生了合理怀疑，但未进行审慎核查和必要的调查、复核工作；

（5）其他严重违反规范性文件、执业规范和自律监管规则中关于尽职调查要求的行为。

30. 债券承销机构的免责抗辩。债券承销机构对发行人信息披露文件中关于发行人偿付能力的相关内容，能够提交尽职调查工作底稿、尽职调查报告等证据证明符合下列情形之一的，人民法院应当认定其没有过错：

（1）已经按照法律、行政法规和债券监管部门的规范性文件、执业规范和自律监管规则要求，通过查阅、访谈、列席会议、实地调查、印证和讨论等方法，对债券发行相关情况进行了合理尽职调查；

（2）对信息披露文件中没有债券服务机构专业意见支持的重要内容，经过尽职调查和独立判断，有合理的理由相信该部分信息披露内容与真实情况相符；

（3）对信息披露文件中相关债券服务机构出具专业意见的重要内容，在履行了审慎核查和必要的调查、复核工作的基础上，排除了原先的合理怀疑；

（4）尽职调查工作虽然存在瑕疵，但即使完整履行了相关程序也难以发现信息披露文件存在虚假记载、误导性陈述或者重大遗漏。

31. 债券服务机构的过错认定。信息披露文件中关于发行人偿付能力的相关内容存在虚假记载、误导性陈述或者重大遗漏，足以影响投资人对发行人偿付能力的判断的，会计师事务所、律师事务所、信用评级机构、资产评估机构等债券服务机构不能证明其已经按照法律、行政法规、部门规章、行业执业规范和职业道德等规定的勤勉义务谨慎执业的，人民法院应当认定其存在过错。

会计师事务所、律师事务所、信用评级机构、资产评估机构等债券服务机构的注意义务和应负责任范围，限于各自的工作范围和专业领域，其制作、出具的文件有虚假记载、误导性陈述或者重大遗漏，应当按照证券法及相关司法解释的规定，考量其是否尽到勤勉尽责义务，区分故意、过失等不同情况，分别确定其应当承担的法律责任。

32. 责任追偿。发行人的控股股东、实际控制人、发行人的董事、监事、高级管理人员或者履行同等职责的人员、债券承销机构以及债券服务机构根据生效法律文书或者按照先行赔付约定承担赔偿责任后，对超出其责任范围的部分，向发行人及其他相关责任主体追偿的，人民法院应当支持。

七、关于发行人破产管理人的责任

会议认为，对于债券发行人破产案件的审理，要坚持企业拯救、市场出清、债权人利益保护和维护社会稳定并重，在发行人破产重整、和解、清算程序中，应当进一步明确破产管理人及时确认债权、持续信息披露等义务，确保诉讼程序能够及时进行，保护债券持有人的合法权益，切实做到化解风险,理顺关系,安定人心,维护秩序。

33. 发行人破产管理人的债券信息披露责任。债券发行人进入破产程序后,发行人的债券信息披露义务由破产管理人承担,但发行人自行管理财产和营业事务的除外。破产管理人应当按照证券法及相关监管规定的要求,及时、公平地履行披露义务,所披露的信息必须真实、准确、完整。破产管理人就接管破产企业后的相关事项所披露的内容存在虚假记载、误导性陈述或者重大遗漏,足以影响投资人对发行人偿付能力的判断的,对债券持有人、债券投资者主张依法判令其承担虚假陈述民事责任的诉讼请求,人民法院应当予以支持。

34. 破产管理人无正当理由不予确认债权的赔偿责任。债券发行人进入破产程序后,受托管理人根据债券募集文件或者债券持有人会议决议的授权,依照债券登记机关出具的债券持仓登记文件代表全体债券持有人所申报的破产债权,破产管理人应当依法及时予以确认。因破产管理人无正当理由不予确认而导致的诉讼费用、律师费用、差旅费用等合理支出以及由此导致债权迟延清偿期间的利息损失,受托管理人另行向破产管理人主张赔偿责任的,人民法院应当予以支持。

(十三)涉外经济

最高人民法院关于适用《中华人民共和国外商投资法》若干问题的解释

- 2019年12月16日最高人民法院审判委员会第1787次会议通过
- 2019年12月26日最高人民法院公告公布
- 自2020年1月1日起施行
- 法释〔2019〕20号

为正确适用《中华人民共和国外商投资法》,依法平等保护中外投资者合法权益,营造稳定、公平、透明的法治化营商环境,结合审判实践,就人民法院审理平等主体之间的投资合同纠纷案件适用法律问题作出如下解释。

第一条 本解释所称投资合同,是指外国投资者即外国的自然人、企业或者其他组织因直接或者间接在中国境内进行投资而形成的相关协议,包括设立外商投资企业合同、股份转让合同、股权转让合同、财产份额或者其他类似权益转让合同、新建项目合同等协议。

外国投资者因赠与、财产分割、企业合并、企业分立等方式取得相应权益所产生的合同纠纷,适用本解释。

第二条 对外商投资法第四条所指的外商投资准入负面清单之外的领域形成的投资合同,当事人以合同未经有关行政主管部门批准、登记为由主张合同无效或者未生效的,人民法院不予支持。

前款规定的投资合同签订于外商投资法施行前,但人民法院在外商投资法施行时尚未作出生效裁判的,适用前款规定认定合同的效力。

第三条 外国投资者投资外商投资准入负面清单规定禁止投资的领域,当事人主张投资合同无效的,人民法院应予支持。

第四条 外国投资者投资外商投资准入负面清单规定限制投资的领域,当事人以违反限制性准入特别管理措施为由,主张投资合同无效的,人民法院应予支持。

人民法院作出生效裁判前,当事人采取必要措施满足准入特别管理措施的要求,当事人主张前款规定的投资合同有效的,应予支持。

第五条 在生效裁判作出前,因外商投资准入负面清单调整,外国投资者投资不再属于禁止或者限制投资的领域,当事人主张投资合同有效的,人民法院应予支持。

第六条 人民法院审理香港特别行政区、澳门特别行政区投资者、定居在国外的中国公民在内地、台湾地区投资者在大陆投资产生的相关纠纷案件,可以参照适用本解释。

第七条 本解释自2020年1月1日起施行。

本解释施行前本院作出的有关司法解释与本解释不一致的,以本解释为准。

最高人民法院关于审理外商投资企业纠纷案件若干问题的规定(一)

- 2010年5月17日最高人民法院审判委员会第1487次会议通过
- 根据2020年12月23日最高人民法院审判委员会第1823次会议通过的《最高人民法院关于修改〈最高人民法院关于破产企业国有划拨土地使用权应否列入破产财产等问题的批复〉等二十九件商事类司法解释的决定》修正
- 2020年12月29日最高人民法院公告公布
- 该修正自2021年1月1日起施行
- 法释〔2020〕18号

为正确审理外商投资企业在设立、变更等过程中产生的纠纷案件,保护当事人的合法权益,根据《中华人民共和国民法典》《中华人民共和国外商投资法》《中华人民共和国公司法》等法律法规的规定,结合审判实践,制定本规定。

第一条 当事人在外商投资企业设立、变更等过程中订立的合同,依法律、行政法规的规定应当经外商投资企业审批机关批准后才生效的,自批准之日起生效;未经批准的,人民法院应当认定该合同未生效。当事人请求确认该合同无效的,人民法院不予支持。

前款所述合同因未经批准而被认定未生效的,不影响合同中当事人履行报批义务条款及因该报批义务而设定的相关条款的效力。

第二条 当事人就外商投资企业相关事项达成的补充协议对已获批准的合同不构成重大或实质性变更的,人民法院不应以未经外商投资企业审批机关批准为由认定该补充协议未生效。

前款规定的重大或实质性变更包括注册资本、公司类型、经营范围、营业期限、股东认缴的出资额、出资方式的变更以及公司合并、公司分立、股权转让等。

第三条 人民法院在审理案件中,发现经外商投资企业审批机关批准的外商投资企业合同具有法律、行政法规规定的无效情形的,应当认定合同无效;该合同具有法律、行政法规规定的可撤销情形,当事人请求撤销的,人民法院应予支持。

第四条 外商投资企业合同约定一方当事人以需要办理权属变更登记的标的物出资或者提供合作条件,标的物已交付外商投资企业实际使用,且负有办理权属变更登记义务的一方当事人在人民法院指定的合理期限内完成了登记,人民法院应当认定该方当事人履行了出资或者提供合作条件的义务。外商投资企业或其股东以该方当事人未履行出资义务为由主张该方当事人不享有股东权益的,人民法院不予支持。

外商投资企业或其股东举证证明该方当事人因迟延办理权属变更登记给外商投资企业造成损失并请求赔偿的,人民法院应予支持。

第五条 外商投资企业股权转让合同成立后,转让方和外商投资企业不履行报批义务,经受让方催告后在合理的期限内仍未履行,受让方请求解除合同并由转让方返还其已支付的转让款、赔偿因未履行报批义务而造成的实际损失的,人民法院应予支持。

第六条 外商投资企业股权转让合同成立后,转让方和外商投资企业不履行报批义务,受让方以转让方为被告、以外商投资企业为第三人提起诉讼,请求转让方与外商投资企业在一定期限内共同履行报批义务的,人民法院应予支持。受让方同时请求在转让方和外商投资企业于生效判决确定的期限内不履行报批义务时自行报批的,人民法院应予支持。

转让方和外商投资企业拒不根据人民法院生效判决确定的期限履行报批义务,受让方另行起诉,请求解除合同并赔偿损失的,人民法院应予支持。赔偿损失的范围可以包括股权的差价损失、股权收益及其他合理损失。

第七条 转让方、外商投资企业或者受让方根据本规定第六条第一款的规定就外商投资企业股权转让合同报批,未获外商投资企业审批机关批准,受让方另行起诉,请求转让方返还其已支付的转让款的,人民法院应予支持。受让方请求转让方赔偿因此造成的损失的,人民法院应根据转让方是否存在过错以及过错大小认定其是否承担赔偿责任及具体赔偿数额。

第八条 外商投资企业股权转让合同约定受让方支付转让款后转让方才办理报批手续,受让方未支付股权转让款,经转让方催告后在合理的期限内仍未履行,转让方请求解除合同并赔偿因迟延履行而造成的实际损失的,人民法院应予支持。

第九条 外商投资企业股权转让合同成立后,受让方未支付股权转让款,转让方和外商投资企业亦未履行报批义务,转让方请求受让方支付股权转让款的,人民法院应当中止审理,指令转让方在一定期限内办理报批手续。该股权转让合同获得外商投资企业审批机关批准的,对转让方关于支付转让款的诉讼请求,人民法院应予支持。

第十条 外商投资企业股权转让合同成立后,受让方已实际参与外商投资企业的经营管理并获取收益,但合同未获外商投资企业审批机关批准,转让方请求受让方退出外商投资企业的经营管理并将受让方因实际参与经营管理而获得的收益在扣除相关成本费用后支付给转让方的,人民法院应予支持。

第十一条 外商投资企业一方股东将股权全部或部分转让给股东之外的第三人,应当经其他股东一致同意,其他股东以未征得其同意为由请求撤销股权转让合同的,人民法院应予支持。具有以下情形之一的除外:

(一)有证据证明其他股东已经同意的;

(二)转让方已就股权转让事项书面通知,其他股东自接到书面通知之日满三十日未予答复;

(三)其他股东不同意转让,又不购买该转让的股权。

第十二条 外商投资企业一方股东将股权全部或部分转让给股东之外的第三人，其他股东以该股权转让侵害了其优先购买权为由请求撤销股权转让合同的，人民法院应予支持。其他股东在知道或者应当知道股权转让合同签订之日起一年内未主张优先购买权的除外。

前款规定的转让方、受让方以侵害其他股东优先购买权为由请求认定股权转让合同无效的，人民法院不予支持。

第十三条 外商投资企业股东与债权人订立的股权质押合同，除法律、行政法规另有规定或者合同另有约定外，自成立时生效。未办理质权登记的，不影响股权质押合同的效力。

当事人仅以股权质押合同未经外商投资企业审批机关批准为由主张合同无效或未生效的，人民法院不予支持。

股权质押合同依照民法典的相关规定办理了出质登记的，股权质权自登记时设立。

第十四条 当事人之间约定一方实际投资、另一方作为外商投资企业名义股东，实际投资者请求确认其在外商投资企业中的股东身份或者请求变更外商投资企业股东的，人民法院不予支持。同时具备以下条件的除外：

（一）实际投资者已经实际投资；

（二）名义股东以外的其他股东认可实际投资者的股东身份；

（三）人民法院或当事人在诉讼期间就将实际投资者变更为股东征得了外商投资企业审批机关的同意。

第十五条 合同约定一方实际投资、另一方作为外商投资企业名义股东，不具有法律、行政法规规定的无效情形的，人民法院应认定该合同有效。一方当事人仅以未经外商投资企业审批机关批准为由主张该合同无效或者未生效的，人民法院不予支持。

实际投资者请求外商投资企业名义股东依据双方约定履行相应义务的，人民法院应予支持。

双方未约定利益分配，实际投资者请求外商投资企业名义股东向其交付从外商投资企业获得的收益的，人民法院应予支持。外商投资企业名义股东向实际投资者请求支付必要报酬的，人民法院应酌情予以支持。

第十六条 外商投资企业名义股东不履行与实际投资者之间的合同，致使实际投资者不能实现合同目的，实际投资者请求解除合同并由外商投资企业名义股东承担违约责任的，人民法院应予支持。

第十七条 实际投资者根据其与外商投资企业名义股东的约定，直接向外商投资企业请求分配利润或者行使其他股东权利的，人民法院不予支持。

第十八条 实际投资者与外商投资企业名义股东之间的合同被认定无效，名义股东持有的股权价值高于实际投资额，实际投资者请求名义股东向其返还投资款并根据其实际投资情况以及名义股东参与外商投资企业经营管理的情况对股权收益在双方之间进行合理分配的，人民法院应予支持。

外商投资企业名义股东明确表示放弃股权或者拒绝继续持有股权的，人民法院可以判令以拍卖、变卖名义股东持有的外商投资企业股权所得向实际投资者返还投资款，其余款项根据实际投资者的实际投资情况、名义股东参与外商投资企业经营管理的情况在双方之间进行合理分配。

第十九条 实际投资者与外商投资企业名义股东之间的合同被认定无效，名义股东持有的股权价值低于实际投资额，实际投资者请求名义股东向其返还现有股权的等值价款的，人民法院应予支持；外商投资企业名义股东明确表示放弃股权或者拒绝继续持有股权的，人民法院可以判令以拍卖、变卖名义股东持有的外商投资企业股权所得向实际投资者返还投资款。

实际投资者请求名义股东赔偿损失的，人民法院应当根据名义股东对合同无效是否存在过错及过错大小认定其是否承担赔偿责任及具体赔偿数额。

第二十条 实际投资者与外商投资企业名义股东之间的合同因恶意串通，损害国家、集体或者第三人利益，被认定无效的，人民法院应当将因此取得的财产收归国家所有或者返还集体、第三人。

第二十一条 外商投资企业一方股东或者外商投资企业以提供虚假材料等欺诈或者其他不正当手段向外商投资企业审批机关申请变更外商投资企业批准证书所载股东，导致外商投资企业他方股东丧失股东身份或原有股权份额，他方股东请求确认股东身份或原有股权份额的，人民法院应予支持。第三人已经善意取得该股权的除外。

他方股东请求侵权股东或者外商投资企业赔偿损失的，人民法院应予支持。

第二十二条 人民法院审理香港特别行政区、澳门特别行政区、台湾地区的投资者、定居在国外的中国公民在内地投资设立企业产生的相关纠纷案件，参照适用本规定。

第二十三条 本规定施行后，案件尚在一审或者二审阶段的,适用本规定;本规定施行前已经终审的案件,人民法院进行再审时,不适用本规定。

第二十四条 本规定施行前本院作出的有关司法解释与本规定相抵触的,以本规定为准。

最高人民法院关于审理涉台民商事案件法律适用问题的规定

- 2010年4月26日最高人民法院审判委员会第1486次会议通过
- 根据2020年12月23日最高人民法院审判委员会第1823次会议通过的《最高人民法院关于修改〈最高人民法院关于破产企业国有划拨土地使用权应否列入破产财产等问题的批复〉等二十九件商事类司法解释的决定》修正
- 2020年12月29日最高人民法院公告公布
- 该修正自2021年1月1日起施行
- 法释〔2020〕18号

为正确审理涉台民商事案件,准确适用法律,维护当事人的合法权益,根据相关法律,制定本规定。

第一条 人民法院审理涉台民商事案件,应当适用法律和司法解释的有关规定。

根据法律和司法解释中选择适用法律的规则,确定适用台湾地区民事法律的,人民法院予以适用。

第二条 台湾地区当事人在人民法院参与民事诉讼,与大陆当事人有同等的诉讼权利和义务,其合法权益受法律平等保护。

第三条 根据本规定确定适用有关法律违反国家法律的基本原则或者社会公共利益的,不予适用。

(十四) 海事 海商

最高人民法院关于审理涉船员纠纷案件若干问题的规定

- 2020年6月8日最高人民法院审判委员会第1803次会议通过
- 2020年9月27日最高人民法院公告公布
- 自2020年9月29日起施行
- 法释〔2020〕11号

为正确审理涉船员纠纷案件,根据《中华人民共和国劳动合同法》《中华人民共和国海商法》《中华人民共和国劳动争议调解仲裁法》《中华人民共和国海事诉讼特别程序法》等法律的规定,结合审判实践,制定本规定。

第一条 船员与船舶所有人之间的劳动争议不涉及船员登船、在船工作、离船遣返,当事人直接向海事法院提起诉讼的,海事法院告知当事人依照《中华人民共和国劳动争议调解仲裁法》的规定处理。

第二条 船员与船舶所有人之间的劳务合同纠纷,当事人向原告住所地、合同签订地、船员登船港或者离船港所在地、被告住所地海事法院提起诉讼的,海事法院应予受理。

第三条 船员服务机构仅代理船员办理相关手续,或者仅为船员提供就业信息,且不属于劳务派遣情形,船员服务机构主张其与船员仅成立居间或委托合同关系的,应予支持。

第四条 船舶所有人以被挂靠单位的名义对外经营,船舶所有人未与船员签订书面劳动合同,其聘用的船员因工伤亡,船员主张被挂靠单位为承担工伤保险责任的单位的,应予支持。船舶所有人与船员成立劳动关系的除外。

第五条 与船员登船、在船工作、离船遣返无关的劳动争议提交劳动争议仲裁委员会仲裁,仲裁庭根据船员的申请,就船员工资和其他劳动报酬、工伤医疗费、经济补偿或赔偿金裁决先予执行的,移送地方人民法院审查。

船员申请扣押船舶的,仲裁庭应将扣押船舶申请提交船籍港所在地或者船舶所在地的海事法院审查,或交地方人民法院委托船籍港所在地或者船舶所在地的海事法院审查。

第六条 具有船舶优先权的海事请求,船员未依照《中华人民共和国海商法》第二十八条的规定请求扣押产生船舶优先权的船舶,仅请求确认其在一定期限内对该产生船舶优先权的船舶享有优先权的,应予支持。

前款规定的期限自优先权产生之日起以一年为限。

第七条 具有船舶优先权的海事请求,船员未申请限制船舶继续营运,仅申请对船舶采取限制处分、限制抵押等保全措施的,应予支持。船员主张该保全措施构成《中华人民共和国海商法》第二十八条规定的船舶扣押的,不予支持。

第八条 因登船、在船工作、离船遣返产生的下列工资、其他劳动报酬,船员主张船舶优先权的,应予支持:

(一)正常工作时间的报酬或基本工资;

(二)延长工作时间的加班工资,休息日、法定休假日加班工资;

(三)在船服务期间的奖金、相关津贴和补贴,以及特殊情况下支付的工资等;

(四)未按期支付上述款项产生的孳息。

《中华人民共和国劳动法》和《中华人民共和国劳动合同法》中规定的相关经济补偿金、赔偿金，未依据《中华人民共和国劳动合同法》第八十二条之规定签订书面劳动合同而应支付的双倍工资，以及因未按期支付本款规定的前述费用而产生的孳息，船员主张船舶优先权的，不予支持。

第九条 船员因登船、在船工作、离船遣返而产生的工资、其他劳动报酬、船员遣返费用、社会保险费用，船舶所有人未依约支付，第三方向船员垫付全部或部分费用，船员将相应的海事请求权转让给第三方，第三方就受让的海事请求权请求确认或行使船舶优先权的，应予支持。

第十条 船员境外工作期间被遗弃，或遭遇其他突发事件，船舶所有人或其财务担保人、船员外派机构未承担相应责任，船员请求财务担保人、船员外派机构从财务担保费用、海员外派备用金中先行支付紧急救助所需相关费用的，应予支持。

第十一条 对于船员工资构成是否涵盖船员登船、在船工作、离船遣返期间的工作日加班工资、休息日加班工资、法定休假日加班工资，当事人有约定并主张依据约定确定双方加班工资的，应予支持。但约定标准低于法定最低工资标准的，不予支持。

第十二条 标准工时制度下，船员就休息日加班主张加班工资，船舶所有人举证证明已做补休安排，不应按法定标准支付加班工资的，应予支持。综合计算工时工作制下，船员对综合计算周期内的工作时间总量超过标准工作时间总量的部分主张加班工资的，应予支持。

船员就法定休假日加班主张加班工资，船舶所有人抗辩对法定休假日加班已做补休安排，不应支付法定休假日加班工资的，对船舶所有人的抗辩不予支持。双方另有约定的除外。

第十三条 当事人对船员工资或其他劳动报酬的支付标准、支付方式未作约定或约定不明，当事人主张以同工种、同级别、同时期市场的平均标准确定的，应予支持。

第十四条 船员因受欺诈、受胁迫在禁渔期、禁渔区或使用禁用的工具、方法捕捞水产品，或者捕捞珍稀、濒危海洋生物，或者进行其他违法作业，船员主张的登船、在船工作、离船遣返期间的船员工资、其他劳动报酬，应予支持。

船舶所有人举证证明船员对违法作业自愿且明知的，对船员的上述请求不予支持。

船舶所有人或者船员的行为应受行政处罚或涉嫌刑事犯罪的，依照相关法定程序处理。

第十五条 船员因劳务受到损害，船舶所有人举证证明船员自身存在过错，并请求判令船员自担相应责任的，对船舶所有人的抗辩予以支持。

第十六条 因第三人的原因遭受工伤，船员对第三人提起民事诉讼请求民事赔偿，第三人以船员已获得工伤保险待遇为由，抗辩其不应承担民事赔偿责任的，对第三人的抗辩不予支持。但船员已经获得医疗费用的，对船员关于医疗费用的诉讼请求不予支持。

第十七条 船员与船舶所有人之间的劳动合同具有涉外因素，当事人请求依照《中华人民共和国涉外民事关系法律适用法》第四十三条确定应适用的法律的，应予支持。

船员与船舶所有人之间的劳务合同，当事人没有选择应适用的法律，当事人主张适用劳务派出地、船舶所有人主营业地、船旗国法律的，应予支持。

船员与船舶服务机构之间，以及船舶服务机构与船舶所有人之间的居间或委托协议，当事人未选择应适用的法律，当事人主张适用与该合同有最密切联系的法律的，应予支持。

第十八条 本规定中的船舶所有人，包括光船承租人、船舶管理人、船舶经营人。

第十九条 本规定施行后尚未终审的案件，适用本规定；本规定施行前已经终审，当事人申请再审或者按照审判监督程序决定再审的案件，不适用本规定。

第二十条 本院以前发布的规定与本规定不一致的，以本规定为准。

第二十一条 本规定自2020年9月29日起实施。

最高人民法院关于审理船舶碰撞和触碰案件财产损害赔偿的规定

- 1995年10月18日最高人民法院审判委员会第735次会议讨论通过
- 根据2020年12月23日最高人民法院审判委员会第1823次会议通过的《最高人民法院关于修改〈最高人民法院关于破产企业国有划拨土地使用权应否列入破产财产等问题的批复〉等二十九件商事类司法解释的决定》修正
- 2020年12月29日最高人民法院公告公布
- 该修正自2021年1月1日起施行
- 法释〔2020〕18号

根据《中华人民共和国民法典》和《中华人民共和国海商法》的有关规定，结合我国海事审判实践并参照国际

惯例,对审理船舶碰撞和触碰案件的财产损害赔偿规定如下:

一、请求人可以请求赔偿对船舶碰撞或者触碰所造成的财产损失,船舶碰撞或者触碰后相继发生的有关费用和损失,为避免或者减少损害而产生的合理费用和损失,以及预期可得利益的损失。

因请求人的过错造成的损失或者使损失扩大的部分,不予赔偿。

二、赔偿应当尽量达到恢复原状,不能恢复原状的折价赔偿。

三、船舶损害赔偿分为全损赔偿和部分损害赔偿。

(一)船舶全损的赔偿包括:

船舶价值损失;

未包括在船舶价值内的船舶上的燃料、物料、备件、供应品,渔船上的捕捞设备、网具、渔具等损失;

船员工资、遣返费及其他合理费用。

(二)船舶部分损害的赔偿包括:合理的船舶临时修理费、永久修理费及辅助费用、维持费用,但应满足下列条件:

船舶应就近修理,除非请求人能证明在其他地方修理更能减少损失和节省费用,或者有其他合理的理由。如果船舶经临时修理可继续营运,请求人有责任进行临时修理;

船舶碰撞部位的修理,同请求人为保证船舶适航,或者因另外事故所进行的修理,或者与船舶例行的检修一起进行时,赔偿仅限于修理本次船舶碰撞的受损部位所需的费用和损失。

(三)船舶损害赔偿还包括:

合理的救助费,沉船的勘查、打捞和清除费用,设置沉船标志费用;

拖航费用,本航次的租金或者运费损失,共同海损分摊;

合理的船期损失;

其他合理的费用。

四、船上财产的损害赔偿包括:

船上财产的灭失或者部分损坏引起的贬值损失;

合理的修复或者处理费用;

合理的财产救助、打捞和清除费用,共同海损分摊;

其他合理费用。

五、船舶触碰造成设施损害的赔偿包括:

设施的全损或者部分损坏修复费用;

设施修复前不能正常使用所产生的合理的收益损失。

六、船舶碰撞或者触碰造成第三人财产损失的,应予赔偿。

七、除赔偿本金外,利息损失也应赔偿。

八、船舶价值损失的计算,以船舶碰撞发生地当时类似船舶的市价确定;碰撞发生地无类似船舶市价的,以船舶船籍港类似船舶的市价确定,或者以其他地区类似船舶市价的平均价确定;没有市价的,以原船舶的造价或者购置价,扣除折旧(折旧率按年 4—10%)计算;折旧后没有价值的按残值计算。

船舶被打捞后尚有残值的,船舶价值应扣除残值。

九、船上财产损失的计算:

(一)货物灭失的,按照货物的实际价值,即以货物装船时的价值加运费加请求人已支付的货物保险费计算,扣除可节省的费用;

(二)货物损坏的,以修复所需的费用,或者以货物的实际价值扣除残值和可节省的费用计算;

(三)由于船舶碰撞在约定的时间内迟延交付所产生的损失,按迟延交付货物的实际价值加预期可得利润与到岸时的市价的差价计算,但预期可得利润不得超过货物实际价值的 10%;

(四)船上捕捞的鱼货,以实际的鱼货价值计算。鱼货价值参照海事发生时当地市价,扣除可节省的费用。

(五)船上渔具、网具的种类和数量,以本次出海捕捞作业所需量扣减现存量计算,但所需量超过渔政部门规定或者许可的种类和数量的,不予认定;渔具、网具的价值,按原购置价或者原造价扣除折旧费用和残值计算;

(六)旅客行李、物品(包括自带行李)的损失,属本船旅客的损失,依照海商法的规定处理;属他船旅客的损失,可参照旅客运输合同中有关旅客行李灭失或者损坏的赔偿规定处理;

(七)船员个人生活必需品的损失,按实际损失适当予以赔偿;

(八)承运人与旅客书面约定由承运人保管的货币、金银、珠宝、有价证券或者其他贵重物品的损失,依海商法的规定处理;船员、旅客、其他人员个人携带的货币、金银、珠宝、有价证券或者其他贵重物品的损失,不予认定;

(九)船上其他财产的损失,按其实际价值计算。

十、船期损失的计算:

期限:船舶全损的,以找到替代船所需的合理期间为限,但最长不得超过两个月;船舶部分损害的修船期限,以实际修复所需的合理期间为限,其中包括联系、住坞、验船等所需的合理时间;渔业船舶,按上述期限扣除休渔期为限,或者以一个渔汛期为限。

船期损失,一般以船舶碰撞前后各两个航次的平均净盈利计算;无前后各两个航次可参照的,以其他相应航次的平均净盈利计算。

渔船渔汛损失,以该渔船前3年的同期渔汛平均净收益计算,或者以本年内同期同类渔船的平均净收益计算。计算渔汛损失时,应当考虑到碰撞渔船在对船捕渔作业或者围网灯光捕渔作业中的作用等因素。

十一、租金或者运费损失的计算:

碰撞导致期租合同承租人停租或者不付租金的,以停租或者不付租金额,扣除可节省的费用计算。

因货物灭失或者损坏导致不到付运费损失的,以尚未收取的运费金额扣除可节省的费用计算。

十二、设施损害赔偿的计算:

期限:以实际停止使用期间扣除常规检修的期间为限;

设施部分损坏或者全损,分别以合理的修复费用或者重新建造的费用,扣除已使用年限的折旧费计算;

设施使用的收益损失,以实际减少的净收益,即按停止使用前3个月的平均净盈利计算;部分使用并有收益的,应当扣减。

十三、利息损失的计算:

船舶价值的损失利息,从船期损失停止计算之日起至判决或者调解指定的应付之日止;

其他各项损失的利息,从损失发生之日或者费用产生之日起计算至判决或调解指定的应付之日止;

利息按本金性质的同期利率计算。

十四、计算损害赔偿的货币,当事人有约定的,依约定;没有约定的,按以下相关的货币计算:

按船舶营运或者生产经营所使用的货币计算;

船载进、出口货物的价值,按买卖合同或者提单、运单记明的货币计算;

以特别提款权计算损失的,按法院判决或者调解之日的兑换率换算成相应的货币。

十五、本规定不包括对船舶碰撞或者触碰责任的确定,不影响船舶所有人或者承运人依法享受免责和责任限制的权利。

十六、本规定中下列用语的含义:

"船舶"是指所有用作或者能够用作水上运输工具的各类水上船筏,包括非排水船舶和水上飞机。但是用于军事的和政府公务的船舶除外。

"设施"是指人为设置的固定或者可移动的构造物,包括固定平台、浮鼓、码头、堤坝、桥梁、敷设或者架设的电缆、管道等。

"船舶碰撞"是指在海上或者与海相通的可航水域,两艘或者两艘以上的船舶之间发生接触或者没有直接接触,造成财产损害的事故。

"船舶触碰"是指船舶与设施或者障碍物发生接触并造成财产损害的事故。

"船舶全损"是指船舶实际全部损失,或者损坏已达到相当严重的程度,以至于救助、打捞、修理费等费用之和达到或者超过碰撞或者触碰发生前的船舶价值。

"辅助费用"是指为进行修理而产生的合理费用,包括必要的进坞费、清航除气费、排放油污水处理费、港口使费、引航费、检验费以及修船期间所产生的住坞费、码头费等费用,但不限于上述费用。

"维持费用"是指船舶修理期间,船舶和船员日常消耗的费用,包括燃料、物料、淡水及供应品的消耗和船员工资等。

十七、本规定自发布之日起施行。

最高人民法院关于审理船舶碰撞纠纷案件若干问题的规定

- 2008年4月28日最高人民法院审判委员会第1446次会议通过
- 根据2020年12月23日最高人民法院审判委员会第1823次会议通过的《最高人民法院关于修改〈最高人民法院关于破产企业国有划拨土地使用权应否列入破产财产等问题的批复〉等二十九件商事类司法解释的决定》修正
- 2020年12月29日最高人民法院公告公布
- 该修正自2021年1月1日起施行
- 法释〔2020〕18号

为正确审理船舶碰撞纠纷案件,依照《中华人民共和国民法典》《中华人民共和国民事诉讼法》《中华人民共和国海商法》《中华人民共和国海事诉讼特别程序法》等法律,制定本规定。

第一条 本规定所称船舶碰撞,是指海商法第一百六十五条所指的船舶碰撞,不包括内河船舶之间的碰撞。

海商法第一百七十条所指的损害事故,适用本规定。

第二条 审理船舶碰撞纠纷案件,依照海商法第八章的规定确定碰撞船舶的赔偿责任。

第三条 因船舶碰撞导致船舶触碰引起的侵权纠纷,依照海商法第八章的规定确定碰撞船舶的赔偿责任。

非因船舶碰撞导致船舶触碰引起的侵权纠纷，依照民法通则的规定确定触碰船舶的赔偿责任，但不影响海商法第八章之外其他规定的适用。

第四条 船舶碰撞产生的赔偿责任由船舶所有人承担，碰撞船舶在光船租赁期间并经依法登记的，由光船承租人承担。

第五条 因船舶碰撞发生的船上人员的人身伤亡属于海商法第一百六十九条第三款规定的第三人的人身伤亡。

第六条 碰撞船舶互有过失造成船载货物损失，船载货物的权利人对承运货物的本船提起违约赔偿之诉，或者对碰撞船舶一方或者双方提起侵权赔偿之诉的，人民法院应当依法予以受理。

第七条 船载货物的权利人因船舶碰撞造成其货物损失向承运货物的本船提起诉讼的，承运船舶可以依照海商法第一百六十九条第二款的规定主张按照过失程度的比例承担赔偿责任。

前款规定不影响承运人和实际承运人援用海商法第四章关于承运人抗辩理由和限制赔偿责任的规定。

第八条 碰撞船舶船载货物权利人或者第三人向碰撞船舶一方或者双方就货物或其他财产损失提出赔偿请求的，由碰撞船舶方提供证据证明过失程度的比例。无正当理由拒不提供证据的，由碰撞船舶一方承担全部赔偿责任或者由双方承担连带赔偿责任。

前款规定的证据指具有法律效力的判决书、裁定书、调解书和仲裁裁决书。对于碰撞船舶提交的国外的判决书、裁定书、调解书和仲裁裁决书，依照民事诉讼法第二百八十二条和第二百八十三条规定的程序审查。

第九条 因起浮、清除、拆毁由船舶碰撞造成的沉没、遇难、搁浅或被弃船舶及船上货物或者使其无害的费用提出的赔偿请求，责任人不能依照海商法第十一章的规定享受海事赔偿责任限制。

第十条 审理船舶碰撞纠纷案件时，人民法院根据当事人的申请进行证据保全取得的或者向有关部门调查收集的证据，应当在当事人完成举证并出具完成举证说明书后出示。

第十一条 船舶碰撞事故发生后，主管机关依法进行调查取得并经过事故当事人和有关人员确认的碰撞事实调查材料，可以作为人民法院认定案件事实的证据，但有相反证据足以推翻的除外。

（十五）诉讼时效

最高人民法院关于债务人在约定的期限届满后未履行债务而出具没有还款日期的欠款条诉讼时效期间应从何时开始计算问题的批复

- 1994年3月26日
- 根据2020年12月23日最高人民法院审判委员会第1823次会议通过的《最高人民法院关于修改〈最高人民法院关于在民事审判工作中适用《中华人民共和国工会法》若干问题的解释〉等二十七件民事类司法解释的决定》修正
- 2020年12月29日最高人民法院公告公布
- 该修正自2021年1月1日起施行
- 法释〔2020〕17号

山东省高级人民法院：

你院鲁高法〔1992〕70号请示收悉。关于债务人在约定的期限届满后未履行债务，而出具没有还款日期的欠款条，诉讼时效期间应从何时开始计算的问题，经研究，答复如下：

据你院报告称，双方当事人原约定，供方交货后，需方立即付款。需方收货后因无款可付，经供方同意写了没有还款日期的欠款条。根据民法典第一百九十五条的规定，应认定诉讼时效中断。如果供方在诉讼时效中断后一直未主张权利，诉讼时效期间则应从供方收到需方所写欠款条之日起重新计算。

此复。

最高人民法院关于审理民事案件适用诉讼时效制度若干问题的规定

- 2008年8月11日最高人民法院审判委员会第1450次会议通过
- 根据2020年12月23日最高人民法院审判委员会第1823次会议通过的《最高人民法院关于修改〈最高人民法院关于在民事审判工作中适用《中华人民共和国工会法》若干问题的解释〉等二十七件民事类司法解释的决定》修正
- 2020年12月29日最高人民法院公告公布
- 该修正自2021年1月1日起施行
- 法释〔2020〕17号

为正确适用法律关于诉讼时效制度的规定，保护当事人的合法权益，依照《中华人民共和国民法典》《中华人民共和国民事诉讼法》等法律的规定，结合审判实践，制定本规定。

第一条 当事人可以对债权请求权提出诉讼时效抗辩,但对下列债权请求权提出诉讼时效抗辩的,人民法院不予支持:

(一)支付存款本金及利息请求权;

(二)兑付国债、金融债券以及向不特定对象发行的企业债券本息请求权;

(三)基于投资关系产生的缴付出资请求权;

(四)其他依法不适用诉讼时效规定的债权请求权。

第二条 当事人未提出诉讼时效抗辩,人民法院不应对诉讼时效问题进行释明。

第三条 当事人在一审期间未提出诉讼时效抗辩,在二审期间提出的,人民法院不予支持,但其基于新的证据能够证明对方当事人的请求权已过诉讼时效期间的情形除外。

当事人未按前款规定提出诉讼时效抗辩,以诉讼时效期间届满为由申请再审或者提出再审抗辩的,人民法院不予支持。

第四条 未约定履行期限的合同,依照民法典第五百一十条、第五百一十一条的规定,可以确定履行期限的,诉讼时效期间从履行期限届满之日起计算;不能确定履行期限的,诉讼时效期间从债权人要求债务人履行义务的宽限期届满之日起计算,但债务人在债权人第一次向其主张权利之时明确表示不履行义务的,诉讼时效期间从债务人明确表示不履行义务之日起计算。

第五条 享有撤销权的当事人一方请求撤销合同的,应适用民法典关于除斥期间的规定。对方当事人对撤销合同请求权提出诉讼时效抗辩的,人民法院不予支持。

合同被撤销,返还财产、赔偿损失请求权的诉讼时效期间从合同被撤销之日起计算。

第六条 返还不当得利请求权的诉讼时效期间,从当事人一方知道或者应当知道不当得利事实及对方当事人之日起计算。

第七条 管理人因无因管理行为产生的给付必要管理费用、赔偿损失请求权的诉讼时效期间,从无因管理行为结束并且管理人知道或者应当知道本人之日起计算。

本人因不当无因管理行为产生的赔偿损失请求权的诉讼时效期间,从其知道或者应当知道管理人及损害事实之日起计算。

第八条 具有下列情形之一的,应当认定为民法典第一百九十五条规定的"权利人向义务人提出履行请求",产生诉讼时效中断的效力:

(一)当事人一方直接向对方当事人送交主张权利文书,对方当事人在文书上签名、盖章、按指印或者虽未签名、盖章、按指印但能够以其他方式证明该文书到达对方当事人的;

(二)当事人一方以发送信件或者数据电文方式主张权利,信件或者数据电文到达或者应当到达对方当事人的;

(三)当事人一方为金融机构,依照法律规定或者当事人约定从对方当事人账户中扣收欠款本息的;

(四)当事人一方下落不明,对方当事人在国家级或者下落不明的当事人一方住所地的省级有影响的媒体上刊登具有主张权利内容的公告的,但法律和司法解释另有特别规定的,适用其规定。

前款第(一)项情形中,对方当事人为法人或者其他组织的,签收人可以是其法定代表人、主要负责人、负责收发信件的部门或者被授权主体;对方当事人为自然人的,签收人可以是自然人本人、同住的具有完全行为能力的亲属或者被授权主体。

第九条 权利人对同一债权中的部分债权主张权利,诉讼时效中断的效力及于剩余债权,但权利人明确表示放弃剩余债权的情形除外。

第十条 当事人一方向人民法院提交起诉状或者口头起诉的,诉讼时效从提交起诉状或者口头起诉之日起中断。

第十一条 下列事项之一,人民法院应当认定与提起诉讼具有同等诉讼时效中断的效力:

(一)申请支付令;

(二)申请破产、申报破产债权;

(三)为主张权利而申请宣告义务人失踪或死亡;

(四)申请诉前财产保全、诉前临时禁令等诉前措施;

(五)申请强制执行;

(六)申请追加当事人或者被通知参加诉讼;

(七)在诉讼中主张抵销;

(八)其他与提起诉讼具有同等诉讼时效中断效力的事项。

第十二条 权利人向人民调解委员会以及其他依法有权解决相关民事纠纷的国家机关、事业单位、社会团体等社会组织提出保护相应民事权利的请求,诉讼时效从提出请求之日起中断。

第十三条 权利人向公安机关、人民检察院、人民法院报案或者控告,请求保护其民事权利的,诉讼时效从其报案或者控告之日起中断。

上述机关决定不立案、撤销案件、不起诉的,诉讼时效期间从权利人知道或者应当知道不立案、撤销案件或者不起诉之日起重新计算；刑事案件进入审理阶段，诉讼时效期间从刑事裁判文书生效之日起重新计算。

第十四条 义务人作出分期履行、部分履行、提供担保、请求延期履行、制定清偿债务计划等承诺或者行为的，应当认定为民法典第一百九十五条规定的"义务人同意履行义务"。

第十五条 对于连带债权人中的一人发生诉讼时效中断效力的事由，应当认定对其他连带债权人也发生诉讼时效中断的效力。

对于连带债务人中的一人发生诉讼时效中断效力的事由，应当认定对其他连带债务人也发生诉讼时效中断的效力。

第十六条 债权人提起代位权诉讼的，应当认定对债权人的债权和债务人的债权均发生诉讼时效中断的效力。

第十七条 债权转让的，应当认定诉讼时效从债权转让通知到达债务人之日起中断。

债务承担情形下，构成原债务人对债务承认的，应当认定诉讼时效从债务承担意思表示到达债权人之日起中断。

第十八条 主债务诉讼时效期间届满，保证人享有主债务人的诉讼时效抗辩权。

保证人未主张前述诉讼时效抗辩权，承担保证责任后向主债务人行使追偿权的，人民法院不予支持，但主债务人同意给付的情形除外。

第十九条 诉讼时效期间届满，当事人一方向对方当事人作出同意履行义务的意思表示或者自愿履行义务后，又以诉讼时效期间届满为由进行抗辩的，人民法院不予支持。

当事人双方就原债务达成新的协议，债权人主张义务人放弃诉讼时效抗辩权的，人民法院应予支持。

超过诉讼时效期间，贷款人向借款人发出催收到期贷款通知单，债务人在通知单上签字或者盖章，能够认定借款人同意履行诉讼时效期间已经届满的义务的，对于贷款人关于借款人放弃诉讼时效抗辩权的主张，人民法院应予支持。

第二十条 本规定施行后，案件尚在一审或者二审阶段的，适用本规定；本规定施行前已经终审的案件，人民法院进行再审时，不适用本规定。

第二十一条 本规定施行前本院作出的有关司法解释与本规定相抵触的，以本规定为准。

三、民事诉讼

（一）综 合

最高人民法院关于审判人员在诉讼活动中执行回避制度若干问题的规定

- 2011年4月11日最高人民法院审判委员会第1517次会议通过
- 2011年6月10日最高人民法院公告公布
- 自2011年6月13日起施行
- 法释〔2011〕12号

为进一步规范审判人员的诉讼回避行为，维护司法公正，根据《中华人民共和国人民法院组织法》、《中华人民共和国法官法》、《中华人民共和国民事诉讼法》、《中华人民共和国刑事诉讼法》、《中华人民共和国行政诉讼法》等法律规定，结合人民法院审判工作实际，制定本规定。

第一条 审判人员具有下列情形之一的，应当自行回避，当事人及其法定代理人有权以口头或者书面形式申请其回避：

（一）是本案的当事人或者与当事人有近亲属关系的；

（二）本人或者其近亲属与本案有利害关系的；

（三）担任过本案的证人、翻译人员、鉴定人、勘验人、诉讼代理人、辩护人的；

（四）与本案的诉讼代理人、辩护人有夫妻、父母、子女或者兄弟姐妹关系的；

（五）与本案当事人之间存在其他利害关系，可能影响案件公正审理的。

本规定所称近亲属，包括与审判人员有夫妻、直系血亲、三代以内旁系血亲及近姻亲关系的亲属。

第二条 当事人及其法定代理人发现审判人员违反规定，具有下列情形之一的，有权申请其回避：

（一）私下会见本案一方当事人及其诉讼代理人、辩护人的；

（二）为本案当事人推荐、介绍诉讼代理人、辩护人，或者为律师、其他人员介绍办理该案件的；

（三）索取、接受本案当事人及其受托人的财物、其他利益，或者要求当事人及其受托人报销费用的；

（四）接受本案当事人及其受托人的宴请，或者参加由其支付费用的各项活动的；

（五）向本案当事人及其受托人借款，借用交通工具、通讯工具或者其他物品，或者索取、接受当事人及其受托人在购买商品、装修住房以及其他方面给予的好处的；

（六）有其他不正当行为，可能影响案件公正审理的。

第三条 凡在一个审判程序中参与过本案审判工作的审判人员，不得再参与该案其他程序的审判。但是，经过第二审程序发回重审的案件，在一审法院作出裁判后又进入第二审程序的，原第二审程序中合议庭组成人员不受本条规定的限制。

第四条 审判人员应当回避，本人没有自行回避，当事人及其法定代理人也没有申请其回避的，院长或者审判委员会应当决定其回避。

第五条 人民法院应当依法告知当事人及其法定代理人有申请回避的权利，以及合议庭组成人员、书记员的姓名、职务等相关信息。

第六条 人民法院依法调解案件，应当告知当事人及其法定代理人有申请回避的权利，以及主持调解工作的审判人员及其他参与调解工作的人员的姓名、职务等相关信息。

第七条 第二审人民法院认为第一审人民法院的审理有违反本规定第一条至第三条规定的，应当裁定撤销原判，发回原审人民法院重新审判。

第八条 审判人员及法院其他工作人员从人民法院离任后二年内，不得以律师身份担任诉讼代理人或者辩护人。

审判人员及法院其他工作人员从人民法院离任后，不得担任原任职法院所审理案件的诉讼代理人或者辩护人，但是作为当事人的监护人或者近亲属代理诉讼或者进行辩护的除外。

本条所规定的离任，包括退休、调离、解聘、辞职、辞退、开除等离开法院工作岗位的情形。

本条所规定的原任职法院，包括审判人员及法院其他工作人员曾任职的所有法院。

第九条 审判人员及法院其他工作人员的配偶、子女或者父母不得担任其所任职法院审理案件的诉讼代理人或者辩护人。

第十条 人民法院发现诉讼代理人或者辩护人违反本规定第八条、第九条的规定的，应当责令其停止相关诉讼代理或者辩护行为。

第十一条 当事人及其法定代理人、诉讼代理人、辩护人认为审判人员有违反本规定行为的，可以向法院纪检、监察部门或者其他有关部门举报。受理举报的人民法院应当及时处理，并将相关意见反馈给举报人。

第十二条 对明知具有本规定第一条至第三条规定情形不依法自行回避的审判人员，依照《人民法院工作人员处分条例》的规定予以处分。

对明知诉讼代理人、辩护人具有本规定第八条、第九条规定情形之一，未责令其停止相关诉讼代理或者辩护行为的审判人员，依照《人民法院工作人员处分条例》的规定予以处分。

第十三条 本规定所称审判人员，包括各级人民法院院长、副院长、审判委员会委员、庭长、副庭长、审判员和助理审判员。

本规定所称法院其他工作人员，是指审判人员以外的在编工作人员。

第十四条 人民陪审员、书记员和执行员适用审判人员回避的有关规定，但不属于本规定第十三条所规定人员的，不适用本规定第八条、第九条的规定。

第十五条 自本规定施行之日起，《最高人民法院关于审判人员严格执行回避制度的若干规定》（法发〔2000〕5号）即行废止；本规定施行前本院发布的司法解释与本规定不一致的，以本规定为准。

最高人民法院关于对配偶父母子女从事律师职业的法院领导干部和审判执行人员实行任职回避的规定

· 2020年4月17日
· 法发〔2020〕13号

为了维护司法公正和司法廉洁，防止法院领导干部和审判执行人员私人利益与公共利益发生冲突，依照《中华人民共和国公务员法》《中华人民共和国法官法》等法律法规，结合人民法院实际，制定本规定。

第一条 人民法院工作人员的配偶、父母、子女、兄弟姐妹、配偶的父母、配偶的兄弟姐妹、子女的配偶、子女配偶的父母具有律师身份的，该工作人员应当主动向所在人民法院组织（人事）部门报告。

第二条 人民法院领导干部和审判执行人员的配偶、父母、子女有下列情形之一的，法院领导干部和审判执行人员应当实行任职回避：

（一）担任该领导干部和审判执行人员所任职人民法院辖区内律师事务所的合伙人或者设立人的；

（二）在该领导干部和审判执行人员所任职人民法院辖区内以律师身份担任诉讼代理人、辩护人，或者为诉讼案件当事人提供其他有偿法律服务的。

第三条 人民法院在选拔任用干部时，不得将符合任职回避条件的人员作为法院领导干部和审判执行人员的拟任人选。

第四条 人民法院在招录补充工作人员时，应当向拟招录补充的人员释明本规定的相关内容。

第五条 符合任职回避条件的法院领导干部和审判执行人员，应当自本规定生效之日或者任职回避条件符合之日起三十日内主动向法院组织（人事）部门提出任职回避申请，相关人民法院应当按照有关规定为其另行安排工作岗位，确定职务职级待遇。

第六条 符合任职回避条件的法院领导干部和审判执行人员没有按规定主动提出任职回避申请的，相关人民法院应当按照有关程序免去其所任领导职务或者将其调离审判执行岗位。

第七条 应当实行任职回避的法院领导干部和审判执行人员的任免权限不在人民法院的，相关人民法院应当向具有干部任免权的机关提出为其办理职务调动或者免职等手续的建议。

第八条 符合任职回避条件的法院领导干部和审判执行人员具有下列情形之一的，应当根据情节给予批评教育、诫勉、组织处理或者处分：

（一）隐瞒配偶、父母、子女从事律师职业情况的；

（二）不按规定主动提出任职回避申请的；

（三）采取弄虚作假手段规避任职回避的；

（四）拒不服从组织调整或者拒不办理公务交接的；

（五）具有其他违反任职回避规定行为的。

第九条 法院领导干部和审判执行人员的配偶、父母、子女采取隐名代理等方式在该领导干部和审判执行人员所任职人民法院辖区内从事律师职业的，应当责令该法院领导干部和审判执行人员辞去领导职务或者将其调离审判执行岗位,其本人知情的,应当根据相关规定从重处理。

第十条 因任职回避调离审判执行岗位的法院工作人员,任职回避情形消失后,可以向法院组织(人事)部门申请调回审判执行岗位。

第十一条 本规定所称父母,是指生父母、养父母和有扶养关系的继父母。

本规定所称子女,是指婚生子女、非婚生子女、养子女和有扶养关系的继子女。

本规定所称从事律师职业,是指担任律师事务所的合伙人、设立人,或者以律师身份担任诉讼代理人、辩护人,或者以律师身份为诉讼案件当事人提供其他有偿法律服务。

本规定所称法院领导干部,是指各级人民法院的领导班子成员及审判委员会委员。

本规定所称审判执行人员,是指各级人民法院立案、审判、执行、审判监督、国家赔偿等部门的领导班子成员、法官、法官助理、执行员。

本规定所称任职人民法院辖区,包括法院领导干部和审判执行人员所任职人民法院及其所辖下级人民法院的辖区。专门人民法院及其他管辖区域与行政辖区不一致的人民法院工作人员的任职人民法院辖区,由解放军军事法院和相关高级人民法院根据有关规定或者实际情况确定。

第十二条 本规定由最高人民法院负责解释。

第十三条 本规定自 2020 年 5 月 6 日起施行,《最高人民法院关于对配偶子女从事律师职业的法院领导干部和审判执行岗位法官实行任职回避的规定(试行)》(法发〔2011〕5 号)同时废止。

最高人民法院关于证券纠纷代表人诉讼若干问题的规定

· 2020 年 7 月 23 日最高人民法院审判委员会第 1808 次会议通过
· 2020 年 7 月 30 日最高人民法院公告公布
· 自 2020 年 7 月 31 日起施行
· 法释〔2020〕5 号

为进一步完善证券集体诉讼制度,便利投资者提起和参加诉讼,降低投资者维权成本,保护投资者合法权益,有效惩治资本市场违法违规行为,维护资本市场健康稳定发展,根据《中华人民共和国民事诉讼法》《中华人民共和国证券法》等法律的规定,结合证券市场实际和审判实践,制定本规定。

一、一般规定

第一条 本规定所指证券纠纷代表人诉讼包括因证券市场虚假陈述、内幕交易、操纵市场等行为引发的普通代表人诉讼和特别代表人诉讼。

普通代表人诉讼是依据民事诉讼法第五十三条、第五十四条、证券法第九十五条第一款、第二款规定提起的诉讼;特别代表人诉讼是依据证券法第九十五条第三款规定提起的诉讼。

第二条 证券纠纷代表人诉讼案件,由省、自治区、直辖市人民政府所在地的市、计划单列市和经济特区中级人民法院或者专门人民法院管辖。

对多个被告提起的诉讼,由发行人住所地有管辖权的中级人民法院或者专门人民法院管辖;对发行人以外的主体提起的诉讼,由被告住所地有管辖权的中级人民法院或者专门人民法院管辖。

特别代表人诉讼案件,由涉诉证券集中交易的证券交易所、国务院批准的其他全国性证券交易场所所在地的中级人民法院或者专门人民法院管辖。

第三条 人民法院应当充分发挥多元解纷机制的功能,按照自愿、合法原则,引导和鼓励当事人通过行政调解、行业调解、专业调解等非诉讼方式解决证券纠纷。

当事人选择通过诉讼方式解决纠纷的,人民法院应当及时立案。案件审理过程中应当着重调解。

第四条 人民法院审理证券纠纷代表人诉讼案件,应当依托信息化技术手段开展立案登记、诉讼文书送达、公告和通知、权利登记、执行款项发放等工作,便利当事人行使诉讼权利、履行诉讼义务,提高审判执行的公正性、高效性和透明度。

二、普通代表人诉讼

第五条 符合以下条件的,人民法院应当适用普通代表人诉讼程序进行审理:

(一)原告一方人数十人以上,起诉符合民事诉讼法第一百一十九条规定和共同诉讼条件;

(二)起诉书中确定二至五名拟任代表人且符合本规定第十二条规定的代表人条件;

(三)原告提交有关行政处罚决定、刑事裁判文书、被告自认材料、证券交易所和国务院批准的其他全国性证券交易场所等给予的纪律处分或者采取的自律管理措施等证明证券侵权事实的初步证据。

不符合前款规定的，人民法院应当适用非代表人诉讼程序进行审理。

第六条 对起诉时当事人人数尚未确定的代表人诉讼，在发出权利登记公告前，人民法院可以通过阅卷、调查、询问和听证等方式对被诉证券侵权行为的性质、侵权事实等进行审查，并在受理后三十日内以裁定的方式确定具有相同诉讼请求的权利人范围。

当事人对权利人范围有异议的，可以自裁定送达之日起十日内向上一级人民法院申请复议，上一级人民法院应当在十五日内作出复议裁定。

第七条 人民法院应当在权利人范围确定后五日内发出权利登记公告，通知相关权利人在指定期间登记。权利登记公告应当包括以下内容：

（一）案件情况和诉讼请求；
（二）被告的基本情况；
（三）权利人范围及登记期间；
（四）起诉书中确定的拟任代表人人选姓名或者名称、联系方式等基本信息；
（五）自愿担任代表人的权利人，向人民法院提交书面申请和相关材料的期限；
（六）人民法院认为必要的其他事项。

公告应当以醒目的方式提示，代表人的诉讼权限包括代表原告参加开庭审理，变更、放弃诉讼请求或者承认对方当事人的诉讼请求，与被告达成调解协议，提起或者放弃上诉，申请执行，委托诉讼代理人等，参加登记视为对代表人进行特别授权。

公告期间为三十日。

第八条 权利人应在公告确定的登记期间向人民法院登记。未按期登记的，可在一审开庭前向人民法院申请补充登记，补充登记前已经完成的诉讼程序对其发生效力。

权利登记可以依托电子信息平台进行。权利人进行登记时，应当按照权利登记公告要求填写诉讼请求金额、收款方式、电子送达地址等事项，并提供身份证明文件、交易记录及投资损失等证据材料。

第九条 人民法院在登记期间届满后十日内对登记的权利人进行审核。不符合权利人范围的投资者，人民法院不确认其原告资格。

第十条 权利登记公告前已就同一证券违法事实提起诉讼且符合权利人范围的投资者，申请撤诉并加入代表人诉讼的，人民法院应当予以准许。

投资者申请撤诉并加入代表人诉讼的，列为代表人诉讼的原告，已经收取的诉讼费予以退还；不申请撤诉的，人民法院不准许其加入代表人诉讼，原诉讼继续进行。

第十一条 人民法院应当将审核通过的权利人列入代表人诉讼原告名单，并通知全体原告。

第十二条 代表人应当符合以下条件：

（一）自愿担任代表人；
（二）拥有相当比例的利益诉求份额；
（三）本人或者其委托诉讼代理人具备一定的诉讼能力和专业经验；
（四）能忠实、勤勉地履行维护全体原告利益的职责。

依照法律、行政法规或者国务院证券监督管理机构的规定设立的投资者保护机构作为原告参与诉讼，或者接受投资者的委托指派工作人员或委派诉讼代理人参与案件审理活动的，人民法院可以指定该机构为代表人，或者在被代理的当事人中指定代表人。

申请担任代表人的原告存在与被告有关联关系等可能影响其履行职责情形的，人民法院对其申请不予准许。

第十三条 在起诉时当事人人数确定的代表人诉讼，应当在起诉前确定获得特别授权的代表人，并在起诉书中就代表人的推选情况作出专项说明。

在起诉时当事人人数尚未确定的代表人诉讼，应当在起诉书中就拟任代表人人选及条件作出说明。在登记期间向人民法院登记的权利人对拟任代表人人选均没有提出异议，并且登记的权利人无人申请担任代表人的，人民法院可以认定由该二至五名人选作为代表人。

第十四条 在登记期间向人民法院登记的权利人对拟任代表人的人选提出异议，或者申请担任代表人的，人民法院应当自原告范围审核完毕后十日内在自愿担任代表人的原告中组织推选。

代表人的推选实行一人一票，每位代表人的得票数应当不少于参与投票人数的50%。代表人人数为二至五名，按得票数排名确定，通过投票产生二名以上代表人的，为推选成功。首次推选不出的，人民法院应当即时组织原告在得票数前五名的候选人中进行二次推选。

第十五条 依据前条规定推选不出代表人的，由人民法院指定。

人民法院指定代表人的，应当将投票情况、诉讼能力、利益诉求份额等作为考量因素，并征得被指定代表人的同意。

第十六条 代表人确定后，人民法院应当进行公告。

原告可以自公告之日起十日内向人民法院申请撤回权利登记，并可以另行起诉。

第十七条 代表人因丧失诉讼行为能力或者其他事由影响案件审理或者可能损害原告利益的,人民法院依原告申请,可以决定撤销代表人资格。代表人不足二人时,人民法院应当补充指定代表人。

第十八条 代表人与被告达成调解协议草案的,应当向人民法院提交制作调解书的申请书及调解协议草案。申请书应当包括以下内容:

(一)原告的诉讼请求、案件事实以及审理进展等基本情况;

(二)代表人和委托诉讼代理人参加诉讼活动的情况;

(三)调解协议草案对原告的有利因素和不利影响;

(四)对诉讼费以及合理的公告费、通知费、律师费等费用的分摊及理由;

(五)需要特别说明的其他事项。

第十九条 人民法院经初步审查,认为调解协议草案不存在违反法律、行政法规的强制性规定、违背公序良俗以及损害他人合法权益等情形的,应当自收到申请书后十日内向全体原告发出通知。通知应当包括以下内容:

(一)调解协议草案;

(二)代表人请求人民法院制作调解书的申请书;

(三)对调解协议草案发表意见的权利以及方式、程序和期限;

(四)原告有异议时,召开听证会的时间、地点及报名方式;

(五)人民法院认为需要通知的其他事项。

第二十条 对调解协议草案有异议的原告,有权出席听证会或者以书面方式向人民法院提交异议的具体内容及理由。异议人未出席听证会的,人民法院应当在听证会上公开其异议的内容及理由,代表人及其委托诉讼代理人、被告应当进行解释。

代表人和被告可以根据听证会的情况,对调解协议草案进行修改。人民法院应当将修改后的调解协议草案通知所有原告,并对修改的内容作出重点提示。人民法院可以根据案件的具体情况,决定是否再次召开听证会。

第二十一条 人民法院应当综合考虑当事人赞成和反对意见、本案所涉法律和事实情况、调解协议草案的合法性、适当性和可行性等因素,决定是否制作调解书。

人民法院准备制作调解书的,应当通知提出异议的原告,告知其可以在收到通知后十日内向人民法院提交退出调解的申请。未在上述期间内提交退出申请的原告,视为接受。

申请退出的期间届满后,人民法院应当在十日内制作调解书。调解书经代表人和被告签收后,对被代表的原告发生效力。人民法院对申请退出原告的诉讼继续审理,并依法作出相应判决。

第二十二条 代表人变更或者放弃诉讼请求、承认对方当事人诉讼请求、决定撤诉的,应当向人民法院提交书面申请,并通知全体原告。人民法院收到申请后,应当根据原告所提异议情况,依法裁定是否准许。

对于代表人依据前款规定提交的书面申请,原告自收到通知之日起十日内未提出异议的,人民法院可以裁定准许。

第二十三条 除代表人诉讼案件外,人民法院还受理其他基于同一证券违法事实发生的非代表人诉讼案件的,原则上代表人诉讼案件先行审理,非代表人诉讼案件中止审理。但非代表人诉讼案件具有典型性且先行审理有利于及时解决纠纷的除外。

第二十四条 人民法院可以依当事人的申请,委托双方认可或者随机抽取的专业机构对投资损失数额、证券侵权行为以外其他风险因素导致的损失扣除比例等进行核定。当事人虽未申请但案件审理确有需要的,人民法院可以通过随机抽取的方式委托专业机构对有关事项进行核定。

对专业机构的核定意见,人民法院应当组织双方当事人质证。

第二十五条 代表人请求败诉的被告赔偿合理的公告费、通知费、律师费等费用的,人民法院应当予以支持。

第二十六条 判决被告承担民事赔偿责任的,可以在判决主文中确定赔偿总额和损害赔偿计算方法,并将每个原告的姓名、应获赔偿金额等以列表方式作为民事判决书的附件。

当事人对计算方法、赔偿金额等有异议的,可以向人民法院申请复核。确有错误的,人民法院裁定补正。

第二十七条 一审判决送达后,代表人决定放弃上诉的,应当在上诉期间届满前通知全体原告。

原告自收到通知之日起十五日内未上诉,被告在上诉期间内亦未上诉,一审判决在全体原告与被告之间生效。

原告自收到通知之日起十五日内上诉的,应当同时提交上诉状,人民法院收到上诉状后,对上诉的原告按上诉处理。被告在上诉期间内未上诉的,一审判决在未上诉的原告与被告之间生效,二审裁判的效力不及于未上诉的原告。

第二十八条　一审判决送达后，代表人决定上诉的，应当在上诉期间届满前通知全体原告。

原告自收到通知之日起十五日内决定放弃上诉的，应当通知一审法院。被告在上诉期间内未上诉的，一审判决在放弃上诉的原告与被告之间生效，二审裁判的效力不及于放弃上诉的原告。

第二十九条　符合权利人范围但未参加登记的投资者提起诉讼，且主张的事实和理由与代表人诉讼生效判决、裁定所认定的案件基本事实和法律适用相同的，人民法院审查具体诉讼请求后，裁定适用已经生效的判决、裁定。适用已经生效裁判的裁定中应当明确被告赔偿的金额，裁定一经作出立即生效。

代表人诉讼调解结案的，人民法院对后续涉及同一证券违法事实的案件可以引导当事人先行调解。

第三十条　履行或者执行生效法律文书所得财产，人民法院在进行分配时，可以通知证券登记结算机构等协助执行义务人依法协助执行。

人民法院应当编制分配方案并通知全体原告，分配方案应当包括原告范围、债权总额、扣除项目及金额、分配的基准及方法、分配金额的受领期间等内容。

第三十一条　原告对分配方案有异议的，可以依据民事诉讼法第二百二十五条的规定提出执行异议。

三、特别代表人诉讼

第三十二条　人民法院已经根据民事诉讼法第五十四条第一款、证券法第九十五条第二款的规定发布权利登记公告的，投资者保护机构在公告期间受五十名以上权利人的特别授权，可以作为代表人参加诉讼。先受理的人民法院不具有特别代表人诉讼管辖权的，应当将案件及时移送有管辖权的人民法院。

不同意加入特别代表人诉讼的权利人可以提交退出声明，原诉讼继续进行。

第三十三条　权利人范围确定后，人民法院应当发出权利登记公告。权利登记公告除本规定第七条的内容外，还应当包括投资者保护机构基本情况、对投资者保护机构的特别授权、投资者声明退出的权利及期间、未声明退出的法律后果等。

第三十四条　投资者明确表示不愿意参加诉讼的，应当在公告期间届满后十五日内向人民法院声明退出。未声明退出的，视为同意参加该代表人诉讼。

对于声明退出的投资者，人民法院不再将其登记为特别代表人诉讼的原告，该投资者可以另行起诉。

第三十五条　投资者保护机构依据公告确定的权利人范围向证券登记结算机构调取的权利人名单，人民法院应当予以登记，列入代表人诉讼原告名单，并通知全体原告。

第三十六条　诉讼过程中由于声明退出等原因导致明示授权投资者的数量不足五十名的，不影响投资者保护机构的代表人资格。

第三十七条　针对同一代表人诉讼，原则上应当由一个投资者保护机构作为代表人参加诉讼。两个以上的投资者保护机构分别受五十名以上投资者委托，且均决定作为代表人参加诉讼的，应当协商处理；协商不成的，由人民法院指定其中一个作为代表人参加诉讼。

第三十八条　投资者保护机构应当采取必要措施，保障被代表的投资者持续了解案件审理的进展情况，回应投资者的诉求。对投资者提出的意见和建议不予采纳的，应当对投资者做好解释工作。

第三十九条　特别代表人诉讼案件不预交案件受理费。败诉或者部分败诉的原告申请减交或者免交诉讼费的，人民法院应当依照《诉讼费用交纳办法》的规定，视原告的经济状况和案件的审理情况决定是否准许。

第四十条　投资者保护机构作为代表人在诉讼中申请财产保全的，人民法院可以不要求提供担保。

第四十一条　人民法院审理特别代表人诉讼案件，本部分没有规定的，适用普通代表人诉讼中关于起诉时当事人人数尚未确定的代表人诉讼的相关规定。

四、附　则

第四十二条　本规定自 2020 年 7 月 31 日起施行。

最高人民法院、最高人民检察院关于检察公益诉讼案件适用法律若干问题的解释

- 2018 年 2 月 23 日最高人民法院审判委员会第 1734 次会议、2018 年 2 月 11 日最高人民检察院第十二届检察委员会第 73 次会议通过
- 根据 2020 年 12 月 23 日最高人民法院审判委员会第 1823 次会议、2020 年 12 月 28 日最高人民检察院第十三届检察委员会第 58 次会议修正
- 2020 年 12 月 29 日最高人民法院公告公布
- 该修正自 2021 年 1 月 1 日起施行
- 法释〔2020〕20 号

一、一般规定

第一条　为正确适用《中华人民共和国民法典》《中华人民共和国民事诉讼法》《中华人民共和国行政诉讼

法》关于人民检察院提起公益诉讼制度的规定,结合审判、检察工作实际,制定本解释。

第二条 人民法院、人民检察院办理公益诉讼案件主要任务是充分发挥司法审判、法律监督职能作用,维护宪法法律权威,维护社会公平正义,维护国家利益和社会公共利益,督促适格主体依法行使公益诉权,促进依法行政、严格执法。

第三条 人民法院、人民检察院办理公益诉讼案件,应当遵守宪法法律规定,遵循诉讼制度的原则,遵循审判权、检察权运行规律。

第四条 人民检察院以公益诉讼起诉人身份提起公益诉讼,依照民事诉讼法、行政诉讼法享有相应的诉讼权利,履行相应的诉讼义务,但法律、司法解释另有规定的除外。

第五条 市(分、州)人民检察院提起的第一审民事公益诉讼案件,由侵权行为地或者被告住所地中级人民法院管辖。

基层人民检察院提起的第一审行政公益诉讼案件,由被诉行政机关所在地基层人民法院管辖。

第六条 人民检察院办理公益诉讼案件,可以向有关行政机关以及其他组织、公民调查收集证据材料;有关行政机关以及其他组织、公民应当配合;需要采取证据保全措施的,依照民事诉讼法、行政诉讼法相关规定办理。

第七条 人民法院审理人民检察院提起的第一审公益诉讼案件,适用人民陪审制。

第八条 人民法院开庭审理人民检察院提起的公益诉讼案件,应当在开庭三日前向人民检察院送达出庭通知书。

人民检察院应当派员出庭,并应当自收到人民法院出庭通知书之日起三日内向人民法院提交派员出庭通知书。派员出庭通知书应当写明出庭人员的姓名、法律职务以及出庭履行的具体职责。

第九条 出庭检察人员履行以下职责:
(一)宣读公益诉讼起诉书;
(二)对人民检察院调查收集的证据予以出示和说明,对相关证据进行质证;
(三)参加法庭调查,进行辩论并发表意见;
(四)依法从事其他诉讼活动。

第十条 人民检察院不服人民法院第一审判决、裁定的,可以向上一级人民法院提起上诉。

第十一条 人民法院审理第二审案件,由提起公益诉讼的人民检察院派员出庭,上一级人民检察院也可以派员参加。

第十二条 人民检察院提起公益诉讼案件判决、裁定发生法律效力,被告不履行的,人民法院应当移送执行。

二、民事公益诉讼

第十三条 人民检察院在履行职责中发现破坏生态环境和资源保护,食品药品安全领域侵害众多消费者合法权益,侵害英雄烈士等的姓名、肖像、名誉、荣誉等损害社会公共利益的行为,拟提起公益诉讼的,应当依法公告,公告期间为三十日。

公告期满,法律规定的机关和有关组织、英雄烈士等的近亲属不提起诉讼的,人民检察院可以向人民法院提起诉讼。

人民检察院办理侵害英雄烈士等的姓名、肖像、名誉、荣誉等的民事公益诉讼案件,也可以直接征询英雄烈士等的近亲属的意见。

第十四条 人民检察院提起民事公益诉讼应当提交下列材料:
(一)民事公益诉讼起诉书,并按照被告人数提出副本;
(二)被告的行为已经损害社会公共利益的初步证明材料;
(三)已经履行公告程序、征询英雄烈士等的近亲属意见的证明材料。

第十五条 人民检察院依据民事诉讼法第五十五条第二款的规定提起民事公益诉讼,符合民事诉讼法第一百一十九条第二项、第三项、第四项及本解释规定的起诉条件的,人民法院应当登记立案。

第十六条 人民检察院提起的民事公益诉讼案件中,被告以反诉方式提出诉讼请求的,人民法院不予受理。

第十七条 人民法院受理人民检察院提起的民事公益诉讼案件后,应当在立案之日起五日内将起诉书副本送达被告。

人民检察院已履行诉前公告程序的,人民法院立案后不再进行公告。

第十八条 人民法院认为人民检察院提出的诉讼请求不足以保护社会公共利益的,可以向其释明变更或者增加停止侵害、恢复原状等诉讼请求。

第十九条 民事公益诉讼案件审理过程中,人民检察院诉讼请求全部实现而撤回起诉的,人民法院应予准许。

第二十条　人民检察院对破坏生态环境和资源保护，食品药品安全领域侵害众多消费者合法权益，侵害英雄烈士等的姓名、肖像、名誉、荣誉等损害社会公共利益的犯罪行为提起刑事公诉时，可以向人民法院一并提起附带民事公益诉讼，由人民法院同一审判组织审理。

人民检察院提起的刑事附带民事公益诉讼案件由审理刑事案件的人民法院管辖。

三、行政公益诉讼

第二十一条　人民检察院在履行职责中发现生态环境和资源保护、食品药品安全、国有财产保护、国有土地使用权出让等领域负有监督管理职责的行政机关违法行使职权或者不作为，致使国家利益或者社会公共利益受到侵害的，应当向行政机关提出检察建议，督促其依法履行职责。

行政机关应当在收到检察建议书之日起两个月内依法履行职责，并书面回复人民检察院。出现国家利益或者社会公共利益损害继续扩大等紧急情形的，行政机关应当在十五日内书面回复。

行政机关不依法履行职责的，人民检察院依法向人民法院提起诉讼。

第二十二条　人民检察院提起行政公益诉讼应当提交下列材料：

（一）行政公益诉讼起诉书，并按照被告人数提出副本；

（二）被告违法行使职权或者不作为，致使国家利益或者社会公共利益受到侵害的证明材料；

（三）已经履行诉前程序，行政机关仍不依法履行职责或者纠正违法行为的证明材料。

第二十三条　人民检察院依据行政诉讼法第二十五条第四款的规定提起行政公益诉讼，符合行政诉讼法第四十九条第二项、第三项、第四项及本解释规定的起诉条件的，人民法院应当登记立案。

第二十四条　在行政公益诉讼案件审理过程中，被告纠正违法行为或者依法履行职责而使人民检察院的诉讼请求全部实现，人民检察院撤回起诉的，人民法院应当裁定准许；人民检察院变更诉讼请求，请求确认原行政行为违法的，人民法院应当判决确认违法。

第二十五条　人民法院区分下列情形作出行政公益诉讼判决：

（一）被诉行政行为具有行政诉讼法第七十四条、第七十五条规定情形之一的，判决确认违法或者确认无效，并可以同时判决责令行政机关采取补救措施；

（二）被诉行政行为具有行政诉讼法第七十条规定情形之一的，判决撤销或者部分撤销，并可以判决被诉行政机关重新作出行政行为；

（三）被诉行政机关不履行法定职责的，判决在一定期限内履行；

（四）被诉行政机关作出的行政处罚明显不当，或者其他行政行为涉及对款额的确定、认定确有错误的，可以判决予以变更；

（五）被诉行政行为证据确凿，适用法律、法规正确，符合法定程序，未超越职权，未滥用职权，无明显不当，或者人民检察院诉请被诉行政机关履行法定职责理由不成立的，判决驳回诉讼请求。

人民法院可以将判决结果告知被诉行政机关所属的人民政府或者其他相关的职能部门。

四、附　则

第二十六条　本解释未规定的其他事项，适用民事诉讼法、行政诉讼法以及相关司法解释的规定。

第二十七条　本解释自2018年3月2日起施行。

最高人民法院、最高人民检察院之前发布的司法解释和规范性文件与本解释不一致的，以本解释为准。

最高人民法院、最高人民检察院关于办理海洋自然资源与生态环境公益诉讼案件若干问题的规定

- 2021年12月27日最高人民法院审判委员会第1858次会议、2022年3月16日最高人民检察院第十三届检察委员会第九十三次会议通过
- 2022年5月10日最高人民法院、最高人民检察院公告公布
- 自2022年5月15日起施行
- 法释〔2022〕15号

为依法办理海洋自然资源与生态环境公益诉讼案件，根据《中华人民共和国海洋环境保护法》《中华人民共和国民事诉讼法》《中华人民共和国刑事诉讼法》《中华人民共和国行政诉讼法》《中华人民共和国海事诉讼特别程序法》等法律规定，结合审判、检察工作实际，制定本规定。

第一条　本规定适用于损害行为发生地、损害结果地或者采取预防措施地在海洋环境保护法第二条第一款规定的海域内，因破坏海洋生态、海洋水产资源、海洋保护区而提起的民事公益诉讼、刑事附带民事公益诉讼和行政公益诉讼。

第二条　依据海洋环境保护法第八十九条第二款规

定，对破坏海洋生态、海洋水产资源、海洋保护区，给国家造成重大损失的，应当由依照海洋环境保护法规定行使海洋环境监督管理权的部门，在有管辖权的海事法院对侵权人提起海洋自然资源与生态环境损害赔偿诉讼。

有关部门根据职能分工提起海洋自然资源与生态环境损害赔偿诉讼的，人民检察院可以支持起诉。

第三条 人民检察院在履行职责中发现破坏海洋生态、海洋水产资源、海洋保护区的行为，可以告知行使海洋环境监督管理权的部门依本规定第二条提起诉讼。在有关部门仍不提起诉讼的情况下，人民检察院就海洋自然资源与生态环境损害，向有管辖权的海事法院提起民事公益诉讼的，海事法院应予受理。

第四条 破坏海洋生态、海洋水产资源、海洋保护区，涉嫌犯罪的，在行使海洋环境监督管理权的部门没有另行提起海洋自然资源与生态环境损害赔偿诉讼的情况下，人民检察院可以在提起刑事公诉时一并提起附带民事公益诉讼，也可以单独提起民事公益诉讼。

第五条 人民检察院在履行职责中发现对破坏海洋生态、海洋水产资源、海洋保护区的行为负有监督管理职责的部门违法行使职权或者不作为，致使国家利益或者社会公共利益受到侵害的，应当向有关部门提出检察建议，督促其依法履行职责。

有关部门不依法履行职责的，人民检察院依法向被诉行政机关所在地的海事法院提起行政公益诉讼。

第六条 本规定自2022年5月15日起施行。

最高人民法院关于在审理经济纠纷案件中涉及经济犯罪嫌疑若干问题的规定

- 1998年4月9日最高人民法院审判委员会第974次会议通过
- 根据2020年12月23日最高人民法院审判委员会第1823次会议通过的《最高人民法院关于修改〈最高人民法院关于在民事审判工作中适用《中华人民共和国工会法》若干问题的解释〉等二十七件民事类司法解释的决定》修正
- 2020年12月29日最高人民法院公告公布
- 该修正自2021年1月1日起施行
- 法释〔2020〕17号

根据《中华人民共和国民法典》《中华人民共和国刑法》《中华人民共和国民事诉讼法》《中华人民共和国刑事诉讼法》等有关规定，对审理经济纠纷案件中涉及经济犯罪嫌疑问题作以下规定：

第一条 同一自然人、法人或非法人组织因不同的法律事实，分别涉及经济纠纷和经济犯罪嫌疑的，经济纠纷案件和经济犯罪嫌疑案件应当分开审理。

第二条 单位直接负责的主管人员和其他直接责任人员，以为单位骗取财物为目的，采取欺骗手段对外签订经济合同，骗取的财物被该单位占有、使用或处分构成犯罪的，除依法追究有关人员的刑事责任，责令该单位返还骗取的财物外，如给被害人造成经济损失的，单位应当承担赔偿责任。

第三条 单位直接负责的主管人员和其他直接责任人员，以该单位的名义对外签订经济合同，将取得的财物部分或全部占为己有构成犯罪的，除依法追究行为人的刑事责任外，该单位对行为人因签订、履行该经济合同造成的后果，依法应当承担民事责任。

第四条 个人借用单位的业务介绍信、合同专用章或者盖有公章的空白合同书，以出借单位名义签订经济合同，骗取财物归个人占有、使用、处分或者进行其他犯罪活动，给对方造成经济损失构成犯罪的，除依法追究借用人的刑事责任外，出借业务介绍信、合同专用章或者盖有公章的空白合同书的单位，依法应当承担赔偿责任。但是，有证据证明被害人明知签订合同对方当事人是借用行为，仍与之签订合同的除外。

第五条 行为人盗窃、盗用单位的公章、业务介绍信、盖有公章的空白合同书，或者私刻单位的公章签订经济合同，骗取财物归个人占有、使用、处分或者进行其他犯罪活动构成犯罪的，单位对行为人该犯罪行为所造成的经济损失不承担民事责任。

行为人私刻单位公章或者擅自使用单位公章、业务介绍信、盖有公章的空白合同书以签订经济合同的方法进行的犯罪行为，单位有明显过错，且该过错行为与被害人的经济损失之间具有因果关系的，单位对该犯罪行为所造成的经济损失，依法应当承担赔偿责任。

第六条 企业承包、租赁经营合同期满后，企业按规定办理了企业法定代表人的变更登记，而企业法人未采取有效措施收回其公章、业务介绍信、盖有公章的空白合同书，或者没有及时采取措施通知相对人，致原企业承包人、租赁人得以用原承包、租赁企业的名义签订经济合同，骗取财物占为己有构成犯罪的，该企业对被害人的经济损失，依法应当承担赔偿责任。但是，原承包人、承租人利用擅自保留的公章、业务介绍信、盖有公章的空白合同书以原承包、租赁企业的名义签订经济合同，骗取财物占为己有构成犯罪的，企业一般不承担民事责任。

单位聘用的人员被解聘后，或者受单位委托保管公章的人员被解除委托后，单位未及时收回其公章，行为人擅自利用保留的原单位公章签订经济合同，骗取财物占为己有构成犯罪，如给被害人造成经济损失的，单位应当承担赔偿责任。

第七条 单位直接负责的主管人员和其他直接责任人员，将单位进行走私或其他犯罪活动所得财物以签订经济合同的方法予以销售，买方明知或者应当知道的，如因此造成经济损失，其损失由买方自负。但是，如果买方不知该经济合同的标的物是犯罪行为所得财物而购买的，卖方对买方所造成的经济损失应当承担民事责任。

第八条 根据《中华人民共和国刑事诉讼法》第一百零一条第一款的规定，被害人或其法定代理人、近亲属对本规定第二条因单位犯罪行为造成经济损失的，对第四条、第五条第一款、第六条应当承担刑事责任的被告人未能返还财物而遭受经济损失提起附带民事诉讼的，受理刑事案件的人民法院应当依法一并审理。被害人或其法定代理人、近亲属因被害人遭受经济损失也有权对单位另行提起民事诉讼。若被害人或其法定代理人、近亲属另行提起民事诉讼的，有管辖权的人民法院应当依法受理。

第九条 被害人请求保护其民事权利的诉讼时效在公安机关、检察机关查处经济犯罪嫌疑期间中断。如果公安机关决定撤销涉嫌经济犯罪案件或者检察机关决定不起诉的，诉讼时效从撤销案件或决定不起诉之次日起重新计算。

第十条 人民法院在审理经济纠纷案件中，发现与本案有牵连，但与本案不是同一法律关系的经济犯罪嫌疑线索、材料，应将犯罪嫌疑线索、材料移送有关公安机关或检察机关查处，经济纠纷案件继续审理。

第十一条 人民法院作为经济纠纷受理的案件，经审理认为不属经济纠纷案件而有经济犯罪嫌疑的，应当裁定驳回起诉，将有关材料移送公安机关或检察机关。

第十二条 人民法院已立案审理的经济纠纷案件，公安机关或检察机关认为有经济犯罪嫌疑，并说明理由附有关材料函告受理该案的人民法院的，有关人民法院应当认真审查。经过审查，认为确有经济犯罪嫌疑的，应当将案件移送公安机关或检察机关，并书面通知当事人，退还案件受理费；如认为确属经济纠纷案件的，应当依法继续审理，并将结果函告有关公安机关或检察机关。

最高人民法院关于人民法院民事调解工作若干问题的规定

- 2004年8月18日最高人民法院审判委员会第1321次会议通过
- 根据2008年12月16日公布的《最高人民法院关于调整司法解释等文件中引用〈中华人民共和国民事诉讼法〉条文序号的决定》第一次修正
- 根据2020年12月23日最高人民法院审判委员会第1823次会议通过的《最高人民法院关于修改〈最高人民法院关于人民法院民事调解工作若干问题的规定〉等十九件民事诉讼类司法解释的决定》第二次修正
- 2020年12月29日最高人民法院公告公布
- 该修正自2021年1月1日起施行
- 法释〔2020〕20号

为了保证人民法院正确调解民事案件，及时解决纠纷，保障和方便当事人依法行使诉讼权利，节约司法资源，根据《中华人民共和国民事诉讼法》等法律的规定，结合人民法院调解工作的经验和实际情况，制定本规定。

第一条 根据民事诉讼法第九十五条的规定，人民法院可以邀请与当事人有特定关系或者与案件有一定联系的企业事业单位、社会团体或者其他组织，和具有专门知识、特定社会经验、与当事人有特定关系并有利于促成调解的个人协助调解工作。

经各方当事人同意，人民法院可以委托前款规定的单位或者个人对案件进行调解，达成调解协议后，人民法院应当依法予以确认。

第二条 当事人在诉讼过程中自行达成和解协议的，人民法院可以根据当事人的申请依法确认和解协议制作调解书。双方当事人申请庭外和解的期间，不计入审限。

当事人在和解过程中申请人民法院对和解活动进行协调的，人民法院可以委派审判辅助人员或者邀请、委托有关单位和个人从事协调活动。

第三条 人民法院应当在调解前告知当事人主持调解人员和书记员姓名以及是否申请回避等有关诉讼权利和诉讼义务。

第四条 在答辩期满前人民法院对案件进行调解，适用普通程序的案件在当事人同意调解之日起15天内，适用简易程序的案件在当事人同意调解之日起7天内未达成调解协议的，经各方当事人同意，可以继续调解。延长的调解期间不计入审限。

第五条 当事人申请不公开进行调解的,人民法院应当准许。

调解时当事人各方应当同时在场,根据需要也可以对当事人分别作调解工作。

第六条 当事人可以自行提出调解方案,主持调解的人员也可以提出调解方案供当事人协商时参考。

第七条 调解协议内容超出诉讼请求的,人民法院可以准许。

第八条 人民法院对于调解协议约定一方不履行协议应当承担民事责任的,应予准许。

调解协议约定一方不履行协议,另一方可以请求人民法院对案件作出裁判的条款,人民法院不予准许。

第九条 调解协议约定一方提供担保或者案外人同意为当事人提供担保的,人民法院应当准许。

案外人提供担保的,人民法院制作调解书应当列明担保人,并将调解书送交担保人。担保人不签收调解书的,不影响调解书生效。

当事人或者案外人提供的担保符合民法典规定的条件时生效。

第十条 调解协议具有下列情形之一的,人民法院不予确认:

(一)侵害国家利益、社会公共利益的;

(二)侵害案外人利益的;

(三)违背当事人真实意思的;

(四)违反法律、行政法规禁止性规定的。

第十一条 当事人不能对诉讼费用如何承担达成协议的,不影响调解协议的效力。人民法院可以直接决定当事人承担诉讼费用的比例,并将决定记入调解书。

第十二条 对调解书的内容既不享有权利又不承担义务的当事人不签收调解书的,不影响调解书的效力。

第十三条 当事人以民事调解书与调解协议的原意不一致为由提出异议,人民法院审查后认为异议成立的,应当根据调解协议裁定补正民事调解书的相关内容。

第十四条 当事人就部分诉讼请求达成调解协议的,人民法院可以就此先行确认并制作调解书。

当事人就主要诉讼请求达成调解协议,请求人民法院对未达成协议的诉讼请求提出处理意见并表示接受该处理结果的,人民法院的处理意见是调解协议的一部分内容,制作调解书的记入调解书。

第十五条 调解书确定的担保条款条件或者承担民事责任的条件成就时,当事人申请执行的,人民法院应当依法执行。

不履行调解协议的当事人按照前款规定承担了调解书确定的民事责任后,对方当事人又要求其承担民事诉讼法第二百五十三条规定的迟延履行责任的,人民法院不予支持。

第十六条 调解书约定给付特定标的物的,调解协议达成前该物上已经存在的第三人的物权和优先权不受影响。第三人在执行过程中对执行标的物提出异议的,应当按照民事诉讼法第二百二十七条规定处理。

第十七条 人民法院对刑事附带民事诉讼案件进行调解,依照本规定执行。

第十八条 本规定实施前人民法院已经受理的案件,在本规定施行后尚未审结的,依照本规定执行。

第十九条 本规定实施前最高人民法院的有关司法解释与本规定不一致的,适用本规定。

第二十条 本规定自2004年11月1日起实施。

最高人民法院关于审理环境民事公益诉讼案件适用法律若干问题的解释

- 2014年12月8日最高人民法院审判委员会第1631次会议通过
- 根据2020年12月23日最高人民法院审判委员会第1823次会议通过的《最高人民法院关于修改〈最高人民法院关于人民法院民事调解工作若干问题的规定〉等十九件民事诉讼类司法解释的决定》修正
- 2020年12月29日最高人民法院公告公布
- 该修正自2021年1月1日起施行
- 法释〔2020〕20号

为正确审理环境民事公益诉讼案件,根据《中华人民共和国民法典》《中华人民共和国环境保护法》《中华人民共和国民事诉讼法》等法律的规定,结合审判实践,制定本解释。

第一条 法律规定的机关和有关组织依据民事诉讼法第五十五条、环境保护法第五十八条等法律的规定,对已经损害社会公共利益或者具有损害社会公共利益重大风险的污染环境、破坏生态的行为提起诉讼,符合民事诉讼法第一百一十九条第二项、第三项、第四项规定的,人民法院应予受理。

第二条 依照法律、法规的规定,在设区的市级以上人民政府民政部门登记的社会团体、基金会以及社会服务机构等,可以认定为环境保护法第五十八条规定的社会组织。

第三条　设区的市、自治州、盟、地区、不设区的地级市、直辖市的区以上人民政府民政部门，可以认定为环境保护法第五十八条规定的"设区的市级以上人民政府民政部门"。

第四条　社会组织章程确定的宗旨和主要业务范围是维护社会公共利益，且从事环境保护公益活动的，可以认定为环境保护法第五十八条规定的"专门从事环境保护公益活动"。

社会组织提起的诉讼所涉及的社会公共利益，应与其宗旨和业务范围具有关联性。

第五条　社会组织在提起诉讼前五年内未因从事业务活动违反法律、法规的规定受过行政、刑事处罚的，可以认定为环境保护法第五十八条规定的"无违法记录"。

第六条　第一审环境民事公益诉讼案件由污染环境、破坏生态行为发生地、损害结果地或者被告住所地的中级以上人民法院管辖。

中级人民法院认为确有必要的，可以在报请高级人民法院批准后，裁定将本院管辖的第一审环境民事公益诉讼案件交由基层人民法院审理。

同一原告或者不同原告对同一污染环境、破坏生态行为分别向两个以上有管辖权的人民法院提起环境民事公益诉讼的，由最先立案的人民法院管辖，必要时由共同上级人民法院指定管辖。

第七条　经最高人民法院批准，高级人民法院可以根据本辖区环境和生态保护的实际情况，在辖区内确定部分中级人民法院受理第一审环境民事公益诉讼案件。

中级人民法院管辖环境民事公益诉讼案件的区域由高级人民法院确定。

第八条　提起环境民事公益诉讼应当提交下列材料：

（一）符合民事诉讼法第一百二十一条规定的起诉状，并按照被告人数提出副本；

（二）被告的行为已经损害社会公共利益或者具有损害社会公共利益重大风险的初步证明材料；

（三）社会组织提起诉讼的，应当提交社会组织登记证书、章程、起诉前连续五年的年度工作报告书或者年检报告书，以及由其法定代表人或者负责人签字并加盖公章的无违法记录的声明。

第九条　人民法院认为原告提出的诉讼请求不足以保护社会公共利益的，可以向其释明变更或者增加停止侵害、修复生态环境等诉讼请求。

第十条　人民法院受理环境民事公益诉讼后，应当在立案之日起五日内将起诉状副本发送被告，并公告案件受理情况。

有权提起诉讼的其他机关和社会组织在公告之日起三十日内申请参加诉讼，经审查符合法定条件的，人民法院应当将其列为共同原告；逾期申请的，不予准许。

公民、法人和其他组织以人身、财产受到损害为由申请参加诉讼的，告知其另行起诉。

第十一条　检察机关、负有环境资源保护监督管理职责的部门及其他机关、社会组织、企业事业单位依据民事诉讼法第十五条的规定，可以通过提供法律咨询、提交书面意见、协助调查取证等方式支持社会组织依法提起环境民事公益诉讼。

第十二条　人民法院受理环境民事公益诉讼后，应当在十日内告知对被告行为负有环境资源保护监督管理职责的部门。

第十三条　原告请求被告提供其排放的主要污染物名称、排放方式、排放浓度和总量、超标排放情况以及防治污染设施的建设和运行情况等环境信息，法律、法规、规章规定被告应当持有或者有证据证明被告持有而拒不提供，如果原告主张相关事实不利于被告的，人民法院可以推定该主张成立。

第十四条　对于审理环境民事公益诉讼案件需要的证据，人民法院认为必要的，应当调查收集。

对于应当由原告承担举证责任且为维护社会公共利益所必要的专门性问题，人民法院可以委托具备资格的鉴定人进行鉴定。

第十五条　当事人申请通知有专门知识的人出庭，就鉴定人作出的鉴定意见或者就因果关系、生态环境修复方式、生态环境修复费用以及生态环境受到损害至修复完成期间服务功能丧失导致的损失等专门性问题提出意见的，人民法院可以准许。

前款规定的专家意见经质证，可以作为认定事实的根据。

第十六条　原告在诉讼过程中承认的对己方不利的事实和认可的证据，人民法院认为损害社会公共利益的，应当不予确认。

第十七条　环境民事公益诉讼案件审理过程中，被告以反诉方式提出诉讼请求的，人民法院不予受理。

第十八条　对污染环境、破坏生态，已经损害社会公共利益或者具有损害社会公共利益重大风险的行为，原告可以请求被告承担停止侵害、排除妨碍、消除危险、修复生态环境、赔偿损失、赔礼道歉等民事责任。

第十九条 原告为防止生态环境损害的发生和扩大，请求被告停止侵害、排除妨碍、消除危险的，人民法院可以依法予以支持。

原告为停止侵害、排除妨碍、消除危险采取合理预防、处置措施而发生的费用，请求被告承担的，人民法院可以依法予以支持。

第二十条 原告请求修复生态环境的，人民法院可以依法判决被告将生态环境修复到损害发生之前的状态和功能。无法完全修复的，可以准许采用替代性修复方式。

人民法院可以在判决被告修复生态环境的同时，确定被告不履行修复义务时应承担的生态环境修复费用；也可以直接判决被告承担生态环境修复费用。

生态环境修复费用包括制定、实施修复方案的费用，修复期间的监测、监管费用，以及修复完成后的验收费用、修复效果后评估费用等。

第二十一条 原告请求被告赔偿生态环境受到损害至修复完成期间服务功能丧失导致的损失、生态环境功能永久性损害造成的损失，人民法院可以依法予以支持。

第二十二条 原告请求被告承担以下费用的，人民法院可以依法予以支持：

（一）生态环境损害调查、鉴定评估等费用；

（二）清除污染以及防止损害的发生和扩大所支出的合理费用；

（三）合理的律师费以及为诉讼支出的其他合理费用。

第二十三条 生态环境修复费用难以确定或者确定具体数额所需鉴定费用明显过高的，人民法院可以结合污染环境、破坏生态的范围和程度，生态环境的稀缺性，生态环境恢复的难易程度，防治污染设备的运行成本，被告因侵害行为所获得的利益以及过错程度等因素，并可以参考负有环境资源保护监督管理职责的部门的意见、专家意见等，予以合理确定。

第二十四条 人民法院判决被告承担的生态环境修复费用、生态环境受到损害至修复完成期间服务功能丧失导致的损失、生态环境功能永久性损害造成的损失等款项，应当用于修复被损害的生态环境。

其他环境民事公益诉讼中败诉原告所需承担的调查取证、专家咨询、检验、鉴定等必要费用，可以酌情从上述款项中支付。

第二十五条 环境民事公益诉讼当事人达成调解协议或者自行达成和解协议后，人民法院应当将协议内容公告，公告期间不少于三十日。

公告期满后，人民法院审查认为调解协议或者和解协议的内容不损害社会公共利益的，应当出具调解书。当事人以达成和解协议为由申请撤诉的，不予准许。

调解书应当写明诉讼请求、案件的基本事实和协议内容，并应当公开。

第二十六条 负有环境资源保护监督管理职责的部门依法履行监管职责而使原告诉讼请求全部实现，原告申请撤诉的，人民法院应予准许。

第二十七条 法庭辩论终结后，原告申请撤诉的，人民法院不予准许，但本解释第二十六条规定的情形除外。

第二十八条 环境民事公益诉讼案件的裁判生效后，有权提起诉讼的其他机关和社会组织就同一污染环境、破坏生态行为另行起诉，有下列情形之一的，人民法院应予受理：

（一）前案原告的起诉被裁定驳回的；

（二）前案原告申请撤诉被裁定准许的，但本解释第二十六条规定的情形除外。

环境民事公益诉讼案件的裁判生效后，有证据证明存在前案审理时未发现的损害，有权提起诉讼的机关和社会组织另行起诉的，人民法院应予受理。

第二十九条 法律规定的机关和社会组织提起环境民事公益诉讼的，不影响因同一污染环境、破坏生态行为受到人身、财产损害的公民、法人和其他组织依据民事诉讼法第一百一十九条的规定提起诉讼。

第三十条 已为环境民事公益诉讼生效裁判认定的事实，因同一污染环境、破坏生态行为依据民事诉讼法第一百一十九条规定提起诉讼的原告、被告均无需举证证明，但原告对该事实有异议并有相反证据足以推翻的除外。

对于环境民事公益诉讼生效裁判就被告是否存在法律规定的不承担责任或者减轻责任的情形、行为与损害之间是否存在因果关系、被告承担责任的大小等所作的认定，因同一污染环境、破坏生态行为依据民事诉讼法第一百一十九条规定提起诉讼的原告主张适用的，人民法院应予支持，但被告有相反证据足以推翻的除外。被告主张直接适用对其有利的认定的，人民法院不予支持，被告仍应举证证明。

第三十一条 被告因污染环境、破坏生态在环境民事公益诉讼和其他民事诉讼中均承担责任，其财产不足以履行全部义务的，应当先履行其他民事诉讼生效裁判所确定的义务，但法律另有规定的除外。

第三十二条 发生法律效力的环境民事公益诉讼案件的裁判，需要采取强制执行措施的，应当移送执行。

第三十三条 原告交纳诉讼费用确有困难，依法申请缓交的，人民法院应予准许。

败诉或者部分败诉的原告申请减交或者免交诉讼费用的，人民法院应当依照《诉讼费用交纳办法》的规定，视原告的经济状况和案件的审理情况决定是否准许。

第三十四条 社会组织有通过诉讼违法收受财物等牟取经济利益行为的，人民法院可以根据情节轻重依法收缴其非法所得、予以罚款；涉嫌犯罪的，依法移送有关机关处理。

社会组织通过诉讼牟取经济利益的，人民法院应当向登记管理机关或者有关机关发送司法建议，由其依法处理。

第三十五条 本解释施行前最高人民法院发布的司法解释和规范性文件，与本解释不一致的，以本解释为准。

最高人民法院关于审理消费民事公益诉讼案件适用法律若干问题的解释

- 2016年2月1日最高人民法院审判委员会第1677次会议通过
- 根据2020年12月23日最高人民法院审判委员会第1823次会议通过的《最高人民法院关于修改〈最高人民法院关于人民法院民事调解工作若干问题的规定〉等十九件民事诉讼类司法解释的决定》修正
- 2020年12月29日最高人民法院公告公布
- 该修正自2021年1月1日起施行
- 法释〔2020〕20号

为正确审理消费民事公益诉讼案件，根据《中华人民共和国民事诉讼法》《中华人民共和国民法典》《中华人民共和国消费者权益保护法》等法律规定，结合审判实践，制定本解释。

第一条 中国消费者协会以及在省、自治区、直辖市设立的消费者协会，对经营者侵害众多不特定消费者合法权益或者具有危及消费者人身、财产安全危险等损害社会公共利益的行为提起消费民事公益诉讼的，适用本解释。

法律规定或者全国人大及其常委会授权的机关和社会组织提起的消费民事公益诉讼，适用本解释。

第二条 经营者提供的商品或者服务具有下列情形之一的，适用消费者权益保护法第四十七条规定：

（一）提供的商品或者服务存在缺陷，侵害众多不特定消费者合法权益的；

（二）提供的商品或者服务可能危及消费者人身、财产安全，未作出真实的说明和明确的警示，未标明正确使用商品或者接受服务的方法以及防止危害发生方法的；对提供的商品或者服务质量、性能、用途、有效期限等信息作虚假或引人误解宣传的；

（三）宾馆、商场、餐馆、银行、机场、车站、港口、影剧院、景区、体育场馆、娱乐场所等经营场所存在危及消费者人身、财产安全危险的；

（四）以格式条款、通知、声明、店堂告示等方式，作出排除或者限制消费者权利、减轻或者免除经营者责任、加重消费者责任等对消费者不公平、不合理规定的；

（五）其他侵害众多不特定消费者合法权益或者具有危及消费者人身、财产安全危险等损害社会公共利益的行为。

第三条 消费民事公益诉讼案件管辖适用《最高人民法院关于适用〈中华人民共和国民事诉讼法〉的解释》第二百八十五条的有关规定。

经最高人民法院批准，高级人民法院可以根据本辖区实际情况，在辖区内确定部分中级人民法院受理第一审消费民事公益诉讼案件。

第四条 提起消费民事公益诉讼应当提交下列材料：

（一）符合民事诉讼法第一百二十一条规定的起诉状，并按照被告人数提交副本；

（二）被告的行为侵害众多不特定消费者合法权益或者具有危及消费者人身、财产安全危险等损害社会公共利益的初步证据；

（三）消费者组织就涉诉事项已按照消费者权益保护法第三十七条第四项或者第五项的规定履行公益性职责的证明材料。

第五条 人民法院认为原告提出的诉讼请求不足以保护社会公共利益的，可以向其释明变更或者增加停止侵害等诉讼请求。

第六条 人民法院受理消费民事公益诉讼案件后，应当公告案件受理情况，并在立案之日起十日内书面告知相关行政主管部门。

第七条 人民法院受理消费民事公益诉讼案件后，依法可以提起诉讼的其他机关或者社会组织，可以在一审开庭前向人民法院申请参加诉讼的。

人民法院准许参加诉讼的，列为共同原告；逾期申请的，不予准许。

第八条 有权提起消费民事公益诉讼的机关或者社会组织，可以依据民事诉讼法第八十一条规定申请保全证据。

第九条 人民法院受理消费民事公益诉讼案件后，因同一侵权行为受到损害的消费者申请参加诉讼的，人民法院应当告知其根据民事诉讼法第一百一十九条规定主张权利。

第十条 消费民事公益诉讼案件受理后，因同一侵权行为受到损害的消费者请求对其根据民事诉讼法第一百一十九条规定提起的诉讼予以中止，人民法院可以准许。

第十一条 消费民事公益诉讼案件审理过程中，被告提出反诉的，人民法院不予受理。

第十二条 原告在诉讼中承认对己方不利的事实，人民法院认为损害社会公共利益的，不予确认。

第十三条 原告在消费民事公益诉讼案件中，请求被告承担停止侵害、排除妨碍、消除危险、赔礼道歉等民事责任的，人民法院可予支持。

经营者利用格式条款或者通知、声明、店堂告示等，排除或者限制消费者权利、减轻或者免除经营者责任、加重消费者责任，原告认为对消费者不公平、不合理主张无效的，人民法院应依法予以支持。

第十四条 消费民事公益诉讼案件裁判生效后，人民法院应当在十日内书面告知相关行政主管部门，并可发出司法建议。

第十五条 消费民事公益诉讼案件的裁判发生法律效力后，其他依法具有原告资格的机关或者社会组织就同一侵权行为另行提起公益诉讼的，人民法院不予受理。

第十六条 已为消费民事公益诉讼生效裁判认定的事实，因同一侵权行为受到损害的消费者根据民事诉讼法第一百一十九条规定提起的诉讼，原告、被告均无需举证证明，但当事人对该事实有异议并有相反证据足以推翻的除外。

消费民事公益诉讼生效裁判认定经营者存在不法行为，因同一侵权行为受到损害的消费者根据民事诉讼法第一百一十九条规定提起的诉讼，原告主张适用的，人民法院可予支持，但被告有相反证据足以推翻的除外。被告主张直接适用对其有利认定的，人民法院不予支持，被告仍应承担相应举证证明责任。

第十七条 原告为停止侵害、排除妨碍、消除危险采取合理预防、处置措施而发生的费用，请求被告承担的，人民法院应依法予以支持。

第十八条 原告及其诉讼代理人对侵权行为进行调查、取证的合理费用、鉴定费用、合理的律师代理费用，人民法院可根据实际情况予以相应支持。

第十九条 本解释自2016年5月1日起施行。

本解释施行后人民法院新受理的一审案件，适用本解释。

本解释施行前人民法院已经受理、施行后尚未审结的一审、二审案件，以及本解释施行前已经终审、施行后当事人申请再审或者按照审判监督程序决定再审的案件，不适用本解释。

最高人民法院关于审理生态环境
损害赔偿案件的若干规定（试行）

- 2019年5月20日最高人民法院审判委员会第1769次会议通过
- 根据2020年12月23日最高人民法院审判委员会第1823次会议通过的《最高人民法院关于修改〈最高人民法院关于在民事审判工作中适用《中华人民共和国工会法》若干问题的解释〉等二十七件民事类司法解释的决定》修正
- 2020年12月29日最高人民法院公告公布
- 该修正自2021年1月1日起施行
- 法释〔2020〕17号

为正确审理生态环境损害赔偿案件，严格保护生态环境，依法追究损害生态环境责任者的赔偿责任，依据《中华人民共和国民法典》《中华人民共和国环境保护法》《中华人民共和国民事诉讼法》等法律的规定，结合审判工作实际，制定本规定。

第一条 具有下列情形之一，省级、市地级人民政府及其指定的相关部门、机构，或者受国务院委托行使全民所有自然资源资产所有权的部门，因与造成生态环境损害的自然人、法人或者其他组织经磋商未达成一致或者无法进行磋商的，可以作为原告提起生态环境损害赔偿诉讼：

（一）发生较大、重大、特别重大突发环境事件的；

（二）在国家和省级主体功能区规划中划定的重点生态功能区、禁止开发区发生环境污染、生态破坏事件的；

（三）发生其他严重影响生态环境后果的。

前款规定的市地级人民政府包括设区的市、自治州、盟、地区，不设区的地级市，直辖市的区、县人民政府。

第二条 下列情形不适用本规定：

（一）因污染环境、破坏生态造成人身损害、个人和集体财产损失要求赔偿的；

（二）因海洋生态环境损害要求赔偿的。

第三条 第一审生态环境损害赔偿诉讼案件由生态环境损害行为实施地、损害结果发生地或者被告住所地的中级以上人民法院管辖。

经最高人民法院批准，高级人民法院可以在辖区内确定部分中级人民法院集中管辖第一审生态环境损害赔偿诉讼案件。

中级人民法院认为确有必要的，可以在报请高级人民法院批准后，裁定将本院管辖的第一审生态环境损害赔偿诉讼案件交由具备审理条件的基层人民法院审理。

生态环境损害赔偿诉讼案件由人民法院环境资源审判庭或者指定的专门法庭审理。

第四条 人民法院审理第一审生态环境损害赔偿诉讼案件，应当由法官和人民陪审员组成合议庭进行。

第五条 原告提起生态环境损害赔偿诉讼，符合民事诉讼法和本规定并提交下列材料的，人民法院应当登记立案：

（一）证明具备提起生态环境损害赔偿诉讼原告资格的材料；

（二）符合本规定第一条规定情形之一的证明材料；

（三）与被告进行磋商但未达成一致或者因客观原因无法与被告进行磋商的说明；

（四）符合法律规定的起诉状，并按照被告人数提出副本。

第六条 原告主张被告承担生态环境损害赔偿责任的，应当就以下事实承担举证责任：

（一）被告实施了污染环境、破坏生态的行为或者具有其他应当依法承担责任的情形；

（二）生态环境受到损害，以及所需修复费用、损害赔偿等具体数额；

（三）被告污染环境、破坏生态的行为与生态环境损害之间具有关联性。

第七条 被告反驳原告主张的，应当提供证据加以证明。被告主张具有法律规定的不承担责任或者减轻责任情形的，应当承担举证责任。

第八条 已为发生法律效力的刑事裁判所确认的事实，当事人在生态环境损害赔偿诉讼案件中无须举证证明，但有相反证据足以推翻的除外。

对刑事裁判未予确认的事实，当事人提供的证据达到民事诉讼证明标准的，人民法院应当予以认定。

第九条 负有相关环境资源保护监督管理职责的部门或者其委托的机构在行政执法过程中形成的事件调查报告、检验报告、检测报告、评估报告、监测数据等，经当事人质证并符合证据标准的，可以作为认定案件事实的根据。

第十条 当事人在诉前委托具备环境司法鉴定资质的鉴定机构出具的鉴定意见，以及委托国务院环境资源保护监督管理相关主管部门推荐的机构出具的检验报告、检测报告、评估报告、监测数据等，经当事人质证并符合证据标准的，可以作为认定案件事实的根据。

第十一条 被告违反国家规定造成生态环境损害的，人民法院应当根据原告的诉讼请求以及具体案情，合理判决被告承担修复生态环境、赔偿损失、停止侵害、排除妨碍、消除危险、赔礼道歉等民事责任。

第十二条 受损生态环境能够修复的，人民法院应当依法判决被告承担修复责任，并同时确定被告不履行修复义务时应承担的生态环境修复费用。

生态环境修复费用包括制定、实施修复方案的费用，修复期间的监测、监管费用，以及修复完成后的验收费用、修复效果后评估费用等。

原告请求被告赔偿生态环境受到损害至修复完成期间服务功能损失的，人民法院根据具体案情予以判决。

第十三条 受损生态环境无法修复或者无法完全修复，原告请求被告赔偿生态环境功能永久性损害造成的损失的，人民法院根据具体案情予以判决。

第十四条 原告请求被告承担下列费用的，人民法院根据具体案情予以判决：

（一）实施应急方案、清除污染以及为防止损害的发生和扩大所支出的合理费用；

（二）为生态环境损害赔偿磋商和诉讼支出的调查、检验、鉴定、评估等费用；

（三）合理的律师费以及其他为诉讼支出的合理费用。

第十五条 人民法院判决被告承担的生态环境服务功能损失赔偿资金、生态环境功能永久性损害造成的损失赔偿资金，以及被告不履行生态环境修复义务时所应承担的修复费用，应当依照法律、法规、规章予以缴纳、管理和使用。

第十六条 在生态环境损害赔偿诉讼案件审理过程中，同一损害生态环境行为又被提起民事公益诉讼，符合起诉条件的，应当由受理生态环境损害赔偿诉讼案件的人民法院受理并由同一审判组织审理。

第十七条 人民法院受理因同一损害生态环境行为提起的生态环境损害赔偿诉讼案件和民事公益诉讼案件，应先中止民事公益诉讼案件的审理，待生态环境损害赔偿诉讼案件审理完毕后，就民事公益诉讼案件未被涵盖的诉讼请求依法作出裁判。

第十八条 生态环境损害赔偿诉讼案件的裁判生效后，有权提起民事公益诉讼的国家规定的机关或者法律规定的组织就同一损害生态环境行为有证据证明存在前案审理时未发现的损害，并提起民事公益诉讼的，人民法院应予受理。

民事公益诉讼案件的裁判生效后，有权提起生态环境损害赔偿诉讼的主体就同一损害生态环境行为有证据证明存在前案审理时未发现的损害，并提起生态环境损害赔偿诉讼的，人民法院应予受理。

第十九条 实际支出应急处置费用的机关提起诉讼主张该费用的，人民法院应予受理，但人民法院已经受理就同一损害生态环境行为提起的生态环境损害赔偿诉讼案件且该案原告已经主张应急处置费用的除外。

生态环境损害赔偿诉讼案件原告未主张应急处置费用，因同一损害生态环境行为实际支出应急处置费用的机关提起诉讼主张该费用的，由受理生态环境损害赔偿诉讼案件的人民法院受理并由同一审判组织审理。

第二十条 经磋商达成生态环境损害赔偿协议的，当事人可以向人民法院申请司法确认。

人民法院受理申请后，应当公告协议内容，公告期间不少于三十日。公告期满后，人民法院经审查认为协议的内容不违反法律法规强制性规定且不损害国家利益、社会公共利益的，裁定确认协议有效。裁定书应当写明案件的基本事实和协议内容，并向社会公开。

第二十一条 一方当事人在期限内未履行或者未全部履行发生法律效力的生态环境损害赔偿诉讼案件裁判或者经司法确认的生态环境损害赔偿协议的，对方当事人可以向人民法院申请强制执行。需要修复生态环境的，依法由省级、市地级人民政府及其指定的相关部门、机构组织实施。

第二十二条 人民法院审理生态环境损害赔偿案件，本规定没有规定的，参照适用《最高人民法院关于审理环境民事公益诉讼案件适用法律若干问题的解释》《最高人民法院关于审理环境侵权责任纠纷案件适用法律若干问题的解释》等相关司法解释的规定。

第二十三条 本规定自2019年6月5日起施行。

最高人民法院关于审理网络消费纠纷案件适用法律若干问题的规定（一）

· 2022年2月15日最高人民法院审判委员会第1864次会议通过
· 2022年3月1日最高人民法院公告公布
· 自2022年3月15日起施行
· 法释〔2022〕8号

为正确审理网络消费纠纷案件，依法保护消费者合法权益，促进网络经济健康持续发展，根据《中华人民共和国民法典》《中华人民共和国消费者权益保护法》《中华人民共和国电子商务法》《中华人民共和国民事诉讼法》等法律规定，结合审判实践，制定本规定。

第一条 电子商务经营者提供的格式条款有以下内容的，人民法院应当依法认定无效：

（一）收货人签收商品即视为认可商品质量符合约定；

（二）电子商务平台经营者依法应承担的责任一概由平台内经营者承担；

（三）电子商务经营者享有单方解释权或者最终解释权；

（四）排除或者限制消费者依法投诉、举报、请求调解、申请仲裁、提起诉讼的权利；

（五）其他排除或者限制消费者权利、减轻或者免除电子商务经营者责任、加重消费者责任等对消费者不公平、不合理的内容。

第二条 电子商务经营者就消费者权益保护法第二十五条第一款规定的四项除外商品做出七日内无理由退货承诺，消费者主张电子商务经营者应当遵守其承诺的，人民法院应予支持。

第三条 消费者因检查商品的必要对商品进行拆封查验且不影响商品完好，电子商务经营者以商品已拆封为由主张不适用消费者权益保护法第二十五条规定的无理由退货制度的，人民法院不予支持，但法律另有规定的除外。

第四条 电子商务平台经营者以标记自营业务方式或者虽未标记自营但实际开展自营业务所销售的商品或者提供的服务损害消费者合法权益，消费者主张电子商务平台经营者承担商品销售者或者服务提供者责任的，人民法院应予支持。

电子商务平台经营者虽非实际开展自营业务，但其所作标识等足以误导消费者使消费者相信系电子商务平台经营者自营，消费者主张电子商务平台经营者承担商品销售者或者服务提供者责任的，人民法院应予支持。

第五条 平台内经营者出售商品或者提供服务过程中，其工作人员引导消费者通过交易平台提供的支付方式以外的方式进行支付，消费者主张平台内经营者承担商品销售者或者服务提供者责任，平台内经营者以未经过交易平台支付为由抗辩的，人民法院不予支持。

第六条 注册网络经营账号开设网络店铺的平台内经营者，通过协议等方式将网络账号及店铺转让给其他经营者，但未依法进行相关经营主体信息变更公示，实际经营者的经营活动给消费者造成损害，消费者主张注册经营者、实际经营者承担赔偿责任的，人民法院应予支持。

第七条 消费者在二手商品网络交易平台购买商品受到损害，人民法院综合销售者出售商品的性质、来源、数量、价格、频率、是否有其他销售渠道、收入等情况，能够认定销售者系从事商业经营活动，消费者主张销售者依据消费者权益保护法承担经营者责任的，人民法院应予支持。

第八条 电子商务经营者在促销活动中提供的奖品、赠品或者消费者换购的商品给消费者造成损害，消费者主张电子商务经营者承担赔偿责任，电子商务经营者以奖品、赠品属于免费提供或者商品属于换购为由主张免责的，人民法院不予支持。

第九条 电子商务经营者与他人签订的以虚构交易、虚构点击量、编造用户评价等方式进行虚假宣传的合同，人民法院应当依法认定无效。

第十条 平台内经营者销售商品或者提供服务损害消费者合法权益，其向消费者承诺的赔偿标准高于相关法定赔偿标准，消费者主张平台内经营者按照承诺赔偿的，人民法院应依法予以支持。

第十一条 平台内经营者开设网络直播间销售商品，其工作人员在网络直播中因虚假宣传等给消费者造成损害，消费者主张平台内经营者承担赔偿责任的，人民法院应予支持。

第十二条 消费者因在网络直播间点击购买商品合法权益受到损害，直播间运营者不能证明已经以足以使消费者辨别的方式标明其并非销售者并标明实际销售者的，消费者主张直播间运营者承担商品销售者责任的，人民法院应予支持。

直播间运营者能够证明已经尽到前款所列标明义务的，人民法院应当综合交易外观、直播间运营者与经营者的约定、与经营者的合作模式、交易过程以及消费者认知等因素予以认定。

第十三条 网络直播营销平台经营者通过网络直播方式开展自营业务销售商品，消费者主张其承担商品销售者责任的，人民法院应予支持。

第十四条 网络直播间销售商品损害消费者合法权益，网络直播营销平台经营者不能提供直播间运营者的真实姓名、名称、地址和有效联系方式的，消费者依据消费者权益保护法第四十四条规定向网络直播营销平台经营者请求赔偿的，人民法院应予支持。网络直播营销平台经营者承担责任后，向直播间运营者追偿的，人民法院应予支持。

第十五条 网络直播营销平台经营者对依法需取得食品经营许可的网络直播间的食品经营资质未尽到法定审核义务，使消费者的合法权益受到损害，消费者依据食品安全法第一百三十一条等规定主张网络直播营销平台经营者与直播间运营者承担连带责任的，人民法院应予支持。

第十六条 网络直播营销平台经营者知道或者应当知道网络直播间销售的商品不符合保障人身、财产安全的要求，或者有其他侵害消费者合法权益行为，未采取必要措施，消费者依据电子商务法第三十八条等规定主张网络直播营销平台经营者与直播间运营者承担连带责任的，人民法院应予支持。

第十七条 直播间运营者知道或者应当知道经营者提供的商品不符合保障人身、财产安全的要求，或者有其他侵害消费者合法权益行为，仍为其推广，给消费者造成损害，消费者依据民法典第一千一百六十八条等规定主张直播间运营者与提供该商品的经营者承担连带责任的，人民法院应予支持。

第十八条 网络餐饮服务平台经营者违反食品安全法第六十二条和第一百三十一条规定，未对入网餐饮服务提供者进行实名登记、审查许可证，或者未履行报告、停止提供网络交易平台服务等义务，使消费者的合法权益受到损害，消费者主张网络餐饮服务平台经营者与入网餐饮服务提供者承担连带责任的，人民法院应予支持。

第十九条 入网餐饮服务提供者所经营食品损害消费者合法权益，消费者主张入网餐饮服务提供者承担经营者责任，入网餐饮服务提供者以订单系委托他人加工制作为由抗辩的，人民法院不予支持。

第二十条 本规定自 2022 年 3 月 15 日起施行。

最高人民法院关于适用《中华人民共和国民事诉讼法》的解释

- 2014年12月18日最高人民法院审判委员会第1636次会议通过
- 根据2020年12月23日最高人民法院审判委员会第1823次会议通过的《最高人民法院关于修改〈最高人民法院关于人民法院民事调解工作若干问题的规定〉等十九件民事诉讼类司法解释的决定》第一次修正
- 根据2022年3月22日最高人民法院审判委员会第1866次会议通过的《最高人民法院关于修改〈最高人民法院关于适用《中华人民共和国民事诉讼法》的解释〉的决定》第二次修正
- 2022年4月1日最高人民法院公告公布
- 该修正自2022年4月10日起施行
- 法释〔2022〕11号

2012年8月31日，第十一届全国人民代表大会常务委员会第二十八次会议审议通过了《关于修改〈中华人民共和国民事诉讼法〉的决定》。根据修改后的民事诉讼法，结合人民法院民事审判和执行工作实际，制定本解释。

一、管辖

第一条 民事诉讼法第十九条第一项规定的重大涉外案件，包括争议标的额大的案件、案情复杂的案件，或者一方当事人人数众多等具有重大影响的案件。

第二条 专利纠纷案件由知识产权法院、最高人民法院确定的中级人民法院和基层人民法院管辖。

海事、海商案件由海事法院管辖。

第三条 公民的住所地是指公民的户籍所在地，法人或者其他组织的住所地是指法人或者其他组织的主要办事机构所在地。

法人或者其他组织的主要办事机构所在地不能确定的，法人或者其他组织的注册地或者登记地为住所地。

第四条 公民的经常居住地是指公民离开住所地至起诉时已连续居住一年以上的地方，但公民住院就医的地方除外。

第五条 对没有办事机构的个人合伙、合伙型联营体提起的诉讼，由被告注册登记地人民法院管辖。没有注册登记，几个被告又不在同一辖区的，被告住所地的人民法院都有管辖权。

第六条 被告被注销户籍的，依照民事诉讼法第二十三条规定确定管辖；原告、被告均被注销户籍的，由被告居住地人民法院管辖。

第七条 当事人的户籍迁出后尚未落户，有经常居住地的，由该地人民法院管辖；没有经常居住地的，由其原户籍所在地人民法院管辖。

第八条 双方当事人都被监禁或者被采取强制性教育措施的，由被告原住所地人民法院管辖。被告被监禁或者被采取强制性教育措施一年以上的，由被告被监禁地或者被采取强制性教育措施地人民法院管辖。

第九条 追索赡养费、扶养费、抚养费案件的几个被告住所地不在同一辖区的，可以由原告住所地人民法院管辖。

第十条 不服指定监护或者变更监护关系的案件，可以由被监护人住所地人民法院管辖。

第十一条 双方当事人均为军人或者军队单位的民事案件由军事法院管辖。

第十二条 夫妻一方离开住所地超过一年，另一方起诉离婚的案件，可以由原告住所地人民法院管辖。

夫妻双方离开住所地超过一年，一方起诉离婚的案件，由被告经常居住地人民法院管辖；没有经常居住地的，由原告起诉时被告居住地人民法院管辖。

第十三条 在国内结婚并定居国外的华侨，如定居国法院以离婚诉讼须由婚姻缔结地法院管辖为由不予受理，当事人向人民法院提出离婚诉讼的，由婚姻缔结地或者一方在国内的最后居住地人民法院管辖。

第十四条 在国外结婚并定居国外的华侨，如定居国法院以离婚诉讼须由国籍所属国法院管辖为由不予受理，当事人向人民法院提出离婚诉讼的，由一方原住所地或者在国内的最后居住地人民法院管辖。

第十五条 中国公民一方居住在国外，一方居住在国内，不论哪一方向人民法院提起离婚诉讼，国内一方住所地人民法院都有权管辖。国外一方在居住国法院起诉，国内一方向人民法院起诉的，受诉人民法院有权管辖。

第十六条 中国公民双方在国外但未定居，一方向人民法院起诉离婚的，应由原告或者被告原住所地人民法院管辖。

第十七条 已经离婚的中国公民，双方均定居国外，仅就国内财产分割提起诉讼的，由主要财产所在地人民法院管辖。

第十八条 合同约定履行地点的，以约定的履行地点为合同履行地。

合同对履行地点没有约定或者约定不明确，争议标的为给付货币的，接收货币一方所在地为合同履行地；交付不动产的，不动产所在地为合同履行地；其他标的，履行义务一方所在地为合同履行地。即时结清的合同，交易行为地为合同履行地。

合同没有实际履行，当事人双方住所地都不在合同约定的履行地的，由被告住所地人民法院管辖。

第十九条 财产租赁合同、融资租赁合同以租赁物使用地为合同履行地。合同对履行地有约定的，从其约定。

第二十条 以信息网络方式订立的买卖合同，通过信息网络交付标的的，以买受人住所地为合同履行地；通过其他方式交付标的的，收货地为合同履行地。合同对履行地有约定的，从其约定。

第二十一条 因财产保险合同纠纷提起的诉讼，如果保险标的物是运输工具或者运输中的货物，可以由运输工具登记注册地、运输目的地、保险事故发生地人民法院管辖。

因人身保险合同纠纷提起的诉讼，可以由被保险人住所地人民法院管辖。

第二十二条 因股东名册记载、请求变更公司登记、股东知情权、公司决议、公司合并、公司分立、公司减资、公司增资等纠纷提起的诉讼，依照民事诉讼法第二十七条规定确定管辖。

第二十三条 债权人申请支付令，适用民事诉讼法第二十二条规定，由债务人住所地基层人民法院管辖。

第二十四条 民事诉讼法第二十九条规定的侵权行为地，包括侵权行为实施地、侵权结果发生地。

第二十五条 信息网络侵权行为实施地包括实施被诉侵权行为的计算机等信息设备所在地，侵权结果发生地包括被侵权人住所地。

第二十六条 因产品、服务质量不合格造成他人财产、人身损害提起的诉讼，产品制造地、产品销售地、服务提供地、侵权行为地和被告住所地人民法院都有管辖权。

第二十七条 当事人申请诉前保全后没有在法定期间起诉或者申请仲裁，给被申请人、利害关系人造成损失引起的诉讼，由采取保全措施的人民法院管辖。

当事人申请诉前保全后在法定期间内起诉或者申请仲裁，被申请人、利害关系人因保全受到损失提起的诉讼，由受理起诉的人民法院或者采取保全措施的人民法院管辖。

第二十八条 民事诉讼法第三十四条第一项规定的不动产纠纷是指因不动产的权利确认、分割、相邻关系等引起的物权纠纷。

农村土地承包经营合同纠纷、房屋租赁合同纠纷、建设工程施工合同纠纷、政策性房屋买卖合同纠纷，按照不动产纠纷确定管辖。

不动产已登记的，以不动产登记簿记载的所在地为不动产所在地；不动产未登记的，以不动产实际所在地为不动产所在地。

第二十九条 民事诉讼法第三十五条规定的书面协议，包括书面合同中的协议管辖条款或者诉讼前以书面形式达成的选择管辖的协议。

第三十条 根据管辖协议，起诉时能够确定管辖法院的，从其约定；不能确定的，依照民事诉讼法的相关规定确定管辖。

管辖协议约定两个以上与争议有实际联系的地点的人民法院管辖，原告可以向其中一个人民法院起诉。

第三十一条 经营者使用格式条款与消费者订立管辖协议，未采取合理方式提请消费者注意，消费者主张管辖协议无效的，人民法院应予支持。

第三十二条 管辖协议约定由一方当事人住所地人民法院管辖，协议签订后当事人住所地变更的，由签订管辖协议时的住所地人民法院管辖，但当事人另有约定的除外。

第三十三条 合同转让的，合同的管辖协议对合同受让人有效，但转让时受让人不知道有管辖协议，或者转让协议另有约定且原合同相对人同意的除外。

第三十四条 当事人因同居或者在解除婚姻、收养关系后发生财产争议，约定管辖的，可以适用民事诉讼法第三十五条规定确定管辖。

第三十五条 当事人在答辩期间届满后未应诉答辩，人民法院在一审开庭前，发现案件不属于本院管辖的，应当裁定移送有管辖权的人民法院。

第三十六条 两个以上人民法院都有管辖权的诉讼，先立案的人民法院不得将案件移送给另一个有管辖权的人民法院。人民法院在立案前发现其他有管辖权的人民法院已先立案的，不得重复立案；立案后发现其他有管辖权的人民法院已先立案的，裁定将案件移送给先立案的人民法院。

第三十七条 案件受理后，受诉人民法院的管辖权不受当事人住所地、经常居住地变更的影响。

第三十八条 有管辖权的人民法院受理案件后，不得以行政区域变更为由，将案件移送给变更后有管辖权的人民法院。判决后的上诉案件和依审判监督程序提审的案件,由原审人民法院的上级人民法院进行审判;上级人民法院指令再审、发回重审的案件,由原审人民法院再审或者重审。

第三十九条 人民法院对管辖异议审查后确定有管辖权的,不因当事人提起反诉、增加或者变更诉讼请求等改变管辖,但违反级别管辖、专属管辖规定的除外。

人民法院发回重审或者按第一审程序再审的案件,当事人提出管辖异议的,人民法院不予审查。

第四十条 依照民事诉讼法第三十八条第二款规定,发生管辖权争议的两个人民法院因协商不成报请它们的共同上级人民法院指定管辖时,双方为同属一个地、市辖区的基层人民法院的,由该地、市的中级人民法院及时指定管辖;同属一个省、自治区、直辖市的两个人民法院的,由该省、自治区、直辖市的高级人民法院及时指定管辖;双方为跨省、自治区、直辖市的人民法院,高级人民法院协商不成的,由最高人民法院及时指定管辖。

依照前款规定报请上级人民法院指定管辖时,应当逐级进行。

第四十一条 人民法院依照民事诉讼法第三十八条第二款规定指定管辖的,应当作出裁定。

对报请上级人民法院指定管辖的案件,下级人民法院应当中止审理。指定管辖裁定作出前,下级人民法院对案件作出判决、裁定的,上级人民法院应当在裁定指定管辖的同时,一并撤销下级人民法院的判决、裁定。

第四十二条 下列第一审民事案件,人民法院依照民事诉讼法第三十九条第一款规定,可以在开庭前交下级人民法院审理:

(一)破产程序中有关债务人的诉讼案件;
(二)当事人人数众多且不方便诉讼的案件;
(三)最高人民法院确定的其他类型案件。

人民法院交下级人民法院审理前,应当报请其上级人民法院批准。上级人民法院批准后,人民法院应当裁定将案件交下级人民法院审理。

二、回 避

第四十三条 审判人员有下列情形之一的,应当自行回避,当事人有权申请其回避:

(一)是本案当事人或者当事人近亲属的;
(二)本人或者其近亲属与本案有利害关系的;
(三)担任过本案的证人、鉴定人、辩护人、诉讼代理人、翻译人员的;
(四)是本案诉讼代理人近亲属的;
(五)本人或者其近亲属持有本案非上市公司当事人的股份或者股权的;
(六)与本案当事人或者诉讼代理人有其他利害关系,可能影响公正审理的。

第四十四条 审判人员有下列情形之一的,当事人有权申请其回避:

(一)接受本案当事人及其受托人宴请,或者参加由其支付费用的活动的;
(二)索取、接受本案当事人及其受托人财物或者其他利益的;
(三)违反规定会见本案当事人、诉讼代理人的;
(四)为本案当事人推荐、介绍诉讼代理人,或者为律师、其他人员介绍代理本案的;
(五)向本案当事人及其受托人借用款物的;
(六)有其他不正当行为,可能影响公正审理的。

第四十五条 在一个审判程序中参与过本案审判工作的审判人员,不得再参与该案其他程序的审判。

发回重审的案件,在一审法院作出裁判后又进入第二审程序的,原第二审程序中审判人员不受前款规定的限制。

第四十六条 审判人员有应当回避的情形,没有自行回避,当事人也没有申请其回避的,由院长或者审判委员会决定其回避。

第四十七条 人民法院应当依法告知当事人对合议庭组成人员、独任审判员和书记员等人员有申请回避的权利。

第四十八条 民事诉讼法第四十七条所称的审判人员,包括参与本案审理的人民法院院长、副院长、审判委员会委员、庭长、副庭长、审判员和人民陪审员。

第四十九条 书记员和执行员适用审判人员回避的有关规定。

三、诉讼参加人

第五十条 法人的法定代表人以依法登记的为准,但法律另有规定的除外。依法不需要办理登记的法人,以其正职负责人为法定代表人;没有正职负责人的,以其主持工作的副职负责人为法定代表人。

法定代表人已经变更,但未完成登记,变更后的法定代表人要求代表法人参加诉讼的,人民法院可以准许。

其他组织,以其主要负责人为代表人。

第五十一条 在诉讼中,法人的法定代表人变更的,由新的法定代表人继续进行诉讼,并应向人民法院提交新的法定代表人身份证明书。原法定代表人进行的诉讼行为有效。

前款规定,适用于其他组织参加的诉讼。

第五十二条 民事诉讼法第五十一条规定的其他组织是指合法成立、有一定的组织机构和财产,但又不具备法人资格的组织,包括:

(一)依法登记领取营业执照的个人独资企业;

(二)依法登记领取营业执照的合伙企业;

(三)依法登记领取我国营业执照的中外合作经营企业、外资企业;

(四)依法成立的社会团体的分支机构、代表机构;

(五)依法设立并领取营业执照的法人的分支机构;

(六)依法设立并领取营业执照的商业银行、政策性银行和非银行金融机构的分支机构;

(七)经依法登记领取营业执照的乡镇企业、街道企业;

(八)其他符合本条规定条件的组织。

第五十三条 法人非依法设立的分支机构,或者虽依法设立,但没有领取营业执照的分支机构,以设立该分支机构的法人为当事人。

第五十四条 以挂靠形式从事民事活动,当事人请求由挂靠人和被挂靠人依法承担民事责任的,该挂靠人和被挂靠人为共同诉讼人。

第五十五条 在诉讼中,一方当事人死亡,需要等待继承人表明是否参加诉讼的,裁定中止诉讼。人民法院应当及时通知继承人作为当事人承担诉讼,被继承人已经进行的诉讼行为对承担诉讼的继承人有效。

第五十六条 法人或者其他组织的工作人员执行工作任务造成他人损害的,该法人或者其他组织为当事人。

第五十七条 提供劳务一方因劳务造成他人损害,受害人提起诉讼的,以接受劳务一方为被告。

第五十八条 在劳务派遣期间,被派遣的工作人员因执行工作任务造成他人损害的,以接受劳务派遣的用工单位为当事人。当事人主张劳务派遣单位承担责任的,该劳务派遣单位为共同被告。

第五十九条 在诉讼中,个体工商户以营业执照上登记的经营者为当事人。有字号的,以营业执照上登记的字号为当事人,但应同时注明该字号经营者的基本信息。

营业执照上登记的经营者与实际经营者不一致的,以登记的经营者和实际经营者为共同诉讼人。

第六十条 在诉讼中,未依法登记领取营业执照的个人合伙的全体合伙人为共同诉讼人。个人合伙有依法核准登记的字号,应在法律文书中注明登记的字号。全体合伙人可以推选代表人;被推选的代表人,应由全体合伙人出具推选书。

第六十一条 当事人之间的纠纷经人民调解委员会或者其他依法设立的调解组织调解达成协议后,一方当事人不履行调解协议,另一方当事人向人民法院提起诉讼的,应以对方当事人为被告。

第六十二条 下列情形,以行为人为当事人:

(一)法人或者其他组织应登记而未登记,行为人即以该法人或者其他组织名义进行民事活动的;

(二)行为人没有代理权、超越代理权或者代理权终止后以被代理人名义进行民事活动的,但相对人有理由相信行为人有代理权的除外;

(三)法人或者其他组织依法终止后,行为人仍以其名义进行民事活动的。

第六十三条 企业法人合并的,因合并前的民事活动发生的纠纷,以合并后的企业为当事人;企业法人分立的,因分立前的民事活动发生的纠纷,以分立后的企业为共同诉讼人。

第六十四条 企业法人解散的,依法清算并注销前,以该企业法人为当事人;未依法清算即被注销的,以该企业法人的股东、发起人或者出资人为当事人。

第六十五条 借用业务介绍信、合同专用章、盖章的空白合同书或者银行账户的,出借单位和借用人为共同诉讼人。

第六十六条 因保证合同纠纷提起的诉讼,债权人向保证人和被保证人一并主张权利的,人民法院应当将保证人和被保证人列为共同被告。保证合同约定为一般保证,债权人仅起诉保证人的,人民法院应当通知被保证人作为共同被告参加诉讼;债权人仅起诉被保证人的,可以只列被保证人为被告。

第六十七条 无民事行为能力人、限制民事行为能力人造成他人损害的,无民事行为能力人、限制民事行为能力人和其监护人为共同被告。

第六十八条 居民委员会、村民委员会或者村民小组与他人发生民事纠纷的,居民委员会、村民委员会或者有独立财产的村民小组为当事人。

第六十九条 对侵害死者遗体、遗骨以及姓名、肖像、名誉、荣誉、隐私等行为提起诉讼的,死者的近亲属为当事人。

第七十条 在继承遗产的诉讼中,部分继承人起诉的,人民法院应通知其他继承人作为共同原告参加诉讼;被通知的继承人不愿意参加诉讼又未明确表示放弃实体权利的，人民法院仍应将其列为共同原告。

第七十一条 原告起诉被代理人和代理人，要求承担连带责任的，被代理人和代理人为共同被告。

原告起诉代理人和相对人，要求承担连带责任的，代理人和相对人为共同被告。

第七十二条 共有财产权受到他人侵害，部分共有权人起诉的，其他共有权人为共同诉讼人。

第七十三条 必须共同进行诉讼的当事人没有参加诉讼的，人民法院应当依照民事诉讼法第一百三十五条的规定，通知其参加；当事人也可以向人民法院申请追加。人民法院对当事人提出的申请，应当进行审查，申请理由不成立的，裁定驳回；申请理由成立的，书面通知被追加的当事人参加诉讼。

第七十四条 人民法院追加共同诉讼的当事人时，应当通知其他当事人。应当追加的原告，已明确表示放弃实体权利的，可不予追加；既不愿意参加诉讼，又不放弃实体权利的，仍应追加为共同原告，其不参加诉讼，不影响人民法院对案件的审理和依法作出判决。

第七十五条 民事诉讼法第五十六条、第五十七条和第二百零六条规定的人数众多，一般指十人以上。

第七十六条 依照民事诉讼法第五十六条规定，当事人一方人数众多在起诉时确定的，可以由全体当事人推选共同的代表人，也可以由部分当事人推选自己的代表人；推选不出代表人的当事人，在必要的共同诉讼中可以自己参加诉讼，在普通的共同诉讼中可以另行起诉。

第七十七条 根据民事诉讼法第五十七条规定，当事人一方人数众多在起诉时不确定的，由当事人推选代表人。当事人推选不出的，可以由人民法院提出人选与当事人协商；协商不成的，也可以由人民法院在起诉的当事人中指定代表人。

第七十八条 民事诉讼法第五十六条和第五十七条规定的代表人为二至五人，每位代表人可以委托一至二人作为诉讼代理人。

第七十九条 依照民事诉讼法第五十七条规定受理的案件，人民法院可以发出公告，通知权利人向人民法院登记。公告期间根据案件的具体情况确定，但不得少于三十日。

第八十条 根据民事诉讼法第五十七条规定向人民法院登记的权利人，应当证明其与对方当事人的法律关系和所受到的损害。证明不了的，不予登记，权利人可以另行起诉。人民法院的裁判在登记的范围内执行。未参加登记的权利人提起诉讼，人民法院认定其请求成立的，裁定适用人民法院已作出的判决、裁定。

第八十一条 根据民事诉讼法第五十九条的规定，有独立请求权的第三人有权向人民法院提出诉讼请求和事实、理由，成为当事人；无独立请求权的第三人，可以申请或者由人民法院通知参加诉讼。

第一审程序中未参加诉讼的第三人，申请参加第二审程序的，人民法院可以准许。

第八十二条 在一审诉讼中，无独立请求权的第三人无权提出管辖异议，无权放弃、变更诉讼请求或者申请撤诉，被判决承担民事责任的，有权提起上诉。

第八十三条 在诉讼中，无民事行为能力人、限制民事行为能力人的监护人是他的法定代理人。事先没有确定监护人的，可以由有监护资格的人协商确定；协商不成的，由人民法院在他们之中指定诉讼中的法定代理人。当事人没有民法典第二十七条、第二十八条规定的监护人的，可以指定民法典第三十二条规定的有关组织担任诉讼中的法定代理人。

第八十四条 无民事行为能力人、限制民事行为能力人以及其他依法不能作为诉讼代理人的，当事人不得委托其作为诉讼代理人。

第八十五条 根据民事诉讼法第六十一条第二款第二项规定，与当事人有夫妻、直系血亲、三代以内旁系血亲、近姻亲关系以及其他有抚养、赡养关系的亲属，可以当事人近亲属的名义作为诉讼代理人。

第八十六条 根据民事诉讼法第六十一条第二款第二项规定，与当事人有合法劳动人事关系的职工，可以当事人工作人员的名义作为诉讼代理人。

第八十七条 根据民事诉讼法第六十一条第二款第三项规定，有关社会团体推荐公民担任诉讼代理人的，应当符合下列条件：

（一）社会团体属于依法登记设立或者依法免予登记设立的非营利性法人组织；

（二）被代理人属于该社会团体的成员，或者当事人一方住所地位于该社会团体的活动地域；

（三）代理事务属于该社会团体章程载明的业务范围；

（四）被推荐的公民是该社会团体的负责人或者与该社会团体有合法劳动人事关系的工作人员。

专利代理人经中华全国专利代理人协会推荐，可以在专利纠纷案件中担任诉讼代理人。

第八十八条 诉讼代理人除根据民事诉讼法第六十二条规定提交授权委托书外，还应当按照下列规定向人民法院提交相关材料：

（一）律师应当提交律师执业证、律师事务所证明材料；

（二）基层法律服务工作者应当提交法律服务工作者执业证、基层法律服务所出具的介绍信以及当事人一方位于本辖区内的证明材料；

（三）当事人的近亲属应当提交身份证件和与委托人有近亲属关系的证明材料；

（四）当事人的工作人员应当提交身份证件和与当事人有合法劳动人事关系的证明材料；

（五）当事人所在社区、单位推荐的公民应当提交身份证件、推荐材料和当事人属于该社区、单位的证明材料；

（六）有关社会团体推荐的公民应当提交身份证件和符合本解释第八十七条规定条件的证明材料。

第八十九条 当事人向人民法院提交的授权委托书，应当在开庭审理前送交人民法院。授权委托书仅写"全权代理"而无具体授权的，诉讼代理人无权代为承认、放弃、变更诉讼请求，进行和解，提出反诉或者提起上诉。

适用简易程序审理的案件，双方当事人同时到庭并径行开庭审理的，可以当场口头委托诉讼代理人，由人民法院记入笔录。

四、证 据

第九十条 当事人对自己提出的诉讼请求所依据的事实或者反驳对方诉讼请求所依据的事实，应当提供证据加以证明，但法律另有规定的除外。

在作出判决前，当事人未能提供证据或者证据不足以证明其事实主张的，由负有举证证明责任的当事人承担不利的后果。

第九十一条 人民法院应当依照下列原则确定举证证明责任的承担，但法律另有规定的除外：

（一）主张法律关系存在的当事人，应当对产生该法律关系的基本事实承担举证证明责任；

（二）主张法律关系变更、消灭或者权利受到妨害的当事人，应当对该法律关系变更、消灭或者权利受到妨害的基本事实承担举证证明责任。

第九十二条 一方当事人在法庭审理中，或者在起诉状、答辩状、代理词等书面材料中，对于己不利的事实明确表示承认的，另一方当事人无需举证证明。

对于涉及身份关系、国家利益、社会公共利益等应当由人民法院依职权调查的事实，不适用前款自认的规定。

自认的事实与查明的事实不符的，人民法院不予确认。

第九十三条 下列事实，当事人无须举证证明：

（一）自然规律以及定理、定律；

（二）众所周知的事实；

（三）根据法律规定推定的事实；

（四）根据已知的事实和日常生活经验法则推定出的另一事实；

（五）已为人民法院发生法律效力的裁判所确认的事实；

（六）已为仲裁机构生效裁决所确认的事实；

（七）已为有效公证文书所证明的事实。

前款第二项至第四项规定的事实，当事人有相反证据足以反驳的除外；第五项至第七项规定的事实，当事人有相反证据足以推翻的除外。

第九十四条 民事诉讼法第六十七条第二款规定的当事人及其诉讼代理人因客观原因不能自行收集的证据包括：

（一）证据由国家有关部门保存，当事人及其诉讼代理人无权查阅调取的；

（二）涉及国家秘密、商业秘密或者个人隐私的；

（三）当事人及其诉讼代理人因客观原因不能自行收集的其他证据。

当事人及其诉讼代理人因客观原因不能自行收集的证据，可以在举证期限届满前书面申请人民法院调查收集。

第九十五条 当事人申请调查收集的证据，与待证事实无关联、对证明待证事实无意义或者其他无调查收集必要的，人民法院不予准许。

第九十六条 民事诉讼法第六十七条第二款规定的人民法院认为审理案件需要的证据包括：

（一）涉及可能损害国家利益、社会公共利益的；

（二）涉及身份关系的；

（三）涉及民事诉讼法第五十八条规定诉讼的；

（四）当事人有恶意串通损害他人合法权益可能的；

（五）涉及依职权追加当事人、中止诉讼、终结诉讼、回避等程序性事项的。

除前款规定外，人民法院调查收集证据，应当依照当事人的申请进行。

第九十七条 人民法院调查收集证据，应当由两人以上共同进行。调查材料要由调查人、被调查人、记录人签名、捺印或者盖章。

第九十八条 当事人根据民事诉讼法第八十四条第一款规定申请证据保全的,可以在举证期限届满前书面提出。

证据保全可能对他人造成损失的,人民法院应当责令申请人提供相应的担保。

第九十九条 人民法院应当在审理前的准备阶段确定当事人的举证期限。举证期限可以由当事人协商,并经人民法院准许。

人民法院确定举证期限,第一审普通程序案件不得少于十五日,当事人提供新的证据的第二审案件不得少于十日。

举证期限届满后,当事人对已经提供的证据,申请提供反驳证据或者对证据来源、形式等方面的瑕疵进行补正的,人民法院可以酌情再次确定举证期限,该期限不受前款规定的限制。

第一百条 当事人申请延长举证期限的,应当在举证期限届满前向人民法院提出书面申请。

申请理由成立的,人民法院应当准许,适当延长举证期限,并通知其他当事人。延长的举证期限适用于其他当事人。

申请理由不成立的,人民法院不予准许,并通知申请人。

第一百零一条 当事人逾期提供证据的,人民法院应当责令其说明理由,必要时可以要求其提供相应的证据。

当事人因客观原因逾期提供证据,或者对方当事人对逾期提供证据未提出异议的,视为未逾期。

第一百零二条 当事人因故意或者重大过失逾期提供的证据,人民法院不予采纳。但该证据与案件基本事实有关的,人民法院应当采纳,并依照民事诉讼法第六十八条、第一百一十八条第一款的规定予以训诫、罚款。

当事人非因故意或者重大过失逾期提供的证据,人民法院应当采纳,并对当事人予以训诫。

当事人一方要求另一方赔偿因逾期提供证据致使其增加的交通、住宿、就餐、误工、证人出庭作证等必要费用的,人民法院可予支持。

第一百零三条 证据应当在法庭上出示,由当事人互相质证。未经当事人质证的证据,不得作为认定案件事实的根据。

当事人在审理前的准备阶段认可的证据,经审判人员在庭审中说明后,视为质证过的证据。

涉及国家秘密、商业秘密、个人隐私或者法律规定应当保密的证据,不得公开质证。

第一百零四条 人民法院应当组织当事人围绕证据的真实性、合法性以及与待证事实的关联性进行质证,并针对证据有无证明力和证明力大小进行说明和辩论。

能够反映案件真实情况、与待证事实相关联、来源和形式符合法律规定的证据,应当作为认定案件事实的根据。

第一百零五条 人民法院应当按照法定程序,全面、客观地审核证据,依照法律规定,运用逻辑推理和日常生活经验法则,对证据有无证明力和证明力大小进行判断,并公开判断的理由和结果。

第一百零六条 对以严重侵害他人合法权益、违反法律禁止性规定或者严重违背公序良俗的方法形成或者获取的证据,不得作为认定案件事实的根据。

第一百零七条 在诉讼中,当事人为达成调解协议或者和解协议作出妥协而认可的事实,不得在后续的诉讼中作为对其不利的根据,但法律另有规定或者当事人均同意的除外。

第一百零八条 对负有举证证明责任的当事人提供的证据,人民法院经审查并结合相关事实,确信待证事实的存在具有高度可能性的,应当认定该事实存在。

对一方当事人为反驳负有举证证明责任的当事人所主张事实而提供的证据,人民法院经审查并结合相关事实,认为待证事实真伪不明的,应当认定该事实不存在。

法律对于待证事实所应达到的证明标准另有规定的,从其规定。

第一百零九条 当事人对欺诈、胁迫、恶意串通事实的证明,以及对口头遗嘱或者赠与事实的证明,人民法院确信该待证事实存在的可能性能够排除合理怀疑的,应当认定该事实存在。

第一百一十条 人民法院认为有必要的,可以要求当事人本人到庭,就案件有关事实接受询问。在询问当事人之前,可以要求其签署保证书。

保证书应当载明据实陈述、如有虚假陈述愿意接受处罚等内容。当事人应当在保证书上签名或者捺印。

负有举证证明责任的当事人拒绝到庭、拒绝接受询问或者拒绝签署保证书,待证事实又欠缺其他证据证明的,人民法院对其主张的事实不予认定。

第一百一十一条 民事诉讼法第七十三条规定的提交书证原件确有困难,包括下列情形:

(一)书证原件遗失、灭失或者毁损的;

(二)原件在对方当事人控制之下,经合法通知提交而拒不提交的；

（三）原件在他人控制之下，而其有权不提交的；

（四）原件因篇幅或者体积过大而不便提交的；

（五）承担举证证明责任的当事人通过申请人民法院调查收集或者其他方式无法获得书证原件的。

前款规定情形，人民法院应当结合其他证据和案件具体情况，审查判断书证复制品等能否作为认定案件事实的根据。

第一百一十二条 书证在对方当事人控制之下的，承担举证证明责任的当事人可以在举证期限届满前书面申请人民法院责令对方当事人提交。

申请理由成立的，人民法院应当责令对方当事人提交，因提交书证所产生的费用，由申请人负担。对方当事人无正当理由拒不提交的，人民法院可以认定申请人所主张的书证内容为真实。

第一百一十三条 持有书证的当事人以妨碍对方当事人使用为目的，毁灭有关书证或者实施其他致使书证不能使用行为的，人民法院可以依照民事诉讼法第一百一十四条规定，对其处以罚款、拘留。

第一百一十四条 国家机关或者其他依法具有社会管理职能的组织，在其职权范围内制作的文书所记载的事项推定为真实，但有相反证据足以推翻的除外。必要时，人民法院可以要求制作文书的机关或者组织对文书的真实性予以说明。

第一百一十五条 单位向人民法院提出的证明材料，应当由单位负责人及制作证明材料的人员签名或者盖章，并加盖单位印章。人民法院就单位出具的证明材料，可以向单位及制作证明材料的人员进行调查核实。必要时，可以要求制作证明材料的人员出庭作证。

单位及制作证明材料的人员拒绝人民法院调查核实，或者制作证明材料的人员无正当理由拒绝出庭作证的，该证明材料不得作为认定案件事实的根据。

第一百一十六条 视听资料包括录音资料和影像资料。

电子数据是指通过电子邮件、电子数据交换、网上聊天记录、博客、微博客、手机短信、电子签名、域名等形成或者存储在电子介质中的信息。

存储在电子介质中的录音资料和影像资料，适用电子数据的规定。

第一百一十七条 当事人申请证人出庭作证的，应当在举证期限届满前提出。

符合本解释第九十六条第一款规定情形的，人民法院可以依职权通知证人出庭作证。

未经人民法院通知，证人不得出庭作证，但双方当事人同意并经人民法院准许的除外。

第一百一十八条 民事诉讼法第七十七条规定的证人因履行出庭作证义务而支出的交通、住宿、就餐等必要费用，按照机关事业单位工作人员差旅费用和补贴标准计算；误工损失按照国家上年度职工日平均工资标准计算。

人民法院准许证人出庭作证申请的，应当通知申请人预缴证人出庭作证费用。

第一百一十九条 人民法院在证人出庭作证前应当告知其如实作证的义务以及作伪证的法律后果，并责令其签署保证书，但无民事行为能力人和限制民事行为能力人除外。

证人签署保证书适用本解释关于当事人签署保证书的规定。

第一百二十条 证人拒绝签署保证书的，不得作证，并自行承担相关费用。

第一百二十一条 当事人申请鉴定，可以在举证期限届满前提出。申请鉴定的事项与待证事实无关联，或者对证明待证事实无意义的，人民法院不予准许。

人民法院准许当事人鉴定申请的，应当组织双方当事人协商确定具备相应资格的鉴定人。当事人协商不成的，由人民法院指定。

符合依职权调查收集证据条件的，人民法院应当依职权委托鉴定，在询问当事人的意见后，指定具备相应资格的鉴定人。

第一百二十二条 当事人可以依照民事诉讼法第八十二条的规定，在举证期限届满前申请一至二名具有专门知识的人出庭，代表当事人对鉴定意见进行质证，或者对案件事实所涉及的专业问题提出意见。

具有专门知识的人在法庭上就专业问题提出的意见，视为当事人的陈述。

人民法院准许当事人申请的，相关费用由提出申请的当事人负担。

第一百二十三条 人民法院可以对出庭的具有专门知识的人进行询问。经法庭准许，当事人可以对出庭的具有专门知识的人进行询问，当事人各自申请的具有专门知识的人可以就案件中的有关问题进行对质。

具有专门知识的人不得参与专业问题之外的法庭审理活动。

第一百二十四条 人民法院认为有必要的，可以根据当事人的申请或者依职权对物证或者现场进行勘验。

勘验时应当保护他人的隐私和尊严。

人民法院可以要求鉴定人参与勘验。必要时，可以要求鉴定人在勘验中进行鉴定。

五、期间和送达

第一百二十五条 依照民事诉讼法第八十五条第二款规定，民事诉讼中以时起算的期间从次时起算；以日、月、年计算的期间从次日起算。

第一百二十六条 民事诉讼法第一百二十六条规定的立案期限，因起诉状内容欠缺通知原告补正的，从补正后交人民法院的次日起算。由上级人民法院转交下级人民法院立案的案件，从受诉人民法院收到起诉状的次日起算。

第一百二十七条 民事诉讼法第五十九条第三款、第二百一十二条以及本解释第三百七十二条、第三百八十二条、第三百九十九条、第四百二十条、第四百二十一条规定的六个月，民事诉讼法第二百三十条规定的一年，为不变期间，不适用诉讼时效中止、中断、延长的规定。

第一百二十八条 再审案件按照第一审程序或者第二审程序审理的，适用民事诉讼法第一百五十二条、第一百八十三条规定的审限。审限自再审立案的次日起算。

第一百二十九条 对申请再审案件，人民法院应当自受理之日起三个月内审查完毕，但公告期间、当事人和解期间等不计入审查期限。有特殊情况需要延长的，由本院院长批准。

第一百三十条 向法人或者其他组织送达诉讼文书，应当由法人的法定代表人、该组织的主要负责人或者办公室、收发室、值班室等负责收件的人签收或者盖章，拒绝签收或者盖章的，适用留置送达。

民事诉讼法第八十九条规定的有关基层组织和所在单位的代表，可以是受送达人住所地的居民委员会、村民委员会的工作人员以及受送达人所在单位的工作人员。

第一百三十一条 人民法院直接送达诉讼文书的，可以通知当事人到人民法院领取。当事人到达人民法院，拒绝签署送达回证的，视为送达。审判人员、书记员应当在送达回证上注明送达情况并签名。

人民法院可以在当事人住所地以外向当事人直接送达诉讼文书。当事人拒绝签署送达回证的，采用拍照、录像等方式记录送达过程即视为送达。审判人员、书记员应当在送达回证上注明送达情况并签名。

第一百三十二条 受送达人有诉讼代理人的，人民法院既可以向受送达人送达，也可以向其诉讼代理人送达。受送达人指定诉讼代理人为代收人的，向诉讼代理人送达时，适用留置送达。

第一百三十三条 调解书应当直接送达当事人本人，不适用留置送达。当事人本人因故不能签收的，可由其指定的代收人签收。

第一百三十四条 依照民事诉讼法第九十一条规定，委托其他人民法院代为送达的，委托法院应当出具委托函，并附需要送达的诉讼文书和送达回证，以受送达人在送达回证上签收的日期为送达日期。

委托送达的，受委托人民法院应当自收到委托函及相关诉讼文书之日起十日内代为送达。

第一百三十五条 电子送达可以采用传真、电子邮件、移动通信等即时收悉的特定系统作为送达媒介。

民事诉讼法第九十条第二款规定的到达受送达人特定系统的日期，为人民法院对应系统显示发送成功的日期，但受送达人证明到达其特定系统的日期与人民法院对应系统显示发送成功的日期不一致的，以受送达人证明到达其特定系统的日期为准。

第一百三十六条 受送达人同意采用电子方式送达的，应当在送达地址确认书中予以确认。

第一百三十七条 当事人在提起上诉、申请再审、申请执行时未书面变更送达地址的，其在第一审程序中确认的送达地址可以作为第二审程序、审判监督程序、执行程序的送达地址。

第一百三十八条 公告送达可以在法院的公告栏和受送达人住所地张贴公告，也可以在报纸、信息网络等媒体上刊登公告，发出公告日期以最后张贴或者刊登的日期为准。对公告送达方式有特殊要求的，应当按要求的方式进行。公告期满，即视为送达。

人民法院在受送达人住所地张贴公告的，应当采取拍照、录像等方式记录张贴过程。

第一百三十九条 公告送达应当说明公告送达的原因；公告送达起诉状或者上诉状副本的，应当说明起诉或者上诉要点，受送达人答辩期限及逾期不答辩的法律后果；公告送达传票，应当说明出庭的时间和地点及逾期不出庭的法律后果；公告送达判决书、裁定书的，应当说明裁判主要内容，当事人有权上诉的，还应当说明上诉权利、上诉期限和上诉的人民法院。

第一百四十条 适用简易程序的案件，不适用公告送达。

第一百四十一条 人民法院在定期宣判时，当事人拒不签收判决书、裁定书的，应视为送达，并在宣判笔录中记明。

六、调　解

第一百四十二条　人民法院受理案件后，经审查，认为法律关系明确、事实清楚，在征得当事人双方同意后，可以径行调解。

第一百四十三条　适用特别程序、督促程序、公示催告程序的案件，婚姻等身份关系确认案件以及其他根据案件性质不能进行调解的案件，不得调解。

第一百四十四条　人民法院审理民事案件，发现当事人之间恶意串通，企图通过和解、调解方式侵害他人合法权益的，应当依照民事诉讼法第一百一十五条的规定处理。

第一百四十五条　人民法院审理民事案件，应当根据自愿、合法的原则进行调解。当事人一方或者双方坚持不愿调解的，应当及时裁判。

人民法院审理离婚案件，应当进行调解，但不应久调不决。

第一百四十六条　人民法院审理民事案件，调解过程不公开，但当事人同意公开的除外。

调解协议内容不公开，但为保护国家利益、社会公共利益、他人合法权益，人民法院认为确有必要公开的除外。

主持调解以及参与调解的人员，对调解过程以及调解过程中获悉的国家秘密、商业秘密、个人隐私和其他不宜公开的信息，应当保守秘密，但为保护国家利益、社会公共利益、他人合法权益的除外。

第一百四十七条　人民法院调解案件时，当事人不能出庭，经其特别授权，可由其委托代理人参加调解，达成的调解协议，可由委托代理人签名。

离婚案件当事人确因特殊情况无法出庭参加调解的，除本人不能表达意志的以外，应当出具书面意见。

第一百四十八条　当事人自行和解或者调解达成协议后，请求人民法院按照和解协议或者调解协议的内容制作判决书的，人民法院不予准许。

无民事行为能力人的离婚案件，由其法定代理人进行诉讼。法定代理人与对方达成协议要求发给判决书的，可根据协议内容制作判决书。

第一百四十九条　调解书需经当事人签收后才发生法律效力的，应当以最后收到调解书的当事人签收的日期为调解书生效日期。

第一百五十条　人民法院调解民事案件，需由无独立请求权的第三人承担责任的，应当经其同意。该第三人在调解书送达前反悔的，人民法院应当及时裁判。

第一百五十一条　根据民事诉讼法第一百零一条第一款第四项规定，当事人各方同意在调解协议上签名或者盖章后即发生法律效力的，经人民法院审查确认后，应当记入笔录或者将调解协议附卷，并由当事人、审判人员、书记员签名或者盖章后即具有法律效力。

前款规定情形，当事人请求制作调解书的，人民法院审查确认后可以制作调解书送交当事人。当事人拒收调解书的，不影响调解协议的效力。

七、保全和先予执行

第一百五十二条　人民法院依照民事诉讼法第一百零三条、第一百零四条规定，在采取诉前保全、诉讼保全措施时，责令利害关系人或者当事人提供担保的，应当书面通知。

利害关系人申请诉前保全的，应当提供担保。申请诉前财产保全的，应当提供相当于请求保全数额的担保；情况特殊的，人民法院可以酌情处理。申请诉前行为保全的，担保的数额由人民法院根据案件的具体情况决定。

在诉讼中，人民法院依申请或者依职权采取保全措施的，应当根据案件的具体情况，决定当事人是否应当提供担保以及担保的数额。

第一百五十三条　人民法院对季节性商品、鲜活、易腐烂变质以及其他不宜长期保存的物品采取保全措施时，可以责令当事人及时处理，由人民法院保存价款；必要时，人民法院可予以变卖，保存价款。

第一百五十四条　人民法院在财产保全中采取查封、扣押、冻结财产措施时，应当妥善保管被查封、扣押、冻结的财产。不宜由人民法院保管的，人民法院可以指定被保全人负责保管；不宜由被保全人保管的，可以委托他人或者申请保全人保管。

查封、扣押、冻结担保物权人占有的担保财产，一般由担保物权人保管；由人民法院保管的，质权、留置权不因采取保全措施而消灭。

第一百五十五条　由人民法院指定被保全人保管的财产，如果继续使用对该财产的价值无重大影响，可以允许被保全人继续使用；由人民法院保管或者委托他人、申请保全人保管的财产，人民法院和其他保管人不得使用。

第一百五十六条　人民法院采取财产保全的方法和措施，依照执行程序相关规定办理。

第一百五十七条　人民法院对抵押物、质押物、留置物可以采取财产保全措施，但不影响抵押权人、质权人、留置权人的优先受偿权。

第一百五十八条　人民法院对债务人到期应得的收

益,可以采取财产保全措施,限制其支取,通知有关单位协助执行。

第一百五十九条 债务人的财产不能满足保全请求,但对他人有到期债权的,人民法院可以依债权人的申请裁定该他人不得对本案债务人清偿。该他人要求偿付的,由人民法院提存财物或者价款。

第一百六十条 当事人向采取诉前保全措施以外的其他有管辖权的人民法院起诉的,采取诉前保全措施的人民法院应当将保全手续移送受理案件的人民法院。诉前保全的裁定视为受移送人民法院作出的裁定。

第一百六十一条 对当事人不服一审判决提起上诉的案件,在第二审人民法院接到报送的案件之前,当事人有转移、隐匿、出卖或者毁损财产等行为,必须采取保全措施的,由第一审人民法院依当事人申请或者依职权采取。第一审人民法院的保全裁定,应当及时报送第二审人民法院。

第一百六十二条 第二审人民法院裁定对第一审人民法院采取的保全措施予以续保或者采取新的保全措施的,可以自行实施,也可以委托第一审人民法院实施。

再审人民法院裁定对原保全措施予以续保或者采取新的保全措施的,可以自行实施,也可以委托原审人民法院或者执行法院实施。

第一百六十三条 法律文书生效后,进入执行程序前,债权人因对方当事人转移财产等紧急情况,不申请保全将可能导致生效法律文书不能执行或者难以执行的,可以向执行法院申请采取保全措施。债权人在法律文书指定的履行期间届满后五日内不申请执行的,人民法院应当解除保全。

第一百六十四条 对申请保全人或者他人提供的担保财产,人民法院应当依法办理查封、扣押、冻结等手续。

第一百六十五条 人民法院裁定采取保全措施后,除作出保全裁定的人民法院自行解除或者其上级人民法院决定解除外,在保全期限内,任何单位不得解除保全措施。

第一百六十六条 裁定采取保全措施后,有下列情形之一的,人民法院应当作出解除保全裁定:
(一)保全错误的;
(二)申请人撤回保全申请的;
(三)申请人的起诉或者诉讼请求被生效裁判驳回的;
(四)人民法院认为应当解除保全的其他情形。
解除以登记方式实施的保全措施的,应当向登记机关发出协助执行通知书。

第一百六十七条 财产保全的被保全人提供其他等值担保财产且有利于执行的,人民法院可以裁定变更保全标的物为被保全人提供的担保财产。

第一百六十八条 保全裁定未经人民法院依法撤销或者解除,进入执行程序后,自动转为执行中的查封、扣押、冻结措施,期限连续计算,执行法院无需重新制作裁定书,但查封、扣押、冻结期限届满的除外。

第一百六十九条 民事诉讼法规定的先予执行,人民法院应当在受理案件后终审判决作出前采取。先予执行应当限于当事人诉讼请求的范围,并以当事人的生活、生产经营的急需为限。

第一百七十条 民事诉讼法第一百零九条第三项规定的情况紧急,包括:
(一)需要立即停止侵害、排除妨碍的;
(二)需要立即制止某项行为的;
(三)追索恢复生产、经营急需的保险理赔费的;
(四)需要立即返还社会保险金、社会救助资金的;
(五)不立即返还款项,将严重影响权利人生活和生产经营的。

第一百七十一条 当事人对保全或者先予执行裁定不服的,可以自收到裁定书之日起五日内向作出裁定的人民法院申请复议。人民法院应当在收到复议申请后十日内审查。裁定正确的,驳回当事人的申请;裁定不当的,变更或者撤销原裁定。

第一百七十二条 利害关系人对保全或者先予执行的裁定不服申请复议的,由作出裁定的人民法院依照民事诉讼法第一百一十一条规定处理。

第一百七十三条 人民法院先予执行后,根据发生法律效力的判决,申请人应当返还因先予执行所取得的利益的,适用民事诉讼法第二百四十条的规定。

八、对妨害民事诉讼的强制措施

第一百七十四条 民事诉讼法第一百一十二条规定的必须到庭的被告,是指负有赡养、抚育、扶养义务和不到庭就无法查清案情的被告。

人民法院对必须到庭才能查清案件基本事实的原告,经两次传票传唤,无正当理由拒不到庭的,可以拘传。

第一百七十五条 拘传必须用拘传票,并直接送达被拘传人;在拘传前,应当向被拘传人说明拒不到庭的后果,经批评教育仍拒不到庭的,可以拘传其到庭。

第一百七十六条 诉讼参与人或者其他人有下列行为之一的,人民法院可以适用民事诉讼法第一百一十三条规定处理：

（一）未经准许进行录音、录像、摄影的；

（二）未经准许以移动通信等方式现场传播审判活动的；

（三）其他扰乱法庭秩序，妨害审判活动进行的。

有前款规定情形的，人民法院可以暂扣诉讼参与人或者其他人进行录音、录像、摄影、传播审判活动的器材，并责令其删除有关内容；拒不删除的，人民法院可以采取必要手段强制删除。

第一百七十七条 训诫、责令退出法庭由合议庭或者独任审判员决定。训诫的内容、被责令退出法庭者的违法事实应当记入庭审笔录。

第一百七十八条 人民法院依照民事诉讼法第一百一十三条至第一百一十七条的规定采取拘留措施的，应经院长批准，作出拘留决定书，由司法警察将被拘留人送交当地公安机关看管。

第一百七十九条 被拘留人不在本辖区的，作出拘留决定的人民法院应当派员到被拘留人所在地的人民法院，请该院协助执行，受委托的人民法院应当及时派员协助执行。被拘留人申请复议或者在拘留期间承认并改正错误，需要提前解除拘留的，受委托人民法院应当向委托人民法院转达或者提出建议，由委托人民法院审查决定。

第一百八十条 人民法院对被拘留人采取拘留措施后，应当在二十四小时内通知其家属；确实无法按时通知或者通知不到的，应当记录在案。

第一百八十一条 因哄闹、冲击法庭，用暴力、威胁等方法抗拒执行公务等紧急情况，必须立即采取拘留措施的，可在拘留后，立即报告院长补办批准手续。院长认为拘留不当的，应当解除拘留。

第一百八十二条 被拘留人在拘留期间认错悔改的，可以责令其具结悔过，提前解除拘留。提前解除拘留，应报经院长批准，并作出提前解除拘留决定书，交负责看管的公安机关执行。

第一百八十三条 民事诉讼法第一百一十三条至第一百一十六条规定的罚款、拘留可以单独适用，也可以合并适用。

第一百八十四条 对同一妨害民事诉讼行为的罚款、拘留不得连续适用。发生新的妨害民事诉讼行为的，人民法院可以重新予以罚款、拘留。

第一百八十五条 被罚款、拘留的人不服罚款、拘留决定申请复议的，应当自收到决定书之日起三日内提出。上级人民法院应当在收到复议申请后五日内作出决定，并将复议结果通知下级人民法院和当事人。

第一百八十六条 上级人民法院复议时认为强制措施不当的，应当制作决定书，撤销或者变更下级人民法院作出的拘留、罚款决定。情况紧急的，可以在口头通知后三日内发出决定书。

第一百八十七条 民事诉讼法第一百一十四条第一款第五项规定的以暴力、威胁或者其他方法阻碍司法工作人员执行职务的行为，包括：

（一）在人民法院哄闹、滞留，不听从司法工作人员劝阻的；

（二）故意毁损、抢夺人民法院法律文书、查封标志的；

（三）哄闹、冲击执行公务现场，围困、扣押执行或者协助执行公务人员的；

（四）毁损、抢夺、扣留案件材料、执行公务车辆、其他执行公务器械、执行公务人员服装和执行公务证件的；

（五）以暴力、威胁或者其他方法阻碍司法工作人员查询、查封、扣押、冻结、划拨、拍卖、变卖财产的；

（六）以暴力、威胁或者其他方法阻碍司法工作人员执行职务的其他行为。

第一百八十八条 民事诉讼法第一百一十四条第一款第六项规定的拒不履行人民法院已经发生法律效力的判决、裁定的行为，包括：

（一）在法律文书发生法律效力后隐藏、转移、变卖、毁损财产或者无偿转让财产，以明显不合理的价格交易财产、放弃到期债权、无偿为他人提供担保等，致使人民法院无法执行的；

（二）隐藏、转移、毁损或者未经人民法院允许处分已向人民法院提供担保的财产的；

（三）违反人民法院限制高消费令进行消费的；

（四）有履行能力而拒不按照人民法院执行通知履行生效法律文书确定的义务的；

（五）有义务协助执行的个人接到人民法院协助执行通知书后，拒不协助执行的。

第一百八十九条 诉讼参与人或者其他人有下列行为之一的，人民法院可以适用民事诉讼法第一百一十四条的规定处理：

（一）冒充他人提起诉讼或者参加诉讼的；

（二）证人签署保证书后作虚假证言，妨碍人民法院审理案件的；

（三）伪造、隐藏、毁灭或者拒绝交出有关被执行人履行能力的重要证据，妨碍人民法院查明被执行人财产状况的；

（四）擅自解冻已被人民法院冻结的财产的；

（五）接到人民法院协助执行通知书后，给当事人通风报信，协助其转移、隐匿财产的。

第一百九十条　民事诉讼法第一百一十五条规定的他人合法权益，包括案外人的合法权益、国家利益、社会公共利益。

第三人根据民事诉讼法第五十九条第三款规定提起撤销之诉，经审查，原案当事人之间恶意串通进行虚假诉讼的，适用民事诉讼法第一百一十五条规定处理。

第一百九十一条　单位有民事诉讼法第一百一十五条或者第一百一十六条规定行为的，人民法院应当对该单位进行罚款，并可以对其主要负责人或者直接责任人员予以罚款、拘留；构成犯罪的，依法追究刑事责任。

第一百九十二条　有关单位接到人民法院协助执行通知书后，有下列行为之一的，人民法院可以适用民事诉讼法第一百一十七条规定处理：

（一）允许被执行人高消费的；

（二）允许被执行人出境的；

（三）拒不停止办理有关财产权证照转移手续、权属变更登记、规划审批等手续的；

（四）以需要内部请示、内部审批，有内部规定等为由拖延办理的。

第一百九十三条　人民法院对个人或者单位采取罚款措施时，应当根据其实施妨害民事诉讼行为的性质、情节、后果，当地的经济发展水平，以及诉讼标的额等因素，在民事诉讼法第一百一十八条第一款规定的限额内确定相应的罚款金额。

九、诉讼费用

第一百九十四条　依照民事诉讼法第五十七条审理的案件不预交案件受理费，结案后按照诉讼标的额由败诉方交纳。

第一百九十五条　支付令失效后转入诉讼程序的，债权人应当按照《诉讼费用交纳办法》补交案件受理费。

支付令被撤销后，债权人另行起诉的，按照《诉讼费用交纳办法》交纳诉讼费用。

第一百九十六条　人民法院改变原判决、裁定、调解结果的，应当在裁判文书中对原审诉讼费用的负担一并作出处理。

第一百九十七条　诉讼标的物是证券的，按照证券交易规则并根据当事人起诉之日前最后一个交易日的收盘价、当日的市场价或者其载明的金额计算诉讼标的金额。

第一百九十八条　诉讼标的物是房屋、土地、林木、车辆、船舶、文物等特定物或者知识产权，起诉时价值难以确定的，人民法院应当向原告释明主张过高或者过低的诉讼风险，以原告主张的价值确定诉讼标的金额。

第一百九十九条　适用简易程序审理的案件转为普通程序的，原告自接到人民法院交纳诉讼费用通知之日起七日内补交案件受理费。

原告无正当理由未按期足额补交的，按撤诉处理，已经收取的诉讼费用退还一半。

第二百条　破产程序中有关债务人的民事诉讼案件，按照财产案件标准交纳诉讼费，但劳动争议案件除外。

第二百零一条　既有财产性诉讼请求，又有非财产性诉讼请求的，按照财产性诉讼请求的标准交纳诉讼费。

有多个财产性诉讼请求的，合并计算交纳诉讼费；诉讼请求中有多个非财产性诉讼请求的，按一件交纳诉讼费。

第二百零二条　原告、被告、第三人分别上诉的，按照上诉请求分别预交二审案件受理费。

同一方多人共同上诉的，只预交一份二审案件受理费；分别上诉的，按照上诉请求分别预交二审案件受理费。

第二百零三条　承担连带责任的当事人败诉的，应当共同负担诉讼费用。

第二百零四条　实现担保物权案件，人民法院裁定拍卖、变卖担保财产的，申请费由债务人、担保人负担；人民法院裁定驳回申请的，申请费由申请人负担。

申请人另行起诉的，其已经交纳的申请费可以从案件受理费中扣除。

第二百零五条　拍卖、变卖担保财产的裁定作出后，人民法院强制执行的，按照执行金额收取执行申请费。

第二百零六条　人民法院决定减半收取案件受理费的，只能减半一次。

第二百零七条　判决生效后，胜诉方预交但不应负担的诉讼费用，人民法院应当退还，由败诉方向人民法院交纳，但胜诉方自愿承担或者同意败诉方直接向其支付的除外。

当事人拒不交纳诉讼费用的，人民法院可以强制执行。

十、第一审普通程序

第二百零八条　人民法院接到当事人提交的民事起诉状时，对符合民事诉讼法第一百二十二条的规定，且不属于第一百二十七条规定情形的，应当登记立案；对当场不能判定是否符合起诉条件的,应当接收起诉材料,并出具注明收到日期的书面凭证。

需要补充必要相关材料的,人民法院应当及时告知当事人。在补齐相关材料后,应当在七日内决定是否立案。

立案后发现不符合起诉条件或者属于民事诉讼法第一百二十七条规定情形的,裁定驳回起诉。

第二百零九条 原告提供被告的姓名或者名称、住所等信息具体明确,足以使被告与他人相区别的,可以认定为有明确的被告。

起诉状列写被告信息不足以认定明确的被告的,人民法院可以告知原告补正。原告补正后仍不能确定明确的被告的,人民法院裁定不予受理。

第二百一十条 原告在起诉状中有谩骂和人身攻击之辞的,人民法院应当告知其修改后提起诉讼。

第二百一十一条 对本院没有管辖权的案件,告知原告向有管辖权的人民法院起诉;原告坚持起诉的,裁定不予受理;立案后发现本院没有管辖权的,应当将案件移送有管辖权的人民法院。

第二百一十二条 裁定不予受理、驳回起诉的案件,原告再次起诉,符合起诉条件且不属于民事诉讼法第一百二十七条规定情形的,人民法院应予受理。

第二百一十三条 原告应当预交而未预交案件受理费,人民法院应当通知其预交,通知后仍不预交或者申请减、缓、免未获批准而仍不预交的,裁定按撤诉处理。

第二百一十四条 原告撤诉或者人民法院按撤诉处理后,原告以同一诉讼请求再次起诉的,人民法院应予受理。

原告撤诉或者按撤诉处理的离婚案件,没有新情况、新理由,六个月内又起诉的,比照民事诉讼法第一百二十七条第七项的规定不予受理。

第二百一十五条 依照民事诉讼法第一百二十七条第二项的规定,当事人在书面合同中订有仲裁条款,或者在发生纠纷后达成书面仲裁协议,一方向人民法院起诉的,人民法院应当告知原告向仲裁机构申请仲裁,其坚持起诉的,裁定不予受理,但仲裁条款或者仲裁协议不成立、无效、失效、内容不明确无法执行的除外。

第二百一十六条 在人民法院首次开庭前,被告以有书面仲裁协议为由对受理民事案件提出异议的,人民法院应当进行审查。

经审查符合下列情形之一的,人民法院应当裁定驳回起诉:

(一)仲裁机构或者人民法院已经确认仲裁协议有效的;

(二)当事人没有在仲裁庭首次开庭前对仲裁协议的效力提出异议的;

(三)仲裁协议符合仲裁法第十六条规定且不具有仲裁法第十七条规定情形的。

第二百一十七条 夫妻一方下落不明,另一方诉至人民法院,只要求离婚,不申请宣告下落不明人失踪或者死亡的案件,人民法院应当受理,对下落不明人公告送达诉讼文书。

第二百一十八条 赡养费、扶养费、抚养费案件,裁判发生法律效力后,因新情况、新理由,一方当事人再行起诉要求增加或者减少费用的,人民法院应作为新案受理。

第二百一十九条 当事人超过诉讼时效期间起诉的,人民法院应予受理。受理后对方当事人提出诉讼时效抗辩,人民法院经审理认为抗辩事由成立的,判决驳回原告的诉讼请求。

第二百二十条 民事诉讼法第七十一条、第一百三十七条、第一百五十九条规定的商业秘密,是指生产工艺、配方、贸易联系、购销渠道等当事人不愿公开的技术秘密、商业情报及信息。

第二百二十一条 基于同一事实发生的纠纷,当事人分别向同一人民法院起诉的,人民法院可以合并审理。

第二百二十二条 原告在起诉状中直接列写第三人的,视为其申请人民法院追加该第三人参加诉讼。是否通知第三人参加诉讼,由人民法院审查决定。

第二百二十三条 当事人在提交答辩状期间提出管辖异议,又针对起诉状的内容进行答辩的,人民法院应当依照民事诉讼法第一百三十条第一款的规定,对管辖异议进行审查。

当事人未提出管辖异议,就案件实体内容进行答辩、陈述或者反诉的,可以认定为民事诉讼法第一百三十条第二款规定的应诉答辩。

第二百二十四条 依照民事诉讼法第一百三十六条第四项规定,人民法院可以在答辩期届满后,通过组织证据交换、召集庭前会议等方式,作好审理前的准备。

第二百二十五条 根据案件具体情况,庭前会议可以包括下列内容:

(一)明确原告的诉讼请求和被告的答辩意见;

(二)审查处理当事人增加、变更诉讼请求的申请和提出的反诉,以及第三人提出的与本案有关的诉讼请求;

(三) 根据当事人的申请决定调查收集证据,委托鉴定,要求当事人提供证据,进行勘验,进行证据保全;

(四) 组织交换证据;

(五) 归纳争议焦点;

(六) 进行调解。

第二百二十六条 人民法院应当根据当事人的诉讼请求、答辩意见以及证据交换的情况,归纳争议焦点,并就归纳的争议焦点征求当事人的意见。

第二百二十七条 人民法院适用普通程序审理案件,应当在开庭三日前用传票传唤当事人。对诉讼代理人、证人、鉴定人、勘验人、翻译人员应当用通知书通知其到庭。当事人或者其他诉讼参与人在外地的,应当留有必要的在途时间。

第二百二十八条 法庭审理应当围绕当事人争议的事实、证据和法律适用等焦点问题进行。

第二百二十九条 当事人在庭审中对其在审理前的准备阶段认可的事实和证据提出不同意见的,人民法院应当责令其说明理由。必要时,可以责令其提供相应证据。人民法院应当结合当事人的诉讼能力、证据和案件的具体情况进行审查。理由成立的,可以列入争议焦点进行审理。

第二百三十条 人民法院根据案件具体情况并征得当事人同意,可以将法庭调查和法庭辩论合并进行。

第二百三十一条 当事人在法庭上提出新的证据的,人民法院应当依照民事诉讼法第六十八条第二款规定和本解释相关规定处理。

第二百三十二条 在案件受理后,法庭辩论结束前,原告增加诉讼请求,被告提出反诉,第三人提出与本案有关的诉讼请求,可以合并审理的,人民法院应当合并审理。

第二百三十三条 反诉的当事人应当限于本诉的当事人的范围。

反诉与本诉的诉讼请求基于相同法律关系、诉讼请求之间具有因果关系,或者反诉与本诉的诉讼请求基于相同事实的,人民法院应当合并审理。

反诉应由其他人民法院专属管辖,或者与本诉的诉讼标的及诉讼请求所依据的事实、理由无关联的,裁定不予受理,告知另行起诉。

第二百三十四条 无民事行为能力人的离婚诉讼,当事人的法定代理人应当到庭;法定代理人不能到庭的,人民法院应当在查清事实的基础上,依法作出判决。

第二百三十五条 无民事行为能力的当事人的法定代理人,经传票传唤无正当理由拒不到庭的,属于原告方的,比照民事诉讼法第一百四十六条的规定,按撤诉处理;属于被告方的,比照民事诉讼法第一百四十七条的规定,缺席判决。必要时,人民法院可以拘传其到庭。

第二百三十六条 有独立请求权的第三人经人民法院传票传唤,无正当理由拒不到庭的,或者未经法庭许可中途退庭的,比照民事诉讼法第一百四十六条的规定,按撤诉处理。

第二百三十七条 有独立请求权的第三人参加诉讼后,原告申请撤诉,人民法院在准许原告撤诉后,有独立请求权的第三人作为另案原告,原案原告、被告作为另案被告,诉讼继续进行。

第二百三十八条 当事人申请撤诉或者依法可以按撤诉处理的案件,如果当事人有违反法律的行为需要依法处理的,人民法院可以不准许撤诉或者不按撤诉处理。

法庭辩论终结后原告申请撤诉,被告不同意的,人民法院可以不予准许。

第二百三十九条 人民法院准许本诉原告撤诉的,应当对反诉继续审理;被告申请撤回反诉的,人民法院应予准许。

第二百四十条 无独立请求权的第三人经人民法院传票传唤,无正当理由拒不到庭的,或者未经法庭许可中途退庭的,不影响案件的审理。

第二百四十一条 被告经传票传唤无正当理由拒不到庭,或者未经法庭许可中途退庭的,人民法院应当按期开庭或者继续开庭审理,对到庭的当事人诉讼请求、双方的诉辩理由以及已经提交的证据及其他诉讼材料进行审理后,可以依法缺席判决。

第二百四十二条 一审宣判后,原审人民法院发现判决有错误,当事人在上诉期内提出上诉的,原审人民法院可以提出原判决有错误的意见,报送第二审人民法院,由第二审人民法院按照第二审程序进行审理;当事人不上诉的,按照审判监督程序处理。

第二百四十三条 民事诉讼法第一百五十二条规定的审限,是指从立案之日起至裁判宣告、调解书送达之日止的期间,但公告期间、鉴定期间、双方当事人和解期间、审理当事人提出的管辖异议以及处理人民法院之间的管辖争议期间不应计算在内。

第二百四十四条 可以上诉的判决书、裁定书不能同时送达双方当事人的,上诉期从各自收到判决书、裁定书之日计算。

第二百四十五条 民事诉讼法第一百五十七条第一

款第七项规定的笔误是指法律文书误写、误算,诉讼费用漏写、误算和其他笔误。

第二百四十六条 裁定中止诉讼的原因消除,恢复诉讼程序时,不必撤销原裁定,从人民法院通知或者准许当事人双方继续进行诉讼时起,中止诉讼的裁定即失去效力。

第二百四十七条 当事人就已经提起诉讼的事项在诉讼过程中或者裁判生效后再次起诉,同时符合下列条件的,构成重复起诉:
(一)后诉与前诉的当事人相同;
(二)后诉与前诉的诉讼标的相同;
(三)后诉与前诉的诉讼请求相同,或者后诉的诉讼请求实质上否定前诉裁判结果。
当事人重复起诉的,裁定不予受理;已经受理的,裁定驳回起诉,但法律、司法解释另有规定的除外。

第二百四十八条 裁判发生法律效力后,发生新的事实,当事人再次提起诉讼的,人民法院应当依法受理。

第二百四十九条 在诉讼中,争议的民事权利义务转移的,不影响当事人的诉讼主体资格和诉讼地位。人民法院作出的发生法律效力的判决、裁定对受让人具有拘束力。
受让人申请以无独立请求权的第三人身份参加诉讼的,人民法院可予准许。受让人申请替代当事人承担诉讼的,人民法院可以根据案件的具体情况决定是否准许;不予准许的,可以追加其为无独立请求权的第三人。

第二百五十条 依照本解释第二百四十九条规定,人民法院准许受让人替代当事人承担诉讼的,裁定变更当事人。
变更当事人后,诉讼程序以受让人为当事人继续进行,原当事人应当退出诉讼。原当事人已经完成的诉讼行为对受让人具有拘束力。

第二百五十一条 二审裁定撤销一审判决发回重审的案件,当事人申请变更、增加诉讼请求或者提出反诉,第三人提出与本案有关的诉讼请求的,依照民事诉讼法第一百四十三条规定处理。

第二百五十二条 再审裁定撤销原判决、裁定发回重审的案件,当事人申请变更、增加诉讼请求或者提出反诉,符合下列情形之一的,人民法院应当准许:
(一)原审未合法传唤缺席判决,影响当事人行使诉讼权利的;
(二)追加新的诉讼当事人的;
(三)诉讼标的物灭失或者发生变化致使原诉讼请求无法实现的;
(四)当事人申请变更、增加的诉讼请求或者提出的反诉,无法通过另诉解决的。

第二百五十三条 当庭宣判的案件,除当事人当庭要求邮寄发送裁判文书的外,人民法院应当告知当事人或者诉讼代理人领取裁判文书的时间和地点以及逾期不领取的法律后果。上述情况,应当记入笔录。

第二百五十四条 公民、法人或者其他组织申请查阅发生法律效力的判决书、裁定书的,应当向作出该生效裁判的人民法院提出。申请应当以书面形式提出,并提供具体的案号或者当事人姓名、名称。

第二百五十五条 对于查阅判决书、裁定书的申请,人民法院根据下列情形分别处理:
(一)判决书、裁定书已经通过信息网络向社会公开的,应当引导申请人自行查阅;
(二)判决书、裁定书未通过信息网络向社会公开,且申请符合要求的,应当及时提供便捷的查阅服务;
(三)判决书、裁定书尚未发生法律效力,或者已失去法律效力的,不提供查阅并告知申请人;
(四)发生法律效力的判决书、裁定书不是本院作出的,应当告知申请人向作出生效裁判的人民法院申请查阅;
(五)申请查阅的内容涉及国家秘密、商业秘密、个人隐私的,不予准许并告知申请人。

十一、简易程序

第二百五十六条 民事诉讼法第一百六十条规定的简单民事案件中的事实清楚,是指当事人对争议的事实陈述基本一致,并能提供相应的证据,无须人民法院调查收集证据即可查明事实;权利义务关系明确是指能明确区分谁是责任的承担者,谁是权利的享有者;争议不大是指当事人对案件的是非、责任承担以及诉讼标的争执无原则分歧。

第二百五十七条 下列案件,不适用简易程序:
(一)起诉时被告下落不明的;
(二)发回重审的;
(三)当事人一方人数众多的;
(四)适用审判监督程序的;
(五)涉及国家利益、社会公共利益的;
(六)第三人起诉请求改变或者撤销生效判决、裁定、调解书的;
(七)其他不宜适用简易程序的案件。

第二百五十八条 适用简易程序审理的案件,审理期限到期后,有特殊情况需要延长的,经本院院长批准,可以延长审理期限。延长后的审理期限累计不得超过四个月。

人民法院发现案件不宜适用简易程序,需要转为普通程序审理的,应当在审理期限届满前作出裁定并将审判人员及相关事项书面通知双方当事人。

案件转为普通程序审理的,审理期限自人民法院立案之日计算。

第二百五十九条 当事人双方可就开庭方式向人民法院提出申请,由人民法院决定是否准许。经当事人双方同意,可以采用视听传输技术等方式开庭。

第二百六十条 已经按照普通程序审理的案件,在开庭后不得转为简易程序审理。

第二百六十一条 适用简易程序审理案件,人民法院可以依照民事诉讼法第九十条、第一百六十二条的规定采取捎口信、电话、短信、传真、电子邮件等简便方式传唤双方当事人、通知证人和送达诉讼文书。

以简便方式送达的开庭通知,未经当事人确认或者没有其他证据证明当事人已经收到的,人民法院不得缺席判决。

适用简易程序审理案件,由审判员独任审判,书记员担任记录。

第二百六十二条 人民法庭制作的判决书、裁定书、调解书,必须加盖基层人民法院印章,不得用人民法庭的印章代替基层人民法院的印章。

第二百六十三条 适用简易程序审理案件,卷宗中应当具备以下材料:

(一)起诉状或者口头起诉笔录;

(二)答辩状或者口头答辩笔录;

(三)当事人身份证明材料;

(四)委托他人代理诉讼的授权委托书或者口头委托笔录;

(五)证据;

(六)询问当事人笔录;

(七)审理(包括调解)笔录;

(八)判决书、裁定书、调解书或者调解协议;

(九)送达和宣判笔录;

(十)执行情况;

(十一)诉讼费收据;

(十二)适用民事诉讼法第一百六十五条规定审理的,有关程序适用的书面告知。

第二百六十四条 当事人双方根据民事诉讼法第一百六十条第二款规定约定适用简易程序的,应当在开庭前提出。口头提出的,记入笔录,由双方当事人签名或者捺印确认。

本解释第二百五十七条规定的案件,当事人约定适用简易程序的,人民法院不予准许。

第二百六十五条 原告口头起诉的,人民法院应当将当事人的姓名、性别、工作单位、住所、联系方式等基本信息,诉讼请求,事实及理由等准确记入笔录,由原告核对无误后签名或者捺印。对当事人提交的证据材料,应当出具收据。

第二百六十六条 适用简易程序案件的举证期限由人民法院确定,也可以由当事人协商一致并经人民法院准许,但不得超过十五日。被告要求书面答辩的,人民法院可在征得其同意的基础上,合理确定答辩期间。

人民法院应当将举证期限和开庭日期告知双方当事人,并向当事人说明逾期举证以及拒不到庭的法律后果,由双方当事人在笔录和开庭传票的送达回证上签名或者捺印。

当事人双方均表示不需要举证期限、答辩期间的,人民法院可以立即开庭审理或者确定开庭日期。

第二百六十七条 适用简易程序审理案件,可以简便方式进行审理前的准备。

第二百六十八条 对没有委托律师、基层法律服务工作者代理诉讼的当事人,人民法院在庭审过程中可以对回避、自认、举证证明责任等相关内容向其作必要的解释或者说明,并在庭审过程中适当提示当事人正确行使诉讼权利、履行诉讼义务。

第二百六十九条 当事人就案件适用简易程序提出异议,人民法院经审查,异议成立的,裁定转为普通程序;异议不成立的,裁定驳回。裁定以口头方式作出的,应当记入笔录。

转为普通程序的,人民法院应当将审判人员及相关事项以书面形式通知双方当事人。

转为普通程序前,双方当事人已确认的事实,可以不再进行举证、质证。

第二百七十条 适用简易程序审理的案件,有下列情形之一的,人民法院在制作判决书、裁定书、调解书时,对认定事实或者裁判理由部分可以适当简化:

(一)当事人达成调解协议并需要制作民事调解书的;

(二)一方当事人明确表示承认对方全部或者部分诉讼请求的;

（三）涉及商业秘密、个人隐私的案件，当事人一方要求简化裁判文书中的相关内容，人民法院认为理由正当的；

（四）当事人双方同意简化的。

十二、简易程序中的小额诉讼

第二百七十一条 人民法院审理小额诉讼案件，适用民事诉讼法第一百六十五条的规定，实行一审终审。

第二百七十二条 民事诉讼法第一百六十五条规定的各省、自治区、直辖市上年度就业人员年平均工资，是指已经公布的各省、自治区、直辖市上一年度就业人员年平均工资。在上一年度就业人员年平均工资公布前，以已经公布的最近年度就业人员年平均工资为准。

第二百七十三条 海事法院可以适用小额诉讼的程序审理海事、海商案件。案件标的额应当以实际受理案件的海事法院或者其派出法庭所在的省、自治区、直辖市上年度就业人员年平均工资为基数计算。

第二百七十四条 人民法院受理小额诉讼案件，应当向当事人告知该类案件的审判组织、一审终审、审理期限、诉讼费用交纳标准等相关事项。

第二百七十五条 小额诉讼案件的举证期限由人民法院确定，也可以由当事人协商一致并经人民法院准许，但一般不超过七日。

被告要求书面答辩的，人民法院可以在征得其同意的基础上合理确定答辩期间，但最长不得超过十五日。

当事人到庭后表示不需要举证期限和答辩期间的，人民法院可立即开庭审理。

第二百七十六条 当事人对小额诉讼案件提出管辖异议的，人民法院应当作出裁定。裁定一经作出即生效。

第二百七十七条 人民法院受理小额诉讼案件后，发现起诉不符合民事诉讼法第一百二十二条规定的起诉条件的，裁定驳回起诉。裁定一经作出即生效。

第二百七十八条 因当事人申请增加或者变更诉讼请求、提出反诉、追加当事人等，致使案件不符合小额诉讼案件条件的，应当适用简易程序的其他规定审理。

前款规定案件，应当适用普通程序审理的，裁定转为普通程序。

适用简易程序的其他规定或者普通程序审理前，双方当事人已确认的事实，可以不再进行举证、质证。

第二百七十九条 当事人对按照小额诉讼案件审理有异议的，应当在开庭前提出。人民法院经审查，异议成立的，适用简易程序的其他规定审理或者裁定转为普通程序；异议不成立的，裁定驳回。裁定以口头方式作出的，应当记入笔录。

第二百八十条 小额诉讼案件的裁判文书可以简化，主要记载当事人基本信息、诉讼请求、裁判主文等内容。

第二百八十一条 人民法院审理小额诉讼案件，本解释没有规定的，适用简易程序的其他规定。

十三、公益诉讼

第二百八十二条 环境保护法、消费者权益保护法等法律规定的机关和有关组织对污染环境、侵害众多消费者合法权益等损害社会公共利益的行为，根据民事诉讼法第五十八条规定提起公益诉讼，符合下列条件的，人民法院应当受理：

（一）有明确的被告；

（二）有具体的诉讼请求；

（三）有社会公共利益受到损害的初步证据；

（四）属于人民法院受理民事诉讼的范围和受诉人民法院管辖。

第二百八十三条 公益诉讼案件由侵权行为地或者被告住所地中级人民法院管辖，但法律、司法解释另有规定的除外。

因污染海洋环境提起的公益诉讼，由污染发生地、损害结果地或者采取预防污染措施地海事法院管辖。

对同一侵权行为分别向两个以上人民法院提起公益诉讼的，由最先立案的人民法院管辖，必要时由它们的共同上级人民法院指定管辖。

第二百八十四条 人民法院受理公益诉讼案件后，应当在十日内书面告知相关行政主管部门。

第二百八十五条 人民法院受理公益诉讼案件后，依法可以提起诉讼的其他机关和有关组织，可以在开庭前向人民法院申请参加诉讼。人民法院准许参加诉讼的，列为共同原告。

第二百八十六条 人民法院受理公益诉讼案件，不影响同一侵权行为的受害人根据民事诉讼法第一百二十二条规定提起诉讼。

第二百八十七条 对公益诉讼案件，当事人可以和解，人民法院可以调解。

当事人达成和解或者调解协议后，人民法院应当将和解或者调解协议进行公告。公告期间不得少于三十日。

公告期满后，人民法院经审查，和解或者调解协议不违反社会公共利益的，应当出具调解书；和解或者调解协议违反社会公共利益的，不予出具调解书，继续对案件进

第二百八十八条 公益诉讼案件的原告在法庭辩论终结后申请撤诉的,人民法院不予准许。

第二百八十九条 公益诉讼案件的裁判发生法律效力后,其他依法具有原告资格的机关和有关组织就同一侵权行为另行提起公益诉讼的,人民法院裁定不予受理,但法律、司法解释另有规定的除外。

十四、第三人撤销之诉

第二百九十条 第三人对已经发生法律效力的判决、裁定、调解书提起撤销之诉的,应当自知道或者应当知道其民事权益受到损害之日起六个月内,向作出生效判决、裁定、调解书的人民法院提出,并应当提供存在下列情形的证据材料:

(一)因不能归责于本人的事由未参加诉讼;

(二)发生法律效力的判决、裁定、调解书的全部或者部分内容错误;

(三)发生法律效力的判决、裁定、调解书内容错误损害其民事权益。

第二百九十一条 人民法院应当在收到起诉状和证据材料之日起五日内送交对方当事人,对方当事人可以自收到起诉状之日起十日内提出书面意见。

人民法院应当对第三人提交的起诉状、证据材料以及对方当事人的书面意见进行审查。必要时,可以询问双方当事人。

经审查,符合起诉条件的,人民法院应当在收到起诉状之日起三十日内立案。不符合起诉条件的,应当在收到起诉状之日起三十日内裁定不予受理。

第二百九十二条 人民法院对第三人撤销之诉案件,应当组成合议庭开庭审理。

第二百九十三条 民事诉讼法第五十九条第三款规定的因不能归责于本人的事由未参加诉讼,是指没有被列为生效判决、裁定、调解书当事人,且无过错或者无明显过错的情形。包括:

(一)不知道诉讼而未参加的;

(二)申请参加未获准许的;

(三)知道诉讼,但因客观原因无法参加的;

(四)因其他不能归责于本人的事由未参加诉讼的。

第二百九十四条 民事诉讼法第五十九条第三款规定的判决、裁定、调解书的部分或者全部内容,是指判决、裁定的主文,调解书中处理当事人民事权利义务的结果。

第二百九十五条 对下列情形提起第三人撤销之诉的,人民法院不予受理:

(一)适用特别程序、督促程序、公示催告程序、破产程序等非讼程序处理的案件;

(二)婚姻无效、撤销或者解除婚姻关系等判决、裁定、调解书中涉及身份关系的内容;

(三)民事诉讼法第五十七条规定的未参加登记的权利人对代表人诉讼案件的生效裁判;

(四)民事诉讼法第五十八条规定的损害社会公共利益行为的受害人对公益诉讼案件的生效裁判。

第二百九十六条 第三人提起撤销之诉,人民法院应当将该第三人列为原告,生效判决、裁定、调解书的当事人列为被告,但生效判决、裁定、调解书中没有承担责任的无独立请求权的第三人列为第三人。

第二百九十七条 受理第三人撤销之诉案件后,原告提供相应担保,请求中止执行的,人民法院可以准许。

第二百九十八条 对第三人撤销或者部分撤销发生法律效力的判决、裁定、调解书内容的请求,人民法院经审理,按下列情形分别处理:

(一)请求成立且确认其民事权利的主张全部或部分成立的,改变原判决、裁定、调解书内容的错误部分;

(二)请求成立,但确认其全部或部分民事权利的主张不成立,或者未提出确认其民事权利请求的,撤销原判决、裁定、调解书内容的错误部分;

(三)请求不成立的,驳回诉讼请求。

对前款规定裁判不服的,当事人可以上诉。

原判决、裁定、调解书的内容未改变或者未撤销的部分继续有效。

第二百九十九条 第三人撤销之诉案件审理期间,人民法院对生效判决、裁定、调解书裁定再审的,受理第三人撤销之诉的人民法院应当裁定将第三人的诉讼请求并入再审程序。但有证据证明原审当事人之间恶意串通损害第三人合法权益的,人民法院应当先行审理第三人撤销之诉案件,裁定中止再审诉讼。

第三百条 第三人诉讼请求并入再审程序审理的,按照下列情形分别处理:

(一)按照第一审程序审理的,人民法院应当对第三人的诉讼请求一并审理,所作的判决可以上诉;

(二)按照第二审程序审理的,人民法院可以调解,调解达不成协议的,应当裁定撤销原判决、裁定、调解书,发回一审法院重审,重审时应当列明第三人。

第三百零一条 第三人提起撤销之诉后,未中止生效判决、裁定、调解书执行的,执行法院对第三人依照民事诉讼法第二百三十四条规定提出的执行异议,应予审查。第三人不服驳回执行异议裁定，申请对原判决、裁定、调解书再审的，人民法院不予受理。

案外人对人民法院驳回其执行异议裁定不服，认为原判决、裁定、调解书内容错误损害其合法权益的，应当根据民事诉讼法第二百三十四条规定申请再审，提起第三人撤销之诉，人民法院不予受理。

十五、执行异议之诉

第三百零二条 根据民事诉讼法第二百三十四条规定，案外人、当事人对执行异议裁定不服，自裁定送达之日起十五日内向人民法院提起执行异议之诉的，由执行法院管辖。

第三百零三条 案外人提起执行异议之诉，除符合民事诉讼法第一百二十二条规定外，还应当具备下列条件：

（一）案外人的执行异议申请已经被人民法院裁定驳回；

（二）有明确的排除对执行标的执行的诉讼请求，且诉讼请求与原判决、裁定无关；

（三）自执行异议裁定送达之日起十五日内提起。

人民法院应当在收到起诉状之日起十五日内决定是否立案。

第三百零四条 申请执行人提起执行异议之诉，除符合民事诉讼法第一百二十二条规定外，还应当具备下列条件：

（一）依案外人执行异议申请，人民法院裁定中止执行；

（二）有明确的对执行标的继续执行的诉讼请求，且诉讼请求与原判决、裁定无关；

（三）自执行异议裁定送达之日起十五日内提起。

人民法院应当在收到起诉状之日起十五日内决定是否立案。

第三百零五条 案外人提起执行异议之诉的，以申请执行人为被告。被执行人反对案外人异议的，被执行人为共同被告；被执行人不反对案外人异议的，可以列被执行人为第三人。

第三百零六条 申请执行人提起执行异议之诉的，以案外人为被告。被执行人反对申请执行人主张的，以案外人和被执行人为共同被告；被执行人不反对申请执行人主张的，可以列被执行人为第三人。

第三百零七条 申请执行人对中止执行裁定未提起执行异议之诉的，被执行人提起执行异议之诉的，人民法院告知其另行起诉。

第三百零八条 人民法院审理执行异议之诉案件，适用普通程序。

第三百零九条 案外人或者申请执行人提起执行异议之诉的，案外人应当就其对执行标的享有足以排除强制执行的民事权益承担举证证明责任。

第三百一十条 对案外人提起的执行异议之诉，人民法院经审理，按照下列情形分别处理：

（一）案外人就执行标的享有足以排除强制执行的民事权益的，判决不得执行该执行标的；

（二）案外人就执行标的不享有足以排除强制执行的民事权益的，判决驳回诉讼请求。

案外人同时提出确认其权利的诉讼请求的，人民法院可以在判决中一并作出裁判。

第三百一十一条 对申请执行人提起的执行异议之诉，人民法院经审理，按照下列情形分别处理：

（一）案外人就执行标的不享有足以排除强制执行的民事权益的，判决准许执行该执行标的；

（二）案外人就执行标的享有足以排除强制执行的民事权益的，判决驳回诉讼请求。

第三百一十二条 对案外人执行异议之诉，人民法院判决不得对执行标的执行的，执行异议裁定失效。

对申请执行人执行异议之诉，人民法院判决准许对该执行标的的执行的，执行异议裁定失效，执行法院可以根据申请执行人的申请或者依职权恢复执行。

第三百一十三条 案外人执行异议之诉审理期间，人民法院不得对执行标的进行处分。申请执行人请求人民法院继续执行并提供相应担保的，人民法院可以准许。

被执行人与案外人恶意串通，通过执行异议、执行异议之诉妨害执行的，人民法院应当依照民事诉讼法第一百一十六条规定处理。申请执行人因此受到损害的，可以提起诉讼要求被执行人、案外人赔偿。

第三百一十四条 人民法院对执行标的裁定中止执行后，申请执行人在法律规定的期间内未提起执行异议之诉的，人民法院应当自起诉期限届满之日起七日内解除对该执行标的采取的执行措施。

十六、第二审程序

第三百一十五条 双方当事人和第三人都提起上诉的，均列为上诉人。人民法院可以依职权确定第二审程序中当事人的诉讼地位。

第三百一十六条 民事诉讼法第一百七十三条、第一百七十四条规定的对方当事人包括被上诉人和原审其他当事人。

第三百一十七条 必要共同诉讼人的一人或者部分人提起上诉的,按下列情形分别处理:

(一)上诉仅对与对方当事人之间权利义务分担有意见,不涉及其他共同诉讼人利益的,对方当事人为被上诉人,未上诉的同一方当事人依原审诉讼地位列明;

(二)上诉仅对共同诉讼人之间权利义务分担有意见,不涉及对方当事人利益的,未上诉的同一方当事人为被上诉人,对方当事人依原审诉讼地位列明;

(三)上诉对双方当事人之间以及共同诉讼人之间权利义务承担有意见的,未提起上诉的其他当事人均为被上诉人。

第三百一十八条 一审宣判时或者判决书、裁定书送达时,当事人口头表示上诉的,人民法院应告知其必须在法定上诉期间内递交上诉状。未在法定上诉期间内递交上诉状的,视为未提起上诉。虽递交上诉状,但未在指定的期限内交纳上诉费的,按自动撤回上诉处理。

第三百一十九条 无民事行为能力人、限制民事行为能力人的法定代理人,可以代理当事人提起上诉。

第三百二十条 上诉案件的当事人死亡或者终止的,人民法院依法通知其权利义务承继者参加诉讼。

需要终结诉讼的,适用民事诉讼法第一百五十四条规定。

第三百二十一条 第二审人民法院应当围绕当事人的上诉请求进行审理。

当事人没有提出请求的,不予审理,但一审判决违反法律禁止性规定,或者损害国家利益、社会公共利益、他人合法权益的除外。

第三百二十二条 开庭审理的上诉案件,第二审人民法院可以依照民事诉讼法第一百三十六条第四项规定进行审理前的准备。

第三百二十三条 下列情形,可以认定为民事诉讼法第一百七十七条第一款第四项规定的严重违反法定程序:

(一)审判组织的组成不合法的;

(二)应当回避的审判人员未回避的;

(三)无诉讼行为能力人未经法定代理人代为诉讼的;

(四)违法剥夺当事人辩论权利的。

第三百二十四条 对当事人在第一审程序中已经提出的诉讼请求,原审人民法院未作审理、判决的,第二审人民法院可以根据当事人自愿的原则进行调解;调解不成的,发回重审。

第三百二十五条 必须参加诉讼的当事人或者有独立请求权的第三人,在第一审程序中未参加诉讼,第二审人民法院可以根据当事人自愿的原则予以调解;调解不成的,发回重审。

第三百二十六条 在第二审程序中,原审原告增加独立的诉讼请求或者原审被告提出反诉的,第二审人民法院可以根据当事人自愿的原则就新增加的诉讼请求或者反诉进行调解;调解不成的,告知当事人另行起诉。

双方当事人同意由第二人民法院一并审理的,第二审人民法院可以一并裁判。

第三百二十七条 一审判决不准离婚的案件,上诉后,第二审人民法院认为应当判决离婚的,可以根据当事人自愿的原则,与子女抚养、财产问题一并调解;调解不成的,发回重审。

双方当事人同意由第二人民法院一并审理的,第二审人民法院可以一并裁判。

第三百二十八条 人民法院依照第二审程序审理案件,认为依法不应由人民法院受理的,可以由第二审人民法院直接裁定撤销原裁判,驳回起诉。

第三百二十九条 人民法院依照第二审程序审理案件,认为第一审人民法院受理案件违反专属管辖规定的,应当裁定撤销原裁判并移送有管辖权的人民法院。

第三百三十条 第二审人民法院查明第一审人民法院作出的不予受理裁定有错误的,应当在撤销原裁定的同时,指令第一审人民法院立案受理;查明第一审人民法院作出的驳回起诉裁定有错误的,应当在撤销原裁定的同时,指令第一审人民法院审理。

第三百三十一条 第二审人民法院对下列上诉案件,依照民事诉讼法第一百七十六条规定可以不开庭审理:

(一)不服不予受理、管辖权异议和驳回起诉裁定的;

(二)当事人提出的上诉请求明显不能成立的;

(三)原判决、裁定认定事实清楚,但适用法律错误的;

(四)原判决严重违反法定程序,需要发回重审的。

第三百三十二条 原判决、裁定认定事实或者适用法律虽有瑕疵,但裁判结果正确的,第二审人民法院可以在判决、裁定中纠正瑕疵后,依照民事诉讼法第一百七十七条第一款第一项规定予以维持。

第三百三十三条 民事诉讼法第一百七十七条第一款第三项规定的基本事实,是指用以确定当事人主体资格、案件性质、民事权利义务等对原判决、裁定的结果有实质性影响的事实。

第三百三十四条 在第二审程序中,作为当事人的法人或者其他组织分立的,人民法院可以直接将分立后的法人或者其他组织列为共同诉讼人;合并的,将合并后的法人或者其他组织列为当事人。

第三百三十五条 在第二审程序中,当事人申请撤回上诉,人民法院经审查认为一审判决确有错误,或者当事人之间恶意串通损害国家利益、社会公共利益、他人合法权益的,不应准许。

第三百三十六条 在第二审程序中,原审原告申请撤回起诉,经其他当事人同意,且不损害国家利益、社会公共利益、他人合法权益的,人民法院可以准许。准许撤诉的,应当一并裁定撤销一审裁判。

原审原告在第二审程序中撤回起诉后重复起诉的,人民法院不予受理。

第三百三十七条 当事人在第二审程序中达成和解协议的,人民法院可以根据当事人的请求,对双方达成的和解协议进行审查并制作调解书送达当事人;因和解而申请撤诉,经审查符合撤诉条件的,人民法院应予准许。

第三百三十八条 第二审人民法院宣告判决可以自行宣判,也可以委托原审人民法院或者当事人所在地人民法院代行宣判。

第三百三十九条 人民法院审理对裁定的上诉案件,应当在第二审立案之日起三十日内作出终审裁定。有特殊情况需要延长期限的,由本院院长批准。

第三百四十条 当事人在第一审程序中实施的诉讼行为,在第二审程序中对该当事人仍具有拘束力。

当事人推翻其在第一审程序中实施的诉讼行为时,人民法院应当责令其说明理由。理由不成立的,不予支持。

十七、特别程序

第三百四十一条 宣告失踪或者宣告死亡案件,人民法院可以根据申请人的请求,清理下落不明人的财产,并指定案件审理期间的财产管理人。公告期满后,人民法院判决宣告失踪的,应当同时依照民法典第四十二条的规定指定失踪人的财产代管人。

第三百四十二条 失踪人的财产代管人经人民法院指定后,代管人申请变更代管的,比照民事诉讼法特别程序的有关规定进行审理。申请理由成立的,裁定撤销申请人的代管人身份,同时另行指定财产代管人;申请理由不成立的,裁定驳回申请。

失踪人的其他利害关系人申请变更代管的,人民法院应当告知其以原指定的代管人为被告起诉,并按普通程序进行审理。

第三百四十三条 人民法院判决宣告公民失踪后,利害关系人向人民法院申请宣告失踪人死亡,自失踪之日起满四年的,人民法院应当受理,宣告失踪的判决即是该公民失踪的证明,审理中仍应依照民事诉讼法第一百九十二条规定进行公告。

第三百四十四条 符合法律规定的多个利害关系人提出宣告失踪、宣告死亡申请的,列为共同申请人。

第三百四十五条 寻找下落不明人的公告应当记载下列内容:

(一)被申请人应当在规定期间内向受理法院申报其具体地址及其联系方式。否则,被申请人将被宣告失踪、宣告死亡;

(二)凡知悉被申请人生存现状的人,应当在公告期间内将其所知道情况向受理法院报告。

第三百四十六条 人民法院受理宣告失踪、宣告死亡案件后,作出判决前,申请人撤回申请的,人民法院应当裁定终结案件,但其他符合法律规定的利害关系人加入程序要求继续审理的除外。

第三百四十七条 在诉讼中,当事人的利害关系人或者有关组织提出该当事人不能辨认或者不能完全辨认自己的行为,要求宣告该当事人无民事行为能力或者限制民事行为能力的,应由利害关系人或者有关组织向人民法院提出申请,由受诉人民法院按照特别程序立案审理,原诉讼中止。

第三百四十八条 认定财产无主案件,公告期间有人对财产提出请求的,人民法院应当裁定终结特别程序,告知申请人另行起诉,适用普通程序审理。

第三百四十九条 被指定的监护人不服居民委员会、村民委员会或者民政部门指定,应当自接到通知之日起三十日内向人民法院提出异议。经审理,认为指定并无不当的,裁定驳回异议;指定不当的,判决撤销指定,同时另行指定监护人。判决书应当送达异议人、原指定单位及判决指定的监护人。

有关当事人依照民法典第三十一条第一款规定直接向人民法院申请指定监护人的,适用特别程序审理,判决指定监护人。判决书应当送达申请人、判决指定的监护人。

第三百五十条 申请认定公民无民事行为能力或者限制民事行为能力的案件,被申请人没有近亲属的,人民法院可以指定经被申请人住所地的居民委员会、村民委员会或者民政部门同意，且愿意担任代理人的个人或者组织为代理人。

没有前款规定的代理人的，由被申请人住所地的居民委员会、村民委员会或者民政部门担任代理人。

代理人可以是一人，也可以是同一顺序中的两人。

第三百五十一条 申请司法确认调解协议的，双方当事人应当本人或者由符合民事诉讼法第六十一条规定的代理人依照民事诉讼法第二百零一条的规定提出申请。

第三百五十二条 调解组织自行开展的调解，有两个以上调解组织参与的，符合民事诉讼法第二百零一条规定的各调解组织所在地人民法院均有管辖权。

双方当事人可以共同向符合民事诉讼法第二百零一条规定的其中一个有管辖权的人民法院提出申请；双方当事人共同向两个以上有管辖权的人民法院提出申请的，由最先立案的人民法院管辖。

第三百五十三条 当事人申请司法确认调解协议，可以采用书面形式或者口头形式。当事人口头申请的，人民法院应当记入笔录，并由当事人签名、捺印或者盖章。

第三百五十四条 当事人申请司法确认调解协议，应当向人民法院提交调解协议、调解组织主持调解的证明，以及与调解协议相关的财产权利证明等材料，并提供双方当事人的身份、住所、联系方式等基本信息。

当事人未提交上述材料的，人民法院应当要求当事人限期补交。

第三百五十五条 当事人申请司法确认调解协议，有下列情形之一的，人民法院裁定不予受理：

（一）不属于人民法院受理范围的；

（二）不属于收到申请的人民法院管辖的；

（三）申请确认婚姻关系、亲子关系、收养关系等身份关系无效、有效或者解除的；

（四）涉及适用其他特别程序、公示催告程序、破产程序审理的；

（五）调解协议内容涉及物权、知识产权确权的。

人民法院受理申请后，发现有上述不予受理情形的，应当裁定驳回当事人的申请。

第三百五十六条 人民法院审查相关情况时，应当通知双方当事人共同到场对案件进行核实。

人民法院经审查，认为当事人的陈述或者提供的证明材料不充分、不完备或者有疑义的，可以要求当事人限期补充陈述或者补充证明材料。必要时，人民法院可以向调解组织核实有关情况。

第三百五十七条 确认调解协议的裁定作出前，当事人撤回申请的，人民法院可以裁定准许。

当事人无正当理由未在限期内补充陈述、补充证明材料或者拒不接受询问的，人民法院可以按撤回申请处理。

第三百五十八条 经审查，调解协议有下列情形之一的，人民法院应当裁定驳回申请：

（一）违反法律强制性规定的；

（二）损害国家利益、社会公共利益、他人合法权益的；

（三）违背公序良俗的；

（四）违反自愿原则的；

（五）内容不明确的；

（六）其他不能进行司法确认的情形。

第三百五十九条 民事诉讼法第二百零三条规定的担保物权人，包括抵押权人、质权人、留置权人；其他有权请求实现担保物权的人，包括抵押人、出质人、财产被留置的债务人或者所有权人等。

第三百六十条 实现票据、仓单、提单等有权利凭证的权利质权案件，可以由权利凭证持有人住所地人民法院管辖；无权利凭证的权利质权，由出质登记地人民法院管辖。

第三百六十一条 实现担保物权案件属于海事法院等专门人民法院管辖的，由专门人民法院管辖。

第三百六十二条 同一债权的担保物有多个且所在地不同，申请人分别向有管辖权的人民法院申请实现担保物权的，人民法院应当依法受理。

第三百六十三条 依照民法典第三百九十二条的规定，被担保的债权既有物的担保又有人的担保，当事人对实现担保物权的顺序有约定，实现担保物权的申请违反该约定的，人民法院裁定不予受理；没有约定或者约定不明的，人民法院应当受理。

第三百六十四条 同一财产上设立多个担保物权，登记在先的担保物权尚未实现的，不影响后顺位的担保物权人向人民法院申请实现担保物权。

第三百六十五条 申请实现担保物权，应当提交下列材料：

（一）申请书。申请书应当记明申请人、被申请人的姓名或者名称、联系方式等基本信息，具体的请求和事实、理由；

(二)证明担保物权存在的材料,包括主合同、担保合同、抵押登记证明或者他项权利证书,权利质权的权利凭证或者质权出质登记证明等;

(三)证明实现担保物权条件成就的材料;

(四)担保财产现状的说明;

(五)人民法院认为需要提交的其他材料。

第三百六十六条 人民法院受理申请后,应当在五日内向被申请人送达申请书副本、异议权利告知书等文书。

被申请人有异议的,应当在收到人民法院通知后的五日内向人民法院提出,同时说明理由并提供相应的证据材料。

第三百六十七条 实现担保物权案件可以由审判员一人独任审查。担保财产标的额超过基层人民法院管辖范围的,应当组成合议庭进行审查。

第三百六十八条 人民法院审查实现担保物权案件,可以询问申请人、被申请人、利害关系人,必要时可以依职权调查相关事实。

第三百六十九条 人民法院应当就主合同的效力、期限、履行情况,担保物权是否有效设立、担保财产的范围、被担保的债权范围、被担保的债权是否已届清偿期等担保物权实现的条件,以及是否损害他人合法权益等内容进行审查。

被申请人或者利害关系人提出异议的,人民法院应当一并审查。

第三百七十条 人民法院审查后,按下列情形分别处理:

(一)当事人对实现担保物权无实质性争议且实现担保物权条件成就的,裁定准许拍卖、变卖担保财产;

(二)当事人对实现担保物权有部分实质性争议的,可以就无争议部分裁定准许拍卖、变卖担保财产;

(三)当事人对实现担保物权有实质性争议的,裁定驳回申请,并告知申请人向人民法院提起诉讼。

第三百七十一条 人民法院受理申请后,申请人对担保财产提出保全申请的,可以按照民事诉讼法关于诉讼保全的规定办理。

第三百七十二条 适用特别程序作出的判决、裁定,当事人、利害关系人认为有错误的,可以向作出该判决、裁定的人民法院提出异议。人民法院经审查,异议成立或者部分成立的,作出新的判决、裁定撤销或者改变原判决、裁定;异议不成立的,裁定驳回。

对人民法院作出的确认调解协议、准许实现担保物权的裁定,当事人有异议的,应当自收到裁定之日起十五日内提出;利害关系人有异议的,自知道或者应当知道其民事权益受到侵害之日起六个月内提出。

十八、审判监督程序

第三百七十三条 当事人死亡或者终止的,其权利义务承继者可以根据民事诉讼法第二百零六条、第二百零八条的规定申请再审。

判决、调解书生效后,当事人将判决、调解书确认的债权转让,债权受让人对该判决、调解书不服申请再审的,人民法院不予受理。

第三百七十四条 民事诉讼法第二百零六条规定的人数众多的一方当事人,包括公民、法人和其他组织。

民事诉讼法第二百零六条规定的当事人双方为公民的案件,是指原告和被告均为公民的案件。

第三百七十五条 当事人申请再审,应当提交下列材料:

(一)再审申请书,并按照被申请人和原审其他当事人的人数提交副本;

(二)再审申请人是自然人的,应当提交身份证明;再审申请人是法人或者其他组织的,应当提交营业执照、组织机构代码证书、法定代表人或者主要负责人身份证明书。委托他人代为申请的,应当提交授权委托书和代理人身份证明;

(三)原审判决书、裁定书、调解书;

(四)反映案件基本事实的主要证据及其他材料。

前款第二项、第三项、第四项规定的材料可以是与原件核对无异的复印件。

第三百七十六条 再审申请书应当记明下列事项:

(一)再审申请人与被申请人及原审其他当事人的基本信息;

(二)原审人民法院的名称,原审裁判文书案号;

(三)具体的再审请求;

(四)申请再审的法定情形及具体事实、理由。

再审申请书应当明确申请再审的人民法院,并由再审申请人签名、捺印或者盖章。

第三百七十七条 当事人一方人数众多或者当事人双方为公民的案件,当事人分别向原审人民法院和上一级人民法院申请再审且不能协商一致的,由原审人民法院受理。

第三百七十八条 适用特别程序、督促程序、公示催告程序、破产程序等非讼程序审理的案件,当事人不得申请再审。

第三百七十九条 当事人认为发生法律效力的不予受理、驳回起诉的裁定错误的,可以申请再审。

第三百八十条 当事人就离婚案件中的财产分割问题申请再审,如涉及判决中已分割的财产,人民法院应当依照民事诉讼法第二百零七条的规定进行审查,符合再审条件的,应当裁定再审;如涉及判决中未作处理的夫妻共同财产,应当告知当事人另行起诉。

第三百八十一条 当事人申请再审,有下列情形之一的,人民法院不予受理:

(一)再审申请被驳回后再次提出申请的;

(二)对再审判决、裁定提出申请的;

(三)在人民检察院对当事人的申请作出不予提出再审检察建议或者抗诉决定后又提出申请的。

前款第一项、第二项规定情形,人民法院应当告知当事人可以向人民检察院申请再审检察建议或者抗诉,但因人民检察院提出再审检察建议或者抗诉而再审作出的判决、裁定除外。

第三百八十二条 当事人对已经发生法律效力的调解书申请再审,应当在调解书发生法律效力后六个月内提出。

第三百八十三条 人民法院应当自收到符合条件的再审申请书等材料之日起五日内向再审申请人发送受理通知书,并向被申请人及原审其他当事人发送应诉通知书、再审申请书副本等材料。

第三百八十四条 人民法院受理申请再审案件后,应当依照民事诉讼法第二百零七条、第二百零八条、第二百一十一条等规定,对当事人主张的再审事由进行审查。

第三百八十五条 再审申请人提供的新的证据,能够证明原判决、裁定认定基本事实或者裁判结果错误的,应当认定为民事诉讼法第二百零七条第一项规定的情形。

对于符合前款规定的证据,人民法院应当责令再审申请人说明其逾期提供该证据的理由;拒不说明理由或者理由不成立的,依照民事诉讼法第六十八条第二款和本解释第一百零二条的规定处理。

第三百八十六条 再审申请人证明其提交的新的证据符合下列情形之一的,可以认定逾期提供证据的理由成立:

(一)在原审庭审结束前已经存在,因客观原因于庭审结束后才发现的;

(二)在原审庭审结束前已经发现,但因客观原因无法取得或者在规定的期限内不能提供的;

(三)在原审庭审结束后形成,无法据此另行提起诉讼的。

再审申请人提交的证据在原审中已经提供,原审人民法院未组织质证且未作为裁判根据的,视为逾期提供证据的理由成立,但原审人民法院依照民事诉讼法第六十八条规定不予采纳的除外。

第三百八十七条 当事人对原判决、裁定认定事实的主要证据在原审中拒绝发表质证意见或者质证中未对证据发表质证意见的,不属于民事诉讼法第二百零七条第四项规定的未经质证的情形。

第三百八十八条 有下列情形之一,导致判决、裁定结果错误的,应当认定为民事诉讼法第二百零七条第六项规定的原判决、裁定适用法律确有错误:

(一)适用的法律与案件性质明显不符的;

(二)确定民事责任明显违背当事人约定或者法律规定的;

(三)适用已经失效或者尚未施行的法律的;

(四)违反法律溯及力规定的;

(五)违反法律适用规则的;

(六)明显违背立法原意的。

第三百八十九条 原审开庭过程中有下列情形之一的,应当认定为民事诉讼法第二百零七条第九项规定的剥夺当事人辩论权利:

(一)不允许当事人发表辩论意见的;

(二)应当开庭审理而未开庭审理的;

(三)违反法律规定送达起诉状副本或者上诉状副本,致使当事人无法行使辩论权利的;

(四)违法剥夺当事人辩论权利的其他情形。

第三百九十条 民事诉讼法第二百零七条第十一项规定的诉讼请求,包括一审诉讼请求、二审上诉请求,但当事人未对一审判决、裁定遗漏或者超出诉讼请求提起上诉的除外。

第三百九十一条 民事诉讼法第二百零七条第十二项规定的法律文书包括:

(一)发生法律效力的判决书、裁定书、调解书;

(二)发生法律效力的仲裁裁决书;

(三)具有强制执行效力的公证债权文书。

第三百九十二条 民事诉讼法第二百零七条第十三项规定的审判人员审理该案件时有贪污受贿、徇私舞弊、枉法裁判行为,是指已经由生效刑事法律文书或者纪律处分决定所确认的行为。

第三百九十三条 当事人主张的再审事由成立,且符合民事诉讼法和本解释规定的申请再审条件的,人民法院应当裁定再审。

当事人主张的再审事由不成立,或者当事人申请再审超过法定申请再审期限、超出法定再审事由范围等不符合民事诉讼法和本解释规定的申请再审条件的,人民法院应当裁定驳回再审申请。

第三百九十四条 人民法院对已经发生法律效力的判决、裁定、调解书依法决定再审,依照民事诉讼法第二百一十三条规定,需要中止执行的,应当在再审裁定中同时写明中止原判决、裁定、调解书的执行;情况紧急的,可以将中止执行裁定口头通知负责执行的人民法院,并在通知后十日内发出裁定书。

第三百九十五条 人民法院根据审查案件的需要决定是否询问当事人。新的证据可能推翻原判决、裁定的,人民法院应当询问当事人。

第三百九十六条 审查再审申请期间,被申请人及原审其他当事人依法提出再审申请的,人民法院应当将其列为再审申请人,对其再审事由一并审查,审查期限重新计算。经审查,其中一方再审申请人主张的再审事由成立的,应当裁定再审。各方再审申请人主张的再审事由均不成立的,一并裁定驳回再审申请。

第三百九十七条 审查再审申请期间,再审申请人申请人民法院委托鉴定、勘验的,人民法院不予准许。

第三百九十八条 审查再审申请期间,再审申请人撤回再审申请的,是否准许,由人民法院裁定。

再审申请人经传票传唤,无正当理由拒不接受询问的,可以按撤回再审申请处理。

第三百九十九条 人民法院准许撤回再审申请或者按撤回再审申请处理后,再审申请人再次申请再审的,不予受理,但有民事诉讼法第二百零七条第一项、第三项、第十二项、第十三项规定情形,自知道或者应当知道之日起六个月内提出的除外。

第四百条 再审申请审查期间,有下列情形之一的,裁定终结审查:

(一)再审申请人死亡或者终止,无权利义务承继者或者权利义务承继者声明放弃再审申请的;

(二)在给付之诉中,负有给付义务的被申请人死亡或者终止,无可供执行的财产,也没有应当承担义务的人的;

(三)当事人达成和解协议且已履行完毕的,但当事人在和解协议中声明不放弃申请再审权利的除外;

(四)他人未经授权以当事人名义申请再审的;

(五)原审或者上一级人民法院已经裁定再审的;

(六)有本解释第三百八十一条第一款规定情形的。

第四百零一条 人民法院审理再审案件应当组成合议庭开庭审理,但按照第二审程序审理,有特殊情况或者双方当事人已经通过其他方式充分表达意见,且书面同意不开庭审理的除外。

符合缺席判决条件的,可以缺席判决。

第四百零二条 人民法院开庭审理再审案件,应当按照下列情形分别进行:

(一)因当事人申请再审的,先由再审申请人陈述再审请求及理由,后由被申请人答辩、其他原审当事人发表意见;

(二)因抗诉再审的,先由抗诉机关宣读抗诉书,再由申请抗诉的当事人陈述,后由被申请人答辩、其他原审当事人发表意见;

(三)人民法院依职权再审,有申诉人的,先由申诉人陈述再审请求及理由,后由被申诉人答辩、其他原审当事人发表意见;

(四)人民法院依职权再审,没有申诉人的,先由原审原告或者原审上诉人陈述,后由原审其他当事人发表意见。

对前款第一项至第三项规定的情形,人民法院应当要求当事人明确其再审请求。

第四百零三条 人民法院审理再审案件应当围绕再审请求进行。当事人的再审请求超出原诉讼请求的,不予审理;符合另案诉讼条件的,告知当事人可以另行起诉。

被申请人及原审其他当事人在庭审辩论结束前提出的再审请求,符合民事诉讼法第二百一十二条规定的,人民法院应当一并审理。

人民法院经再审,发现已经发生法律效力的判决、裁定损害国家利益、社会公共利益、他人合法权益的,应当一并审理。

第四百零四条 再审审理期间,有下列情形之一的,可以裁定终结再审程序:

(一)再审申请人在再审期间撤回再审请求,人民法院准许的;

(二)再审申请人经传票传唤,无正当理由拒不到庭的,或者未经法庭许可中途退庭,按撤回再审请求处理的;

(三)人民检察院撤回抗诉的;

(四)有本解释第四百条第一项至第四项规定情形的。

因人民检察院提出抗诉裁定再审的案件,申请抗诉的当事人有前款规定的情形,且不损害国家利益、社会公共利益或者他人合法权益的,人民法院应当裁定终结再审程序。

再审程序终结后,人民法院裁定中止执行的原生效判决自动恢复执行。

第四百零五条 人民法院经再审审理认为,原判决、裁定认定事实清楚、适用法律正确的,应予维持;原判决、裁定认定事实、适用法律虽有瑕疵,但裁判结果正确的,应当在再审判决、裁定中纠正瑕疵后予以维持。

原判决、裁定认定事实、适用法律错误,导致裁判结果错误的,应当依法改判、撤销或者变更。

第四百零六条 按照第二审程序再审的案件,人民法院经审理认为不符合民事诉讼法规定的起诉条件或者符合民事诉讼法第一百二十七条规定不予受理情形的,应当裁定撤销一、二审判决,驳回起诉。

第四百零七条 人民法院对调解书裁定再审后,按照下列情形分别处理:

(一)当事人提出的调解违反自愿原则的事由不成立,且调解书的内容不违反法律强制性规定的,裁定驳回再审申请;

(二)人民检察院抗诉或者再审检察建议所主张的损害国家利益、社会公共利益的理由不成立的,裁定终结再审程序。

前款规定情形,人民法院裁定中止执行的调解书需要继续执行的,自动恢复执行。

第四百零八条 一审原告在再审审理程序中申请撤回起诉,经其他当事人同意,且不损害国家利益、社会公共利益、他人合法权益的,人民法院可以准许。裁定准许撤诉的,应当一并撤销原判决。

一审原告在再审审理程序中撤回起诉后重复起诉的,人民法院不予受理。

第四百零九条 当事人提交新的证据致使再审改判,因再审申请人或者申请检察监督当事人的过错未能在原审程序中及时举证,被申请人等当事人请求补偿其增加的交通、住宿、就餐、误工等必要费用的,人民法院应予支持。

第四百一十条 部分当事人到庭并达成调解协议,其他当事人未作出书面表示的,人民法院应当在判决中对该事实作出表述;调解协议内容不违反法律规定,且不损害其他当事人合法权益的,可以在判决主文中予以确认。

第四百一十一条 人民检察院依法对损害国家利益、社会公共利益的发生法律效力的判决、裁定、调解书提出抗诉,或者经人民检察院检察委员会讨论决定提出再审检察建议的,人民法院应予受理。

第四百一十二条 人民检察院对已经发生法律效力的判决以及不予受理、驳回起诉的裁定依法提出抗诉的,人民法院应予受理,但适用特别程序、督促程序、公示催告程序、破产程序以及解除婚姻关系的判决、裁定等不适用审判监督程序的判决、裁定除外。

第四百一十三条 人民检察院依照民事诉讼法第二百一十六条第一款第三项规定对有明显错误的再审判决、裁定提出抗诉或者再审检察建议的,人民法院应予受理。

第四百一十四条 地方各级人民检察院依当事人的申请对生效判决、裁定向同级人民法院提出再审检察建议,符合下列条件的,应予受理:

(一)再审检察建议书和原审当事人申请书及相关证据材料已经提交;

(二)建议再审的对象为依照民事诉讼法和本解释规定可以进行再审的判决、裁定;

(三)再审检察建议书列明该判决、裁定有民事诉讼法第二百一十五条第二款规定情形;

(四)符合民事诉讼法第二百一十六条第一款第一项、第二项规定情形;

(五)再审检察建议经该人民检察院检察委员会讨论决定。

不符合前款规定的,人民法院可以建议人民检察院予以补正或者撤回;不予补正或者撤回的,应当函告人民检察院不予受理。

第四百一十五条 人民检察院依当事人的申请对生效判决、裁定提出抗诉,符合下列条件的,人民法院应当在三十日内裁定再审:

(一)抗诉书和原审当事人申请书及相关证据材料已经提交;

(二)抗诉对象为依照民事诉讼法和本解释规定可以进行再审的判决、裁定;

(三)抗诉书列明该判决、裁定有民事诉讼法第二百一十五条第一款规定情形;

(四)符合民事诉讼法第二百一十六条第一款第一项、第二项规定情形。

不符合前款规定的,人民法院可以建议人民检察院予以补正或者撤回;不予补正或者撤回的,人民法院可以裁定不予受理。

第四百一十六条 当事人的再审申请被上级人民法院裁定驳回后，人民检察院对原判决、裁定、调解书提出抗诉，抗诉事由符合民事诉讼法第二百零七条第一项至第五项规定情形之一的，受理抗诉的人民法院可以交由下一级人民法院再审。

第四百一十七条 人民法院收到再审检察建议后，应当组成合议庭，在三个月内进行审查，发现原判决、裁定、调解书确有错误，需要再审的，依照民事诉讼法第二百零五条规定裁定再审，并通知当事人；经审查，决定不予再审的，应当书面回复人民检察院。

第四百一十八条 人民法院审理因人民检察院抗诉或者检察建议裁定再审的案件，不受此前已经作出的驳回当事人再审申请裁定的影响。

第四百一十九条 人民法院开庭审理抗诉案件，应当在开庭三日前通知人民检察院、当事人和其他诉讼参与人。同级人民检察院或者提出抗诉的人民检察院应当派员出庭。

人民检察院因履行法律监督职责向当事人或者案外人调查核实的情况，应当向法庭提交并予以说明，由双方当事人进行质证。

第四百二十条 必须共同进行诉讼的当事人因不能归责于本人或者其诉讼代理人的事由未参加诉讼的，可以根据民事诉讼法第二百零七条第八项规定，自知道或者应当知道之日起六个月内申请再审，但符合本解释第四百二十一条规定情形的除外。

人民法院因前款规定的当事人申请而裁定再审，按照第一审程序再审的，应当追加其为当事人，作出新的判决、裁定；按照第二审程序再审，经调解不能达成协议的，应当撤销原判决、裁定，发回重审，重审时应追加其为当事人。

第四百二十一条 根据民事诉讼法第二百三十四条规定，案外人对驳回其执行异议的裁定不服，认为原判决、裁定、调解书内容错误损害其民事权益的，可以自执行异议裁定送达之日起六个月内，向作出原判决、裁定、调解书的人民法院申请再审。

第四百二十二条 根据民事诉讼法第二百三十四条规定，人民法院裁定再审后，案外人属于必要的共同诉讼当事人的，依照本解释第四百二十条第二款规定处理。

案外人不是必要的共同诉讼当事人的，人民法院仅审理原判决、裁定、调解书对其民事权益造成损害的内容。经审理，再审请求成立的，撤销或者改变原判决、裁定、调解书；再审请求不成立的，维持原判决、裁定、调解书。

第四百二十三条 本解释第三百三十八条规定适用于审判监督程序。

第四百二十四条 对小额诉讼案件的判决、裁定，当事人以民事诉讼法第二百零七条规定的事由向原审人民法院申请再审的，人民法院应当受理。申请再审事由成立的，应当裁定再审，组成合议庭进行审理。作出的再审判决、裁定，当事人不得上诉。

当事人以不应按小额诉讼案件审理为由向原审人民法院申请再审的，人民法院应当受理。理由成立的，应当裁定再审，组成合议庭审理。作出的再审判决、裁定，当事人可以上诉。

十九、督促程序

第四百二十五条 两个以上人民法院都有管辖权的，债权人可以向其中一个基层人民法院申请支付令。

债权人向两个以上有管辖权的基层人民法院申请支付令的，由最先立案的人民法院管辖。

第四百二十六条 人民法院收到债权人的支付令申请书后，认为申请书不符合要求的，可以通知债权人限期补正。人民法院应当自收到补正材料之日起五日内通知债权人是否受理。

第四百二十七条 债权人申请支付令，符合下列条件的，基层人民法院应当受理，并在收到支付令申请书后五日内通知债权人：

（一）请求给付金钱或者汇票、本票、支票、股票、债券、国库券、可转让的存款单等有价证券；

（二）请求给付的金钱或者有价证券已到期且数额确定，并写明了请求所根据的事实、证据；

（三）债权人没有对待给付义务；

（四）债务人在我国境内且未下落不明；

（五）支付令能够送达债务人；

（六）收到申请书的人民法院有管辖权；

（七）债权人未向人民法院申请诉前保全。

不符合前款规定的，人民法院应当在收到支付令申请书后五日内通知债权人不予受理。

基层人民法院受理申请支付令案件，不受债权金额的限制。

第四百二十八条 人民法院受理申请后，由审判员一人进行审查。经审查，有下列情形之一的，裁定驳回申请：

（一）申请人不具备当事人资格的；

(二)给付金钱或者有价证券的证明文件没有约定逾期给付利息或者违约金、赔偿金，债权人坚持要求给付利息或者违约金、赔偿金的；

(三)要求给付的金钱或者有价证券属于违法所得的；

(四)要求给付的金钱或者有价证券尚未到期或者数额不确定的。

人民法院受理支付令申请后，发现不符合本解释规定的受理条件的，应当在受理之日起十五日内裁定驳回申请。

第四百二十九条 向债务人本人送达支付令，债务人拒绝接收的，人民法院可以留置送达。

第四百三十条 有下列情形之一的，人民法院应当裁定终结督促程序，已发出支付令的，支付令自行失效：

(一)人民法院受理支付令申请后，债权人就同一债权债务关系又提起诉讼的；

(二)人民法院发出支付令之日起三十日内无法送达债务人的；

(三)债务人收到支付令前，债权人撤回申请的。

第四百三十一条 债务人在收到支付令后，未在法定期间提出书面异议，而向其他人民法院起诉的，不影响支付令的效力。

债务人超过法定期间提出异议的，视为未提出异议。

第四百三十二条 债权人基于同一债权债务关系，在同一支付令申请中向债务人提出多项支付请求，债务人仅就其中一项或者几项请求提出异议的，不影响其他各项请求的效力。

第四百三十三条 债权人基于同一债权债务关系，就可分之债向多个债务人提出支付请求，多个债务人中的一人或者几人提出异议的，不影响其他请求的效力。

第四百三十四条 对设有担保的债务的主债务人发出的支付令，对担保人没有拘束力。

债权人就担保关系单独提起诉讼的，支付令自人民法院受理案件之日起失效。

第四百三十五条 经形式审查，债务人提出的书面异议有下列情形之一的，应当认定异议成立，裁定终结督促程序，支付令自行失效：

(一)本解释规定的不予受理申请情形的；

(二)本解释规定的裁定驳回申请情形的；

(三)本解释规定的应当裁定终结督促程序情形的；

(四)人民法院对是否符合发出支付令条件产生合理怀疑的。

第四百三十六条 债务人对债务本身没有异议，只是提出缺乏清偿能力、延缓债务清偿期限、变更债务清偿方式等异议的，不影响支付令的效力。

人民法院经审查认为异议不成立的，裁定驳回。

债务人的口头异议无效。

第四百三十七条 人民法院作出终结督促程序或者驳回异议裁定前，债务人请求撤回异议的，应当裁定准许。

债务人对撤回异议反悔的，人民法院不予支持。

第四百三十八条 支付令失效后，申请支付令的一方当事人不同意提起诉讼的，应当自收到终结督促程序裁定之日起七日内向受理申请的人民法院提出。

申请支付令的一方当事人不同意提起诉讼的，不影响其向其他有管辖权的人民法院提起诉讼。

第四百三十九条 支付令失效后，申请支付令的一方当事人自收到终结督促程序裁定之日起七日内未向受理申请的人民法院表明不同意提起诉讼的，视为向受理申请的人民法院起诉。

债权人提出支付令申请的时间，即为向人民法院起诉的时间。

第四百四十条 债权人向人民法院申请执行支付令的期间，适用民事诉讼法第二百四十六条的规定。

第四百四十一条 人民法院院长发现本院已经发生法律效力的支付令确有错误，认为需要撤销的，应当提交本院审判委员会讨论决定后，裁定撤销支付令，驳回债权人的申请。

二十、公示催告程序

第四百四十二条 民事诉讼法第二百二十五条规定的票据持有人，是指票据被盗、遗失或者灭失前的最后持有人。

第四百四十三条 人民法院收到公示催告的申请后，应当立即审查，并决定是否受理。经审查认为符合受理条件的，通知予以受理，并同时通知支付人停止支付；认为不符合受理条件的，七日内裁定驳回申请。

第四百四十四条 因票据丧失，申请公示催告的，人民法院应结合票据存根、丧失票据的复印件、出票人关于签发票据的证明、申请人合法取得票据的证明、银行挂失付通知书、报案证明等证据，决定是否受理。

第四百四十五条 人民法院依照民事诉讼法第二百二十六条规定发出的受理申请的公告，应当写明下列内容：

(一)公示催告申请人的姓名或者名称；

(二)票据的种类、号码、票面金额、出票人、背书人、持票人、付款期限等事项以及其他可以申请公示催告的权利凭证的种类、号码、权利范围、权利人、义务人、行权日期等事项；

（三）申报权利的期间；

（四）在公示催告期间转让票据等权利凭证，利害关系人不申报的法律后果。

第四百四十六条　公告应当在有关报纸或者其他媒体上刊登，并于同日公布于人民法院公告栏内。人民法院所在地有证券交易所的，还应当同日在该交易所公布。

第四百四十七条　公告期间不得少于六十日，且公示催告期间届满日不得早于票据付款日后十五日。

第四百四十八条　在申报期届满后、判决作出之前，利害关系人申报权利的，应当适用民事诉讼法第二百二十八条第二款、第三款规定处理。

第四百四十九条　利害关系人申报权利，人民法院应当通知其向法院出示票据，并通知公示催告申请人在指定的期间查看该票据。公示催告申请人申请公示催告的票据与利害关系人出示的票据不一致的，应当裁定驳回利害关系人的申报。

第四百五十条　在申报权利的期间无人申报权利，或者申报被驳回的，申请人应当自公示催告期间届满之日起一个月内申请作出判决。逾期不申请判决的，终结公示催告程序。

裁定终结公示催告程序的，应当通知申请人和支付人。

第四百五十一条　判决公告之日起，公示催告申请人有权依据判决向付款人请求付款。

付款人拒绝付款，申请人向人民法院起诉，符合民事诉讼法第一百二十二条规定的起诉条件的，人民法院应予受理。

第四百五十二条　适用公示催告程序审理案件，可由审判员一人独任审理；判决宣告票据无效的，应当组成合议庭审理。

第四百五十三条　公示催告申请人撤回申请，应在公示催告前提出；公示催告期间申请撤回的，人民法院可以径行裁定终结公示催告程序。

第四百五十四条　人民法院依照民事诉讼法第二百二十七条规定通知支付人停止支付，应当符合有关财产保全的规定。支付人收到停止支付通知后拒不止付的，除可依照民事诉讼法第一百一十四条、第一百一十七条规定采取强制措施外，在判决后，支付人仍应承担付款义务。

第四百五十五条　人民法院依照民事诉讼法第二百二十八条规定终结公示催告程序后，公示催告申请人或者申报人向人民法院提起诉讼，因票据权利纠纷提起的，由票据支付地或者被告住所地人民法院管辖；因非票据权利纠纷提起的，由被告住所地人民法院管辖。

第四百五十六条　依照民事诉讼法第二百二十八条规定制作的终结公示催告程序的裁定书，由审判员、书记员署名，加盖人民法院印章。

第四百五十七条　依照民事诉讼法第二百三十条的规定，利害关系人向人民法院起诉的，人民法院可按票据纠纷适用普通程序审理。

第四百五十八条　民事诉讼法第二百三十条规定的正当理由，包括：

（一）因发生意外事件或者不可抗力致使利害关系人无法知道公告事实的；

（二）利害关系人因被限制人身自由而无法知道公告事实，或者虽然知道公告事实，但无法自己或者委托他人代为申报权利的；

（三）不属于法定申请公示催告情形的；

（四）未予公告或者未按法定方式公告的；

（五）其他导致利害关系人在判决作出前未能向人民法院申报权利的客观事由。

第四百五十九条　根据民事诉讼法第二百三十条的规定，利害关系人请求人民法院撤销除权判决的，应当将申请人列为被告。

利害关系人仅诉请确认其为合法持票人的，人民法院应当在裁判文书中写明，确认利害关系人为票据权利人的判决作出后，除权判决即被撤销。

二十一、执行程序

第四百六十条　发生法律效力的实现担保物权裁定、确认调解协议裁定、支付令，由作出裁定、支付令的人民法院或者与其同级的被执行财产所在地的人民法院执行。

认定财产无主的判决，由作出判决的人民法院将无主财产收归国家或者集体所有。

第四百六十一条　当事人申请人民法院执行的生效法律文书应当具备下列条件：

（一）权利义务主体明确；

（二）给付内容明确。

法律文书确定继续履行合同的，应当明确继续履行的具体内容。

第四百六十二条　根据民事诉讼法第二百三十四条

规定,案外人对执行标的提出异议的,应当在该执行标的执行程序终结前提出。

第四百六十三条 案外人对执行标的提出的异议,经审查,按照下列情形分别处理:

(一)案外人对执行标的不享有足以排除强制执行的权益的,裁定驳回其异议;

(二)案外人对执行标的享有足以排除强制执行的权益的,裁定中止执行。

驳回案外人执行异议裁定送达案外人之日起十五日内,人民法院不得对执行标的进行处分。

第四百六十四条 申请执行人与被执行人达成和解协议后请求中止执行或者撤回执行申请的,人民法院可以裁定中止执行或者终结执行。

第四百六十五条 一方当事人不履行或者不完全履行在执行中双方自愿达成的和解协议,对方当事人申请执行原生效法律文书的,人民法院应当恢复执行,但和解协议已履行的部分应当扣除。和解协议已经履行完毕的,人民法院不予恢复执行。

第四百六十六条 申请恢复执行原生效法律文书,适用民事诉讼法第二百四十六条申请执行期间的规定。申请执行期间因达成执行中的和解协议而中断,其期间自和解协议约定履行期限的最后一日起重新计算。

第四百六十七条 人民法院依照民事诉讼法第二百三十八条规定决定暂缓执行的,如果担保是有期限的,暂缓执行的期限应当与担保期限一致,但最长不得超过一年。被执行人或者担保人对担保的财产在暂缓执行期间有转移、隐藏、变卖、毁损等行为的,人民法院可以恢复强制执行。

第四百六十八条 根据民事诉讼法第二百三十八条规定向人民法院提供执行担保的,可以由被执行人或者他人提供财产担保,也可以由他人提供保证。担保人应当具有代为履行或者代为承担赔偿责任的能力。

他人提供执行保证的,应当向执行法院出具保证书,并将保证书副本送交申请执行人。被执行人或者他人提供财产担保的,应当参照民法典的有关规定办理相应手续。

第四百六十九条 被执行人在人民法院决定暂缓执行的期限届满后仍不履行义务的,人民法院可以直接执行担保财产,或者裁定执行担保人的财产,但执行担保人的财产以担保人应当履行义务部分的财产为限。

第四百七十条 依照民事诉讼法第二百三十九条规定,执行中作为被执行人的法人或者其他组织分立、合并的,人民法院可以裁定变更后的法人或者其他组织为被执行人;被注销的,如果按照有关实体法的规定有权利义务承受人的,可以裁定该权利义务承受人为被执行人。

第四百七十一条 其他组织在执行中不能履行法律文书确定的义务的,人民法院可以裁定执行对该其他组织依法承担义务的法人或者公民个人的财产。

第四百七十二条 在执行中,作为被执行人的法人或者其他组织名称变更的,人民法院可以裁定变更后的法人或者其他组织为被执行人。

第四百七十三条 作为被执行人的公民死亡,其遗产继承人没有放弃继承的,人民法院可以裁定变更被执行人,由该继承人在遗产的范围内偿还债务。继承人放弃继承的,人民法院可以直接执行被执行人的遗产。

第四百七十四条 法律规定由人民法院执行的其他法律文书执行完毕后,该法律文书被有关机关或者组织依法撤销的,经当事人申请,适用民事诉讼法第二百四十条规定。

第四百七十五条 仲裁机构裁决的事项,部分有民事诉讼法第二百四十四条第二款、第三款规定情形的,人民法院应当裁定对该部分不予执行。

应当不予执行部分与其他部分不可分的,人民法院应当裁定不予执行仲裁裁决。

第四百七十六条 依照民事诉讼法第二百四十四条第二款、第三款规定,人民法院裁定不予执行仲裁裁决后,当事人对该裁定提出执行异议或者复议的,人民法院不予受理。当事人可以就该民事纠纷重新达成书面仲裁协议申请仲裁,也可以向人民法院起诉。

第四百七十七条 在执行中,被执行人通过仲裁程序将人民法院查封、扣押、冻结的财产确权或者分割给案外人的,不影响人民法院执行程序的进行。

案外人不服的,可以根据民事诉讼法第二百三十四条规定提出异议。

第四百七十八条 有下列情形之一的,可以认定为民事诉讼法第二百四十五条第二款规定的公证债权文书确有错误:

(一)公证债权文书属于不得赋予强制执行效力的债权文书的;

(二)被执行人一方未亲自或者未委托代理人到场公证等严重违反法律规定的公证程序的;

(三)公证债权文书的内容与事实不符或者违反法律强制性规定的;

(四)公证债权文书未载明被执行人不履行义务或

者不完全履行义务时同意接受强制执行的。

人民法院认定执行该公证债权文书违背社会公共利益的，裁定不予执行。

公证债权文书被裁定不予执行后，当事人、公证事项的利害关系人可以就债权争议提起诉讼。

第四百七十九条 当事人请求不予执行仲裁裁决或者公证债权文书的，应当在执行终结前向执行法院提出。

第四百八十条 人民法院应当在收到申请执行书或者移交执行书后十日内发出执行通知。

执行通知中除应责令被执行人履行法律文书确定的义务外，还应通知其承担民事诉讼法第二百六十条规定的迟延履行利息或者迟延履行金。

第四百八十一条 申请执行人超过申请执行时效期间向人民法院申请强制执行的，人民法院应予受理。被执行人对申请执行时效期间提出异议，人民法院经审查异议成立的，裁定不予执行。

被执行人履行全部或者部分义务后，又以不知道申请执行时效期间届满为由请求执行回转的，人民法院不予支持。

第四百八十二条 对必须接受调查询问的被执行人、被执行人的法定代表人、负责人或者实际控制人，经依法传唤无正当理由拒不到场的，人民法院可以拘传其到场。

人民法院应当及时对被拘传人进行调查询问，调查询问的时间不得超过八小时；情况复杂，依法可能采取拘留措施的，调查询问的时间不得超过二十四小时。

人民法院在本辖区以外采取拘传措施时，可以将被拘传人拘传到当地人民法院，当地人民法院应予协助。

第四百八十三条 人民法院有权查询被执行人的身份信息与财产信息，掌握相关信息的单位和个人必须按照协助执行通知书办理。

第四百八十四条 对被执行的财产，人民法院非经查封、扣押、冻结不得处分。对银行存款等各类可以直接扣划的财产，人民法院的扣划裁定同时具有冻结的法律效力。

第四百八十五条 人民法院冻结被执行人的银行存款的期限不得超过一年，查封、扣押动产的期限不得超过两年，查封不动产、冻结其他财产权的期限不得超过三年。

申请执行人申请延长期限的，人民法院应当在查封、扣押、冻结期限届满前办理续行查封、扣押、冻结手续，续行期限不得超过前款规定的期限。

人民法院也可以依职权办理续行查封、扣押、冻结手续。

第四百八十六条 依照民事诉讼法第二百五十四条规定，人民法院在执行中需要拍卖被执行人财产的，可以由人民法院自行组织拍卖，也可以交由具备相应资质的拍卖机构拍卖。

交拍卖机构拍卖的，人民法院应当对拍卖活动进行监督。

第四百八十七条 拍卖评估需要对现场进行检查、勘验的，人民法院应当责令被执行人、协助义务人予以配合。被执行人、协助义务人不予配合的，人民法院可以强制进行。

第四百八十八条 人民法院在执行中需要变卖被执行人财产的，可以交有关单位变卖，也可以由人民法院直接变卖。

对变卖的财产，人民法院或者其工作人员不得买受。

第四百八十九条 经申请执行人和被执行人同意，且不损害其他债权人合法权益和社会公共利益的，人民法院可以不经拍卖、变卖，直接将被执行人的财产作价交申请执行人抵偿债务。对剩余债务，被执行人应当继续清偿。

第四百九十条 被执行人的财产无法拍卖或者变卖的，经申请执行人同意，且不损害其他债权人合法权益和社会公共利益的，人民法院可以将该项财产作价后交付申请执行人抵偿债务，或者交付申请执行人管理；申请执行人拒绝接收或者管理的，退回被执行人。

第四百九十一条 拍卖成交或者依法定程序裁定以物抵债的，标的物所有权自拍卖成交裁定或者抵债裁定送达买受人或者接受抵债物的债权人时转移。

第四百九十二条 执行标的物为特定物的，应当执行原物。原物确已毁损或者灭失的，经双方当事人同意，可以折价赔偿。

双方当事人对折价赔偿不能协商一致的，人民法院应当终结执行程序。申请执行人可以另行起诉。

第四百九十三条 他人持有法律文书指定交付的财物或者票证，人民法院依照民事诉讼法第二百五十六条第二款、第三款规定发出协助执行通知后，拒不转交的，可以强制执行，并可依照民事诉讼法第一百一十七条、第一百一十八条规定处理。

他人持有期间财物或者票证毁损、灭失的，参照本解释第四百九十二条规定处理。

他人主张合法持有财物或者票证的，可以根据民事诉讼法第二百三十四条规定提出执行异议。

第四百九十四条 在执行中,被执行人隐匿财产、会计账簿等资料的,人民法院除可依照民事诉讼法第一百一十四条第一款第六项规定对其处理外,还应责令被执行人交出隐匿的财产、会计账簿等资料。被执行人拒不交出的,人民法院可以采取搜查措施。

第四百九十五条 搜查人员应当按规定着装并出示搜查令和工作证件。

第四百九十六条 人民法院搜查时禁止无关人员进入搜查现场;搜查对象是公民的,应当通知被执行人或者他的成年家属以及基层组织派员到场;搜查对象是法人或者其他组织的,应当通知法定代表人或者主要负责人到场。拒不到场的,不影响搜查。

搜查妇女身体,应当由女执行人员进行。

第四百九十七条 搜查中发现应当依法采取查封、扣押措施的财产,依照民事诉讼法第二百五十二条第二款和第二百五十四条规定办理。

第四百九十八条 搜查应当制作搜查笔录,由搜查人员、被搜查人及其他在场人签名、捺印或者盖章。拒绝签名、捺印或者盖章的,应当记入搜查笔录。

第四百九十九条 人民法院执行被执行人对他人的到期债权,可以作出冻结债权的裁定,并通知该他人向申请执行人履行。

该他人对到期债权有异议,申请执行人请求对异议部分强制执行的,人民法院不予支持。利害关系人对到期债权有异议的,人民法院应当按照民事诉讼法第二百三十四条规定处理。

对生效法律文书确定的到期债权,该他人予以否认的,人民法院不予支持。

第五百条 人民法院在执行中需要办理房产证、土地证、林权证、专利证书、商标证书、车船执照等有关财产权证照转移手续的,可以依照民事诉讼法第二百五十八条规定办理。

第五百零一条 被执行人不履行生效法律文书确定的行为义务,该义务可由他人完成的,人民法院可以选定代履行人;法律、行政法规对履行该行为义务有资格限制的,应当从有资格的人中选定。必要时,可以通过招标的方式确定代履行人。

申请执行人可以在符合条件的人中推荐代履行人,也可申请自己代为履行,是否准许,由人民法院决定。

第五百零二条 代履行费用的数额由人民法院根据案件具体情况确定,并由被执行人在指定期限内预先支付。被执行人未预付的,人民法院可以对该费用强制执行。

代履行结束后,被执行人可以查阅、复制费用清单以及主要凭证。

第五百零三条 被执行人不履行法律文书指定的行为,且该项行为只能由被执行人完成的,人民法院可以依照民事诉讼法第一百一十四条第一款第六项规定处理。

被执行人在人民法院确定的履行期间内仍不履行的,人民法院可以依照民事诉讼法第一百一十四条第一款第六项规定再次处理。

第五百零四条 被执行人迟延履行的,迟延履行期间的利息或者迟延履行金自判决、裁定和其他法律文书指定的履行期间届满之日起计算。

第五百零五条 被执行人未按判决、裁定和其他法律文书指定的期间履行非金钱给付义务的,无论是否已给申请执行人造成损失,都应当支付迟延履行金。已经造成损失的,双倍补偿申请执行人已经受到的损失;没有造成损失的,迟延履行金可以由人民法院根据具体案件情况决定。

第五百零六条 被执行人为公民或者其他组织,在执行程序开始后,被执行人的其他已经取得执行依据的债权人发现被执行人的财产不能清偿所有债权的,可以向人民法院申请参与分配。

对人民法院查封、扣押、冻结的财产有优先权、担保物权的债权人,可以直接申请参与分配,主张优先受偿权。

第五百零七条 申请参与分配,申请人应当提交申请书。申请书应当写明参与分配和被执行人不能清偿所有债权的事实、理由,并附有执行依据。

参与分配申请应当在执行程序开始后,被执行人的财产执行终结前提出。

第五百零八条 参与分配执行中,执行所得价款扣除执行费用,并清偿应当优先受偿的债权后,对于普通债权,原则上按照其占全部申请参与分配债权数额的比例受偿。清偿后的剩余债务,被执行人应当继续清偿。债权人发现被执行人有其他财产的,可以随时请求人民法院执行。

第五百零九条 多个债权人对执行财产申请参与分配的,执行法院应当制作财产分配方案,并送达各债权人和被执行人。债权人或者被执行人对分配方案有异议的,应当自收到分配方案之日起十五日内向执行法院提出书面异议。

第五百一十条 债权人或者被执行人对分配方案提出书面异议的,执行法院应当通知未提出异议的债权人、被执行人。

未提出异议的债权人、被执行人自收到通知之日起十五日内未提出反对意见的,执行法院依异议人的意见对分配方案审查修正后进行分配;提出反对意见的,应当通知异议人。异议人可以自收到通知之日起十五日内,以提出反对意见的债权人、被执行人为被告,向执行法院提起诉讼;异议人逾期未提起诉讼的,执行法院按照原分配方案进行分配。

诉讼期间进行分配的,执行法院应当提存与争议债权数额相应的款项。

第五百一十一条 在执行中,作为被执行人的企业法人符合企业破产法第二条第一款规定情形的,执行法院经申请执行人之一或者被执行人同意,应当裁定中止对该被执行人的执行,将执行案件相关材料移送被执行人住所地人民法院。

第五百一十二条 被执行人住所地人民法院应当自收到执行案件相关材料之日起三十日内,将是否受理破产案件的裁定告知执行法院。不予受理的,应当将相关案件材料退回执行法院。

第五百一十三条 被执行人住所地人民法院裁定受理破产案件的,执行法院应当解除对被执行人财产的保全措施。被执行人住所地人民法院裁定宣告被执行人破产的,执行法院应当裁定终结对该被执行人的执行。

被执行人住所地人民法院不受理破产案件的,执行法院应当恢复执行。

第五百一十四条 当事人不同意移送破产或者被执行人住所地人民法院不受理破产案件的,执行法院就执行变价所得财产,在扣除执行费用及清偿优先受偿的债权后,对于普通债权,按照财产保全和执行中查封、扣押、冻结财产的先后顺序清偿。

第五百一十五条 债权人根据民事诉讼法第二百六十一条规定请求人民法院继续执行的,不受民事诉讼法第二百四十六条规定申请执行时效期间的限制。

第五百一十六条 被执行人不履行法律文书确定的义务的,人民法院除对被执行人予以处罚外,还可以根据情节将其纳入失信被执行人名单,将被执行人不履行或者不完全履行义务的信息向其所在单位、征信机构以及其他相关机构通报。

第五百一十七条 经过财产调查未发现可供执行的财产,在申请执行人签字确认或者执行法院组成合议庭审查核实并经院长批准后,可以裁定终结本次执行程序。

依照前款规定终结执行后,申请执行人发现被执行人有可供执行财产的,可以再次申请执行。再次申请不受申请执行时效期间的限制。

第五百一十八条 因撤销申请而终结执行后,当事人在民事诉讼法第二百四十六条规定的申请执行时效期间内再次申请执行的,人民法院应当受理。

第五百一十九条 在执行终结六个月内,被执行人或者其他人对已执行的标的有妨害行为的,人民法院可以依申请排除妨害,并可以依照民事诉讼法第一百一十四条规定进行处罚。因妨害行为给执行债权人或者其他人造成损失的,受害人可以另行起诉。

二十二、涉外民事诉讼程序的特别规定

第五百二十条 有下列情形之一,人民法院可以认定为涉外民事案件:

(一)当事人一方或者双方是外国人、无国籍人、外国企业或者组织的;

(二)当事人一方或者双方的经常居所地在中华人民共和国领域外的;

(三)标的物在中华人民共和国领域外的;

(四)产生、变更或者消灭民事关系的法律事实发生在中华人民共和国领域外的;

(五)可以认定为涉外民事案件的其他情形。

第五百二十一条 外国人参加诉讼,应当向人民法院提交护照等用以证明自己身份的证件。

外国企业或者组织参加诉讼,向人民法院提交的身份证明文件,应当经所在国公证机关公证,并经中华人民共和国驻该国使领馆认证,或者履行中华人民共和国与该所在国订立的有关条约中规定的证明手续。

代表外国企业或者组织参加诉讼的人,应当向人民法院提交其有权作为代表人参加诉讼的证明,该证明应当经所在国公证机关公证,并经中华人民共和国驻该国使领馆认证,或者履行中华人民共和国与该所在国订立的有关条约中规定的证明手续。

本条所称的"所在国",是指外国企业或者组织的设立登记地国,也可以是办理了营业登记手续的第三国。

第五百二十二条 依照民事诉讼法第二百七十一条以及本解释第五百二十一条规定,需要办理公证、认证手续,而外国当事人所在国与中华人民共和国没有建立外交关系的,可以经该国公证机关公证,经与中华人民共和国有外交关系的第三国驻该国使领馆认证,再转由中华人民共和国驻该第三国使领馆认证。

第五百二十三条　外国人、外国企业或者组织的代表人在人民法院法官的见证下签署授权委托书,委托代理人进行民事诉讼的,人民法院应予认可。

第五百二十四条　外国人、外国企业或者组织的代表人在中华人民共和国境内签署授权委托书,委托代理人进行民事诉讼,经中华人民共和国公证机构公证的,人民法院应予认可。

第五百二十五条　当事人向人民法院提交的书面材料是外文的,应当同时向人民法院提交中文翻译件。

当事人对中文翻译件有异议的,应当共同委托翻译机构提供翻译文本;当事人对翻译机构的选择不能达成一致的,由人民法院确定。

第五百二十六条　涉外民事诉讼中的外籍当事人,可以委托本国人为诉讼代理人,也可以委托本国律师以非律师身份担任诉讼代理人;外国驻华使领馆官员,受本国公民的委托,可以以个人名义担任诉讼代理人,但在诉讼中不享有外交或者领事特权和豁免。

第五百二十七条　涉外民事诉讼中,外国驻华使领馆授权其本馆官员,在作为当事人的本国国民不在中华人民共和国领域内的情况下,可以以外交代表身份为其本国国民在中华人民共和国聘请中华人民共和国律师或者中华人民共和国公民代理民事诉讼。

第五百二十八条　涉外民事诉讼中,经调解双方达成协议,应当制发调解书。当事人要求发给判决书的,可以依协议的内容制作判决书送达当事人。

第五百二十九条　涉外合同或者其他财产权益纠纷的当事人,可以书面协议选择被告住所地、合同履行地、合同签订地、原告住所地、标的物所在地、侵权行为地等与争议有实际联系地点的外国法院管辖。

根据民事诉讼法第三十四条和第二百七十三条规定,属于中华人民共和国法院专属管辖的案件,当事人不得协议选择外国法院管辖,但协议选择仲裁的除外。

第五百三十条　涉外民事案件同时符合下列情形的,人民法院可以裁定驳回原告的起诉,告知其向更方便的外国法院提起诉讼:

(一)被告提出案件应由更方便外国法院管辖的请求,或者提出管辖异议;

(二)当事人之间不存在选择中华人民共和国法院管辖的协议;

(三)案件不属于中华人民共和国法院专属管辖;

(四)案件不涉及中华人民共和国国家、公民、法人或者其他组织的利益;

(五)案件争议的主要事实不是发生在中华人民共和国境内,且案件不适用中华人民共和国法律,人民法院审理案件在认定事实和适用法律方面存在重大困难;

(六)外国法院对案件享有管辖权,且审理该案件更加方便。

第五百三十一条　中华人民共和国法院和外国法院都有管辖权的案件,一方当事人向外国法院起诉,而另一方当事人向中华人民共和国法院起诉的,人民法院可予受理。判决后,外国法院申请或者当事人请求人民法院承认和执行外国法院对本案作出的判决、裁定的,不予准许;但双方共同缔结或者参加的国际条约另有规定的除外。

外国法院判决、裁定已经被人民法院承认,当事人就同一争议向人民法院起诉的,人民法院不予受理。

第五百三十二条　对在中华人民共和国领域内没有住所的当事人,经用公告方式送达诉讼文书,公告期满不应诉,人民法院缺席判决后,仍应当将裁判文书依照民事诉讼法第二百七十四条第八项规定公告送达。自公告送达裁判文书满三个月之日起,经过三十日的上诉期当事人没有上诉的,一审判决即发生法律效力。

第五百三十三条　外国人或者外国企业、组织的代表人、主要负责人在中华人民共和国领域内的,人民法院可以向该自然人或者外国企业、组织的代表人、主要负责人送达。

外国企业、组织的主要负责人包括该企业、组织的董事、监事、高级管理人员等。

第五百三十四条　受送达人所在国允许邮寄送达的,人民法院可以邮寄送达。

邮寄送达时应当附有送达回证。受送达人未在送达回证上签收但在邮件回执上签收的,视为送达,签收日期为送达日期。

自邮寄之日起满三个月,如果未收到送达的证明文件,且根据各种情况不足以认定已经送达的,视为不能用邮寄方式送达。

第五百三十五条　人民法院一审时采取公告方式向当事人送达诉讼文书的,二审时可径行采取公告方式向其送达诉讼文书,但人民法院能够采取公告方式之外的其他方式送达的除外。

第五百三十六条　不服第一审人民法院判决、裁定的上诉期,对在中华人民共和国领域内有住所的当事人,适用民事诉讼法第一百七十一条规定的期限;对在中华人民共和国领域内没有住所的当事人,适用民事诉讼法

第二百七十六条规定的期限。当事人的上诉期均已届满没有上诉的,第一审人民法院的判决、裁定即发生法律效力。

第五百三十七条　人民法院对涉外民事案件的当事人申请再审进行审查的期间,不受民事诉讼法第二百一十一条规定的限制。

第五百三十八条　申请人向人民法院申请执行中华人民共和国涉外仲裁机构的裁决,应当提出书面申请,并附裁决书正本。如申请人为外国当事人,其申请书应当用中文文本提出。

第五百三十九条　人民法院强制执行涉外仲裁机构的仲裁裁决时,被执行人以有民事诉讼法第二百八十一条第一款规定的情形为由提出抗辩的,人民法院应当对被执行人的抗辩进行审查,并根据审查结果裁定执行或者不予执行。

第五百四十条　依照民事诉讼法第二百七十九条规定,中华人民共和国涉外仲裁机构将当事人的保全申请提交人民法院裁定的,人民法院可以进行审查,裁定是否进行保全。裁定保全的,应当责令申请人提供担保,申请人不提供担保的,裁定驳回申请。

当事人申请证据保全,人民法院经审查认为无需提供担保的,申请人可以不提供担保。

第五百四十一条　申请人向人民法院申请承认和执行外国法院作出的发生法律效力的判决、裁定,应当提交申请书,并附外国法院作出的发生法律效力的判决、裁定正本或者经证明无误的副本以及中文译本。外国法院判决、裁定为缺席判决、裁定的,申请人应当同时提交该外国法院已经合法传唤的证明文件,但判决、裁定已经对此予以明确说明的除外。

中华人民共和国缔结或者参加的国际条约对提交文件有规定的,按照规定办理。

第五百四十二条　当事人向中华人民共和国有管辖权的中级人民法院申请承认和执行外国法院作出的发生法律效力的判决、裁定的,如果该法院所在国与中华人民共和国没有缔结或者共同参加国际条约,也没有互惠关系的,裁定驳回申请,但当事人向人民法院申请承认外国法院作出的发生法律效力的离婚判决的除外。

承认和执行申请被裁定驳回的,当事人可以向人民法院起诉。

第五百四十三条　对临时仲裁庭在中华人民共和国领域外作出的仲裁裁决,一方当事人向人民法院申请承认和执行的,人民法院应当依照民事诉讼法第二百九十条规定处理。

第五百四十四条　对外国法院作出的发生法律效力的判决、裁定或者外国仲裁裁决,需要中华人民共和国法院执行的,当事人应当先向人民法院申请承认。人民法院经审查,裁定承认后,再根据民事诉讼法第三编的规定予以执行。

当事人仅申请承认而未同时申请执行的,人民法院仅对应否承认进行审查并作出裁定。

第五百四十五条　当事人申请承认和执行外国法院作出的发生法律效力的判决、裁定或者外国仲裁裁决的期间,适用民事诉讼法第二百四十六条的规定。

当事人仅申请承认而未同时申请执行的,申请执行的期间自人民法院对承认申请作出的裁定生效之日起重新计算。

第五百四十六条　承认和执行外国法院作出的发生法律效力的判决、裁定或者外国仲裁裁决的案件,人民法院应当组成合议庭进行审查。

人民法院应当将申请书送达被申请人。被申请人可以陈述意见。

人民法院经审查作出的裁定,一经送达即发生法律效力。

第五百四十七条　与中华人民共和国没有司法协助条约又无互惠关系的国家的法院,未通过外交途径,直接请求人民法院提供司法协助的,人民法院应予退回,并说明理由。

第五百四十八条　当事人在中华人民共和国领域外使用中华人民共和国法院的判决书、裁定书,要求中华人民共和国法院证明其法律效力的,或者外国法院要求中华人民共和国法院证明判决书、裁定书的法律效力的,作出判决、裁定的中华人民共和国法院,可以本法院的名义出具证明。

第五百四十九条　人民法院审理涉及香港、澳门特别行政区和台湾地区的民事诉讼案件,可以参照适用涉外民事诉讼程序的特别规定。

二十三、附　则

第五百五十条　本解释公布施行后,最高人民法院于1992年7月14日发布的《关于适用〈中华人民共和国民事诉讼法〉若干问题的意见》同时废止;最高人民法院以前发布的司法解释与本解释不一致的,不再适用。

(二)起诉和受理

最高人民法院关于税务机关就破产企业欠缴税款产生的滞纳金提起的债权确认之诉应否受理问题的批复

- 2012年6月4日最高人民法院审判委员会第1548次会议通过
- 2012年6月26日最高人民法院公告公布
- 自2012年7月12日起施行
- 法释〔2012〕9号

青海省高级人民法院：

你院《关于税务机关就税款滞纳金提起债权确认之诉应否受理问题的请示》(青民他字〔2011〕1号)收悉。经研究，答复如下：

税务机关就破产企业欠缴税款产生的滞纳金提起的债权确认之诉，人民法院应依法受理。依照企业破产法、税收征收管理法的有关规定，破产企业在破产案件受理前因欠缴税款产生的滞纳金属于普通破产债权。对于破产案件受理后因欠缴税款产生的滞纳金，人民法院应当依照《最高人民法院关于审理企业破产案件若干问题的规定》第六十一条规定处理。

此复。

最高人民法院关于人民法院登记立案若干问题的规定

- 2015年4月13日最高人民法院审判委员会第1647次会议通过
- 2015年4月15日最高人民法院公告公布
- 自2015年5月1日起施行
- 法释〔2015〕8号

为保护公民、法人和其他组织依法行使诉权，实现人民法院依法、及时受理案件，根据《中华人民共和国民事诉讼法》《中华人民共和国行政诉讼法》《中华人民共和国刑事诉讼法》等法律规定，制定本规定。

第一条 人民法院对依法应该受理的一审民事起诉、行政起诉和刑事自诉，实行立案登记制。

第二条 对起诉、自诉，人民法院应当一律接收诉状，出具书面凭证并注明收到日期。

对符合法律规定的起诉、自诉，人民法院应当当场予以登记立案。

对不符合法律规定的起诉、自诉，人民法院应当予以释明。

第三条 人民法院应当提供诉状样本，为当事人书写诉状提供示范和指引。

当事人书写诉状确有困难的，可以口头提出，由人民法院记入笔录。符合法律规定的，予以登记立案。

第四条 民事起诉状应当记明以下事项：

(一)原告的姓名、性别、年龄、民族、职业、工作单位、住所、联系方式，法人或者其他组织的名称、住所和法定代表人或者主要负责人的姓名、职务、联系方式；

(二)被告的姓名、性别、工作单位、住所等信息，法人或者其他组织的名称、住所等信息；

(三)诉讼请求和所根据的事实与理由；

(四)证据和证据来源；

(五)有证人的，载明证人姓名和住所。

行政起诉状参照民事起诉状书写。

第五条 刑事自诉状应记明以下事项：

(一)自诉人或者代为告诉人、被告人的姓名、性别、年龄、民族、文化程度、职业、工作单位、住址、联系方式；

(二)被告人实施犯罪的时间、地点、手段、情节和危害后果等；

(三)具体的诉讼请求；

(四)致送的人民法院和具状时间；

(五)证据的名称、来源等；

(六)有证人的，载明证人的姓名、住所、联系方式等。

第六条 当事人提出起诉、自诉的，应当提交以下材料：

(一)起诉人、自诉人是自然人的，提交身份证明复印件；起诉人、自诉人是法人或者其他组织的，提交营业执照或者组织机构代码证复印件、法定代表人或者主要负责人身份证明书；法人或者其他组织不能提供组织机构代码的，应当提供组织机构被注销的情况说明；

(二)委托起诉或者代为告诉的，应当提交授权委托书、代理人身份证明、代为告诉人身份证明等相关材料；

(三)具体明确的足以使被告或者被告人与他人相区别的姓名或者名称、住所等信息；

(四)起诉状原本和与被告或者被告人及其他当事人人数相符的副本；

(五)与诉请相关的证据或者证明材料。

第七条 当事人提交的诉状和材料不符合要求的，人民法院应当一次性书面告知在指定期限内补正。

当事人在指定期限内补正的，人民法院决定是否立案的期间,自收到补正材料之日起计算。

当事人在指定期限内没有补正的,退回诉状并记录在册;坚持起诉、自诉的,裁定或者决定不予受理、不予立案。

经补正仍不符合要求的,裁定或者决定不予受理、不予立案。

第八条 对当事人提出的起诉、自诉,人民法院当场不能判定是否符合法律规定的,应当作出以下处理:

(一)对民事、行政起诉,应当在收到起诉状之日起七日内决定是否立案;

(二)对刑事自诉,应当在收到自诉状次日起十五日内决定是否立案;

(三)对第三人撤销之诉,应当在收到起诉状之日起三十日内决定是否立案;

(四)对执行异议之诉,应当在收到起诉状之日起十五日内决定是否立案。

人民法院在法定期间内不能判定起诉、自诉是否符合法律规定的,应当先行立案。

第九条 人民法院对起诉、自诉不予受理或者不予立案的,应当出具书面裁定或者决定,并载明理由。

第十条 人民法院对下列起诉、自诉不予登记立案:

(一)违法起诉或者不符合法律规定的;

(二)涉及危害国家主权和领土完整的;

(三)危害国家安全的;

(四)破坏国家统一和民族团结的;

(五)破坏国家宗教政策的;

(六)所诉事项不属于人民法院主管的。

第十一条 登记立案后,当事人未在法定期限内交纳诉讼费的,按撤诉处理,但符合法律规定的缓、减、免交诉讼费条件的除外。

第十二条 登记立案后,人民法院立案庭应当及时将案件移送审判庭审理。

第十三条 对立案工作中存在的不接收诉状、接收诉状后不出具书面凭证,不一次性告知当事人补正诉状内容,以及有案不立、拖延立案、干扰立案、既不立案又不作出裁定或者决定等违法违纪情形,当事人可以向受诉人民法院或者上级人民法院投诉。

人民法院应当在受理投诉之日起十五日内,查明事实,并将情况反馈当事人。发现违法违纪行为的,依法依纪追究相关人员责任;构成犯罪的,依法追究刑事责任。

第十四条 为方便当事人行使诉权,人民法院提供网上立案、预约立案、巡回立案等诉讼服务。

第十五条 人民法院推动多元化纠纷解决机制建设,尊重当事人选择人民调解、行政调解、行业调解、仲裁等多种方式维护权益,化解纠纷。

第十六条 人民法院依法维护登记立案秩序,推进诉讼诚信建设。对干扰立案秩序、虚假诉讼的,根据民事诉讼法、行政诉讼法有关规定予以罚款、拘留;构成犯罪的,依法追究刑事责任。

第十七条 本规定的"起诉",是指当事人提起民事、行政诉讼;"自诉",是指当事人提起刑事自诉。

第十八条 强制执行和国家赔偿申请登记立案工作,按照本规定执行。

上诉、申请再审、刑事申诉、执行复议和国家赔偿申诉案件立案工作,不适用本规定。

第十九条 人民法庭登记立案工作,按照本规定执行。

第二十条 本规定自2015年5月1日起施行。以前有关立案的规定与本规定不一致的,按照本规定执行。

民事案件案由规定

· 2020年12月29日
· 法〔2020〕346号

为了正确适用法律,统一确定案由,根据《中华人民共和国民法典》《中华人民共和国民事诉讼法》等法律规定,结合人民法院民事审判工作实际情况,对民事案件案由规定如下:

第一部分 人格权纠纷

一、人格权纠纷
1. 生命权、身体权、健康权纠纷
2. 姓名权纠纷
3. 名称权纠纷
4. 肖像权纠纷
5. 声音保护纠纷
6. 名誉权纠纷
7. 荣誉权纠纷
8. 隐私权、个人信息保护纠纷
(1)隐私权纠纷
(2)个人信息保护纠纷
9. 婚姻自主权纠纷
10. 人身自由权纠纷

11. 一般人格权纠纷
(1) 平等就业权纠纷

第二部分 婚姻家庭、继承纠纷

二、婚姻家庭纠纷
12. 婚约财产纠纷
13. 婚内夫妻财产分割纠纷
14. 离婚纠纷
15. 离婚后财产纠纷
16. 离婚后损害责任纠纷
17. 婚姻无效纠纷
18. 撤销婚姻纠纷
19. 夫妻财产约定纠纷
20. 同居关系纠纷
(1) 同居关系析产纠纷
(2) 同居关系子女抚养纠纷
21. 亲子关系纠纷
(1) 确认亲子关系纠纷
(2) 否认亲子关系纠纷
22. 抚养纠纷
(1) 抚养费纠纷
(2) 变更抚养关系纠纷
23. 扶养纠纷
(1) 扶养费纠纷
(2) 变更扶养关系纠纷
24. 赡养纠纷
(1) 赡养费纠纷
(2) 变更赡养关系纠纷
25. 收养关系纠纷
(1) 确认收养关系纠纷
(2) 解除收养关系纠纷
26. 监护权纠纷
27. 探望权纠纷
28. 分家析产纠纷

三、继承纠纷
29. 法定继承纠纷
(1) 转继承纠纷
(2) 代位继承纠纷
30. 遗嘱继承纠纷
31. 被继承人债务清偿纠纷
32. 遗赠纠纷
33. 遗赠扶养协议纠纷
34. 遗产管理纠纷

第三部分 物权纠纷

四、不动产登记纠纷
35. 异议登记不当损害责任纠纷
36. 虚假登记损害责任纠纷

五、物权保护纠纷
37. 物权确认纠纷
(1) 所有权确认纠纷
(2) 用益物权确认纠纷
(3) 担保物权确认纠纷
38. 返还原物纠纷
39. 排除妨害纠纷
40. 消除危险纠纷
41. 修理、重作、更换纠纷
42. 恢复原状纠纷
43. 财产损害赔偿纠纷

六、所有权纠纷
44. 侵害集体经济组织成员权益纠纷
45. 建筑物区分所有权纠纷
(1) 业主专有权纠纷
(2) 业主共有权纠纷
(3) 车位纠纷
(4) 车库纠纷
46. 业主撤销权纠纷
47. 业主知情权纠纷
48. 遗失物返还纠纷
49. 漂流物返还纠纷
50. 埋藏物返还纠纷
51. 隐藏物返还纠纷
52. 添附物归属纠纷
53. 相邻关系纠纷
(1) 相邻用水、排水纠纷
(2) 相邻通行纠纷
(3) 相邻土地、建筑物利用关系纠纷
(4) 相邻通风纠纷
(5) 相邻采光、日照纠纷
(6) 相邻污染侵害纠纷
(7) 相邻损害防免关系纠纷
54. 共有纠纷
(1) 共有权确认纠纷
(2) 共有物分割纠纷
(3) 共有人优先购买权纠纷
(4) 债权人代位析产纠纷

七、用益物权纠纷
55. 海域使用权纠纷
56. 探矿权纠纷
57. 采矿权纠纷
58. 取水权纠纷
59. 养殖权纠纷
60. 捕捞权纠纷
61. 土地承包经营权纠纷
（1）土地承包经营权确认纠纷
（2）承包地征收补偿费用分配纠纷
（3）土地承包经营权继承纠纷
62. 土地经营权纠纷
63. 建设用地使用权纠纷
64. 宅基地使用权纠纷
65. 居住权纠纷
66. 地役权纠纷

八、担保物权纠纷
67. 抵押权纠纷
（1）建筑物和其他土地附着物抵押权纠纷
（2）在建建筑物抵押权纠纷
（3）建设用地使用权抵押权纠纷
（4）土地经营权抵押权纠纷
（5）探矿权抵押权纠纷
（6）采矿权抵押权纠纷
（7）海域使用权抵押权纠纷
（8）动产抵押权纠纷
（9）在建船舶、航空器抵押权纠纷
（10）动产浮动抵押权纠纷
（11）最高额抵押权纠纷
68. 质权纠纷
（1）动产质权纠纷
（2）转质权纠纷
（3）最高额质权纠纷
（4）票据质权纠纷
（5）债券质权纠纷
（6）存单质权纠纷
（7）仓单质权纠纷
（8）提单质权纠纷
（9）股权质权纠纷
（10）基金份额质权纠纷
（11）知识产权质权纠纷
（12）应收账款质权纠纷

69. 留置权纠纷

九、占有保护纠纷
70. 占有物返还纠纷
71. 占有排除妨害纠纷
72. 占有消除危险纠纷
73. 占有物损害赔偿纠纷

第四部分　合同、准合同纠纷

十、合同纠纷
74. 缔约过失责任纠纷
75. 预约合同纠纷
76. 确认合同效力纠纷
（1）确认合同有效纠纷
（2）确认合同无效纠纷
77. 债权人代位权纠纷
78. 债权人撤销权纠纷
79. 债权转让合同纠纷
80. 债务转移合同纠纷
81. 债权债务概括转移合同纠纷
82. 债务加入纠纷
83. 悬赏广告纠纷
84. 买卖合同纠纷
（1）分期付款买卖合同纠纷
（2）凭样品买卖合同纠纷
（3）试用买卖合同纠纷
（4）所有权保留买卖合同纠纷
（5）招标投标买卖合同纠纷
（6）互易纠纷
（7）国际货物买卖合同纠纷
（8）信息网络买卖合同纠纷
85. 拍卖合同纠纷
86. 建设用地使用权合同纠纷
（1）建设用地使用权出让合同纠纷
（2）建设用地使用权转让合同纠纷
87. 临时用地合同纠纷
88. 探矿权转让合同纠纷
89. 采矿权转让合同纠纷
90. 房地产开发经营合同纠纷
（1）委托代建合同纠纷
（2）合资、合作开发房地产合同纠纷
（3）项目转让合同纠纷
91. 房屋买卖合同纠纷
（1）商品房预约合同纠纷

（2）商品房预售合同纠纷
（3）商品房销售合同纠纷
（4）商品房委托代理销售合同纠纷
（5）经济适用房转让合同纠纷
（6）农村房屋买卖合同纠纷
92. 民事主体间房屋拆迁补偿合同纠纷
93. 供用电合同纠纷
94. 供用水合同纠纷
95. 供用气合同纠纷
96. 供用热力合同纠纷
97. 排污权交易纠纷
98. 用能权交易纠纷
99. 用水权交易纠纷
100. 碳排放权交易纠纷
101. 碳汇交易纠纷
102. 赠与合同纠纷
（1）公益事业捐赠合同纠纷
（2）附义务赠与合同纠纷
103. 借款合同纠纷
（1）金融借款合同纠纷
（2）同业拆借纠纷
（3）民间借贷纠纷
（4）小额借款合同纠纷
（5）金融不良债权转让合同纠纷
（6）金融不良债权追偿纠纷
104. 保证合同纠纷
105. 抵押合同纠纷
106. 质押合同纠纷
107. 定金合同纠纷
108. 进出口押汇纠纷
109. 储蓄存款合同纠纷
110. 银行卡纠纷
（1）借记卡纠纷
（2）信用卡纠纷
111. 租赁合同纠纷
（1）土地租赁合同纠纷
（2）房屋租赁合同纠纷
（3）车辆租赁合同纠纷
（4）建筑设备租赁合同纠纷
112. 融资租赁合同纠纷
113. 保理合同纠纷
114. 承揽合同纠纷

（1）加工合同纠纷
（2）定作合同纠纷
（3）修理合同纠纷
（4）复制合同纠纷
（5）测试合同纠纷
（6）检验合同纠纷
（7）铁路机车、车辆建造合同纠纷
115. 建设工程合同纠纷
（1）建设工程勘察合同纠纷
（2）建设工程设计合同纠纷
（3）建设工程施工合同纠纷
（4）建设工程价款优先受偿权纠纷
（5）建设工程分包合同纠纷
（6）建设工程监理合同纠纷
（7）装饰装修合同纠纷
（8）铁路修建合同纠纷
（9）农村建房施工合同纠纷
116. 运输合同纠纷
（1）公路旅客运输合同纠纷
（2）公路货物运输合同纠纷
（3）水路旅客运输合同纠纷
（4）水路货物运输合同纠纷
（5）航空旅客运输合同纠纷
（6）航空货物运输合同纠纷
（7）出租汽车运输合同纠纷
（8）管道运输合同纠纷
（9）城市公交运输合同纠纷
（10）联合运输合同纠纷
（11）多式联运合同纠纷
（12）铁路货物运输合同纠纷
（13）铁路旅客运输合同纠纷
（14）铁路行李运输合同纠纷
（15）铁路包裹运输合同纠纷
（16）国际铁路联运合同纠纷
117. 保管合同纠纷
118. 仓储合同纠纷
119. 委托合同纠纷
（1）进出口代理合同纠纷
（2）货运代理合同纠纷
（3）民用航空运输销售代理合同纠纷
（4）诉讼、仲裁、人民调解代理合同纠纷
（5）销售代理合同纠纷

120. 委托理财合同纠纷
(1) 金融委托理财合同纠纷
(2) 民间委托理财合同纠纷
121. 物业服务合同纠纷
122. 行纪合同纠纷
123. 中介合同纠纷
124. 补偿贸易纠纷
125. 借用合同纠纷
126. 典当纠纷
127. 合伙合同纠纷
128. 种植、养殖回收合同纠纷
129. 彩票、奖券纠纷
130. 中外合作勘探开发自然资源合同纠纷
131. 农业承包合同纠纷
132. 林业承包合同纠纷
133. 渔业承包合同纠纷
134. 牧业承包合同纠纷
135. 土地承包经营权合同纠纷
(1) 土地承包经营权转让合同纠纷
(2) 土地承包经营权互换合同纠纷
(3) 土地经营权入股合同纠纷
(4) 土地经营权抵押合同纠纷
(5) 土地经营权出租合同纠纷
136. 居住权合同纠纷
137. 服务合同纠纷
(1) 电信服务合同纠纷
(2) 邮政服务合同纠纷
(3) 快递服务合同纠纷
(4) 医疗服务合同纠纷
(5) 法律服务合同纠纷
(6) 旅游合同纠纷
(7) 房地产咨询合同纠纷
(8) 房地产价格评估合同纠纷
(9) 旅店服务合同纠纷
(10) 财会服务合同纠纷
(11) 餐饮服务合同纠纷
(12) 娱乐服务合同纠纷
(13) 有线电视服务合同纠纷
(14) 网络服务合同纠纷
(15) 教育培训合同纠纷
(16) 家政服务合同纠纷
(17) 庆典服务合同纠纷
(18) 殡葬服务合同纠纷
(19) 农业技术服务合同纠纷
(20) 农机作业服务合同纠纷
(21) 保安服务合同纠纷
(22) 银行结算合同纠纷
138. 演出合同纠纷
139. 劳务合同纠纷
140. 离退休人员返聘合同纠纷
141. 广告合同纠纷
142. 展览合同纠纷
143. 追偿权纠纷

十一、不当得利纠纷
144. 不当得利纠纷

十二、无因管理纠纷
145. 无因管理纠纷

第五部分 知识产权与竞争纠纷
十三、知识产权合同纠纷
146. 著作权合同纠纷
(1) 委托创作合同纠纷
(2) 合作创作合同纠纷
(3) 著作权转让合同纠纷
(4) 著作权许可使用合同纠纷
(5) 出版合同纠纷
(6) 表演合同纠纷
(7) 音像制品制作合同纠纷
(8) 广播电视播放合同纠纷
(9) 邻接权转让合同纠纷
(10) 邻接权许可使用合同纠纷
(11) 计算机软件开发合同纠纷
(12) 计算机软件著作权转让合同纠纷
(13) 计算机软件著作权许可使用合同纠纷
147. 商标合同纠纷
(1) 商标权转让合同纠纷
(2) 商标使用许可合同纠纷
(3) 商标代理合同纠纷
148. 专利合同纠纷
(1) 专利申请权转让合同纠纷
(2) 专利权转让合同纠纷
(3) 发明专利实施许可合同纠纷
(4) 实用新型专利实施许可合同纠纷
(5) 外观设计专利实施许可合同纠纷
(6) 专利代理合同纠纷

149. 植物新品种合同纠纷
(1) 植物新品种育种合同纠纷
(2) 植物新品种申请权转让合同纠纷
(3) 植物新品种权转让合同纠纷
(4) 植物新品种实施许可合同纠纷
150. 集成电路布图设计合同纠纷
(1) 集成电路布图设计创作合同纠纷
(2) 集成电路布图设计专有权转让合同纠纷
(3) 集成电路布图设计许可使用合同纠纷
151. 商业秘密合同纠纷
(1) 技术秘密让与合同纠纷
(2) 技术秘密许可使用合同纠纷
(3) 经营秘密让与合同纠纷
(4) 经营秘密许可使用合同纠纷
152. 技术合同纠纷
(1) 技术委托开发合同纠纷
(2) 技术合作开发合同纠纷
(3) 技术转化合同纠纷
(4) 技术转让合同纠纷
(5) 技术许可合同纠纷
(6) 技术咨询合同纠纷
(7) 技术服务合同纠纷
(8) 技术培训合同纠纷
(9) 技术中介合同纠纷
(10) 技术进口合同纠纷
(11) 技术出口合同纠纷
(12) 职务技术成果完成人奖励、报酬纠纷
(13) 技术成果完成人署名权、荣誉权、奖励权纠纷
153. 特许经营合同纠纷
154. 企业名称(商号)合同纠纷
(1) 企业名称(商号)转让合同纠纷
(2) 企业名称(商号)使用合同纠纷
155. 特殊标志合同纠纷
156. 网络域名合同纠纷
(1) 网络域名注册合同纠纷
(2) 网络域名转让合同纠纷
(3) 网络域名许可使用合同纠纷
157. 知识产权质押合同纠纷
十四、知识产权权属、侵权纠纷
158. 著作权权属、侵权纠纷
(1) 著作权权属纠纷
(2) 侵害作品发表权纠纷
(3) 侵害作品署名权纠纷
(4) 侵害作品修改权纠纷
(5) 侵害保护作品完整权纠纷
(6) 侵害作品复制权纠纷
(7) 侵害作品发行权纠纷
(8) 侵害作品出租权纠纷
(9) 侵害作品展览权纠纷
(10) 侵害作品表演权纠纷
(11) 侵害作品放映权纠纷
(12) 侵害作品广播权纠纷
(13) 侵害作品信息网络传播权纠纷
(14) 侵害作品摄制权纠纷
(15) 侵害作品改编权纠纷
(16) 侵害作品翻译权纠纷
(17) 侵害作品汇编权纠纷
(18) 侵害其他著作财产权纠纷
(19) 出版者权权属纠纷
(20) 表演者权权属纠纷
(21) 录音录像制作者权权属纠纷
(22) 广播组织权权属纠纷
(23) 侵害出版者权纠纷
(24) 侵害表演者权纠纷
(25) 侵害录音录像制作者权纠纷
(26) 侵害广播组织权纠纷
(27) 计算机软件著作权权属纠纷
(28) 侵害计算机软件著作权纠纷
159. 商标权权属、侵权纠纷
(1) 商标权权属纠纷
(2) 侵害商标权纠纷
160. 专利权权属、侵权纠纷
(1) 专利申请权权属纠纷
(2) 专利权权属纠纷
(3) 侵害发明专利权纠纷
(4) 侵害实用新型专利权纠纷
(5) 侵害外观设计专利权纠纷
(6) 假冒他人专利纠纷
(7) 发明专利临时保护期使用费纠纷
(8) 职务发明创造发明人、设计人奖励、报酬纠纷
(9) 发明创造发明人、设计人署名权纠纷
(10) 标准必要专利使用费纠纷
161. 植物新品种权权属、侵权纠纷
(1) 植物新品种申请权权属纠纷

(2)植物新品种权权属纠纷
(3)侵害植物新品种权纠纷
(4)植物新品种临时保护期使用费纠纷
162. 集成电路布图设计专有权权属、侵权纠纷
(1)集成电路布图设计专有权权属纠纷
(2)侵害集成电路布图设计专有权纠纷
163. 侵害企业名称(商号)权纠纷
164. 侵害特殊标志专有权纠纷
165. 网络域名权属、侵权纠纷
(1)网络域名权属纠纷
(2)侵害网络域名纠纷
166. 发现权纠纷
167. 发明权纠纷
168. 其他科技成果权纠纷
169. 确认不侵害知识产权纠纷
(1)确认不侵害专利权纠纷
(2)确认不侵害商标权纠纷
(3)确认不侵害著作权纠纷
(4)确认不侵害植物新品种权纠纷
(5)确认不侵害集成电路布图设计专用权纠纷
(6)确认不侵害计算机软件著作权纠纷
170. 因申请知识产权临时措施损害责任纠纷
(1)因申请诉前停止侵害专利权损害责任纠纷
(2)因申请诉前停止侵害注册商标专用权损害责任纠纷
(3)因申请诉前停止侵害著作权损害责任纠纷
(4)因申请诉前停止侵害植物新品种权损害责任纠纷
(5)因申请海关知识产权保护措施损害责任纠纷
(6)因申请诉前停止侵害计算机软件著作权损害责任纠纷
(7)因申请诉前停止侵害集成电路布图设计专用权损害责任纠纷
171. 因恶意提起知识产权诉讼损害责任纠纷
172. 专利权宣告无效后返还费用纠纷

十五、不正当竞争纠纷
173. 仿冒纠纷
(1)擅自使用与他人有一定影响的商品名称、包装、装潢等相同或者近似的标识纠纷
(2)擅自使用他人有一定影响的企业名称、社会组织名称、姓名纠纷
(3)擅自使用他人有一定影响的域名主体部分、网站名称、网页纠纷

174. 商业贿赂不正当竞争纠纷
175. 虚假宣传纠纷
176. 侵害商业秘密纠纷
(1)侵害技术秘密纠纷
(2)侵害经营秘密纠纷
177. 低价倾销不正当竞争纠纷
178. 捆绑销售不正当竞争纠纷
179. 有奖销售纠纷
180. 商业诋毁纠纷
181. 串通投标不正当竞争纠纷
182. 网络不正当竞争纠纷

十六、垄断纠纷
183. 垄断协议纠纷
(1)横向垄断协议纠纷
(2)纵向垄断协议纠纷
184. 滥用市场支配地位纠纷
(1)垄断定价纠纷
(2)掠夺定价纠纷
(3)拒绝交易纠纷
(4)限定交易纠纷
(5)捆绑交易纠纷
(6)差别待遇纠纷
185. 经营者集中纠纷

第六部分 劳动争议、人事争议

十七、劳动争议
186. 劳动合同纠纷
(1)确认劳动关系纠纷
(2)集体合同纠纷
(3)劳务派遣合同纠纷
(4)非全日制用工纠纷
(5)追索劳动报酬纠纷
(6)经济补偿金纠纷
(7)竞业限制纠纷
187. 社会保险纠纷
(1)养老保险待遇纠纷
(2)工伤保险待遇纠纷
(3)医疗保险待遇纠纷
(4)生育保险待遇纠纷
(5)失业保险待遇纠纷
188. 福利待遇纠纷

十八、人事争议
189. 聘用合同纠纷

190. 聘任合同纠纷
191. 辞职纠纷
192. 辞退纠纷

第七部分　海事海商纠纷
十九、海事海商纠纷
193. 船舶碰撞损害责任纠纷
194. 船舶触碰损害责任纠纷
195. 船舶损坏空中设施、水下设施损害责任纠纷
196. 船舶污染损害责任纠纷
197. 海上、通海水域污染损害责任纠纷
198. 海上、通海水域养殖损害责任纠纷
199. 海上、通海水域财产损害责任纠纷
200. 海上、通海水域人身损害责任纠纷
201. 非法留置船舶、船载货物、船用燃油、船用物料损害责任纠纷
202. 海上、通海水域货物运输合同纠纷
203. 海上、通海水域旅客运输合同纠纷
204. 海上、通海水域行李运输合同纠纷
205. 船舶经营管理合同纠纷
206. 船舶买卖合同纠纷
207. 船舶建造合同纠纷
208. 船舶修理合同纠纷
209. 船舶改建合同纠纷
210. 船舶拆解合同纠纷
211. 船舶抵押合同纠纷
212. 航次租船合同纠纷
213. 船舶租用合同纠纷
（1）定期租船合同纠纷
（2）光船租赁合同纠纷
214. 船舶融资租赁合同纠纷
215. 海上、通海水域运输船舶承包合同纠纷
216. 渔船承包合同纠纷
217. 船舶属具租赁合同纠纷
218. 船舶属具保管合同纠纷
219. 海运集装箱租赁合同纠纷
220. 海运集装箱保管合同纠纷
221. 港口货物保管合同纠纷
222. 船舶代理合同纠纷
223. 海上、通海水域货运代理合同纠纷
224. 理货合同纠纷
225. 船舶物料和备品供应合同纠纷
226. 船员劳务合同纠纷
227. 海难救助合同纠纷
228. 海上、通海水域打捞合同纠纷
229. 海上、通海水域拖航合同纠纷
230. 海上、通海水域保险合同纠纷
231. 海上、通海水域保赔合同纠纷
232. 海上、通海水域运输联营合同纠纷
233. 船舶营运借款合同纠纷
234. 海事担保合同纠纷
235. 航道、港口疏浚合同纠纷
236. 船坞、码头建造合同纠纷
237. 船舶检验合同纠纷
238. 海事请求担保纠纷
239. 海上、通海水域运输重大责任事故责任纠纷
240. 港口作业重大责任事故责任纠纷
241. 港口作业纠纷
242. 共同海损纠纷
243. 海洋开发利用纠纷
244. 船舶共有纠纷
245. 船舶权属纠纷
246. 海运欺诈纠纷
247. 海事债权确权纠纷

第八部分　与公司、证券、保险、票据等有关的民事纠纷
二十、与企业有关的纠纷
248. 企业出资人权益确认纠纷
249. 侵害企业出资人权益纠纷
250. 企业公司制改造合同纠纷
251. 企业股份合作制改造合同纠纷
252. 企业债权转股权纠纷
253. 企业分立合同纠纷
254. 企业租赁经营合同纠纷
255. 企业出售合同纠纷
256. 挂靠经营合同纠纷
257. 企业兼并合同纠纷
258. 联营合同纠纷
259. 企业承包经营合同纠纷
（1）中外合资经营企业承包经营合同纠纷
（2）中外合作经营企业承包经营合同纠纷
（3）外商独资企业承包经营合同纠纷
（4）乡镇企业承包经营合同纠纷
260. 中外合资经营企业合同纠纷
261. 中外合作经营企业合同纠纷
二十一、与公司有关的纠纷

262. 股东资格确认纠纷
263. 股东名册记载纠纷
264. 请求变更公司登记纠纷
265. 股东出资纠纷
266. 新增资本认购纠纷
267. 股东知情权纠纷
268. 请求公司收购股份纠纷
269. 股权转让纠纷
270. 公司决议纠纷
(1) 公司决议效力确认纠纷
(2) 公司决议撤销纠纷
271. 公司设立纠纷
272. 公司证照返还纠纷
273. 发起人责任纠纷
274. 公司盈余分配纠纷
275. 损害股东利益责任纠纷
276. 损害公司利益责任纠纷
277. 损害公司债权人利益责任纠纷
(1) 股东损害公司债权人利益责任纠纷
(2) 实际控制人损害公司债权人利益责任纠纷
278. 公司关联交易损害责任纠纷
279. 公司合并纠纷
280. 公司分立纠纷
281. 公司减资纠纷
282. 公司增资纠纷
283. 公司解散纠纷
284. 清算责任纠纷
285. 上市公司收购纠纷

二十二、合伙企业纠纷

286. 入伙纠纷
287. 退伙纠纷
288. 合伙企业财产份额转让纠纷

二十三、与破产有关的纠纷

289. 请求撤销个别清偿行为纠纷
290. 请求确认债务人行为无效纠纷
291. 对外追收债权纠纷
292. 追收未缴出资纠纷
293. 追收抽逃出资纠纷
294. 追收非正常收入纠纷
295. 破产债权确认纠纷
(1) 职工破产债权确认纠纷
(2) 普通破产债权确认纠纷

296. 取回权纠纷
(1) 一般取回权纠纷
(2) 出卖人取回权纠纷
297. 破产抵销权纠纷
298. 别除权纠纷
299. 破产撤销权纠纷
300. 损害债务人利益赔偿纠纷
301. 管理人责任纠纷

二十四、证券纠纷

302. 证券权利确认纠纷
(1) 股票权利确认纠纷
(2) 公司债券权利确认纠纷
(3) 国债权利确认纠纷
(4) 证券投资基金权利确认纠纷
303. 证券交易合同纠纷
(1) 股票交易纠纷
(2) 公司债券交易纠纷
(3) 国债交易纠纷
(4) 证券投资基金交易纠纷
304. 金融衍生品种交易纠纷
305. 证券承销合同纠纷
(1) 证券代销合同纠纷
(2) 证券包销合同纠纷
306. 证券投资咨询纠纷
307. 证券资信评级服务合同纠纷
308. 证券回购合同纠纷
(1) 股票回购合同纠纷
(2) 国债回购合同纠纷
(3) 公司债券回购合同纠纷
(4) 证券投资基金回购合同纠纷
(5) 质押式证券回购纠纷
309. 证券上市合同纠纷
310. 证券交易代理合同纠纷
311. 证券上市保荐合同纠纷
312. 证券发行纠纷
(1) 证券认购纠纷
(2) 证券发行失败纠纷
313. 证券返还纠纷
314. 证券欺诈责任纠纷
(1) 证券内幕交易责任纠纷
(2) 操纵证券交易市场责任纠纷
(3) 证券虚假陈述责任纠纷

（4）欺诈客户责任纠纷
315. 证券托管纠纷
316. 证券登记、存管、结算纠纷
317. 融资融券交易纠纷
318. 客户交易结算资金纠纷
二十五、期货交易纠纷
319. 期货经纪合同纠纷
320. 期货透支交易纠纷
321. 期货强行平仓纠纷
322. 期货实物交割纠纷
323. 期货保证合约纠纷
324. 期货交易代理合同纠纷
325. 侵占期货交易保证金纠纷
326. 期货欺诈责任纠纷
327. 操纵期货交易市场责任纠纷
328. 期货内幕交易责任纠纷
329. 期货虚假信息责任纠纷
二十六、信托纠纷
330. 民事信托纠纷
331. 营业信托纠纷
332. 公益信托纠纷
二十七、保险纠纷
333. 财产保险合同纠纷
（1）财产损失保险合同纠纷
（2）责任保险合同纠纷
（3）信用保险合同纠纷
（4）保证保险合同纠纷
（5）保险人代位求偿权纠纷
334. 人身保险合同纠纷
（1）人寿保险合同纠纷
（2）意外伤害保险合同纠纷
（3）健康保险合同纠纷
335. 再保险合同纠纷
336. 保险经纪合同纠纷
337. 保险代理合同纠纷
338. 进出口信用保险合同纠纷
339. 保险费纠纷
二十八、票据纠纷
340. 票据付款请求权纠纷
341. 票据追索权纠纷
342. 票据交付请求权纠纷
343. 票据返还请求权纠纷

344. 票据损害责任纠纷
345. 票据利益返还请求权纠纷
346. 汇票回单签发请求权纠纷
347. 票据保证纠纷
348. 确认票据无效纠纷
349. 票据代理纠纷
350. 票据回购纠纷
二十九、信用证纠纷
351. 委托开立信用证纠纷
352. 信用证开证纠纷
353. 信用证议付纠纷
354. 信用证欺诈纠纷
355. 信用证融资纠纷
356. 信用证转让纠纷
三十、独立保函纠纷
357. 独立保函开立纠纷
358. 独立保函付款纠纷
359. 独立保函追偿纠纷
360. 独立保函欺诈纠纷
361. 独立保函转让纠纷
362. 独立保函通知纠纷
363. 独立保函撤销纠纷

第九部分　侵权责任纠纷

三十一、侵权责任纠纷
364. 监护人责任纠纷
365. 用人单位责任纠纷
366. 劳务派遣工作人员侵权责任纠纷
367. 提供劳务者致害责任纠纷
368. 提供劳务者受害责任纠纷
369. 网络侵权责任纠纷
（1）网络侵害虚拟财产纠纷
370. 违反安全保障义务责任纠纷
（1）经营场所、公共场所的经营者、管理者责任纠纷
（2）群众性活动组织者责任纠纷
371. 教育机构责任纠纷
372. 性骚扰损害责任纠纷
373. 产品责任纠纷
（1）产品生产者责任纠纷
（2）产品销售者责任纠纷
（3）产品运输者责任纠纷
（4）产品仓储者责任纠纷
374. 机动车交通事故责任纠纷

375. 非机动车交通事故责任纠纷
376. 医疗损害责任纠纷
（1）侵害患者知情同意权责任纠纷
（2）医疗产品责任纠纷
377. 环境污染责任纠纷
（1）大气污染责任纠纷
（2）水污染责任纠纷
（3）土壤污染责任纠纷
（4）电子废物污染责任纠纷
（5）固体废物污染责任纠纷
（6）噪声污染责任纠纷
（7）光污染责任纠纷
（8）放射性污染责任纠纷
378. 生态破坏责任纠纷
379. 高度危险责任纠纷
（1）民用核设施、核材料损害责任纠纷
（2）民用航空器损害责任纠纷
（3）占有、使用高度危险物损害责任纠纷
（4）高度危险活动损害责任纠纷
（5）遗失、抛弃高度危险物损害责任纠纷
（6）非法占有高度危险物损害责任纠纷
380. 饲养动物损害责任纠纷
381. 建筑物和物件损害责任纠纷
（1）物件脱落、坠落损害责任纠纷
（2）建筑物、构筑物倒塌、塌陷损害责任纠纷
（3）高空抛物、坠物损害责任纠纷
（4）堆放物倒塌、滚落、滑落损害责任纠纷
（5）公共道路妨碍通行损害责任纠纷
（6）林木折断、倾倒、果实坠落损害责任纠纷
（7）地面施工、地下设施损害责任纠纷
382. 触电人身损害责任纠纷
383. 义务帮工人受害责任纠纷
384. 见义勇为人受害责任纠纷
385. 公证损害责任纠纷
386. 防卫过当损害责任纠纷
387. 紧急避险损害责任纠纷
388. 驻香港、澳门特别行政区军人执行职务侵权责任纠纷
389. 铁路运输损害责任纠纷
（1）铁路运输人身损害责任纠纷
（2）铁路运输财产损害责任纠纷
390. 水上运输损害责任纠纷
（1）水上运输人身损害责任纠纷
（2）水上运输财产损害责任纠纷
391. 航空运输损害责任纠纷
（1）航空运输人身损害责任纠纷
（2）航空运输财产损害责任纠纷
392. 因申请财产保全损害责任纠纷
393. 因申请行为保全损害责任纠纷
394. 因申请证据保全损害责任纠纷
395. 因申请先予执行损害责任纠纷

第十部分　非讼程序案件案由

三十二、选民资格案件
396. 申请确定选民资格
三十三、宣告失踪、宣告死亡案件
397. 申请宣告自然人失踪
398. 申请撤销宣告失踪判决
399. 申请为失踪人财产指定、变更代管人
400. 申请宣告自然人死亡
401. 申请撤销宣告自然人死亡判决
三十四、认定自然人无民事行为能力、限制民事行为能力案件
402. 申请宣告自然人无民事行为能力
403. 申请宣告自然人限制民事行为能力
404. 申请宣告自然人恢复限制民事行为能力
405. 申请宣告自然人恢复完全民事行为能力
三十五、指定遗产管理人案件
406. 申请指定遗产管理人
三十六、认定财产无主案件
407. 申请认定财产无主
408. 申请撤销认定财产无主判决
三十七、确认调解协议案件
409. 申请司法确认调解协议
410. 申请撤销确认调解协议裁定
三十八、实现担保物权案件
411. 申请实现担保物权
412. 申请撤销准许实现担保物权裁定
三十九、监护权特别程序案件
413. 申请确定监护人
414. 申请指定监护人
415. 申请变更监护人
416. 申请撤销监护人资格
417. 申请恢复监护人资格
四十、督促程序案件

418. 申请支付令
四十一、公示催告程序案件
419. 申请公示催告
四十二、公司清算案件
420. 申请公司清算
四十三、破产程序案件
421. 申请破产清算
422. 申请破产重整
423. 申请破产和解
424. 申请对破产财产追加分配
四十四、申请诉前停止侵害知识产权案件
425. 申请诉前停止侵害专利权
426. 申请诉前停止侵害注册商标专用权
427. 申请诉前停止侵害著作权
428. 申请诉前停止侵害植物新品种权
429. 申请诉前停止侵害计算机软件著作权
430. 申请诉前停止侵害集成电路布图设计专用权
四十五、申请保全案件
431. 申请诉前财产保全
432. 申请诉前行为保全
433. 申请诉前证据保全
434. 申请仲裁前财产保全
435. 申请仲裁前行为保全
436. 申请仲裁前证据保全
437. 仲裁程序中的财产保全
438. 仲裁程序中的证据保全
439. 申请执行前财产保全
440. 申请中止支付信用证项下款项
441. 申请中止支付保函项下款项
四十六、申请人身安全保护令案件
442. 申请人身安全保护令
四十七、申请人格权侵害禁令案件
443. 申请人格权侵害禁令
四十八、仲裁程序案件
444. 申请确认仲裁协议效力
445. 申请撤销仲裁裁决
四十九、海事诉讼特别程序案件
446. 申请海事请求保全
(1)申请扣押船舶
(2)申请拍卖扣押船舶
(3)申请扣押船载货物
(4)申请拍卖扣押船载货物
(5)申请扣押船用燃油及船用物料
(6)申请拍卖扣押船用燃油及船用物料
447. 申请海事支付令
448. 申请海事强制令
449. 申请海事证据保全
450. 申请设立海事赔偿责任限制基金
451. 申请船舶优先权催告
452. 申请海事债权登记与受偿
五十、申请承认与执行法院判决、仲裁裁决案件
453. 申请执行海事仲裁裁决
454. 申请执行知识产权仲裁裁决
455. 申请执行涉外仲裁裁决
456. 申请认可和执行香港特别行政区法院民事判决
457. 申请认可和执行香港特别行政区仲裁裁决
458. 申请认可和执行澳门特别行政区法院民事判决
459. 申请认可和执行澳门特别行政区仲裁裁决
460. 申请认可和执行台湾地区法院民事判决
461. 申请认可和执行台湾地区仲裁裁决
462. 申请承认和执行外国法院民事判决、裁定
463. 申请承认和执行外国仲裁裁决

第十一部分 特殊诉讼程序案件案由
五十一、与宣告失踪、宣告死亡案件有关的纠纷
464. 失踪人债务支付纠纷
465. 被撤销死亡宣告人请求返还财产纠纷
五十二、公益诉讼
466. 生态环境保护民事公益诉讼
(1)环境污染民事公益诉讼
(2)生态破坏民事公益诉讼
(3)生态环境损害赔偿诉讼
467. 英雄烈士保护民事公益诉讼
468. 未成年人保护民事公益诉讼
469. 消费者权益保护民事公益诉讼
五十三、第三人撤销之诉
470. 第三人撤销之诉
五十四、执行程序中的异议之诉
471. 执行异议之诉
(1)案外人执行异议之诉
(2)申请执行人执行异议之诉
472. 追加、变更被执行人异议之诉
473. 执行分配方案异议之诉

（三）管 辖

最高人民法院关于第三人能否对管辖权提出异议问题的批复

- 1990年7月28日
- 法(经)复〔1990〕9号

江苏省高级人民法院：

你院苏法(经)：〔1989〕第9号《关于第三人能否对管辖权提出异议的请示》收悉。经研究，答复如下：

一、有独立请求权的第三人主动参加他人已开始的诉讼，应视为承认和接受了受诉法院的管辖，因而不发生对管辖权提出异议的问题；如果是受诉法院依职权通知他参加诉讼，则他有权选择是以有独立请求权的第三人的身份参加诉讼，还是以原告身份向其他有管辖权的法院另行起诉。

二、无独立请求权的第三人参加他人已开始的诉讼，是通过支持一方当事人的主张，维护自己的利益。由于他在诉讼中始终辅助一方当事人，并以一方当事人的主张为转移。所以，他无权对受诉法院的管辖权提出异议。

附：江苏省高级人民法院关于第三人能否对管辖权提出异议的请示(略)

最高人民法院关于审理商标案件有关管辖和法律适用范围问题的解释

- 2001年12月25日最高人民法院审判委员会第1203次会议通过
- 根据2020年12月23日最高人民法院审判委员会第1823次会议通过的《最高人民法院关于修改〈最高人民法院关于审理侵犯专利权纠纷案件应用法律若干问题的解释(二)〉等十八件知识产权类司法解释的决定》修正
- 2020年12月29日最高人民法院公告公布
- 该修正自2021年1月1日起施行
- 法释〔2020〕19号

《全国人民代表大会常务委员会关于修改〈中华人民共和国商标法〉的决定》(以下简称商标法修改决定)已由第九届全国人民代表大会常务委员会第二十四次会议通过，自2001年12月1日起施行。为了正确审理商标案件，根据《中华人民共和国商标法》(以下简称商标法)、《中华人民共和国民事诉讼法》和《中华人民共和国行政诉讼法》(以下简称行政诉讼法)的规定，现就人民法院审理商标案件有关管辖和法律适用范围等问题，作如下解释：

第一条 人民法院受理以下商标案件：
1. 不服国家知识产权局作出的复审决定或者裁定的行政案件；
2. 不服国家知识产权局作出的有关商标的其他行政行为的案件；
3. 商标权权属纠纷案件；
4. 侵害商标权纠纷案件；
5. 确认不侵害商标权纠纷案件；
6. 商标权转让合同纠纷案件；
7. 商标使用许可合同纠纷案件；
8. 商标代理合同纠纷案件；
9. 申请诉前停止侵害注册商标专用权案件；
10. 申请停止侵害注册商标专用权损害责任案件；
11. 申请诉前财产保全案件；
12. 申请诉前证据保全案件；
13. 其他商标案件。

第二条 本解释第一条所列第1项第一审案件，由北京市高级人民法院根据最高人民法院的授权确定其辖区内有关中级人民法院管辖。

本解释第一条所列第2项第一审案件，根据行政诉讼法的有关规定确定管辖。

商标民事纠纷第一审案件，由中级以上人民法院管辖。

各高级人民法院根据本辖区的实际情况，经最高人民法院批准，可以在较大城市确定1-2个基层人民法院受理第一审商标民事纠纷案件。

第三条 商标注册人或者利害关系人向国家知识产权局就侵犯商标权行为请求处理，又向人民法院提起侵害商标权诉讼请求损害赔偿的，人民法院应当受理。

第四条 国家知识产权局在商标法修改决定施行前受理的案件，于该决定施行后作出复审决定或裁定，当事人对复审决定或裁定不服向人民法院起诉的，人民法院应当受理。

第五条 除本解释另行规定外，对商标法修改决定施行前发生，属于修改后商标法第四条、第五条、第八条、第九条第一款、第十条第一款第(二)、(三)、(四)项、第十条第二款、第十一条、第十二条、第十三条、第十五条、第十六条、第二十四条、第二十五条、第三十一条所列举的情形，国家知识产权局于商标法修改决定施行后作出复审决定或者裁定，当事人不服向人民法院起诉的行政案件，适用修改后商标法的相应规定进行审查；属于其他情形的，适用修改前商标法的相应规定进行审查。

第六条 当事人就商标法修改决定施行时已满一年的注册商标发生争议，不服国家知识产权局作出的裁定向人民法院起诉的,适用修改前商标法第二十七条第二款规定的提出申请的期限处理;商标法修改决定施行时商标注册不满一年的,适用修改后商标法第四十一条第二款、第三款规定的提出申请的期限处理。

第七条 对商标法修改决定施行前发生的侵犯商标专用权行为,商标注册人或者利害关系人于该决定施行后在起诉前向人民法院提出申请采取责令停止侵权行为或者保全证据措施的,适用修改后商标法第五十七条、第五十八条的规定。

第八条 对商标法修改决定施行前发生的侵犯商标专用权行为起诉的案件,人民法院于该决定施行时尚未作出生效判决的,参照修改后商标法第五十六条的规定处理。

第九条 除本解释另行规定外,商标法修改决定施行后人民法院受理的商标民事纠纷案件,涉及该决定施行前发生的民事行为的,适用修改前商标法的规定;涉及该决定施行后发生的民事行为的,适用修改后商标法的规定;涉及该决定施行前发生,持续到该决定施行后的民事行为的,分别适用修改前、后商标法的规定。

第十条 人民法院受理的侵犯商标权纠纷案件,已经过行政管理部门处理的,人民法院仍应就当事人民事争议的事实进行审查。

最高人民法院关于审理民事级别管辖异议案件若干问题的规定

- 2009年7月20日最高人民法院审判委员会第1471次会议通过
- 根据2020年12月23日最高人民法院审判委员会第1823次会议通过的《最高人民法院关于修改〈最高人民法院关于人民法院民事调解工作若干问题的规定〉等十九件民事诉讼类司法解释的决定》修正
- 2020年12月29日最高人民法院公告公布
- 该修正自2021年1月1日起施行
- 法释〔2020〕20号

为正确审理民事级别管辖异议案件,依法维护诉讼秩序和当事人的合法权益,根据《中华人民共和国民事诉讼法》的规定,结合审判实践,制定本规定。

第一条 被告在提交答辩状期间提出管辖权异议,认为受诉人民法院违反级别管辖规定,案件应当由上级人民法院或者下级人民法院管辖的,受诉人民法院应当审查,并在受理异议之日起十五日内作出裁定:

(一)异议不成立的,裁定驳回;

(二)异议成立的,裁定移送有管辖权的人民法院。

第二条 在管辖权异议裁定作出前,原告申请撤回起诉,受诉人民法院作出准予撤回起诉裁定的,对管辖权异议不再审查,并在裁定书中一并写明。

第三条 提交答辩状期间届满后,原告增加诉讼请求金额致使案件标的额超过受诉人民法院级别管辖标准,被告提出管辖权异议,请求由上级人民法院管辖的,人民法院应当按照本规定第一条审查并作出裁定。

第四条 对于应由上级人民法院管辖的第一审民事案件,下级人民法院不得报请上级人民法院交其审理。

第五条 被告以受诉人民法院同时违反级别管辖和地域管辖规定为由提出管辖权异议的,受诉人民法院应当一并作出裁定。

第六条 当事人未依法提出管辖权异议,但受诉人民法院发现其没有级别管辖权的,应当将案件移送有管辖权的人民法院审理。

第七条 对人民法院就级别管辖异议作出的裁定,当事人不服提起上诉的,第二审人民法院应当依法审理并作出裁定。

第八条 对于将案件移送上级人民法院管辖的裁定,当事人未提出上诉,但受移送的上级人民法院认为确有错误的,可以依职权裁定撤销。

第九条 经最高人民法院批准的第一审民事案件级别管辖标准的规定,应当作为审理民事级别管辖异议案件的依据。

第十条 本规定施行前颁布的有关司法解释与本规定不一致的,以本规定为准。

最高人民法院关于军事法院管辖民事案件若干问题的规定

- 2012年8月20日最高人民法院审判委员会第1553次会议通过
- 根据2020年12月23日最高人民法院审判委员会第1823次会议通过的《最高人民法院关于修改〈最高人民法院关于人民法院民事调解工作若干问题的规定〉等十九件民事诉讼类司法解释的决定》修正
- 2020年12月29日最高人民法院公告公布
- 该修正自2021年1月1日起施行
- 法释〔2020〕20号

根据《中华人民共和国人民法院组织法》《中华人民共和国民事诉讼法》等法律规定,结合人民法院民事审判

工作实际,对军事法院管辖民事案件有关问题作如下规定:

第一条 下列民事案件,由军事法院管辖:

(一)双方当事人均为军人或者军队单位的案件,但法律另有规定的除外;

(二)涉及机密级以上军事秘密的案件;

(三)军队设立选举委员会的选民资格案件;

(四)认定营区内无主财产案件。

第二条 下列民事案件,地方当事人向军事法院提起诉讼或者提出申请的,军事法院应当受理:

(一)军人或者军队单位执行职务过程中造成他人损害的侵权责任纠纷案件;

(二)当事人一方为军人或者军队单位,侵权行为发生在营区内的侵权责任纠纷案件;

(三)当事人一方为军人的婚姻家庭纠纷案件;

(四)民事诉讼法第三十三条规定的不动产所在地、港口所在地、被继承人死亡时住所地或者主要遗产所在地在营区内,且当事人一方为军人或者军队单位的案件;

(五)申请宣告军人失踪或者死亡的案件;

(六)申请认定军人无民事行为能力或者限制民事行为能力的案件。

第三条 当事人一方是军人或者军队单位,且合同履行地或者标的物所在地在营区内的合同纠纷,当事人书面约定由军事法院管辖,不违反法律关于级别管辖、专属管辖和专门管辖规定的,可以由军事法院管辖。

第四条 军事法院受理第一审民事案件,应当参照民事诉讼法关于地域管辖、级别管辖的规定确定。

当事人住所地省级行政区划内没有可以受理案件的第一审军事法院,或者处于交通十分不便的边远地区,双方当事人同意由地方人民法院管辖的,地方人民法院可以管辖,但本规定第一条第(二)项规定的案件除外。

第五条 军事法院发现受理的民事案件属于地方人民法院管辖的,应当移送有管辖权的地方人民法院,受移送的地方人民法院应当受理。地方人民法院认为受移送的案件不属于本院管辖的,应当报请上级地方人民法院处理,不得再自行移送。

地方人民法院发现受理的民事案件属于军事法院管辖的,参照前款规定办理。

第六条 军事法院与地方人民法院之间因管辖权发生争议,由争议双方协商解决;协商不成的,报请各自的上级法院协商解决;仍然协商不成的,报请最高人民法院指定管辖。

第七条 军事法院受理案件后,当事人对管辖权有异议的,应当在提交答辩状期间提出。军事法院对当事人提出的异议,应当审查。异议成立的,裁定将案件移送有管辖权的军事法院或者地方人民法院;异议不成立的,裁定驳回。

第八条 本规定所称军人是指中国人民解放军的现役军官、文职干部、士兵及具有军籍的学员,中国人民武装警察部队的现役警官、文职干部、士兵及具有军籍的学员。军队中的文职人员、非现役公勤人员、正式职工,由军队管理的离退休人员,参照军人确定管辖。

军队单位是指中国人民解放军现役部队和预备役部队、中国人民武装警察部队及其编制内的企业事业单位。

营区是指由军队管理使用的区域,包括军事禁区、军事管理区。

第九条 本解释施行前本院公布的司法解释以及司法解释性文件与本解释不一致的,以本解释为准。

最高人民法院关于调整中级人民法院管辖第一审民事案件标准的通知

- 2021年9月17日
- 法发〔2021〕27号

各省、自治区、直辖市高级人民法院,解放军军事法院,新疆维吾尔自治区高级人民法院生产建设兵团分院:

为适应新时代经济社会发展和民事诉讼需要,准确适用民事诉讼法关于中级人民法院管辖第一审民事案件的规定,合理定位四级法院民事审判职能,现就调整中级人民法院管辖第一审民事案件标准问题,通知如下:

一、当事人住所地均在或者均不在受理法院所处省级行政辖区的,中级人民法院管辖诉讼标的额5亿元以上的第一审民事案件。

二、当事人一方住所地不在受理法院所处省级行政辖区的,中级人民法院管辖诉讼标的额1亿元以上的第一审民事案件。

三、战区军事法院、总直属军事法院管辖诉讼标的额1亿元以上的第一审民事案件。

四、对新类型、疑难复杂或者具有普遍法律适用指导意义的案件,可以依照民事诉讼法第三十八条的规定,由上级人民法院决定由其审理，或者根据下级人民法院报请决定由其审理。

五、本通知调整的级别管辖标准不适用于知识产权案件、海事海商案件和涉外涉港澳台民商事案件。

六、最高人民法院以前发布的关于中级人民法院第一审民事案件级别管辖标准的规定，与本通知不一致的，不再适用。

本通知自2021年10月1日起实施，执行过程中遇到的问题，请及时报告我院。

最高人民法院关于第一审知识产权民事、行政案件管辖的若干规定

- 2021年12月27日最高人民法院审判委员会第1858次会议通过
- 2022年4月20日最高人民法院公告公布
- 自2022年5月1日起施行
- 法释〔2022〕13号

为进一步完善知识产权案件管辖制度，合理定位四级法院审判职能，根据《中华人民共和国民事诉讼法》《中华人民共和国行政诉讼法》等法律规定，结合知识产权审判实践，制定本规定。

第一条 发明专利、实用新型专利、植物新品种、集成电路布图设计、技术秘密、计算机软件的权属、侵权纠纷以及垄断纠纷第一审民事、行政案件由知识产权法院、省、自治区、直辖市人民政府所在地的中级人民法院和最高人民法院确定的中级人民法院管辖。

法律对知识产权法院的管辖有规定的，依照其规定。

第二条 外观设计专利的权属、侵权纠纷以及涉驰名商标认定第一审民事、行政案件由知识产权法院和中级人民法院管辖；经最高人民法院批准，也可以由基层人民法院管辖，但外观设计专利行政案件除外。

本规定第一条及本条第一款规定之外的第一审知识产权案件诉讼标的额在最高人民法院确定的数额以上的，以及涉及国务院部门、县级以上地方人民政府或者海关行政行为的，由中级人民法院管辖。

法律对知识产权法院的管辖有规定的，依照其规定。

第三条 本规定第一条、第二条规定之外的第一审知识产权民事、行政案件，由最高人民法院确定的基层人民法院管辖。

第四条 对新类型、疑难复杂或者具有法律适用指导意义等知识产权民事、行政案件，上级人民法院可以依照诉讼法有关规定，根据下级人民法院报请或者自行决定提级审理。

确有必要将本院管辖的第一审知识产权民事案件交下级人民法院审理的，应当依照民事诉讼法第三十九条第一款的规定，逐案报请其上级人民法院批准。

第五条 依照本规定需要最高人民法院确定管辖或者调整管辖的诉讼标的额标准、区域范围的，应当层报最高人民法院批准。

第六条 本规定自2022年5月1日起施行。

最高人民法院此前发布的司法解释与本规定不一致的，以本规定为准。

（四）诉讼参加人

最高人民法院关于产品侵权案件的受害人能否以产品的商标所有人为被告提起民事诉讼的批复

- 2002年7月4日最高人民法院审判委员会第1229次会议通过
- 根据2020年12月23日最高人民法院审判委员会第1823次会议通过的《最高人民法院关于修改〈最高人民法院关于人民法院民事调解工作若干问题的规定〉等十九件民事诉讼类司法解释的决定》修正
- 2020年12月29日最高人民法院公告公布
- 该修正自2021年1月1日起施行
- 法释〔2020〕20号

北京市高级人民法院：

你院京高法〔2001〕271号《关于荆其廉、张新荣等诉美国通用汽车公司、美国通用汽车海外公司损害赔偿案诉讼主体确立问题处理结果的请示报告》收悉。经研究，我们认为，任何将自己的姓名、名称、商标或者可资识别的其他标识体现在产品上，表示其为产品制造者的企业或个人，均属于《中华人民共和国民法典》和《中华人民共和国产品质量法》规定的"生产者"。本案中美国通用汽车公司为事故车的商标所有人，根据受害人的起诉和本案的实际情况，本案以通用汽车公司、通用汽车海外公司、通用汽车巴西公司为被告并无不当。

(五)证 据

最高人民法院关于民事诉讼证据的若干规定

- 2001年12月6日最高人民法院审判委员会第1201次会议通过
- 根据2019年10月14日最高人民法院审判委员会第1777次会议《关于修改〈关于民事诉讼证据的若干规定〉的决定》修正
- 2019年12月25日最高人民法院公告公布
- 该修正自2020年5月1日起施行
- 法释〔2019〕19号

为保证人民法院正确认定案件事实,公正、及时审理民事案件,保障和便利当事人依法行使诉讼权利,根据《中华人民共和国民事诉讼法》(以下简称民事诉讼法)等有关法律的规定,结合民事审判经验和实际情况,制定本规定。

一、当事人举证

第一条 原告向人民法院起诉或者被告提出反诉,应当提供符合起诉条件的相应的证据。

第二条 人民法院应当向当事人说明举证的要求及法律后果,促使当事人在合理期限内积极、全面、正确、诚实地完成举证。

当事人因客观原因不能自行收集的证据,可申请人民法院调查收集。

第三条 在诉讼过程中,一方当事人陈述的于己不利的事实,或者对于己不利的事实明确表示承认的,另一方当事人无需举证证明。

在证据交换、询问、调查过程中,或者在起诉状、答辩状、代理词等书面材料中,当事人明确承认于己不利的事实的,适用前款规定。

第四条 一方当事人对于另一方当事人主张的于己不利的事实既不承认也不否认,经审判人员说明并询问后,其仍然不明确表示肯定或者否定的,视为对该事实的承认。

第五条 当事人委托诉讼代理人参加诉讼的,除授权委托书明确排除的事项外,诉讼代理人的自认视为当事人的自认。

当事人在场对诉讼代理人的自认明确否认的,不视为自认。

第六条 普通共同诉讼中,共同诉讼人中一人或者数人作出的自认,对作出自认的当事人发生效力。

必要共同诉讼中,共同诉讼人中一人或者数人作出自认而其他共同诉讼人予以否认的,不发生自认的效力。其他共同诉讼人既不承认也不否认,经审判人员说明并询问后仍然不明确表示意见的,视为全体共同诉讼人的自认。

第七条 一方当事人对于另一方当事人主张的于己不利的事实有所限制或者附加条件予以承认的,由人民法院综合案件情况决定是否构成自认。

第八条 《最高人民法院关于适用〈中华人民共和国民事诉讼法〉的解释》第九十六条第一款规定的事实,不适用有关自认的规定。

自认的事实与已经查明的事实不符的,人民法院不予确认。

第九条 有下列情形之一,当事人在法庭辩论终结前撤销自认的,人民法院应当准许:

(一)经对方当事人同意的;

(二)自认是在受胁迫或者重大误解情况下作出的。

人民法院准许当事人撤销自认的,应当作出口头或者书面裁定。

第十条 下列事实,当事人无须举证证明:

(一)自然规律以及定理、定律;

(二)众所周知的事实;

(三)根据法律规定推定的事实;

(四)根据已知的事实和日常生活经验法则推定出的另一事实;

(五)已为仲裁机构的生效裁决所确认的事实;

(六)已为人民法院发生法律效力的裁判所确认的基本事实;

(七)已为有效公证文书所证明的事实。

前款第二项至第五项事实,当事人有相反证据足以反驳的除外;第六项、第七项事实,当事人有相反证据足以推翻的除外。

第十一条 当事人向人民法院提供证据,应当提供原件或者原物。如需自己保存证据原件、原物或者提供原件、原物确有困难的,可以提供经人民法院核对无异的复制件或者复制品。

第十二条 以动产作为证据的,应当将原物提交人民法院。原物不宜搬移或者不宜保存的,当事人可以提供复制品、影像资料或者其他替代品。

人民法院在收到当事人提交的动产或者替代品后,应当及时通知双方当事人到人民法院或者保存现场查验。

第十三条 当事人以不动产作为证据的,应当向人民法院提供该不动产的影像资料。

人民法院认为有必要的,应当通知双方当事人到场进行查验。

第十四条 电子数据包括下列信息、电子文件:

(一)网页、博客、微博客等网络平台发布的信息;

(二)手机短信、电子邮件、即时通信、通讯群组等网络应用服务的通信信息;

(三)用户注册信息、身份认证信息、电子交易记录、通信记录、登录日志等信息;

(四)文档、图片、音频、视频、数字证书、计算机程序等电子文件;

(五)其他以数字化形式存储、处理、传输的能够证明案件事实的信息。

第十五条 当事人以视听资料作为证据的,应当提供存储该视听资料的原始载体。

当事人以电子数据作为证据的,应当提供原件。电子数据的制作者制作的与原件一致的副本,或者直接来源于电子数据的打印件或其他可以显示、识别的输出介质,视为电子数据的原件。

第十六条 当事人提供的公文书证系在中华人民共和国领域外形成的,该证据应当经所在国公证机关证明,或者履行中华人民共和国与该所在国订立的有关条约中规定的证明手续。

中华人民共和国领域外形成的涉及身份关系的证据,应当经所在国公证机关证明并经中华人民共和国驻该国使领馆认证,或者履行中华人民共和国与该所在国订立的有关条约中规定的证明手续。

当事人向人民法院提供的证据是在香港、澳门、台湾地区形成的,应当履行相关的证明手续。

第十七条 当事人向人民法院提供外文书证或者外文说明资料,应当附有中文译本。

第十八条 双方当事人无争议的事实符合《最高人民法院关于适用〈中华人民共和国民事诉讼法〉的解释》第九十六条第一款规定情形的,人民法院可以责令当事人提供有关证据。

第十九条 当事人应当对其提交的证据材料逐一分类编号,对证据材料的来源、证明对象和内容作简要说明,签名盖章,注明提交日期,并依照对方当事人人数提出副本。

人民法院收到当事人提交的证据材料,应当出具收据,注明证据的名称、份数和页数以及收到的时间,由经办人员签名或者盖章。

二、证据的调查收集和保全

第二十条 当事人及其诉讼代理人申请人民法院调查收集证据,应当在举证期限届满前提交书面申请。

申请书应当载明被调查人的姓名或者单位名称、住所地等基本情况、所要调查收集的证据名称或者内容、需要由人民法院调查收集证据的原因及其要证明的事实以及明确的线索。

第二十一条 人民法院调查收集的书证,可以是原件,也可以是经核对无误的副本或者复制件。是副本或者复制件的,应当在调查笔录中说明来源和取证情况。

第二十二条 人民法院调查收集的物证应当是原物。被调查人提供原物确有困难的,可以提供复制品或者影像资料。提供复制品或者影像资料的,应当在调查笔录中说明取证情况。

第二十三条 人民法院调查收集视听资料、电子数据,应当要求被调查人提供原始载体。

提供原始载体确有困难的,可以提供复制件。提供复制件的,人民法院应当在调查笔录中说明其来源和制作经过。

人民法院对视听资料、电子数据采取证据保全措施的,适用前款规定。

第二十四条 人民法院调查收集可能需要鉴定的证据,应当遵守相关技术规范,确保证据不被污染。

第二十五条 当事人或者利害关系人根据民事诉讼法第八十一条的规定申请证据保全的,申请书应当载明需要保全的证据的基本情况、申请保全的理由以及采取何种保全措施等内容。

当事人根据民事诉讼法第八十一条第一款的规定申请证据保全的,应当在举证期限届满前向人民法院提出。

法律、司法解释对诉前证据保全有规定的,依照其规定办理。

第二十六条 当事人或者利害关系人申请采取查封、扣押等限制保全标的物使用、流通等保全措施,或者保全可能对证据持有人造成损失的,人民法院应当责令申请人提供相应的担保。

担保方式或者数额由人民法院根据保全措施对证据持有人的影响、保全标的物的价值、当事人或者利害关系人争议的诉讼标的金额等因素综合确定。

第二十七条 人民法院进行证据保全,可以要求当事人或者诉讼代理人到场。

根据当事人的申请和具体情况,人民法院可以采取查封、扣押、录音、录像、复制、鉴定、勘验等方法进行证据保全,并制作笔录。

在符合证据保全目的的情况下,人民法院应当选择对证据持有人利益影响最小的保全措施。

第二十八条 申请证据保全错误造成财产损失,当事人请求申请人承担赔偿责任的,人民法院应予支持。

第二十九条 人民法院采取诉前证据保全措施后,当事人向其他有管辖权的人民法院提起诉讼的,采取保全措施的人民法院应当根据当事人的申请,将保全的证据及时移交受理案件的人民法院。

第三十条 人民法院在审理案件过程中认为待证事实需要通过鉴定意见证明的,应当向当事人释明,并指定提出鉴定申请的期间。

符合《最高人民法院关于适用〈中华人民共和国民事诉讼法〉的解释》第九十六条第一款规定情形的,人民法院应当依职权委托鉴定。

第三十一条 当事人申请鉴定,应当在人民法院指定期间内提出,并预交鉴定费用。逾期不提出申请或者不预交鉴定费用的,视为放弃申请。

对需要鉴定的待证事实负有举证责任的当事人,在人民法院指定期间内无正当理由不提出鉴定申请或者不预交鉴定费用,或者拒不提供相关材料,致使待证事实无法查明的,应当承担举证不能的法律后果。

第三十二条 人民法院准许鉴定申请的,应当组织双方当事人协商确定具备相应资格的鉴定人。当事人协商不成的,由人民法院指定。

人民法院依职权委托鉴定的,可以在询问当事人的意见后,指定具备相应资格的鉴定人。

人民法院在确定鉴定人后应当出具委托书,委托书中应当载明鉴定事项、鉴定范围、鉴定目的和鉴定期限。

第三十三条 鉴定开始之前,人民法院应当要求鉴定人签署承诺书。承诺书中应当载明鉴定人保证客观、公正、诚实地进行鉴定,保证出庭作证,如作虚假鉴定应当承担法律责任等内容。

鉴定人故意作虚假鉴定的,人民法院应当责令其退还鉴定费用,并根据情节,依照民事诉讼法第一百一十一条的规定进行处罚。

第三十四条 人民法院应当组织当事人对鉴定材料进行质证。未经质证的材料,不得作为鉴定的根据。

经人民法院准许,鉴定人可以调取证据、勘验物证和现场、询问当事人或者证人。

第三十五条 鉴定人应当在人民法院确定的期限内完成鉴定,并提交鉴定书。

鉴定人无正当理由未按期提交鉴定书的,当事人可以申请人民法院另行委托鉴定人进行鉴定。人民法院准许的,原鉴定人已经收取的鉴定费用应当退还;拒不退还的,依照本规定第八十一条第二款的规定处理。

第三十六条 人民法院对鉴定人出具的鉴定书,应当审查是否具有下列内容:

(一)委托法院的名称;

(二)委托鉴定的内容、要求;

(三)鉴定材料;

(四)鉴定所依据的原理、方法;

(五)对鉴定过程的说明;

(六)鉴定意见;

(七)承诺书。

鉴定书应当由鉴定人签名或者盖章,并附鉴定人的相应资格证明。委托机构鉴定的,鉴定书应当由鉴定机构盖章,并由从事鉴定的人员签名。

第三十七条 人民法院收到鉴定书后,应当及时将副本送交当事人。

当事人对鉴定书的内容有异议的,应当在人民法院指定期间内以书面方式提出。

对于当事人的异议,人民法院应当要求鉴定人作出解释、说明或者补充。人民法院认为有必要的,可以要求鉴定人对当事人未提出异议的内容进行解释、说明或者补充。

第三十八条 当事人在收到鉴定人的书面答复后仍有异议的,人民法院应当根据《诉讼费用交纳办法》第十一条的规定,通知有异议的当事人预交鉴定人出庭费用,并通知鉴定人出庭。有异议的当事人不预交鉴定人出庭费用的,视为放弃异议。

双方当事人对鉴定意见均有异议的,分摊预交鉴定人出庭费用。

第三十九条 鉴定人出庭费用按照证人出庭作证费用的标准计算,由败诉的当事人负担。因鉴定意见不明确或者有瑕疵需要鉴定人出庭的,出庭费用由其自行负担。

人民法院委托鉴定时已经确定鉴定人出庭费用包含在鉴定费用中的,不再通知当事人预交。

第四十条 当事人申请重新鉴定,存在下列情形之一的,人民法院应当准许:

(一)鉴定人不具备相应资格的;

(二)鉴定程序严重违法的;

(三)鉴定意见明显依据不足的;

（四）鉴定意见不能作为证据使用的其他情形。

存在前款第一项至第三项情形的，鉴定人已经收取的鉴定费用应当退还。拒不退还的，依照本规定第八十一条第二款的规定处理。

对鉴定意见的瑕疵，可以通过补正、补充鉴定或者补充质证、重新质证等方法解决的，人民法院不予准许重新鉴定的申请。

重新鉴定的，原鉴定意见不得作为认定案件事实的根据。

第四十一条 对于一方当事人就专门性问题自行委托有关机构或者人员出具的意见，另一方当事人有证据或者理由足以反驳并申请鉴定的，人民法院应予准许。

第四十二条 鉴定意见被采信后，鉴定人无正当理由撤销鉴定意见的，人民法院应当责令其退还鉴定费用，并可以根据情节，依照民事诉讼法第一百一十一条的规定对鉴定人进行处罚。当事人主张鉴定人负担由此增加的合理费用的，人民法院应予支持。

人民法院采信鉴定意见后准许鉴定人撤销的，应当责令其退还鉴定费用。

第四十三条 人民法院应当在勘验前将勘验的时间和地点通知当事人。当事人不参加的，不影响勘验进行。

当事人可以就勘验事项向人民法院进行解释和说明，可以请求人民法院注意勘验中的重要事项。

人民法院勘验物证或者现场，应当制作笔录，记录勘验的时间、地点、勘验人、在场人、勘验的经过、结果，由勘验人、在场人签名或者盖章。对于绘制的现场图应当注明绘制的时间、方位、测绘人姓名、身份等内容。

第四十四条 摘录有关单位制作的与案件事实相关的文件、材料，应当注明出处，并加盖制作单位或者保管单位的印章，摘录人和其他调查人员应当在摘录件上签名或者盖章。

摘录文件、材料应当保持内容相应的完整性。

第四十五条 当事人根据《最高人民法院关于适用〈中华人民共和国民事诉讼法〉的解释》第一百一十二条的规定申请人民法院责令对方当事人提交书证的，申请书应当载明所申请提交的书证名称或者内容、需要以该书证证明的事实及事实的重要性、对方当事人控制该书证的根据以及应当提交该书证的理由。

对方当事人否认控制书证的，人民法院应当根据法律规定、习惯等因素，结合案件的事实、证据，对于书证是否在对方当事人控制之下的事实作出综合判断。

第四十六条 人民法院对当事人提交书证的申请进行审查时，应当听取对方当事人的意见，必要时可以要求双方当事人提供证据、进行辩论。

当事人申请提交的书证不明确、书证对于待证事实的证明无必要、待证事实对于裁判结果无实质性影响、书证未在对方当事人控制之下或者不符合本规定第四十七条情形的，人民法院不予准许。

当事人申请理由成立的，人民法院应当作出裁定，责令对方当事人提交书证；理由不成立的，通知申请人。

第四十七条 下列情形，控制书证的当事人应当提交书证：

（一）控制书证的当事人在诉讼中曾经引用过的书证；

（二）为对方当事人的利益制作的书证；

（三）对方当事人依照法律规定有权查阅、获取的书证；

（四）账簿、记账原始凭证；

（五）人民法院认为应当提交书证的其他情形。

前款所列书证，涉及国家秘密、商业秘密、当事人或第三人的隐私，或者存在法律规定应当保密的情形的，提交后不得公开质证。

第四十八条 控制书证的当事人无正当理由拒不提交书证的，人民法院可以认定对方当事人所主张的书证内容为真实。

控制书证的当事人存在《最高人民法院关于适用〈中华人民共和国民事诉讼法〉的解释》第一百一十三条规定情形的，人民法院可以认定对方当事人主张以该书证证明的事实为真实。

三、举证时限与证据交换

第四十九条 被告应当在答辩期届满前提出书面答辩，阐明其对原告诉讼请求及所依据的事实和理由的意见。

第五十条 人民法院应当在审理前的准备阶段向当事人送达举证通知书。

举证通知书应当载明举证责任的分配原则和要求、可以向人民法院申请调查收集证据的情形、人民法院根据案件情况指定的举证期限以及逾期提供证据的法律后果等内容。

第五十一条 举证期限可以由当事人协商，并经人民法院准许。

人民法院指定举证期限的，适用第一审普通程序审理的案件不得少于十五日，当事人提供新的证据的第二审案件不得少于十日。适用简易程序审理的案件不得超过十五日，小额诉讼案件的举证期限一般不得超过七日。

举证期限届满后，当事人提供反驳证据或者对已经提供的证据的来源、形式等方面的瑕疵进行补正的，人民法院可以酌情再次确定举证期限，该期限不受前款规定的期间限制。

第五十二条 当事人在举证期限内提供证据存在客观障碍，属于民事诉讼法第六十五条第二款规定的"当事人在该期限内提供证据确有困难"的情形。

前款情形，人民法院应当根据当事人的举证能力、不能在举证期限内提供证据的原因等因素综合判断。必要时，可以听取对方当事人的意见。

第五十三条 诉讼过程中，当事人主张的法律关系性质或者民事行为效力与人民法院根据案件事实作出的认定不一致的，人民法院应当将法律关系性质或者民事行为效力作为焦点问题进行审理。但法律关系性质对裁判理由及结果没有影响，或者有关问题已经当事人充分辩论的除外。

存在前款情形，当事人根据法庭审理情况变更诉讼请求的，人民法院应当准许并可以根据案件的具体情况重新指定举证期限。

第五十四条 当事人申请延长举证期限的，应当在举证期限届满前向人民法院提出书面申请。

申请理由成立的，人民法院应当准许，适当延长举证期限，并通知其他当事人。延长的举证期限适用于其他当事人。

申请理由不成立的，人民法院不予准许，并通知申请人。

第五十五条 存在下列情形的，举证期限按照如下方式确定：

（一）当事人依照民事诉讼法第一百二十七条规定提出管辖权异议的，举证期限中止，自驳回管辖权异议的裁定生效之日起恢复计算；

（二）追加当事人、有独立请求权的第三人参加诉讼或者无独立请求权的第三人经人民法院通知参加诉讼的，人民法院应当依照本规定第五十一条的规定为新参加诉讼的当事人确定举证期限，该举证期限适用于其他当事人；

（三）发回重审的案件，第一审人民法院可以结合案件具体情况和发回重审的原因，酌情确定举证期限；

（四）当事人增加、变更诉讼请求或者提出反诉的，人民法院应当根据案件具体情况重新确定举证期限；

（五）公告送达的，举证期限自公告期届满之次日起计算。

第五十六条 人民法院依照民事诉讼法第一百三十三条第四项的规定，通过组织证据交换进行审理前准备的，证据交换之日举证期限届满。

证据交换的时间可以由当事人协商一致并经人民法院认可，也可以由人民法院指定。当事人申请延期举证经人民法院准许的，证据交换日相应顺延。

第五十七条 证据交换应当在审判人员的主持下进行。

在证据交换的过程中，审判人员对当事人无异议的事实、证据应当记录在卷；对有异议的证据，按照需要证明的事实分类记录在卷，并记载异议的理由。通过证据交换，确定双方当事人争议的主要问题。

第五十八条 当事人收到对方的证据后有反驳证据需要提交的，人民法院应当再次组织证据交换。

第五十九条 人民法院对逾期提供证据的当事人处以罚款的，可以结合当事人逾期提供证据的主观过错程度、导致诉讼迟延的情况、诉讼标的金额等因素，确定罚款数额。

四、质 证

第六十条 当事人在审理前的准备阶段或者人民法院调查、询问过程中发表过质证意见的证据，视为质证过的证据。

当事人要求以书面方式发表质证意见，人民法院在听取对方当事人意见后认为有必要的，可以准许。人民法院应当及时将书面质证意见送交对方当事人。

第六十一条 对书证、物证、视听资料进行质证时，当事人应当出示证据的原件或者原物。但有下列情形之一的除外：

（一）出示原件或者原物确有困难并经人民法院准许出示复制件或者复制品的；

（二）原件或者原物已不存在，但有证据证明复制件、复制品与原件或者原物一致的。

第六十二条 质证一般按下列顺序进行：

（一）原告出示证据，被告、第三人与原告进行质证；

（二）被告出示证据，原告、第三人与被告进行质证；

（三）第三人出示证据，原告、被告与第三人进行质证。

人民法院根据当事人申请调查收集的证据，审判人员对调查收集证据的情况进行说明后，由提出申请的当事人与对方当事人、第三人进行质证。

人民法院依职权调查收集的证据,由审判人员对调查收集证据的情况进行说明后,听取当事人的意见。

第六十三条 当事人应当就案件事实作真实、完整的陈述。

当事人的陈述与此前陈述不一致的,人民法院应当责令其说明理由,并结合当事人的诉讼能力、证据和案件具体情况进行审查认定。

当事人故意作虚假陈述妨碍人民法院审理的,人民法院应当根据情节,依照民事诉讼法第一百一十一条的规定进行处罚。

第六十四条 人民法院认为有必要的,可以要求当事人本人到场,就案件的有关事实接受询问。

人民法院要求当事人到场接受询问的,应当通知当事人询问的时间、地点、拒不到场的后果等内容。

第六十五条 人民法院应当在询问前责令当事人签署保证书并宣读保证书的内容。

保证书应当载明保证据实陈述,绝无隐瞒、歪曲、增减,如有虚假陈述应当接受处罚等内容。当事人应当在保证书上签名、捺印。

当事人有正当理由不能宣读保证书的,由书记员宣读并进行说明。

第六十六条 当事人无正当理由拒不到场、拒不签署或宣读保证书或者拒不接受询问的,人民法院应当综合案件情况,判断待证事实的真伪。待证事实无其他证据证明的,人民法院应当作出不利于该当事人的认定。

第六十七条 不能正确表达意思的人,不能作为证人。

待证事实与其年龄、智力状况或者精神健康状况相适应的无民事行为能力人和限制民事行为能力人,可以作为证人。

第六十八条 人民法院应当要求证人出庭作证,接受审判人员和当事人的询问。证人在审理前的准备阶段或者人民法院调查、询问等双方当事人在场时陈述证言的,视为出庭作证。

双方当事人同意证人以其他方式作证并经人民法院准许的,证人可以不出庭作证。

无正当理由未出庭的证人以书面等方式提供的证言,不得作为认定案件事实的根据。

第六十九条 当事人申请证人出庭作证的,应当在举证期限届满前向人民法院提交申请书。

申请书应当载明证人的姓名、职业、住所、联系方式、作证的主要内容,作证内容与待证事实的关联性,以及证人出庭作证的必要性。

符合《最高人民法院关于适用〈中华人民共和国民事诉讼法〉的解释》第九十六条第一款规定情形的,人民法院应当依职权通知证人出庭作证。

第七十条 人民法院准许证人出庭作证申请的,应当向证人送达通知书并告知双方当事人。通知书中应当载明证人作证的时间、地点,作证的事项、要求以及作伪证的法律后果等内容。

当事人申请证人出庭作证的事项与待证事实无关,或者没有通知证人出庭作证必要的,人民法院不予准许当事人的申请。

第七十一条 人民法院应当要求证人在作证之前签署保证书,并在法庭上宣读保证书的内容。但无民事行为能力人和限制民事行为能力人作为证人的除外。

证人确有正当理由不能宣读保证书的,由书记员代为宣读并进行说明。

证人拒绝签署或者宣读保证书的,不得作证,并自行承担相关费用。

证人保证书的内容适用当事人保证书的规定。

第七十二条 证人应当客观陈述其亲身感知的事实,作证时不得使用猜测、推断或者评论性语言。

证人作证前不得旁听法庭审理,作证时不得以宣读事先准备的书面材料的方式陈述证言。

证人言辞表达有障碍的,可以通过其他表达方式作证。

第七十三条 证人应当就其作证的事项进行连续陈述。

当事人及其法定代理人、诉讼代理人或者旁听人员干扰证人陈述的,人民法院应当及时制止,必要时可以依照民事诉讼法第一百一十条的规定进行处罚。

第七十四条 审判人员可以对证人进行询问。当事人及其诉讼代理人经审判人员许可后可以询问证人。

询问证人时其他证人不得在场。

人民法院认为有必要的,可以要求证人之间进行对质。

第七十五条 证人出庭作证后,可以向人民法院申请支付证人出庭作证费用。证人有困难需要预先支取出庭作证费用的,人民法院可以根据证人的申请在出庭作证前支付。

第七十六条 证人确有困难不能出庭作证,申请以书面证言、视听传输技术或者视听资料等方式作证的,应当向人民法院提交申请书。申请书中应当载明不能出庭的具体原因。

符合民事诉讼法第七十三条规定情形的,人民法院应当准许。

第七十七条 证人经人民法院准许,以书面证言方式作证的,应当签署保证书;以视听传输技术或者视听资料方式作证的,应当签署保证书并宣读保证书的内容。

第七十八条 当事人及其诉讼代理人对证人的询问与待证事实无关,或者存在威胁、侮辱证人或不适当引导等情形的,审判人员应当及时制止。必要时可以依照民事诉讼法第一百一十条、第一百一十一条的规定进行处罚。

证人故意作虚假陈述,诉讼参与人或者其他人以暴力、威胁、贿买等方法妨碍证人作证,或者在证人作证后以侮辱、诽谤、诬陷、恐吓、殴打等方式对证人打击报复的,人民法院应当根据情节,依照民事诉讼法第一百一十一条的规定,对行为人进行处罚。

第七十九条 鉴定人依照民事诉讼法第七十八条的规定出庭作证的,人民法院应当在开庭审理三日前将出庭的时间、地点及要求通知鉴定人。

委托机构鉴定的,应当由从事鉴定的人员代表机构出庭。

第八十条 鉴定人应当就鉴定事项如实答复当事人的异议和审判人员的询问。当庭答复确有困难的,经人民法院准许,可以在庭审结束后书面答复。

人民法院应当及时将书面答复送交当事人,并听取当事人的意见。必要时,可以再次组织质证。

第八十一条 鉴定人拒不出庭作证的,鉴定意见不得作为认定案件事实的根据。人民法院应当建议有关主管部门或者组织对拒不出庭作证的鉴定人予以处罚。

当事人要求退还鉴定费用的,人民法院应当在三日内作出裁定,责令鉴定人退还;拒不退还的,由人民法院依法执行。

当事人因鉴定人拒不出庭作证申请重新鉴定的,人民法院应当准许。

第八十二条 经法庭许可,当事人可以询问鉴定人、勘验人。

询问鉴定人、勘验人不得使用威胁、侮辱等不适当的言语和方式。

第八十三条 当事人依照民事诉讼法第七十九条和《最高人民法院关于适用〈中华人民共和国民事诉讼法〉的解释》第一百二十二条的规定,申请有专门知识的人出庭的,申请书中应当载明有专门知识的人的基本情况和申请的目的。

人民法院准许当事人申请的,应当通知双方当事人。

第八十四条 审判人员可以对有专门知识的人进行询问。经法庭准许,当事人可以对有专门知识的人进行询问,当事人各自申请的有专门知识的人可以就案件中的有关问题进行对质。

有专门知识的人不得参与对鉴定意见质证或者就专业问题发表意见之外的法庭审理活动。

五、证据的审核认定

第八十五条 人民法院应当以证据能够证明的案件事实为根据依法作出裁判。

审判人员应当依照法定程序,全面、客观地审核证据,依据法律的规定,遵循法官职业道德,运用逻辑推理和日常生活经验,对证据有无证明力和证明力大小独立进行判断,并公开判断的理由和结果。

第八十六条 当事人对于欺诈、胁迫、恶意串通事实的证明,以及对于口头遗嘱或赠与事实的证明,人民法院确信该待证事实存在的可能性能够排除合理怀疑的,应当认定该事实存在。

与诉讼保全、回避等程序事项有关的事实,人民法院结合当事人的说明及相关证据,认为有关事实存在的可能性较大的,可以认定该事实存在。

第八十七条 审判人员对单一证据可以从下列方面进行审核认定:

(一)证据是否为原件、原物,复制件、复制品与原件、原物是否相符;

(二)证据与本案事实是否相关;

(三)证据的形式、来源是否符合法律规定;

(四)证据的内容是否真实;

(五)证人或者提供证据的人与当事人有无利害关系。

第八十八条 审判人员对案件的全部证据,应当从各证据与案件事实的关联程度、各证据之间的联系等方面进行综合审查判断。

第八十九条 当事人在诉讼过程中认可的证据,人民法院应当予以确认。但法律、司法解释另有规定的除外。

当事人对认可的证据反悔的,参照《最高人民法院关于适用〈中华人民共和国民事诉讼法〉的解释》第二百二十九条的规定处理。

第九十条 下列证据不能单独作为认定案件事实的根据:

(一)当事人的陈述;

(二)无民事行为能力人或者限制民事行为能力人所作的与其年龄、智力状况或者精神健康状况不相当的证言；

(三)与一方当事人或者其代理人有利害关系的证人陈述的证言；

(四)存有疑点的视听资料、电子数据；

(五)无法与原件、原物核对的复制件、复制品。

第九十一条 公文书证的制作者根据文书原件制作的载有部分或者全部内容的副本，与正本具有相同的证明力。

在国家机关存档的文件，其复制件、副本、节录本经档案部门或者制作原本的机关证明其内容与原本一致的，该复制件、副本、节录本具有与原本相同的证明力。

第九十二条 私文书证的真实性，由主张以私文书证证明案件事实的当事人承担举证责任。

私文书证由制作者或者其代理人签名、盖章或捺印的，推定为真实。

私文书证上有删除、涂改、增添或者其他形式瑕疵的，人民法院应当综合案件的具体情况判断其证明力。

第九十三条 人民法院对于电子数据的真实性，应当结合下列因素综合判断：

(一)电子数据的生成、存储、传输所依赖的计算机系统的硬件、软件环境是否完整、可靠；

(二)电子数据的生成、存储、传输所依赖的计算机系统的硬件、软件环境是否处于正常运行状态，或者不处于正常运行状态时对电子数据的生成、存储、传输是否有影响；

(三)电子数据的生成、存储、传输所依赖的计算机系统的硬件、软件环境是否具备有效的防止出错的监测、核查手段；

(四)电子数据是否被完整地保存、传输、提取，保存、传输、提取的方法是否可靠；

(五)电子数据是否在正常的往来活动中形成和存储；

(六)保存、传输、提取电子数据的主体是否适当；

(七)影响电子数据完整性和可靠性的其他因素。

人民法院认为有必要的，可以通过鉴定或者勘验等方法，审查判断电子数据的真实性。

第九十四条 电子数据存在下列情形的，人民法院可以确认其真实性，但有足以反驳的相反证据的除外：

(一)由当事人提交或者保管的于己不利的电子数据；

(二)由记录和保存电子数据的中立第三方平台提供或者确认的；

(三)在正常业务活动中形成的；

(四)以档案管理方式保管的；

(五)以当事人约定的方式保存、传输、提取的。

电子数据的内容经公证机关公证的，人民法院应当确认其真实性，但有相反证据足以推翻的除外。

第九十五条 一方当事人控制证据无正当理由拒不提交，对待证事实负有举证责任的当事人主张该证据的内容不利于控制人的，人民法院可以认定该主张成立。

第九十六条 人民法院认定证人证言，可以通过对证人的智力状况、品德、知识、经验、法律意识和专业技能等的综合分析作出判断。

第九十七条 人民法院应当在裁判文书中阐明证据是否采纳的理由。

对当事人无争议的证据，是否采纳的理由可以不在裁判文书中表述。

六、其 他

第九十八条 对证人、鉴定人、勘验人的合法权益依法予以保护。

当事人或者其他诉讼参与人伪造、毁灭证据，提供虚假证据，阻止证人作证，指使、贿买、胁迫他人作伪证，或者对证人、鉴定人、勘验人打击报复的，依照民事诉讼法第一百一十条、第一百一十一条的规定进行处罚。

第九十九条 本规定对证据保全没有规定的，参照适用法律、司法解释关于财产保全的规定。

除法律、司法解释另有规定外，对当事人、鉴定人、有专门知识的人的询问参照适用本规定中关于询问证人的规定；关于书证的规定适用于视听资料、电子数据；存储在电子计算机等电子介质中的视听资料，适用电子数据的规定。

第一百条 本规定自 2020 年 5 月 1 日起施行。

本规定公布施行后，最高人民法院以前发布的司法解释与本规定不一致的，不再适用。

最高人民法院关于人民法院民事诉讼中委托鉴定审查工作若干问题的规定

·2020 年 7 月 31 日

·法〔2020〕202 号

为进一步规范民事诉讼中委托鉴定工作，促进司法公正，根据《中华人民共和国民事诉讼法》《最高人民法院关于适用〈中华人民共和国民事诉讼法〉的解释》《最高人民法院关于民事诉讼证据的若干规定》等法律、司法解释的规定,结合人民法院工作实际,制定本规定。

一、对鉴定事项的审查

1. 严格审查拟鉴定事项是否属于查明案件事实的专门性问题,有下列情形之一的,人民法院不予委托鉴定:

(1)通过生活常识、经验法则可以推定的事实;
(2)与待证事实无关联的问题;
(3)对证明待证事实无意义的问题;
(4)应当由当事人举证的非专门性问题;
(5)通过法庭调查、勘验等方法可以查明的事实;
(6)对当事人责任划分的认定;
(7)法律适用问题;
(8)测谎;
(9)其他不适宜委托鉴定的情形。

2. 拟鉴定事项所涉鉴定技术和方法争议较大的,应当先对其鉴定技术和方法的科学可靠性进行审查。所涉鉴定技术和方法没有科学可靠性的,不予委托鉴定。

二、对鉴定材料的审查

3. 严格审查鉴定材料是否符合鉴定要求,人民法院应当告知当事人不提供符合要求鉴定材料的法律后果。

4. 未经法庭质证的材料(包括补充材料),不得作为鉴定材料。

当事人无法联系、公告送达或当事人放弃质证的,鉴定材料应当经合议庭确认。

5. 对当事人有争议的材料,应当由人民法院予以认定,不得直接交由鉴定机构、鉴定人选用。

三、对鉴定机构的审查

6. 人民法院选择鉴定机构,应当根据法律、司法解释等规定,审查鉴定机构的资质、执业范围等事项。

7. 当事人协商一致选择鉴定机构的,人民法院应当审查协商选择的鉴定机构是否具备鉴定资质及符合法律、司法解释等规定。发现双方当事人的选择有可能损害国家利益、集体利益或第三方利益的,应当终止协商选择程序,采用随机方式选择。

8. 人民法院应当要求鉴定机构在接受委托后5个工作日内,提交鉴定方案、收费标准、鉴定人情况和鉴定人承诺书。

重大、疑难、复杂鉴定事项可适当延长提交期限。

鉴定人拒绝签署承诺书的,人民法院应当要求更换鉴定人或另行委托鉴定机构。

四、对鉴定人的审查

9. 人民法院委托鉴定机构指定鉴定人的,应当严格依照法律、司法解释等规定,对鉴定人的专业能力、从业经验、业内评价、执业范围、鉴定资格、资质证书有效期以及是否有依法回避的情形等进行审查。

特殊情形人民法院直接指定鉴定人的,依照前款规定进行审查。

五、对鉴定意见书的审查

10. 人民法院应当审查鉴定意见书是否具备《最高人民法院关于民事诉讼证据的若干规定》第三十六条规定的内容。

11. 鉴定意见书有下列情形之一的,视为未完成委托鉴定事项,人民法院应当要求鉴定人补充鉴定或重新鉴定:

(1)鉴定意见和鉴定意见书的其他部分相互矛盾的;
(2)同一认定意见使用不确定性表述的;
(3)鉴定意见书有其他明显瑕疵的。

补充鉴定或重新鉴定仍不能完成委托鉴定事项的,人民法院应当责令鉴定人退回已经收取的鉴定费用。

六、加强对鉴定活动的监督

12. 人民法院应当向当事人释明不按期预交鉴定费用及鉴定人出庭费用的法律后果,并对鉴定机构、鉴定人收费情况进行监督。

公益诉讼可以申请暂缓交纳鉴定费用和鉴定人出庭费用。

符合法律援助条件的当事人可以申请暂缓或减免交纳鉴定费用和鉴定人出庭费用。

13. 人民法院委托鉴定应当根据鉴定事项的难易程度、鉴定材料准备情况,确定合理的鉴定期限,一般案件鉴定时限不超过30个工作日,重大、疑难、复杂案件鉴定时限不超过60个工作日。

鉴定机构、鉴定人因特殊情况需要延长鉴定期限的,应当提出书面申请,人民法院可以根据具体情况决定是否延长鉴定期限。

鉴定人未按期提交鉴定书的,人民法院应当审查鉴定人是否存在正当理由。如无正当理由且人民法院准许当事人申请另行委托鉴定的,应当责令原鉴定机构、鉴定人退回已经收取的鉴定费用。

14. 鉴定机构、鉴定人超范围鉴定、虚假鉴定、无正当理由拖延鉴定、拒不出庭作证、违规收费以及有其他违法违规情形的,人民法院可以根据情节轻重,对鉴定机构、鉴定人予以暂停委托、责令退还鉴定费用、从人民法院委托鉴定专业机构、专业人员备选名单中除名等惩戒,并向行政主管部门或者行业协会发出司法建议。鉴定机构、鉴定人存在违法犯罪情形的,人民法院应当将有关线索材料移送公安、检察机关处理。

人民法院建立鉴定人黑名单制度。鉴定机构、鉴定人有前款情形的,可列入鉴定人黑名单。鉴定机构、鉴定人被列入黑名单期间,不得进入人民法院委托鉴定专业机构、专业人员备选名单和相关信息平台。

15. 人民法院应当充分运用委托鉴定信息平台加强对委托鉴定工作的管理。

16. 行政诉讼中人民法院委托鉴定,参照适用本规定。

17. 本规定自 2020 年 9 月 1 日起施行。

附件:

鉴定人承诺书(试行)

本人接受人民法院委托,作为诉讼参与人参加诉讼活动,依照国家法律法规和人民法院相关规定完成本次司法鉴定活动,承诺如下:

一、遵循科学、公正和诚实原则,客观、独立地进行鉴定,保证鉴定意见不受当事人、代理人或其他第三方的干扰。

二、廉洁自律,不接受当事人、诉讼代理人及其请托人提供的财物、宴请或其他利益。

三、自觉遵守有关回避的规定,及时向人民法院报告可能影响鉴定意见的各种情形。

四、保守在鉴定活动中知悉的国家秘密、商业秘密和个人隐私,不利用鉴定活动中知悉的国家秘密、商业秘密和个人隐私获取利益,不向无关人员泄露案情及鉴定信息。

五、勤勉尽责,遵照相关鉴定管理规定及技术规范,认真分析判断专业问题,独立进行检验、测算、分析、评定并形成鉴定意见,保证不出具虚假或误导性鉴定意见;妥善保管、保存、移交相关鉴定材料,不因自身原因造成鉴定材料污损、遗失。

六、按照规定期限和人民法院要求完成鉴定事项,如遇特殊情形不能如期完成的,应当提前向人民法院申请延期。

七、保证依法履行鉴定人出庭作证义务,做好鉴定意见的解释及质证工作。

本人已知悉违反上述承诺将承担的法律责任及行业主管部门、人民法院给予的相应处理后果。

承诺人:(签名)
鉴定机构:(盖章)
年 月 日

最高人民法院关于知识产权民事诉讼证据的若干规定

- 2020 年 11 月 9 日最高人民法院审判委员会第 1815 次会议通过
- 2020 年 11 月 16 日最高人民法院公告公布
- 自 2020 年 11 月 18 日起施行
- 法释〔2020〕12 号

为保障和便利当事人依法行使诉讼权利,保证人民法院公正、及时审理知识产权民事案件,根据《中华人民共和国民事诉讼法》等有关法律规定,结合知识产权民事审判实际,制定本规定。

第一条 知识产权民事诉讼当事人应当遵循诚信原则,依照法律及司法解释的规定,积极、全面、正确、诚实地提供证据。

第二条 当事人对自己提出的主张,应当提供证据加以证明。根据案件审理情况,人民法院可以适用民事诉讼法第六十五条第二款的规定,根据当事人的主张及待证事实、当事人的证据持有情况、举证能力等,要求当事人提供有关证据。

第三条 专利方法制造的产品不属于新产品的,侵害专利权纠纷的原告应当举证证明下列事实:

(一)被告制造的产品与使用专利方法制造的产品属于相同产品;

(二)被告制造的产品经由专利方法制造的可能性较大;

(三)原告为证明被告使用了专利方法尽到合理努力。

原告完成前款举证后,人民法院可以要求被告举证证明其产品制造方法不同于专利方法。

第四条 被告依法主张合法来源抗辩的,应当举证证明合法取得被诉侵权产品、复制品的事实,包括合法的购货渠道、合理的价格和直接的供货方等。

被告提供的被诉侵权产品、复制品来源证据与其合理注意义务程度相当的,可以认定其完成前款所称举证,并推定其不知道被诉侵权产品、复制品侵害知识产权。

被告的经营规模、专业程度、市场交易习惯等，可以作为确定其合理注意义务的证据。

第五条 提起确认不侵害知识产权之诉的原告应当举证证明下列事实：

（一）被告向原告发出侵权警告或者对原告进行侵权投诉；

（二）原告向被告发出诉权行使催告及催告时间、送达时间；

（三）被告未在合理期限内提起诉讼。

第六条 对于未在法定期限内提起行政诉讼的行政行为所认定的基本事实，或者行政行为认定的基本事实已为生效裁判所确认的部分，当事人在知识产权民事诉讼中无须再证明，但有相反证据足以推翻的除外。

第七条 权利人为发现或者证明知识产权侵权行为，自行或者委托他人以普通购买者的名义向被诉侵权人购买侵权物品所取得的实物、票据等可以作为起诉被诉侵权人侵权的证据。

被诉侵权人基于他人行为而实施侵害知识产权行为所形成的证据，可以作为权利人起诉其侵权的证据，但被诉侵权人仅基于权利人的取证行为而实施侵害知识产权行为的除外。

第八条 中华人民共和国领域外形成的下列证据，当事人仅以该证据未办理公证、认证等证明手续为由提出异议的，人民法院不予支持：

（一）已为发生法律效力的人民法院裁判所确认的；

（二）已为仲裁机构生效裁决所确认的；

（三）能够从官方或者公开渠道获得的公开出版物、专利文献等；

（四）有其他证据能够证明真实性的。

第九条 中华人民共和国领域外形成的证据，存在下列情形之一的，当事人仅以该证据未办理认证手续为由提出异议的，人民法院不予支持：

（一）提出异议的当事人对证据的真实性明确认可的；

（二）对方当事人提供证人证言对证据的真实性予以确认，且证人明确表示如作伪证愿意接受处罚的。

前款第二项所称证人作伪证，构成民事诉讼法第一百一十一条规定情形的，人民法院依法处理。

第十条 在一审程序中已经根据民事诉讼法第五十九条、第二百六十四条的规定办理授权委托书公证、认证或者其他证明手续的，在后续诉讼程序中，人民法院可以不再要求办理该授权委托书的上述证明手续。

第十一条 人民法院对于当事人或者利害关系人的证据保全申请，应当结合下列因素进行审查：

（一）申请人是否已就其主张提供初步证据；

（二）证据是否可以由申请人自行收集；

（三）证据灭失或者以后难以取得的可能性及其对证明待证事实的影响；

（四）可能采取的保全措施对证据持有人的影响。

第十二条 人民法院进行证据保全，应当以有效固定证据为限，尽量减少对保全标的物价值的损害和对证据持有人正常生产经营的影响。

证据保全涉及技术方案的，可以采取制作现场勘验笔录、绘图、拍照、录音、录像、复制设计和生产图纸等保全措施。

第十三条 当事人无正当理由拒不配合或者妨害证据保全，致使无法保全证据的，人民法院可以确定由其承担不利后果。构成民事诉讼法第一百一十一条规定情形的，人民法院依法处理。

第十四条 对于人民法院已经采取保全措施的证据，当事人擅自拆装证据实物、篡改证据材料或者实施其他破坏证据的行为，致使证据不能使用的，人民法院可以确定由其承担不利后果。构成民事诉讼法第一百一十一条规定情形的，人民法院依法处理。

第十五条 人民法院进行证据保全，可以要求当事人或者诉讼代理人到场，必要时可以根据当事人的申请通知有专门知识的人到场，也可以指派技术调查官参与证据保全。

证据为案外人持有的，人民法院可以对其持有的证据采取保全措施。

第十六条 人民法院进行证据保全，应当制作笔录、保全证据清单，记录保全时间、地点、实施人、在场人、保全经过、保全标的物状态，由实施人、在场人签名或者盖章。有关人员拒绝签名或者盖章的，不影响保全的效力，人民法院可以在笔录上记明并拍照、录像。

第十七条 被申请人对证据保全的范围、措施、必要性等提出异议并提供相关证据，人民法院经审查认为异议理由成立的，可以变更、终止、解除证据保全。

第十八条 申请人放弃使用被保全证据，但被保全证据涉及案件基本事实查明或者其他当事人主张使用的，人民法院可以对该证据进行审查认定。

第十九条 人民法院可以对下列待证事实的专门性问题委托鉴定：

（一）被诉侵权技术方案与专利技术方案、现有技术的对应技术特征在手段、功能、效果等方面的异同；

（二）被诉侵权作品与主张权利的作品的异同；

（三）当事人主张的商业秘密与所属领域已为公众所知悉的信息的异同、被诉侵权的信息与商业秘密的异同；

（四）被诉侵权物与授权品种在特征、特性方面的异同，其不同是否因非遗传变异所致；

（五）被诉侵权集成电路布图设计与请求保护的集成电路布图设计的异同；

（六）合同涉及的技术是否存在缺陷；

（七）电子数据的真实性、完整性；

（八）其他需要委托鉴定的专门性问题。

第二十条 经人民法院准许或者双方当事人同意，鉴定人可以将鉴定所涉部分检测事项委托其他检测机构进行检测，鉴定人对根据检测结果出具的鉴定意见承担法律责任。

第二十一条 鉴定业务领域未实行鉴定人和鉴定机构统一登记管理制度的，人民法院可以依照《最高人民法院关于民事诉讼证据的若干规定》第三十二条规定的鉴定人选任程序，确定具有相应技术水平的专业机构、专业人员鉴定。

第二十二条 人民法院应当听取各方当事人意见，并结合当事人提出的证据确定鉴定范围。鉴定过程中，一方当事人申请变更鉴定范围，对方当事人无异议的，人民法院可以准许。

第二十三条 人民法院应当结合下列因素对鉴定意见进行审查：

（一）鉴定人是否具备相应资格；

（二）鉴定人是否具备解决相关专门性问题应有的知识、经验及技能；

（三）鉴定方法和鉴定程序是否规范，技术手段是否可靠；

（四）送检材料是否经过当事人质证且符合鉴定条件；

（五）鉴定意见的依据是否充分；

（六）鉴定人有无应当回避的法定事由；

（七）鉴定人在鉴定过程中有无徇私舞弊或者其他影响公正鉴定的情形。

第二十四条 承担举证责任的当事人书面申请人民法院责令控制证据的对方当事人提交证据，申请理由成立的，人民法院应当作出裁定，责令其提交。

第二十五条 人民法院依法要求当事人提交有关证据，其无正当理由拒不提交、提交虚假证据、毁灭证据或者实施其他致使证据不能使用行为的，人民法院可以推定对方当事人就该证据所涉证明事项的主张成立。

当事人实施前款所列行为，构成民事诉讼法第一百一十一条规定情形的，人民法院依法处理。

第二十六条 证据涉及商业秘密或者其他需要保密的商业信息的，人民法院应当在相关诉讼参与人接触该证据前，要求其签订保密协议、作出保密承诺，或者以裁定等法律文书责令其不得出于本案诉讼之外的任何目的披露、使用、允许他人使用在诉讼程序中接触到的秘密信息。

当事人申请对接触前款所称证据的人员范围作出限制，人民法院经审查认为确有必要的，应当准许。

第二十七条 证人应当出庭作证，接受审判人员及当事人的询问。

双方当事人同意并经人民法院准许，证人不出庭的，人民法院应当组织当事人对该证人证言进行质证。

第二十八条 当事人可以申请有专门知识的人出庭，就专业问题提出意见。经法庭准许，当事人可以对有专门知识的人进行询问。

第二十九条 人民法院指派技术调查官参与庭前会议、开庭审理的，技术调查官可以就案件所涉技术问题询问当事人、诉讼代理人、有专门知识的人、证人、鉴定人、勘验人等。

第三十条 当事人对公证文书提出异议，并提供相反证据足以推翻的，人民法院对该公证文书不予采纳。

当事人对公证文书提出异议的理由成立的，人民法院可以要求公证机构出具说明或者补正，并结合其他相关证据对该公证文书进行审核认定。

第三十一条 当事人提供的财务账簿、会计凭证、销售合同、进出货单据、上市公司年报、招股说明书、网站或者宣传册等有关记载，设备系统存储的交易数据，第三方平台统计的商品流通数据，评估报告，知识产权许可使用合同以及市场监管、税务、金融部门的记录等，可以作为证据，用以证明当事人主张的侵害知识产权赔偿数额。

第三十二条 当事人主张参照知识产权许可使用费的合理倍数确定赔偿数额的，人民法院可以考量下列因素对许可使用费证据进行审核认定：

（一）许可使用费是否实际支付及支付方式，许可使用合同是否实际履行或者备案；

（二）许可使用的权利内容、方式、范围、期限；

（三）被许可人与许可人是否存在利害关系；

（四）行业许可的通常标准。

第三十三条 本规定自 2020 年 11 月 18 日起施行。本院以前发布的相关司法解释与本规定不一致的，以本规定为准。

（六）保全和先予执行

最高人民法院关于审查知识产权纠纷行为保全案件适用法律若干问题的规定

- 2018年11月26日最高人民法院审判委员会第1755次会议通过
- 2018年12月12日最高人民法院公告公布
- 自2019年1月1日起施行
- 法释〔2018〕21号

为正确审查知识产权纠纷行为保全案件，及时有效保护当事人的合法权益，根据《中华人民共和国民事诉讼法》《中华人民共和国专利法》《中华人民共和国商标法》《中华人民共和国著作权法》等有关法律规定，结合审判、执行工作实际，制定本规定。

第一条 本规定中的知识产权纠纷是指《民事案件案由规定》中的知识产权与竞争纠纷。

第二条 知识产权纠纷的当事人在判决、裁定或者仲裁裁决生效前，依据民事诉讼法第一百条、第一百零一条规定申请行为保全的，人民法院应当受理。

知识产权许可合同的被许可人申请诉前责令停止侵害知识产权行为的，独占许可合同的被许可人可以单独向人民法院提出申请；排他许可合同的被许可人在权利人不申请的情况下，可以单独提出申请；普通许可合同的被许可人经权利人明确授权以自己的名义起诉的，可以单独提出申请。

第三条 申请诉前行为保全，应当向被申请人住所地具有相应知识产权纠纷管辖权的人民法院或者对案件具有管辖权的人民法院提出。

当事人约定仲裁的，应当向前款规定的人民法院申请行为保全。

第四条 向人民法院申请行为保全，应当递交申请书和相应证据。申请书应当载明下列事项：

（一）申请人与被申请人的身份、送达地址、联系方式；

（二）申请采取行为保全措施的内容和期限；

（三）申请所依据的事实、理由，包括被申请人的行为将会使申请人的合法权益受到难以弥补的损害或者造成案件裁决难以执行等损害的具体说明；

（四）为行为保全提供担保的财产信息或资信证明，或者不需要提供担保的理由；

（五）其他需要载明的事项。

第五条 人民法院裁定采取行为保全措施前，应当询问申请人和被申请人，但因情况紧急或者询问可能影响保全措施执行等情形除外。

人民法院裁定采取行为保全措施或者裁定驳回申请的，应当向申请人、被申请人送达裁定书。向被申请人送达裁定书可能影响采取保全措施的，人民法院可以在采取保全措施后及时向被申请人送达裁定书，至迟不得超过五日。

当事人在仲裁过程中申请行为保全的，应当通过仲裁机构向人民法院提交申请书、仲裁案件受理通知书等相关材料。人民法院裁定采取行为保全措施或者裁定驳回申请的，应当将裁定书送达当事人，并通知仲裁机构。

第六条 有下列情况之一，不立即采取行为保全措施即足以损害申请人利益的，应当认定属于民事诉讼法第一百条、第一百零一条规定的"情况紧急"：

（一）申请人的商业秘密即将被非法披露；

（二）申请人的发表权、隐私权等人身权利即将受到侵害；

（三）诉争的知识产权即将被非法处分；

（四）申请人的知识产权在展销会等时效性较强的场合正在或者即将受到侵害；

（五）时效性较强的热播节目正在或者即将受到侵害；

（六）其他需要立即采取行为保全措施的情况。

第七条 人民法院审查行为保全申请，应当综合考量下列因素：

（一）申请人的请求是否具有事实基础和法律依据，包括请求保护的知识产权效力是否稳定；

（二）不采取行为保全措施是否会使申请人的合法权益受到难以弥补的损害或者造成案件裁决难以执行等损害；

（三）不采取行为保全措施对申请人造成的损害是否超过采取行为保全措施对被申请人造成的损害；

（四）采取行为保全措施是否损害社会公共利益；

（五）其他应当考量的因素。

第八条 人民法院审查判断申请人请求保护的知识产权效力是否稳定，应当综合考量下列因素：

（一）所涉权利的类型或者属性；

（二）所涉权利是否经过实质审查；

（三）所涉权利是否处于宣告无效或者撤销程序中以及被宣告无效或者撤销的可能性；

（四）所涉权利是否存在权属争议；

（五）其他可能导致所涉权利效力不稳定的因素。

第九条 申请人以实用新型或者外观设计专利权为依据申请行为保全的，应当提交由国务院专利行政部门作出的检索报告、专利权评价报告或者专利复审委员会维持该专利权有效的决定。申请人无正当理由拒不提交的,人民法院应当裁定驳回其申请。

第十条 在知识产权与不正当竞争纠纷行为保全案件中,有下列情形之一的,应当认定属于民事诉讼法第一百零一条规定的"难以弥补的损害":

(一)被申请人的行为将会侵害申请人享有的商誉或者发表权、隐私权等人身性质的权利且造成无法挽回的损害;

(二)被申请人的行为将会导致侵权行为难以控制且显著增加申请人损害;

(三)被申请人的侵害行为将会导致申请人的相关市场份额明显减少;

(四)对申请人造成其他难以弥补的损害。

第十一条 申请人申请行为保全的,应当依法提供担保。

申请人提供的担保数额,应当相当于被申请人可能因执行行为保全措施所遭受的损失,包括责令停止侵权行为所涉产品的销售收益、保管费用等合理损失。

在执行行为保全措施过程中,被申请人可能因此遭受的损失超过申请人担保数额的,人民法院可以责令申请人追加相应的担保。申请人拒不追加的,可以裁定解除或者部分解除保全措施。

第十二条 人民法院采取的行为保全措施,一般不因被申请人提供担保而解除,但是申请人同意的除外。

第十三条 人民法院裁定采取行为保全措施的,应当根据申请人的请求或者案件具体情况等因素合理确定保全措施的期限。

裁定停止侵害知识产权行为的效力,一般应当维持至案件裁判生效时止。

人民法院根据申请人的请求、追加担保等情况,可以裁定继续采取保全措施。申请人请求续行保全措施的,应当在期限届满前七日内提出。

第十四条 当事人不服行为保全裁定申请复议的,人民法院应当在收到复议申请后十日内审查并作出裁定。

第十五条 人民法院采取行为保全的方法和措施,依照执行程序相关规定处理。

第十六条 有下列情形之一的,应当认定属于民事诉讼法第一百零五条规定的"申请有错误":

(一)申请人在采取行为保全措施后三十日内不依法提起诉讼或者申请仲裁的;

(二)行为保全措施因请求保护的知识产权被宣告无效等原因自始不当;

(三)申请责令被申请人停止侵害知识产权或者不正当竞争,但生效裁判认定不构成侵权或者不正当竞争;

(四)其他属于申请有错误的情形。

第十七条 当事人申请解除行为保全措施,人民法院收到申请后经审查符合《最高人民法院关于适用〈中华人民共和国民事诉讼法〉的解释》第一百六十六条规定的情形的,应当在五日内裁定解除。

申请人撤回行为保全申请或者申请解除行为保全措施的,不因此免除民事诉讼法第一百零五条规定的赔偿责任。

第十八条 被申请人依据民事诉讼法第一百零五条规定提起赔偿诉讼,申请人申请诉前行为保全后没有起诉或者当事人约定仲裁的,由采取保全措施的人民法院管辖;申请人已经起诉的,由受理起诉的人民法院管辖。

第十九条 申请人同时申请行为保全、财产保全或者证据保全的,人民法院应当依法分别审查不同类型保全申请是否符合条件,并作出裁定。

为避免被申请人实施转移财产、毁灭证据等行为致使保全目的无法实现,人民法院可以根据案件具体情况决定不同类型保全措施的执行顺序。

第二十条 申请人申请行为保全,应当依照《诉讼费用交纳办法》关于申请采取行为保全措施的规定交纳申请费。

第二十一条 本规定自2019年1月1日起施行。最高人民法院以前发布的相关司法解释与本规定不一致的,以本规定为准。

最高人民法院关于人民法院对注册商标权进行财产保全的解释

- 2000年11月22日最高人民法院审判委员会第1144次会议通过
- 根据2020年12月23日最高人民法院审判委员会第1823次会议通过的《最高人民法院关于修改〈最高人民法院关于审理侵犯专利权纠纷案件应用法律若干问题的解释(二)〉等十八件知识产权类司法解释的决定》修正
- 2020年12月29日最高人民法院公告公布
- 该修正自2021年1月1日起施行
- 法释〔2020〕19号

为了正确实施对注册商标权的财产保全措施,避免重复保全,现就人民法院对注册商标权进行财产保全有关问题解释如下：

第一条 人民法院根据民事诉讼法有关规定采取财产保全措施时，需要对注册商标权进行保全的，应当向国家知识产权局商标局（以下简称商标局）发出协助执行通知书，载明要求商标局协助保全的注册商标的名称、注册人、注册证号码、保全期限以及协助执行保全的内容，包括禁止转让、注销注册商标、变更注册事项和办理商标权质押登记等事项。

第二条 对注册商标权保全的期限一次不得超过一年，自商标局收到协助执行通知书之日起计算。如果仍然需要对该注册商标权继续采取保全措施的，人民法院应当在保全期限届满前向商标局重新发出协助执行通知书，要求继续保全。否则，视为自动解除对该注册商标权的财产保全。

第三条 人民法院对已经进行保全的注册商标权，不得重复进行保全。

最高人民法院关于人民法院办理财产保全案件若干问题的规定

- 2016年10月17日最高人民法院审判委员会第1696次会议通过
- 根据2020年12月23日最高人民法院审判委员会第1823次会议通过的《最高人民法院关于修改〈最高人民法院关于人民法院扣押铁路运输货物若干问题的规定〉等十八件执行类司法解释的决定》修正
- 2020年12月29日最高人民法院公告公布
- 该修正自2021年1月1日起施行
- 法释〔2020〕21号

为依法保护当事人、利害关系人的合法权益，规范人民法院办理财产保全案件，根据《中华人民共和国民事诉讼法》等法律规定，结合审判、执行实践，制定本规定。

第一条 当事人、利害关系人申请财产保全，应当向人民法院提交申请书，并提供相关证据材料。

申请书应当载明下列事项：

（一）申请保全人与被保全人的身份、送达地址、联系方式；

（二）请求事项和所根据的事实与理由；

（三）请求保全数额或者争议标的；

（四）明确的被保全财产信息或者具体的被保全财产线索；

（五）为财产保全提供担保的财产信息或资信证明，或者不需要提供担保的理由；

（六）其他需要载明的事项。

法律文书生效后，进入执行程序前，债权人申请财产保全的，应当写明生效法律文书的制作机关、文号和主要内容，并附生效法律文书副本。

第二条 人民法院进行财产保全，由立案、审判机构作出裁定，一般应当移送执行机构实施。

第三条 仲裁过程中，当事人申请财产保全的，应当通过仲裁机构向人民法院提交申请书及仲裁案件受理通知书等相关材料。人民法院裁定采取保全措施或者裁定驳回申请的，应当将裁定书送达当事人，并通知仲裁机构。

第四条 人民法院接受财产保全申请后，应当在五日内作出裁定；需要提供担保的，应当在提供担保后五日内作出裁定；裁定采取保全措施的，应当在五日内开始执行。对情况紧急的，必须在四十八小时内作出裁定；裁定采取保全措施的，应当立即开始执行。

第五条 人民法院依照民事诉讼法第一百条规定责令申请保全人提供财产保全担保的，担保数额不超过请求保全数额的百分之三十；申请保全的财产系争议标的的，担保数额不超过争议标的价值的百分之三十。

利害关系人申请诉前财产保全的，应当提供相当于请求保全数额的担保；情况特殊的，人民法院可以酌情处理。

财产保全期间，申请保全人提供的担保不足以赔偿可能给被保全人造成的损失的，人民法院可以责令其追加相应的担保；拒不追加的，可以裁定解除或者部分解除保全。

第六条 申请保全人或第三人为财产保全提供财产担保的，应当向人民法院出具担保书。担保书应当载明担保人、担保方式、担保范围、担保财产及其价值、担保责任承担等内容，并附相关证据材料。

第三人为财产保全提供保证担保的，应当向人民法院提交保证书。保证书应当载明保证人、保证方式、保证范围、保证责任承担等内容，并附相关证据材料。

对财产保全担保，人民法院经审查，认为违反民法典、公司法等有关法律禁止性规定的，应当责令申请保全人在指定期限内提供其他担保；逾期未提供的，裁定驳回申请。

第七条 保险人以其与申请保全人签订财产保全责任险合同的方式为财产保全提供担保的，应当向人民法院出具担保书。

担保书应当载明，因申请财产保全错误，由保险人赔偿被保全人因保全所遭受的损失等内容,并附相关证据材料。

第八条 金融监管部门批准设立的金融机构以独立保函形式为财产保全提供担保的,人民法院应当依法准许。

第九条 当事人在诉讼中申请财产保全,有下列情形之一的,人民法院可以不要求提供担保:

(一)追索赡养费、扶养费、抚育费、抚恤金、医疗费用、劳动报酬、工伤赔偿、交通事故人身损害赔偿的;

(二)婚姻家庭纠纷案件中遭遇家庭暴力且经济困难的;

(三)人民检察院提起的公益诉讼涉及损害赔偿的;

(四)因见义勇为遭受侵害请求损害赔偿的;

(五)案件事实清楚、权利义务关系明确,发生保全错误可能性较小的;

(六)申请保全人为商业银行、保险公司等由金融监管部门批准设立的具有独立偿付债务能力的金融机构及其分支机构的。

法律文书生效后,进入执行程序前,债权人申请财产保全的,人民法院可以不要求提供担保。

第十条 当事人、利害关系人申请财产保全,应当向人民法院提供明确的被保全财产信息。

当事人在诉讼中申请财产保全,确因客观原因不能提供明确的被保全财产信息,但提供了具体财产线索的,人民法院可以依法裁定采取财产保全措施。

第十一条 人民法院依照本规定第十条第二款规定作出保全裁定的,在该裁定执行过程中,申请保全人可以向已经建立网络执行查控系统的执行法院,书面申请通过该系统查询被保全人的财产。

申请保全人提出查询申请的,执行法院可以利用网络执行查控系统,对裁定保全的财产或者保全数额范围内的财产进行查询,并采取相应的查封、扣押、冻结措施。

人民法院利用网络执行查控系统未查询到可供保全财产的,应当书面告知申请保全人。

第十二条 人民法院对查询到的被保全人财产信息,应当依法保密。除依法保全的财产外,不得泄露被保全人其他财产信息,也不得在财产保全、强制执行以外使用相关信息。

第十三条 被保全人有多项财产可供保全的,在能够实现保全目的的情况下,人民法院应当选择对其生产经营活动影响较小的财产进行保全。

人民法院对厂房、机器设备等生产经营性财产进行保全时,指定被保全人保管的,应当允许其继续使用。

第十四条 被保全财产系机动车、航空器等特殊动产的,除被保全人下落不明的以外,人民法院应当责令被保全人书面报告该动产的权属和占有、使用等情况,并予以核实。

第十五条 人民法院应当依据财产保全裁定采取相应的查封、扣押、冻结措施。

可供保全的土地、房屋等不动产的整体价值明显高于保全裁定载明金额的,人民法院应当对该不动产的相应价值部分采取查封、扣押、冻结措施,但该不动产在使用上不可分或者分割会严重减损其价值的除外。

对银行账户内资金采取冻结措施的,人民法院应当明确具体的冻结数额。

第十六条 人民法院在财产保全中采取查封、扣押、冻结措施,需要有关单位协助办理登记手续的,有关单位应当在裁定书和协助执行通知书送达后立即办理。针对同一财产有多个裁定书和协助执行通知书的,应当按照送达的时间先后办理登记手续。

第十七条 利害关系人申请诉前财产保全,在人民法院采取保全措施后三十日内依法提起诉讼或者申请仲裁的,诉前财产保全措施自动转为诉讼或仲裁中的保全措施;进入执行程序后,保全措施自动转为执行中的查封、扣押、冻结措施。

依前款规定,自动转为诉讼、仲裁中的保全措施或者执行中的查封、扣押、冻结措施的,期限连续计算,人民法院无需重新制作裁定书。

第十八条 申请保全人申请续行财产保全的,应当在保全期限届满七日前向人民法院提出;逾期申请或者不申请的,自行承担不能续行保全的法律后果。

人民法院进行财产保全时,应当书面告知申请保全人明确的保全期限届满日以及前款有关申请续行保全的事项。

第十九条 再审审查期间,债务人申请保全生效法律文书确定给付的财产的,人民法院不予受理。

再审审理期间,原生效法律文书中止执行,当事人申请财产保全的,人民法院应当受理。

第二十条 财产保全期间,被保全人请求对被保全财产自行处分,人民法院经审查,认为不损害申请保全人和其他执行债权人合法权益的,可以准许,但应当监督被保全人按照合理价格在指定期限内处分,并控制相应价款。

被保全人请求对作为争议标的的被保全财产自行处分的,须经申请保全人同意。

人民法院准许被保全人自行处分被保全财产的,应当通知申请保全人;申请保全人不同意的,可以依照民事诉讼法第二百二十五条规定提出异议。

第二十一条 保全法院在首先采取查封、扣押、冻结措施后超过一年未对被保全财产进行处分的,除被保全财产系争议标的外,在先轮候查封、扣押、冻结的执行法院可以商请保全法院将被保全财产移送执行。但司法解释另有特别规定的,适用其规定。

保全法院与在先轮候查封、扣押、冻结的执行法院就移送被保全财产发生争议的,可以逐级报请共同的上级法院指定该财产的执行法院。

共同的上级法院应当根据被保全财产的种类及所在地、各债权数额与被保全财产价值之间的关系等案件具体情况指定执行法院,并督促其在指定期限内处分被保全财产。

第二十二条 财产纠纷案件,被保全人或第三人提供充分有效担保请求解除保全,人民法院应当裁定准许。

被保全人请求对作为争议标的的财产解除保全的,须经申请保全人同意。

第二十三条 人民法院采取财产保全措施后,有下列情形之一的,申请保全人应当及时申请解除保全:

(一)采取诉前财产保全措施后三十日内不依法提起诉讼或者申请仲裁的;

(二)仲裁机构不予受理仲裁申请、准许撤回仲裁申请或者按撤回仲裁申请处理的;

(三)仲裁申请或者请求被仲裁裁决驳回的;

(四)其他人民法院对起诉不予受理、准许撤诉或者按撤诉处理的;

(五)起诉或者诉讼请求被其他人民法院生效裁判驳回的;

(六)申请保全人应当申请解除保全的其他情形。

人民法院收到解除保全申请后,应当在五日内裁定解除保全;对情况紧急的,必须在四十八小时内裁定解除保全。

申请保全人未及时申请人民法院解除保全,应当赔偿被保全人因财产保全所遭受的损失。

被保全人申请解除保全,人民法院经审查认为符合法律规定的,应当在本条第二款规定的期间内裁定解除保全。

第二十四条 财产保全裁定执行中,人民法院发现保全裁定的内容与被保全财产的实际情况不符的,应当予以撤销、变更或补正。

第二十五条 申请保全人、被保全人对保全裁定或者驳回申请裁定不服的,可以自裁定书送达之日起五日内向作出裁定的人民法院申请复议一次。人民法院应当自收到复议申请后十日内审查。

对保全裁定不服申请复议的,人民法院经审查,理由成立的,裁定撤销或变更;理由不成立的,裁定驳回。

对驳回申请裁定不服申请复议的,人民法院经审查,理由成立的,裁定撤销,并采取保全措施;理由不成立的,裁定驳回。

第二十六条 申请保全人、被保全人、利害关系人认为保全裁定实施过程中的执行行为违反法律规定提出书面异议的,人民法院应当依照民事诉讼法第二百二十五条规定审查处理。

第二十七条 人民法院对诉讼争议标的以外的财产进行保全,案外人对保全裁定或者保全裁定实施过程中的执行行为不服,基于实体权利对被保全财产提出书面异议的,人民法院应当依照民事诉讼法第二百二十七条规定审查处理并作出裁定。案外人、申请保全人对该裁定不服的,可以自裁定送达之日起十五日内向人民法院提起执行异议之诉。

人民法院裁定案外人异议成立后,申请保全人在法律规定的期间内未提起执行异议之诉的,人民法院应当自起诉期限届满之日起七日内对该被保全财产解除保全。

第二十八条 海事诉讼中,海事请求人申请海事请求保全,适用《中华人民共和国海事诉讼特别程序法》及相关司法解释。

第二十九条 本规定自 2016 年 12 月 1 日起施行。

本规定施行前公布的司法解释与本规定不一致的,以本规定为准。

(七)期间 送达

最高人民法院关于以法院专递方式邮寄送达民事诉讼文书的若干规定

- 2004 年 9 月 7 日最高人民法院审判委员会第1324次会议通过
- 2004 年 9 月 17 日最高人民法院公告公布
- 自 2005 年 1 月 1 日起施行
- 法释〔2004〕13 号

为保障和方便双方当事人依法行使诉讼权利,根据《中华人民共和国民事诉讼法》的有关规定,结合民事审判经验和各地的实际情况,制定本规定。

第一条 人民法院直接送达诉讼文书有困难的,可以交由国家邮政机构(以下简称邮政机构)以法院专递方式邮寄送达,但有下列情形之一的除外:
(一)受送达人或者其诉讼代理人、受送达人指定的代收人同意在指定的期间内到人民法院接受送达的;
(二)受送达人下落不明的;
(三)法律规定或者我国缔结或者参加的国际条约中约定有特别送达方式的。

第二条 以法院专递方式邮寄送达民事诉讼文书的,其送达与人民法院送达具有同等法律效力。

第三条 当事人起诉或者答辩时应当向人民法院提供或者确认自己准确的送达地址,并填写送达地址确认书。当事人拒绝提供的,人民法院应当告知其拒不提供送达地址的不利后果,并记入笔录。

第四条 送达地址确认书的内容应当包括送达地址的邮政编码、详细地址以及受送达人的联系电话等内容。
当事人要求对送达地址确认书中的内容保密的,人民法院应当为其保密。
当事人在第一审、第二审和执行终结前变更送达地址的,应当及时以书面方式告知人民法院。

第五条 当事人拒绝提供自己的送达地址,经人民法院告知后仍不提供的,自然人以其户籍登记中的住所地或者经常居住地为送达地址;法人或者其他组织以其工商登记或者其他依法登记、备案中的住所地为送达地址。

第六条 邮政机构按照当事人提供或者确认的送达地址送达的,应当在规定的日期内将回执退回人民法院。
邮政机构按照当事人提供或确认的送达地址在五日内投送三次以上未能送达,通过电话或者其他联系方式又无法告知受送达人的,应当将邮件在规定的日期内退回人民法院,并说明退回的理由。

第七条 受送达人指定代收人的,指定代收人的签收视为受送达人本人签收。
邮政机构在受送达人提供或确认的送达地址未能见到受送达人的,可以将邮件交给与受送达人同住的成年家属代收,但代收人是同一案件中另一方当事人的除外。

第八条 受送达人及其代收人应当在邮件回执上签名、盖章或者捺印。
受送达人及其代收人在签收时应当出示其有效身份证件并在回执上填写该证件的号码;受送达人及其代收人拒绝签收的,由邮政机构的投递员记明情况后将邮件退回人民法院。

第九条 有下列情形之一的,即为送达:
(一)受送达人在邮件回执上签名、盖章或者捺印的;
(二)受送达人是无民事行为能力或者限制民事行为能力的自然人,其法定代理人签收的;
(三)受送达人是法人或者其他组织,其法人的法定代表人、该组织的主要负责人或者办公室、收发室、值班室的工作人员签收的;
(四)受送达人的诉讼代理人签收的;
(五)受送达人指定的代收人签收的;
(六)受送达人的同住成年家属签收的。

第十条 签收人是受送达人本人或者是受送达人的法定代表人、主要负责人、法定代理人、诉讼代理人的,签收人应当当场核对邮件内容。签收人发现邮件内容与回执上的文书名称不一致的,应当当场向邮政机构的投递员提出,由投递员在回执上记明情况后将邮件退回人民法院。
签收人是受送达人办公室、收发室和值班室的工作人员或者是与受送达人同住成年家属,受送达人发现邮件内容与回执上的文书名称不一致的,应当在收到邮件后的三日内将该邮件退回人民法院,并以书面方式说明退回的理由。

第十一条 因受送达人自己提供或者确认的送达地址不准确、拒不提供送达地址、送达地址变更未及时告知人民法院、受送达人本人或受送达人指定的代收人拒绝签收,导致诉讼文书未能被受送达人实际接收的,文书退回之日视为送达之日。
受送达人能够证明自己在诉讼文书送达的过程中没有过错的,不适用前款规定。

第十二条 本规定自2005年1月1日起实施。
我院以前的司法解释与本规定不一致的,以本规定为准。

(八)诉讼费用

最高人民法院关于对经济确有困难的当事人提供司法救助的规定

- 2005年4月5日
- 法发〔2005〕6号

第一条 为了使经济确有困难的当事人能够依法行使诉讼权利,维护其合法权益,根据《中华人民共和国民事诉讼法》、《中华人民共和国行政诉讼法》和《人民法院诉讼收费办法》,制定本规定。

第二条 本规定所称司法救助,是指人民法院对于当事人为维护自己的合法权益,向人民法院提起民事、行政诉讼,但经济确有困难的,实行诉讼费用的缓交、减交、免交。

第三条 当事人符合本规定第二条并具有下列情形之一的,可以向人民法院申请司法救助:
(一)追索赡养费、扶养费、抚育费、抚恤金的;
(二)孤寡老人、孤儿和农村"五保户";
(三)没有固定生活来源的残疾人、患有严重疾病的人;
(四)国家规定的优抚、安置对象;
(五)追索社会保险金、劳动报酬和经济补偿金的;
(六)交通事故、医疗事故、工伤事故、产品质量事故或者其他人身伤害事故的受害人,请求赔偿的;
(七)因见义勇为或为保护社会公共利益致使自己合法权益受到损害,本人或者近亲属请求赔偿或经济补偿的;
(八)进城务工人员追索劳动报酬或其他合法权益受到侵害而请求赔偿的;
(九)正在享受城市居民最低生活保障、农村特困户救济或者领取失业保险金,无其他收入的;
(十)因自然灾害等不可抗力造成生活困难,正在接受社会救济,或者家庭生产经营难以为继的;
(十一)起诉行政机关违法要求农民履行义务的;
(十二)正在接受有关部门法律援助的;
(十三)当事人为社会福利机构、敬老院、优抚医院、精神病院、SOS儿童村、社会救助站、特殊教育机构等社会公共福利单位的;
(十四)其他情形确实需要司法救助的。

第四条 当事人请求人民法院提供司法救助,应在起诉或上诉时提交书面申请和足以证明其确有经济困难的证明材料。其中因生活困难或者追索基本生活费用申请司法救助的,应当提供本人及其家庭经济状况符合当地民政、劳动和社会保障等部门规定的公民经济困难标准的证明。

第五条 人民法院对当事人司法救助的请求,经审查符合本规定第三条所列情形的,立案时应准许当事人缓交诉讼费用。

第六条 人民法院决定对一方当事人司法救助,对方当事人败诉的,诉讼费用由对方当事人交纳;拒不交纳的强制执行。

对方当事人胜诉的,可视申请司法救助当事人的经济状况决定其减交、免交诉讼费用。决定减交诉讼费用的,减交比例不得低于30%。符合本规定第三条第二项、第九项规定情形的,应免交诉讼费用。

第七条 对当事人请求缓交诉讼费用的,由承办案件的审判人员或合议庭提出意见,报庭长审批;对当事人请求减交、免交诉讼费用的,由承办案件的审判人员或合议庭提出意见,经庭长审核同意后,报院长审批。

第八条 人民法院决定对当事人减交、免交诉讼费用的,应在法律文书中列明。

第九条 当事人骗取司法救助的,人民法院应当责令其补交诉讼费用;拒不补交的,以妨害诉讼行为论处。

第十条 本规定自公布之日起施行。

诉讼费用交纳办法

·2006年12月8日国务院第159次常务会议通过
·2006年12月19日中华人民共和国国务院令第481号公布
·自2007年4月1日起施行

第一章 总　则

第一条 根据《中华人民共和国民事诉讼法》(以下简称民事诉讼法)和《中华人民共和国行政诉讼法》(以下简称行政诉讼法)的有关规定,制定本办法。

第二条 当事人进行民事诉讼、行政诉讼,应当依照本办法交纳诉讼费用。

本办法规定可以不交纳或者免予交纳诉讼费用的除外。

第三条 在诉讼过程中不得违反本办法规定的范围和标准向当事人收取费用。

第四条 国家对交纳诉讼费用确有困难的当事人提供司法救助,保障其依法行使诉讼权利,维护其合法权益。

第五条 外国人、无国籍人、外国企业或者组织在人民法院进行诉讼,适用本办法。

外国法院对中华人民共和国公民、法人或者其他组织,与其本国公民、法人或者其他组织在诉讼费用交纳上实行差别对待的,按照对等原则处理。

第二章 诉讼费用交纳范围

第六条 当事人应当向人民法院交纳的诉讼费用包括:
(一)案件受理费;

（二）申请费；

（三）证人、鉴定人、翻译人员、理算人员在人民法院指定日期出庭发生的交通费、住宿费、生活费和误工补贴。

第七条　案件受理费包括：

（一）第一审案件受理费；

（二）第二审案件受理费；

（三）再审案件中，依照本办法规定需要交纳的案件受理费。

第八条　下列案件不交纳案件受理费：

（一）依照民事诉讼法规定的特别程序审理的案件；

（二）裁定不予受理、驳回起诉、驳回上诉的案件；

（三）对不予受理、驳回起诉和管辖权异议裁定不服，提起上诉的案件；

（四）行政赔偿案件。

第九条　根据民事诉讼法和行政诉讼法规定的审判监督程序审理的案件，当事人不交纳案件受理费。但是，下列情形除外：

（一）当事人有新的证据，足以推翻原判决、裁定，向人民法院申请再审，人民法院经审查决定再审的案件；

（二）当事人对人民法院第一审判决或者裁定未提出上诉，第一审判决、裁定或者调解书发生法律效力后又申请再审，人民法院经审查决定再审的案件。

第十条　当事人依法向人民法院申请下列事项，应当交纳申请费：

（一）申请执行人民法院发生法律效力的判决、裁定、调解书，仲裁机构依法作出的裁决和调解书，公证机构依法赋予强制执行效力的债权文书；

（二）申请保全措施；

（三）申请支付令；

（四）申请公示催告；

（五）申请撤销仲裁裁决或者认定仲裁协议效力；

（六）申请破产；

（七）申请海事强制令、共同海损理算、设立海事赔偿责任限制基金、海事债权登记、船舶优先权催告；

（八）申请承认和执行外国法院判决、裁定和国外仲裁机构裁决。

第十一条　证人、鉴定人、翻译人员、理算人员在人民法院指定日期出庭发生的交通费、住宿费、生活费和误工补贴，由人民法院按照国家规定标准代为收取。

当事人复制案件卷宗材料和法律文书应当按实际成本向人民法院交纳工本费。

第十二条　诉讼过程中因鉴定、公告、勘验、翻译、评估、拍卖、变卖、仓储、保管、运输、船舶监管等发生的依法应当由当事人负担的费用，人民法院根据谁主张、谁负担的原则，决定由当事人直接支付给有关机构或者单位，人民法院不得代收代付。

人民法院依照民事诉讼法第十一条第三款规定提供当地民族通用语言、文字翻译的，不收取费用。

第三章　诉讼费用交纳标准

第十三条　案件受理费分别按照下列标准交纳：

（一）财产案件根据诉讼请求的金额或者价额，按照下列比例分段累计交纳：

1. 不超过1万元的，每件交纳50元；
2. 超过1万元至10万元的部分，按照2.5%交纳；
3. 超过10万元至20万元的部分，按照2%交纳；
4. 超过20万元至50万元的部分，按照1.5%交纳；
5. 超过50万元至100万元的部分，按照1%交纳；
6. 超过100万元至200万元的部分，按照0.9%交纳；
7. 超过200万元至500万元的部分，按照0.8%交纳；
8. 超过500万元至1000万元的部分，按照0.7%交纳；
9. 超过1000万元至2000万元的部分，按照0.6%交纳；
10. 超过2000万元的部分，按照0.5%交纳。

（二）非财产案件按照下列标准交纳：

1. 离婚案件每件交纳50元至300元。涉及财产分割，财产总额不超过20万元的，不另行交纳；超过20万元的部分，按照0.5%交纳。

2. 侵害姓名权、名称权、肖像权、名誉权、荣誉权以及其他人格权的案件，每件交纳100元至500元。涉及损害赔偿，赔偿金额不超过5万元的，不另行交纳；超过5万元至10万元的部分，按照1%交纳；超过10万元的部分，按照0.5%交纳。

3. 其他非财产案件每件交纳50元至100元。

（三）知识产权民事案件，没有争议金额或者价额的，每件交纳500元至1000元；有争议金额或者价额的，按照财产案件的标准交纳。

（四）劳动争议案件每件交纳10元。

（五）行政案件按照下列标准交纳：

1. 商标、专利、海事行政案件每件交纳100元；
2. 其他行政案件每件交纳50元。

（六）当事人提出案件管辖权异议，异议不成立的，每件交纳 50 元至 100 元。

省、自治区、直辖市人民政府可以结合本地实际情况在本条第(二)项、第(三)项、第(六)项规定的幅度内制定具体交纳标准。

第十四条 申请费分别按照下列标准交纳：

(一)依法向人民法院申请执行人民法院发生法律效力的判决、裁定、调解书，仲裁机构依法作出的裁决和调解书，公证机关依法赋予强制执行效力的债权文书，申请承认和执行外国法院判决、裁定以及国外仲裁机构裁决的，按照下列标准交纳：

1. 没有执行金额或者价额的，每件交纳 50 元至 500 元。

2. 执行金额或者价额不超过 1 万元的，每件交纳 50 元；超过 1 万元至 50 万元的部分，按照 1.5% 交纳；超过 50 万元至 500 万元的部分，按照 1% 交纳；超过 500 万元至 1000 万元的部分，按照 0.5% 交纳；超过 1000 万元的部分，按照 0.1% 交纳。

3. 符合民事诉讼法第五十五条第四款规定，未参加登记的权利人向人民法院提起诉讼的，按照本项规定的标准交纳申请费，不再交纳案件受理费。

(二)申请保全措施的，根据实际保全的财产数额按照下列标准交纳：

财产数额不超过 1000 元或者不涉及财产数额的，每件交纳 30 元；超过 1000 元至 10 万元的部分，按照 1% 交纳；超过 10 万元的部分，按照 0.5% 交纳。但是，当事人申请保全措施交纳的费用最多不超过 5000 元。

(三)依法申请支付令的，比照财产案件受理费标准的 1/3 交纳。

(四)依法申请公示催告的，每件交纳 100 元。

(五)申请撤销仲裁裁决或者认定仲裁协议效力的，每件交纳 400 元。

(六)破产案件依据破产财产总额计算，按照财产案件受理费标准减半交纳，但是，最高不超过 30 万元。

(七)海事案件的申请费按照下列标准交纳：

1. 申请设立海事赔偿责任限制基金的，每件交纳 1000 元至 1 万元；

2. 申请海事强制令的，每件交纳 1000 元至 5000 元；

3. 申请船舶优先权催告的，每件交纳 1000 元至 5000 元；

4. 申请海事债权登记的，每件交纳 1000 元；

5. 申请共同海损理算的，每件交纳 1000 元。

第十五条 以调解方式结案或者当事人申请撤诉的，减半交纳案件受理费。

第十六条 适用简易程序审理的案件减半交纳案件受理费。

第十七条 对财产案件提起上诉的，按照不服一审判决部分的上诉请求数额交纳案件受理费。

第十八条 被告提起反诉、有独立请求权的第三人提出与本案有关的诉讼请求，人民法院决定合并审理的，分别减半交纳案件受理费。

第十九条 依照本办法第九条规定需要交纳案件受理费的再审案件，按照不服原判决部分的再审请求数额交纳案件受理费。

第四章 诉讼费用的交纳和退还

第二十条 案件受理费由原告、有独立请求权的第三人、上诉人预交。被告提起反诉，依照本办法规定需要交纳案件受理费的，由被告预交。追索劳动报酬的案件可以不预交案件受理费。

申请费由申请人预交。但是，本办法第十条第(一)项、第(六)项规定的申请费不由申请人预交，执行申请费执行后交纳，破产申请费清算后交纳。

本办法第十一条规定的费用，待实际发生后交纳。

第二十一条 当事人在诉讼中变更诉讼请求数额，案件受理费依照下列规定处理：

(一)当事人增加诉讼请求数额的，按照增加后的诉讼请求数额计算补交；

(二)当事人在法庭调查终结前提出减少诉讼请求数额的，按照减少后的诉讼请求数额计算退还。

第二十二条 原告自接到人民法院交纳诉讼费用通知次日起 7 日内交纳案件受理费；反诉案件由提起反诉的当事人自提起反诉次日起 7 日内交纳案件受理费。

上诉案件的案件受理费由上诉人向人民法院提交上诉状时预交。双方当事人都提起上诉的，分别预交。上诉人在上诉期内未预交诉讼费用的，人民法院应当通知其在 7 日内预交。

申请费由申请人在提出申请时或者在人民法院指定的期限内预交。

当事人逾期不交纳诉讼费用又未提出司法救助申请，或者申请司法救助未获批准，在人民法院指定期限内仍未交纳诉讼费用的，由人民法院依照有关规定处理。

第二十三条 依照本办法第九条规定需要交纳案件受理费的再审案件，由申请再审的当事人预交。双方当事人都申请再审的，分别预交。

第二十四条 依照民事诉讼法第三十六条、第三十七条、第三十八条、第三十九条规定移送、移交的案件,原受理人民法院应当将当事人预交的诉讼费用随案移交接收案件的人民法院。

第二十五条　人民法院审理民事案件过程中发现涉嫌刑事犯罪并将案件移送有关部门处理的,当事人交纳的案件受理费予以退还;移送后民事案件需要继续审理的,当事人已交纳的案件受理费不予退还。

第二十六条　中止诉讼、中止执行的案件,已交纳的案件受理费、申请费不予退还。中止诉讼、中止执行的原因消除,恢复诉讼、执行的,不再交纳案件受理费、申请费。

第二十七条　第二审人民法院决定将案件发回重审的,应当退还上诉人已交纳的第二审案件受理费。

第一审人民法院裁定不予受理或者驳回起诉的,应当退还当事人已交纳的案件受理费;当事人对第一审人民法院不予受理、驳回起诉的裁定提起上诉,第二审人民法院维持第一审人民法院作出的裁定的,第一审人民法院应当退还当事人已交纳的案件受理费。

第二十八条　依照民事诉讼法第一百三十七条规定终结诉讼的案件,依照本办法规定已交纳的案件受理费不予退还。

第五章　诉讼费用的负担

第二十九条　诉讼费用由败诉方负担,胜诉方自愿承担的除外。

部分胜诉、部分败诉的,人民法院根据案件的具体情况决定当事人各自负担的诉讼费用数额。

共同诉讼当事人败诉的,人民法院根据其对诉讼标的的利害关系,决定当事人各自负担的诉讼费用数额。

第三十条　第二审人民法院改变第一审人民法院作出的判决、裁定的,应当相应变更第一审人民法院对诉讼费用负担的决定。

第三十一条　经人民法院调解达成协议的案件,诉讼费用的负担由双方当事人协商解决;协商不成的,由人民法院决定。

第三十二条　依照本办法第九条第(一)项、第(二)项的规定应当交纳案件受理费的再审案件,诉讼费用由申请再审的当事人负担;双方当事人都申请再审的,诉讼费用依照本办法第二十九条的规定负担。原审诉讼费用的负担由人民法院根据诉讼费用负担原则重新确定。

第三十三条　离婚案件诉讼费用的负担由双方当事人协商解决;协商不成的,由人民法院决定。

第三十四条　民事案件的原告或者上诉人申请撤诉,人民法院裁定准许的,案件受理费由原告或者上诉人负担。

行政案件的被告改变或者撤销具体行政行为,原告申请撤诉,人民法院裁定准许的,案件受理费由被告负担。

第三十五条　当事人在法庭调查终结后提出减少诉讼请求数额的,减少请求数额部分的案件受理费由变更诉讼请求的当事人负担。

第三十六条　债务人对督促程序未提出异议的,申请费由债务人负担。债务人对督促程序提出异议致使督促程序终结的,申请费由申请人负担;申请人另行起诉的,可以将申请费列入诉讼请求。

第三十七条　公示催告的申请费由申请人负担。

第三十八条　本办法第十条第(一)项、第(八)项规定的申请费由被执行人负担。

执行中当事人达成和解协议的,申请费的负担由双方当事人协商解决;协商不成的,由人民法院决定。

本办法第十条第(二)项规定的申请费由申请人负担,申请人提起诉讼的,可以将该申请费列入诉讼请求。

本办法第十条第(五)项规定的申请费,由人民法院依照本办法第二十九条规定决定申请费的负担。

第三十九条　海事案件中的有关诉讼费用依照下列规定负担:

(一)诉前申请海事请求保全、海事强制令的,申请费由申请人负担;申请人就有关海事请求提起诉讼的,可将上述费用列入诉讼请求;

(二)诉前申请海事证据保全的,申请费由申请人负担;

(三)诉讼中拍卖、变卖被扣押船舶、船载货物、船用燃油、船用物料发生的合理费用,由申请人预付,从拍卖、变卖价款中先行扣除,退还申请人;

(四)申请设立海事赔偿责任限制基金、申请债权登记与受偿、申请船舶优先权催告案件的申请费,由申请人负担;

(五)设立海事赔偿责任限制基金、船舶优先权催告程序中的公告费用由申请人负担。

第四十条　当事人因自身原因未能在举证期限内举证,在二审或者再审期间提出新的证据致使诉讼费用增加的,增加的诉讼费用由该当事人负担。

第四十一条　依照特别程序审理案件的公告费,由起诉人或者申请人负担。

第四十二条　依法向人民法院申请破产的,诉讼费用依照有关法律规定从破产财产中拨付。

第四十三条 当事人不得单独对人民法院关于诉讼费用的决定提起上诉。

当事人单独对人民法院关于诉讼费用的决定有异议的,可以向作出决定的人民法院院长申请复核。复核决定应当自收到当事人申请之日起15日内作出。

当事人对人民法院决定诉讼费用的计算有异议的,可以向作出决定的人民法院请求复核。计算确有错误的,作出决定的人民法院应当予以更正。

第六章 司法救助

第四十四条 当事人交纳诉讼费用确有困难的,可以依照本办法向人民法院申请缓交、减交或者免交诉讼费用的司法救助。

诉讼费用的免交只适用于自然人。

第四十五条 当事人申请司法救助,符合下列情形之一的,人民法院应当准予免交诉讼费用:

(一)残疾人无固定生活来源的;

(二)追索赡养费、扶养费、抚育费、抚恤金的;

(三)最低生活保障对象、农村特困定期救济对象、农村五保供养对象或者领取失业保险金人员,无其他收入的;

(四)因见义勇为或者为保护社会公共利益致使自身合法权益受到损害,本人或者其近亲属请求赔偿或者补偿的;

(五)确实需要免交的其他情形。

第四十六条 当事人申请司法救助,符合下列情形之一的,人民法院应当准予减交诉讼费用:

(一)因自然灾害等不可抗力造成生活困难,正在接受社会救济,或者家庭生产经营难以为继的;

(二)属于国家规定的优抚、安置对象的;

(三)社会福利机构和救助管理站;

(四)确实需要减交的其他情形。

人民法院准予减交诉讼费用的,减交比例不得低于30%。

第四十七条 当事人申请司法救助,符合下列情形之一的,人民法院应当准予缓交诉讼费用:

(一)追索社会保险金、经济补偿金的;

(二)海上事故、交通事故、医疗事故、工伤事故、产品质量事故或者其他人身伤害事故的受害人请求赔偿的;

(三)正在接受有关部门法律援助的;

(四)确实需要缓交的其他情形。

第四十八条 当事人申请司法救助,应当在起诉或者上诉时提交书面申请、足以证明其确有经济困难的证明材料以及其他相关证明材料。

因生活困难或者追索基本生活费用申请免交、减交诉讼费用的,还应当提供本人及其家庭经济状况符合当地民政、劳动保障等部门规定的公民经济困难标准的证明。

人民法院对当事人的司法救助申请不予批准的,应当向当事人书面说明理由。

第四十九条 当事人申请缓交诉讼费用经审查符合本办法第四十七条规定的,人民法院应当在决定立案之前作出准予缓交的决定。

第五十条 人民法院对一方当事人提供司法救助,对方当事人败诉的,诉讼费用由对方当事人负担;对方当事人胜诉的,可以视申请司法救助的当事人的经济状况决定其减交、免交诉讼费用。

第五十一条 人民法院准予当事人减交、免交诉讼费用的,应当在法律文书中载明。

第七章 诉讼费用的管理和监督

第五十二条 诉讼费用的交纳和收取制度应当公示。人民法院收取诉讼费用按照其财务隶属关系使用国务院财政部门或者省级人民政府财政部门印制的财政票据。案件受理费、申请费全额上缴财政,纳入预算,实行收支两条线管理。

人民法院收取诉讼费用应当向当事人开具缴费凭证,当事人持缴费凭证到指定代理银行交费。依法应当向当事人退费的,人民法院应当按照国家有关规定办理。诉讼费用缴库和退费的具体办法由国务院财政部门商最高人民法院另行制定。

在边远、水上、交通不便地区,基层巡回法庭当场审理案件,当事人提出向指定代理银行交纳诉讼费用确有困难的,基层巡回法庭可以当场收取诉讼费用,并向当事人出具省级人民政府财政部门印制的财政票据;不出具省级人民政府财政部门印制的财政票据的,当事人有权拒绝交纳。

第五十三条 案件审结后,人民法院应当将诉讼费用的详细清单和当事人应当负担的数额书面通知当事人,同时在判决书、裁定书或者调解书中写明当事人各方应当负担的数额。

需要向当事人退还诉讼费用的,人民法院应当自法律文书生效之日起15日内退还有关当事人。

第五十四条 价格主管部门、财政部门按照收费管理的职责分工,对诉讼费用进行管理和监督;对违反本办法规定的乱收费行为,依照法律、法规和国务院相关规定予以查处。

第八章 附 则

第五十五条 诉讼费用以人民币为计算单位。以外币为计算单位的，依照人民法院决定受理案件之日国家公布的汇率换算成人民币计算交纳；上诉案件和申请再审案件的诉讼费用，按照第一审人民法院决定受理案件之日国家公布的汇率换算。

第五十六条 本办法自2007年4月1日起施行。

最高人民法院关于诉讼收费监督管理的规定

- 2007年9月20日
- 法发〔2007〕30号

为了进一步加强和完善对人民法院诉讼收费的监督管理，防止和查处违规收费行为，维护当事人的合法权益，根据《民事诉讼法》、《行政诉讼法》和《诉讼费用交纳办法》的有关规定，制定本规定。

第一条 诉讼收费范围和收费标准应当严格执行《诉讼费用交纳办法》，不得提高收费标准。

第二条 当事人交纳诉讼费用确有困难的，可以依照《诉讼费用交纳办法》向人民法院申请缓交、减交或者免交诉讼费用的司法救助。对不符合司法救助情形的，不应准予免交、减交或者缓交。

第三条 诉讼收费严格实行"收支两条线"管理的规定，各级人民法院应当严格按照有关规定将依法收取的诉讼费用按照规定及时上缴同级财政，纳入预算管理，不得擅自开设银行账户收费，不得截留、坐支、挪用、私分诉讼费用。

第四条 各级人民法院收取诉讼费用应当到指定的价格主管部门办理收费许可证。

第五条 各级人民法院应当严格执行收费公示制度的有关规定，在立案场所公示收费许可证、诉讼费用交纳范围、交纳项目、交纳标准，以及投诉部门和电话等。

第六条 各级人民法院收取诉讼费用应当按照财务隶属关系使用国务院财政部门或者省级人民政府财政部门印制的财政票据，不得私自印制或者使用任何其他票据进行收费。

第七条 基层人民法院的人民法庭按照有关规定当场收取诉讼费用的，必须向当事人出具省级人民政府财政部门印制的财政票据，并及时将收取的诉讼费用缴入指定代理银行。

第八条 各级人民法院不得违反规定预收执行申请费和破产申请费。

第九条 各级人民法院应当按照实际成本向当事人、辩护人以及代理人等收取复制案件卷宗材料、审判工作的声像档案和法律文书的工本费。实际成本按照人民法院所在地省级价格、财政部门的规定执行。

第十条 诉讼费用结算完毕后，各级人民法院按照规定应当退还当事人诉讼费用的，应当及时办理退还手续；案件经审理需移送、移交的，应当及时办理随案移交诉讼费用的手续，不得影响当事人诉讼；当事人需要补缴诉讼费用的，应当及时督促补缴。

第十一条 各级人民法院不得向法院内部各部门下达收费任务和指标，不得以诉讼收费数额的多少作为对部门或个人奖惩的依据，不得将诉讼费用的收取与奖金、福利、津贴等挂钩。

第十二条 各级人民法院应当对本院收取诉讼费用的情况每年进行一次自查。上级人民法院应当对所辖法院收取诉讼费用的情况有计划地开展检查。对检查中发现的问题，应当及时纠正。

各级人民法院应当按照有关规定接受并配合有关职能部门对诉讼收费情况的监督检查。

第十三条 各级人民法院监察部门负责受理对违反规定收取诉讼费用行为的举报，并查处违反规定收取诉讼费用的行为。

第十四条 各级人民法院监察部门对于违反规定收取诉讼费用的行为，应当认真进行调查。查证属实的，应当依照最高人民法院有关纪律处分的规定对直接责任人员进行处理。对于违反规定收取诉讼费用，严重损害当事人利益，造成恶劣影响的，还应当追究有关领导和责任人员的责任。

第十五条 本规定自下发之日起施行。

（九）第一审程序

最高人民法院关于人民法院合议庭工作的若干规定

- 2002年7月30日最高人民法院审判委员会第1234次会议通过
- 2002年8月12日最高人民法院公告公布
- 自2002年8月17日起施行
- 法释〔2002〕25号

为了进一步规范合议庭的工作程序，充分发挥合议庭的职能作用，根据《中华人民共和国法院组织法》、《中华人民共和国刑事诉讼法》、《中华人民共和国民事诉讼法》、《中华人民共和国行政诉讼法》等法律的有关规定，结合人民法院审判工作实际，制定本规定。

第一条 人民法院实行合议制审判第一审案件，由法官或者由法官和人民陪审员组成合议庭进行；人民法院实行合议制审判第二审案件和其他应当组成合议庭审判的案件，由法官组成合议庭进行。

人民陪审员在人民法院执行职务期间，除不能担任审判长外，同法官有同等的权利义务。

第二条 合议庭的审判长由符合审判长任职条件的法官担任。

院长或者庭长参加合议庭审判案件的时候，自己担任审判长。

第三条 合议庭组成人员确定后，除因回避或者其他特殊情况，不能继续参加案件审理之外，不得在案件审理过程中更换。更换合议庭成员，应当报请院长或者庭长决定。合议庭成员的更换情况应当及时通知诉讼当事人。

第四条 合议庭的审判活动由审判长主持，全体成员平等参与案件的审理、评议、裁判，共同对案件认定事实和适用法律负责。

第五条 合议庭承担下列职责：

（一）根据当事人的申请或者案件的具体情况，可以作出财产保全、证据保全、先予执行等裁定；

（二）确定案件委托评估、委托鉴定等事项；

（三）依法开庭审理第一审、第二审和再审案件；

（四）评议案件；

（五）提请院长决定将案件提交审判委员会讨论决定；

（六）按照权限对案件及其有关程序性事项作出裁判或者提出裁判意见；

（七）制作裁判文书；

（八）执行审判委员会决定；

（九）办理有关审判的其他事项。

第六条 审判长履行下列职责：

（一）指导和安排审判辅助人员做好庭前调解、庭前准备及其他审判业务辅助性工作；

（二）确定案件审理方案、庭审提纲、协调合议庭成员的庭审分工以及做好其他必要的庭审准备工作；

（三）主持庭审活动；

（四）主持合议庭对案件进行评议；

（五）依照有关规定，提请院长决定将案件提交审判委员会讨论决定；

（六）制作裁判文书，审核合议庭其他成员制作的裁判文书；

（七）依照规定权限签发法律文书；

（八）根据院长或者庭长的建议主持合议庭对案件复议；

（九）对合议庭遵守案件审理期限制度的情况负责；

（十）办理有关审判的其他事项。

第七条 合议庭接受案件后，应当根据有关规定确定案件承办法官，或者由审判长指定案件承办法官。

第八条 在案件开庭审理过程中，合议庭成员必须认真履行法定职责，遵守《中华人民共和国法官职业道德基本准则》中有关司法礼仪的要求。

第九条 合议庭评议案件应当在庭审结束后五个工作日内进行。

第十条 合议庭评议案件时，先由承办法官对认定案件事实、证据是否确实、充分以及适用法律等发表意见，审判长最后发表意见；审判长作为承办法官的，由审判长最后发表意见。对案件的裁判结果进行评议时，由审判长最后发表意见。审判长应当根据评议情况总结合议庭评议的结论性意见。

合议庭成员进行评议的时候，应当认真负责，充分陈述意见，独立行使表决权，不得拒绝陈述意见或者仅作同意与否的简单表态。同意他人意见的，也应当提出事实根据和法律依据，进行分析论证。

合议庭成员对评议结果的表决，以口头表决的形式进行。

第十一条 合议庭进行评议的时候，如果意见分歧，应当按多数人的意见作出决定，但是少数人的意见应当写入笔录。

评议笔录由书记员制作，由合议庭的组成人员签名。

第十二条 合议庭应当依照规定的权限，及时对评议意见一致或者形成多数意见的案件直接作出判决或者裁定。但是对于下列案件，合议庭应当提请院长决定提交审判委员会讨论决定：

（一）拟判处死刑的；

（二）疑难、复杂、重大或者新类型的案件，合议庭认为有必要提交审判委员会讨论决定的；

（三）合议庭在适用法律方面有重大意见分歧的；

（四）合议庭认为需要提请审判委员会讨论决定的其他案件，或者本院审判委员会确定的应当由审判委员会讨论决定的案件。

第十三条 合议庭对审判委员会的决定有异议，可以提请院长决定提交审判委员会复议一次。

第十四条 合议庭一般应当在作出评议结论或者审判委员会作出决定后的五个工作日内制作出裁判文书。

第十五条 裁判文书一般由审判长或者承办法官制作。但是审判长或者承办法官的评议意见与合议庭评议结论或者审判委员会的决定有明显分歧的，也可以由其他合议庭成员制作裁判文书。

对制作的裁判文书，合议庭成员应当共同审核，确认无误后签名。

第十六条 院长、庭长可以对合议庭的评议意见和制作的裁判文书进行审核，但是不得改变合议庭的评议结论。

第十七条 院长、庭长在审核合议庭的评议意见和裁判文书过程中，对评议结论有异议的，可以建议合议庭复议，同时应当对要求复议的问题及理由提出书面意见。

合议庭复议后，庭长仍有异议的，可以将案件提请院长审核，院长可以提交审判委员会讨论决定。

第十八条 合议庭应当严格执行案件审理期限的有关规定。遇有特殊情况需要延长审理期限的，应当在审限届满前按规定的时限报请审批。

最高人民法院关于适用简易程序审理民事案件的若干规定

- 2003年7月4日最高人民法院审判委员会第1280次会议通过
- 根据2020年12月23日最高人民法院审判委员会第1823次会议通过的《最高人民法院关于修改〈最高人民法院关于人民法院民事调解工作若干问题的规定〉等十九件民事诉讼类司法解释的决定》修正
- 2020年12月29日最高人民法院公告公布
- 该修正自2021年1月1日起施行
- 法释〔2020〕20号

为保障和方便当事人依法行使诉讼权利，保证人民法院公正、及时审理民事案件，根据《中华人民共和国民事诉讼法》的有关规定，结合民事审判经验和实际情况，制定本规定。

一、适用范围

第一条 基层人民法院根据民事诉讼法第一百五十七条规定审理简单的民事案件，适用本规定，但有下列情形之一的案件除外：

（一）起诉时被告下落不明的；

（二）发回重审的；

（三）共同诉讼中一方或者双方当事人人数众多的；

（四）法律规定应当适用特别程序、审判监督程序、督促程序、公示催告程序和企业法人破产还债程序的；

（五）人民法院认为不宜适用简易程序进行审理的。

第二条 基层人民法院适用第一审普通程序审理的民事案件，当事人各方自愿选择适用简易程序，经人民法院审查同意的，可以适用简易程序进行审理。

人民法院不得违反当事人自愿原则，将普通程序转为简易程序。

第三条 当事人就适用简易程序提出异议，人民法院认为异议成立的，或者人民法院在审理过程中发现不宜适用简易程序的，应当将案件转入普通程序审理。

二、起诉与答辩

第四条 原告本人不能书写起诉状，委托他人代写起诉状确有困难的，可以口头起诉。

原告口头起诉的，人民法院应当将当事人的基本情况、联系方式、诉讼请求、事实及理由予以准确记录，将相关证据予以登记。人民法院应当将上述记录和登记的内容向原告当面宣读，原告认为无误后应当签名或者按指印。

第五条 当事人应当在起诉或者答辩时向人民法院提供自己准确的送达地址、收件人、电话号码等其他联系方式，并签名或者按指印确认。

送达地址应当写明受送达人住所地的邮政编码和详细地址；受送达人是有固定职业的自然人的，其从业的场所可以视为送达地址。

第六条 原告起诉后，人民法院可以采取捎口信、电话、传真、电子邮件等简便方式随时传唤双方当事人、证人。

第七条 双方当事人到庭后，被告同意口头答辩的，人民法院可以立即开庭审理；被告要求书面答辩的，人民法院应当将提交答辩状的期限和开庭的具体日期告知各方当事人，并向当事人说明逾期举证以及拒不到庭的法律后果，由各方当事人在笔录和开庭传票的送达回证上签名或者按指印。

第八条 人民法院按照原告提供的被告的送达地址或者其他联系方式无法通知被告应诉的，应当按以下情况分别处理：

（一）原告提供了被告准确的送达地址，但人民法院无法向被告直接送达或者留置送达应诉通知书的，应当将案件转入普通程序审理；

（二）原告不能提供被告准确的送达地址，人民法院经查证后仍不能确定被告送达地址的，可以被告不明确为由裁定驳回原告起诉。

第九条 被告到庭后拒绝提供自己的送达地址和联系方式的，人民法院应当告知其拒不提供送达地址的后果；经人民法院告知后被告仍然拒不提供的，按下列方式处理：

（一）被告是自然人的，以其户籍登记中的住所或者经常居所为送达地址；

（二）被告是法人或者非法人组织的，应当以其在登记机关登记、备案中的住所为送达地址。

人民法院应当将上述告知的内容记入笔录。

第十条 因当事人自己提供的送达地址不准确、送达地址变更未及时告知人民法院，或者当事人拒不提供自己的送达地址而导致诉讼文书未能被当事人实际接收的，按下列方式处理：

（一）邮寄送达的，以邮件回执上注明的退回之日视为送达之日；

（二）直接送达的，送达人当场在送达回证上记明情况之日视为送达之日。

上述内容，人民法院应当在原告起诉和被告答辩时以书面或者口头方式告知当事人。

第十一条 受送达的自然人以及他的同住成年家属拒绝签收诉讼文书的，或者法人、非法人组织负责收件的人拒绝签收诉讼文书的，送达人应当依据民事诉讼法第八十六条的规定邀请有关基层组织或者所在单位的代表到场见证，被邀请的人不愿到场见证的，送达人应当在送达回证上记明拒收事由、时间和地点以及被邀请人不愿到场见证的情形，将诉讼文书留在受送达人的住所或者从业场所，即视为送达。

受送达人的同住成年家属或者法人、非法人组织负责收件的人是同一案件中另一方当事人的，不适用前款规定。

三、审理前的准备

第十二条 适用简易程序审理的民事案件，当事人及其诉讼代理人申请证人出庭作证，应当在举证期限届满前提出。

第十三条 当事人一方或者双方就适用简易程序提出异议后，人民法院应当进行审查，并按下列情形分别处理：

（一）异议成立的，应当将案件转入普通程序审理，并将合议庭的组成人员及相关事项以书面形式通知双方当事人；

（二）异议不成立的，口头告知双方当事人，并将上述内容记入笔录。

转入普通程序审理的民事案件的审理期限自人民法院立案的次日起开始计算。

第十四条 下列民事案件，人民法院在开庭审理时应当先行调解：

（一）婚姻家庭纠纷和继承纠纷；

（二）劳务合同纠纷；

（三）交通事故和工伤事故引起的权利义务关系较为明确的损害赔偿纠纷；

（四）宅基地和相邻关系纠纷；

（五）合伙合同纠纷；

（六）诉讼标的额较小的纠纷。

但是根据案件的性质和当事人的实际情况不能调解或者显然没有调解必要的除外。

第十五条 调解达成协议并经审判人员审核后，双方当事人同意该调解协议经双方签名或者按指印生效的，该调解协议自双方签名或者按指印之日起发生法律效力。当事人要求摘录或者复制该调解协议的，应予准许。

调解协议符合前款规定，且不属于不需要制作调解书的，人民法院应当另行制作民事调解书。调解协议生效后一方拒不履行的，另一方可以持民事调解书申请强制执行。

第十六条 人民法院可以当庭告知当事人到人民法院领取民事调解书的具体日期，也可以在当事人达成调解协议的次日起十日内将民事调解书发送给当事人。

第十七条 当事人以民事调解书与调解协议的原意不一致为由提出异议，人民法院审查后认为异议成立的，应当根据调解协议裁定补正民事调解书的相关内容。

四、开庭审理

第十八条 以捎口信、电话、传真、电子邮件等形式发送的开庭通知，未经当事人确认或者没有其他证据足以证明当事人已经收到的，人民法院不得将其作为按撤诉处理和缺席判决的根据。

第十九条 开庭前已经书面或者口头告知当事人诉讼权利义务，或者当事人各方均委托律师代理诉讼的，审判人员除告知当事人申请回避的权利外，可以不再告知当事人其他的诉讼权利义务。

第二十条 对没有委托律师代理诉讼的当事人，审判人员应当对回避、自认、举证责任等相关内容向其作必要的解释或者说明，并在庭审过程中适当提示当事人正确行使诉讼权利、履行诉讼义务,指导当事人进行正常的诉讼活动。

第二十一条 开庭时,审判人员可以根据当事人的诉讼请求和答辩意见归纳出争议焦点,经当事人确认后,由当事人围绕争议焦点举证、质证和辩论。

当事人对案件事实无争议的,审判人员可以在听取当事人就适用法律方面的辩论意见后迳行判决、裁定。

第二十二条 当事人双方同时到基层人民法院请求解决简单的民事纠纷,但未协商举证期限,或者被告一方经简便方式传唤到庭的,当事人在开庭审理时要求当庭举证的,应予准许;当事人当庭举证有困难的,举证的期限由当事人协商决定,但最长不得超过十五日;协商不成的,由人民法院决定。

第二十三条 适用简易程序审理的民事案件,应当一次开庭审结,但人民法院认为确有必要再次开庭的除外。

第二十四条 书记员应当将适用简易程序审理民事案件的全部活动记入笔录。对于下列事项,应当详细记载:

(一)审判人员关于当事人诉讼权利义务的告知、争议焦点的概括、证据的认定和裁判的宣告等重大事项;

(二)当事人申请回避、自认、撤诉、和解等重大事项;

(三)当事人当庭陈述的与其诉讼权利直接相关的其他事项。

第二十五条 庭审结束时,审判人员可以根据案件的审理情况对争议焦点和当事人各方举证、质证和辩论的情况进行简要总结,并就是否同意调解征询当事人的意见。

第二十六条 审判人员在审理过程中发现案情复杂需要转为普通程序的,应当在审限届满前及时作出决定,并书面通知当事人。

五、宣判与送达

第二十七条 适用简易程序审理的民事案件,除人民法院认为不宜当庭宣判的以外,应当当庭宣判。

第二十八条 当庭宣判的案件,除当事人当庭要求邮寄送达的以外,人民法院应当告知当事人或者诉讼代理人领取裁判文书的期间和地点以及逾期不领取的法律后果。上述情况,应当记入笔录。

人民法院已经告知当事人领取裁判文书的期间和地点的,当事人在指定期间内领取裁判文书之日即为送达之日;当事人在指定期间内未领取的,指定领取裁判文书期间届满之日即为送达之日,当事人的上诉期从人民法院指定领取裁判文书期间届满之日的次日起开始计算。

第二十九条 当事人因交通不便或者其他原因要求邮寄送达裁判文书的,人民法院可以按照当事人自己提供的送达地址邮寄送达。

人民法院根据当事人自己提供的送达地址邮寄送达的,邮件回执上注明收到或者退回之日即为送达之日,当事人的上诉期从邮件回执上注明收到或者退回之日的次日起开始计算。

第三十条 原告经传票传唤,无正当理由拒不到庭或者未经法庭许可中途退庭的,可以按撤诉处理;被告经传票传唤,无正当理由拒不到庭或者未经法庭许可中途退庭的,人民法院可以根据原告的诉讼请求及双方已经提交给法庭的证据材料缺席判决。

按撤诉处理或者缺席判决的,人民法院可以按照当事人自己提供的送达地址将裁判文书送达给未到庭的当事人。

第三十一条 定期宣判的案件,定期宣判之日即为送达之日,当事人的上诉期自定期宣判的次日起开始计算。当事人在定期宣判的日期无正当理由未到庭的,不影响该裁判上诉期间的计算。

当事人确有正当理由不能到庭,并在定期宣判前已经告知人民法院的,人民法院可以按照当事人自己提供的送达地址将裁判文书送达给未到庭的当事人。

第三十二条 适用简易程序审理的民事案件,有下列情形之一的,人民法院在制作裁判文书时对认定事实或者判决理由部分可以适当简化:

(一)当事人达成调解协议并需要制作民事调解书的;

(二)一方当事人在诉讼过程中明确表示承认对方全部诉讼请求或者部分诉讼请求的;

(三)当事人对案件事实没有争议或者争议不大的;

(四)涉及自然人的隐私、个人信息,或者商业秘密的案件,当事人一方要求简化裁判文书中的相关内容,人民法院认为理由正当的;

(五)当事人双方一致同意简化裁判文书的。

六、其 他

第三十三条 本院已经公布的司法解释与本规定不一致的,以本规定为准。

第三十四条 本规定自 2003 年 12 月 1 日起施行。2003 年 12 月 1 日以后受理的民事案件,适用本规定。

（十）第二审程序

最高人民法院关于第二审人民法院因追加、更换当事人发回重审的民事裁定书上应如何列当事人问题的批复

- 1990 年 4 月 14 日
- 法民〔1990〕8 号

山东省高级人民法院：

你院鲁法（经）函〔1990〕19 号《关于在第二审追加当事人后调解不成发回重审的民事裁定书上，是否列上被追加的当事人问题的请示报告》收悉。经研究，我们认为：

第二审人民法院审理需要追加或更换当事人的案件，如调解不成，应发回重审。在发回重审的民事裁定书，不应列被追加或更换的当事人。

最高人民法院关于第二审人民法院在审理过程中可否对当事人的违法行为径行制裁等问题的批复

- 1990 年 7 月 25 日
- 法经〔1990〕45 号

湖北省高级人民法院：

你院鄂法〔1990〕经呈字第 1 号《关于人民法院在第二审中发现需要对当事人的违法行为予以民事制裁时，应由哪一审法院作出决定等问题的请示报告》收悉。经研究，答复如下：

一、第二审人民法院在审理案件过程中，认为当事人有违法行为应予依法制裁而原审人民法院未予制裁的，可以径行予以民事制裁。

二、当事人不服人民法院民事制裁决定而向上一级人民法院申请复议的，该上级人民法院无论维持、变更或者撤销原决定，均应制作民事制裁决定书。

三、人民法院复议期间，被制裁人请求撤回复议申请的，经过审查，应当采取通知的形式，准予撤回申请或者驳回其请求。

最高人民法院关于原审法院确认合同效力有错误而上诉人未对合同效力提出异议的案件第二审法院可否变更问题的复函

- 1991 年 8 月 14 日
- 法（经）函〔1991〕85 号

四川省高级人民法院：

你院川法研〔1991〕34 号《关于原审法院确认合同效力有错误而上诉人未对合同效力提出异议的案件第二审法院可否变更的请示》收悉。经研究，答复如下：

《中华人民共和国民事诉讼法》第一百五十一条规定："第二审人民法院应当对上诉请求的有关事实和适用法律进行审查。"这一规定并不排斥人民法院在审理上诉案件时，对上诉人在上诉请求中未提出的问题进行审查。如果第二审人民法院发现原判对上诉请求未涉及的问题的处理确有错误，应当在二审中予以纠正。

此复

最高人民法院关于原告诉讼请求的根据在第二审期间被人民政府撤销的案件第二审法院如何处理问题的复函

- 1991 年 10 月 24 日
- 〔1991〕民他字第 48 号

海南省高级人民法院：

你院琼高法（民）函〔1991〕1 号《关于原告诉讼请求的根据在第二审期间被人民政府撤销的案件，第二审程序上如何处理的请示报告》收悉。经我们研究认为，该案原告邓冠英、王文国持琼海县人民政府的决定，要求被告琼海县无线电厂腾退房屋，属于落实侨房政策问题，不属于人民法院主管。据此，依照民事诉讼法第一百零八条第一款第四项、第一百五十三条第一款第二项和第一百五十八条的规定，第二审人民法院可以裁定撤销原判，驳回原告起诉。

（十一）审判监督程序

最高人民法院关于办理不服本院生效裁判案件的若干规定

- 2001 年 10 月 29 日
- 法发〔2001〕20 号

根据《中华人民共和国刑事诉讼法》、《中华人民共和国民事诉讼法》和《中华人民共和国行政诉讼法》及

《最高人民法院机关内设机构及新设事业单位职能》的有关规定,为规范审判监督工作,制定本规定。

一、立案庭对不服本院生效裁判案件经审查认为可能有错误,决定再审立案或者登记立案并移送审判监督庭后,审判监督庭应及时审理。

二、经立案庭审查立案的不服本院生效裁判案件,立案庭应将本案全部卷宗材料调齐,一并移送审判监督庭。

经立案庭登记立案、尚未归档的不服本院生效裁判案件,审判监督庭需要调阅有关案卷材料的,应向相关业务庭发出调卷通知。有关业务庭应在收到调卷通知10日内,将有关案件卷宗按规定装订整齐,移送审判监督庭。

三、在办理不服本院生效裁判案件过程中,经庭领导同意,承办人可以就案件有关情况与原承办人或原合议庭交换意见;未经同意,承办人不得擅自与原承办人或原合议庭交换意见。

四、对立案庭登记立案的不服本院生效裁判案件,合议庭在审查过程中,认为对案件有关情况需要听取双方当事人陈述的,应报庭领导决定。

五、对本院生效裁判案件经审查认为应当再审的,或者已经进入再审程序、经审理认为应当改判的,由院长提交审判委员会讨论决定。

提交审判委员会讨论的案件审理报告应注明原承办人和原合议庭成员的姓名,并可附原合议庭对审判监督庭再审审查结论的书面意见。

六、审判监督庭经审查驳回当事人申请再审的,或者经过再审程序审理结案的,应及时向本院有关部门通报案件处理结果。

七、审判监督庭在审理案件中,发现原办案人员有《人民法院审判人员违法审判责任追究办法(试行)》、《人民法院审判纪律处分办法(试行)》规定的违法违纪情况的,应移送纪检组(监察室)处理。

当事人在案件审查或审理过程中反映原办案人员有违法违纪问题或提交有关举报材料的,应告知其向本院纪检组(监察室)反映或提交;已收举报材料的,审判监督庭应及时移送纪检组(监察室)。

八、对不服本院执行工作办公室、赔偿委员会办公室办理的有关案件,按照本规定执行。

九、审判监督庭负责本院国家赔偿的确认工作,办理高级人民法院国家赔偿确认工作的请示,负责对全国法院赔偿确认工作的监督与指导。

十、地方各级人民法院、专门人民法院可根据本规定精神,制定具体规定。

最高人民法院关于规范人民法院再审立案的若干意见(试行)

- 2002年9月10日
- 法发〔2002〕13号

为加强审判监督,规范再审立案工作,根据《中华人民共和国刑事诉讼法》、《中华人民共和国民事诉讼法》和《中华人民共和国行政诉讼法》的有关规定,结合审判实际,制定本规定。

第一条 各级人民法院、专门人民法院对本院或者上级人民法院对下级人民法院作出的终审裁判,经复查认为符合再审立案条件的,应当决定或裁定再审。

人民检察院依照法律规定对人民法院作出的终审裁判提出抗诉的,应当再审立案。

第二条 地方各级人民法院、专门人民法院负责下列案件的再审立案:

(一)本院作出的终审裁判,符合再审立案条件的;

(二)下一级人民法院复查驳回或者再审改判,符合再审立案条件的;

(三)上级人民法院指令再审的;

(四)人民检察院依法提出抗诉的。

第三条 最高人民法院负责下列案件的再审立案:

(一)本院作出的终审裁判,符合再审立案条件的;

(二)高级人民法院复查驳回或者再审改判,符合再审立案条件的;

(三)最高人民检察院依法提出抗诉的;

(四)最高人民法院认为应由自己再审的。

第四条 上级人民法院对下级人民法院作出的终审裁判,认为确有必要的,可以直接立案复查,经复查认为符合再审立案条件的,可以决定或裁定再审。

第五条 再审申请人或申诉人向人民法院申请再审或申诉,应当提交以下材料:

(一)再审申请书或申诉状,应当载明当事人的基本情况、申请再审或申诉的事实与理由;

(二)原一、二审判决书、裁定书等法律文书,经过人民法院复查或再审的,应当附有驳回通知书、再审判决书或裁定书;

(三)以有新的证据证明原裁判认定的事实确有错误为由申请再审或申诉的,应当同时附有证据目录、证人名单和主要证据复印件或者照片;需要人民法院调查取证的,应当附有证据线索。

申请再审或申诉不符合前款规定的,人民法院不予审查。

第六条 申请再审或申诉一般由终审人民法院审查处理。

上一级人民法院对未经终审人民法院审查处理的申请再审或申诉,一般交终审人民法院审查;对经终审人民法院审查处理后仍坚持申请再审或申诉的,应当受理。

对未经终审人民法院及其上一级人民法院审查处理,直接向上级人民法院申请再审或申诉的,上级人民法院应当交下一级人民法院处理。

第七条 对终审刑事裁判的申诉,具备下列情形之一的,人民法院应当决定再审:

(一)有审判时未收集到的或者未被采信的证据,可能推翻原定罪量刑的;

(二)主要证据不充分或者不具有证明力的;

(三)原裁判的主要事实依据被依法变更或撤销的;

(四)据以定罪量刑的主要证据自相矛盾的;

(五)引用法律条文错误或者违反刑法第十二条的规定适用失效法律的;

(六)违反法律关于溯及力规定的;

(七)量刑明显不当的;

(八)审判程序不合法,影响案件公正裁判的;

(九)审判人员在审理案件时索贿受贿、徇私舞弊并导致枉法裁判的。

第八条 对终审民事裁判、调解的再审申请,具备下列情形之一的,人民法院应当裁定再审:

(一)有再审申请人以前不知道或举证不能的证据,可能推翻原裁判的;

(二)主要证据不充分或者不具有证明力的;

(三)原裁判的主要事实依据被依法变更或撤销的;

(四)就同一法律事实或同一法律关系,存在两个相互矛盾的生效法律文书,再审申请人对后一生效法律文书提出再审申请的;

(五)引用法律条文错误或者适用失效、尚未生效法律的;

(六)违反法律关于溯及力规定的;

(七)调解协议明显违反自愿原则,内容违反法律或者损害国家利益、公共利益和他人利益的;

(八)审判程序不合法,影响案件公正裁判的;

(九)审判人员在审理案件时索贿受贿、徇私舞弊并导致枉法裁判的。

第九条 对终审行政裁判的申诉,具备下列情形之一的,人民法院应当裁定再审:

(一)依法应当受理而不予受理或驳回起诉的;

(二)有新的证据可能改变原裁判的;

(三)主要证据不充分或不具有证明力的;

(四)原裁判的主要事实依据依法变更或撤销的;

(五)引用法律条文错误或者适用失效、尚未生效法律的;

(六)违反法律关于溯及力规定的;

(七)行政赔偿调解协议违反自愿原则,内容违反法律或损害国家利益、公共利益和他人利益的;

(八)审判程序不合法,影响案件公正裁判的;

(九)审判人员在审理案件时索贿受贿、徇私舞弊并导致枉法裁判的。

第十条 人民法院对刑事案件的申诉人在刑罚执行完毕后两年内提出的申诉,应当受理;超过两年提出申诉,具有下列情形之一的,应当受理:

(一)可能对原审被告人宣告无罪的;

(二)原审被告人在本条规定的期限内向人民法院提出申诉,人民法院未受理的;

(三)属于疑难、复杂、重大案件的。

不符合前款规定的,人民法院不予受理。

第十一条 人民法院对刑事附带民事案件中仅就民事部分提出申诉的,一般不予再审立案。但有证据证明民事部分明显失当且原审被告人有赔偿能力的除外。

第十二条 人民法院对民事、行政案件的再审申请人或申诉人超过两年提出再审申请或申诉的,不予受理。

第十三条 人民法院对不符合法定主体资格的再审申请或申诉,不予受理。

第十四条 人民法院对下列民事案件的再审申请不予受理:

(一)人民法院依照督促程序、公示催告程序和破产还债程序审理的案件;

(二)人民法院裁定撤销仲裁裁决和裁定不予执行仲裁裁决的案件;

(三)人民法院判决、调解解除婚姻关系的案件,但当事人就财产分割问题申请再审的除外。

第十五条 上级人民法院对经终审法院的上一级人民法院依照审判监督程序审理后维持原判或者经两级人民法院依照审判监督程序复查均驳回的申请再审或申诉案件,一般不予受理。

但再审申请人或申诉人提出新的理由,且符合《中华人民共和国刑事诉讼法》第二百零四条、《中华人民共和国民事诉讼法》第一百七十九条、《中华人民共和国行政诉讼法》第六十二条及本规定第七、八、九条规定条件的，以及刑事案件的原审被告人可能被宣告无罪的除外。

第十六条 最高人民法院再审裁判或者复查驳回的案件，再审申请人或申诉人仍不服提出再审申请或申诉的，不予受理。

第十七条 本意见自2002年11月1日起施行。以前有关再审立案的规定与本意见不一致的，按本意见执行。

最高人民法院关于受理审查民事申请再审案件的若干意见

- 2009年4月27日
- 法发〔2009〕26号

为依法保障当事人申请再审权利，规范人民法院受理审查民事申请再审案件工作，根据《中华人民共和国民事诉讼法》和《最高人民法院关于适用〈中华人民共和国民事诉讼法〉审判监督程序若干问题的解释》的有关规定，结合审判工作实际，现就受理审查民事申请再审案件工作提出以下意见：

一、民事申请再审案件的受理

第一条 当事人或案外人申请再审，应当提交再审申请书等材料，并按照被申请人及原审其他当事人人数提交再审申请书副本。

第二条 人民法院应当审查再审申请书是否载明下列事项：

（一）申请再审人、被申请人及原审其他当事人的基本情况。当事人是自然人的，应列明姓名、性别、年龄、民族、职业、工作单位、住所及有效联系电话、邮寄地址；当事人是法人或者其他组织的，应列明名称、住所和法定代表人或者主要负责人的姓名、职务及有效联系电话、邮寄地址；

（二）原审法院名称，原判决、裁定、调解文书案号；

（三）具体的再审请求；

（四）申请再审的法定事由及具体事实、理由；

（五）受理再审申请的法院名称；

（六）申请再审人的签名或者盖章。

第三条 申请再审人申请再审，除应提交符合前条规定的再审申请书外，还应当提交以下材料：

（一）申请再审人是自然人的，应提交身份证明复印件；申请再审人是法人或其他组织的，应提交营业执照复印件、法定代表人或主要负责人身份证明书。委托他人代为申请的，应提交授权委托书和代理人身份证明；

（二）申请再审的生效裁判文书原件，或者经核对无误的复印件；生效裁判系二审、再审裁判的，应同时提交一审、二审裁判文书原件，或者经核对无误的复印件；

（三）在原审诉讼过程中提交的主要证据复印件；

（四）支持申请再审事由和再审诉讼请求的证据材料。

第四条 申请再审人提交再审申请书等材料的同时，应提交材料清单一式两份，并可附申请再审材料的电子文本，同时填写送达地址确认书。

第五条 申请再审人提交的再审申请书等材料不符合上述要求，或者有人身攻击等内容，可能引起矛盾激化的，人民法院应将材料退回申请再审人并告知其补充或改正。

再审申请书等材料符合上述要求的，人民法院应在申请再审人提交的材料清单上注明收到日期，加盖收件章，并将其中一份清单返还申请再审人。

第六条 申请再审人提出的再审申请符合以下条件的，人民法院应当在5日内受理并向申请再审人发送受理通知书，同时向被申请人及原审其他当事人发送受理通知书、再审申请书副本及送达地址确认书：

（一）申请再审人是生效裁判文书列明的当事人，或者符合法律和司法解释规定的案外人；

（二）受理再审申请的法院是作出生效裁判法院的上一级法院；

（三）申请再审的裁判属于法律和司法解释允许申请再审的生效裁判；

（四）申请再审的事由属于民事诉讼法第一百七十九条规定的情形。

再审申请不符合上述条件的，应当及时告知申请再审人。

第七条 申请再审人向原审法院申请再审的，原审法院应针对申请再审事由并结合原裁判理由作好释明工作。申请再审人坚持申请再审的，告知其可以向上一级法院提出。

第八条 申请再审人越级申请再审的，有关上级法院应告知其向原审法院的上一级法院提出。

第九条 人民法院认为再审申请不符合民事诉讼法第一百八十四条规定的期间要求的，应告知申请再审人。申请再审人认为未超过法定期间的，人民法院可以限期要求其提交生效裁判文书的送达回证复印件或其他能够证明裁判文书实际生效日期的相应证据材料。

二、民事申请再审案件的审查

第十条 人民法院受理申请再审案件后,应当组成合议庭进行审查。

第十一条 人民法院审查申请再审案件,应当围绕申请再审事由是否成立进行,申请再审人未主张的事由不予审查。

第十二条 人民法院审查申请再审案件,应当审查当事人诉讼主体资格的变化情况。

第十三条 人民法院审查申请再审案件,采取以下方式:

(一)审查当事人提交的再审申请书、书面意见等材料;

(二)审阅原审卷宗;

(三)询问当事人;

(四)组织当事人听证。

第十四条 人民法院经审查申请再审人提交的再审申请书、对方当事人提交的书面意见、原审裁判文书和证据等材料,足以确定申请再审事由不能成立的,可以径行裁定驳回再审申请。

第十五条 对于以下事由申请再审,且根据当事人提交的申请材料足以确定再审事由成立的案件,人民法院可以径行裁定再审:

(一)违反法律规定,管辖错误的;

(二)审判组织的组成不合法或者依法应当回避的审判人员没有回避的;

(三)无诉讼行为能力人未经法定代理人代为诉讼,或者应当参加诉讼的当事人因不能归责于本人或者其诉讼代理人的事由未参加诉讼的;

(四)据以作出原判决、裁定的法律文书被撤销或者变更的;

(五)审判人员在审理该案件时有贪污受贿、徇私舞弊、枉法裁判行为,并经相关刑事法律文书或者纪律处分决定确认的。

第十六条 人民法院决定调卷审查的,原审法院应当在收到调卷函后15日内按要求报送卷宗。

调取原审卷宗的范围可根据审查工作需要决定。必要时,在保证真实的前提下,可要求原审法院以传真件、复印件、电子文档等方式及时报送相关卷宗材料。

第十七条 人民法院可根据审查工作需要询问一方或者双方当事人。

第十八条 人民法院对以下列事由申请再审的案件,可以组织当事人进行听证:

(一)有新的证据,足以推翻原判决、裁定的;

(二)原判决、裁定认定的基本事实缺乏证据证明的;

(三)原判决、裁定认定事实的主要证据是伪造的;

(四)原判决、裁定适用法律确有错误的。

第十九条 合议庭决定听证的案件,应在听证5日前通知当事人。

第二十条 听证由审判长主持,围绕申请再审事由是否成立进行。

第二十一条 申请再审人经传票传唤,无正当理由拒不参加询问、听证或未经许可中途退出的,裁定按撤回再审申请处理。被申请人及原审其他当事人不参加询问、听证或未经许可中途退出的,视为放弃在询问、听证过程中陈述意见的权利。

第二十二条 人民法院在审查申请再审案件过程中,被申请人或者原审其他当事人提出符合条件的再审申请的,应当将其列为申请再审人,对于其申请再审事由一并审查,审查期限重新计算。经审查,其中一方申请再审人主张的再审事由成立的,人民法院即应裁定再审。各方申请再审人主张的再审事由均不成立的,一并裁定驳回。

第二十三条 申请再审人在审查过程中撤回再审申请的,是否准许,由人民法院裁定。

第二十四条 审查过程中,申请再审人、被申请人及原审其他当事人自愿达成和解协议,当事人申请人民法院出具调解书且能够确定申请再审事由成立的,人民法院应当裁定再审并制作调解书。

第二十五条 审查过程中,申请再审人或者被申请人死亡或者终止的,按下列情形分别处理:

(一)申请再审人有权利义务继受人且该权利义务继受人申请参加审查程序的,变更其为申请再审人;

(二)被申请人有权利义务继受人的,变更其权利义务继受人为被申请人;

(三)申请再审人无权利义务继受人或其权利义务继受人未申请参加审查程序的,裁定终结审查程序;

(四)被申请人无权利义务继受人且无可供执行财产的,裁定终结审查程序。

第二十六条 人民法院经审查认为再审申请超过民事诉讼法第一百八十四条规定期间的,裁定驳回申请。

第二十七条 人民法院经审查认为申请再审事由成立的,一般应由本院提审。

第二十八条 最高人民法院、高级人民法院审查的

下列案件,可以指令原审法院再审:

(一)依据民事诉讼法第一百七十九条第一款第(八)至第(十三)项事由提起再审的;

(二)因违反法定程序可能影响案件正确判决、裁定提起再审的;

(三)上一级法院认为其他应当指令原审法院再审的。

第二十九条 提审和指令再审的裁定书应当包括以下内容:

(一)申请再审人、被申请人及原审其他当事人基本情况;

(二)原审法院名称、申请再审的生效裁判文书名称、案号;

(三)裁定再审的法律依据;

(四)裁定结果。

裁定书由院长署名,加盖人民法院印章。

第三十条 驳回再审申请的裁定书,应当包括以下内容:

(一)申请再审人、被申请人及原审其他当事人基本情况;

(二)原审法院名称、申请再审的生效裁判文书名称、案号;

(三)申请再审人主张的再审事由、被申请人的意见;

(四)驳回再审申请的理由、法律依据;

(五)裁定结果。

裁定书由审判人员、书记员署名,加盖人民法院印章。

第三十一条 再审申请被裁定驳回后,申请再审人以相同理由再次申请再审的,不作为申请再审案件审查处理。

申请再审人不服驳回其再审申请的裁定,向作出驳回裁定法院的上一级法院申请再审的,不作为申请再审案件审查处理。

第三十二条 人民法院应当自受理再审申请之日起3个月内审查完毕,但鉴定期间等不计入审查期限。有特殊情况需要延长的,报经本院院长批准。

第三十三条 2008年4月1日之前受理,尚未审结的案件,符合申请再审条件的,由受理再审申请的人民法院继续审查处理并作出裁定。

最高人民法院关于民事审判监督程序严格依法适用指令再审和发回重审若干问题的规定

- 2015年2月2日最高人民法院审判委员会第1643次会议通过
- 2015年2月16日最高人民法院公告公布
- 自2015年3月15日起施行
- 法释〔2015〕7号

为了及时有效维护各方当事人的合法权益,维护司法公正,进一步规范民事案件指令再审和再审发回重审,提高审判监督质量和效率,根据《中华人民共和国民事诉讼法》,结合审判实际,制定本规定。

第一条 上级人民法院应当严格依照民事诉讼法第二百条等规定审查当事人的再审申请,符合法定条件的,裁定再审。不得因指令再审而降低再审启动标准,也不得因当事人反复申诉将依法不应当再审的案件指令下级人民法院再审。

第二条 因当事人申请裁定再审的案件一般应当由裁定再审的人民法院审理。有下列情形之一的,最高人民法院、高级人民法院可以指令原审人民法院再审:

(一)依据民事诉讼法第二百条第(四)项、第(五)项或者第(九)项裁定再审的;

(二)发生法律效力的判决、裁定、调解书是由第一审法院作出的;

(三)当事人一方人数众多或者当事人双方为公民的;

(四)经审判委员会讨论决定的其他情形。

人民检察院提出抗诉的案件,由接受抗诉的人民法院审理,具有民事诉讼法第二百条第(一)至第(五)项规定情形之一的,可以指令原审人民法院再审。

人民法院依据民事诉讼法第一百九十八条第二款裁定再审的,应当提审。

第三条 虽然符合本规定第二条可以指令再审的条件,但有下列情形之一的,应当提审:

(一)原判决、裁定系经原审人民法院再审审理后作出的;

(二)原判决、裁定系经原审人民法院审判委员会讨论作出的;

(三)原审审判人员在审理该案件时有贪污受贿,徇私舞弊,枉法裁判行为的;

(四)原审人民法院对该案无再审管辖权的;

(五)需要统一法律适用或裁量权行使标准的;

（六）其他不宜指令原审人民法院再审的情形。

第四条 人民法院按照第二审程序审理再审案件，发现原判决认定基本事实不清的，一般应当通过庭审认定事实后依法作出判决。但原审人民法院未对基本事实进行过审理的，可以裁定撤销原判决，发回重审。原判决认定事实错误的，上级人民法院不得以基本事实不清为由裁定发回重审。

第五条 人民法院按照第二审程序审理再审案件，发现第一审人民法院有下列严重违反法定程序情形之一的，可以依照民事诉讼法第一百七十条第一款第（四）项的规定，裁定撤销原判决，发回第一审人民法院重审：

（一）原判决遗漏必须参加诉讼的当事人的；

（二）无诉讼行为能力人未经法定代理人代为诉讼，或者应当参加诉讼的当事人，因不能归责于本人或者其诉讼代理人的事由，未参加诉讼的；

（三）未经合法传唤缺席判决，或者违反法律规定剥夺当事人辩论权利的；

（四）审判组织的组成不合法或者依法应当回避的审判人员没有回避的；

（五）原判决、裁定遗漏诉讼请求的。

第六条 上级人民法院裁定指令再审、发回重审的，应当在裁定书中阐明指令再审或者发回重审的具体理由。

第七条 再审案件应当围绕申请人的再审请求进行审理和裁判。对方当事人在再审庭审辩论终结前也提出再审请求的，应一并审理和裁判。当事人的再审请求超出原审诉讼请求的不予审理，构成另案诉讼的应告知当事人可以提起新的诉讼。

第八条 再审发回重审的案件，应当围绕当事人原诉讼请求进行审理。当事人申请变更、增加诉讼请求和提出反诉的，按照最高人民法院《关于适用〈中华人民共和国民事诉讼法〉的解释》第二百五十二条的规定审查决定是否准许。当事人变更其在原审中的诉讼主张、质证及辩论意见的，应说明理由并提交相应的证据，理由不成立或证据不充分的，人民法院不予支持。

第九条 各级人民法院对民事案件指令再审和再审发回重审的审判行为，应当严格遵守本规定。违反本规定的，应当依照相关规定追究有关人员的责任。

第十条 最高人民法院以前发布的司法解释与本规定不一致的，不再适用。

最高人民法院关于适用《中华人民共和国民事诉讼法》审判监督程序若干问题的解释

- 2008年11月10日最高人民法院审判委员会第1453次会议通过
- 根据2020年12月23日最高人民法院审判委员会第1823次会议通过的《最高人民法院关于修改〈最高人民法院关于人民法院民事调解工作若干问题的规定〉等十九件民事诉讼类司法解释的决定》修正
- 2020年12月29日最高人民法院公告公布
- 该修正自2021年1月1日起施行
- 法释〔2020〕20号

为了保障当事人申请再审权利，规范审判监督程序，维护各方当事人的合法权益，根据《中华人民共和国民事诉讼法》，结合审判实践，对审判监督程序中适用法律的若干问题作出如下解释：

第一条 当事人在民事诉讼法第二百零五条规定的期限内，以民事诉讼法第二百条所列明的再审事由，向原审人民法院的上一级人民法院申请再审的，上一级人民法院应当依法受理。

第二条 民事诉讼法第二百零五条规定的申请再审期间不适用中止、中断和延长的规定。

第三条 当事人申请再审，应当向人民法院提交再审申请书，并按照对方当事人人数提出副本。

人民法院应当审查再审申请书是否载明下列事项：

（一）申请再审人与对方当事人的姓名、住所及有效联系方式等基本情况；法人或其他组织的名称、住所和法定代表人或主要负责人的姓名、职务及有效联系方式等基本情况；

（二）原审人民法院的名称，原判决、裁定、调解文书案号；

（三）申请再审的法定情形及具体事实、理由；

（四）具体的再审请求。

第四条 当事人申请再审，应当向人民法院提交已经发生法律效力的判决书、裁定书、调解书，身份证明及相关证据材料。

第五条 申请再审人提交的再审申请书或者其他材料不符合本解释第三条、第四条的规定，或者有人身攻击等内容，可能引起矛盾激化的，人民法院应当要求申请再审人补充或改正。

第六条 人民法院应当自收到符合条件的再审申请书等材料后五日内完成向申请再审人发送受理通知书等

受理登记手续,并向对方当事人发送受理通知书及再审申请书副本。

第七条 人民法院受理再审申请后,应当组成合议庭予以审查。

第八条 人民法院对再审申请的审查,应当围绕再审事由是否成立进行。

第九条 民事诉讼法第二百条第(五)项规定的"对审理案件需要的主要证据",是指人民法院认定案件基本事实所必须的证据。

第十条 原判决、裁定对基本事实和案件性质的认定系根据其他法律文书作出,而上述其他法律文书被撤销或变更的,人民法院可以认定为民事诉讼法第二百条第(十二)项规定的情形。

第十一条 人民法院经审查再审申请书等材料,认为申请再审事由成立的,应当进行裁定再审。

当事人申请再审超过民事诉讼法第二百零五条规定的期限,或者超出民事诉讼法第二百条所列明的再审事由范围的,人民法院应当裁定驳回再审申请。

第十二条 人民法院认为仅审查再审申请书等材料难以作出裁定的,应当调阅原审卷宗予以审查。

第十三条 人民法院可以根据案情需要决定是否询问当事人。

以有新的证据足以推翻原判决、裁定为由申请再审的,人民法院应当询问当事人。

第十四条 在审查再审申请过程中,对方当事人也申请再审的,人民法院应当将其列为申请再审人,对其提出的再审申请一并审查。

第十五条 申请再审人在案件审查期间申请撤回再审申请的,是否准许,由人民法院裁定。

申请再审人经传票传唤,无正当理由拒不接受询问,可以裁定按撤回再审申请处理。

第十六条 人民法院经审查认为申请再审事由不成立的,应当裁定驳回再审申请。

驳回再审申请的裁定一经送达,即发生法律效力。

第十七条 人民法院审查再审申请期间,人民检察院对该案提出抗诉的,人民法院应依照民事诉讼法第二百一十一条的规定裁定再审。申请再审人提出的具体再审请求应纳入审理范围。

第十八条 上一级人民法院经审查认为申请再审事由成立的,一般由本院提审。最高人民法院、高级人民法院也可以指定与原审人民法院同级的其他人民法院再审,或者指令原审人民法院再审。

第十九条 上一级人民法院可以根据案件的影响程度以及案件参与人等情况,决定是否指定再审。需要指定再审的,应当考虑便利当事人行使诉讼权利以及便利人民法院审理等因素。

接受指定再审的人民法院,应当按照民事诉讼法第二百零七条第一款规定的程序审理。

第二十条 有下列情形之一的,不得指令原审人民法院再审:

(一)原审人民法院对该案无管辖权的;

(二)审判人员在审理该案件时有贪污受贿,徇私舞弊,枉法裁判行为的;

(三)原判决、裁定系经原审人民法院审判委员会讨论作出的;

(四)其他不宜指令原审人民法院再审的。

第二十一条 当事人未申请再审、人民检察院未抗诉的案件,人民法院发现原判决、裁定、调解协议有损害国家利益、社会公共利益等确有错误情形的,应当依照民事诉讼法第一百九十八条的规定提起再审。

第二十二条 人民法院应当依照民事诉讼法第二百零七条的规定,按照第一审程序或者第二审程序审理再审案件。

人民法院审理再审案件应当开庭审理。但按照第二审程序审理的,双方当事人已经其他方式充分表达意见,且书面同意不开庭审理的除外。

第二十三条 申请再审人在再审期间撤回再审申请的,是否准许由人民法院裁定。裁定准许的,应终结再审程序。申请再审人经传票传唤,无正当理由拒不到庭的,或者未经法庭许可中途退庭的,可以裁定按自动撤回再审申请处理。

人民检察院抗诉再审的案件,申请抗诉的当事人有前款规定的情形,且不损害国家利益、社会公共利益或第三人利益的,人民法院应当裁定终结再审程序;人民检察院撤回抗诉的,应当准予。

终结再审程序的,恢复原判决的执行。

第二十四条 按照第一审程序审理再审案件时,一审原告申请撤回起诉的,是否准许由人民法院裁定。裁定准许的,应当同时裁定撤销原判决、裁定、调解书。

第二十五条 当事人在再审审理中经调解达成协议的,人民法院应当制作调解书。调解书经各方当事人签收后,即具有法律效力,原判决、裁定视为被撤销。

第二十六条 人民法院经再审审理认为,原判决、裁定认定事实清楚、适用法律正确的,应予维持;原判决、裁定在认定事实、适用法律、阐述理由方面虽有瑕疵,但裁判结果正确的,人民法院应在再审判决、裁定中纠正上述瑕疵后予以维持。

第二十七条 人民法院按照第二审程序审理再审案件,发现原判决认定事实错误或者认定事实不清的,应当在查清事实后改判。但原审人民法院便于查清事实、化解纠纷的,可以裁定撤销原判决,发回重审;原审程序遗漏必须参加诉讼的当事人且无法达成调解协议,以及其他违反法定程序不宜在再审程序中直接作出实体处理的,应当裁定撤销原判决,发回重审。

第二十八条 人民法院以调解方式审结的案件裁定再审后,经审理发现申请再审人提出的调解违反自愿原则的事由不成立,且调解协议的内容不违反法律强制性规定的,应当裁定驳回再审申请,并恢复原调解书的执行。

第二十九条 民事再审案件的当事人应为原审案件的当事人。原审案件当事人死亡或者终止的,其权利义务承受人可以申请再审并参加再审诉讼。

第三十条 本院以前发布的司法解释与本解释不一致的,以本解释为准。本解释未作规定的,按照以前的规定执行。

(十二)督促程序

最高人民法院关于支付令生效后发现确有错误应当如何处理问题的复函

· 1992 年 7 月 13 日
· 法函〔1992〕98 号

山东省高级人民法院:

你院鲁高法函〔1992〕35 号请示收悉。经研究,答复如下:

一、债务人未在法定期间提出书面异议,支付令即发生法律效力,债务人不得申请再审;超过法定期间债务人提出的异议,不影响支付令的效力。

二、人民法院院长对本院已经发生法律效力的支付令,发现确有错误,认为需要撤销的,应当提交审判委员会讨论通过后,裁定撤销原支付令,驳回债权人的申请。

此复

(十三)公示催告程序

最高人民法院关于对遗失金融债券可否按"公示催告"程序办理的复函

· 1992 年 5 月 8 日
· 法函〔1992〕60 号

中国银行:

你行中银综〔1992〕59 号《关于对遗失债券有关法律问题的请示》收悉。经研究,答复如下:

我国民事诉讼法第一百九十三条规定:"按照规定可以背书转让的票据持有人,因票据被盗、遗失或者灭失,可以向票据支付地的基层人民法院申请公示催告。依照法律规定可以申请公示催告的其他事项,适用本章规定。"这里的票据是指汇票、本票和支票。你行发行的金融债券不属于以上几种票据,也不属于"依照法律规定可以申请公示催告的其他事项"。而且你行在"发行通知"中明确规定,此种金融债券"不计名、不挂失,可以转让和抵押"。因此,对你行发行的金融债券不能适用公示催告程序。

(十四)执行程序

最高人民法院关于冻结、拍卖上市公司国有股和社会法人股若干问题的规定

· 2001 年 8 月 28 日最高人民法院审判委员会 1188 次会议通过
· 2001 年 9 月 21 日最高人民法院公告公布
· 自 2001 年 9 月 30 日起施行
· 法释〔2001〕28

为了保护债权人以及其他当事人的合法权益,维护证券市场的正常交易秩序,根据《中华人民共和国证券法》、《中华人民共和国公司法》、《中华人民共和国民事诉讼法》,参照《中华人民共和国拍卖法》等法律的有关规定,对人民法院在财产保全和执行过程中,冻结、拍卖上市公司国有股和社会法人股(以下均简称股权)等有关问题,作如下规定:

第一条 人民法院在审理民事纠纷案件过程中,对股权采取冻结、评估、拍卖和办理股权过户等财产保全和执行措施,适用本规定。

第二条 本规定所指上市公司国有股,包括国家股和国有法人股。国家股指有权代表国家投资的机构或部

门向股份有限公司出资或依据法定程序取得的股份;国有法人股指国有法人单位,包括国有资产比例超过50%的国有控股企业,以其依法占有的法人资产向股份有限公司出资形成或者依据法定程序取得的股份。

本规定所指社会法人股是指非国有法人资产投资于上市公司形成的股份。

第三条 人民法院对股权采取冻结、拍卖措施时,被保全人和被执行人应当是股权的持有人或者所有权人。被冻结、拍卖股权的上市公司非依据法定程序确定为案件当事人或者被执行人,人民法院不得对其采取保全或执行措施。

第四条 人民法院在审理案件过程中,股权持有人或者所有权人作为债务人,如有偿还能力的,人民法院一般不应对其股权采取冻结保全措施。

人民法院已对股权采取冻结保全措施的,股权持有人、所有权人或者第三人提供了有效担保,人民法院经审查符合法律规定的,可以解除对股权的冻结。

第五条 人民法院裁定冻结或者解除冻结股权,除应当将法律文书送达负有协助执行义务的单位以外,还应当在作出冻结或者解除冻结裁定后7日内,将法律文书送达股权持有人或者所有权人并书面通知上市公司。

人民法院裁定拍卖上市公司股权,应当于委托拍卖之前将法律文书送达股权持有人或者所有权人并书面通知上市公司。

被冻结或者拍卖股权的当事人是国有股份持有人的,人民法院在向该国有股份持有人送达冻结或者拍卖裁定时,应当告其于5日内报主管财政部门备案。

第六条 冻结股权的期限不超过一年。如申请人需要延长期限的,人民法院应当根据申请,在冻结期限届满前办理续冻手续,每次续冻期限不超过6个月。逾期不办理续冻手续的,视为自动撤销冻结。

第七条 人民法院采取保全措施,所冻结的股权价值不得超过股权持有人或者所有权人的债务总额。股权价值应当按照上市公司最近期报表每股资产净值计算。

股权冻结的效力及于股权产生的股息以及红利、红股等孳息,但股权持有人或者所有权人仍可享有因上市公司增发、配售新股而产生的权利。

第八条 人民法院采取强制执行措施时,如果股权持有人或者所有权人在限期内提供了方便执行的其他财产,应当首先执行其他财产。其他财产不足以清偿债务的,方可执行股权。

本规定所称可供方便执行的其他财产,是指存款、现金、成品和半成品、原材料、交通工具等。

人民法院执行股权,必须进行拍卖。

股权的持有人或者所有权人以股权向债权人质押的,人民法院执行时也应当通过拍卖方式进行,不得直接将股权执行给债权人。

第九条 拍卖股权之前,人民法院应当委托具有证券从业资格的资产评估机构对股权价值进行评估。资产评估机构由债权人和债务人协商选定。不能达成一致意见的,由人民法院召集债权人和债务人提出候选评估机构,以抽签方式决定。

第十条 人民法院委托资产评估机构评估时,应当要求资产评估机构严格依照国家规定的标准、程序和方法对股权价值进行评估,并说明其应当对所作出的评估报告依法承担相应责任。

人民法院还应当要求上市公司向接受人民法院委托的资产评估机构如实提供有关情况和资料;要求资产评估机构对上市公司提供的情况和资料保守秘密。

第十一条 人民法院收到资产评估机构作出的评估报告后,须将评估报告分别送达债权人和债务人以及上市公司。债权人和债务人以及上市公司对评估报告有异议的,应当在收到评估报告后7日内书面提出。人民法院应当将异议书交资产评估机构,要求该机构在10日之内作出说明或者补正。

第十二条 对股权拍卖,人民法院应当委托依法成立的拍卖机构进行。拍卖机构的选定,参照本规定第九条规定的方法进行。

第十三条 股权拍卖保留价,应当按照评估值确定。

第一次拍卖最高应价未达到保留价时,应当继续进行拍卖,每次拍卖的保留价应当不低于前次保留价的90%。经三次拍卖仍不能成交时,人民法院应当将所拍卖的股权按第三次拍卖的保留价折价抵偿给债权人。

人民法院可以在每次拍卖未成交后主持调解,将所拍卖的股权参照该次拍卖保留价折价抵偿给债权人。

第十四条 拍卖股权,人民法院应当委托拍卖机构于拍卖日前10天,在《中国证券报》、《证券时报》或者《上海证券报》上进行公告。

第十五条 国有股权竞买人应当具备依法受让国有股权的条件。

第十六条 股权拍卖过程中,竞买人已经持有的该上市公司股份数额和其竞买的股份数额累计不得超过该上市公司已经发行股份数额的30%。如竞买人累计持有该上市公司股份数额已达到30%仍参与竞买的,须依照《中华人民共和国证券法》的相关规定办理,在此期间应当中止拍卖程序。

第十七条 拍卖成交后,人民法院应当向证券交易市场和证券登记结算公司出具协助执行通知书,由买受人持拍卖机构出具的成交证明和财政主管部门对股权性质的界定等有关文件,向证券交易市场和证券登记结算公司办理股权变更登记。

最高人民法院关于民事执行中查封、扣押、冻结财产有关期限问题的答复

- 2006年7月11日
- 法函〔2006〕76号

上海市高级人民法院：

你院《关于民事执行续行查封、扣押、冻结财产问题的请示》(沪高法〔2006〕12号)收悉。经研究,答复如下：

同意你院倾向性意见,即《最高人民法院关于人民法院民事执行中查封、扣押、冻结财产的规定》施行前采取的查封、扣押、冻结措施,除了当时法律、司法解释及有关通知对期限问题有专门规定的以外,没有期限限制。但人民法院应当对有关案件尽快处理。

最高人民法院关于人民法院办理执行案件若干期限的规定

- 2006年12月23日
- 法发〔2006〕35号

为确保及时、高效、公正办理执行案件,依据《中华人民共和国民事诉讼法》和有关司法解释的规定,结合执行工作实际,制定本规定。

第一条 被执行人有财产可供执行的案件,一般应当在立案之日起6个月内执结;非诉执行案件一般应当在立案之日起3个月内执结。

有特殊情况须延长执行期限的,应当报请本院院长或副院长批准。

申请延长执行期限的,应当在期限届满前5日内提出。

第二条 人民法院应当在立案后7日内确定承办人。

第三条 承办人收到案件材料后,经审查认为情况紧急、需立即采取执行措施的,经批准后可立即采取相应的执行措施。

第四条 承办人应当在收到案件材料后3日内向被执行人发出执行通知书,通知被执行人按照有关规定申报财产,责令被执行人履行生效法律文书确定的义务。

被执行人在指定的履行期间内有转移、隐匿、变卖、毁损财产等情形的,人民法院在获悉后应当立即采取控制性执行措施。

第五条 承办人应当在收到案件材料后3日内通知申请执行人提供被执行人财产状况或财产线索。

第六条 申请执行人提供了明确、具体的财产状况或财产线索的,承办人应当在申请执行人提供财产状况或财产线索后5日内进行查证、核实。情况紧急的,应当立即予以核查。

申请执行人无法提供被执行人财产状况或财产线索,或者提供财产状况或财产线索确有困难,需人民法院进行调查的,承办人应当在申请执行人提出调查申请后10日内启动调查程序。

根据案件具体情况,承办人一般应当在1个月内完成对被执行人收入、银行存款、有价证券、不动产、车辆、机器设备、知识产权、对外投资权益及收益、到期债权等资产状况的调查。

第七条 执行中采取评估、拍卖措施的,承办人应当在10日内完成评估、拍卖机构的遴选。

第八条 执行中涉及不动产、特定动产及其他财产需办理过户登记手续的,承办人应当在5日内向有关登记机关送达协助执行通知书。

第九条 对执行异议的审查,承办人应当在收到异议材料及执行案卷后15日内提出审查处理意见。

第十条 对执行异议的审查需进行听证的,合议庭应当在决定听证后10日内组织异议人、申请执行人、被执行人及其他利害关系人进行听证。

承办人应当在听证结束后5日内提出审查处理意见。

第十一条 对执行异议的审查,人民法院一般应当在1个月内办理完毕。

需延长期限的,承办人应当在期限届满前3日内提出申请。

第十二条 执行措施的实施及执行法律文书的制作需报经审批的,相关负责人应当在7日内完成审批程序。

第十三条 下列期间不计入办案期限：

1. 公告送达执行法律文书的期间；
2. 暂缓执行的期间；

3. 中止执行的期间;

4. 就法律适用问题向上级法院请示的期间;

5. 与其他法院发生执行争议报请共同的上级法院协调处理的期间。

第十四条 法律或司法解释对办理期限有明确规定的,按照法律或司法解释规定执行。

第十五条 本规定自 2007 年 1 月 1 日起施行。

最高人民法院关于人民法院执行公开的若干规定

- 2006 年 12 月 23 日
- 法发〔2006〕35 号

为进一步规范人民法院执行行为,增强执行工作的透明度,保障当事人的知情权和监督权,进一步加强对执行工作的监督,确保执行公正,根据《中华人民共和国民事诉讼法》和有关司法解释等规定,结合执行工作实际,制定本规定。

第一条 本规定所称的执行公开,是指人民法院将案件执行过程和执行程序予以公开。

第二条 人民法院应当通过通知、公告或者法院网络、新闻媒体等方式,依法公开案件执行各个环节和有关信息,但涉及国家秘密、商业秘密等法律禁止公开的信息除外。

第三条 人民法院应当向社会公开执行案件的立案标准和启动程序。

人民法院对当事人的强制执行申请立案受理后,应当及时将立案的有关情况、当事人在执行程序中的权利和义务以及可能存在的执行风险书面告知当事人;不予立案的,应当制作裁定书送达申请人,裁定书应当载明不予立案的法律依据和理由。

第四条 人民法院应当向社会公开执行费用的收费标准和根据,公开执行费减、缓、免交的基本条件和程序。

第五条 人民法院受理执行案件后,应当及时将案件承办人或合议庭成员及联系方式告知双方当事人。

第六条 人民法院在执行过程中,申请执行人要求了解案件执行进展情况的,执行人员应当如实告知。

第七条 人民法院对申请执行人提供的财产线索进行调查后,应当及时将调查结果告知申请执行人;对依职权调查的被执行人财产状况和被执行人申报的财产状况,应当主动告知申请执行人。

第八条 人民法院采取查封、扣押、冻结、划拨等执行措施的,应当依法制作裁定书送达被执行人,并在实施执行措施后将有关情况及时告知双方当事人,或者以方便当事人查询的方式予以公开。

第九条 人民法院采取拘留、罚款、拘传等强制措施的,应当依法向被采取强制措施的人出示有关手续,并说明对其采取强制措施的理由和法律依据。采取强制措施后,应当将情况告知其他当事人。

采取拘留或罚款措施的,应当在决定书中告知被拘留或者被罚款的人享有向上级人民法院申请复议的权利。

第十条 人民法院拟委托评估、拍卖或者变卖被执行人财产的,应当及时告知双方当事人及其他利害关系人,并严格按照《中华人民共和国民事诉讼法》和最高人民法院《关于人民法院民事执行中拍卖、变卖财产的规定》等有关规定,采取公开的方式选定评估机构和拍卖机构,并依法公开进行拍卖、变卖。

评估结束后,人民法院应当及时向双方当事人及其他利害关系人送达评估报告;拍卖、变卖结束后,应当及时将结果告知双方当事人及其他利害关系人。

第十一条 人民法院在办理参与分配的执行案件时,应当将被执行人财产的处理方案、分配原则和分配方案以及相关法律规定告知申请参与分配的债权人。必要时,应当组织各方当事人举行听证会。

第十二条 人民法院对案外人异议、不予执行的申请以及变更、追加被执行主体等重大执行事项,一般应当公开听证进行审查;案情简单,事实清楚,没有必要听证的,人民法院可以直接审查。审查结果应当依法制作裁定书送达各方当事人。

第十三条 人民法院依职权对案件中止执行的,应当制作裁定书并送达当事人。裁定书应当说明中止执行的理由,并明确援引相应的法律依据。

对已经中止执行的案件,人民法院应当告知当事人中止执行案件的管理制度、申请恢复执行或者人民法院依职权恢复执行的条件和程序。

第十四条 人民法院依职权对据以执行的生效法律文书终结执行的,应当公开听证,但申请执行人没有异议的除外。

终结执行应当制作裁定书并送达双方当事人。裁定书应当充分说明终结执行的理由,并明确援引相应的法律依据。

第十五条 人民法院未能按照最高人民法院《关于人民法院办理执行案件若干期限的规定》中规定的期限完成执行行为的,应当及时向申请执行人说明原因。

第十六条 人民法院对执行过程中形成的各种法律文书和相关材料,除涉及国家秘密、商业秘密等不宜公开的文书材料外,其他一般都应当予以公开。

当事人及其委托代理人申请查阅执行卷宗的,经人民法院许可,可以按照有关规定查阅、抄录、复制执行卷宗正卷中的有关材料。

第十七条 对违反本规定不公开或不及时公开案件执行信息的,视情节轻重,依有关规定追究相应的责任。

第十八条 各高级人民法院在实施本规定过程中,可以根据实际需要制定实施细则。

第十九条 本规定自2007年1月1日起施行。

最高人民法院关于在执行工作中如何计算迟延履行期间的债务利息等问题的批复

- 2009年3月30日最高人民法院审判委员会第1465次会议通过
- 2009年5月11日最高人民法院公告公布
- 自2009年5月18日起施行
- 法释[2009]6号

四川省高级人民法院:

你院《关于执行工作几个适用法律问题的请示》(川高法[2007]390号)收悉。经研究,批复如下:

一、人民法院根据《中华人民共和国民事诉讼法》第二百二十九条计算"迟延履行期间的债务利息"时,应当按照中国人民银行规定的同期贷款基准利率计算。

二、执行款不足以偿付全部债务的,应当根据并还原则按比例清偿法律文书确定的金钱债务与迟延履行期间的债务利息,但当事人在执行和解中对清偿顺序另有约定的除外。

此复。

附:

具体计算方法

(1)执行款=清偿的法律文书确定的金钱债务+清偿的迟延履行期间的债务利息。

(2)清偿的迟延履行期间的债务利息=清偿的法律文书确定的金钱债务×同期贷款基准利率×2×迟延履行期间。

最高人民法院关于网络查询、冻结被执行人存款的规定

- 2013年8月26日最高人民法院审判委员会第1587次会议通过
- 2013年8月29日最高人民法院公告公布
- 自2013年9月2日起施行
- 法释[2013]20号

为规范人民法院办理执行案件过程中通过网络查询、冻结被执行人存款及其他财产的行为,进一步提高执行效率,根据《中华人民共和国民事诉讼法》的规定,结合人民法院工作实际,制定本规定。

第一条 人民法院与金融机构已建立网络执行查控机制的,可以通过网络实施查询、冻结被执行人存款等措施。

网络执行查控机制的建立和运行应当具备以下条件:

(一)已建立网络执行查控系统,具有通过网络执行查控系统发送、传输、反馈查控信息的功能;

(二)授权特定的人员办理网络执行查控业务;

(三)具有符合安全规范的电子印章系统;

(四)已采取足以保障查控系统和信息安全的措施。

第二条 人民法院实施网络执行查控措施,应当事前统一向相应金融机构报备有权通过网络采取执行查控措施的特定执行人员的相关公务证件。办理具体业务时,不再另行向相应金融机构提供执行人员的相关公务证件。

人民法院办理网络执行查控业务的特定执行人员发生变更的,应当及时向相应金融机构报备人员变更信息及相关公务证件。

第三条 人民法院通过网络查询被执行人存款时,应当向金融机构传输电子协助查询存款通知书。多案集中查询的,可以附汇总的案件查询清单。

对查询到的被执行人存款需要冻结或者续行冻结的,人民法院应当及时向金融机构传输电子冻结裁定书和协助冻结存款通知书。

对冻结的被执行人存款需要解除冻结的,人民法院应当及时向金融机构传输电子解除冻结裁定书和协助解除冻结存款通知书。

第四条 人民法院向金融机构传输的法律文书,应当加盖电子印章。

作为协助执行人的金融机构完成查询、冻结等事项

后，应当及时通过网络向人民法院回复加盖电子印章的查询、冻结等结果。

人民法院出具的电子法律文书、金融机构出具的电子查询、冻结等结果，与纸质法律文书及反馈结果具有同等效力。

第五条 人民法院通过网络查询、冻结、续冻、解冻被执行人存款，与执行人员赴金融机构营业场所查询、冻结、续冻、解冻被执行人存款具有同等效力。

第六条 金融机构认为人民法院通过网络执行查控系统采取的查控措施违反相关法律、行政法规规定的，应当向人民法院书面提出异议。人民法院应当在15日内审查完毕并书面回复。

第七条 人民法院应当依据法律、行政法规规定及相应操作规范使用网络执行查控系统和查控信息，确保信息安全。

人民法院办理执行案件过程中，不得泄露通过网络执行查控系统取得的查控信息，也不得用于执行案件以外的目的。

人民法院办理执行案件过程中，不得对被执行人以外的非执行义务主体采取网络查控措施。

第八条 人民法院工作人员违反第七条规定的，应当按照《人民法院工作人员处分条例》给予纪律处分；情节严重构成犯罪的，应当依法追究刑事责任。

第九条 人民法院具备相应网络扣划技术条件，并与金融机构协商一致的，可以通过网络执行查控系统采取扣划被执行人存款措施。

第十条 人民法院与工商行政管理、证券监管、土地房产管理等协助执行单位已建立网络执行查控机制，通过网络执行查控系统对被执行人股权、股票、证券账户资金、房地产等其他财产采取查控措施的，参照本规定执行。

最高人民法院关于执行程序中计算迟延履行期间的债务利息适用法律若干问题的解释

- 2014年6月9日最高人民法院审判委员会第1619次会议通过
- 2014年7月7日最高人民法院公告公布
- 自2014年8月1日起施行
- 法释〔2014〕8号

为规范执行程序中迟延履行期间债务利息的计算，根据《中华人民共和国民事诉讼法》的规定，结合司法实践，制定本解释。

第一条 根据民事诉讼法第二百五十三条规定加倍计算之后的迟延履行期间的债务利息，包括迟延履行期间的一般债务利息和加倍部分债务利息。

迟延履行期间的一般债务利息，根据生效法律文书确定的方法计算；生效法律文书未确定给付该利息的，不予计算。

加倍部分债务利息的计算方法为：加倍部分债务利息=债务人尚未清偿的生效法律文书确定的除一般债务利息之外的金钱债务×日万分之一点七五×迟延履行期间。

第二条 加倍部分债务利息自生效法律文书确定的履行期间届满之日起计算；生效法律文书确定分期履行的，自每次履行期间届满之日起计算；生效法律文书未确定履行期间的，自法律文书生效之日起计算。

第三条 加倍部分债务利息计算至被执行人履行完毕之日；被执行人分次履行的，相应部分的加倍部分债务利息计算至每次履行完毕之日。

人民法院划拨、提取被执行人的存款、收入、股息、红利等财产的，相应部分的加倍部分债务利息计算至划拨、提取之日；人民法院对被执行人财产拍卖、变卖或者以物抵债的，计算至成交裁定或者抵债裁定生效之日；人民法院对被执行人财产通过其他方式变价的，计算至财产变价完成之日。

非因被执行人的申请，对生效法律文书审查而中止或者暂缓执行的期间及再审中止执行的期间，不计算加倍部分债务利息。

第四条 被执行人的财产不足以清偿全部债务的，应当先清偿生效法律文书确定的金钱债务，再清偿加倍部分债务利息，但当事人对清偿顺序另有约定的除外。

第五条 生效法律文书确定给付外币的，执行时以该种外币按日万分之一点七五计算加倍部分债务利息，但申请执行人主张以人民币计算的，人民法院应予准许。

以人民币计算加倍部分债务利息的，应当先将生效法律文书确定的外币折算或者套算为人民币后再进行计算。

外币折算或者套算为人民币的，按照加倍部分债务利息起算之日的中国外汇交易中心或者中国人民银行授权机构公布的人民币对该外币的中间价折合成人民币计算；中国外汇交易中心或者中国人民银行授权机构未公布汇率中间价的外币，按照该日境内银行人民币对该外币的中间价折算成人民币，或者该外币在境内银行、国际外汇市场对美元汇率，与人民币对美元汇率中间价进行套算。

第六条 执行回转程序中,原申请执行人迟延履行金钱给付义务的,应当按照本解释的规定承担加倍部分债务利息。

第七条 本解释施行时尚未执行完毕部分的金钱债务,本解释施行前的迟延履行期间债务利息按照之前的规定计算;施行后的迟延履行期间债务利息按照本解释计算。

本解释施行前本院发布的司法解释与本解释不一致的,以本解释为准。

最高人民法院关于扣押与拍卖船舶适用法律若干问题的规定

- 2014年12月8日最高人民法院审判委员会第1631次会议通过
- 2015年2月28日最高人民法院公告公布
- 自2015年3月1日起施行
- 法释〔2015〕6号

为规范海事诉讼中扣押与拍卖船舶,根据《中华人民共和国民事诉讼法》《中华人民共和国海事诉讼特别程序法》等法律,结合司法实践,制定本规定。

第一条 海事请求人申请对船舶采取限制处分或者抵押等保全措施的,海事法院可以依照民事诉讼法的有关规定,裁定准许并通知船舶登记机关协助执行。

前款规定的保全措施不影响其他海事请求人申请扣押船舶。

第二条 海事法院应不同海事请求人的申请,可以对本院或其他海事法院已经扣押的船舶采取扣押措施。

先申请扣押船舶的海事请求人未申请拍卖船舶的,后申请扣押船舶的海事请求人可以依据海事诉讼特别程序法第二十九条的规定,向准许其扣押申请的海事法院申请拍卖船舶。

第三条 船舶因光船承租人对海事请求负有责任而被扣押的,海事请求人依据海事诉讼特别程序法第二十九条的规定,申请拍卖船舶用于清偿光船承租人经营该船舶产生的相关债务的,海事法院应予准许。

第四条 海事请求人申请扣押船舶的,海事法院应当责令其提供担保。但因船员劳务合同、海上及通海水域人身损害赔偿纠纷申请扣押船舶,且事实清楚、权利义务关系明确的,可以不要求提供担保。

第五条 海事诉讼特别程序法第七十六条第二款规定的海事请求人提供担保的具体数额,应当相当于船舶扣押期间可能产生的各项维持费用与支出、因扣押造成的船期损失和被请求人为使船舶解除扣押而提供担保所支出的费用。

船舶扣押后,海事请求人提供的担保不足以赔偿可能给被请求人造成损失的,海事法院应责令其追加担保。

第六条 案件终审后,海事请求人申请返还其所提供担保的,海事法院应将该申请告知被请求人,被请求人在三十日内未提起相关索赔诉讼的,海事法院可以准许海事请求人返还担保的申请。

被请求人同意返还,或生效法律文书认定被请求人负有责任,且赔偿或给付金额与海事请求人要求被请求人提供担保的数额基本相当的,海事法院可以直接准许海事请求人返还担保的申请。

第七条 船舶扣押期间由船舶所有人或光船承租人负责管理。

船舶所有人或光船承租人不履行船舶管理职责的,海事法院可委托第三人或者海事请求人代为管理,由此产生的费用由船舶所有人或光船承租人承担,或在拍卖船舶价款中优先拨付。

第八条 船舶扣押后,海事请求人依据海事诉讼特别程序法第十九条的规定,向其他有管辖权的海事法院提起诉讼的,可以由扣押船舶的海事法院继续实施保全措施。

第九条 扣押船舶裁定执行前,海事请求人撤回扣押船舶申请的,海事法院应当裁定予以准许,并终结扣押船舶裁定的执行。

扣押船舶裁定作出后因客观原因无法执行的,海事法院应当裁定终结执行。

第十条 船舶拍卖未能成交,需要再次拍卖的,适用拍卖法第四十五条关于拍卖日七日前发布拍卖公告的规定。

第十一条 拍卖船舶由拍卖船舶委员会实施,海事法院不另行委托拍卖机构进行拍卖。

第十二条 海事法院拍卖船舶应当依据评估价确定保留价。保留价不得公开。

第一次拍卖时,保留价不得低于评估价的百分之八十;因流拍需要再行拍卖的,可以酌情降低保留价,但降低的数额不得超过前次保留价的百分之二十。

第十三条 对经过两次拍卖仍然流拍的船舶,可以进行变卖。变卖价格不得低于评估价的百分之五十。

第十四条 依照本规定第十三条变卖仍未成交的,

经已受理登记债权三分之二以上份额的债权人同意,可以低于评估价的百分之五十进行变卖处理。仍未成交的,海事法院可以解除船舶扣押。

第十五条 船舶经海事法院拍卖、变卖后,对该船舶已采取的其他保全措施效力消灭。

第十六条 海事诉讼特别程序法第一百一十一条规定的申请债权登记期间的届满之日,为拍卖船舶公告最后一次发布之日起第六十日。

前款所指公告为第一次拍卖时的拍卖船舶公告。

第十七条 海事法院受理债权登记申请后,应当在船舶被拍卖、变卖成交后,依照海事诉讼特别程序法第一百一十四条的规定作出是否准予的裁定。

第十八条 申请拍卖船舶的海事请求人未经债权登记,直接要求参与拍卖船舶价款分配的,海事法院应予准许。

第十九条 海事法院裁定终止拍卖船舶的,应当同时裁定终结债权登记受偿程序,当事人已经缴纳的债权登记申请费予以退还。

第二十条 当事人在债权登记前已经就有关债权提起诉讼的,不适用海事诉讼特别程序法第一百一十六条第二款的规定,当事人对海事法院作出的判决、裁定可以依法提起上诉。

第二十一条 债权人依照海事诉讼特别程序法第一百一十六条第一款的规定提起确权诉讼后,需要判定碰撞船舶过失程度比例的,当事人对海事法院作出的判决、裁定可以依法提起上诉。

第二十二条 海事法院拍卖、变卖船舶所得价款及其利息,先行拨付海事诉讼特别程序法第一百一十九条第二款规定的费用后,依法按照下列顺序进行分配:

(一)具有船舶优先权的海事请求;

(二)由船舶留置权担保的海事请求;

(三)由船舶抵押权担保的海事请求;

(四)与被拍卖、变卖船舶有关的其他海事请求。

依据海事诉讼特别程序法第二十三条第二款的规定申请扣押船舶的海事请求人申请拍卖船舶的,在前款规定海事请求清偿后,参与船舶价款的分配。

依照前款规定分配后的余款,按照民事诉讼法及相关司法解释的规定执行。

第二十三条 当事人依照民事诉讼法第十五章第七节的规定,申请拍卖船舶实现船舶担保物权的,由船舶所在地或船籍港所在地的海事法院管辖,按照海事诉讼特别程序法以及本规定关于船舶拍卖受偿程序的规定处理。

第二十四条 海事法院的上级人民法院扣押与拍卖船舶的,适用本规定。

执行程序中拍卖被扣押船舶清偿债务的,适用本规定。

第二十五条 本规定施行前已经实施的船舶扣押与拍卖,本规定施行后当事人申请复议的,不适用本规定。

本规定施行后,最高人民法院1994年7月6日制定的《关于海事法院拍卖被扣押船舶清偿债务的规定》(法发〔1994〕14号)同时废止。最高人民法院以前发布的司法解释和规范性文件与本规定不一致的,以本规定为准。

最高人民法院关于限制被执行人高消费及有关消费的若干规定

- 2010年5月17日最高人民法院审判委员会第1487次会议通过
- 根据2015年7月6日最高人民法院审判委员会第1657次会议通过的《最高人民法院关于修改〈最高人民法院关于限制被执行人高消费的若干规定〉的决定》修正
- 2015年7月20日最高人民法院公告公布
- 该修正自2015年7月22日起施行
- 法释〔2015〕17号

为进一步加大执行力度,推动社会信用机制建设,最大限度保护申请执行人和被执行人的合法权益,根据《中华人民共和国民事诉讼法》的有关规定,结合人民法院民事执行工作的实践经验,制定本规定。

第一条 被执行人未按执行通知书指定的期间履行生效法律文书确定的给付义务的,人民法院可以采取限制消费措施,限制其高消费及非生活或者经营必需的有关消费。

纳入失信被执行人名单的被执行人,人民法院应当对其采取限制消费措施。

第二条 人民法院决定采取限制消费措施时,应当考虑被执行人是否有消极履行、规避执行或者抗拒执行的行为以及被执行人的履行能力等因素。

第三条 被执行人为自然人的,被采取限制消费措施后,不得有以下高消费及非生活和工作必需的消费行为:

(一)乘坐交通工具时,选择飞机、列车软卧、轮船二等以上舱位;

(二)在星级以上宾馆、酒店、夜总会、高尔夫球场等场所进行高消费;

（三）购买不动产或者新建、扩建、高档装修房屋；

（四）租赁高档写字楼、宾馆、公寓等场所办公；

（五）购买非经营必需车辆；

（六）旅游、度假；

（七）子女就读高收费私立学校；

（八）支付高额保费购买保险理财产品；

（九）乘坐G字头动车组列车全部座位、其他动车组列车一等以上座位等其他非生活和工作必需的消费行为。

被执行人为单位的，被采取限制消费措施后，被执行人及其法定代表人、主要负责人、影响债务履行的直接责任人员、实际控制人不得实施前款规定的行为。因私消费以个人财产实施前款规定行为的，可以向执行法院提出申请。执行法院审查属实的，应予准许。

第四条 限制消费措施一般由申请执行人提出书面申请，经人民法院审查决定；必要时人民法院可以依职权决定。

第五条 人民法院决定采取限制消费措施的，应当向被执行人发出限制消费令。限制消费令由人民法院院长签发。限制消费令应当载明限制消费的期间、项目、法律后果等内容。

第六条 人民法院决定采取限制消费措施的，可以根据案件需要和被执行人的情况向有义务协助调查、执行的单位送达协助执行通知书，也可以在相关媒体上进行公告。

第七条 限制消费令的公告费用由被执行人负担；申请执行人申请在媒体公告的，应当垫付公告费用。

第八条 被限制消费的被执行人因生活或者经营必需而进行本规定禁止的消费活动的，应当向人民法院提出申请，获批准后方可进行。

第九条 在限制消费期间，被执行人提供确实有效的担保或者经申请执行人同意的，人民法院可以解除限制消费令；被执行人履行完毕生效法律文书确定的义务的，人民法院应当在本规定第六条通知或者公告的范围内及时以通知或者公告解除限制消费令。

第十条 人民法院应当设置举报电话或者邮箱，接受申请执行人和社会公众对被限制消费的被执行人违反本规定第三条的举报，并进行审查认定。

第十一条 被执行人违反限制消费令进行消费的行为属于拒不履行人民法院已经发生法律效力的判决、裁定的行为，经查证属实的，依照《中华人民共和国民事诉讼法》第一百一十一条的规定，予以拘留、罚款；情节严重，构成犯罪的，追究其刑事责任。

有关单位在收到人民法院协助执行通知书后，仍允许被执行人进行高消费及非生活或者经营必需的有关消费的，人民法院可以依照《中华人民共和国民事诉讼法》第一百一十四条的规定，追究其法律责任。

最高人民法院关于人民法院网络司法拍卖若干问题的规定

- 2016年5月30日最高人民法院审判委员会第1685次会议通过
- 2016年8月2日最高人民法院公告公布
- 自2017年1月1日起施行
- 法释〔2016〕18号

为了规范网络司法拍卖行为，保障网络司法拍卖公开、公平、公正、安全、高效，维护当事人的合法权益，根据《中华人民共和国民事诉讼法》等法律的规定，结合人民法院执行工作的实际，制定本规定。

第一条 本规定所称的网络司法拍卖，是指人民法院依法通过互联网拍卖平台，以网络电子竞价方式公开处置财产的行为。

第二条 人民法院以拍卖方式处置财产的，应当采取网络司法拍卖方式，但法律、行政法规和司法解释规定必须通过其他途径处置，或者不宜采用网络拍卖方式处置的除外。

第三条 网络司法拍卖应当在互联网拍卖平台上向社会全程公开，接受社会监督。

第四条 最高人民法院建立全国性网络服务提供者名单库。网络服务提供者申请纳入名单库的，其提供的网络司法拍卖平台应当符合下列条件：

（一）具备全面展示司法拍卖信息的界面；

（二）具备本规定要求的信息公示、网上报名、竞价、结算等功能；

（三）具有信息共享、功能齐全、技术拓展等功能的独立系统；

（四）程序运作规范、系统安全高效、服务优质价廉；

（五）在全国具有较高的知名度和广泛的社会参与度。

最高人民法院组成专门的评审委员会，负责网络服务提供者的选定、评审和除名。最高人民法院每年引入第三方评估机构对已纳入和新申请纳入名单库的网络服务提供者予以评审并公布结果。

第五条 网络服务提供者由申请执行人从名单库中选择;未选择或者多个申请执行人的选择不一致的,由人民法院指定。

第六条 实施网络司法拍卖的,人民法院应当履行下列职责:

(一)制作、发布拍卖公告;

(二)查明拍卖财产现状、权利负担等内容,并予以说明;

(三)确定拍卖保留价、保证金的数额、税费负担等;

(四)确定保证金、拍卖款项等支付方式;

(五)通知当事人和优先购买权人;

(六)制作拍卖成交裁定;

(七)办理财产交付和出具财产权证照转移协助执行通知书;

(八)开设网络司法拍卖专用账户;

(九)其他依法由人民法院履行的职责。

第七条 实施网络司法拍卖的,人民法院可以将下列拍卖辅助工作委托社会机构或者组织承担:

(一)制作拍卖财产的文字说明及视频或者照片等资料;

(二)展示拍卖财产,接受咨询,引领查看,封存样品等;

(三)拍卖财产的鉴定、检验、评估、审计、仓储、保管、运输等;

(四)其他可以委托的拍卖辅助工作。

社会机构或者组织承担网络司法拍卖辅助工作所支出的必要费用由被执行人承担。

第八条 实施网络司法拍卖的,下列事项应当由网络服务提供者承担:

(一)提供符合法律、行政法规和司法解释规定的网络司法拍卖平台,并保障安全正常运行;

(二)提供安全便捷配套的电子支付对接系统;

(三)全面、及时展示人民法院及其委托的社会机构或者组织提供的拍卖信息;

(四)保证拍卖全程的信息数据真实、准确、完整和安全;

(五)其他应当由网络服务提供者承担的工作。

网络服务提供者不得在拍卖程序中设置阻碍适格竞买人报名、参拍、竞价以及监视竞买人信息等后台操控功能。

网络服务提供者提供的服务无正当理由不得中断。

第九条 网络司法拍卖服务提供者从事与网络司法拍卖相关的行为,应当接受人民法院的管理、监督和指导。

第十条 网络司法拍卖应当确定保留价,拍卖保留价即为起拍价。

起拍价由人民法院参照评估价确定;未作评估的,参照市价确定,并征询当事人意见。起拍价不得低于评估价或者市价的百分之七十。

第十一条 网络司法拍卖不限制竞买人数量。一人参与竞拍,出价不低于起拍价的,拍卖成交。

第十二条 网络司法拍卖应当先期公告,拍卖公告除通过法定途径发布外,还应同时在网络司法拍卖平台发布。拍卖动产的,应当在拍卖十五日前公告;拍卖不动产或者其他财产权的,应当在拍卖三十日前公告。

拍卖公告应当包括拍卖财产、价格、保证金、竞买人条件、拍卖财产已知瑕疵、相关权利义务、法律责任、拍卖时间、网络平台和拍卖法院等信息。

第十三条 实施网络司法拍卖的,人民法院应当在拍卖公告发布当日通过网络司法拍卖平台公示下列信息:

(一)拍卖公告;

(二)执行所依据的法律文书,但法律规定不得公开的除外;

(三)评估报告副本,或者未经评估的定价依据;

(四)拍卖时间、起拍价以及竞价规则;

(五)拍卖财产权属、占有使用、附随义务等现状的文字说明、视频或者照片等;

(六)优先购买权主体以及权利性质;

(七)通知或者无法通知当事人、已知优先购买权人的情况;

(八)拍卖保证金、拍卖款项支付方式和账户;

(九)拍卖财产权转移可能产生的税费及承担方式;

(十)执行法院名称,联系、监督方式等;

(十一)其他应当公示的信息。

第十四条 实施网络司法拍卖的,人民法院应当在拍卖公告发布当日通过网络司法拍卖平台对下列事项予以特别提示:

(一)竞买人应当具备完全民事行为能力,法律、行政法规和司法解释对买受人资格或者条件有特殊规定的,竞买人应当具备规定的资格或者条件;

(二)委托他人代为竞买的,应当在竞价程序开始前经人民法院确认,并通知网络服务提供者;

(三)拍卖财产已知瑕疵和权利负担;

（四）拍卖财产以实物现状为准，竞买人可以申请实地看样；

（五）竞买人决定参与竞买的，视为对拍卖财产完全了解，并接受拍卖财产一切已知和未知瑕疵；

（六）载明买受人真实身份的拍卖成交确认书在网络司法拍卖平台上公示；

（七）买受人悔拍后保证金不予退还。

第十五条 被执行人应当提供拍卖财产品质的有关资料和说明。

人民法院已按本规定第十三条、第十四条的要求予以公示和特别提示，且在拍卖公告中声明不能保证拍卖财产真伪或者品质的，不承担瑕疵担保责任。

第十六条 网络司法拍卖的事项应当在拍卖公告发布三日前以书面或者其他能够确认收悉的合理方式，通知当事人、已知优先购买权人。权利人书面明确放弃权利的，可以不通知。无法通知的，应当在网络司法拍卖平台公示并说明无法通知的理由，公示满五日视为已经通知。

优先购买权人经通知未参与竞买的，视为放弃优先购买权。

第十七条 保证金数额由人民法院在起拍价的百分之五至百分之二十范围内确定。

竞买人应当在参加拍卖前以实名交纳保证金，未交纳的，不得参加竞买。申请执行人参加竞买的，可以不交保证金；但债权数额小于保证金数额的按差额部分交纳。

交纳保证金，竞买人可以向人民法院指定的账户交纳，也可以由网络服务提供者在其提供的支付系统中对竞买人的相应款项予以冻结。

第十八条 竞买人在拍卖竞价程序结束前交纳保证金经人民法院或者网络服务提供者确认后，取得竞买资格。网络服务提供者应当向取得资格的竞买人赋予竞买代码、参拍密码；竞买人以该代码参与竞买。

网络司法拍卖竞价程序结束前，人民法院及网络服务提供者对竞买人以及其他能够确认竞买人真实身份的信息、密码等，应当予以保密。

第十九条 优先购买权人经人民法院确认后，取得优先竞买资格以及优先竞买代码、参拍密码，并以优先竞买代码参与竞买；未经确认的，不得以优先购买权人身份参与竞买。

顺序不同的优先购买权人申请参与竞买的，人民法院应当确认其顺序，赋予不同顺序的优先竞买代码。

第二十条 网络司法拍卖从起拍价开始以递增出价方式竞价，增价幅度由人民法院确定。竞买人以低于起拍价出价的无效。

网络司法拍卖的竞价时间应当不少于二十四小时。竞价程序结束前五分钟内无人出价的，最后出价即为成交价；有出价的，竞价时间自该出价时点顺延五分钟。竞买人的出价时间以进入网络司法拍卖平台服务系统的时间为准。

竞买代码及其出价信息应当在网络竞买页面实时显示，并储存、显示竞价全程。

第二十一条 优先购买权人参与竞买的，可以与其他竞买人以相同的价格出价，没有更高出价的，拍卖财产由优先购买权人竞得。

顺序不同的优先购买权人以相同价格出价的，拍卖财产由顺序在先的优先购买权人竞得。

顺序相同的优先购买权人以相同价格出价的，拍卖财产由出价在先的优先购买权人竞得。

第二十二条 网络司法拍卖成交的，由网络司法拍卖平台以买受人的真实身份自动生成确认书并公示。

拍卖财产所有权自拍卖成交裁定送达买受人时转移。

第二十三条 拍卖成交后，买受人交纳的保证金可以充抵价款；其他竞买人交纳的保证金应当在竞价程序结束后二十四小时内退还或者解冻。拍卖未成交的，竞买人交纳的保证金应当在竞价程序结束后二十四小时内退还或者解冻。

第二十四条 拍卖成交后买受人悔拍的，交纳的保证金不予退还，依次用于支付拍卖产生的费用损失、弥补重新拍卖价款低于原拍卖价款的差价、冲抵本案被执行人的债务以及与拍卖财产相关的被执行人的债务。

悔拍后重新拍卖的，原买受人不得参加竞买。

第二十五条 拍卖成交后，买受人应当在拍卖公告确定的期限内将剩余价款交付人民法院指定账户。拍卖成交后二十四小时内，网络服务提供者应当将冻结的买受人交纳的保证金划入人民法院指定账户。

第二十六条 网络司法拍卖竞价期间无人出价的，本次拍卖流拍。流拍后应当在三十日内在同一网络司法拍卖平台再次拍卖，拍卖动产的应当在拍卖七日前公告；拍卖不动产或者其他财产权的应当在拍卖十五日前公告。再次拍卖的起拍价降价幅度不得超过前次起拍价的百分之二十。

再次拍卖流拍的，可以依法在同一网络司法拍卖平台变卖。

第二十七条 起拍价及其降价幅度、竞价增价幅度、保证金数额和优先购买权人竞买资格及其顺序等事项，应当由人民法院依法组成合议庭评议确定。

第二十八条 网络司法拍卖竞价程序中，有依法应当暂缓、中止执行等情形的，人民法院应当决定暂缓或者裁定中止拍卖；人民法院可以自行或者通知网络服务提供者停止拍卖。

网络服务提供者发现系统故障、安全隐患等紧急情况的，可以先行暂缓拍卖，并立即报告人民法院。

暂缓或者中止拍卖的，应当及时在网络司法拍卖平台公告原因或者理由。

暂缓拍卖期限届满或者中止拍卖的事由消失后，需要继续拍卖的，应当在五日内恢复拍卖。

第二十九条 网络服务提供者对拍卖形成的电子数据，应当完整保存不少于十年，但法律、行政法规另有规定的除外。

第三十条 因网络司法拍卖本身形成的税费，应当依照相关法律、行政法规的规定，由相应主体承担；没有规定或者规定不明的，人民法院可以根据法律原则和案件实际情况确定税费承担的相关主体、数额。

第三十一条 当事人、利害关系人提出异议请求撤销网络司法拍卖，符合下列情形之一的，人民法院应当支持：

（一）由于拍卖财产的文字说明、视频或者照片展示以及瑕疵说明严重失实，致使买受人产生重大误解，购买目的无法实现的，但拍卖时的技术水平不能发现或者已经就相关瑕疵以及责任承担予以公示说明的除外；

（二）由于系统故障、病毒入侵、黑客攻击、数据错误等原因致使拍卖结果错误，严重损害当事人或者其他竞买人利益的；

（三）竞买人之间，竞买人与网络司法拍卖服务提供者之间恶意串通，损害当事人或者其他竞买人利益的；

（四）买受人不具备法律、行政法规和司法解释规定的竞买资格的；

（五）违法限制竞买人参加竞买或者对享有同等权利的竞买人规定不同竞买条件的；

（六）其他严重违反网络司法拍卖程序且损害当事人或者竞买人利益的情形。

第三十二条 网络司法拍卖被人民法院撤销，当事人、利害关系人、案外人认为人民法院的拍卖行为违法致使其合法权益遭受损害的，可以依法申请国家赔偿；认为其他主体的行为违法致使其合法权益遭受损害的，可以另行提起诉讼。

第三十三条 当事人、利害关系人、案外人认为网络司法拍卖服务提供者的行为违法致使其合法权益遭受损害的，可以另行提起诉讼；理由成立的，人民法院应当支持，但具有法定免责事由的除外。

第三十四条 实施网络司法拍卖的，下列机构和人员不得竞买并不得委托他人代为竞买与其行为相关的拍卖财产：

（一）负责执行的人民法院；

（二）网络服务提供者；

（三）承担拍卖辅助工作的社会机构或者组织；

（四）第（一）至（三）项规定主体的工作人员及其近亲属。

第三十五条 网络服务提供者有下列情形之一的，应当将其从名单库中除名：

（一）存在违反本规定第八条第二款规定操控拍卖程序、修改拍卖信息等行为的；

（二）存在恶意串通、弄虚作假、泄漏保密信息等行为的；

（三）因违反法律、行政法规和司法解释等规定受到处罚，不适于继续从事网络司法拍卖的；

（四）存在违反本规定第三十四条规定行为的；

（五）其他应当除名的情形。

网络服务提供者有前款规定情形之一，人民法院可以依照《中华人民共和国民事诉讼法》的相关规定予以处理。

第三十六条 当事人、利害关系人认为网络司法拍卖行为违法侵害其合法权益的，可以提出执行异议。异议、复议期间，人民法院可以决定暂缓或者裁定中止拍卖。

案外人对网络司法拍卖的标的提出异议的，人民法院应当依据《中华人民共和国民事诉讼法》第二百二十七条及相关司法解释的规定处理，并决定暂缓或者裁定中止拍卖。

第三十七条 人民法院通过互联网平台以变卖方式处置财产的，参照本规定执行。

执行程序中委托拍卖机构通过互联网平台实施网络拍卖的，参照本规定执行。

本规定对网络司法拍卖行为没有规定的，适用其他有关司法拍卖的规定。

第三十八条 本规定自2017年1月1日起施行。施行前最高人民法院公布的司法解释和规范性文件与本规定不一致的，以本规定为准。

最高人民法院关于公布失信
被执行人名单信息的若干规定

- 2013年7月1日最高人民法院审判委员会第1582次会议通过
- 根据2017年1月16日最高人民法院审判委员会第1707次会议通过的《最高人民法院关于修改〈最高人民法院关于公布失信被执行人名单信息的若干规定〉的决定》修正
- 2017年2月28日最高人民法院公告公布
- 该修正自2017年5月1日起施行
- 法释〔2017〕7号

为促使被执行人自觉履行生效法律文书确定的义务，推进社会信用体系建设，根据《中华人民共和国民事诉讼法》的规定，结合人民法院工作实际，制定本规定。

第一条 被执行人未履行生效法律文书确定的义务，并具有下列情形之一的，人民法院应当将其纳入失信被执行人名单，依法对其进行信用惩戒：

（一）有履行能力而拒不履行生效法律文书确定义务的；

（二）以伪造证据、暴力、威胁等方法妨碍、抗拒执行的；

（三）以虚假诉讼、虚假仲裁或者以隐匿、转移财产等方法规避执行的；

（四）违反财产报告制度的；

（五）违反限制消费令的；

（六）无正当理由拒不履行执行和解协议的。

第二条 被执行人具有本规定第一条第二项至第六项规定情形的，纳入失信被执行人名单的期限为二年。被执行人以暴力、威胁方法妨碍、抗拒执行情节严重或者有多项失信行为的，可以延长一至三年。

失信被执行人积极履行生效法律文书确定义务或主动纠正失信行为的，人民法院可以决定提前删除失信信息。

第三条 具有下列情形之一的，人民法院不得依据本规定第一条第一项的规定将被执行人纳入失信被执行人名单：

（一）提供了充分有效担保的；

（二）已被采取查封、扣押、冻结等措施的财产足以清偿生效法律文书确定债务的；

（三）被执行人履行顺序在后，对其依法不应强制执行的；

（四）其他不属于有履行能力而拒不履行生效法律文书确定义务的情形。

第四条 被执行人为未成年人的，人民法院不得将其纳入失信被执行人名单。

第五条 人民法院向被执行人发出的执行通知中，应当载明有关纳入失信被执行人名单的风险提示等内容。

申请执行人认为被执行人具有本规定第一条规定情形之一的，可以向人民法院申请将其纳入失信被执行人名单。人民法院应当自收到申请之日起十五日内审查并作出决定。人民法院认为被执行人具有本规定第一条规定情形之一的，也可以依职权决定将其纳入失信被执行人名单。

人民法院决定将被执行人纳入失信被执行人名单的，应当制作决定书，决定书应当写明纳入失信被执行人名单的理由，有纳入期限的，应当写明纳入期限。决定书由院长签发，自作出之日起生效。决定书应当按照民事诉讼法规定的法律文书送达方式送达当事人。

第六条 记载和公布的失信被执行人名单信息应当包括：

（一）作为被执行人的法人或者其他组织的名称、统一社会信用代码（或组织机构代码）、法定代表人或者负责人姓名；

（二）作为被执行人的自然人的姓名、性别、年龄、身份证号码；

（三）生效法律文书确定的义务和被执行人的履行情况；

（四）被执行人失信行为的具体情形；

（五）执行依据的制作单位和文号、执行案号、立案时间、执行法院；

（六）人民法院认为应当记载和公布的不涉及国家秘密、商业秘密、个人隐私的其他事项。

第七条 各级人民法院应当将失信被执行人名单信息录入最高人民法院失信被执行人名单库，并通过该名单库统一向社会公布。

各级人民法院可以根据各地实际情况，将失信被执行人名单通过报纸、广播、电视、网络、法院公告栏等其他方式予以公布，并可以采取新闻发布会或者其他方式对本院及辖区法院实施失信被执行人名单制度的情况定期向社会公布。

第八条 人民法院应当将失信被执行人名单信息，向政府相关部门、金融监管机构、金融机构、承担行政职能的事业单位及行业协会等通报，供相关单位依照法律、法规和有关规定，在政府采购、招标投标、行政审批、政府扶持、融资信贷、市场准入、资质认定等方面，对失信被执行人予以信用惩戒。

人民法院应当将失信被执行人名单信息向征信机构通报，并由征信机构在其征信系统中记录。

国家工作人员、人大代表、政协委员等被纳入失信被执行人名单的，人民法院应当将失信情况通报其所在单位和相关部门。

国家机关、事业单位、国有企业等被纳入失信被执行人名单的，人民法院应当将失信情况通报其上级单位、主管部门或者履行出资人职责的机构。

第九条 不应纳入失信被执行人名单的公民、法人或其他组织被纳入失信被执行人名单的，人民法院应当在三个工作日内撤销失信信息。

记载和公布的失信信息不准确的，人民法院应当在三个工作日内更正失信信息。

第十条 具有下列情形之一的，人民法院应当在三个工作日内删除失信信息：

（一）被执行人已履行生效法律文书确定的义务或人民法院已执行完毕的；

（二）当事人达成执行和解协议且已履行完毕的；

（三）申请执行人书面申请删除失信信息，人民法院审查同意的；

（四）终结本次执行程序后，通过网络执行查控系统查询被执行人财产两次以上，未发现有可供执行财产，且申请执行人或者其他人未提供有效财产线索的；

（五）因审判监督或破产程序，人民法院依法裁定对失信被执行人中止执行的；

（六）人民法院依法裁定不予执行的；

（七）人民法院依法裁定终结执行的。

有纳入期限的，不适用前款规定。纳入期限届满后三个工作日内，人民法院应当删除失信信息。

依照本条第一款规定删除失信信息后，被执行人具有本规定第一条规定情形之一的，人民法院可以重新将其纳入失信被执行人名单。

依照本条第一款第三项规定删除失信信息后六个月内，申请执行人申请将该被执行人纳入失信被执行人名单的，人民法院不予支持。

第十一条 被纳入失信被执行人名单的公民、法人或其他组织认为有下列情形之一的，可以向执行法院申请纠正：

（一）不应将其纳入失信被执行人名单的；

（二）记载和公布的失信信息不准确的；

（三）失信信息应予删除的。

第十二条 公民、法人或其他组织对被纳入失信被执行人名单申请纠正的，执行法院应当自收到书面纠正申请之日起十五日内审查，理由成立的，应当在三个工作日内纠正；理由不成立的，决定驳回。公民、法人或其他组织对驳回决定不服的，可以自决定书送达之日起十日内向上一级人民法院申请复议。上一级人民法院应当自收到复议申请之日起十五日内作出决定。

复议期间，不停止原决定的执行。

第十三条 人民法院工作人员违反本规定公布、撤销、更正、删除失信信息的，参照有关规定追究责任。

最高人民法院关于执行款物管理工作的规定

- 2017年2月27日
- 法发〔2017〕6号

为规范人民法院对执行款物的管理工作，维护当事人的合法权益，根据《中华人民共和国民事诉讼法》及有关司法解释，参照有关财务管理规定，结合执行工作实际，制定本规定。

第一条 本规定所称执行款物，是指执行程序中依法应当由人民法院经管的财物。

第二条 执行款物的管理实行执行机构与有关管理部门分工负责、相互配合、相互监督的原则。

第三条 财务部门应当对执行款的收付进行逐案登记，并建立明细账。

对于由人民法院保管的查封、扣押物品，应当指定专人或部门负责，逐案登记，妥善保管，任何人不得擅自使用。

执行机构应当指定专人对执行款物的收发情况进行管理，设立台账、逐案登记，并与执行款物管理部门对执行款物的收发情况每月进行核对。

第四条 人民法院应当开设执行款专户或在案款专户中设置执行款科目，对执行款实行专项管理、独立核算、专款专付。

人民法院应当采取一案一账号的方式，对执行款进行归集管理，案号、款项、被执行人或交款人应当一一对应。

第五条 执行人员应当在执行通知书或有关法律文书中告知人民法院执行款专户或案款专户的开户银行名称、账号、户名，以及交款时应当注明执行案件案号、被执行人姓名或名称、交款人姓名或名称、交款用途等信息。

第六条 被执行人可以将执行款直接支付给申请执行人；人民法院也可以将执行款从被执行人账户直接划至申请执行人账户。但有争议或需再分配的执行款，以及人民法院认为确有必要的，应当将执行款划至执行款专户或案款专户。

人民法院通过网络执行查控系统扣划的执行款，应当划至执行款专户或案款专户。

第七条 交款人直接到人民法院交付执行款的，执行人员可以会同交款人或由交款人直接到财务部门办理相关手续。

交付现金的，财务部门应当即时向交款人出具收款凭证；交付票据的，财务部门应当即时向交款人出具收取凭证，在款项到账后三日内通知执行人员领取收款凭据。

收到财务部门的收款凭据后，执行人员应当及时通知被执行人或交款人在指定期限内用收款凭证更换收款凭据。被执行人或交款人未在指定期限内办理更换手续或明确拒绝更换的，执行人员应当书面说明情况，连同收款凭据一并附卷。

第八条 交款人采用转账汇款方式交付和人民法院采用扣划方式收取执行款的，财务部门应当在款项到账后三日内通知执行人员领取收款凭据。

收到财务部门的收款凭据后，执行人员应当参照本规定第七条第三款规定办理。

第九条 执行人员原则上不直接收取现金和票据；确有必要直接收取的，应当不少于两名执行人员在场，即时向交款人出具收取凭证，同时制作收款笔录，由交款人和在场人员签名。

执行人员直接收取现金或者票据的，应当在回院后当日将现金或票据移交财务部门；当日移交确有困难的，应当在回院后一日内移交并说明原因。财务部门应当按照本规定第七条第二款规定办理。

收到财务部门的收款凭据后，执行人员应当按照本规定第七条第三款规定办理。

第十条 执行人员应当在收到财务部门执行款到账通知之日起三十日内，完成执行款的核算、执行费用的结算、通知申请执行人领取和执行款发放等工作。

有下列情形之一的，报经执行局局长或主管院领导批准后，可以延缓发放：

（一）需要进行案款分配的；

（二）申请执行人因另案诉讼、执行或涉嫌犯罪等原因导致执行款被保全或冻结的；

（三）申请执行人经通知未领取的；

（四）案件被依法中止或者暂缓执行的；

（五）有其他正当理由需要延缓发放执行款的。

上述情形消失后，执行人员应当在十日内完成执行款的发放。

第十一条 人民法院发放执行款，一般应当采取转账方式。

执行款应当发放给申请执行人，确需发放给申请执行人以外的单位或个人的，应当组成合议庭进行审查，但依法应当退还给交款人的除外。

第十二条 发放执行款时，执行人员应当填写执行款发放审批表。执行款发放审批表中应当注明执行案件案号、当事人姓名或名称、交款人姓名或名称、交款金额、交款时间、交款方式、收款人姓名或名称、收款人账号、发款金额和方式等情况。报经执行局局长或主管院领导批准后，交由财务部门办理支付手续。

委托他人代为办理领取执行款手续的，应当附特别授权委托书、委托代理人的身份证复印件。委托代理人是律师的，应当附所在律师事务所出具的公函及律师执照复印件。

第十三条 申请执行人要求或同意人民法院采取转账方式发放执行款的，执行人员应当持执行款发放审批表及申请执行人出具的本人或本单位接收执行款的账户信息的书面证明，交财务部门办理转账手续。

申请执行人或委托代理人直接到人民法院办理领取执行款手续的，执行人员应当在查验领款人身份证件、授权委托手续后，持执行款发放审批表，会同领款人到财务部门办理支付手续。

第十四条 财务部门在办理执行款支付手续时，除应当查验执行款发放审批表，还应当按照有关财务管理规定进行审核。

第十五条 发放执行款时，收款人应当出具合法有效的收款凭证。财务部门另有规定的，依照其规定。

第十六条 有下列情形之一，不能在规定期限内发放执行款的，人民法院可以将执行款提存：

（一）申请执行人无正当理由拒绝领取的；

（二）申请执行人下落不明的；

（三）申请执行人死亡未确定继承人或者丧失民事行为能力未确定监护人的；

（四）按照申请执行人提供的联系方式无法通知其领取的；

（五）其他不能发放的情形。

第十七条 需要提存执行款的，执行人员应当填写执行款提存审批表并附具有提存情形的证明材料。执行款提存审批表中应注明执行案件案号、当事人姓名或名称、交款人姓名或名称、交款金额、交款时间、交款方式、收款人姓名或名称、提存金额、提存原因等情况。报经执行局局长或主管院领导批准后,办理提存手续。

提存费用应当由申请执行人负担,可以从执行款中扣除。

第十八条 被执行人将执行依据确定交付、返还的物品(包括票据、证照等)直接交付给申请执行人的,被执行人应当向人民法院出具物品接收证明;没有物品接收证明的,执行人员应当将履行情况记入笔录,经双方当事人签字后附卷。

被执行人将物品交由人民法院转交给申请执行人或由人民法院主持双方当事人进行交接的,执行人员应当将交付情况记入笔录,经双方当事人签字后附卷。

第十九条 查封、扣押至人民法院或被执行人、担保人等直接向人民法院交付的物品,执行人员应当立即通知保管部门对物品进行清点、登记,有价证券、金银珠宝、古董等贵重物品应当封存,并办理交接。保管部门接收物品后,应当出具接收凭证。

对于在异地查封、扣押,且不便运输或容易毁损的物品,人民法院可以委托物品所在地人民法院代为保管,代为保管的人民法院应当按照前款规定办理。

第二十条 人民法院应当确定专门场所存放本规定第十九条规定的物品。

第二十一条 对季节性商品、鲜活、易腐烂变质以及其他不宜长期保存的物品,人民法院可以责令当事人及时处理,将价款交付人民法院;必要时,执行人员可予以变卖,并将价款依照本规定要求交财务部门。

第二十二条 人民法院查封、扣押或被执行人交付,且属于执行依据确定交付、返还的物品,执行人员应当自查封、扣押或被执行人交付之日起三十日内,完成执行费用的结算、通知申请执行人领取和发放物品等工作。不属于执行依据确定交付、返还的物品,符合处置条件的,执行人员应当依法启动财产处置程序。

第二十三条 人民法院解除对物品的查封、扣押措施的,除指定由被执行人保管的外,应当自解除查封、扣押措施之日起十日内将物品发还给所有人或交付人。

物品在人民法院查封、扣押期间,因自然损耗、折旧所造成的损失,由物品所有人或交付人自行负担,但法律另有规定的除外。

第二十四条 符合本规定第十六条规定情形之一的,人民法院可以对物品进行提存。

物品不适于提存或者提存费用过高的,人民法院可以提存拍卖或者变卖该物品所得价款。

第二十五条 物品的发放、延缓发放、提存等,除本规定有明确规定外,参照执行款的有关规定办理。

第二十六条 执行款物的收发凭证、相关证明材料,应当附卷归档。

第二十七条 案件承办人调离执行机构,在移交案件时,必须同时移交执行款物收发凭证及相关材料。执行款物收发情况复杂的,可以在交接时进行审计。执行款物交接不清的,不得办理调离手续。

第二十八条 各高级人民法院在实施本规定过程中,结合行政事业单位内部控制建设的要求,以及执行工作实际,可制定具体实施办法。

第二十九条 本规定自2017年5月1日起施行。2006年5月18日施行的《最高人民法院关于执行款物管理工作的规定(试行)》(法发〔2006〕11号)同时废止。

最高人民法院关于公证债权文书执行若干问题的规定

- 2018年6月25日最高人民法院审判委员会第1743次会议通过
- 2018年9月30日最高人民法院公告公布
- 自2018年10月1日起施行
- 法释〔2018〕18号

为了进一步规范人民法院办理公证债权文书执行案件,确保公证债权文书依法执行,维护当事人、利害关系人的合法权益,根据《中华人民共和国民事诉讼法》《中华人民共和国公证法》等法律规定,结合执行实践,制定本规定。

第一条 本规定所称公证债权文书,是指根据公证法第三十七条第一款规定经公证赋予强制执行效力的债权文书。

第二条 公证债权文书执行案件,由被执行人住所地或者被执行的财产所在地人民法院管辖。

前款规定案件的级别管辖,参照人民法院受理第一审民商事案件级别管辖的规定确定。

第三条 债权人申请执行公证债权文书,除应当提交作为执行依据的公证债权文书等申请执行所需的材料外,还应当提交证明履行情况等内容的执行证书。

第四条 债权人申请执行的公证债权文书应当包括公证证词、被证明的债权文书等内容。权利义务主体、给付内容应当在公证证词中列明。

第五条　债权人申请执行公证债权文书，有下列情形之一的，人民法院应当裁定不予受理；已经受理的，裁定驳回执行申请：

（一）债权文书属于不得经公证赋予强制执行效力的文书；

（二）公证债权文书未载明债务人接受强制执行的承诺；

（三）公证证词载明的权利义务主体或者给付内容不明确；

（四）债权人未提交执行证书；

（五）其他不符合受理条件的情形。

第六条　公证债权文书赋予强制执行效力的范围同时包含主债务和担保债务的，人民法院应当依法予以执行；仅包含主债务的，对担保债务部分的执行申请不予受理；仅包含担保债务的，对主债务部分的执行申请不予受理。

第七条　债权人对不予受理、驳回执行申请裁定不服的，可以自裁定送达之日起十日内向上一级人民法院申请复议。

申请复议期满未申请复议，或者复议申请被驳回的，当事人可以就公证债权文书涉及的民事权利义务争议向人民法院提起诉讼。

第八条　公证机构决定不予出具执行证书的，当事人可以就公证债权文书涉及的民事权利义务争议直接向人民法院提起诉讼。

第九条　申请执行公证债权文书的期间自公证债权文书确定的履行期间的最后一日起计算；分期履行的，自公证债权文书确定的每次履行期间的最后一日起计算。

债权人向公证机构申请出具执行证书的，申请执行时效自债权人提出申请之日起中断。

第十条　人民法院在执行实施中，根据公证债权文书并结合申请执行人的申请依法确定给付内容。

第十一条　因民间借贷形成的公证债权文书，文书中载明的利率超过人民法院依照法律、司法解释规定应予支持的上限，对超过的利息部分不纳入执行范围；载明的利率未超过人民法院依照法律、司法解释规定应予支持的上限，被执行人主张实际超过的，可以依照本规定第二十二条第一款规定提起诉讼。

第十二条　有下列情形之一的，被执行人可以依照民事诉讼法第二百三十八条第二款规定申请不予执行公证债权文书：

（一）被执行人未到场且未委托代理人到场办理公证的；

（二）无民事行为能力人或者限制民事行为能力人没有监护人代为办理公证的；

（三）公证员为本人、近亲属办理公证，或者办理与本人、近亲属有利害关系的公证的；

（四）公证员办理该项公证有贪污受贿、徇私舞弊行为，已经由生效刑事法律文书等确认的；

（五）其他严重违反法定公证程序的情形。

被执行人以公证债权文书的内容与事实不符或者违反法律强制性规定等实体事由申请不予执行的，人民法院应当告知其依照本规定第二十二条第一款规定提起诉讼。

第十三条　被执行人申请不予执行公证债权文书，应当在执行通知书送达之日起十五日内向执行法院提出书面申请，并提交相关证据材料；有本规定第十二条第一款第三项、第四项规定情形且执行程序尚未终结的，应当自知道或者应当知道有关事实之日起十五日内提出。

公证债权文书执行案件被指定执行、提级执行、委托执行后，被执行人申请不予执行的，由提出申请时负责该案件执行的人民法院审查。

第十四条　被执行人认为公证债权文书存在本规定第十二条第一款规定的多个不予执行事由的，应当在不予执行案件审查期间一并提出。

不予执行申请被裁定驳回后，同一被执行人再次提出申请的，人民法院不予受理。但有证据证明不予执行事由在不予执行申请被裁定驳回后知道的，可以在执行程序终结前提出。

第十五条　人民法院审查不予执行公证债权文书案件，案情复杂、争议较大的，应当进行听证。必要时可以向公证机构调阅公证案卷，要求公证机构作出书面说明，或者通知公证员到庭说明情况。

第十六条　人民法院审查不予执行公证债权文书案件，应当在受理之日起六十日内审查完毕并作出裁定；有特殊情况需要延长的，经本院院长批准，可以延长三十日。

第十七条　人民法院审查不予执行公证债权文书案件期间，不停止执行。

被执行人提供充分、有效的担保，请求停止相应处分措施的，人民法院可以准许；申请执行人提供充分、有效的担保，请求继续执行的，应当继续执行。

第十八条　被执行人依照本规定第十二条第一款规定申请不予执行，人民法院经审查认为理由成立的，裁定不予执行;理由不成立的,裁定驳回不予执行申请。

公证债权文书部分内容具有本规定第十二条第一款规定情形的,人民法院应当裁定对该部分不予执行;应当不予执行部分与其他部分不可分的,裁定对该公证债权文书不予执行。

第十九条 人民法院认定执行公证债权文书违背公序良俗的,裁定不予执行。

第二十条 公证债权文书被裁定不予执行的,当事人可以就该公证债权文书涉及的民事权利义务争议向人民法院提起诉讼;公证债权文书被裁定部分不予执行的,当事人可以就该部分争议提起诉讼。

当事人对不予执行裁定提出执行异议或者申请复议的,人民法院不予受理。

第二十一条 当事人不服驳回不予执行申请裁定的,可以自裁定送达之日起十日内向上一级人民法院申请复议。上一级人民法院应当自收到复议申请之日起三十日内审查。经审查,理由成立的,裁定撤销原裁定,不予执行该公证债权文书;理由不成立的,裁定驳回复议申请。复议期间,不停止执行。

第二十二条 有下列情形之一的,债务人可以在执行程序终结前,以债权人为被告,向执行法院提起诉讼,请求不予执行公证债权文书:

(一)公证债权文书载明的民事权利义务关系与事实不符;

(二)经公证的债权文书具有法律规定的无效、可撤销等情形;

(三)公证债权文书载明的债权因清偿、提存、抵销、免除等原因全部或者部分消灭。

债务人提起诉讼,不影响人民法院对公证债权文书的执行。债务人提供充分、有效的担保,请求停止相应处分措施的,人民法院可以准许;债权人提供充分、有效的担保,请求继续执行的,应当继续执行。

第二十三条 对债务人依照本规定第二十二条第一款规定提起的诉讼,人民法院经审理认为理由成立的,判决不予执行或者部分不予执行;理由不成立的,判决驳回诉讼请求。

当事人同时就公证债权文书涉及的民事权利义务争议提出诉讼请求的,人民法院可以在判决中一并作出裁判。

第二十四条 有下列情形之一的,债权人、利害关系人可以就公证债权文书涉及的民事权利义务争议直接向有管辖权的人民法院提起诉讼:

(一)公证债权文书载明的民事权利义务关系与事实不符;

(二)经公证的债权文书具有法律规定的无效、可撤销等情形。

债权人提起诉讼,诉讼案件受理后又申请执行公证债权文书的,人民法院不予受理。进入执行程序后债权人又提起诉讼的,诉讼案件受理后,人民法院可以裁定终结公证债权文书的执行;债权人请求继续执行其未提出争议部分的,人民法院可以准许。

利害关系人提起诉讼,不影响人民法院对公证债权文书的执行。利害关系人提供充分、有效的担保,请求停止相应处分措施的,人民法院可以准许;债权人提供充分、有效的担保,请求继续执行的,应当继续执行。

第二十五条 本规定自2018年10月1日起施行。

本规定施行前最高人民法院公布的司法解释与本规定不一致的,以本规定为准。

最高人民法院关于人民法院扣押铁路运输货物若干问题的规定

- 1997年4月22日
- 根据2020年12月23日最高人民法院审判委员会第1823次会议通过的《最高人民法院关于修改〈最高人民法院关于人民法院扣押铁路运输货物若干问题的规定〉等十八件执行类司法解释的决定》修正
- 2020年12月29日最高人民法院公告公布
- 该修正自2021年1月1日起施行
- 法释〔2020〕21号

根据《中华人民共和国民事诉讼法》等有关法律的规定,现就人民法院扣押铁路运输货物问题作如下规定:

一、人民法院依法可以裁定扣押铁路运输货物。铁路运输企业依法应当予以协助。

二、当事人申请人民法院扣押铁路运输货物,应当提供担保,申请人不提供担保的,驳回申请。申请人的申请应当写明:要求扣押货物的发货站、到货站、托运人、收货人的名称,货物的品名、数量、货票号码等。

三、人民法院扣押铁路运输货物,应当制作裁定书并附协助执行通知书。协助执行通知书中应当载明:扣押货物的发货站、到货站,托运人、收货人的名称,货物的品名、数量和货票号码。在货物发送前扣押的,人民法院应当将裁定书副本和协助执行通知书送达始发地的铁路运输企业由其协助执行;在货物发送后扣押的,应当将裁定书副本和协助执行通知书送达目的地或最近中转编组站的铁路运输企业由其协助执行。

人民法院一般不应在中途站、中转站扣押铁路运输货物。必要时，在不影响铁路正常运输秩序、不损害其他自然人、法人和非法人组织合法权益的情况下，可在最近中转编组站或有条件的车站扣押。

人民法院裁定扣押国际铁路联运货物，应当通知铁路运输企业、海关、边防、商检等有关部门协助执行。属于进口货物的，人民法院应当向我国进口国（边）境站、到货站或有关部门送达裁定书副本和协助执行通知书；属于出口货物的，在货物发送前应当向发送站或有关部门送达，在货物发送后未出我国国（边）境前，应当向我国出境站或有关部门送达。

四、经人民法院裁定扣押的铁路运输货物，该铁路运输企业与托运人之间签订的铁路运输合同中涉及被扣押货物部分合同终止履行的，铁路运输企业不承担责任。因扣押货物造成的损失，由有关责任人承担。

因申请人申请扣押错误所造成的损失，由申请人承担赔偿责任。

五、铁路运输企业及有关部门因协助执行扣押货物而产生的装卸、保管、检验、监护等费用，由有关责任人承担，但应先由申请人垫付。申请人不是责任人的，可以再向责任人追偿。

六、扣押后的进出口货物，因尚未办结海关手续，人民法院在对此类货物作出最终处理决定前，应当先责令有关当事人补交关税并办理海关其他手续。

最高人民法院关于人民法院能否对信用证开证保证金采取冻结和扣划措施问题的规定

- 1996年6月20日最高人民法院审判委员会第822次会议通过
- 根据2020年12月23日最高人民法院审判委员会第1823次会议通过的《最高人民法院关于修改〈最高人民法院关于人民法院扣押铁路运输货物若干问题的规定〉等十八件执行类司法解释的决定》修正
- 2020年12月29日最高人民法院公告公布
- 该修正自2021年1月1日起施行
- 法释〔2020〕21号

信用证开证保证金属于有进出口经营权的企业向银行申请对国外（境外）方开立信用证而备付的具有担保支付性质的资金。为了严肃执法和保护当事人的合法权益，现就有关冻结、扣划信用证开证保证金的问题规定如下：

一、人民法院在审理或执行案件时，依法可以对信用证开证保证金采取冻结措施，但不得扣划。如果当事人、开证银行认为人民法院冻结和扣划的某项资金属于信用证开证保证金的，应当依法提出异议并提供有关证据予以证明。人民法院审查后，可按以下原则处理：对于确系信用证开证保证金的，不得采取扣划措施；如果开证银行履行了对外支付义务，根据该银行的申请，人民法院应当立即解除对信用证开证保证金相应部分的冻结措施；如果申请开证人提供的开证保证金是外汇，当事人又举证证明信用证的受益人提供的单据与信用证条款相符时，人民法院应当立即解除冻结措施。

二、如果银行因信用证无效、过期，或者因单证不符而拒付信用证款项并且免除了对外支付义务，以及在正常付出了信用证款项并从信用证开证保证金中扣除相应款额后尚有剩余，即在信用证开证保证金账户存款已丧失保证金功能的情况下，人民法院可以依法采取扣划措施。

三、人民法院对于为逃避债务而提供虚假证据证明属信用证开证保证金的单位和个人，应当依照民事诉讼法的有关规定严肃处理。

最高人民法院关于对被执行人存在银行的凭证式国库券可否采取执行措施问题的批复

- 1998年2月5日最高人民法院审判委员会第958次会议通过
- 根据2020年12月23日最高人民法院审判委员会第1823次会议通过的《最高人民法院关于修改〈最高人民法院关于人民法院扣押铁路运输货物若干问题的规定〉等十八件执行类司法解释的决定》修正
- 2020年12月29日最高人民法院公告公布
- 该修正自2021年1月1日起施行
- 法释〔2020〕21号

北京市高级人民法院：

你院《关于对被执行人在银行的凭证式记名国库券可否采取冻结、扣划强制措施的请示》（京高法〔1997〕194号）收悉。经研究，答复如下：

被执行人存在银行的凭证式国库券是由被执行人交银行管理的到期偿还本息的有价证券，在性质上与银行的定期储蓄存款相似，属于被执行人的财产。依照《中华人民共和国民事诉讼法》第二百四十二条规定的精神，人民法院有权冻结、划拨被执行人存在银行的凭证式国库券。有关银行应当按照人民法院的协助执行通知书将本息划归申请执行人。

最高人民法院关于人民法院执行工作若干问题的规定(试行)

- 1998年6月11日最高人民法院审判委员会第992次会议通过
- 根据2020年12月23日最高人民法院审判委员会第1823次会议通过的《最高人民法院关于修改〈最高人民法院关于人民法院扣押铁路运输货物若干问题的规定〉等十八件执行类司法解释的决定》修正
- 2020年12月29日最高人民法院公告公布
- 该修正自2021年1月1日起施行
- 法释〔2020〕21号

为了保证在执行程序中正确适用法律,及时有效地执行生效法律文书,维护当事人的合法权益,根据《中华人民共和国民事诉讼法》(以下简称民事诉讼法)等有关法律的规定,结合人民法院执行工作的实践经验,现对人民法院执行工作若干问题作如下规定。

一、执行机构及其职责

1. 人民法院根据需要,依据有关法律的规定,设立执行机构,专门负责执行工作。

2. 执行机构负责执行下列生效法律文书:

(1)人民法院民事、行政判决、裁定、调解书,民事制裁决定、支付令,以及刑事附带民事判决、裁定、调解书,刑事裁判涉财产部分;

(2)依法应由人民法院执行的行政处罚决定、行政处理决定;

(3)我国仲裁机构作出的仲裁裁决和调解书,人民法院依据《中华人民共和国仲裁法》有关规定作出的财产保全和证据保全裁定;

(4)公证机关依法赋予强制执行效力的债权文书;

(5)经人民法院裁定承认其效力的外国法院作出的判决、裁定,以及国外仲裁机构作出的仲裁裁决;

(6)法律规定由人民法院执行的其他法律文书。

3. 人民法院在审理民事、行政案件中作出的财产保全和先予执行裁定,一般应当移送执行机构实施。

4. 人民法庭审结的案件,由人民法庭负责执行。其中复杂、疑难或被执行人不在本法院辖区的案件,由执行机构负责执行。

5. 执行程序中重大事项的办理,应由三名以上执行员讨论,并报经院长批准。

6. 执行机构应配备必要的交通工具、通讯设备、音像设备和警械用具等,以保障及时有效地履行职责。

7. 执行人员执行公务时,应向有关人员出示工作证件,并按规定着装。必要时应由司法警察参加。

8. 上级人民法院执行机构负责本院对下级人民法院执行工作的监督、指导和协调。

二、执行管辖

9. 在国内仲裁过程中,当事人申请财产保全,经仲裁机构提交人民法院的,由被申请人住所地或被申请保全的财产所在地的基层人民法院裁定并执行;申请证据保全的,由证据所在地的基层人民法院裁定并执行。

10. 在涉外仲裁过程中,当事人申请财产保全,经仲裁机构提交人民法院的,由被申请人住所地或被申请保全的财产所在地的中级人民法院裁定并执行;申请证据保全的,由证据所在地的中级人民法院裁定并执行。

11. 专利管理机关依法作出的处理决定和处罚决定,由被执行人住所地或财产所在地的省、自治区、直辖市有权受理专利纠纷案件的中级人民法院执行。

12. 国务院各部门、各省、自治区、直辖市人民政府和海关依照法律、法规作出的处理决定和处罚决定,由被执行人住所地或财产所在地的中级人民法院执行。

13. 两个以上人民法院都有管辖权的,当事人可以向其中一个人民法院申请执行;当事人向两个以上人民法院申请执行的,由最先立案的人民法院管辖。

14. 人民法院之间因执行管辖权发生争议的,由双方协商解决;协商不成的,报请双方共同的上级人民法院指定管辖。

15. 基层人民法院和中级人民法院管辖的执行案件,因特殊情况需要由上级人民法院执行的,可以报请上级人民法院执行。

三、执行的申请和移送

16. 人民法院受理执行案件应当符合下列条件:

(1)申请或移送执行的法律文书已经生效;

(2)申请执行人是生效法律文书确定的权利人或其继承人、权利承受人;

(3)申请执行的法律文书有给付内容,且执行标的和被执行人明确;

(4)义务人在生效法律文书确定的期限内未履行义务;

(5)属于受申请执行的人民法院管辖。

人民法院对符合上述条件的申请,应当在七日内予以立案;不符合上述条件之一的,应当在七日内裁定不予受理。

17. 生效法律文书的执行,一般应当由当事人依法提出申请。

发生法律效力的具有给付赡养费、扶养费、抚育费内容的法律文书、民事制裁决定书，以及刑事附带民事判决、裁定、调解书，由审判庭移送执行机构执行。

18. 申请执行，应向人民法院提交下列文件和证件：

（1）申请执行书。申请执行书中应当写明申请执行的理由、事项、执行标的，以及申请执行人所了解的被执行人的财产状况。

申请执行人书写申请执行书确有困难的，可以口头提出申请。人民法院接待人员对口头申请应当制作笔录，由申请执行人签字或盖章。

外国一方当事人申请执行的，应当提交中文申请执行书。当事人所在国与我国缔结或共同参加的司法协助条约有特别规定的，按照条约规定办理。

（2）生效法律文书副本。

（3）申请执行人的身份证明。自然人申请的，应当出示居民身份证；法人申请的，应当提交法人营业执照副本和法定代表人身份证明；非法人组织申请的，应当提交营业执照副本和主要负责人身份证明。

（4）继承人或权利承受人申请执行的，应当提交继承或承受权利的证明文件。

（5）其他应当提交的文件或证件。

19. 申请执行仲裁机构的仲裁裁决，应当向人民法院提交有仲裁条款的合同书或仲裁协议书。

申请执行国外仲裁机构的仲裁裁决的，应当提交经我国驻外使领馆认证或我国公证机关公证的仲裁裁决书中文本。

20. 申请执行人可以委托代理人代为申请执行。委托代理的，应当向人民法院提交经委托人签字或盖章的授权委托书，写明代理人的姓名或者名称、代理事项、权限和期限。

委托代理人代为放弃、变更民事权利，或代为进行执行和解，或代为收取执行款项的，应当有委托人的特别授权。

21. 执行申请费的收取按照《诉讼费用交纳办法》办理。

四、执行前的准备

22. 人民法院应当在收到申请执行书或者移交执行书后十日内发出执行通知。

执行通知中除应责令被执行人履行法律文书确定的义务外，还应通知其承担民事诉讼法第二百五十三条规定的迟延履行利息或者迟延履行金。

23. 执行通知书的送达，适用民事诉讼法关于送达的规定。

24. 被执行人未按执行通知书履行生效法律文书确定的义务的，应当及时采取执行措施。

人民法院采取执行措施，应当制作相应法律文书，送达被执行人。

25. 人民法院执行非诉讼生效法律文书，必要时可向制作生效法律文书的机构调取卷宗材料。

五、金钱给付的执行

26. 金融机构擅自解冻被人民法院冻结的款项，致冻结款项被转移的，人民法院有权责令其限期追回已转移的款项。在限期内未能追回的，应当裁定该金融机构在转移的款项范围内以自己的财产向申请执行人承担责任。

27. 被执行人为金融机构的，对其交存在人民银行的存款准备金和备付金不得冻结与扣划，但对其在本机构、其他金融机构的存款，及其在人民银行的其他存款可以冻结、划拨，并可对被执行人的其他财产采取执行措施，但不得查封其营业场所。

28. 作为被执行人的自然人，其收入转为储蓄存款的，应当责令其交出存单。拒不交出的，人民法院应当作出提取其存款的裁定，向金融机构发出协助执行通知书，由金融机构提取被执行人的存款交人民法院或存入人民法院指定的账户。

29. 被执行人在有关单位的收入尚未支取的，人民法院应当作出裁定，向该单位发出协助执行通知书，由其协助扣留或提取。

30. 有关单位收到人民法院协助执行被执行人收入的通知后，擅自向被执行人或其他人支付的，人民法院有权责令其限期追回；逾期未追回的，应当裁定其在支付的数额内向申请执行人承担责任。

31. 人民法院对被执行人所有的其他人享有抵押权、质押权或留置权的财产，可以采取查封、扣押措施。财产拍卖、变卖后所得价款，应当在抵押权人、质押权人或留置权人优先受偿后，其余额部分用于清偿申请执行人的债权。

32. 被执行人或其他人擅自处分已被查封、扣押、冻结财产的，人民法院有权责令责任人限期追回财产或承担相应的赔偿责任。

33. 被执行人申请对人民法院查封的财产自行变卖的，人民法院可以准许，但应当监督其按照合理价格在指定的期限内进行，并控制变卖的价款。

34. 拍卖、变卖被执行人的财产成交后,必须即时钱物两清。

委托拍卖、组织变卖被执行人财产所发生的实际费用,从所得价款中优先扣除。所得价款超出执行标的数额和执行费用的部分,应当退还被执行人。

35. 被执行人不履行生效法律文书确定的义务,人民法院有权裁定禁止被执行人转让其专利权、注册商标专用权、著作权(财产权部分)等知识产权。上述权利有登记主管部门的,应当同时向有关部门发出协助执行通知书,要求其不得办理财产权转移手续,必要时可以责令被执行人将产权或使用权证照交人民法院保存。

对前款财产权,可以采取拍卖、变卖等执行措施。

36. 对被执行人从有关企业中应得的已到期的股息或红利等收益,人民法院有权裁定禁止被执行人提取和有关企业向被执行人支付,并要求有关企业直接向申请执行人支付。

对被执行人预期从有关企业中应得的股息或红利等收益,人民法院可以采取冻结措施,禁止到期后被执行人提取和有关企业向被执行人支付。到期后人民法院可从有关企业中提取,并出具提取收据。

37. 对被执行人在其他股份有限公司中持有的股份凭证(股票),人民法院可以扣押,并强制被执行人按照公司法的有关规定转让,也可以直接采取拍卖、变卖的方式进行处分,或直接将股票抵偿给债权人,用于清偿被执行人的债务。

38. 对被执行人在有限责任公司、其他法人企业中的投资权益或股权,人民法院可以采取冻结措施。

冻结投资权益或股权的,应当通知有关企业不得办理被冻结投资权益或股权的转移手续,不得向被执行人支付股息或红利。被冻结的投资权益或股权,被执行人不得自行转让。

39. 被执行人在其独资开办的法人企业中拥有的投资权益被冻结后,人民法院可以直接裁定予以转让,以转让所得清偿其申请执行人的债务。

对被执行人在有限责任公司中被冻结的投资权益或股权,人民法院可以依据《中华人民共和国公司法》第七十一条、第七十二条、第七十三条的规定,征得全体股东过半数同意后,予以拍卖、变卖或以其他方式转让。不同意转让的股东,应当购买该转让的投资权益或股权,不购买的,视为同意转让,不影响执行。

人民法院也可允许并监督被执行人自行转让其投资权益或股权,将转让所得收益用于清偿对申请执行人的债务。

40. 有关企业收到人民法院发出的协助冻结通知后,擅自向被执行人支付股息或红利,或擅自为被执行人办理已冻结股权的转移手续,造成已转移的财产无法追回的,应当在所支付的股息或红利或转移的股权价值范围内向申请执行人承担责任。

六、交付财产和完成行为的执行

41. 生效法律文书确定被执行人交付特定标的物的,应当执行原物。原物被隐匿或非法转移的,人民法院有权责令其交出。原物确已毁损或灭失的,经双方当事人同意,可以折价赔偿。

双方当事人对折价赔偿不能协商一致的,人民法院应当终结执行程序。申请执行人可以另行起诉。

42. 有关组织或者个人持有法律文书指定交付的财物或票证,在接到人民法院协助执行通知书或通知书后,协同被执行人转移财物或票证的,人民法院有权责令其限期追回,逾期未追回的,应当裁定其承担赔偿责任。

43. 被执行人的财产经拍卖、变卖或裁定以物抵债后,需从现占有人处交付给买受人或申请执行人的,适用民事诉讼法第二百四十九条、第二百五十条和本规定第41条、第42条的规定。

44. 被执行人拒不履行生效法律文书中指定的行为的,人民法院可以强制其履行。

对于可以替代履行的行为,可以委托有关单位或他人完成,因完成上述行为发生的费用由被执行人承担。

对于只能由被执行人完成的行为,经教育,被执行人仍拒不履行的,人民法院应当按照妨害执行行为的有关规定处理。

七、被执行人到期债权的执行

45. 被执行人不能清偿债务,但对本案以外的第三人享有到期债权的,人民法院可以依申请执行人或被执行人的申请,向第三人发出履行到期债务的通知(以下简称履行通知)。履行通知必须直接送达第三人。

履行通知应当包含下列内容:

(1)第三人直接向申请执行人履行其对被执行人所负的债务,不得向被执行人清偿;

(2)第三人应当在收到履行通知后的十五日内向申请执行人履行债务;

(3)第三人对履行到期债权有异议的,应当在收到履行通知后的十五日内向执行法院提出;

(4)第三人违背上述义务的法律后果。

46. 第三人对履行通知的异议一般应当以书面形式

提出,口头提出的,执行人员应记入笔录,并由第三人签字或盖章。

47. 第三人在履行通知指定的期间内提出异议的,人民法院不得对第三人强制执行,对提出的异议不进行审查。

48. 第三人提出自己无履行能力或其与申请执行人无直接法律关系,不属于本规定所指的异议。

第三人对债务部分承认、部分有异议的,可以对其承认的部分强制执行。

49. 第三人在履行通知指定的期限内没有提出异议,而又不履行的,执行法院有权裁定对其强制执行。此裁定同时送达第三人和被执行人。

50. 被执行人收到人民法院履行通知后,放弃其对第三人的债权或延缓第三人履行期限的行为无效,人民法院仍可在第三人无异议又不履行的情况下予以强制执行。

51. 第三人收到人民法院要求其履行到期债务的通知后,擅自向被执行人履行,造成已向被执行人履行的财产不能追回的,除在已履行的财产范围内与被执行人承担连带清偿责任外,可以追究其妨害执行的责任。

52. 在对第三人作出强制执行裁定后,第三人确无财产可供执行的,不得就第三人对他人享有的到期债权强制执行。

53. 第三人按照人民法院履行通知向申请执行人履行了债务或已被强制执行后,人民法院应当出具有关证明。

八、执行担保

54. 人民法院在审理案件期间,保证人为被执行人提供保证,人民法院据此未对被执行人的财产采取保全措施或解除保全措施的,案件审结后如果被执行人无财产可供执行或其财产不足清偿债务时,即使生效法律文书中未确定保证人承担责任,人民法院有权裁定执行保证人在保证责任范围内的财产。

九、多个债权人对一个债务人申请执行和参与分配

55. 多份生效法律文书确定金钱给付内容的多个债权人分别对同一被执行人申请执行,各债权人对执行标的物均无担保物权的,按照执行法院采取执行措施的先后顺序受偿。

多个债权人的债权种类不同的,基于所有权和担保物权而享有的债权,优先于金钱债权受偿。有多个担保物权的,按照各担保物权成立的先后顺序清偿。

一份生效法律文书确定金钱给付内容的多个债权人对同一被执行人申请执行,执行的财产不足清偿全部债务的,各债权人对执行标的物均无担保物权的,按照各债权比例受偿。

56. 对参与被执行人财产的具体分配,应当由首先查封、扣押或冻结的法院主持进行。

首先查封、扣押、冻结的法院所采取的执行措施如系为执行财产保全裁定,具体分配应当在该院案件审理终结后进行。

十、对妨害执行行为的强制措施的适用

57. 被执行人或其他人有下列拒不履行生效法律文书或者妨害执行行为之一的,人民法院可以依照民事诉讼法第一百一十一条的规定处理:

(1)隐藏、转移、变卖、毁损向人民法院提供执行担保的财产的;

(2)案外人与被执行人恶意串通转移被执行人财产的;

(3)故意撕毁人民法院执行公告、封条的;

(4)伪造、隐藏、毁灭有关被执行人履行能力的重要证据,妨碍人民法院查明被执行人财产状况的;

(5)指使、贿买、胁迫他人对被执行人的财产状况和履行义务的能力问题作伪证的;

(6)妨碍人民法院依法搜查的;

(7)以暴力、威胁或其他方法妨碍或抗拒执行的;

(8)哄闹、冲击执行现场的;

(9)对人民法院执行人员或协助执行人员进行侮辱、诽谤、诬陷、围攻、威胁、殴打或者打击报复的;

(10)毁损、抢夺执行案件材料、执行公务车辆、其他执行器械、执行人员服装和执行公务证件的。

58. 在执行过程中遇有被执行人或其他人拒不履行生效法律文书或者妨害执行情节严重,需要追究刑事责任的,应将有关材料移交有关机关处理。

十一、执行的中止、终结、结案和执行回转

59. 按照审判监督程序提审或再审的案件,执行机构根据上级法院或本院作出的中止执行裁定书中止执行。

60. 中止执行的情形消失后,执行法院可以根据当事人的申请或依职权恢复执行。

恢复执行应当书面通知当事人。

61. 在执行中,被执行人被人民法院裁定宣告破产的,执行法院应当依照民事诉讼法第二百五十七条第六项的规定,裁定终结执行。

62. 中止执行和终结执行的裁定书应当写明中止或

终结执行的理由和法律依据。

63. 人民法院执行生效法律文书，一般应当在立案之日起六个月内执行结案，但中止执行的期间应当扣除。确有特殊情况需要延长的，由本院院长批准。

64. 执行结案的方式为：
(1) 执行完毕；
(2) 终结本次执行程序；
(3) 终结执行；
(4) 销案；
(5) 不予执行；
(6) 驳回申请。

65. 在执行中或执行完毕后，据以执行的法律文书被人民法院或其他有关机关撤销或变更的，原执行机构应当依照民事诉讼法第二百三十三条的规定，依当事人申请或依职权，按照新的生效法律文书，作出执行回转的裁定，责令原申请执行人返还已取得的财产及其孳息。拒不返还的，强制执行。

执行回转应重新立案，适用执行程序的有关规定。

66. 执行回转时，已执行的标的物系特定物的，应当退还原物。不能退还原物的，经双方当事人同意，可以折价赔偿。

双方当事人对折价赔偿不能协商一致的，人民法院应当终结执行回转程序。申请执行人可以另行起诉。

十二、执行争议的协调

67. 两个或两个以上人民法院在执行相关案件中发生争议的，应当协商解决。协商不成的，逐级报请上级法院，直至报请共同的上级法院协调处理。

执行争议经高级人民法院协商不成的，由有关的高级人民法院书面报请最高人民法院协调处理。

68. 执行中发现两地法院或人民法院与仲裁机构就同一法律关系作出不同裁判内容的法律文书，各有关法院应当立即停止执行，报请共同的上级法院处理。

69. 上级法院协调处理有关执行争议案件，认为必要时，可以决定将有关款项划到本院指定的账户。

70. 上级法院协调下级法院之间的执行争议所作出的处理决定，有关法院必须执行。

十三、执行监督

71. 上级人民法院依法监督下级人民法院的执行工作。最高人民法院依法监督地方各级人民法院和专门法院的执行工作。

72. 上级法院发现下级法院在执行中作出的裁定、决定、通知或具体执行行为不当或有错误的，应当及时

令下级法院纠正，并可以通知有关法院暂缓执行。

下级法院收到上级法院的指令后必须立即纠正。如果认为上级法院的指令有错误，可以在收到该指令后五日内请求上级法院复议。

上级法院认为请求复议的理由不成立，而下级法院仍不纠正的，上级法院可直接作出裁定或决定予以纠正，送达有关法院及当事人，并可直接向有关单位发出协助执行通知书。

73. 上级法院发现下级法院执行的非诉讼生效法律文书有不予执行事由，应当依法作出不予执行裁定而不制作的，可以责令下级法院在指定时限内作出裁定，必要时可直接裁定不予执行。

74. 上级法院发现下级法院的执行案件（包括受委托执行的案件）在规定的期限内未能执行结案的，应当作出裁定、决定、通知而不制作的，或应当依法实施具体执行行为而不实施的，应当督促下级法院限期执行，及时作出有关裁定等法律文书，或采取相应措施。

对下级法院长期未能执结的案件，确有必要的，上级法院可以决定由本院执行或与下级法院共同执行，也可以指定本辖区其他法院执行。

75. 上级法院在监督、指导、协调下级法院执行案件中，发现据以执行的生效法律文书确有错误的，应当书面通知下级法院暂缓执行，并按照审判监督程序处理。

76. 上级法院在申诉案件复查期间，决定对生效法律文书暂缓执行的，有关审判庭应当将暂缓执行的通知抄送执行机构。

77. 上级法院通知暂缓执行的，应同时指定暂缓执行的期限。暂缓执行的期限一般不得超过三个月。有特殊情况需要延长的，应报经院长批准，并及时通知下级法院。

暂缓执行的原因消除后，应当及时通知执行法院恢复执行。期满后上级法院未通知继续暂缓执行的，执行法院可以恢复执行。

78. 下级法院不按照上级法院的裁定、决定或通知执行，造成严重后果的，按照有关规定追究有关主管人员和直接责任人员的责任。

十四、附 则

79. 本规定自公布之日起试行。

本院以前作出的司法解释与本规定有抵触的，以本规定为准。本规定未尽事宜，按照以前的规定办理。

最高人民法院关于人民法院民事执行中查封、扣押、冻结财产的规定

- 2004年10月26日最高人民法院审判委员会第1330次会议通过
- 根据2020年12月23日最高人民法院审判委员会第1823次会议通过的《最高人民法院关于修改〈最高人民法院关于人民法院扣押铁路运输货物若干问题的规定〉等十八件执行类司法解释的决定》修正
- 2020年12月29日最高人民法院公告公布
- 该修正自2021年1月1日起施行
- 法释〔2020〕21号

为了进一步规范民事执行中的查封、扣押、冻结措施，维护当事人的合法权益，根据《中华人民共和国民事诉讼法》等法律的规定，结合人民法院民事执行工作的实践经验，制定本规定。

第一条 人民法院查封、扣押、冻结被执行人的动产、不动产及其他财产权，应当作出裁定，并送达被执行人和申请执行人。

采取查封、扣押、冻结措施需要有关单位或者个人协助的，人民法院应当制作协助执行通知书，连同裁定书副本一并送达协助执行人。查封、扣押、冻结裁定书和协助执行通知书送达时发生法律效力。

第二条 人民法院可以查封、扣押、冻结被执行人占有的动产、登记在被执行人名下的不动产、特定动产及其他财产权。

未登记的建筑物和土地使用权，依据土地使用权的审批文件和其他相关证据确定权属。

对于第三人占有的动产或者登记在第三人名下的不动产、特定动产及其他财产权，第三人书面确认该财产属于被执行人的，人民法院可以查封、扣押、冻结。

第三条 人民法院对被执行人下列的财产不得查封、扣押、冻结：

（一）被执行人及其所扶养家属生活所必需的衣服、家具、炊具、餐具及其他家庭生活必需的物品；

（二）被执行人及其所扶养家属所必需的生活费用。当地有最低生活保障标准的，必需的生活费用依照该标准确定；

（三）被执行人及其所扶养家属完成义务教育所需的物品；

（四）未公开的发明或者未发表的著作；

（五）被执行人及其所扶养家属用于身体缺陷所必需的辅助工具、医疗物品；

（六）被执行人所得的勋章及其他荣誉表彰的物品；

（七）根据《中华人民共和国缔结条约程序法》，以中华人民共和国、中华人民共和国政府或者中华人民共和国政府部门名义同外国、国际组织缔结的条约、协定和其他具有条约、协定性质的文件中规定免于查封、扣押、冻结的财产；

（八）法律或者司法解释规定的其他不得查封、扣押、冻结的财产。

第四条 对被执行人及其所扶养家属生活所必需的居住房屋，人民法院可以查封，但不得拍卖、变卖或者抵债。

第五条 对于超过被执行人及其所扶养家属生活所必需的房屋和生活用品，人民法院根据申请执行人的申请，在保障被执行人及其所扶养家属最低生活标准所必需的居住房屋和普通生活必需品后，可予以执行。

第六条 查封、扣押动产的，人民法院可以直接控制该项财产。人民法院将查封、扣押的动产交付其他人控制的，应当在该动产上加贴封条或者采取其他足以公示查封、扣押的适当方式。

第七条 查封不动产的，人民法院应当张贴封条或者公告，并可以提取保存有关财产权证照。

查封、扣押、冻结已登记的不动产、特定动产及其他财产权，应当通知有关登记机关办理登记手续。未办理登记手续的，不得对抗其他已经办理了登记手续的查封、扣押、冻结行为。

第八条 查封尚未进行权属登记的建筑物时，人民法院应当通知其管理人或者该建筑物的实际占有人，并在显著位置张贴公告。

第九条 扣押尚未进行权属登记的机动车辆时，人民法院应当在扣押清单上记载该机动车辆的发动机编号。该车辆在扣押期间权利人要求办理权属登记手续的，人民法院应当准许并及时办理相应的扣押登记手续。

第十条 查封、扣押的财产不宜由人民法院保管的，人民法院可以指定被执行人负责保管；不宜由被执行人保管的，可以委托第三人或者申请执行人保管。

由人民法院指定被执行人保管的财产，如果继续使用对该财产的价值无重大影响，可以允许被执行人继续使用；由人民法院保管或者委托第三人、申请执行人保管的，保管人不得使用。

第十一条 查封、扣押、冻结担保物权人占有的担保财产，一般应当指定该担保物权人作为保管人；该财产由

人民法院保管的,质权、留置权不因转移占有而消灭。

第十二条 对被执行人与其他人共有的财产,人民法院可以查封、扣押、冻结,并及时通知共有人。

共有人协议分割共有财产,并经债权人认可的,人民法院可以认定有效。查封、扣押、冻结的效力及于协议分割后被执行人享有份额内的财产;对其他共有人享有份额内的财产的查封、扣押、冻结,人民法院应当裁定予以解除。

共有人提起析产诉讼或者申请执行人代位提起析产诉讼的,人民法院应当准许。诉讼期间中止对该财产的执行。

第十三条 对第三人为被执行人的利益占有的被执行人的财产,人民法院可以查封、扣押、冻结;该财产被指定给第三人继续保管的,第三人不得将其交付给被执行人。

对第三人为自己的利益依法占有的被执行人的财产,人民法院可以查封、扣押、冻结,第三人可以继续占有和使用该财产,但不得将其交付给被执行人。

第三人无偿借用被执行人的财产的,不受前款规定的限制。

第十四条 被执行人将其财产出卖给第三人,第三人已经支付部分价款并实际占有该财产,但根据合同约定被执行人保留所有权的,人民法院可以查封、扣押、冻结;第三人要求继续履行合同的,向人民法院交付全部余款后,裁定解除查封、扣押、冻结。

第十五条 被执行人将其所有的需要办理过户登记的财产出卖给第三人,第三人已经支付部分或者全部价款并实际占有该财产,但尚未办理产权过户登记手续的,人民法院可以查封、扣押、冻结;第三人已经支付全部价款并实际占有,但未办理过户登记手续的,如果第三人对此没有过错,人民法院不得查封、扣押、冻结。

第十六条 被执行人购买第三人的财产,已经支付部分价款并实际占有该财产,第三人依合同约定保留所有权的,人民法院可以查封、扣押、冻结。保留所有权已办理登记的,第三人的剩余价款从该财产变价款中优先支付;第三人主张取回该财产的,可以依据民事诉讼法第二百二十七条规定提出异议。

第十七条 被执行人购买需要办理过户登记的第三人的财产,已经支付部分或全部价款并实际占有该财产,虽未办理产权过户登记手续,但申请执行人已向第三人支付剩余价款或者第三人同意剩余价款从该财产变价款中优先支付的,人民法院可以查封、扣押、冻结。

第十八条 查封、扣押、冻结被执行人的财产时,执行人员应当制作笔录,载明下列内容:
(一)执行措施开始及完成的时间;
(二)财产的所在地、种类、数量;
(三)财产的保管人;
(四)其他应当记明的事项。

执行人员及保管人应当在笔录上签名,有民事诉讼法第二百四十五条规定的人员到场的,到场人员也应当在笔录上签名。

第十九条 查封、扣押、冻结被执行人的财产,以其价额足以清偿法律文书确定的债权额及执行费用为限,不得明显超标的额查封、扣押、冻结。

发现超标的额查封、扣押、冻结的,人民法院应当根据被执行人的申请或者依职权,及时解除对超标的额部分财产的查封、扣押、冻结,但该财产为不可分物且被执行人无其他可供执行的财产或者其他财产不足以清偿债务的除外。

第二十条 查封、扣押的效力及于查封、扣押物的从物和天然孳息。

第二十一条 查封地上建筑物的效力及于该地上建筑物使用范围内的土地使用权,查封土地使用权的效力及于地上建筑物,但土地使用权与地上建筑物的所有权分属被执行人与他人的除外。

地上建筑物和土地使用权的登记机关不是同一机关的,应当分别办理查封登记。

第二十二条 查封、扣押、冻结的财产灭失或者毁损的,查封、扣押、冻结的效力及于该财产的替代物、赔偿款。人民法院应当及时作出查封、扣押、冻结该替代物、赔偿款的裁定。

第二十三条 查封、扣押、冻结协助执行通知书在送达登记机关时,登记机关已经受理被执行人转让不动产、特定动产及其他财产的过户登记申请,尚未完成登记的,应当协助人民法院执行。人民法院不得对登记机关已经完成登记的被执行人已转让的财产实施查封、扣押、冻结措施。

查封、扣押、冻结协助执行通知书在送达登记机关时,其他人民法院已向该登记机关送达了过户登记协助执行通知书的,应当优先办理过户登记。

第二十四条 被执行人就已经查封、扣押、冻结的财产所作的移转、设定权利负担或者其他有碍执行的行为,不得对抗申请执行人。

第三人未经人民法院准许占有查封、扣押、冻结的财产或者实施其他有碍执行的行为的,人民法院可以依据申请执行人的申请或者依职权解除其占有或者排除其妨害。

人民法院的查封、扣押、冻结没有公示的,其效力不得对抗善意第三人。

第二十五条 人民法院查封、扣押被执行人设定最高额抵押权的抵押物的,应当通知抵押权人。抵押权人受抵押担保的债权数额自收到人民法院通知时起不再增加。

人民法院虽然没有通知抵押权人,但有证据证明抵押权人知道或者应当知道查封、扣押事实的,受抵押担保的债权数额从其知道或者应当知道该事实时起不再增加。

第二十六条 对已被人民法院查封、扣押、冻结的财产,其他人民法院可以进行轮候查封、扣押、冻结。查封、扣押、冻结解除的,登记在先的轮候查封、扣押、冻结即自动生效。

其他人民法院对已登记的财产进行轮候查封、扣押、冻结的,应当通知有关登记机关协助进行轮候登记,实施查封、扣押、冻结的人民法院应当允许其他人民法院查阅有关文书和记录。

其他人民法院对没有登记的财产进行轮候查封、扣押、冻结的,应当制作笔录,并经实施查封、扣押、冻结的人民法院执行人员及被执行人签字,或者书面通知实施查封、扣押、冻结的人民法院。

第二十七条 查封、扣押、冻结期限届满,人民法院未办理延期手续的,查封、扣押、冻结的效力消灭。

查封、扣押、冻结的财产已经被执行拍卖、变卖或者抵债的,查封、扣押、冻结的效力消灭。

第二十八条 有下列情形之一的,人民法院应当作出解除查封、扣押、冻结裁定,并送达申请执行人、被执行人或者案外人:

(一)查封、扣押、冻结案外人财产的;

(二)申请执行人撤回执行申请或者放弃债权的;

(三)查封、扣押、冻结的财产流拍或者变卖不成,申请执行人和其他执行债权人又不同意接受抵债,且对该财产又无法采取其他执行措施的;

(四)债务已经清偿的;

(五)被执行人提供担保且申请执行人同意解除查封、扣押、冻结的;

(六)人民法院认为应当解除查封、扣押、冻结的其他情形。

解除以登记方式实施的查封、扣押、冻结的,应当向登记机关发出协助执行通知书。

第二十九条 财产保全裁定和先予执行裁定的执行适用本规定。

第三十条 本规定自2005年1月1日起施行。施行前本院公布的司法解释与本规定不一致的,以本规定为准。

最高人民法院关于人民法院民事执行中拍卖、变卖财产的规定

- 2004年10月26日最高人民法院审判委员会第1330次会议通过
- 根据2020年12月23日最高人民法院审判委员会第1823次会议通过的《最高人民法院关于修改〈最高人民法院关于人民法院扣押铁路运输货物若干问题的规定〉等十八件执行类司法解释的决定》修正
- 2020年12月29日最高人民法院公告公布
- 该修正自2021年1月1日起施行
- 法释〔2020〕21号

为了进一步规范民事执行中的拍卖、变卖措施,维护当事人的合法权益,根据《中华人民共和国民事诉讼法》等法律的规定,结合人民法院民事执行工作的实践经验,制定本规定。

第一条 在执行程序中,被执行人的财产被查封、扣押、冻结后,人民法院应当及时进行拍卖、变卖或者采取其他执行措施。

第二条 人民法院对查封、扣押、冻结的财产进行变价处理时,应当首先采取拍卖的方式,但法律、司法解释另有规定的除外。

第三条 人民法院拍卖被执行人财产,应当委托具有相应资质的拍卖机构进行,并对拍卖机构的拍卖进行监督,但法律、司法解释另有规定的除外。

第四条 对拟拍卖的财产,人民法院可以委托具有相应资质的评估机构进行价格评估。对于财产价值较低或者价格依照通常方法容易确定的,可以不进行评估。

当事人双方及其他执行债权人申请不进行评估的,人民法院应当准许。

对被执行人的股权进行评估时,人民法院可以责令有关企业提供会计报表等资料;有关企业拒不提供的,可以强制提取。

第五条 拍卖应当确定保留价。

拍卖财产经过评估的，评估价即为第一次拍卖的保留价；未作评估的，保留价由人民法院参照市价确定，并应当征询有关当事人的意见。

如果出现流拍，再行拍卖时，可以酌情降低保留价，但每次降低的数额不得超过前次保留价的百分之二十。

第六条 保留价确定后，依照本次拍卖保留价计算，拍卖所得价款在清偿优先债权和强制执行费用后无剩余可能的，应当在实施拍卖前将有关情况通知申请执行人。申请执行人于收到通知后五日内申请继续拍卖的，人民法院应当准许，但应当重新确定保留价；重新确定的保留价应当大于该优先债权及强制执行费用的总额。

依照前款规定流拍的，拍卖费用由申请执行人负担。

第七条 执行人员应当对拍卖财产的权属状况、占有使用情况等进行必要的调查，制作拍卖财产现状的调查笔录或者收集其他有关资料。

第八条 拍卖应当先期公告。

拍卖动产的，应当在拍卖七日前公告；拍卖不动产或者其他财产权的，应当在拍卖十五日前公告。

第九条 拍卖公告的范围及媒体由当事人双方协商确定；协商不成的，由人民法院确定。拍卖财产具有专业属性的，应当同时在专业性报纸上进行公告。

当事人申请在其他新闻媒体上公告或者要求扩大公告范围的，应当准许，但该部分的公告费用由其自行承担。

第十条 拍卖不动产、其他财产权或者价值较高的动产的，竞买人应当于拍卖前向人民法院预交保证金。申请执行人参加竞买的，可以不预交保证金。保证金的数额由人民法院确定，但不得低于评估价或者市价的百分之五。

应当预交保证金而未交纳的，不得参加竞买。拍卖成交后，买受人预交的保证金充抵价款，其他竞买人预交的保证金应当在三日内退还；拍卖未成交的，保证金应当于三日内退还竞买人。

第十一条 人民法院应当在拍卖五日前以书面或者其他能够确认收悉的适当方式，通知当事人和已知的担保物权人、优先购买权人或者其他优先权人于拍卖日到场。

优先购买权人经通知未到场的，视为放弃优先购买权。

第十二条 法律、行政法规对买受人的资格或者条件有特殊规定的，竞买人应当具备规定的资格或者条件。

申请执行人、被执行人可以参加竞买。

第十三条 拍卖过程中，有最高应价时，优先购买权人可以表示以该最高价买受，如无更高应价，则拍归优先购买权人；如有更高应价，而优先购买权人不作表示的，则拍归该应价最高的竞买人。

顺序相同的多个优先购买权人同时表示买受的，以抽签方式决定买受人。

第十四条 拍卖多项财产时，其中部分财产卖得的价款足以清偿债务和支付被执行人应当负担的费用的，对剩余的财产应当停止拍卖，但被执行人同意全部拍卖的除外。

第十五条 拍卖的多项财产在使用上不可分，或者分别拍卖可能严重减损其价值的，应当合并拍卖。

第十六条 拍卖时无人竞买或者竞买人的最高应价低于保留价，到场的申请执行人或者其他执行债权人申请或者同意以该次拍卖所定的保留价接受拍卖财产的，应当将该财产交其抵债。

有两个以上执行债权人申请以拍卖财产抵债的，由法定受偿顺位在先的债权人优先承受；受偿顺位相同的，以抽签方式决定承受人。承受人应受清偿的债权额低于抵债财产的价额的，人民法院应当责令其在指定的期间内补交差额。

第十七条 在拍卖开始前，有下列情形之一的，人民法院应当撤回拍卖委托：

（一）据以执行的生效法律文书被撤销的；

（二）申请执行人及其他执行债权人撤回执行申请的；

（三）被执行人全部履行了法律文书确定的金钱债务的；

（四）当事人达成了执行和解协议，不需要拍卖财产的；

（五）案外人对拍卖财产提出确有理由的异议的；

（六）拍卖机构与竞买人恶意串通的；

（七）其他应当撤回拍卖委托的情形。

第十八条 人民法院委托拍卖后，遇有依法应当暂缓执行或者中止执行的情形的，应当决定暂缓执行或者裁定中止执行，并及时通知拍卖机构和当事人。拍卖机构收到通知后，应当立即停止拍卖，并通知竞买人。

暂缓执行期限届满或者中止执行的事由消失后，需要继续拍卖的，人民法院应当在十五日内通知拍卖机构恢复拍卖。

第十九条 被执行人在拍卖日之前向人民法院提交足额金钱清偿债务，要求停止拍卖的，人民法院应当准许，但被执行人应当负担因拍卖支出的必要费用。

第二十条 拍卖成交或者以流拍的财产抵债的，人民法院应当作出裁定，并于价款或者需要补交的差价全额交付后十日内，送达买受人或者承受人。

第二十一条 拍卖成交后，买受人应当在拍卖公告确定的期限或者人民法院指定的期限内将价款交付到人民法院或者汇入人民法院指定的账户。

第二十二条 拍卖成交或者以流拍的财产抵债后，买受人逾期未支付价款或者承受人逾期未补交差价而使拍卖、抵债的目的难以实现的，人民法院可以裁定重新拍卖。重新拍卖时，原买受人不得参加竞买。

重新拍卖的价款低于原拍卖价款造成的差价、费用损失及原拍卖中的佣金，由原买受人承担。人民法院可以直接从其预交的保证金中扣除。扣除后保证金有剩余的，应当退还原买受人；保证金数额不足的，可以责令原买受人补交；拒不补交的，强制执行。

第二十三条 拍卖时无人竞买或者竞买人的最高应价低于保留价，到场的申请执行人或者其他执行债权人不申请以此次拍卖所定的保留价抵债的，应当在六十日内再行拍卖。

第二十四条 对于第二次拍卖仍流拍的动产，人民法院可以依照本规定第十六条的规定将其作价交申请执行人或者其他执行债权人抵债。申请执行人或者其他执行债权人拒绝接受或者依法不能交付其抵债的，人民法院应当解除查封、扣押，并将该动产退还被执行人。

第二十五条 对于第二次拍卖仍流拍的不动产或者其他财产权，人民法院可以依照本规定第十六条的规定将其作价交申请执行人或者其他执行债权人抵债。申请执行人或者其他执行债权人拒绝接受或者依法不能交付其抵债的，应当在六十日内进行第三次拍卖。

第三次拍卖流拍且申请执行人或者其他执行债权人拒绝接受或者依法不能接受该不动产或者其他财产权抵债的，人民法院应当于第三次拍卖终结之日起七日内发出变卖公告。自公告之日起六十日内没有买受人愿意以第三次拍卖的保留价买受该财产，且申请执行人、其他执行债权人仍不表示接受该财产抵债的，应当解除查封、冻结，将该财产退还被执行人，但对该财产可以采取其他执行措施的除外。

第二十六条 不动产、动产或者其他财产权拍卖成交或者抵债后，该不动产、动产的所有权、其他财产权自拍卖成交或者抵债裁定送达买受人或者承受人时起转移。

第二十七条 人民法院裁定拍卖成交或者以流拍的财产抵债后，除有依法不能移交的情形外，应当于裁定送达后十五日内，将拍卖的财产移交买受人或者承受人。被执行人或者第三人占有拍卖财产应当移交而拒不移交的，强制执行。

第二十八条 拍卖财产上原有的担保物权及其他优先受偿权，因拍卖而消灭，拍卖所得价款，应当优先清偿担保物权人及其他优先受偿权人的债权，但当事人另有约定的除外。

拍卖财产上原有的租赁权及其他用益物权，不因拍卖而消灭，但该权利继续存在于拍卖财产上，对在先的担保物权或者其他优先受偿权的实现有影响的，人民法院应当依法将其除去后进行拍卖。

第二十九条 拍卖成交的，拍卖机构可以按照下列比例向买受人收取佣金：

拍卖成交价200万元以下的，收取佣金的比例不得超过5%；超过200万元至1000万元的部分，不得超过3%；超过1000万元至5000万元的部分，不得超过2%；超过5000万元至1亿元的部分，不得超过1%；超过1亿元的部分，不得超过0.5%。

采取公开招标方式确定拍卖机构的，按照中标方案确定的数额收取佣金。

拍卖未成交或者非因拍卖机构的原因撤回拍卖委托的，拍卖机构为本次拍卖已经支出的合理费用，应当由被执行人负担。

第三十条 在执行程序中拍卖上市公司国有股和社会法人股的，适用最高人民法院《关于冻结、拍卖上市公司国有股和社会法人股若干问题的规定》。

第三十一条 对查封、扣押、冻结的财产，当事人双方及有关权利人同意变卖的，可以变卖。

金银及其制品、当地市场有公开交易价格的动产、易腐烂变质的物品、季节性商品、保管困难或者保管费用过高的物品，人民法院可以决定变卖。

第三十二条 当事人双方及有关权利人对变卖财产的价格有约定的，按照其约定价格变卖；无约定价格但有市价的，变卖价格不得低于市价；无市价但价值较大、价格不易确定的，应当委托评估机构进行评估，并按照评估价格进行变卖。

按照评估价格变卖不成的，可以降低价格变卖，但最低的变卖价不得低于评估价的二分之一。

变卖的财产无人应买的，适用本规定第十六条的规定将该财产交申请执行人或者其他执行债权人抵债；申请执行人或者其他执行债权人拒绝接受或者依法不能交付其抵债的，人民法院应当解除查封、扣押，并将该财产退还被执行人。

第三十三条　本规定自2005年1月1日起施行。施行前本院公布的司法解释与本规定不一致的，以本规定为准。

最高人民法院关于适用《中华人民共和国民事诉讼法》执行程序若干问题的解释

- 2008年9月8日最高人民法院审判委员会第1452次会议通过
- 根据2020年12月23日最高人民法院审判委员会第1823次会议通过的《最高人民法院关于修改〈最高人民法院关于人民法院扣押铁路运输货物若干问题的规定〉等十八件执行类司法解释的决定》修正
- 2020年12月29日最高人民法院公告公布
- 该修正自2021年1月1日起施行
- 法释〔2020〕21号

为了依法及时有效地执行生效法律文书，维护当事人的合法权益，根据《中华人民共和国民事诉讼法》（以下简称民事诉讼法），结合人民法院执行工作实际，对执行程序中适用法律的若干问题作出如下解释：

第一条　申请执行人向被执行的财产所在地人民法院申请执行的，应当提供该人民法院辖区有可供执行财产的证明材料。

第二条　对两个以上人民法院都有管辖权的执行案件，人民法院在立案前发现其他有管辖权的人民法院已经立案的，不得重复立案。

立案后发现其他有管辖权的人民法院已经立案的，应当撤销案件；已经采取执行措施的，应当将控制的财产交先立案的执行法院处理。

第三条　人民法院受理执行申请后，当事人对管辖权有异议的，应当自收到执行通知书之日起十日内提出。

人民法院对当事人提出的异议，应当审查。异议成立的，应当撤销执行案件，并告知当事人向有管辖权的人民法院申请执行；异议不成立的，裁定驳回。当事人对裁定不服的，可以向上一级人民法院申请复议。

管辖权异议审查和复议期间，不停止执行。

第四条　对人民法院采取财产保全措施的案件，申请执行人向采取保全措施的人民法院以外的其他有管辖权的人民法院申请执行的，采取保全措施的人民法院应当将保全的财产交执行法院处理。

第五条　执行过程中，当事人、利害关系人认为执行法院的执行行为违反法律规定的，可以依照民事诉讼法第二百二十五条的规定提出异议。

执行法院审查处理执行异议，应当自收到书面异议之日起十五日内作出裁定。

第六条　当事人、利害关系人依照民事诉讼法第二百二十五条规定申请复议的，应当采取书面形式。

第七条　当事人、利害关系人申请复议的书面材料，可以通过执行法院转交，也可以直接向执行法院的上一级人民法院提交。

执行法院收到复议申请后，应当在五日内将复议所需的案卷材料报送上一级人民法院；上一级人民法院收到复议申请后，应当通知执行法院在五日内报送复议所需的案卷材料。

第八条　当事人、利害关系人依照民事诉讼法第二百二十五条规定申请复议的，上一级人民法院应当自收到复议申请之日起三十日内审查完毕，并作出裁定。有特殊情况需要延长的，经本院院长批准，可以延长，延长的期限不得超过三十日。

第九条　执行异议审查和复议期间，不停止执行。

被执行人、利害关系人提供充分、有效的担保请求停止相应处分措施的，人民法院可以准许；申请执行人提供充分、有效的担保请求继续执行的，应当继续执行。

第十条　依照民事诉讼法第二百二十六条的规定，有下列情形之一的，上一级人民法院可以根据申请执行人的申请，责令执行法院限期执行或者变更执行法院：

（一）债权人申请执行时被执行人有可供执行的财产，执行法院自收到申请执行书之日起超过六个月对该财产未执行完结的；

（二）执行过程中发现被执行人可供执行的财产，执行法院自发现财产之日起超过六个月对该财产未执行完结的；

（三）对法律文书确定的行为义务的执行，执行法院自收到申请执行书之日起超过六个月未依法采取相应执行措施的；

（四）其他有条件执行超过六个月未执行的。

第十一条　上一级人民法院依照民事诉讼法第二百二十六条规定责令执行法院限期执行的，应当向其发出督促执行令，并将有关情况书面通知申请执行人。

上一级人民法院决定由本院执行或者指令本辖区其他人民法院执行的,应当作出裁定,送达当事人并通知有关人民法院。

第十二条 上一级人民法院责令执行法院限期执行,执行法院在指定期间内无正当理由仍未执行完结的,上一级人民法院应当裁定由本院执行或者指令本辖区其他人民法院执行。

第十三条 民事诉讼法第二百二十六条规定的六个月期间,不应当计算执行中的公告期间、鉴定评估期间、管辖争议处理期间、执行争议协调期间、暂缓执行期间以及中止执行期间。

第十四条 案外人对执行标的主张所有权或者有其他足以阻止执行标的转让、交付的实体权利的,可以依照民事诉讼法第二百二十七条的规定,向执行法院提出异议。

第十五条 案外人异议审查期间,人民法院不得对执行标的进行处分。

案外人向人民法院提供充分、有效的担保请求解除对异议标的的查封、扣押、冻结的,人民法院可以准许;申请执行人提供充分、有效的担保请求继续执行的,应当继续执行。

因案外人提供担保解除查封、扣押、冻结有错误,致使该标的无法执行的,人民法院可以直接执行担保财产;申请执行人提供担保请求继续执行有错误,给对方造成损失的,应当予以赔偿。

第十六条 案外人执行异议之诉审理期间,人民法院不得对执行标的进行处分。申请执行人请求人民法院继续执行并提供相应担保的,人民法院可以准许。

案外人请求解除查封、扣押、冻结或者申请执行人请求继续执行有错误,给对方造成损失的,应当予以赔偿。

第十七条 多个债权人对同一被执行人申请执行或者对执行财产申请参与分配的,执行法院应当制作财产分配方案,并送达各债权人和被执行人。债权人或者被执行人对分配方案有异议的,应当自收到分配方案之日起十五日内向执行法院提出书面异议。

第十八条 债权人或者被执行人对分配方案提出书面异议的,执行法院应当通知未提出异议的债权人或被执行人。

未提出异议的债权人、被执行人收到通知之日起十五日内未提出反对意见的,执行法院依异议人的意见对分配方案审查修正后进行分配;提出反对意见的,应当通知异议人。异议人可以自收到通知之日起十五日内,以提出反对意见的债权人、被执行人为被告,向执行法院提起诉讼;异议人逾期未提起诉讼的,执行法院依原分配方案进行分配。

诉讼期间进行分配的,执行法院应当将与争议债权数额相应的款项予以提存。

第十九条 在申请执行时效期间的最后六个月内,因不可抗力或者其他障碍不能行使请求权的,申请执行时效中止。从中止时效的原因消除之日起,申请执行时效期间继续计算。

第二十条 申请执行时效因申请执行、当事人双方达成和解协议、当事人一方提出履行要求或者同意履行义务而中断。从中断时起,申请执行时效期间重新计算。

第二十一条 生效法律文书规定债务人负有不作为义务的,申请执行时效期间从债务人违反不作为义务之日起计算。

第二十二条 执行员依照民事诉讼法第二百四十条规定立即采取强制执行措施的,可以同时或者自采取强制执行措施之日起三日内发送执行通知书。

第二十三条 依照民事诉讼法第二百五十五条规定对被执行人限制出境的,应当由申请执行人向执行法院提出书面申请;必要时,执行法院可以依职权决定。

第二十四条 被执行人为单位的,可以对其法定代表人、主要负责人或者影响债务履行的直接责任人员限制出境。

被执行人为无民事行为能力人或者限制民事行为能力人的,可以对其法定代理人限制出境。

第二十五条 在限制出境期间,被执行人履行法律文书确定的全部债务的,执行法院应当及时解除限制出境措施;被执行人提供充分、有效的担保或者申请执行人同意的,可以解除限制出境措施。

第二十六条 依照民事诉讼法第二百五十五条的规定,执行法院可以依职权或者依申请执行人的申请,将被执行人不履行法律文书确定义务的信息,通过报纸、广播、电视、互联网等媒体公布。

媒体公布的有关费用,由被执行人负担;申请执行人申请在媒体公布的,应当垫付有关费用。

第二十七条 本解释施行前本院公布的司法解释与本解释不一致的,以本解释为准。

最高人民法院关于委托执行若干问题的规定

- 2011年4月25日最高人民法院审判委员会第1521次会议通过
- 根据2020年12月23日最高人民法院审判委员会第1823次会议通过的《最高人民法院关于修改〈最高人民法院关于人民法院扣押铁路运输货物若干问题的规定〉等十八件执行类司法解释的决定》修正
- 2020年12月29日最高人民法院公告公布
- 该修正自2021年1月1日起施行
- 法释〔2020〕21号

为了规范委托执行工作，维护当事人的合法权益，根据《中华人民共和国民事诉讼法》的规定，结合司法实践，制定本规定。

第一条 执行法院经调查发现被执行人在本辖区内已无财产可供执行，且在其他省、自治区、直辖市内有可供执行财产的，可以将案件委托异地的同级人民法院执行。

执行法院确需赴异地执行案件的，应当经其所在辖区高级人民法院批准。

第二条 案件委托执行后，受托法院应当依法立案，委托法院应当在收到受托法院的立案通知书后作销案处理。

委托异地法院协助查询、冻结、查封、调查或者送达法律文书等有关事项的，受托法院不作为委托执行案件立案办理，但应当积极予以协助。

第三条 委托执行应当以执行标的物所在地或者执行行为实施地的同级人民法院为受托执行法院。有两处以上财产在异地的，可以委托主要财产所在地的人民法院执行。

被执行人是现役军人或者军事单位的，可以委托对其有管辖权的军事法院执行。

执行标的物是船舶的，可以委托有管辖权的海事法院执行。

第四条 委托执行案件应当由委托法院直接向受托法院办理委托手续，并层报各自所在的高级人民法院备案。

事项委托应当通过人民法院执行指挥中心综合管理平台办理委托事项的相关手续。

第五条 案件委托执行时，委托法院应当提供下列材料：

（一）委托执行函；

（二）申请执行书和委托执行案件审批表；

（三）据以执行的生效法律文书副本；

（四）有关案件情况的材料或者说明，包括本辖区无财产的调查材料、财产保全情况、被执行人财产状况、生效法律文书的履行情况等；

（五）申请执行人地址、联系电话；

（六）被执行人身份证件或者营业执照复印件、地址、联系电话；

（七）委托法院执行员和联系电话；

（八）其他必要的案件材料等。

第六条 委托执行时，委托法院应当将已经查封、扣押、冻结的被执行人的异地财产，一并移交受托法院处理，并在委托执行函中说明。

委托执行后，委托法院对被执行人财产已经采取查封、扣押、冻结等措施的，视为受托法院的查封、扣押、冻结措施。受托法院需要继续查封、扣押、冻结，持委托执行函和立案通知书办理相关手续。续封续冻时，仍为原委托法院的查封冻结顺序。

查封、扣押、冻结等措施的有效期限在移交受托法院时不足1个月的，委托法院应当先行续封或者续冻，再移交受托法院。

第七条 受托法院收到委托执行函后，应当在7日内予以立案，并及时将立案通知书通过委托法院送达申请执行人，同时将指定的承办人、联系电话等书面告知委托法院。

委托法院收到上述通知书后，应当在7日内书面通知申请执行人案件已经委托执行，并告知申请执行人可以直接与受托法院联系执行相关事宜。

第八条 受托法院如发现委托执行的手续、材料不全，可以要求委托法院补办。委托法院应当在30日内完成补办事项，在上述期限内未完成的，应当作出书面说明。委托法院既不补办又不说明原因的，视为撤回委托，受托法院可以将委托材料退回委托法院。

第九条 受托法院退回委托的，应当层报所在辖区高级人民法院审批。高级人民法院同意退回后，受托法院应当在15日内将有关委托手续和案卷材料退回委托法院，并作出书面说明。

委托执行案件退回后，受托法院已立案的，应当作销案处理。委托法院在案件退回原因消除之后可以再行委托。确因委托不当被退回的，委托法院应当决定撤销委托并恢复案件执行，报所在的高级人民法院备案。

第十条 委托法院在案件委托执行后又发现有可供执行财产的，应当及时告知受托法院。受托法院发现被执行人在受托法院辖区外另有可供执行财产的，可以直接异地执行，一般不再行委托执行。根据情况确需再行委托的,应当按照委托执行案件的程序办理,并通知案件当事人。

第十一条 受托法院未能在6个月内将受托案件执结的,申请执行人有权请求受托法院的上一级人民法院提级执行或者指定执行,上一级人民法院应当立案审查,发现受托法院无正当理由不予执行的,应当限期执行或者作出裁定提级执行或者指定执行。

第十二条 异地执行时,可以根据案件具体情况,请求当地法院协助执行,当地法院应当积极配合,保证执行人员的人身安全和执行装备、执行标的物不受侵害。

第十三条 高级人民法院应当对辖区内委托执行和异地执行工作实行统一管理和协调,履行以下职责:

(一)统一管理跨省、自治区、直辖市辖区的委托和受托执行案件;

(二)指导、检查、监督本辖区内的受托案件的执行情况;

(三)协调本辖区内跨省、自治区、直辖市辖区的委托和受托执行争议案件;

(四)承办需异地执行的有关案件的审批事项;

(五)对下级法院报送的有关委托和受托执行案件中的相关问题提出指导性处理意见;

(六)办理其他涉及委托执行工作的事项。

第十四条 本规定所称的异地是指本省、自治区、直辖市以外的区域。各省、自治区、直辖市内的委托执行,由各高级人民法院参照本规定,结合实际情况,制定具体办法。

第十五条 本规定施行之后,其他有关委托执行的司法解释不再适用。

最高人民法院关于人民法院办理执行异议和复议案件若干问题的规定

- 2014年12月29日最高人民法院审判委员会第1638次会议通过
- 根据2020年12月23日最高人民法院审判委员会第1823次会议通过的《最高人民法院关于修改〈最高人民法院关于人民法院扣押铁路运输货物若干问题的规定〉等十八件执行类司法解释的决定》修正
- 2020年12月29日最高人民法院公告公布
- 该修正自2021年1月1日起施行
- 法释〔2020〕21号

为了规范人民法院办理执行异议和复议案件,维护当事人、利害关系人和案外人的合法权益,根据民事诉讼法等法律规定,结合人民法院执行工作实际,制定本规定。

第一条 异议人提出执行异议或者复议申请人申请复议,应当向人民法院提交申请书。申请书应当载明具体的异议或者复议请求、事实、理由等内容,并附下列材料:

(一)异议人或者复议申请人的身份证明;

(二)相关证据材料;

(三)送达地址和联系方式。

第二条 执行异议符合民事诉讼法第二百二十五条或者第二百二十七条规定条件的,人民法院应当在三日内立案,并在立案后三日内通知异议人和相关当事人。不符合受理条件的,裁定不予受理;立案后发现不符合受理条件的,裁定驳回申请。

执行异议申请材料不齐备的,人民法院应当一次性告知异议人在三日内补足,逾期未补足的,不予受理。

异议人对不予受理或者驳回申请裁定不服的,可以自裁定送达之日起十日内向上一级人民法院申请复议。上一级人民法院审查后认为符合受理条件的,应当裁定撤销原裁定,指令执行法院立案或者对执行异议进行审查。

第三条 执行法院收到执行异议后三日内既不立案又不作出不予受理裁定,或者受理后无正当理由超过法定期限不作出异议裁定的,异议人可以向上一级人民法院提出异议。上一级人民法院审查后认为理由成立的,应当指令执行法院在三日内立案或者在十五日内作出异议裁定。

第四条 执行案件被指定执行、提级执行、委托执行后,当事人、利害关系人对原执行法院的执行行为提出异议的,由提出异议时负责该案件执行的人民法院审查处理;受指定或者受委托的人民法院是原执行法院的下级人民法院的,仍由原执行法院审查处理。

执行案件被指定执行、提级执行、委托执行后,案外人对原执行法院的执行标的提出异议的,参照前款规定处理。

第五条 有下列情形之一的,当事人以外的自然人、法人和非法人组织,可以作为利害关系人提出执行行为异议:

(一)认为人民法院的执行行为违法,妨碍其轮候查封、扣押、冻结的债权受偿的;

(二)认为人民法院的拍卖措施违法,妨碍其参与公平竞价的;

（三）认为人民法院的拍卖、变卖或者以物抵债措施违法，侵害其对执行标的的优先购买权的；

（四）认为人民法院要求协助执行的事项超出其协助范围或者违反法律规定的；

（五）认为其他合法权益受到人民法院违法执行行为侵害的。

第六条 当事人、利害关系人依照民事诉讼法第二百二十五条规定提出异议的，应当在执行程序终结之前提出，但对终结执行措施提出异议的除外。

案外人依照民事诉讼法第二百二十七条规定提出异议的，应当在异议指向的执行标的执行终结之前提出；执行标的由当事人受让的，应当在执行程序终结之前提出。

第七条 当事人、利害关系人认为执行过程中或者执行保全、先予执行裁定过程中的下列行为违法提出异议的，人民法院应当依照民事诉讼法第二百二十五条规定进行审查：

（一）查封、扣押、冻结、拍卖、变卖、以物抵债、暂缓执行、中止执行、终结执行等执行措施；

（二）执行的期间、顺序等应当遵守的法定程序；

（三）人民法院作出的侵害当事人、利害关系人合法权益的其他行为。

被执行人以债权消灭、丧失强制执行效力等执行依据生效之后的实体事由提出排除执行异议的，人民法院应当参照民事诉讼法第二百二十五条规定进行审查。

除本规定第十九条规定的情形外，被执行人以执行依据生效之前的实体事由提出排除执行异议的，人民法院应当告知其依法申请再审或者通过其他程序解决。

第八条 案外人基于实体权利对执行标的提出排除执行异议又作为利害关系人提出执行行为异议的，人民法院应当依照民事诉讼法第二百二十七条规定进行审查。

案外人既基于实体权利对执行标的提出排除执行异议又作为利害关系人提出与实体权利无关的执行行为异议的，人民法院应当分别依照民事诉讼法第二百二十七条和第二百二十五条规定进行审查。

第九条 被限制出境的人认为对其限制出境错误的，可以自收到限制出境决定之日起十日内向上一级人民法院申请复议。上一级人民法院应当自收到复议申请之日起十五日内作出决定。复议期间，不停止原决定的执行。

第十条 当事人不服驳回不予执行公证债权文书申请的裁定的，可以自收到裁定之日起十日内向上一级人民法院申请复议。上一级人民法院应当自收到复议申请之日起三十日内审查，理由成立的，裁定撤销原裁定，不予执行该公证债权文书；理由不成立的，裁定驳回复议申请。复议期间，不停止执行。

第十一条 人民法院审查执行异议或者复议案件，应当依法组成合议庭。

指令重新审查的执行异议案件，应当另行组成合议庭。

办理执行实施案件的人员不得参与相关执行异议和复议案件的审查。

第十二条 人民法院对执行异议和复议案件实行书面审查。案情复杂、争议较大的，应当进行听证。

第十三条 执行异议、复议案件审查期间，异议人、复议申请人申请撤回异议、复议申请的，是否准许由人民法院裁定。

第十四条 异议人或者复议申请人经合法传唤，无正当理由拒不参加听证，或者未经法庭许可中途退出听证，致使人民法院无法查清相关事实的，由其自行承担不利后果。

第十五条 当事人、利害关系人对同一执行行为有多个异议事由，但未在异议审查过程中一并提出，撤回异议或者被裁定驳回异议后，再次就该执行行为提出异议的，人民法院不予受理。

案外人撤回异议或者被裁定驳回异议后，再次就同一执行标的提出异议的，人民法院不予受理。

第十六条 人民法院依照民事诉讼法第二百二十五条规定作出裁定时，应当告知相关权利人申请复议的权利和期限。

人民法院依照民事诉讼法第二百二十七条规定作出裁定时，应当告知相关权利人提起执行异议之诉的权利和期限。

人民法院作出其他裁定和决定时，法律、司法解释规定了相关权利人申请复议的权利和期限的，应当进行告知。

第十七条 人民法院对执行行为异议，应当按照下列情形，分别处理：

（一）异议不成立的，裁定驳回异议；

（二）异议成立的，裁定撤销相关执行行为；

（三）异议部分成立的，裁定变更相关执行行为；

（四）异议成立或者部分成立，但执行行为无撤销、变更内容的，裁定异议成立或者相应部分异议成立。

第十八条 执行过程中，第三人因书面承诺自愿代被执行人偿还债务而被追加为被执行人后,无正当理由反悔并提出异议的,人民法院不予支持。

第十九条　当事人互负到期债务,被执行人请求抵销,请求抵销的债务符合下列情形的,除依照法律规定或者按照债务性质不得抵销的以外,人民法院应予支持:

(一)已经生效法律文书确定或者经申请执行人认可;

(二)与被执行人所负债务的标的物种类、品质相同。

第二十条　金钱债权执行中,符合下列情形之一,被执行人以执行标的系本人及所扶养家属维持生活必需的居住房屋为由提出异议的,人民法院不予支持:

(一)对被执行人有扶养义务的人名下有其他能够维持生活必需的居住房屋的;

(二)执行依据生效后,被执行人为逃避债务转让其名下其他房屋的;

(三)申请执行人按照当地廉租住房保障面积标准为被执行人及所扶养家属提供居住房屋,或者同意参照当地房屋租赁市场平均租金标准从该房屋的变价款中扣除五至八年租金的。

执行依据确定被执行人交付居住的房屋,自执行通知送达之日起,已经给予三个月的宽限期,被执行人以该房屋系本人及所扶养家属维持生活的必需品为由提出异议的,人民法院不予支持。

第二十一条　当事人、利害关系人提出异议请求撤销拍卖,符合下列情形之一的,人民法院应予支持:

(一)竞买人之间、竞买人与拍卖机构之间恶意串通,损害当事人或者其他竞买人利益的;

(二)买受人不具备法律规定的竞买资格的;

(三)违法限制竞买人参加竞买或者对不同的竞买人规定不同竞买条件的;

(四)未按照法律、司法解释的规定对拍卖标的物进行公告的;

(五)其他严重违反拍卖程序且损害当事人或者竞买人利益的情形。

当事人、利害关系人请求撤销变卖的,参照前款规定处理。

第二十二条　公证债权文书对主债务和担保债务同时赋予强制执行效力的,人民法院应予执行;仅对主债务赋予强制执行效力未涉及担保债务的,对担保债务的执行申请不予受理;仅对担保债务赋予强制执行效力未涉及主债务的,对主债务的执行申请不予受理。

人民法院受理担保债务的执行申请后,被执行人仅以担保合同不属于赋予强制执行效力的公证债权文书范围为由申请不予执行的,不予支持。

第二十三条　上一级人民法院对不服异议裁定的复议申请审查后,应当按照下列情形,分别处理:

(一)异议裁定认定事实清楚,适用法律正确,结果应予维持的,裁定驳回复议申请,维持异议裁定;

(二)异议裁定认定事实错误,或者适用法律错误,结果应予纠正的,裁定撤销或者变更异议裁定;

(三)异议裁定认定基本事实不清、证据不足的,裁定撤销异议裁定,发回作出裁定的人民法院重新审查,或者查清事实后作出相应裁定;

(四)异议裁定遗漏异议请求或者存在其他严重违反法定程序的情形,裁定撤销异议裁定,发回作出裁定的人民法院重新审查;

(五)异议裁定对应当适用民事诉讼法第二百二十七条规定审查处理的异议,错误适用民事诉讼法第二百二十五条规定审查处理的,裁定撤销异议裁定,发回作出裁定的人民法院重新作出裁定。

除依照本条第一款第三、四、五项发回重新审查或者重新作出裁定的情形外,裁定撤销或者变更异议裁定且执行行为可撤销、变更的,应当同时撤销或者变更该裁定维持的执行行为。

人民法院对发回重新审查的案件作出裁定后,当事人、利害关系人申请复议的,上一级人民法院复议后不得再次发回重新审查。

第二十四条　对案外人提出的排除执行异议,人民法院应当审查下列内容:

(一)案外人是否系权利人;

(二)该权利的合法性与真实性;

(三)该权利能否排除执行。

第二十五条　对案外人的异议,人民法院应当按照下列标准判断其是否系权利人:

(一)已登记的不动产,按照不动产登记簿判断;未登记的建筑物、构筑物及其附属设施,按照土地使用权登记簿、建设工程规划许可、施工许可等相关证据判断;

(二)已登记的机动车、船舶、航空器等特定动产,按照相关管理部门的登记判断;未登记的特定动产和其他动产,按照实际占有情况判断;

(三)银行存款和存管在金融机构的有价证券,按照金融机构和登记结算机构登记的账户名称判断;有价证券由具备合法经营资质的托管机构名义持有的,按照该

机构登记的实际出资人账户名称判断;

(四)股权按照工商行政管理机关的登记和企业信用信息公示系统公示的信息判断;

(五)其他财产和权利,有登记的,按照登记机构的登记判断;无登记的,按照合同等证明财产权属或者权利人的证据判断。

案外人依据另案生效法律文书提出排除执行异议,该法律文书认定的执行标的权利人与依照前款规定得出的判断不一致的,依照本规定第二十六条规定处理。

第二十六条 金钱债权执行中,案外人依据执行标的被查封、扣押、冻结前作出的另案生效法律文书提出排除执行异议,人民法院应当按照下列情形,分别处理:

(一)该法律文书系就案外人与被执行人之间的权属纠纷以及租赁、借用、保管等不以转移财产权属为目的的合同纠纷,判决、裁决执行标的归属于案外人或者向其返还执行标的且其权利能够排除执行的,应予支持;

(二)该法律文书系就案外人与被执行人之间除前项所列合同之外的债权纠纷,判决、裁决执行标的归属于案外人或者向其交付、返还执行标的的,不予支持。

(三)该法律文书系案外人受让执行标的的拍卖、变卖成交裁定或者以物抵债裁定且其权利能够排除执行的,应予支持。

金钱债权执行中,案外人依据执行标的被查封、扣押、冻结后作出的另案生效法律文书提出排除执行异议的,人民法院不予支持。

非金钱债权执行中,案外人依据另案生效法律文书提出排除执行异议,该法律文书对执行标的权属作出不同认定,人民法院应当告知案外人依法申请再审或者通过其他程序解决。

申请执行人或者案外人不服人民法院依照本条第一、二款规定作出的裁定,可以依照民事诉讼法第二百二十七条规定提起异议之诉。

第二十七条 申请执行人对执行标的依法享有对抗案外人的担保物权等优先受偿权,人民法院对案外人提出的排除执行异议不予支持,但法律、司法解释另有规定的除外。

第二十八条 金钱债权执行中,买受人对登记在被执行人名下的不动产提出异议,符合下列情形且其权利能够排除执行的,人民法院应予支持:

(一)在人民法院查封之前已签订合法有效的书面买卖合同;

(二)在人民法院查封之前已合法占有该不动产;

(三)已支付全部价款,或者已按照合同约定支付部分价款且将剩余价款按照人民法院的要求交付执行;

(四)非因买受人自身原因未办理过户登记。

第二十九条 金钱债权执行中,买受人对登记在被执行的房地产开发企业名下的商品房提出异议,符合下列情形且其权利能够排除执行的,人民法院应予支持:

(一)在人民法院查封之前已签订合法有效的书面买卖合同;

(二)所购商品房系用于居住且买受人名下无其他用于居住的房屋;

(三)已支付的价款超过合同约定总价款的百分之五十。

第三十条 金钱债权执行中,对被查封的办理了受让物权预告登记的不动产,受让人提出停止处分异议的,人民法院应予支持;符合物权登记条件,受让人提出排除执行异议的,应予支持。

第三十一条 承租人请求在租赁期内阻止向受让人移交占有被执行的不动产,在人民法院查封之前已签订合法有效的书面租赁合同并占有使用该不动产的,人民法院应予支持。

承租人与被执行人恶意串通,以明显不合理的低价承租被执行的不动产或者伪造交付租金证据的,对其提出的阻止移交占有的请求,人民法院不予支持。

第三十二条 本规定施行后尚未审查终结的执行异议和复议案件,适用本规定。本规定施行前已经审查终结的执行异议和复议案件,人民法院依法提起执行监督程序的,不适用本规定。

最高人民法院关于民事执行中变更、追加当事人若干问题的规定

- 2016年8月29日最高人民法院审判委员会第1691次会议通过
- 根据2020年12月23日最高人民法院审判委员会第1823次会议通过的《最高人民法院关于修改〈最高人民法院关于人民法院扣押铁路运输货物若干问题的规定〉等十八件执行类司法解释的决定》修正
- 2020年12月29日最高人民法院公告公布
- 该修正自2021年1月1日起施行
- 法释〔2020〕21号

为正确处理民事执行中变更、追加当事人问题,维护当事人、利害关系人的合法权益,根据《中华人民共和国

民事诉讼法》等法律规定,结合执行实践,制定本规定。

第一条 执行过程中,申请执行人或其继承人、权利承受人可以向人民法院申请变更、追加当事人。申请符合法定条件的,人民法院应予支持。

第二条 作为申请执行人的自然人死亡或被宣告死亡,该自然人的遗产管理人、继承人、受遗赠人或其他因该自然人死亡或被宣告死亡依法承受生效法律文书确定权利的主体,申请变更、追加其为申请执行人的,人民法院应予支持。

作为申请执行人的自然人被宣告失踪,该自然人的财产代管人申请变更、追加其为申请执行人的,人民法院应予支持。

第三条 作为申请执行人的自然人离婚时,生效法律文书确定的权利全部或部分分割给其配偶,该配偶申请变更、追加其为申请执行人的,人民法院应予支持。

第四条 作为申请执行人的法人或非法人组织终止,因该法人或非法人组织终止依法承受生效法律文书确定权利的主体,申请变更、追加其为申请执行人的,人民法院应予支持。

第五条 作为申请执行人的法人或非法人组织因合并而终止,合并后存续或新设的法人、非法人组织申请变更其为申请执行人的,人民法院应予支持。

第六条 作为申请执行人的法人或非法人组织分立,依分立协议约定承受生效法律文书确定权利的新设法人或非法人组织,申请变更、追加其为申请执行人的,人民法院应予支持。

第七条 作为申请执行人的法人或非法人组织清算或破产时,生效法律文书确定的权利依法分配给第三人,该第三人申请变更、追加其为申请执行人的,人民法院应予支持。

第八条 作为申请执行人的机关法人被撤销,继续履行其职能的主体申请变更、追加其为申请执行人的,人民法院应予支持,但生效法律文书确定的权利依法应由其他主体承受的除外;没有继续履行其职能的主体,且生效法律文书确定权利的承受主体不明确,作出撤销决定的主体申请变更、追加其为申请执行人的,人民法院应予支持。

第九条 申请执行人将生效法律文书确定的债权依法转让给第三人,且书面认可第三人取得该债权,该第三人申请变更、追加其为申请执行人的,人民法院应予支持。

第十条 作为被执行人的自然人死亡或被宣告死亡,申请执行人申请变更、追加该自然人的遗产管理人、继承人、受遗赠人或其他因该自然人死亡或被宣告死亡取得遗产的主体为被执行人,在遗产范围内承担责任的,人民法院应予支持。

作为被执行人的自然人被宣告失踪,申请执行人申请变更该自然人的财产代管人为被执行人,在代管的财产范围内承担责任的,人民法院应予支持。

第十一条 作为被执行人的法人或非法人组织因合并而终止,申请执行人申请变更合并后存续或新设的法人、非法人组织为被执行人的,人民法院应予支持。

第十二条 作为被执行人的法人或非法人组织分立,申请执行人申请变更、追加分立后新设的法人或非法人组织为被执行人,对生效法律文书确定的债务承担连带责任的,人民法院应予支持。但被执行人在分立前与申请执行人就债务清偿达成的书面协议另有约定的除外。

第十三条 作为被执行人的个人独资企业,不能清偿生效法律文书确定的债务,申请执行人申请变更、追加其出资人为被执行人的,人民法院应予支持。个人独资企业出资人作为被执行人的,人民法院可以直接执行该个人独资企业的财产。

个体工商户的字号为被执行人的,人民法院可以直接执行该字号经营者的财产。

第十四条 作为被执行人的合伙企业,不能清偿生效法律文书确定的债务,申请执行人申请变更、追加普通合伙人为被执行人的,人民法院应予支持。

作为被执行人的有限合伙企业,财产不足以清偿生效法律文书确定的债务,申请执行人申请变更、追加未按期足额缴纳出资的有限合伙人为被执行人,在未足额缴纳出资的范围内承担责任的,人民法院应予支持。

第十五条 作为被执行人的法人分支机构,不能清偿生效法律文书确定的债务,申请执行人申请变更、追加该法人为被执行人的,人民法院应予支持。法人直接管理的责任财产仍不能清偿债务的,人民法院可以直接执行该法人其他分支机构的财产。

作为被执行人的法人,直接管理的责任财产不能清偿生效法律文书确定债务的,人民法院可以直接执行该法人分支机构的财产。

第十六条 个人独资企业、合伙企业、法人分支机构以外的非法人组织作为被执行人,不能清偿生效法律文书确定的债务,申请执行人申请变更、追加依法对该非法人组织的债务承担责任的主体为被执行人的,人民法院应予支持。

第十七条 作为被执行人的营利法人,财产不足以清偿生效法律文书确定的债务,申请执行人申请变更、追加未缴纳或未足额缴纳出资的股东、出资人或依公司法规定对该出资承担连带责任的发起人为被执行人,在尚未缴纳出资的范围内依法承担责任的,人民法院应予支持。

第十八条 作为被执行人的营利法人,财产不足以清偿生效法律文书确定的债务,申请执行人申请变更、追加抽逃出资的股东、出资人为被执行人,在抽逃出资的范围内承担责任的,人民法院应予支持。

第十九条 作为被执行人的公司,财产不足以清偿生效法律文书确定的债务,其股东未依法履行出资义务即转让股权,申请执行人申请变更、追加该原股东或依公司法规定对该出资承担连带责任的发起人为被执行人,在未依法出资的范围内承担责任的,人民法院应予支持。

第二十条 作为被执行人的一人有限责任公司,财产不足以清偿生效法律文书确定的债务,股东不能证明公司财产独立于自己的财产,申请执行人申请变更、追加该股东为被执行人,对公司债务承担连带责任的,人民法院应予支持。

第二十一条 作为被执行人的公司,未经清算即办理注销登记,导致公司无法进行清算,申请执行人申请变更、追加有限责任公司的股东、股份有限公司的董事和控股股东为被执行人,对公司债务承担连带清偿责任的,人民法院应予支持。

第二十二条 作为被执行人的法人或非法人组织,被注销或出现被吊销营业执照、被撤销、被责令关闭、歇业等解散事由后,其股东、出资人或主管部门无偿接受其财产,致使该被执行人无遗留财产或遗留财产不足以清偿债务,申请执行人申请变更、追加该股东、出资人或主管部门为被执行人,在接受的财产范围内承担责任的,人民法院应予支持。

第二十三条 作为被执行人的法人或非法人组织,未经依法清算即办理注销登记,在登记机关办理注销登记时,第三人书面承诺对被执行人的债务承担清偿责任的,申请执行人申请变更、追加该第三人为被执行人,在承诺范围内承担清偿责任的,人民法院应予支持。

第二十四条 执行过程中,第三人向执行法院书面承诺自愿代被执行人履行生效法律文书确定的债务,申请执行人申请变更、追加该第三人为被执行人,在承诺范围内承担责任的,人民法院应予支持。

第二十五条 作为被执行人的法人或非法人组织,财产依行政命令被无偿调拨、划转给第三人,致使被执行人财产不足以清偿生效法律文书确定的债务,申请执行人申请变更、追加该第三人为被执行人,在接受的财产范围内承担责任的,人民法院应予支持。

第二十六条 被申请人在应承担责任范围内已承担相应责任的,人民法院不得责令其重复承担责任。

第二十七条 执行当事人的姓名或名称发生变更的,人民法院可以直接将姓名或名称变更后的主体作为执行当事人,并在法律文书中注明变更前的姓名或名称。

第二十八条 申请人申请变更、追加执行当事人,应当向执行法院提交书面申请及相关证据材料。

除事实清楚、权利义务关系明确、争议不大的案件外,执行法院应当组成合议庭审查并公开听证。经审查,理由成立的,裁定变更、追加;理由不成立的,裁定驳回。

执行法院应当自收到书面申请之日起六十日内作出裁定。有特殊情况需要延长的,由本院院长批准。

第二十九条 执行法院审查变更、追加被执行人申请期间,申请人申请对被申请人的财产采取查封、扣押、冻结措施的,执行法院应当参照民事诉讼法第一百条的规定办理。

申请执行人在申请变更、追加第三人前,向执行法院申请查封、扣押、冻结该第三人财产的,执行法院应当参照民事诉讼法第一百零一条的规定办理。

第三十条 被申请人、申请人或其他执行当事人对执行法院作出的变更、追加裁定或驳回申请裁定不服的,可以自裁定书送达之日起十日内向上一级人民法院申请复议,但依据本规定第三十二条的规定应当提起诉讼的除外。

第三十一条 上一级人民法院对复议申请应当组成合议庭审查,并自收到申请之日起六十日内作出复议裁定。有特殊情况需要延长的,由本院院长批准。

被裁定变更、追加的被申请人申请复议的,复议期间,人民法院不得对其争议范围内的财产进行处分。申请人请求人民法院继续执行并提供相应担保的,人民法院可以准许。

第三十二条 被申请人或申请人对执行法院依据本规定第十四条第二款、第十七条至第二十一条规定作出的变更、追加裁定或驳回申请裁定不服的,可以自裁定书送达之日起十五日内,向执行法院提起执行异议之诉。

被申请人提起执行异议之诉的,以申请人为被告。申请人提起执行异议之诉的,以被申请人为被告。

第三十三条 被申请人提起的执行异议之诉,人民法院经审理,按照下列情形分别处理:

(一)理由成立的,判决不得变更、追加被申请人为被执行人或者判决变更责任范围；

（二）理由不成立的，判决驳回诉讼请求。

诉讼期间，人民法院不得对被申请人争议范围内的财产进行处分。申请人请求人民法院继续执行并提供相应担保的，人民法院可以准许。

第三十四条 申请人提起的执行异议之诉，人民法院经审理，按照下列情形分别处理：

（一）理由成立的，判决变更、追加被申请人为被执行人并承担相应责任或者判决变更责任范围；

（二）理由不成立的，判决驳回诉讼请求。

第三十五条 本规定自2016年12月1日起施行。

本规定施行后，本院以前公布的司法解释与本规定不一致的，以本规定为准。

最高人民法院关于民事执行中
财产调查若干问题的规定

- 2017年1月25日最高人民法院审判委员会第1708次会议通过
- 根据2020年12月23日最高人民法院审判委员会第1823次会议通过的《最高人民法院关于修改〈最高人民法院关于人民法院扣押铁路运输货物若干问题的规定〉等十八件执行类司法解释的决定》修正
- 2020年12月29日最高人民法院公告公布
- 该修正自2021年1月1日起施行
- 法释〔2020〕21号

为规范民事执行财产调查，维护当事人及利害关系人的合法权益，根据《中华人民共和国民事诉讼法》等法律的规定，结合执行实践，制定本规定。

第一条 执行过程中，申请执行人应当提供被执行人的财产线索；被执行人应当如实报告财产；人民法院应当通过网络执行查控系统进行调查，根据案件需要应当通过其他方式进行调查的，同时采取其他调查方式。

第二条 申请执行人提供被执行人财产线索，应当填写财产调查表。财产线索明确、具体的，人民法院应当在七日内调查核实；情况紧急的，应当在三日内调查核实。财产线索确实的，人民法院应当及时采取相应的执行措施。

申请执行人确因客观原因无法自行查明财产的，可以申请人民法院调查。

第三条 人民法院依申请执行人的申请或依职权责令被执行人报告财产情况的，应当向其发出报告财产令。金钱债权执行中，报告财产令应当与执行通知同时发出。

人民法院根据案件需要再次责令被执行人报告财产情况的，应当重新向其发出报告财产令。

第四条 报告财产令应当载明下列事项：

（一）提交财产报告的期限；

（二）报告财产的范围、期间；

（三）补充报告财产的条件及期间；

（四）违反报告财产义务应承担的法律责任；

（五）人民法院认为有必要载明的其他事项。

报告财产令应附财产调查表，被执行人必须按照要求逐项填写。

第五条 被执行人应当在报告财产令载明的期限内向人民法院书面报告下列财产情况：

（一）收入、银行存款、现金、理财产品、有价证券；

（二）土地使用权、房屋等不动产；

（三）交通运输工具、机器设备、产品、原材料等动产；

（四）债权、股权、投资权益、基金份额、信托受益权、知识产权等财产性权利；

（五）其他应当报告的财产。

被执行人的财产已出租、已设立担保物权等权利负担，或者存在共有、权属争议等情形的，应当一并报告；被执行人的动产由第三人占有，被执行人的不动产、特定动产、其他财产权等登记在第三人名下的，也应当一并报告。

被执行人在报告财产令载明的期限内提交书面报告确有困难的，可以向人民法院书面申请延长期限；申请有正当理由的，人民法院可以适当延长。

第六条 被执行人自收到执行通知之日前一年至提交书面财产报告之日，其财产情况发生下列变动的，应当将变动情况一并报告：

（一）转让、出租财产的；

（二）在财产上设立担保物权等权利负担的；

（三）放弃债权或延长债权清偿期的；

（四）支出大额资金的；

（五）其他影响生效法律文书确定债权实现的财产变动。

第七条 被执行人报告财产后，其财产情况发生变动，影响申请执行人债权实现的，应当自财产变动之日起十日内向人民法院补充报告。

第八条 对被执行人报告的财产情况，人民法院应当及时调查核实，必要时可以组织当事人进行听证。

申请执行人申请查询被执行人报告的财产情况的，人民法院应当准许。申请执行人及其代理人对查询过程中知悉的信息应当保密。

第九条 被执行人拒绝报告、虚假报告或者无正当理由逾期报告财产情况的,人民法院可以根据情节轻重对被执行人或者其法定代理人予以罚款、拘留;构成犯罪的,依法追究刑事责任。

人民法院对有前款规定行为之一的单位,可以对其主要负责人或者直接责任人员予以罚款、拘留;构成犯罪的,依法追究刑事责任。

第十条 被执行人拒绝报告、虚假报告或者无正当理由逾期报告财产情况的,人民法院应当依照相关规定将其纳入失信被执行人名单。

第十一条 有下列情形之一的,财产报告程序终结:
(一)被执行人履行完毕生效法律文书确定义务的;
(二)人民法院裁定终结执行的;
(三)人民法院裁定不予执行的;
(四)人民法院认为财产报告程序应当终结的其他情形。

发出报告财产令后,人民法院裁定终结本次执行程序的,被执行人仍应依照本规定第七条的规定履行补充报告义务。

第十二条 被执行人未按执行通知履行生效法律文书确定的义务,人民法院有权通过网络执行查控系统、现场调查等方式向被执行人、有关单位或个人调查被执行人的身份信息和财产信息,有关单位和个人应当依法协助办理。

人民法院对调查所需资料可以复制、打印、抄录、拍照或以其他方式进行提取、留存。

申请执行人申请查询人民法院调查的财产信息的,人民法院可以根据案件需要决定是否准许。申请执行人及其代理人对查询过程中知悉的信息应当保密。

第十三条 人民法院通过网络执行查控系统进行调查,与现场调查具有同等法律效力。

人民法院调查过程中作出的电子法律文书与纸质法律文书具有同等法律效力;协助执行单位反馈的电子查询结果与纸质反馈结果具有同等法律效力。

第十四条 被执行人隐匿财产、会计账簿等资料拒不交出的,人民法院可以依法采取搜查措施。

人民法院依法搜查时,对被执行人可能隐匿财产或者资料的处所、箱柜等,经责令被执行人开启而拒不配合的,可以强制开启。

第十五条 为查明被执行人的财产情况和履行义务的能力,可以传唤被执行人或其法定代表人、负责人、实际控制人、直接责任人员到人民法院接受调查询问。

对必须接受调查询问的被执行人、被执行人的法定代表人、负责人或者实际控制人,经依法传唤无正当理由拒不到场的,人民法院可以拘传其到场;上述人员下落不明的,人民法院可以依照相关规定通知有关单位协助查找。

第十六条 人民法院对已经办理查封登记手续的被执行人机动车、船舶、航空器等特定动产未能实际扣押的,可以依照相关规定通知有关单位协助查找。

第十七条 作为被执行人的法人或非法人组织不履行生效法律文书确定的义务,申请执行人认为其有拒绝报告、虚假报告财产情况,隐匿、转移财产等逃避债务情形或者其股东、出资人有出资不实、抽逃出资等情形的,可以书面申请人民法院委托审计机构对该被执行人进行审计。人民法院应当自收到书面申请之日起十日内决定是否准许。

第十八条 人民法院决定审计的,应当随机确定具备资格的审计机构,并责令被执行人提交会计凭证、会计账簿、财务会计报告等与审计事项有关的资料。

被执行人隐匿审计资料的,人民法院可以依法采取搜查措施。

第十九条 被执行人拒不提供、转移、隐匿、伪造、篡改、毁弃审计资料,阻挠审计人员查看业务现场或者有其他妨碍审计调查行为的,人民法院可以根据情节轻重对被执行人或其主要负责人、直接责任人员予以罚款、拘留;构成犯罪的,依法追究刑事责任。

第二十条 审计费用由提出审计申请的申请执行人预交。被执行人存在拒绝报告或虚假报告财产情况,隐匿、转移财产或者其他逃避债务情形的,审计费用由被执行人承担;未发现被执行人存在上述情形的,审计费用由申请执行人承担。

第二十一条 被执行人不履行生效法律文书确定的义务,申请执行人可以向人民法院书面申请发布悬赏公告查找可供执行的财产。申请书应当载明下列事项:
(一)悬赏金的数额或计算方法;
(二)有关人员提供人民法院尚未掌握的财产线索,使该申请执行人的债权得以全部或部分实现时,自愿支付悬赏金的承诺;
(三)悬赏公告的发布方式;
(四)其他需要载明的事项。

人民法院应当自收到书面申请之日起十日内决定是否准许。

第二十二条 人民法院决定悬赏查找财产的,应当制作悬赏公告。悬赏公告应当载明悬赏金的数额或计算方法、领取条件等内容。

悬赏公告应当在全国法院执行悬赏公告平台、法院微博或微信等媒体平台发布，也可以在执行法院公告栏或被执行人住所地、经常居住地等处张贴。申请执行人申请在其他媒体平台发布，并自愿承担发布费用的，人民法院应当准许。

第二十三条 悬赏公告发布后，有关人员向人民法院提供财产线索的，人民法院应当对有关人员的身份信息和财产线索进行登记；两人以上提供相同财产线索的，应当按照提供线索的先后顺序登记。

人民法院对有关人员的身份信息和财产线索应当保密，但为发放悬赏金需要告知申请执行人的除外。

第二十四条 有关人员提供人民法院尚未掌握的财产线索，使申请发布悬赏公告的申请执行人的债权得以全部或部分实现的，人民法院应当按照悬赏公告发放悬赏金。

悬赏金从前款规定的申请执行人应得的执行款中予以扣减。特定物交付执行或者存在其他无法扣减情形的，悬赏金由该申请执行人另行支付。

有关人员为申请执行人的代理人、有义务向人民法院提供财产线索的人员或者存在其他不应发放悬赏金情形的，不予发放。

第二十五条 执行人员不得调查与执行案件无关的信息，对调查过程中知悉的国家秘密、商业秘密和个人隐私应当保密。

第二十六条 本规定自2017年5月1日起施行。

本规定施行后，本院以前公布的司法解释与本规定不一致的，以本规定为准。

最高人民法院关于执行和解若干问题的规定

- 2017年11月6日最高人民法院审判委员会第1725次会议通过
- 根据2020年12月23日最高人民法院审判委员会第1823次会议通过的《最高人民法院关于修改〈最高人民法院关于人民法院扣押铁路运输货物若干问题的规定〉等十八件执行类司法解释的决定》修正
- 2020年12月29日最高人民法院公告公布
- 该修正自2021年1月1日起施行
- 法释〔2020〕21号

为了进一步规范执行和解，维护当事人、利害关系人的合法权益，根据《中华人民共和国民事诉讼法》等法律规定，结合执行实践，制定本规定。

第一条 当事人可以自愿协商达成和解协议，依法变更生效法律文书确定的权利义务主体、履行标的、期限、地点和方式等内容。

和解协议一般采用书面形式。

第二条 和解协议达成后，有下列情形之一的，人民法院可以裁定中止执行：

（一）各方当事人共同向人民法院提交书面和解协议的；

（二）一方当事人向人民法院提交书面和解协议，其他当事人予以认可的；

（三）当事人达成口头和解协议，执行人员将和解协议内容记入笔录，由各方当事人签名或者盖章的。

第三条 中止执行后，申请执行人申请解除查封、扣押、冻结的，人民法院可以准许。

第四条 委托代理人代为执行和解，应当有委托人的特别授权。

第五条 当事人协商一致，可以变更执行和解协议，并向人民法院提交变更后的协议，或者由执行人员将变更后的内容记入笔录，并由各方当事人签名或盖章。

第六条 当事人达成以物抵债执行和解协议的，人民法院不得依据该协议作出以物抵债裁定。

第七条 执行和解协议履行过程中，符合民法典第五百七十条规定情形的，债务人可以依法向有关机构申请提存；执行和解协议约定给付金钱的，债务人也可以向执行法院申请提存。

第八条 执行和解协议履行完毕的，人民法院作执行结案处理。

第九条 被执行人一方不履行执行和解协议的，申请执行人可以申请恢复执行原生效法律文书，也可以就履行执行和解协议向执行法院提起诉讼。

第十条 申请恢复执行原生效法律文书，适用民事诉讼法第二百三十九条申请执行期间的规定。

当事人不履行执行和解协议的，申请恢复执行期间自执行和解协议约定履行期间的最后一日起计算。

第十一条 申请执行人以被执行人一方不履行执行和解协议为由申请恢复执行，人民法院经审查，理由成立的，裁定恢复执行；有下列情形之一的，裁定不予恢复执行：

（一）执行和解协议履行完毕后申请恢复执行的；

（二）执行和解协议约定的履行期限尚未届至或者履行条件尚未成就的，但符合民法典第五百七十八条规定情形的除外；

（三）被执行人一方正在按照执行和解协议约定履行义务的；

（四）其他不符合恢复执行条件的情形。

第十二条 当事人、利害关系人认为恢复执行或者不予恢复执行违反法律规定的，可以依照民事诉讼法第二百二十五条规定提出异议。

第十三条 恢复执行后，对申请执行人就履行执行和解协议提起的诉讼，人民法院不予受理。

第十四条 申请执行人就履行执行和解协议提起诉讼，执行法院受理后，可以裁定终结原生效法律文书的执行。执行中的查封、扣押、冻结措施，自动转为诉讼中的保全措施。

第十五条 执行和解协议履行完毕，申请执行人因被执行人迟延履行、瑕疵履行遭受损害的，可以向执行法院另行提起诉讼。

第十六条 当事人、利害关系人认为执行和解协议无效或者应予撤销的，可以向执行法院提起诉讼。执行和解协议被确认无效或者撤销后，申请执行人可以据此申请恢复执行。

被执行人以执行和解协议无效或者应予撤销为由提起诉讼的，不影响申请执行人申请恢复执行。

第十七条 恢复执行后，执行和解协议已经履行部分应当依法扣除。当事人、利害关系人认为人民法院的扣除行为违反法律规定的，可以依照民事诉讼法第二百二十五条规定提出异议。

第十八条 执行和解协议中约定担保条款，且担保人向人民法院承诺在被执行人不履行执行和解协议时自愿接受直接强制执行的，恢复执行原生效法律文书后，人民法院可以依申请执行人申请及担保条款的约定，直接裁定执行担保财产或者保证人的财产。

第十九条 执行过程中，被执行人根据当事人自行达成但未提交人民法院的和解协议，或者一方当事人提交人民法院但其他当事人不予认可的和解协议，依照民事诉讼法第二百二十五条规定提出异议的，人民法院按照下列情形，分别处理：

（一）和解协议履行完毕的，裁定终结原生效法律文书的执行；

（二）和解协议约定的履行期限尚未届至或者履行条件尚未成就的，裁定中止执行，但符合民法典第五百七十八条规定情形的除外；

（三）被执行人一方正在按照和解协议约定履行义务的，裁定中止执行；

（四）被执行人不履行和解协议的，裁定驳回异议；

（五）和解协议不成立、未生效或者无效的，裁定驳回异议。

第二十条 本规定自2018年3月1日起施行。

本规定施行前本院公布的司法解释与本规定不一致的，以本规定为准。

最高人民法院关于执行担保若干问题的规定

- 2017年12月11日最高人民法院审判委员会第1729次会议通过
- 根据2020年12月23日最高人民法院审判委员会第1823次会议通过的《最高人民法院关于修改〈最高人民法院关于人民法院扣押铁路运输货物若干问题的规定〉等十八件执行类司法解释的决定》修正
- 2020年12月29日最高人民法院公告公布
- 该修正自2021年1月1日起施行
- 法释〔2020〕21号

为了进一步规范执行担保，维护当事人、利害关系人的合法权益，根据《中华人民共和国民事诉讼法》等法律规定，结合执行实践，制定本规定。

第一条 本规定所称执行担保，是指担保人依照民事诉讼法第二百三十一条规定，为担保被执行人履行生效法律文书确定的全部或者部分义务，向人民法院提供的担保。

第二条 执行担保可以由被执行人提供财产担保，也可以由他人提供财产担保或者保证。

第三条 被执行人或者他人提供执行担保的，应当向人民法院提交担保书，并将担保书副本送交申请执行人。

第四条 担保书中应当载明担保人的基本信息、暂缓执行期限、担保期间、被担保的债权种类及数额、担保范围、担保方式、被执行人于暂缓执行期限届满后仍不履行时担保人自愿接受直接强制执行的承诺等内容。

提供财产担保的，担保书中还应当载明担保财产的名称、数量、质量、状况、所在地、所有权或者使用权归属等内容。

第五条 公司为被执行人提供执行担保的，应当提交符合公司法第十六条规定的公司章程、董事会或者股东会、股东大会决议。

第六条 被执行人或者他人提供执行担保，申请执行人同意的，应当向人民法院出具书面同意意见，也可以由执行人员将其同意的内容记入笔录，并由申请执行人签名或者盖章。

第七条 被执行人或者他人提供财产担保，可以依照民法典规定办理登记等担保物权公示手续；已经办理公示手续的，申请执行人可以依法主张优先受偿权。

申请执行人申请人民法院查封、扣押、冻结担保财产的，人民法院应当准许，但担保书另有约定的除外。

第八条 人民法院决定暂缓执行的，可以暂缓全部执行措施的实施，但担保书另有约定的除外。

第九条 担保书内容与事实不符，且对申请执行人合法权益产生实质影响的，人民法院可以依申请执行人的申请恢复执行。

第十条 暂缓执行的期限应当与担保书约定一致，但最长不得超过一年。

第十一条 暂缓执行期限届满后被执行人仍不履行义务，或者暂缓执行期间担保人有转移、隐藏、变卖、毁损担保财产等行为的，人民法院可以依申请执行人的申请恢复执行，并直接裁定执行担保财产或者保证人的财产，不得将担保人变更、追加为被执行人。

执行担保财产或者保证人的财产，以担保人应当履行义务部分的财产为限。被执行人有便于执行的现金、银行存款的，应当优先执行该现金、银行存款。

第十二条 担保期间自暂缓执行期限届满之日起计算。

担保书中没有记载担保期间或者记载不明的，担保期间为一年。

第十三条 担保期间届满后，申请执行人申请执行担保财产或者保证人财产的，人民法院不予支持。他人提供财产担保的，人民法院可以依其申请解除对担保财产的查封、扣押、冻结。

第十四条 担保人承担担保责任后，提起诉讼向被执行人追偿的，人民法院应予受理。

第十五条 被执行人申请变更、解除全部或者部分执行措施，并担保履行生效法律文书确定义务的，参照适用本规定。

第十六条 本规定自2018年3月1日起施行。

本规定施行前成立的执行担保，不适用本规定。

本规定施行前本院公布的司法解释与本规定不一致的，以本规定为准。

最高人民法院关于法院冻结财产的户名与账号不符银行能否自行解冻的请示的答复

- 1997年1月20日
- 根据2020年12月23日最高人民法院审判委员会第1823次会议通过的《最高人民法院关于修改〈最高人民法院关于人民法院扣押铁路运输货物若干问题的规定〉等十八件执行类司法解释的决定》修正
- 2020年12月29日最高人民法院公告公布
- 该修正自2021年1月1日起施行
- 法释〔2020〕21号

江西省高级人民法院：

你院赣高法研〔1996〕6号请示收悉，经研究，答复如下：

人民法院根据当事人申请，对财产采取冻结措施，是我国民事诉讼法赋予人民法院的职权，任何组织或者个人不得加以妨碍。人民法院在完成对财产冻结手续后，银行如发现被冻结的户名与账号不符时，应主动向法院提出存在的问题，由法院更正，而不能自行解冻；如因自行解冻不当造成损失，应视其过错程度承担相应的法律责任。

此复

最高人民法院关于人民法院强制执行股权若干问题的规定

- 2021年11月15日最高人民法院审判委员会第1850次会议通过
- 2021年12月20日最高人民法院公告公布
- 自2022年1月1日起施行
- 法释〔2021〕20号

为了正确处理人民法院强制执行股权中的有关问题，维护当事人、利害关系人的合法权益，根据《中华人民共和国民事诉讼法》《中华人民共和国公司法》等法律规定，结合执行工作实际，制定本规定。

第一条 本规定所称股权，包括有限责任公司股权、股份有限公司股份，但是在依法设立的证券交易所上市交易以及在国务院批准的其他全国性证券交易场所交易的股份有限公司股份除外。

第二条 被执行人是公司股东的，人民法院可以强制执行其在公司持有的股权，不得直接执行公司的财产。

第三条 依照民事诉讼法第二百二十四条的规定以

被执行股权所在地确定管辖法院的,股权所在地是指股权所在公司的住所地。

第四条 人民法院可以冻结下列资料或者信息之一载明的属于被执行人的股权:

(一)股权所在公司的章程、股东名册等资料;

(二)公司登记机关的登记、备案信息;

(三)国家企业信用信息公示系统的公示信息。

案外人基于实体权利对被冻结股权提出排除执行异议的,人民法院应当依照民事诉讼法第二百二十七条的规定进行审查。

第五条 人民法院冻结被执行人的股权,以其价额足以清偿生效法律文书确定的债权额及执行费用为限,不得明显超标的额冻结。股权价额无法确定的,可以根据申请执行人申请冻结的比例或者数量进行冻结。

被执行人认为冻结明显超标的额的,可以依照民事诉讼法第二百二十五条的规定提出书面异议,并附证明股权等查封、扣押、冻结财产价额的证据材料。人民法院审查后裁定异议成立的,应当自裁定生效之日起七日内解除对明显超标的额部分的冻结。

第六条 人民法院冻结被执行人的股权,应当向公司登记机关送达裁定书和协助执行通知书,要求其在国家企业信用信息公示系统进行公示。股权冻结自在公示系统公示时发生法律效力。多个人民法院冻结同一股权的,以在公示系统先办理公示的为在先冻结。

依照前款规定冻结被执行人股权的,应当及时被执行人、申请执行人送达裁定书,并将股权冻结情况书面通知股权所在公司。

第七条 被执行人就被冻结股权所作的转让、出质或者其他有碍执行的行为,不得对抗申请执行人。

第八条 人民法院冻结被执行人股权的,可以向股权所在公司送达协助执行通知书,要求其在实施增资、减资、合并、分立等对被冻结股权所占比例、股权价值产生重大影响的行为前向人民法院书面报告有关情况。人民法院收到报告后,应当及时通知申请执行人,但是涉及国家秘密、商业秘密的除外。

股权所在公司未向人民法院报告即实施前款规定行为的,依照民事诉讼法第一百一十四条的规定处理。

股权所在公司或者公司董事、高级管理人员故意通过增资、减资、合并、分立、转让重大资产、对外提供担保等行为导致被冻结股权价值严重贬损,影响申请执行人债权实现的,申请执行人可以依法提起诉讼。

第九条 人民法院冻结被执行人基于股权享有的股息、红利等收益,应当向股权所在公司送达裁定书,并要求其在该收益到期时通知人民法院。人民法院对到期的股息、红利等收益,可以书面通知股权所在公司向申请执行人或者人民法院履行。

股息、红利等收益被冻结后,股权所在公司擅自向被执行人支付或者变相支付的,不影响人民法院要求股权所在公司支付该收益。

第十条 被执行人申请自行变价被冻结股权,经申请执行人及其他已知执行债权人同意或者变价款足以清偿执行债务的,人民法院可以准许,但是应当在能够控制变价款的情况下监督其在指定期限内完成,最长不超过三个月。

第十一条 拍卖被执行人的股权,人民法院应当依照《最高人民法院关于人民法院确定财产处置参考价若干问题的规定》规定的程序确定股权处置参考价,并参照参考价确定起拍价。

确定参考价需要相关材料的,人民法院可以向公司登记机关、税务机关等部门调取,也可以责令被执行人、股权所在公司以及控制相关材料的其他主体提供;拒不提供的,可以强制提取,并可以依照民事诉讼法第一百一十一条、第一百一十四条的规定处理。

为确定股权处置参考价,经当事人书面申请,人民法院可以委托审计机构对股权所在公司进行审计。

第十二条 委托评估被执行人的股权,评估机构因缺少评估所需完整材料无法进行评估或者认为影响评估结果,被执行人未能提供且人民法院无法调取补充材料的,人民法院应当通知评估机构根据现有材料进行评估,并告知当事人因缺乏材料可能产生的不利后果。

评估机构根据现有材料无法出具评估报告的,经申请执行人书面申请,人民法院可以根据具体情况以适当高于执行费用的金额确定起拍价,但是股权所在公司经营严重异常,股权明显没有价值的除外。

依照前款规定确定的起拍价拍卖的,竞买人应当预交的保证金数额由人民法院根据实际情况酌定。

第十三条 人民法院拍卖被执行人的股权,应当采取网络司法拍卖方式。

依据处置参考价并结合具体情况计算,拍卖被冻结股权所得价款可能明显高于债权额及执行费用的,人民法院应当对相应部分的股权进行拍卖。对相应部分的股权拍卖严重减损被冻结股权价值的,经被执行人书面申请,也可以对超出部分的被冻结股权一并拍卖。

第十四条 被执行人、利害关系人以具有下列情形

之一为由请求不得强制拍卖股权的,人民法院不予支持:

（一）被执行人未依法履行或者未依法全面履行出资义务；

（二）被执行人认缴的出资未届履行期限；

（三）法律、行政法规、部门规章等对该股权自行转让有限制；

（四）公司章程、股东协议等对该股权自行转让有限制。

人民法院对具有前款第一、二项情形的股权进行拍卖时,应当在拍卖公告中载明被执行人认缴出资额、实缴出资额、出资期限等信息。股权处置后,相关主体依照有关规定履行出资义务。

第十五条 股权变更应当由相关部门批准的,人民法院应当在拍卖公告中载明法律、行政法规或者国务院决定规定的竞买人应当具备的资格或者条件。必要时,人民法院可以就竞买资格或者条件征询相关部门意见。

拍卖成交后,人民法院应当通知买受人持成交确认书向相关部门申请办理股权变更批准手续。买受人取得批准手续的,人民法院作出拍卖成交裁定书;买受人未在合理期限内取得批准手续的,应当重新对股权进行拍卖。重新拍卖的,原买受人不得参加竞买。

买受人明知不符合竞买资格或者条件依然参加竞买,且在成交后未能在合理期限内取得相关部门股权变更批准手续的,交纳的保证金不予退还。保证金不足以支付拍卖产生的费用损失、弥补重新拍卖价款低于原拍卖价款差价的,人民法院可以裁定原买受人补交；拒不补交的,强制执行。

第十六条 生效法律文书确定被执行人交付股权,因股权所在公司在生效法律文书作出后增资或者减资导致被执行人实际持股比例降低或者升高的,人民法院应当按照下列情形分别处理:

（一）生效法律文书已经明确交付股权的出资额的,按照该出资额交付股权；

（二）生效法律文书仅明确交付一定比例的股权的,按照生效法律文书作出时该比例所对应出资额占当前公司注册资本总额的比例交付股权。

第十七条 在审理股东资格确认纠纷案件中,当事人提出要求公司签发出资证明书、记载于股东名册并办理公司登记机关登记的诉讼请求且其主张成立的,人民法院应当予以支持；当事人未提出前述诉讼请求的,可以根据案件具体情况向其释明。

生效法律文书仅确认股权属于当事人所有,当事人可以持该生效法律文书自行向股权所在公司、公司登记机关申请办理股权变更手续；向人民法院申请强制执行的,不予受理。

第十八条 人民法院对被执行人在其他营利法人享有的投资权益强制执行的,参照适用本规定。

第十九条 本规定自2022年1月1日起施行。

施行前本院公布的司法解释与本规定不一致的,以本规定为准。

附件: 主要文书参考样式（略）

最高人民法院关于办理人身安全保护令案件适用法律若干问题的规定

· 2022年6月7日最高人民法院审判委员会第1870次会议通过
· 2022年7月14日最高人民法院公告公布
· 自2022年8月1日起施行
· 法释〔2022〕17号

为正确办理人身安全保护令案件,及时保护家庭暴力受害人的合法权益,根据《中华人民共和国民法典》《中华人民共和国反家庭暴力法》《中华人民共和国民事诉讼法》等相关法律规定,结合审判实践,制定本规定。

第一条 当事人因遭受家庭暴力或者面临家庭暴力的现实危险,依照反家庭暴力法向人民法院申请人身安全保护令的,人民法院应当受理。

向人民法院申请人身安全保护令,不以提起离婚等民事诉讼为条件。

第二条 当事人因年老、残疾、重病等原因无法申请人身安全保护令,其近亲属、公安机关、民政部门、妇女联合会、居民委员会、村民委员会、残疾人联合会、依法设立的老年人组织、救助管理机构等,根据当事人意愿,依照反家庭暴力法第二十三条规定代为申请的,人民法院应当依法受理。

第三条 家庭成员之间以冻饿或者经常性侮辱、诽谤、威胁、跟踪、骚扰等方式实施的身体或者精神侵害行为,应当认定为反家庭暴力法第二条规定的"家庭暴力"。

第四条 反家庭暴力法第三十七条规定的"家庭成员以外共同生活的人"一般包括共同生活的儿媳、女婿、公婆、岳父母以及其他有监护、扶养、寄养等关系的人。

第五条 当事人及其代理人对因客观原因不能自

行收集的证据,申请人民法院调查收集,符合《最高人民法院关于适用〈中华人民共和国民事诉讼法〉的解释》第九十四条第一款规定情形的,人民法院应当调查收集。

人民法院经审查,认为办理案件需要的证据符合《最高人民法院关于适用〈中华人民共和国民事诉讼法〉的解释》第九十六条规定的,应当调查收集。

第六条 人身安全保护令案件中,人民法院根据相关证据,认为申请人遭受家庭暴力或者面临家庭暴力现实危险的事实存在较大可能性的,可以依法作出人身安全保护令。

前款所称"相关证据"包括:

(一)当事人的陈述;

(二)公安机关出具的家庭暴力告诫书、行政处罚决定书;

(三)公安机关的出警记录、讯问笔录、询问笔录、接警记录、报警回执等;

(四)被申请人曾出具的悔过书或者保证书等;

(五)记录家庭暴力发生或者解决过程等的视听资料;

(六)被申请人与申请人或者其近亲属之间的电话录音、短信、即时通讯信息、电子邮件等;

(七)医疗机构的诊疗记录;

(八)申请人或者被申请人所在单位、民政部门、居民委员会、村民委员会、妇女联合会、残疾人联合会、未成年人保护组织、依法设立的老年人组织、救助管理机构、反家暴社会公益机构等单位收到投诉、反映或者求助的记录;

(九)未成年子女提供的与其年龄、智力相适应的证言或者亲友、邻居等其他证人证言;

(十)伤情鉴定意见;

(十一)其他能够证明申请人遭受家庭暴力或者面临家庭暴力现实危险的证据。

第七条 人民法院可以通过在线诉讼平台、电话、短信、即时通讯工具、电子邮件等简便方式询问被申请人。被申请人未发表意见的,不影响人民法院依法作出人身安全保护令。

第八条 被申请人认可存在家庭暴力行为,但辩称申请人有过错的,不影响人民法院依法作出人身安全保护令。

第九条 离婚等案件中,当事人仅以人民法院曾出人身安全保护令为由,主张存在家庭暴力事实的,人民法院应当根据《最高人民法院关于适用〈中华人民共和国民事诉讼法〉的解释》第一百零八条的规定,综合认定是否存在该事实。

第十条 反家庭暴力法第二十九条第四项规定的"保护申请人人身安全的其他措施"可以包括下列措施:

(一)禁止被申请人以电话、短信、即时通讯工具、电子邮件等方式侮辱、诽谤、威胁申请人及其相关近亲属;

(二)禁止被申请人在申请人及其相关近亲属的住所、学校、工作单位等经常出入场所的一定范围内从事可能影响申请人及其相关近亲属正常生活、学习、工作的活动。

第十一条 离婚案件中,判决不准离婚或者调解和好后,被申请人违反人身安全保护令实施家庭暴力的,可以认定为民事诉讼法第一百二十七条第七项规定的"新情况、新理由"。

第十二条 被申请人违反人身安全保护令,符合《中华人民共和国刑法》第三百一十三条规定的,以拒不执行判决、裁定罪定罪处罚;同时构成其他犯罪的,依照刑法有关规定处理。

第十三条 本规定自2022年8月1日起施行。

(十五)涉外及港澳台民事诉讼程序

最高人民法院关于内地与澳门特别行政区相互认可和执行民商事判决的安排

- 2006年2月13日最高人民法院审判委员会第1378次会议通过
- 2006年3月21日最高人民法院公告公布
- 自2006年4月1日起施行
- 法释〔2006〕2号

根据《中华人民共和国澳门特别行政区基本法》第九十三条的规定,最高人民法院与澳门特别行政区经协商,就内地与澳门特别行政区法院相互认可和执行民商事判决事宜,达成如下安排:

第一条 内地与澳门特别行政区民商事案件(在内地包括劳动争议案件,在澳门特别行政区包括劳动民事案件)判决的相互认可和执行,适用本安排。

本安排亦适用于刑事案件中有关民事损害赔偿的判决、裁定。

本安排不适用于行政案件。

第二条 本安排所称"判决",在内地包括:判决、裁定、决定、调解书、支付令；在澳门特别行政区包括：裁判、判决、确认和解的裁定、法官的决定或者批示。

本安排所称"被请求方"，指内地或者澳门特别行政区双方中，受理认可和执行判决申请的一方。

第三条 一方法院作出的具有给付内容的生效判决，当事人可以向对方有管辖权的法院申请认可和执行。

没有给付内容，或者不需要执行，但需要通过司法程序予以认可的判决，当事人可以向对方法院单独申请认可，也可以直接以该判决作为证据在对方法院的诉讼程序中使用。

第四条 内地有权受理认可和执行判决申请的法院为被申请人住所地、经常居住地或者财产所在地的中级人民法院。两个或者两个以上中级人民法院均有管辖权的，申请人应当选择其中一个中级人民法院提出申请。

澳门特别行政区有权受理认可判决申请的法院为中级法院，有权执行的法院为初级法院。

第五条 被申请人在内地和澳门特别行政区均有可供执行财产的，申请人可以向一地法院提出执行申请。

申请人向一地法院提出执行申请的同时，可以向另一地法院申请查封、扣押或者冻结被执行人的财产。待一地法院执行完毕后，可以根据该地法院出具的执行情况证明，就不足部分向另一地法院申请采取处分财产的执行措施。

两地法院执行财产的总额，不得超过依据判决和法律规定所确定的数额。

第六条 请求认可和执行判决的申请书，应当载明下列事项：

（一）申请人或者被申请人为自然人的，应当载明其姓名及住所；为法人或者其他组织的，应当载明其名称及住所，以及其法定代表人或者主要负责人的姓名、职务和住所；

（二）请求认可和执行的判决的案号和判决日期；

（三）请求认可和执行判决的理由、标的，以及该判决在判决作出地法院的执行情况。

第七条 申请书应当附生效判决书副本，或者经作出生效判决的法院盖章的证明书，同时应当附作出生效判决的法院或者有权限机构出具的证明下列事项的相关文件：

（一）传唤属依法作出，但判决书已经证明的除外；

（二）无诉讼行为能力人依法得到代理，但判决书已经证明的除外；

（三）根据判决作出地的法律，判决已经送达当事人，并已生效；

（四）申请人为法人的，应当提供法人营业执照副本或者法人登记证明书；

（五）判决作出地法院发出的执行情况证明。

如被请求方法院认为已充分了解有关事项时，可以免除提交相关文件。

被请求方法院对当事人提供的判决书的真实性有疑问时，可以请求作出生效判决的法院予以确认。

第八条 申请书应当用中文制作。所附司法文书及其相关文件未用中文制作的，应当提供中文译本。其中法院判决书未用中文制作的，应当提供由法院出具的中文译本。

第九条 法院收到申请人请求认可和执行判决的申请后，应当将申请书送达被申请人。

被申请人有权提出答辩。

第十条 被请求方法院应当尽快审查认可和执行的请求，并作出裁定。

第十一条 被请求方法院经审查核实存在下列情形之一的，裁定不予认可：

（一）根据被请求方的法律，判决所确认的事项属被请求方法院专属管辖；

（二）在被请求方法院已存在相同诉讼，该诉讼先于待认可判决的诉讼提起，且被请求方法院具有管辖权；

（三）被请求方法院已认可或者执行被请求方法院以外的法院或仲裁机构就相同诉讼作出的判决或仲裁裁决；

（四）根据判决作出地的法律规定，败诉的当事人未得到合法传唤，或者无诉讼行为能力人未依法得到代理；

（五）根据判决作出地的法律规定，申请认可和执行的判决尚未发生法律效力，或者因再审被裁定中止执行；

（六）在内地认可和执行判决将违反内地法律的基本原则或者社会公共利益；在澳门特别行政区认可和执行判决将违反澳门特别行政区法律的基本原则或者公共秩序。

第十二条 法院就认可和执行判决的请求作出裁定后，应当及时送达。

当事人对认可与否的裁定不服的，在内地可以向上一级人民法院提请复议，在澳门特别行政区可以根据其法律规定提起上诉；对执行中作出的裁定不服的，可以根据被请求方法律的规定，向上级法院寻求救济。

第十三条 经裁定予以认可的判决，与被请求方法院的判决具有同等效力。判决有给付内容的，当事人可以向该方有管辖权的法院申请执行。

第十四条 被请求方法院不能对判决所确认的所有请求予以认可和执行时，可以认可和执行其中的部分请求。

第十五条 法院受理认可和执行判决的申请之前或者之后，可以按照被请求方法律关于财产保全的规定，根据申请人的申请，对被申请人的财产采取保全措施。

第十六条 在被请求方法院受理认可和执行判决的申请期间，或者判决已获认可和执行，当事人再行提起相同诉讼的，被请求方法院不予受理。

第十七条 对于根据本安排第十一条(一)、(四)、(六)项不予认可的判决，申请人不得再行提起认可和执行的申请。但根据被请求方的法律，被请求方法院有管辖权的，当事人可以就相同案件事实向当地法院另行提起诉讼。

本安排第十一条(五)项所指的判决，在不予认可的情形消除后，申请人可以再行提起认可和执行的申请。

第十八条 为适用本安排，由一方有权限公共机构(包括公证员)作成或者公证的文书正本、副本及译本，免除任何认证手续而可以在对方使用。

第十九条 申请人依据本安排申请认可和执行判决，应当根据被请求方法律规定，交纳诉讼费用、执行费用。

申请人在生效判决作出地获准缓交、减交、免交诉讼费用的，在被请求方法院申请认可和执行判决时，应当享有同等待遇。

第二十条 对民商事判决的认可和执行，除本安排有规定的以外，适用被请求方的法律规定。

第二十一条 本安排生效前提出的认可和执行请求，不适用本安排。

两地法院自1999年12月20日以后至本安排生效前作出的判决，当事人未向对方法院申请认可和执行，或者对方法院拒绝受理的，仍可以于本安排生效后提出申请。

澳门特别行政区法院在上述期间内作出的判决，当事人向内地人民法院申请认可和执行的期限，自本安排生效之日起重新计算。

第二十二条 本安排在执行过程中遇有问题或者需要修改，应当由最高人民法院与澳门特别行政区协商解决。

第二十三条 为执行本安排，最高人民法院和澳门特别行政区终审法院应当相互提供相关法律资料。

最高人民法院和澳门特别行政区终审法院每年相互通报执行本安排的情况。

第二十四条 本安排自2006年4月1日起生效。

最高人民法院关于认可和执行台湾地区法院民事判决的规定

- 2015年6月2日最高人民法院审判委员会第1653次会议通过
- 2015年6月29日最高人民法院公告公布
- 自2015年7月1日起施行
- 法释〔2015〕13号

为保障海峡两岸当事人的合法权益，更好地适应海峡两岸关系和平发展的新形势，根据民事诉讼法等有关法律，总结人民法院涉台审判工作经验，就认可和执行台湾地区法院民事判决，制定本规定。

第一条 台湾地区法院民事判决的当事人可以根据本规定，作为申请人向人民法院申请认可和执行台湾地区有关法院民事判决。

第二条 本规定所称台湾地区法院民事判决，包括台湾地区法院作出的生效民事判决、裁定、和解笔录、调解笔录、支付命令等。

申请认可台湾地区法院在刑事案件中作出的有关民事损害赔偿的生效判决、裁定、和解笔录的，适用本规定。

申请认可由台湾地区乡镇市调解委员会等出具并经台湾地区法院核定，与台湾地区法院生效民事判决具有同等效力的调解文书的，参照适用本规定。

第三条 申请人同时提出认可和执行台湾地区法院民事判决申请的，人民法院先按照认可程序进行审查，裁定认可后，由人民法院执行机构执行。

申请人直接申请执行的，人民法院应当告知其一并提交认可申请；坚持不申请认可的，裁定驳回其申请。

第四条 申请认可台湾地区法院民事判决的案件，由申请人住所地、经常居住地或者被申请人住所地、经常居住地、财产所在地中级人民法院或者专门人民法院受理。

申请人向两个以上有管辖权的人民法院申请认可的，由最先立案的人民法院管辖。

申请人向被申请人财产所在地人民法院申请认可的，应当提供财产存在的相关证据。

第五条 对申请认可台湾地区法院民事判决的案件，人民法院应当组成合议庭进行审查。

第六条 申请人委托他人代理申请认可台湾地区法院民事判决的，应当向人民法院提交由委托人签名或者盖章的授权委托书。

台湾地区、香港特别行政区、澳门特别行政区或者外国当事人签名或者盖章的授权委托书应当履行相关的公证、认证或者其他证明手续，但授权委托书在人民法院法官的见证下签署或者经中国大陆公证机关公证证明是在中国大陆签署的除外。

第七条 申请人申请认可台湾地区法院民事判决，应当提交申请书，并附有台湾地区有关法院民事判决文书和民事判决确定证明书的正本或者经证明无误的副本。台湾地区法院民事判决为缺席判决的，申请人应当同时提交台湾地区法院已经合法传唤当事人的证明文件，但判决已经对此予以明确说明的除外。

申请书应当记明以下事项：

（一）申请人和被申请人姓名、性别、年龄、职业、身份证件号码、住址（申请人或者被申请人为法人或者其他组织的，应当记明法人或者其他组织的名称、地址、法定代表人或者主要负责人姓名、职务）和通讯方式；

（二）请求和理由；

（三）申请认可的判决的执行情况；

（四）其他需要说明的情况。

第八条 对于符合本规定第四条和第七条规定条件的申请，人民法院应当在收到申请后七日内立案，并通知申请人和被申请人，同时将申请书送达被申请人；不符合本规定第四条和第七条规定条件的，应当在七日内裁定不予受理，同时说明不予受理的理由；申请人对裁定不服的，可以提起上诉。

第九条 申请人申请认可台湾地区法院民事判决，应当提供相关证明文件，以证明该判决真实并且已经生效。

申请人可以申请人民法院通过海峡两岸调查取证司法互助途径查明台湾地区法院民事判决的真实性和是否生效以及当事人得到合法传唤的证明文件；人民法院认为必要时，也可以就有关事项依职权通过海峡两岸司法互助途径向台湾地区请求调查取证。

第十条 人民法院受理认可台湾地区法院民事判决的申请之前或者之后，可以按照民事诉讼法及相关司法解释的规定，根据申请人的申请，裁定采取保全措施。

第十一条 人民法院受理认可台湾地区法院民事判决的申请后，当事人就同一争议起诉的，不予受理。

一方当事人向人民法院起诉后，另一方当事人向人民法院申请认可的，对于认可的申请不予受理。

第十二条 案件虽经台湾地区有关法院判决，但当事人未申请认可，而是就同一争议向人民法院起诉的，应予受理。

第十三条 人民法院受理认可台湾地区法院民事判决的申请后，作出裁定前，申请人请求撤回申请的，可以裁定准许。

第十四条 人民法院受理认可台湾地区法院民事判决的申请后，应当在立案之日起六个月内审结。有特殊情况需要延长的，报请上一级人民法院批准。

通过海峡两岸司法互助途径送达文书和调查取证的期间，不计入审查期限。

第十五条 台湾地区法院民事判决具有下列情形之一的，裁定不予认可：

（一）申请认可的民事判决，是在被申请人缺席又未经合法传唤或者在被申请人无诉讼行为能力又未得到适当代理的情况下作出的；

（二）案件系人民法院专属管辖的；

（三）案件双方当事人订有有效仲裁协议，且无放弃仲裁管辖情形的；

（四）案件系人民法院已作出判决或者中国大陆的仲裁庭已作出仲裁裁决的；

（五）香港特别行政区、澳门特别行政区或者外国的法院已就同一争议作出判决且已为人民法院所认可或者承认的；

（六）台湾地区、香港特别行政区、澳门特别行政区或者外国的仲裁庭已就同一争议作出仲裁裁决且已为人民法院所认可或者承认的。

认可该民事判决将违反一个中国原则等国家法律的基本原则或者损害社会公共利益的，人民法院应当裁定不予认可。

第十六条 人民法院经审查能够确认台湾地区法院民事判决真实并且已经生效，而且不具有本规定第十五条所列情形的，裁定认可其效力；不能确认该民事判决的真实性或者已经生效的，裁定驳回申请人的申请。

裁定驳回申请的案件，申请人再次申请并符合受理条件的，人民法院应予受理。

第十七条 经人民法院裁定认可的台湾地区法院民事判决，与人民法院作出的生效判决具有同等效力。

第十八条 人民法院依据本规定第十五条和第十六条作出的裁定，一经送达即发生法律效力。

当事人对上述裁定不服的，可以自裁定送达之日起十日内向上一级人民法院申请复议。

第十九条 对人民法院裁定不予认可的台湾地区法院民事判决，申请人再次提出申请的，人民法院不予受理，但申请人可以就同一争议向人民法院起诉。

第二十条 申请人申请认可和执行台湾地区法院民事判决的期间，适用民事诉讼法第二百三十九条的规定，但申请认可台湾地区法院有关身份关系的判决除外。

申请人仅申请认可而未同时申请执行的，申请执行的期间自人民法院对认可申请作出的裁定生效之日起重新计算。

第二十一条 人民法院在办理申请认可和执行台湾地区法院民事判决案件中作出的法律文书，应当依法送达案件当事人。

第二十二条 申请认可和执行台湾地区法院民事判决，应当参照《诉讼费用交纳办法》的规定，交纳相关费用。

第二十三条 本规定自2015年7月1日起施行。《最高人民法院关于人民法院认可台湾地区有关法院民事判决的规定》（法释〔1998〕11号）、《最高人民法院关于当事人持台湾地区有关法院民事调解书或者有关机构出具或确认的调解协议书向人民法院申请认可人民法院应否受理的批复》（法释〔1999〕10号）、《最高人民法院关于当事人持台湾地区有关法院支付命令向人民法院申请认可人民法院应否受理的批复》（法释〔2001〕13号）和《最高人民法院关于人民法院认可台湾地区有关法院民事判决的补充规定》（法释〔2009〕4号）同时废止。

最高人民法院关于内地与香港特别行政区法院相互认可和执行民商事案件判决的安排

- 2019年1月14日最高人民法院审判委员会第1759次会议通过
- 2024年1月25日最高人民法院公告公布
- 自2024年1月29日起施行
- 法释〔2024〕2号

根据《中华人民共和国香港特别行政区基本法》第九十五条的规定，最高人民法院与香港特别行政区政府经协商，现就民商事案件判决的相互认可和执行问题作出如下安排。

第一条 内地与香港特别行政区法院民商事案件生效判决的相互认可和执行，适用本安排。

刑事案件中有关民事赔偿的生效判决的相互认可和执行，亦适用本安排。

第二条 本安排所称"民商事案件"是指依据内地和香港特别行政区法律均属于民商事性质的案件，不包括香港特别行政区法院审理的司法复核案件以及其他因行使行政权力直接引发的案件。

第三条 本安排暂不适用于就下列民商事案件作出的判决：

（一）内地人民法院审理的赡养、兄弟姐妹之间扶养、解除收养关系、成年人监护权、离婚后损害责任、同居关系析产案件，香港特别行政区法院审理的应否裁判分居的案件；

（二）继承案件、遗产管理或者分配的案件；

（三）内地人民法院审理的有关发明专利、实用新型专利侵权的案件，香港特别行政区法院审理的有关标准专利（包括原授专利）、短期专利侵权的案件，内地与香港特别行政区法院审理的有关确认标准必要专利许可费率的案件，以及有关本安排第五条未规定的知识产权案件；

（四）海洋环境污染、海事索赔责任限制、共同海损、紧急拖航和救助、船舶优先权、海上旅客运输案件；

（五）破产（清盘）案件；

（六）确定选民资格、宣告自然人失踪或者死亡、认定自然人限制或者无民事行为能力的案件；

（七）确认仲裁协议效力、撤销仲裁裁决案件；

（八）认可和执行其他国家和地区判决、仲裁裁决的案件。

第四条 本安排所称"判决"，在内地包括判决、裁定、调解书、支付令，不包括保全裁定；在香港特别行政区包括判决、命令、判令、讼费评定证明书，不包括禁诉令、临时济助命令。

本安排所称"生效判决"：

（一）在内地，是指第二审判决，依法不准上诉或者超过法定期限没有上诉的第一审判决，以及依照审判监督程序作出的上述判决；

（二）在香港特别行政区，是指终审法院、高等法院上诉法庭及原讼法庭、区域法院以及劳资审裁处、土地审裁处、小额钱债审裁处、竞争事务审裁处作出的已经发生法律效力的判决。

第五条 本安排所称"知识产权"是指《与贸易有关的知识产权协定》第一条第二款规定的知识产权，以及《中华人民共和国民法典》第一百二十三条第二款第七项、香港《植物品种保护条例》规定的权利人就植物新品种享有的知识产权。

第六条 本安排所称"住所地"，当事人为自然人的,是指户籍所在地或者永久性居民身份所在地、经常居住地;当事人为法人或者其他组织的,是指注册地或者登记地、主要办事机构所在地、主要营业地、主要管理地。

第七条　申请认可和执行本安排规定的判决:

(一)在内地,向申请人住所地或者被申请人住所地、财产所在地的中级人民法院提出;

(二)在香港特别行政区,向高等法院提出。

申请人应当向符合前款第一项规定的其中一个人民法院提出申请。向两个以上有管辖权的人民法院提出申请的,由最先立案的人民法院管辖。

第八条　申请认可和执行本安排规定的判决,应当提交下列材料:

(一)申请书;

(二)经作出生效判决的法院盖章的判决副本;

(三)作出生效判决的法院出具的证明书,证明该判决属于生效判决,判决有执行内容的,还应当证明在原审法院地可以执行;

(四)判决为缺席判决的,应当提交已经合法传唤当事人的证明文件,但判决已经对此予以明确说明或者缺席方提出认可和执行申请的除外;

(五)身份证明材料:

1. 申请人为自然人的,应当提交身份证件复印件;

2. 申请人为法人或者其他组织的,应当提交注册登记证书的复印件以及法定代表人或者主要负责人的身份证件复印件。

上述身份证明材料,在被请求方境外形成的,应当依据被请求方法律规定办理证明手续。

向内地人民法院提交的文件没有中文文本的,应当提交准确的中文译本。

第九条　申请书应当载明下列事项:

(一)当事人的基本情况:当事人为自然人的,包括姓名、住所、身份证件信息、通讯方式等;当事人为法人或者其他组织的,包括名称、住所及其法定代表人或者主要负责人的姓名、职务、住所、身份证件信息、通讯方式等;

(二)请求事项和理由;申请执行的,还需提供被申请人的财产状况和财产所在地;

(三)判决是否已在其他法院申请执行以及执行情况。

第十条　申请认可和执行判决的期间、程序和方式,应当依据被请求方法律的规定。

第十一条　符合下列情形之一,且依据被请求方法律有关诉讼不属于被请求方法院专属管辖的,被请求方法院应当认定原审法院具有管辖权:

(一)原审法院受理案件时,被告住所地在该方境内;

(二)原审法院受理案件时,被告在该方境内设有代表机构、分支机构、办事处、营业所等不属于独立法人的机构,且诉讼请求是基于该机构的活动;

(三)因合同纠纷提起的诉讼,合同履行地在该方境内;

(四)因侵权行为提起的诉讼,侵权行为实施地在该方境内;

(五)合同纠纷或者其他财产权益纠纷的当事人以书面形式约定由原审法院地管辖,但各方当事人住所地均在被请求方境内的,原审法院地应系合同履行地、合同签订地、标的物所在地等与争议有实际联系地;

(六)当事人未对原审法院提出管辖权异议并应诉答辩,但各方当事人住所地均在被请求方境内的,原审法院地应系合同履行地、合同签订地、标的物所在地等与争议有实际联系地。

前款所称"书面形式"是指合同书、信件和数据电文(包括电报、电传、传真、电子数据交换和电子邮件)等可以有形地表现所载内容的形式。

知识产权侵权纠纷案件以及内地人民法院审理的《中华人民共和国反不正当竞争法》第六条规定的不正当竞争纠纷民事案件、香港特别行政区法院审理的假冒纠纷案件,侵权、不正当竞争、假冒行为实施地在原审法院地境内,且涉案知识产权权利、权益在该方境内依法应予保护的,才应当认定原审法院具有管辖权。

除第一款、第三款规定外,被请求方法院认为原审法院对于有关诉讼的管辖符合被请求方法律规定的,可以认定原审法院具有管辖权。

第十二条　申请认可和执行的判决,被申请人提供证据证明有下列情形之一的,被请求方法院审查核实后,应当不予认可和执行:

(一)原审法院对有关诉讼的管辖不符合本安排第十一条规定的;

(二)依据原审法院地法律,被申请人未经合法传唤,或者虽经合法传唤但未获得合理的陈述、辩论机会的;

(三)判决是以欺诈方法取得的;

(四)被请求方法院受理相关诉讼后,原审法院又受理就同一争议提起的诉讼并作出判决的;

(五)被请求方法院已经就同一争议作出判决,或者已经认可其他国家和地区就同一争议作出的判决的;

(六)被请求方已经就同一争议作出仲裁裁决,或者已经认可其他国家和地区就同一争议作出的仲裁裁决的。

内地人民法院认为认可和执行香港特别行政区法院判决明显违反内地法律的基本原则或者社会公共利益，香港特别行政区法院认为认可和执行内地人民法院判决明显违反香港特别行政区法律的基本原则或者公共政策的，应当不予认可和执行。

第十三条　申请认可和执行的判决，被申请人提供证据证明在原审法院进行的诉讼违反了当事人就同一争议订立的有效仲裁协议或者管辖协议的，被请求方法院审查核实后，可以不予认可和执行。

第十四条　被请求方法院不能仅因判决的先决问题不属于本安排适用范围，而拒绝认可和执行该判决。

第十五条　对于原审法院就知识产权有效性、是否成立或者存在作出的判项，不予认可和执行，但基于该判项作出的有关责任承担的判项符合本安排规定的，应当认可和执行。

第十六条　相互认可和执行的判决内容包括金钱判项、非金钱判项。

判决包括惩罚性赔偿的，不予认可和执行惩罚性赔偿部分，但本安排第十七条规定的除外。

第十七条　知识产权侵权纠纷案件以及内地人民法院审理的《中华人民共和国反不正当竞争法》第六条规定的不正当竞争纠纷民事案件、香港特别行政区法院审理的假冒纠纷案件，内地与香港特别行政区法院相互认可和执行判决的，限于根据原审法院地发生的侵权行为所确定的金钱判项，包括惩罚性赔偿部分。

有关商业秘密侵权纠纷案件判决的相互认可和执行，包括金钱判项（含惩罚性赔偿）、非金钱判项。

第十八条　内地与香港特别行政区法院相互认可和执行的财产给付范围，包括判决确定的给付财产和相应的利息、诉讼费、迟延履行金、迟延履行利息，不包括税收、罚款。

前款所称"诉讼费"，在香港特别行政区是指讼费评定证明书核定或者命令支付的费用。

第十九条　被请求方法院不能认可和执行判决全部判项的，可以认可和执行其中的部分判项。

第二十条　对于香港特别行政区法院作出的判决，一方当事人已经提出上诉，内地人民法院审查核实后，中止认可和执行程序。经上诉，维持全部或者部分原判决的，恢复认可和执行程序；完全改变原判决的，终止认可和执行程序。

内地人民法院就已经作出的判决裁定再审的，香港特别行政区法院审查核实后，中止认可和执行程序。经再审，维持全部或者部分原判决的，恢复认可和执行程序；完全改变原判决的，终止认可和执行程序。

第二十一条　被申请人在内地和香港特别行政区均有可供执行财产的，申请人可以分别向两地法院申请执行。

应对方法院要求，两地法院应当相互提供本方执行判决的情况。

两地法院执行财产的总额不得超过判决确定的数额。

第二十二条　在审理民商事案件期间，当事人申请认可和执行另一地法院就同一争议作出的判决的，应当受理。受理后，有关诉讼应当中止，待就认可和执行的申请作出裁定或者命令后，再视情终止或者恢复诉讼。

第二十三条　审查认可和执行判决申请期间，当事人就同一争议提起诉讼的，不予受理；已经受理的，驳回起诉。

判决全部获得认可和执行后，当事人又就同一争议提起诉讼的，不予受理。

判决未获得或者未全部获得认可和执行的，申请人不得再次申请认可和执行，但可以就同一争议向被请求方法院提起诉讼。

第二十四条　申请认可和执行判决的，被请求方法院在受理申请之前或者之后，可以依据被请求方法律规定采取保全或者强制措施。

第二十五条　法院应当尽快审查认可和执行的申请，并作出裁定或者命令。

第二十六条　被请求方法院就认可和执行的申请作出裁定或者命令后，当事人不服的，在内地可以于裁定送达之日起十日内向上一级人民法院申请复议，在香港特别行政区可以依据其法律规定提出上诉。

第二十七条　申请认可和执行判决的，应当依据被请求方有关诉讼收费的法律和规定交纳费用。

第二十八条　本安排签署后，最高人民法院和香港特别行政区政府经协商，可以就第三条所列案件判决的认可和执行以及第四条所涉保全、临时济助的协助问题签署补充文件。

本安排在执行过程中遇有问题或者需要修改的，由最高人民法院和香港特别行政区政府协商解决。

第二十九条　内地与香港特别行政区法院自本安排生效之日起作出的判决，适用本安排。

第三十条 本安排生效之日,《最高人民法院关于内地与香港特别行政区法院相互认可和执行当事人协议管辖的民商事案件判决的安排》同时废止。

本安排生效前,当事人已签署《最高人民法院关于内地与香港特别行政区法院相互认可和执行当事人协议管辖的民商事案件判决的安排》所称"书面管辖协议"的,仍适用该安排。

第三十一条 本安排生效后,《最高人民法院关于内地与香港特别行政区法院相互认可和执行婚姻家庭民事案件判决的安排》继续施行。

第三十二条 本安排自2024年1月29日起施行。

最高人民法院关于适用《中华人民共和国涉外民事关系法律适用法》若干问题的解释(一)

- 2012年12月10日最高人民法院审判委员会第1563次会议通过
- 根据2020年12月23日最高人民法院审判委员会第1823次会议通过的《最高人民法院关于修改〈最高人民法院关于破产企业国有划拨土地使用权应否列入破产财产等问题的批复〉等二十九件商事类司法解释的决定》修正
- 2020年12月29日最高人民法院公告公布
- 该修正自2021年1月1日起施行
- 法释〔2020〕18号

为正确审理涉外民事案件,根据《中华人民共和国涉外民事关系法律适用法》的规定,对人民法院适用该法的有关问题解释如下:

第一条 民事关系具有下列情形之一的,人民法院可以认定为涉外民事关系:

(一)当事人一方或双方是外国公民、外国法人或者其他组织、无国籍人;

(二)当事人一方或双方的经常居所地在中华人民共和国领域外;

(三)标的物在中华人民共和国领域外;

(四)产生、变更或者消灭民事关系的法律事实发生在中华人民共和国领域外;

(五)可以认定为涉外民事关系的其他情形。

第二条 涉外民事关系法律适用法实施以前发生的涉外民事关系,人民法院应当根据该涉外民事关系发生时的有关法律规定确定应当适用的法律;当时法律没有规定的,可以参照涉外民事关系法律适用法的规定确定。

第三条 涉外民事关系法律适用法与其他法律对同一涉外民事关系法律适用规定不一致的,适用涉外民事关系法律适用法的规定,但《中华人民共和国票据法》《中华人民共和国海商法》《中华人民共和国民用航空法》等商事领域法律的特别规定以及知识产权领域法律的特别规定除外。

涉外民事关系法律适用法对涉外民事关系的法律适用没有规定而其他法律有规定的,适用其他法律的规定。

第四条 中华人民共和国法律没有明确规定当事人可以选择涉外民事关系适用的法律,当事人选择适用法律的,人民法院应认定该选择无效。

第五条 一方当事人以双方协议选择的法律与系争的涉外民事关系没有实际联系为由主张选择无效的,人民法院不予支持。

第六条 当事人在一审法庭辩论终结前协议选择或者变更选择适用的法律的,人民法院应予准许。

各方当事人援引相同国家的法律且未提出法律适用异议的,人民法院可以认定当事人已经就涉外民事关系适用的法律做出了选择。

第七条 当事人在合同中援引尚未对中华人民共和国生效的国际条约的,人民法院可以根据该国际条约的内容确定当事人之间的权利义务,但违反中华人民共和国社会公共利益或中华人民共和国法律、行政法规强制性规定的除外。

第八条 有下列情形之一,涉及中华人民共和国社会公共利益、当事人不能通过约定排除适用、无需通过冲突规范指引而直接适用于涉外民事关系的法律、行政法规的规定,人民法院应当认定为涉外民事关系法律适用法第四条规定的强制性规定:

(一)涉及劳动者权益保护的;

(二)涉及食品或公共卫生安全的;

(三)涉及环境安全的;

(四)涉及外汇管制等金融安全的;

(五)涉及反垄断、反倾销的;

(六)应当认定为强制性规定的其他情形。

第九条 一方当事人故意制造涉外民事关系的连结点,规避中华人民共和国法律、行政法规的强制性规定的,人民法院应认定为不发生适用外国法律的效力。

第十条 涉外民事争议的解决须以另一涉外民事关系的确认为前提时,人民法院应根据该先决问题自身的性质确定其应当适用的法律。

第十一条 案件涉及两个或者两个以上的涉外民事关系时,人民法院应当分别确定应当适用的法律。

第十二条　当事人没有选择涉外仲裁协议适用的法律,也没有约定仲裁机构或者仲裁地,或者约定不明的,人民法院可以适用中华人民共和国法律认定该仲裁协议的效力。

第十三条　自然人在涉外民事关系产生或者变更、终止时已经连续居住一年以上且作为其生活中心的地方,人民法院可以认定为涉外民事关系法律适用法规定的自然人的经常居所地,但就医、劳务派遣、公务等情形除外。

第十四条　人民法院应当将法人的设立登记地认定为涉外民事关系法律适用法规定的法人的登记地。

第十五条　人民法院通过由当事人提供、已对中华人民共和国生效的国际条约规定的途径、中外法律专家提供等合理途径仍不能获得外国法律的,可以认定为不能查明外国法律。

根据涉外民事关系法律适用法第十条第一款的规定,当事人应当提供外国法律,其在人民法院指定的合理期限内无正当理由未提供该外国法律的,可以认定为不能查明外国法律。

第十六条　人民法院应当听取各方当事人对应当适用的外国法律的内容及其理解与适用的意见,当事人对该外国法律的内容及其理解与适用均无异议的,人民法院可以予以确认;当事人有异议的,由人民法院审查认定。

第十七条　涉及香港特别行政区、澳门特别行政区的民事关系的法律适用问题,参照适用本规定。

第十八条　涉外民事关系法律适用法施行后发生的涉外民事纠纷案件,本解释施行后尚未终审的,适用本解释;本解释施行前已经终审,当事人申请再审或者按照审判监督程序决定再审的,不适用本解释。

第十九条　本院以前发布的司法解释与本解释不一致的,以本解释为准。

最高人民法院关于适用《中华人民共和国涉外民事关系法律适用法》若干问题的解释(二)

- 2023年8月30日最高人民法院审判委员会第1898次会议通过
- 2023年11月30日最高人民法院公告公布
- 自2024年1月1日起施行
- 法释〔2023〕12号

为正确适用《中华人民共和国涉外民事关系法律适用法》,结合审判实践,就人民法院审理涉外民商事案件查明外国法律制定本解释。

第一条　人民法院审理涉外民商事案件适用外国法律的,应当根据涉外民事关系法律适用法第十条第一款的规定查明该国法律。

当事人选择适用外国法律的,应当提供该国法律。

当事人未选择适用外国法律的,由人民法院查明该国法律。

第二条　人民法院可以通过下列途径查明外国法律:

(一)由当事人提供;

(二)通过司法协助渠道由对方的中央机关或者主管机关提供;

(三)通过最高人民法院请求我国驻该国使领馆或者该国驻我国使领馆提供;

(四)由最高人民法院建立或者参与的法律查明合作机制参与方提供;

(五)由最高人民法院国际商事专家委员会专家提供;

(六)由法律查明服务机构或者中外法律专家提供;

(七)其他适当途径。

人民法院通过前款规定的其中一项途径无法获得外国法律或者获得的外国法律内容不明确、不充分的,应当通过该款规定的不同途径补充查明。

人民法院依据本条第一款第一项的规定要求当事人协助提供外国法律的,不得仅以当事人未予协助提供为由认定外国法律不能查明。

第三条　当事人提供外国法律的,应当提交该国法律的具体规定并说明获得途径、效力情况、与案件争议的关联性等。外国法律为判例法的,还应当提交判例全文。

第四条　法律查明服务机构、法律专家提供外国法律的,除提交本解释第三条规定的材料外,还应当提交法律查明服务机构的资质证明、法律专家的身份及资历证明,并附与案件无利害关系的书面声明。

第五条　查明的外国法律的相关材料均应当在法庭上出示。人民法院应当听取各方当事人对外国法律的内容及其理解与适用的意见。

第六条　人民法院可以召集庭前会议或者以其他适当方式,确定需要查明的外国法律的范围。

第七条　人民法院认为有必要的,可以通知提供外国法律的法律查明服务机构或者法律专家出庭接受询问。当事人申请法律查明服务机构或者法律专家出庭,人民法院认为有必要的,可以准许。

法律查明服务机构或者法律专家现场出庭确有困难的,可以在线接受询问,但法律查明服务机构或者法律专家所在国法律对跨国在线参与庭审有禁止性规定的除外。

出庭的法律查明服务机构或者法律专家只围绕外国法律及其理解发表意见,不参与其他法庭审理活动。

第八条　人民法院对外国法律的内容及其理解与适用,根据以下情形分别作出处理:

(一)当事人对外国法律的内容及其理解与适用均无异议的,人民法院可以予以确认;

(二)当事人对外国法律的内容及其理解与适用有异议,应当说明理由。人民法院认为有必要的,可以补充查明或者要求当事人补充提供材料。经过补充查明或者补充提供材料,当事人仍有异议的,由人民法院审查认定;

(三)外国法律的内容已为人民法院生效裁判所认定的,人民法院应予以确认,但有相反证据足以推翻的除外。

第九条　人民法院应当根据外国法律查明办理相关手续等所需时间确定当事人提供外国法律的期限。当事人有具体理由说明无法在人民法院确定的期限内提供外国法律而申请适当延长期限的,人民法院视情可予准许。

当事人选择适用外国法律,其在人民法院确定的期限内无正当理由未提供该外国法律的,人民法院可以认定为不能查明外国法律。

第十条　人民法院依法适用外国法律审理案件,应当在裁判文书中载明外国法律的查明过程及外国法律的内容;人民法院认定外国法律不能查明的,应当载明不能查明的理由。

第十一条　对查明外国法律的费用负担,当事人有约定的,从其约定;没有约定的,人民法院可以根据当事人的诉讼请求和具体案情,在作出裁判时确定上述合理费用的负担。

第十二条　人民法院查明香港特别行政区、澳门特别行政区的法律,可以参照适用本解释。有关法律和司法解释对查明香港特别行政区、澳门特别行政区的法律另有规定的,从其规定。

第十三条　本解释自2024年1月1日起施行。

本解释公布施行后,最高人民法院以前发布的司法解释与本解释不一致的,以本解释为准。

最高人民法院关于审理涉外民商事案件适用国际条约和国际惯例若干问题的解释

- 2023年12月5日最高人民法院审判委员会第1908次会议通过
- 2023年12月28日最高人民法院公告公布
- 自2024年1月1日起施行
- 法释〔2023〕15号

为正确审理涉外民商事案件,根据《中华人民共和国对外关系法》、《中华人民共和国涉外民事关系法律适用法》等法律,结合审判实践,制定本解释。

第一条　人民法院审理《中华人民共和国海商法》、《中华人民共和国票据法》、《中华人民共和国民用航空法》、《中华人民共和国海上交通安全法》调整的涉外民商事案件,涉及适用国际条约的,分别按照《中华人民共和国海商法》第二百六十八条、《中华人民共和国票据法》第九十五条、《中华人民共和国民用航空法》第一百八十四条、《中华人民共和国海上交通安全法》第一百二十一条的规定予以适用。

人民法院审理上述法律调整范围之外的其他涉外民商事案件,涉及适用国际条约的,参照上述法律的规定。国际条约与中华人民共和国法律有不同规定的,适用国际条约的规定,但中华人民共和国声明保留的条款除外。

第二条　涉外民商事案件涉及两项或多项国际条约的适用时,人民法院应当根据国际条约中的适用关系条款确定应当适用的国际条约。

第三条　国际条约规定当事人可以约定排除或部分排除国际条约的适用,当事人主张依据其约定排除或部分排除国际条约适用的,人民法院予以支持。国际条约限制当事人排除或部分排除国际条约的适用,当事人主张依据其约定排除或部分排除国际条约适用的,人民法院不予支持。

第四条　当事人在合同中援引尚未对中华人民共和国生效的国际条约的,人民法院可以根据该国际条约的内容确定当事人之间的权利义务,但违反中华人民共和国法律、行政法规强制性规定或者损害中华人民共和国主权、安全和社会公共利益的除外。

第五条　涉外民商事合同当事人明示选择适用国际惯例,当事人主张根据国际惯例确定合同当事人之间的权利义务的,人民法院应予支持。

第六条　中华人民共和国法律和中华人民共和国缔结或者参加的国际条约没有规定的,人民法院可以适用国际惯例。当事人仅以未明示选择为由主张排除适用国际惯例的，人民法院不予支持。

第七条 适用国际条约和国际惯例损害中华人民共和国主权、安全和社会公共利益的，人民法院不予适用。

第八条 本解释自 2024 年 1 月 1 日起施行。

第九条 最高人民法院以前发布的司法解释与本解释不一致的，以本解释为准。

最高人民法院关于涉外民商事案件管辖若干问题的规定

- 2022 年 8 月 16 日最高人民法院审判委员会第 1872 次会议通过
- 2022 年 11 月 14 日最高人民法院公告公布
- 自 2023 年 1 月 1 日起施行
- 法释〔2022〕18 号

为依法保护中外当事人合法权益，便利当事人诉讼，进一步提升涉外民商事审判质效，根据《中华人民共和国民事诉讼法》的规定，结合审判实践，制定本规定。

第一条 基层人民法院管辖第一审涉外民商事案件，法律、司法解释另有规定的除外。

第二条 中级人民法院管辖下列第一审涉外民商事案件：

（一）争议标的额大的涉外民商事案件。

北京、天津、上海、江苏、浙江、福建、山东、广东、重庆辖区中级人民法院，管辖诉讼标的额人民币 4000 万元以上（包含本数）的涉外民商事案件；

河北、山西、内蒙古、辽宁、吉林、黑龙江、安徽、江西、河南、湖北、湖南、广西、海南、四川、贵州、云南、西藏、陕西、甘肃、青海、宁夏、新疆辖区中级人民法院，解放军各战区、总直属军事法院，新疆维吾尔自治区高级人民法院生产建设兵团分院所辖各中级人民法院，管辖诉讼标的额人民币 2000 万元以上（包含本数）的涉外民商事案件。

（二）案情复杂或者一方当事人人数众多的涉外民商事案件。

（三）其他在本辖区有重大影响的涉外民商事案件。

法律、司法解释对中级人民法院管辖第一审涉外民商事案件另有规定的，依照相关规定办理。

第三条 高级人民法院管辖诉讼标的额人民币 50 亿元以上（包含本数）或者其他在本辖区有重大影响的第一审涉外民商事案件。

第四条 高级人民法院根据本辖区的实际情况，认为确有必要的，经报最高人民法院批准，可以指定一个或数个基层人民法院、中级人民法院分别对本规定第一条、第二条规定的第一审涉外民商事案件实行跨区域集中管辖。

依据前款规定实行跨区域集中管辖的，高级人民法院应及时向社会公布该基层人民法院、中级人民法院相应的管辖区域。

第五条 涉外民商事案件由专门的审判庭或合议庭审理。

第六条 涉外海事海商纠纷案件、涉外知识产权纠纷案件、涉外生态环境损害赔偿纠纷案件以及涉外环境民事公益诉讼案件，不适用本规定。

第七条 涉及香港、澳门特别行政区和台湾地区的民商事案件参照适用本规定。

第八条 本规定自 2023 年 1 月 1 日起施行。本规定施行后受理的案件适用本规定。

第九条 本院以前发布的司法解释与本规定不一致的，以本规定为准。

（十六）海事诉讼特别程序

最高人民法院关于适用《中华人民共和国海事诉讼特别程序法》若干问题的解释

- 2002 年 12 月 3 日最高人民法院审判委员会第 1259 次会议通过
- 2003 年 1 月 6 日最高人民法院公告公布
- 自 2003 年 2 月 1 日起施行
- 法释〔2003〕3 号

为了依法正确审理海事案件，根据《中华人民共和国民事诉讼法》和《中华人民共和国海事诉讼特别程序法》的规定以及海事审判的实践，对人民法院适用海事诉讼特别程序法的若干问题作出如下解释。

一、关于管辖

第一条 在海上或者通海水域发生的与船舶或者运输、生产、作业相关的海事侵权纠纷、海商合同纠纷，以及法律或者相关司法解释规定的其他海事纠纷案件由海事法院及其上级人民法院专门管辖。

第二条 涉外海事侵权纠纷案件和海上运输合同纠纷案件的管辖，适用民事诉讼法第二十四章的规定；民事诉讼法第二十四章没有规定的，适用海事诉讼特别程序法第六条第二款（一）、（二）项的规定和民事诉讼法的其他有关规定。[①]

第三条 海事诉讼特别程序法第六条规定的海船指适合航行于海上或者通海水域的船舶。

第四条 海事诉讼特别程序法第六条第二款（一）项规定的船籍港指被告船舶的船籍港。被告船舶的船籍港不在中华人民共和国领域内，原告船舶的船籍港在中华人民共和国领域内的，由原告船舶的船籍港所在地的海事法院管辖。

第五条 海事诉讼特别程序法第六条第二款（二）项规定的起运港、转运港和到达港指合同约定的或者实际履行的起运港、转运港和到达港。合同约定的起运港、转运港和到达港与实际履行的起运港、转运港和到达港不一致的，以实际履行的地点确定案件管辖。

第六条 海事诉讼特别程序法第六条第二款（四）项的保赔标的物所在地指保赔船舶的所在地。

第七条 海事诉讼特别程序法第六条第二款（七）项规定的船舶所在地指起诉时船舶的停泊地或者船舶被扣押地。

第八条 因船员劳务合同纠纷直接向海事法院提起的诉讼，海事法院应当受理。

第九条 因海难救助费用提起的诉讼，除依照民事诉讼法第三十二条的规定确定管辖外，还可以由被救助的船舶以外的其他获救财产所在地的海事法院管辖。

第十条 与船舶担保或者船舶优先权有关的借款合同纠纷，由被告住所地、合同履行地、船舶的船籍港、船舶所在地的海事法院管辖。

第十一条 海事诉讼特别程序法第七条（三）项规定的有管辖权的海域指中华人民共和国的毗连区、专属经济区、大陆架以及有管辖权的其他海域。

第十二条 海事诉讼特别程序法第七条（三）项规定的合同履行地指合同的实际履行地；合同未实际履行的，为合同约定的履行地。

第十三条 当事人根据海事诉讼特别程序法第十一条的规定申请执行海事仲裁裁决，申请承认和执行国外海事仲裁裁决的，由被执行的财产所在地或者被执行人住所地的海事法院管辖；被执行的财产为船舶的，无论该船舶是否在海事法院管辖区域范围内，均由海事法院管辖。船舶所在地没有海事法院的，由就近的海事法院管辖。

前款所称财产所在地和被执行人住所地是指海事法院行使管辖权的地域。

第十四条 认定海事仲裁协议效力案件，由被申请人住所地、合同履行地或者约定的仲裁机构所在地的海事法院管辖。

第十五条 除海事法院及其上级人民法院外，地方人民法院对当事人提出的船舶保全申请应不予受理；地方人民法院为执行生效法律文书需要扣押和拍卖船舶的，应当委托船籍港所在地或者船舶所在地的海事法院执行。

第十六条 两个以上海事法院都有管辖权的诉讼，原告可以向其中一个海事法院起诉；原告向两个以上有管辖权的海事法院起诉的，由最先立案的海事法院管辖。

第十七条 海事法院之间因管辖权发生争议，由争议双方协商解决；协商解决不了的，报请最高人民法院指定管辖。

二、关于海事请求保全

第十八条 海事诉讼特别程序法第十二条规定的被请求人的财产包括船舶、船载货物、船用燃油以及船用物料。对其他财产的海事请求保全适用民事诉讼法有关财产保全的规定。

第十九条 海事诉讼特别程序法规定的船载货物指处于承运人掌管之下，尚未装船或者已经装载于船上以及已经卸载的货物。

第二十条 海事诉讼特别程序法第十三条规定的被保全的财产所在地指船舶的所在地或者货物的所在地。当事人在诉讼前对已经卸载但在承运人掌管之下的货物申请海事请求保全，如果货物所在地不在海事法院管辖区域的，可以向卸货港所在地的海事法院提出，也可以向货物所在地的地方人民法院提出。

第二十一条 诉讼或者仲裁前申请海事请求保全适用海事诉讼特别程序法第十四条的规定。

外国法院已受理相关海事案件或者有关纠纷已经提交仲裁，但涉案财产在中华人民共和国领域内，当事人向财产所在地的海事法院提出海事请求保全申请的，海事法院应当受理。

第二十二条 利害关系人对海事法院作出的海事请求保全裁定提出异议，经审查认为理由不成立的，应当书面通知利害关系人。

第二十三条 被请求人或者利害关系人依据海事诉

[①] 本条根据法释〔2008〕18号第69条调整，即《最高人民法院关于调整司法解释等文件中引用〈中华人民共和国民事诉讼法〉条文序号的决定》，该决定已失效。

讼特别程序法第二十条的规定要求海事请求人赔偿损失,向采取海事请求保全措施的海事法院提起诉讼的,海事法院应当受理。

第二十四条 申请扣押船舶错误造成的损失,包括因船舶被扣押在停泊期间产生的各项维持费用与支出、船舶被扣押造成的船期损失和被申请人为使船舶解除扣押而提供担保所支出的费用。

第二十五条 海事请求保全扣押船舶超过三十日、扣押货物或者其他财产超过十五日,海事请求人未提起诉讼或者未按照仲裁协议申请仲裁的,海事法院应当及时解除保全或者返还担保。

海事请求人未在期限内提起诉讼或申请仲裁,但海事请求人和被请求人协议进行和解或者协议约定了担保期限的,海事法院可以根据海事请求人的申请,裁定认可该协议。

第二十六条 申请人为申请扣押船舶提供限额担保,在扣押船舶期限届满时,未按照海事法院的通知追加担保的,海事法院可以解除扣押。

第二十七条 海事诉讼特别程序法第十八条第二款、第七十四条规定的提供给海事请求人的担保,除被请求人和海事请求人有约定的外,海事请求人应当返还;海事请求人不返还担保的,该担保至海事请求保全期间届满之次日失效。

第二十八条 船舶被扣押期间产生的各项维持费用和支出,应当作为为债权人共同利益支出的费用,从拍卖船舶的价款中优先拨付。

第二十九条 海事法院根据海事诉讼特别程序法第二十七条的规定准许已经实施保全的船舶继续营运的,一般仅限于航行于国内航线上的船舶完成本航次。

第三十条 申请扣押船舶的海事请求人在提起诉讼或者申请仲裁后,不申请拍卖被扣押船舶的,海事法院可以根据被申请人的申请拍卖船舶。拍卖所得价款由海事法院提存。

第三十一条 海事法院裁定拍卖船舶,应当通过报纸或者其他新闻媒体连续公告三日。

第三十二条 利害关系人请求终止拍卖被扣押船舶的,是否准许,海事法院应当作出裁定;海事法院裁定终止拍卖船舶的,为准备拍卖船舶所发生的费用由利害关系人承担。

第三十三条 拍卖船舶申请人或者利害关系人申请终止拍卖船舶的,应当在公告确定的拍卖船舶日期届满七日前提出。

第三十四条 海事请求人和被请求人应当按照海事法院的要求提供海事诉讼特别程序法第三十三条规定的已知的船舶优先权人、抵押权人和船舶所有人的有关确切情况。

第三十五条 海事诉讼特别程序法第三十八条规定的船舶现状指船舶展示时的状况。船舶交接时的状况与船舶展示时的状况经评估确有明显差别的,船舶价款应当作适当的扣减,但属于正常损耗或者消耗的燃油不在此限。

第三十六条 海事请求人申请扣押船载货物的价值应当与其请求的债权数额相当,但船载货物为不可分割的财产除外。

第三十七条 拍卖的船舶移交后,海事法院应当及时通知相关的船舶登记机关。

第三十八条 海事请求人申请扣押船用燃油、物料的,除适用海事诉讼特别程序法第五十条的规定外,还可以适用海事诉讼特别程序法第三章第一节的规定。

第三十九条 二十总吨以下小型船艇的扣押和拍卖,可以依照民事诉讼法规定的扣押和拍卖程序进行。

第四十条 申请人依据《中华人民共和国海商法》第八十八条规定申请拍卖留置的货物的,参照海事诉讼特别程序法关于拍卖船载货物的规定执行。

三、关于海事强制令

第四十一条 诉讼或者仲裁前申请海事强制令的,适用海事诉讼特别程序法第五十三条的规定。

外国法院已受理相关海事案件或者有关纠纷已经提交仲裁的,当事人向中华人民共和国的海事法院提出海事强制令申请,并向法院提供可以执行海事强制令的相关证据的,海事法院应当受理。

第四十二条 海事法院根据海事诉讼特别程序法第五十七条规定,准予申请人海事强制令申请的,应当制作民事裁定书并发布海事强制令。

第四十三条 海事强制令由海事法院执行。被申请人、其他相关单位或者个人不履行海事强制令的,海事法院应当依据民事诉讼法的有关规定强制执行。

第四十四条 利害关系人对海事法院作出海事强制令的民事裁定提出异议,海事法院经审查认为理由不成立的,应当书面通知利害关系人。

第四十五条 海事强制令发布后十五日内,被请求人未提出异议,也未就相关的海事纠纷提起诉讼或者申请仲裁的,海事法院可以应申请人的请求,返还其提供的担保。

第四十六条 被请求人依据海事诉讼特别程序法第六十条的规定要求海事请求人赔偿损失的,由发布海事强制令的海事法院受理。

四、关于海事证据保全

第四十七条 诉讼前申请海事证据保全,适用海事诉讼特别程序法第六十四条的规定。

外国法院已受理相关海事案件或者有关纠纷已经提交仲裁,当事人向中华人民共和国的海事法院提出海事证据保全申请,并提供被保全的证据在中华人民共和国领域内的相关证据的,海事法院应当受理。

第四十八条 海事请求人申请海事证据保全,申请书除应当按照海事诉讼特别程序法第六十五条的规定载明相应内容外,还应当载明证据收集、调取的有关线索。

第四十九条 海事请求人在采取海事证据保全的海事法院提起诉讼后,可以申请复制保全的证据材料;相关海事纠纷在中华人民共和国领域内的其他海事法院或者仲裁机构受理的,受诉法院或者仲裁机构应海事请求人的申请可以申请复制保全的证据材料。

第五十条 利害关系人对海事法院作出的海事证据保全裁定提出异议,海事法院经审查认为理由不成立的,应当书面通知利害关系人。

第五十一条 被请求人依据海事诉讼特别程序法第七十一条的规定要求海事请求人赔偿损失的,由采取海事证据保全的海事法院受理。

五、关于海事担保

第五十二条 海事诉讼特别程序法第七十七条规定的正当理由指:
(1)海事请求人请求担保的数额过高;
(2)被请求人已采取其他有效的担保方式;
(3)海事请求人的请求权消灭。

六、关于送达

第五十三条 有关海事强制令、海事证据保全的法律文书可以向当事船舶的船长送达。

第五十四条 应当向被告送达的开庭传票等法律文书,可以向被扣押的被告船舶的船长送达,但船长作为原告的除外。

第五十五条 海事诉讼特别程序法第八十条第一款(三)项规定的其他适当方式包括传真、电子邮件(包括受送达人的专门网址)等送达方式。

通过以上方式送达的,应确认受送达人确已收悉。

七、关于审判程序

第五十六条 海事诉讼特别程序法第八十四条规定的当事人应当在开庭审理前完成举证的内容,包括当事人按照海事诉讼特别程序法第八十二条的规定填写《海事事故调查表》和提交有关船舶碰撞的事实证据材料。

前款规定的证据材料,当事人应当在一审开庭前向海事法院提供。

第五十七条 《海事事故调查表》属于当事人对发生船舶碰撞基本事实的陈述。经对方当事人认可或者经法院查证属实,可以作为认定事实的依据。

第五十八条 有关船舶碰撞的事实证据材料指涉及船舶碰撞的经过、碰撞原因等方面的证据材料。

有关船舶碰撞的事实证据材料,在各方当事人完成举证后进行交换。当事人在完成举证前向法院申请查阅有关船舶碰撞的事实证据材料的,海事法院应予驳回。

第五十九条 海事诉讼特别程序法第八十五条规定的新的证据指非当事人所持有,在开庭前尚未掌握或者不能获得,因而在开庭前不能举证的证据。

第六十条 因船舶碰撞以外的海事海商案件需要进行船舶检验或者估价的,适用海事诉讼特别程序法第八十六条的规定。

第六十一条 依据《中华人民共和国海商法》第一百七十条的规定提起的诉讼和因船舶触碰造成损害提起的诉讼,参照海事诉讼特别程序法关于审理船舶碰撞案件的有关规定审理。

第六十二条 未经理算的共同海损纠纷诉至海事法院的,海事法院应责令当事人自行委托共同海损理算。确有必要由海事法院委托理算的,由当事人提出申请,委托理算的费用由主张共同海损的当事人垫付。

第六十三条 当事人对共同海损理算报告提出异议,经海事法院审查异议成立,需要补充理算或者重新理算的,应当由原委托人通知理算人进行理算。原委托人不通知理算的,海事法院可以通知理算人重新理算,有关费用由异议人垫付;异议人拒绝垫付费用的,视为撤销异议。

第六十四条 因与共同海损纠纷有关的非共同海损损失向责任人提起的诉讼,适用海事诉讼特别程序法第九十二条规定的审限。

第六十五条 保险人依据海事诉讼特别程序法第九十五条规定行使代位请求赔偿权利,应当以自己的名义进行;以他人名义提起诉讼的,海事法院应不予受理或者驳回起诉。

第六十六条　保险人依据海事诉讼特别程序法第九十五条的规定请求变更当事人或者请求作为共同原告参加诉讼的，海事法院应当予以审查并作出是否准予的裁定。当事人对裁定不服的，可以提起上诉。

第六十七条　保险人依据海事诉讼特别程序法第九十五条的规定参加诉讼的，被保险人依此前进行的诉讼行为所取得的财产保全或者通过扣押取得的担保权益等，在保险人的代位请求赔偿权利范围内对保险人有效。被保险人因自身过错产生的责任，保险人不予承担。

第六十八条　海事诉讼特别程序法第九十六条规定的支付保险赔偿的凭证指赔偿金收据、银行支付单据或者其他支付凭证。仅有被保险人出具的权利转让书但不能出具实际支付证明的，不能作为保险人取得代位请求赔偿权利的事实依据。

第六十九条　海事法院根据油污损害的保险人或者提供财务保证的其他人的请求，可以通知船舶所有人作为无独立请求权的第三人参加诉讼。

第七十条　海事诉讼特别程序法第一百条规定的失控指提单或者其他提货凭证被盗、遗失。

第七十一条　申请人依据海事诉讼特别程序法第一百条的规定向海事法院申请公示催告的，应当递交申请书。申请书应当载明：提单等提货凭证的种类、编号、货物品名、数量、承运人、托运人、收货人、承运船舶名称、航次以及背书情况和申请的理由、事实等。有副本的应当附有单证的副本。

第七十二条　海事法院决定受理公示催告申请的，应当同时通知承运人、承运人的代理人或者货物保管人停止交付货物，并于三日内发出公告，敦促利害关系人申报权利。公示催告的期间由海事法院根据情况决定，但不得少于三十日。

第七十三条　承运人、承运人的代理人或者货物保管人收到海事法院停止交付货物的通知后，应当停止交付，至公示催告程序终结。

第七十四条　公示催告期间，转让提单的行为无效；有关货物的存储保管费用及风险由申请人承担。

第七十五条　公示催告期间，国家重点建设项目待安装、施工、生产的货物，救灾物资，或者货物本身属性不宜长期保管以及季节性货物，在申请人提供充分可靠担保的情况下，海事法院可以依据申请人的申请作出由申请人提取货物的裁定。

承运人、承运人的代理人或者货物保管人收到海事法院准予提取货物的裁定后，应当依据裁定的指令将货物交付给指定的人。

第七十六条　公示催告期间，利害关系人可以向海事法院申报权利。海事法院收到利害关系人的申报后，应当裁定终结公示催告程序，并通知申请人和承运人、承运人的代理人或者货物保管人。

申请人、申报人可以就有关纠纷向海事法院提起诉讼。

第七十七条　公示催告期间无人申报的，海事法院应当根据申请人的申请作出判决，宣告提单或者有关提货凭证无效。判决内容应当公告，并通知承运人、承运人的代理人或者货物保管人。自判决公告之日起，申请人有权请求承运人、承运人的代理人或者货物保管人交付货物。

第七十八条　利害关系人因正当理由不能在公示催告期间向海事法院申报的，自知道或者应当知道判决公告之日起一年内，可以向作出判决的海事法院起诉。

八、关于设立海事赔偿责任限制基金程序

第七十九条　海事诉讼特别程序法第一百零一条规定的船舶所有人指有关船舶证书上载明的船舶所有人。

第八十条　海事事故发生在中华人民共和国领域外的，船舶发生事故后进入中华人民共和国领域内的第一到达港视为海事诉讼特别程序法第一百零二条规定的事故发生地。

第八十一条　当事人在诉讼中申请设立海事赔偿责任限制基金的，应当向受理相关海事纠纷案件的海事法院提出，但当事人之间订有有效诉讼管辖协议或者仲裁协议的除外。

第八十二条　设立海事赔偿责任限制基金应当通过报纸或者其他新闻媒体连续公告三日。如果涉及的船舶是可以航行于国际航线的，应当通过对外发行的报纸或者其他新闻媒体发布公告。

第八十三条　利害关系人依据海事诉讼特别程序法第一百零六条的规定对申请人设立海事赔偿责任限制基金提出异议的，海事法院应当对设立基金申请人的主体资格、事故所涉及的债权性质和申请设立基金的数额进行审查。

第八十四条　准予申请人设立海事赔偿责任限制基金的裁定生效后，申请人应当在三日内在海事法院设立海事赔偿责任限制基金。申请人逾期未设立基金的，按自动撤回申请处理。

第八十五条　海事诉讼特别程序法第一百零八条规定的担保指中华人民共和国境内的银行或者其他金融机构所出具的担保。

第八十六条　设立海事赔偿责任限制基金后，向基

九、关于债权登记与受偿程序

第八十七条 海事诉讼特别程序法第一百一十一条规定的与被拍卖船舶有关的债权指与被拍卖船舶有关的海事债权。

第八十八条 海事诉讼特别程序法第一百一十五条规定的判决书、裁定书、调解书和仲裁裁决书指我国国内的判决书、裁定书、调解书和仲裁裁决书。对于债权人提供的国外的判决书、裁定书、调解书和仲裁裁决书,适用民事诉讼法第二百六十六条和第二百六十七条规定的程序审查。[①]

第八十九条 在债权登记前,债权人已向受理债权登记的海事法院以外的海事法院起诉的,受理案件的海事法院应当将案件移送至登记债权的海事法院一并审理,但案件已经进入二审的除外。

第九十条 债权人依据海事诉讼特别程序法第一百一十六条规定向受理债权登记的海事法院提起确权诉讼的,应当在办理债权登记后七日内提起。

第九十一条 海事诉讼特别程序法第一百一十九条第二款规定的三项费用按顺序拨付。

十、关于船舶优先权催告程序

第九十二条 船舶转让合同订立后船舶实际交付前,受让人即可申请船舶优先权催告。

受让人不能提供原船舶证书的,不影响船舶优先权催告申请的提出。

第九十三条 海事诉讼特别程序法第一百二十条规定的受让人指船舶转让中的买方和有买船意向的人,但受让人申请海事法院作出除权判决时,必须提交其已经实际受让船舶的证据。

第九十四条 船舶受让人对不准予船舶优先权催告申请的裁定提出复议的,海事法院应当在七日内作出复议决定。

第九十五条 海事法院准予船舶优先权催告申请的裁定生效后,应当通过报纸或者其他新闻媒体连续公告三日。优先权催告的船舶为可以航行于国际航线的,应当通过对外发行的报纸或者其他新闻媒体发布公告。

第九十六条 利害关系人在船舶优先权催告期间提出优先权主张的,海事法院应当裁定优先权催告程序终结。

十一、其 他

第九十七条 在中华人民共和国领域内进行海事诉讼,适用海事诉讼特别程序法的规定。海事诉讼特别程序法没有规定的,适用民事诉讼法的有关规定。

第九十八条 本规定自2003年2月1日起实施。

(十七)仲 裁

最高人民法院关于确认仲裁协议效力几个问题的批复

- 1998年10月21日最高人民法院审判委员会第1029次会议通过
- 1998年10月26日最高人民法院公告公布
- 自1998年11月5日起施行
- 法释〔1998〕27号

山东省高级人民法院:

你院鲁高法函〔1997〕84号《关于认定重建仲裁机构前达成的仲裁协议的效力的几个问题的请示》收悉。经研究,答复如下:

一、在《中华人民共和国仲裁法》实施后重新组建仲裁机构前,当事人达成的仲裁协议只约定了仲裁地点,未约定仲裁机构,双方当事人在补充协议中选定了在该地点依法重新组建的仲裁机构的,仲裁协议有效;双方当事人达不成补充协议的,仲裁协议无效。

二、在仲裁法实施后依法重新组建仲裁机构前,当事人在仲裁协议中约定了仲裁机构,一方当事人申请仲裁,另一方当事人向人民法院起诉的,经人民法院审查,按照有关规定能够确定新的仲裁机构的,仲裁协议有效。对当事人的起诉,人民法院不予受理。

三、当事人对仲裁协议的效力有异议,一方当事人申请仲裁机构确认仲裁协议效力,另一方当事人请求人民法院确认仲裁协议无效,如果仲裁机构先于人民法院接受申请并已作出决定,人民法院不予受理;如果仲裁机构接受申请后尚未作出决定,人民法院应予受理,同时通知仲裁机构终止仲裁。

四、一方当事人就合同纠纷或者其他财产权益纠纷申请仲裁,另一方当事人对仲裁协议的效力有异议,请求人民法院确认仲裁协议无效并就合同纠纷或者其他财产

[①] 本条根据法释〔2008〕18号第70条调整,即《最高人民法院关于调整司法解释等文件中引用〈中华人民共和国民事诉讼法〉条文序号的决定》,该决定已失效。

权益纠纷起诉的,人民法院受理后应当通知仲裁机构中止仲裁。人民法院依法作出仲裁协议有效或者无效的裁定后,应当将裁定书副本送达仲裁机构,由仲裁机构根据人民法院的裁定恢复仲裁或者撤销仲裁案件。

人民法院依法对仲裁协议作出无效的裁定后,另一方当事人拒不应诉的,人民法院可以缺席判决;原受理仲裁申请的仲裁机构在人民法院确认仲裁协议无效后仍不撤销其仲裁案件的,不影响人民法院对案件的审理。

此复

最高人民法院关于适用《中华人民共和国仲裁法》若干问题的解释

- 2005年12月26日最高人民法院审判委员会第1375次会议通过
- 2006年8月23日最高人民法院公告公布
- 自2006年9月8日起施行
- 法释〔2006〕7号

根据《中华人民共和国仲裁法》和《中华人民共和国民事诉讼法》等法律规定,对人民法院审理涉及仲裁案件适用法律的若干问题作如下解释:

第一条 仲裁法第十六条规定的"其他书面形式"的仲裁协议,包括以合同书、信件和数据电文(包括电报、电传、传真、电子数据交换和电子邮件)等形式达成的请求仲裁的协议。

第二条 当事人概括约定仲裁事项为合同争议的,基于合同成立、效力、变更、转让、履行、违约责任、解释、解除等产生的纠纷都可以认定为仲裁事项。

第三条 仲裁协议约定的仲裁机构名称不准确,但能够确定具体的仲裁机构的,应当认定选定了仲裁机构。

第四条 仲裁协议仅约定纠纷适用的仲裁规则的,视为未约定仲裁机构,但当事人达成补充协议或者按照约定的仲裁规则能够确定仲裁机构的除外。

第五条 仲裁协议约定两个以上仲裁机构的,当事人可以协议选择其中的一个仲裁机构申请仲裁;当事人不能就仲裁机构选择达成一致的,仲裁协议无效。

第六条 仲裁协议约定由某地的仲裁机构仲裁且该地仅有一个仲裁机构的,该仲裁机构视为约定的仲裁机构。该地有两个以上仲裁机构的,当事人可以协议选择其中的一个仲裁机构申请仲裁;当事人不能就仲裁机构选择达成一致的,仲裁协议无效。

第七条 当事人约定争议可以向仲裁机构申请仲裁也可以向人民法院起诉的,仲裁协议无效。但一方向仲裁机构申请仲裁,另一方未在仲裁法第二十条第二款规定期间内提出异议的除外。

第八条 当事人订立仲裁协议后合并、分立的,仲裁协议对其权利义务的继受人有效。

当事人订立仲裁协议后死亡的,仲裁协议对承继其仲裁事项中的权利义务的继承人有效。

前两款规定情形,当事人订立仲裁协议时另有约定的除外。

第九条 债权债务全部或者部分转让的,仲裁协议对受让人有效,但当事人另有约定、在受让债权债务时受让人明确反对或者不知有单独仲裁协议的除外。

第十条 合同成立后未生效或者被撤销的,仲裁协议效力的认定适用仲裁法第十九条第一款的规定。

当事人在订立合同时就争议达成仲裁协议的,合同未成立不影响仲裁协议的效力。

第十一条 合同约定解决争议适用其他合同、文件中的有效仲裁条款的,发生合同争议时,当事人应当按照该仲裁条款提请仲裁。

涉外合同应当适用的有关国际条约中有仲裁规定的,发生合同争议时,当事人应当按照国际条约中的仲裁规定提请仲裁。

第十二条 当事人向人民法院申请确认仲裁协议效力的案件,由仲裁协议约定的仲裁机构所在地的中级人民法院管辖;仲裁协议约定的仲裁机构不明确的,由仲裁协议签订地或者被申请人住所地的中级人民法院管辖。

申请确认涉外仲裁协议效力的案件,由仲裁协议约定的仲裁机构所在地、仲裁协议签订地、申请人或者被申请人住所地的中级人民法院管辖。

涉及海事海商纠纷仲裁协议效力的案件,由仲裁协议约定的仲裁机构所在地、仲裁协议签订地、申请人或者被申请人住所地的海事法院管辖;上述地点没有海事法院的,由就近的海事法院管辖。

第十三条 依照仲裁法第二十条第二款的规定,当事人在仲裁庭首次开庭前没有对仲裁协议的效力提出异议,而后向人民法院申请确认仲裁协议无效的,人民法院不予受理。

仲裁机构对仲裁协议的效力作出决定后,当事人向人民法院申请确认仲裁协议效力或者申请撤销仲裁机构的决定的,人民法院不予受理。

第十四条 仲裁法第二十六条规定的"首次开庭"是指答辩期满后人民法院组织的第一次开庭审理,不包括审前程序中的各项活动。

第十五条 人民法院审理仲裁协议效力确认案件，应当组成合议庭进行审查，并询问当事人。

第十六条 对涉外仲裁协议的效力审查，适用当事人约定的法律；当事人没有约定适用的法律但约定了仲裁地的，适用仲裁地法律；没有约定适用的法律也没有约定仲裁地或者仲裁地约定不明的，适用法院地法律。

第十七条 当事人以不属于仲裁法第五十八条或者民事诉讼法第二百五十八条规定的事由申请撤销仲裁裁决的，人民法院不予支持。①

第十八条 仲裁法第五十八条第一款第一项规定的"没有仲裁协议"是指当事人没有达成仲裁协议。仲裁协议被认定无效或者被撤销的，视为没有仲裁协议。

第十九条 当事人以仲裁裁决事项超出仲裁协议范围为由申请撤销仲裁裁决，经审查属实的，人民法院应当撤销仲裁裁决中的超裁部分。但超裁部分与其他裁决事项不可分的，人民法院应当撤销仲裁裁决。

第二十条 仲裁法第五十八条规定的"违反法定程序"，是指违反仲裁法规定的仲裁程序和当事人选择的仲裁规则可能影响案件正确裁决的情形。

第二十一条 当事人申请撤销国内仲裁裁决的案件属于下列情形之一的，人民法院可以依照仲裁法第六十一条的规定通知仲裁庭在一定期限内重新仲裁：

（一）仲裁裁决所根据的证据是伪造的；

（二）对方当事人隐瞒了足以影响公正裁决的证据的。

人民法院应当在通知中说明要求重新仲裁的具体理由。

第二十二条 仲裁庭在人民法院指定的期限内开始重新仲裁的，人民法院应当裁定终结撤销程序；未开始重新仲裁的，人民法院应当裁定恢复撤销程序。

第二十三条 当事人对重新仲裁裁决不服的，可以在重新仲裁裁决书送达之日起六个月内依据仲裁法第五十八条规定向人民法院申请撤销。

第二十四条 当事人申请撤销仲裁裁决的案件，人民法院应当组成合议庭审理，并询问当事人。

第二十五条 人民法院受理当事人撤销仲裁裁决的申请后，另一方当事人申请执行同一仲裁裁决的，受理执行申请的人民法院应当在受理后裁定中止执行。

第二十六条 当事人向人民法院申请撤销仲裁裁决被驳回后，又在执行程序中以相同理由提出不予执行抗辩的，人民法院不予支持。

第二十七条 当事人在仲裁程序中未对仲裁协议的效力提出异议，在仲裁裁决作出后以仲裁协议无效为由主张撤销仲裁裁决或者提出不予执行抗辩的，人民法院不予支持。

当事人在仲裁程序中对仲裁协议的效力提出异议，在仲裁裁决作出后又以此为由主张撤销仲裁裁决或者提出不予执行抗辩，经审查符合仲裁法第五十八条或者民事诉讼法第二百一十三条、第二百五十八条规定的，人民法院应予支持。②

第二十八条 当事人请求不予执行仲裁调解书或者根据当事人之间的和解协议作出的仲裁裁决书的，人民法院不予支持。

第二十九条 当事人申请执行仲裁裁决案件，由被执行人住所地或者被执行的财产所在地的中级人民法院管辖。

第三十条 根据审理撤销、执行仲裁裁决案件的实际需要，人民法院可以要求仲裁机构作出说明或者向相关仲裁机构调阅仲裁案卷。

人民法院在办理涉及仲裁的案件过程中作出的裁定，可以送相关的仲裁机构。

第三十一条 本解释自 2006 年 9 月 8 日起实施。

本院以前发布的司法解释与本解释不一致的，以本解释为准。

最高人民法院关于人民法院办理仲裁裁决执行案件若干问题的规定

· 2018 年 1 月 5 日最高人民法院审判委员会第 1730 次会议通过
· 2018 年 2 月 22 日最高人民法院公告公布
· 自 2018 年 3 月 1 日起施行
· 法释〔2018〕5 号

为了规范人民法院办理仲裁裁决执行案件，依法保护当事人、案外人的合法权益，根据《中华人民共和国民

---

① 本条根据法释〔2008〕18 号第 79 条调整，即《最高人民法院关于调整司法解释等文件中引用〈中华人民共和国民事诉讼法〉条文序号的决定》，该决定已失效。

② 本条根据法释〔2008〕18 号第 80 条调整，即《最高人民法院关于调整司法解释等文件中引用〈中华人民共和国民事诉讼法〉条文序号的决定》，该决定已失效。

事诉讼法》《中华人民共和国仲裁法》等法律规定,结合人民法院执行工作实际,制定本规定。

第一条 本规定所称的仲裁裁决执行案件,是指当事人申请人民法院执行仲裁机构依据仲裁法作出的仲裁裁决或者仲裁调解书的案件。

第二条 当事人对仲裁机构作出的仲裁裁决或者仲裁调解书申请执行的,由被执行人住所地或者被执行的财产所在地的中级人民法院管辖。

符合下列条件的,经上级人民法院批准,中级人民法院可以参照民事诉讼法第三十八条的规定指定基层人民法院管辖:

(一)执行标的额符合基层人民法院一审民商事案件级别管辖受理范围;

(二)被执行人住所地或者被执行的财产所在地在被指定的基层人民法院辖区内。

被执行人、案外人对仲裁裁决执行案件申请不予执行的,负责执行的中级人民法院应当另行立案审查处理;执行案件已指定基层人民法院管辖的,应当于收到不予执行申请后三日内移送原执行法院另行立案审查处理。

第三条 仲裁裁决或者仲裁调解书执行内容具有下列情形之一导致无法执行的,人民法院可以裁定驳回执行申请;导致部分无法执行的,可以裁定驳回该部分的执行申请;导致部分无法执行且该部分与其他部分不可分的,可以裁定驳回执行申请。

(一)权利义务主体不明确;

(二)金钱给付具体数额不明确或者计算方法不明确导致无法计算出具体数额;

(三)交付的特定物不明确或者无法确定;

(四)行为履行的标准、对象、范围不明确。

仲裁裁决或者仲裁调解书仅确定继续履行合同,但对继续履行的权利义务,以及履行的方式、期限等具体内容不明确,导致无法执行的,依照前款规定处理。

第四条 对仲裁裁决主文或者仲裁调解书中的文字、计算错误以及仲裁庭已经认定但在裁决主文中遗漏的事项,可以补正或说明的,人民法院应当书面告知仲裁庭补正或说明,或者向仲裁机构调阅仲裁案卷查明。仲裁庭不补正也不说明,且人民法院调阅仲裁案卷后执行内容仍然不明确具体无法执行的,可以裁定驳回执行申请。

第五条 申请执行人对人民法院依照本规定第三条、第四条作出的驳回执行申请裁定不服的,可以自裁定送达之日起十日内向上一级人民法院申请复议。

第六条 仲裁裁决或者仲裁调解书确定交付的特定物确已毁损或者灭失的,依照《最高人民法院关于适用〈中华人民共和国民事诉讼法〉的解释》第四百九十四条的规定处理。

第七条 被执行人申请撤销仲裁裁决并已由人民法院受理的,或者被执行人、案外人对仲裁裁决执行案件提出不予执行申请并提供适当担保的,执行法院应当裁定中止执行。中止执行期间,人民法院应当停止处分性措施,但申请执行人提供充分、有效的担保请求继续执行的除外;执行标的查封、扣押、冻结期限届满前,人民法院可以根据当事人申请或者依职权办理续行查封、扣押、冻结手续。

申请撤销仲裁裁决、不予执行仲裁裁决案件司法审查期间,当事人、案外人申请对已查封、扣押、冻结之外的财产采取保全措施的,负责审查的人民法院参照民事诉讼法第一百条的规定处理。司法审查后仍需继续执行的,保全措施自动转为执行中的查封、扣押、冻结措施;采取保全措施的人民法院与执行法院不一致的,应当将保全手续移送执行法院,保全裁定视为执行法院作出的裁定。

第八条 被执行人向人民法院申请不予执行仲裁裁决的,应当在执行通知书送达之日起十五日内提出书面申请;有民事诉讼法第二百三十七条第二款第四、六项规定情形且执行程序尚未终结的,应当自知道或者应当知道有关事实或案件之日起十五日内提出书面申请。

本条前款规定期限届满前,被执行人已向有管辖权的人民法院申请撤销仲裁裁决且已被受理的,自人民法院驳回撤销仲裁裁决申请的裁判文书生效之日起重新计算期限。

第九条 案外人向人民法院申请不予执行仲裁裁决或者仲裁调解书的,应当提交申请书以及证明其请求成立的证据材料,并符合下列条件:

(一)有证据证明仲裁案件当事人恶意申请仲裁或者虚假仲裁,损害其合法权益;

(二)案外人主张的合法权益所涉及的执行标的尚未执行终结;

(三)自知道或者应当知道人民法院对该标的采取执行措施之日起三十日内提出。

第十条 被执行人申请不予执行仲裁裁决,对同一仲裁裁决的多个不予执行事由应当一并提出。不予执行仲裁裁决申请被裁定驳回后,再次提出申请的,人民法院不予审查,但有新证据证明存在民事诉讼法第二百三十七条第二款第四、六项规定情形的除外。

第十一条 人民法院对不予执行仲裁裁决案件应当组成合议庭围绕被执行人申请的事由、案外人的申请进行审查；对被执行人没有申请的事由不予审查，但仲裁裁决可能违背社会公共利益的除外。

被执行人、案外人对仲裁裁决执行案件申请不予执行的，人民法院应当进行询问；被执行人在询问终结前提出其他不予执行事由的，应当一并审查。人民法院审查时，认为必要的，可以要求仲裁庭作出说明，或者向仲裁机构调阅仲裁案卷。

第十二条 人民法院对不予执行仲裁裁决案件的审查，应当在立案之日起两个月内审查完毕并作出裁定；有特殊情况需要延长的，经本院院长批准，可以延长一个月。

第十三条 下列情形经人民法院审查属实的，应当认定为民事诉讼法第二百三十七条第二款第二项规定的"裁决的事项不属于仲裁协议的范围或者仲裁机构无权仲裁的"情形：

（一）裁决的事项超出仲裁协议约定的范围；

（二）裁决的事项属于依照法律规定或者当事人选择的仲裁规则规定的不可仲裁事项；

（三）裁决内容超出当事人仲裁请求的范围；

（四）作出裁决的仲裁机构非仲裁协议所约定。

第十四条 违反仲裁法规定的仲裁程序、当事人选择的仲裁规则或者当事人对仲裁程序的特别约定，可能影响案件公正裁决，经人民法院审查属实的，应当认定为民事诉讼法第二百三十七条第二款第三项规定的"仲裁庭的组成或者仲裁的程序违反法定程序的"情形。

当事人主张未按照仲裁法或仲裁规则规定的方式送达法律文书导致其未能参与仲裁，或者仲裁员根据仲裁法或仲裁规则的规定应当回避而未回避，可能影响公正裁决，经审查属实的，人民法院应当支持；仲裁庭按照仲裁法或仲裁规则以及当事人约定的方式送达仲裁法律文书，当事人主张不符合民事诉讼法有关送达规定的，人民法院不予支持。

适用的仲裁程序或仲裁规则经特别提示，当事人知道或者应当知道法定仲裁程序或选择的仲裁规则未被遵守，但仍然参加或者继续参加仲裁程序且未提出异议，在仲裁裁决作出之后以违反法定程序为由申请不予执行仲裁裁决的，人民法院不予支持。

第十五条 符合下列条件的，人民法院应当认定为民事诉讼法第二百三十七条第二款第四项规定的"裁决所根据的证据是伪造的"情形：

（一）该证据已被仲裁裁决采信；

（二）该证据属于认定案件基本事实的主要证据；

（三）该证据经查明确属通过捏造、变造、提供虚假证明等非法方式形成或者获取，违反证据的客观性、关联性、合法性要求。

第十六条 符合下列条件的，人民法院应当认定为民事诉讼法第二百三十七条第二款第五项规定的"对方当事人向仲裁机构隐瞒了足以影响公正裁决的证据的"情形：

（一）该证据属于认定案件基本事实的主要证据；

（二）该证据仅为对方当事人掌握，但未向仲裁庭提交；

（三）仲裁过程中知悉存在该证据，且要求对方当事人出示或者请求仲裁庭责令其提交，但对方当事人无正当理由未予出示或者提交。

当事人一方在仲裁过程中隐瞒己方掌握的证据，仲裁裁决作出后以己方所隐瞒的证据足以影响公正裁决为由申请不予执行仲裁裁决的，人民法院不予支持。

第十七条 被执行人申请不予执行仲裁调解书或者根据当事人之间的和解协议、调解协议作出的仲裁裁决，人民法院不予支持，但该仲裁调解书或者仲裁裁决违背社会公共利益的除外。

第十八条 案外人根据本规定第九条申请不予执行仲裁裁决或者仲裁调解书，符合下列条件的，人民法院应当支持：

（一）案外人系权利或者利益的主体；

（二）案外人主张的权利或者利益合法、真实；

（三）仲裁案件当事人之间存在虚构法律关系，捏造案件事实的情形；

（四）仲裁裁决主文或者仲裁调解书处理当事人民事权利义务的结果部分或者全部错误，损害案外人合法权益。

第十九条 被执行人、案外人对仲裁裁决执行案件逾期申请不予执行的，人民法院应当裁定不予受理；已经受理的，应当裁定驳回不予执行申请。

被执行人、案外人对仲裁裁决执行案件申请不予执行，经审查理由成立的，人民法院应当裁定不予执行；理由不成立的，应当裁定驳回不予执行申请。

第二十条 当事人向人民法院申请撤销仲裁裁决被驳回后，又在执行程序中以相同事由提出不予执行申请的，人民法院不予支持；当事人向人民法院申请不予执行被驳回后，又以相同事由申请撤销仲裁裁决的，人民法院不予支持。

在不予执行仲裁裁决案件审查期间，当事人向有管辖权的人民法院提出撤销仲裁裁决申请并被受理的，人民法院应当裁定中止对不予执行申请的审查；仲裁裁决被撤销或者决定重新仲裁的，人民法院应当裁定终结执行，并终结对不予执行申请的审查；撤销仲裁裁决申请被驳回或者申请执行人撤回撤销仲裁裁决申请的，人民法院应当恢复对不予执行申请的审查；被执行人撤回撤销仲裁裁决申请的，人民法院应当裁定终结对不予执行申请的审查，但案外人申请不予执行仲裁裁决的除外。

第二十一条 人民法院裁定驳回撤销仲裁裁决申请或者驳回不予执行仲裁裁决、仲裁调解书申请的，执行法院应当恢复执行。

人民法院裁定撤销仲裁裁决或者基于被执行人申请裁定不予执行仲裁裁决，原被执行人申请执行回转或者解除强制执行措施的，人民法院应当支持。原申请执行人对已履行或者被人民法院强制执行的款物申请保全的，人民法院应当依法准许；原申请执行人在人民法院采取保全措施之日起三十日内，未根据双方达成的书面仲裁协议重新申请仲裁或者向人民法院起诉的，人民法院应当裁定解除保全。

人民法院基于案外人申请裁定不予执行仲裁裁决或者仲裁调解书，案外人申请执行回转或者解除强制执行措施的，人民法院应当支持。

第二十二条 人民法院裁定不予执行仲裁裁决、驳回或者不予受理不予执行仲裁裁决申请后，当事人对该裁定提出执行异议或者申请复议的，人民法院不予受理。

人民法院裁定不予执行仲裁裁决的，当事人可以根据双方达成的书面仲裁协议重新申请仲裁，也可以向人民法院起诉。

人民法院基于案外人申请裁定不予执行仲裁裁决或者仲裁调解书，当事人不服的，可以自裁定送达之日起十日内向上一级人民法院申请复议；人民法院裁定驳回或者不予受理案外人提出的不予执行仲裁裁决、仲裁调解书申请，案外人不服的，可以自裁定送达之日起十日内向上一级人民法院申请复议。

第二十三条 本规定第八条、第九条关于对仲裁裁决执行案件申请不予执行的期限自本规定施行之日起重新计算。

第二十四条 本规定自2018年3月1日起施行，本院以前发布的司法解释与本规定不一致的，以本规定为准。

本规定施行前已经执行终结的执行案件，不适用本规定；本规定施行后尚未执行终结的执行案件，适用本规定。

最高人民法院关于仲裁机构"先予仲裁"裁决或者调解书立案、执行等法律适用问题的批复

- 2018年5月28日最高人民法院审判委员会第1740次会议通过
- 2018年6月5日最高人民法院公告公布
- 自2018年6月12日起施行
- 法释〔2018〕10号

广东省高级人民法院：

你院《关于"先予仲裁"裁决应否立案执行的请示》（粤高法〔2018〕99号）收悉。经研究，批复如下：

当事人申请人民法院执行仲裁机构根据仲裁法作出的仲裁裁决或者调解书，人民法院经审查，符合民事诉讼法、仲裁法相关规定的，应当依法及时受理，立案执行。但是，根据仲裁法第二条的规定，仲裁机构可以仲裁的是当事人间已经发生的合同纠纷和其他财产权益纠纷。因此，网络借贷合同当事人申请执行仲裁机构在纠纷发生前作出的仲裁裁决或者调解书的，人民法院应当裁定不予受理；已经受理的，裁定驳回执行申请。

你院请示中提出的下列情形，应当认定为民事诉讼法第二百三十七条第二款第三项规定的"仲裁庭的组成或者仲裁的程序违反法定程序"的情形：

一、仲裁机构未依照仲裁法规定的程序审理纠纷或者主持调解，径行根据网络借贷合同当事人在纠纷发生前签订的和解或者调解协议作出仲裁裁决、仲裁调解书的；

二、仲裁机构在仲裁过程中未保障当事人申请仲裁员回避、提供证据、答辩等仲裁法规定的基本程序权利的。

前款规定情形中，网络借贷合同当事人以约定弃权条款为由，主张仲裁程序未违反法定程序的，人民法院不予支持。

人民法院办理其他合同纠纷、财产权益纠纷仲裁裁决或者调解书执行案件，适用本批复。

此复。

四、刑 事

(一)刑法适用范围

最高人民法院关于适用刑法时间效力规定若干问题的解释

- 1997年9月25日最高人民法院审判委员会第937次会议通过
- 1997年9月25日最高人民法院公告公布
- 自1997年10月1日起施行
- 法释〔1997〕5号

为正确适用刑法,现就人民法院1997年10月1日以后审理的刑事案件,具体适用修订前的刑法或者修订后的刑法的有关问题规定如下:

第一条 对于行为人1997年9月30日以前实施的犯罪行为,在人民检察院、公安机关、国家安全机关立案侦查或者在人民法院受理案件以后,行为人逃避侦查或者审判,超过追诉期限或者被害人在追诉期限内提出控告,人民法院、人民检察院、公安机关应当立案而不予立案,超过追诉期限的,是否追究行为人的刑事责任,适用修订前的刑法第七十七条的规定。

第二条 犯罪分子1997年9月30日以前犯罪,不具有法定减轻处罚情节,但是根据案件的具体情况需要在法定刑以下判处刑罚的,适用修订前的刑法第五十九条第二款的规定。

第三条 前罪判处的刑罚已经执行完毕或者赦免,在1997年9月30日以前又犯应当判处有期徒刑以上刑罚之罪,是否构成累犯,适用修订前的刑法第六十一条的规定;1997年10月1日以后又犯应当判处有期徒刑以上刑罚之罪的,是否构成累犯,适用刑法第六十五条的规定。

第四条 1997年9月30日以前被采取强制措施的犯罪嫌疑人、被告人或者1997年9月30日以前犯罪,1997年10月1日以后仍在服刑的罪犯,如实供述司法机关还未掌握的本人其他罪行的,适用刑法第六十七条第二款的规定。

第五条 1997年9月30日以前犯罪的犯罪分子,有揭发他人犯罪行为,或者提供重要线索,从而得以侦破其他案件等立功表现的,适用刑法第六十八条的规定。

第六条 1997年9月30日以前犯罪被宣告缓刑的犯罪分子,在1997年10月1日以后的缓刑考验期间又犯新罪、被发现漏罪或者违反法律、行政法规或者国务院公安部门有关缓刑的监督管理规定,情节严重的,适用刑法第七十七条的规定,撤销缓刑。

第七条 1997年9月30日以前犯罪,1997年10月1日以后仍在服刑的犯罪分子,因特殊情况,需要不受执行刑期限制假释的,适用刑法第八十一条第一款的规定,报经最高人民法院核准。

第八条 1997年9月30日以前犯罪,1997年10月1日以后仍在服刑的累犯以及因杀人、爆炸、抢劫、强奸、绑架等暴力性犯罪被判处10年以上有期徒刑、无期徒刑的犯罪分子,适用修订前的刑法第七十三条的规定,可以假释。

第九条 1997年9月30日以前被假释的犯罪分子,在1997年10月1日以后的假释考验期内,又犯新罪、被发现漏罪或者违反法律、行政法规或者国务院公安部门有关假释的监督管理规定的,适用刑法第八十六条的规定,撤销假释。

第十条 按照审判监督程序重新审判的案件,适用行为时的法律。

最高人民法院关于适用刑法第十二条几个问题的解释

- 1997年12月23日最高人民法院审判委员会第952次会议通过
- 1997年12月31日最高人民法院公告公布
- 自1998年1月13日起施行
- 法释〔1997〕12号

修订后的《中华人民共和国刑法》1997年10月1日施行以来,一些地方法院就刑法第十二条适用中的几个具体问题向我院请示。现解释如下:

第一条 刑法第十二条规定的"处刑较轻",是指刑法对某种犯罪规定的刑罚即法定刑比修订前刑法轻。法定刑较轻是指法定最高刑较轻;如果法定最高刑相同,则指法定最低刑较轻。

第二条 如果刑法规定的某一犯罪只有一个法定刑幅度,法定最高刑或者最低刑是指该法定刑幅度的最高刑或者最低刑;如果刑法规定的某一犯罪有两个以上的法定刑幅度,法定最高刑或者最低刑是指具体犯罪行为应当适用的法定刑幅度的最高刑或者最低刑。

第三条 1997年10月1日以后审理1997年9月30日以前发生的刑事案件,如果刑法规定的定罪处刑标准、法定刑与修订前刑法相同的,应当适用修订前的刑法。

最高人民法院、最高人民检察院关于适用刑事司法解释时间效力问题的规定

· 2001年12月16日
· 高检发释字〔2001〕5号

为正确适用司法解释办理案件,现对适用刑事司法解释时间效力问题提出如下意见:

一、司法解释是最高人民法院对审判工作中具体应用法律问题和最高人民检察院对检察工作中具体应用法律问题所作的具有法律效力的解释,自发布或者规定之日起施行,效力适用于法律的施行期间。

二、对于司法解释实施前发生的行为,行为时没有相关司法解释,司法解释施行后尚未处理或者正在处理的案件,依照司法解释的规定办理。

三、对于新的司法解释实施前发生的行为,行为时已有相关司法解释,依照行为时的司法解释办理,但适用新的司法解释对犯罪嫌疑人、被告人有利的,适用新的司法解释。

四、对于在司法解释施行前已办结的案件,按照当时的法律和司法解释,认定事实和适用法律没有错误的,不再变动。

最高人民法院关于在裁判文书中如何表述修正前后刑法条文的批复

· 2012年2月20日最高人民法院审判委员会第1542次会议通过
· 2012年5月15日最高人民法院公告公布
· 自2012年6月1日起施行
· 法释〔2012〕7号

各省、自治区、直辖市高级人民法院,解放军军事法院,新疆维吾尔自治区高级人民法院生产建设兵团分院:

近来,一些法院就在裁判文书中引用修正前后刑法条文如何具体表述问题请示我院。经研究,批复如下:

一、根据案件情况,裁判文书引用1997年3月14日第八届全国人民代表大会第五次会议修订的刑法条文,应当根据具体情况分别表述:

(一)有关刑法条文在修订的刑法施行后未经修正,或者经过修正,但引用的是现行有效条文,表述为"《中华人民共和国刑法》第××条"。

(二)有关刑法条文经过修正,引用修正前的条文,表述为"1997年修订的《中华人民共和国刑法》第××条"。

(三)有关刑法条文经两次以上修正,引用经修正、且为最后一次修正前的条文,表述为"经××××年《中华人民共和国刑法修正案(×)》修正的《中华人民共和国刑法》第××条"。

二、根据案件情况,裁判文书引用1997年3月14日第八届全国人民代表大会第五次会议修订前的刑法条文,应当表述为"1979年《中华人民共和国刑法》第××条"。

三、根据案件情况,裁判文书引用有关单行刑法条文,应当直接引用相应该条例、补充规定或者决定的具体条款。

四、《最高人民法院关于在裁判文书中如何引用修订前、后刑法名称的通知》(法〔1997〕192号)、《最高人民法院关于在裁判文书中如何引用刑法修正案的批复》(法释〔2007〕7号)不再适用。

最高人民法院关于《中华人民共和国刑法修正案(九)》时间效力问题的解释

· 2015年10月19日最高人民法院审判委员会第1664次会议通过
· 2015年10月29日最高人民法院公告公布
· 自2015年11月1日起施行
· 法释〔2015〕19号

为正确适用《中华人民共和国刑法修正案(九)》,根据《中华人民共和国刑法》第十二条规定,现就人民法院2015年11月1日以后审理的刑事案件,具体适用修正前后刑法的有关问题规定如下:

第一条 对于2015年10月31日以前因利用职业便利实施犯罪,或者实施违背职业要求的特定义务的犯罪的,不适用修正后刑法第三十七条之一第一款的规定。其他法律、行政法规另有规定的,从其规定。

第二条 对于被判处死刑缓期执行的犯罪分子，在死刑缓期执行期间，且在 2015 年 10 月 31 日以前故意犯罪的，适用修正后刑法第五十条第一款的规定。

第三条 对于 2015 年 10 月 31 日以前一人犯数罪，数罪中有判处有期徒刑和拘役，有期徒刑和管制，或者拘役和管制，予以数罪并罚的，适用修正后刑法第六十九条第二款的规定。

第四条 对于 2015 年 10 月 31 日以前通过信息网络实施的刑法第二百四十六条第一款规定的侮辱、诽谤行为，被害人向人民法院告诉，但提供证据确有困难的，适用修正后刑法第二百四十六条第三款的规定。

第五条 对于 2015 年 10 月 31 日以前实施的刑法第二百六十条第一款规定的虐待行为，被害人没有能力告诉，或者因受到强制、威吓无法告诉的，适用修正后刑法第二百六十条第三款的规定。

第六条 对于 2015 年 10 月 31 日以前组织考试作弊，为他人组织考试作弊提供作弊器材或者其他帮助，以及非法向他人出售或者提供考试试题、答案，根据修正前刑法应当以非法获取国家秘密罪、非法生产、销售间谍专用器材罪或者故意泄露国家秘密罪等追究刑事责任的，适用修正前刑法的有关规定。但是，根据修正后刑法第二百八十四条之一的规定处刑较轻的，适用修正后刑法的有关规定。

第七条 对于 2015 年 10 月 31 日以前以捏造的事实提起民事诉讼，妨害司法秩序或者严重侵害他人合法权益，根据修正前刑法应当以伪造公司、企业、事业单位、人民团体印章罪或妨害作证罪等追究刑事责任的，适用修正前刑法的有关规定。但是，根据修正后刑法第三百零七条之一的规定处刑较轻的，适用修正后刑法的有关规定。

实施第一款行为，非法占有他人财产或者逃避合法债务，根据修正前刑法应当以诈骗罪、职务侵占罪或者贪污罪等追究刑事责任的，适用修正前刑法的有关规定。

第八条 对于 2015 年 10 月 31 日以前实施贪污、受贿行为，罪行极其严重，根据修正前刑法判处死刑缓期执行不能体现罪刑相适应原则，而根据修正后刑法判处死刑缓期执行同时决定在其死刑缓期执行二年期满依法减为无期徒刑后，终身监禁，不得减刑、假释可以罚当其罪的，适用修正后刑法第三百八十三条第四款的规定。根据修正前刑法判处死刑缓期执行足以罚当其罪的，不适用修正后刑法第三百八十三条第四款的规定。

第九条 本解释自 2015 年 11 月 1 日起施行。

（二）犯罪和刑事责任

最高人民法院关于审理单位犯罪案件具体应用法律有关问题的解释

- 1999 年 6 月 18 日最高人民法院审判委员会第 1069 次会议通过
- 1999 年 6 月 25 日最高人民法院公告公布
- 自 1999 年 7 月 3 日起施行
- 法释〔1999〕14 号

为依法惩治单位犯罪活动，根据刑法的有关规定，现对审理单位犯罪案件具体应用法律的有关问题解释如下：

第一条 刑法第三十条规定的"公司、企业、事业单位"，既包括国有、集体所有的公司、企业、事业单位，也包括依法设立的合资经营、合作经营企业和具有法人资格的独资、私营等公司、企业、事业单位。

第二条 个人为进行违法犯罪活动而设立的公司、企业、事业单位实施犯罪的，或者公司、企业、事业单位设立后，以实施犯罪为主要活动的，不以单位犯罪论处。

第三条 盗用单位名义实施犯罪，违法所得由实施犯罪的个人私分的，依照刑法有关自然人犯罪的规定定罪处罚。

最高人民法院关于审理贪污、职务侵占案件如何认定共同犯罪几个问题的解释

- 2000 年 6 月 27 日最高人民法院审判委员会第 1120 次会议通过
- 2000 年 6 月 30 日最高人民法院公告公布
- 自 2000 年 7 月 8 日起施行
- 法释〔2000〕15 号

为依法审理贪污或者职务侵占犯罪案件，现就这类案件如何认定共同犯罪问题解释如下：

第一条 行为人与国家工作人员勾结，利用国家工作人员的职务便利，共同侵吞、窃取、骗取或者以其他手段非法占有公共财物的，以贪污罪共犯论处。

第二条 行为人与公司、企业或者其他单位的人员勾结，利用公司、企业或者其他单位人员的职务便利，共同将该单位财物非法占为己有，数额较大的，以职务侵占罪共犯论处。

第三条 公司、企业或者其他单位中，不具有国家工

作人员身份的人与国家工作人员勾结,分别利用各自的职务便利,共同将本单位财物非法占为己有的,按照主犯的犯罪性质定罪。

最高人民法院关于审理单位犯罪案件对其直接负责的主管人员和其他直接责任人员是否区分主犯、从犯问题的批复

- 2000年9月28日最高人民法院审判委员会第1132次会议通过
- 2000年9月30日最高人民法院公告公布
- 自2000年10月10日起施行
- 法释〔2000〕31号

湖北省高级人民法院:

你院鄂高法〔1999〕374号《关于单位犯信用证诈骗罪案件中对其"直接负责的主管人员"和"其他直接责任人员"是否划分主从犯问题的请示》收悉。经研究,答复如下:

在审理单位故意犯罪案件时,对其直接负责的主管人员和其他直接责任人员,可不区分主犯、从犯,按照其在单位犯罪中所起的作用判处刑罚。

此复

最高人民检察院关于涉嫌犯罪单位被撤销、注销、吊销营业执照或者宣告破产的应如何进行追诉问题的批复

- 2002年7月4日最高人民检察院第九届检察委员会第111次会议通过
- 2002年7月9日最高人民检察院公告公布
- 自2002年7月15日起施行
- 高检发释字〔2002〕4号

四川省人民检察院:

你院《关于对已注销的单位原犯罪行为是否应当追诉的请示》(川检发研〔2001〕25号)收悉。经研究,批复如下:

涉嫌犯罪的单位被撤销、注销、吊销营业执照或者宣告破产的,应当根据刑法关于单位犯罪的相关规定,对实施犯罪行为的该单位直接负责的主管人员和其他直接责任人员追究刑事责任,对该单位不再追诉。

此复

最高人民检察院关于已满十四周岁不满十六周岁的人承担刑事责任范围问题的复函

- 2002年8月9日
- 高检发研字〔2002〕17号

四川省人民检察院:

你院关于已满十四周岁不满十六周岁的人承担刑事责任范围问题的请示(川检发研〔2001〕13号)收悉。我们就此问题询问了全国人民代表大会常务委员会法制工作委员会,现将全国人民代表大会常务委员会法制工作委员会的答复意见转发你院,请遵照执行。

此复

附件:

全国人民代表大会常务委员会法制工作委员会关于已满十四周岁不满十六周岁的人承担刑事责任范围问题的答复意见

- 2002年7月24日
- 法工委复字〔2002〕12号

最高人民检察院:

关于你单位4月8日来函收悉,经研究,现答复如下:

刑法第十七条第二款规定的八种犯罪,是指具体犯罪行为而不是具体罪名。对于刑法第十七条中规定的"犯故意杀人、故意伤害致人重伤或者死亡",是指只要故意实施了杀人、伤害行为并且造成了致人重伤、死亡后果的,都应负刑事责任。而不是指只有犯故意杀人罪、故意伤害罪的,才负刑事责任,绑架撕票的,不负刑事责任。对司法实践中出现的已满十四周岁不满十六周岁的人绑架人质后杀害被绑架人、拐卖妇女、儿童而故意造成被拐卖妇女、儿童重伤或死亡的行为,依据刑法是应当追究其刑事责任的。

最高人民检察院法律政策研究室关于相对刑事责任年龄的人承担刑事责任范围有关问题的答复

- 2003年4月18日
- 〔2003〕高检研发第13号

四川省人民检察院研究室:

你院关于相对刑事责任年龄的人承担刑事责任范围

问题的请示(川检发办〔2002〕47号)收悉。经研究，答复如下：

一、相对刑事责任年龄的人实施了刑法第十七条第二款规定的行为，应当追究刑事责任的，其罪名应当根据所触犯的刑法分则具体条文认定。对于绑架后杀害被绑架人的，其罪名应认定为绑架罪。

二、相对刑事责任年龄的人实施了刑法第二百六十九条规定的行为的，应当依照刑法第二百六十三条的规定，以抢劫罪追究刑事责任。但对情节显著轻微，危害不大的，可根据刑法第十三条的规定，不予追究刑事责任。

此复。

最高人民法院、最高人民检察院、公安部关于依法适用正当防卫制度的指导意见

· 2020年8月28日
· 法发〔2020〕31号

为依法准确适用正当防卫制度，维护公民的正当防卫权利，鼓励见义勇为，弘扬社会正气，把社会主义核心价值观融入刑事司法工作，根据《中华人民共和国刑法》和《中华人民共和国刑事诉讼法》的有关规定，结合工作实际，制定本意见。

一、总体要求

1. 把握立法精神，严格公正办案。正当防卫是法律赋予公民的权利。要准确理解和把握正当防卫的法律规定和立法精神，对于符合正当防卫成立条件的，坚决依法认定。要切实防止"谁能闹谁有理""谁死伤谁有理"的错误做法，坚决捍卫"法不能向不法让步"的法治精神。

2. 立足具体案情，依法准确认定。要立足防卫人防卫时的具体情境，综合考虑案件发生的整体经过，结合一般人在类似情境下的可能反应，依法准确把握防卫的时间、限度等条件。要充分考虑防卫人面临不法侵害时的紧迫状态和紧张心理，防止在事后以正常情况下冷静理性、客观精确的标准去评判防卫人。

3. 坚持法理情统一，维护公平正义。认定是否构成正当防卫、是否防卫过当以及对防卫过当裁量刑罚时，要注重查明前因后果，分清是非曲直，确保案件处理于法有据、于理应当、于情相容，符合人民群众的公平正义观念，实现法律效果与社会效果的有机统一。

4. 准确把握界限，防止不当认定。对于以防卫为名行不法侵害之实的违法犯罪行为，要坚决避免认定为正当防卫或者防卫过当。对于虽具有防卫性质，但防卫行为明显超过必要限度造成重大损害的，应当依法认定为防卫过当。

二、正当防卫的具体适用

5. 准确把握正当防卫的起因条件。正当防卫的前提是存在不法侵害。不法侵害既包括侵犯生命、健康权利的行为，也包括侵犯人身自由、公私财产等权利的行为；既包括犯罪行为，也包括违法行为。不应将不法侵害不当限缩为暴力侵害或者犯罪行为。对于非法限制他人人身自由、非法侵入他人住宅等不法侵害，可以实行防卫。不法侵害既包括针对本人的不法侵害，也包括危害国家、公共利益或者针对他人的不法侵害。对于正在进行的拉拽方向盘、殴打司机等妨害安全驾驶、危害公共安全的违法犯罪行为，可以实行防卫。成年人对于未成年人正在实施的针对其他未成年人的不法侵害，应当劝阻、制止；劝阻、制止无效的，可以实行防卫。

6. 准确把握正当防卫的时间条件。正当防卫必须是针对正在进行的不法侵害。对于不法侵害已经形成现实、紧迫危险的，应当认定为不法侵害已经开始；对于不法侵害虽然暂时中断或者被暂时制止，但不法侵害人仍有继续实施侵害的现实可能性的，应当认定为不法侵害仍在进行；在财产犯罪中，不法侵害人虽已取得财物，但通过追赶、阻击等措施能够追回财物的，可以视为不法侵害仍在进行；对于不法侵害人确已失去侵害能力或者确已放弃侵害的，应当认定为不法侵害已经结束。对于不法侵害是否已经开始或者结束，应当立足防卫人在防卫时所处情境，按照社会公众的一般认知，依法作出合乎情理的判断，不能苛求防卫人。对于防卫人因为恐慌、紧张等心理，对不法侵害是否已经开始或者结束产生错误认识的，应当根据主客观相统一原则，依法作出妥当处理。

7. 准确把握正当防卫的对象条件。正当防卫必须针对不法侵害人进行。对于多人共同实施不法侵害的，既可以针对直接实施不法侵害的人进行防卫，也可以针对在现场共同实施不法侵害的人进行防卫。明知侵害人是无刑事责任能力人或者限制刑事责任能力人的，应当尽量使用其他方式避免或者制止侵害；没有其他方式可以避免、制止不法侵害，或者不法侵害严重危及人身安全的，可以进行反击。

8. 准确把握正当防卫的意图条件。正当防卫必须是为了使国家、公共利益、本人或者他人的人身、财产和其他权利免受不法侵害。对于故意以语言、行为等挑动对方侵害自己再予以反击的防卫挑拨，不应认定为防卫行为。

9. 准确界分防卫行为与相互斗殴。防卫行为与相互斗殴具有外观上的相似性，准确区分两者要坚持主客观相统一原则，通过综合考量案发起因、对冲突升级是否有过错、是否使用或者准备使用凶器、是否采用明显不相当的暴力、是否纠集他人参与打斗等客观情节，准确判断行为人的主观意图和行为性质。

因琐事发生争执，双方均不能保持克制而引发打斗，对于有过错的一方先动手且手段明显过激，或者一方先动手，在对方努力避免冲突的情况下仍继续侵害的，还击一方的行为一般应当认定为防卫行为。

双方因琐事发生冲突，冲突结束后，一方又实施不法侵害，对方还击，包括使用工具还击的，一般应认定为防卫行为。不能仅因行为人事先进行防卫准备，就影响对其防卫意图的认定。

10. 防止将滥用防卫权的行为认定为防卫行为。对于显著轻微的不法侵害，行为人在可以辨识的情况下，直接使用足以致人重伤或者死亡的方式进行制止的，不应认定为防卫行为。不法侵害系因行为人的重大过错引发，行为人在可以使用其他手段避免侵害的情况下，仍故意使用足以致人重伤或者死亡的方式还击的，不应认定为防卫行为。

三、防卫过当的具体适用

11. 准确把握防卫过当的认定条件。根据刑法第二十条第二款的规定，认定防卫过当应当同时具备"明显超过必要限度"和"造成重大损害"两个条件，缺一不可。

12. 准确认定"明显超过必要限度"。防卫是否"明显超过必要限度"，应当综合不法侵害的性质、手段、强度、危害程度和防卫的时机、手段、强度、损害后果等情节，考虑双方力量对比，立足防卫人防卫时所处情境，结合社会公众的一般认知作出判断。在判断不法侵害的危害程度时，不仅要考虑已经造成的损害，还要考虑造成进一步损害的紧迫危险性和现实可能性。不应当苛求防卫人必须采取与不法侵害基本相当的反击方式和强度。通过综合考量，对于防卫行为与不法侵害相差悬殊、明显过激的，应当认定防卫明显超过必要限度。

13. 准确认定"造成重大损害"。"造成重大损害"是指造成不法侵害人重伤、死亡。造成轻伤及以下损害的，不属于重大损害。防卫行为虽然明显超过必要限度但没有造成重大损害的，不应认定为防卫过当。

14. 准确把握防卫过当的刑罚裁量。防卫过当应当负刑事责任，但是应当减轻或者免除处罚。要综合考虑案件情况，特别是不法侵害人的过错程度、不法侵害的严重程度以及防卫人面对不法侵害的恐慌、紧张等心理，确保刑罚裁量适当、公正。对于因侵害人实施严重贬损他人人格尊严、严重违反伦理道德的不法侵害，或者多次、长期实施不法侵害所引发的防卫过当行为，在量刑时应当充分考虑，以确保案件处理既经得起法律检验，又符合社会公平正义观念。

四、特殊防卫的具体适用

15. 准确理解和把握"行凶"。根据刑法第二十条第三款的规定，下列行为应当认定为"行凶"：（1）使用致命性凶器，严重危及他人人身安全的；（2）未使用凶器或者未使用致命性凶器，但是根据不法侵害的人数、打击部位和力度等情况，确已严重危及他人人身安全的。虽然尚未造成实际损害，但已对人身安全造成严重、紧迫危险的，可以认定为"行凶"。

16. 准确理解和把握"杀人、抢劫、强奸、绑架"。刑法第二十条第三款规定的"杀人、抢劫、强奸、绑架"，是指具体犯罪行为而不是具体罪名。在实施不法侵害过程中存在杀人、抢劫、强奸、绑架等严重危及人身安全的暴力犯罪行为的，如以暴力手段抢劫枪支、弹药、爆炸物或者以绑架手段拐卖妇女、儿童的，可以实行特殊防卫。有关行为没有严重危及人身安全的，应当适用一般防卫的法律规定。

17. 准确理解和把握"其他严重危及人身安全的暴力犯罪"。刑法第二十条第三款规定的"其他严重危及人身安全的暴力犯罪"，应当是与杀人、抢劫、强奸、绑架行为相当，并具有致人重伤或者死亡的紧迫危险和现实可能的暴力犯罪。

18. 准确把握一般防卫与特殊防卫的关系。对于不符合特殊防卫起因条件的防卫行为，致不法侵害人伤亡的，如果没有明显超过必要限度，也应当认定为正当防卫，不负刑事责任。

五、工作要求

19. 做好侦查取证工作。公安机关在办理涉正当防卫案件时，要依法及时、全面收集与案件相关的各类证据，为案件的依法公正处理奠定事实根基。取证工作要及时，对冲突现场有视听资料、电子数据等证据材料的，应当第一时间调取；对冲突过程的目击证人，要第一时间询问。取证工作要全面，对证明案件事实有价值的各类证据都应当依法及时收集，特别是涉及判断是否属于防卫行为、是正当防卫还是防卫过当以及有关案件前因后果等的证据。

20. 依法公正处理案件。要全面审查事实证据，认真听取各方意见,高度重视犯罪嫌疑人、被告人及其辩护人提出的正当防卫或者防卫过当的辩解、辩护意见,并及时核查,以准确认定事实、正确适用法律。要及时披露办案进展等工作信息,回应社会关切。对于依法认定为正当防卫的案件,根据刑事诉讼法的规定,及时作出不予立案、撤销案件、不批准逮捕、不起诉的决定或者被告人无罪的判决。对于防卫过当案件,应当依法适用认罪认罚从宽制度;对于犯罪情节轻微,依法不需要判处刑罚或者免除刑罚的,人民检察院可以作出不起诉决定。对于不法侵害人涉嫌犯罪的,应当依法及时追诉。人民法院审理第一审的涉正当防卫案件,社会影响较大或者案情复杂的,由人民陪审员和法官组成合议庭进行审理;社会影响重大的,由人民陪审员和法官组成七人合议庭进行审理。

21. 强化释法析理工作。要围绕案件争议焦点和社会关切,以事实为根据、以法律为准绳,准确、细致地阐明案件处理的依据和理由,强化法律文书的释法析理,有效回应当事人和社会关切,使办案成为全民普法的法治公开课,达到办理一案、教育一片的效果。要尽最大可能做好矛盾化解工作,促进社会和谐稳定。

22. 做好法治宣传工作。要认真贯彻"谁执法、谁普法"的普法责任制,做好以案说法工作,使正当防卫案件的处理成为全民普法和宣扬社会主义核心价值观的过程。要加大对正当防卫指导性案例、典型案例的发布力度,旗帜鲜明保护正当防卫者和见义勇为人的合法权益,弘扬社会正气,同时引导社会公众依法、理性、和平解决琐事纠纷,消除社会戾气,增进社会和谐。

(三) 刑 罚

最高人民法院关于对故意伤害、盗窃等严重破坏社会秩序的犯罪分子能否附加剥夺政治权利问题的批复

- 1997年12月23日最高人民法院审判委员会第952次会议通过
- 1997年12月31日最高人民法院公告公布
- 自1998年1月13日起施行
- 法释〔1997〕11号

福建省高级人民法院:

你院《关于对故意伤害、盗窃(重大)等犯罪分子被判处有期徒刑的,能否附加剥夺政治权利的请示》收悉。经研究,答复如下:

根据刑法第五十六条规定,对于故意杀人、强奸、放火、爆炸、投毒、抢劫等严重破坏社会秩序的犯罪分子,可以附加剥夺政治权利。对故意伤害、盗窃等其他严重破坏社会秩序的犯罪,犯罪分子主观恶性较深、犯罪情节恶劣、罪行严重的,也可以依法附加剥夺政治权利。

此复

最高人民法院关于对怀孕妇女在羁押期间自然流产审判时是否可以适用死刑问题的批复

- 1998年8月4日最高人民法院审判委员会第1010次会议通过
- 1998年8月7日最高人民法院公告公布
- 自1998年8月13日起施行
- 法释〔1998〕18号

河北省高级人民法院:

你院冀高法〔1998〕40号《关于审判时对怀孕妇女在公安预审羁押期间自然流产,是否适用死刑的请示》收悉。经研究,答复如下:

怀孕妇女因涉嫌犯罪在羁押期间自然流产后,又因同一事实被起诉、交付审判的,应当视为"审判的时候怀孕的妇女",依法不适用死刑。

此复

最高人民法院关于适用财产刑若干问题的规定

- 2000年11月15日最高人民法院审判委员会第1139次会议通过
- 2000年12月13日最高人民法院公告公布
- 自2000年12月19日起施行
- 法释〔2000〕45号

为正确理解和执行刑法有关财产刑的规定,现就适用财产刑的若干问题规定如下:

第一条 刑法规定"并处"没收财产或者罚金的犯罪,人民法院在对犯罪分子判处主刑的同时,必须依法判处相应的财产刑,刑法规定"可以并处"没收财产或者罚金的犯罪,人民法院应当根据案件具体情况及犯罪分子的财产状况,决定是否适用财产刑。

第二条 人民法院应当根据犯罪情节,如违法所得数额、造成损失的大小等,并综合考虑犯罪分子缴纳罚金的能力,依法判处罚金。刑法没有明确规定罚金数额标准的,罚金的最低数额不能少于1000元。

对未成年人犯罪应当从轻或者减轻判处罚金,但罚金的最低数额不能少于500元。

第三条 依法对犯罪分子所犯数罪分别判处罚金的,应当实行并罚,将所判处的罚金数额相加,执行总和数额。

一人犯数罪依法同时并处罚金和没收财产的,应当合并执行;但并处没收全部财产的,只执行没收财产刑。

第四条 犯罪情节较轻,适用单处罚金不致再危害社会并具有下列情形之一的,可以依法单处罚金:

(一)偶犯或者初犯的;
(二)自首或者有立功表现的;
(三)犯罪时不满18周岁的;
(四)犯罪预备、中止或者未遂的;
(五)被胁迫参加犯罪的;
(六)全部退赃并有悔罪表现的;
(七)其他可以依法单处罚金的情形。

第五条 刑法第五十三条规定的"判决指定的期限"应当在判决书中予以确定;"判决指定的期限"应为从判决发生法律效力第2日起最长不超过3个月。

第六条 刑法第五十三条规定的"由于遭遇不能抗拒的灾祸缴纳确实有困难的",主要是指因遭受火灾、水灾、地震等灾祸而丧失财产;罪犯因重病、伤残等而丧失劳动能力,或者需要罪犯抚养的近亲属患有重病,需支付巨额医药费等,确实没有财产可供执行的情形。

具有刑法第五十三条规定"可以酌情减少或者免除"事由的,由罪犯本人、亲属或者犯罪单位向负责执行的人民法院提出书面申请,并提供相应的证明材料。人民法院审查以后,根据实际情况,裁定减少或者免除应当缴纳的罚金数额。

第七条 刑法第六十条规定的"没收财产以前犯罪分子所负的正当债务",是指犯罪分子在判决生效前所负他人的合法债务。

第八条 罚金刑的数额应当以人民币为计算单位。

第九条 人民法院认为依法应当判处被告人财产刑的,可以在案件审理过程中,决定扣押或者冻结被告人的财产。

第十条 财产刑由第一审人民法院执行。

犯罪分子的财产在异地的,第一审人民法院可以委托财产所在地人民法院代为执行。

第十一条 自判决指定的期限届满第2日起,人民法院对于没有法定减免事由不缴纳罚金的,应当强制其缴纳。

对于隐藏、转移、变卖、损毁已被扣押、冻结财产情节严重的,依照刑法第三百一十四条的规定追究刑事责任。

(四)刑罚的具体运用

最高人民法院关于判决宣告后又发现被判刑的犯罪分子的同种漏罪是否实行数罪并罚问题的批复

· 1993年4月16日
· 法复〔1993〕3号

江西省高级人民法院:

你院赣高法〔1992〕39号《关于判决宣告后又发现被判刑的犯罪分子的同种漏罪是否按数罪并罚处理的请示》收悉。经研究,答复如下:

人民法院的判决宣告并已发生法律效力以后,刑罚还没有执行完毕以前,发现被判刑的犯罪分子在判决宣告以前还有其他罪没有判决的,不论新发现的罪与原判决的罪是否属于同种罪,都应当依照刑法第六十五条的规定实行数罪并罚。但如果在第一审人民法院的判决宣告以后,被告人提出上诉或者人民检察院提出抗诉,判决尚未发生法律效力的,第二审人民法院在审理期间,发现原审被告人在第一审判决宣告以前还有同种漏罪没有判决的,第二审人民法院应当依照刑事诉讼法第一百三十六条第(三)项的规定,裁定撤销原判,发回原审人民法院重新审判,第一审人民法院重新审判时,不适用刑法关于数罪并罚的规定。

最高人民法院关于在执行附加刑剥夺政治权利期间犯新罪应如何处理的批复

· 2009年3月30日最高人民法院审判委员会第1465次会议通过
· 2009年5月25日最高人民法院公告公布
· 自2009年6月10日起施行
· 法释〔2009〕10号

上海市高级人民法院:

你院《关于被告人在执行附加刑剥夺政治权利期间重新犯罪适用法律问题的请示》(沪高法〔2008〕24号)收悉。经研究,批复如下:

一、对判处有期徒刑并处剥夺政治权利的罪犯,主刑已执行完毕,在执行附加刑剥夺政治权利期间又犯新罪,如果所犯新罪无须附加剥夺政治权利的,依照刑法第七十一条的规定数罪并罚。

二、前罪尚未执行完毕的附加刑剥夺政治权利的刑期从新罪的主刑有期徒刑执行之日起停止计算，并依照刑法第五十八条规定从新罪的主刑有期徒刑执行完毕之日或者假释之日起继续计算；附加刑剥夺政治权利的效力施用于新罪的主刑执行期间。

三、对判处有期徒刑的罪犯，主刑已执行完毕，在执行附加刑剥夺政治权利期间又犯新罪，如果所犯新罪也剥夺政治权利的，依照刑法第五十五条、第五十七条、第七十一条的规定并罚。

最高人民法院关于处理自首和立功具体应用法律若干问题的解释

- 1998年4月6日最高人民法院审判委员会第972次会议通过
- 1998年4月17日最高人民法院公告公布
- 自1998年5月9日起施行
- 法释〔1998〕8号

为正确认定自首和立功，对具有自首或者立功表现的犯罪分子依法适用刑罚，现就具体应用法律的若干问题解释如下：

第一条 根据刑法第六十七条第一款的规定，犯罪以后自动投案，如实供述自己的罪行的，是自首。

（一）自动投案，是指犯罪事实或者犯罪嫌疑人未被司法机关发觉，或者虽被发觉，但犯罪嫌疑人尚未受到讯问、未被采取强制措施时，主动、直接向公安机关、人民检察院或者人民法院投案。

犯罪嫌疑人向其所在单位、城乡基层组织或者其他有关负责人员投案的；犯罪嫌疑人因病、伤或者为了减轻犯罪后果，委托他人先代为投案，或者先以信电投案的；罪行尚未被司法机关发觉，仅因形迹可疑，被有关组织或者司法机关盘问、教育后，主动交代自己的罪行的；犯罪后逃跑，在被通缉、追捕过程中，主动投案的；经查实确已准备去投案，或者正在投案途中，被公安机关捕获的，应当视为自动投案。

并非出于犯罪嫌疑人主动，而是经亲友规劝、陪同投案的；公安机关通知犯罪嫌疑人的亲友，或者亲友主动报案后，将犯罪嫌疑人送去投案的，也应当视为自动投案。

犯罪嫌疑人自动投案后又逃跑的，不能认定为自首。

（二）如实供述自己的罪行，是指犯罪嫌疑人自动投案后，如实交代自己的主要犯罪事实。

犯有数罪的犯罪嫌疑人仅如实供述所犯数罪中部分犯罪的，只对如实供述部分犯罪的行为，认定为自首。

共同犯罪案件中的犯罪嫌疑人，除如实供述自己的罪行，还应当供述所知的同案犯，主犯则应当供述所知其他同案犯的共同犯罪事实，才能认定为自首。

犯罪嫌疑人自动投案并如实供述自己的罪行后又翻供的，不能认定为自首；但在一审判决前又能如实供述的，应当认定为自首。

第二条 根据刑法第六十七条第二款的规定，被采取强制措施的犯罪嫌疑人、被告人和已宣判的罪犯，如实供述司法机关尚未掌握的罪行，与司法机关已掌握的或者判决确定的罪行属不同种罪行的，以自首论。

第三条 根据刑法第六十七条第一款的规定，对于自首的犯罪分子，可以从轻或者减轻处罚；对于犯罪较轻的，可以免除处罚。具体确定从轻、减轻还是免除处罚，应当根据犯罪轻重，并考虑自首的具体情节。

第四条 被采取强制措施的犯罪嫌疑人、被告人和已宣判的罪犯，如实供述司法机关尚未掌握的罪行，与司法机关已掌握的或者判决确定的罪行属同种罪行的，可以酌情从轻处罚；如实供述的同种罪行较重的，一般应当从轻处罚。

第五条 根据刑法第六十八条第一款的规定，犯罪分子到案后有检举、揭发他人犯罪行为，包括共同犯罪案件中的犯罪分子揭发同案犯共同犯罪以外的其他犯罪，经查证属实；提供侦破其他案件的重要线索，经查证属实；阻止他人犯罪活动；协助司法机关抓捕其他犯罪嫌疑人（包括同案犯）；具有其他有利于国家和社会的突出表现的，应当认定为有立功表现。

第六条 共同犯罪案件的犯罪分子到案后，揭发同案犯共同犯罪事实的，可以酌情予以从轻处罚。

第七条 根据刑法第六十八条第一款的规定，犯罪分子有检举、揭发他人重大犯罪行为，经查证属实；提供侦破其他重大案件的重要线索，经查证属实；阻止他人重大犯罪活动；协助司法机关抓捕其他重大犯罪嫌疑人（包括同案犯）；对国家和社会有其他重大贡献等表现的，应当认定为有重大立功表现。

前款所称"重大犯罪"、"重大案件"、"重大犯罪嫌疑人"的标准，一般是指犯罪嫌疑人、被告人可能被判处无期徒刑以上刑罚或者案件在本省、自治区、直辖市或者全国范围内有较大影响等情形。

最高人民法院关于被告人对行为性质的辩解是否影响自首成立问题的批复

- 2004年3月23日最高人民法院审判委员会第1312次会议通过
- 2004年3月26日最高人民法院公告公布
- 自2004年4月1日起施行
- 法释〔2004〕2号

广西壮族自治区高级人民法院：

你院2003年6月10日《关于被告人对事实性质的辩解是否影响投案自首的成立的请示》收悉。经研究，答复如下：

根据刑法第六十七条第一款和最高人民法院《关于处理自首和立功具体应用法律若干问题的解释》第一条的规定，犯罪以后自动投案，如实供述自己的罪行的，是自首。被告人对行为性质的辩解不影响自首的成立。

最高人民法院关于处理自首和立功若干具体问题的意见

- 2010年12月22日
- 法发〔2010〕60号

为规范司法实践中对自首和立功制度的运用，更好地贯彻落实宽严相济刑事政策，根据刑法、刑事诉讼法和《最高人民法院关于处理自首和立功具体应用法律若干问题的解释》（以下简称《解释》）等规定，对自首和立功若干具体问题提出如下处理意见：

一、关于"自动投案"的具体认定

《解释》第一条第（一）项规定七种应当视为自动投案的情形，体现了犯罪嫌疑人投案的主动性和自愿性。根据《解释》第一条第（一）项的规定，犯罪嫌疑人具有以下情形之一的，也应当视为自动投案：1. 犯罪后主动报案，虽未表明自己是作案人，但没有逃离现场，在司法机关询问时交代自己罪行的；2. 明知他人报案而在现场等待，抓捕时无拒捕行为，供认犯罪事实的；3. 在司法机关未确定犯罪嫌疑人，尚在一般性排查询问时主动交代自己罪行的；4. 因特定违法行为被采取劳动教养、行政拘留、司法拘留、强制隔离戒毒等行政、司法强制措施期间，主动向执行机关交代尚未被掌握的犯罪行为的；5. 其他符合立法本意，应当视为自动投案的情形。

罪行未被有关部门、司法机关发觉，仅因形迹可疑被盘问、教育后，主动交代了犯罪事实的，应当视为自动投案，但有关部门、司法机关在其身上、随身携带的物品、驾乘的交通工具等处发现与犯罪有关的物品的，不能认定为自动投案。

交通肇事后保护现场、抢救伤者，并向公安机关报告的，应认定为自动投案，构成自首，因上述行为同时系犯罪嫌疑人的法定义务，对其是否从宽、从宽幅度要适当从严掌握。交通肇事逃逸后自动投案，如实供述自己罪行的，应认定为自首，但应依法以较重法定刑为基准，视情形决定对其是否从宽处罚以及从宽处罚的幅度。

犯罪嫌疑人被亲友采用捆绑等手段送到司法机关，或者在亲友带领侦查人员前来抓捕时无拒捕行为，并如实供认犯罪事实的，虽然不能认定为自动投案，但可以参照法律对自首的有关规定酌情从轻处罚。

二、关于"如实供述自己的罪行"的具体认定

《解释》第一条第（二）项规定如实供述自己的罪行，除供述自己的主要犯罪事实外，还应包括姓名、年龄、职业、住址、前科等情况。犯罪嫌疑人供述的身份等情况与真实情况虽有差别，但不影响定罪量刑的，应认定为如实供述自己的罪行。犯罪嫌疑人自动投案后隐瞒自己的真实身份等情况，影响对其定罪量刑的，不能认定为如实供述自己的罪行。

犯罪嫌疑人多次实施同种罪行的，应当综合考虑已交代的犯罪事实与未交代的犯罪事实的危害程度，决定是否认定为如实供述主要犯罪事实。虽然投案后没有交代全部犯罪事实，但如实交代的犯罪情节重于未交代的犯罪情节，或者如实交代的犯罪数额多于未交代的犯罪数额，一般应认定为如实供述自己的主要犯罪事实。无法区分已交代的与未交代的犯罪情节的严重程度，或者已交代的犯罪数额与未交代的犯罪数额相当，一般不认定为如实供述自己的主要犯罪事实。

犯罪嫌疑人自动投案时虽然没有交代自己的主要犯罪事实，但在司法机关掌握其主要犯罪事实之前主动交代的，应认定为如实供述自己的罪行。

三、关于"司法机关还未掌握的本人其他罪行"和"不同种罪行"的具体认定

犯罪嫌疑人、被告人在被采取强制措施期间，向司法机关主动如实供述本人的其他罪行，该罪行能否认定为司法机关已掌握，应根据不同情形区别对待。如果该罪行已被通缉，一般应以该司法机关是否在通缉令发布范围内作出判断，不在通缉令发布范围内的，应认定为还未掌握，在通缉令发布范围内的，应视为已掌握；如果该罪行已录入全国公安信息网络在逃人员信息数据库，应视

为已掌握。如果该罪行未被通缉、也未录入全国公安信息网络在逃人员信息数据库，应以该司法机关是否已实际掌握该罪行为标准。

犯罪嫌疑人、被告人在被采取强制措施期间如实供述本人其他罪行，该罪行与司法机关已掌握的罪行属同种罪行还是不同种罪行，一般应以罪名区分。虽然如实供述的其他罪行的罪名与司法机关已掌握犯罪的罪名不同，但如实供述的其他犯罪与司法机关已掌握的犯罪属选择性罪名或者在法律、事实上密切关联，如因受贿被采取强制措施后，又交代因受贿为他人谋取利益行为，构成滥用职权罪的，应认定为同种罪行。

四、关于立功线索来源的具体认定

犯罪分子通过贿买、暴力、胁迫等非法手段，或者被羁押后与律师、亲友会见过程中违反监管规定，获取他人犯罪线索并"检举揭发"的，不能认定为有立功表现。

犯罪分子将本人以往查办犯罪职务活动中掌握的，或者从负有查办犯罪、监管职责的国家工作人员处获取的他人犯罪线索予以检举揭发的，不能认定为有立功表现。

犯罪分子亲友为使犯罪分子"立功"，向司法机关提供他人犯罪线索、协助抓捕犯罪嫌疑人的，不能认定为犯罪分子有立功表现。

五、关于"协助抓捕其他犯罪嫌疑人"的具体认定

犯罪分子具有下列行为之一，使司法机关抓获其他犯罪嫌疑人的，属于《解释》第五条规定的"协助司法机关抓捕其他犯罪嫌疑人"：1. 按照司法机关的安排，以打电话、发信息等方式将其他犯罪嫌疑人（包括同案犯）约至指定地点的；2. 按照司法机关的安排，当场指认、辨认其他犯罪嫌疑人（包括同案犯）的；3. 带领侦查人员抓获其他犯罪嫌疑人（包括同案犯）的；4. 提供司法机关尚未掌握的其他案件犯罪嫌疑人的联络方式、藏匿地址的，等等。

犯罪分子提供同案犯姓名、住址、体貌特征等基本情况，或者提供犯罪前、犯罪中掌握、使用的同案犯联络方式、藏匿地址，司法机关据此抓捕同案犯的，不能认定为协助司法机关抓捕同案犯。

六、关于立功线索的查证程序和具体认定

被告人在一、二审审理期间检举揭发他人犯罪行为或者提供侦破其他案件的重要线索，人民法院经审查认为该线索内容具体、指向明确的，应及时移交有关人民检察院或者公安机关依法处理。

侦查机关出具材料，表明在三个月内还不能查证并抓获被检举揭发的人，或者不能查实的，人民法院审理案件可不再等待查证结果。

被告人检举揭发他人犯罪行为或者提供侦破其他案件的重要线索经查证不属实，又重复提供同一线索，且没有提出新的证据材料的，可以不再查证。

根据被告人检举揭发破获的他人犯罪案件，如果已有审判结果，应当依据判决确认的事实认定是否查证属实；如果被检举揭发的他人犯罪案件尚未进入审判程序，可以依据侦查机关提供的书面查证情况认定是否查证属实。检举揭发的线索经查确有犯罪发生，或者确定了犯罪嫌疑人，可能构成重大立功，只是未能将犯罪嫌疑人抓获归案的，对可能判处死刑的被告人一般要留有余地，对其他被告人原则上酌情从轻处罚。

被告人检举揭发或者协助抓获的人的行为构成犯罪，但因法定事由不追究刑事责任、不起诉、终止审理的，不影响对被告人立功表现的认定；被告人检举揭发或者协助抓获的人的行为应判处无期徒刑以上刑罚，但因具有法定、酌定从宽情节，宣告刑为有期徒刑或者更轻刑罚的，不影响对被告人重大立功表现的认定。

七、关于自首、立功证据材料的审查

人民法院审查的自首证据材料，应当包括被告人投案经过、有罪供述以及能够证明其投案情况的其他材料。投案经过的内容一般应包括被告人投案时间、地点、方式等。证据材料应加盖接受被告人投案的单位的印章，并有接受人员签名。

人民法院审查的立功证据材料，一般应包括被告人检举揭发材料及证明其来源的材料、司法机关的调查核实材料、被检举揭发人的供述等。被检举揭发案件已立案、侦破，被检举揭发人被采取强制措施、公诉或者审判的，还应审查相关的法律文书。证据材料应加盖接收被告人检举揭发材料的单位的印章，并有接收人员签名。

人民法院经审查认为证明被告人自首、立功的材料不规范、不全面的，应当由检察机关、侦查机关予以完善或者提供补充材料。

上述证据材料在被告人被指控的犯罪一、二审审理时已形成的，应当经庭审质证。

八、关于对自首、立功的被告人的处罚

对具有自首、立功情节的被告人是否从宽处罚、从宽处罚的幅度，应当考虑其犯罪事实、犯罪性质、犯罪情节、危害后果、社会影响、被告人的主观恶性和人身危险性等。自首的还应考虑投案的主动性、供述的及时性和稳定性等。立功的还应考虑检举揭发罪行的轻重、被检举揭发的人可能或者已经被判处的刑罚、提供的线索对侦破案件或者协助抓捕其他犯罪嫌疑人所起作用的大小等。

具有自首或者立功情节的，一般应依法从轻、减轻处罚；犯罪情节较轻的，可以免除处罚。类似情况下，对具有自首情节的被告人的从宽幅度要适当宽于具有立功情节的被告人。

虽然具有自首或者立功情节，但犯罪情节特别恶劣、犯罪后果特别严重、被告人主观恶性深、人身危险性大，或者在犯罪前即为规避法律、逃避处罚而准备自首、立功的，可以不从宽处罚。

对于被告人具有自首、立功情节，同时又有累犯、毒品再犯等法定从重处罚情节的，既要考虑自首、立功的具体情节，又要考虑被告人的主观恶性、人身危险性等因素，综合分析判断，确定从宽或者从严处罚。累犯的前罪为非暴力犯罪的，一般可以从宽处罚，前罪为暴力犯罪或者前、后罪为同类犯罪的，可以不从宽处罚。

在共同犯罪案件中，对具有自首、立功情节的被告人的处罚，应注意共同犯罪人以及首要分子、主犯、从犯之间的量刑平衡。犯罪集团的首要分子、共同犯罪的主犯检举揭发或者协助司法机关抓捕同案地位、作用较次的犯罪分子的，从宽处罚与否应当从严掌握，如果从轻处罚可能导致全案量刑失衡的，一般不从轻处罚；如果检举揭发或者协助司法机关抓捕的是其他案件中罪行同样严重的犯罪分子，一般应依法从宽处罚。对于犯罪集团的一般成员、共同犯罪的从犯立功的，特别是协助抓捕首要分子、主犯的，应当充分体现政策，依法从宽处罚。

最高人民法院关于减刑、假释案件审理程序的规定

- 2014年4月10日最高人民法院审判委员会第1611次会议通过
- 2014年4月23日最高人民法院公告公布
- 自2014年6月1日起施行
- 法释〔2014〕5号

为进一步规范减刑、假释案件的审理程序，确保减刑、假释案件审理的合法、公正，根据《中华人民共和国刑法》《中华人民共和国刑事诉讼法》有关规定，结合减刑、假释案件审理工作实际，制定本规定。

第一条 对减刑、假释案件，应当按照下列情形分别处理：

（一）对被判处死刑缓期执行的罪犯的减刑，由罪犯服刑地的高级人民法院在收到同级监狱管理机关审核同意的减刑建议书后一个月内作出裁定；

（二）对被判处无期徒刑的罪犯的减刑、假释，由罪犯服刑地的高级人民法院在收到同级监狱管理机关审核同意的减刑、假释建议书后一个月内作出裁定，案情复杂或者情况特殊的，可以延长一个月；

（三）对被判处有期徒刑和减为有期徒刑的罪犯的减刑、假释，由罪犯服刑地的中级人民法院在收到执行机关提出的减刑、假释建议书后一个月内作出裁定，案情复杂或者情况特殊的，可以延长一个月；

（四）对被判处拘役、管制的罪犯的减刑，由罪犯服刑地中级人民法院在收到同级执行机关审核同意的减刑、假释建议书后一个月内作出裁定。

对暂予监外执行罪犯的减刑，应当根据情况，分别适用前款的有关规定。

第二条 人民法院受理减刑、假释案件，应当审查执行机关移送的下列材料：

（一）减刑或者假释建议书；

（二）终审法院裁判文书、执行通知书、历次减刑裁定书的复印件；

（三）罪犯确有悔改或者立功、重大立功表现的具体事实的书面证明材料；

（四）罪犯评审鉴定表、奖惩审批表等；

（五）其他根据案件审理需要应予移送的材料。

报请假释的，应当附有社区矫正机构或者基层组织关于罪犯假释后对所居住社区影响的调查评估报告。

人民检察院对报请减刑、假释案件提出检察意见的，执行机关应当一并移送受理减刑、假释案件的人民法院。

经审查，材料齐备的，应当立案；材料不齐的，应当通知执行机关在三日内补送，逾期未补送的，不予立案。

第三条 人民法院审理减刑、假释案件，应当在立案后五日内将执行机关报请减刑、假释的建议书等材料依法向社会公示。

公示内容应当包括罪犯的个人情况、原判认定的罪名和刑期、罪犯历次减刑情况、执行机关的建议及依据。

公示应当写明公示期限和提出意见的方式。公示期限为五日。

第四条 人民法院审理减刑、假释案件，应当依法由审判员或者由审判员和人民陪审员组成合议庭进行。

第五条 人民法院审理减刑、假释案件，除应当审查罪犯在执行期间的一贯表现外，还应当综合考虑犯罪的具体情节、原判刑罚情况、财产刑执行情况、附带民事裁判履行情况、罪犯退赃退赔等情况。

人民法院审理假释案件，除应当审查第一款所列情形外，还应当综合考虑罪犯的年龄、身体状况、性格特征、

假释后生活来源以及监管条件等影响再犯罪的因素。

执行机关以罪犯有立功表现或重大立功表现为由提出减刑的,应当审查立功或重大立功表现是否属实。涉及发明创造、技术革新或者其他贡献的,应当审查该成果是否系罪犯在执行期间独立完成,并经有关主管机关确认。

第六条 人民法院审理减刑、假释案件,可以采取开庭审理或者书面审理的方式。但下列减刑、假释案件,应当开庭审理:

(一)因罪犯有重大立功表现报请减刑的;

(二)报请减刑的起始时间、间隔时间或者减刑幅度不符合司法解释一般规定的;

(三)公示期间收到不同意见的;

(四)人民检察院有异议的;

(五)被报请减刑、假释罪犯系职务犯罪罪犯,组织(领导、参加、包庇、纵容)黑社会性质组织犯罪罪犯,破坏金融管理秩序和金融诈骗犯罪罪犯及其他在社会上有重大影响或社会关注度高的;

(六)人民法院认为其他应当开庭审理的。

第七条 人民法院开庭审理减刑、假释案件,应当通知人民检察院、执行机关及被报请减刑、假释罪犯参加庭审。

人民法院根据需要,可以通知证明罪犯确有悔改表现或者立功、重大立功表现的证人,公示期间提出不同意见的人,以及鉴定人、翻译人员等其他人员参加庭审。

第八条 开庭审理应当在罪犯刑罚执行场所或者人民法院确定的场所进行。有条件的人民法院可以采取视频开庭的方式进行。

在社区执行刑罚的罪犯因重大立功被报请减刑的,可以在罪犯服刑地或者居住地开庭审理。

第九条 人民法院对于决定开庭审理的减刑、假释案件,应当在开庭三日前将开庭的时间、地点通知人民检察院、执行机关、被报请减刑、假释罪犯和有必要参加庭审的其他人员,并于开庭三日前进行公告。

第十条 减刑、假释案件的开庭审理由审判长主持,应当按照以下程序进行:

(一)审判长宣布开庭,核实被报请减刑、假释罪犯的基本情况;

(二)审判长宣布合议庭组成人员、检察人员、执行机关代表及其他庭审参加人;

(三)执行机关代表宣读减刑、假释建议书,并说明主要理由;

(四)检察人员发表检察意见;

(五)法庭对被报请减刑、假释罪犯确有悔改表现或立功表现、重大立功表现的事实以及其他影响减刑、假释的情况进行调查核实;

(六)被报请减刑、假释罪犯作最后陈述;

(七)审判长对庭审情况进行总结并宣布休庭评议。

第十一条 庭审过程中,合议庭人员对报请理由有疑问的,可以向被报请减刑、假释罪犯、证人、执行机关代表、检察人员提问。

庭审过程中,检察人员对报请理由有疑问的,在经审判长许可后,可以出示证据,申请证人到庭,向被报请减刑、假释罪犯及证人提问并发表意见。被报请减刑、假释罪犯对报请理由有疑问的,在经审判长许可后,可以出示证据,申请证人到庭,向证人提问并发表意见。

第十二条 庭审过程中,合议庭对证据有疑问需要进行调查核实,或者检察人员、执行机关代表提出申请的,可以宣布休庭。

第十三条 人民法院开庭审理减刑、假释案件,能够当庭宣判的应当当庭宣判;不能当庭宣判的,可以择期宣判。

第十四条 人民法院书面审理减刑、假释案件,可以就被报请减刑、假释罪犯是否符合减刑、假释条件进行调查核实或听取有关方面意见。

第十五条 人民法院书面审理减刑案件,可以提讯被报请减刑罪犯;书面审理假释案件,应当提讯被报请假释罪犯。

第十六条 人民法院审理减刑、假释案件,应当按照下列情形分别处理:

(一)被报请减刑、假释罪犯符合法律规定的减刑、假释条件的,作出予以减刑、假释的裁定;

(二)被报请减刑的罪犯符合法律规定的减刑条件,但执行机关报请的减刑幅度不适当的,对减刑幅度作出相应调整后作出予以减刑的裁定;

(三)被报请减刑、假释罪犯不符合法律规定的减刑、假释条件的,作出不予减刑、假释的裁定。

在人民法院作出减刑、假释裁定前,执行机关书面申请撤回减刑、假释建议的,是否准许,由人民法院决定。

第十七条 减刑、假释裁定书应当写明罪犯原判和历次减刑情况,确有悔改表现或者立功、重大立功表现的事实和理由,以及减刑、假释的法律依据。

裁定减刑的,应当注明刑期的起止时间;裁定假释的,应当注明假释考验期的起止时间。

裁定调整减刑幅度或者不予减刑、假释的,应当在裁定书中说明理由。

第十八条 人民法院作出减刑、假释裁定后,应当在七日内送达报请减刑、假释的执行机关、同级人民检察院以及罪犯本人。作出假释裁定的，还应当送达社区矫正机构或者基层组织。

第十九条　减刑、假释裁定书应当通过互联网依法向社会公布。

第二十条　人民检察院认为人民法院减刑、假释裁定不当，在法定期限内提出书面纠正意见的，人民法院应当在收到纠正意见后另行组成合议庭审理，并在一个月内作出裁定。

第二十一条　人民法院发现本院已经生效的减刑、假释裁定确有错误的，应当依法重新组成合议庭进行审理并作出裁定；上级人民法院发现下级人民法院已经生效的减刑、假释裁定确有错误的，应当指令下级人民法院另行组成合议庭审理，也可以自行依法组成合议庭进行审理并作出裁定。

第二十二条　最高人民法院以前发布的司法解释和规范性文件，与本规定不一致的，以本规定为准。

最高人民法院关于办理减刑、假释案件具体应用法律的规定

· 2016年9月19日最高人民法院审判委员会第1693次会议通过
· 2016年11月14日最高人民法院公告公布
· 自2017年1月1日起施行
· 法释〔2016〕23号

为确保依法公正办理减刑、假释案件，依据《中华人民共和国刑法》《中华人民共和国刑事诉讼法》《中华人民共和国监狱法》和其他法律规定，结合司法实践，制定本规定。

第一条　减刑、假释是激励罪犯改造的刑罚制度，减刑、假释的适用应当贯彻宽严相济刑事政策，最大限度地发挥刑罚的功能，实现刑罚的目的。

第二条　对于罪犯符合刑法第七十八条第一款规定"可以减刑"条件的案件，在办理时应当综合考察罪犯犯罪的性质和具体情节、社会危害程度、原判刑罚及生效裁判中财产性判项的履行情况、交付执行后的一贯表现等因素。

第三条　"确有悔改表现"是指同时具备以下条件：
（一）认罪悔罪；
（二）遵守法律法规及监规，接受教育改造；
（三）积极参加思想、文化、职业技术教育；
（四）积极参加劳动，努力完成劳动任务。

对职务犯罪、破坏金融管理秩序和金融诈骗犯罪、组织（领导、参加、包庇、纵容）黑社会性质组织犯罪等罪犯，不积极退赃、协助追缴赃款赃物、赔偿损失，或者服刑期间利用个人影响力和社会关系等不正当手段意图获得减刑、假释的，不认定其"确有悔改表现"。

罪犯在刑罚执行期间的申诉权利应当依法保护，对其正当申诉不能不加分析地认为是不认罪悔罪。

第四条　具有下列情形之一的，可以认定为有"立功表现"：
（一）阻止他人实施犯罪活动的；
（二）检举、揭发监狱内外犯罪活动，或者提供重要的破案线索，经查证属实的；
（三）协助司法机关抓捕其他犯罪嫌疑人的；
（四）在生产、科研中进行技术革新，成绩突出的；
（五）在抗御自然灾害或者排除重大事故中，表现积极的；
（六）对国家和社会有其他较大贡献的。

第（四）项、第（六）项中的技术革新或者其他较大贡献应当由罪犯在刑罚执行期间独立或者为主完成，并经省级主管部门确认。

第五条　具有下列情形之一的，应当认定为有"重大立功表现"：
（一）阻止他人实施重大犯罪活动的；
（二）检举监狱内外重大犯罪活动，经查证属实的；
（三）协助司法机关抓捕其他重大犯罪嫌疑人的；
（四）有发明创造或者重大技术革新的；
（五）在日常生产、生活中舍己救人的；
（六）在抗御自然灾害或者排除重大事故中，有突出表现的；
（七）对国家和社会有其他重大贡献的。

第（四）项中的发明创造或者重大技术革新应当是罪犯在刑罚执行期间独立或者为主完成并经国家主管部门确认的发明专利，且不包括实用新型专利和外观设计专利；第（七）项中的其他重大贡献应当由罪犯在刑罚执行期间独立或者为主完成，并经国家主管部门确认。

第六条　被判处有期徒刑的罪犯减刑起始时间为：不满五年有期徒刑的，应当执行一年以上方可减刑；五年以上不满十年有期徒刑的，应当执行一年六个月以上方可减刑；十年以上有期徒刑的，应当执行二年以上方可减刑。有期徒刑减刑的起始时间自判决执行之日起计算。

确有悔改表现或者有立功表现的，一次减刑不超过九个月有期徒刑；确有悔改表现并有立功表现的，一次减

刑不超过一年有期徒刑;有重大立功表现的,一次减刑不超过一年六个月有期徒刑;确有悔改表现并有重大立功表现的,一次减刑不超过二年有期徒刑。

被判处不满十年有期徒刑的罪犯,两次减刑间隔时间不得少于一年;被判处十年以上有期徒刑的罪犯,两次减刑间隔时间不得少于一年六个月。减刑间隔时间不得低于上次减刑减去的刑期。

罪犯有重大立功表现的,可以不受上述减刑起始时间和间隔时间的限制。

第七条 对符合减刑条件的职务犯罪罪犯,破坏金融管理秩序和金融诈骗犯罪罪犯,组织、领导、参加、包庇、纵容黑社会性质组织犯罪罪犯,危害国家安全犯罪罪犯,恐怖活动犯罪罪犯,毒品犯罪集团的首要分子及毒品再犯,累犯,确有履行能力而不履行或者不全部履行生效裁判中财产性判项的罪犯,被判处十年以下有期徒刑的,执行二年以上方可减刑,减刑幅度应当比照本规定第六条从严掌握,一次减刑不超过一年有期徒刑,两次减刑之间应当间隔一年以上。

对被判处十年以上有期徒刑的前款罪犯,以及因故意杀人、强奸、抢劫、绑架、放火、爆炸、投放危险物质或者有组织的暴力性犯罪被判处十年以上有期徒刑的罪犯,数罪并罚且其中两罪以上被判处十年以上有期徒刑的罪犯,执行二年以上方可减刑,减刑幅度应当比照本规定第六条从严掌握,一次减刑不超过一年有期徒刑,两次减刑之间应当间隔一年六个月以上。

罪犯有重大立功表现的,可以不受上述减刑起始时间和间隔时间的限制。

第八条 被判处无期徒刑的罪犯在刑罚执行期间,符合减刑条件的,执行二年以上,可以减刑。减刑幅度为:确有悔改表现或者有立功表现的,可以减为二十二年有期徒刑;确有悔改表现并有立功表现的,可以减为二十一年以上二十二年以下有期徒刑;有重大立功表现的,可以减为二十年以上二十一年以下有期徒刑;确有悔改表现并有重大立功表现的,可以减为十九年以上二十年以下有期徒刑。无期徒刑罪犯减为有期徒刑后再减刑时,减刑幅度依照本规定第六条的规定执行。两次减刑间隔时间不得少于二年。

罪犯有重大立功表现的,可以不受上述减刑起始时间和间隔时间的限制。

第九条 对被判处无期徒刑的职务犯罪罪犯,破坏金融管理秩序和金融诈骗犯罪罪犯,组织、领导、参加、包庇、纵容黑社会性质组织犯罪罪犯,危害国家安全犯罪罪犯,恐怖活动犯罪罪犯,毒品犯罪集团的首要分子及毒品再犯,累犯以及因故意杀人、强奸、抢劫、绑架、放火、爆炸、投放危险物质或者有组织的暴力性犯罪的罪犯,确有履行能力而不履行或者不全部履行生效裁判中财产性判项的罪犯,数罪并罚被判处无期徒刑的罪犯,符合减刑条件的,执行三年以上方可减刑,减刑幅度应当比照本规定第八条从严掌握,减刑后的刑期最低不得少于二十年有期徒刑;减为有期徒刑后再减刑时,减刑幅度比照本规定第六条从严掌握,一次不超过一年有期徒刑,两次减刑之间应当间隔二年以上。

罪犯有重大立功表现的,可以不受上述减刑起始时间和间隔时间的限制。

第十条 被判处死刑缓期执行的罪犯减为无期徒刑后,符合减刑条件的,执行三年以上方可减刑。减刑幅度为:确有悔改表现或者有立功表现的,可以减为二十五年有期徒刑;确有悔改表现并有立功表现的,可以减为二十四年以上二十五年以下有期徒刑;有重大立功表现的,可以减为二十三年以上二十四年以下有期徒刑;确有悔改表现并有重大立功表现的,可以减为二十二年以上二十三年以下有期徒刑。

被判处死刑缓期执行的罪犯减为有期徒刑后再减刑时,比照本规定第八条的规定办理。

第十一条 对被判处死刑缓期执行的职务犯罪罪犯,破坏金融管理秩序和金融诈骗犯罪罪犯,组织、领导、参加、包庇、纵容黑社会性质组织犯罪罪犯,危害国家安全犯罪罪犯,恐怖活动犯罪罪犯,毒品犯罪集团的首要分子及毒品再犯,累犯以及因故意杀人、强奸、抢劫、绑架、放火、爆炸、投放危险物质或者有组织的暴力性犯罪的罪犯,确有履行能力而不履行或者不全部履行生效裁判中财产性判项的罪犯,数罪并罚被判处死刑缓期执行的罪犯,减为无期徒刑后,符合减刑条件的,执行三年以上方可减刑,一般减为二十五年有期徒刑,有立功表现或者重大立功表现的,可以比照本规定第十条减为二十三年以上二十五年以下有期徒刑;减为有期徒刑后再减刑时,减刑幅度比照本规定第六条从严掌握,一次不超过一年有期徒刑,两次减刑之间应当间隔二年以上。

第十二条 被判处死刑缓期执行的罪犯经过一次或者几次减刑后,其实际执行的刑期不得少于十五年,死刑缓期执行期间不包括在内。

死刑缓期执行罪犯在缓期执行期间不服从监管、抗拒改造,尚未构成犯罪的,在减为无期徒刑后再减刑时应当适当从严。

第十三条　被限制减刑的死刑缓期执行罪犯,减为无期徒刑后,符合减刑条件的,执行五年以上方可减刑。减刑间隔时间和减刑幅度依照本规定第十一条的规定执行。

第十四条　被限制减刑的死刑缓期执行罪犯,减为有期徒刑后再减刑时,一次减刑不超过六个月有期徒刑,两次减刑间隔时间不得少于二年。有重大立功表现的,间隔时间可以适当缩短,但一次减刑不超过一年有期徒刑。

第十五条　对被判处终身监禁的罪犯,在死刑缓期执行期满依法减为无期徒刑的裁定中,应当明确终身监禁,不得再减刑或者假释。

第十六条　被判处管制、拘役的罪犯,以及判决生效后剩余刑期不满二年有期徒刑的罪犯,符合减刑条件的,可以酌情减刑,减刑起始时间可以适当缩短,但实际执行的刑期不得少于原判刑期的二分之一。

第十七条　被判处有期徒刑罪犯减刑时,对附加剥夺政治权利的期限可以酌减。酌减后剥夺政治权利的期限,不得少于一年。

被判处死刑缓期执行、无期徒刑的罪犯减为有期徒刑时,应当将附加剥夺政治权利的期限减为七年以上十年以下,经过一次或者几次减刑后,最终剥夺政治权利的期限不得少于三年。

第十八条　被判处拘役或者三年以下有期徒刑,并宣告缓刑的罪犯,一般不适用减刑。

前款规定的罪犯在缓刑考验期内有重大立功表现的,可以参照刑法第七十八条的规定予以减刑,同时应当依法缩减其缓刑考验期。缩减后,拘役的缓刑考验期限不得少于二个月,有期徒刑的缓刑考验期限不得少于一年。

第十九条　对在报请减刑前的服刑期间不满十八周岁,且所犯罪行不属于刑法第八十一条第二款规定情形的罪犯,认罪悔罪,遵守法律法规及监规,积极参加学习、劳动,应当视为确有悔改表现。

对上述罪犯减刑时,减刑幅度可以适当放宽,或者减刑起始时间、间隔时间可以适当缩短,但放宽的幅度和缩短的时间不得超过本规定中相应幅度、时间的三分之一。

第二十条　老年罪犯、患严重疾病罪犯或者身体残疾罪犯减刑时,应当主要考察其认罪悔罪的实际表现。

对基本丧失劳动能力,生活难以自理的上述罪犯减刑时,减刑幅度可以适当放宽,或者减刑起始时间、间隔时间可以适当缩短,但放宽的幅度和缩短的时间不得超过本规定中相应幅度、时间的三分之一。

第二十一条　被判处有期徒刑、无期徒刑的罪犯在刑罚执行期间又故意犯罪,新罪被判处有期徒刑的,自新罪判决确定之日起三年内不予减刑;新罪被判处无期徒刑的,自新罪判决确定之日起四年内不予减刑。

罪犯在死刑缓期执行期间又故意犯罪,未被执行死刑的,死刑缓期执行的期间重新计算,减为无期徒刑后,五年内不予减刑。

被判处死刑缓期执行罪犯减刑后,在刑罚执行期间又故意犯罪的,依照第一款规定处理。

第二十二条　办理假释案件,认定"没有再犯罪的危险",除符合刑法第八十一条规定的情形外,还应当根据犯罪的具体情节、原判刑罚情况,在刑罚执行中的一贯表现,罪犯的年龄、身体状况、性格特征,假释后生活来源以及监管条件等因素综合考虑。

第二十三条　被判处有期徒刑的罪犯假释时,执行原判刑期二分之一的时间,应当从判决执行之日起计算,判决执行以前先行羁押的,羁押一日折抵刑期一日。

被判处无期徒刑的罪犯假释时,刑法中关于实际执行刑期不得少于十三年的时间,应当从判决生效之日起计算。判决生效以前先行羁押的时间不予折抵。

被判处死刑缓期执行的罪犯减为无期徒刑或者有期徒刑后,实际执行十五年以上,方可假释,该实际执行时间应当从死刑缓期执行期满之日起计算。死刑缓期执行期间不包括在内,判决确定以前先行羁押的时间不予折抵。

第二十四条　刑法第八十一条第一款规定的"特殊情况",是指有国家政治、国防、外交等方面特殊需要的情况。

第二十五条　对累犯以及因故意杀人、强奸、抢劫、绑架、放火、爆炸、投放危险物质或者有组织的暴力性犯罪被判处十年以上有期徒刑、无期徒刑的,不得假释。

因前款情形和犯罪被判处死刑缓期执行的罪犯,被减为无期徒刑、有期徒刑后,也不得假释。

第二十六条　对下列罪犯适用假释时可以依法从宽掌握:

(一)过失犯罪的罪犯、中止犯罪的罪犯、被胁迫参加犯罪的罪犯;

(二)因防卫过当或者紧急避险过当而被判处有期徒刑以上刑罚的罪犯;

(三)犯罪时未满十八周岁的罪犯;

(四)基本丧失劳动能力,生活难以自理,假释后生活确有着落的老年罪犯、患严重疾病罪犯或者身体残疾罪犯;

(五)服刑期间改造表现特别突出的罪犯;

(六)具有其他可以从宽假释情形的罪犯。

罪犯既符合法定减刑条件,又符合法定假释条件的,可以优先适用假释。

第二十七条 对于生效裁判中有财产性判项，罪犯确有履行能力而不履行或者不全部履行的，不予假释。

第二十八条 罪犯减刑后又假释的，间隔时间不得少于一年；对一次减去一年以上有期徒刑后，决定假释的，间隔时间不得少于一年六个月。

罪犯减刑后余刑不足二年，决定假释的，可以适当缩短间隔时间。

第二十九条 罪犯在假释考验期内违反法律、行政法规或者国务院有关部门关于假释的监督管理规定的，作出假释裁定的人民法院，应当在收到报请机关或者检察机关撤销假释建议书后及时审查，作出是否撤销假释的裁定，并送达报请机关，同时抄送人民检察院、公安机关和原刑罚执行机关。

罪犯在逃的，撤销假释裁定书可以作为对罪犯进行追捕的依据。

第三十条 依照刑法第八十六条规定被撤销假释的罪犯，一般不得再假释。但依照该条第二款被撤销假释的罪犯，如果罪犯对漏罪曾作如实供述但原判未予认定，或者漏罪系其自首，符合假释条件的，可以再假释。

被撤销假释的罪犯，收监后符合减刑条件的，可以减刑，但减刑起始时间自收监之日起计算。

第三十一条 年满八十周岁、身患疾病或者生活难以自理、没有再犯罪危险的罪犯，既符合减刑条件，又符合假释条件的，优先适用假释；不符合假释条件的，参照本规定第二十条有关的规定从宽处理。

第三十二条 人民法院按照审判监督程序重新审理的案件，裁定维持原判决、裁定的，原减刑、假释裁定继续有效。

再审裁判改变原判决、裁定的，原减刑、假释裁定自动失效，执行机关应当及时报请有管辖权的人民法院重新作出是否减刑、假释的裁定。重新作出减刑裁定时，不受本规定有关减刑起始时间、间隔时间和减刑幅度的限制。重新裁定时应综合考虑各方面因素，减刑幅度不得超过原裁定减去的刑期总和。

再审改判为死刑缓期执行或者无期徒刑的，在新判决减为有期徒刑之时，原判决已经实际执行的刑期一并扣减。

再审裁判宣告无罪的，原减刑、假释裁定自动失效。

第三十三条 罪犯被裁定减刑后，刑罚执行期间因故意犯罪而数罪并罚时，经减刑裁定减去的刑期不计入已经执行的刑期。原判死刑缓期执行减为无期徒刑、有期徒刑，或者无期徒刑减为有期徒刑的裁定继续有效。

第三十四条 罪犯被裁定减刑后，刑罚执行期间因发现漏罪而数罪并罚的，原减刑裁定自动失效。如漏罪系罪犯主动交代的，对其原减去的刑期，由执行机关报请有管辖权的人民法院重新作出减刑裁定，予以确认；如漏罪系有关机关发现或者他人检举揭发的，由执行机关报请有管辖权的人民法院，在原减刑裁定减去的刑期总和之内，酌情重新裁定。

第三十五条 被判处死刑缓期执行的罪犯，在死刑缓期执行期内被发现漏罪，依据刑法第七十条规定数罪并罚，决定执行死刑缓期执行的，死刑缓期执行期间自新判决确定之日起计算，已经执行的死刑缓期执行期间计入新判决的死刑缓期执行期间内，但漏罪被判处死刑缓期执行的除外。

第三十六条 被判处死刑缓期执行的罪犯，在死刑缓期执行期满后被发现漏罪，依据刑法第七十条规定数罪并罚，决定执行死刑缓期执行的，交付执行时对罪犯实际执行无期徒刑，死缓考验期不再执行，但漏罪被判处死刑缓期执行的除外。

在无期徒刑减为有期徒刑时，前罪死刑缓期执行减为无期徒刑之日起至新判决生效之日止已经实际执行的刑期，应当计算在减刑裁定决定执行的刑期以内。

原减刑裁定减去的刑期依照本规定第三十四条处理。

第三十七条 被判处无期徒刑的罪犯在减为有期徒刑后因发现漏罪，依据刑法第七十条规定数罪并罚，决定执行无期徒刑的，前罪无期徒刑生效之日至新判决生效之日止已经实际执行的刑期，应当在新判决的无期徒刑减为有期徒刑时，在减刑裁定决定执行的刑期内扣减。

无期徒刑罪犯减为有期徒刑后因发现漏罪判处三年有期徒刑以下刑罚，数罪并罚决定执行无期徒刑的，在新判决生效后执行一年以上，符合减刑条件的，可以减为有期徒刑，减刑幅度依照本规定第八条、第九条的规定执行。

原减刑裁定减去的刑期依照本规定第三十四条处理。

第三十八条 人民法院作出的刑事判决、裁定发生法律效力后，在依照刑事诉讼法第二百五十三条、第二百五十四条的规定将罪犯交付执行刑罚时，如果生效裁判中有财产性判项，人民法院应当将反映财产性判项执行、履行情况的有关材料一并随案移送刑罚执行机关。罪犯在服刑期间本人履行或者其亲属代为履行生效裁判中财产性判项的，应当及时向刑罚执行机关报告。刑罚执行机关报请减刑时应随案移送以上材料。

人民法院办理减刑、假释案件时，可以向原一审人民法院核实罪犯履行财产性判项的情况。原一审人民法院应当出具相关证明。

刑罚执行期间,负责办理减刑、假释案件的人民法院可以协助原一审人民法院执行生效裁判中的财产性判项。

第三十九条 本规定所称"老年罪犯",是指报请减刑、假释时年满六十五周岁的罪犯。

本规定所称"患严重疾病罪犯",是指因患有重病,久治不愈,而不能正常生活、学习、劳动的罪犯。

本规定所称"身体残疾罪犯",是指因身体有肢体或者器官残缺、功能不全或者丧失功能,而基本丧失生活、学习、劳动能力的罪犯,但是罪犯犯罪后自伤致残的除外。

对刑罚执行机关提供的证明罪犯患有严重疾病或者有身体残疾的证明文件,人民法院应当审查,必要时可以委托有关单位重新诊断、鉴定。

第四十条 本规定所称"判决执行之日",是指罪犯实际送交刑罚执行机关之日。

本规定所称"减刑间隔时间",是指前一次减刑裁定送达之日起至本次减刑报请之日止的期间。

第四十一条 本规定所称"财产性判项"是指判决罪犯承担的附带民事赔偿义务判项,以及追缴、责令退赔、罚金、没收财产等判项。

第四十二条 本规定自2017年1月1日起施行。以前发布的司法解释与本规定不一致的,以本规定为准。

最高人民法院关于办理减刑、假释案件具体应用法律的补充规定

- 2019年3月25日最高人民法院审判委员会第1763次会议通过
- 2019年4月24日最高人民法院公告公布
- 自2019年6月1日起施行
- 法释〔2019〕6号

为准确把握宽严相济刑事政策,严格执行《最高人民法院关于办理减刑、假释案件具体应用法律的规定》,现对《中华人民共和国刑法修正案(九)》施行后,依照刑法分则第八章贪污贿赂罪判处刑罚的原具有国家工作人员身份的罪犯的减刑、假释补充规定如下:

第一条 对拒不认罪悔罪的,或者确有履行能力而不履行或者不全部履行生效裁判中财产性判项的,不予假释,一般不予减刑。

第二条 被判处十年以上有期徒刑,符合减刑条件的,执行三年以上方可减刑;被判处不满十年有期徒刑,符合减刑条件的,执行二年以上方可减刑。

确有悔改表现或者有立功表现的,一次减刑不超过六个月有期徒刑;确有悔改表现并有立功表现的,一次减刑不超过九个月有期徒刑;有重大立功表现的,一次减刑不超过一年有期徒刑。

被判处十年以上有期徒刑的,两次减刑之间应当间隔二年以上;被判处不满十年有期徒刑的,两次减刑之间应当间隔一年六个月以上。

第三条 被判处无期徒刑,符合减刑条件的,执行四年以上方可减刑。

确有悔改表现或者有立功表现的,可以减为二十三年有期徒刑;确有悔改表现并有立功表现的,可以减为二十二年以上二十三年以下有期徒刑;有重大立功表现的,可以减为二十一年以上二十二年以下有期徒刑。

无期徒刑减为有期徒刑后再减刑时,减刑幅度比照本规定第二条的规定执行。两次减刑之间应当间隔二年以上。

第四条 被判处死刑缓期执行的,减为无期徒刑后,符合减刑条件的,执行四年以上方可减刑。

确有悔改表现或者有立功表现的,可以减为二十五年有期徒刑;确有悔改表现并有立功表现的,可以减为二十四年六个月以上二十五年以下有期徒刑;有重大立功表现的,可以减为二十四年以上二十四年六个月以下有期徒刑。

减为有期徒刑后再减刑时,减刑幅度比照本规定第二条的规定执行。两次减刑之间应当间隔二年以上。

第五条 罪犯有重大立功表现的,减刑时可以不受上述起始时间和间隔时间的限制。

第六条 对本规定所指贪污贿赂罪犯适用假释时,应当从严掌握。

第七条 本规定自2019年6月1日起施行。此前发布的司法解释与本规定不一致的,以本规定为准。

最高人民检察院关于认定累犯如何确定刑罚执行完毕以后"五年以内"起始日期的批复

- 2018年12月25日最高人民检察院第十三届检察委员会第12次会议通过
- 2018年12月28日最高人民检察院公告公布
- 自2018年12月30日起施行
- 高检发释字〔2018〕2号

北京市人民检察院:

你院《关于认定累犯如何确定刑罚执行完毕以后五年以内起始日期的请示》收悉。经研究,批复如下:

刑法第六十五条第一款规定的"刑罚执行完毕",是指刑罚执行到期应予释放之日。认定累犯,确定刑罚执行完毕以后"五年以内"的起始日期,应当从刑满释放之日起计算。

此复。

最高人民法院、最高人民检察院关于缓刑犯在考验期满后五年内再犯应当判处有期徒刑以上刑罚之罪应否认定为累犯问题的批复

· 2019年11月19日最高人民法院审判委员会第1783次会议、2019年9月12日最高人民检察院第十三届检察委员会第24次会议通过
· 2020年1月17日中华人民共和国最高人民法院、中华人民共和国最高人民检察院公告公布
· 自2020年1月20日起施行

各省、自治区、直辖市高级人民法院、人民检察院,解放军军事法院、军事检察院,新疆维吾尔自治区高级人民法院生产建设兵团分院、新疆生产建设兵团人民检察院:

近来,部分省、自治区、直辖市高级人民法院、人民检察院请示缓刑犯在考验期满后五年内再犯应当判处有期徒刑以上刑罚之罪应否认定为累犯的问题。经研究,批复如下:

被判处有期徒刑宣告缓刑的犯罪分子,在缓刑考验期满后五年内再犯应当判处有期徒刑以上刑罚之罪的,因前罪判处的有期徒刑并未执行,不具备刑法第六十五条规定的"刑罚执行完毕"的要件,故不应认定为累犯,但可作为对新罪确定刑罚的酌定从重情节予以考虑。

此复。

(五)危害国家安全罪

最高人民法院关于审理为境外窃取、刺探、收买、非法提供国家秘密、情报案件具体应用法律若干问题的解释

· 2000年11月20日最高人民法院审判委员会第1142次会议通过
· 2001年1月17日最高人民法院公告公布
· 自2001年1月22日起施行
· 法释〔2001〕4号

为依法惩治为境外的机构、组织、人员窃取、刺探、收买、非法提供国家秘密、情报犯罪活动,维护国家安全和利益,根据刑法有关规定,现就审理这类案件具体应用法律的若干问题解释如下:

第一条 刑法第一百一十一条规定的"国家秘密",是指《中华人民共和国保守国家秘密法》第二条、第八条以及《中华人民共和国保守国家秘密法实施办法》第四条确定的事项。刑法第一百一十一条规定的"情报",是指关系国家安全和利益、尚未公开或者依照有关规定不应公开的事项。

对为境外机构、组织、人员窃取、刺探、收买、非法提供国家秘密之外的情报的行为,以为境外窃取、刺探、收买、非法提供情报罪定罪处罚。

第二条 为境外窃取、刺探、收买、非法提供国家秘密或者情报,具有下列情形之一的,属于"情节特别严重",处10年以上有期徒刑、无期徒刑,可以并处没收财产:

(一)为境外窃取、刺探、收买、非法提供绝密级国家秘密的;

(二)为境外窃取、刺探、收买、非法提供三项以上机密级国家秘密的;

(三)为境外窃取、刺探、收买、非法提供国家秘密或者情报,对国家安全和利益造成其他特别严重损害的。

实施前款行为,对国家和人民危害特别严重、情节特别恶劣的,可以判处死刑,并处没收财产。

第三条 为境外窃取、刺探、收买、非法提供国家秘密或者情报,具有下列情形之一的,处5年以上10年以下有期徒刑,可以并处没收财产:

(一)为境外窃取、刺探、收买、非法提供机密级国家秘密的;

(二)为境外窃取、刺探、收买、非法提供三项以上秘密级国家秘密的;

(三)为境外窃取、刺探、收买、非法提供国家秘密或者情报,对国家安全和利益造成其他严重损害的。

第四条 为境外窃取、刺探、收买、非法提供秘密级国家秘密或者情报,属于"情节较轻",处5年以下有期徒刑、拘役、管制或者剥夺政治权利,可以并处没收财产。

第五条 行为人知道或者应当知道没有标明密级的事项关系国家安全和利益,而为境外窃取、刺探、收买、非法提供的,依照刑法第一百一十一条的规定以为境外窃取、刺探、收买、非法提供国家秘密罪定罪处罚。

第六条 通过互联网将国家秘密或者情报非法发送给境外的机构、组织、个人的,依照刑法第一百一十一条的规定定罪处罚;将国家秘密通过互联网予以发布,情节严重的,依照刑法第三百九十八条的规定定罪处罚。

（六）危害公共安全罪

最高人民法院关于审理交通肇事刑事案件具体应用法律若干问题的解释

- 2000 年 11 月 10 日最高人民法院审判委员会第 1136 次会议通过
- 2000 年 11 月 15 日最高人民法院公告公布
- 自 2000 年 11 月 21 日起施行
- 法释〔2000〕33 号

为依法惩处交通肇事犯罪活动，根据刑法有关规定，现将审理交通肇事刑事案件具体应用法律的若干问题解释如下：

第一条 从事交通运输人员或者非交通运输人员，违反交通运输管理法规发生重大交通事故，在分清事故责任的基础上，对于构成犯罪的，依照刑法第一百三十三条的规定定罪处罚。

第二条 交通肇事具有下列情形之一，处 3 年以下有期徒刑或者拘役：

（一）死亡 1 人或者重伤 3 人以上，负事故全部或者主要责任的；

（二）死亡 3 人以上，负事故同等责任的；

（三）造成公共财产或者他人财产直接损失，负事故全部或者主要责任，无能力赔偿数额在 30 万元以上的。

交通肇事致 1 人以上重伤，负事故全部或者主要责任，并具有下列情形之一的，以交通肇事罪定罪处罚：

（一）酒后、吸食毒品后驾驶机动车辆的；

（二）无驾驶资格驾驶机动车辆的；

（三）明知是安全装置不全或者安全机件失灵的机动车辆而驾驶的；

（四）明知是无牌证或者已报废的机动车辆而驾驶的；

（五）严重超载驾驶的；

（六）为逃避法律追究逃离事故现场的。

第三条 "交通运输肇事后逃逸"，是指行为人具有本解释第二条第一款规定和第二款第（一）至（五）项规定的情形之一，在发生交通事故后，为逃避法律追究而逃跑的行为。

第四条 交通肇事具有下列情形之一的，属于"有其他特别恶劣情节"，处 3 年以上 7 年以下有期徒刑：

（一）死亡 2 人以上或者重伤 5 人以上，负事故全部或者主要责任的；

（二）死亡 6 人以上，负事故同等责任的；

（三）造成公共财产或者他人财产直接损失，负事故全部或者主要责任，无能力赔偿数额在 60 万元以上的。

第五条 "因逃逸致人死亡"，是指行为人在交通肇事后为逃避法律追究而逃跑，致使被害人因得不到救助而死亡的情形。

交通肇事后，单位主管人员、机动车辆所有人、承包人或者乘车人指使肇事人逃逸，致使被害人因得不到救助而死亡的，以交通肇事罪的共犯论处。

第六条 行为人在交通肇事后为逃避法律追究，将被害人带离事故现场后隐藏或者遗弃，致使被害人无法得到救助而死亡或者严重残疾的，应当分别依照刑法第二百三十二条、第二百三十四条第二款的规定，以故意杀人罪或者故意伤害罪定罪处罚。

第七条 单位主管人员、机动车辆所有人或者机动车辆承包人指使、强令他人违章驾驶造成重大交通事故，具有本解释第二条规定情形之一的，以交通肇事罪定罪处罚。

第八条 在实行公共交通管理的范围内发生重大交通事故的，依照刑法第一百三十三条和本解释的有关规定办理。

在公共交通管理的范围外，驾驶机动车辆或者使用其他交通工具致人伤亡或者致使公共财产或者他人财产遭受重大损失，构成犯罪的，分别依照刑法第一百三十四条、第一百三十五条、第二百三十三条等规定定罪处罚。

第九条 各省、自治区、直辖市高级人民法院可以根据本地实际情况，在 30 万元至 60 万元、60 万元至 100 万元的幅度内，确定本地区执行本解释第二条第一款第（三）项、第四条第（三）项的起点数额标准，并报最高人民法院备案。

最高人民法院、最高人民检察院、公安部、司法部关于办理醉酒危险驾驶刑事案件的意见

- 2023 年 12 月 13 日

为维护人民群众生命财产安全和道路交通安全，依法惩治醉酒危险驾驶（以下简称醉驾）违法犯罪，根据刑

法、刑事诉讼法等有关规定,结合执法司法实践,制定本意见。

一、总体要求

第一条 人民法院、人民检察院、公安机关办理醉驾案件,应当坚持分工负责,互相配合,互相制约,坚持正确适用法律,坚持证据裁判原则,严格执法,公正司法,提高办案效率,实现政治效果、法律效果和社会效果的有机统一。人民检察院依法对醉驾案件办理活动实行法律监督。

第二条 人民法院、人民检察院、公安机关办理醉驾案件,应当全面准确贯彻宽严相济刑事政策,根据案件的具体情节,实行区别对待,做到该宽则宽,当严则严,罚当其罪。

第三条 人民法院、人民检察院、公安机关和司法行政机关应当坚持惩治与预防相结合,采取多种方式强化综合治理、诉源治理,从源头上预防和减少酒后驾驶行为的发生。

二、立案与侦查

第四条 在道路上驾驶机动车,经呼气酒精含量检测,显示血液酒精含量达到80毫克/100毫升以上的,公安机关应当依照刑事诉讼法和本意见的规定决定是否立案。对情节显著轻微、危害不大,不认为是犯罪的,不予立案。

公安机关应当及时提取犯罪嫌疑人血液样本送检。认定犯罪嫌疑人是否醉酒,主要以血液酒精含量鉴定意见作为依据。

犯罪嫌疑人经呼气酒精含量检测,显示血液酒精含量达到80毫克/100毫升以上,在提取血液样本前脱逃或者找人顶替的,可以以呼气酒精含量检测结果作为认定其醉酒的依据。

犯罪嫌疑人在公安机关依法检查时或者发生道路交通事故后,为逃避法律追究,在呼气酒精含量检测或者提取血液样本前故意饮酒的,可以以查获后血液酒精含量鉴定意见作为认定其醉酒的依据。

第五条 醉驾案件中"道路""机动车"的认定适用道路交通安全法有关"道路""机动车"的规定。

对机关、企事业单位、厂矿、校园、居民小区等单位管辖范围内的路段是否认定为"道路",应当以其是否具有"公共性"、是否"允许社会机动车通行"作为判断标准。只允许单位内部机动车、特定来访机动车通行的,可以不认定为"道路"。

第六条 对醉驾犯罪嫌疑人、被告人,根据案件具体情况,可以依法予以拘留或者取保候审。具有下列情形之一的,一般予以取保候审:

(一)因本人受伤需要救治的;
(二)患有严重疾病,不适宜羁押的;
(三)系怀孕或者正在哺乳自己婴儿的妇女;
(四)系生活不能自理的人的唯一扶养人;
(五)其他需要取保候审的情形。

对符合取保候审条件,但犯罪嫌疑人、被告人不能提出保证人,也不交纳保证金的,可以监视居住。对违反取保候审、监视居住规定的犯罪嫌疑人、被告人,情节严重的,可以予以逮捕。

第七条 办理醉驾案件,应当收集以下证据:

(一)证明犯罪嫌疑人情况的证据材料,主要包括人口信息查询记录或者户籍证明等身份证明;驾驶证、驾驶人信息查询记录;犯罪前科记录、曾因饮酒后驾驶机动车被查获或者行政处罚记录、本次交通违法行政处罚决定书等;

(二)证明醉酒检测鉴定情况的证据材料,主要包括呼气酒精含量检测结果、呼气酒精含量检测仪标定证书、血液样本提取笔录、鉴定委托书或者鉴定机构接收检材登记材料、血液酒精含量鉴定意见、鉴定意见通知书等;

(三)证明机动车情况的证据材料,主要包括机动车行驶证、机动车信息查询记录、机动车照片等;

(四)证明现场执法情况的照片,主要包括现场检查机动车、呼气酒精含量检测、提取与封装血液样本等环节的照片,并应当保存相关环节的录音录像资料;

(五)犯罪嫌疑人供述和辩解。

根据案件具体情况,还应当收集以下证据:

(一)犯罪嫌疑人是否饮酒、驾驶机动车有争议的,应当收集同车人员、现场目击证人或者共同饮酒人员等证人证言、饮酒场所及行驶路段监控记录等;

(二)道路属性有争议的,应当收集相关管理人员、业主等知情人员证言、管理单位或者有关部门出具的证明等;

(三)发生交通事故的,应当收集交通事故认定书、事故路段监控记录、人体损伤程度等鉴定意见、被害人陈述等;

(四)可能构成自首的,应当收集犯罪嫌疑人到案经过等材料;

(五)其他确有必要收集的证据材料。

第八条 对犯罪嫌疑人血液样本提取、封装、保管、送检、鉴定等程序，按照公安部、司法部有关道路交通安全违法行为处理程序、鉴定规则等规定执行。

公安机关提取、封装血液样本过程应当全程录音录像。血液样本提取、封装应当做好标记和编号，由提取人、封装人、犯罪嫌疑人在血液样本提取笔录上签字。犯罪嫌疑人拒绝签字的，应当注明。提取的血液样本应当及时送往鉴定机构进行血液酒精含量鉴定。因特殊原因不能及时送检的，应当按照有关规范和技术标准保管检材并在五个工作日内送检。

鉴定机构应当对血液样品制备和仪器检测过程进行录音录像。鉴定机构应当在收到送检血液样本后三个工作日内，按照有关规范和技术标准进行鉴定并出具血液酒精含量鉴定意见，通知或者送交委托单位。

血液酒精含量鉴定意见作为证据使用的，办案单位应当自收到血液酒精含量鉴定意见之日起五个工作日内，书面通知犯罪嫌疑人、被告人、被害人或者其法定代理人。

第九条 具有下列情形之一，经补正或者作出合理解释的，血液酒精含量鉴定意见可以作为定案的依据；不能补正或者作出合理解释的，应当予以排除：

（一）血液样本提取、封装、保管不规范的；
（二）未按规定的时间和程序送检、出具鉴定意见的；
（三）鉴定过程未按规定同步录音录像的；
（四）存在其他瑕疵或者不规范的取证行为的。

三、刑事追究

第十条 醉驾具有下列情形之一，尚不构成其他犯罪的，从重处理：

（一）造成交通事故且负事故全部或者主要责任的；
（二）造成交通事故后逃逸的；
（三）未取得机动车驾驶证驾驶汽车的；
（四）严重超员、超载、超速驾驶的；
（五）服用国家规定管制的精神药品或者麻醉药品后驾驶的；
（六）驾驶机动车从事客运活动且载有乘客的；
（七）驾驶机动车从事校车业务且载有师生的；
（八）在高速公路上驾驶的；
（九）驾驶重型载货汽车的；
（十）运输危险化学品、危险货物的；
（十一）逃避、阻碍公安机关依法检查的；
（十二）实施威胁、打击报复、引诱、贿买证人、鉴定人等人员或者毁灭、伪造证据等妨害司法行为的；
（十三）二年内曾因饮酒后驾驶机动车被查获或者受过行政处罚的；
（十四）五年内曾因危险驾驶行为被判决有罪或者作相对不起诉的；
（十五）其他需要从重处理的情形。

第十一条 醉驾具有下列情形之一的，从宽处理：

（一）自首、坦白、立功的；
（二）自愿认罪认罚的；
（三）造成交通事故，赔偿损失或者取得谅解的；
（四）其他需要从宽处理的情形。

第十二条 醉驾具有下列情形之一，且不具有本意见第十条规定情形的，可以认定为情节显著轻微、危害不大，依照刑法第十三条、刑事诉讼法第十六条的规定处理：

（一）血液酒精含量不满150毫克/100毫升的；
（二）出于急救伤病人员等紧急情况驾驶机动车，且不构成紧急避险的；
（三）在居民小区、停车场等场所因挪车、停车入位等短距离驾驶机动车的；
（四）由他人驾驶至居民小区、停车场等场所短距离接替驾驶停放机动车的，或者为了交由他人驾驶，自居民小区、停车场等场所短距离驶出的；
（五）其他情节显著轻微的情形。

醉酒后出于急救伤病人员等紧急情况，不得已驾驶机动车，构成紧急避险的，依照刑法第二十一条的规定处理。

第十三条 对公安机关移送审查起诉的醉驾案件，人民检察院综合考虑犯罪嫌疑人驾驶的动机和目的、醉酒程度、机动车类型、道路情况、行驶时间、速度、距离以及认罪悔罪表现等因素，认为属于犯罪情节轻微的，依照刑法第三十七条、刑事诉讼法第一百七十七条第二款的规定处理。

第十四条 对符合刑法第七十二条规定的醉驾被告人，依法宣告缓刑。具有下列情形之一的，一般不适用缓刑：

（一）造成交通事故致他人轻微伤或者轻伤，且负事故全部或者主要责任的；
（二）造成交通事故且负事故全部或者主要责任，未赔偿损失的；
（三）造成交通事故后逃逸的；
（四）未取得机动车驾驶证驾驶汽车的；
（五）血液酒精含量超过180毫克/100毫升的；

（六）服用国家规定管制的精神药品或者麻醉药品后驾驶的；

（七）采取暴力手段抗拒公安机关依法检查，或者实施妨害司法行为的；

（八）五年内曾因饮酒后驾驶机动车被查获或者受过行政处罚的；

（九）曾因危险驾驶行为被判决有罪或者作相对不起诉的；

（十）其他情节恶劣的情形。

第十五条　对被告人判处罚金，应当根据醉驾行为、实际损害后果等犯罪情节，综合考虑被告人缴纳罚金的能力，确定与主刑相适应的罚金数额。起刑点一般不应低于道路交通安全法规定的饮酒后驾驶机动车相应情形的罚款数额；每增加一个月拘役，增加一千元至五千元罚金。

第十六条　醉驾同时构成交通肇事罪、过失以危险方法危害公共安全罪、以危险方法危害公共安全罪等其他犯罪的，依照处罚较重的规定定罪，依法从严追究刑事责任。

醉酒驾驶机动车，以暴力、威胁方法阻碍公安机关依法检查，又构成妨害公务罪、袭警罪等其他犯罪的，依照数罪并罚的规定处罚。

第十七条　犯罪嫌疑人醉驾被现场查获后，经允许离开，再经公安机关通知到案或者主动到案，不认定为自动投案；造成交通事故后保护现场、抢救伤者，向公安机关报告并配合调查的，应当认定为自动投案。

第十八条　根据本意见第十二条第一款、第十三条、第十四条处理的案件，可以将犯罪嫌疑人、被告人自愿接受安全驾驶教育、从事交通志愿服务、社区公益服务等情况作为作出相关处理的考量因素。

第十九条　对犯罪嫌疑人、被告人决定不起诉或者免予刑事处罚的，可以根据案件的不同情况，予以训诫或者责令具结悔过、赔礼道歉、赔偿损失，需要给予行政处罚、处分的，移送有关主管机关处理。

第二十条　醉驾属于严重的饮酒后驾驶机动车行为。血液酒精含量达到80毫克/100毫升以上，公安机关应当在决定不予立案、撤销案件或者移送审查起诉前，给予行为人吊销机动车驾驶证行政处罚。根据本意见第十二条第一款处理的案件，公安机关还应当按照道路交通安全法规定的饮酒后驾驶机动车相应情形，给予行为人罚款、行政拘留的行政处罚。

人民法院、人民检察院依照本意见第十二条第一款、第十三条处理的案件，对被不起诉人、被告人需要予以行政处罚的，应当提出检察意见或者司法建议，移送公安机关依照前款规定处理。公安机关应当将处理情况通报人民法院、人民检察院。

四、快速办理

第二十一条　人民法院、人民检察院、公安机关和司法行政机关应当加强协作配合，在遵循法定程序、保障当事人权利的前提下，因地制宜建立健全醉驾案件快速办理机制，简化办案流程，缩短办案期限，实现醉驾案件优质高效办理。

第二十二条　符合下列条件的醉驾案件，一般应当适用快速办理机制：

（一）现场查获，未造成交通事故的；

（二）事实清楚，证据确实、充分，法律适用没有争议的；

（三）犯罪嫌疑人、被告人自愿认罪认罚的；

（四）不具有刑事诉讼法第二百二十三条规定情形的。

第二十三条　适用快速办理机制办理的醉驾案件，人民法院、人民检察院、公安机关一般应当在立案侦查之日起三十日内完成侦查、起诉、审判工作。

第二十四条　在侦查或者审查起诉阶段采取取保候审措施的，案件移送至审查起诉或者审判阶段时，取保候审期限尚未届满且符合取保候审条件的，受案机关可以不再重新作出取保候审决定，由公安机关继续执行原取保候审措施。

第二十五条　对醉驾被告人拟提出缓刑量刑建议或者宣告缓刑的，一般可以不进行调查评估。确有必要的，应当及时委托社区矫正机构或者有关社会组织进行调查评估。受委托方应当及时向委托机关提供调查评估结果。

第二十六条　适用简易程序、速裁程序的醉驾案件，人民法院、人民检察院、公安机关和司法行政机关可以采取合并式、要素式、表格式等方式简化文书。

具备条件的地区，可以通过一体化的网上办案平台流转、送达电子卷宗、法律文书等，实现案件线上办理。

五、综合治理

第二十七条　人民法院、人民检察院、公安机关和司法行政机关应当积极落实普法责任制，加强道路交通安全法治宣传教育，广泛开展普法进机关、进乡村、进社区、进学校、进企业、进单位、进网络工作，引导社会公众培养规则意识，养成守法习惯。

第二十八条 人民法院、人民检察院、公安机关和司法行政机关应当充分运用司法建议、检察建议、提示函等机制，督促有关部门、企事业单位，加强本单位人员教育管理，加大驾驶培训环节安全驾驶教育，规范代驾行业发展，加强餐饮、娱乐等涉酒场所管理，加大警示提醒力度。

第二十九条 公安机关、司法行政机关应当根据醉驾服刑人员、社区矫正对象的具体情况，制定有针对性的教育改造、矫正方案，实现分类管理、个别化教育，增强其悔罪意识、法治观念，帮助其成为守法公民。

六、附 则

第三十条 本意见自 2023 年 12 月 28 日起施行。《最高人民法院 最高人民检察院 公安部关于办理醉酒驾驶机动车刑事案件适用法律若干问题的意见》（法发〔2013〕15 号）同时废止。

最高人民法院、最高人民检察院关于办理非法制造、买卖、运输、储存毒鼠强等禁用剧毒化学品刑事案件具体应用法律若干问题的解释

- 2003 年 8 月 29 日最高人民法院审判委员会第 1287 次会议、2003 年 2 月 13 日最高人民检察院第九届检察委员会第 119 次会议通过
- 2003 年 9 月 4 日最高人民法院、最高人民检察院公告公布
- 自 2003 年 10 月 1 日起施行
- 法释〔2003〕14 号

为依法惩治非法制造、买卖、运输、储存毒鼠强等禁用剧毒化学品的犯罪活动，维护公共安全，根据刑法有关规定，现就办理这类刑事案件具体应用法律的若干问题解释如下：

第一条 非法制造、买卖、运输、储存毒鼠强等禁用剧毒化学品，危害公共安全，具有下列情形之一的，依照刑法第一百二十五条的规定，以非法制造、买卖、运输、储存危险物质罪，处 3 年以上 10 年以下有期徒刑：

（一）非法制造、买卖、运输、储存原粉、原液、原药、制剂 50 克以上，或者饵料 2 千克以上的；

（二）在非法制造、买卖、运输、储存过程中致人重伤、死亡或者造成公私财产损失 10 万元以上的。

第二条 非法制造、买卖、运输、储存毒鼠强等禁用剧毒化学品，具有下列情形之一的，属于刑法第一百二十五条规定的"情节严重"，处 10 年以上有期徒刑、无期徒刑或者死刑：

（一）非法制造、买卖、运输、储存原粉、原液、制剂 500 克以上，或者饵料 20 千克以上的；

（二）在非法制造、买卖、运输、储存过程中致 3 人以上重伤、死亡，或者造成公私财产损失 20 万元以上的；

（三）非法制造、买卖、运输、储存原粉、原药、制剂 50 克以上不满 500 克，或者饵料 2 千克以上不满 20 千克，并具有其他严重情节的。

第三条 单位非法制造、买卖、运输、储存毒鼠强等禁用剧毒化学品的，依照本解释第一条、第二条规定的定罪量刑标准执行。

第四条 对非法制造、买卖、运输、储存毒鼠强等禁用剧毒化学品行为负有查处职责的国家机关工作人员，滥用职权或者玩忽职守，致使公共财产、国家和人民利益遭受重大损失的，依照刑法第三百九十七条的规定，以滥用职权罪或者玩忽职守罪追究刑事责任。

第五条 本解释施行以前，确因生产、生活需要而非法制造、买卖、运输、储存毒鼠强等禁用剧毒化学品饵料自用，没有造成严重社会危害的，可以依照刑法第十三条的规定，不作为犯罪处理。

本解释施行以后，确因生产、生活需要而非法制造、买卖、运输、储存毒鼠强等禁用剧毒化学品饵料自用，构成犯罪，但没有造成严重社会危害，经教育确有悔改表现的，可以依法从轻、减轻或者免除处罚。

第六条 本解释所称"毒鼠强等禁用剧毒化学品"，是指国家明令禁止的毒鼠强、氟乙酰胺、氟乙酸钠、毒鼠硅、甘氟。

最高人民检察院法律政策研究室关于非法制造、买卖、运输、储存以火药为动力发射弹药的大口径武器的行为如何适用法律问题的答复

- 2004 年 11 月 3 日
- 〔2004〕高检研发第 18 号

河北省人民检察院法律政策研究室：

你室《关于私自制造大口径以火药为动力发射弹药的武器应如何认定的请示》收悉。经研究，答复如下：

对于非法制造、买卖、运输、储存以火药为动力发射弹药的大口径武器的行为，应当依照刑法第一百二十五条第一款的规定，以非法制造、买卖、运输、储存枪支罪追究刑事责任。

此复

最高人民法院关于审理非法制造、买卖、运输枪支、弹药、爆炸物等刑事案件具体应用法律若干问题的解释

- 2009年11月9日最高人民法院审判委员会第1476次会议通过
- 2009年11月16日最高人民法院公告公布
- 自2010年1月1日起施行
- 法释〔2009〕18号

为依法严惩非法制造、买卖、运输枪支、弹药、爆炸物等犯罪活动,根据刑法有关规定,现就审理这类案件具体应用法律的若干问题解释如下:

第一条 个人或者单位非法制造、买卖、运输、邮寄、储存枪支、弹药、爆炸物,具有下列情形之一的,依照刑法第一百二十五条第一款的规定,以非法制造、买卖、运输、邮寄、储存枪支、弹药、爆炸物罪定罪处罚:

(一)非法制造、买卖、运输、邮寄、储存军用枪支1支以上的;

(二)非法制造、买卖、运输、邮寄、储存以火药为动力发射枪弹的非军用枪支1支以上或者以压缩气体等为动力的其他非军用枪支2支以上的;

(三)非法制造、买卖、运输、邮寄、储存军用子弹10发以上、气枪铅弹五百发以上或者其他非军用子弹100发以上的;

(四)非法制造、买卖、运输、邮寄、储存手榴弹1枚以上的;

(五)非法制造、买卖、运输、邮寄、储存爆炸装置的;

(六)非法制造、买卖、运输、邮寄、储存炸药、发射药、黑火药1千克以上或者烟火药3千克以上、雷管30枚以上或者导火索、导爆索30米以上的;

(七)具有生产爆炸物品资格的单位不按照规定的品种制造,或者具有销售、使用爆炸物品资格的单位超过限额买卖炸药、发射药、黑火药10千克以上或者烟火药30千克以上、雷管300枚以上或者导火索、导爆索300米以上的;

(八)多次非法制造、买卖、运输、邮寄、储存弹药、爆炸物的;

(九)虽未达到上述最低数量标准,但具有造成严重后果等其他恶劣情节的。

介绍买卖枪支、弹药、爆炸物的,以买卖枪支、弹药、爆炸物罪的共犯论处。

第二条 非法制造、买卖、运输、邮寄、储存枪支、弹药、爆炸物,具有下列情形之一的,属于刑法第一百二十五条第一款规定的"情节严重":

(一)非法制造、买卖、运输、邮寄、储存枪支、弹药、爆炸物的数量达到本解释第一条第(一)、(二)、(三)、(六)、(七)项规定的最低数量标准五倍以上的;

(二)非法制造、买卖、运输、邮寄、储存手榴弹3枚以上的;

(三)非法制造、买卖、运输、邮寄、储存爆炸装置,危害严重的;

(四)达到本解释第一条规定的最低数量标准,并具有造成严重后果等其他恶劣情节的。

第三条 依法被指定或者确定的枪支制造、销售企业,实施刑法第一百二十六条规定的行为,具有下列情形之一的,以违规制造、销售枪支罪定罪处罚:

(一)违规制造枪支5支以上的;

(二)违规销售枪支2支以上的;

(三)虽未达到上述最低数量标准,但具有造成严重后果等其他恶劣情节的。

具有下列情形之一的,属于刑法第一百二十六条规定的"情节严重":

(一)违规制造枪支20支以上的;

(二)违规销售枪支10支以上的;

(三)达到本条第一款规定的最低数量标准,并具有造成严重后果等其他恶劣情节的。

具有下列情形之一的,属于刑法第一百二十六条规定的"情节特别严重":

(一)违规制造枪支50支以上的;

(二)违规销售枪支30支以上的;

(三)达到本条第二款规定的最低数量标准,并具有造成严重后果等其他恶劣情节的。

第四条 盗窃、抢夺枪支、弹药、爆炸物,具有下列情形之一的,依照刑法第一百二十七条第一款的规定,以盗窃、抢夺枪支、弹药、爆炸物罪定罪处罚:

(一)盗窃、抢夺以火药为动力的发射枪弹非军用枪支1支以上或者以压缩气体等为动力的其他非军用枪支2支以上的;

(二)盗窃、抢夺军用子弹10发以上、气枪铅弹500发以上或者其他非军用子弹100发以上的;

(三)盗窃、抢夺爆炸装置的;

(四)盗窃、抢夺炸药、发射药、黑火药1千克以上或者烟火药3千克以上、雷管30枚以上或者导火索、导爆索30米以上的;

(五)虽未达到上述最低数量标准,但具有造成严重

后果等其他恶劣情节的。

具有下列情形之一的,属于刑法第一百二十七条第一款规定的"情节严重":

(一)盗窃、抢夺枪支、弹药、爆炸物的数量达到本条第一款规定的最低数量标准五倍以上的;

(二)盗窃、抢夺军用枪支的;

(三)盗窃、抢夺手榴弹的;

(四)盗窃、抢夺爆炸装置,危害严重的;

(五)达到本条第一款规定的最低数量标准,并具有造成严重后果等其他恶劣情节的。

第五条 具有下列情形之一的,依照刑法第一百二十八条第一款的规定,以非法持有、私藏枪支、弹药罪定罪处罚:

(一)非法持有、私藏军用枪支1支的;

(二)非法持有、私藏以火药为动力发射枪弹的非军用枪支1支或者以压缩气体等为动力的其他非军用枪支2支以上的;

(三)非法持有、私藏军用子弹20发以上,气枪铅弹1000发以上或者其他非军用子弹200发以上的;

(四)非法持有、私藏手榴弹1枚以上的;

(五)非法持有、私藏的弹药造成人员伤亡、财产损失的。

具有下列情形之一的,属于刑法第一百二十八条第一款规定的"情节严重":

(一)非法持有、私藏军用枪支2支以上的;

(二)非法持有、私藏以火药为动力发射枪弹的非军用枪支2支以上或者以压缩气体等为动力的其他非军用枪支5支以上的;

(三)非法持有、私藏军用子弹100发以上,气枪铅弹5000发以上或者其他非军用子弹1000发以上的;

(四)非法持有、私藏手榴弹3枚以上的;

(五)达到本条第一款规定的最低数量标准,并具有造成严重后果等其他恶劣情节的。

第六条 非法携带枪支、弹药、爆炸物进入公共场所或者公共交通工具,危及公共安全,具有下列情形之一的,属于刑法第一百三十条规定的"情节严重":

(一)携带枪支或者手榴弹的;

(二)携带爆炸装置的;

(三)携带炸药、发射药、黑火药五百克以上或者烟火药1千克以上,雷管20枚以上或者导火索、导爆索20米以上的;

(四)携带的弹药、爆炸物在公共场所或者公共交通工具上发生爆炸或者燃烧,尚未造成严重后果的;

(五)具有其他严重情节的。

行为人非法携带本条第一款第(三)项规定的爆炸物进入公共场所或者公共交通工具,虽未达到上述数量标准,但拒不交出的,依照刑法第一百三十条的规定定罪处罚;携带的数量达到最低数量标准,能够主动、全部交出的,可以不以犯罪论处。

第七条 非法制造、买卖、运输、邮寄、储存、盗窃、抢夺、持有、私藏、携带成套枪支散件的,以相应数量的枪支计;非成套枪支散件以每30件为一成套枪支散件计。

第八条 刑法第一百二十五条第一款规定的"非法储存",是指明知是他人非法制造、买卖、运输、邮寄的枪支、弹药而为其存放的行为,或者非法存放爆炸物的行为。

刑法第一百二十八条第一款规定的"非法持有",是指不符合配备、配置枪支、弹药条件的人员,违反枪支管理法律、法规的规定,擅自持有枪支、弹药的行为。

刑法第一百二十八条第一款规定的"私藏",是指依法配备、配置枪支、弹药的人员,在配备、配置枪支、弹药的条件消除后,违反枪支管理法律、法规的规定,私自藏匿所配备、配置的枪支、弹药且拒不交出的行为。

第九条 因筑路、建房、打井、整修宅基地和土地等正常生产、生活需要,或者因从事合法的生产经营活动而非法制造、买卖、运输、邮寄、储存爆炸物,数量达到本《解释》第一条规定标准,没有造成严重社会危害,并确有悔改表现的,可依法从轻处罚;情节轻微的,可以免除处罚。

具有前款情形,数量虽达到本《解释》第二条规定标准的,也可以不认定为刑法第一百二十五条第一款规定的"情节严重"。

在公共场所、居民区等人员集中区域非法制造、买卖、运输、邮寄、储存爆炸物,或者因非法制造、买卖、运输、邮寄、储存爆炸物三年内受到两次以上行政处罚又实施上述行为,数量达到本《解释》规定标准的,不适用前两款量刑的规定。

第十条 实施非法制造、买卖、运输、邮寄、储存、盗窃、抢夺、持有、私藏其他弹药、爆炸物品等行为,参照本解释有关条文规定的定罪量刑标准处罚。

最高人民法院、最高人民检察院关于涉以压缩气体为动力的枪支、气枪铅弹刑事案件定罪量刑问题的批复

- 2018年1月25日最高人民法院审判委员会第1732次会议、2018年3月2日最高人民检察院第十二届检察委员会第74次会议通过
- 2018年3月8日最高人民法院、最高人民检察院公告公布
- 自2018年3月30日起施行
- 法释〔2018〕8号

各省、自治区、直辖市高级人民法院、人民检察院，解放军军事法院、军事检察院，新疆维吾尔自治区高级人民法院生产建设兵团分院、新疆生产建设兵团人民检察院：

近来，部分高级人民法院、省级人民检察院就如何对非法制造、买卖、运输、邮寄、储存、持有、私藏、走私以压缩气体为动力的枪支、气枪铅弹（用铅、铅合金或者其他金属加工的气枪弹）行为定罪量刑的问题提出请示。经研究，批复如下：

一、对于非法制造、买卖、运输、邮寄、储存、持有、私藏、走私以压缩气体为动力且枪口比动能较低的枪支的行为，在决定是否追究刑事责任以及如何裁量刑罚时，不仅应当考虑涉案枪支的数量，而且应当充分考虑涉案枪支的外观、材质、发射物、购买场所和渠道、价格、用途、致伤力大小、是否易于通过改制提升致伤力，以及行为人的主观认知、动机目的、一贯表现、违法所得、是否规避调查等情节，综合评估社会危害性，坚持主客观相统一，确保罪责刑相适应。

二、对于非法制造、买卖、运输、邮寄、储存、持有、私藏、走私气枪铅弹的行为，在决定是否追究刑事责任以及如何裁量刑罚时，应当综合考虑气枪铅弹的数量、用途以及行为人的动机目的、一贯表现、违法所得、是否规避调查等情节，综合评估社会危害性，确保罪责刑相适应。

此复。

最高人民法院关于审理破坏公用电信设施刑事案件具体应用法律若干问题的解释

- 2004年8月26日最高人民法院审判委员会第1322次会议通过
- 2004年12月30日最高人民法院公告公布
- 自2005年1月11日起施行
- 法释〔2004〕21号

为维护公用电信设施的安全和通讯管理秩序，依法惩治破坏公用电信设施犯罪活动，根据刑法有关规定，现就审理这类刑事案件具体应用法律的若干问题解释如下：

第一条　采用截断通信线路、损毁通信设备或者删除、修改、增加电信网计算机信息系统中存储、处理或者传输的数据和应用程序等手段，故意破坏正在使用的公用电信设施，具有下列情形之一的，属于刑法第一百二十四条规定的"危害公共安全"，依照刑法第一百二十四条第一款规定，以破坏公用电信设施罪处三年以上七年以下有期徒刑：

（一）造成火警、匪警、医疗急救、交通事故报警、救灾、抢险、防汛等通信中断或者严重障碍，并因此贻误救助、救治、救灾、抢险等，致使人员死亡一人、重伤三人以上或者造成财产损失三十万元以上的；

（二）造成二千以上不满一万用户通信中断一小时以上，或者一万以上用户通信中断不满一小时的；

（三）在一个本地网范围内，网间通信全阻、关口局至某一局向全部中断或网间某一业务全部中断不满二小时或者直接影响范围不满五万（用户×小时）的；

（四）造成网间通信严重障碍，一日内累计二小时以上不满十二小时的；

（五）其他危害公共安全的情形。

第二条　实施本解释第一条规定的行为，具有下列情形之一的，属于刑法第一百二十四条第一款规定的"严重后果"，以破坏公用电信设施罪处七年以上有期徒刑：

（一）造成火警、匪警、医疗急救、交通事故报警、救灾、抢险、防汛等通信中断或者严重障碍，并因此贻误救助、救治、救灾、抢险等，致使人员死亡二人以上、重伤六人以上或者造成财产损失六十万元以上的；

（二）造成一万以上用户通信中断一小时以上的；

（三）在一个本地网范围内，网间通信全阻、关口局至某一局向全部中断或网间某一业务全部中断二小时以上或者直接影响范围五万（用户×小时）以上的；

（四）造成网间通信严重障碍，一日内累计十二小时以上的；

（五）造成其他严重后果的。

第三条　故意破坏正在使用的公用电信设施尚未危害公共安全，或者故意毁坏尚未投入使用的公用电信设施，造成财物损失，构成犯罪的，依照刑法第二百七十五条规定，以故意毁坏财物罪定罪处罚。

盗窃公用电信设施价值数额不大，但是构成危害公共安全犯罪的，依照刑法第一百二十四条的规定定罪处

罚;盗窃公用电信设施同时构成盗窃罪和破坏公用电信设施罪的,依照处罚较重的规定定罪处罚。

第四条 指使、组织、教唆他人实施本解释规定的故意犯罪行为的,按照共犯定罪处罚。

第五条 本解释中规定的公用电信设施的范围、用户数、通信中断和严重障碍的标准和时间长度,依据国家电信行业主管部门的有关规定确定。

最高人民法院关于审理破坏广播电视设施等刑事案件具体应用法律若干问题的解释

- 2011年5月23日最高人民法院审判委员会第1523次会议通过
- 2011年6月7日最高人民法院公告公布
- 自2011年6月13日起施行
- 法释〔2011〕13号

为依法惩治破坏广播电视设施等犯罪活动,维护广播电视设施运行安全,根据刑法有关规定,现就审理这类刑事案件具体应用法律的若干问题解释如下:

第一条 采取拆卸、毁坏设备,剪割缆线,删除、修改、增加广播电视设备系统中存储、处理、传输的数据和应用程序,非法占用频率等手段,破坏正在使用的广播电视设施,具有下列情形之一的,依照刑法第一百二十四条第一款的规定,以破坏广播电视设施罪处三年以上七年以下有期徒刑:

(一)造成救灾、抢险、防汛和灾害预警等重大公共信息无法发布的;

(二)造成县级、地市(设区的市)级广播电视台中直接关系节目播出的设施无法使用,信号无法播出的;

(三)造成省级以上广播电视传输网内的设施无法使用,地市(设区的市)级广播电视传输网内的设施无法使用三小时以上,县级广播电视传输网内的设施无法使用十二小时以上,信号无法传输的;

(四)其他危害公共安全的情形。

第二条 实施本解释第一条规定的行为,具有下列情形之一的,应当认定为刑法第一百二十四条第一款规定的"造成严重后果",以破坏广播电视设施罪处七年以上有期徒刑:

(一)造成救灾、抢险、防汛和灾害预警等重大公共信息无法发布,因此贻误排除险情或者疏导群众,致使一人以上死亡、三人以上重伤或者财产损失五十万元以上,或者引起严重社会恐慌、社会秩序混乱的;

(二)造成省级以上广播电视台中直接关系节目播出的设施无法使用,信号无法播出的;

(三)造成省级以上广播电视传输网内的设施无法使用三小时以上,地市(设区的市)级广播电视传输网内的设施无法使用十二小时以上,县级广播电视传输网内的设施无法使用四十八小时以上,信号无法传输的;

(四)造成其他严重后果的。

第三条 过失损坏正在使用的广播电视设施,造成本解释第二条规定的严重后果的,依照刑法第一百二十四条第二款的规定,以过失损坏广播电视设施罪处三年以上七年以下有期徒刑;情节较轻的,处三年以下有期徒刑或者拘役。

过失损坏广播电视设施构成犯罪,但能主动向有关部门报告,积极赔偿损失或者修复被损坏设施的,可以酌情从宽处罚。

第四条 建设、施工单位的管理人员、施工人员,在建设、施工过程中,违反广播电视设施保护规定,故意或者过失损毁正在使用的广播电视设施,构成犯罪的,以破坏广播电视设施罪或者过失损坏广播电视设施罪定罪处罚。其定罪量刑标准适用本解释第一至三条的规定。

第五条 盗窃正在使用的广播电视设施,尚未构成盗窃罪,但具有本解释第一条、第二条规定情形的,以破坏广播电视设施罪定罪处罚;同时构成盗窃罪和破坏广播电视设施罪的,依照处罚较重的规定定罪处罚。

第六条 破坏正在使用的广播电视设施未危及公共安全,或者故意毁坏尚未投入使用的广播电视设施,造成财物损失数额较大或者有其他严重情节的,以故意毁坏财物罪定罪处罚。

第七条 实施破坏广播电视设施犯罪,并利用广播电视设施实施煽动分裂国家、煽动颠覆国家政权、煽动民族仇恨、民族歧视或者宣扬邪教等行为,同时构成其他犯罪的,依照处罚较重的规定定罪处罚。

第八条 本解释所称广播电视台中直接关系节目播出的设施、广播电视传输网内的设施,参照国家广播电视行政主管部门和其他相关部门的有关规定确定。

最高人民法院关于审理破坏电力设备刑事案件具体应用法律若干问题的解释

- 2007年8月13日最高人民法院审判委员会第1435次会议通过
- 2007年8月15日最高人民法院公告公布
- 自2007年8月21日起施行
- 法释〔2007〕15号

为维护公共安全,依法惩治破坏电力设备等犯罪活动,根据刑法有关规定,现就审理这类刑事案件具体应用法律的若干问题解释如下:

第一条 破坏电力设备,具有下列情形之一的,属于刑法第一百一十九条第一款规定的"造成严重后果",以破坏电力设备罪判处十年以上有期徒刑、无期徒刑或者死刑:

(一)造成一人以上死亡、三人以上重伤或者十人以上轻伤的;

(二)造成一万以上用户电力供应中断六小时以上,致使生产、生活受到严重影响的;

(三)造成直接经济损失一百万元以上的;

(四)造成其他危害公共安全严重后果的。

第二条 过失损坏电力设备,造成本解释第一条规定的严重后果的,依照刑法第一百一十九条第二款的规定,以过失损坏电力设备罪判处三年以上七年以下有期徒刑;情节较轻的,处三年以下有期徒刑或者拘役。

第三条 盗窃电力设备,危害公共安全,但不构成盗窃罪的,以破坏电力设备罪定罪处罚;同时构成盗窃罪和破坏电力设备罪的,依照刑法处罚较重的规定定罪处罚。

盗窃电力设备,没有危及公共安全,但应当追究刑事责任的,可以根据案件的不同情况,按照盗窃罪等犯罪处理。

第四条 本解释所称电力设备,是指处于运行、应急等使用中的电力设备;已经通电使用,只是由于枯水季节或电力不足等原因暂停使用的电力设备;已经交付使用但尚未通电的电力设备。不包括尚未安装完毕,或者已经安装完毕但尚未交付使用的电力设备。

本解释中直接经济损失的计算范围,包括电量损失金额、被毁损设备材料的购置、更换、修复费用,以及因停电给用户造成的直接经济损失等。

最高人民法院、最高人民检察院关于办理危害生产安全刑事案件适用法律若干问题的解释

- 2015年11月9日最高人民法院审判委员会第1665次会议、2015年12月9日最高人民检察院第十二届检察委员会第44次会议通过
- 2015年12月14日最高人民法院、最高人民检察院公告公布
- 自2015年12月16日起施行
- 法释〔2015〕22号

为依法惩治危害生产安全犯罪,根据刑法有关规定,现就办理此类刑事案件适用法律的若干问题解释如下:

第一条 刑法第一百三十四条第一款规定的犯罪主体,包括对生产、作业负有组织、指挥或者管理职责的负责人、管理人员、实际控制人、投资人等人员,以及直接从事生产、作业的人员。

第二条 刑法第一百三十四条第二款规定的犯罪主体,包括对生产、作业负有组织、指挥或者管理职责的负责人、管理人员、实际控制人、投资人等人员。

第三条 刑法第一百三十五条规定的"直接负责的主管人员和其他直接责任人员",是指对安全生产设施或者安全生产条件不符合国家规定负有直接责任的生产经营单位负责人、管理人员、实际控制人、投资人,以及其他对安全生产设施或者安全生产条件负有管理、维护职责的人员。

第四条 刑法第一百三十九条之一规定的"负有报告职责的人员",是指负有组织、指挥或者管理职责的负责人、管理人员、实际控制人、投资人,以及其他负有报告职责的人员。

第五条 明知存在事故隐患、继续作业存在危险,仍然违反有关安全管理的规定,实施下列行为之一的,应当认定为刑法第一百三十四条第二款规定的"强令他人违章冒险作业":

(一)利用组织、指挥、管理职权,强制他人违章作业的;

(二)采取威逼、胁迫、恐吓等手段,强制他人违章作业的;

(三)故意掩盖事故隐患,组织他人违章作业的;

(四)其他强令他人违章作业的行为。

第六条 实施刑法第一百三十二条、第一百三十四条第一款、第一百三十五条、第一百三十五条之一、第一百三十六条、第一百三十九条规定的行为,因而发生安全事故,具有下列情形之一的,应当认定为"造成严重后

果"或者"发生重大伤亡事故或者造成其他严重后果"，对相关责任人员，处三年以下有期徒刑或者拘役：

（一）造成死亡一人以上，或者重伤三人以上的；

（二）造成直接经济损失一百万元以上的；

（三）其他造成严重后果或者重大安全事故的情形。

实施刑法第一百三十四条第二款规定的行为，因而发生安全事故，具有本条第一款规定情形的，应当认定为"发生重大伤亡事故或者造成其他严重后果"，对相关责任人员，处五年以下有期徒刑或者拘役。

实施刑法第一百三十七条规定的行为，因而发生安全事故，具有本条第一款规定情形的，应当认定为"造成重大安全事故"，对直接责任人员，处五年以下有期徒刑或者拘役，并处罚金。

实施刑法第一百三十八条规定的行为，因而发生安全事故，具有本条第一款第一项规定情形的，应当认定为"发生重大伤亡事故"，对直接责任人员，处三年以下有期徒刑或者拘役。

第七条 实施刑法第一百三十二条、第一百三十四条第一款、第一百三十五条、第一百三十五条之一、第一百三十六条、第一百三十九条规定的行为，因而发生安全事故，具有下列情形之一的，对相关责任人员，处三年以上七年以下有期徒刑：

（一）造成死亡三人以上或者重伤十人以上，负事故主要责任的；

（二）造成直接经济损失五百万元以上，负事故主要责任的；

（三）其他造成特别严重后果、情节特别恶劣或者后果特别严重的情形。

实施刑法第一百三十四条第二款规定的行为，因而发生安全事故，具有本条第一款规定情形的，对相关责任人员，处五年以上有期徒刑。

实施刑法第一百三十七条规定的行为，因而发生安全事故，具有本条第一款规定情形的，对直接责任人员，处五年以上十年以下有期徒刑，并处罚金。

实施刑法第一百三十八条规定的行为，因而发生安全事故，具有下列情形之一的，对直接责任人员，处三年以上七年以下有期徒刑：

（一）造成死亡三人以上或者重伤十人以上，负事故主要责任的；

（二）具有本解释第六条第一款第一项规定情形，同时造成直接经济损失五百万元以上并负事故主要责任的，或者同时造成恶劣社会影响的。

第八条 在安全事故发生后，负有报告职责的人员不报或者谎报事故情况，贻误事故抢救，具有下列情形之一的，应当认定为刑法第一百三十九条之一规定的"情节严重"：

（一）导致事故后果扩大，增加死亡一人以上，或者增加重伤三人以上，或者增加直接经济损失一百万元以上的；

（二）实施下列行为之一，致使不能及时有效开展事故抢救的：

1. 决定不报、迟报、谎报事故情况或者指使、串通有关人员不报、迟报、谎报事故情况的；

2. 在事故抢救期间擅离职守或者逃匿的；

3. 伪造、破坏事故现场，或者转移、藏匿、毁灭遇难人员尸体，或者转移、藏匿受伤人员的；

4. 毁灭、伪造、隐匿与事故有关的图纸、记录、计算机数据等资料以及其他证据的；

（三）其他情节严重的情形。

具有下列情形之一的，应当认定为刑法第一百三十九条之一规定的"情节特别严重"：

（一）导致事故后果扩大，增加死亡三人以上，或者增加重伤十人以上，或者增加直接经济损失五百万元以上的；

（二）采用暴力、胁迫、命令等方式阻止他人报告事故情况，导致事故后果扩大的；

（三）其他情节特别严重的情形。

第九条 在安全事故发生后，与负有报告职责的人员串通，不报或者谎报事故情况，贻误事故抢救，情节严重的，依照刑法第一百三十九条之一的规定，以共犯论处。

第十条 在安全事故发生后，直接负责的主管人员和其他直接责任人员故意阻挠开展抢救，导致人员死亡或者重伤，或者为了逃避法律追究，对被害人进行隐藏、遗弃，致使被害人因无法得到救助而死亡或者重度残疾的，分别依照刑法第二百三十二条、第二百三十四条的规定，以故意杀人罪或者故意伤害罪定罪处罚。

第十一条 生产不符合保障人身、财产安全的国家标准、行业标准的安全设备，或者明知安全设备不符合保障人身、财产安全的国家标准、行业标准而进行销售，致使发生安全事故，造成严重后果的，依照刑法第一百四十六条的规定，以生产、销售不符合安全标准的产品罪定罪处罚。

第十二条 实施刑法第一百三十二条、第一百三十四条至第一百三十九条之一规定的犯罪行为，具有下列情形之一的，从重处罚：

（一）未依法取得安全许可证件或者安全许可证件过期、被暂扣、吊销、注销后从事生产经营活动的；

（二）关闭、破坏必要的安全监控和报警设备的；

（三）已经发现事故隐患，经有关部门或者个人提出后，仍不采取措施的；

（四）一年内曾因危害生产安全违法犯罪活动受过行政处罚或者刑事处罚的；

（五）采取弄虚作假、行贿等手段，故意逃避、阻挠负有安全监督管理职责的部门实施监督检查的；

（六）安全事故发生后转移财产意图逃避承担责任的；

（七）其他从重处罚的情形。

实施前款第五项规定的行为，同时构成刑法第三百八十九条规定的犯罪的，依照数罪并罚的规定处罚。

第十三条 实施刑法第一百三十二条、第一百三十四条至第一百三十九条之一规定的犯罪行为，在安全事故发生后积极组织、参与事故抢救，或者积极配合调查、主动赔偿损失的，可以酌情从轻处罚。

第十四条 国家工作人员违反规定投资入股生产经营，构成本解释规定的有关犯罪的，或者国家工作人员的贪污、受贿犯罪行为与安全事故发生存在关联性的，从重处罚；同时构成贪污、受贿犯罪和危害生产安全犯罪的，依照数罪并罚的规定处罚。

第十五条 国家机关工作人员在履行安全监督管理职责时滥用职权、玩忽职守，致使公共财产、国家和人民利益遭受重大损失的，或者徇私舞弊，对发现的刑事案件依法应当移交司法机关追究刑事责任而不移交，情节严重的，分别依照刑法第三百九十七条、第四百零二条的规定，以滥用职权罪、玩忽职守罪或者徇私舞弊不移交刑事案件罪定罪处罚。

公司、企业、事业单位的工作人员在依法或者受委托行使安全监督管理职责时滥用职权或者玩忽职守，构成犯罪的，应当依照《全国人民代表大会常务委员会关于〈中华人民共和国刑法〉第九章渎职罪主体适用问题的解释》的规定，适用渎职罪的规定追究刑事责任。

第十六条 对于实施危害生产安全犯罪适用缓刑的犯罪分子，可以根据犯罪情况，禁止其在缓刑考验期限内从事与安全生产相关联的特定活动；对于被判处刑罚的犯罪分子，可以根据犯罪情况和预防再犯罪的需要，禁止其自刑罚执行完毕之日或者假释之日起三年至五年内从事与安全生产相关的职业。

第十七条 本解释自 2015 年 12 月 16 日起施行。本解释施行后，《最高人民法院、最高人民检察院关于办理危害矿山生产安全刑事案件具体应用法律若干问题的解释》（法释〔2007〕5 号）同时废止。最高人民法院、最高人民检察院此前发布的司法解释和规范性文件与本解释不一致的，以本解释为准。

最高人民法院、最高人民检察院关于办理危害生产安全刑事案件适用法律若干问题的解释（二）

- 2022 年 9 月 19 日最高人民法院审判委员会第 1875 次会议、2022 年 10 月 25 日最高人民检察院第十三届检察委员会第一百零六次会议通过
- 2022 年 12 月 15 日最高人民法院、最高人民检察院公告公布
- 自 2022 年 12 月 19 日起施行
- 法释〔2022〕19 号

为依法惩治危害生产安全犯罪，维护公共安全，保护人民群众生命安全和公私财产安全，根据《中华人民共和国刑法》《中华人民共和国刑事诉讼法》和《中华人民共和国安全生产法》等规定，现就办理危害生产安全刑事案件适用法律的若干问题解释如下：

第一条 明知存在事故隐患，继续作业存在危险，仍然违反有关安全管理的规定，有下列情形之一的，属于刑法第一百三十四条第二款规定的"强令他人违章冒险作业"：

（一）以威逼、胁迫、恐吓等手段，强制他人违章作业的；

（二）利用组织、指挥、管理职权，强制他人违章作业的；

（三）其他强令他人违章冒险作业的情形。

明知存在重大事故隐患，仍然违反有关安全管理的规定，不排除或者故意掩盖重大事故隐患，组织他人作业的，属于刑法第一百三十四条第二款规定的"冒险组织作业"。

第二条 刑法第一百三十四条之一规定的犯罪主体，包括对生产、作业负有组织、指挥或者管理职责的负责人、管理人员、实际控制人、投资人等人员，以及直接从事生产、作业的人员。

第三条 因存在重大事故隐患被依法责令停产停业、停止施工、停止使用有关设备、设施、场所或者立即采取排除危险的整改措施，有下列情形之一的，属于刑法第一百三十四条之一第二项规定的"拒不执行"：

（一）无正当理由故意不执行各级人民政府或者负有安全生产监督管理职责的部门依法作出的上述行政决

定、命令的；

（二）虚构重大事故隐患已经排除的事实，规避、干扰执行各级人民政府或者负有安全生产监督管理职责的部门依法作出的上述行政决定、命令的；

（三）以行贿等不正当手段，规避、干扰执行各级人民政府或者负有安全生产监督管理职责的部门依法作出的上述行政决定、命令的。

有前款第三项行为，同时构成刑法第三百八十九条行贿罪、第三百九十三条单位行贿罪等犯罪的，依照数罪并罚的规定处罚。

认定是否属于"拒不执行"，应当综合考虑行政决定、命令是否具有法律、行政法规等依据，行政决定、命令的内容和期限要求是否明确、合理，行为人是否具有按照要求执行的能力等因素进行判断。

第四条 刑法第一百三十四条第二款和第一百三十四条之一第二项规定的"重大事故隐患"，依照法律、行政法规、部门规章、强制性标准以及有关行政规范性文件进行认定。

刑法第一百三十四条之一第三项规定的"危险物品"，依照安全生产法第一百一十七条的规定确定。

对于是否属于"重大事故隐患"或者"危险物品"难以确定的，可以依据司法鉴定机构出具的鉴定意见、地市级以上负有安全生产监督管理职责的部门或者其指定的机构出具的意见，结合其他证据综合审查，依法作出认定。

第五条 在生产、作业中违反有关安全管理的规定，有刑法第一百三十四条之一规定情形之一，因而发生重大伤亡事故或者造成其他严重后果，构成刑法第一百三十四条、第一百三十五条至第一百三十九条等规定的重大责任事故罪、重大劳动安全事故罪、危险物品肇事罪、工程重大安全事故罪等犯罪的，依照该规定定罪处罚。

第六条 承担安全评价职责的中介组织的人员提供的证明文件有下列情形之一的，属于刑法第二百二十九条第一款规定的"虚假证明文件"：

（一）故意伪造的；

（二）在周边环境、主要建（构）筑物、工艺、装置、设备设施等重要内容上弄虚作假，导致与评价期间实际情况不符，影响评价结论的；

（三）隐瞒生产经营单位重大事故隐患及整改落实情况、主要灾害等级等情况，影响评价结论的；

（四）伪造、篡改生产经营单位相关信息、数据、技术报告或者结论等内容，影响评价结论的；

（五）故意采用存疑的第三方证明材料、监测检验报告，影响评价结论的；

（六）有其他弄虚作假行为，影响评价结论的情形。

生产经营单位提供虚假材料，影响评价结论，承担安全评价职责的中介组织的人员对评价结论与实际情况不符无主观故意的，不属于刑法第二百二十九条第一款规定的"故意提供虚假证明文件"。

有本条第二款情形，承担安全评价职责的中介组织的人员严重不负责任，导致出具的证明文件有重大失实，造成严重后果的，依照刑法第二百二十九条第三款的规定追究刑事责任。

第七条 承担安全评价职责的中介组织的人员故意提供虚假证明文件，有下列情形之一的，属于刑法第二百二十九条第一款规定的"情节严重"：

（一）造成死亡一人以上或者重伤三人以上安全事故的；

（二）造成直接经济损失五十万元以上安全事故的；

（三）违法所得数额十万元以上的；

（四）两年内因故意提供虚假证明文件受过两次以上行政处罚，又故意提供虚假证明文件的；

（五）其他情节严重的情形。

在涉及公共安全的重大工程、项目中提供虚假的安全评价文件，有下列情形之一的，属于刑法第二百二十九条第一款第三项规定的"致使公共财产、国家和人民利益遭受特别重大损失"：

（一）造成死亡三人以上或者重伤十人以上安全事故的；

（二）造成直接经济损失五百万元以上安全事故的；

（三）其他致使公共财产、国家和人民利益遭受特别重大损失的情形。

承担安全评价职责的中介组织的人员有刑法第二百二十九条第一款行为，在裁量刑罚时，应当考虑其行为手段、主观过错程度、对安全事故的发生所起作用大小及其获利情况、一贯表现等因素，综合评估社会危害性，依法裁量刑罚，确保罪责刑相适应。

第八条 承担安全评价职责的中介组织的人员，严重不负责任，出具的证明文件有重大失实，有下列情形之一的，属于刑法第二百二十九条第三款规定的"造成严重后果"：

（一）造成死亡一人以上或者重伤三人以上安全事故的；

（二）造成直接经济损失一百万元以上安全事故的；

（三）其他造成严重后果的情形。

第九条 承担安全评价职责的中介组织犯刑法第二百二十九条规定之罪的，对该中介组织判处罚金，并对其直接负责的主管人员和其他直接责任人员，依照本解释第七条、第八条的规定处罚。

第十条 有刑法第一百三十四条之一行为，积极配合公安机关或者负有安全生产监督管理职责的部门采取措施排除事故隐患，确有悔改表现，认罪认罚的，可以依法从宽处罚；犯罪情节轻微不需要判处刑罚的，可以不起诉或者免于刑事处罚；情节显著轻微危害不大的，不作为犯罪处理。

第十一条 有本解释规定的行为，被不起诉或者免予刑事处罚，需要给予行政处罚、政务处分或者其他处分的，依法移送有关主管机关处理。

第十二条 本解释自 2022 年 12 月 19 日起施行。最高人民法院、最高人民检察院此前发布的司法解释与本解释不一致的，以本解释为准。

安全生产行政执法与刑事司法衔接工作办法

· 2019 年 4 月 16 日
· 应急〔2019〕54 号

第一章 总 则

第一条 为了建立健全安全生产行政执法与刑事司法衔接工作机制，依法惩治安全生产违法犯罪行为，保障人民群众生命财产安全和社会稳定，依据《中华人民共和国刑法》《中华人民共和国刑事诉讼法》《中华人民共和国安全生产法》《中华人民共和国消防法》和《行政执法机关移送涉嫌犯罪案件的规定》《生产安全事故报告和调查处理条例》《最高人民法院 最高人民检察院关于办理危害生产安全刑事案件适用法律若干问题的解释》等法律、行政法规、司法解释及有关规定，制定本办法。

第二条 本办法适用于应急管理部门、公安机关、人民法院、人民检察院办理的涉嫌安全生产犯罪案件。

应急管理部门查处违法行为时发现的涉嫌其他犯罪案件，参照本办法办理。

本办法所称应急管理部门，包括煤矿安全监察机构、消防机构。

属于《中华人民共和国监察法》规定的公职人员在行使公权力过程中发生的依法由监察机关负责调查的涉嫌安全生产犯罪案件，不适用本办法，应当依法及时移送监察机关处理。

第三条 涉嫌安全生产犯罪案件主要包括下列案件：

（一）重大责任事故案件；
（二）强令违章冒险作业案件；
（三）重大劳动安全事故案件；
（四）危险物品肇事案件；
（五）消防责任事故、失火案件；
（六）不报、谎报安全事故案件；
（七）非法采矿，非法制造、买卖、储存爆炸物，非法经营，伪造、变造、买卖国家机关公文、证件、印章等涉嫌安全生产的其他犯罪案件。

第四条 人民检察院对应急管理部门移送涉嫌安全生产犯罪案件和公安机关有关立案活动，依法实施法律监督。

第五条 各级应急管理部门、公安机关、人民检察院、人民法院应当加强协作，统一法律适用，不断完善案件移送、案情通报、信息共享等工作机制。

第六条 应急管理部门在行政执法过程中发现行使公权力的公职人员涉嫌安全生产犯罪的问题线索，或者应急管理部门、公安机关、人民检察院在查处有关违法犯罪行为过程中发现行使公权力的公职人员涉嫌贪污贿赂、失职渎职等职务违法或者职务犯罪的问题线索，应当依法及时移送监察机关处理。

第二章 日常执法中的案件移送与法律监督

第七条 应急管理部门在查处违法行为过程中发现涉嫌安全生产犯罪案件的，应当立即指定 2 名以上行政执法人员组成专案组专门负责，核实情况后提出移送涉嫌犯罪案件的书面报告。应急管理部门正职负责人或者主持工作的负责人应当自接到报告之日起 3 日内作出批准移送或者不批准移送的决定。批准移送的，应当在 24 小时内向同级公安机关移送；不批准移送的，应当将不予批准的理由记录在案。

第八条 应急管理部门向公安机关移送涉嫌安全生产犯罪案件，应当附下列材料，并将案件移送书抄送同级人民检察院：

（一）案件移送书，载明移送案件的应急管理部门名称、违法行为涉嫌犯罪罪名、案件主办人及联系电话等。案件移送书应当附移送材料清单，并加盖应急管理部门公章；

（二）案件调查报告，载明案件来源、查获情况、嫌疑人基本情况、涉嫌犯罪的事实、证据和法律依据、处理建议等；

（三）涉案物品清单，载明涉案物品的名称、数量、特征、存放地等事项，并附采取行政强制措施、现场笔录等表明涉案物品来源的相关材料；

（四）附有鉴定机构和鉴定人资质证明或者其他证明文件的检验报告或者鉴定意见；

（五）现场照片、询问笔录、电子数据、视听资料、认定意见、责令整改通知书等其他与案件有关的证据材料。

对有关违法行为已经作出行政处罚决定的，还应当附行政处罚决定书。

第九条 公安机关对应急管理部门移送的涉嫌安全生产犯罪案件，应当出具接受案件的回执或者在案件移送书的回执上签字。

第十条 公安机关审查发现移送的涉嫌安全生产犯罪案件材料不全的，应当在接受案件的24小时内书面告知应急管理部门在3日内补正。

公安机关审查发现涉嫌安全生产犯罪案件移送材料不全、证据不充分的，可以就证明有犯罪事实的相关证据要求等提出补充调查意见，由移送案件的应急管理部门补充调查。根据实际情况，公安机关可以依法自行调查。

第十一条 公安机关对移送的涉嫌安全生产犯罪案件，应当自接受案件之日起3日内作出立案或者不予立案的决定；涉嫌犯罪线索需要查证的，应当自接受案件之日起7日内作出决定；重大疑难复杂案件，经县级以上公安机关负责人批准，可以自受案之日起30日内作出决定。依法不予立案的，应当说明理由，相应退回案件材料。

对属于公安机关管辖但不属于本公安机关管辖的案件，应当在接受案件后24小时内移送有管辖权的公安机关，并书面通知移送案件的应急管理部门，抄送同级人民检察院。对不属于公安机关管辖的案件，应当在24小时内退回移送案件的应急管理部门。

第十二条 公安机关作出立案、不予立案决定的，应当自作出决定之日起3日内书面通知应急管理部门，并抄送同级人民检察院。

对移送的涉嫌安全生产犯罪案件，公安机关立案后决定撤销案件的，应当将撤销案件决定书送达移送案件的应急管理部门，并退回案卷材料。对依法应当追究行政法律责任的，可以同时提出书面建议。有关撤销案件决定书应当抄送同级人民检察院。

第十三条 应急管理部门应当自接到公安机关立案通知书之日起3日内将涉案物品以及与案件有关的其他材料移交公安机关，并办理交接手续。

对保管条件、保管场所有特殊要求的涉案物品，可以在公安机关采取必要措施固定留取证据后，由应急管理部门代为保管。应急管理部门应当妥善保管涉案物品，并配合公安机关、人民检察院、人民法院在办案过程中对涉案物品的调取、使用及鉴定等工作。

第十四条 应急管理部门接到公安机关不予立案的通知书后，认为依法应当由公安机关决定立案的，可以自接到不予立案通知书之日起3日内提请作出不予立案决定的公安机关复议，也可以建议人民检察院进行立案监督。

公安机关应当自收到提请复议的文件之日起3日内作出复议决定，并书面通知应急管理部门。应急管理部门对公安机关的复议决定仍有异议的，应当自收到复议决定之日起3日内建议人民检察院进行立案监督。

应急管理部门对公安机关逾期未作出是否立案决定以及立案后撤销案件决定有异议的，可以建议人民检察院进行立案监督。

第十五条 应急管理部门建议人民检察院进行立案监督的，应当提供立案监督建议书、相关案件材料，并附公安机关不予立案通知、复议维持不予立案通知或者立案后撤销案件决定及有关说明理由材料。

第十六条 人民检察院应当对应急管理部门立案监督建议进行审查，认为需要公安机关说明不予立案、立案后撤销案件的理由的，应当要求公安机关在7日内说明理由。公安机关应当书面说明理由，回复人民检察院。

人民检察院经审查认为公安机关不予立案或者立案后撤销案件理由充分，符合法律规定情形的，应当作出支持不予立案、撤销案件的检察意见。认为有关理由不能成立的，应当通知公安机关立案。

公安机关收到立案通知书后，应当在15日内立案，并将立案决定书送达人民检察院。

第十七条 人民检察院发现应急管理部门不移送涉嫌安全生产犯罪案件的，可以派员查询、调阅有关案件材料，认为应当移送的，应当提出检察意见。应急管理部门应当自收到检察意见后3日内将案件移送公安机关，并将案件移送书抄送人民检察院。

第十八条 人民检察院对符合逮捕、起诉条件的犯罪嫌疑人，应当依法批准逮捕、提起公诉。

人民检察院对决定不起诉的案件，应当自作出决定之日起3日内，将不起诉决定书送公安机关和应急管理部门。对依法应当追究行政法律责任的，可以同时提出检察意见，并要求应急管理部门及时通报处理情况。

第三章 事故调查中的案件移送与法律监督

第十九条 事故发生地有管辖权的公安机关根据事故的情况，对涉嫌安全生产犯罪的，应当依法立案侦查。

第二十条 事故调查中发现涉嫌安全生产犯罪的,事故调查组或者负责火灾调查的消防机构应当及时将有关材料或者其复印件移交有管辖权的公安机关依法处理。

事故调查过程中,事故调查组或者负责火灾调查的消防机构可以召开专题会议,向有管辖权的公安机关通报事故调查进展情况。

有管辖权的公安机关对涉嫌安全生产犯罪案件立案侦查的,应当在3日内将立案决定书抄送同级应急管理部门、人民检察院和组织事故调查的应急管理部门。

第二十一条 对有重大社会影响的涉嫌安全生产犯罪案件,上级公安机关采取挂牌督办、派员参与等方法加强指导和督促,必要时,可以按照有关规定直接组织办理。

第二十二条 组织事故调查的应急管理部门及同级公安机关、人民检察院对涉嫌安全生产犯罪案件的事实、性质认定、证据采信、法律适用以及责任追究有意见分歧的,应当加强协调沟通。必要时,可以就法律适用等方面问题听取人民法院意见。

第二十三条 对发生一人以上死亡的情形,经依法组织调查,作出不属于生产安全事故或者生产安全责任事故的书面调查结论的,应急管理部门应当将该调查结论及时抄送同级监察机关、公安机关、人民检察院。

第四章 证据的收集与使用

第二十四条 在查处违法行为的过程中,有关应急管理部门应当全面收集、妥善保存证据材料。对容易灭失的痕迹、物证,应当采取措施提取、固定;对查获的涉案物品,如实填写涉案物品清单,并按照国家有关规定予以处理;对需要进行检验、鉴定的涉案物品,由法定检验、鉴定机构进行检验、鉴定,并出具检验报告或者鉴定意见。

在事故调查的过程中,有关部门根据有关法律法规的规定或事故调查组的安排,按照前款规定收集、保存相关的证据材料。

第二十五条 在查处违法行为或者事故调查的过程中依法收集制作的物证、书证、视听资料、电子数据、检验报告、鉴定意见、勘验笔录、检查笔录等证据材料以及经依法批复的事故调查报告,在刑事诉讼中可以作为证据使用。

事故调查组依照有关规定提交的事故调查报告应当由其成员签名。没有签名的,应当予以补正或者作出合理解释。

第二十六条 当事人及其辩护人、诉讼代理人对检验报告、鉴定意见、勘验笔录、检查笔录等提出异议,申请重新检验、鉴定、勘验或者检查的,应当说明理由。人民法院经审理认为有必要的,应当同意。人民法院同意重新鉴定申请的,应当及时委托鉴定,并将鉴定意见告知人民检察院、当事人及其辩护人、诉讼代理人;也可以由公安机关自行或者委托相关机构重新进行检验、鉴定、勘验、检查等。

第五章 协作机制

第二十七条 各级应急管理部门、公安机关、人民检察院、人民法院应当建立安全生产行政执法与刑事司法衔接长效工作机制。明确本单位的牵头机构和联系人,加强日常工作沟通与协作。定期召开联席会议,协调解决重要问题,并以会议纪要等方式明确议定事项。

各省、自治区、直辖市应急管理部门、公安机关、人民检察院、人民法院应当每年定期联合通报辖区内有关涉嫌安全生产犯罪案件移送、立案、批捕、起诉、裁判结果等方面信息。

第二十八条 应急管理部门对重大疑难复杂案件,可以就刑事案件立案追诉标准、证据的固定和保全等问题咨询公安机关、人民检察院;公安机关、人民检察院可以就案件办理中的专业性问题咨询应急管理部门。受咨询的机关应当及时答复;书面咨询的,应当在7日内书面答复。

第二十九条 人民法院应当在有关案件的判决、裁定生效后,按照规定及时将判决书、裁定书在互联网公布。适用职业禁止措施的,应当在判决、裁定生效后10日内将判决书、裁定书送达罪犯居住地的县级应急管理部门和公安机关,同时抄送罪犯居住地的县级人民检察院。具有国家工作人员身份的,应当将判决书、裁定书送达罪犯原所在单位。

第三十条 人民检察院、人民法院发现有关生产经营单位在安全生产保障方面存在问题或者有关部门在履行安全生产监督管理职责方面存在违法、不当情形的,可以发出检察建议、司法建议。有关生产经营单位或者有关部门应当按规定及时处理,并将处理情况书面反馈提出建议的人民检察院、人民法院。

第三十一条 各级应急管理部门、公安机关、人民检察院应当运用信息化手段,逐步实现涉嫌安全生产犯罪案件的网上移送、网上受理和网上监督。

第六章 附 则

第三十二条 各省、自治区、直辖市的应急管理部门、公安机关、人民检察院、人民法院可以根据本地区实际情况制定实施办法。

第三十三条 本办法自印发之日起施行。

（七）破坏社会主义市场经济秩序罪

最高人民法院关于适用《全国人民代表大会常务委员会关于惩治虚开、伪造和非法出售增值税专用发票犯罪的决定》的若干问题的解释

- 1996年10月17日
- 法发〔1996〕30号

为正确执行《全国人民代表大会常务委员会关于惩治虚开、伪造和非法出售增值税专用发票犯罪的决定》（以下简称《决定》），依法惩治虚开、伪造和非法出售增值税专用发票和其他发票犯罪，现就适用《决定》的若干具体问题解释如下：

一、根据《决定》第一条规定，虚开增值税专用发票的，构成虚开增值税专用发票罪。

具有下列行为之一的，属于"虚开增值税专用发票"：（1）没有货物购销或者没有提供或接受应税劳务而为他人、为自己、让他人为自己、介绍他人开具增值税专用发票；（2）有货物购销或者提供或接受了应税劳务但为他人、为自己、让他人为自己、介绍他人开具数量或者金额不实的增值税专用发票；（3）进行了实际经营活动，但让他人为自己代开增值税专用发票。

虚开税款数额1万元以上的或者虚开增值税专用发票致使国家税款被骗取5000元以上的，应当依法定罪处罚。

虚开税款数额10万元以上的，属于"虚开的税款数额较大"；具有下列情形之一的，属于"有其他严重情节"：（1）因虚开增值税专用发票致使国家税款被骗取5万元以上的；（2）曾因虚开增值税专用发票受过刑事处罚的；（3）具有其他严重情节的。

虚开税款数额50万元以上的，属于"虚开的税款数额巨大"；具有下列情形之一的，属于"有其他特别严重情节"：（1）因虚开增值税专用发票致使国家税款被骗取30万元以上的；（2）虚开的税款数额接近巨大并有其他严重情节的；（3）具有其他特别严重情节的。

利用虚开的增值税专用发票实际抵扣税款或者骗取出口退税100万元以上的，属于"骗取国家税款数额特别巨大"；造成国家税款损失50万元以上并且在侦查终结前仍无法追回的，属于"给国家利益造成特别重大损失"。利用虚开的增值税专用发票骗取国家税款数额特别巨大、给国家利益造成特别重大损失，为"情节特别严重"的基本内容。

虚开增值税专用发票犯罪分子与骗取税款犯罪分子均应当对虚开的税款数额和实际骗取的国家税款数额承担刑事责任。

利用虚开的增值税专用发票抵扣税款或者骗取出口退税的，应当依照《决定》第一条的规定定罪处罚；以其他手段骗取国家税款的，仍应依照《全国人民代表大会常务委员会关于惩治偷税、抗税犯罪的补充规定》的有关规定定罪处罚。

二、根据《决定》第二条规定，伪造或者出售伪造的增值税专用发票的，构成伪造、出售伪造的增值税专用发票罪。

伪造或者出售伪造的增值税专用发票25份以上或者票面额（百元版以每份100元，千元版以每份1000元，万元版以每份1万元计算，以此类推。下同）累计10万元以上的应当依法定罪处罚。

伪造或者出售伪造的增值税专用发票100份以上或者票面额累计50万元以上的，属于"数量较大"；具有下列情形之一的，属于"有其他严重情节"：（1）违法所得数额在1万元以上的；（2）伪造并出售伪造的增值税专用发票60份以上或者票面额累计30万元以上的；（3）造成严重后果或者具有其他严重情节的。

伪造或者出售伪造的增值税专用发票500份以上或者票面额累计250万元以上的，属于"数量巨大"；具有下列情形之一的，属于"有其他特别严重情节"：（1）违法所得数额在5万元以上的；（2）伪造并出售伪造的增值税专用发票300份以上或者票面额累计200万元以上的；（3）伪造或者出售伪造的增值税专用发票接近"数量巨大"并有其他严重情节的；（4）造成特别严重后果或者具有其他特别严重情节的。

伪造并出售伪造的增值税专用发票1000份以上或者票面额累计1000万元以上的，属于"伪造并出售伪造的增值税专用发票数量特别巨大"；具有下列情形之一的，属于"情节特别严重"：（1）违法所得数额在5万元以上的；（2）因伪造、出售伪造的增值税专用发票致使国家税款被骗取100万元以上的；（3）给国家税款造成实际损失50万元以上的；（4）具有其他特别严重情节的。对于伪造并出售伪造的增值税专用发票数量达到特别巨大，又具有特别严重情节，严重破坏经济秩序的，应当依照《决定》第二条第二款的规定处罚。

伪造并出售同一宗增值税专用发票的，数量或者票面额不重复计算。

变造增值税专用发票的，按照伪造增值税专用发

行为处理。

三、根据《决定》第三条规定，非法出售增值税专用发票的，构成非法出售增值税专用发票罪。

非法出售增值税专用发票案件的定罪量刑数量标准按照本解释第二条第二、三、四款的规定执行。

四、根据《决定》第四条规定，非法购买增值税专用发票或者购买伪造的增值税专用发票的，构成非法购买增值税专用发票、购买伪造的增值税专用发票罪。

非法购买增值税专用发票或者购买伪造的增值税专用发票25份以上或者票面额累计10万元以上的，应当依法定罪处罚。

非法购买真、伪两种增值税专用发票的，数量累计计算，不实行数罪并罚。

五、根据《决定》第五条规定，虚开用于骗取出口退税、抵扣税款的其他发票的，构成虚开专用发票罪，依照《决定》第一条的规定处罚。

"用于骗取出口退税、抵扣税款的其他发票"是指可以用于申请出口退税、抵扣税款的非增值税专用发票，如运输发票、废旧物品收购发票、农业产品收购发票等。

六、根据《决定》第六条规定，伪造、擅自制造或者出售伪造、擅自制造的可以用于骗取出口退税、抵扣税款的其他发票的，构成非法制造专用发票罪或出售非法制造的专用发票罪。

伪造、擅自制造或者出售伪造、擅自制造的可以用于骗取出口退税、抵扣税款的其他发票50份以上的，应当依法定罪处罚；伪造、擅自制造或者出售伪造、擅自制造的可以用于骗取出口退税、抵扣税款的其他发票200份以上的，属于"数量巨大"；伪造、擅自制造或者出售伪造、擅自制造的可以用于骗取出口退税、抵扣税款的其他发票1000份以上的，属于"数量特别巨大"。

七、盗窃增值税专用发票或者可以用于骗取出口退税、抵扣税款的其他发票25份以上，或者其他发票50份以上的；诈骗增值税专用发票或者可以用于骗取出口退税、抵扣税款的其他发票50份以上，或者其他发票100份以上的，依照刑法第一百五十一条的规定处罚。

盗窃增值税专用发票或者可以用于骗取出口退税、抵扣税款的其他发票250份以上，或者其他发票500份以上的；诈骗增值税专用发票或者可以用于骗取出口退税、抵扣税款的其他发票500份以上，或者其他发票1000份以上的，依照刑法第一百五十二条的规定处罚。

盗窃增值税专用发票或者其他发票情节特别严重的，依照《全国人民代表大会常务委员会关于严惩严重破坏经济的罪犯的决定》第一条第（一）项的规定处罚。

盗窃、诈骗增值税专用发票或者其他发票后，又实施《决定》规定的虚开、出售等犯罪的，按照其中的重罪定罪处罚，不实行数罪并罚。

最高人民法院关于审理骗购外汇、非法买卖外汇刑事案件具体应用法律若干问题的解释

- 1998年8月28日最高人民法院审判委员会第1018次会议通过
- 1998年8月28日最高人民法院公告公布
- 自1998年9月1日起施行
- 法释〔1998〕20号

为依法惩处骗购外汇、非法买卖外汇的犯罪行为，根据刑法的有关规定，现对审理骗购外汇、非法买卖外汇案件具体应用法律的若干问题解释如下：

第一条 以进行走私、逃汇、洗钱、骗税等犯罪活动为目的，使用虚假、无效的凭证、商业单据或者采取其他手段向外汇指定银行骗购外汇的，应当分别按照刑法分则第三章第二节、第一百九十条、第一百九十一条和第二百零四条等规定定罪处罚。

非国有公司、企业或者其他单位，与国有公司、企业或者其他国有单位勾结逃汇的，以逃汇罪的共犯处罚。

第二条 伪造、变造、买卖海关签发的报关单、进口证明、外汇管理机关的核准件等凭证或者购买伪造、变造的上述凭证的，按照刑法第二百八十条第一款的规定定罪处罚。

第三条 在外汇指定银行和中国外汇交易中心及其分中心以外买卖外汇，扰乱金融市场秩序，具有下列情形之一的，按照刑法第二百二十五条第（三）项的规定定罪处罚：

（一）非法买卖外汇20万美元以上的；
（二）违法所得5万元人民币以上的。

第四条 公司、企业或者其他单位，违反有关外贸代理业务的规定，采用非法手段，或者明知是伪造、变造的凭证、商业单据，为他人向外汇指定银行骗购外汇，数额在500万美元以上或者违法所得50万元人民币以上的，按照刑法第二百二十五条第（三）项的规定定罪处罚。

居间介绍骗购外汇100万美元以上或者违法所得10万元人民币以上的，按照刑法第二百二十五条第（三）项的规定定罪处罚。

第五条 海关、银行、外汇管理机关工作人员与骗购

外汇的行为人通谋,为其提供购买外汇的有关凭证,或者明知是伪造、变造的凭证和商业单据而出售外汇,构成犯罪的,按照刑法的有关规定从重处罚。

第六条 实施本解释规定的行为,同时触犯2个以上罪名的,择一重罪从重处罚。

第七条 根据刑法第六十四条规定,骗购外汇、非法买卖外汇的,其违法所得予以追缴,用于骗购外汇、非法买卖外汇的资金予以没收,上缴国库。

第八条 骗购、非法买卖不同币种的外汇的,以案发时国家外汇管理机关制定的统一折算率折合后依照本解释处罚。

最高人民法院关于审理非法出版物刑事案件具体应用法律若干问题的解释

- 1998年12月11日最高人民法院审判委员会第1032次会议通过
- 1998年12月17日最高人民法院公告公布
- 自1998年12月23日起施行
- 法释〔1998〕30号

为依法惩治非法出版物犯罪活动,根据刑法的有关规定,现对审理非法出版物刑事案件具体应用法律的若干问题解释如下:

第一条 明知出版物中载有煽动分裂国家、破坏国家统一或者煽动颠覆国家政权、推翻社会主义制度的内容,而予以出版、印刷、复制、发行、传播的,依照刑法第一百零三条第二款或者第一百零五条第二款的规定,以煽动分裂国家罪或者煽动颠覆国家政权罪定罪处罚。

第二条 以营利为目的,实施刑法第二百一十七条所列侵犯著作权行为之一,个人违法所得数额在5万元以上,单位违法所得数额在20万元以上的,属于"违法所得数额较大";具有下列情形之一的,属于"有其他严重情节":

(一)因侵犯著作权曾经两次以上被追究行政责任或者民事责任,两年内又实施刑法第二百一十七条所列侵犯著作权行为之一的;

(二)个人非法经营数额在20万元以上,单位非法经营数额在100万元以上的;

(三)造成其他严重后果的。

以营利为目的,实施刑法第二百一十七条所列侵犯著作权行为之一,个人违法所得数额在20万元以上,单位违法所得数额在100万元以上的,属于"违法所得数额巨大";具有下列情形之一的,属于"有其他特别严重情节":

(一)个人非法经营数额在100万元以上,单位非法经营数额在500万元以上的;

(二)造成其他特别严重后果的。

第三条 刑法第二百一十七条第(一)项中规定的"复制发行",是指行为人以营利为目的,未经著作权人许可而实施的复制、发行或者既复制又发行其文字作品、音乐、电影、电视、录像作品、计算机软件及其他作品的行为。

第四条 以营利为目的,实施刑法第二百一十八条规定的行为,个人违法所得数额在10万元以上,单位违法所得数额在50万元以上的,依照刑法第二百一十八条的规定,以销售侵权复制品罪定罪处罚。

第五条 实施刑法第二百一十七条规定的侵犯著作权行为,又销售该侵权复制品,违法所得数额巨大的,只定侵犯著作权罪,不实行数罪并罚。

实施刑法第二百一十七条规定的侵犯著作权的犯罪行为,又明知是他人的侵权复制品而予以销售,构成犯罪的,应当实行数罪并罚。

第六条 在出版物中公然侮辱他人或者捏造事实诽谤他人,情节严重的,依照刑法第二百四十六条的规定,分别以侮辱罪或者诽谤罪定罪处罚。

第七条 出版刊载歧视、侮辱少数民族内容的作品,情节恶劣,造成严重后果的,依照刑法第二百五十条的规定,以出版歧视、侮辱少数民族作品罪定罪处罚。

第八条 以牟利为目的,实施刑法第三百六十三条第一款规定的行为,具有下列情形之一的,以制作、复制、出版、贩卖、传播淫秽物品牟利罪定罪处罚:

(一)制作、复制、出版淫秽影碟、软件、录像带50至100张(盒)以上,淫秽音碟、录音带100至200张(盒)以上,淫秽扑克、书刊、画册100至200副(册)以上,淫秽照片、画片500至1000张以上的;

(二)贩卖淫秽影碟、软件、录像带100至200张(盒)以上,淫秽音碟、录音带200至400张(盒)以上,淫秽扑克、书刊、画册200至400副(册)以上,淫秽照片、画片1000至2000张以上的;

(三)向他人传播淫秽物品达200至500人次以上,或者组织播放淫秽影、像达10至20场次以上的;

(四)制作、复制、出版、贩卖、传播淫秽物品,获利5000至1万元以上的。

以牟利为目的,实施刑法第三百六十三条第一款规

定的行为,具有下列情形之一的,应当认定为制作、复制、出版、贩卖、传播淫秽物品牟利罪"情节严重":

(一)制作、复制、出版淫秽影碟、软件、录像带250至500张(盒)以上,淫秽音碟、录音带500至1000张(盒)以上,淫秽扑克、书刊、画册500至1000副(册)以上,淫秽照片、画片2500至5000张以上的;

(二)贩卖淫秽影碟、软件、录像带500至1000张(盒)以上,淫秽音碟、录音带1000至2000张(盒)以上,淫秽扑克、书刊、画册1000至2000副(册)以上,淫秽照片、画片5000至1万张以上的;

(三)向他人传播淫秽物品达1000至2000人次以上,或者组织播放淫秽影、像达50至100场次以上的;

(四)制作、复制、出版、贩卖、传播淫秽物品,获利3万至5万元以上的。

以牟利为目的,实施刑法第三百六十三条第一款规定的行为,其数量(数额)达到前款规定的数量(数额)5倍以上的,应当认定为制作、复制、出版、贩卖、传播淫秽物品牟利罪"情节特别严重"。

第九条 为他人提供书号、刊号,出版淫秽书刊的,依照刑法第三百六十三条第二款的规定,以为他人提供书号出版淫秽书刊罪定罪处罚。

为他人提供版号,出版淫秽音像制品的,依照前款规定定罪处罚。

明知他人用于出版淫秽书刊而提供书号、刊号的,依照刑法第三百六十三条第一款的规定,以出版淫秽物品牟利罪定罪处罚。

第十条 向他人传播淫秽的书刊、影片、音像、图片等出版物达300至600人次以上或者造成恶劣社会影响的,属于"情节严重",依照刑法第三百六十四条第一款的规定,以传播淫秽物品罪定罪处罚。

组织播放淫秽的电影、录像等音像制品达15至30场次以上或者造成恶劣社会影响的,依照刑法第三百六十四条第二款的规定,以组织播放淫秽音像制品罪定罪处罚。

第十一条 违反国家规定,出版、印刷、复制、发行本解释第一条至第十条规定以外的其他严重危害社会秩序和扰乱市场秩序的非法出版物,情节严重的,依照刑法第二百二十五条第(三)项的规定,以非法经营罪定罪处罚。

第十二条 个人实施本解释第十一条规定的行为,具有下列情形之一的,属于非法经营行为"情节严重":

(一)经营数额在5万元至10万元以上的;

(二)违法所得数额在2万元至3万元以上的;

(三)经营报纸5000份或者期刊5000本或者图书2000册或者音像制品、电子出版物500张(盒)以上的。

具有下列情形之一的,属于非法经营行为"情节特别严重":

(一)经营数额在15万元至30万元以上的;

(二)违法所得数额在5万元至10万元以上的;

(三)经营报纸1.5万份或者期刊1.5万本或者图书5000册或者音像制品、电子出版物1500张(盒)以上的。

第十三条 单位实施本解释第十一条规定的行为,具有下列情形之一的,属于非法经营行为"情节严重":

(一)经营数额在15万元至30万元以上的;

(二)违法所得数额在5万元至10万元以上的;

(三)经营报纸1.5万份或者期刊1.5万本或者图书5000册或者音像制品、电子出版物1500张(盒)以上的。

具有下列情形之一的,属于非法经营行为"情节特别严重":

(一)经营数额在50万元至100万元以上的;

(二)违法所得数额在15万元至30万元以上的;

(三)经营报纸5万份或者期刊5万本或者图书1.5万册或者音像制品、电子出版物5000张(盒)以上的。

第十四条 实施本解释第十一条规定的行为,经营数额、违法所得数额或者经营数量接近非法经营行为"情节严重"、"情节特别严重"的数额、数量起点标准,并具有下列情形之一的,可以认定为非法经营行为"情节严重"、"情节特别严重":

(一)两年内因出版、印刷、复制、发行非法出版物受过行政处罚两次以上的;

(二)因出版、印刷、复制、发行非法出版物造成恶劣社会影响或者其他严重后果的。

第十五条 非法从事出版物的出版、印刷、复制、发行业务,严重扰乱市场秩序,情节特别严重,构成犯罪的,可以依照刑法第二百二十五条第(三)项的规定,以非法经营罪定罪处罚。

第十六条 出版单位与他人事前通谋,向其出售、出租或者以其他形式转让该出版单位的名称、书号、刊号、版号,他人实施本解释第二条、第四条、第八条、第九条、第十条、第十一条规定的行为,构成犯罪的,对该出版单位应当以共犯论处。

第十七条 本解释所称"经营数额",是指以非法出版物的定价数额乘以行为人经营的非法出版物数量所得的数额。

本解释所称"违法所得数额",是指获利数额。

非法出版物没有定价或者以境外货币定价的,其单价数额应当按照行为人实际出售的价格认定。

第十八条 各省、自治区、直辖市高级人民法院可以根据本地的情况和社会治安状况,在本解释第八条、第十条、第十二条、第十三条规定的有关数额、数量标准的幅度内,确定本地执行的具体标准,并报最高人民法院备案。

最高人民法院关于审理倒卖车票刑事案件有关问题的解释

- 1999年9月2日最高人民法院审判委员会第1074次会议通过
- 1999年9月6日最高人民法院公告公布
- 自1999年9月14日起施行
- 法释〔1999〕17号

为依法惩处倒卖车票的犯罪活动,根据刑法的有关规定,现就审理倒卖车票刑事案件的有关问题解释如下:

第一条 高价、变相加价倒卖车票或者倒卖坐席、卧铺签字号及订购车票凭证,票面数额在5000元以上,或者非法获利数额在2000元以上的,构成刑法第二百二十七条第二款规定的"倒卖车票情节严重"。

第二条 对于铁路职工倒卖车票或者与其他人员勾结倒卖车票;组织倒卖车票的首要分子;曾因倒卖车票受过治安处罚两次以上或者被劳动教养1次以上,两年内又倒卖车票,构成倒卖车票罪的,依法从重处罚。

最高人民法院关于审理扰乱电信市场管理秩序案件具体应用法律若干问题的解释

- 2000年4月28日最高人民法院审判委员会第1113次会议通过
- 2000年5月12日最高人民法院公告公布
- 自2000年5月24日起施行
- 法释〔2000〕12号

为依法惩处扰乱电信市场管理秩序的犯罪活动,根据刑法的有关规定,现就审理这类案件具体应用法律的若干问题解释如下:

第一条 违反国家规定,采取租用国际专线、私设转接设备或者其他方法,擅自经营国际电信业务或者涉港澳台电信业务进行营利活动,扰乱电信市场管理秩序,情节严重的,依照刑法第二百二十五条第(四)项的规定,以非法经营罪定罪处罚。

第二条 实施本解释第一条规定的行为,具有下列情形之一的,属于非法经营行为"情节严重":

(一)经营去话业务数额在100万元以上的;

(二)经营来话业务造成电信资费损失数额在100万元以上的。

具有下列情形之一的,属于非法经营行为"情节特别严重":

(一)经营去话业务数额在500万元以上的;

(二)经营来话业务造成电信资费损失数额在500万元以上的。

第三条 实施本解释第一条规定的行为,经营数额或者造成电信资费损失数额接近非法经营行为"情节严重"、"情节特别严重"的数额起点标准,并具有下列情形之一的,可以分别认定为非法经营行为"情节严重"、"情节特别严重":

(一)两年内因非法经营国际电信业务或者涉港澳台电信业务行为受过行政处罚两次以上的;

(二)因非法经营国际电信业务或者涉港澳台电信业务行为造成其他严重后果的。

第四条 单位实施本解释第一条规定的行为构成犯罪的,对单位判处罚金,并对其直接负责的主管人员和其他直接责任人员,依照本解释第二条、第三条的规定处罚。

第五条 违反国家规定,擅自设置、使用无线电台(站),或者擅自占用频率,非法经营国际电信业务或者涉港澳台电信业务进行营利活动,同时构成非法经营罪和刑法第二百八十八条规定的扰乱无线电通讯管理秩序罪的,依照处罚较重的规定定罪处罚。

第六条 国有电信企业的工作人员,由于严重不负责任或者滥用职权,造成国有电信企业破产或者严重损失,致使国家利益遭受重大损失的,依照刑法第一百六十八条的规定定罪处罚。

第七条 将电信卡非法充值后使用,造成电信资费损失数额较大的,依照刑法第二百六十四条的规定,以盗窃罪定罪处罚。

第八条 盗用他人公共信息网络上网账号、密码上网,造成他人电信资费损失数额较大的,依照刑法第二百六十四条的规定,以盗窃罪定罪处罚。

第九条 以虚假、冒用的身份证件办理入网手续并使用移动电话,造成电信资费损失数额较大的,依照刑法第二百六十六条的规定,以诈骗罪定罪处罚。

第十条 本解释所称"经营去话业务数额",是指以行为人非法经营国际电信业务或者涉港澳台电信业务的总时长(分钟数)乘以行为人每分钟收取的用户使用费所得的数额。

本解释所称"电信资费损失数额",是指以行为人非法经营国际电信业务或者涉港澳台电信业务的总时长(分钟数)乘以在合法电信业务中我国应当得到的每分钟国际结算价格所得的数额。

最高人民法院关于审理伪造货币等案件具体应用法律若干问题的解释

- 2000年4月20日最高人民法院审判委员会第1110次会议通过
- 2000年9月8日最高人民法院公告公布
- 自2000年9月14日起施行
- 法释〔2000〕26号

为依法惩治伪造货币、出售、购买、运输假币等犯罪活动,根据刑法的有关规定,现就审理这类案件具体应用法律的若干问题解释如下:

第一条 伪造货币的总面额在2000元以上不满3万元或者币量在200张(枚)以上不足3000张(枚)的,依照刑法第一百七十条的规定,处3年以上10年以下有期徒刑,并处5万元以上50万元以下罚金。

伪造货币的总面额在3万元以上的,属于"伪造货币数额特别巨大"。

行为人制造货币版样或者与他人事前通谋,为他人伪造货币提供版样的,依照刑法第一百七十条的规定定罪处罚。

第二条 行为人购买假币后使用,构成犯罪的,依照刑法第一百七十一条的规定,以购买假币罪定罪,从重处罚。

行为人出售、运输假币构成犯罪,同时有使用假币行为的,依照刑法第一百七十一条、第一百七十二条的规定,实行数罪并罚。

第三条 出售、购买假币或者明知是假币而运输,总面额在4000元以上不满5万元的,属于"数额较大";总面额在5万元以上不满20万元的,属于"数额巨大";总面额在20万元以上的,属于"数额特别巨大",依照刑法第一百七十一条第一款的规定定罪处罚。

第四条 银行或者其他金融机构的工作人员购买假币或者利用职务上的便利,以假币换取货币,总面额在4000元以上不满5万元或者币量在400张(枚)以上不足5000张(枚)的,处3年以上10年以下有期徒刑,并处2万元以上20万元以下罚金;总面额在5万元以上或者币量在5000张(枚)以上或者有其他严重情节的,处10年以上有期徒刑或者无期徒刑,并处2万元以上20万元以下罚金或者没收财产;总面额不满人民币4000元或者币量不足400张(枚)或者具有其他情节较轻情形的,处3年以下有期徒刑或者拘役,并处或者单处1万元以上10万元以下罚金。

第五条 明知是假币而持有、使用,总面额在4000元以上不满5万元的,属于"数额较大";总面额在5万元以上不满20万元的,属于"数额巨大";总面额在20万元以上的,属于"数额特别巨大",依照刑法第一百七十二条的规定定罪处罚。

第六条 变造货币的总面额在2000元以上不满3万元的,属于"数额较大";总面额在3万元以上的,属于"数额巨大",依照刑法第一百七十三条的规定定罪处罚。

第七条 本解释所称"货币"是指可在国内市场流通或者兑换的人民币和境外货币。

货币面额应当以人民币计算,其他币种以案发时国家外汇管理机关公布的外汇牌价折算成人民币。

最高人民法院关于审理伪造货币等案件具体应用法律若干问题的解释(二)

- 2010年10月11日最高人民法院审判委员会第1498次会议通过
- 2010年10月20日最高人民法院公告公布
- 自2010年11月3日起施行
- 法释〔2010〕14号

为依法惩治伪造货币、变造货币等犯罪活动,根据刑法有关规定和近一个时期的司法实践,就审理此类刑事案件具体应用法律的若干问题解释如下:

第一条 仿照真货币的图案、形状、色彩等特征非法制造假币,冒充真币的行为,应当认定为刑法第一百七十条规定的"伪造货币"。

对真货币采用剪贴、挖补、揭层、涂改、移位、重印等方法加工处理,改变真币形态、价值的行为,应当认定为刑法第一百七十三条规定的"变造货币"。

第二条 同时采用伪造和变造手段,制造真伪拼凑货币的行为,依照刑法第一百七十条的规定,以伪造货币罪定罪处罚。

第三条 以正在流通的境外货币为对象的假币犯罪，依照刑法第一百七十条至第一百七十三条的规定定罪处罚。

假境外货币犯罪的数额，按照案发当日中国外汇交易中心或者中国人民银行授权机构公布的人民币对该货币的中间价折合成人民币计算。中国外汇交易中心或者中国人民银行授权机构未公布汇率中间价的境外货币，按照案发当日境内银行人民币对该货币的中间价折算成人民币，或者该货币在境内银行、国际外汇市场对美元汇率，与人民币对美元汇率中间价进行套算。

第四条 以中国人民银行发行的普通纪念币和贵金属纪念币为对象的假币犯罪，依照刑法第一百七十条至第一百七十三条的规定定罪处罚。

假普通纪念币犯罪的数额，以面额计算；假贵金属纪念币犯罪的数额，以贵金属纪念币的初始发售价格计算。

第五条 以使用为目的，伪造停止流通的货币，或者使用伪造的停止流通的货币的，依照刑法第二百六十六条的规定，以诈骗罪定罪处罚。

第六条 此前发布的司法解释与本解释不一致的，以本解释为准。

最高人民检察院关于擅自销售进料加工保税货物的行为法律适用问题的解释

- 2000年9月29日最高人民法院第九届检察委员会第70次会议通过
- 2000年10月16日最高人民法院公告公布
- 自2000年10月16日起施行
- 法释〔2000〕3号

为依法办理走私犯罪案件，根据海关法等法律的有关规定，对擅自销售进料加工保税货物的行为法律适用问题解释如下：

保税货物是指经海关批准未办理纳税手续进境，在境内储存、加工、装配后复运出境的货物。经海关批准进口的进料加工的货物属于保税货物。未经海关许可并且未补缴应缴税额，擅自将批准进口的进料加工的原材料、零件、制成品、设备等保税货物，在境内销售牟利，偷逃应缴税额在5万元以上的，依照刑法第一百五十四条、第一百五十三条的规定，以走私普通货物、物品罪追究刑事责任。

最高人民法院关于对变造、倒卖变造邮票行为如何适用法律问题的解释

- 2000年11月15日最高人民法院审判委员会第1139次会议通过
- 2000年12月5日最高人民法院公告公布
- 自2000年12月9日起施行
- 法释〔2000〕41号

为了正确适用刑法，现对审理变造、倒卖变造邮票案件如何适用法律问题解释如下：

对变造或者倒卖变造的邮票数额较大的，应当依照刑法第二百二十七条第一款的规定定罪处罚。

最高人民法院、最高人民检察院关于办理生产、销售伪劣商品刑事案件具体应用法律若干问题的解释

- 2001年4月5日最高人民法院审判委员会第1168次会议通过
- 2001年3月20日最高人民检察院第九届检察委员会第84次会议通过
- 2001年4月9日最高人民法院、最高人民检察院公告公布
- 自2001年4月10日起施行
- 法释〔2001〕10号

为依法惩治生产、销售伪劣商品犯罪活动，根据刑法有关规定，现就办理这类案件具体应用法律的若干问题解释如下：

第一条 刑法第一百四十条规定的"在产品中掺杂、掺假"，是指在产品中掺入杂质或者异物，致使产品质量不符合国家法律、法规或者产品明示质量标准规定的质量要求，降低、失去应有使用性能的行为。

刑法第一百四十条规定的"以假充真"，是指以不具有某种使用性能的产品冒充具有该种使用性能的产品的行为。

刑法第一百四十条规定的"以次充好"，是指以低等级、低档次产品冒充高等级、高档次产品，或者以残次、废旧零配件组合、拼装后冒充正品或者新产品的行为。

刑法第一百四十条规定的"不合格产品"，是指不符合《中华人民共和国产品质量法》第二十六条第二款规定的质量要求的产品。

对本条规定的上述行为难以确定的，应当委托法律、行政法规规定的产品质量检验机构进行鉴定。

第二条 刑法第一百四十条、第一百四十九条规定

的"销售金额",是指生产者、销售者出售伪劣产品后所得和应得的全部违法收入。

伪劣产品尚未销售,货值金额达到刑法第一百四十条规定的销售金额三倍以上的,以生产、销售伪劣产品罪(未遂)定罪处罚。

货值金额以违法生产、销售的伪劣产品的标价计算;没有标价的,按照同类合格产品的市场中间价格计算。货值金额难以确定的,按照国家计划委员会、最高人民法院、最高人民检察院、公安部1997年4月22日联合发布的《扣押、追缴、没收物品估价管理办法》的规定,委托指定的估价机构确定。

多次实施生产、销售伪劣产品行为,未经处理的,伪劣产品的销售金额或者货值金额累计计算。

第三条 经省级以上药品监督管理部门设置或者确定的药品检验机构鉴定,生产、销售的假药具有下列情形之一的,应认定为刑法第一百四十一条规定的"足以严重危害人体健康":

(一)含有超标准的有毒有害物质的;

(二)不含所标明的有效成份,可能贻误诊治的;

(三)所标明的适应症或者功能主治超出规定范围,可能造成贻误诊治的;

(四)缺乏所标明的急救必需的有效成份的。

生产、销售的假药被使用后,造成轻伤、重伤或者其他严重后果的,应认定为"对人体健康造成严重危害"。

生产、销售的假药被使用后,致人严重残疾,3人以上重伤,10人以上轻伤或者造成其他特别严重后果的,应认定为"对人体健康造成特别严重危害"。

第四条 经省级以上卫生行政部门确定的机构鉴定,食品中含有可能导致严重食物中毒事故或者其他严重食源性疾患的超标准的有害细菌或者其他污染物的,应认定为刑法第一百四十三条规定的"足以造成严重食物中毒事故或者其他严重食源性疾患"。

生产、销售不符合卫生标准的食品被食用后,造成轻伤、重伤或者其他严重后果的,应认定为"对人体健康造成严重危害"。

生产、销售不符合卫生标准的食品被食用后,致人死亡、严重残疾,3人以上重伤,10人以上轻伤或者其他特别严重后果的,应认定为"后果特别严重"。

第五条 生产、销售的有毒、有害食品被食用后,造成轻伤、重伤或者其他严重后果的,应认定为刑法第一百四十四条规定的"对人体健康造成严重危害"。

生产、销售的有毒、有害食品被食用后,致人严重残疾,3人以上重伤,10人以上轻伤或者造成其他特别严重后果的,应认定为"对人体健康造成特别严重危害"。

第六条 生产、销售不符合标准的医疗器械、医用卫生材料,致人轻伤或者其他严重后果的,应认定为刑法第一百四十五条规定的"对人体健康造成严重危害"。

生产、销售不符合标准的医疗器械、医用卫生材料,造成感染病毒性肝炎等难以治愈的疾病,1人以上重伤、3人以上轻伤或者其他严重后果的,应认定为"后果特别严重"。

生产、销售不符合标准的医疗器械、医用卫生材料,致人死亡、严重残疾、感染艾滋病,3人以上重伤,10人以上轻伤或者造成其他特别严重后果的,应认定为"情节特别恶劣"。

医疗机构或者个人,知道或者应当知道是不符合保障人体健康的国家标准、行业标准的医疗器械、医用卫生材料而购买、使用,对人体健康造成严重危害的,以销售不符合标准的医用器材罪定罪处罚。

没有国家标准、行业标准的医疗器械,注册产品标准可视为"保障人体健康的行业标准"。

第七条 刑法第一百四十七条规定的生产、销售伪劣农药、兽药、化肥、种子罪中"使生产遭受较大损失",一般以2万元为起点;"重大损失",一般以10万元为起点;"特别重大损失",一般以50万元为起点。

第八条 国家机关工作人员徇私舞弊,对生产、销售伪劣商品犯罪不履行法律规定的查处职责,具有下列情形之一的,属于刑法第四百一十四条规定的"情节严重":

(一)放纵生产、销售假药或者有毒、有害食品犯罪行为的;

(二)放纵依法可能判处2年有期徒刑以上刑罚的生产、销售、伪劣商品犯罪行为的;

(三)对3个以上有生产、销售伪劣商品犯罪行为的单位或者个人不履行追究职责的;

(四)致使国家和人民利益遭受重大损失或者造成恶劣影响的。

第九条 知道或者应当知道他人实施生产、销售伪劣商品犯罪,而为其提供贷款、资金、账号、发票、证明、许可证件,或者提供生产、经营场所或者运输、仓储、保管、邮寄等便利条件,或者提供制假生产技术的,以生产、销售伪劣商品犯罪的共犯论处。

第十条 实施生产、销售伪劣商品犯罪,同时构成侵犯知识产权、非法经营等其他犯罪的,依照处罚较重的规定定罪处罚。

第十一条 实施刑法第一百四十条至第一百四十八条规定的犯罪,又以暴力、威胁方法抗拒查处,构成其他犯罪的,依照数罪并罚的规定处罚。

第十二条 国家机关工作人员参与生产、销售伪劣商品犯罪的,从重处罚。

最高人民检察院关于非法经营国际或港澳台地区电信业务行为法律适用问题的批复

- 2002年2月6日
- 高检发释字〔2002〕1号

福建省人民检察院：

你院《关于如何适用刑法第二百二十五条第(四)项规定的请示》(闽检〔2000〕65号)收悉。经研究,批复如下:

违反《中华人民共和国电信条例》规定,采取租用电信国际专线、私设转接设备或者其他方法,擅自经营国际或者香港特别行政区、澳门特别行政区和台湾地区电信业务进行营利活动,扰乱电信市场管理秩序,情节严重的,应当依照《刑法》第二百二十五条第(四)项的规定,以非法经营罪追究刑事责任。

此复

最高人民法院、最高人民检察院关于办理非法生产、销售、使用禁止在饲料和动物饮用水中使用的药品等刑事案件具体应用法律若干问题的解释

- 最高人民法院审判委员会第1237次会议、最高人民检察院第九届检察委员会第109次会议通过
- 2002年8月16日最高人民法院公告公布
- 自2002年8月30日起施行
- 法释〔2002〕26号

为依法惩治非法生产、销售、使用盐酸克仑特罗(ClenbuterolHydrochloride,俗称"瘦肉精")等禁止在饲料和动物饮用水中使用的药品等犯罪活动,维护社会主义市场经济秩序,保护公民身体健康,根据刑法有关规定,现就办理这类刑事案件具体应用法律的若干问题解释如下:

第一条 未取得药品生产、经营许可证件和批准文号,非法生产、销售盐酸克仑特罗等禁止在饲料和动物饮用水中使用的药品,扰乱药品市场秩序,情节严重的,依照刑法第二百二十五条第(一)项的规定,以非法经营罪追究刑事责任。

第二条 在生产、销售的饲料中添加盐酸克仑特罗等禁止在饲料和动物饮用水中使用的药品,或者销售明知是添加有该类药品的饲料,情节严重的,依照刑法第二百二十五条第(四)项的规定,以非法经营罪追究刑事责任。

第三条 使用盐酸克仑特罗等禁止在饲料和动物饮用水中使用的药品或者含有该类药品的饲料养殖供人食用的动物,或者销售明知是使用该类药品或者含有该类药品的饲料养殖的供人食用的动物,依照刑法第一百四十四条的规定,以生产、销售有毒、有害食品罪追究刑事责任。

第四条 明知是使用盐酸克仑特罗等禁止在饲料和动物饮用水中使用的药品或者含有该类药品的饲料养殖的供人食用的动物,而提供屠宰等加工服务,或者销售其制品的,依照刑法第一百四十四条的规定,以生产、销售有毒、有害食品罪追究刑事责任。

第五条 实施本解释规定的行为,同时触犯刑法规定的两种以上犯罪的,依照处罚较重的规定追究刑事责任。

第六条 禁止在饲料和动物饮用水中使用的药品,依照国家有关部门公告的禁止在饲料和动物饮用水中使用的药物品种目录确定。

附:农业部、卫生部、国家药品监督管理局公告的《禁止在饲料和动物饮用水中使用的药物品种目录》(略)

最高人民法院关于审理骗取出口退税刑事案件具体应用法律若干问题的解释

- 2002年9月9日最高人民法院审判委员会第1241次会议通过
- 2002年9月17日最高人民法院公告公布
- 自2002年9月23日起施行
- 法释〔2002〕30号

为依法惩治骗取出口退税犯罪活动,根据《中华人民共和国刑法》的有关规定,现就审理骗取出口退税刑事案件具体应用法律的若干问题解释如下:

第一条 刑法第二百零四条规定的"假报出口",是指以虚构已税货物出口事实为目的,具有下列情形之一的行为:

(一)伪造或者签订虚假的买卖合同;

（二）以伪造、变造或者其他非法手段取得出口货物报关单、出口收汇核销单、出口货物专用缴款书等有关出口退税单据、凭证；

（三）虚开、伪造、非法购买增值税专用发票或者其他可以用于出口退税的发票；

（四）其他虚构已税货物出口事实的行为。

第二条 具有下列情形之一的，应当认定为刑法第二百零四条规定的"其他欺骗手段"：

（一）骗取出口货物退税资格的；

（二）将未纳税或者免税货物作为已税货物出口的；

（三）虽有货物出口，但虚构该出口货物的品名、数量、单价等要素，骗取未实际纳税部分出口退税款的；

（四）以其他手段骗取出口退税款的。

第三条 骗取国家出口退税款5万元以上的，为刑法第二百零四条规定的"数额较大"；骗取国家出口退税款50万元以上的，为刑法第二百零四条规定的"数额巨大"；骗取国家出口退税款250万元以上的，为刑法第二百零四条规定的"数额特别巨大"。

第四条 具有下列情形之一的，属于刑法第二百零四条规定的"其他严重情节"：

（一）造成国家税款损失30万元以上并且在第一审判决宣告前无法追回的；

（二）因骗取国家出口退税行为受过行政处罚，两年内又骗取国家出口退税款数额在30万元以上的；

（三）情节严重的其他情形。

第五条 具有下列情形之一的，属于刑法第二百零四条规定的"其他特别严重情节"：

（一）造成国家税款损失150万元以上并且在第一审判决宣告前无法追回的；

（二）因骗取国家出口退税行为受过行政处罚，两年内又骗取国家出口退税款数额在150万元以上的；

（三）情节特别严重的其他情形。

第六条 有进出口经营权的公司、企业，明知他人意欲骗取国家出口退税款，仍违反国家有关进出口经营的规定，允许他人自带客户、自带货源、自带汇票并自行报关，骗取国家出口退税款的，依照刑法第二百零四条第一款、第二百一十一条的规定定罪处罚。

第七条 实施骗取国家出口退税行为，没有实际取得出口退税款的，可以比照既遂犯从轻或者减轻处罚。

第八条 国家工作人员参与实施骗取出口退税犯罪活动的，依照刑法第二百零四条第一款的规定从重处罚。

第九条 实施骗取出口退税犯罪，同时构成虚开增值税专用发票罪等其他犯罪的，依照刑法处罚较重的规定定罪处罚。

最高人民法院关于审理偷税抗税刑事案件具体应用法律若干问题的解释

· 2002年11月4日最高人民法院审判委员会第1254次会议通过
· 2002年11月5日最高人民法院公告公布
· 自2002年11月7日起施行
· 法释〔2002〕33号

为依法惩处偷税、抗税犯罪活动，根据刑法的有关规定，现就审理偷税、抗税刑事案件具体应用法律的若干问题解释如下：

第一条 纳税人实施下列行为之一，不缴或者少缴应纳税款，偷税数额占应纳税额的百分之十以上且偷税数额在一万元以上的，依照刑法第二百零一条第一款的规定定罪处罚：

（一）伪造、变造、隐匿、擅自销毁账簿、记账凭证；

（二）在账簿上多列支出或者不列、少列收入；

（三）经税务机关通知申报而拒不申报纳税；

（四）进行虚假纳税申报；

（五）缴纳税款后，以假报出口或者其他欺骗手段，骗取所缴纳的税款。

扣缴义务人实施前款行为之一，不缴或者少缴已扣、已收税款，数额在一万元以上且占应缴税额百分之十以上的，依照刑法第二百零一条第一款的规定定罪处罚。扣缴义务人书面承诺代纳税人支付税款的，应当认定扣缴义务人"已扣、已收税款"。

实施本条第一款、第二款规定的行为，偷税数额在五万元以下，纳税人或者扣缴义务人在公安机关立案侦查以前已经足额补缴应纳税款和滞纳金，犯罪情节轻微，不需要判处刑罚的，可以免予刑事处罚。

第二条 纳税人伪造、变造、隐匿、擅自销毁用于记账的发票等原始凭证的行为，应当认定为刑法第二百零一条第一款规定的伪造、变造、隐匿、擅自销毁记账凭证的行为。

具有下列情形之一的，应当认定为刑法第二百零一条第一款规定的"经税务机关通知申报"：

（一）纳税人、扣缴义务人已经依法办理税务登记或者扣缴税款登记的；

（二）依法不需要办理税务登记的纳税人，经税务机关依法书面通知其申报的；

（三）尚未依法办理税务登记、扣缴税款登记的纳税人、扣缴义务人，经税务机关依法书面通知其申报的。

刑法第二百零一条第一款规定的"虚假的纳税申报"，是指纳税人或者扣缴义务人向税务机关报送虚假的纳税申报表、财务报表、代扣代缴、代收代缴税款报告表或者其他纳税申报资料，如提供虚假申请、编造减税、免税、抵税、先征收后退还税款等虚假资料等。

刑法第二百零一条第三款规定的"未经处理"，是指纳税人或者扣缴义务人在五年内多次实施偷税行为，但每次偷税数额均未达到刑法第二百零一条规定的构成犯罪的数额标准，且未受行政处罚的情形。

纳税人、扣缴义务人因同一偷税犯罪行为受到行政处罚，又被移送起诉的，人民法院应当依法受理。依法定罪并判处罚金的，行政罚款折抵罚金。

第三条　偷税数额，是指在确定的纳税期间，不缴或者少缴各税种税款的总额。

偷税数额占应纳税额的百分比，是指一个纳税年度中的各税种偷税总额与该纳税年度应纳税总额的比例。不按纳税年度确定纳税期的其他纳税人，偷税数额占应纳税额的百分比，按照行为人最后一次偷税行为发生之日前一年中各税种偷税总额与该年纳税总额的比例确定。纳税义务存续期间不足一个纳税年度的，偷税数额占应纳税额的百分比，按照各税种偷税总额与实际发生纳税义务期间应当缴纳税款总额的比例确定。

偷税行为跨越若干个纳税年度，只要其中一个纳税年度的偷税数额及百分比达到刑法第二百零一条第一款规定的标准，即构成偷税罪。各纳税年度的偷税数额应当累计计算，偷税百分比应当按照最高的百分比确定。

第四条　两年内因偷税受过二次行政处罚，又偷税且数额在一万元以上的，应当以偷税罪定罪处罚。

第五条　实施抗税行为具有下列情形之一的，属于刑法第二百零二条规定的"情节严重"：

（一）聚众抗税的首要分子；

（二）抗税数额在十万元以上的；

（三）多次抗税的；

（四）故意伤害致人轻伤的；

（五）具有其他严重情节。

第六条　实施抗税行为致人重伤、死亡，构成故意伤害罪、故意杀人罪的，分别依照刑法第二百三十四条第二款、第二百三十二条的规定定罪处罚。

与纳税人或者扣缴义务人共同实施抗税行为的，以抗税罪的共犯依法处罚。

最高人民检察院法律政策研究室关于1998年4月18日以前的传销或者变相传销行为如何处理的答复

· 2003年3月21日
· 〔2003〕高检研发第7号

湖南省人民检察院研究室：

你院《关于1998年4月18日以前情节严重或特别严重的非法传销行为是否以非法经营罪定罪处罚问题的请示》（湘检发公请字〔2002〕02号）收悉。经研究，答复如下：

对1998年4月18日国务院发布《关于禁止传销经营活动的通知》以前的传销或者变相传销行为，不宜以非法经营罪追究刑事责任。行为人在传销或者变相传销活动中实施销售假冒伪劣产品、诈骗、非法集资、虚报注册资本、偷税等行为，构成犯罪的，应当依照刑法的相关规定追究刑事责任。

最高人民检察院法律政策研究室关于税务机关工作人员通过企业以"高开低征"的方法代开增值税专用发票的行为如何适用法律问题的答复

· 2004年3月17日

江苏省人民检察院法律政策研究室：

你室《关于税务机关通过企业代开增值税专用发票以"高开低征"的方法吸引税源的行为是否构成犯罪的请示》（苏检研请字〔2003〕第4号）收悉。经研究，答复如下：

税务机关及其工作人员将不具备条件的小规模纳税人虚报为一般纳税人，并让其采用"高开低征"的方法为他人代开增值税专用发票的行为，属于虚开增值税专用发票。对于造成国家税款损失，构成犯罪的，应当依照刑法第二百零五条的规定追究刑事责任。

此复

最高人民法院、最高人民检察院关于办理侵犯知识产权刑事案件具体应用法律若干问题的解释

- 2004年11月2日最高人民法院审判委员会第1331次会议、2004年11月11日最高人民检察院第十届检察委员会第28次会议通过
- 2004年12月8日最高人民法院、最高人民检察院公告公布
- 自2004年12月22日起施行
-]法释〔2004〕19号

为依法惩治侵犯知识产权犯罪活动，维护社会主义市场经济秩序，根据刑法有关规定，现就办理侵犯知识产权刑事案件具体应用法律的若干问题解释如下：

第一条 未经注册商标所有人许可，在同一种商品上使用与其注册商标相同的商标，具有下列情形之一的，属于刑法第二百一十三条规定的"情节严重"，应当以假冒注册商标罪判处三年以下有期徒刑或者拘役，并处或者单处罚金：

（一）非法经营数额在五万元以上或者违法所得数额在三万元以上的；

（二）假冒两种以上注册商标，非法经营数额在三万元以上或者违法所得数额在二万元以上的；

（三）其他情节严重的情形。

具有下列情形之一的，属于刑法第二百一十三条规定的"情节特别严重"，应当以假冒注册商标罪判处三年以上七年以下有期徒刑，并处罚金：

（一）非法经营数额在二十五万元以上或者违法所得数额在十五万元以上的；

（二）假冒两种以上注册商标，非法经营数额在十五万元以上或者违法所得数额在十万元以上的；

（三）其他情节特别严重的情形。

第二条 销售明知是假冒注册商标的商品，销售金额在五万元以上的，属于刑法第二百一十四条规定的"数额较大"，应当以销售假冒注册商标的商品罪判处三年以下有期徒刑或者拘役，并处或者单处罚金。

销售金额在二十五万元以上的，属于刑法第二百一十四条规定的"数额巨大"，应当以销售假冒注册商标的商品罪判处三年以上七年以下有期徒刑，并处罚金。

第三条 伪造、擅自制造他人注册商标标识或者销售伪造、擅自制造的注册商标标识，具有下列情形之一的，属于刑法第二百一十五条规定的"情节严重"，应当以非法制造、销售非法制造的注册商标标识罪判处三年以下有期徒刑、拘役或者管制，并处或者单处罚金：

（一）伪造、擅自制造或者销售伪造、擅自制造的注册商标标识数量在二万件以上，或者非法经营数额在五万元以上，或者违法所得数额在三万元以上的；

（二）伪造、擅自制造或者销售伪造、擅自制造两种以上注册商标标识数量在一万件以上，或者非法经营数额在三万元以上，或者违法所得数额在二万元以上的；

（三）其他情节严重的情形。

具有下列情形之一的，属于刑法第二百一十五条规定的"情节特别严重"，应当以非法制造、销售非法制造的注册商标标识罪判处三年以上七年以下有期徒刑，并处罚金：

（一）伪造、擅自制造或者销售伪造、擅自制造的注册商标标识数量在十万件以上，或者非法经营数额在二十五万元以上，或者违法所得数额在十五万元以上的；

（二）伪造、擅自制造或者销售伪造、擅自制造两种以上注册商标标识数量在五万件以上，或者非法经营数额在十五万元以上，或者违法所得数额在十万元以上的；

（三）其他情节特别严重的情形。

第四条 假冒他人专利，具有下列情形之一的，属于刑法第二百一十六条规定的"情节严重"，应当以假冒专利罪判处三年以下有期徒刑或者拘役，并处或者单处罚金：

（一）非法经营数额在二十万元以上或者违法所得数额在十万元以上的；

（二）给专利权人造成直接经济损失五十万元以上的；

（三）假冒两项以上他人专利，非法经营数额在十万元以上或者违法所得数额在五万元以上的；

（四）其他情节严重的情形。

第五条 以营利为目的，实施刑法第二百一十七条所列侵犯著作权行为之一，违法所得数额在三万元以上的，属于"违法所得数额较大"；具有下列情形之一的，属于"有其他严重情节"，应当以侵犯著作权罪判处三年以下有期徒刑或者拘役，并处或者单处罚金：

（一）非法经营数额在五万元以上的；

（二）未经著作权人许可，复制发行其文字作品、音乐、电影、电视、录像作品、计算机软件及其他作品，复制品数量合计在一千张（份）以上的；

（三）其他严重情节的情形。

以营利为目的，实施刑法第二百一十七条所列侵犯著作权行为之一，违法所得数额在十五万元以上的，属于"违法所得数额巨大"；具有下列情形之一的，属于"有其他特别严重情节"，应当以侵犯著作权罪判处三年以上七

年以下有期徒刑，并处罚金：

（一）非法经营数额在二十五万元以上的；

（二）未经著作权人许可，复制发行其文字作品、音乐、电影、电视、录像作品、计算机软件及其他作品，复制品数量合计在五千张（份）以上的；

（三）其他特别严重情节的情形。

第六条 以营利为目的，实施刑法第二百一十八条规定的行为，违法所得数额在十万元以上的，属于"违法所得数额巨大"，应当以销售侵权复制品罪判处三年以下有期徒刑或者拘役，并处或者单处罚金。

第七条 实施刑法第二百一十九条规定的行为之一，给商业秘密的权利人造成损失数额在五十万元以上的，属于"给商业秘密的权利人造成重大损失"，应当以侵犯商业秘密罪判处三年以下有期徒刑或者拘役，并处或者单处罚金。

给商业秘密的权利人造成损失数额在二百五十万元以上的，属于刑法第二百一十九条规定的"造成特别严重后果"，应当以侵犯商业秘密罪判处三年以上七年以下有期徒刑，并处罚金。

第八条 刑法第二百一十三条规定的"相同的商标"，是指与被假冒的注册商标完全相同，或者与被假冒的注册商标在视觉上基本无差别、足以对公众产生误导的商标。

刑法第二百一十三条规定的"使用"，是指将注册商标或者假冒的注册商标用于商品、商品包装或者容器以及产品说明书、商品交易文书，或者将注册商标或者假冒的注册商标用于广告宣传、展览以及其他商业活动等行为。

第九条 刑法第二百一十四条规定的"销售金额"，是指销售假冒注册商标的商品后所得和应得的全部违法收入。

具有下列情形之一的，应当认定为属于刑法第二百一十四条规定的"明知"：

（一）知道自己销售的商品上的注册商标被涂改、调换或者覆盖的；

（二）因销售假冒注册商标的商品受到过行政处罚或者承担过民事责任，又销售同一种假冒注册商标的商品的；

（三）伪造、涂改商标注册人授权文件或者知道该文件被伪造、涂改的；

（四）其他知道或者应当知道是假冒注册商标的商品的情形。

第十条 实施下列行为之一的，属于刑法第二百一十六条规定的"假冒他人专利"的行为：

（一）未经许可，在其制造或者销售的产品、产品的包装上标注他人专利号的；

（二）未经许可，在广告或者其他宣传材料中使用他人的专利号，使人将所涉及的技术误认为是他人专利技术的；

（三）未经许可，在合同中使用他人的专利号，使人将合同涉及的技术误认为是他人专利技术的；

（四）伪造或者变造他人的专利证书、专利文件或者专利申请文件的。

第十一条 以刊登收费广告等方式直接或者间接收取费用的情形，属于刑法第二百一十七条规定的"以营利为目的"。

刑法第二百一十七条规定的"未经著作权人许可"，是指没有得到著作权人授权或者伪造、涂改著作权人授权许可文件或者超出授权许可范围的情形。

通过信息网络向公众传播他人文字作品、音乐、电影、电视、录像作品、计算机软件及其他作品的行为，应当视为刑法第二百一十七条规定的"复制发行"。

第十二条 本解释所称"非法经营数额"，是指行为人在实施侵犯知识产权行为过程中，制造、储存、运输、销售侵权产品的价值。已销售的侵权产品的价值，按照实际销售的价格计算。制造、储存、运输和未销售的侵权产品的价值，按照标价或者已经查清的侵权产品的实际销售平均价格计算。侵权产品没有标价或者无法查清其实际销售价格的，按照被侵权产品的市场中间价格计算。

多次实施侵犯知识产权行为，未经行政处理或者刑事处罚的，非法经营数额、违法所得数额或者销售金额累计计算。

本解释第三条所规定的"件"，是指标有完整商标图样的一份标识。

第十三条 实施刑法第二百一十三条规定的假冒注册商标犯罪，又销售该假冒注册商标的商品，构成犯罪的，应当依照刑法第二百一十三条的规定，以假冒注册商标罪定罪处罚。

实施刑法第二百一十三条规定的假冒注册商标犯罪，又销售明知是他人的假冒注册商标的商品，构成犯罪的，应当实行数罪并罚。

第十四条 实施刑法第二百一十七条规定的侵犯著作权犯罪，又销售该侵权复制品，构成犯罪的，应当依照刑法第二百一十七条的规定，以侵犯著作权罪定罪处罚。

实施刑法第二百一十七条规定的侵犯著作权犯罪，

又销售明知是他人的侵权复制品,构成犯罪的,应当实行数罪并罚。

第十五条 单位实施刑法第二百一十三条至第二百一十九条规定的行为,按照本解释规定的相应个人犯罪的定罪量刑标准的三倍定罪量刑。

第十六条 明知他人实施侵犯知识产权犯罪,而为其提供贷款、资金、账号、发票、证明、许可证件,或者提供生产、经营场所或者运输、储存、代理进出口等便利条件、帮助,以侵犯知识产权犯罪的共犯论处。

第十七条 以前发布的有关侵犯知识产权犯罪的司法解释,与本解释相抵触的,自本解释施行后不再适用。

最高人民法院、最高人民检察院关于办理侵犯知识产权刑事案件具体应用法律若干问题的解释(二)

- 2007年4月4日最高人民法院审判委员会第1422次会议、最高人民检察院第十届检察委员会第75次会议通过
- 2007年4月5日最高人民法院、最高人民检察院公告公布
- 自2007年4月5日施行
- 法释〔2007〕6号

为维护社会主义市场经济秩序,依法惩治侵犯知识产权犯罪活动,根据刑法、刑事诉讼法有关规定,现就办理侵犯知识产权刑事案件具体应用法律的若干问题解释如下:

第一条 以营利为目的,未经著作权人许可,复制发行其文字作品、音乐、电影、电视、录像作品、计算机软件及其他作品,复制品数量合计在五百张(份)以上的,属于刑法第二百一十七条规定的"有其他严重情节";复制品数量在二千五百张(份)以上的,属于刑法第二百一十七条规定的"有其他特别严重情节"。

第二条 刑法第二百一十七条侵犯著作权罪中的"复制发行",包括复制、发行或者既复制又发行的行为。

侵权产品的持有人通过广告、征订等方式推销侵权产品的,属于刑法第二百一十七条规定的"发行"。

非法出版、复制、发行他人作品,侵犯著作权构成犯罪的,按照侵犯著作权罪定罪处罚。

第三条 侵犯知识产权犯罪,符合刑法规定的缓刑条件的,依法适用缓刑。有下列情形之一的,一般不适用缓刑:

(一)因侵犯知识产权被刑事处罚或者行政处罚后,再次侵犯知识产权构成犯罪的;

(二)不具有悔罪表现的;

(三)拒不交出违法所得的;

(四)其他不宜适用缓刑的情形。

第四条 对于侵犯知识产权犯罪的,人民法院应当综合考虑犯罪的违法所得、非法经营数额、给权利人造成的损失、社会危害性等情节,依法判处罚金。罚金数额一般在违法所得的一倍以上五倍以下,或者按照非法经营数额的50%以上一倍以下确定。

第五条 被害人有证据证明的侵犯知识产权刑事案件,直接向人民法院起诉的,人民法院应当依法受理;严重危害社会秩序和国家利益的侵犯知识产权刑事案件,由人民检察院依法提起公诉。

第六条 单位实施刑法第二百一十三条至第二百一十九条规定的行为,按照《最高人民法院、最高人民检察院关于办理侵犯知识产权刑事案件具体应用法律若干问题的解释》和本解释规定的相应个人犯罪的定罪量刑标准定罪处罚。

第七条 以前发布的司法解释与本解释不一致的,以本解释为准。

最高人民法院、最高人民检察院关于办理侵犯知识产权刑事案件具体应用法律若干问题的解释(三)

- 2020年8月31日最高人民法院审判委员会第1811次会议、2020年8月21日最高人民检察院第十三届检察委员会第48次会议通过
- 2020年9月12日最高人民法院、最高人民检察院公告公布
- 自2020年9月14日起施行
- 法释〔2020〕10号

为依法惩治侵犯知识产权犯罪,维护社会主义市场经济秩序,根据《中华人民共和国刑法》《中华人民共和国刑事诉讼法》等有关规定,现就办理侵犯知识产权刑事案件具体应用法律的若干问题解释如下:

第一条 具有下列情形之一的,可以认定为刑法第二百一十三条规定的"与其注册商标相同的商标":

(一)改变注册商标的字体、字母大小写或者文字横竖排列,与注册商标之间基本无差别的;

(二)改变注册商标的文字、字母、数字等之间的间距,与注册商标之间基本无差别的;

(三)改变注册商标颜色,不影响体现注册商标显著特征的;

(四)在注册商标上仅增加商品通用名称、型号等缺乏显著特征要素,不影响体现注册商标显著特征的;

（五）与立体注册商标的三维标志及平面要素基本无差别的；

（六）其他与注册商标基本无差别、足以对公众产生误导的商标。

第二条 在刑法第二百一十七条规定的作品、录音制品上以通常方式署名的自然人、法人或者非法人组织，应当推定为著作权人或者录音制作者，且该作品、录音制品上存在着相应权利，但有相反证明的除外。

在涉案作品、录音制品种类众多且权利人分散的案件中，有证据证明涉案复制品系非法出版、复制发行，且出版者、复制发行者不能提供获得著作权人、录音制作者许可的相关证据材料的，可以认定为刑法第二百一十七条规定的"未经著作权人许可""未经录音制作者许可"。但是，有证据证明权利人放弃权利、涉案作品的著作权或者录音制品的有关权利不受我国著作权法保护、权利保护期限已经届满的除外。

第三条 采取非法复制、未经授权或者超越授权使用计算机信息系统等方式窃取商业秘密的，应当认定为刑法第二百一十九条第一款第一项规定的"盗窃"。

以贿赂、欺诈、电子侵入等方式获取权利人的商业秘密的，应当认定为刑法第二百一十九条第一款第一项规定的"其他不正当手段"。

第四条 实施刑法第二百一十九条规定的行为，具有下列情形之一的，应当认定为"给商业秘密的权利人造成重大损失"：

（一）给商业秘密的权利人造成损失数额或者因侵犯商业秘密违法所得数额在三十万元以上的；

（二）直接导致商业秘密的权利人因重大经营困难而破产、倒闭的；

（三）造成商业秘密的权利人其他重大损失的。

给商业秘密的权利人造成损失数额或者因侵犯商业秘密违法所得数额在二百五十万元以上的，应当认定为刑法第二百一十九条规定的"造成特别严重后果"。

第五条 实施刑法第二百一十九条规定的行为造成的损失数额或者违法所得数额，可以按照下列方式认定：

（一）以不正当手段获取权利人的商业秘密，尚未披露、使用或者允许他人使用的，损失数额可以根据该项商业秘密的合理许可使用费确定；

（二）以不正当手段获取权利人的商业秘密后，披露、使用或者允许他人使用的，损失数额可以根据权利人因被侵权造成销售利润的损失确定，但该损失数额低于商业秘密合理许可使用费的，根据合理许可使用费确定；

（三）违反约定、权利人有关保守商业秘密的要求，披露、使用或者允许他人使用其所掌握的商业秘密的，损失数额可以根据权利人因被侵权造成销售利润的损失确定；

（四）明知商业秘密是不正当手段获取或者是违反约定、权利人有关保守商业秘密的要求披露、使用、允许使用，仍获取、使用或者披露的，损失数额可以根据权利人因被侵权造成销售利润的损失确定；

（五）因侵犯商业秘密行为导致商业秘密已为公众所知悉或者灭失的，损失数额可以根据该项商业秘密的商业价值确定。商业秘密的商业价值，可以根据该项商业秘密的研究开发成本、实施该项商业秘密的收益综合确定；

（六）因披露或者允许他人使用商业秘密而获得的财物或者其他财产性利益，应当认定为违法所得。

前款第二项、第三项、第四项规定的权利人因被侵权造成销售利润的损失，可以根据权利人因被侵权造成销售量减少的总数乘以权利人每件产品的合理利润确定；销售量减少的总数无法确定的，可以根据侵权产品销售量乘以权利人每件产品的合理利润确定；权利人因被侵权造成销售量减少的总数和每件产品的合理利润均无法确定的，可以根据侵权产品销售量乘以每件侵权产品的合理利润确定。商业秘密系用于服务等其他经营活动的，损失数额可以根据权利人因被侵权而减少的合理利润确定。

商业秘密的权利人为减轻对商业运营、商业计划的损失或者重新恢复计算机信息系统安全、其他系统安全而支出的补救费用，应当计入给商业秘密的权利人造成的损失。

第六条 在刑事诉讼程序中，当事人、辩护人、诉讼代理人或者案外人书面申请对有关商业秘密或者其他需要保密的商业信息的证据、材料采取保密措施的，应当根据案件情况采取组织诉讼参与人签署保密承诺书等必要的保密措施。

违反前款有关保密措施的要求或者法律法规规定的保密义务的，依法承担相应责任。擅自披露、使用或者允许他人使用在刑事诉讼程序中接触、获取的商业秘密，符合刑法第二百一十九条规定的，依法追究刑事责任。

第七条 除特殊情况外，假冒注册商标的商品、非法制造的注册商标标识、侵犯著作权的复制品、主要用于制造假冒注册商标的商品、注册商标标识或者侵权复制品的材料和工具，应当依法予以没收和销毁。

上述物品需要作为民事、行政案件的证据使用的，经权利人申请,可以在民事、行政案件终结后或者采取取样、拍照等方式对证据固定后予以销毁。

第八条 具有下列情形之一的,可以酌情从重处罚,一般不适用缓刑:

(一)主要以侵犯知识产权为业的;

(二)因侵犯知识产权被行政处罚后再次侵犯知识产权构成犯罪的;

(三)在重大自然灾害、事故灾难、公共卫生事件期间,假冒抢险救灾、防疫物资等商品的注册商标的;

(四)拒不交出违法所得的。

第九条 具有下列情形之一的,可以酌情从轻处罚:

(一)认罪认罚的;

(二)取得权利人谅解的;

(三)具有悔罪表现的;

(四)以不正当手段获取权利人的商业秘密后尚未披露、使用或者允许他人使用的。

第十条 对于侵犯知识产权犯罪的,应当综合考虑犯罪违法所得数额、非法经营数额、给权利人造成的损失数额、侵权假冒物品数量及社会危害性等情节,依法判处罚金。

罚金数额一般在违法所得数额的一倍以上五倍以下确定。违法所得数额无法查清的,罚金数额一般按照非法经营数额的百分之五十以上一倍以下确定。违法所得数额和非法经营数额均无法查清,判处三年以下有期徒刑、拘役、管制或者单处罚金的,一般在三万元以上一百万元以下确定罚金数额;判处三年以上有期徒刑的,一般在十五万元以上五百万元以下确定罚金数额。

第十一条 本解释发布施行后,之前发布的司法解释和规范性文件与本解释不一致的,以本解释为准。

第十二条 本解释自 2020 年 9 月 14 日起施行。

最高人民法院、最高人民检察院关于办理侵犯著作权刑事案件中涉及录音录像制品有关问题的批复

- 2005 年 9 月 26 日最高人民法院审判委员会第 1365 次会议、2005 年 9 月 23 日最高人民检察院第十届检察委员会第 39 次会议通过
- 2005 年 10 月 13 日最高人民法院公告公布
- 自 2005 年 10 月 18 日起施行
- 法释〔2005〕12 号

各省、自治区、直辖市高级人民法院、人民检察院,解放军军事法院、军事检察院,新疆维吾尔自治区高级人民法院、生产建设兵团分院、新疆生产建设兵团人民检察院:

《最高人民法院、最高人民检察院关于办理侵犯知识产权刑事案件具体应用法律若干问题的解释》发布以后,部分高级人民法院、省级人民检察院就关于办理侵犯著作权刑事案件中涉及录音录像制品的有关问题提出请示。经研究,批复如下:

以营利为目的,未经录音录像制作者许可,复制发行其制作的录音录像制品的行为,复制品的数量标准分别适用《最高人民法院、最高人民检察院关于办理侵犯知识产权刑事案件具体应用法律若干问题的解释》第五条第一款第(二)项、第二款第(二)项的规定。

未经录音录像制作者许可,通过信息网络传播其制作的录音录像制品的行为,应当视为刑法第二百一十七条第(三)项规定的"复制发行"。

此复

最高人民法院、最高人民检察院、公安部关于办理侵犯知识产权刑事案件适用法律若干问题的意见

- 2011 年 1 月 10 日
- 法发〔2011〕3 号

为解决近年来公安机关、人民检察院、人民法院在办理侵犯知识产权刑事案件中遇到的新情况、新问题,依法惩治侵犯知识产权犯罪活动,维护社会主义市场经济秩序,根据刑法、刑事诉讼法及有关司法解释的规定,结合侦查、起诉、审判实践,制定本意见。

一、关于侵犯知识产权犯罪案件的管辖问题

侵犯知识产权犯罪案件由犯罪地公安机关立案侦查。必要时,可以由犯罪嫌疑人居住地公安机关立案侦查。侵犯知识产权犯罪案件的犯罪地,包括侵权产品制造地、储存地、运输地、销售地,传播侵权作品、销售侵权产品的网站服务器所在地、网络接入地、网站建立者或者管理者所在地,侵权作品上传者所在地,权利人受到实际侵害的犯罪结果发生地。对有多个侵犯知识产权犯罪地的,由最初受理的公安机关或者主要犯罪地公安机关管辖。多个侵犯知识产权犯罪地的公安机关对管辖有争议的,由共同的上级公安机关指定管辖,需要提请批准逮捕、移送审查起诉、提起公诉的,由该公安机关所在地的同级人民检察院、人民法院受理。

对于不同犯罪嫌疑人、犯罪团伙跨地区实施的涉及同一批侵权产品的制造、储存、运输、销售等侵犯知识产权犯罪行为,符合并案处理要求的,有关公安机关可以一

并立案侦查,需要提请批准逮捕、移送审查起诉、提起公诉的,由该公安机关所在地的同级人民检察院、人民法院受理。

二、关于办理侵犯知识产权刑事案件中行政执法部门收集、调取证据的效力问题

行政执法部门依法收集、调取、制作的物证、书证、视听资料、检验报告、鉴定结论、勘验笔录、现场笔录,经公安机关、人民检察院审查,人民法院庭审质证确认,可以作为刑事证据使用。

行政执法部门制作的证人证言、当事人陈述等调查笔录,公安机关认为有必要作为刑事证据使用的,应当依法重新收集、制作。

三、关于办理侵犯知识产权刑事案件的抽样取证问题和委托鉴定问题

公安机关在办理侵犯知识产权刑事案件时,可以根据工作需要抽样取证,或者商请同级行政执法部门、有关检验机构协助抽样取证。法律、法规对抽样机构或者抽样方法有规定的,应当委托规定的机构并按照规定方法抽取样品。

公安机关、人民检察院、人民法院在办理侵犯知识产权刑事案件时,对于需要鉴定的事项,应当委托国家认可的有鉴定资质的鉴定机构进行鉴定。

公安机关、人民检察院、人民法院应当对鉴定结论进行审查,听取权利人、犯罪嫌疑人、被告人对鉴定结论的意见,可以要求鉴定机构作出相应说明。

四、关于侵犯知识产权犯罪自诉案件的证据收集问题

人民法院依法受理侵犯知识产权刑事自诉案件,对于当事人因客观原因不能取得的证据,在提起自诉时能够提供有关线索,申请人民法院调取的,人民法院应当依法调取。

五、关于刑法第二百一十三条规定的"同一种商品"的认定问题

名称相同的商品以及名称不同但指同一事物的商品,可以认定为"同一种商品"。"名称"是指国家工商行政管理总局商标局在商标注册工作中对商品使用的名称,通常即《商标注册用商品和服务国际分类》中规定的商品名称。"名称不同但指同一事物的商品"是指在功能、用途、主要原料、消费对象、销售渠道等方面相同或者基本相同,相关公众一般认为是同一种事物的商品。

认定"同一种商品",应当在权利人注册商标核定使用的商品和行为人实际生产销售的商品之间进行比较。

六、关于刑法第二百一十三条规定的"与其注册商标相同的商标"的认定问题

具有下列情形之一,可以认定为"与其注册商标相同的商标":

(一)改变注册商标的字体、字母大小写或者文字横竖排列,与注册商标之间仅有细微差别的;

(二)改变注册商标的文字、字母、数字等之间的间距,不影响体现注册商标显著特征的;

(三)改变注册商标颜色的;

(四)其他与注册商标在视觉上基本无差别、足以对公众产生误导的商标。

七、关于尚未附着或者尚未全部附着假冒注册商标标识的侵权产品价值是否计入非法经营数额的问题

在计算制造、储存、运输和未销售的假冒注册商标侵权产品价值时,对于已经制作完成但尚未附着(含加贴)或者尚未全部附着(含加贴)假冒注册商标标识的产品,如果有确实、充分证据证明该产品将假冒他人注册商标,其价值计入非法经营数额。

八、关于销售假冒注册商标的商品犯罪案件中尚未销售或者部分销售情形的定罪量刑问题

销售明知是假冒注册商标的商品,具有下列情形之一的,依照刑法第二百一十四条的规定,以销售假冒注册商标的商品罪(未遂)定罪处罚:

(一)假冒注册商标的商品尚未销售,货值金额在十五万元以上的;

(二)假冒注册商标的商品部分销售,已销售金额不满五万元,但与尚未销售的假冒注册商标的商品的货值金额合计在十五万元以上的。

假冒注册商标的商品尚未销售,货值金额分别达到十五万元以上不满二十五万元、二十五万元以上的,分别依照刑法第二百一十四条规定的各法定刑幅度定罪处罚。

销售金额和未销售货值金额分别达到不同的法定刑幅度或者均达到同一法定刑幅度的,在处罚较重的法定刑或者同一法定刑幅度内酌情从重处罚。

九、关于销售他人非法制造的注册商标标识犯罪案件中尚未销售或者部分销售情形的定罪问题

销售他人伪造、擅自制造的注册商标标识,具有下列情形之一的,依照刑法第二百一十五条的规定,以销售非法制造的注册商标标识罪(未遂)定罪处罚:

(一)尚未销售他人伪造、擅自制造的注册商标标识数量在六万件以上的;

（二）尚未销售他人伪造、擅自制造的两种以上注册商标标识数量在三万件以上的；

（三）部分销售他人伪造、擅自制造的注册商标标识，已销售标识数量不满二万件，但与尚未销售标识数量合计在六万件以上的；

（四）部分销售他人伪造、擅自制造的两种以上注册商标标识，已销售标识数量不满一万件，但与尚未销售标识数量合计在三万件以上的。

十、关于侵犯著作权犯罪案件"以营利为目的"的认定问题

除销售外，具有下列情形之一的，可以认定为"以营利为目的"：

（一）以在他人作品中刊登收费广告、捆绑第三方作品等方式直接或者间接收取费用的；

（二）通过信息网络传播他人作品，或者利用他人上传的侵权作品，在网站或者网页上提供刊登收费广告服务，直接或者间接收取费用的；

（三）以会员制方式通过信息网络传播他人作品，收取会员注册费或者其他费用的；

（四）其他利用他人作品牟利的情形。

十一、关于侵犯著作权犯罪案件"未经著作权人许可"的认定问题

"未经著作权人许可"一般应当依据著作权人或者其授权的代理人、著作权集体管理组织、国家著作权行政管理部门指定的著作权认证机构出具的涉案作品版权认证文书，或者证明出版者、复制发行者伪造、涂改授权许可文件或者超出授权许可范围的证据，结合其他证据综合予以认定。

在涉案作品种类众多且权利人分散的案件中，上述证据确实难以一一取得，但有证据证明涉案复制品系非法出版、复制发行的，且出版者、复制发行者不能提供获得著作权人许可的相关证明材料的，可以认定为"未经著作权人许可"。但是，有证据证明权利人放弃权利、涉案作品的著作权不受我国著作权法保护，或者著作权保护期限已经届满的除外。

十二、关于刑法第二百一十七条规定的"发行"的认定及相关问题

"发行"，包括总发行、批发、零售、通过信息网络传播以及出租、展销等活动。

非法出版、复制、发行他人作品，侵犯著作权构成犯罪的，按照侵犯著作权罪定罪处罚，不认定为非法经营罪等其他犯罪。

十三、关于通过信息网络传播侵权作品行为的定罪处罚标准问题

以营利为目的，未经著作权人许可，通过信息网络向公众传播他人文字作品、音乐、电影、电视、美术、摄影、录像作品、录音录像制品、计算机软件及其他作品，具有下列情形之一的，属于刑法第二百一十七条规定的"其他严重情节"：

（一）非法经营数额在五万元以上的；

（二）传播他人作品的数量合计在五百件（部）以上的；

（三）传播他人作品的实际被点击数达到五万次以上的；

（四）以会员制方式传播他人作品，注册会员达到一千人以上的；

（五）数额或者数量虽未达到第（一）项至第（四）项规定标准，但分别达到其中两项以上标准一半以上的；

（六）其他严重情节的情形。

实施前款规定的行为，数额或者数量达到前款第（一）项至第（五）项规定标准五倍以上的，属于刑法第二百一十七条规定的"其他特别严重情节"。

十四、关于多次实施侵犯知识产权行为累计计算数额问题

依照《最高人民法院、最高人民检察院关于办理侵犯知识产权刑事案件具体应用法律若干问题的解释》第十二条第二款的规定，多次实施侵犯知识产权行为，未经行政处理或者刑事处罚的，非法经营数额、违法所得数额或者销售金额累计计算。

二年内多次实施侵犯知识产权违法行为，未经行政处理，累计数额构成犯罪的，应当依法定罪处罚。实施侵犯知识产权犯罪行为的追诉期限，适用刑法的有关规定，不受前述二年的限制。

十五、关于为他人实施侵犯知识产权犯罪提供原材料、机械设备等行为的定性问题

明知他人实施侵犯知识产权犯罪，而为其提供生产、制造侵权产品的主要原材料、辅助材料、半成品、包装材料、机械设备、标签标识、生产技术、配方等帮助，或者提供互联网接入、服务器托管、网络存储空间、通讯传输通道、代收费、费用结算等服务的，以侵犯知识产权犯罪的共犯论处。

十六、关于侵犯知识产权犯罪竞合的处理问题

行为人实施侵犯知识产权犯罪，同时构成生产、销售伪劣商品犯罪的，依照侵犯知识产权犯罪与生产、销售伪劣商品犯罪中处罚较重的规定定罪处罚。

最高人民法院关于如何认定国有控股、参股股份有限公司中的国有公司、企业人员的解释

- 2005年7月31日最高人民法院审判委员会第1359次会议通过
- 2005年8月1日最高人民法院公告公布
- 自2005年8月11日起施行
- 法释〔2005〕10号

为准确认定刑法分则第三章第三节中的国有公司、企业人员,现对国有控股、参股的股份有限公司中的国有公司、企业人员解释如下:

国有公司、企业委派到国有控股、参股公司从事公务的人员,以国有公司、企业人员论。

最高人民检察院关于公证员出具公证书有重大失实行为如何适用法律问题的批复

- 2009年1月6日最高人民检察院第十一届检察委员会第7次会议通过
- 2009年1月7日最高人民检察院公告公布
- 自2009年1月15日起施行
- 高检发释字〔2009〕1号

甘肃省人民检察院:

你院《关于公证员出具证明文件重大失实是否构成犯罪的请示》(甘检发研〔2008〕17号)收悉。经研究,批复如下:

《中华人民共和国公证法》施行以后,公证员在履行公证职责过程中,严重不负责任,出具的公证书有重大失实,造成严重后果的,依照刑法第二百二十九条第三款的规定,以出具证明文件重大失实罪追究刑事责任。

此复

最高人民法院关于审理洗钱等刑事案件具体应用法律若干问题的解释

- 2009年9月21日最高人民法院审判委员会第1474次会议通过
- 2009年11月4日最高人民法院公告公布
- 自2009年11月11日起施行
- 法释〔2009〕15号

为依法惩治洗钱、掩饰、隐瞒犯罪所得、犯罪所得收益、资助恐怖活动等犯罪活动,根据刑法有关规定,现就审理此类刑事案件具体应用法律的若干问题解释如下:

第一条 刑法第一百九十一条、第三百一十二条规定的"明知",应当结合被告人的认知能力,接触他人犯罪所得及其收益的情况,犯罪所得及其收益的种类、数额,犯罪所得及其收益的转换、转移方式以及被告人的供述等主、客观因素进行认定。

具有下列情形之一的,可以认定被告人明知系犯罪所得及其收益,但有证据证明确实不知道的除外:

(一)知道他人从事犯罪活动,协助转换或者转移财物的;

(二)没有正当理由,通过非法途径协助转换或者转移财物的;

(三)没有正当理由,以明显低于市场的价格收购财物的;

(四)没有正当理由,协助转换或者转移财物,收取明显高于市场的"手续费"的;

(五)没有正当理由,协助他人将巨额现金散存于多个银行账户或者在不同银行账户之间频繁划转的;

(六)协助近亲属或者其他关系密切的人转换或者转移与其职业或者财产状况明显不符的财物的;

(七)其他可以认定行为人明知的情形。

被告人将刑法第一百九十一条规定的某一上游犯罪的犯罪所得及其收益误认为刑法第一百九十一条规定的上游犯罪范围内的其他犯罪所得及其收益的,不影响刑法第一百九十一条规定的"明知"的认定。

第二条 具有下列情形之一的,可以认定为刑法第一百九十一条第一款第(五)项规定的"以其他方法掩饰、隐瞒犯罪所得及其收益的来源和性质":

(一)通过典当、租赁、买卖、投资等方式,协助转移、转换犯罪所得及其收益的;

(二)通过与商场、饭店、娱乐场所等现金密集型场所的经营收入相混合的方式,协助转移、转换犯罪所得及其收益的;

(三)通过虚构交易、虚设债权债务、虚假担保、虚报收入等方式,协助将犯罪所得及其收益转换为"合法"财物的;

(四)通过买卖彩票、奖券等方式,协助转换犯罪所得及其收益的;

(五)通过赌博方式,协助将犯罪所得及其收益转换为赌博收益的;

(六)协助将犯罪所得及其收益携带、运输或者邮寄出入境的;

（七）通过前述规定以外的方式协助转移、转换犯罪所得及其收益的。

第三条 明知是犯罪所得及其产生的收益而予以掩饰、隐瞒，构成刑法第三百一十二条规定的犯罪，同时又构成刑法第一百九十一条或者第三百四十九条规定的犯罪的，依照处罚较重的规定定罪处罚。

第四条 刑法第一百九十一条、第三百一十二条、第三百四十九条规定的犯罪，应当以上游犯罪事实成立为认定前提。上游犯罪尚未依法裁判，但查证属实的，不影响刑法第一百九十一条、第三百一十二条、第三百四十九条规定的犯罪的审判。

上游犯罪事实可以确认，因行为人死亡等原因依法不予追究刑事责任的，不影响刑法第一百九十一条、第三百一十二条、第三百四十九条规定的犯罪的认定。

上游犯罪事实可以确认，依法以其他罪名定罪处罚的，不影响刑法第一百九十一条、第三百一十二条、第三百四十九条规定的犯罪的认定。

本条所称"上游犯罪"，是指产生刑法第一百九十一条、第三百一十二条、第三百四十九条规定的犯罪所得及其收益的各种犯罪行为。

第五条 刑法第一百二十条之一规定的"资助"，是指为恐怖活动组织或者实施恐怖活动的个人筹集、提供经费、物资或者提供场所以及其他物质便利的行为。

刑法第一百二十条之一规定的"实施恐怖活动的个人"，包括预谋实施、准备实施和实际实施恐怖活动的个人。

最高人民法院、最高人民检察院关于办理非法生产、销售烟草专卖品等刑事案件具体应用法律若干问题的解释

· 2010年3月2日
· 法释〔2010〕7号

为维护社会主义市场经济秩序，依法惩治非法生产、销售烟草专卖品等犯罪，根据刑法有关规定，现就办理这类刑事案件具体应用法律的若干问题解释如下：

第一条 生产、销售伪劣卷烟、雪茄烟等烟草专卖品，销售金额在五万元以上的，依照刑法第一百四十条的规定，以生产、销售伪劣产品罪定罪处罚。

未经卷烟、雪茄烟等烟草专卖品注册商标所有人许可，在卷烟、雪茄烟等烟草专卖品上使用与其注册商标相同的商标，情节严重的，依照刑法第二百一十三条的规定，以假冒注册商标罪定罪处罚。

销售明知是假冒他人注册商标的卷烟、雪茄烟等烟草专卖品，销售金额较大的，依照刑法第二百一十四条的规定，以销售假冒注册商标的商品罪定罪处罚。

伪造、擅自制造他人卷烟、雪茄烟注册商标标识或者销售伪造、擅自制造的卷烟、雪茄烟注册商标标识，情节严重的，依照刑法第二百一十五条的规定，以非法制造、销售非法制造的注册商标标识罪定罪处罚。

违反国家烟草专卖管理法律法规，未经烟草专卖行政主管部门许可，无烟草专卖生产企业许可证、烟草专卖批发企业许可证、特种烟草专卖经营企业许可证、烟草专卖零售许可证等许可证明，非法经营烟草专卖品，情节严重的，依照刑法第二百二十五条的规定，以非法经营罪定罪处罚。

第二条 伪劣卷烟、雪茄烟等烟草专卖品尚未销售，货值金额达到刑法第一百四十条规定的销售金额定罪起点数额标准的三倍以上的，或者销售金额未达到五万元，但与未销售货值金额合计达到十五万元以上的，以生产、销售伪劣产品罪(未遂)定罪处罚。

销售金额和未销售货值金额分别达到不同的法定刑幅度或者均达到同一法定刑幅度的，在处罚较重的法定刑幅度内酌情从重处罚。

查获的未销售的伪劣卷烟、雪茄烟，能够查清销售价格的，按照实际销售价格计算。无法查清实际销售价格，有品牌的，按照该品牌卷烟、雪茄烟的查获地省级烟草专卖行政主管部门出具的零售价格计算；无品牌的，按照查获地省级烟草专卖行政主管部门出具的上年度卷烟平均零售价格计算。

第三条 非法经营烟草专卖品，具有下列情形之一的，应当认定为刑法第二百二十五条规定的"情节严重"：

（一）非法经营数额在五万元以上的，或者违法所得数额在二万元以上的；

（二）非法经营卷烟二十万支以上的；

（三）曾因非法经营烟草专卖品三年内受过二次以上行政处罚，又非法经营烟草专卖品且数额在三万元以上的。

具有下列情形之一的，应当认定为刑法第二百二十五条规定的"情节特别严重"：

（一）非法经营数额在二十五万元以上，或者违法所得数额在十万元以上的；

（二）非法经营卷烟一百万支以上的。

第四条 非法经营烟草专卖品,能够查清销售或者购买价格的,按照其销售或者购买的价格计算非法经营数额。无法查清销售或者购买价格的,按照下列方法计算非法经营数额:

(一)查获的卷烟、雪茄烟的价格,有品牌的,按照该品牌卷烟、雪茄烟的查获地省级烟草专卖行政主管部门出具的零售价格计算;无品牌的,按照查获地省级烟草专卖行政主管部门出具的上年度卷烟平均零售价格计算;

(二)查获的复烤烟叶、烟叶的价格按照查获地省级烟草专卖行政主管部门出具的上年度烤烟调拨平均基准价格计算;

(三)烟丝的价格按照第(二)项规定价格计算标准的一点五倍计算;

(四)卷烟辅料的价格,有品牌的,按照该品牌辅料的查获地省级烟草专卖行政主管部门出具的价格计算;无品牌的,按照查获地省级烟草专卖行政主管部门出具的上年度烟草行业生产卷烟所需该类卷烟辅料的平均价格计算;

(五)非法生产、销售、购买烟草专用机械的价格按照国务院烟草专卖行政主管部门下发的全国烟草专用机械产品指导价格目录进行计算;目录中没有该烟草专用机械的,按照省级以上烟草专卖行政主管部门出具的目录中同类烟草专用机械的平均价格计算。

第五条 行为人实施非法生产、销售烟草专卖品犯罪,同时构成生产、销售伪劣产品罪、侵犯知识产权犯罪、非法经营罪的,依照处罚较重的规定定罪处罚。

第六条 明知他人实施本解释第一条所列犯罪,而为其提供贷款、资金、账号、发票、证明、许可证件,或者提供生产、经营场所、设备、运输、仓储、保管、邮寄、代理进出口等便利条件,或者提供生产技术、卷烟配方的,应当按照共犯追究刑事责任。

第七条 办理非法生产、销售烟草专卖品等刑事案件,需要对伪劣烟草专卖品鉴定的,应当委托国务院产品质量监督管理部门和省、自治区、直辖市人民政府产品质量监督管理部门指定的烟草质量检测机构进行。

第八条 以暴力、威胁方法阻碍烟草专卖执法人员依法执行职务,构成犯罪的,以妨害公务罪追究刑事责任。

煽动群众暴力抗拒烟草专卖法律实施,构成犯罪的,以煽动暴力抗拒法律实施罪追究刑事责任。

第九条 本解释所称"烟草专卖品",是指卷烟、雪茄烟、烟丝、复烤烟叶、烟叶、卷烟纸、滤嘴棒、烟用丝束、烟草专用机械。

本解释所称"卷烟辅料",是指卷烟纸、滤嘴棒、烟用丝束。

本解释所称"烟草专用机械",是指由国务院烟草专卖行政主管部门烟草专用机械名录所公布的,在卷烟、雪茄烟、烟丝、复烤烟叶、烟叶、卷烟纸、滤嘴棒、烟用丝束的生产加工过程中,能够完成一项或者多项特定加工工序,可以独立操作的机械设备。

本解释所称"同类烟草专用机械",是指在卷烟、雪茄烟、烟丝、复烤烟叶、烟叶、卷烟纸、滤嘴棒、烟用丝束的生产加工过程中,能够完成相同加工工序的机械设备。

第十条 以前发布的有关规定与本解释不一致的,以本解释为准。

最高人民法院、最高人民检察院关于办理内幕交易、泄露内幕信息刑事案件具体应用法律若干问题的解释

· 2011年10月31日最高人民法院审判委员会第1529次会议、2012年2月27日最高人民检察院第十一届检察委员会第72次会议通过
· 2012年3月29日最高人民法院、最高人民检察院公告公布
· 自2012年6月1日起施行
· 法释〔2012〕6号

为维护证券、期货市场管理秩序,依法惩治证券、期货犯罪,根据刑法有关规定,现就办理内幕交易、泄露内幕信息刑事案件具体应用法律的若干问题解释如下:

第一条 下列人员应当认定为刑法第一百八十条第一款规定的"证券、期货交易内幕信息的知情人员":

(一)证券法第七十四条规定的人员;

(二)期货交易管理条例第八十五条第十二项规定的人员。

第二条 具有下列行为的人员应当认定为刑法第一百八十条第一款规定的"非法获取证券、期货交易内幕信息的人员":

(一)利用窃取、骗取、套取、窃听、利诱、刺探或者私下交易等手段获取内幕信息的;

(二)内幕信息知情人员的近亲属或者其他与内幕信息知情人员关系密切的人员,在内幕信息敏感期内,从事或者明示、暗示他人从事,或者泄露内幕信息导致他人从事与该内幕信息有关的证券、期货交易,相关交易行为明显异常,且无正当理由或者正当信息来源的;

(三)在内幕信息敏感期内,与内幕信息知情人员联络、接触,从事或者明示、暗示他人从事,或者泄露内幕信息导致他人从事与该内幕信息有关的证券、期货交易,相关交易行为明显异常,且无正当理由或者正当信息来源的。

第三条 本解释第二条第二项、第三项规定的"相关交易行为明显异常",要综合以下情形,从时间吻合程度、交易背离程度和利益关联程度等方面予以认定:

(一)开户、销户、激活资金账户或者指定交易(托管)、撤销指定交易(转托管)的时间与该内幕信息形成、变化、公开时间基本一致的;

(二)资金变化与该内幕信息形成、变化、公开时间基本一致的;

(三)买入或者卖出与内幕信息有关的证券、期货合约时间与内幕信息的形成、变化和公开时间基本一致的;

(四)买入或者卖出与内幕信息有关的证券、期货合约时间与获悉内幕信息的时间基本一致的;

(五)买入或者卖出证券、期货合约行为明显与平时交易习惯不同的;

(六)买入或者卖出证券、期货合约行为,或者集中持有证券、期货合约行为与该证券、期货公开信息反映的基本面明显背离的;

(七)账户交易资金进出与该内幕信息知情人员或者非法获取人员有关联或者利害关系的;

(八)其他交易行为明显异常情形。

第四条 具有下列情形之一的,不属于刑法第一百八十条第一款规定的从事与内幕信息有关的证券、期货交易:

(一)持有或者通过协议、其他安排与他人共同持有上市公司百分之五以上股份的自然人、法人或者其他组织收购该上市公司股份的;

(二)按照事先订立的书面合同、指令、计划从事相关证券、期货交易的;

(三)依据已被他人披露的信息而交易的;

(四)交易具有其他正当理由或者正当信息来源的。

第五条 本解释所称"内幕信息敏感期"是指内幕信息自形成至公开的期间。

证券法第六十七条第二款所列"重大事件"的发生时间,第七十五条规定的"计划"、"方案"以及期货交易管理条例第八十五条第十一项规定的"政策"、"决定"等的形成时间,应当认定为内幕信息的形成之时。

影响内幕信息形成的动议、筹划、决策或者执行人员,其动议、筹划、决策或者执行初始时间,应当认定为内幕信息的形成之时。

内幕信息的公开,是指内幕信息在国务院证券、期货监督管理机构指定的报刊、网站等媒体披露。

第六条 在内幕信息敏感期内从事或者明示、暗示他人从事或者泄露内幕信息导致他人从事与该内幕信息有关的证券、期货交易,具有下列情形之一的,应当认定为刑法第一百八十条第一款规定的"情节严重":

(一)证券交易成交额在五十万元以上的;

(二)期货交易占用保证金数额在三十万元以上的;

(三)获利或者避免损失数额在十五万元以上的;

(四)三次以上的;

(五)具有其他严重情节的。

第七条 在内幕信息敏感期内从事或者明示、暗示他人从事或者泄露内幕信息导致他人从事与该内幕信息有关的证券、期货交易,具有下列情形之一的,应当认定为刑法第一百八十条第一款规定的"情节特别严重":

(一)证券交易成交额在二百五十万元以上的;

(二)期货交易占用保证金数额在一百五十万元以上的;

(三)获利或者避免损失数额在七十五万元以上的;

(四)具有其他特别严重情节的。

第八条 二次以上实施内幕交易或者泄露内幕信息行为,未经行政处理或者刑事处理的,应当对相关交易数额依法累计计算。

第九条 同一案件中,成交额、占用保证金额、获利或者避免损失额分别构成情节严重、情节特别严重的,按照处罚较重的数额定罪处罚。

构成共同犯罪的,按照共同犯罪行为人的成交总额、占用保证金总额、获利或者避免损失总额定罪处罚,但判处各被告人罚金的总额应掌握在获利或者避免损失总额的一倍以上五倍以下。

第十条 刑法第一百八十条第一款规定的"违法所得",是指通过内幕交易行为所获利益或者避免的损失。

内幕信息的泄露人员或者内幕交易的明示、暗示人员未实际从事内幕交易的,其罚金数额按照因泄露而获悉内幕信息人员或者被明示、暗示人员从事内幕交易的违法所得计算。

第十一条 单位实施刑法第一百八十条第一款规定的行为,具有本解释第六条规定情形之一的,按照刑法第一百八十条第二款的规定定罪处罚。

最高人民法院、最高人民检察院、公安部关于办理非法集资刑事案件适用法律若干问题的意见

· 2014年3月25日

各省、自治区、直辖市高级人民法院、人民检察院、公安厅、局，解放军军事法院、军事检察院，新疆维吾尔自治区高级人民法院生产建设兵团分院，新疆生产建设兵团人民检察院、公安局：

为解决近年来公安机关、人民检察院、人民法院在办理非法集资刑事案件中遇到的问题，依法惩治非法吸收公众存款、集资诈骗等犯罪，根据刑法、刑事诉讼法的规定，结合司法实践，现就办理非法集资刑事案件适用法律问题提出以下意见：

一、关于行政认定的问题

行政部门对于非法集资的性质认定，不是非法集资刑事案件进入刑事诉讼程序的必经程序。行政部门未对非法集资作出性质认定的，不影响非法集资刑事案件的侦查、起诉和审判。

公安机关、人民检察院、人民法院应当依法认定案件事实的性质，对于案情复杂、性质认定疑难的案件，可参考有关部门的认定意见，根据案件事实和法律规定作出性质认定。

二、关于"向社会公开宣传"的认定问题

《最高人民法院关于审理非法集资刑事案件具体应用法律若干问题的解释》第一条第一款第二项中的"向社会公开宣传"，包括以各种途径向社会公众传播吸收资金的信息，以及明知吸收资金的信息向社会公众扩散而予以放任等情形。

三、关于"社会公众"的认定问题

下列情形不属于《最高人民法院关于审理非法集资刑事案件具体应用法律若干问题的解释》第一条第二款规定的"针对特定对象吸收资金"的行为，应当认定为向社会公众吸收资金：

（一）在向亲友或者单位内部人员吸收资金的过程中，明知亲友或者单位内部人员向不特定对象吸收资金而予以放任的；

（二）以吸收资金为目的，将社会人员吸收为单位内部人员，并向其吸收资金的。

四、关于共同犯罪的处理问题

为他人向社会公众非法吸收资金提供帮助，从中收取代理费、好处费、返点费、佣金、提成等费用，构成非法集资共同犯罪的，应当依法追究刑事责任。能够及时退缴上述费用的，可依法从轻处罚；其中情节轻微的，可以免除处罚；情节显著轻微、危害不大的，不作为犯罪处理。

五、关于涉案财物的追缴和处置问题

向社会公众非法吸收的资金属于违法所得。以吸收的资金向集资参与人支付的利息、分红等回报，以及向帮助吸收资金人员支付的代理费、好处费、返点费、佣金、提成等费用，应当依法追缴。集资参与人本金尚未归还的，所支付的回报可予折抵本金。

将非法吸收的资金及其转换财物用于清偿债务或者转让给他人，有下列情形之一的，应当依法追缴：

（一）他人明知是上述资金及财物而收取的；

（二）他人无偿取得上述资金及财物的；

（三）他人以明显低于市场的价格取得上述资金及财物的；

（四）他人取得上述资金及财物系源于非法债务或者违法犯罪活动的；

（五）其他依法应当追缴的情形。

查封、扣押、冻结的易贬值及保管、养护成本较高的涉案财物，可以在诉讼终结前依照有关规定变卖、拍卖。所得价款由查封、扣押、冻结机关予以保管，待诉讼终结后一并处置。

查封、扣押、冻结的涉案财物，一般应在诉讼终结后，返还集资参与人。涉案财物不足全部返还的，按照集资参与人的集资额比例返还。

六、关于证据的收集问题

办理非法集资刑事案件中，确因客观条件的限制无法逐一收集集资参与人的言词证据的，可结合已收集的集资参与人的言词证据和依法收集并查证属实的书面合同、银行账户交易记录、会计凭证及会计账簿、资金收付凭证、审计报告、互联网电子数据等证据，综合认定非法集资对象人数和吸收资金数额等犯罪事实。

七、关于涉及民事案件的处理问题

对于公安机关、人民检察院、人民法院正在侦查、起诉、审理的非法集资刑事案件，有关单位或者个人就同一事实向人民法院提起民事诉讼或者申请执行涉案财物的，人民法院应当不予受理，并将有关材料移送公安机关或者检察机关。

人民法院在审理民事案件或者执行过程中，发现有非法集资犯罪嫌疑的，应当裁定驳回起诉或者中止执行，并及时将有关材料移送公安机关或者检察机关。

公安机关、人民检察院、人民法院在侦查、起诉、审理非法集资刑事案件中，发现与人民法院正在审理的民事

案件属同一事实，或者被申请执行的财物属于涉案财物的，应当及时通报相关人民法院。人民法院经审查认为确属涉嫌犯罪的，依照前款规定处理。

八、关于跨区域案件的处理问题

跨区域非法集资刑事案件，在查清犯罪事实的基础上，可以由不同地区的公安机关、人民检察院、人民法院分别处理。

对于分别处理的跨区域非法集资刑事案件，应当按照统一制定的方案处置涉案财物。

国家机关工作人员违反规定处置涉案财物，构成渎职等犯罪的，应当依法追究刑事责任。

最高人民法院、最高人民检察院、公安部关于办理非法集资刑事案件若干问题的意见

· 2019年1月30日

为依法惩治非法吸收公众存款、集资诈骗等非法集资犯罪活动，维护国家金融管理秩序，保护公民、法人和其他组织合法权益，根据刑法、刑事诉讼法等法律规定，结合司法实践，现就办理非法吸收公众存款、集资诈骗等非法集资刑事案件有关问题提出以下意见：

一、关于非法集资的"非法性"认定依据问题

人民法院、人民检察院、公安机关认定非法集资的"非法性"，应当以国家金融管理法律法规作为依据。对于国家金融管理法律法规仅作原则性规定的，可以根据法律规定的精神并参考中国人民银行、中国银行保险监督管理委员会、中国证券监督管理委员会等行政主管部门依照国家金融管理法律法规制定的部门规章或者国家有关金融管理的规定、办法、实施细则等规范性文件的规定予以认定。

二、关于单位犯罪的认定问题

单位实施非法集资犯罪活动，全部或者大部分违法所得归单位所有的，应当认定为单位犯罪。

个人为进行非法集资犯罪活动而设立的单位实施犯罪的，或者单位设立后，以实施非法集资犯罪活动为主要活动的，不以单位犯罪论处，对单位中组织、策划、实施非法集资犯罪活动的人员应当以自然人犯罪依法追究刑事责任。

判断单位是否以实施非法集资犯罪活动为主要活动，应当根据单位实施非法集资的次数、频度、持续时间、资金规模、资金流向、投入人力物力情况、单位进行正当经营的状况以及犯罪活动的影响、后果等因素综合考虑认定。

三、关于涉案下属单位的处理问题

办理非法集资刑事案件中，人民法院、人民检察院、公安机关应当全面查清涉案单位，包括上级单位（总公司、母公司）和下属单位（分公司、子公司）的主体资格、层级、关系、地位、作用、资金流向等，区分情况依法作出处理。

上级单位已被认定为单位犯罪，下属单位实施非法集资犯罪活动，且全部或者大部分违法所得归下属单位所有的，对该下属单位也应当认定为单位犯罪。上级单位和下属单位构成共同犯罪的，应当根据犯罪单位的地位、作用，确定犯罪单位的刑事责任。

上级单位已被认定为单位犯罪，下属单位实施非法集资犯罪活动，但全部或者大部分违法所得归上级单位所有的，对下属单位不单独认定为单位犯罪。下属单位中涉嫌犯罪的人员，可以作为上级单位的其他直接责任人员依法追究刑事责任。

上级单位未被认定为单位犯罪，下属单位被认定为单位犯罪的，对上级单位中组织、策划、实施非法集资犯罪的人员，一般可以与下属单位按照自然人与单位共同犯罪处理。

上级单位与下属单位均未被认定为单位犯罪的，一般以上级单位与下属单位中承担组织、领导、管理、协调职责的主管人员和发挥主要作用的人员作为主犯，以其他积极参加非法集资犯罪的人员作为从犯，按照自然人共同犯罪处理。

四、关于主观故意的认定问题

认定犯罪嫌疑人、被告人是否具有非法吸收公众存款的犯罪故意，应当依据犯罪嫌疑人、被告人的任职情况、职业经历、专业背景、培训经历、本人因同类行为受到行政处罚或者刑事追究情况以及吸收资金方式、宣传推广、合同资料、业务流程等证据，结合其供述，进行综合分析判断。

犯罪嫌疑人、被告人使用诈骗方法非法集资，符合《最高人民法院关于审理非法集资刑事案件具体应用法律若干问题的解释》第四条规定的，可以认定为集资诈骗罪中"以非法占有为目的"。

办案机关在办理非法集资刑事案件中，应当根据案件具体情况注意收集运用涉及犯罪嫌疑人、被告人的以下证据：是否使用虚假身份信息对外开展业务；是否虚假订立合同、协议；是否虚假宣传，明显超出经营范围或者夸大经营、投资、服务项目及盈利能力；是否吸收资金后

隐匿、销毁合同、协议、账目;是否传授或者接受规避法律、逃避监管的方法,等等。

五、关于犯罪数额的认定问题

非法吸收或者变相吸收公众存款构成犯罪,具有下列情形之一的,向亲友或者单位内部人员吸收的资金应当与向不特定对象吸收的资金一并计入犯罪数额:

(一)在向亲友或者单位内部人员吸收资金的过程中,明知亲友或者单位内部人员向不特定对象吸收资金而予以放任的;

(二)以吸收资金为目的,将社会人员吸收为单位内部人员,并向其吸收资金的;

(三)向社会公开宣传,同时向不特定对象、亲友或者单位内部人员吸收资金的。

非法吸收或者变相吸收公众存款的数额,以行为人所吸收的资金全额计算。集资参与人收回本金或者获得回报后又重复投资的数额不予扣除,但可以作为量刑情节酌情考虑。

六、关于宽严相济刑事政策把握问题

办理非法集资刑事案件,应当贯彻宽严相济刑事政策,依法合理把握追究刑事责任的范围,综合运用刑事手段和行政手段处置和化解风险,做到惩处少数、教育挽救大多数。要根据行为人的客观行为、主观恶性、犯罪情节及其地位、作用、层级、职务等情况,综合判断行为人的责任轻重和刑事追究的必要性,按照区别对待原则分类处理涉案人员,做到罚当其罪、罪责刑相适应。

重点惩处非法集资犯罪活动的组织者、领导者和管理人员,包括单位犯罪中的上级单位(总公司、母公司)的核心层、管理层和骨干人员,下属单位(分公司、子公司)的管理层和骨干人员,以及其他发挥主要作用的人员。

对于涉案人员积极配合调查、主动退赃退赔、真诚认罪悔罪的,可以依法从轻处罚;其中情节轻微的,可以免除处罚;情节显著轻微、危害不大的,不作为犯罪处理。

七、关于管辖问题

跨区域非法集资刑事案件按照《国务院关于进一步做好防范和处置非法集资工作的意见》(国发〔2015〕59号)确定的工作原则办理。如果合并侦查、诉讼更为适宜的,可以合并办理。

办理跨区域非法集资刑事案件,如果多个公安机关都有权立案侦查的,一般由主要犯罪地公安机关作为案件主办地,对主要犯罪嫌疑人立案侦查和移送审查起诉;由其他犯罪地公安机关作为案件分办地根据案件具体情况,对本地区犯罪嫌疑人立案侦查和移送审查起诉。

管辖不明或者有争议的,按照有利于查清犯罪事实、有利于诉讼的原则,由其共同的上级公安机关协调确定或者指定有关公安机关作为案件主办地立案侦查。需要提请批准逮捕、移送审查起诉、提起公诉的,由分别立案侦查的公安机关所在地的人民检察院、人民法院受理。

对于重大、疑难、复杂的跨区域非法集资刑事案件,公安机关应当在协调确定或者指定案件主办地立案侦查的同时,通报同级人民检察院、人民法院。人民检察院、人民法院参照前款规定,确定主要犯罪地作为案件主办地,其他犯罪地作为案件分办地,由所在地的人民检察院、人民法院负责起诉、审判。

本条规定的"主要犯罪地",包括非法集资活动的主要组织、策划、实施地,集资行为人的注册地、主要营业地、主要办事机构所在地,集资参与人的主要所在地等。

八、关于办案工作机制问题

案件主办地和其他涉案地办案机关应当密切沟通协调,协同推进侦查、起诉、审判、资产处置工作,配合有关部门最大限度追赃挽损。

案件主办地办案机关应当统一负责主要犯罪嫌疑人、被告人涉嫌非法集资全部犯罪事实的立案侦查、起诉、审判,防止遗漏犯罪事实;并应就全案处理政策、追诉主要犯罪嫌疑人、被告人的证据要求及诉讼时限、追赃挽损、资产处置等工作要求,向其他涉案地办案机关进行通报。其他涉案地办案机关应当对本地区犯罪嫌疑人、被告人涉嫌非法集资的犯罪事实及时立案侦查、起诉、审判,积极协助主办地处置涉案资产。

案件主办地和其他涉案地办案机关应当建立和完善证据交换共享机制。对涉及主要犯罪嫌疑人、被告人的证据,一般由案件主办地办案机关负责收集,其他涉案地提供协助。案件主办地办案机关应当及时通报接收涉及主要犯罪嫌疑人、被告人的证据材料的程序及要求。其他涉案地办案机关需要案件主办地提供证据材料的,应当向案件主办地办案机关提出证据需求,由案件主办地收集并依法移送。无法移送证据原件的,应当在移送复制件的同时,按照相关规定作出说明。

九、关于涉案财物追缴处置问题

办理跨区域非法集资刑事案件,案件主办地办案机关应当及时归集涉案财物,为统一资产处置做好基础性工作。其他涉案地办案机关应当及时查明涉案财物,明确其来源、去向、用途、流转情况,依法办理查封、扣押、冻结手续,并制作详细清单,对扣押款项应当设立明细账,在扣押后立即存入办案机关唯一合规账户,并将有关情

况提供案件主办地办案机关。

人民法院、人民检察院、公安机关应当严格依照刑事诉讼法和相关司法解释的规定，依法移送、审查、处理查封、扣押、冻结的涉案财物。对审判时尚未追缴到案或者尚未足额退赔的违法所得，人民法院应当判决继续追缴或者责令退赔，并由人民法院负责执行，处置非法集资职能部门、人民检察院、公安机关等应当予以配合。

人民法院对涉案财物依法作出判决后，有关地方和部门应当在处置非法集资职能部门统筹协调下，切实履行协作义务，综合运用多种手段，做好涉案财物清运、财产变现、资金归集、资金清退等工作，确保最大限度减少实际损失。

根据有关规定，查封、扣押、冻结的涉案财物，一般应在诉讼终结后返还集资参与人。涉案财物不足全部返还的，按照集资参与人的集资额比例返还。退赔集资参与人的损失一般优先于其他民事债务以及罚金、没收财产的执行。

十、关于集资参与人权利保障问题

集资参与人，是指向非法集资活动投入资金的单位和个人，为非法集资活动提供帮助并获取经济利益的单位和个人除外。

人民法院、人民检察院、公安机关应当通过及时公布案件进展、涉案资产处置情况等方式，依法保障集资参与人的合法权利。集资参与人可以推选代表人向人民法院提出相关意见和建议；推选不出代表人的，人民法院可以指定代表人。人民法院可以视案件情况决定集资参与人代表人参加或者旁听庭审，对集资参与人提起附带民事诉讼等请求不予受理。

十一、关于行政执法与刑事司法衔接问题

处置非法集资职能部门或者有关行政主管部门，在调查非法集资行为或者行政执法过程中，认为案情重大、疑难、复杂的，可以商请公安机关就追诉标准、证据固定等问题提出咨询或者参考意见；发现非法集资行为涉嫌犯罪的，应当按照《行政执法机关移送涉嫌犯罪案件的规定》等规定，履行相关手续，在规定的期限内将案件移送公安机关。

人民法院、人民检察院、公安机关在办理非法集资刑事案件过程中，可商请处置非法集资职能部门或者有关行政主管部门指派专业人员配合开展工作，协助查阅、复制有关专业资料，就案件涉及的专业问题出具认定意见。涉及需要行政处理的事项，应当及时移交处置非法集资职能部门或者有关行政主管部门依法处理。

十二、关于国家工作人员相关法律责任问题

国家工作人员具有下列行为之一，构成犯罪的，应当依法追究刑事责任：

（一）明知单位和个人所申请机构或者业务涉嫌非法集资，仍为其办理行政许可或者注册手续的；

（二）明知所主管、监管的单位有涉嫌非法集资行为，未依法及时处理或者移送处置非法集资职能部门的；

（三）查处非法集资过程中滥用职权、玩忽职守、徇私舞弊的；

（四）徇私舞弊不向司法机关移交非法集资刑事案件的；

（五）其他通过职务行为或者利用职务影响，支持、帮助、纵容非法集资的。

最高人民法院、最高人民检察院关于办理妨害文物管理等刑事案件适用法律若干问题的解释

- 2015 年 10 月 12 日最高人民法院审判委员会第 1663 次会议、2015 年 11 月 18 日最高人民检察院第十二届检察委员会第 43 次会议通过
- 2015 年 12 月 30 日最高人民法院、最高人民检察院公告公布
- 自 2016 年 1 月 1 日起施行
- 法释〔2015〕23 号

为依法惩治文物犯罪，保护文物，根据《中华人民共和国刑法》《中华人民共和国刑事诉讼法》《中华人民共和国文物保护法》的有关规定，现就办理此类刑事案件适用法律的若干问题解释如下：

第一条 刑法第一百五十一条规定的"国家禁止出口的文物"，依照《中华人民共和国文物保护法》规定的"国家禁止出境的文物"的范围认定。

走私国家禁止出口的二级文物的，应当依照刑法第一百五十一条第二款的规定，以走私文物罪处五年以上十年以下有期徒刑，并处罚金；走私国家禁止出口的一级文物的，应当认定为刑法第一百五十一条第二款规定的"情节特别严重"；走私国家禁止出口的三级文物的，应当认定为刑法第一百五十一条第二款规定的"情节较轻"。

走私国家禁止出口的文物，无法确定文物等级，或者按照文物等级定罪量刑明显过轻或者过重的，可以按照走私的文物价值定罪量刑。走私的文物价值在二十万元以上不满一百万元的，应当依照刑法第一百五十一条第二款的规定，以走私文物罪处五年以上十年以下有期徒

刑,并处罚金;文物价值在一百万元以上的,应当认定为刑法第一百五十一条第二款规定的"情节特别严重";文物价值在五万元以上不满二十万元的,应当认定为刑法第一百五十一条第二款规定的"情节较轻"。

第二条 盗窃一般文物、三级文物、二级以上文物的,应当分别认定为刑法第二百六十四条规定的"数额较大""数额巨大""数额特别巨大"。

盗窃文物,无法确定文物等级,或者按照文物等级定罪量刑明显过轻或者过重的,按照盗窃的文物价值定罪量刑。

第三条 全国重点文物保护单位、省级文物保护单位的本体,应当认定为刑法第三百二十四条第一款规定的"被确定为全国重点文物保护单位、省级文物保护单位的文物"。

故意损毁国家保护的珍贵文物或者被确定为全国重点文物保护单位、省级文物保护单位的文物,具有下列情形之一的,应当认定为刑法第三百二十四条第一款规定的"情节严重":

(一)造成五件以上三级文物损毁的;
(二)造成二级以上文物损毁的;
(三)致使全国重点文物保护单位、省级文物保护单位的本体严重损毁或者灭失的;
(四)多次损毁或者损毁多处全国重点文物保护单位、省级文物保护单位的本体的;
(五)其他情节严重的情形。

实施前款规定的行为,拒不执行国家行政主管部门作出的停止侵害文物的行政决定或者命令的,酌情从重处罚。

第四条 风景名胜区的核心景区以及未被确定为全国重点文物保护单位、省级文物保护单位的古文化遗址、古墓葬、古建筑、石窟寺、石刻、壁画、近代现代重要史迹和代表性建筑等不可移动文物的本体,应当认定为刑法第三百二十四条第二款规定的"国家保护的名胜古迹"。

故意损毁国家保护的名胜古迹,具有下列情形之一的,应当认定为刑法第三百二十四条第二款规定的"情节严重":

(一)致使名胜古迹严重损毁或者灭失的;
(二)多次损毁或者损毁多处名胜古迹的;
(三)其他情节严重的情形。

实施前款规定的行为,拒不执行国家行政主管部门作出的停止侵害文物的行政决定或者命令的,酌情从重处罚。

故意损毁风景名胜区内被确定为全国重点文物保护单位、省级文物保护单位的文物的,依照刑法第三百二十四条第一款和本解释第三条的规定定罪量刑。

第五条 过失损毁国家保护的珍贵文物或者被确定为全国重点文物保护单位、省级文物保护单位的文物,具有本解释第三条第二款第一项至第三项规定情形之一的,应当认定为刑法第三百二十四条第三款规定的"造成严重后果"。

第六条 出售或者为出售而收购、运输、储存《中华人民共和国文物保护法》规定的"国家禁止买卖的文物"的,应当认定为刑法第三百二十六条规定的"倒卖国家禁止经营的文物"。

倒卖国家禁止经营的文物,具有下列情形之一的,应当认定为刑法第三百二十六条规定的"情节严重":

(一)倒卖三级文物的;
(二)交易数额在五万元以上的;
(三)其他情节严重的情形。

实施前款规定的行为,具有下列情形之一的,应当认定为刑法第三百二十六条规定的"情节特别严重":

(一)倒卖二级以上文物的;
(二)倒卖三级文物五件以上的;
(三)交易数额在二十五万元以上的;
(四)其他情节特别严重的情形。

第七条 国有博物馆、图书馆以及其他国有单位,违反文物保护法规,将收藏或者管理的国家保护的文物藏品出售或者私自送给非国有单位或者个人的,依照刑法第三百二十七条的规定,以非法出售、私赠文物藏品罪追究刑事责任。

第八条 刑法第三百二十八条第一款规定的"古文化遗址、古墓葬"包括水下古文化遗址、古墓葬。"古文化遗址、古墓葬"不以公布为不可移动文物的古文化遗址、古墓葬为限。

实施盗掘行为,已损害古文化遗址、古墓葬的历史、艺术、科学价值的,应当认定为盗掘古文化遗址、古墓葬罪既遂。

采用破坏性手段盗窃古文化遗址、古墓葬以外的古建筑、石窟寺、石刻、壁画、近代现代重要史迹和代表性建筑等其他不可移动文物的,依照刑法第二百六十四条的规定,以盗窃罪追究刑事责任。

第九条 明知是盗窃文物、盗掘古文化遗址、古墓葬等犯罪所获取的三级以上文物,而予以窝藏、转移、收购、加工、代为销售或者以其他方法掩饰、隐瞒的,依照刑法

第三百一十二条的规定，以掩饰、隐瞒犯罪所得罪追究刑事责任。

实施前款规定的行为，事先通谋的，以共同犯罪论处。

第十条 国家机关工作人员严重不负责任，造成珍贵文物损毁或者流失，具有下列情形之一的，应当认定为刑法第四百一十九条规定的"后果严重"：

（一）导致二级以上文物或者五件以上三级文物损毁或者流失的；

（二）导致全国重点文物保护单位、省级文物保护单位的本体严重损毁或者灭失的；

（三）其他后果严重的情形。

第十一条 单位实施走私文物、倒卖文物等行为，构成犯罪的，依照本解释规定的相应自然人犯罪的定罪量刑标准，对直接负责的主管人员和其他直接责任人员定罪处罚，并对单位判处罚金。

公司、企业、事业单位、机关、团体等单位实施盗窃文物，故意损毁文物、名胜古迹、过失损毁文物，盗掘古文化遗址、古墓葬等行为的，依照本解释规定的相应定罪量刑标准，追究组织者、策划者、实施者的刑事责任。

第十二条 针对不可移动文物整体实施走私、盗窃、倒卖等行为的，根据所属不可移动文物的等级，依照本解释第一条、第二条、第六条的规定定罪量刑：

（一）尚未被确定为文物保护单位的不可移动文物，适用一般文物的定罪量刑标准；

（二）市、县级文物保护单位，适用三级文物的定罪量刑标准；

（三）全国重点文物保护单位、省级文物保护单位，适用二级以上文物的定罪量刑标准。

针对不可移动文物中的建筑构件、壁画、雕塑、石刻等实施走私、盗窃、倒卖等行为的，根据建筑构件、壁画、雕塑、石刻等文物本身的等级或者价值，依照本解释第一条、第二条、第六条的规定定罪量刑。建筑构件、壁画、雕塑、石刻等所属不可移动文物的等级，应当作为量刑情节予以考虑。

第十三条 案件涉及不同等级的文物的，按照高级别文物的量刑幅度量刑；有多件同级文物，五件同级文物视为一件高一级文物，但是价值明显不相当的除外。

第十四条 依照文物价值定罪量刑的，根据涉案文物的有效价格证明认定文物价值；无有效价格证明，或者根据价格证明认定明显不合理的，根据销赃数额认定，或者结合本解释第十五条规定的鉴定意见、报告认定。

第十五条 在行为人实施有关行为前，文物行政部门已对涉案文物及其等级作出认定的，可以直接对有关案件事实作出认定。

对案件涉及的有关文物鉴定、价值认定等专门性问题难以确定的，由司法鉴定机构出具鉴定意见，或者由国务院文物行政部门指定的机构出具报告。其中，对于文物价值，也可以由有关价格认证机构作出价格认证并出具报告。

第十六条 实施本解释第一条、第二条、第六条至第九条规定的行为，虽已达到应当追究刑事责任的标准，但行为人系初犯，积极退回或者协助追回文物，未造成文物损毁，并确有悔罪表现的，可以认定为犯罪情节轻微，不起诉或者免予刑事处罚。

实施本解释第三条至第五条规定的行为，虽已达到应当追究刑事责任的标准，但行为人系初犯，积极赔偿损失，并确有悔罪表现的，可以认定为犯罪情节轻微，不起诉或者免予刑事处罚。

第十七条 走私、盗窃、损毁、倒卖、盗掘或者非法转让具有科学价值的古脊椎动物化石、古人类化石的，依照刑法和本解释的有关规定定罪量刑。

第十八条 本解释自2016年1月1日起施行。本解释公布施行后，《最高人民法院、最高人民检察院关于办理盗窃、盗掘、非法经营和走私文物的案件具体应用法律的若干问题的解释》（法（研）发〔1987〕32号）同时废止；之前发布的司法解释与本解释不一致的，以本解释为准。

最高人民法院、最高人民检察院、公安部、国家文物局关于办理妨害文物管理等刑事案件若干问题的意见

·2022年8月16日
·公通字〔2022〕18号

各省、自治区、直辖市高级人民法院、人民检察院、公安厅（局）、文物局（文化和旅游厅/局），新疆维吾尔自治区高级人民法院生产建设兵团分院，新疆生产建设兵团人民检察院、公安局、文物局：

为依法惩治文物犯罪，加强对文物的保护，根据《中华人民共和国刑法》《中华人民共和国刑事诉讼法》《中华人民共和国文物保护法》和《最高人民法院、最高人民检察院关于办理妨害文物管理等刑事案件适用法律若干问题的解释》（法释〔2015〕23号，以下简称《文物犯罪解释》）等有关规定，结合司法实践，制定本意见。

一、总体要求

文物承载灿烂文明,传承历史文化,维系民族精神,是国家和民族历史发展的见证,是弘扬中华优秀传统文化的珍贵财富,是培育社会主义核心价值观、凝聚共筑中国梦磅礴力量的深厚滋养。保护文物功在当代、利在千秋。当前,我国文物安全形势依然严峻,文物犯罪时有发生,犯罪团伙专业化、智能化趋势明显,犯罪活动向网络发展蔓延,犯罪产业链日趋成熟,地下市场非法交易猖獗,具有严重的社会危害性。各级人民法院、人民检察院、公安机关、文物行政部门要坚持以习近平新时代中国特色社会主义思想为指导,坚决贯彻落实习近平总书记关于文物工作系列重要论述精神,从传承中华文明、对国家对民族对子孙后代负责的战略高度,提高对文物保护工作重要性的认识,增强责任感使命感紧迫感,勇于担当作为、忠诚履职尽责,依法惩治和有效防范文物犯罪,切实保护国家文化遗产安全。

二、依法惩处文物犯罪

（一）准确认定盗掘行为

1. 针对古建筑、石窟寺等不可移动文物中包含的古文化遗址、古墓葬部分实施盗掘,符合刑法第三百二十八条规定的,以盗掘古文化遗址、古墓葬罪追究刑事责任。

盗掘对象是否属于古文化遗址、古墓葬,应当按照《文物犯罪解释》第八条、第十五条的规定作出认定。

2. 以盗掘为目的,在古文化遗址、古墓葬表层进行钻探、爆破、挖掘等作业,因意志以外的原因,尚未损害古文化遗址、古墓葬的历史、艺术、科学价值的,属于盗掘古文化遗址、古墓葬未遂,应当区分情况分别处理：

(1)以被确定为全国重点文物保护单位、省级文物保护单位的古文化遗址、古墓葬为盗掘目标的,应当追究刑事责任；

(2)以被确定为市、县级文物保护单位的古文化遗址、古墓葬为盗掘目标的,对盗掘团伙的纠集者、积极参加者,应当追究刑事责任；

(3)以其他古文化遗址、古墓葬为盗掘目标的,对情节严重者,依法追究刑事责任。

实施前款规定的行为,同时构成刑法第三百二十四条第一款、第二款规定的故意损毁文物罪、故意损毁名胜古迹罪的,依照处罚较重的规定定罪处罚。

3. 刑法第三百二十八条第一款第三项规定的"多次盗掘"是指盗掘三次以上。对于行为人基于同一或者概括犯意,在同一古文化遗址、古墓葬本体周边一定范围内实施连续盗掘,已损害古文化遗址、古墓葬的历史、艺术、科学价值的,一般应认定为一次盗掘。

（二）准确认定盗窃行为

采用破坏性手段盗窃古建筑、石窟寺、石刻、壁画、近现代重要史迹和代表性建筑等不可移动文物未遂,具有下列情形之一的,应当依法追究刑事责任：

1. 针对全国重点文物保护单位、省级文物保护单位中的建筑构件、壁画、雕塑、石刻等实施盗窃,损害文物本体历史、艺术、科学价值,情节严重的；

2. 以被确定为市、县级以上文物保护单位整体为盗窃目标的；

3. 造成市、县级以上文物保护单位的不可移动文物本体损毁的；

4. 针对不可移动文物中的建筑构件、壁画、雕塑、石刻等实施盗窃,所涉部分具有等同于三级以上文物历史、艺术、科学价值的；

5. 其他情节严重的情形。

实施前款规定的行为,同时构成刑法第三百二十四条第一款、第二款规定的故意损毁文物罪、故意损毁名胜古迹罪的,依照处罚较重的规定定罪处罚。

（三）准确认定掩饰、隐瞒与倒卖行为

1. 明知是盗窃文物、盗掘古文化遗址、古墓葬等犯罪所获取的文物,而予以窝藏、转移、收购、加工、代为销售或者以其他方法掩饰、隐瞒的,符合《文物犯罪解释》第九条规定的,以刑法第三百一十二条规定的掩饰、隐瞒犯罪所得罪追究刑事责任。

对是否"明知",应当结合行为人的认知能力、既往经历、行为次数和手段,与实施盗掘、盗窃、倒卖文物等犯罪行为人的关系,获利情况,是否故意规避调查,涉案文物外观形态、价格等主、客观因素进行综合审查判断。具有下列情形之一,行为人不能做出合理解释的,可以认定其"明知",但有相反证据的除外：

(1)采用黑话、暗语等方式进行联络交易的；

(2)通过伪装、隐匿文物等方式逃避检查,或者以暴力等方式抗拒检查的；

(3)曾因实施盗掘、盗窃、走私、倒卖文物等犯罪被追究刑事责任,或者二年内受过行政处罚的；

(4)有其他证据足以证明行为人应当知道的情形。

2. 出售或者为出售而收购、运输、储存《中华人民共和国文物保护法》第五十一条规定的"国家禁止买卖的文物",可以结合行为人的从业经历、认知能力、违法犯罪记录、供述情况,交易的价格、次数、件数、场所,文物的来源、外观形态等综合审查判断,认定其行为系刑法第三百二十六条规定的"以牟利为目的",但文物来源符合《中华人民共和国文物保护法》第五十条规定的除外。

三、涉案文物的认定和鉴定评估

对案件涉及的文物等级、类别、价值等专门性问题,如是否属于古文化遗址、古墓葬、古建筑、石窟寺、石刻、壁画、近代现代重要史迹和代表性建筑等不可移动文物,是否具有历史、艺术、科学价值,是否属于各级文物保护单位,是否属于珍贵文物,以及有关行为对文物造成的损毁程度和对文物价值造成的影响等,案发前文物行政部门已作认定的,可以直接对有关案件事实作出认定;案发前未作认定的,可以结合国务院文物行政部门指定的机构出具的《涉案文物鉴定评估报告》作出认定,必要时,办案机关可以依法提请文物行政部门对有关问题作出说明。《涉案文物鉴定评估报告》应当依照《涉案文物鉴定评估管理办法》(文物博发〔2018〕4号)规定的程序和格式文本出具。

四、文物犯罪案件管辖

文物犯罪案件一般由犯罪地的公安机关管辖,包括文物犯罪的预谋地、工具准备地、勘探地、盗掘地、盗窃地、途经地、交易地、倒卖信息发布地、出口(境)地、涉案不可移动文物的所在地、涉案文物的实际取得地、藏匿地、转移地、加工地、储存地、销售地等。多个公安机关都有权立案侦查的文物犯罪案件,由主要犯罪地公安机关立案侦查。

具有下列情形之一的,有关公安机关可以在其职责范围内并案处理:

(1)一人犯数罪的;
(2)共同犯罪的;
(3)共同犯罪的犯罪嫌疑人还实施其他犯罪的;
(4)三人以上时分时合,交叉结伙作案的;
(5)多个犯罪嫌疑人实施的盗掘、盗窃、倒卖、掩饰、隐瞒、走私等犯罪存在直接关联,或者形成多层级犯罪链条,并案处理有利于查明案件事实的。

五、宽严相济刑事政策的应用

(一)要着眼出资、勘探、盗掘、盗窃、倒卖、收赃、走私等整个文物犯罪网络开展打击,深挖幕后金主,斩断文物犯罪链条,对虽未具体参与实施有关犯罪实行行为,但作为幕后纠集、组织、指挥、筹划、出资、教唆者,在共同犯罪中起主要作用的,可以依法认定为主犯。

(二)对曾因文物违法犯罪而受过行政处罚或者被追究刑事责任,多次实施文物违法犯罪行为,以及国家工作人员实施本意见规定相关犯罪行为的,可以酌情从重处罚。

(三)正确运用自首、立功、认罪认罚从宽等制度,充分发挥刑罚的惩治和预防功能。对积极退回或协助追回文物,协助抓捕重大文物犯罪嫌疑人,以及提供重要线索,对侦破、查明其他重大文物犯罪案件起关键作用的,依法从宽处理。

(四)人民法院、人民检察院、公安机关应当加强与文物行政等部门的沟通协调,强化行刑衔接,对不构成犯罪的案件,依据有关规定及时移交。公安机关依法扣押的国家禁止经营的文物,经审查与案件无关的,应当交由文物行政等有关部门依法予以处理。文物行政等部门在查办案件中,发现涉嫌构成犯罪的案件,依据有关规定及时向公安机关移送。

最高人民法院、最高人民检察院关于办理非法采矿、破坏性采矿刑事案件适用法律若干问题的解释

- 2016年9月26日最高人民法院审判委员会第1694次会议、2016年11月4日最高人民检察院第十二届检察委员会第57次会议通过
- 2016年11月28日最高人民法院、最高人民检察院公告公布
- 自2016年12月1日起施行
- 法释〔2016〕25号

为依法惩处非法采矿、破坏性采矿犯罪活动,根据《中华人民共和国刑法》《中华人民共和国刑事诉讼法》的有关规定,现就办理此类刑事案件适用法律的若干问题解释如下:

第一条 违反《中华人民共和国矿产资源法》《中华人民共和国水法》等法律、行政法规有关矿产资源开发、利用、保护和管理的规定的,应当认定为刑法第三百四十三条规定的"违反矿产资源法的规定"。

第二条 具有下列情形之一的,应当认定为刑法第三百四十三条第一款规定的"未取得采矿许可证":

(一)无许可证的;
(二)许可证被注销、吊销、撤销的;
(三)超越许可证规定的矿区范围或者开采范围的;
(四)超出许可证规定的矿种的(共生、伴生矿种除外);
(五)其他未取得许可证的情形。

第三条 实施非法采矿行为,具有下列情形之一的,应当认定为刑法第三百四十三条第一款规定的"情节严重":

(一)开采的矿产品价值或者造成矿产资源破坏的

价值在十万元至三十万元以上的；

（二）在国家规划矿区、对国民经济具有重要价值的矿区采矿，开采国家规定实行保护性开采的特定矿种，或者在禁采区、禁采期内采矿，开采的矿产品价值或者造成矿产资源破坏的价值在五万元至十五万元以上的；

（三）二年内曾因非法采矿受过两次以上行政处罚，又实施非法采矿行为的；

（四）造成生态环境严重损害的；

（五）其他情节严重的情形。

实施非法采矿行为，具有下列情形之一的，应当认定为刑法第三百四十三条第一款规定的"情节特别严重"：

（一）数额达到前款第一项、第二项规定标准五倍以上的；

（二）造成生态环境特别严重损害的；

（三）其他情节特别严重的情形。

第四条 在河道管理范围内采砂，具有下列情形之一，符合刑法第三百四十三条第一款和本解释第二条、第三条规定的，以非法采矿罪定罪处罚：

（一）依据相关规定应当办理河道采砂许可证，未取得河道采砂许可证的；

（二）依据相关规定应当办理河道采砂许可证和采矿许可证，既未取得河道采砂许可证，又未取得采矿许可证的。

实施前款规定行为，虽不具有本解释第三条第一款规定的情形，但严重影响河势稳定，危害防洪安全的，应当认定为刑法第三百四十三条第一款规定的"情节严重"。

第五条 未取得海砂开采海域使用权证，且未取得采矿许可证，采挖海砂，符合刑法第三百四十三条第一款和本解释第二条、第三条规定的，以非法采矿罪定罪处罚。

实施前款规定行为，虽不具有本解释第三条第一款规定的情形，但造成海岸线严重破坏的，应当认定为刑法第三百四十三条第一款规定的"情节严重"。

第六条 造成矿产资源破坏的价值在五十万元至一百万元以上，或者造成国家规划矿区、对国民经济具有重要价值的矿区和国家规定实行保护性开采的特定矿种资源破坏的价值在二十五万元至五十万元以上的，应当认定为刑法第三百四十三条第二款规定的"造成矿产资源严重破坏"。

第七条 明知是犯罪所得的矿产品及其产生的收益，而予以窝藏、转移、收购、代为销售或者以其他方法掩饰、隐瞒的，依照刑法第三百一十二条的规定，以掩饰、隐瞒犯罪所得、犯罪所得收益罪定罪处罚。

实施前款规定的犯罪行为，事前通谋的，以共同犯罪论处。

第八条 多次非法采矿、破坏性采矿构成犯罪，依法应当追诉的，或者二年内多次非法采矿、破坏性采矿未经处理的，价值数额累计计算。

第九条 单位犯刑法第三百四十三条规定之罪的，依照本解释规定的相应自然人犯罪的定罪量刑标准，对直接负责的主管人员和其他直接责任人员定罪处罚，并对单位判处罚金。

第十条 实施非法采矿犯罪，不属于"情节特别严重"，或者实施破坏性采矿犯罪，行为人系初犯，全部退赃退赔，积极修复环境，并确有悔改表现的，可以认定为犯罪情节轻微，不起诉或者免予刑事处罚。

第十一条 对受雇佣为非法采矿、破坏性采矿犯罪提供劳务的人员，除参与利润分成或者领取高额固定工资的以外，一般不以犯罪论处，但曾因非法采矿、破坏性采矿受过处罚的除外。

第十二条 对非法采矿、破坏性采矿犯罪的违法所得及其收益，应当依法追缴或者责令退赔。

对用于非法采矿、破坏性采矿犯罪的专门工具和供犯罪所用的本人财物，应当依法没收。

第十三条 非法开采的矿产品价值，根据销赃数额认定；无销赃数额，销赃数额难以查证，或者根据销赃数额认定明显不合理的，根据矿产品价格和数量认定。

矿产品价值难以确定的，依下列机构出具的报告，结合其他证据作出认定：

（一）价格认证机构出具的报告；

（二）省级以上人民政府国土资源、水行政、海洋等主管部门出具的报告；

（三）国务院水行政主管部门在国家确定的重要江河、湖泊设立的流域管理机构出具的报告。

第十四条 对案件所涉的有关专门性问题难以确定的，依下列机构出具的鉴定意见或者报告，结合其他证据作出认定：

（一）司法鉴定机构就生态环境损害出具的鉴定意见；

（二）省级以上人民政府国土资源主管部门就造成矿产资源破坏的价值、是否属于破坏性开采方法出具的报告；

（三）省级以上人民政府水行政主管部门或者国务院水行政主管部门在国家确定的重要江河、湖泊设立的流域管理机构就是否危害防洪安全出具的报告；

（四）省级以上人民政府海洋主管部门就是否造成

海岸线严重破坏出具的报告。

第十五条 各省、自治区、直辖市高级人民法院、人民检察院,可以根据本地区实际情况,在本解释第三条、第六条规定的数额幅度内,确定本地区执行的具体数额标准,报最高人民法院、最高人民检察院备案。

第十六条 本解释自 2016 年 12 月 1 日起施行。本解释施行后,《最高人民法院关于审理非法采矿、破坏性采矿刑事案件具体应用法律若干问题的解释》(法释〔2003〕9 号)同时废止。

最高人民法院、最高人民检察院关于办理妨害信用卡管理刑事案件具体应用法律若干问题的解释

- 2009 年 10 月 12 日最高人民法院审判委员会第 1475 次会议、2009 年 11 月 12 日最高人民检察院第十一届检察委员会第 22 次会议通过
- 根据 2018 年 7 月 30 日最高人民法院审判委员会第 1745 次会议、2018 年 10 月 19 日最高人民检察院第十三届检察委员会第 7 次会议通过的《最高人民法院、最高人民检察院关于修改〈关于办理妨害信用卡管理刑事案件具体应用法律若干问题的解释〉的决定》修正
- 2018 年 11 月 28 日最高人民法院、最高人民检察院公告公布
- 该修正自 2018 年 12 月 1 日起施行
- 法释〔2018〕19 号

为依法惩治妨害信用卡管理犯罪活动,维护信用卡管理秩序和持卡人合法权益,根据《中华人民共和国刑法》规定,现就办理这类刑事案件具体应用法律的若干问题解释如下:

第一条 复制他人信用卡、将他人信用卡信息资料写入磁条介质、芯片或者以其他方法伪造信用卡一张以上的,应当认定为刑法第一百七十七条第一款第四项规定的"伪造信用卡",以伪造金融票证罪定罪处罚。

伪造空白信用卡十张以上的,应当认定为刑法第一百七十七条第一款第四项规定的"伪造信用卡",以伪造金融票证罪定罪处罚。

伪造信用卡,有下列情形之一的,应当认定为刑法第一百七十七条规定的"情节严重":

(一)伪造信用卡五张以上不满二十五张的;

(二)伪造的信用卡内存款余额、透支额度单独或者合计数额在二十万元以上不满一百万元的;

(三)伪造空白信用卡五十张以上不满二百五十张的;

(四)其他情节严重的情形。

伪造信用卡,有下列情形之一的,应当认定为刑法第一百七十七条规定的"情节特别严重":

(一)伪造信用卡二十五张以上的;

(二)伪造的信用卡内存款余额、透支额度单独或者合计数额在一百万元以上的;

(三)伪造空白信用卡二百五十张以上的;

(四)其他情节特别严重的情形。

本条所称"信用卡内存款余额、透支额度",以信用卡被伪造后发卡行记录的最高存款余额、可透支额度计算。

第二条 明知是伪造的空白信用卡而持有、运输十张以上不满一百张的,应当认定为刑法第一百七十七条之一第一款第一项规定的"数量较大";非法持有他人信用卡五张以上不满五十张的,应当认定为刑法第一百七十七条之一第一款第二项规定的"数量较大"。

有下列情形之一的,应当认定为刑法第一百七十七条之一第一款规定的"数量巨大":

(一)明知是伪造的信用卡而持有、运输十张以上的;

(二)明知是伪造的空白信用卡而持有、运输一百张以上的;

(三)非法持有他人信用卡五十张以上的;

(四)使用虚假的身份证明骗领信用卡十张以上的;

(五)出售、购买、为他人提供伪造的信用卡或者虚假的身份证明骗领的信用卡十张以上的。

违背他人意愿,使用其居民身份证、军官证、士兵证、港澳居民往来内地通行证、台湾居民来往大陆通行证、护照等身份证明申领信用卡的,或者使用伪造、变造的身份证明申领信用卡的,应当认定为刑法第一百七十七条之一第一款第三项规定的"使用虚假的身份证明骗领信用卡"。

第三条 窃取、收买、非法提供他人信用卡信息资料,足以伪造可进行交易的信用卡,或者足以使他人以信用卡持卡人名义进行交易,涉及信用卡一张以上不满五张的,依照刑法第一百七十七条之一第二款的规定,以窃取、收买、非法提供信用卡信息罪定罪处罚;涉及信用卡五张以上的,应当认定为刑法第一百七十七条之一第一款规定的"数量巨大"。

第四条 为信用卡申请人制作、提供虚假的财产状况、收入、职务等资信证明材料,涉及伪造、变造、买卖国家机关公文、证件、印章,或者涉及伪造公司、企业、事业单位、人民团体印章,应当追究刑事责任的,依照刑法第

二百八十条的规定,分别以伪造、变造、买卖国家机关公文、证件、印章罪和伪造公司、企业、事业单位、人民团体印章罪定罪处罚。

承担资产评估、验资、验证、会计、审计、法律服务等职责的中介组织或其人员,为信用卡申请人提供虚假的财产状况、收入、职务等资信证明材料,应当追究刑事责任的,依照刑法第二百二十九条的规定,分别以提供虚假证明文件罪和出具证明文件重大失实罪定罪处罚。

第五条 使用伪造的信用卡、以虚假的身份证明骗领的信用卡、作废的信用卡或者冒用他人信用卡,进行信用卡诈骗活动,数额在五千元以上不满五万元的,应当认定为刑法第一百九十六条规定的"数额较大";数额在五万元以上不满五十万元的,应当认定为刑法第一百九十六条规定的"数额巨大";数额在五十万元以上的,应当认定为刑法第一百九十六条规定的"数额特别巨大"。

刑法第一百九十六条第一款第三项所称"冒用他人信用卡",包括以下情形:

(一)拾得他人信用卡并使用的;

(二)骗取他人信用卡并使用的;

(三)窃取、收买、骗取或者以其他非法方式获取他人信用卡信息资料,并通过互联网、通讯终端等使用的;

(四)其他冒用他人信用卡的情形。

第六条 持卡人以非法占有为目的,超过规定限额或者规定期限透支,经发卡银行两次有效催收后超过三个月仍不归还的,应当认定为刑法第一百九十六条规定的"恶意透支"。

对于是否以非法占有为目的,应当综合持卡人信用记录、还款能力和意愿、申领和透支信用卡的状况、透支资金的用途、透支后的表现、未按规定还款的原因等情节作出判断。不得单纯依据持卡人未按规定还款的事实认定非法占有目的。

具有以下情形之一的,应当认定为刑法第一百九十六条第二款规定的"以非法占有为目的",但有证据证明持卡人确实不具有非法占有目的的除外:

(一)明知没有还款能力而大量透支,无法归还的;

(二)使用虚假资信证明申领信用卡后透支,无法归还的;

(三)透支后通过逃匿、改变联系方式等手段,逃避银行催收的;

(四)抽逃、转移资金,隐匿财产,逃避还款的;

(五)使用透支的资金进行犯罪活动的;

(六)其他非法占有资金,拒不归还的情形。

第七条 催收同时符合下列条件的,应当认定为本解释第六条规定的"有效催收":

(一)在透支超过规定限额或者规定期限后进行;

(二)催收应当采用能够确认持卡人收悉的方式,但持卡人故意逃避催收的除外;

(三)两次催收至少间隔三十日;

(四)符合催收的有关规定或者约定。

对于是否属于有效催收,应当根据发卡银行提供的电话录音、信息送达记录、信函送达回执、电子邮件送达记录、持卡人或者其家属签字以及其他催收原始证据材料作出判断。

发卡银行提供的相关证据材料,应当有银行工作人员签名和银行公章。

第八条 恶意透支,数额在五万元以上不满五十万元的,应当认定为刑法第一百九十六条规定的"数额较大";数额在五十万元以上不满五百万元的,应当认定为刑法第一百九十六条规定的"数额巨大";数额在五百万元以上的,应当认定为刑法第一百九十六条规定的"数额特别巨大"。

第九条 恶意透支的数额,是指公安机关刑事立案时尚未归还的实际透支的本金数额,不包括利息、复利、滞纳金、手续费等发卡银行收取的费用。归还或者支付的数额,应当认定为归还实际透支的本金。

检察机关在审查起诉、提起公诉时,应当根据发卡银行提供的交易明细、分类账单(透支账单、还款账单)等证据材料,结合犯罪嫌疑人、被告人及其辩护人所提辩解、辩护意见及相关证据材料,审查认定恶意透支的数额;恶意透支的数额难以确定的,应当依据司法会计、审计报告,结合其他证据材料审查认定。人民法院在审判过程中,应当在对上述证据材料查证属实的基础上,对恶意透支的数额作出认定。

发卡银行提供的相关证据材料,应当有银行工作人员签名和银行公章。

第十条 恶意透支数额较大,在提起公诉前全部归还或者具有其他情节轻微情形的,可以不起诉;在一审判决前全部归还或者具有其他情节轻微情形的,可以免予刑事处罚。但是,曾因信用卡诈骗受过两次以上处罚的除外。

第十一条 发卡银行违规以信用卡透支形式变相发放贷款,持卡人未按规定归还的,不适用刑法第一百九十六条"恶意透支"的规定。构成其他犯罪的,以其他犯罪论处。

第十二条 违反国家规定,使用销售点终端机具(POS机)等方法,以虚构交易、虚开价格、现金退货等方式向信用卡持卡人直接支付现金,情节严重的,应当依据刑法第二百二十五条的规定,以非法经营罪定罪处罚。

实施前款行为,数额在一百万元以上的,或者造成金融机构资金二十万元以上逾期未还的,或者造成金融机构经济损失十万元以上的,应当认定为刑法第二百二十五条规定的"情节严重";数额在五百万元以上的,或者造成金融机构资金一百万元以上逾期未还的,或者造成金融机构经济损失五十万元以上的,应当认定为刑法第二百二十五条规定的"情节特别严重"。

持卡人以非法占有为目的,采用上述方式恶意透支,应当追究刑事责任的,依照刑法第一百九十六条的规定,以信用卡诈骗罪定罪处罚。

第十三条 单位实施本解释规定的行为,适用本解释规定的相应自然人犯罪的定罪量刑标准。

最高人民法院、最高人民检察院、公安部、司法部关于办理非法放贷刑事案件若干问题的意见

· 2019年7月23日

为依法惩治非法放贷犯罪活动,切实维护国家金融市场秩序与社会和谐稳定,有效防范因非法放贷诱发涉黑涉恶以及其他违法犯罪活动,保护公民、法人和其他组织合法权益,根据刑法、刑事诉讼法及有关司法解释、规范性文件的规定,现对办理非法放贷刑事案件若干问题提出如下意见:

一、违反国家规定,未经监管部门批准,或者超越经营范围,以营利为目的,经常性地向社会不特定对象发放贷款,扰乱金融市场秩序,情节严重的,依照刑法第二百二十五条第(四)项的规定,以非法经营罪定罪处罚。

前款规定中的"经常性地向社会不特定对象发放贷款",是指2年内向不特定多人(包括单位和个人)以借款或其他名义出借资金10次以上。

贷款到期后延长还款期限的,发放贷款次数按照1次计算。

二、以超过36%的实际年利率实施符合本意见第一条规定的非法放贷行为,具有下列情形之一的,属于刑法第二百二十五条规定的"情节严重",但单次非法放贷行为实际年利率未超过36%的,定罪量刑时不得计入:

(一)个人非法放贷数额累计在200万元以上的,单位非法放贷数额累计在1000万元以上的;

(二)个人违法所得数额累计在80万元以上的,单位违法所得数额累计在400万元以上的;

(三)个人非法放贷对象累计在50人以上的,单位非法放贷对象累计在150人以上的;

(四)造成借款人或者其近亲属自杀、死亡或者精神失常等严重后果的。

具有下列情形之一的,属于刑法第二百二十五条规定的"情节特别严重":

(一)个人非法放贷数额累计在1000万元以上的,单位非法放贷数额累计在5000万元以上的;

(二)个人违法所得数额累计在400万元以上的,单位违法所得数额累计在2000万元以上的;

(三)个人非法放贷对象累计在250人以上的,单位非法放贷对象累计在750人以上的;

(四)造成多名借款人或者其近亲属自杀、死亡或者精神失常等特别严重后果的。

三、非法放贷数额、违法所得数额、非法放贷对象数量接近本意见第二条规定的"情节严重""情节特别严重"的数额、数量起点标准,并具有下列情形之一的,可以分别认定为"情节严重""情节特别严重":

(一)2年内因实施非法放贷行为受过行政处罚2次以上的;

(二)以超过72%的实际年利率实施非法放贷行为10次以上的。

前款规定中的"接近",一般应当掌握在相应数额、数量标准的80%以上。

四、仅向亲友、单位内部人员等特定对象出借资金,不得适用本意见第一条的规定定罪处罚。但具有下列情形之一的,定罪量刑时应当与向不特定对象非法放贷的行为一并处理:

(一)通过亲友、单位内部人员等特定对象向不特定对象发放贷款的;

(二)以发放贷款为目的,将社会人员吸收为单位内部人员,并向其发放贷款的;

(三)向社会公开宣传,同时向不特定多人和亲友、单位内部人员等特定对象发放贷款的。

五、非法放贷数额应当以实际出借给借款人的本金金额认定。非法放贷行为人以介绍费、咨询费、管理费、逾期利息、违约金等名义和以从本金中预先扣除等方式收取利息的,相关数额在计算实际年利率时均应计入。

非法放贷行为人实际收取的除本金之外的全部财物,均应计入违法所得。

非法放贷行为未经处理的,非法放贷次数和数额、违法所得数额、非法放贷对象数量等应当累计计算。

六、为从事非法放贷活动,实施擅自设立金融机构、套取金融机构资金高利转贷、骗取贷款、非法吸收公众存款等行为,构成犯罪的,应当择一重罪处罚。

为强行索要因非法放贷而产生的债务,实施故意杀人、故意伤害、非法拘禁、故意毁坏财物、寻衅滋事等行为,构成犯罪的,应当数罪并罚。

纠集、指使、雇佣他人采用滋扰、纠缠、哄闹、聚众造势等手段强行索要债务,尚不单独构成犯罪,但实施非法放贷行为已构成非法经营罪的,应当按照非法经营罪的规定酌情从重处罚。

以上规定的情形,刑法、司法解释另有规定的除外。

七、有组织地非法放贷,同时又有其他违法犯罪活动,符合黑社会性质组织或者恶势力、恶势力犯罪集团认定标准的,应当分别按照黑社会性质组织或者恶势力、恶势力犯罪集团侦查、起诉、审判。

黑恶势力非法放贷的,据以认定"情节严重""情节特别严重"的非法放贷数额、违法所得数额、非法放贷对象数量起点标准,可以分别按照本意见第二条规定中相应数额、数量标准的50%确定;同时具有本意见第三条第一款规定情形的,可以分别按照相应数额、数量标准的40%确定。

八、本意见自2019年10月21日起施行。对于本意见施行前发生的非法放贷行为,依照最高人民法院《关于准确理解和适用刑法中"国家规定"的有关问题的通知》(法发〔2011〕155号)的规定办理。

最高人民法院关于审理非法集资刑事案件具体应用法律若干问题的解释

- 2010年11月22日最高人民法院审判委员会第1502次会议通过
- 根据2021年12月30日最高人民法院审判委员会第1860次会议通过的《最高人民法院关于修改〈最高人民法院关于审理非法集资刑事案件具体应用法律若干问题的解释〉的决定》修正
- 2022年2月23日最高人民法院公告公布
- 该修正自2022年3月1日起施行
- 法释〔2022〕5号

为依法惩治非法吸收公众存款、集资诈骗等非法集资犯罪活动,根据《中华人民共和国刑法》的规定,现就审理此类刑事案件具体应用法律的若干问题解释如下:

第一条 违反国家金融管理法律规定,向社会公众(包括单位和个人)吸收资金的行为,同时具备下列四个条件的,除刑法另有规定的以外,应当认定为刑法第一百七十六条规定的"非法吸收公众存款或者变相吸收公众存款":

(一)未经有关部门依法许可或者借用合法经营的形式吸收资金;

(二)通过网络、媒体、推介会、传单、手机信息等途径向社会公开宣传;

(三)承诺在一定期限内以货币、实物、股权等方式还本付息或者给付回报;

(四)向社会公众即社会不特定对象吸收资金。

未向社会公开宣传,在亲友或者单位内部针对特定对象吸收资金的,不属于非法吸收或者变相吸收公众存款。

第二条 实施下列行为之一,符合本解释第一条第一款规定的条件的,应当依照刑法第一百七十六条的规定,以非法吸收公众存款罪定罪处罚:

(一)不具有房产销售的真实内容或者不以房产销售为主要目的,以返本销售、售后包租、约定回购、销售房产份额等方式非法吸收资金的;

(二)以转让林权并代为管护等方式非法吸收资金的;

(三)以代种植(养殖)、租种植(养殖)、联合种植(养殖)等方式非法吸收资金的;

(四)不具有销售商品、提供服务的真实内容或者不以销售商品、提供服务为主要目的,以商品回购、寄存代售等方式非法吸收资金的;

(五)不具有发行股票、债券的真实内容,以虚假转让股权、发售虚构债券等方式非法吸收资金的;

(六)不具有募集基金的真实内容,以假借境外基金、发售虚构基金等方式非法吸收资金的;

(七)不具有销售保险的真实内容,以假冒保险公司、伪造保险单据等方式非法吸收资金的;

(八)以网络借贷、投资入股、虚拟币交易等方式非法吸收资金的;

(九)以委托理财、融资租赁等方式非法吸收资金的;

(十)以提供"养老服务"、投资"养老项目"、销售"老年产品"等方式非法吸收资金的;

(十一)利用民间"会""社"等组织非法吸收资金的;

(十二)其他非法吸收资金的行为。

第三条 非法吸收或者变相吸收公众存款,具有下列情形之一的,应当依法追究刑事责任:

(一)非法吸收或者变相吸收公众存款数额在100万元以上的;

(二)非法吸收或者变相吸收公众存款对象150人以上的;

(三)非法吸收或者变相吸收公众存款,给存款人造成直接经济损失数额在50万元以上的。

非法吸收或者变相吸收公众存款数额在50万元以上或者给存款人造成直接经济损失数额在25万元以上,同时具有下列情节之一的,应当依法追究刑事责任:

(一)曾因非法集资受过刑事追究的;

(二)二年内曾因非法集资受过行政处罚的;

(三)造成恶劣社会影响或者其他严重后果的。

第四条 非法吸收或者变相吸收公众存款,具有下列情形之一的,应当认定为刑法第一百七十六条规定的"数额巨大或者有其他严重情节":

(一)非法吸收或者变相吸收公众存款数额在500万元以上的;

(二)非法吸收或者变相吸收公众存款对象500人以上的;

(三)非法吸收或者变相吸收公众存款,给存款人造成直接经济损失数额在250万元以上的。

非法吸收或者变相吸收公众存款数额在250万元以上或者给存款人造成直接经济损失数额在150万元以上,同时具有本解释第三条第二款第三项情节的,应当认定为"其他严重情节"。

第五条 非法吸收或者变相吸收公众存款,具有下列情形之一的,应当认定为刑法第一百七十六条规定的"数额特别巨大或者有其他特别严重情节":

(一)非法吸收或者变相吸收公众存款数额在5000万元以上的;

(二)非法吸收或者变相吸收公众存款对象5000人以上的;

(三)非法吸收或者变相吸收公众存款,给存款人造成直接经济损失数额在2500万元以上的。

非法吸收或者变相吸收公众存款数额在2500万元以上或者给存款人造成直接经济损失数额在1500万元以上,同时具有本解释第三条第二款第三项情节的,应当认定为"其他特别严重情节"。

第六条 非法吸收或者变相吸收公众存款的数额,以行为人所吸收的资金全额计算。在提起公诉前积极退赃退赔,减少损害结果发生的,可以从轻或者减轻处罚;在提起公诉后退赃退赔的,可以作为量刑情节酌情考虑。

非法吸收或者变相吸收公众存款,主要用于正常的生产经营活动,能够在提起公诉前清退所吸收资金,可以免予刑事处罚;情节显著轻微危害不大的,不作为犯罪处理。

对依法不需要追究刑事责任或者免予刑事处罚的,应当依法将案件移送有关行政机关。

第七条 以非法占有为目的,使用诈骗方法实施本解释第二条规定所列行为的,应当依照刑法第一百九十二条的规定,以集资诈骗罪定罪处罚。

使用诈骗方法非法集资,具有下列情形之一的,可以认定为"以非法占有为目的":

(一)集资后不用于生产经营活动或者用于生产经营活动与筹集资金规模明显不成比例,致使集资款不能返还的;

(二)肆意挥霍集资款,致使集资款不能返还的;

(三)携带集资款逃匿的;

(四)将集资款用于违法犯罪活动的;

(五)抽逃、转移资金、隐匿财产,逃避返还资金的;

(六)隐匿、销毁账目,或者搞假破产、假倒闭,逃避返还资金的;

(七)拒不交代资金去向,逃避返还资金的;

(八)其他可以认定非法占有目的的情形。

集资诈骗罪中的非法占有目的,应当区分情形进行具体认定。行为人部分非法集资行为具有非法占有目的的,对该部分非法集资行为所涉集资款以集资诈骗罪定罪处罚;非法集资共同犯罪中部分行为人具有非法占有目的,其他行为人没有非法占有集资款的共同故意和行为的,对具有非法占有目的的行为人以集资诈骗罪定罪处罚。

第八条 集资诈骗数额在10万元以上的,应当认定为"数额较大";数额在100万元以上的,应当认定为"数额巨大"。

集资诈骗数额在50万元以上,同时具有本解释第三条第二款第三项情节的,应当认定为刑法第一百九十二条规定的"其他严重情节"。

集资诈骗的数额以行为人实际骗取的数额计算,在案发前已归还的数额应予扣除。行为人为实施集资诈骗活动而支付的广告费、中介费、手续费、回扣,或者用于行贿、赠与等费用,不予扣除。行为人为实施集资诈骗活动而支付的利息,除本金未归还可予折抵本金以外,应当计入诈骗数额。

第九条 犯非法吸收公众存款罪，判处三年以下有期徒刑或者拘役，并处或者单处罚金的，处五万元以上一百万元以下罚金；判处三年以上十年以下有期徒刑的，并处十万元以上五百万元以下罚金；判处十年以上有期徒刑的，并处五十万元以上罚金。

犯集资诈骗罪，判处三年以上七年以下有期徒刑的，并处十万元以上五百万元以下罚金；判处七年以上有期徒刑或者无期徒刑的，并处五十万元以上罚金或者没收财产。

第十条 未经国家有关主管部门批准，向社会不特定对象发行、以转让股权等方式变相发行股票或者公司、企业债券，或者向特定对象发行、变相发行股票或者公司、企业债券累计超过200人的，应当认定为刑法第一百七十九条规定的"擅自发行股票或者公司、企业债券"。构成犯罪的，以擅自发行股票、公司、企业债券罪定罪处罚。

第十一条 违反国家规定，未经依法核准擅自发行基金份额募集基金，情节严重的，依照刑法第二百二十五条的规定，以非法经营罪定罪处罚。

第十二条 广告经营者、广告发布者违反国家规定，利用广告为非法集资活动相关的商品或者服务作虚假宣传，具有下列情形之一的，依照刑法第二百二十二条的规定，以虚假广告罪定罪处罚：

（一）违法所得数额在10万元以上的；

（二）造成严重危害后果或者恶劣社会影响的；

（三）二年内利用广告作虚假宣传，受过行政处罚二次以上的；

（四）其他情节严重的情形。

明知他人从事欺诈发行证券，非法吸收公众存款，擅自发行股票、公司、企业债券，集资诈骗或者组织、领导传销活动等集资犯罪活动，为其提供广告等宣传的，以相关犯罪的共犯论处。

第十三条 通过传销手段向社会公众非法吸收资金，构成非法吸收公众存款罪或者集资诈骗罪，同时又构成组织、领导传销活动罪，依照处罚较重的规定定罪处罚。

第十四条 单位实施非法吸收公众存款、集资诈骗犯罪的，依照本解释规定的相应自然人犯罪的定罪量刑标准，对单位判处罚金，并对其直接负责的主管人员和其他直接责任人员定罪处罚。

第十五条 此前发布的司法解释与本解释不一致的，以本解释为准。

最高人民法院、最高人民检察院关于办理非法从事资金支付结算业务、非法买卖外汇刑事案件适用法律若干问题的解释

- 2019年9月17日最高人民法院审判委员会第1749次会议、2018年12月12日最高人民检察院第十三届检察委员会第11次会议通过
- 2019年1月31日最高人民法院、最高人民检察院公告公布
- 自2019年2月11日起施行
- 法释〔2019〕1号

为依法惩治非法从事资金支付结算业务、非法买卖外汇犯罪活动，维护金融市场秩序，根据《中华人民共和国刑法》《中华人民共和国刑事诉讼法》的规定，现就办理非法从事资金支付结算业务、非法买卖外汇刑事案件适用法律的若干问题解释如下：

第一条 违反国家规定，具有下列情形之一的，属于刑法第二百二十五条第三项规定的"非法从事资金支付结算业务"：

（一）使用受理终端或者网络支付接口等方法，以虚构交易、虚开价格、交易退款等非法方式向指定付款方支付货币资金的；

（二）非法为他人提供单位银行结算账户套现或者单位银行结算账户转个人账户服务的；

（三）非法为他人提供支票套现服务的；

（四）其他非法从事资金支付结算业务的情形。

第二条 违反国家规定，实施倒买倒卖外汇或者变相买卖外汇等非法买卖外汇行为，扰乱金融市场秩序，情节严重的，依照刑法第二百二十五条第四项的规定，以非法经营罪定罪处罚。

第三条 非法从事资金支付结算业务或者非法买卖外汇，具有下列情形之一的，应当认定为非法经营行为"情节严重"：

（一）非法经营数额在五百万元以上的；

（二）违法所得数额在十万元以上的。

非法经营数额在二百五十万元以上，或者违法所得数额在五万元以上，且具有下列情形之一的，可以认定为非法经营行为"情节严重"：

（一）曾因非法从事资金支付结算业务或者非法买卖外汇犯罪行为受过刑事追究的；

（二）二年内因非法从事资金支付结算业务或非法买卖外汇违法行为受过行政处罚的；

（三）拒不交代涉案资金去向或者拒不配合追缴工

作,致使赃款无法追缴的;

(四)造成其他严重后果的。

第四条 非法从事资金支付结算业务或者非法买卖外汇,具有下列情形之一的,应当认定为非法经营行为"情节特别严重":

(一)非法经营数额在二千五百万元以上的;

(二)违法所得数额在五十万元以上的。

非法经营数额在一千二百五十万元以上,或者违法所得数额在二十五万元以上,且具有本解释第三条第二款规定的四种情形之一的,可以认定为非法经营行为"情节特别严重"。

第五条 非法从事资金支付结算业务或者非法买卖外汇,构成非法经营罪,同时又构成刑法第一百二十条之一规定的帮助恐怖活动罪或者第一百九十一条规定的洗钱罪的,依照处罚较重的规定定罪处罚。

第六条 二次以上非法从事资金支付结算业务或者非法买卖外汇,依法应予行政处理或者刑事处理而未经处理的,非法经营数额或者违法所得数额累计计算。

同一案件中,非法经营数额、违法所得数额分别构成情节严重、情节特别严重的,按照处罚较重的数额定罪处罚。

第七条 非法从事资金支付结算业务或者非法买卖外汇违法所得数额难以确定的,按非法经营数额的千分之一认定违法所得数额,依法并处或者单处违法所得一倍以上五倍以下罚金。

第八条 符合本解释第三条规定的标准,行为人如实供述犯罪事实,认罪悔罪,并积极配合调查,退缴违法所得的,可以从轻处罚;其中犯罪情节轻微的,可以依法不起诉或者免予刑事处罚。

符合刑事诉讼法规定的认罪认罚从宽适用范围和条件的,依照刑事诉讼法的规定处理。

第九条 单位实施本解释第一条、第二条规定的非法从事资金支付结算业务、非法买卖外汇行为,依照本解释规定的定罪量刑标准,对单位判处罚金,并对其直接负责的主管人员和其他直接责任人员定罪处罚。

第十条 非法从事资金支付结算业务、非法买卖外汇刑事案件中的犯罪地,包括犯罪嫌疑人、被告人用于犯罪活动的账户开立地、资金接收地、资金过渡账户开立地、资金账户操作地,以及资金交易对手资金交付和汇出地等。

第十一条 涉及外汇的犯罪数额,按照案发当日中国外汇交易中心或者中国人民银行授权机构公布的人民币对该货币的中间价折合成人民币计算。中国外汇交易中心或者中国人民银行授权机构未公布汇率中间价的境外货币,按照案发当日境内银行人民币对该货币的中间价折算成人民币,或者该货币在境内银行、国际外汇市场对美元汇率,与人民币对美元汇率中间价进行套算。

第十二条 本解释自2019年2月1日起施行。《最高人民法院关于审理骗购外汇、非法买卖外汇刑事案件具体应用法律若干问题的解释》(法释[1998]20号)与本解释不一致的,以本解释为准。

最高人民法院、最高人民检察院关于办理操纵证券、期货市场刑事案件适用法律若干问题的解释

- 2018年9月3日最高人民法院审判委员会第1747次会议、2018年12月12日最高人民检察院第十三届检察委员会第11次会议通过
- 2019年6月27日最高人民法院、最高人民检察院公告公布
- 自2019年7月1日起施行
- 法释[2019]9号

为依法惩治证券、期货犯罪,维护证券、期货市场管理秩序,促进证券、期货市场稳定健康发展,保护投资者合法权益,根据《中华人民共和国刑法》《中华人民共和国刑事诉讼法》的规定,现就办理操纵证券、期货市场刑事案件适用法律的若干问题解释如下:

第一条 行为人具有下列情形之一的,可以认定为刑法第一百八十二条第一款第四项规定的"以其他方法操纵证券、期货市场":

(一)利用虚假或者不确定的重大信息,诱导投资者作出投资决策,影响证券、期货交易价格或者证券、期货交易量,并进行相关交易或者谋取相关利益的;

(二)通过对证券及其发行人、上市公司、期货交易标的公开作出评价、预测或者投资建议,误导投资者作出投资决策,影响证券、期货交易价格或者证券、期货交易量,并进行与其评价、预测、投资建议方向相反的证券交易或者相关期货交易的;

(三)通过策划、实施资产收购或者重组、投资新业务、股权转让、上市公司收购等虚假重大事项,误导投资者作出投资决策,影响证券交易价格或者证券交易量,并进行相关交易或者谋取相关利益的;

(四)通过控制发行人、上市公司信息的生成或者控制信息披露的内容、时点、节奏,误导投资者作出投资决

策,影响证券交易价格或者证券交易量,并进行相关交易或者谋取相关利益的;

(五)不以成交为目的,频繁申报、撤单或者大额申报、撤单,误导投资者作出投资决策,影响证券、期货交易价格或者证券、期货交易量,并进行与申报相反的交易或者谋取相关利益的;

(六)通过囤积现货,影响特定期货品种市场行情,并进行相关期货交易的;

(七)以其他方法操纵证券、期货市场的。

第二条 操纵证券、期货市场,具有下列情形之一的,应当认定为刑法第一百八十二条第一款规定的"情节严重":

(一)持有或者实际控制证券的流通股份数量达到该证券的实际流通股份总量百分之十以上,实施刑法第一百八十二条第一款第一项操纵证券市场行为,连续十个交易日的累计成交量达到同期该证券总成交量百分之二十以上的;

(二)实施刑法第一百八十二条第一款第二项、第三项操纵证券市场行为,连续十个交易日的累计成交量达到同期该证券总成交量百分之二十以上的;

(三)实施本解释第一条第一项至第四项操纵证券市场行为,证券交易成交额在一千万元以上的;

(四)实施刑法第一百八十二条第一款第一项及本解释第一条第六项操纵期货市场行为,实际控制的账户合并持仓连续十个交易日的最高值超过期货交易所限仓标准的二倍,累计成交量达到同期该期货合约总成交量百分之二十以上,且期货交易占用保证金数额在五百万元以上的;

(五)实施刑法第一百八十二条第一款第二项、第三项及本解释第一条第一项、第二项操纵期货市场行为,实际控制的账户连续十个交易日的累计成交量达到同期期货合约总成交量百分之二十以上,且期货交易占用保证金数额在五百万元以上的;

(六)实施本解释第一条第五项操纵证券、期货市场行为,当日累计撤回申报量达到同期该证券、期货合约总申报量百分之五十以上,且证券撤回申报额在一千万元以上、撤回申报的期货合约占用保证金数额在五百万元以上的;

(七)实施操纵证券、期货市场行为,违法所得数额在一百万元以上的。

第三条 操纵证券、期货市场,违法所得数额在五十万元以上,具有下列情形之一的,应当认定为刑法第一百八十二条第一款规定的"情节严重":

(一)发行人、上市公司及其董事、监事、高级管理人员、控股股东或者实际控制人实施操纵证券、期货市场行为的;

(二)收购人、重大资产重组的交易对方及其董事、监事、高级管理人员、控股股东或者实际控制人实施操纵证券、期货市场行为的;

(三)行为人明知操纵证券、期货市场行为被有关部门调查,仍继续实施的;

(四)因操纵证券、期货市场行为受过刑事追究的;

(五)二年内因操纵证券、期货市场行为受过行政处罚的;

(六)在市场出现重大异常波动等特定时段操纵证券、期货市场的;

(七)造成恶劣社会影响或者其他严重后果的。

第四条 具有下列情形之一的,应当认定为刑法第一百八十二条第一款规定的"情节特别严重":

(一)持有或者实际控制证券的流通股份数量达到该证券的实际流通股份总量百分之十以上,实施刑法第一百八十二条第一款第一项操纵证券市场行为,连续十个交易日的累计成交量达到同期该证券总成交量百分之五十以上的;

(二)实施刑法第一百八十二条第一款第二项、第三项操纵证券市场行为,连续十个交易日的累计成交量达到同期该证券总成交量百分之五十以上的;

(三)实施本解释第一条第一项至第四项操纵证券市场行为,证券交易成交额在五千万元以上的;

(四)实施刑法第一百八十二条第一款第一项及本解释第一条第六项操纵期货市场行为,实际控制的账户合并持仓连续十个交易日的最高值超过期货交易所限仓标准的五倍,累计成交量达到同期该期货合约总成交量百分之五十以上,且期货交易占用保证金数额在二千五百万元以上的;

(五)实施刑法第一百八十二条第一款第二项、第三项及本解释第一条第一项、第二项操纵期货市场行为,实际控制的账户连续十个交易日的累计成交量达到同期该期货合约总成交量百分之五十以上,且期货交易占用保证金数额在二千五百万元以上的;

(六)实施操纵证券、期货市场行为,违法所得数额在一千万元以上的。

实施操纵证券、期货市场行为,违法所得数额在五百万元以上,并具有本解释第三条规定的七种情形之一的,应当认定为"情节特别严重"。

第五条 下列账户应当认定为刑法第一百八十二条中规定的"自己实际控制的账户"：

（一）行为人以自己名义开户并使用的实名账户；

（二）行为人向账户转入或者从账户转出资金，并承担实际损益的他人账户；

（三）行为人通过第一项、第二项以外的方式管理、支配或者使用的他人账户；

（四）行为人通过投资关系、协议等方式对账户内资产行使交易决策权的他人账户；

（五）其他有证据证明行为人具有交易决策权的账户。

有证据证明行为人对前款第一项至第三项账户内资产没有交易决策权的除外。

第六条 二次以上实施操纵证券、期货市场行为，依法应予行政处理或者刑事处理而未经处理的，相关交易数额或者违法所得数额累计计算。

第七条 符合本解释第二条、第三条规定的标准，行为人如实供述犯罪事实，认罪悔罪，并积极配合调查，退缴违法所得的，可以从轻处罚；其中犯罪情节轻微的，可以依法不起诉或者免于刑事处罚。

符合刑事诉讼法规定的认罪认罚从宽适用范围和条件的，依照刑事诉讼法的规定处理。

第八条 单位实施刑法第一百八十二条第一款行为的，依照本解释规定的定罪量刑标准，对其直接负责的主管人员和其他直接责任人员定罪处罚，并对单位判处罚金。

第九条 本解释所称"违法所得"，是指通过操纵证券、期货市场所获利益或者避免的损失。

本解释所称"连续十个交易日"，是指证券、期货市场开市交易的连续十个交易日，并非指行为人连续交易的十个交易日。

第十条 对于在全国中小企业股份转让系统中实施操纵证券市场行为，社会危害性大，严重破坏公平公正的市场秩序的，比照本解释的规定执行，但本解释第二条第一项、第二项和第四条第一项、第二项除外。

第十一条 本解释自2019年7月1日起施行。

最高人民法院、最高人民检察院关于办理利用未公开信息交易刑事案件适用法律若干问题的解释

- 2018年9月10日最高人民法院审判委员会第1748次会议、2018年11月30日最高人民检察院第十三届检察委员会第10次会议通过
- 2019年6月27日最高人民法院、最高人民检察院公告公布
- 自2019年7月1日起施行
- 法释〔2019〕10号

为依法惩治证券、期货犯罪，维护证券、期货市场管理秩序，促进证券、期货市场稳定健康发展，保护投资者合法权益，根据《中华人民共和国刑法》《中华人民共和国刑事诉讼法》的规定，现就办理利用未公开信息交易刑事案件适用法律的若干问题解释如下：

第一条 刑法第一百八十条第四款规定的"内幕信息以外的其他未公开的信息"，包括下列信息：

（一）证券、期货的投资决策、交易执行信息；

（二）证券持仓数量及变化、资金数量及变化、交易动向信息；

（三）其他可能影响证券、期货交易活动的信息。

第二条 内幕信息以外的其他未公开的信息难以认定的，司法机关可以在有关行政主（监）管部门的认定意见的基础上，根据案件事实和法律规定作出认定。

第三条 刑法第一百八十条第四款规定的"违反规定"，是指违反法律、行政法规、部门规章、全国性行业规范有关证券、期货未公开信息保护的规定，以及行为人所在的金融机构有关信息保密、禁止交易、禁止利益输送等规定。

第四条 刑法第一百八十条第四款规定的行为人"明示、暗示他人从事相关交易活动"，应当综合以下方面进行认定：

（一）行为人具有获取未公开信息的职务便利；

（二）行为人获取未公开信息的初始时间与他人从事相关交易活动的初始时间具有关联性；

（三）行为人与他人之间具有亲友关系、利益关联、交易终端关联等关联关系；

（四）他人从事相关交易的证券、期货品种、交易时间与未公开信息所涉证券、期货品种、交易时间等方面基本一致；

（五）他人从事的相关交易活动明显不具有符合交易习惯、专业判断等正当理由；

（六）行为人对明示、暗示他人从事相关交易活动没

有合理解释。

第五条 利用未公开信息交易，具有下列情形之一的，应当认定为刑法第一百八十条第四款规定的"情节严重"：

（一）违法所得数额在一百万元以上的；

（二）二年内三次以上利用未公开信息交易的；

（三）明示、暗示三人以上从事相关交易活动的。

第六条 利用未公开信息交易，违法所得数额在五十万元以上，或者证券交易成交额在五百万元以上，或者期货交易占用保证金数额在一百万元以上，具有下列情形之一的，应当认定为刑法第一百八十条第四款规定的"情节严重"：

（一）以出售或者变相出售未公开信息等方式，明示、暗示他人从事相关交易活动的；

（二）因证券、期货犯罪行为受过刑事追究的；

（三）二年内因证券、期货违法行为受过行政处罚的；

（四）造成恶劣社会影响或者其他严重后果的。

第七条 刑法第一百八十条第四款规定的"依照第一款的规定处罚"，包括该条第一款关于"情节特别严重"的规定。

利用未公开信息交易，违法所得数额在一千万元以上的，应当认定为"情节特别严重"。

违法所得数额在五百万元以上，或者证券交易成交额在五千万元以上，或者期货交易占用保证金数额在一千万元以上，具有本解释第六条规定的四种情形之一的，应当认定为"情节特别严重"。

第八条 二次以上利用未公开信息交易，依法应予行政处理或者刑事处理而未经处理的，相关交易数额或者违法所得数额累计计算。

第九条 本解释所称"违法所得"，是指行为人利用未公开信息从事与该信息相关的证券、期货交易活动所获利益或者避免的损失。

行为人明示、暗示他人利用未公开信息从事相关交易活动，被明示、暗示人员从事相关交易活动所获利益或者避免的损失，应当认定为"违法所得"。

第十条 行为人未实际从事与未公开信息相关的证券、期货交易活动的，其罚金数额按照被明示、暗示人员从事相关交易活动的违法所得计算。

第十一条 符合本解释第五条、第六条规定的标准，行为人如实供述犯罪事实，认罪悔罪，并积极配合调查，退缴违法所得的，可以从轻处罚；其中犯罪情节轻微的，可以依法不起诉或者免予刑事处罚。

符合刑事诉讼法规定的认罪认罚从宽适用范围和条件的，依照刑事诉讼法的规定处理。

第十二条 本解释自2019年7月1日起施行。

最高人民法院关于审理走私、非法经营、非法使用兴奋剂刑事案件适用法律若干问题的解释

- 2019年11月12日最高人民法院审判委员会第1781次会议通过
- 2019年11月18日最高人民法院公告公布
- 自2020年1月1日起施行
- 法释〔2019〕16号

为依法惩治走私、非法经营、非法使用兴奋剂犯罪，维护体育竞赛的公平竞争，保护体育运动参加者的身心健康，根据《中华人民共和国刑法》《中华人民共和国刑事诉讼法》的规定，制定本解释。

第一条 运动员、运动员辅助人员走私兴奋剂目录所列物质，或者其他人员以在体育竞赛中非法使用为目的走私兴奋剂目录所列物质，涉案物质属于国家禁止进出口的货物、物品，具有下列情形之一的，应当依照刑法第一百五十一条第三款的规定，以走私国家禁止进出口的货物、物品罪定罪处罚：

（一）一年内曾因走私被给予二次以上行政处罚后又走私的；

（二）用于或者准备用于未成年人运动员、残疾人运动员的；

（三）用于或者准备用于国内、国际重大体育竞赛的；

（四）其他造成严重恶劣社会影响的情形。

实施前款规定的行为，涉案物质不属于国家禁止进出口的货物、物品，但偷逃应缴税额一万元以上或者一年内曾因走私被给予二次以上行政处罚后又走私的，应当依照刑法第一百五十三条的规定，以走私普通货物、物品罪定罪处罚。

对于本条第一款、第二款规定以外的走私兴奋剂目录所列物质行为，适用《最高人民法院、最高人民检察院关于办理走私刑事案件适用法律若干问题的解释》（法释〔2014〕10号）规定的定罪量刑标准。

第二条 违反国家规定，未经许可经营兴奋剂目录所列物质，涉案物质属于法律、行政法规规定的限制买卖的物品，扰乱市场秩序，情节严重的，应当依照刑法第二

百二十五条的规定,以非法经营罪定罪处罚。

第三条 对未成年人、残疾人负有监护、看护职责的人组织未成年人、残疾人在体育运动中非法使用兴奋剂,具有下列情形之一的,应当认定为刑法第二百六十条之一规定的"情节恶劣",以虐待被监护、看护人罪定罪处罚:

(一)强迫未成年人、残疾人使用的;

(二)引诱、欺骗未成年人、残疾人长期使用的;

(三)其他严重损害未成年人、残疾人身心健康的情形。

第四条 在普通高等学校招生、公务员录用等法律规定的国家考试涉及的体育、体能测试等体育运动中,组织考生非法使用兴奋剂的,应当依照刑法第二百八十四条之一的规定,以组织考试作弊罪定罪处罚。

明知他人实施前款犯罪而为其提供兴奋剂的,依照前款的规定定罪处罚。

第五条 生产、销售含有兴奋剂目录所列物质的食品,符合刑法第一百四十三条、第一百四十四条规定的,以生产、销售不符合安全标准的食品罪、生产、销售有毒、有害食品罪定罪处罚。

第六条 国家机关工作人员在行使反兴奋剂管理职权时滥用职权或者玩忽职守,造成严重兴奋剂违规事件,严重损害国家声誉或者造成恶劣社会影响,符合刑法第三百九十七条规定的,以滥用职权罪、玩忽职守罪定罪处罚。

依法或者受委托行使反兴奋剂管理职权的单位的工作人员,在行使反兴奋剂管理职权时滥用职权或者玩忽职守的,依照前款规定定罪处罚。

第七条 实施本解释规定的行为,涉案物质属于毒品、制毒物品等,构成有关犯罪的,依照相应犯罪定罪处罚。

第八条 对于是否属于本解释规定的"兴奋剂""兴奋剂目录所列物质""体育运动""国内、国际重大体育竞赛"等专门性问题,应当依据《中华人民共和国体育法》《反兴奋剂条例》等法律法规,结合国务院体育主管部门出具的认定意见等证据材料作出认定。

第九条 本解释自 2020 年 1 月 1 日起施行。

最高人民法院、最高人民检察院关于办理危害食品安全刑事案件适用法律若干问题的解释

- 2021 年 12 月 13 日最高人民法院审判委员会第 1856 次会议、2021 年 12 月 29 日最高人民检察院第十三届检察委员会第 84 次会议通过
- 2021 年 12 月 30 日最高人民法院、最高人民检察院公告公布
- 自 2022 年 1 月 1 日起施行
- 法释〔2021〕24 号

为依法惩治危害食品安全犯罪,保障人民群众身体健康、生命安全,根据《中华人民共和国刑法》《中华人民共和国刑事诉讼法》的有关规定,对办理此类刑事案件适用法律的若干问题解释如下:

第一条 生产、销售不符合食品安全标准的食品,具有下列情形之一的,应当认定为刑法第一百四十三条规定的"足以造成严重食物中毒事故或者其他严重食源性疾病":

(一)含有严重超出标准限量的致病性微生物、农药残留、兽药残留、生物毒素、重金属等污染物质以及其他严重危害人体健康的物质的;

(二)属于病死、死因不明或者检验检疫不合格的畜、禽、兽、水产动物肉类及其制品的;

(三)属于国家为防控疾病等特殊需要明令禁止生产、销售的;

(四)特殊医学用途配方食品、专供婴幼儿的主辅食品营养成分严重不符合食品安全标准的;

(五)其他足以造成严重食物中毒事故或者严重食源性疾病的情形。

第二条 生产、销售不符合食品安全标准的食品,具有下列情形之一的,应当认定为刑法第一百四十三条规定的"对人体健康造成严重危害":

(一)造成轻伤以上伤害的;

(二)造成轻度残疾或者中度残疾的;

(三)造成器官组织损伤导致一般功能障碍或者严重功能障碍的;

(四)造成十人以上严重食物中毒或者其他严重食源性疾病的;

(五)其他对人体健康造成严重危害的情形。

第三条 生产、销售不符合食品安全标准的食品,具有下列情形之一的,应当认定为刑法第一百四十三条规定的"其他严重情节":

(一)生产、销售金额二十万元以上的;

（二）生产、销售金额十万元以上不满二十万元，不符合食品安全标准的食品数量较大或者生产、销售持续时间六个月以上的；

（三）生产、销售金额十万元以上不满二十万元，属于特殊医学用途配方食品、专供婴幼儿的主辅食品的；

（四）生产、销售金额十万元以上不满二十万元，且在中小学校园、托幼机构、养老机构及周边面向未成年人、老年人销售的；

（五）生产、销售金额十万元以上不满二十万元，曾因危害食品安全犯罪受过刑事处罚或者二年内因危害食品安全违法行为受过行政处罚的；

（六）其他情节严重的情形。

第四条 生产、销售不符合食品安全标准的食品，具有下列情形之一的，应当认定为刑法第一百四十三条规定的"后果特别严重"：

（一）致人死亡的；

（二）造成重度残疾以上的；

（三）造成三人以上重伤、中度残疾或者器官组织损伤导致严重功能障碍的；

（四）造成十人以上轻伤、五人以上轻度残疾或者器官组织损伤导致一般功能障碍的；

（五）造成三十人以上严重食物中毒或者其他严重食源性疾病的；

（六）其他特别严重的后果。

第五条 在食品生产、销售、运输、贮存等过程中，违反食品安全标准，超限量或者超范围滥用食品添加剂，足以造成严重食物中毒事故或者其他严重食源性疾病的，依照刑法第一百四十三条的规定以生产、销售不符合安全标准的食品罪定罪处罚。

在食用农产品种植、养殖、销售、运输、贮存等过程中，违反食品安全标准，超限量或者超范围滥用添加剂、农药、兽药，足以造成严重食物中毒事故或者其他严重食源性疾病的，适用前款的规定定罪处罚。

第六条 生产、销售有毒、有害食品，具有本解释第二条规定情形之一的，应当认定为刑法第一百四十四条规定的"对人体健康造成严重危害"。

第七条 生产、销售有毒、有害食品，具有下列情形之一的，应当认定为刑法第一百四十四条规定的"其他严重情节"：

（一）生产、销售金额二十万元以上不满五十万元的；

（二）生产、销售金额十万元以上不满二十万元，有毒、有害食品数量较大或者生产、销售持续时间六个月以上的；

（三）生产、销售金额十万元以上不满二十万元，属于特殊医学用途配方食品、专供婴幼儿的主辅食品的；

（四）生产、销售金额十万元以上不满二十万元，且在中小学校园、托幼机构、养老机构及周边面向未成年人、老年人销售的；

（五）生产、销售金额十万元以上不满二十万元，曾因危害食品安全犯罪受过刑事处罚或者二年内因危害食品安全违法行为受过行政处罚的；

（六）有毒、有害的非食品原料毒害性强或者含量高的；

（七）其他情节严重的情形。

第八条 生产、销售有毒、有害食品，生产、销售金额五十万元以上，或者具有本解释第四条第二项至第六项规定的情形之一的，应当认定为刑法第一百四十四条规定的"其他特别严重情节"。

第九条 下列物质应当认定为刑法第一百四十四条规定的"有毒、有害的非食品原料"：

（一）因危害人体健康，被法律、法规禁止在食品生产经营活动中添加、使用的物质；

（二）因危害人体健康，被国务院有关部门列入《食品中可能违法添加的非食用物质名单》《保健食品中可能非法添加的物质名单》和国务院有关部门公告的禁用农药、《食品动物中禁止使用的药品及其他化合物清单》等名单上的物质；

（三）其他有毒、有害的物质。

第十条 刑法第一百四十四条规定的"明知"，应当综合行为人的认知能力、食品质量、进货或者销售的渠道及价格等主、客观因素进行认定。

具有下列情形之一的，可以认定为刑法第一百四十四条规定的"明知"，但存在相反证据并经查证属实的除外：

（一）长期从事相关食品、食用农产品生产、种植、养殖、销售、运输、贮存行业，不依法履行保障食品安全义务的；

（二）没有合法有效的购货凭证，且不能提供或者拒不提供销售的相关食品来源的；

（三）以明显低于市场价格进货或者销售且无合理原因的；

（四）在有关部门发出禁令或者食品安全预警的情况下继续销售的；

(五)因实施危害食品安全行为受过行政处罚或者刑事处罚,又实施同种行为的;

(六)其他足以认定行为人明知的情形。

第十一条 在食品生产、销售、运输、贮存等过程中,掺入有毒、有害的非食品原料,或者使用有毒、有害的非食品原料生产食品的,依照刑法第一百四十四条的规定以生产、销售有毒、有害食品罪定罪处罚。

在食用农产品种植、养殖、销售、运输、贮存等过程中,使用禁用农药、食品动物中禁止使用的药品及其他化合物等有毒、有害的非食品原料,适用前款的规定定罪处罚。

在保健食品或者其他食品中非法添加国家禁用药物等有毒、有害的非食品原料的,适用第一款的规定定罪处罚。

第十二条 在食品生产、销售、运输、贮存等过程中,使用不符合食品安全标准的食品包装材料、容器、洗涤剂、消毒剂,或者用于食品生产经营的工具、设备等,造成食品被污染,符合刑法第一百四十三条、第一百四十四条规定的,以生产、销售不符合安全标准的食品罪或者生产、销售有毒、有害食品罪定罪处罚。

第十三条 生产、销售不符合食品安全标准的食品,有毒、有害食品,符合刑法第一百四十三条、第一百四十四条规定的,以生产、销售不符合安全标准的食品罪或者生产、销售有毒、有害食品罪定罪处罚。同时构成其他犯罪的,依照处罚较重的规定定罪处罚。

生产、销售不符合食品安全标准的食品,无证据证明足以造成严重食物中毒事故或者其他严重食源性疾病,不构成生产、销售不符合安全标准的食品罪,但构成生产、销售伪劣产品罪,妨害动植物防疫、检疫罪等其他犯罪的,依照该其他犯罪定罪处罚。

第十四条 明知他人生产、销售不符合食品安全标准的食品,有毒、有害食品,具有下列情形之一的,以生产、销售不符合安全标准的食品罪或者生产、销售有毒、有害食品罪的共犯论处:

(一)提供资金、贷款、账号、发票、证明、许可证件的;

(二)提供生产、经营场所或者运输、贮存、保管、邮寄、销售渠道等便利条件的;

(三)提供生产技术或者食品原料、食品添加剂、食品相关产品或者有毒、有害的非食品原料的;

(四)提供广告宣传的;

(五)提供其他帮助行为的。

第十五条 生产、销售不符合食品安全标准的食品添加剂,用于食品的包装材料、容器、洗涤剂、消毒剂,或者用于食品生产经营的工具、设备等,符合刑法第一百四十条规定的,以生产、销售伪劣产品罪定罪处罚。

生产、销售用超过保质期的食品原料、超过保质期的食品、回收食品作为原料的食品,或者以更改生产日期、保质期、改换包装等方式销售超过保质期的食品、回收食品,适用前款的规定定罪处罚。

实施前两款行为,同时构成生产、销售不符合安全标准的食品罪,生产、销售不符合安全标准的产品罪等其他犯罪的,依照处罚较重的规定定罪处罚。

第十六条 以提供给他人生产、销售食品为目的,违反国家规定,生产、销售国家禁止用于食品生产、销售的非食品原料,情节严重的,依照刑法第二百二十五条的规定以非法经营罪定罪处罚。

以提供给他人生产、销售食用农产品为目的,违反国家规定,生产、销售国家禁用农药、食品动物中禁止使用的药品及其他化合物等有毒、有害的非食品原料,或者生产、销售添加上述有毒、有害的非食品原料的农药、兽药、饲料、饲料添加剂、饲料原料,情节严重的,依照前款的规定定罪处罚。

第十七条 违反国家规定,私设生猪屠宰厂(场),从事生猪屠宰、销售等经营活动,情节严重的,依照刑法第二百二十五条的规定以非法经营罪定罪处罚。

在畜禽屠宰相关环节,对畜禽使用食品动物中禁止使用的药品及其他化合物等有毒、有害的非食品原料,依照刑法第一百四十四条的规定以生产、销售有毒、有害食品罪定罪处罚;对畜禽注水或者注入其他物质,足以造成严重食物中毒事故或者其他严重食源性疾病的,依照刑法第一百四十三条的规定以生产、销售不符合安全标准的食品罪定罪处罚;虽不足以造成严重食物中毒事故或者其他严重食源性疾病,但符合刑法第一百四十条规定的,以生产、销售伪劣产品罪定罪处罚。

第十八条 实施本解释规定的非法经营行为,非法经营数额在十万元以上,或者违法所得数额在五万元以上的,应当认定为刑法第二百二十五条规定的"情节严重";非法经营数额在五十万元以上,或者违法所得数额在二十五万元以上的,应当认定为刑法第二百二十五条规定的"情节特别严重"。

实施本解释规定的非法经营行为,同时构成生产、销售伪劣产品罪,生产、销售不符合安全标准的食品罪,生产、销售有毒、有害食品罪,生产、销售伪劣农药、兽药罪等其他犯罪的,依照处罚较重的规定定罪处罚。

第十九条 违反国家规定,利用广告对保健食品或者其他食品作虚假宣传,符合刑法第二百二十二条规定的,以虚假广告罪定罪处罚;以非法占有为目的,利用销售保健食品或者其他食品诈骗财物,符合刑法第二百六十六条规定的,以诈骗罪定罪处罚。同时构成生产、销售伪劣产品罪等其他犯罪的,依照处罚较重的规定定罪处罚。

第二十条 负有食品安全监督管理职责的国家机关工作人员,滥用职权或者玩忽职守,构成食品监管渎职罪,同时构成徇私舞弊不移交刑事案件罪、商检徇私舞弊罪、动植物检疫徇私舞弊罪、放纵制售伪劣商品犯罪行为罪等其他渎职犯罪的,依照处罚较重的规定定罪处罚。

负有食品安全监督管理职责的国家机关工作人员滥用职权或者玩忽职守,不构成食品监管渎职罪,但构成前款规定的其他渎职犯罪的,依照该其他犯罪定罪处罚。

负有食品安全监督管理职责的国家机关工作人员与他人共谋,利用其职务行为帮助他人实施危害食品安全犯罪行为,同时构成渎职犯罪和危害食品安全犯罪共犯的,依照处罚较重的规定定罪从重处罚。

第二十一条 犯生产、销售不符合安全标准的食品罪,生产、销售有毒、有害食品罪,一般应当依法判处生产、销售金额二倍以上的罚金。

共同犯罪的,对各共同犯罪人合计判处的罚金一般应当在生产、销售金额的二倍以上。

第二十二条 对实施本解释规定之犯罪的犯罪分子,应当依照刑法规定的条件,严格适用缓刑、免予刑事处罚。对于依法适用缓刑的,可以根据犯罪情况,同时宣告禁止令。

对于被不起诉或者免予刑事处罚的行为人,需要给予行政处罚、政务处分或者其他处分的,依法移送有关主管机关处理。

第二十三条 单位实施本解释规定的犯罪的,对单位判处罚金,并对直接负责的主管人员和其他直接责任人员,依照本解释规定的定罪量刑标准处罚。

第二十四条 "足以造成严重食物中毒事故或者其他严重食源性疾病""有毒、有害的非食品原料"等专门性问题难以确定的,司法机关可以依据鉴定意见、检验报告、地市级以上相关行政主管部门组织出具的书面意见,结合其他证据作出认定。必要时,专门性问题由省级以上相关行政主管部门组织出具书面意见。

第二十五条 本解释所称"二年内",以第一次违法行为受到行政处罚的生效之日与又实施相应行为之日的时间间隔计算确定。

第二十六条 本解释自2022年1月1日起施行。本解释公布实施后,《最高人民法院、最高人民检察院关于办理危害食品安全刑事案件适用法律若干问题的解释》(法释〔2013〕12号)同时废止;之前发布的司法解释与本解释不一致的,以本解释为准。

最高人民法院、最高人民检察院关于办理危害药品安全刑事案件适用法律若干问题的解释

- 2022年2月28日最高人民法院审判委员会第1865次会议、2022年2月25日最高人民检察院第十三届检察委员会第92次会议通过
- 2022年3月3日最高人民法院、最高人民检察院公告公布
- 自2022年3月6日起施行
- 高检发释字〔2022〕1号

为依法惩治危害药品安全犯罪,保障人民群众生命健康,维护药品管理秩序,根据《中华人民共和国刑法》《中华人民共和国刑事诉讼法》及《中华人民共和国药品管理法》等有关规定,现就办理此类刑事案件适用法律的若干问题解释如下:

第一条 生产、销售、提供假药,具有下列情形之一的,应当酌情从重处罚:

(一)涉案药品以孕产妇、儿童或者危重病人为主要使用对象的;

(二)涉案药品属于麻醉药品、精神药品、医疗用毒性药品、放射性药品、生物制品,或者以药品类易制毒化学品冒充其他药品的;

(三)涉案药品属于注射剂药品、急救药品的;

(四)涉案药品系用于应对自然灾害、事故灾难、公共卫生事件、社会安全事件等突发事件的;

(五)药品使用单位及其工作人员生产、销售假药的;

(六)其他应当酌情从重处罚的情形。

第二条 生产、销售、提供假药,具有下列情形之一的,应当认定为刑法第一百四十一条规定的"对人体健康造成严重危害":

(一)造成轻伤或者重伤的;

(二)造成轻度残疾或者中度残疾的;

(三)造成器官组织损伤导致一般功能障碍或者严重功能障碍的;

（四）其他对人体健康造成严重危害的情形。

第三条 生产、销售、提供假药，具有下列情形之一的，应当认定为刑法第一百四十一条规定的"其他严重情节"：

（一）引发较大突发公共卫生事件的；

（二）生产、销售、提供假药的金额二十万元以上不满五十万元的；

（三）生产、销售、提供假药的金额十万元以上不满二十万元，并具有本解释第一条规定情形之一的；

（四）根据生产、销售、提供的时间、数量、假药种类、对人体健康危害程度等，应当认定为情节严重的。

第四条 生产、销售、提供假药，具有下列情形之一的，应当认定为刑法第一百四十一条规定的"其他特别严重情节"：

（一）致人重度残疾以上的；

（二）造成三人以上重伤、中度残疾或者器官组织损伤导致严重功能障碍的；

（三）造成五人以上轻度残疾或者器官组织损伤导致一般功能障碍的；

（四）造成十人以上轻伤的；

（五）引发重大、特别重大突发公共卫生事件的；

（六）生产、销售、提供假药的金额五十万元以上的；

（七）生产、销售、提供假药的金额二十万元以上不满五十万元，并具有本解释第一条规定情形之一的；

（八）根据生产、销售、提供的时间、数量、假药种类、对人体健康危害程度等，应当认定为情节特别严重的。

第五条 生产、销售、提供劣药，具有本解释第一条规定情形之一的，应当酌情从重处罚。

生产、销售、提供劣药，具有本解释第二条规定情形之一的，应当认定为刑法第一百四十二条规定的"对人体健康造成严重危害"。

生产、销售、提供劣药，致人死亡，或者具有本解释第四条第一项至第五项规定情形之一的，应当认定为刑法第一百四十二条规定的"后果特别严重"。

第六条 以生产、销售、提供假药、劣药为目的，合成、精制、提取、储存、加工炮制药品原料，或者在将药品原料、辅料、包装材料制成成品过程中，进行配料、混合、制剂、储存、包装的，应当认定为刑法第一百四十一条、第一百四十二条规定的"生产"。

药品使用单位及其工作人员明知是假药、劣药而有偿提供给他人使用的，应当认定为刑法第一百四十一条、第一百四十二条规定的"销售"；无偿提供给他人使用的，应当认定为刑法第一百四十一条、第一百四十二条规定的"提供"。

第七条 实施妨害药品管理的行为，具有下列情形之一的，应当认定为刑法第一百四十二条之一规定的"足以严重危害人体健康"：

（一）生产、销售国务院药品监督管理部门禁止使用的药品，综合生产、销售的时间、数量、禁止使用原因等情节，认为具有严重危害人体健康的现实危险的；

（二）未取得药品相关批准证明文件生产药品或者明知是上述药品而销售，涉案药品属于本解释第一条第一项至第三项规定情形的；

（三）未取得药品相关批准证明文件生产药品或者明知是上述药品而销售，涉案药品的适应症、功能主治或者成分不明的；

（四）未取得药品相关批准证明文件生产药品或者明知是上述药品而销售，涉案药品没有国家药品标准，且无核准的药品质量标准，但检出化学药成分的；

（五）未取得药品相关批准证明文件进口药品或者明知是上述药品而销售，涉案药品在境外也未合法上市的；

（六）在药物非临床研究或者药物临床试验过程中故意使用虚假试验用药品，或者瞒报与药物临床试验用药品相关的严重不良事件的；

（七）故意损毁原始药物非临床研究数据或者药物临床试验数据，或者编造受试动物信息、受试者信息、主要试验过程记录、研究数据、检测数据等药物非临床研究数据或者药物临床试验数据，影响药品的安全性、有效性和质量可控性的；

（八）编造生产、检验记录，影响药品的安全性、有效性和质量可控性的；

（九）其他足以严重危害人体健康的情形。

对于涉案药品是否在境外合法上市，应当根据境外药品监督管理部门或者权利人的证明等证据，结合犯罪嫌疑人、被告人及其辩护人提供的证据材料综合审查，依法作出认定。

对于"足以严重危害人体健康"难以确定的，根据地市级以上药品监督管理部门出具的认定意见，结合其他证据作出认定。

第八条 实施妨害药品管理的行为，具有本解释第二条规定情形之一的，应当认定为刑法第一百四十二条之一规定的"对人体健康造成严重危害"。

实施妨害药品管理的行为，足以严重危害人体健康，

并具有下列情形之一的,应当认定为刑法第一百四十二条之一规定的"有其他严重情节":

(一)生产、销售国务院药品监督管理部门禁止使用的药品,生产、销售的金额五十万元以上的;

(二)未取得药品相关批准证明文件生产、进口药品或者明知是上述药品而销售,生产、销售的金额五十万元以上的;

(三)药品申请注册中提供虚假的证明、数据、资料、样品或者采取其他欺骗手段,造成严重后果的;

(四)编造生产、检验记录,造成严重后果的;

(五)造成恶劣社会影响或者具有其他严重情节的情形。

实施刑法第一百四十二条之一规定的行为,同时又构成生产、销售、提供假药罪、生产、销售、提供劣药罪或者其他犯罪的,依照处罚较重的规定定罪处罚。

第九条 明知他人实施危害药品安全犯罪,而有下列情形之一的,以共同犯罪论处:

(一)提供资金、贷款、账号、发票、证明、许可证件的;

(二)提供生产、经营场所、设备或者运输、储存、保管、邮寄、销售渠道等便利条件的;

(三)提供生产技术或者原料、辅料、包装材料、标签、说明书的;

(四)提供虚假药物非临床研究报告、药物临床试验报告及相关材料的;

(五)提供广告宣传的;

(六)提供其他帮助的。

第十条 办理生产、销售、提供假药、生产、销售、提供劣药、妨害药品管理等刑事案件,应当结合行为人的从业经历、认知能力、药品质量、进货渠道和价格、销售渠道和价格以及生产、销售方式等事实综合判断认定行为人的主观故意。具有下列情形之一的,可以认定行为人有实施相关犯罪的主观故意,但有证据证明确实不具有故意的除外:

(一)药品价格明显异于市场价格的;

(二)向不具有资质的生产者、销售者购买药品,且不能提供合法有效的来历证明的;

(三)逃避、抗拒监督检查的;

(四)转移、隐匿、销毁涉案药品、进销货记录的;

(五)曾因实施危害药品安全违法犯罪行为受过处罚,又实施同类行为的;

(六)其他足以认定行为人主观故意的情形。

第十一条 以提供给他人生产、销售、提供药品为目的,违反国家规定,生产、销售不符合药用要求的原料、辅料,符合刑法第一百四十条规定的,以生产、销售伪劣产品罪从重处罚;同时构成其他犯罪的,依照处罚较重的规定定罪处罚。

第十二条 广告主、广告经营者、广告发布者违反国家规定,利用广告对药品作虚假宣传,情节严重的,依照刑法第二百二十二条的规定,以虚假广告罪定罪处罚。

第十三条 明知系利用医保骗保购买的药品而非法收购、销售,金额五万元以上的,应当依照刑法第三百一十二条的规定,以掩饰、隐瞒犯罪所得罪定罪处罚;指使、教唆、授意他人利用医保骗保购买药品,进而非法收购、销售,符合刑法第二百六十六条规定的,以诈骗罪定罪处罚。

对于利用医保骗保购买药品的行为人是否追究刑事责任,应当综合骗取医保基金的数额、手段、认罪悔罪态度等案件具体情节,依法妥当决定。利用医保骗保购买药品的行为人是否被追究刑事责任,不影响对非法收购、销售有关药品的行为人定罪处罚。

对于第一款规定的主观明知,应当根据药品标志、收购渠道、价格、规模及药品追溯信息等综合认定。

第十四条 负有药品安全监督管理职责的国家机关工作人员,滥用职权或者玩忽职守,构成药品监管渎职罪,同时构成商检徇私舞弊罪、商检失职罪等其他渎职犯罪的,依照处罚较重的规定定罪处罚。

负有药品安全监督管理职责的国家机关工作人员滥用职权或者玩忽职守,不构成药品监管渎职罪,但构成前款规定的其他渎职犯罪的,依照该其他犯罪定罪处罚。

负有药品安全监督管理职责的国家机关工作人员与他人共谋,利用其职务便利帮助他人实施危害药品安全犯罪行为,同时构成渎职犯罪和危害药品安全犯罪共犯的,依照处罚较重的规定定罪从重处罚。

第十五条 对于犯生产、销售、提供假药罪、生产、销售、提供劣药罪、妨害药品管理罪的,应当结合被告人的犯罪数额、违法所得,综合考虑被告人缴纳罚金的能力,依法判处罚金。罚金一般应当在生产、销售、提供的药品金额二倍以上;共同犯罪的,对各共同犯罪人合计判处的罚金一般应当在生产、销售、提供的药品金额二倍以上。

第十六条 对于犯生产、销售、提供假药罪、生产、销售、提供劣药罪、妨害药品管理罪的,应当依照刑法规定的条件,严格缓刑、免予刑事处罚的适用。对于被判处刑罚的,可以根据犯罪情况和预防再犯罪的需要,依法宣告职业禁止或者禁止令。《中华人民共和国药品管理法》等法律、行政法规另有规定的，从其规定。

对于被不起诉或者免予刑事处罚的行为人，需要给予行政处罚、政务处分或者其他处分的，依法移送有关主管机关处理。

第十七条 单位犯生产、销售、提供假药罪、生产、销售、提供劣药罪、妨害药品管理罪的，对单位判处罚金，并对直接负责的主管人员和其他直接责任人员，依照本解释规定的自然人犯罪的定罪量刑标准处罚。

单位犯罪的，对被告单位及其直接负责的主管人员、其他直接责任人员合计判处的罚金一般应当在生产、销售、提供的药品金额二倍以上。

第十八条 根据民间传统配方私自加工药品或者销售上述药品，数量不大，且未造成他人伤害后果或者延误诊治的，或者不以营利为目的实施带有自救、互助性质的生产、进口、销售药品的行为，不应当认定为犯罪。

对于是否属于民间传统配方难以确定的，根据地市级以上药品监督管理部门或者有关部门出具的认定意见，结合其他证据作出认定。

第十九条 刑法第一百四十一条、第一百四十二条规定的"假药""劣药"，依照《中华人民共和国药品管理法》的规定认定。

对于《中华人民共和国药品管理法》第九十八条第二款第二项、第四项及第三款第三项至第六项规定的假药、劣药，能够根据现场查获的原料、包装，结合犯罪嫌疑人、被告人供述等证据材料作出判断的，可以由地市级以上药品监督管理部门出具认定意见。对于依据《中华人民共和国药品管理法》第九十八条第二款、第三款的其他规定认定假药、劣药，或者是否属于第九十八条第二款第二项、第三款第六项规定的假药、劣药存在争议的，应当由省级以上药品监督管理部门设置或者确定的药品检验机构进行检验，出具质量检验结论。司法机关根据认定意见、检验结论，结合其他证据作出认定。

第二十条 对于生产、提供药品的金额，以药品的货值金额计算；销售药品的金额，以所得和可得的全部违法收入计算。

第二十一条 本解释自2022年3月6日起施行。本解释公布施行后，《最高人民法院、最高人民检察院关于办理危害药品安全刑事案件适用法律若干问题的解释》（法释〔2014〕14号）、《最高人民法院、最高人民检察院关于办理药品、医疗器械注册申请材料造假刑事案件适用法律若干问题的解释》（法释〔2017〕15号）同时废止。

药品行政执法与刑事司法衔接工作办法

- 2023年1月10日
- 国药监法〔2022〕41号

第一章 总　则

第一条 为进一步健全药品行政执法与刑事司法衔接工作机制，加大对药品领域违法犯罪行为打击力度，切实维护人民群众身体健康和生命安全，根据《中华人民共和国刑法》《中华人民共和国刑事诉讼法》《中华人民共和国行政处罚法》《中华人民共和国药品管理法》《中华人民共和国疫苗管理法》《医疗器械监督管理条例》《化妆品监督管理条例》《行政执法机关移送涉嫌犯罪案件的规定》等法律、行政法规和相关司法解释，结合工作实际，制定本办法。

第二条 本办法适用于各级药品监管部门、公安机关、人民检察院、人民法院办理的药品领域（含药品、医疗器械、化妆品，下同）涉嫌违法犯罪案件。

第三条 各级药品监管部门、公安机关、人民检察院、人民法院之间应当加强协作，统一法律适用，健全情况通报、案件移送、信息共享、信息发布等工作机制。

第四条 药品监管部门应当依法向公安机关移送药品领域涉嫌犯罪案件，对发现违法行为明显涉嫌犯罪的，及时向公安机关、人民检察院通报，根据办案需要依法出具认定意见或者协调检验检测机构出具检验结论，依法处理不追究刑事责任、免予刑事处罚或者已给予刑事处罚，但仍应当给予行政处罚的案件。

第五条 公安机关负责药品领域涉嫌犯罪移送案件的受理、审查工作。对符合立案条件的，应当依法立案侦查。对药品监管部门商请协助的重大、疑难案件，与药品监管部门加强执法联动，对明显涉嫌犯罪的，协助采取紧急措施，加快移送进度。

第六条 人民检察院对药品监管部门移送涉嫌犯罪案件活动和公安机关有关立案侦查活动，依法实施法律监督。

第七条 人民法院应当充分发挥刑事审判职能，依法审理危害药品安全刑事案件，准确适用财产刑、职业禁止或者禁止令，提高法律震慑力。

第二章 案件移送与法律监督

第八条 药品监管部门在依法查办案件过程中，发现违法事实涉及的金额、情节、造成的后果，根据法律、司法解释、立案追诉标准等规定，涉嫌构成犯罪，依法需要追究刑事责任的，应当依照本办法向公安机关移送。对应当移送的涉嫌犯罪案件,立即指定2名以上行政执法人员组成专案组专门负责,核实情况后,提出移送涉嫌犯罪案件的书面报告。药品监管部门主要负责人应当自接到报告之日起3日内作出批准移送或者不批准移送的决定。批准移送的,应当在24小时内向同级公安机关移送;不批准移送的,应当将不予批准的理由记录在案。

第九条 药品监管部门向公安机关移送涉嫌犯罪案件,应当附有下列材料,并将案件移送书抄送同级人民检察院:

(一)涉嫌犯罪案件的移送书,载明移送机关名称、违法行为涉嫌犯罪罪名、案件主办人及联系电话等。案件移送书应当附移送材料清单,并加盖移送机关公章;

(二)涉嫌犯罪案件情况的调查报告,载明案件来源、查获情况、犯罪嫌疑人基本情况、涉嫌犯罪的事实、证据和法律依据、处理建议等;

(三)涉案物品清单,载明涉案物品的名称、数量、特征、存放地等事项,并附采取行政强制措施、表明涉案物品来源的相关材料;

(四)对需要检验检测的,附检验检测机构出具的检验结论及检验检测机构资质证明;

(五)现场笔录、询问笔录、认定意见等其他有关涉嫌犯罪的材料。有鉴定意见的,应附鉴定意见。

对有关违法行为已经作出行政处罚决定的,还应当附行政处罚决定书和相关执行情况。

第十条 公安机关对药品监管部门移送的涉嫌犯罪案件,应当出具接受案件的回执或者在案件移送书的回执上签字。

公安机关审查发现移送的涉嫌犯罪案件材料不全的,应当在接受案件的24小时内书面告知移送机关在3日内补正,公安机关不得以材料不全为由不接受移送案件。

公安机关审查发现移送的涉嫌犯罪案件证据不充分的,可以就证明有犯罪事实的相关证据等提出补充调查意见,由移送机关补充调查并及时反馈公安机关。因客观条件所限,无法补正的,移送机关应当向公安机关作出书面说明。根据实际情况,公安机关可以依法自行调查。

第十一条 药品监管部门移送涉嫌犯罪案件,应当接受人民检察院依法实施的监督。人民检察院发现药品监管部门不依法移送涉嫌犯罪案件的,应当向药品监管部门提出检察意见并抄送同级司法行政机关。药品监管部门应当自收到检察意见之日起3日内将案件移送公安机关,并将案件移送书抄送人民检察院。

第十二条 公安机关对药品监管部门移送的涉嫌犯罪案件,应当自接受案件之日起3日内作出立案或者不立案的决定;案件较为复杂的,应当在10日内作出决定;案情重大、疑难、复杂或者跨区域性的,经县级以上公安机关负责人批准,应当在30日内决定是否立案;特殊情况下,受案单位报经上一级公安机关批准,可以再延长30日作出决定。接受案件后对属于公安机关管辖但不属于本公安机关管辖的案件,应当在24小时内移送有管辖权的公安机关,并书面通知移送机关,抄送同级人民检察院。对不属于公安机关管辖的,应当在24小时内退回移送机关,并书面说明理由。

公安机关作出立案、不予立案、撤销案件决定的,应当自作出决定之日起3日内书面通知移送机关,同时抄送同级人民检察院。公安机关作出不予立案或者撤销案件决定的,应当说明理由,并将案卷材料退回移送机关。

第十三条 药品监管部门接到公安机关不予立案的通知书后,认为依法应当由公安机关决定立案的,可以自接到不予立案通知书之日起3日内,提请作出不予立案决定的公安机关复议,也可以建议人民检察院依法进行立案监督。

作出不予立案决定的公安机关应当自收到药品监管部门提请复议的文件之日起3日内作出立案或者不予立案的决定,并书面通知移送机关。移送机关对公安机关不予立案的复议决定仍有异议的,应当自收到复议决定通知书之日起3日内建议人民检察院依法进行立案监督。

公安机关应当接受人民检察院依法进行的立案监督。

第十四条 药品监管部门建议人民检察院进行立案监督的案件,应当提供立案监督建议书、相关案件材料,并附公安机关不予立案、立案后撤销案件决定及说明理由的材料,复议维持不予立案决定的材料或者公安机关逾期未作出是否立案决定的材料。

人民检察院认为需要补充材料的,药品监管部门应当及时提供。

第十五条 药品监管部门对于不追究刑事责任的案件,应当依法作出行政处罚或者其他处理。

药品监管部门向公安机关移送涉嫌犯罪案件前,已经作出的警告、责令停产停业、暂扣或者吊销许可证件、责令关闭、限制从业等行政处罚决定,不停止执行。未作出行政处罚决定的,原则上应当在公安机关决定不予立案或者撤销案件、人民检察院作出不起诉决定、人民法院作出无罪或者免予刑事处罚判决后,再决定是否给予行政处罚,但依法需要给予警告、通报批评、限制开展生产经营活动、责令停产停业、责令关闭、限制从业、暂扣或者吊销许可证件行政处罚的除外。

已经作出罚款行政处罚并已全部或者部分执行的,人民法院在判处罚金时,在罚金数额范围内对已经执行的罚款进行折抵。

违法行为构成犯罪,人民法院判处拘役或者有期徒刑时,公安机关已经给予当事人行政拘留并执行完毕的,应当依法折抵相应刑期。

药品监管部门作出移送决定之日起,涉嫌犯罪案件的移送办理时间,不计入行政处罚期限。

第十六条 公安机关对发现的药品违法行为,经审查没有犯罪事实,或者立案侦查后认为犯罪事实显著轻微、不需要追究刑事责任,但依法应当予以行政处罚的,应当将案件及相关证据材料移交药品监管部门。

药品监管部门应当自收到材料之日起15日内予以核查,按照行政处罚程序作出立案、不立案、移送案件决定的,应当自作出决定之日起3日内书面通知公安机关,并抄送同级人民检察院。

第十七条 人民检察院对作出不起诉决定的案件,认为依法应当给予行政处罚的,应当将案件及相关证据材料移交药品监管部门处理,并提出检察意见。药品监管部门应当自收到检察意见书之日起2个月内向人民检察院通报处理情况或者结果。

人民法院对作出无罪或者免予刑事处罚判决的案件,认为依法应当给予行政处罚的,应当将案件及相关证据材料移交药品监管部门处理,并可以提出司法建议。

第十八条 对于尚未作出生效裁判的案件,药品监管部门依法应当作出责令停产停业、吊销许可证件、责令关闭、限制从业等行政处罚,需要配合的,公安机关、人民检察院、人民法院应当给予配合。

对于人民法院已经作出生效裁判的案件,依法还应当由药品监管部门作出吊销许可证件等行政处罚的,需要人民法院提供生效裁判文书,人民法院应当及时提供。药品监管部门可以依据人民法院生效裁判认定的事实和证据依法予以行政处罚。

第十九条 对流动性、团伙性、跨区域性危害药品安全犯罪案件的管辖,依照最高人民法院、最高人民检察院、公安部等部门联合印发的《关于办理流动性、团伙性、跨区域性犯罪案件有关问题的意见》(公通字〔2011〕14号)相关规定执行。

上级公安机关指定下级公安机关立案侦查的案件,需要人民检察院审查批准逮捕、审查起诉的,按照最高人民法院、最高人民检察院、公安部、国家安全部、司法部、全国人大常委会法制工作委员会联合印发的《关于实施刑事诉讼法若干问题的规定》相关规定执行。

第二十条 多次实施危害药品安全违法犯罪行为,未经处理,且依法应当追诉的,涉案产品的销售金额或者货值金额累计计算。

第二十一条 药品监管部门在行政执法和查办案件过程中依法收集的物证、书证、视听资料、电子数据等证据材料,在刑事诉讼中可以作为证据使用;经人民法院查证属实,可以作为定案的根据。

第二十二条 药品监管部门查处危害药品安全违法行为,依据《中华人民共和国药品管理法》《中华人民共和国疫苗管理法》等相关规定,认为需要对有关责任人员予以行政拘留的,应当在依法作出其他种类的行政处罚后,参照本办法,及时将案件移送有管辖权的公安机关决定是否行政拘留。

第三章 涉案物品检验、认定与移送

第二十三条 公安机关、人民检察院、人民法院办理危害药品安全犯罪案件,商请药品监管部门提供检验结论、认定意见协助的,药品监管部门应当按照公安机关、人民检察院、人民法院刑事案件办理的法定时限要求积极协助,及时提供检验结论、认定意见,并承担相关费用。

药品监管部门应当在其设置或者确定的检验检测机构协调设立检验检测绿色通道,对涉嫌犯罪案件涉案物品的检验检测实行优先受理、优先检验、优先出具检验结论。

第二十四条 地方各级药品监管部门应当及时向公安机关、人民检察院、人民法院通报药品检验检测机构名单、检验检测资质及项目等信息。

第二十五条 对同一批次或者同一类型的涉案药品,如因数量较大等原因,无法进行全部检验检测,根据办案需要,可以依法进行抽样检验检测。公安机关、人民检察院、人民法院对符合行政执法规范要求的抽样检验检测结果予以认可,可以作为该批次或者该类型全部涉案产品的检验检测结果。

第二十六条 对于《中华人民共和国药品管理法》第九十八条第二款第二项、第四项及第三款第三项至第六项规定的假药、劣药,能够根据在案证据材料作出判断的,可以由地市级以上药品监管部门出具认定意见。

对于依据《中华人民共和国药品管理法》第九十八

条第二款、第三款的其他规定认定假药、劣药,或者是否属于第九十八条第二款第二项、第三款第六项规定的假药、劣药存在争议的,应当由省级以上药品监管部门设置或者确定的药品检验机构进行检验,出具质量检验结论。

对于《中华人民共和国刑法》第一百四十二条之一规定的"足以严重危害人体健康"难以确定的,根据地市级以上药品监管部门出具的认定意见,结合其他证据作出认定。

对于是否属于民间传统配方难以确定的,根据地市级以上药品监管部门或者有关部门出具的认定意见,结合其他证据作出认定。

第二十七条 药品、医疗器械、化妆品的检验检测,按照《中华人民共和国药品管理法》及其实施条例、《医疗器械监督管理条例》《化妆品监督管理条例》等有关规定执行。必要时,检验机构可以使用经国务院药品监督管理部门批准的补充检验项目和检验方法进行检验,出具检验结论。

第二十八条 药品监管部门依据检验检测报告、结合专家意见等相关材料得出认定意见的,应当包括认定依据、理由、结论。按以下格式出具结论:

(一)假药案件,结论中应当写明"经认定,……为假药";

(二)劣药案件,结论中应当写明"经认定,……为劣药";

(三)妨害药品管理案件,对属于难以确定"足以严重危害人体健康"的,结论中应当写明"经认定,当事人实施……的行为,足以严重危害人体健康";

(四)生产、销售不符合保障人体健康的国家标准、行业标准的医疗器械案件,结论中应当写明"经认定,涉案医疗器械……不符合……标准,结合本案其他情形,足以严重危害人体健康";

(五)生产、销售不符合卫生标准的化妆品案件,结论中应当写明"经认定,涉案化妆品……不符合……标准或者化妆品安全技术规范"。

其他案件也应当写明认定涉嫌犯罪应具备的结论性意见。

第二十九条 办案部门应当告知犯罪嫌疑人、被害人或者其辩护律师、法定代理人,在涉案物品依法处置前可以提出重新或者补充检验检测、认定的申请。提出申请的,应有充分理由并提供相应证据。

第三十条 药品监管部门在查处药品违法行为过程中,应当妥善保存所收集的与违法行为有关的证据。

药品监管部门对查获的涉案物品,应当如实填写涉案物品清单,并按照国家有关规定予以处理。对需要进行检验检测的涉案物品,应当由法定检验检测机构进行检验检测,并出具检验结论。

第三十一条 药品监管部门应当自接到公安机关立案通知书之日起3日内,将涉案物品以及与案件有关的其他材料移交公安机关,并办理交接手续。

对于已采取查封、扣押等行政强制措施的涉案物品,药品监管部门于交接之日起解除查封、扣押,由公安机关重新对涉案物品履行查封、扣押手续。

第三十二条 公安机关办理药品监管部门移送的涉嫌犯罪案件和自行立案侦查的案件时,因客观条件限制,或者涉案物品对保管条件、保管场所有特殊要求,或者涉案物品需要无害化处理的,在采取必要措施固定留取证据后,可以委托药品监管部门代为保管和处置。

公安机关应当与药品监管部门签订委托保管协议,并附有公安机关查封、扣押涉案物品的清单。

药品监管部门应当配合公安机关、人民检察院、人民法院在办案过程中对涉案物品的调取、使用及检验检测等工作。

药品监管部门不具备保管条件的,应当出具书面说明,推荐具备保管条件的第三方机构代为保管。

涉案物品相关保管、处置等费用有困难的,由药品监管部门会同公安机关等部门报请本级人民政府解决。

第四章 协作配合与督办

第三十三条 各级药品监管部门、公安机关、人民检察院应当定期召开联席会议,推动建立地区间、部门间药品案件查办联动机制,通报案件办理工作情况,研究解决办案协作、涉案物品处置等重大问题。

第三十四条 药品监管部门、公安机关、人民检察院、人民法院应当建立双向案件咨询制度。药品监管部门对重大、疑难、复杂案件,可以就刑事案件立案追诉标准、证据固定和保全等问题咨询公安机关、人民检察院;公安机关、人民检察院、人民法院可以就案件办理中的专业性问题咨询药品监管部门。受咨询的机关应当认真研究,及时答复;书面咨询的,应当书面答复。

第三十五条 药品监管部门、公安机关和人民检察院应当加强对重大案件的联合督办工作。

国家药品监督管理局、公安部、最高人民检察院可以对下列重大案件实行联合督办:

(一)在全国范围内有重大影响的案件;

(二)引发公共安全事件,对公民生命健康、财产造成特别重大损害、损失的案件;
(三)跨地区、案情复杂、涉案金额特别巨大的案件;
(四)其他有必要联合督办的重大案件。

第三十六条 药品监管部门在日常工作中发现违反药品领域法律法规行为明显涉嫌犯罪的,应当立即以书面形式向同级公安机关和人民检察院通报。

公安机关应当及时进行审查,必要时,经办案部门负责人批准,可以进行调查核实。调查核实过程中,公安机关可以依照有关法律和规定采取询问、查询、勘验、鉴定和调取证据材料等不限制被调查对象人身、财产权利的措施。对符合立案条件的,公安机关应当及时依法立案侦查。

第三十七条 药品监管部门对明显涉嫌犯罪的案件,在查处、移送过程中,发现行为人可能存在逃匿或者转移、灭失、销毁证据等情形的,应当及时通报公安机关,由公安机关协助采取紧急措施,必要时双方协同加快移送进度,依法采取紧急措施予以处置。

第三十八条 各级药品监管部门对日常监管、监督抽检、风险监测和处理投诉举报中发现的涉及药品刑事犯罪的重要违法信息,应当及时通报同级公安机关和人民检察院;公安机关应当将侦办案件中发现的重大药品安全风险信息通报同级药品监管部门。

公安机关在侦查药品犯罪案件中,已查明涉案药品流向的,应当及时通报同级药品监管部门依法采取控制措施,并提供必要的协助。

第三十九条 各级药品监管部门、公安机关、人民检察院、人民法院应当建立药品违法犯罪案件信息发布沟通协作机制。发布案件信息,应当及时提前互相通报情况;联合督办的重要案件信息应当联合发布。

第五章 信息共享与通报

第四十条 各级药品监管部门、公安机关、人民检察院应当通过行政执法与刑事司法衔接信息共享平台,逐步实现涉嫌犯罪案件网上移送、网上受理、网上监督。

第四十一条 已经接入信息共享平台的药品监管部门、公安机关、人民检察院,应当在作出相关决定之日起7日内分别录入下列信息:

(一)适用普通程序的药品违法案件行政处罚、案件移送、提请复议和建议人民检察院进行立案监督的信息;

(二)移送涉嫌犯罪案件的立案、复议、人民检察院监督立案后的处理情况,以及提请批准逮捕、移送审查起诉的信息;

(三)监督移送、监督立案以及批准逮捕、提起公诉的信息。

尚未建成信息共享平台的药品监管部门、公安机关、人民检察院,应当自作出相关决定后及时向其他部门通报前款规定的信息。

有关信息涉及国家秘密、工作秘密的,可免予录入、共享,或者在录入、共享时作脱密处理。

第四十二条 各级药品监管部门、公安机关、人民检察院应当对信息共享平台录入的案件信息及时汇总、分析,定期对平台运行情况总结通报。

第六章 附 则

第四十三条 属于《中华人民共和国监察法》规定的公职人员在行使公权力过程中发生的依法由监察机关负责调查的案件,不适用本办法,应当依法及时将有关问题线索移送监察机关处理。

第四十四条 各省、自治区、直辖市的药品监管部门、公安机关、人民检察院、人民法院可以根据本办法制定本行政区域的实施细则。

第四十五条 本办法中"3日""7日""15日"的规定是指工作日,不含法定节假日、休息日。法律、行政法规和部门规章有规定的从其规定。

第四十六条 本办法自2023年2月1日起施行。《食品药品行政执法与刑事司法衔接工作办法》(食药监稽〔2015〕271号)中有关规定与本办法不一致的,以本办法为准。

(八)侵犯公民人身权利、民主权利罪

最高人民法院关于审理拐卖妇女案件适用法律有关问题的解释

- 1999年12月23日最高人民法院审判委员会第1094次会议通过
- 2000年1月3日最高人民法院公告公布
- 自2000年1月25日起施行
- 法释〔2000〕1号

为依法惩治拐卖妇女的犯罪行为,根据刑法和刑事诉讼法的有关规定,现就审理拐卖妇女案件具体适用法律的有关问题解释如下:

第一条 刑法第二百四十条规定的拐卖妇女罪中的"妇女",既包括具有中国国籍的妇女,也包括具有外国国籍和无国籍的妇女。被拐卖的外国妇女没有身份证明

的,不影响对犯罪分子的定罪处罚。

第二条 外国人或者无国籍人拐卖外国妇女到我国境内被查获的,应当根据刑法第六条的规定,适用我国刑法定罪处罚。

第三条 对于外国籍被告人身份无法查明或者其国籍国拒绝提供有关身份证明,人民检察院根据刑事诉讼法第一百二十八条第二款的规定起诉的案件,人民法院应当依法受理。

最高人民法院关于审理拐卖妇女儿童犯罪案件具体应用法律若干问题的解释

- 2016年11月14日最高人民法院审判委员会第1699次会议通过
- 2016年12月21日最高人民法院公告公布
- 自2017年1月1日起施行
- 法释〔2016〕28号

为依法惩治拐卖妇女、儿童犯罪,切实保障妇女、儿童的合法权益,维护家庭和谐与社会稳定,根据刑法有关规定,结合司法实践,现就审理此类案件具体应用法律的若干问题解释如下:

第一条 对婴幼儿采取欺骗、利诱等手段使其脱离监护人或者看护人的,视为刑法第二百四十条第一款第(六)项规定的"偷盗婴幼儿"。

第二条 医疗机构、社会福利机构等单位的工作人员以非法获利为目的,将所诊疗、护理、抚养的儿童出卖给他人的,以拐卖儿童罪论处。

第三条 以介绍婚姻为名,采取非法扣押身份证件、限制人身自由等方式,或者利用妇女人地生疏、语言不通、孤立无援等境况,违背妇女意志,将其出卖给他人的,应当以拐卖妇女罪追究刑事责任。

以介绍婚姻为名,与被介绍妇女串通骗取他人钱财,数额较大的,应当以诈骗罪追究刑事责任。

第四条 在国家机关工作人员排查来历不明儿童或者进行解救时,将所收买的儿童藏匿、转移或者实施其他妨碍解救行为,经说服教育仍不配合的,属于刑法第二百四十一条第六款规定的"阻碍对其进行解救"。

第五条 收买被拐卖的妇女,业已形成稳定的婚姻家庭关系,解救时被买妇女自愿继续留在当地共同生活的,可以视为"按照被买妇女的意愿,不阻碍其返回原居住地"。

第六条 收买被拐卖的妇女、儿童后又组织、强迫卖淫或者组织乞讨,进行违反治安管理活动等构成其他犯罪的,依照数罪并罚的规定处罚。

第七条 收买被拐卖的妇女、儿童,又以暴力、威胁方法阻碍国家机关工作人员解救被收买的妇女、儿童,或者聚众阻碍国家机关工作人员解救被收买的妇女、儿童,构成妨害公务罪、聚众阻碍解救被收买的妇女、儿童罪的,依照数罪并罚的规定处罚。

第八条 出于结婚目的收买被拐卖的妇女,或者出于抚养目的收买被拐卖的儿童,涉及多名家庭成员、亲友参与的,对其中起主要作用的人员应当依法追究刑事责任。

第九条 刑法第二百四十条、第二百四十一条规定的儿童,是指不满十四周岁的人。其中,不满一周岁的为婴儿,一周岁以上不满六周岁的为幼儿。

第十条 本解释自2017年1月1日起施行。

最高人民法院关于对为索取法律不予保护的债务非法拘禁他人行为如何定罪问题的解释

- 2000年6月30日最高人民法院审判委员会第1121次会议通过
- 2000年7月13日最高人民法院公告公布
- 自2000年7月19日起施行
- 法释〔2000〕19号

为了正确适用刑法,现就为索取高利贷、赌债等法律不予保护的债务,非法拘禁他人行为如何定罪问题解释如下:

行为人为索取高利贷、赌债等法律不予保护的债务,非法扣押、拘禁他人的,依照刑法第二百三十八条的规定定罪处罚。

最高人民法院、最高人民检察院关于办理利用信息网络实施诽谤等刑事案件适用法律若干问题的解释

- 2013年9月5日最高人民法院审判委员会第1589次会议、2013年9月2日最高人民检察院第十二届检察委员会第9次会议通过
- 2013年9月6日最高人民法院、最高人民检察院公告公布
- 自2013年9月10日起施行
- 法释〔2013〕21号

为保护公民、法人和其他组织的合法权益,维护社会秩序,根据《中华人民共和国刑法》《全国人民代表大会

常务委员会关于维护互联网安全的决定》等规定,对办理利用信息网络实施诽谤、寻衅滋事、敲诈勒索、非法经营等刑事案件适用法律的若干问题解释如下:

第一条 具有下列情形之一的,应当认定为刑法第二百四十六条第一款规定的"捏造事实诽谤他人":

(一)捏造损害他人名誉的事实,在信息网络上散布,或者组织、指使人员在信息网络上散布的;

(二)将信息网络上涉及他人的原始信息内容篡改为损害他人名誉的事实,在信息网络上散布,或者组织、指使人员在信息网络上散布的;

明知是捏造的损害他人名誉的事实,在信息网络上散布,情节恶劣的,以"捏造事实诽谤他人"论。

第二条 利用信息网络诽谤他人,具有下列情形之一的,应当认定为刑法第二百四十六条第一款规定的"情节严重":

(一)同一诽谤信息实际被点击、浏览次数达到五千次以上,或者被转发次数达到五百次以上的;

(二)造成被害人或者其近亲属精神失常、自残、自杀等严重后果的;

(三)二年内曾因诽谤受过行政处罚,又诽谤他人的;

(四)其他情节严重的情形。

第三条 利用信息网络诽谤他人,具有下列情形之一的,应当认定为刑法第二百四十六条第二款规定的"严重危害社会秩序和国家利益":

(一)引发群体性事件的;

(二)引发公共秩序混乱的;

(三)引发民族、宗教冲突的;

(四)诽谤多人,造成恶劣社会影响的;

(五)损害国家形象,严重危害国家利益的;

(六)造成恶劣国际影响的;

(七)其他严重危害社会秩序和国家利益的情形。

第四条 一年内多次实施利用信息网络诽谤他人行为未经处理,诽谤信息实际被点击、浏览、转发次数累计计算构成犯罪的,应当依法定罪处罚。

第五条 利用信息网络辱骂、恐吓他人,情节恶劣,破坏社会秩序的,依照刑法第二百九十三条第一款第(二)项的规定,以寻衅滋事罪定罪处罚。

编造虚假信息,或者明知是编造的虚假信息,在信息网络上散布,或者组织、指使人员在信息网络上散布,起哄闹事,造成公共秩序严重混乱的,依照刑法第二百九十三条第一款第(四)项的规定,以寻衅滋事罪定罪处罚。

第六条 以在信息网络上发布、删除等方式处理网络信息为由,威胁、要挟他人,索取公私财物,数额较大,或者多次实施上述行为的,依照刑法第二百七十四条的规定,以敲诈勒索罪定罪处罚。

第七条 违反国家规定,以营利为目的,通过信息网络有偿提供删除信息服务,或者明知是虚假信息,通过信息网络有偿提供发布信息等服务,扰乱市场秩序,具有下列情形之一的,属于非法经营行为"情节严重",依照刑法第二百二十五条第(四)项的规定,以非法经营罪定罪处罚:

(一)个人非法经营数额在五万元以上,或者违法所得数额在二万元以上的;

(二)单位非法经营数额在十五万元以上,或者违法所得数额在五万元以上的。

实施前款规定的行为,数额达到前款规定的数额五倍以上的,应当认定为刑法第二百二十五条规定的"情节特别严重"。

第八条 明知他人利用信息网络实施诽谤、寻衅滋事、敲诈勒索、非法经营等犯罪,为其提供资金、场所、技术支持等帮助的,以共同犯罪论处。

第九条 利用信息网络实施诽谤、寻衅滋事、敲诈勒索、非法经营犯罪,同时又构成刑法第二百二十一条规定的损害商业信誉、商品声誉罪,第二百七十八条规定的煽动暴力抗拒法律实施罪,第二百九十一条之一规定的编造、故意传播虚假恐怖信息罪等犯罪的,依照处罚较重的规定定罪处罚。

第十条 本解释所称信息网络,包括以计算机、电视机、固定电话机、移动电话机等电子设备为终端的计算机互联网、广播电视网、固定通信网、移动通信网等信息网络,以及向公众开放的局域网络。

最高人民法院、最高人民检察院、公安部关于依法惩治网络暴力违法犯罪的指导意见

· 2023年9月20日

· 法发〔2023〕14号

为依法惩治网络暴力违法犯罪活动,有效维护公民人格权益和网络秩序,根据刑法、刑事诉讼法、民法典、民事诉讼法、个人信息保护法、治安管理处罚法及《最高人民法院、最高人民检察院关于办理利用信息网络实施诽谤等刑事案件适用法律若干问题的解释》等法律、司法解释规定,结合执法司法实践,制定本意见。

一、充分认识网络暴力的社会危害，依法维护公民权益和网络秩序

1. 在信息网络上针对个人肆意发布谩骂侮辱、造谣诽谤、侵害隐私等信息的网络暴力行为，贬损他人人格，损害他人名誉，有的造成了他人"社会性死亡"甚至精神失常、自杀等严重后果；扰乱网络秩序，破坏网络生态，致使网络空间戾气横行，严重影响社会公众安全感。与传统违法犯罪不同，网络暴力往往针对素不相识的陌生人实施，受害人在确认侵害人、收集证据等方面存在现实困难，维权成本极高。人民法院、人民检察院、公安机关要充分认识网络暴力的社会危害，坚持严惩立场，依法能动履职，为受害人提供有效法律救济，维护公民合法权益，维护公众安全感，维护网络秩序。

二、准确适用法律，依法严惩网络暴力违法犯罪

2. 依法惩治网络诽谤行为。在信息网络上制造、散布谣言，贬损他人人格，损害他人名誉，情节严重，符合刑法第二百四十六条规定的，以诽谤罪定罪处罚。

3. 依法惩治网络侮辱行为。在信息网络上采取肆意谩骂、恶意诋毁、披露隐私等方式，公然侮辱他人，情节严重，符合刑法第二百四十六条规定的，以侮辱罪定罪处罚。

4. 依法惩治侵犯公民个人信息行为。组织"人肉搜索"，违法收集并向不特定多数人发布公民个人信息，情节严重，符合刑法第二百五十三条之一规定的，以侵犯公民个人信息罪定罪处罚；依照刑法和司法解释规定，同时构成其他犯罪的，依照处罚较重的规定定罪处罚。

5. 依法惩治借网络暴力事件实施的恶意营销炒作行为。基于蹭炒热度、推广引流等目的，利用互联网用户公众账号等推送、传播有关网络暴力违法犯罪的信息，符合刑法第二百八十七条之一规定的，以非法利用信息网络罪定罪处罚；依照刑法和司法解释规定，同时构成其他犯罪的，依照处罚较重的规定定罪处罚。

6. 依法惩治拒不履行信息网络安全管理义务行为。网络服务提供者对于所发现的有关网络暴力违法犯罪的信息不依法履行信息网络安全管理义务，经监管部门责令采取改正措施而拒不改正，致使违法信息大量传播或者有其他严重情节的，符合刑法第二百八十六条之一规定的，以拒不履行信息网络安全管理义务罪定罪处罚；依照刑法和司法解释规定，同时构成其他犯罪的，依照处罚较重的规定定罪处罚。

7. 依法惩治网络暴力违法行为。实施网络侮辱、诽谤等网络暴力行为，尚不构成犯罪，符合治安管理处罚法等规定的，依法予以行政处罚。

8. 依法严惩网络暴力违法犯罪。对网络暴力违法犯罪，应当体现从严惩治精神，让人民群众充分感受到公平正义。坚持严格执法司法，对于网络暴力违法犯罪，依法严肃追究，切实矫正"法不责众"的错误倾向。要重点打击恶意发起者、组织者、恶意推波助澜者以及屡教不改者。实施网络暴力违法犯罪，具有下列情形之一的，依法从重处罚：

（1）针对未成年人、残疾人实施的；
（2）组织"水军"、"打手"或者其他人员实施的；
（3）编造"涉性"话题侵害他人人格尊严的；
（4）利用"深度合成"等生成式人工智能技术发布违法信息的；
（5）网络服务提供者发起、组织的。

9. 依法支持民事维权。针对他人实施网络暴力行为，侵犯他人名誉权、隐私权等人格权，受害人请求行为人承担民事责任的，人民法院依法予以支持。

10. 准确把握违法犯罪行为的认定标准。通过信息网络检举、揭发他人犯罪或者违法违纪行为，只要不是故意捏造事实或者明知是捏造的事实而故意散布的，不应当认定为诽谤违法犯罪。针对他人言行发表评论、提出批评，即使观点有所偏颇、言论有些偏激，只要不是肆意谩骂、恶意诋毁的，不应当认定为侮辱违法犯罪。

三、畅通诉讼程序，及时提供有效法律救济

11. 落实公安机关协助取证的法律规定。根据刑法第二百四十六条第三款的规定，对于被害人就网络侮辱、诽谤提起自诉的案件，人民法院经审查认为被害人提供证据确有困难的，可以要求公安机关提供协助。公安机关应当根据人民法院要求和案件具体情况，及时查明行为主体，收集相关侮辱、诽谤信息传播扩散情况及造成的影响等证据材料。网络服务提供者应当依法为公安机关取证提供必要的技术支持和协助。经公安机关协助取证，达到自诉案件受理条件的，人民法院应当决定立案；无法收集相关证据材料的，公安机关应当书面向人民法院说明情况。

12. 准确把握侮辱罪、诽谤罪的公诉条件。根据刑法第二百四十六条第二款的规定，实施侮辱、诽谤犯罪，严重危害社会秩序和国家利益的，应当依法提起公诉。对于网络侮辱、诽谤是否严重危害社会秩序，应当综合侵害对象、动机目的、行为方式、信息传播范围、危害后果等因素作出判定。

实施网络侮辱、诽谤行为，具有下列情形之一的，应

当认定为刑法第二百四十六条第二款规定的"严重危害社会秩序"：

（1）造成被害人或者其近亲属精神失常、自杀等严重后果，社会影响恶劣的；

（2）随意以普通公众为侵害对象，相关信息在网络上大范围传播，引发大量低俗、恶意评论，严重破坏网络秩序，社会影响恶劣的；

（3）侮辱、诽谤多人或者多次散布侮辱、诽谤信息，社会影响恶劣的；

（4）组织、指使人员在多个网络平台大量散布侮辱、诽谤信息，社会影响恶劣的；

（5）其他严重危害社会秩序的情形。

13. 依法适用侮辱、诽谤刑事案件的公诉程序。对于严重危害社会秩序的网络侮辱、诽谤行为，公安机关应当依法及时立案。被害人同时向人民法院提起自诉的，人民法院可以请自诉人撤回自诉或者裁定不予受理；已经受理的，应当裁定终止审理，并将相关材料移送公安机关，原自诉人可以作为被害人参与诉讼。对于网络侮辱、诽谤行为，被害人在公安机关立案前提起自诉，人民法院经审查认为有关行为严重危害社会秩序的，应当将案件移送公安机关。

对于网络侮辱、诽谤行为，被害人或者其近亲属向公安机关报案，公安机关经审查认为已构成犯罪但不符合公诉条件的，可以告知报案人向人民法院提起自诉。

14. 加强立案监督工作。人民检察院依照有关法律和司法解释的规定，对网络暴力犯罪案件加强立案监督工作。

上级公安机关应当加强对下级公安机关网络暴力案件立案工作的业务指导和内部监督。

15. 依法适用人格权侵害禁令制度。权利人有证据证明行为人正在实施或者即将实施侵害其人格权的违法行为，不及时制止将使其合法权益受到难以弥补的损害，依据民法典第九百九十七条向人民法院申请采取责令行为人停止有关行为的措施的，人民法院可以根据案件具体情况依法作出人格权侵害禁令。

16. 依法提起公益诉讼。网络暴力行为损害社会公共利益的，人民检察院可以依法向人民法院提起公益诉讼。

网络服务提供者对于所发现的网络暴力信息不依法履行信息网络安全管理义务，致使违法信息大量传播或者有其他严重情节，损害社会公共利益的，人民检察院可以依法向人民法院提起公益诉讼。

人民检察院办理网络暴力治理领域公益诉讼案件，可以依法要求网络服务提供者提供必要的技术支持和协助。

四、落实工作要求，促进强化综合治理

17. 有效保障受害人权益。办理网络暴力案件，应当及时告知受害人及其法定代理人或者近亲属有权委托诉讼代理人，并告知其有权依法申请法律援助。针对相关网络暴力信息传播范围广、社会危害大、影响消除难的现实情况，要依法及时向社会发布案件进展信息，澄清事实真相，有效消除不良影响。依法适用认罪认罚从宽制度，促使被告人认罪认罚，真诚悔罪，通过媒体公开道歉等方式，实现对受害人人格权的有效保护。对于被判处刑罚的被告人，可以依法宣告职业禁止或者禁止令。

18. 强化衔接配合。人民法院、人民检察院、公安机关要加强沟通协调，统一执法司法理念，有序衔接自诉程序与公诉程序，确保案件顺利侦查、起诉、审判。对重大、敏感、复杂案件，公安机关听取人民检察院意见建议的，人民检察院应当及时提供，确保案件依法稳妥处理。完善行政执法和刑事司法衔接机制，加强协调配合，形成各单位各司其职、高效联动的常态化工作格局，依法有效惩治、治理网络暴力违法犯罪。

19. 做好法治宣传。要认真贯彻"谁执法谁普法"普法责任制，充分发挥执法办案的规则引领、价值导向和行为规范作用。发布涉网络暴力典型案例，明确传导"网络空间不是法外之地"，教育引导广大网民自觉守法，引领社会文明风尚。

20. 促进网络暴力综合治理。立足执法司法职能，在依法办理涉网络暴力相关案件的基础上，做实诉源治理，深入分析滋生助推网络暴力发生的根源，通过提出司法建议、检察建议、公安提示函等方式，促进对网络暴力的多元共治，夯实网络信息服务提供者的主体责任，不断健全长效治理机制，从根本上减少网络暴力的发生，营造清朗网络空间。

最高人民法院、最高人民检察院、公安部、司法部关于办理性侵害未成年人刑事案件的意见

·2023年5月24日

为深入贯彻习近平法治思想，依法惩治性侵害未成年人犯罪，规范办理性侵害未成年人刑事案件，加强未成年人司法保护，根据《中华人民共和国刑法》《中华人民

共和国刑事诉讼法》《中华人民共和国未成年人保护法》等相关法律规定，结合司法实际，制定本意见。

一、总则

第一条 本意见所称性侵害未成年人犯罪，包括《中华人民共和国刑法》第二百三十六条、第二百三十六条之一、第二百三十七条、第三百五十八条、第三百五十九条规定的针对未成年人实施的强奸罪，负有照护职责人员性侵罪，强制猥亵、侮辱罪，猥亵儿童罪，组织卖淫罪，强迫卖淫罪，协助组织卖淫罪，引诱、容留、介绍卖淫罪，引诱幼女卖淫罪等。

第二条 办理性侵害未成年人刑事案件，应当坚持以下原则：

（一）依法从严惩处性侵害未成年人犯罪；

（二）坚持最有利于未成年人原则，充分考虑未成年人身心发育尚未成熟、易受伤害等特点，切实保障未成年人的合法权益；

（三）坚持双向保护原则，对于未成年人实施性侵害未成年人犯罪的，在依法保护未成年被害人的合法权益时，也要依法保护未成年犯罪嫌疑人、未成年被告人的合法权益。

第三条 人民法院、人民检察院、公安机关应当确定专门机构或者指定熟悉未成年人身心特点的专门人员，负责办理性侵害未成年人刑事案件。未成年被害人系女性的，应当有女性工作人员参与。

法律援助机构应当指派熟悉未成年人身心特点的律师为未成年人提供法律援助。

第四条 人民法院、人民检察院在办理性侵害未成年人刑事案件中发现社会治理漏洞的，依法提出司法建议、检察建议。

人民检察院依法对涉及性侵害未成年人的诉讼活动等进行监督，发现违法情形的，应当及时提出监督意见。发现未成年人合法权益受到侵犯，涉及公共利益的，应当依法提起公益诉讼。

二、案件办理

第五条 公安机关接到未成年人被性侵害的报案、控告、举报，应当及时受理，迅速审查。符合刑事立案条件的，应当立即立案侦查，重大、疑难、复杂案件立案审查期限原则上不超过七日。具有下列情形之一，公安机关应当在受理后直接立案侦查：

（一）精神发育明显迟滞的未成年人或者不满十四周岁的未成年人怀孕、妊娠终止或者分娩的；

（二）未成年人的生殖器官或者隐私部位遭受明显非正常损伤的；

（三）未成年人被组织、强迫、引诱、容留、介绍卖淫的；

（四）其他有证据证明性侵害未成年人犯罪发生的。

第六条 公安机关发现可能有未成年人被性侵害或者接报相关线索的，无论案件是否属于本单位管辖，都应当及时采取制止侵害行为、保护被害人、保护现场等紧急措施。必要时，应当通报有关部门对被害人予以临时安置、救助。

第七条 公安机关受理案件后，经过审查，认为有犯罪事实需要追究刑事责任，但因犯罪地、犯罪嫌疑人无法确定，管辖权不明的，受理案件的公安机关应当先立案侦查，经过侦查明确管辖后，及时将案件及证据材料移送有管辖权的公安机关。

第八条 人民检察院、公安机关办理性侵害未成年人刑事案件，应当坚持分工负责、互相配合、互相制约，加强侦查监督与协作配合，健全完善信息双向共享机制，形成合力。在侦查过程中，公安机关可以商请人民检察院就案件定性、证据收集、法律适用、未成年人保护要求等提出意见建议。

第九条 人民检察院认为公安机关应当立案侦查而不立案侦查的，或者被害人及其法定代理人、对未成年人负有特殊职责的人员据此向人民检察院提出异议，经审查其诉求合理的，人民检察院应当要求公安机关说明不立案的理由。人民检察院认为不立案理由不成立的，应当通知公安机关立案，公安机关接到通知后应当立案。

第十条 对性侵害未成年人的成年犯罪嫌疑人、被告人，应当依法从严把握适用非羁押强制措施，依法追诉，从严惩处。

第十一条 公安机关办理性侵害未成年人刑事案件，在提请批准逮捕、移送起诉时，案卷材料中应当包含证明案件来源与案发过程的有关材料和犯罪嫌疑人归案（抓获）情况的说明等。

第十二条 人民法院、人民检察院办理性侵害未成年人案件，应当及时告知未成年被害人及其法定代理人或者近亲属有权委托诉讼代理人，并告知其有权依法申请法律援助。

第十三条 人民法院、人民检察院、公安机关办理性侵害未成年人刑事案件，除有碍案件办理的情形外，应当将案件进展情况、案件处理结果及时告知未成年被害人及其法定代理人，并对有关情况予以说明。

第十四条　人民法院确定性侵害未成年人刑事案件开庭日期后，应当将开庭的时间、地点通知未成年被害人及其法定代理人。

第十五条　人民法院开庭审理性侵害未成年人刑事案件，未成年被害人、证人一般不出庭作证。确有必要出庭的，应当根据案件情况采取不暴露外貌、真实声音等保护措施，或者采取视频等方式播放询问未成年人的录音录像，播放视频亦应当采取技术处理等保护措施。

被告人及其辩护人当庭发问的方式或者内容不当，可能对未成年被害人、证人造成身心伤害的，审判长应当及时制止。未成年被害人、证人在庭审中出现恐慌、紧张、激动、抗拒等影响庭审正常进行的情形，审判长应当宣布休庭，并采取相应的情绪安抚疏导措施，评估未成年被害人、证人继续出庭作证的必要性。

第十六条　办理性侵害未成年人刑事案件，对于涉及未成年人的身份信息及可能推断出身份信息的资料和涉及性侵害的细节等内容，审判人员、检察人员、侦查人员、律师及参与诉讼、知晓案情的相关人员应当保密。

对外公开的诉讼文书，不得披露未成年人身份信息及可能推断出身份信息的其他资料，对性侵害的事实必须以适当方式叙述。

办案人员到未成年人及其亲属所在学校、单位、住所调查取证的，应当避免驾驶警车、穿着制服或者采取其他可能暴露未成年人身份、影响未成年人名誉、隐私的方式。

第十七条　知道或者应当知道对方是不满十四周岁的幼女，而实施奸淫等性侵害行为的，应当认定行为人"明知"对方是幼女。

对不满十二周岁的被害人实施奸淫等性侵害行为的，应当认定行为人"明知"对方是幼女。

对已满十二周岁不满十四周岁的被害人，从其身体发育状况、言谈举止、衣着特征、生活作息规律等观察可能是幼女，而实施奸淫等性侵害行为的，应当认定行为人"明知"对方是幼女。

第十八条　在校园、游泳馆、儿童游乐场、学生集体宿舍等公共场所对未成年人实施强奸、猥亵犯罪，只要有其他多人在场，不论在场人员是否实际看到，均可以依照刑法第二百三十六条第三款、第二百三十七条的规定，认定为在公共场所"当众"强奸、猥亵。

第十九条　外国人在中华人民共和国领域内实施强奸、猥亵未成年人等犯罪的，在依法判处刑罚时，可以附加适用驱逐出境。对于尚不构成犯罪但构成违反治安管理行为的，或者有性侵害未成年人犯罪记录不适宜在境内继续停留居留的，公安机关可以依法适用限期出境或者驱逐出境。

第二十条　对性侵害未成年人的成年犯罪分子严格把握减刑、假释、暂予监外执行的适用条件。纳入社区矫正的，应当严管严控。

三、证据收集与审查判断

第二十一条　公安机关办理性侵害未成年人刑事案件，应当依照法定程序，及时、全面收集固定证据。对与犯罪有关的场所、物品、人身等及时进行勘验、检查，提取与案件有关的痕迹、物证、生物样本；及时调取与案件有关的住宿、通行、银行交易记录等书证，现场监控录像等视听资料，手机短信、即时通讯记录、社交软件记录、手机支付记录、音视频、网盘资料等电子数据。视听资料、电子数据等证据因保管不善灭失的，应当向原始数据存储单位重新调取，或者提交专业机构进行技术性恢复、修复。

第二十二条　未成年被害人陈述、未成年证人证言中提到其他犯罪线索，属于公安机关管辖的，公安机关应当及时调查核实；属于其他机关管辖的，应当移送有管辖权的机关。

具有密切接触未成年人便利条件的人员涉嫌性侵害未成年人犯罪的，公安机关应当注意摸排犯罪嫌疑人可能接触到的其他未成年人，以便全面查清犯罪事实。

对于发生在犯罪嫌疑人住所周边或者相同、类似场所且犯罪手法雷同的性侵害案件，符合并案条件的，应当及时并案侦查，防止遗漏犯罪事实。

第二十三条　询问未成年被害人，应当选择"一站式"取证场所、未成年人住所或者其他让未成年人心理上感到安全的场所进行，并通知法定代理人到场。法定代理人不能到场或者不宜到场的，应当通知其他合适成年人到场，并将相关情况记录在案。

询问未成年被害人，应当采取和缓的方式，以未成年人能够理解和接受的语言进行。坚持一次询问原则，尽可能避免多次反复询问，造成次生伤害。确有必要再次询问的，应当针对确有疑问需要核实的内容进行。

询问女性未成年被害人应当由女性工作人员进行。

第二十四条　询问未成年被害人应当进行同步录音录像。录音录像应当全程不间断进行，不得选择性录制，不得剪接、删改。录音录像声音、图像应当清晰稳定，被询问人面部应当清楚可辨，能够真实反映未成年被害人回答询问的状态。录音录像应当随案移送。

第二十五条　询问未成年被害人应当问明与性侵害

犯罪有关的事实及情节,包括被害人的年龄等身份信息、与犯罪嫌疑人、被告人交往情况、侵害方式、时间、地点、次数、后果等。

询问尽量让被害人自由陈述,不得诱导,并将提问和未成年被害人的回答记录清楚。记录应当保持未成年人的语言特点,不得随意加工或者归纳。

第二十六条 未成年被害人陈述和犯罪嫌疑人、被告人供述中具有特殊性、非亲历不可知的细节,包括身体特征、行为特征和环境特征等,办案机关应当及时通过人身检查、现场勘查等调查取证方法固定证据。

第二十七条 能够证实未成年被害人和犯罪嫌疑人、被告人相识交往、矛盾纠纷及其异常表现、特殊癖好等情况,对完善证据链条、查清全部案情具有证明作用的证据,应当全面收集。

第二十八条 能够证实未成年人被性侵害后心理状况或者行为表现的证据,应当全面收集。未成年被害人出现心理创伤、精神抑郁或者自杀、自残等伤害后果的,应当及时检查、鉴定。

第二十九条 认定性侵害未成年人犯罪,应当坚持事实清楚,证据确实、充分,排除合理怀疑的证明标准。对案件事实的认定要立足证据,结合经验常识,考虑性侵害案件的特殊性和未成年人的身心特点,准确理解和把握证明标准。

第三十条 对未成年被害人陈述,应当着重审查陈述形成的时间、背景,被害人年龄、认知、记忆和表达能力,生理和精神状态是否影响陈述的自愿性、完整性、陈述与其他证据之间能否相互印证,有无矛盾。

低龄未成年人对被侵害细节前后陈述存在不一致的,应当考虑其身心特点,综合判断其陈述的主要事实是否客观、真实。

未成年被害人陈述了与犯罪嫌疑人、被告人或者性侵害事实相关的非亲历不可知的细节,并且可以排除指证、诱证、诬告、陷害可能的,一般应当采信。

未成年被害人询问笔录记载的内容与询问同步录音录像记载的内容不一致的,应当结合同步录音录像记载准确客观认定。

对未成年证人证言的审查判断,依照本条前四款规定进行。

第三十一条 对十四周岁以上未成年被害人真实意志的判断,不以其明确表示反对或者同意为唯一证据,应当结合未成年被害人的年龄、身体状况、被侵害前后表现以及双方关系、案发环境、案发过程等进行综合判断。

四、未成年被害人保护与救助

第三十二条 人民法院、人民检察院、公安机关办理性侵害未成年人刑事案件,应当根据未成年被害人的实际需要及当地情况,协调有关部门为未成年被害人提供心理疏导、临时照料、医疗救治、转学安置、经济帮扶等救助保护措施。

第三十三条 犯罪嫌疑人到案后,办案人员应当第一时间了解其有无艾滋病,发现犯罪嫌疑人患有艾滋病的,在征得未成年被害人监护人同意后,应当及时配合或者会同有关部门对未成年被害人采取阻断治疗等保护措施。

第三十四条 人民法院、人民检察院、公安机关办理性侵害未成年人刑事案件,发现未成年人的父母或者其他监护人不依法履行监护职责或者侵犯未成年人合法权益的,应当予以训诫,并书面督促其依法履行监护职责。必要时,可以责令未成年人父母或者其他监护人接受家庭教育指导。

第三十五条 未成年人受到监护人性侵害,其他具有监护资格的人员、民政部门等有关单位和组织向人民法院提出申请,要求撤销监护人资格,另行指定监护人的,人民法院依法予以支持。

有关个人和组织未及时向人民法院申请撤销监护人资格的,人民检察院可以依法督促、支持其提起诉讼。

第三十六条 对未成年人因被性侵害而造成人身损害,不能及时获得有效赔偿,生活困难的,人民法院、人民检察院、公安机关可会同有关部门,优先考虑予以救助。

五、其 他

第三十七条 人民法院、人民检察院、公安机关、司法行政机关应当积极推动侵害未成年人案件强制报告制度落实。未履行报告义务造成严重后果的,应当依照《中华人民共和国未成年人保护法》等法律法规追究责任。

第三十八条 人民法院、人民检察院、公安机关、司法行政机关应当推动密切接触未成年人相关行业依法建立完善准入查询性侵害违法犯罪信息制度,建立性侵害违法犯罪人员信息库,协助密切接触未成年人单位开展信息查询工作。

第三十九条 办案机关应当建立完善性侵害未成年人案件"一站式"办案救助机制,通过设立专门场所、配置专用设备、完善工作流程和引入专业社会力量等方式,尽可能一次性完成询问、人身检查、生物样本采集、侦查辨认等取证工作,同步开展救助保护工作。

六、附 则

第四十条 本意见自2023年6月1日起施行。本意见施行后,《最高人民法院 最高人民检察院 公安部 司法部关于依法惩治性侵害未成年人犯罪的意见》(法发〔2013〕12号)同时废止。

最高人民法院、最高人民检察院关于办理强奸、猥亵未成年人刑事案件适用法律若干问题的解释

- 2023年1月3日最高人民法院审判委员会第1878次会议、2023年3月2日最高人民检察院第十三届检察委员会第一百一十四次会议通过
- 2023年5月24日最高人民法院、最高人民检察院公告公布
- 自2023年6月1日起施行
- 法释〔2023〕3号

为依法惩处强奸、猥亵未成年人犯罪,保护未成年人合法权益,根据《中华人民共和国刑法》等法律规定,现就办理此类刑事案件适用法律的若干问题解释如下:

第一条 奸淫幼女的,依照刑法第二百三十六条第二款的规定从重处罚。具有下列情形之一的,应当适用较重的从重处罚幅度:

(一)负有特殊职责的人员实施奸淫的;
(二)采用暴力、胁迫等手段实施奸淫的;
(三)侵入住宅或者学生集体宿舍实施奸淫的;
(四)对农村留守女童、严重残疾或者精神发育迟滞的被害人实施奸淫的;
(五)利用其他未成年人诱骗、介绍、胁迫被害人的;
(六)曾因强奸、猥亵犯罪被判处刑罚的。

强奸已满十四周岁的未成年女性,具有前款第一项、第三项至第六项规定的情形之一,或者致使被害人轻伤、患梅毒、淋病等严重性病的,依照刑法第二百三十六条第一款的规定定罪,从重处罚。

第二条 强奸已满十四周岁的未成年女性或者奸淫幼女,具有下列情形之一的,应当认定为刑法第二百三十六条第三款第一项规定的"强奸妇女、奸淫幼女情节恶劣":

(一)负有特殊职责的人员多次实施强奸、奸淫的;
(二)有严重摧残、凌辱行为的;
(三)非法拘禁或者利用毒品诱骗、控制被害人的;
(四)多次利用其他未成年人诱骗、介绍、胁迫被害人的;
(五)长期实施强奸、奸淫的;
(六)奸淫精神发育迟滞的被害人致使怀孕的;
(七)对强奸、奸淫过程或者被害人身体隐私部位制作视频、照片等影像资料,以此胁迫对被害人实施强奸、奸淫,或者致使影像资料向多人传播,暴露被害人身份的;
(八)其他情节恶劣的情形。

第三条 奸淫幼女,具有下列情形之一的,应当认定为刑法第二百三十六条第三款第五项规定的"造成幼女伤害":

(一)致使幼女轻伤的;
(二)致使幼女患梅毒、淋病等严重性病的;
(三)对幼女身心健康造成其他伤害的情形。

第四条 强奸已满十四周岁的未成年女性或者奸淫幼女,致使其感染艾滋病病毒的,应当认定为刑法第二百三十六第三款第六项规定的"致使被害人重伤"。

第五条 对已满十四周岁不满十六周岁的未成年女性负有特殊职责的人员,与该未成年女性发生性关系,具有下列情形之一的,应当认定为刑法第二百三十六条之一规定的"情节恶劣":

(一)长期发生性关系的;
(二)与多名被害人发生性关系的;
(三)致使被害人感染艾滋病病毒或者患梅毒、淋病等严重性病的;
(四)对发生性关系的过程或者被害人身体隐私部位制作视频、照片等影像资料,致使影像资料向多人传播,暴露被害人身份的;
(五)其他情节恶劣的情形。

第六条 对已满十四周岁的未成年女性负有特殊职责的人员,利用优势地位或者被害人孤立无援的境地,迫使被害人与其发生性关系的,依照刑法第二百三十六条的规定,以强奸罪定罪处罚。

第七条 猥亵儿童,具有下列情形之一的,应当认定为刑法第二百三十七条第三款第三项规定的"造成儿童伤害或者其他严重后果":

(一)致使儿童轻伤以上的;
(二)致使儿童自残、自杀的;
(三)对儿童身心健康造成其他伤害或者严重后果的情形。

第八条 猥亵儿童,具有下列情形之一的,应当认定为刑法第二百三十七条第三款第四项规定的"猥亵手段恶劣或者有其他恶劣情节":

(一)以生殖器侵入肛门、口腔或者以生殖器以外的身体部位、物品侵入被害人生殖器、肛门等方式实施猥亵的;

（二）有严重摧残、凌辱行为的；

（三）对猥亵过程或者被害人身体隐私部位制作视频、照片等影像资料，以此胁迫对被害人实施猥亵，或者致使影像资料向多人传播、暴露被害人身份的；

（四）采取其他恶劣手段实施猥亵或者有其他恶劣情节的情形。

第九条 胁迫、诱骗未成年人通过网络视频聊天或者发送视频、照片等方式，暴露身体隐私部位或者实施淫秽行为，符合刑法第二百三十七条规定的，以强制猥亵罪或者猥亵儿童罪定罪处罚。

胁迫、诱骗未成年人通过网络直播方式实施前款行为，同时符合刑法第二百三十七条、第三百六十五条的规定，构成强制猥亵罪、猥亵儿童罪、组织淫秽表演罪的，依照处罚较重的规定定罪处罚。

第十条 实施猥亵未成年人犯罪，造成被害人轻伤以上后果，同时符合刑法第二百三十四条或者第二百三十二条的规定，构成故意伤害罪、故意杀人罪的，依照处罚较重的规定定罪处罚。

第十一条 强奸、猥亵未成年人的成年被告人认罪认罚，是否从宽处罚及从宽幅度应当从严把握。

第十二条 对强奸未成年人的成年被告人判处刑罚时，一般不适用缓刑。

对于判处刑罚同时宣告缓刑的，可以根据犯罪情况，同时宣告禁止令，禁止犯罪分子在缓刑考验期限内从事与未成年人有关的工作、活动，禁止其进入中小学校、幼儿园及其他未成年人集中的场所。确因本人就学、居住等原因，经执行机关批准的除外。

第十三条 对于利用职业便利实施强奸、猥亵未成年人等犯罪的，人民法院应当依法适用从业禁止。

第十四条 对未成年人实施强奸、猥亵等犯罪造成人身损害的，应当赔偿医疗费、护理费、交通费、营养费、住院伙食补助费等为治疗和康复支付的合理费用，以及因误工减少的收入。

根据鉴定意见、医疗诊断书等证明需要对未成年人进行精神心理治疗和康复，所需的相关费用，应当认定为前款规定的合理费用。

第十五条 本解释规定的"负有特殊职责的人员"，是指对未成年人负有监护、收养、看护、教育、医疗等职责的人员，包括与未成年人具有共同生活关系且事实上负有照顾、保护等职责的人员。

第十六条 本解释自2023年6月1日起施行。

最高人民法院、全国妇联关于开展家庭教育指导工作的意见（节录）

- 2023年5月30日
- 法发〔2023〕7号

……

二、指导情形

3. 人民法院在审理离婚案件过程中，对有未成年子女的夫妻双方，应当提供家庭教育指导。

对于抚养、收养、监护权、探望权纠纷等案件，以及涉留守未成年人、困境未成年人等特殊群体的案件，人民法院可以就监护和家庭教育情况主动开展调查、评估，必要时，依法提供家庭教育指导。

4. 人民法院在办理案件过程中，发现存在下列情形的，根据情况对未成年人的父母或者其他监护人予以训诫，并可以要求其接受家庭教育指导：

（1）未成年人的父母或者其他监护人违反《中华人民共和国未成年人保护法》第十六条及《中华人民共和国家庭教育促进法》第二十一条等规定，不依法履行监护职责的；

（2）未成年人的父母或者其他监护人违反《中华人民共和国未成年人保护法》第十七条、第二十四条及《中华人民共和国家庭教育促进法》第二十条、第二十三条的规定，侵犯未成年人合法权益的；

（3）未成年人存在严重不良行为或者实施犯罪行为的；

（4）未成年人的父母或者其他监护人不依法履行监护职责或者侵犯未成年人合法权益的其他情形。

符合前款第二、第三、第四项情形，未成年人的父母或者其他监护人拒不接受家庭教育指导，或者接受家庭教育指导后仍不依法履行监护职责的，人民法院可以以决定书的形式制发家庭教育指导令，依法责令其接受家庭教育指导。

5. 在办理涉及未成年人的案件时，未成年人的父母或者其他监护人主动请求对自己进行家庭教育指导的，人民法院应当提供。

6. 居民委员会、村民委员会、中小学校、幼儿园等开展家庭教育指导服务活动过程中，申请人民法院协助开展法治宣传教育的，人民法院应当支持。

三、指导要求

7. 人民法院应当根据《中华人民共和国家庭教育促进法》第十六条、第十七条的规定，结合案件具体情况，有针对性地确定家庭教育的内容,指导未成年人的父母或者其他监护人合理运用家庭教育方式方法。

8. 人民法院在开展家庭教育指导过程中,应当结合案件具体情况,对未成年人的父母或者其他监护人开展监护职责教育:

(1)教育未成年人的父母或者其他监护人依法履行监护责任,加强亲子陪伴,不得实施遗弃、虐待、伤害、歧视等侵害未成年人的行为;

(2)委托他人代为照护未成年人的,应当与被委托人、未成年人以及未成年人所在的学校、婴幼儿照顾服务机构保持联系,定期了解未成年人学习、生活情况和心理状况,履行好家庭教育责任;

(3)未成年人的父母分居或者离异的,明确告知其在诉讼期间、分居期间或者离婚后,应当相互配合共同履行家庭教育责任,任何一方不得拒绝或者怠于履行家庭教育责任,不得以抢夺、藏匿未成年子女等方式争夺抚养权或者阻碍另一方行使监护权、探望权。

9. 人民法院在开展家庭教育指导过程中,应当结合案件具体情况,对未成年人及其父母或者其他监护人开展法治教育:

(1)教育未成年人的父母或者其他监护人树立法治意识,增强法治观念;

(2)保障适龄未成年人依法接受并完成义务教育;

(3)教育未成年人遵纪守法,增强自我保护的意识和能力;

(4)发现未成年人存在不良行为、严重不良行为或者实施犯罪行为的,责令其父母或者其他监护人履行职责、加强管教,同时注重亲情感化,并教育未成年人认识错误,积极改过自新。

10. 人民法院决定委托专业机构开展家庭教育指导的,也应当依照前两条规定,自行做好监护职责教育和法治教育工作。

……

五、保障措施

18. 鼓励各地人民法院、妇联结合本地实际,单独或会同有关部门建立家庭教育指导工作站,设置专门场所,配备专门人员,开展家庭教育指导工作。

鼓励各地人民法院、妇联探索组建专业化家庭教育指导队伍,加强业务指导及专业培训,聘请熟悉家庭教育规律、热爱未成年人保护事业和善于做思想教育工作的人员参与家庭教育指导。

19. 人民法院在办理涉未成年人案件过程中,发现有关单位未尽到未成年人教育、管理、救助、看护等保护职责的,应当及时向有关单位发出司法建议。

20. 人民法院应当结合涉未成年人案件的特点和规律,有针对性地开展家庭教育宣传和法治宣传教育。

全国家庭教育宣传周期间,各地人民法院应当结合本地实际,组织开展家庭教育宣传和法治宣传教育活动。

21. 人民法院、妇联应当与有关部门、人民团体、社会组织加强协作配合,推动建立家庭教育指导工作联动机制,及时研究解决家庭教育指导领域困难问题,不断提升家庭教育指导工作实效。

22. 开展家庭教育指导的工作情况,纳入人民法院绩效考核范围。

23. 人民法院开展家庭教育指导工作,不收取任何费用,所需费用纳入本单位年度经费预算。

……

最高人民法院、最高人民检察院关于办理侵犯公民个人信息刑事案件适用法律若干问题的解释

- 2017年3月20日最高人民法院审判委员会第1712次会议、2017年4月26日最高人民检察院第十二届检察委员会第63次会议通过
- 2017年5月8日最高人民法院、最高人民检察院公告公布
- 自2017年6月1日起施行
- 法释〔2017〕10号

为依法惩治侵犯公民个人信息犯罪活动,保护公民个人信息安全和合法权益,根据《中华人民共和国刑法》《中华人民共和国刑事诉讼法》的有关规定,现就办理此类刑事案件适用法律的若干问题解释如下:

第一条 刑法第二百五十三条之一规定的"公民个人信息",是指以电子或者其他方式记录的能够单独或者与其他信息结合识别特定自然人身份或者反映特定自然人活动情况的各种信息,包括姓名、身份证件号码、通信通讯联系方式、住址、账号密码、财产状况、行踪轨迹等。

第二条 违反法律、行政法规、部门规章有关公民个人信息保护的规定的,应当认定为刑法第二百五十三条之一规定的"违反国家有关规定"。

第三条 向特定人提供公民个人信息,以及通过信息网络或者其他途径发布公民个人信息的,应当认定为刑法第二百五十三条之一规定的"提供公民个人信息"。

未经被收集者同意,将合法收集的公民个人信息向

他人提供的,属于刑法第二百五十三条之一规定的"提供公民个人信息",但是经过处理无法识别特定个人且不能复原的除外。

第四条 违反国家有关规定,通过购买、收受、交换等方式获取公民个人信息,或者在履行职责、提供服务过程中收集公民个人信息的,属于刑法第二百五十三条之一第三款规定的"以其他方法非法获取公民个人信息"。

第五条 非法获取、出售或者提供公民个人信息,具有下列情形之一的,应当认定为刑法第二百五十三条之一规定的"情节严重":

(一)出售或者提供行踪轨迹信息,被他人用于犯罪的;

(二)知道或者应当知道他人利用公民个人信息实施犯罪,向其出售或者提供的;

(三)非法获取、出售或者提供行踪轨迹信息、通信内容、征信信息、财产信息五十条以上的;

(四)非法获取、出售或者提供住宿信息、通信记录、健康生理信息、交易信息等其他可能影响人身、财产安全的公民个人信息五百条以上的;

(五)非法获取、出售或者提供第三项、第四项规定以外的公民个人信息五千条以上的;

(六)数量未达到第三项至第五项规定标准,但是按相应比例合计达到有关数量标准的;

(七)违法所得五千元以上的;

(八)将在履行职责或者提供服务过程中获得的公民个人信息出售或者提供给他人,数量或者数额达到第三项至第七项规定标准一半以上的;

(九)曾因侵犯公民个人信息受过刑事处罚或者二年内受过行政处罚,又非法获取、出售或者提供公民个人信息的;

(十)其他情节严重的情形。

实施前款规定的行为,具有下列情形之一的,应当认定为刑法第二百五十三条之一第一款规定的"情节特别严重":

(一)造成被害人死亡、重伤、精神失常或者被绑架等严重后果的;

(二)造成重大经济损失或者恶劣社会影响的;

(三)数量或者数额达到前款第三项至第八项规定标准十倍以上的;

(四)其他情节特别严重的情形。

第六条 为合法经营活动而非法购买、收受本解释第五条第一款第三项、第四项规定以外的公民个人信息,具有下列情形之一的,应当认定为刑法第二百五十三条之一规定的"情节严重":

(一)利用非法购买、收受的公民个人信息获利五万元以上的;

(二)曾因侵犯公民个人信息受过刑事处罚或者二年内受过行政处罚,又非法购买、收受公民个人信息的;

(三)其他情节严重的情形。

实施前款规定的行为,将购买、收受的公民个人信息非法出售或者提供的,定罪量刑标准适用本解释第五条的规定。

第七条 单位犯刑法第二百五十三条之一规定之罪的,依照本解释规定的相应自然人犯罪的定罪量刑标准,对直接负责的主管人员和其他直接责任人员定罪处罚,并对单位判处罚金。

第八条 设立用于实施非法获取、出售或者提供公民个人信息违法犯罪活动的网站、通讯群组,情节严重的,应当依照刑法第二百八十七条之一的规定,以非法利用信息网络罪定罪处罚;同时构成侵犯公民个人信息罪的,依照侵犯公民个人信息罪定罪处罚。

第九条 网络服务提供者拒不履行法律、行政法规规定的信息网络安全管理义务,经监管部门责令采取改正措施而拒不改正,致使用户的公民个人信息泄露,造成严重后果的,应当依照刑法第二百八十六条之一的规定,以拒不履行信息网络安全管理义务罪定罪处罚。

第十条 实施侵犯公民个人信息犯罪,不属于"情节特别严重",行为人系初犯,全部退赃,并确有悔罪表现的,可以认定为情节轻微,不起诉或者免予刑事处罚;确有必要判处刑罚的,应当从宽处罚。

第十一条 非法获取公民个人信息后又出售或者提供的,公民个人信息的条数不重复计算。

向不同单位或者个人分别出售、提供同一公民个人信息的,公民个人信息的条数累计计算。

对批量公民个人信息的条数,根据查获的数量直接认定,但是有证据证明信息不真实或者重复的除外。

第十二条 对于侵犯公民个人信息犯罪,应当综合考虑犯罪的危害程度、犯罪的违法所得数额以及被告人的前科情况、认罪悔罪态度等,依法判处罚金。罚金数额一般在违法所得的一倍以上五倍以下。

第十三条 本解释自 2017 年 6 月 1 日起施行。

最高人民法院、最高人民检察院、教育部关于落实从业禁止制度的意见

- 2022 年 11 月 10 日
- 法发〔2022〕32 号

为贯彻落实学校、幼儿园等教育机构、校外培训机构教职员工违法犯罪记录查询制度，严格执行犯罪人员从业禁止制度，净化校园环境，切实保护未成年人，根据《中华人民共和国刑法》(以下简称《刑法》)、《中华人民共和国未成年人保护法》(以下简称《未成年人保护法》)、《中华人民共和国教师法》(以下简称《教师法》)等法律规定，提出如下意见：

一、依照《刑法》第三十七条之一的规定，教职员工利用职业便利实施犯罪，或者实施违背职业要求的特定义务的犯罪被判处刑罚的，人民法院可以根据犯罪情况和预防再犯罪的需要，禁止其在一定期限内从事相关职业。其他法律、行政法规对其从事相关职业另有禁止或者限制性规定的，从其规定。

《未成年人保护法》、《教师法》属于前款规定的法律，《教师资格条例》属于前款规定的行政法规。

二、依照《未成年人保护法》第六十二条的规定，实施性侵害、虐待、拐卖、暴力伤害等违法犯罪的人员，禁止从事密切接触未成年人的工作。

依照《教师法》第十四条、《教师资格条例》第十八条规定，受到剥夺政治权利或者故意犯罪受到有期徒刑以上刑罚的，不能取得教师资格；已经取得教师资格的，丧失教师资格，且不能重新取得教师资格。

三、教职员工实施性侵害、虐待、拐卖、暴力伤害等犯罪的，人民法院应当依照《未成年人保护法》第六十二条的规定，判决禁止其从事密切接触未成年人的工作。

教职员工实施前款规定以外的其他犯罪，人民法院可以根据犯罪情况和预防再犯罪的需要，依照《刑法》第三十七条之一第一款的规定，判决禁止其自刑罚执行完毕之日或者假释之日起从事相关职业，期限为三年至五年；或者依照《刑法》第三十八条第二款、第七十二条第二款的规定，对其适用禁止令。

四、对有必要禁止教职员工从事相关职业或者适用禁止令的，人民检察院在提起公诉时，应当提出相应建议。

五、教职员工犯罪的刑事案件，判决生效后，人民法院应当在三十日内将裁判文书送达被告人单位所在地的教育行政部门；必要时，教育行政部门应当将裁判文书转送有关主管部门。

因涉及未成年人隐私等原因，不宜送达裁判文书的，可以送达载明被告人的自然情况、罪名及刑期的相关证明材料。

六、教职员工犯罪，人民法院作出的判决生效后，所在单位、教育行政部门或者有关主管部门可以依照《未成年人保护法》、《教师法》、《教师资格条例》等法律法规给予相应处理、处分和处罚。

符合丧失教师资格或者撤销教师资格情形的，教育行政部门应当及时收缴其教师资格证书。

七、人民检察院应当对从业禁止和禁止令执行落实情况进行监督。

八、人民法院、人民检察院发现有关单位未履行犯罪记录查询制度、从业禁止制度的，应当向该单位提出建议。

九、本意见所称教职员工，是指在学校、幼儿园等教育机构工作的教师、教育教学辅助人员、行政人员、勤杂人员、安保人员，以及校外培训机构的相关工作人员。

学校、幼儿园等教育机构、校外培训机构的举办者、实际控制人犯罪，参照本意见执行。

十、本意见自 2022 年 11 月 15 日起施行。

· 司法政策

关于办理假冒伪劣烟草制品等刑事案件适用法律问题座谈会纪要

- 2003 年 12 月 23 日
- 高检会〔2003〕4 号

生产、销售假冒伪劣烟草制品等犯罪行为严重破坏国家烟草专卖制度，扰乱社会主义市场经济秩序，侵害消费者合法权益。2001 年以来，公安部、国家烟草专卖局联合开展了卷烟打假专项行动，取得了显著成效。同时，在查处生产、销售假冒伪劣烟草制品等犯罪案件过程中也遇到了一些适用法律方面的问题。为此，最高人民法院、最高人民检察院、公安部、国家烟草专卖局于 2003 年 8 月 4 日至 6 日在昆明召开了办理假冒伪劣烟草制品等刑事案件适用法律问题座谈会。最高人民法院、最高人民检察院、公安部、国家烟草专卖局以及部分省、自治区、直辖市法院、检察院、公安厅(局)、烟草专卖局等单位的有关人员参加了会议。全国人大常委会法工委刑法室应邀派员参加了会议。与会人员在总结办案经验的基础上，根据法律和司法解释的有关规定，就办理假冒伪劣烟

草制品等刑事案件中一些带有普遍性的具体适用法律问题进行了广泛讨论并形成了共识。纪要如下：

一、关于生产、销售伪劣烟草制品行为适用法律问题

（一）关于生产伪劣烟草制品尚未销售或者尚未完全销售行为定罪量刑问题

根据刑法第一百四十条的规定，生产、销售伪劣烟草制品，销售金额在五万元以上的，构成生产、销售伪劣产品罪。

根据《最高人民法院、最高人民检察院关于办理生产、销售伪劣商品刑事案件具体应用法律若干问题的解释》的有关规定，销售金额是指生产者、销售者出售伪劣烟草制品后所得和应得的全部违法收入。伪劣烟草制品尚未销售，货值金额达到刑法第一百四十条规定的销售金额三倍（十五万元）以上的，以生产、销售伪劣产品罪（未遂）定罪处罚。货值金额以违法生产、销售的伪劣产品的标价计算；没有标价的，按照同类合格产品的市场中间价格计算。货值金额难以确定的，按照国家计划委员会、最高人民法院、最高人民检察院、公安部1997年4月22日联合发布的《扣押、追缴、没收物品估价管理办法》的规定，委托指定的估价机构确定。

伪劣烟草制品尚未销售，货值金额分别达到十五万元以上不满二十万元、二十万元以上不满五十万元、五十万元以上不满二百万元、二百万元以上的，分别依照刑法第一百四十条规定的各量刑档次定罪处罚。

伪劣烟草制品的销售金额不满五万元，但与尚未销售的伪劣烟草制品的货值金额合计达到十五万元以上的，以生产、销售伪劣产品罪（未遂）定罪处罚。

生产伪劣烟草制品尚未销售，无法计算货值金额，有下列情形之一的，以生产、销售伪劣产品罪（未遂）定罪处罚：

1. 生产伪劣烟用烟丝数量在1000公斤以上的；
2. 生产伪劣烟用烟叶数量在1500公斤以上的。

（二）关于非法生产、拼装、销售烟草专用机械行为定罪处罚问题

非法生产、拼装、销售烟草专用机械行为，依照刑法第一百四十条的规定，以生产、销售伪劣产品罪追究刑事责任。

二、关于销售明知是假冒烟用注册商标的烟草制品行为中的"明知"问题

根据刑法第二百一十四条的规定，销售明知是假冒烟用注册商标的烟草制品，销售金额较大的，构成销售假冒注册商标的商品罪。

"明知"，是指知道或应当知道。有下列情形之一的，可以认定为"明知"：

1. 以明显低于市场价格进货的；
2. 以明显低于市场价格销售的；
3. 销售假冒烟用注册商标的烟草制品被发现后转移、销毁物证或者提供虚假证明、虚假情况的；
4. 其他可以认定为明知的情形。

三、关于非法经营烟草制品行为适用法律问题

未经烟草专卖行政主管部门许可，无生产许可证、批发许可证、零售许可证，而生产、批发、零售烟草制品，具有下列情形之一的，依照刑法第二百二十五条的规定定罪处罚：

1. 个人非法经营数额在五万元以上的，或者违法所得数额在一万元以上的；
2. 单位非法经营数额在五十万元以上的，或者违法所得数额在十万元以上的；
3. 曾因非法经营烟草制品行为受过二次以上行政处罚又非法经营的，非法经营数额在二万元以上的；

四、关于共犯问题

知道或者应当知道他人实施本纪要第一条至第三条规定的犯罪行为，仍实施下列行为之一的，应认定为共犯，依法追究刑事责任：

1. 直接参与生产、销售假冒伪劣烟草制品或者销售假冒烟用注册商标的烟草制品或者直接参与非法经营烟草制品并在其中起主要作用的；
2. 提供房屋、场地、设备、车辆、贷款、资金、账号、发票、证明、技术等设施和条件，用于帮助生产、销售、储存、运输假冒伪劣烟草制品、非法经营烟草制品的；
3. 运输假冒伪劣烟草制品的。

上述人员中有检举他人犯罪经查证属实，或者提供重要线索，有立功表现的，可以从轻或减轻处罚；有重大立功表现的，可以减轻或者免除处罚。

五、国家机关工作人员参与实施本纪要第一条至第三条规定的犯罪行为的处罚问题

根据《最高人民法院、最高人民检察院关于办理生产、销售伪劣商品刑事案件具体应用法律若干问题的解释》的规定，国家机关工作人员参与实施本纪要第一条至第三条规定的犯罪行为的，从重处罚。

六、关于一罪与数罪问题

行为人的犯罪行为同时构成生产、销售伪劣产品罪、销售假冒注册商标的商品罪、非法经营罪等罪的，依照处罚较重的规定定罪处罚。

七、关于窝藏、转移非法制售的烟草制品行为的定罪处罚问题

明知是非法制售的烟草制品而予以窝藏、转移的,依照刑法第三百一十二条的规定,以窝藏、转移赃物罪定罪处罚。

窝藏、转移非法制售的烟草制品,事前与犯罪分子通谋的,以共同犯罪论处。

八、关于以暴力、威胁方法阻碍烟草专卖执法人员依法执行职务行为的定罪处罚问题

以暴力、威胁方法阻碍烟草专卖执法人员依法执行职务的,依照刑法第二百七十七条的规定,以妨害公务罪定罪处罚。

九、关于煽动群众暴力抗拒烟草专卖法律实施行为的定罪处罚问题

煽动群众暴力抗拒烟草专卖法律实施的,依照刑法第二百七十八条的规定,以煽动暴力抗拒法律实施罪定罪处罚。

十、关于鉴定问题

假冒伪劣烟草制品的鉴定工作,由国家烟草专卖行政主管部门授权的省级以上烟草产品质量监督检验机构,按照国家烟草专卖局制定的假冒伪劣卷烟鉴别检验管理办法和假冒伪劣卷烟鉴别检验规程等有关规定进行。

假冒伪劣烟草专用机械的鉴定由国家质量监督部门,或其委托的国家烟草质量监督检验中心,根据烟草行业的有关技术标准进行。

十一、关于烟草制品、卷烟的范围

本纪要所称烟草制品指卷烟、雪茄烟、烟丝、复烤烟叶、烟叶、卷烟纸、滤嘴棒、烟用丝束。

本纪要所称卷烟包括散支烟和成品烟。

(九) 侵犯财产罪

最高人民法院关于村民小组组长利用职务便利非法占有公共财物行为如何定性问题的批复

· 1999 年 6 月 18 日最高人民法院审判委员会第 1069 次会议通过
· 1999 年 6 月 25 日最高人民法院公告公布
· 自 1999 年 7 月 30 日起施行
· 法释〔1999〕12 号

四川省高级人民法院:

你院川高法〔一九九八〕二百二十四号《关于村民小组组长利用职务便利侵吞公共财物如何定性的问题的请示》收悉。经研究,答复如下:

对村民小组组长利用职务上的便利,将村民小组集体财产非法占为己有,数额较大的行为,应当依照刑法第二百七十一条第一款的规定,以职务侵占罪定罪处罚。

最高人民法院关于如何理解刑法第二百七十二条规定的"挪用本单位资金归个人使用或者借贷给他人"问题的批复

· 2000 年 6 月 30 日最高人民法院审判委员会第 1121 次会议通过
· 2000 年 7 月 20 日最高人民法院公告公布
· 自 2000 年 7 月 27 日起施行
· 法释〔2000〕22 号

新疆维吾尔自治区高级人民法院:

你院新高法〔1998〕193 号《关于对刑法第二百七十二条"挪用本单位资金归个人使用或者借贷给他人"的规定应如何理解的请示》收悉。经研究,答复如下:

公司、企业或者其他单位的非国家工作人员,利用职务上的便利,挪用本单位资金归本人或者其他自然人使用,或者挪用人以个人名义将所挪用的资金借给其他自然人和单位,构成犯罪的,应当依照刑法第二百七十二条第一款的规定定罪处罚。

此复

最高人民检察院关于挪用尚未注册成立公司资金的行为适用法律问题的批复

· 2000 年 10 月 9 日
· 高检发研字〔2000〕19 号

江苏省人民检察院:

你院苏检发研字〔1999〕第 8 号《关于挪用尚未注册成立的公司资金能否构成挪用资金罪的请示》收悉。经研究,批复如下:

筹建公司的工作人员在公司登记注册前,利用职务上的便利,挪用准备设立的公司在银行开设的临时账户上的资金,归个人使用或者借贷给他人,数额较大、超过 3 个月未还的,或者虽未超过 3 个月,但数额较大,进行营利活动的,或者进行非法活动的,应当根据刑法第二百七十二条的规定,追究刑事责任。

最高人民法院关于审理抢劫案件
具体应用法律若干问题的解释

- 2000年11月17日最高人民法院审判委员会第1141次会议通过
- 2000年11月22日最高人民法院公告公布
- 自2000年11月28日起施行
- 法释〔2000〕35号

为依法惩处抢劫犯罪活动,根据刑法的有关规定,现就审理抢劫案件具体应用法律的若干问题解释如下:

第一条 刑法第二百六十三条第(一)项规定的"入户抢劫",是指为实施抢劫行为而进入他人生活的、与外界相对隔离的住所,包括封闭的院落、牧民的帐篷、渔民作为家庭生活场所的渔船、为生活租用的房屋等进行抢劫的行为。

对于入户盗窃,因被发现而当场使用暴力或者以暴力相威胁的行为,应当认定为入户抢劫。

第二条 刑法第二百六十三条第(二)项规定的"在公共交通工具上抢劫",既包括在从事旅客运输的各种公共汽车、大、中型出租车、火车、船只、飞机等正在运营中的机动公共交通工具上对旅客、司售、乘务人员实施的抢劫,也包括对运行途中的机动公共交通工具加以拦截后,对公共交通工具上的人员实施的抢劫。

第三条 刑法第二百六十三条第(三)项规定的"抢劫银行或者其他金融机构",是指抢劫银行或者其他金融机构的经营资金、有价证券和客户的资金等。

抢劫正在使用中的银行或者其他金融机构的运钞车的,视为"抢劫银行或者其他金融机构"。

第四条 刑法第二百六十三条第(四)项规定的"抢劫数额巨大"的认定标准,参照各地确定的盗窃罪数额巨大的认定标准执行。

第五条 刑法第二百六十三条第(七)项规定的"持枪抢劫",是指行为人使用枪支或者向被害人显示持有、佩带的枪支进行抢劫的行为。"枪支"的概念和范围,适用《中华人民共和国枪支管理法》的规定。

第六条 刑法第二百六十七条第二款规定的"携带凶器抢夺",是指行为人随身携带枪支、爆炸物、管制刀具等国家禁止个人携带的器械进行抢夺或者为了实施犯罪而携带其他器械进行抢夺的行为。

最高人民法院关于抢劫过程中
故意杀人案件如何定罪问题的批复

- 2001年5月22日最高人民法院审判委员会第1176次会议通过
- 2001年5月23日最高人民法院公告公布
- 自2001年5月26日起施行
- 法释〔2001〕16号

上海市高级人民法院:

你院沪高法〔2000〕117号《关于抢劫过程中故意杀人案件定性问题的请示》收悉。经研究,答复如下:

行为人为劫取财物而预谋故意杀人,或者在劫取财物过程中,为制服被害人反抗而故意杀人的,以抢劫罪定罪处罚。

行为人实施抢劫后,为灭口而故意杀人的,以抢劫罪和故意杀人罪定罪,实行数罪并罚。

此复

最高人民法院关于审理抢劫、抢夺
刑事案件适用法律若干问题的意见

- 2005年6月8日
- 法发〔2005〕8号

抢劫、抢夺是多发性的侵犯财产犯罪。1997年刑法修订后,为了更好地指导审判工作,最高人民法院先后发布了《关于审理抢劫案件具体应用法律若干问题的解释》(以下简称《抢劫解释》)和《关于审理抢夺刑事案件具体应用法律若干问题的解释》(以下简称《抢夺解释》)。但是,抢劫、抢夺犯罪案件的情况比较复杂,各地法院在审判过程中仍然遇到了不少新情况、新问题。为准确、统一适用法律,现对审理抢劫、抢夺犯罪案件中较为突出的几个法律适用问题,提出意见如下:

一、关于"入户抢劫"的认定

根据《抢劫解释》第一条规定,认定"入户抢劫"时,应当注意以下三个问题:一是"户"的范围。"户"在这里是指住所,其特征表现为供他人家庭生活和与外界相对隔离两个方面,前者为功能特征,后者为场所特征。一般情况下,集体宿舍、旅店宾馆、临时搭建工棚等不应认定为"户",但在特定情况下,如果确实具有上述两个特征的,也可以认定为"户"。二是"入户"目的的非法性。进入他人住所须以实施抢劫等犯罪为目的。抢劫行为虽然发生在户内,但行为人不以实施抢劫等犯罪为目的的进入他人住所，而是在户内临时起意实施抢劫的，不属于"入户抢劫"。三是暴力或者暴力胁迫行为必须发生在户内。入户实施盗窃被发现，行为人为窝藏赃物、抗拒抓捕或者毁灭罪证而当场使用暴力或者以暴力相威胁，如果暴力或者暴力胁迫行为发生在户内，可以认定为"入户抢劫"；如果发生在户外，不能认定为"入户抢劫"。

二、关于"在公共交通工具上抢劫"的认定

公共交通工具承载的旅客具有不特定多数人的特点。根据《抢劫解释》第二条规定，"在公共交通工具上抢劫"主要是指从事旅客运输的各种公共汽车、大、中型出租车、火车、船只、飞机等正在运营中的机动公共交通工具上对旅客、司售、乘务人员实施的抢劫。在未运营中的大、中型公共交通工具上针对司售、乘务人员抢劫的，或者在小型出租车上抢劫的，不属于"在公共交通工具上抢劫"。

三、关于"多次抢劫"的认定

刑法第二百六十三条第（四）项中的"多次抢劫"是指抢劫三次以上。

对于"多次"的认定，应以行为人实施的每一次抢劫行为均已构成犯罪为前提，综合考虑犯罪故意的产生、犯罪行为实施的时间、地点等因素，客观分析、认定。对于行为人基于一个犯意实施犯罪的，如在同一地点同时对在场的多人实施抢劫的；或基于同一犯意在同一地点连续抢劫犯罪，如在同一地点连续地对途经此地的多人进行抢劫的；或在一次犯罪中对一栋居民楼房中的几户居民连续实施入户抢劫的，一般应认定为一次犯罪。

四、关于"携带凶器抢夺"的认定

《抢劫解释》第六条规定，"携带凶器抢夺"，是指行为人随身携带枪支、爆炸物、管制刀具等国家禁止个人携带的器械进行抢夺或者为了实施犯罪而携带其他器械进行抢夺的行为。行为人随身携带国家禁止个人携带的器械以外的其他器械抢夺，但有证据证明该器械确实不是为了实施犯罪准备的，不以抢劫罪定罪；行为人将随身携带凶器有意加以显示、能为被害人察觉到的，直接适用刑法第二百六十三条的规定定罪处罚；行为人携带凶器抢夺后，在逃跑过程中为窝藏赃物、抗拒抓捕或者毁灭罪证而当场使用暴力或者以暴力相威胁，适用刑法第二百六十七条第二款的规定定罪处罚。

五、关于转化抢劫的认定

行为人实施盗窃、诈骗、抢夺行为，未达到"数额较大"，为窝藏赃物、抗拒抓捕或者毁灭罪证当场使用暴力或者以暴力相威胁，情节较轻、危害不大的，一般不以犯罪论处；但具有下列情节之一的，可依照刑法第二百六十九条的规定，以抢劫罪定罪处罚：

（1）盗窃、诈骗、抢夺接近"数额较大"标准的；

（2）入户或在公共交通工具上盗窃、诈骗、抢夺后在户外或交通工具外实施上述行为的；

（3）使用暴力致人轻微伤以上后果的；

（4）使用凶器或以凶器相威胁的；

（5）具有其他严重情节的。

六、关于抢劫犯罪数额的计算

抢劫信用卡后使用、消费的，其实际使用、消费的数额为抢劫数额；抢劫信用卡后未实际使用、消费的，不计数额，根据情节轻重量刑。所抢信用卡数额巨大，但未实际使用、消费或者实际使用、消费的数额未达到巨大标准的，不适用"抢劫数额巨大"的法定刑。

为抢劫其他财物，劫取机动车辆当作犯罪工具或者逃跑工具使用的，被劫取机动车辆的价值计入抢劫数额；为实施抢劫以外的其他犯罪劫取机动车辆的，以抢劫罪和实施的其他犯罪实行数罪并罚。

抢劫存折、机动车辆的数额计算，参照执行《关于审理盗窃案件具体应用法律若干问题的解释》的相关规定。

七、关于抢劫特定财物行为的定性

以毒品、假币、淫秽物品等违禁品为对象，实施抢劫的，以抢劫罪定罪；抢劫的违禁品数量作为量刑情节予以考虑。抢劫违禁品后又以违禁品实施其他犯罪的，应以抢劫罪与具体实施的其他犯罪实行数罪并罚。

抢劫赌资、犯罪所得的赃款赃物的，以抢劫罪定罪，但行为人仅以其所输赌资或所赢赌债为抢劫对象，一般不以抢劫罪定罪处罚。构成其他犯罪的，依照刑法的相关规定处罚。

为个人使用，以暴力、胁迫等手段取得家庭成员或近亲属财产的，一般不以抢劫罪定罪处罚，构成其他犯罪的，依照刑法的相关规定处理；教唆或者伙同他人采取暴力、胁迫等手段劫取家庭成员或近亲属财产的，可以抢劫罪定罪处罚。

八、关于抢劫罪数的认定

行为人实施伤害、强奸等犯罪行为，在被害人未失去知觉，利用被害人不能反抗、不敢反抗的处境，临时起意劫取他人财物的，应以此前所实施的具体犯罪与抢劫罪实行数罪并罚；在被害人失去知觉或者没有发觉的情形下，以及实施故意杀人犯罪行为之后，临时起意拿走他人财物的，应以此前所实施的具体犯罪与盗窃罪实行数罪并罚。

九、关于抢劫罪与相似犯罪的界限

1. 冒充正在执行公务的人民警察、联防人员,以抓卖淫嫖娼、赌博等违法行为为名非法占有财物的行为定性

行为人冒充正在执行公务的人民警察"抓赌"、"抓嫖",没收赌资或者罚款的行为,构成犯罪的,以招摇撞骗罪从重处罚;在实施上述行为中使用暴力或者暴力威胁的,以抢劫罪定罪处罚。行为人冒充治安联防队员"抓赌"、"抓嫖"、没收赌资或者罚款的行为,构成犯罪的,以敲诈勒索罪定罪处罚;在实施上述行为中使用暴力或者暴力威胁的,以抢劫罪定罪处罚。

2. 以暴力、胁迫手段索取超出正常交易价钱、费用的钱财的行为定性

从事正常商品买卖、交易或者劳动服务的人,以暴力、胁迫手段迫使他人交出与合理价钱、费用相差不大钱物,情节严重的,以强迫交易罪定罪处罚;以非法占有为目的,以买卖、交易、服务为幌子采用暴力、胁迫手段迫使他人交出与合理价钱、费用相差悬殊的钱物的,以抢劫罪定罪处刑。在具体认定时,既要考虑超出合理价钱、费用的绝对数额,还要考虑超出合理价钱、费用的比例,加以综合判断。

3. 抢劫罪与绑架罪的界限

绑架罪是侵害他人人身自由权利的犯罪,其与抢劫罪的区别在于:第一,主观方面不尽相同。抢劫罪中,行为人一般出于非法占有他人财物的故意实施抢劫行为,绑架罪中,行为人既可能为勒索他人财物而实施绑架行为,也可能出于其他非经济目的实施绑架行为;第二,行为手段不尽相同。抢劫罪表现为行为人劫取财物一般应在同一时间、同一地点,具有"当场性";绑架罪表现为行为人以杀害、伤害等方式向被绑架人的亲属或其他人或单位发出威胁,索取赎金或提出其他非法要求,劫取财物一般不具有"当场性"。

绑架过程中又当场劫取被害人随身携带财物的,同时触犯绑架罪和抢劫罪两罪名,应择一重罪定罪处罚。

4. 抢劫罪与寻衅滋事罪的界限

寻衅滋事罪是严重扰乱社会秩序的犯罪,行为人实施寻衅滋事的行为时,客观上也可能表现为强拿硬要公私财物的特征。这种强拿硬要的行为与抢劫罪的区别在于:前者行为人主观上还具有逞强好胜和通过强拿硬要来填补其精神空虚等目的,后者行为人一般只具有非法占有他人财物的目的;前者行为人客观上一般不以严重侵犯他人人身权利的方法强拿硬要财物,而后者行为人则以暴力、胁迫等方式作为劫取他人财物的手段。司法实践中,对于未成年人使用或威胁使用轻微暴力强抢少量财物的行为,一般不宜以抢劫罪定罪处罚。其行为符合寻衅滋事罪特征的,可以寻衅滋事罪定罪处罚。

5. 抢劫罪与故意伤害罪的界限

行为人为索取债务,使用暴力、暴力威胁等手段的,一般不以抢劫罪定罪处罚。构成故意伤害等其他犯罪的,依照刑法第二百三十四条等规定处罚。

十、抢劫罪的既遂、未遂的认定

抢劫罪侵犯的是复杂客体,既侵犯财产权利又侵犯人身权利,具备劫取财物或者造成他人轻伤以上后果两者之一的,均属抢劫既遂;既未劫取财物,又未造成他人人身伤害后果的,属抢劫未遂。据此,刑法第二百六十三条规定的八种处罚情节中除"抢劫致人重伤、死亡的"这一结果加重情节之外,其余七种处罚情节同样存在既遂、未遂问题,其中属抢劫未遂的,应当根据刑法关于加重情节的法定刑规定,结合未遂犯的处理原则量刑。

十一、驾驶机动车、非机动车夺取他人财物行为的定性

对于驾驶机动车、非机动车(以下简称"驾驶车辆")夺取他人财物的,一般以抢夺罪从重处罚。但具有下列情形之一,应当以抢劫罪定罪处罚:

(1)驾驶车辆,逼挤、撞击或强行逼倒他人以排除他人反抗,乘机夺取财物的;

(2)驾驶车辆强抢财物时,因被害人不放手而采取强拉硬拽方法劫取财物的;

(3)行为人明知其驾驶车辆强行夺取他人财物的手段会造成他人伤亡的后果,仍然强行夺取并放任造成财物持有人轻伤以上后果的。

最高人民法院、最高人民检察院关于办理抢夺刑事案件适用法律若干问题的解释

· 2013 年 9 月 30 日最高人民法院审判委员会第 1592 次会议、2013 年 10 月 22 日最高人民检察院第十二届检察委员会第 12 次会议通过
· 2013 年 11 月 11 日最高人民法院、最高人民检察院公告公布
· 自 2013 年 11 月 18 日起施行
· 法释〔2013〕25 号

为依法惩治抢夺犯罪,保护公私财产,根据《中华人民共和国刑法》的有关规定,现就办理此类刑事案件适用法律的若干问题解释如下:

第一条 抢夺公私财物价值一千元至三千元以上、

三万元至八万元以上、二十万元至四十万元以上的,应当分别认定为刑法第二百六十七条规定的"数额较大""数额巨大""数额特别巨大"。

各省、自治区、直辖市高级人民法院、人民检察院可以根据本地区经济发展状况,并考虑社会治安状况,在前款规定的数额幅度内,确定本地区执行的具体数额标准,报最高人民法院、最高人民检察院批准。

第二条 抢夺公私财物,具有下列情形之一的,"数额较大"的标准按照前条规定标准的百分之五十确定:

(一)曾因抢劫、抢夺或者聚众哄抢受过刑事处罚的;
(二)一年内曾因抢夺或者哄抢受过行政处罚的;
(三)一年内抢夺三次以上的;
(四)驾驶机动车、非机动车抢夺的;
(五)组织、控制未成年人抢夺的;
(六)抢夺老年人、未成年人、孕妇、携带婴幼儿的人、残疾人、丧失劳动能力人的财物的;
(七)在医院抢夺病人或者其亲友财物的;
(八)抢夺救灾、抢险、防汛、优抚、扶贫、移民、救济款物的;
(九)自然灾害、事故灾害、社会安全事件等突发事件期间,在事件发生地抢夺的;
(十)导致他人轻伤或者精神失常等严重后果的。

第三条 抢夺公私财物,具有下列情形之一的,应当认定为刑法第二百六十七条规定的"其他严重情节":

(一)导致他人重伤的;
(二)导致他人自杀的;
(三)具有本解释第二条第三项至第十项规定的情形之一,数额达到本解释第一条规定的"数额巨大"百分之五十的。

第四条 抢夺公私财物,具有下列情形之一的,应当认定为刑法第二百六十七条规定的"其他特别严重情节":

(一)导致他人死亡的;
(二)具有本解释第二条第三项至第十项规定的情形之一,数额达到本解释第一条规定的"数额特别巨大"百分之五十的。

第五条 抢夺公私财物数额较大,但未造成他人轻伤以上伤害,行为人系初犯,认罪、悔罪,退赃、退赔,且具有下列情形之一的,可以认定为犯罪情节轻微,不起诉或者免予刑事处罚;必要时,由有关部门依法予以行政处罚:

(一)具有法定从宽处罚情节的;
(二)没有参与分赃或者获赃较少,且不是主犯的;
(三)被害人谅解的;
(四)其他情节轻微、危害不大的。

第六条 驾驶机动车、非机动车夺取他人财物,具有下列情形之一的,应当以抢劫罪定罪处罚:

(一)夺取他人财物时因被害人不放手而强行夺取的;
(二)驾驶车辆逼挤、撞击或者强行逼倒他人夺取财物的;
(三)明知会致人伤亡仍然强行夺取并放任造成财物持有人轻伤以上后果的。

第七条 本解释公布施行后,《最高人民法院关于审理抢夺刑事案件具体应用法律若干问题的解释》(法释〔2002〕18号)同时废止;之前发布的司法解释和规范性文件与本解释不一致的,以本解释为准。

最高人民法院关于审理抢劫刑事案件适用法律若干问题的指导意见

· 2016年1月6日
· 法发〔2016〕2号

抢劫犯罪是多发性的侵犯财产和侵犯公民人身权利的犯罪。1997年刑法修订后,最高人民法院先后发布了《关于审理抢劫案件具体应用法律若干问题的解释》(以下简称《抢劫解释》)和《关于审理抢劫、抢夺刑事案件适用法律问题的意见》(以下简称《两抢意见》),对抢劫案件的法律适用作出了规范,发挥了重要的指导作用。但是,抢劫犯罪案件的情况越来越复杂,各级法院在审判过程中不断遇到新情况、新问题。为统一适用法律,根据刑法和司法解释的规定,结合近年来人民法院审理抢劫案件的经验,现对审理抢劫犯罪案件中较为突出的几个法律适用问题和刑事政策把握问题提出如下指导意见:

一、关于审理抢劫刑事案件的基本要求

坚持贯彻宽严相济刑事政策。对于多次结伙抢劫,针对农村留守妇女、儿童及老人等弱势群体实施抢劫,在抢劫中实施强奸等暴力犯罪的,要在法律规定的量刑幅度内从重判处。

对于罪行严重或者具有累犯情节的抢劫犯罪分子,减刑、假释时应当从严掌握,严格控制减刑的幅度和频度。对因家庭成员就医等特定原因初次实施抢劫,主观恶性和犯罪情节相对较轻的,要与多次抢劫以及为了挥霍、赌博、吸毒等实施抢劫的案件在量刑上有所区分。对于犯罪情节较轻，或者具有法定、酌定从轻、减轻处罚情节的，坚持依法从宽处理。

确保案件审判质量。审理抢劫刑事案件，要严格遵守证据裁判原则，确保事实清楚，证据确实、充分。特别是对因抢劫可能判处死刑的案件，更要切实贯彻执行刑事诉讼法及相关司法解释、司法文件，严格依法审查判断和运用证据，坚决防止冤错案件的发生。

对抢劫刑事案件适用死刑，应当坚持"保留死刑，严格控制和慎重适用死刑"的刑事政策，以最严格的标准和最审慎的态度，确保死刑只适用于极少数罪行极其严重的犯罪分子。对被判处死刑缓期二年执行的抢劫犯罪分子，根据犯罪情节等情况，可以同时决定对其限制减刑。

二、关于抢劫犯罪部分加重处罚情节的认定

1. 认定"入户抢劫"，要注重审查行为人"入户"的目的，将"入户抢劫"与"在户内抢劫"区别开来。以侵害户内人员的人身、财产为目的，入户后实施抢劫，包括入户实施盗窃、诈骗等犯罪而转化为抢劫的，应当认定为"入户抢劫"。因访友办事等原因经户内人员允许入户后，临时起意实施抢劫，或者临时起意实施盗窃、诈骗等犯罪而转化为抢劫的，不应认定为"入户抢劫"。

对于部分时间从事经营、部分时间用于生活起居的场所，行为人在非营业时间强行入内抢劫或者以购物等为名骗开房门入内抢劫的，应认定为"入户抢劫"。对于部分用于经营、部分用于生活且之间有明确隔离的场所，行为人进入生活场所实施抢劫的，应认定为"入户抢劫"；如场所之间没有明确隔离，行为人在营业时间入内实施抢劫的，不认定为"入户抢劫"，但在非营业时间入内实施抢劫的，应认定为"入户抢劫"。

2. "公共交通工具"，包括从事旅客运输的各种公共汽车、大、中型出租车、火车、地铁、轻轨、轮船、飞机等，不含小型出租车。对于虽不具有商业营运执照，但实际从事旅客运输的大、中型交通工具，可认定为"公共交通工具"。接送职工的单位班车、接送师生的校车等大、中型交通工具，视为"公共交通工具"。

"在公共交通工具上抢劫"，既包括在处于运营状态的公共交通工具上对旅客及司售、乘务人员实施抢劫，也包括拦截运营途中的公共交通工具对旅客及司售、乘务人员实施抢劫，但不包括在未运营的公共交通工具上针对司售、乘务人员实施抢劫。以暴力、胁迫或者麻醉等手段对公共交通工具上的特定人员实施抢劫的，一般应认定为"在公共交通工具上抢劫"。

3. 认定"抢劫数额巨大"，参照各地认定盗窃罪数额巨大的标准执行。抢劫数额以实际抢劫到的财物数额为依据。对以数额巨大的财物为明确目标，由于意志以外的原因，未能抢到财物或实际抢得的财物数额不大的，应同时认定"抢劫数额巨大"和犯罪未遂的情节，根据刑法有关规定，结合未遂犯的处理原则量刑。

根据《两抢意见》第六条第一款规定，抢劫信用卡后使用、消费的，以行为人实际使用、消费的数额为抢劫数额。由于行为人意志以外的原因无法实际使用、消费的部分，虽不计入抢劫数额，但应作为量刑情节考虑。通过银行转账或者电子支付、手机银行等支付平台获取抢劫财物的，以行为人实际获取的财物为抢劫数额。

4. 认定"冒充军警人员抢劫"，要注重对行为人是否穿着军警制服、携带枪支、是否出示军警证件等情节进行综合审查，判断是否足以使他人误认为是军警人员。对于行为人仅穿着类似军警的服装或仅以言语宣称系军警人员但未携带枪支、也未出示军警证件而实施抢劫的，要结合抢劫地点、时间、暴力或威胁的具体情形，依照常人判断标准，确定是否认定为"冒充军警人员抢劫"。

军警人员利用自身的真实身份实施抢劫的，不认定为"冒充军警人员抢劫"，应依法从重处罚。

三、关于转化型抢劫犯罪的认定

根据刑法第二百六十九条的规定，"犯盗窃、诈骗、抢夺罪，为窝藏赃物、抗拒抓捕或者毁灭罪证而当场使用暴力或者以暴力相威胁的"，依照抢劫罪定罪处罚。"犯盗窃、诈骗、抢夺罪"，主要是指行为人已经着手实施盗窃、诈骗、抢夺行为，一般不考察盗窃、诈骗、抢夺行为是否既遂。但是所涉财物数额明显低于"数额较大"的标准，又不具有《两抢意见》第五条所列五种情节之一的，不构成抢劫罪。"当场"是指在盗窃、诈骗、抢夺的现场以及行为人刚离开现场即被他人发现并抓捕的情形。

对于以摆脱的方式逃脱抓捕，暴力强度较小，未造成轻伤以上后果的，可不认定为"使用暴力"，不以抢劫罪论处。

入户或者在公共交通工具上盗窃、诈骗、抢夺后，为了窝藏赃物、抗拒抓捕或者毁灭罪证，在户内或者公共交通工具上当场使用暴力或者以暴力相威胁的，构成"入户抢劫"或者"在公共交通工具上抢劫"。

两人以上共同实施盗窃、诈骗、抢夺犯罪，其中部分行为人为窝藏赃物、抗拒抓捕或者毁灭罪证而当场使用暴力或者以暴力相威胁，对于其余行为人是否以抢劫罪共犯论处，主要看其对实施暴力或者以暴力相威胁的行为人是否形成共同犯意、提供帮助。基于一定意思联络,对实施暴力或者以暴力相威胁的行为人提供帮助或实际成为帮凶的,可以抢劫共犯论处。

四、具有法定八种加重处罚情节的刑罚适用

1. 根据刑法第二百六十三条的规定,具有"抢劫致人重伤、死亡"等八种法定加重处罚情节的,处十年以上有期徒刑、无期徒刑或者死刑,并处罚金或者没收财产。应当根据抢劫的次数及数额、抢劫对人身的损害、对社会治安的危害等情况,结合被告人的主观恶性及人身危险程度,并根据量刑规范化的有关规定,确定具体的刑罚。判处无期徒刑以上刑罚的,一般应并处没收财产。

2. 具有下列情形之一的,可以判处无期徒刑以上刑罚:

(1)抢劫致三人以上重伤,或者致人重伤造成严重残疾的;

(2)在抢劫过程中故意杀害他人,或者故意伤害他人,致人死亡的;

(3)具有除"抢劫致人重伤、死亡"外的两种以上加重处罚情节,或者抢劫次数特别多、抢劫数额特别巨大的。

3. 为劫取财物而预谋故意杀人,或者在劫取财物过程中为制服被害人反抗、抗拒抓捕而杀害被害人,且被告人无法定从宽处罚情节的,可依法判处死刑立即执行。对具有自首、立功等法定从轻处罚情节的,判处死刑立即执行应当慎重。对于采取故意杀人以外的其他手段实施抢劫并致人死亡的案件,要从犯罪的动机、预谋、实行行为等方面分析被告人主观恶性的大小,并从有无前科及平时表现、认罪悔罪情况等方面判断被告人的人身危险程度,不能不加区别,仅以出现被害人死亡的后果,一律判处死刑立即执行。

4. 抢劫致人重伤案件适用死刑,应当更加慎重、更加严格,除非具有采取极其残忍的手段造成被害人严重残疾等特别恶劣的情节或者造成特别严重后果的,一般不判处死刑立即执行。

5. 具有刑法第二百六十三条规定的"抢劫致人重伤、死亡"以外其他七种加重处罚情节,且犯罪情节特别恶劣、危害后果特别严重的,可依法判处死刑立即执行。认定"情节特别恶劣、危害后果特别严重",应当从严掌握,适用死刑必须非常慎重、非常严格。

五、抢劫共同犯罪的刑罚适用

1. 审理抢劫共同犯罪案件,应当充分考虑共同犯罪的情节及后果、共同犯罪人在抢劫中的作用以及被告人的主观恶性、人身危险性等情节,做到准确认定主从犯,分清罪责,以责定刑,罚当其罪。一案中有两名以上主犯的,要从犯罪提意、预谋、准备、行为实施、赃物处理等方面区分出罪责最大者和较大者;有两名以上从犯的,要在从犯中区分出罪责相对更轻者和较轻者。对从犯的处罚,要根据案件的具体事实、从犯的罪责,确定从轻还是减轻处罚。对具有自首、立功或者未成年人且初次抢劫等情节的从犯,可以依法免除处罚。

2. 对于共同抢劫致一人死亡的案件,依法应当判处死刑的,除犯罪手段特别残忍、情节及后果特别严重、社会影响特别恶劣、严重危害社会治安的外,一般只对共同抢劫犯罪中作用最突出、罪行最严重的那名主犯判处死刑立即执行。罪行最严重的主犯如因系未成年人而不适用死刑,或者因具有自首、立功等法定从宽处罚情节而不判处死刑立即执行的,不能不加区别地对其他主犯判处死刑立即执行。

3. 在抢劫共同犯罪案件中,有同案犯在逃的,应当根据现有证据尽量分清在押犯与在逃犯的罪责,对在押犯应按其罪责处刑。罪责确实难以分清,或者不排除在押犯的罪责可能轻于在逃犯的,对在押犯适用刑罚应当留有余地,判处死刑立即执行要格外慎重。

六、累犯等情节的适用

根据刑法第六十五条第一款的规定,对累犯应当从重处罚。抢劫犯罪被告人具有累犯情节的,适用刑罚时要综合考虑犯罪的情节和后果,所犯前后罪的性质、间隔时间及判刑轻重等情况,决定从重处罚的力度。对于前罪系抢劫等严重暴力犯罪的累犯,应当依法加大从重处罚的力度。对于虽不构成累犯,但具有抢劫犯罪前科的,一般不适用减轻处罚和缓刑。对于可能判处死刑的罪犯具有累犯情节的也应慎重,不能只要是累犯就一律判处死刑立即执行;被告人同时具有累犯和法定从宽处罚情节的,判处死刑立即执行应当综合考虑,从严掌握。

七、关于抢劫案件附带民事赔偿的处理原则

要妥善处理抢劫案件附带民事赔偿工作。审理抢劫刑事案件,一般情况下人民法院不主动开展附带民事调解工作。但是,对于犯罪情节不是特别恶劣或者被害方生活、医疗陷入困境,被告人与被害方自行达成民事赔偿和解协议的,民事赔偿情况可作为评价被告人悔罪态度的依据之一,在量刑上酌情予以考虑。

最高人民法院关于在国有资本控股、参股的股份有限公司中从事管理工作的人员利用职务便利非法占有本公司财物如何定罪问题的批复

- 2001年5月22日最高人民法院审判委员会第1176次会议通过
- 2001年5月23日最高人民法院公告公布
- 自2001年5月26日起施行
- 法释〔2001〕17号

重庆市高级人民法院：

你院渝高法明传〔2000〕38号《关于在股份有限公司中从事管理工作的人员侵占本公司财物如何定性的请示》收悉。经研究，答复如下：

在国有资本控股、参股的股份有限公司中从事管理工作的人员，除受国家机关、国有公司、企业、事业单位委派从事公务的以外，不属于国家工作人员。对其利用职务上的便利，将本单位财物非法占为己有，数额较大的，应当依照刑法第二百七十一条第一款的规定，以职务侵占罪定罪处罚。

此复

最高人民检察院关于单位有关人员组织实施盗窃行为如何适用法律问题的批复

- 2002年7月8日最高人民检察院第九届检察委员会第112次会议通过
- 2002年8月9日最高人民检察院公告公布
- 高检发释字〔2002〕5号

各省、自治区、直辖市人民检察院，军事检察院，新疆生产建设兵团人民检察院：

近来，一些省人民检察院就单位有关人员为谋取单位利益组织实施盗窃行为如何适用法律问题向我院请示。根据刑法有关规定，现批复如下：

单位有关人员为谋取单位利益组织实施盗窃行为，情节严重的，应当依照刑法第二百六十四条的规定以盗窃罪追究直接责任人员的刑事责任。

此复

最高人民法院、最高人民检察院关于办理盗窃油气、破坏油气设备等刑事案件具体应用法律若干问题的解释

- 2006年11月20日最高人民法院审判委员会第1406次会议、2006年12月11日最高人民检察院第十届检察委员会第66次会议通过
- 2007年1月15日最高人民法院、最高人民检察院公告公布
- 自2007年1月19日起施行
- 法释〔2007〕3号

为维护油气的生产、运输安全，依法惩治盗窃油气、破坏油气设备等犯罪，根据刑法有关规定，现就办理这类刑事案件具体应用法律的若干问题解释如下：

第一条 在实施盗窃油气等行为过程中，采用切割、打孔、撬砸、拆卸、开关等手段破坏正在使用的油气设备的，属于刑法第一百一十八条规定的"破坏燃气或者其他易燃易爆设备"的行为；危害公共安全，尚未造成严重后果的，依照刑法第一百一十八条的规定定罪处罚。

第二条 实施本解释第一条规定的行为，具有下列情形之一的，属于刑法第一百一十九条第一款规定的"造成严重后果"，依照刑法第一百一十九条第一款的规定定罪处罚：

（一）造成一人以上死亡、三人以上重伤或者十人以上轻伤的；

（二）造成井喷或者重大环境污染事故的；

（三）造成直接经济损失数额在五十万元以上的；

（四）造成其他严重后果的。

第三条 盗窃油气或者正在使用的油气设备，构成犯罪，但未危害公共安全的，依照刑法第二百六十四条的规定，以盗窃罪定罪处罚。

盗窃油气，数额巨大但尚未运离现场的，以盗窃未遂定罪处罚。

为他人盗窃油气而偷开油气井、油气管道等油气设备阀门排放油气或者提供其他帮助的，以盗窃罪的共犯定罪处罚。

第四条 盗窃油气同时构成盗窃罪和破坏易燃易爆设备罪的，依照刑法处罚较重的规定定罪处罚。

第五条 明知是盗窃犯罪所得的油气或者油气设备，而予以窝藏、转移、收购、加工、代为销售或者以其他方法掩饰、隐瞒的，依照刑法第三百一十二条的规定定罪处罚。

实施前款规定的犯罪行为，事前通谋的，以盗窃犯罪

的共犯定罪处罚。

第六条 违反矿产资源法的规定，非法开采或者破坏性开采石油、天然气资源的，依照刑法第三百四十三条以及《最高人民法院关于审理非法采矿、破坏性采矿刑事案件具体应用法律若干问题的解释》的规定追究刑事责任。

第七条 国家机关工作人员滥用职权或者玩忽职守，实施下列行为之一，致使公共财产、国家和人民利益遭受重大损失的，依照刑法第三百九十七条的规定，以滥用职权罪或者玩忽职守罪定罪处罚：

（一）超越职权范围，批准发放石油、天然气勘查、开采、加工、经营等许可证的；

（二）违反国家规定，给不符合法定条件的单位、个人发放石油、天然气勘查、开采、加工、经营等许可证的；

（三）违反《石油天然气管道保护条例》等国家规定，在油气设备安全保护范围内批准建设项目的；

（四）对发现或者经举报查实的未经依法批准、许可擅自从事石油、天然气勘查、开采、加工、经营等违法活动不予查封、取缔的。

第八条 本解释所称的"油气"，是指石油、天然气。其中，石油包括原油、成品油；天然气包括煤层气。

本解释所称"油气设备"，是指用于石油、天然气生产、储存、运输等易燃易爆设备。

最高人民法院、最高人民检察院关于办理与盗窃、抢劫、诈骗、抢夺机动车相关刑事案件具体应用法律若干问题的解释

· 2006年12月25日最高人民法院审判委员会第1411次会议、2007年2月14日最高人民检察院第十届检察委员会第71次会议通过
· 2007年5月9日最高人民法院、最高人民检察院公告公布
· 自2007年5月11日起施行
· 法释〔2007〕11号

为依法惩治与盗窃、抢劫、诈骗、抢夺机动车相关的犯罪活动，根据刑法、刑事诉讼法等有关法律的规定，现对办理这类案件具体应用法律的若干问题解释如下：

第一条 明知是盗窃、抢劫、诈骗、抢夺的机动车，实施下列行为之一的，依照刑法第三百一十二条的规定，以掩饰、隐瞒犯罪所得、犯罪所得收益罪定罪，处三年以下有期徒刑、拘役或者管制，并处或者单处罚金：

（一）买卖、介绍买卖、典当、拍卖、抵押或者用其抵债的；

（二）拆解、拼装或者组装的；

（三）修改发动机号、车辆识别代号的；

（四）更改车身颜色或者车辆外形的；

（五）提供或者出售机动车来历凭证、整车合格证、号牌以及有关机动车的其他证明和凭证的；

（六）提供或者出售伪造、变造的机动车来历凭证、整车合格证、号牌以及有关机动车的其他证明和凭证的。

实施第一款规定的行为涉及盗窃、抢劫、诈骗、抢夺的机动车五辆以上或者价值总额达到五十万元以上的，属于刑法第三百一十二条规定的"情节严重"，处三年以上七年以下有期徒刑，并处罚金。

第二条 伪造、变造、买卖机动车行驶证、登记证书，累计三本以上的，依照刑法第二百八十条第一款的规定，以伪造、变造、买卖国家机关证件罪定罪，处三年以下有期徒刑、拘役、管制或者剥夺政治权利。

伪造、变造、买卖机动车行驶证、登记证书，累计达到第一款规定数量标准五倍以上的，属于刑法第二百八十条第一款规定中的"情节严重"，处三年以上十年以下有期徒刑。

第三条 国家机关工作人员滥用职权，有下列情形之一，致使盗窃、抢劫、诈骗、抢夺的机动车被办理登记手续，数量达到三辆以上或者价值总额达到三十万元以上的，依照刑法第三百九十七条第一款的规定，以滥用职权罪定罪，处三年以下有期徒刑或者拘役：

（一）明知是登记手续不全或者不符合规定的机动车而办理登记手续的；

（二）指使他人为明知是登记手续不全或者不符合规定的机动车办理登记手续的；

（三）违规或者指使他人违规更改、调换车辆档案的；

（四）其他滥用职权的行为。

国家机关工作人员疏于审查或者审查不严，致使盗窃、抢劫、诈骗、抢夺的机动车被办理登记手续，数量达到五辆以上或者价值总额达到五十万元以上的，依照刑法第三百九十七条第一款的规定，以玩忽职守罪定罪，处三年以下有期徒刑或者拘役。

国家机关工作人员实施前两款规定的行为，致使盗窃、抢劫、诈骗、抢夺的机动车被办理登记手续，分别达到前两款规定数量、数额标准五倍以上的，或者明知是盗窃、抢劫、诈骗、抢夺的机动车而办理登记手续的，属于刑法第三百九十七条第一款规定的"情节特别严重"，处三

年以上七年以下有期徒刑。

国家机关工作人员徇私舞弊,实施上述行为,构成犯罪的,依照刑法第三百九十七条第二款的规定定罪处罚。

第四条 实施本解释第一条、第二条、第三条第一款或者第三款规定的行为,事前与盗窃、抢劫、诈骗、抢夺机动车的犯罪分子通谋的,以盗窃罪、抢劫罪、诈骗罪、抢夺罪的共犯论处。

第五条 对跨地区实施的涉及同一机动车的盗窃、抢劫、诈骗、抢夺以及掩饰、隐瞒犯罪所得、犯罪所得收益行为,有关公安机关可以依照法律和有关规定一并立案侦查,需要提请批准逮捕、移送审查起诉、提起公诉的,由该公安机关所在地的同级人民检察院、人民法院受理。

第六条 行为人实施本解释第一条、第三条第三款规定的行为,涉及的机动车有下列情形之一的,应当认定行为人主观上属于上述条款所称"明知":

(一)没有合法有效的来历凭证的;

(二)发动机号、车辆识别代号有明显更改痕迹,没有合法证明的。

最高人民法院、最高人民检察院关于办理盗窃刑事案件适用法律若干问题的解释

- 2013年3月8日最高人民法院审判委员会第1571次会议、2013年3月18日最高人民检察院第十二届检察委员会第1次会议通过
- 2013年4月2日最高人民法院、最高人民检察院公告公布
- 自2013年4月4日起施行
- 法释〔2013〕8号

为依法惩治盗窃犯罪活动,保护公私财产,根据《中华人民共和国刑法》、《中华人民共和国刑事诉讼法》的有关规定,现就办理盗窃刑事案件适用法律的若干问题解释如下:

第一条 盗窃公私财物价值一千元至三千元以上、三万元至十万元以上、三十万元至五十万元以上的,应当分别认定为刑法第二百六十四条规定的"数额较大"、"数额巨大"、"数额特别巨大"。

各省、自治区、直辖市高级人民法院、人民检察院可以根据本地区经济发展状况,并考虑社会治安状况,在前款规定的数额幅度内,确定本地区执行的具体数额标准,报最高人民法院、最高人民检察院批准。

在跨地区运行的公共交通工具上盗窃,盗窃地点无法查证的,盗窃数额是否达到"数额较大"、"数额巨大"、"数额特别巨大",应当根据受理案件所在地省、自治区、直辖市高级人民法院、人民检察院确定的有关数额标准认定。

盗窃毒品等违禁品,应当按照盗窃罪处理的,根据情节轻重量刑。

第二条 盗窃公私财物,具有下列情形之一的,"数额较大"的标准可以按照前条规定标准的百分之五十确定:

(一)曾因盗窃受过刑事处罚的;

(二)一年内曾因盗窃受过行政处罚的;

(三)组织、控制未成年人盗窃的;

(四)自然灾害、事故灾害、社会安全事件等突发事件期间,在事件发生地盗窃的;

(五)盗窃残疾人、孤寡老人、丧失劳动能力人的财物的;

(六)在医院盗窃病人或者其亲友财物的;

(七)盗窃救灾、抢险、防汛、优抚、扶贫、移民、救济款物的;

(八)因盗窃造成严重后果的。

第三条 二年内盗窃三次以上的,应当认定为"多次盗窃"。

非法进入供他人家庭生活,与外界相对隔离的住所盗窃的,应当认定为"入户盗窃"。

携带枪支、爆炸物、管制刀具等国家禁止个人携带的器械盗窃,或者为了实施违法犯罪携带其他足以危害他人人身安全的器械盗窃的,应当认定为"携带凶器盗窃"。

在公共场所或者公共交通工具上盗窃他人随身携带的财物的,应当认定为"扒窃"。

第四条 盗窃的数额,按照下列方法认定:

(一)被盗财物有有效价格证明的,根据有效价格证明认定;无有效价格证明,或者根据价格证明认定盗窃数额明显不合理的,应当按照有关规定委托估价机构估价;

(二)盗窃外币的,按照盗窃时中国外汇交易中心或者中国人民银行授权机构公布的人民币对该货币的中间价折合成人民币计算;中国外汇交易中心或者中国人民银行授权机构未公布汇率中间价的外币,按照盗窃时境内银行人民币对该货币的中间价折算成人民币,或者该货币在境内银行、国际外汇市场对美元汇率,与人民币对美元汇率中间价进行套算;

（三）盗窃电力、燃气、自来水等财物，盗窃数量能够查实的，按照查实的数量计算盗窃数额；盗窃数量无法查实的，以盗窃前六个月月均正常用量减去盗窃后计量仪表显示的月均用量推算盗窃数额；盗窃前正常使用不足六个月的，按照正常使用期间的月均用量减去盗窃后计量仪表显示的月均用量推算盗窃数额；

（四）明知是盗接他人通信线路、复制他人电信码号的电信设备、设施而使用的，按照合法用户为其支付的费用认定盗窃数额；无法直接确认的，以合法用户的电信设备、设施被盗接、复制后的月缴费额减去被盗接、复制前六个月的月均电话费推算盗窃数额；合法用户使用电信设备、设施不足六个月的，按照实际使用的月均电话费推算盗窃数额；

（五）盗接他人通信线路、复制他人电信码号出售的，按照销赃数额认定盗窃数额。

盗窃行为给失主造成的损失大于盗窃数额的，损失数额可以作为量刑情节考虑。

第五条 盗窃有价支付凭证、有价证券、有价票证的，按照下列方法认定盗窃数额：

（一）盗窃不记名、不挂失的有价支付凭证、有价证券、有价票证的，应当按票面数额和盗窃时应得的孳息、奖金或者奖品等可得收益一并计算盗窃数额；

（二）盗窃记名的有价支付凭证、有价证券、有价票证，已经兑现的，按照兑现部分的财物价值计算盗窃数额；没有兑现，但失主无法通过挂失、补领、补办手续等方式避免损失的，按照给失主造成的实际损失计算盗窃数额。

第六条 盗窃公私财物，具有本解释第二条第三项至第八项规定情形之一，或者入户盗窃、携带凶器盗窃，数额达到本解释第一条规定的"数额巨大"、"数额特别巨大"百分之五十的，可以分别认定为刑法第二百六十四条规定的"其他严重情节"或者"其他特别严重情节"。

第七条 盗窃公私财物数额较大，行为人认罪、悔罪、退赃、退赔，且具有下列情形之一，情节轻微的，可以不起诉或者免予刑事处罚；必要时，由有关部门予以行政处罚：

（一）具有法定从宽处罚情节的；

（二）没有参与分赃或者获赃较少且不是主犯的；

（三）被害人谅解的；

（四）其他情节轻微、危害不大的。

第八条 偷拿家庭成员或者近亲属的财物，获得谅解的，一般可不认为是犯罪；追究刑事责任的，应当酌情从宽。

第九条 盗窃国有馆藏一般文物、三级文物、二级以上文物的，应当分别认定为刑法第二百六十四条规定的"数额较大"、"数额巨大"、"数额特别巨大"。

盗窃多件不同等级国有馆藏文物的，三件同级文物可以视为一件高一级文物。

盗窃民间收藏的文物的，根据本解释第四条第一款第一项的规定认定盗窃数额。

第十条 偷开他人机动车的，按照下列规定处理：

（一）偷开机动车，导致车辆丢失的，以盗窃罪定罪处罚；

（二）为盗窃其他财物，偷开机动车作为犯罪工具使用后非法占有车辆，或者将车辆遗弃导致丢失的，被盗车辆的价值计入盗窃数额；

（三）为实施其他犯罪，偷开机动车作为犯罪工具使用后非法占有车辆，或者将车辆遗弃导致丢失的，以盗窃罪和其他犯罪数罪并罚；将车辆送回未造成丢失的，按照其所实施的其他犯罪从重处罚。

第十一条 盗窃公私财物并造成财物损毁的，按照下列规定处理：

（一）采用破坏性手段盗窃公私财物，造成其他财物损毁的，以盗窃罪从重处罚；同时构成盗窃罪和其他犯罪的，择一重罪从重处罚；

（二）实施盗窃犯罪后，为掩盖罪行或者报复等，故意毁坏其他财物构成犯罪的，以盗窃罪和构成的其他犯罪数罪并罚；

（三）盗窃行为未构成犯罪，但损毁财物构成其他犯罪的，以其他犯罪定罪处罚。

第十二条 盗窃未遂，具有下列情形之一的，应当依法追究刑事责任：

（一）以数额巨大的财物为盗窃目标的；

（二）以珍贵文物为盗窃目标的；

（三）其他情节严重的情形。

盗窃既有既遂，又有未遂，分别达到不同量刑幅度的，依照处罚较重的规定处罚；达到同一量刑幅度的，以盗窃罪既遂处罚。

第十三条 单位组织、指使盗窃，符合刑法第二百六十四条及本解释有关规定的，以盗窃罪追究组织者、指使者、直接实施者的刑事责任。

第十四条 因犯盗窃罪，依法判处罚金刑的，应当在一千元以上盗窃数额的二倍以下判处罚金；没有盗窃数额或者盗窃数额无法计算的，应当在一千元以上十万元以下判处罚金。

第十五条 本解释发布实施后,《最高人民法院关于审理盗窃案件具体应用法律若干问题的解释》(法释〔1998〕4号)同时废止;之前发布的司法解释和规范性文件与本解释不一致的,以本解释为准。

最高人民法院、最高人民检察院、公安部关于办理盗窃油气、破坏油气设备等刑事案件适用法律若干问题的意见

- 2018年9月28日
- 法发〔2018〕18号

为依法惩治盗窃油气、破坏油气设备等犯罪,维护公共安全、能源安全和生态安全,根据《中华人民共和国刑法》《中华人民共和国刑事诉讼法》和《最高人民法院、最高人民检察院关于办理盗窃油气、破坏油气设备等刑事案件具体应用法律若干问题的解释》等法律、司法解释的规定,结合工作实际,制定本意见。

一、关于危害公共安全的认定

在实施盗窃油气等行为过程中,破坏正在使用的油气设备,具有下列情形之一的,应当认定为刑法第一百一十八条规定的"危害公共安全":

(一)采用切割、打孔、撬砸、拆卸手段的,但是明显未危害公共安全的除外;

(二)采用开、关等手段,足以引发火灾、爆炸等危险的。

二、关于盗窃油气未遂的刑事责任

着手实施盗窃油气行为,由于意志以外的原因未得逞,具有下列情形之一的,以盗窃罪(未遂)追究刑事责任:

(一)以数额巨大的油气为盗窃目标的;

(二)已将油气装入包装物或者运输工具,达到"数额较大"标准三倍以上的;

(三)携带盗油卡子、手摇钻、电钻、电焊枪等切割、打孔、撬砸、拆卸工具的;

(四)其他情节严重的情形。

三、关于共犯的认定

在共同盗窃油气、破坏油气设备等犯罪中,实际控制、为主出资或者组织、策划、纠集、雇佣、指使他人参与犯罪的,应当依法认定为主犯;对于其他人员,在共同犯罪中起主要作用的,也应当依法认定为主犯。

在输油输气管道投入使用前擅自安装阀门,在管道投入使用后将该阀门提供给他人盗窃油气的,以盗窃罪、破坏易燃易爆设备罪等有关犯罪的共同犯罪论处。

四、关于内外勾结盗窃油气行为的处理

行为人与油气企业人员勾结共同盗窃油气,没有利用油气企业人员职务便利,仅仅是利用其易于接近油气设备、熟悉环境等方便条件的,以盗窃罪的共同犯罪论处。

实施上述行为,同时构成破坏易燃易爆设备罪的,依照处罚较重的规定定罪处罚。

五、关于窝藏、转移、收购、加工、代为销售被盗油气行为的处理

明知是犯罪所得的油气而予以窝藏、转移、收购、加工、代为销售或者以其他方式掩饰、隐瞒,符合刑法第三百一十二条规定的,以掩饰、隐瞒犯罪所得罪追究刑事责任。

"明知"的认定,应当结合行为人的认知能力、所得报酬、运输工具、运输路线、收购价格、收购形式、加工方式、销售地点、仓储条件等因素综合考虑。

实施第一款规定的犯罪行为,事前通谋的,以盗窃罪、破坏易燃易爆设备罪等有关犯罪的共同犯罪论处。

六、关于直接经济损失的认定

《最高人民法院、最高人民检察院关于办理盗窃油气、破坏油气设备等刑事案件具体应用法律若干问题的解释》第二条第三项规定的"直接经济损失"包括因实施盗窃油气等行为直接造成的油气损失以及采取抢修堵漏等措施所产生的费用。

对于直接经济损失数额,综合油气企业提供的证据材料、犯罪嫌疑人、被告人及其辩护人所提辩解、辩护意见等认定;难以确定的,依据价格认证机构出具的报告,结合其他证据认定。

油气企业提供的证据材料,应当有工作人员签名和企业公章。

七、关于专门性问题的认定

对于油气的质量、标准等专门性问题,综合油气企业提供的证据材料、犯罪嫌疑人、被告人及其辩护人所提辩解、辩护意见等认定;难以确定的,依据司法鉴定机构出具的鉴定意见或者国务院公安部门指定的机构出具的报告,结合其他证据认定。

油气企业提供的证据材料,应当有工作人员签名和企业公章。

最高人民检察院关于拾得他人信用卡并在自动柜员机（ATM机）上使用的行为如何定性问题的批复

- 2008年2月19日最高人民检察院第十届检察委员会第92次会议通过
- 2008年4月18日最高人民检察院公告公布
- 自2008年5月7日起施行
- 高检发释字〔2008〕1号

浙江省人民检察院：

你院《关于拾得他人信用卡并在ATM机上使用的行为应如何定性的请示》（浙检研〔2007〕227号）收悉。经研究，批复如下：

拾得他人信用卡并在自动柜员机（ATM机）上使用的行为，属于刑法第一百九十六条第一款第（三）项规定的"冒用他人信用卡"的情形，构成犯罪的，以信用卡诈骗罪追究刑事责任。

此复。

最高人民法院、最高人民检察院关于办理诈骗刑事案件具体应用法律若干问题的解释

- 2011年2月21日最高人民法院审判委员会第1512次会议、2010年11月24日最高人民检察院第十一届检察委员会第49次会议通过
- 2011年3月1日最高人民法院、最高人民检察院公告公布
- 自2011年4月8日起施行
- 法释〔2011〕7号

为依法惩治诈骗犯罪活动，保护公私财产所有权，根据刑法、刑事诉讼法有关规定，结合司法实践的需要，现就办理诈骗刑事案件具体应用法律的若干问题解释如下：

第一条 诈骗公私财物价值三千元至一万元以上、三万元至十万元以上、五十万元以上的，应当分别认定为刑法第二百六十六条规定的"数额较大"、"数额巨大"、"数额特别巨大"。

各省、自治区、直辖市高级人民法院、人民检察院可以结合本地区经济社会发展状况，在前款规定的数额幅度内，共同研究确定本地区执行的具体数额标准，报最高人民法院、最高人民检察院备案。

第二条 诈骗公私财物达到本解释第一条规定的数额标准，具有下列情形之一的，可以依照刑法第二百六十六条的规定酌情从严惩处：

（一）通过发送短信、拨打电话或者利用互联网、广播电视、报刊杂志等发布虚假信息，对不特定多数人实施诈骗的；

（二）诈骗救灾、抢险、防汛、优抚、扶贫、移民、救济、医疗款物的；

（三）以赈灾募捐名义实施诈骗的；

（四）诈骗残疾人、老年人或者丧失劳动能力人的财物的；

（五）造成被害人自杀、精神失常或者其他严重后果的。

诈骗数额接近本解释第一条规定的"数额巨大"、"数额特别巨大"的标准，并具有前款规定的情形之一或者属于诈骗集团首要分子的，应当分别认定为刑法第二百六十六条规定的"其他严重情节"、"其他特别严重情节"。

第三条 诈骗公私财物虽已达到本解释第一条规定的"数额较大"的标准，但具有下列情形之一，且行为人认罪、悔罪的，可以根据刑法第三十七条、刑事诉讼法第一百四十二条的规定不起诉或者免予刑事处罚：

（一）具有法定从宽处罚情节的；

（二）一审宣判前全部退赃、退赔的；

（三）没有参与分赃或者获赃较少且不是主犯的；

（四）被害人谅解的；

（五）其他情节轻微、危害不大的。

第四条 诈骗近亲属的财物，近亲属谅解的，一般可不按犯罪处理。

诈骗近亲属的财物，确有追究刑事责任必要的，具体处理也应酌情从宽。

第五条 诈骗未遂，以数额巨大的财物为诈骗目标的，或者具有其他严重情节的，应当定罪处罚。

利用发送短信、拨打电话、互联网等电信技术手段对不特定多数人实施诈骗，诈骗数额难以查证，但具有下列情形之一的，应当认定为刑法第二百六十六条规定的"其他严重情节"，以诈骗罪（未遂）定罪处罚：

（一）发送诈骗信息五千条以上的；

（二）拨打诈骗电话五百人次以上的；

（三）诈骗手段恶劣、危害严重的。

实施前款规定行为，数量达到前款第（一）、（二）项规定标准十倍以上的，或者诈骗手段特别恶劣、危害特别严重的，应当认定为刑法第二百六十六条规定的"其他特别严重情节"，以诈骗罪（未遂）定罪处罚。

第六条 诈骗既有既遂，又有未遂，分别达到不同量

刑幅度的,依照处罚较重的规定处罚;达到同一量刑幅度的,以诈骗罪既遂处罚。

第七条 明知他人实施诈骗犯罪,为其提供信用卡、手机卡、通讯工具、通讯传输通道、网络技术支持、费用结算等帮助的,以共同犯罪论处。

第八条 冒充国家机关工作人员进行诈骗,同时构成诈骗罪和招摇撞骗罪的,依照处罚较重的规定定罪处罚。

第九条 案发后查封、扣押、冻结在案的诈骗财物及其孳息,权属明确的,应当发还被害人;权属不明确的,可按被骗款物占查封、扣押、冻结在案的财物及其孳息总额的比例发还被害人,但已获退赔的应予扣除。

第十条 行为人已将诈骗财物用于清偿债务或者转让给他人,具有下列情形之一的,应当依法追缴:
(一)对方明知是诈骗财物而收取的;
(二)对方无偿取得诈骗财物的;
(三)对方以明显低于市场的价格取得诈骗财物的;
(四)对方取得诈骗财物系源于非法债务或者违法犯罪活动的。

他人善意取得诈骗财物的,不予追缴。

第十一条 以前发布的司法解释与本解释不一致的,以本解释为准。

最高人民法院、最高人民检察院、公安部关于办理电信网络诈骗等刑事案件适用法律若干问题的意见

· 2016年12月19日
· 法发〔2016〕32号

为依法惩治电信网络诈骗等犯罪活动,保护公民、法人和其他组织的合法权益,维护社会秩序,根据《中华人民共和国刑法》《中华人民共和国刑事诉讼法》等法律和有关司法解释的规定,结合工作实际,制定本意见。

一、总体要求

近年来,利用通讯工具、互联网等技术手段实施的电信网络诈骗犯罪活动持续高发,侵犯公民个人信息,扰乱无线电通讯管理秩序,掩饰、隐瞒犯罪所得、犯罪所得收益等上下游关联犯罪不断蔓延。此类犯罪严重侵害人民群众财产安全和其他合法权益,严重干扰电信网络秩序,严重破坏社会诚信,严重影响人民群众安全感和社会和谐稳定,社会危害性大,人民群众反映强烈。

人民法院、人民检察院、公安机关要针对电信网络诈骗等犯罪的特点,坚持全链条全方位打击,坚持依法从严从快惩处,坚持最大力度最大限度追赃挽损,进一步健全工作机制,加强协作配合,坚决有效遏制电信网络诈骗等犯罪活动,努力实现法律效果和社会效果的高度统一。

二、依法严惩电信网络诈骗犯罪

(一)根据《最高人民法院、最高人民检察院关于办理诈骗刑事案件具体应用法律若干问题的解释》第一条的规定,利用电信网络技术手段实施诈骗,诈骗公私财物价值三千元以上、三万元以上、五十万元以上的,应当分别认定为刑法第二百六十六条规定的"数额较大""数额巨大""数额特别巨大"。

二年内多次实施电信网络诈骗未经处理,诈骗数额累计计算构成犯罪的,应当依法定罪处罚。

(二)实施电信网络诈骗犯罪,达到相应数额标准,具有下列情形之一的,酌情从重处罚:

1. 造成被害人或其近亲属自杀、死亡或者精神失常等严重后果的;
2. 冒充司法机关等国家机关工作人员实施诈骗的;
3. 组织、指挥电信网络诈骗犯罪团伙的;
4. 在境外实施电信网络诈骗的;
5. 曾因电信网络诈骗犯罪受过刑事处罚或者二年内曾因电信网络诈骗受过行政处罚的;
6. 诈骗残疾人、老年人、未成年人、在校学生、丧失劳动能力人的财物,或者诈骗重病患者及其亲属财物的;
7. 诈骗救灾、抢险、防汛、优抚、扶贫、移民、救济、医疗等款物的;
8. 以赈灾、募捐等社会公益、慈善名义实施诈骗的;
9. 利用电话追呼系统等技术手段严重干扰公安机关等部门工作的;
10. 利用"钓鱼网站"链接、"木马"程序链接、网络渗透等隐蔽技术手段实施诈骗的。

(三)实施电信网络诈骗犯罪,诈骗数额接近"数额巨大""数额特别巨大"的标准,具有前述第(二)条规定的情形之一的,应当分别认定为刑法第二百六十六条规定的"其他严重情节""其他特别严重情节"。

上述规定的"接近",一般应掌握在相应数额标准的百分之八十以上。

(四)实施电信网络诈骗犯罪,犯罪嫌疑人、被告人实际骗得财物的,以诈骗罪(既遂)定罪处罚。诈骗数额难以查证,但具有下列情形之一的,应当认定为刑法第二百六十六条规定的"其他严重情节",以诈骗罪(未遂)定罪处罚:

1. 发送诈骗信息五千条以上的,或者拨打诈骗电话

五百人次以上的；

2. 在互联网上发布诈骗信息，页面浏览量累计五千次以上的。

具有上述情形，数量达到相应标准十倍以上的，应当认定为刑法第二百六十六条规定的"其他特别严重情节"，以诈骗罪（未遂）定罪处罚。

上述"拨打诈骗电话"，包括拨出诈骗电话和接听被害人回拨电话。反复拨打、接听同一电话号码，以及反复向同一被害人发送诈骗信息的，拨打、接听电话次数、发送信息条数累计计算。

因犯罪嫌疑人、被告人故意隐匿、毁灭证据等原因，致拨打电话次数、发送信息条数的证据难以收集的，可以根据经查证属实的日拨打人次数、日发送信息条数，结合犯罪嫌疑人、被告人实施犯罪的时间，犯罪嫌疑人、被告人的供述等相关证据，综合予以认定。

（五）电信网络诈骗既有既遂，又有未遂，分别达到不同量刑幅度的，依照处罚较重的规定处罚；达到同一量刑幅度的，以诈骗罪既遂处罚。

（六）对实施电信网络诈骗犯罪的被告人裁量刑罚，在确定量刑起点、基准刑时，一般应就高选择。确定宣告刑时，应当综合全案事实情节，准确把握从重、从轻量刑情节的调节幅度，保证罪责刑相适应。

（七）对实施电信网络诈骗犯罪的被告人，应当严格控制适用缓刑的范围，严格掌握适用缓刑的条件。

（八）对实施电信网络诈骗犯罪的被告人，应当更加注重依法适用财产刑，加大经济上的惩罚力度，最大限度剥夺被告人再犯的能力。

三、全面惩处关联犯罪

（一）在实施电信网络诈骗活动中，非法使用"伪基站""黑广播"，干扰无线电通讯秩序，符合刑法第二百八十八条规定的，以扰乱无线电通讯管理秩序罪追究刑事责任。同时构成诈骗罪的，依照处罚较重的规定定罪处罚。

（二）违反国家有关规定，向他人出售或者提供公民个人信息，窃取或者以其他方法非法获取公民个人信息，符合刑法第二百五十三条之一规定的，以侵犯公民个人信息罪追究刑事责任。

使用非法获取的公民个人信息，实施电信网络诈骗犯罪行为，构成数罪的，应当依法予以并罚。

（三）冒充国家机关工作人员实施电信网络诈骗犯罪，同时构成诈骗罪和招摇撞骗罪的，依照处罚较重的规定定罪处罚。

（四）非法持有他人信用卡，没有证据证明从事电信网络诈骗犯罪活动，符合刑法第一百七十七条之一第一款第（二）项规定的，以妨害信用卡管理罪追究刑事责任。

（五）明知是电信网络诈骗犯罪所得及其产生的收益，以下列方式之一予以转账、套现、取现的，依照刑法第三百一十二条第一款的规定，以掩饰、隐瞒犯罪所得、犯罪所得收益罪追究刑事责任。但有证据证明确实不知道的除外：

1. 通过使用销售点终端机具（POS机）刷卡套现等非法途径，协助转换或者转移财物的；

2. 帮助他人将巨额现金散存于多个银行账户，或在不同银行账户之间频繁划转的；

3. 多次使用或者使用多个非本人身份证明开设的信用卡、资金支付结算账户或者多次采用遮蔽摄像头、伪装等异常手段，帮助他人转账、套现、取现的；

4. 为他人提供非本人身份证明开设的信用卡、资金支付结算账户后，又帮助他人转账、套现、取现的；

5. 以明显异于市场的价格，通过手机充值、交易游戏点卡等方式套现的。

实施上述行为，事前通谋的，以共同犯罪论处。

实施上述行为，电信网络诈骗犯罪嫌疑人尚未到案或案件尚未依法裁判，但现有证据足以证明该犯罪行为确实存在的，不影响掩饰、隐瞒犯罪所得、犯罪所得收益罪的认定。

实施上述行为，同时构成其他犯罪的，依照处罚较重的规定定罪处罚。法律和司法解释另有规定的除外。

（六）网络服务提供者不履行法律、行政法规规定的信息网络安全管理义务，经监管部门责令采取改正措施而拒不改正，致使诈骗信息大量传播，或者用户信息泄露造成严重后果的，依照刑法第二百八十六条之一的规定，以拒不履行信息网络安全管理义务罪追究刑事责任。同时构成诈骗罪的，依照处罚较重的规定定罪处罚。

（七）实施刑法第二百八十七条之一、第二百八十七条之二规定之行为，构成非法利用信息网络罪、帮助信息网络犯罪活动罪，同时构成诈骗罪的，依照处罚较重的规定定罪处罚。

（八）金融机构、网络服务提供者、电信业务经营者等在经营活动中，违反国家有关规定，被电信网络诈骗犯罪分子利用，使他人遭受财产损失的，依法承担相应责任。构成犯罪的，依法追究刑事责任。

四、准确认定共同犯罪与主观故意

（一）三人以上为实施电信网络诈骗犯罪而组成的

较为固定的犯罪组织,应依法认定为诈骗犯罪集团。对组织、领导犯罪集团的首要分子,按照集团所犯的全部罪行处罚。对犯罪集团中组织、指挥、策划者和骨干分子依法从严惩处。

对犯罪集团中起次要、辅助作用的从犯,特别是在规定期限内投案自首、积极协助抓获主犯、积极协助追赃的,依法从轻或减轻处罚。

对犯罪集团首要分子以外的主犯,应当按照其所参与的或者组织、指挥的全部犯罪处罚。全部犯罪包括能够查明具体诈骗数额的事实和能够查明发送诈骗信息条数、拨打诈骗电话人次数、诈骗信息网页浏览次数的事实。

(二)多人共同实施电信网络诈骗,犯罪嫌疑人、被告人应对其参与期间该诈骗团伙实施的全部诈骗行为承担责任。在其所参与的犯罪环节中起主要作用的,可以认定为主犯;起次要作用的,可以认定为从犯。

上述规定的"参与期间",从犯罪嫌疑人、被告人着手实施诈骗行为开始起算。

(三)明知他人实施电信网络诈骗犯罪,具有下列情形之一的,以共同犯罪论处,但法律和司法解释另有规定的除外:

1. 提供信用卡、资金支付结算账户、手机卡、通讯工具的;

2. 非法获取、出售、提供公民个人信息的;

3. 制作、销售、提供"木马"程序和"钓鱼软件"等恶意程序的;

4. 提供"伪基站"设备或相关服务的;

5. 提供互联网接入、服务器托管、网络存储、通讯传输等技术支持,或者提供支付结算等帮助的;

6. 在提供改号软件、通话线路等技术服务时,发现主叫号码被修改为国内党政机关、司法机关、公共服务部门号码,或者境外用户改为境内号码,仍提供服务的;

7. 提供资金、场所、交通、生活保障等帮助的;

8. 帮助转移诈骗犯罪所得及其产生的收益,套现、取现的。

上述规定的"明知他人实施电信网络诈骗犯罪",应当结合被告人的认知能力,既往经历,行为次数和手段,与他人关系,获利情况,是否曾因电信网络诈骗受过处罚,是否故意规避调查等主客观因素进行综合分析认定。

(四)负责招募他人实施电信网络诈骗犯罪活动,或者制作、提供诈骗方案、术语清单、语音包、信息等的,以

诈骗共同犯罪论处。

(五)部分犯罪嫌疑人在逃,但不影响对已到案共同犯罪嫌疑人、被告人的犯罪事实认定的,可以依法先行追究已到案共同犯罪嫌疑人、被告人的刑事责任。

五、依法确定案件管辖

(一)电信网络诈骗犯罪案件一般由犯罪地公安机关立案侦查,如果由犯罪嫌疑人居住地公安机关立案侦查更为适宜的,可以由犯罪嫌疑人居住地公安机关立案侦查。犯罪地包括犯罪行为发生地和犯罪结果发生地。

"犯罪行为发生地"包括用于电信网络诈骗犯罪的网站服务器所在地,网站建立者、管理者所在地,被侵害的计算机信息系统或其管理者所在地,犯罪嫌疑人、被害人使用的计算机信息系统所在地,诈骗电话、短信息、电子邮件等的拨打地、发送地、到达地、接受地,以及诈骗行为持续发生的实施地、预备地、开始地、途经地、结束地。

"犯罪结果发生地"包括被害人被骗时所在地,以及诈骗所得财物的实际取得地、藏匿地、转移地、使用地、销售地等。

(二)电信网络诈骗最初发现地公安机关侦办的案件,诈骗数额当时未达到"数额较大"标准,但后续累计达到"数额较大"标准,可由最初发现地公安机关立案侦查。

(三)具有下列情形之一的,有关公安机关可以在其职责范围内并案侦查:

1. 一人犯数罪的;

2. 共同犯罪的;

3. 共同犯罪的犯罪嫌疑人还实施其他犯罪的;

4. 多个犯罪嫌疑人实施的犯罪存在直接关联,并案处理有利于查明案件事实的。

(四)对因网络交易、技术支持、资金支付结算等关系形成多层级链条、跨区域的电信网络诈骗等犯罪案件,可由共同上级公安机关按照有利于查清犯罪事实、有利于诉讼的原则,指定有关公安机关立案侦查。

(五)多个公安机关都有权立案侦查的电信网络诈骗等犯罪案件,由最初受理的公安机关或者主要犯罪地公安机关立案侦查。有争议的,按照有利于查清犯罪事实、有利于诉讼的原则,协商解决。经协商无法达成一致的,由共同上级公安机关指定有关公安机关立案侦查。

(六)在境外实施的电信网络诈骗等犯罪案件,可由公安部按照有利于查清犯罪事实、有利于诉讼的原则,指

定有关公安机关立案侦查。

（七）公安机关立案、并案侦查，或因有争议，由共同上级公安机关指定立案侦查的案件，需要提请批准逮捕、移送审查起诉、提起公诉的，由该公安机关所在地的人民检察院、人民法院受理。

对重大疑难复杂案件和境外案件，公安机关应在指定立案侦查前，向同级人民检察院、人民法院通报。

（八）已确定管辖的电信诈骗共同犯罪案件，在逃的犯罪嫌疑人归案后，一般由原管辖的公安机关、人民检察院、人民法院管辖。

六、证据的收集和审查判断

（一）办理电信网络诈骗案件，确因被害人人数众多等客观条件的限制，无法逐一收集被害人陈述的，可以结合已收集的被害人陈述，以及经查证属实的银行账户交易记录、第三方支付结算账户交易记录、通话记录、电子数据等证据，综合认定被害人人数及诈骗资金数额等犯罪事实。

（二）公安机关采取技术侦查措施收集的案件证明材料，作为证据使用的，应当随案移送批准采取技术侦查措施的法律文书和所收集的证据材料，并对其来源等作出书面说明。

（三）依照国际条约、刑事司法协助、互助协议或平等互助原则，请求证据材料所在地司法机关收集，或通过国际警务合作机制、国际刑警组织启动合作取证程序收集的境外证据材料，经查证属实，可以作为定案的依据。公安机关应对其来源、提取人、提取时间或者提供人、提供时间以及保管移交的过程等作出说明。

对其他来自境外的证据材料，应当对其来源、提供人、提供时间以及提取人、提取时间进行审查。能够证明案件事实且符合刑事诉讼法规定的，可以作为证据使用。

七、涉案财物的处理

（一）公安机关侦办电信网络诈骗案件，应当随案移送涉案赃款赃物，并附清单。人民检察院提起公诉时，应一并移交受理案件的人民法院，同时就涉案赃款赃物的处理提出意见。

（二）涉案银行账户或者涉案第三方支付账户内的款项，对权属明确的被害人的合法财产，应当及时返还。确因客观原因无法查实全部被害人，但有证据证明该账户系用于电信网络诈骗犯罪，且被告人无法说明款项合法来源的，根据刑法第六十四条的规定，应认定为违法所得，予以追缴。

（三）被告人已将诈骗财物用于清偿债务或者转让给他人，具有下列情形之一的，应当依法追缴：

1. 对方明知是诈骗财物而收取的；
2. 对方无偿取得诈骗财物的；
3. 对方以明显低于市场的价格取得诈骗财物的；
4. 对方取得诈骗财物系源于非法债务或者违法犯罪活动的。

他人善意取得诈骗财物的，不予追缴。

最高人民法院、最高人民检察院、公安部关于办理电信网络诈骗等刑事案件适用法律若干问题的意见（二）

· 2021年6月17日
· 法发〔2021〕22号

为进一步依法严厉惩治电信网络诈骗犯罪，对其上下游关联犯罪实行全链条、全方位打击，根据《中华人民共和国刑法》《中华人民共和国刑事诉讼法》等法律和有关司法解释的规定，针对司法实践中出现的新的突出问题，结合工作实际，制定本意见。

一、电信网络诈骗犯罪地，除《最高人民法院、最高人民检察院、公安部关于办理电信网络诈骗等刑事案件适用法律若干问题的意见》规定的犯罪行为发生地和结果发生地外，还包括：

（一）用于犯罪活动的手机卡、流量卡、物联网卡的开立地、销售地、转移地、藏匿地；

（二）用于犯罪活动的信用卡的开立地、销售地、转移地、藏匿地、使用地以及资金交易对手资金交付和汇出地；

（三）用于犯罪活动的银行账户、非银行支付账户的开立地、销售地、使用地以及资金交易对手资金交付和汇出地；

（四）用于犯罪活动的即时通讯信息、广告推广信息的发送地、接受地、到达地；

（五）用于犯罪活动的"猫池"（Modem Pool）、GOIP设备、多卡宝等硬件设备的销售地、入网地、藏匿地；

（六）用于犯罪活动的互联网账号的销售地、登录地。

二、为电信网络诈骗犯罪提供作案工具、技术支持等帮助以及掩饰、隐瞒犯罪所得及其产生的收益，由此形成多层级犯罪链条的，或者利用同一网站、通讯群组、资金账户、作案窝点实施电信网络诈骗犯罪的，应当认定为多个犯罪嫌疑人、被告人实施的犯罪存在关联，人民法院、人民检察院、公安机关可以在其职责范围内并案处理。

三、有证据证实行为人参加境外诈骗犯罪集团或犯罪团伙,在境外针对境内居民实施电信网络诈骗犯罪行为,诈骗数额难以查证,但一年内出境赴境外诈骗犯罪窝点累计时间30日以上或多次出境赴境外诈骗犯罪窝点的,应当认定为刑法第二百六十六条规定的"其他严重情节",以诈骗罪依法追究刑事责任。有证据证明其出境从事正当活动的除外。

四、无正当理由持有他人的单位结算卡的,属于刑法第一百七十七条之一第一款第(二)项规定的"非法持有他人信用卡"。

五、非法获取、出售、提供具有信息发布、即时通讯、支付结算等功能的互联网账号密码、个人生物识别信息,符合刑法第二百五十三条之一规定的,以侵犯公民个人信息罪追究刑事责任。

对批量前述互联网账号密码、个人生物识别信息的条数,根据查获的数量直接认定,但有证据证明信息不真实或者重复的除外。

六、在网上注册办理手机卡、信用卡、银行账户、非银行支付账户时,为通过网上认证,使用他人身份证件信息并替换他人身份证件相片,属于伪造身份证件行为,符合刑法第二百八十条第三款规定的,以伪造身份证件罪追究刑事责任。

使用伪造、变造的身份证件或者盗用他人身份证件办理手机卡、信用卡、银行账户、非银行支付账户,符合刑法第二百八十条之一第一款规定的,以使用虚假身份证件、盗用身份证件罪追究刑事责任。

实施上述两款行为,同时构成其他犯罪的,依照处罚较重的规定定罪处罚。法律和司法解释另有规定的除外。

七、为他人利用信息网络实施犯罪而实施下列行为,可以认定为刑法第二百八十七条之二规定的"帮助"行为:

(一)收购、出售、出租信用卡、银行账户、非银行支付账户,具有支付结算功能的互联网账号密码、网络支付接口、网上银行数字证书的;

(二)收购、出售、出租他人手机卡、流量卡、物联网卡的。

八、认定刑法第二百八十七条之二规定的行为人明知他人利用信息网络实施犯罪,应当根据行为人收购、出售、出租前述第七条规定的信用卡、银行账户、非银行支付账户,具有支付结算功能的互联网账号密码、网络支付接口、网上银行数字证书,或者他人手机卡、流量卡、物联网卡等的次数、张数、个数,并结合行为人的认知能力、既往经历、交易对象、与实施信息网络犯罪的行为人的关系、提供技术支持或者帮助的时间和方式、获利情况以及行为人的供述等主客观因素,予以综合认定。

收购、出售、出租单位银行结算账户、非银行支付机构单位支付账户,或者电信、银行、网络支付等行业从业人员利用履行职责或提供服务便利,非法开办并出售、出租他人手机卡、信用卡、银行账户、非银行支付账户等的,可以认定为《最高人民法院、最高人民检察院关于办理非法利用信息网络、帮助信息网络犯罪活动等刑事案件适用法律若干问题的解释》第十一条第(七)项规定的"其他足以认定行为人明知的情形"。但有相反证据的除外。

九、明知他人利用信息网络实施犯罪,为其犯罪提供下列帮助之一的,可以认定为《最高人民法院、最高人民检察院关于办理非法利用信息网络、帮助信息网络犯罪活动等刑事案件适用法律若干问题的解释》第十二条第一款第(七)项规定的"其他情节严重的情形":

(一)收购、出售、出租信用卡、银行账户、非银行支付账户,具有支付结算功能的互联网账号密码、网络支付接口、网上银行数字证书5张(个)以上的;

(二)收购、出售、出租他人手机卡、流量卡、物联网卡20张以上的。

十、电商平台预付卡、虚拟货币、手机充值卡、游戏点卡、游戏装备等经销商,在公安机关调查案件过程中,被明确告知其交易对象涉嫌电信网络诈骗犯罪,仍与其继续交易,符合刑法第二百八十七条之二规定的,以帮助信息网络犯罪活动罪追究刑事责任。同时构成其他犯罪的,依照处罚较重的规定定罪处罚。

十一、明知是电信网络诈骗犯罪所得及其产生的收益,以下列方式之一予以转账、套现、取现,符合刑法第三百一十二条第一款规定的,以掩饰、隐瞒犯罪所得、犯罪所得收益罪追究刑事责任。但有证据证明确实不知道的除外。

(一)多次使用或者使用多个非本人身份证明开设的收款码、网络支付接口等,帮助他人转账、套现、取现的;

(二)以明显异于市场的价格,通过电商平台预付卡、虚拟货币、手机充值卡、游戏点卡、游戏装备等转换财物、套现的;

(三)协助转换或者转移财物,收取明显高于市场的"手续费"的。

实施上述行为,事前通谋的,以共同犯罪论处;同时构成其他犯罪的，依照处罚较重的规定定罪处罚。法律和司法解释另有规定的除外。

十二、为他人实施电信网络诈骗犯罪提供技术支持、广告推广、支付结算等帮助，或者窝藏、转移、收购、代为销售及以其他方法掩饰、隐瞒电信网络诈骗犯罪所得及其产生的收益，诈骗犯罪行为可以确认，但实施诈骗的行为人尚未到案，可以依法先行追究已到案的上述犯罪嫌疑人、被告人的刑事责任。

十三、办案地公安机关可以通过公安机关信息化系统调取异地公安机关依法制作、收集的刑事案件受案登记表、立案决定书、被害人陈述等证据材料。调取时不得少于两名侦查人员，并应记载调取的时间、使用的信息化系统名称等相关信息，调取人签名并加盖办案地公安机关印章。经审核证明真实的，可以作为证据使用。

十四、通过国(区)际警务合作收集或者境外警方移交的境外证据材料，确因客观条件限制，境外警方未提供相关证据的发现、收集、保管、移交情况等材料的，公安机关应当对上述证据材料的来源、移交过程以及种类、数量、特征等作出书面说明，由两名以上侦查人员签名并加盖公安机关印章。经审核能够证明案件事实的，可以作为证据使用。

十五、对境外司法机关抓获并羁押的电信网络诈骗犯罪嫌疑人，在境内接受审判的，境外的羁押期限可以折抵刑期。

十六、办理电信网络诈骗犯罪案件，应当充分贯彻宽严相济刑事政策。在侦查、审查起诉、审判过程中，应当全面收集证据、准确甄别犯罪嫌疑人、被告人在共同犯罪中的层级地位及作用大小，结合其认罪态度和悔罪表现，区别对待，宽严并用，科学量刑，确保罚当其罪。

对于电信网络诈骗犯罪集团、犯罪团伙的组织者、策划者、指挥者和骨干分子，以及利用未成年人、在校学生、老年人、残疾人实施电信网络诈骗的，依法从严惩处。

对于电信网络诈骗犯罪集团、犯罪团伙中的从犯，特别是其中参与时间相对较短、诈骗数额相对较低或者从事辅助性工作并领取少量报酬的，以及初犯、偶犯、未成年人、在校学生等，应当综合考虑其在共同犯罪中的地位作用、社会危害程度、主观恶性、人身危险性、认罪悔罪表现等情节，可以依法从轻、减轻处罚。犯罪情节轻微的，可以依法不起诉或者免予刑事处罚；情节显著轻微危害不大的，不以犯罪论处。

十七、查扣的涉案账户内资金，应当优先返还被害人，如不足以全额返还的，应当按照比例返还。

最高人民法院、最高人民检察院、公安部关于办理医保骗保刑事案件若干问题的指导意见

- 2024年2月28日
- 法发〔2024〕6号

为依法惩治医保骗保犯罪，维护医疗保障基金安全，维护人民群众合法权益，根据《中华人民共和国刑法》、《中华人民共和国刑事诉讼法》等有关规定，现就办理医保骗保刑事案件若干问题提出如下意见。

一、全面把握总体要求

1. 深刻认识依法惩治医保骗保犯罪的重大意义。医疗保障基金是人民群众的"看病钱"、"救命钱"，事关人民群众切身利益，事关医疗保障制度健康持续发展，事关国家长治久安。要切实提高政治站位，深刻认识依法惩治医保骗保犯罪的重大意义，持续深化医保骗保问题整治，依法严惩医保骗保犯罪，切实维护医疗保障基金安全，维护人民群众医疗保障合法权益，促进医疗保障制度健康持续发展，不断提升人民群众获得感、幸福感、安全感。

2. 坚持严格依法办案。坚持以事实为根据、以法律为准绳，坚持罪刑法定、证据裁判、疑罪从无等法律原则，严格按照证据证明标准和要求，全面收集、固定、审查和认定证据，确保每一起医保骗保刑事案件事实清楚，证据确实、充分，定罪准确，量刑适当，程序合法。切实贯彻宽严相济刑事政策和认罪认罚从宽制度，该宽则宽，当严则严，宽严相济，罚当其罪，确保罪责刑相适应，实现政治效果、法律效果和社会效果的统一。

3. 坚持分工负责、互相配合、互相制约。公安机关、人民检察院、人民法院要充分发挥侦查、起诉、审判职能作用，加强协作配合，建立长效工作机制，形成工作合力，依法、及时、有效惩治医保骗保犯罪。坚持以审判为中心，强化证据意识、程序意识、裁判意识，充分发挥庭审在查明事实、认定证据、保护诉权、公正裁判中的决定性作用，有效加强法律监督，确保严格执法、公正司法，提高司法公信力。

二、准确认定医保骗保犯罪

4. 本意见所指医保骗保刑事案件，是指采取欺骗手段，骗取医疗保障基金的犯罪案件。

医疗保障基金包括基本医疗保险（含生育保险）基金、医疗救助基金、职工大额医疗费用补助、公务员医疗补助、居民大病保险资金等。

5. 定点医药机构（医疗机构、药品经营单位）以非法占有为目的，实施下列行为之一，骗取医疗保障基金支出

的,对组织、策划、实施人员,依照刑法第二百六十六条的规定,以诈骗罪定罪处罚;同时构成其他犯罪的,依照处罚较重的规定定罪处罚。

(1)诱导、协助他人冒名或者虚假就医、购药,提供虚假证明材料,或者串通他人虚开费用单据;

(2)伪造、变造、隐匿、涂改、销毁医学文书、医学证明、会计凭证、电子信息、检测报告等有关资料;

(3)虚构医药服务项目、虚开医疗服务费用;

(4)分解住院、挂床住院;

(5)重复收费、超标准收费、分解项目收费;

(6)串换药品、医用耗材、诊疗项目和服务设施;

(7)将不属于医疗保障基金支付范围的医药费用纳入医疗保障基金结算;

(8)其他骗取医疗保障基金支出的行为。

定点医药机构通过实施前款规定行为骗取的医疗保障基金应当予以追缴。

定点医药机构的国家工作人员,利用职务便利,实施第一款规定的行为,骗取医疗保障基金,依照刑法第三百八十二条、第三百八十三条的规定,以贪污罪定罪处罚。

6. 行为人以非法占有为目的,实施下列行为之一,骗取医疗保障基金支出的,依照刑法第二百六十六条的规定,以诈骗罪定罪处罚;同时构成其他犯罪的,依照处罚较重的规定定罪处罚:

(1)伪造、变造、隐匿、涂改、销毁医学文书、医学证明、会计凭证、电子信息、检测报告等有关资料;

(2)使用他人医疗保障凭证冒名就医、购药;

(3)虚构医药服务项目、虚开医疗服务费用;

(4)重复享受医疗保障待遇;

(5)利用享受医疗保障待遇的机会转卖药品、医用耗材等,接受返还现金、实物或者获得其他非法利益;

(6)其他骗取医疗保障基金支出的行为。

参保人员个人账户按照有关规定为他人支付在定点医疗机构就医发生的由个人负担的医疗费用,以及在定点零售药店购买药品、医疗器械、医用耗材发生的由个人负担的费用,不属于前款第(2)项规定的冒名就医、购药。

7. 医疗保障行政部门及经办机构工作人员利用职务便利,骗取医疗保障基金支出的,依照刑法第三百八十二条、第三百八十三条的规定,以贪污罪定罪处罚。

8. 以骗取医疗保障基金为目的,购买他人医疗保障凭证(社会保障卡等)并使用,同时构成买卖身份证件罪、使用虚假身份证件罪、诈骗罪的,以处罚较重的规定定罪处罚。

盗窃他人医疗保障凭证(社会保障卡等),并盗刷个人医保账户资金,依照刑法第二百六十四条的规定,以盗窃罪定罪处罚。

9. 明知系利用医保骗保购买的药品而非法收购、销售的,依照刑法第三百一十二条和相关司法解释的规定,以掩饰、隐瞒犯罪所得罪定罪处罚;指使、教唆、授意他人利用医保骗保购买药品,进而非法收购、销售,依照刑法第二百六十六条的规定,以诈骗罪定罪处罚。

利用医保骗保购买药品的行为人是否被追究刑事责任,不影响对非法收购、销售有关药品的行为人定罪处罚。

对第一款规定的主观明知,应当根据药品标志、收购渠道、价格、规模及药品追溯信息等综合认定。具有下列情形之一的,可以认定行为人具有主观明知,但行为人能够说明药品合法来源或作出合理解释的除外:

(1)药品价格明显异于市场价格的;

(2)曾因实施非法收购、销售利用医保骗保购买的药品,受过刑事或行政处罚的;

(3)以非法收购、销售基本医疗保险药品为业的;

(4)长期或多次向不特定交易对象收购、销售基本医疗保险药品的;

(5)利用互联网、邮寄等非接触式渠道多次收购、销售基本医疗保险药品的;

(6)其他足以认定行为人主观明知的。

三、依法惩处医保骗保犯罪

10. 依法从严惩处医保骗保犯罪,重点打击幕后组织者、职业骗保人等,对其中具有退赃退赔、认罪认罚等从宽情节的,也要从严把握从宽幅度。

具有下列情形之一的,可以从重处罚:

(1)组织、指挥犯罪团伙骗取医疗保障基金的;

(2)曾因医保骗保犯罪受过刑事追究的;

(3)拒不退赃退赔或者转移财产的;

(4)造成其他严重后果或恶劣社会影响的。

11. 办理医保骗保刑事案件,要同步审查洗钱、侵犯公民个人信息等其他犯罪线索,实现全链条依法惩治。要结合常态化开展扫黑除恶斗争,发现、识别医保骗保团伙中可能存在的黑恶势力,深挖医保骗保犯罪背后的腐败和"保护伞",并坚决依法严惩。

12. 对实施医保骗保的行为人是否追究刑事责任,应当综合骗取医疗保障基金的数额、手段、认罪悔罪、退赃退赔等案件具体情节,依法决定。

对于涉案人员众多的,要根据犯罪的事实、犯罪的性质、情节和对于社会的危害程度,以及在共同犯罪中的地位、作用、具体实施的行为区别对待、区别处理。对涉案不深的初犯、偶犯从轻处罚，对认罪认罚的医务人员、患者可以从宽处罚，其中，犯罪情节轻微的，可以依法不起诉或者免除处罚；情节显著轻微、危害不大的，不作为犯罪处理。

13. 依法正确适用缓刑，要综合考虑犯罪情节、悔罪表现、再犯罪的危险以及宣告缓刑对所居住社区的影响，依法作出决定。对犯罪集团的首要分子、职业骗保人、曾因医保骗保犯罪受过刑事追究，毁灭、伪造、隐藏证据，拒不退赃退赔或者转移财产逃避责任的，一般不适用缓刑。对宣告缓刑的犯罪分子，根据犯罪情况，可以同时禁止其在缓刑考验期限内从事与医疗保障基金有关的特定活动。

14. 依法用足用好财产刑，加大罚金、没收财产力度，提高医保骗保犯罪成本，从经济上严厉制裁犯罪分子。要综合考虑犯罪数额、退赃退赔、认罪认罚等情节决定罚金数额。

四、切实加强证据的收集、审查和判断

15. 医保骗保刑事案件链条长、隐蔽深、取证难，公安机关要加强调查取证工作，围绕医保骗保犯罪事实和量刑情节收集固定证据，尤其注重收集和固定处方、病历等原始证据材料及证明实施伪造骗取事实的核心证据材料，深入查明犯罪事实，依法移送起诉。对重大、疑难、复杂和社会影响大、关注度高的案件，必要时可以听取人民检察院的意见。

16. 人民检察院要依法履行法律监督职责，强化以证据为核心的指控体系构建，加强对医保骗保刑事案件的提前介入、证据审查、立案监督等工作，积极引导公安机关开展侦查活动，完善证据体系。

17. 人民法院要强化医保骗保刑事案件证据的审查、判断，综合运用证据，围绕与定罪量刑有关的事实情节进行审查、认定，确保案件事实清楚，证据确实、充分。认为需要补充证据的，应当依法建议人民检察院补充侦查。

18. 医疗保障行政部门在监督检查和调查中收集的物证、书证、视听资料、电子数据等证据材料，经法庭查证属实，且收集程序符合有关法律、行政法规规定的，可以作为定案的根据。

19. 办理医保骗保刑事案件，确因证人人数众多等客观条件限制，无法逐一收集证人证言的，可以结合已收集的证人证言，以及经查证属实的银行账户交易记录、第三方支付结算凭证、账户交易记录、审计报告、医保信息系统数据、电子数据等证据，综合认定诈骗数额等犯罪事实。

20. 公安机关、人民检察院、人民法院对依法查封、扣押、冻结的涉案财产，应当全面收集、审查证明其来源、性质、用途、权属及价值大小等有关证据，根据查明的事实依法处理。经查明确实与案件无关的，应予返还。

公安机关、人民检察院应当对涉案财产审查甄别。在移送起诉、提起公诉时，应当对涉案财产提出处理意见。

21. 对行为人实施医保骗保犯罪所得一切财物，应当依法追缴或者责令退赔。确有证据证明存在依法应当追缴的财产，但无法查明去向，或者价值灭失，或者与其他合法财产混合不可分割的，可以追缴等值财产或者混合财产中的等值部分。等值财产的追缴数额限于依法查明应当追缴违法所得数额，对已经追缴或者退赔的部分应予扣除。

对于证明前款各种情形的证据，应当及时调取。

22. 公安机关、人民检察院、人民法院要把追赃挽损贯穿办理案件全过程和各环节，全力追赃挽损，做到应追尽追。人民法院在执行涉案财物过程中，公安机关、人民检察院及有关职能部门应当配合，切实履行协作义务，综合运用多种手段，做好涉案财物清运、财产变现、资金归集和财产返还等工作，最大程度减少医疗保障基金损失，最大限度维护人民群众利益。

五、建立健全协同配合机制

23. 公安机关、人民检察院对医疗保障行政部门在调查医保骗保行为或行政执法过程中，认为案情重大疑难复杂，商请就追诉标准、证据固定等问题提出咨询或参考意见的，应当及时提出意见。

公安机关对医疗保障行政部门移送的医保骗保犯罪线索要及时调查，必要时可请相关部门予以协助并提供相关证据材料，对涉嫌犯罪的及时立案侦查。医疗保障行政部门或有关行政主管部门及医药机构应当积极配合办案机关调取相关证据，做好证据的固定和保管工作。

公安机关、人民检察院、人民法院对不构成犯罪、依法不起诉或免予刑事处罚的医保骗保行为人，需要给予行政处罚、政务处分或者其他处分的，应当依法移送医疗保障行政部门等有关机关处理。

24. 公安机关、人民检察院、人民法院与医疗保障行政部门要加强协作配合，健全医保骗保刑事案件前期调查、立案侦查、审查起诉、审判执行等工作机制，完善线索发现、核查、移送、处理和反馈机制，加强对医保骗保犯罪线索的分析研判，及时发现、有效预防和惩治犯罪。公安机关与医疗保障行政部门要加快推动信息共享，构建实时分析预警监测模型，力争医保骗保问题"发现在早、打击在早"，最大限度减少损失。

公安机关、人民检察院、人民法院应当将医保骗保案件处理结果及生效文书及时通报医疗保障行政部门。

25. 公安机关、人民检察院、人民法院在办理医保骗保刑事案件时，可商请医疗保障行政部门或有关行政主管部门指派专业人员配合开展工作，协助查阅、复制有关专业资料或核算医疗保障基金损失数额，就案件涉及的专业问题出具认定意见。涉及需要行政处理的事项，应当及时移送医疗保障行政部门或者有关行政主管部门依法处理。

26. 公安机关、人民检察院、人民法院要积极能动履职，进一步延伸办案职能，根据情况适时发布典型案例、开展以案释法，加强法治宣传教育，推动广大群众知法、守法，共同维护医疗保障基金正常运行和医疗卫生秩序。结合办理案件发现医疗保障基金使用、监管等方面存在的问题，向有关部门发送提示函、检察建议书、司法建议书，并注重跟踪问效，建立健全防范医保骗保违法犯罪长效机制，彻底铲除医保骗保违法犯罪的滋生土壤。

最高人民法院关于审理拒不支付劳动报酬刑事案件适用法律若干问题的解释

- 2013年1月14日最高人民法院审判委员会第1567次会议通过
- 2013年1月16日最高人民法院公告公布
- 自2013年1月23日起施行
- 法释〔2013〕3号

为依法惩治拒不支付劳动报酬犯罪，维护劳动者的合法权益，根据《中华人民共和国刑法》有关规定，现就办理此类刑事案件适用法律的若干问题解释如下：

第一条 劳动者依照《中华人民共和国劳动法》和《中华人民共和国劳动合同法》等法律的规定应得的劳动报酬，包括工资、奖金、津贴、补贴、延长工作时间的工资报酬及特殊情况下支付的工资等，应当认定为刑法第二百七十六条之一第一款规定的"劳动者的劳动报酬"。

第二条 以逃避支付劳动者的劳动报酬为目的，具有下列情形之一的，应当认定为刑法第二百七十六条之一第一款规定的"以转移财产、逃匿等方法逃避支付劳动者劳动报酬"：

（一）隐匿财产、恶意清偿、虚构债务、虚假破产、虚假倒闭或者以其他方法转移、处分财产的；

（二）逃跑、藏匿的；

（三）隐匿、销毁或者篡改账目、职工名册、工资支付记录、考勤记录等与劳动报酬相关的材料的；

（四）以其他方法逃避支付劳动报酬的。

第三条 具有下列情形之一的，应当认定为刑法第二百七十六条之一第一款规定的"数额较大"：

（一）拒不支付一名劳动者三个月以上的劳动报酬且数额在五千元至二万元以上的；

（二）拒不支付十名以上劳动者的劳动报酬且数额累计在三万元至十万元以上的。

各省、自治区、直辖市高级人民法院可以根据本地区经济社会发展状况，在前款规定的数额幅度内，研究确定本地区执行的具体数额标准，报最高人民法院备案。

第四条 经人力资源社会保障部门或者政府其他有关部门依法以限期整改指令书、行政处理决定书等文书责令支付劳动者的劳动报酬后，在指定的期限内仍不支付的，应当认定为刑法第二百七十六条之一第一款规定的"经政府有关部门责令支付仍不支付"，但有证据证明行为人有正当理由未知悉责令支付或者未及时支付劳动报酬的除外。

行为人逃匿，无法将责令支付文书送交其本人、同住成年家属或者所在单位负责收件的人的，如果有关部门已通过在行为人的住所地、生产经营场所等地张贴责令支付文书等方式责令支付，并采用拍照、录像等方式记录的，应当视为"经政府有关部门责令支付"。

第五条 拒不支付劳动者的劳动报酬，符合本解释第三条的规定，并具有下列情形之一的，应当认定为刑法第二百七十六条之一第一款规定的"造成严重后果"：

（一）造成劳动者或者其被赡养人、被扶养人、被抚养人的基本生活受到严重影响、重大疾病无法及时医治或者失学的；

（二）对要求支付劳动报酬的劳动者使用暴力或者进行暴力威胁的；

（三）造成其他严重后果的。

第六条 拒不支付劳动者的劳动报酬，尚未造成严重后果，在刑事立案前支付劳动者的劳动报酬，并依法承担相应赔偿责任的，可以认定为情节显著轻微危害不大，不认为是犯罪；在提起公诉前支付劳动者的劳动报酬，并依法承担相应赔偿责任的，可以减轻或者免除刑事处罚；在一审宣判前支付劳动者的劳动报酬，并依法承担相应赔偿责任的，可以从轻处罚。

对于免除刑事处罚的，可以根据案件的不同情况，予以训诫、责令具结悔过或者赔礼道歉。

拒不支付劳动者的劳动报酬，造成严重后果，但在宣判前支付劳动者的劳动报酬,并依法承担相应赔偿责任的,可以酌情从宽处罚。

第七条 不具备用工主体资格的单位或者个人,违法用工且拒不支付劳动者的劳动报酬,数额较大,经政府有关部门责令支付仍不支付的,应当依照刑法第二百七十六条之一的规定,以拒不支付劳动报酬罪追究刑事责任。

第八条 用人单位的实际控制人实施拒不支付劳动报酬行为,构成犯罪的,应当依照刑法第二百七十六条之一的规定追究刑事责任。

第九条 单位拒不支付劳动报酬,构成犯罪的,依照本解释规定的相应个人犯罪的定罪量刑标准,对直接负责的主管人员和其他直接责任人员定罪处罚,并对单位判处罚金。

(十)妨害社会管理秩序罪

最高人民法院关于对设置圈套诱骗他人参赌又向索还钱财的受骗者施以暴力或暴力威胁的行为应如何定罪问题的批复

· 1995 年 11 月 6 日
· 法复〔1995〕8 号

贵州省高级人民法院:

你院"关于设置圈套诱骗他人参赌,当参赌者要求退还所输钱财时,设赌者以暴力相威胁,甚至将参赌者打伤、杀伤并将钱财带走的行为如何定性"的请示收悉。经研究,答复如下:

行为人设置圈套诱骗他人参赌获取钱财,属赌博行为,构成犯罪的,应当以赌博罪定罪处罚。参赌者识破骗局要求退还所输钱财,设赌者又使用暴力或者以暴力相威胁,拒绝退还的,应以赌博罪从重处罚;致参赌者伤害或者死亡的,应以赌博罪和故意伤害罪或者故意杀人罪,依法实行数罪并罚。

此复

最高人民检察院关于将公务用枪用作借债质押的行为如何适用法律问题的批复

· 1998 年 11 月 3 日
· 高检发释字〔1998〕4 号

重庆市人民检察院:

你院渝检(研)〔1998〕8 号《关于将公务用枪用作借债抵押的行为是否构成犯罪及适用法律的请示》收悉。经研究,批复如下:

依法配备公务用枪的人员,违反法律规定,将公务用枪用作借债质押物,使枪支处于非法持枪人的控制、使用之下,严重危害公共安全,是刑法第一百二十八条第二款所规定的非法出借枪支行为的一种形式,应以非法出借枪支罪追究刑事责任;对接受枪支质押的人员,构成犯罪的,根据刑法第一百二十八条第一款的规定,应以非法持有枪支罪追究其刑事责任。

最高人民检察院关于以暴力威胁方法阻碍事业编制人员依法执行行政执法职务是否可对侵害人以妨害公务罪论处的批复

· 2000 年 4 月 24 日
· 高检发释字〔2000〕2 号

重庆市人民检察院:

你院《关于以暴力、威胁方法阻碍事业编制人员行政执法活动是否可以对侵害人适用妨害公务罪的请示》收悉。经研究,批复如下:

对于以暴力、威胁方法阻碍国有事业单位人员依照法律、行政法规的规定执行行政执法职务的,或者以暴力、威胁方法阻碍国家机关中受委托从事行政执法活动的事业编制人员执行行政执法职务的,可以对侵害人以妨害公务罪追究刑事责任。

此复

最高人民法院关于审理破坏土地资源刑事案件具体应用法律若干问题的解释

· 2000 年 6 月 16 日最高人民法院审判委员会第 1119 次会议通过
· 2000 年 6 月 19 日最高人民法院公告公布
· 自 2000 年 6 月 22 日起施行
· 法释〔2000〕14 号

为依法惩处破坏土地资源犯罪活动,根据刑法的有关规定,现就审理这类案件具体应用法律的若干问题解释如下:

第一条 以牟利为目的,违反土地管理法规,非法转让、倒卖土地使用权,具有下列情形之一的,属于非法转让、倒卖土地使用权"情节严重",依照刑法第二百二十八条的规定,以非法转让、倒卖土地使用权罪定罪处罚:

（一）非法转让、倒卖基本农田5亩以上的；

（二）非法转让、倒卖基本农田以外的耕地10亩以上的；

（三）非法转让、倒卖其他土地20亩以上的；

（四）非法获利50万元以上的；

（五）非法转让、倒卖土地接近上述数量标准并具有其他恶劣情节的，如曾因非法转让、倒卖土地使用权受过行政处罚或者造成严重后果等。

第二条　实施第一条规定的行为，具有下列情形之一的，属于非法转让、倒卖土地使用权"情节特别严重"：

（一）非法转让、倒卖基本农田10亩以上的；

（二）非法转让、倒卖基本农田以外的耕地20亩以上的；

（三）非法转让、倒卖其他土地40亩以上的；

（四）非法获利100万元以上的；

（五）非法转让、倒卖土地接近上述数量标准并具有其他恶劣情节，如造成严重后果等。

第三条　违反土地管理法规，非法占用耕地改作他用，数量较大，造成耕地大量毁坏的，依照刑法第三百四十二条的规定，以非法占用耕地罪定罪处罚：

（一）非法占用耕地"数量较大"，是指非法占用基本农田5亩以上或者非法占用基本农田以外的耕地10亩以上。

（二）非法占用耕地"造成耕地大量毁坏"，是指行为人非法占用耕地建窑、建坟、建房、挖沙、采石、采矿、取土、堆放固体废弃物或者进行其他非农业建设，造成基本农田5亩以上或者基本农田以外的耕地10亩以上种植条件严重毁坏或者严重污染。

第四条　国家机关工作人员徇私舞弊，违反土地管理法规，滥用职权，非法批准征用、占用土地，具有下列情形之一的，属于非法批准征用、占用土地"情节严重"，依照刑法第四百一十条的规定，以非法批准征用、占用土地罪定罪处罚：

（一）非法批准征用、占用基本农田10亩以上的；

（二）非法批准征用、占用基本农田以外的耕地30亩以上的；

（三）非法批准征用、占用其他土地50亩以上的；

（四）虽未达到上述数量标准，但非法批准征用、占用土地造成直接经济损失30万元以上；造成耕地大量毁坏等恶劣情节的。

第五条　实施第四条规定的行为，具有下列情形之一的，属于非法批准征用、占用土地"致使国家或者集体利益遭受特别重大损失"：

（一）非法批准征用、占用基本农田20亩以上的；

（二）非法批准征用、占用基本农田以外的耕地60亩以上的；

（三）非法批准征用、占用其他土地100亩以上的；

（四）非法批准征用、占用土地，造成基本农田5亩以上，其他耕地10亩以上严重毁坏的；

（五）非法批准征用、占用土地造成直接经济损失50万元以上等恶劣情节的。

第六条　国家机关工作人员徇私舞弊，违反土地管理法规，非法低价出让国有土地使用权，具有下列情形之一的，属于"情节严重"，依照刑法第四百一十条的规定，以非法低价出让国有土地使用权罪定罪处罚：

（一）出让国有土地使用权面积在30亩以上，并且出让价额低于国家规定的最低价额标准的60%的；

（二）造成国有土地资产流失价额在30万元以上的。

第七条　实施第六条规定的行为，具有下列情形之一的，属于非法低价出让国有土地使用权，"致使国家和集体利益遭受特别重大损失"：

（一）非法低价出让国有土地使用权面积在60亩以上，并且出让价额低于国家规定的最低价额标准的40%的；

（二）造成国有土地资产流失价额在50万元以上的。

第八条　单位犯非法转让、倒卖土地使用权罪、非法占有耕地罪的定罪量刑标准，依照本解释第一条、第二条、第三条的规定执行。

第九条　多次实施本解释规定的行为依法应当追诉的，或者1年内多次实施本解释规定的行为未经处理的，按照累计的数量、数额处罚。

最高人民法院关于审理黑社会性质组织犯罪的案件具体应用法律若干问题的解释

· 2000年12月4日最高人民法院审判委员会第1148次会议通过
· 2000年12月5日最高人民法院公告公布
· 自2000年12月10日起施行
· 法释〔2000〕42号

为依法惩治黑社会性质组织的犯罪活动，根据刑法有关规定，现就审理黑社会性质组织的犯罪案件具体应用法律的若干问题解释如下：

第一条　刑法第二百九十四条规定的"黑社会性质

的组织",一般应具备以下特征:

(一)组织结构比较紧密,人数较多,有比较明确的组织者、领导者,骨干成员基本固定,有较为严格的组织纪律;

(二)通过违法犯罪活动或者其他手段获取经济利益,具有一定的经济实力;

(三)通过贿赂、威胁等手段,引诱、逼迫国家工作人员参加黑社会性质组织活动,或者为其提供非法保护;

(四)在一定区域或者行业范围内,以暴力、威胁、滋扰等手段,大肆进行敲诈勒索、欺行霸市、聚众斗殴、寻衅滋事、故意伤害等违法犯罪活动,严重破坏经济、社会生活秩序。

第二条 刑法第二百九十四条第二款规定的"发展组织成员",是指将境内、外人员吸收为该黑社会组织成员的行为。对黑社会组织成员进行内部调整等行为,可视为"发展组织成员"。

港、澳、台黑社会组织到内地发展组织成员的,适用刑法第二百九十四条第二款的规定定罪处罚。

第三条 组织、领导、参加黑社会性质的组织又有其他犯罪行为的,根据刑法第二百九十四条第三款的规定,依照数罪并罚的规定处罚;对于黑社会性质组织的组织者、领导者,应当按照其所组织、领导的黑社会性质组织所犯的全部罪行处罚;对于黑社会性质组织的参加者,应当按照其所参与的犯罪处罚。

对于参加黑社会性质的组织,没有实施其他违法犯罪活动的,或者受蒙蔽、胁迫参加黑社会性质的组织,情节轻微的,可以不作为犯罪处理。

第四条 国家机关工作人员组织、领导、参加黑社会性质组织的,从重处罚。

第五条 刑法第二百九十四条第四款规定的"包庇",是指国家机关工作人员为使黑社会性质组织及其成员逃避查禁,而通风报信,隐匿、毁灭、伪造证据,阻止他人作证、检举揭发,指使他人作伪证,帮助逃匿,或者阻挠其他国家机关工作人员依法查禁等行为。

刑法第二百九十四条第四款规定的"纵容",是指国家机关工作人员不依法履行职责,放纵黑社会性质组织进行违法犯罪活动的行为。

第六条 国家机关工作人员包庇、纵容黑社会性质的组织,有下列情形之一的,属于刑法第二百九十四条第四款规定的"情节严重":

(一)包庇、纵容黑社会性质组织跨境实施违法犯罪活动的;

(二)包庇、纵容境外黑社会组织在境内实施违法犯罪活动的;

(三)多次实施包庇、纵容行为的;

(四)致使某一区域或者行业的经济、社会生活秩序遭受黑社会性质组织特别严重破坏的;

(五)致使黑社会性质组织的组织者、领导者逃匿,或者致使对黑社会性质组织的查禁工作严重受阻的;

(六)具有其他严重情节的。

第七条 对黑社会性质组织和组织、领导、参加黑社会性质组织的犯罪分子聚敛的财物及其收益,以及用于犯罪的工具等,应当依法追缴、没收。

最高人民法院、最高人民检察院关于办理伪造、贩卖伪造的高等院校学历、学位证明刑事案件如何适用法律问题的解释

- 2001年6月21日、2001年7月2日最高人民法院审判委员会第1181次会议、最高人民检察院第九届第91次会议通过
- 2001年7月3日最高人民法院、最高人民检察院公告公布
- 自2001年7月5日起施行
- 法释〔2001〕22号

为依法惩处伪造、贩卖伪造的高等院校学历、学位证明的犯罪活动,现就办理这类案件适用法律的有关问题解释如下:

对于伪造高等院校印章制作学历、学位证明的行为,应当依照刑法第二百八十条第二款的规定,以伪造事业单位印章罪定罪处罚。

明知是伪造高等院校印章制作的学历、学位证明而贩卖的,以伪造事业单位印章罪的共犯论处。

最高人民法院、最高人民检察院关于办理妨害预防、控制突发传染病疫情等灾害的刑事案件具体应用法律若干问题的解释

- 2003年5月13日最高人民法院审判委员会第1269次会议、2003年5月13日最高人民检察院第十届检察委员会第3次会议通过
- 2003年5月14日最高人民法院、最高人民检察院公告公布
- 自2003年5月15日起施行
- 法释〔2003〕8号

为依法惩治妨害预防、控制突发传染病疫情等灾害的犯罪活动,保障预防、控制突发传染病疫情等灾害工作

的顺利进行,切实维护人民群众的身体健康和生命安全,根据《中华人民共和国刑法》等有关法律规定,现就办理相关刑事案件具体应用法律的若干问题解释如下:

第一条 故意传播突发传染病病原体,危害公共安全的,依照刑法第一百一十四条、第一百一十五条第一款的规定,按照以危险方法危害公共安全罪定罪处罚。

患有突发传染病或者疑似突发传染病而拒绝接受检疫、强制隔离或者治疗,过失造成传染病传播,情节严重,危害公共安全的,依照刑法第一百一十五条第二款的规定,按照过失以危险方法危害公共安全罪定罪处罚。

第二条 在预防、控制突发传染病疫情等灾害期间,生产、销售伪劣的防治、防护产品、物资,或者生产、销售用于防治传染病的假药、劣药,构成犯罪的,分别依照刑法第一百四十条、第一百四十一条、第一百四十二条的规定,以生产、销售伪劣产品罪,生产、销售假药罪或者生产、销售劣药罪定罪,依法从重处罚。

第三条 在预防、控制突发传染病疫情等灾害期间,生产用于防治传染病的不符合保障人体健康的国家标准、行业标准的医疗器械、医用卫生材料,或者销售明知是用于防治传染病的不符合保障人体健康的国家标准、行业标准的医疗器械、医用卫生材料,不具有防护、救治功能,足以严重危害人体健康的,依照刑法第一百四十五条的规定,以生产、销售不符合标准的医用器材罪定罪,依法从重处罚。

医疗机构或者个人,知道或者应当知道系前款规定的不符合保障人体健康的国家标准、行业标准的医疗器械、医用卫生材料而购买并有偿使用的,以销售不符合标准的医用器材罪定罪,依法从重处罚。

第四条 国有公司、企业、事业单位的工作人员,在预防、控制突发传染病疫情等灾害的工作中,由于严重不负责任或者滥用职权,造成国有公司、企业破产或者严重损失,致使国家利益遭受重大损失的,依照刑法第一百六十八条的规定,以国有公司、企业、事业单位人员失职罪或者国有公司、企业、事业单位人员滥用职权罪定罪处罚。

第五条 广告主、广告经营者、广告发布者违反国家规定,假借预防、控制突发传染病疫情等灾害的名义,利用广告对所推销的商品或者服务作虚假宣传,致使多人上当受骗,违法所得数额较大或者有其他严重情节的,依照刑法第二百二十二条的规定,以虚假广告罪定罪处罚。

第六条 违反国家在预防、控制突发传染病疫情等灾害期间有关市场经营、价格管理等规定,哄抬物价、牟取暴利,严重扰乱市场秩序,违法所得数额较大或者有其他严重情节的,依照刑法第二百二十五条第(四)项的规定,以非法经营罪定罪,依法从重处罚。

第七条 在预防、控制突发传染病疫情等灾害期间,假借研制、生产或者销售用于预防、控制突发传染病疫情等灾害用品的名义,诈骗公私财物数额较大的,依照刑法有关诈骗罪的规定定罪,依法从重处罚。

第八条 以暴力、威胁方法阻碍国家机关工作人员、红十字会工作人员依法履行为防治突发传染病疫情等灾害而采取的防疫、检疫、强制隔离、隔离治疗等预防、控制措施的,依照刑法第二百七十七条第一款、第三款的规定,以妨害公务罪定罪处罚。

第九条 在预防、控制突发传染病疫情等灾害期间,聚众"打砸抢",致人伤残、死亡的,依照刑法第二百八十九条、第二百三十四条、第二百三十二条的规定,以故意伤害罪或者故意杀人罪定罪,依法从重处罚。对毁坏或者抢走公私财物的首要分子,依照刑法第二百八十九条、第二百六十三条的规定,以抢劫罪定罪,依法从重处罚。

第十条 编造与突发传染病疫情等灾害有关的恐怖信息,或者明知是编造的此类恐怖信息而故意传播,严重扰乱社会秩序的,依照刑法第二百九十一条之一的规定,以编造、故意传播虚假恐怖信息罪定罪处罚。

利用突发传染病疫情等灾害,制造、传播谣言,煽动分裂国家、破坏国家统一,或者煽动颠覆国家政权、推翻社会主义制度的,依照刑法第一百零三条第二款、第一百零五条第二款的规定,以煽动分裂国家罪或者煽动颠覆国家政权罪定罪处罚。

第十一条 在预防、控制突发传染病疫情等灾害期间,强拿硬要或者任意损毁、占用公私财物情节严重,或者在公共场所起哄闹事,造成公共场所秩序严重混乱的,依照刑法第二百九十三条的规定,以寻衅滋事罪定罪,依法从重处罚。

第十二条 未取得医师执业资格非法行医,具有造成突发传染病病人、病原携带者、疑似突发传染病病人贻误诊治或者造成交叉感染等严重情节的,依照刑法第三百三十六条第一款的规定,以非法行医罪定罪,依法从重处罚。

第十三条 违反传染病防治法等国家有关规定,向土地、水体、大气排放、倾倒或者处置含传染病病原体的废物、有毒物质或者其他危险废物,造成突发传染病传播等重大环境污染事故,致使公私财产遭受重大损失或者人身伤亡的严重后果的,依照刑法第三百三十八条的规定,以重大环境污染事故罪定罪处罚。

第十四条 贪污、侵占用于预防、控制突发传染病疫情等灾害的款物或者挪用归个人使用，构成犯罪的，分别依照刑法第三百八十二条、第三百八十三条、第二百七十一条、第三百八十四条、第二百七十二条的规定，以贪污罪、侵占罪、挪用公款罪、挪用资金罪定罪，依法从重处罚。

挪用于预防、控制突发传染病疫情等灾害的救灾、优抚、救济等款物，构成犯罪的，对直接责任人员，依照刑法第二百七十三条的规定，以挪用特定款物罪处罚。

第十五条 在预防、控制突发传染病疫情等灾害的工作中，负有组织、协调、指挥、灾害调查、控制、医疗救治、信息传递、交通运输、物资保障等职责的国家机关工作人员，滥用职权或者玩忽职守，致使公共财产、国家和人民利益遭受重大损失的，依照刑法第三百九十七条的规定，以滥用职权罪或者玩忽职守罪定罪处罚。

第十六条 在预防、控制突发传染病疫情等灾害期间，从事传染病防治的政府卫生行政部门的工作人员，或者在受政府卫生行政部门委托代表政府卫生行政部门行使职权的组织中从事公务的人员，或者虽未列入政府卫生行政部门人员编制但在政府卫生行政部门从事公务的人员，在代表政府卫生行政部门行使职权时，严重不负责任，导致传染病传播或者流行，情节严重的，依照刑法第四百零九条的规定，以传染病防治失职罪定罪处罚。

在国家对突发传染病疫情等灾害采取预防、控制措施后，具有下列情形之一的，属于刑法第四百零九条规定的"情节严重"：

（一）对发生突发传染病疫情等灾害的地区或者突发传染病病人、病原携带者、疑似突发传染病病人，未按照预防、控制突发传染病疫情等灾害工作规范的要求做好防疫、检疫、隔离、防护、救治等工作，或者采取的预防、控制措施不当，造成传染范围扩大或者疫情、灾情加重的；

（二）隐瞒、缓报、谎报或者授意、指使、强令他人隐瞒、缓报、谎报疫情、灾情，造成传染范围扩大或者疫情、灾情加重的；

（三）拒不执行突发传染病疫情等灾害应急处理指挥机构的决定、命令，造成传染范围扩大或者疫情、灾情加重的；

（四）具有其他严重情节的。

第十七条 人民法院、人民检察院办理有关妨害预防、控制突发传染病疫情等灾害的刑事案件，对于有自首、立功等悔罪表现的，依法从轻、减轻、免除处罚或者依法作出不起诉决定。

第十八条 本解释所称"突发传染病疫情等灾害"，是指突然发生，造成或者可能造成社会公众健康严重损害的重大传染病疫情、群体性不明原因疾病以及其他严重影响公众健康的灾害。

最高人民检察院法律政策研究室关于伪造、变造、买卖政府设立的临时性机构的公文、证件、印章行为如何适用法律问题的答复

· 2003年6月3日

江苏省人民检察院研究室：

你院《关于伪造、变造、买卖政府设立的临时性机构公文、证件、印章的行为能否适用刑法第二百八十条第一款规定的请示》（苏检发研字〔2003〕4号）收悉。经研究，答复如下：

伪造、变造、买卖各级人民政府设立的行使行政管理权的临时性机构的公文、证件、印章行为，构成犯罪的，应当依照刑法第二百八十条第一款的规定，以伪造、变造、买卖国家机关公文、证件、印章罪追究刑事责任。

此复。

最高人民法院、最高人民检察院关于办理利用互联网、移动通讯终端、声讯台制作、复制、出版、贩卖、传播淫秽电子信息刑事案件具体应用法律若干问题的解释（一）

· 2004年9月1日最高人民法院审判委员会第1323次会议、2004年9月2日最高人民检察院第十届检察委员会第26次会议通过
· 2004年9月3日最高人民法院、最高人民检察院公告公布
· 自2004年9月6日起施行
· 法释〔2004〕11号

为依法惩治利用互联网、移动通讯终端制作、复制、出版、贩卖、传播淫秽电子信息，通过声讯台传播淫秽语音信息等犯罪活动，维护公共网络、通讯的正常秩序，保障公众的合法权益，根据《中华人民共和国刑法》、《全国人民代表大会常务委员会关于维护互联网安全的决定》的规定，现对办理该类刑事案件具体应用法律的若干问题解释如下：

第一条 以牟利为目的，利用互联网、移动通讯终端制作、复制、出版、贩卖、传播淫秽电子信息，具有下列情

形之一的,依照刑法第三百六十三条第一款的规定,以制作、复制、出版、贩卖、传播淫秽物品牟利罪定罪处罚:

(一)制作、复制、出版、贩卖、传播淫秽电影、表演、动画等视频文件二十个以上的;

(二)制作、复制、出版、贩卖、传播淫秽音频文件一百个以上的;

(三)制作、复制、出版、贩卖、传播淫秽电子刊物、图片、文章、短信息等二百件以上的;

(四)制作、复制、出版、贩卖、传播的淫秽电子信息,实际被点击数达到一万次以上的;

(五)以会员制方式出版、贩卖、传播淫秽电子信息,注册会员达二百人以上的;

(六)利用淫秽电子信息收取广告费、会员注册费或者其他费用,违法所得一万元以上的;

(七)数量或者数额虽未达到第(一)项至第(六)项规定标准,但分别达到其中两项以上标准一半以上的;

(八)造成严重后果的。

利用聊天室、论坛、即时通信软件、电子邮件等方式,实施第一款规定行为的,依照刑法第三百六十三条第一款的规定,以制作、复制、出版、贩卖、传播淫秽物品牟利罪定罪处罚。

第二条 实施第一条规定的行为,数量或者数额达到第一条第一款第(一)项至第(六)项规定标准五倍以上的,应当认定为刑法第三百六十三条第一款规定的"情节严重";达到规定标准二十五倍以上的,应当认定为"情节特别严重"。

第三条 不以牟利为目的,利用互联网或者转移通讯终端传播淫秽电子信息,具有下列情形之一的,依照刑法第三百六十四条第一款的规定,以传播淫秽物品罪定罪处罚:

(一)数量达到第一条第一款第(一)项至第(五)项规定标准二倍以上的;

(二)数量分别达到第一条第一款第(一)项至第(五)项两项以上标准的;

(三)造成严重后果的。

利用聊天室、论坛、即时通信软件、电子邮件等方式,实施第一款规定行为的,依照刑法第三百六十四条第一款的规定,以传播淫秽物品罪定罪处罚。

第四条 明知是淫秽电子信息而在自己所有、管理或者使用的网站或者网页上提供直接链接的,其数量标准根据所链接的淫秽电子信息的种类计算。

第五条 以牟利为目的,通过声讯台传播淫秽语音信息,具有下列情形之一的,依照刑法第三百六十三条第一款的规定,对直接负责的主管人员和其他直接责任人员以传播淫秽物品牟利罪定罪处罚:

(一)向一百人次以上传播的;

(二)违法所得一万元以上的;

(三)造成严重后果的。

实施前款规定行为,数量或者数额达到前款第(一)项至第(二)项规定标准五倍以上的,应当认定为刑法第三百六十三条第一款规定的"情节严重";达到规定标准二十五倍以上的,应当认定为"情节特别严重"。

第六条 实施本解释前五条规定的犯罪,具有下列情形之一的,依照刑法第三百六十三条第一款、第三百六十四条第一款的规定从重处罚:

(一)制作、复制、出版、贩卖、传播具体描绘不满十八周岁未成年人性行为的淫秽电子信息的;

(二)明知是具体描绘不满十八周岁的未成年人性行为的淫秽电子信息而在自己所有、管理或者使用的网站或者网页上提供直接链接的;

(三)向不满十八周岁的未成年人贩卖、传播淫秽电子信息和语音信息的;

(四)通过使用破坏性程序、恶意代码修改用户计算机设置等方法,强制用户访问、下载淫秽电子信息的。

第七条 明知他人实施制作、复制、出版、贩卖、传播淫秽电子信息犯罪,为其提供互联网接入、服务器托管、网络存储空间、通讯传输通道、费用结算等帮助的,对直接负责的主管人员和其他直接责任人员,以共同犯罪论处。

第八条 利用互联网、移动通讯终端、声讯台贩卖、传播淫秽书刊、影片、录像带、录音带等以实物为载体的淫秽物品的,依照《最高人民法院关于审理非法出版物刑事案件具体应用法律若干问题的解释》的有关规定定罪处罚。

第九条 刑法第三百六十七条第一款规定的"其他淫秽物品",包括具体描绘性行为或者露骨宣扬色情的诲淫性的视频文件、音频文件、电子刊物、图片、文章、短信息等互联网、移动通讯终端电子信息和声讯台语音信息。

有关人体生理、医学知识的电子信息和声讯台语音信息不是淫秽物品。包含色情内容的有艺术价值的电子文学、艺术作品不视为淫秽物品。

最高人民法院、最高人民检察院关于办理利用互联网、移动通讯终端、声讯台制作、复制、出版、贩卖、传播淫秽电子信息刑事案件具体应用法律若干问题的解释（二）

- 2010年1月18日最高人民法院审判委员会第1483次会议、2010年1月14日最高人民检察院第十一届检察委员会第28次会议通过
- 2010年2月2日最高人民法院、最高人民检察院公告公布
- 自2010年2月4日起施行
- 法释〔2010〕3号

为依法惩治利用互联网、移动通讯终端制作、复制、出版、贩卖、传播淫秽电子信息，通过声讯台传播淫秽语音信息等犯罪活动，维护社会秩序，保障公民权益，根据《中华人民共和国刑法》、《全国人民代表大会常务委员会关于维护互联网安全的决定》的规定，现对办理该类刑事案件具体应用法律的若干问题解释如下：

第一条 以牟利为目的，利用互联网、移动通讯终端制作、复制、出版、贩卖、传播淫秽电子信息的，依照《最高人民法院、最高人民检察院关于办理利用互联网、移动通讯终端、声讯台制作、复制、出版、贩卖、传播淫秽电子信息刑事案件具体应用法律若干问题的解释》第一条、第二条的规定定罪处罚。

以牟利为目的，利用互联网、移动通讯终端制作、复制、出版、贩卖、传播内容含有不满十四周岁未成年人的淫秽电子信息，具有下列情形之一的，依照刑法第三百六十三条第一款的规定，以制作、复制、出版、贩卖、传播淫秽物品牟利罪定罪处罚：

（一）制作、复制、出版、贩卖、传播淫秽电影、表演、动画等视频文件十个以上的；

（二）制作、复制、出版、贩卖、传播淫秽音频文件五十个以上的；

（三）制作、复制、出版、贩卖、传播淫秽电子刊物、图片、文章等一百件以上的；

（四）制作、复制、出版、贩卖、传播的淫秽电子信息，实际被点击数达到五千次以上的；

（五）以会员制方式出版、贩卖、传播淫秽电子信息，注册会员达一百人以上的；

（六）利用淫秽电子信息收取广告费、会员注册费或者其他费用，违法所得五千元以上的；

（七）数量或者数额虽未达到第（一）项至第（六）项规定标准，但分别达到其中两项以上标准一半以上的；

（八）造成严重后果的。

实施第二款规定的行为，数量或者数额达到第二款第（一）项至第（七）项规定标准五倍以上的，应当认定为刑法第三百六十三条第一款规定的"情节严重"；达到规定标准二十五倍以上的，应当认定为"情节特别严重"。

第二条 利用互联网、移动通讯终端传播淫秽电子信息的，依照《最高人民法院、最高人民检察院关于办理利用互联网、移动通讯终端、声讯台制作、复制、出版、贩卖、传播淫秽电子信息刑事案件具体应用法律若干问题的解释》第三条的规定定罪处罚。

利用互联网、移动通讯终端传播内容含有不满十四周岁未成年人的淫秽电子信息，具有下列情形之一的，依照刑法第三百六十四条第一款的规定，以传播淫秽物品罪定罪处罚：

（一）数量达到第一条第二款第（一）项至第（五）项规定标准二倍以上的；

（二）数量分别达到第一条第二款第（一）项至第（五）项两项以上标准的；

（三）造成严重后果的。

第三条 利用互联网建立主要用于传播淫秽电子信息的群组，成员达三十人以上或者造成严重后果的，对建立者、管理者和主要传播者，依照刑法第三百六十四条第一款的规定，以传播淫秽物品罪定罪处罚。

第四条 以牟利为目的，网站建立者、直接负责的管理者明知他人制作、复制、出版、贩卖、传播的是淫秽电子信息，允许或者放任他人在自己所有、管理的网站或者网页上发布，具有下列情形之一的，依照刑法第三百六十三条第一款的规定，以传播淫秽物品牟利罪定罪处罚：

（一）数量或者数额达到第一条第二款第（一）项至第（六）项规定标准五倍以上的；

（二）数量或者数额分别达到第一条第二款第（一）项至第（六）项两项以上标准二倍以上的；

（三）造成严重后果的。

实施前款规定的行为，数量或者数额达到第一条第二款第（一）项至第（七）项规定标准二十五倍以上的，应当认定为刑法第三百六十三条第一款规定的"情节严重"；达到规定标准一百倍以上的，应当认定为"情节特别严重"。

第五条 网站建立者、直接负责的管理者明知他人制作、复制、出版、贩卖、传播的是淫秽电子信息，允许或者放任他人在自己所有、管理的网站或者网页上发布，具有下列情形之一的，依照刑法第三百六十四条第一款的

规定,以传播淫秽物品罪定罪处罚:

(一)数量达到第一条第二款第(一)项至第(五)项规定标准十倍以上的;

(二)数量分别达到第一条第二款第(一)项至第(五)项两项以上标准五倍以上的;

(三)造成严重后果的。

第六条 电信业务经营者、互联网信息服务提供者明知是淫秽网站,为其提供互联网接入、服务器托管、网络存储空间、通讯传输通道、代收费等服务,并收取服务费,具有下列情形之一的,对直接负责的主管人员和其他直接责任人员,依照刑法第三百六十三条第一款的规定,以传播淫秽物品牟利罪定罪处罚:

(一)为五个以上淫秽网站提供上述服务的;

(二)为淫秽网站提供互联网接入、服务器托管、网络存储空间、通讯传输通道等服务,收取服务费数额在二万元以上的;

(三)为淫秽网站提供代收费服务,收取服务费数额在五万元以上的;

(四)造成严重后果的。

实施前款规定的行为,数量或者数额达到前款第(一)项至第(三)项规定标准五倍以上的,应当认定为刑法第三百六十三条第一款规定的"情节严重";达到规定标准二十五倍以上的,应当认定为"情节特别严重"。

第七条 明知是淫秽网站,以牟利为目的,通过投放广告等方式向其直接或者间接提供资金,或者提供费用结算服务,具有下列情形之一的,对直接负责的主管人员和其他直接责任人员,依照刑法第三百六十三条第一款的规定,以制作、复制、出版、贩卖、传播淫秽物品牟利罪的共同犯罪处罚:

(一)向十个以上淫秽网站投放广告或者以其他方式提供资金的;

(二)向淫秽网站投放广告二十条以上的;

(三)向十个以上淫秽网站提供费用结算服务的;

(四)以投放广告或者其他方式向淫秽网站提供资金数额在五万元以上的;

(五)为淫秽网站提供费用结算服务,收取服务费数额在二万元以上的;

(六)造成严重后果的。

实施前款规定的行为,数量或者数额达到前款第(一)项至第(五)项规定标准五倍以上的,应当认定为刑法第三百六十三条第一款规定的"情节严重";达到规定标准二十五倍以上的,应当认定为"情节特别严重"。

第八条 实施第四条至第七条规定的行为,具有下列情形之一的,应当认定行为人"明知",但是有证据证明确实不知道的除外:

(一)行政主管机关书面告知后仍然实施上述行为的;

(二)接到举报后不履行法定管理职责的;

(三)为淫秽网站提供互联网接入、服务器托管、网络存储空间、通讯传输通道、代收费、费用结算等服务,收取服务费明显高于市场价格的;

(四)向淫秽网站投放广告,广告点击率明显异常的;

(五)其他能够认定行为人明知的情形。

第九条 一年内多次实施制作、复制、出版、贩卖、传播淫秽电子信息行为未经处理,数量或者数额累计计算构成犯罪的,应当依法定罪处罚。

第十条 单位实施制作、复制、出版、贩卖、传播淫秽电子信息犯罪的,依照《中华人民共和国刑法》、《最高人民法院、最高人民检察院关于办理利用互联网、移动通讯终端、声讯台制作、复制、出版、贩卖、传播淫秽电子信息刑事案件具体应用法律若干问题的解释》和本解释规定的相应个人犯罪的定罪量刑标准,对直接负责的主管人员和其他直接责任人员定罪处罚,并对单位判处罚金。

第十一条 对于以牟利为目的,实施制作、复制、出版、贩卖、传播淫秽电子信息犯罪的,人民法院应当综合考虑犯罪的违法所得、社会危害性等情节,依法判处罚金或者没收财产。罚金数额一般在违法所得的一倍以上五倍以下。

第十二条 《最高人民法院、最高人民检察院关于办理利用互联网、移动通讯终端、声讯台制作、复制、出版、贩卖、传播淫秽电子信息刑事案件具体应用法律若干问题的解释》和本解释所称网站,是指可以通过互联网域名、IP地址等方式访问的内容提供站点。

以制作、复制、出版、贩卖、传播淫秽电子信息为目的建立或者建立后主要从事制作、复制、出版、贩卖、传播淫秽电子信息活动的网站,为淫秽网站。

第十三条 以前发布的司法解释与本解释不一致的,以本解释为准。

最高人民法院、最高人民检察院关于办理赌博刑事案件具体应用法律若干问题的解释

- 2005年4月26日最高人民法院审判委员会第1349次会议、2005年5月8日最高人民检察院第十届检察委员会第34次会议通过
- 2005年5月11日最高人民法院、最高人民检察院公告公布
- 自2005年5月13日起施行
- 法释〔2005〕3号

为依法惩治赌博犯罪活动,根据刑法的有关规定,现就办理赌博刑事案件具体应用法律的若干问题解释如下:

第一条 以营利为目的,有下列情形之一的,属于刑法第三百零三条规定的"聚众赌博":

(一)组织3人以上赌博,抽头渔利数额累计达到5000元以上的;

(二)组织3人以上赌博,赌资数额累计达到5万元以上的;

(三)组织3人以上赌博,参赌人数累计达到20人以上的;

(四)组织中华人民共和国公民10人以上赴境外赌博,从中收取回扣、介绍费的。

第二条 以营利为目的,在计算机网络上建立赌博网站,或者为赌博网站担任代理,接受投注的,属于刑法第三百零三条规定的"开设赌场"。

第三条 中华人民共和国公民在我国领域外周边地区聚众赌博、开设赌场,以吸引中华人民共和国公民为主要客源,构成赌博罪的,可以依照刑法规定追究刑事责任。

第四条 明知他人实施赌博犯罪活动,而为其提供资金、计算机网络、通讯、费用结算等直接帮助的,以赌博罪的共犯论处。

第五条 实施赌博犯罪,有下列情形之一的,依照刑法第三百零三条的规定从重处罚:

(一)具有国家工作人员身份的;

(二)组织国家工作人员赴境外赌博的;

(三)组织未成年人参与赌博,或者开设赌场吸引未成年人参与赌博的。

第六条 未经国家批准擅自发行、销售彩票,构成犯罪的,依照刑法第二百二十五条第(四)项的规定,以非法经营罪定罪处罚。

第七条 通过赌博或者为国家工作人员赌博提供资金的形式实施行贿、受贿行为,构成犯罪的,依照刑法关于贿赂犯罪的规定定罪处罚。

第八条 赌博犯罪中用作赌注的款物、换取筹码的款物和通过赌博赢取的款物属于赌资。通过计算机网络实施赌博犯罪的,赌资数额可以按照在计算机网络上投注或者赢取的点数乘以每一点实际代表的金额认定。

赌资应当依法予以追缴;赌博用具、赌博违法所得以及赌博犯罪分子所有的专门用于赌博的资金、交通工具、通讯工具等,应当依法予以没收。

第九条 不以营利为目的,进行带有少量财物输赢的娱乐活动,以及提供棋牌室等娱乐场所只收取正常的场所和服务费用的经营行为等,不以赌博论处。

最高人民法院、最高人民检察院、公安部关于办理网络赌博犯罪案件适用法律若干问题的意见

- 2010年8月31日
- 公通字〔2010〕40号

各省、自治区、直辖市高级人民法院、人民检察院、公安厅、局,新疆维吾尔自治区高级人民法院生产建设兵团分院、新疆生产建设兵团人民检察院、公安局:

为依法惩治网络赌博犯罪活动,根据《中华人民共和国刑法》、《中华人民共和国刑事诉讼法》和《最高人民法院、最高人民检察院关于办理赌博刑事案件具体应用法律若干问题的解释》等有关规定,结合司法实践,现就办理网络赌博犯罪案件适用法律的若干问题,提出如下意见:

一、关于网上开设赌场犯罪的定罪量刑标准

利用互联网、移动通讯终端等传输赌博视频、数据,组织赌博活动,具有下列情形之一的,属于刑法第三百零三条第二款规定的"开设赌场"行为:

(一)建立赌博网站并接受投注的;

(二)建立赌博网站并提供给他人组织赌博的;

(三)为赌博网站担任代理并接受投注的;

(四)参与赌博网站利润分成的。

实施前款规定的行为,具有下列情形之一的,应当认定为刑法第三百零三条第二款规定的"情节严重":

(一)抽头渔利数额累计达到3万元以上的;

(二)赌资数额累计达到30万元以上的;

(三)参赌人数累计达到120人以上的;

(四)建立赌博网站后通过提供给他人组织赌博,违法所得数额在3万元以上的;

(五)参与赌博网站利润分成,违法所得数额在3万

元以上的;

（六）为赌博网站招募下级代理，由下级代理接受投注的;

（七）招揽未成年人参与网络赌博的;

（八）其他情节严重的情形。

二、关于网上开设赌场共同犯罪的认定和处罚

明知是赌博网站，而为其提供下列服务或者帮助的，属于开设赌场罪的共同犯罪，依照刑法第三百零三条第二款的规定处罚：

（一）为赌博网站提供互联网接入、服务器托管、网络存储空间、通讯传输通道、投放广告、发展会员、软件开发、技术支持等服务，收取服务费数额在2万元以上的;

（二）为赌博网站提供资金支付结算服务，收取服务费数额在1万元以上或者帮助收取赌资20万元以上的;

（三）为10个以上赌博网站投放与网址、赔率等信息有关的广告或者为赌博网站投放广告累计100条以上的。

实施前款规定的行为，数量或者数额达到前款规定标准5倍以上的，应当认定为刑法第三百零三条第二款规定的"情节严重"。

实施本条第一款规定的行为，具有下列情形之一的，应当认定行为人"明知"，但是有证据证明确实不知道的除外：

（一）收到行政主管机关书面等方式的告知后，仍然实施上述行为的;

（二）为赌博网站提供互联网接入、服务器托管、网络存储空间、通讯传输通道、投放广告、软件开发、技术支持、资金支付结算等服务，收取服务费用明显异常的;

（三）在执法人员调查时，通过销毁、修改数据、账本等方式故意规避调查或者向犯罪嫌疑人通风报信的;

（四）其他有证据证明行为人明知的。

如果开设赌场的犯罪嫌疑人尚未到案，但是不影响对已到案共同犯罪嫌疑人、被告人的犯罪事实认定的，可以依法对已到案者定罪处罚。

三、关于网络赌博犯罪的参赌人数、赌资数额和网站代理的认定

赌博网站的会员账号数可以认定为参赌人数，如果查实一个账号多人使用或者多个账号一人使用的，应当按照实际使用的人数计算参赌人数。

赌资数额可以按照在网络上投注或者赢取的点数乘以每一点实际代表的金额认定。

对于将资金直接或间接兑换为虚拟货币、游戏道具等虚拟物品，并用其作为筹码投注的，赌资数额按照购买该虚拟物品所需资金数额或者实际支付资金数额认定。

对于开设赌场犯罪中用于接收、流转赌资的银行账户内的资金，犯罪嫌疑人、被告人不能说明合法来源的，可以认定为赌资。向该银行账户转入、转出资金的银行账户数量可以认定为参赌人数。如果查实一个账户多人使用或多个账户一人使用的，应当按照实际使用的人数计算参赌人数。

有证据证明犯罪嫌疑人在赌博网站上的账号设置有下级账号的，应当认定其为赌博网站的代理。

四、关于网络赌博犯罪案件的管辖

网络赌博犯罪案件的地域管辖，应当坚持以犯罪地管辖为主、被告人居住地管辖为辅的原则。

"犯罪地"包括赌博网站服务器所在地、网络接入地，赌博网站建立者、管理者所在地，以及赌博网站代理人、参赌人实施网络赌博行为地等。

公安机关对侦办跨区域网络赌博犯罪案件的管辖权有争议的，应本着有利于查清犯罪事实、有利于诉讼的原则，认真协商解决。经协商无法达成一致的，报共同的上级公安机关指定管辖。对即将侦查终结的跨省（自治区、直辖市）重大网络赌博案件，必要时可由公安部商最高人民法院和最高人民检察院指定管辖。

为保证及时结案，避免超期羁押，人民检察院对于公安机关提请审查逮捕、移送审查起诉的案件，人民法院对于已进入审判程序的案件，犯罪嫌疑人、被告人及其辩护人提出管辖异议或者办案单位发现没有管辖权的，受案人民检察院、人民法院经审查可以依法报请上级人民检察院、人民法院指定管辖，不再自行移送有管辖权的人民检察院、人民法院。

五、关于电子证据的收集与保全

侦查机关对于能够证明赌博犯罪案件真实情况的网站页面、上网记录、电子邮件、电子合同、电子交易记录、电子账册等电子数据，应当作为刑事证据予以提取、复制、固定。

侦查人员应当对提取、复制、固定电子数据的过程制作相关文字说明，记录案由、对象、内容以及提取、复制、固定的时间、地点、方法，电子数据的规格、类别、文件格式等，并由提取、复制、固定电子数据的制作人、电子数据的持有人签名或者盖章，附所提取、复制、固定的电子数据一并随案移送。

对于电子数据存储在境外的计算机上的，或者侦查机关从赌博网站提取电子数据时犯罪嫌疑人未到案的，

或者电子数据的持有人无法签字或者拒绝签字的,应当由能够证明提取、复制、固定过程的见证人签名或者盖章,记明有关情况。必要时,可对提取、复制、固定有关电子数据的过程拍照或者录像。

最高人民法院、最高人民检察院、公安部关于办理利用赌博机开设赌场案件适用法律若干问题的意见

·2014年3月26日

各省、自治区、直辖市高级人民法院、人民检察院、公安厅、局,解放军军事法院、军事检察院,新疆维吾尔自治区高级人民法院生产建设兵团分院、新疆生产建设兵团人民检察院、公安局:

为依法惩治利用具有赌博功能的电子游戏设施设备开设赌场的犯罪活动,根据《中华人民共和国刑法》、《最高人民法院、最高人民检察院关于办理赌博刑事案件具体应用法律若干问题的解释》等有关规定,结合司法实践,现就办理此类案件适用法律问题提出如下意见:

一、关于利用赌博机组织赌博的性质认定

设置具有退币、退分、退钢珠等赌博功能的电子游戏设施设备,并以现金、有价证券等贵重款物作为奖品,或者以回购奖品方式给予他人现金、有价证券等贵重款物(以下简称设置赌博机)组织赌博活动的,应当认定为刑法第三百零三条第二款规定的"开设赌场"行为。

二、关于利用赌博机开设赌场的定罪处罚标准

设置赌博机组织赌博活动,具有下列情形之一的,应当按照刑法第三百零三条第二款规定的开设赌场罪定罪处罚:

(一)设置赌博机10台以上的;

(二)设置赌博机2台以上,容留未成年人赌博的;

(三)在中小学校附近设置赌博机2台以上的;

(四)违法所得累计达到5000元以上的;

(五)赌资数额累计达到5万元以上的;

(六)参赌人数累计达到20人以上的;

(七)因设置赌博机被行政处罚后,两年内再设置赌博机5台以上的;

(八)因赌博、开设赌场犯罪被刑事处罚后,五年内再设置赌博机5台以上的;

(九)其他应当追究刑事责任的情形。

设置赌博机组织赌博活动,具有下列情形之一的,应当认定为刑法第三百零三条第二款规定的"情节严重":

(一)数量或者数额达到第二条第一款第一项至第六项规定标准六倍以上的;

(二)因设置赌博机被行政处罚后,两年内再设置赌博机30台以上的;

(三)因赌博、开设赌场犯罪被刑事处罚后,五年内再设置赌博机30台以上的;

(四)其他情节严重的情形。

可同时供多人使用的赌博机,台数按照能够独立供一人进行赌博活动的操作基本单元的数量认定。

在两个以上地点设置赌博机,赌博机的数量、违法所得、赌资数额、参赌人数等均合并计算。

三、关于共犯的认定

明知他人利用赌博机开设赌场,具有下列情形之一的,以开设赌场罪的共犯论处:

(一)提供赌博机、资金、场地、技术支持、资金结算服务的;

(二)受雇参与赌场经营管理并分成的;

(三)为开设赌场者组织客源,收取回扣、手续费的;

(四)参与赌场管理并领取高额固定工资的;

(五)提供其他直接帮助的。

四、关于生产、销售赌博机的定罪量刑标准

以提供给他人开设赌场为目的,违反国家规定,非法生产、销售具有退币、退分、退钢珠等赌博功能的电子游戏设施设备或者其专用软件,情节严重的,依照刑法第二百二十五条的规定,以非法经营罪定罪处罚。

实施前款规定的行为,具有下列情形之一的,属于非法经营行为"情节严重":

(一)个人非法经营数额在五万元以上,或者违法所得数额在一万元以上的;

(二)单位非法经营数额在五十万元以上,或者违法所得数额在十万元以上的;

(三)虽未达到上述数额标准,但两年内因非法生产、销售赌博机行为受过二次以上行政处罚,又进行同种非法经营行为的;

(四)其他情节严重的情形。

具有下列情形之一的,属于非法经营行为"情节特别严重":

(一)个人非法经营数额在二十五万元以上,或者违法所得数额在五万元以上的;

(二)单位非法经营数额在二百五十万元以上,或者违法所得数额在五十万元以上的。

五、关于赌资的认定

本意见所称赌资包括:

（一）当场查获的用于赌博的款物；
（二）代币、有价证券、赌博积分等实际代表的金额；
（三）在赌博机上投注或赢取的点数实际代表的金额。

六、关于赌博机的认定

对于涉案的赌博机，公安机关应当采取拍照、摄像等方式及时固定证据，并予以认定。对于是否属于赌博机难以确定的，司法机关可以委托地市级以上公安机关出具检验报告。司法机关根据检验报告，并结合案件具体情况作出认定。必要时，人民法院可以依法通知检验人员出庭作出说明。

七、关于宽严相济刑事政策的把握

办理利用赌博机开设赌场的案件，应当贯彻宽严相济刑事政策，重点打击赌场的出资者、经营者。对受雇佣为赌场从事接送参赌人员、望风看场、发牌坐庄、兑换筹码等活动的人员，除参与赌场利润分成或者领取高额固定工资的以外，一般不追究刑事责任，可由公安机关依法给予治安管理处罚。对设置游戏机，单次换取少量奖品的娱乐活动，不以违法犯罪论处。

八、关于国家机关工作人员渎职犯罪的处理

负有查禁赌博活动职责的国家机关工作人员，徇私枉法，包庇、放纵开设赌场违法犯罪活动，或者为违法犯罪分子通风报信、提供便利、帮助犯罪分子逃避处罚，构成犯罪的，依法追究刑事责任。

国家机关工作人员参与利用赌博机开设赌场犯罪的，从重处罚。

最高人民法院关于审理破坏森林资源刑事案件适用法律若干问题的解释

- 2023年6月19日最高人民法院审判委员会第1891次会议通过
- 2023年8月13日最高人民法院公告公布
- 自2023年8月15日起施行
- 法释〔2023〕8号

为依法惩治破坏森林资源犯罪，保护生态环境，根据《中华人民共和国刑法》、《中华人民共和国刑事诉讼法》、《中华人民共和国森林法》等法律的有关规定，现就审理此类刑事案件适用法律的若干问题解释如下：

第一条 违反土地管理法规，非法占用林地，改变被占用林地用途，具有下列情形之一的，应当认定为刑法第三百四十二条规定的造成林地"毁坏"：

（一）在林地上实施建窑、建坟、建房、修路、硬化等工程建设的；
（二）在林地上实施采石、采砂、采土、采矿等活动的；
（三）在林地上排放污染物、堆放废弃物或者进行非林业生产、建设，造成林地被严重污染或者原有植被、林业生产条件被严重破坏的。

实施前款规定的行为，具有下列情形之一的，应当认定为刑法第三百四十二条规定的"数量较大，造成耕地、林地等农用地大量毁坏"：

（一）非法占用并毁坏公益林地五亩以上的；
（二）非法占用并毁坏商品林地十亩以上的；
（三）非法占用并毁坏的公益林地、商品林地数量虽未分别达到第一项、第二项规定标准，但按相应比例折算合计达到有关标准的；
（四）二年内曾因非法占用农用地受过二次以上行政处罚，又非法占用林地，数量达到第一项至第三项规定标准一半以上的。

第二条 违反国家规定，非法采伐、毁坏列入《国家重点保护野生植物名录》的野生植物，或者非法收购、运输、加工、出售明知是非法采伐、毁坏的上述植物及其制品，具有下列情形之一的，应当依照刑法第三百四十四条的规定，以危害国家重点保护植物罪定罪处罚：

（一）危害国家一级保护野生植物一株以上或者立木蓄积一立方米以上的；
（二）危害国家二级保护野生植物二株以上或者立木蓄积二立方米以上的；
（三）危害国家重点保护野生植物，数量虽未分别达到第一项、第二项规定标准，但按相应比例折算合计达到有关标准的；
（四）涉案国家重点保护野生植物及其制品价值二万元以上的。

实施前款规定的行为，具有下列情形之一的，应当认定为刑法第三百四十四条规定的"情节严重"：

（一）危害国家一级保护野生植物五株以上或者立木蓄积五立方米以上的；
（二）危害国家二级保护野生植物十株以上或者立木蓄积十立方米以上的；
（三）危害国家重点保护野生植物，数量虽未分别达到第一项、第二项规定标准，但按相应比例折算合计达到有关标准的；
（四）涉案国家重点保护野生植物及其制品价值二

十万元以上的；

（五）其他情节严重的情形。

违反国家规定，非法采伐、毁坏古树名木，或者非法收购、运输、加工、出售明知是非法采伐、毁坏的古树名木及其制品，涉案树木未列入《国家重点保护野生植物名录》的，根据涉案树木的树种、树龄以及历史、文化价值等因素，综合评估社会危害性，依法定罪处罚。

第三条　以非法占有为目的，具有下列情形之一的，应当认定为刑法第三百四十五条第一款规定的"盗伐森林或者其他林木"：

（一）未取得采伐许可证，擅自采伐国家、集体或者他人所有的林木的；

（二）违反森林法第五十六条第三款的规定，擅自采伐国家、集体或者他人所有的林木的；

（三）在采伐许可证规定的地点以外采伐国家、集体或者他人所有的林木的。

不以非法占有为目的，违反森林法的规定，进行开垦、采石、采砂、采土或者其他活动，造成国家、集体或者他人所有的林木毁坏，符合刑法第二百七十五条规定的，以故意毁坏财物罪定罪处罚。

第四条　盗伐森林或者其他林木，涉案林木具有下列情形之一的，应当认定为刑法第三百四十五条第一款规定的"数量较大"：

（一）立木蓄积五立方米以上的；

（二）幼树二百株以上的；

（三）数量虽未分别达到第一项、第二项规定标准，但按相应比例折算合计达到有关标准的；

（四）价值二万元以上的。

实施前款规定的行为，达到第一项至第四项规定标准十倍、五十倍以上的，应当分别认定为刑法第三百四十五条第一款规定的"数量巨大"、"数量特别巨大"。

实施盗伐林木的行为，所涉林木系风倒、火烧、水毁或者林业有害生物等自然原因死亡或者严重毁损的，在决定应否追究刑事责任和裁量刑罚时，应当从严把握；情节显著轻微危害不大的，不作为犯罪处理。

第五条　具有下列情形之一的，应当认定为刑法第三百四十五条第二款规定的"滥伐森林或者其他林木"：

（一）未取得采伐许可证，或者违反采伐许可证规定的时间、地点、数量、树种、方式，任意采伐本单位或者本人所有的林木的；

（二）违反森林法第五十六条第三款的规定，任意采伐本单位或者本人所有的林木的；

（三）在采伐许可证规定的地点，超过规定的数量采伐国家、集体或者他人所有的林木的。

林木权属存在争议，一方未取得采伐许可证擅自砍伐的，以滥伐林木论处。

第六条　滥伐森林或者其他林木，涉案林木具有下列情形之一的，应当认定为刑法第三百四十五条第二款规定的"数量较大"：

（一）立木蓄积二十立方米以上的；

（二）幼树一千株以上的；

（三）数量虽未分别达到第一项、第二项规定标准，但按相应比例折算合计达到有关标准的；

（四）价值五万元以上的。

实施前款规定的行为，达到第一项至第四项规定标准五倍以上的，应当认定为刑法第三百四十五条第二款规定的"数量巨大"。

实施滥伐林木的行为，所涉林木系风倒、火烧、水毁或者林业有害生物等自然原因死亡或者严重毁损的，一般不以犯罪论处；确有必要追究刑事责任的，应当从宽处理。

第七条　认定刑法第三百四十五条第三款规定的"明知是盗伐、滥伐的林木"，应当根据涉案林木的销售价格、来源以及收购、运输行为违反有关规定等情节，结合行为人的职业要求、经历经验、前科情况等作出综合判断。

具有下列情形之一的，可以认定行为人明知是盗伐、滥伐的林木，但有相反证据或者能够作出合理解释的除外：

（一）收购明显低于市场价格出售的林木的；

（二）木材经营加工企业伪造、涂改产品或者原料出入库台账的；

（三）交易方式明显不符合正常习惯的；

（四）逃避、抗拒执法检查的；

（五）其他足以认定行为人明知的情形。

第八条　非法收购、运输明知是盗伐、滥伐的林木，具有下列情形之一的，应当认定为刑法第三百四十五条第三款规定的"情节严重"：

（一）涉案林木立木蓄积二十立方米以上的；

（二）涉案幼树一千株以上的；

（三）涉案林木数量虽未分别达到第一项、第二项规定标准，但按相应比例折算合计达到有关标准的；

（四）涉案林木价值五万元以上的；

（五）其他情节严重的情形。

实施前款规定的行为，达到第一项至第四项规定标准五倍以上或者具有其他特别严重情节的，应当认定为刑法第三百四十五条第三款规定的"情节特别严重"。

第九条 多次实施本解释规定的行为，未经处理，且依法应当追诉的，数量、数额累计计算。

第十条 伪造、变造、买卖采伐许可证，森林、林地、林木权属证书以及占用或者征用林地审核同意书等国家机关批准的林业证件、文件构成犯罪的，依照刑法第二百八十条第一款的规定，以伪造、变造、买卖国家机关公文、证件罪定罪处罚。

买卖允许进出口证明书等经营许可证明，同时构成刑法第二百二十五条、第二百八十条规定之罪的，依照处罚较重的规定定罪处罚。

第十一条 下列行为，符合刑法第二百六十四条规定的，以盗窃罪定罪处罚：

（一）盗窃国家、集体或者他人所有并已经伐倒的树木的；

（二）偷砍他人在自留地或者房前屋后种植的零星树木的。

非法实施采种、采脂、掘根、剥树皮等行为，符合刑法第二百六十四条规定的，以盗窃罪论处。在决定应否追究刑事责任和裁量刑罚时，应当综合考虑对涉案林木资源的损害程度以及行为人获利数额、行为动机、前科情况等情节；认为情节显著轻微危害不大的，不作为犯罪处理。

第十二条 实施破坏森林资源犯罪，具有下列情形之一的，从重处罚：

（一）造成林地或者其他农用地基本功能丧失或者遭受永久性破坏的；

（二）非法占用自然保护地核心保护区内的林地或者其他农用地的；

（三）非法采伐国家公园、国家级自然保护区内的林木的；

（四）暴力抗拒、阻碍国家机关工作人员依法执行职务，尚不构成妨害公务罪、袭警罪的；

（五）经行政主管部门责令停止违法行为后，继续实施相关行为的。

实施本解释规定的破坏森林资源行为，行为人系初犯，认罪认罚，积极通过补种树木、恢复植被和林业生产条件等方式修复生态环境，综合考虑涉案林地的类型、数量、生态区位或者涉案植物的种类、数量、价值，以及行为人获利数额、行为手段等因素，认为犯罪情节轻微的，可以免予刑事处罚；认为情节显著轻微危害不大的，不作为犯罪处理。

第十三条 单位犯刑法第三百四十二条、第三百四十四条、第三百四十五条规定之罪的，依照本解释规定的相应自然人犯罪的定罪量刑标准，对直接负责的主管人员和其他直接责任人员定罪处罚，并对单位判处罚金。

第十四条 针对国家、集体或者他人所有的国家重点保护植物和其他林木实施犯罪的违法所得及其收益，应当依法追缴或者责令退赔。

第十五条 组织他人实施本解释规定的破坏森林资源犯罪的，应当按照其组织实施的全部罪行处罚。

对于受雇佣为破坏森林资源犯罪提供劳务的人员，除参与利润分成或者领取高额固定工资的以外，一般不以犯罪论处，但曾因破坏森林资源受过处罚的除外。

第十六条 对于实施本解释规定的相关行为未被追究刑事责任的行为人，依法应当给予行政处罚、政务处分或者其他处分的，移送有关主管机关处理。

第十七条 涉案国家重点保护植物或者其他林木的价值，可以根据销赃数额认定；无销赃数额，销赃数额难以查证，或者根据销赃数额认定明显不合理的，根据市场价格认定。

第十八条 对于涉案农用地类型、面积，国家重点保护植物或者其他林木的种类、立木蓄积、株数、价值，以及涉案行为对森林资源的损害程度等问题，可以由林业主管部门、侦查机关依据现场勘验、检查笔录等出具认定意见；难以确定的，依据鉴定机构出具的鉴定意见或者下列机构出具的报告，结合其他证据作出认定：

（一）价格认证机构出具的报告；

（二）国务院林业主管部门指定的机构出具的报告；

（三）地、市级以上人民政府林业主管部门出具的报告。

第十九条 本解释所称"立木蓄积"的计算方法为：原木材积除以该树种的出材率。

本解释所称"幼树"，是指胸径五厘米以下的树木。

滥伐林木的数量，应当在伐区调查设计允许的误差额以上计算。

第二十条 本解释自2023年8月15日起施行。本解释施行后，《最高人民法院关于滥伐自己所有权的林木其林木应如何处理的问题的批复》（法复〔1993〕5号）、《最高人民法院关于审理破坏森林资源刑事案件具体应用法律若干问题的解释》（法释〔2000〕36号）、《最高人民法院关于在林木采伐许可证规定的地点以外采伐本单位或者本人所有的森林或者其他林木的行为如何适用法律问题的批复》(法释〔2004〕3 号)、《最高人民法院关于审理破坏林地资源刑事案件具体应用法律若干问题的解释》(法释〔2005〕15 号)同时废止；之前发布的司法解释与本解释不一致的，以本解释为准。

办理毒品犯罪案件适用法律若干问题的意见

· 2007 年 12 月 18 日
· 公通字〔2007〕84 号

一、关于毒品犯罪案件的管辖问题

根据刑事诉讼法的规定，毒品犯罪案件的地域管辖，应当坚持以犯罪地管辖为主、被告人居住地管辖为辅的原则。

"犯罪地"包括犯罪预谋地，毒资筹集地，交易进行地，毒品生产地，毒资、毒赃和毒品的藏匿地、转移地，走私或者贩运毒品的目的地以及犯罪嫌疑人被抓获地等。

"被告人居住地"包括被告人常住地、户籍地及其临时居住地。

对怀孕、哺乳期妇女走私、贩卖、运输毒品案件，查获地公安机关认为移交其居住地管辖更有利于采取强制措施和查清犯罪事实的，可以报请共同的上级公安机关批准，移送犯罪嫌疑人居住地公安机关办理，查获地公安机关应继续配合。

公安机关对侦办跨区域毒品犯罪案件的管辖权有争议的，应本着有利于查清犯罪事实，有利于诉讼，有利于保障案件侦查安全的原则，认真协商解决。经协商无法达成一致的，报共同的上级公安机关指定管辖。对即将侦查终结的跨省(自治区、直辖市)重大毒品案件，必要时可由公安部商最高人民法院和最高人民检察院指定管辖。

为保证及时结案，避免超期羁押，人民检察院对于公安机关移送审查起诉的案件，人民法院对于已进入审判程序的案件，被告人及其辩护人提出管辖异议或者办案单位发现没有管辖权的，受案人民检察院、人民法院经审可以依法报请上级人民检察院、人民法院指定管辖，不再自行移送有管辖权的人民检察院、人民法院。

二、关于毒品犯罪嫌疑人、被告人主观明知的认定问题

走私、贩卖、运输、非法持有毒品主观故意中的"明知"，是指行为人知道或者应当知道所实施的行为是走私、贩卖、运输、非法持有毒品行为。具有下列情形之一，并且犯罪嫌疑人、被告人不能做出合理解释的，可以认定其"应当知道"，但有证据证明确属被蒙骗的除外：

(一)执法人员在口岸、机场、车站、港口和其他检查站检查时，要求行为人申报为他人携带的物品和其他疑似毒品物，并告知其法律责任，而行为人未如实申报，在其所携带的物品内查获毒品的；

(二)以伪报、藏匿、伪装等蒙蔽手段逃避海关、边防等检查，在其携带、运输、邮寄的物品中查获毒品的；

(三)执法人员检查时，有逃跑、丢弃携带物品或逃避、抗拒检查等行为，在其携带或丢弃的物品中查获毒品的；

(四)体内藏匿毒品的；

(五)为获取不同寻常的高额或不等值的报酬而携带、运输毒品的；

(六)采用高度隐蔽的方式携带、运输毒品的；

(七)采用高度隐蔽的方式交接毒品，明显违背合法物品惯常交接方式的；

(八)其他有证据足以证明行为人应当知道的。

三、关于办理氯胺酮等毒品案件定罪量刑标准问题

(一)走私、贩卖、运输、制造、非法持有下列毒品，应当认定为刑法第三百四十七条第二款第(一)项、第三百四十八条规定的"其他毒品数量大"：

1. 二亚甲基双氧安非他明(MDMA)等苯丙胺类毒品(甲基苯丙胺除外)100 克以上；

2. 氯胺酮、美沙酮 1 千克以上；

3. 三唑仑、安眠酮 50 千克以上；

4. 氯氮卓、艾司唑仑、地西泮、溴西泮 500 千克以上；

5. 上述毒品以外的其他毒品数量大的。

(二)走私、贩卖、运输、制造、非法持有下列毒品，应当认定为刑法第三百四十七条第三款、第三百四十八条规定的"其他毒品数量较大"：

1. 二亚甲基双氧安非他明(MDMA)等苯丙胺类毒品(甲基苯丙胺除外)20 克以上不满 100 克；

2. 氯胺酮、美沙酮 200 克以上不满 1 千克的；

3. 三唑仑、安眠酮 10 千克以上不满 50 千克的；

4. 氯氮卓、艾司唑仑、地西泮、溴西泮 100 千克以上不满 500 千克的；

5. 上述毒品以外的其他毒品数量较大的。

(三)走私、贩卖、运输、制造下列毒品，应当认定为刑法第三百四十七条第四款规定的"其他少量毒品"：

1. 二亚甲基双氧安非他明(MDMA)等苯丙胺类毒品(甲基苯丙胺除外)不满 20 克的；

2. 氯胺酮、美沙酮不满 200 克的；
3. 三唑仑、安眠酮不满 10 千克的；
4. 氯氮卓、艾司唑仑、地西泮、溴西泮不满 100 千克的；
5. 上述毒品以外的其他少量毒品的。

（四）上述毒品品种包括其盐和制剂。毒品鉴定结论中毒品品名的认定应当以国家食品药品监督管理局、公安部、卫生部最新发布的《麻醉药品品种目录》《精神药品品种目录》为依据。

四、关于死刑案件的毒品含量鉴定问题

可能判处死刑的毒品犯罪案件，毒品鉴定结论中应有含量鉴定的结论。

最高人民法院、最高人民检察院、公安部关于办理制毒物品犯罪案件适用法律若干问题的意见

· 2009 年 6 月 23 日
· 公通字〔2009〕33 号

为依法惩治走私制毒物品、非法买卖制毒物品犯罪活动，根据刑法有关规定，结合司法实践，现就办理制毒物品犯罪案件适用法律的若干问题制定如下意见：

一、关于制毒物品犯罪的认定

（一）本意见中的"制毒物品"，是指刑法第三百五十条第一款规定的醋酸酐、乙醚、三氯甲烷或者其他用于制造毒品的原料或者配剂，具体品种范围按照国家关于易制毒化学品管理的规定确定。

（二）违反国家规定，实施下列行为之一的，认定为刑法第三百五十条规定的非法买卖制毒物品行为：
1. 未经许可或者备案，擅自购买、销售易制毒化学品的；
2. 超出许可证明或者备案证明的品种、数量范围购买、销售易制毒化学品的；
3. 使用他人的或者伪造、变造、失效的许可证明或者备案证明购买、销售易制毒化学品的；
4. 经营单位违反规定，向无购买许可证明、备案证明的单位、个人销售易制毒化学品的，或者明知购买者使用他人的或者伪造、变造、失效的购买许可证明、备案证明，向其销售易制毒化学品的；
5. 以其他方式非法买卖易制毒化学品的。

（三）易制毒化学品生产、经营、使用单位或者个人未办理许可证明或者备案证明，购买、销售易制毒化学品，如果有证据证明确实用于合法生产、生活需要，依法能够办理只是未及时办理许可证明或者备案证明，且未造成严重社会危害的，可不以非法买卖制毒物品罪论处。

（四）为了制造毒品或者走私、非法买卖制毒物品犯罪而采用生产、加工、提炼等方法非法制造易制毒化学品的，根据刑法第二十二条的规定，按照其制造易制毒化学品的不同目的，分别以制造毒品、走私制毒物品、非法买卖制毒物品的预备行为论处。

（五）明知他人实施走私或者非法买卖制毒物品犯罪，而为其运输、储存、代理进出口或者以其他方式提供便利的，以走私或者非法买卖制毒物品罪的共犯论处。

（六）走私、非法买卖制毒物品行为同时构成其他犯罪的，依照处罚较重的规定定罪处罚。

二、关于制毒物品犯罪嫌疑人、被告人主观明知的认定

对于走私或者非法买卖制毒物品行为，有下列情形之一，且查获了易制毒化学品，结合犯罪嫌疑人、被告人的供述和其他证据，经综合审查判断，可以认定其"明知"是制毒物品而走私或者非法买卖，但有证据证明确属被蒙骗的除外：
1. 改变产品形状、包装或者使用虚假标签、商标等产品标志的；
2. 以藏匿、夹带或者其他隐蔽方式运输、携带易制毒化学品逃避检查的；
3. 抗拒检查或者在检查时丢弃货物逃跑的；
4. 以伪报、藏匿、伪装等蒙蔽手段逃避海关、边防等检查的；
5. 选择不设海关或者边防检查站的路段绕行出入境的；
6. 以虚假身份、地址办理托运、邮寄手续的；
7. 以其他方法隐瞒真相，逃避对易制毒化学品依法监管的。

三、关于制毒物品犯罪定罪量刑的数量标准

（一）违反国家规定，非法运输、携带制毒物品进出境或者在境内非法买卖制毒物品达到下列数量标准的，依照刑法第三百五十条第一款的规定，处三年以下有期徒刑、拘役或者管制，并处罚金：
1. 1-苯基-2-丙酮五千克以上不满五十千克的；
2. 3,4-亚甲基二氧苯基-2-丙酮、去甲麻黄素（去甲麻黄碱）、甲基麻黄素（甲基麻黄碱）、羟亚胺及其盐类十千克以上不满一百千克的；
3. 胡椒醛、黄樟素、黄樟油、异黄樟素、麦角酸、麦角

胺、麦角新碱、苯乙酸二十千克以上不满二百千克；

4. N-乙酰邻氨基苯酸、邻氨基苯甲酸、哌啶一百五十千克以上不满一千五百千克；

5. 甲苯、丙酮、甲基乙基酮、高锰酸钾、硫酸、盐酸四百千克以上不满四千千克；

6. 其他用于制造毒品的原料或者配剂相当数量的。

（二）违反国家规定，非法买卖或者走私制毒物品，达到或者超过前款所列最高数量标准的，认定为刑法第三百五十条第一款规定的"数量大的"，处三年以上十年以下有期徒刑，并处罚金。

最高人民法院、最高人民检察院关于办理走私刑事案件适用法律若干问题的解释

· 2014年2月24日最高人民法院审判委员会第1608次会议、2014年6月13日最高人民检察院第十二届检察委员会第23次会议通过
· 2014年8月12日最高人民法院、最高人民检察院公告公布
· 自2014年9月10日起施行
· 法释〔2014〕10号

为依法惩治走私犯罪活动，根据刑法有关规定，现就办理走私刑事案件适用法律的若干问题解释如下：

第一条 走私武器、弹药，具有下列情形之一的，可以认定为刑法第一百五十一条第一款规定的"情节较轻"：

（一）走私以压缩气体等非火药为动力发射枪弹的枪支二支以上不满五支的；

（二）走私气枪铅弹五百发以上不满二千五百发，或者其他子弹十发以上不满五十发的；

（三）未达到上述数量标准，但属于犯罪集团的首要分子、使用特种车辆从事走私活动，或者走私的武器、弹药被用于实施犯罪等情形的；

（四）走私各种口径在六十毫米以下常规炮弹、手榴弹或者枪榴弹等分别或者合计不满五枚的。

具有下列情形之一的，依照刑法第一百五十一条第一款的规定处七年以上有期徒刑，并处罚金或者没收财产：

（一）走私以火药为动力发射枪弹的枪支一支，或者以压缩气体等非火药为动力发射枪弹的枪支五支以上不满十支的；

（二）走私第一款第二项规定的弹药，数量在该项规定的最高数量以上不满最高数量五倍的；

（三）走私各种口径在六十毫米以下常规炮弹、手榴弹或者枪榴弹等分别或者合计达到五枚以上不满十枚，或者各种口径超过六十毫米以上常规炮弹合计不满五枚的；

（四）达到第一款第一、二、四项规定的数量标准，且属于犯罪集团的首要分子，使用特种车辆从事走私活动，或者走私的武器、弹药被用于实施犯罪等情形的。

具有下列情形之一的，应当认定为刑法第一百五十一条第一款规定的"情节特别严重"：

（一）走私第二款第一项规定的枪支，数量超过该项规定的数量标准的；

（二）走私第一款第二项规定的弹药，数量在该项规定的最高数量标准五倍以上的；

（三）走私第二款第三项规定的弹药，数量超过该项规定的数量标准，或者走私具有巨大杀伤力的非常规炮弹一枚以上的；

（四）达到第二款第一项至第三项规定的数量标准，且属于犯罪集团的首要分子，使用特种车辆从事走私活动，或者走私的武器、弹药被用于实施犯罪等情形的。

走私其他武器、弹药，构成犯罪的，参照本条各款规定的标准处罚。

第二条 刑法第一百五十一条第一款规定的"武器、弹药"的种类，参照《中华人民共和国进口税则》及《中华人民共和国禁止进出境物品表》的有关规定确定。

第三条 走私枪支散件，构成犯罪的，依照刑法第一百五十一条第一款的规定，以走私武器罪定罪处罚。成套枪支散件以相应数量的枪支计，非成套枪支散件以每三十件为一套枪支散件计。

第四条 走私各种弹药的弹头、弹壳，构成犯罪的，依照刑法第一百五十一条第一款的规定，以走私弹药罪定罪处罚。具体的定罪量刑标准，按照本解释第一条规定的数量标准的五倍执行。

走私报废或者无法组装并使用的各种弹药的弹头、弹壳，构成犯罪的，依照刑法第一百五十三条的规定，以走私普通货物、物品罪定罪处罚；属于废物的，依照刑法第一百五十二条第二款的规定，以走私废物罪定罪处罚。

弹头、弹壳是否属于前款规定的"报废或者无法组装并使用"或者"废物"，由国家有关技术部门进行鉴定。

第五条 走私国家禁止或者限制进出口的仿真枪、管制刀具，构成犯罪的，依照刑法第一百五十一条第三款的规定，以走私国家禁止进出口的货物、物品罪定罪处罚。具体的定罪量刑标准，适用本解释第十一条第一款

第六、七项和第二款的规定。

走私的仿真枪经鉴定为枪支，构成犯罪的，依照刑法第一百五十一条第一款的规定，以走私武器罪定罪处罚。不以牟利或者从事违法犯罪活动为目的，且无其他严重情节的，可以依法从轻处罚；情节轻微不需要判处刑罚的，可以免于刑事处罚。

第六条 走私伪造的货币，数额在二千元以上不满二万元，或者数量在二百张（枚）以上不满二千张（枚）的，可以认定为刑法第一百五十一条第一款规定的"情节较轻"。

具有下列情形之一的，依照刑法第一百五十一条第一款的规定处七年以上有期徒刑，并处罚金或者没收财产：

（一）走私数额在二万元以上不满二十万元，或者数量在二千张（枚）以上不满二万张（枚）的；

（二）走私数额或者数量达到第一款规定的标准，且具有走私的伪造货币流入市场等情节的。

具有下列情形之一的，应当认定为刑法第一百五十一条第一款规定的"情节特别严重"：

（一）走私数额在二十万元以上，或者数量在二万张（枚）以上的；

（二）走私数额或者数量达到第二款第一项规定的标准，且属于犯罪集团的首要分子，使用特种车辆从事走私活动，或者走私的伪造货币流入市场等情形的。

第七条 刑法第一百五十一条第一款规定的"货币"，包括正在流通的人民币和境外货币。伪造的境外货币数额，折合成人民币计算。

第八条 走私国家禁止出口的三级文物二件以下的，可以认定为刑法第一百五十一条第二款规定的"情节较轻"。

具有下列情形之一的，依照刑法第一百五十一条第二款的规定处五年以上十年以下有期徒刑，并处罚金：

（一）走私国家禁止出口的二级文物不满三件，或者三级文物三件以上不满九件的；

（二）走私国家禁止出口的三级文物不满三件，且具有造成文物严重毁损或者无法追回等情节的。

具有下列情形之一的，应当认定为刑法第一百五十一条第二款规定的"情节特别严重"：

（一）走私国家禁止出口的一级文物一件以上，或者二级文物三件以上，或者三级文物九件以上的；

（二）走私国家禁止出口的文物达到第二款第一项规定的数量标准，且属于犯罪集团的首要分子，使用特种车辆从事走私活动，或者造成文物严重毁损、无法追回等情形的。

第九条 走私国家一、二级保护动物未达到本解释附表中（一）规定的数量标准，或者走私珍贵动物制品数额不满二十万元的，可以认定为刑法第一百五十一条第二款规定的"情节较轻"。

具有下列情形之一的，依照刑法第一百五十一条第二款的规定处五年以上十年以下有期徒刑，并处罚金：

（一）走私国家一、二级保护动物达到本解释附表中（一）规定的数量标准的；

（二）走私珍贵动物制品数额在二十万元以上不满一百万元的；

（三）走私国家一、二级保护动物未达到本解释附表中（一）规定的数量标准，但具有造成该珍贵动物死亡或者无法追回等情节的。

具有下列情形之一的，应当认定为刑法第一百五十一条第二款规定的"情节特别严重"：

（一）走私国家一、二级保护动物达到本解释附表中（二）规定的数量标准的；

（二）走私珍贵动物制品数额在一百万元以上的；

（三）走私国家一、二级保护动物达到本解释附表中（一）规定的数量标准，且属于犯罪集团的首要分子，使用特种车辆从事走私活动，或者造成该珍贵动物死亡、无法追回等情形的。

不以牟利为目的，为留作纪念而走私珍贵动物制品进境，数额不满十万元的，可以免于刑事处罚；情节显著轻微的，不作为犯罪处理。

第十条 刑法第一百五十一条第二款规定的"珍贵动物"，包括列入《国家重点保护野生动物名录》中的国家一、二级保护野生动物，《濒危野生动植物种国际贸易公约》附录Ⅰ、附录Ⅱ中的野生动物，以及驯养繁殖的上述动物。

走私本解释附表中未规定的珍贵动物的，参照附表中规定的同属或者同科动物的数量标准执行。

走私本解释附表中未规定珍贵动物的制品的，按照《最高人民法院、最高人民检察院、国家林业局、公安部、海关总署关于破坏野生动物资源刑事案件中涉及的CITES附录Ⅰ和附录Ⅱ所列陆生野生动物制品价值核定问题的通知》（林濒发〔2012〕239号）的有关规定核定价值。

第十一条 走私国家禁止进出口的货物、物品，具有下列情形之一的，依照刑法第一百五十一条第三款的规定处五年以下有期徒刑或者拘役，并处或者单处罚金：

（一）走私国家一级保护野生植物五株以上不满二十五株，国家二级保护野生植物十株以上不满五十株，或者珍稀植物、珍稀植物制品数额在二十万元以上不满一百万元的；

（二）走私重点保护古生物化石或者未命名的古生物化石不满十件，或者一般保护古生物化石十件以上不满五十件的；

（三）走私禁止进出口的有毒物质一吨以上不满五吨，或者数额在二万元以上不满十万元的；

（四）走私来自境外疫区的动植物及其产品五吨以上不满二十五吨，或者数额在五万元以上不满二十五万元的；

（五）走私木炭、硅砂等妨害环境、资源保护的货物、物品十吨以上不满五十吨，或者数额在十万元以上不满五十万元的；

（六）走私旧机动车、切割车、旧机电产品或者其他禁止进出口的货物、物品二十吨以上不满一百吨，或者数额在二十万元以上不满一百万元的；

（七）数量或者数额未达到本款第一项至第六项规定的标准，但属于犯罪集团的首要分子，使用特种车辆从事走私活动，造成环境严重污染，或者引起甲类传染病传播、重大动植物疫情等情形的。

具有下列情形之一的，应当认定为刑法第一百五十一条第三款规定的"情节严重"：

（一）走私数量或者数额超过前款第一项至第六项规定的标准的；

（二）达到前款第一项至第六项规定的标准，且属于犯罪集团的首要分子，使用特种车辆从事走私活动，造成环境严重污染，或者引起甲类传染病传播、重大动植物疫情等情形的。

第十二条 刑法第一百五十一条第三款规定的"珍稀植物"，包括列入《国家重点保护野生植物名录》《国家重点保护野生药材物种名录》《国家珍贵树种名录》中的国家一、二级保护野生植物、国家重点保护的野生药材、珍贵树木，《濒危野生动植物种国际贸易公约》附录Ⅰ、附录Ⅱ中的野生植物，以及人工培育的上述植物。

本解释规定的"古生物化石"，按照《古生物化石保护条例》的规定予以认定。走私具有科学价值的古脊椎动物化石、古人类化石，构成犯罪的，依照刑法第一百五十一条第二款的规定，以走私文物罪定罪处罚。

第十三条 以牟利或者传播为目的，走私淫秽物品，达到下列数量之一的，可以认定为刑法第一百五十二条第一款规定的"情节较轻"：

（一）走私淫秽录像带、影碟五十盘（张）以上不满一百盘（张）的；

（二）走私淫秽录音带、音碟一百盘（张）以上不满二百盘（张）的；

（三）走私淫秽扑克、书刊、画册一百副（册）以上不满二百副（册）的；

（四）走私淫秽照片、画片五百张以上不满一千张的；

（五）走私其他淫秽物品相当于上述数量的。

走私淫秽物品在前款规定的最高数量以上不满最高数量五倍的，依照刑法第一百五十二条第一款的规定处三年以上十年以下有期徒刑，并处罚金。

走私淫秽物品在第一款规定的最高数量五倍以上，或者在第一款规定的最高数量以上不满五倍，但属于犯罪集团的首要分子，使用特种车辆从事走私活动等情形的，应当认定为刑法第一百五十二条第一款规定的"情节严重"。

第十四条 走私国家禁止进口的废物或者国家限制进口的可用作原料的废物，具有下列情形之一的，应当认定为刑法第一百五十二条第二款规定的"情节严重"：

（一）走私国家禁止进口的危险性固体废物、液态废物分别或者合计达到一吨以上不满五吨的；

（二）走私国家禁止进口的非危险性固体废物、液态废物分别或者合计达到五吨以上不满二十五吨的；

（三）走私国家限制进口的可用作原料的固体废物、液态废物分别或者合计达到二十吨以上不满一百吨的；

（四）未达到上述数量标准，但属于犯罪集团的首要分子，使用特种车辆从事走私活动，或者造成环境严重污染等情形的。

具有下列情形之一的，应当认定为刑法第一百五十二条第二款规定的"情节特别严重"：

（一）走私数量超过前款规定的标准的；

（二）达到前款规定的标准，且属于犯罪集团的首要分子，使用特种车辆从事走私活动，或者造成环境严重污染等情形的；

（三）未达到前款规定的标准，但造成环境严重污染且后果特别严重的。

走私置于容器中的气态废物，构成犯罪的，参照前两款规定的标准处罚。

第十五条 国家限制进口的可用作原料的废物的具体种类，参照国家有关部门的规定确定。

第十六条 走私普通货物、物品，偷逃应缴税额在十万元以上不满五十万元的，应当认定为刑法第一百五十三条第一款规定的"偷逃应缴税额较大"；偷逃应缴税额在五十万元以上不满二百五十万元的，应当认定为"偷逃应缴税额巨大"；偷逃应缴税额在二百五十万元以上的，应当认定为"偷逃应缴税额特别巨大"。

走私普通货物、物品，具有下列情形之一，偷逃应缴税额在三十万元以上不满五十万元的，应当认定为刑法第一百五十三条第一款规定的"其他严重情节"；偷逃应缴税额在一百五十万元以上不满二百五十万元的，应当认定为"其他特别严重情节"：

（一）犯罪集团的首要分子；
（二）使用特种车辆从事走私活动的；
（三）为实施走私犯罪，向国家机关工作人员行贿的；
（四）教唆、利用未成年人、孕妇等特殊人群走私的；
（五）聚众阻挠缉私的。

第十七条 刑法第一百五十三条第一款规定的"一年内曾因走私被给予二次行政处罚后又走私"中的"一年内"，以因走私第一次受到行政处罚的生效之日与"又走私"行为实施之日的时间间隔计算确定；"被给予二次行政处罚"的走私行为，包括走私普通货物、物品以及其他货物、物品；"又走私"行为仅指走私普通货物、物品。

第十八条 刑法第一百五十三条规定的"应缴税额"，包括进出口货物、物品应当缴纳的进出口关税和进口环节海关代征税的税额。应缴税额以走私行为实施时的税则、税率、汇率和完税价格计算；多次走私的，以每次走私行为实施时的税则、税率、汇率和完税价格逐票计算；走私行为实施时间不能确定的，以案发时的税则、税率、汇率和完税价格计算。

刑法第一百五十三条第三款规定的"多次走私未经处理"，包括未经行政处理和刑事处理。

第十九条 刑法第一百五十四条规定的"保税货物"，是指经海关批准，未办理纳税手续进境，在境内储存、加工、装配后应予复运出境的货物，包括通过加工贸易、补偿贸易等方式进口的货物，以及在保税仓库、保税工厂、保税区或者免税商店内等储存、加工、寄售的货物。

第二十条 直接向走私人非法收购走私进口的货物、物品，在内海、领海、界河、界湖运输、收购、贩卖国家禁止进出口的物品，或者没有合法证明，在内海、领海、界河、界湖运输、收购、贩卖国家限制进出口的货物、物品，构成犯罪的，应当按照走私货物、物品的种类，分别依照刑法第一百五十一条、第一百五十二条、第一百五十三条、第三百四十七条、第三百五十条的规定定罪处罚。

刑法第一百五十五条第二项规定的"内海"，包括内河的入海口水域。

第二十一条 未经许可进出口国家限制进出口的货物、物品，构成犯罪的，应当依照刑法第一百五十一条、第一百五十二条的规定，以走私国家禁止进出口的货物、物品罪等罪名定罪处罚；偷逃应缴税额，同时又构成走私普通货物、物品罪的，依照处罚较重的规定定罪处罚。

取得许可，但超过许可数量进出口国家限制进出口的货物、物品，构成犯罪的，依照刑法第一百五十三条的规定，以走私普通货物、物品罪定罪处罚。

租用、借用或者使用购买的他人许可证，进出口国家限制进出口的货物、物品的，适用本条第一款的规定定罪处罚。

第二十二条 在走私的货物、物品中藏匿刑法第一百五十一条、第一百五十二条、第三百四十七条、第三百五十条规定的货物、物品，构成犯罪的，以实际走私的货物、物品定罪处罚；构成数罪的，实行数罪并罚。

第二十三条 实施走私犯罪，具有下列情形之一的，应当认定为犯罪既遂：

（一）在海关监管现场被查获的；
（二）以虚假申报方式走私，申报行为实施完毕的；
（三）以保税货物或者特定减税、免税进口的货物、物品为对象走私，在境内销售的，或者申请核销行为实施完毕的。

第二十四条 单位犯刑法第一百五十一条、第一百五十二条规定之罪，依照本解释规定的标准定罪处罚。

单位犯走私普通货物、物品罪，偷逃应缴税额在二十万元以上不满一百万元的，应当依照刑法第一百五十三条第二款的规定，对单位判处罚金，并对其直接负责的主管人员和其他直接责任人员，处三年以下有期徒刑或者拘役；偷逃应缴税额在一百万元以上不满五百万元的，应当认定为"情节严重"；偷逃应缴税额在五百万元以上的，应当认定为"情节特别严重"。

第二十五条 本解释发布实施后，《最高人民法院关于审理走私刑事案件具体应用法律若干问题的解释》（法释〔2000〕30号）、《最高人民法院关于审理走私刑事案件具体应用法律若干问题的解释（二）》（法释〔2006〕9号）同时废止。之前发布的司法解释与本解释不一致的，以本解释为准。

附表： 最高人民法院、最高人民检察院《关于办理走私刑事案件适用法律若干问题的解释》附表（略）

最高人民法院关于审理毒品犯罪案件适用法律若干问题的解释

- 2016年1月25日最高人民法院审判委员会第1676次会议通过
- 2016年4月6日最高人民法院公告公布
- 自2016年4月11日起施行
- 法释〔2016〕8号

为依法惩治毒品犯罪,根据《中华人民共和国刑法》的有关规定,现就审理此类刑事案件适用法律的若干问题解释如下:

第一条 走私、贩卖、运输、制造、非法持有下列毒品,应当认定为刑法第三百四十七条第二款第一项、第三百四十八条规定的"其他毒品数量大":

(一)可卡因五十克以上;

(二)3,4-亚甲二氧基甲基苯丙胺(MDMA)等苯丙胺类毒品(甲基苯丙胺除外)、吗啡一百克以上;

(三)芬太尼一百二十五克以上;

(四)甲卡西酮二百克以上;

(五)二氢埃托啡十毫克以上;

(六)哌替啶(度冷丁)二百五十克以上;

(七)氯胺酮五百克以上;

(八)美沙酮一千克以上;

(九)曲马多、γ-羟丁酸二千克以上;

(十)大麻油五千克、大麻脂十千克、大麻叶及大麻烟一百五十千克以上;

(十一)可待因、丁丙诺啡五千克以上;

(十二)三唑仑、安眠酮五十千克以上;

(十三)阿普唑仑、恰特草一百千克以上;

(十四)咖啡因、罂粟壳二百千克以上;

(十五)巴比妥、苯巴比妥、安钠咖、尼美西泮二百五十千克以上;

(十六)氯氮卓、艾司唑仑、地西泮、溴西泮五百千克以上;

(十七)上述毒品以外的其他毒品数量大的。

国家定点生产企业按照标准规格生产的麻醉药品或者精神药品被用于毒品犯罪的,根据药品中毒品成分的含量认定涉案毒品数量。

第二条 走私、贩卖、运输、制造、非法持有下列毒品,应当认定为刑法第三百四十七条第三款、第三百四十八条规定的"其他毒品数量较大":

(一)可卡因十克以上不满五十克;

(二)3,4-亚甲二氧基甲基苯丙胺(MDMA)等苯丙胺类毒品(甲基苯丙胺除外)、吗啡二十克以上不满一百克;

(三)芬太尼二十五克以上不满一百二十五克;

(四)甲卡西酮四十克以上不满二百克;

(五)二氢埃托啡二毫克以上不满十毫克;

(六)哌替啶(度冷丁)五十克以上不满二百五十克;

(七)氯胺酮一百克以上不满五百克;

(八)美沙酮二百克以上不满一千克;

(九)曲马多、γ-羟丁酸四百克以上不满二千克;

(十)大麻油一千克以上不满五千克、大麻脂二千克以上不满十千克、大麻叶及大麻烟三十千克以上不满一百五十千克;

(十一)可待因、丁丙诺啡一千克以上不满五千克;

(十二)三唑仑、安眠酮十千克以上不满五十千克;

(十三)阿普唑仑、恰特草二十千克以上不满一百千克;

(十四)咖啡因、罂粟壳四十千克以上不满二百千克;

(十五)巴比妥、苯巴比妥、安钠咖、尼美西泮五十千克以上不满二百五十千克;

(十六)氯氮卓、艾司唑仑、地西泮、溴西泮一百千克以上不满五百千克;

(十七)上述毒品以外的其他毒品数量较大的。

第三条 在实施走私、贩卖、运输、制造毒品犯罪的过程中,携带枪支、弹药或者爆炸物用于掩护的,应当认定为刑法第三百四十七条第二款第三项规定的"武装掩护走私、贩卖、运输、制造毒品"。枪支、弹药、爆炸物种类的认定,依照相关司法解释的规定执行。

在实施走私、贩卖、运输、制造毒品犯罪的过程中,以暴力抗拒检查、拘留、逮捕,造成执法人员死亡、重伤、多人轻伤或者具有其他严重情节的,应当认定为刑法第三百四十七条第二款第四项规定的"以暴力抗拒检查、拘留、逮捕,情节严重"。

第四条 走私、贩卖、运输、制造毒品,具有下列情形之一的,应当认定为刑法第三百四十七条第四款规定的"情节严重":

(一)向多人贩卖毒品或者多次走私、贩卖、运输、制造毒品的;

(二)在戒毒场所、监管场所贩卖毒品的;

(三)向在校学生贩卖毒品的;

(四)组织、利用残疾人、严重疾病患者、怀孕或者正在哺乳自己婴儿的妇女走私、贩卖、运输、制造毒品的;

(五)国家工作人员走私、贩卖、运输、制造毒品的;

（六）其他情节严重的情形。

第五条 非法持有毒品达到刑法第三百四十八条或者本解释第二条规定的"数量较大"标准，且具有下列情形之一的，应当认定为刑法第三百四十八条规定的"情节严重"：

（一）在戒毒场所、监管场所非法持有毒品的；
（二）利用、教唆未成年人非法持有毒品的；
（三）国家工作人员非法持有毒品的；
（四）其他情节严重的情形。

第六条 包庇走私、贩卖、运输、制造毒品的犯罪分子，具有下列情形之一的，应当认定为刑法第三百四十九条第一款规定的"情节严重"：

（一）被包庇的犯罪分子依法应当判处十五年有期徒刑以上刑罚的；
（二）包庇多名或者多次包庇走私、贩卖、运输、制造毒品的犯罪分子的；
（三）严重妨害司法机关对被包庇的犯罪分子实施的毒品犯罪进行追究的；
（四）其他情节严重的情形。

为走私、贩卖、运输、制造毒品的犯罪分子窝藏、转移、隐瞒毒品或者毒品犯罪所得的财物，具有下列情形之一的，应当认定为刑法第三百四十九条第一款规定的"情节严重"：

（一）为犯罪分子窝藏、转移、隐瞒毒品达到刑法第三百四十七条第二款第一项或者本解释第一条第一款规定的"数量大"标准的；
（二）为犯罪分子窝藏、转移、隐瞒毒品犯罪所得的财物价值达到五万元以上的；
（三）为多人或者多次为他人窝藏、转移、隐瞒毒品或者毒品犯罪所得的财物的；
（四）严重妨害司法机关对该犯罪分子实施的毒品犯罪进行追究的；
（五）其他情节严重的情形。

包庇走私、贩卖、运输、制造毒品的近亲属，或者为其窝藏、转移、隐瞒毒品或者毒品犯罪所得的财物，不具有本条前两款规定的"情节严重"情形，归案后认罪、悔罪、积极退赃，且系初犯、偶犯，犯罪情节轻微不需要判处刑罚的，可以免予刑事处罚。

第七条 违反国家规定，非法生产、买卖、运输制毒物品、走私制毒物品，达到下列数量标准的，应当认定为刑法第三百五十条第一款规定的"情节较重"：

（一）麻黄碱（麻黄素）、伪麻黄碱（伪麻黄素）、消旋麻黄碱（消旋麻黄素）一千克以上不满五千克；
（二）1-苯基-2-丙酮、1-苯基-2-溴-1-丙酮、3,4-亚甲基二氧苯基-2-丙酮、羟亚胺二千克以上不满十千克；
（三）3-氧-2-苯基丁腈、邻氯苯基环戊酮、去甲麻黄碱（去甲麻黄素）、甲基麻黄碱（甲基麻黄素）四千克以上不满二十千克；
（四）醋酸酐十千克以上不满五十千克；
（五）麻黄浸膏、麻黄浸膏粉、胡椒醛、黄樟素、黄樟油、异黄樟素、麦角酸、麦角胺、麦角新碱、苯乙酸二十千克以上不满一百千克；
（六）N-乙酰邻氨基苯酸、邻氨基苯甲酸、三氯甲烷、乙醚、哌啶五十千克以上不满二百五十千克；
（七）甲苯、丙酮、甲基乙基酮、高锰酸钾、硫酸、盐酸一百千克以上不满五百千克；
（八）其他制毒物品数量相当的。

违反国家规定，非法生产、买卖、运输制毒物品、走私制毒物品，达到前款规定的数量标准最低值的百分之五十，且具有下列情形之一的，应当认定为刑法第三百五十条第一款规定的"情节较重"：

（一）曾因非法生产、买卖、运输制毒物品、走私制毒物品受过刑事处罚的；
（二）二年内曾因非法生产、买卖、运输制毒物品、走私制毒物品受过行政处罚的；
（三）一次组织五人以上或者多次非法生产、买卖、运输制毒物品、走私制毒物品，或者在多个地点非法生产制毒物品的；
（四）利用、教唆未成年人非法生产、买卖、运输制毒物品、走私制毒物品的；
（五）国家工作人员非法生产、买卖、运输制毒物品、走私制毒物品的；
（六）严重影响群众正常生产、生活秩序的；
（七）其他情节较重的情形。

易制毒化学品生产、经营、购买、运输单位或者个人未办理许可证明或者备案证明，生产、销售、购买、运输易制毒化学品，确实用于合法生产、生活需要的，不以制毒物品犯罪论处。

第八条 违反国家规定，非法生产、买卖、运输制毒物品、走私制毒物品，具有下列情形之一的，应当认定为刑法第三百五十条第一款规定的"情节严重"：

（一）制毒物品数量在本解释第七条第一款规定的最高数量标准以上，不满最高数量标准五倍的；
（二）达到本解释第七条第一款规定的数量标准，且具有本解释第七条第二款第三项至第六项规定的情形之一的；

（三）其他情节严重的情形。

违反国家规定，非法生产、买卖、运输制毒物品、走私制毒物品，具有下列情形之一的，应当认定为刑法第三百五十条第一款规定的"情节特别严重"：

（一）制毒物品数量在本解释第七条第一款规定的最高数量标准五倍以上的；

（二）达到前款第一项规定的数量标准，且具有本解释第七条第二款第三项至第六项规定的情形之一的；

（三）其他情节特别严重的情形。

第九条 非法种植毒品原植物，具有下列情形之一的，应当认定为刑法第三百五十一条第一款第一项规定的"数量较大"：

（一）非法种植大麻五千株以上不满三万株的；

（二）非法种植罂粟二百平方米以上不满一千二百平方米、大麻二千平方米以上不满一万二千平方米，尚未出苗的；

（三）非法种植其他毒品原植物数量较大的。

非法种植毒品原植物，达到前款规定的最高数量标准，应当认定为刑法第三百五十一条第二款规定的"数量大"。

第十条 非法买卖、运输、携带、持有未经灭活的毒品原植物种子或者幼苗，具有下列情形之一的，应当认定为刑法第三百五十二条规定的"数量较大"：

（一）罂粟种子五十克以上、罂粟幼苗五千株以上的；

（二）大麻种子五十千克以上、大麻幼苗五万株以上的；

（三）其他毒品原植物种子或者幼苗数量较大的。

第十一条 引诱、教唆、欺骗他人吸食、注射毒品，具有下列情形之一的，应当认定为刑法第三百五十三条第一款规定的"情节严重"：

（一）引诱、教唆、欺骗多人或者多次引诱、教唆、欺骗他人吸食、注射毒品的；

（二）对他人身体健康造成严重危害的；

（三）导致他人实施故意杀人、故意伤害、交通肇事等犯罪行为的；

（四）国家工作人员引诱、教唆、欺骗他人吸食、注射毒品的；

（五）其他情节严重的情形。

第十二条 容留他人吸食、注射毒品，具有下列情形之一的，应当依照刑法第三百五十四条的规定，以容留他人吸毒罪定罪处罚：

（一）一次容留多人吸食、注射毒品的；

（二）二年内多次容留他人吸食、注射毒品的；

（三）二年内曾因容留他人吸食、注射毒品受过行政处罚的；

（四）容留未成年人吸食、注射毒品的；

（五）以牟利为目的容留他人吸食、注射毒品的；

（六）容留他人吸食、注射毒品造成严重后果的；

（七）其他应当追究刑事责任的情形。

向他人贩卖毒品后又容留其吸食、注射毒品，或者容留他人吸食、注射毒品并向其贩卖毒品，符合前款规定的容留他人吸毒罪的定罪条件的，以贩卖毒品罪和容留他人吸毒罪数罪并罚。

容留近亲属吸食、注射毒品，情节显著轻微危害不大的，不作为犯罪处理；需要追究刑事责任的，可以酌情从宽处罚。

第十三条 依法从事生产、运输、管理、使用国家管制的麻醉药品、精神药品的人员，违反国家规定，向吸食、注射毒品的人提供国家规定管制的能够使人形成瘾癖的麻醉药品、精神药品，具有下列情形之一的，应当依照刑法第三百五十五条第一款的规定，以非法提供麻醉药品、精神药品罪定罪处罚：

（一）非法提供麻醉药品、精神药品达到刑法第三百四十七条第三款或者本解释第二条规定的"数量较大"标准最低值的百分之五十，不满"数量较大"标准的；

（二）二年内曾因非法提供麻醉药品、精神药品受过行政处罚的；

（三）向多人或者多次非法提供麻醉药品、精神药品的；

（四）向吸食、注射毒品的未成年人非法提供麻醉药品、精神药品的；

（五）非法提供麻醉药品、精神药品造成严重后果的；

（六）其他应当追究刑事责任的情形。

具有下列情形之一的，应当认定为刑法第三百五十五条第一款规定的"情节严重"：

（一）非法提供麻醉药品、精神药品达到刑法第三百四十七条第三款或者本解释第二条规定的"数量较大"标准的；

（二）非法提供麻醉药品、精神药品达到前款第一项规定的数量标准，且具有前款第三项至第五项规定的情形之一的；

（三）其他情节严重的情形。

第十四条 利用信息网络，设立用于实施传授制造毒品、非法生产制毒物品的方法，贩卖毒品，非法买卖制毒物品或者组织他人吸食、注射毒品等违法犯罪活动的网站、通讯群组，或者发布实施前述违法犯罪活动的信息，情节严重的，应当依照刑法第二百八十七条之一的规定，以非法利用信息网络罪定罪处罚。

实施刑法第二百八十七条之一、第二百八十七条之二规定的行为，同时构成贩卖毒品罪、非法买卖制毒物品罪、传授犯罪方法罪等犯罪的，依照处罚较重的规定定罪处罚。

第十五条 本解释自2016年4月11日起施行。《最高人民法院关于审理毒品案件定罪量刑标准有关问题的解释》（法释〔2000〕13号）同时废止；之前发布的司法解释和规范性文件与本解释不一致的，以本解释为准。

最高人民检察院关于《非药用类麻醉药品和精神药品管制品种增补目录》能否作为认定毒品依据的批复

- 2018年12月12日最高人民检察院第十三届检察委员会第11次会议通过
- 2019年4月29日最高人民检察院公告公布
- 自2019年4月30日起施行

河南省人民检察院：

你院《关于〈非药用类麻醉药品和精神药品管制品种增补目录〉能否作为认定毒品的依据的请示》收悉。经研究，批复如下：

根据《中华人民共和国刑法》第三百五十七条和《中华人民共和国禁毒法》第二条的规定，毒品是指鸦片、海洛因、甲基苯丙胺（冰毒）、吗啡、大麻、可卡因以及国家规定管制的其他能够使人形成瘾癖的麻醉药品和精神药品。

2015年10月1日起施行的公安部、国家食品药品监督管理总局、国家卫生和计划生育委员会、国家禁毒委员会办公室《非药用类麻醉药品和精神药品列管办法》及其附表《非药用类麻醉药品和精神药品管制品种增补目录》，是根据国务院《麻醉药品和精神药品管理条例》第三条第二款授权制定的，《非药用类麻醉药品和精神药品管制品种增补目录》可以作为认定毒品的依据。

此复。

最高人民法院、最高人民检察院关于办理非法采供血液等刑事案件具体应用法律若干问题的解释

- 2008年2月18日最高人民法院审判委员会第1444次会议、2008年5月8日最高人民检察院第十一届检察委员会第1次会议通过
- 2008年9月22日最高人民法院、最高人民检察院公告公布
- 自2008年9月23日起施行
- 法释〔2008〕12号

为保障公民的身体健康和生命安全，依法惩处非法采供血液等犯罪，根据刑法有关规定，现对办理此类刑事案件具体应用法律的若干问题解释如下：

第一条 对未经国家主管部门批准或者超过批准的业务范围，采集、供应血液或者制作、供应血液制品的，应认定为刑法第三百三十四条第一款规定的"非法采集、供应血液或者制作、供应血液制品"。

第二条 对非法采集、供应血液或者制作、供应血液制品，具有下列情形之一的，应认定为刑法第三百三十四条第一款规定的"不符合国家规定的标准，足以危害人体健康"，处五年以下有期徒刑或者拘役，并处罚金：

（一）采集、供应的血液含有艾滋病病毒、乙型肝炎病毒、丙型肝炎病毒、梅毒螺旋体等病原微生物的；

（二）制作、供应的血液制品含有艾滋病病毒、乙型肝炎病毒、丙型肝炎病毒、梅毒螺旋体等病原微生物，或者将含有上述病原微生物的血液用于制作血液制品的；

（三）使用不符合国家规定的药品、诊断试剂、卫生器材，或者重复使用一次性采血器材采集血液，造成传染病传播危险的；

（四）违反规定对献血者、供血浆者超量、频繁采集血液、血浆，足以危害人体健康的；

（五）其他不符合国家有关采集、供应血液或者制作、供应血液制品的规定标准，足以危害人体健康的。

第三条 对非法采集、供应血液或者制作、供应血液制品，具有下列情形之一的，应认定为刑法第三百三十四条第一款规定的"对人体健康造成严重危害"，处五年以上十年以下有期徒刑，并处罚金：

（一）造成献血者、供血浆者、受血者感染乙型肝炎病毒、丙型肝炎病毒、梅毒螺旋体或者其他经血液传播的病原微生物的；

（二）造成献血者、供血浆者、受血者重度贫血、造血功能障碍或者其他器官组织损伤导致功能障碍等身体严重危害的；

(三)对人体健康造成其他严重危害的。

第四条 对非法采集、供应血液或者制作、供应血液制品,具有下列情形之一的,应认定为刑法第三百三十四条第一款规定的"造成特别严重后果",处十年以上有期徒刑或者无期徒刑,并处罚金或者没收财产：

(一)因血液传播疾病导致人员死亡或者感染艾滋病病毒的；

(二)造成五人以上感染乙型肝炎病毒、丙型肝炎病毒、梅毒螺旋体或者其他经血液传播的病原微生物的；

(三)造成五人以上重度贫血、造血功能障碍或者其他器官组织损伤导致功能障碍等身体严重危害的；

(四)造成其他特别严重后果的。

第五条 对经国家主管部门批准采集、供应血液或者制作、供应血液制品的部门,具有下列情形之一的,应认定为刑法第三百三十四条第二款规定的"不依照规定进行检测或者违背其他操作规定"：

(一)血站未用两个企业生产的试剂对艾滋病病毒抗体、乙型肝炎病毒表面抗原、丙型肝炎病毒抗体、梅毒抗体进行两次检测的；

(二)单采血浆站不依照规定对艾滋病病毒抗体、乙型肝炎病毒表面抗原、丙型肝炎病毒抗体、梅毒抗体进行检测的；

(三)血液制品生产企业在投料生产前未用主管部门批准和检定合格的试剂进行复检的；

(四)血站、单采血浆站和血液制品生产企业使用的诊断试剂没有生产单位名称、生产批准文号或者经检定不合格的；

(五)采供血机构在采集检验标本、采集血液和成分血分离时,使用没有生产单位名称、生产批准文号或者超过有效期的一次性注射器等采血器材的；

(六)不依照国家规定的标准和要求包装、储存、运输血液、原料血浆的；

(七)对国家规定检测项目结果呈阳性的血液未及时按照规定予以清除的；

(八)不具备相应资格的医务人员进行采血、检验操作的；

(九)对献血者、供血浆者超量、频繁采集血液、血浆的；

(十)采供血机构采集血液、血浆前,未对献血者或供血浆者进行身份识别,采集冒名顶替者、健康检查不合格者血液、血浆的；

(十一)血站擅自采集原料血浆,单采血浆站擅自采集临床用血或者向医疗机构供应原料血浆的；

(十二)重复使用一次性采血器材的；

(十三)其他不依照规定进行检测或者违背操作规定的。

第六条 对经国家主管部门批准采集、供应血液或者制作、供应血液制品的部门,不依照规定进行检测或者违背其他操作规定,具有下列情形之一的,应认定为刑法第三百三十四条第二款规定的"造成危害他人身体健康后果",对单位判处罚金,并对其直接负责的主管人员和其他直接责任人员,处五年以下有期徒刑或者拘役：

(一)造成献血者、供血浆者、受血者感染艾滋病病毒、乙型肝炎病毒、丙型肝炎病毒、梅毒螺旋体或者其他经血液传播的病原微生物的；

(二)造成献血者、供血浆者、受血者重度贫血、造血功能障碍或者其他器官组织损伤导致功能障碍等身体严重危害的；

(三)造成其他危害他人身体健康后果的。

第七条 经国家主管部门批准的采供血机构和血液制品生产经营单位,应认定为刑法第三百三十四条第二款规定的"经国家主管部门批准采集、供应血液或者制作、供应血液制品的部门"。

第八条 本解释所称"血液",是指全血、成分血和特殊血液成分。

本解释所称"血液制品",是指各种人血浆蛋白制品。

本解释所称"采供血机构",包括血液中心、中心血站、中心血库、脐带血造血干细胞库和国家卫生行政主管部门根据医学发展需要批准、设置的其他类型血库、单采血浆站。

最高人民法院、最高人民检察院关于办理危害计算机信息系统安全刑事案件应用法律若干问题的解释

- 2011年6月20日最高人民法院审判委员会第1524次会议、2011年7月11日最高人民检察院第十一届检察委员会第63次会议通过
- 2011年8月1日最高人民法院、最高人民检察院公告公布
- 自2011年9月1日起施行
- 法释〔2011〕19号

为依法惩治危害计算机信息系统安全的犯罪活动,根据《中华人民共和国刑法》、《全国人民代表大会常务委员会关于维护互联网安全的决定》的规定,现就办理这

类刑事案件应用法律的若干问题解释如下：

第一条 非法获取计算机信息系统数据或者非法控制计算机信息系统,具有下列情形之一的,应当认定为刑法第二百八十五条第二款规定的"情节严重"：

(一)获取支付结算、证券交易、期货交易等网络金融服务的身份认证信息十组以上的；

(二)获取第(一)项以外的身份认证信息五百组以上的；

(三)非法控制计算机信息系统二十台以上的；

(四)违法所得五千元以上或者造成经济损失一万元以上的；

(五)其他情节严重的情形。

实施前款规定行为,具有下列情形之一的,应当认定为刑法第二百八十五条第二款规定的"情节特别严重"：

(一)数量或者数额达到前款第(一)项至第(四)项规定标准五倍以上的；

(二)其他情节特别严重的情形。

明知是他人非法控制的计算机信息系统,而对该计算机信息系统的控制权加以利用的,依照前两款的规定定罪处罚。

第二条 具有下列情形之一的程序、工具,应当认定为刑法第二百八十五条第三款规定的"专门用于侵入、非法控制计算机信息系统的程序、工具"：

(一)具有避开或者突破计算机信息系统安全保护措施,未经授权或者超越授权获取计算机信息系统数据的功能的；

(二)具有避开或者突破计算机信息系统安全保护措施,未经授权或者超越授权对计算机信息系统实施控制的功能的；

(三)其他专门设计用于侵入、非法控制计算机信息系统、非法获取计算机信息系统数据的程序、工具。

第三条 提供侵入、非法控制计算机信息系统的程序、工具,具有下列情形之一的,应当认定为刑法第二百八十五条第三款规定的"情节严重"：

(一)提供能够用于非法获取支付结算、证券交易、期货交易等网络金融服务身份认证信息的专门性程序、工具五人次以上的；

(二)提供第(一)项以外的专门用于侵入、非法控制计算机信息系统的程序、工具二十人次以上的；

(三)明知他人实施非法获取支付结算、证券交易、期货交易等网络金融服务身份认证信息的违法犯罪行为而为其提供程序、工具五人次以上的；

(四)明知他人实施第(三)项以外的侵入、非法控制计算机信息系统的违法犯罪行为而为其提供程序、工具二十人次以上的；

(五)违法所得五千元以上或者造成经济损失一万元以上的；

(六)其他情节严重的情形。

实施前款规定行为,具有下列情形之一的,应当认定为提供侵入、非法控制计算机信息系统的程序、工具"情节特别严重"：

(一)数量或者数额达到前款第(一)项至第(五)项规定标准五倍以上的；

(二)其他情节特别严重的情形。

第四条 破坏计算机信息系统功能、数据或者应用程序,具有下列情形之一的,应当认定为刑法第二百八十六条第一款和第二款规定的"后果严重"：

(一)造成十台以上计算机信息系统的主要软件或者硬件不能正常运行的；

(二)对二十台以上计算机信息系统中存储、处理或者传输的数据进行删除、修改、增加操作的；

(三)违法所得五千元以上或者造成经济损失一万元以上的；

(四)造成为一百台以上计算机信息系统提供域名解析、身份认证、计费等基础服务或者为一万以上用户提供服务的计算机信息系统不能正常运行累计一小时以上的；

(五)造成其他严重后果的。

实施前款规定行为,具有下列情形之一的,应当认定为破坏计算机信息系统"后果特别严重"：

(一)数量或者数额达到前款第(一)项至第(三)项规定标准五倍以上的；

(二)造成为五百台以上计算机信息系统提供域名解析、身份认证、计费等基础服务或者为五万以上用户提供服务的计算机信息系统不能正常运行累计一小时以上的；

(三)破坏国家机关或者金融、电信、交通、教育、医疗、能源等领域提供公共服务的计算机信息系统的功能、数据或者应用程序,致使生产、生活受到严重影响或者造成恶劣社会影响的；

(四)造成其他特别严重后果的。

第五条 具有下列情形之一的程序,应当认定为刑法第二百八十六条第三款规定的"计算机病毒等破坏性程序"：

（一）能够通过网络、存储介质、文件等媒介，将自身的部分、全部或者变种进行复制、传播，并破坏计算机系统功能、数据或者应用程序的；

（二）能够在预先设定条件下自动触发，并破坏计算机系统功能、数据或者应用程序的；

（三）其他专门设计用于破坏计算机系统功能、数据或者应用程序的程序。

第六条 故意制作、传播计算机病毒等破坏性程序，影响计算机系统正常运行，具有下列情形之一的，应当认定为刑法第二百八十六条第三款规定的"后果严重"：

（一）制作、提供、传输第五条第（一）项规定的程序，导致该程序通过网络、存储介质、文件等媒介传播的；

（二）造成二十台以上计算机系统被植入第五条第（二）、（三）项规定的程序的；

（三）提供计算机病毒等破坏性程序十人次以上的；

（四）违法所得五千元以上或者造成经济损失一万元以上的；

（五）造成其他严重后果的。

实施前款规定行为，具有下列情形之一的，应当认定为破坏计算机信息系统"后果特别严重"：

（一）制作、提供、传输第五条第（一）项规定的程序，导致该程序通过网络、存储介质、文件等媒介传播，致使生产、生活受到严重影响或者造成恶劣社会影响的；

（二）数量或者数额达到前款第（二）项至第（四）项规定标准五倍以上的；

（三）造成其他特别严重后果的。

第七条 明知是非法获取计算机信息系统数据犯罪所获取的数据、非法控制计算机信息系统犯罪所获取的计算机信息系统控制权，而予以转移、收购、代为销售或者以其他方法掩饰、隐瞒，违法所得五千元以上的，应当依照刑法第三百一十二条第一款的规定，以掩饰、隐瞒犯罪所得罪定罪处罚。

实施前款规定行为，违法所得五万元以上的，应当认定为刑法第三百一十二条第一款规定的"情节严重"。

单位实施第一款规定行为的，定罪量刑标准依照第一款、第二款的规定执行。

第八条 以单位名义或者单位形式实施危害计算机信息系统安全犯罪，达到本解释规定的定罪量刑标准的，应当依照刑法第二百八十五条、第二百八十六条的规定追究直接负责的主管人员和其他直接责任人员的刑事责任。

第九条 明知他人实施刑法第二百八十五条、第二百八十六条规定的行为，具有下列情形之一的，应当认定为共同犯罪，依照刑法第二百八十五条、第二百八十六条的规定处罚：

（一）为其提供用于破坏计算机信息系统功能、数据或者应用程序的程序、工具，违法所得五千元以上或者提供十人次以上的；

（二）为其提供互联网接入、服务器托管、网络存储空间、通讯传输通道、费用结算、交易服务、广告服务、技术培训、技术支持等帮助，违法所得五千元以上的；

（三）通过委托推广软件、投放广告等方式向其提供资金五千元以上的。

实施前款规定行为，数量或者数额达到前款规定标准五倍以上的，应当认定为刑法第二百八十五条、第二百八十六条规定的"情节特别严重"或者"后果特别严重"。

第十条 对于是否属于刑法第二百八十五条、第二百八十六条规定的"国家事务、国防建设、尖端科学技术领域的计算机信息系统"、"专门用于侵入、非法控制计算机信息系统的程序、工具"、"计算机病毒等破坏性程序"难以确定的，应当委托省级以上负责计算机信息系统安全保护管理工作的部门检验。司法机关根据检验结论，并结合案件具体情况认定。

第十一条 本解释所称"计算机信息系统"和"计算机系统"，是指具备自动处理数据功能的系统，包括计算机、网络设备、通信设备、自动化控制设备等。

本解释所称"身份认证信息"，是指用于确认用户在计算机信息系统上操作权限的数据，包括账号、口令、密码、数字证书等。

本解释所称"经济损失"，包括危害计算机信息系统犯罪行为给用户直接造成的经济损失，以及用户为恢复数据、功能而支出的必要费用。

最高人民法院关于审理破坏草原资源刑事案件应用法律若干问题的解释

- 2012年10月22日最高人民法院审判委员会第1558次会议通过
- 2012年11月2日最高人民法院公告公布
- 自2012年11月22日起施行
- 法释〔2012〕15号

为依法惩处破坏草原资源犯罪活动，依照《中华人民共和国刑法》的有关规定，现就审理此类刑事案件应用法律的若干问题解释如下：

第一条　违反草原法等土地管理法规,非法占用草原,改变被占用草原用途,数量较大,造成草原大量毁坏的,依照刑法第三百四十二条的规定,以非法占用农用地罪定罪处罚。

第二条　非法占用草原,改变被占用草原用途,数量在二十亩以上的,或者曾因非法占用草原受过行政处罚,在三年内又非法占用草原,改变被占用草原用途,数量在十亩以上的,应当认定为刑法第三百四十二条规定的"数量较大"。

非法占用草原,改变被占用草原用途,数量较大,具有下列情形之一的,应当认定为刑法第三百四十二条规定的"造成耕地、林地等农用地大量毁坏":

(一)开垦草原种植粮食作物、经济作物、林木的;

(二)在草原上建窑、建房、修路、挖砂、采石、采矿、取土、剥取草皮的;

(三)在草原上堆放或者排放废弃物,造成草原的原有植被被严重毁坏或者严重污染的;

(四)违反草原保护、建设、利用规划种植牧草和饲料作物,造成草原沙化或者水土严重流失的;

(五)其他造成草原严重毁坏的情形。

第三条　国家机关工作人员徇私舞弊,违反草原等土地管理法规,具有下列情形之一的,应当认定为刑法第四百一十条规定的"情节严重":

(一)非法批准征收、征用、占用草原四十亩以上的;

(二)非法批准征收、征用、占用草原,造成二十亩以上草原被毁坏的;

(三)非法批准征收、征用、占用草原,造成直接经济损失三十万元以上,或者具有其他恶劣情节的。

具有下列情形之一,应当认定为刑法第四百一十条规定的"致使国家或者集体利益遭受特别重大损失":

(一)非法批准征收、征用、占用草原八十亩以上的;

(二)非法批准征收、征用、占用草原,造成四十亩以上草原被毁坏的;

(三)非法批准征收、征用、占用草原,造成直接经济损失六十万元以上,或者具有其他特别恶劣情节的。

第四条　以暴力、威胁方法阻碍草原监督检查人员依法执行职务,构成犯罪的,依照刑法第二百七十七条的规定,以妨害公务罪追究刑事责任。

煽动群众暴力抗拒草原法律、行政法规实施,构成犯罪的,依照刑法第二百七十八条的规定,以煽动暴力抗拒法律实施罪追究刑事责任。

第五条　单位实施刑法第三百四十二条规定的行为,对单位判处罚金,并对其直接负责的主管人员和其他直接责任人员,依照本解释规定的定罪量刑标准定罪处罚。

第六条　多次实施破坏草原资源的违法犯罪行为,未经处理,应当依法追究刑事责任的,按照累计的数量、数额定罪处罚。

第七条　本解释所称"草原",是指天然草原和人工草地,天然草原包括草地、草山和草坡,人工草地包括改良草地和退耕还草地,不包括城镇草地。

最高人民法院、最高人民检察院关于办理妨害国(边)境管理刑事案件应用法律若干问题的解释

- 2012年8月20日最高人民法院审判委员会第1553次会议、2012年11月19日最高人民检察院第十一届检察委员会第82次会议通过
- 2012年12月12日最高人民法院、最高人民检察院公告公布
- 自2012年12月20日起施行
- 法释〔2012〕17号

为依法惩处妨害国(边)境管理犯罪活动,维护国(边)境管理秩序,根据《中华人民共和国刑法》《中华人民共和国刑事诉讼法》的有关规定,现就办理这类案件应用法律的若干问题解释如下:

第一条　领导、策划、指挥他人偷越国(边)境或者在首要分子指挥下,实施拉拢、引诱、介绍他人偷越国(边)境等行为的,应当认定为刑法第三百一十八条规定的"组织他人偷越国(边)境"。

组织他人偷越国(边)境人数在十人以上的,应当认定为刑法第三百一十八条第一款第(二)项规定的"人数众多";违法所得数额在二十万元以上的,应当认定为刑法第三百一十八条第一款第(六)项规定的"违法所得数额巨大"。

以组织他人偷越国(边)境为目的,招募、拉拢、引诱、介绍、培训偷越国(边)境人员,策划、安排偷越国(边)境行为,在他人偷越国(边)境之前或者偷越国(边)境过程中被查获的,应当以组织他人偷越国(边)境罪(未遂)论处;具有刑法第三百一十八条第一款规定的情形之一的,应当在相应的法定刑幅度基础上,结合未遂犯的处罚原则量刑。

第二条　为组织他人偷越国(边)境,编造出境事由、身份信息或者相关的境外关系证明的,应当认定为刑法第三百一十九条第一款规定的"弄虚作假"。

刑法第三百一十九条第一款规定的"出境证件",包括护照或者代替护照使用的国际旅行证件,中华人民共和国海员证,中华人民共和国出入境通行证,中华人民共和国旅行证,中国公民往来香港、澳门、台湾地区证件,边境地区出入境通行证,签证、签注,出国(境)证明、名单,以及其他出境时需要查验的资料。

具有下列情形之一的,应当认定为刑法第三百一十九条第一款规定的"情节严重":

(一)骗取出境证件五份以上的;

(二)非法收取费用三十万元以上的;

(三)明知是国家规定的不准出境的人员而为其骗取出境证件的;

(四)其他情节严重的情形。

第三条　刑法第三百二十条规定的"出入境证件",包括本解释第二条第二款所列的证件以及其他入境时需要查验的资料。

具有下列情形之一的,应当认定为刑法第三百二十条规定的"情节严重":

(一)为他人提供伪造、变造的出入境证件或者出售出入境证件五份以上的;

(二)非法收取费用三十万元以上的;

(三)明知是国家规定的不准出入境的人员而为其提供伪造、变造的出入境证件或者向其出售出入境证件的;

(四)其他情节严重的情形。

第四条　运送他人偷越国(边)境人数在十人以上的,应当认定为刑法第三百二十一条第一款第(一)项规定的"人数众多";违法所得数额在二十万元以上的,应当认定为刑法第三百二十一条第一款第(三)项规定的"违法所得数额巨大"。

第五条　偷越国(边)境,具有下列情形之一的,应当认定为刑法第三百二十二条规定的"情节严重":

(一)在境外实施损害国家利益行为的;

(二)偷越国(边)境三次以上或者三人以上结伙偷越国(边)境的;

(三)拉拢、引诱他人一起偷越国(边)境的;

(四)勾结境外组织、人员偷越国(边)境的;

(五)因偷越国(边)境被行政处罚后一年内又偷越国(边)境的;

(六)其他情节严重的情形。

第六条　具有下列情形之一的,应当认定为刑法第六章第三节规定的"偷越国(边)境"行为:

(一)没有出入境证件出入国(边)境或者逃避接受边防检查的;

(二)使用伪造、变造、无效的出入境证件出入国(边)境的;

(三)使用他人出入境证件出入国(边)境的;

(四)使用以虚假的出入境事由、隐瞒真实身份、冒用他人身份证件等方式骗取的出入境证件出入国(边)境的;

(五)采用其他方式非法出入国(边)境的。

第七条　以单位名义或者单位形式组织他人偷越国(边)境、为他人提供伪造、变造的出入境证件或者运送他人偷越国(边)境的,应当依照刑法第三百一十八条、第三百二十条、第三百二十一条的规定追究直接负责的主管人员和其他直接责任人员的刑事责任。

第八条　实施组织他人偷越国(边)境犯罪,同时构成骗取出境证件罪、提供伪造、变造的出入境证件罪、出售出入境证件罪、运送他人偷越国(边)境罪的,依照处罚较重的规定定罪处罚。

第九条　对跨地区实施的不同妨害国(边)境管理犯罪,符合并案处理要求,有关地方公安机关依照法律和相关规定一并立案侦查,需要提请批准逮捕、移送审查起诉、提起公诉的,由该公安机关所在地的同级人民检察院、人民法院依法受理。

第十条　本解释发布实施后,《最高人民法院关于审理组织、运送他人偷越国(边)境等刑事案件适用法律若干问题的解释》(法释〔2002〕3号)不再适用。

关于依法惩治妨害国(边)境管理违法犯罪的意见

· 2022年6月29日
· 法发〔2022〕18号

为依法惩治妨害国(边)境管理违法犯罪活动,切实维护国(边)境管理秩序,根据《中华人民共和国刑法》《中华人民共和国刑事诉讼法》《中华人民共和国出境入境管理法》《最高人民法院、最高人民检察院关于办理妨害国(边)境管理刑事案件应用法律若干问题的解释》(法释〔2012〕17号,以下简称《解释》)等有关规定,结合执法、司法实践,制定本意见。

一、总体要求

1. 近年来,妨害国(边)境管理违法犯罪活动呈多发高发态势,与跨境赌博、电信网络诈骗以及边境地区毒品、走私、暴恐等违法犯罪活动交织滋长,严重扰乱国

(边)境管理秩序,威胁公共安全和人民群众人身财产安全。人民法院、人民检察院、公安机关和移民管理机构要进一步提高政治站位,深刻认识妨害国(边)境管理违法犯罪的严重社会危害,充分发挥各自职能作用,依法准确认定妨害国(边)境管理犯罪行为,完善执法、侦查、起诉、审判的程序衔接,加大对组织者、运送者、犯罪集团骨干成员以及屡罚屡犯者的惩治力度,最大限度削弱犯罪分子再犯能力,切实维护国(边)境管理秩序,确保社会安全稳定,保障人民群众切身利益,努力实现案件办理法律效果与社会效果的有机统一。

二、关于妨害国(边)境管理犯罪的认定

2. 具有下列情形之一的,应当认定为刑法第三百一十八条规定的"组织他人偷越国(边)境"行为:

(1)组织他人通过虚构事实、隐瞒真相等方式掩盖非法出入境目的,骗取出入境边防检查机关核准出入境的;

(2)组织依法限定在我国边境地区停留、活动的人员,违反国(边)境管理法规,非法进入我国非边境地区的。

对于前述行为,在决定是否追究刑事责任以及如何裁量刑罚时,应当综合考虑组织者前科情况、行为手段、组织人数和次数、违法所得数额及被组织人员偷越国(边)境的目的等情节,依法妥当处理。

3. 事前与组织、运送他人偷越国(边)境的犯罪分子通谋,在偷越国(边)境人员出境前或者入境后,提供接驳、容留、藏匿等帮助的,以组织他人偷越国(边)境罪或者运送他人偷越国(边)境罪的共同犯罪论处。

4. 明知是偷越国(边)境人员,分段运送其前往国(边)境的,应当认定为刑法第三百二十一条规定的"运送他人偷越国(边)境",以运送他人偷越国(边)境罪定罪处罚。但是,在决定是否追究刑事责任以及如何裁量刑罚时,应当充分考虑行为人在运送他人偷越国(边)境过程中所起作用等情节,依法妥当处理。

5.《解释》第一条第二款、第四条规定的"人数",以实际组织、运送的人数计算;未到案人员经查证属实的,应当计算在内。

6. 明知他人实施骗取出境证件犯罪,提供虚假证明、邀请函件以及面签培训等帮助的,以骗取出境证件罪的共同犯罪论处;符合刑法第三百一十八条规定的,以组织他人偷越国(边)境罪定罪处罚。

7. 事前与组织他人偷越国(边)境的犯罪分子通谋,为其提供虚假证明、邀请函件以及面签培训等帮助,骗取入境签证等入境证件,为组织他人偷越国(边)境使用的,以组织他人偷越国(边)境罪的共同犯罪论处。

8. 对于偷越国(边)境的次数,按照非法出境、入境的次数分别计算。但是,对于非法越境后及时返回,或者非法出境后又入境投案自首的,一般应当计算为一次。

9. 偷越国(边)境人员相互配合,共同偷越国(边)境的,属于《解释》第五条第二项规定的"结伙"。偷越国(边)境人员在组织者、运送者安排下偶然同行的,不属于"结伙"。

在认定偷越国(边)境"结伙"的人数时,不满十六周岁的人不计算在内。

10. 偷越国(边)境,具有下列情形之一的,属于《解释》第五条第六项规定的"其他情节严重的情形":

(1)犯罪后为逃避刑事追究偷越国(边)境的;

(2)破坏边境物理隔离设施后,偷越国(边)境的;

(3)以实施电信网络诈骗、开设赌场等犯罪为目的,偷越国(边)境的;

(4)曾因妨害国(边)境管理犯罪被判处刑罚,刑罚执行完毕后二年内又偷越国(边)境的。

实施偷越国(边)境犯罪,又实施妨害公务、袭警、妨害传染病防治等行为,并符合有关犯罪构成的,应当数罪并罚。

11. 徒步带领他人通过隐蔽路线逃避边防检查偷越国(边)境的,属于运送他人偷越国(边)境。领导、策划、指挥他人偷越国(边)境,并实施徒步带领行为的,以组织他人偷越国(边)境罪论处。

徒步带领偷越国(边)境的人数较少,行为人系初犯,确有悔罪表现,综合考虑行为动机、一贯表现、违法所得、实际作用等情节,认为对国(边)境管理秩序妨害程度明显较轻的,可以认定为犯罪情节轻微,依法不起诉或者免于刑事处罚;情节显著轻微危害不大的,不作为犯罪处理。

12. 对于刑法第三百二十一条第一款规定的"多次实施运送行为",累计运送人数一般应当接近十人。

三、关于妨害国(边)境管理刑事案件的管辖

13. 妨害国(边)境管理刑事案件由犯罪地的公安机关立案侦查。如果由犯罪嫌疑人居住地的公安机关立案侦查更为适宜的,可以由犯罪嫌疑人居住地的公安机关立案侦查。

妨害国(边)境管理犯罪的犯罪地包括妨害国(边)境管理犯罪行为的预备地、过境地、查获地等与犯罪活动有关的地点。

14. 对于有多个犯罪地的妨害国(边)境管理刑事案件,由最初受理的公安机关或者主要犯罪地的公安机关立案侦查。有争议的，按照有利于查清犯罪事实、有利于诉讼的原则，由共同上级公安机关指定有关公安机关立案侦查。

15. 具有下列情形之一的，有关公安机关可以在其职责范围内并案侦查：

（1）一人犯数罪的；

（2）共同犯罪的；

（3）共同犯罪的犯罪嫌疑人、被告人还实施其他犯罪的；

（4）多个犯罪嫌疑人、被告人实施的犯罪存在关联，并案处理有利于查明案件事实的。

四、关于证据的收集与审查

16. 对于妨害国（边）境管理案件所涉主观明知的认定，应当结合行为实施的过程、方式、被查获时的情形和环境，行为人的认知能力、既往经历、与同案人的关系、非法获利等，审查相关辩解是否明显违背常理，综合分析判断。

在组织他人偷越国（边）境、运送他人偷越国（边）境等案件中，具有下列情形之一的，可以认定行为人主观明知，但行为人作出合理解释或者有相反证据证明的除外：

（1）使用遮蔽、伪装、改装等隐蔽方式接送、容留偷越国（边）境人员的；

（2）与其他妨害国（边）境管理行为人使用同一通讯群组、暗语等进行联络的；

（3）采取绕关避卡等方式躲避边境检查，或者出境前、入境后途经边境地区的时间、路线等明显违反常理的；

（4）接受执法检查时故意提供虚假的身份、事由、地点、联系方式等信息的；

（5）支付、收取或者约定的报酬明显不合理的；

（6）遇到执法检查时企图逃跑，阻碍、抗拒执法检查，或者毁灭证据的；

（7）其他足以认定行为人明知的情形。

17. 对于不通晓我国通用语言文字的嫌疑人、被告人、证人及其他相关人员，人民法院、人民检察院、公安机关、移民管理机构应当依法为其提供翻译。

翻译人员在案件办理规定时限内无法到场的，办案机关可以通过视频连线方式进行翻译，并对翻译过程进行全程不间断录音录像，不得选择性录制，不得剪接、删改。

翻译人员应当在翻译文件上签名。

18. 根据国际条约规定或者通过刑事司法协助和警务合作等渠道收集的境外证据材料，能够证明案件事实且符合刑事诉讼法规定的，可以作为证据使用，但提供人或者我国与有关国家签订的双边条约对材料的使用范围有明确限制的除外。

办案机关应当移送境外执法机构对所收集证据的来源、提取人、提取时间或者提供人、提供时间以及保管移交的过程等相关说明材料；确因客观条件限制，境外执法机构未提供相关说明材料的，办案机关应当说明原因，并对所收集证据的有关事项作出书面说明。

19. 采取技术侦查措施收集的材料，作为证据使用的，应当随案移送，并附采取技术侦查措施的法律文书、证据清单和有关情况说明。

20. 办理案件中发现的可用以证明犯罪嫌疑人、被告人有罪或者无罪的各种财物，应当严格依照法定条件和程序进行查封、扣押、冻结。不得查封、扣押、冻结与案件无关的财物。凡查封、扣押、冻结的财物，都要及时进行审查。经查明确实与案件无关的，应当在三日以内予以解除、退还，并通知有关当事人。

查封、扣押、冻结涉案财物及其孳息，应当制作清单，妥善保管，随案移送。待人民法院作出生效判决后，依法作出处理。

公安机关、人民检察院应当对涉案财物审查甄别。在移送审查起诉、提起公诉时，应当对涉案财物提出处理意见。人民法院对随案移送的涉案财物，应当依法作出判决。

五、关于宽严相济刑事政策的把握

21. 办理妨害国（边）境管理刑事案件，应当综合考虑行为人的犯罪动机、行为方式、目的以及造成的危害后果等因素，全面把握犯罪事实和量刑情节，依法惩治。做好行政执法与刑事司法的衔接，对涉嫌妨害国（边）境管理犯罪的案件，要及时移送立案侦查，不得以行政处罚代替刑事追究。

对于实施相关行为被不起诉或者免予刑事处罚的行为人，依法应当给予行政处罚、政务处分或者其他处分的，依法移送有关主管机关处理。

22. 突出妨害国（边）境管理刑事案件的打击重点，从严惩处组织他人偷越国（边）境犯罪，坚持全链条、全环节、全流程对妨害国（边）境管理的产业链进行刑事惩治。对于为组织他人偷越国（边）境实施骗取出入境证件、提供伪造、变造的出入境证件，出售出入境证件，或者运送偷越国（边）境等行为，形成利益链条的，要坚决依法惩治，深挖犯罪源头，斩断利益链条，不断挤压此类犯罪滋生蔓延空间。

对于运送他人偷越国（边）境犯罪，要综合考虑运送人数、违法所得、前科情况等依法定罪处罚，重点惩治以此为业、屡罚屡犯、获利巨大和其他具有重大社会危害的情形。

对于偷越国(边)境犯罪,要综合考虑偷越动机、行为手段、前科情况等依法定罪处罚,重点惩治越境实施犯罪、屡罚屡犯和其他具有重大社会危害的情形。

23. 对于妨害国(边)境管理犯罪团伙、犯罪集团,应当重点惩治首要分子、主犯和积极参加者。对受雇佣或者被利用从事信息登记、材料递交等辅助性工作人员,未直接实施妨害国(边)境管理行为的,一般不追究刑事责任,可以由公安机关、移民管理机构依法作出行政处罚或者其他处理。

24. 对于妨害国(边)境管理犯罪所涉及的在偷越国(边)境之后的相关行为,要区分情况作出处理。对于组织、运送他人偷越国(边)境,进而在他人偷越国(边)境之后组织实施犯罪的,要作为惩治重点,符合数罪并罚规定的,应当数罪并罚。

对于为非法用工而组织、运送他人偷越国(边)境,或者明知是偷越国(边)境的犯罪分子而招募用工的,在决定是否追究刑事责任以及如何裁量刑罚时,应当综合考虑越境人数、违法所得、前科情况、造成影响或者后果等情节,恰当评估社会危害性,依法妥当处理。其中,单位实施上述行为,对组织者、策划者、实施者依法追究刑事责任的,定罪量刑应作综合考量,适当体现区别,确保罪责刑相适应。

25. 对以牟利为目的实施妨害国(边)境管理犯罪,要注重适用财产刑和追缴犯罪所得、没收作案工具等处置手段,加大财产刑的执行力度,最大限度剥夺其重新犯罪的能力和条件。

26. 犯罪嫌疑人、被告人提供重要证据或者重大线索,对侦破、查明重大妨害国(边)境管理刑事案件起关键作用,经查证属实的,可以依法从宽处理。

最高人民法院、最高人民检察院关于办理寻衅滋事刑事案件适用法律若干问题的解释

- 2013年5月27日最高人民法院审判委员会第1579次会议、2013年4月28日最高人民检察院第十二届检察委员会第5次会议通过
- 2013年7月15日最高人民法院、最高人民检察院公告公布
- 自2013年7月22日起施行
- 法释〔2013〕18号

为依法惩治寻衅滋事犯罪,维护社会秩序,根据《中华人民共和国刑法》的有关规定,现就办理寻衅滋事刑事案件适用法律的若干问题解释如下:

第一条 行为人为寻求刺激、发泄情绪、逞强耍横等,无事生非,实施刑法第二百九十三条规定的行为的,应当认定为"寻衅滋事"。

行为人因日常生活中的偶发矛盾纠纷,借故生非,实施刑法第二百九十三条规定的行为的,应当认定为"寻衅滋事",但矛盾系由被害人故意引发或者被害人对矛盾激化负有主要责任的除外。

行为人因婚恋、家庭、邻里、债务等纠纷,实施殴打、辱骂、恐吓他人或者损毁、占用他人财物等行为的,一般不认定为"寻衅滋事",但经有关部门批评制止或者处理处罚后,继续实施前列行为,破坏社会秩序的除外。

第二条 随意殴打他人,破坏社会秩序,具有下列情形之一的,应当认定为刑法第二百九十三条第一款第一项规定的"情节恶劣":

(一)致一人以上轻伤或者二人以上轻微伤的;
(二)引起他人精神失常、自杀等严重后果的;
(三)多次随意殴打他人的;
(四)持凶器随意殴打他人的;
(五)随意殴打精神病人、残疾人、流浪乞讨人员、老年人、孕妇、未成年人,造成恶劣社会影响的;
(六)在公共场所随意殴打他人,造成公共场所秩序严重混乱的;
(七)其他情节恶劣的情形。

第三条 追逐、拦截、辱骂、恐吓他人,破坏社会秩序,具有下列情形之一的,应当认定为刑法第二百九十三条第一款第二项规定的"情节恶劣":

(一)多次追逐、拦截、辱骂、恐吓他人,造成恶劣社会影响的;
(二)持凶器追逐、拦截、辱骂、恐吓他人的;
(三)追逐、拦截、辱骂、恐吓精神病人、残疾人、流浪乞讨人员、老年人、孕妇、未成年人,造成恶劣社会影响的;
(四)引起他人精神失常、自杀等严重后果的;
(五)严重影响他人的工作、生活、生产、经营的;
(六)其他情节恶劣的情形。

第四条 强拿硬要或者任意损毁、占用公私财物,破坏社会秩序,具有下列情形之一的,应当认定为刑法第二百九十三条第一款第三项规定的"情节严重":

(一)强拿硬要公私财物价值一千元以上,或者任意损毁、占用公私财物价值二千元以上的;

（二）多次强拿硬要或者任意损毁、占用公私财物，造成恶劣社会影响的；
（三）强拿硬要或者任意损毁、占用精神病人、残疾人、流浪乞讨人员、老年人、孕妇、未成年人的财物，造成恶劣社会影响的；
（四）引起他人精神失常、自杀等严重后果的；
（五）严重影响他人的工作、生活、生产、经营的；
（六）其他情节严重的情形。

第五条　在车站、码头、机场、医院、商场、公园、影剧院、展览会、运动场或者其他公共场所起哄闹事，应当根据公共场所的性质、公共活动的重要程度、公共场所的人数、起哄闹事的时间、公共场所受影响的范围与程度等因素，综合判断是否"造成公共场所秩序严重混乱"。

第六条　纠集他人三次以上实施寻衅滋事犯罪，未经处理的，应当依照刑法第二百九十三条第二款的规定处罚。

第七条　实施寻衅滋事行为，同时符合寻衅滋事罪和故意杀人罪、故意伤害罪、故意毁坏财物罪、敲诈勒索罪、抢夺罪、抢劫罪等罪的构成要件的，依照处罚较重的犯罪定罪处罚。

第八条　行为人认罪、悔罪，积极赔偿被害人损失或者取得被害人谅解的，可以从轻处罚；犯罪情节轻微的，可以不起诉或者免予刑事处罚。

最高人民法院关于审理编造、故意传播虚假恐怖信息刑事案件适用法律若干问题的解释

- 2013年9月16日最高人民法院审判委员会第1591次会议通过
- 2013年9月18日最高人民法院公告公布
- 自2013年9月30日起施行
- 法释〔2013〕24号

为依法惩治编造、故意传播虚假恐怖信息犯罪活动，维护社会秩序，维护人民群众生命、财产安全，根据刑法有关规定，现对审理此类案件具体适用法律的若干问题解释如下：

第一条　编造恐怖信息，传播或者放任传播，严重扰乱社会秩序的，依照刑法第二百九十一条之一的规定，应认定为编造虚假恐怖信息罪。

明知是他人编造的恐怖信息而故意传播，严重扰乱社会秩序的，依照刑法第二百九十一条之一的规定，应认定为故意传播虚假恐怖信息罪。

第二条　编造、故意传播虚假恐怖信息，具有下列情形之一的，应当认定为刑法第二百九十一条之一的"严重扰乱社会秩序"：
（一）致使机场、车站、码头、商场、影剧院、运动场馆等人员密集场所秩序混乱，或者采取紧急疏散措施的；
（二）影响航空器、列车、船舶等大型客运交通工具正常运行的；
（三）致使国家机关、学校、医院、厂矿企业等单位的工作、生产、经营、教学、科研等活动中断的；
（四）造成行政村或者社区居民生活秩序严重混乱的；
（五）致使公安、武警、消防、卫生检疫等职能部门采取紧急应对措施的；
（六）其他严重扰乱社会秩序的。

第三条　编造、故意传播虚假恐怖信息，严重扰乱社会秩序，具有下列情形之一的，应当依照刑法第二百九十一条之一的规定，在五年以下有期徒刑范围内酌情从重处罚：
（一）致使航班备降或返航；或者致使列车、船舶等大型客运交通工具中断运行的；
（二）多次编造、故意传播虚假恐怖信息的；
（三）造成直接经济损失二十万元以上的；
（四）造成乡镇、街道区域范围居民生活秩序严重混乱的；
（五）具有其他酌情从重处罚情节的。

第四条　编造、故意传播虚假恐怖信息，严重扰乱社会秩序，具有下列情形之一的，应当认定为刑法第二百九十一条之一的"造成严重后果"，处五年以上有期徒刑：
（一）造成三人以上轻伤或者一人以上重伤的；
（二）造成直接经济损失五十万元以上的；
（三）造成县级以上区域范围居民生活秩序严重混乱的；
（四）妨碍国家重大活动进行的；
（五）造成其他严重后果的。

第五条　编造、故意传播虚假恐怖信息，严重扰乱社会秩序，同时又构成其他犯罪的，择一重罪处罚。

第六条　本解释所称的"虚假恐怖信息"，是指以发生爆炸威胁、生化威胁、放射威胁、劫持航空器威胁、重大灾情、重大疫情等严重威胁公共安全的事件为内容，可能引起社会恐慌或者公共安全危机的不真实信息。

最高人民检察院关于强迫借贷行为适用法律问题的批复

- 2014年4月11日最高人民检察院第十二届检察委员会第19次会议通过
- 2014年4月17日最高人民检察院公告公布
- 自公布之日起施行

广东省人民检察院：

你院《关于强迫借贷案件法律适用的请示》（粤检发研字〔2014〕9号）收悉。经研究，批复如下：

以暴力、胁迫手段强迫他人借贷，属于刑法第二百二十六条第二项规定的"强迫他人提供或者接受服务"，情节严重的，以强迫交易罪追究刑事责任；同时构成故意伤害罪等其他犯罪的，依照处罚较重的规定定罪处罚。以非法占有为目的，以借贷为名采用暴力、胁迫手段获取他人财物，符合刑法第二百六十三条或者第二百七十四条规定的，以抢劫罪或者敲诈勒索罪追究刑事责任。

此复

最高人民法院关于审理非法行医刑事案件具体应用法律若干问题的解释

- 2008年4月28日最高人民法院审判委员会第1446次会议通过
- 根据2016年12月12日最高人民法院审判委员会第1703次会议通过的《最高人民法院关于修改〈关于审理非法行医刑事案件具体应用法律若干问题的解释〉的决定》修正
- 2016年12月16日最高人民法院公告公布
- 该修正自2016年12月20日起施行
- 法释〔2016〕27号

为依法惩处非法行医犯罪，保障公民身体健康和生命安全，根据刑法的有关规定，现对审理非法行医刑事案件具体应用法律的若干问题解释如下：

第一条 具有下列情形之一的，应认定为刑法第三百三十六条第一款规定的"未取得医生执业资格的人非法行医"：

（一）未取得或者以非法手段取得医师资格从事医疗活动的；

（二）被依法吊销医师执业证书期间从事医疗活动的；

（三）未取得乡村医生执业证书，从事乡村医疗活动的；

（四）家庭接生员实施家庭接生以外的医疗行为的。

第二条 具有下列情形之一的，应认定为刑法第三百三十六条第一款规定的"情节严重"：

（一）造成就诊人轻度残疾、器官组织损伤导致一般功能障碍的；

（二）造成甲类传染病传播、流行或者有传播、流行危险的；

（三）使用假药、劣药或不符合国家规定标准的卫生材料、医疗器械，足以严重危害人体健康的；

（四）非法行医被卫生行政部门行政处罚两次以后，再次非法行医的；

（五）其他情节严重的情形。

第三条 具有下列情形之一的，应认定为刑法第三百三十六条第一款规定的"严重损害就诊人身体健康"：

（一）造成就诊人中度以上残疾、器官组织损伤导致严重功能障碍的；

（二）造成三名以上就诊人轻度残疾、器官组织损伤导致一般功能障碍的。

第四条 非法行医行为系造成就诊人死亡的直接、主要原因的，应认定为刑法第三百三十六条第一款规定的"造成就诊人死亡"。

非法行医行为并非造成就诊人死亡的直接、主要原因的，可不认定为刑法第三百三十六条第一款规定的"造成就诊人死亡"。但是，根据案件情况，可以认定为刑法第三百三十六条第一款规定的"情节严重"。

第五条 实施非法行医犯罪，同时构成生产、销售假药罪，生产、销售劣药罪，诈骗罪等其他犯罪的，依照刑法处罚较重的规定定罪处罚。

第六条 本解释所称"医疗活动""医疗行为"，参照《医疗机构管理条例实施细则》中的"诊疗活动""医疗美容"认定。

本解释所称"轻度残疾、器官组织损伤导致一般功能障碍""中度以上残疾、器官组织损伤导致严重功能障碍"，参照《医疗事故分级标准（试行）》认定。

最高人民法院、最高人民检察院关于办理环境污染刑事案件适用法律若干问题的解释

- 2023年3月27日最高人民法院审判委员会第1882次会议、2023年7月27日最高人民检察院第十四届检察委员会第十次会议通过
- 2023年8月8日最高人民法院、最高人民检察院公告公布
- 自2023年8月15日起施行
- 法释〔2023〕7号

为依法惩治环境污染犯罪，根据《中华人民共和国刑法》、《中华人民共和国刑事诉讼法》、《中华人民共和国环境保护法》等法律的有关规定，现就办理此类刑事案件适用法律的若干问题解释如下：

第一条 实施刑法第三百三十八条规定的行为，具有下列情形之一的，应当认定为"严重污染环境"：

（一）在饮用水水源保护区、自然保护地核心保护区等依法确定的重点保护区域排放、倾倒、处置有放射性的废物、含传染病病原体的废物、有毒物质的；

（二）非法排放、倾倒、处置危险废物三吨以上的；

（三）排放、倾倒、处置含铅、汞、镉、铬、砷、铊、锑的污染物，超过国家或者地方污染物排放标准三倍以上的；

（四）排放、倾倒、处置含镍、铜、锌、银、钒、锰、钴的污染物，超过国家或者地方污染物排放标准十倍以上的；

（五）通过暗管、渗井、渗坑、裂隙、溶洞、灌注、非紧急情况下开启大气应急排放通道等逃避监管的方式排放、倾倒、处置有放射性的废物、含传染病病原体的废物、有毒物质的；

（六）二年内曾因在重污染天气预警期间，违反国家规定，超标排放二氧化硫、氮氧化物等实行排放总量控制的大气污染物受过二次以上行政处罚，又实施此类行为的；

（七）重点排污单位、实行排污许可重点管理的单位篡改、伪造自动监测数据或者干扰自动监测设施，排放化学需氧量、氨氮、二氧化硫、氮氧化物等污染物的；

（八）二年内曾因违反国家规定，排放、倾倒、处置有放射性的废物、含传染病病原体的废物、有毒物质受过二次以上行政处罚，又实施此类行为的；

（九）违法所得或者致使公私财产损失三十万元以上的；

（十）致使乡镇集中式饮用水水源取水中断十二小时以上的；

（十一）其他严重污染环境的情形。

第二条 实施刑法第三百三十八条规定的行为，具有下列情形之一的，应当认定为"情节严重"：

（一）在饮用水水源保护区、自然保护地核心保护区等依法确定的重点保护区域排放、倾倒、处置有放射性的废物、含传染病病原体的废物、有毒物质，造成相关区域的生态功能退化或者野生生物资源严重破坏的；

（二）向国家确定的重要江河、湖泊水域排放、倾倒、处置有放射性的废物、含传染病病原体的废物、有毒物质，造成相关水域的生态功能退化或者水生生物资源严重破坏的；

（三）非法排放、倾倒、处置危险废物一百吨以上的；

（四）违法所得或者致使公私财产损失一百万元以上的；

（五）致使县级城区集中式饮用水水源取水中断十二小时以上的；

（六）致使永久基本农田、公益林地十亩以上，其他农用地二十亩以上，其他土地五十亩以上基本功能丧失或者遭受永久性破坏的；

（七）致使森林或者其他林木死亡五十立方米以上，或者幼树死亡二千五百株以上的；

（八）致使疏散、转移群众五千人以上的；

（九）致使三十人以上中毒的；

（十）致使一人以上重伤、严重疾病或者三人以上轻伤的；

（十一）其他情节严重的情形。

第三条 实施刑法第三百三十八条规定的行为，具有下列情形之一的，应当处七年以上有期徒刑，并处罚金：

（一）在饮用水水源保护区、自然保护地核心保护区等依法确定的重点保护区域排放、倾倒、处置有放射性的废物、含传染病病原体的废物、有毒物质，具有下列情形之一的：

1. 致使设区的市级城区集中式饮用水水源取水中断十二小时以上的；

2. 造成自然保护地主要保护的生态系统严重退化，或者主要保护的自然景观损毁的；

3. 造成国家重点保护的野生动植物资源或者国家重点保护物种栖息地、生长环境严重破坏的；

4. 其他情节特别严重的情形。

（二）向国家确定的重要江河、湖泊水域排放、倾倒、处置有放射性的废物、含传染病病原体的废物、有毒物质，具有下列情形之一的：

1. 造成国家确定的重要江河、湖泊水域生态系统严重退化的；

2. 造成国家重点保护的野生动植物资源严重破坏的；

3. 其他情节特别严重的情形。

（三）致使永久基本农田五十亩以上基本功能丧失或者遭受永久性破坏的；

（四）致使三人以上重伤、严重疾病，或者一人以上严重残疾、死亡的。

第四条 实施刑法第三百三十九条第一款规定的行为，具有下列情形之一的，应当认定为"致使公私财产遭受重大损失或者严重危害人体健康"：

（一）致使公私财产损失一百万元以上的；

（二）具有本解释第二条第五项至第十项规定情形之一的；

（三）其他致使公私财产遭受重大损失或者严重危害人体健康的情形。

第五条 实施刑法第三百三十八条、第三百三十九条规定的犯罪行为，具有下列情形之一的，应当从重处罚：

（一）阻挠环境监督检查或者突发环境事件调查，尚不构成妨害公务等犯罪的；

（二）在医院、学校、居民区等人口集中地区及其附近，违反国家规定排放、倾倒、处置有放射性的废物、含传染病病原体的废物、有毒物质或者其他有害物质的；

（三）在突发环境事件处置期间或者被责令限期整改期间，违反国家规定排放、倾倒、处置有放射性的废物、含传染病病原体的废物、有毒物质或者其他有害物质的；

（四）具有危险废物经营许可证的企业违反国家规定排放、倾倒、处置有放射性的废物、含传染病病原体的废物、有毒物质或者其他有害物质的；

（五）实行排污许可重点管理的企业事业单位和其他生产经营者未依法取得排污许可证，排放、倾倒、处置有放射性的废物、含传染病病原体的废物、有毒物质或者其他有害物质的。

第六条 实施刑法第三百三十八条规定的行为，行为人认罪认罚，积极修复生态环境，有效合规整改的，可以从宽处罚；犯罪情节轻微的，可以不起诉或者免于刑事处罚；情节显著轻微危害不大的，不作为犯罪处理。

第七条 无危险废物经营许可证从事收集、贮存、利用、处置危险废物经营活动，严重污染环境的，按照污染环境罪定罪处罚；同时构成非法经营罪的，依照处罚较重的规定定罪处罚。

实施前款规定的行为，不具有超标排放污染物、非法倾倒污染物或者其他违法造成环境污染的情形的，可以认定为非法经营情节显著轻微危害不大，不认为是犯罪；构成生产、销售伪劣产品等其他犯罪的，以其他犯罪论处。

第八条 明知他人无危险废物经营许可证，向其提供或者委托其收集、贮存、利用、处置危险废物，严重污染环境的，以共同犯罪论处。

第九条 违反国家规定，排放、倾倒、处置含有毒害性、放射性、传染病病原体等物质的污染物，同时构成污染环境罪、非法处置进口的固体废物罪、投放危险物质罪等犯罪的，依照处罚较重的规定定罪处罚。

第十条 承担环境影响评价、环境监测、温室气体排放检验检测、排放报告编制或者核查等职责的中介组织的人员故意提供虚假证明文件，具有下列情形之一的，应当认定为刑法第二百二十九条第一款规定的"情节严重"：

（一）违法所得三十万元以上的；

（二）二年内曾因提供虚假证明文件受过二次以上行政处罚，又提供虚假证明文件的；

（三）其他情节严重的情形。

实施前款规定的行为，在涉及公共安全的重大工程、项目中提供虚假的环境影响评价等证明文件，致使公共财产、国家和人民利益遭受特别重大损失的，应当依照刑法第二百二十九条第一款的规定，处五年以上十年以下有期徒刑，并处罚金。

实施前两款规定的行为，同时索取他人财物或者非法收受他人财物构成犯罪的，依照处罚较重的规定定罪处罚。

第十一条 违反国家规定，针对环境质量监测系统实施下列行为，或者强令、指使、授意他人实施下列行为，后果严重的，应当依照刑法第二百八十六条的规定，以破坏计算机信息系统罪定罪处罚：

（一）修改系统参数或者系统中存储、处理、传输的监测数据的；

（二）干扰系统采样，致使监测数据因系统不能正常运行而严重失真的；

（三）其他破坏环境质量监测系统的行为。

重点排污单位、实行排污许可重点管理的单位篡改、伪造自动监测数据或者干扰自动监测设施，排放化学需氧量、氨氮、二氧化硫、氮氧化物等污染物，同时构成污环境罪和破坏计算机信息系统罪的，依照处罚较重的规定定罪处罚。

从事环境监测设施维护、运营的人员实施或者参与实施篡改、伪造自动监测数据、干扰自动监测设施、破坏环境质量监测系统等行为的，依法从重处罚。

第十二条 对于实施本解释规定的相关行为被不起诉或者免予刑事处罚的行为人，需要给予行政处罚、政务处分或者其他处分的，依法移送有关主管机关处理。有关主管机关应当将处理结果及时通知人民检察院、人民法院。

第十三条 单位实施本解释规定的犯罪的，依照本解释规定的定罪量刑标准，对直接负责的主管人员和其他直接责任人员定罪处罚，并对单位判处罚金。

第十四条 环境保护主管部门及其所属监测机构在行政执法过程中收集的监测数据，在刑事诉讼中可以作为证据使用。

公安机关单独或者会同环境保护主管部门，提取污染物样品进行检测获取的数据，在刑事诉讼中可以作为证据使用。

第十五条 对国家危险废物名录所列的废物，可以依据涉案物质的来源、产生过程、被告人供述、证人证言以及经批准或者备案的环境影响评价文件、排污许可证、排污登记表等证据，结合环境保护主管部门、公安机关等出具的书面意见作出认定。

对于危险废物的数量，依据案件事实，综合被告人供述、涉案企业的生产工艺、物耗、能耗情况，以及经批准或者备案的环境影响评价文件等证据作出认定。

第十六条 对案件所涉的环境污染专门性问题难以确定的，依据鉴定机构出具的鉴定意见，或者国务院环境保护主管部门、公安部门指定的机构出具的报告，结合其他证据作出认定。

第十七条 下列物质应当认定为刑法第三百三十八条规定的"有毒物质"：

（一）危险废物，是指列入国家危险废物名录，或者根据国家规定的危险废物鉴别标准和鉴别方法认定的，具有危险特性的固体废物；

（二）《关于持久性有机污染物的斯德哥尔摩公约》附件所列物质；

（三）重金属含量超过国家或者地方污染物排放标准的污染物；

（四）其他具有毒性，可能污染环境的物质。

第十八条 无危险废物经营许可证，以营利为目的，从危险废物中提取物质作为原材料或者燃料，并具有超标排放污染物、非法倾倒污染物或者其他违法造成环境污染的情形的行为，应当认定为"非法处置危险废物"。

第十九条 本解释所称"二年内"，以第一次违法行为受到行政处罚的生效之日与又实施相应行为之日的时间间隔计算确定。

本解释所称"重点排污单位"，是指设区的市级以上人民政府环境保护主管部门依法确定的应当安装、使用污染物排放自动监测设备的重点监控企业及其他单位。

本解释所称"违法所得"，是指实施刑法第二百二十九条、第三百三十八条、第三百三十九条规定的行为所得和可得的全部违法收入。

本解释所称"公私财产损失"，包括实施刑法第三百三十八条、第三百三十九条规定的行为直接造成财产损毁、减少的实际价值，为防止污染扩大、消除污染而采取必要合理措施所产生的费用，以及处置突发环境事件的应急监测费用。

本解释所称"无危险废物经营许可证"，是指未取得危险废物经营许可证，或者超出危险废物经营许可证的经营范围。

第二十条 本解释自 2023 年 8 月 15 日起施行。本解释施行后，《最高人民法院、最高人民检察院关于办理环境污染刑事案件适用法律若干问题的解释》（法释〔2016〕29 号）同时废止；之前发布的司法解释与本解释不一致的，以本解释为准。

最高人民法院、最高人民检察院关于办理组织、利用邪教组织破坏法律实施等刑事案件适用法律若干问题的解释

- 2017 年 1 月 4 日最高人民法院审判委员会第 1706 次会议、2016 年 12 月 8 日最高人民检察院第十二届检察委员会第 58 次会议通过
- 2017 年 1 月 25 日最高人民法院、最高人民检察院公告公布
- 自 2017 年 2 月 1 日起施行
- 法释〔2017〕3 号

为依法惩治组织、利用邪教组织破坏法律实施等犯罪活动，根据《中华人民共和国刑法》《中华人民共和国刑事诉讼法》有关规定，现就办理此类刑事案件适用法律的若干问题解释如下：

第一条 冒用宗教、气功或者以其他名义建立，神化、鼓吹首要分子，利用制造、散布迷信邪说等手段蛊惑、

蒙骗他人、发展、控制成员、危害社会的非法组织，应当认定为刑法第三百条规定的"邪教组织"。

第二条 组织、利用邪教组织，破坏国家法律、行政法规实施，具有下列情形之一的，应当依照刑法第三百条第一款的规定，处三年以上七年以下有期徒刑，并处罚金：

（一）建立邪教组织，或者邪教组织被取缔后又恢复、另行建立邪教组织的；

（二）聚众包围、冲击、强占、哄闹国家机关、企业事业单位或者公共场所、宗教活动场所，扰乱社会秩序的；

（三）非法举行集会、游行、示威，扰乱社会秩序的；

（四）使用暴力、胁迫或者以其他方法强迫他人加入或者阻止他人退出邪教组织的；

（五）组织、煽动、蒙骗成员或者他人不履行法定义务的；

（六）使用"伪基站""黑广播"等无线电台（站）或者无线电频率宣扬邪教的；

（七）曾因从事邪教活动被追究刑事责任或者二年内受过行政处罚，又从事邪教活动的；

（八）发展邪教组织成员五十人以上的；

（九）敛取钱财或者造成经济损失一百万元以上的；

（十）以货币为载体宣扬邪教，数量在五百张（枚）以上的；

（十一）制作、传播邪教宣传品，达到下列数量标准之一的：

1. 传单、喷图、图片、标语、报纸一千份（张）以上的；
2. 书籍、刊物二百五十册以上的；
3. 录音带、录像带等音像制品二百五十盒（张）以上的；
4. 标识、标志物二百五十件以上的；
5. 光盘、U盘、储存卡、移动硬盘等移动存储介质一百个以上的；
6. 横幅、条幅五十条（个）以上的。

（十二）利用通讯信息网络宣扬邪教，具有下列情形之一的：

1. 制作、传播宣扬邪教的电子图片、文章二百张（篇）以上，电子书籍、刊物、音视频五十种（个）以上，或者电子文档五百万字符以上、电子音视频二百五十分钟以上的；
2. 编发信息、拨打电话一千条（次）以上的；
3. 利用在线人数累计达到一千以上的聊天室，或者利用群组成员、关注人员等账号数累计一千以上的通讯

群组、微信、微博等社交网络宣扬邪教的；

4. 邪教信息实际被点击、浏览数达到五千次以上的。

（十三）其他情节严重的情形。

第三条 组织、利用邪教组织，破坏国家法律、行政法规实施，具有下列情形之一的，应当认定为刑法第三百条第一款规定的"情节特别严重"，处七年以上有期徒刑或者无期徒刑，并处罚金或者没收财产：

（一）实施本解释第二条第一项至第七项规定的行为，社会危害特别严重的；

（二）实施本解释第二条第八项至第十二项规定的行为，数量或者数额达到第二条规定相应标准五倍以上的；

（三）其他情节特别严重的情形。

第四条 组织、利用邪教组织，破坏国家法律、行政法规实施，具有下列情形之一的，应当认定为刑法第三百条第一款规定的"情节较轻"，处三年以下有期徒刑、拘役、管制或者剥夺政治权利，并处或者单处罚金：

（一）实施本解释第二条第一项至第七项规定的行为，社会危害较轻的；

（二）实施本解释第二条第八项至第十二项规定的行为，数量或者数额达到相应标准五分之一以上的；

（三）其他情节较轻的情形。

第五条 为了传播而持有、携带，或者传播过程中被当场查获，邪教宣传品数量达到本解释第二条至第四条规定的有关标准的，按照下列情形分别处理：

（一）邪教宣传品是行为人制作的，以犯罪既遂处理；

（二）邪教宣传品不是行为人制作，尚未传播的，以犯罪预备处理；

（三）邪教宣传品不是行为人制作，传播过程中被查获的，以犯罪未遂处理；

（四）邪教宣传品不是行为人制作，部分已经传播出去的，以犯罪既遂处理，对于没有传播的部分，可以在量刑时酌情考虑。

第六条 多次制作、传播邪教宣传品或者利用通讯信息网络宣扬邪教，未经处理的，数量或者数额累计计算。

制作、传播邪教宣传品，或者利用通讯信息网络宣扬邪教，涉及不同种类或者形式的，可以根据本解释规定的不同数量标准的相应比例折算后累计计算。

第七条 组织、利用邪教组织，制造、散布迷信邪说，蒙骗成员或者他人绝食、自虐等，或者蒙骗病人不接受正

常治疗，致人重伤、死亡的，应当认定为刑法第三百条第二款规定的组织、利用邪教组织"蒙骗他人，致人重伤、死亡"。

组织、利用邪教组织蒙骗他人，致一人以上死亡或者三人以上重伤的，处三年以上七年以下有期徒刑，并处罚金。

组织、利用邪教组织蒙骗他人，具有下列情形之一的，处七年以上有期徒刑或者无期徒刑，并处罚金或者没收财产：

（一）造成三人以上死亡的；
（二）造成九人以上重伤的；
（三）其他情节特别严重的情形。

组织、利用邪教组织蒙骗他人，致人重伤的，处三年以下有期徒刑、拘役、管制或者剥夺政治权利，并处或者单处罚金。

第八条 实施本解释第二条至第五条规定的行为，具有下列情形之一的，从重处罚：

（一）与境外机构、组织、人员勾结，从事邪教活动的；
（二）跨省、自治区、直辖市建立邪教组织机构、发展成员或者组织邪教活动的；
（三）在重要公共场所、监管场所或者国家重大节日、重大活动期间聚集滋事，公开进行邪教活动的；
（四）邪教组织被取缔后，或者被认定为邪教组织后，仍然聚集滋事，公开进行邪教活动的；
（五）国家工作人员从事邪教活动的；
（六）向未成年人宣扬邪教的；
（七）在学校或者其他教育培训机构宣扬邪教的。

第九条 组织、利用邪教组织破坏国家法律、行政法规实施，符合本解释第四条规定情形，但行为人能够真诚悔罪，明确表示退出邪教组织、不再从事邪教活动的，可以不起诉或者免予刑事处罚。其中，行为人系受蒙蔽、胁迫参加邪教组织的，可以不作为犯罪处理。

组织、利用邪教组织破坏国家法律、行政法规实施，行为人在一审判决前能够真诚悔罪，明确表示退出邪教组织、不再从事邪教活动的，分别依照下列规定处理：

（一）符合本解释第二条规定情形的，可以认定为刑法第三百条第一款规定的"情节较轻"；
（二）符合本解释第三条规定情形的，可以不认定为刑法第三百条第一款规定的"情节特别严重"，处三年以上七年以下有期徒刑，并处罚金。

第十条 组织、利用邪教组织破坏国家法律、行政法规实施过程中，又有煽动分裂国家、煽动颠覆国家政权或者侮辱、诽谤他人等犯罪行为的，依照数罪并罚的规定定罪处罚。

第十一条 组织、利用邪教组织，制造、散布迷信邪说，组织、策划、煽动、胁迫、教唆、帮助其成员或者他人实施自杀、自伤的，依照刑法第二百三十二条、第二百三十四条的规定，以故意杀人罪或者故意伤害罪定罪处罚。

第十二条 邪教组织人员以自焚、自爆或者其他危险方法危害公共安全的，依照刑法第一百一十四条、第一百一十五条的规定，以放火罪、爆炸罪、以危险方法危害公共安全罪等定罪处罚。

第十三条 明知他人组织、利用邪教组织实施犯罪，而为其提供经费、场地、技术、工具、食宿、接送等便利条件或者帮助的，以共同犯罪论处。

第十四条 对于犯组织、利用邪教组织破坏法律实施罪、组织、利用邪教组织致人重伤、死亡罪，严重破坏社会秩序的犯罪分子，根据刑法第五十六条的规定，可以附加剥夺政治权利。

第十五条 对涉案物品是否属于邪教宣传品难以确定的，可以委托地市级以上公安机关出具认定意见。

第十六条 本解释自2017年2月1日起施行。《最高人民法院、最高人民检察院关于办理组织和利用邪教组织犯罪案件具体应用法律若干问题的解释》（法释〔1999〕18号）、《最高人民法院、最高人民检察院关于办理组织和利用邪教组织犯罪案件具体应用法律若干问题的解释（二）》（法释〔2001〕19号），以及《最高人民法院、最高人民检察院关于办理组织和利用邪教组织犯罪案件具体应用法律若干问题的解答》（法发〔2002〕7号）同时废止。

最高人民法院、最高人民检察院关于办理扰乱无线电通讯管理秩序等刑事案件适用法律若干问题的解释

- 2017年4月17日最高人民法院审判委员会第1715次会议、2017年5月25日最高人民检察院第十二届检察委员会第64次会议通过
- 2017年6月27日最高人民法院、最高人民检察院公告公布
- 自2017年7月1日起施行
- 法释〔2017〕11号

为依法惩治扰乱无线电通讯管理秩序犯罪，根据《中华人民共和国刑法》《中华人民共和国刑事诉讼法》的有关规定，现就办理此类刑事案件适用法律的若干问题解释如下：

第一条 具有下列情形之一的,应当认定为刑法第二百八十八条第一款规定的"擅自设置、使用无线电台(站),或者擅自使用无线电频率,干扰无线电通讯秩序":

(一)未经批准设置无线电广播电台(以下简称"黑广播"),非法使用广播电视专用频段的频率的;

(二)未经批准设置通信基站(以下简称"伪基站"),强行向不特定用户发送信息,非法使用公众移动通信频率的;

(三)未经批准使用卫星无线电频率的;

(四)非法设置、使用无线电干扰器的;

(五)其他擅自设置、使用无线电台(站),或者擅自使用无线电频率,干扰无线电通讯秩序的情形。

第二条 违反国家规定,擅自设置、使用无线电台(站),或者擅自使用无线电频率,干扰无线电通讯秩序,具有下列情形之一的,应当认定为刑法第二百八十八条第一款规定的"情节严重":

(一)影响航天器、航空器、铁路机车、船舶专用无线电导航、遇险救助和安全通信等涉及公共安全的无线电频率正常使用的;

(二)自然灾害、事故灾难、公共卫生事件、社会安全事件等突发事件期间,在事件发生地使用"黑广播""伪基站"的;

(三)举办国家或者省级重大活动期间,在活动场所及周边使用"黑广播""伪基站"的;

(四)同时使用三个以上"黑广播""伪基站"的;

(五)"黑广播"的实测发射功率五百瓦以上,或者覆盖范围十公里以上的;

(六)使用"伪基站"发送诈骗、赌博、招嫖、木马病毒、钓鱼网站链接等违法犯罪信息,数量在五千条以上,或者销毁发送数量等记录的;

(七)雇佣、指使未成年人、残疾人等特定人员使用"伪基站"的;

(八)违法所得三万元以上的;

(九)曾因扰乱无线电通讯管理秩序受过刑事处罚,或者二年内曾因扰乱无线电通讯管理秩序受过行政处罚,又实施刑法第二百八十八条规定的行为的;

(十)其他情节严重的情形。

第三条 违反国家规定,擅自设置、使用无线电台(站),或者擅自使用无线电频率,干扰无线电通讯秩序,具有下列情形之一的,应当认定为刑法第二百八十八条第一款规定的"情节特别严重":

(一)影响航天器、航空器、铁路机车、船舶专用无线电导航、遇险救助和安全通信等涉及公共安全的无线电频率正常使用,危及公共安全的;

(二)造成公共秩序混乱等严重后果的;

(三)自然灾害、事故灾难、公共卫生事件和社会安全事件等突发事件期间,在事件发生地使用"黑广播""伪基站",造成严重影响的;

(四)对国家或省级重大活动造成严重影响的;

(五)同时使用十个以上"黑广播""伪基站"的;

(六)"黑广播"的实测发射功率三千瓦以上,或者覆盖范围二十公里以上的;

(七)违法所得十五万元以上的;

(八)其他情节特别严重的情形。

第四条 非法生产、销售"黑广播""伪基站"、无线电干扰器等无线电设备,具有下列情形之一的,应当认定为刑法第二百二十五条规定的"情节严重":

(一)非法生产、销售无线电设备三套以上的;

(二)非法经营数额五万元以上的;

(三)其他情节严重的情形。

实施前款规定的行为,数量或者数额达到前款第一项、第二项规定标准五倍以上,或者具有其他情节特别严重的情形的,应当认定为刑法第二百二十五条规定的"情节特别严重"。

在非法生产、销售无线电设备窝点查扣的零件,以组装完成的套数以及能够组装的套数认定;无法组装为成套设备的,每三套广播信号调制器(激励器)认定为一套"黑广播"设备,每三块主板认定为一套"伪基站"设备。

第五条 单位犯本解释规定之罪的,对单位判处罚金,并对直接负责的主管人员和其他直接责任人员,依照本解释规定的自然人犯罪的定罪量刑标准定罪处罚。

第六条 擅自设置、使用无线电台(站),或者擅自使用无线电频率,同时构成其他犯罪的,按照处罚较重的规定定罪处罚。

明知他人实施诈骗等犯罪,使用"黑广播""伪基站"等无线电设备为其发送信息或者提供其他帮助,同时构成其他犯罪的,按照处罚较重的规定定罪处罚。

第七条 负有无线电监督管理职责的国家机关工作人员滥用职权或者玩忽职守,致使公共财产、国家和人民利益遭受重大损失的,应当依照刑法第三百九十七条的规定,以滥用职权罪或者玩忽职守罪追究刑事责任。

有查禁扰乱无线电管理秩序犯罪活动职责的国家机关工作人员,向犯罪分子通风报信、提供便利,帮助犯罪分子逃避处罚的,应当依照刑法第四百一十七条的规定,以帮助犯罪分子逃避处罚罪追究刑事责任;事先通谋的,以共同犯罪论处。

第八条 为合法经营活动,使用"黑广播""伪基站"或者实施其他扰乱无线电通讯管理秩序的行为,构成扰乱无线电通讯管理秩序罪,但不属于"情节特别严重",行为人系初犯,并确有悔罪表现的,可以认定为情节轻微,不起诉或者免予刑事处罚;确有必要判处刑罚的,应当从宽处罚。

第九条 对案件所涉的有关专门性问题难以确定的,依据司法鉴定机构出具的鉴定意见,或者下列机构出具的报告,结合其他证据作出认定:

(一)省级以上无线电管理机构、省级无线电管理机构依法设立的派出机构、地市级以上广播电视主管部门就是否系"伪基站""黑广播"出具的报告;

(二)省级以上广播电视主管部门及其指定的检测机构就"黑广播"功率、覆盖范围出具的报告;

(三)省级以上航空、铁路、船舶等主管部门就是否干扰导航、通信等出具的报告。

对移动终端用户受影响的情况,可以依据相关通信运营商出具的证明,结合被告人供述、终端用户证言等证据作出认定。

第十条 本解释自 2017 年 7 月 1 日起施行。

最高人民法院、最高人民检察院关于办理组织、强迫、引诱、容留、介绍卖淫刑事案件适用法律若干问题的解释

· 2017 年 5 月 8 日最高人民法院审判委员会第 1716 次会议、2017 年 7 月 4 日最高人民检察院第十二届检察委员会第 66 次会议通过
· 2017 年 7 月 21 日最高人民法院、最高人民检察院公告公布
· 自 2017 年 7 月 25 日起施行
· 法释〔2017〕13 号

为依法惩治组织、强迫、引诱、容留、介绍卖淫犯罪活动,根据刑法有关规定,结合司法工作实际,现就办理这类刑事案件具体应用法律的若干问题解释如下:

第一条 以招募、雇佣、纠集等手段,管理或者控制他人卖淫,卖淫人员在三人以上的,应当认定为刑法第三百五十八条规定的"组织他人卖淫"。

组织卖淫者是否设置固定的卖淫场所、组织卖淫者人数多少、规模大小,不影响组织卖淫行为的认定。

第二条 组织他人卖淫,具有下列情形之一的,应当认定为刑法第三百五十八条第一款规定的"情节严重":

(一)卖淫人员累计达十人以上的;

(二)卖淫人员中未成年人、孕妇、智障人员、患有严重性病的人累计达五人以上的;

(三)组织境外人员在境内卖淫或者组织境内人员出境卖淫的;

(四)非法获利人民币一百万元以上的;

(五)造成被组织卖淫的人自残、自杀或者其他严重后果的;

(六)其他情节严重的情形。

第三条 在组织卖淫犯罪活动中,对被组织卖淫的人有引诱、容留、介绍卖淫行为的,依照处罚较重的规定定罪处罚。但是,对被组织卖淫的人以外的其他人有引诱、容留、介绍卖淫行为的,应当分别定罪,实行数罪并罚。

第四条 明知他人实施组织卖淫犯罪活动而为其招募、运送人员或者充当保镖、打手、管账人等的,依照刑法第三百五十八条第四款的规定,以协助组织卖淫罪定罪处罚,不以组织卖淫罪的从犯论处。

在具有营业执照的会所、洗浴中心等经营场所担任保洁员、收银员、保安员等,从事一般服务性、劳务性工作,仅领取正常薪酬,且无前款所列协助组织卖淫行为的,不认定为协助组织卖淫罪。

第五条 协助组织他人卖淫,具有下列情形之一的,应当认定为刑法第三百五十八条第四款规定的"情节严重":

(一)招募、运送卖淫人员累计达十人以上的;

(二)招募、运送的卖淫人员中未成年人、孕妇、智障人员、患有严重性病的人累计达五人以上的;

(三)协助组织境外人员在境内卖淫或者协助组织境内人员出境卖淫的;

(四)非法获利人民币五十万元以上的;

(五)造成被招募、运送或者被组织卖淫的人自残、自杀或者其他严重后果的;

(六)其他情节严重的情形。

第六条 强迫他人卖淫,具有下列情形之一的,应当认定为刑法第三百五十八条第一款规定的"情节严重":

(一)卖淫人员累计达五人以上的;

(二)卖淫人员中未成年人、孕妇、智障人员、患有严重性病的人累计达三人以上的;

(三)强迫不满十四周岁的幼女卖淫的;

(四)造成被强迫卖淫的人自残、自杀或者其他严重

后果的；

（五）其他情节严重的情形。

行为人既有组织卖淫犯罪行为，又有强迫卖淫犯罪行为，且具有下列情形之一的，以组织、强迫卖淫"情节严重"论处：

（一）组织卖淫、强迫卖淫行为中具有本解释第二条、本条前款规定的"情节严重"情形之一的；

（二）卖淫人员累计达到本解释第二条第一、二项规定的组织卖淫"情节严重"人数标准的；

（三）非法获利数额相加达到本解释第二条第四项规定的组织卖淫"情节严重"数额标准的。

第七条 根据刑法第三百五十八条第三款的规定，犯组织、强迫卖淫罪，并有杀害、伤害、强奸、绑架等犯罪行为的，依照数罪并罚的规定处罚。协助组织卖淫行为人参与实施上述行为的，以共同犯罪论处。

根据刑法第三百五十八条第二款的规定，组织、强迫未成年人卖淫的，应当从重处罚。

第八条 引诱、容留、介绍他人卖淫，具有下列情形之一的，应当依照刑法第三百五十九条第一款的规定定罪处罚：

（一）引诱他人卖淫的；

（二）容留、介绍二人以上卖淫的；

（三）容留、介绍未成年人、孕妇、智障人员、患有严重性病的人卖淫的；

（四）一年内曾因引诱、容留、介绍卖淫行为被行政处罚，又实施容留、介绍卖淫行为的；

（五）非法获利人民币一万元以上的。

利用信息网络发布招嫖违法信息，情节严重的，依照刑法第二百八十七条之一的规定，以非法利用信息网络罪定罪处罚。同时构成介绍卖淫罪的，依照处罚较重的规定定罪处罚。

引诱、容留、介绍他人卖淫是否以营利为目的，不影响犯罪的成立。

引诱不满十四周岁的幼女卖淫的，依照刑法第三百五十九条第二款的规定，以引诱幼女卖淫罪定罪处罚。

被引诱卖淫的人员中既有不满十四周岁的幼女，又有其他人员的，分别以引诱幼女卖淫罪和引诱卖淫罪定罪，实行并罚。

第九条 引诱、容留、介绍他人卖淫，具有下列情形之一的，应当认定为刑法第三百五十九条第一款规定的"情节严重"：

（一）引诱五人以上或者引诱、介绍十人以上卖淫的；

（二）引诱三人以上的未成年人、孕妇、智障人员、患有严重性病的人卖淫，或者引诱、容留、介绍五人以上该类人员卖淫的；

（三）非法获利人民币五万元以上的；

（四）其他情节严重的情形。

第十条 组织、强迫、引诱、容留、介绍他人卖淫的次数，作为酌定情节在量刑时考虑。

第十一条 具有下列情形之一的，应当认定为刑法第三百六十条规定的"明知"：

（一）有证据证明曾到医院或者其他医疗机构就医或者检查，被诊断为患有严重性病的；

（二）根据本人的知识和经验，能够知道自己患有严重性病的；

（三）通过其他方法能够证明行为人是"明知"的。

传播性病行为是否实际造成他人患上严重性病的后果，不影响本罪的成立。

刑法第三百六十条规定所称的"严重性病"，包括梅毒、淋病等。其他性病是否认定为"严重性病"，应当根据《中华人民共和国传染病防治法》《性病防治管理办法》的规定，在国家卫生与计划生育委员会规定实行性病监测的性病范围内，依照其危害、特点与梅毒、淋病相当的原则，从严掌握。

第十二条 明知自己患有艾滋病或者感染艾滋病病毒而卖淫、嫖娼的，依照刑法第三百六十条的规定，以传播性病罪定罪，从重处罚。

具有下列情形之一，致使他人感染艾滋病病毒的，认定为刑法第九十五条第三项"其他对于人身健康有重大伤害"所指的"重伤"，依照刑法第二百三十四条第二款的规定，以故意伤害罪定罪处罚：

（一）明知自己感染艾滋病病毒而卖淫、嫖娼的；

（二）明知自己感染艾滋病病毒，故意不采取防范措施而与他人发生性关系的。

第十三条 犯组织、强迫、引诱、容留、介绍卖淫罪的，应当依法判处犯罪所得二倍以上的罚金。共同犯罪的，对各共同犯罪人合计判处的罚金应当在犯罪所得的二倍以上。

对犯组织、强迫卖淫罪被判处无期徒刑的，应当并处没收财产。

第十四条 根据刑法第三百六十二条、第三百一十条的规定，旅馆业、饮食服务业、文化娱乐业、出租汽车业等单位的人员，在公安机关查处卖淫、嫖娼活动时，为违法犯罪分子通风报信，情节严重的，以包庇罪定罪处罚。事前与犯罪分子通谋的，以共同犯罪论处。

具有下列情形之一的，应当认定为刑法第三百六十二条规定的"情节严重"：

（一）向组织、强迫卖淫犯罪集团通风报信的；

（二）二年内通风报信三次以上的；

（三）一年内因通风报信被行政处罚，又实施通风报信行为的；

（四）致使犯罪集团的首要分子或者其他共同犯罪的主犯未能及时归案的；

（五）造成卖淫嫖娼人员逃跑，致使公安机关查处犯罪行为因取证困难而撤销刑事案件的；

（六）非法获利人民币一万元以上的；

（七）其他情节严重的情形。

第十五条　本解释自2017年7月25日起施行。

最高人民法院、最高人民检察院关于利用网络云盘制作、复制、贩卖、传播淫秽电子信息牟利行为定罪量刑问题的批复

- 2017年8月28日最高人民法院审判委员会第1724次会议、2017年10月10日最高人民检察院第十二届检察委员会第70次会议通过
- 2017年11月22日最高人民法院、最高人民检察院公告公布
- 自2017年12月1日起施行
- 法释〔2017〕19号

各省、自治区、直辖市高级人民法院、人民检察院，解放军军事法院、军事检察院，新疆维吾尔自治区高级人民法院生产建设兵团分院、新疆生产建设兵团人民检察院：

近来，部分高级人民法院、省级人民检察院就如何对利用网络云盘制作、复制、贩卖、传播淫秽电子信息牟利行为定罪量刑的问题提出请示。经研究，批复如下：

一、对于以牟利为目的，利用网络云盘制作、复制、贩卖、传播淫秽电子信息的行为，是否应当追究刑事责任，适用刑法和《最高人民法院、最高人民检察院关于办理利用互联网、移动通讯终端、声讯台制作、复制、出版、贩卖、传播淫秽电子信息刑事案件具体应用法律若干问题的解释》（法释〔2004〕11号）、《最高人民法院、最高人民检察院关于办理利用互联网、移动通讯终端、声讯台制作、复制、出版、贩卖、传播淫秽电子信息刑事案件具体应用法律若干问题的解释（二）》（法释〔2010〕3号）的有关规定。

二、对于以牟利为目的，利用网络云盘制作、复制、贩卖、传播淫秽电子信息的行为，在追究刑事责任时，鉴于网络云盘的特点，不应单纯考虑制作、复制、贩卖、传播淫秽电子信息的数量，还应充分考虑传播范围、违法所得、行为人一贯表现以及淫秽电子信息、传播对象是否涉及未成年人等情节，综合评估社会危害性，恰当裁量刑罚，确保罪责刑相适应。

此复。

最高人民法院、最高人民检察院关于办理虚假诉讼刑事案件适用法律若干问题的解释

- 2018年1月25日最高人民法院审判委员会第1732次会议、2018年6月13日最高人民检察院第十三届检察委员会第2次会议通过
- 2018年9月26日最高人民法院、最高人民检察院公告公布
- 自2018年10月1日起施行
- 法释〔2018〕17号

为依法惩治虚假诉讼犯罪活动，维护司法秩序，保护公民、法人和其他组织合法权益，根据《中华人民共和国刑法》《中华人民共和国刑事诉讼法》《中华人民共和国民事诉讼法》等法律规定，现就办理此类刑事案件适用法律的若干问题解释如下：

第一条　采取伪造证据、虚假陈述等手段，实施下列行为之一，捏造民事法律关系，虚构民事纠纷，向人民法院提起民事诉讼的，应当认定为刑法第三百零七条之一第一款规定的"以捏造的事实提起民事诉讼"：

（一）与夫妻一方恶意串通，捏造夫妻共同债务的；

（二）与他人恶意串通，捏造债权债务关系和以物抵债协议的；

（三）与公司、企业的法定代表人、董事、监事、经理或者其他管理人员恶意串通，捏造公司、企业债务或者担保义务的；

（四）捏造知识产权侵权关系或者不正当竞争关系的；

（五）在破产案件审理过程中申报捏造的债权的；

（六）与被执行人恶意串通，捏造债权或者对查封、扣押、冻结财产的优先权、担保物权的；

（七）单方或者与他人恶意串通，捏造身份、合同、侵权、继承等民事法律关系的其他行为。

隐瞒债务已经全部清偿的事实，向人民法院提起民事诉讼，要求他人履行债务的，以"以捏造的事实提起民事诉讼"论。

向人民法院申请执行基于捏造的事实作出的仲裁裁决、公证债权文书，或者在民事执行过程中以捏造的事实对执行标的提出异议、申请参与执行财产分配的，属于刑法第三百零七条之一第一款规定的"以捏造的事实提起民事诉讼"。

第二条 以捏造的事实提起民事诉讼，有下列情形之一的，应当认定为刑法第三百零七条之一第一款规定的"妨害司法秩序或者严重侵害他人合法权益"：

（一）致使人民法院基于捏造的事实采取财产保全或者行为保全措施的；

（二）致使人民法院开庭审理，干扰正常司法活动的；

（三）致使人民法院基于捏造的事实作出裁判文书、制作财产分配方案，或者立案执行基于捏造的事实作出的仲裁裁决、公证债权文书的；

（四）多次以捏造的事实提起民事诉讼的；

（五）曾因以捏造的事实提起民事诉讼被采取民事诉讼强制措施或者受过刑事追究的；

（六）其他妨害司法秩序或者严重侵害他人合法权益的情形。

第三条 以捏造的事实提起民事诉讼，有下列情形之一的，应当认定为刑法第三百零七条之一第一款规定的"情节严重"：

（一）有本解释第二条第一项情形，造成他人经济损失一百万元以上的；

（二）有本解释第二条第二项至第四项情形之一，严重干扰正常司法活动或者严重损害司法公信力的；

（三）致使义务人自动履行生效裁判文书确定的财产给付义务或者人民法院强制执行财产权益，数额达到一百万元以上的；

（四）致使他人债权无法实现，数额达到一百万元以上的；

（五）非法占有他人财产，数额达到十万元以上的；

（六）致使他人因为不执行人民法院基于捏造的事实作出的判决、裁定，被采取刑事拘留、逮捕措施或者受到刑事追究的；

（七）其他情节严重的情形。

第四条 实施刑法第三百零七条之一第一款行为，非法占有他人财产或者逃避合法债务，又构成诈骗罪、职务侵占罪、拒不执行判决、裁定罪、贪污罪等犯罪的，依照处罚较重的规定定罪从重处罚。

第五条 司法工作人员利用职权，与他人共同实施刑法第三百零七条之一前三款行为的，从重处罚；同时构成滥用职权罪、民事枉法裁判罪、执行判决、裁定滥用职权罪等犯罪的，依照处罚较重的规定定罪从重处罚。

第六条 诉讼代理人、证人、鉴定人等诉讼参与人与他人通谋，代理提起虚假民事诉讼、故意作虚假证言或者出具虚假鉴定意见，共同实施刑法第三百零七条之一前三款行为的，依照共同犯罪的规定定罪处罚；同时构成妨害作证罪，帮助毁灭、伪造证据罪等犯罪的，依照处罚较重的规定定罪从重处罚。

第七条 采取伪造证据等手段篡改案件事实，骗取人民法院裁判文书，构成犯罪的，依照刑法第二百八十条、第三百零七条等规定追究刑事责任。

第八条 单位实施刑法第三百零七条之一第一款行为的，依照本解释规定的定罪量刑标准，对其直接负责的主管人员和其他直接责任人员定罪处罚，并对单位判处罚金。

第九条 实施刑法第三百零七条之一第一款行为，未达到情节严重的标准，行为人系初犯，在民事诉讼过程中自愿具结悔过，接受人民法院处理决定，积极退赃、退赔的，可以认定为犯罪情节轻微，不起诉或者免予刑事处罚；确有必要判处刑罚的，可以从宽处罚。

司法工作人员利用职权，与他人共同实施刑法第三百零七条之一第一款行为的，对司法工作人员不适用本条第一款规定。

第十条 虚假诉讼刑事案件由虚假民事诉讼案件的受理法院所在地或者执行法院所在地人民法院管辖。有刑法第三百零七条之一第四款情形的，上级人民法院可以指定下级人民法院将案件移送其他人民法院审判。

第十一条 本解释所称裁判文书，是指人民法院依照民事诉讼法、企业破产法等民事法律作出的判决、裁定、调解书、支付令等文书。

第十二条 本解释自 2018 年 10 月 1 日起施行。

最高人民法院、最高人民检察院、公安部、司法部关于办理"套路贷"刑事案件若干问题的意见

· 2019 年 2 月 28 日
· 法发〔2019〕11 号

为持续深入开展扫黑除恶专项斗争，准确甄别和依法严厉惩处"套路贷"违法犯罪分子，根据刑法、刑事诉讼法、有关司法解释以及最高人民法院、最高人民检察院、公安部、司法部《关于办理黑恶势力犯罪案件若干问题的指导意见》等规范性文件的规定，现对办理"套路

贷"刑事案件若干问题提出如下意见：

一、准确把握"套路贷"与民间借贷的区别

1."套路贷"，是对以非法占有为目的，假借民间借贷之名，诱使或迫使被害人签订"借贷"或变相"借贷""抵押""担保"等相关协议，通过虚增借贷金额、恶意制造违约、肆意认定违约、毁匿还款证据等方式形成虚假债权债务，并借助诉讼、仲裁、公证或者采用暴力、威胁以及其他手段非法占有被害人财物的相关违法犯罪活动的概括性称谓。

2."套路贷"与平等主体之间基于意思自治而形成的民事借贷关系存在本质区别，民间借贷的出借人是为了到期按照协议约定的内容收回本金并获取利息，不具有非法占有他人财物的目的，也不会在签订、履行借贷协议过程中实施虚增借贷金额、制造虚假给付痕迹、恶意造成违约、肆意认定违约、毁匿还款证据等行为。

司法实践中，应当注意非法讨债引发的案件与"套路贷"案件的区别，犯罪嫌疑人、被告人不具有非法占有目的，也未使用"套路"与借款人形成虚假债权债务，不应视为"套路贷"。因使用暴力、威胁以及其他手段强行索债构成犯罪的，应当根据具体案件事实定罪处罚。

3.实践中，"套路贷"的常见犯罪手法和步骤包括但不限于以下情形：

（1）制造民间借贷假象。犯罪嫌疑人、被告人往往以"小额贷款公司""投资公司""咨询公司""担保公司""网络借贷平台"等名义对外宣传，以低息、无抵押、无担保、快速放款等为诱饵吸引被害人借款，继而以"保证金""行规"等虚假理由诱使被害人基于错误认识签订金额虚高的"借贷"协议或相关协议。有的犯罪嫌疑人、被告人还会以被害人先前借贷违约等理由，迫使对方签订金额虚高的"借贷"协议或相关协议。

（2）制造资金走账流水等虚假给付事实。犯罪嫌疑人、被告人按照虚高的"借贷"协议金额将资金转入被害人账户，制造已将全部借款交付被害人的银行流水痕迹，随后便采取各种手段将其中全部或者部分资金收回，被害人实际上并未取得或者完全取得"借贷"协议、银行流水上显示的钱款。

（3）故意制造违约或者肆意认定违约。犯罪嫌疑人、被告人往往会以设置违约陷阱、制造还款障碍等方式，故意造成被害人违约，或者通过肆意认定违约，强行要求被害人偿还虚假债务。

（4）恶意垒高借款金额。当被害人无力偿还时，有的犯罪嫌疑人、被告人会安排其所属公司或者指定的关联公司、关联人员为被害人偿还"借款"，继而与被害人签订金额更大的虚高"借贷"协议或相关协议，通过这种"转单平账""以贷还贷"的方式不断垒高"债务"。

（5）软硬兼施"索债"。在被害人未偿还虚高"借款"的情况下，犯罪嫌疑人、被告人借助诉讼、仲裁、公证或者采用暴力、威胁以及其他手段向被害人或者被害人的特定关系人索取"债务"。

二、依法严惩"套路贷"犯罪

4.实施"套路贷"过程中，未采用明显的暴力或者威胁手段，其行为特征从整体上表现为以非法占有为目的，通过虚构事实、隐瞒真相骗取被害人财物的，一般以诈骗罪定罪处罚；对于在实施"套路贷"过程中多种手段并用，构成诈骗、敲诈勒索、非法拘禁、虚假诉讼、寻衅滋事、强迫交易、抢劫、绑架等多种犯罪的，应当根据具体案件事实，区分不同情况，依照刑法及有关司法解释的规定数罪并罚或者择一重处。

5.多人共同实施"套路贷"犯罪，犯罪嫌疑人、被告人在所参与的犯罪中起主要作用的，应当认定为主犯，对其参与或组织、指挥的全部犯罪承担刑事责任；起次要或辅助作用的，应当认定为从犯。

明知他人实施"套路贷"犯罪，具有以下情形之一的，以相关犯罪的共犯论处，但刑法和司法解释等另有规定的除外：

（1）组织发送"贷款"信息、广告，吸引、介绍被害人"借款"的；

（2）提供资金、场所、银行卡、账号、交通工具等帮助的；

（3）出售、提供、帮助获取公民个人信息的；

（4）协助制造走账记录等虚假给付事实的；

（5）协助办理公证的；

（6）协助以虚假事实提起诉讼或者仲裁的；

（7）协助套现、取现、办理动产或不动产过户等，转移犯罪所得及其产生的收益的；

（8）其他符合共同犯罪规定的情形。

上述规定中的"明知他人实施'套路贷'犯罪"，应当结合行为人的认知能力、既往经历、行为次数和手段、与同案人、被害人的关系、获利情况、是否曾因"套路贷"受过处罚、是否故意规避查处等主客观因素综合分析认定。

6.在认定"套路贷"犯罪数额时，应当与民间借贷相区别，从整体上予以否定性评价，"虚高债务"和以"利息""保证金""中介费""服务费""违约金"等名目被犯罪嫌疑人、被告人非法占有的财物，均应计入犯罪数额。

犯罪嫌疑人、被告人实际给付被害人的本金数额，不

计入犯罪数额。

已经着手实施"套路贷",但因意志以外原因未得逞的,可以根据相关罪名所涉及的刑法、司法解释规定,按照已着手非法占有的财物数额认定犯罪未遂。既有既遂,又有未遂,犯罪既遂部分与未遂部分分别对应不同法定刑幅度的,应当先决定对未遂部分是否减轻处罚,确定未遂部分对应的法定刑幅度,再与既遂部分对应的法定刑幅度进行比较,选择处罚较重的法定刑幅度,并酌情从重处罚;二者在同一量刑幅度的,以犯罪既遂酌情从重处罚。

7. 犯罪嫌疑人、被告人实施"套路贷"违法所得的一切财物,应当予以追缴或者责令退赔;对被害人的合法财产,应当及时返还。有证据证明是犯罪嫌疑人、被告人为实施"套路贷"而交付给被害人的本金,赔偿被害人损失后如有剩余,应依法予以没收。

犯罪嫌疑人、被告人已将违法所得的财物用于清偿债务、转让或者设置其他权利负担,具有下列情形之一的,应当依法追缴:

(1) 第三人明知是违法所得财物而接受的;
(2) 第三人无偿取得或者以明显低于市场的价格取得违法所得财物的;
(3) 第三人通过非法债务清偿或者违法犯罪活动取得违法所得财物的;
(4) 其他应当依法追缴的情形。

8. 以老年人、未成年人、在校学生、丧失劳动能力的人为对象实施"套路贷",或者因实施"套路贷"造成被害人或其特定关系人自杀、死亡、精神失常、为偿还"债务"而实施犯罪活动的,除刑法、司法解释另有规定的外,应当酌情从重处罚。

在坚持依法从严惩处的同时,对于认罪认罚、积极退赃、真诚悔罪或者具有其他法定、酌定从轻处罚情节的被告人,可以依法从宽处罚。

9. 对于"套路贷"犯罪分子,应当根据其所触犯的具体罪名,依法加大财产刑适用力度。符合刑法第三十七条之一规定的,可以依法禁止从事相关职业。

10. 三人以上为实施"套路贷"而组成的较为固定的犯罪组织,应当认定为犯罪集团。对首要分子应按照集团所犯全部罪行处罚。

符合黑恶势力认定标准的,应当按照黑社会性质组织、恶势力或者恶势力犯罪集团侦查、起诉、审判。

三、依法确定"套路贷"刑事案件管辖

11. "套路贷"犯罪案件一般由犯罪地公安机关侦查,如果由犯罪嫌疑人居住地公安机关立案侦查更为适宜的,可以由犯罪嫌疑人居住地公安机关立案侦查。犯罪地包括犯罪行为发生地和犯罪结果发生地。

"犯罪行为发生地"包括为实施"套路贷"所设立的公司所在地、"借贷"协议或相关协议签订地、非法讨债行为实施地、为实施"套路贷"而进行诉讼、仲裁、公证的受案法院、仲裁委员会、公证机构所在地,以及"套路贷"行为的预备地、开始地、途经地、结束地等。

"犯罪结果发生地"包括违法所得财物的支付地、实际取得地、藏匿地、转移地、使用地、销售地等。

除犯罪地、犯罪嫌疑人居住地外,其他地方公安机关对于公民扭送、报案、控告、举报或者犯罪嫌疑人自首的"套路贷"犯罪案件,都应当立即受理,经审查认为有犯罪事实的,移送有管辖权的公安机关处理。

黑恶势力实施的"套路贷"犯罪案件,由侦办黑社会性质组织、恶势力或者恶势力犯罪集团案件的公安机关进行侦查。

12. 具有下列情形之一的,有关公安机关可以在其职责范围内并案侦查:

(1) 一人犯数罪的;
(2) 共同犯罪的;
(3) 共同犯罪的犯罪嫌疑人还实施其他犯罪的;
(4) 多个犯罪嫌疑人实施的犯罪存在直接关联,并案处理有利于查明案件事实的。

13. 本意见自 2019 年 4 月 9 日起施行。

最高人民法院、最高人民检察院、公安部、司法部关于办理恶势力刑事案件若干问题的意见

- 2019 年 2 月 28 日
- 法发〔2019〕10 号

为认真贯彻落实中央开展扫黑除恶专项斗争的部署要求,正确理解和适用最高人民法院、最高人民检察院、公安部、司法部《关于办理黑恶势力犯罪案件若干问题的指导意见》(法发〔2018〕1号,以下简称《指导意见》),根据刑法、刑事诉讼法及有关司法解释、规范性文件的规定,现对办理恶势力刑事案件若干问题提出如下意见:

一、办理恶势力刑事案件的总体要求

1. 人民法院、人民检察院、公安机关和司法行政机关要深刻认识恶势力违法犯罪的严重社会危害,毫不动摇地坚持依法严惩方针,在侦查、起诉、审判、执行各阶段,运用多种法律手段全面体现依法从严惩处精神,有力震慑恶势力违法犯罪分子,有效打击和预防恶势力违法犯罪。

2. 人民法院、人民检察院、公安机关和司法行政机关要严格坚持依法办案，确保在案件事实清楚，证据确实、充分的基础上，准确认定恶势力和恶势力犯罪集团，坚决防止人为拔高或者降低认定标准。要坚持贯彻落实宽严相济刑事政策，根据犯罪嫌疑人、被告人的主观恶性、人身危险性、在恶势力、恶势力犯罪集团中的地位、作用以及在具体犯罪中的罪责，切实做到宽严有据，罚当其罪，实现政治效果、法律效果和社会效果的统一。

3. 人民法院、人民检察院、公安机关和司法行政机关要充分发挥各自职能，分工负责，互相配合，互相制约，坚持以审判为中心的刑事诉讼制度改革要求，严格执行"三项规程"，不断强化程序意识和证据意识，有效加强法律监督，确保严格执法、公正司法，充分保障当事人、诉讼参与人的各项诉讼权利。

二、恶势力、恶势力犯罪集团的认定标准

4. 恶势力，是指经常纠集在一起，以暴力、威胁或者其他手段，在一定区域或者行业内多次实施违法犯罪活动，为非作恶，欺压百姓，扰乱经济、社会生活秩序，造成较为恶劣的社会影响，但尚未形成黑社会性质组织的违法犯罪组织。

5. 单纯为牟取不法经济利益而实施的"黄、赌、毒、盗、抢、骗"等违法犯罪活动，不具有为非作恶、欺压百姓特征的，或者因本人及近亲属的婚恋纠纷、家庭纠纷、邻里纠纷、劳动纠纷、合法债务纠纷而引发以及其他确属事出有因的违法犯罪活动，不应作为恶势力案件处理。

6. 恶势力一般为3人以上，纠集者相对固定。纠集者，是指在恶势力实施的违法犯罪活动中起组织、策划、指挥作用的违法犯罪分子。成员较为固定且符合恶势力其他认定条件，但多次实施违法犯罪活动是由不同的成员组织、策划、指挥，也可以认定为恶势力，有前述行为的成员均可以认定为纠集者。

恶势力的其他成员，是指知道或应当知道与他人经常纠集在一起是为了共同实施违法犯罪，仍按照纠集者的组织、策划、指挥参与违法犯罪活动的违法犯罪分子，包括已有充分证据证明但尚未归案的人员，以及因法定情形不予追究法律责任，或者因参与实施恶势力违法犯罪活动已受到行政或刑事处罚的人员。仅因临时雇佣或被雇佣、利用或被利用以及受蒙蔽参与少量恶势力违法犯罪活动的，一般不应认定为恶势力成员。

7. "经常纠集在一起，以暴力、威胁或者其他手段，在一定区域或者行业内多次实施违法犯罪活动"，是指犯罪嫌疑人、被告人于2年之内，以暴力、威胁或者其他手段，在一定区域或者行业内多次实施违法犯罪活动，且包括纠集者在内，至少应有2名相同的成员多次参与实施违法犯罪活动。对于"纠集在一起"时间明显较短，实施违法犯罪活动刚刚达到"多次"标准，且尚不足以造成较为恶劣影响的，一般不应认定为恶势力。

8. 恶势力实施的违法犯罪活动，主要为强迫交易、故意伤害、非法拘禁、敲诈勒索、故意毁坏财物、聚众斗殴、寻衅滋事，但也包括具有为非作恶、欺压百姓特征，主要以暴力、威胁为手段的其他违法犯罪活动。

恶势力还可能伴随实施开设赌场、组织卖淫、强迫卖淫、贩卖毒品、运输毒品、制造毒品、抢劫、抢夺、聚众扰乱社会秩序、聚众扰乱公共场所秩序、交通秩序以及聚众"打砸抢"等违法犯罪活动，但仅有前述伴随实施的违法犯罪活动，且不能认定具有为非作恶、欺压百姓特征的，一般不应认定为恶势力。

9. 办理恶势力刑事案件，"多次实施违法犯罪活动"至少应包括1次犯罪活动。对于反复实施强迫交易、非法拘禁、敲诈勒索、寻衅滋事等单一性质的违法行为，单次情节、数额尚不构成犯罪，但按照刑法或者有关司法解释、规范性文件的规定累加后应作为犯罪处理的，在认定是否属于"多次实施违法犯罪活动"时，可将已用于累加的违法行为计为1次犯罪活动，其他违法行为单独计算违法活动的次数。

已被处理或者已作为民间纠纷调处，后经查证确属恶势力违法犯罪活动的，均可以作为认定恶势力的事实依据，但不符合法定情形的，不得重新追究法律责任。

10. 认定"扰乱经济、社会生活秩序，造成较为恶劣的社会影响"，应当结合侵害对象及其数量、违法犯罪次数、手段、规模、人身损害后果、经济损失数额、违法所得数额、引起社会秩序混乱的程度以及对人民群众安全感的影响程度等因素综合把握。

11. 恶势力犯罪集团，是指符合恶势力全部认定条件，同时又符合犯罪集团法定条件的犯罪组织。

恶势力犯罪集团的首要分子，是指在恶势力犯罪集团中起组织、策划、指挥作用的犯罪分子。恶势力犯罪集团的其他成员，是指知道或者应当知道是为共同实施犯罪而组成的较为固定的犯罪组织，仍接受首要分子领导、管理、指挥，并参与该组织犯罪活动的犯罪分子。

恶势力犯罪集团应当有组织地实施多次犯罪活动，同时还可能伴随实施违法活动。恶势力犯罪集团所实施的违法犯罪活动，参照《指导意见》第十条第二款的规定认定。

12. 全部成员或者首要分子、纠集者以及其他重要成员均为未成年人、老年人、残疾人的，认定恶势力、恶势力犯罪集团时应当特别慎重。

三、正确运用宽严相济刑事政策的有关要求

13. 对于恶势力的纠集者、恶势力犯罪集团的首要分子、重要成员以及恶势力、恶势力犯罪集团共同犯罪中罪责严重的主犯，要正确运用法律规定加大惩处力度，对依法应当判处重刑或死刑的，坚决判处重刑或死刑。同时要严格掌握取保候审，严格掌握不起诉，严格掌握缓刑、减刑、假释，严格掌握保外就医适用条件，充分利用资格刑、财产刑等法律手段全方位从严惩处。对于符合刑法第三十七条之一规定的，可以依法禁止其从事相关职业。

对于恶势力、恶势力犯罪集团的其他成员，在共同犯罪中罪责相对较小、人身危险性、主观恶性相对不大的，具有自首、立功、坦白、初犯等法定或酌定从宽处罚情节，可以依法从轻、减轻或免除处罚。认罪认罚或者仅参与实施少量的犯罪活动且只起次要、辅助作用，符合缓刑条件的，可以适用缓刑。

14. 恶势力犯罪集团的首要分子检举揭发与该犯罪集团及其违法犯罪活动有关联的其他犯罪线索，如果在认定立功的问题上存在事实、证据或法律适用方面的争议，应当严格把握。依法应认定为立功或者重大立功的，在决定是否从宽处罚、如何从宽处罚时，应当根据罪责刑相一致原则从严掌握。可能导致全案量刑明显失衡的，不予从宽处罚。

恶势力犯罪集团的其他成员如果能够配合司法机关查办案件，有提供线索、帮助收集证据或者其他协助行为，并在侦破恶势力犯罪集团案件、查处"保护伞"等方面起到较大作用的，即使依法不能认定立功，一般也应酌情对其从轻处罚。

15. 犯罪嫌疑人、被告人同时具有法定、酌定从严和法定、酌定从宽处罚情节的，量刑时要根据所犯具体罪行的严重程度，结合被告人在恶势力、恶势力犯罪集团中的地位、作用、主观恶性、人身危险性等因素整体把握。对于恶势力的纠集者、恶势力犯罪集团的首要分子、重要成员，量刑时要体现总体从严。对于在共同犯罪中罪责相对较小、人身危险性、主观恶性相对不大，且能够真诚认罪悔罪的其他成员，量刑时要体现总体从宽。

16. 恶势力刑事案件的犯罪嫌疑人、被告人自愿如实供述自己的罪行，承认指控的犯罪事实，愿意接受处罚的，可以依法从宽处理，并。对于犯罪性质恶劣、犯罪手段残忍、社会危害严重的犯罪嫌疑人、被告人，虽然认罪认罚，但不足以从轻处罚的，不适用该制度。

四、办理恶势力刑事案件的其他问题

17. 人民法院、人民检察院、公安机关经审查认为案件符合恶势力认定标准的，应当在起诉意见书、起诉书、判决书、裁定书等法律文书中的案件事实部分明确表述，列明恶势力的纠集者、其他成员、违法犯罪事实以及据以认定的证据；符合恶势力犯罪集团认定标准的，应当在上述法律文书中明确定性，列明首要分子、其他成员、违法犯罪事实以及据以认定的证据，并引用刑法总则关于犯罪集团的相关规定。被告人及其辩护人对恶势力定性提出辩解和辩护意见，人民法院可以在裁判文书中予以评析回应。

恶势力刑事案件的起诉意见书、起诉书、判决书、裁定书等法律文书，可以在案件事实部分先概述恶势力、恶势力犯罪集团的概括事实，再分述具体的恶势力违法犯罪事实。

18. 对于公安机关未在起诉意见书中明确认定，人民检察院在审查起诉期间发现构成恶势力或者恶势力犯罪集团，且相关违法犯罪事实已经查清，证据确实、充分，依法应追究刑事责任的，应当作出起诉决定，根据查明的事实向人民法院提起公诉，并在起诉书中明确认定为恶势力或者恶势力犯罪集团。人民检察院认为恶势力相关违法犯罪事实不清、证据不足，或者存在遗漏恶势力违法犯罪事实、遗漏同案犯罪嫌疑人等情形需要补充侦查的，应当提出具体的书面意见，连同案卷材料一并退回公安机关补充侦查；人民检察院也可以自行侦查，必要时可以要求公安机关提供协助。

对于人民检察院未在起诉书中明确认定，人民法院在审判期间发现构成恶势力或恶势力犯罪集团的，可以建议人民检察院补充或者变更起诉；人民检察院不同意或者在七日内未回复意见的，人民法院不应主动认定，可仅就起诉指控的犯罪事实依照相关规定作出判决、裁定。

审理被告人或者被告人的法定代理人、辩护人、近亲属上诉的案件时，一审判决认定黑社会性质组织有误的，二审法院应当纠正，符合恶势力、恶势力犯罪集团认定标准，应当作出相应认定；一审判决认定恶势力或恶势力犯罪集团有误的，应当纠正，但不得升格认定；一审判决未认定恶势力或恶势力犯罪集团的，不得增加认定。

19. 公安机关、人民检察院、人民法院应分别以起诉意见书、起诉书、裁判文书所明确的恶势力、恶势力犯罪集团，作为相关数据的统计依据。

20. 本意见自 2019 年 4 月 9 日起施行。

最高人民法院、最高人民检察院、公安部、司法部关于办理黑恶势力刑事案件中财产处置若干问题的意见

· 2019年4月9日

为认真贯彻中央关于开展扫黑除恶专项斗争的重大决策部署,彻底铲除黑恶势力犯罪的经济基础,根据刑法、刑事诉讼法及最高人民法院、最高人民检察院、公安部、司法部《关于办理黑恶势力犯罪案件若干问题的指导意见》(法发〔2018〕1号)等规定,现对办理黑恶势力刑事案件中财产处置若干问题提出如下意见:

一、总体工作要求

1. 公安机关、人民检察院、人民法院在办理黑恶势力犯罪案件时,在查明黑恶势力组织违法犯罪事实并对黑恶势力成员依法定罪量刑的同时,要全面调查黑恶势力组织及其成员的财产状况,依法对涉案财产采取查询、查封、扣押、冻结等措施,并根据查明的情况,依法作出处理。

前款所称处理既包括对涉案财产中犯罪分子违法所得、违禁品、供犯罪所用的本人财物以及其他等值财产等依法追缴、没收,也包括对被害人的合法财产等依法返还。

2. 对涉案财产采取措施,应当严格依照法定条件和程序进行。严禁在立案之前查封、扣押、冻结财物。凡查封、扣押、冻结的财物,都应当及时进行审查,防止因程序违法、工作瑕疵等影响案件审理以及涉案财产处置。

3. 对涉案财产采取措施,应当为犯罪嫌疑人、被告人及其所扶养的亲属保留必需的生活费用和物品。

根据案件具体情况,在保证诉讼活动正常进行的同时,可以允许有关人员继续合理使用有关涉案财产,并采取必要的保值保管措施,以减少案件办理对正常办公和合法生产经营的影响。

4. 要彻底摧毁黑社会性质组织的经济基础,防止其死灰复燃。对于组织者、领导者一般应当并处没收个人全部财产。对于确属骨干成员或者为该组织转移、隐匿资产的积极参加者,可以并处没收个人全部财产。对于其他组织成员,应当根据所参与实施违法犯罪活动的次数、性质、地位、作用、违法所得数额以及造成损失的数额等情节,依法决定财产刑的适用。

5. 要深挖细查并依法打击黑恶势力组织进行的洗钱以及掩饰、隐瞒犯罪所得、犯罪所得收益等转变涉案财产性质的关联犯罪。

二、依法采取措施全面收集证据

6. 公安机关侦查期间,要根据《公安机关办理刑事案件适用查封、冻结措施相关规定》(公通字〔2013〕30号)等有关规定,会同有关部门全面调查黑恶势力及其成员的财产状况,并可以根据诉讼需要,先行依法对下列财产采取查询、查封、扣押、冻结等措施:

(1)黑恶势力组织的财产;

(2)犯罪嫌疑人个人所有的财产;

(3)犯罪嫌疑人实际控制的财产;

(4)犯罪嫌疑人出资购买的财产;

(5)犯罪嫌疑人转移至他人名下的财产;

(6)犯罪嫌疑人涉嫌洗钱以及掩饰、隐瞒犯罪所得、犯罪所得收益等犯罪涉及的财产;

(7)其他与黑恶势力组织及其违法犯罪活动有关的财产。

7. 查封、扣押、冻结已登记的不动产、特定动产及其他财产,应当通知有关登记机关,在查封、扣押、冻结期间禁止被查封、扣押、冻结的财产流转,不得办理被查封、扣押、冻结财产权属变更、抵押等手续。必要时可以提取有关产权证照。

8. 公安机关对于采取措施的涉案财产,应当全面收集证明其来源、性质、用途、权属及价值的有关证据,审查判断是否应当依法追缴、没收。

证明涉案财产来源、性质、用途、权属及价值的有关证据一般包括:

(1)犯罪嫌疑人、被告人关于财产来源、性质、用途、权属、价值的供述;

(2)被害人、证人关于财产来源、性质、用途、权属、价值的陈述、证言;

(3)财产购买凭证、银行往来凭证、资金注入凭证、权属证明等书证;

(4)财产价格鉴定、评估意见;

(5)可以证明财产来源、性质、用途、权属、价值的其他证据。

9. 公安机关对应当依法追缴、没收的财产中黑恶势力组织及其成员聚敛的财产及其孳息、收益的数额,可以委托专门机构评估;确实无法准确计算的,可以根据有关法律规定及查明的事实、证据合理估算。

人民检察院、人民法院对于公安机关委托评估、估算的数额有不同意见的,可以重新委托评估、估算。

10. 人民检察院、人民法院根据案件诉讼的需要,可以依法采取上述相关措施。

三、准确处置涉案财产

11. 公安机关、人民检察院应当加强对在案财产审查

甄别。在移送审查起诉、提起公诉时,一般应当对采取措施的涉案财产提出处理意见建议,并将采取措施的涉案财产及其清单随案移送。

人民检察院经审查,除对随案移送的涉案财产提出处理意见外,还需要对继续追缴的尚未被足额查封、扣押的其他违法所得提出处理意见建议。

涉案财产不宜随案移送的,应当按照相关法律、司法解释的规定,提供相应的清单、照片、录像、封存手续、存放地点说明、鉴定、评估意见、变价处理凭证等材料。

12. 对于不宜查封、扣押、冻结的经营性财产,公安机关、人民检察院、人民法院可以申请当地政府指定有关部门或者委托有关机构代管或者托管。

对易损毁、灭失、变质等不宜长期保存的物品,易贬值的汽车、船艇等物品,或者市场价格波动大的债券、股票、基金等财产,有效期即将届满的汇票、本票、支票等,经权利人同意或者申请,并经县级以上公安机关、人民检察院或者人民法院主要负责人批准,可以依法出售、变现或者先行变卖、拍卖,所得价款由扣押、冻结机关保管,并及时告知当事人或者其近亲属。

13. 人民检察院在法庭审理时应当对证明黑恶势力犯罪涉案财产情况进行举证质证,对于既能证明具体个罪又能证明经济特征的涉案财产情况相关证据在具体个罪中出示后,在经济特征中可以简要说明,不再重复出示。

14. 人民法院作出的判决,除应当对随案移送的涉案财产作出处理外,还应当在判决书中写明需要继续追缴尚未被足额查封、扣押的其他违法所得;对随案移送财产进行处理时,应当列明相关财产的具体名称、数量、金额、处置情况等。涉案财产或者有关当事人人数较多,不宜在判决书正文中详细列明的,可以概括叙述并另附清单。

15. 涉案财产符合下列情形之一的,应当依法追缴、没收:

(1) 黑恶势力组织及其成员通过违法犯罪活动或者其他不正当手段聚敛的财产及其孳息、收益;

(2) 黑恶势力组织成员通过个人实施违法犯罪活动聚敛的财产及其孳息、收益;

(3) 其他单位、组织、个人为支持该黑恶势力组织活动资助或者主动提供的财产;

(4) 黑恶势力组织及其成员通过合法的生产、经营活动获取的财产或者组织成员个人、家庭合法财产中,实际用于支持该组织活动的部分;

(5) 黑恶势力组织成员非法持有的违禁品以及供犯罪所用的本人财物;

(6) 其他单位、组织、个人利用黑恶势力组织及其成员违法犯罪活动获取的财产及其孳息、收益;

(7) 其他应当追缴、没收的财产。

16. 应当追缴、没收的财产已用于清偿债务或者转让、或者设置其他权利负担,具有下列情形之一的,应当依法追缴:

(1) 第三人明知是违法犯罪所得而接受的;

(2) 第三人无偿或者以明显低于市场的价格取得涉案财物的;

(3) 第三人通过非法债务清偿或者违法犯罪活动取得涉案财物的;

(4) 第三人通过其他方式恶意取得涉案财物的。

17. 涉案财产符合下列情形之一的,应当依法返还:

(1) 有证据证明确属被害人合法财产;

(2) 有证据证明确与黑恶势力及其违法犯罪活动无关。

18. 有关违法犯罪事实查证属实后,对于有证据证明权属明确且无争议的被害人、善意第三人或者其他人员合法财产及其孳息,凡返还不损害其他利害关系人的利益,不影响案件正常办理的,应当在登记、拍照或者录像后,依法及时返还。

四、依法追缴、没收其他等值财产

19. 有证据证明依法应当追缴、没收的涉案财产无法找到、被他人善意取得、价值灭失或者与其他合法财产混合且不可分割的,可以追缴、没收其他等值财产。

对于证明前款各种情形的证据,公安机关或者人民检察院应当及时调取。

20. 本意见第19条所称"财产无法找到",是指有证据证明存在依法应当追缴、没收的财产,但无法查证财产去向、下落。被告人有不同意见的,应当出示相关证据。

21. 追缴、没收的其他等值财产的数额,应当与无法直接追缴、没收的具体财产的数额相对应。

五、其他

22. 本意见所称孳息,包括天然孳息和法定孳息。

本意见所称收益,包括但不限于以下情形:

(1) 聚敛、获取的财产直接产生的收益,如使用聚敛、获取的财产购买彩票中奖所得收益等;

(2) 聚敛、获取的财产用于违法犯罪活动产生的收益,如使用聚敛、获取的财产赌博赢利所得收益、非法放贷所得收益、购买并贩卖毒品所得收益等;

(3)聚敛、获取的财产投资、置业形成的财产及其收益;

(4)聚敛、获取的财产和其他合法财产共同投资或者置业形成的财产中,与聚敛、获取的财产对应的份额及其收益;

(5)应当认定为收益的其他情形。

23. 本意见未规定的黑恶势力刑事案件财产处置工作其他事宜,根据相关法律法规、司法解释等规定办理。

24. 本意见自 2019 年 4 月 9 日起施行。

最高人民法院、最高人民检察院、公安部、司法部关于办理实施"软暴力"的刑事案件若干问题的意见

· 2019 年 4 月 9 日

为深入贯彻落实中央关于开展扫黑除恶专项斗争的决策部署,正确理解和适用最高人民法院、最高人民检察院、公安部、司法部《关于办理黑恶势力犯罪案件若干问题的指导意见》(法发〔2018〕1 号,以下简称《指导意见》)关于对依法惩处采用"软暴力"实施犯罪的规定,依法办理相关犯罪案件,根据《刑法》《刑事诉讼法》及有关司法解释、规范性文件,提出如下意见:

一、"软暴力"是指行为人为谋取不法利益或形成非法影响,对他人或者在有关场所进行滋扰、纠缠、哄闹、聚众造势等,足以使他人产生恐惧、恐慌进而形成心理强制,或者足以影响、限制人身自由、危及人身财产安全,影响正常生活、工作、生产、经营的违法犯罪手段。

二、"软暴力"违法犯罪手段通常的表现形式有:

(一)侵犯人身权利、民主权利、财产权利的手段,包括但不限于跟踪贴靠、扬言传播疾病、揭发隐私、恶意举报、诬告陷害、破坏、霸占财物等;

(二)扰乱正常生活、工作、生产、经营秩序的手段,包括但不限于非法侵入他人住宅、破坏生活设施、设置生活障碍、贴报喷字、拉挂横幅、燃放鞭炮、播放哀乐、摆放花圈、泼洒污物、断水断电、堵门阻工,以及通过驱赶从业人员、派驻人员据守等方式直接或间接地控制厂房、办公区、经营场所等;

(三)扰乱社会秩序的手段,包括但不限于摆场架势示威、聚众哄闹滋扰、拦路闹事等;

(四)其他符合本意见第一条规定的"软暴力"手段。

通过信息网络或者通讯工具实施,符合本意见第一条规定的违法犯罪手段,应当认定为"软暴力"。

三、行为人实施"软暴力",具有下列情形之一,可以认定为足以使他人产生恐惧、恐慌进而形成心理强制或者足以影响、限制人身自由、危及人身财产安全或者影响正常生活、工作、生产、经营:

(一)黑恶势力实施的;

(二)以黑恶势力名义实施的;

(三)曾因组织、领导、参加黑社会性质组织、恶势力犯罪集团、恶势力以及因强迫交易、非法拘禁、敲诈勒索、聚众斗殴、寻衅滋事等犯罪受过刑事处罚后又实施的;

(四)携带凶器实施的;

(五)有组织地实施的或者足以使他人认为暴力、威胁具有现实可能性的;

(六)其他足以使他人产生恐惧、恐慌进而形成心理强制或者足以影响、限制人身自由、危及人身财产安全或者影响正常生活、工作、生产、经营的情形。

由多人实施的,编造或明示暴力违法犯罪经历进行恐吓的,或者以自报组织、头目名号、统一着装、显露纹身、特殊标识以及其他明示、暗示方式,足以使他人感知相关行为的有组织性的,应当认定为"以黑恶势力名义实施"。

由多人实施的,只要有部分行为人符合本条第一款第(一)项至第(四)项所列情形的,该项即成立。

虽然具体实施"软暴力"的行为人不符合本条第一款第(一)项、第(三)项所列情形,但雇佣者、指使者或者纠集者符合的,该项成立。

四、"软暴力"手段属于《刑法》第二百九十四条第五款第(三)项"黑社会性质组织行为特征"以及《指导意见》第 14 条"恶势力"概念中的"其他手段"。

五、采用"软暴力"手段,使他人产生心理恐惧或者形成心理强制,分别属于《刑法》第二百二十六条规定的"威胁"、《刑法》第二百九十三条第一款第(二)项规定的"恐吓",同时符合其他犯罪构成要件的,应当分别以强迫交易罪、寻衅滋事罪定罪处罚。

《关于办理寻衅滋事刑事案件适用法律若干问题的解释》第二条至第四条中的"多次"一般应当理解为二年内实施寻衅滋事行为三次以上。三次以上寻衅滋事行为既包括同一类别的行为,也包括不同类别的行为;既包括未受行政处罚的行为,也包括已受行政处罚的行为。

六、有组织地多次短时间非法拘禁他人的,应当认定为《刑法》第二百三十八条规定的"以其他方法非法剥夺他人人身自由"。非法拘禁他人三次以上、每次持续时间在四小时以上,或者非法拘禁他人累计时间在十二小时以上的,应当以非法拘禁罪定罪处罚。

七、以"软暴力"手段非法进入或者滞留他人住宅

的,应当认定为《刑法》第二百四十五条规定的"非法侵入他人住宅",同时符合其他犯罪构成要件的,应当以非法侵入住宅罪定罪处罚。

八、以非法占有为目的,采用"软暴力"手段强行索取公私财物,同时符合《刑法》第二百七十四条规定的其他犯罪构成要件的,应当以敲诈勒索罪定罪处罚。

《关于办理敲诈勒索刑事案件适用法律若干问题的解释》第三条中"二年内敲诈勒索三次以上",包括已受行政处罚的行为。

九、采用"软暴力"手段,同时构成两种以上犯罪的,依法按照处罚较重的犯罪定罪处罚,法律另有规定的除外。

十、根据本意见第五条、第八条规定,对已受行政处罚的行为追究刑事责任的,行为人先前所受的行政拘留处罚应当折抵刑期,罚款应当抵扣罚金。

十一、雇佣、指使他人采用"软暴力"手段强迫交易、敲诈勒索,构成强迫交易罪、敲诈勒索罪的,对雇佣者、指使者,一般应当以共同犯罪中的主犯论处。

为强索不受法律保护的债务或者因其他非法目的,雇佣、指使他人采用"软暴力"手段非法剥夺他人人身自由构成非法拘禁罪,或者非法侵入他人住宅、寻衅滋事,构成非法侵入住宅罪、寻衅滋事罪的,对雇佣者、指使者,一般应当以共同犯罪中的主犯论处;因本人及近亲属合法债务、婚恋、家庭、邻里纠纷等民间矛盾而雇佣、指使,没有造成严重后果的,一般不作为犯罪处理,但经有关部门批评制止或者处理处罚后仍继续实施的除外。

十二、本意见自2019年4月9日起施行。

最高人民法院、最高人民检察院、公安部、司法部关于办理利用信息网络实施黑恶势力犯罪刑事案件若干问题的意见

·2019年7月23日

为认真贯彻中央关于开展扫黑除恶专项斗争的部署要求,正确理解和适用最高人民法院、最高人民检察院、公安部、司法部《关于办理黑恶势力犯罪案件若干问题的指导意见》(法发〔2018〕1号,以下简称《指导意见》),根据刑法、刑事诉讼法、网络安全法及有关司法解释、规范性文件的规定,现对办理利用信息网络实施黑恶势力犯罪案件若干问题提出以下意见:

一、总体要求

1.各级人民法院、人民检察院、公安机关及司法行政机关应当统一执法思想、提高执法效能,坚持"打早打小",坚决依法严厉惩处利用信息网络实施的黑恶势力犯罪,有效维护网络安全和经济、社会生活秩序。

2.各级人民法院、人民检察院、公安机关及司法行政机关应当正确运用法律,严格依法办案,坚持"打准打实",认真贯彻落实宽严相济刑事政策,切实做到宽严有据、罚当其罪,实现政治效果、法律效果和社会效果的统一。

3.各级人民法院、人民检察院、公安机关及司法行政机关应当分工负责,互相配合、互相制约,切实加强与相关行政管理部门的协作,健全完善风险防控机制,积极营造线上线下社会综合治理新格局。

二、依法严惩利用信息网络实施的黑恶势力犯罪

4.对通过发布、删除负面或虚假信息,发送侮辱性信息、图片,以及利用信息、电话骚扰等方式,威胁、要挟、恐吓、滋扰他人,实施黑恶势力违法犯罪的,应当准确认定,依法严惩。

5.利用信息网络威胁他人,强迫交易,情节严重的,依照刑法第二百二十六条的规定,以强迫交易罪定罪处罚。

6.利用信息网络威胁、要挟他人,索取公私财物,数额较大,或者多次实施上述行为的,依照刑法第二百七十四条的规定,以敲诈勒索罪定罪处罚。

7.利用信息网络辱骂、恐吓他人,情节恶劣,破坏社会秩序的,依照刑法第二百九十三条第一款第二项的规定,以寻衅滋事罪定罪处罚。

编造虚假信息,或者明知是编造的虚假信息,在信息网络上散布,或者组织、指使人员在信息网络上散布,起哄闹事,造成公共秩序严重混乱的,依照刑法第二百九十三条第一款第四项的规定,以寻衅滋事罪定罪处罚。

8.侦办利用信息网络实施的强迫交易、敲诈勒索等非法敛财类案件,确因被害人人数众多等客观条件的限制,无法逐一收集被害人陈述的,可以结合已收集的被害人陈述,以及经查证属实的银行账户交易记录、第三方支付结算账户交易记录、通话记录、电子数据等证据,综合认定被害人人数以及涉案资金数额等。

三、准确认定利用信息网络实施犯罪的黑恶势力

9.利用信息网络实施违法犯罪活动,符合刑法、《指导意见》以及最高人民法院、最高人民检察院、公安部、司法部《关于办理恶势力刑事案件若干问题的意见》等规定的恶势力、恶势力犯罪集团、黑社会性质组织特征和认定标准的,应当依法认定为恶势力、恶势力犯罪集团、黑

认定利用信息网络实施违法犯罪活动的黑社会性质组织时,应当依照刑法第二百九十四条第五款规定的"四个特征"进行综合审查判断,分析"四个特征"相互间的内在联系,根据在网络空间和现实社会中实施违法犯罪活动对公民人身、财产、民主权利和经济、社会生活秩序所造成的危害,准确评价,依法予以认定。

10. 认定利用信息网络实施违法犯罪的黑恶势力组织特征,要从违法犯罪的起因、目的,以及组织、策划、指挥、参与人员是否相对固定,组织形成后是否持续进行犯罪活动、是否有明确的职责分工、行为规范、利益分配机制等方面综合判断。利用信息网络实施违法犯罪的黑恶势力组织成员之间一般通过即时通讯工具、通讯群组、电子邮件、网盘等信息网络方式联络,对部分组织成员通过信息网络方式联络实施黑恶势力违法犯罪活动,即使相互未见面、彼此不熟识,不影响对组织特征的认定。

11. 利用信息网络有组织地通过实施违法犯罪活动或者其他手段获取一定数量的经济利益,用于违法犯罪活动或者支持该组织生存、发展的,应当认定为符合刑法第二百九十四条第五款第二项规定的黑社会性质组织经济特征。

12. 通过线上线下相结合的方式,有组织地多次利用信息网络实施违法犯罪活动,侵犯不特定多人的人身权利、民主权利、财产权利,破坏经济秩序、社会秩序的,应当认定为符合刑法第二百九十四条第五款第三项规定的黑社会性质组织行为特征。单纯通过线上方式实施的违法犯罪活动,且不具有为非作恶、欺压残害群众特征的,一般不应作为黑社会性质组织行为特征的认定依据。

13. 对利用信息网络实施黑恶势力犯罪非法控制和影响的"一定区域或者行业",应当结合危害行为发生地或者危害行业的相对集中程度,以及犯罪嫌疑人、被告人在网络空间和现实社会中的控制和影响程度综合判断。虽然危害行为发生地、危害的行业比较分散,但涉案犯罪组织利用信息网络多次实施强迫交易、寻衅滋事、敲诈勒索等违法犯罪活动,在网络空间和现实社会造成重大影响,严重破坏经济、社会生活秩序的,应当认定为"在一定区域或者行业内,形成非法控制或者重大影响"。

四、利用信息网络实施黑恶势力犯罪案件管辖

14. 利用信息网络实施的黑恶势力犯罪案件管辖依照《关于办理黑社会性质组织犯罪案件若干问题的规定》和《关于办理网络犯罪案件适用刑事诉讼程序若干问题的意见》的有关规定确定,坚持以犯罪地管辖为主、被告人居住地管辖为辅的原则。

15. 公安机关可以依法对利用信息网络实施的黑恶势力犯罪相关案件并案侦查或者指定下级公安机关管辖,并案侦查或者由上级公安机关指定管辖的公安机关应当全面调查收集能够证明黑恶势力犯罪事实的证据,各涉案地公安机关应当积极配合。并案侦查或者由上级公安机关指定管辖的案件,需要提请批准逮捕、移送审查起诉、提起公诉的,由立案侦查的公安机关所在地的人民检察院、人民法院受理。

16. 人民检察院对于公安机关提请批准逮捕、移送审查起诉的利用信息网络实施的黑恶势力犯罪案件,人民法院对于已进入审判程序的利用信息网络实施的黑恶势力犯罪案件,被告人及其辩护人提出的管辖异议成立,或者办案单位发现没有管辖权的,受案人民检察院、人民法院经审查,可以依法报请与有管辖权的人民检察院、人民法院共同的上级人民检察院、人民法院指定管辖,不再自行移交。对于在审查批准逮捕阶段,上级检察机关已经指定管辖的案件,审查起诉工作由同一人民检察院受理。人民检察院、人民法院认为应当分案起诉、审理的,可以依法分案处理。

17. 公安机关指定下级公安机关办理利用信息网络实施的黑恶势力犯罪案件的,应当同时抄送同级人民检察院、人民法院。人民检察院认为需要依法指定审判管辖的,应当协商同级人民法院办理指定管辖有关事宜。

18. 本意见自 2019 年 10 月 21 日起施行。

最高人民法院、最高人民检察院关于办理组织考试作弊等刑事案件适用法律若干问题的解释

- 2019 年 4 月 8 日最高人民法院审判委员会第 1765 次会议、2019 年 6 月 28 日最高人民检察院第十三届检察委员会第 20 次会议通过
- 2019 年 9 月 2 日最高人民法院、最高人民检察院公告公布
- 自 2019 年 9 月 4 日起施行
- 法释〔2019〕13 号

为依法惩治组织考试作弊、非法出售、提供试题、答案、代替考试等犯罪,维护考试公平与秩序,根据《中华人民共和国刑法》《中华人民共和国刑事诉讼法》的规定,现就办理此类刑事案件适用法律的若干问题解释如下:

第一条 刑法第二百八十四条之一规定的"法律规定的国家考试",仅限于全国人民代表大会及其常务委员

会制定的法律所规定的考试。

根据有关法律规定，下列考试属于"法律规定的国家考试"：

（一）普通高等学校招生考试、研究生招生考试、高等教育自学考试、成人高等学校招生考试等国家教育考试；

（二）中央和地方公务员录用考试；

（三）国家统一法律职业资格考试、国家教师资格考试、注册会计师全国统一考试、会计专业技术资格考试、资产评估师资格考试、医师资格考试、执业药师职业资格考试、注册建筑师考试、建造师执业资格考试等专业技术资格考试；

（四）其他依照法律由中央或者地方主管部门以及行业组织的国家考试。

前款规定的考试涉及的特殊类型招生、特殊技能测试、面试等考试，属于"法律规定的国家考试"。

第二条 在法律规定的国家考试中，组织作弊，具有下列情形之一的，应当认定为刑法第二百八十四条之一第一款规定的"情节严重"：

（一）在普通高等学校招生考试、研究生招生考试、公务员录用考试中组织考试作弊的；

（二）导致考试推迟、取消或者启用备用试题的；

（三）考试工作人员组织考试作弊的；

（四）组织考生跨省、自治区、直辖市作弊的；

（五）多次组织考试作弊的；

（六）组织三十人次以上作弊的；

（七）提供作弊器材五十件以上的；

（八）违法所得三十万元以上的；

（九）其他情节严重的情形。

第三条 具有避开或者突破考场防范作弊的安全管理措施，获取、记录、传递、接收、存储考试试题、答案等功能的程序、工具，以及专门设计用于作弊的程序、工具，应当认定为刑法第二百八十四条之一第二款规定的"作弊器材"。

对于是否属于刑法第二百八十四条之一第二款规定的"作弊器材"难以确定的，依据省级以上公安机关或者考试主管部门出具的报告，结合其他证据作出认定；涉及专用间谍器材、窃听、窃照专用器材、"伪基站"等器材的，依照相关规定作出认定。

第四条 组织考试作弊，在考试开始之前被查获，但已经非法获取考试试题、答案或者具有其他严重扰乱考试秩序情形的，应当认定为组织考试作弊罪既遂。

第五条 为实施考试作弊行为，非法出售或者提供法律规定的国家考试的试题、答案，具有下列情形之一的，应当认定为刑法第二百八十四条之一第三款规定的"情节严重"：

（一）非法出售或者提供普通高等学校招生考试、研究生招生考试、公务员录用考试的试题、答案的；

（二）导致考试推迟、取消或者启用备用试题的；

（三）考试工作人员非法出售或者提供试题、答案的；

（四）多次非法出售或者提供试题、答案的；

（五）向三十人次以上非法出售或者提供试题、答案的；

（六）违法所得三十万元以上的；

（七）其他情节严重的情形。

第六条 为实施考试作弊行为，向他人非法出售或者提供法律规定的国家考试的试题、答案，试题不完整或者答案与标准答案不完全一致的，不影响非法出售、提供试题、答案罪的认定。

第七条 代替他人或者让他人代替自己参加法律规定的国家考试的，应当依照刑法第二百八十四条之一第四款的规定，以代替考试罪定罪处罚。

对于行为人犯罪情节较轻，确有悔罪表现，综合考虑行为人替考情况以及考试类型等因素，认为符合缓刑适用条件的，可以宣告缓刑；犯罪情节轻微的，可以不起诉或者免予刑事处罚；情节显著轻微危害不大的，不以犯罪论处。

第八条 单位实施组织考试作弊、非法出售、提供试题、答案等行为的，依照本解释规定的相应定罪量刑标准，追究组织者、策划者、实施者的刑事责任。

第九条 以窃取、刺探、收买方法非法获取法律规定的国家考试的试题、答案，又组织考试作弊或者非法出售、提供试题、答案，分别符合刑法第二百八十二条和刑法第二百八十四条之一规定的，以非法获取国家秘密罪和组织考试作弊罪或者非法出售、提供试题、答案罪数罪并罚。

第十条 在法律规定的国家考试以外的其他考试中，组织作弊，为他人组织作弊提供作弊器材或者其他帮助，或者非法出售、提供试题、答案，符合非法获取国家秘密罪、非法生产、销售窃听、窃照专用器材罪、非法使用窃听、窃照专用器材罪、非法利用信息网络罪、扰乱无线电通讯管理秩序罪等犯罪构成要件的，依法追究刑事责任。

第十一条 设立用于实施考试作弊的网站、通讯群组或者发布有关考试作弊的信息，情节严重的，应当依照刑法第二百八十七条之一的规定，以非法利用信息网络罪定罪处罚；同时构成组织考试作弊罪、非法出售、提供试题、答案罪、非法获取国家秘密罪等其他犯罪的，依照处罚较重的规定定罪处罚。

第十二条 对于实施本解释规定的犯罪被判处刑罚的，可以根据犯罪情况和预防再犯罪的需要，依法宣告职业禁止；被判处管制、宣告缓刑，可以根据犯罪情况，依法宣告禁止令。

第十三条 对于实施本解释规定的行为构成犯罪的，应当综合考虑犯罪的危害程度、违法所得数额以及被告人的前科情况、认罪悔罪态度等，依法判处罚金。

第十四条 本解释自2019年9月4日起施行。

最高人民法院、最高人民检察院关于办理非法利用信息网络、帮助信息网络犯罪活动等刑事案件适用法律若干问题的解释

- 2019年6月3日最高人民法院审判委员会第1771次会议、2019年9月4日最高人民检察院第十三届检察委员会第23次会议通过
- 2019年10月21日最高人民法院、最高人民检察院公告公布
- 自2019年11月1日起施行
- 法释〔2019〕15号

为依法惩治拒不履行信息网络安全管理义务、非法利用信息网络、帮助信息网络犯罪活动等犯罪，维护正常网络秩序，根据《中华人民共和国刑法》《中华人民共和国刑事诉讼法》的规定，现就办理此类刑事案件适用法律的若干问题解释如下：

第一条 提供下列服务的单位和个人，应当认定为刑法第二百八十六条之一第一款规定的"网络服务提供者"：

（一）网络接入、域名注册解析等信息网络接入、计算、存储、传输服务；

（二）信息发布、搜索引擎、即时通讯、网络支付、网络预约、网络购物、网络游戏、网络直播、网站建设、安全防护、广告推广、应用商店等信息网络应用服务；

（三）利用信息网络提供的电子政务、通信、能源、交通、水利、金融、教育、医疗等公共服务。

第二条 刑法第二百八十六条之一第一款规定的"监管部门责令采取改正措施"，是指网信、电信、公安等依照法律、行政法规的规定承担信息网络安全监管职责的部门，以责令整改通知书或者其他文书形式，责令网络服务提供者采取改正措施。

认定"经监管部门责令采取改正措施而拒不改正"，应当综合考虑监管部门责令改正是否具有法律、行政法规依据，改正措施及期限要求是否明确、合理，网络服务提供者是否具有按照要求采取改正措施的能力等因素进行判断。

第三条 拒不履行信息网络安全管理义务，具有下列情形之一的，应当认定为刑法第二百八十六条之一第一款第一项规定的"致使违法信息大量传播"：

（一）致使传播违法视频文件二百个以上的；

（二）致使传播违法视频文件以外的其他违法信息二千个以上的；

（三）致使传播违法信息，数量虽未达到第一项、第二项规定标准，但是按相应比例折算合计达到有关数量标准的；

（四）致使向二千个以上用户账号传播违法信息的；

（五）致使利用群组成员账号数累计三千以上的通讯群组或者关注人员账号数累计三万以上的社交网络传播违法信息的；

（六）致使违法信息实际被点击数达到五万以上的；

（七）其他致使违法信息大量传播的情形。

第四条 拒不履行信息网络安全管理义务，致使用户信息泄露，具有下列情形之一的，应当认定为刑法第二百八十六条之一第一款第二项规定的"造成严重后果"：

（一）致使泄露行踪轨迹信息、通信内容、征信信息、财产信息五百条以上的；

（二）致使泄露住宿信息、通信记录、健康生理信息、交易信息等其他可能影响人身、财产安全的用户信息五千条以上的；

（三）致使泄露第一项、第二项规定以外的用户信息五万条以上的；

（四）数量虽未达到第一项至第三项规定标准，但是按相应比例折算合计达到有关数量标准的；

（五）造成他人死亡、重伤、精神失常或者被绑架等严重后果的；

（六）造成重大经济损失的；

（七）严重扰乱社会秩序的；

（八）造成其他严重后果的。

第五条 拒不履行信息网络安全管理义务，致使影响定罪量刑的刑事案件证据灭失，具有下列情形之一的，应当认定为刑法第二百八十六条之一第一款第三项规定的"情节严重"：

（一）造成危害国家安全犯罪、恐怖活动犯罪、黑社

会性质组织犯罪、贪污贿赂犯罪案件的证据灭失的；

（二）造成可能判处五年有期徒刑以上刑罚犯罪案件的证据灭失的；

（三）多次造成刑事案件证据灭失的；

（四）致使刑事诉讼程序受到严重影响的；

（五）其他情节严重的情形。

第六条 拒不履行信息网络安全管理义务，具有下列情形之一的，应当认定为刑法第二百八十六条之一第一款第四项规定的"有其他严重情节"：

（一）对绝大多数用户日志未留存或者未落实真实身份信息认证义务的；

（二）二年内经多次责令改正拒不改正的；

（三）致使信息网络服务被主要用于违法犯罪的；

（四）致使信息网络服务、网络设施被用于实施网络攻击，严重影响生产、生活的；

（五）致使信息网络服务被用于实施危害国家安全犯罪、恐怖活动犯罪、黑社会性质组织犯罪、贪污贿赂犯罪或者其他重大犯罪的；

（六）致使国家机关或者通信、能源、交通、水利、金融、教育、医疗等领域提供公共服务的信息网络受到破坏，严重影响生产、生活的；

（七）其他严重违反信息网络安全管理义务的情形。

第七条 刑法第二百八十七条之一规定的"违法犯罪"，包括犯罪行为和属于刑法分则规定的行为类型但尚未构成犯罪的违法行为。

第八条 以实施违法犯罪活动为目的而设立或者设立后主要用于实施违法犯罪活动的网站、通讯群组，应当认定为刑法第二百八十七条之一第一款第一项规定的"用于实施诈骗、传授犯罪方法、制作或者销售违禁物品、管制物品等违法犯罪活动的网站、通讯群组"。

第九条 利用信息网络提供信息的链接、截屏、二维码、访问账号密码及其他指引访问服务的，应当认定为刑法第二百八十七条之一第一款第二项、第三项规定的"发布信息"。

第十条 非法利用信息网络，具有下列情形之一的，应当认定为刑法第二百八十七条之一第一款规定的"情节严重"：

（一）假冒国家机关、金融机构名义，设立用于实施违法犯罪活动的网站的；

（二）设立用于实施违法犯罪活动的网站，数量达到三个以上或者注册账号数累计达到二千以上的；

（三）设立用于实施违法犯罪活动的通讯群组，数量达到五个以上或者群组成员账号数累计达到一千以上的；

（四）发布有关违法犯罪的信息或者为实施违法犯罪活动发布信息，具有下列情形之一的：

1. 在网站上发布有关信息一百条以上的；

2. 向二千个以上用户账号发送有关信息的；

3. 向群组成员数累计达到三千以上的通讯群组发送有关信息的；

4. 利用关注人员账号数累计达到三万以上的社交网络传播有关信息的；

（五）违法所得一万元以上的；

（六）二年内曾因非法利用信息网络、帮助信息网络犯罪活动、危害计算机信息系统安全受过行政处罚，又非法利用信息网络的；

（七）其他情节严重的情形。

第十一条 为他人实施犯罪提供技术支持或者帮助，具有下列情形之一的，可以认定行为人明知他人利用信息网络实施犯罪，但是有相反证据的除外：

（一）经监管部门告知后仍然实施有关行为的；

（二）接到举报后不履行法定管理职责的；

（三）交易价格或者方式明显异常的；

（四）提供专门用于违法犯罪的程序、工具或者其他技术支持、帮助的；

（五）频繁采用隐蔽上网、加密通信、销毁数据等措施或者使用虚假身份，逃避监管或者规避调查的；

（六）为他人逃避监管或者规避调查提供技术支持、帮助的；

（七）其他足以认定行为人明知的情形。

第十二条 明知他人利用信息网络实施犯罪，为其犯罪提供帮助，具有下列情形之一的，应当认定为刑法第二百八十七条之二第一款规定的"情节严重"：

（一）为三个以上对象提供帮助的；

（二）支付结算金额二十万元以上的；

（三）以投放广告等方式提供资金五万元以上的；

（四）违法所得一万元以上的；

（五）二年内曾因非法利用信息网络、帮助信息网络犯罪活动、危害计算机信息系统安全受过行政处罚，又帮助信息网络犯罪活动的；

（六）被帮助对象实施的犯罪造成严重后果的；

（七）其他情节严重的情形。

实施前款规定的行为，确因客观条件限制无法查证被帮助对象是否达到犯罪的程度，但相关数额总计达到前款第二项至第四项规定标准五倍以上，或者造成特别严重后果的，应当以帮助信息网络犯罪活动罪追究行为人的刑事责任。

第十三条 被帮助对象实施的犯罪行为可以确认，但尚未到案、尚未依法裁判或者因未达到刑事责任年龄等原因依法未予追究刑事责任的，不影响帮助信息网络犯罪活动罪的认定。

第十四条 单位实施本解释规定的犯罪的，依照本解释规定的相应自然人犯罪的定罪量刑标准，对直接负责的主管人员和其他直接责任人员定罪处罚，并对单位判处罚金。

第十五条 综合考虑社会危害程度、认罪悔罪态度等情节，认为犯罪情节轻微的，可以不起诉或者免予刑事处罚；情节显著轻微危害不大的，不以犯罪论处。

第十六条 多次拒不履行信息网络安全管理义务、非法利用信息网络、帮助信息网络犯罪活动构成犯罪，依法应当追诉的，或者二年内多次实施前述行为未经处理的，数量或者数额累计计算。

第十七条 对于实施本解释规定的犯罪被判处刑罚的，可以根据犯罪情况和预防再犯罪的需要，依法宣告职业禁止；被判处管制、宣告缓刑的，可以根据犯罪情况，依法宣告禁止令。

第十八条 对于实施本解释规定的犯罪的，应当综合考虑犯罪的危害程度、违法所得数额以及被告人的前科情况、认罪悔罪态度等，依法判处罚金。

第十九条 本解释自 2019 年 11 月 1 日起施行。

最高人民法院、最高人民检察院、公安部关于办理信息网络犯罪案件适用刑事诉讼程序若干问题的意见

- 2022 年 8 月 26 日
- 法发〔2022〕23 号

为依法惩治信息网络犯罪活动，根据《中华人民共和国刑法》《中华人民共和国刑事诉讼法》以及有关法律、司法解释的规定，结合侦查、起诉、审判实践，现就办理此类案件适用刑事诉讼程序问题提出以下意见。

一、关于信息网络犯罪案件的范围

1. 本意见所称信息网络犯罪案件包括：
（1）危害计算机信息系统安全犯罪案件；
（2）拒不履行信息网络安全管理义务、非法利用信息网络、帮助信息网络犯罪活动的犯罪案件；
（3）主要行为通过信息网络实施的诈骗、赌博、侵犯公民个人信息等其他犯罪案件。

二、关于信息网络犯罪案件的管辖

2. 信息网络犯罪案件由犯罪地公安机关立案侦查。必要时，可以由犯罪嫌疑人居住地公安机关立案侦查。

信息网络犯罪案件的犯罪地包括用于实施犯罪行为的网络服务使用的服务器所在地，网络服务提供者所在地，被侵害的信息网络系统及其管理者所在地，犯罪过程中犯罪嫌疑人、被害人或者其他涉案人员使用的信息网络系统所在地，被害人被侵害时所在地以及被害人财产遭受损失地等。

涉及多个环节的信息网络犯罪案件，犯罪嫌疑人为信息网络犯罪提供帮助的，其犯罪地、居住地或者被帮助对象的犯罪地公安机关可以立案侦查。

3. 有多个犯罪地的信息网络犯罪案件，由最初受理的公安机关或者主要犯罪地公安机关立案侦查。有争议的，按照有利于查清犯罪事实、有利于诉讼的原则，协商解决；经协商无法达成一致的，由共同上级公安机关指定有关公安机关立案侦查。需要提请批准逮捕、移送审查起诉、提起公诉的，由立案侦查的公安机关所在地的人民检察院、人民法院受理。

4. 具有下列情形之一的，公安机关、人民检察院、人民法院可以在其职责范围内并案处理：
（1）一人犯数罪的；
（2）共同犯罪的；
（3）共同犯罪的犯罪嫌疑人、被告人还实施其他犯罪的；
（4）多个犯罪嫌疑人、被告人实施的犯罪行为存在关联，并案处理有利于查明全部案件事实的。

对为信息网络犯罪提供程序开发、互联网接入、服务器托管、网络存储、通讯传输等技术支持，或者广告推广、支付结算等帮助，涉嫌犯罪的，可以依照第一款的规定并案侦查。

有关公安机关依照前两款规定并案侦查的案件，需要提请批准逮捕、移送审查起诉、提起公诉的，由该公安机关所在地的人民检察院、人民法院受理。

5. 并案侦查的共同犯罪或者关联犯罪案件，犯罪嫌疑人人数众多、案情复杂的，公安机关可以分案移送审查起诉。分案移送审查起诉的，应当对并案侦查的依据、分案移送审查起诉的理由作出说明。

对于前款规定的案件，人民检察院可以分案提起公诉，人民法院可以分案审理。

分案处理应当以有利于保障诉讼质量和效率为前

提,并不得影响当事人质证权等诉讼权利的行使。

6. 依照前条规定分案处理,公安机关、人民检察院、人民法院在分案前有管辖权的,分案后对相关案件的管辖权不受影响。根据具体情况,分案处理的相关案件可以由不同审级的人民法院分别审理。

7. 对于共同犯罪或者已并案侦查的关联犯罪案件,部分犯罪嫌疑人未到案,但不影响对已到案共同犯罪或者关联犯罪的犯罪嫌疑人、被告人的犯罪事实认定的,可以先行追究已到案犯罪嫌疑人、被告人的刑事责任。之前未到案的犯罪嫌疑人、被告人归案后,可以由原办案机关所在地公安机关、人民检察院、人民法院管辖其所涉及的案件。

8. 对于具有特殊情况,跨省(自治区、直辖市)指定异地公安机关侦查更有利于查清犯罪事实、保证案件公正处理的重大信息网络犯罪案件,以及在境外实施的信息网络犯罪案件,公安部可以商最高人民检察院和最高人民法院指定侦查管辖。

9. 人民检察院对于审查起诉的案件,按照刑事诉讼法的管辖规定,认为应当由上级人民检察院或者同级其他人民检察院起诉的,应当将案件移送有管辖权的人民检察院,并通知移送起诉的公安机关。人民检察院认为需要依照刑事诉讼法的规定指定审判管辖的,应当协商同级人民法院办理指定管辖有关事宜。

10. 犯罪嫌疑人被多个公安机关立案侦查的,有关公安机关一般应当协商并案处理,并依法移送案件。协商不成的,可以报请共同上级公安机关指定管辖。

人民检察院对于审查起诉的案件,发现犯罪嫌疑人还有犯罪被异地公安机关立案侦查的,应当通知移送审查起诉的公安机关。

人民法院对于提起公诉的案件,发现被告人还有其他犯罪被审查起诉、立案侦查的,可以协商人民检察院、公安机关并案处理,但可能造成审判过分迟延的除外。决定对有关犯罪并案处理,符合《中华人民共和国刑事诉讼法》第二百零四条规定的,人民检察院可以建议人民法院延期审理。

三、关于信息网络犯罪案件的调查核实

11. 公安机关对接受的案件或者发现的犯罪线索,在审查中发现案件事实或者线索不明,需要经过调查才能够确认是否达到刑事立案标准的,经公安机关办案部门负责人批准,可以进行调查核实;经过调查核实达到刑事立案标准的,应当及时立案。

12. 调查核实过程中,可以采取询问、查询、勘验、检查、鉴定、调取证据材料等不限制被调查对象人身、财产权利的措施,不得对被调查对象采取强制措施,不得查封、扣押、冻结被调查对象的财产,不得采取技术侦查措施。

13. 公安机关在调查核实过程中依法收集的电子数据等材料,可以根据有关规定作为证据使用。

调查核实过程中收集的材料作为证据使用的,应当随案移送,并附批准调查核实的相关材料。

调查核实过程中收集的证据材料经查证属实,且收集程序符合有关要求的,可以作为定案依据。

四、关于信息网络犯罪案件的取证

14. 公安机关向网络服务提供者调取电子数据的,应当制作调取证据通知书,注明需要调取的电子数据的相关信息。调取证据通知书及相关法律文书可以采用数据电文形式。跨地域调取电子数据的,可以通过公安机关信息化系统传输相关数据电文。

网络服务提供者向公安机关提供电子数据的,可以采用数据电文形式。采用数据电文形式提供电子数据的,应当保证电子数据的完整性,并制作电子证明文件,载明调证法律文书编号、单位电子公章、完整性校验值等保护电子数据完整性方法的说明等信息。

数据电文形式的法律文书和电子证明文件,应当使用电子签名、数字水印等方式保证完整性。

15. 询(讯)问异地证人、被害人以及与案件有关联的犯罪嫌疑人的,可以由办案地公安机关通过远程网络视频等方式进行并制作笔录。

远程询(讯)问的,应当由协作地公安机关事先核实被询(讯)问人的身份。办案地公安机关应当将询(讯)问笔录传输至协作地公安机关。询(讯)问笔录经被询(讯)问人确认并逐页签名、捺指印后,由协作地公安机关协作人员签名或者盖章,并将原件提供给办案地公安机关。询(讯)问人员收到笔录后,应当在首页右上方写明"于某年某月某日收到",并签名或者盖章。

远程询(讯)问的,应当对询(讯)问过程同步录音录像,并随案移送。

异地证人、被害人以及与案件有关联的犯罪嫌疑人亲笔书写证词、供词的,参照执行本条第二款规定。

16. 人民检察院依法自行侦查、补充侦查,或者人民法院调查核实相关证据的,适用本意见第14条、第15条的有关规定。

17. 对于依照本意见第14条的规定调取的电子数据,人民检察院、人民法院可以通过核验电子签名、数字水印、电子数据完整性校验值及调证法律文书编号是否与证明文件相一致等方式,对电子数据进行审查判断。

对调取的电子数据有疑问的，由公安机关、提供电子数据的网络服务提供者作出说明，或者由原调取机关补充收集相关证据。

五、关于信息网络犯罪案件的其他问题

18. 采取技术侦查措施收集的材料作为证据使用的，应当随案移送，并附采取技术侦查措施的法律文书、证据材料清单和有关说明材料。

移送采取技术侦查措施收集的视听资料、电子数据的，应当由两名以上侦查人员制作复制件，并附制作说明，写明原始证据材料、原始存储介质的存放地点等信息，由制作人签名，并加盖单位印章。

19. 采取技术侦查措施收集的证据材料，应当经过当庭出示、辨认、质证等法庭调查程序查证。

当庭调查技术侦查证据材料可能危及有关人员的人身安全，或者可能产生其他严重后果的，法庭应当采取不暴露有关人员身份和技术侦查措施使用的技术设备、技术方法等保护措施。必要时，审判人员可以在庭外对证据进行核实。

20. 办理信息网络犯罪案件，对于数量特别众多且具有同类性质、特征或者功能的物证、书证、证人证言、被害人陈述、视听资料、电子数据等证据材料，确因客观条件限制无法逐一收集的，应当按照一定比例或者数量选取证据，并对选取情况作出说明和论证。

人民检察院、人民法院应当重点审查取证方法、过程是否科学。经审查认为取证不科学的，应当由原取证机关作出补充说明或者重新取证。

人民检察院、人民法院应当结合其他证据材料，以及犯罪嫌疑人、被告人及其辩护人所提辩解、辩护意见，审查认定取得的证据。经审查，对相关事实不能排除合理怀疑的，应当作出有利于犯罪嫌疑人、被告人的认定。

21. 对于涉案人数特别众多的信息网络犯罪案件，确因客观条件限制无法收集证据逐一证明、逐人核实涉案账户的资金来源，但根据银行账户、非银行支付账户等交易记录和其他证据材料，足以认定有关账户主要用于接收、流转涉案资金的，可以按照该账户接收的资金数额认定犯罪数额，但犯罪嫌疑人、被告人能够作出合理说明的除外。案外人提出异议的，应当依法审查。

22. 办理信息网络犯罪案件，应当依法及时查封、扣押、冻结涉案财物，督促涉案人员退赃退赔，及时追赃挽损。

公安机关应当全面收集证明涉案财物性质、权属情况、依法应予追缴、没收或者责令退赔的证据材料，在移送审查起诉时随案移送并作出说明。其中，涉案财物需要返还被害人的，应当尽可能查明被害人损失情况。人民检察院应当对涉案财物的证据材料进行审查，在提起公诉时提出处理意见。人民法院应当依法作出判决，对涉案财物作出处理。

对应当返还被害人的合法财产，权属明确的，应当依法及时退还；权属不明的，应当在人民法院判决、裁定生效后，按比例返还被害人，但已获退赔的部分应予扣除。

23. 本意见自 2022 年 9 月 1 日起施行。《最高人民法院、最高人民检察院、公安部关于办理网络犯罪案件适用刑事诉讼程序若干问题的意见》（公通字〔2014〕10 号）同时废止。

最高人民法院、最高人民检察院关于适用《中华人民共和国刑法》第三百四十四条有关问题的批复

- 2019 年 11 月 19 日最高人民法院审判委员会第 1783 次会议、2020 年 1 月 13 日最高人民检察院第十三届检察委员会第 32 次会议通过
- 2020 年 3 月 19 日最高人民法院、最高人民检察院公告公布
- 自 2020 年 3 月 21 日起施行
- 法释〔2020〕2 号

各省、自治区、直辖市高级人民法院、人民检察院，解放军军事法院、军事检察院，新疆维吾尔自治区高级人民法院生产建设兵团分院、新疆生产建设兵团人民检察院：

近来，部分省、自治区、直辖市高级人民法院、人民检察院请示适用刑法第三百四十四条的有关问题。经研究，批复如下：

一、古树名木以及列入《国家重点保护野生植物名录》的野生植物，属于刑法第三百四十四条规定的"珍贵树木或者国家重点保护的其他植物"。

二、根据《中华人民共和国野生植物保护条例》的规定，野生植物限于原生地天然生长的植物。人工培育的植物，除古树名木外，不属于刑法第三百四十四条规定的"珍贵树木或者国家重点保护的其他植物"。非法采伐、毁坏或者非法收购、运输人工培育的植物（古树名木除外），构成盗伐林木罪、滥伐林木罪、非法收购、运输盗伐、滥伐的林木罪等犯罪的，依照相关规定追究刑事责任。

三、对于非法移栽珍贵树木或者国家重点保护的其他植物，依法应当追究刑事责任的，依照刑法第三百四十四条的规定，以非法采伐国家重点保护植物罪定罪处罚。

鉴于移栽在社会危害程度上与砍伐存在一定差异，对非法移栽珍贵树木或者国家重点保护的其他植物的行为，

在认定是否构成犯罪以及裁量刑罚时，应当考虑植物的珍贵程度、移栽目的、移栽手段、移栽数量、对生态环境的损害程度等情节，综合评估社会危害性，确保罪责刑相适应。

四、本批复自2020年3月21日起施行，之前发布的司法解释与本批复不一致的，以本批复为准。

最高人民法院、最高人民检察院、公安部、司法部关于依法严惩利用未成年人实施黑恶势力犯罪的意见

· 2020年3月23日
· 高检发〔2020〕4号

扫黑除恶专项斗争开展以来，各级人民法院、人民检察院、公安机关和司法行政机关坚决贯彻落实中央部署，严格依法办理涉黑涉恶案件，取得了显著成效。近期，不少地方在办理黑恶势力犯罪案件时，发现一些未成年人被胁迫、利诱参与、实施黑恶势力犯罪，严重损害了未成年人健康成长，严重危害社会和谐稳定。为保护未成年人合法权益，依法从严惩治胁迫、教唆、引诱、欺骗等利用未成年人实施黑恶势力犯罪的行为，根据有关法律规定，制定本意见。

一、突出打击重点，依法严惩利用未成年人实施黑恶势力犯罪的行为

（一）黑社会性质组织、恶势力犯罪集团、恶势力，实施下列行为之一的，应当认定为"利用未成年人实施黑恶势力犯罪"：

1. 胁迫、教唆未成年人参加黑社会性质组织、恶势力犯罪集团、恶势力，或者实施黑恶势力违法犯罪活动的；

2. 拉拢、引诱、欺骗未成年人参加黑社会性质组织、恶势力犯罪集团、恶势力，或者实施黑恶势力违法犯罪活动的；

3. 招募、吸收、介绍未成年人参加黑社会性质组织、恶势力犯罪集团、恶势力，或者实施黑恶势力违法犯罪活动的；

4. 雇佣未成年人实施黑恶势力违法犯罪活动的；

5. 其他利用未成年人实施黑恶势力犯罪的情形。

黑社会性质组织、恶势力犯罪集团、恶势力，根据刑法和《最高人民法院、最高人民检察院、公安部、司法部关于办理黑恶势力犯罪案件若干问题的指导意见》《最高人民法院、最高人民检察院、公安部、司法部关于办理恶势力刑事案件若干问题的意见》等法律、司法解释性质文件的规定认定。

（二）利用未成年人实施黑恶势力犯罪，具有下列情形之一的，应当从重处罚：

1. 组织、指挥未成年人实施故意杀人、故意伤害致人重伤或者死亡、强奸、绑架、抢劫等严重暴力犯罪的；

2. 向未成年人传授实施黑恶势力犯罪的方法、技能、经验的；

3. 利用未达到刑事责任年龄的未成年人实施黑恶势力犯罪的；

4. 为逃避法律追究，让未成年人自首、做虚假供述顶罪的；

5. 利用留守儿童、在校学生实施犯罪的；

6. 利用多人或者多次利用未成年人实施犯罪的；

7. 针对未成年人实施违法犯罪的；

8. 对未成年人负有监护、教育、照料等特殊职责的人员利用未成年人实施黑恶势力违法犯罪活动的；

9. 其他利用未成年人违法犯罪应当从重处罚的情形。

（三）黑社会性质组织、恶势力犯罪集团利用未成年人实施犯罪的，对犯罪集团首要分子，按照集团所犯的全部罪行，从重处罚。对犯罪集团的骨干成员，按照其组织、指挥的犯罪，从重处罚。

恶势力利用未成年人实施犯罪的，对起组织、策划、指挥作用的纠集者，恶势力共同犯罪中罪责严重的主犯，从重处罚。

黑社会性质组织、恶势力犯罪集团、恶势力成员直接利用未成年人实施犯罪的，从重处罚。

（四）有胁迫、教唆、引诱等利用未成年人参加黑社会性质组织、恶势力犯罪集团、恶势力，或者实施黑恶势力犯罪的行为，虽然未成年人并没有加入黑社会性质组织、恶势力犯罪集团、恶势力，或者没有实际参与实施黑恶势力违法犯罪活动，对黑社会性质组织、恶势力犯罪集团、恶势力的首要分子、骨干成员、纠集者、主犯和直接利用的成员，即便有自首、立功、坦白等从轻减轻情节的，一般也不予从轻或者减轻处罚。

（五）被黑社会性质组织、恶势力犯罪集团、恶势力利用，偶尔参与黑恶势力犯罪活动的未成年人，按其所实施的具体犯罪行为定性，一般不认定为黑恶势力犯罪组织成员。

二、严格依法办案，形成打击合力

（一）人民法院、人民检察院、公安机关和司法行政机关要加强协作配合，对利用未成年人实施黑恶势力犯罪的，在侦查、起诉、审判、执行各阶段，要全面体现依法从严惩处精神，及时查明利用未成年人的犯罪事实，避免纠缠细枝末节。要加强对下指导，对利用未成年人实施

黑恶势力犯罪的重特大案件，可以单独或者联合挂牌督办。对于重大疑难复杂和社会影响较大的案件，办案部门应当及时层报上级人民法院、人民检察院、公安机关和司法行政机关。

（二）公安机关要注意发现涉黑涉恶案件中利用未成年人犯罪的线索，落实以审判为中心的刑事诉讼制度改革要求，强化程序意识和证据意识，依法收集、固定和运用证据，并可以就案件性质、收集证据和适用法律等听取人民检察院意见建议。从严掌握取保候审、监视居住的适用，对利用未成年人实施黑恶势力犯罪的首要分子、骨干成员、纠集者、主犯和直接利用的成员，应当依法提请人民检察院批准逮捕。

（三）人民检察院要加强对利用未成年人实施黑恶势力犯罪案件的立案监督，发现应当立案而不立案的，应当要求公安机关说明理由，认为理由不能成立的，应当依法通知公安机关立案。对于利用未成年人实施黑恶势力犯罪的案件，人民检察院可以对案件性质、收集证据和适用法律等提出意见建议。对于符合逮捕条件的依法坚决批准逮捕，符合起诉条件的依法坚决起诉。不批准逮捕要求公安机关补充侦查、审查起诉阶段退回补充侦查的，应当分别制作详细的补充侦查提纲，写明需要补充侦查的事项、理由、侦查方向、需要补充收集的证据及其证明作用等，送交公安机关开展相关侦查补证活动。

（四）办理利用未成年人实施黑恶势力犯罪案件要将依法严惩与认罪认罚从宽有机结合起来。对利用未成年人实施黑恶势力犯罪的，人民检察院要考虑其利用未成年人的情节，向人民法院提出从严处罚的量刑建议。对于虽然认罪，但利用未成年人实施黑恶势力犯罪，犯罪性质恶劣、犯罪手段残忍、严重损害未成年人身心健康，不足以从宽处罚的，在提出量刑建议时要依法从严从重。对被黑恶势力利用实施犯罪的未成年人，自愿如实认罪、真诚悔罪、愿意接受处罚的，应当依法提出从宽处理的量刑建议。

（五）人民法院要对利用未成年人实施黑恶势力犯罪案件及时审判，从严处罚。严格掌握缓刑、减刑、假释的适用，严格掌握暂予监外执行的适用条件。依法运用财产刑、资格刑，最大限度铲除黑恶势力"经济基础"。对于符合刑法第三十七条之一规定的，应当依法禁止其从事相关职业。

三、积极参与社会治理，实现标本兼治

（一）认真落实边打边治边建要求，积极参与社会治理。深挖黑恶势力犯罪分子利用未成年人实施犯罪的根源，剖析重点行业领域监管漏洞，及时预警预判、及时通报相关部门，提出加强监管和行政执法的建议，从源头遏制黑恶势力向未成年人群体侵蚀蔓延。对被黑恶势力利用尚未实施犯罪的未成年人，要配合有关部门及早发现、及时挽救。对实施黑恶势力犯罪但未达到刑事责任年龄的未成年人，要通过落实家庭监护、强化学校教育管理、送入专门学校矫治、开展社会化帮教等措施做好教育挽救和犯罪预防工作。

（二）加强各职能部门协调联动，有效预防未成年人被黑恶势力利用。建立与共青团、妇联、教育等部门的协作配合工作机制，开展针对未成年人监护人的家庭教育指导、针对教职工的法治教育培训，教育引导未成年人远离违法犯罪。推动建立未成年人涉黑涉恶预警机制，及时阻断未成年人与黑恶势力的联系，防止未成年人被黑恶势力诱导利用。推动网信部门开展专项治理，加强未成年人网络保护。加强与街道、社区等基层组织的联系，重视和发挥基层组织在预防未成年人涉黑涉恶犯罪中的重要作用，进一步推进社区矫正机构对未成年社区矫正对象采取有针对性的矫正措施。

（三）开展法治宣传教育，为严惩利用未成年人实施黑恶势力犯罪营造良好社会环境。充分发挥典型案例的宣示、警醒、引领、示范作用，通过以案释法，选择典型案件召开新闻发布会，向社会公布严惩利用未成年人实施黑恶势力犯罪的经验和做法，揭露利用未成年人实施黑恶势力犯罪的严重危害性。加强重点青少年群体的法治教育，在黑恶势力犯罪案件多发的地区、街道、社区等，强化未成年人对黑恶势力违法犯罪行为的认识，提高未成年人防范意识和法治观念，远离黑恶势力及其违法犯罪。

最高人民法院关于审理拒不执行判决、裁定刑事案件适用法律若干问题的解释

- 2015年7月6日最高人民法院审判委员会第1657次会议通过
- 根据2020年12月23日最高人民法院审判委员会第1823次会议通过的《最高人民法院关于修改〈最高人民法院关于人民法院扣押铁路运输货物若干问题的规定〉等十八件执行类司法解释的决定》修正
- 2020年12月29日最高人民法院公告公布
- 该修正自2021年1月1日起施行
- 法释〔2020〕21号

为依法惩治拒不执行判决、裁定犯罪，确保人民法院判决、裁定依法执行，切实维护当事人合法权益，根据《中

华人民共和国刑法》《中华人民共和国刑事诉讼法》《中华人民共和国民事诉讼法》等法律规定，就审理拒不执行判决、裁定刑事案件适用法律若干问题，解释如下：

第一条 被执行人、协助执行义务人、担保人等负有执行义务的人对人民法院的判决、裁定有能力执行而拒不执行，情节严重的，应当依照刑法第三百一十三条的规定，以拒不执行判决、裁定罪处罚。

第二条 负有执行义务的人有能力执行而实施下列行为之一的，应当认定为全国人民代表大会常务委员会关于刑法第三百一十三条的解释中规定的"其他有能力执行而拒不执行，情节严重的情形"：

（一）具有拒绝报告或者虚假报告财产情况、违反人民法院限制高消费及有关消费令等拒不执行行为，经采取罚款或者拘留等强制措施后仍拒不执行的；

（二）伪造、毁灭有关被执行人履行能力的重要证据，以暴力、威胁、贿买方法阻止他人作证或者指使、贿买、胁迫他人作伪证，妨碍人民法院查明被执行人财产情况，致使判决、裁定无法执行的；

（三）拒不交付法律文书指定交付的财物、票证或者拒不迁出房屋、退出土地，致使判决、裁定无法执行的；

（四）与他人串通，通过虚假诉讼、虚假仲裁、虚假和解等方式妨害执行，致使判决、裁定无法执行的；

（五）以暴力、威胁方法阻碍执行人员进入执行现场或者聚众哄闹、冲击执行现场，致使执行工作无法进行的；

（六）对执行人员进行侮辱、围攻、扣押、殴打，致使执行工作无法进行的；

（七）毁损、抢夺执行案件材料、执行公务车辆和其他执行器械、执行人员服装以及执行公务证件，致使执行工作无法进行的；

（八）拒不执行法院判决、裁定，致使债权人遭受重大损失的。

第三条 申请执行人有证据证明同时具有下列情形，人民法院认为符合刑事诉讼法第二百一十条第三项规定的，以自诉案件立案审理：

（一）负有执行义务的人拒不执行判决、裁定，侵犯了申请执行人的人身、财产权利，应当依法追究刑事责任的；

（二）申请执行人曾经提出控告，而公安机关或者人民检察院对负有执行义务的人不予追究刑事责任的。

第四条 本解释第三条规定的自诉案件，依照刑事诉讼法第二百一十二条的规定，自诉人在宣告判决前，可以同被告人自行和解或者撤回自诉。

第五条 拒不执行判决、裁定刑事案件，一般由执行法院所在地人民法院管辖。

第六条 拒不执行判决、裁定的被告人在一审宣告判决前，履行全部或部分执行义务的，可以酌情从宽处罚。

第七条 拒不执行支付赡养费、扶养费、抚育费、抚恤金、医疗费用、劳动报酬等判决、裁定的，可以酌情从重处罚。

第八条 本解释自发布之日起施行。此前发布的司法解释和规范性文件与本解释不一致的，以本解释为准。

最高人民法院关于审理掩饰、隐瞒犯罪所得、犯罪所得收益刑事案件适用法律若干问题的解释

- 2015年5月11日最高人民法院审判委员会第1651次会议通过
- 根据2021年4月7日最高人民法院审判委员会第1835次会议《关于修改〈关于审理掩饰、隐瞒犯罪所得、犯罪所得收益刑事案件适用法律若干问题的解释〉的决定》修正
- 2021年4月13日最高人民法院公告公布
- 该修正自2021年4月15日起施行
- 法释〔2021〕8号

为依法惩治掩饰、隐瞒犯罪所得、犯罪所得收益犯罪活动，根据刑法有关规定，结合人民法院刑事审判工作实际，现就审理此类案件具体适用法律的若干问题解释如下：

第一条 明知是犯罪所得及其产生的收益而予以窝藏、转移、收购、代为销售或者以其他方法掩饰、隐瞒，具有下列情形之一的，应当依照刑法第三百一十二条第一款的规定，以掩饰、隐瞒犯罪所得、犯罪所得收益罪定罪处罚：

（一）一年内曾因掩饰、隐瞒犯罪所得及其产生的收益行为受过行政处罚，又实施掩饰、隐瞒犯罪所得及其产生的收益行为的；

（二）掩饰、隐瞒的犯罪所得系电力设备、交通设施、广播电视设施、公用电信设施、军事设施或者救灾、抢险、防汛、优抚、扶贫、移民、救济款物的；

（三）掩饰、隐瞒行为致使上游犯罪无法及时查处，并造成公私财物损失无法挽回的；

（四）实施其他掩饰、隐瞒犯罪所得及其产生的收益行为，妨害司法机关对上游犯罪进行追究的。

人民法院审理掩饰、隐瞒犯罪所得、犯罪所得收益刑事案件，应综合考虑上游犯罪的性质、掩饰、隐瞒犯罪所得及其收益的情节、后果及社会危害程度等，依法定罪处罚。

司法解释对掩饰、隐瞒涉及计算机信息系统数据、计

算机信息系统控制权的犯罪所得及其产生的收益行为构成犯罪已有规定的，审理此类案件依照该规定。

依照全国人民代表大会常务委员会《关于〈中华人民共和国刑法〉第三百四十一条、第三百一十二条的解释》，明知是非法狩猎的野生动物而收购，数量达到五十只以上的，以掩饰、隐瞒犯罪所得罪定罪处罚。

第二条 掩饰、隐瞒犯罪所得及其产生的收益行为符合本解释第一条的规定，认罪、悔罪并退赃、退赔，且具有下列情形之一的，可以认定为犯罪情节轻微，免予刑事处罚：

（一）具有法定从宽处罚情节的；

（二）为近亲属掩饰、隐瞒犯罪所得及其产生的收益，且系初犯、偶犯的；

（三）有其他情节轻微情形的。

第三条 掩饰、隐瞒犯罪所得及其产生的收益，具有下列情形之一的，应当认定为刑法第三百一十二条第一款规定的"情节严重"：

（一）掩饰、隐瞒犯罪所得及其产生的收益价值总额达到十万元以上的；

（二）掩饰、隐瞒犯罪所得及其产生的收益十次以上，或者三次以上且价值总额达到五万元以上的；

（三）掩饰、隐瞒的犯罪所得系电力设备、交通设施、广播电视设施、公用电信设施、军事设施或者救灾、抢险、防汛、优抚、扶贫、移民、救济款物，价值总额达到五万元以上的；

（四）掩饰、隐瞒行为致使上游犯罪无法及时查处，并造成公私财物重大损失无法挽回或其他严重后果的；

（五）实施其他掩饰、隐瞒犯罪所得及其产生的收益行为，严重妨害司法机关对上游犯罪予以追究的。

司法解释对掩饰、隐瞒涉及机动车、计算机信息系统数据、计算机信息系统控制权的犯罪所得及其产生的收益行为认定"情节严重"已有规定的，审理此类案件依照该规定。

第四条 掩饰、隐瞒犯罪所得及其产生的收益的数额，应当以实施掩饰、隐瞒行为时为准。收购或者代为销售财物的价格高于其实际价值的，以收购或者代为销售的价格计算。

多次实施掩饰、隐瞒犯罪所得及其产生的收益行为，未经行政处罚，依法应当追诉的，犯罪所得、犯罪所得收益的数额应当累计计算。

第五条 事前与盗窃、抢劫、诈骗、抢夺等犯罪分子通谋，掩饰、隐瞒犯罪所得及其产生的收益的，以盗窃、抢劫、诈骗、抢夺等犯罪的共犯论处。

第六条 对犯罪所得及其产生的收益实施盗窃、抢劫、诈骗、抢夺等行为，构成犯罪的，分别以盗窃罪、抢劫罪、诈骗罪、抢夺罪等定罪处罚。

第七条 明知是犯罪所得及其产生的收益而予以掩饰、隐瞒，构成刑法第三百一十二条规定的犯罪，同时构成其他犯罪的，依照处罚较重的规定定罪处罚。

第八条 认定掩饰、隐瞒犯罪所得、犯罪所得收益罪，以上游犯罪事实成立为前提。上游犯罪尚未依法裁判，但查证属实的，不影响掩饰、隐瞒犯罪所得、犯罪所得收益罪的认定。

上游犯罪事实经查证属实，但因行为人未达到刑事责任年龄等原因依法不予追究刑事责任的，不影响掩饰、隐瞒犯罪所得、犯罪所得收益罪的认定。

第九条 盗用单位名义实施掩饰、隐瞒犯罪所得及其产生的收益行为，违法所得由行为人私分的，依照刑法和司法解释有关自然人犯罪的规定定罪处罚。

第十条 通过犯罪直接得到的赃款、赃物，应当认定为刑法第三百一十二条规定的"犯罪所得"。上游犯罪的行为人对犯罪所得进行处理后得到的孳息、租金等，应当认定为刑法第三百一十二条规定的"犯罪所得产生的收益"。

明知是犯罪所得及其产生的收益而采取窝藏、转移、收购、代为销售以外的方法，如居间介绍买卖，收受，持有、使用，加工，提供资金账户，协助将财物转换为现金、金融票据、有价证券，协助将资金转移、汇往境外等，应当认定为刑法第三百一十二条规定的"其他方法"。

第十一条 掩饰、隐瞒犯罪所得、犯罪所得收益罪是选择性罪名，审理此类案件，应当根据具体犯罪行为及其指向的对象，确定适用的罪名。

最高人民法院、最高人民检察院关于办理窝藏、包庇刑事案件适用法律若干问题的解释

- 2020年3月2日最高人民法院审判委员会第1794次会议、2020年12月28日最高人民检察院第十三届检察委员会第58次会议通过
- 2021年8月9日最高人民法院、最高人民检察院公告公布
- 自2021年8月11日起施行
- 法释〔2021〕16号

为依法惩治窝藏、包庇犯罪，根据《中华人民共和国刑法》《中华人民共和国刑事诉讼法》的有关规定，结合

司法工作实际,现就办理窝藏、包庇刑事案件适用法律的若干问题解释如下:

第一条 明知是犯罪的人,为帮助其逃匿,实施下列行为之一的,应当依照刑法第三百一十条第一款的规定,以窝藏罪定罪处罚:

(一)为犯罪的人提供房屋或者其他可以用于隐藏的处所的;

(二)为犯罪的人提供车辆、船只、航空器等交通工具,或者提供手机等通讯工具的;

(三)为犯罪的人提供金钱的;

(四)其他为犯罪的人提供隐藏处所、财物,帮助其逃匿的情形。

保证人在犯罪的人取保候审期间,协助其逃匿,或者明知犯罪的人的藏匿地点、联系方式,但拒绝向司法机关提供的,应当依照刑法第三百一十条第一款的规定,对保证人以窝藏罪定罪处罚。

虽然为犯罪的人提供隐藏处所、财物,但不是出于帮助犯罪的人逃匿的目的,不以窝藏罪定罪处罚;对未履行法定报告义务的行为人,依法移送有关主管机关给予行政处罚。

第二条 明知是犯罪的人,为帮助其逃避刑事追究,或者帮助其获得从宽处理,实施下列行为之一的,应当依照刑法第三百一十条第一款的规定,以包庇罪定罪处罚:

(一)故意顶替犯罪的人欺骗司法机关的;

(二)故意向司法机关作虚假陈述或者提供虚假证明,以证明犯罪的人没有实施犯罪行为,或者犯罪的人所实施行为不构成犯罪的;

(三)故意向司法机关提供虚假证明,以证明犯罪的人具有法定从轻、减轻、免除处罚情节的;

(四)其他作假证明包庇的行为。

第三条 明知他人有间谍犯罪或者恐怖主义、极端主义犯罪行为,在司法机关向其调查有关情况、收集有关证据时,拒绝提供,情节严重的,依照刑法第三百一十一条的规定,以拒绝提供间谍犯罪、恐怖主义犯罪、极端主义犯罪证据罪定罪处罚;作假证明包庇的,依照刑法第三百一十条的规定,以包庇罪从重处罚。

第四条 窝藏、包庇犯罪的人,具有下列情形之一的,应当认定为刑法第三百一十条第一款规定的"情节严重":

(一)被窝藏、包庇的人可能被判处无期徒刑以上刑罚的;

(二)被窝藏、包庇的人犯危害国家安全犯罪、恐怖主义或者极端主义犯罪,或者系黑社会性质组织犯罪的组织者、领导者,且可能被判处十年有期徒刑以上刑罚的;

(三)被窝藏、包庇的人系犯罪集团的首要分子,且可能被判处十年有期徒刑以上刑罚的;

(四)被窝藏、包庇的人在被窝藏、包庇期间再次实施故意犯罪,且新罪可能被判处五年有期徒刑以上刑罚的;

(五)多次窝藏、包庇犯罪的人,或者窝藏、包庇多名犯罪的人的;

(六)其他情节严重的情形。

前款所称"可能被判处"刑罚,是指根据被窝藏、包庇的人所犯罪行,在不考虑自首、立功、认罪认罚等从宽处罚情节时应当依法判处的刑罚。

第五条 认定刑法第三百一十条第一款规定的"明知",应当根据案件的客观事实,结合行为人的认知能力、接触被窝藏、包庇的犯罪人的情况,以及行为人和犯罪人的供述等主、客观因素进行认定。

行为人将犯罪的人所犯之罪误认为其他犯罪的,不影响刑法第三百一十条第一款规定的"明知"的认定。

行为人虽然实施了提供隐藏处所、财物等行为,但现有证据不能证明行为人知道犯罪的人实施了犯罪行为的,不能认定为刑法第三百一十条第一款规定的"明知"。

第六条 认定窝藏、包庇罪,以被窝藏、包庇的人的行为构成犯罪为前提。

被窝藏、包庇的人实施的犯罪事实清楚、证据确实、充分,但尚未到案、尚未依法裁判或者因不具有刑事责任能力依法未予追究刑事责任的,不影响窝藏、包庇罪的认定。但是,被窝藏、包庇的人归案后被宣告无罪的,应当依照法定程序宣告窝藏、包庇行为人无罪。

第七条 为帮助同一个犯罪的人逃避刑事处罚,实施窝藏、包庇行为,又实施洗钱行为,或者掩饰、隐瞒犯罪所得及其收益行为,或者帮助毁灭证据行为,或者伪证行为的,依照处罚较重的犯罪定罪,并从重处罚,不实行数罪并罚。

第八条 共同犯罪人之间互相实施的窝藏、包庇行为,不以窝藏、包庇罪定罪处罚,但对共同犯罪以外的犯罪人实施窝藏、包庇行为的,以所犯共同犯罪和窝藏、包庇罪并罚。

第九条 本解释自2021年8月11日起施行。

最高人民法院、最高人民检察院关于办理破坏野生动物资源刑事案件适用法律若干问题的解释

- 2021年12月13日最高人民法院审判委员会第1856次会议、2022年2月9日最高人民检察院第十三届检察委员会第八十九次会议通过
- 2022年4月6日最高人民法院、最高人民检察院公告公布
- 自2022年4月9日起施行
- 法释〔2022〕12号

为依法惩治破坏野生动物资源犯罪,保护生态环境,维护生物多样性和生态平衡,根据《中华人民共和国刑法》《中华人民共和国刑事诉讼法》《中华人民共和国野生动物保护法》等法律的有关规定,现就办理此类刑事案件适用法律的若干问题解释如下:

第一条 具有下列情形之一的,应当认定为刑法第一百五十一条第二款规定的走私国家禁止进出口的珍贵动物及其制品:

(一)未经批准擅自进出口列入经国家濒危物种进出口管理机构公布的《濒危野生动植物种国际贸易公约》附录一、附录二的野生动物及其制品;

(二)未经批准擅自出口列入《国家重点保护野生动物名录》的野生动物及其制品。

第二条 走私国家禁止进出口的珍贵动物及其制品,价值二十万元以上不满二百万元的,应当依照刑法第一百五十一条第二款的规定,以走私珍贵动物、珍贵动物制品罪处五年以上十年以下有期徒刑,并处罚金;价值二百万元以上的,应当认定为"情节特别严重",处十年以上有期徒刑或者无期徒刑,并处没收财产;价值二万元以上不满二十万元的,应当认定为"情节较轻",处五年以下有期徒刑,并处罚金。

实施前款规定的行为,具有下列情形之一的,从重处罚:

(一)属于犯罪集团的首要分子的;

(二)为逃避监管,使用特种交通工具实施的;

(三)二年内曾因破坏野生动物资源受过行政处罚的。

实施第一款规定的行为,不具有第二款规定的情形,且未造成动物死亡或者动物、动物制品无法追回,行为人全部退赃退赔,确有悔罪表现的,按照下列规定处理:

(一)珍贵动物及其制品价值二百万元以上的,可以处五年以上十年以下有期徒刑,并处罚金;

(二)珍贵动物及其制品价值二十万元以上不满二百万元的,可以认定为"情节较轻",处五年以下有期徒刑,并处罚金;

(三)珍贵动物及其制品价值二万元以上不满二十万元的,可以认定为犯罪情节轻微,不起诉或者免予刑事处罚;情节显著轻微危害不大的,不作为犯罪处理。

第三条 在内陆水域,违反保护水产资源法规,在禁渔区、禁渔期或者使用禁用的工具、方法捕捞水产品,具有下列情形之一的,应当认定为刑法第三百四十条规定的"情节严重",以非法捕捞水产品罪定罪处罚:

(一)非法捕捞水产品五百公斤以上或者价值一万元以上的;

(二)非法捕捞有重要经济价值的水生动物苗种、怀卵亲体或者在水产种质资源保护区内捕捞水产品五十公斤以上或者价值一千元以上的;

(三)在禁渔区使用电鱼、毒鱼、炸鱼等严重破坏渔业资源的禁用方法或者禁用工具捕捞的;

(四)在禁渔期使用电鱼、毒鱼、炸鱼等严重破坏渔业资源的禁用方法或者禁用工具捕捞的;

(五)其他情节严重的情形。

实施前款规定的行为,具有下列情形之一的,从重处罚:

(一)暴力抗拒、阻碍国家机关工作人员依法履行职务,尚未构成妨害公务罪、袭警罪的;

(二)二年内曾因破坏野生动物资源受过行政处罚的;

(三)对水生生物资源或者水域生态造成严重损害的;

(四)纠集多条船只非法捕捞的;

(五)以非法捕捞为业的。

实施第一款规定的行为,根据渔获物的数量、价值和捕捞方法、工具等,认为对水生生物资源危害明显较轻的,综合考虑行为人自愿接受行政处罚、积极修复生态环境等情节,可以认定为犯罪情节轻微,不起诉或者免予刑事处罚;情节显著轻微危害不大的,不作为犯罪处理。

第四条 刑法第三百四十一条第一款规定的"国家重点保护的珍贵、濒危野生动物"包括:

(一)列入《国家重点保护野生动物名录》的野生动物;

(二)经国务院野生动物保护主管部门核准按照国家重点保护的野生动物管理的野生动物。

第五条 刑法第三百四十一条第一款规定的"收购"包括以营利、自用等为目的的购买行为;"运输"包括采用携带、邮寄、利用他人、使用交通工具等方法进行运

送的行为;"出售"包括出卖和以营利为目的的加工利用行为。

刑法第三百四十一条第三款规定的"收购""运输""出售",是指以食用为目的,实施前款规定的相应行为。

第六条 非法猎捕、杀害国家重点保护的珍贵、濒危野生动物,或者非法收购、运输、出售国家重点保护的珍贵、濒危野生动物及其制品,价值二万元以上不满二十万元的,应当依照刑法第三百四十一条第一款的规定,以危害珍贵、濒危野生动物罪处五年以下有期徒刑或者拘役,并处罚金;价值二十万元以上不满二百万元的,应当认定为"情节严重",处五年以上十年以下有期徒刑,并处罚金;价值二百万元以上的,应当认定为"情节特别严重",处十年以上有期徒刑,并处罚金或者没收财产。

实施前款规定的行为,具有下列情形之一的,从重处罚:

(一)属于犯罪集团的首要分子的;
(二)为逃避监管,使用特种交通工具实施的;
(三)严重影响野生动物科研工作的;
(四)二年内曾因破坏野生动物资源受过行政处罚的。

实施第一款规定的行为,不具有第二款规定的情形,且未造成动物死亡或者动物、动物制品无法追回,行为人全部退赃退赔,确有悔罪表现的,按照下列规定处理:

(一)珍贵、濒危野生动物及其制品价值二百万元以上的,可以认定为"情节严重",处五年以上十年以下有期徒刑,并处罚金;
(二)珍贵、濒危野生动物及其制品价值二十万元以上不满二百万元的,可以处五年以下有期徒刑或者拘役,并处罚金;
(三)珍贵、濒危野生动物及其制品价值二万元以上不满二十万元的,可以认定为犯罪情节轻微,不起诉或者免予刑事处罚;情节显著轻微危害不大的,不作为犯罪处理。

第七条 违反狩猎法规,在禁猎区、禁猎期或者使用禁用的工具、方法进行狩猎,破坏野生动物资源,具有下列情形之一的,应当认定为刑法第三百四十一条第二款规定的"情节严重",以非法狩猎罪定罪处罚:

(一)非法猎捕野生动物价值一万元以上的;
(二)在禁猎区使用禁用的工具或者方法狩猎的;
(三)在禁猎期使用禁用的工具或者方法狩猎的;
(四)其他情节严重的情形。

实施前款规定的行为,具有下列情形之一的,从重处罚:

(一)暴力抗拒、阻碍国家机关工作人员依法履行职务,尚未构成妨害公务罪、袭警罪的;
(二)对野生动物资源或者栖息地生态造成严重损害的;
(三)二年内曾因破坏野生动物资源受过行政处罚的。

实施第一款规定的行为,根据猎获物的数量、价值和狩猎方法、工具等,认为对野生动物资源危害明显较轻的,综合考虑猎捕的动机、目的、行为人自愿接受行政处罚、积极修复生态环境等情节,可以认定为犯罪情节轻微,不起诉或者免予刑事处罚;情节显著轻微危害不大的,不作为犯罪处理。

第八条 违反野生动物保护管理法规,以食用为目的,非法猎捕、收购、运输、出售刑法第三百四十一条第一款规定以外的在野外环境自然生长繁殖的陆生野生动物,具有下列情形之一的,应当认定为刑法第三百四十一条第三款规定的"情节严重",以非法猎捕、收购、运输、出售陆生野生动物罪定罪处罚:

(一)非法猎捕、收购、运输、出售有重要生态、科学、社会价值的陆生野生动物或者地方重点保护陆生野生动物价值一万元以上的;
(二)非法猎捕、收购、运输、出售第一项规定以外的其他陆生野生动物价值五万元以上的;
(三)其他情节严重的情形。

实施前款规定的行为,同时构成非法狩猎罪的,应当依照刑法第三百四十一条第三款的规定,以非法猎捕陆生野生动物罪定罪处罚。

第九条 明知是非法捕捞犯罪所得的水产品、非法狩猎犯罪所得的猎获物而收购、贩卖或者以其他方法掩饰、隐瞒,符合刑法第三百一十二条规定的,以掩饰、隐瞒犯罪所得罪定罪处罚。

第十条 负有野生动物保护和进出口监督管理职责的国家机关工作人员,滥用职权或者玩忽职守,致使公共财产、国家和人民利益遭受重大损失的,应当依照刑法第三百九十七条的规定,以滥用职权罪或者玩忽职守罪追究刑事责任。

负有查禁破坏野生动物资源犯罪活动职责的国家机关工作人员,向犯罪分子通风报信、提供便利,帮助犯罪分子逃避处罚的,应当依照刑法第四百一十七条的规定,以帮助犯罪分子逃避处罚罪追究刑事责任。

第十一条 对于"以食用为目的",应当综合涉案动物及其制品的特征,被查获的地点,加工、包装情况,以及可以证明来源、用途的标识、证明等证据作出认定。

实施本解释规定的相关行为，具有下列情形之一的，可以认定为"以食用为目的"：

（一）将相关野生动物及其制品在餐饮单位、饮食摊点、超市等场所作为食品销售或者运往上述场所的；

（二）通过包装、说明书、广告等介绍相关野生动物及其制品的食用价值或者方法的；

（三）其他足以认定以食用为目的的情形。

第十二条 二次以上实施本解释规定的行为构成犯罪，依法应当追诉的，或者二年内实施本解释规定的行为未经处理的，数量、数额累计计算。

第十三条 实施本解释规定的相关行为，在认定是否构成犯罪以及裁量刑罚时，应当考虑涉案动物是否系人工繁育、物种的濒危程度、野外存活状况、人工繁育情况、是否列入人工繁育国家重点保护野生动物名录，行为手段、对野生动物资源的损害程度，以及野生动物及其制品的认知程度等情节，综合评估社会危害性，准确认定是否构成犯罪，妥当裁量刑罚，确保罪责刑相适应；根据本解释的规定定罪量刑明显过重的，可以根据案件的事实、情节和社会危害程度，依法作出妥当处理。

涉案动物系人工繁育，具有下列情形之一的，对所涉案件一般不作为犯罪处理；需要追究刑事责任的，应当依法从宽处理：

（一）列入人工繁育国家重点保护野生动物名录的；

（二）人工繁育技术成熟、已成规模，作为宠物买卖、运输的。

第十四条 对于实施本解释规定的相关行为被不起诉或者免予刑事处罚的行为人，依法应当给予行政处罚、政务处分或者其他处分的，依法移送有关主管机关处理。

第十五条 对于涉案动物及其制品的价值，应当根据下列方法确定：

（一）对于国家禁止进出口的珍贵动物及其制品、国家重点保护的珍贵、濒危野生动物及其制品的价值，根据国务院野生动物保护主管部门制定的评估标准和方法核算；

（二）对于有重要生态、科学、社会价值的陆生野生动物、地方重点保护野生动物、其他野生动物及其制品的价值，根据销赃数额认定；无销赃数额、销赃数额难以查证或者根据销赃数额认定明显偏低的，根据市场价格核算，必要时，也可以参照相关评估标准和方法核算。

第十六条 根据本解释第十五条规定难以确定涉案动物及其制品价值的，依据司法鉴定机构出具的鉴定意见，或者下列机构出具的报告，结合其他证据作出认定：

（一）价格认证机构出具的报告；

（二）国务院野生动物保护主管部门、国家濒危物种进出口管理机构或者海关总署等指定的机构出具的报告；

（三）地、市级以上人民政府野生动物保护主管部门、国家濒危物种进出口管理机构的派出机构或者直属海关等出具的报告。

第十七条 对于涉案动物的种属类别、是否系人工繁育，非法捕捞、狩猎的工具、方法，以及对野生动物资源的损害程度等专门性问题，可以由野生动物保护主管部门、侦查机关依据现场勘验、检查笔录等出具认定意见；难以确定的，依据司法鉴定机构出具的鉴定意见、本解释第十六条所列机构出具的报告，被告人及其辩护人提供的证据材料，结合其他证据材料综合审查，依法作出认定。

第十八条 餐饮公司、渔业公司等单位实施破坏野生动物资源犯罪的，依照本解释规定的相应自然人犯罪的定罪量刑标准，对直接负责的主管人员和其他直接责任人员定罪处罚，并对单位判处罚金。

第十九条 在海洋水域，非法捕捞水产品，非法采捕珊瑚、砗磲或者其他珍贵、濒危水生野生动物，或者非法收购、运输、出售珊瑚、砗磲或者其他珍贵、濒危水生野生动物及其制品的，定罪量刑标准适用《最高人民法院关于审理发生在我国管辖海域相关案件若干问题的规定（二）》（法释〔2016〕17号）的相关规定。

第二十条 本解释自2022年4月9日起施行。本解释公布施行后，《最高人民法院关于审理破坏野生动物资源刑事案件具体应用法律若干问题的解释》（法释〔2000〕37号）同时废止；之前发布的司法解释与本解释不一致的，以本解释为准。

· 司法政策

全国部分法院审理毒品犯罪案件工作座谈会纪要（节录）

· 2008年12月1日
· 法〔2008〕324号

……

一、毒品案件的罪名确定和数量认定问题

刑法第三百四十七条规定的走私、贩卖、运输、制造毒品罪是选择性罪名，对同一宗毒品实施了两种以上犯罪行为并有相应确凿证据的,应当按照所实施的犯罪行为的性质并列确定罪名,毒品数量不重复计算,不实行数罪并罚。对同一宗毒品可能实施了两种以上犯罪行为,但相应证据只能认定其中一种或者几种行为,认定其他行为的证据不够确实充分,则只按照依法能够认定的行为的性质定罪。如涉嫌为贩卖而运输毒品,认定贩卖的证据不够确实充分,则只定运输毒品罪。对不同宗毒品分别实施了不同种犯罪行为的,应对不同行为并列定罪名,累计毒品数量,不实行数罪并罚。对被告人一人走私、贩卖、运输、制造两种以上毒品的,不实行数罪并罚,量刑时可综合考虑毒品的种类、数量及危害,依法处理。

罪名不以行为实施的先后、毒品数量或者危害大小排列,一律以刑法条文规定的顺序表述。如对同一宗毒品制造后又走私的,以走私、制造毒品罪定罪。下级法院在判决中确定罪名不准确的,上级法院可以减少选择性罪名中的部分罪名或者改动罪名顺序,在不加重原判刑罚的情况下,也可以改变罪名,但不得增加罪名。

对于吸毒者实施的毒品犯罪,在认定犯罪事实和确定罪名时要慎重。吸毒者在购买、运输、存储毒品过程中被查获的,如没有证据证明其是为了实施贩卖等其他毒品犯罪行为,毒品数量未超过刑法第三百四十八条规定的最低数量标准的,一般不定罪处罚;查获毒品数量达到较大以上的,应以其实际实施的毒品犯罪行为定罪处罚。

对于以贩养吸的被告人,其被查获的毒品数量应认定为其犯罪的数量,但量刑时应考虑被告人吸食毒品的情节,酌情处理;被告人购买了一定数量的毒品后,部分已被其吸食的,应按能够证明的贩卖数量及查获的毒品数量认定其贩毒的数量,已被吸食部分不计入在内。

有证据证明行为人不以牟利为目的,为他人代购仅用于吸食的毒品,毒品数量超过刑法第三百四十八条规定的最低数量标准的,对托购者、代购者应以非法持有毒品罪定罪。代购者从中牟利,变相加价贩卖毒品的,对代购者应以贩卖毒品罪定罪。明知他人实施毒品犯罪而为其居间介绍、代购代卖的,无论是否牟利,都应以相关毒品犯罪的共犯论处。

盗窃、抢夺、抢劫毒品的,应当分别以盗窃罪、抢夺罪或者抢劫罪定罪,但不计犯罪数额,根据情节轻重予以定罪量刑。盗窃、抢夺、抢劫毒品后又实施其他毒品犯罪的,对盗窃罪、抢夺罪、抢劫罪和所犯的具体毒品犯罪分别定罪,依法数罪并罚。走私毒品,又走私其他物品构成犯罪的,以走私毒品罪和其所犯的其他走私罪分别定罪,依法数罪并罚。

二、毒品犯罪的死刑适用问题

审理毒品犯罪案件,应当切实贯彻宽严相济的刑事政策,突出毒品犯罪的打击重点。必须依法严惩毒枭、职业毒犯、再犯、累犯、惯犯、主犯等主观恶性深、人身危险性大、危害严重的毒品犯罪分子,以及具有将毒品走私入境,多次、大量或者向多人贩卖,诱使多人吸毒,武装掩护、暴力抗拒检查、拘留或者逮捕,或者参与有组织的国际贩毒活动等情节的毒品犯罪分子。对其中罪行极其严重依法应当判处死刑的,必须坚决依法判处死刑。

毒品数量是毒品犯罪案件量刑的重要情节,但不是唯一情节。对被告人量刑时,特别是在考虑是否适用死刑时,应当综合考虑毒品数量、犯罪情节、危害后果、被告人的主观恶性、人身危险性以及当地禁毒形势等各种因素,做到区别对待。近期,审理毒品犯罪案件掌握的死刑数量标准,应当结合本地毒品犯罪的实际情况和依法惩治、预防毒品犯罪的需要,并参照最高人民法院复核的毒品死刑案件的典型案例,恰当把握。量刑既不能只片面考虑毒品数量,不考虑犯罪的其他情节,也不能只片面考虑其他情节,而忽视毒品数量。

对虽然已达到实际掌握的判处死刑的毒品数量标准,但是具有法定、酌定从宽处罚情节的被告人,可以不判处死刑;反之,对毒品数量接近实际掌握的判处死刑的数量标准,但具有从重处罚情节的被告人,也可以判处死刑。毒品数量达到实际掌握的死刑数量标准,既有从重处罚情节,又有从宽处罚情节的,应综合考虑各方面因素决定刑罚,判处死刑立即执行应当慎重。

具有下列情形之一的,可以判处被告人死刑:(1)具有毒品犯罪集团首要分子、武装掩护毒品犯罪、暴力抗拒检查、拘留或者逮捕、参与有组织的国际贩毒活动等严重情节的;(2)毒品数量达到实际掌握的死刑数量标准,并具有毒品再犯、累犯、利用、教唆未成年人走私、贩卖、运输、制造毒品,或者向未成年人出售毒品等法定从重处罚情节的;(3)毒品数量达到实际掌握的死刑数量标准,并具有多次走私、贩卖、运输、制造毒品,向多人贩毒,在毒品犯罪中诱使、容留多人吸毒,在戒毒监管场所贩毒,国家工作人员利用职务便利实施毒品犯罪,或者职业犯、惯犯、主犯等情节的;(4)毒品数量达到实际掌握的死刑数量标准,并具有其他从重处罚情节的;(5)毒品数量超过实际掌握的死刑数量标准,且没有法定、酌定从轻处罚情节的。

毒品数量达到实际掌握的死刑数量标准,具有下列情形之一的,可以不判处被告人死刑立即执行:(1)具有自首、立功等法定从宽处罚情节的;(2)已查获的毒品数量未达到实际掌握的死刑数量标准,到案后坦白尚未被司法机关掌握的其他毒品犯罪,累计数量超过实际掌握的死刑数量标准的;(3)经鉴定毒品含量极低,掺假之后的数量才达到实际掌握的死刑数量标准的,或者有证据表明可能大量掺假但因故不能鉴定的;(4)因特情引诱毒品数量才达到实际掌握的死刑数量标准的;(5)以贩养吸的被告人,被查获的毒品数量刚达到实际掌握的死刑数量标准的;(6)毒品数量刚达到实际掌握的死刑数量标准,确属初次犯罪即被查获,未造成严重危害后果的;(7)共同犯罪毒品数量刚达到实际掌握的死刑数量标准,但各共同犯罪人作用相当,或者责任大小难以区分的;(8)家庭成员共同实施毒品犯罪,其中起主要作用的被告人已被判处死刑立即执行,其他被告人罪行相对较轻的;(9)其他不是必须判处死刑立即执行的。

有些毒品犯罪案件,往往由于毒品、毒资等证据已不存在,导致审查证据和认定事实困难。在处理这类案件时,只有被告人的口供与同案其他被告人供述吻合,并且完全排除诱供、逼供、串供等情形,被告人的口供与同案被告人的供述才可以作为定案的证据。仅有被告人口供与同案被告人供述作为定案证据的,对被告人判处死刑立即执行要特别慎重。

三、运输毒品罪的刑罚适用问题

对于运输毒品犯罪,要注意重点打击指使、雇佣他人运输毒品的犯罪分子和接应、接货的毒品所有者、买家或者卖家。对于运输毒品犯罪集团首要分子、组织、指使、雇佣他人运输毒品的主犯或者毒枭、职业毒犯、毒品再犯,以及具有武装掩护、暴力抗拒检查、拘留或者逮捕、参与有组织的国际毒品犯罪、以运输毒品为业、多次运输毒品或者其他严重情节的,应当按照刑法、有关司法解释和司法实践实际掌握的数量标准,从严惩处,依法判处死刑的必须坚决判处死刑。

毒品犯罪中,单纯的运输毒品行为具有从属性、辅助性特点,且情况复杂多样。部分涉案人员系受指使、雇佣的贫民、边民或者无业人员,只是为了赚取少量运费而为他人运输毒品,他们不是毒品的所有者、买家或者卖家,与幕后的组织、指使、雇佣者相比,在整个毒品犯罪环节中处于从属、辅助和被支配地位,所起作用和主观恶性相对较小,社会危害性也相对较小。因此,对于运输毒品犯罪中的这部分人员,在量刑标准的把握上,应当与走私、贩卖、制造毒品和前述具有严重情节的运输毒品犯罪分子有所区别,不应单纯以涉案毒品数量的大小决定刑罚适用的轻重。

对有证据证明被告人确属受人指使、雇佣参与运输毒品犯罪,又系初犯、偶犯的,可以从轻处罚,即使毒品数量超过实际掌握的死刑数量标准,也可以不判处死刑立即执行。

毒品数量超过实际掌握的死刑数量标准,不能证明被告人系受人指使、雇佣参与运输毒品犯罪的,可以依法判处重刑直至死刑。

涉嫌为贩卖而自行运输毒品,由于认定贩卖毒品的证据不足,因而认定为运输毒品罪的,不同于单纯的受指使为他人运输毒品行为,其量刑标准应当与单纯的运输毒品行为有所区别。

四、制造毒品的认定与处罚问题

鉴于毒品犯罪分子制造毒品的手段复杂多样、不断翻新,采用物理方法加工、配制毒品的情况大量出现,有必要进一步准确界定制造毒品的行为、方法。制造毒品不仅包括非法用毒品原植物直接提炼和用化学方法加工、配制毒品的行为,也包括以改变毒品成分和效用为目的,用混合等物理方法加工、配制毒品的行为,如将甲基苯丙胺或者其他苯丙胺类毒品与其他毒品混合成麻古或者摇头丸。为便于隐蔽运输、销售、使用、欺骗购买者,或者为了增重,对毒品掺杂使假,添加或者去除其他非毒品物质,不属于制造毒品的行为。

已经制成毒品,达到实际掌握的死刑数量标准的,可以判处死刑;数量特别巨大的,应当判处死刑。已经制造出粗制毒品或者半成品的,以制造毒品罪的既遂论处。购进制造毒品的设备和原材料,开始着手制造毒品,但尚未制造出粗制毒品或者半成品的,以制造毒品罪的未遂论处。

五、毒品含量鉴定和混合型、新类型毒品案件处理问题

鉴于大量掺假毒品和成分复杂的新类型毒品不断出现,为做到罪刑相当、罚当其罪,保证毒品案件的审判质量,并考虑目前毒品鉴定的条件和现状,对可能判处被告人死刑的毒品犯罪案件,应当根据最高人民法院、最高人民检察院、公安部2007年12月颁布的《办理毒品犯罪案件适用法律若干问题的意见》,作出毒品含量鉴定;对涉案毒品可能大量掺假或者系成分复杂的新类型毒品的,亦应当作出毒品含量鉴定。

对于含有二种以上毒品成分的毒品混合物,应进一步作成分鉴定,确定所含的不同毒品成分及比例。对于毒品中含有海洛因、甲基苯丙胺的,应以海洛因、甲基苯

丙胺分别确定其毒品种类;不含海洛因、甲基苯丙胺的,应以其中毒性较大的毒品成分确定其毒品种类;如果毒性相当或者难以确定毒性大小的,以其中比例较大的毒品成分确定其毒品种类,并在量刑时综合考虑其他毒品成分、含量和全案所涉毒品数量。对于刑法、司法解释等已规定了量刑数量标准的毒品,按照刑法、司法解释等规定适用刑罚;对于刑法、司法解释等没有规定量刑数量标准的毒品,有条件折算为海洛因的,参照国家食品药品监督管理局制定的《非法药物折算表》,折算成海洛因的数量后适用刑罚。

对于国家管制的精神药品和麻醉药品,刑法、司法解释等尚未明确规定量刑数量标准,也不具备折算条件的,应由有关专业部门确定涉案毒品毒效的大小、有毒成分的多少、吸毒者对该毒品的依赖程度,综合考虑其致瘾癖性、戒断性、社会危害性等依法量刑。因条件限制不能确定的,可以参考涉案毒品非法交易的价格因素等,决定对被告人适用的刑罚,但一般不宜判处死刑立即执行。

六、特情介入案件的处理问题

运用特情侦破毒品案件,是依法打击毒品犯罪的有效手段。对特情介入侦破的毒品案件,要区别不同情形予以分别处理。

对已持有毒品待售或者有证据证明已准备实施大宗毒品犯罪者,采取特情贴靠、接洽而破获的案件,不存在犯罪引诱,应当依法处理。

行为人本没有实施毒品犯罪的主观意图,而是在特情诱惑和促成下形成犯意,进而实施毒品犯罪的,属于"犯意引诱"。对因"犯意引诱"实施毒品犯罪的被告人,根据罪刑相适应原则,应当依法从轻处罚,无论涉案毒品数量多大,都不应判处死刑立即执行。行为人在特情既为其安排上线,又提供下线的双重引诱,即"双套引诱"下实施毒品犯罪的,处刑时可予以更大幅度的从宽处罚或者依法免予刑事处罚。

行为人本来只有实施数量较小的毒品犯罪的故意,在特情引诱下实施了数量较大甚至达到实际掌握的死刑数量标准的毒品犯罪的,属于"数量引诱"。对因"数量引诱"实施毒品犯罪的被告人,应当依法从轻处罚,即使毒品数量超过实际掌握的死刑数量标准,一般也不判处死刑立即执行。

对不能排除"犯意引诱"和"数量引诱"的案件,在考虑是否对被告人判处死刑立即执行时,要留有余地。

对被告人受特情间接引诱实施毒品犯罪的,参照上述原则依法处理。

七、毒品案件的立功问题

共同犯罪中同案犯的基本情况,包括同案犯姓名、住址、体貌特征、联络方式等信息,属于被告人应当供述的范围。公安机关根据被告人供述抓获同案犯的,不应认定其有立功表现。被告人在公安机关抓获同案犯过程中确实起到协助作用的,例如,经被告人现场指认、辨认抓获了同案犯;被告人带领公安人员抓获了同案犯;被告人提供了不为有关机关掌握或者有关机关按照正常工作程序无法掌握的同案犯藏匿的线索,有关机关据此抓获了同案犯;被告人交代了与同案犯的联系方式,又按要求与对方联络,积极协助公安机关抓获了同案犯等,属于协助司法机关抓获同案犯,应认定为立功。

关于立功从宽处罚的把握,应以功是否足以抵罪为标准。在毒品共同犯罪案件中,毒枭、毒品犯罪集团首要分子、共同犯罪的主犯、职业毒犯、毒品惯犯等,由于掌握同案犯、从犯、马仔的犯罪情况和个人信息,被抓获后往往能协助抓捕同案犯,获得立功或者重大立功。对其是否从宽处罚以及从宽幅度的大小,应当主要看功是否足以抵罪,即应结合被告人罪行的严重程度、立功大小综合考虑。要充分注意毒品共同犯罪人以及上、下家之间的量刑平衡。对于毒枭等严重毒品犯罪分子立功的,从轻或者减轻处罚应当从严掌握。如果其罪行极其严重,只有一般立功表现,功不足以抵罪的,可不予从轻处罚;如果其检举、揭发的是其他犯罪案件中罪行同样严重的犯罪分子,或者协助抓获的是同案中的其他首要分子、主犯,功足以抵罪的,原则上可以从轻或者减轻处罚;如果协助抓获的只是同案中的从犯或者马仔,功不足以抵罪,或者从轻处罚后全案处刑明显失衡的,不予从轻处罚。相反,对于从犯、马仔立功,特别是协助抓获毒枭、首要分子、主犯的,应当从轻处罚,直至依法减轻或者免除处罚。

被告人亲属为了使被告人得到从轻处罚,检举、揭发他人犯罪或者协助司法机关抓捕其他犯罪人的,不能视为被告人立功。同监犯将本人或者他人尚未被司法机关掌握的犯罪事实告知被告人,由被告人检举揭发的,如经查证属实,虽可认定被告人立功,但是否从宽处罚、从宽幅度大小,应与通常的立功有所区别。通过非法手段或者非法途径获取他人犯罪信息,如从国家工作人员处贿买他人犯罪信息,通过律师、看守人员等非法途径获取他人犯罪信息,由被告人检举揭发的,不能认定为立功,也不能作为酌情从轻处罚情节。

八、毒品再犯问题

根据刑法第三百五十六条规定,只要因走私、贩卖、运输、制造、非法持有毒品罪被判过刑，不论是在刑罚执行完毕后，还是在缓刑、假释或者暂予监外执行期间，又犯刑法分则第六章第七节规定的犯罪的，都是毒品再犯，应当从重处罚。

因走私、贩卖、运输、制造、非法持有毒品罪被判刑的犯罪分子，在缓刑、假释或者暂予监外执行期间又犯刑法分则第六章第七节规定的犯罪的，应当在对其所犯新的毒品犯罪适用刑法第三百五十六条从重处罚的规定确定刑罚后，再依法数罪并罚。

对同时构成累犯和毒品再犯的被告人，应当同时引用刑法关于累犯和毒品再犯的条款从重处罚。

九、毒品案件的共同犯罪问题

毒品犯罪中，部分共同犯罪人未到案，如现有证据能够认定已到案被告人为共同犯罪，或者能够认定为主犯或者从犯的，应当依法认定。没有实施毒品犯罪的共同故意，仅在客观上为相互关联的毒品犯罪上下家，不构成共同犯罪，但为了诉讼便利可并案审理。审理毒品共同犯罪案件应当注意以下几个方面的问题：

一是要正确区分主犯和从犯。区分主犯和从犯，应当以各共同犯罪人在毒品共同犯罪中的地位和作用为根据。要从犯意提起、具体行为分工、出资和实际分得毒赃多少以及共犯之间相互关系等方面，比较各个共同犯罪人在共同犯罪中的地位和作用。在毒品共同犯罪中，为主出资者、毒品所有者或者起意、策划、纠集、组织、雇佣、指使他人参与犯罪以及其他起主要作用的是主犯；起次要或者辅助作用的是从犯。受雇佣、受指使实施毒品犯罪的，应根据其在犯罪中实际发挥的作用具体认定为主犯或者从犯。对于确有证据证明在共同犯罪中起次要或者辅助作用的，不能因为其他共同犯罪人未到案而不认定为从犯，甚至将其认定为主犯或者按主犯处罚。只要认定为从犯，无论主犯是否到案，均应依照刑法关于从犯的规定从轻、减轻或者免除处罚。

二是要正确认定共同犯罪案件中主犯和从犯的毒品犯罪数量。对于毒品犯罪集团的首要分子，应按集团毒品犯罪的总数量处罚；对一般共同犯罪的主犯，应按其所参与的或者组织、指挥的毒品犯罪数量处罚；对于从犯，应当按照其所参与的毒品犯罪的数量处罚。

三是要根据行为人在共同犯罪中的作用和罪责大小确定刑罚。不同案件不能简单类比，一个案件的从犯参与犯罪的毒品数量可能比另一案件的主犯参与犯罪的毒品数量大，但对这一案件从犯的处罚不是必然重于另一案件的主犯。共同犯罪中能分清主从犯的，不能因为涉案的毒品数量特别巨大，就不分主从犯而一律将被告人认定为主犯或者实际上都按主犯处罚，一律判处重刑甚至死刑。对于共同犯罪中有多个主犯或者共同犯罪人的，处罚上也应做到区别对待。应当全面考察各主犯或者共同犯罪人在共同犯罪中实际发挥作用的差别，主观恶性和人身危险性方面的差异，对罪责或者人身危险性更大的主犯或者共同犯罪人依法判处更重的刑罚。

十、主观明知的认定问题

毒品犯罪中，判断被告人对涉案毒品是否明知，不能仅凭被告人供述，而应当依据被告人实施毒品犯罪行为的过程、方式、毒品被查获时的情形等证据，结合被告人的年龄、阅历、智力等情况，进行综合分析判断。

具有下列情形之一，被告人不能做出合理解释的，可以认定其"明知"是毒品，但有证据证明确属被蒙骗的除外：（1）执法人员在口岸、机场、车站、港口和其他检查站点检查时，要求行为人申报为他人携带的物品和其他疑似毒品物，并告知其法律责任，而行为人未如实申报，在其携带的物品中查获毒品的；（2）以伪报、藏匿、伪装等蒙蔽手段，逃避海关、边防等检查，在其携带、运输、邮寄的物品中查获毒品的；（3）执法人员检查时，有逃跑、丢弃携带物品或者逃避、抗拒检查等行为，在其携带或者丢弃的物品中查获毒品的；（4）体内或者贴身隐秘处藏匿毒品的；（5）为获取不同寻常的高额、不等值报酬为他人携带、运输物品，从中查获毒品的；（6）采用高度隐蔽的方式携带、运输物品，从中查获毒品的；（7）采用高度隐蔽的方式交接物品，明显违背合法物品惯常交接方式，从中查获毒品的；（8）行程路线故意绕开检查站点，在其携带、运输的物品中查获毒品的；（9）以虚假身份或者地址办理托运手续，在其托运的物品中查获毒品的；（10）有其他证据足以认定行为人应当知道的。

十一、毒品案件的管辖问题

毒品犯罪的地域管辖，应当依照刑事诉讼法的有关规定，实行以犯罪地管辖为主、被告人居住地管辖为辅的原则。考虑到毒品犯罪的特殊性和毒品犯罪侦查体制，"犯罪地"不仅可以包括犯罪预谋地、毒资筹集地、交易进行地、运输途经地以及毒品生产地，也包括毒资、毒赃和毒品藏匿地、转移地、走私或者贩运毒品目的地等。"被告人居住地"，不仅包括被告人常住地和户籍所在地，也包括其临时居住地。

对于已进入审判程序的案件，被告人及其辩护人提出管辖异议，经审查异议成立的，或者受案法院发现没有管辖权，而案件由本院管辖更适宜的，受案法院应当报请与有管辖权的法院共同的上级法院依法指定本院管辖。

十二、特定人员参与毒品犯罪问题

近年来,一些毒品犯罪分子为了逃避打击,雇佣孕妇、哺乳期妇女、急性传染病人、残疾人或者未成年人等特定人员进行毒品犯罪活动,成为影响我国禁毒工作成效的突出问题。对利用、教唆特定人员进行毒品犯罪活动的组织、策划、指挥和教唆者,要依法严厉打击,该判处重刑直至死刑的,坚决依法判处重刑直至死刑。对于被利用、被诱骗参与毒品犯罪的特定人员,可以从宽处理。

要积极与检察机关、公安机关沟通协调,妥善解决涉及特定人员的案件管辖、强制措施、刑罚执行等问题。对因特殊情况依法不予羁押的,可以依法采取取保候审、监视居住等强制措施,并根据被告人具体情况和案情变化及时变更强制措施;对于被判处有期徒刑或者拘役的罪犯,符合刑事诉讼法第二百一十四条规定情形的,可以暂予监外执行。

十三、毒品案件财产刑的适用和执行问题

刑法对毒品犯罪规定了并处罚金或者没收财产刑,司法实践中应当依法充分适用。不仅要依法追缴被告人的违法所得及其收益,还要严格依法判处被告人罚金刑或者没收财产刑,不能因为被告人没有财产,或者其财产难以查清、难以分割或者难以执行,就不依法判处财产刑。

要采取有力措施,加大财产刑执行力度。要加强与公安机关、检察机关的协作,对毒品犯罪分子来源不明的巨额财产,依法及时采取查封、扣押、冻结等措施,防止犯罪分子及其亲属转移、隐匿、变卖或者洗钱,逃避依法追缴。要加强不同地区法院之间的相互协作配合。毒品犯罪分子的财产在异地的,第一审人民法院可以委托财产所在地人民法院代为执行。要落实和运用有关国际禁毒公约规定,充分利用国际刑警组织等渠道,最大限度地做好境外追赃工作。

最高人民法院、最高人民检察院、公安部、司法部、生态环境部关于办理环境污染刑事案件有关问题座谈会纪要

· 2019年2月20日

2018年6月16日,中共中央、国务院发布《关于全面加强生态环境保护坚决打好污染防治攻坚战的意见》。7月10日,全国人民代表大会常务委员会通过了《关于全面加强生态环境保护依法推动打好污染防治攻坚战的决议》。为深入学习贯彻习近平生态文明思想,认真落实党中央重大决策部署和全国人大常委会决议要求,全力参与和服务保障打好污染防治攻坚战,推进生态文明建设,形成各部门依法惩治环境污染犯罪的合力,2018年12月,最高人民法院、最高人民检察院、公安部、司法部、生态环境部在北京联合召开座谈会。会议交流了当前办理环境污染刑事案件的工作情况,分析了遇到的突出困难和问题,研究了解决措施。会议对办理环境污染刑事案件中的有关问题形成了统一认识。纪要如下:

一

会议指出,2018年5月18日至19日,全国生态环境保护大会在北京胜利召开,习近平总书记出席会议并发表重要讲话,着眼人民福祉和民族未来,从党和国家事业发展全局出发,全面总结党的十八大以来我国生态文明建设和生态环境保护工作取得的历史性成就、发生的历史性变革,深刻阐述加强生态文明建设的重大意义,明确提出加强生态文明建设必须坚持的重要原则,对加强生态环境保护、打好污染防治攻坚战作出了全面部署。这次大会最大的亮点,就是确立了习近平生态文明思想。习近平生态文明思想站在坚持和发展中国特色社会主义、实现中华民族伟大复兴中国梦的战略高度,把生态文明建设摆在治国理政的突出位置,作为统筹推进"五位一体"总体布局和协调推进"四个全面"战略布局的重要内容,深刻回答了为什么建设生态文明、建设什么样的生态文明、怎样建设生态文明的重大理论和实践问题,是习近平新时代中国特色社会主义思想的重要组成部分。各部门要认真学习、深刻领会、全面贯彻习近平生态文明思想,将其作为生态环境行政执法和司法办案的行动指南和根本遵循,为守护绿水青山蓝天、建设美丽中国提供有力保障。

会议强调,打好防范化解重大风险、精准脱贫、污染防治的攻坚战,是以习近平同志为核心的党中央深刻分析国际国内形势,着眼党和国家事业发展全局作出的重大战略部署,对于夺取全面建成小康社会伟大胜利、开启全面建设社会主义现代化强国新征程具有重大的现实意义和深远的历史意义。服从服务党和国家工作大局,充分发挥职能作用,努力为打好打赢三大攻坚战提供优质法治环境和司法保障,是当前和今后一个时期人民法院、人民检察院、公安机关、司法行政机关、生态环境部门的重点任务。

会议指出,2018年12月19日至21日召开的中央经

济工作会议要求,打好污染防治攻坚战,要坚守阵地、巩固成果,聚焦做好打赢蓝天保卫战等工作,加大工作和投入力度,同时要统筹兼顾,避免处置措施简单粗暴。各部门要认真领会会议精神,紧密结合实际,强化政治意识、大局意识和责任担当,以加大办理环境污染刑事案件工作力度作为切入点和着力点,主动调整工作思路,积极谋划工作举措,既要全面履职、积极作为,又要综合施策、精准发力,保障污染防治攻坚战顺利推进。

二

会议要求,各部门要正确理解和准确适用刑法和《最高人民法院、最高人民检察院关于办理环境污染刑事案件适用法律若干问题的解释》(法释〔2016〕29号,以下称《环境解释》)的规定,坚持最严格的环保司法制度、最严密的环保法治理念,统一执法司法尺度,加大对环境污染犯罪的惩治力度。

1. 关于单位犯罪的认定

会议针对一些地方存在追究自然人犯罪多,追究单位犯罪少,单位犯罪认定难的情况和问题进行了讨论。会议认为,办理环境污染犯罪案件,认定单位犯罪时,应当依法合理把握追究刑事责任的范围,贯彻宽严相济刑事政策,重点打击出资者、经营者和主要获利者,既要防止不当缩小追究刑事责任的人员范围,又要防止打击面过大。

为了单位利益,实施环境污染行为,并具有下列情形之一的,应当认定为单位犯罪:(1)经单位决策机构按照决策程序决定的;(2)经单位实际控制人、主要负责人或者授权的分管负责人决定、同意的;(3)单位实际控制人、主要负责人或者授权的分管负责人得知单位成员个人实施环境污染犯罪行为,并未加以制止或者及时采取措施,而是予以追认、纵容或者默许的;(4)使用单位营业执照、合同书、公章、印鉴等对外开展活动,并调用单位车辆、船舶、生产设备、原辅材料等实施环境污染犯罪行为的。

单位犯罪中的"直接负责的主管人员",一般是指对单位犯罪起决定、批准、组织、策划、指挥、授意、纵容等作用的主管人员,包括单位实际控制人、主要负责人或者授权的分管负责人、高级管理人员等;"其他直接责任人员",一般是指在直接负责的主管人员的指挥、授意下积极参与实施单位犯罪或者对具体实施单位犯罪起较大作用的人员。

对于应当认定为单位犯罪的环境污染犯罪案件,公安机关未作为单位犯罪移送审查起诉的,人民检察院应当退回公安机关补充侦查。对于应当认定为单位犯罪的环境污染犯罪案件,人民检察院只作为自然人犯罪起诉的,人民法院应当建议人民检察院对犯罪单位补充起诉。

2. 关于犯罪未遂的认定

会议针对当前办理环境污染犯罪案件中,能否认定污染环境罪(未遂)的问题进行了讨论。会议认为,当前环境执法工作形势比较严峻,一些行为人拒不配合执法检查,接受检查时弄虚作假,故意逃避法律追究的情形时有发生,因此对于行为人已经着手实施非法排放、倾倒、处置有毒有害污染物的行为,由于有关部门查处或者其他意志以外的原因未得逞的情形,可以污染环境罪(未遂)追究刑事责任。

3. 关于主观过错的认定

会议针对当前办理环境污染犯罪案件中,如何准确认定犯罪嫌疑人、被告人主观过错的问题进行了讨论。会议认为,判断犯罪嫌疑人、被告人是否具有环境污染犯罪的故意,应当依据犯罪嫌疑人、被告人的任职情况、职业经历、专业背景、培训经历、本人因同类行为受到行政处罚或者刑事追究情况以及污染物种类、污染方式、资金流向等证据,结合其供述,进行综合分析判断。

实践中,具有下列情形之一,犯罪嫌疑人、被告人不能作出合理解释的,可以认定其故意实施环境污染犯罪,但有证据证明确系不知情的除外:(1)企业没有依法通过环境影响评价,或者未依法取得排污许可证,排放污染物,或者已经通过环境影响评价并且防治污染设施验收合格后,擅自更改工艺流程、原辅材料,导致产生新的污染物质的;(2)不使用验收合格的防治污染设施或者不按规范要求使用的;(3)防治污染设施发生故障,发现后不及时排除,继续生产放任污染物排放的;(4)生态环境部门责令限制生产、停产整治或者予以行政处罚后,继续生产放任污染物排放的;(5)将危险废物委托第三方处置,没有尽到查验经营许可的义务,或者委托处置费用明显低于市场价格或者处置成本的;(6)通过暗管、渗井、渗坑、裂隙、溶洞、灌注等逃避监管的方式排放污染物的;(7)通过篡改、伪造监测数据的方式排放污染物的;(8)其他足以认定的情形。

4. 关于生态环境损害标准的认定

会议针对如何适用《环境解释》第一条、第三条规定的"造成生态环境严重损害的""造成生态环境特别严重损害的"定罪量刑标准进行了讨论。会议指出,生态环境损害赔偿制度是生态文明制度体系的重要组成部分。党中央、国务院高度重视生态环境损害赔偿工作,党的十八届三中全会明确提出对造成生态环境损害的责任者严格实行赔偿制度。2015年,中央办公厅、国务院办公厅印发《生态环境损害赔偿制度改革试点方案》(中办发〔2015〕57号),在吉林等7个省市部署开展改革试点,取得明显成效。2017年,中央办公厅、国务院办公厅印发《生态环境损害赔偿制度改革方案》(中办发〔2017〕68号),在全国范围内试行生态环境损害赔偿制度。

会议指出,《环境解释》将造成生态环境损害规定为污染环境罪的定罪量刑标准之一,是为了与生态环境损害赔偿制度实现衔接配套,考虑到该制度尚在试行过程中,《环境解释》作了较原则的规定。司法实践中,一些省市结合本地区工作实际制定了具体标准。会议认为,在生态环境损害赔偿制度试行阶段,全国各省(自治区、直辖市)可以结合本地实际情况,因地制宜,因时制宜,根据案件具体情况准确认定"造成生态环境严重损害"和"造成生态环境特别严重损害"。

5. 关于非法经营罪的适用

会议针对如何把握非法经营罪与污染环境罪的关系以及如何具体适用非法经营罪的问题进行了讨论。会议强调,要高度重视非法经营危险废物案件的办理,坚持全链条、全环节、全流程对非法排放、倾倒、处置、经营危险废物的产业链进行刑事打击,查清犯罪网络,深挖犯罪源头,斩断利益链条,不断挤压和铲除此类犯罪滋生蔓延的空间。

会议认为,准确理解和适用《环境解释》第六条的规定应当注意把握两个原则:一要坚持实质判断原则,对行为人非法经营危险废物行为的社会危害性作实质性判断。比如,一些单位或者个人虽未依法取得危险废物经营许可证,但其收集、贮存、利用、处置危险废物经营活动,没有超标排放污染物、非法倾倒污染物或者其他违法造成环境污染情形的,则不宜以非法经营罪论处。二要坚持综合判断原则,对行为人非法经营危险废物行为根据其在犯罪链条中的地位、作用综合判断其社会危害性。比如,有证据证明单位或者个人的无证经营危险废物行为属于危险废物非法经营产业链的一部分,并且已经形成了分工负责、利益均沾、相对固定的犯罪链条,如果行为人或者与其联系紧密的上游或者下游环节具有排放、倾倒、处置危险废物违法造成环境污染的情形,且交易价格明显异常的,对行为人可以根据案件具体情况在污染环境罪和非法经营罪中,择一重罪处断。

6. 关于投放危险物质罪的适用

会议强调,目前我国一些地方环境违法犯罪活动高发多发,刑事处罚威慑力不强的问题仍然突出,现阶段在办理环境污染犯罪案件时必须坚决贯彻落实中央领导同志关于重典治理污染的指示精神,把刑法和《环境解释》的规定用足用好,形成对环境污染违法犯罪的强大震慑。

会议认为,司法实践中对环境污染行为适用投放危险物质罪追究刑事责任时,应当重点审查判断行为人的主观恶性、污染行为恶劣程度、污染物的毒害性危险性、污染持续时间、污染结果是否可逆、是否对公共安全造成现实、具体、明确的危险或者危害等各方面因素。对于行为人明知其排放、倾倒、处置的污染物含有毒害性、放射性、传染病病原体等危险物质,仍实施环境污染行为放任其危害公共安全,造成重大人员伤亡、重大公私财产损失等严重后果,以污染环境罪论处明显不足以罚当其罪的,可以按投放危险物质罪定罪量刑。实践中,此类情形主要是向饮用水水源保护区,饮用水供水单位取水口和出水口,南水北调水库、干渠、涵洞等配套工程,重要渔业水体以及自然保护区核心区等特殊保护区域,排放、倾倒、处置毒害性极强的污染物,危害公共安全并造成严重后果的情形。

7. 关于涉大气污染环境犯罪的处理

会议针对涉大气污染环境犯罪的打击处理问题进行了讨论。会议强调,打赢蓝天保卫战是打好污染防治攻坚战的重中之重。各级人民法院、人民检察院、公安机关、生态环境部门要认真分析研究全国人大常委会大气污染防治法执法检查发现的问题和提出的建议,不断加大对涉大气污染环境犯罪的打击力度,毫不动摇地以法律武器治理污染,用法治力量保卫蓝天,推动解决人民群众关注的突出大气环境问题。

会议认为,司法实践中打击涉大气污染环境犯罪,要抓住关键问题,紧盯薄弱环节,突出打击重点。对重污染天气预警期间,违反国家规定,超标排放二氧化硫、氮氧化物,受过行政处罚后又实施上述行为或者具有其他严重情节的,可以适用《环境解释》第一条第十八项规定的"其他严重污染环境的情形"追究刑事责任。

8. 关于非法排放、倾倒、处置行为的认定

会议针对如何准确认定环境污染犯罪中非法排放、倾倒、处置行为进行了讨论。会议认为,司法实践中认定非法排放、倾倒、处置行为时,应当根据《固体废物污染环境防治法》和《环境解释》的有关规定精神,从其行为方式是否违反国家规定或者行业操作规范、污染物是否与外环境接触、是否造成环境污染的危险或者危害等方面进行综合分析判断。对名为运输、贮存、利用,实为排放、

倾倒、处置的行为应当认定为非法排放、倾倒、处置行为,可以依法追究刑事责任。比如,未采取相应防范措施将没有利用价值的危险废物长期贮存、搁置,放任危险废物或者其有毒有害成分大量扬散、流失、泄漏、挥发,污染环境的。

9. 关于有害物质的认定

会议针对如何准确认定刑法第三百三十八条规定的"其他有害物质"的问题进行了讨论。会议认为,办理非法排放、倾倒、处置其他有害物质的案件,应当坚持主客观相一致原则,从行为人的主观恶性、污染行为恶劣程度、有害物质危险性毒害性等方面进行综合分析判断,准确认定其行为的社会危害性。实践中,常见的有害物质主要有:工业危险废物以外的其他工业固体废物;未经处理的生活垃圾;有害大气污染物、受控消耗臭氧层物质和有害水污染物;在利用和处置过程中必然产生有毒有害物质的其他物质;国务院生态环境保护主管部门会同国务院卫生主管部门公布的有毒有害污染物名录中的有关物质等。

10. 关于从重处罚情形的认定

会议强调,要坚决贯彻党中央推动长江经济带发展的重大决策,为长江经济带共抓大保护、不搞大开发提供有力的司法保障。实践中,对于发生在长江经济带十一省(直辖市)的下列环境污染犯罪行为,可以从重处罚:(1)跨省(直辖市)排放、倾倒、处置有放射性的废物、含传染病病原体的废物、有毒物质或者其他有害物质的;(2)向国家确定的重要江河、湖泊或者其他跨省(直辖市)江河、湖泊排放、倾倒、处置有放射性的废物、含传染病病原体的废物、有毒物质或者其他有害物质的。

11. 关于严格适用不起诉、缓刑、免予刑事处罚

会议针对当前办理环境污染犯罪案件中如何严格适用不起诉、缓刑、免予刑事处罚的问题进行了讨论。会议强调,环境污染犯罪案件的刑罚适用直接关系加强生态环境保护打好污染防治攻坚战的实际效果。各级人民法院、人民检察院要深刻认识环境污染犯罪的严重社会危害性,正确贯彻宽严相济刑事政策,充分发挥刑罚的惩治和预防功能。要在全面把握犯罪事实和量刑情节的基础上严格依照刑法和刑事诉讼法规定的条件适用不起诉、缓刑、免予刑事处罚,既要考虑从宽情节,又要考虑从严情节;既要做到刑罚与犯罪相当,又要做到刑罚执行方式与犯罪相当,切实避免不起诉、缓刑、免予刑事处罚不当适用造成的消极影响。

会议认为,具有下列情形之一的,一般不适用不起诉、缓刑或者免予刑事处罚:(1)不如实供述罪行的;(2)属于共同犯罪中情节严重的主犯的;(3)犯有数个环境污染犯罪依法实行并罚或者以一罪处理的;(4)曾因环境污染违法犯罪行为受过行政处罚或者刑事处罚的;(5)其他不宜适用不起诉、缓刑、免予刑事处罚的情形。

会议要求,人民法院审理环境污染犯罪案件拟适用缓刑或者免予刑事处罚的,应当分析案发前后的社会影响和反映,注意听取控辩双方提出的意见。对于情节恶劣、社会反映强烈的环境污染犯罪,不得适用缓刑、免予刑事处罚。人民法院对判处缓刑的被告人,一般应当同时宣告禁止令,禁止其在缓刑考验期内从事与排污或者处置危险废物有关的经营活动。生态环境部门根据禁止令,对上述人员担任实际控制人、主要负责人或者高级管理人员的单位,依法不得发放排污许可证或者危险废物经营许可证。

三

会议要求,各部门要认真执行《环境解释》和原环境保护部、公安部、最高人民检察院《环境保护行政执法与刑事司法衔接工作办法》(环环监〔2017〕17号)的有关规定,进一步理顺部门职责,畅通衔接渠道,建立健全环境行政执法与刑事司法衔接的长效工作机制。

12. 关于管辖的问题

会议针对环境污染犯罪案件的管辖问题进行了讨论。会议认为,实践中一些环境污染犯罪案件属于典型的跨区域刑事案件,容易存在管辖不明或者有争议的情况,各级人民法院、人民检察院、公安机关要加强沟通协调,共同研究解决。

会议提出,跨区域环境污染犯罪案件由犯罪地的公安机关管辖。如果由犯罪嫌疑人居住地的公安机关管辖更为适宜的,可以由犯罪嫌疑人居住地的公安机关管辖。犯罪地包括环境污染行为发生地和结果发生地。"环境污染行为发生地"包括环境污染行为的实施地以及预备地、开始地、途经地、结束地以及排放、倾倒污染物的车船停靠地、始发地、途经地、到达地等地点;环境污染行为有连续、持续或者继续状态的,相关地方都属于环境污染行为发生地。"环境污染结果发生地"包括污染物排放地、倾倒地、堆放地、污染发生地等。

多个公安机关都有权立案侦查的,由最初受理的或者主要犯罪地的公安机关立案侦查,管辖有争议的,按照有利于查清犯罪事实、有利于诉讼的原则,由共同的上级公安机关协调确定的公安机关立案侦查,需要提请批准逮捕、移送审查起诉、提起公诉的,由该公安机关所在地的人民检察院、人民法院受理。

13. 关于危险废物的认定

会议针对危险废物如何认定以及是否需要鉴定的问题进行了讨论。会议认为,根据《环境解释》的规定精神,对于列入《国家危险废物名录》的,如果来源和相应特征明确,司法人员根据自身专业技术知识和工作经验认定难度不大的,司法机关可以依据名录直接认定。对于来源和相应特征不明确的,由生态环境部门、公安机关等出具书面意见,司法机关可以依据涉案物质的来源、产生过程、被告人供述、证人证言以及经批准或者备案的环境影响评价文件等证据,结合上述书面意见作出是否属于危险废物的认定。对于需要生态环境部门、公安机关等出具书面认定意见的,区分下列情况分别处理:(1)对已确认固体废物产生单位,且产废单位环评文件中明确为危险废物的,根据产废单位建设项目环评文件和审批、验收意见、案件笔录等材料,可对照《国家危险废物名录》等出具认定意见。(2)对已确认固体废物产生单位,但产废单位环评文件中未明确为危险废物的,应进一步分析废物产生工艺,对照判断其是否列入《国家危险废物名录》。列入名录的可以直接出具认定意见;未列入名录的,应根据原辅材料、产生工艺等进一步分析其是否具有危险特性,不可能具有危险特性的,不属于危险废物;可能具有危险特性的,抽取典型样品进行检测,并根据典型样品检测指标浓度,对照《危险废物鉴别标准》(GB5085.1-7)出具认定意见。(3)对固体废物产生单位无法确定的,应抽取典型样品进行检测,根据典型样品检测指标浓度,对照《危险废物鉴别标准》(GB5085.1-7)出具认定意见。对确需进一步委托有相关资质的检测鉴定机构进行检测鉴定的,生态环境部门或者公安机关按照有关规定开展检测鉴定工作。

14. 关于鉴定的问题

会议指出,针对当前办理环境污染犯罪案件中存在的司法鉴定有关问题,司法部将会同生态环境部,加快准入一批诉讼急需、社会关注的环境损害司法鉴定机构,加快对环境损害司法鉴定相关技术规范和标准的制定、修改和认定工作,规范鉴定程序,指导各地司法行政机关会同价格主管部门制定出台环境损害司法鉴定收费标准,加强与办案机关的沟通衔接,更好地满足办案机关需求。

会议要求,司法部应当根据《关于严格准入严格监管提高司法鉴定质量和公信力的意见》(司发〔2017〕11号)的要求,会同生态环境部加强对环境损害司法鉴定机构的事中事后监管,加强司法鉴定社会信用体系建设,建立黑名单制度,完善退出机制,及时向社会公开违法违规的环境损害司法鉴定机构和鉴定人行政处罚、行业惩戒等监管信息,对弄虚作假造成环境损害鉴定评估结论严重失实或者违规收取高额费用、情节严重的,依法撤销登记。鼓励有关单位或者个人向司法部、生态环境部举报环境损害司法鉴定机构的违法违规行为。

会议认为,根据《环境解释》的规定精神,对涉及案件定罪量刑的核心或者关键专门性问题难以确定的,由司法鉴定机构出具鉴定意见。实践中,这类核心或者关键专门性问题主要是案件具体适用的定罪量刑标准涉及的专门性问题,比如公私财产损失数额、超过排放标准倍数、污染物性质判断等。对案件的其他非核心或者关键专门性问题,或者可鉴定也可不鉴定的专门性问题,一般不委托鉴定。比如,适用《环境解释》第一条第二项"非法排放、倾倒、处置危险废物三吨以上"的规定对当事人追究刑事责任的,除可能适用公私财产损失第二档定罪量刑标准的以外,则不应再对公私财产损失数额或者超过排放标准倍数进行鉴定。涉及案件定罪量刑的核心或者关键专门性问题难以鉴定或者鉴定费用明显过高的,司法机关可以结合案件其他证据,并参考生态环境部门意见、专家意见等作出认定。

15. 关于监测数据的证据资格问题

会议针对实践中地方生态环境部门及其所属监测机构委托第三方监测机构出具报告的证据资格问题进行了讨论。会议认为,地方生态环境部门及其所属监测机构委托第三方监测机构出具的监测报告,地方生态环境部门及其所属监测机构在行政执法过程中予以采用的,其实质属于《环境解释》第十二条规定的"环境保护主管部门及其所属监测机构在行政执法过程中收集的监测数据",在刑事诉讼中可以作为证据使用。

(十一)危害国防利益罪

最高人民法院关于审理危害军事通信刑事案件具体应用法律若干问题的解释

- 2007年6月18日最高人民法院审判委员会第1430次会议通过
- 2007年6月26日最高人民法院公告公布
- 自2007年6月29日起施行
- 法释〔2007〕13号

为依法惩治危害军事通信的犯罪活动,维护国防利益和军事通信安全,根据刑法有关规定,现就审理这类刑事案件具体应用法律的若干问题解释如下：

第一条 故意实施损毁军事通信线路、设备，破坏军事通信计算机信息系统，干扰、侵占军事通信电磁频谱等行为的，依照刑法第三百六十九条第一款的规定，以破坏军事通信罪定罪，处三年以下有期徒刑、拘役或者管制；破坏重要军事通信的，处三年以上十年以下有期徒刑。

第二条 实施破坏军事通信行为，具有下列情形之一的，属于刑法第三百六十九条第一款规定的"情节特别严重"，以破坏军事通信罪定罪，处十年以上有期徒刑、无期徒刑或者死刑：

（一）造成重要军事通信中断或者严重障碍，严重影响部队完成作战任务或者致使部队在作战中遭受损失的；

（二）造成部队执行抢险救灾、军事演习或者处置突发性事件等任务的通信中断或者严重障碍，并因此贻误部队行动，致使死亡3人以上、重伤10人以上或者财产损失100万元以上的；

（三）破坏重要军事通信三次以上的；

（四）其他情节特别严重的情形。

第三条 过失损坏军事通信，造成重要军事通信中断或者严重障碍的，属于刑法第三百六十九条第二款规定的"造成严重后果"，以过失损坏军事通信罪定罪，处三年以下有期徒刑或者拘役。

第四条 过失损坏军事通信，具有下列情形之一的，属于刑法第三百六十九条第二款规定的"造成特别严重后果"，以过失损坏军事通信罪定罪，处三年以上七年以下有期徒刑：

（一）造成重要军事通信中断或者严重障碍，严重影响部队完成作战任务或者致使部队在作战中遭受损失的；

（二）造成部队执行抢险救灾、军事演习或者处置突发性事件等任务的通信中断或者严重障碍，并因此贻误部队行动，致使死亡3人以上、重伤10人以上或者财产损失100万元以上的；

（三）其他后果特别严重的情形。

第五条 建设、施工单位直接负责的主管人员、施工管理人员，明知是军事通信线路、设备而指使、强令、纵容他人予以损毁的，或者不听管护人员劝阻，指使、强令、纵容他人违章作业，造成军事通信线路、设备损毁的，以破坏军事通信罪定罪处罚。

建设、施工单位直接负责的主管人员、施工管理人员，忽视军事通信线路、设备保护标志，指使、纵容他人违章作业，致使军事通信线路、设备损毁，构成犯罪的，以过失损坏军事通信罪定罪处罚。

第六条 破坏、过失损坏军事通信，并造成公用电信设施损毁，危害公共安全，同时构成刑法第一百二十四条和第三百六十九条规定的犯罪的，依照处罚较重的规定定罪处罚。

盗窃军事通信线路、设备，不构成盗窃罪，但破坏军事通信的，依照刑法第三百六十九条第一款的规定定罪处罚；同时构成刑法第一百二十四条、第二百六十四条和第三百六十九条第一款规定的犯罪的，依照处罚较重的规定定罪处罚。

违反国家规定，侵入国防建设、尖端科学技术领域的军事通信计算机信息系统，尚未对军事通信造成破坏的，依照刑法第二百八十五条的规定定罪处罚；对军事通信造成破坏，同时构成刑法第二百八十五条、第二百八十六条、第三百六十九条第一款规定的犯罪的，依照处罚较重的规定定罪处罚。

违反国家规定，擅自设置、使用无线电台、站，或者擅自占用频率，经责令停止使用后拒不停止使用，干扰无线电通讯正常进行，构成犯罪的，依照刑法第二百八十八条的规定定罪处罚；造成军事通信中断或者严重障碍，同时构成刑法第二百八十八条、第三百六十九条第一款规定的犯罪的，依照处罚较重的规定定罪处罚。

第七条 本解释所称"重要军事通信"，是指军事首脑机关及重要指挥中心的通信，部队作战中的通信，等级战备通信，飞行航行训练、抢险救灾、军事演习或者处置突发性事件中的通信，以及执行试飞试航、武器装备科研试验或者远洋航行等重要军事任务中的通信。

本解释所称军事通信的具体范围、通信中断和严重障碍的标准，参照中国人民解放军通信主管部门的有关规定确定。

最高人民法院、最高人民检察院关于办理妨害武装部队制式服装、车辆号牌管理秩序等刑事案件具体应用法律若干问题的解释

· 2011年3月28日最高人民法院审判委员会第1516次会议、2011年4月13日最高人民检察院第十一届检察委员会第60次会议通过
· 2011年7月20日最高人民法院、最高人民检察院公告公布
· 自2011年8月1日起施行
· 法释〔2011〕16号

为依法惩治妨害武装部队制式服装、车辆号牌管理秩序等犯罪活动，维护国防利益，根据《中华人民共和国

《刑法》有关规定,现就办理非法生产、买卖武装部队制式服装,伪造、盗窃、买卖武装部队车辆号牌等刑事案件的若干问题解释如下:

第一条 伪造、变造、买卖或者盗窃、抢夺武装部队公文、证件、印章,具有下列情形之一的,应当依照刑法第三百七十五条第一款的规定,以伪造、变造、买卖武装部队公文、证件、印章罪或者盗窃、抢夺武装部队公文、证件、印章罪定罪处罚:

(一)伪造、变造、买卖或者盗窃、抢夺武装部队公文一件以上的;

(二)伪造、变造、买卖或者盗窃、抢夺武装部队军官证、士兵证、车辆行驶证、车辆驾驶证或者其他证件二本以上的;

(三)伪造、变造、买卖或者盗窃、抢夺武装部队机关印章、车辆牌证印章或者其他印章一枚以上的。

实施前款规定的行为,数量达到第(一)至(三)项规定标准五倍以上或者造成严重后果的,应当认定为刑法第三百七十五条第一款规定的"情节严重"。

第二条 非法生产、买卖武装部队现行装备的制式服装,具有下列情形之一的,应当认定为刑法第三百七十五条第二款规定的"情节严重",以非法生产、买卖武装部队制式服装罪定罪处罚:

(一)非法生产、买卖成套制式服装三十套以上,或者非成套制式服装一百件以上的;

(二)非法生产、买卖帽徽、领花、臂章等标志服饰合计一百件(副)以上的;

(三)非法经营数额二万元以上的;

(四)违法所得数额五千元以上的;

(五)具有其他严重情节的。

第三条 伪造、盗窃、买卖或者非法提供、使用武装部队车辆号牌等专用标志,具有下列情形之一的,应当认定为刑法第三百七十五条第三款规定的"情节严重",以伪造、盗窃、买卖、非法提供、非法使用武装部队专用标志罪定罪处罚:

(一)伪造、盗窃、买卖或者非法提供、使用武装部队军以上领导机关车辆号牌一副以上或者其他车辆号牌三副以上的;

(二)非法提供、使用军以上领导机关车辆号牌之外的其他车辆号牌累计六个月以上的;

(三)伪造、盗窃、买卖或者非法提供、使用军徽、军旗、军种符号或者其他军用标志合计一百件(副)以上的;

(四)造成严重后果或者恶劣影响的。

实施前款规定的行为,具有下列情形之一的,应当认定为刑法第三百七十五条第三款规定的"情节特别严重":

(一)数量达到前款第(一)、(三)项规定标准五倍以上的;

(二)非法提供、使用军以上领导机关车辆号牌累计六个月以上或者其他车辆号牌累计一年以上的;

(三)造成特别严重后果或者特别恶劣影响的。

第四条 买卖、盗窃、抢夺伪造、变造的武装部队公文、证件、印章的,买卖仿制的现行装备的武装部队制式服装情节严重的,盗窃、买卖、提供、使用伪造、变造的武装部队车辆号牌等专用标志情节严重的,应当追究刑事责任。定罪量刑标准适用本解释第一至第三条的规定。

第五条 明知他人实施刑法第三百七十五条规定的犯罪行为,而为其生产、提供专用材料或者提供资金、账号、技术、生产经营场所等帮助的,以共犯论处。

第六条 实施刑法第三百七十五条规定的犯罪行为,同时又构成逃税、诈骗、冒充军人招摇撞骗等犯罪的,依照处罚较重的规定定罪处罚。

第七条 单位实施刑法第三百七十五条第二款、第三款规定的犯罪行为,对单位判处罚金,并对其直接负责的主管人员和其他直接责任人员,分别依照本解释的有关规定处罚。

(十二)贪污贿赂罪

最高人民检察院关于挪用国库券如何定性问题的批复

• 1997年10月13日
• 高检发释字〔1997〕5号

宁夏回族自治区人民检察院:

你院宁检发字〔1997〕43号《关于国库券等有价证券是否可以成为挪用公款罪所侵犯的对象以及以国库券抵押贷款的行为如何定性等问题的请示》收悉。关于挪用国库券如何定性的问题,经研究,批复如下:

国家工作人员利用职务上的便利,挪用公有或本单位的国库券的行为以挪用公款论;符合刑法第384条、第272条第2款规定的情形构成犯罪的,按挪用公款罪追究刑事责任。

最高人民法院关于审理挪用公款案件具体应用法律若干问题的解释

- 1998年4月6日最高人民法院审判委员会第972次会议通过
- 1998年4月29日最高人民法院公告公布
- 自1998年5月9日起施行
- 法释〔1998〕9号

为依法惩处挪用公款犯罪，根据刑法的有关规定，现对办理挪用公款案件具体应用法律的若干问题解释如下：

第一条 刑法第三百八十四条规定的，"挪用公款归个人使用"，包括挪用者本人使用或者给他人使用。

挪用公款给私有公司、私有企业使用的，属于挪用公款归个人使用。

第二条 对挪用公款罪，应区分三种不同情况予以认定：

（一）挪用公款归个人使用，数额较大、超过三个月未还的，构成挪用公款罪。

挪用正在生息或者需要支付利息的公款归个人使用，数额较大，超过三个月但在案发前全部归还本金的，可以从轻处罚或者免除处罚。给国家、集体造成的利息损失应予追缴。挪用公款数额巨大，超过三个月，案发前全部归还的，可以酌情从轻处罚。

（二）挪用公款数额较大，归个人进行营利活动的，构成挪用公款罪，不受挪用时间和是否归还的限制。在案发前部分或者全部归还本息的，可以从轻处罚；情节轻微的，可以免除处罚。

挪用公款存入银行、用于集资、购买股票、国债等，属于挪用公款进行营利活动。所获取的利息、收益等违法所得，应当追缴，但不计入挪用公款的数额。

（三）挪用公款归个人使用，进行赌博、走私等非法活动的，构成挪用公款罪，不受"数额较大"和挪用时间的限制。

挪用公款给他人使用，不知道使用人用公款进行营利活动或者用于非法进行营利活动或者用于非法活动，数额较大、超过三个月未还的，构成挪用公款罪；明知使用人用于营利活动或者非法活动的，应当认定为挪用人挪用公款进行营利活动或者非法活动。

第三条 挪用公款归个人使用，"数额较大、进行营利活动的"，或者"数额较大、超过三个月未还的"，以挪用公款一万元至三万元为"数额较大"的起点，以挪用公款十五万元至二十万元为"数额巨大"的起点。挪用公款"情节严重"，是指挪用公款数额巨大，或者数额虽未达到巨大，但挪用公款手段恶劣；多次挪用公款；因挪用公款严重影响生产、经营，造成严重损失等情形。

"挪用公款归个人使用，进行非法活动的"，以挪用公款五千元至一万元为追究刑事责任的数额起点。挪用公款五万元至十万元以上的，属于挪用公款归个人使用，进行非法活动，"情节严重"的情形之一。挪用公款归个人使用，进行非法活动，情节严重的其他情形，按照本条第一款的规定执行。

各高级人民法院可以根据本地实际情况，按照本解释规定的数额幅度，确定本地区执行的具体数额标准，并报最高人民法院备案。

挪用救灾、抢险、防汛、优抚、扶贫、移民、救济款物归个人使用的数额标准，参照挪用公款归个人使用进行非法活动的数额标准。

第四条 多次挪用公款不还，挪用公款数额累计计算；多次挪用公款，并以后次挪用的公款归还前次挪用的公款，挪用公款数额以案发时未还的实际数额认定。

第五条 "挪用公款数额巨大不退还的"，是指挪用公款数额巨大，因客观原因在一审宣判前不能退还的。

第六条 携带挪用的公款潜逃的，依照刑法第三百八十二条、第三百八十三条的规定定罪处罚。

第七条 因挪用公款索取、收受贿赂构成犯罪的，依照数罪并罚的规定处罚。

挪用公款进行非法活动构成其他犯罪的，依照数罪并罚的规定处罚。

第八条 挪用公款给他人使用，使用人与挪用人共谋，指使或者参与策划取得挪用款的，以挪用公款罪的共犯定罪处罚。

最高人民法院关于对受委托管理、经营国有财产人员挪用国有资金行为如何定罪问题的批复

- 2000年2月13日最高人民法院审判委员会第1099次会议通过
- 2000年2月16日最高人民法院公告公布
- 自2000年2月24日起施行
- 法释〔2000〕5号

江苏省高级人民法院：

你院苏高法〔1999〕94号《关于受委托管理、经营国

有财产的人员能否作为挪用公款罪主体问题的请示》收悉。经研究，答复如下：

对于受国家机关、国有公司、企业、事业单位、人民团体委托，管理、经营国有财产的非国家工作人员，利用职务上的便利，挪用国有资金归个人使用构成犯罪的，应当依照刑法第二百七十二条第一款的规定定罪处罚。

最高人民检察院关于国家工作人员挪用非特定公物能否定罪的请示的批复

- 2000年3月15日
- 高检发释字〔2000〕1号

山东省人民检察院：

你院鲁检发研字〔1999〕第3号《关于国家工作人员挪用非特定公物能否定罪的请示》收悉。经研究认为，刑法第384条规定的挪用公款罪中未包括挪用非特定公物归个人使用的行为，对该行为不以挪用公款罪论处。如构成其他犯罪的，依照刑法的相关规定定罪处罚。

最高人民法院关于国家工作人员利用职务上的便利为他人谋取利益离退休后收受财物行为如何处理问题的批复

- 2000年6月30日最高人民法院审判委员会第1121次会议通过
- 2000年7月13日最高人民法院公告公布
- 自2000年7月21日起施行
- 法释〔2000〕21号

江苏省高级人民法院：

你院苏高法〔1999〕65号《关于国家工作人员在职时为他人谋利，离退休后收受财物是否构成受贿罪的请示》收悉。经研究，答复如下：

国家工作人员利用职务上的便利为请托人谋取利益，并与请托人事先约定，在其离退休后收受请托人财物，构成犯罪的，以受贿罪定罪处罚。

此复。

最高人民检察院关于挪用失业保险基金和下岗职工基本生活保障资金的行为适用法律问题的批复

- 2003年1月13日最高人民检察院第九届检察委员会第118次会议通过
- 2003年1月28日最高人民检察院公告公布
- 自2003年1月30日起施行

辽宁省人民检察院：

你院辽检发研字〔2002〕9号《关于挪用职工失业保险金和下岗职工生活保障金是否属于挪用特定款物的请示》收悉。经研究，批复如下：

挪用失业保险基金和下岗职工基本生活保障资金属于挪用救济款物。挪用失业保险基金和下岗职工基本生活保障资金，情节严重，致使国家和人民群众利益遭受重大损害的，对直接责任人员，应当依照刑法第二百七十三条的规定，以挪用特定款物罪追究刑事责任；国家工作人员利用职务上的便利，挪用失业保险基金和下岗职工基本生活保障资金归个人使用，构成犯罪的，应当依照刑法第三百八十四条的规定，以挪用公款罪追究刑事责任。

此复。

最高人民检察院法律政策研究室关于集体性质的乡镇卫生院院长利用职务之便收受他人财物的行为如何适用法律问题的答复

- 2003年4月2日
- 〔2003〕高检研发第9号

山东省人民检察院研究室：

你院《关于工人身份的乡镇卫生院院长利用职务之便收受贿赂如何适用法律问题的请示》（鲁检发研字〔2001〕第10号）收悉。经研究，答复如下：

经过乡镇政府或者主管行政机关任命的乡镇卫生院院长，在依法从事本区域卫生工作的管理与业务技术指导，承担医疗预防保健服务工作等公务活动时，属于刑法第九十三条第二款规定的其他依照法律从事公务的人员。对其利用职务上的便利，索取他人财物的，或者非法收受他人财物，为他人谋取利益的，应当依照刑法第三百八十五条、第三百八十六条的规定，以受贿罪追究刑事责任。

此复。

最高人民法院关于挪用公款犯罪如何计算追诉期限问题的批复

- 2003年9月18日最高人民法院审判委员会第1290次会议通过
- 2003年9月22日最高人民法院公告公布
- 自2003年10月10日起施行
- 法释〔2003〕16号

天津市高级人民法院：

你院津高法〔2002〕4号《关于挪用公款犯罪如何计算追诉期限问题的请示》收悉。经研究，答复如下：

根据刑法第八十九条、第三百八十四条的规定，挪用公款归个人使用，进行非法活动的，或者挪用公款数额较大、进行营利活动的，犯罪的追诉期限从挪用行为实施完毕之日起计算；挪用公款数额较大、超过三个月未还的，犯罪的追诉期限从挪用公款罪成立之日起计算。挪用公款行为有连续状态的，犯罪的追诉期限应当从最后一次挪用行为实施完毕之日或者犯罪成立之日起计算。

此复

最高人民法院、最高人民检察院关于办理受贿刑事案件适用法律若干问题的意见

- 2007年7月8日
- 法发〔2007〕22号

为依法惩治受贿犯罪活动，根据刑法有关规定，现就办理受贿刑事案件具体适用法律若干问题，提出以下意见：

一、关于以交易形式收受贿赂问题

国家工作人员利用职务上的便利为请托人谋取利益，以下列交易形式收受请托人财物的，以受贿论处：

（1）以明显低于市场的价格向请托人购买房屋、汽车等物品的；

（2）以明显高于市场的价格向请托人出售房屋、汽车等物品的；

（3）以其他交易形式非法收受请托人财物的。

受贿数额按照交易时当地市场价格与实际支付价格的差额计算。

前款所列市场价格包括商品经营者事先设定的不针对特定人的最低优惠价格。根据商品经营者事先设定的各种优惠交易条件，以优惠价格购买商品的，不属于受贿。

二、关于收受干股问题

干股是指未出资而获得的股份。国家工作人员利用职务上的便利为请托人谋取利益，收受请托人提供的干股的，以受贿论处。进行了股权转让登记，或者相关证据证明股份发生了实际转让的，受贿数额按转让行为时股份价值计算，所分红利按受贿孳息处理。股份未实际转让，以股份分红名义获取利益的，实际获利数额应当认定为受贿数额。

三、关于以开办公司等合作投资名义收受贿赂问题

国家工作人员利用职务上的便利为请托人谋取利益，由请托人出资，"合作"开办公司或者进行其他"合作"投资的，以受贿论处。受贿数额为请托人给国家工作人员的出资额。

国家工作人员利用职务上的便利为请托人谋取利益，以合作开办公司或者其他合作投资的名义获取"利润"，没有实际出资和参与管理、经营的，以受贿论处。

四、关于以委托请托人投资证券、期货或者其他委托理财的名义收受贿赂问题

国家工作人员利用职务上的便利为请托人谋取利益，以委托请托人投资证券、期货或者其他委托理财的名义，未实际出资而获取"收益"，或者虽然实际出资，但获取"收益"明显高于出资应得收益的，以受贿论处。受贿数额，前一情形，以"收益"额计算；后一情形，以"收益"额与出资应得收益额的差额计算。

五、关于以赌博形式收受贿赂的认定问题

根据《最高人民法院、最高人民检察院关于办理赌博刑事案件具体应用法律若干问题的解释》第七条规定，国家工作人员利用职务上的便利为请托人谋取利益，通过赌博方式收受请托人财物的，构成受贿。

实践中应注意区分贿赂与赌博活动、娱乐活动的界限。具体认定时，主要应当结合以下因素进行判断：

（1）赌博的背景、场合、时间、次数；

（2）赌资来源；

（3）其他赌博参与者有无事先通谋；

（4）输赢钱物的具体情况和金额大小。

六、关于特定关系人"挂名"领取薪酬问题

国家工作人员利用职务上的便利为请托人谋取利益，要求或者接受请托人以给特定关系人安排工作为名，使特定关系人不实际工作却获取所谓薪酬的，以受贿论处。

七、关于由特定关系人收受贿赂问题

国家工作人员利用职务上的便利为请托人谋取利益，授意请托人以本意见所列形式，将有关财物给予特定关系人的，以受贿论处。

特定关系人与国家工作人员通谋，共同实施前款行为的，对特定关系人以受贿罪的共犯论处。特定关系人以外的其他人与国家工作人员通谋，由国家工作人员利用职务上的便利为请托人谋取利益，收受请托人财物后双方共同占有的，以受贿罪的共犯论处。

八、关于收受贿赂物品未办理权属变更问题

国家工作人员利用职务上的便利为请托人谋取利益，收受请托人房屋、汽车等物品，未变更权属登记或者借用他人名义办理权属变更登记的，不影响受贿的认定。

认定以房屋、汽车等物品为对象的受贿，应注意与借用的区分。具体认定时，除双方交代或者书面协议之外，主要应当结合以下因素进行判断：

（1）有无借用的合理事由；
（2）是否实际使用；
（3）借用时间的长短；
（4）有无归还的条件；
（5）有无归还的意思表示及行为。

九、关于收受财物后退还或者上交问题

国家工作人员收受请托人财物后及时退还或者上交的，不是受贿。

国家工作人员受贿后，因自身或者与其受贿有关联的人、事被查处，为掩饰犯罪而退还或者上交的，不影响认定受贿罪。

十、关于在职时为请托人谋利，离职后收受财物问题

国家工作人员利用职务上的便利为请托人谋取利益之前或者之后，约定在其离职后收受请托人财物，并在离职后收受的，以受贿论处。

国家工作人员利用职务上的便利为请托人谋取利益，离职前后连续收受请托人财物的，离职前后收受部分均应计入受贿数额。

十一、关于"特定关系人"的范围

本意见所称"特定关系人"，是指与国家工作人员有近亲属、情妇（夫）以及其他共同利益关系的人。

十二、关于正确贯彻宽严相济刑事政策的问题

依照本意见办理受贿刑事案件，要根据刑法关于受贿罪的有关规定和受贿罪权钱交易的本质特征，准确区分罪与非罪、此罪与彼罪的界限，惩处少数，教育多数。在从严惩处受贿犯罪的同时，对于具有自首、立功等情节的，依法从轻、减轻或者免除处罚。

最高人民法院、最高人民检察院关于办理商业贿赂刑事案件适用法律若干问题的意见

· 2008年11月20日
· 法发〔2008〕33号

为依法惩治商业贿赂犯罪，根据刑法有关规定，结合办案工作实际，现就办理商业贿赂刑事案件适用法律的若干问题，提出如下意见：

一、商业贿赂犯罪涉及刑法规定的以下八种罪名：
（1）非国家工作人员受贿罪（刑法第一百六十三条）；
（2）对非国家工作人员行贿罪（刑法第一百六十四条）；
（3）受贿罪（刑法第三百八十五条）；
（4）单位受贿罪（刑法第三百八十七条）；
（5）行贿罪（刑法第三百八十九条）；
（6）对单位行贿罪（刑法第三百九十一条）；
（7）介绍贿赂罪（刑法第三百九十二条）；
（8）单位行贿罪（刑法第三百九十三条）。

二、刑法第一百六十三条、第一百六十四条规定的"其他单位"，既包括事业单位、社会团体、村民委员会、居民委员会、村民小组等常设性的组织，也包括为组织体育赛事、文艺演出或者其他正当活动而成立的组委会、筹委会、工程承包队等非常设性的组织。

三、刑法第一百六十三条、第一百六十四条规定的"公司、企业或者其他单位的工作人员"，包括国有公司、企业以及其他国有单位中的非国家工作人员。

四、医疗机构中的国家工作人员，在药品、医疗器械、医用卫生材料等医药产品采购活动中，利用职务上的便利，索取销售方财物，或者非法收受销售方财物，为销售方谋取利益，构成犯罪的，依照刑法第三百八十五条的规定，以受贿罪定罪处罚。

医疗机构中的非国家工作人员，有前款行为，数额较大的，依照刑法第一百六十三条的规定，以非国家工作人员受贿罪定罪处罚。

医疗机构中的医务人员，利用开处方的职务便利，以各种名义非法收受药品、医疗器械、医用卫生材料等医药产品销售方财物，为医药产品销售方谋取利益，数额较大的，依照刑法第一百六十三条的规定，以非国家工作人员受贿罪定罪处罚。

五、学校及其他教育机构中的国家工作人员，在教材、教具、校服或者其他物品的采购等活动中，利用职务

上的便利，索取销售方财物，或者非法收受销售方财物，为销售方谋取利益，构成犯罪的，依照刑法第三百八十五条的规定，以受贿罪定罪处罚。

学校及其他教育机构中的非国家工作人员，有前款行为，数额较大的，依照刑法第一百六十三条的规定，以非国家工作人员受贿罪定罪处罚。

学校及其他教育机构中的教师，利用教学活动的职务便利，以各种名义非法收受教材、教具、校服或者其他物品销售方财物，为教材、教具、校服或者其他物品销售方谋取利益，数额较大的，依照刑法第一百六十三条的规定，以非国家工作人员受贿罪定罪处罚。

六、依法组建的评标委员会、竞争性谈判采购中谈判小组、询价采购中询价小组的组成人员，在招标、政府采购等事项的评标或者采购活动中，索取他人财物或者非法收受他人财物，为他人谋取利益，数额较大的，依照刑法第一百六十三条的规定，以非国家工作人员受贿罪定罪处罚。

依法组建的评标委员会、竞争性谈判采购中谈判小组、询价采购中询价小组中国家机关或者其他国有单位的代表有前款行为的，依照刑法第三百八十五条的规定，以受贿罪定罪处罚。

七、商业贿赂中的财物，既包括金钱和实物，也包括可以用金钱计算数额的财产性利益，如提供房屋装修、含有金额的会员卡、代币卡（券）、旅游费用等。具体数额以实际支付的资费为准。

八、收受银行卡的，不论受贿人是否实际取出或者消费，卡内的存款数额一般应全额认定为受贿数额。使用银行卡透支的，如果由给予银行卡的一方承担还款责任，透支数额也应当认定为受贿数额。

九、在行贿犯罪中，"谋取不正当利益"，是指行贿人谋取违反法律、法规、规章或者政策规定的利益，或者要求对方违反法律、法规、规章、政策、行业规范的规定提供帮助或者方便条件。

在招标投标、政府采购等商业活动中，违背公平原则，给予相关人员财物以谋取竞争优势的，属于"谋取不正当利益"。

十、办理商业贿赂犯罪案件，要注意区分贿赂与馈赠的界限。主要应当结合以下因素全面分析、综合判断：

（1）发生财物往来的背景，如双方是否存在亲友关系及历史上交往的情形和程度；

（2）往来财物的价值；

（3）财物往来的缘由、时机和方式，提供财物方对于接受方有无职务上的请托；

（4）接受方是否利用职务上的便利为提供方谋取利益。

十一、非国家工作人员与国家工作人员通谋，共同收受他人财物，构成共同犯罪的，根据双方利用职务便利的具体情形分别定罪追究刑事责任：

（1）利用国家工作人员的职务便利为他人谋取利益的，以受贿罪追究刑事责任。

（2）利用非国家工作人员的职务便利为他人谋取利益的，以非国家工作人员受贿罪追究刑事责任。

（3）分别利用各自的职务便利为他人谋取利益的，按照主犯的犯罪性质追究刑事责任，不能分清主从犯的，可以受贿罪追究刑事责任。

最高人民法院、最高人民检察院关于办理行贿刑事案件具体应用法律若干问题的解释

· 2012年5月14日最高人民法院审判委员会第1547次会议、2012年8月21日最高人民检察院第十一届检察委员会第77次会议通过
· 2012年12月26日最高人民法院、最高人民检察院公告公布
· 自2013年1月1日起施行
· 法释〔2012〕22号

为依法惩治行贿犯罪活动，根据刑法有关规定，现就办理行贿刑事案件具体应用法律的若干问题解释如下：

第一条 为谋取不正当利益，向国家工作人员行贿，数额在一万元以上的，应当依照刑法第三百九十条的规定追究刑事责任。

第二条 因行贿谋取不正当利益，具有下列情形之一的，应当认定为刑法第三百九十条第一款规定的"情节严重"：

（一）行贿数额在二十万元以上不满一百万元的；

（二）行贿数额在十万元以上不满二十万元，并具有下列情形之一的：

1. 向三人以上行贿的；

2. 将违法所得用于行贿的；

3. 为实施违法犯罪活动，向负有食品、药品、安全生产、环境保护等监督管理职责的国家工作人员行贿，严重危害民生、侵犯公众生命财产安全的；

4. 向行政执法机关、司法机关的国家工作人员行贿，影响行政执法和司法公正的；

（三）其他情节严重的情形。

第三条 因行贿谋取不正当利益，造成直接经济损

失数额在一百万元以上的,应当认定为刑法第三百九十条第一款规定的"使国家利益遭受重大损失"。

第四条 因行贿谋取不正当利益,具有下列情形之一的,应当认定为刑法第三百九十条第一款规定的"情节特别严重":

(一)行贿数额在一百万元以上的;

(二)行贿数额在五十万元以上不满一百万元,并具有下列情形之一的:

1. 向三人以上行贿的;

2. 将违法所得用于行贿的;

3. 为实施违法犯罪活动,向负有食品、药品、安全生产、环境保护等监督管理职责的国家工作人员行贿,严重危害民生、侵犯公众生命财产安全的;

4. 向行政执法机关、司法机关的国家工作人员行贿,影响行政执法和司法公正的;

(三)造成直接经济损失数额在五百万元以上的;

(四)其他情节特别严重的情形。

第五条 多次行贿未经处理的,按照累计行贿数额处罚。

第六条 行贿人谋取不正当利益的行为构成犯罪的,应当与行贿犯罪实行数罪并罚。

第七条 因行贿人在被追诉前主动交待行贿行为而破获相关受贿案件的,对行贿人不适用刑法第六十八条关于立功的规定,依照刑法第三百九十条第二款的规定,可以减轻或者免除处罚。

单位行贿的,在被追诉前,单位集体决定或者单位负责人决定主动交待单位行贿行为的,依照刑法第三百九十条第二款的规定,对单位及相关责任人员可以减轻处罚或者免除处罚;受委托直接办理单位行贿事项的直接责任人员在被追诉前主动交待自己知道的单位行贿行为的,对该直接责任人员可以依照刑法第三百九十条第二款的规定减轻处罚或者免除处罚。

第八条 行贿人被追诉后如实供述自己罪行的,依照刑法第六十七条第三款的规定,可以从轻处罚;因其如实供述自己罪行,避免特别严重后果发生的,可以减轻处罚。

第九条 行贿人揭发受贿人与其行贿无关的其他犯罪行为,查证属实,依照刑法第六十八条关于立功的规定,可以从轻、减轻或者免除处罚。

第十条 实施行贿犯罪,具有下列情形之一的,一般不适用缓刑和免予刑事处罚:

(一)向三人以上行贿的;

(二)因行贿受过行政处罚或者刑事处罚的;

(三)为实施违法犯罪活动而行贿的;

(四)造成严重危害后果的;

(五)其他不适用缓刑和免予刑事处罚的情形。

具有刑法第三百九十条第二款规定的情形的,不受前款规定的限制。

第十一条 行贿犯罪取得的不正当财产性利益应当依照刑法第六十四条的规定予以追缴、责令退赔或者返还被害人。

因行贿犯罪取得财产性利益以外的经营资格、资质或者职务晋升等其他不正当利益,建议有关部门依照相关规定予以处理。

第十二条 行贿犯罪中的"谋取不正当利益",是指行贿人谋取的利益违反法律、法规、规章、政策规定,或者要求国家工作人员违反法律、法规、规章、政策、行业规范的规定,为自己提供帮助或者方便条件。

违背公平、公正原则,在经济、组织人事管理等活动中,谋取竞争优势的,应当认定为"谋取不正当利益"。

第十三条 刑法第三百九十条第二款规定的"被追诉前",是指检察机关对行贿人的行贿行为刑事立案前。

最高人民法院、最高人民检察院关于办理贪污贿赂刑事案件适用法律若干问题的解释

- 2016年3月28日最高人民法院审判委员会第1680次会议、2016年3月25日最高人民检察院第十二届检察委员会第50次会议通过
- 2016年4月18日最高人民法院、最高人民检察院公告公布
- 自2016年4月18日起施行
- 法释〔2016〕9号

为依法惩治贪污贿赂犯罪活动,根据刑法有关规定,现就办理贪污贿赂刑事案件适用法律的若干问题解释如下:

第一条 贪污或者受贿数额在三万元以上不满二十万元的,应当认定为刑法第三百八十三条第一款规定的"数额较大",依法判处三年以下有期徒刑或者拘役,并处罚金。

贪污数额在一万元以上不满三万元,具有下列情形之一的,应当认定为刑法第三百八十三条第一款规定的"其他较重情节",依法判处三年以下有期徒刑或者拘役,并处罚金:

(一)贪污救灾、抢险、防汛、优抚、扶贫、移民、救济、

防疫、社会捐助等特定款物的；

（二）曾因贪污、受贿、挪用公款受过党纪、行政处分的；

（三）曾因故意犯罪受过刑事追究的；

（四）赃款赃物用于非法活动的；

（五）拒不交待赃款赃物去向或者拒不配合追缴工作，致使无法追缴的；

（六）造成恶劣影响或者其他严重后果的。

受贿数额在一万元以上不满三万元，具有前款第二项至第六项规定的情形之一，或者具有下列情形之一的，应当认定为刑法第三百八十三条第一款规定的"其他较重情节"，依法判处三年以下有期徒刑或者拘役，并处罚金：

（一）多次索贿的；

（二）为他人谋取不正当利益，致使公共财产、国家和人民利益遭受损失的；

（三）为他人谋取职务提拔、调整的。

第二条 贪污或者受贿数额在二十万元以上不满三百万元的，应当认定为刑法第三百八十三条第一款规定的"数额巨大"，依法判处三年以上十年以下有期徒刑，并处罚金或者没收财产。

贪污数额在十万元以上不满二十万元，具有本解释第一条第二款规定的情形之一的，应当认定为刑法第三百八十三条第一款规定的"其他严重情节"，依法判处三年以上十年以下有期徒刑，并处罚金或者没收财产。

受贿数额在十万元以上不满二十万元，具有本解释第一条第三款规定的情形之一的，应当认定为刑法第三百八十三条第一款规定的"其他严重情节"，依法判处三年以上十年以下有期徒刑，并处罚金或者没收财产。

第三条 贪污或者受贿数额在三百万元以上的，应当认定为刑法第三百八十三条第一款规定的"数额特别巨大"，依法判处十年以上有期徒刑、无期徒刑或者死刑，并处罚金或者没收财产。

贪污数额在一百五十万元以上不满三百万元，具有本解释第一条第二款规定的情形之一的，应当认定为刑法第三百八十三条第一款规定的"其他特别严重情节"，依法判处十年以上有期徒刑、无期徒刑或者死刑，并处罚金或者没收财产。

受贿数额在一百五十万元以上不满三百万元，具有本解释第一条第三款规定的情形之一的，应当认定为刑法第三百八十三条第一款规定的"其他特别严重情节"，依法判处十年以上有期徒刑、无期徒刑或者死刑，并处罚金或者没收财产。

第四条 贪污、受贿数额特别巨大，犯罪情节特别严重、社会影响特别恶劣、给国家和人民利益造成特别重大损失的，可以判处死刑。

符合前款规定的情形，但具有自首、立功，如实供述自己罪行、真诚悔罪、积极退赃，或者避免、减少损害结果的发生等情节，不是必须立即执行的，可以判处死刑缓期二年执行。

符合第一款规定情形的，根据犯罪情节等情况可以判处死刑缓期二年执行，同时裁判决定在其死刑缓期执行二年期满依法减为无期徒刑后，终身监禁，不得减刑、假释。

第五条 挪用公款归个人使用，进行非法活动，数额在三万元以上的，应当依照刑法第三百八十四条的规定以挪用公款罪追究刑事责任；数额在三百万元以上的，应当认定为刑法第三百八十四条第一款规定的"数额巨大"。具有下列情形之一的，应当认定为刑法第三百八十四条第一款规定的"情节严重"：

（一）挪用公款数额在一百万元以上的；

（二）挪用救灾、抢险、防汛、优抚、扶贫、移民、救济特定款物，数额在五十万元以上不满一百万元的；

（三）挪用公款不退还，数额在五十万元以上不满一百万元的；

（四）其他严重的情节。

第六条 挪用公款归个人使用，进行营利活动或者超过三个月未还，数额在五万元以上的，应当认定为刑法第三百八十四条第一款规定的"数额较大"；数额在五百万元以上的，应当认定为刑法第三百八十四条第一款规定的"数额巨大"。具有下列情形之一的，应当认定为刑法第三百八十四条第一款规定的"情节严重"：

（一）挪用公款数额在二百万元以上的；

（二）挪用救灾、抢险、防汛、优抚、扶贫、移民、救济特定款物，数额在一百万元以上不满二百万元的；

（三）挪用公款不退还，数额在一百万元以上不满二百万元的；

（四）其他严重的情节。

第七条 为谋取不正当利益，向国家工作人员行贿，数额在三万元以上的，应当依照刑法第三百九十条的规定以行贿罪追究刑事责任。

行贿数额在一万元以上不满三万元，具有下列情形之一的，应当依照刑法第三百九十条的规定以行贿罪追究刑事责任：

（一）向三人以上行贿的；
（二）将违法所得用于行贿的；
（三）通过行贿谋取职务提拔、调整的；
（四）向负有食品、药品、安全生产、环境保护等监督管理职责的国家工作人员行贿，实施非法活动的；
（五）向司法工作人员行贿，影响司法公正的；
（六）造成经济损失数额在五十万元以上不满一百万元的。

第八条　犯行贿罪，具有下列情形之一的，应当认定为刑法第三百九十条第一款规定的"情节严重"：
（一）行贿数额在一百万元以上不满五百万元的；
（二）行贿数额在五十万元以上不满一百万元，并具有本解释第七条第二款第一项至第五项规定的情形之一的；
（三）其他严重的情节。

为谋取不正当利益，向国家工作人员行贿，造成经济损失数额在一百万元以上不满五百万元的，应当认定为刑法第三百九十条第一款规定的"使国家利益遭受重大损失"。

第九条　犯行贿罪，具有下列情形之一的，应当认定为刑法第三百九十条第一款规定的"情节特别严重"：
（一）行贿数额在五百万元以上的；
（二）行贿数额在二百五十万元以上不满五百万元，并具有本解释第七条第二款第一项至第五项规定的情形之一的；
（三）其他特别严重的情节。

为谋取不正当利益，向国家工作人员行贿，造成经济损失数额在五百万元以上的，应当认定为刑法第三百九十条第一款规定的"使国家利益遭受特别重大损失"。

第十条　刑法第三百八十八条之一规定的利用影响力受贿罪的定罪量刑适用标准，参照本解释关于受贿罪的规定执行。

刑法第三百九十条之一规定的对有影响力的人行贿罪的定罪量刑适用标准，参照本解释关于行贿罪的规定执行。

单位对有影响力的人行贿数额在二十万元以上的，应当依照刑法第三百九十条之一的规定以对有影响力的人行贿罪追究刑事责任。

第十一条　刑法第一百六十三条规定的非国家工作人员受贿罪、第二百七十一条规定的职务侵占罪中的"数额较大""数额巨大"的数额起点，按照本解释关于受贿罪、贪污罪相对应的数额标准规定的二倍、五倍执行。

刑法第二百七十二条规定的挪用资金罪中的"数额较大""数额巨大"以及"进行非法活动"情形的数额起点，按照本解释关于挪用公款罪"数额较大""情节严重"以及"进行非法活动"的数额标准规定的二倍执行。

刑法第一百六十四条第一款规定的对非国家工作人员行贿罪中的"数额较大""数额巨大"的数额起点，按照本解释第七条、第八条第一款关于行贿罪的数额标准规定的二倍执行。

第十二条　贿赂犯罪中的"财物"，包括货币、物品和财产性利益。财产性利益包括可以折算为货币的物质利益如房屋装修、债务免除等，以及需要支付货币的其他利益如会员服务、旅游等。后者的犯罪数额，以实际支付或者应当支付的数额计算。

第十三条　具有下列情形之一的，应当认定为"为他人谋取利益"，构成犯罪的，应当依照刑法关于受贿犯罪的规定定罪处罚：
（一）实际或者承诺为他人谋取利益的；
（二）明知他人有具体请托事项的；
（三）履职时未被请托，但事后基于该履职事由收受他人财物的。

国家工作人员索取、收受具有上下级关系的下属或者具有行政管理关系的被管理人员的财物价值三万元以上，可能影响职权行使的，视为承诺为他人谋取利益。

第十四条　根据行贿犯罪的事实、情节，可能被判处三年有期徒刑以下刑罚的，可以认定为刑法第三百九十条第二款规定的"犯罪较轻"。

根据犯罪的事实、情节，已经或者可能被判处十年有期徒刑以上刑罚的，或者案件在本省、自治区、直辖市或者全国范围内有较大影响的，可以认定为刑法第三百九十条第二款规定的"重大案件"。

具有下列情形之一的，可以认定为刑法第三百九十条第二款规定的"对侦破重大案件起关键作用"：
（一）主动交待办案机关未掌握的重大案件线索的；
（二）主动交待的犯罪线索不属于重大案件的线索，但该线索对于重大案件侦破有重要作用的；
（三）主动交待行贿事实，对于重大案件的证据收集有重要作用的；
（四）主动交待行贿事实，对于重大案件的追逃、追赃有重要作用的。

第十五条　对多次受贿未经处理的，累计计算受贿数额。

国家工作人员利用职务上的便利为请托人谋取利益

前后多次收受请托人财物,受请托之前收受的财物数额在一万元以上的,应当一并计入受贿数额。

第十六条 国家工作人员出于贪污、受贿的故意,非法占有公共财物、收受他人财物之后,将赃款赃物用于单位公务支出或者社会捐赠的,不影响贪污罪、受贿罪的认定,但量刑时可以酌情考虑。

特定关系人索取、收受他人财物,国家工作人员知道后未退还或者上交的,应当认定国家工作人员具有受贿故意。

第十七条 国家工作人员利用职务上的便利,收受他人财物,为他人谋取利益,同时构成受贿罪和刑法分则第三章第三节、第九章规定的渎职犯罪的,除刑法另有规定外,以受贿罪和渎职犯罪数罪并罚。

第十八条 贪污贿赂犯罪分子违法所得的一切财物,应当依照刑法第六十四条的规定予以追缴或者责令退赔,对被害人的合法财产应当及时返还。对尚未追缴到案或者尚未足额退赔的违法所得,应当继续追缴或者责令退赔。

第十九条 对贪污罪、受贿罪判处三年以下有期徒刑或者拘役的,应当并处十万元以上五十万元以下的罚金;判处三年以上十年以下有期徒刑的,应当并处二十万元以上犯罪数额二倍以下的罚金或者没收财产;判处十年以上有期徒刑或者无期徒刑的,应当并处五十万元以上犯罪数额二倍以下的罚金或者没收财产。

对刑法规定并处罚金的其他贪污贿赂犯罪,应当在十万元以上犯罪数额二倍以下判处罚金。

第二十条 本解释自2016年4月18日起施行。最高人民法院、最高人民检察院此前发布的司法解释与本解释不一致的,以本解释为准。

最高人民检察院关于贪污养老、医疗等社会保险基金能否适用《最高人民法院最高人民检察院关于办理贪污贿赂刑事案件适用法律若干问题的解释》第一条第二款第一项规定的批复

- 2017年7月19日最高人民检察院第十二届检察委员会第67次会议通过
- 2017年7月26日最高人民检察院公告公布
- 自2017年8月7日起施行

各省、自治区、直辖市人民检察院,解放军军事检察院,新疆生产建设兵团人民检察院:

近来,一些地方人民检察院就贪污养老、医疗等社会保险基金能否适用《最高人民法院、最高人民检察院关于办理贪污贿赂刑事案件适用法律若干问题的解释》第一条第二款第一项规定请示我院。经研究,批复如下:

养老、医疗、工伤、失业、生育等社会保险基金可以认定为《最高人民法院、最高人民检察院关于办理贪污贿赂刑事案件适用法律若干问题的解释》第一条第二款第一项规定的"特定款物"。

根据刑法和有关司法解释规定,贪污罪和挪用公款罪中的"特定款物"的范围有所不同,实践中应注意区分,依法适用。

此复。

• 司法政策

全国法院审理经济犯罪案件工作座谈会纪要

- 2003年11月13日
- 法〔2003〕167号

为了进一步加强人民法院审判经济犯罪案件工作,最高人民法院于2002年6月4日至6日在重庆市召开了全国法院审理经济犯罪案件工作座谈会。各省、自治区、直辖市高级人民法院和解放军军事法院主管刑事审判工作的副院长和刑庭庭长参加了座谈会,全国人大常委会法制工作委员会、最高人民检察院、公安部也应邀派员参加了座谈会。座谈会总结了刑法和刑事诉讼法修订实施以来人民法院审理经济犯罪案件工作的情况和经验,分析了审理经济犯罪案件工作面临的形势和任务,对当前和今后一个时期进一步加强人民法院审判经济犯罪案件的工作做了部署。座谈会重点讨论了人民法院在审理贪污贿赂和渎职犯罪案件中遇到的有关适用法律的若干问题,并就其中一些带有普遍性的问题形成了共识。经整理并征求有关部门的意见,纪要如下:

一、关于贪污贿赂犯罪和渎职犯罪的主体

(一)国家机关工作人员的认定

刑法中所称的国家机关工作人员,是指在国家机关中从事公务的人员,包括在各级国家权力机关、行政机关、司法机关和军事机关中从事公务的人员。

根据有关立法解释的规定,在依照法律、法规规定行使国家行政管理职权的组织中从事公务的人员,或者在受国家机关委托代表国家行使职权的组织中从事公务的人员,或者虽未列入国家机关人员编制但在国家机关中从事公务的人员,视为国家机关工作人员。在乡(镇)以

上中国共产党机关、人民政协机关中从事公务的人员，司法实践中也应当视为国家机关工作人员。

（二）国家机关、国有公司、企业、事业单位委派到非国有公司、企业、事业单位、社会团体从事公务的人员的认定

所谓委派，即委任、派遣，其形式多种多样，如任命、指派、提名、批准等。不论被委派的人身份如何，只要是接受国家机关、国有公司、企业、事业单位委派，代表国家机关、国有公司、企业、事业单位在非国有公司、企业、事业单位、社会团体中从事组织、领导、监督、管理等工作，都可以认定为国家机关、国有公司、企业、事业单位委派到非国有公司、企业、事业单位、社会团体从事公务的人员。如国家机关、国有公司、企业、事业单位委派在国有控股或者参股的股份有限公司从事组织、领导、监督、管理等工作的人员，应当以国家工作人员论。国有公司、企业改制为股份有限公司后，原国有公司、企业的工作人员和股份有限公司新任命的人员中，除代表国有投资主体行使监督、管理职权的人外，不以国家工作人员论。

（三）"其他依照法律从事公务的人员"的认定

刑法第九十三条第二款规定的"其他依照法律从事公务的人员"应当具有两个特征：一是在特定条件下行使国家管理职能；二是依照法律规定从事公务。具体包括：

（1）依法履行职责的各级人民代表大会代表；

（2）依法履行审判职责的人民陪审员；

（3）协助乡镇人民政府、街道办事处从事行政管理工作的村民委员会、居民委员会等农村和城市基层组织人员；

（4）其他由法律授权从事公务的人员。

（四）关于"从事公务"的理解

从事公务，是指代表国家机关、国有公司、企业、事业单位、人民团体等履行组织、领导、监督、管理等职责。公务主要表现为与职权相联系的公共事务以及监督、管理国有财产的职务活动。如国家机关工作人员依法履行职责，国有公司的董事、经理、监事、会计、出纳人员等管理、监督国有财产等活动，属于从事公务。那些不具备职权内容的劳务活动、技术服务工作，如售货员、售票员等所从事的工作，一般不认为是公务。

二、关于贪污罪

（一）贪污罪既遂与未遂的认定

贪污罪是一种以非法占有为目的的财产性职务犯罪，与盗窃、诈骗、抢夺等侵犯财产罪一样，应当以行为人是否实际控制财物作为区分贪污罪既遂与未遂的标准。对于行为人利用职务上的便利，实施了虚假平账等贪污行为，但公共财物尚未实际转移，或者尚未被行为人控制就被查获的，应当认定为贪污未遂。行为人控制公共财物后，是否将财物据为己有，不影响贪污既遂的认定。

（二）"受委托管理、经营国有财产"的认定

刑法第三百八十二条第二款规定的"受委托管理、经营国有财产"，是指因承包、租赁、临时聘用等管理、经营国有财产。

（三）国家工作人员与非国家工作人员勾结共同非法占有单位财物行为的认定

对于国家工作人员与他人勾结，共同非法占有单位财物的行为，应当按照《最高人民法院关于审理贪污、职务侵占案件如何认定共同犯罪几个问题的解释》的规定定罪处罚。对于在公司、企业或者其他单位中，非国家工作人员与国家工作人员勾结，分别利用各自的职务便利，共同将本单位财物非法占有的，应当尽量区分主从犯，按照主犯的犯罪性质定罪。司法实践中，如果根据案件的实际情况，各共同犯罪人在共同犯罪中的地位、作用相当，难以区分主从犯的，可以贪污罪定罪处罚。

（四）共同贪污犯罪中"个人贪污数额"的认定

刑法第三百八十三条第一款规定的"个人贪污数额"，在共同贪污犯罪案件中应理解为个人所参与或者组织、指挥共同贪污的数额，不能只按个人实际分得的赃款数额来认定。对共同贪污犯罪中的从犯，应当按照其所参与的共同贪污的数额确定量刑幅度，并依照刑法第二十七条第二款的规定，从轻、减轻处罚或者免除处罚。

三、关于受贿罪

（一）关于"利用职务上的便利"的认定

刑法第三百八十五条第一款规定的"利用职务上的便利"，既包括利用本人职务上主管、负责、承办某项公共事务的职权，也包括利用职务上有隶属、制约关系的其他国家工作人员的职权。担任单位领导职务的国家工作人员通过不属自己主管的下级部门的国家工作人员的职务为他人谋取利益的，应当认定为"利用职务上的便利"为他人谋取利益。

（二）"为他人谋取利益"的认定

为他人谋取利益包括承诺、实施和实现三个阶段的行为。只要具有其中一个阶段的行为，如国家工作人员收受他人财物时，根据他人提出的具体请托事项，承诺为他人谋取利益的，就具备了为他人谋取利益的要件。明知他人有具体请托事项而收受其财物的，视为承诺为他人谋取利益。

(三)"利用职权或地位形成的便利条件"的认定

刑法第三百八十八条规定的"利用本人职权或者地位形成的便利条件",是指行为人与被其利用的国家工作人员之间在职务上虽然没有隶属、制约关系,但是行为人利用了本人职权或者地位产生的影响和一定的工作联系,如单位内不同部门的国家工作人员之间、上下级单位没有职务上隶属、制约关系的国家工作人员之间、有工作联系的不同单位的国家工作人员之间等。

(四)离职国家工作人员收受财物行为的处理

参照《最高人民法院关于国家工作人员利用职务上的便利为他人谋取利益离退休后收受财物行为如何处理问题的批复》规定的精神,国家工作人员利用职务上的便利为请托人谋取利益,并与请托人事先约定,在其离职后收受请托人财物,构成犯罪的,以受贿罪定罪处罚。

(五)共同受贿犯罪的认定

根据刑法关于共同犯罪的规定,非国家工作人员与国家工作人员勾结,伙同受贿的,应当以受贿罪的共犯追究刑事责任。非国家工作人员是否构成受贿罪共犯,取决于双方有无共同受贿的故意和行为。国家工作人员的近亲属向国家工作人员代为转达请托事项,收受请托人财物并告知该国家工作人员,或者国家工作人员明知其近亲属收受了他人财物,仍按照近亲属的要求利用职权为他人谋取利益的,对该国家工作人员应认定为受贿罪,其近亲属以受贿罪共犯论处。近亲属以外的其他人与国家工作人员通谋,由国家工作人员利用职务上的便利为请托人谋取利益,收受请托人财物后双方共同占有的,构成受贿罪共犯。国家工作人员利用职务上的便利为他人谋取利益,并指定他人将财物送给其他人,构成犯罪的,应以受贿罪定罪处罚。

(六)以借款为名索取或者非法收受财物行为的认定

国家工作人员利用职务上的便利,以借为名向他人索取财物,或者非法收受财物为他人谋取利益的,应当认定为受贿。具体认定时,不能仅仅看是否有书面借款手续,应当根据以下因素综合判定:

(1)有无正当、合理的借款事由;

(2)款项的去向;

(3)双方平时关系如何、有无经济往来;

(4)出借方是否要求国家工作人员利用职务上的便利为其谋取利益;

(5)借款后是否有归还的意思表示及行为;

(6)是否有归还的能力;

(7)未归还的原因;等等。

(七)涉及股票受贿案件的认定

在办理涉及股票的受贿案件时,应当注意:

(1)国家工作人员利用职务上的便利,索取或非法收受股票,没有支付股本金,为他人谋取利益,构成受贿罪的,其受贿数额按照收受股票时的实际价格计算。

(2)行为人支付股本金而购买较有可能升值的股票,由于不是无偿收受请托人财物,不以受贿罪论处。

(3)股票已上市且已升值,行为人仅支付股本金,其"购买"股票时的实际价格与股本金的差价部分应认定为受贿。

四、关于挪用公款罪

(一)单位决定将公款给个人使用行为的认定

经单位领导集体研究决定将公款给个人使用,或者单位负责人为了单位的利益,决定将公款给个人使用的,不以挪用公款罪定罪处罚。上述行为致使单位遭受重大损失,构成其他犯罪的,依照刑法的有关规定对责任人定罪处罚。

(二)挪用公款供其他单位使用行为的认定

根据全国人大常委会《关于〈中华人民共和国刑法〉第三百八十四条第一款的解释》的规定,"以个人名义将公款供其他单位使用的"、"个人决定以单位名义将公款供其他单位使用,谋取个人利益的",属于挪用公款"归个人使用"。在司法实践中,对于将公款供其他单位使用的,认定是否属于"以个人名义",不能只看形式,要从实质上把握。对于行为人逃避财务监管,或者与使用人约定个人名义进行,或者借款、还款都以个人名义进行,将公款给其他单位使用的,应认定为"以个人名义"。"个人决定"既包括行为人在职权范围内决定,也包括超越职权范围决定。"谋取个人利益",既包括行为人与使用人事先约定谋取个人利益实际尚未获取的情况,也包括虽未事先约定但实际已获取了个人利益的情况。其中的"个人利益",既包括不正当利益,也包括正当利益;既包括财产性利益,也包括非财产性利益,但这种非财产性利益应当是具体的实际利益,如升学、就业等。

(三)国有单位领导向其主管的具有法人资格的下级单位借公款归个人使用的认定

国有单位领导利用职务上的便利指令具有法人资格的下级单位将公款供个人使用的,属于挪用公款行为,构成犯罪的,应以挪用公款罪定罪处罚。

(四)挪用有价证券、金融凭证用于质押行为性质的认定

挪用金融凭证、有价证券用于质押,使公款处于风

险之中,与挪用公款为他人提供担保没有实质的区别,符合刑法关于挪用公款罪规定的,以挪用公款罪定罪处罚,挪用公款数额以实际或者可能承担的风险数额认定。

(五)挪用公款归还个人欠款行为性质的认定

挪用公款归还个人欠款的,应当根据产生欠款的原因,分别认定属于挪用公款的何种情形。归还个人进行非法活动或者进行营利活动产生的欠款,应当认定为挪用公款进行非法活动或者进行营利活动。

(六)挪用公款用于注册公司、企业行为性质的认定

申报注册资本是为进行生产经营活动作准备,属于成立公司、企业进行营利活动的组成部分。因此,挪用公款归个人用于公司、企业注册资本验资证明的,应当认定为挪用公款进行营利活动。

(七)挪用公款后尚未投入实际使用的行为性质的认定

挪用公款后尚未投入实际使用的,只要同时具备"数额较大"和"超过三个月未还"的构成要件,应当认定为挪用公款罪,但可以酌情从轻处罚。

(八)挪用公款转化为贪污的认定

挪用公款罪与贪污罪的主要区别在于行为人主观上是否具有非法占有公款的目的。挪用公款是否转化为贪污,应当按照主客观相一致的原则,具体判断和认定行为人主观上是否具有非法占有公款的目的。在司法实践中,具有以下情形之一的,可以认定行为人具有非法占有公款的目的:

1. 根据《最高人民法院关于审理挪用公款案件具体应用法律若干问题的解释》第六条的规定,行为人"携带挪用的公款潜逃的",对其携带挪用的公款部分,以贪污罪定罪处罚。

2. 行为人挪用公款后采取虚假发票平账、销毁有关账目等手段,使所挪用的公款已难以在单位财务账目上反映出来,且没有归还行为的,应当以贪污罪定罪处罚。

3. 行为人截取单位收入不入账,非法占有,使所占有的公款难以在单位财务账目上反映出来,且没有归还行为的,应当以贪污罪定罪处罚。

4. 有证据证明行为人有能力归还所挪用的公款而拒不归还,并隐瞒挪用的公款去向的,应当以贪污罪定罪处罚。

五、关于巨额财产来源不明罪

(一)行为人不能说明巨额财产来源合法的认定

刑法第三百九十五条第一款规定的"不能说明",包括以下情况:

(1)行为人拒不说明财产来源;

(2)行为人无法说明财产的具体来源;

(3)行为人所说的财产来源经司法机关查证并不属实;

(4)行为人所说的财产来源因线索不具体等原因,司法机关无法查实,但能排除存在来源合法的可能性和合理性的。

(二)"非法所得"的数额计算

刑法第三百九十五条规定的"非法所得",一般是指行为人的全部财产与能够认定的所有支出的总和减去能够证实的有真实来源的所得。在具体计算时,应注意以下问题:

(1)应把国家工作人员个人财产和与其共同生活的家庭成员的财产、支出等一并计算,而且一并减去他们所有的合法收入以及确属与其共同生活的家庭成员个人的非法收入。

(2)行为人所有的财产包括房产、家具、生活用品、学习用品及股票、债券、存款等动产和不动产;行为人的支出包括合法支出和不合法的支出,包括日常生活、工作、学习费用、罚款及向他人行贿的财物等;行为人的合法收入包括工资、奖金、稿酬、继承等法律和政策允许的各种收入。

(3)为了便于计算犯罪数额,对于行为人的财产和合法收入,一般可以从行为人有比较确定的收入和财产时开始计算。

六、关于渎职罪

(一)渎职犯罪行为造成的公共财产重大损失的认定

根据刑法规定,玩忽职守、滥用职权等渎职犯罪是以致使公共财产、国家和人民利益遭受重大损失为构成要件的。其中,公共财产的重大损失,通常是指渎职行为已经造成的重大经济损失。在司法实践中,有以下情形之一的,虽然公共财产作为债权存在,但已无法实现债权的,可以认定为行为人的渎职行为造成了经济损失:

(1)债务人已经法定程序被宣告破产;

(2)债务人潜逃,去向不明;

(3)因行为人责任,致使超过诉讼时效;

(4)有证据证明债权无法实现的其他情况。

(二)玩忽职守罪的追诉时效

玩忽职守行为造成的重大损失当时没有发生,而是玩忽职守行为之后一定时间发生的,应从危害结果发生之日起计算玩忽职守罪的追诉期限。

（三）国有公司、企业人员渎职犯罪的法律适用

对于1999年12月24日《中华人民共和国刑法修正案》实施以前发生的国有公司、企业人员渎职行为（不包括徇私舞弊行为），尚未处理或者正在处理的，不能按照刑法修正案追究刑事责任。

（四）关于"徇私"的理解

徇私舞弊型渎职犯罪的"徇私"应理解为徇个人私情、私利。国家机关工作人员为了本单位的利益，实施滥用职权、玩忽职守行为，构成犯罪的，依照刑法第三百九十七条第一款的规定定罪处罚。

（十三）渎职罪

最高人民检察院对《关于中国证监会主体认定的请示》的答复函

- 2000年4月30日
- 高检发法字〔2000〕7号

北京市人民检察院：

你院京检字〔2000〕41号《关于中国证监会主体认定的请示》收悉，经我院发函向中央机构编制委员会办公室查询核定，中央机构编制委员会办公室已作出正式复函，答复如下："中国证券监督管理委员会为国务院直属事业单位，是全国证券期货市场的主管部门。其主要职责是统一管理证券期货市场，按规定对证券期货监管机构实行垂直领导，所以，它是具有行政职责的事业单位。据此，北京证券监督管理委员会干部应视同为国家机关工作人员。"请你们按中编办答复意见办。

此复

最高人民检察院关于镇财政所所长是否适用国家机关工作人员的批复

- 2000年5月4日
- 高检发研字〔2000〕9号

上海市人民检察院：

你院沪检发（2000）30号文收悉。经研究，批复如下：

对于属行政执法事业单位的镇财政所中按国家机关在编干部管理的工作人员，在履行政府行政公务活动中，滥用职权或玩忽职守构成犯罪的，应以国家机关工作人员论。

最高人民检察院关于合同制民警能否成为玩忽职守罪主体问题的批复

- 2000年10月9日
- 高检发研字〔2000〕20号

辽宁省人民检察院：

你院辽检发诉字〔1999〕76号《关于犯罪嫌疑人李海玩忽职守一案的请示》收悉，经研究，批复如下：

根据刑法第九十三条第二款的规定，合同制民警在依法执行公务期间，属其他依照法律从事公务的人员，应以国家机关工作人员论。对合同制民警在依法执行公务活动中的玩忽职守行为，符合刑法第三百九十七条规定的玩忽职守罪构成要件的，依法以玩忽职守罪追究刑事责任。

此复

最高人民检察院关于工人等非监管机关在编监管人员私放在押人员行为和失职致使在押人员脱逃行为适用法律问题的解释

- 2001年3月2日
- 高检发释字〔2001〕2号

为依法办理私放在押人员犯罪案件和失职致使在押人员脱逃犯罪案件，对工人等非监管机关在编监管人员私放在押人员行为和失职致使在押人员脱逃行为如何适用法律问题解释如下：

工人等非监管机关在编监管人员在被监管机关聘用受委托履行监管职责的过程中私放在押人员的，应当依照刑法第四百条第一款的规定，以私放在押人员罪追究刑事责任；由于严重不负责任，致使在押人员脱逃，造成严重后果的，应当依照刑法第四百条第二款的规定，以失职致使在押人员脱逃罪追究刑事责任。

最高人民检察院关于企业事业单位的公安机构在机构改革过程中其工作人员能否构成渎职侵权犯罪主体问题的批复

- 2002年4月24日最高人民检察院第九届检察委员会第107次会议通过
- 2002年4月29日最高人民检察院公告公布
- 自2002年5月16日起施行

陕西省人民检察院：

你院陕检发研〔2001〕159号《关于对企业事业单位的公安机构在机构改革过程中其工作人员能否构成渎职侵权犯罪主体问题的请示》收悉。经研究，批复如下：

企业事业单位的公安机构在机构改革过程中虽尚未列入公安机关建制，其工作人员在行使侦查职责时，实施渎职侵权行为的，可以成为渎职侵权犯罪的主体。

此复。

最高人民检察院关于非司法工作人员是否可以构成徇私枉法罪共犯问题的答复

- 2003年4月16日
- 〔2003〕高检研发第11号

江西省人民检察院法律政策研究室：

你院《关于非国家机关工作人员是否可以构成徇私枉法罪共犯问题的请示》（赣检发研字〔2002〕7号）收悉。经研究，答复如下：

非司法工作人员与司法工作人员勾结，共同实施徇私枉法行为，构成犯罪的，应当以徇私枉法罪的共犯追究刑事责任。

此复。

最高人民检察院关于对林业主管部门工作人员在发放林木采伐许可证之外滥用职权玩忽职守致使森林遭受严重破坏的行为适用法律问题的批复

- 2007年5月14日最高人民检察院第十届检委会第77次会议通过
- 2007年5月16日最高人民检察院公告公布
- 自公布之日起施行
- 高检发释字〔2007〕1号

福建省人民检察院：

你院《关于林业主管部门工作人员滥用职权、玩忽职守造成森林资源损毁立案标准问题的请示》（闽检〔2007〕14号）收悉。经研究，批复如下：

林业主管部门工作人员违法发放林木采伐许可证，致使森林遭受严重破坏的，依照刑法第四百零七条的规定，以违法发放林木采伐许可证罪追究刑事责任；以其他方式滥用职权或者玩忽职守，致使森林遭受严重破坏的，依照刑法第三百九十七条的规定，以滥用职权罪或者玩忽职守罪追究刑事责任，立案标准依照《最高人民检察院关于渎职侵权犯罪案件立案标准的规定》第一部分渎职犯罪案件第十八条第三款的规定执行。

此复。

最高人民法院、最高人民检察院关于办理渎职刑事案件适用法律若干问题的解释（一）

- 2012年7月9日最高人民法院审判委员会第1552次会议、2012年9月12日最高人民检察院第十一届检察委员会第79次会议通过
- 2012年12月7日最高人民法院、最高人民检察院公告公布
- 自2013年1月9日起施行
- 法释〔2012〕18号

为依法惩治渎职犯罪，根据刑法有关规定，现就办理渎职刑事案件适用法律的若干问题解释如下：

第一条 国家机关工作人员滥用职权或者玩忽职守，具有下列情形之一的，应当认定为刑法第三百九十七条规定的"致使公共财产、国家和人民利益遭受重大损失"：

（一）造成死亡1人以上，或者重伤3人以上，或者轻伤9人以上，或者重伤2人、轻伤3人以上，或者重伤1人、轻伤6人以上的；

（二）造成经济损失30万元以上的；

（三）造成恶劣社会影响的；

（四）其他致使公共财产、国家和人民利益遭受重大损失的情形。

具有下列情形之一的，应当认定为刑法第三百九十七条规定的"情节特别严重"：

（一）造成伤亡达到前款第（一）项规定人数3倍以上的；

（二）造成经济损失150万元以上的；

（三）造成前款规定的损失后果，不报、迟报、谎报或者授意、指使、强令他人不报、迟报、谎报事故情况，致使损失后果持续、扩大或者抢救工作延误的；

（四）造成特别恶劣社会影响的；

（五）其他特别严重的情节。

第二条 国家机关工作人员实施滥用职权或者玩忽职守犯罪行为，触犯刑法分则第九章第三百九十八条至第四百一十九条规定的，依照该规定定罪处罚。

国家机关工作人员滥用职权或者玩忽职守，因不具备徇私舞弊等情形，不符合刑法分则第九章第三百九十八条至第四百一十九条的规定，但依法构成三百九十七条规定的犯罪的，以滥用职权罪或者玩忽职守罪定罪

处罚。

第三条 国家机关工作人员实施渎职犯罪并收受贿赂，同时构成受贿罪的，除刑法另有规定外，以渎职犯罪和受贿罪数罪并罚。

第四条 国家机关工作人员实施渎职行为，放纵他人犯罪或者帮助他人逃避刑事处罚，构成犯罪的，依照渎职罪的规定定罪处罚。

国家机关工作人员与他人共谋，利用其职务行为帮助他人实施其他犯罪行为，同时构成渎职犯罪和共谋实施的其他犯罪共犯的，依照处罚较重的规定定罪处罚。

国家机关工作人员与他人共谋，既利用其职务行为帮助他人实施其他犯罪，又以非职务行为与他人共同实施该其他犯罪行为，同时构成渎职犯罪和其他犯罪的共犯的，依照数罪并罚的规定定罪处罚。

第五条 国家机关负责人员违法决定，或者指使、授意、强令其他国家机关工作人员违法履行职务或者不履行职务，构成刑法分则第九章规定的渎职犯罪的，应当依法追究刑事责任。

以"集体研究"形式实施的渎职犯罪，应当依照刑法分则第九章的规定追究国家机关负有责任的人员的刑事责任。对于具体执行人员，应当在综合认定其行为性质、是否提出反对意见、危害结果大小等情节的基础上决定是否追究刑事责任和应当判处的刑罚。

第六条 以危害结果为条件的渎职犯罪的追诉期限，从危害结果发生之日起计算；有数个危害结果的，从最后一个危害结果发生之日起计算。

第七条 依法或者受委托行使国家行政管理职权的公司、企业、事业单位的工作人员，在行使行政管理职权时滥用职权或者玩忽职守，构成犯罪的，应当依照《全国人民代表大会常务委员会关于〈中华人民共和国刑法〉第九章渎职罪主体适用问题的解释》的规定，适用渎职罪的规定追究刑事责任。

第八条 本解释规定的"经济损失"，是指渎职犯罪或者与渎职犯罪相关联的犯罪立案时已经实际造成的财产损失，包括为挽回渎职犯罪所造成损失而支付的各种开支、费用等。立案后至提起公诉前持续发生的经济损失，应一并计入渎职犯罪造成的经济损失。

债务人经法定程序被宣告破产，债务人潜逃、去向不明，或者因行为人的责任超过诉讼时效等，致使债权已经无法实现的，无法实现的债权部分应当认定为渎职犯罪的经济损失。

渎职犯罪或者与渎职犯罪相关联的犯罪立案后，犯罪分子及其亲友自行挽回的经济损失，司法机关或者犯罪分子所在单位及其上级主管部门挽回的经济损失，或者因客观原因减少的经济损失，不予扣减，但可以作为酌定从轻处罚的情节。

第九条 负有监督管理职责的国家机关工作人员滥用职权或者玩忽职守，致使不符合安全标准的食品、有毒有害食品、假药、劣药等流入社会，对人民群众生命、健康造成严重危害后果的，依照渎职罪的规定从严惩处。

第十条 最高人民法院、最高人民检察院此前发布的司法解释与本解释不一致的，以本解释为准。

（十四）军人违反职责罪

最高人民法院、最高人民检察院关于对军人非战时逃离部队的行为能否定罪处罚问题的批复

- 2000年9月28日最高人民法院审判委员会第1132次会议、2000年11月13日最高人民检察院第九届检察委员会第74次会议通过
- 2000年12月5日最高人民法院、最高人民检察院公告公布
- 自2000年12月8日起施行
- 法释〔2000〕39号

中国人民解放军军事法院、军事检察院：

〔1999〕军法呈字第19号《关于军人非战时逃离部队情节严重的，能否适用刑法定罪处罚问题的请示》收悉。经研究，答复如下：

军人违反兵役法规，在非战时逃离部队，情节严重的，应当依照刑法第四百三十五条第一款的规定定罪处罚。

此复

五、刑事诉讼

（一）综 合

最高人民法院关于死刑缓期执行限制减刑案件审理程序若干问题的规定

- 2011 年 4 月 20 日最高人民法院审判委员会第 1519 次会议通过
- 2011 年 4 月 25 日最高人民法院公告公布
- 自 2011 年 5 月 1 日起施行
- 法释〔2011〕8 号

为正确适用《中华人民共和国刑法修正案（八）》关于死刑缓期执行限制减刑的规定，根据刑事诉讼法的有关规定，结合审判实践，现就相关案件审理程序的若干问题规定如下：

第一条 根据刑法第五十条第二款的规定，对被判处死刑缓期执行的累犯以及因故意杀人、强奸、抢劫、绑架、放火、爆炸、投放危险物质或者有组织的暴力性犯罪被判处死刑缓期执行的犯罪分子，人民法院根据犯罪情节、人身危险性等情况，可以在作出裁判的同时决定对其限制减刑。

第二条 被告人对第一审人民法院作出的限制减刑判决不服，可以提出上诉。被告人的辩护人和近亲属，经被告人同意，也可以提出上诉。

第三条 高级人民法院审理或者复核判处死刑缓期执行并限制减刑的案件，认为原判对被告人判处死刑缓期执行适当，但判决限制减刑不当的，应当改判，撤销限制减刑。

第四条 高级人民法院审理判处死刑缓期执行没有限制减刑的上诉案件，认为原判事实清楚、证据充分，但应当限制减刑的，不得直接改判，也不得发回重新审判。确有必要限制减刑的，应当在第二审判决、裁定生效后，按照审判监督程序重新审判。

高级人民法院复核判处死刑缓期执行没有限制减刑的案件，认为应当限制减刑的，不得以提高审级等方式对被告人限制减刑。

第五条 高级人民法院审理判处死刑的第二审案件，对被告人改判死刑缓期执行的，如果符合刑法第五十条第二款的规定，可以同时决定对其限制减刑。

高级人民法院复核判处死刑后没有上诉、抗诉的案件，认为应当改判死刑缓期执行并限制减刑的，可以提审或者发回重新审判。

第六条 最高人民法院复核死刑案件，认为对被告人可以判处死刑缓期执行并限制减刑的，应当裁定不予核准，并撤销原判，发回重新审判。

一案中两名以上被告人被判处死刑，最高人民法院复核后，对其中部分被告人改判死刑缓期执行的，如果符合刑法第五十条第二款的规定，可以同时决定对其限制减刑。

第七条 人民法院对被判处死刑缓期执行的被告人所作的限制减刑决定，应当在判决书主文部分单独作为一项予以宣告。

第八条 死刑缓期执行限制减刑案件审理程序的其他事项，依照刑事诉讼法和有关司法解释的规定执行。

最高人民法院、最高人民检察院、公安部、司法部关于对判处管制、宣告缓刑的犯罪分子适用禁止令有关问题的规定（试行）

- 2011 年 4 月 28 日
- 法发〔2011〕9 号

为正确适用《中华人民共和国刑法修正案（八）》，确保管制和缓刑的执行效果，根据刑法和刑事诉讼法的有关规定，现就判处管制、宣告缓刑的犯罪分子适用禁止令的有关问题规定如下：

第一条 对判处管制、宣告缓刑的犯罪分子，人民法院根据犯罪情况，认为从促进犯罪分子教育矫正、有效维护社会秩序的需要出发，确有必要禁止其在管制执行期间、缓刑考验期限内从事特定活动，进入特定区域、场所，接触特定人的，可以根据刑法第三十八条第二款、第七十二条第二款的规定，同时宣告禁止令。

第二条 人民法院宣告禁止令，应当根据犯罪分子的犯罪原因、犯罪性质、犯罪手段、犯罪后的悔罪表现、个人一贯表现等情况，充分考虑与犯罪分子所犯罪行的关联程度，有针对性地决定禁止其在管制执行期间、缓刑考验期限内"从事特定活动，进入特定区域、场所，接触特定的人"的一项或者几项内容。

第三条 人民法院可以根据犯罪情况，禁止判处管制、宣告缓刑的犯罪分子在管制执行期间、缓刑考验期限内从事以下一项或者几项活动：

（一）个人为进行违法犯罪活动而设立公司、企业、事业单位或者在设立公司、企业、事业单位后以实施犯罪为主要活动的，禁止设立公司、企业、事业单位；

（二）实施证券犯罪、贷款犯罪、票据犯罪、信用卡犯罪等金融犯罪的，禁止从事证券交易、申领贷款、使用票据或者申领、使用信用卡等金融活动；

（三）利用从事特定生产经营活动实施犯罪的，禁止从事相关生产经营活动；

（四）附带民事赔偿义务未履行完毕、违法所得未追缴、退赔到位，或者罚金尚未足额缴纳的，禁止从事高消费活动；

（五）其他确有必要禁止从事的活动。

第四条 人民法院可以根据犯罪情况，禁止判处管制、宣告缓刑的犯罪分子在管制执行期间、缓刑考验期限内进入以下一类或者几类区域、场所：

（一）禁止进入夜总会、酒吧、迪厅、网吧等娱乐场所；

（二）未经执行机关批准，禁止进入举办大型群众性活动的场所；

（三）禁止进入中小学校区、幼儿园园区及周边地区，确因本人就学、居住等原因，经执行机关批准的除外；

（四）其他确有必要禁止进入的区域、场所。

第五条 人民法院可以根据犯罪情况，禁止判处管制、宣告缓刑的犯罪分子在管制执行期间、缓刑考验期限内接触以下一类或者几类人员：

（一）未经对方同意，禁止接触被害人及其法定代理人、近亲属；

（二）未经对方同意，禁止接触证人及其法定代理人、近亲属；

（三）未经对方同意，禁止接触控告人、批评人、举报人及其法定代理人、近亲属；

（四）禁止接触同案犯；

（五）禁止接触其他可能遭受其侵害、滋扰的人或者可能诱发其再次危害社会的人。

第六条 禁止令的期限，既可以与管制执行、缓刑考验的期限相同，也可以短于管制执行、缓刑考验的期限，但判处管制的，禁止令的期限不得少于三个月，宣告缓刑的，禁止令的期限不得少于二个月。

判处管制的犯罪分子在判决执行以前先行羁押以致管制执行的期限少于三个月的，禁止令的期限不受前款规定的最短期限的限制。

禁止令的执行期限，从管制、缓刑执行之日起计算。

第七条 人民检察院在提起公诉时，对可能判处管制、宣告缓刑的被告人可以提出宣告禁止令的建议。当事人、辩护人、诉讼代理人可以就应否对被告人宣告禁止令提出意见，并说明理由。

公安机关在移送审查起诉时，可以根据犯罪嫌疑人涉嫌犯罪的情况，就应否宣告禁止令及宣告何种禁止令，向人民检察院提出意见。

第八条 人民法院对判处管制、宣告缓刑的被告人宣告禁止令的，应当在裁判文书主文部分单独作为一项予以宣告。

第九条 禁止令由司法行政机关指导管理的社区矫正机构负责执行。

第十条 人民检察院对社区矫正机构执行禁止令的活动实行监督。发现有违反法律规定的情况，应当通知社区矫正机构纠正。

第十一条 判处管制的犯罪分子违反禁止令，或者被宣告缓刑的犯罪分子违反禁止令尚不属情节严重的，由负责执行禁止令的社区矫正机构所在地的公安机关依照《中华人民共和国治安管理处罚法》第六十条的规定处罚。

第十二条 被宣告缓刑的犯罪分子违反禁止令，情节严重的，应当撤销缓刑，执行原判刑罚。原作出缓刑裁判的人民法院应当自收到当地社区矫正机构提出的撤销缓刑建议书之日起一个月内依法作出裁定。人民法院撤销缓刑的裁定一经作出，立即生效。

违反禁止令，具有下列情形之一的，应当认定为"情节严重"：

（一）三次以上违反禁止令的；

（二）因违反禁止令被治安管理处罚后，再次违反禁止令的；

（三）违反禁止令，发生较为严重危害后果的；

（四）其他情节严重的情形。

第十三条 被宣告禁止令的犯罪分子被依法减刑时，禁止令的期限可以相应缩短，由人民法院在减刑裁定中确定新的禁止令期限。

最高人民法院、最高人民检察院、公安部、国家安全部、司法部、全国人大常委会法制工作委员会关于实施刑事诉讼法若干问题的规定

·2012年12月26日

一、管 辖

1. 公安机关侦查刑事案件涉及人民检察院管辖的贪污贿赂案件时，应当将贪污贿赂案件移送人民检察院；人民检察院侦查贪污贿赂案件涉及公安机关管辖的刑事案件，应当将属于公安机关管辖的刑事案件移送公安机关。在上述情况中，如果涉嫌主罪属于公安机关管辖，由公安机关为主侦查，人民检察院予以配合；如果涉嫌主罪属于人民检察院管辖，由人民检察院为主侦查，公安机关予以配合。

2. 刑事诉讼法第二十四条中规定："刑事案件由犯罪地的人民法院管辖。"刑事诉讼法规定的"犯罪地"，包括犯罪的行为发生地和结果发生地。

3. 具有下列情形之一的，人民法院、人民检察院、公安机关可以在其职责范围内并案处理：

（一）一人犯数罪的；

（二）共同犯罪的；

（三）共同犯罪的犯罪嫌疑人、被告人还实施其他犯罪的；

（四）多个犯罪嫌疑人、被告人实施的犯罪存在关联，并案处理有利于查明案件事实的。

二、辩护与代理

4. 人民法院、人民检察院、公安机关、国家安全机关、监狱的现职人员，人民陪审员，外国人或者无国籍人，以及与本案有利害关系的人，不得担任辩护人。但是，上述人员系犯罪嫌疑人、被告人的监护人或者近亲属，犯罪嫌疑人、被告人委托其担任辩护人的，可以准许。无行为能力或者限制行为能力的人，不得担任辩护人。

一名辩护人不得为两名以上的同案犯罪嫌疑人、被告人辩护，不得为两名以上的未同案处理但实施的犯罪存在关联的犯罪嫌疑人、被告人辩护。

5. 刑事诉讼法第三十四条、第二百六十七条、第二百八十六条对法律援助作了规定。对于人民法院、人民检察院、公安机关根据上述规定，通知法律援助机构指派律师提供辩护或者法律帮助的，法律援助机构应当在接到通知后三日以内指派律师，并将律师的姓名、单位、联系方式书面通知人民法院、人民检察院、公安机关。

6. 刑事诉讼法第三十六条规定："辩护律师在侦查期间可以为犯罪嫌疑人提供法律帮助；代理申诉、控告；申请变更强制措施；向侦查机关了解犯罪嫌疑人涉嫌的罪名和案件有关情况，提出意见。"根据上述规定，辩护律师在侦查期间可以向侦查机关了解犯罪嫌疑人涉嫌的罪名及当时已查明的该罪的主要事实，犯罪嫌疑人被采取、变更、解除强制措施的情况，侦查机关延长侦查羁押期限等情况。

7. 刑事诉讼法第三十七条第二款规定："辩护律师持律师执业证书、律师事务所证明和委托书或者法律援助公函要求会见在押的犯罪嫌疑人、被告人的，看守所应当及时安排会见，至迟不得超过四十八小时。"根据上述规定，辩护律师要求会见在押的犯罪嫌疑人、被告人的，看守所应当及时安排会见，保证辩护律师在四十八小时以内见到在押的犯罪嫌疑人、被告人。

8. 刑事诉讼法第四十一条第一款规定："辩护律师经证人或者其他有关单位和个人同意，可以向他们收集与本案有关的材料，也可以申请人民检察院、人民法院收集、调取证据，或者申请人民法院通知证人出庭作证。"对于辩护律师申请人民检察院、人民法院收集、调取证据，人民检察院、人民法院认为需要调查取证的，应当由人民检察院、人民法院收集、调取证据，不得向律师签发准许调查决定书，让律师收集、调取证据。

9. 刑事诉讼法第四十二条第二款中规定："违反前款规定的，应当依法追究法律责任，辩护人涉嫌犯罪的，应当由办理辩护人所承办案件的侦查机关以外的侦查机关办理。"根据上述规定，公安机关、人民检察院发现辩护人涉嫌犯罪，或者接受报案、控告、举报，有关机关的移送，依照侦查管辖分工进行审查后认为符合立案条件的，应当按照规定报请办理辩护人所承办案件的侦查机关的上一级侦查机关指定其他侦查机关立案侦查，或者由上一级侦查机关立案侦查。不得指定办理辩护人所承办案件的侦查机关的下级侦查机关立案侦查。

10. 刑事诉讼法第四十七条规定："辩护人、诉讼代理人认为公安机关、人民检察院、人民法院及其工作人员阻碍其依法行使诉讼权利的，有权向同级或者上一级人民检察院申诉或者控告。人民检察院对申诉或者控告应当及时进行审查，情况属实的，通知有关机关予以纠正。"人民检察院受理辩护人、诉讼代理人的申诉或者控告后，应当在十日以内将处理情况书面答复提出申诉或者控告的辩护人、诉讼代理人。

三、证 据

11. 刑事诉讼法第五十六条第一款规定："法庭审理

过程中,审判人员认为可能存在本法第五十四条规定的以非法方法收集证据情形的,应当对证据收集的合法性进行法庭调查。"法庭经对当事人及其辩护人、诉讼代理人提供的相关线索或者材料进行审查后,认为可能存在刑事诉讼法第五十四条规定的以非法方法收集证据情形的,应当对证据收集的合法性进行法庭调查。法庭调查的顺序由法庭根据案件审理情况确定。

12. 刑事诉讼法第六十二条规定,对证人、鉴定人、被害人可以采取"不公开真实姓名、住址和工作单位等个人信息"的保护措施。人民法院、人民检察院和公安机关依法决定不公开证人、鉴定人、被害人的真实姓名、住址和工作单位等个人信息的,可以在判决书、裁定书、起诉书、询问笔录等法律文书、证据材料中使用化名等代替证人、鉴定人、被害人的个人信息。但是,应当书面说明使用化名的情况并标明密级,单独成卷。辩护律师经法庭许可,查阅对证人、鉴定人、被害人使用化名情况的,应当签署保密承诺书。

四、强制措施

13. 被取保候审、监视居住的犯罪嫌疑人、被告人无正当理由不得离开所居住的市、县或者执行监视居住的处所,有正当理由需要离开所居住的市、县或者执行监视居住的处所,应当经执行机关批准。如果取保候审、监视居住是由人民检察院、人民法院决定的,执行机关在批准犯罪嫌疑人、被告人离开所居住的市、县或者执行监视居住的处所前,应当征得决定机关同意。

14. 对取保候审保证人是否履行了保证义务,由公安机关认定,对保证人的罚款决定,也由公安机关作出。

15. 指定居所监视居住的,不得要求被监视居住人支付费用。

16. 刑事诉讼法规定,拘留由公安机关执行。对于人民检察院直接受理的案件,人民检察院作出的拘留决定,应当送达公安机关执行,公安机关应当立即执行,人民检察院可以协助公安机关执行。

17. 对于人民检察院批准逮捕的决定,公安机关应当立即执行,并将执行回执及时送达批准逮捕的人民检察院。如果未能执行,也应当将回执送达人民检察院,并写明未能执行的原因。对于人民检察院决定不批准逮捕的,公安机关在收到不批准逮捕决定书后,应当立即释放在押的犯罪嫌疑人或者变更强制措施,并将执行回执在收到不批准逮捕决定书后的三日内送达作出不批准逮捕决定的人民检察院。

五、立 案

18. 刑事诉讼法第一百一十一条规定:"人民检察院认为公安机关对应当立案侦查的案件而不立案侦查的,或者被害人认为公安机关对应当立案侦查的案件而不立案侦查,向人民检察院提出的,人民检察院应当要求公安机关说明不立案的理由。人民检察院认为公安机关不立案理由不能成立的,应当通知公安机关立案,公安机关接到通知后应当立案。"根据上述规定,公安机关收到人民检察院要求说明不立案理由通知书后,应当在七日内将说明情况书面答复人民检察院。人民检察院认为公安机关不立案理由不能成立,发出通知立案书时,应当将有关证明应当立案的材料同时移送公安机关。公安机关收到通知立案书后,应当在十五日内决定立案,并将立案决定书送达人民检察院。

六、侦 查

19. 刑事诉讼法第一百二十一条第一款规定:"侦查人员在讯问犯罪嫌疑人的时候,可以对讯问过程进行录音或者录像;对于可能判处无期徒刑、死刑的案件或者其他重大犯罪案件,应当对讯问过程进行录音或者录像。"侦查人员对讯问过程进行录音或者录像的,应当在讯问笔录中注明。人民检察院、人民法院可以根据需要调取讯问犯罪嫌疑人的录音或者录像,有关机应当及时提供。

20. 刑事诉讼法第一百四十九条中规定:"批准决定应当根据侦查犯罪的需要,确定采取技术侦查措施的种类和适用对象。"采取技术侦查措施收集的材料作为证据使用的,批准采取技术侦查措施的法律文书应当附卷,辩护律师可以依法查阅、摘抄、复制,在审判过程中可以向法庭出示。

21. 公安机关对案件提请延长羁押期限的,应当在羁押期限届满七日前提出,并书面呈报延长羁押期限案件的主要案情和延长羁押期限的具体理由,人民检察院应当在羁押期限届满前作出决定。

22. 刑事诉讼法第一百五十八条第一款规定:"在侦查期间,发现犯罪嫌疑人另有重要罪行的,自发现之日起依照本法第一百五十四条的规定重新计算侦查羁押期限。"公安机关依照上述规定重新计算侦查羁押期限的,不需要经人民检察院批准,但应当报人民检察院备案,人民检察院可以进行监督。

七、提起公诉

23. 上级公安机关指定下级公安机关立案侦查的案件,需要逮捕犯罪嫌疑人的,由侦查该案件的公安机关提请同级人民检察院审查批准；需要提起公诉的，由侦查该案件的公安机关移送同级人民检察院审查起诉。

人民检察院对于审查起诉的案件，按照刑事诉讼法的管辖规定，认为应当由上级人民检察院或者同级其他人民检察院起诉的，应当将案件移送有管辖权的人民检察院。人民检察院认为需要依照刑事诉讼法的规定指定审判管辖的，应当协商同级人民法院办理指定管辖有关事宜。

24. 人民检察院向人民法院提起公诉时，应当将案卷材料和全部证据移送人民法院，包括犯罪嫌疑人、被告人翻供的材料、证人改变证言的材料，以及对犯罪嫌疑人、被告人有利的其他证据材料。

八、审 判

25. 刑事诉讼法第一百八十一条规定："人民法院对提起公诉的案件进行审查后，对于起诉书中有明确的指控犯罪事实的，应当决定开庭审判。"对于人民检察院提起公诉的案件，人民法院都应当受理。人民法院对提起公诉的案件进行审查后，对于起诉书中有明确的指控犯罪事实并且附有案卷材料、证据的，应当决定开庭审判，不得以上述材料不充足为由而不开庭审判。如果人民检察院移送的材料中缺少上述材料的，人民法院可以通知人民检察院补充材料，人民检察院应当自收到通知之日起三日内补送。

人民法院对提起公诉的案件进行审查的期限计入人民法院的审理期限。

26. 人民法院开庭审理公诉案件时，出庭的检察人员和辩护人需要出示、宣读、播放已移交人民法院的证据的，可以申请法庭出示、宣读、播放。

27. 刑事诉讼法第三十九条规定："辩护人认为在侦查、审查起诉期间公安机关、人民检察院收集的证明犯罪嫌疑人、被告人无罪或者罪轻的证据材料未提交的，有权申请人民检察院、人民法院调取。"第一百九十一条第一款规定："法庭审理过程中，合议庭对证据有疑问的，可以宣布休庭，对证据进行调查核实。"第一百九十二条第一款规定："法庭审理过程中，当事人和辩护人、诉讼代理人有权申请通知新的证人到庭，调取新的物证，申请重新鉴定或者勘验。"根据上述规定，自案件移送审查起诉之日起，人民检察院可以根据辩护人的申请，向公安机关调取未提交的证明犯罪嫌疑人、被告人无罪或者罪轻的证据材料。在法庭审理过程中，人民法院可以根据辩护人的申请，向人民检察院调取未提交的证明被告人无罪或者罪轻的证据材料，也可以向人民检察院调取需要调查核

实的证据材料。公安机关、人民检察院应当自收到要求调取证据材料决定书后三日内移交。

28. 人民法院依法通知证人、鉴定人出庭作证的，应当同时将证人、鉴定人出庭通知书送交控辩双方，控辩双方应予以配合。

29. 刑事诉讼法第一百八十七条第三款规定："公诉人、当事人或者辩护人、诉讼代理人对鉴定意见有异议，人民法院认为鉴定人有必要出庭的，鉴定人应当出庭作证。经人民法院通知，鉴定人拒不出庭作证的，鉴定意见不得作为定案的根据。"根据上述规定，依法应当出庭的鉴定人经人民法院通知未出庭作证的，鉴定意见不得作为定案的根据。鉴定人由于不能抗拒的原因或者有其他正当理由无法出庭的，人民法院可以根据案件审理情况决定延期审理。

30. 人民法院审理公诉案件，发现有新的事实，可能影响定罪的，人民检察院可以要求补充起诉或者变更起诉，人民法院可以建议人民检察院补充起诉或者变更起诉。人民法院建议人民检察院补充起诉或者变更起诉的，人民检察院应当在七日以内回复意见。

31. 法庭审理过程中，被告人揭发他人犯罪行为或者提供重要线索，人民检察院认为需要进行查证的，可以建议补充侦查。

32. 刑事诉讼法第二百零三条规定："人民检察院发现人民法院审理案件违反法律规定的诉讼程序，有权向人民法院提出纠正意见。"人民检察院对违反法定程序的庭审活动提出纠正意见，应当由人民检察院在庭审后提出。

九、执 行

33. 刑事诉讼法第二百五十四条第五款中规定："在交付执行前，暂予监外执行由交付执行的人民法院决定"。对于被告人可能被判处拘役、有期徒刑、无期徒刑，符合暂予监外执行条件的，被告人及其辩护人有权向人民法院提出暂予监外执行的申请，看守所可以将有关情况通报人民法院。人民法院应当进行审查，并在交付执行前作出是否暂予监外执行的决定。

34. 刑事诉讼法第二百五十七条第三款规定："不符合暂予监外执行条件的罪犯通过贿赂等非法手段被暂予监外执行的，在监外执行的期间不计入执行刑期。罪犯在暂予监外执行期间脱逃的，脱逃的期间不计入执行刑期。"对于人民法院决定暂予监外执行的罪犯具有上述情形的，人民法院在决定予以收监的同时，应当确定不计入刑期的期间。对于监狱管理机关或者公安机关决定暂予

监外执行的罪犯具有上述情形的,罪犯被收监后,所在监狱或者看守所应当及时向所在地的中级人民法院提出不计入执行刑期的建议书,由人民法院审核裁定。

35. 被决定收监执行的社区矫正人员在逃的,社区矫正机构应当立即通知公安机关,由公安机关负责追捕。

十、涉案财产的处理

36. 对于依照刑法规定应当追缴的违法所得及其他涉案财产,除依法返还被害人的财物以及依法销毁的违禁品外,必须一律上缴国库。查封、扣押的涉案财产,依法不移送的,待人民法院作出生效判决、裁定后,由人民法院通知查封、扣押机关上缴国库,查封、扣押机关应当向人民法院送交执行回单;冻结在金融机构的违法所得及其他涉案财产,待人民法院作出生效判决、裁定后,由人民法院通知有关金融机构上缴国库,有关金融机构应当向人民法院送交执行回单。

对于被扣押、冻结的债券、股票、基金份额等财产,在扣押、冻结期间权利人申请出售,经扣押、冻结机关审查,不损害国家利益、被害人利益,不影响诉讼正常进行的,以及扣押、冻结的汇票、本票、支票的有效期即将届满的,可以在判决生效前依法出售或者变现,所得价款由扣押、冻结机关保管,并及时告知当事人或者其近亲属。

37. 刑事诉讼法第一百四十二条第一款中规定:"人民检察院、公安机关根据侦查犯罪的需要,可以依照规定查询、冻结犯罪嫌疑人的存款、汇款、债券、股票、基金份额等财产。"根据上述规定,人民检察院、公安机关不能扣划存款、汇款、债券、股票、基金份额等财产。对于犯罪嫌疑人、被告人死亡,依照刑法规定应当追缴其违法所得及其他涉案财产的,适用刑事诉讼法第五编第三章规定的程序,由人民检察院向人民法院提出没收违法所得的申请。

38. 犯罪嫌疑人、被告人死亡,现有证据证明存在违法所得及其他涉案财产应当予以没收的,公安机关、人民检察院可以进行调查。公安机关、人民检察院进行调查,可以依法进行查封、扣押、查询、冻结。

人民法院在审理案件过程中,被告人死亡的,应当裁定终止审理;被告人脱逃的,应当裁定中止审理。人民检察院可以依法另行向人民法院提出没收违法所得的申请。

39. 对于人民法院依法作出的没收违法所得的裁定,犯罪嫌疑人、被告人的近亲属和其他利害关系人或者人民检察院可以在五日内提出上诉、抗诉。

十一、其 他

40. 刑事诉讼法第一百四十七条规定:"对犯罪嫌疑人作精神病鉴定的期间不计入办案期限。"根据上述规定,犯罪嫌疑人、被告人在押的案件,除对犯罪嫌疑人、被告人的精神病鉴定期间不计入办案期限外,其他鉴定期间都应当计入办案期限。对于因鉴定时间较长,办案期限届满仍不能终结的案件,自期限届满之日起,应当对被羁押的犯罪嫌疑人、被告人变更强制措施,改为取保候审或者监视居住。

国家安全机关依照法律规定,办理危害国家安全的刑事案件,适用本规定中有关公安机关的规定。

本规定自2013年1月1日起施行。1998年1月19日发布的《最高人民法院、最高人民检察院、公安部、国家安全部、司法部、全国人大常委会法制工作委员会关于刑事诉讼法实施中若干问题的规定》同时废止。

人民检察院刑事诉讼涉案财物管理规定

· 2015年3月6日
· 高检发〔2015〕6号

第一章 总 则

第一条 为了贯彻落实中央关于规范刑事诉讼涉案财物处置工作的要求,进一步规范人民检察院刑事诉讼涉案财物管理工作,提高司法水平和办案质量,保护公民、法人和其他组织的合法权益,根据刑法、刑事诉讼法、《人民检察院刑事诉讼规则(试行)》,结合检察工作实际,制定本规定。

第二条 本规定所称人民检察院刑事诉讼涉案财物,是指人民检察院在刑事诉讼过程中查封、扣押、冻结的与案件有关的财物及其孳息以及从其他办案机关接收的财物及其孳息,包括犯罪嫌疑人的违法所得及其孳息、供犯罪所用的财物、非法持有的违禁品以及其他与案件有关的财物及其孳息。

第三条 违法所得的一切财物,应当予以追缴或者责令退赔。对被害人的合法财产,应当依照有关规定返还。违禁品和供犯罪所用的财物,应当予以查封、扣押、冻结,并依法处理。

第四条 人民检察院查封、扣押、冻结、保管、处理涉案财物,必须严格依照刑事诉讼法、《人民检察院刑事诉讼规则(试行)》以及其他相关规定进行。不得查封、扣押、冻结与案件无关的财物。凡查封、扣押、冻结的财物,都应当及时进行审查;经查明确实与案件无关的,应当在三日内予以解除、退还,并通知有关当事人。

严禁以虚假立案或者其他非法方式采取查封、扣押、冻结措施。对涉案单位违规的账外资金但与案件无关的，不得查封、扣押、冻结，可以通知有关主管机关或者其上级单位处理。

查封、扣押、冻结涉案财物，应当为犯罪嫌疑人、被告人及其所扶养的亲属保留必需的生活费用和物品，减少对涉案单位正常办公、生产、经营等活动的影响。

第五条 严禁在立案之前查封、扣押、冻结财物。立案之前发现涉嫌犯罪的财物，符合立案条件的，应当及时立案，并采取查封、扣押、冻结措施，以保全证据和防止涉案财物转移、损毁。

个人或者单位在立案之前向人民检察院自首时携带涉案财物的，人民检察院可以根据管辖规定先行接收，并向自首人开具接收凭证，根据立案和侦查情况决定是否查封、扣押、冻结。

人民检察院查封、扣押、冻结涉案财物后，应当对案件及时进行侦查，不得在无法定理由情况下撤销案件或者停止对案件的侦查。

第六条 犯罪嫌疑人到案后，其亲友受犯罪嫌疑人委托或者主动代为向检察机关退还或者赔偿涉案财物的，参照《人民检察院刑事诉讼规则（试行）》关于查封、扣押、冻结的相关程序办理。符合相关条件的，人民检察院应当开具查封、扣押、冻结决定书，并由检察人员、代为退还或者赔偿的人员和有关规定要求的其他人员在清单上签名或者盖章。

代为退还或者赔偿的人员应当在清单上注明系受犯罪嫌疑人委托或者主动代为犯罪嫌疑人退还或者赔偿。

第七条 人民检察院实行查封、扣押、冻结处理涉案财物与保管涉案财物相分离的原则，办案部门与案件管理、计划财务装备等部门分工负责、互相配合、互相制约。侦查监督、公诉、控告检察、刑事申诉检察等部门依照刑事诉讼法和其他相关规定对办案部门查封、扣押、冻结、保管、处理涉案财物等活动进行监督。

办案部门负责对涉案财物依法进行查封、扣押、冻结、处理，并对依照本规定第十条第二款、第十二条不移送案件管理部门或者不存入唯一合规账户的涉案财物进行管理；案件管理部门负责对办案部门和其他办案机关移送的涉案物品进行保管，并依照有关规定对查封、扣押、冻结、处理涉案财物工作进行监督管理；计划财务装备部门负责对存入唯一合规账户的扣押款项进行管理。

人民检察院监察部门依照有关规定对查封、扣押、冻结、保管、处理涉案财物工作进行监督。

第八条 人民检察院查封、扣押、冻结、处理涉案财物，应当使用最高人民检察院统一制定的法律文书，填写必须规范、完整。禁止使用不符合规定的文书查封、扣押、冻结、处理涉案财物。

第九条 查封、扣押、冻结、保管、处理涉及国家秘密、商业秘密、个人隐私的财物，应当严格遵守有关保密规定。

第二章 涉案财物的移送与接收

第十条 人民检察院办案部门查封、扣押、冻结涉案财物及其孳息后，应当及时按照下列情形分别办理，至迟不得超过三日，法律和有关规定另有规定的除外：

（一）将扣押的款项存入唯一合规账户；

（二）将扣押的物品和相关权利证书、支付凭证以及具有一定特征能够证明案情的现金等，送案件管理部门入库保管；

（三）将查封、扣押、冻结涉案财物的清单和扣押款项存入唯一合规账户的存款凭证等，送案件管理部门登记；案件管理部门应当对存款凭证复印保存，并将原件送计划财务装备部门。

扣押的款项或者物品因特殊原因不能按时存入唯一合规账户或者送案件管理部门保管的，经检察长批准，可以由办案部门暂时保管，在原因消除后及时存入或者移交，但应当将扣押清单和相关权利证书、支付凭证等依照本条第一款规定的期限送案件管理部门登记、保管。

第十一条 案件管理部门接收人民检察院办案部门移送的涉案财物或者清单时，应当审查是否符合下列要求：

（一）有立案决定书和相应的查封、扣押、冻结法律文书以及查封、扣押清单，并填写规范、完整，符合相关要求；

（二）移送的财物与清单相符；

（三）移送的扣押物品清单，已经依照《人民检察院刑事诉讼规则（试行）》有关扣押的规定注明扣押财物的主要特征；

（四）移送的外币、金银珠宝、文物、名贵字画以及其他不易辨别真伪的贵重物品，已经依照《人民检察院刑事诉讼规则（试行）》有关扣押的规定予以密封，检察人员、见证人和被扣押物品持有人在密封材料上签名或者盖章，经过鉴定的，附有鉴定意见复印件；

（五）移送的存折、信用卡、有价证券等支付凭证和具有一定特征能够证明案情的现金，已经依照《人民检察院刑事诉讼规则（试行）》有关扣押的规定予以密封，注明特征、编号、种类、面值、张数、金额等，检察人员、见证人和被扣押物品持有人在密封材料上签名或者盖章；

（六）移送的查封清单，已经依照《人民检察院刑事诉讼规则（试行）》有关查封的规定注明相关财物的详细地址和相关特征，检察人员、见证人和持有人签名或者盖章，注明已经拍照或者录像及其权利证书是否已被扣押，注明财物被查封后由办案部门保管或者交持有人或者其近亲属保管，注明查封决定书副本已送达相关的财物登记、管理部门等。

第十二条 人民检察院办案部门查封、扣押的下列涉案财物不移送案件管理部门保管，由办案部门拍照或者录像后妥善管理或者及时按照有关规定处理：

（一）查封的不动产和置于该不动产上不宜移动的设施等财物，以及涉案的车辆、船舶、航空器和大型机械、设备等财物，及时依照《人民检察院刑事诉讼规则（试行）》有关查封、扣押的规定扣押相关权利证书，将查封决定书副本送达有关登记、管理部门，并告知其在查封期间禁止办理抵押、转让、出售等权属关系变更、转移登记手续；

（二）珍贵文物、珍贵动物及其制品、珍稀植物及其制品，按照国家有关规定移送主管机关；

（三）毒品、淫秽物品等违禁品，及时移送有关主管机关，或者根据办案需要严格封存，不得擅自使用或者扩散；

（四）爆炸性、易燃性、放射性、毒害性、腐蚀性等危险品，及时移送有关部门或者根据办案需要委托有关主管机关妥善保管；

（五）易损毁、灭失、变质等不宜长期保存的物品，易贬值的汽车、船艇等物品，经权利人同意或者申请，并经检察长批准，可以及时委托有关部门先行变卖、拍卖，所得款项存入唯一合规账户。先行变卖、拍卖应当做到公开、公平。

人民检察院办案部门依照前款规定不将涉案财物移送案件管理部门保管的，应当将查封、扣押清单以及相关权利证书、支付凭证等依照本规定第十条第一款的规定送案件管理部门登记、保管。

第十三条 人民检察院案件管理部门接收其他办案机关随案移送的涉案财物的，参照本规定第十一条、第十二条的规定进行审查和办理。

对移送的物品、权利证书、支付凭证以及具备一定特征能够证明案情的现金，案件管理部门审查后认为符合要求的，予以接收并入库保管。对移送的涉案款项，由其他办案机关存入检察机关指定的唯一合规账户，案件管理部门对转账凭证进行登记并联系计划财务装备部门进

行核对。其他办案机关直接移送现金的，案件管理部门可以告知其存入指定的唯一合规账户，也可以联系计划财务装备部门清点、接收并及时存入唯一合规账户。计划财务装备部门应当在收到款项后三日以内将收款凭证复印件送案件管理部门登记。

对于其他办案机关移送审查起诉时随案移送的有关实物，案件管理部门经商公诉部门后，认为属于不宜移送的，可以依照刑事诉讼法第二百三十四条第一款、第二款的规定，只接收清单、照片或者其他证明文件。必要时，人民检察院案件管理部门可以会同公诉部门与其他办案机关相关部门进行沟通协商，确定不随案移送的实物。

第十四条 案件管理部门应当指定专门人员，负责有关涉案财物的接收、管理和相关信息录入工作。

第十五条 案件管理部门接收密封的涉案财物，一般不进行拆封。移送部门或者案件管理部门认为有必要拆封的，由移送人员和接收人员共同启封、检查、重新密封，并对全过程进行录像。根据《人民检察院刑事诉讼规则（试行）》有关扣押的规定应当予以密封的涉案财物，启封、检查、重新密封时应当依照规定有见证人、持有人或者单位负责人等在场并签名或者盖章。

第十六条 案件管理部门对于接收的涉案财物、清单及其他相关材料，认为符合条件的，应当及时在移送清单上签字并制作入库清单，办理入库手续。认为不符合条件的，应当将原因告知移送单位，由移送单位及时补送相关材料，或者按照有关规定进行补正或者作出合理解释。

第三章 涉案财物的保管

第十七条 人民检察院对于查封、扣押、冻结的涉案财物及其孳息，应当如实登记，妥善保管。

第十八条 人民检察院计划财务装备部门对扣押款项及其孳息应当逐案设立明细账，严格收付手续。

计划财务装备部门应当定期对唯一合规账户的资金情况进行检查，确保账实相符。

第十九条 案件管理部门对收到的物品应当建账设卡，一案一账，一物一卡（码）。对于贵重物品和细小物品，根据物品种类实行分袋、分件、分箱设卡和保管。

案件管理部门应当定期对涉案物品进行检查，确保账实相符。

第二十条 涉案物品专用保管场所应当符合下列防火、防盗、防潮、防尘等要求：

（一）安装防盗门窗、铁柜和报警器、监视器；

（二）配备必要的储物格、箱、袋等设备设施；

（三）配备必要的除湿、调温、密封、防霉变、防腐烂等设备设施；

（四）配备必要的计量、鉴定、辨认等设备设施；

（五）需要存放电子存储介质类物品的，应当配备防磁柜；

（六）其他必要的设备设施。

第二十一条　人民检察院办案部门人员需要查看、临时调用涉案财物的，应当经办案部门负责人批准；需要移送、处理涉案财物的，应当经检察长批准。案件管理部门对于审批手续齐全的，应当办理查看、出库手续并认真登记。

对于密封的涉案财物，在查看、出库、归还时需要拆封的，应当遵守本规定第十五条的要求。

第四章　涉案财物的处理

第二十二条　对于查封、扣押、冻结的涉案财物及其孳息，除依照有关规定返还被害人或者经查明确实与案件无关的以外，不得在诉讼程序终结之前上缴国库或者作其他处理。法律和有关规定另有规定的除外。

在诉讼过程中，对权属明确的被害人合法财产，凡返还不损害其他被害人或者利害关系人的利益、不影响诉讼正常进行的，人民检察院应当依法及时返还。权属有争议的，应当在决定撤销案件、不起诉或者由人民法院判决时一并处理。

在扣押、冻结期间，权利人申请出售被扣押、冻结的债券、股票、基金份额等财产的，以及扣押、冻结的汇票、本票、支票的有效期即将届满的，人民检察院办案部门应当依照《人民检察院刑事诉讼规则（试行）》的有关规定及时办理。

第二十三条　人民检察院作出撤销案件决定、不起诉决定或者收到人民法院作出的生效判决、裁定后，应当在三十日以内对涉案财物作出处理。情况特殊的，经检察长批准，可以延长三十日。

前款规定的对涉案财物的处理工作，人民检察院决定撤销案件的，由侦查部门负责办理；人民检察院决定不起诉或者人民法院作出判决、裁定的案件，由公诉部门负责办理；对人民检察院直接立案侦查的案件，公诉部门可以要求侦查部门协助配合。

人民检察院按照本规定第五条第二款的规定先行接收涉案财物，如果决定不予立案的，侦查部门应当按照本条第一款规定的期限对先行接收的财物作出处理。

第二十四条　处理由案件管理部门保管的涉案财物，办案部门应当持经检察长批准的相关文书或者报告，到案件管理部门办理出库手续；处理存入唯一合规账户的涉案款项，办案部门应当持经检察长批准的相关文书或者报告，经案件管理部门办理出库手续后，到计划财务装备部门办理提现或者转账手续。案件管理部门或者计划财务装备部门对于符合审批手续的，应当及时办理。

对于依照本规定第十条第二款、第十二条的规定未移交案件管理部门保管或者未存入唯一合规账户的涉案财物，办案部门应当依照本规定第二十三条规定的期限报经检察长批准后及时作出处理。

第二十五条　对涉案财物，应当严格依照有关规定，区分不同情形，及时作出相应处理：

（一）因犯罪嫌疑人死亡而撤销案件、决定不起诉，依照刑法规定应当追缴其违法所得及其他涉案财产的，应当按照《人民检察院刑事诉讼规则（试行）》有关犯罪嫌疑人逃匿、死亡案件违法所得的没收程序的规定办理；对于不需要追缴的涉案财物，应当依照本规定第二十三条规定的期限及时返还犯罪嫌疑人、被不起诉人的合法继承人；

（二）因其他原因撤销案件、决定不起诉，对于查封、扣押、冻结的犯罪嫌疑人违法所得及其他涉案财产需要没收的，应当依照《人民检察院刑事诉讼规则（试行）》有关撤销案件时处理犯罪嫌疑人违法所得的规定提出检察建议或者依照刑事诉讼法第一百七十三条第三款的规定提出检察意见，移送有关主管机关处理；未认定为需要没收并移送有关主管机关处理的涉案财物，应当依照本规定第二十三条规定的期限及时返还犯罪嫌疑人、被不起诉人；

（三）提起公诉的案件，在人民法院作出生效判决、裁定后，对于冻结在金融机构的涉案财产，由人民法院通知该金融机构上缴国库；对于查封、扣押且依法未随案移送人民法院的涉案财物，人民检察院根据人民法院的判决、裁定上缴国库；

（四）人民检察院侦查部门移送审查起诉的案件，起诉意见书中未认定为与犯罪有关的涉案财物；提起公诉的案件，起诉书中未认定或者起诉书认定但人民法院生效判决、裁定中未认定为与犯罪有关的涉案财物，应当依照本条第二项的规定移送有关主管机关处理或者及时返还犯罪嫌疑人、被不起诉人、被告人；

（五）对于需要返还被害人的查封、扣押、冻结涉案财物，应当按照有关规定予以返还。

人民检察院应当加强与人民法院、公安机关、国家安全机关的协调配合，共同研究解决涉案财物处理工作中遇到的突出问题,确保司法工作顺利进行,切实保障当事人合法权益。

第二十六条 对于应当返还被害人的查封、扣押、冻结涉案财物,无人认领的,应当公告通知。公告满六个月无人认领的,依法上缴国库。上缴国库后有人认领,经查证属实的,人民检察院应当向人民政府财政部门申请退库予以返还。原物已经拍卖、变卖的,应当退回价款。

第二十七条 对于贪污、挪用公款等侵犯国有资产犯罪案件中查封、扣押、冻结的涉案财物,除人民法院判决上缴国库的以外,应当归还原单位或者原单位的权利义务继受单位。犯罪金额已经作为损失核销或者原单位已不存在且无权利义务继受单位的,应当上缴国库。

第二十八条 查封、扣押、冻结的涉案财物应当依法上缴国库或者返还有关单位和个人的,如果有孳息,应当一并上缴或者返还。

第五章 涉案财物工作监督

第二十九条 人民检察院监察部门应当对本院和下级人民检察院的涉案财物工作进行检查或者专项督察,每年至少一次,并将结果在本辖区范围内予以通报。发现违纪违法问题的,应当依照有关规定作出处理。

第三十条 人民检察院案件管理部门可以通过受案审查、流程监控、案件质量评查、检察业务考评等途径,对本院和下级人民检察院的涉案财物工作进行监督管理。发现违法违规问题的,应当依照有关规定督促相关部门依法及时处理。

第三十一条 案件管理部门在涉案财物管理工作中,发现办案部门或者办案人员有下列情形之一的,可以进行口头提示;对于违规情节较重的,应当发送案件流程监控通知书;认为需要追究纪律或者法律责任的,应当移送本院监察部门处理或者向检察长报告:

(一)查封、扣押、冻结的涉案财物与清单存在不一致,不能作出合理解释或者说明的;

(二)查封、扣押、冻结涉案财物时,未按照有关规定进行密封、签名或者盖章,影响案件办理的;

(三)查封、扣押、冻结涉案财物后,未及时存入唯一合规账户、办理入库保管手续,或者未及时向案件管理部门登记,不能作出合理解释或者说明的;

(四)在立案之前采取查封、扣押、冻结措施的,或者未依照有关规定开具法律文书而采取查封、扣押、冻结措施的;

(五)对明知与案件无关的财物采取查封、扣押、冻结措施的,或者对经查明确实与案件无关的财物仍不解除查封、扣押、冻结或者不予退还的,或者应当将被查封、扣押、冻结的财物返还被害人而不返还的;

(六)违反有关规定,在诉讼程序依法终结之前将涉案财物上缴国库或者作其他处理的;

(七)在诉讼程序依法终结之后,未按照有关规定及时、依法处理涉案财物,经督促后仍不及时、依法处理的;

(八)因不负责任造成查封、扣押、冻结的涉案财物丢失、损毁或者泄密的;

(九)贪污、挪用、截留、私分、调换、违反规定使用查封、扣押、冻结的涉案财物的;

(十)其他违反法律和有关规定的情形。

人民检察院办案部门收到案件管理部门的流程监控通知书后,应当在十日以内将核查情况书面回复案件管理部门。

人民检察院侦查监督、公诉、控告检察、刑事申诉检察等部门发现本院办案部门有本条第一款规定的情形的,应当依照刑事诉讼法和其他相关规定履行监督职责。案件管理部门发现办案部门有上述情形,认为有必要的,可以根据案件办理所处的诉讼环节,告知侦查监督、公诉、控告检察或者刑事申诉检察等部门。

第三十二条 人民检察院查封、扣押、冻结、保管、处理涉案财物,应当按照有关规定做好信息查询和公开工作,并为当事人和其他诉讼参与人行使权利提供保障和便利。善意第三人等案外人与涉案财物处理存在利害关系的,人民检察院办案部门应当告知其相关诉讼权利。

当事人及其法定代理人和辩护人、诉讼代理人、利害关系人对人民检察院的查封、扣押、冻结不服或者对人民检察院撤销案件决定、不起诉决定中关于涉案财物的处理部分不服的,可以依照刑事诉讼法和《人民检察院刑事诉讼规则(试行)》的有关规定提出申诉或者控告;人民检察院控告检察部门对申诉或者控告应当依照有关规定及时受理和审查办理并反馈处理结果。人民检察院提起公诉的案件,被告人、自诉人、附带民事诉讼的原告人和被告人对涉案财物处理决定不服的,可以依照有关规定就财物处理部分提出上诉,被害人或者其他利害关系人可以依照有关规定请求人民检察院抗诉。

第三十三条 人民检察院刑事申诉检察部门在办理国家赔偿案件过程中,可以向办案部门调查核实相关查封、扣押、冻结等行为是否合法。国家赔偿决定对相关涉案财物作出处理的,有关办案部门应当及时执行。

第三十四条 人民检察院查封、扣押、冻结、保管、处理涉案财物,应当接受人民监督员的监督。

第三十五条 人民检察院及其工作人员在查封、扣押、冻结、保管、处理涉案财物工作中违反相关规定的,应当追究纪律责任;构成犯罪的,应当依法追究刑事责任;导致国家赔偿的,应当依法向有关责任人员追偿。

第六章 附 则

第三十六条 对涉案财物的保管、鉴定、估价、公告等支付的费用,列入人民检察院办案(业务)经费,不得向当事人收取。

第三十七条 本规定所称犯罪嫌疑人、被告人、被害人,包括自然人、单位。

第三十八条 本规定所称有关主管机关,是指对犯罪嫌疑人违反法律、法规的行为以及对有关违禁品、危险品具有行政管理、行政处罚、行政处分权限的机关和纪检监察部门。

第三十九条 本规定由最高人民检察院解释。

第四十条 本规定自公布之日起施行。最高人民检察院2010年5月9日公布的《人民检察院扣押、冻结涉案款物工作规定》同时废止。

人民检察院刑事诉讼规则

- 2019年12月2日最高人民检察院第十三届检察委员会第28次会议通过
- 2019年12月30日最高人民检察院公告公布
- 自2019年12月30日起施行
- 高检发释字〔2019〕4号

第一章 通 则

第一条 为保证人民检察院在刑事诉讼中严格依照法定程序办案,正确履行职权,实现惩罚犯罪与保障人权的统一,根据《中华人民共和国刑事诉讼法》《中华人民共和国人民检察院组织法》和有关法律规定,结合人民检察院工作实际,制定本规则。

第二条 人民检察院在刑事诉讼中的任务,是立案侦查直接受理的案件、审查逮捕、审查起诉和提起公诉、对刑事诉讼实行法律监督,保证准确、及时查明犯罪事实,正确应用法律,惩罚犯罪分子,保障无罪的人不受刑事追究,保障刑事法律的统一正确实施,维护社会主义法制,尊重和保障人权,保护公民的人身权利、财产权利、民主权利和其他权利,保障社会主义建设事业的顺利进行。

第三条 人民检察院办理刑事案件,应当严格遵守《中华人民共和国刑事诉讼法》以及其他法律的有关规定,秉持客观公正的立场,尊重和保障人权,既要追诉犯罪,也要保障无罪的人不受刑事追究。

第四条 人民检察院办理刑事案件,由检察官、检察长、检察委员会在各自职权范围内对办案事项作出决定,并依照规定承担相应司法责任。

检察官在检察长领导下开展工作。重大办案事项,由检察长决定。检察长可以根据案件情况,提交检察委员会讨论决定。其他办案事项,检察长可以自行决定,也可以委托检察官决定。

本规则对应当由检察长或者检察委员会决定的重大办案事项有明确规定的,依照本规则的规定。本规则没有明确规定的,省级人民检察院可以制定有关规定,报最高人民检察院批准。

以人民检察院名义制发的法律文书,由检察长签发;属于检察官职权范围内决定事项的,检察长可以授权检察官签发。

重大、疑难、复杂或者有社会影响的案件,应当向检察长报告。

第五条 人民检察院办理刑事案件,根据案件情况,可以由一名检察官独任办理,也可以由两名以上检察官组成办案组办理。由检察官办案组办理的,检察长应当指定一名检察官担任主办检察官,组织、指挥办案组办理案件。

检察官办理案件,可以根据需要配备检察官助理、书记员、司法警察、检察技术人员等检察辅助人员。检察辅助人员依照法律规定承担相应的检察辅助事务。

第六条 人民检察院根据检察工作需要设置业务机构,在刑事诉讼中按照分工履行职责。

业务机构负责人对本部门的办案活动进行监督管理。需要报请检察长决定的事项和需要向检察长报告的案件,应当先由业务机构负责人审核。业务机构负责人可以主持召开检察官联席会议进行讨论,也可以直接报请检察长决定或者向检察长报告。

第七条 检察长不同意检察官处理意见的,可以要求检察官复核,也可以直接作出决定,或者提请检察委员会讨论决定。

检察官执行检察长决定时,认为决定错误的,应当书面提出意见。检察长不改变原决定的,检察官应当执行。

第八条 对同一刑事案件的审查逮捕、审查起诉、出庭支持公诉和立案监督、侦查监督、审判监督等工作,由同一检察官或者检察官办案组负责,但是审查逮捕、审查起诉由不同人民检察院管辖,或者依照法律、有关规定应当另行指派检察官或者检察官办案组办理的除外。

人民检察院履行审查逮捕和审查起诉职责的办案部门，本规则中统称为负责捕诉的部门。

第九条 最高人民检察院领导地方各级人民检察院和专门人民检察院的工作，上级人民检察院领导下级人民检察院的工作。检察长统一领导人民检察院的工作。

上级人民检察院可以依法统一调用辖区的检察人员办理案件，调用的决定应当以书面形式作出。被调用的检察官可以代表办理案件的人民检察院履行出庭支持公诉等各项检察职责。

第十条 上级人民检察院对下级人民检察院作出的决定，有权予以撤销或者变更；发现下级人民检察院办理的案件有错误的，有权指令下级人民检察院予以纠正。

下级人民检察院对上级人民检察院的决定应当执行。如果认为有错误的，应当在执行的同时向上级人民检察院报告。

第十一条 犯罪嫌疑人、被告人自愿如实供述自己的罪行，承认指控的犯罪事实，愿意接受处罚的，可以依法从宽处理。

认罪认罚从宽制度适用于所有刑事案件。人民检察院办理刑事案件的各个诉讼环节，都应当做好认罪认罚的相关工作。

第十二条 人民检察院办理刑事案件的活动依照规定接受人民监督员监督。

第二章 管 辖

第十三条 人民检察院在对诉讼活动实行法律监督中发现的司法工作人员利用职权实施的非法拘禁、刑讯逼供、非法搜查等侵犯公民权利、损害司法公正的犯罪，可以由人民检察院立案侦查。

对于公安机关管辖的国家机关工作人员利用职权实施的重大犯罪案件，需要由人民检察院直接受理的，经省级以上人民检察院决定，可以由人民检察院立案侦查。

第十四条 人民检察院办理直接受理侦查的案件，由设区的市级人民检察院立案侦查。基层人民检察院发现犯罪线索的，应当报设区的市级人民检察院决定立案侦查。

设区的市级人民检察院根据案件情况也可以将案件交由基层人民检察院立案侦查，或者要求基层人民检察院协助侦查。对于刑事执行派出检察院辖区内与刑事执行活动有关的犯罪线索，可以交由刑事执行派出检察院立案侦查。

最高人民检察院、省级人民检察院发现犯罪线索的，可以自行立案侦查，也可以将犯罪线索交由指定的省级人民检察院或者设区的市级人民检察院立案侦查。

第十五条 对本规则第十三条第二款规定的案件，人民检察院需要直接立案侦查的，应当层报省级人民检察院决定。

报请省级人民检察院决定立案侦查的案件，应当制作提请批准直接受理书，写明案件情况以及需要由人民检察院立案侦查的理由，并附有关材料。

省级人民检察院应当在收到提请批准直接受理书后十日以内作出是否立案侦查的决定。省级人民检察院可以决定由设区的市级人民检察院立案侦查，也可以自行立案侦查。

第十六条 上级人民检察院在必要的时候，可以直接立案侦查或者组织、指挥、参与侦查下级人民检察院管辖的案件。下级人民检察院认为案情重大、复杂，需要由上级人民检察院立案侦查的案件，可以请求移送上级人民检察院立案侦查。

第十七条 人民检察院办理直接受理侦查的案件，发现犯罪嫌疑人同时涉嫌监察机关管辖的职务犯罪线索的，应当及时与同级监察机关沟通。

经沟通，认为全案由监察机关管辖更为适宜的，人民检察院应当将案件和相应职务犯罪线索一并移送监察机关；认为由监察机关和人民检察院分别管辖更为适宜的，人民检察院应当将监察机关管辖的相应职务犯罪线索移送监察机关，对依法由人民检察院管辖的犯罪案件继续侦查。

人民检察院应当及时将沟通情况报告上一级人民检察院。沟通期间不得停止对案件的侦查。

第十八条 人民检察院办理直接受理侦查的案件涉及公安机关管辖的刑事案件，应当将属于公安机关管辖的刑事案件移送公安机关。如果涉嫌的主罪属于公安机关管辖，由公安机关为主侦查，人民检察院予以配合；如果涉嫌的主罪属于人民检察院管辖，由人民检察院为主侦查，公安机关予以配合。

对于一人犯数罪、共同犯罪、共同犯罪的犯罪嫌疑人还实施其他犯罪、多个犯罪嫌疑人实施的犯罪存在关联，并案处理有利于查明案件事实和诉讼进行的，人民检察院可以在职责范围内对相关犯罪案件并案处理。

第十九条 本规则第十三条规定的案件，由犯罪嫌疑人工作单位所在地的人民检察院管辖。如果由其他人民检察院管辖更为适宜的，可以由其他人民检察院管辖。

第二十条 对管辖不明确的案件，可以由有关人民检察院协商确定管辖。

第二十一条　几个人民检察院都有权管辖的案件,由最初受理的人民检察院管辖。必要时,可以由主要犯罪地的人民检察院管辖。

第二十二条　对于下列案件,上级人民检察院可以指定管辖:

(一)管辖有争议的案件;

(二)需要改变管辖的案件;

(三)需要集中管辖的特定类型的案件;

(四)其他需要指定管辖的案件。

对前款案件的审查起诉指定管辖的,人民检察院应当与相应的人民法院协商一致。对前款第三项案件的审查逮捕指定管辖的,人民检察院应当与相应的公安机关协商一致。

第二十三条　军事检察院等专门人民检察院的管辖以及军队与地方互涉刑事案件的管辖,按照有关规定执行。

第三章　回　避

第二十四条　检察人员在受理举报和办理案件过程中,发现有刑事诉讼法第二十九条或者第三十条规定的情形之一的,应当自行提出回避;没有自行提出回避的,人民检察院应当决定其回避,当事人及其法定代理人有权要求其回避。

第二十五条　检察人员自行回避的,应当书面或者口头提出,并说明理由。口头提出的,应当记录在案。

第二十六条　人民检察院应当告知当事人及其法定代理人有依法申请回避的权利,并告知办理相关案件的检察人员、书记员等人员的姓名、职务等有关情况。

第二十七条　当事人及其法定代理人要求检察人员回避的,应当书面或者口头向人民检察院提出,并说明理由。口头提出的,应当记录在案。根据刑事诉讼法第三十条的规定要求检察人员回避的,应当提供有关证明材料。

人民检察院经过审查或者调查,认为检察人员符合回避条件的,应当作出回避决定;不符合回避条件的,应当驳回申请。

第二十八条　在开庭审理过程中,当事人及其法定代理人向法庭申请出庭的检察人员回避的,在收到人民法院通知后,人民检察院应当作出回避或者驳回申请的决定。不属于刑事诉讼法第二十九条、第三十条规定情形的回避申请,出席法庭的检察人员应当建议法庭当庭驳回。

第二十九条　检察长的回避,由检察委员会讨论决定。检察委员会讨论检察长回避问题时,由副检察长主持,检察长不得参加。

其他检察人员的回避,由检察长决定。

第三十条　当事人及其法定代理人要求公安机关负责人回避,向同级人民检察院提出,或者向公安机关提出后,公安机关移送同级人民检察院的,由检察长提交检察委员会讨论决定。

第三十一条　检察长应当回避,本人没有自行回避,当事人及其法定代理人也没有申请其回避的,检察委员会应当决定其回避。

其他检察人员有前款规定情形的,检察长应当决定其回避。

第三十二条　人民检察院作出驳回申请回避的决定后,应当告知当事人及其法定代理人如不服本决定,有权在收到驳回申请回避的决定书后五日以内向原决定机关申请复议一次。

第三十三条　当事人及其法定代理人对驳回申请回避的决定不服申请复议的,决定机关应当在三日以内作出复议决定并书面通知申请人。

第三十四条　对人民检察院直接受理的案件进行侦查的人员或者进行补充侦查的人员在回避决定作出以前和复议期间,不得停止对案件的侦查。

第三十五条　参加过同一案件侦查的人员,不得承办该案的审查逮捕、审查起诉、出庭支持公诉和诉讼监督工作,但在审查起诉阶段参加自行补充侦查的人员除外。

第三十六条　被决定回避的检察长在回避决定作出以前所取得的证据和进行的诉讼行为是否有效,由检察委员会根据案件具体情况决定。

被决定回避的其他检察人员在回避决定作出以前所取得的证据和进行的诉讼行为是否有效,由检察长根据案件具体情况决定。

被决定回避的公安机关负责人在回避决定作出以前所进行的诉讼行为是否有效,由作出决定的人民检察院检察委员会根据案件具体情况决定。

第三十七条　本规则关于回避的规定,适用于书记员、司法警察和人民检察院聘请或者指派的翻译人员、鉴定人。

书记员、司法警察和人民检察院聘请或者指派的翻译人员、鉴定人的回避由检察长决定。

辩护人、诉讼代理人可以依照刑事诉讼法及本规则关于回避的规定要求回避、申请复议。

第四章　辩护与代理

第三十八条　人民检察院在办案过程中,应当依法保障犯罪嫌疑人行使辩护权利。

第三十九条 辩护人、诉讼代理人向人民检察院提出有关申请、要求或者提交有关书面材料的，负责案件管理的部门应当接收并及时移送办案部门或者与办案部门联系，具体业务由办案部门负责办理，本规则另有规定的除外。

第四十条 人民检察院负责侦查的部门在第一次讯问犯罪嫌疑人或者对其采取强制措施时，应当告知犯罪嫌疑人有权委托辩护人，并告知其如果因经济困难或者其他原因没有委托辩护人的，可以申请法律援助。属于刑事诉讼法第三十五条规定情形的，应当告知犯罪嫌疑人有权获得法律援助。

人民检察院自收到移送起诉案卷材料之日起三日以内，应当告知犯罪嫌疑人有权委托辩护人，并告知其如果因经济困难或者其他原因没有委托辩护人的，可以申请法律援助。属于刑事诉讼法第三十五条规定情形的，应当告知犯罪嫌疑人有权获得法律援助。

当面口头告知的，应当记入笔录，由被告知人签名；电话告知的，应当记录在案；书面告知的，应当将送达回执入卷。

第四十一条 在押或者被指定居所监视居住的犯罪嫌疑人向人民检察院提出委托辩护人要求的，人民检察院应当及时向其监护人、近亲属或者其指定的人员转达要求，并记录在案。

第四十二条 人民检察院办理直接受理侦查案件和审查起诉案件，发现犯罪嫌疑人是盲、聋、哑人或者是尚未完全丧失辨认或者控制自己行为能力的精神病人，或者可能被判处无期徒刑、死刑，没有委托辩护人的，应当自发现之日起三日以内书面通知法律援助机构指派律师为其提供辩护。

第四十三条 人民检察院收到在押或者被指定居所监视居住的犯罪嫌疑人提出的法律援助申请，应当在二十四小时以内将申请材料转交法律援助机构，并通知犯罪嫌疑人的监护人、近亲属或者其委托的其他人员协助提供有关证件、证明等材料。

第四十四条 属于应当提供法律援助的情形，犯罪嫌疑人拒绝法律援助机构指派的律师作为辩护人的，人民检察院应当查明拒绝的原因。有正当理由的，予以准许，但犯罪嫌疑人需另行委托辩护人；犯罪嫌疑人未另行委托辩护人的，应当书面通知法律援助机构另行指派律师为其提供辩护。

第四十五条 辩护人接受委托后告知人民检察院，或者法律援助机构指派律师后通知人民检察院的，人民检察院负责案件管理的部门应当及时登记辩护人的相关信息，并将有关情况和材料及时通知、移交办案部门。

负责案件管理的部门对办理业务的辩护律师，应当查验其律师执业证书、律师事务所证明和授权委托书或者法律援助公函。对其他辩护人、诉讼代理人，应当查验其身份证明和授权委托书。

第四十六条 人民检察院负责案件管理的部门应当依照法律规定对辩护人、诉讼代理人的资格进行审查，办案部门应当予以协助。

第四十七条 自人民检察院对案件审查起诉之日起，应当允许辩护律师查阅、摘抄、复制本案的案卷材料。案卷材料包括案件的诉讼文书和证据材料。

人民检察院直接受理侦查案件移送起诉，审查起诉案件退回补充侦查、改变管辖、提起公诉的，应当及时告知辩护律师。

第四十八条 自人民检察院对案件审查起诉之日起，律师以外的辩护人向人民检察院申请查阅、摘抄、复制本案的案卷材料或者申请同在押、被监视居住的犯罪嫌疑人会见和通信的，由人民检察院负责捕诉的部门进行审查并作出是否许可的决定，在三日以内书面通知申请人。

人民检察院许可律师以外的辩护人同在押或者被监视居住的犯罪嫌疑人通信的，可以要求看守所或者公安机关将书信送交人民检察院进行检查。

律师以外的辩护人申请查阅、摘抄、复制案卷材料或者申请同在押、被监视居住的犯罪嫌疑人会见和通信，具有下列情形之一的，人民检察院可以不予许可：

（一）同案犯罪嫌疑人在逃的；

（二）案件事实不清，证据不足，或者遗漏罪行、遗漏同案犯罪嫌疑人需要补充侦查的；

（三）涉及国家秘密或者商业秘密的；

（四）有事实表明存在串供、毁灭、伪造证据或者危害证人人身安全可能的。

第四十九条 辩护律师或者经过许可的其他辩护人到人民检察院查阅、摘抄、复制本案的案卷材料，由负责案件管理的部门及时安排，由办案部门提供案卷材料。因办案部门工作等原因无法及时安排的，应当向辩护人说明，并自即日起三个工作日以内安排辩护人阅卷，办案部门应当予以配合。

人民检察院应当为辩护人查阅、摘抄、复制案卷材料设置专门的场所或者电子卷宗阅卷终端设备。必要时，人民检察院可以派员在场协助。

辩护人复制案卷材料可以采取复印、拍照、扫描、刻录等方式，人民检察院不收取费用。

第五十条 案件提请批准逮捕或者移送起诉后，辩护人认为公安机关在侦查期间收集的证明犯罪嫌疑人无罪或者罪轻的证据材料未提交，申请人民检察院向公安机关调取的，人民检察院负责捕诉的部门应当及时审查。经审查，认为辩护人申请调取的证据已收集并且与案件事实有联系的，应当予以调取；认为辩护人申请调取的证据未收集或者与案件事实没有联系的，应当决定不予调取并向辩护人说明理由。公安机关移送相关证据材料的，人民检察院应当在三日以内告知辩护人。

人民检察院办理直接受理侦查的案件，适用前款规定。

第五十一条 在人民检察院侦查、审查逮捕、审查起诉过程中，辩护人收集的有关犯罪嫌疑人不在犯罪现场、未达到刑事责任年龄、属于依法不负刑事责任的精神病人的证据，告知人民检察院的，人民检察院应当及时审查。

第五十二条 案件移送起诉后，辩护律师依据刑事诉讼法第四十三条第一款的规定申请人民检察院收集、调取证据的，人民检察院负责捕诉的部门应当及时审查。经审查，认为需要收集、调取证据的，应当决定收集、调取并制作笔录附卷；决定不予收集、调取的，应当书面说明理由。

人民检察院根据辩护律师的申请收集、调取证据时，辩护律师可以在场。

第五十三条 辩护律师申请人民检察院许可其向被害人或者其近亲属、被害人提供的证人收集与本案有关材料的，人民检察院负责捕诉的部门应当及时进行审查。人民检察院应当在五日以内作出是否许可的决定，通知辩护律师；不予许可的，应当书面说明理由。

第五十四条 在人民检察院侦查、审查逮捕、审查起诉过程中，辩护人要求听取其意见的，办案部门应当及时安排。辩护人提出书面意见的，办案部门应当接收并登记。

听取辩护人意见应当制作笔录或者记录在案，辩护人提出的书面意见应当附卷。

辩护人提交案件相关材料的，办案部门应当将辩护人提交材料的目的、来源及内容等情况记录在案，一并附卷。

第五十五条 人民检察院自收到移送起诉案卷材料之日起三日以内，应当告知被害人及其法定代理人或者其近亲属、附带民事诉讼的当事人及其法定代理人有权委托诉讼代理人。被害人及其法定代理人、近亲属因经济困难没有委托诉讼代理人的，应当告知其可以申请法律援助。

当面口头告知的，应当记入笔录，由被告知人签名；电话告知的，应当记录在案；书面告知的，应当将送达回执入卷。被害人众多或者不确定，无法以上述方式逐一告知的，可以公告告知。无法告知的，应当记录在案。

被害人有法定代理人的，应当告知其法定代理人；没有法定代理人的，应当告知其近亲属。

法定代理人或者近亲属为二人以上的，可以告知其中一人。告知时应当按照刑事诉讼法第一百零八条第二项、第六项列举的顺序择先进行。

当事人及其法定代理人、近亲属委托诉讼代理人的，参照刑事诉讼法第三十三条等法律规定执行。

第五十六条 经人民检察院许可，诉讼代理人查阅、摘抄、复制本案案卷材料的，参照本规则第四十九条的规定办理。

律师担任诉讼代理人，需要申请人民检察院收集、调取证据的，参照本规则第五十二条的规定办理。

第五十七条 辩护人、诉讼代理人认为公安机关、人民检察院、人民法院及其工作人员具有下列阻碍其依法行使诉讼权利行为之一，向同级或者上一级人民检察院申诉或者控告的，人民检察院负责控告申诉检察的部门应当接受并依法办理，其他办案部门应当予以配合：

（一）违反规定，对辩护人、诉讼代理人提出的回避要求不予受理或者对不予回避决定不服的复议申请不予受理的；

（二）未依法告知犯罪嫌疑人、被告人有权委托辩护人的；

（三）未转达在押或者被监视居住的犯罪嫌疑人、被告人委托辩护人的要求或者未转交其申请法律援助材料的；

（四）应当通知而不通知法律援助机构为符合条件的犯罪嫌疑人、被告人或者被申请强制医疗的人指派律师提供辩护或者法律援助的；

（五）在规定时间内不受理、不答复辩护人提出的变更强制措施申请或者解除强制措施要求的；

（六）未依法告知辩护律师犯罪嫌疑人涉嫌的罪名和案件有关情况的；

（七）违法限制辩护律师同在押、被监视居住的犯罪嫌疑人、被告人会见和通信的；

（八）违法不允许辩护律师查阅、摘抄、复制本案的案卷材料的；

（九）违法限制辩护律师收集、核实有关证据材料的；

（十）没有正当理由不同意辩护律师收集、调取证据或者通知证人出庭作证的申请，或者不答复、不说明理由的；

（十一）未依法提交证明犯罪嫌疑人、被告人无罪或者罪轻的证据材料的；

（十二）未依法听取辩护人、诉讼代理人意见的；

（十三）未依法将开庭的时间、地点及时通知辩护人、诉讼代理人的；

（十四）未依法向辩护人、诉讼代理人及时送达本案的法律文书或者及时告知案件移送情况的；

（十五）阻碍辩护人、诉讼代理人在法庭审理过程中依法行使诉讼权利的；

（十六）其他阻碍辩护人、诉讼代理人依法行使诉讼权利的。

对于直接向上一级人民检察院申诉或者控告的，上一级人民检察院可以交下级人民检察院办理，也可以直接办理。

辩护人、诉讼代理人认为看守所及其工作人员有阻碍其依法行使诉讼权利的行为，向人民检察院申诉或者控告的，由负责刑事执行检察的部门接受并依法办理；其他办案部门收到申诉或者控告的，应当及时移送负责刑事执行检察的部门。

第五十八条 辩护人、诉讼代理人认为其依法行使诉讼权利受到阻碍向人民检察院申诉或者控告的，人民检察院应当及时受理并调查核实，在十日以内结办并书面答复。情况属实的，通知有关机关或者本院有关部门、下级人民检察院予以纠正。

第五十九条 辩护律师告知人民检察院其委托人或者其他人员准备实施、正在实施危害国家安全、危害公共安全以及严重危及他人人身安全犯罪的，人民检察院应当接受并立即移送有关机关依法处理。

人民检察院应当为反映情况的辩护律师保密。

第六十条 人民检察院发现辩护人有帮助犯罪嫌疑人、被告人隐匿、毁灭、伪造证据、串供，或者威胁、引诱证人作伪证以及其他干扰司法机关诉讼活动的行为，可能涉嫌犯罪的，应当将涉嫌犯罪的线索或者证据材料移送有管辖权的机关依法处理。

人民检察院发现辩护律师在刑事诉讼中违反法律、法规或者执业纪律的，应当及时向其所在的律师事务所、所属的律师协会以及司法行政机关通报。

第五章 证 据

第六十一条 人民检察院认定案件事实，应当以证据为根据。

公诉案件中被告人有罪的举证责任由人民检察院承担。人民检察院在提起公诉指控犯罪时，应当提出确实、充分的证据，并运用证据加以证明。

人民检察院提起公诉，应当秉持客观公正立场，对被告人有罪、罪重、罪轻的证据都应当向人民法院提出。

第六十二条 证据的审查认定，应当结合案件的具体情况，从证据与待证事实的关联程度、各证据之间的联系、是否依照法定程序收集等方面进行综合审查判断。

第六十三条 人民检察院侦查终结或者提起公诉的案件，证据应当确实、充分。证据确实、充分，应当符合以下条件：

（一）定罪量刑的事实都有证据证明；

（二）据以定案的证据均经法定程序查证属实；

（三）综合全案证据，对所认定事实已排除合理怀疑。

第六十四条 行政机关在行政执法和查办案件过程中收集的物证、书证、视听资料、电子数据等证据材料，经人民检察院审查符合法定要求的，可以作为证据使用。

行政机关在行政执法和查办案件过程中收集的鉴定意见、勘验、检查笔录，经人民检察院审查符合法定要求的，可以作为证据使用。

第六十五条 监察机关依照法律规定收集的物证、书证、证人证言、被调查人供述和辩解、视听资料、电子数据等证据材料，在刑事诉讼中可以作为证据使用。

第六十六条 对采用刑讯逼供等非法方法收集的犯罪嫌疑人供述和采用暴力、威胁等非法方法收集的证人证言、被害人陈述，应当依法排除，不得作为移送审查逮捕、批准或者决定逮捕、移送起诉以及提起公诉的依据。

第六十七条 对采用下列方法收集的犯罪嫌疑人供述，应当予以排除：

（一）采用殴打、违法使用戒具等暴力方法或者变相肉刑的恶劣手段，使犯罪嫌疑人遭受难以忍受的痛苦而违背意愿作出的供述；

（二）采用以暴力或者严重损害本人及其近亲属合法权益等进行威胁的方法，使犯罪嫌疑人遭受难以忍受的痛苦而违背意愿作出的供述；

（三）采用非法拘禁等非法限制人身自由的方法收集的供述。

第六十八条 对采用刑讯逼供方法使犯罪嫌疑人作出供述，之后犯罪嫌疑人受该刑讯逼供行为影响而作出的与该供述相同的重复性供述，应当一并排除，但下列情形除外：

（一）侦查期间，根据控告、举报或者自己发现等，公安机关确认或者不能排除以非法方法收集证据而更换侦查人员，其他侦查人员再次讯问时告知诉讼权利和认罪认罚的法律规定，犯罪嫌疑人自愿供述的；

（二）审查逮捕、审查起诉期间，检察人员讯问时告知诉讼权利和认罪认罚的法律规定，犯罪嫌疑人自愿供述的。

第六十九条 采用暴力、威胁以及非法限制人身自由等非法方法收集的证人证言、被害人陈述，应当予以排除。

第七十条 收集物证、书证不符合法定程序，可能严重影响司法公正的，人民检察院应当及时要求公安机关补正或者作出书面解释；不能补正或者无法作出合理解释的，对该证据应当予以排除。

对公安机关的补正或者解释，人民检察院应当予以审查。经补正或者作出合理解释的，可以作为批准或者决定逮捕、提起公诉的依据。

第七十一条 对重大案件，人民检察院驻看守所检察人员在侦查终结前应当对讯问合法性进行核查并全程同步录音、录像，核查情况应当及时通知本院负责捕诉的部门。

负责捕诉的部门认为确有刑讯逼供等非法取证情形的，应当要求公安机关依法排除非法证据，不得作为提请批准逮捕、移送起诉的依据。

第七十二条 人民检察院发现侦查人员以非法方法收集证据的，应当及时进行调查核实。

当事人及其辩护人或者值班律师、诉讼代理人报案、控告、举报侦查人员采用刑讯逼供等非法方法收集证据，并提供涉嫌非法取证的人员、时间、地点、方式和内容等材料或者线索的，人民检察院应当受理并进行审查。根据现有材料无法证明证据收集合法性的，应当及时进行调查核实。

上一级人民检察院接到对侦查人员采用刑讯逼供等非法方法收集证据的报案、控告、举报，可以直接进行调查核实，也可以交由下级人民检察院调查核实。交由下级人民检察院调查核实的，下级人民检察院应当及时将调查结果报告上一级人民检察院。

人民检察院决定调查核实的，应当及时通知公安机关。

第七十三条 人民检察院经审查认定存在非法取证行为的，对该证据应当予以排除，其他证据不能证明犯罪嫌疑人实施犯罪行为的，应当不批准或者决定逮捕。已经移送起诉的，可以依法将案件退回监察机关补充调查或者退回公安机关补充侦查，或者作出不起诉决定。被排除的非法证据应当随案移送，并写明为依法排除的非法证据。

对于侦查人员的非法取证行为，尚未构成犯罪的，应当依法向其所在机关提出纠正意见。对于需要补正或者作出合理解释的，应当提出明确要求。

对于非法取证行为涉嫌犯罪需要追究刑事责任的，应当依法立案侦查。

第七十四条 人民检察院认为可能存在以刑讯逼供等非法方法收集证据情形的，可以书面要求监察机关或者公安机关对证据收集的合法性作出说明。说明应当加盖单位公章，并由调查人员或者侦查人员签名。

第七十五条 对于公安机关立案侦查的案件，存在下列情形之一的，人民检察院在审查逮捕、审查起诉和审判阶段，可以调取公安机关讯问犯罪嫌疑人的录音、录像，对证据收集的合法性以及犯罪嫌疑人、被告人供述的真实性进行审查：

（一）认为讯问活动可能存在刑讯逼供等非法取证行为的；

（二）犯罪嫌疑人、被告人或者辩护人提出犯罪嫌疑人、被告人供述系非法取得，并提供相关线索或者材料的；

（三）犯罪嫌疑人、被告人提出讯问活动违反法定程序或者翻供，并提供相关线索或者材料的；

（四）犯罪嫌疑人、被告人或者辩护人提出讯问笔录内容不真实，并提供相关线索或者材料的；

（五）案情重大、疑难、复杂的。

人民检察院调取公安机关讯问犯罪嫌疑人的录音、录像，公安机关未提供，人民检察院经审查认为不能排除有刑讯逼供等非法取证行为的，相关供述不得作为批准逮捕、提起公诉的依据。

人民检察院直接受理侦查的案件，负责侦查的部门移送审查逮捕、移送起诉时，应当将讯问录音、录像连同案卷材料一并移送审查。

第七十六条 对于提起公诉的案件，被告人及其辩护人提出审前供述系非法取得，并提供相关线索或者材料的，人民检察院可以将讯问录音、录像连同案卷材料一并移送人民法院。

第七十七条　在法庭审理过程中，被告人或者辩护人对讯问活动合法性提出异议，公诉人可以要求被告人及其辩护人提供相关线索或者材料。必要时，公诉人可以提请法庭当庭播放相关时段的讯问录音、录像，对有关异议或者事实进行质证。

需要播放的讯问录音、录像中涉及国家秘密、商业秘密、个人隐私或者含有其他不宜公开内容的，公诉人应当建议在法庭组成人员、公诉人、侦查人员、被告人及其辩护人范围内播放。因涉及国家秘密、商业秘密、个人隐私或者其他犯罪线索等内容，人民检察院对讯问录音、录像的相关内容进行技术处理的，公诉人应当向法庭作出说明。

第七十八条　人民检察院认为第一审人民法院有关证据收集合法性的审查、调查结论导致第一审判决、裁定错误的，可以依照刑事诉讼法第二百二十八条的规定向人民法院提出抗诉。

第七十九条　人民检察院在办理危害国家安全犯罪、恐怖活动犯罪、黑社会性质的组织犯罪、毒品犯罪等案件过程中，证人、鉴定人、被害人因在诉讼中作证，本人或者其近亲属人身安全面临危险，向人民检察院请求保护的，人民检察院应当受理并及时进行审查。对于确实存在人身安全危险的，应当立即采取必要的保护措施。人民检察院发现存在上述情形的，应当主动采取保护措施。

人民检察院可以采取以下一项或者多项保护措施：

（一）不公开真实姓名、住址和工作单位等个人信息；

（二）建议法庭采取不暴露外貌、真实声音等出庭作证措施；

（三）禁止特定的人员接触证人、鉴定人、被害人及其近亲属；

（四）对人身和住宅采取专门性保护措施；

（五）其他必要的保护措施。

人民检察院依法决定不公开证人、鉴定人、被害人的真实姓名、住址和工作单位等个人信息的，可以在起诉书、询问笔录等法律文书、证据材料中使用化名。但是应当另行书面说明使用化名的情况并标明密级，单独成卷。

人民检察院依法采取保护措施，可以要求有关单位和个人予以配合。

对证人及其近亲属进行威胁、侮辱、殴打或者打击报复，构成犯罪或者应当给予治安管理处罚的，人民检察院应当移送公安机关处理；情节轻微的，予以批评教育、训诫。

第八十条　证人在人民检察院侦查、审查逮捕、审查起诉期间因履行作证义务而支出的交通、住宿、就餐等费用，人民检察院应当给予补助。

第六章　强制措施

第一节　拘　传

第八十一条　人民检察院根据案件情况，对犯罪嫌疑人可以拘传。

第八十二条　拘传时，应当向被拘传的犯罪嫌疑人出示拘传证。对抗拒拘传的，可以使用戒具，强制到案。

执行拘传的人员不得少于二人。

第八十三条　拘传的时间从犯罪嫌疑人到案时开始计算。犯罪嫌疑人到案后，应当责令其在拘传证上填写到案时间，签名或者盖章，并捺指印，然后立即讯问。拘传结束后，应当责令犯罪嫌疑人在拘传证上填写拘传结束时间。犯罪嫌疑人拒绝填写的，应当在拘传证上注明。

一次拘传持续的时间不得超过十二小时；案情特别重大、复杂，需要采取拘留、逮捕措施的，拘传持续的时间不得超过二十四小时。两次拘传间隔的时间一般不得少于十二小时，不得以连续拘传的方式变相拘禁犯罪嫌疑人。

拘传犯罪嫌疑人，应当保证犯罪嫌疑人的饮食和必要的休息时间。

第八十四条　人民检察院拘传犯罪嫌疑人，应当在犯罪嫌疑人所在市、县内的地点进行。

犯罪嫌疑人工作单位与居住地不在同一市、县的，拘传应当在犯罪嫌疑人工作单位所在的市、县内进行；特殊情况下，也可以在犯罪嫌疑人居住地所在的市、县内进行。

第八十五条　需要对被拘传的犯罪嫌疑人变更强制措施的，应当在拘传期限内办理变更手续。

在拘传期间决定不采取其他强制措施的，拘传期限届满，应当结束拘传。

第二节　取保候审

第八十六条　人民检察院对于具有下列情形之一的犯罪嫌疑人，可以取保候审：

（一）可能判处管制、拘役或者独立适用附加刑的；

（二）可能判处有期徒刑以上刑罚，采取取保候审不致发生社会危险性的；

（三）患有严重疾病、生活不能自理，怀孕或者正在哺乳自己婴儿的妇女，采取取保候审不致发生社会危险性的；

（四）羁押期限届满，案件尚未办结，需要采取取保候审的。

第八十七条　人民检察院对于严重危害社会治安的犯罪嫌疑人，以及其他犯罪性质恶劣、情节严重的犯罪嫌疑人不得取保候审。

第八十八条　被羁押或者监视居住的犯罪嫌疑人及其法定代理人、近亲属或者辩护人向人民检察院申请取保候审，人民检察院应当在三日以内作出是否同意的答复。经审查符合本规则第八十六条规定情形之一的，可以对被羁押或者监视居住的犯罪嫌疑人依法办理取保候审手续。经审查不符合取保候审条件的，应当告知申请人，并说明不同意取保候审的理由。

第八十九条　人民检察院决定对犯罪嫌疑人取保候审，应当责令犯罪嫌疑人提出保证人或者交纳保证金。

对同一犯罪嫌疑人决定取保候审，不得同时使用保证人保证和保证金保证方式。

对符合取保候审条件，具有下列情形之一的犯罪嫌疑人，人民检察院决定取保候审时，可以责令其提供一至二名保证人：

（一）无力交纳保证金的；

（二）系未成年人或者已满七十五周岁的人；

（三）其他不宜收取保证金的。

第九十条　采取保证人保证方式的，保证人应当符合刑事诉讼法第六十九条规定的条件，并经人民检察院审查同意。

第九十一条　人民检察院应当告知保证人履行以下义务：

（一）监督被保证人遵守刑事诉讼法第七十一条的规定；

（二）发现被保证人可能发生或者已经发生违反刑事诉讼法第七十一条规定的行为的，及时向执行机关报告。

保证人保证承担上述义务后，应当在取保候审保证书上签名或者盖章。

第九十二条　采取保证金保证方式的，人民检察院可以根据犯罪嫌疑人的社会危险性、案件的性质、情节、可能判处刑罚的轻重，犯罪嫌疑人的经济状况等，责令犯罪嫌疑人交纳一千元以上的保证金。对于未成年犯罪嫌疑人，可以责令交纳五百元以上的保证金。

第九十三条　人民检察院决定对犯罪嫌疑人取保候审的，应当制作取保候审决定书，载明取保候审开始的时间、保证方式、被取保候审人应当履行的义务和应当遵守的规定。

人民检察院作出取保候审决定时，可以根据犯罪嫌疑人涉嫌犯罪的性质、危害后果、社会影响，犯罪嫌疑人、被害人的具体情况等，有针对性地责令其遵守以下一项或者多项规定：

（一）不得进入特定的场所；

（二）不得与特定的人员会见或者通信；

（三）不得从事特定的活动；

（四）将护照等出入境证件、驾驶证件交执行机关保存。

第九十四条　人民检察院应当向取保候审的犯罪嫌疑人宣读取保候审决定书，由犯罪嫌疑人签名或者盖章，并捺指印，责令犯罪嫌疑人遵守刑事诉讼法第七十一条的规定，告知其违反规定应负的法律责任。以保证金方式保证的，应当同时告知犯罪嫌疑人一次性将保证金存入公安机关指定银行的专门账户。

第九十五条　向犯罪嫌疑人宣布取保候审决定后，人民检察院应当将执行取保候审通知书送达公安机关执行，并告知公安机关在执行期间拟批准犯罪嫌疑人离开所居住的市、县的，应当事先征得人民检察院同意。以保证人方式保证的，应当将取保候审保证书同时送交公安机关。

人民检察院核实保证金已经交纳到公安机关指定银行的凭证后，应当将银行出具的凭证及其他有关材料与执行取保候审通知书一并送交公安机关。

第九十六条　采取保证人保证方式的，如果保证人在取保候审期间不愿继续保证或者丧失保证条件的，人民检察院应当在收到保证人不愿继续保证的申请或者发现其丧失保证条件后三日以内，责令犯罪嫌疑人重新提出保证人或者交纳保证金，并将变更情况通知公安机关。

第九十七条　采取保证金保证方式的，被取保候审人拒绝交纳保证金或者交纳保证金不足决定数额时，人民检察院应当作出变更取保候审措施、变更保证方式或者变更保证金数额的决定，并将变更情况通知公安机关。

第九十八条　公安机关在执行取保候审期间向人民检察院征询是否同意批准犯罪嫌疑人离开所居住的市、县时，人民检察院应当根据案件的具体情况及时作出决定，并通知公安机关。

第九十九条　人民检察院发现保证人没有履行刑事诉讼法第七十条规定的义务，应当通知公安机关，要求公安机关对保证人作出罚款决定。构成犯罪的，依法追究保证人的刑事责任。

第一百条 人民检察院发现犯罪嫌疑人违反刑事诉讼法第七十一条的规定,已交纳保证金的,应当书面通知公安机关没收部分或者全部保证金,并且根据案件的具体情况,责令犯罪嫌疑人具结悔过、重新交纳保证金、提出保证人,或者决定对其监视居住、予以逮捕。

公安机关发现犯罪嫌疑人违反刑事诉讼法第七十一条的规定,提出没收保证金或者变更强制措施意见的,人民检察院应当在收到意见后五日以内作出决定,并通知公安机关。

重新交纳保证金的程序适用本规则第九十二条的规定;提出保证人的程序适用本规则第九十条、第九十一条的规定。对犯罪嫌疑人继续取保候审的,取保候审的时间应当累计计算。

对犯罪嫌疑人决定监视居住的,应当办理监视居住手续。监视居住的期限应当自执行监视居住决定之日起计算并告知犯罪嫌疑人。

第一百零一条 犯罪嫌疑人有下列违反取保候审规定的行为,人民检察院应当对犯罪嫌疑人予以逮捕:

(一)故意实施新的犯罪;

(二)企图自杀、逃跑;

(三)实施毁灭、伪造证据,串供或者干扰证人作证,足以影响侦查、审查起诉工作正常进行;

(四)对被害人、证人、鉴定人、举报人、控告人及其他人员实施打击报复。

犯罪嫌疑人有下列违反取保候审规定的行为,人民检察院可以对犯罪嫌疑人予以逮捕:

(一)未经批准,擅自离开所居住的市、县,造成严重后果,或者两次未经批准,擅自离开所居住的市、县;

(二)经传讯不到案,造成严重后果,或者经两次传讯不到案;

(三)住址、工作单位和联系方式发生变动,未在二十四小时以内向公安机关报告,造成严重后果;

(四)违反规定进入特定场所、与特定人员会见或者通信、从事特定活动,严重妨碍诉讼程序正常进行。

有前两款情形,需要对犯罪嫌疑人予以逮捕的,可以先行拘留;已交纳保证金的,同时书面通知公安机关没收保证金。

第一百零二条 人民检察院决定对犯罪嫌疑人取保候审,最长不得超过十二个月。

第一百零三条 公安机关决定对犯罪嫌疑人取保候审,案件移送人民检察院审查起诉后,对于需要继续取保候审的,人民检察院应当依法重新作出取保候审决定,并对犯罪嫌疑人办理取保候审手续。取保候审的期限应当重新计算并告知犯罪嫌疑人。对继续采取保证金方式取保候审的,被取保候审人没有违反刑事诉讼法第七十一条规定的,不变更保证金数额,不再重新收取保证金。

第一百零四条 在取保候审期间,不得中断对案件的侦查、审查起诉。

第一百零五条 取保候审期限届满或者发现不应当追究犯罪嫌疑人的刑事责任的,应当及时解除或者撤销取保候审。

解除或者撤销取保候审的决定,应当及时通知执行机关,并将解除或者撤销取保候审的决定书送达犯罪嫌疑人;有保证人的,应当通知保证人解除保证义务。

第一百零六条 犯罪嫌疑人在取保候审期间没有违反刑事诉讼法第七十一条的规定,或者发现不应当追究犯罪嫌疑人刑事责任的,变更、解除或者撤销取保候审时,应当告知犯罪嫌疑人可以凭变更、解除或者撤销取保候审的通知或者有关法律文书到银行领取退还的保证金。

第三节 监视居住

第一百零七条 人民检察院对于符合逮捕条件,具有下列情形之一的犯罪嫌疑人,可以监视居住:

(一)患有严重疾病、生活不能自理的;

(二)怀孕或者正在哺乳自己婴儿的妇女;

(三)系生活不能自理的人的唯一扶养人;

(四)因为案件的特殊情况或者办理案件的需要,采取监视居住措施更为适宜的;

(五)羁押期限届满,案件尚未办结,需要采取监视居住措施的。

前款第三项中的扶养包括父母、祖父母、外祖父母对子女、孙子女、外孙子女的抚养和子女、孙子女、外孙子女对父母、祖父母、外祖父母的赡养以及配偶、兄弟姐妹之间的相互扶养。

对符合取保候审条件,但犯罪嫌疑人不能提出保证人,也不交纳保证金的,可以监视居住。

第一百零八条 人民检察院应当向被监视居住的犯罪嫌疑人宣读监视居住决定书,由犯罪嫌疑人签名或者盖章,并捺指印,责令犯罪嫌疑人遵守刑事诉讼法第七十七条的规定,告知其违反规定应负的法律责任。

指定居所监视居住的,不得要求被监视居住人支付费用。

第一百零九条 人民检察院核实犯罪嫌疑人住处或者为其指定居所后,应当制作监视居住执行通知书,将有关法律文书和案由、犯罪嫌疑人基本情况材料，送交监视居住地的公安机关执行，必要时人民检察院可以协助公安机关执行。

人民检察院应当告知公安机关在执行期间拟批准犯罪嫌疑人离开执行监视居住的处所、会见他人或者通信的，应当事先征得人民检察院同意。

第一百一十条　人民检察院可以根据案件的具体情况，商请公安机关对被监视居住的犯罪嫌疑人采取电子监控、不定期检查等监视方法，对其遵守监视居住规定的情况进行监督。

人民检察院办理直接受理侦查的案件对犯罪嫌疑人采取监视居住的，在侦查期间可以商请公安机关对其通信进行监控。

第一百一十一条　犯罪嫌疑人有下列违反监视居住规定的行为，人民检察院应当对犯罪嫌疑人予以逮捕：

（一）故意实施新的犯罪行为；

（二）企图自杀、逃跑；

（三）实施毁灭、伪造证据或者串供、干扰证人作证行为，足以影响侦查、审查起诉工作正常进行；

（四）对被害人、证人、鉴定人、举报人、控告人及其他人员实施打击报复。

犯罪嫌疑人有下列违反监视居住规定的行为，人民检察院可以对犯罪嫌疑人予以逮捕：

（一）未经批准，擅自离开执行监视居住的处所，造成严重后果，或者两次未经批准，擅自离开执行监视居住的处所；

（二）未经批准，擅自会见他人或者通信，造成严重后果，或者两次未经批准，擅自会见他人或者通信；

（三）经传讯不到案，造成严重后果，或者经两次传讯不到案。

有前两款情形，需要对犯罪嫌疑人予以逮捕的，可以先行拘留。

第一百一十二条　人民检察院决定对犯罪嫌疑人监视居住，最长不得超过六个月。

第一百一十三条　公安机关决定对犯罪嫌疑人监视居住，案件移送人民检察院审查起诉后，对于需要继续监视居住的，人民检察院应当依法重新作出监视居住决定，并对犯罪嫌疑人办理监视居住手续。监视居住的期限应当重新计算并告知犯罪嫌疑人。

第一百一十四条　在监视居住期间，不得中断对案件的侦查、审查起诉。

第一百一十五条　监视居住期限届满或者发现不应当追究犯罪嫌疑人刑事责任的，应当解除或者撤销监视居住。

解除或者撤销监视居住的决定应当通知执行机关，并将解除或者撤销监视居住的决定书送达犯罪嫌疑人。

第一百一十六条　监视居住应当在犯罪嫌疑人的住处执行。犯罪嫌疑人无固定住处的，可以在指定的居所执行。

固定住处是指犯罪嫌疑人在办案机关所在地的市、县内工作、生活的合法居所。

指定的居所应当符合下列条件：

（一）具备正常的生活、休息条件；

（二）便于监视、管理；

（三）能够保证安全。

采取指定居所监视居住，不得在看守所、拘留所、监狱等羁押、监管场所以及留置室、讯问室等专门的办案场所、办公区域执行。

第一百一十七条　在指定的居所执行监视居住，除无法通知的以外，人民检察院应当在执行监视居住后二十四小时以内，将指定居所监视居住的原因通知被监视居住人的家属。无法通知的，应当将原因写明附卷。无法通知的情形消除后，应当立即通知。

无法通知包括下列情形：

（一）被监视居住人无家属；

（二）与其家属无法取得联系；

（三）受自然灾害等不可抗力阻碍。

第一百一十八条　对于公安机关、人民法院决定指定居所监视居住的案件，由批准或者决定的公安机关、人民法院的同级人民检察院负责捕诉的部门对决定是否合法实行监督。

人民检察院决定指定居所监视居住的案件，由负责控告申诉检察的部门对决定是否合法实行监督。

第一百一十九条　被指定居所监视居住人及其法定代理人、近亲属或者辩护人认为指定居所监视居住决定存在违法情形，提出控告或者举报的，人民检察院应当受理。

人民检察院可以要求有关机关提供指定居所监视居住决定书和相关案卷材料。经审查，发现存在下列违法情形之一的，应当及时通知其纠正：

（一）不符合指定居所监视居住的适用条件的；

（二）未按法定程序履行批准手续的；

（三）在决定过程中有其他违反刑事诉讼法规定的行为的。

第一百二十条　对于公安机关、人民法院决定指定居所监视居住的案件，由人民检察院负责刑事执行检察的部门对指定居所监视居住的执行活动是否合法实行监督。发现存在下列违法情形之一的，应当及时提出纠正意见：

（一）执行机关收到指定居所监视居住决定书、执行通知书等法律文书后不派员执行或者不及时派员执行的；

（二）在执行指定居所监视居住后二十四小时以内没有通知被监视居住人的家属的；

（三）在羁押场所、专门的办案场所执行监视居住的；

（四）为被监视居住人通风报信、私自传递信件、物品的；

（五）违反规定安排辩护人同被监视居住人会见、通信，或者违法限制被监视居住人与辩护人会见、通信的；

（六）对被监视居住人刑讯逼供、体罚、虐待或者变相体罚、虐待的；

（七）有其他侵犯被监视居住人合法权利行为或者其他违法行为的。

被监视居住人及其法定代理人、近亲属或者辩护人认为执行机关或者执行人员存在上述违法情形，提出控告或者举报的，人民检察院应当受理。

人民检察院决定指定居所监视居住的案件，由负责控告申诉检察的部门对指定居所监视居住的执行活动是否合法实行监督。

第四节　拘　留

第一百二十一条　人民检察院对于具有下列情形之一的犯罪嫌疑人，可以决定拘留：

（一）犯罪后企图自杀、逃跑或者在逃的；

（二）有毁灭、伪造证据或者串供可能的。

第一百二十二条　人民检察院作出拘留决定后，应当将有关法律文书和案由、犯罪嫌疑人基本情况的材料送交同级公安机关执行。必要时，人民检察院可以协助公安机关执行。

拘留后，应当立即将被拘留人送看守所羁押，至迟不得超过二十四小时。

第一百二十三条　对犯罪嫌疑人拘留后，除无法通知的以外，人民检察院应当在二十四小时以内，通知被拘留人的家属。

无法通知的，应当将原因写明附卷。无法通知的情形消除后，应当立即通知其家属。

第一百二十四条　对被拘留的犯罪嫌疑人，应当在拘留后二十四小时以内进行讯问。

第一百二十五条　对被拘留的犯罪嫌疑人，发现不应当拘留的，应当立即释放；依法可以取保候审或者监视居住的，按照本规则的有关规定办理取保候审或者监视居住手续。

对被拘留的犯罪嫌疑人，需要逮捕的，按照本规则的有关规定办理逮捕手续；决定不予逮捕的，应当及时变更强制措施。

第一百二十六条　人民检察院直接受理侦查的案件，拘留犯罪嫌疑人的羁押期限为十四日，特殊情况下可以延长一日至三日。

第一百二十七条　公民将正在实行犯罪或者在犯罪后即被发觉的、通缉在案的、越狱逃跑的、正在被追捕的犯罪嫌疑人或者犯罪人扭送到人民检察院的，人民检察院应当予以接受，并且根据具体情况决定是否采取相应的紧急措施。不属于自己管辖的，应当移送主管机关处理。

第五节　逮　捕

第一百二十八条　人民检察院对有证据证明有犯罪事实，可能判处徒刑以上刑罚的犯罪嫌疑人，采取取保候审尚不足以防止发生下列社会危险性的，应当批准或者决定逮捕：

（一）可能实施新的犯罪的；

（二）有危害国家安全、公共安全或者社会秩序的现实危险的；

（三）可能毁灭、伪造证据，干扰证人作证或者串供的；

（四）可能对被害人、举报人、控告人实施打击报复的；

（五）企图自杀或者逃跑的。

有证据证明有犯罪事实是指同时具备下列情形：

（一）有证据证明发生了犯罪事实；

（二）有证据证明该犯罪事实是犯罪嫌疑人实施的；

（三）证明犯罪嫌疑人实施犯罪行为的证据已经查证属实。

犯罪事实既可以是单一犯罪行为的事实，也可以是数个犯罪行为中任何一个犯罪行为的事实。

第一百二十九条　犯罪嫌疑人具有下列情形之一的，可以认定为"可能实施新的犯罪"：

（一）案发前或者案发后正在策划、组织或者预备实施新的犯罪的；

（二）扬言实施新的犯罪的；

(三)多次作案、连续作案、流窜作案的;
(四)一年内曾因故意实施同类违法行为受到行政处罚的;
(五)以犯罪所得为主要生活来源的;
(六)有吸毒、赌博等恶习的;
(七)其他可能实施新的犯罪的情形。

第一百三十条 犯罪嫌疑人具有下列情形之一的,可以认定为"有危害国家安全、公共安全或者社会秩序的现实危险":
(一)案发前或者案发后正在积极策划、组织或者预备实施危害国家安全、公共安全或者社会秩序的重大违法犯罪行为的;
(二)曾因危害国家安全、公共安全或者社会秩序受到刑事处罚或者行政处罚的;
(三)在危害国家安全、黑恶势力、恐怖活动、毒品犯罪中起组织、策划、指挥作用或者积极参加的;
(四)其他有危害国家安全、公共安全或者社会秩序的现实危险的情形。

第一百三十一条 犯罪嫌疑人具有下列情形之一的,可以认定为"可能毁灭、伪造证据,干扰证人作证或者串供":
(一)曾经或者企图毁灭、伪造、隐匿、转移证据的;
(二)曾经或者企图威逼、恐吓、利诱、收买证人,干扰证人作证的;
(三)有同案犯罪嫌疑人或者与其在事实上存在密切关联犯罪的犯罪嫌疑人在逃,重要证据尚未收集到位的;
(四)其他可能毁灭、伪造证据,干扰证人作证或者串供的情形。

第一百三十二条 犯罪嫌疑人具有下列情形之一的,可以认定为"可能对被害人、举报人、控告人实施打击报复":
(一)扬言或者准备、策划对被害人、举报人、控告人实施打击报复的;
(二)曾经对被害人、举报人、控告人实施打击、要挟、迫害等行为的;
(三)采取其他方式滋扰被害人、举报人、控告人的正常生活、工作的;
(四)其他可能对被害人、举报人、控告人实施打击报复的情形。

第一百三十三条 犯罪嫌疑人具有下列情形之一的,可以认定为"企图自杀或者逃跑":
(一)着手准备自杀、自残或者逃跑的;
(二)曾经自杀、自残或者逃跑的;
(三)有自杀、自残或者逃跑的意思表示的;
(四)曾经以暴力、威胁手段抗拒抓捕的;
(五)其他企图自杀或者逃跑的情形。

第一百三十四条 人民检察院办理审查逮捕案件,应当全面把握逮捕条件,对有证据证明有犯罪事实、可能判处徒刑以上刑罚的犯罪嫌疑人,除具有刑事诉讼法第八十一条第三款、第四款规定的情形外,应当严格审查是否具备社会危险性条件。

第一百三十五条 人民检察院审查认定犯罪嫌疑人是否具有社会危险性,应当以公安机关移送的社会危险性相关证据为依据,并结合案件具体情况综合认定。必要时,可以通过讯问犯罪嫌疑人、询问证人等诉讼参与人、听取辩护律师意见等方式,核实相关证据。

依据在案证据不能认定犯罪嫌疑人符合逮捕社会危险性条件的,人民检察院可以要求公安机关补充相关证据,公安机关没有补充移送的,应当作出不批准逮捕的决定。

第一百三十六条 对有证据证明有犯罪事实,可能判处十年有期徒刑以上刑罚的犯罪嫌疑人,应当批准或者决定逮捕。

对有证据证明有犯罪事实,可能判处徒刑以上刑罚,犯罪嫌疑人曾经故意犯罪或者不讲真实姓名、住址,身份不明的,应当批准或者决定逮捕。

第一百三十七条 人民检察院经审查认为被取保候审、监视居住的犯罪嫌疑人违反取保候审、监视居住规定,依照本规则第一百零一条、第一百一十一条的规定办理。

对于被取保候审、监视居住的可能判处徒刑以下刑罚的犯罪嫌疑人,违反取保候审、监视居住规定,严重影响诉讼活动正常进行的,可以予以逮捕。

第一百三十八条 对实施多个犯罪行为或者共同犯罪案件的犯罪嫌疑人,符合本规则第一百二十八条的规定,具有下列情形之一的,应当批准或者决定逮捕:
(一)有证据证明犯有数罪中的一罪的;
(二)有证据证明实施多次犯罪中的一次犯罪的;
(三)共同犯罪中,已有证据证明有犯罪事实的犯罪嫌疑人。

第一百三十九条 对具有下列情形之一的犯罪嫌疑人,人民检察院应当作出不批准逮捕或者不予逮捕的决定:

（一）不符合本规则规定的逮捕条件的；

（二）具有刑事诉讼法第十六条规定的情形之一的。

第一百四十条　犯罪嫌疑人涉嫌的罪行较轻，且没有其他重大犯罪嫌疑，具有下列情形之一的，可以作出不批准逮捕或者不予逮捕的决定：

（一）属于预备犯、中止犯，或者防卫过当、避险过当的；

（二）主观恶性较小的初犯，共同犯罪中的从犯、胁从犯，犯罪后自首、有立功表现或者积极退赃、赔偿损失、确有悔罪表现的；

（三）过失犯罪的犯罪嫌疑人，犯罪后有悔罪表现，有效控制损失或者积极赔偿损失的；

（四）犯罪嫌疑人与被害人双方根据刑事诉讼法的有关规定达成和解协议，经审查，认为和解系自愿、合法且已经履行或者提供担保的；

（五）犯罪嫌疑人认罪认罚的；

（六）犯罪嫌疑人系已满十四周岁未满十八周岁的未成年人或者在校学生，本人有悔罪表现，其家庭、学校或者所在社区、居民委员会、村民委员会具备监护、帮教条件的；

（七）犯罪嫌疑人系已满七十五周岁的人。

第一百四十一条　对符合刑事诉讼法第七十四条第一款规定的犯罪嫌疑人，人民检察院经审查认为不需要逮捕的，可以在作出不批准逮捕决定的同时，向公安机关提出采取监视居住措施的建议。

第六节　监察机关移送案件的强制措施

第一百四十二条　对于监察机关移送起诉的已采取留置措施的案件，人民检察院应当在受理案件后，及时对犯罪嫌疑人作出拘留决定，交公安机关执行。执行拘留后，留置措施自动解除。

第一百四十三条　人民检察院应当在执行拘留后十日以内，作出是否逮捕、取保候审或者监视居住的决定。特殊情况下，决定的时间可以延长一日至四日。

人民检察院决定采取强制措施的期间不计入审查起诉期限。

第一百四十四条　除无法通知的以外，人民检察院应当在公安机关执行拘留、逮捕后二十四小时以内，通知犯罪嫌疑人的家属。

第一百四十五条　人民检察院应当自收到移送起诉的案卷材料之日起三日以内告知犯罪嫌疑人有权委托辩护人。对已经采取留置措施的，应当在执行拘留时告知。

第一百四十六条　对于监察机关移送起诉的未采取留置措施的案件，人民检察院受理后，在审查起诉过程中根据案件情况，可以依照本规则相关规定决定是否采取逮捕、取保候审或者监视居住措施。

第一百四十七条　对于监察机关移送起诉案件的犯罪嫌疑人采取强制措施，本节未规定的，适用本规则相关规定。

第七节　其他规定

第一百四十八条　人民检察院对担任县级以上各级人民代表大会代表的犯罪嫌疑人决定采取拘传、取保候审、监视居住、拘留、逮捕强制措施的，应当报请该代表所属的人民代表大会主席团或者常务委员会许可。

人民检察院对担任本级人民代表大会代表的犯罪嫌疑人决定采取强制措施的，应当报请本级人民代表大会主席团或者常务委员会许可。

对担任上级人民代表大会代表的犯罪嫌疑人决定采取强制措施的，应当层报该代表所属的人民代表大会同级的人民检察院报请许可。

对担任下级人民代表大会代表的犯罪嫌疑人决定采取强制措施的，可以直接报请该代表所属的人民代表大会主席团或者常务委员会许可，也可以委托该代表所属的人民代表大会同级的人民检察院报请许可。

对担任两级以上的人民代表大会代表的犯罪嫌疑人决定采取强制措施的，分别依照本条第二、三、四款的规定报请许可。

对担任办案单位所在省、市、县（区）以外的其他地区人民代表大会代表的犯罪嫌疑人决定采取强制措施的，应当委托该代表所属的人民代表大会同级的人民检察院报请许可；担任两级以上人民代表大会代表的，应当分别委托该代表所属的人民代表大会同级的人民检察院报请许可。

对于公安机关提请人民检察院批准逮捕的案件，犯罪嫌疑人担任人民代表大会代表的，报请许可手续由公安机关负责办理。

担任县级以上人民代表大会代表的犯罪嫌疑人，经报请该代表所属人民代表大会主席团或者常务委员会许可后被刑事拘留的，适用逮捕措施时不需要再次报请许可。

第一百四十九条　担任县级以上人民代表大会代表的犯罪嫌疑人因现行犯被人民检察院拘留的，人民检察院应当立即向该代表所属的人民代表大会主席团或者常务委员会报告。报告的程序参照本规则第一百四十八条报请许可的程序规定。

对担任乡、民族乡、镇的人民代表大会代表的犯罪嫌疑人决定采取强制措施的,由县级人民检察院向乡、民族乡、镇的人民代表大会报告。

第一百五十条 犯罪嫌疑人及其法定代理人、近亲属或者辩护人认为人民检察院采取强制措施法定期限届满,要求解除、变更强制措施或者释放犯罪嫌疑人的,人民检察院应当在收到申请后三日以内作出决定。

经审查,认为法定期限届满的,应当决定解除、变更强制措施或者释放犯罪嫌疑人,并通知公安机关执行;认为法定期限未满的,书面答复申请人。

第一百五十一条 犯罪嫌疑人及其法定代理人、近亲属或者辩护人向人民检察院提出变更强制措施申请的,人民检察院应当在收到申请后三日以内作出决定。

经审查,同意变更强制措施的,应当在作出决定的同时通知公安机关执行;不同意变更强制措施的,应当书面告知申请人,并说明不同意的理由。

犯罪嫌疑人及其法定代理人、近亲属或者辩护人提出变更强制措施申请的,应当说明理由,有证据和其他材料的,应当附上相关材料。

第一百五十二条 人民检察院在侦查、审查起诉期间,对犯罪嫌疑人拘留、逮捕后发生依法延长侦查羁押期限、审查起诉期限,重新计算侦查羁押期限、审查起诉期限等期限改变的情形的,应当及时将变更后的期限书面通知看守所。

第一百五十三条 人民检察院决定对涉嫌犯罪的机关事业单位工作人员取保候审、监视居住、拘留、逮捕的,应当在采取或者解除强制措施后五日以内告知其所在单位;决定撤销案件或者不起诉的,应当在作出决定后十日以内告知其所在单位。

第一百五十四条 取保候审变更为监视居住,或者取保候审、监视居住变更为拘留、逮捕的,在变更的同时原强制措施自动解除,不再办理解除法律手续。

第一百五十五条 人民检察院已经对犯罪嫌疑人取保候审、监视居住,案件起诉至人民法院后,人民法院决定取保候审、监视居住或者变更强制措施的,原强制措施自动解除,不再办理解除法律手续。

第七章 案件受理

第一百五十六条 下列案件,由人民检察院负责案件管理的部门统一受理:

(一)公安机关提请批准逮捕、移送起诉、提请批准延长侦查羁押期限、要求复议、提请复核、申请复查、移送申请强制医疗、移送申请没收违法所得的案件;

(二)监察机关移送起诉、提请没收违法所得、对不起诉决定提请复议的案件;

(三)下级人民检察院提出或者提请抗诉、报请指定管辖、报请核准追诉、报请核准缺席审判或者提请死刑复核监督的案件;

(四)人民法院通知出席第二审法庭或者再审法庭的案件;

(五)其他依照规定由负责案件管理的部门受理的案件。

第一百五十七条 人民检察院负责案件管理的部门受理案件时,应当接收案卷材料,并立即审查下列内容:

(一)依据移送的法律文书载明的内容确定案件是否属于本院管辖;

(二)案卷材料是否齐备、规范,符合有关规定的要求;

(三)移送的款项或者物品与移送清单是否相符;

(四)犯罪嫌疑人是否在案以及采取强制措施的情况;

(五)是否在规定的期限内移送案件。

第一百五十八条 人民检察院负责案件管理的部门对接收的案卷材料审查后,认为具备受理条件的,应当及时进行登记,并立即将案卷材料和案件受理登记表移送办案部门办理。

经审查,认为案卷材料不齐备的,应当及时要求移送案件的单位补送相关材料。对于案卷装订不符合要求的,应当要求移送案件的单位重新装订后移送。

对于移送起诉的案件,犯罪嫌疑人在逃的,应当要求公安机关采取措施保证犯罪嫌疑人到案后再移送起诉。共同犯罪案件中部分犯罪嫌疑人在逃的,对在案犯罪嫌疑人的移送起诉应当受理。

第一百五十九条 对公安机关送达的执行情况回执和人民法院送达的判决书、裁定书等法律文书,人民检察院负责案件管理的部门应当接收,即时登记。

第一百六十条 人民检察院直接受理侦查的案件,移送审查逮捕、移送起诉的,按照本规则第一百五十六条至第一百五十八条的规定办理。

第一百六十一条 人民检察院负责控告申诉检察的部门统一接受报案、控告、举报、申诉和犯罪嫌疑人投案自首,并依法审查,在七日以内作出以下处理:

(一)属于本院管辖且符合受理条件的,应当予以受理;

(二)不属于本院管辖的报案、控告、举报、自首,应当移送主管机关处理。必须采取紧急措施的，应当先采取紧急措施，然后移送主管机关。不属于本院管辖的申诉，应当告知其向有管辖权的机关提出；

（三）案件情况不明的，应当进行必要的调查核实，查明情况后依法作出处理。

负责控告申诉检察的部门可以向下级人民检察院交办控告、申诉、举报案件，并依照有关规定进行督办。

第一百六十二条 控告、申诉符合下列条件的，人民检察院应当受理：

（一）属于人民检察院受理案件范围；

（二）本院具有管辖权；

（三）申诉人是原案的当事人或者其法定代理人、近亲属；

（四）控告、申诉材料符合受理要求。

控告人、申诉人委托律师代理控告、申诉，符合上述条件的，应当受理。

控告、申诉材料不齐备的，应当告知控告人、申诉人补齐。受理时间从控告人、申诉人补齐相关材料之日起计算。

第一百六十三条 对于收到的群众来信，负责控告申诉检察的部门应当在七日以内进行程序性答复，办案部门应当在三个月以内将办理进展或者办理结果答复来信人。

第一百六十四条 负责控告申诉检察的部门对受理的刑事申诉案件应当根据事实、法律进行审查，必要时可以进行调查核实。认为原案处理可能错误的，应当移送相关办案部门办理；认为原案处理没有错误的，应当书面答复申诉人。

第一百六十五条 办案部门应当在规定期限内办结控告、申诉案件，制作相关法律文书，送达报案人、控告人、申诉人、举报人、自首人，并做好释法说理工作。

第八章 立 案

第一节 立案审查

第一百六十六条 人民检察院直接受理侦查案件的线索，由负责侦查的部门统一受理、登记和管理。负责控告申诉检察的部门接受的控告、举报，或者本院其他办案部门发现的案件线索，属于人民检察院直接受理侦查案件线索的，应当在七日以内移送负责侦查的部门。

负责侦查的部门对案件线索进行审查后，认为属于本院管辖，需要进一步调查核实的，应当报检察长决定。

第一百六十七条 对于人民检察院直接受理侦查案件的线索，上级人民检察院在必要时，可以直接调查核实或者组织、指挥、参与下级人民检察院的调查核实，可以将下级人民检察院管辖的案件线索指定辖区内其他人民检察院调查核实，也可以将本院管辖的案件线索交由下级人民检察院调查核实；下级人民检察院认为案件线索重大、复杂，需要由上级人民检察院调查核实的，可以提请移送上级人民检察院调查核实。

第一百六十八条 调查核实一般不得接触被调查对象。必须接触被调查对象的，应当经检察长批准。

第一百六十九条 进行调查核实，可以采取询问、查询、勘验、检查、鉴定、调取证据材料等不限制被调查对象人身、财产权利的措施。不得对被调查对象采取强制措施，不得查封、扣押、冻结被调查对象的财产，不得采取技术侦查措施。

第一百七十条 负责侦查的部门调查核实后，应当制作审查报告。

调查核实终结后，相关材料应当立卷归档。立案进入侦查程序的，对于作为诉讼证据以外的其他材料应当归入侦查内卷。

第二节 立案决定

第一百七十一条 人民检察院对于直接受理的案件，经审查认为有犯罪事实需要追究刑事责任的，应当制作立案报告书，经检察长批准后予以立案。

符合立案条件，但犯罪嫌疑人尚未确定的，可以依据已查明的犯罪事实作出立案决定。

对具有下列情形之一的，报请检察长决定不予立案：

（一）具有刑事诉讼法第十六条规定情形之一的；

（二）认为没有犯罪事实的；

（三）事实或者证据尚不符合立案条件的。

第一百七十二条 对于其他机关或者本院其他办案部门移送的案件线索，决定不予立案的，负责侦查的部门应当制作不立案通知书，写明案由和案件来源、决定不立案的原因和法律依据，自作出不立案决定之日起十日以内送达移送案件线索的机关或者部门。

第一百七十三条 对于控告和实名举报，决定不予立案的，应当制作不立案通知书，写明案由和案件来源、决定不立案的原因和法律依据，由负责侦查的部门在十五日以内送达控告人、举报人，同时告知本院负责控告申诉检察的部门。

控告人如果不服，可以在收到不立案通知书后十日以内向上一级人民检察院申请复议。不立案的复议，由上一级人民检察院负责侦查的部门审查办理。

人民检察院认为被控告人、被举报人的行为未构成犯罪，决定不予立案，但需要追究其党纪、政纪、违法责任的，应当移送有管辖权的主管机关处理。

第一百七十四条 错告对被控告人、被举报人造成不良影响的，人民检察院应当自作出不立案决定之日起一个月以内向其所在单位或者有关部门通报调查核实的结论，澄清事实。

属于诬告陷害的，应当移送有关机关处理。

第一百七十五条 人民检察院决定对人民代表大会代表立案，应当按照本规则第一百四十八条、第一百四十九条规定的程序向该代表所属的人民代表大会主席团或者常务委员会进行通报。

第九章 侦 查

第一节 一般规定

第一百七十六条 人民检察院办理直接受理侦查的案件，应当全面、客观地收集、调取犯罪嫌疑人有罪或者无罪、罪轻或者罪重的证据材料，并依法进行审查、核实。办案过程中必须重证据，重调查研究，不轻信口供。严禁刑讯逼供和以威胁、引诱、欺骗以及其他非法方法收集证据，不得强迫任何人证实自己有罪。

第一百七十七条 人民检察院办理直接受理侦查的案件，应当保障犯罪嫌疑人和其他诉讼参与人依法享有的辩护权和其他各项诉讼权利。

第一百七十八条 人民检察院办理直接受理侦查的案件，应当严格依照刑事诉讼法规定的程序，严格遵守刑事案件办案期限的规定，依法提请批准逮捕、移送起诉、不起诉或者撤销案件。

对犯罪嫌疑人采取强制措施，应当经检察长批准。

第一百七十九条 人民检察院办理直接受理侦查的案件，应当对侦查过程中知悉的国家秘密、商业秘密及个人隐私予以保密。

第一百八十条 办理案件的人民检察院需要派员到本辖区以外进行搜查，调取物证、书证等证据材料，或者查封、扣押财物和文件的，应当持相关法律文书和证明文件等与当地人民检察院联系，当地人民检察院应当予以协助。

需要到本辖区以外调取证据材料的，必要时，可以向证据所在地的人民检察院发函调取证据。调取证据的函件应当注明具体的取证对象、地址和内容。证据所在地的人民检察院应当在收到函件后一个月以内将取证结果送达办理案件的人民检察院。

被请求协助的人民检察院有异议的，可以与办理案件的人民检察院进行协商。必要时，报请共同的上级人民检察院决定。

第一百八十一条 人民检察院对于直接受理案件的侦查，可以适用刑事诉讼法第二编第二章规定的各项侦查措施。

刑事诉讼法规定进行侦查活动需要制作笔录的，应当制作笔录。必要时，可以对相关活动进行录音、录像。

第二节 讯问犯罪嫌疑人

第一百八十二条 讯问犯罪嫌疑人，由检察人员负责进行。讯问时，检察人员或者检察人员和书记员不得少于二人。

讯问同案的犯罪嫌疑人，应当个别进行。

第一百八十三条 对于不需要逮捕、拘留的犯罪嫌疑人，可以传唤到犯罪嫌疑人所在的市、县内的指定地点或者到他的住处进行讯问。

传唤犯罪嫌疑人，应当出示传唤证和工作证件，并责令犯罪嫌疑人在传唤证上签名或者盖章，并捺指印。

犯罪嫌疑人到案后，应当由其在传唤证上填写到案时间。传唤结束时，应当由其在传唤证上填写传唤结束时间。拒绝填写的，应当在传唤证上注明。

对在现场发现的犯罪嫌疑人，经出示工作证件，可以口头传唤，并将传唤的原因和依据告知被传唤人。在讯问笔录中应当注明犯罪嫌疑人到案时间、到案经过和传唤结束时间。

本规则第八十四条第二款的规定适用于传唤犯罪嫌疑人。

第一百八十四条 传唤犯罪嫌疑人时，其家属在场的，应当当场将传唤的原因和处所口头告知其家属，并在讯问笔录中注明。其家属不在场的，应当及时将原因和处所通知被传唤人家属。无法通知的，应当在讯问笔录中注明。

第一百八十五条 传唤持续的时间不得超过十二小时。案情特别重大、复杂，需要采取拘留、逮捕措施的，传唤持续的时间不得超过二十四小时。两次传唤间隔的时间一般不得少于十二小时，不得以连续传唤的方式变相拘禁犯罪嫌疑人。

传唤犯罪嫌疑人，应当保证犯罪嫌疑人的饮食和必要的休息时间。

第一百八十六条 犯罪嫌疑人被送交看守所羁押后，检察人员对其进行讯问，应当填写提讯、提解证，在看守所讯问室进行。

因辨认、鉴定、侦查实验或者追缴犯罪有关财物的需要，经检察长批准，可以提押犯罪嫌疑人出所，并应当由两名以上司法警察押解。不得以讯问为目的将犯罪嫌疑人提押出所进行讯问。

第一百八十七条　讯问犯罪嫌疑人一般按照下列顺序进行：

（一）核实犯罪嫌疑人的基本情况，包括姓名、出生年月日、户籍地、公民身份号码、民族、职业、文化程度、工作单位及职务、住所、家庭情况、社会经历、是否属于人大代表、政协委员等；

（二）告知犯罪嫌疑人在侦查阶段的诉讼权利，有权自行辩护或者委托律师辩护，告知其如实供述自己罪行可以依法从宽处理和认罪认罚的法律规定；

（三）讯问犯罪嫌疑人是否有犯罪行为，让他陈述有罪的事实或者无罪的辩解，应当允许其连贯陈述。

犯罪嫌疑人对检察人员的提问，应当如实回答。但是对与本案无关的问题，有拒绝回答的权利。

讯问犯罪嫌疑人时，应当告知犯罪嫌疑人将对讯问进行全程同步录音、录像。告知情况应当在录音、录像中予以反映，并记明笔录。

讯问时，对犯罪嫌疑人提出的辩解要认真查核。严禁刑讯逼供和以威胁、引诱、欺骗以及其他非法的方法获取供述。

第一百八十八条　讯问犯罪嫌疑人，应当制作讯问笔录。讯问笔录应当忠实于原话，字迹清楚，详细具体，并交犯罪嫌疑人核对。犯罪嫌疑人没有阅读能力的，应当向他宣读。如果记载有遗漏或者差错，可以补充或者改正。犯罪嫌疑人认为讯问笔录没有错误的，由其在笔录上逐页签名或者盖章，并捺指印，在末页写明"以上笔录我看过（向我宣读过），和我说的相符"，同时签名或者盖章，并捺指印，注明日期。如果犯罪嫌疑人拒绝签名、盖章、捺指印的，应当在笔录上注明。讯问的检察人员、书记员也应当在笔录上签名。

第一百八十九条　犯罪嫌疑人请求自行书写供述的，检察人员应当准许。必要时，检察人员也可以要求犯罪嫌疑人亲笔书写供述。犯罪嫌疑人应当在亲笔供述的末页签名或者盖章，并捺指印，注明书写日期。检察人员收到后，应当在首页右上方写明"于某年某月某日收到"，并签名。

第一百九十条　人民检察院办理直接受理侦查的案件，应当在每次讯问犯罪嫌疑人时，对讯问过程实行全程录音、录像，并在讯问笔录中注明。

第三节　询问证人、被害人

第一百九十一条　人民检察院在侦查过程中，应当及时询问证人，并且告知证人履行作证的权利和义务。

人民检察院应当保证一切与案件有关或者了解案情的公民有客观充分地提供证据的条件，并为他们保守秘密。除特殊情况外，人民检察院可以吸收他们协助调查。

第一百九十二条　询问证人，应当由检察人员负责进行。询问时，检察人员或者检察人员和书记员不得少于二人。

第一百九十三条　询问证人，可以在现场进行，也可以到证人所在单位、住处或者证人提出的地点进行。必要时，也可以通知证人到人民检察院提供证言。到证人提出的地点进行询问的，应当在笔录中记明。

询问证人应当个别进行。

在现场询问证人，应当出示工作证件。到证人所在单位、住处或者证人提出的地点询问证人，应当出示人民检察院的证明文件。

第一百九十四条　询问证人，应当问明证人的基本情况以及与当事人的关系，并且告知证人应当如实提供证据、证言和故意作伪证或者隐匿罪证应当承担的法律责任，但是不得向证人泄露案情，不得采用拘禁、暴力、威胁、引诱、欺骗以及其他非法方法获取证言。

询问重大或者有社会影响的案件的重要证人，应当对询问过程实行全程录音、录像，并在询问笔录中注明。

第一百九十五条　询问被害人，适用询问证人的规定。

第四节　勘验、检查

第一百九十六条　检察人员对于与犯罪有关的场所、物品、人身、尸体应当进行勘验或者检查。必要时，可以指派检察技术人员或者聘请其他具有专门知识的人，在检察人员的主持下进行勘验、检查。

第一百九十七条　勘验时，人民检察院应当邀请两名与案件无关的见证人在场。

勘查现场，应当拍摄现场照片。勘查的情况应当写明笔录并制作现场图，由参加勘查的人和见证人签名。勘查重大案件的现场，应当录像。

第一百九十八条　人民检察院解剖死因不明的尸体，应当通知死者家属到场，并让其在解剖通知书上签名或者盖章。

死者家属无正当理由拒不到场或者拒绝签名、盖章的，不影响解剖的进行，但是应当在解剖通知书上记明。

对于身份不明的尸体,无法通知死者家属的,应当记明笔录。

第一百九十九条 为了确定被害人、犯罪嫌疑人的某些特征、伤害情况或者生理状态,人民检察院可以对其人身进行检查,可以提取指纹信息,采集血液、尿液等生物样本。

必要时,可以指派、聘请法医或者医师进行人身检查。采集血液等生物样本应当由医师进行。

犯罪嫌疑人如果拒绝检查,检察人员认为必要时可以强制检查。

检查妇女的身体,应当由女工作人员或者医师进行。

人身检查不得采用损害被检查人生命、健康或者贬低其名誉、人格的方法。在人身检查过程中知悉的被检查人的个人隐私,检察人员应当予以保密。

第二百条 为了查明案情,必要时经检察长批准,可以进行侦查实验。

侦查实验,禁止一切足以造成危险、侮辱人格或者有伤风化的行为。

第二百零一条 侦查实验,必要时可以聘请有关专业人员参加,也可以要求犯罪嫌疑人、被害人、证人参加。

第五节 搜 查

第二百零二条 人民检察院有权要求有关单位和个人,交出能够证明犯罪嫌疑人有罪或者无罪以及犯罪情节轻重的证据。

第二百零三条 为了收集犯罪证据,查获犯罪人,经检察长批准,检察人员可以对犯罪嫌疑人以及可能隐藏罪犯或者犯罪证据的人的身体、物品、住处、工作地点和其他有关的地方进行搜查。

第二百零四条 搜查应当在检察人员的主持下进行,可以有司法警察参加。必要时,可以指派检察技术人员参加或者邀请当地公安机关、有关单位协助进行。

执行搜查的人员不得少于二人。

第二百零五条 搜查时,应当向被搜查人或者他的家属出示搜查证。

在执行逮捕、拘留的时候,遇有下列紧急情况之一,不另用搜查证也可以进行搜查:

(一)可能随身携带凶器的;

(二)可能隐藏爆炸、剧毒等危险物品的;

(三)可能隐匿、毁弃、转移犯罪证据的;

(四)可能隐匿其他犯罪嫌疑人的;

(五)其他紧急情况。

搜查结束后,搜查人员应当在二十四小时以内补办有关手续。

第二百零六条 搜查时,应当有被搜查人或者其家属、邻居或者其他见证人在场,并且对被搜查人或者其家属说明阻碍搜查、妨碍公务应负的法律责任。

搜查妇女的身体,应当由女工作人员进行。

第二百零七条 搜查时,如果遇到阻碍,可以强制进行搜查。对以暴力、威胁方法阻碍搜查的,应当予以制止,或者由司法警察将其带离现场。阻碍搜查构成犯罪的,应当依法追究刑事责任。

第六节 调取、查封、扣押、查询、冻结

第二百零八条 检察人员可以凭人民检察院的证明文件,向有关单位和个人调取能够证明犯罪嫌疑人有罪或者无罪以及犯罪情节轻重的证据材料,并且可以根据需要拍照、录像、复印和复制。

第二百零九条 调取物证应当调取原物。原物不便搬运、保存,或者依法应当返还被害人,或者因保密工作需要不能调取原物的,可以将原物封存,并拍照、录像。对原物拍照或者录像应当足以反映原物的外形、内容。

调取书证、视听资料应当调取原件。取得原件确有困难或者因保密需要不能调取原件的,可以调取副本或者复制件。

调取书证、视听资料的副本、复制件和物证的照片、录像的,应当书面记明不能调取原件、原物的原因,制作过程和原件、原物存放地点,并由制作人员和原书证、视听资料、物证持有人签名或者盖章。

第二百一十条 在侦查活动中发现的可以证明犯罪嫌疑人有罪、无罪或者犯罪情节轻重的各种财物和文件,应当查封或者扣押;与案件无关的,不得查封或者扣押。查封或者扣押应当经检察长批准。

不能立即查明是否与案件有关的可疑的财物和文件,也可以查封或者扣押,但应当及时审查。经查明确实与案件无关的,应当在三日以内解除查封或者予以退还。

持有人拒绝交出应当查封、扣押的财物和文件的,可以强制查封、扣押。

对于犯罪嫌疑人、被告人到案时随身携带的物品需要扣押的,可以依照前款规定办理。对于与案件无关的个人用品,应当逐件登记,并随案移交或者退还其家属。

第二百一十一条 对犯罪嫌疑人使用违法所得与合法收入共同购置的不可分割的财产,可以先行查封、扣押、冻结。对无法分割退还的财产,应当在结案后予以拍卖、变卖,对不属于违法所得的部分予以退还。

第二百一十二条 人民检察院根据侦查犯罪的需

要，可以依照规定查询、冻结犯罪嫌疑人的存款、汇款、债券、股票、基金份额等财产，并可以要求有关单位和个人配合。

查询、冻结前款规定的财产，应当制作查询、冻结财产通知书，通知银行或者其他金融机构、邮政部门执行。冻结财产的，应当经检察长批准。

第二百一十三条 犯罪嫌疑人的存款、汇款、债券、股票、基金份额等财产已冻结的，人民检察院不得重复冻结，可以轮候冻结。人民检察院应当要求有关银行或者其他金融机构、邮政部门在解除冻结或者作出处理前通知人民检察院。

第二百一十四条 扣押、冻结债券、股票、基金份额等财产，应当书面告知当事人或者其法定代理人、委托代理人有权申请出售。

对于被扣押、冻结的债券、股票、基金份额等财产，在扣押、冻结期间权利人申请出售，经审查认为不损害国家利益、被害人利益，不影响诉讼正常进行的，以及扣押、冻结的汇票、本票、支票的有效期即将届满的，经检察长批准，可以在案件办结前依法出售或者变现，所得价款由人民检察院指定的银行账户保管，并及时告知当事人或者其近亲属。

第二百一十五条 对于冻结的存款、汇款、债券、股票、基金份额等财产，经查明确实与案件无关的，应当在三日以内解除冻结，并通知财产所有人。

第二百一十六条 查询、冻结与案件有关的单位的存款、汇款、债券、股票、基金份额等财产的办法适用本规则第二百一十二条至第二百一十五条的规定。

第二百一十七条 对于扣押的款项和物品，应当在三日以内将款项存入唯一合规账户，将物品送负责案件管理的部门保管。法律或者有关规定另有规定的除外。

对于查封、扣押在人民检察院的物品、文件、邮件、电报，人民检察院应当妥善保管。经查明确实与案件无关的，应当在三日以内作出解除或者退还决定，并通知有关单位、当事人办理相关手续。

第七节 鉴 定

第二百一十八条 人民检察院为了查明案情，解决案件中某些专门性的问题，可以进行鉴定。

鉴定由人民检察院有鉴定资格的人员进行。必要时，也可以聘请其他有鉴定资格的人员进行，但是应当征得鉴定人所在单位同意。

第二百一十九条 人民检察院应当为鉴定人提供必要条件，及时向鉴定人送交有关检材和对比样本等原始材料，介绍与鉴定有关的情况，并明确提出要求鉴定解决的问题，但是不得暗示或者强迫鉴定人作出某种鉴定意见。

第二百二十条 对于鉴定意见，检察人员应当进行审查，必要时可以进行补充鉴定或者重新鉴定。重新鉴定的，应当另行指派或者聘请鉴定人。

第二百二十一条 用作证据的鉴定意见，人民检察院办案部门应当告知犯罪嫌疑人、被害人；被害人死亡或者没有诉讼行为能力的，应当告知其法定代理人、近亲属或诉讼代理人。

犯罪嫌疑人、被害人或被害人的法定代理人、近亲属、诉讼代理人提出申请，可以补充鉴定或者重新鉴定，鉴定费用由请求方承担。但原鉴定违反法定程序的，由人民检察院承担。

犯罪嫌疑人的辩护人或者近亲属以犯罪嫌疑人有患精神病可能而申请对犯罪嫌疑人进行鉴定的，鉴定费用由申请方承担。

第二百二十二条 对犯罪嫌疑人作精神病鉴定的期间不计入羁押期限和办案期限。

第八节 辨 认

第二百二十三条 为了查明案情，必要时，检察人员可以让被害人、证人和犯罪嫌疑人对与犯罪有关的物品、文件、尸体或场所进行辨认；也可以让被害人、证人对犯罪嫌疑人进行辨认，或者让犯罪嫌疑人对其他犯罪嫌疑人进行辨认。

第二百二十四条 辨认应当在检察人员的主持下进行，执行辨认的人员不得少于二人。在辨认前，应当向辨认人详细询问被辨认对象的具体特征，避免辨认人见到被辨认对象，并应当告知辨认人有意作虚假辨认应负的法律责任。

第二百二十五条 几名辨认人对同一被辨认对象进行辨认时，应当由每名辨认人单独进行。必要时，可以有见证人在场。

第二百二十六条 辨认时，应当将辨认对象混杂在其他对象中。不得在辨认前向辨认人展示辨认对象及其影像资料，不得给辨认人任何暗示。

辨认犯罪嫌疑人时，被辨认的人数不得少于七人，照片不得少于十张。

辨认物品时，同类物品不得少于五件，照片不得少于五张。

对犯罪嫌疑人的辨认，辨认人不愿公开进行时，可以在不暴露辨认人的情况下进行，并应当为其保守秘密。

第九节 技术侦查措施

第二百二十七条 人民检察院在立案后,对于利用职权实施的严重侵犯公民人身权利的重大犯罪案件,经过严格的批准手续,可以采取技术侦查措施,交有关机关执行。

第二百二十八条 人民检察院办理直接受理侦查的案件,需要追捕被通缉或者决定逮捕的在逃犯罪嫌疑人、被告人的,经过批准,可以采取追捕所必需的技术侦查措施,不受本规则第二百二十七条规定的案件范围的限制。

第二百二十九条 人民检察院采取技术侦查措施应当根据侦查犯罪的需要,确定采取技术侦查措施的种类和适用对象,按照有关规定报请批准。批准决定自签发之日起三个月以内有效。对于不需要继续采取技术侦查措施的,应当及时解除;对于复杂、疑难案件,期限届满仍有必要继续采取技术侦查措施的,应当在期限届满前十日以内制作呈请延长技术侦查措施期限报告书,写明延长的期限及理由,经过原批准机关批准,有效期可以延长,每次不得超过三个月。

采取技术侦查措施收集的材料作为证据使用的,批准采取技术侦查措施的法律文书应当附卷,辩护律师可以依法查阅、摘抄、复制。

第二百三十条 采取技术侦查措施收集的物证、书证及其他证据材料,检察人员应当制作相应的说明材料,写明获取证据的时间、地点、数量、特征以及采取技术侦查措施的批准机关、种类等,并签名和盖章。

对于使用技术侦查措施获取的证据材料,如果可能危及特定人员的人身安全、涉及国家秘密或者公开后可能暴露侦查秘密或者严重损害商业秘密、个人隐私的,应当采取不暴露有关人员身份、技术方法等保护措施。必要时,可以建议不在法庭上质证,由审判人员在庭外对证据进行核实。

第二百三十一条 检察人员对采取技术侦查措施过程中知悉的国家秘密、商业秘密和个人隐私,应当保密;对采取技术侦查措施获取的与案件无关的材料,应当及时销毁,并对销毁情况制作记录。

采取技术侦查措施获取的证据、线索及其他有关材料,只能用于对犯罪的侦查、起诉和审判,不得用于其他用途。

第十节 通 缉

第二百三十二条 人民检察院办理直接受理侦查的案件,应当逮捕的犯罪嫌疑人在逃,或者已被逮捕的犯罪嫌疑人脱逃的,经检察长批准,可以通缉。

第二百三十三条 各级人民检察院需要在本辖区内通缉犯罪嫌疑人的,可以直接决定通缉;需要在本辖区外通缉犯罪嫌疑人的,由有决定权的上级人民检察院决定。

第二百三十四条 人民检察院应当将通缉通知书和通缉对象的照片、身份、特征、案情简况送达公安机关,由公安机关发布通缉令,追捕归案。

第二百三十五条 为防止犯罪嫌疑人等涉案人员逃往境外,需要在边防口岸采取边控措施的,人民检察院应当按照有关规定制作边控对象通知书,商请公安机关办理边控手续。

第二百三十六条 应当逮捕的犯罪嫌疑人潜逃出境的,可以按照有关规定层报最高人民检察院商请国际刑警组织中国国家中心局,请求有关方面协助,或者通过其他法律规定的途径进行追捕。

第十一节 侦查终结

第二百三十七条 人民检察院经过侦查,认为犯罪事实清楚、证据确实、充分,依法应当追究刑事责任的,应当写出侦查终结报告,并且制作起诉意见书。

犯罪嫌疑人自愿认罪的,应当记录在案,随案移送,并在起诉意见书中写明有关情况。

对于犯罪情节轻微,依照刑法规定不需要判处刑罚或者免除刑罚的案件,应当写出侦查终结报告,并且制作不起诉意见书。

侦查终结报告和起诉意见书或者不起诉意见书应当报请检察长批准。

第二百三十八条 负责侦查的部门应当将起诉意见书或者不起诉意见书,查封、扣押、冻结的犯罪嫌疑人的财物及其孳息、文件清单以及对查封、扣押、冻结的涉案财物的处理意见和其他案卷材料,一并移送本院负责捕诉的部门审查。国家或者集体财产遭受损失的,在提出提起公诉意见的同时,可以提出提起附带民事诉讼的意见。

第二百三十九条 在案件侦查过程中,犯罪嫌疑人委托辩护律师的,检察人员可以听取辩护律师的意见。

辩护律师要求当面提出意见的,检察人员应当听取意见,并制作笔录附卷。辩护律师提出书面意见的,应当附卷。

侦查终结前,犯罪嫌疑人提出无罪或者罪轻的辩解,辩护律师提出犯罪嫌疑人无罪或者依法不应当追究刑事责任意见的,人民检察院应当依法予以核实。

案件侦查终结移送起诉时,人民检察院应当同时将案件移送情况告知犯罪嫌疑人及其辩护律师。

第二百四十条 人民检察院侦查终结的案件，需要在异地起诉、审判的，应当在移送起诉前与人民法院协商指定管辖的相关事宜。

第二百四十一条 上级人民检察院侦查终结的案件，依照刑事诉讼法的规定应当由下级人民检察院提起公诉或者不起诉的，应当将有关决定、侦查终结报告连同案卷材料交由下级人民检察院审查。

下级人民检察院认为上级人民检察院的决定有错误的，可以向上级人民检察院报告。上级人民检察院维持原决定的，下级人民检察院应当执行。

第二百四十二条 人民检察院在侦查过程中或者侦查终结后，发现具有下列情形之一的，负责侦查的部门应当制作拟撤销案件意见书，报请检察长决定：

（一）具有刑事诉讼法第十六条规定情形之一的；

（二）没有犯罪事实的，或者依照刑法规定不负刑事责任或者不是犯罪的；

（三）虽有犯罪事实，但不是犯罪嫌疑人所为的。

对于共同犯罪的案件，如有符合本条规定情形的犯罪嫌疑人，应当撤销对该犯罪嫌疑人的立案。

第二百四十三条 地方各级人民检察院决定撤销案件的，负责侦查的部门应当将撤销案件意见书连同本案全部案卷材料，在法定期限届满七日前报上一级人民检察院审查；重大、复杂案件在法定期限届满十日前报上一级人民检察院审查。

对于共同犯罪案件，应当将处理同案犯罪嫌疑人的有关法律文书以及案件事实、证据材料复印件等，一并报送上一级人民检察院。

上一级人民检察院负责侦查的部门应当对案件事实、证据和适用法律进行全面审查。必要时，可以讯问犯罪嫌疑人。

上一级人民检察院负责侦查的部门审查后，应当提出是否同意撤销案件的意见，报请检察长决定。

人民检察院决定撤销案件的，应当告知控告人、举报人，听取其意见并记明笔录。

第二百四十四条 上一级人民检察院审查下级人民检察院报送的拟撤销案件，应当在收到案件后七日以内批复；重大、复杂案件，应当在收到案件后十日以内批复。情况紧急或者因其他特殊原因不能按时送达的，可以先行通知下级人民检察院执行。

第二百四十五条 上一级人民检察院同意撤销案件的，下级人民检察院应当作出撤销案件决定，并制作撤销案件决定书。上一级人民检察院不同意撤销案件的，下级人民检察院应当执行上一级人民检察院的决定。

报请上一级人民检察院审查期间，犯罪嫌疑人羁押期限届满的，应当依法释放犯罪嫌疑人或者变更强制措施。

第二百四十六条 撤销案件的决定，应当分别送达犯罪嫌疑人所在单位和犯罪嫌疑人。犯罪嫌疑人死亡的，应当送达犯罪嫌疑人原所在单位。如果犯罪嫌疑人在押，应当制作决定释放通知书，通知公安机关依法释放。

第二百四十七条 人民检察院作出撤销案件决定的，应当在三十日以内报经检察长批准，对犯罪嫌疑人的违法所得作出处理。情况特殊的，可以延长三十日。

第二百四十八条 人民检察院撤销案件时，对犯罪嫌疑人的违法所得及其他涉案财产应当区分不同情形，作出相应处理：

（一）因犯罪嫌疑人死亡而撤销案件，依照刑法规定应当追缴其违法所得及其他涉案财产的，按照本规则第十二章第四节的规定办理。

（二）因其他原因撤销案件，对于查封、扣押、冻结的犯罪嫌疑人违法所得及其他涉案财产需要没收的，应当提出检察意见，移送有关主管机关处理。

（三）对于冻结的犯罪嫌疑人存款、汇款、债券、股票、基金份额等财产需要返还被害人的，可以通知金融机构、邮政部门返还被害人；对于查封、扣押的犯罪嫌疑人的违法所得及其他涉案财产需要返还被害人的，直接决定返还被害人。

人民检察院申请人民法院裁定处理犯罪嫌疑人涉案财产的，应当向人民法院移送有关案卷材料。

第二百四十九条 人民检察院撤销案件时，对查封、扣押、冻结的犯罪嫌疑人的涉案财产需要返还犯罪嫌疑人的，应当解除查封、扣押或者书面通知有关金融机构、邮政部门解除冻结，返还犯罪嫌疑人或者其合法继承人。

第二百五十条 查封、扣押、冻结的财物，除依法应当返还被害人或者经查明确实与案件无关的以外，不得在诉讼程序终结之前处理。法律或者有关规定另有规定的除外。

第二百五十一条 处理查封、扣押、冻结的涉案财物，应当由检察长决定。

第二百五十二条 人民检察院直接受理侦查的共同犯罪案件，如果同案犯罪嫌疑人在逃，但在案犯罪嫌疑人犯罪事实清楚，证据确实、充分的，对在案犯罪嫌疑人应当根据本规则第二百三十七条的规定分别移送起诉或者移送不起诉。

由于同案犯罪嫌疑人在逃，在案犯罪嫌疑人的犯罪事实无法查清的，对在案犯罪嫌疑人应当根据案件的不同情况分别报请延长侦查羁押期限、变更强制措施或者解除强制措施。

第二百五十三条 人民检察院直接受理侦查的案件，对犯罪嫌疑人没有采取取保候审、监视居住、拘留或者逮捕措施的，负责侦查的部门应当在立案后二年以内提出移送起诉、移送不起诉或者撤销案件的意见；对犯罪嫌疑人采取取保候审、监视居住、拘留或者逮捕措施的，负责侦查的部门应当在解除或者撤销强制措施后一年以内提出移送起诉、移送不起诉或者撤销案件的意见。

第二百五十四条 人民检察院直接受理侦查的案件，撤销案件以后，又发现新的事实或者证据，认为有犯罪事实需要追究刑事责任的，可以重新立案侦查。

第十章 审查逮捕和审查起诉
第一节 一般规定

第二百五十五条 人民检察院办理审查逮捕、审查起诉案件，应当全面审查证明犯罪嫌疑人有罪或者无罪、罪轻或者罪重的证据。

第二百五十六条 经公安机关商请或者人民检察院认为确有必要时，可以派员适时介入重大、疑难、复杂案件的侦查活动，参加公安机关对于重大案件的讨论，对案件性质、收集证据、适用法律等提出意见，监督侦查活动是否合法。

经监察机关商请，人民检察院可以派员介入监察机关办理的职务犯罪案件。

第二百五十七条 对于批准逮捕后要求公安机关继续侦查、不批准逮捕后要求公安机关补充侦查或者审查起诉阶段退回公安机关补充侦查的案件，人民检察院应当分别制作继续侦查提纲或者补充侦查提纲，写明需要继续侦查或者补充侦查的事项、理由、侦查方向、需补充收集的证据及其证明作用等，送交公安机关。

第二百五十八条 人民检察院讯问犯罪嫌疑人时，应当首先查明犯罪嫌疑人的基本情况，依法告知犯罪嫌疑人诉讼权利和义务，以及认罪认罚的法律规定，听取其供述和辩解。犯罪嫌疑人翻供的，应当讯问其原因。犯罪嫌疑人申请排除非法证据的，应当告知其提供相关线索或者材料。犯罪嫌疑人检举揭发他人犯罪的，应当予以记录，并依照有关规定移送有关机关、部门处理。

讯问犯罪嫌疑人应当制作讯问笔录，并交犯罪嫌疑人核对或者向其宣读。经核对无误后逐页签名或者盖章，并捺指印后附卷。犯罪嫌疑人请求自行书写供述的，应当准许，但不得以自行书写的供述代替讯问笔录。

犯罪嫌疑人被羁押的，讯问应当在看守所讯问室进行。

第二百五十九条 办理审查逮捕、审查起诉案件，可以询问证人、被害人、鉴定人等诉讼参与人，并制作笔录附卷。询问时，应当告知其诉讼权利和义务。

询问证人、被害人的地点按照刑事诉讼法第一百二十四条的规定执行。

第二百六十条 讯问犯罪嫌疑人，询问被害人、证人、鉴定人，听取辩护人、被害人及其诉讼代理人的意见，应当由检察人员负责进行。检察人员或者检察人员和书记员不得少于二人。

讯问犯罪嫌疑人，询问证人、鉴定人、被害人，应当个别进行。

第二百六十一条 办理审查逮捕案件，犯罪嫌疑人已经委托辩护律师的，可以听取辩护律师的意见。辩护律师提出要求的，应当听取辩护律师的意见。对辩护律师的意见应当制作笔录，辩护律师提出的书面意见应当附卷。

办理审查起诉案件，应当听取辩护人或者值班律师、被害人及其诉讼代理人的意见，并制作笔录。辩护人或者值班律师、被害人及其诉讼代理人提出书面意见的，应当附卷。

对于辩护律师在审查逮捕、审查起诉阶段多次提出意见的，均应如实记录。

辩护律师提出犯罪嫌疑人不构成犯罪、无社会危险性、不适宜羁押或者侦查活动有违法犯罪情形等书面意见的，检察人员应当审查，并在相关工作文书中说明是否采纳的情况和理由。

第二百六十二条 直接听取辩护人、被害人及其诉讼代理人的意见有困难的，可以通过电话、视频等方式听取意见并记录在案，或者通知辩护人、被害人及其诉讼代理人提出书面意见。无法通知或者在指定期限内未提出意见的，应当记录在案。

第二百六十三条 对于公安机关提请批准逮捕、移送起诉的案件，检察人员审查时发现存在本规则第七十五条第一款规定情形的，可以调取公安机关讯问犯罪嫌疑人的录音、录像并审查相关的录音、录像。对于重大、疑难、复杂的案件，必要时可以审查全部录音、录像。

对于监察机关移送起诉的案件，认为需要调取有关录音、录像的，可以商监察机关调取。

对于人民检察院直接受理侦查的案件，审查时发现负责侦查的部门未按照本规则第七十五条第三款的规定移送录音、录像或者移送不全的，应当要求其补充移送。对取证合法性或者讯问笔录真实性等产生疑问的，应当有针对性地审查相关的录音、录像。对于重大、疑难、复杂的案件，可以审查全部录音、录像。

第二百六十四条　经审查讯问犯罪嫌疑人录音、录像，发现公安机关、本院负责侦查的部门讯问不规范，讯问过程存在违法行为，录音、录像内容与讯问笔录不一致等情形的，应当逐一列明并向公安机关、本院负责侦查的部门书面提出，要求其予以纠正、补正或者书面作出合理解释。发现讯问笔录与讯问犯罪嫌疑人录音、录像内容有重大实质性差异的，或者公安机关、本院负责侦查的部门不能补正或者作出合理解释的，该讯问笔录不能作为批准或者决定逮捕、提起公诉的依据。

第二百六十五条　犯罪嫌疑人及其辩护人申请排除非法证据，并提供相关线索或者材料的，人民检察院应当调查核实。发现侦查人员以刑讯逼供等非法方法收集证据的，应当依法排除相关证据并提出纠正意见。

审查逮捕期限届满前，经审查无法确定存在非法取证的行为，但也不能排除非法取证可能的，该证据不作为批准逮捕的依据。检察官应当根据在案的其他证据认定案件事实和决定是否逮捕，并在作出批准或者不批准逮捕的决定后，继续对可能存在的非法取证行为进行调查核实。经调查核实确认存在以刑讯逼供等非法方法收集证据情形的，应当向公安机关提出纠正意见。以非法方法收集的证据，不得作为提起公诉的依据。

第二百六十六条　审查逮捕期间，犯罪嫌疑人申请排除非法证据，但未提交相关线索或者材料，人民检察院经全面审查案件事实、证据，未发现侦查人员存在以非法方法收集证据的情形，认为符合逮捕条件的，可以批准逮捕。

审查起诉期间，犯罪嫌疑人及其辩护人又提出新的线索或者证据，或者人民检察院发现新的证据，经调查核实认为侦查人员存在以刑讯逼供等非法方法收集证据情形的，应当依法排除非法证据，不得作为提起公诉的依据。

排除非法证据后，犯罪嫌疑人不再符合逮捕条件但案件需要继续审查起诉的，应当及时变更强制措施。案件不符合起诉条件的，应当作出不起诉决定。

第二节　认罪认罚从宽案件办理

第二百六十七条　人民检察院办理犯罪嫌疑人认罪认罚案件，应当保障犯罪嫌疑人获得有效法律帮助，确保其了解认罪认罚的性质和法律后果，自愿认罪认罚。

人民检察院受理案件后，应当向犯罪嫌疑人了解其委托辩护人的情况。犯罪嫌疑人自愿认罪认罚、没有辩护人的，在审查逮捕阶段，人民检察院应当要求公安机关通知值班律师为其提供法律帮助；在审查起诉阶段，人民检察院应当通知值班律师为其提供法律帮助。符合通知辩护条件的，应当依法通知法律援助机构指派律师为其提供辩护。

第二百六十八条　人民检察院应当商法律援助机构设立法律援助工作站派驻值班律师或者及时安排值班律师，为犯罪嫌疑人提供法律咨询、程序选择建议、申请变更强制措施、对案件处理提出意见等法律帮助。

人民检察院应当告知犯罪嫌疑人有权约见值班律师，并为其约见值班律师提供便利。

第二百六十九条　犯罪嫌疑人认罪认罚的，人民检察院应当告知其享有的诉讼权利和认罪认罚的法律规定，听取犯罪嫌疑人、辩护人或者值班律师、被害人及其诉讼代理人对下列事项的意见，并记录在案：

（一）涉嫌的犯罪事实、罪名及适用的法律规定；

（二）从轻、减轻或者免除处罚等从宽处罚的建议；

（三）认罪认罚后案件审理适用的程序；

（四）其他需要听取意见的事项。

依照前款规定听取值班律师意见的，应当提前为值班律师了解案件有关情况提供必要的便利。自人民检察院对案件审查起诉之日起，值班律师可以查阅案卷材料，了解案情。人民检察院应当为值班律师查阅案卷材料提供便利。

人民检察院不采纳辩护人或者值班律师所提意见的，应当向其说明理由。

第二百七十条　批准或者决定逮捕，应当将犯罪嫌疑人涉嫌犯罪的性质、情节、认罪认罚等情况，作为是否可能发生社会危险性的考虑因素。

已经逮捕的犯罪嫌疑人认罪认罚的，人民检察院应及时对羁押必要性进行审查。经审查，认为没有继续羁押必要的，应当予以释放或者变更强制措施。

第二百七十一条　审查起诉阶段，对于在侦查阶段认罪认罚的案件，人民检察院应当重点审查以下内容：

（一）犯罪嫌疑人是否自愿认罪认罚，有无因受到暴力、威胁、引诱而违背意愿认罪认罚；

(二)犯罪嫌疑人认罪认罚时的认知能力和精神状态是否正常；

(三)犯罪嫌疑人是否理解认罪认罚的性质和可能导致的法律后果；

(四)公安机关是否告知犯罪嫌疑人享有的诉讼权利，如实供述自己罪行可以从宽处理和认罪认罚的法律规定，并听取意见；

(五)起诉意见书中是否写明犯罪嫌疑人认罪认罚情况；

(六)犯罪嫌疑人是否真诚悔罪，是否向被害人赔礼道歉。

经审查，犯罪嫌疑人违背意愿认罪认罚的，人民检察院可以重新开展认罪认罚工作。存在刑讯逼供等非法取证行为的，依照法律规定处理。

第二百七十二条　犯罪嫌疑人自愿认罪认罚，同意量刑建议和程序适用的，应当在辩护人或者值班律师在场的情况下签署认罪认罚具结书。具结书应当包括犯罪嫌疑人如实供述罪行、同意量刑建议和程序适用等内容，由犯罪嫌疑人及其辩护人、值班律师签名。

犯罪嫌疑人具有下列情形之一的，不需要签署认罪认罚具结书：

(一)犯罪嫌疑人是盲、聋、哑人，或者是尚未完全丧失辨认或者控制自己行为能力的精神病人的；

(二)未成年犯罪嫌疑人的法定代理人、辩护人对未成年人认罪认罚有异议的；

(三)其他不需要签署认罪认罚具结书的情形。

有前款情形，犯罪嫌疑人未签署认罪认罚具结书的，不影响认罪认罚从宽制度的适用。

第二百七十三条　犯罪嫌疑人认罪认罚，人民检察院经审查，认为符合速裁程序适用条件的，应当在十日以内作出是否提起公诉的决定，对可能判处的有期徒刑超过一年的，可以延长至十五日；认为不符合速裁程序适用条件的，应当在本规则第三百五十一条规定的期限以内作出是否提起公诉的决定。

对于公安机关建议适用速裁程序办理的案件，人民检察院负责案件管理的部门应当在受理案件的当日将案件移送负责捕诉的部门。

第二百七十四条　认罪认罚案件，人民检察院向人民法院提起公诉的，应当提出量刑建议，在起诉书中写明被告人认罪认罚情况，并移送认罪认罚具结书等材料。量刑建议可以另行制作文书，也可以在起诉书中写明。

第二百七十五条　犯罪嫌疑人认罪认罚的，人民检察院应当就主刑、附加刑、是否适用缓刑等提出量刑建议。量刑建议一般应当为确定刑。对新类型、不常见犯罪案件，量刑情节复杂的重罪案件等，也可以提出幅度刑量刑建议。

第二百七十六条　办理认罪认罚案件，人民检察院应当将犯罪嫌疑人是否与被害方达成和解或者调解协议，或者赔偿被害方损失，取得被害方谅解，或者自愿承担公益损害修复、赔偿责任，作为提出量刑建议的重要考虑因素。

犯罪嫌疑人自愿认罪并且愿意积极赔偿损失，但由于被害方赔偿请求明显不合理，未能达成和解或者调解协议的，一般不影响对犯罪嫌疑人从宽处理。

对于符合当事人和解程序适用条件的公诉案件，犯罪嫌疑人认罪认罚的，人民检察院应当积极促使当事人自愿达成和解。和解协议书和被害方出具的谅解意见应当随案移送。被害方符合司法救助条件的，人民检察院应当积极协调办理。

第二百七十七条　犯罪嫌疑人认罪认罚，人民检察院拟提出适用缓刑或者判处管制的量刑建议，可以委托犯罪嫌疑人居住地的社区矫正机构进行调查评估，也可以自行调查评估。

第二百七十八条　犯罪嫌疑人认罪认罚，人民检察院依照刑事诉讼法第一百七十七条第二款作出不起诉决定后，犯罪嫌疑人反悔的，人民检察院应当进行审查，并区分下列情形依法作出处理：

(一)发现犯罪嫌疑人没有犯罪事实，或者符合刑事诉讼法第十六条规定的情形之一的，应当撤销原不起诉决定，依照刑事诉讼法第一百七十七条第一款的规定重新作出不起诉决定；

(二)犯罪嫌疑人犯罪情节轻微，依照刑法不需要判处刑罚或者免除刑罚的，可以维持原不起诉决定；

(三)排除认罪认罚因素后，符合起诉条件的，应当根据案件具体情况撤销原不起诉决定，依法提起公诉。

第二百七十九条　犯罪嫌疑人自愿如实供述涉嫌犯罪的事实，有重大立功或者案件涉及国家重大利益的，经最高人民检察院核准，公安机关可以撤销案件，人民检察院可以作出不起诉决定，也可以对涉嫌数罪中的一项或者多项不起诉。

前款规定的不起诉，应当由检察长决定。决定不起诉的，人民检察院应当及时对查封、扣押、冻结的财物及其孳息作出处理。

第三节　审查批准逮捕

第二百八十条　人民检察院办理审查逮捕案件，可以讯问犯罪嫌疑人；具有下列情形之一的，应当讯问犯罪嫌疑人：

（一）对是否符合逮捕条件有疑问的；

（二）犯罪嫌疑人要求向检察人员当面陈述的；

（三）侦查活动可能有重大违法行为的；

（四）案情重大、疑难、复杂的；

（五）犯罪嫌疑人认罪认罚的；

（六）犯罪嫌疑人系未成年人的；

（七）犯罪嫌疑人是盲、聋、哑人或者是尚未完全丧失辨认或者控制自己行为能力的精神病人的。

讯问未被拘留的犯罪嫌疑人，讯问前应当听取公安机关的意见。

办理审查逮捕案件，对被拘留的犯罪嫌疑人不予讯问的，应当送达听取犯罪嫌疑人意见书，由犯罪嫌疑人填写后及时收回审查并附卷。经审查认为应当讯问犯罪嫌疑人的，应当及时讯问。

第二百八十一条　对有重大影响的案件，可以采取当面听取侦查人员、犯罪嫌疑人及其辩护人等意见的方式进行公开审查。

第二百八十二条　对公安机关提请批准逮捕的犯罪嫌疑人，已经被拘留的，人民检察院应当在收到提请批准逮捕书后七日以内作出是否批准逮捕的决定；未被拘留的，应当在收到提请批准逮捕书后十五日以内作出是否批准逮捕的决定，重大、复杂案件，不得超过二十日。

第二百八十三条　上级公安机关指定犯罪地或者犯罪嫌疑人居住地以外的下级公安机关立案侦查的案件，需要逮捕犯罪嫌疑人的，由侦查该案件的公安机关提请同级人民检察院审查批准逮捕。人民检察院应当依法作出批准或者不批准逮捕的决定。

第二百八十四条　对公安机关提请批准逮捕的犯罪嫌疑人，人民检察院经审查认为符合本规则第一百二十八条、第一百三十六条、第一百三十八条规定情形，应当作出批准逮捕的决定，连同案卷材料送达公安机关执行，并可以制作继续侦查提纲，送交公安机关。

第二百八十五条　对公安机关提请批准逮捕的犯罪嫌疑人，具有本规则第一百三十九条至第一百四十一条规定情形，人民检察院作出不批准逮捕决定的，应当说明理由，连同案卷材料送达公安机关执行。需要补充侦查的，应当制作补充侦查提纲，送交公安机关。

人民检察院办理审查逮捕案件，不另行侦查，不得直接提出采取取保候审措施的意见。

对于因犯罪嫌疑人没有犯罪事实、具有刑事诉讼法第十六条规定的情形之一或者证据不足，人民检察院拟作出不批准逮捕决定的，应当经检察长批准。

第二百八十六条　人民检察院应当将批准逮捕的决定交公安机关立即执行，并要求公安机关将执行回执及时送达作出批准决定的人民检察院。如果未能执行，也应当要求其将回执及时送达人民检察院，并写明未能执行的原因。对于人民检察院不批准逮捕的，应当要求公安机关在收到不批准逮捕决定书后，立即释放在押的犯罪嫌疑人或者变更强制措施，并将执行回执在收到不批准逮捕决定书后三日以内送达作出不批准逮捕决定的人民检察院。

公安机关在收到不批准逮捕决定书后对在押的犯罪嫌疑人不立即释放或者变更强制措施的，人民检察院应当提出纠正意见。

第二百八十七条　对于没有犯罪事实或者犯罪嫌疑人具有刑事诉讼法第十六条规定情形之一，人民检察院作出不批准逮捕决定的，应当同时告知公安机关撤销案件。

对于有犯罪事实需要追究刑事责任，但不是被立案侦查的犯罪嫌疑人实施，或者共同犯罪案件中部分犯罪嫌疑人不负刑事责任，人民检察院作出不批准逮捕决定的，应当同时告知公安机关对有关犯罪嫌疑人终止侦查。

公安机关在收到不批准逮捕决定书后超过十五日未要求复议、提请复核，也不撤销案件或者终止侦查的，人民检察院应当发出纠正违法通知书。公安机关仍不纠正的，报上一级人民检察院协商同级公安机关处理。

第二百八十八条　人民检察院办理公安机关提请批准逮捕的案件，发现遗漏应当逮捕的犯罪嫌疑人的，应当经检察长批准，要求公安机关提请批准逮捕。公安机关不提请批准逮捕或者说明的不提请批准逮捕的理由不成立的，人民检察院可以直接作出逮捕决定，送达公安机关执行。

第二百八十九条　对已经作出的批准逮捕决定发现确有错误的，人民检察院应当撤销原批准逮捕决定，送达公安机关执行。

对已经作出的不批准逮捕决定发现确有错误，需要批准逮捕的，人民检察院应当撤销原不批准逮捕决定，并重新作出批准逮捕决定，送达公安机关执行。

对因撤销原批准逮捕决定而被释放的犯罪嫌疑人或者逮捕后公安机关变更为取保候审、监视居住的犯罪嫌疑人，又发现需要逮捕的，人民检察院应当重新办理逮捕手续。

第二百九十条 对不批准逮捕的案件，公安机关要求复议的，人民检察院负责捕诉的部门应当另行指派检察官或者检察官办案组进行审查，并在收到要求复议意见书和案卷材料后七日以内，经检察长批准，作出是否变更的决定，通知公安机关。

第二百九十一条 对不批准逮捕的案件，公安机关提请上一级人民检察院复核的，上一级人民检察院应当在收到提请复核意见书和案卷材料后十五日以内，经检察长批准，作出是否变更的决定，通知下级人民检察院和公安机关执行。需要改变原决定的，应当通知作出不批准逮捕决定的人民检察院撤销原不批准逮捕决定，另行制作批准逮捕决定书。必要时，上级人民检察院也可以直接作出批准逮捕决定，通知下级人民检察院送达公安机关执行。

对于经复议复核维持原不批准逮捕决定的，人民检察院向公安机关送达复议复核决定时应当说明理由。

第二百九十二条 人民检察院作出不批准逮捕决定，并且通知公安机关补充侦查的案件，公安机关在补充侦查后又要求复议的，人民检察院应当告知公安机关重新提请批准逮捕。公安机关坚持要求复议的，人民检察院不予受理。

对于公安机关补充侦查后应当提请批准逮捕而不提请批准逮捕的，按照本规则第二百八十八条的规定办理。

第二百九十三条 对公安机关提请批准逮捕的案件，负责捕诉的部门应当将批准、变更、撤销逮捕措施的情况书面通知本院负责刑事执行检察的部门。

第二百九十四条 外国人、无国籍人涉嫌危害国家安全犯罪的案件或者涉及国与国之间政治、外交关系的案件以及在适用法律上确有疑难的案件，需要逮捕犯罪嫌疑人的，按照刑事诉讼法关于管辖的规定，分别由基层人民检察院或者设区的市级人民检察院审查并提出意见，层报最高人民检察院审查。最高人民检察院认为需要逮捕的，经征求外交部的意见后，作出批准逮捕的批复；认为不需要逮捕的，作出不批准逮捕的批复。基层人民检察院或者设区的市级人民检察院根据最高人民检察院的批复，依法作出批准或者不批准逮捕的决定。层报过程中，上级人民检察院认为不需要逮捕的，应当作出不批准逮捕的批复。报送的人民检察院根据批复依法作出不批准逮捕的决定。

基层人民检察院或者设区的市级人民检察院认为不需要逮捕的，可以直接依法作出不批准逮捕的决定。

外国人、无国籍人涉嫌本条第一款规定以外的其他犯罪案件，决定批准逮捕的人民检察院应当在作出批准逮捕决定后四十八小时以内报上一级人民检察院备案，同时向同级人民政府外事部门通报。上一级人民检察院经审查发现批准逮捕决定错误的，应当依法及时纠正。

第二百九十五条 人民检察院办理审查逮捕的危害国家安全犯罪案件，应当报上一级人民检察院备案。

上一级人民检察院经审查发现错误的，应当依法及时纠正。

第四节 审查决定逮捕

第二百九十六条 人民检察院办理直接受理侦查的案件，需要逮捕犯罪嫌疑人的，由负责侦查的部门制作逮捕犯罪嫌疑人意见书，连同案卷材料、讯问犯罪嫌疑人录音、录像一并移送本院负责捕诉的部门审查。犯罪嫌疑人已被拘留的，负责侦查的部门应当在拘留后七日以内将案件移送本院负责捕诉的部门审查。

第二百九十七条 对本院负责侦查的部门移送审查逮捕的案件，犯罪嫌疑人已被拘留的，负责捕诉的部门应当在收到逮捕犯罪嫌疑人意见书后七日以内，报请检察长决定是否逮捕，特殊情况下，决定逮捕的时间可以延长一日至三日；犯罪嫌疑人未被拘留的，负责捕诉的部门应当在收到逮捕犯罪嫌疑人意见书后十五日以内，报请检察长决定是否逮捕，重大、复杂案件，不得超过二十日。

第二百九十八条 对犯罪嫌疑人决定逮捕的，负责捕诉的部门应当将逮捕决定书连同案卷材料、讯问犯罪嫌疑人录音、录像移交负责侦查的部门，并可以对收集证据、适用法律提出意见。由负责侦查的部门通知公安机关执行，必要时可以协助执行。

第二百九十九条 对犯罪嫌疑人决定不予逮捕的，负责捕诉的部门应当将不予逮捕的决定连同案卷材料、讯问犯罪嫌疑人录音、录像移交负责侦查的部门，并说明理由。需要补充侦查的，应当制作补充侦查提纲。犯罪嫌疑人已被拘留的，负责侦查的部门应当通知公安机关立即释放。

第三百条 对应当逮捕而本院负责侦查的部门未移送审查逮捕的犯罪嫌疑人，负责捕诉的部门应当向负责侦查的部门提出移送审查逮捕犯罪嫌疑人的建议。建议不被采纳的，应当报请检察长决定。

第三百零一条 逮捕犯罪嫌疑人后，应当立即送看守所羁押。除无法通知的以外，负责侦查的部门应当把逮捕的原因和羁押的处所，在二十四小时以内通知其家属。对于无法通知的,在无法通知的情形消除后,应当立即通知其家属。

第三百零二条 对被逮捕的犯罪嫌疑人,应当在逮捕后二十四小时以内进行讯问。

发现不应当逮捕的,应当经检察长批准,撤销逮捕决定或者变更为其他强制措施,并通知公安机关执行,同时通知负责捕诉的部门。

对按照前款规定被释放或者变更强制措施的犯罪嫌疑人,又发现需要逮捕的,应当重新移送审查逮捕。

第三百零三条 已经作出不予逮捕的决定,又发现需要逮捕犯罪嫌疑人的,应当重新办理逮捕手续。

第三百零四条 犯罪嫌疑人在异地羁押的,负责侦查的部门应当将决定、变更、撤销逮捕措施的情况书面通知羁押地人民检察院负责刑事执行检察的部门。

第五节 延长侦查羁押期限和重新计算侦查羁押期限

第三百零五条 人民检察院办理直接受理侦查的案件,对犯罪嫌疑人逮捕后的侦查羁押期限不得超过二个月。案情复杂、期限届满不能终结的案件,可以经上一级人民检察院批准延长一个月。

第三百零六条 设区的市级人民检察院和基层人民检察院办理直接受理侦查的案件,符合刑事诉讼法第一百五十八条规定,在本规则第三百零五条规定的期限届满前不能侦查终结的,经省级人民检察院批准,可以延长二个月。

省级人民检察院直接受理侦查的案件,有前款情形的,可以直接决定延长二个月。

第三百零七条 设区的市级人民检察院和基层人民检察院办理直接受理侦查的案件,对犯罪嫌疑人可能判处十年有期徒刑以上刑罚,依照本规则第三百零六条的规定依法延长羁押期限届满,仍不能侦查终结的,经省级人民检察院批准,可以再延长二个月。

省级人民检察院办理直接受理侦查的案件,有前款情形的,可以直接决定再延长二个月。

第三百零八条 最高人民检察院办理直接受理侦查的案件,依照刑事诉讼法的规定需要延长侦查羁押期限的,直接决定延长侦查羁押期限。

第三百零九条 公安机关需要延长侦查羁押期限的,人民检察院应当要求其在侦查羁押期限届满七日前提请批准延长侦查羁押期限。

人民检察院办理直接受理侦查的案件,负责侦查的部门认为需要延长侦查羁押期限的,应当按照前款规定向本院负责捕诉的部门移送延长侦查羁押期限意见书及有关材料。

对于超过法定羁押期限提请延长侦查羁押期限的,不予受理。

第三百一十条 人民检察院审查批准或者决定延长侦查羁押期限,由负责捕诉的部门办理。

受理案件的人民检察院对延长侦查羁押期限的意见审查后,应当提出是否同意延长侦查羁押期限的意见,将公安机关延长侦查羁押期限的意见和本院的审查意见层报有决定权的人民检察院审查决定。

第三百一十一条 对于同时具备下列条件的案件,人民检察院应当作出批准延长侦查羁押期限一个月的决定:

(一)符合刑事诉讼法第一百五十六条的规定;
(二)符合逮捕条件;
(三)犯罪嫌疑人有继续羁押的必要。

第三百一十二条 犯罪嫌疑人虽然符合逮捕条件,但经审查,公安机关在对犯罪嫌疑人执行逮捕后二个月以内未有效开展侦查工作或者侦查取证工作没有实质进展的,人民检察院可以作出不批准延长侦查羁押期限的决定。

犯罪嫌疑人不符合逮捕条件,需要撤销下级人民检察院逮捕决定的,上级人民检察院在作出不批准延长侦查羁押期限决定的同时,应当作出撤销逮捕的决定,或者通知下级人民检察院撤销逮捕决定。

第三百一十三条 有决定权的人民检察院作出批准延长侦查羁押期限或者不批准延长侦查羁押期限的决定后,应当将决定书交由最初受理案件的人民检察院送达公安机关。

最初受理案件的人民检察院负责捕诉的部门收到批准延长侦查羁押期限决定书或者不批准延长侦查羁押期限决定书,应当书面告知本院负责刑事执行检察的部门。

第三百一十四条 因为特殊原因,在较长时间内不宜交付审判的特别重大复杂的案件,由最高人民检察院报请全国人民代表大会常务委员会批准延期审理。

第三百一十五条 人民检察院在侦查期间发现犯罪嫌疑人另有重要罪行的,自发现之日起依照本规则第三百零五条的规定重新计算侦查羁押期限。

另有重要罪行是指与逮捕时的罪行不同种的重大犯罪或者同种的影响罪名认定、量刑档次的重大犯罪。

第三百一十六条 人民检察院重新计算侦查羁押期限,应当由负责侦查的部门提出重新计算侦查羁押期限的意见,移送本院负责捕诉的部门审查。负责捕诉的部门审查后应当提出是否同意重新计算侦查羁押期限的意见,报检察长决定。

第三百一十七条 对公安机关重新计算侦查羁押期限的备案,由负责捕诉的部门审查。负责捕诉的部门认为公安机关重新计算侦查羁押期限不当的,应当提出纠正意见。

第三百一十八条 人民检察院直接受理侦查的案件,不能在法定侦查羁押期限内侦查终结的,应当依法释放犯罪嫌疑人或者变更强制措施。

第三百一十九条 负责捕诉的部门审查延长侦查羁押期限、审查重新计算侦查羁押期限,可以讯问犯罪嫌疑人,听取辩护律师和侦查人员的意见,调取案卷及相关材料等。

第六节 核准追诉

第三百二十条 法定最高刑为无期徒刑、死刑的犯罪,已过二十年追诉期限的,不再追诉。如果认为必须追诉的,须报请最高人民检察院核准。

第三百二十一条 须报请最高人民检察院核准追诉的案件,公安机关在核准之前可以依法对犯罪嫌疑人采取强制措施。

公安机关报请核准追诉并提请逮捕犯罪嫌疑人,人民检察院经审查认为必须追诉而且符合法定逮捕条件的,可以依法批准逮捕,同时要求公安机关在报请核准追诉期间不得停止对案件的侦查。

未经最高人民检察院核准,不得对案件提起公诉。

第三百二十二条 报请核准追诉的案件应当同时符合下列条件:

(一)有证据证明存在犯罪事实,且犯罪事实是犯罪嫌疑人实施的;

(二)涉嫌犯罪的行为应当适用的法定量刑幅度的最高刑为无期徒刑或者死刑;

(三)涉嫌犯罪的性质、情节和后果特别严重,虽然已过二十年追诉期限,但社会危害性和影响依然存在,不追诉会严重影响社会稳定或者产生其他严重后果,而必须追诉的;

(四)犯罪嫌疑人能够及时到案接受追诉。

第三百二十三条 公安机关报请核准追诉的案件,由同级人民检察院受理并层报最高人民检察院审查决定。

第三百二十四条 地方各级人民检察院对公安机关报请核准追诉的案件,应当及时进行审查并开展必要的调查。经检察委员会审议提出是否同意核准追诉的意见,制作报请核准追诉案件报告书,连同案卷材料一并层报最高人民检察院。

第三百二十五条 最高人民检察院收到省级人民检察院报送的报请核准追诉案件报告书及案卷材料后,应当及时审查,必要时指派检察人员到案发地了解案件有关情况。经检察长批准,作出是否核准追诉的决定,并制作核准追诉决定书或者不予核准追诉决定书,逐级下达至最初受理案件的人民检察院,由其送达报请核准追诉的公安机关。

第三百二十六条 对已经采取强制措施的案件,强制措施期限届满不能作出是否核准追诉决定的,应当对犯罪嫌疑人变更强制措施或者延长侦查羁押期限。

第三百二十七条 最高人民检察院决定核准追诉的案件,最初受理案件的人民检察院应当监督公安机关的侦查工作。

最高人民检察院决定不予核准追诉,公安机关未及时撤销案件的,同级人民检察院应当提出纠正意见。犯罪嫌疑人在押的,应当立即释放。

第七节 审查起诉

第三百二十八条 各级人民检察院提起公诉,应当与人民法院审判管辖相适应。负责捕诉的部门收到移送起诉的案件后,经审查认为不属于本院管辖的,应当在发现之日起五日以内经由负责案件管理的部门移送有管辖权的人民检察院。

属于上级人民法院管辖的第一审案件,应当报送上级人民检察院,同时通知移送起诉的公安机关;属于同级其他人民法院管辖的第一审案件,应当移送有管辖权的人民检察院或者报送共同的上级人民检察院指定管辖,同时通知移送起诉的公安机关。

上级人民检察院受理同级公安机关移送起诉的案件,认为属于下级人民法院管辖的,可以交下级人民检察院审查,由下级人民检察院向同级人民法院提起公诉,同时通知移送起诉的公安机关。

一人犯数罪、共同犯罪和其他需要并案审理的案件,只要其中一人或者一罪属于上级人民检察院管辖的,全案由上级人民检察院审查起诉。

公安机关移送起诉的案件,需要依照刑事诉讼法的规定指定审判管辖的,人民检察院应当在公安机关移送起诉前协商同级人民法院办理指定管辖有关事宜。

第三百二十九条 监察机关移送起诉的案件,需要依照刑事诉讼法的规定指定审判管辖的,人民检察院应当在监察机关移送起诉二十日前协商同级人民法院办理指定管辖有关事宜。

第三百三十条　人民检察院审查移送起诉的案件，应当查明：

（一）犯罪嫌疑人身份状况是否清楚，包括姓名、性别、国籍、出生年月日、职业和单位等；单位犯罪的，单位的相关情况是否清楚；

（二）犯罪事实、情节是否清楚；实施犯罪的时间、地点、手段、危害后果是否明确；

（三）认定犯罪性质和罪名的意见是否正确；有无法定的从重、从轻、减轻或者免除处罚情节及酌定从重、从轻情节；共同犯罪案件的犯罪嫌疑人在犯罪活动中的责任认定是否恰当；

（四）犯罪嫌疑人是否认罪认罚；

（五）证明犯罪事实的证据材料是否随案移送；证明相关财产系违法所得的证据材料是否随案移送；不宜移送的证据的清单、复制件、照片或者其他证明文件是否随案移送；

（六）证据是否确实、充分，是否依法收集，有无应当排除非法证据的情形；

（七）采取侦查措施包括技术侦查措施的法律手续和诉讼文书是否完备；

（八）有无遗漏罪行和其他应当追究刑事责任的人；

（九）是否属于不应当追究刑事责任的；

（十）有无附带民事诉讼；对于国家财产、集体财产遭受损失的，是否需要由人民检察院提起附带民事诉讼；对于破坏生态环境和资源保护，食品药品安全领域侵害众多消费者合法权益，侵害英雄烈士的姓名、肖像、名誉、荣誉等损害社会公共利益的行为，是否需要由人民检察院提起附带民事公益诉讼；

（十一）采取的强制措施是否适当，对于已经逮捕的犯罪嫌疑人，有无继续羁押的必要；

（十二）侦查活动是否合法；

（十三）涉案财物是否查封、扣押、冻结并妥善保管，清单是否齐备；对被害人合法财产的返还和对违禁品或者不宜长期保存的物品的处理是否妥当，移送的证明文件是否完备。

第三百三十一条　人民检察院办理审查起诉案件应当讯问犯罪嫌疑人。

第三百三十二条　人民检察院认为需要对案件中某些专门性问题进行鉴定而监察机关或者公安机关没有鉴定的，应当要求监察机关或者公安机关进行鉴定。必要时，也可以由人民检察院进行鉴定，或者由人民检察院聘请有鉴定资格的人进行鉴定。

人民检察院自行进行鉴定的，可以商请监察机关或者公安机关派员参加，必要时可以聘请有鉴定资格或者有专门知识的人参加。

第三百三十三条　在审查起诉中，发现犯罪嫌疑人可能患有精神病的，人民检察院应当依照本规则的有关规定对犯罪嫌疑人进行鉴定。

犯罪嫌疑人的辩护人或者近亲属以犯罪嫌疑人可能患有精神病而申请对犯罪嫌疑人进行鉴定的，人民检察院也可以依照本规则的有关规定对犯罪嫌疑人进行鉴定。鉴定费用由申请方承担。

第三百三十四条　人民检察院对鉴定意见有疑问的，可以询问鉴定人或者有专门知识的人并制作笔录附卷，也可以指派有鉴定资格的检察技术人员或者聘请其他有鉴定资格的人进行补充鉴定或者重新鉴定。

人民检察院对鉴定意见等技术性证据材料需要进行专门审查的，按照有关规定交检察技术人员或者其他有专门知识的人进行审查并出具审查意见。

第三百三十五条　人民检察院审查案件时，对监察机关或者公安机关的勘验、检查，认为需要复验、复查的，应当要求其复验、复查，人民检察院可以派员参加；也可以自行复验、复查，商请监察机关或者公安机关派员参加，必要时也可以指派检察技术人员或者聘请其他有专门知识的人参加。

第三百三十六条　人民检察院对物证、书证、视听资料、电子数据及勘验、检查、辨认、侦查实验等笔录存在疑问的，可以要求调查人员或者侦查人员提供获取、制作的有关情况，必要时也可以询问提供相关证据材料的人员和见证人并制作笔录附卷，对物证、书证、视听资料、电子数据进行鉴定。

第三百三十七条　人民检察院在审查起诉阶段认为需要逮捕犯罪嫌疑人的，应当经检察长决定。

第三百三十八条　对于人民检察院正在审查起诉的案件，被逮捕的犯罪嫌疑人及其法定代理人、近亲属或者辩护人认为羁押期限届满，向人民检察院提出释放犯罪嫌疑人或者变更强制措施要求的，人民检察院应当在三日以内审查决定。经审查，认为法定期限届满的，应当决定释放或者依法变更强制措施，并通知公安机关执行；认为法定期限未满的，书面答复申请人。

第三百三十九条　人民检察院对案件进行审查后，应当依法作出起诉或者不起诉以及是否提起附带民事诉讼、附带民事公益诉讼的决定。

第三百四十条 人民检察院对监察机关或者公安机关移送的案件进行审查后，在人民法院作出生效判决之前，认为需要补充提供证据材料的，可以书面要求监察机关或者公安机关提供。

第三百四十一条 人民检察院在审查起诉中发现有应当排除的非法证据，应当依法排除，同时可以要求监察机关或者公安机关另行指派调查人员或者侦查人员重新取证。必要时，人民检察院也可以自行调查取证。

第三百四十二条 人民检察院认为犯罪事实不清、证据不足或者存在遗漏罪行、遗漏同案犯罪嫌疑人等情形需要补充侦查的，应当制作补充侦查提纲，连同案卷材料一并退回公安机关补充侦查。人民检察院也可以自行侦查，必要时可以要求公安机关提供协助。

第三百四十三条 人民检察院对于监察机关移送起诉的案件，认为需要补充调查的，应当退回监察机关补充调查。必要时，可以自行补充侦查。

需要退回补充调查的案件，人民检察院应当出具补充调查决定书、补充调查提纲，写明补充调查的事项、理由、调查方向、需补充收集的证据及其证明作用等，连同案卷材料一并送交监察机关。

人民检察院决定退回补充调查的案件，犯罪嫌疑人已被采取强制措施的，应当将退回补充调查情况书面通知强制措施执行机关。监察机关需要讯问的，人民检察院应予以配合。

第三百四十四条 对于监察机关移送起诉的案件，具有下列情形之一的，人民检察院可以自行补充侦查：

（一）证人证言、犯罪嫌疑人供述和辩解、被害人陈述的内容主要情节一致，个别情节不一致的；

（二）物证、书证等证据材料需要补充鉴定的；

（三）其他由人民检察院查证更为便利、更有效率、更有利于查清案件事实的情形。

自行补充侦查完毕后，应当将相关证据材料入卷，同时抄送监察机关。人民检察院自行补充侦查的，可以商请监察机关提供协助。

第三百四十五条 人民检察院负责捕诉的部门对本院负责侦查的部门移送起诉的案件进行审查后，认为犯罪事实不清、证据不足或者存在遗漏罪行、遗漏同案犯罪嫌疑人等情形需要补充侦查的，应当制作补充侦查提纲，连同案卷材料一并退回负责侦查的部门补充侦查。必要时，也可以自行侦查，可以要求负责侦查的部门予以协助。

第三百四十六条 退回监察机关补充调查、退回公安机关补充侦查的案件，均应当在一个月以内补充调查、补充侦查完毕。

补充调查、补充侦查以二次为限。

补充调查、补充侦查完毕移送起诉后，人民检察院重新计算审查起诉期限。

人民检察院负责捕诉的部门退回本院负责侦查的部门补充侦查的期限、次数按照本条第一款至第三款的规定执行。

第三百四十七条 补充侦查期限届满，公安机关未将案件重新移送起诉的，人民检察院应当要求公安机关说明理由。

人民检察院发现公安机关违反法律规定撤销案件的，应当提出纠正意见。

第三百四十八条 人民检察院在审查起诉中决定自行侦查的，应当在审查起诉期限内侦查完毕。

第三百四十九条 人民检察院对已经退回监察机关二次补充调查或者退回公安机关二次补充侦查的案件，在审查起诉中又发现新的犯罪事实，应当将线索移送监察机关或者公安机关。对已经查清的犯罪事实，应当依法提起公诉。

第三百五十条 对于在审查起诉期间改变管辖的案件，改变后的人民检察院对于符合刑事诉讼法第一百七十五条第二款规定的案件，可以经原受理案件的人民检察院协助，直接退回原侦查案件的公安机关补充侦查，也可以自行侦查。改变管辖前后退回补充侦查的次数总共不得超过二次。

第三百五十一条 人民检察院对于移送起诉的案件，应当在一个月以内作出决定；重大、复杂的案件，一个月以内不能作出决定的，可以延长十五日。

人民检察院审查起诉的案件，改变管辖的，从改变后的人民检察院收到案件之日起计算审查起诉期限。

第三百五十二条 追缴的财物中，属于被害人的合法财产，不需要在法庭出示的，应当及时返还被害人，并由被害人在发还款物清单上签名或者盖章，注明返还的理由，并将清单、照片附卷。

第三百五十三条 追缴的财物中，属于违禁品或者不宜长期保存的物品，应当依照国家有关规定处理，并将清单、照片、处理结果附卷。

第三百五十四条 人民检察院在审查起诉阶段，可以适用本规则规定的侦查措施和程序。

第八节 起 诉

第三百五十五条 人民检察院认为犯罪嫌疑人的犯罪事实已经查清，证据确实、充分，依法应当追究刑事责任的,应当作出起诉决定。

具有下列情形之一的,可以认为犯罪事实已经查清:

(一)属于单一罪行的案件,查清的事实足以定罪量刑或者与定罪量刑有关的事实已经查清,不影响定罪量刑的事实无法查清的;

(二)属于数个罪行的案件,部分罪行已经查清并符合起诉条件,其他罪行无法查清的;

(三)无法查清作案工具、赃物去向,但有其他证据足以对被告人定罪量刑的;

(四)证人证言、犯罪嫌疑人供述和辩解、被害人陈述的内容主要情节一致,个别情节不一致,但不影响定罪的。

对于符合前款第二项情形的,应当以已经查清的罪行起诉。

第三百五十六条 人民检察院在办理公安机关移送起诉的案件中,发现遗漏罪行或者有依法应当移送起诉的同案犯罪嫌疑人未移送起诉的,应当要求公安机关补充侦查或者补充移送起诉。对于犯罪事实清楚,证据确实、充分的,也可以直接提起公诉。

第三百五十七条 人民检察院立案侦查时认为属于直接受理侦查的案件,在审查起诉阶段发现属于监察机关管辖的,应当及时商监察机关办理。属于公安机关管辖,案件事实清楚,证据确实、充分,符合起诉条件的,可以直接起诉;事实不清、证据不足的,应当及时移送有管辖权的机关办理。

在审查起诉阶段,发现公安机关移送起诉的案件属于监察机关管辖,或者监察机关移送起诉的案件属于公安机关管辖,但案件事实清楚,证据确实、充分,符合起诉条件的,经征求监察机关、公安机关意见后,没有不同意见的,可以直接起诉;提出不同意见,或者事实不清、证据不足的,应当将案件退回移送案件的机关并说明理由,建议其移送有管辖权的机关办理。

第三百五十八条 人民检察院决定起诉的,应当制作起诉书。

起诉书的主要内容包括:

(一)被告人的基本情况,包括姓名、性别、出生年月日、出生地和户籍地、公民身份号码、民族、文化程度、职业、工作单位及职务、住址、是否受过刑事处分及处分的种类和时间,采取强制措施的情况等;如果是单位犯罪,应当写明犯罪单位的名称和组织机构代码、所在地址、联系方式,法定代表人和诉讼代表人的姓名、职务、联系方式;如果还有应当负刑事责任的直接负责的主管人员或者其他直接责任人员,应当按上述被告人基本情况的内容叙写;

(二)案由和案件来源;

(三)案件事实,包括犯罪的时间、地点、经过、手段、动机、目的、危害后果等与定罪量刑有关的事实要素。起诉书叙述的指控犯罪事实的必备要素应当明晰、准确。被告人被控有多项犯罪事实的,应当逐一列举,对于犯罪手段相同的同一犯罪可以概括叙写;

(四)起诉的根据和理由,包括被告人触犯的刑法条款、犯罪的性质及认定的罪名、处罚条款、法定从轻、减轻或者从重处罚的情节,共同犯罪各被告人应负的罪责等;

(五)被告人认罪认罚情况,包括认罪认罚的内容、具结书签署情况等。

被告人真实姓名、住址无法查清的,可以按其绰号或者自报的姓名、住址制作起诉书,并在起诉书中注明。被告人自报的姓名可能造成损害他人名誉、败坏道德风俗等不良影响的,可以对被告人编号并按编号制作起诉书,附具被告人的照片,记明足以确定被告人面貌、体格、指纹以及其他反映被告人特征的事项。

起诉书应当附有被告人现在处所,证人、鉴定人、需要出庭的有专门知识的人的名单,需要保护的被害人、证人、鉴定人的化名名单,查封、扣押、冻结的财物及孳息的清单,附带民事诉讼、附带民事公益诉讼情况以及其他需要附注的情况。

证人、鉴定人、有专门知识的人的名单应当列明姓名、性别、年龄、职业、住址、联系方式,并注明证人、鉴定人是否出庭。

第三百五十九条 人民检察院提起公诉的案件,应当向人民法院移送起诉书、案卷材料、证据和认罪认罚具结书等材料。

起诉书应当一式八份,每增加一名被告人增加起诉书五份。

关于被害人姓名、住址、联系方式、被告人被采取强制措施的种类、是否在案及羁押处所等问题,人民检察院应当在起诉书中列明,不再单独移送材料;对于涉及被害人隐私或者为保护证人、鉴定人、被害人人身安全,而不宜公开证人、鉴定人、被害人姓名、住址、工作单位和联系方式等个人信息的,可以在起诉书中使用化名。但是应当另行书面说明使用化名的情况并标明密级,单独成卷。

第三百六十条 人民检察院对于犯罪嫌疑人、被告人或者证人等翻供、翻证的材料以及对犯罪嫌疑人、被告人有利的其他证据材料,应当移送人民法院。

第三百六十一条　人民法院向人民检察院提出书面意见要求补充移送材料,人民检察院认为有必要移送的,应当自收到通知之日起三日以内补送。

第三百六十二条　对提起公诉后,在人民法院宣告判决前补充收集的证据材料,人民检察院应当及时移送人民法院。

第三百六十三条　在审查起诉期间,人民检察院可以根据辩护人的申请,向监察机关、公安机关调取在调查、侦查期间收集的证明犯罪嫌疑人、被告人无罪或者罪轻的证据材料。

第三百六十四条　人民检察院提起公诉的案件,可以向人民法院提出量刑建议。除有减轻处罚或者免除处罚情节外,量刑建议应当在法定量刑幅度内提出。建议判处有期徒刑、管制、拘役的,可以具有一定的幅度,也可以提出具体确定的建议。

提出量刑建议的,可以制作量刑建议书,与起诉书一并移送人民法院。量刑建议书的主要内容应当包括被告人所犯罪行的法定刑、量刑情节、建议人民法院对被告人判处刑罚的种类、刑罚幅度、可以适用的刑罚执行方式以及提出量刑建议的依据和理由等。

认罪认罚案件的量刑建议,按照本章第二节的规定办理。

第九节　不起诉

第三百六十五条　人民检察院对于监察机关或者公安机关移送起诉的案件,发现犯罪嫌疑人没有犯罪事实,或者符合刑事诉讼法第十六条规定的情形之一的,经检察长批准,应当作出不起诉决定。

对于犯罪事实并非犯罪嫌疑人所为,需要重新调查或者侦查的,应当在作出不起诉决定后书面说明理由,将案卷材料退回监察机关或者公安机关并建议重新调查或者侦查。

第三百六十六条　负责捕诉的部门对于本院负责侦查的部门移送起诉的案件,发现具有本规则第三百六十五条第一款规定情形的,应当退回本院负责侦查的部门,建议撤销案件。

第三百六十七条　人民检察院对于二次退回补充调查或者补充侦查的案件,仍然认为证据不足,不符合起诉条件的,经检察长批准,依法作出不起诉决定。

人民检察院对于经过一次退回补充调查或者补充侦查的案件,认为证据不足,不符合起诉条件,且没有再次退回补充调查或者补充侦查必要的,经检察长批准,可以作出不起诉决定。

第三百六十八条　具有下列情形之一,不能确定犯罪嫌疑人构成犯罪和需要追究刑事责任的,属于证据不足,不符合起诉条件:

(一)犯罪构成要件事实缺乏必要的证据予以证明的;

(二)据以定罪的证据存在疑问,无法查证属实的;

(三)据以定罪的证据之间、证据与案件事实之间的矛盾不能合理排除的;

(四)根据证据得出的结论具有其他可能性,不能排除合理怀疑的;

(五)根据证据认定案件事实不符合逻辑和经验法则,得出的结论明显不符合常理的。

第三百六十九条　人民检察院根据刑事诉讼法第一百七十五条第四款规定决定不起诉的,在发现新的证据,符合起诉条件时,可以提起公诉。

第三百七十条　人民检察院对于犯罪情节轻微,依照刑法规定不需要判处刑罚或者免除刑罚的,经检察长批准,可以作出不起诉决定。

第三百七十一条　人民检察院直接受理侦查的案件,以及监察机关移送起诉的案件,拟作不起诉决定的,应当报请上一级人民检察院批准。

第三百七十二条　人民检察院决定不起诉的,应当制作不起诉决定书。

不起诉决定书的主要内容包括:

(一)被不起诉人的基本情况,包括姓名、性别、出生年月日、出生地和户籍地、公民身份号码、民族、文化程度、职业、工作单位及职务、住址,是否受过刑事处分,采取强制措施的情况以及羁押场所等;如果是单位犯罪,应当写明犯罪单位的名称和组织机构代码、所在地址、联系方式,法定代表人和诉讼代表人的姓名、职务、联系方式;

(二)案由和案件来源;

(三)案件事实,包括否定或者指控被不起诉人构成犯罪的事实以及作为不起诉决定根据的事实;

(四)不起诉的法律根据和理由,写明作出不起诉决定适用的法律条款;

(五)查封、扣押、冻结的涉案财物的处理情况;

(六)有关告知事项。

第三百七十三条　人民检察院决定不起诉的案件,可以根据案件的不同情况,对被不起诉人予以训诫或者责令具结悔过、赔礼道歉、赔偿损失。

对被不起诉人需要给予行政处罚、政务处分或者其他处分的,经检察长批准,人民检察院应当提出检察意见,连同不起诉决定书一并移送有关主管机关处理,并要求有关主管机关及时通报处理情况。

第三百七十四条 人民检察院决定不起诉的案件,应当同时书面通知作出查封、扣押、冻结决定的机关或者执行查封、扣押、冻结决定的机关解除查封、扣押、冻结。

第三百七十五条 人民检察院决定不起诉的案件,需要没收违法所得的,经检察长批准,应当提出检察意见,移送有关主管机关处理,并要求有关主管机关及时通报处理情况。具体程序可以参照本规则第二百四十八条的规定办理。

第三百七十六条 不起诉的决定,由人民检察院公开宣布。公开宣布不起诉决定的活动应当记录在案。

不起诉决定书自公开宣布之日起生效。

被不起诉人在押的,应当立即释放;被采取其他强制措施的,应当通知执行机关解除。

第三百七十七条 不起诉决定书应当送达被害人或者其近亲属及其诉讼代理人、被不起诉人及其辩护人以及被不起诉人所在单位。送达时,应当告知被害人或者其近亲属及其诉讼代理人,如果对不起诉决定不服,可以自收到不起诉决定书后七日以内向上一级人民检察院申诉;也可以不经申诉,直接向人民法院起诉。依照刑事诉讼法第一百七十七条第二款作出不起诉决定的,应当告知被不起诉人,如果对不起诉决定不服,可以自收到不起诉决定书后七日以内向人民检察院申诉。

第三百七十八条 对于监察机关或者公安机关移送起诉的案件,人民检察院决定不起诉的,应当将不起诉决定书送达监察机关或者公安机关。

第三百七十九条 监察机关认为不起诉的决定有错误,向上一级人民检察院提请复议的,上一级人民检察院应当在收到提请复议意见书后三十日以内,经检察长批准,作出复议决定,通知监察机关。

公安机关认为不起诉决定有错误要求复议的,人民检察院负责捕诉的部门应当另行指派检察官或者检察官办案组进行审查,并在收到要求复议意见书后三十日以内,经检察长批准,作出复议决定,通知公安机关。

第三百八十条 公安机关对不起诉决定提请复核的,上一级人民检察院应当在收到提请复核意见书后三十日以内,经检察长批准,作出复核决定,通知提请复核的公安机关和下级人民检察院。经复核认为下级人民检察院不起诉决定错误的,应当指令下级人民检察院纠正,或者撤销、变更下级人民检察院作出的不起诉决定。

第三百八十一条 被害人不服不起诉决定,在收到不起诉决定书后七日以内提出申诉的,由作出不起诉决定的人民检察院的上一级人民检察院负责捕诉的部门进行复查。

被害人向作出不起诉决定的人民检察院提出申诉的,作出决定的人民检察院应当将申诉材料连同案卷一并报送上一级人民检察院。

第三百八十二条 被害人不服不起诉决定,在收到不起诉决定书七日以后提出申诉的,由作出不起诉决定的人民检察院负责控告申诉检察的部门进行审查。经审查,认为不起诉决定正确的,出具审查结论直接答复申诉人,并做好释法说理工作;认为不起诉决定可能存在错误的,移送负责捕诉的部门进行复查。

第三百八十三条 人民检察院应当将复查决定书送达被害人、被不起诉人和作出不起诉决定的人民检察院。

上级人民检察院经复查作出起诉决定的,应当撤销下级人民检察院的不起诉决定,交由下级人民检察院提起公诉,并将复查决定抄送移送起诉的监察机关或者公安机关。

第三百八十四条 人民检察院收到人民法院受理被害人对被不起诉人起诉的通知后,应当终止复查,将作出不起诉决定所依据的有关案卷材料移送人民法院。

第三百八十五条 对于人民检察院依照刑事诉讼法第一百七十七条第二款规定作出的不起诉决定,被不起诉人不服,在收到不起诉决定书后七日以内提出申诉的,应当由作出决定的人民检察院负责捕诉的部门进行复查;被不起诉人在收到不起诉决定书七日以后提出申诉的,由负责控告申诉检察的部门进行审查。经审查,认为不起诉决定正确的,出具审查结论直接答复申诉人,并做好释法说理工作;认为不起诉决定可能存在错误的,移送负责捕诉的部门复查。

人民检察院应当将复查决定书送达被不起诉人、被害人。复查后,撤销不起诉决定,变更不起诉的事实或者法律依据的,应当同时将复查决定书抄送移送起诉的监察机关或者公安机关。

第三百八十六条 人民检察院复查不服不起诉决定的申诉,应当在立案后三个月以内报经检察长批准作出复查决定。案情复杂的,不得超过六个月。

第三百八十七条 被害人、被不起诉人对不起诉决定不服提出申诉的,应当递交申诉书,写明申诉理由。没有书写能力的,也可以口头提出申诉。人民检察院应当根据其口头提出的申诉制作笔录。

第三百八十八条 人民检察院发现不起诉决定确有

错误,符合起诉条件的,应当撤销不起诉决定,提起公诉。

第三百八十九条 最高人民检察院对地方各级人民检察院的起诉、不起诉决定,上级人民检察院对下级人民检察院的起诉、不起诉决定,发现确有错误的,应当予以撤销或者指令下级人民检察院纠正。

第十一章 出席法庭
第一节 出席第一审法庭

第三百九十条 提起公诉的案件,人民检察院应当派员以国家公诉人的身份出席第一审法庭,支持公诉。

公诉人应当由检察官担任。检察官助理可以协助检察官出庭。根据需要可以配备书记员担任记录。

第三百九十一条 对于提起公诉后人民法院改变管辖的案件,提起公诉的人民检察院参照本规则第三百二十八条的规定将案件移送与审判管辖相对应的人民检察院。

接受移送的人民检察院重新对案件进行审查的,根据刑事诉讼法第一百七十二条第二款的规定自收到案件之日起计算审查起诉期限。

第三百九十二条 人民法院决定开庭审判的,公诉人应当做好以下准备工作:

(一)进一步熟悉案情,掌握证据情况;
(二)深入研究与本案有关的法律政策问题;
(三)充实审判中可能涉及的专业知识;
(四)拟定讯问被告人、询问证人、鉴定人、有专门知识的人和宣读、出示、播放证据的计划并制定质证方案;
(五)对可能出现证据合法性争议的,拟定证明证据合法性的提纲并准备相关材料;
(六)拟定公诉意见,准备辩论提纲;
(七)需要对出庭证人等的保护向人民法院提出建议或者配合工作,做好相关准备。

第三百九十三条 人民检察院在开庭审理前收到人民法院或者被告人及其辩护人、被害人、证人等送交的反映证据系非法取得的书面材料的,应当进行审查。对于审查逮捕、审查起诉期间已经提出并经查证不存在非法取证行为的,应当通知人民法院、有关当事人和辩护人,并按照查证的情况做好庭审准备。对于新的材料或者线索,可以要求监察机关、公安机关对证据收集的合法性进行说明或者提供相关证明材料。

第三百九十四条 人民法院通知人民检察院派员参加庭前会议的,由出席法庭的公诉人参加。检察官助理可以协助。根据需要可以配备书记员担任记录。

人民检察院认为有必要召开庭前会议的,可以建议人民法院召开庭前会议。

第三百九十五条 在庭前会议中,公诉人可以对案件管辖、回避、出庭证人、鉴定人、有专门知识的人的名单、辩护人提供的无罪证据、非法证据排除、不公开审理、延期审理、适用简易程序或者速裁程序、庭审方案等与审判相关的问题提出和交换意见,了解辩护人收集的证据等情况。

对辩护人收集的证据有异议的,应当提出,并简要说明理由。

公诉人通过参加庭前会议,了解案件事实、证据和法律适用的争议和不同意见,解决有关程序问题,为参加法庭审理做好准备。

第三百九十六条 当事人、辩护人、诉讼代理人在庭前会议中提出证据系非法取得,人民法院认为可能存在以非法方法收集证据情形的,人民检察院应当对证据收集的合法性进行说明。需要调查核实的,在开庭审理前进行。

第三百九十七条 人民检察院向人民法院移送全部案卷材料后,在法庭审理过程中,公诉人需要出示、宣读、播放有关证据的,可以申请法庭出示、宣读、播放。

人民检察院基于出庭准备和庭审举证工作的需要,可以取回有关案卷材料和证据。

取回案卷材料和证据后,辩护律师要求查阅案卷材料的,应当允许辩护律师在人民检察院查阅、摘抄、复制案卷材料。

第三百九十八条 公诉人在法庭上应当依法进行下列活动:

(一)宣读起诉书,代表国家指控犯罪,提请人民法院对被告人依法审判;
(二)讯问被告人;
(三)询问证人、被害人、鉴定人;
(四)申请法庭出示物证,宣读书证、未到庭证人的证言笔录、鉴定人的鉴定意见、勘验、检查、辨认、侦查实验等笔录和其他作为证据的文书,播放作为证据的视听资料、电子数据等;
(五)对证据采信、法律适用和案件情况发表意见,提出量刑建议及理由,针对被告人、辩护人的辩护意见进行答辩,全面阐述公诉意见;
(六)维护诉讼参与人的合法权利;
(七)对法庭审理案件有无违反法律规定诉讼程序的情况记明笔录;

（八）依法从事其他诉讼活动。

第三百九十九条 在法庭审理中，公诉人应当客观、全面、公正地向法庭出示与定罪、量刑有关的证明被告人有罪、罪重或者罪轻的证据。

按照审判长要求，或者经审判长同意，公诉人可以按照以下方式举证、质证：

（一）对于可能影响定罪量刑的关键证据和控辩双方存在争议的证据，一般应当单独举证、质证；

（二）对于不影响定罪量刑且控辩双方无异议的证据，可以仅就证据的名称及其证明的事项、内容作出说明；

（三）对于证明方向一致、证明内容相近或者证据种类相同，存在内在逻辑关系的证据，可以归纳、分组示证、质证。

公诉人出示证据时，可以借助多媒体设备等方式出示、播放或者演示证据内容。

定罪证据与量刑证据需要分开的，应当分别出示。

第四百条 公诉人讯问被告人，询问证人、被害人、鉴定人，出示物证，宣读书证、未出庭证人的证言笔录等应当围绕下列事实进行：

（一）被告人的身份；

（二）指控的犯罪事实是否存在，是否为被告人所实施；

（三）实施犯罪行为的时间、地点、方法、手段、结果，被告人犯罪后的表现等；

（四）犯罪集团或者其他共同犯罪案件中参与犯罪人员的各自地位和应负的责任；

（五）被告人有无刑事责任能力，有无故意或者过失，行为的动机、目的；

（六）有无依法不应当追究刑事责任的情况，有无法定的从重或者从轻、减轻以及免除处罚的情节；

（七）犯罪对象、作案工具的主要特征，与犯罪有关的财物的来源、数量以及去向；

（八）被告人全部或者部分否认起诉书指控的犯罪事实，否认的根据和理由能否成立；

（九）与定罪、量刑有关的其他事实。

第四百零一条 在法庭审理中，下列事实不必提出证据进行证明：

（一）为一般人共同知晓的常识性事实；

（二）人民法院生效裁判所确认并且未依审判监督程序重新审理的事实；

（三）法律、法规的内容以及适用等属于审判人员履行职务所应当知晓的事实；

（四）在法庭审理中不存在异议的程序事实；

（五）法律规定的推定事实；

（六）自然规律或者定律。

第四百零二条 讯问被告人、询问证人不得采取可能影响陈述或者证言客观真实的诱导性发问以及其他不当发问方式。

辩护人向被告人或者证人进行诱导性发问以及其他不当发问可能影响陈述或者证言的客观真实的，公诉人可以要求审判长制止或者要求对该项陈述或者证言不予采纳。

讯问共同犯罪案件的被告人、询问证人应当个别进行。

被告人、证人、被害人对同一事实的陈述存在矛盾的，公诉人可以建议法庭传唤有关被告人、通知有关证人同时到庭对质，必要时可以建议法庭询问被害人。

第四百零三条 被告人在庭审中的陈述与在侦查、审查起诉中的供述一致或者不一致的内容不影响定罪量刑的，可以不宣读被告人供述笔录。

被告人在庭审中的陈述与在侦查、审查起诉中的供述不一致，足以影响定罪量刑的，可以宣读被告人供述笔录，并针对笔录中被告人的供述内容对被告人进行讯问，或者提出其他证据进行证明。

第四百零四条 公诉人对证人证言有异议，且该证人证言对案件定罪量刑有重大影响的，可以申请人民法院通知证人出庭作证。

人民警察就其执行职务时目击的犯罪情况作为证人出庭作证，适用前款规定。

公诉人对鉴定意见有异议的，可以申请人民法院通知鉴定人出庭作证。经人民法院通知，鉴定人拒不出庭作证的，公诉人可以建议法庭不予采纳该鉴定意见作为定案的根据，也可以申请法庭重新通知鉴定人出庭作证或者申请重新鉴定。

必要时，公诉人可以申请法庭通知有专门知识的人出庭，就鉴定人作出的鉴定意见提出意见。

当事人或者辩护人、诉讼代理人对证人证言、鉴定意见有异议的，公诉人认为必要时，可以申请人民法院通知证人、鉴定人出庭作证。

第四百零五条 证人应当由人民法院通知并负责安排出庭作证。

对于经人民法院通知而未到庭的证人或者出庭后拒绝作证的证人的证言笔录，公诉人应当当庭宣读。

对于经人民法院通知而未到庭的证人的证言笔录存

在疑问,确实需要证人出庭作证,且可以强制其到庭的,公诉人应当建议人民法院强制证人到庭作证和接受质证。

第四百零六条 证人在法庭上提供证言,公诉人应当按照审判长确定的顺序向证人发问。可以要求证人就其所了解的与案件有关的事实进行陈述,也可以直接发问。

证人不能连贯陈述的,公诉人可以直接发问。

向证人发问,应当针对证言中有遗漏、矛盾、模糊不清和有争议的内容,并着重围绕与定罪量刑紧密相关的事实进行。

发问采取一问一答形式,提问应当简洁、清楚。

证人进行虚假陈述的,应当通过发问澄清事实,必要时可以宣读在侦查、审查起诉阶段制作的该证人的证言笔录或者出示、宣读其他证据。

当事人和辩护人、诉讼代理人向证人发问后,公诉人可以根据证人回答的情况,经审判长许可,再次向证人发问。

询问鉴定人、有专门知识的人参照上述规定进行。

第四百零七条 必要时,公诉人可以建议法庭采取不暴露证人、鉴定人、被害人外貌、真实声音等出庭作证保护措施,或者建议法庭根据刑事诉讼法第一百五十四条的规定在庭外对证据进行核实。

第四百零八条 对于鉴定意见、勘验、检查、辨认、侦查实验等笔录和其他作为证据的文书以及经人民法院通知而未到庭的被害人的陈述笔录,公诉人应当当庭宣读。

第四百零九条 公诉人向法庭出示物证,一般应当出示原物,原物不易搬运、不易保存或者已返还被害人的,可以出示反映原物外形和特征的照片、录像、复制品,并向法庭说明情况及与原物的同一性。

公诉人向法庭出示书证,一般应当出示原件。获取书证原件确有困难的,可以出示书证副本或者复制件,并向法庭说明情况及与原件的同一性。

公诉人向法庭出示物证、书证,应当对该物证、书证所要证明的内容、获取情况作出说明,并向当事人、证人等问明物证的主要特征,让其辨认。对该物证、书证进行鉴定的,应当宣读鉴定意见。

第四百一十条 在法庭审理过程中,被告人及其辩护人提出被告人庭前供述系非法取得,审判人员认为需要进行法庭调查的,公诉人可以通过出示讯问笔录、提讯登记、体检记录、采取强制措施或者侦查措施的法律文书、侦查终结前对讯问合法性进行核查的材料等证据材料,有针对性地播放讯问录音、录像,提请法庭通知调查人员、侦查人员或者其他人员出庭说明情况等方式,对证据收集的合法性加以证明。

审判人员认为可能存在刑事诉讼法第五十六条规定的以非法方法收集其他证据的情形,需要进行法庭调查的,公诉人可以参照前款规定对证据收集的合法性进行证明。

公诉人不能当庭证明证据收集的合法性,需要调查核实的,可以建议法庭休庭或者延期审理。

在法庭审理期间,人民检察院可以要求监察机关或者公安机关对证据收集的合法性进行说明或者提供相关证明材料。必要时,可以自行调查核实。

第四百一十一条 公诉人对证据收集的合法性进行证明后,法庭仍有疑问的,可以建议法庭休庭,由人民法院对相关证据进行调查核实。人民法院调查核实证据,通知人民检察院派员到场的,人民检察院可以派员到场。

第四百一十二条 在法庭审理过程中,对证据合法性以外的其他程序事实存在争议的,公诉人应当出示、宣读有关诉讼文书、侦查或者审查起诉活动笔录。

第四百一十三条 对于搜查、查封、扣押、冻结、勘验、检查、辨认、侦查实验等活动中形成的笔录存在争议,需要调查人员、侦查人员以及上述活动的见证人出庭陈述有关情况的,公诉人可以建议合议庭通知其出庭。

第四百一十四条 在法庭审理过程中,合议庭对证据有疑问或者人民法院根据辩护人、被告人的申请,向人民检察院调取在侦查、审查起诉中收集的有关被告人无罪或者罪轻的证据材料的,人民检察院应当自收到人民法院要求调取证据材料决定书后三日以内移交。没有上述材料的,应当向人民法院说明情况。

第四百一十五条 在法庭审理过程中,合议庭对证据有疑问并在休庭后进行勘验、检查、查封、扣押、鉴定和查询、冻结的,人民检察院应当依法进行监督,发现上述活动有违法情况的,应当提出纠正意见。

第四百一十六条 人民法院根据申请收集、调取的证据或者在合议庭休庭后自行调查取得的证据,应当经过庭审出示、质证才能决定是否作为判决的依据。未经庭审出示、质证直接采纳为判决依据的,人民检察院应当提出纠正意见。

第四百一十七条 在法庭审理过程中,经审判长许可,公诉人可以逐一对正在调查的证据和案件情况发表意见,并同被告人、辩护人进行辩论。证据调查结束时,公诉人应当发表总结性意见。

在法庭辩论中，公诉人与被害人、诉讼代理人意见不一致的，公诉人应当认真听取被害人、诉讼代理人的意见，阐明自己的意见和理由。

第四百一十八条 人民检察院向人民法院提出量刑建议的，公诉人应当在发表公诉意见时提出。

对认罪认罚案件，人民法院经审理认为人民检察院的量刑建议明显不当向人民检察院提出的，或者被告人、辩护人对量刑建议提出异议的，人民检察院可以调整量刑建议。

第四百一十九条 适用普通程序审理的认罪认罚案件，公诉人可以建议适当简化法庭调查、辩论程序。

第四百二十条 在法庭审判过程中，遇有下列情形之一的，公诉人可以建议法庭延期审理：

（一）发现事实不清、证据不足，或者遗漏罪行、遗漏同案犯罪嫌疑人，需要补充侦查或者补充提供证据的；

（二）被告人揭发他人犯罪行为或者提供重要线索，需要补充侦查进行查证的；

（三）发现遗漏罪行或者遗漏同案犯罪嫌疑人，虽不需要补充侦查和补充提供证据，但需要补充、追加起诉的；

（四）申请人民法院通知证人、鉴定人出庭作证或者有专门知识的人出庭提出意见的；

（五）需要调取新的证据，重新鉴定或者勘验的；

（六）公诉人出示、宣读开庭前移送人民法院的证据以外的证据，或者补充、追加、变更起诉，需要给被告人、辩护人必要时间进行辩护准备的；

（七）被告人、辩护人向法庭出示公诉人不掌握的与定罪量刑有关的证据，需要调查核实的；

（八）公诉人对证据收集的合法性进行证明，需要调查核实的。

在人民法院开庭审理前发现具有前款情形之一的，人民检察院可以建议人民法院延期审理。

第四百二十一条 法庭宣布延期审理后，人民检察院应当在补充侦查期限内提请人民法院恢复法庭审理或者撤回起诉。

公诉人在法庭审理过程中建议延期审理的次数不得超过两次，每次不得超过一个月。

第四百二十二条 在审判过程中，对于需要补充提供法庭审判所必需的证据或者补充侦查的，人民检察院应当自行收集证据和进行侦查，必要时可以要求监察机关或者公安机关提供协助；也可以书面要求监察机关或者公安机关补充提供证据。

人民检察院补充侦查，适用本规则第六章、第九章、第十章的规定。

补充侦查不得超过一个月。

第四百二十三条 人民法院宣告判决前，人民检察院发现被告人的真实身份或者犯罪事实与起诉书中叙述的身份或者指控犯罪事实不符的，或者事实、证据没有变化，但罪名、适用法律与起诉书不一致的，可以变更起诉。发现遗漏同案犯罪嫌疑人或者罪行的，应当要求公安机关补充移送起诉或者补充侦查；对于犯罪事实清楚，证据确实、充分的，可以直接追加、补充起诉。

第四百二十四条 人民法院宣告判决前，人民检察院发现具有下列情形之一的，经检察长批准，可以撤回起诉：

（一）不存在犯罪事实的；

（二）犯罪事实并非被告人所为的；

（三）情节显著轻微、危害不大，不认为是犯罪的；

（四）证据不足或证据发生变化，不符合起诉条件的；

（五）被告人因未达到刑事责任年龄，不负刑事责任的；

（六）法律、司法解释发生变化导致不应当追究被告人刑事责任的；

（七）其他不应当追究被告人刑事责任的。

对于撤回起诉的案件，人民检察院应当在撤回起诉后三十日以内作出不起诉决定。需要重新调查或者侦查的，应当在作出不起诉决定后将案卷材料退回监察机关或者公安机关，建议监察机关或者公安机关重新调查或者侦查，并书面说明理由。

对于撤回起诉的案件，没有新的事实或者新的证据，人民检察院不得再行起诉。

新的事实是指原起诉书中未指控的犯罪事实。该犯罪事实触犯的罪名既可以是原指控罪名的同一罪名，也可以是其他罪名。

新的证据是指撤回起诉后收集、调取的足以证明原指控犯罪事实的证据。

第四百二十五条 在法庭审理过程中，人民法院建议人民检察院补充侦查、补充起诉、追加起诉或者变更起诉的，人民检察院应当审查有关理由，并作出是否补充侦查、补充起诉、追加起诉或者变更起诉的决定。人民检察院不同意的，可以要求人民法院就起诉指控的犯罪事实依法作出裁判。

第四百二十六条 变更、追加、补充或者撤回起诉应当以书面方式在判决宣告前向人民法院提出。

第四百二十七条 出庭的书记员应当制作出庭笔录,详细记载庭审的时间、地点、参加人员、公诉人出庭执行任务情况和法庭调查、法庭辩论的主要内容以及法庭判决结果,由公诉人和书记员签名。

第四百二十八条 人民检察院应当当庭向人民法院移交取回的案卷材料和证据。在审判长宣布休庭后,公诉人应当与审判人员办理交接手续。无法当庭移交的,应当在休庭后三日以内移交。

第四百二十九条 人民检察院对查封、扣押、冻结的被告人财物及其孳息,应当根据不同情况作以下处理:

(一)对作为证据使用的实物,应当依法随案移送;对不宜移送的,应当将其清单、照片或者其他证明文件随案移送。

(二)冻结在金融机构、邮政部门的违法所得及其他涉案财产,应当向人民法院随案移送该金融机构、邮政部门出具的证明文件。待人民法院作出生效判决、裁定后,由人民法院通知该金融机构上缴国库。

(三)查封、扣押的涉案财物,对依法不移送的,应当随案移送清单、照片或者其他证明文件。待人民法院作出生效判决、裁定后,由人民检察院根据人民法院的通知上缴国库,并向人民法院送交执行回单。

(四)对于被扣押、冻结的债券、股票、基金份额等财产,在扣押、冻结期间权利人申请出售的,参照本规则第二百一十四条的规定办理。

第二节 简易程序

第四百三十条 人民检察院对于基层人民法院管辖的案件,符合下列条件的,可以建议人民法院适用简易程序审理:

(一)案件事实清楚、证据充分的;

(二)被告人承认自己所犯罪行,对指控的犯罪事实没有异议的;

(三)被告人对适用简易程序没有异议的。

第四百三十一条 具有下列情形之一的,人民检察院不得建议人民法院适用简易程序:

(一)被告人是盲、聋、哑人,或者是尚未完全丧失辨认或者控制自己行为能力的精神病人的;

(二)有重大社会影响的;

(三)共同犯罪案件中部分被告人不认罪或者对适用简易程序有异议的;

(四)比较复杂的共同犯罪案件;

(五)辩护人作无罪辩护或者对主要犯罪事实有异议的;

(六)其他不宜适用简易程序的。

人民法院决定适用简易程序审理的案件,人民检察院认为具有刑事诉讼法第二百一十五条规定情形之一的,应当向人民法院提出纠正意见;具有其他不宜适用简易程序情形的,人民检察院可以建议人民法院不适用简易程序。

第四百三十二条 基层人民检察院审查案件,认为案件事实清楚、证据充分的,应当在讯问犯罪嫌疑人时,了解其是否承认自己所犯罪行,对指控的犯罪事实有无异议,告知其适用简易程序的法律规定,确认其是否同意适用简易程序。

第四百三十三条 适用简易程序审理的公诉案件,人民检察院应当派员出席法庭。

第四百三十四条 公诉人出席简易程序法庭时,应当主要围绕量刑以及其他有争议的问题进行法庭调查和法庭辩论。在确认被告人庭前收到起诉书并对起诉书指控的犯罪事实没有异议后,可以简化宣读起诉书,根据案件情况决定是否讯问被告人、询问证人、鉴定人和出示证据。

根据案件情况,公诉人可以建议法庭简化法庭调查和法庭辩论程序。

第四百三十五条 适用简易程序审理的公诉案件,公诉人发现不宜适用简易程序审理的,应当建议法庭按照第一审普通程序重新审理。

第四百三十六条 转为普通程序审理的案件,公诉人需要为出席法庭进行准备的,可以建议人民法院延期审理。

第三节 速裁程序

第四百三十七条 人民检察院对基层人民法院管辖的案件,符合下列条件的,在提起公诉时,可以建议人民法院适用速裁程序审理:

(一)可能判处三年有期徒刑以下刑罚的;

(二)案件事实清楚,证据确实、充分;

(三)被告人认罪认罚、同意适用速裁程序。

第四百三十八条 具有下列情形之一的,人民检察院不得建议人民法院适用速裁程序:

(一)被告人是盲、聋、哑人,或者是尚未完全丧失辨认或者控制自己行为能力的精神病人的;

(二)被告人是未成年人的;

(三)案件有重大社会影响的;

(四)共同犯罪案件中部分被告人对指控的犯罪事

实、罪名、量刑建议或者适用速裁程序有异议的；

（五）被告人与被害人或者其法定代理人没有就附带民事诉讼赔偿等事项达成调解或者和解协议的；

（六）其他不宜适用速裁程序审理的。

第四百三十九条 公安机关、犯罪嫌疑人及其辩护人建议适用速裁程序，人民检察院经审查认为符合条件的，可以建议人民法院适用速裁程序审理。

公安机关、辩护人未建议适用速裁程序，人民检察院经审查认为符合速裁程序适用条件，且犯罪嫌疑人同意适用的，可以建议人民法院适用速裁程序审理。

第四百四十条 人民检察院建议人民法院适用速裁程序的案件，起诉书内容可以适当简化，重点写明指控的事实和适用的法律。

第四百四十一条 人民法院适用速裁程序审理的案件，人民检察院应当派员出席法庭。

第四百四十二条 公诉人出席速裁程序法庭时，可以简要宣读起诉书指控的犯罪事实、证据、适用法律及量刑建议，一般不再讯问被告人。

第四百四十三条 适用速裁程序审理的案件，人民检察院发现有不宜适用速裁程序审理情形的，应当建议人民法院转为普通程序或者简易程序重新审理。

第四百四十四条 转为普通程序审理的案件，公诉人需要为出席法庭进行准备的，可以建议人民法院延期审理。

第四节 出席第二审法庭

第四百四十五条 对提出抗诉的案件或者公诉案件中人民法院决定开庭审理的上诉案件，同级人民检察院应当指派检察官出席第二审法庭。检察官助理可以协助检察官出庭。根据需要可以配备书记员担任记录。

第四百四十六条 检察官出席第二审法庭的任务是：

（一）支持抗诉或者听取上诉意见，对原审人民法院作出的错误判决或者裁定提出纠正意见；

（二）维护原审人民法院正确的判决或者裁定，建议法庭维持原判；

（三）维护诉讼参与人的合法权利；

（四）对法庭审理案件有无违反法律规定诉讼程序的情况记明笔录；

（五）依法从事其他诉讼活动。

第四百四十七条 对抗诉和上诉案件，第二审人民法院的同级人民检察院可以调取下级人民检察院与案件有关的材料。

人民检察院在接到第二审人民法院决定开庭、查阅案卷通知后，可以查阅或者调阅案卷材料。查阅或者调阅案卷材料应当在接到人民法院的通知之日起一个月以内完成。在一个月以内无法完成的，可以商请人民法院延期审理。

第四百四十八条 检察人员应当客观全面地审查原审案卷材料，不受上诉或者抗诉范围的限制。应当审查原审判决认定案件事实、适用法律是否正确，证据是否确实、充分，量刑是否适当，审判活动是否合法，并应当审查下级人民检察院的抗诉书或者上诉人的上诉状，了解抗诉或者上诉的理由是否正确、充分，重点审查有争议的案件事实、证据和法律适用问题，有针对性地做好庭审准备工作。

第四百四十九条 检察人员在审查第一审案卷材料时，应当复核主要证据，可以讯问原审被告人。必要时，可以补充收集证据、重新鉴定或者补充鉴定。需要原侦查案件的公安机关补充收集证据的，可以要求其补充收集。

被告人、辩护人提出被告人自首、立功等可能影响定罪量刑的材料和线索的，可以移交公安机关调查核实，也可以自行调查核实。发现遗漏罪行或者同案犯罪嫌疑人的，应当建议公安机关侦查。

对于下列原审被告人，应当进行讯问：

（一）提出上诉的；

（二）人民检察院提出抗诉的；

（三）被判处无期徒刑以上刑罚的。

第四百五十条 人民检察院办理死刑上诉、抗诉案件，应当进行下列工作：

（一）讯问原审被告人，听取原审被告人的上诉理由或者辩解；

（二）听取辩护人的意见；

（三）复核主要证据，必要时询问证人；

（四）必要时补充收集证据；

（五）对鉴定意见有疑问的，可以重新鉴定或者补充鉴定；

（六）根据案件情况，可以听取被害人的意见。

第四百五十一条 出席第二审法庭前，检察人员应当制作讯问原审被告人、询问被害人、证人、鉴定人和出示、宣读、播放证据计划，拟写答辩提纲，并制作出庭意见。

第四百五十二条 在法庭审理中，检察官应当针对原审判决或者裁定认定事实或适用法律、量刑等方面的问题，围绕抗诉或者上诉理由以及辩护人的辩护意见，讯问原审被告人、询问被害人、证人、鉴定人、出示和宣读证据，并提出意见和进行辩论。

第四百五十三条 需要出示、宣读、播放第一审期间已移交人民法院的证据的，出庭的检察官可以申请法庭出示、宣读、播放。

在第二审法庭宣布休庭后需要移交证据材料的，参照本规则第四百二十八条的规定办理。

第五节 出席再审法庭

第四百五十四条 人民法院开庭审理再审案件，同级人民检察院应当派员出席法庭。

第四百五十五条 人民检察院对于人民法院按照审判监督程序重新审判的案件，应当对原判决、裁定认定的事实、证据、适用法律进行全面审查，重点审查有争议的案件事实、证据和法律适用问题。

第四百五十六条 人民检察院派员出席再审法庭，如果再审案件按照第一审程序审理，参照本章第一节有关规定执行；如果再审案件按照第二审程序审理，参照本章第四节有关规定执行。

第十二章 特别程序

第一节 未成年人刑事案件诉讼程序

第四百五十七条 人民检察院办理未成年人刑事案件，应当贯彻"教育、感化、挽救"方针和"教育为主、惩罚为辅"的原则，坚持优先保护、特殊保护、双向保护，以帮助教育和预防重新犯罪为目的。

人民检察院可以借助社会力量开展帮助教育未成年人的工作。

第四百五十八条 人民检察院应当指定熟悉未成年人身心特点的检察人员办理未成年人刑事案件。

第四百五十九条 人民检察院办理未成年人与成年人共同犯罪案件，一般应当对未成年人与成年人分案办理、分别起诉。不宜分案处理的，应当对未成年人采取隐私保护、快速办理等特殊保护措施。

第四百六十条 人民检察院受理案件后，应当向未成年犯罪嫌疑人及其法定代理人了解其委托辩护人的情况，并告知其有权委托辩护人。

未成年犯罪嫌疑人没有委托辩护人的，人民检察院应当书面通知法律援助机构指派律师为其提供辩护。

对于公安机关未通知法律援助机构指派律师为未成年犯罪嫌疑人提供辩护的，人民检察院应当提出纠正意见。

第四百六十一条 人民检察院根据情况可以对未成年犯罪嫌疑人的成长经历、犯罪原因、监护教育等情况进行调查，并制作社会调查报告，作为办案和教育的参考。

人民检察院开展社会调查，可以委托有关组织和机构进行。开展社会调查应当尊重和保护未成年人隐私，不得向不知情人员泄露未成年犯罪嫌疑人的涉案信息。

人民检察院应当对公安机关移送的社会调查报告进行审查。必要时，可以进行补充调查。

人民检察院制作的社会调查报告应当随案移送人民法院。

第四百六十二条 人民检察院对未成年犯罪嫌疑人审查逮捕，应当根据未成年犯罪嫌疑人涉嫌犯罪的性质、情节、主观恶性、有无监护与社会帮教条件、认罪认罚等情况，综合衡量其社会危险性，严格限制适用逮捕措施。

第四百六十三条 对于罪行较轻，具备有效监护条件或者社会帮教措施，没有社会危险性或者社会危险性较小的未成年犯罪嫌疑人，应当不批准逮捕。

对于罪行比较严重，但主观恶性不大，有悔罪表现，具备有效监护条件或者社会帮教措施，具有下列情形之一，不逮捕不致发生社会危险性的未成年犯罪嫌疑人，可以不批准逮捕：

（一）初次犯罪、过失犯罪的；

（二）犯罪预备、中止、未遂的；

（三）防卫过当、避险过当的；

（四）有自首或者立功表现的；

（五）犯罪后认罪认罚，或者积极退赃、尽力减少和赔偿损失，被害人谅解的；

（六）不属于共同犯罪的主犯或者集团犯罪中的首要分子的；

（七）属于已满十四周岁不满十六周岁的未成年人或者系在校学生的；

（八）其他可以不批准逮捕的情形。

对于没有固定住所、无法提供保证人的未成年犯罪嫌疑人适用取保候审的，可以指定合适的成年人作为保证人。

第四百六十四条 审查逮捕未成年犯罪嫌疑人，应当重点查清其是否已满十四、十六、十八周岁。

对犯罪嫌疑人实际年龄难以判断，影响对该犯罪嫌疑人是否应当负刑事责任认定的，应当不批准逮捕。需要补充侦查的，同时通知公安机关。

第四百六十五条 在审查逮捕、审查起诉中，人民检察院应当讯问未成年犯罪嫌疑人，听取辩护人的意见，并制作笔录附卷。辩护人提出书面意见的，应当附卷。对于辩护人提出犯罪嫌疑人无罪、罪轻或者减轻、免除刑事责任、不适宜羁押或者侦查活动有违法情形等意见的,检察人员应当进行审查,并在相关工作文书中叙明辩护人提出的意见,说明是否采纳的情况和理由。

讯问未成年犯罪嫌疑人,应当通知其法定代理人到场,告知法定代理人依法享有的诉讼权利和应当履行的义务。到场的法定代理人可以代为行使未成年犯罪嫌疑人的诉讼权利,代为行使权利时不得损害未成年犯罪嫌疑人的合法权益。

无法通知、法定代理人不能到场或者法定代理人是共犯的,也可以通知未成年犯罪嫌疑人的其他成年亲属、所在学校、单位或者居住地的村民委员会、居民委员会、未成年人保护组织的代表到场,并将有关情况记录在案。未成年犯罪嫌疑人明确拒绝法定代理人以外的合适成年人到场,且有正当理由的,人民检察院可以准许,但应当在征求其意见后通知其他合适成年人到场。

到场的法定代理人或者其他人员认为检察人员在讯问中侵犯未成年犯罪嫌疑人合法权益提出意见的,人民检察院应当记录在案。对合理意见,应当接受并纠正。

讯问笔录应当交由到场的法定代理人或者其他人员阅读或者向其宣读,并由其在笔录上签名或者盖章,并捺指印。

讯问女性未成年犯罪嫌疑人,应当有女性检察人员参加。

询问未成年被害人、证人,适用本条第二款至第五款的规定。询问应当以一次为原则,避免反复询问。

第四百六十六条 讯问未成年犯罪嫌疑人应当保护其人格尊严。

讯问未成年犯罪嫌疑人一般不得使用戒具。对于确有人身危险性必须使用戒具的,在现实危险消除后应当立即停止使用。

第四百六十七条 未成年犯罪嫌疑人认罪认罚的,人民检察院应当告知本人及其法定代理人享有的诉讼权利和认罪认罚的法律规定,并依照刑事诉讼法第一百七十三条的规定,听取、记录未成年犯罪嫌疑人及其法定代理人、辩护人、被害人及其诉讼代理人的意见。

第四百六十八条 未成年犯罪嫌疑人认罪认罚的,应当在法定代理人、辩护人在场的情况下签署认罪认罚具结书。法定代理人、辩护人对认罪认罚有异议的,不需要签署具结书。

因未成年犯罪嫌疑人的法定代理人、辩护人对其认罪认罚有异议而不签署具结书的,人民检察院应当对未

成年人认罪认罚情况,法定代理人、辩护人的异议情况如实记录。提起公诉的,应当将该材料与其他案卷材料一并移送人民法院。

未成年犯罪嫌疑人的法定代理人、辩护人对认罪认罚有异议而不签署具结书的,不影响从宽处理。

法定代理人无法到场的,合适成年人可以代为行使到场权、知情权、异议权等。法定代理人未到场的原因以及听取合适成年人意见等情况应当记录在案。

第四百六十九条 对于符合刑事诉讼法第二百八十二条第一款规定条件的未成年人刑事案件,人民检察院可以作出附条件不起诉的决定。

人民检察院在作出附条件不起诉的决定以前,应当听取公安机关、被害人、未成年犯罪嫌疑人及其法定代理人、辩护人的意见,并制作笔录附卷。

第四百七十条 未成年犯罪嫌疑人及其法定代理人对拟作出附条件不起诉决定提出异议的,人民检察院应当提起公诉。但是,未成年犯罪嫌疑人及其法定代理人提出无罪辩解,人民检察院经审查认为无罪辩解理由成立的,应当按照本规则第三百六十五条的规定作出不起诉决定。

未成年犯罪嫌疑人及其法定代理人对案件作附条件不起诉处理没有异议,仅对所附条件及考验期有异议的,人民检察院可以依法采纳其合理的意见,对考察的内容、方式、时间等进行调整;其意见不利于对未成年犯罪嫌疑人帮教,人民检察院不采纳的,应当进行释法说理。

人民检察院作出起诉决定前,未成年犯罪嫌疑人及其法定代理人撤回异议的,人民检察院可以依法作出附条件不起诉决定。

第四百七十一条 人民检察院作出附条件不起诉的决定后,应当制作附条件不起诉决定书,并在三日以内送达公安机关、被害人或者其近亲属及其诉讼代理人、未成年犯罪嫌疑人及其法定代理人、辩护人。

人民检察院应当面向未成年犯罪嫌疑人及其法定代理人宣布附条件不起诉决定,告知考验期限、在考验期内应当遵守的规定以及违反规定应负的法律责任,并制作笔录附卷。

第四百七十二条 对附条件不起诉的决定,公安机关要求复议、提请复核或者被害人提出申诉的,具体程序参照本规则第三百七十九条至第三百八十三条的规定。被害人不服附条件不起诉决定的,应当告知其适用刑事诉讼法第一百八十条关于被害人可以向人民法院起诉的规定,并做好释法说理工作。

前款规定的复议、复核、申诉由相应人民检察院负责未成年人检察的部门进行审查。

第四百七十三条　人民检察院作出附条件不起诉决定的，应当确定考验期。考验期为六个月以上一年以下，从人民检察院作出附条件不起诉的决定之日起计算。

第四百七十四条　在附条件不起诉的考验期内，由人民检察院对被附条件不起诉的未成年犯罪嫌疑人进行监督考察。人民检察院应当要求未成年犯罪嫌疑人的监护人对未成年犯罪嫌疑人加强管教，配合人民检察院做好监督考察工作。

人民检察院可以会同未成年犯罪嫌疑人的监护人、所在学校、单位、居住地的村民委员会、居民委员会、未成年人保护组织等的有关人员，定期对未成年犯罪嫌疑人进行考察、教育，实施跟踪帮教。

第四百七十五条　人民检察院对于被附条件不起诉的未成年犯罪嫌疑人，应当监督考察其是否遵守下列规定：

（一）遵守法律法规，服从监督；
（二）按照规定报告自己的活动情况；
（三）离开所居住的市、县或者迁居，应当报经批准；
（四）按照要求接受矫治和教育。

第四百七十六条　人民检察院可以要求被附条件不起诉的未成年犯罪嫌疑人接受下列矫治和教育：

（一）完成戒瘾治疗、心理辅导或者其他适当的处遇措施；
（二）向社区或者公益团体提供公益劳动；
（三）不得进入特定场所，与特定的人员会见或者通信，从事特定的活动；
（四）向被害人赔偿损失、赔礼道歉等；
（五）接受相关教育；
（六）遵守其他保护被害人安全以及预防再犯的禁止性规定。

第四百七十七条　考验期届满，检察人员应当制作附条件不起诉考察意见书，提出起诉或者不起诉的意见，报请检察长决定。

考验期满作出不起诉的决定以前，应当听取被害人意见。

第四百七十八条　考验期满作出不起诉决定，被害人提出申诉的，依照本规则第四百七十二条规定办理。

第四百七十九条　被附条件不起诉的未成年犯罪嫌疑人，在考验期内具有下列情形之一的，人民检察院应当撤销附条件不起诉的决定，提起公诉：

（一）实施新的犯罪的；
（二）发现决定附条件不起诉以前还有其他犯罪需要追诉的；
（三）违反治安管理规定，造成严重后果，或者多次违反治安管理规定的；
（四）违反有关附条件不起诉的监督管理规定，造成严重后果，或者多次违反有关附条件不起诉的监督管理规定的。

第四百八十条　被附条件不起诉的未成年犯罪嫌疑人，在考验期内没有本规则第四百七十九条规定的情形，考验期满的，人民检察院应当作出不起诉的决定。

第四百八十一条　人民检察院办理未成年人刑事案件过程中，应当对涉案未成年人的资料予以保密，不得公开或者传播涉案未成年人的姓名、住所、照片、图像及可能推断出该未成年人的其他资料。

第四百八十二条　犯罪的时候不满十八周岁，被判处五年有期徒刑以下刑罚的，人民检察院应当在收到人民法院生效判决、裁定后，对犯罪记录予以封存。

生效判决、裁定由第二审人民法院作出的，同级人民检察院依照前款规定封存犯罪记录时，应当通知下级人民检察院对相关犯罪记录予以封存。

第四百八十三条　人民检察院应当将拟封存的未成年人犯罪记录、案卷等相关材料装订成册，加密保存，不予公开，并建立专门的未成年人犯罪档案库，执行严格的保管制度。

第四百八十四条　除司法机关为办案需要或者有关单位根据国家规定进行查询的以外，人民检察院不得向任何单位和个人提供封存的犯罪记录，并不得提供未成年人有犯罪记录的证明。

司法机关或者有关单位需要查询犯罪记录的，应当向封存犯罪记录的人民检察院提出书面申请。人民检察院应当在七日以内作出是否许可的决定。

第四百八十五条　未成年人犯罪记录封存后，没有法定事由、未经法定程序不得解封。

对被封存犯罪记录的未成年人，符合下列条件之一的，应当对其犯罪记录解除封存：

（一）实施新的犯罪，且新罪与封存记录之罪数罪并罚后被决定执行五年有期徒刑以上刑罚的；
（二）发现漏罪，且漏罪与封存记录之罪数罪并罚后被决定执行五年有期徒刑以上刑罚的。

第四百八十六条　人民检察院对未成年犯罪嫌疑人作出不起诉决定后，应当对相关记录予以封存。除司法机关为办案需要进行查询外,不得向任何单位和个人提供。封存的具体程序参照本规则第四百八十三条至第四百八十五条的规定。

第四百八十七条 被封存犯罪记录的未成年人或者其法定代理人申请出具无犯罪记录证明的,人民检察院应当出具。需要协调公安机关、人民法院为其出具无犯罪记录证明的,人民检察院应当予以协助。

第四百八十八条 负责未成年人检察的部门应当依法对看守所、未成年犯管教所监管未成年人的活动实行监督,配合做好对未成年人的教育。发现没有对未成年犯罪嫌疑人、被告人与成年犯罪嫌疑人、被告人分别关押、管理或者违反规定对未成年犯留所执行刑罚的,应当依法提出纠正意见。

负责未成年人检察的部门发现社区矫正机构违反未成年人社区矫正相关规定的,应当依法提出纠正意见。

第四百八十九条 本节所称未成年人刑事案件,是指犯罪嫌疑人实施涉嫌犯罪行为时已满十四周岁、未满十八周岁的刑事案件。

本节第四百六十条、第四百六十五条、第四百六十六条、第四百六十七条、第四百六十八条所称的未成年犯罪嫌疑人,是指在诉讼过程中未满十八周岁的人。犯罪嫌疑人实施涉嫌犯罪行为时未满十八周岁,在诉讼过程中已满十八周岁的,人民检察院可以根据案件的具体情况适用上述规定。

第四百九十条 人民检察院办理侵害未成年人犯罪案件,应当采取适合未成年被害人身心特点的方法,充分保护未成年被害人的合法权益。

第四百九十一条 办理未成年人刑事案件,除本节已有规定的以外,按照刑事诉讼法和其他有关规定进行。

第二节 当事人和解的公诉案件诉讼程序

第四百九十二条 下列公诉案件,双方当事人可以和解:

(一)因民间纠纷引起,涉嫌刑法分则第四章、第五章规定的犯罪案件,可能判处三年有期徒刑以下刑罚的;

(二)除渎职犯罪以外的可能判处七年有期徒刑以下刑罚的过失犯罪案件。

当事人和解的公诉案件应当同时符合下列条件:

(一)犯罪嫌疑人真诚悔罪,向被害人赔偿损失、赔礼道歉等;

(二)被害人明确表示对犯罪嫌疑人予以谅解;

(三)双方当事人自愿和解,符合有关法律规定;

(四)属于侵害特定被害人的故意犯罪或者有直接被害人的过失犯罪;

(五)案件事实清楚,证据确实、充分。

犯罪嫌疑人在五年以内曾经故意犯罪的,不适用本节规定的程序。

犯罪嫌疑人在犯刑事诉讼法第二百八十八条第一款规定的犯罪前五年内曾经故意犯罪,无论该故意犯罪是否已经追究,均应当认定为前款规定的五年以内曾经故意犯罪。

第四百九十三条 被害人死亡的,其法定代理人、近亲属可以与犯罪嫌疑人和解。

被害人系无行为能力或者限制行为能力人的,其法定代理人可以代为和解。

第四百九十四条 犯罪嫌疑人系限制行为能力人的,其法定代理人可以代为和解。

犯罪嫌疑人在押的,经犯罪嫌疑人同意,其法定代理人、近亲属可以代为和解。

第四百九十五条 双方当事人可以就赔偿损失、赔礼道歉等民事责任事项进行和解,并且可以就被害人及其法定代理人或者近亲属是否要求或者同意公安机关、人民检察院、人民法院对犯罪嫌疑人依法从宽处理进行协商,但不得对案件的事实认定、证据采信、法律适用和定罪量刑等依法属于公安机关、人民检察院、人民法院职权范围的事宜进行协商。

第四百九十六条 双方当事人可以自行达成和解,也可以经人民调解委员会、村民委员会、居民委员会、当事人所在单位或者同事、亲友等组织或者个人调解后达成和解。

人民检察院对于本规则第四百九十二条规定的公诉案件,可以建议当事人进行和解,并告知相应的权利义务,必要时可以提供法律咨询。

第四百九十七条 人民检察院应当对和解的自愿性、合法性进行审查,重点审查以下内容:

(一)双方当事人是否自愿和解;

(二)犯罪嫌疑人是否真诚悔罪,是否向被害人赔礼道歉,赔偿数额与其所造成的损害和赔偿能力是否相适应;

(三)被害人及其法定代理人或者近亲属是否明确表示对犯罪嫌疑人予以谅解;

(四)是否符合法律规定;

(五)是否损害国家、集体和社会公共利益或者他人的合法权益;

(六)是否符合社会公德。

审查时,应当听取双方当事人和其他有关人员对和解的意见,告知刑事案件可能从宽处理的法律后果和双方的权利义务,并制作笔录附卷。

第四百九十八条 经审查认为双方自愿和解,内容合法,且符合本规则第四百九十二条规定的范围和条件的,人民检察院应当主持制作和解协议书。

和解协议书的主要内容包括:

(一)双方当事人的基本情况;

(二)案件的主要事实;

(三)犯罪嫌疑人真诚悔罪,承认自己所犯罪行,对指控的犯罪没有异议,向被害人赔偿损失、赔礼道歉等。赔偿损失的,应当写明赔偿的数额、履行的方式、期限等;

(四)被害人及其法定代理人或者近亲属对犯罪嫌疑人予以谅解,并要求或者同意公安机关、人民检察院、人民法院对犯罪嫌疑人依法从宽处理。

和解协议书应当由双方当事人签字,可以写明和解协议书系在人民检察院主持下制作。检察人员不在当事人和解协议书上签字,也不加盖人民检察院印章。

和解协议书一式三份,双方当事人各持一份,另一份交人民检察院附卷备查。

第四百九十九条 和解协议书约定的赔偿损失内容,应当在双方签署协议后立即履行,至迟在人民检察院作出从宽处理决定前履行。确实难以一次性履行的,在提供有效担保并且被害人同意的情况下,也可以分期履行。

第五百条 双方当事人在侦查阶段达成和解协议,公安机关向人民检察院提出从宽处理建议的,人民检察院在审查逮捕和审查起诉时应当充分考虑公安机关的建议。

第五百零一条 人民检察院对于公安机关提请批准逮捕的案件,双方当事人达成和解协议的,可以作为有无社会危险性或者社会危险性大小的因素予以考虑。经审查认为不需要逮捕的,可以作出不批准逮捕的决定;在审查起诉阶段可以依法变更强制措施。

第五百零二条 人民检察院对于公安机关移送起诉的案件,双方当事人达成和解协议的,可以作为是否需要判处刑罚或者免除刑罚的因素予以考虑。符合法律规定的不起诉条件的,可以决定不起诉。

对于依法应当提起公诉的,人民检察院可以向人民法院提出从宽处罚的量刑建议。

第五百零三条 人民检察院拟对当事人达成和解的公诉案件作出不起诉决定的,应当听取双方当事人对和解的意见,并且查明犯罪嫌疑人是否已经切实履行和解协议、不能即时履行的是否已经提供有效担保,将其作为是否决定不起诉的因素予以考虑。

当事人在不起诉决定作出之前反悔的,可以另行达成和解。不能另行达成和解的,人民检察院应当依法作出起诉或者不起诉决定。

当事人在不起诉决定作出之后反悔的,人民检察院不撤销原决定,但有证据证明和解违反自愿、合法原则的除外。

第五百零四条 犯罪嫌疑人或者其亲友等以暴力、威胁、欺骗或者其他非法方法强迫、引诱被害人和解,或者在协议履行完毕之后威胁、报复被害人的,应当认定和解协议无效。已经作出不批准逮捕或者不起诉决定的,人民检察院根据案件情况可以撤销原决定,对犯罪嫌疑人批准逮捕或者提起公诉。

第三节 缺席审判程序

第五百零五条 对于监察机关移送起诉的贪污贿赂犯罪案件,犯罪嫌疑人、被告人在境外,人民检察院认为犯罪事实已经查清,证据确实、充分,依法应当追究刑事责任的,可以向人民法院提起公诉。

对于公安机关移送起诉的需要及时进行审判的严重危害国家安全犯罪、恐怖活动犯罪案件,犯罪嫌疑人、被告人在境外,人民检察院认为犯罪事实已经查清,证据确实、充分,依法应当追究刑事责任的,经最高人民检察院核准,可以向人民法院提起公诉。

前两款规定的案件,由有管辖权的中级人民法院同级人民检察院提起公诉。

人民检察院提起公诉的,应当向人民法院提交被告人已出境的证据。

第五百零六条 人民检察院对公安机关移送起诉的需要报请最高人民检察院核准的案件,经检察委员会讨论提出提起公诉意见的,应当层报最高人民检察院核准。报送材料包括起诉意见书、案件审查报告、报请核准的报告及案件证据材料。

第五百零七条 最高人民检察院收到下级人民检察院报请核准提起公诉的案卷材料后,应当及时指派检察官对案卷材料进行审查,提出核准或者不予核准的意见,报检察长决定。

第五百零八条 报请核准的人民检察院收到最高人民检察院核准决定后,应当提起公诉,起诉书中应当载明经最高人民检察院核准的内容。

第五百零九条 审查起诉期间,犯罪嫌疑人自动投案或者被抓获的,人民检察院应当重新审查。

对严重危害国家安全犯罪、恐怖活动犯罪案件报请核准期间,犯罪嫌疑人自动投案或者被抓获的,报请核准的人民检察院应当及时撤回报请,重新审查案件。

第五百一十条 提起公诉后被告人到案,人民法院拟重新审理的,人民检察院应当商人民法院将案件撤回并重新审查。

第五百一十一条 因被告人患有严重疾病无法出庭,中止审理超过六个月,被告人仍无法出庭,被告人及其法定代理人、近亲属申请或者同意恢复审理的,人民检察院可以建议人民法院适用缺席审判程序审理。

第四节 犯罪嫌疑人、被告人逃匿、死亡案件违法所得的没收程序

第五百一十二条 对于贪污贿赂犯罪、恐怖活动犯罪等重大犯罪案件,犯罪嫌疑人、被告人逃匿,在通缉一年后不能到案,依照刑法规定应当追缴其违法所得及其他涉案财产的,人民检察院可以向人民法院提出没收违法所得的申请。

对于犯罪嫌疑人、被告人死亡,依照刑法规定应当追缴其违法所得及其他涉案财产的,人民检察院也可以向人民法院提出没收违法所得的申请。

第五百一十三条 犯罪嫌疑人、被告人为逃避侦查和刑事追究潜逃、隐匿,或者在刑事诉讼过程中脱逃的,应当认定为"逃匿"。

犯罪嫌疑人、被告人因意外事故下落不明满二年,或者因意外事故下落不明,经有关机关证明其不可能生存的,按照前款规定处理。

第五百一十四条 公安机关发布通缉令或者公安部通过国际刑警组织发布红色国际通报,应当认定为"通缉"。

第五百一十五条 犯罪嫌疑人、被告人通过实施犯罪直接或者间接产生、获得的任何财产,应当认定为"违法所得"。

违法所得已经部分或者全部转变、转化为其他财产的,转变、转化后的财产应当视为前款规定的"违法所得"。

来自违法所得转变、转化后的财产收益,或者来自已经与违法所得相混合财产中违法所得相应部分的收益,也应当视为第一款规定的违法所得。

第五百一十六条 犯罪嫌疑人、被告人非法持有的违禁品、供犯罪所用的本人财物,应当认定为"其他涉案财产"。

第五百一十七条 刑事诉讼法第二百九十九条第三款规定的"利害关系人"包括犯罪嫌疑人、被告人的近亲属和其他对申请没收的财产主张权利的自然人和单位。

刑事诉讼法第二百九十九条第二款、第三百条第二款规定的"其他利害关系人"是指前款规定的"其他对申请没收的财产主张权利的自然人和单位"。

第五百一十八条 人民检察院审查监察机关或者公安机关移送的没收违法所得意见书,向人民法院提出没收违法所得的申请以及对违法所得没收程序中调查活动、审判活动的监督,由负责捕诉的部门办理。

第五百一十九条 没收违法所得的申请,应当由有管辖权的中级人民法院的同级人民检察院提出。

第五百二十条 人民检察院向人民法院提出没收违法所得的申请,应当制作没收违法所得申请书。没收违法所得申请书应当载明以下内容:

(一)犯罪嫌疑人、被告人的基本情况,包括姓名、性别、出生年月日、出生地、户籍地、公民身份号码、民族、文化程度、职业、工作单位及职务、住址等;

(二)案由及案件来源;

(三)犯罪嫌疑人、被告人的犯罪事实及相关证据材料;

(四)犯罪嫌疑人、被告人逃匿、被通缉或者死亡的情况;

(五)申请没收的财产种类、数量、价值、所在地以及查封、扣押、冻结财产清单和相关法律手续;

(六)申请没收的财产属于违法所得及其他涉案财产的相关事实及证据材料;

(七)提出没收违法所得申请的理由和法律依据;

(八)有无近亲属和其他利害关系人以及利害关系人的姓名、身份、住址、联系方式;

(九)其他应当写明的内容。

上述材料需要翻译件的,人民检察院应当随没收违法所得申请书一并移送人民法院。

第五百二十一条 监察机关或者公安机关向人民检察院移送没收违法所得意见书,应当由有管辖权的人民检察院的同级监察机关或者公安机关移送。

第五百二十二条 人民检察院审查监察机关或者公安机关移送的没收违法所得意见书,应当审查下列内容:

(一)是否属于本院管辖;

(二)是否符合刑事诉讼法第二百九十八条第一款规定的条件;

(三)犯罪嫌疑人基本情况,包括姓名、性别、国籍、

出生年月日、职业和单位等；

（四）犯罪嫌疑人涉嫌犯罪的事实和相关证据材料；

（五）犯罪嫌疑人逃匿、下落不明、被通缉或者死亡的情况，通缉令或者死亡证明是否随案移送；

（六）违法所得及其他涉案财产的种类、数量、所在地以及查封、扣押、冻结的情况，查封、扣押、冻结的财产清单和相关法律手续是否随案移送；

（七）违法所得及其他涉案财产的相关事实和证据材料；

（八）有无近亲属和其他利害关系人以及利害关系人的姓名、身份、住址、联系方式。

对于与犯罪事实、违法所得及其他涉案财产相关的证据材料，不宜移送的，应当审查证据的清单、复制件、照片或者其他证明文件是否随案移送。

第五百二十三条 人民检察院应当在接到监察机关或者公安机关移送的没收违法所得意见书后三十日以内作出是否提出没收违法所得申请的决定。三十日以内不能作出决定的，可以延长十五日。

对于监察机关或者公安机关移送的没收违法所得案件，经审查认为不符合刑事诉讼法第二百九十八条第一款规定条件的，应当作出不提出没收违法所得申请的决定，并向监察机关或者公安机关书面说明理由；认为需要补充证据的，应当书面要求监察机关或者公安机关补充证据，必要时也可以自行调查。

监察机关或者公安机关补充证据的时间不计入人民检察院办案期限。

第五百二十四条 人民检察院发现公安机关应当启动违法所得没收程序而不启动的，可以要求公安机关在七日以内书面说明不启动的理由。

经审查，认为公安机关不启动理由不能成立的，应当通知公安机关启动程序。

第五百二十五条 人民检察院发现公安机关在违法所得没收程序的调查活动中有违法情形的，应当向公安机关提出纠正意见。

第五百二十六条 在审查监察机关或者公安机关移送的没收违法所得意见书的过程中，在逃的犯罪嫌疑人、被告人自动投案或者被抓获的，人民检察院应当终止审查，并将案卷退回监察机关或者公安机关处理。

第五百二十七条 人民检察院直接受理侦查的案件，犯罪嫌疑人死亡而撤销案件，符合刑事诉讼法第二百九十八条第一款规定条件的，负责侦查的部门应当启动违法所得没收程序进行调查。

负责侦查的部门进行调查应当查明犯罪嫌疑人涉嫌的犯罪事实，犯罪嫌疑人死亡的情况，以及犯罪嫌疑人的违法所得及其他涉案财产的情况，并可以对违法所得及其他涉案财产依法进行查封、扣押、查询、冻结。

负责侦查的部门认为符合刑事诉讼法第二百九十八条第一款规定条件的，应当写出没收违法所得意见书，连同案卷材料一并移送有管辖权的人民检察院负责侦查的部门，并由有管辖权的人民检察院负责侦查的部门移送本院负责捕诉的部门。

负责捕诉的部门对没收违法所得意见书进行审查，作出是否提出没收违法所得申请的决定，具体程序按照本规则第五百二十二条、第五百二十三条的规定办理。

第五百二十八条 在人民检察院审查起诉过程中，犯罪嫌疑人死亡，或者贪污贿赂犯罪、恐怖活动犯罪等重大犯罪案件的犯罪嫌疑人逃匿，在通缉一年后不能到案，依照刑法规定应当追缴其违法所得及其他涉案财产的，人民检察院可以直接提出没收违法所得的申请。

在人民法院审理案件过程中，被告人死亡而裁定终止审理，或者被告人脱逃而裁定中止审理，人民检察院可以依法另行向人民法院提出没收违法所得的申请。

第五百二十九条 人民法院对没收违法所得的申请进行审理，人民检察院应当承担举证责任。

人民法院对没收违法所得的申请开庭审理的，人民检察院应当派员出席法庭。

第五百三十条 出席法庭的检察官应当宣读没收违法所得申请书，并在法庭调查阶段就申请没收的财产属于违法所得及其他涉案财产等相关事实出示、宣读证据。

第五百三十一条 人民检察院发现人民法院或者审判人员审理没收违法所得案件违反法律规定的诉讼程序，应当向人民法院提出纠正意见。

人民检察院认为同级人民法院按照违法所得没收程序所作的第一审裁定确有错误的，应当在五日以内向上一级人民法院提出抗诉。

最高人民检察院、省级人民检察院认为下级人民法院按照违法所得没收程序所作的已经发生法律效力的裁定确有错误的，应当按照审判监督程序向同级人民法院提出抗诉。

第五百三十二条 在审理案件过程中，在逃的犯罪嫌疑人、被告人自动投案或者被抓获，人民法院按照刑事诉讼法第三百零一条第一款的规定终止审理的，人民检察院应当将案卷退回监察机关或者公安机关处理。

第五百三十三条 对于刑事诉讼法第二百九十八条

第一款规定以外需要没收违法所得的,按照有关规定执行。

第五节 依法不负刑事责任的精神病人的强制医疗程序

第五百三十四条 对于实施暴力行为,危害公共安全或者严重危害公民人身安全,已经达到犯罪程度,经法定程序鉴定依法不负刑事责任的精神病人,有继续危害社会可能的,人民检察院应当向人民法院提出强制医疗的申请。

提出强制医疗的申请以及对强制医疗决定的监督,由负责捕诉的部门办理。

第五百三十五条 强制医疗的申请由被申请人实施暴力行为所在地的基层人民检察院提出;由被申请人居住地的人民检察院提出更为适宜的,可以由被申请人居住地的基层人民检察院提出。

第五百三十六条 人民检察院向人民法院提出强制医疗的申请,应当制作强制医疗申请书。强制医疗申请书的主要内容包括:

(一)涉案精神病人的基本情况,包括姓名、性别、出生年月日、出生地、户籍地、公民身份号码、民族、文化程度、职业、工作单位及职务、住址,采取临时保护性约束措施的情况及处所等;

(二)涉案精神病人的法定代理人的基本情况,包括姓名、住址、联系方式等;

(三)案由及案件来源;

(四)涉案精神病人实施危害公共安全或者严重危害公民人身安全的暴力行为的事实,包括实施暴力行为的时间、地点、手段、后果等及相关证据情况;

(五)涉案精神病人不负刑事责任的依据,包括有关鉴定意见和其他证据材料;

(六)涉案精神病人继续危害社会的可能;

(七)提出强制医疗申请的理由和法律依据。

第五百三十七条 人民检察院审查公安机关移送的强制医疗意见书,应当查明:

(一)是否属于本院管辖;

(二)涉案精神病人身份状况是否清楚,包括姓名、性别、国籍、出生年月日、职业和单位等;

(三)涉案精神病人实施危害公共安全或者严重危害公民人身安全的暴力行为的事实;

(四)公安机关对涉案精神病人进行鉴定的程序是否合法,涉案精神病人是否依法不负刑事责任;

(五)涉案精神病人是否有继续危害社会的可能;

(六)证据材料是否随案移送,不宜移送的证据的清单、复制件、照片或者其他证明文件是否随案移送;

(七)证据是否确实、充分;

(八)采取的临时保护性约束措施是否适当。

第五百三十八条 人民检察院办理公安机关移送的强制医疗案件,可以采取以下方式开展调查,调查情况应当记录并附卷:

(一)会见涉案精神病人,听取涉案精神病人的法定代理人、诉讼代理人意见;

(二)询问办案人员、鉴定人;

(三)向被害人及其法定代理人、近亲属了解情况;

(四)向涉案精神病人的主治医生、近亲属、邻居、其他知情人员或者基层组织等了解情况;

(五)就有关专门性技术问题委托具有法定资质的鉴定机构、鉴定人进行鉴定。

第五百三十九条 人民检察院应当在接到公安机关移送的强制医疗意见书后三十日以内作出是否提出强制医疗申请的决定。

对于公安机关移送的强制医疗案件,经审查认为不符合刑事诉讼法第三百零二条规定条件的,应当作出不提出强制医疗申请的决定,并向公安机关书面说明理由。认为需要补充证据的,应当书面要求公安机关补充证据,必要时也可以自行调查。

公安机关补充证据的时间不计入人民检察院办案期限。

第五百四十条 人民检察院发现公安机关应当启动强制医疗程序而不启动的,可以要求公安机关在七日以内书面说明不启动的理由。

经审查,认为公安机关不启动理由不能成立的,应当通知公安机关启动强制医疗程序。

公安机关收到启动强制医疗程序通知书后,未按要求启动强制医疗程序的,人民检察院应当提出纠正意见。

第五百四十一条 人民检察院对公安机关移送的强制医疗案件,发现公安机关对涉案精神病人进行鉴定违反法律规定,具有下列情形之一的,应当依法提出纠正意见:

(一)鉴定机构不具备法定资质的;

(二)鉴定人不具备法定资质或者违反回避规定的;

(三)鉴定程序违反法律或者有关规定,鉴定的过程和方法违反相关专业规范要求的;

(四)鉴定文书不符合法定形式要件的;

(五)鉴定意见没有依法及时告知相关人员的;

(六)鉴定人故意作虚假鉴定的;

（七）其他违反法律规定的情形。

人民检察院对精神病鉴定程序进行监督，可以要求公安机关补充鉴定或者重新鉴定。必要时，可以询问鉴定人并制作笔录，或者委托具有法定资质的鉴定机构进行补充鉴定或者重新鉴定。

第五百四十二条 人民检察院发现公安机关对涉案精神病人不应当采取临时保护性约束措施而采取的，应当提出纠正意见。

认为公安机关应当采取临时保护性约束措施而未采取的，应当建议公安机关采取临时保护性约束措施。

第五百四十三条 在审查起诉中，犯罪嫌疑人经鉴定系依法不负刑事责任的精神病人的，人民检察院应当作出不起诉决定。认为符合刑事诉讼法第三百零二条规定条件的，应当向人民法院提出强制医疗的申请。

第五百四十四条 人民法院对强制医疗案件开庭审理的，人民检察院应当派员出席法庭。

第五百四十五条 人民检察院发现人民法院强制医疗案件审理活动具有下列情形之一的，应当提出纠正意见：

（一）未通知被申请人或者被告人的法定代理人到场的；

（二）被申请人或者被告人没有委托诉讼代理人，未通知法律援助机构指派律师为其提供法律帮助的；

（三）未组成合议庭或者合议庭组成人员不合法的；

（四）未经被申请人、被告人的法定代理人请求直接作出不开庭审理决定的；

（五）未会见被申请人的；

（六）被申请人、被告人要求出庭且具备出庭条件，未准许其出庭的；

（七）违反法定审理期限的；

（八）收到人民检察院对强制医疗决定不当的书面纠正意见后，未另行组成合议庭审理或者未在一个月以内作出复议决定的；

（九）人民法院作出的强制医疗决定或者驳回强制医疗申请决定不当的；

（十）其他违反法律规定的情形。

第五百四十六条 出席法庭的检察官发现人民法院或者审判人员审理强制医疗案件违反法律规定的诉讼程序，应当记录在案，并在休庭后及时向检察长报告，由人民检察院在庭审后向人民法院提出纠正意见。

第五百四十七条 人民检察院认为人民法院作出的强制医疗决定或者驳回强制医疗申请的决定，具有下列情形之一的，应当在收到决定书副本后二十日以内向人民法院提出纠正意见：

（一）据以作出决定的事实不清或者确有错误的；

（二）据以作出决定的证据不确实、不充分的；

（三）据以作出决定的证据依法应当予以排除的；

（四）据以作出决定的主要证据之间存在矛盾的；

（五）有确实、充分的证据证明应当决定强制医疗而予以驳回的，或者不应当决定强制医疗而决定强制医疗的；

（六）审理过程中严重违反法定诉讼程序，可能影响公正审理和决定的。

第五百四十八条 人民法院在审理案件过程中发现被告人符合强制医疗条件，适用强制医疗程序对案件进行审理的，人民检察院应当在庭审中发表意见。

人民法院作出宣告被告人无罪或者不负刑事责任的判决和强制医疗决定的，人民检察院应当进行审查。对判决确有错误的，应当依法提出抗诉；对强制医疗决定不当或者未作出强制医疗的决定不当的，应当提出纠正意见。

第五百四十九条 人民法院收到被决定强制医疗的人、被害人及其法定代理人、近亲属复议申请后，未组成合议庭审理，或者未在一个月以内作出复议决定，或者有其他违法行为的，人民检察院应当提出纠正意见。

第五百五十条 人民检察院对于人民法院批准解除强制医疗的决定实行监督，发现人民法院解除强制医疗的决定不当的，应当提出纠正意见。

第十三章 刑事诉讼法律监督
第一节 一般规定

第五百五十一条 人民检察院对刑事诉讼活动实行法律监督，发现违法情形的，依法提出抗诉、纠正意见或者检察建议。

人民检察院对于涉嫌违法的事实，可以采取以下方式进行调查核实：

（一）讯问、询问犯罪嫌疑人；

（二）询问证人、被害人或者其他诉讼参与人；

（三）询问办案人员；

（四）询问在场人员或者其他可能知情的人员；

（五）听取申诉人或者控告人的意见；

（六）听取辩护人、值班律师意见；

（七）调取、查询、复制相关登记表册、法律文书、体检记录及案卷材料等；

（八）调取讯问笔录、询问笔录及相关录音、录像或其他视听资料；

（九）进行伤情、病情检查或者鉴定；

（十）其他调查核实方式。

人民检察院在调查核实过程中不得限制被调查对象的人身、财产权利。

第五百五十二条 人民检察院发现刑事诉讼活动中的违法行为，对于情节较轻的，由检察人员以口头方式提出纠正意见；对于情节较重的，经检察长决定，发出纠正违法通知书。对于带有普遍性的违法情形，经检察长决定，向相关机关提出检察建议。构成犯罪的，移送有关机关、部门依法追究刑事责任。

有申诉人、控告人的，调查核实和纠正违法情况应予告知。

第五百五十三条 人民检察院发出纠正违法通知书的，应当监督落实。被监督单位在纠正违法通知书规定的期限内没有回复纠正情况的，人民检察院应当督促回复。经督促被监督单位仍不回复或者没有正当理由不纠正的，人民检察院应当向上一级人民检察院报告。

第五百五十四条 被监督单位对纠正意见申请复查的，人民检察院应当在收到被监督单位的书面意见后七日以内进行复查，并将复查结果及时通知申请复查的单位。经过复查，认为纠正意见正确的，应当及时向上一级人民检察院报告；认为纠正意见错误的，应当及时予以撤销。

上一级人民检察院经审查，认为下级人民检察院纠正意见正确的，应当及时通报被监督单位的上级机关或者主管机关，并建议其督促被监督单位予以纠正；认为下级人民检察院纠正意见错误的，应当书面通知下级人民检察院予以撤销，下级人民检察院应当执行，并及时向被监督单位说明情况。

第五百五十五条 当事人和辩护人、诉讼代理人、利害关系人对于办案机关及其工作人员有刑事诉讼法第一百一十七条规定的行为，向该机关申诉或者控告，对该机关作出的处理不服或者该机关未在规定时间内作出答复，而向人民检察院申诉的，办案机关的同级人民检察院应当受理。

人民检察院直接受理侦查的案件，当事人和辩护人、诉讼代理人、利害关系人对办理案件的人民检察院的处理不服的，可以向上一级人民检察院申诉，上一级人民检察院应当受理。

未向办案机关申诉或者控告，或者办案机关在规定时间内尚未作出处理决定，直接向人民检察院申诉的，人民检察院应当告知其向办案机关申诉或者控告。人民检察院在审查逮捕、审查起诉中发现有刑事诉讼法第一百一十七条规定的违法情形的，可以直接监督纠正。

当事人和辩护人、诉讼代理人、利害关系人对刑事诉讼法第一百一十七条规定情形之外的违法行为提出申诉或者控告的，人民检察院应当受理，并及时审查，依法处理。

第五百五十六条 对人民检察院及其工作人员办理案件中违法行为的申诉、控告，由负责控告申诉检察的部门受理和审查办理。对其他司法机关处理决定不服向人民检察院提出的申诉，由负责控告申诉检察的部门受理后，移送相关办案部门审查办理。

审查办理的部门应当在受理之日起十五日以内提出审查意见。人民检察院对刑事诉讼法第一百一十七条的申诉，经审查认为需要其他司法机关说明理由的，应当要求有关机关说明理由，并在收到理由说明后十五日以内提出审查意见。

人民检察院及其工作人员办理案件中存在的违法情形属实的，应当予以纠正；不存在违法行为的，书面答复申诉人、控告人。

其他司法机关对申诉、控告的处理不正确的，人民检察院应当通知有关机关予以纠正；处理正确的，书面答复申诉人、控告人。

第二节 刑事立案监督

第五百五十七条 被害人及其法定代理人、近亲属或者行政执法机关，认为公安机关对其控告或者移送的案件应当立案侦查而不立案侦查，或者当事人认为公安机关不应当立案而立案，向人民检察院提出的，人民检察院应当受理并进行审查。

人民检察院发现公安机关可能存在应当立案侦查而不立案侦查情形的，应当依法进行审查。

人民检察院接到控告、举报或者发现行政执法机关不移送涉嫌犯罪案件的，经检察长批准，应当向行政执法机关提出检察意见，要求其按照管辖规定向公安机关移送涉嫌犯罪案件。

第五百五十八条 人民检察院负责控告申诉检察的部门受理对公安机关应当立案而不立案或者不应当立案而立案的控告、申诉，应当根据事实、法律进行审查。认为需要公安机关说明不立案或者立案理由的，应当及时将案件移送负责捕诉的部门办理；认为公安机关立案或者不立案决定正确的，应当制作相关法律文书，答复控告人、申诉人。

第五百五十九条 人民检察院经审查，认为需要公安机关说明不立案理由的，应当要求公安机关书面说明不立案的理由。

对于有证据证明公安机关可能存在违法动用刑事手段插手民事、经济纠纷，或者利用立案实施报复陷害、敲诈勒索以及谋取其他非法利益等违法立案情形，尚未提请批准逮捕或者移送起诉的，人民检察院应当要求公安机关书面说明立案理由。

第五百六十条 人民检察院要求公安机关说明不立案或者立案理由，应当书面通知公安机关，并且告知公安机关在收到通知后七日以内，书面说明不立案或者立案的情况、依据和理由，连同有关证据材料回复人民检察院。

第五百六十一条 公安机关说明不立案或者立案的理由后，人民检察院应当进行审查。认为公安机关不立案或者立案理由不能成立的，经检察长决定，应当通知公安机关立案或者撤销案件。

人民检察院认为公安机关不立案或者立案理由成立的，应当在十日以内将不立案或者立案的依据和理由告知被害人及其法定代理人、近亲属或者行政执法机关。

第五百六十二条 公安机关对当事人的报案、控告、举报或者行政执法机关移送的涉嫌犯罪案件受理后未在规定期限内作出是否立案决定，当事人或者行政执法机关向人民检察院提出的，人民检察院应当受理并进行审查。经审查，认为尚未超过规定期限的，应当移送公安机关处理，并答复报案人、控告人、举报人或者行政执法机关；认为超过规定期限的，应当要求公安机关在七日以内书面说明逾期不作出是否立案决定的理由，连同有关证据材料回复人民检察院。公安机关在七日以内不说明理由也不作出立案或者不立案决定的，人民检察院应当提出纠正意见。人民检察院经审查有关证据材料认为符合立案条件的，应当通知公安机关立案。

第五百六十三条 人民检察院通知公安机关立案或者撤销案件，应当制作通知立案或者通知撤销案件书，说明依据和理由，连同证据材料送达公安机关，并且告知公安机关应当在收到通知立案书后十五日以内立案，对通知撤销案件书没有异议的应当立即撤销案件，并将立案决定书或者撤销案件决定书及时送达人民检察院。

第五百六十四条 人民检察院通知公安机关立案或者撤销案件的，应当依法对执行情况进行监督。

公安机关在收到通知立案书或者通知撤销案件书后超过十五日不予立案或者未要求复议、提请复核也不撤销案件的，人民检察院应当发出纠正违法通知书。公安机关仍不纠正的，报上一级人民检察院协商同级公安机关处理。

公安机关立案后三个月以内未侦查终结的，人民检察院可以向公安机关发出立案监督案件催办函，要求公安机关及时向人民检察院反馈侦查工作进展情况。

第五百六十五条 公安机关认为人民检察院撤销案件通知有错误，要求同级人民检察院复议的，人民检察院应当重新审查。在收到要求复议意见书和案卷材料后七日以内作出是否变更的决定，并通知公安机关。

公安机关不接受人民检察院复议决定，提请上一级人民检察院复核的，上级人民检察院应当在收到提请复核意见书和案卷材料后十五日以内作出是否变更的决定，通知下级人民检察院和公安机关执行。

上级人民检察院复核认为撤销案件通知有错误的，下级人民检察院应当立即纠正；上级人民检察院复核认为撤销案件通知正确的，应当作出复核决定并送达下级公安机关。

第五百六十六条 人民检察院负责捕诉的部门发现本院负责侦查的部门对应当立案侦查的案件不立案侦查或者对不应当立案侦查的案件立案侦查的，应当建议负责侦查的部门立案侦查或者撤销案件。建议不被采纳的，应当报请检察长决定。

第三节 侦查活动监督

第五百六十七条 人民检察院应当对侦查活动中是否存在以下违法行为进行监督：

（一）采用刑讯逼供以及其他非法方法收集犯罪嫌疑人供述的；

（二）讯问犯罪嫌疑人依法应当录音或者录像而没有录音或者录像，或者未在法定羁押场所讯问犯罪嫌疑人的；

（三）采用暴力、威胁以及非法限制人身自由等非法方法收集证人证言、被害人陈述，或者以暴力、威胁等方法阻止证人作证或者指使他人作伪证的；

（四）伪造、隐匿、销毁、调换、私自涂改证据，或者帮助当事人毁灭、伪造证据的；

（五）违反刑事诉讼法关于决定、执行、变更、撤销强制措施的规定，或者强制措施法定期限届满，不予释放、解除或者变更的；

（六）应当退还取保候审保证金不退还的；

（七）违反刑事诉讼法关于讯问、询问、勘验、检查、搜查、鉴定、采取技术侦查措施等规定的；

（八）对与案件无关的财物采取查封、扣押、冻结措施，或者应当解除查封、扣押、冻结而不解除的；

（九）贪污、挪用、私分、调换、违反规定使用查封、扣押、冻结的财物及其孳息的；

（十）不应当撤案而撤案的；

（十一）侦查人员应当回避而不回避的；

（十二）依法应当告知犯罪嫌疑人诉讼权利而不告知，影响犯罪嫌疑人行使诉讼权利的；

（十三）对犯罪嫌疑人拘留、逮捕、指定居所监视居住后依法应当通知家属而未通知的；

（十四）阻碍当事人、辩护人、诉讼代理人、值班律师依法行使诉讼权利的；

（十五）应当对证据收集的合法性出具说明或者提供证明材料而不出具、不提供的；

（十六）侦查活动中的其他违反法律规定的行为。

第五百六十八条 人民检察院发现侦查活动中的违法情形已涉嫌犯罪，属于人民检察院管辖的，依法立案侦查；不属于人民检察院管辖的，依照有关规定移送有管辖权的机关。

第五百六十九条 人民检察院负责捕诉的部门发现本院负责侦查的部门在侦查活动中有违法情形，应当提出纠正意见。需要追究相关人员违法违纪责任的，应当报告检察长。

上级人民检察院发现下级人民检察院在侦查活动中有违法情形，应当通知其纠正。下级人民检察院应当及时纠正，并将纠正情况报告上级人民检察院。

第四节 审判活动监督

第五百七十条 人民检察院应当对审判活动中是否存在以下违法行为进行监督：

（一）人民法院对刑事案件的受理违反管辖规定的；

（二）人民法院审理案件违反法定审理和送达期限的；

（三）法庭组成人员不符合法律规定，或者依照规定应当回避而不回避的；

（四）法庭审理案件违反法定程序的；

（五）侵犯当事人、其他诉讼参与人的诉讼权利和其他合法权利的；

（六）法庭审理时对有关程序问题所作的决定违反法律规定的；

（七）违反法律规定裁定发回重审的；

（八）故意毁弃、篡改、隐匿、伪造、偷换证据或者其他诉讼材料，或者依据未经法定程序调查、质证的证据定案的；

（九）依法应当调查收集相关证据而不收集的；

（十）徇私枉法，故意违背事实和法律作枉法裁判的；

（十一）收受、索取当事人及其近亲属或者其委托的律师等人财物或者其他利益的；

（十二）违反法律规定采取强制措施或者采取强制措施法定期限届满，不予释放、解除或者变更的；

（十三）应当退还取保候审保证金不退还的；

（十四）对与案件无关的财物采取查封、扣押、冻结措施，或者应当解除查封、扣押、冻结而不解除的；

（十五）贪污、挪用、私分、调换、违反规定使用查封、扣押、冻结的财物及其孳息的；

（十六）其他违反法律规定的行为。

第五百七十一条 人民检察院检察长或者检察长委托的副检察长，可以列席同级人民法院审判委员会会议，依法履行法律监督职责。

第五百七十二条 人民检察院在审判活动监督中，发现人民法院或者审判人员审理案件违反法律规定的诉讼程序，应当向人民法院提出纠正意见。

人民检察院对违反程序的庭审活动提出纠正意见，应当由人民检察院在庭审后提出。出席法庭的检察人员发现法庭审判违反法律规定的诉讼程序，应当在休庭后及时向检察长报告。

第五节 羁押必要性审查

第五百七十三条 犯罪嫌疑人、被告人被逮捕后，人民检察院仍应当对羁押的必要性进行审查。

第五百七十四条 人民检察院在办案过程中可以依职权主动进行羁押必要性审查。

犯罪嫌疑人、被告人及其法定代理人、近亲属或者辩护人可以申请人民检察院进行羁押必要性审查。申请时应当说明不需要继续羁押的理由，有相关证据或者其他材料的应当提供。

看守所根据在押人员身体状况，可以建议人民检察院进行羁押必要性审查。

第五百七十五条 负责捕诉的部门依法对侦查和审判阶段的羁押必要性进行审查。经审查认为不需要继续羁押的，应当建议公安机关或者人民法院释放犯罪嫌疑人、被告人或者变更强制措施。

审查起诉阶段，负责捕诉的部门经审查认为不需要继续羁押的，应当直接释放犯罪嫌疑人或者变更强制措施。

负责刑事执行检察的部门收到有关材料或者发现不需要继续羁押的,应当及时将有关材料和意见移送负责捕诉的部门。

第五百七十六条 办案机关对应的同级人民检察院负责控告申诉检察的部门或者负责案件管理的部门收到羁押必要性审查申请后,应当在当日移送本院负责捕诉的部门。

其他人民检察院收到羁押必要性审查申请的,应当告知申请人向办案机关对应的同级人民检察院提出申请,或者在二日以内将申请材料移送办案机关对应的同级人民检察院,并告知申请人。

第五百七十七条 人民检察院可以采取以下方式进行羁押必要性审查:

(一)审查犯罪嫌疑人、被告人不需要继续羁押的理由和证明材料;

(二)听取犯罪嫌疑人、被告人及其法定代理人、辩护人的意见;

(三)听取被害人及其法定代理人、诉讼代理人的意见,了解是否达成和解协议;

(四)听取办案机关的意见;

(五)调查核实犯罪嫌疑人、被告人的身体健康状况;

(六)需要采取的其他方式。

必要时,可以依照有关规定进行公开审查。

第五百七十八条 人民检察院应当根据犯罪嫌疑人、被告人涉嫌的犯罪事实、主观恶性、悔罪表现、身体状况、案件进展情况、可能判处的刑罚和有无再危害社会的危险等因素,综合评估有无必要继续羁押犯罪嫌疑人、被告人。

第五百七十九条 人民检察院发现犯罪嫌疑人、被告人具有下列情形之一的,应当向办案机关提出释放或者变更强制措施的建议:

(一)案件证据发生重大变化,没有证据证明有犯罪事实或者犯罪行为系犯罪嫌疑人、被告人所为的;

(二)案件事实或者情节发生变化,犯罪嫌疑人、被告人可能被判处拘役、管制、独立适用附加刑、免予刑事处罚或者判决无罪的;

(三)继续羁押犯罪嫌疑人、被告人,羁押期限将超过依法可能判处的刑期的;

(四)案件事实基本查清,证据已经收集固定,符合取保候审或者监视居住条件的。

第五百八十条 人民检察院发现犯罪嫌疑人、被告人具有下列情形之一,且具有悔罪表现,不予羁押不致发生社会危险性的,可以向办案机关提出释放或者变更强制措施的建议:

(一)预备犯或者中止犯;

(二)共同犯罪中的从犯或者胁从犯;

(三)过失犯罪的;

(四)防卫过当或者避险过当的;

(五)主观恶性较小的初犯;

(六)系未成年人或者已满七十五周岁的人;

(七)与被害方依法自愿达成和解协议,且已经履行或者提供担保的;

(八)认罪认罚的;

(九)患有严重疾病、生活不能自理的;

(十)怀孕或者正在哺乳自己婴儿的妇女;

(十一)系生活不能自理的人的唯一扶养人;

(十二)可能被判处一年以下有期徒刑或者宣告缓刑的;

(十三)其他不需要继续羁押的情形。

第五百八十一条 人民检察院向办案机关发出释放或者变更强制措施建议书的,应当说明不需要继续羁押犯罪嫌疑人、被告人的理由和法律依据,并要求办案机关在十日以内回复处理情况。

人民检察院应当跟踪办案机关对释放或者变更强制措施建议的处理情况。办案机关未在十日以内回复处理情况的,应当提出纠正意见。

第五百八十二条 对于依申请审查的案件,人民检察院办结后,应当将提出建议的情况和公安机关、人民法院的处理情况,或者有继续羁押必要的审查意见和理由及时书面告知申请人。

第六节 刑事判决、裁定监督

第五百八十三条 人民检察院依法对人民法院的判决、裁定是否正确实行法律监督,对人民法院确有错误的判决、裁定,应当依法提出抗诉。

第五百八十四条 人民检察院认为同级人民法院第一审判决、裁定具有下列情形之一的,应当提出抗诉:

(一)认定的事实确有错误或者据以定罪量刑的证据不确实、不充分的;

(二)有确实、充分证据证明有罪判无罪,或者无罪判有罪的;

(三)重罪轻判,轻罪重判,适用刑罚明显不当的;

(四)认定罪名不正确,一罪判数罪、数罪判一罪,影响量刑或者造成严重社会影响的;

（五）免除刑事处罚或者适用缓刑、禁止令、限制减刑等错误的；

（六）人民法院在审理过程中严重违反法律规定的诉讼程序的。

第五百八十五条 人民检察院在收到人民法院第一审判决书或者裁定书后，应当及时审查。对于需要提出抗诉的案件，应当报请检察长决定。

第五百八十六条 人民检察院对同级人民法院第一审判决的抗诉，应当在接到判决书后第二日起十日以内提出；对第一审裁定的抗诉，应当在接到裁定书后第二日起五日以内提出。

第五百八十七条 人民检察院对同级人民法院第一审判决、裁定的抗诉，应当制作抗诉书，通过原审人民法院向上一级人民法院提出，并将抗诉书副本连同案卷材料报送上一级人民检察院。

第五百八十八条 被害人及其法定代理人不服地方各级人民法院第一审的判决，在收到判决书后五日以内请求人民检察院提出抗诉的，人民检察院应当立即进行审查，在收到被害人及其法定代理人的请求后五日以内作出是否抗诉的决定，并且答复请求人。经审查认为应当抗诉的，适用本规则第五百八十四条至第五百八十七条的规定办理。

被害人及其法定代理人在收到判决书五日以后请求人民检察院提出抗诉的，由人民检察院决定是否受理。

第五百八十九条 上一级人民检察院对下级人民检察院按照第二审程序提出抗诉的案件，认为抗诉正确的，应当支持抗诉。

上一级人民检察院认为抗诉不当的，应当听取下级人民检察院的意见。听取意见后，仍然认为抗诉不当的，应当向同级人民法院撤回抗诉，并且通知下级人民检察院。

上一级人民检察院在上诉、抗诉期限内，发现下级人民检察院应当提出抗诉而没有提出抗诉的案件，可以指令下级人民检察院依法提出抗诉。

上一级人民检察院支持或者部分支持抗诉意见的，可以变更、补充抗诉理由，及时制作支持抗诉意见书，并通知提出抗诉的人民检察院。

第五百九十条 第二审人民法院发回原审人民法院按照第一审程序重新审判的案件，如果人民检察院认为重新审判的判决、裁定确有错误的，可以按照第二审程序提出抗诉。

第五百九十一条 人民检察院认为人民法院已经发生法律效力的判决、裁定确有错误，具有下列情形之一的，应当按照审判监督程序向人民法院提出抗诉：

（一）有新的证据证明原判决、裁定认定的事实确有错误，可能影响定罪量刑的；

（二）据以定罪量刑的证据不确实、不充分的；

（三）据以定罪量刑的证据依法应当予以排除的；

（四）据以定罪量刑的主要证据之间存在矛盾的；

（五）原判决、裁定的主要事实依据被依法变更或者撤销的；

（六）认定罪名错误且明显影响量刑的；

（七）违反法律关于追诉时效期限的规定的；

（八）量刑明显不当的；

（九）违反法律规定的诉讼程序，可能影响公正审判的；

（十）审判人员在审理案件的时候有贪污受贿、徇私舞弊，枉法裁判行为的。

对于同级人民法院已经发生法律效力的判决、裁定，人民检察院认为可能有错误的，应当另行指派检察官或者检察官办案组进行审查。经审查，认为有前款规定情形之一的，应当提请上一级人民检察院提出抗诉。

对已经发生法律效力的判决、裁定的审查，参照本规则第五百八十五条的规定办理。

第五百九十二条 对于高级人民法院判处死刑缓期二年执行的案件，省级人民检察院认为确有错误提请抗诉的，一般应当在收到生效判决、裁定后三个月以内提出，至迟不得超过六个月。

第五百九十三条 当事人及其法定代理人、近亲属认为人民法院已经发生法律效力的判决、裁定确有错误，向人民检察院申诉的，由作出生效判决、裁定的人民法院的同级人民检察院依法办理。

当事人及其法定代理人、近亲属直接向上一级人民检察院申诉的，上级人民检察院可以交由作出生效判决、裁定的人民法院的同级人民检察院受理；案情重大、疑难、复杂的，上级人民检察院可以直接受理。

当事人及其法定代理人、近亲属对人民法院已经发生法律效力的判决、裁定提出申诉，经人民检察院复查决定不予抗诉后继续提出申诉的，上一级人民检察院应当受理。

第五百九十四条 对不服人民法院已经发生法律效力的判决、裁定的申诉，经两级人民检察院办理且省级人民检察院已经复查的，如果没有新的证据，人民检察院不再复查，但原审被告人可能被宣告无罪或者判决、裁定有其他重大错误可能的除外。

第五百九十五条 人民检察院对已经发生法律效力的判决、裁定的申诉复查后,认为需要提请或者提出抗诉的,报请检察长决定。

地方各级人民检察院对不服同级人民法院已经发生法律效力的判决、裁定的申诉复查后,认为需要提出抗诉的,应当提请上一级人民检察院抗诉。

上级人民检察院对下一级人民检察院提请抗诉的申诉案件进行审查后,认为需要提出抗诉的,应当向同级人民法院提出抗诉。

人民法院开庭审理时,同级人民检察院应当派员出席法庭。

第五百九十六条 人民检察院对不服人民法院已经发生法律效力的判决、裁定的申诉案件复查终结后,应当制作刑事申诉复查通知书,在十日以内通知申诉人。

经复查向上一级人民检察院提请抗诉的,应当在上一级人民检察院作出是否抗诉的决定后制作刑事申诉复查通知书。

第五百九十七条 最高人民检察院发现各级人民法院已经发生法律效力的判决或者裁定,上级人民检察院发现下级人民法院已经发生法律效力的判决或者裁定确有错误时,可以直接向同级人民法院提出抗诉,或者指令作出生效判决、裁定人民法院的上一级人民检察院向同级人民法院提出抗诉。

第五百九十八条 人民检察院按照审判监督程序向人民法院提出抗诉的,应当将抗诉书副本报送上一级人民检察院。

第五百九十九条 对按照审判监督程序提出抗诉的案件,人民检察院认为人民法院再审作出的判决、裁定仍然确有错误的,如果案件是依照第一审程序审判的,同级人民检察院应当按照第二审程序向上一级人民法院提出抗诉;如果案件是依照第二审程序审判的,上一级人民检察院应当按照审判监督程序向同级人民法院提出抗诉。

第六百条 人民检察院办理按照第二审程序、审判监督程序抗诉的案件,认为需要对被告人采取强制措施的,参照本规则相关规定。决定采取强制措施应当经检察长批准。

第六百零一条 人民检察院对自诉案件的判决、裁定的监督,适用本节的规定。

第七节 死刑复核监督

第六百零二条 最高人民检察院依法对最高人民法院的死刑复核活动实行法律监督。

省级人民检察院依法对高级人民法院复核未上诉且未抗诉死刑立即执行案件和死刑缓期二年执行案件的活动实行法律监督。

第六百零三条 最高人民检察院、省级人民检察院通过办理下列案件对死刑复核活动实行法律监督:

(一)人民法院向人民检察院通报的死刑复核案件;

(二)下级人民检察院提请监督或者报告重大情况的死刑复核案件;

(三)当事人及其近亲属或者受委托的律师向人民检察院申请监督的死刑复核案件;

(四)认为应当监督的其他死刑复核案件。

第六百零四条 省级人民检察院对于进入最高人民法院死刑复核程序的案件,发现具有下列情形之一的,应当及时向最高人民检察院提请监督:

(一)案件事实不清、证据不足,依法应当发回重新审判或者改判的;

(二)被告人具有从宽处罚情节,依法不应当判处死刑的;

(三)适用法律错误的;

(四)违反法律规定的诉讼程序,可能影响公正审判的;

(五)其他应当提请监督的情形。

第六百零五条 省级人民检察院发现死刑复核案件被告人有自首、立功、怀孕或者被告人家属与被害人家属达成赔偿谅解协议等新的重大情况,影响死刑适用的,应当及时向最高人民检察院报告。

第六百零六条 当事人及其近亲属或者受委托的律师向最高人民检察院提出不服死刑裁判的申诉,由负责死刑复核监督的部门审查。

第六百零七条 对于适用死刑存在较大分歧或者在全国有重大影响的死刑第二审案件,省级人民检察院应当及时报最高人民检察院备案。

第六百零八条 高级人民法院死刑复核期间,设区的市级人民检察院向省级人民检察院报告重大情况、备案等程序,参照本规则第六百零五条、第六百零七条规定办理。

第六百零九条 对死刑复核监督案件的审查可以采取下列方式:

(一)审查人民法院移送的材料、下级人民检察院报送的相关案卷材料、当事人及其近亲属或者受委托的律师提交的材料;

(二)向下级人民检察院调取案件审查报告、公诉意见书、出庭意见书等，了解案件相关情况；

（三）向人民法院调阅或者查阅案卷材料；

（四）核实或者委托核实主要证据；

（五）讯问被告人、听取受委托的律师的意见；

（六）就有关技术性问题向专门机构或者有专门知识的人咨询，或者委托进行证据审查；

（七）需要采取的其他方式。

第六百一十条 审查死刑复核监督案件，具有下列情形之一的，应当听取下级人民检察院的意见：

（一）对案件主要事实、证据有疑问的；

（二）对适用死刑存在较大争议的；

（三）可能引起司法办案重大风险的；

（四）其他应当听取意见的情形。

第六百一十一条 最高人民检察院经审查发现死刑复核案件具有下列情形之一的，应当经检察长决定，依法向最高人民法院提出检察意见：

（一）认为适用死刑不当，或者案件事实不清、证据不足，依法不应当核准死刑的；

（二）认为不予核准死刑的理由不成立，依法应当核准死刑的；

（三）发现新的事实和证据，可能影响被告人定罪量刑的；

（四）严重违反法律规定的诉讼程序，可能影响公正审判的；

（五）司法工作人员在办理案件时，有贪污受贿、徇私舞弊、枉法裁判等行为的；

（六）其他需要提出检察意见的情形。

同意最高人民法院核准或者不核准意见的，应当经检察长批准，书面回复最高人民法院。

对于省级人民检察院提请监督、报告重大情况的案件，最高人民检察院认为具有影响死刑适用情形的，应当及时将有关材料转送最高人民法院。

第八节 羁押期限和办案期限监督

第六百一十二条 人民检察院依法对羁押期限和办案期限是否合法实行法律监督。

第六百一十三条 对公安机关、人民法院办理案件相关期限的监督，犯罪嫌疑人、被告人被羁押的，由人民检察院负责刑事执行检察的部门承担；犯罪嫌疑人、被告人未被羁押的，由人民检察院负责捕诉的部门承担。对人民检察院办理案件相关期限的监督，由负责案件管理的部门承担。

第六百一十四条 人民检察院在办理案件过程中，犯罪嫌疑人、被告人被羁押，具有下列情形之一的，办案部门应当在作出决定或者收到决定书、裁定书后十日以内通知本院负有监督职责的部门：

（一）批准或者决定延长侦查羁押期限的；

（二）对于人民检察院直接受理侦查的案件，决定重新计算侦查羁押期限、变更或者解除强制措施的；

（三）对犯罪嫌疑人、被告人进行精神病鉴定的；

（四）审查起诉期间改变管辖、延长审查起诉期限的；

（五）案件退回补充侦查，或者补充侦查完毕移送起诉后重新计算审查起诉期限的；

（六）人民法院决定适用简易程序、速裁程序审理第一审案件，或者将案件由简易程序转为普通程序，由速裁程序转为简易程序、普通程序重新审理的；

（七）人民法院改变管辖，决定延期审理、中止审理，或者同意人民检察院撤回起诉的。

第六百一十五条 人民检察院发现看守所的羁押期限管理活动具有下列情形之一的，应当依法提出纠正意见：

（一）未及时督促办案机关办理换押手续的；

（二）未在犯罪嫌疑人、被告人羁押期限届满前七日以内向办案机关发出羁押期限即将届满通知书的；

（三）犯罪嫌疑人、被告人被超期羁押后，没有立即书面报告人民检察院并通知办案机关的；

（四）收到犯罪嫌疑人、被告人及其法定代理人、近亲属或者辩护人提出的变更强制措施、羁押必要性审查、羁押期限届满要求释放或者变更强制措施的申请、申诉、控告后，没有及时转送有关办案机关或者人民检察院的；

（五）其他违法情形。

第六百一十六条 人民检察院发现公安机关的侦查羁押期限执行情况具有下列情形之一的，应当依法提出纠正意见：

（一）未按规定办理换押手续的；

（二）决定重新计算侦查羁押期限、经批准延长侦查羁押期限，未书面通知人民检察院和看守所的；

（三）对犯罪嫌疑人进行精神病鉴定，没有书面通知人民检察院和看守所的；

（四）其他违法情形。

第六百一十七条 人民检察院发现人民法院的审理期限执行情况具有下列情形之一的，应当依法提出纠正意见：

（一）在一审、二审和死刑复核阶段未按规定办理换押手续的；

（二）违反刑事诉讼法的规定重新计算审理期限、批准延长审理期限、改变管辖、延期审理、中止审理或者发回重审的；

（三）决定重新计算审理期限、批准延长审理期限、改变管辖、延期审理、中止审理、对被告人进行精神病鉴定，没有书面通知人民检察院和看守所的；

（四）其他违法情形。

第六百一十八条　人民检察院发现同级或者下级公安机关、人民法院超期羁押的，应当向该办案机关发出纠正违法通知书。

发现上级公安机关、人民法院超期羁押的，应当及时层报该办案机关的同级人民检察院，由同级人民检察院向该办案机关发出纠正违法通知书。

对异地羁押的案件，发现办案机关超期羁押的，应当通报该办案机关的同级人民检察院，由其依法向办案机关发出纠正违法通知书。

第六百一十九条　人民检察院发出纠正违法通知书后，有关办案机关未回复意见或者继续超期羁押的，应当及时报告上一级人民检察院。

对于造成超期羁押的直接责任人员，可以书面建议其所在单位或者有关主管机关依照法律或者有关规定予以处分；对于造成超期羁押情节严重，涉嫌犯罪的，应当依法追究其刑事责任。

第六百二十条　人民检察院办理直接受理侦查的案件或者审查逮捕、审查起诉案件，在犯罪嫌疑人侦查羁押期限、办案期限即将届满前，负责案件管理的部门应当依照有关规定向本院办案部门进行期限届满提示。发现办案部门办理案件超过规定期限的，应当依照有关规定提出纠正意见。

第十四章　刑罚执行和监管执法监督
第一节　一般规定

第六百二十一条　人民检察院依法对刑事判决、裁定和决定的执行工作以及监狱、看守所等的监管执法活动实行法律监督。

第六百二十二条　人民检察院根据工作需要，可以对监狱、看守所等场所采取巡回检察、派驻检察等方式进行监督。

第六百二十三条　人民检察院对监狱、看守所等场所进行监督，除可以采取本规则第五百五十一条规定的调查核实措施外，还可以采取实地查看禁闭室、会见室、监区、监舍等有关场所，列席监狱、看守所有关会议，与有关监管民警进行谈话，召开座谈会，开展问卷调查等方式。

第六百二十四条　人民检察院对刑罚执行和监管执法活动实行监督，可以根据下列情形分别处理：

（一）发现执法瑕疵、安全隐患，或者违法情节轻微的，口头提出纠正意见，并记录在案；

（二）发现严重违法、发生重大事故，或者口头提出纠正意见后七日以内未予纠正的，书面提出纠正意见；

（三）发现存在可能导致执法不公问题，或者存在重大监管漏洞、重大安全隐患、重大事故风险等问题的，提出检察建议。

对于在巡回检察中发现的前款规定的问题、线索的整改落实情况，通过巡回检察进行督导。

第二节　交付执行监督

第六百二十五条　人民检察院发现人民法院、公安机关、看守所等机关的交付执行活动具有下列情形之一的，应当依法提出纠正意见：

（一）交付执行的第一审人民法院没有在法定期间内将判决书、裁定书、人民检察院的起诉书副本、自诉状复印件、执行通知书、结案登记表等法律文书送达公安机关、监狱、社区矫正机构等执行机关的；

（二）对被判处死刑缓期二年执行、无期徒刑或者有期徒刑余刑在三个月以上的罪犯，公安机关、看守所自接到人民法院执行通知书等法律文书后三十日以内，没有将成年罪犯送交监狱执行刑罚，或者没有将未成年罪犯送交未成年犯管教所执行刑罚的；

（三）对需要收监执行刑罚而判决、裁定生效前未被羁押的罪犯，第一审人民法院没有及时将罪犯收监送交公安机关，并将判决书、裁定书、执行通知书等法律文书送达公安机关的；

（四）公安机关对需要收监执行刑罚但下落不明的罪犯，在收到人民法院的判决书、裁定书、执行通知书等法律文书后，没有及时抓捕、通缉的；

（五）对被判处管制、宣告缓刑或者人民法院决定暂予监外执行的罪犯，在判决、裁定生效后或者收到人民法院暂予监外执行决定后，未依法交付罪犯居住地社区矫正机构执行，或者对被单处剥夺政治权利的罪犯，在判决、裁定生效后，未依法交付罪犯居住地公安机关执行的，或者人民法院依法交付执行，社区矫正机构或者公安机关应当接收而拒绝接收的；

（六）其他违法情形。

第六百二十六条 人民法院判决被告人无罪、免予刑事处罚、判处管制、宣告缓刑、单处罚金或者剥夺政治权利，被告人被羁押的，人民检察院应当监督被告人是否被立即释放。发现被告人没有被立即释放的，应当立即向人民法院或者看守所提出纠正意见。

第六百二十七条 人民检察院发现公安机关未依法执行拘役、剥夺政治权利，拘役执行期满未依法发给释放证明，或者剥夺政治权利执行期满未书面通知本人及其所在单位、居住地基层组织等违法情形的，应当依法提出纠正意见。

第六百二十八条 人民检察院发现监狱、看守所对服刑期满或者依法应当予以释放的人员没有按期释放，对被裁定假释的罪犯依法应当交付罪犯居住地社区矫正机构实行社区矫正而不交付，对主刑执行完毕仍然需要执行附加剥夺政治权利的罪犯依法应当交付罪犯居住地公安机关执行而不交付，或者对服刑期未满又无合法释放根据的罪犯予以释放等违法行为的，应当依法提出纠正意见。

第三节 减刑、假释、暂予监外执行监督

第六百二十九条 人民检察院发现人民法院、监狱、看守所、公安机关暂予监外执行的活动具有下列情形之一的，应当依法提出纠正意见：

（一）将不符合法定条件的罪犯提请、决定暂予监外执行的；

（二）提请、决定暂予监外执行的程序违反法律规定或者没有完备的合法手续，或者对于需要保外就医的罪犯没有省级人民政府指定医院的诊断证明和开具的证明文件的；

（三）监狱、看守所提出暂予监外执行书面意见，没有同时将书面意见副本抄送人民检察院的；

（四）罪犯被决定或者批准暂予监外执行后，未依法交付罪犯居住地社区矫正机构实行社区矫正的；

（五）对符合暂予监外执行条件的罪犯没有依法提请暂予监外执行的；

（六）人民法院在作出暂予监外执行决定前，没有依法征求人民检察院意见的；

（七）发现罪犯不符合暂予监外执行条件，在暂予监外执行期间严重违反暂予监外执行监督管理规定，或者暂予监外执行的条件消失且刑期未满，应当收监执行而未及时收监执行的；

（八）人民法院决定将暂予监外执行的罪犯收监执行，并将有关法律文书送达公安机关、监狱、看守所后，监狱、看守所未及时收监执行的；

（九）对不符合暂予监外执行条件的罪犯通过贿赂、欺骗等非法手段被暂予监外执行以及在暂予监外执行期间脱逃的罪犯，监狱、看守所未建议人民法院将其监外执行期间、脱逃期间不计入执行刑期或者对罪犯执行刑期计算的建议违法、不当的；

（十）暂予监外执行的罪犯刑期届满，未及时办理释放手续的；

（十一）其他违法情形。

第六百三十条 人民检察院收到监狱、看守所抄送的暂予监外执行书面意见副本后，应当逐案进行审查，发现罪犯不符合暂予监外执行法定条件或者提请暂予监外执行违反法定程序的，应当在十日以内报经检察长批准，向决定或者批准机关提出书面检察意见，同时抄送执行机关。

第六百三十一条 人民检察院接到决定或者批准机关抄送的暂予监外执行决定书后，应当及时审查下列内容：

（一）是否属于被判处有期徒刑或者拘役的罪犯；

（二）是否属于有严重疾病需要保外就医的罪犯；

（三）是否属于怀孕或者正在哺乳自己婴儿的妇女；

（四）是否属于生活不能自理，适用暂予监外执行不致危害社会的罪犯；

（五）是否属于适用保外就医可能有社会危险性的罪犯，或者自伤自残的罪犯；

（六）决定或者批准机关是否符合刑事诉讼法第二百六十五条第五款的规定；

（七）办理暂予监外执行是否符合法定程序。

第六百三十二条 人民检察院经审查认为暂予监外执行不当的，应当自接到通知之日起一个月以内，向决定或者批准暂予监外执行的机关提出纠正意见。下级人民检察院认为暂予监外执行不当的，应当立即层报决定或者批准暂予监外执行的机关的同级人民检察院，由其决定是否向决定或者批准暂予监外执行的机关提出纠正意见。

第六百三十三条 人民检察院向决定或者批准暂予监外执行的机关提出不同意暂予监外执行的书面意见后，应当监督其对决定或者批准暂予监外执行的结果进行重新核查，并监督重新核查的结果是否符合法律规定。对核查不符合法律规定的，应当依法提出纠正意见，并向上一级人民检察院报告。

第六百三十四条 对于暂予监外执行的罪犯，人民

检察院发现罪犯不符合暂予监外执行条件、严重违反有关暂予监外执行的监督管理规定或者暂予监外执行的情形消失而罪犯刑期未满的,应当通知执行机关收监执行,或者建议决定或者批准暂予监外执行的机关作出收监执行决定。

第六百三十五条 人民检察院收到执行机关抄送的减刑、假释建议书副本后,应当逐案进行审查。发现减刑、假释建议不当或者提请减刑、假释违反法定程序的,应当在十日以内报经检察长批准,向审理减刑、假释案件的人民法院提出书面检察意见,同时也可以向执行机关提出书面纠正意见。案情复杂或者情况特殊的,可以延长十日。

第六百三十六条 人民检察院发现监狱等执行机关提请人民法院裁定减刑、假释的活动具有下列情形之一的,应当依法提出纠正意见:

(一)将不符合减刑、假释法定条件的罪犯,提请人民法院裁定减刑、假释的;

(二)对依法应当减刑、假释的罪犯,不提请人民法院裁定减刑、假释的;

(三)提请对罪犯减刑、假释违反法定程序,或者没有完备的合法手续的;

(四)提请对罪犯减刑的减刑幅度、起始时间、间隔时间或者减刑后又假释的间隔时间不符合有关规定的;

(五)被提请减刑、假释的罪犯被减刑后实际执行的刑期或者假释考验期不符合有关法律规定的;

(六)其他违法情形。

第六百三十七条 人民法院开庭审理减刑、假释案件,人民检察院应当指派检察人员出席法庭,发表意见。

第六百三十八条 人民检察院收到人民法院减刑、假释的裁定书副本后,应当及时审查下列内容:

(一)被减刑、假释的罪犯是否符合法定条件,对罪犯减刑的减刑幅度、起始时间、间隔时间或者减刑后又假释的间隔时间、罪犯被减刑后实际执行的刑期或者假释考验期是否符合有关规定;

(二)执行机关提请减刑、假释的程序是否合法;

(三)人民法院审理、裁定减刑、假释的程序是否合法;

(四)人民法院对罪犯裁定不予减刑、假释是否符合有关规定;

(五)人民法院减刑、假释裁定书是否依法送达执行并向社会公布。

第六百三十九条 人民检察院经审查认为人民法院减刑、假释的裁定不当,应当在收到裁定书副本后二十日以内,向作出减刑、假释裁定的人民法院提出纠正意见。

第六百四十条 对人民法院减刑、假释裁定的纠正意见,由作出减刑、假释裁定的人民法院的同级人民检察院书面提出。

下级人民检察院发现人民法院减刑、假释裁定不当的,应当向作出减刑、假释裁定的人民法院的同级人民检察院报告。

第六百四十一条 人民检察院对人民法院减刑、假释的裁定提出纠正意见后,应当监督人民法院是否在收到纠正意见后一个月以内重新组成合议庭进行审理,并监督重新作出的裁定是否符合法律规定。对最终裁定不符合法律规定的,应当向同级人民法院提出纠正意见。

第四节 社区矫正监督

第六百四十二条 人民检察院发现社区矫正决定机关、看守所、监狱、社区矫正机构在交付、接收社区矫正对象活动中违反有关规定的,应当依法提出纠正意见。

第六百四十三条 人民检察院发现社区矫正执法活动具有下列情形之一的,应当依法提出纠正意见:

(一)社区矫正对象报到后,社区矫正机构未履行法定告知义务,致使其未按照有关规定接受监督管理的;

(二)违反法律规定批准社区矫正对象离开所居住的市、县,或者违反人民法院禁止令的内容批准社区矫正对象进入特定区域或者场所的;

(三)没有依法监督管理而导致社区矫正对象脱管的;

(四)社区矫正对象违反监督管理规定或者人民法院的禁止令,未依法予以警告、未提请公安机关给予治安管理处罚的;

(五)对社区矫正对象有殴打、体罚、虐待、侮辱人格、强迫其参加超时间或者超体力社区服务等侵犯其合法权利行为的;

(六)未依法办理解除、终止社区矫正的;

(七)其他违法情形。

第六百四十四条 人民检察院发现对社区矫正对象的刑罚变更执行活动具有下列情形之一的,应当依法提出纠正意见:

(一)社区矫正机构未依法向人民法院、公安机关、监狱管理机关提出撤销缓刑、撤销假释建议或者对暂予监外执行的收监执行建议,或者未依法向人民法院提出减刑建议的;

（二）人民法院、公安机关、监狱管理机关未依法作出裁定、决定，或者未依法送达的；

（三）公安机关未依法将罪犯送交看守所、监狱，或者看守所、监狱未依法收监执行的；

（四）公安机关未依法对在逃的罪犯实施追捕的；

（五）其他违法情形。

第五节 刑事裁判涉财产部分执行监督

第六百四十五条 人民检察院发现人民法院执行刑事裁判涉财产部分具有下列情形之一的，应当依法提出纠正意见：

（一）执行立案活动违法的；

（二）延期缴纳、酌情减少或者免除罚金违法的；

（三）中止执行或者终结执行违法的；

（四）被执行人有履行能力，应当执行而不执行的；

（五）损害被执行人、被害人、利害关系人或者案外人合法权益的；

（六）刑事裁判全部或者部分被撤销后未依法返还或者赔偿的；

（七）执行的财产未依法上缴国库的；

（八）其他违法情形。

人民检察院对人民法院执行刑事裁判涉财产部分进行监督，可以对公安机关查封、扣押、冻结涉案财物的情况，人民法院审判部门、立案部门、执行部门移送、立案、执行情况，被执行人的履行能力等情况向有关单位和个人进行调查核实。

第六百四十六条 人民检察院发现被执行人或者其他人员有隐匿、转移、变卖财产等妨碍执行情形的，可以建议人民法院及时查封、扣押、冻结。

公安机关不依法向人民法院移送涉案财物、相关清单、照片和其他证明文件，或者对涉案财物的查封、扣押、冻结、返还、处置等活动存在违法情形的，人民检察院应当依法提出纠正意见。

第六节 死刑执行监督

第六百四十七条 被判处死刑立即执行的罪犯在被执行死刑时，人民检察院应当指派检察官临场监督。

死刑执行临场监督由人民检察院负责刑事执行检察的部门承担。人民检察院派驻看守所、监狱的检察人员应当予以协助，负责捕诉的部门应当提供有关情况。

执行死刑过程中，人民检察院临场监督人员根据需要可以进行拍照、录像。执行死刑后，人民检察院临场监督人员应当检查罪犯是否确已死亡，并填写死刑执行临场监督笔录，签名后入卷归档。

第六百四十八条 省级人民检察院负责案件管理的部门收到高级人民法院报请最高人民法院复核的死刑判决书、裁定书副本后，应当在三日以内将判决书、裁定书副本移送本院负责刑事执行检察的部门。

判处死刑的案件一审是由中级人民法院审理的，省级人民检察院应当及时将死刑判决书、裁定书副本移送中级人民法院的同级人民检察院负责刑事执行检察的部门。

人民检察院收到同级人民法院执行死刑临场监督通知后，应当查明同级人民法院是否收到最高人民法院核准死刑的裁定或者作出的死刑判决、裁定和执行死刑的命令。

第六百四十九条 执行死刑前，人民检察院发现具有下列情形之一的，应当建议人民法院立即停止执行，并层报最高人民检察院负责死刑复核监督的部门：

（一）被执行人并非应当执行死刑的罪犯的；

（二）罪犯犯罪时不满十八周岁，或者审判的时候已满七十五周岁，依法不应当适用死刑的；

（三）罪犯正在怀孕的；

（四）共同犯罪的其他犯罪嫌疑人到案，共同犯罪的其他罪犯被暂停或者停止执行死刑，可能影响罪犯量刑的；

（五）罪犯可能有其他犯罪的；

（六）罪犯揭发他人重大犯罪事实或者有其他重大立功表现，可能需要改判的；

（七）判决、裁定可能有影响定罪量刑的其他错误的。

在执行死刑活动中，发现人民法院有侵犯被执行死刑罪犯的人身权、财产权或者其近亲属、继承人合法权利等违法情形的，人民检察院应当依法提出纠正意见。

第六百五十条 判处被告人死刑缓期二年执行的判决、裁定在执行过程中，人民检察院监督的内容主要包括：

（一）死刑缓期执行期满，符合法律规定应当减为无期徒刑、有期徒刑条件的，监狱是否及时提出减刑建议提请人民法院裁定，人民法院是否依法裁定；

（二）罪犯在缓期执行期间故意犯罪，监狱是否依法侦查和移送起诉；罪犯确系故意犯罪，情节恶劣，查证属实，应当执行死刑的，人民法院是否依法核准或者裁定执行死刑。

被判处死刑缓期二年执行的罪犯在死刑缓期执行期间故意犯罪，执行机关向人民检察院移送起诉的，由罪犯服刑所在地设区的市级人民检察院审查决定是否提起公诉。

人民检察院发现人民法院对被判处死刑缓期二年执行的罪犯减刑不当的，应当依照本规则第六百三十九条、第六百四十条的规定，向人民法院提出纠正意见。罪犯在死刑缓期执行期间又故意犯罪，经人民检察院起诉后，人民法院仍然予以减刑的，人民检察院应当依照本规则相关规定，向人民法院提出抗诉。

第七节 强制医疗执行监督

第六百五十一条 人民检察院发现人民法院、公安机关、强制医疗机构在对依法不负刑事责任的精神病人的强制医疗的交付执行、医疗、解除等活动中违反有关规定的，应当依法提出纠正意见。

第六百五十二条 人民检察院在强制医疗执行监督中发现被强制医疗的人不符合强制医疗条件或者需要依法追究刑事责任，人民法院作出的强制医疗决定可能错误的，应当在五日以内将有关材料转交作出强制医疗决定的人民法院的同级人民检察院。收到材料的人民检察院负责捕诉的部门应当在二十日以内进行审查，并将审查情况和处理意见反馈负责强制医疗执行监督的人民检察院。

第六百五十三条 人民检察院发现公安机关在对涉案精神病人采取临时保护性约束措施时有违法情形的，应当依法提出纠正意见。

第八节 监管执法监督

第六百五十四条 人民检察院发现看守所收押活动和监狱收监活动中具有下列情形之一的，应当依法提出纠正意见：

（一）没有收押、收监文书、凭证，文书、凭证不齐全，或者被收押、收监人员与文书、凭证不符的；

（二）依法应当收押、收监而不收押、收监，或者对依法不应当关押的人员收押、收监的；

（三）未告知被收押、收监人员权利、义务的；

（四）其他违法情形。

第六百五十五条 人民检察院发现监狱、看守所等执行机关在管理、教育改造罪犯等活动中有违法行为的，应当依法提出纠正意见。

第六百五十六条 看守所对收押的犯罪嫌疑人进行身体检查时，人民检察院驻看守所检察人员可以在场。发现收押的犯罪嫌疑人有伤或者身体异常的，应当要求看守所进行拍照或者录像，由送押人员、犯罪嫌疑人说明原因，在体检记录中写明，并由送押人员、收押人员和犯罪嫌疑人签字确认。必要时，驻看守所检察人员可以自行拍照或者录像，并将相关情况记录在案。

第六百五十七条 人民检察院发现看守所、监狱等监管场所有殴打、体罚、虐待、违法使用戒具、违法适用禁闭等侵害在押人员人身权利情形的，应当依法提出纠正意见。

第六百五十八条 人民检察院发现看守所违反有关规定，有下列情形之一的，应当依法提出纠正意见：

（一）为在押人员通风报信，私自传递信件、物品，帮助伪造、毁灭、隐匿证据或者干扰证人作证、串供的；

（二）违反规定同意侦查人员将犯罪嫌疑人提出看守所讯问的；

（三）收到在押犯罪嫌疑人、被告人及其法定代理人、近亲属或者辩护人的变更强制措施申请或者其他申请、申诉、控告、举报，不及时转交、报告人民检察院或者有关办案机关的；

（四）应当安排辩护律师依法会见在押的犯罪嫌疑人、被告人而没有安排的；

（五）违法安排辩护律师或者其他人员会见在押的犯罪嫌疑人、被告人的；

（六）辩护律师会见犯罪嫌疑人、被告人时予以监听的；

（七）其他违法情形。

第六百五十九条 人民检察院发现看守所代为执行刑罚的活动具有下列情形之一的，应当依法提出纠正意见：

（一）将被判处有期徒刑剩余刑期在三个月以上的罪犯留所服刑的；

（二）将留所服刑罪犯与犯罪嫌疑人、被告人混押、混管、混教的；

（三）其他违法情形。

第六百六十条 人民检察院发现监狱没有按照规定对罪犯进行分押分管、监狱人民警察没有对罪犯实行直接管理等违反监管规定情形的，应当依法提出纠正意见。

人民检察院发现监狱具有未按照规定安排罪犯与亲属或者监护人会见、对伤病罪犯未及时治疗以及未执行国家规定的罪犯生活标准等侵犯罪犯合法权益情形的，应当依法提出纠正意见。

第六百六十一条 人民检察院发现看守所出所活动和监狱出监活动具有下列情形之一的，应当依法提出纠正意见：

（一）没有出所、出监文书、凭证，文书、凭证不齐全，或者出所、出监人员与文书、凭证不符的；

（二）应当释放而没有释放，不应当释放而释放，或者未依照规定送达释放通知书的；

（三）对提押、押解、转押出所的在押人员，特许离监、临时离监、调监或者暂予监外执行的罪犯，未依照规定派员押送并办理交接手续的；

（四）其他违法情形。

第九节 事故检察

第六百六十二条 人民检察院发现看守所、监狱、强制医疗机构等场所具有下列情形之一的，应当开展事故检察：

（一）被监管人、被强制医疗人非正常死亡、伤残、脱逃的；

（二）被监管人破坏监管秩序，情节严重的；

（三）突发公共卫生事件的；

（四）其他重大事故。

发生被监管人、被强制医疗人非正常死亡的，应当组织巡回检察。

第六百六十三条 人民检察院应当对看守所、监狱、强制医疗机构等场所或者主管机关的事故调查结论进行审查。具有下列情形之一的，人民检察院应当调查核实：

（一）被监管人、被强制医疗人及其法定代理人、近亲属对调查结论有异议，人民检察院认为有必要调查的；

（二）人民检察院对调查结论有异议的；

（三）其他需要调查的。

人民检察院应当将调查核实的结论书面通知监管场所或者主管机关和被监管人、被强制医疗人的近亲属。认为监管场所或者主管机关处理意见不当，或者监管执法存在问题的，应当提出纠正意见或者检察建议；认为可能存在违法犯罪情形的，应当移送有关部门处理。

第十五章 案件管理

第六百六十四条 人民检察院负责案件管理的部门对检察机关办理案件的受理、期限、程序、质量等进行管理、监督、预警。

第六百六十五条 人民检察院负责案件管理的部门发现本院办案活动具有下列情形之一的，应当及时提出纠正意见：

（一）查封、扣押、冻结、保管、处理涉案财物不符合有关法律和规定的；

（二）法律文书制作、使用不符合法律和有关规定的；

（三）违反羁押期限、办案期限规定的；

（四）侵害当事人、辩护人、诉讼代理人的诉讼权利的；

（五）未依法对立案、侦查、审查逮捕、公诉、审判等诉讼活动以及执行活动中的违法行为履行法律监督职责的；

（六）其他应当提出纠正意见的情形。

情节轻微的，可以口头提示；情节较重的，应当发送案件流程监控通知书，提示办案部门及时查明情况并予以纠正；情节严重的，应当同时向检察长报告。

办案部门收到案件流程监控通知书后，应当在十日以内将核查情况书面回复负责案件管理的部门。

第六百六十六条 人民检察院负责案件管理的部门对以本院名义制发法律文书实施监督管理。

第六百六十七条 人民检察院办理的案件，办结后需要向其他单位移送案卷材料的，统一由负责案件管理的部门审核移送材料是否规范、齐备。负责案件管理的部门认为材料规范、齐备，符合移送条件的，应当立即由办案部门按照规定移送；认为材料不符合要求的，应当及时通知办案部门补送、更正。

第六百六十八条 监察机关或者公安机关随案移送涉案财物及其孳息的，人民检察院负责案件管理的部门应当在受理案件时进行审查，并及时办理入库保管手续。

第六百六十九条 人民检察院负责案件管理的部门对扣押的涉案物品进行保管，并对查封、扣押、冻结、处理涉案财物工作进行监督管理。对违反规定的行为提出纠正意见；涉嫌违法违纪的，报告检察长。

第六百七十条 人民检察院办案部门需要调用、移送、处理查封、扣押、冻结的涉案财物的，应当按照规定办理审批手续。审批手续齐全的，负责案件管理的部门应当办理出库手续。

第十六章 刑事司法协助

第六百七十一条 人民检察院依据国际刑事司法协助法等有关法律和有关刑事司法协助条约进行刑事司法协助。

第六百七十二条 人民检察院刑事司法协助的范围包括刑事诉讼文书送达，调查取证，安排证人作证或者协助调查，查封、扣押、冻结涉案财物，返还违法所得及其他涉案财物，移管被判刑人以及其他协助。

第六百七十三条 最高人民检察院是检察机关开展

国际刑事司法协助的主管机关，负责审核地方各级人民检察院向外国提出的刑事司法协助请求，审查处理对外联系机关转递的外国提出的刑事司法协助请求，审查决定是否批准执行外国的刑事司法协助请求，承担其他与国际刑事司法协助相关的工作。

办理刑事司法协助相关案件的地方各级人民检察院应当向最高人民检察院层报需要向外国提出的刑事司法协助请求，执行最高人民检察院交办的外国提出的刑事司法协助请求。

第六百七十四条 地方各级人民检察院需要向外国请求刑事司法协助的，应当制作刑事司法协助请求书并附相关材料。经省级人民检察院审核同意后，报送最高人民检察院。

刑事司法协助请求书应当依照相关刑事司法协助条约的规定制作；没有条约或者条约没有规定的，可以参照国际刑事司法协助法第十三条的规定制作。被请求方有特殊要求的，在不违反我国法律的基本原则的情况下，可以按照被请求方的特殊要求制作。

第六百七十五条 最高人民检察院收到地方各级人民检察院刑事司法协助请求书及所附相关材料后，应当依照国际刑事司法协助法和有关条约进行审查。对符合规定、所附材料齐全的，最高人民检察院是对外联系机关的，应当及时向外国提出请求；不是对外联系机关的，应当通过对外联系机关向外国提出请求。对不符合规定或者材料不齐全的，应当退回提出请求的人民检察院或者要求其补充、修正。

第六百七十六条 最高人民检察院收到外国提出的刑事司法协助请求后，应当对请求书及所附材料进行审查。对于请求书形式和内容符合要求的，应当按照职责分工，将请求书及所附材料转交有关主管机关或者省级人民检察院处理；对于请求书形式和内容不符合要求的，可以要求请求方补充材料或者重新提出请求。

外国提出的刑事司法协助请求明显损害我国主权、安全和社会公共利益的，可以直接拒绝提供协助。

第六百七十七条 最高人民检察院在收到对外联系机关转交的刑事司法协助请求书及所附材料后，经审查，分别作出以下处理：

（一）根据国际刑事司法协助法和刑事司法协助条约的规定，认为可以协助执行的，作出决定并安排有关省级人民检察院执行；

（二）根据国际刑事司法协助法或者刑事司法协助条约的规定，认为应当全部或者部分拒绝协助的，将请求书及所附材料退回对外联系机关并说明理由；

（三）对执行请求有保密要求或者有其他附加条件的，通过对外联系机关向外国提出，在外国接受条件并且作出书面保证后，决定附条件执行；

（四）需要补充材料的，书面通过对外联系机关要求请求方在合理期限内提供。

第六百七十八条 有关省级人民检察院收到最高人民检察院交办的外国刑事司法协助请求后，应当依法执行，或者交由下级人民检察院执行。

负责执行的人民检察院收到刑事司法协助请求书和所附材料后，应当立即安排执行，并将执行结果及有关材料报经省级人民检察院审查后，报送最高人民检察院。

对于不能执行的，应当将刑事司法协助请求书和所附材料，连同不能执行的理由，通过省级人民检察院报送最高人民检察院。

因请求书提供的地址不详或者材料不齐全，人民检察院难以执行该项请求的，应当立即通过最高人民检察院书面通知对外联系机关，要求请求方补充提供材料。

第六百七十九条 最高人民检察院应当对执行结果进行审查。对于符合请求要求和有关规定的，通过对外联系机关转交或者转告请求方。

第十七章 附 则

第六百八十条 人民检察院办理国家安全机关、海警机关、监狱移送的刑事案件以及对国家安全机关、海警机关、监狱立案、侦查活动的监督，适用本规则关于公安机关的规定。

第六百八十一条 军事检察院等专门人民检察院办理刑事案件，适用本规则和其他有关规定。

第六百八十二条 本规则所称检察官，包括检察长、副检察长、检察委员会委员、检察员。

本规则所称检察人员，包括检察官和检察官助理。

第六百八十三条 本规则由最高人民检察院负责解释。

第六百八十四条 本规则自2019年12月30日起施行。本规则施行后，《人民检察院刑事诉讼规则（试行）》（高检发释字〔2012〕2号）同时废止；最高人民检察院以前发布的司法解释和规范性文件与本规则不一致的，以本规则为准。

最高人民法院、最高人民检察院、公安部关于刑事案件涉扶贫领域财物依法快速返还的若干规定

· 2020年7月24日
· 高检发〔2020〕12号

第一条 为规范扶贫领域涉案财物快速返还工作，提高扶贫资金使用效能，促进国家惠民利民政策落实，根据《中华人民共和国刑法》《中华人民共和国刑事诉讼法》等法律和有关规定，制定本规定。

第二条 本规定所称涉案财物，是指办案机关办理有关刑事案件过程中，查封、扣押、冻结的与扶贫有关的财物及孳息，以及由上述财物转化而来的财产。

第三条 对于同时符合下列条件的涉案财物，应当依法快速返还有关个人、单位或组织：

（一）犯罪事实清楚，证据确实充分；

（二）涉案财物权属关系已经查明；

（三）有明确的权益被侵害的个人、单位或组织；

（四）返还涉案财物不损害其他被害人或者利害关系人的利益；

（五）不影响诉讼正常进行或者案件公正处理；

（六）犯罪嫌疑人、被告人以及利害关系人对涉案财物快速返还没有异议。

第四条 人民法院、人民检察院、公安机关办理有关扶贫领域刑事案件，应当依法积极追缴涉案财物，对于本办案环节具备快速返还条件的，应当及时快速返还。

第五条 人民法院、人民检察院、公安机关对追缴到案的涉案财物，应当及时调查、审查权属关系。

对于权属关系未查明的，人民法院可以通知人民检察院，由人民检察院通知前一办案环节补充查证，或者由人民检察院自行补充侦查。

第六条 公安机关办理涉扶贫领域财物刑事案件期间，可以就涉案财物处理等问题听取人民检察院意见，人民检察院应当提出相关意见。

第七条 人民法院、人民检察院、公安机关认为涉案财物符合快速返还条件的，应当在作出返还决定五个工作日内返还有关个人、单位或组织。

办案机关返还涉案财物时，应当制作返还财物清单，注明返还理由，由接受个人、单位或组织在返还财物清单上签名或者盖章，并将清单、照片附卷。

第八条 公安机关、人民检察院在侦查阶段、审查起诉阶段返还涉案财物的，在案件移送人民检察院、人民法院时，应当将返还财物清单随案移送，说明返还的理由并附相关证据材料。

未快速返还而随案移送的涉案财物，移送机关应当列明权属情况、提出处理建议并附相关证据材料。

第九条 对涉案财物中易损毁、灭失、变质等不宜长期保存的物品，易贬值的汽车等物品，市场价格波动大的债券、股票、基金份额等财产，有效期即将届满的汇票、本票、支票等，经权利人同意或者申请，并经人民法院、人民检察院、公安机关主要负责人批准，可以及时依法出售、变现或者先行变卖、拍卖。所得款项依照本规定快速返还，或者按照有关规定处理。

第十条 人民法院、人民检察院应当跟踪了解有关单位和村（居）民委员会等组织对返还涉案财物管理发放情况，跟进开展普法宣传教育，对于管理环节存在漏洞的，要及时提出司法建议、检察建议，确保扶贫款物依法正确使用。

第十一条 发现快速返还存在错误的，应当由决定快速返还的机关及时纠正，依法追回返还财物；侵犯财产权的，依据《中华人民共和国国家赔偿法》第十八条及有关规定处理。

第十二条 本规定自印发之日起施行。

最高人民法院、最高人民检察院、公安部、国家安全部、司法部关于规范量刑程序若干问题的意见

· 2020年11月5日

为深入推进以审判为中心的刑事诉讼制度改革，落实认罪认罚从宽制度，进一步规范量刑程序，确保量刑公开公正，根据刑事诉讼法和有关司法解释等规定，结合工作实际，制定本意见。

第一条 人民法院审理刑事案件，在法庭审理中应当保障量刑程序的相对独立性。

人民检察院在审查起诉中应当规范量刑建议。

第二条 侦查机关、人民检察院应当依照法定程序，全面收集、审查、移送证明犯罪嫌疑人、被告人犯罪事实、量刑情节的证据。

对于法律规定并处或者单处财产刑的案件，侦查机关应当根据案件情况对被告人的财产状况进行调查，并向人民检察院移送相关证据材料。人民检察院应当审查并向人民法院移送相关证据材料。

人民检察院在审查起诉时发现侦查机关应当收集而未收集量刑证据的，可以退回侦查机关补充侦查，也可以自行侦查。人民检察院退回补充侦查的，侦查机关应当

按照人民检察院退回补充侦查提纲的要求及时收集相关证据。

第三条 对于可能判处管制、缓刑的案件,侦查机关、人民检察院、人民法院可以委托社区矫正机构或者有关社会组织进行调查评估,提出意见,供判处管制、缓刑时参考。

社区矫正机构或者有关社会组织收到侦查机关、人民检察院或者人民法院调查评估的委托后,应当根据委托机关的要求依法进行调查,形成评估意见,并及时提交委托机关。

对于没有委托进行调查评估或者判决前没有收到调查评估报告的,人民法院经审理认为被告人符合管制、缓刑适用条件的,可以依法判处管制、宣告缓刑。

第四条 侦查机关在移送审查起诉时,可以根据犯罪嫌疑人涉嫌犯罪的情况,就宣告禁止令和从业禁止向人民检察院提出意见。

人民检察院在提起公诉时,可以提出宣告禁止令和从业禁止的建议。被告人及其辩护人、被害人及其诉讼代理人可以就是否对被告人宣告禁止令和从业禁止提出意见,并说明理由。

人民法院宣告禁止令和从业禁止,应当根据被告人的犯罪原因、犯罪性质、犯罪手段、悔罪表现、个人一贯表现等,充分考虑与被告人所犯罪行的关联程度,有针对性地决定禁止从事特定的职业、活动,进入特定区域、场所,接触特定的人等。

第五条 符合下列条件的案件,人民检察院提起公诉时可以提出量刑建议;被告人认罪认罚的,人民检察院应当提出量刑建议:

(一)犯罪事实清楚,证据确实、充分;

(二)提出量刑建议所依据的法定从重、从轻、减轻或者免除处罚等量刑情节已查清;

(三)提出量刑建议所依据的酌定从重、从轻处罚等量刑情节已查清。

第六条 量刑建议包括主刑、附加刑、是否适用缓刑等。主刑可以具有一定的幅度,也可以根据案件具体情况,提出确定刑期的量刑建议。建议判处财产刑的,可以提出确定的数额。

第七条 对常见犯罪案件,人民检察院应当按照量刑指导意见提出量刑建议。对新类型、不常见犯罪案件,可以参照相关量刑规范提出量刑建议。提出量刑建议,应当说明理由和依据。

第八条 人民检察院指控被告人犯有数罪的,应当对指控的个罪分别提出量刑建议,并依法提出数罪并罚后决定执行的刑罚的量刑建议。

对于共同犯罪案件,人民检察院应当根据各被告人在共同犯罪中的地位、作用以及应当承担的刑事责任分别提出量刑建议。

第九条 人民检察院提出量刑建议,可以制作量刑建议书,与起诉书一并移送人民法院;对于案情简单、量刑情节简单的适用速裁程序的案件,也可以在起诉书中写明量刑建议。

量刑建议书中应当写明人民检察院建议对被告人处以的主刑、附加刑、是否适用缓刑等及其理由和依据。

人民检察院以量刑建议书方式提出量刑建议的,人民法院在送达起诉书副本时,应当将量刑建议书一并送达被告人。

第十条 在刑事诉讼中,自诉人、被告人及其辩护人、被害人及其诉讼代理人可以提出量刑意见,并说明理由,人民检察院、人民法院应当记录在案并附卷。

第十一条 人民法院、人民检察院、侦查机关应当告知犯罪嫌疑人、被告人申请法律援助的权利,对符合法律援助条件的,依法通知法律援助机构指派律师为其提供辩护或者法律帮助。

第十二条 适用速裁程序审的案件,在确认被告人认罪认罚的自愿性和认罪认罚具结书内容的真实性、合法性后,一般不再进行法庭调查、法庭辩论,但在判决宣告前应当听取辩护人的意见和被告人的最后陈述意见。

适用速裁程序审理的案件,应当当庭宣判。

第十三条 适用简易程序审理的案件,在确认被告人对起诉书指控的犯罪事实和罪名没有异议,自愿认罪且知悉认罪的法律后果后,法庭审理可以直接围绕量刑进行,不再区分法庭调查、法庭辩论,但在判决宣告前应当听取被告人的最后陈述意见。

适用简易程序审理的案件,一般应当当庭宣判。

第十四条 适用普通程序审理的被告人认罪案件,在确认被告人了解起诉书指控的犯罪事实和罪名,自愿认罪且知悉认罪的法律后果后,法庭审理主要围绕量刑和其他有争议的问题进行,可以适当简化法庭调查、法庭辩论程序。

第十五条 对于被告人不认罪或者辩护人做无罪辩护的案件,法庭调查和法庭辩论分别进行。

在法庭调查阶段,应当在查明定罪事实的基础上,查明有关量刑事实,被告人及其辩护人可以出示证明被告人无罪或者罪轻的证据,当庭发表质证意见。

在法庭辩论阶段,审判人员引导控辩双方先辩论定罪问题。在定罪辩论结束后,审判人员告知控辩双方可以围绕量刑问题进行辩论,发表量刑建议或者意见,并说明依据和理由。被告人及其辩护人参加量刑问题的调查的,不影响作无罪辩解或者辩护。

第十六条 在法庭调查中,公诉人可以根据案件的不同种类、特点和庭审的实际情况,合理安排和调整举证顺序。定罪证据和量刑证据分开出示的,应当先出示定罪证据,后出示量刑证据。

对于有数起犯罪事实的案件的量刑证据,可以在对每起犯罪事实举证时分别出示,也可以对同类犯罪事实一并出示;涉及全案综合量刑情节的证据,一般应当在举证阶段最后出示。

第十七条 在法庭调查中,人民法院应当查明对被告人适用具体法定刑幅度的犯罪事实以及法定或者酌定量刑情节。

第十八条 人民法院、人民检察院、侦查机关或者辩护人委托有关方面制作涉及未成年人的社会调查报告的,调查报告应当在法庭上宣读,并进行质证。

第十九条 在法庭审理中,审判人员对量刑证据有疑问的,可以宣布休庭,对证据进行调查核实,必要时也可以要求人民检察院补充调查核实。人民检察院补充调查核实有关证据,必要时可以要求侦查机关提供协助。

对于控辩双方补充的证据,应当经过庭审质证才能作为定案的根据。但是,对于有利于被告人的量刑证据,经庭外征求意见,控辩双方没有异议的除外。

第二十条 被告人及其辩护人、被害人及其诉讼代理人申请人民法院调取在侦查、审查起诉阶段收集的量刑证据材料,人民法院认为确有必要的,应当依法调取;人民法院认为不需要调取的,应当说明理由。

第二十一条 在法庭辩论中,量刑辩论按以下顺序进行:

(一)公诉人发表量刑建议,或者自诉人及其诉讼代理人发表量刑意见;

(二)被害人及其诉讼代理人发表量刑意见;

(三)被告人及其辩护人发表量刑意见。

第二十二条 在法庭辩论中,出现新的量刑事实,需要进一步调查的,应当恢复法庭调查,待事实查清后继续法庭辩论。

第二十三条 对于人民检察院提出的量刑建议,人民法院应当依法审查。对于事实清楚,证据确实、充分,指控的罪名准确,量刑建议适当的,人民法院应当采纳。

人民法院经审理认为,人民检察院的量刑建议不当的,可以告知人民检察院。人民检察院调整量刑建议的,应当在法庭审理结束前提出。人民法院认为人民检察院调整后的量刑建议适当的,应当予以采纳;人民检察院不调整量刑建议或者调整量刑建议后仍不当的,人民法院应当依法作出判决。

第二十四条 有下列情形之一,被告人当庭认罪,愿意接受处罚的,人民法院应当根据审理查明的事实,就定罪和量刑听取控辩双方意见,依法作出裁判:

(一)被告人在侦查、审查起诉阶段认罪认罚,但人民检察院没有提出量刑建议的;

(二)被告人在侦查、审查起诉阶段没有认罪认罚的;

(三)被告人在第一审程序中没有认罪认罚,在第二审程序中认罪认罚的;

(四)被告人在庭审过程中不同意量刑建议的。

第二十五条 人民法院应当在刑事裁判文书中说明量刑理由。量刑说理主要包括:

(一)已经查明的量刑事实及其对量刑的影响;

(二)是否采纳公诉人、自诉人、被告人及其辩护人、被害人及其诉讼代理人发表的量刑建议、意见及理由;

(三)人民法院判处刑罚的理由和法律依据。

对于适用速裁程序审理的案件,可以简化量刑说理。

第二十六条 开庭审理的二审、再审案件的量刑程序,依照有关法律规定进行。法律没有规定的,参照本意见进行。

对于不开庭审理的二审、再审案件,审判人员在阅卷、讯问被告人、听取自诉人、辩护人、被害人及其诉讼代理人的意见时,应当注意审查量刑事实和证据。

第二十七条 对于认罪认罚案件量刑建议的提出、采纳与调整等,适用最高人民法院、最高人民检察院、公安部、国家安全部、司法部《关于适用认罪认罚从宽制度的指导意见》的有关规定。

第二十八条 本意见自2020年11月6日起施行。2010年9月13日最高人民法院、最高人民检察院、公安部、国家安全部、司法部《印发〈关于规范量刑程序若干问题的意见(试行)〉的通知》(法发〔2010〕35号)同时废止。

最高人民法院关于适用《中华人民共和国刑事诉讼法》的解释

- 2020年12月7日最高人民法院审判委员会第1820次会议通过
- 2021年1月26日最高人民法院公告公布
- 自2021年3月1日起施行
- 法释〔2021〕1号

2018年10月26日,第十三届全国人民代表大会常务委员会第六次会议通过了《关于修改〈中华人民共和国刑事诉讼法〉的决定》。为正确理解和适用修改后的刑事诉讼法,结合人民法院审判工作实际,制定本解释。

第一章 管 辖

第一条 人民法院直接受理的自诉案件包括:

(一)告诉才处理的案件:

1. 侮辱、诽谤案(刑法第二百四十六条规定的,但严重危害社会秩序和国家利益的除外);

2. 暴力干涉婚姻自由案(刑法第二百五十七条第一款规定的);

3. 虐待案(刑法第二百六十条第一款规定的,但被害人没有能力告诉或者因受到强制、威吓无法告诉的除外);

4. 侵占案(刑法第二百七十条规定的)。

(二)人民检察院没有提起公诉,被害人有证据证明的轻微刑事案件:

1. 故意伤害案(刑法第二百三十四条第一款规定的);

2. 非法侵入住宅案(刑法第二百四十五条规定的);

3. 侵犯通信自由案(刑法第二百五十二条规定的);

4. 重婚案(刑法第二百五十八条规定的);

5. 遗弃案(刑法第二百六十一条规定的);

6. 生产、销售伪劣商品案(刑法分则第三章第一节规定的,但严重危害社会秩序和国家利益的除外);

7. 侵犯知识产权案(刑法分则第三章第七节规定的,但严重危害社会秩序和国家利益的除外);

8. 刑法分则第四章、第五章规定的,可能判处三年有期徒刑以下刑罚的案件。

本项规定的案件,被害人直接向人民法院起诉的,人民法院应当依法受理。对其中证据不足,可以由公安机关受理的,或者认为对被告人可能判处三年有期徒刑以上刑罚的,应当告知被害人向公安机关报案,或者移送公安机关立案侦查。

(三)被害人有证据证明对被告人侵犯自己人身、财产权利的行为应当依法追究刑事责任,且有证据证明曾经提出控告,而公安机关或者人民检察院不予追究被告人刑事责任的案件。

第二条 犯罪地包括犯罪行为地和犯罪结果地。

针对或者主要利用计算机网络实施的犯罪,犯罪地包括用于实施犯罪行为的网络服务使用的服务器所在地,网络服务提供者所在地,被侵害的信息网络系统及其管理者所在地,犯罪过程中被告人、被害人使用的信息网络系统所在地,以及被害人被侵害时所在地和被害人财产遭受损失地等。

第三条 被告人的户籍地为其居住地。经常居住地与户籍地不一致的,经常居住地为其居住地。经常居住地为被告人被追诉前已连续居住一年以上的地方,但住院就医的除外。

被告单位登记的住所地为其居住地。主要营业地或者主要办事机构所在地与登记的住所地不一致的,主要营业地或者主要办事机构所在地为其居住地。

第四条 在中华人民共和国内水、领海发生的刑事案件,由犯罪地或者被告人登陆地的人民法院管辖。由被告人居住地的人民法院审判更为适宜的,可以由被告人居住地的人民法院管辖。

第五条 在列车上的犯罪,被告人在列车运行途中被抓获的,由前方停靠站所在地负责审判铁路运输刑事案件的人民法院管辖。必要时,也可以由始发站或者终点站所在地负责审判铁路运输刑事案件的人民法院管辖。

被告人不是在列车运行途中被抓获的,由负责该列车乘务的铁路公安机关对应的审判铁路运输刑事案件的人民法院管辖;被告人在列车运行途经车站被抓获的,也可以由该车站所在地负责审判铁路运输刑事案件的人民法院管辖。

第六条 在国际列车上的犯罪,根据我国与相关国家签订的协定确定管辖;没有协定的,由列车始发或者前方停靠的中国车站所在地负责审判铁路运输刑事案件的人民法院管辖。

第七条 在中华人民共和国领域外的中国船舶内的犯罪,由该船舶最初停泊的中国口岸所在地或者被告人登陆地、入境地的人民法院管辖。

第八条 在中华人民共和国领域外的中国航空器内的犯罪,由该航空器在中国最初降落地的人民法院管辖。

第九条 中国公民在中国驻外使领馆内的犯罪,由其主管单位所在地或者原户籍地的人民法院管辖。

第十条 中国公民在中华人民共和国领域外的犯罪，由其登陆地、入境地、离境前居住地或者现居住地的人民法院管辖；被害人是中国公民的，也可以由被害人离境前居住地或者现居住地的人民法院管辖。

第十一条 外国人在中华人民共和国领域外对中华人民共和国国家或者公民犯罪，根据《中华人民共和国刑法》应当受处罚的，由该外国人登陆地、入境地或者入境后居住地的人民法院管辖，也可以由被害人离境前居住地或者现居住地的人民法院管辖。

第十二条 对中华人民共和国缔结或者参加的国际条约所规定的罪行，中华人民共和国在所承担条约义务的范围内行使刑事管辖权的，由被告人被抓获地、登陆地或者入境地的人民法院管辖。

第十三条 正在服刑的罪犯在判决宣告前还有其他罪没有判决的，由原审地人民法院管辖；由罪犯服刑地或者犯罪地的人民法院审判更为适宜的，可以由罪犯服刑地或者犯罪地的人民法院管辖。

罪犯在服刑期间又犯罪的，由服刑地的人民法院管辖。

罪犯在脱逃期间又犯罪的，由服刑地的人民法院管辖。但是，在犯罪地抓获罪犯并发现其在脱逃期间犯罪的，由犯罪地的人民法院管辖。

第十四条 人民检察院认为可能判处无期徒刑、死刑，向中级人民法院提起公诉的案件，中级人民法院受理后，认为不需要判处无期徒刑、死刑的，应当依法审判，不再交基层人民法院审判。

第十五条 一人犯数罪、共同犯罪或者其他需要并案审理的案件，其中一人或者一罪属于上级人民法院管辖的，全案由上级人民法院管辖。

第十六条 上级人民法院决定审判下级人民法院管辖的第一审刑事案件的，应当向下级人民法院下达改变管辖决定书，并书面通知同级人民检察院。

第十七条 基层人民法院对可能判处无期徒刑、死刑的第一审刑事案件，应当移送中级人民法院审判。

基层人民法院对下列第一审刑事案件，可以请求移送中级人民法院审判：

（一）重大、复杂案件；

（二）新类型的疑难案件；

（三）在法律适用上具有普遍指导意义的案件。

需要将案件移送中级人民法院审判的，应当在报请院长决定后，至迟于案件审理期限届满十五日以前书面请求移送。中级人民法院应当在接到申请后十日以内作出决定。不同意移送的，应当下达不同意移送决定书，由请求移送的人民法院依法审判；同意移送的，应当下达同意移送决定书，并书面通知同级人民检察院。

第十八条 有管辖权的人民法院因案件涉及本院院长需要回避或者其他原因，不宜行使管辖权的，可以请求移送上一级人民法院管辖。上一级人民法院可以管辖，也可以指定与提出请求的人民法院同级的其他人民法院管辖。

第十九条 两个以上同级人民法院都有管辖权的案件，由最初受理的人民法院审判。必要时，可以移送主要犯罪地的人民法院审判。

管辖权发生争议的，应当在审理期限内协商解决；协商不成的，由争议的人民法院分别层报共同的上级人民法院指定管辖。

第二十条 管辖不明的案件，上级人民法院可以指定下级人民法院审判。

有关案件，由犯罪地、被告人居住地以外的人民法院审判更为适宜的，上级人民法院可以指定下级人民法院管辖。

第二十一条 上级人民法院指定管辖，应当将指定管辖决定书送达被指定管辖的人民法院和其他有关的人民法院。

第二十二条 原受理案件的人民法院在收到上级人民法院改变管辖决定书、同意移送决定书或者指定其他人民法院管辖的决定书后，对公诉案件，应当书面通知同级人民检察院，并将案卷材料退回，同时书面通知当事人；对自诉案件，应当将案卷材料移送被指定管辖的人民法院，并书面通知当事人。

第二十三条 第二审人民法院发回重新审判的案件，人民检察院撤回起诉后，又向原第一审人民法院的下级人民法院重新提起公诉的，下级人民法院应当将有关情况层报原第二审人民法院。原第二审人民法院根据具体情况，可以决定将案件移送原第一审人民法院或者其他人民法院审判。

第二十四条 人民法院发现被告人还有其他犯罪被起诉的，可以并案审理；涉及同种犯罪的，一般应当并案审理。

人民法院发现被告人还有其他犯罪被审查起诉、立案侦查、立案调查的，可以参照前款规定协商人民检察院、公安机关、监察机关并案处理，但可能造成审判过分迟延的除外。

根据前两款规定并案处理的案件，由最初受理地的人民法院审判。必要时，可以由主要犯罪地的人民法院审判。

第二十五条　第二审人民法院在审理过程中，发现被告人还有其他犯罪没有判决的，参照前条规定处理。第二审人民法院决定并案审理的，应当发回第一审人民法院，由第一审人民法院作出处理。

第二十六条　军队和地方互涉刑事案件，按照有关规定确定管辖。

第二章　回　避

第二十七条　审判人员具有下列情形之一的，应当自行回避，当事人及其法定代理人有权申请其回避：

（一）是本案的当事人或者是当事人的近亲属的；

（二）本人或者其近亲属与本案有利害关系的；

（三）担任过本案的证人、鉴定人、辩护人、诉讼代理人、翻译人员的；

（四）与本案的辩护人、诉讼代理人有近亲属关系的；

（五）与本案当事人有其他利害关系，可能影响公正审判的。

第二十八条　审判人员具有下列情形之一的，当事人及其法定代理人有权申请其回避：

（一）违反规定会见本案当事人、辩护人、诉讼代理人的；

（二）为本案当事人推荐、介绍辩护人、诉讼代理人，或者为律师、其他人员介绍办理本案的；

（三）索取、接受本案当事人及其委托的人的财物或者其他利益的；

（四）接受本案当事人及其委托的人的宴请，或者参加由其支付费用的活动的；

（五）向本案当事人及其委托的人借用款物的；

（六）有其他不正当行为，可能影响公正审判的。

第二十九条　参与过本案调查、侦查、审查起诉工作的监察、侦查、检察人员，调至人民法院工作的，不得担任本案的审判人员。

在一个审判程序中参与过本案审判工作的合议庭组成人员或者独任审判员，不得再参与本案其他程序的审判。但是，发回重新审判的案件，在第一人民法院作出裁判后又进入第二审程序、在法定刑以下判处刑罚的复核程序或者死刑复核程序的，原第二审程序、在法定刑以下判处刑罚的复核程序或者死刑复核程序中的合议庭组成人员不受本款规定的限制。

第三十条　依照法律和有关规定应当实行任职回避的，不得担任案件的审判人员。

第三十一条　人民法院应当依法告知当事人及其法定代理人有权申请回避，并告知其合议庭组成人员、独任审判员、法官助理、书记员等人员的名单。

第三十二条　审判人员自行申请回避，或者当事人及其法定代理人申请审判人员回避的，可以口头或者书面提出，并说明理由，由院长决定。

院长自行申请回避，或者当事人及其法定代理人申请院长回避的，由审判委员会讨论决定。审判委员会讨论时，由副院长主持，院长不得参加。

第三十三条　当事人及其法定代理人依照刑事诉讼法第三十条和本解释第二十八条的规定申请回避的，应当提供证明材料。

第三十四条　应当回避的审判人员没有自行回避，当事人及其法定代理人也没有申请其回避的，院长或者审判委员会应当决定其回避。

第三十五条　对当事人及其法定代理人提出的回避申请，人民法院可以口头或者书面作出决定，并将决定告知申请人。

当事人及其法定代理人申请回避被驳回的，可以在接到决定时申请复议一次。不属于刑事诉讼法第二十九条、第三十条规定情形的回避申请，由法庭当庭驳回，并不得申请复议。

第三十六条　当事人及其法定代理人申请出庭的检察人员回避的，人民法院应当区分情况作出处理：

（一）属于刑事诉讼法第二十九条、第三十条规定情形的回避申请，应当决定休庭，并通知人民检察院尽快作出决定；

（二）不属于刑事诉讼法第二十九条、第三十条规定情形的回避申请，应当当庭驳回，并不得申请复议。

第三十七条　本章所称的审判人员，包括人民法院院长、副院长、审判委员会委员、庭长、副庭长、审判员和人民陪审员。

第三十八条　法官助理、书记员、翻译人员和鉴定人适用审判人员回避的有关规定，其回避问题由院长决定。

第三十九条　辩护人、诉讼代理人可以依照本章的有关规定要求回避、申请复议。

第三章　辩护与代理

第四十条　人民法院审判案件，应当充分保障被告人依法享有的辩护权利。

被告人除自己行使辩护权以外，还可以委托辩护人辩护。下列人员不得担任辩护人：

（一）正在被执行刑罚或者处于缓刑、假释考验期间的人；

（二）依法被剥夺、限制人身自由的人；

（三）被开除公职或者被吊销律师、公证员执业证书的人；

（四）人民法院、人民检察院、监察机关、公安机关、国家安全机关、监狱的现职人员；

（五）人民陪审员；

（六）与本案审理结果有利害关系的人；

（七）外国人或者无国籍人；

（八）无行为能力或者限制行为能力的人。

前款第三项至第七项规定的人员，如果是被告人的监护人、近亲属，由被告人委托担任辩护人的，可以准许。

第四十一条 审判人员和人民法院其他工作人员从人民法院离任后二年内，不得以律师身份担任辩护人。

审判人员和人民法院其他工作人员从人民法院离任后，不得担任原任职法院所审理案件的辩护人，但系被告人的监护人、近亲属的除外。

审判人员和人民法院其他工作人员的配偶、子女或者父母不得担任其任职法院所审理案件的辩护人，但系被告人的监护人、近亲属的除外。

第四十二条 对接受委托担任辩护人的，人民法院应当核实其身份证明和授权委托书。

第四十三条 一名被告人可以委托一至二人作为辩护人。

一名辩护人不得为两名以上的同案被告人，或者未同案处理但犯罪事实存在关联的被告人辩护。

第四十四条 被告人没有委托辩护人的，人民法院自受理案件之日起三日以内，应当告知其有权委托辩护人；被告人因经济困难或者其他原因没有委托辩护人的，应当告知其可以申请法律援助；被告人属于应当提供法律援助情形的，应当告知其将依法通知法律援助机构指派律师为其提供辩护。

被告人没有委托辩护人，法律援助机构也没有指派律师为其提供辩护的，人民法院应当告知被告人有权约见值班律师，并为被告人约见值班律师提供便利。

告知可以采取口头或者书面方式。

第四十五条 审判期间，在押的被告人要求委托辩护人的，人民法院应当在三日以内向其监护人、近亲属或者其指定的人员转达要求。被告人应当提供有关人员的联系方式。有关人员无法通知的，应当告知被告人。

第四十六条 人民法院收到在押被告人提出的法律援助或者法律帮助申请，应当依照有关规定及时转交法律援助机构或者通知值班律师。

第四十七条 对下列没有委托辩护人的被告人，人民法院应当通知法律援助机构指派律师为其提供辩护：

（一）盲、聋、哑人；

（二）尚未完全丧失辨认或者控制自己行为能力的精神病人；

（三）可能被判处无期徒刑、死刑的人。

高级人民法院复核死刑案件，被告人没有委托辩护人的，应当通知法律援助机构指派律师为其提供辩护。

死刑缓期执行期间故意犯罪的案件，适用前两款规定。

第四十八条 具有下列情形之一，被告人没有委托辩护人的，人民法院可以通知法律援助机构指派律师为其提供辩护：

（一）共同犯罪案件中，其他被告人已经委托辩护人的；

（二）案件有重大社会影响的；

（三）人民检察院抗诉的；

（四）被告人的行为可能不构成犯罪的；

（五）有必要指派律师提供辩护的其他情形。

第四十九条 人民法院通知法律援助机构指派律师提供辩护的，应当将法律援助通知书、起诉书副本或者判决书送达法律援助机构；决定开庭审理的，除适用简易程序或者速裁程序审理的以外，应当在开庭十五日以前将上述材料送达法律援助机构。

法律援助通知书应当写明案由、被告人姓名、提供法律援助的理由、审判人员的姓名和联系方式；已确定开庭审理的，应当写明开庭的时间、地点。

第五十条 被告人拒绝法律援助机构指派的律师为其辩护，坚持自己行使辩护权的，人民法院应当准许。

属于应当提供法律援助的情形，被告人拒绝指派的律师为其辩护的，人民法院应当查明原因。理由正当的，应当准许，但被告人应当在五日以内另行委托辩护人；被告人未另行委托辩护人的，人民法院应当在三日以内通知法律援助机构另行指派律师为其提供辩护。

第五十一条 对法律援助机构指派律师为被告人提供辩护，被告人的监护人、近亲属又代为委托辩护人的，应当听取被告人的意见，由其确定辩护人人选。

第五十二条 审判期间，辩护人接受被告人委托的，应当在接受委托之日起三日以内，将委托手续提交人民法院。

接受法律援助机构指派为被告人提供辩护的,适用前款规定。

第五十三条　辩护律师可以查阅、摘抄、复制案卷材料。其他辩护人经人民法院许可,也可以查阅、摘抄、复制案卷材料。合议庭、审判委员会的讨论记录以及其他依法不公开的材料不得查阅、摘抄、复制。

辩护人查阅、摘抄、复制案卷材料的,人民法院应当提供便利,并保证必要的时间。

值班律师查阅案卷材料的,适用前两款规定。

复制案卷材料可以采用复印、拍照、扫描、电子数据拷贝等方式。

第五十四条　对作为证据材料向人民法院移送的讯问录音录像,辩护律师申请查阅的,人民法院应当准许。

第五十五条　查阅、摘抄、复制案卷材料,涉及国家秘密、商业秘密、个人隐私的,应当保密;对不公开审理案件的信息、材料,或者在办案过程中获悉的案件重要信息、证据材料,不得违反规定泄露、披露,不得用于办案以外的用途。人民法院可以要求相关人员出具承诺书。

违反前款规定的,人民法院可以通报司法行政机关或者有关部门,建议给予相应处罚;构成犯罪的,依法追究刑事责任。

第五十六条　辩护律师可以同在押的或者被监视居住的被告人会见和通信。其他辩护人经人民法院许可,也可以同在押的或者被监视居住的被告人会见和通信。

第五十七条　辩护人认为在调查、侦查、审查起诉期间监察机关、公安机关、人民检察院收集的证明被告人无罪或者罪轻的证据材料未随案移送,申请人民法院调取的,应当以书面形式提出,并提供相关线索或者材料。人民法院接受申请后,应当向人民检察院调取。人民检察院移送相关证据材料后,人民法院应当及时通知辩护人。

第五十八条　辩护律师申请向被害人及其近亲属、被害人提供的证人收集与本案有关的材料,人民法院认为确有必要的,应当签发准许调查书。

第五十九条　辩护律师向证人或者有关单位、个人收集、调取与本案有关的证据材料,因证人或者有关单位、个人不同意,申请人民法院收集、调取,或者申请通知证人出庭作证,人民法院认为确有必要的,应当同意。

第六十条　辩护律师直接申请人民法院向证人或者有关单位、个人收集、调取证据材料,人民法院认为确有必要,且不宜或者不能由辩护律师收集、调取的,应当同意。

人民法院向有关单位收集、调取的书面证据材料,必须由提供人签名,并加盖单位印章;向个人收集、调取的书面证据材料,必须由提供人签名。

人民法院对有关单位、个人提供的证据材料,应当出具收据,写明证据材料的名称、收到的时间、件数、页数以及是否为原件等,由书记员、法官助理或者审判人员签名。

收集、调取证据材料后,应当及时通知辩护律师查阅、摘抄、复制,并告知人民检察院。

第六十一条　本解释第五十八条至第六十条规定的申请,应当以书面形式提出,并说明理由,写明需要收集、调取证据材料的内容或者需要调查问题的提纲。

对辩护律师的申请,人民法院应当在五日以内作出是否准许、同意的决定,并通知申请人;决定不准许、不同意的,应当说明理由。

第六十二条　人民法院自受理自诉案件之日起三日以内,应当告知自诉人及其法定代理人、附带民事诉讼当事人及其法定代理人,有权委托诉讼代理人,并告知其如果经济困难,可以申请法律援助。

第六十三条　当事人委托诉讼代理人的,参照适用刑事诉讼法第三十三条和本解释的有关规定。

第六十四条　诉讼代理人有权根据事实和法律,维护被害人、自诉人或者附带民事诉讼当事人的诉讼权利和其他合法权益。

第六十五条　律师担任诉讼代理人的,可以查阅、摘抄、复制案卷材料。其他诉讼代理人经人民法院许可,也可以查阅、摘抄、复制案卷材料。

律师担任诉讼代理人,需要收集、调取与本案有关的证据材料的,参照适用本解释第五十九条至第六十一条的规定。

第六十六条　诉讼代理人接受当事人委托或者法律援助机构指派后,应当在三日以内将委托手续或者法律援助手续提交人民法院。

第六十七条　辩护律师向人民法院告知其委托人或者其他人准备实施、正在实施危害国家安全、公共安全以及严重危害他人人身安全犯罪的,人民法院应当记录在案,立即转告主管机关依法处理,并为反映有关情况的辩护律师保密。

第六十八条　律师担任辩护人、诉讼代理人,经人民法院准许,可以带一名助理参加庭审。律师助理参加庭审的,可以从事辅助工作,但不得发表辩护、代理意见。

第四章 证 据
第一节 一般规定

第六十九条 认定案件事实，必须以证据为根据。

第七十条 审判人员应当依照法定程序收集、审查、核实、认定证据。

第七十一条 证据未经当庭出示、辨认、质证等法庭调查程序查实属实，不得作为定案的根据。

第七十二条 应当运用证据证明的案件事实包括：

（一）被告人、被害人的身份；

（二）被指控的犯罪是否存在；

（三）被指控的犯罪是否为被告人所实施；

（四）被告人有无刑事责任能力，有无罪过，实施犯罪的动机、目的；

（五）实施犯罪的时间、地点、手段、后果以及案件起因等；

（六）是否系共同犯罪或者犯罪事实存在关联，以及被告人在犯罪中的地位、作用；

（七）被告人有无从重、从轻、减轻、免除处罚情节；

（八）有关涉案财物处理的事实；

（九）有关附带民事诉讼的事实；

（十）有关管辖、回避、延期审理等的程序事实；

（十一）与定罪量刑有关的其他事实。

认定被告人有罪和对被告人从重处罚，适用证据确实、充分的证明标准。

第七十三条 对提起公诉的案件，人民法院应当审查证明被告人有罪、无罪、罪重、罪轻的证据材料是否全部随案移送；未随案移送的，应当通知人民检察院在指定时间内移送。人民检察院未移送的，人民法院应当根据在案证据对案件事实作出认定。

第七十四条 依法应当对讯问过程录音录像的案件，相关录音录像未随案移送的，必要时，人民法院可以通知人民检察院在指定时间内移送。人民检察院未移送，导致不能排除属于刑事诉讼法第五十六条规定的以非法方法收集证据情形的，对有关证据应当依法排除；导致有关证据的真实性无法确认的，不得作为定案的根据。

第七十五条 行政机关在行政执法和查办案件过程中收集的物证、书证、视听资料、电子数据等证据材料，经法庭查证属实，且收集程序符合有关法律、行政法规规定的，可以作为定案的根据。

根据法律、行政法规规定行使国家行政管理职权的组织，在行政执法和查办案件过程中收集的证据材料，视为行政机关收集的证据材料。

第七十六条 监察机关依法收集的证据材料，在刑事诉讼中可以作为证据使用。

对前款规定证据的审查判断，适用刑事审判关于证据的要求和标准。

第七十七条 对来自境外的证据材料，人民检察院应当随案移送有关材料来源、提供人、提取人、提取时间等情况的说明。经人民法院审查，相关证据材料能够证明案件事实且符合刑事诉讼法规定的，可以作为证据使用，但提供人或者我国与有关国家签订的双边条约对材料的使用范围有明确限制的除外；材料来源不明或者真实性无法确认的，不得作为定案的根据。

当事人及其辩护人、诉讼代理人提供来自境外的证据材料的，该证据材料应当经所在国公证机关证明，所在国中央外交主管机关或者其授权机关认证，并经中华人民共和国驻该国使领馆认证，或者履行中华人民共和国与该所在国订立的有关条约中规定的证明手续，但我国与该国之间有互免认证协定的除外。

第七十八条 控辩双方提供的证据材料涉及外国语言、文字的，应当附中文译本。

第七十九条 人民法院依照刑事诉讼法第一百九十六条的规定调查核实证据，必要时，可以通知检察人员、辩护人、自诉人及其法定代理人到场。上述人员未到场的，应当记录在案。

人民法院调查核实证据时，发现对定罪量刑有重大影响的新的证据材料的，应当告知检察人员、辩护人、自诉人及其法定代理人。必要时，也可以直接提取，并及时通知检察人员、辩护人、自诉人及其法定代理人查阅、摘抄、复制。

第八十条 下列人员不得担任见证人：

（一）生理上、精神上有缺陷或者年幼，不具有相应辨别能力或者不能正确表达的人；

（二）与案件有利害关系，可能影响案件公正处理的人；

（三）行使勘验、检查、搜查、扣押、组织辨认等监察调查、刑事诉讼职权的监察、公安、司法机关的工作人员或者其聘用的人员。

对见证人是否属于前款规定的人员，人民法院可以通过相关笔录载明的见证人的姓名、身份证件种类及号码、联系方式以及常住人口信息登记表等材料进行审查。

由于客观原因无法由符合条件的人员担任见证人的，应当在笔录材料中注明情况，并对相关活动进行全程录音录像。

第八十一条 公开审理案件时，公诉人、诉讼参与人提出涉及国家秘密、商业秘密或者个人隐私的证据的，法庭应当制止；确与本案有关的，可以根据具体情况，决定将案件转为不公开审理，或者对相关证据的法庭调查不公开进行。

第二节 物证、书证的审查与认定

第八十二条 对物证、书证应当着重审查以下内容：

（一）物证、书证是否为原物、原件，是否经过辨认、鉴定；物证的照片、录像、复制品或者书证的副本、复制件是否与原物、原件相符，是否由二人以上制作，有无制作人关于制作过程以及原物、原件存放于何处的文字说明和签名；

（二）物证、书证的收集程序、方式是否符合法律、有关规定；经勘验、检查、搜查提取、扣押的物证、书证，是否附有相关笔录、清单，笔录、清单是否经调查人员或者侦查人员、物品持有人、见证人签名，没有签名的，是否注明原因；物品的名称、特征、数量、质量等是否注明清楚；

（三）物证、书证在收集、保管、鉴定过程中是否受损或者改变；

（四）物证、书证与案件事实有无关联；对现场遗留与犯罪有关的具备鉴定条件的血迹、体液、毛发、指纹等生物样本、痕迹、物品，是否已作DNA鉴定、指纹鉴定等，并与被告人或者被害人的相应生物特征、物品等比对；

（五）与案件事实有关联的物证、书证是否全面收集。

第八十三条 据以定案的物证应当是原物。原物不便搬运、不易保存、依法应当返还或者依法应当由有关部门保管、处理的，可以拍摄、制作足以反映原物外形和特征的照片、录像、复制品。必要时，审判人员可以前往保管场所查看原物。

物证的照片、录像、复制品，不能反映原物的外形和特征的，不得作为定案的根据。

物证的照片、录像、复制品，经与原物核对无误、经鉴定或者以其他方式确认真实的，可以作为定案的根据。

第八十四条 据以定案的书证应当是原件。取得原件确有困难的，可以使用副本、复制件。

对书证的更改或者更改迹象不能作出合理解释，或者书证的副本、复制件不能反映原件及其内容的，不得作为定案的根据。

书证的副本、复制件，经与原件核对无误、经鉴定或者以其他方式确认真实的，可以作为定案的根据。

第八十五条 对与案件事实可能有关联的血迹、体液、毛发、人体组织、指纹、足迹、字迹等生物样本、痕迹和物品，应当提取而没有提取，应当鉴定而没有鉴定，应当移送鉴定意见而没有移送，导致案件事实存疑的，人民法院应当通知人民检察院依法补充收集、调取、移送证据。

第八十六条 在勘验、检查、搜查过程中提取、扣押的物证、书证，未附笔录或者清单，不能证明物证、书证来源的，不得作为定案的根据。

物证、书证的收集程序、方式有下列瑕疵，经补正或者作出合理解释的，可以采用：

（一）勘验、检查、搜查、提取笔录或者扣押清单上没有调查人员或者侦查人员、物品持有人、见证人签名，或者对物品的名称、特征、数量、质量等注明不详的；

（二）物证的照片、录像、复制品，书证的副本、复制件未注明与原件核对无异，无复制时间，或者无被收集、调取人签名的；

（三）物证的照片、录像、复制品，书证的副本、复制件没有制作人关于制作过程和原物、原件存放地点的说明，或者说明中无签名的；

（四）有其他瑕疵的。

物证、书证的来源、收集程序有疑问，不能作出合理解释的，不得作为定案的根据。

第三节 证人证言、被害人陈述的审查与认定

第八十七条 对证人证言应当着重审查以下内容：

（一）证言的内容是否为证人直接感知；

（二）证人作证时的年龄，认知、记忆和表达能力，生理和精神状态是否影响作证；

（三）证人与案件当事人、案件处理结果有无利害关系；

（四）询问证人是否个别进行；

（五）询问笔录的制作、修改是否符合法律、有关规定，是否注明询问的起止时间和地点，首次询问时是否告知人有关权利义务和法律责任，证人对询问笔录是否核对确认；

（六）询问未成年证人时，是否通知其法定代理人或者刑事诉讼法第二百八十一条第一款规定的合适成年人到场，有关人员是否到场；

（七）有无以暴力、威胁等非法方法收集证人证言的情形；

（八）证言之间以及与其他证据之间能否相互印证，有无矛盾；存在矛盾的，能否得到合理解释。

第八十八条 处于明显醉酒、中毒或者麻醉等状态，

不能正常感知或者正确表达的证人所提供的证言,不得作为证据使用。

证人的猜测性、评论性、推断性的证言,不得作为证据使用,但根据一般生活经验判断符合事实的除外。

第八十九条 证人证言具有下列情形之一的,不得作为定案的根据:

(一)询问证人没有个别进行的;

(二)书面证言没有经证人核对确认的;

(三)询问聋、哑人,应当提供通晓聋、哑手势的人员而未提供的;

(四)询问不通晓当地通用语言、文字的证人,应当提供翻译人员而未提供的。

第九十条 证人证言的收集程序、方式有下列瑕疵,经补正或者作出合理解释的,可以采用;不能补正或者作出合理解释的,不得作为定案的根据:

(一)询问笔录没有填写询问人、记录人、法定代理人姓名以及询问的起止时间、地点的;

(二)询问地点不符合规定的;

(三)询问笔录没有记录告知证人有关权利义务和法律责任的;

(四)询问笔录反映出在同一时段,同一询问人员询问不同证人的;

(五)询问未成年人,其法定代理人或者合适成年人不在场的。

第九十一条 证人当庭作出的证言,经控辩双方质证、法庭查证属实的,应当作为定案的根据。

证人当庭作出的证言与其庭前证言矛盾,证人能够作出合理解释,并有其他证据印证的,应当采信其庭审证言;不能作出合理解释,而其庭前证言有其他证据印证的,可以采信其庭前证言。

经人民法院通知,证人没有正当理由拒绝出庭或者出庭后拒绝作证,法庭对其证言的真实性无法确认的,该证人证言不得作为定案的根据。

第九十二条 对被害人陈述的审查与认定,参照适用本节的有关规定。

第四节 被告人供述和辩解的审查与认定

第九十三条 对被告人供述和辩解应当着重审查以下内容:

(一)讯问的时间、地点,讯问人的身份、人数以及讯问方式等是否符合法律、有关规定;

(二)讯问笔录的制作、修改是否符合法律、有关规定,是否注明讯问的具体起止时间和地点,首次讯问时是否告知被告人有关权利和法律规定,被告人是否核对确认;

(三)讯问未成年被告人时,是否通知其法定代理人或者合适成年人到场,有关人员是否到场;

(四)讯问女性未成年被告人时,是否有女性工作人员在场;

(五)有无以刑讯逼供等非法方法收集被告人供述的情形;

(六)被告人的供述是否前后一致,有无反复以及出现反复的原因;

(七)被告人的供述和辩解是否全部随案移送;

(八)被告人的辩解内容是否符合案情和常理,有无矛盾;

(九)被告人的供述和辩解与同案被告人的供述和辩解以及其他证据能否相互印证,有无矛盾;存在矛盾的,能否得到合理解释。

必要时,可以结合现场执法音视频记录、讯问录音录像、被告人进出看守所的健康检查记录、笔录等,对被告人的供述和辩解进行审查。

第九十四条 被告人供述具有下列情形之一的,不得作为定案的根据:

(一)讯问笔录没有经被告人核对确认的;

(二)讯问聋、哑人,应当提供通晓聋、哑手势的人员而未提供的;

(三)讯问不通晓当地通用语言、文字的被告人,应当提供翻译人员而未提供的;

(四)讯问未成年人,其法定代理人或者合适成年人不在场的。

第九十五条 讯问笔录有下列瑕疵,经补正或者作出合理解释的,可以采用;不能补正或作出合理解释的,不得作为定案的根据:

(一)讯问笔录填写的讯问时间、讯问地点、讯问人、记录人、法定代理人等有误或者存在矛盾的;

(二)讯问人没有签名的;

(三)首次讯问笔录没有记录告知被讯问人有关权利和法律规定的。

第九十六条 审查被告人供述和辩解,应当结合控辩双方提供的所有证据以及被告人的全部供述和辩解进行。

被告人庭审中翻供,但不能合理说明翻供原因或者其辩解与全案证据矛盾,而其庭前供述与其他证据相互印证的,可以采信其庭前供述。

被告人庭前供述和辩解存在反复,但庭审中供认,且与其他证据相互印证的,可以采信其庭审供述;被告人庭前供述和辩解存在反复,庭审中不供认,且无其他证据与庭前供述印证的,不得采信其庭前供述。

第五节 鉴定意见的审查与认定

第九十七条 对鉴定意见应当着重审查以下内容:

(一)鉴定机构和鉴定人是否具有法定资质;

(二)鉴定人是否存在应当回避的情形;

(三)检材的来源、取得、保管、送检是否符合法律、有关规定,与相关提取笔录、扣押清单等记载的内容是否相符,检材是否可靠;

(四)鉴定意见的形式要件是否完备,是否注明提起鉴定的事由、鉴定委托人、鉴定机构、鉴定要求、鉴定过程、鉴定方法、鉴定日期等相关内容,是否由鉴定机构盖章并由鉴定人签名;

(五)鉴定程序是否符合法律、有关规定;

(六)鉴定的过程和方法是否符合相关专业的规范要求;

(七)鉴定意见是否明确;

(八)鉴定意见与案件事实有无关联;

(九)鉴定意见与勘验、检查笔录及相关照片等其他证据是否矛盾;存在矛盾的,能否得到合理解释;

(十)鉴定意见是否依法及时告知相关人员,当事人对鉴定意见有无异议。

第九十八条 鉴定意见具有下列情形之一的,不得作为定案的根据:

(一)鉴定机构不具备法定资质,或者鉴定事项超出该鉴定机构业务范围、技术条件的;

(二)鉴定人不具备法定资质,不具有相关专业技术或者职称,或者违反回避规定的;

(三)送检材料、样本来源不明,或者因污染不具备鉴定条件的;

(四)鉴定对象与送检材料、样本不一致的;

(五)鉴定程序违反规定的;

(六)鉴定过程和方法不符合相关专业的规范要求的;

(七)鉴定文书缺少签名、盖章的;

(八)鉴定意见与案件事实没有关联的;

(九)违反有关规定的其他情形。

第九十九条 经人民法院通知,鉴定人拒不出庭作证的,鉴定意见不得作为定案的根据。

鉴定人由于不能抗拒的原因或者有其他正当理由无法出庭的,人民法院可以根据情况决定延期审理或者重新鉴定。

鉴定人无正当理由拒不出庭作证的,人民法院应当通报司法行政机关或者有关部门。

第一百条 因无鉴定机构,或者根据法律、司法解释的规定,指派、聘请有专门知识的人就案件的专门性问题出具的报告,可以作为证据使用。

对前款规定的报告的审查与认定,参照适用本节的有关规定。

经人民法院通知,出具报告的人拒不出庭作证的,有关报告不得作为定案的根据。

第一百零一条 有关部门对事故进行调查形成的报告,在刑事诉讼中可以作为证据使用;报告中涉及专门性问题的意见,经法庭查证属实,且调查程序符合法律、有关规定的,可以作为定案的根据。

第六节 勘验、检查、辨认、侦查实验等笔录的审查与认定

第一百零二条 对勘验、检查笔录应当着重审查以下内容:

(一)勘验、检查是否依法进行,笔录制作是否符合法律、有关规定,勘验、检查人员和见证人是否签名或者盖章;

(二)勘验、检查笔录是否记录了提起勘验、检查的事由、勘验、检查的时间、地点、在场人员、现场方位、周围环境等,现场的物品、人身、尸体等的位置、特征等情况,以及勘验、检查的过程;文字记录与实物或者绘图、照片、录像是否相符;现场、物品、痕迹等是否伪造、有无破坏;人身特征、伤害情况、生理状态有无伪装或者变化等;

(三)补充进行勘验、检查的,是否说明了再次勘验、检查的原由,前后勘验、检查的情况是否矛盾。

第一百零三条 勘验、检查笔录存在明显不符合法律、有关规定的情形,不能作出合理解释的,不得作为定案的根据。

第一百零四条 对辨认笔录应当着重审查辨认的过程、方法,以及辨认笔录的制作是否符合有关规定。

第一百零五条 辨认笔录具有下列情形之一的,不得作为定案的根据:

(一)辨认不是在调查人员、侦查人员主持下进行的;

(二)辨认前使辨认人见到辨认对象的;

(三)辨认活动没有个别进行的;

(四)辨认对象没有混杂在具有类似特征的其他对象中,或者供辨认的对象数量不符合规定的;

(五)辨认中给辨认人明显暗示或者明显有指认嫌疑的；

(六)违反有关规定,不能确定辨认笔录真实性的其他情形。

第一百零六条 对侦查实验笔录应当着重审查实验的过程、方法,以及笔录的制作是否符合有关规定。

第一百零七条 侦查实验的条件与事件发生时的条件有明显差异,或者存在影响实验结论科学性的其他情形的,侦查实验笔录不得作为定案的根据。

第七节 视听资料、电子数据的审查与认定

第一百零八条 对视听资料应当着重审查以下内容：

(一)是否附有提取过程的说明,来源是否合法；

(二)是否为原件,有无复制及复制份数；是复制件的,是否附有无法调取原件的原因、复制件制作过程和原件存放地点的说明,制作人、原视听资料持有人是否签名；

(三)制作过程中是否存在威胁、引诱当事人等违反法律、有关规定的情形；

(四)是否写明制作人、持有人的身份,制作的时间、地点、条件和方法；

(五)内容和制作过程是否真实,有无剪辑、增加、删改等情形；

(六)内容与案件事实有无关联。

对视听资料有疑问的,应当进行鉴定。

第一百零九条 视听资料具有下列情形之一的,不得作为定案的根据：

(一)系篡改、伪造或者无法确定真伪的；

(二)制作、取得的时间、地点、方式等有疑问,不能作出合理解释的。

第一百一十条 对电子数据是否真实,应当着重审查以下内容：

(一)是否移送原始存储介质；在原始存储介质无法封存、不便移动时,有无说明原因,并注明收集、提取过程及原始存储介质的存放地点或者电子数据的来源等情况；

(二)是否具有数字签名、数字证书等特殊标识；

(三)收集、提取的过程是否可以重现；

(四)如有增加、删除、修改等情形的,是否附有说明；

(五)完整性是否可以保证。

第一百一十一条 对电子数据是否完整,应当根据保护电子数据完整性的相应方法进行审查、验证：

(一)审查原始存储介质的扣押、封存状态；

(二)审查电子数据的收集、提取过程,查看录像；

(三)比对电子数据完整性校验值；

(四)与备份的电子数据进行比较；

(五)审查冻结后的访问操作日志；

(六)其他方法。

第一百一十二条 对收集、提取电子数据是否合法,应当着重审查以下内容：

(一)收集、提取电子数据是否由二名以上调查人员、侦查人员进行,取证方法是否符合相关技术标准；

(二)收集、提取电子数据,是否附有笔录、清单,并经调查人员、侦查人员、电子数据持有人、提供人、见证人签名或者盖章；没有签名或者盖章的,是否注明原因；对电子数据的类别、文件格式等是否注明清楚；

(三)是否依照有关规定由符合条件的人员担任见证人,是否对相关活动进行录像；

(四)采用技术调查、侦查措施收集、提取电子数据的,是否依法经过严格的批准手续；

(五)进行电子数据检查的,检查程序是否符合有关规定。

第一百一十三条 电子数据的收集、提取程序有下列瑕疵,经补正或者作出合理解释的,可以采用；不能补正或者作出合理解释的,不得作为定案的根据：

(一)未以封存状态移送的；

(二)笔录或者清单上没有调查人员或者侦查人员、电子数据持有人、提供人、见证人签名或者盖章的；

(三)对电子数据的名称、类别、格式等注明不清的；

(四)有其他瑕疵的。

第一百一十四条 电子数据具有下列情形之一的,不得作为定案的根据：

(一)系篡改、伪造或者无法确定真伪的；

(二)有增加、删除、修改等情形,影响电子数据真实性的；

(三)其他无法保证电子数据真实性的情形。

第一百一十五条 对视听资料、电子数据,还应当审查是否移送文字抄清材料以及对绰号、暗语、俗语、方言等不易理解内容的说明。未移送的,必要时,可以要求人民检察院移送。

第八节 技术调查、侦查证据的审查与认定

第一百一十六条 依法采取技术调查、侦查措施收集的材料在刑事诉讼中可以作为证据使用。

采取技术调查、侦查措施收集的材料,作为证据使用的,应当随案移送。

第一百一十七条 使用采取技术调查、侦查措施收集的证据材料可能危及有关人员的人身安全,或者可能产生其他严重后果的,可以采取下列保护措施:

(一)使用化名等代替调查、侦查人员及有关人员的个人信息;

(二)不具体写明技术调查、侦查措施使用的技术设备和技术方法;

(三)其他必要的保护措施。

第一百一十八条 移送技术调查、侦查证据材料的,应当附采取技术调查、侦查措施的法律文书、技术调查、侦查证据材料清单和有关说明材料。

移送采用技术调查、侦查措施收集的视听资料、电子数据的,应当制作新的存储介质,并附制作说明,写明原始证据材料、原始存储介质的存放地点等信息,由制作人签名,并加盖单位印章。

第一百一十九条 对采取技术调查、侦查措施收集的证据材料,除根据相关证据材料所属的证据种类,依照本章第二节至第七节的相应规定进行审查外,还应当着重审查以下内容:

(一)技术调查、侦查措施所针对的案件是否符合法律规定;

(二)技术调查措施是否经过严格的批准手续,按照规定交有关机关执行;技术侦查措施是否在刑事立案后,经过严格的批准手续;

(三)采取技术调查、侦查措施的种类、适用对象和期限是否按照批准决定载明的内容执行;

(四)采取技术调查、侦查措施收集的证据材料与其他证据是否矛盾;存在矛盾的,能否得到合理解释。

第一百二十条 采取技术调查、侦查措施收集的证据材料,应当经过当庭出示、辨认、质证等法庭调查程序查证。

当庭调查技术调查、侦查证据材料可能危及有关人员的人身安全,或者可能产生其他严重后果的,法庭应当采取不暴露有关人员身份和技术调查、侦查措施使用的技术设备、技术方法等保护措施。必要时,审判人员可以在庭外对证据进行核实。

第一百二十一条 采用技术调查、侦查证据作为定案根据的,人民法院在裁判文书中可以表述相关证据的名称、证据种类和证明对象,但不得表述有关人员身份和技术调查、侦查措施使用的技术设备、技术方法等。

第一百二十二条 人民法院认为应当移送的技术调查、侦查证据材料未随案移送的,应当通知人民检察院在指定时间内移送。人民检察院未移送的,人民法院应当根据在案证据对案件事实作出认定。

第九节 非法证据排除

第一百二十三条 采用下列非法方法收集的被告人供述,应当予以排除:

(一)采用殴打、违法使用戒具等暴力方法或者变相肉刑的恶劣手段,使被告人遭受难以忍受的痛苦而违背意愿作出的供述;

(二)采用以暴力或者严重损害本人及其近亲属合法权益等相威胁的方法,使被告人遭受难以忍受的痛苦而违背意愿作出的供述;

(三)采用非法拘禁等非法限制人身自由的方法收集的被告人供述。

第一百二十四条 采用刑讯逼供方法使被告人作出供述,之后被告人受该刑讯逼供行为影响而作出的与该供述相同的重复性供述,应当一并排除,但下列情形除外:

(一)调查、侦查期间,监察机关、侦查机关根据控告、举报或者自己发现等,确认或者不能排除以非法方法收集证据而更换调查、侦查人员,其他调查、侦查人员再次讯问时告知有关权利和认罪的法律后果,被告人自愿供述的;

(二)审查逮捕、审查起诉和审判期间,检察人员、审判人员讯问时告知诉讼权利和认罪的法律后果,被告人自愿供述的。

第一百二十五条 采用暴力、威胁以及非法限制人身自由等非法方法收集的证人证言、被害人陈述,应当予以排除。

第一百二十六条 收集物证、书证不符合法定程序,可能严重影响司法公正的,应当予以补正或者作出合理解释;不能补正或者作出合理解释的,对该证据应当予以排除。

认定"可能严重影响司法公正",应当综合考虑收集证据违反法定程序以及所造成后果的严重程度等情况。

第一百二十七条 当事人及其辩护人、诉讼代理人申请人民法院排除以非法方法收集的证据的,应当提供涉嫌非法取证的人员、时间、地点、方式、内容等相关线索或者材料。

第一百二十八条 人民法院向被告人及其辩护人送达起诉书副本时,应当告知其申请排除非法证据的,应当在开庭审理前提出,但庭审期间才发现相关线索或者材料的除外。

第一百二十九条 开庭审理前,当事人及其辩护人、诉讼代理人申请人民法院排除非法证据的,人民法院应当在开庭前及时将申请书或者申请笔录及相关线索、材料的复制件送交人民检察院。

第一百三十条 开庭审理前,人民法院可以召开庭前会议,就非法证据排除等问题了解情况,听取意见。

在庭前会议中,人民检察院可以通过出示有关证据材料等方式,对证据收集的合法性加以说明。必要时,可以通知调查人员、侦查人员或者其他人员参加庭前会议,说明情况。

第一百三十一条 在庭前会议中,人民检察院可以撤回有关证据。撤回的证据,没有新的理由,不得在庭审中出示。

当事人及其辩护人、诉讼代理人可以撤回排除非法证据的申请。撤回申请后,没有新的线索或者材料,不得再次对有关证据提出排除申请。

第一百三十二条 当事人及其辩护人、诉讼代理人在开庭审理前未申请排除非法证据,在庭审过程中提出申请的,应当说明理由。人民法院经审查,对证据收集的合法性有疑问的,应当进行调查;没有疑问的,驳回申请。

驳回排除非法证据的申请后,当事人及其辩护人、诉讼代理人没有新的线索或者材料,以相同理由再次提出申请的,人民法院不再审查。

第一百三十三条 控辩双方在庭前会议中对证据收集是否合法未达成一致意见,人民法院对证据收集的合法性有疑问的,应当在庭审中进行调查;对证据收集的合法性没有疑问,且无新的线索或者材料表明可能存在非法取证的,可以决定不再进行调查并说明理由。

第一百三十四条 庭审期间,法庭决定对证据收集的合法性进行调查的,应当先行当庭调查。但为防止庭审过分迟延,也可以在法庭调查结束前调查。

第一百三十五条 法庭决定对证据收集的合法性进行调查的,由公诉人通过宣读调查、侦查讯问笔录、出示提讯登记、体检记录、对讯问合法性的核查材料等证据材料,有针对性地播放讯问录音录像,提请法庭通知有关调查人员、侦查人员或者其他人员出庭说明情况等方式,证明证据收集的合法性。

讯问录音录像涉及国家秘密、商业秘密、个人隐私或者其他不宜公开内容的,法庭可以决定对讯问录音录像不公开播放、质证。

公诉人提交的取证过程合法的说明材料,应当经有关调查人员、侦查人员签名,并加盖单位印章。未经签名或者盖章的,不得作为证据使用。上述说明材料不能单独作为证明取证过程合法的根据。

第一百三十六条 控辩双方申请法庭通知调查人员、侦查人员或者其他人员出庭说明情况,法庭认为有必要的,应当通知有关人员出庭。

根据案件情况,法庭可以依职权通知调查人员、侦查人员或者其他人员出庭说明情况。

调查人员、侦查人员或者其他人员出庭的,应当向法庭说明证据收集过程,并就相关情况接受控辩双方和法庭的询问。

第一百三十七条 法庭对证据收集的合法性进行调查后,确认或者不能排除存在刑事诉讼法第五十六条规定的以非法方法收集证据情形的,对有关证据应当排除。

第一百三十八条 具有下列情形之一的,第二审人民法院应当对证据收集的合法性进行审查,并根据刑事诉讼法和本解释的有关规定作出处理:

(一)第一审人民法院对当事人及其辩护人、诉讼代理人排除非法证据的申请没有审查,且以该证据作为定案根据的;

(二)人民检察院或者被告人、自诉人及其法定代理人不服第一审人民法院作出的有关证据收集合法性的调查结论,提出抗诉、上诉的;

(三)当事人及其辩护人、诉讼代理人在第一审结束后才发现相关线索或者材料,申请人民法院排除非法证据的。

第十节 证据的综合审查与运用

第一百三十九条 对证据的真实性,应当综合全案证据进行审查。

对证据的证明力,应当根据具体情况,从证据与案件事实的关联程度、证据之间的联系等方面进行审查判断。

第一百四十条 没有直接证据,但间接证据同时符合下列条件的,可以认定被告人有罪:

(一)证据已经查证属实;

(二)证据之间相互印证,不存在无法排除的矛盾和无法解释的疑问;

(三)全案证据形成完整的证据链;

(四)根据证据认定案件事实足以排除合理怀疑,结论具有唯一性;

(五)运用证据进行的推理符合逻辑和经验。

第一百四十一条 根据被告人的供述、指认提取到了隐蔽性很强的物证、书证，且被告人的供述与其他证明犯罪事实发生的证据相互印证，并排除串供、逼供、诱供等可能性的，可以认定被告人有罪。

第一百四十二条　对监察机关、侦查机关出具的被告人到案经过、抓获经过等材料，应当审查是否有出具该说明材料的办案人员、办案机关的签名、盖章。

对到案经过、抓获经过或者确定被告人有重大嫌疑的根据有疑问的，应当通知人民检察院补充说明。

第一百四十三条　下列证据应当慎重使用，有其他证据印证的，可以采信：

（一）生理上、精神上有缺陷，对案件事实的认知和表达存在一定困难，但尚未丧失正确认知、表达能力的被害人、证人和被告人所作的陈述、证言和供述；

（二）与被告人有亲属关系或者其他密切关系的证人所作的有利于被告人的证言，或者与被告人有利害冲突的证人所作的不利于被告人的证言。

第一百四十四条　证明被告人自首、坦白、立功的证据材料，没有加盖接受被告人投案、坦白、检举揭发等的单位的印章，或者接受人员没有签名的，不得作为定案的根据。

对被告人及其辩护人提出有自首、坦白、立功的事实和理由，有关机关未予认定，或者有关机关提出被告人有自首、坦白、立功表现，但证据材料不全的，人民法院应当要求有关机关提供证明材料，或者要求有关人员作证，并结合其他证据作出认定。

第一百四十五条　证明被告人具有累犯、毒品再犯情节等的证据材料，应当包括前罪的裁判文书、释放证明等材料；材料不全的，应当通知人民检察院提供。

第一百四十六条　审查被告人实施被指控的犯罪时或者审判时是否达到相应法定责任年龄，应当根据户籍证明、出生证明文件、学籍卡、人口普查登记、无利害关系人的证言等证据综合判断。

证明被告人已满十二周岁、十四周岁、十六周岁、十八周岁或者不满七十五周岁的证据不足的，应当作出有利于被告人的认定。

第五章　强制措施

第一百四十七条　人民法院根据案件情况，可以决定对被告人拘传、取保候审、监视居住或者逮捕。

对被告人采取、撤销或者变更强制措施的，由院长决定；决定继续取保候审、监视居住的，可以由合议庭或者独任审判员决定。

第一百四十八条　对经依法传唤拒不到庭的被告人，或者根据案件情况有必要拘传的被告人，可以拘传。

拘传被告人，应当由院长签发拘传票，由司法警察执行，执行人员不得少于二人。

拘传被告人，应当出示拘传票。对抗拒拘传的被告人，可以使用戒具。

第一百四十九条　拘传被告人，持续的时间不得超过十二小时；案情特别重大、复杂，需要采取逮捕措施的，持续的时间不得超过二十四小时。不得以连续拘传的形式变相拘禁被告人。应当保证被拘传人的饮食和必要的休息时间。

第一百五十条　被告人具有刑事诉讼法第六十七条第一款规定情形之一的，人民法院可以决定取保候审。

对被告人决定取保候审的，应当责令其提出保证人或者交纳保证金，不得同时使用保证人保证与保证金保证。

第一百五十一条　对下列被告人决定取保候审的，可以责令其提出一至二名保证人：

（一）无力交纳保证金的；

（二）未成年或者已满七十五周岁的；

（三）不宜收取保证金的其他被告人。

第一百五十二条　人民法院应当审查保证人是否符合法定条件。符合条件的，应当告知其必须履行的保证义务，以及不履行义务的法律后果，并由其出具保证书。

第一百五十三条　对决定取保候审的被告人使用保证金保证的，应当依照刑事诉讼法第七十二条第一款的规定确定保证金的具体数额，并责令被告人或者为其提供保证金的单位、个人将保证金一次性存入公安机关指定银行的专门账户。

第一百五十四条　人民法院向被告人宣布取保候审决定后，应当将取保候审决定书等相关材料送交当地公安机关。

对被告人使用保证金保证的，应当在核实保证金已经存入公安机关指定银行的专门账户后，将银行出具的收款凭证一并送交公安机关。

第一百五十五条　被告人被取保候审期间，保证人不愿继续履行保证义务或者丧失履行保证义务能力的，人民法院应当在收到保证人的申请或者公安机关的书面通知后三日以内，责令被告人重新提出保证人或者交纳保证金，或者变更强制措施，并通知公安机关。

第一百五十六条　人民法院发现保证人未履行保证义务的，应当书面通知公安机关依法处理。

第一百五十七条　根据案件事实和法律规定，认为已经构成犯罪的被告人在取保候审期间逃匿的,如果系保证人协助被告人逃匿,或者保证人明知被告人藏匿地点但拒绝向司法机关提供,对保证人应当依法追究责任。

第一百五十八条　人民法院发现使用保证金保证的被取保候审人违反刑事诉讼法第七十一条第一款、第二款规定的,应当书面通知公安机关依法处理。

人民法院收到公安机关已经没收保证金的书面通知或者变更强制措施的建议后,应当区别情形,在五日以内责令被告人具结悔过,重新交纳保证金或者提出保证人,或者变更强制措施,并通知公安机关。

人民法院决定对被依法没收保证金的被告人继续取保候审的,取保候审的期限连续计算。

第一百五十九条　对被取保候审的被告人的判决、裁定生效后,如果保证金属于其个人财产,且需要用以退赔被害人、履行附带民事赔偿义务或者执行财产刑的,人民法院可以书面通知公安机关移交全部保证金,由人民法院作出处理,剩余部分退还被告人。

第一百六十条　对具有刑事诉讼法第七十四条第一款、第二款规定情形的被告人,人民法院可以决定监视居住。

人民法院决定对被告人监视居住的,应当核实其住处;没有固定住处的,应当为其指定居所。

第一百六十一条　人民法院向被告人宣布监视居住决定后,应当将监视居住决定书等相关材料送交被告人住处或者指定居所所在地的公安机关执行。

对被告人指定居所监视居住后,人民法院应当在二十四小时以内,将监视居住的原因和处所通知其家属;确实无法通知的,应当记录在案。

第一百六十二条　人民检察院、公安机关已经对犯罪嫌疑人取保候审、监视居住,案件起诉至人民法院后,需要继续取保候审、监视居住或者变更强制措施的,人民法院应当在七日以内作出决定,并通知人民检察院、公安机关。

决定继续取保候审、监视居住的,应当重新办理手续,期限重新计算;继续使用保证金保证的,不再收取保证金。

第一百六十三条　对具有刑事诉讼法第八十一条第一款、第三款规定情形的被告人,人民法院应当决定逮捕。

第一百六十四条　被取保候审的被告人具有下列情形之一的,人民法院应当决定逮捕:

(一)故意实施新的犯罪的;

(二)企图自杀或者逃跑的;

(三)毁灭、伪造证据,干扰证人作证或者串供的;

(四)打击报复、恐吓滋扰被害人、证人、鉴定人、举报人、控告人等的;

(五)经传唤,无正当理由不到案,影响审判活动正常进行的;

(六)擅自改变联系方式或者居住地,导致无法传唤,影响审判活动正常进行的;

(七)未经批准,擅自离开所居住的市、县,影响审判活动正常进行,或者两次未经批准,擅自离开所居住的市、县的;

(八)违反规定进入特定场所、与特定人员会见或者通信、从事特定活动,影响审判活动正常进行,或者两次违反有关规定的;

(九)依法应当决定逮捕的其他情形。

第一百六十五条　被监视居住的被告人具有下列情形之一的,人民法院应当决定逮捕:

(一)具有前条第一项至第五项规定情形之一的;

(二)未经批准,擅自离开执行监视居住的处所,影响审判活动正常进行,或者两次未经批准,擅自离开执行监视居住的处所的;

(三)未经批准,擅自会见他人或者通信,影响审判活动正常进行,或者两次未经批准,擅自会见他人或者通信的;

(四)对因患有严重疾病、生活不能自理,或者因怀孕、正在哺乳自己婴儿而未予逮捕的被告人,疾病痊愈或者哺乳期已满的;

(五)依法应当决定逮捕的其他情形。

第一百六十六条　对可能判处徒刑以下刑罚的被告人,违反取保候审、监视居住规定,严重影响诉讼活动正常进行的,可以决定逮捕。

第一百六十七条　人民法院作出逮捕决定后,应当将逮捕决定书等相关材料送交公安机关执行,并将逮捕决定书抄送人民检察院。逮捕被告人后,人民法院应当将逮捕的原因和羁押的处所,在二十四小时以内通知其家属;确实无法通知的,应当记录在案。

第一百六十八条　人民法院对决定逮捕的被告人,应当在逮捕后二十四小时以内讯问。发现不应当逮捕的,应当立即释放。必要时,可以依法变更强制措施。

第一百六十九条　被逮捕的被告人具有下列情形之一的,人民法院可以变更强制措施:

(一)患有严重疾病、生活不能自理的;

(二)怀孕或者正在哺乳自己婴儿的；
(三)系生活不能自理的人的唯一扶养人。

第一百七十条 被逮捕的被告人具有下列情形之一的,人民法院应当立即释放；必要时,可以依法变更强制措施:
(一)第一审人民法院判决被告人无罪、不负刑事责任或者免予刑事处罚的；
(二)第一审人民法院判处管制、宣告缓刑、单独适用附加刑,判决尚未发生法律效力的；
(三)被告人被羁押的时间已到第一审人民法院对其判处的刑期期限的；
(四)案件不能在法律规定的期限内审结的。

第一百七十一条 人民法院决定释放被告人的,应当立即将释放通知书送交公安机关执行。

第一百七十二条 被采取强制措施的被告人,被判处管制、缓刑的,在社区矫正开始后,强制措施自动解除；被单处附加刑的,在判决、裁定发生法律效力后,强制措施自动解除；被判处监禁刑的,在刑罚开始执行后,强制措施自动解除。

第一百七十三条 对人民法院决定逮捕的被告人,人民检察院建议释放或者变更强制措施的,人民法院应当在收到建议后十日以内将处理情况通知人民检察院。

第一百七十四条 被告人及其法定代理人、近亲属或者辩护人申请变更、解除强制措施的,应当说明理由。人民法院收到申请后,应当在三日以内作出决定。同意变更、解除强制措施的,应当依照本解释规定处理；不同意的,应当告知申请人,并说明理由。

第六章 附带民事诉讼

第一百七十五条 被害人因人身权利受到犯罪侵犯或者财物被犯罪分子毁坏而遭受物质损失的,有权在刑事诉讼过程中提起附带民事诉讼；被害人死亡或者丧失行为能力的,其法定代理人、近亲属有权提起附带民事诉讼。

因受到犯罪侵犯,提起附带民事诉讼或者单独提起民事诉讼要求赔偿精神损失的,人民法院一般不予受理。

第一百七十六条 被告人非法占有、处置被害人财产的,应当依法予以追缴或者责令退赔。被告人提起附带民事诉讼的,人民法院不予受理。追缴、退赔的情况,可以作为量刑情节考虑。

第一百七十七条 国家机关工作人员在行使职权时,侵犯他人人身、财产权利构成犯罪,被害人或者其法定代理人、近亲属提起附带民事诉讼的,人民法院不予受理,但应当告知其可以依法申请国家赔偿。

第一百七十八条 人民法院受理刑事案件后,对符合刑事诉讼法第一百零一条和本解释第一百七十五条第一款规定的,可以告知被害人或者其法定代理人、近亲属有权提起附带民事诉讼。

有权提起附带民事诉讼的人放弃诉讼权利的,应当准许,并记录在案。

第一百七十九条 国家财产、集体财产遭受损失,受损失的单位未提起附带民事诉讼,人民检察院在提起公诉时提起附带民事诉讼的,人民法院应当受理。

人民检察院提起附带民事诉讼的,应当列为附带民事诉讼原告人。

被告人非法占有、处置国家财产、集体财产的,依照本解释第一百七十六条的规定处理。

第一百八十条 附带民事诉讼中依法负有赔偿责任的人包括:
(一)刑事被告人以及未被追究刑事责任的其他共同侵害人；
(二)刑事被告人的监护人；
(三)死刑罪犯的遗产继承人；
(四)共同犯罪案件中,案件审结前死亡的被告人的遗产继承人；
(五)对被害人的物质损失依法应当承担赔偿责任的其他单位和个人。

附带民事诉讼被告人的亲友自愿代为赔偿的,可以准许。

第一百八十一条 被害人或者其法定代理人、近亲属仅对部分共同侵害人提起附带民事诉讼的,人民法院应当告知其可以对其他共同侵害人,包括没有被追究刑事责任的共同侵害人,一并提起附带民事诉讼,但共同犯罪案件中同案犯在逃的除外。

被害人或者其法定代理人、近亲属放弃对其他共同侵害人的诉讼权利的,人民法院应当告知其相应法律后果,并在裁判文书中说明其放弃诉讼请求的情况。

第一百八十二条 附带民事诉讼的起诉条件是:
(一)起诉人符合法定条件；
(二)有明确的被告人；
(三)有请求赔偿的具体要求和事实、理由；
(四)属于人民法院受理附带民事诉讼的范围。

第一百八十三条 共同犯罪案件,同案犯在逃的,不应列为附带民事诉讼被告人。逃跑的同案犯到案后,被害人或者其法定代理人、近亲属可以对其提起附带民事诉讼,但已经从其他共同犯罪人处获得足额赔偿的除外。

第一百八十四条　附带民事诉讼应当在刑事案件立案后及时提起。

提起附带民事诉讼应当提交附带民事起诉状。

第一百八十五条　侦查、审查起诉期间,有权提起附带民事诉讼的人提出赔偿要求,经公安机关、人民检察院调解,当事人双方已经达成协议并全部履行,被害人或者其法定代理人、近亲属又提起附带民事诉讼的,人民法院不予受理,但有证据证明调解违反自愿、合法原则的除外。

第一百八十六条　被害人或者其法定代理人、近亲属提起附带民事诉讼的,人民法院应当在七日以内决定是否受理。符合刑事诉讼法第一百零一条以及本解释有关规定的,应当受理;不符合的,裁定不予受理。

第一百八十七条　人民法院受理附带民事诉讼后,应当在五日以内将附带民事起诉状副本送达附带民事诉讼被告人及其法定代理人,或者将口头起诉的内容及时通知附带民事诉讼被告人及其法定代理人,并制作笔录。

人民法院送达附带民事起诉状副本时,应当根据刑事案件的审理期限,确定被告人及其法定代理人的答辩准备时间。

第一百八十八条　附带民事诉讼当事人对自己提出的主张,有责任提供证据。

第一百八十九条　人民法院对可能因被告人的行为或者其他原因,使附带民事判决难以执行的案件,根据附带民事诉讼原告人的申请,可以裁定采取保全措施,查封、扣押或者冻结被告人的财产;附带民事诉讼原告人未提出申请的,必要时,人民法院也可以采取保全措施。

有权提起附带民事诉讼的人因情况紧急,不立即申请保全将会使其合法权益受到难以弥补的损害的,可以在提起附带民事诉讼前,向被保全财产所在地、被申请人居住地或者对案件有管辖权的人民法院申请采取保全措施。申请人在人民法院受理刑事案件后十五日以内未提起附带民事诉讼的,人民法院应当解除保全措施。

人民法院采取保全措施,适用民事诉讼法第一百条至第一百零五条的有关规定,但民事诉讼法第一百零一条第三款的规定除外。

第一百九十条　人民法院审理附带民事诉讼案件,可以根据自愿、合法的原则进行调解。经调解达成协议的,应当制作调解书。调解书经双方当事人签收后即具有法律效力。

调解达成协议并即时履行完毕的,可以不制作调解书,但应当制作笔录,经双方当事人、审判人员、书记员签名后即发生法律效力。

第一百九十一条　调解未达成协议或者调解书签收前当事人反悔的,附带民事诉讼应当同刑事诉讼一并判决。

第一百九十二条　对附带民事诉讼作出判决,应当根据犯罪行为造成的物质损失,结合案件具体情况,确定被告人应当赔偿的数额。

犯罪行为造成被害人人身损害的,应当赔偿医疗费、护理费、交通费等为治疗和康复支付的合理费用,以及因误工减少的收入。造成被害人残疾的,还应当赔偿残疾生活辅助器具费等费用;造成被害人死亡的,还应当赔偿丧葬费等费用。

驾驶机动车致人伤亡或者造成公私财产重大损失,构成犯罪的,依照《中华人民共和国道路交通安全法》第七十六条的规定确定赔偿责任。

附带民事诉讼当事人就民事赔偿问题达成调解、和解协议的,赔偿范围、数额不受第二款、第三款规定的限制。

第一百九十三条　人民检察院提起附带民事诉讼的,人民法院经审理,认为附带民事诉讼被告人依法应当承担赔偿责任的,应当判令附带民事诉讼被告人直接向遭受损失的单位作出赔偿;遭受损失的单位已经终止,有权利义务继受人的,应当判令其向继受人作出赔偿;没有权利义务继受人的,应当判令其向人民检察院交付赔偿款,由人民检察院上缴国库。

第一百九十四条　审理刑事附带民事诉讼案件,人民法院应当结合被告人赔偿被害人物质损失的情况认定其悔罪表现,并在量刑时予以考虑。

第一百九十五条　附带民事诉讼原告人经传唤,无正当理由拒不到庭,或者未经法庭许可中途退庭的,应当按撤诉处理。

刑事被告人以外的附带民事诉讼被告人经传唤,无正当理由拒不到庭,或者未经法庭许可中途退庭的,附带民事部分可以缺席判决。

刑事被告人以外的附带民事诉讼被告人下落不明,或者用公告送达以外的其他方式无法送达,可能导致刑事案件审判过分迟延的,可以不将其列为附带民事诉讼被告人,告知附带民事诉讼原告人另行提起民事诉讼。

第一百九十六条　附带民事诉讼应当同刑事案件一并审判,只有为了防止刑事案件审判的过分迟延,才可以在刑事案件审判后,由同一审判组织继续审理附带民事诉讼;同一审判组织的成员确实不能继续参与审判的,可以更换。

第一百九十七条 人民法院认定公诉案件被告人的行为不构成犯罪，对已经提起的附带民事诉讼，经调解不能达成协议的，可以一并作出刑事附带民事判决，也可以告知附带民事原告人另行提起民事诉讼。

人民法院准许人民检察院撤回起诉的公诉案件，对已经提起的附带民事诉讼，可以进行调解；不宜调解或者经调解不能达成协议的，应当裁定驳回起诉，并告知附带民事诉讼原告人可以另行提起民事诉讼。

第一百九十八条 第一审期间未提起附带民事诉讼，在第二审期间提起的，第二审人民法院可以依法进行调解；调解不成的，告知当事人可以在刑事判决、裁定生效后另行提起民事诉讼。

第一百九十九条 人民法院审理附带民事诉讼案件，不收取诉讼费。

第二百条 被害人或者其法定代理人、近亲属在刑事诉讼过程中未提起附带民事诉讼，另行提起民事诉讼的，人民法院可以进行调解，或者根据本解释第一百九十二条第二款、第三款的规定作出判决。

第二百零一条 人民法院审理附带民事诉讼案件，除刑法、刑事诉讼法以及刑事司法解释已有规定的以外，适用民事法律的有关规定。

第七章 期间、送达、审理期限

第二百零二条 以月计算的期间，自本月某日至下月同日为一个月；期限起算日为本月最后一日的，至下月最后一日为一个月；下月同日不存在的，自本月某日至下月最后一日为一个月；半个月一律按十五日计算。

以年计算的刑期，自本年本月某日至次年同月同日的前一日为一年；次年同月同日不存在的，自本年本月某日至次年同月最后一日的前一日为一年。以月计算的刑期，自本月某日至下月同日的前一日为一个月；刑期起算日为本月最后一日的，至下月最后一日的前一日为一个月；下月同日不存在的，自本月某日至下月最后一日的前一日为一个月；半个月一律按十五日计算。

第二百零三条 当事人由于不能抗拒的原因或者有其他正当理由而耽误期限，依法申请继续进行应当在期满前完成的诉讼活动，人民法院查证属实后，应当裁定准许。

第二百零四条 送达诉讼文书，应当由收件人签收。收件人不在的，可以由其成年家属或者所在单位负责收件的人员代收。收件人或者代收人在送达回证上签收的日期为送达日期。

收件人或者代收人拒绝签收的，送达人可以邀请见证人到场，说明情况，在送达回证上注明拒收的事由和日期，由送达人、见证人签名或者盖章，将诉讼文书留在收件人、代收人的住处或者单位；也可以把诉讼文书留在受送达人的住处，并采用拍照、录像等方式记录送达过程，即视为送达。

第二百零五条 直接送达诉讼文书有困难的，可以委托收件人所在地的人民法院代为送达或者邮寄送达。

第二百零六条 委托送达的，应当将委托函、委托送达的诉讼文书及送达回证寄送受托法院。受托法院收到后，应当登记，在十日以内送达收件人，并将送达回证寄送委托法院；无法送达的，应当告知委托法院，并将诉讼文书及送达回证退回。

第二百零七条 邮寄送达的，应当将诉讼文书、送达回证邮寄给收件人。签收日期为送达日期。

第二百零八条 诉讼文书的收件人是军人的，可以通过其所在部队团级以上单位的政治部门转交。

收件人正在服刑的，可以通过执行机关转交。

收件人正在接受专门矫治教育等的，可以通过相关机构转交。

由有关部门、单位代为转交诉讼文书的，应当请有关部门、单位收到后立即交收件人签收，并将送达回证及时寄送人民法院。

第二百零九条 指定管辖案件的审理期限，自被指定管辖的人民法院收到指定管辖决定书和案卷、证据材料之日起计算。

第二百一十条 对可能判处死刑的案件或者附带民事诉讼的案件，以及有刑事诉讼法第一百五十八条规定情形之一的案件，上一级人民法院可以批准延长审理期限一次，期限为三个月。因特殊情况还需要延长的，应当报请最高人民法院批准。

申请批准延长审理期限的，应当在期限届满十五日以前层报。有权决定的人民法院不同意的，应当在审理期限届满五日以前作出决定。

因特殊情况报请最高人民法院批准延长审理期限，最高人民法院经审查，予以批准的，可以延长审理期限一至三个月。期限届满案件仍然不能审结的，可以再次提出申请。

第二百一十一条 审判期间，对被告人作精神病鉴定的时间不计入审理期限。

第八章 审判组织

第二百一十二条 合议庭由审判员担任审判长。院长或者庭长参加审理案件时，由其本人担任审判长。

审判员依法独任审判时,行使与审判长相同的职权。

第二百一十三条 基层人民法院、中级人民法院、高级人民法院审判下列第一审刑事案件,由审判员和人民陪审员组成合议庭进行:

(一)涉及群体利益、公共利益的;

(二)人民群众广泛关注或者其他社会影响较大的;

(三)案情复杂或者有其他情形,需要由人民陪审员参加审判的。

基层人民法院、中级人民法院、高级人民法院审判下列第一审刑事案件,由审判员和人民陪审员组成七人合议庭进行:

(一)可能判处十年以上有期徒刑、无期徒刑、死刑,且社会影响重大的;

(二)涉及征地拆迁、生态环境保护、食品药品安全,且社会影响重大的;

(三)其他社会影响重大的。

第二百一十四条 开庭审理和评议案件,应当由同一合议庭进行。合议庭成员在评议案件时,应当独立发表意见并说明理由。意见分歧的,应当按多数意见作出决定,但少数意见应当记入笔录。评议笔录由合议庭的组成人员在审阅确认无误后签名。评议情况应当保密。

第二百一十五条 人民陪审员参加三人合议庭审判案件,应当对事实认定、法律适用独立发表意见,行使表决权。

人民陪审员参加七人合议庭审判案件,应当对事实认定独立发表意见,并与审判员共同表决;对法律适用可以发表意见,但不参加表决。

第二百一十六条 合议庭审理、评议后,应当及时作出判决、裁定。

对下列案件,合议庭应当提请院长决定提交审判委员会讨论决定:

(一)高级人民法院、中级人民法院拟判处死刑立即执行的案件,以及中级人民法院拟判处死刑缓期执行的案件;

(二)本院已经发生法律效力的判决、裁定确有错误需要再审的案件;

(三)人民检察院依照审判监督程序提出抗诉的案件。

对合议庭成员意见有重大分歧的案件、新类型案件、社会影响重大的案件以及其他疑难、复杂、重大的案件,合议庭认为难以作出决定的,可以提请院长决定提交审判委员会讨论决定。

人民陪审员可以要求合议庭将案件提请院长决定是否提交审判委员会讨论决定。

对提请院长决定提交审判委员会讨论决定的案件,院长认为不必要的,可以建议合议庭复议一次。

独任审判的案件,审判员认为有必要的,也可以提请院长决定提交审判委员会讨论决定。

第二百一十七条 审判委员会的决定,合议庭、独任审判员应当执行;有不同意见的,可以建议院长提交审判委员会复议。

第九章 公诉案件第一审普通程序
第一节 审查受理与庭前准备

第二百一十八条 对提起公诉的案件,人民法院应当在收到起诉书(一式八份,每增加一名被告人,增加起诉书五份)和案卷、证据后,审查以下内容:

(一)是否属于本院管辖;

(二)起诉书是否写明被告人的身份,是否受过或者正在接受刑事处罚、行政处罚、处分,被采取留置措施的情况,被采取强制措施的时间、种类、羁押地点,犯罪的时间、地点、手段、后果以及其他可能影响定罪量刑的情节;有多起犯罪事实的,是否在起诉书中将事实分别列明;

(三)是否移送证明指控犯罪事实及影响量刑的证据材料,包括采取技术调查、侦查措施的法律文书和所收集的证据材料;

(四)是否查封、扣押、冻结被告人的违法所得或者其他涉案财物,查封、扣押、冻结是否逾期;是否随案移送涉案财物、附涉案财物清单;是否列明涉案财物权属情况;是否就涉案财物处理提供相关证据材料;

(五)是否列明被害人的姓名、住址、联系方式;是否附有证人、鉴定人名单;是否申请法庭通知证人、鉴定人、有专门知识的人出庭,并列明有关人员的姓名、性别、年龄、职业、住址、联系方式;是否附有需要保护的证人、鉴定人、被害人名单;

(六)当事人已委托辩护人、诉讼代理人或者已接受法律援助的,是否列明辩护人、诉讼代理人的姓名、住址、联系方式;

(七)是否提起附带民事诉讼;提起附带民事诉讼的,是否列明附带民事诉讼当事人的姓名、住址、联系方式等,是否附有相关证据材料;

(八)监察调查、侦查、审查起诉程序的各种法律手续和诉讼文书是否齐全;

(九)被告人认罪认罚的,是否提出量刑建议、移送认罪认罚具结书等材料；

（十）有无刑事诉讼法第十六条第二项至第六项规定的不追究刑事责任的情形。

第二百一十九条 人民法院对提起公诉的案件审查后，应当按照下列情形分别处理：

（一）不属于本院管辖的，应当退回人民检察院；

（二）属于刑事诉讼法第十六条第二项至第六项规定情形的，应当退回人民检察院；属于告诉才处理的案件，应当同时告知被害人有权提起自诉；

（三）被告人不在案的，应当退回人民检察院；但是，对人民检察院按照缺席审判程序提起公诉的，应当依照本解释第二十四章的规定作出处理；

（四）不符合前条第二项至第九项规定之一，需要补充材料的，应当通知人民检察院在三日以内补送；

（五）依照刑事诉讼法第二百条第三项规定宣告被告人无罪后，人民检察院根据新的事实、证据重新起诉的，应当依法受理；

（六）依照本解释第二百九十六条规定裁定准许撤诉的案件，没有新的影响定罪量刑的事实、证据，重新起诉的，应当退回人民检察院；

（七）被告人真实身份不明，但符合刑事诉讼法第一百六十条第二款规定的，应当依法受理。

对公诉案件是否受理，应当在七日以内审查完毕。

第二百二十条 对一案起诉的共同犯罪或者关联犯罪案件，被告人人数众多、案情复杂，人民法院经审查认为，分案审理更有利于保障庭审质量和效率的，可以分案审理。分案审理不得影响当事人质证权等诉讼权利的行使。

对分案起诉的共同犯罪或者关联犯罪案件，人民法院经审查认为，合并审理更有利于查明案件事实、保障诉讼权利、准确认定罪量刑的，可以并案审理。

第二百二十一条 开庭审理前，人民法院应当进行下列工作：

（一）确定审判长及合议庭组成人员；

（二）开庭十日以前将起诉书副本送达被告人、辩护人；

（三）通知当事人、法定代理人、辩护人、诉讼代理人在开庭五日以前提供证人、鉴定人名单，以及拟当庭出示的证据；申请证人、鉴定人、有专门知识的人出庭的，列明有关人员的姓名、性别、年龄、职业、住址、联系方式；

（四）开庭三日以前将开庭的时间、地点通知人民检察院；

（五）开庭三日以前将传唤当事人的传票和通知辩护人、诉讼代理人、法定代理人、证人、鉴定人等出庭的通知书送达；通知有关人员出庭，也可以采取电话、短信、传真、电子邮件、即时通讯等能够确认对方收悉的方式；对被害人人数众多的涉众型犯罪案件，可以通过互联网公布相关文书，通知有关人员出庭；

（六）公开审理的案件，在开庭三日以前公布案由、被告人姓名、开庭时间和地点。

上述工作情况应当记录在案。

第二百二十二条 审判案件应当公开进行。

案件涉及国家秘密或者个人隐私的，不公开审理；涉及商业秘密，当事人提出申请的，法庭可以决定不公开审理。

不公开审理的案件，任何人不得旁听，但具有刑事诉讼法第二百八十五条规定情形的除外。

第二百二十三条 精神病人、醉酒的人、未经人民法院批准的未成年人以及其他不宜旁听的人不得旁听案件审理。

第二百二十四条 被害人人数众多，且案件不属于附带民事诉讼范围的，被害人可以推选若干代表人参加庭审。

第二百二十五条 被害人、诉讼代理人经传唤或者通知未到庭，不影响开庭审理的，人民法院可以开庭审理。

辩护人经通知未到庭，被告人同意的，人民法院可以开庭审理，但被告人属于应当提供法律援助情形的除外。

第二节 庭前会议与庭审衔接

第二百二十六条 案件具有下列情形之一的，人民法院可以决定召开庭前会议：

（一）证据材料较多、案情重大复杂的；

（二）控辩双方对事实、证据存在较大争议的；

（三）社会影响重大的；

（四）需要召开庭前会议的其他情形。

第二百二十七条 控辩双方可以申请人民法院召开庭前会议，提出申请应当说明理由。人民法院经审查认为有必要的，应当召开庭前会议；决定不召开的，应当告知申请人。

第二百二十八条 庭前会议可以就下列事项向控辩双方了解情况，听取意见：

（一）是否对案件管辖有异议；

（二）是否申请有关人员回避；

（三）是否申请不公开审理；

（四）是否申请排除非法证据；
（五）是否提供新的证据材料；
（六）是否申请重新鉴定或者勘验；
（七）是否申请收集、调取证明被告人无罪或者罪轻的证据材料；
（八）是否申请证人、鉴定人、有专门知识的人、调查人员、侦查人员或者其他人员出庭，是否对出庭人员名单有异议；
（九）是否对涉案财物的权属情况和人民检察院的处理建议有异议；
（十）与审判相关的其他问题。

庭前会议中，人民法院可以开展附带民事调解。

对第一款规定中可能导致庭审中断的程序性事项，人民法院可以在庭前会议后依法作出处理，并在庭审中说明处理决定和理由。控辩双方没有新的理由，在庭审中再次提出有关申请或者异议的，法庭可以在说明庭前会议情况和处理决定理由后，依法予以驳回。

庭前会议情况应当制作笔录，由参会人员核对后签名。

第二百二十九条 庭前会议中，审判人员可以询问控辩双方对证据材料有无异议，对有异议的证据，应当在庭审时重点调查；无异议的，庭审时举证、质证可以简化。

第二百三十条 庭前会议由审判长主持，合议庭其他审判员也可以主持庭前会议。

召开庭前会议应当通知公诉人、辩护人到场。

庭前会议准备就非法证据排除了解情况、听取意见，或者准备询问控辩双方对证据材料的意见的，应当通知被告人到场。有多名被告人的案件，可以根据情况确定参加庭前会议的被告人。

第二百三十一条 庭前会议一般不公开进行。

根据案件情况，庭前会议可以采用视频等方式进行。

第二百三十二条 人民法院在庭前会议中听取控辩双方对案件事实、证据材料的意见后，对明显事实不清、证据不足的案件，可以建议人民检察院补充材料或者撤回起诉。建议撤回起诉的案件，人民检察院不同意的，开庭审理后，没有新的事实和理由，一般不准许撤回起诉。

第二百三十三条 对召开庭前会议的案件，可以在开庭时告知庭前会议情况。对庭前会议中达成一致意见的事项，法庭在向控辩双方核实后，可以当庭予以确认；未达成一致意见的事项，法庭可以归纳控辩双方争议焦点，听取控辩双方意见，依法作出处理。

控辩双方在庭前会议中就有关事项达成一致意见，在庭审中反悔的，除有正当理由外，法庭一般不再进行处理。

第三节　宣布开庭与法庭调查

第二百三十四条 开庭审理前，书记员应当依次进行下列工作：
（一）受审判长委托，查明公诉人、当事人、辩护人、诉讼代理人、证人及其他诉讼参与人是否到庭；
（二）核实旁听人员中是否有证人、鉴定人、有专门知识的人；
（三）请公诉人、辩护人、诉讼代理人及其他诉讼参与人入庭；
（四）宣读法庭规则；
（五）请审判长、审判员、人民陪审员入座；
（六）审判人员就座后，向审判长报告开庭前的准备工作已经就绪。

第二百三十五条 审判长宣布开庭，传被告人到庭后，应当查明被告人的下列情况：
（一）姓名、出生日期、民族、出生地、文化程度、职业、住址，或者被告单位的名称、住所地、法定代表人、实际控制人以及诉讼代表人的姓名、职务；
（二）是否受过刑事处罚、行政处罚、处分及其种类、时间；
（三）是否被采取留置措施及留置的时间，是否被采取强制措施及强制措施的种类、时间；
（四）收到起诉书副本的日期；有附带民事诉讼的，附带民事诉讼被告人收到附带民事起诉状的日期。

被告人较多的，可以在开庭前查明上述情况，但开庭时审判长应当作出说明。

第二百三十六条 审判长宣布案件的来源、起诉的案由、附带民事诉讼当事人的姓名及是否公开审理；不公开审理的，应当宣布理由。

第二百三十七条 审判长宣布合议庭组成人员、法官助理、书记员、公诉人的名单，以及辩护人、诉讼代理人、鉴定人、翻译人员等诉讼参与人的名单。

第二百三十八条 审判长应当告知当事人及其法定代理人、辩护人、诉讼代理人在法庭审理过程中依法享有下列诉讼权利：
（一）可以申请合议庭组成人员、法官助理、书记员、公诉人、鉴定人和翻译人员回避；
（二）可以提出证据，申请通知新的证人到庭、调取新的证据，申请重新鉴定或者勘验；
（三）被告人可以自行辩护；

（四）被告人可以在法庭辩论终结后作最后陈述。

第二百三十九条 审判长应当询问当事人及其法定代理人、辩护人、诉讼代理人是否申请回避、申请何人回避和申请回避的理由。

当事人及其法定代理人、辩护人、诉讼代理人申请回避的，依照刑事诉讼法及本解释的有关规定处理。

同意或者驳回回避申请的决定及复议决定，由审判长宣布，并说明理由。必要时，也可以由院长到庭宣布。

第二百四十条 审判长宣布法庭调查开始后，应当先由公诉人宣读起诉书；公诉人宣读起诉书后，审判长应当询问被告人对起诉书指控的犯罪事实和罪名有无异议。

有附带民事诉讼的，公诉人宣读起诉书后，由附带民事诉讼原告人或者其法定代理人、诉讼代理人宣读附带民事起诉状。

第二百四十一条 在审判长主持下，被告人、被害人可以就起诉书指控的犯罪事实分别陈述。

第二百四十二条 在审判长主持下，公诉人可以就起诉书指控的犯罪事实讯问被告人。

经审判长准许，被害人及其法定代理人、诉讼代理人可以就公诉人讯问的犯罪事实补充发问；附带民事诉讼原告人及其法定代理人、诉讼代理人可以就附带民事部分的事实向被告人发问；被告人的法定代理人、辩护人，附带民事诉讼被告人及其法定代理人、诉讼代理人可以在控诉方、附带民事诉讼原告方就某一问题讯问、发问完毕后向被告人发问。

根据案件情况，就证据问题对被告人的讯问、发问可以在举证、质证环节进行。

第二百四十三条 讯问同案审理的被告人，应当分别进行。

第二百四十四条 经审判长准许，控辩双方可以向被害人、附带民事诉讼原告人发问。

第二百四十五条 必要时，审判人员可以讯问被告人，也可以向被害人、附带民事诉讼当事人发问。

第二百四十六条 公诉人可以提请法庭通知证人、鉴定人、有专门知识的人、调查人员、侦查人员或者其他人员出庭，或者出示证据。被害人及其法定代理人、诉讼代理人，附带民事诉讼原告人及其诉讼代理人也可以提出申请。

在控诉方举证后，被告人及其法定代理人、辩护人可以提请法庭通知证人、鉴定人、有专门知识的人、调查人员、侦查人员或者其他人员出庭，或者出示证据。

第二百四十七条 控辩双方申请证人出庭作证，出示证据，应当说明证据的名称、来源和拟证明的事实。法庭认为有必要的，应当准许；对方提出异议，认为有关证据与案件无关或者明显重复、不必要，法庭经审查异议成立的，可以不予准许。

第二百四十八条 已经移送人民法院的案卷和证据材料，控辩双方需要出示的，可以向法庭提出申请，法庭可以准许。案卷和证据材料应当在质证后当庭归还。

需要播放录音录像或者需要将证据材料交由法庭、公诉人或者诉讼参与人查看的，法庭可以指令值庭法警或者相关人员予以协助。

第二百四十九条 公诉人、当事人或者辩护人、诉讼代理人对证人证言有异议，且该证人证言对定罪量刑有重大影响，或者对鉴定意见有异议，人民法院认为证人、鉴定人有必要出庭作证的，应当通知证人、鉴定人出庭。

控辩双方对侦破经过、证据来源、证据真实性或者合法性等有异议，申请调查人员、侦查人员或者有关人员出庭，人民法院认为有必要的，应当通知调查人员、侦查人员或者有关人员出庭。

第二百五十条 公诉人、当事人及其辩护人、诉讼代理人申请法庭通知有专门知识的人出庭，就鉴定意见提出意见的，应当说明理由。法庭认为有必要的，应当通知有专门知识的人出庭。

申请有专门知识的人出庭，不得超过二人。有多种类鉴定意见的，可以相应增加人数。

第二百五十一条 为查明案件事实、调查核实证据，人民法院可以依职权通知证人、鉴定人、有专门知识的人、调查人员、侦查人员或者其他人员出庭。

第二百五十二条 人民法院通知有关人员出庭的，可以要求控辩双方予以协助。

第二百五十三条 证人具有下列情形之一，无法出庭作证的，人民法院可以准许其不出庭：

（一）庭审期间身患严重疾病或者行动极为不便的；

（二）居所远离开庭地点且交通极为不便的；

（三）身处国外短期无法回国的；

（四）有其他客观原因，确实无法出庭的。

具有前款规定情形的，可以通过视频等方式作证。

第二百五十四条 证人出庭作证所支出的交通、住宿、就餐等费用，人民法院应当给予补助。

第二百五十五条 强制证人出庭的，应当由院长签发强制证人出庭令，由法警执行。必要时，可以商请公安机关协助。

第二百五十六条　证人、鉴定人、被害人因出庭作证，本人或者其近亲属的人身安全面临危险的，人民法院应当采取不公开其真实姓名、住址和工作单位等个人信息，或者不暴露其外貌、真实声音等保护措施。辩护律师经法庭许可，查阅对证人、鉴定人、被害人使用化名情况的，应当签署保密承诺书。

审判期间，证人、鉴定人、被害人提出保护请求的，人民法院应当立即审查；认为确有保护必要的，应当及时决定采取相应保护措施。必要时，可以商请公安机关协助。

第二百五十七条　决定对出庭作证的证人、鉴定人、被害人采取不公开个人信息的保护措施的，审判人员应当在开庭前核实其身份，对证人、鉴定人如实作证的保证书不得公开，在判决书、裁定书等法律文书中可以使用化名等代替其个人信息。

第二百五十八条　证人出庭的，法庭应当核实其身份、与当事人以及本案的关系，并告知其有关权利义务和法律责任。证人应当保证向法庭如实提供证言，并在保证书上签名。

第二百五十九条　证人出庭后，一般先向法庭陈述证言；其后，经审判长许可，由申请通知证人出庭的一方发问，发问完毕后，对方也可以发问。

法庭依职权通知证人出庭的，发问顺序由审判长根据案件情况确定。

第二百六十条　鉴定人、有专门知识的人、调查人员、侦查人员或者其他人员出庭的，参照适用前两条规定。

第二百六十一条　向证人发问应当遵循以下规则：

（一）发问的内容应当与本案事实有关；

（二）不得以诱导方式发问；

（三）不得威胁证人；

（四）不得损害证人的人格尊严。

对被告人、被害人、附带民事诉讼当事人、鉴定人、有专门知识的人、调查人员、侦查人员或者其他人员的讯问、发问，适用前款规定。

第二百六十二条　控辩双方的讯问、发问方式不当或者内容与本案无关的，对方可以提出异议，申请审判长制止，审判长应当判明情况予以支持或者驳回；对方未提出异议的，审判长也可以根据情况予以制止。

第二百六十三条　审判人员认为必要时，可以询问证人、鉴定人、有专门知识的人、调查人员、侦查人员或者其他人员。

第二百六十四条　向证人、鉴定人、侦查人员发问，应当分别进行。

第二百六十五条　证人、鉴定人、有专门知识的人、调查人员、侦查人员或者其他人员不得旁听对本案的审理。有关人员作证或者发表意见后，审判长应当告知其退庭。

第二百六十六条　审理涉及未成年人的刑事案件，询问未成年被害人、证人，通知未成年被害人、证人出庭作证，适用本解释第二十二章的有关规定。

第二百六十七条　举证方当庭出示证据后，由对方发表质证意见。

第二百六十八条　对可能影响定罪量刑的关键证据和控辩双方存在争议的证据，一般应当单独举证、质证，充分听取质证意见。

对控辩双方无异议的非关键证据，举证方可以仅就证据的名称及拟证明的事实作出说明。

召开庭前会议的案件，举证、质证可以按照庭前会议确定的方式进行。

根据案件和庭审情况，法庭可以对控辩双方的举证、质证方式进行必要的指引。

第二百六十九条　审理过程中，法庭认为有必要的，可以传唤同案被告人、分案审理的共同犯罪或者关联犯罪案件的被告人等到庭对质。

第二百七十条　当庭出示的证据，尚未移送人民法院的，应当在质证后当庭移交。

第二百七十一条　法庭对证据有疑问的，可以告知公诉人、当事人及其法定代理人、辩护人、诉讼代理人补充证据或者作出说明；必要时，可以宣布休庭，对证据进行调查核实。

对公诉人、当事人及其法定代理人、辩护人、诉讼代理人补充的和审判人员庭外调查核实取得的证据，应当经过当庭质证才能作为定案的根据。但是，对不影响定罪量刑的非关键证据、有利于被告人的量刑证据以及认定被告人有犯罪前科的裁判文书等证据，经庭外征求意见，控辩双方没有异议的除外。

有关情况，应当记录在案。

第二百七十二条　公诉人申请出示开庭前未移送或者提交人民法院的证据，辩护方提出异议的，审判长应当要求公诉人说明理由；理由成立并确有出示必要的，应当准许。

辩护方提出需要对新的证据作辩护准备的，法庭可以宣布休庭，并确定准备辩护的时间。

辩护方申请出示开庭前未提交的证据，参照适用前两款规定。

第二百七十三条 法庭审理过程中，控辩双方申请通知新的证人到庭，调取新的证据，申请重新鉴定或者勘验的，应当提供证人的基本信息、证据的存放地点，说明拟证明的事项，申请重新鉴定或者勘验的理由。法庭认为有必要的，应当同意，并宣布休庭；根据案件情况，可以决定延期审理。

人民法院决定重新鉴定的，应当及时委托鉴定，并将鉴定意见告知人民检察院、当事人及其辩护人、诉讼代理人。

第二百七十四条 审判期间，公诉人发现案件需要补充侦查，建议延期审理的，合议庭可以同意，但建议延期审理不得超过两次。

人民检察院将补充收集的证据移送人民法院的，人民法院应当通知辩护人、诉讼代理人查阅、摘抄、复制。

补充侦查期限届满后，人民检察院未将补充的证据材料移送人民法院的，人民法院可以根据在案证据作出判决、裁定。

第二百七十五条 人民法院向人民检察院调取需要调查核实的证据材料，或者根据被告人、辩护人的申请，向人民检察院调取在调查、侦查、审查起诉期间收集的有关被告人无罪或者罪轻的证据材料，应当通知人民检察院在收到调取证据材料决定书后三日以内移交。

第二百七十六条 法庭审理过程中，对与量刑有关的事实、证据，应当进行调查。

人民法院除应当审查被告人是否具有法定量刑情节外，还应当根据案件情况审查以下影响量刑的情节：

（一）案件起因；

（二）被害人有无过错及过错程度，是否对矛盾激化负有责任及责任大小；

（三）被告人的近亲属是否协助抓获被告人；

（四）被告人平时表现，有无悔罪态度；

（五）退赃、退赔及赔偿情况；

（六）被告人是否取得被害人或者其近亲属谅解；

（七）影响量刑的其他情节。

第二百七十七条 审判期间，合议庭发现被告人可能有自首、坦白、立功等法定量刑情节，而人民检察院移送的案卷中没有相关证据材料的，应当通知人民检察院在指定时间内移送。

审判期间，被告人提出新的立功线索的，人民法院可以建议人民检察院补充侦查。

第二百七十八条 对被告人认罪的案件，在确认被告人了解起诉书指控的犯罪事实和罪名，自愿认罪且知悉认罪的法律后果后，法庭调查可以主要围绕量刑和其他有争议的问题进行。

对被告人不认罪或者辩护人作无罪辩护的案件，法庭调查应当在查明定罪事实的基础上，查明有关量刑事实。

第二百七十九条 法庭审理过程中，应当对查封、扣押、冻结财物及其孳息的权属、来源等情况，是否属于违法所得或者依法应当追缴的其他涉案财物进行调查，由公诉人说明情况、出示证据、提出处理建议，并听取被告人、辩护人等诉讼参与人的意见。

案外人对查封、扣押、冻结的财物及其孳息提出权属异议的，人民法院应当听取案外人的意见；必要时，可以通知案外人出庭。

经审查，不能确认查封、扣押、冻结的财物及其孳息属于违法所得或者依法应当追缴的其他涉案财物的，不得没收。

第四节 法庭辩论与最后陈述

第二百八十条 合议庭认为案件事实已经调查清楚的，应当由审判长宣布法庭调查结束，开始就定罪、量刑、涉案财物处理的事实、证据、适用法律等问题进行法庭辩论。

第二百八十一条 法庭辩论应当在审判长的主持下，按照下列顺序进行：

（一）公诉人发言；

（二）被害人及其诉讼代理人发言；

（三）被告人自行辩护；

（四）辩护人辩护；

（五）控辩双方进行辩论。

第二百八十二条 人民检察院可以提出量刑建议并说明理由；建议判处管制、宣告缓刑的，一般应当附有调查评估报告，或者附有委托调查函。

当事人及其辩护人、诉讼代理人可以对量刑提出意见并说明理由。

第二百八十三条 对被告人认罪的案件，法庭辩论时，应当指引控辩双方主要围绕量刑和其他有争议的问题进行。

对被告人不认罪或者辩护人作无罪辩护的案件，法庭辩论时，可以指引控辩双方先辩论定罪问题，后辩论量刑和其他问题。

第二百八十四条 附带民事部分的辩论应当在刑事部分的辩论结束后进行，先由附带民事诉讼原告人及其诉讼代理人发言,后由附带民事诉讼被告人及其诉讼代理人答辩。

第二百八十五条 法庭辩论过程中,审判长应当充分听取控辩双方的意见,对控辩双方与案件无关、重复或者指责对方的发言应当提醒、制止。

第二百八十六条 法庭辩论过程中,合议庭发现与定罪、量刑有关的新的事实,有必要调查的,审判长可以宣布恢复法庭调查,在对新的事实调查后,继续法庭辩论。

第二百八十七条 审判长宣布法庭辩论终结后,合议庭应当保证被告人充分行使最后陈述的权利。

被告人在最后陈述中多次重复自己的意见的,法庭可以制止;陈述内容蔑视法庭、公诉人,损害他人及社会公共利益,或者与本案无关的,应当制止。

在公开审理的案件中,被告人最后陈述的内容涉及国家秘密、个人隐私或者商业秘密的,应当制止。

第二百八十八条 被告人在最后陈述中提出新的事实、证据,合议庭认为可能影响正确裁判的,应当恢复法庭调查;被告人提出新的辩解理由,合议庭认为可能影响正确裁判的,应当恢复法庭辩论。

第二百八十九条 公诉人当庭发表与起诉书不同的意见,属于变更、追加、补充或者撤回起诉的,人民法院应当要求人民检察院在指定时间内以书面方式提出;必要时,可以宣布休庭。人民检察院在指定时间内未提出的,人民法院应当根据法庭审理情况,就起诉书指控的犯罪事实依法作出判决、裁定。

人民检察院变更、追加、补充起诉的,人民法院应当给予被告人及其辩护人必要的准备时间。

第二百九十条 辩护人应当及时将书面辩护意见提交人民法院。

第五节 评议案件与宣告判决

第二百九十一条 被告人最后陈述后,审判长应当宣布休庭,由合议庭进行评议。

第二百九十二条 开庭审理的全部活动,应当由书记员制作笔录;笔录经审判长审阅后,分别由审判长和书记员签名。

第二百九十三条 法庭笔录应当在庭审后交由当事人、法定代理人、辩护人、诉讼代理人阅读或者向其宣读。

法庭笔录中的出庭证人、鉴定人、有专门知识的人、调查人员、侦查人员或者其他人员的证言、意见部分,应当在庭审后分别交由有关人员阅读或者向其宣读。

前两款所列人员认为记录有遗漏或者差错的,可以请求补充或者改正;确认无误后,应当签名;拒绝签名的,应当记录在案;要求改变庭审中陈述的,不予准许。

第二百九十四条 合议庭评议案件,应当根据已经查明的事实、证据和有关法律规定,在充分考虑控辩双方意见的基础上,确定被告人是否有罪、构成何罪,有无从重、从轻、减轻或者免除处罚情节,应否处以刑罚、判处何种刑罚,附带民事诉讼如何解决,查封、扣押、冻结的财物及其孳息如何处理等,并依法作出判决、裁定。

第二百九十五条 对第一审公诉案件,人民法院审理后,应当按照下列情形分别作出判决、裁定:

(一)起诉指控的事实清楚,证据确实、充分,依据法律认定指控被告人的罪名成立的,应当作出有罪判决;

(二)起诉指控的事实清楚,证据确实、充分,但指控的罪名不当的,应当依据法律和审理认定的事实作出有罪判决;

(三)案件事实清楚,证据确实、充分,依据法律认定被告人无罪的,应当判决宣告被告人无罪;

(四)证据不足,不能认定被告人有罪的,应当以证据不足、指控的犯罪不能成立,判决宣告被告人无罪;

(五)案件部分事实清楚,证据确实、充分的,应当作出有罪或者无罪的判决;对事实不清、证据不足部分,不予认定;

(六)被告人因未达到刑事责任年龄,不予刑事处罚的,应当判决宣告被告人不负刑事责任;

(七)被告人是精神病人,在不能辨认或者不能控制自己行为时造成危害结果,不予刑事处罚的,应当判决宣告被告人不负刑事责任;被告人符合强制医疗条件的,应当依照本解释第二十六章的规定进行审理并作出判决;

(八)犯罪已过追诉时效期限且不是必须追诉,或者经特赦令免除刑罚的,应当裁定终止审理;

(九)属于告诉才处理的案件,应当裁定终止审理,并告知被害人有权提起自诉;

(十)被告人死亡的,应当裁定终止审理;但有证据证明被告人无罪,经缺席审理确认无罪的,应当判决宣告被告人无罪。

对涉案财物,人民法院应当根据审理查明的情况,依照本解释第十八章的规定作出处理。

具有第一款第二项规定情形的,人民法院应当在判决前听取控辩双方的意见,保障被告人、辩护人充分行使辩护权。必要时,可以再次开庭,组织控辩双方围绕被告人的行为构成何罪及如何量刑进行辩论。

第二百九十六条 在开庭后、宣告判决前,人民检察院要求撤回起诉的，人民法院应当审查撤回起诉的理由，作出是否准许的裁定。

第二百九十七条 审判期间，人民法院发现新的事实，可能影响定罪量刑的，或者需要补查补证的，应当通知人民检察院，由其决定是否补充、变更、追加起诉或者补充侦查。

人民检察院不同意或者在指定时间内未回复书面意见的，人民法院应当就起诉指控的事实，依照本解释第二百九十五条的规定作出判决、裁定。

第二百九十八条 对依照本解释第二百一十九条第一款第五项规定受理的案件，人民法院应当在判决中写明被告人曾被人民检察院提起公诉，因证据不足，指控的犯罪不能成立，被人民法院依法判决宣告无罪的情况；前案依照刑事诉讼法第二百条第三项规定作出的判决不予撤销。

第二百九十九条 合议庭成员、法官助理、书记员应当在评议笔录上签名，在判决书、裁定书等法律文书上署名。

第三百条 裁判文书应当写明裁判依据，阐释裁判理由，反映控辩双方的意见并说明采纳或者不予采纳的理由。

适用普通程序审理的被告人认罪的案件，裁判文书可以适当简化。

第三百零一条 庭审结束后、评议前，部分合议庭成员不能继续履行审判职责的，人民法院应当依法更换合议庭组成人员，重新开庭审理。

评议后、宣判前，部分合议庭成员因调动、退休等正常原因不能参加宣判，在不改变原评议结论的情况下，可以由审判本案的其他审判员宣判，裁判文书上仍署审判本案的合议庭成员的姓名。

第三百零二条 当庭宣告判决的，应当在五日以内送达判决书。定期宣告判决的，应当在宣判前，先期公告宣判的时间和地点，传唤当事人并通知公诉人、法定代理人、辩护人和诉讼代理人；判决宣告后，应当立即送达判决书。

第三百零三条 判决书应当送达人民检察院、当事人、法定代理人、辩护人、诉讼代理人，并可以送达被告人的近亲属。被害人死亡，其近亲属申请领取判决书的，人民法院应当及时提供。

判决生效后，还应当送达被告人的所在单位或者户籍地的公安派出所，或者被告单位的注册登记机关。被告人系外国人，且在境内有居住地的，应当送达居住地的公安派出所。

第三百零四条 宣告判决，一律公开进行。宣告判决结果时，法庭内全体人员应当起立。

公诉人、辩护人、诉讼代理人、被害人、自诉人或者附带民事诉讼原告人未到庭的，不影响宣判的进行。

第六节 法庭纪律与其他规定

第三百零五条 在押被告人出庭受审时，不着监管机构的识别服。

庭审期间不得对被告人使用戒具，但法庭认为其人身危险性大，可能危害法庭安全的除外。

第三百零六条 庭审期间，全体人员应当服从法庭指挥，遵守法庭纪律，尊重司法礼仪，不得实施下列行为：

（一）鼓掌、喧哗、随意走动；

（二）吸烟、进食；

（三）拨打、接听电话，或者使用即时通讯工具；

（四）对庭审活动进行录音、录像、拍照或者使用即时通讯工具等传播庭审活动；

（五）其他危害法庭安全或者扰乱法庭秩序的行为。

旁听人员不得进入审判活动区，不得随意站立、走动，不得发言和提问。

记者经许可实施第一款第四项规定的行为，应当在指定的时间及区域进行，不得干扰庭审活动。

第三百零七条 有关人员危害法庭安全或者扰乱法庭秩序的，审判长应当按照下列情形分别处理：

（一）情节较轻的，应当警告制止；根据具体情况，也可以进行训诫；

（二）训诫无效的，责令退出法庭；拒不退出的，指令法警强行带出法庭；

（三）情节严重的，报经院长批准后，可以对行为人处一千元以下的罚款或者十五日以下的拘留。

未经许可对庭审活动进行录音、录像、拍照或者使用即时通讯工具等传播庭审活动的，可以暂扣相关设备及存储介质，删除相关内容。

有关人员对罚款、拘留的决定不服的，可以直接向上一级人民法院申请复议，也可以通过决定罚款、拘留的人民法院向上一级人民法院申请复议。通过决定罚款、拘留的人民法院申请复议的，该人民法院应当自收到复议申请之日起三日以内，将复议申请、罚款或者拘留决定书和有关事实、证据材料一并报上一级人民法院复议。复议期间，不停止决定的执行。

第三百零八条 担任辩护人、诉讼代理人的律师严重扰乱法庭秩序，被强行带出法庭或者被处以罚款、拘留的，人民法院应当通报司法行政机关，并可以建议依法给予相应处罚。

第三百零九条 实施下列行为之一，危害法庭安全或者扰乱法庭秩序，构成犯罪的，依法追究刑事责任：

（一）非法携带枪支、弹药、管制刀具或者爆炸性、易燃性、毒害性、放射性以及传染病病原体等危险物质进入法庭；

（二）哄闹、冲击法庭；

（三）侮辱、诽谤、威胁、殴打司法工作人员或者诉讼参与人；

（四）毁坏法庭设施，抢夺、损毁诉讼文书、证据；

（五）其他危害法庭安全或者扰乱法庭秩序的行为。

第三百一十条 辩护人严重扰乱法庭秩序，被责令退出法庭、强行带出法庭或者被处以罚款、拘留，被告人自行辩护的，庭审继续进行；被告人要求另行委托辩护人，或者被告人属于应当提供法律援助情形的，应当宣布休庭。

辩护人、诉讼代理人被责令退出法庭、强行带出法庭或者被处以罚款后，具结保证书，保证服从法庭指挥、不再扰乱法庭秩序的，经法庭许可，可以继续担任辩护人、诉讼代理人。

辩护人、诉讼代理人具有下列情形之一的，不得继续担任同一案件的辩护人、诉讼代理人：

（一）擅自退庭的；

（二）无正当理由不出庭或者不按时出庭，严重影响审判顺利进行的；

（三）被拘留或者具结保证书后再次被责令退出法庭、强行带出法庭的。

第三百一十一条 被告人在一个审判程序中更换辩护人一般不得超过两次。

被告人当庭拒绝辩护人辩护，要求另行委托辩护人或者指派律师的，合议庭应当准许。被告人拒绝辩护人辩护后，没有辩护人的，应当宣布休庭；仍有辩护人的，庭审可以继续进行。

有多名被告人的案件，部分被告人拒绝辩护人辩护后，没有辩护人的，根据案件情况，可以对该部分被告人另案处理，对其他被告人的庭审继续进行。

重新开庭后，被告人再次当庭拒绝辩护人辩护的，可以准许，但被告人不得再次另行委托辩护人或者要求另行指派律师，由其自行辩护。

被告人属于应当提供法律援助的情形，重新开庭后再次当庭拒绝辩护人辩护的，不予准许。

第三百一十二条 法庭审理过程中，辩护人拒绝为被告人辩护，有正当理由的，应当准许；是否继续庭审，参照适用前条规定。

第三百一十三条 依照前两条规定另行委托辩护人或者通知法律援助机构指派律师的，自案件宣布休庭之日起至第十五日止，由辩护人准备辩护，但被告人及其辩护人自愿缩短时间的除外。

庭审结束后、判决宣告前另行委托辩护人的，可以不重新开庭；辩护人提交书面辩护意见的，应当接受。

第三百一十四条 有多名被告人的案件，部分被告人具有刑事诉讼法第二百零六条第一款规定情形的，人民法院可以对全案中止审理；根据案件情况，也可以对该部分被告人中止审理，对其他被告人继续审理。

对中止审理的部分被告人，可以根据案件情况另案处理。

第三百一十五条 人民检察院认为人民法院审理案件违反法定程序，在庭审后提出书面纠正意见，人民法院认为正确的，应当采纳。

第十章 自诉案件第一审程序

第三百一十六条 人民法院受理自诉案件必须符合下列条件：

（一）符合刑事诉讼法第二百一十条、本解释第一条的规定；

（二）属于本院管辖；

（三）被害人告诉；

（四）有明确的被告人、具体的诉讼请求和证明被告人犯罪事实的证据。

第三百一十七条 本解释第一条规定的案件，如果被害人死亡、丧失行为能力或者因受强制、威吓等无法告诉，或者是限制行为能力人以及因年老、患病、盲、聋、哑等不能亲自告诉，其法定代理人、近亲属告诉或者代为告诉的，人民法院应当依法受理。

被害人的法定代理人、近亲属告诉或者代为告诉的，应当提供与被害人关系的证明和被害人不能亲自告诉的原因的证明。

第三百一十八条 提起自诉应当提交刑事自诉状；同时提起附带民事诉讼的，应当提交刑事附带民事自诉状。

第三百一十九条 自诉状一般应当包括以下内容：

（一）自诉人（代为告诉人）、被告人的姓名、性别、年龄、民族、出生地、文化程度、职业、工作单位、住址、联系方式；

（二）被告人实施犯罪的时间、地点、手段、情节和危害后果等；

（三）具体的诉讼请求；

（四）致送的人民法院和书状时间；

（五）证据的名称、来源等；

（六）证人的姓名、住址、联系方式等。

对两名以上被告人提出告诉的，应当按照被告人的人数提供自诉状副本。

第三百二十条 对自诉案件，人民法院应当在十五日以内审查完毕。经审查，符合受理条件的，应当决定立案，并书面通知自诉人或者代为告诉人。

具有下列情形之一的，应当说服自诉人撤回起诉；自诉人不撤回起诉的，裁定不予受理：

（一）不属于本解释第一条规定的案件的；

（二）缺乏罪证的；

（三）犯罪已过追诉时效期限的；

（四）被告人死亡的；

（五）被告人下落不明的；

（六）除因证据不足而撤诉的以外，自诉人撤诉后，就同一事实又告诉的；

（七）经人民法院调解结案后，自诉人反悔，就同一事实再行告诉的；

（八）属于本解释第一条第二项规定的案件，公安机关正在立案侦查或者人民检察院正在审查起诉的；

（九）不服人民检察院对未成年犯罪嫌疑人作出的附条件不起诉决定或者附条件不起诉考验期满后作出的不起诉决定，向人民法院起诉的。

第三百二十一条 对已经立案，经审查缺乏罪证的自诉案件，自诉人提不出补充证据的，人民法院应当说服其撤回起诉或者裁定驳回起诉；自诉人撤回起诉或者被驳回起诉后，又提出了新的足以证明被告人有罪的证据，再次提起自诉的，人民法院应当受理。

第三百二十二条 自诉人对不予受理或者驳回起诉的裁定不服的，可以提起上诉。

第二审人民法院查明第一审人民法院作出的不予受理裁定有错误的，应当在撤销原裁定的同时，指令第一审人民法院立案受理；查明第一审人民法院驳回起诉裁定有错误的，应当在撤销原裁定的同时，指令第一审人民法院进行审理。

第三百二十三条 自诉人明知有其他共同侵害人，但只对部分侵害人提起自诉的，人民法院应当受理，并告知其放弃告诉的法律后果；自诉人放弃告诉的，判决宣告后又对其他共同侵害人就同一事实提起自诉的，人民法院不予受理。

共同被害人中只有部分人告诉的，人民法院应当通知其他被害人参加诉讼，并告知其不参加诉讼的法律后果。被通知人接到通知后表示不参加诉讼或者不出庭的，视为放弃告诉。第一审宣判后，被通知人就同一事实又提起自诉的，人民法院不予受理。但是，当事人另行提起民事诉讼的，不受本解释限制。

第三百二十四条 被告人实施两个以上犯罪行为，分别属于公诉案件和自诉案件，人民法院可以一并审理。对自诉部分的审理，适用本章的规定。

第三百二十五条 自诉案件当事人因客观原因不能取得的证据，申请人民法院调取的，应当说明理由，并提供相关线索或者材料。人民法院认为有必要的，应当及时调取。

对通过信息网络实施的侮辱、诽谤行为，被害人向人民法院告诉，但提供证据确有困难的，人民法院可以要求公安机关提供协助。

第三百二十六条 对犯罪事实清楚，有足够证据的自诉案件，应当开庭审理。

第三百二十七条 自诉案件符合简易程序适用条件的，可以适用简易程序审理。

不适用简易程序审理的自诉案件，参照适用公诉案件第一审普通程序的有关规定。

第三百二十八条 人民法院审理自诉案件，可以在查明事实、分清是非的基础上，根据自愿、合法的原则进行调解。调解达成协议的，应当制作刑事调解书，由审判人员、法官助理、书记员署名，并加盖人民法院印章。调解书经双方当事人签收后，即具有法律效力。调解没有达成协议，或者调解书签收前当事人反悔的，应当及时作出判决。

刑事诉讼法第二百一十条第三项规定的案件不适用调解。

第三百二十九条 判决宣告前，自诉案件的当事人可以自行和解，自诉人可以撤回自诉。

人民法院经审查，认为和解、撤回自诉确属自愿的，应当裁定准许；认为系被强迫、威吓等，并非自愿的，不予准许。

第三百三十条 裁定准许撤诉的自诉案件，被告人被采取强制措施的，人民法院应当立即解除。

第三百三十一条 自诉人经两次传唤，无正当理由拒不到庭，或者未经法庭准许中途退庭的，人民法院应当裁定按撤诉处理。

部分自诉人撤诉或者被裁定按撤诉处理的，不影响案件的继续审理。

第三百三十二条 被告人在自诉案件审判期间下落不明的，人民法院可以裁定中止审理；符合条件的，可以对被告人依法决定逮捕。

第三百三十三条 对自诉案件，应当参照刑事诉讼法第二百条和本解释第二百九十五条的有关规定作出判决。对依法宣告无罪的案件，有附带民事诉讼的，其附带民事部分可以依法进行调解或者一并作出判决，也可以告知附带民事诉讼原告人另行提起民事诉讼。

第三百三十四条 告诉才处理和被害人有证据证明的轻微刑事案件的被告人或者其法定代理人在诉讼过程中，可以对自诉人提起反诉。反诉必须符合下列条件：

（一）反诉的对象必须是本案自诉人；

（二）反诉的内容必须是与本案有关的行为；

（三）反诉的案件必须符合本解释第一条第一项、第二项的规定。

反诉案件适用自诉案件的规定，应当与自诉案件一并审理。自诉人撤诉的，不影响反诉案件的继续审理。

第十一章 单位犯罪案件的审理

第三百三十五条 人民法院受理单位犯罪案件，除依照本解释第二百一十八条的有关规定进行审查外，还应当审查起诉书是否列明被告单位的名称、住所地、联系方式，法定代表人、实际控制人、主要负责人以及代表被告单位出庭的诉讼代表人的姓名、职务、联系方式。需要人民检察院补充材料的，应当通知人民检察院在三日以内补送。

第三百三十六条 被告单位的诉讼代表人，应当是法定代表人、实际控制人或者主要负责人；法定代表人、实际控制人或者主要负责人被指控为单位犯罪直接责任人员或者因客观原因无法出庭的，应当由被告单位委托其他负责人或者职工作为诉讼代表人。但是，有关人员被指控为单位犯罪直接责任人员或者知道案件情况、负有作证义务的除外。

依据前款规定难以确定诉讼代表人的，可以由被告单位委托律师等单位以外的人员作为诉讼代表人。

诉讼代表人不得同时担任被告单位或者被指控为单位犯罪直接责任人员的有关人员的辩护人。

第三百三十七条 开庭审理单位犯罪案件，应当通知被告单位的诉讼代表人出庭；诉讼代表人不符合前条规定的，应当要求人民检察院另行确定。

被告单位的诉讼代表人不出庭的，应当按照下列情形分别处理：

（一）诉讼代表人系被告单位的法定代表人、实际控制人或者主要负责人，无正当理由拒不出庭的，可以拘传其到庭；因客观原因无法出庭，或者下落不明的，应当要求人民检察院另行确定诉讼代表人；

（二）诉讼代表人系其他人员的，应当要求人民检察院另行确定诉讼代表人。

第三百三十八条 被告单位的诉讼代表人享有刑事诉讼法规定的有关被告人的诉讼权利。开庭时，诉讼代表人席位置于审判台前左侧，与辩护人席并列。

第三百三十九条 被告单位委托辩护人的，参照适用本解释的有关规定。

第三百四十条 对应当认定为单位犯罪的案件，人民检察院只作为自然人犯罪起诉的，人民法院应当建议人民检察院对犯罪单位追加起诉。人民检察院仍以自然人犯罪起诉的，人民法院应当依法审理，按照单位犯罪直接负责的主管人员或者其他直接责任人员追究刑事责任，并援引刑法分则关于追究单位犯罪中直接负责的主管人员和其他直接责任人员刑事责任的条款。

第三百四十一条 被告单位的违法所得及其他涉案财物，尚未被依法追缴或者查封、扣押、冻结的，人民法院应当决定追缴或者查封、扣押、冻结。

第三百四十二条 为保证判决的执行，人民法院可以先行查封、扣押、冻结被告单位的财产，或者由被告单位提出担保。

第三百四十三条 采取查封、扣押、冻结等措施，应当严格依照法定程序进行，最大限度降低对被告单位正常生产经营活动的影响。

第三百四十四条 审判期间，被告单位被吊销营业执照、宣告破产但尚未完成清算、注销登记的，应当继续审理；被告单位被撤销、注销的，对单位犯罪直接负责的主管人员和其他直接责任人员应当继续审理。

第三百四十五条 审判期间，被告单位合并、分立的，应当将原单位列为被告单位，并注明合并、分立情况。对被告单位所判处的罚金以其在新单位的财产及收益为限。

第三百四十六条 审理单位犯罪案件，本章没有规定的，参照适用本解释的有关规定。

第十二章 认罪认罚案件的审理

第三百四十七条 刑事诉讼法第十五条规定的"认罪"，是指犯罪嫌疑人、被告人自愿如实供述自己的罪行，对指控的犯罪事实没有异议。

刑事诉讼法第十五条规定的"认罚",是指犯罪嫌疑人、被告人真诚悔罪,愿意接受处罚。

被告人认罪认罚的,可以依照刑事诉讼法第十五条的规定,在程序上从简、实体上从宽处理。

第三百四十八条 对认罪认罚案件,应当根据案件情况,依法适用速裁程序、简易程序或者普通程序审理。

第三百四十九条 对人民检察院提起公诉的认罪认罚案件,人民法院应当重点审查以下内容:

(一)人民检察院讯问犯罪嫌疑人时,是否告知其诉讼权利和认罪认罚的法律规定;

(二)是否随案移送听取犯罪嫌疑人、辩护人或者值班律师、被害人及其诉讼代理人意见的笔录;

(三)被告人与被害人达成调解、和解协议或者取得被害人谅解的,是否随案移送调解、和解协议、被害人谅解书等相关材料;

(四)需要签署认罪认罚具结书的,是否随案移送具结书。

未随案移送前款规定的材料的,应当要求人民检察院补充。

第三百五十条 人民法院应当将被告人认罪认罚作为其是否具有社会危险性的重要考虑因素。被告人罪行较轻,采用非羁押性强制措施足以防止发生社会危险性的,应当依法适用非羁押性强制措施。

第三百五十一条 对认罪认罚案件,法庭审理时应当告知被告人享有的诉讼权利和认罪认罚的法律规定,审查认罪认罚的自愿性和认罪认罚具结书内容的真实性、合法性。

第三百五十二条 对认罪认罚案件,人民检察院起诉指控的事实清楚,但指控的罪名与审理认定的罪名不一致的,人民法院应当听取人民检察院、被告人及其辩护人对审理认定罪名的意见,依法作出判决。

第三百五十三条 对认罪认罚案件,人民法院经审理认为量刑建议明显不当,或者被告人、辩护人对量刑建议提出异议的,人民检察院可以调整量刑建议。人民检察院不调整或者调整后仍然明显不当的,人民法院应当依法作出判决。

适用速裁程序审理认罪认罚案件,需要调整量刑建议的,应当在庭前或者当庭作出调整;调整量刑建议后,仍然符合速裁程序适用条件的,继续适用速裁程序审理。

第三百五十四条 对量刑建议是否明显不当,应当根据审理认定的犯罪事实、认罪认罚的具体情况,结合相关犯罪的法定刑、类似案件的刑罚适用等作出审查判断。

第三百五十五条 对认罪认罚案件,人民法院一般应当对被告人从轻处罚;符合非监禁刑适用条件的,应当适用非监禁刑;具有法定减轻处罚情节的,可以减轻处罚。

对认罪认罚案件,应当根据被告人认罪认罚的阶段早晚以及认罪认罚的主动性、稳定性、彻底性等,在从宽幅度上体现差异。

共同犯罪案件,部分被告人认罪认罚的,可以依法对该部分被告人从宽处罚,但应当注意全案的量刑平衡。

第三百五十六条 被告人在人民检察院提起公诉前未认罪认罚,在审判阶段认罪认罚的,人民法院可以不再通知人民检察院提出或者调整量刑建议。

对前款规定的案件,人民法院应当就定罪量刑听取控辩双方意见,根据刑事诉讼法第十五条和本解释第三百五十五条的规定作出判决。

第三百五十七条 对被告人在第一审程序中未认罪认罚,在第二审程序中认罪认罚的案件,应当根据其认罪认罚的具体情况决定是否从宽,并依法作出裁判。确定从宽幅度时应当与第一审程序认罪认罚有所区别。

第三百五十八条 案件审理过程中,被告人不再认罪认罚的,人民法院应当根据审理查明的事实,依法作出裁判。需要转换程序的,依照本解释的相关规定处理。

第十三章 简易程序

第三百五十九条 基层人民法院受理公诉案件后,经审查认为案件事实清楚、证据充分的,在将起诉书副本送达被告人时,应当询问被告人对指控的犯罪事实的意见,告知其适用简易程序的法律规定。被告人对指控的犯罪事实没有异议并同意适用简易程序的,可以决定适用简易程序,并在开庭前通知人民检察院和辩护人。

对人民检察院建议或者被告人及其辩护人申请适用简易程序审理的案件,依照前款规定处理;不符合简易程序适用条件的,应当通知人民检察院或者被告人及其辩护人。

第三百六十条 具有下列情形之一的,不适用简易程序:

(一)被告人是盲、聋、哑人的;

(二)被告人是尚未完全丧失辨认或者控制自己行为能力的精神病人的;

(三)案件有重大社会影响的;

(四)共同犯罪案件中部分被告人不认罪或者对适用简易程序有异议的;

（五）辩护人作无罪辩护的；
（六）被告人认罪但经审查认为可能不构成犯罪的；
（七）不宜适用简易程序审理的其他情形。

第三百六十一条　适用简易程序审理的案件，符合刑事诉讼法第三十五条第一款规定的，人民法院应当告知被告人及其近亲属可以申请法律援助。

第三百六十二条　适用简易程序审理案件，人民法院应当在开庭前将开庭的时间、地点通知人民检察院、自诉人、被告人、辩护人，也可以通知其他诉讼参与人。

通知可以采用简便方式，但应当记录在案。

第三百六十三条　适用简易程序审理案件，被告人有辩护人的，应当通知其出庭。

第三百六十四条　适用简易程序审理案件，审判长或者独任审判员应当当庭询问被告人对指控的犯罪事实的意见，告知被告人适用简易程序审理的法律规定，确认被告人是否同意适用简易程序。

第三百六十五条　适用简易程序审理案件，可以对庭审作如下简化：
（一）公诉人可以摘要宣读起诉书；
（二）公诉人、辩护人、审判人员对被告人的讯问、发问可以简化或者省略；
（三）对控辩双方无异议的证据，可以仅就证据的名称及所证明的事项作出说明；对控辩双方有异议或者法庭认为有必要调查核实的证据，应当出示，并进行质证；
（四）控辩双方对与定罪量刑有关的事实、证据没有异议的，法庭审理可以直接围绕罪名确定和量刑问题进行。

适用简易程序审理案件，判决宣告前应当听取被告人的最后陈述。

第三百六十六条　适用简易程序独任审判过程中，发现对被告人可能判处的有期徒刑超过三年的，应当转由合议庭审理。

第三百六十七条　适用简易程序审理案件，裁判文书可以简化。

适用简易程序审理案件，一般应当当庭宣判。

第三百六十八条　适用简易程序审理案件，在法庭审理过程中，具有下列情形之一的，应当转为普通程序审理：
（一）被告人的行为可能不构成犯罪的；
（二）被告人可能不负刑事责任的；
（三）被告人当庭对起诉指控的犯罪事实予以否认的；

（四）案件事实不清、证据不足的；
（五）不应当或者不宜适用简易程序的其他情形。

决定转为普通程序审理的案件，审理期限应当从作出决定之日起计算。

第十四章　速裁程序

第三百六十九条　对人民检察院在提起公诉时建议适用速裁程序的案件，基层人民法院经审查认为案件事实清楚，证据确实、充分，可能判处三年有期徒刑以下刑罚的，在将起诉书副本送达被告人时，应当告知被告人适用速裁程序的法律规定，询问其是否同意适用速裁程序。被告人同意适用速裁程序的，可以决定适用速裁程序，并在开庭前通知人民检察院和辩护人。

对人民检察院未建议适用速裁程序的案件，人民法院经审查认为符合速裁程序适用条件的，可以决定适用速裁程序，并在开庭前通知人民检察院和辩护人。

被告人及其辩护人可以向人民法院提出适用速裁程序的申请。

第三百七十条　具有下列情形之一的，不适用速裁程序：
（一）被告人是盲、聋、哑人的；
（二）被告人是尚未完全丧失辨认或者控制自己行为能力的精神病人的；
（三）被告人是未成年人的；
（四）案件有重大社会影响的；
（五）共同犯罪案件中部分被告人对指控的犯罪事实、罪名、量刑建议或者适用速裁程序有异议的；
（六）被告人与被害人或者其法定代理人没有就附带民事诉讼赔偿等事项达成调解、和解协议的；
（七）辩护人作无罪辩护的；
（八）其他不宜适用速裁程序的情形。

第三百七十一条　适用速裁程序审理案件，人民法院应当在开庭前将开庭的时间、地点通知人民检察院、被告人、辩护人，也可以通知其他诉讼参与人。

通知可以采用简便方式，但应当记录在案。

第三百七十二条　适用速裁程序审理案件，可以集中开庭，逐案审理。公诉人简要宣读起诉书后，审判人员应当当庭询问被告人对指控事实、证据、量刑建议以及适用速裁程序的意见，核实具结书签署的自愿性、真实性、合法性，并核实附带民事诉讼赔偿等情况。

第三百七十三条　适用速裁程序审理案件，一般不进行法庭调查、法庭辩论，但在判决宣告前应当听取辩护人的意见和被告人的最后陈述。

第三百七十四条　适用速裁程序审理案件,裁判文书可以简化。

适用速裁程序审理案件,应当当庭宣判。

第三百七十五条　适用速裁程序审理案件,在法庭审理过程中,具有下列情形之一的,应当转为普通程序或者简易程序审理:

(一)被告人的行为可能不构成犯罪或者不应当追究刑事责任的;

(二)被告人违背意愿认罪认罚的;

(三)被告人否认指控的犯罪事实的;

(四)案件疑难、复杂或者适用法律有重大争议的;

(五)其他不宜适用速裁程序的情形。

第三百七十六条　决定转为普通程序或者简易程序审理的案件,审理期限应当从作出决定之日起计算。

第三百七十七条　适用速裁程序审理的案件,第二审人民法院依照刑事诉讼法第二百三十六条第一款第三项的规定发回原审人民法院重新审判的,原审人民法院应当适用第一审普通程序重新审判。

第十五章　第二审程序

第三百七十八条　地方各级人民法院在宣告第一审判决、裁定时,应当告知被告人、自诉人及其法定代理人不服判决和准许撤回起诉、终止审理等裁定的,有权在法定期限内以书面或者口头形式,通过本院或者直接向上一级人民法院提出上诉;被告人的辩护人、近亲属经被告人同意,也可以提出上诉;附带民事诉讼当事人及其法定代理人,可以对判决、裁定中的附带民事部分提出上诉。

被告人、自诉人、附带民事诉讼当事人及其法定代理人是否提出上诉,以其在上诉期满前最后一次的意思表示为准。

第三百七十九条　人民法院受理的上诉案件,一般应当有上诉状正本及副本。

上诉状内容一般包括:第一审判决书、裁定书的文号和上诉人收到的时间,第一审人民法院的名称,上诉的请求和理由,提出上诉的时间。被告人的辩护人、近亲属经被告人同意提出上诉的,还应当写明其与被告人的关系,并应当以被告人作为上诉人。

第三百八十条　上诉、抗诉必须在法定期限内提出。不服判决的上诉、抗诉的期限为十日;不服裁定的上诉、抗诉的期限为五日。上诉、抗诉的期限,从接到判决书、裁定书的第二日起计算。

对附带民事判决、裁定的上诉、抗诉期限,应当按照刑事部分的上诉、抗诉期限确定。附带民事部分另行审判的,上诉期限也应当按照刑事诉讼法规定的期限确定。

第三百八十一条　上诉人通过第一审人民法院提出上诉的,第一审人民法院应当审查。上诉符合法律规定的,应当在上诉期满后三日以内将上诉状连同案卷、证据移送上一级人民法院,并将上诉状副本送交同级人民检察院和对方当事人。

第三百八十二条　上诉人直接向第二审人民法院提出上诉的,第二审人民法院应当在收到上诉状后三日以内将上诉状交第一审人民法院。第一审人民法院应当审查上诉是否符合法律规定。符合法律规定的,应当在接到上诉状后三日以内将上诉状连同案卷、证据移送上一级人民法院,并将上诉状副本送交同级人民检察院和对方当事人。

第三百八十三条　上诉人在上诉期限内要求撤回上诉的,人民法院应当准许。

上诉人在上诉期满后要求撤回上诉的,第二审人民法院经审查,认为原判认定事实和适用法律正确,量刑适当的,应当裁定准许;认为原判确有错误的,应当不予准许,继续按照上诉案件审理。

被判处死刑立即执行的被告人提出上诉,在第二审开庭后宣告裁判前申请撤回上诉的,应当不予准许,继续按照上诉案件审理。

第三百八十四条　地方各级人民检察院对同级人民法院第一审判决、裁定的抗诉,应当通过第一审人民法院提交抗诉书。第一审人民法院应当在抗诉期满后三日以内将抗诉书连同案卷、证据移送上一级人民法院,并将抗诉书副本送交当事人。

第三百八十五条　人民检察院在抗诉期限内要求撤回抗诉的,人民法院应当准许。

人民检察院在抗诉期满后要求撤回抗诉的,第二审人民法院可以裁定准许,但是认为原判存在将无罪判为有罪、轻罪重判等情形的,应当不予准许,继续审理。

上级人民检察院认为下级人民检察院抗诉不当,向第二审人民法院要求撤回抗诉的,适用前两款规定。

第三百八十六条　在上诉、抗诉期满前撤回上诉、抗诉的,第一审判决、裁定在上诉、抗诉期满之日起生效。在上诉、抗诉期满后要求撤回上诉、抗诉,第二审人民法院裁定准许的,第一审判决、裁定应当自第二审裁定书送达上诉人或者抗诉机关之日起生效。

第三百八十七条　第二审人民法院对第一审人民法院移送的上诉、抗诉案卷、证据,应当审查是否包括下列内容：

（一）移送上诉、抗诉案件函；

（二）上诉状或者抗诉书；

（三）第一审判决书、裁定书八份（每增加一名被告人增加一份）及其电子文本；

（四）全部案卷、证据，包括案件审理报告和其他应当移送的材料。

前款所列材料齐全的，第二审人民法院应当收案；材料不全的，应当通知第一审人民法院及时补送。

第三百八十八条 第二审人民法院审理上诉、抗诉案件，应当就第一审判决、裁定认定的事实和适用法律进行全面审查，不受上诉、抗诉范围的限制。

第三百八十九条 共同犯罪案件，只有部分被告人提出上诉，或者自诉人只对部分被告人的判决提出上诉，或者人民检察院只对部分被告人的判决提出抗诉的，第二审人民法院应当对全案进行审查，一并处理。

第三百九十条 共同犯罪案件，上诉的被告人死亡，其他被告人未上诉的，第二审人民法院应当对死亡的被告人终止审理；但有证据证明被告人无罪，经缺席审理确认无罪的，应当判决宣告被告人无罪。

具有前款规定的情形，第二审人民法院仍应对全案进行审查，对其他同案被告人作出判决、裁定。

第三百九十一条 对上诉、抗诉案件，应当着重审查下列内容：

（一）第一审判决认定的事实是否清楚，证据是否确实、充分；

（二）第一审判决适用法律是否正确，量刑是否适当；

（三）在调查、侦查、审查起诉、第一审程序中，有无违反法定程序的情形；

（四）上诉、抗诉是否提出新的事实、证据；

（五）被告人的供述和辩解情况；

（六）辩护人的辩护意见及采纳情况；

（七）附带民事部分的判决、裁定是否合法、适当；

（八）对涉案财物的处理是否正确；

（九）第一审人民法院合议庭、审判委员会讨论的意见。

第三百九十二条 第二审期间，被告人除自行辩护外，还可以继续委托第一审辩护人或者另行委托辩护人辩护。

共同犯罪案件，只有部分被告人提出上诉，或者自诉人只对部分被告人的判决提出上诉，或者人民检察院只对部分被告人的判决提出抗诉的，其他同案被告人也可以委托辩护人辩护。

第三百九十三条 下列案件，根据刑事诉讼法第二百三十四条的规定，应当开庭审理：

（一）被告人、自诉人及其法定代理人对第一审认定的事实、证据提出异议，可能影响定罪量刑的上诉案件；

（二）被告人被判处死刑的上诉案件；

（三）人民检察院抗诉的案件；

（四）应当开庭审理的其他案件。

被判处死刑的被告人没有上诉，同案的其他被告人上诉的案件，第二审人民法院应当开庭审理。

第三百九十四条 对上诉、抗诉案件，第二审人民法院经审查，认为原判事实不清、证据不足，或者具有刑事诉讼法第二百三十八条规定的违反法定诉讼程序情形，需要发回重新审判的，可以不开庭审理。

第三百九十五条 第二审期间，人民检察院或者被告人及其辩护人提交新证据的，人民法院应当及时通知对方查阅、摘抄或者复制。

第三百九十六条 开庭审理第二审公诉案件，应当在决定开庭审理后及时通知人民检察院查阅案卷。自通知后的第二日起，人民检察院查阅案卷的时间不计入审理期限。

第三百九十七条 开庭审理上诉、抗诉的公诉案件，应当通知同级人民检察院派员出庭。

抗诉案件，人民检察院接到开庭通知后不派员出庭，且未说明原因的，人民法院可以裁定按人民检察院撤回抗诉处理。

第三百九十八条 开庭审理上诉、抗诉案件，除参照适用第一审程序的有关规定外，应当按照下列规定进行：

（一）法庭调查阶段，审判人员宣读第一审判决书、裁定书后，上诉案件由上诉人或者辩护人先宣读上诉状或者陈述上诉理由，抗诉案件由检察员先宣读抗诉书；既有上诉又有抗诉的案件，先由检察员宣读抗诉书，再由上诉人或者辩护人宣读上诉状或者陈述上诉理由；

（二）法庭辩论阶段，上诉案件，先由上诉人、辩护人发言，后由检察员、诉讼代理人发言；抗诉案件，先由检察员、诉讼代理人发言，后由被告人、辩护人发言；既有上诉又有抗诉的案件，先由检察员、诉讼代理人发言，后由上诉人、辩护人发言。

第三百九十九条 开庭审理上诉、抗诉案件，可以重点围绕对第一审判决、裁定有争议的问题或者有疑问的部分进行。根据案件情况，可以按照下列方式审理：

（一）宣读第一审判决书，可以只宣读案由、主要事实、证据名称和判决主文等；

（二）法庭调查应当重点围绕对第一审判决提出异议的事实、证据以及新的证据等进行；对没有异议的事实、证据和情节，可以直接确认；

（三）对同案审理案件中未上诉的被告人，未被申请出庭或者人民法院认为没有必要到庭的，可以不再传唤到庭；

（四）被告人犯有数罪的案件，对其中事实清楚且无异议的犯罪，可以不在庭审时审理。

同案审理的案件，未提出上诉、人民检察院也未对其判决提出抗诉的被告人要求出庭的，应当准许。出庭的被告人可以参加法庭调查和辩论。

第四百条 第二审案件依法不开庭审理的，应当讯问被告人，听取其他当事人、辩护人、诉讼代理人的意见。合议庭全体成员应当阅卷，必要时应当提交书面阅卷意见。

第四百零一条 审理被告人或者其法定代理人、辩护人、近亲属提出上诉的案件，不得对被告人的刑罚作出实质不利的改判，并应当执行下列规定：

（一）同案审理的案件，只有部分被告人上诉的，既不得加重上诉人的刑罚，也不得加重其他同案被告人的刑罚；

（二）原判认定的罪名不当的，可以改变罪名，但不得加重刑罚或者对刑罚执行产生不利影响；

（三）原判认定的罪数不当的，可以改变罪数，并调整刑罚，但不得加重决定执行的刑罚或者对刑罚执行产生不利影响；

（四）原判对被告人宣告缓刑的，不得撤销缓刑或者延长缓刑考验期；

（五）原判没有宣告职业禁止、禁止令的，不得增加宣告；原判宣告职业禁止、禁止令的，不得增加内容、延长期限；

（六）原判对被告人判处死刑缓期执行没有限制减刑、决定终身监禁的，不得限制减刑、决定终身监禁；

（七）原判判处的刑罚不当，应当适用附加刑而没有适用的，不得直接加重刑罚、适用附加刑。原判判处的刑罚畸轻，必须依法改判的，应当在第二审判决、裁定生效后，依照审判监督程序重新审判。

人民检察院抗诉或者自诉人上诉的案件，不受前款规定的限制。

第四百零二条 人民检察院只对部分被告人的判决提出抗诉，或者自诉人只对部分被告人的判决提出上诉的，第二审人民法院不得对其他同案被告人加重刑罚。

第四百零三条 被告人或者其法定代理人、辩护人、近亲属提出上诉，人民检察院未提出抗诉的案件，第二审人民法院发回重新审判后，除有新的犯罪事实且人民检察院补充起诉的以外，原审人民法院不得加重被告人的刑罚。

对前款规定的案件，原审人民法院对上诉发回重新审判的案件依法作出判决后，人民检察院抗诉的，第二审人民法院不得改判为重于原审人民法院第一次判处的刑罚。

第四百零四条 第二审人民法院认为第一审判决事实不清、证据不足的，可以在查清事实后改判，也可以裁定撤销原判，发回原审人民法院重新审判。

有多名被告人的案件，部分被告人的犯罪事实不清、证据不足或者有新的犯罪事实需要追诉，且有关犯罪与其他同案被告人没有关联的，第二审人民法院根据案件情况，可以对该部分被告人分案处理，将该部分被告人发回原审人民法院重新审判。原审人民法院重新作出判决后，被告人上诉或者人民检察院抗诉，其他被告人的案件尚未作出第二审判决、裁定的，第二审人民法院可以并案审理。

第四百零五条 原判事实不清、证据不足，第二审人民法院发回重新审判的案件，原审人民法院重新作出判决后，被告人上诉或者人民检察院抗诉的，第二审人民法院应当依法作出判决、裁定，不得再发回重新审判。

第四百零六条 第二审人民法院发现原审人民法院在重新审判过程中，有刑事诉讼法第二百三十八条规定的情形之一，或者违反第二百三十九条规定的，应当裁定撤销原判，发回重新审判。

第四百零七条 第二审人民法院审理对刑事部分提出上诉、抗诉，附带民事部分已经发生法律效力的案件，发现第一审判决、裁定中的附带民事部分确有错误的，应当依照审判监督程序对附带民事部分予以纠正。

第四百零八条 刑事附带民事诉讼案件，只有附带民事诉讼当事人及其法定代理人上诉的，第一审刑事部分的判决在上诉期满后即发生法律效力。

应当送监执行的第一审刑事被告人是第二审附带民事诉讼被告人的，在第二审附带民事诉讼案件审结前，可以暂缓送监执行。

第四百零九条 第二审人民法院审理对附带民事部分提出上诉，刑事部分已经发生法律效力的案件，应当对

全案进行审查,并按照下列情形分别处理:

(一)第一审判决的刑事部分并无不当的,只需就附带民事部分作出处理;

(二)第一审判决的刑事部分确有错误的,依照审判监督程序对刑事部分进行再审,并将附带民事部分与刑事部分一并审理。

第四百一十条 第二审期间,第一审附带民事诉讼原告人增加独立的诉讼请求或者第一审附带民事诉讼被告人提出反诉的,第二审人民法院可以根据自愿、合法的原则进行调解;调解不成的,告知当事人另行起诉。

第四百一十一条 对第二审自诉案件,必要时可以调解,当事人也可以自行和解。调解结案的,应当制作调解书,第一审判决、裁定视为自动撤销。当事人自行和解的,依照本解释第三百二十九条的规定处理;裁定准许撤回自诉的,应当撤销第一审判决、裁定。

第四百一十二条 第二审期间,自诉案件的当事人提出反诉的,应当告知其另行起诉。

第四百一十三条 第二审人民法院可以委托第一审人民法院代为宣判,并向当事人送达第二审判决书、裁定书。第一审人民法院应当在代为宣判后五日以内将宣判笔录送交第二审人民法院,并在送达完毕后及时将送达回证送交第二审人民法院。

委托宣判的,第二审人民法院应当直接向同级人民检察院送达第二审判决书、裁定书。

第二审判决、裁定是终审的判决、裁定,自宣告之日起发生法律效力。

第十六章 在法定刑以下判处刑罚和特殊假释的核准

第四百一十四条 报请最高人民法院核准在法定刑以下判处刑罚的案件,应当按照下列情形分别处理:

(一)被告人未上诉、人民检察院未抗诉的,在上诉、抗诉期满后三日以内报请上一级人民法院复核。上级人民法院同意原判的,应当书面层报最高人民法院核准;不同意的,应当裁定发回重新审判,或者按照第二审程序提审;

(二)被告人上诉或者人民检察院抗诉的,上一级人民法院维持原判,或者改判后仍在法定刑以下判处刑罚的,应当依照前项规定层报最高人民法院核准。

第四百一十五条 对符合刑法第六十三条第二款规定的案件,第一审人民法院未在法定刑以下判处刑罚的,第二审人民法院可以在法定刑以下判处刑罚,并层报最高人民法院核准。

第四百一十六条 报请最高人民法院核准在法定刑以下判处刑罚的案件,应当报送判决书、报请核准的报告各五份,以及全部案卷、证据。

第四百一十七条 对在法定刑以下判处刑罚的案件,最高人民法院予以核准的,应当作出核准裁定书;不予核准的,应当作出不核准裁定书,并撤销原判决、裁定,发回原审人民法院重新审判或者指定其他下级人民法院重新审判。

第四百一十八条 依照本解释第四百一十四条、第四百一十七条规定发回第二审人民法院重新审判的案件,第二审人民法院可以直接改判;必须通过开庭查清事实、核实证据或者纠正原审程序违法的,应当开庭审理。

第四百一十九条 最高人民法院和上级人民法院复核在法定刑以下判处刑罚案件的审理期限,参照适用刑事诉讼法第二百四十三条的规定。

第四百二十条 报请最高人民法院核准因罪犯具有特殊情况,不受执行刑期限制的假释案件,应当按照下列情形分别处理:

(一)中级人民法院依法作出假释裁定后,应当报请高级人民法院复核。高级人民法院同意的,应当书面报请最高人民法院核准;不同意的,应当裁定撤销中级人民法院的假释裁定;

(二)高级人民法院依法作出假释裁定的,应当报请最高人民法院核准。

第四百二十一条 报请最高人民法院核准因罪犯具有特殊情况,不受执行刑期限制的假释案件,应当报送报请核准的报告、罪犯具有特殊情况的报告、假释裁定书各五份,以及全部案卷。

第四百二十二条 对因罪犯具有特殊情况,不受执行刑期限制的假释案件,最高人民法院予以核准的,应当作出核准裁定书;不予核准的,应当作出不核准裁定书,并撤销原裁定。

第十七章 死刑复核程序

第四百二十三条 报请最高人民法院核准死刑的案件,应当按照下列情形分别处理:

(一)中级人民法院判处死刑的第一审案件,被告人未上诉、人民检察院未抗诉的,在上诉、抗诉期满后十日以内报请高级人民法院复核。高级人民法院同意判处死刑的,应当在作出裁定后十日以内报请最高人民法院核准;认为原判认定的某一具体事实或者引用的法律条款等存在瑕疵,但判处被告人死刑并无不当的,可以在纠正后作出核准的判决、裁定;不同意判处死刑的,应当依照第二审程序提审或者发回重新审判;

（二）中级人民法院判处死刑的第一审案件，被告人上诉或者人民检察院抗诉，高级人民法院裁定维持的，应当在作出裁定后十日以内报请最高人民法院核准；

（三）高级人民法院判处死刑的第一审案件，被告人未上诉、人民检察院未抗诉的，应当在上诉、抗诉期满后十日以内报请最高人民法院核准。

高级人民法院复核死刑案件，应当讯问被告人。

第四百二十四条 中级人民法院判处死刑缓期执行的第一审案件，被告人未上诉、人民检察院未抗诉的，应当报请高级人民法院核准。

高级人民法院复核死刑缓期执行案件，应当讯问被告人。

第四百二十五条 报请复核的死刑、死刑缓期执行案件，应当一案一报。报送的材料包括报请复核的报告，第一、二审裁判文书，案件综合报告各五份以及全部案卷、证据。案件综合报告、第一、二审裁判文书和审理报告应当附送电子文本。

同案审理的案件应当报送全案案卷、证据。

曾经发回重新审判的案件，原第一、二审案卷应当一并报送。

第四百二十六条 报请复核死刑、死刑缓期执行的报告，应当写明案由、简要案情、审理过程和判决结果。

案件综合报告应当包括以下内容：

（一）被告人、被害人的基本情况。被告人有前科或者曾受过行政处罚、处分的，应当写明；

（二）案件的由来和审理经过。案件曾经发回重新审判的，应当写明发回重新审判的原因、时间、案号等；

（三）案件侦破情况。通过技术调查、侦查措施抓获被告人、侦破案件，以及与自首、立功认定有关的情况，应当写明；

（四）第一审审理情况。包括控辩双方意见，第一审认定的犯罪事实，合议庭和审判委员会意见；

（五）第二审审理或者高级人民法院复核情况。包括上诉理由、人民检察院的意见，第二审审理或者高级人民法院复核认定的事实，证据采信情况及理由，控辩双方意见及采纳情况；

（六）需要说明的问题。包括共同犯罪案件中另案处理的同案犯的处理情况，案件有无重大社会影响，以及当事人的反应等情况；

（七）处理意见。写明合议庭和审判委员会的意见。

第四百二十七条 复核死刑、死刑缓期执行案件，应当全面审查以下内容：

（一）被告人的年龄，被告人有无刑事责任能力、是否系怀孕的妇女；

（二）原判认定的事实是否清楚，证据是否确实、充分；

（三）犯罪情节、后果及危害程度；

（四）原判适用法律是否正确，是否必须判处死刑，是否必须立即执行；

（五）有无法定、酌定从重、从轻或者减轻处罚情节；

（六）诉讼程序是否合法；

（七）应当审查的其他情况。

复核死刑、死刑缓期执行案件，应当重视审查被告人及其辩护人的辩解、辩护意见。

第四百二十八条 高级人民法院复核死刑缓期执行案件，应当按照下列情形分别处理：

（一）原判认定事实和适用法律正确、量刑适当、诉讼程序合法的，应当裁定核准；

（二）原判认定的某一具体事实或者引用的法律条款等存在瑕疵，但判处被告人死刑缓期执行并无不当的，可以在纠正后作出核准的判决、裁定；

（三）原判认定事实正确，但适用法律有错误，或者量刑过重的，应当改判；

（四）原判事实不清、证据不足的，可以裁定不予核准，并撤销原判，发回重新审判，或者依法改判；

（五）复核期间出现新的影响定罪量刑的事实、证据的，可以裁定不予核准，并撤销原判，发回重新审判，或者依照本解释第二百七十一条的规定审理后依法改判；

（六）原审违反法定诉讼程序，可能影响公正审判的，应当裁定不予核准，并撤销原判，发回重新审判。

复核死刑缓期执行案件，不得加重被告人的刑罚。

第四百二十九条 最高人民法院复核死刑案件，应当按照下列情形分别处理：

（一）原判认定事实和适用法律正确、量刑适当、诉讼程序合法的，应当裁定核准；

（二）原判认定的某一具体事实或者引用的法律条款等存在瑕疵，但判处被告人死刑并无不当的，可以在纠正后作出核准的判决、裁定；

（三）原判事实不清、证据不足的，应当裁定不予核准，并撤销原判，发回重新审判；

（四）复核期间出现新的影响定罪量刑的事实、证据的，应当裁定不予核准，并撤销原判，发回重新审判；

（五）原判认定事实正确、证据充分，但依法不应当判处死刑的，应当裁定不予核准，并撤销原判，发回重新

审判;根据案件情况,必要时,也可以依法改判;

(六)原审违反法定诉讼程序,可能影响公正审判的,应当裁定不予核准,并撤销原判,发回重新审判。

第四百三十条 最高人民法院裁定不予核准死刑的,根据案件情况,可以发回第二审人民法院或者第一审人民法院重新审判。

对最高人民法院发回第二审人民法院重新审判的案件,第二审人民法院一般不得发回第一审人民法院重新审判。

第一审人民法院重新审判的,应当开庭审理。第二审人民法院重新审判的,可以直接改判;必须通过开庭查清事实、核实证据或者纠正原审程序违法的,应当开庭审理。

第四百三十一条 高级人民法院依照复核程序审理后报请最高人民法院核准死刑,最高人民法院裁定不予核准,发回高级人民法院重新审判的,高级人民法院可以依照第二审程序提审或者发回重新审判。

第四百三十二条 最高人民法院裁定不予核准死刑,发回重新审判的案件,原审人民法院应当另行组成合议庭审理,但本解释第四百二十九条第四项、第五项规定的案件除外。

第四百三十三条 依照本解释第四百三十条、第四百三十一条发回重新审判的案件,第一审人民法院判处死刑、死刑缓期执行的,上一级人民法院依照第二审程序或者复核程序审理后,应当依法作出判决或者裁定,不得再发回重新审判。但是,第一审人民法院有刑事诉讼法第二百三十八条规定的情形或者违反刑事诉讼法第二百三十九条规定的除外。

第四百三十四条 死刑复核期间,辩护律师要求当面反映意见的,最高人民法院有关合议庭应当在办公场所听取其意见,并制作笔录;辩护律师提出书面意见的,应当附卷。

第四百三十五条 死刑复核期间,最高人民检察院提出意见的,最高人民法院应当审查,并将采纳情况及理由反馈最高人民检察院。

第四百三十六条 最高人民法院应当根据有关规定向最高人民检察院通报死刑案件复核结果。

第十八章 涉案财物处理

第四百三十七条 人民法院对查封、扣押、冻结的涉案财物及其孳息,应当妥善保管,并制作清单,附卷备查;对人民检察院随案移送的实物,应当根据清单核查后妥善保管。任何单位和个人不得挪用或者自行处理。

查封不动产、车辆、船舶、航空器等财物,应当扣押其权利证书,经拍照或者录像后原地封存,或者交持有人、被告人的近亲属保管,登记并写明财物的名称、型号、权属、地址等详细信息,并通知有关财物的登记、管理部门办理查封登记手续。

扣押物品,应当登记并写明物品名称、型号、规格、数量、重量、质量、成色、纯度、颜色、新旧程度、缺损特征和来源等。扣押货币、有价证券,应当登记并写明货币、有价证券的名称、数额、面额等,货币应当存入银行专门账户,并登记银行存款凭证的名称、内容。扣押文物、金银、珠宝、名贵字画等贵重物品以及违禁品,应当拍照,需要鉴定的,应当及时鉴定。对扣押的物品应当根据有关规定及时估价。

冻结存款、汇款、债券、股票、基金份额等财产,应当登记并写明编号、种类、面值、张数、金额等。

第四百三十八条 对被害人的合法财产,权属明确的,应当依法及时返还,但须经拍照、鉴定、估价,并在案卷中注明返还的理由,将原物照片、清单和被害人的领取手续附卷备查;权属不明的,应当在人民法院判决、裁定生效后,按比例返还被害人,但已获退赔的部分应予扣除。

第四百三十九条 审判期间,对不宜长期保存、易贬值或者市场价格波动大的财产,或者有效期即将届满的票据等,经权利人申请或者同意,并经院长批准,可以依法先行处置,所得款项由人民法院保管。

涉案财物先行处置应当依法、公开、公平。

第四百四十条 对作为证据使用的实物,应当随案移送。第一审判决、裁定宣告后,被告人上诉或者人民检察院抗诉的,第一审人民法院应当将上述证据移送第二审人民法院。

第四百四十一条 对实物未随案移送的,应当根据情况,分别审查以下内容:

(一)大宗的、不便搬运的物品,是否随案移送查封、扣押清单,并附原物照片和封存手续,注明存放地点等;

(二)易腐烂、霉变和不易保管的物品,查封、扣押机关变卖处理后,是否随案移送原物照片、清单、变价处理的凭证(复印件)等;

(三)枪支弹药、剧毒物品、易燃易爆物品以及其他违禁品、危险物品,查封、扣押机关根据有关规定处理后,是否随案移送原物照片和清单等。

上述未随案移送的实物,应当依法鉴定、估价的,还应当审查是否附有鉴定、估价意见。

对查封、扣押的货币、有价证券等，未移送实物的，应当审查是否附有原物照片、清单或者其他证明文件。

第四百四十二条 法庭审理过程中，应当依照本解释第二百七十九条的规定，依法对查封、扣押、冻结的财物及其孳息进行审查。

第四百四十三条 被告人将依法应当追缴的涉案财物用于投资或者置业的，对因此形成的财产及其收益，应当追缴。

被告人将依法应当追缴的涉案财物与其他合法财产共同用于投资或者置业的，对因此形成的财产中与涉案财物对应的份额及其收益，应当追缴。

第四百四十四条 对查封、扣押、冻结的财物及其孳息，应当在判决书中写明名称、金额、数量、存放地点及其处理方式等。涉案财物较多，不宜在判决主文中详细列明的，可以附清单。

判决追缴违法所得或者责令退赔的，应当写明追缴、退赔的金额或者财物的名称、数量等情况；已经发还的，应当在判决书中写明。

第四百四十五条 查封、扣押、冻结的财物及其孳息，经审查，确属违法所得或者依法应当追缴的其他涉案财物的，应当判决返还被害人，或者没收上缴国库，但法律另有规定的除外。

对判决时尚未追缴到案或者尚未足额退赔的违法所得，应当判决继续追缴或者责令退赔。

判决返还被害人的涉案财物，应当通知被害人认领；无人认领的，应当公告通知；公告满一年无人认领的，应当上缴国库；上缴国库后有人认领，经查证属实的，应当申请退库予以返还；原物已经拍卖、变卖的，应当返还价款。

对侵犯国有财产的案件，被害单位已经终止且没有权利义务继受人，或者损失已经被核销的，查封、扣押、冻结的财物及其孳息应当上缴国库。

第四百四十六条 第二审期间，发现第一审判决未对随案移送的涉案财物及其孳息作出处理的，可以裁定撤销原判，发回原审人民法院重新审判，由原审人民法院依法对涉案财物及其孳息一并作出处理。

判决生效后，发现原判未对随案移送的涉案财物及其孳息作出处理的，由原审人民法院依法对涉案财物及其孳息另行作出处理。

第四百四十七条 随案移送的或者人民法院查封、扣押的财物及其孳息，由第一审人民法院在判决生效后负责处理。

实物未随案移送、由扣押机关保管的，人民法院应当在判决生效后十日以内，将判决书、裁定书送达扣押机关，并告知其在一个月以内将执行回单送回，确因客观原因无法按时完成的，应当说明原因。

第四百四十八条 对冻结的存款、汇款、债券、股票、基金份额等财产判决没收的，第一审人民法院应当在判决生效后，将判决书、裁定书送达相关金融机构和财政部门，通知相关金融机构依法上缴国库并在接到执行通知书后十五日以内，将上缴国库的凭证、执行回单送回。

第四百四十九条 查封、扣押、冻结的财物与本案无关但已列入清单的，应当由查封、扣押、冻结机关依法处理。

查封、扣押、冻结的财物属于被告人合法所有的，应当在赔偿被害人损失、执行财产刑后及时返还被告人。

第四百五十条 查封、扣押、冻结财物及其处理，本解释没有规定的，参照适用其他司法解释的有关规定。

第十九章 审判监督程序

第四百五十一条 当事人及其法定代理人、近亲属对已经发生法律效力的判决、裁定提出申诉的，人民法院应当审查处理。

案外人认为已经发生法律效力的判决、裁定侵害其合法权益，提出申诉的，人民法院应当审查处理。

申诉可以委托律师代为进行。

第四百五十二条 向人民法院申诉，应当提交以下材料：

（一）申诉状。应当写明当事人的基本情况、联系方式以及申诉的事实与理由；

（二）原一、二审判决书、裁定书等法律文书。经过人民法院复查或者再审的，应当附有驳回申诉通知书、再审决定书、再审判决书、裁定书；

（三）其他相关材料。以有新的证据证明原判决、裁定认定的事实确有错误为由申诉的，应当同时附有相关证据材料；申请人民法院调查取证的，应当附有相关线索或者材料。

申诉符合前款规定的，人民法院应当出具收到申诉材料的回执。申诉不符合前款规定的，人民法院应当告知申诉人补充材料；申诉人拒绝补充必要材料且无正当理由的，不予审查。

第四百五十三条 申诉由终审人民法院审查处理。但是，第二审人民法院裁定准许撤回上诉的案件，申诉人对第一审判决提出申诉的，可以由第一审人民法院审查处理。

上一级人民法院对未经终审人民法院审查处理的申诉，可以告知申诉人向终审人民法院提出申诉，或者直接交终审人民法院审查处理，并告知申诉人；案件疑难、复杂、重大的，也可以直接审查处理。

对未经终审人民法院及其上一级人民法院审查处理，直接向上级人民法院申诉的，上级人民法院应当告知申诉人向下级人民法院提出。

第四百五十四条 最高人民法院或者上级人民法院可以指定终审人民法院以外的人民法院对申诉进行审查。被指定的人民法院审查后，应当制作审查报告，提出处理意见，层报最高人民法院或者上级人民法院审查处理。

第四百五十五条 对死刑案件的申诉，可以由原核准的人民法院直接审查处理，也可以交由原审人民法院审查。原审人民法院应当制作审查报告，提出处理意见，层报原核准的人民法院审查处理。

第四百五十六条 对立案审查的申诉案件，人民法院可以听取当事人和原办案单位的意见，也可以对原判据以定罪量刑的证据和新的证据进行核实。必要时，可以进行听证。

第四百五十七条 对立案审查的申诉案件，应当在三个月以内作出决定，至迟不得超过六个月。因案件疑难、复杂、重大或其他特殊原因需要延长审查期限的，参照本解释第二百一十条的规定处理。

经审查，具有下列情形之一的，应当根据刑事诉讼法第二百五十三条的规定，决定重新审判：

（一）有新的证据证明原判决、裁定认定的事实确有错误，可能影响定罪量刑的；

（二）据以定罪量刑的证据不确实、不充分、依法应当排除的；

（三）证明案件事实的主要证据之间存在矛盾的；

（四）主要事实依据被依法变更或者撤销的；

（五）认定罪名错误的；

（六）量刑明显不当的；

（七）对违法所得或者其他涉案财物的处理确有明显错误的；

（八）违反法律关于溯及力规定的；

（九）违反法定诉讼程序，可能影响公正裁判的；

（十）审判人员在审理该案件时有贪污受贿、徇私舞弊、枉法裁判行为的。

申诉不具有上述情形的，应当说服申诉人撤回申诉；对仍然坚持申诉的，应当书面通知驳回。

第四百五十八条 具有下列情形之一，可能改变原判决、裁定据以定罪量刑的事实的证据，应当认定为刑事诉讼法第二百五十三条第一项规定的"新的证据"：

（一）原判决、裁定生效后新发现的证据；

（二）原判决、裁定生效前已经发现，但未予收集的证据；

（三）原判决、裁定生效前已经收集，但未经质证的证据；

（四）原判决、裁定所依据的鉴定意见，勘验、检查等笔录被改变或者否定的；

（五）原判决、裁定所依据的被告人供述、证人证言等证据发生变化，影响定罪量刑，且有合理理由的。

第四百五十九条 申诉人对驳回申诉不服的，可以向上一级人民法院申诉。上一级人民法院经审查认为申诉不符合刑事诉讼法第二百五十三条和本解释第四百五十七条第二款规定的，应当说服申诉人撤回申诉；对仍然坚持申诉的，应当驳回或者通知不予重新审判。

第四百六十条 各级人民法院院长发现本院已经发生法律效力的判决、裁定确有错误的，应当提交审判委员会讨论决定是否再审。

第四百六十一条 上级人民法院发现下级人民法院已经发生法律效力的判决、裁定确有错误的，可以指令下级人民法院再审；原判决、裁定认定事实正确但适用法律错误的，或者案件疑难、复杂、重大，或者有不宜由原审人民法院审理情形的，也可以提审。

上级人民法院指令下级人民法院再审的，一般应当指令原审人民法院以外的下级人民法院审理；由原审人民法院审理更有利于查明案件事实、纠正裁判错误的，可以指令原审人民法院审理。

第四百六十二条 对人民检察院依照审判监督程序提出抗诉的案件，人民法院应当在收到抗诉书后一个月以内立案。但是，有下列情形之一的，应当区别情况予以处理：

（一）不属于本院管辖的，应当将案件退回人民检察院；

（二）按照抗诉书提供的住址无法向被抗诉的原审被告人送达抗诉书的，应当通知人民检察院在三日以内重新提供原审被告人的住址；逾期未提供的，将案件退回人民检察院；

（三）以有新的证据为由提出抗诉，但未附相关证据材料或者有关证据不是指向原起诉事实的，应当通知人民检察院在三日以内补送相关材料；逾期未补送的，将案件退回人民检察院。

决定退回的抗诉案件,人民检察院经补充相关材料后再次抗诉,经审查符合受理条件的,人民法院应当受理。

第四百六十三条 对人民检察院依照审判监督程序提出抗诉的案件,接受抗诉的人民法院应当组成合议庭审理。对原判事实不清、证据不足,包括有新的证据证明原判可能有错误,需要指令下级人民法院再审的,应当在立案之日起一个月以内作出决定,并将指令再审决定书送达抗诉的人民检察院。

第四百六十四条 对决定依照审判监督程序重新审判的案件,人民法院应当制作再审决定书。再审期间不停止原判决、裁定的执行,但被告人可能经再审改判无罪,或者可能经再审减轻原判刑罚而致刑期届满的,可以决定中止原判决、裁定的执行,必要时,可以对被告人采取保候审、监视居住措施。

第四百六十五条 依照审判监督程序重新审判的案件,人民法院应当重点针对申诉、抗诉和决定再审的理由进行审理。必要时,应当对原判决、裁定认定的事实、证据和适用法律进行全面审查。

第四百六十六条 原审人民法院审理依照审判监督程序重新审判的案件,应当另行组成合议庭。

原来是第一审案件,应当依照第一审程序进行审判,所作的判决、裁定可以上诉、抗诉;原来是第二审案件,或者是上级人民法院提审的案件,应当依照第二审程序进行审判,所作的判决、裁定是终审的判决、裁定。

符合刑事诉讼法第二百九十六条、第二百九十七条规定的,可以缺席审判。

第四百六十七条 对依照审判监督程序重新审判的案件,人民法院在依照第一审程序进行审判的过程中,发现原审被告人还有其他犯罪的,一般应当并案审理,但分案审理更为适宜的,可以分案审理。

第四百六十八条 开庭审理再审案件,再审决定书或者抗诉书只针对部分原审被告人,其他同案原审被告人不出庭不影响审理的,可以不出庭参加诉讼。

第四百六十九条 除人民检察院抗诉的以外,再审一般不得加重原审被告人的刑罚。再审决定书或者抗诉书只针对部分原审被告人的,不得加重其他同案原审被告人的刑罚。

第四百七十条 人民法院审理人民检察院抗诉的再审案件,人民检察院在开庭审理前撤回抗诉的,应当裁定准许;人民检察院接到出庭通知后不派员出庭,且未说明原因的,可以裁定按撤回抗诉处理,并通知诉讼参与人。

人民法院审理申诉人申诉的再审案件,申诉人在再审期间撤回申诉的,可以裁定准许;但认为原判确有错误的,应当不予准许,继续按照再审案件审理。申诉人经依法通知无正当理由拒不到庭,或者未经法庭许可中途退庭的,可以裁定按撤回申诉处理,但申诉人不是原审当事人的除外。

第四百七十一条 开庭审理的再审案件,系人民法院决定再审的,由合议庭组成人员宣读再审决定书;系人民检察院抗诉的,由检察员宣读抗诉书;系申诉人申诉的,由申诉人或者其辩护人、诉讼代理人陈述申诉理由。

第四百七十二条 再审案件经过重新审理后,应当按照下列情形分别处理:

(一)原判决、裁定认定事实和适用法律正确、量刑适当的,应当裁定驳回申诉或者抗诉,维持原判决、裁定;

(二)原判决、裁定定罪准确、量刑适当,但在认定事实、适用法律等方面有瑕疵的,应当裁定纠正并维持原判决、裁定;

(三)原判决、裁定认定事实没有错误,但适用法律错误或者量刑不当的,应当撤销原判决、裁定,依法改判;

(四)依照第二审程序审理的案件,原判决、裁定事实不清、证据不足的,可以在查清事实后改判,也可以裁定撤销原判,发回原审人民法院重新审判。

原判决、裁定事实不清或者证据不足,经审理事实已经查清的,应当根据查清的事实依法裁判;事实仍无法查清,证据不足,不能认定被告人有罪的,应当撤销原判决、裁定,判决宣告被告人无罪。

第四百七十三条 原判决、裁定认定被告人姓名等身份信息有误,但认定事实和适用法律正确、量刑适当的,作出生效判决、裁定的人民法院可以通过裁定对有关信息予以更正。

第四百七十四条 对再审改判宣告无罪并依法享有申请国家赔偿权利的当事人,人民法院宣判时,应当告知其在判决发生法律效力后可以依法申请国家赔偿。

第二十章 涉外刑事案件的审理和刑事司法协助
第一节 涉外刑事案件的审理

第四百七十五条 本解释所称的涉外刑事案件是指:

(一)在中华人民共和国领域内,外国人犯罪或者我国公民对外国、外国人犯罪的案件;

(二)符合刑法第七条、第十条规定情形的我国公民在中华人民共和国领域外犯罪的案件；

（三）符合刑法第八条、第十条规定情形的外国人犯罪的案件；

（四）符合刑法第九条规定情形的中华人民共和国在所承担国际条约义务范围内行使管辖权的案件。

第四百七十六条　第一审涉外刑事案件，除刑事诉讼法第二十一条至第二十三条规定的以外，由基层人民法院管辖。必要时，中级人民法院可以指定辖区内若干基层人民法院集中管辖第一审涉外刑事案件，也可以依照刑事诉讼法第二十四条的规定，审理基层人民法院管辖的第一审涉外刑事案件。

第四百七十七条　外国人的国籍，根据其入境时持用的有效证件确认；国籍不明的，根据公安机关或者有关国家驻华使领馆出具的证明确认。

国籍无法查明的，以无国籍人对待，适用本章有关规定，在裁判文书中写明"国籍不明"。

第四百七十八条　在刑事诉讼中，外国籍当事人享有我国法律规定的诉讼权利并承担相应义务。

第四百七十九条　涉外刑事案件审判期间，人民法院应当将下列事项及时通报同级人民政府外事主管部门，并依照有关规定通知有关国家驻华使领馆：

（一）人民法院决定对外国籍被告人采取强制措施的情况，包括外国籍当事人的姓名（包括译名）、性别、入境时间、护照或者证件号码、采取的强制措施及法律依据、羁押地点等；

（二）开庭的时间、地点、是否公开审理等事项；

（三）宣判的时间、地点。

涉外刑事案件宣判后，应当将处理结果及时通报同级人民政府外事主管部门。

对外国籍被告人执行死刑的，死刑裁决下达后执行前，应当通知其国籍国驻华使领馆。

外国籍被告人在案件审理中死亡的，应当及时通报同级人民政府外事主管部门，并通知有关国家驻华使领馆。

第四百八十条　需要向有关国家驻华使领馆通知有关事项的，应当层报高级人民法院，由高级人民法院按照下列规定通知：

（一）外国籍当事人国籍国与我国签订有双边领事条约的，根据条约规定办理；未与我国签订双边领事条约，但参加《维也纳领事关系公约》的，根据公约规定办理；未与我国签订领事条约，也未参加《维也纳领事关系公约》，但与我国有外交关系的，可以根据外事主管部门的意见，按照互惠原则，根据有关规定和国际惯例办理；

（二）在外国驻华领馆领区内发生的涉外刑事案件，通知有关外国驻该地区的领馆；在外国领馆领区外发生的涉外刑事案件，通知有关外国驻华使馆；与我国有外交关系，但未设使领馆的国家，可以通知其代管国家驻华使领馆；无代管国家、代管国家不明的，可以不通知；

（三）双边领事条约规定通知时限的，应当在规定的期限内通知；没有规定的，应当根据或者参照《维也纳领事关系公约》和国际惯例尽快通知，至迟不得超过七日；

（四）双边领事条约没有规定必须通知，外国籍当事人要求不通知其国籍国驻华使领馆的，可以不通知，但应当由其本人出具书面声明。

高级人民法院向外国驻华使领馆通知有关事项，必要时，可以请人民政府外事主管部门协助。

第四百八十一条　人民法院受理涉外刑事案件后，应当告知在押的外国籍被告人享有与其国籍国驻华使领馆联系，与其监护人、近亲属会见、通信，以及请求人民法院提供翻译的权利。

第四百八十二条　涉外刑事案件审判期间，外国籍被告人在押，其国籍国驻华使领馆官员要求探视的，可以向受理案件的人民法院所在地的高级人民法院提出。人民法院应当根据我国与被告人国籍国签订的双边领事条约规定的时限予以安排；没有条约规定的，应当尽快安排。必要时，可以请人民政府外事主管部门协助。

涉外刑事案件审判期间，外国籍被告人在押，其监护人、近亲属申请会见的，可以向受理案件的人民法院所在地的高级人民法院提出，并依照本解释第四百八十六条的规定提供与被告人关系的证明。人民法院经审查认为不妨碍案件审判的，可以批准。

被告人拒绝接受探视、会见的，应当由其本人出具书面声明。拒绝出具书面声明的，应当记录在案；必要时，应当录音录像。

探视、会见被告人应当遵守我国法律规定。

第四百八十三条　人民法院审理涉外刑事案件，应当公开进行，但依法不应公开审理的除外。

公开审理的涉外刑事案件，外国籍当事人国籍国驻华使领馆官员要求旁听的，可以向受理案件的人民法院所在地的高级人民法院提出申请，人民法院应当安排。

第四百八十四条　人民法院审判涉外刑事案件，使用中华人民共和国通用的语言、文字，应当为外国籍当事人提供翻译。翻译人员应当在翻译文件上签名。

人民法院的诉讼文书为中文本。外国籍当事人不通晓中文的，应当附有外文译本，译本不加盖人民法院印章，以中文本为准。

外国籍当事人通晓中国语言、文字，拒绝他人翻译，或者不需要诉讼文书外文译本的，应当由其本人出具书面声明。拒绝出具书面声明的，应当记录在案；必要时，应当录音录像。

第四百八十五条 外国籍被告人委托律师辩护，或者外国籍附带民事诉讼原告人、自诉人委托律师代理诉讼的，应当委托具有中华人民共和国律师资格并依法取得执业证书的律师。

外国籍被告人在押的，其监护人、近亲属或者其国籍国驻华使领馆可以代为委托辩护人。其监护人、近亲属代为委托的，应当提供与被告人关系的有效证明。

外国籍当事人委托其监护人、近亲属担任辩护人、诉讼代理人的，被委托人应当提供与当事人关系的有效证明。经审查，符合刑事诉讼法、有关司法解释规定的，人民法院应当准许。

外国籍被告人没有委托辩护人的，人民法院可以通知法律援助机构为其指派律师提供辩护。被告人拒绝辩护人辩护的，应当由其出具书面声明，或者将其口头声明记录在案；必要时，应当录音录像。被告人属于应当提供法律援助情形的，依照本解释第五十条规定处理。

第四百八十六条 外国籍当事人从中华人民共和国领域外寄交或者托交给中国律师或者中国公民的委托书，以及外国籍当事人的监护人、近亲属提供的与当事人关系的证明，必须经所在国公证机关证明，所在国中央外交主管机关或者其授权机关认证，并经中华人民共和国驻该国使领馆认证，或者履行中华人民共和国与该所在国订立的有关条约中规定的证明手续，但我国与该国之间有互免认证协定的除外。

第四百八十七条 对涉外刑事案件的被告人，可以决定限制出境；对开庭审理案件时必须到庭的证人，可以要求暂缓出境。限制外国人出境的，应当通报同级人民政府外事主管部门和当事人国籍国驻华使领馆。

人民法院决定限制外国人和中国公民出境的，应当书面通知被限制出境的人在案件审理终结前不得离境，并可以采取扣留护照或者其他出入境证件的办法限制其出境；扣留证件的，应当履行必要手续，并发给本人扣留证件的证明。

需要对外国人和中国公民在口岸采取边控措施的，受理案件的人民法院应当按照规定制作边控对象通知书，并附有关法律文书，层报高级人民法院办理交控手续。紧急情况下，需要采取临时边控措施的，受理案件的人民法院可以先向有关口岸所在地出入境边防检查机关交控，但应当在七日以内按照规定层报高级人民法院办理手续。

第四百八十八条 涉外刑事案件，符合刑事诉讼法第二百零八条第一款、第二百四十三条规定的，经有关人民法院批准或者决定，可以延长审理期限。

第四百八十九条 涉外刑事案件宣判后，外国籍当事人国籍国驻华使领馆要求提供裁判文书的，可以向受理案件的人民法院所在地的高级人民法院提出，人民法院可以提供。

第四百九十条 涉外刑事案件审理过程中的其他事项，依照法律、司法解释和其他有关规定办理。

第二节 刑事司法协助

第四百九十一条 请求和提供司法协助，应当依照《中华人民共和国国际刑事司法协助法》、我国与有关国家、地区签订的刑事司法协助条约、移管被判刑人条约和有关法律规定进行。

对请求书的签署机关、请求书及所附材料的语言文字、有关办理期限和具体程序等事项，在不违反中华人民共和国法律的基本原则的情况下，可以按照刑事司法协助条约规定或者双方协商办理。

第四百九十二条 外国法院请求的事项有损中华人民共和国的主权、安全、社会公共利益以及违反中华人民共和国法律的基本原则的，人民法院不予协助；属于有关法律规定的可以拒绝提供刑事司法协助情形的，可以不予协助。

第四百九十三条 人民法院请求外国提供司法协助的，应当层报最高人民法院，经最高人民法院审核同意后交由有关对外联系机关及时向外国提出请求。

外国法院请求我国提供司法协助，有关对外联系机关认为属于人民法院职权范围的，经最高人民法院审核同意后转有关人民法院办理。

第四百九十四条 人民法院请求外国提供司法协助的请求书，应当依照刑事司法协助条约的规定提出；没有条约或者条约没有规定的，应当载明法律规定的相关信息并附相关材料。请求书及其所附材料应当以中文制作，并附有被请求国官方文字的译本。

外国请求我国法院提供司法协助的请求书，应当依照刑事司法协助条约的规定提出；没有条约或者条约没有规定的，应当载明我国法律规定的相关信息并附相关材料。请求书及所附材料应当附有中文译本。

第四百九十五条 人民法院向在中华人民共和国领域外居住的当事人送达刑事诉讼文书,可以采用下列方式:

(一)根据受送达人所在国与中华人民共和国缔结或者共同参加的国际条约规定的方式送达;

(二)通过外交途径送达;

(三)对中国籍当事人,所在国法律允许或者经所在国同意的,可以委托我国驻受送达人所在国的使领馆代为送达;

(四)当事人是自诉案件的自诉人或者附带民事诉讼原告人的,可以向有权代其接受送达的诉讼代理人送达;

(五)当事人是外国单位的,可以向其在中华人民共和国领域内设立的代表机构或者有权接受送达的分支机构、业务代办人送达;

(六)受送达人所在国法律允许的,可以邮寄送达;自邮寄之日起满三个月,送达回证未退回,但根据各种情况足以认定已经送达的,视为送达;

(七)受送达人所在国法律允许的,可以采用传真、电子邮件等能够确认受送达人收悉的方式送达。

第四百九十六条 人民法院通过外交途径向在中华人民共和国领域外居住的受送达人送达刑事诉讼文书的,所送达的文书应当经高级人民法院审查后报最高人民法院审核。最高人民法院认为可以发出的,由最高人民法院交外交部主管部门转递。

外国法院通过外交途径请求人民法院送达刑事诉讼文书的,由该国驻华使馆将法律文书交我国外交部主管部门转最高人民法院。最高人民法院审核后认为属于人民法院职权范围,且可以代为送达的,应当转有关人民法院办理。

第二十一章 执行程序
第一节 死刑的执行

第四百九十七条 被判处死刑缓期执行的罪犯,在死刑缓期执行期间犯罪的,应当由罪犯服刑地的中级人民法院依法审判,所作的判决可以上诉、抗诉。

认定故意犯罪,情节恶劣,应当执行死刑的,在判决、裁定发生法律效力后,应当层报最高人民法院核准执行死刑。

对故意犯罪未执行死刑的,不再报高级人民法院核准,死刑缓期执行的期间重新计算,并层报最高人民法院备案。备案不影响判决、裁定的生效和执行。

最高人民法院经备案审查,认为原判不予执行死刑错误,确需改判的,应当依照审判监督程序予以纠正。

第四百九十八条 死刑缓期执行的期间,从判决或者裁定核准死刑缓期执行的法律文书宣告或者送达之日起计算。

死刑缓期执行期满,依法应当减刑的,人民法院应当及时减刑。死刑缓期执行期满减为无期徒刑、有期徒刑的,刑期自死刑缓期执行期满之日起计算。

第四百九十九条 最高人民法院的执行死刑命令,由高级人民法院交付第一审人民法院执行。第一审人民法院接到执行死刑命令后,应当在七日以内执行。

在死刑缓期执行期间故意犯罪,最高人民法院核准执行死刑的,由罪犯服刑地的中级人民法院执行。

第五百条 下级人民法院在接到执行死刑命令后、执行前,发现有下列情形之一的,应当暂停执行,并立即将请求停止执行死刑的报告和相关材料层报最高人民法院:

(一)罪犯可能有其他犯罪的;

(二)共同犯罪的其他犯罪嫌疑人到案,可能影响罪犯量刑的;

(三)共同犯罪的其他罪犯被暂停或者停止执行死刑,可能影响罪犯量刑的;

(四)罪犯揭发重大犯罪事实或者有其他重大立功表现,可能需要改判的;

(五)罪犯怀孕的;

(六)判决、裁定可能有影响定罪量刑的其他错误的。

最高人民法院经审查,认为可能影响罪犯定罪量刑的,应当裁定停止执行死刑;认为不影响的,应当决定继续执行死刑。

第五百零一条 最高人民法院在执行死刑命令签发后、执行前,发现有前条第一款规定情形的,应当立即裁定停止执行死刑,并将有关材料移交下级人民法院。

第五百零二条 下级人民法院接到最高人民法院停止执行死刑的裁定后,应当会同有关部门调查核实停止执行死刑的事由,并及时将调查结果和意见层报最高人民法院审核。

第五百零三条 对下级人民法院报送的停止执行死刑的调查结果和意见,由最高人民法院原作出核准死刑判决、裁定的合议庭负责审查;必要时,另行组成合议庭进行审查。

第五百零四条 最高人民法院对停止执行死刑的案

件,应当按照下列情形分别处理:

(一)确认罪犯怀孕的,应当改判;

(二)确认罪犯有其他犯罪,依法应当追诉的,应当裁定不予核准死刑,撤销原判,发回重新审判;

(三)确认原判决、裁定有错误或者罪犯有重大立功表现,需要改判的,应当裁定不予核准死刑,撤销原判,发回重新审判;

(四)确认原判决、裁定没有错误,罪犯没有重大立功表现,或者重大立功表现不影响原判决、裁定执行的,应当裁定继续执行死刑,并由院长重新签发执行死刑的命令。

第五百零五条 第一审人民法院在执行死刑前,应当告知罪犯有权会见其近亲属。罪犯申请会见并提供具体联系方式的,人民法院应当通知其近亲属。确实无法与罪犯近亲属取得联系,或者其近亲属拒绝会见的,应当告知罪犯。罪犯申请通过录音录像等方式留下遗言的,人民法院可以准许。

罪犯近亲属申请会见的,人民法院应当准许并及时安排,但罪犯拒绝会见的除外。罪犯拒绝会见的,应当记录在案并及时告知其近亲属;必要时,应当录音录像。

罪犯申请会见近亲属以外的亲友,经人民法院审查,确有正当理由的,在确保安全的情况下可以准许。

罪犯申请会见未成年子女的,应当经未成年子女的监护人同意;会见可能影响未成年人身心健康,人民法院可以通过视频方式安排会见,会见时监护人应当在场。

会见一般在罪犯羁押场所进行。

会见情况应当记录在案,附卷存档。

第五百零六条 第一审人民法院在执行死刑三日以前,应当通知同级人民检察院派员临场监督。

第五百零七条 死刑采用枪决或者注射等方法执行。

采用注射方法执行死刑的,应当在指定的刑场或者羁押场所内执行。

采用枪决、注射以外的其他方法执行死刑的,应当事先层报最高人民法院批准。

第五百零八条 执行死刑前,指挥执行的审判人员应当对罪犯验明正身,讯问有无遗言、信札,并制作笔录,再交执行人员执行死刑。

执行死刑应当公布,禁止游街示众或者其他有辱罪犯人格的行为。

第五百零九条 执行死刑后,应当由法医验明罪犯确实死亡,在场书记员制作笔录。负责执行的人民法院应当在执行死刑后十五日以内将执行情况,包括罪犯被执行死刑前后的照片,上报最高人民法院。

第五百一十条 执行死刑后,负责执行的人民法院应当办理以下事项:

(一)对罪犯的遗书、遗言笔录,应当及时审查;涉及财产继承、债务清偿、家事嘱托等内容的,将遗书、遗言笔录交给家属,同时复制附卷备查;涉及案件线索等问题的,抄送有关机关;

(二)通知罪犯家属在限期内领取罪犯骨灰;没有火化条件或者因民族、宗教等原因不宜火化的,通知领取尸体;过期不领取的,由人民法院通知有关单位处理,并要求有关单位出具处理情况的说明;对罪犯骨灰或者尸体的处理情况,应当记录在案;

(三)对外国籍罪犯执行死刑后,通知外国驻华使领馆的程序和时限,根据有关规定办理。

第二节 死刑缓期执行、无期徒刑、有期徒刑、拘役的交付执行

第五百一十一条 被判处死刑缓期执行、无期徒刑、有期徒刑、拘役的罪犯,第一审人民法院应当在判决、裁定生效后十日以内,将判决书、裁定书、起诉书副本、自诉状复印件、执行通知书、结案登记表送达公安机关、监狱或者其他执行机关。

第五百一十二条 同案审理的案件中,部分被告人被判处死刑,对未被判处死刑的同案被告人需要羁押执行刑罚的,应当根据前条规定及时交付执行。但是,该同案被告人参与实施有关死刑之罪的,应当在复核讯问被判处死刑的被告人后交付执行。

第五百一十三条 执行通知书回执经看守所盖章后,应当附卷备查。

第五百一十四条 罪犯在被交付执行前,因有严重疾病、怀孕或者正在哺乳自己婴儿的妇女、生活不能自理的原因,依法提出暂予监外执行的申请的,有关病情诊断、妊娠检查和生活不能自理的鉴别,由人民法院负责组织进行。

第五百一十五条 被判处无期徒刑、有期徒刑或者拘役的罪犯,符合刑事诉讼法第二百六十五条第一款、第二款的规定,人民法院决定暂予监外执行的,应当制作暂予监外执行决定书,写明罪犯基本情况、判决确定的罪名和刑罚、决定暂予监外执行的原因、依据等。

人民法院在作出暂予监外执行决定前,应当征求人民检察院的意见。

人民检察院认为人民法院的暂予监外执行决定不

当,在法定期限内提出书面意见的,人民法院应当立即对该决定重新核查,并在一个月以内作出决定。

对暂予监外执行的罪犯,适用本解释第五百一十九条的有关规定,依法实行社区矫正。

人民法院决定暂予监外执行的,由看守所或者执行取保候审、监视居住的公安机关自收到决定之日起十日以内将罪犯移送社区矫正机构。

第五百一十六条 人民法院收到社区矫正机构的收监执行建议书后,经审查,确认暂予监外执行的罪犯具有下列情形之一的,应当作出收监执行的决定:

(一)不符合暂予监外执行条件的;

(二)未经批准离开所居住的市、县,经警告拒不改正,或者拒不报告行踪,脱离监管的;

(三)因违反监督管理规定受到治安管理处罚,仍不改正的;

(四)受到执行机关两次警告,仍不改正的;

(五)保外就医期间不按规定提交病情复查情况,经警告拒不改正的;

(六)暂予监外执行的情形消失后,刑期未满的;

(七)保证人丧失保证条件或者因不履行义务被取消保证人资格,不能在规定期限内提出新的保证人的;

(八)违反法律、行政法规和监督管理规定,情节严重的其他情形。

第五百一十七条 人民法院应当在收到社区矫正机构的收监执行建议书后三十日以内作出决定。收监执行决定书一经作出,立即生效。

人民法院应当将收监执行决定书送达社区矫正机构和公安机关,并抄送人民检察院,由公安机关将罪犯交付执行。

第五百一十八条 被收监执行的罪犯有不计入执行刑期情形的,人民法院应当在作出收监决定时,确定不计入执行刑期的具体时间。

第三节 管制、缓刑、剥夺政治权利的交付执行

第五百一十九条 对被判处管制、宣告缓刑的罪犯,人民法院应当依法确定社区矫正执行地。社区矫正执行地为罪犯的居住地;罪犯在多个地方居住的,可以确定其经常居住地为执行地;罪犯的居住地、经常居住地无法确定或者不适宜执行社区矫正的,应当根据有利于罪犯接受矫正、更好地融入社会的原则,确定执行地。

宣判时,应当告知罪犯自判决、裁定生效之日起十日以内到执行地社区矫正机构报到,以及不按期报到的后果。

人民法院应当自判决、裁定生效之日起五日以内通知执行地社区矫正机构,并在十日以内将判决书、裁定书、执行通知书等法律文书送达执行地社区矫正机构,同时抄送人民检察院和执行地公安机关。人民法院与社区矫正执行地不在同一地方的,由执行地社区矫正机构将法律文书转送所在地的人民检察院和公安机关。

第五百二十条 对单处剥夺政治权利的罪犯,人民法院应当在判决、裁定生效后十日以内,将判决书、裁定书、执行通知书等法律文书送达罪犯居住地的县级公安机关,并抄送罪犯居住地的县级人民检察院。

第四节 刑事裁判涉财产部分和附带民事裁判的执行

第五百二十一条 刑事裁判涉财产部分的执行,是指发生法律效力的刑事裁判中下列判项的执行:

(一)罚金、没收财产;

(二)追缴、责令退赔违法所得;

(三)处置随案移送的赃款赃物;

(四)没收随案移送的供犯罪所用本人财物;

(五)其他应当由人民法院执行的相关涉财产的判项。

第五百二十二条 刑事裁判涉财产部分和附带民事裁判应当由人民法院执行的,由第一审人民法院负责裁判执行的机构执行。

第五百二十三条 罚金在判决规定的期限内一次或者分期缴纳。期满无故不缴纳或者未足额缴纳的,人民法院应当强制缴纳。经强制缴纳仍不能全部缴纳的,在任何时候,包括主刑执行完毕后,发现被执行人有可供执行的财产的,应当追缴。

行政机关对被告人就同一事实已经处以罚款的,人民法院判处罚金时应当折抵,扣除行政处罚已执行的部分。

第五百二十四条 因遭遇不能抗拒的灾祸等原因缴纳罚金确有困难,被执行人申请延期缴纳、酌情减少或者免除罚金的,应当提交相关证明材料。人民法院应当在收到申请后一个月以内作出裁定。符合法定条件的,应当准许;不符合条件的,驳回申请。

第五百二十五条 判处没收财产的,判决生效后,应当立即执行。

第五百二十六条 执行财产刑,应当参照被扶养人住所地政府公布的上年度当地居民最低生活费标准,保留被执行人及其所扶养人的生活必需费用。

第五百二十七条 被判处财产刑,同时又承担附带民事赔偿责任的被执行人,应当先履行民事赔偿责任。

第五百二十八条　执行刑事裁判涉财产部分、附带民事裁判过程中,当事人、利害关系人认为执行行为违反法律规定,或者案外人对被执行标的书面提出异议的,人民法院应当参照民事诉讼法的有关规定处理。

第五百二十九条　执行刑事裁判涉财产部分、附带民事裁判过程中,具有下列情形之一的,人民法院应当裁定终结执行:

(一)据以执行的判决、裁定被撤销的;

(二)被执行人死亡或者被执行死刑,且无财产可供执行的;

(三)被判处罚金的单位终止,且无财产可供执行的;

(四)依照刑法第五十三条规定免除罚金的;

(五)应当终结执行的其他情形。

裁定终结执行后,发现被执行人的财产有被隐匿、转移等情形的,应当追缴。

第五百三十条　被执行财产在外地的,第一审人民法院可以委托财产所在地的同级人民法院执行。

第五百三十一条　刑事裁判涉财产部分、附带民事裁判全部或者部分被撤销的,已经执行的财产应当全部或者部分返还被执行人;无法返还的,应当依法赔偿。

第五百三十二条　刑事裁判涉财产部分、附带民事裁判的执行,刑事诉讼法及有关刑事司法解释没有规定的,参照适用民事执行的有关规定。

第五节　减刑、假释案件的审理

第五百三十三条　被判处死刑缓期执行的罪犯,在死刑缓期执行期间,没有故意犯罪的,死刑缓期执行期满后,应当裁定减刑;死刑缓期执行期满后,尚未裁定减刑前又犯罪的,应当在依法减刑后,对其所犯新罪另行审判。

第五百三十四条　对减刑、假释案件,应当按照下列情形分别处理:

(一)对被判处死刑缓期执行的罪犯的减刑,由罪犯服刑地的高级人民法院在收到同级监狱管理机关审核同意的减刑建议书后一个月以内作出裁定;

(二)对被判处无期徒刑的罪犯的减刑、假释,由罪犯服刑地的高级人民法院在收到同级监狱管理机关审核同意的减刑、假释建议书后一个月以内作出裁定,案情复杂或者情况特殊的,可以延长一个月;

(三)对被判处有期徒刑和被减为有期徒刑的罪犯的减刑、假释,由罪犯服刑地的中级人民法院在收到执行机关提出的减刑、假释建议书后一个月以内作出裁定,案情复杂或者情况特殊的,可以延长一个月;

(四)对被判处管制、拘役的罪犯的减刑,由罪犯服刑地的中级人民法院在收到同级执行机关审核同意的减刑建议书后一个月以内作出裁定。

对社区矫正对象的减刑,由社区矫正执行地的中级以上人民法院在收到社区矫正机构减刑建议书后三十日以内作出裁定。

第五百三十五条　受理减刑、假释案件,应当审查执行机关移送的材料是否包括下列内容:

(一)减刑、假释建议书;

(二)原审法院的裁判文书、执行通知书、历次减刑裁定书的复制件;

(三)证明罪犯确有悔改、立功或者重大立功表现具体事实的书面材料;

(四)罪犯评审鉴定表、奖惩审批表等;

(五)罪犯假释后对所居住社区影响的调查评估报告;

(六)刑事裁判涉财产部分、附带民事裁判的执行、履行情况;

(七)根据案件情况需要移送的其他材料。

人民检察院对报请减刑、假释案件提出意见的,执行机关应当一并移送受理减刑、假释案件的人民法院。

经审查,材料不全的,应当通知提请减刑、假释的执行机关在三日以内补送;逾期未补送的,不予立案。

第五百三十六条　审理减刑、假释案件,对罪犯积极履行刑事裁判涉财产部分、附带民事裁判确定的义务的,可以认定有悔改表现,在减刑、假释时从宽掌握;对确有履行能力而不履行或者不全部履行的,在减刑、假释时从严掌握。

第五百三十七条　审理减刑、假释案件,应当在立案后五日以内对下列事项予以公示:

(一)罪犯的姓名、年龄等个人基本情况;

(二)原判认定的罪名和刑期;

(三)罪犯历次减刑情况;

(四)执行机关的减刑、假释建议和依据。

公示应当写明公示期限和提出意见的方式。

第五百三十八条　审理减刑、假释案件,应当组成合议庭,可以采用书面审理的方式,但下列案件应当开庭审理:

(一)因罪犯有重大立功表现提请减刑的;

(二)提请减刑的起始时间、间隔时间或者减刑幅度不符合一般规定的;

（三）被提请减刑、假释罪犯系职务犯罪罪犯，组织、领导、参加、包庇、纵容黑社会性质组织罪犯，破坏金融管理秩序罪犯或者金融诈骗罪犯的；

（四）社会影响重大或者社会关注度高的；

（五）公示期间收到不同意见的；

（六）人民检察院提出异议的；

（七）有必要开庭审理的其他案件。

第五百三十九条　人民法院作出减刑、假释裁定后，应当在七日以内送达提请减刑、假释的执行机关、同级人民检察院以及罪犯本人。人民检察院认为减刑、假释裁定不当，在法定期限内提出书面纠正意见的，人民法院应当在收到意见后另行组成合议庭审理，并在一个月以内作出裁定。

对假释的罪犯，适用本解释第五百一十九条的有关规定，依法实行社区矫正。

第五百四十条　减刑、假释裁定作出前，执行机关书面提请撤回减刑、假释建议的，人民法院可以决定是否准许。

第五百四十一条　人民法院发现本院已经生效的减刑、假释裁定确有错误的，应当另行组成合议庭审理；发现下级人民法院已经生效的减刑、假释裁定确有错误的，可以指令下级人民法院另行组成合议庭审理，也可以自行组成合议庭审理。

第六节　缓刑、假释的撤销

第五百四十二条　罪犯在缓刑、假释考验期限内犯新罪或者被发现在判决宣告前还有其他罪没有判决，应当撤销缓刑、假释的，由审判新罪的人民法院撤销原判决、裁定宣告的缓刑、假释，并书面通知原审人民法院和执行机关。

第五百四十三条　人民法院收到社区矫正机构的撤销缓刑建议书后，经审查，确认罪犯在缓刑考验期限内具有下列情形之一的，应当作出撤销缓刑的裁定：

（一）违反禁止令，情节严重的；

（二）无正当理由不按规定时间报到或者接受社区矫正期间脱离监管，超过一个月的；

（三）因违反监督管理规定受到治安管理处罚，仍不改正的；

（四）受到执行机关二次警告，仍不改正的；

（五）违反法律、行政法规和监督管理规定，情节严重的其他情形。

人民法院收到社区矫正机构的撤销假释建议书后，经审查，确认罪犯在假释考验期限内具有前款第二项、第四项规定情形之一，或者有其他违反监督管理规定的行为，尚未构成新的犯罪的，应当作出撤销假释的裁定。

第五百四十四条　被提请撤销缓刑、假释的罪犯可能逃跑或者可能发生社会危险，社区矫正机构在提出撤销缓刑、假释建议的同时，提请人民法院决定对其予以逮捕的，人民法院应当在四十八小时以内作出是否逮捕的决定。决定逮捕的，由公安机关执行。逮捕后的羁押期限不得超过三十日。

第五百四十五条　人民法院应当在收到社区矫正机构的撤销缓刑、假释建议书后三十日以内作出裁定。撤销缓刑、假释的裁定一经作出，立即生效。

人民法院应当将撤销缓刑、假释裁定书送达社区矫正机构和公安机关，并抄送人民检察院，由公安机关将罪犯送交执行。执行以前被逮捕的，羁押一日折抵刑期一日。

第二十二章　未成年人刑事案件诉讼程序
第一节　一般规定

第五百四十六条　人民法院审理未成年人刑事案件，应当贯彻教育、感化、挽救的方针，坚持教育为主、惩罚为辅的原则，加强对未成年人的特殊保护。

第五百四十七条　人民法院应当加强同政府有关部门、人民团体、社会组织等的配合，推动未成年人刑事案件人民陪审、情况调查、安置帮教等工作的开展，充分保障未成年人的合法权益，积极参与社会治安综合治理。

第五百四十八条　人民法院应当加强同政府有关部门、人民团体、社会组织等的配合，对遭受性侵害或者暴力伤害的未成年被害人及其家庭实施必要的心理干预、经济救助、法律援助、转学安置等保护措施。

第五百四十九条　人民法院应当确定专门机构或者指定专门人员，负责审理未成年人刑事案件。审理未成年人刑事案件的人员应当经过专门培训，熟悉未成年人身心特点，善于做未成年人思想教育工作。

参加审理未成年人刑事案件的人民陪审员，可以从熟悉未成年人身心特点、关心未成年人保护工作的人民陪审员名单中随机抽取确定。

第五百五十条　被告人实施被指控的犯罪时不满十八周岁、人民法院立案时不满二十周岁的案件，由未成年人案件审判组织审理。

下列案件可以由未成年人案件审判组织审理：

（一）人民法院立案时不满二十二周岁的在校学生犯罪案件；

（二）强奸、猥亵、虐待、遗弃未成年人等侵害未成年人人身权利的犯罪案件；

（三）由未成年人案件审判组织审理更为适宜的其他案件。

共同犯罪案件有未成年被告人的或者其他涉及未成年人的刑事案件，是否由未成年人案件审判组织审理，由院长根据实际情况决定。

第五百五十一条 对分案起诉至同一人民法院的未成年人与成年人共同犯罪案件，可以由同一个审判组织审理；不宜由同一个审判组织审理的，可以分别审理。

未成年人与成年人共同犯罪案件，由不同人民法院或者不同审判组织分别审理的，有关人民法院或者审判组织应当互相了解共同犯罪被告人的审判情况，注意全案的量刑平衡。

第五百五十二条 对未成年人刑事案件，必要时，上级人民法院可以根据刑事诉讼法第二十七条的规定，指定下级人民法院将案件移送其他人民法院审判。

第五百五十三条 对未成年被告人应当严格限制适用逮捕措施。

人民法院决定逮捕，应当讯问未成年被告人，听取辩护律师的意见。

对被逮捕且没有完成义务教育的未成年被告人，人民法院应当与教育行政部门互相配合，保证其接受义务教育。

第五百五十四条 人民法院对无固定住所、无法提供保证人的未成年被告人适用取保候审的，应当指定合适成年人作为保证人，必要时可以安排取保候审的被告人接受社会观护。

第五百五十五条 人民法院审理未成年人刑事案件，在讯问和开庭时，应当通知未成年被告人的法定代理人到场。法定代理人无法通知、不能到场或者是共犯的，也可以通知合适成年人到场，并将有关情况记录在案。

到场的法定代理人或者其他人员，除依法行使刑事诉讼法第二百八十一条第二款规定的权利外，经法庭同意，可以参与对未成年被告人的法庭教育等工作。

适用简易程序审理未成年人刑事案件，适用前两款规定。

第五百五十六条 询问未成年被害人、证人，适用前条规定。

审理未成年人遭受性侵害或者暴力伤害案件，在询问未成年被害人、证人时，应当采取同步录音录像等措施，尽量一次完成；未成年被害人、证人是女性的，应当由女性工作人员进行。

第五百五十七条 开庭审理时被告人不满十八周岁的案件，一律不公开审理。经未成年被告人及其法定代理人同意，未成年被告人所在学校和未成年人保护组织可以派代表到场。到场代表的人数和范围，由法庭决定。经法庭同意，到场代表可以参与对未成年被告人的法庭教育工作。

对依法公开审理，但可能需要封存犯罪记录的案件，不得组织人员旁听；有旁听人员的，应当告知其不得传播案件信息。

第五百五十八条 开庭审理涉及未成年人的刑事案件，未成年被害人、证人一般不出庭作证；必须出庭的，应当采取保护其隐私的技术手段和心理干预等保护措施。

第五百五十九条 审理涉及未成年人的刑事案件，不得向外界披露未成年人的姓名、住所、照片以及可能推断出未成年人身份的其他资料。

查阅、摘抄、复制的案卷材料，涉及未成年人的，不得公开和传播。

第五百六十条 人民法院发现有关单位未尽到未成年人教育、管理、救助、看护等保护职责的，应当向该单位提出司法建议。

第五百六十一条 人民法院应当结合实际，根据涉及未成年人刑事案件的特点，开展未成年人法治宣传教育工作。

第五百六十二条 审理未成年人刑事案件，本章没有规定的，适用本解释的有关规定。

第二节 开庭准备

第五百六十三条 人民法院向未成年被告人送达起诉书副本时，应当向其讲明被指控的罪行和有关法律规定，并告知其审判程序和诉讼权利、义务。

第五百六十四条 审判时不满十八周岁的未成年被告人没有委托辩护人的，人民法院应当通知法律援助机构指派熟悉未成年人身心特点的律师为其提供辩护。

第五百六十五条 未成年被害人及其法定代理人因经济困难或者其他原因没有委托诉讼代理人的，人民法院应当帮助其申请法律援助。

第五百六十六条 对未成年人刑事案件，人民法院决定适用简易程序审理的，应当征求未成年被告人及其法定代理人、辩护人的意见。上述人员提出异议的，不适用简易程序。

第五百六十七条 被告人实施被指控的犯罪时不满十八周岁，开庭时已满十八周岁、不满二十周岁的，人民法院开庭时，一般应当通知其近亲属到庭。经法庭同意，近亲属可以发表意见。近亲属无法通知、不能到场或者是共犯的，应当记录在案。

第五百六十八条 对人民检察院移送的关于未成年被告人性格特点、家庭情况、社会交往、成长经历、犯罪原因、犯罪前后的表现、监护教育等情况的调查报告，以及辩护人提交的反映未成年被告人上述情况的书面材料，法庭应当接受。

必要时，人民法院可以委托社区矫正机构、共青团、社会组织等对未成年被告人的上述情况进行调查，或者自行调查。

第五百六十九条 人民法院根据情况，可以对未成年被告人、被害人、证人进行心理疏导；根据实际需要并经未成年被告人及其法定代理人同意，可以对被告人进行心理测评。

心理疏导、心理测评可以委托专门机构、专业人员进行。

心理测评报告可以作为办理案件和教育未成年人的参考。

第五百七十条 开庭前和休庭时，法庭根据情况，可以安排未成年被告人与其法定代理人或者合适成年人会见。

第三节 审 判

第五百七十一条 人民法院应当在辩护台靠近旁听区一侧为未成年被告人的法定代理人或者合适成年人设置席位。

审理可能判处五年有期徒刑以下刑罚或者过失犯罪的未成年人刑事案件，可以采取适合未成年人特点的方式设置法庭席位。

第五百七十二条 未成年被告人或者其法定代理人当庭拒绝辩护人辩护的，适用本解释第三百一十一条第二款、第三款的规定。

重新开庭后，未成年被告人或者其法定代理人再次当庭拒绝辩护人辩护的，不予准许。重新开庭时被告人已满十八周岁的，可以准许，但不得再另行委托辩护人或者要求另行指派律师，由其自行辩护。

第五百七十三条 法庭审理过程中，审判人员应当根据未成年被告人的智力发育程度和心理状态，使用适合未成年人的语言表达方式。

发现有对未成年被告人威胁、训斥、诱供或者讽刺等情形的，审判长应当制止。

第五百七十四条 控辩双方提出对未成年被告人判处管制、宣告缓刑等量刑建议的，应当向法庭提供有关未成年被告人能够获得监护、帮教以及对所居住社区无重大不良影响的书面材料。

第五百七十五条 对未成年被告人情况的调查报告，以及辩护人提交的有关未成年被告人情况的书面材料，法庭应当审查并听取控辩双方意见。上述报告和材料可以作为办理案件和教育未成年人的参考。

人民法院可以通知作出调查报告的人员出庭说明情况，接受控辩双方和法庭的询问。

第五百七十六条 法庭辩论结束后，法庭可以根据未成年人的生理、心理特点和案件情况，对未成年被告人进行法治教育；判决未成年被告人有罪的，宣判后，应当对未成年被告人进行法治教育。

对未成年被告人进行教育，其法定代理人以外的成年亲属或者教师、辅导员等参与有利于感化、挽救未成年人的，人民法院应当邀请其参加有关活动。

适用简易程序审理的案件，对未成年被告人进行法庭教育，适用前两款规定。

第五百七十七条 未成年被告人最后陈述后，法庭应当询问其法定代理人是否补充陈述。

第五百七十八条 对未成年人刑事案件，宣告判决应当公开进行。

对依法应当封存犯罪记录的案件，宣判时，不得组织人员旁听；有旁听人员的，应当告知其不得传播案件信息。

第五百七十九条 定期宣告判决的未成年人刑事案件，未成年被告人的法定代理人无法通知、不能到场或者是共犯的，法庭可以通知合适成年人到庭，并在宣判后向未成年被告人的成年亲属送达判决书。

第四节 执 行

第五百八十条 将未成年罪犯送监执行刑罚或者送交社区矫正时，人民法院应当将有关未成年罪犯的调查报告及其在案件审理中的表现材料，连同有关法律文书，一并送达执行机关。

第五百八十一条 犯罪时不满十八周岁，被判处五年有期徒刑以下刑罚以及免予刑事处罚的未成年人的犯罪记录，应当封存。

司法机关或者有关单位向人民法院申请查询封存的犯罪记录的，应当提供查询的理由和依据。对查询申请，人民法院应当及时作出是否同意的决定。

第五百八十二条 人民法院可以与未成年犯管教所等服刑场所建立联系，了解未成年罪犯的改造情况，协助做好帮教、改造工作，并可以对正在服刑的未成年罪犯进行回访考察。

第五百八十三条 人民法院认为必要时，可以督促被收监服刑的未成年罪犯的父母或者其他监护人及时探视。

第五百八十四条 对被判处管制、宣告缓刑、裁定假释、决定暂予监外执行的未成年罪犯，人民法院可以协助社区矫正机构制定帮教措施。

第五百八十五条 人民法院可以适时走访被判处管制、宣告缓刑、免予刑事处罚、裁定假释、决定暂予监外执行等的未成年罪犯及其家庭，了解未成年罪犯的管理和教育情况，引导未成年罪犯的家庭承担管教责任，为未成年罪犯改过自新创造良好环境。

第五百八十六条 被判处管制、宣告缓刑、免予刑事处罚、裁定假释、决定暂予监外执行等的未成年罪犯，具备就学、就业条件的，人民法院可以就其安置问题向有关部门提出建议，并附送必要的材料。

第二十三章 当事人和解的公诉案件诉讼程序

第五百八十七条 对符合刑事诉讼法第二百八十八条规定的公诉案件，事实清楚、证据充分的，人民法院应当告知当事人可以自行和解；当事人提出申请的，人民法院可以主持双方当事人协商以达成和解。

根据案件情况，人民法院可以邀请人民调解员、辩护人、诉讼代理人、当事人亲友等参与促成双方当事人和解。

第五百八十八条 符合刑事诉讼法第二百八十八条规定的公诉案件，被害人死亡的，其近亲属可以与被告人和解。近亲属有多人的，达成和解协议，应当经处于最先继承顺序的所有近亲属同意。

被害人系无行为能力或者限制行为能力人的，其法定代理人、近亲属可以代为和解。

第五百八十九条 被告人的近亲属经被告人同意，可以代为和解。

被告人系限制行为能力人的，其法定代理人可以代为和解。

被告人的法定代理人、近亲属依照前两款规定代为和解的，和解协议约定的赔礼道歉等事项，应当由被告人本人履行。

第五百九十条 对公安机关、人民检察院主持制作的和解协议书，当事人提出异议的，人民法院应当审查。经审查，和解自愿、合法的，予以确认，无需重新制作和解协议书；和解违反自愿、合法原则的，应当认定无效。和解协议被认定无效后，双方当事人重新达成和解的，人民法院应当主持制作新的和解协议书。

第五百九十一条 审判期间，双方当事人和解的，人民法院应当听取当事人及其法定代理人等有关人员的意见。双方当事人在庭外达成和解的，人民法院应当通知人民检察院，并听取其意见。经审查，和解自愿、合法的，应当主持制作和解协议书。

第五百九十二条 和解协议书应当包括以下内容：

（一）被告人承认自己所犯罪行，对犯罪事实没有异议，并真诚悔罪；

（二）被告人通过向被害人赔礼道歉、赔偿损失等方式获得被害人谅解；涉及赔偿损失的，应当写明赔偿的数额、方式等；提起附带民事诉讼的，由附带民事诉讼原告人撤回起诉；

（三）被害人自愿和解，请求或者同意对被告人依法从宽处罚。

和解协议书应当由双方当事人和审判人员签名，但不加盖人民法院印章。

和解协议书一式三份，双方当事人各持一份，另一份交人民法院附卷备查。

对和解协议中的赔偿损失内容，双方当事人要求保密的，人民法院应当准许，并采取相应的保密措施。

第五百九十三条 和解协议约定的赔偿损失内容，被告人应当在协议签署后即时履行。

和解协议已经全部履行，当事人反悔的，人民法院不予支持，但有证据证明和解违反自愿、合法原则的除外。

第五百九十四条 双方当事人在侦查、审查起诉期间已经达成和解协议并全部履行，被害人或者其法定代理人、近亲属又提起附带民事诉讼的，人民法院不予受理，但有证据证明和解违反自愿、合法原则的除外。

第五百九十五条 被害人或者其法定代理人、近亲属提起附带民事诉讼后，双方愿意和解，但被告人不能即时履行全部赔偿义务的，人民法院应当制作附带民事调解书。

第五百九十六条 对达成和解协议的案件，人民法院应当对被告人从轻处罚；符合非监禁刑适用条件的，应当适用非监禁刑；判处法定最低刑仍然过重的，可以减轻处罚；综合全案认为犯罪情节轻微不需要判处刑罚的，可以免予刑事处罚。

共同犯罪案件，部分被告人与被害人达成和解协议的，可以依法对该部分被告人从宽处罚，但应当注意全案的量刑平衡。

第五百九十七条 达成和解协议的，裁判文书应当叙明，并援引刑事诉讼法的相关条文。

第二十四章　缺席审判程序

第五百九十八条　对人民检察院依照刑事诉讼法第二百九十一条第一款的规定提起公诉的案件，人民法院应当重点审查以下内容：

（一）是否属于可以适用缺席审判程序的案件范围；

（二）是否属于本院管辖；

（三）是否写明被告人的基本情况，包括明确的境外居住地、联系方式等；

（四）是否写明被告人涉嫌有关犯罪的主要事实，并附证据材料；

（五）是否写明被告人有无近亲属以及近亲属的姓名、身份、住址、联系方式等情况；

（六）是否列明违法所得及其他涉案财产的种类、数量、价值、所在地等，并附证据材料；

（七）是否附有查封、扣押、冻结违法所得及其他涉案财产的清单和相关法律手续。

前款规定的材料需要翻译件的，人民法院应当要求人民检察院一并移送。

第五百九十九条　对人民检察院依照刑事诉讼法第二百九十一条第一款的规定提起公诉的案件，人民法院审查后，应当按照下列情形分别处理：

（一）符合缺席审判程序适用条件，属于本院管辖，且材料齐全的，应当受理；

（二）不属于可以适用缺席审判程序的案件范围、不属于本院管辖或者不符合缺席审判程序的其他适用条件的，应当退回人民检察院；

（三）材料不全的，应当通知人民检察院在三十日以内补送；三十日以内不能补送的，应当退回人民检察院。

第六百条　对人民检察院依照刑事诉讼法第二百九十一条第一款的规定提起公诉的案件，人民法院立案后，应当将传票和起诉书副本送达被告人，传票应当载明被告人到案期限以及不按要求到案的法律后果等事项；应当将起诉书副本送达被告人近亲属，告知其有权代为委托辩护人，并通知其敦促被告人归案。

第六百零一条　人民法院审理人民检察院依照刑事诉讼法第二百九十一条第一款的规定提起公诉的案件，被告人有权委托或者由近亲属代为委托一至二名辩护人。委托律师担任辩护人的，应当具有中华人民共和国律师资格并依法取得执业证书的律师；在境外委托的，应当依照本解释第四百八十六条的规定对授权委托进行公证、认证。

被告人及其近亲属没有委托辩护人的，人民法院应当通知法律援助机构指派律师为被告人提供辩护。

被告人及其近亲属拒绝法律援助机构指派的律师辩护的，依照本解释第五十条第二款的规定处理。

第六百零二条　人民法院审理人民检察院依照刑事诉讼法第二百九十一条第一款的规定提起公诉的案件，被告人的近亲属申请参加诉讼的，应当在收到起诉书副本后、第一审开庭前提出，并提供与被告人关系的证明材料。有多名近亲属的，应当推选一至二人参加诉讼。

对被告人的近亲属提出申请的，人民法院应当及时审查决定。

第六百零三条　人民法院审理人民检察院依照刑事诉讼法第二百九十一条第一款的规定提起公诉的案件，参照适用公诉案件第一审普通程序的有关规定。被告人的近亲属参加诉讼的，可以发表意见，出示证据，申请法庭通知证人、鉴定人等出庭，进行辩论。

第六百零四条　对人民检察院依照刑事诉讼法第二百九十一条第一款的规定提起公诉的案件，人民法院审理后应当参照本解释第二百九十五条的规定作出判决、裁定。

作出有罪判决的，应当达到证据确实、充分的证明标准。

经审理认定的罪名不属于刑事诉讼法第二百九十一条第一款规定的罪名的，应当终止审理。

适用缺席审判程序审理案件，可以对违法所得及其他涉案财产一并作出处理。

第六百零五条　因被告人患有严重疾病导致缺乏受审能力，无法出庭受审，中止审理超过六个月，被告人仍无法出庭，被告人及其法定代理人、近亲属申请或者同意恢复审理的，人民法院可以根据刑事诉讼法第二百九十六条的规定缺席审判。

符合前款规定的情形，被告人无法表达意愿的，其法定代理人、近亲属可以代为申请或者同意恢复审理。

第六百零六条　人民法院受理案件后被告人死亡的，应当裁定终止审理；但有证据证明被告人无罪，经缺席审理确认无罪的，应当判决宣告被告人无罪。

前款所称"有证据证明被告人无罪，经缺席审理确认无罪"，包括案件事实清楚，证据确实、充分，依据法律认定被告人无罪的情形，以及证据不足，不能认定被告人有罪的情形。

第六百零七条　人民法院按照审判监督程序重新审判的案件，被告人死亡的，可以缺席审理。有证据证明被告人无罪，经缺席审理确认无罪的，应当判决宣告被告人无罪；虽然构成犯罪，但原判量刑畸重的，应当依法作出判决。

第六百零八条 人民法院缺席审理案件，本章没有规定的，参照适用本解释的有关规定。

第二十五章 犯罪嫌疑人、被告人逃匿、死亡案件违法所得的没收程序

第六百零九条 刑事诉讼法第二百九十八条规定的"贪污贿赂犯罪、恐怖活动犯罪等"犯罪案件，是指下列案件：

（一）贪污贿赂、失职渎职等职务犯罪案件；

（二）刑法分则第二章规定的相关恐怖活动犯罪案件，以及恐怖活动组织、恐怖活动人员实施的杀人、爆炸、绑架等犯罪案件；

（三）危害国家安全、走私、洗钱、金融诈骗、黑社会性质组织、毒品犯罪案件；

（四）电信诈骗、网络诈骗犯罪案件。

第六百一十条 在省、自治区、直辖市或者全国范围内具有较大影响的犯罪案件，或者犯罪嫌疑人、被告人逃匿境外的犯罪案件，应当认定为刑事诉讼法第二百九十八条第一款规定的"重大犯罪案件"。

第六百一十一条 犯罪嫌疑人、被告人死亡，依照刑法规定应当追缴其违法所得及其他涉案财产，人民检察院提出没收违法所得申请的，人民法院应当依法受理。

第六百一十二条 对人民检察院提出的没收违法所得申请，人民法院应当审查以下内容：

（一）是否属于可以适用违法所得没收程序的案件范围；

（二）是否属于本院管辖；

（三）是否写明犯罪嫌疑人、被告人基本情况，以及涉嫌有关犯罪的情况，并附证据材料；

（四）是否写明犯罪嫌疑人、被告人逃匿、被通缉、脱逃、下落不明、死亡等情况，并附证据材料；

（五）是否列明违法所得及其他涉案财产的种类、数量、价值、所在地等，并附证据材料；

（六）是否附有查封、扣押、冻结违法所得及其他涉案财产的清单和法律手续；

（七）是否写明犯罪嫌疑人、被告人有无利害关系人，利害关系人的姓名、身份、住址、联系方式及其要求等情况；

（八）是否写明申请没收的理由和法律依据；

（九）其他依法需要审查的内容和材料。

前款规定的材料需要翻译件的，人民法院应当要求人民检察院一并移送。

第六百一十三条 对没收违法所得的申请，人民法院应当在三十日以内审查完毕，并按照下列情形分别处理：

（一）属于没收违法所得申请受案范围和本院管辖，且材料齐全、有证据证明有犯罪事实的，应当受理；

（二）不属于没收违法所得申请受案范围或者本院管辖的，应当退回人民检察院；

（三）没收违法所得申请不符合"有证据证明有犯罪事实"标准要求的，应当通知人民检察院撤回申请；

（四）材料不全的，应当通知人民检察院在七日以内补送；七日以内不能补送的，应当退回人民检察院。

人民检察院尚未查封、扣押、冻结申请没收的财产或者查封、扣押、冻结期限即将届满，涉案财产有被隐匿、转移或者毁损、灭失危险的，人民法院可以查封、扣押、冻结申请没收的财产。

第六百一十四条 人民法院受理没收违法所得的申请后，应当在十五日以内发布公告。公告应当载明以下内容：

（一）案由、案件来源；

（二）犯罪嫌疑人、被告人的基本情况；

（三）犯罪嫌疑人、被告人涉嫌犯罪的事实；

（四）犯罪嫌疑人、被告人逃匿、被通缉、脱逃、下落不明、死亡等情况；

（五）申请没收的财产的种类、数量、价值、所在地等以及已查封、扣押、冻结财产的清单和法律手续；

（六）申请没收的财产属于违法所得及其他涉案财产的相关事实；

（七）申请没收的理由和法律依据；

（八）利害关系人申请参加诉讼的期限、方式以及未按照该期限、方式申请参加诉讼可能承担的不利法律后果；

（九）其他应当公告的情况。

公告期为六个月，公告期间不适用中止、中断、延长的规定。

第六百一十五条 公告应当在全国公开发行的报纸、信息网络媒体、最高人民法院的官方网站发布，并在人民法院公告栏发布。必要时，公告可以在犯罪地、犯罪嫌疑人、被告人居住地或者被申请没收财产所在地发布。最后发布的公告的日期为公告日期。发布公告的，应当采取拍照、录像等方式记录发布过程。

人民法院已经掌握境内利害关系人联系方式的，应

当直接送达含有公告内容的通知;直接送达有困难的,可以委托代为送达、邮寄送达。经受送达人同意的,可以采用传真、电子邮件等能够确认其收悉的方式告知公告内容,并记录在案。

人民法院已经掌握境外犯罪嫌疑人、被告人、利害关系人联系方式,经受送达人同意的,可以采用传真、电子邮件等能够确认其收悉的方式告知公告内容,并记录在案;受送达人未表示同意,或者人民法院未掌握境外犯罪嫌疑人、被告人、利害关系人联系方式,其所在国、地区的主管机关明确提出应当由受送达人送达含有公告内容的通知的,人民法院可以决定是否送达。决定送达的,应当依照本解释第四百九十三条的规定请求所在国、地区提供司法协助。

第六百一十六条 刑事诉讼法第二百九十九条第二款、第三百条第二款规定的"其他利害关系人",是指除犯罪嫌疑人、被告人的近亲属以外的,对申请没收的财产主张权利的自然人和单位。

第六百一十七条 犯罪嫌疑人、被告人的近亲属和其他利害关系人申请参加诉讼的,应当在公告期间内提出。犯罪嫌疑人、被告人的近亲属应当提供其与犯罪嫌疑人、被告人关系的证明材料,其他利害关系人应当提供证明其对违法所得及其他涉案财产主张权利的证据材料。

利害关系人可以委托诉讼代理人参加诉讼。委托律师担任诉讼代理人的,应当委托具有中华人民共和国律师资格并依法取得执业证书的律师;在境外委托的,应当依照本解释第四百八十六条的规定对授权委托进行公证、认证。

利害关系人在公告期满后申请参加诉讼,能够合理说明理由的,人民法院应当准许。

第六百一十八条 犯罪嫌疑人、被告人逃匿境外,委托诉讼代理人申请参加诉讼,且违法所得或者其他涉案财产所在国、地区主管机关明确提出意见予以支持的,人民法院可以准许。

人民法院准许参加诉讼的,犯罪嫌疑人、被告人的诉讼代理人依照本解释关于利害关系人的诉讼代理人的规定行使诉讼权利。

第六百一十九条 公告期满后,人民法院应当组成合议庭对申请没收违法所得的案件进行审理。

利害关系人申请参加或者委托诉讼代理人参加诉讼的,应当开庭审理。没有利害关系人申请参加诉讼的,或者利害关系人及其诉讼代理人无正当理由拒不到庭的,可以不开庭审理。

人民法院确定开庭日期后,应当将开庭的时间、地点通知人民检察院、利害关系人及其诉讼代理人、证人、鉴定人、翻译人员。通知书应当依照本解释第六百一十五条第二款、第三款规定的方式,至迟在开庭审理三日以前送达;受送达人在境外的,至迟在开庭审理三十日以前送达。

第六百二十条 开庭审理申请没收违法所得的案件,按照下列程序进行:

(一)审判长宣布法庭调查开始后,先由检察员宣读申请书,后由利害关系人、诉讼代理人发表意见;

(二)法庭应当依次就犯罪嫌疑人、被告人是否实施了贪污贿赂犯罪、恐怖活动犯罪等重大犯罪并已经通缉一年不能到案,或者是否已经死亡,以及申请没收的财产是否依法应当追缴进行调查;调查时,先由检察员出示证据,后由利害关系人、诉讼代理人出示证据,并进行质证;

(三)法庭辩论阶段,先由检察员发言,后由利害关系人、诉讼代理人发言,并进行辩论。

利害关系人接到通知后无正当理由拒不到庭,或者未经法庭许可中途退庭的,可以转为不开庭审理,但还有其他利害关系人参加诉讼的除外。

第六百二十一条 对申请没收违法所得的案件,人民法院审理后,应当按照下列情形分别处理:

(一)申请没收的财产属于违法所得及其他涉案财产的,除依法返还被害人的以外,应当裁定没收;

(二)不符合刑事诉讼法第二百九十八条第一款规定的条件的,应当裁定驳回申请,解除查封、扣押、冻结措施。

申请没收的财产具有高度可能属于违法所得及其他涉案财产的,应当认定为前款规定的"申请没收的财产属于违法所得及其他涉案财产"。巨额财产来源不明犯罪案件中,没有利害关系人对违法所得及其他涉案财产主张权利,或者利害关系人对违法所得及其他涉案财产虽然主张权利但提供的证据没有达到相应证明标准的,应当视为"申请没收的财产属于违法所得及其他涉案财产"。

第六百二十二条 对没收违法所得或者驳回申请的裁定,犯罪嫌疑人、被告人的近亲属和其他利害关系人或者人民检察院可以在五日以内提出上诉、抗诉。

第六百二十三条 对不服第一审没收违法所得或者驳回申请裁定的上诉、抗诉案件,第二审人民法院经审理,应当按照下列情形分别处理:

（一）第一审裁定认定事实清楚和适用法律正确的，应当驳回上诉或者抗诉，维持原裁定；

（二）第一审裁定认定事实清楚，但适用法律有错误的，应当改变原裁定；

（三）第一审裁定认定事实不清的，可以在查清事实后改变原裁定，也可以撤销原裁定，发回原审人民法院重新审判；

（四）第一审裁定违反法定诉讼程序，可能影响公正审判的，应当撤销原裁定，发回原审人民法院重新审判。

第一审人民法院对发回重新审判的案件作出裁定后，第二审人民法院对不服第一审人民法院裁定的上诉、抗诉，应当依法作出裁定，不得再发回原审人民法院重新审判；但是，第一审人民法院在重新审判过程中违反法定诉讼程序，可能影响公正审判的除外。

第六百二十四条　利害关系人非因故意或者重大过失在第一审期间未参加诉讼，在第二审期间申请参加诉讼的，人民法院应当准许，并撤销原裁定，发回原审人民法院重新审判。

第六百二十五条　在审理申请没收违法所得的案件过程中，在逃的犯罪嫌疑人、被告人到案的，人民法院应当裁定终止审理。人民检察院向原受理申请的人民法院提起公诉的，可以由同一审判组织审理。

第六百二十六条　在审理案件过程中，被告人脱逃或者死亡，符合刑事诉讼法第二百九十八条第一款规定的，人民检察院可以向人民法院提出没收违法所得的申请；符合刑事诉讼法第二百九十一条第一款规定的，人民检察院可以按照缺席审判程序向人民法院提起公诉。

人民检察院向原受理案件的人民法院提出没收违法所得申请的，可以由同一审判组织审理。

第六百二十七条　审理申请没收违法所得案件的期限，参照公诉案件第一审普通程序和第二审程序的审理期限执行。

公告期间和请求刑事司法协助的时间不计入审理期限。

第六百二十八条　没收违法所得裁定生效后，犯罪嫌疑人、被告人到案并对没收裁定提出异议，人民检察院向原作出裁定的人民法院提起公诉的，可以由同一审判组织审理。

人民法院经审理，应当按照下列情形分别处理：

（一）原裁定正确的，予以维持，不再对涉案财产作出判决；

（二）原裁定确有错误的，应当撤销原裁定，并在判决中对有关涉案财产一并作出处理。

人民法院生效的没收裁定确有错误的，除第一款规定的情形外，应当依照审判监督程序予以纠正。

第六百二十九条　人民法院审理申请没收违法所得的案件，本章没有规定的，参照适用本解释的有关规定。

第二十六章　依法不负刑事责任的精神病人的强制医疗程序

第六百三十条　实施暴力行为，危害公共安全或者严重危害公民人身安全，社会危害性已经达到犯罪程度，但经法定程序鉴定依法不负刑事责任的精神病人，有继续危害社会可能的，可以予以强制医疗。

第六百三十一条　人民检察院申请对依法不负刑事责任的精神病人强制医疗的案件，由被申请人实施暴力行为所在地的基层人民法院管辖；由被申请人居住地的人民法院审判更为适宜的，可以由被申请人居住地的基层人民法院管辖。

第六百三十二条　对人民检察院提出的强制医疗申请，人民法院应当审查以下内容：

（一）是否属于本院管辖；

（二）是否写明被申请人的身份，实施暴力行为的时间、地点、手段、所造成的损害等情况，并附证据材料；

（三）是否附有法医精神病鉴定意见和其他证明被申请人属于依法不负刑事责任的精神病人的证据材料；

（四）是否列明被申请人的法定代理人的姓名、住址、联系方式；

（五）需要审查的其他事项。

第六百三十三条　对人民检察院提出的强制医疗申请，人民法院应当在七日以内审查完毕，并按照下列情形分别处理：

（一）属于强制医疗程序受案范围和本院管辖，且材料齐全的，应当受理；

（二）不属于本院管辖的，应当退回人民检察院；

（三）材料不全的，应当通知人民检察院在三日以内补送；三日以内不能补送的，应当退回人民检察院。

第六百三十四条　审理强制医疗案件，应当通知被申请人或者被告人的法定代理人到场；被申请人或者被告人的法定代理人经通知未到场的，可以通知被申请人或者被告人的其他近亲属到场。

被申请人或者被告人没有委托诉讼代理人的，应当自受理强制医疗申请或者发现被告人符合强制医疗条件之日起三日以内，通知法律援助机构指派律师担任其诉讼代理人，为其提供法律帮助。

第六百三十五条 审理强制医疗案件,应当组成合议庭,开庭审理。但是,被申请人、被告人的法定代理人请求不开庭审理,并经人民法院审查同意的除外。

审理强制医疗案件,应当会见被申请人,听取被害人及其法定代理人的意见。

第六百三十六条 开庭审理申请强制医疗的案件,按照下列程序进行:

(一)审判长宣布法庭调查开始后,先由检察员宣读申请书,后由被申请人的法定代理人、诉讼代理人发表意见;

(二)法庭依次就被申请人是否实施了危害公共安全或者严重危害公民人身安全的暴力行为、是否属于依法不负刑事责任的精神病人、是否有继续危害社会的可能进行调查;调查时,先由检察员出示证据,后由被申请人的法定代理人、诉讼代理人出示证据,并进行质证;必要时,可以通知鉴定人出庭对鉴定意见作出说明;

(三)法庭辩论阶段,先由检察员发言,后由被申请人的法定代理人、诉讼代理人发言,并进行辩论。

被申请人要求出庭,人民法院经审查其身体和精神状态,认为可以出庭的,应当准许。出庭的被申请人,在法庭调查、辩论阶段,可以发表意见。

检察员宣读申请书后,被申请人的法定代理人、诉讼代理人无异议的,法庭调查可以简化。

第六百三十七条 对申请强制医疗的案件,人民法院审理后,应当按照下列情形分别处理:

(一)符合刑事诉讼法第三百零二条规定的强制医疗条件的,应当作出对被申请人强制医疗的决定;

(二)被申请人属于依法不负刑事责任的精神病人,但不符合强制医疗条件的,应当作出驳回强制医疗申请的决定;被申请人已经造成危害结果的,应当同时责令其家属或者监护人严加看管和医疗;

(三)被申请人具有完全或者部分刑事责任能力,依法应当追究刑事责任的,应当作出驳回强制医疗申请的决定,并退回人民检察院依法处理。

第六百三十八条 第一审人民法院在审理刑事案件过程中,发现被告人可能符合强制医疗条件的,应当依照法定程序对被告人进行法医精神病鉴定。经鉴定,被告人属于依法不负刑事责任的精神病人的,应当适用强制医疗程序,对案件进行审理。

开庭审理前款规定的案件,应当先由合议庭组成人员宣读对被告人的法医精神病鉴定意见,说明被告人可能符合强制医疗的条件,后依次由公诉人和被告人的法定代理人、诉讼代理人发表意见。经审判长许可,公诉人和被告人的法定代理人、诉讼代理人可以进行辩论。

第六百三十九条 对前条规定的案件,人民法院审理后,应当按照下列情形分别处理:

(一)被告人符合强制医疗条件的,应当判决宣告被告人不负刑事责任,同时作出对被告人强制医疗的决定;

(二)被告人属于依法不负刑事责任的精神病人,但不符合强制医疗条件的,应当判决宣告被告人无罪或者不负刑事责任;被告人已经造成危害结果的,应当同时责令其家属或者监护人严加看管和医疗;

(三)被告人具有完全或者部分刑事责任能力,依法应当追究刑事责任的,应当依照普通程序继续审理。

第六百四十条 第二审人民法院在审理刑事案件过程中,发现被告人可能符合强制医疗条件的,可以依照强制医疗程序对案件作出处理,也可以裁定发回原审人民法院重新审判。

第六百四十一条 人民法院决定强制医疗的,应当在作出决定后五日以内,向公安机关送达强制医疗决定书和强制医疗执行通知书,由公安机关将被决定强制医疗的人送交强制医疗。

第六百四十二条 被决定强制医疗的人、被害人及其法定代理人、近亲属对强制医疗决定不服的,可以自收到决定书第二日起五日以内向上一级人民法院申请复议。复议期间不停止执行强制医疗的决定。

第六百四十三条 对不服强制医疗决定的复议申请,上一级人民法院应当组成合议庭审理,并在一个月以内,按照下列情形分别作出复议决定:

(一)被决定强制医疗的人符合强制医疗条件的,应当驳回复议申请,维持原决定;

(二)被决定强制医疗的人不符合强制医疗条件的,应当撤销原决定;

(三)原审违反法定诉讼程序,可能影响公正审判的,应当撤销原决定,发回原审人民法院重新审判。

第六百四十四条 对本解释第六百三十九条第一项规定的判决、决定,人民检察院提出抗诉,同时被决定强制医疗的人、被害人及其法定代理人、近亲属申请复议的,上一级人民法院应当依照第二审程序一并处理。

第六百四十五条 被强制医疗的人及其近亲属申请解除强制医疗的,应当向决定强制医疗的人民法院提出。

被强制医疗的人及其近亲属提出的解除强制医疗申请被人民法院驳回,六个月后再次提出申请的,人民法院应当受理。

第六百四十六条 强制医疗机构提出解除强制医疗

意见,或者被强制医疗的人及其近亲属申请解除强制医疗的,人民法院应当审查是否附有对被强制医疗的人的诊断评估报告。

强制医疗机构提出解除强制医疗意见,未附诊断评估报告的,人民法院应当要求其提供。

被强制医疗的人及其近亲属向人民法院申请解除强制医疗,强制医疗机构未提供诊断评估报告的,申请人可以申请人民法院调取。必要时,人民法院可以委托鉴定机构对被强制医疗的人进行鉴定。

第六百四十七条 强制医疗机构提出解除强制医疗意见,或者被强制医疗的人及其近亲属申请解除强制医疗的,人民法院应当组成合议庭进行审查,并在一个月以内,按照下列情形分别处理:

(一)被强制医疗的人已不具有人身危险性,不需要继续强制医疗的,应当作出解除强制医疗的决定,并可责令被强制医疗的人的家属严加看管和医疗;

(二)被强制医疗的人仍具有人身危险性,需要继续强制医疗的,应当作出继续强制医疗的决定。

对前款规定的案件,必要时,人民法院可以开庭审理,通知人民检察院派员出庭。

人民法院应当在作出决定后五日以内,将决定书送达强制医疗机构、申请解除强制医疗的人、被决定强制医疗的人和人民检察院。决定解除强制医疗的,应当通知强制医疗机构在收到决定书的当日解除强制医疗。

第六百四十八条 人民检察院认为强制医疗决定或者解除强制医疗决定不当,在收到决定书后二十日以内提出书面纠正意见的,人民法院应当另行组成合议庭审理,并在一个月以内作出决定。

第六百四十九条 审理强制医疗案件,本章没有规定的,参照适用本解释的有关规定。

第二十七章 附 则

第六百五十条 人民法院讯问被告人、宣告判决、审理减刑、假释案件等,可以根据情况采取视频方式。

第六百五十一条 向人民法院提出自诉、上诉、申诉、申请等的,应当以书面形式提出。书写有困难的,除另有规定的以外,可以口头提出,由人民法院工作人员制作笔录或者记录在案,并向口述人宣读或者交其阅读。

第六百五十二条 诉讼期间制作、形成的工作记录、告知笔录等材料,应当由制作人员和其他有关人员签名、盖章。宣告或者送达裁判文书、通知书等诉讼文书的,应当由接受宣告或者送达的人在诉讼文书、送达回证上签名、盖章。

诉讼参与人未签名、盖章的,应当捺指印;刑事被告人除签名、盖章外,还应当捺指印。

当事人拒绝签名、盖章、捺指印的,办案人员应当在诉讼文书或者笔录材料中注明情况,有见证人见证或者有录音录像证明的,不影响相关诉讼文书或者笔录材料的效力。

第六百五十三条 本解释的有关规定适用于军事法院等专门人民法院。

第六百五十四条 本解释有关公安机关的规定,依照刑事诉讼法的有关规定,适用于国家安全机关、军队保卫部门、中国海警局和监狱。

第六百五十五条 本解释自2021年3月1日起施行。最高人民法院2012年12月20日发布的《关于适用〈中华人民共和国刑事诉讼法〉的解释》(法释〔2012〕21号)同时废止。最高人民法院以前发布的司法解释和规范性文件,与本解释不一致的,以本解释为准。

(二) 回 避

检察人员任职回避和公务回避暂行办法

· 2000年7月17日
· 高检发〔2000〕18号

第一条 为保证检察人员依法履行公务,促进检察机关的廉政建设,维护司法公正,根据《中华人民共和国刑事诉讼法》、《中华人民共和国检察官法》和其他有关法律、法规,制定本办法。

第二条 检察人员之间有下列亲属关系之一的,必须按规定实行任职回避:

(一)夫妻关系;

(二)直系血亲关系;

(三)三代以内旁系血亲关系,包括伯叔姑舅姨、兄弟姐妹、堂弟兄姐妹、表兄弟姐妹、侄子女、甥子女;

(四)近姻亲关系,包括配偶的父母、配偶的兄弟姐妹及其配偶、子女的配偶及子女配偶的父母、三代以内旁系血亲的配偶。

第三条 检察人员之间凡具有本办法第二条所列亲属关系的,不得同时担任下列职务:

(一)同一人民检察院的检察长、副检察长、检察委员会委员;

(二)同一人民检察院的检察长、副检察长和检察员、助理检察员、书记员、司法警察、司法行政人员;

（三）同一工作部门的检察员、助理检察员、书记员、司法警察、司法行政人员；

（四）上下相邻两级人民检察院的检察长、副检察长。

第四条 担任县一级人民检察院检察长的，一般不得在原籍任职。但是，民族自治地方县一级人民检察院的检察人员除外。

第五条 检察人员任职回避按照以下程序进行：

（一）本人提出回避申请或者所在人民检察院的人事管理部门提出回避要求；

（二）按照管理权限进行审核，需要回避的，予以调整，并按照法律及有关规定办理任免手续。

第六条 检察人员任职回避，职务不同的，由职务较低的一方回避，个别因工作特殊需要的，经所在人民检察院批准，也可以由职务较高的一方回避；职务相同的，由所在人民检察院根据工作需要和检察人员的情况决定其中一方回避。

在本检察院内无法调整的，可以与其他单位协商调整；与其他单位协商调整确有困难的，商请有关管理部门或者上级人民检察院协调解决。

第七条 检察人员在录用、晋升、调配过程中应当如实地向人民检察院申报应回避的亲属情况。各级人民检察院在检察人员录用、晋升、调配过程中应当按照回避规定严格审查。对原已形成的应回避的关系，应当制定计划，逐步调整；对因婚姻、职务变化等新形成的应回避关系，应当及时调整。

第八条 检察人员从事人事管理、财务管理、监察、审计等公务活动，涉及本人或与本人有本办法第二条所列亲属关系人员的利害关系时，必须回避，不得参加有关考核、调查、讨论、审核、决定，也不得以任何形式施加影响。

第九条 检察人员从事检察活动，具有下列情形之一的，应当自行回避，当事人及其法定代理人也有权要求其回避：

（一）是本案的当事人或者是当事人的近亲属的；

（二）本人或者他的近亲属和本案有利害关系的；

（三）担任过本案的证人、鉴定人、辩护人、诉讼代理人的；

（四）与本案当事人有其他关系，可能影响公正处理案件的。

第十条 检察人员在检察活动中，接受当事人及其委托的人的请客送礼或者违反规定会见当事人及其委托的人的，当事人及其法定代理人有权要求其回避。

第十一条 检察人员在检察活动中的回避，按照以下程序进行：

（一）检察人员自行回避申请的，可以书面或者口头向所在人民检察院提出回避申请，并说明理由；当事人及其法定代理人要求检察人员回避的，应当向该检察人员所在人民检察院提出书面或者口头申请，并说明理由，根据本办法第十条的规定提出回避的，应当提供有关证明材料。

（二）检察人员所在人民检察院有关工作部门对回避申请进行审查，调查核实有关情况，提出是否回避的意见。

（三）检察长作出是否同意检察人员回避的决定；对检察长的回避，由检察委员会作出决定并报上一级人民检察院备案。检察委员会讨论检察长回避问题时，由副检察长主持会议，检察长不得参加。

应当回避的检察人员，本人没有自行回避，当事人及其法定代理人也没有要求其回避的，检察长或者检察委员会应当决定其回避。

第十二条 对人民检察院作出的驳回回避申请的决定，当事人及其法定代理人不服的，可以在收到驳回回避申请决定的5日内，向作出决定的人民检察院申请复议。

人民检察院对当事人及其法定代理人的复议申请，应当在3日内作出复议决定，并书面通知申请人。

第十三条 检察人员自行回避或者被申请回避，在检察长或者检察委员会作出决定前，应当暂停参与案件的办理；但是，对人民检察院直接受理案件进行侦查或者补充侦查的检察人员，在回避决定作出前不能停止对案件的侦查。

第十四条 因符合本办法第九条或者第十条规定的情形之一而决定回避的检察人员，在回避决定作出前所取得的证据和进行诉讼的行为是否有效，由检察长或者检察委员会根据案件的具体情况决定。

第十五条 检察人员离任后2年内，不得担任诉讼代理人和辩护人。

第十六条 检察人员在检察活动中具有以下情形的，视情予以批评教育、组织调整或者给予相应的纪律处分：

（一）明知具有本办法第九条或者第十条规定的情形，故意不依法自行回避或者对符合回避条件的申请故意不作出回避决定的；

（二）明知诉讼代理人、辩护人具有本办法第十五条

规定情形,故意隐瞒的;

（三）拒不服从回避决定,继续参与办案或者干预办案的。

第十七条 当事人、诉讼代理人、辩护人或者其他知情人认为检察人员有违反法律、法规有关回避规定行为的,可以向检察人员所在人民检察院监察部门举报。受理举报的部门应当及时处理,并将有关意见反馈举报人。

第十八条 本规定所称检察人员,是指各级人民检察院检察官、书记员、司法行政人员和司法警察。

人民检察院聘请或者指派的翻译人员、司法鉴定人员、勘验人员在诉讼活动中的回避,参照检察人员回避的有关规定执行。

第十九条 各级人民检察院的监察和人事管理部门负责检察人员回避工作的监督检查。

第二十条 本办法由最高人民检察院负责解释。

第二十一条 本办法自公布之日起施行。

（三）辩护与代理

最高人民检察院关于依法保障律师执业权利的规定

· 2014 年 12 月 23 日

第一条 为了切实保障律师依法行使执业权利,严肃检察人员违法行使职权行为的责任追究,促进人民检察院规范司法,维护司法公正,根据《中华人民共和国刑事诉讼法》、《中华人民共和国民事诉讼法》、《中华人民共和国行政诉讼法》和《中华人民共和国律师法》等有关法律规定,结合工作实际,制定本规定。

第二条 各级人民检察院和全体检察人员应当充分认识律师在法治建设中的重要作用,认真贯彻落实各项法律规定,尊重和支持律师依法履行职责,依法为当事人委托律师和律师履职提供相关协助和便利,切实保障律师依法行使执业权利,共同维护国家法律统一、正确实施,维护社会公平正义。

第三条 人民检察院应当依法保障当事人委托权的行使。人民检察院在办理案件中应当依法告知当事人有权委托辩护人、诉讼代理人。对于在押或者被指定居所监视居住的犯罪嫌疑人提出委托辩护人要求的,人民检察院应当及时转达其要求。犯罪嫌疑人的监护人、近亲属代为委托辩护律师的,应当由犯罪嫌疑人确认委托关系。

人民检察院应当及时查验接受委托的律师是否具有辩护资格,发现有不得担任辩护人情形的,应当及时告知当事人、律师或者律师事务所解除委托关系。

第四条 人民检察院应当依法保障当事人获得法律援助的权利。对于符合法律援助情形而没有委托辩护人或者诉讼代理人的,人民检察院应当及时告知当事人有权申请法律援助,并依照相关规定向法律援助机构转交申请材料。人民检察院发现犯罪嫌疑人属于法定通知辩护情形的,应当及时通知法律援助机构指派律师为其提供辩护,对于犯罪嫌疑人拒绝法律援助的,应当查明原因,依照相关规定处理。

第五条 人民检察院应当依法保障律师在刑事诉讼中的会见权。人民检察院办理直接受理立案侦查案件,除特别重大贿赂犯罪案件外,其他案件依法不需要经许可会见。律师在侦查阶段提出会见特别重大贿赂案件犯罪嫌疑人的,人民检察院应当严格按照法律和相关规定及时审查决定是否许可,并在三日以内答复;有碍侦查的情形消失后,应当通知律师,可以不经许可会见犯罪嫌疑人;侦查终结前,应当许可律师会见犯罪嫌疑人。人民检察院在会见时不得派员在场,不得通过任何方式监听律师会见的谈话内容。

第六条 人民检察院应当依法保障律师的阅卷权。自案件移送审查起诉之日起,人民检察院应当允许辩护律师查阅、摘抄、复制本案的案卷材料;经人民检察院许可,诉讼代理人也可以查阅、摘抄、复制本案的案卷材料。人民检察院应当及时受理并安排律师阅卷,无法及时安排的,应当向律师说明并安排其在三个工作日以内阅卷。人民检察院应当依照检务公开的相关规定,完善互联网等律师服务平台,并配备必要的速拍、复印、刻录等设施,为律师阅卷提供尽可能的便利。律师查阅、摘抄、复制案卷材料应当在人民检察院设置的专门场所进行。必要时,人民检察院可以派员在场协助。

第七条 人民检察院应当依法保障律师在刑事诉讼中的申请收集、调取证据权。律师收集到有关犯罪嫌疑人不在犯罪现场、未达到刑事责任年龄、属于依法不负刑事责任的精神病人的证据,告知人民检察院的,人民检察院相关办案部门应当及时进行审查。

案件移送审查逮捕或者审查起诉后,律师依据刑事诉讼法第三十九条申请人民检察院调取侦查部门收集但未提交的证明犯罪嫌疑人无罪或者罪轻的证据材料的,人民检察院应当及时进行审查,决定是否调取。经审查,认为律师申请调取的证据未收集或者与案件事实没有联系决定不予调取的,人民检察院应当向律师说明理由。人民检察院决定调取后,侦查机关移送相关证据材料的,人民检察院应当在三日以内告知律师。

案件移送审查起诉后,律师依据刑事诉讼法第四十一条第一款的规定申请人民检察院收集、调取证据,人民检察院认为需要收集、调取证据的,应当决定收集、调取并制作笔录附卷;决定不予收集、调取的,应当书面说明理由。人民检察院根据律师的申请收集、调取证据时,律师可以在场。

律师向被害人或者其近亲属、被害人提供的证人收集与本案有关的材料,向人民检察院提出申请的,人民检察院应当在七日以内作出是否许可的决定。人民检察院没有许可的,应当书面说明理由。

第八条 人民检察院应当依法保障律师在诉讼中提出意见的权利。人民检察院应当主动听取并高度重视律师意见。法律未作规定但律师要求听取意见的,也应当及时安排听取。听取律师意见应当制作笔录,律师提出的书面意见应当附卷。对于律师提出不构成犯罪,罪轻或者减轻、免除刑事责任,无社会危险性,不适宜羁押,侦查活动有违法情形等书面意见的,办案人员必须进行审查,在相关工作文书中叙明律师提出的意见并说明是否采纳的情况和理由。

第九条 人民检察院应当依法保障律师在刑事诉讼中的知情权。律师在侦查期间向人民检察院了解犯罪嫌疑人涉嫌的罪名以及当时已查明的涉嫌犯罪的主要事实,犯罪嫌疑人被采取、变更、解除强制措施等情况的,人民检察院应当依法及时告知。办理直接受理立案侦查案件报请上一级人民检察院审查逮捕时,人民检察院应当将报请情况告知律师。案件侦查终结移送审查起诉时,人民检察院应当将案件移送情况告知律师。

第十条 人民检察院应当依法保障律师在民事、行政诉讼中的代理权。在民事行政检察工作中,当事人委托律师代理的,人民检察院应当尊重律师的权利,依法听取律师意见,认真审查律师提交的证据材料。律师根据当事人的委托要求参加人民检察院案件听证的,人民检察院应当允许。

第十一条 人民检察院应当切实履行对妨碍律师依法执业的法律监督职责。律师根据刑事诉讼法第四十七条的规定,认为公安机关、人民检察院、人民法院及其工作人员阻碍其依法行使诉讼权利,向同级或者上一级人民检察院申诉或者控告的,接受申诉或者控告的人民检察院控告检察部门应当在受理后十日以内进行审查,情况属实的,通知有关机关或者本院有关部门、下级人民检察院予以纠正,并将处理情况书面答复律师;情况不属实的,应当将办理情况书面答复律师,并做好说明解释工作。人民检察院在办案过程中发现有阻碍律师依法行使诉讼权利行为的,应当依法提出纠正意见。

第十二条 建立完善检察机关办案部门和检察人员违法行使职权行为记录、通报和责任追究制度。对检察机关办案部门或者检察人员在诉讼活动中阻碍律师依法行使会见权、阅卷权等诉讼权利的申诉或者控告,接受申诉或者控告的人民检察院控告检察部门应当立即进行调查核实,情节较轻的,应当提出纠正意见;具有违反规定扩大经许可会见案件的范围、不按规定时间答复是否许可会见等严重情节的,应当发出纠正通知书。通知后仍不纠正或者屡纠屡犯的,应当向纪检监察部门通报并报告检察长,由纪检监察部门依照有关规定调查处理,相关责任人构成违纪的给予纪律处分,并记入执法档案,予以通报。

第十三条 人民检察院应当主动加强与司法行政机关、律师协会和广大律师的工作联系,通过业务研讨、情况通报、交流会商、定期听取意见等形式,分析律师依法行使执业权利中存在的问题,共同研究解决办法,共同提高业务素质。

第十四条 本规定自发布之日起施行。2004年2月10日最高人民检察院发布的《关于人民检察院保障律师在刑事诉讼中依法执业的规定》、2006年2月23日最高人民检察院发布的《关于进一步加强律师执业权利保障工作的通知》同时废止。最高人民检察院以前发布的有关规定与本规定不一致的,以本规定为准。

最高人民法院、最高人民检察院、公安部、国家安全部、司法部关于依法保障律师执业权利的规定

·2015年9月16日

第一条 为切实保障律师执业权利,充分发挥律师维护当事人合法权益、维护法律正确实施、维护社会公平和正义的作用,促进司法公正,根据有关法律法规,制定本规定。

第二条 人民法院、人民检察院、公安机关、国家安全机关、司法行政机关应当尊重律师,健全律师执业权利保障制度,依照刑事诉讼法、民事诉讼法、行政诉讼法及律师法的规定,在各自职责范围内依法保障律师知情权、申请权、申诉权,以及会见、阅卷、收集证据和发问、质证、辩论等方面的执业权利,不得阻碍律师依法履行辩护、代理职责,不得侵害律师合法权利。

第三条 人民法院、人民检察院、公安机关、国家安全机关、司法行政机关和律师协会应当建立健全律师执业权利救济机制。

律师因依法执业受到侮辱、诽谤、威胁、报复、人身伤害的，有关机关应当及时制止并依法处理，必要时对律师采取保护措施。

第四条 人民法院、人民检察院、公安机关、国家安全机关、司法行政机关应当建立和完善诉讼服务中心、立案或受案场所、律师会见室、阅卷室，规范工作流程，方便律师办理立案、会见、阅卷、参与庭审、申请执行等事务。探索建立网络信息系统和律师服务平台，提高案件办理效率。

第五条 办案机关在办理案件中应当依法告知当事人有权委托辩护人、诉讼代理人。对于符合法律援助条件而没有委托辩护人或者诉讼代理人的，办案机关应当及时告知当事人有权申请法律援助，并按照相关规定向法律援助机构转交申请材料。办案机关发现犯罪嫌疑人、被告人属于依法应当提供法律援助的情形的，应当及时通知法律援助机构指派律师为其提供辩护。

第六条 辩护律师接受犯罪嫌疑人、被告人委托或者法律援助机构的指派后，应当告知办案机关，并可以依法向办案机关了解犯罪嫌疑人、被告人涉嫌或者被指控的罪名及当时已查明的该罪的主要事实，犯罪嫌疑人、被告人被采取、变更、解除强制措施的情况，侦查机关延长侦查羁押期限等情况，办案机关应当依法及时告知辩护律师。

办案机关作出移送审查起诉、退回补充侦查、提起公诉、延期审理、二审不开庭审理、宣告判决等重大程序性决定的，以及人民检察院将直接受理立案侦查案件报请上一级人民检察院审查决定逮捕的，应当依法及时告知辩护律师。

第七条 辩护律师到看守所会见在押的犯罪嫌疑人、被告人，看守所在查验律师执业证书、律师事务所证明和委托书或者法律援助公函后，应当及时安排会见。能当时安排的，应当当时安排；不能当时安排的，看守所应当向辩护律师说明情况，并保证辩护律师在四十八小时以内会见到在押的犯罪嫌疑人、被告人。

看守所安排会见不得附加其他条件或者变相要求辩护律师提交法律规定以外的其他文件、材料，不得以未收到办案机关通知为由拒绝安排辩护律师会见。

看守所应当设立会见预约平台，采取网上预约、电话预约等方式为辩护律师会见提供便利，但不得以未预约会见为由拒绝安排辩护律师会见。

辩护律师会见在押的犯罪嫌疑人、被告人时，看守所应当采取必要措施，保障会见顺利和安全进行。律师会见在押的犯罪嫌疑人、被告人的，看守所应当保障律师履行辩护职责需要的时间和次数，并与看守所工作安排和办案机关侦查工作相协调。辩护律师会见犯罪嫌疑人、被告人时不被监听，办案机关不得派员在场。在律师会见室不足的情况下，看守所经辩护律师书面同意，可以安排在讯问室会见，但应当关闭录音、监听设备。犯罪嫌疑人、被告人委托两名律师担任辩护人的，两名辩护律师可以共同会见，也可以单独会见。辩护律师可以带一名律师助理协助会见。助理人员随同辩护律师参加会见的，应当出示律师事务所证明和律师执业证或申请律师执业人员实习证。办案机关应当核实律师助理的身份。

第八条 在押的犯罪嫌疑人、被告人提出解除委托关系的，办案机关应当要求其出具或签署书面文件，并在三日以内转交受委托的律师或者律师事务所。辩护律师可以要求会见在押的犯罪嫌疑人、被告人，当面向其确认解除委托关系，看守所应当安排会见；但犯罪嫌疑人、被告人书面拒绝会见的，看守所应当将有关书面材料转交辩护律师，不予安排会见。

在押的犯罪嫌疑人、被告人的监护人、近亲属解除代为委托辩护律师关系的，经犯罪嫌疑人、被告人同意的，看守所应当允许新代为委托的辩护律师会见，由犯罪嫌疑人、被告人确认新的委托关系；犯罪嫌疑人、被告人不同意解除原辩护律师的委托关系的，看守所应当终止新代为委托的辩护律师会见。

第九条 辩护律师在侦查期间要求会见危害国家安全犯罪、恐怖活动犯罪、特别重大贿赂犯罪案件在押的犯罪嫌疑人的，应当向侦查机关提出申请。侦查机关应当依法及时审查辩护律师提出的会见申请，在三日以内将是否许可的决定书面答复辩护律师，并明确告知负责与辩护律师联系的部门及工作人员的联系方式。对许可会见的，应当向辩护律师出具许可决定文书；因有碍侦查或者可能泄露国家秘密而不许可会见的，应当向辩护律师说明理由。有碍侦查或者可能泄露国家秘密的情形消失后，应当许可会见，并及时通知看守所和辩护律师。对特别重大贿赂案件在侦查终结前，侦查机关应当许可辩护律师至少会见一次犯罪嫌疑人。

侦查机关不得随意解释和扩大前款所述三类案件的范围，限制律师会见。

第十条 自案件移送审查起诉之日起，辩护律师会见犯罪嫌疑人、被告人，可以向其核实有关证据。

第十一条 辩护律师会见在押的犯罪嫌疑人、被告人，可以根据需要制作会见笔录，并要求犯罪嫌疑人、被告人确认无误后在笔录上签名。

第十二条 辩护律师会见在押的犯罪嫌疑人、被告人需要翻译人员随同参加的，应当提前向办案机关提出申请，并提交翻译人员身份证明及其所在单位出具的证明。办案机关应当及时审查并在三日以内作出是否许可的决定。许可翻译人员参加会见的，应当向辩护律师出具许可决定文书，并通知看守所。不许可的，应当向辩护律师书面说明理由，并通知其更换。

翻译人员应当持办案机关许可决定文书和本人身份证明，随同辩护律师参加会见。

第十三条 看守所应当及时传递辩护律师同犯罪嫌疑人、被告人的往来信件。看守所可以对信件进行必要的检查，但不得截留、复制、删改信件，不得向办案机关提供信件内容，但信件内容涉及危害国家安全、公共安全、严重危害他人人身安全以及涉嫌串供、毁灭证据等情形的除外。

第十四条 辩护律师自人民检察院对案件审查起诉之日起，可以查阅、摘抄、复制本案的案卷材料，人民检察院检察委员会的讨论记录、人民法院合议庭、审判委员会的讨论记录以及其他依法不能公开的材料除外。人民检察院、人民法院应当为辩护律师查阅、摘抄、复制案卷材料提供便利，有条件的地方可以推行电子化阅卷，允许刻录、下载材料。侦查机关应当在案件移送审查起诉后三日内，人民检察院应当在提起公诉后三日以内，将案件移送情况告知辩护律师。案件提起公诉后，人民检察院对案卷所附证据材料有调整或者补充的，应当及时告知辩护律师。辩护律师对调整或者补充的证据材料，有权查阅、摘抄、复制。辩护律师办理申诉、抗诉案件，在人民检察院、人民法院经审查决定立案后，可以持律师执业证书、律师事务所证明和委托书或者法律援助公函到案卷档案管理部门，持有案卷档案的办案部门查阅、摘抄、复制已经审理终结案件的案卷材料。

辩护律师提出阅卷要求的，人民检察院、人民法院应当当时安排辩护律师阅卷，无法当时安排的，应当向辩护律师说明并安排其在三个工作日以内阅卷，不得限制辩护律师阅卷的次数和时间。有条件的地方可以设立阅卷预约平台。

人民检察院、人民法院应当为辩护律师阅卷提供场所和便利，配备必要的设备。因复制材料发生费用的，只收取工本费用。律师办理法律援助案件复制材料发生的费用，应当予以免收或者减收。辩护律师可以采用复印、拍照、扫描、电子数据拷贝等方式复制案卷材料，可以根据需要带律师助理协助阅卷。办案机关应当核实律师助理的身份。

辩护律师查阅、摘抄、复制的案卷材料属于国家秘密的，应当经过人民检察院、人民法院同意并遵守国家保密规定。律师不得违反规定，披露、散布案件重要信息和案卷材料，或者将其用于本案辩护、代理以外的其他用途。

第十五条 辩护律师提交与案件有关材料的，办案机关应当在工作时间和办公场所予以接待，当面了解辩护律师提交材料的目的、材料的来源和主要内容等有关情况并记录在案，与相关材料一并附卷，并出具回执。辩护律师应当提交原件，提交原件确有困难的，经办案机关准许，也可以提交复印件，经与原件核对无误后由辩护律师签名确认。辩护律师通过服务平台网上提交相关材料的，办案机关应当在网上出具回执。辩护律师应当及时向办案机关提供原件核对，并签名确认。

第十六条 在刑事诉讼审查起诉、审理期间，辩护律师书面申请调取公安机关、人民检察院在侦查、审查起诉期间收集但未提交的证明犯罪嫌疑人、被告人无罪或者罪轻的证据材料的，人民检察院、人民法院应当依法及时审查。经审查，认为辩护律师申请调取的证据材料已收集并且与案件事实有联系的，应当及时调取。相关证据材料提交后，人民检察院、人民法院应当及时通知辩护律师查阅、摘抄、复制。经审查决定不予调取的，应当书面说明理由。

第十七条 辩护律师申请向被害人或者其近亲属、被害人提供的证人收集与本案有关的材料的，人民检察院、人民法院应当在七日以内作出是否许可的决定，并通知辩护律师。辩护律师书面提出有关申请时，办案机关不许可的，应当书面说明理由；辩护律师口头提出申请的，办案机关可以口头答复。

第十八条 辩护律师申请人民检察院、人民法院收集、调取证据的，人民检察院、人民法院应当在三日以内作出是否同意的决定，并通知辩护律师。辩护律师书面提出有关申请时，办案机关不同意的，应当书面说明理由；辩护律师口头提出申请的，办案机关可以口头答复。

第十九条 辩护律师申请向正在服刑的罪犯收集与案件有关的材料的，监狱和其他监管机关在查验律师执业证书、律师事务所证明和犯罪嫌疑人、被告人委托书或法律援助公函后，应当及时安排并提供合适的场所和便利。

正在服刑的罪犯属于辩护律师所承办案件的被害人或者其近亲属、被害人提供的证人的,应当经人民检察院或者人民法院许可。

第二十条 在民事诉讼、行政诉讼过程中,律师因客观原因无法自行收集证据的,可以依法向人民法院申请调取。经审查符合规定的,人民法院应当予以调取。

第二十一条 侦查机关在案件侦查终结前,人民检察院、人民法院在审查批准、决定逮捕期间,最高人民法院在复核死刑案件期间,辩护律师提出要求的,办案机关应当听取辩护律师的意见。人民检察院审查起诉、第二审人民法院决定不开庭审理的,应当充分听取辩护律师的意见。

辩护律师要求当面反映意见或者提交证据材料的,办案机关应当依法办理,并制作笔录附卷。辩护律师提出的书面意见和证据材料,应当附卷。

第二十二条 辩护律师书面申请变更或者解除强制措施的,办案机关应当在三日以内作出处理决定。辩护律师的申请符合法律规定的,办案机关应当及时变更或者解除强制措施;经审查认为不应当变更或者解除强制措施的,应当告知辩护律师,并书面说明理由。

第二十三条 辩护律师在侦查、审查起诉、审判期间发现案件有关证据存在刑事诉讼法第五十四条规定的情形的,可以向办案机关申请排除非法证据。

辩护律师在开庭以前申请排除非法证据,人民法院对证据收集合法性有疑问的,应当依照刑事诉讼法第一百八十二条第二款的规定召开庭前会议,就非法证据排除问题了解情况,听取意见。

辩护律师申请排除非法证据的,办案机关应当听取辩护律师的意见,按照法定程序审查核实相关证据,并依法决定是否予以排除。

第二十四条 辩护律师在开庭以前提出召开庭前会议、回避、补充鉴定或者重新鉴定以及证人、鉴定人出庭等申请的,人民法院应当及时审查作出处理决定,并告知辩护律师。

第二十五条 人民法院确定案件开庭日期时,应当为律师出庭预留必要的准备时间并书面通知律师。律师因开庭日期冲突等正当理由申请变更开庭日期的,人民法院应当在不影响案件审理期限的情况下,予以考虑并调整日期,决定调整日期的,应当及时通知律师。

律师可以根据需要,向人民法院申请带律师助理参加庭审。律师助理参加庭审仅能从事相关辅助工作,不得发表辩护、代理意见。

第二十六条 有条件的人民法院应当建立律师参与诉讼专门通道,律师进入人民法院参与诉讼确需安全检查的,应当与出庭履行职务的检察人员同等对待。有条件的人民法院应当设置专门的律师更衣室、休息室或者休息区域,并配备必要的桌椅、饮水及上网设施等,为律师参与诉讼提供便利。

第二十七条 法庭审理过程中,律师对审判人员、检察人员提出回避申请的,人民法院、人民检察院应当依法作出处理。

第二十八条 法庭审理过程中,经审判长准许,律师可以向当事人、证人、鉴定人和有专门知识的人发问。

第二十九条 法庭审理过程中,律师可以就证据的真实性、合法性、关联性,从证明目的、证明效果、证明标准、证明过程等方面,进行法庭质证和相关辩论。

第三十条 法庭审理过程中,律师可以就案件事实、证据和适用法律等问题,进行法庭辩论。

第三十一条 法庭审理过程中,法官应当注重诉讼权利平等和控辩平衡。对于律师发问、质证、辩论的内容、方式、时间等,法庭应当依法公正保障,以便律师充分发表意见,查清案件事实。

法庭审理过程中,法官可以对律师的发问、辩论进行引导,除发言过于重复、相关问题已在庭前会议达成一致、与案件无关或者侮辱、诽谤、威胁他人、故意扰乱法庭秩序的情况外,法官不得随意打断或者制止律师按程序进行的发言。

第三十二条 法庭审理过程中,律师可以提出证据材料,申请通知新的证人、有专门知识的人出庭,申请调取新的证据,申请重新鉴定或者勘验、检查。在民事诉讼中,申请有专门知识的人出庭,应当在举证期限届满前向人民法院申请,经法庭许可后才可以出庭。

第三十三条 法庭审理过程中,遇有被告人供述发生重大变化、拒绝辩护等重大情形,经审判长许可,辩护律师可以与被告人进行交流。

第三十四条 法庭审理过程中,有下列情形之一的,律师可以向法庭申请休庭:

(一)辩护律师因法定情形拒绝为被告人辩护的;

(二)被告人拒绝辩护律师为其辩护的;

(三)需要对新的证据作辩护准备的;

(四)其他严重影响庭审正常进行的情形。

第三十五条 辩护律师作无罪辩护的,可以当庭就量刑问题发表辩护意见,也可以庭后提交量刑辩护意见。

第三十六条 人民法院适用普通程序审理案件,应当在裁判文书中写明律师依法提出的辩护、代理意见，以及是否采纳的情况，并说明理由。

第三十七条 对于诉讼中的重大程序信息和送达当事人的诉讼文书，办案机关应当通知辩护、代理律师。

第三十八条 法庭审理过程中，律师就回避、案件管辖、非法证据排除、申请通知证人、鉴定人、有专门知识的人出庭、申请通知新的证人到庭、调取新的证据、申请重新鉴定、勘验等问题当庭提出申请，或者对法庭审理程序提出异议的，法庭原则上应当休庭进行审查，依照法定程序作出决定。其他律师有相同异议的，应一并提出，法庭一并休庭审查。法庭决定驳回申请或者异议的，律师可当庭提出复议。经复议后，律师应当尊重法庭的决定，服从法庭的安排。

律师不服法庭决定保留意见的内容应当详细记入法庭笔录，可以作为上诉理由，或者向同级或者上一级人民检察院申诉、控告。

第三十九条 律师申请查阅人民法院录制的庭审过程的录音、录像的，人民法院应当准许。

第四十条 侦查机关依法对在诉讼活动中涉嫌犯罪的律师采取强制措施后，应当在四十八小时以内通知其所在的律师事务所或者所属的律师协会。

第四十一条 律师认为办案机关及其工作人员明显违反法律规定，阻碍律师依法履行辩护、代理职责，侵犯律师执业权利的，可以向该办案机关或者其上一级机关投诉。

办案机关应当畅通律师反映问题和投诉的渠道，明确专门部门负责处理律师投诉，并公开联系方式。

办案机关应当对律师的投诉及时调查，律师要求当面反映情况的，应当当面听取律师的意见。经调查情况属实的，应当依法立即纠正，及时答复律师，做好说明解释工作，并将处理情况通报其所在地司法行政机关或者所属的律师协会。

第四十二条 在刑事诉讼中，律师认为办案机关及其工作人员的下列行为阻碍律师依法行使诉讼权利的，可以向同级或者上一级人民检察院申诉、控告：

（一）未依法向律师履行告知、转达、通知和送达义务的；

（二）办案机关认定律师不得担任辩护人、代理人的情形有误的；

（三）对律师依法提出的申请，不接收、不答复的；

（四）依法应当许可律师提出的申请未许可的；

（五）依法应当听取律师的意见未听取的；

（六）其他阻碍律师依法行使诉讼权利的行为。

律师依照前款规定提出申诉、控告的，人民检察院应当在受理后十日以内进行审查，并将处理情况书面答复律师。情况属实的，通知有关机关予以纠正。情况不属实的，做好说明解释工作。

人民检察院应当依法严格履行保障律师依法执业的法律监督职责，处理律师申诉控告。在办案过程中发现有阻碍律师依法行使诉讼权利行为的，应当依法、及时提出纠正意见。

第四十三条 办案机关或者其上一级机关、人民检察院对律师提出的投诉、申诉、控告，经调查核实后要求有关机关予以纠正，有关机关拒不纠正或者累纠累犯的，应当由相关机关的纪检监察部门依照有关规定调查处理，相关责任人构成违纪的，给予纪律处分。

第四十四条 律师认为办案机关及其工作人员阻碍其依法行使执业权利的，可以向其所执业律师事务所所在地的市级司法行政机关、所属的律师协会申请维护执业权利。情况紧急的，可以向事发地的司法行政机关、律师协会申请维护执业权利。事发地的司法行政机关、律师协会应当给予协助。

司法行政机关、律师协会应当建立维护律师执业权利快速处置机制和联动机制，及时安排专人负责协调处理。律师的维权申请合法有据的，司法行政机关、律师协会应当建议有关办案机关依法处理，有关办案机关应当将处理情况及时反馈司法行政机关、律师协会。

司法行政机关、律师协会持有关证明调查核实律师权益保障或者违纪有关情况的，办案机关应当予以配合、协助，提供相关材料。

第四十五条 人民法院、人民检察院、公安机关、国家安全机关、司法行政机关和律师协会应当建立联席会议制度，定期沟通保障律师执业权利工作情况，及时调查处理侵犯律师执业权利的突发事件。

第四十六条 依法规范法律服务秩序，严肃查处假冒律师执业和非法从事法律服务的行为。对未取得律师执业证书或者已经被注销、吊销执业证书的人员以律师名义提供法律服务或者从事相关活动的，或者利用相关法律关于公民代理的规定从事诉讼代理或者辩护业务非法牟利的，依法追究责任，造成严重后果的，依法追究刑事责任。

第四十七条 本规定所称"办案机关"，是指负责侦查、审查逮捕、审查起诉和审判工作的公安机关、国家安全机关、人民检察院和人民法院。

第四十八条 本规定所称"律师助理",是指辩护、代理律师所在律师事务所的其他律师和申请律师执业实习人员。

第四十九条 本规定自发布之日起施行。

最高人民法院关于依法切实保障律师诉讼权利的规定

·2015年12月29日
·法发〔2015〕16号

为深入贯彻落实全面推进依法治国战略,充分发挥律师维护当事人合法权益、促进司法公正的积极作用,切实保障律师诉讼权利,根据中华人民共和国刑事诉讼法、民事诉讼法、行政诉讼法、律师法和《最高人民法院、最高人民检察院、公安部、国家安全部、司法部关于依法保障律师执业权利的规定》,作出如下规定:

一、依法保障律师知情权。人民法院要不断完善审判流程公开、裁判文书公开、执行信息公开"三大平台"建设,方便律师及时获取诉讼信息。对诉讼程序、诉权保障、调解和解、裁判文书等重要事项及相关进展情况,应当依法及时告知律师。

二、依法保障律师阅卷权。对律师申请阅卷的,应当在合理时间内安排。案卷材料被其他诉讼主体查阅的,应当协调安排各方阅卷时间。律师依法查阅、摘抄、复制有关卷宗材料或者查看庭审录音录像的,应当提供场所和设施。有条件的法院,可提供网上卷宗查阅服务。

三、依法保障律师出庭权。确定开庭日期时,应当为律师预留必要的出庭准备时间。因特殊情况更改开庭日期的,应当提前三日告知律师。律师因正当理由请求变更开庭日期的,法官可在征询其他当事人意见后准许。律师带助理出庭的,应当准许。

四、依法保障律师辩论、辩护权。法官在庭审过程中应合理分配诉讼各方发问、质证、陈述和辩论、辩护的时间,充分听取律师意见。除律师发言过于重复、与案件无关或者相关问题已在庭前达成一致等情况外,不应打断律师发言。

五、依法保障律师申请排除非法证据的权利。律师申请排除非法证据并提供相关线索或者材料,法官经审查对证据收集合法性有疑问的,应当召开庭前会议或者进行法庭调查。经审查确认存在法律规定的以非法方法收集证据情形的,对有关证据应当予以排除。

六、依法保障律师申请调取证据的权利。律师因客观原因无法自行收集证据的,可以依法向人民法院书面申请调取证据。律师申请调取证据符合法定条件的,法官应当准许。

七、依法保障律师的人身安全。案件审理过程中出现当事人矛盾激化,可能危及律师人身安全情形的,应当及时采取必要措施。对在法庭上发生的殴打、威胁、侮辱、诽谤律师等行为,法官应当及时制止,依法处置。

八、依法保障律师代理申诉的权利。对律师代理当事人对案件提出申诉的,要依照法律规定的程序认真处理。认为原案件处理正确的,要支持律师向申诉人做好释法析理、息诉息访工作。

九、为律师依法履职提供便利。要进一步完善网上立案、缴费、查询、阅卷、申请保全、提交代理词、开庭排期、文书送达等功能。有条件的法院要为参加庭审的律师提供休息场所,配备桌椅、饮水及其他必要设施。

十、完善保障律师诉讼权利的救济机制。要指定专门机构负责处理律师投诉,公开联系方式,畅通投诉渠道。对投诉要及时调查,依法处理,并将结果及时告知律师。对司法行政机关、律师协会就维护律师执业权利提出的建议,要及时予以答复。

关于依法保障律师执业权利的十条意见

·2023年3月1日

为深入学习贯彻党的二十大精神,全面贯彻习近平法治思想,认真落实《中共中央关于加强新时代检察机关法律监督工作的意见》,依法保障律师执业权利,进一步为律师会见、阅卷、听取意见等提供便利,根据《中华人民共和国刑事诉讼法》《中华人民共和国律师法》《人民检察院刑事诉讼规则》等规定,结合工作实际,制定如下工作意见。

一、加强接待律师平台建设

人民检察院12309检察服务中心统一接收律师提交的案件材料,集中受理律师提出的阅卷、约见案件承办人、调取证据、查询等事项,为律师执业提供便利。律师可以直接拨打12309检察服务热线、登陆12309中国检察网或者到12309检察服务中心现场提出上述事项。人民检察院应当及时办理,并将办理情况或结果告知律师,做到"件件有回复"。

二、充分保障律师对案件办理重要程序性事项的知情权

人民检察院受理公安机关提请批准逮捕,作出退回补充侦查、改变管辖、提起公诉等重要程序性决定的,应

当通过电话、短信、手机APP信息推送等方式及时告知辩护律师。办案人员的姓名及联系方式也应向辩护律师提供。

三、充分保障律师查阅案卷的权利

人民检察院在律师提出阅卷申请后,一般应当提供电子卷宗,便于律师查阅、复制。律师提出调阅案件纸质卷宗的,人民检察院了解具体原因后,认为应予支持的,应当及时安排。各级人民检察院应当进一步规范电子卷宗制作标准,提高制作效率,确保电子卷宗完整、清晰、准确,便于查阅。对于符合互联网阅卷要求的,应当在三日内完成律师互联网阅卷申请的办理和答复。

四、充分保障律师反映意见的权利

人民检察院听取律师意见,应当坚持"能见尽见、应听尽听"原则,充分保障律师向办案部门反映意见的权利。人民检察院拟决定或者批准逮捕犯罪嫌疑人的,应当在作出决定前征询辩护律师意见。拟当面听取律师意见的,应当由检察官或者检察官助理在专门的律师会见室进行,并配备记录人员,完整记录律师意见和工作过程。当面听取律师意见有困难的,可以通过书面、电话、视频等方式进行并记录在案。

五、及时向律师反馈意见采纳情况

人民检察院应当全面审查律师就办案工作提出的意见,有事实和法律依据的意见应当吸收。在案件办结前,应当通过约见、书面、电话、视频等方式向律师反馈意见采纳情况及不予采纳的理由,并记录在案。制作法律文书时,应当写明律师相关信息,并载明律师意见、检察机关采纳情况及不予采纳的理由。

六、认真听取律师对认罪认罚案件的意见

人民检察院办理认罪认罚案件,应当认真听取辩护律师或者值班律师的意见。已委托辩护律师的,应当提前通知辩护律师,确保犯罪嫌疑人签署认罪认罚具结书时在场并有明确的意见,不得绕开辩护律师安排值班律师代为见证具结。辩护律师确因客观原因无法到场的,可以通过远程视频方式见证具结;确有不便,经辩护律师同意,可以安排值班律师在场履职。

七、加强对律师会见权的监督保障

人民检察院应当在看守所、监狱等律师会见场所公布派驻监管场所检察人员姓名及办公电话。律师提出会见在押的犯罪嫌疑人、被告人、罪犯,认为受到相关部门工作人员阻碍的,可以向检察机关提出控告申诉。对相关部门工作人员阻碍律师会见,派驻监管场所检察人员能够当场处理的,应当及时监督相关部门依法保障律师行使会见权;不能当场处理的,应当在五个工作日内审查办理完毕。经审查,认为不符合会见条件的,要及时向律师说明情况,取得理解。派驻监管场所检察室应当与看守所、监狱建立及时畅通的沟通交流机制,促进律师会见问题解决。

八、畅通权利救济渠道

律师认为人民检察院及其工作人员未严格执行本意见的,可以向该检察院或者上一级人民检察院提出控告申诉,也可以向所属律师协会反映,律师协会要及时将问题线索转交检察机关。人民检察院收到相关控告申诉或问题线索后,应当作为阻碍律师执业权利监督案件在第一时间受理,并于十日内办结并书面答复律师。对于律师提出的情况紧急、需要尽快办理的控告申诉,人民检察院一般应当在三个工作日内办理并答复律师。中华全国律师协会维护律师执业权利中心公布各地维权联系电话、联系人姓名,方便律师查询联系。

九、严肃责任落实

人民检察院应当将依法保障律师执业权利工作情况纳入检察人员业绩考评体系,引导检察人员全面履行依法保障律师执业权利的司法责任。人民检察院调查核实后认为律师控告申诉情况属实的,应当及时通知本院有关部门、下级人民检察院予以纠正。本院有关部门、下级人民检察院未予纠正或者纠正不到位的,应当及时了解情况予以通报或移送相关线索。对于检察人员违反职责阻碍律师依法执业需要追究司法责任的,应当按照《人民检察院司法责任追究条例》的规定,严格依法处理。

十、强化沟通协调

人民检察院、司法行政机关和律师协会应当加强沟通协调,切实发挥维护律师执业权利快速联动处置机制作用,及时发现和解决不能保证律师依法行使执业权利问题,做好相关组织、协调和落实工作。地方各级人民检察院、司法行政机关、律师协会每半年召开一次联席会议,相互通报保障律师依法执业工作情况。建立健全检同堂培训机制,常态化组织开展检同堂培训。围绕律师执业权利保障、检律互动亲清有度,联合开展专项调研工作,不断提高保障律师依法执业的法治化水平。

(四) 证 据

最高人民检察院关于 CPS 多道心理测试鉴定结论能否作为诉讼证据使用问题的批复

- 1999 年 9 月 10 日
- 高检发研字〔1999〕12 号

四川省人民检察院：

你院川检发研〔1999〕20 号《关于 CPS 多道心理测试鉴定结论能否作为诉讼证据使用的请示》收悉。经研究，批复如下：

CPS 多道心理测试(俗称测谎)鉴定结论与刑事诉讼法规定的鉴定结论不同，不属于刑事诉讼法规定的证据种类。人民检察院办理案件，可以使用 CPS 多道心理测试鉴定结论帮助审查、判断证据，但不能将 CPS 多道心理测试鉴定结论作为证据使用。

此复

最高人民检察院关于"骨龄鉴定"能否作为确定刑事责任年龄证据使用的批复

- 2000 年 2 月 21 日
- 高检发研字〔2000〕6 号

宁夏回族自治区人民检察院：

你院《关于"骨龄鉴定"能否作为证据使用的请示》收悉，经研究批复如下：

犯罪嫌疑人不讲真实姓名、住址，年龄不明的，可以委托进行骨龄鉴定或其他科学鉴定，经审查，鉴定结论能够准确确定犯罪嫌疑人实施犯罪行为时的年龄的，可以作为判断犯罪嫌疑人年龄的证据使用。如果鉴定结论不能准确确定犯罪嫌疑人实施犯罪行为时的年龄，而且鉴定结论又表明犯罪嫌疑人年龄在刑法规定的应负刑事责任年龄上下的，应当依法慎重处理。

此复

最高人民法院、最高人民检察院、公安部、国家安全部、司法部关于办理死刑案件审查判断证据若干问题的规定

- 2010 年 6 月 13 日
- 法发〔2010〕20 号

为依法、公正、准确、慎重地办理死刑案件，惩罚犯罪，保障人权，根据《中华人民共和国刑事诉讼法》等有关法律规定，结合司法实际，制定本规定。

一、一般规定

第一条 办理死刑案件，必须严格执行刑法和刑事诉讼法，切实做到事实清楚，证据确实、充分，程序合法，适用法律正确，确保案件质量。

第二条 认定案件事实，必须以证据为根据。

第三条 侦查人员、检察人员、审判人员应当严格遵守法定程序，全面、客观地收集、审查、核实和认定证据。

第四条 经过当庭出示、辨认、质证等法庭调查程序查证属实的证据，才能作为定罪量刑的根据。

第五条 办理死刑案件，对被告人犯罪事实的认定，必须达到证据确实、充分。

证据确实、充分是指：

(一)定罪量刑的事实都有证据证明；

(二)每一个定案的证据均已经法定程序查证属实；

(三)证据与证据之间、证据与案件事实之间不存在矛盾或者矛盾得以合理排除；

(四)共同犯罪案件中，被告人的地位、作用均已查清；

(五)根据证据认定案件事实的过程符合逻辑和经验规则，由证据得出的结论为唯一结论。

办理死刑案件，对于以下事实的证明必须达到证据确实、充分：

(一)被指控的犯罪事实的发生；

(二)被告人实施了犯罪行为与被告人实施犯罪行为的时间、地点、手段、后果以及其他情节；

(三)影响被告人定罪的身份情况；

(四)被告人有刑事责任能力；

(五)被告人的罪过；

(六)是否共同犯罪及被告人在共同犯罪中的地位、作用；

(七)对被告人从重处罚的事实。

二、证据的分类审查与认定

1. 物证、书证

第六条 对物证、书证应当着重审查以下内容：

(一)物证、书证是否为原物、原件，物证的照片、录像或者复制品及书证的副本、复制件与原物、原件是否相符；物证、书证是否经过辨认、鉴定；物证的照片、录像或者复制品和书证的副本、复制件是否由二人以上制作，有无制作人关于制作过程及原件、原物存放于何处的文字

说明及签名。

（二）物证、书证的收集程序、方式是否符合法律及有关规定；经勘验、检查、搜查提取、扣押的物证、书证，是否附有相关笔录或者清单；笔录或者清单是否有侦查人员、物品持有人、见证人签名，没有物品持有人签名的，是否注明原因；对物品的特征、数量、质量、名称等注明是否清楚。

（三）物证、书证在收集、保管及鉴定过程中是否受到破坏或者改变。

（四）物证、书证与案件事实有无关联。对现场遗留与犯罪有关的具备检验鉴定条件的血迹、指纹、毛发、体液等生物物证、痕迹、物品，是否通过 DNA 鉴定、指纹鉴定等鉴定方式与被告人或者被害人的相应生物检材、生物特征、物品等作同一认定。

（五）与案件事实有关联的物证、书证是否全面收集。

第七条 对在勘验、检查、搜查中发现与案件事实可能有关联的血迹、指纹、足迹、字迹、毛发、体液、人体组织等痕迹和物品应当提取而没有提取，应当检验而没有检验，导致案件事实存疑的，人民法院应当向人民检察院说明情况，人民检察院依法可以补充收集、调取证据，作出合理的说明或者退回侦查机关补充侦查，调取有关证据。

第八条 据以定案的物证应当是原物。只有在原物不便搬运、不易保存或者依法应当由有关部门保管、处理或者依法应当返还时，才可以拍摄或者制作足以反映原物外形或者内容的照片、录像或者复制品。物证的照片、录像或者复制品，经与原物核实无误或者经鉴定证明为真实的，或者以其他方式确能证明其真实的，可以作为定案的根据。原物的照片、录像或者复制品，不能反映原物的外形和特征，不能作为定案的根据。

据以定案的书证应当是原件。只有在取得原件确有困难时，才可以使用副本或者复制件。书证的副本、复制件，经与原件核实无误或者经鉴定证明为真实的，或者以其他方式确能证明其真实的，可以作为定案的根据。书证有更改或者更改迹象不能作出合理解释的，书证的副本、复制件不能反映书证原件及其内容的，不能作为定案的根据。

第九条 经勘验、检查、搜查提取、扣押的物证、书证，未附有勘验、检查笔录，搜查笔录，提取笔录，扣押清单，不能证明物证、书证来源的，不能作为定案的根据。

物证、书证的收集程序、方式存在下列瑕疵，通过有关办案人员的补正或者作出合理解释的，可以采用：

（一）收集调取的物证、书证，在勘验、检查笔录，搜查笔录，提取笔录，扣押清单上没有侦查人员、物品持有人、见证人签名或者物品特征、数量、质量、名称等注明不详的；

（二）收集调取物证照片、录像或者复制品，书证的副本、复制件未注明与原件核对无异，无复制时间、无被收集、调取人（单位）签名（盖章）的；

（三）物证照片、录像或者复制品，书证的副本、复制件没有制作人关于制作过程及原物、原件存放于何处的说明或者说明中无签名的；

（四）物证、书证的收集程序、方式存在其他瑕疵的。

对物证、书证的来源及收集过程有疑问，不能作出合理解释的，该物证、书证不能作为定案的根据。

第十条 具备辨认条件的物证、书证应当交由当事人或者证人进行辨认，必要时应当进行鉴定。

2. 证人证言

第十一条 对证人证言应当着重审查以下内容：

（一）证言的内容是否为证人直接感知。

（二）证人作证时的年龄、认知水平、记忆能力和表达能力，生理上和精神上的状态是否影响作证。

（三）证人与案件当事人、案件处理结果有无利害关系。

（四）证言的取得程序、方式是否符合法律及有关规定；有无使用暴力、威胁、引诱、欺骗以及其他非法手段取证的情形；有无违反询问证人应当个别进行的规定；笔录是否经证人核对确认并签名（盖章）、捺指印；询问未成年证人，是否通知了其法定代理人到场，其法定代理人是否在场等。

（五）证人证言之间以及与其他证据之间能否相互印证，有无矛盾。

第十二条 以暴力、威胁等非法手段取得的证人证言，不能作为定案的根据。

处于明显醉酒、麻醉品中毒或者精神药物麻醉状态，以致不能正确表达的证人所提供的证言，不能作为定案的根据。

证人的猜测性、评论性、推断性的证言，不能作为证据使用，但根据一般生活经验判断符合事实的除外。

第十三条 具有下列情形之一的证人证言，不能作为定案的根据：

（一）询问证人没有个别进行而取得的证言；

（二）没有经证人核对确认并签名（盖章）、捺指印的书面证言；

（三）询问聋哑人或者不通晓当地通用语言、文字的少数民族人员、外国人，应当提供翻译而未提供的。

第十四条　证人证言的收集程序和方式有下列瑕疵，通过有关办案人员的补正或者作出合理解释的，可以采用：

（一）没有填写询问人、记录人、法定代理人姓名或者询问的起止时间、地点的；

（二）询问证人的地点不符合规定的；

（三）询问笔录没有记录告知证人应当如实提供证言和有意作伪证或者隐匿罪证要负法律责任内容的；

（四）询问笔录反映出在同一时间段内，同一询问人员询问不同证人的。

第十五条　具有下列情形的证人，人民法院应当通知出庭作证；经依法通知不出庭作证证人的书面证言经质证无法确认的，不能作为定案的根据：

（一）人民检察院、被告人及其辩护人对证人证言有异议，该证人证言对定罪量刑有重大影响的；

（二）人民法院认为其他应当出庭作证的。

证人在法庭上的证言与其庭前证言相互矛盾，如果证人当庭能够对其翻证作出合理解释，并有相关证据印证的，应当采信庭审证言。

对未出庭作证证人的书面证言，应当听取出庭检察人员、被告人及其辩护人的意见，并结合其他证据综合判断。未出庭作证证人的书面证言出现矛盾，不能排除矛盾且无证据印证的，不能作为定案的根据。

第十六条　证人作证，涉及国家秘密或者个人隐私的，应当保守秘密。

证人出庭作证，必要时，人民法院可以采取限制公开证人信息、限制询问、遮蔽容貌、改变声音等保护性措施。

3. 被害人陈述

第十七条　对被害人陈述的审查与认定适用前述关于证人证言的有关规定。

4. 被告人供述和辩解

第十八条　对被告人供述和辩解应当着重审查以下内容：

（一）讯问的时间、地点、讯问人的身份等是否符合法律及有关规定，讯问被告人的侦查人员是否不少于二人，讯问被告人是否个别进行等。

（二）讯问笔录的制作、修改是否符合法律及有关规定，讯问笔录是否注明讯问的起止时间和讯问地点，首次讯问时是否告知被告人申请回避、聘请律师等诉讼权利，被告人是否核对确认并签名(盖章)、捺指印，是否有不少于二人的讯问人签名等。

（三）讯问聋哑人、少数民族人员、外国人时是否提供了通晓聋、哑手势的人员或者翻译人员，讯问未成年同案犯时，是否通知了其法定代理人到场，其法定代理人是否在场。

（四）被告人的供述有无以刑讯逼供等非法手段获取的情形，必要时可以调取被告人进出看守所的健康检查记录、笔录。

（五）被告人的供述是否前后一致，有无反复以及出现反复的原因；被告人的所有供述和辩解是否均已收集入卷；应当入卷的供述和辩解没有入卷的，是否出具了相关说明。

（六）被告人的辩解内容是否符合案情和常理，有无矛盾。

（七）被告人的供述和辩解与同案犯的供述和辩解以及其他证据能否相互印证，有无矛盾。

对于上述内容，侦查机关随案移送有录音录像资料的，应当结合相关录音录像资料进行审查。

第十九条　采用刑讯逼供等非法手段取得的被告人供述，不能作为定案的根据。

第二十条　具有下列情形之一的被告人供述，不能作为定案的根据：

（一）讯问笔录没有经被告人核对确认并签名(盖章)、捺指印的；

（二）讯问聋哑人、不通晓当地通用语言、文字的人员时，应当提供通晓聋、哑手势的人员或者翻译人员而未提供的。

第二十一条　讯问笔录有下列瑕疵，通过有关办案人员的补正或者作出合理解释的，可以采用：

（一）笔录填写的讯问时间、讯问人、记录人、法定代理人等有误或者存在矛盾的；

（二）讯问人没有签名的；

（三）首次讯问笔录没有记录告知被讯问人诉讼权利内容的。

第二十二条　对被告人供述和辩解的审查，应当结合控辩双方提供的所有证据以及被告人本人的全部供述和辩解进行。

被告人庭前供述一致，庭审中翻供，但被告人不能合理说明翻供理由或者其辩解与全案证据相矛盾，而庭前供述与其他证据能够相互印证的，可以采信被告人庭前供述。

被告人庭前供述和辩解出现反复,但庭审中供认的,且庭审中的供述与其他证据能够印证的,可以采信庭审中的供述;被告人庭前供述和辩解出现反复,庭审中不供认,且无其他证据与庭前供述印证的,不能采信庭前供述。

5. 鉴定意见

第二十三条 对鉴定意见应当着重审查以下内容:

(一)鉴定人是否存在应当回避而未回避的情形。

(二)鉴定机构和鉴定人是否具有合法的资质。

(三)鉴定程序是否符合法律及有关规定。

(四)检材的来源、取得、保管、送检是否符合法律及有关规定,与相关提取笔录、扣押物品清单等记载的内容是否相符,检材是否充足、可靠。

(五)鉴定的程序、方法、分析过程是否符合本专业的检验鉴定规程和技术方法要求。

(六)鉴定意见的形式要件是否完备,是否注明提起鉴定的事由、鉴定委托人、鉴定机构、鉴定要求、鉴定过程、检验方法、鉴定文书的日期等相关内容,是否由鉴定机构加盖鉴定专用章并由鉴定人签名盖章。

(七)鉴定意见是否明确。

(八)鉴定意见与案件待证事实有无关联。

(九)鉴定意见与其他证据之间是否有矛盾,鉴定意见与检验笔录及相关照片是否有矛盾。

(十)鉴定意见是否依法及时告知相关人员,当事人对鉴定意见是否有异议。

第二十四条 鉴定意见具有下列情形之一的,不能作为定案的根据:

(一)鉴定机构不具备法定的资格和条件,或者鉴定事项超出本鉴定机构项目范围或者鉴定能力的;

(二)鉴定人不具备法定的资格和条件、鉴定人不具有相关专业技术或者职称、鉴定人违反回避规定的;

(三)鉴定程序、方法有错误的;

(四)鉴定意见与证明对象没有关联的;

(五)鉴定对象与送检材料、样本不一致的;

(六)送检材料、样本来源不明或者确实被污染且不具备鉴定条件的;

(七)违反有关鉴定特定标准的;

(八)鉴定文书缺少签名、盖章的;

(九)其他违反有关规定的情形。

对鉴定意见有疑问的,人民法院应当依法通知鉴定人出庭作证或者由其出具相关说明,也可以依法补充鉴定或者重新鉴定。

6. 勘验、检查笔录

第二十五条 对勘验、检查笔录应当着重审查以下内容:

(一)勘验、检查是否依法进行,笔录的制作是否符合法律及有关规定的要求,勘验、检查人员和见证人是否签名或者盖章等。

(二)勘验、检查笔录的内容是否全面、详细、准确、规范;是否准确记录了提起勘验、检查的事由,勘验、检查的时间、地点,在场人员、现场方位、周围环境等情况;是否准确记载了现场、物品、人身、尸体等的位置、特征等详细情况以及勘验、检查、搜查的过程;文字记载与实物或者绘图、录像、照片是否相符;固定证据的形式、方法是否科学、规范;现场、物品、痕迹等是否被破坏或者伪造,是否是原始现场;人身特征、伤害情况、生理状况有无伪装或者变化等。

(三)补充进行勘验、检查的,前后勘验、检查的情况是否有矛盾,是否说明了再次勘验、检查的原因。

(四)勘验、检查笔录中记载的情况与被告人供述、被害人陈述、鉴定意见等其他证据能否印证,有无矛盾。

第二十六条 勘验、检查笔录存在明显不符合法律及有关规定的情形,并且不能作出合理解释或者说明的,不能作为证据使用。

勘验、检查笔录存在勘验、检查没有见证人的,勘验、检查人员和见证人没有签名、盖章的,勘验、检查人员违反回避规定的等情形,应当结合案件其他证据,审查其真实性和关联性。

7. 视听资料

第二十七条 对视听资料应当着重审查以下内容:

(一)视听资料的来源是否合法,制作过程中当事人有无受到威胁、引诱等违反法律及有关规定的情形;

(二)是否载明制作人或者持有人的身份,制作的时间、地点和条件以及制作方法;

(三)是否为原件,有无复制及复制份数;调取的视听资料是复制件的,是否附有无法调取原件的原因、制作过程和原件存放地点的说明,是否有制作人和原视听资料持有人签名或者盖章;

(四)内容和制作过程是否真实,有无经过剪辑、增加、删改、编辑等伪造、变造情形;

(五)内容与案件事实有无关联性。

对视听资料有疑问的,应当进行鉴定。

对视听资料,应当结合案件其他证据,审查其真实性和关联性。

第二十八条 具有下列情形之一的视听资料,不能作为定案的根据:

(一)视听资料经审查或者鉴定无法确定真伪的;

(二)对视听资料的制作和取得的时间、地点、方式等有异议,不能作出合理解释或者提供必要证明的。

8. 其他规定

第二十九条 对于电子邮件、电子数据交换、网上聊天记录、网络博客、手机短信、电子签名、域名等电子证据,应当主要审查以下内容:

(一)该电子证据存储磁盘、存储光盘等可移动存储介质是否与打印件一并提交;

(二)是否载明该电子证据形成的时间、地点、对象、制作人、制作过程及设备情况等;

(三)制作、储存、传递、获得、收集、出示等程序和环节是否合法,取证人、制作人、持有人、见证人等是否签名或者盖章;

(四)内容是否真实,有无剪裁、拼凑、篡改、添加等伪造、变造情形;

(五)该电子证据与案件事实有无关联性。

对电子证据有疑问的,应当进行鉴定。

对电子证据,应当结合案件其他证据,审查其真实性和关联性。

第三十条 侦查机关组织的辨认,存在下列情形之一的,应当严格审查,不能确定其真实性的,辨认结果不能作为定案的根据:

(一)辨认不是在侦查人员主持下进行的;

(二)辨认前使辨认人见到辨认对象的;

(三)辨认人的辨认活动没有个别进行的;

(四)辨认对象没有混杂在具有类似特征的其他对象中,或者供辨认的对象数量不符合规定的;尸体、场所等特定辨认对象除外。

(五)辨认中给辨认人明显暗示或者明显有指认嫌疑的。

有下列情形之一的,通过有关办案人员的补正或者作出合理解释的,辨认结果可以作为证据使用:

(一)主持辨认的侦查人员少于二人的;

(二)没有向辨认人详细询问辨认对象的具体特征的;

(三)对辨认经过和结果没有制作专门的规范的辨认笔录,或者辨认笔录没有侦查人员、辨认人、见证人的签名或者盖章的;

(四)辨认记录过于简单,只有结果没有过程的;

(五)案卷中只有辨认笔录,没有被辨认对象的照片、录像等资料,无法获悉辨认的真实情况的。

第三十一条 对侦查机关出具的破案经过等材料,应当审查是否有出具该说明材料的办案人、办案机关的签字或者盖章。

对破案经过有疑问,或者对确定被告人有重大嫌疑的根据有疑问的,应当要求侦查机关补充说明。

三、证据的综合审查和运用

第三十二条 对证据的证明力,应当结合案件的具体情况,从各证据与待证事实的关联程度、各证据之间的联系等方面进行审查判断。

证据之间具有内在的联系,共同指向同一待证事实,且能合理排除矛盾的,才能作为定案的根据。

第三十三条 没有直接证据证明犯罪行为系被告人实施,但同时符合下列条件的可以认定被告人有罪:

(一)据以定案的间接证据已经查证属实;

(二)据以定案的间接证据之间相互印证,不存在无法排除的矛盾和无法解释的疑问;

(三)据以定案的间接证据已经形成完整的证明体系;

(四)依据间接证据认定的案件事实,结论是唯一的,足以排除一切合理怀疑;

(五)运用间接证据进行的推理符合逻辑和经验判断。

根据间接证据定案的,判处死刑应当特别慎重。

第三十四条 根据被告人的供述、指认提取到了隐蔽性很强的物证、书证,且与其他证明犯罪事实发生的证据互相印证,并排除串供、逼供、诱供等可能性的,可以认定有罪。

第三十五条 侦查机关依照有关规定采用特殊侦查措施所收集的物证、书证及其他证据材料,经法庭查证属实,可以作为定案的根据。

法庭依法不公开特殊侦查措施的过程及方法。

第三十六条 在对被告人作出有罪认定后,人民法院认定被告人的量刑事实,除审查法定情节外,还应审查以下影响量刑的情节:

(一)案件起因;

(二)被害人有无过错及过错程度,是否对矛盾激化负有责任及责任大小;

(三)被告人的近亲属是否协助抓获被告人;

(四)被告人平时表现及有无悔罪态度;

（五）被害人附带民事诉讼赔偿情况，被告人是否取得被害人或者被害人近亲属谅解；

（六）其他影响量刑的情节。

既有从轻、减轻处罚等情节，又有从重处罚等情节的，应当依法综合相关情节予以考虑。

不能排除被告人具有从轻、减轻处罚等量刑情节的，判处死刑应当特别慎重。

第三十七条 对于有下列情形的证据应当慎重使用，有其他证据印证的，可以采信：

（一）生理上、精神上有缺陷的被害人、证人和被告人，在对案件事实的认知和表达上存在一定困难，但尚未丧失正确认知、正确表达能力而作的陈述、证言和供述；

（二）与被告人有亲属关系或者其他密切关系的证人所作的对该被告人有利的证言，或者与被告人有利害冲突的证人所作的对该被告人不利的证言。

第三十八条 法庭对证据有疑问的，可以告知出庭检察人员、被告人及其辩护人补充证据或者作出说明；确有核实必要的，可以宣布休庭，对证据进行调查核实。法庭进行庭外调查时，必要时，可以通知出庭检察人员、辩护人到场。出庭检察人员、辩护人一方或者双方不到场的，法庭记录在案。

人民检察院、辩护人补充的和法庭庭外调查核实取得的证据，法庭可以庭外征求出庭检察人员、辩护人的意见。双方意见不一致，有一方要求人民法院开庭进行调查的，人民法院应当开庭。

第三十九条 被告人及其辩护人提出有自首的事实及理由，有关机关未予认定的，应当要求有关机关提供证明材料或者要求相关人员作证，并结合其他证据判断自首是否成立。

被告人是否协助或者如何协助抓获同案犯的证明材料不全，导致无法认定被告人构成立功的，应当要求有关机关提供证明材料或者要求相关人员作证，并结合其他证据判断立功是否成立。

被告人有检举揭发他人犯罪情形的，应当审查是否已经查证属实；尚未查证的，应当及时查证。

被告人累犯的证明材料不全，应当要求有关机关提供证明材料。

第四十条 审查被告人实施犯罪时是否已满十八周岁，一般应当以户籍证明为依据；对户籍证明有异议，并有经查证属实的出生证明文件、无利害关系人的证言等证据证明被告人不满十八周岁的，应认定被告人不满十八周岁；没有户籍证明以及出生证明文件的，应当根据人口普查登记、无利害关系人的证言等证据综合进行判断，必要时，可以进行骨龄鉴定，并将结果作为判断被告人年龄的参考。

未排除证据之间的矛盾，无充分证据证明被告人实施被指控的犯罪时已满十八周岁且确实无法查明的，不能认定其已满十八周岁。

第四十一条 本规定自二〇一〇年七月一日起施行。

最高人民法院、最高人民检察院、公安部、国家安全部、司法部关于办理刑事案件排除非法证据若干问题的规定

- 2010年6月13日
- 法发〔2010〕20号

为规范司法行为，促进司法公正，根据刑事诉讼法和相关司法解释，结合人民法院、人民检察院、公安机关、国家安全机关和司法行政机关办理刑事案件工作实际，制定本规定。

第一条 采用刑讯逼供等非法手段取得的犯罪嫌疑人、被告人供述和采用暴力、威胁等非法手段取得的证人证言、被害人陈述，属于非法言词证据。

第二条 经依法确认的非法言词证据，应当予以排除，不能作为定案的根据。

第三条 人民检察院在审查批准逮捕、审查起诉中，对于非法言词证据应当依法予以排除，不能作为批准逮捕、提起公诉的根据。

第四条 起诉书副本送达后开庭审判前，被告人提出其审判前供述是非法取得的，应当向人民法院提交书面意见。被告人书写确有困难的，可以口头告诉，由人民法院工作人员或者其辩护人作出笔录，并由被告人签名或者捺指印。

人民法院应当将被告人的书面意见或者告诉笔录复印件在开庭前交人民检察院。

第五条 被告人及其辩护人在开庭审理前或者庭审中，提出被告人审判前供述是非法取得的，法庭在公诉人宣读起诉书之后，应当先行当庭调查。

法庭辩论结束前，被告人及其辩护人提出被告人审判前供述是非法取得的，法庭也应当进行调查。

第六条 被告人及其辩护人提出被告人审判前供述是非法取得的，法庭应当要求其提供涉嫌非法取证的人员、时间、地点、方式、内容等相关线索或者证据。

第七条　经审查,法庭对被告人审判前供述取得的合法性有疑问的,公诉人应当向法庭提供讯问笔录、原始的讯问过程录音录像或者其他证据,提请法庭通知讯问时其他在场人员或者其他证人出庭作证,仍不能排除刑讯逼供嫌疑的,提请法庭通知讯问人员出庭作证,对该供述取得的合法性予以证明。公诉人当庭不能举证的,可以根据刑事诉讼法第一百六十五条的规定,建议法庭延期审理。

经依法通知,讯问人员或者其他人员应当出庭作证。

公诉人提交加盖公章的说明材料,未经有关讯问人员签名或者盖章的,不能作为证明取证合法性的证据。

控辩双方可以就被告人审判前供述取得的合法性问题进行质证、辩论。

第八条　法庭对于控辩双方提供的证据有疑问的,可以宣布休庭,对证据进行调查核实。必要时,可以通知检察人员、辩护人到场。

第九条　庭审中,公诉人为提供新的证据需要补充侦查,建议延期审理的,法庭应当同意。

被告人及其辩护人申请通知讯问人员、讯问时其他在场人员或者其他证人到庭,法庭认为有必要的,可以宣布延期审理。

第十条　经法庭审查,具有下列情形之一的,被告人审判前供述可以当庭宣读、质证:

（一）被告人及其辩护人未提供非法取证的相关线索或者证据的;

（二）被告人及其辩护人已提供非法取证的相关线索或者证据,法庭对被告人审判前供述取得的合法性没有疑问的;

（三）公诉人提供的证据确实、充分,能够排除被告人审判前供述属非法取得的。

对于当庭宣读的被告人审判前供述,应当结合被告人当庭供述以及其他证据确定能否作为定案的根据。

第十一条　对被告人审判前供述的合法性,公诉人不提供证据加以证明,或者已提供的证据不够确实、充分的,该供述不能作为定案的根据。

第十二条　对于被告人及其辩护人提出的被告人审判前供述是非法取得的意见,第一审人民法院没有审查,并以被告人审判前供述作为定案根据的,第二审人民法院应当对被告人审判前供述取得的合法性进行审查。检察人员不提供证据加以证明,或者已提供的证据不够确实、充分的,被告人该供述不能作为定案的根据。

第十三条　庭审中,检察人员、被告人及其辩护人提出未到庭证人的书面证言、未到庭被害人的书面陈述是非法取得的,举证方应当对其取证的合法性予以证明。

对前款所述证据,法庭应当参照本规定有关规定进行调查。

第十四条　物证、书证的取得明显违反法律规定,可能影响公正审判的,应当予以补正或者作出合理解释,否则,该物证、书证不能作为定案的根据。

第十五条　本规定自二〇一〇年七月一日起施行。

最高人民法院、最高人民检察院、公安部关于办理刑事案件收集提取和审查判断电子数据若干问题的规定

·2016年9月9日
·法发〔2016〕22号

为规范电子数据的收集提取和审查判断,提高刑事案件办理质量,根据《中华人民共和国刑事诉讼法》等有关法律规定,结合司法实际,制定本规定。

一、一般规定

第一条　电子数据是案件发生过程中形成的,以数字化形式存储、处理、传输的,能够证明案件事实的数据。

电子数据包括但不限于下列信息、电子文件:

（一）网页、博客、微博客、朋友圈、贴吧、网盘等网络平台发布的信息;

（二）手机短信、电子邮件、即时通信、通讯群组等网络应用服务的通信信息;

（三）用户注册信息、身份认证信息、电子交易记录、通信记录、登录日志等信息;

（四）文档、图片、音视频、数字证书、计算机程序等电子文件。

以数字化形式记载的证人证言、被害人陈述以及犯罪嫌疑人、被告人供述和辩解等证据,不属于电子数据。确有必要的,对相关证据的收集、提取、移送、审查,可以参照适用本规定。

第二条　侦查机关应当遵守法定程序,遵循有关技术标准,全面、客观、及时地收集、提取电子数据;人民检察院、人民法院应当围绕真实性、合法性、关联性审查判断电子数据。

第三条　人民法院、人民检察院和公安机关有权依法向有关单位和个人收集、调取电子数据。有关单位和个人应当如实提供。

第四条 电子数据涉及国家秘密、商业秘密、个人隐私的,应当保密。

第五条 对作为证据使用的电子数据,应当采取以下一种或者几种方法保护电子数据的完整性:

（一）扣押、封存电子数据原始存储介质;

（二）计算电子数据完整性校验值;

（三）制作、封存电子数据备份;

（四）冻结电子数据;

（五）对收集、提取电子数据的相关活动进行录像;

（六）其他保护电子数据完整性的方法。

第六条 初查过程中收集、提取的电子数据,以及通过网络在线提取的电子数据,可以作为证据使用。

二、电子数据的收集与提取

第七条 收集、提取电子数据,应当由二名以上侦查人员进行。取证方法应当符合相关技术标准。

第八条 收集、提取电子数据,能够扣押电子数据原始存储介质的,应当扣押、封存原始存储介质,并制作笔录,记录原始存储介质的封存状态。

封存电子数据原始存储介质,应当保证在不解除封存状态的情况下,无法增加、删除、修改电子数据。封存前后应当拍摄被封存原始存储介质的照片,清晰反映封口或者张贴封条处的状况。

封存手机等具有无线通信功能的存储介质,应当采取信号屏蔽、信号阻断或者切断电源等措施。

第九条 具有下列情形之一,无法扣押原始存储介质的,可以提取电子数据,但应当在笔录中注明不能扣押原始存储介质的原因、原始存储介质的存放地点或者电子数据的来源等情况,并计算电子数据的完整性校验值:

（一）原始存储介质不便封存的;

（二）提取计算机内存数据、网络传输数据等不是存储在存储介质上的电子数据的;

（三）原始存储介质位于境外的;

（四）其他无法扣押原始存储介质的情形。

对于原始存储介质位于境外或者远程计算机信息系统上的电子数据,可以通过网络在线提取。

为进一步查明有关情况,必要时,可以对远程计算机信息系统进行网络远程勘验。进行网络远程勘验,需要采取技术侦查措施的,应当依法经过严格的批准手续。

第十条 由于客观原因无法或者不宜依据第八条、第九条的规定收集、提取电子数据的,可以采取打印、拍照或者录像等方式固定相关证据,并在笔录中说明原因。

第十一条 具有下列情形之一的,经县级以上公安机关负责人或者检察长批准,可以对电子数据进行冻结:

（一）数据量大,无法或者不便提取的;

（二）提取时间长,可能造成电子数据被篡改或者灭失的;

（三）通过网络应用可以更为直观地展示电子数据的;

（四）其他需要冻结的情形。

第十二条 冻结电子数据,应当制作协助冻结通知书,注明冻结电子数据的网络应用账号等信息,送交电子数据持有人、网络服务提供者或者有关部门协助办理。解除冻结的,应当在三日内制作协助解除冻结通知书,送交电子数据持有人、网络服务提供者或者有关部门协助办理。

冻结电子数据,应当采取以下一种或者几种方法:

（一）计算电子数据的完整性校验值;

（二）锁定网络应用账号;

（三）其他防止增加、删除、修改电子数据的措施。

第十三条 调取电子数据,应当制作调取证据通知书,注明需要调取电子数据的相关信息,通知电子数据持有人、网络服务提供者或者有关部门执行。

第十四条 收集、提取电子数据,应当制作笔录,记录案由、对象、内容、收集、提取电子数据的时间、地点、方法、过程,并附电子数据清单,注明类别、文件格式、完整性校验值等,由侦查人员、电子数据持有人（提供人）签名或者盖章;电子数据持有人（提供人）无法签名或者拒绝签名的,应当在笔录中注明,由见证人签名或者盖章。有条件的,应当对相关活动进行录像。

第十五条 收集、提取电子数据,应当根据刑事诉讼法的规定,由符合条件的人员担任见证人。由于客观原因无法由符合条件的人员担任见证人的,应当在笔录中注明情况,并对相关活动进行录像。

针对同一现场多个计算机信息系统收集、提取电子数据的,可以由一名见证人见证。

第十六条 对扣押的原始存储介质或者提取的电子数据,可以通过恢复、破解、统计、关联、比对等方式进行检查。必要时,可以进行侦查实验。

电子数据检查,应当对电子数据存储介质拆封过程进行录像,并将电子数据存储介质通过写保护设备接入到检查设备进行检查;有条件的,应当制作电子数据备份,对备份进行检查;无法使用写保护设备且无法制作备份的,应当注明原因,并对相关活动进行录像。

电子数据检查应当制作笔录,注明检查方法、过程和结果,由有关人员签名或者盖章。进行侦查实验的,应当制作侦查实验笔录，注明侦查实验的条件、经过和结果，由参加实验的人员签名或者盖章。

第十七条 对电子数据涉及的专门性问题难以确定的，由司法鉴定机构出具鉴定意见，或者由公安部指定的机构出具报告。对于人民检察院直接受理的案件，也可以由最高人民检察院指定的机构出具报告。

具体办法由公安部、最高人民检察院分别制定。

三、电子数据的移送与展示

第十八条 收集、提取的原始存储介质或者电子数据，应当以封存状态随案移送，并制作电子数据的备份一并移送。

对网页、文档、图片等可以直接展示的电子数据，可以不随案移送打印件；人民法院、人民检察院因设备等条件限制无法直接展示电子数据的，侦查机关应当随案移送打印件，或者附展示工具和展示方法说明。

对冻结的电子数据，应当移送被冻结电子数据的清单，注明类别、文件格式、冻结主体、证据要点、相关网络应用账号，并附查看工具和方法的说明。

第十九条 对侵入、非法控制计算机信息系统的程序、工具以及计算机病毒等无法直接展示的电子数据，应当附电子数据属性、功能等情况的说明。

对数据统计量、数据同一性等问题，侦查机关应当出具说明。

第二十条 公安机关报请人民检察院审查批准逮捕犯罪嫌疑人，或者对侦查终结的案件移送人民检察院审查起诉的，应当将电子数据等证据一并移送人民检察院。人民检察院在审查批准逮捕和审查起诉过程中发现应当移送的电子数据没有移送或者移送的电子数据不符合相关要求的，应当通知公安机关补充移送或者进行补正。

对于提起公诉的案件，人民法院发现应当移送的电子数据没有移送或者移送的电子数据不符合相关要求的，应当通知人民检察院。

公安机关、人民检察院应当自收到通知后三日内移送电子数据或者补充有关材料。

第二十一条 控辩双方向法庭提交的电子数据需要展示的，可以根据电子数据的具体类型，借助多媒体设备出示、播放或者演示。必要时，可以聘请具有专门知识的人进行操作，并就相关技术问题作出说明。

四、电子数据的审查与判断

第二十二条 对电子数据是否真实，应当着重审查以下内容：

（一）是否移送原始存储介质；在原始存储介质无法封存、不便移动时，有无说明原因，并注明收集、提取过程及原始存储介质的存放地点或者电子数据的来源等情况；

（二）电子数据是否具有数字签名、数字证书等特殊标识；

（三）电子数据的收集、提取过程是否可以重现；

（四）电子数据如有增加、删除、修改等情形的，是否附有说明；

（五）电子数据的完整性是否可以保证。

第二十三条 对电子数据是否完整，应当根据保护电子数据完整性的相应方法进行验证：

（一）审查原始存储介质的扣押、封存状态；

（二）审查电子数据的收集、提取过程，查看录像；

（三）比对电子数据完整性校验值；

（四）与备份的电子数据进行比较；

（五）审查冻结后的访问操作日志；

（六）其他方法。

第二十四条 对收集、提取电子数据是否合法，应当着重审查以下内容：

（一）收集、提取电子数据是否由二名以上侦查人员进行，取证方法是否符合相关技术标准；

（二）收集、提取电子数据，是否附有笔录、清单，并经侦查人员、电子数据持有人（提供人）、见证人签名或者盖章；没有持有人（提供人）签名或者盖章的，是否注明原因；对电子数据的类别、文件格式等是否注明清楚；

（三）是否依照有关规定由符合条件的人员担任见证人，是否对相关活动进行录像；

（四）电子数据检查是否将电子数据存储介质通过写保护设备接入到检查设备；有条件的，是否制作电子数据备份，并对备份进行检查；无法制作备份且无法使用写保护设备的，是否附有录像。

第二十五条 认定犯罪嫌疑人、被告人的网络身份与现实身份的同一性，可以通过核查相关IP地址、网络活动记录、上网终端归属、相关证人证言以及犯罪嫌疑人、被告人供述和辩解等进行综合判断。

认定犯罪嫌疑人、被告人与存储介质的关联性，可以通过核查相关证人证言以及犯罪嫌疑人、被告人供述和辩解等进行综合判断。

第二十六条 公诉人、当事人或者辩护人、诉讼代理人对电子数据鉴定意见有异议，可以申请人民法院通知鉴定人出庭作证。人民法院认为鉴定人有必要出庭的，鉴定人应当出庭作证。

经人民法院通知,鉴定人拒不出庭作证的,鉴定意见不得作为定案的根据。对没有正当理由拒不出庭作证的鉴定人,人民法院应当通报司法行政机关或者有关部门。

公诉人、当事人或者辩护人、诉讼代理人可以申请法庭通知有专门知识的人出庭,就鉴定意见提出意见。

对电子数据涉及的专门性问题的报告,参照适用前三款规定。

第二十七条 电子数据的收集、提取程序有下列瑕疵,经补正或者作出合理解释的,可以采用;不能补正或者作出合理解释的,不得作为定案的根据:

(一)未以封存状态移送的;

(二)笔录或者清单上没有侦查人员、电子数据持有人(提供人)、见证人签名或者盖章的;

(三)对电子数据的名称、类别、格式等注明不清的;

(四)有其他瑕疵的。

第二十八条 电子数据具有下列情形之一的,不得作为定案的根据:

(一)电子数据系篡改、伪造或者无法确定真伪的;

(二)电子数据有增加、删除、修改等情形,影响电子数据真实性的;

(三)其他无法保证电子数据真实性的情形。

五、附 则

第二十九条 本规定中下列用语的含义:

(一)存储介质,是指具备数据信息存储功能的电子设备、硬盘、光盘、优盘、记忆棒、存储卡、存储芯片等载体。

(二)完整性校验值,是指为防止电子数据被篡改或者破坏,使用散列算法等特定算法对电子数据进行计算,得出的用于校验数据完整性的数据值。

(三)网络远程勘验,是指通过网络对远程计算机信息系统实施勘验,发现、提取与犯罪有关的电子数据,记录计算机信息系统状态,判断案件性质,分析犯罪过程,确定侦查方向和范围,为侦查破案、刑事诉讼提供线索和证据的侦查活动。

(四)数字签名,是指利用特定算法对电子数据进行计算,得出的用于验证电子数据来源和完整性的数据值。

(五)数字证书,是指包含数字签名并对电子数据来源、完整性进行认证的电子文件。

(六)访问操作日志,是指审查电子数据是否被增加、删除或者修改,由计算机信息系统自动生成的对电子数据访问、操作情况的详细记录。

第三十条 本规定自2016年10月1日起施行。之前发布的规范性文件与本规定不一致的,以本规定为准。

最高人民法院、最高人民检察院、公安部、国家安全部、司法部关于办理刑事案件严格排除非法证据若干问题的规定

· 2017年6月20日
· 法发〔2017〕15号

为准确惩罚犯罪,切实保障人权,规范司法行为,促进司法公正,根据《中华人民共和国刑事诉讼法》及有关司法解释等规定,结合司法实际,制定如下规定。

一、一般规定

第一条 严禁刑讯逼供和以威胁、引诱、欺骗以及其他非法方法收集证据,不得强迫任何人证实自己有罪。对一切案件的判处都要重证据,重调查研究,不轻信口供。

第二条 采取殴打、违法使用戒具等暴力方法或者变相肉刑的恶劣手段,使犯罪嫌疑人、被告人遭受难以忍受的痛苦而违背意愿作出的供述,应当予以排除。

第三条 采用以暴力或者严重损害本人及其近亲属合法权益等进行威胁的方法,使犯罪嫌疑人、被告人遭受难以忍受的痛苦而违背意愿作出的供述,应当予以排除。

第四条 采用非法拘禁等非法限制人身自由的方法收集的犯罪嫌疑人、被告人供述,应当予以排除。

第五条 采用刑讯逼供方法使犯罪嫌疑人、被告人作出供述,之后犯罪嫌疑人、被告人受该刑讯逼供行为影响而作出的与该供述相同的重复性供述,应当一并排除,但下列情形除外:

(一)侦查期间,根据控告、举报或者自己发现等,侦查机关确认或者不能排除以非法方法收集证据而更换侦查人员,其他侦查人员再次讯问时告知诉讼权利和认罪的法律后果,犯罪嫌疑人自愿供述的;

(二)审查逮捕、审查起诉和审判期间,检察人员、审判人员讯问时告知诉讼权利和认罪的法律后果,犯罪嫌疑人、被告人自愿供述的。

第六条 采用暴力、威胁以及非法限制人身自由等非法方法收集的证人证言、被害人陈述,应当予以排除。

第七条 收集物证、书证不符合法定程序,可能严重影响司法公正的,应当予以补正或者作出合理解释;不能补正或者作出合理解释的,对有关证据应当予以排除。

二、侦 查

第八条 侦查机关应当依照法定程序开展侦查，收集、调取能够证实犯罪嫌疑人有罪或者无罪、罪轻或者罪重的证据材料。

第九条 拘留、逮捕犯罪嫌疑人后，应当按照法律规定送看守所羁押。犯罪嫌疑人被送交看守所羁押后，讯问应当在看守所讯问室进行。因客观原因侦查机关在看守所讯问室以外的场所进行讯问的，应当作出合理解释。

第十条 侦查人员在讯问犯罪嫌疑人的时候，可以对讯问过程进行录音录像；对于可能判处无期徒刑、死刑的案件或者其他重大犯罪案件，应当对讯问过程进行录音录像。

侦查人员应当告知犯罪嫌疑人对讯问过程录音录像，并在讯问笔录中写明。

第十一条 对讯问过程录音录像，应当不间断进行，保持完整性，不得选择性地录制，不得剪接、删改。

第十二条 侦查人员讯问犯罪嫌疑人，应当依法制作讯问笔录。讯问笔录应当交犯罪嫌疑人核对，对于没有阅读能力的，应当向他宣读。对讯问笔录中有遗漏或者差错等情形，犯罪嫌疑人可以提出补充或者改正。

第十三条 看守所应当对提讯进行登记，写明提讯单位、人员、事由、起止时间以及犯罪嫌疑人姓名等情况。

看守所收押犯罪嫌疑人，应当进行身体检查。检查时，人民检察院驻看守所检察人员可以在场。检查发现犯罪嫌疑人有伤或者身体异常的，看守所应当拍照或者录像，分别由送押人员、犯罪嫌疑人说明原因，并在体检记录中写明，由送押人员、收押人员和犯罪嫌疑人签字确认。

第十四条 犯罪嫌疑人及其辩护人在侦查期间可以向人民检察院申请排除非法证据。对犯罪嫌疑人及其辩护人提供相关线索或者材料的，人民检察院应当调查核实。调查结论应当书面告知犯罪嫌疑人及其辩护人。对确有以非法方法收集证据情形的，人民检察院应当向侦查机关提出纠正意见。

侦查机关对审查认定的非法证据，应当予以排除，不得作为提请批准逮捕、移送审查起诉的根据。

对重大案件，人民检察院驻看守所检察人员应当在侦查终结前询问犯罪嫌疑人，核查是否存在刑讯逼供、非法取证情形，并同步录音录像。经核查，确有刑讯逼供、非法取证情形的，侦查机关应当及时排除非法证据，不得作为提请批准逮捕、移送审查起诉的根据。

第十五条 对侦查终结的案件，侦查机关应当全面审查证明证据收集合法性的证据材料，依法排除非法证据。排除非法证据后，证据不足的，不得移送审查起诉。

侦查机关发现办案人员非法取证的，应当依法作出处理，并可另行指派侦查人员重新调查取证。

三、审查逮捕、审查起诉

第十六条 审查逮捕、审查起诉期间讯问犯罪嫌疑人，应当告知其有权申请排除非法证据，并告知诉讼权利和认罪的法律后果。

第十七条 审查逮捕、审查起诉期间，犯罪嫌疑人及其辩护人申请排除非法证据，并提供相关线索或者材料的，人民检察院应当调查核实。调查结论应当书面告知犯罪嫌疑人及其辩护人。

人民检察院在审查起诉期间发现侦查人员以刑讯逼供等非法方法收集证据的，应当依法排除相关证据并提出纠正意见，必要时人民检察院可以自行调查取证。

人民检察院对审查认定的非法证据，应当予以排除，不得作为批准或者决定逮捕、提起公诉的根据。被排除的非法证据应当随案移送，并写明为依法排除的非法证据。

第十八条 人民检察院依法排除非法证据后，证据不足，不符合逮捕、起诉条件的，不得批准或者决定逮捕、提起公诉。

对于人民检察院排除有关证据导致对涉嫌的重要犯罪事实未予认定，从而作出不批准逮捕、不起诉决定，或者对涉嫌的部分重要犯罪事实决定不起诉的，公安机关、国家安全机关可要求复议、提请复核。

四、辩 护

第十九条 犯罪嫌疑人、被告人申请提供法律援助的，应当按照有关规定指派法律援助律师。

法律援助值班律师可以为犯罪嫌疑人、被告人提供法律帮助，对刑讯逼供、非法取证情形代理申诉、控告。

第二十条 犯罪嫌疑人、被告人及其辩护人申请排除非法证据，应当提供涉嫌非法取证的人员、时间、地点、方式、内容等相关线索或者材料。

第二十一条 辩护律师自人民检察院对案件审查起诉之日起，可以查阅、摘抄、复制讯问笔录、提讯登记、采取强制措施或者侦查措施的法律文书等证据材料。其他辩护人经人民法院、人民检察院许可，也可以查阅、摘抄、复制上述证据材料。

第二十二条 犯罪嫌疑人、被告人及其辩护人向人民法院、人民检察院申请调取公安机关、国家安全机关、人民检察院收集但未提交的讯问录音录像、体检记录等证据材料，人民法院、人民检察院经审查认为犯罪嫌疑人、被告人及其辩护人申请调取的证据材料与证明证据收集的合法性有联系的，应当予以调取；认为与证明证据收集的合法性没有联系的，应当决定不予调取并向犯罪嫌疑人、被告人及其辩护人说明理由。

五、审　判

第二十三条　人民法院向被告人及其辩护人送达起诉书副本时，应当告知其有权申请排除非法证据。

被告人及其辩护人申请排除非法证据，应当在开庭审理前提出，但在庭审期间发现相关线索或者材料等情形除外。人民法院应当在开庭审理前将申请书和相关线索或者材料的复制件送交人民检察院。

第二十四条　被告人及其辩护人在开庭审理前申请排除非法证据，未提供相关线索或者材料，不符合法律规定的申请条件的，人民法院对申请不予受理。

第二十五条　被告人及其辩护人在开庭审理前申请排除非法证据，按照法律规定提供相关线索或者材料的，人民法院应当召开庭前会议。人民检察院应当通过出示有关证据材料等方式，有针对性地对证据收集的合法性作出说明。人民法院可以核实情况，听取意见。

人民检察院可以决定撤回有关证据，撤回的证据，没有新的理由，不得在庭审中出示。

被告人及其辩护人可以撤回排除非法证据的申请。撤回申请后，没有新的线索或者材料，不得再次对有关证据提出排除申请。

第二十六条　公诉人、被告人及其辩护人在庭前会议中对证据收集是否合法未达成一致意见，人民法院对证据收集的合法性有疑问的，应当在庭审中进行调查；人民法院对证据收集的合法性没有疑问，且没有新的线索或者材料表明可能存在非法取证的，可以决定不再进行调查。

第二十七条　被告人及其辩护人申请人民法院通知侦查人员或者其他人员出庭，人民法院认为现有证据材料不能证明证据收集的合法性，确有必要通知上述人员出庭作证或者说明情况的，可以通知上述人员出庭。

第二十八条　公诉人宣读起诉书后，法庭应当宣布开庭审理前对证据收集合法性的审查及处理情况。

第二十九条　被告人及其辩护人在开庭审理前未申请排除非法证据，在法庭审理过程中提出申请的，应当说明理由。

对前述情形，法庭经审查，对证据收集的合法性有疑问的，应当进行调查；没有疑问的，应当驳回申请。

法庭驳回排除非法证据申请后，被告人及其辩护人没有新的线索或者材料，以相同理由再次提出申请的，法庭不再审查。

第三十条　庭审期间，法庭决定对证据收集的合法性进行调查的，应当先行当庭调查。但为防止庭审过分迟延，也可以在法庭调查结束前进行调查。

第三十一条　公诉人对证据收集的合法性加以证明，可以出示讯问笔录、提讯登记、体检记录、采取强制措施或者侦查措施的法律文书、侦查终结前对讯问合法性的核查材料等证据材料，有针对性地播放讯问录音录像，提请法庭通知侦查人员或者其他人员出庭说明情况。

被告人及其辩护人可以出示相关线索或者材料，并申请法庭播放特定时段的讯问录音录像。

侦查人员或者其他人员出庭，应当向法庭说明证据收集过程，并就相关情况接受发问。对发问方式不当或者内容与证据收集的合法性无关的，法庭应当制止。

公诉人、被告人及其辩护人可以对证据收集的合法性进行质证、辩论。

第三十二条　法庭对控辩双方提供的证据有疑问的，可以宣布休庭，对证据进行调查核实。必要时，可以通知公诉人、辩护人到场。

第三十三条　法庭对证据收集的合法性进行调查后，应当当庭作出是否排除有关证据的决定。必要时，可以宣布休庭，由合议庭评议或者提交审判委员会讨论，再次开庭时宣布决定。

在法庭作出是否排除有关证据的决定前，不得对有关证据宣读、质证。

第三十四条　经法庭审理，确认存在本规定所规定的以非法方法收集证据情形的，对有关证据应当予以排除。法庭根据相关线索或者材料对证据收集的合法性有疑问，而人民检察院未提供证据或者提供的证据不能证明证据收集的合法性，不能排除存在本规定所规定的以非法方法收集证据情形的，对有关证据应当予以排除。

对依法予以排除的证据，不得宣读、质证，不得作为判决的根据。

第三十五条　人民法院排除非法证据后，案件事实清楚，证据确实、充分，依据法律认定被告人有罪的，应当作出有罪判决；证据不足，不能认定被告人有罪的，应当作出证据不足、指控的犯罪不能成立的无罪判决；案件部分事实清楚，证据确实、充分的，依法认定该部分事实。

第三十六条　人民法院对证据收集合法性的审查、

调查结论，应当在裁判文书中写明，并说明理由。

第三十七条 人民法院对证人证言、被害人陈述等证据收集合法性的审查、调查，参照上述规定。

第三十八条 人民检察院、被告人及其法定代理人提出抗诉、上诉，对第一审人民法院有关证据收集合法性的审查、调查结论提出异议的，第二审人民法院应当审查。

被告人及其辩护人在第一审程序中未申请排除非法证据，在第二审程序中提出申请的，应当说明理由。第二审人民法院应当审查。

人民检察院在第一审程序中未出示证据证明证据收集的合法性，第一审人民法院依法排除有关证据的，人民检察院在第二审程序中不得出示之前未出示的证据，但在第一审程序后发现的除外。

第三十九条 第二审人民法院对证据收集合法性的调查，参照上述第一审程序的规定。

第四十条 第一审人民法院对被告人及其辩护人排除非法证据的申请未予审查，并以有关证据作为定案根据，可能影响公正审判的，第二审人民法院可以裁定撤销原判，发回原审人民法院重新审判。

第一审人民法院对依法应当排除的非法证据未予排除的，第二审人民法院可以依法排除非法证据。排除非法证据后，原判决认定事实和适用法律正确、量刑适当的，应当裁定驳回上诉或者抗诉，维持原判；原判决认定事实没有错误，但适用法律有错误，或者量刑不当的，应当改判；原判决事实不清楚或者证据不足的，可以裁定撤销原判，发回原审人民法院重新审判。

第四十一条 审判监督程序、死刑复核程序中对证据收集合法性的审查、调查，参照上述规定。

第四十二条 本规定自 2017 年 6 月 27 日起施行。

（五）司法鉴定

人民检察院鉴定机构登记管理办法

- 2006 年 11 月 30 日
- 高检发办字〔2006〕33 号

第一章 总 则

第一条 为规范人民检察院鉴定机构登记管理工作，根据《全国人民代表大会常务委员会关于司法鉴定管理问题的决定》和其他有关规定，结合检察工作实际，制定本办法。

第二条 本办法所称鉴定机构，是指在人民检察院设立的，取得鉴定机构资格并开展鉴定工作的部门。

第三条 鉴定机构登记管理工作，应当遵循依法、严格、公正、及时的原则，保证登记管理工作规范、有序、高效开展。

第二章 登记管理部门

第四条 人民检察院鉴定机构登记管理实行两级管理制度。

最高人民检察院负责本院和省级人民检察院鉴定机构的登记管理工作。

省级人民检察院负责所辖地市级、县区级人民检察院鉴定机构的登记管理工作。

第五条 最高人民检察院检察技术部门和各省级人民检察院检察技术部门是人民检察院鉴定机构的登记管理部门，具体负责鉴定机构资格的登记、审核、延续、变更、注销、复议、名册编制与公告、监督及处罚等。

第六条 登记管理部门不得收取任何登记管理费用。

登记管理的有关业务经费分别列入最高人民检察院和省级人民检察院的年度经费预算。

第三章 资格登记

第七条 鉴定机构经登记管理部门核准登记，取得《人民检察院鉴定机构资格证书》，方可进行鉴定工作。

第八条 鉴定机构登记的事项包括：名称、地址、负责人、所属单位、鉴定业务范围、鉴定人名册、鉴定仪器设备等。

第九条 申请鉴定机构资格，应当具备下列条件：

（一）具有检察技术部门单位建制；

（二）具有适合鉴定工作的办公和业务用房；

（三）具有明确的鉴定业务范围；

（四）具有在业务范围内进行鉴定必需的仪器、设备；

（五）具有在业务范围内进行鉴定必需的依法通过计量认证或者实验室认可的检测实验室；

（六）具有三名以上开展该鉴定业务的鉴定人；

（七）具有完备的鉴定工作管理制度。

第十条 申请鉴定机构资格，应当向登记管理部门提交下列材料：

（一）《人民检察院鉴定机构资格登记申请表》；

（二）所属鉴定人所持《人民检察院鉴定人资格证书》的复印件；

（三）办公和业务用房平面比例图；

(四)鉴定采用的技术标准目录;
(五)鉴定机构内部管理工作制度;
(六)登记管理部门要求提交的其他材料。

第十一条 鉴定机构可以申请登记下列鉴定业务:
(一)法医类鉴定;
(二)物证类鉴定;
(三)声像资料鉴定;
(四)司法会计鉴定;
(五)心理测试。

根据检察业务工作需要,最高人民检察院可以增加其他需要登记管理的鉴定业务。

第十二条 登记管理部门收到登记申请材料后,应当及时进行审查,并在二十日以内作出决定。对准予登记的,经检察长批准,颁发《人民检察院鉴定机构资格证书》。对不予登记的,书面通知申请单位。

提交材料不全的,登记审核期限从材料补齐之日起计算。

第十三条 《人民检察院鉴定机构资格证书》由最高人民检察院统一制发。

《人民检察院鉴定机构资格证书》分为正本和副本,正本和副本具有同等的效力。正本悬挂于鉴定机构住所内醒目位置,副本主要供外出办理鉴定有关业务时使用。

《人民检察院鉴定机构资格证书》有效期限为六年,自颁发之日起计算。

第四章 资格审核与延续

第十四条 登记管理部门每两年进行一次鉴定机构资格的审核工作。鉴定机构报请审核时,应当提交下列材料:
(一)《人民检察院鉴定机构资格审核申请表》;
(二)《人民检察院鉴定机构资格证书》;
(三)资格审核申请报告。主要内容包括:仪器设备的配置、维护和使用情况,鉴定文书档案和证物保管情况,所属鉴定人及其履行职务情况,鉴定人技能培训情况等;
(四)需要提交的其他材料。

第十五条 鉴定机构具有下列情形之一的,审核为不合格:
(一)鉴定质量检查不合格的;
(二)违反程序受理鉴定业务的;
(三)仪器设备、业务用房不符合鉴定要求的;
(四)鉴定文书档案和证物保管不符合规定的;
(五)管理不善,无法保证鉴定质量的;
(六)未按规定办理变更登记手续的;

(七)擅自增加鉴定业务或者扩大受理鉴定业务范围的。

第十六条 登记管理部门对审核合格的鉴定机构,应当在其《人民检察院鉴定机构资格证书》上加盖"鉴定资格审核合格意见",并及时返还鉴定机构。对审核不合格的,暂扣《人民检察院鉴定机构资格证书》,并书面通知被审核鉴定机构所在人民检察院,限期改正。

第十七条 《人民检察院鉴定机构资格证书》有效期限届满需要延续的,鉴定机构应当在申请审核的同时提交《人民检察院鉴定机构资格延续申请表》。

登记管理部门对审核合格并准予延续登记的,自准予延续登记之日起,重新计算《人民检察院鉴定机构资格证书》的有效期。

第五章 资格变更与注销

第十八条 鉴定机构改变住所、负责人的,可以申请变更登记。鉴定机构改变名称、鉴定业务范围的,应当申请变更登记。申请变更登记的,应当向登记管理部门提交下列材料:
(一)《人民检察院鉴定机构变更登记申请表》;
(二)《人民检察院鉴定机构资格证书》;
(三)变更业务范围所涉及人员的《人民检察院鉴定人资格证书》复印件;
(四)登记管理部门要求提交的其他材料。

第十九条 登记管理部门收到变更登记申请材料后,应当在二十日内作出决定。对准予变更登记的,重新颁发《人民检察院鉴定机构资格证书》。对不予变更登记的,书面通知申请单位。

提交材料不全的,审核期限从材料补齐之日起计算。

第二十条 鉴定机构具有下列情形之一的,登记管理部门应当注销其鉴定资格:
(一)鉴定机构提出注销申请的;
(二)鉴定人数不符合设立条件的;
(三)无正当理由,逾期三个月不提交审核申请的;
(四)其他应当注销的情形。

第二十一条 鉴定机构资格被注销的,登记管理部门应当书面通知鉴定机构所在的人民检察院,收回《人民检察院鉴定机构资格证书》。

第六章 复议程序

第二十二条 对登记管理部门作出不予登记、审核不合格、不予变更登记、注销鉴定资格的决定以及其他处理决定有异议的,鉴定机构可以在相关通知书送达之日起三十日以内,向登记管理部门提交复议申请书和相关证明材料。

第二十三条 登记管理部门在收到复议申请后,应当以集体研究的方式进行复议,并在二十日以内做出复议决定,书面通知提出复议申请的单位。

第七章 名册编制与公告

第二十四条 省级人民检察院登记管理部门应当及时将所辖鉴定机构资格的登记、变更、注销情况报最高人民检察院登记管理部门备案。

第二十五条 最高人民检察院统一编制《人民检察院鉴定机构名册》。

第二十六条 《人民检察院鉴定机构名册》以及鉴定机构资格的变更、注销情况应当及时在人民检察院专线网及机关内部刊物上予以公告,并同时抄送最高人民法院、公安部和国家安全部。

第八章 监督与处罚

第二十七条 登记管理部门应当对所辖范围内的鉴定机构进行不定期检查。

第二十八条 登记管理部门对举报、投诉鉴定机构的,应当及时进行调查处理。涉及违法违纪的,移送有关部门处理。

第二十九条 鉴定机构出具错误鉴定意见或者发生重大责任事故的,应当在发现鉴定意见错误或者发生重大责任事故三日以内,向登记管理部门书面报告。

省级人民检察院登记管理部门应当及时将鉴定意见错误或者发生重大责任事故的情况上报最高人民检察院登记管理部门。

第三十条 鉴定机构资格审核不合格的,登记管理部门应当暂停其部分鉴定业务或者全部鉴定业务。

鉴定机构对被暂停的鉴定业务不得出具鉴定意见。

第三十一条 鉴定机构具有下列情形之一的,登记管理部门应当予以警告、通报批评。必要时,注销其鉴定资格;情节严重的,应当取消其鉴定资格:

(一)违反程序受理鉴定业务的;
(二)擅自增加鉴定业务或者扩大受理鉴定业务范围的;
(三)登记管理部门责令改正,逾期不改的;
(四)提供虚假申报材料骗取登记的;
(五)发现鉴定意见错误或者发生重大责任事故不及时报告的。

鉴定资格被取消之日起一年以内,不得重新申请鉴定资格。

第三十二条 鉴定机构具有下列情形之一的,登记管理部门应当移送并建议有关部门给予相关责任人相应的行政处分;构成犯罪的,依法追究其刑事责任:

(一)弄虚作假,徇私舞弊造成严重后果的;
(二)强行要求鉴定人进行鉴定,造成人身伤害、财产损失、环境污染等重大责任事故的;
(三)法律、法规规定的其他情形。

第九章 附 则

第三十三条 鉴定机构登记管理工作文书由最高人民检察院制定。

第三十四条 本办法自2007年1月1日起实施,最高人民检察院此前有关规定与本办法不一致的,以本办法为准。

第三十五条 本办法由最高人民检察院负责解释。

人民检察院鉴定人登记管理办法

·2006年11月30日
·高检发办字〔2006〕33号

第一章 总 则

第一条 为规范人民检察院鉴定人登记管理工作,根据《全国人民代表大会常务委员会关于司法鉴定管理问题的决定》和其他有关规定,结合检察工作实际,制定本办法。

第二条 本办法所称鉴定人,是指依法取得鉴定人资格,在人民检察院鉴定机构中从事法医类、物证类、声像资料、司法会计鉴定以及心理测试等工作的专业技术人员。

第三条 鉴定人的登记管理工作,应当遵循依法、严格、公正、及时的原则,保证登记管理工作规范、有序、高效开展。

第二章 登记管理部门

第四条 人民检察院鉴定人登记管理实行两级管理制度。

最高人民检察院负责本院和省级人民检察院鉴定人的登记管理工作。

省级人民检察院负责所辖地市级、县区级人民检察院鉴定人的登记管理工作。

第五条 最高人民检察院检察技术部门和各省级人民检察院检察技术部门是人民检察院鉴定人的登记管理部门,具体负责鉴定人资格的登记、审核、延续、变更、注销、复议、名册编制与公告、监督及处罚等。

第六条 登记管理部门不得收取任何登记管理费用。

登记管理的有关业务经费分别列入最高人民检察院和省级人民检察院的年度经费预算。

第三章 资格登记

第七条 鉴定人经登记管理部门核准登记,取得《人民检察院鉴定人资格证书》,方可进行鉴定工作。

第八条 遵守国家法律、法规和检察人员职业道德,身体状况良好,适应鉴定工作需要的检察技术人员具备下列条件之一的,可以申请鉴定人资格:

(一)具有与所申请从事的鉴定业务相关的高级专业技术职称;

(二)具有与所申请从事的鉴定业务相关的专业执业资格或者高等院校相关专业本科以上学历,从事相关工作五年以上;

(三)具有与所申请从事的鉴定业务相关工作十年以上经历和较强的专业技能。

第九条 申请鉴定人资格,由所在鉴定机构向登记管理部门提交下列材料:

(一)《人民检察院鉴定人资格登记申请表》;

(二)学历证书、专业技术培训证明材料的复印件;

(三)申请人的《专业技术职务任职资格证书》、相关专业执业资格证明材料的复印件;

(四)登记管理部门要求提交的其他材料。

第十条 登记管理部门收到登记申请材料后,应当及时进行审查,并在二十日以内作出决定。对准予登记的,经检察长批准,颁发《人民检察院鉴定人资格证书》。对不予登记的,书面通知申请单位。

提交材料不全的,核准登记期限从材料补齐之日起计算。

第十一条 《人民检察院鉴定人资格证书》由最高人民检察院统一制发。

《人民检察院鉴定人资格证书》有效期为六年,自颁发之日起计算。

第四章 资格审核与延续

第十二条 登记管理部门每两年进行一次鉴定人资格的审核工作。接受审核的鉴定人应当提交下列材料,由所在鉴定机构向登记管理部门集中报送:

(一)《人民检察院鉴定人资格审核申请表》;

(二)《人民检察院鉴定人资格证书》;

(三)审核期内本人鉴定工作总结;

(四)需要提交的其他材料。

第十三条 鉴定人具有下列情形之一的,审核为不合格:

(一)未从事相关专业工作的;

(二)无正当理由不接受专业技能培训或者培训不合格的;

(三)在社会鉴定机构兼职的;

(四)未经所在鉴定机构同意擅自受理委托鉴定的;

(五)违反鉴定程序或者技术操作规程出具错误鉴定意见的;

(六)被投诉两次以上,查证属实的。

第十四条 登记管理部门对审核合格的鉴定人,应当在其《人民检察院鉴定人资格证书》上加盖"鉴定资格审核合格章",并及时返还送审的鉴定机构。对审核不合格的,暂扣其《人民检察院鉴定人资格证书》,并书面通知被审核人所在鉴定机构,同时抄送鉴定人所在单位,限期改正。

第十五条 《人民检察院鉴定人资格证书》有效期限届满需要延续的,鉴定人应当在申请审核的同时提交《人民检察院鉴定人资格延续申请表》。

登记管理部门对审核合格并准予延续登记的,自准予延续登记之日起,重新计算《人民检察院鉴定人资格证书》的有效期。

第五章 资格变更与注销

第十六条 鉴定人变更鉴定业务、鉴定机构的应当申请变更登记,由所在鉴定机构向登记管理部门提交下列材料:

(一)《人民检察院鉴定人变更登记申请表》;

(二)《人民检察院鉴定人资格证书》;

(三)变更鉴定业务所需的学历证书、专业技术培训证明材料的复印件;

(四)变更鉴定业务所需的《专业技术职务任职资格证书》、相关专业执业资格证明材料的复印件;

(五)登记管理部门要求提交的其他材料。

第十七条 鉴定人在本省、自治区、直辖市检察系统内跨鉴定机构调动工作的,由调出鉴定机构将鉴定人申请变更的相关材料交登记管理部门。

鉴定人跨省、自治区、直辖市检察系统调动工作的,由调出鉴定机构将鉴定人申请变更的相关材料交原登记管理部门,原登记管理部门负责将相关材料转交调入地登记管理部门。

第十八条 登记管理部门收到变更登记申请材料

后,应当在二十日以内作出决定。对准予变更登记的,重新颁发《人民检察院鉴定人资格证书》。对不予变更登记的,书面通知申请单位。

提交材料不全的,审核期限从材料补齐之日起计算。

第十九条 鉴定人具有下列情形之一的,所在鉴定机构应当向登记管理部门申请注销其鉴定资格,登记管理部门也可以直接注销其鉴定资格:

(一)调离专业技术工作岗位的;

(二)无正当理由,逾期三个月不提交审核申请的;

(三)因身体健康等原因,无法正常履职的;

(四)其他应当注销的情形。

第二十条 鉴定人资格被注销的,登记管理部门应当书面通知鉴定人所在鉴定机构,同时抄送鉴定人所在单位,收回《人民检察院鉴定人资格证书》。

第六章 复议程序

第二十一条 对登记管理部门作出的不予登记、审核不合格、不予变更登记、注销鉴定资格的决定及其他处理决定有异议的,鉴定人可以在相关通知书送达之日起三十日以内,通过其所在鉴定机构向登记管理部门提交复议申请书以及相关证明材料。

第二十二条 登记管理部门在接到复议申请后,应当以集体研究的方式进行复议,并在二十日以内做出复议决定,书面通知复议申请人所在鉴定机构,同时抄送鉴定人所在单位。

第七章 名册编制与公告

第二十三条 省级人民检察院登记管理部门应当将所辖鉴定人资格的登记、变更、注销情况报最高人民检察院登记管理部门备案。

第二十四条 最高人民检察院统一编制《人民检察院鉴定人名册》。

第二十五条 《人民检察院鉴定人名册》以及鉴定人资格的变更、注销情况应当及时在人民检察院专线网以及机关内部刊物上予以公告,并同时抄送最高人民法院、公安部和国家安全部。

第八章 监督与处罚

第二十六条 人民检察院鉴定人应当在登记管理部门核准登记的鉴定业务范围内从事鉴定工作。

未取得《人民检察院鉴定人资格证书》、未通过鉴定人资格审核,以及鉴定资格被注销的人员,不得从事鉴定工作。

第二十七条 登记管理部门对举报、投诉鉴定人的,应当及时进行调查处理,涉及违法违纪的移送有关部门处理。

第二十八条 鉴定人具有下列情形之一的,登记管理部门应当给予警告、通报批评。必要时,注销其鉴定资格;情节严重的,取消其鉴定资格:

(一)提供虚假证明材料或者以其他手段骗取资格登记的;

(二)在社会鉴定机构兼职的;

(三)未经所在鉴定机构同意擅自受理委托鉴定的;

(四)违反鉴定程序或者技术操作规程出具错误鉴定意见的;

(五)无正当理由,拒绝鉴定的;

(六)经人民法院通知,无正当理由拒绝出庭的;

(七)登记管理部门责令改正,逾期不改的。

鉴定资格被取消之日起一年以内,不得重新申请鉴定资格。

第二十九条 鉴定人具有下列情形之一的,登记管理部门应当移送并建议有关部门给予相应的行政处分,构成犯罪的,依法追究刑事责任,并终身不授予鉴定资格:

(一)故意出具虚假鉴定意见的;

(二)严重违反规定,出具错误鉴定意见,造成严重后果的;

(三)违反法律、法规的其他情形。

第九章 附则

第三十条 鉴定人登记管理工作文书由最高人民检察院制定。

第三十一条 本办法自2007年1月1日起实施,最高人民检察院此前有关规定与本办法不一致的,以本办法为准。

第三十二条 本办法由最高人民检察院负责解释。

人民检察院鉴定规则(试行)

· 2006年11月30日
· 高检发办字〔2006〕33号

第一章 总 则

第一条 为规范人民检察院鉴定工作,根据《中华人民共和国刑事诉讼法》和《全国人民代表大会常务委员会关于司法鉴定管理问题的决定》等有关规定,结合检察工作实际,制定本规则。

第二条 本规则所称鉴定,是指人民检察院鉴定机构及其鉴定人运用科学技术或者专门知识,就案件中某些专门性问题进行鉴别和判断并出具鉴定意见的活动。

第三条 鉴定工作应当遵循依法、科学、客观、公正、独立的原则。

第二章 鉴定机构、鉴定人

第四条 本规则所称鉴定机构,是指在人民检察院设立的,取得鉴定机构资格并开展鉴定工作的部门。

第五条 本规则所称鉴定人,是指取得鉴定人资格,在人民检察院鉴定机构中从事法医类、物证类、声像资料、司法会计鉴定以及心理测试等工作的专业技术人员。

第六条 鉴定人享有下列权利:
(一)了解与鉴定有关的案件情况,要求委托单位提供鉴定所需的材料;
(二)进行必要的勘验、检查;
(三)查阅与鉴定有关的案件材料,询问与鉴定事项有关的人员;
(四)对违反法律规定委托的案件、不具备鉴定条件或者提供虚假鉴定材料的案件,有权拒绝鉴定;
(五)对与鉴定无关问题的询问,有权拒绝回答;
(六)与其他鉴定人意见不一致时,有权保留意见;
(七)法律、法规规定的其他权利。

第七条 鉴定人应当履行下列义务:
(一)严格遵守法律、法规和鉴定工作规章制度;
(二)保守案件秘密;
(三)妥善保管送检的检材、样本和资料;
(四)接受委托单位与鉴定有关问题的咨询;
(五)出庭接受质证;
(六)法律、法规规定的其他义务。

第八条 鉴定人有下列情形之一的,应当自行回避,委托单位也有权要求鉴定人回避:
(一)是本案的当事人或者是当事人的近亲属的;
(二)本人或者其近亲属和本案有利害关系的;
(三)担任过本案的证人或者诉讼代理人的;
(四)重新鉴定时,是本案原鉴定人的;
(五)其他可能影响鉴定客观、公正的情形。
鉴定人自行提出回避的,应当说明理由,由所在鉴定机构负责人决定是否回避。
委托单位要求鉴定人回避的,应当提出书面申请,由检察长决定是否回避。

第三章 委托与受理

第九条 鉴定机构可以受理人民检察院、人民法院和公安机关以及其他侦查机关委托的鉴定。

第十条 人民检察院内部委托的鉴定实行逐级受理制度,对其他机关委托的鉴定实行同级受理制度。

第十一条 人民检察院各业务部门向上级人民检察院或者对外委托鉴定时,应当通过本院或者上级人民检察院检察技术部门统一协助办理。

第十二条 委托鉴定应当以书面委托为依据,客观反映案件基本情况、送检材料和鉴定要求等内容。鉴定机构受理鉴定时,应当制作委托受理登记表。

第十三条 鉴定机构对不符合法律规定、办案程序和不具备鉴定条件的委托,应当拒绝受理。

第四章 鉴 定

第十四条 鉴定机构接受鉴定委托后,应当指派两名以上鉴定人共同进行鉴定。根据鉴定需要可以聘请其他鉴定机构的鉴定人参与鉴定。

第十五条 具备鉴定条件的,一般应当在受理后十五个工作日以内完成鉴定;特殊情况不能完成的,经检察长批准,可以适当延长,并告知委托单位。

第十六条 鉴定应当严格执行技术标准和操作规程。需要进行实验的,应当记录实验时间、条件、方法、过程、结果等,并由实验人签名,存档备查。

第十七条 具有下列情形之一的,鉴定机构可以接受案件承办单位的委托,进行重新鉴定:
(一)鉴定意见与案件中其他证据相矛盾的;
(二)有证据证明鉴定意见确有错误的;
(三)送检材料不真实的;
(四)鉴定程序不符合法律规定的;
(五)鉴定人应当回避而未回避的;
(六)鉴定人或者鉴定机构不具备鉴定资格的;
(七)其他可能影响鉴定客观、公正情形的。
重新鉴定时,应当另行指派或者聘请鉴定人。

第十八条 鉴定事项有遗漏或者发现新的相关重要鉴定材料的,鉴定机构可以接受委托,进行补充鉴定。

第十九条 遇有重大、疑难、复杂的专门性问题时,经检察长批准,鉴定机构可以组织会检鉴定。
会检鉴定人可以由本鉴定机构的鉴定人与聘请的其他鉴定机构的鉴定人共同组成;也可以全部由聘请的其他鉴定机构的鉴定人组成。
会检鉴定人应当不少于三名,采取鉴定人分别独立检验,集体讨论的方式进行。
会检鉴定应当出具鉴定意见。鉴定人意见有分歧的,应当在鉴定意见中写明分歧的内容和理由,并分别签名或者盖章。

第五章 鉴定文书

第二十条 鉴定完成后,应当制作鉴定文书。鉴定文书包括鉴定书、检验报告等。

第二十一条 鉴定文书应当语言规范,内容完整,描述准确,论证严谨,结论科学。

鉴定文书应当由鉴定人签名,有专业技术职称的,应当注明,并加盖鉴定专用章。

第二十二条 鉴定文书包括正本和副本,正本交委托单位,副本由鉴定机构存档备查。

第二十三条 鉴定文书的归档管理,依照人民检察院立卷归档管理的相关规定执行。

第六章 出 庭

第二十四条 鉴定人接到人民法院的出庭通知后,应当出庭。因特殊情况不能出庭的,应当向法庭说明原因。

第二十五条 鉴定人在出庭前,应当准备出庭需要的相关材料。

鉴定人出庭时,应当遵守法庭规则,依法接受法庭质证,回答与鉴定有关的询问。

第七章 附 则

第二十六条 本规则自 2007 年 1 月 1 日起实施,最高人民检察院此前有关规定与本规则不一致的,以本规则为准。

第二十七条 本规则由最高人民检察院负责解释。

(六)强制措施

最高人民检察院、公安部关于适用刑事强制措施有关问题的规定

· 2000 年 8 月 28 日
· 高检会〔2000〕2 号

为了正确适用刑事诉讼法规定的强制措施,保障刑事诉讼活动的顺利进行,根据刑事诉讼法和其他有关法律规定,现对人民检察院、公安机关适用刑事强制措施的有关问题作如下规定:

一、取保候审

第一条 人民检察院决定对犯罪嫌疑人采取取保候审措施的,应当在向犯罪嫌疑人宣布后交由公安机关执行。对犯罪嫌疑人采取保证人担保形式的,人民检察院应当将有关法律文书和有关案由、犯罪嫌疑人基本情况、保证人基本情况的材料,送交犯罪嫌疑人居住地的同级公安机关;对犯罪嫌疑人采取保证金担保形式的,人民检察院应当在核实保证金已经交纳到公安机关指定的银行后,将有关法律文书、有关案由、犯罪嫌疑人基本情况的材料和银行出具的收款凭证,送交犯罪嫌疑人居住地的同级公安机关。

第二条 公安机关收到有关法律文书和材料后,应当立即交由犯罪嫌疑人居住地的县级公安机关执行。负责执行的县级公安机关应当在 24 小时以内核实被取保候审人、保证人的身份以及相关材料,并报告县级公安机关负责人后,通知犯罪嫌疑人居住地派出所执行。

第三条 执行取保候审的派出所应当指定专人负责对被取保候审人进行监督考察,并将取保候审的执行情况报告所属县级公安机关通知决定取保候审的人民检察院。

第四条 人民检察院决定对犯罪嫌疑人取保候审的案件,在执行期间,被取保候审人有正当理由需要离开所居住的市、县的,负责执行的派出所应当及时报告所属县级公安机关,由该县级公安机关征得决定取保候审的人民检察院同意后批准。

第五条 人民检察院决定对犯罪嫌疑人采取保证人担保形式取保候审的,如果保证人在取保候审期间不愿继续担保或者丧失担保条件,人民检察院应当在收到保证人不愿继续担保的申请或者发现其丧失担保条件后的 3 日以内,责令犯罪嫌疑人重新提出保证人或者交纳保证金,或者变更为其他强制措施,并通知公安机关执行。

公安机关在执行期间收到保证人不愿继续担保的申请或者发现其丧失担保条件的,应当在 3 日以内通知作出决定的人民检察院。

第六条 人民检察院决定对犯罪嫌疑人取保候审的案件,被取保候审人、保证人违反应当遵守的规定的,由县级以上公安机关决定没收保证金、对保证人罚款,并在执行后 3 日以内将执行情况通知人民检察院。人民检察院应当在接到通知后 5 日以内,区别情形,责令犯罪嫌疑人具结悔过、重新交纳保证金、提出保证人或者监视居住、予以逮捕。

第七条 人民检察院决定对犯罪嫌疑人取保候审的案件,取保候审期限届满 15 日前,负责执行的公安机关应当通知作出决定的人民检察院。人民检察院应当在取保候审期限届满前,作出解除取保候审或者变更强制措施的决定,并通知公安机关执行。

第八条 人民检察院决定对犯罪嫌疑人采取保证金

担保方式取保候审的，犯罪嫌疑人在取保候审期间没有违反刑事诉讼法第五十六条规定，也没有故意重新犯罪的，人民检察院解除取保候审时，应当通知公安机关退还保证金。

第九条 公安机关决定对犯罪嫌疑人取保候审的案件，犯罪嫌疑人违反应当遵守的规定，情节严重的，公安机关应当依法提请批准逮捕。人民检察院应当根据刑事诉讼法第五十六条的规定审查批准逮捕。

二、监视居住

第十条 人民检察院决定对犯罪嫌疑人采取监视居住措施的，应当核实犯罪嫌疑人的住处。犯罪嫌疑人没有固定住处的，人民检察院应当为其指定居所。

第十一条 人民检察院核实犯罪嫌疑人住处或者为其指定居所后，应当制作监视居住执行通知书，将有关法律文书和有关案由、犯罪嫌疑人基本情况的材料，送交犯罪嫌疑人住处或者居所地的同级公安机关执行。人民检察院可以协助公安机关执行。

第十二条 公安机关收到有关法律文书和材料后，应当立即交由犯罪嫌疑人住处或者居所地的县公安机关执行。负责执行的县级公安机关应当在24小时以内，核实被监视居住人的身份和住处或者居所，报告县级公安机关负责人后，通知被监视居住人住处或者居所地的派出所执行。

第十三条 负责执行监视居住的派出所应当指定专人对被监视居住人进行监督考察，并及时将监视居住的执行情况报告所属县级公安机关通知决定监视居住的人民检察院。

第十四条 人民检察院决定对犯罪嫌疑人监视居住的案件，在执行期间，犯罪嫌疑人有正当理由需要离开住处或者指定居所的，负责执行的派出所应当及时报告所属县级公安机关，由该县级公安机关征得决定监视居住的人民检察院同意后予以批准。

第十五条 人民检察院决定对犯罪嫌疑人监视居住的案件，犯罪嫌疑人违反应当遵守的规定的，执行监视居住的派出所应当及时报告县级公安机关通知决定监视居住的人民检察院。情节严重的，人民检察院应当决定予以逮捕，通知公安机关执行。

第十六条 人民检察院决定对犯罪嫌疑人监视居住的，监视居住期限届满15日前，负责执行的县级公安机关应当通知决定监视居住的人民检察院。人民检察院应当在监视居住期限届满前，作出解除监视居住或者变更强制措施的决定，并通知公安机关执行。

第十七条 公安机关决定对犯罪嫌疑人监视居住的案件，犯罪嫌疑人违反应当遵守的规定，情节严重的，公安机关应当依法提请批准逮捕。人民检察院应当根据刑事诉讼法第五十七条的规定审查批准逮捕。

三、拘　　留

第十八条 人民检察院直接立案侦查的案件，需要拘留犯罪嫌疑人的，应当依法作出拘留决定，并将有关法律文书和有关案由、犯罪嫌疑人基本情况的材料送交同级公安机关执行。

第十九条 公安机关核实有关法律文书和材料后，应当报请县级以上公安机关负责人签发拘留证，并立即派员执行，人民检察院可以协助公安机关执行。

第二十条 人民检察院对于符合刑事诉讼法第六十一条第(四)项或者第(五)项规定情形的犯罪嫌疑人，因情况紧急，来不及办理拘留手续的，可以先行将犯罪嫌疑人带至公安机关，同时立即办理拘留手续。

第二十一条 公安机关拘留犯罪嫌疑人后，应当立即将执行回执送达作出拘留决定的人民检察院。人民检察院应当在拘留后的24小时以内对犯罪嫌疑人进行讯问。除有碍侦查或者无法通知的情形以外，人民检察院还应当把拘留的原因和羁押的处所，在24小时以内，通知被拘留人的家属或者他的所在单位。

公安机关未能抓获犯罪嫌疑人的，应当在24小时以内，将执行情况和未能抓获犯罪嫌疑人的原因通知作出拘留决定的人民检察院。对于犯罪嫌疑人在逃的，在人民检察院撤销拘留决定之前，公安机关应当组织力量继续执行，人民检察院应当及时向公安机关提供新的情况和线索。

第二十二条 人民检察院对于决定拘留的犯罪嫌疑人，经检察长或者检察委员会决定不予逮捕的，应当通知公安机关释放犯罪嫌疑人，公安机关接到通知后应当立即释放；需要逮捕而证据还不充足的，人民检察院可以变更为取保候审或者监视居住，并通知公安机关执行。

第二十三条 公安机关对于决定拘留的犯罪嫌疑人，经审查认为需要逮捕的，应当在法定期限内提请同级人民检察院审查批准。犯罪嫌疑人不讲真实姓名、住址，身份不明的，拘留期限自查清其真实身份之日起计算。对于有证据证明有犯罪事实的，也可以按犯罪嫌疑人自报的姓名提请人民检察院批准逮捕。

对于需要确认外国籍犯罪嫌疑人身份的，应当按照我国和该犯罪嫌疑人所称的国籍国签订的有关司法协助条约、国际公约的规定,或者通过外交途径、国际刑警组织渠道查明其身份。如果确实无法查清或者有关国家拒绝协助的,只要有证据证明有犯罪事实,可以按照犯罪嫌疑人自报的姓名提请人民检察院批准逮捕。侦查终结后,对于犯罪事实清楚,证据确实、充分的,也可以按其自报的姓名移送人民检察院审查起诉。

四、逮 捕

第二十四条 对于公安机关提请批准逮捕的案件,人民检察院应当就犯罪嫌疑人涉嫌的犯罪事实和证据进行审查。除刑事诉讼法第五十六条和第五十七条规定的情形外,人民检察院应当按照刑事诉讼法第六十条规定的逮捕条件审查批准逮捕。

第二十五条 对于公安机关提请批准逮捕的犯罪嫌疑人,人民检察院决定不批准逮捕的,应当说明理由;不批准逮捕并且通知公安机关补充侦查的,应当同时列出补充侦查提纲。

公安机关接到人民检察院不批准逮捕决定书后,应当立即释放犯罪嫌疑人;认为需要逮捕而进行补充侦查、要求复议或者提请复核的,可以变更为取保候审或者监视居住。

第二十六条 公安机关认为人民检察院不批准逮捕的决定有错误的,应当在收到不批准逮捕决定书后5日以内,向同级人民检察院要求复议。人民检察院应当在收到公安机关要求复议意见书后7日以内作出复议决定。

公安机关对复议决定不服的,应当在收到人民检察院复议决定书后5日以内,向上一级人民检察院提请复核。上一级人民检察院应当在收到公安机关提请复核意见书后15日以内作出复核决定。

第二十七条 人民检察院直接立案侦查的案件,依法作出逮捕犯罪嫌疑人的决定后,应当将有关法律文书和有关案由、犯罪嫌疑人基本情况的材料送交同级公安机关执行。

公安机关核实人民检察院送交的有关法律文书和材料后,应当报请县级以上公安机关负责人签发逮捕证,并立即派员执行,人民检察院可以协助公安机关执行。

第二十八条 人民检察院直接立案侦查的案件,公安机关逮捕犯罪嫌疑人后,应当立即将执行回执送达决定逮捕的人民检察院。人民检察院应当在逮捕后24小时以内,对犯罪嫌疑人进行讯问。除有碍侦查或者无法通知的情形外,人民检察院还应当将逮捕的原因和羁押的处所,在24小时以内,通知被逮捕人的家属或者其所在单位。

公安机关未能抓获犯罪嫌疑人的,应当在24小时以内,将执行情况和未能抓获犯罪嫌疑人的原因通知决定逮捕的人民检察院。对于犯罪嫌疑人在逃的,在人民检察院撤销逮捕决定之前,公安机关应当组织力量继续执行,人民检察院应当及时提供新的情况和线索。

第二十九条 人民检察院直接立案侦查的案件,对已经逮捕的犯罪嫌疑人,发现不应当逮捕的,应当经检察长批准或者检察委员会讨论决定,撤销逮捕决定或者变更为取保候审、监视居住,并通知公安机关执行。人民检察院将逮捕变更为取保候审、监视居住的,执行程序适用本规定。

第三十条 人民检察院直接立案侦查的案件,被拘留、逮捕的犯罪嫌疑人或者他的法定代理人、近亲属和律师向负责执行的公安机关提出取保候审申请的,公安机关应当告知其直接向作出决定的人民检察院提出。

被拘留、逮捕的犯罪嫌疑人的法定代理人、近亲属和律师向人民检察院申请对犯罪嫌疑人取保候审的,人民检察院应当在收到申请之日起7日内作出是否同意的答复。同意取保候审的,应当作出变更强制措施的决定,办理取保候审手续,并通知公安机关执行。

第三十一条 对于人民检察院决定逮捕的犯罪嫌疑人,公安机关应当在侦查羁押期限届满10日前通知决定逮捕的人民检察院。

对于需要延长侦查羁押期限的,人民检察院应当在侦查羁押期限届满前,将延长侦查羁押期限决定书送交公安机关;对于犯罪嫌疑人另有重要罪行,需要重新计算侦查羁押期限的,人民检察院应当在侦查羁押期限届满前,将重新计算侦查羁押期限决定书送交公安机关。

对于不符合移送审查起诉条件或者延长侦查羁押期限条件、重新计算侦查羁押期限条件的,人民检察院应当在侦查羁押期限届满前,作出予以释放或者变更强制措施的决定,并通知公安机关执行。公安机关应当将执行情况及时通知人民检察院。

第三十二条 公安机关立案侦查的案件,对于已经逮捕的犯罪嫌疑人变更为取保候审、监视居住,又发现需要逮捕该犯罪嫌疑人的,公安机关应当重新提请批准逮捕。

人民检察院直接立案侦查的案件具有前款规定情形的,应当重新审查决定逮捕。

五、其他有关规定

第三十三条 人民检察院直接立案侦查的案件,需要通缉犯罪嫌疑人的,应当作出逮捕决定,并将逮捕决定书、通缉通知书和犯罪嫌疑人的照片、身份、特征等情况及简要案情,送达同级公安机关,由公安机关按照规定发布通缉令。人民检察院应当予以协助。

各级人民检察院需要在本辖区内通缉犯罪嫌疑人的,可以直接决定通缉;需要在本辖区外通缉犯罪嫌疑人的,由有决定权的上级人民检察院决定。

第三十四条 公安机关侦查终结后,应当按照刑事诉讼法第一百二十九条的规定,移送同级人民检察院审查起诉。人民检察院认为应当由上级人民检察院、同级其他人民检察院或者下级人民检察院审查起诉的,由人民检察院将案件移送有管辖权的人民检察院审查起诉。

第三十五条 人民检察院审查公安机关移送起诉的案件,认为需要补充侦查的,可以退回公安机关补充侦查,也可以自行侦查。

补充侦查以二次为限。公安机关已经补充侦查二次后移送审查起诉的案件,人民检察院依法改变管辖的,如果需要补充侦查,由人民检察院自行侦查;人民检察院在审查起诉中又发现新的犯罪事实的,应当移送公安机关立案侦查,对已经查清的犯罪事实依法提起公诉。

人民检察院提起公诉后,发现案件需要补充侦查的,由人民检察院自行侦查,公安机关应当予以协助。

第三十六条 公安机关认为人民检察院的不起诉决定有错误的,应当在收到人民检察院不起诉决定书后7日内制作要求复议意见书,要求同级人民检察院复议。人民检察院应当在收到公安机关要求复议意见书后30日内作出复议决定。

公安机关对人民检察院的复议决定不服的,可以在收到人民检察院复议决定书后7日内制作提请复核意见书,向上一级人民检察院提请复核。上一级人民检察院应当在收到公安机关提请复核意见书后30日内作出复核决定。

第三十七条 人民检察院应当加强对公安机关、人民检察院办案部门适用刑事强制措施工作的监督,对于超期羁押、超期限办案、不依法执行的,应当及时提出纠正意见,督促公安机关或者人民检察院办案部门依法执行。

公安机关、人民检察院的工作人员违反刑事诉讼法和本规定,玩忽职守、滥用职权、徇私舞弊,导致超期羁押、超期限办案或者实施其他违法行为的,应当依照有关法律和规定追究法律责任;构成犯罪的,依法追究刑事责任。

第三十八条 对于人民检察院直接立案侦查的案件,人民检察院由承办案件的部门负责强制措施的移送执行事宜。公安机关由刑事侦查部门负责拘留、逮捕措施的执行事宜;由治安管理部门负责安排取保候审、监视居住的执行事宜。

第三十九条 各省、自治区、直辖市人民检察院、公安厅(局)和最高人民检察院、公安部直接立案侦查的刑事案件,适用刑事诉讼法和本规定。

第四十条 本规定自公布之日起施行。

最高人民检察院、公安部关于依法适用逮捕措施有关问题的规定

· 2001年8月6日
· 高检会〔2001〕10号

为了进一步加强人民检察院和公安机关的配合,依法适用逮捕措施,加大打击犯罪力度,保障刑事诉讼的顺利进行,维护社会稳定和市场经济秩序,根据《中华人民共和国刑事诉讼法》和其他有关法律的规定,现对人民检察院和公安机关依法适用逮捕措施的有关问题作如下规定:

一、公安机关提请批准逮捕、人民检察院审查批准逮捕都应当严格依照法律规定的条件和程序进行。

(一)刑事诉讼法第六十条规定的"有证据证明有犯罪事实"是指同时具备以下三种情形:1. 有证据证明发生了犯罪事实;2. 有证据证明该犯罪事实是犯罪嫌疑人实施的;3. 证明犯罪嫌疑人实施犯罪行为的证据已有查证属实的。

"有证据证明有犯罪事实",并不要求查清全部犯罪事实。其中"犯罪事实"既可以是单一犯罪行为的事实,也可以是数个犯罪行为中任何一个犯罪行为的事实。

(二)具有下列情形之一的,即为刑事诉讼法第六十条规定的"有逮捕必要":1. 可能继续实施犯罪行为,危害社会的;2. 可能毁灭、伪造证据、干扰证人作证或者串供的;3. 可能自杀或逃跑的;4. 可能实施打击报复行为的;5. 可能有碍其他案件侦查的;6. 其他可能发生社会危险性的情形。

对有组织犯罪、黑社会性质组织犯罪、暴力犯罪和多发性犯罪等严重危害社会治安和社会秩序以及可能有碍侦查的犯罪嫌疑人,一般应予逮捕。

(三)对实施多个犯罪行为或者共同犯罪案件的犯罪嫌疑人,符合本条第(一)项、第(二)项的规定,具有下列情形之一的,应当予以逮捕:1. 有证据证明有数罪中的一罪的;2. 有证据证明有多次犯罪中的一次犯罪的;

3. 共同犯罪中，已有证据证明有犯罪行为的。

（四）根据刑事诉讼法第五十六条第二款的规定，对下列违反取保候审规定的犯罪嫌疑人，应当予以逮捕：1. 企图自杀、逃跑、逃避侦查、审查起诉的；2. 实施毁灭、伪造证据或者串供、干扰证人作证行为，足以影响侦查、审查起诉工作正常进行的；3. 未经批准，擅自离开所居住的市、县，造成严重后果，或者两次未经批准，擅自离开所居住的市、县的；4. 经传讯不到案，造成严重后果，或者经两次传讯不到案的。

对在取保候审期间故意实施新的犯罪行为的犯罪嫌疑人，应当予以逮捕。

（五）根据刑事诉讼法第五十七条第二款的规定，被监视居住的犯罪嫌疑人具有下列情形之一的，属于"情节严重"，应当予以逮捕：1. 故意实施新的犯罪行为的；2. 企图自杀、逃跑、逃避侦查、审查起诉的；3. 实施毁灭、伪造证据或者串供、干扰证人作证行为，足以影响侦查、审查起诉工作正常进行的；4. 未经批准，擅自离开住处或者指定的居所，造成严重后果，或者两次未经批准，擅自离开住处或者指定的居所的；5. 未经批准，擅自会见他人，造成严重后果，或者两次未经批准，擅自会见他人的；6. 经传讯不到案，造成严重后果，或者经两次传讯不到案的。

二、公安机关在作出是否提请人民检察院批准逮捕的决定之前，应当对收集、调取的证据材料予以核实。对于符合逮捕条件的犯罪嫌疑人，应当提请人民检察院批准逮捕；对于不符合逮捕条件但需要继续侦查的，公安机关可以依法取保候审或者监视居住。

公安机关认为需要人民检察院派员参加重大案件讨论的，应当及时通知人民检察院，人民检察院接到通知后，应当及时派员参加。参加的检察人员在充分了解案情的基础上，应当对侦查活动提出意见和建议。

三、人民检察院收到公安机关提请批准逮捕的案件后，应当立即指定专人进行审查，发现不符合刑事诉讼法第六十六条规定，提请批准逮捕书、案卷材料和证据不齐全的，应当要求公安机关补充有关材料。

对公安机关提请批准逮捕的案件，人民检察院经审查，认为符合逮捕条件的，应当批准逮捕。对于不符合逮捕条件的，或者具有刑事诉讼法第十五条规定的情形之一的，应当作出不批准逮捕的决定，并说明理由。

对公安机关报请批准逮捕的案件人民检察院在审查逮捕期间不另行侦查。必要的时候，人民检察院可以派人参加公安机关对重大案件的讨论。

四、对公安机关提请批准逮捕的犯罪嫌疑人，已被拘留的，人民检察院应当在接到提请批准逮捕书后的7日以内作出是否批准逮捕的决定；未被拘留的，应当在接到提请批准逮捕书后的15日以内作出是否批准逮捕的决定，重大、复杂的案件，不得超过20日。

五、对不批准逮捕，需要补充侦查的案件，人民检察院应当通知提请批准逮捕的公安机关补充侦查，并附补充侦查提纲，列明需要查清的事实和需要收集、核实的证据。

六、对人民检察院补充侦查提纲中所列的事项，公安机关应当及时进行侦查、核实，并逐一作出说明。不得未经侦查和说明，以相同材料再次提请批准逮捕。公安机关未经侦查、不作说明的，人民检察院可以作出不批准逮捕的决定。

七、人民检察院批准逮捕的决定，公安机关应当立即执行，并将执行回执在执行后3日内送达作出批准决定的人民检察院；未能执行的，也应当将执行回执送达人民检察院，并写明未能执行的原因。对于人民检察院决定不批准逮捕的，公安机关在收到不批准逮捕决定书后，应当立即释放在押的犯罪嫌疑人或者变更强制措施，并将执行回执在收到不批准逮捕决定书后3日内送达作出不批准逮捕决定的人民检察院。如果公安机关发现逮捕不当的，应当及时予以变更，并将变更的情况及原因在作出变更决定后3日内通知原批准逮捕的人民检察院。人民检察院认为变更不当的，应当通知作出变更决定的公安机关纠正。

八、公安机关认为人民检察院不批准逮捕的决定有错误的，应当在收到不批准逮捕决定书后5日以内，向同级人民检察院要求复议。人民检察院应当在收到公安机关要求复议意见书后7日内作出复议决定。

公安机关对复议决定不服的，应当在收到人民检察院复议决定书后5日以内向上一级人民检察院提请复核。上一级人民检察院应当在收到公安机关提请复核意见书后15日以内作出复核决定。原不批准逮捕决定错误的，应当及时纠正。

九、人民检察院办理审查逮捕案件，发现应当逮捕而公安机关未提请批准逮捕的犯罪嫌疑人的，应当建议公安机关提请批准逮捕。公安机关认为建议正确的，应当立即提请批准逮捕；认为建议不正确的，应当将不提请批准逮捕的理由通知人民检察院。

十、公安机关需要延长侦查羁押期限的，应当在侦查羁押期限届满7日前，向同级人民检察院移送提请延长侦查羁押期限意见书，写明案件的主要案情、延长侦查羁押期限的具体理由和起止日期，并附逮捕证复印件。有决定权的人民检察院应当在侦查羁押期限届满前作出是否批准延长侦查羁押期限的决定，并交由受理案件的人民检察院送达公安机关。

十一、公安机关发现犯罪嫌疑人另有重要罪行，需要重新计算侦查羁押期限的，可以按照刑事诉讼法有关规定决定重新计算侦查羁押期限，同时报送原作出批准逮捕决定的人民检察院备案。

十二、公安机关发现不应当对犯罪嫌疑人追究刑事责任的，应当撤销案件；犯罪嫌疑人已被逮捕的，应当立即释放，并将释放的原因在释放后3日内通知原作出批准逮捕决定的人民检察院。

十三、人民检察院在审查批准逮捕工作中，如果发现公安机关的侦查活动有违法情况，应当通知公安机关予以纠正，公安机关应当将纠正情况通知人民检察院。

十四、公安机关、人民检察院在提请批准逮捕和审查批准逮捕工作中，要加强联系，互相配合，在工作中可以建立联席会议制度，定期互通有关情况。

十五、关于适用逮捕措施的其他问题，依照《中华人民共和国刑事诉讼法》、《最高人民检察院、公安部关于适用刑事强制措施有关问题的规定》和其他有关规定办理。

最高人民检察院关于对涉嫌盗窃的不满十六周岁未成年人采取刑事拘留强制措施是否违法问题的批复

- 2011年1月10日最高人民检察院第十一届检察委员会第54次会议通过
- 2011年1月25日最高人民检察院公告公布
- 自2011年1月25日起施行
- 高检发释字〔2011〕1号

北京市人民检察院：

你院京检字〔2010〕107号《关于对涉嫌盗窃的不满十六周岁未成年人采取刑事拘留强制措施是否违法的请示》收悉。经研究，批复如下：

根据刑法、刑事诉讼法、未成年人保护法等有关法律规定，对于实施犯罪时未满十六周岁的未成年人，且未犯刑法第十七条第二款规定之罪的，公安机关查明犯罪嫌疑人实施犯罪时年龄确系未满十六周岁依法不负刑事责任后仍予以刑事拘留的，检察机关应当及时提出纠正意见。

此复

关于取保候审若干问题的规定

- 2022年9月5日
- 公通字〔2022〕25号

第一章 一般规定

第一条 为了规范适用取保候审，贯彻落实少捕慎诉慎押的刑事司法政策，保障刑事诉讼活动顺利进行，保护公民合法权益，根据《中华人民共和国刑事诉讼法》及有关规定，制定本规定。

第二条 对犯罪嫌疑人、被告人取保候审的，由公安机关、国家安全机关、人民检察院、人民法院根据案件的具体情况依法作出决定。

公安机关、人民检察院、人民法院决定取保候审的，由公安机关执行。国家安全机关决定取保候审的，以及人民检察院、人民法院办理国家安全机关移送的刑事案件决定取保候审的，由国家安全机关执行。

第三条 对于采取取保候审足以防止发生社会危险性的犯罪嫌疑人，应当依法适用取保候审。

决定取保候审的，不得中断对案件的侦查、起诉和审理。严禁以取保候审变相放纵犯罪。

第四条 对犯罪嫌疑人、被告人决定取保候审的，应当责令其提出保证人或者交纳保证金。

对同一犯罪嫌疑人、被告人决定取保候审的，不得同时使用保证人保证和保证金保证。对未成年人取保候审的，应当优先适用保证人保证。

第五条 采取保证金形式取保候审的，保证金的起点数额为人民币一千元；被取保候审人为未成年人的，保证金的起点数额为人民币五百元。

决定机关应当综合考虑保证诉讼活动正常进行的需要，被取保候审人的社会危险性，案件的性质、情节，可能判处刑罚的轻重，被取保候审人的经济状况等情况，确定保证金的数额。

第六条 对符合取保候审条件，但犯罪嫌疑人、被告人不能提出保证人也不交纳保证金的，可以监视居住。

前款规定的被监视居住人提出保证人或者交纳保证金的，可以对其变更为取保候审。

第二章 决 定

第七条 决定取保候审时，可以根据案件情况责令被取保候审人不得进入下列"特定的场所"：

（一）可能导致其再次实施犯罪的场所；

（二）可能导致其实施妨害社会秩序、干扰他人正常活动行为的场所；

（三）与其所涉嫌犯罪活动有关联的场所；
（四）可能导致其实施毁灭证据、干扰证人作证等妨害诉讼活动的场所；
（五）其他可能妨害取保候审执行的特定场所。

第八条 决定取保候审时，可以根据案件情况责令被取保候审人不得与下列"特定的人员"会见或者通信：
（一）证人、鉴定人、被害人及其法定代理人和近亲属；
（二）同案违法行为人、犯罪嫌疑人、被告人以及与案件有关联的其他人员；
（三）可能遭受被取保候审人侵害、滋扰的人员；
（四）可能实施妨害取保候审执行、影响诉讼活动的人员。

前款中的"通信"包括以信件、短信、电子邮件、通话，通过网络平台或者网络应用服务交流信息等各种方式直接或者间接通信。

第九条 决定取保候审时，可以根据案件情况责令被取保候审人不得从事下列"特定的活动"：
（一）可能导致其再次实施犯罪的活动；
（二）可能对国家安全、公共安全、社会秩序造成不良影响的活动；
（三）与所涉嫌犯罪相关联的活动；
（四）可能妨害诉讼的活动；
（五）其他可能妨害取保候审执行的特定活动。

第十条 公安机关应当在其指定的银行设立取保候审保证金专门账户，委托银行代为收取和保管保证金，并将相关信息通知同级人民检察院、人民法院。

保证金应当以人民币交纳。

第十一条 公安机关决定使用保证金保证的，应当及时将收取保证金通知书送达被取保候审人，责令其在三日内向指定的银行一次性交纳保证金。

第十二条 人民法院、人民检察院决定使用保证金保证的，应当责令被取保候审人在三日内向公安机关指定银行的专门账户一次性交纳保证金。

第十三条 被取保候审人或者为其提供保证金的人应当将所交纳的保证金存入取保候审保证金专门账户，并由银行出具相关凭证。

第三章 执 行

第十四条 公安机关决定取保候审的，在核实被取保候审人已经交纳保证金后，应当将取保候审决定书、取保候审执行通知书和其他有关材料一并送交执行。

第十五条 公安机关决定取保候审的，应当及时通知被取保候审人居住地的派出所执行。被取保候审人居住地在异地的，应当及时通知居住地公安机关，由其指定被取保候审人居住地的派出所执行。必要时，办案部门可以协助执行。

被取保候审人居住地变更的，执行取保候审的派出所应当及时通知决定取保候审的公安机关，由其重新确定被取保候审人变更后的居住地派出所执行。变更后的居住地在异地的，决定取保候审的公安机关应当通知该地公安机关，由其指定被取保候审人居住地的派出所执行。原执行机关应当与变更后的执行机关进行工作交接。

第十六条 居住地包括户籍所在地、经常居住地。经常居住地是指被取保候审人离开户籍所在地最后连续居住一年以上的地方。

取保候审一般应当在户籍所在地执行，但已形成经常居住地的，可以在经常居住地执行。

被取保候审人具有下列情形之一的，也可以在其暂住地执行取保候审：
（一）被取保候审人离开户籍所在地一年以上且无经常居住地，但在暂住地有固定住处的；
（二）被取保候审人系外国人、无国籍人，香港特别行政区、澳门特别行政区、台湾地区居民的；
（三）被取保候审人户籍所在地无法查清且无经常居住地的。

第十七条 在本地执行取保候审的，决定取保候审的公安机关应当将法律文书和有关材料送达负责执行的派出所。

在异地执行取保候审的，决定取保候审的公安机关应当将法律文书和载有被取保候审人的报到期限、联系方式等信息的有关材料送达执行机关，送达方式包括直接送达、委托送达、邮寄送达等，执行机关应当及时出具回执。被取保候审人应当在收到取保候审决定书后五日以内向执行机关报到。执行机关应当在被取保候审人报到后三日以内向决定机关反馈。

被取保候审人未在规定期限内向负责执行的派出所报到，且无正当事由的，执行机关应当通知决定机关，决定机关应当依法传讯被取保候审人，被取保候审人不到案的，依照法律和本规定第五章的有关规定处理。

第十八条 执行机关在执行取保候审时，应当告知被取保候审人必须遵守刑事诉讼法第七十一条的规定，以及违反规定或者在取保候审期间重新犯罪的法律后果。

保证人保证的，应当告知保证人必须履行的保证义务，以及不履行义务的法律后果，并由其出具保证书。

执行机关应当依法监督、考察被取保候审人遵守规定的有关情况，及时掌握其住址、工作单位、联系方式变动情况，预防、制止其实施违反规定的行为。

被取保候审人应当遵守取保候审有关规定，接受执行机关监督管理，配合执行机关定期了解有关情况。

第十九条 被取保候审人未经批准不得离开所居住的市、县。

被取保候审人需要离开所居住的市、县的，应当向负责执行的派出所提出书面申请，并注明事由、目的地、路线、交通方式、往返日期、联系方式等。被取保候审人有紧急事由，来不及提出书面申请的，可以先通过电话、短信等方式提出申请，并及时补办书面申请手续。

经审查，具有工作、学习、就医等正当合理事由的，由派出所负责人批准。

负责执行的派出所批准后，应当通知决定机关，并告知被取保候审人遵守下列要求：

（一）保持联系方式畅通，并在传讯的时候及时到案；

（二）严格按照批准的地点、路线、往返日期出行；

（三）不得从事妨害诉讼的活动；

（四）返回居住地后及时向执行机关报告。

对于因正常工作和生活需要经常性跨市、县活动的，可以根据情况，简化批准程序。

第二十条 人民法院、人民检察院决定取保候审的，应当将取保候审决定书、取保候审执行通知书和其他有关材料一并送交所在地同级公安机关，由所在地同级公安机关依照本规定第十五条、第十六条、第十七条的规定交付执行。

人民法院、人民检察院可以采用电子方式向公安机关送交法律文书和有关材料。

负责执行的县级公安机关应当在收到法律文书和有关材料后二十四小时以内，指定被取保候审人居住地派出所执行，并将执行取保候审的派出所通知作出取保候审决定的人民法院、人民检察院。

被取保候审人居住地变更的，由负责执行的公安机关通知变更后的居住地公安机关执行，并通知作出取保候审决定的人民法院、人民检察院。

人民法院、人民检察院决定取保候审的，执行机关批准被取保候审人离开所居住的市、县前，应当征得决定机关同意。

第二十一条 决定取保候审的公安机关、人民检察院传讯被取保候审人的，应当制作法律文书，并向被取保候审人送达。被传讯的被取保候审人不在场的，也可以交与其同住的成年亲属代收，并与被取保候审人联系确认告知。无法送达或者被取保候审人未按照规定接受传讯的，应当在法律文书上予以注明，并通知执行机关。

情况紧急的，决定取保候审的公安机关、人民检察院可以通过电话通知等方式传讯被取保候审人，但应当在法律文书上予以注明，并通知执行机关。

异地传讯的，决定取保候审的公安机关、人民检察院可以委托执行机关代为送达，执行机关送达后应当及时向决定机关反馈。无法送达的，应当在法律文书上注明，并通知决定机关。

人民法院传讯被取保候审的被告人，依照其他有关规定执行。

第二十二条 保证人应当对被取保候审人遵守取保候审管理规定情况进行监督，发现被保证人已经或者可能违反刑事诉讼法第七十一条规定的，应当及时向执行机关报告。

保证人不愿继续保证或者丧失保证条件的，保证人或者被取保候审人应当及时报告执行机关。执行机关应当在发现或者被告知该情形之日起三日以内通知决定机关。决定机关应当责令被取保候审人重新提出保证人或者交纳保证金，或者变更强制措施，并通知执行机关。

第二十三条 执行机关发现被取保候审人违反应当遵守的规定以及保证人未履行保证义务的，应当及时制止、采取相应措施，同时告知决定机关。

第四章 变更、解除

第二十四条 取保候审期限届满，决定机关应当作出解除取保候审或者变更强制措施的决定，并送交执行机关。决定机关未解除取保候审或者未对被取保候审人采取其他刑事强制措施的，被取保候审人及其法定代理人、近亲属或者辩护人有权要求决定机关解除取保候审。

对于发现不应当追究被取保候审人刑事责任并作出撤销案件或者终止侦查决定的，决定机关应当及时作出解除取保候审决定，并送交执行机关。

有下列情形之一的，取保候审自动解除，不再办理解除手续，决定机关应当及时通知执行机关：

（一）取保候审依法变更为监视居住、拘留、逮捕，变更后的强制措施已经开始执行的；

（二）人民检察院作出不起诉决定的；

（三）人民法院作出的无罪、免予刑事处罚或者不负刑事责任的判决、裁定已经发生法律效力的；

（四）被判处管制或者适用缓刑，社区矫正已经开始执行的；

（五）被单处附加刑，判决、裁定已经发生法律效力的；

（六）被判处监禁刑，刑罚已经开始执行的。

执行机关收到决定机关上述决定书或者通知后，应当立即执行，并将执行情况及时通知决定机关。

第二十五条　采取保证金方式保证的被取保候审人在取保候审期间没有违反刑事诉讼法第七十一条的规定，也没有故意实施新的犯罪的，在解除取保候审、变更强制措施或者执行刑罚的同时，公安机关应当通知银行如数退还保证金。

被取保候审人或者其法定代理人可以凭有关法律文书到银行领取退还的保证金。被取保候审人不能自己领取退还的保证金的，经本人出具书面申请并经公安机关同意，由公安机关书面通知银行将退还的保证金转账至被取保候审人或者其委托的人提供的银行账户。

第二十六条　在侦查或者审查起诉阶段已经采取保候审的，案件移送至审查起诉或者审判阶段时，需要继续采取保候审、变更保证方式或者变更强制措施的，受案机关应当在七日内作出决定，并通知移送案件的机关和执行机关。

受案机关作出取保候审决定并执行后，原取保候审措施自动解除，不再办理解除手续。对继续采取保证金保证的，原则上不变更保证金数额，不再重新收取保证金。受案机关变更的强制措施开始执行后，应当及时通知移送案件的机关和执行机关，原取保候审决定自动解除，不再办理解除手续，执行机关应当依法退还保证金。

取保候审期限即将届满，受案机关仍未作出继续取保候审或者变更强制措施决定的，移送案件的机关应当在期限届满十五日前书面通知受案机关。受案机关应当在取保候审期限届满前作出决定，并通知移送案件的机关和执行机关。

第五章　责　任

第二十七条　使用保证金保证的被取保候审人违反刑事诉讼法第七十一条规定，依法应当没收保证金的，由公安机关作出没收部分或者全部保证金的决定，并通知决定机关。人民检察院、人民法院发现使用保证金保证的被取保候审人违反刑事诉讼法第七十一条规定，应当告知公安机关，由公安机关依法处理。

对被取保候审人没收保证金的，决定机关应当区别情形，责令被取保候审人具结悔过、重新交纳保证金、提出保证人，或者变更强制措施，并通知执行机关。

重新交纳保证金的，适用本规定第十一条、第十二条、第十三条的规定。

第二十八条　被取保候审人构成《中华人民共和国治安管理处罚法》第六十条第四项行为的，依法给予治安管理处罚。

第二十九条　被取保候审人没有违反刑事诉讼法第七十一条的规定，但在取保候审期间涉嫌故意实施新的犯罪被立案侦查的，公安机关应当暂扣保证金，待人民法院判决生效后，决定是否没收保证金。对故意实施新的犯罪的，应当没收保证金；对过失实施新的犯罪或者不构成犯罪的，应当退还保证金。

第三十条　公安机关决定没收保证金的，应当制作没收保证金决定书，在三日以内向被取保候审人宣读，告知其如果对没收保证金决定不服，被取保候审人或者其法定代理人可以在五日以内向作出没收决定的公安机关申请复议。

被取保候审人或者其法定代理人对复议决定不服的，可以在收到复议决定书后五日以内向上一级公安机关申请复核一次。

第三十一条　保证人未履行监督义务，或者被取保候审人违反刑事诉讼法第七十一条的规定，保证人未及时报告或者隐瞒不报告的，经查证属实后，由公安机关对保证人处以罚款，并将有关情况及时通知决定机关。

保证人帮助被取保候审人实施妨害诉讼等行为，构成犯罪的，依法追究其刑事责任。

第三十二条　公安机关决定对保证人罚款的，应当制作对保证人罚款决定书，在三日以内向保证人宣布，告知其如果对罚款决定不服，可以在五日以内向作出罚款决定的公安机关申请复议。

保证人对复议决定不服的，可以在收到复议决定书后五日以内向上一级公安机关申请复核一次。

第三十三条　没收保证金的决定、对保证人罚款的决定已过复议期限，或者复议、复核后维持原决定或者变更罚款数额的，作出没收保证金的决定、对保证人罚款的决定的公安机关应当及时通知指定的银行将没收的保证金、保证人罚款按照国家的有关规定上缴国库，并应在三日以内通知决定机关。

如果保证金系被取保候审人的个人财产，且需要用以退赔被害人、履行附带民事赔偿义务或者执行财产刑的，人民法院可以书面通知公安机关移交全部保证金，由人民法院作出处理，剩余部分退还被告人。

第三十四条 人民检察院、人民法院决定取保候审的,被取保候审人违反取保候审规定,需要予以逮捕的,可以对被取保候审人先行拘留,并提请人民检察院、人民法院依法作出逮捕决定。人民法院、人民检察院决定逮捕,由所在地同级公安机关执行。

第三十五条 保证金的收取、管理和没收应当严格按照本规定和国家的财经管理制度执行,任何单位和个人不得擅自收取、没收、退还保证金以及截留、坐支、私分、挪用或者以其他任何方式侵吞保证金。对违反规定的,应当依照有关法律和规定给予行政处分;构成犯罪的,依法追究刑事责任。

第六章 附 则

第三十六条 对于刑事诉讼法第六十七条第一款第三项规定的"严重疾病"和"生活不能自理",分别参照最高人民法院、最高人民检察院、公安部、司法部、国家卫生计生委印发的《暂予监外执行规定》所附《保外就医严重疾病范围》和《最高人民法院关于印发〈罪犯生活不能自理鉴别标准〉的通知》所附《罪犯生活不能自理鉴别标准》执行。

第三十七条 国家安全机关决定、执行取保候审的,适用本规定中关于公安机关职责的规定。

第三十八条 对于人民法院、人民检察院决定取保候审,但所在地没有同级公安机关的,由省级公安机关会同同级人民法院、人民检察院,依照本规定确定公安机关负责执行或者交付执行,并明确工作衔接机制。

第三十九条 本规定中的执行机关是指负责执行取保候审的公安机关和国家安全机关。

第四十条 本规定自印发之日起施行。

(七) 附带民事诉讼

最高人民法院关于对被判处死刑的被告人未提出上诉、共同犯罪的部分被告人或者附带民事诉讼原告人提出上诉的案件应适用何种程序审理的批复

- 2010年3月1日最高人民法院审判委员会第1485次会议通过
- 2010年3月17日最高人民法院公告公布
- 自2010年4月1日起施行
- 法释〔2010〕6号

各省、自治区、直辖市高级人民法院,解放军军事法院,新疆维吾尔自治区高级人民法院生产建设兵团分院:

近来,有的高级人民法院请示,对于中级人民法院一审判处死刑的案件,被判处死刑的被告人未提出上诉,但共同犯罪的部分被告人或者附带民事诉讼原告人提出上诉的,应当适用何种程序审理。经研究,批复如下:

根据《中华人民共和国刑事诉讼法》第一百八十六条的规定,中级人民法院一审判处死刑的案件,被判处死刑的被告人未提出上诉,共同犯罪的其他被告人提出上诉的,高级人民法院应当适用第二审程序对全案进行审查,并对涉及死刑之罪的事实和适用法律依法开庭审理,一并处理。

根据《中华人民共和国刑事诉讼法》第二百条第一款的规定,中级人民法院一审判处死刑的案件,被判处死刑的被告人未提出上诉,仅附带民事诉讼原告人提出上诉的,高级人民法院应当适用第二审程序对附带民事诉讼依法审理,并由同一审判组织对未提出上诉的被告人的死刑判决进行复核,作出是否同意判处死刑的裁判。

此复。

最高人民法院、最高人民检察院关于人民检察院提起刑事附带民事公益诉讼应否履行诉前公告程序问题的批复

- 2019年9月9日最高人民法院审判委员会第1776次会议、2019年9月12日最高人民检察院第十三届检察委员会第24次会议通过
- 2019年11月25日最高人民法院、最高人民检察院公告公布
- 自2019年12月6日起施行
- 法释〔2019〕18号

各省、自治区、直辖市高级人民法院、人民检察院,解放军军事法院、军事检察院,新疆维吾尔自治区高级人民法院生产建设兵团分院、新疆生产建设兵团人民检察院:

近来,部分高级人民法院、省级人民检察院就人民检察院提起刑事附带民事公益诉讼应否履行诉前公告程序的问题提出请示。经研究,批复如下:

人民检察院提起刑事附带民事公益诉讼,应履行诉前公告程序。对于未履行诉前公告程序的,人民法院应当进行释明,告知人民检察院公告后再行提起诉讼。

因人民检察院履行诉前公告程序,可能影响相关刑事案件审理期限的,人民检察院可以另行提起民事公益诉讼。

此复。

(八) 立案、侦查与起诉

最高人民检察院关于人民检察院立案侦查的案件改变定性后可否直接提起公诉问题的批复

- 2006年12月22日
- 高检发研字〔2006〕8号

内蒙古自治区人民检察院：

你院关于人民检察院立案侦查的案件改变定性后可否直接提起公诉问题的请示（内检发研字〔2006〕159号）收悉。经研究并征求全国人民代表大会常务委员会法制工作委员会刑法室的意见，现批复如下：

人民检察院立案侦查刑事案件，应当严格按照刑事诉讼法有关立案侦查管辖的规定进行。人民检察院立案侦查的案件在侦查阶段发现不属于自己管辖或者在审查起诉阶段发现事实不清、证据不足并且不属于自己管辖的，应当及时移送有管辖权的机关办理。人民检察院立案侦查时认为属于自己管辖的案件，到审查起诉阶段发现不属于人民检察院管辖的，如果证据确实、充分，符合起诉条件的，可以直接起诉。

此复

最高人民检察院、公安部关于公安机关管辖的刑事案件立案追诉标准的规定（一）[①]

- 2008年6月25日
- 公通字〔2008〕36号

各省、自治区、直辖市人民检察院，公安厅、局，军事检察院，新疆生产建设兵团人民检察院、公安局：

一、危害公共安全案

第一条 【失火案（刑法第一百一十五条第二款）】过失引起火灾，涉嫌下列情形之一的，应予立案追诉：

（一）造成死亡一人以上，或者重伤三人以上的；

（二）造成公共财产或者他人财产直接经济损失五十万元以上的；

（三）造成十户以上家庭的房屋以及其他基本生活资料烧毁的；

（四）造成森林火灾，过火有林地面积二公顷以上，或者过火疏林地、灌木林地、未成林地、苗圃地面积四公顷以上的；

（五）其他造成严重后果的情形。

本条和本规定第十五条规定的"有林地"、"疏林地"、"灌木林地"、"未成林地"、"苗圃地"，按照国家林业主管部门的有关规定确定。

第二条 【非法制造、买卖、运输、储存危险物质案（刑法第一百二十五条第二款）】非法制造、买卖、运输、储存毒害性、放射性、传染病病原体等物质，危害公共安全，涉嫌下列情形之一的，应予立案追诉：

（一）造成人员重伤或者死亡的；

（二）造成直接经济损失十万元以上的；

（三）非法制造、买卖、运输、储存毒鼠强、氟乙酰胺、氟乙酸钠、毒鼠硅、甘氟原粉、原液、制剂五十克以上，或者饵料二千克以上的；

（四）造成急性中毒、放射性疾病或者造成传染病流行、暴发的；

（五）造成严重环境污染的；

（六）造成毒害性、放射性、传染病病原体等危险物质丢失、被盗、被抢或者被他人利用进行违法犯罪活动的；

（七）其他危害公共安全的情形。

第三条 【违规制造、销售枪支案（刑法第一百二十六条）】依法被指定、确定的枪支制造企业、销售企业，违反枪支管理规定，以非法销售为目的，超过限额或者不按照规定的品种制造、配售枪支，或者以非法销售为目的，制造无号、重号、假号的枪支，或者非法销售枪支或者在境内销售为出口制造的枪支，涉嫌下列情形之一的，应予立案追诉：

（一）违规制造枪支五支以上的；

（二）违规销售枪支二支以上的；

（三）虽未达到上述数量标准，但具有造成严重后果等其他恶劣情节的。

本条和本规定第四条、第七条规定的"枪支"，包括枪支散件。成套枪支散件，以相应数量的枪支计；非成套枪支散件，以每三十件为一成套枪支散件计。

第四条 【非法持有、私藏枪支、弹药案（刑法第一百二十八条第一款）】违反枪支管理规定，非法持有、私藏枪支、弹药，涉嫌下列情形之一的，应予立案追诉：

（一）非法持有、私藏军用枪支一支以上的；

（二）非法持有、私藏以火药为动力发射枪弹的非军

[①] 本规定被2017年4月27日公布的《最高人民检察院、公安部关于公安机关管辖的刑事案件立案追诉标准的规定（一）的补充规定》修改。

用枪支一支以上,或者以压缩气体等为动力的其他非军用枪支二支以上的;

(三)非法持有、私藏军用子弹二十发以上,气枪铅弹一千发以上或者其他非军用子弹二百发以上的;

(四)非法持有、私藏手榴弹、炸弹、地雷、手雷等具有杀伤性弹药一枚以上的;

(五)非法持有、私藏的弹药造成人员伤亡、财产损失的。

本条规定的"非法持有",是指不符合配备、配置枪支、弹药条件的人员,擅自持有枪支、弹药的行为;"私藏",是指依法配备、配置枪支、弹药的人员,在配备、配置枪支、弹药的条件消除后,私自藏匿所配备、配置的枪支、弹药且拒不交出的行为。

第五条 【非法出租、出借枪支案(刑法第一百二十八条第二、三、四款)】依法配备公务用枪的人员或者单位,非法将枪支出租、出借给未取得公务用枪配备资格的人员或者单位,或者将公务用枪用作借债质押物的,应予立案追诉。

依法配备公务用枪的人员或者单位,非法将枪支出租、出借给具有公务用枪配备资格的人员或者单位,以及依法配置民用枪支的人员或者单位,非法出租、出借民用枪支,涉嫌下列情形之一的,应予立案追诉:

(一)造成人员轻伤以上伤亡事故的;

(二)造成枪支丢失、被盗、被抢的;

(三)枪支被他人利用进行违法犯罪活动的;

(四)其他造成严重后果的情形。

第六条 【丢失枪支不报案(刑法第一百二十九条)】依法配备公务用枪的人员,丢失枪支不及时报告,涉嫌下列情形之一的,应予立案追诉:

(一)丢失的枪支被他人使用造成人员轻伤以上伤亡事故的;

(二)丢失的枪支被他人利用进行违法犯罪活动的;

(三)其他造成严重后果的情形。

第七条 【非法携带枪支、弹药、管制刀具、危险物品危及公共安全案(刑法第一百三十条)】非法携带枪支、弹药、管制刀具或者爆炸性、易燃性、放射性、毒害性、腐蚀性物品,进入公共场所或者公共交通工具,危及公共安全,涉嫌下列情形之一的,应予立案追诉:

(一)携带枪支一支以上或者手榴弹、炸弹、地雷、手雷等具有杀伤性弹药一枚以上的;

(二)携带爆炸装置一套以上的;

(三)携带炸药、发射药、黑火药五百克以上或者烟火药一千克以上、雷管二十枚以上或者导火索、导爆索二十米以上,或者虽未达到上述数量标准,但拒不交出的;

(四)携带的弹药、爆炸物在公共场所或者公共交通工具上发生爆炸或者燃烧,尚未造成严重后果的;

(五)携带管制刀具二十把以上,或者虽未达到上述数量标准,但拒不交出,或者用来进行违法活动尚未构成其他犯罪的;

(六)携带的爆炸性、易燃性、放射性、毒害性、腐蚀性物品在公共场所或者公共交通工具上发生泄漏、遗洒,尚未造成严重后果的;

(七)其他情节严重的情形。

第八条 【重大责任事故案(刑法第一百三十四条第一款)】在生产、作业中违反有关安全管理的规定,涉嫌下列情形之一的,应予立案追诉:

(一)造成死亡一人以上,或者重伤三人以上的;

(二)造成直接经济损失五十万元以上的;

(三)发生矿山生产安全事故,造成直接经济损失一百万元以上的;

(四)其他造成严重后果的情形。

第九条 【强令违章冒险作业案(刑法第一百三十四条第二款)】强令他人违章冒险作业,涉嫌下列情形之一的,应予立案追诉:

(一)造成死亡一人以上,或者重伤三人以上的;

(二)造成直接经济损失五十万元以上的;

(三)发生矿山生产安全事故,造成直接经济损失一百万元以上的;

(四)其他造成严重后果的情形。

第十条 【重大劳动安全事故案(刑法第一百三十五条)】安全生产设施或者安全生产条件不符合国家规定,涉嫌下列情形之一的,应予立案追诉:

(一)造成死亡一人以上,或者重伤三人以上的;

(二)造成直接经济损失五十万元以上的;

(三)发生矿山生产安全事故,造成直接经济损失一百万元以上的;

(四)其他造成严重后果的情形。

第十一条 【大型群众性活动重大安全事故案(刑法第一百三十五条之一)】举办大型群众性活动违反安全管理规定,涉嫌下列情形之一的,应予立案追诉:

(一)造成死亡一人以上,或者重伤三人以上的;

(二)造成直接经济损失五十万元以上的;

(三)其他造成严重后果的情形。

第十二条 【危险物品肇事案(刑法第一百三十六

条)】违反爆炸性、易燃性、放射性、毒害性、腐蚀性物品的管理规定,在生产、储存、运输、使用中发生重大事故,涉嫌下列情形之一的,应予立案追诉:

(一)造成死亡一人以上,或者重伤三人以上的;

(二)造成直接经济损失五十万元以上的;

(三)其他造成严重后果的情形。

第十三条 【工程重大安全事故案(刑法第一百三十七条)】建设单位、设计单位、施工单位、工程监理单位违反国家规定,降低工程质量标准,涉嫌下列情形之一的,应予立案追诉:

(一)造成死亡一人以上,或者重伤三人以上的;

(二)造成直接经济损失五十万元以上的;

(三)其他造成严重后果的情形。

第十四条 【教育设施重大安全事故案(刑法第一百三十八条)】明知校舍或者教育教学设施有危险,而不采取措施或者不及时报告,涉嫌下列情形之一的,应予立案追诉:

(一)造成死亡一人以上、重伤三人以上或者轻伤十人以上的;

(二)其他致使发生重大伤亡事故的情形。

第十五条 【消防责任事故案(刑法第一百三十九条)】违反消防管理法规,经消防监督机构通知采取改正措施而拒绝执行,涉嫌下列情形之一的,应予立案追诉:

(一)造成死亡一人以上,或者重伤三人以上的;

(二)造成直接经济损失五十万元以上的;

(三)造成森林火灾,过火有林地面积二公顷以上,或者过火疏林地、灌木林地、未成林地、苗圃地面积四公顷以上的;

(四)其他造成严重后果的情形。

二、破坏社会主义市场经济秩序案

第十六条 【生产、销售伪劣产品案(刑法第一百四十条)】生产者、销售者在产品中掺杂、掺假,以假充真,以次充好或者以不合格产品冒充合格产品,涉嫌下列情形之一的,应予立案追诉:

(一)伪劣产品销售金额五万元以上的;

(二)伪劣产品尚未销售,货值金额十五万元以上的;

(三)伪劣产品销售金额不满五万元,但将已销售金额乘以三倍后,与尚未销售的伪劣产品货值金额合计十五万元以上的。

本条规定的"掺杂、掺假",是指在产品中掺入杂质或者异物,致使产品质量不符合国家法律、法规或者产品明示质量标准规定的质量要求,降低、失去应有使用性能的行为;"以假充真",是指以不具有某种使用性能的产品冒充具有该种使用性能的产品的行为;"以次充好",是指以低等级、低档次产品冒充高等级、高档次产品,或者以残次、废旧零配件组合、拼装后冒充正品或者新产品的行为;"不合格产品",是指不符合《中华人民共和国产品质量法》规定的质量要求的产品。

对本条规定的上述行为难以确定的,应当委托法律、行政法规规定的产品质量检验机构进行鉴定。本条规定的"销售金额",是指生产者、销售者出售伪劣产品后所得和应得的全部违法收入;"货值金额",以违法生产、销售的伪劣产品的标价计算;没有标价的,按照同类合格产品的市场中间价格计算。货值金额难以确定的,按照《扣押、追缴、没收物品估价管理办法》的规定,委托估价机构进行确定。

第十七条 【生产、销售假药案(刑法第一百四十一条)】生产(包括配制)、销售假药,涉嫌下列情形之一的,应予立案追诉:

(一)含有超标准的有毒有害物质的;

(二)不含所标明的有效成份,可能贻误诊治的;

(三)所标明的适应症或者功能主治超出规定范围,可能造成贻误诊治的;

(四)缺乏所标明的急救必需的有效成份的;

(五)其他足以严重危害人体健康或者对人体健康造成严重危害的情形。

本条规定的"假药",是指依照《中华人民共和国药品管理法》的规定属于假药和按假药论处的药品、非药品。

第十八条 【生产、销售劣药案(刑法第一百四十二条)】生产(包括配制)、销售劣药,涉嫌下列情形之一的,应予立案追诉:

(一)造成人员轻伤、重伤或者死亡的;

(二)其他对人体健康造成严重危害的情形。

本条规定的"劣药",是指依照《中华人民共和国药品管理法》的规定,药品成份的含量不符合国家药品标准的药品和按劣药论处的药品。

第十九条 【生产、销售不符合卫生标准的食品案(刑法第一百四十三条)】生产、销售不符合卫生标准的食品,涉嫌下列情形之一的,应予立案追诉:

(一)含有可能导致严重食物中毒事故或者其他严重食源性疾患的超标准的有害细菌的;

(二)含有可能导致严重食物中毒事故或者其他严

重食源性疾患的其他污染物的。

本条规定的"不符合卫生标准的食品",由省级以上卫生行政部门确定的机构进行鉴定。

第二十条　【生产、销售有毒、有害食品案(刑法第一百四十四条)】 在生产、销售的食品中掺入有毒、有害的非食品原料的,或者销售明知掺有有毒、有害的非食品原料的食品的,应予立案追诉。

使用盐酸克仑特罗(俗称"瘦肉精")等禁止在饲料和动物饮用水中使用的药品或者含有该类药品的饲料养殖供人食用的动物,或者销售明知是使用该类药品或者含有该类药品的饲料养殖的供人食用的动物,应予立案追诉。

明知是使用盐酸克仑特罗等禁止在饲料和动物饮用水中使用的药品或者含有该类药品的饲料养殖的供人食用的动物,而提供屠宰等加工服务,或者销售其制品的,应予立案追诉。

第二十一条　【生产、销售不符合标准的医用器材案(刑法第一百四十五条)】 生产不符合保障人体健康的国家标准、行业标准的医疗器械、医用卫生材料,或者销售明知是不符合保障人体健康的国家标准、行业标准的医疗器械、医用卫生材料,涉嫌下列情形之一的,应予立案追诉:

(一)进入人体的医疗器械的材料中含有超过标准的有毒有害物质的;

(二)进入人体的医疗器械的有效性指标不符合标准要求,导致治疗、替代、调节、补偿功能部分或者全部丧失,可能造成贻误诊治或者人体严重损伤的;

(三)用于诊断、监护、治疗的有源医疗器械的安全指标不符合强制性标准要求,可能对人体构成伤害或者潜在危害的;

(四)用于诊断、监护、治疗的有源医疗器械的主要性能指标不合格,可能造成贻误诊治或者人体严重损伤的;

(五)未经批准,擅自增加功能或者适用范围,可能造成贻误诊治或者人体严重损伤的;

(六)其他足以严重危害人体健康或者对人体健康造成严重危害的情形。

医疗机构或者个人知道或者应当知道是不符合保障人体健康的国家标准、行业标准的医疗器械、医用卫生材料而购买并有偿使用的,视为本条规定的"销售"。

第二十二条　【生产、销售不符合安全标准的产品案(刑法第一百四十六条)】 生产不符合保障人身、财产安全的国家标准、行业标准的电器、压力容器、易燃易爆产品或者其他不符合保障人身、财产安全的国家标准、行业标准的产品,或者销售明知是以上不符合保障人身、财产安全的国家标准、行业标准的产品,涉嫌下列情形之一的,应予立案追诉:

(一)造成人员重伤或者死亡的;

(二)造成直接经济损失十万元以上的;

(三)其他造成严重后果的情形。

第二十三条　【生产、销售伪劣农药、兽药、化肥、种子案(刑法第一百四十七条)】 生产假农药、假兽药、假化肥,销售明知是假的或者失去使用效能的农药、兽药、化肥、种子,或者生产者、销售者以不合格的农药、兽药、化肥、种子冒充合格的农药、兽药、化肥、种子,涉嫌下列情形之一的,应予立案追诉:

(一)使生产遭受损失二万元以上的;

(二)其他使生产遭受较大损失的情形。

第二十四条　【生产、销售不符合卫生标准的化妆品案(刑法第一百四十八条)】 生产不符合卫生标准的化妆品,或者销售明知是不符合卫生标准的化妆品,涉嫌下列情形之一的,应予立案追诉:

(一)造成他人容貌毁损或者皮肤严重损伤的;

(二)造成他人器官组织损伤导致严重功能障碍的;

(三)致使他人精神失常或者自杀、自残造成重伤、死亡的;

(四)其他造成严重后果的情形。

第二十五条　【走私淫秽物品案(刑法第一百五十二条第一款)】 以牟利或者传播为目的,走私淫秽的影片、录像带、录音带、图片、书刊或者其他通过文字、声音、形象等形式表现淫秽内容的影碟、音碟、电子出版物等物品,涉嫌下列情形之一的,应予立案追诉:

(一)走私淫秽录像带、影碟五十盘(张)以上的;

(二)走私淫秽录音带、音碟一百盘(张)以上的;

(三)走私淫秽扑克、书刊、画册一百副(册)以上的;

(四)走私淫秽照片、图片五百张以上的;

(五)走私其他淫秽物品相当于上述数量的;

(六)走私淫秽物品数量虽未达到本条第(一)项至第(四)项规定标准,但分别达到其中两项以上标准的百分之五十以上的。

第二十六条　【侵犯著作权案(刑法第二百一十七条)】 以营利为目的,未经著作权人许可,复制发行其文字作品、音乐、电影、电视、录像作品、计算机软件及其他作品,或者出版他人享有专有出版权的图书,或者未经录

音录像制作者许可,复制发行其制作的录音录像,或者制作、出售假冒他人署名的美术作品,涉嫌下列情形之一的,应予立案追诉:

(一)违法所得数额三万元以上的;

(二)非法经营数额五万元以上的;

(三)未经著作权人许可,复制发行其文字作品、音乐、电影、电视、录像作品、计算机软件及其他作品,复制品数量合计五百张(份)以上的;

(四)未经录音录像制作者许可,复制发行其制作的录音录像制品,复制品数量合计五百张(份)以上的;

(五)其他情节严重的情形。

以刊登收费广告等方式直接或者间接收取费用的情形,属于本条规定的"以营利为目的"。

本条规定的"未经著作权人许可",是指没有得到著作权人授权或者伪造、涂改著作权人授权许可文件或者超出授权许可范围的情形。

本条规定的"复制发行",包括复制、发行或者既复制又发行的行为。

通过信息网络向公众传播他人文字作品、音乐、电影、电视、录像作品、计算机软件及其他作品,或者通过信息网络传播他人制作的录音录像制品的行为,应当视为本条规定的"复制发行"。

侵权产品的持有人通过广告、征订等方式推销侵权产品的,属于本条规定的"发行"。

本条规定的"非法经营数额",是指行为人在实施侵犯知识产权行为过程中,制造、储存、运输、销售侵权产品的价值。已销售的侵权产品的价值,按照实际销售的价格计算。制造、储存、运输和未销售的侵权产品的价值,按照标价或者已经查清的侵权产品的实际销售平均价格计算。侵权产品没有标价或者无法查清其实际销售价格的,按照被侵权产品的市场中间价格计算。

第二十七条 【销售侵权复制品案(刑法第二百一十八条)】 以营利为目的,销售明知是刑法第二百一十七条规定的侵权复制品,涉嫌下列情形之一的,应予立案追诉:

(一)违法所得数额十万元以上的;

(二)违法所得数额虽未达到上述数额标准,但尚未销售的侵权复制品货值金额达到三十万元以上的。

第二十八条 【强迫交易案(刑法第二百二十六条)】 以暴力、威胁手段强买强卖商品、强迫他人提供服务或者强迫他人接受服务,涉嫌下列情形之一的,应予立案追诉:

(一)造成被害人轻微伤或者其他严重后果的;

(二)造成直接经济损失二千元以上的;

(三)强迫交易三次以上或者强迫三人以上交易的;

(四)强迫交易数额一万元以上,或者违法所得数额二千元以上的;

(五)强迫他人购买伪劣商品数额五千元以上,或者违法所得数额一千元以上的;

(六)其他情节严重的情形。

第二十九条 【伪造、倒卖伪造的有价票证案(刑法第二百二十七条第一款)】 伪造或者倒卖伪造的车票、船票、邮票或者其他有价票证,涉嫌下列情形之一的,应予立案追诉:

(一)车票、船票票面数额累计二千元以上,或者数量累计五十张以上的;

(二)邮票票面数额累计五千元以上,或者数量累计一千枚以上的;

(三)其他有价票证价额累计五千元以上,或者数量累计一百张以上的;

(四)非法获利累计一千元以上的;

(五)其他数额较大的情形。

第三十条 【倒卖车票、船票案(刑法第二百二十七条第二款)】 倒卖车票、船票或者倒卖车票坐席、卧铺签字号以及订购车票、船票凭证,涉嫌下列情形之一的,应予立案追诉:

(一)票面数额累计五千元以上的;

(二)非法获利累计二千元以上的;

(三)其他情节严重的情形。

三、侵犯公民人身权利、民主权利案

第三十一条 【强迫职工劳动案(刑法第二百四十四条)】 用人单位违反劳动管理法规,以限制人身自由方法强迫职工劳动,涉嫌下列情形之一的,应予立案追诉:

(一)强迫他人劳动,造成人员伤亡或者患职业病的;

(二)采取殴打、胁迫、扣发工资、扣留身份证件等手段限制人身自由,强迫他人劳动的;

(三)强迫妇女从事井下劳动、国家规定的第四级体力劳动强度的劳动或者其他禁忌从事的劳动,或者强迫处于经期、孕期和哺乳期妇女从事国家规定的第三级体力劳动强度以上的劳动或者其他禁忌从事的劳动的;

(四)强迫已满十六周岁未满十八周岁的未成年人从事国家规定的第四级体力劳动强度的劳动,或者从事高空、井下劳动,或者在爆炸性、易燃性、放射性、毒害性等危险环境下从事劳动的;

（五）其他情节严重的情形。

第三十二条 【雇用童工从事危重劳动案（刑法第二百四十四条之一）】违反劳动管理法规，雇用未满十六周岁的未成年人从事国家规定的第四级体力劳动强度的劳动，或者从事高空、井下作业，或者在爆炸性、易燃性、放射性、毒害性等危险环境下从事劳动，涉嘛下列情形之一的，应予立案追诉：

（一）造成未满十六周岁的未成年人伤亡或者对其身体健康造成严重危害的；

（二）雇用未满十六周岁的未成年人三人以上的；

（三）以强迫、欺骗等手段雇用未满十六周岁的未成年人从事危重劳动的；

（四）其他情节严重的情形。

四、侵犯财产案

第三十三条 【故意毁坏财物案（刑法第二百七十五条）】故意毁坏公私财物，涉嫌下列情形之一的，应予立案追诉：

（一）造成公私财物损失五千元以上的；

（二）毁坏公私财物三次以上的；

（三）纠集三人以上公然毁坏公私财物的；

（四）其他情节严重的情形。

第三十四条 【破坏生产经营案（刑法第二百七十六条）】由于泄愤报复或者其他个人目的，毁坏机器设备、残害耕畜或者以其他方法破坏生产经营，涉嫌下列情形之一的，应予立案追诉：

（一）造成公私财物损失五千元以上的；

（二）破坏生产经营三次以上的；

（三）纠集三人以上公然破坏生产经营的；

（四）其他破坏生产经营应予追究刑事责任的情形。

五、妨害社会管理秩序案

第三十五条 【非法生产、买卖警用装备案（刑法第二百八十一条）】非法生产、买卖人民警察制式服装、车辆号牌等专用标志、警械，涉嫌下列情形之一的，应予立案追诉：

（一）成套制式服装三十套以上，或者非成套制式服装一百件以上的；

（二）手铐、脚镣、警用抓捕网、警用催泪喷射器、警灯、警报器单种或者合计十件以上的；

（三）警棍五十根以上的；

（四）警衔、警号、胸章、臂章、帽徽等警用标志单种或者合计一百件以上的；

（五）警车号牌、省级以上公安机关专段民用车辆号牌一副以上，或者其他公安机关专段民用车辆号牌三副以上的；

（六）非法经营数额五千元以上，或者非法获利一千元以上的；

（七）被他人利用进行违法犯罪活动的；

（八）其他情节严重的情形。

第三十六条 【聚众斗殴案（刑法第二百九十二条第一款）】组织、策划、指挥或者积极参加聚众斗殴的，应予立案追诉。

第三十七条 【寻衅滋事案（刑法第二百九十三条）】寻衅滋事，破坏社会秩序，涉嫌下列情形之一的，应予立案追诉：

（一）随意殴打他人造成他人身体伤害、持械随意殴打他人或者具有其他恶劣情节的；

（二）追逐、拦截、辱骂他人，严重影响他人正常工作、生产、生活，或者造成他人精神失常、自杀或者具有其他恶劣情节的；

（三）强拿硬要或者任意损毁、占用公私财物价值二千元以上，强拿硬要或者任意损毁、占用公私财物三次以上或者具有其他严重情节的；

（四）在公共场所起哄闹事，造成公共场所秩序严重混乱的。

第三十八条 【非法集会、游行、示威案（刑法第二百九十六条）】举行集会、游行、示威，未依照法律规定申请或者申请未获许可，或者未按照主管机关许可的起止时间、地点、路线进行，又拒不服从解散命令，严重破坏社会秩序的，应予立案追诉。

第三十九条 【非法携带武器、管制刀具、爆炸物参加集会、游行、示威案（刑法第二百九十七条）】违反法律规定，携带武器、管制刀具或者爆炸物参加集会、游行、示威的，应予立案追诉。

第四十条 【破坏集会、游行、示威案（刑法第二百九十八条）】扰乱、冲击或者以其他方法破坏依法举行的集会、游行、示威，造成公共秩序混乱的，应予立案追诉。

第四十一条【聚众淫乱案（刑法第三百零一条第一款）】组织、策划、指挥三人以上进行聚众淫乱活动或者参加聚众淫乱活动三次以上的，应予立案追诉。

第四十二条【引诱未成年人聚众淫乱案（刑法第三百零一条第二款）】引诱未成年人参加聚众淫乱活动的，应予立案追诉。

第四十三条 【赌博案（刑法第三百零三条第一

款)】以营利为目的,聚众赌博,涉嫌下列情形之一的,应予立案追诉:

(一)组织三人以上赌博,抽头渔利数额累计五千元以上的;

(二)组织三人以上赌博,赌资数额累计五万元以上的;

(三)组织三人以上赌博,参赌人数累计二十人以上的;

(四)组织中华人民共和国公民十人以上赴境外赌博,从中收取回扣、介绍费的;

(五)其他聚众赌博应予追究刑事责任的情形。

以营利为目的,以赌博为业的,应予立案追诉。

赌博犯罪中用作赌注的款物、换取筹码的款物和通过赌博赢取的款物属于赌资。通过计算机网络实施赌博犯罪的,赌资数额可以按照在计算机网络上投注或者赢取的点数乘以每一点实际代表的金额认定。

第四十四条 【开设赌场案(刑法第三百零三条第二款)】开设赌场的,应予立案追诉。

在计算机网络上建立赌博网站,或者为赌博网站担任代理,接受投注的,属于本条规定的"开设赌场"。

第四十五条 【故意延误投递邮件案(刑法第三百零四条)】邮政工作人员严重不负责任,故意延误投递邮件,涉嫌下列情形之一的,应予立案追诉:

(一)造成直接经济损失二万元以上的;

(二)延误高校录取通知书或者其他重要邮件投递,致使他人失去高校录取资格或造成其他无法挽回的重大损失的;

(三)严重损害国家声誉或者造成恶劣社会影响的;

(四)其他致使公共财产、国家和人民利益遭受重大损失的情形。

第四十六条 【故意损毁文物案(刑法第三百二十四条第一款)】故意损毁国家保护的珍贵文物或者被确定为全国重点文物保护单位、省级文物保护单位的文物的,应予立案追诉。

第四十七条 【故意损毁名胜古迹案(刑法第三百二十四条第二款)】故意损毁国家保护的名胜古迹,涉嫌下列情形之一的,应予立案追诉:

(一)造成国家保护的名胜古迹严重损毁的;

(二)损毁国家保护的名胜古迹三次以上或者三处以上,尚未造成严重毁损后果的;

(三)损毁手段特别恶劣的;

(四)其他情节严重的情形。

第四十八条 【过失损毁文物案(刑法第三百二十四条第三款)】过失损毁国家保护的珍贵文物或者被确定为全国重点文物保护单位、省级文物保护单位的文物,涉嫌下列情形之一的,应予立案追诉:

(一)造成珍贵文物严重损毁的;

(二)造成被确定为全国重点文物保护单位、省级文物保护单位的文物严重损毁的;

(三)造成珍贵文物损毁三件以上的;

(四)其他造成严重后果的情形。

第四十九条 【妨害传染病防治案(刑法第三百三十条)】违反传染病防治法的规定,引起甲类或者按甲类管理的传染病传播或者有传播严重危险,涉嫌下列情形之一的,应予立案追诉:

(一)供水单位供应的饮用水不符合国家规定的卫生标准的;

(二)拒绝按照疾病预防控制机构提出的卫生要求,对传染病病原体污染的污水、污物、粪便进行消毒处理的;

(三)准许或者纵容传染病病人、病原携带者和疑似传染病病人从事国务院卫生行政部门规定禁止从事的易使该传染病扩散的工作的;

(四)拒绝执行疾病预防控制机构依照传染病防治法提出的预防、控制措施的。

本条和本规定第五十条规定的"甲类传染病",是指鼠疫、霍乱;"按甲类管理的传染病",是指乙类传染病中传染性非典型肺炎、炭疽中的肺炭疽、人感染高致病性禽流感以及国务院卫生行政部门根据需要报经国务院批准公布实施的其他需要按甲类管理的乙类传染病和突发原因不明的传染病。

第五十条 【传染病菌种、毒种扩散案(刑法第三百三十一条)】从事实验、保藏、携带、运输传染病菌种、毒种的人员,违反国务院卫生行政部门的有关规定,造成传染病菌种、毒种扩散,涉嫌下列情形之一的,应予立案追诉:

(一)导致甲类和按甲类管理的传染病传播的;

(二)导致乙类、丙类传染病流行、暴发的;

(三)造成人员重伤或者死亡的;

(四)严重影响正常的生产、生活秩序的;

(五)其他造成严重后果的情形。

第五十一条 【妨害国境卫生检疫案(刑法第三百三十二条)】违反国境卫生检疫规定,引起检疫传染病传播或者有传播严重危险的,应予立案追诉。

本条规定的"检疫传染病",是指鼠疫、霍乱、黄热病以及国务院确定和公布的其他传染病。

第五十二条 【非法组织卖血案(刑法第三百三十三条第一款)】非法组织他人出卖血液,涉嫌下列情形之一的,应予立案追诉:

(一)组织卖血三人次以上的;

(二)组织卖血非法获利累计二千元以上的;

(三)组织未成年人卖血的;

(四)被组织卖血的人的血液含有艾滋病病毒、乙型肝炎病毒、丙型肝炎病毒、梅毒螺旋体等病原微生物的;

(五)其他非法组织卖血应予追究刑事责任的情形。

第五十三条 【强迫卖血案(刑法第三百三十三条第一款)】以暴力、威胁方法强迫他人出卖血液的,应予立案追诉。

第五十四条 【非法采集、供应血液、制作、供应血液制品案(刑法第三百三十四条第一款)】非法采集、供应血液或者制作、供应血液制品,涉嫌下列情形之一的,应予立案追诉:

(一)采集、供应的血液含有艾滋病病毒、乙型肝炎病毒、丙型肝炎病毒、梅毒螺旋体等病原微生物的;

(二)制作、供应的血液制品含有艾滋病病毒、乙型肝炎病毒、丙型肝炎病毒、梅毒螺旋体等病原微生物,或者将含有上述病原微生物的血液用于制作血液制品的;

(三)使用不符合国家规定的药品、诊断试剂、卫生器材,或者重复使用一次性采血器材采集血液,造成传染病传播危险的;

(四)违反规定对献血者、供血浆者超量、频繁采集血液、血浆,足以危害人体健康的;

(五)其他不符合国家有关采集、供应血液或者制作、供应血液制品的规定,足以危害人体健康或者对人体健康造成严重危害的情形。

未经国家主管部门批准或者超过批准的业务范围,采集、供应血液或者制作、供应血液制品的,属于本条规定的"非法采集、供应血液或者制作、供应血液制品"。

本条和本规定第五十二条、第五十三条、第五十五条规定的"血液",是指全血、成分血和特殊血液成分。

本条和本规定第五十五条规定的"血液制品",是指各种人血浆蛋白制品。

第五十五条 【采集、供应血液、制作、供应血液制品事故案(刑法第三百三十四条第二款)】经国家主管部门批准采集、供应血液或者制作、供应血液制品的部门,不依照规定进行检测或者违背其他操作规定,涉嫌下列情形之一的,应予立案追诉:

(一)造成献血者、供血浆者、受血者感染艾滋病病毒、乙型肝炎病毒、丙型肝炎病毒、梅毒螺旋体或者其他经血液传播的病原微生物的;

(二)造成献血者、供血浆者、受血者重度贫血、造血功能障碍或者其他器官组织损伤导致功能障碍等身体严重危害的;

(三)其他造成危害他人身体健康后果的情形。

经国家主管部门批准的采供血机构和血液制品生产经营单位,属于本条规定的"经国家主管部门批准采集、供应血液或者制作、供应血液制品的部门"。采供血机构包括血液中心、中心血站、中心血库、脐带血造血干细胞库和国家卫生行政主管部门根据医学发展需要批准、设置的其他类型血库、单采血浆站。

具有下列情形之一的,属于本条规定的"不依照规定进行检测或者违背其他操作规定":

(一)血站未用两个企业生产的试剂对艾滋病病毒抗体、乙型肝炎病毒表面抗原、丙型肝炎病毒抗体、梅毒抗体进行两次检测的;

(二)单采血浆站不依照规定对艾滋病病毒抗体、乙型肝炎病毒表面抗原、丙型肝炎病毒抗体、梅毒抗体进行检测的;

(三)血液制品生产企业在投料生产前未用主管部门批准和检定合格的试剂进行复检的;

(四)血站、单采血浆站和血液制品生产企业使用的诊断试剂没有生产单位名称、生产批准文号或者经检定不合格的;

(五)采供血机构在采集检验标本、采集血液和成分血分离时,使用没有生产单位名称、生产批准文号或者超过有效期的一次性注射器等采血器材的;

(六)不依照国家规定的标准和要求包装、储存、运输血液、原料血浆的;

(七)对国家规定检测项目结果呈阳性的血液未及时按照规定予以清除的;

(八)不具备相应资格的医务人员进行采血、检验操作的;

(九)对献血者、供血浆者超量、频繁采集血液、血浆的;

(十)采供血机构采集血液、血浆前,未对献血者或者供血浆者进行身份识别,采集冒名顶替者、健康检查不合格者血液、血浆的;

(十一)血站擅自采集原料血浆,单采血浆站擅自采集临床用血或者向医疗机构供应原料血浆的;

(十二)重复使用一次性采血器材的;

(十三)其他不依照规定进行检测或者违背操作规定的。

第五十六条 【医疗事故案(刑法第三百三十五条)】医务人员由于严重不负责任,造成就诊人死亡或者严重损害就诊人身体健康的,应予立案追诉。

具有下列情形之一的,属于本条规定的"严重不负责任":

(一)擅离职守的;

(二)无正当理由拒绝对危急就诊人实行必要的医疗救治的;

(三)未经批准擅自开展试验性医疗的;

(四)严重违反查对、复核制度的;

(五)使用未经批准使用的药品、消毒药剂、医疗器械的;

(六)严重违反国家法律法规及有明确规定的诊疗技术规范、常规的;

(七)其他严重不负责任的情形。

本条规定的"严重损害就诊人身体健康",是指造成就诊人严重残疾、重伤、感染艾滋病、病毒性肝炎等难以治愈的疾病或者其他严重损害就诊人身体健康的后果。

第五十七条 【非法行医案(刑法第三百三十六条第一款)】未取得医生执业资格的人非法行医,涉嫌下列情形之一的,应予立案追诉:

(一)造成就诊人轻度残疾、器官组织损伤导致一般功能障碍,或者中度以上残疾、器官组织损伤导致严重功能障碍,或者死亡的;

(二)造成甲类传染病传播、流行或者有传播、流行危险的;

(三)使用假药、劣药或不符合国家规定标准的卫生材料、医疗器械,足以严重危害人体健康的;

(四)非法行医被卫生行政部门行政处罚两次以后,再次非法行医的;

(五)其他情节严重的情形。

具有下列情形之一的,属于本条规定的"未取得医生执业资格的人非法行医":

(一)未取得或者以非法手段取得医师资格从事医疗活动的;

(二)个人未取得《医疗机构执业许可证》开办医疗机构的;

(三)被依法吊销医师执业证书期间从事医疗活动的;

(四)未取得乡村医生执业证书,从事乡村医疗活动的;

(五)家庭接生员实施家庭接生以外的医疗行为的。

本条规定的"轻度残疾、器官组织损伤导致一般功能障碍"、"中度以上残疾、器官组织损伤导致严重功能障碍",参照卫生部《医疗事故分级标准(试行)》认定。

第五十八条 【非法进行节育手术案(刑法第三百三十六条第二款)】未取得医生执业资格的人擅自为他人进行节育复通手术、假节育手术、终止妊娠手术或者摘取宫内节育器,涉嫌下列情形之一的,应予立案追诉:

(一)造成就诊人轻伤、重伤、死亡或者感染艾滋病、病毒性肝炎等难以治愈的疾病的;

(二)非法进行节育复通手术、假节育手术、终止妊娠手术或者摘取宫内节育器五人次以上的;

(三)致使他人超计划生育的;

(四)非法进行选择性别的终止妊娠手术的;

(五)非法获利累计五千元以上的;

(六)其他情节严重的情形。

第五十九条 【逃避动植物检疫案(刑法第三百三十七条)】违反进出境动植物检疫法的规定,逃避动植物检疫,涉嫌下列情形之一的,应予立案追诉:

(一)造成国家规定的《进境动物一、二类传染病、寄生虫病名录》中所列的动物疫病传入或者对农、牧、渔业生产以及人体健康、公共安全造成严重危害的其他动物疫病在国内暴发流行的;

(二)造成国家规定的《进境植物检疫性有害生物名录》中所列的有害生物传入或者对农、林业生产、生态环境以及人体健康有严重危害的其他有害生物在国内传播扩散的。

第六十条 【重大环境污染事故案(刑法第三百三十八条)】违反国家规定,向土地、水体、大气排放、倾倒或者处置有放射性的废物、含传染病病原体的废物、有毒物质或者其他危险废物,造成重大环境污染事故,涉嫌下列情形之一的,应予立案追诉:

(一)致使公私财产损失三十万元以上的;

(二)致使基本农田、防护林地、特种用途林地五亩以上,其他农用地十亩以上,其他土地二十亩以上基本功能丧失或者遭受永久性破坏的;

(三)致使森林或者其他林木死亡五十立方米以上,或者幼树死亡二千五百株以上的;

(四)致使一人以上死亡、三人以上重伤、十人以上轻伤,或者一人以上重伤并且五人以上轻伤的;

（五）致使传染病发生、流行或者人员中毒达到《国家突发公共卫生事件应急预案》中突发公共卫生事件分级Ⅲ级以上情形，严重危害人体健康的；

（六）其他致使公私财产遭受重大损失或者人身伤亡的严重后果的情形。

本条和本规定第六十二条规定的"公私财产损失"，包括污染环境行为直接造成的财产损毁、减少的实际价值，为防止污染扩大以及消除污染而采取的必要的、合理的措施而发生的费用。

第六十一条　【非法处置进口的固体废物案（刑法第三百三十九条第一款）】违反国家规定，将境外的固体废物进境倾倒、堆放、处置的，应予立案追诉。

第六十二条　【擅自进口固体废物案（刑法第三百三十九条第二款）】未经国务院有关主管部门许可，擅自进口固体废物用作原料，造成重大环境污染事故，涉嫌下列情形之一的，应予立案追诉：

（一）致使公私财产损失三十万元以上的；

（二）致使基本农田、防护林地、特种用途林地五亩以上，其他农用地十亩以上，其他土地二十亩以上基本功能丧失或者遭受永久性破坏的；

（三）致使森林或者其他林木死亡五十立方米以上，或者幼树死亡二千五百株以上的；

（四）致使一人以上死亡、三人以上重伤、十人以上轻伤，或者一人以上重伤并且五人以上轻伤的；

（五）致使传染病发生、流行或者人员中毒达到《国家突发公共卫生事件应急预案》中突发公共卫生事件分级Ⅲ级以上情形，严重危害人体健康的；

（六）其他致使公私财产遭受重大损失或者严重危害人体健康的情形。

第六十三条　【非法捕捞水产品案（刑法第三百四十条）】违反保护水产资源法规，在禁渔区、禁渔期或者使用禁用的工具、方法捕捞水产品，涉嫌下列情形之一的，应予立案追诉：

（一）在内陆水域非法捕捞水产品五百公斤以上或者价值五千元以上，或者在海洋水域非法捕捞水产品二千公斤以上或者价值二万元以上的；

（二）非法捕捞有重要经济价值的水生动物苗种、怀卵亲体或者在水产种质资源保护区内捕捞水产品，在内陆水域五十公斤以上或者价值五百元以上，或者在海洋水域二百公斤以上或者价值二千元以上的；

（三）在禁渔区内使用禁用的工具或者禁用的方法捕捞的；

（四）在禁渔期内使用禁用的工具或者禁用的方法捕捞的；

（五）在公海使用禁用渔具从事捕捞作业，造成严重影响的；

（六）其他情节严重的情形。

第六十四条　【非法猎捕、杀害珍贵、濒危野生动物案（刑法第三百四十一条第一款）】非法猎捕、杀害国家重点保护的珍贵、濒危野生动物的，应予立案追诉。

本条和本规定第六十五条规定的"珍贵、濒危野生动物"，包括列入《国家重点保护野生动物名录》的国家一、二级保护野生动物、列入《濒危野生动植物种国际贸易公约》附录一、附录二的野生动物以及驯养繁殖的上述物种。

第六十五条　【非法收购、运输、出售珍贵、濒危野生动物、珍贵、濒危野生动物制品案（刑法第三百四十一条第一款）】非法收购、运输、出售国家重点保护的珍贵、濒危野生动物及其制品的，应予立案追诉。

本条规定的"收购"，包括以营利、自用等为目的的购买行为；"运输"，包括采用携带、邮寄、利用他人、使用交通工具等方法进行运送的行为；"出售"，包括出卖和以营利为目的的加工利用行为。

第六十六条　【非法狩猎案（刑法第三百四十一条第二款）】违反狩猎法规，在禁猎区、禁猎期或者使用禁用的工具、方法进行狩猎，破坏野生动物资源，涉嫌下列情形之一的，应予立案追诉：

（一）非法狩猎野生动物二十只以上的；

（二）在禁猎区内使用禁用的工具或者禁用的方法狩猎的；

（三）在禁猎期内使用禁用的工具或者禁用的方法狩猎的；

（四）其他情节严重的情形。

第六十七条　【非法占用农用地案（刑法第三百四十二条）】违反土地管理法规，非法占用耕地、林地等农用地，改变被占用土地用途，造成耕地、林地等农用地大量毁坏，涉嫌下列情形之一的，应予立案追诉：

（一）非法占用基本农田五亩以上或者基本农田以外的耕地十亩以上的；

（二）非法占用防护林地或者特种用途林地数量单种或者合计五亩以上的；

（三）非法占用其他林地数量十亩以上的；

（四）非法占用本款第（二）项、第（三）项规定的林地，其中一项数量达到相应规定的数量标准的百分之五十以上，且两项数量合计达到该项规定的数量标准的；

（五）非法占用其他农用地数量较大的情形。

违反土地管理法规，非法占用耕地建窑、建坟、建房、挖沙、采石、采矿、取土、堆放固体废弃物或者进行其他非农业建设，造成耕地种植条件严重毁坏或者严重污染，被毁坏耕地数量达到以上规定的，属于本条规定的"造成耕地大量毁坏"。

违反土地管理法规，非法占用林地，改变被占用林地用途，在非法占用的林地上实施建窑、建坟、建房、挖沙、采石、采矿、取土、种植农作物、堆放或者排泄废弃物等行为或者进行其他非林业生产、建设，造成林地的原有植被或者林业种植条件严重毁坏或者严重污染，被毁坏林地数量达到以上规定的，属于本条规定的"造成林地大量毁坏"。

第六十八条 【非法采矿案（刑法第三百四十三条第一款）】违反矿产资源法的规定，未取得采矿许可证擅自采矿的，或者擅自进入国家规划矿区、对国民经济具有重要价值的矿区和他人矿区范围采矿的，或者擅自开采国家规定实行保护性开采的特定矿种，经责令停止开采后拒不停止开采，造成矿产资源破坏的价值数额在五万元至十万元以上的，应予立案追诉。

具有下列情形之一的，属于本条规定的"未取得采矿许可证擅自采矿"：

（一）无采矿许可证开采矿产资源的；

（二）采矿许可证被注销、吊销后继续开采矿产资源的；

（三）超越采矿许可证规定的矿区范围开采矿产资源的；

（四）未按采矿许可证规定的矿种开采矿产资源的（共生、伴生矿种除外）；

（五）其他未取得采矿许可证开采矿产资源的情形。

在采矿许可证被依法暂扣期间擅自开采的，视为本条规定的"未取得采矿许可证擅自采矿"。

造成矿产资源破坏的价值数额，由省级以上地质矿产主管部门出具鉴定结论，经查证属实后予以认定。

第六十九条 【破坏性采矿案（刑法第三百四十三条第二款）】违反矿产资源法的规定，采取破坏性的开采方法开采矿产资源，造成矿产资源严重破坏，价值数额在三十万元至五十万元以上的，应予立案追诉。

本条规定的"采取破坏性的开采方法开采矿产资源"，是指行为人违反地质矿产主管部门审查批准的矿产资源开发利用方案开采矿产资源，并造成矿产资源严重破坏的行为。

破坏性的开采方法以及造成矿产资源严重破坏的价值数额，由省级以上地质矿产主管部门出具鉴定结论，经查证属实后予以认定。

第七十条 【非法采伐、毁坏国家重点保护植物案（刑法第三百四十四条）】违反国家规定，非法采伐、毁坏珍贵树木或者国家重点保护的其他植物的，应予立案追诉。

本条和本规定第七十一条规定的"珍贵树木或者国家重点保护的其他植物"，包括由省级以上林业主管部门或者其他部门确定的具有重大历史纪念意义、科学研究价值或者年代久远的古树名木，国家禁止、限制出口的珍贵树木以及列入《国家重点保护野生植物名录》的树木或者其他植物。

第七十一条 【非法收购、运输、加工、出售国家重点保护植物、国家重点保护植物制品案（刑法第三百四十四条）】违反国家规定，非法收购、运输、加工、出售珍贵树木或者国家重点保护的其他植物及其制品的，应予立案追诉。

第七十二条 【盗伐林木案（刑法第三百四十五条第一款）】盗伐森林或者其他林木，涉嫌下列情形之一的，应予立案追诉：

（一）盗伐二至五立方米以上的；

（二）盗伐幼树一百至二百株以上的。

以非法占有为目的，具有下列情形之一的，属于本条规定的"盗伐森林或者其他林木"：

（一）擅自砍伐国家、集体、他人所有或者他人承包经营管理的森林或者其他林木的；

（二）擅自砍伐本单位或者本人承包经营管理的森林或者其他林木的；

（三）在林木采伐许可证规定的地点以外采伐国家、集体、他人所有或者他人承包经营管理的森林或者其他林木的。

本条和本规定第七十三条、第七十四条规定的林木数量以立木蓄积计算，计算方法为：原木材积除以该树种的出材率；"幼树"，是指胸径五厘米以下的树木。

第七十三条 【滥伐林木案（刑法第三百四十五条第二款）】违反森林法的规定，滥伐森林或者其他林木，涉嫌下列情形之一的，应予立案追诉：

（一）滥伐十至二十立方米以上的；

（二）滥伐幼树五百至一千株以上的。

违反森林法的规定，具有下列情形之一的，属于本条规定的"滥伐森林或者其他林木"：

（一）未经林业行政主管部门及法律规定的其他主

管部门批准并核发林木采伐许可证,或者虽持有林木采伐许可证,但违反林木采伐许可证规定的时间、数量、树种或者方式,任意采伐本单位所有或者本人所有的森林或者其他林木的;

(二)超过林木采伐许可证规定的数量采伐他人所有的森林或者其他林木的。

违反森林法的规定,在林木采伐许可证规定的地点以外,采伐本单位或者本人所有的森林或者其他林木的,除农村居民采伐自留地和房前屋后个人所有的零星林木以外,属于本条第二款第(一)项"未经林业行政主管部门及法律规定的其他主管部门批准并核发林木采伐许可证"规定的情形。

林木权属争议一方在林木权属确权之前,擅自砍伐森林或者其他林木的,属于本条规定的"滥伐森林或者其他林木"。

滥伐林木的数量,应在伐区调查设计允许的误差额以上计算。

第七十四条 【非法收购、运输盗伐、滥伐的林木案(刑法第三百四十五条第三款)】 非法收购、运输明知是盗伐、滥伐的林木,涉嫌下列情形之一的,应予立案追诉:

(一)非法收购、运输盗伐、滥伐的林木二十立方米以上或者幼树一千株以上的;

(二)其他情节严重的情形。

本条规定的"非法收购"的"明知",是指知道或者应当知道。具有下列情形之一的,可以视为应当知道,但是有证据证明确属被蒙骗的除外:

(一)在非法的木材交易场所或者销售单位收购木材的;

(二)收购以明显低于市场价格出售的木材的;

(三)收购违反规定出售的木材的。

第七十五条 【组织卖淫案(刑法第三百五十八条第一款)】 以招募、雇佣、强迫、引诱、容留等手段,组织他人卖淫的,应予立案追诉。

第七十六条 【强迫卖淫案(刑法第三百五十八条第一款)】 以暴力、胁迫等手段强迫他人卖淫的,应予立案追诉。

第七十七条 【协助组织卖淫案(刑法第三百五十八条第三款)】 在组织卖淫的犯罪活动中,充当保镖、打手、管账人等,起帮助作用的,应予立案追诉。

第七十八条 【引诱、容留、介绍卖淫案(刑法第三百五十九条第一款)】 引诱、容留、介绍他人卖淫,涉嫌下列情形之一的,应予立案追诉:

(一)引诱、容留、介绍二人次以上卖淫的;

(二)引诱、容留、介绍已满十四周岁未满十八周岁的未成年人卖淫的;

(三)被引诱、容留、介绍卖淫的人患有艾滋病或者患有梅毒、淋病等严重性病的;

(四)其他引诱、容留、介绍卖淫应予追究刑事责任的情形。

第七十九条 【引诱幼女卖淫案(刑法第三百五十九条第二款)】 引诱不满十四周岁的幼女卖淫的,应予立案追诉。

第八十条 【传播性病案(刑法第三百六十条第一款)】 明知自己患有梅毒、淋病等严重性病卖淫、嫖娼的,应予立案追诉。

具有下列情形之一的,可以认定为本条规定的"明知":

(一)有证据证明曾到医疗机构就医,被诊断为患有严重性病的;

(二)根据本人的知识和经验,能够知道自己患有严重性病的;

(三)通过其他方法能够证明是"明知"的。

第八十一条 【嫖宿幼女案(刑法第三百六十条第二款)】 行为人知道被害人是或者可能是不满十四周岁的幼女而嫖宿的,应予立案追诉。

第八十二条 【制作、复制、出版、贩卖、传播淫秽物品牟利案(刑法第三百六十三条第一款、第二款)】 以牟利为目的,制作、复制、出版、贩卖、传播淫秽物品,涉嫌下列情形之一的,应予立案追诉:

(一)制作、复制、出版淫秽影碟、软件、录像带五十至一百张(盒)以上,淫秽音碟、录音带一百至二百张(盒)以上,淫秽扑克、书刊、画册一百至二百副(册)以上,淫秽照片、画片五百至一千张以上的;

(二)贩卖淫秽影碟、软件、录像带一百至二百张(盒)以上,淫秽音碟、录音带二百至四百张(盒)以上,淫秽扑克、书刊、画册二百至四百副(册)以上,淫秽照片、画片一千至二千张以上的;

(三)向他人传播淫秽物品达二百至五百人次以上,或者组织播放淫秽影、像达十至二十场次以上的;

(四)制作、复制、出版、贩卖、传播淫秽物品,获利五千至一万元以上的。

以牟利为目的,利用互联网、移动通讯终端制作、复制、出版、贩卖、传播淫秽电子信息,涉嫌下列情形之一的,应予立案追诉:

（一）制作、复制、出版、贩卖、传播淫秽电影、表演、动画等视频文件二十个以上的；

（二）制作、复制、出版、贩卖、传播淫秽音频文件一百个以上的；

（三）制作、复制、出版、贩卖、传播淫秽电子刊物、图片、文章、短信息等二百件以上的；

（四）制作、复制、出版、贩卖、传播的淫秽电子信息，实际被点击数达到一万次以上的；

（五）以会员制方式出版、贩卖、传播淫秽电子信息，注册会员达二百人以上的；

（六）利用淫秽电子信息收取广告费、会员注册费或者其他费用，违法所得一万元以上的；

（七）数量或者数额虽未达到本款第（一）项至第（六）项规定标准，但分别达到其中两项以上标准的百分之五十以上的；

（八）造成严重后果的。

利用聊天室、论坛、即时通信软件、电子邮件等方式，实施本条第二款规定行为的，应予立案追诉。

以牟利为目的，通过声讯台传播淫秽语音信息，涉嫌下列情形之一的，应予立案追诉：

（一）向一百人次以上传播的；

（二）违法所得一万元以上的；

（三）造成严重后果的。

明知他人用于出版淫秽书刊而提供书号、刊号的，应予立案追诉。

第八十三条　【为他人提供书号出版淫秽书刊案（刑法第三百六十三条第二款）】为他人提供书号、刊号出版淫秽书刊，或者为他人提供版号出版淫秽音像制品的，应予立案追诉。

第八十四条　【传播淫秽物品案（刑法第三百六十四条第一款）】传播淫秽的书刊、影片、音像、图片或者其他淫秽物品，涉嫌下列情形之一的，应予立案追诉：

（一）向他人传播三百至六百人次以上的；

（二）造成恶劣社会影响的。

不以牟利为目的，利用互联网、移动通讯终端传播淫秽电子信息，涉嫌下列情形之一的，应予立案追诉：

（一）数量达到本规定第八十二条第二款第（一）项至第（五）项规定标准二倍以上的；

（二）数量分别达到本规定第八十二条第二款第（一）项至第（五）项两项以上标准的；

（三）造成严重后果的。

利用聊天室、论坛、即时通信软件、电子邮件等方式，实施本条第二款规定行为的，应予立案追诉。

第八十五条　【组织播放淫秽音像制品案（刑法第三百六十四条第二款）】组织播放淫秽的电影、录像等音像制品，涉嫌下列情形之一的，应予立案追诉：

（一）组织播放十五至三十场次以上的；

（二）造成恶劣社会影响的。

第八十六条　【组织淫秽表演案（刑法第三百六十五条）】以策划、招募、强迫、雇用、引诱、提供场地、提供资金等手段，组织进行淫秽表演，涉嫌下列情形之一的，应予立案追诉：

（一）组织表演者进行裸体表演的；

（二）组织表演者利用性器官进行诲淫性表演的；

（三）组织表演者半裸体或者变相裸体表演并通过语言、动作具体描绘性行为的；

（四）其他组织进行淫秽表演应予追究刑事责任的情形。

六、危害国防利益案

第八十七条　【故意提供不合格武器装备、军事设施案（刑法第三百七十条第一款）】明知是不合格的武器装备、军事设施而提供给武装部队，涉嫌下列情形之一的，应予立案追诉：

（一）造成人员轻伤以上的；

（二）造成直接经济损失十万元以上的；

（三）提供不合格的枪支三支以上、子弹一百发以上、雷管五百枚以上、炸药五千克以上或其他重要武器装备、军事设施的；

（四）影响作战、演习、抢险救灾等重大任务完成的；

（五）发生在战时的；

（六）其他故意提供不合格武器装备、军事设施应予追究刑事责任的情形。

第八十八条　【过失提供不合格武器装备、军事设施案（刑法第三百七十条第二款）】过失提供不合格武器装备、军事设施给武装部队，涉嫌下列情形之一的，应予立案追诉：

（一）造成死亡一人以上或者重伤三人以上的；

（二）造成直接经济损失三十万元以上的；

（三）严重影响作战、演习、抢险救灾等重大任务完成的；

（四）其他造成严重后果的情形。

第八十九条　【聚众冲击军事禁区案（刑法第三百七十一条第一款）】组织、策划、指挥聚众冲击军事禁区或者积极参加聚众冲击军事禁区，严重扰乱军事禁区秩

序,涉嫌下列情形之一的,应予立案追诉:
（一）冲击三次以上或者一次冲击持续时间较长的;
（二）持械或者采取暴力手段冲击的;
（三）冲击重要军事禁区的;
（四）发生在战时的;
（五）其他严重扰乱军事禁区秩序应予追究刑事责任的情形。

第九十条　【聚众扰乱军事管理区秩序案（刑法第三百七十一条第二款）】组织、策划、指挥聚众扰乱军事管理区秩序或者积极参加聚众扰乱军事管理区秩序,致使军事管理区工作无法进行,造成严重损失,涉嫌下列情形之一的,应予立案追诉:
（一）造成人员轻伤以上的;
（二）扰乱三次以上或者一次扰乱时间较长的;
（三）造成直接经济损失五万元以上的;
（四）持械或者采取暴力手段的;
（五）扰乱重要军事管理区秩序的;
（六）发生在战时的;
（七）其他聚众扰乱军事管理区秩序应予追究刑事责任的情形。

第九十一条　【煽动军人逃离部队案（刑法第三百七十三条）】煽动军人逃离部队,涉嫌下列情形之一的,应予立案追诉:
（一）煽动三人以上逃离部队的;
（二）煽动指挥人员、值班执勤人员或者其他负有重要职责人员逃离部队的;
（三）影响重要军事任务完成的;
（四）发生在战时的;
（五）其他情节严重的情形。

第九十二条　【雇用逃离部队军人案（刑法第三百七十三条）】明知是逃离部队的军人而雇用,涉嫌下列情形之一的,应予立案追诉:
（一）雇用一人六个月以上的;
（二）雇用三人以上的;
（三）明知是逃离部队的指挥人员、值班执勤人员或者其他负有重要职责人员而雇用的;
（四）阻碍部队将被雇用军人带回的;
（五）其他情节严重的情形。

第九十三条　【接送不合格兵员案（刑法第三百七十四条）】在征兵工作中徇私舞弊,接送不合格兵员,涉嫌下列情形之一的,应予立案追诉:
（一）接送不合格特种条件兵员一名以上或者普通

兵员三名以上的;
（二）发生在战时的;
（三）造成严重后果的;
（四）其他情节严重的情形。

第九十四条　【非法生产、买卖军用标志案（刑法第三百七十五条第二款）】非法生产、买卖武装部队制式服装、车辆号牌等专用标志,涉嫌下列情形之一的,应予立案追诉:
（一）成套制式服装三十套以上,或者非成套制式服装一百件以上的;
（二）军徽、军旗、肩章、星徽、帽徽、军种符号或者其他军用标志单种或者合计一百件以上的;
（三）军以上领导机关专用车辆号牌一副以上或者其他军用车辆号牌三副以上的;
（四）非法经营数额五千元以上,或者非法获利一千元以上的;
（五）被他人利用进行违法犯罪活动的;
（六）其他情节严重的情形。

第九十五条　【战时拒绝、逃避征召、军事训练案（刑法第三百七十六条第一款）】预备役人员战时拒绝、逃避征召或者军事训练,涉嫌下列情形之一的,应予立案追诉:
（一）无正当理由经教育仍拒绝、逃避征召或者军事训练的;
（二）以暴力、威胁、欺骗等手段,或者采取自伤、自残等方式拒绝、逃避征召或者军事训练的;
（三）联络、煽动他人共同拒绝、逃避征召或者军事训练的;
（四）其他情节严重的情形。

第九十六条　【战时拒绝、逃避服役案（刑法第三百七十六条第二款）】公民战时拒绝、逃避服役,涉嫌下列情形之一的,应予立案追诉:
（一）无正当理由经教育仍拒绝、逃避服役的;
（二）以暴力、威胁、欺骗等手段,或者采取自伤、自残等方式拒绝、逃避服役的;
（三）联络、煽动他人共同拒绝、逃避服役的;
（四）其他情节严重的情形。

第九十七条　【战时窝藏逃离部队军人案（刑法第三百七十九条）】战时明知是逃离部队的军人而为其提供隐蔽处所、财物,涉嫌下列情形之一的,应予立案追诉:
（一）窝藏三人次以上的;
（二）明知是指挥人员、值班执勤人员或者其他负有重要职责人员而窝藏的；

（三）有关部门查找时拒不交出的；

（四）其他情节严重的情形。

第九十八条 【战时拒绝、故意延误军事订货案（刑法第三百八十条）】战时拒绝或者故意延误军事订货，涉嫌下列情形之一的，应予立案追诉：

（一）拒绝或者故意延误军事订货三次以上的；

（二）联络、煽动他人共同拒绝或者故意延误军事订货的；

（三）拒绝或者故意延误重要军事订货，影响重要军事任务完成的；

（四）其他情节严重的情形。

第九十九条 【战时拒绝军事征用案（刑法第三百八十一条）】战时拒绝军事征用，涉嫌下列情形之一的，应予立案追诉：

（一）无正当理由拒绝军事征用三次以上的；

（二）采取暴力、威胁、欺骗等手段拒绝军事征用的；

（三）联络、煽动他人共同拒绝军事征用的；

（四）拒绝重要军事征用，影响重要军事任务完成的；

（五）其他情节严重的情形。

附　则

第一百条　本规定中的立案追诉标准，除法律、司法解释另有规定的以外，适用于相关的单位犯罪。

第一百零一条　本规定中的"以上"，包括本数。

第一百零二条　本规定自印发之日起施行。

最高人民检察院、公安部关于公安机关管辖的刑事案件立案追诉标准的规定（一）的补充规定

- 2017年4月27日
- 公通字〔2017〕12号

一、在《最高人民检察院公安部关于公安机关管辖的刑事案件立案追诉标准的规定（一）》（以下简称《立案追诉标准（一）》）第十五条后增加一条，作为第十五条之一：[不报、谎报安全事故案（刑法第一百三十九条之一）]在安全事故发生后，负有报告职责的人员不报或者谎报事故情况，贻误事故抢救，涉嫌下列情形之一的，应予立案追诉：

（一）导致事故后果扩大，增加死亡一人以上，或者增加重伤三人以上，或者增加直接经济损失一百万元以上的；

（二）实施下列行为之一，致使不能及时有效开展事故抢救的：

1. 决定不报、迟报、谎报事故情况或者指使、串通有关人员不报、迟报、谎报事故情况的；

2. 在事故抢救期间擅离职守或者逃匿的；

3. 伪造、破坏事故现场，或者转移、藏匿、毁灭遇难人员尸体，或者转移、藏匿受伤人员的；

4. 毁灭、伪造、隐匿与事故有关的图纸、记录、计算机数据等资料以及其他证据的；

（三）其他不报、谎报安全事故情节严重的情形。

本条规定的"负有报告职责的人员"，是指负有组织、指挥或者管理职责的负责人、管理人员、实际控制人、投资人，以及其他负有报告职责的人员。

二、将《立案追诉标准（一）》第十七条修改为：[生产、销售假药案（刑法第一百四十一条）]生产、销售假药的，应予立案追诉。但销售少量根据民间传统配方私自加工的药品，或者销售少量未经批准进口的国外、境外药品，没有造成他人伤害后果或者延误诊治，情节显著轻微危害不大的除外。

以生产、销售假药为目的，具有下列情形之一的，属于本条规定的"生产"：

（一）合成、精制、提取、储存、加工炮制药品原料的；

（二）将药品原料、辅料、包装材料制成成品过程中，进行配料、混合、制剂、储存、包装的；

（三）印制包装材料、标签、说明书的。

医疗机构、医疗机构工作人员明知是假药而有偿提供给他人使用，或者为出售而购买、储存的，属于本条规定的"销售"。

本条规定的"假药"，是指依照《中华人民共和国药品管理法》的规定属于假药和按假药处理的药品、非药品。是否属于假药难以确定的，可以根据地市级以上药品监督管理部门出具的认定意见等相关材料进行认定。必要时，可以委托省级以上药品监督管理部门设置或者确定的药品检验机构进行检验。

三、将《立案追诉标准（一）》第十九条修改为：[生产、销售不符合安全标准的食品案（刑法第一百四十三条）]生产、销售不符合食品安全标准的食品，涉嫌下列情形之一的，应予立案追诉：

（一）食品含有严重超出标准限量的致病性微生物、农药残留、兽药残留、重金属、污染物质以及其他危害人体健康的物质的；

（二）属于病死、死因不明或者检验检疫不合格的

畜、禽、兽、水产动物及其肉类、肉类制品的；

（三）属于国家为防控疾病等特殊需要明令禁止生产、销售的食品的；

（四）婴幼儿食品中生长发育所需营养成分严重不符合食品安全标准的；

（五）其他足以造成严重食物中毒事故或者严重食源性疾病的情形。

在食品加工、销售、运输、贮存等过程中，违反食品安全标准，超限量或者超范围滥用食品添加剂，足以造成严重食物中毒事故或者其他严重食源性疾病的，应予立案追诉。

在食用农产品种植、养殖、销售、运输、贮存等过程中，违反食品安全标准，超限量或者超范围滥用添加剂、农药、兽药等，足以造成严重食物中毒事故或者其他严重食源性疾病的，应予立案追诉。

四、将《立案追诉标准（一）》第二十条修改为：[生产、销售有毒、有害食品案（刑法第一百四十四条）]在生产、销售的食品中掺入有毒、有害的非食品原料的，或者销售明知掺有有毒、有害的非食品原料的食品的，应予立案追诉。

在食品加工、销售、运输、贮存等过程中，掺入有毒、有害的非食品原料，或者使用有毒、有害非食品原料加工食品的，应予立案追诉。

在食用农产品种植、养殖、销售、运输、贮存等过程中，使用禁用农药、兽药等禁用物质或者其他有毒、有害物质的，应予立案追诉。

在保健食品或者其他食品中非法添加国家禁用药物等有毒、有害物质的，应予立案追诉。

下列物质应当认定为本条规定的"有毒、有害的非食品原料"：

（一）法律、法规禁止在食品生产经营活动中添加、使用的物质；

（二）国务院有关部门公布的《食品中可能违法添加的非食用物质名单》《保健食品中可能非法添加的物质名单》中所列物质；

（三）国务院有关部门公告禁止使用的农药、兽药以及其他有毒、有害物质；

（四）其他危害人体健康的物质。

五、将《立案追诉标准（一）》第二十八条修改为：[强迫交易案（刑法第二百二十六条）]以暴力、威胁手段强买实卖商品，强迫他人提供服务或者接受服务，涉嫌下列情形之一的，应予立案追诉：

（一）造成被害人轻微伤的；

（二）造成直接经济损失二千元以上的；

（三）强迫交易三次以上或者强迫三人以上交易的；

（四）强迫交易数额一万元以上，或者违法所得数额二千元以上的；

（五）强迫他人购买伪劣商品数额五千元以上，或者违法所得数额一千元以上的；

（六）其他情节严重的情形。

以暴力、威胁手段强迫他人参与或者退出投标、拍卖，强迫他人转让或者收购公司、企业的股份、债券或者其他资产，强迫他人参与或者退出特定的经营活动，具有多次实施、手段恶劣、造成严重后果或者恶劣社会影响等情形之一的，应予立案追诉。

六、将《立案追诉标准（一）》第三十一条修改为：[强迫劳动案（刑法第二百四十四条）]以暴力、威胁或者限制人身自由的方法强迫他人劳动的，应予立案追诉。

明知他人以暴力、威胁或者限制人身自由的方法强迫他人劳动，为其招募、运送人员或者有其他协助强迫他人劳动行为的，应予立案追诉。

七、在《立案追诉标准（一）》第三十四条后增加一条，作为第三十四条之一：[拒不支付劳动报酬案（刑法第二百七十六条之一）]以转移财产、逃匿等方法逃避支付劳动者的劳动报酬或者有能力支付而不支付劳动者的劳动报酬，经政府有关部门责令支付仍不支付，涉嫌下列情形之一的，应予立案追诉：

（一）拒不支付一名劳动者三个月以上的劳动报酬且数额在五千元至二万元以上的；

（二）拒不支付十名以上劳动者的劳动报酬且数额累计在三万元至十万元以上的。

不支付劳动者的劳动报酬，尚未造成严重后果，在刑事立案前支付劳动者的劳动报酬，并依法承担相应赔偿责任的，可以不予立案追诉。

八、将《立案追诉标准（一）》第三十七条修改为：[寻衅滋事案（刑法第二百九十三条）]随意殴打他人，破坏社会秩序，涉嫌下列情形之一的，应予立案追诉：

（一）致一人以上轻伤或者二人以上轻微伤的；

（二）引起他人精神失常、自杀等严重后果的；

（三）多次随意殴打他人的；

（四）持凶器随意殴打他人的；

（五）随意殴打精神病人、残疾人、流浪乞讨人员、老年人、孕妇、未成年人，造成恶劣社会影响的；

（六）在公共场所随意殴打他人，造成公共场所秩序严重混乱的；

（七）其他情节恶劣的情形。

追逐、拦截、辱骂、恐吓他人，破坏社会秩序，涉嫌下列情形之一的，应予立案追诉：

（一）多次追逐、拦截、辱骂、恐吓他人，造成恶劣社会影响的；

（二）持凶器追逐、拦截、辱骂、恐吓他人的；

（三）追逐、拦截、辱骂、恐吓精神病人、残疾人、流浪乞讨人员、老年人、孕妇、未成年人，造成恶劣社会影响的；

（四）引起他人精神失常、自杀等严重后果的；

（五）严重影响他人的工作、生活、生产、经营的；

（六）其他情节恶劣的情形。

强拿硬要或者任意损毁、占用公私财物，破坏社会秩序，涉嫌下列情形之一的，应予立案追诉：

（一）强拿硬要公私财物价值一千元以上，或者任意损毁、占用公私财物价值二千元以上的；

（二）多次强拿硬要或者任意损毁、占用公私财物，造成恶劣社会影响的；

（三）强拿硬要或者任意损毁、占用精神病人、残疾人、流浪乞讨人员、老年人、孕妇、未成年人的财物，造成恶劣社会影响的；

（四）引起他人精神失常、自杀等严重后果的；

（五）严重影响他人的工作、生活、生产、经营的；

（六）其他情节严重的情形。

在车站、码头、机场、医院、商场、公园、影剧院、展览会、运动场或者其他公共场所起哄闹事，应当根据公共场所的性质、公共活动的重要程度、公共场所的人数、起哄闹事的时间、公共场所受影响的范围与程度等因素，综合判断是否造成公共场所秩序严重混乱。

九、将《立案追诉标准（一）》第五十九条修改为：［妨害动植物防疫、检疫案（刑法第三百三十七条）］违反有关动植物防疫、检疫的国家规定，引起重大动植物疫情的，应予立案追诉。

违反有关动植物防疫、检疫的国家规定，有引起重大动植物疫情危险，涉嫌下列情形之一的，应予立案追诉：

（一）非法处置疫区内易感动物或者其产品，货值金额五万元以上的；

（二）非法处置因动植物防疫、检疫需要被依法处理的动植物或者其产品，货值金额二万元以上的；

（三）非法调运、生产、经营感染重大植物检疫性有害生物的林木种子、苗木等繁殖材料或者森林植物产品的；

（四）输入《中华人民共和国进出境动植物检疫法》规定的禁止进境物逃避检疫，或者对特许进境的禁止进境物未有效控制与处置，导致其逃逸、扩散的；

（五）进境动植物及其产品检出有引起重大动植物疫情危险的动物疫病或者植物有害生物后，非法处置导致进境动植物及其产品流失的；

（六）一年内携带或者寄递《中华人民共和国禁止携带、邮寄进境的动植物及其产品名录》所列物品进境逃避检疫两次以上，或者窃取、抢夺、损毁、抛洒动植物检疫机关截留的《中华人民共和国禁止携带、邮寄进境的动植物及其产品名录》所列物品的；

（七）其他情节严重的情形。

本条规定的"重大动植物疫情"，按照国家行政主管部门的有关规定认定。

十、将《立案追诉标准（一）》第六十条修改为：［污染环境案（刑法第三百三十八条）］违反国家规定，排放、倾倒或者处置有放射性的废物、含传染病病原体的废物、有毒物质或者其他有害物质，涉嫌下列情形之一的，应予立案追诉：

（一）在饮用水水源一级保护区、自然保护区核心区排放、倾倒、处置有放射性的废物、含传染病病原体的废物、有毒物质的；

（二）非法排放、倾倒、处置危险废物三吨以上的；

（三）排放、倾倒、处置含铅、汞、镉、铬、砷、铊、锑的污染物，超过国家或者地方污染物排放标准三倍以上的；

（四）排放、倾倒、处置含镍、铜、锌、银、钒、锰、钴的污染物，超过国家或者地方污染物排放标准十倍以上的；

（五）通过暗管、渗井、渗坑、裂隙、溶洞、灌注等逃避监管的方式排放、倾倒、处置有放射性的废物、含传染病病原体的废物、有毒物质的；

（六）二年内曾因违反国家规定，排放、倾倒、处置有放射性的废物、含传染病病原体的废物、有毒物质受过两次以上行政处罚，又实施前列行为的；

（七）重点排污单位篡改、伪造自动监测数据或者干扰自动监测设施，排放化学需氧量、氨氮、二氧化硫、氮氧化物等污染物的；

（八）违法减少防治污染设施运行支出一百万元以上的；

（九）违法所得或者致使公私财产损失三十万元以上的；

（十）造成生态环境严重损害的；

（十一）致使乡镇以上集中式饮用水水源取水中断

十二小时以上的；

（十二）致使基本农田、防护林地、特种用途林地五亩以上，其他农用地十亩以上，其他土地二十亩以上基本功能丧失或者遭受永久性破坏的；

（十三）致使森林或者其他林木死亡五十立方米以上，或者幼树死亡二千五百株以上的；

（十四）致使疏散、转移群众五千人以上的；

（十五）致使三十人以上中毒的；

（十六）致使三人以上轻伤、轻度残疾或者器官组织损伤导致一般功能障碍的；

（十七）致使一人以上重伤、中度残疾或者器官组织损伤导致严重功能障碍的；

（十八）其他严重污染环境的情形。

本条规定的"有毒物质"，包括列入国家危险废物名录或者根据国家规定的危险废物鉴别标准和鉴别方法认定的具有危险特性的废物，《关于持久性有机污染物的斯德哥尔摩公约》附件所列物质，含重金属的污染物，以及其他具有毒性可能污染环境的物质。

本条规定的"非法处置危险废物"，包括无危险废物经营许可证，以营利为目的，从危险废物中提取物质作为原材料或者燃料，并具有超标排放污染物、非法倾倒污染物或者其他违法造成环境污染情形的行为。

本条规定的"重点排污单位"，是指设区的市级以上人民政府环境保护主管部门依法确定的应当安装、使用污染物排放自动监测设备的重点监控企业及其他单位。

本条规定的"公私财产损失"，包括直接造成财产损毁、减少的实际价值，为防止污染扩大、消除污染而采取必要合理措施所产生的费用，以及处置突发环境事件的应急监测费用。

本条规定的"生态环境损害"，包括生态环境修复费用，生态环境修复期间服务功能的损失和生态环境功能永久性损害造成的损失，以及其他必要合理费用。

本条规定的"无危险废物经营许可证"，是指未取得危险废物经营许可证，或者超出危险废物经营许可证的经营范围。

十一、将《立案追诉标准（一）》第六十八条修改为：[非法采矿案（刑法第三百四十三条第一款）]违反矿产资源法的规定，未取得采矿许可证擅自采矿，或者擅自进入国家规划矿区、对国民经济具有重要价值的矿区和他人矿区范围采矿，或者擅自开采国家规定实行保护性开采的特定矿种，涉嫌下列情形之一的，应予立案追诉：

（一）开采的矿产品价值或者造成矿产资源破坏的价值在十万元至三十万元以上的；

（二）在国家规划矿区、对国民经济具有重要价值的矿区采矿，开采国家规定实行保护性开采的特定矿种，或者在禁采区、禁采期内采矿，开采的矿产品价值或者造成矿产资源破坏的价值在五万元至十五万元以上的；

（三）二年内曾因非法采矿受过两次以上行政处罚，又实施非法采矿行为的；

（四）造成生态环境严重损害的；

（五）其他情节严重的情形。

在河道管理范围内采砂，依据相关规定应当办理河道采砂许可证而未取得河道采砂许可证，或者应当办理河道采砂许可证和采矿许可证，既未取得河道采砂许可证又未取得采矿许可证，具有本条第一款规定的情形之一，或者严重影响河势稳定危害防洪安全的，应予立案追诉。

采挖海砂，未取得海砂开采海域使用权证且未取得采矿许可证，具有本条第一款规定的情形之一，或者造成海岸线严重破坏的，应予立案追诉。

具有下列情形之一的，属于本条规定的"未取得采矿许可证"：

（一）无许可证的；

（二）许可证被注销、吊销、撤销的；

（三）超越许可证规定的矿区范围或者开采范围的；

（四）超出许可证规定的矿种的（共生、伴生矿种除外）；

（五）其他未取得许可证的情形。

多次非法采矿构成犯罪，依法应当追诉的，或者二年内多次非法采矿未经处理的，价值数额累计计算。

非法开采的矿产品价值，根据销赃数额认定；无销赃数额，销赃数额难以查证，或者根据销赃数额认定明显不合理的，根据矿产品价格和数量认定。

矿产品价值难以确定的，依据价格认证机构，省级以上人民政府国土资源、水行政、海洋等主管部门，或者国务院水行政主管部门在国家确定的重要江河、湖泊设立的流域管理机构出具的报告，结合其他证据作出认定。

十二、将《立案追诉标准（一）》第七十七条修改为：[协助组织卖淫案（刑法第三百五十八条第四款）]在组织卖淫的犯罪活动中，帮助招募、运送、培训人员三人以上，或者充当保镖、打手、管账人等，起帮助作用的，应予立案追诉。

十三、将《立案追诉标准（一）》第八十一条删除。

十四、将《立案追诉标准（一）》第九十四条修改为：[非法生产、买卖武装部队制式服装案（刑法第三百七十五条第二款）]非法生产、买卖武装部队制式服装，涉嫌下列情形之一的，应予立案追诉：

（一）非法生产、买卖成套制式服装三十套以上，或者非成套制式服装一百件以上的；

（二）非法生产、买卖帽徽、领花、臂章等标志服饰合计一百件（副）以上的；

（三）非法经营数额二万元以上的；

（四）违法所得数额五千元以上的；

（五）其他情节严重的情形。

买卖仿制的现行装备的武装部队制式服装，情节严重的，应予立案追诉。

十五、在《立案追诉标准（一）》第九十四条后增加一条，作为第九十四条之一：[伪造、盗窃、买卖、非法提供、非法使用武装部队专用标志案（刑法第三百七十五条第三款）]伪造、盗窃、买卖或者非法提供、使用武装部队车辆号牌等专用标志，涉嫌下列情形之一的，应予立案追诉：

（一）伪造、盗窃、买卖或者非法提供、使用武装部队军以上领导机关车辆号牌一副以上或者其他车辆号牌三副以上的；

（二）非法提供、使用军以上领导机关车辆号牌之外的其他车辆号牌累计六个月以上的；

（三）伪造、盗窃、买卖或者非法提供、使用军徽、军旗、军种符号或者其他军用标志合计一百件（副）以上的；

（四）造成严重后果或者恶劣影响的。

盗窃、买卖、提供、使用伪造、变造的武装部队车辆号牌等专用标志，情节严重的，应予立案追诉。

十六、将《立案追诉标准（一）》第九十九条修改为：[战时拒绝军事征收、征用案（刑法第三百八十一条）]战时拒绝军事征收、征用，涉嫌下列情形之一的，应予立案追诉：

（一）无正当理由拒绝军事征收、征用三次以上的；

（二）采取暴力、威胁、欺骗等手段拒绝军事征收、征用的；

（三）联络、煽动他人共同拒绝军事征收、征用的；

（四）拒绝重要军事征收、征用，影响重要军事任务完成的；

（五）其他情节严重的情形。

最高人民检察院、公安部关于公安机关管辖的刑事案件立案追诉标准的规定（二）

·2022年4月6日

第一条 [帮助恐怖活动案（刑法第一百二十条之一第一款）]资助恐怖活动组织、实施恐怖活动的个人的，或者资助恐怖活动培训的，应予立案追诉。

第二条 [走私假币案（刑法第一百五十一条第一款）]走私伪造的货币，涉嫌下列情形之一的，应予立案追诉：

（一）总面额在二千元以上或者币量在二百张（枚）以上的；

（二）总面额在一千元以上或者币量在一百张（枚）以上，二年内因走私假币受过行政处罚，又走私假币的；

（三）其他走私假币应予追究刑事责任的情形。

第三条 [虚报注册资本案（刑法第一百五十八条）]申请公司登记使用虚假证明文件或者采取其他欺诈手段虚报注册资本，欺骗公司登记主管部门，取得公司登记，涉嫌下列情形之一的，应予立案追诉：

（一）法定注册资本最低限额在六百万元以下，虚报数额占其应缴出资数额百分之六十以上的；

（二）法定注册资本最低限额超过六百万元，虚报数额占其应缴出资数额百分之三十以上的；

（三）造成投资者或者其他债权人直接经济损失累计数额在五十万元以上的；

（四）虽未达到上述数额标准，但具有下列情形之一的：

1. 二年内因虚报注册资本受过二次以上行政处罚，又虚报注册资本的；

2. 向公司登记主管人员行贿的；

3. 为进行违法活动而注册的。

（五）其他后果严重或者有其他严重情节的情形。

本条只适用于依法实行注册资本实缴登记制的公司。

第四条 [虚假出资、抽逃出资案（刑法第一百五十九条）]公司发起人、股东违反公司法的规定未交付货币、实物或者未转移财产权，虚假出资，或者在公司成立后又抽逃其出资，涉嫌下列情形之一的，应予立案追诉：

（一）法定注册资本最低限额在六百万元以下，虚假出资、抽逃出资数额占其应缴出资数额百分之六十以上的；

（二）法定注册资本最低限额超过六百万元，虚假出资、抽逃出资数额占其应缴出资数额百分之三十以上的；

（三）造成公司、股东、债权人的直接经济损失累计数额在五十万元以上的；

（四）虽未达到上述数额标准，但具有下列情形之一的：

1. 致使公司资不抵债或者无法正常经营的；

2. 公司发起人、股东合谋虚假出资、抽逃出资的；

3. 二年内因虚假出资、抽逃出资受过二次以上行政处罚，又虚假出资、抽逃出资的；

4. 利用虚假出资、抽逃出资所得资金进行违法活动的。

（五）其他后果严重或者有其他严重情节的情形。

本条只适用于依法实行注册资本实缴登记制的公司。

第五条 〔欺诈发行证券案（刑法第一百六十条）〕在招股说明书、认股书、公司、企业债券募集办法等发行文件中隐瞒重要事实或者编造重大虚假内容，发行股票或者公司、企业债券、存托凭证或者国务院依法认定的其他证券，涉嫌下列情形之一的，应予立案追诉：

（一）非法募集资金金额在一千万元以上的；

（二）虚增或者虚减资产达到当期资产总额百分之三十以上的；

（三）虚增或者虚减营业收入达到当期营业收入总额百分之三十以上的；

（四）虚增或者虚减利润达到当期利润总额百分之三十以上的；

（五）隐瞒或者编造的重大诉讼、仲裁、担保、关联交易或者其他重大事项所涉及的数额或者连续十二个月的累计数额达到最近一期披露的净资产百分之五十以上的；

（六）造成投资者直接经济损失数额累计在一百万元以上的；

（七）为欺诈发行证券而伪造、变造国家机关公文、有效证明文件或者相关凭证、单据的；

（八）为欺诈发行证券向负有金融监督管理职责的单位或者人员行贿的；

（九）募集的资金全部或者主要用于违法犯罪活动的；

（十）其他后果严重或者有其他严重情节的情形。

第六条 〔违规披露、不披露重要信息案（刑法第一百六十一条）〕依法负有信息披露义务的公司、企业向股东和社会公众提供虚假的或者隐瞒重要事实的财务会计报告，或者对依法应当披露的其他重要信息不按照规定披露，涉嫌下列情形之一的，应予立案追诉：

（一）造成股东、债权人或者其他人直接经济损失数额累计在一百万元以上的；

（二）虚增或者虚减资产达到当期披露的资产总额百分之三十以上的；

（三）虚增或者虚减营业收入达到当期披露的营业收入总额百分之三十以上的；

（四）虚增或者虚减利润达到当期披露的利润总额百分之三十以上的；

（五）未按照规定披露的重大诉讼、仲裁、担保、关联交易或者其他重大事项所涉及的数额或者连续十二个月的累计数额达到最近一期披露的净资产百分之五十以上的；

（六）致使不符合发行条件的公司、企业骗取发行核准或者注册并且上市交易的；

（七）致使公司、企业发行的股票或者公司、企业债券、存托凭证或者国务院依法认定的其他证券被终止上市交易的；

（八）在公司财务会计报告中将亏损披露为盈利，或者将盈利披露为亏损的；

（九）多次提供虚假的或者隐瞒重要事实的财务会计报告，或者多次对依法应当披露的其他重要信息不按照规定披露的；

（十）其他严重损害股东、债权人或者其他人利益，或者有其他严重情节的情形。

第七条 〔妨害清算案（刑法第一百六十二条）〕公司、企业进行清算时，隐匿财产，对资产负债表或者财产清单作虚伪记载或者在未清偿债务前分配公司、企业财产，涉嫌下列情形之一的，应予立案追诉：

（一）隐匿财产价值在五十万元以上的；

（二）对资产负债表或者财产清单作虚伪记载涉及金额在五十万元以上的；

（三）在未清偿债务前分配公司、企业财产价值在五十万元以上的；

（四）造成债权人或者其他人直接经济损失数额累计在十万元以上的；

（五）虽未达到上述数额标准，但应清偿的职工的工资、社会保险费用和法定补偿金得不到及时清偿，造成恶劣社会影响的；

（六）其他严重损害债权人或者其他人利益的情形。

第八条 〔隐匿、故意销毁会计凭证、会计帐簿、财务会计报告案(刑法第一百六十二条之一)〕隐匿或者故意销毁依法应当保存的会计凭证、会计帐簿、财务会计报告,涉嫌下列情形之一的,应予立案追诉:

(一)隐匿、故意销毁的会计凭证、会计帐簿、财务会计报告涉及金额在五十万元以上的;

(二)依法应当向监察机关、司法机关、行政机关、有关主管部门等提供而隐匿、故意销毁或者拒不交出会计凭证、会计帐簿、财务会计报告的;

(三)其他情节严重的情形。

第九条 〔虚假破产案(刑法第一百六十二条之二)〕公司、企业通过隐匿财产、承担虚构的债务或者以其他方法转移、处分财产,实施虚假破产,涉嫌下列情形之一的,应予立案追诉:

(一)隐匿财产价值在五十万元以上的;

(二)承担虚构的债务涉及金额在五十万元以上的;

(三)以其他方法转移、处分财产价值在五十万元以上的;

(四)造成债权人或者其他人直接经济损失数额累计在十万元以上的;

(五)虽未达到上述数额标准,但应清偿的职工的工资、社会保险费用和法定补偿金得不到及时清偿,造成恶劣社会影响的;

(六)其他严重损害债权人或者其他人利益的情形。

第十条 〔非国家工作人员受贿案(刑法第一百六十三条)〕公司、企业或者其他单位的工作人员利用职务上的便利,索取他人财物或者非法收受他人财物,为他人谋取利益,或者在经济往来中,利用职务上的便利,违反国家规定,收受各种名义的回扣、手续费,归个人所有,数额在三万元以上的,应予立案追诉。

第十一条 〔对非国家工作人员行贿案(刑法第一百六十四条第一款)〕为谋取不正当利益,给予公司、企业或者其他单位的工作人员以财物,个人行贿数额在三万元以上的,单位行贿数额在二十万元以上的,应予立案追诉。

第十二条 〔对外国公职人员、国际公共组织官员行贿案(刑法第一百六十四条第二款)〕为谋取不正当商业利益,给予外国公职人员或者国际公共组织官员以财物,个人行贿数额在三万元以上的,单位行贿数额在二十万元以上的,应予立案追诉。

第十三条 〔背信损害上市公司利益案(刑法第一百六十九条之一)〕上市公司的董事、监事、高级管理人员违背对公司的忠实义务,利用职务便利,操纵上市公司从事损害上市公司利益的行为,以及上市公司的控股股东或者实际控制人,指使上市公司董事、监事、高级管理人员实施损害上市公司利益的行为,涉嫌下列情形之一的,应予立案追诉:

(一)无偿向其他单位或者个人提供资金、商品、服务或者其他资产,致使上市公司直接经济损失数额在一百五十万元以上的;

(二)以明显不公平的条件,提供或者接受资金、商品、服务或者其他资产,致使上市公司直接经济损失数额在一百五十万元以上的;

(三)向明显不具有清偿能力的单位或者个人提供资金、商品、服务或者其他资产,致使上市公司直接经济损失数额在一百五十万元以上的;

(四)为明显不具有清偿能力的单位或者个人提供担保,或者无正当理由为其他单位或者个人提供担保,致使上市公司直接经济损失数额在一百五十万元以上的;

(五)无正当理由放弃债权、承担债务,致使上市公司直接经济损失数额在一百五十万元以上的;

(六)致使公司、企业发行的股票或者公司、企业债券、存托凭证或者国务院依法认定的其他证券被终止上市交易的;

(七)其他致使上市公司利益遭受重大损失的情形。

第十四条 〔伪造货币案(刑法第一百七十条)〕伪造货币,涉嫌下列情形之一的,应予立案追诉:

(一)总面额在二千元以上或者币量在二百张(枚)以上的;

(二)总面额在一千元以上或者币量在一百张(枚)以上,二年内因伪造货币受过行政处罚,又伪造货币的;

(三)制造货币版样或者为他人伪造货币提供版样的;

(四)其他伪造货币应予追究刑事责任的情形。

第十五条 〔出售、购买、运输假币案(刑法第一百七十一条第一款)〕出售、购买伪造的货币或者明知是伪造的货币而运输,涉嫌下列情形之一的,应予立案追诉:

(一)总面额在四千元以上或者币量在四百张(枚)以上的;

(二)总面额在二千元以上或者币量在二百张(枚)以上,二年内因出售、购买、运输假币受过行政处罚,又出售、购买、运输假币的;

(三)其他出售、购买、运输假币应予追究刑事责任的情形。

在出售假币时被抓获的，除现场查获的假币应认定为出售假币的数额外，现场之外在行为人住所或者其他藏匿地查获的假币，也应认定为出售假币的数额。

第十六条〔金融工作人员购买假币、以假币换取货币案（刑法第一百七十一条第二款）〕银行或者其他金融机构的工作人员购买伪造的货币或者利用职务上的便利，以伪造的货币换取货币，总面额在二千元以上或者币量在二百张（枚）以上的，应予立案追诉。

第十七条〔持有、使用假币案（刑法第一百七十二条）〕明知是伪造的货币而持有、使用，涉嫌下列情形之一的，应予立案追诉：

（一）总面额在四千元以上或者币量在四百张（枚）以上的；

（二）总面额在二千元以上或者币量在二百张（枚）以上，二年内因持有、使用假币受过行政处罚，又持有、使用假币的；

（三）其他持有、使用假币应予追究刑事责任的情形。

第十八条〔变造货币案（刑法第一百七十三条）〕变造货币，涉嫌下列情形之一的，应予立案追诉：

（一）总面额在二千元以上或者币量在二百张（枚）以上的；

（二）总面额在一千元以上或者币量在一百张（枚）以上，二年内因变造货币受过行政处罚，又变造货币的；

（三）其他变造货币应予追究刑事责任的情形。

第十九条〔擅自设立金融机构案（刑法第一百七十四条第一款）〕未经国家有关主管部门批准，擅自设立金融机构，涉嫌下列情形之一的，应予立案追诉：

（一）擅自设立商业银行、证券交易所、期货交易所、证券公司、期货公司、保险公司或者其他金融机构的；

（二）擅自设立金融机构筹备组织的。

第二十条〔伪造、变造、转让金融机构经营许可证、批准文件案（刑法第一百七十四条第二款）〕伪造、变造、转让商业银行、证券交易所、期货交易所、证券公司、期货公司、保险公司或者其他金融机构的经营许可证或者批准文件的，应予立案追诉。

第二十一条〔高利转贷案（刑法第一百七十五条）〕以转贷牟利为目的，套取金融机构信贷资金高利转贷他人，违法所得数额在五十万元以上的，应予立案追诉。

第二十二条〔骗取贷款、票据承兑、金融票证案（刑法第一百七十五条之一）〕以欺骗手段取得银行或者其他金融机构贷款、票据承兑、信用证、保函等，给银行或者其他金融机构造成直接经济损失数额在五十万元以上的，应予立案追诉。

第二十三条〔非法吸收公众存款案（刑法第一百七十六条）〕非法吸收公众存款或者变相吸收公众存款，扰乱金融秩序，涉嫌下列情形之一的，应予立案追诉：

（一）非法吸收或者变相吸收公众存款数额在一百万元以上的；

（二）非法吸收或者变相吸收公众存款对象一百五十人以上的；

（三）非法吸收或者变相吸收公众存款，给集资参与人造成直接经济损失数额在五十万元以上的；

非法吸收或者变相吸收公众存款数额在五十万元以上或者给集资参与人造成直接经济损失数额在二十五万元以上，同时涉嫌下列情形之一的，应予立案追诉：

（一）因非法集资受过刑事追究的；

（二）二年内因非法集资受过行政处罚的；

（三）造成恶劣社会影响或者其他严重后果的。

第二十四条〔伪造、变造金融票证案（刑法第一百七十七条）〕伪造、变造金融票证，涉嫌下列情形之一的，应予立案追诉：

（一）伪造、变造汇票、本票、支票，或者伪造、变造委托收款凭证、汇款凭证、银行存单等其他银行结算凭证，或者伪造、变造信用证或者附随的单据、文件，总面额在一万元以上或者数量在十张以上的；

（二）伪造信用卡一张以上，或者伪造空白信用卡十张以上的。

第二十五条〔妨害信用卡管理案（刑法第一百七十七条之一第一款）〕妨害信用卡管理，涉嫌下列情形之一的，应予立案追诉：

（一）明知是伪造的信用卡而持有、运输的；

（二）明知是伪造的空白信用卡而持有、运输，数量累计在十张以上的；

（三）非法持有他人信用卡，数量累计在五张以上的；

（四）使用虚假的身份证明骗领信用卡的；

（五）出售、购买、为他人提供伪造的信用卡或者以虚假的身份证明骗领的信用卡的。

违背他人意愿，使用其居民身份证、军官证、士兵证、港澳居民往来内地通行证、台湾居民来往大陆通行证、护照等身份证明申领信用卡的，或者使用伪造、变造的身份证明申领信用卡的，应当认定为"使用虚假的身份证明骗领信用卡"。

第二十六条 〔窃取、收买、非法提供信用卡信息案（刑法第一百七十七条之一第二款）〕窃取、收买或者非法提供他人信用卡信息资料，足以伪造可进行交易的信用卡，或者足以使他人以信用卡持卡人名义进行交易，涉及信用卡一张以上的，应予立案追诉。

第二十七条 〔伪造、变造国家有价证券案（刑法第一百七十八条第一款）〕伪造、变造国库券或者国家发行的其他有价证券，总面额在二千元以上的，应予立案追诉。

第二十八条 〔伪造、变造股票、公司、企业债券案（刑法第一百七十八条第二款）〕伪造、变造股票或者公司、企业债券，总面额在三万元以上的，应予立案追诉。

第二十九条 〔擅自发行股票、公司、企业债券案（刑法第一百七十九条）〕未经国家有关主管部门批准或者注册，擅自发行股票或者公司、企业债券，涉嫌下列情形之一的，应予立案追诉：

（一）非法募集资金金额在一百万元以上的；

（二）造成投资者直接经济损失数额累计在五十万元以上的；

（三）募集的资金全部或者主要用于违法犯罪活动的；

（四）其他后果严重或者有其他严重情节的情形。

本条规定的"擅自发行股票或者公司、企业债券"，是指向社会不特定对象发行、以转让股权等方式变相发行股票或者公司、企业债券，或者向特定对象发行、变相发行股票或者公司、企业债券累计超过二百人的行为。

第三十条 〔内幕交易、泄露内幕信息案（刑法第一百八十条第一款）〕证券、期货交易内幕信息的知情人员、单位或者非法获取证券、期货交易内幕信息的人员、单位，在涉及证券的发行，证券、期货交易或者其他对证券、期货交易价格有重大影响的信息尚未公开前，买入或者卖出该证券，或者从事与该内幕信息有关的期货交易，或者泄露该信息，或者明示、暗示他人从事上述交易活动，涉嫌下列情形之一的，应予立案追诉：

（一）获利或者避免损失数额在五十万元以上的；

（二）证券交易成交额在二百万元以上的；

（三）期货交易占用保证金数额在一百万元以上的；

（四）二年内三次以上实施内幕交易、泄露内幕信息行为的；

（五）明示、暗示三人以上从事与内幕信息相关的证券、期货交易活动的；

（六）具有其他严重情节的。

内幕交易获利或者避免损失数额在二十五万元以上，或者证券交易成交额在一百万元以上，或者期货交易占用保证金数额在五十万元以上，同时涉嫌下列情形之一的，应予立案追诉：

（一）证券法规定的证券交易内幕信息的知情人实施或者与他人共同实施内幕交易行为的；

（二）以出售或者变相出售内幕信息等方式，明示、暗示他人从事与该内幕信息相关的交易活动的；

（三）因证券、期货犯罪行为受过刑事追究的；

（四）二年内因证券、期货违法行为受过行政处罚的；

（五）造成其他严重后果的。

第三十一条 〔利用未公开信息交易案（刑法第一百八十条第四款）〕证券交易所、期货交易所、证券公司、期货公司、基金管理公司、商业银行、保险公司等金融机构的从业人员以及有关监管部门或者行业协会的工作人员，利用因职务便利获取的内幕信息以外的其他未公开的信息，违反规定，从事与该信息相关的证券、期货交易活动，或者明示、暗示他人从事相关交易活动，涉嫌下列情形之一的，应予立案追诉：

（一）获利或者避免损失数额在一百万元以上的；

（二）二年内三次以上利用未公开信息交易的；

（三）明示、暗示三人以上从事相关交易活动的；

（四）具有其他严重情节的。

利用未公开信息交易，获利或者避免损失数额在五十万元以上，或者证券交易成交额在五百万元以上，或者期货交易占用保证金数额在一百万元以上，同时涉嫌下列情形之一的，应予立案追诉：

（一）以出售或者变相出售未公开信息等方式，明示、暗示他人从事相关交易活动的；

（二）因证券、期货犯罪行为受过刑事追究的；

（三）二年内因证券、期货违法行为受过行政处罚的；

（四）造成其他严重后果的。

第三十二条 〔编造并传播证券、期货交易虚假信息案（刑法第一百八十一条第一款）〕编造并且传播影响证券、期货交易的虚假信息，扰乱证券、期货交易市场，涉嫌下列情形之一的，应予立案追诉：

（一）获利或者避免损失数额在五万元以上的；

（二）造成投资者直接经济损失数额在五十万元以上的；

（三）虽未达到上述数额标准，但多次编造并且传播影响证券、期货交易的虚假信息的；

（四）致使交易价格或者交易量异常波动的；

（五）造成其他严重后果的。

第三十三条 〔诱骗投资者买卖证券、期货合约案（刑法第一百八十一条第二款）〕证券交易所、期货交易所、证券公司、期货公司的从业人员，证券业协会、期货业协会或者证券期货监督管理部门的工作人员，故意提供虚假信息或者伪造、变造、销毁交易记录，诱骗投资者买卖证券、期货合约，涉嫌下列情形之一的，应予立案追诉：

（一）获利或者避免损失数额在五万元以上的；

（二）造成投资者直接经济损失数额在五十万元以上的；

（三）虽未达到上述数额标准，但多次诱骗投资者买卖证券、期货合约的；

（四）致使交易价格或者交易量异常波动的；

（五）造成其他严重后果的。

第三十四条 〔操纵证券、期货市场案（刑法第一百八十二条）〕操纵证券、期货市场，影响证券、期货交易价格或者证券、期货交易量，涉嫌下列情形之一的，应予立案追诉：

（一）持有或者实际控制证券的流通股份数量达到该证券的实际流通股份总量百分之十以上，实施刑法第一百八十二条第一款第一项操纵证券市场行为，连续十个交易日的累计成交量达到同期该证券总成交量百分之二十以上的；

（二）实施刑法第一百八十二条第一款第二项、第三项操纵证券市场行为，连续十个交易日的累计成交量达到同期该证券总成交量百分之二十以上的；

（三）利用虚假或者不确定的重大信息，诱导投资者进行证券交易，行为人进行相关证券交易的成交额在一千万元以上的；

（四）对证券、证券发行人公开作出评价、预测或者投资建议，同时进行反向证券交易，证券交易成交额在一千万元以上的；

（五）通过策划、实施资产收购或者重组、投资新业务、股权转让、上市公司收购等虚假重大事项，误导投资者作出投资决策，并进行相关交易或者谋取相关利益，证券交易成交额在一千万元以上的；

（六）通过控制发行人、上市公司信息的生成或者控制信息披露的内容、时点、节奏，误导投资者作出投资决策，并进行相关交易或者谋取相关利益，证券交易成交额在一千万元以上的；

（七）实施刑法第一百八十二条第一款第一项操纵期货市场行为，实际控制的帐户合并持仓连续十个交易日的最高值超过期货交易所限仓标准的二倍，累计成交量达到同期该期货合约总成交量百分之二十以上，且期货交易占用保证金数额在五百万元以上的；

（八）通过囤积现货，影响特定期货品种市场行情，并进行相关期货交易，实际控制的帐户合并持仓连续十个交易日的最高值超过期货交易所限仓标准的二倍，累计成交量达到同期该期货合约总成交量百分之二十以上，且期货交易占用保证金数额在五百万元以上的；

（九）实施刑法第一百八十二条第一款第二项、第三项操纵期货市场行为，实际控制的帐户连续十个交易日的累计成交量达到同期该期货合约总成交量百分之二十以上，且期货交易占用保证金数额在五百万元以上的；

（十）利用虚假或者不确定的重大信息，诱导投资者进行期货交易，行为人进行相关期货交易，实际控制的帐户连续十个交易日的累计成交量达到同期该期货合约总成交量百分之二十以上，且期货交易占用保证金数额在五百万元以上的；

（十一）对期货交易标的公开作出评价、预测或者投资建议，同时进行相关期货交易，实际控制的帐户连续十个交易日的累计成交量达到同期该期货合约总成交量的百分之二十以上，且期货交易占用保证金数额在五百万元以上的；

（十二）不以成交为目的，频繁或者大量申报买入、卖出证券、期货合约并撤销申报，当日累计撤回申报量达到同期该证券、期货合约总申报量百分之五十以上，且证券撤回申报额在一千万元以上、撤回申报的期货合约占用保证金数额在五百万元以上的；

（十三）实施操纵证券、期货市场行为，获利或者避免损失数额在一百万元以上的。

操纵证券、期货市场，影响证券、期货交易价格或者证券、期货交易量，获利或者避免损失数额在五十万元以上，同时涉嫌下列情形之一的，应予立案追诉：

（一）发行人、上市公司及其董事、监事、高级管理人员、控股股东或者实际控制人实施操纵证券、期货市场行为的；

（二）收购人、重大资产重组的交易对方及其董事、监事、高级管理人员、控股股东或者实际控制人实施操纵证券、期货市场行为的；

（三）行为人明知操纵证券、期货市场行为被有关部

门调查,仍继续实施的;

(四)因操纵证券、期货市场行为受过刑事追究的;

(五)二年内因操纵证券、期货市场行为受过行政处罚的;

(六)在市场出现重大异常波动等特定时段操纵证券、期货市场的;

(七)造成其他严重后果的。

对于在全国中小企业股份转让系统中实施操纵证券市场行为,社会危害性大,严重破坏公平公正的市场秩序的,比照本条的规定执行,但本条第一款第一项和第二项除外。

第三十五条 〔背信运用受托财产案(刑法第一百八十五条之一第一款)〕商业银行、证券交易所、期货交易所、证券公司、期货公司、保险公司或者其他金融机构,违背受托义务,擅自运用客户资金或者其他委托、信托的财产,涉嫌下列情形之一的,应予立案追诉:

(一)擅自运用客户资金或者其他委托、信托的财产数额在三十万元以上的;

(二)虽未达到上述数额标准,但多次擅自运用客户资金或者其他委托、信托的财产,或者擅自运用多个客户资金或者其他委托、信托的财产的;

(三)其他情节严重的情形。

第三十六条 〔违法运用资金案(刑法第一百八十五条之一第二款)〕社会保障基金管理机构、住房公积金管理机构等公众资金管理机构,以及保险公司、保险资产管理公司、证券投资基金管理公司,违反国家规定运用资金,涉嫌下列情形之一的,应予立案追诉:

(一)违反国家规定运用资金数额在三十万元以上的;

(二)虽未达到上述数额标准,但多次违反国家规定运用资金的;

(三)其他情节严重的情形。

第三十七条 〔违法发放贷款案(刑法第一百八十六条)〕银行或者其他金融机构及其工作人员违反国家规定发放贷款,涉嫌下列情形之一的,应予立案追诉:

(一)违法发放贷款,数额在二百万元以上的;

(二)违法发放贷款,造成直接经济损失数额在五十万元以上的。

第三十八条 〔吸收客户资金不入帐案(刑法第一百八十七条)〕银行或者其他金融机构及其工作人员吸收客户资金不入帐,涉嫌下列情形之一的,应予立案追诉:

(一)吸收客户资金不入帐,数额在二百万元以上的;

(二)吸收客户资金不入帐,造成直接经济损失数额在五十万元以上的。

第三十九条 〔违规出具金融票证案(刑法第一百八十八条)〕银行或者其他金融机构及其工作人员违反规定,为他人出具信用证或者其他保函、票据、存单、资信证明,涉嫌下列情形之一的,应予立案追诉:

(一)违反规定为他人出具信用证或者其他保函、票据、存单、资信证明,数额在二百万元以上的;

(二)违反规定为他人出具信用证或者其他保函、票据、存单、资信证明,造成直接经济损失数额在五十万元以上的;

(三)多次违规出具信用证或者其他保函、票据、存单、资信证明的;

(四)接受贿赂违规出具信用证或者其他保函、票据、存单、资信证明的;

(五)其他情节严重的情形。

第四十条 〔对违法票据承兑、付款、保证案(刑法第一百八十九条)〕银行或者其他金融机构及其工作人员在票据业务中,对违反票据法规定的票据予以承兑、付款或者保证,造成直接经济损失数额在五十万元以上的,应予立案追诉。

第四十一条 〔逃汇案(刑法第一百九十条)〕公司、企业或者其他单位,违反国家规定,擅自将外汇存放境外,或者将境内的外汇非法转移到境外,单笔在二百万美元以上或者累计数额在五百万美元以上的,应予立案追诉。

第四十二条 〔骗购外汇案《全国人民代表大会常务委员会关于惩治骗购外汇、逃汇和非法买卖外汇犯罪的决定》第一条〕骗购外汇,数额在五十万美元以上的,应予立案追诉。

第四十三条 〔洗钱案(刑法第一百九十一条)〕为掩饰、隐瞒毒品犯罪、黑社会性质的组织犯罪、恐怖活动犯罪、走私犯罪、贪污贿赂犯罪、破坏金融管理秩序犯罪、金融诈骗犯罪的所得及其产生的收益的来源和性质,涉嫌下列情形之一的,应予立案追诉:

(一)提供资金帐户的;

(二)将财产转换为现金、金融票据、有价证券的;

(三)通过转帐或者其他支付结算方式转移资金的;

(四)跨境转移资产的;

(五)以其他方法掩饰、隐瞒犯罪所得及其收益的来源和性质的。

第四十四条 〔集资诈骗案(刑法第一百九十二条)〕以非法占有为目的,使用诈骗方法非法集资,数额在十万元以上的,应予立案追诉。

第四十五条 〔贷款诈骗案(刑法第一百九十三条)〕以非法占有为目的,诈骗银行或者其他金融机构的贷款,数额在五万元以上的,应予立案追诉。

第四十六条 〔票据诈骗案(刑法第一百九十四条第一款)〕进行金融票据诈骗活动,数额在五万元以上的,应予立案追诉。

第四十七条 〔金融凭证诈骗案(刑法第一百九十四条第二款)〕使用伪造、变造的委托收款凭证、汇款凭证、银行存单等其他银行结算凭证进行诈骗活动,数额在五万元以上的,应予立案追诉。

第四十八条 〔信用证诈骗案(刑法第一百九十五条)〕进行信用证诈骗活动,涉嫌下列情形之一的,应予立案追诉:

(一)使用伪造、变造的信用证或者附随的单据、文件的;

(二)使用作废的信用证的;

(三)骗取信用证的;

(四)以其他方法进行信用证诈骗活动的。

第四十九条 〔信用卡诈骗案(刑法第一百九十六条)〕进行信用卡诈骗活动,涉嫌下列情形之一的,应予立案追诉:

(一)使用伪造的信用卡、以虚假的身份证明骗领的信用卡、作废的信用卡或者冒用他人信用卡,进行诈骗活动,数额在五千元以上的;

(二)恶意透支,数额在五万元以上的。

本条规定的"恶意透支",是指持卡人以非法占有为目的,超过规定限额或者规定期限透支,经发卡银行两次有效催收后超过三个月仍不归还的。

恶意透支的数额,是指公安机关刑事立案时尚未归还的实际透支的本金数额,不包括利息、复利、滞纳金、手续费等发卡银行收取的费用。归还或者支付的数额,应当认定为归还实际透支的本金。

恶意透支,数额在五万元以上不满五十万元的,在提起公诉前全部归还或者具有其他情节轻微情形的,可以不起诉。但是,因信用卡诈骗受过二次以上处罚的除外。

第五十条 〔有价证券诈骗案(刑法第一百九十七条)〕使用伪造、变造的国库券或者国家发行的其他有价证券进行诈骗活动,数额在五万元以上的,应予立案追诉。

第五十一条 〔保险诈骗案(刑法第一百九十八条)〕进行保险诈骗活动,数额在五万元以上的,应予立案追诉。

第五十二条 〔逃税案(刑法第二百零一条)〕逃避缴纳税款,涉嫌下列情形之一的,应予立案追诉:

(一)纳税人采取欺骗、隐瞒手段进行虚假纳税申报或者不申报,逃避缴纳税款,数额在十万元以上并且占各税种应纳税总额百分之十以上,经税务机关依法下达追缴通知后,不补缴应纳税款、不缴纳滞纳金或者不接受行政处罚的;

(二)纳税人五年内因逃避缴纳税款受过刑事处罚或者被税务机关给予二次以上行政处罚,又逃避缴纳税款,数额在十万元以上并且占各税种应纳税总额百分之十以上的;

(三)扣缴义务人采取欺骗、隐瞒手段,不缴或者少缴已扣、已收税款,数额在十万元以上的。

纳税人在公安机关立案后再补缴应纳税款、缴纳滞纳金或者接受行政处罚的,不影响刑事责任的追究。

第五十三条 〔抗税案(刑法第二百零二条)〕以暴力、威胁方法拒不缴纳税款,涉嫌下列情形之一的,应予立案追诉:

(一)造成税务工作人员轻微伤以上的;

(二)以给税务工作人员及其亲友的生命、健康、财产等造成损害为威胁,抗拒缴纳税款的;

(三)聚众抗拒缴纳税款的;

(四)以其他暴力、威胁方法拒不缴纳税款的。

第五十四条 〔逃避追缴欠税案(刑法第二百零三条)〕纳税人欠缴应纳税款,采取转移或者隐匿财产的手段,致使税务机关无法追缴欠缴的税款,数额在一万元以上的,应予立案追诉。

第五十五条 〔骗取出口退税案(刑法第二百零四条)〕以假报出口或者其他欺骗手段,骗取国家出口退税款,数额在十万元以上的,应予立案追诉。

第五十六条 〔虚开增值税专用发票、用于骗取出口退税、抵扣税款发票案(刑法第二百零五条)〕虚开增值税专用发票或者虚开用于骗取出口退税、抵扣税款的其他发票,虚开的税款数额在十万元以上或者造成国家税款损失数额在五万元以上的,应予立案追诉。

第五十七条 〔虚开发票案(刑法第二百零五条之一)〕虚开刑法第二百零五条规定以外的其他发票,涉嫌下列情形之一的,应予立案追诉:

(一)虚开发票金额累计在五十万元以上的;

（二）虚开发票一百份以上且票面金额在三十万元以上的；

（三）五年内因虚开发票受过刑事处罚或者二次以上行政处罚，又虚开发票，数额达到第一、二项标准百分之六十以上的。

第五十八条 〔伪造、出售伪造的增值税专用发票案（刑法第二百零六条）〕伪造或者出售伪造的增值税专用发票，涉嫌下列情形之一的，应予立案追诉：

（一）票面税额累计在十万元以上的；

（二）伪造或者出售伪造的增值税专用发票十份以上且票面税额在六万元以上的；

（三）非法获利数额在一万元以上的。

第五十九条 〔非法出售增值税专用发票案（刑法第二百零七条）〕非法出售增值税专用发票，涉嫌下列情形之一的，应予立案追诉：

（一）票面税额累计在十万元以上的；

（二）非法出售增值税专用发票十份以上且票面税额在六万元以上的；

（三）非法获利数额在一万元以上的。

第六十条 〔非法购买增值税专用发票、购买伪造的增值税专用发票案（刑法第二百零八条第一款）〕非法购买增值税专用发票或者购买伪造的增值税专用发票，涉嫌下列情形之一的，应予立案追诉：

（一）非法购买增值税专用发票或者购买伪造的增值税专用发票二十份以上且票面税额在十万元以上的；

（二）票面税额累计在二十万元以上的。

第六十一条 〔非法制造、出售非法制造的用于骗取出口退税、抵扣税款发票案（刑法第二百零九条第一款）〕伪造、擅自制造或者出售伪造、擅自制造的用于骗取出口退税、抵扣税款的其他发票，涉嫌下列情形之一的，应予立案追诉：

（一）票面可以退税、抵扣税额累计在十万元以上的；

（二）伪造、擅自制造或者出售伪造、擅自制造的发票十份以上且票面可以退税、抵扣税额在六万元以上的；

（三）非法获利数额在一万元以上的。

第六十二条 〔非法制造、出售非法制造的发票案（刑法第二百零九条第二款）〕伪造、擅自制造或者出售伪造、擅自制造的不具有骗取出口退税、抵扣税款功能的其他发票，涉嫌下列情形之一的，应予立案追诉：

（一）伪造、擅自制造或者出售伪造、擅自制造的不具有骗取出口退税、抵扣税款功能的其他发票一百份以上且票面金额累计在三十万元以上的；

（二）票面金额累计在五十万元以上的；

（三）非法获利数额在一万元以上的。

第六十三条 〔非法出售用于骗取出口退税、抵扣税款发票案（刑法第二百零九条第三款）〕非法出售可以用于骗取出口退税、抵扣税款的其他发票，涉嫌下列情形之一的，应予立案追诉：

（一）票面可以退税、抵扣税额累计在十万元以上的；

（二）非法出售用于骗取出口退税、抵扣税款的其他发票十份以上且票面可以退税、抵扣税额在六万元以上的；

（三）非法获利数额在一万元以上的。

第六十四条 〔非法出售发票案（刑法第二百零九条第四款）〕非法出售增值税专用发票、用于骗取出口退税、抵扣税款的其他发票以外的发票，涉嫌下列情形之一的，应予立案追诉：

（一）非法出售增值税专用发票、用于骗取出口退税、抵扣税款的其他发票以外的发票一百份以上且票面金额累计在三十万元以上的；

（二）票面金额累计在五十万元以上的；

（三）非法获利数额在一万元以上的。

第六十五条 〔持有伪造的发票案（刑法第二百一十条之一）〕明知是伪造的发票而持有，涉嫌下列情形之一的，应予立案追诉：

（一）持有伪造的增值税专用发票或者可以用于骗取出口退税、抵扣税款的其他发票五十份以上且票面税额累计在二十五万元以上的；

（二）持有伪造的增值税专用发票或者可以用于骗取出口退税、抵扣税款的其他发票票面税额累计在五十万元以上的；

（三）持有伪造的第一项规定以外的其他发票一百份以上且票面金额在五十万元以上的；

（四）持有伪造的第一项规定以外的其他发票票面金额累计在一百万元以上的。

第六十六条 〔损害商业信誉、商品声誉案（刑法第二百二十一条）〕捏造并散布虚伪事实，损害他人的商业信誉、商品声誉，涉嫌下列情形之一的，应予立案追诉：

（一）给他人造成直接经济损失数额在五十万元以上的；

（二）虽未达到上述数额标准，但造成公司、企业等单位停业、停产六个月以上，或者破产的；

(三)其他给他人造成重大损失或者有其他严重情节的情形。

第六十七条 〔虚假广告案(刑法第二百二十二条)〕广告主、广告经营者、广告发布者违反国家规定,利用广告对商品或者服务作虚假宣传,涉嫌下列情形之一的,应予立案追诉:

(一)违法所得数额在十万元以上的;

(二)假借预防、控制突发事件、传染病防治的名义,利用广告作虚假宣传,致使多人上当受骗,违法所得数额在三万元以上的;

(三)利用广告对食品、药品作虚假宣传,违法所得数额在三万元以上的;

(四)虽未达到上述数额标准,但二年内因利用广告作虚假宣传受过二次以上行政处罚,又利用广告作虚假宣传的;

(五)造成严重危害后果或者恶劣社会影响的;

(六)其他情节严重的情形。

第六十八条 〔串通投标案(刑法第二百二十三条)〕投标人相互串通投标报价,或者投标人与招标人串通投标,涉嫌下列情形之一的,应予立案追诉:

(一)损害招标人、投标人或者国家、集体、公民的合法利益,造成直接经济损失数额在五十万元以上的;

(二)违法所得数额在二十万元以上的;

(三)中标项目金额在四百万元以上的;

(四)采取威胁、欺骗或者贿赂等非法手段的;

(五)虽未达到上述数额标准,但二年内因串通投标受过二次以上行政处罚,又串通投标的;

(六)其他情节严重的情形。

第六十九条 〔合同诈骗案(刑法第二百二十四条)〕以非法占有为目的,在签订、履行合同过程中,骗取对方当事人财物,数额在二万元以上的,应予立案追诉。

第七十条 〔组织、领导传销活动案(刑法第二百二十四条之一)〕组织、领导以推销商品、提供服务等经营活动为名,要求参加者以缴纳费用或者购买商品、服务等方式获得加入资格,并按照一定顺序组成层级,直接或者间接以发展人员的数量作为计酬或者返利依据,引诱、胁迫参加者继续发展他人参加,骗取财物,扰乱经济社会秩序的传销活动,涉嫌组织、领导的传销活动人员在三十人以上且层级在三级以上的,对组织者、领导者,应予立案追诉。

下列人员可以认定为传销活动的组织者、领导者:

(一)在传销活动中起发起、策划、操纵作用的人员;

(二)在传销活动中承担管理、协调等职责的人员;

(三)在传销活动中承担宣传、培训等职责的人员;

(四)因组织、领导传销活动受过刑事追究,或者一年内因组织、领导传销活动受过行政处罚,又直接或者间接发展参与传销活动人员在十五人以上且层级在三级以上的人员;

(五)其他对传销活动的实施、传销组织的建立、扩大等起关键作用的人员。

第七十一条 〔非法经营案(刑法第二百二十五条)〕违反国家规定,进行非法经营活动,扰乱市场秩序,涉嫌下列情形之一的,应予立案追诉:

(一)违反国家烟草专卖管理法律法规,未经烟草专卖行政主管部门许可,无烟草专卖生产企业许可证、烟草专卖批发企业许可证、特种烟草专卖经营企业许可证、烟草专卖零售许可证等许可证明,非法经营烟草专卖品,具有下列情形之一的:

1. 非法经营数额在五万元以上,或者违法所得数额在二万元以上的;

2. 非法经营卷烟二十万支以上的;

3. 三年内因非法经营烟草专卖品受过二次以上行政处罚,又非法经营烟草专卖品且数额在三万元以上的。

(二)未经国家有关主管部门批准,非法经营证券、期货、保险业务,或者非法从事资金支付结算业务,具有下列情形之一的:

1. 非法经营证券、期货、保险业务,数额在一百万元以上,或者违法所得数额在十万元以上的;

2. 非法从事资金支付结算业务,数额在五百万元以上,或者违法所得数额在十万元以上的;

3. 非法从事资金支付结算业务,数额在二百五十万元以上不满五百万元,或者违法所得数额在五万元以上不满十万元,且具有下列情形之一的:

(1)因非法从事资金支付结算业务犯罪行为受过刑事追究的;

(2)二年内因非法从事资金支付结算业务违法行为受过行政处罚的;

(3)拒不交代涉案资金去向或者拒不配合追缴工作,致使赃款无法追缴的;

(4)造成其他严重后果的。

4. 使用销售点终端机具(POS 机)等方法,以虚构交易、虚开价格、现金退货等方式向信用卡持卡人直接支付现金,数额在一百万元以上的,或者造成金融机构资金二十万元以上逾期未还的,或者造成金融机构经济损失十万元以上的。

（三）实施倒买倒卖外汇或者变相买卖外汇等非法买卖外汇行为，扰乱金融市场秩序，具有下列情形之一的：

1. 非法经营数额在五百万元以上的，或者违法所得数额在十万元以上的；

2. 非法经营数额在二百五十万元以上，或者违法所得数额在五万元以上，且具有下列情形之一的：

（1）因非法买卖外汇犯罪行为受过刑事追究的；

（2）二年内因非法买卖外汇违法行为受过行政处罚的；

（3）拒不交代涉案资金去向或者拒不配合追缴工作，致使赃款无法追缴的；

（4）造成其他严重后果的。

3. 公司、企业或者其他单位违反有关外贸代理业务的规定，采用非法手段，或者明知是伪造、变造的凭证、商业单据，为他人向外汇指定银行骗购外汇，数额在五百万美元以上或者违法所得数额在五十万元以上的；

4. 居间介绍骗购外汇，数额在一百万美元以上或者违法所得数额在十万元以上的。

（四）出版、印刷、复制、发行严重危害社会秩序和扰乱市场秩序的非法出版物，具有下列情形之一的：

1. 个人非法经营数额在五万元以上的，单位非法经营数额在十五万元以上的；

2. 个人违法所得数额在二万元以上的，单位违法所得数额在五万元以上的；

3. 个人非法经营报纸五千份或者期刊五千本或者图书二千册或者音像制品、电子出版物五百张（盒）以上的，单位非法经营报纸一万五千份或者期刊一万五千本或者图书五千册或者音像制品、电子出版物一千五百张（盒）以上的；

4. 虽未达到上述数额标准，但具有下列情形之一的：

（1）二年内因出版、印刷、复制、发行非法出版物受过二次以上行政处罚，又出版、印刷、复制、发行非法出版物的；

（2）因出版、印刷、复制、发行非法出版物造成恶劣社会影响或者其他严重后果的。

（五）非法从事出版物的出版、印刷、复制、发行业务，严重扰乱市场秩序，具有下列情形之一的：

1. 个人非法经营数额在十五万元以上的，单位非法经营数额在五十万元以上的；

2. 个人违法所得数额在五万元以上的，单位违法所得数额在十五万元以上的；

3. 个人非法经营报纸一万五千份或者期刊一万五千本或者图书五千册或者音像制品、电子出版物一千五百张（盒）以上的，单位非法经营报纸五万份或者期刊五万本或者图书一万五千册或者音像制品、电子出版物五千张（盒）以上的；

4. 虽未达到上述数额标准，二年内因非法从事出版物的出版、印刷、复制、发行业务受过二次以上行政处罚，又非法从事出版物的出版、印刷、复制、发行业务的。

（六）采取租用国际专线、私设转接设备或者其他方法，擅自经营国际电信业务或者涉港澳台电信业务进行营利活动，扰乱电信市场管理秩序，具有下列情形之一的：

1. 经营去话业务数额在一百万元以上的；

2. 经营来话业务造成电信资费损失数额在一百万元以上的；

3. 虽未达到上述数额标准，但具有下列情形之一的：

（1）二年内因非法经营国际电信业务或者涉港澳台电信业务行为受过二次以上行政处罚，又非法经营国际电信业务或者涉港澳台电信业务的；

（2）因非法经营国际电信业务或者涉港澳台电信业务行为造成其他严重后果的。

（七）以营利为目的，通过信息网络有偿提供删除信息服务，或者明知是虚假信息，通过信息网络有偿提供发布信息等服务，扰乱市场秩序，具有下列情形之一的：

1. 个人非法经营数额在五万元以上，或者违法所得数额在二万元以上的；

2. 单位非法经营数额在十五万元以上，或者违法所得数额在五万元以上的。

（八）非法生产、销售"黑广播""伪基站"、无线电干扰器等无线电设备，具有下列情形之一的：

1. 非法生产、销售无线电设备三套以上的；

2. 非法经营数额在五万元以上的；

3. 虽未达到上述数额标准，但二年内因非法生产、销售无线电设备受过二次以上行政处罚，又非法生产、销售无线电设备的。

（九）以提供给他人开设赌场为目的，违反国家规定，非法生产、销售具有退币、退分、退钢珠等赌博功能的电子游戏设施设备或者其专用软件，具有下列情形之一的：

1. 个人非法经营数额在五万元以上，或者违法所得数额在一万元以上的；

2. 单位非法经营数额在五十万元以上，或者违法所得数额在十万元以上的；

3. 虽未达到上述数额标准，但二年内因非法生产、销售赌博机行为受过二次以上行政处罚，又进行同种非法经营行为的；

4. 其他情节严重的情形。

（十）实施下列危害食品安全行为，非法经营数额在十万元以上，或者违法所得数额在五万元以上的：

1. 以提供给他人生产、销售食品为目的，违反国家规定，生产、销售国家禁止用于食品生产、销售的非食品原料的；

2. 以提供给他人生产、销售食用农产品为目的，违反国家规定，生产、销售国家禁用农药、食品动物中禁止使用的药品及其他化合物等有毒、有害的非食品原料，或者生产、销售添加上述有毒、有害的非食品原料的农药、兽药、饲料、饲料添加剂、饲料原料的；

3. 违反国家规定，私设生猪屠宰厂（场），从事生猪屠宰、销售等经营活动的。

（十一）未经监管部门批准，或者超越经营范围，以营利为目的，以超过百分之三十六的实际年利率经常性地向社会不特定对象发放贷款，具有下列情形之一的：

1. 个人非法放贷数额累计在二百万元以上的，单位非法放贷数额累计在一千万元以上的；

2. 个人违法所得数额累计在八十万元以上的，单位违法所得数额累计在四百万元以上的；

3. 个人非法放贷对象累计在五十人以上的，单位非法放贷对象累计在一百五十人以上的；

4. 造成借款人或者其近亲属自杀、死亡或者精神失常等严重后果的；

5. 虽未达到上述数额标准，但具有下列情形之一的：

（1）二年内因实施非法放贷行为受过二次以上行政处罚的；

（2）以超过百分之七十二的实际年利率实施非法放贷行为十次以上的。

黑恶势力非法放贷，按照第1、2、3项规定的相应数额、数量标准的百分之五十确定。同时具有第5项规定情形的，按照相应数额、数量标准的百分之四十确定。

（十二）从事其他非法经营活动，具有下列情形之一的：

1. 个人非法经营数额在五万元以上，或者违法所得数额在一万元以上的；

2. 单位非法经营数额在五十万元以上，或者违法所得数额在十万元以上的；

3. 虽未达到上述数额标准，但二年内因非法经营行为受过二次以上行政处罚，又从事同种非法经营行为的；

4. 其他情节严重的情形。

法律、司法解释对非法经营罪的立案追诉标准另有规定的，依照其规定。

第七十二条　〔非法转让、倒卖土地使用权案（刑法第二百二十八条）〕以牟利为目的，违反土地管理法规，非法转让、倒卖土地使用权，涉嫌下列情形之一的，应予立案追诉：

（一）非法转让、倒卖永久基本农田五亩以上的；

（二）非法转让、倒卖永久基本农田以外的耕地十亩以上的；

（三）非法转让、倒卖其他土地二十亩以上的；

（四）违法所得数额在五十万元以上的；

（五）虽未达到上述数额标准，但因非法转让、倒卖土地使用权受过行政处罚，又非法转让、倒卖土地的；

（六）其他情节严重的情形。

第七十三条　〔提供虚假证明文件案（刑法第二百二十九条第一款）〕承担资产评估、验资、验证、会计、审计、法律服务、保荐、安全评价、环境影响评价、环境监测等职责的中介组织的人员故意提供虚假证明文件，涉嫌下列情形之一的，应予立案追诉：

（一）给国家、公众或者其他投资者造成直接经济损失数额在五十万元以上的；

（二）违法所得数额在十万元以上的；

（三）虚假证明文件虚构数额在一百万元以上且占实际数额百分之三十以上的；

（四）虽未达到上述数额标准，但二年内因提供虚假证明文件受过二次以上行政处罚，又提供虚假证明文件的；

（五）其他情节严重的情形。

第七十四条　〔出具证明文件重大失实案（刑法第二百二十九条第三款）〕承担资产评估、验资、验证、会计、审计、法律服务、保荐、安全评价、环境影响评价、环境监测等职责的中介组织的人员严重不负责任，出具的证明文件有重大失实，涉嫌下列情形之一的，应予立案追诉：

（一）给国家、公众或者其他投资者造成直接经济损失数额在一百万元以上的；

（二）其他造成严重后果的情形。

第七十五条 〔逃避商检案（刑法第二百三十条）〕违反进出口商品检验法的规定，逃避商品检验，将必须经商检机构检验的进口商品未报经检验而擅自销售、使用，或者将必须经商检机构检验的出口商品未报经检验合格而擅自出口，涉嫌下列情形之一的，应予立案追诉：

（一）给国家、单位或者个人造成直接经济损失数额在五十万元以上的；

（二）逃避商检的进出口货物货值金额在三百万元以上的；

（三）导致病疫流行、灾害事故的；

（四）多次逃避商检的；

（五）引起国际经济贸易纠纷，严重影响国家对外贸易关系，或者严重损害国家声誉的；

（六）其他情节严重的情形。

第七十六条 〔职务侵占案（刑法第二百七十一条第一款）〕公司、企业或者其他单位的人员，利用职务上的便利，将本单位财物非法占为己有，数额在三万元以上的，应予立案追诉。

第七十七条 〔挪用资金案（刑法第二百七十二条第一款）〕公司、企业或者其他单位的工作人员，利用职务上的便利，挪用本单位资金归个人使用或者借贷给他人，涉嫌下列情形之一的，应予立案追诉：

（一）挪用本单位资金数额在五万元以上，超过三个月未还的；

（二）挪用本单位资金数额在五万元以上，进行营利活动的；

（三）挪用本单位资金数额在三万元以上，进行非法活动的。

具有下列情形之一的，属于本条规定的"归个人使用"：

（一）将本单位资金供本人、亲友或者其他自然人使用的；

（二）以个人名义将本单位资金供其他单位使用的；

（三）个人决定以单位名义将本单位资金供其他单位使用，谋取个人利益的。

第七十八条 〔虚假诉讼案（刑法第三百零七条之一）〕单独或者与他人恶意串通，以捏造的事实提起民事诉讼，涉嫌下列情形之一的，应予立案追诉：

（一）致使人民法院基于捏造的事实采取财产保全或者行为保全措施的；

（二）致使人民法院开庭审理，干扰正常司法活动的；

（三）致使人民法院基于捏造的事实作出裁判文书、制作财产分配方案，或者立案执行基于捏造的事实作出的仲裁裁决、公证债权文书的；

（四）多次以捏造的事实提起民事诉讼的；

（五）因以捏造的事实提起民事诉讼被采取民事诉讼强制措施或者受过刑事追究的；

（六）其他妨害司法秩序或者严重侵害他人合法权益的情形。

附　则

第七十九条 本规定中的"货币"是指在境内外正在流通的以下货币：

（一）人民币（含普通纪念币、贵金属纪念币）、港元、澳门元、新台币；

（二）其他国家及地区的法定货币。

贵金属纪念币的面额以中国人民银行授权中国金币总公司的初始发售价格为准。

第八十条 本规定中的"多次"，是指三次以上。

第八十一条 本规定中的"虽未达到上述数额标准"，是指接近上述数额标准且已达到该数额的百分之八十以上的。

第八十二条 对于预备犯、未遂犯、中止犯，需要追究刑事责任的，应予立案追诉。

第八十三条 本规定中的立案追诉标准，除法律、司法解释、本规定中另有规定的以外，适用于相应的单位犯罪。

第八十四条 本规定中的"以上"，包括本数。

第八十五条 本规定自2022年5月15日施行。《最高人民检察院、公安部关于公安机关管辖的刑事案件立案追诉标准的规定（二）》（公通字〔2010〕23号）和《最高人民检察院、公安部关于公安机关管辖的刑事案件立案追诉标准的规定（二）的补充规定》（公通字〔2011〕47号）同时废止。

最高人民检察院、公安部关于公安机关管辖的刑事案件立案追诉标准的规定（三）

·2012年5月16日
·公通字〔2012〕26号

第一条 〔走私、贩卖、运输、制造毒品案（刑法第三百四十七条）〕走私、贩卖、运输、制造毒品，无论数量多少，都应予立案追诉。

本条规定的"走私"是指明知是毒品而非法将其运输、携带、寄递进出国（边）境的行为。直接向走私人非法收购走私进口的毒品，或者在内海、领海、界河、界湖运输、收购、贩卖毒品的，以走私毒品罪立案追诉。

本条规定的"贩卖"是指明知是毒品而非法销售或者以贩卖为目的而非法收买的行为。

有证据证明行为人以牟利为目的，为他人代购仅用于吸食、注射的毒品，对代购者以贩卖毒品罪立案追诉。不以牟利为目的，为他人代购仅用于吸食、注射的毒品，毒品数量达到本规定第二条规定的数量标准的，对托购者和代购者以非法持有毒品罪立案追诉。明知他人实施毒品犯罪而为其居间介绍、代购代卖的，无论是否牟利，都应以相关毒品犯罪的共犯立案追诉。

本条规定的"运输"是指明知是毒品而采用携带、寄递、托运、利用他人或者使用交通工具等方法非法运送毒品的行为。

本条规定的"制造"是指非法利用毒品原植物直接提炼或者用化学方法加工、配制毒品，或者以改变毒品成分和效用为目的，用混合等物理方法加工、配制毒品的行为。为了便于隐蔽运输、销售、使用、欺骗购买者，或者为了增重，对毒品掺杂使假，添加或者去除其他非毒品物质，不属于制造毒品的行为。

为了制造毒品而采用生产、加工、提炼等方法非法制造易制毒化学品的，以制造毒品罪（预备）立案追诉。购进制造毒品的设备和原材料，开始着手制造毒品，尚未制造出毒品或者半成品的，以制造毒品罪（未遂）立案追诉。明知他人制造毒品而为其生产、加工、提炼、提供醋酸酐、乙醚、三氯甲烷等制毒物品的，以制造毒品罪的共犯立案追诉。

走私、贩卖、运输毒品主观故意中的"明知"，是指行为人知道或者应当知道所实施的是走私、贩卖、运输毒品行为。具有下列情形之一，结合行为人的供述和其他证据综合审查判断，可以认定其"应当知道"，但有证据证明确属被蒙骗的除外：

（一）执法人员在口岸、机场、车站、港口、邮局和其他检查站点检查时，要求行为人申报携带、运输、寄递的物品和其他疑似毒品物，并告知其法律责任，而行为人未如实申报，在其携带、运输、寄递的物品中查获毒品的；

（二）以伪报、藏匿、伪装等蒙骗手段逃避海关、边防等检查，在其携带、运输、寄递的物品中查获毒品的；

（三）执法人员检查时，有逃跑、丢弃携带物品或者逃避、抗拒检查等行为，在其携带、藏匿或者丢弃的物品中查获毒品的；

（四）体内或者贴身隐秘处藏匿毒品的；

（五）为获取不同寻常的高额或者不等值的报酬为他人携带、运输、寄递、收取物品，从中查获毒品的；

（六）采用高度隐蔽的方式携带、运输物品，从中查获毒品的；

（七）采用高度隐蔽的方式交接物品，明显违背合法物品惯常交接方式，从中查获毒品的；

（八）行程路线故意绕开检查站点，在其携带、运输的物品中查获毒品的；

（九）以虚假身份、地址或者其他虚假方式办理托运、寄递手续，在托运、寄递的物品中查获毒品的；

（十）有其他证据足以证明行为人应当知道的。

制造毒品主观故意中的"明知"，是指行为人知道或者应当知道所实施的是制造毒品行为。有下列情形之一，结合行为人的供述和其他证据综合审查判断，可以认定其"应当知道"，但有证据证明确属被蒙骗的除外：

（一）购置了专门用于制造毒品的设备、工具、制毒物品或者配制方案的；

（二）为获取不同寻常的高额或不等值的报酬为他人制造物品，经检验是毒品的；

（三）在偏远、隐蔽场所制造，或者采取对制造设备进行伪装等方式制造物品，经检验是毒品的；

（四）制造人员在执法人员检查时，有逃跑、抗拒检查等行为，在现场查获制出的物品，经检验是毒品的；

（五）有其他证据足以证明行为人应当知道的。

走私、贩卖、运输、制造毒品罪是选择性罪名，对同一宗毒品实施了两种以上犯罪行为，并有相应确凿证据的，应当按照所实施的犯罪行为的性质并列适用罪名，毒品数量不重复计算。对同一宗毒品可能实施了两种以上犯罪行为，但相应证据只能认定其中一种或者几种行为，认定其他行为的证据不够确实充分的，只按照依法能够认定的行为的性质适用罪名。对不同宗毒品分别实施了不同种犯罪行为的，应对不同行为并列适用罪名，累计计算毒品数量。

第二条 [非法持有毒品案(刑法第三百四十八条)]
明知是毒品而非法持有，涉嫌下列情形之一的，应予立案追诉：

（一）鸦片二百克以上、海洛因、可卡因或者甲基苯丙胺十克以上；

（二）二亚甲基双氧安非他明（MDMA）等苯丙胺类

毒品(甲基苯丙胺除外)、吗啡二十克以上;

(三)度冷丁(杜冷丁)五十克以上(针剂100mg/支规格的五百支以上,50mg/支规格的一千支以上;片剂25mg/片规格的二千片以上,50mg/片规格的一千片以上);

(四)盐酸二氢埃托啡二毫克以上(针剂或者片剂20ug/支、片规格的一百支、片以上);

(五)氯胺酮、美沙酮二百克以上;

(六)三唑仑、安眠酮十千克以上;

(七)咖啡因五十千克以上;

(八)氯氮卓、艾司唑仑、地西泮、溴西泮一百千克以上;

(九)大麻油一千克以上,大麻脂二千克以上,大麻叶及大麻烟三十千克以上;

(十)罂粟壳五十千克以上;

(十一)上述毒品以外的其他毒品数量较大的。

非法持有两种以上毒品,每种毒品均没有达到本条第一款规定的数量标准,但按前款规定的立案追诉数量比例折算成海洛因后累计相加达到十克以上的,应予立案追诉。

本条规定的"非法持有",是指违反国家法律和国家主管部门的规定,占有、携带、藏有或者以其他方式持有毒品。

非法持有毒品主观故意中的"明知",依照本规定第一条第八款的有关规定予以认定。

第三条 [包庇毒品犯罪分子案(刑法第三百四十九条)] 包庇走私、贩卖、运输、制造毒品的犯罪分子,涉嫌下列情形之一的,应予立案追诉:

(一)作虚假证明,帮助掩盖罪行的;

(二)帮助隐藏、转移或者毁灭证据的;

(三)帮助取得虚假身份或者身份证件的;

(四)以其他方式包庇犯罪分子的。

实施前款规定的行为,事先通谋的,以走私、贩卖、运输、制造毒品罪的共犯立案追诉。

第四条 [窝藏、转移、隐瞒毒品、毒赃案(刑法第三百四十九条)] 为走私、贩卖、运输、制造毒品的犯罪分子窝藏、转移、隐瞒毒品或者犯罪所得的财物的,应予立案追诉。

实施前款规定的行为,事先通谋的,以走私、贩卖、运输、制造毒品罪的共犯立案追诉。

第五条 [走私制毒物品案(刑法第三百五十条)] 违反国家规定,非法运输、携带制毒物品进出国(边)境,涉嫌下列情形之一的,应予立案追诉:

(一)1-苯基-2-丙酮五千克以上;

(二)麻黄碱、伪麻黄碱及其盐类和单方制剂五千克以上,麻黄浸膏、麻黄浸膏粉一百千克以上;

(三)3,4-亚甲基二氧苯基-2-丙酮、去甲麻黄素(去甲麻黄碱)、甲基麻黄素(甲基麻黄碱)、羟亚胺及其盐类十千克以上;

(四)胡椒醛、黄樟素、黄樟油、异黄樟素、麦角酸、麦角胺、麦角新碱、苯乙酸二十千克以上;

(五)N-乙酰邻氨基苯酸、邻氨基苯甲酸、哌啶一百五十千克以上;

(六)醋酸酐、三氯甲烷二百千克以上;

(七)乙醚、甲苯、丙酮、甲基乙基酮、高锰酸钾、硫酸、盐酸四百千克以上;

(八)其他用于制造毒品的原料或者配剂相当数量的。

非法运输、携带两种以上制毒物品进出国(边)境,每种制毒物品均没有达到本条第一款规定的数量标准,但按前款规定的立案追诉数量比例折算成一种制毒物品后累计相加达到上述数量标准的,应予立案追诉。

为了走私制毒物品而采用生产、加工、提炼等方法非法制造易制毒化学品的,以走私制毒物品罪(预备)立案追诉。

实施走私制毒物品行为,有下列情形之一,且查获了易制毒化学品,结合行为人的供述和其他证据综合审查判断,可以认定其"明知"是制毒物品而走私或者非法买卖,但有证据证明确属被蒙骗的除外:

(一)改变产品形状、包装或者使用虚假标签、商标等产品标志的;

(二)以藏匿、夹带、伪装或者其他隐蔽方式运输、携带易制毒化学品逃避检查的;

(三)抗拒检查或者在检查时丢弃货物逃跑的;

(四)以伪报、藏匿、伪装等蒙蔽手段逃避海关、边防等检查的;

(五)选择不设海关或者边防检查站的路段绕行出入境的;

(六)以虚假身份、地址或者其他虚假方式办理托运、寄递手续的;

(七)以其他方法隐瞒真相,逃避对易制毒化学品依法监管的。

明知他人实施走私制毒物品犯罪,而为其运输、储存、代理进出口或者以其他方式提供便利的,以走私制毒物品罪的共犯立案追诉。

第六条 [非法买卖制毒物品案(刑法第三百五十条)] 违反国家规定,在境内非法买卖制毒物品,数量达到本规定第五条第一款规定情形之一的,应予立案追诉。

非法买卖两种以上制毒物品,每种制毒物品均没有达到本条第一款规定的数量标准,但按前款规定的立案追诉数量比例折算成一种制毒物品后累计相加达到上述数量标准的,应予立案追诉。

违反国家规定,实施下列行为之一的,认定为本条规定的非法买卖制毒物品行为:

(一)未经许可或者备案,擅自购买、销售易制毒化学品的;

(二)超出许可证明或者备案证明的品种、数量范围购买、销售易制毒化学品的;

(三)使用他人的或者伪造、变造、失效的许可证明或者备案证明购买、销售易制毒化学品的;

(四)经营单位违反规定,向无购买许可证明、备案证明的单位、个人销售易制毒化学品的,或者明知购买者使用他人的或者伪造、变造、失效的许可证明或者备案证明,向其销售易制毒化学品的;

(五)以其他方式非法买卖易制毒化学品的。

易制毒化学品生产、经营、使用单位或者个人未办理许可证明或者备案证明,购买、销售易制毒化学品,如果有证据证明确实用于合法生产、生活需要,依法能够办理只是未及时办理许可证明或者备案证明,且未造成严重社会危害的,可不以非法买卖制毒物品罪立案追诉。

为了非法买卖制毒物品而采用生产、加工、提炼等方法非法制造易制毒化学品的,以非法买卖制毒物品罪(预备)立案追诉。

非法买卖制毒物品主观故意中的"明知",依照本规定第五条第四款的有关规定予以认定。

明知他人实施非法买卖制毒物品犯罪,而为其运输、储存、代理进出口或者以其他方式提供便利的,以非法买卖制毒物品罪的共犯立案追诉。

第七条 [非法种植毒品原植物案(刑法第三百五十一条)] 非法种植罂粟、大麻等毒品原植物,涉嫌下列情形之一的,应予立案追诉:

(一)非法种植罂粟五百株以上的;

(二)非法种植大麻五千株以上的;

(三)非法种植其他毒品原植物数量较大的;

(四)非法种植罂粟二百平方米以上、大麻二千平方米以上或者其他毒品原植物面积较大,尚未出苗的;

(五)经公安机关处理后又种植的;

(六)抗拒铲除的。

本条所规定的"种植",是指播种、育苗、移栽、插苗、施肥、灌溉、割取津液或者收取种子等行为。非法种植毒品原植物的株数一般应以实际查获的数量为准。因种植面积较大,难以逐株清点数目的,可以抽样测算每平方米平均株数后按实际种植面积测算出种植总株数。

非法种植罂粟或者其他毒品原植物,在收获前自动铲除的,可以不予立案追诉。

第八条 [非法买卖、运输、携带、持有毒品原植物种子、幼苗案(刑法第三百五十二条)] 非法买卖、运输、携带、持有未经灭活的罂粟等毒品原植物种子或者幼苗,涉嫌下列情形之一的,应予立案追诉:

(一)罂粟种子五十克以上、罂粟幼苗五千株以上的;

(二)大麻种子五十千克以上、大麻幼苗五万株以上;

(三)其他毒品原植物种子、幼苗数量较大的。

第九条 [引诱、教唆、欺骗他人吸毒案(刑法第三百五十三条)] 引诱、教唆、欺骗他人吸食、注射毒品的,应予立案追诉。

第十条 [强迫他人吸毒案(刑法第三百五十三条)] 违背他人意志,以暴力、胁迫或者其他强制手段,迫使他人吸食、注射毒品的,应予立案追诉。

第十一条 [容留他人吸毒案(刑法第三百五十四条)] 提供场所,容留他人吸食、注射毒品,涉嫌下列情形之一的,应予立案追诉:

(一)容留他人吸食、注射毒品两次以上的;

(二)一次容留三人以上吸食、注射毒品的;

(三)因容留他人吸食、注射毒品被行政处罚,又容留他人吸食、注射毒品的;

(四)容留未成年人吸食、注射毒品的;

(五)以牟利为目的容留他人吸食、注射毒品的;

(六)容留他人吸食、注射毒品造成严重后果或者其他情节严重的。

第十二条 [非法提供麻醉药品、精神药品案(刑法第三百五十五条)] 依法从事生产、运输、管理、使用国家管制的麻醉药品、精神药品的个人或者单位,违反国家规定,向吸食、注射毒品的人员提供国家规定管制的能够使人形成瘾癖的麻醉药品、精神药品,涉嫌下列情形之一的,应予立案追诉:

(一)非法提供鸦片二十克以上、吗啡二克以上、度冷丁(杜冷丁)五克以上(针剂100mg/支规格的五十支以上，50mg/支规格的一百支以上；片剂25mg/片规格的二百片以上，50mg/片规格的一百片以上)、盐酸二氢埃托啡零点二毫克以上(针剂或者片剂20ug/支、片规格的十支、片以上)、氯胺酮、美沙酮二十克以上、三唑仑、安眠酮一千克以上、咖啡因五千克以上、氯氮卓、艾司唑仑、地西泮、溴西泮十千克以上，以及其他麻醉药品和精神药品数量较大的；

(二)虽未达到上述数量标准，但非法提供麻醉药品、精神药品两次以上，数量累计达到前项规定的数量标准百分之八十以上的；

(三)因非法提供麻醉药品、精神药品被行政处罚，又非法提供麻醉药品、精神药品的；

(四)向吸食、注射毒品的未成年人提供麻醉药品、精神药品的；

(五)造成严重后果或者其他情节严重的。

依法从事生产、运输、管理、使用国家管制的麻醉药品、精神药品的人员或者单位，违反国家规定，向走私、贩卖毒品的犯罪分子提供国家规定管制的能够使人形成瘾癖的麻醉药品、精神药品的，或者以牟利为目的，向吸食、注射毒品的人提供国家规定管制的能够使人形成瘾癖的麻醉药品、精神药品的，以走私、贩卖毒品罪立案追诉。

第十三条 本规定中的毒品是指鸦片、海洛因、甲基苯丙胺(冰毒)、吗啡、大麻、可卡因以及国家规定管制的其他能够使人形成瘾癖的麻醉药品和精神药品。具体品种以国家食品药品监督管理局、公安部、卫生部发布的《麻醉药品品种目录》、《精神药品品种目录》为依据。

本规定中的"制毒物品"是指刑法第三百五十条第一款规定的醋酸酐、乙醚、三氯甲烷或者其他用于制造毒品的原料或者配剂，具体品种范围按照国家关于易制毒化学品管理的规定确定。

第十四条 本规定中未明确立案追诉标准的毒品，有条件折算为海洛因的，参照有关麻醉药品和精神药品折算标准进行折算。

第十五条 本规定中的立案追诉标准，除法律、司法解释另有规定的以外，适用于相关的单位犯罪。

第十六条 本规定中的"以上"，包括本数。

第十七条 本规定自印发之日起施行。

最高人民检察院、公安部关于加强和规范补充侦查工作的指导意见

·2020年3月27日

第一条 为进一步完善以证据为核心的刑事指控体系，加强和规范补充侦查工作，提高办案质效，根据《中华人民共和国刑事诉讼法》《人民检察院刑事诉讼规则》《公安机关办理刑事案件程序规定》等有关规定，结合办案实践，制定本指导意见。

第二条 补充侦查是依照法定程序，在原有侦查工作的基础上，进一步查清事实，补充完善证据的诉讼活动。

人民检察院审查逮捕提出补充侦查意见，审查起诉退回补充侦查、自行补充侦查，要求公安机关提供证据材料，要求公安机关对证据的合法性作出说明等情形，适用本指导意见的相关规定。

第三条 开展补充侦查工作应当遵循以下原则：

1. 必要性原则。补充侦查工作应当具备必要性，不得因与案件事实、证据无关的原因退回补充侦查。

2. 可行性原则。要求补充侦查的证据材料应当具备收集固定的可行性，补充侦查工作应当具备可操作性，对于无法通过补充侦查收集证据材料的情形，不能适用补充侦查。

3. 说理性原则。补充侦查提纲应当写明补充侦查的理由、案件定性的考虑、补充侦查的方向、每一项补证的目的和意义，对复杂问题、争议问题作适当阐明，具备条件的，可以写明补充侦查的渠道、线索和方法。

4. 配合性原则。人民检察院、公安机关在补充侦查之前和补充侦查过程中，应当就案件事实、证据、定性等方面存在的问题和补充侦查的相关情况，加强当面沟通、协作配合，共同确保案件质量。

5. 有效性原则。人民检察院、公安机关应当以增强补充侦查效果为目标，把提高证据质量、解决证据问题贯穿于侦查、审查逮捕、审查起诉全过程。

第四条 人民检察院开展补充侦查工作，应当书面列出补充侦查提纲。补充侦查提纲应当分别归入检察内卷、侦查内卷。

第五条 公安机关提请人民检察院审查批准逮捕的，人民检察院应当接收。经审查，不符合批捕条件的，应当依法作出不批准逮捕决定。人民检察院对于因证据不足作出不批准逮捕决定，需要补充侦查的，应当制作补充侦查提纲，列明证据体系存在的问题、补充侦查方向、

取证要求等事项并说明理由。公安机关应当按照人民检察院的要求开展补充侦查。补充侦查完毕，认为符合逮捕条件的，应当重新提请批准逮捕。对于人民检察院不批准逮捕而未说明理由的，公安机关可以要求人民检察院说明理由。对人民检察院不批准逮捕的决定认为有错误的，公安机关可以依法要求复议、提请复核。

对于作出批准逮捕决定的案件，确有必要的，人民检察院可以根据案件证据情况，就完善证据体系、补正证据合法性、全面查清案件事实等事项，向公安机关提出捕后侦查意见。逮捕之后，公安机关应当及时开展侦查工作。

第六条 人民检察院在审查起诉期间发现案件存在事实不清、证据不足或者存在遗漏罪行、遗漏同案犯罪嫌疑人等情形需要补充侦查的，应当制作补充侦查提纲，连同案卷材料一并退回公安机关并引导公安机关进一步查明案件事实、补充收集证据。

人民检察院第一次退回补充侦查时，应当向公安机关列明全部补充侦查事项。在案件事实或证据发生变化、公安机关未补充侦查到位、或者重新报送的材料中发现矛盾和问题的，可以第二次退回补充侦查。

第七条 退回补充侦查提纲一般包括以下内容：

（一）阐明补充侦查的理由，包括案件事实不清、证据不足的具体表现和问题；

（二）阐明补充侦查的方向和取证目的；

（三）明确需要补充侦查的具体事项和需要补充收集的证据目录；

（四）根据起诉和审判的证据标准，明确补充、完善证据需要达到的标准和必备要素；

（五）有遗漏罪行的，应当指出在起诉意见书中没有认定的犯罪嫌疑人的罪行；

（六）有遗漏同案犯罪嫌疑人需要追究刑事责任的，应当建议补充移送；

（七）其他需要列明的事项。

补充侦查提纲、捕后侦查意见可参照本条执行。

第八条 案件退回补充侦查后，人民检察院和公安机关的办案人员应当加强沟通，及时就取证方向、落实补证要求等达成一致意见。公安机关办案人员对于补充侦查提纲有异议的，双方及时沟通。

对于事实证据发生重大变化的案件，可能改变定性的案件，证据标准难以把握的重大、复杂、疑难、新型案件，以及公安机关提出请求的案件，人民检察院在退回补充侦查期间，可以了解补充侦查开展情况，查阅证据材料，对补充侦查方向、重点、取证方式等提出建议，必要时可列席公安机关的案件讨论并发表意见。

第九条 具有下列情形之一的，一般不退回补充侦查：

（一）查清的事实足以定罪量刑或者与定罪量刑有关的事实已经查清，不影响定罪量刑的事实无法查清的；

（二）作案工具、赃物去向等部分事实无法查清，但有其他证据足以认定，不影响定罪量刑的；

（三）犯罪嫌疑人供述和辩解、证人证言、被害人陈述的主要情节能够相互印证，只有个别情节不一致但不影响定罪量刑的；

（四）遗漏同案犯罪嫌疑人或者同案犯罪嫌疑人在逃，在案犯罪嫌疑人定罪量刑的事实已经查清且符合起诉条件，公安机关不能及时补充移送同案犯罪嫌疑人的；

（五）补充侦查事项客观上已经没有查证可能性的；

（六）其他没有必要退回补充侦查的。

第十条 对于具有以下情形可以及时调取的有关证据材料，人民检察院可以发出《调取证据材料通知书》，通知公安机关直接补充相关证据并移送，以提高办案效率：

（一）案件基本事实清楚，虽欠缺某些证据，但收集、补充证据难度不大且在审查起诉期间内能够完成的；

（二）证据存在书写不规范、漏填、错填等瑕疵，公安机关可以在审查起诉期间补正、说明的；

（三）证据材料制作违反程序规定但程度较轻微，通过补正可以弥补的；

（四）案卷诉讼文书存在瑕疵，需进行必要的修改或补充的；

（五）缺少前科材料、释放证明、抓获经过等材料，侦查人员能够及时提供的；

（六）其他可以通知公安机关直接补充相关证据的。

第十一条 人民检察院在审查起诉过程中，具有下列情形之一，自行补充侦查更为适宜的，可以依法自行开展侦查工作：

（一）影响定罪量刑的关键证据存在灭失风险，需要及时收集和固定证据，人民检察院有条件自行侦查的；

（二）经退回补充侦查未达到要求，自行侦查具有可行性的；

（三）有证据证明或者有迹象表明侦查人员可能存在利用侦查活动插手民事、经济纠纷、实施报复陷害等违法行为和刑讯逼供、非法取证等违法行为，不宜退回补充侦查的；

（四）其他需要自行侦查的。

人民检察院开展自行侦查工作应依法规范开展。

第十二条 自行侦查由检察官组织实施，必要时可以调配办案人员。开展自行侦查的检察人员不得少于二人。自行侦查过程中，需要技术支持和安全保障的，由检察机关的技术部门和警务部门派员协助。

人民检察院通过自行侦查方式补强证据的，公安机关应当依法予以配合。

人民检察院自行侦查，适用《中华人民共和国刑事诉讼法》规定的讯问、询问、勘验、检查、查封、扣押、鉴定等侦查措施，应当遵循法定程序，在法定期限内侦查完毕。

第十三条 人民检察院对公安机关移送的案件进行审查后，在法院作出生效判决前，认为需要补充审判所必需的证据材料的，可以发出《调取证据材料通知书》，要求公安机关提供。人民检察院办理刑事审判监督案件，可以向公安机关发出《调取证据材料通知书》。

第十四条 人民检察院在办理刑事案件过程中，发现可能存在《中华人民共和国刑事诉讼法》第五十六条规定的以非法方法收集证据情形的，可以要求公安机关对证据收集的合法性作出书面说明或者提供相关证明材料，必要时，可以自行调查核实。

第十五条 公安机关经补充侦查重新移送后，人民检察院应当接收，及时审查公安机关制作的书面补充侦查报告和移送的补充证据，根据补充侦查提纲的内容核对公安机关应补充侦查事项是否补查到位，补充侦查活动是否合法，补充侦查后全案证据是否已确实、充分。经审查，公安机关未能按要求开展补充侦查工作，无法达到批捕标准的，应当依法作出不批捕决定；经二次补充侦查仍然证据不足，不符合起诉条件的，人民检察院应当依法作出不起诉决定。对人民检察院不起诉决定认为错误的，公安机关可以依法复议、复核。

对公安机关要求复议的不批准逮捕案件、不起诉案件，人民检察院应当另行指派检察官办理。人民检察院办理公安机关对不批准逮捕决定和不起诉决定要求复议、提请复核的案件，应当充分听取公安机关的意见，相关意见应当附卷备查。

第十六条 公安机关开展补充侦查工作，应当按照人民检察院补充侦查提纲的要求，及时、认真补充完善相关证据材料；对于补充侦查提纲不明确或者有异议的，应当及时与人民检察院沟通；对于无法通过补充侦查取得证据的，应当书面说明原因、补充侦查过程中所做的工作以及采取的补救措施。公安机关补充侦查后，应当单独立卷移送人民检察院，人民检察院应当依法接收案卷。

第十七条 对公安机关未及时有效开展补充侦查工作的，人民检察院应当进行口头督促，对公安机关不及时补充侦查导致证据无法收集影响案件处理的，必要时可以发出检察建议；公安机关存在非法取证等情形的，应当依法启动调查核实程序，根据情节，依法向公安机关发出纠正违法通知书，涉嫌犯罪的，依法进行侦查。

公安机关以非法方法收集的犯罪嫌疑人供述、被害人陈述、证人证言等证据材料，人民检察院应当依法排除并提出纠正意见，同时可以建议公安机关另行指派侦查人员重新调查取证，必要时人民检察院也可以自行调查取证。公安机关发现办案人员非法取证的，应当依法作出处理，并可另行指派侦查人员重新调查取证。

第十八条 案件补充侦查期限届满，公安机关认为原认定的犯罪事实有重大变化，不应当追究刑事责任而未将案件重新移送审查起诉的，应当以书面形式告知人民检察院，并说明理由。公安机关应当将案件重新移送审查起诉而未重新移送审查起诉的，人民检察院应当要求公安机关说明理由。人民检察院认为公安机关理由不成立的，应当要求公安机关重新移送审查起诉。人民检察院发现公安机关不应当撤案而撤案的，应当进行立案监督。公安机关未重新移送审查起诉，且未及时以书面形式告知并说明理由的，人民检察院应当提出纠正意见。

第十九条 人民检察院、公安机关在自行侦查、补充侦查工作中，根据工作需要，可以提出协作要求或者意见、建议，加强沟通协调。

第二十条 人民检察院、公安机关应当建立联席会议、情况通报会等工作机制，定期通报补充侦查工作总体情况，评析证据收集和固定上存在的问题及争议。针对补充侦查工作中发现的突出问题，适时组织联合调研检查，共同下发问题通报并督促整改，加强沟通、统一认识，共同提升补充侦查工作质量。

推行办案人员旁听法庭审理机制，了解指控犯罪、定罪量刑的证据要求和审判标准。

第二十一条 人民检察院各部门之间应当加强沟通，形成合力，提升补充侦查工作质效。人民检察院需要对技术性证据和专门性证据补充侦查的，可以先由人民检察院技术部门或有专门知识的人进行审查，根据审查意见，开展补充侦查工作。

第二十二条 本指导意见自下发之日起实施。

最高人民检察院关于先后受理同一犯罪嫌疑人涉嫌职务犯罪和其他犯罪的案件审查起诉期限如何起算问题的批复

- 2022年11月9日最高人民检察院第十三届检察委员会第一百零八次会议通过
- 2022年11月15日最高人民检察院公布
- 自2022年11月18日起施行

江苏省人民检察院：

你院《关于互涉案件如何起算审查起诉期限的请示》（苏检发三部字〔2022〕2号）收悉。经研究，批复如下：

对于同一犯罪嫌疑人涉嫌职务犯罪和其他犯罪的案件，监察机关、侦查机关移送人民检察院审查起诉时间不一致，需要并案处理的，审查起诉期限自受理后案之日起重新计算。

此复。

（九）死刑复核程序

最高人民法院关于统一行使死刑案件核准权有关问题的决定

- 2006年12月13日最高人民法院审判委员会第1409次会议通过
- 2006年12月28日最高人民法院公告公布
- 自2007年1月1日起施行
- 法释〔2006〕12号

第十届全国人民代表大会常务委员会第二十四次会议通过了《关于修改〈中华人民共和国人民法院组织法〉的决定》，将人民法院组织法原第十三条修改为第十二条："死刑除依法由最高人民法院判决的以外，应当报请最高人民法院核准。"修改人民法院组织法的决定自2007年1月1日起施行。根据修改后的人民法院组织法第十二条的规定，现就有关问题决定如下：

（一）自2007年1月1日起，最高人民法院根据全国人民代表大会常务委员会有关决定和人民法院组织法原第十三条的规定发布的关于授权高级人民法院和解放军军事法院核准部分死刑案件的通知（见附件），一律予以废止。

（二）自2007年1月1日起，死刑除依法由最高人民法院判决的以外，各高级人民法院和解放军军事法院依法判处和裁定的，应当报请最高人民法院核准。

（三）2006年12月31日以前，各高级人民法院和解放军军事法院已经核准的死刑立即执行的判决、裁定，依法仍由各高级人民法院、解放军军事法院院长签发执行死刑的命令。

附件：

最高人民法院发布的下列关于授权高级人民法院核准部分死刑案件自本通知施行之日起予以废止：

一、《最高人民法院关于对几类现行犯授权高级人民法院核准死刑的若干具体规定的通知》（发布日期：1980年3月18日）

二、《最高人民法院关于执行全国人民代表大会常务委员会〈关于死刑案件核准问题的决定〉的几项通知》（发布日期：1981年6月11日）

三、《最高人民法院关于授权高级人民法院核准部分死刑案件的通知》（发布日期：1983年9月7日）

四、《最高人民法院关于授权云南省高级人民法院核准部分毒品犯罪死刑案件的通知》（发布日期：1991年6月6日）

五、《最高人民法院关于授权广东省高级人民法院核准部分毒品犯罪死刑案件的通知》（发布日期：1993年8月18日）

六、《最高人民法院关于授权广西壮族自治区、四川省、甘肃省高级人民法院核准部分毒品犯罪死刑案件的通知》（发布日期：1996年3月19日）

七、《最高人民法院关于授权贵州省高级人民法院核准部分毒品犯罪死刑案件的通知》（发布日期：1997年6月23日）

八、《最高人民法院关于授权高级人民法院和解放军军事法院核准部分死刑案件的通知》（发布日期：1997年9月26日）

最高人民法院关于办理死刑复核案件听取辩护律师意见的办法

- 2014年12月29日
- 法〔2014〕346号

为切实保障死刑复核案件被告人的辩护律师依法行使辩护权，确保死刑复核案件质量，根据《中华人民共和国刑事诉讼法》《中华人民共和国律师法》和有关法律规定，制定本办法。

第一条 死刑复核案件的辩护律师可以向最高人民法院立案庭查询立案信息。辩护律师查询时，应当提供本人姓名、律师事务所名称、被告人姓名、案由，以及报请复核的高级人民法院的名称及案号。

最高人民法院立案庭能够立即答复的，应当立即答复，不能立即答复的，应当在二个工作日内答复，答复内容为案件是否立案及承办案件的审判庭。

第二条 律师接受被告人、被告人近亲属的委托或者法律援助机构的指派，担任死刑复核案件辩护律师的，应当在接受委托或者指派之日起三个工作日内向最高人民法院相关审判庭提交有关手续。

辩护律师应当在接受委托或者指派之日起一个半月内提交辩护意见。

第三条 辩护律师提交委托手续、法律援助手续及辩护意见、证据等书面材料的，可以经高级人民法院同意后代收并随案移送，也可以寄送至最高人民法院承办案件的审判庭或者在当面反映意见时提交；对尚未立案的案件，辩护律师可以寄送至最高人民法院立案庭，由立案庭在立案后随案移送。

第四条 辩护律师可以到最高人民法院办公场所查阅、摘抄、复制案卷材料。但依法不公开的材料不得查阅、摘抄、复制。

第五条 辩护律师要求当面反映意见的，案件承办法官应当及时安排。

一般由案件承办法官与书记员当面听取辩护律师意见，也可以由合议庭其他成员或者全体成员与书记员当面听取。

第六条 当面听取辩护律师意见，应当在最高人民法院或者地方人民法院办公场所进行。辩护律师可以携律师助理参加。当面听取意见的人员应当核实辩护律师和律师助理的身份。

第七条 当面听取辩护律师意见时，应当制作笔录，由辩护律师签名后附卷。辩护律师提交相关材料的，应当接收并开列收取清单一式二份，一份交给辩护律师，另一份附卷。

第八条 当面听取辩护律师意见时，具备条件的人民法院应当指派工作人员全程录音、录像。其他在场人员不得自行录音、录像、拍照。

第九条 复核终结后，受委托进行宣判的人民法院应当在宣判后五个工作日内将最高人民法院裁判文书送达辩护律师。

第十条 本办法自2015年2月1日起施行。

最高人民法院关于适用刑事诉讼法第二百二十五条第二款有关问题的批复

- 2016年6月6日最高人民法院审判委员会第1686次会议通过
- 2016年6月23日最高人民法院公告公布
- 自2016年6月24日起施行
- 法释〔2016〕13号

河南省高级人民法院：

你院关于适用《中华人民共和国刑事诉讼法》第二百二十五条第二款有关问题的请示收悉。经研究，批复如下：

一、对于最高人民法院依据《中华人民共和国刑事诉讼法》第二百三十九条和《最高人民法院关于适用〈中华人民共和国刑事诉讼法〉的解释》第三百五十三条裁定不予核准死刑，发回第二审人民法院重新审判的案件，无论此前第二审人民法院是否曾以原判决事实不清楚或者证据不足为由发回重新审判，原则上不得再发回第一审人民法院重新审判；有特殊情况确需发回第一审人民法院重新审判的，需报请最高人民法院批准。

二、对于最高人民法院裁定不予核准死刑，发回第二审人民法院重新审判的案件，第二审人民法院根据案件特殊情况，又发回第一审人民法院重新审判的，第一审人民法院作出判决后，被告人提出上诉或者人民检察院提出抗诉的，第二审人民法院应当依法作出判决或者裁定，不得再发回重新审判。

此复。

最高人民法院关于死刑复核及执行程序中保障当事人合法权益的若干规定

- 2019年4月29日最高人民法院审判委员会第1767次会议通过
- 2019年8月8日最高人民法院公告公布
- 自2019年9月1日起施行
- 法释〔2019〕12号

为规范死刑复核及执行程序，依法保障当事人合法权益，根据《中华人民共和国刑事诉讼法》和有关法律规定，结合司法实际，制定本规定。

第一条 高级人民法院在向被告人送达依法作出的死刑裁判文书时，应当告知其在最高人民法院复核死刑阶段有权委托辩护律师，并将告知情况记入宣判笔录；被告人提出由其近亲属代为委托辩护律师的，除因客观原因无法通知的以外,高级人民法院应当及时通知其近亲属,并将通知情况记录在案。

第二条 最高人民法院复核死刑案件,辩护律师应当自接受委托或者受指派之日起十日内向最高人民法院提交有关手续,并自接受委托或者指派之日起一个半月内提交辩护意见。

第三条 辩护律师提交相关手续、辩护意见及证据等材料的,可以经高级人民法院代收并随案移送,也可以寄送至最高人民法院。

第四条 最高人民法院复核裁定作出后,律师提交辩护意见及证据材料的,应当接收并出具接收清单;经审查,相关意见及证据材料可能影响死刑复核结果的,应当暂停交付执行或者停止执行,但不再办理接收委托辩护手续。

第五条 最高人民法院复核裁定下发后,受委托进行宣判的人民法院应当在宣判后五日内将裁判文书送达辩护律师。

对被害人死亡的案件,被害人近亲属申请获取裁判文书的,受委托进行宣判的人民法院应当提供。

第六条 第一审人民法院在执行死刑前,应当告知罪犯可以申请会见其近亲属。

罪犯申请会见并提供具体联系方式的,人民法院应当通知其近亲属。对经查找确实无法与罪犯近亲属取得联系的,或者其近亲属拒绝会见的,应当告知罪犯。罪犯提出通过录音录像等方式留下遗言的,人民法院可以准许。

通知会见的相关情况,应当记录在案。

第七条 罪犯近亲属申请会见的,人民法院应当准许,并在执行死刑前及时安排,但罪犯拒绝会见的除外。

罪犯拒绝会见的情况,应当记录在案并及时告知其近亲属,必要时应当进行录音录像。

第八条 罪犯提出会见近亲属以外的亲友,经人民法院审查,确有正当理由的,可以在确保会见安全的情况下予以准许。

第九条 罪犯申请会见未成年子女的,应当经未成年子女的监护人同意;会见可能影响未成年人身心健康的,人民法院可以采取视频通话等适当方式安排会见,且监护人应当在场。

第十条 会见由人民法院负责安排,一般在罪犯羁押场所进行。

第十一条 会见罪犯的人员应当遵守羁押场所的规定。违反规定的,应当予以警告;不听警告的,人民法院可以终止会见。

实施威胁、侮辱司法工作人员,或者故意扰乱羁押场所秩序,妨碍执行公务等行为,情节严重的,依法追究法律责任。

第十二条 会见情况应当记录在案,附卷存档。

第十三条 本规定自2019年9月1日起施行。

最高人民法院以前发布的司法解释和规范性文件,与本规定不一致的,以本规定为准。

(十)审判监督程序

最高人民法院关于刑事再审案件开庭审理程序的具体规定(试行)

- 2001年10月18日最高人民法院审判委员会第1196次会议通过
- 2001年12月26日最高人民法院公告公布
- 自2002年1月1日起施行
- 法释〔2001〕31号

为了深化刑事庭审方式的改革,进一步提高审理刑事再审案件的效率,确保审判质量,规范案件开庭审理的程序,根据《中华人民共和国刑事诉讼法》、最高人民法院《关于执行〈中华人民共和国刑事诉讼法〉若干问题的解释》的规定,制定本规定。

第一条 本规定适用依照第一审程序或第二审程序开庭审理的刑事再审案件。

第二条 人民法院在收到人民检察院按照审判监督程序提出抗诉的刑事抗诉书后,应当根据不同情况,分别处理:

(一)不属于本院管辖的,决定退回人民检察院;

(二)按照抗诉书提供的原审被告人(原审上诉人)住址无法找到原审被告人(原审上诉人)的,人民法院应当要求提出抗诉的人民检察院协助查找;经协助查找仍无法找到的,决定退回人民检察院;

(三)抗诉书没有写明原审被告人(原审上诉人)准确住址的,应当要求人民检察院在7日内补充,经补充后仍不明确或逾期不补的,裁定维持原判;

(四)以有新的证据证明原判决、裁定认定的事实确有错误为由提出抗诉,但抗诉书未附有新的证据目录、证人名单和主要证据复印件或者照片的,人民检察院应当在7日内补充;经补充后仍不完备或逾期不补的,裁定维持原判。

第三条 以有新的证据证明原判决、裁定认定的事实确有错误为由提出申诉的,应当同时附有新的证据目录、证人名单和主要证据复印件或者照片。需要申请人民法院调取证据的,应当附有证据线索。未附有的,应当在 7 日内补充;经补充后仍不完备或逾期不补的,应当决定不予受理。

第四条　参与过本案第一审、第二审、复核程序审判的合议庭组成人员,不得参与本案的再审程序的审判。

第五条　人民法院审理下列再审案件,应当依法开庭审理:

（一）依照第一审程序审理的;

（二）依照第二审程序需要对事实或者证据进行审理的;

（三）人民检察院按照审判监督程序提出抗诉的;

（四）可能对原审被告人(原审上诉人)加重刑罚的;

（五）有其他应当开庭审理情形的。

第六条　下列再审案件可以不开庭审理:

（一）原判决、裁定认定事实清楚,证据确实、充分,但适用法律错误,量刑畸重的;

（二）1979 年《中华人民共和国刑事诉讼法》施行以前裁判的;

（三）原审被告人(原审上诉人)、原审自诉人已经死亡,或者丧失刑事责任能力的;

（四）原审被告人(原审上诉人)在交通十分不便的边远地区监狱服刑,提押到庭确有困难的;但人民检察院提出抗诉的,人民法院应征得人民检察院的同意;

（五）人民法院按照审判监督程序决定再审,按本规定第九条第(五)项规定,经两次通知,人民检察院不派员出庭的。

第七条　人民法院审理共同犯罪再审案件,如果人民法院再审决定书或者人民检察院抗诉书只对部分同案原审被告人(同案原审上诉人)提起再审,其他未涉及的同案原审被告人(同案原审上诉人)不出庭不影响案件审理的,可以不出庭参与诉讼;

部分同案原审被告人(同案原审上诉人)具有本规定第六条第(三)、(四)项规定情形不能出庭的,不影响案件的开庭审理。

第八条　除人民检察院抗诉的以外,再审一般不得加重原审被告人(原审上诉人)的刑罚。

根据本规定第六条第(二)、(三)、(四)、(五)项、第七条的规定,不具备开庭条件可以不开庭审理的,或者可以不出庭参加诉讼的,不得加重未出庭原审被告人(原审上诉人)、同案原审被告人(同案原审上诉人)的刑罚。

第九条　人民法院在开庭审理前,应当进行下列工作:

（一）确定合议庭的组成人员;

（二）将再审决定书,申诉书副本至迟在开庭 30 日前,重大、疑难案件至迟在开庭 60 日前送达同级人民检察院,并通知其查阅案卷和准备出庭;

（三）将再审决定书或抗诉书副本至迟在开庭 30 日以前送达原审被告人(原审上诉人),告知其可以委托辩护人,或者依法为其指定承担法律援助义务的律师担任辩护人;

（四）至迟在开庭 15 日前,重大、疑难案件至迟在开庭 60 日前,通知辩护人查阅案卷和准备出庭;

（五）将开庭的时间、地点在开庭 7 日以前通知人民检察院;

（六）传唤当事人,通知辩护人、诉讼代理人、证人、鉴定人和翻译人员,传票和通知书至迟在开庭 7 日以前送达;

（七）公开审判的案件,在开庭 7 日以前先期公布案由、原审被告人(原审上诉人)姓名、开庭时间和地点。

第十条　人民法院审理人民检察院提出抗诉的再审案件,对人民检察院接到出庭通知后未出庭的,应当裁定按人民检察院撤回抗诉处理,并通知诉讼参与人。

第十一条　人民法院决定再审或者受理抗诉书后,原审被告人(原审上诉人)正在服刑的,人民法院依据再审决定书或者抗诉书及提押票等文书办理提押;

原审被告人(原审上诉人)在押,再审可能改判宣告无罪的,人民法院裁定中止执行原裁决后,可以取保候审;

原审被告人(原审上诉人)不在押,确有必要采取强制措施并符合法律规定采取强制措施条件的,人民法院裁定中止执行原裁决后,依法采取强制措施。

第十二条　原审被告人(原审上诉人)收到再审决定书或者抗诉书后下落不明或者收到抗诉书后未到庭的,人民法院应当中止审理;原审被告人(原审上诉人)到案后,恢复审理;如果超过 2 年仍查无下落的,应当裁定终止审理。

第十三条　人民法院应当在开庭 30 日前通知人民检察院、当事人或者辩护人查阅、复制双方提交的新证据目录及新证据复印件、照片。

人民法院应当在开庭 15 日前通知控辩双方查阅、复制人民法院调取的新证据目录及新证据复印件、照片等证据。

第十四条　控辩双方收到再审决定书或抗诉书后,

人民法院通知开庭之日前,可以提交新的证据。开庭后,除对原审被告人(原审上诉人)有利的外,人民法院不再接纳新证据。

第十五条　开庭审理前,合议庭应当核实原审被告人(原审上诉人)何时因何案被人民法院依法裁判,在服刑中有无重新犯罪,有无减刑、假释,何时刑满释放等情形。

第十六条　开庭审理前,原审被告人(原审上诉人)到达开庭地点后,合议庭应当查明原审被告人(原审上诉人)基本情况,告知原审被告人(原审上诉人)享有辩护权和最后陈述权,制作笔录后,分别由该合议庭成员和书记员签名。

第十七条　开庭审理时,审判长宣布合议庭组成人员及书记员,公诉人、辩护人、鉴定人和翻译人员的名单,并告知当事人、法定代理人享有申请回避的权利。

第十八条　人民法院决定再审的,由合议庭组成人员宣读再审决定书。

根据人民检察院提出抗诉进行再审的,由公诉人宣读抗诉书。

当事人及其法定代理人、近亲属提出申诉的,由原审被告人(原审上诉人)及其辩护人陈述申诉理由。

第十九条　在审判长主持下,控辩双方应就案件的事实、证据和适用法律等问题分别进行陈述。合议庭对控辩双方无争议和有争议的事实、证据及适用法律问题进行归纳,予以确认。

第二十条　在审判长主持下,就控辩双方有争议的问题,进行法庭调查和辩论。

第二十一条　在审判长主持下,控辩双方对提出的新证据或者有异议的原审据以定罪量刑的证据进行质证。

第二十二条　进入辩论阶段,原审被告人(原审上诉人)及其法定代理人、近亲属提出申诉的,先由原审被告人(原审上诉人)及其辩护人发表辩护意见,然后由公诉人发言,被害人及其代理人发言。

被害人及其法定代理人、近亲属提出申诉的,先由被害人及其代理人发言,公诉人发言,然后由原审被告人(原审上诉人)及其辩护人发表辩护意见。

人民检察院提出抗诉的,先由公诉人发言,被害人及其代理人发言,然后由原审被告人(原审上诉人)及其辩护人发表辩护意见。

既有申诉又有抗诉的,先由公诉人发言,后由申诉方当事人及其代理人或者辩护人发言或者发表辩护意见,然后由对方当事人及其代理人或辩护人发言或者发表辩护意见。

公诉人、当事人和辩护人、诉讼代理人经审判长许可,可以互相辩论。

第二十三条　合议庭根据控辩双方举证、质证和辩论情况,可以当庭宣布认证结果。

第二十四条　再审改判宣告无罪并依法享有申请国家赔偿权利的当事人,宣判时合议庭应当告知其该判决发生法律效力后即有申请国家赔偿的权利。

第二十五条　人民法院审理再审案件,应当在作出再审决定之日起3个月内审结。需要延长期限的,经本院院长批准,可以延长3个月。

自接到阅卷通知后的第2日起,人民检察院查阅案卷超过7日后的期限,不计入再审审理期限。

第二十六条　依照第一、二审程序审理的刑事自诉再审案件开庭审理程序,参照本规定执行。

第二十七条　本规定发布前最高人民法院有关再审案件开庭审理程序的规定,与本规定相抵触的,以本规定为准。

第二十八条　本规定自2002年1月1日起执行。

最高人民法院关于审理人民检察院按照审判监督程序提出的刑事抗诉案件若干问题的规定

- 2011年4月18日最高人民法院审判委员会第1518次会议通过
- 2011年10月14日最高人民法院公告公布
- 自2012年1月1日起施行
- 法释〔2011〕23号

为规范人民法院审理人民检察院按照审判监督程序提出的刑事抗诉案件,根据《中华人民共和国刑事诉讼法》及有关规定,结合审判工作实际,制定本规定。

第一条　人民法院收到人民检察院的抗诉书后,应在一个月内立案。经审查,具有下列情形之一的,应当决定退回人民检察院:

(一)不属于本院管辖的;

(二)按照抗诉书提供的住址无法向被提出抗诉的原审被告人送达抗诉书的;

(三)以有新证据为由提出抗诉,抗诉书未附有新的证据目录、证人名单和主要证据复印件或者照片的;

(四)以有新证据为由提出抗诉,但该证据并不是指向原起诉事实的。

人民法院决定退回的刑事抗诉案件,人民检察院经补充相关材料后再次提出抗诉的,经审查符合受理条件的,人民法院应当予以受理。

第二条 人民检察院按照审判监督程序提出的刑事抗诉案件,接受抗诉的人民法院应当组成合议庭进行审理。涉及新证据需要指令下级人民法院再审的,接受抗诉的人民法院应当在接受抗诉之日起一个月以内作出决定,并将指令再审决定书送达提出抗诉的人民检察院。

第三条 本规定所指的新证据,是指具有下列情形之一,指向原起诉事实并可能改变原判决、裁定据以定罪量刑的事实的证据:

(一)原判决、裁定生效后新发现的证据;

(二)原判决、裁定生效前已经发现,但由于客观原因未予收集的证据;

(三)原判决、裁定生效前已经收集,但庭审中未予质证、认证的证据;

(四)原生效判决、裁定所依据的鉴定结论、勘验、检查笔录或其他证据被改变或者否定的。

第四条 对于原判决、裁定事实不清或者证据不足的案件,接受抗诉的人民法院进行重新审理后,应当按照下列情形分别处理:

(一)经审理能够查清事实的,应当在查清事实后依法裁判;

(二)经审理仍无法查清事实,证据不足,不能认定原审被告人有罪的,应当判决宣告原审被告人无罪;

(三)经审理发现有新证据且超过刑事诉讼法规定的指令再审期限的,可以裁定撤销原判,发回原审人民法院重新审判。

第五条 对于指令再审的案件,如果原来是第一审案件,接受抗诉的人民法院应当指令第一审人民法院依照第一审程序进行审判,所作的判决、裁定,可以上诉、抗诉;如果原来是第二审案件,接受抗诉的人民法院应当指令第二审人民法院依照第二审程序进行审判,所作的判决、裁定,是终审的判决、裁定。

第六条 在开庭审理前,人民检察院撤回抗诉的,人民法院应当裁定准许。

第七条 在送达抗诉书后被提出抗诉的原审被告人未到案的,人民法院应当裁定中止审理;原审被告人到案后,恢复审理。

第八条 被提出抗诉的原审被告人已经死亡或者在审理过程中死亡的,人民法院应当裁定终止审理,但对能够查清事实,确认原审被告人无罪的案件,应当予以改判。

第九条 人民法院作出裁判后,当庭宣告判决的,应当在五日内将裁判文书送达当事人、法定代理人、诉讼代理人、提出抗诉的人民检察院、辩护人和原审被告人的近亲属;定期宣告判决的,应当在判决宣告后立即将裁判文书送达当事人、法定代理人、诉讼代理人、提出抗诉的人民检察院、辩护人和原审被告人的近亲属。

第十条 以前发布的有关规定与本规定不一致的,以本规定为准。

(十一)执 行

最高人民法院关于撤销缓刑时罪犯在宣告缓刑前羁押的时间能否折抵刑期问题的批复

- 2002年4月8日最高人民法院审判委员会第1220次会议通过
- 2002年4月10日最高人民法院公告公布
- 自2002年4月18日起施行
- 法释〔2002〕11号

各省、自治区、直辖市高级人民法院,解放军军事法院,新疆维吾尔自治区高级人民法院生产建设兵团分院:

最近,有的法院反映,关于在撤销缓刑时罪犯在宣告缓刑前羁押的时间能否折抵刑期的问题不明确。经研究,批复如下:

根据刑法第七十七条的规定,对被宣告缓刑的犯罪分子撤销缓刑执行原判刑罚的,对其在宣告缓刑前羁押的时间应当折抵刑期。

(十二)未成年人犯罪刑事诉讼程序

最高人民法院关于审理未成年人刑事案件具体应用法律若干问题的解释

- 2005年12月12日最高人民法院审判委员会第1373次会议通过
- 2006年1月11日最高人民法院公告公布
- 自2006年1月23日起施行
- 法释〔2006〕1号

为正确审理未成年人刑事案件,贯彻"教育为主,惩罚为辅"的原则,根据刑法等有关法律的规定,现就审理未成年人刑事案件具体应用法律的若干问题解释如下:

第一条 本解释所称未成年人刑事案件,是指被告人实施被指控的犯罪时已满十四周岁不满十八周岁的案件。

第二条 刑法第十七条规定的"周岁",按照公历的年、月、日计算,从周岁生日的第二天起算。

第三条 审理未成年人刑事案件,应当查明被告人实施被指控的犯罪时的年龄。裁判文书中应当写明被告人出生的年、月、日。

第四条 对于没有充分证据证明被告人实施被指控的犯罪时已经达到法定刑事责任年龄且确实无法查明的,应当推定其没有达到相应法定刑事责任年龄。

相关证据足以证明被告人实施被指控的犯罪时已经达到法定刑事责任年龄,但是无法准确查明被告人具体出生日期的,应当认定其达到相应法定刑事责任年龄。

第五条 已满十四周岁不满十六周岁的人实施刑法第十七条第二款规定以外的行为,如果同时触犯了刑法第十七条第二款规定的,应当依照刑法第十七条第二款的规定确定罪名,定罪处罚。

第六条 已满十四周岁不满十六周岁的人偶尔与幼女发生性行为,情节轻微、未造成严重后果的,不认为是犯罪。

第七条 已满十四周岁不满十六周岁的人使用轻微暴力或者威胁,强行索要其他未成年人随身携带的生活、学习用品或者钱财数量不大,且未造成被害人轻微伤以上或者不敢正常到校学习、生活等危害后果的,不认为是犯罪。

已满十六周岁不满十八周岁的人具有前款规定情形的,一般也不认为是犯罪。

第八条 已满十六周岁不满十八周岁的人出于以大欺小、以强凌弱或者寻求精神刺激,随意殴打其他未成年人、多次对其他未成年人强拿硬要或者任意损毁公私财物,扰乱学校及其他公共场所秩序,情节严重的,以寻衅滋事罪定罪处罚。

第九条 已满十六周岁不满十八周岁的人实施盗窃行为未超过三次,盗窃数额虽已达到"数额较大"标准,但案发后能如实供述全部盗窃事实并积极退赃,且具有下列情形之一的,可以认定为"情节显著轻微危害不大",不认为是犯罪:

(一)系又聋又哑的人或者盲人;

(二)在共同盗窃中起次要或者辅助作用,或者被胁迫;

(三)具有其他轻微情节的。

已满十六周岁不满十八周岁的人盗窃未遂或者中止的,可不认为是犯罪。

已满十六周岁不满十八周岁的人盗窃自己家庭或者近亲属财物,或者盗窃其他亲属财物但其他亲属要求不予追究的,可不按犯罪处理。

第十条 已满十四周岁不满十六周岁的人盗窃、诈骗、抢夺他人财物,为窝藏赃物、抗拒抓捕或者毁灭罪证,当场使用暴力,故意伤害致人重伤或者死亡,或者故意杀人的,应当分别以故意伤害罪或者故意杀人罪定罪处罚。

已满十六周岁不满十八周岁的人犯盗窃、诈骗、抢夺罪,为窝藏赃物、抗拒抓捕或者毁灭罪证而当场使用暴力或者以暴力相威胁的,应当依照刑法第二百六十九条的规定定罪处罚;情节轻微的,可不以抢劫罪定罪处罚。

第十一条 对未成年罪犯适用刑罚,应当充分考虑是否有利于未成年罪犯的教育和矫正。

对未成年罪犯量刑应当依照刑法第六十一条的规定,并充分考虑未成年人实施犯罪行为的动机和目的、犯罪时的年龄、是否初次犯罪、犯罪后的悔罪表现、个人成长经历和一贯表现等因素。对符合管制、缓刑、单处罚金或者免予刑事处罚适用条件的未成年罪犯,应当依法适用管制、缓刑、单处罚金或者免予刑事处罚。

第十二条 行为人在达到法定刑事责任年龄前后均实施了危害社会的行为,只能依法追究其达到法定刑事责任年龄后实施的危害社会行为的刑事责任。

行为人在年满十八周岁前后实施了不同种犯罪行为,对其年满十八周岁以前实施的犯罪应当依法从轻或者减轻处罚。行为人在年满十八周岁前后实施了同种犯罪行为,在量刑时应当考虑对年满十八周岁以前实施的犯罪,适当给予从轻或者减轻处罚。

第十三条 未成年人犯罪只有罪行极其严重的,才可以适用无期徒刑。对已满十四周岁不满十六周岁的人犯罪一般不判处无期徒刑。

第十四条 除刑法规定"应当"附加剥夺政治权利外,对未成年罪犯一般不判处附加剥夺政治权利。

如果对未成年罪犯判处附加剥夺政治权利的,应当依法从轻判处。

对实施被指控犯罪时未成年、审判时已成年的罪犯判处附加剥夺政治权利,适用前款的规定。

第十五条 对未成年罪犯实施刑法规定的"并处"没收财产或者罚金的犯罪,应当依法判处相应的财产刑;对未成年罪犯实施刑法规定的"可以并处"没收财产或者罚金的犯罪,一般不判处财产刑。

对未成年罪犯判处罚金刑时,应当依法从轻或者减轻判处,并根据犯罪情节,综合考虑其缴纳罚金的能力,确定罚金数额。但罚金的最低数额不得少于五百元人民币。

对被判处罚金刑的未成年罪犯,其监护人或者其他人自愿代为垫付罚金的,人民法院应当允许。

第十六条 对未成年罪犯符合刑法第七十二条第一款规定的,可以宣告缓刑。如果同时具有下列情形之一,对其适用缓刑确实不致再危害社会的,应当宣告缓刑:

(一)初次犯罪;

(二)积极退赃或赔偿被害人经济损失;

(三)具备监护、帮教条件。

第十七条 未成年罪犯根据其所犯罪行,可能被判处拘役、三年以下有期徒刑,如果悔罪表现好,并具有下列情形之一的,应当依照刑法第三十七条的规定免予刑事处罚:

(一)系又聋又哑的人或者盲人;

(二)防卫过当或者避险过当;

(三)犯罪预备、中止或者未遂;

(四)共同犯罪中从犯、胁从犯;

(五)犯罪后自首或者有立功表现;

(六)其他犯罪情节轻微不需要判处刑罚的。

第十八条 对未成年罪犯的减刑、假释,在掌握标准上可以比照成年罪犯依法适度放宽。

未成年罪犯能认罪服法,遵守监规,积极参加学习、劳动的,即可视为"确有悔改表现"予以减刑,其减刑的幅度可以适当放宽,间隔的时间可以相应缩短。符合刑法第八十一条第一款规定的,可以假释。

未成年罪犯在服刑期间已经成年的,对其减刑、假释可以适用上述规定。

第十九条 刑事附带民事案件的未成年被告人有个人财产的,应当由本人承担民事赔偿责任,不足部分由监护人予以赔偿,但单位担任监护人的除外。

被告人对被害人物质损失的赔偿情况,可以作为量刑情节予以考虑。

第二十条 本解释自公布之日起施行。

《最高人民法院关于办理未成年人刑事案件适用法律的若干问题的解释》(法发〔1995〕9号)自本解释公布之日起不再执行。

人民检察院办理未成年人刑事案件的规定

· 2013年12月27日

· 高检发研字〔2013〕7号

第一章 总 则

第一条 为了切实保障未成年犯罪嫌疑人、被告人和未成年罪犯的合法权益,正确履行检察职责,根据《中华人民共和国刑法》、《中华人民共和国刑事诉讼法》、《中华人民共和国未成年人保护法》、《中华人民共和国预防未成年人犯罪法》、《人民检察院刑事诉讼规则(试行)》等有关规定,结合人民检察院办理未成年人刑事案件工作实际,制定本规定。

第二条 人民检察院办理未成年人刑事案件,实行教育、感化、挽救的方针,坚持教育为主、惩ından为辅和特殊保护的原则。在严格遵守法律规定的前提下,按照最有利于未成年人和适合未成年人身心特点的方式进行,充分保障未成年人合法权益。

第三条 人民检察院办理未成年人刑事案件,应当保障未成年人依法行使其诉讼权利,保障未成年人得到法律帮助。

第四条 人民检察院办理未成年人刑事案件,应当在依照法定程序和保证办案质量的前提下,快速办理,减少刑事诉讼对未成年人的不利影响。

第五条 人民检察院办理未成年人刑事案件,应当依法保护涉案未成年人的名誉,尊重其人格尊严,不得公开或者传播涉案未成年人的姓名、住所、照片、图像及可能推断出该未成年人的资料。

人民检察院办理刑事案件,应当依法保护未成年被害人、证人以及其他与案件有关的未成年人的合法权益。

第六条 人民检察院办理未成年人刑事案件,应当加强与公安机关、人民法院以及司法行政机关的联系,注意工作各环节的衔接和配合,共同做好对涉案未成年人的教育、感化、挽救工作。

人民检察院应当加强同政府有关部门、共青团、妇联、工会等人民团体,学校、基层组织以及未成年人保护组织的联系和配合,加强对违法犯罪的未成年人的教育和挽救,共同做好未成年人犯罪预防工作。

第七条 人民检察院办理未成年人刑事案件,发现有关单位或者部门在预防未成年人违法犯罪等方面制度不落实、不健全,存在管理漏洞的,可以采取检察建议等方式向有关单位或者部门提出预防违法犯罪的意见和建议。

第八条 省级、地市级人民检察院和未成年人刑事案件较多的基层人民检察院,应当设立独立的未成年人刑事检察机构。地市级人民检察院也可以根据当地实际,指定一个基层人民检察院设立独立机构,统一办理辖区范围内的未成年人刑事案件;条件暂不具备的,应当成立专门办案组或者指定专人办理。对于专门办案组或者专人,应当保证其集中精力办理未成年人刑事案件,研究未成年人犯罪规律,落实对涉案未成年人的帮教措施等工作。

各级人民检察院应当选任经过专门培训,熟悉未成年人身心特点,具有犯罪学、社会学、心理学、教育学等方面知识的检察人员承办未成年人刑事案件,并加强对办案人员的培训和指导。

第九条 人民检察院根据情况可以对未成年犯罪嫌疑人的成长经历、犯罪原因、监护教育等情况进行调查,并制作社会调查报告,作为办案和教育的参考。

人民检察院开展社会调查,可以委托有关组织和机构进行。开展社会调查应当尊重和保护未成年人名誉,避免向不知情人员泄露未成年犯罪嫌疑人的涉罪信息。

人民检察院应当对公安机关移送的社会调查报告进行审查,必要时可以进行补充调查。

提起公诉的案件,社会调查报告应当随案移送人民法院。

第十条 人民检察院办理未成年人刑事案件,可以应犯罪嫌疑人家属、被害人及其家属的要求,告知其审查逮捕、审查起诉的进展情况,并对有关情况予以说明和解释。

第十一条 人民检察院受理案件后,应当向未成年犯罪嫌疑人及其法定代理人了解其委托辩护人的情况,并告知其有权委托辩护人。

未成年犯罪嫌疑人没有委托辩护人的,人民检察院应当书面通知法律援助机构指派律师为其提供辩护。

第十二条 人民检察院办理未成年人刑事案件,应当注重矛盾化解,认真听取被害人的意见,做好释法说理工作。对于符合和解条件的,要发挥检调对接平台作用,积极促使双方当事人达成和解。

人民检察院应当充分维护未成年被害人的合法权益。对于符合条件的被害人,应当及时启动刑事被害人救助程序,对其进行救助。对于未成年被害人,可以适当放宽救助条件、扩大救助的案件范围。

人民检察院根据需要,可以对未成年犯罪嫌疑人、未成年被害人进行心理疏导。必要时,经未成年犯罪嫌疑人及其法定代理人同意,可以对未成年犯罪嫌疑人进行心理测评。

在办理未成年人刑事案件时,人民检察院应当加强办案风险评估预警工作,主动采取适当措施,积极回应和引导社会舆论,有效防范执法办案风险。

第二章 未成年人刑事案件的审查逮捕

第十三条 人民检察院办理未成年犯罪嫌疑人审查逮捕案件,应当根据未成年犯罪嫌疑人涉嫌犯罪的事实、主观恶性、有无监护与社会帮教条件等,综合衡量其社会危险性,严格限制适用逮捕措施,可捕可不捕的不捕。

第十四条 审查逮捕未成年犯罪嫌疑人,应当重点审查其是否已满十四、十六、十八周岁。

对犯罪嫌疑人实际年龄难以判断,影响对该犯罪嫌疑人是否应当负刑事责任认定的,应当不批准逮捕。需要补充侦查的,同时通知公安机关。

第十五条 审查逮捕未成年犯罪嫌疑人,应当审查公安机关依法提供的证据和社会调查报告等材料。公安机关没有提供社会调查报告的,人民检察院根据案件情况可以要求公安机关提供,也可以自行或者委托有关组织和机构进行调查。

第十六条 审查逮捕未成年犯罪嫌疑人,应当注意是否有被胁迫、引诱的情节,是否存在成年人教唆犯罪、传授犯罪方法或者利用未成年人实施犯罪的情况。

第十七条 人民检察院办理未成年犯罪嫌疑人审查逮捕案件,应当讯问未成年犯罪嫌疑人,听取辩护律师的意见,并制作笔录附卷。

讯问未成年犯罪嫌疑人,应当根据该未成年人的特点和案件情况,制定详细的讯问提纲,采取适宜该未成年人的方式进行,讯问用语应当准确易懂。

讯问未成年犯罪嫌疑人,应当告知其依法享有的诉讼权利,告知其如实供述案件事实的法律规定和意义,核实其是否有自首、立功、坦白等情节,听取其有罪的供述或者无罪、罪轻的辩解。

讯问未成年犯罪嫌疑人,应当通知其法定代理人到场,告知法定代理人依法享有的诉讼权利和应当履行的义务。无法通知、法定代理人不能到场或者法定代理人是共犯的,也可以通知未成年犯罪嫌疑人的其他成年亲属,所在学校、单位或者居住地的村民委员会、居民委员会、未成年人保护组织的代表等合适成年人到场,并将有关情况记录在案。到场的法定代理人可以代为行使未成年犯罪嫌疑人的诉讼权利,行使时不得侵犯未成年犯罪嫌疑人的合法权益。

未成年犯罪嫌疑人明确拒绝法定代理人以外的合适成年人到场,人民检察院可以准许,但应当另行通知其他合适成年人到场。

到场的法定代理人或者其他人员认为办案人员在讯问中侵犯未成年犯罪嫌疑人合法权益的,可以提出意见。讯问笔录应当交由到场的法定代理人或者其他人员阅读或者向其宣读,并由其在笔录上签字、盖章或者捺指印确认。

讯问女性未成年犯罪嫌疑人，应当有女性检察人员参加。

询问未成年被害人、证人，适用本条第四款至第七款的规定。

第十八条 讯问未成年犯罪嫌疑人一般不得使用械具。对于确有人身危险性，必须使用械具的，在现实危险消除后，应当立即停止使用。

第十九条 对于罪行较轻，具备有效监护条件或者社会帮教措施，没有社会危险性或者社会危险性较小，不逮捕不致妨害诉讼正常进行的未成年犯罪嫌疑人，应当不批准逮捕。

对于罪行比较严重，但主观恶性不大，有悔罪表现，具备有效监护条件或者社会帮教措施，具有下列情形之一，不逮捕不致妨害诉讼正常进行的未成年犯罪嫌疑人，可以不批准逮捕：

（一）初次犯罪、过失犯罪的；
（二）犯罪预备、中止、未遂的；
（三）有自首或者立功表现的；
（四）犯罪后如实交待罪行，真诚悔罪，积极退赃，尽力减少和赔偿损失，被害人谅解的；
（五）不属于共同犯罪的主犯或者集团犯罪中的首要分子的；
（六）属于已满十四周岁不满十六周岁的未成年人或者系在校学生的；
（七）其他可以不批准逮捕的情形。

对于不予批准逮捕的案件，应当说明理由，连同案卷材料送达公安机关执行。需要补充侦查的，应当同时通知公安机关。必要时可以向被害方作说明解释。

第二十条 适用本规定第十九条的规定，在作出不批准逮捕决定前，应当审查其监护情况，参考其法定代理人、学校、居住地公安派出所及居民委员会、村民委员会的意见，并在审查逮捕意见书中对未成年犯罪嫌疑人是否具备有效监护条件或者社会帮教措施进行具体说明。

第二十一条 对未成年犯罪嫌疑人作出批准逮捕决定后，应当依法进行羁押必要性审查。对不需要继续羁押的，应当及时建议予以释放或者变更强制措施。

第三章 未成年人刑事案件的审查起诉与出庭支持公诉

第一节 审 查

第二十二条 人民检察院审查起诉未成年人刑事案件，自收到移送审查起诉的案件材料之日起三日以内，应当告知被害人及其法定代理人或者其近亲属、附带民事诉讼的当事人及其法定代理人有权委托诉讼代理人。

对未成年被害人或者其法定代理人提出聘请律师意向，但因经济困难或者其他原因没有委托诉讼代理人的，应当帮助其申请法律援助。

未成年犯罪嫌疑人被羁押的，人民检察院应当审查是否有必要继续羁押。对不需要继续羁押的，应当予以释放或者变更强制措施。

审查起诉未成年犯罪嫌疑人，应当听取其父母或者其他法定代理人、辩护人、被害人及其法定代理人的意见。

第二十三条 人民检察院审查起诉未成年人刑事案件，应当讯问未成年犯罪嫌疑人。讯问未成年犯罪嫌疑人适用本规定第十七条、第十八条的规定。

第二十四条 移送审查起诉的案件具备以下条件之一，且其法定代理人、近亲属等与本案无牵连的，经公安机关同意，检察人员可以安排在押的未成年犯罪嫌疑人与其法定代理人、近亲属等进行会见、通话：

（一）案件事实已基本查清，主要证据确实、充分，安排会见、通话不会影响诉讼活动正常进行；
（二）未成年犯罪嫌疑人有认罪、悔罪表现，或者虽尚未认罪、悔罪，但通过会见、通话有可能促使其转化，或者通过会见、通话有利于社会、家庭稳定；
（三）未成年犯罪嫌疑人的法定代理人、近亲属对其犯罪原因、社会危害性以及后果有一定的认识，并能配合司法机关进行教育。

第二十五条 在押的未成年犯罪嫌疑人同其法定代理人、近亲属等进行会见、通话时，检察人员应当告知其会见、通话不得有串供或者其他妨碍诉讼的内容。会见、通话时检察人员可以在场。会见、通话结束后，检察人员应当将有关内容及时整理并记录在案。

第二节 不起诉

第二十六条 对于犯罪情节轻微，具有下列情形之一，依照刑法规定不需要判处刑罚或者免除刑罚的未成年犯罪嫌疑人，一般应当依法作出不起诉决定：

（一）被胁迫参与犯罪的；
（二）犯罪预备、中止、未遂的；
（三）在共同犯罪中起次要或者辅助作用的；
（四）系又聋又哑的人或者盲人的；
（五）因防卫过当或者紧急避险过当构成犯罪的；
（六）有自首或者立功表现的；
（七）其他依照刑法规定不需要判处刑罚或者免除刑罚的情形。

第二十七条 对于未成年人实施的轻伤害案件、初次犯罪、过失犯罪、犯罪未遂的案件以及被诱骗或者被教唆实施的犯罪案件等,情节轻微,犯罪嫌疑人确有悔罪表现,当事人双方自愿就民事赔偿达成协议并切实履行或者经被害人同意并提供有效担保,符合刑法第三十七条规定的,人民检察院可以依照刑事诉讼法第一百七十三条第二款的规定作出不起诉决定,并可以根据案件的不同情况,予以训诫或者责令具结悔过、赔礼道歉、赔偿损失,或者由主管部门予以行政处罚。

第二十八条 不起诉决定书应当向被不起诉的未成年人及其法定代理人宣布,并阐明不起诉的理由和法律依据。

不起诉决定书应当送达公安机关,被不起诉的未成年人及其法定代理人、辩护人,被害人或者其近亲属及其诉讼代理人。

送达时,应当告知被害人或者其近亲属及其诉讼代理人,如果对不起诉决定不服,可以自收到不起诉决定书后七日以内向上一级人民检察院申诉,也可以不经申诉,直接向人民法院起诉;告知被不起诉的未成年人及其法定代理人,如果对不起诉决定不服,可以自收到不起诉决定书后七日以内向人民检察院申诉。

第三节 附条件不起诉

第二十九条 对于犯罪时已满十四周岁不满十八周岁的未成年人,同时符合下列条件的,人民检察院可以作出附条件不起诉决定:

(一)涉嫌刑法分则第四章、第五章、第六章规定的犯罪;

(二)根据具体犯罪事实、情节,可能被判处一年有期徒刑以下刑罚;

(三)犯罪事实清楚,证据确实、充分,符合起诉条件;

(四)具有悔罪表现。

第三十条 人民检察院在作出附条件不起诉的决定以前,应当听取公安机关、被害人、未成年犯罪嫌疑人的法定代理人、辩护人的意见,并制作笔录附卷。被害人是未成年人的,还应当听取被害人的法定代理人、诉讼代理人的意见。

第三十一条 公安机关或者被害人对附条件不起诉有异议或争议较大的案件,人民检察院可以召集侦查人员、被害人及其法定代理人、诉讼代理人、未成年犯罪嫌疑人及其法定代理人、辩护人举行不公开听证会,充分听取各方意见和理由。

对于决定附条件不起诉可能激化矛盾或者引发不稳定因素的,人民检察院应当慎重适用。

第三十二条 适用附条件不起诉的审查意见,应当由办案人员在审查起诉期限届满十五日前提出,并根据案件的具体情况拟定考验期限和考察方案,连同案件审查报告、社会调查报告等,经部门负责人审核,报检察长或者检察委员会决定。

第三十三条 人民检察院作出附条件不起诉的决定后,应当制作附条件不起诉决定书,并在三日以内送达公安机关、被害人或者其近亲属及其诉讼代理人、未成年犯罪嫌疑人及其法定代理人、辩护人。

送达时,应当告知被害人或者其近亲属及其诉讼代理人,如果对附条件不起诉决定不服,可以自收到附条件不起诉决定书后七日以内向上一级人民检察院申诉。

人民检察院应当当面向未成年犯罪嫌疑人及其法定代理人宣布附条件不起诉决定,告知考验期限、在考验期内应当遵守的规定和违反规定应负的法律责任,以及可以对附条件不起诉决定提出异议,并制作笔录附卷。

第三十四条 未成年犯罪嫌疑人在押的,作出附条件不起诉决定后,人民检察院应当作出释放或者变更强制措施的决定。

第三十五条 公安机关认为附条件不起诉决定有错误,要求复议的,人民检察院未成年人刑事检察机构应当另行指定检察人员进行审查并提出审查意见,经部门负责人审核,报请检察长或者检察委员会决定。

人民检察院应当在收到要求复议意见书后的三十日以内作出复议决定,通知公安机关。

第三十六条 上一级人民检察院收到公安机关对附条件不起诉决定提请复核的意见书后,应当交由未成年人刑事检察机构办理。未成年人刑事检察机构应当指定检察人员进行审查并提出审查意见,经部门负责人审核,报请检察长或者检察委员会决定。

上一级人民检察院应当在收到提请复核意见书后的三十日以内作出决定,制作复核决定书送交提请复核的公安机关和下级人民检察院。经复核改变下级人民检察院附条件不起诉决定的,应当撤销下级人民检察院作出的附条件不起诉决定,交由下级人民检察院执行。

第三十七条 被害人不服附条件不起诉决定,在收到附条件不起诉决定书后七日以内申诉的,由作出附条件不起诉决定的人民检察院的上一级人民检察院未成年人刑事检察机构立案复查。

被害人向作出附条件不起诉决定的人民检察院提出

申诉的,作出决定的人民检察院应当将申诉材料连同案卷一并报送上一级人民检察院受理。

被害人不服附条件不起诉决定,在收到附条件不起诉决定书七日后提出申诉的,由作出附条件不起诉决定的人民检察院未成年人刑事检察机构另行指定检察人员审查后决定是否立案复查。

未成年人刑事检察机构复查后应当提出复查意见,报请检察长决定。

复查决定书应当送达被害人、被附条件不起诉的未成年犯罪嫌疑人及其法定代理人和作出附条件不起诉决定的人民检察院。

上级人民检察院经复查作出起诉决定的,应当撤销下级人民检察院的附条件不起诉决定,由下级人民检察院提起公诉,并将复查决定抄送移送审查起诉的公安机关。

第三十八条 未成年犯罪嫌疑人及其法定代理人对人民检察院决定附条件不起诉有异议的,人民检察院应当作出起诉的决定。

第三十九条 人民检察院在作出附条件不起诉决定后,应当在十日内将附条件不起诉决定书报上级人民检察院主管部门备案。

上级人民检察院认为下级人民检察院作出的附条件不起诉决定不适当的,应当及时撤销下级人民检察院作出的附条件不起诉决定,下级人民检察院应当执行。

第四十条 人民检察院决定附条件不起诉的,应当确定考验期。考验期为六个月以上一年以下,从人民检察院作出附条件不起诉的决定之日起计算。考验期不计入案件审查起诉期限。

考验期的长短应当与未成年犯罪嫌疑人所犯罪行的轻重、主观恶性的大小和人身危险性的大小、一贯表现及帮教条件等相适应,根据未成年犯罪嫌疑人在考验期的表现,可以在法定期限范围内适当缩短或者延长。

第四十一条 被附条件不起诉的未成年犯罪嫌疑人,应当遵守下列规定:

(一)遵守法律法规,服从监督;

(二)按照考察机关的规定报告自己的活动情况;

(三)离开所居住的市、县或者迁居,应当报经考察机关批准;

(四)按照考察机关的要求接受矫治和教育。

第四十二条 人民检察院可以要求被附条件不起诉的未成年犯罪嫌疑人接受下列矫治和教育:

(一)完成戒瘾治疗、心理辅导或者其他适当的处遇措施;

(二)向社区或者公益团体提供公益劳动;

(三)不得进入特定场所,与特定的人员会见或者通信,从事特定的活动;

(四)向被害人赔偿损失、赔礼道歉等;

(五)接受相关教育;

(六)遵守其他保护被害人安全以及预防再犯的禁止性规定。

第四十三条 在附条件不起诉的考验期内,人民检察院应当对被附条件不起诉的未成年犯罪嫌疑人进行监督考察。未成年犯罪嫌疑人的监护人应当对未成年犯罪嫌疑人加强管教,配合人民检察院做好监督考察工作。

人民检察院可以会同未成年犯罪嫌疑人的监护人、所在学校、单位、居住地的村民委员会、居民委员会、未成年人保护组织等的有关人员定期对未成年犯罪嫌疑人进行考察、教育,实施跟踪帮教。

第四十四条 未成年犯罪嫌疑人经批准离开所居住的市、县或者迁居,作出附条件不起诉决定的人民检察院可以要求迁入地的人民检察院协助进行考察,并将考察结果函告作出附条件不起诉决定的人民检察院。

第四十五条 考验期届满,办案人员应当制作附条件不起诉考察意见书,提出起诉或者不起诉的意见,经部门负责人审核,报请检察长决定。

人民检察院应当在审查起诉期限内作出起诉或者不起诉的决定。

作出附条件不起诉决定的案件,审查起诉期限自人民检察院作出附条件不起诉决定之日起中止计算,自考验期限届满之日起或者人民检察院作出撤销附条件不起诉决定之日起恢复计算。

第四十六条 被附条件不起诉的未成年犯罪嫌疑人,在考验期内有下列情形之一的,人民检察院应当撤销附条件不起诉的决定,提起公诉:

(一)实施新的犯罪的;

(二)发现决定附条件不起诉以前还有其他犯罪需要追诉的;

(三)违反治安管理规定,造成严重后果,或者多次违反治安管理规定的;

(四)违反考察机关有关附条件不起诉的监督管理规定,造成严重后果,或者多次违反考察机关有关附条件不起诉的监督管理规定的。

第四十七条 对于未成年犯罪嫌疑人在考验期内实施新的犯罪或者在决定附条件不起诉以前还有其他犯罪

需要追诉的,人民检察院应当移送侦查机关立案侦查。

第四十八条 被附条件不起诉的未成年犯罪嫌疑人,在考验期内没有本规定第四十六条规定的情形,考验期满的,人民检察院应当作出不起诉的决定。

第四十九条 对于附条件不起诉的案件,不起诉决定宣布后六个月内,办案人员可以对被不起诉的未成年人进行回访,巩固帮教效果,并做好相关记录。

第五十条 对人民检察院依照刑事诉讼法第一百七十三条第二款规定作出的不起诉决定和经附条件不起诉考验期满不起诉的,在向被不起诉的未成年人及其法定代理人宣布不起诉决定书时,应当充分阐明不起诉的理由和法律依据,并结合社会调查,围绕犯罪行为对被害人、对本人及家庭、对社会等造成的危害,导致犯罪行为发生的原因及应当吸取的教训等,对被不起诉的未成年人开展必要的教育。如果侦查人员、合适成年人、辩护人、社工等参加有利于教育被不起诉未成年人的,经被不起诉的未成年人及其法定代理人同意,可以邀请他们参加,但要严格控制参与人范围。

对于犯罪事实清楚,但因未达刑事责任年龄不起诉、年龄证据存疑而不起诉的未成年犯罪嫌疑人,参照上述规定举行不起诉宣布教育仪式。

第四节 提起公诉

第五十一条 人民检察院审查未成年人与成年人共同犯罪案件,一般应当将未成年人与成年人分案起诉。但是具有下列情形之一的,可以不分案起诉:

(一)未成年人系犯罪集团的组织者或者其他共同犯罪中的主犯的;

(二)案件重大、疑难、复杂,分案起诉可能妨碍案件审理的;

(三)涉及刑事附带民事诉讼,分案起诉妨碍附带民事诉讼部分审理的;

(四)具有其他不宜分案起诉情形的。

对分案起诉至同一人民法院的未成年人与成年人共同犯罪案件,由未成年人刑事检察机构一并办理更为适宜的,经检察长决定,可以由未成年人刑事检察机构一并办理。

分案起诉的未成年人与成年人共同犯罪案件,由不同机构分别办理的,应当相互了解案件情况,提出量刑建议时,注意全案的量刑平衡。

第五十二条 对于分案起诉的未成年人与成年人共同犯罪案件,一般应当同时移送人民法院。对于需要补充侦查的,如果补充侦查事项不涉及未成年犯罪嫌疑人所参与的犯罪事实,不影响对未成年犯罪嫌疑人提起公诉的,应当对未成年犯罪嫌疑人先予提起公诉。

第五十三条 对于分案起诉的未成年人与成年人共同犯罪案件,在审查起诉过程中可以根据全案情况制作一个审结报告,起诉书以及出庭预案等应当分别制作。

第五十四条 人民检察院对未成年人与成年人共同犯罪案件分别提起公诉后,在诉讼过程中出现不宜分案起诉情形的,可以建议人民法院并案审理。

第五十五条 对于符合适用简易程序审理条件的未成年人刑事案件,人民检察院应当在提起公诉时向人民法院提出适用简易程序审理的建议。

第五十六条 对提起公诉的未成年人刑事案件,应当认真做好下列出席法庭的准备工作:

(一)掌握未成年被告人的心理状态,并对其进行接受审判的教育,必要时,可以再次讯问被告人;

(二)与未成年被告人的法定代理人、合适成年人、辩护人交换意见,共同做好教育、感化工作;

(三)进一步熟悉案情,深入研究本案的有关法律政策问题,根据案件性质,结合社会调查情况,拟定讯问提纲、询问被害人、证人、鉴定人提纲、举证提纲、答辩提纲、公诉意见书和针对未成年被告人进行法制教育的书面材料。

第五十七条 公诉人出席未成年人刑事审判法庭,应当遵守公诉人出庭行为规范要求,发言时应当语调温和,并注意用语文明、准确,通俗易懂。

公诉人一般不提请未成年证人、被害人出庭作证。确有必要出庭作证的,应当建议人民法院采取相应的保护措施。

第五十八条 在法庭审理过程中,公诉人的讯问、询问、辩论等活动,应当注意未成年人的身心特点。对于未成年被告人情绪严重不稳定,不宜继续接受审判的,公诉人可以建议法庭休庭。

第五十九条 对于具有下列情形之一,依法可能判处拘役、三年以下有期徒刑,有悔罪表现,宣告缓刑对所居住社区没有重大不良影响,具备有效监护条件或者社会帮教措施、适用缓刑确实不致再危害社会的未成年被告人,人民检察院应当建议人民法院适用缓刑:

(一)犯罪情节较轻,未造成严重后果的;

(二)主观恶性不大的初犯或者胁从犯、从犯;

(三)被害人同意和解或者被害人有明显过错的;

(四)其他可以适用缓刑的情节。

建议宣告缓刑,可以根据犯罪情况,同时建议禁止未成年被告人在缓刑考验期限内从事特定活动，进入特定区域、场所，接触特定的人。

人民检察院提出对未成年被告人适用缓刑建议的，应当将未成年被告人能够获得有效监护、帮教的书面材料于判决前移送人民法院。

第六十条 公诉人在依法指控犯罪的同时，要剖析未成年被告人犯罪的原因、社会危害性，适时进行法制教育，促使其深刻反省，吸取教训。

第六十一条 人民检察院派员出席未成年人刑事案件二审法庭适用本节的相关规定。

第六十二条 犯罪的时候不满十八周岁，被判处五年有期徒刑以下刑罚的，人民检察院应当在收到人民法院生效判决后，对犯罪记录予以封存。

对于二审案件，上级人民检察院封存犯罪记录时，应当通知下级人民检察院对相关犯罪记录予以封存。

第六十三条 人民检察院应当将拟封存的未成年人犯罪记录、卷宗等相关材料装订成册，加密保存，不予公开，并建立专门的未成年人犯罪档案库，执行严格的保管制度。

第六十四条 除司法机关为办案需要或者有关单位根据国家规定进行查询的以外，人民检察院不得向任何单位和个人提供封存的犯罪记录，并不得提供未成年人有犯罪记录的证明。

司法机关或者有关单位需要查询犯罪记录的，应当向封存犯罪记录的人民检察院提出书面申请，人民检察院应当在七日以内作出是否许可的决定。

第六十五条 对被封存犯罪记录的未成年人，符合下列条件之一的，应当对其犯罪记录解除封存：

（一）实施新的犯罪，且新罪与封存记录之罪数罪并罚后被决定执行五年有期徒刑以上刑罚的；

（二）发现漏罪，且漏罪与封存记录之罪数罪并罚后被决定执行五年有期徒刑以上刑罚的。

第六十六条 人民检察院对未成年犯罪嫌疑人作出不起诉决定后，应当对相关记录予以封存。具体程序参照本规定第六十二条至第六十五条规定办理。

第四章 未成年人刑事案件的法律监督

第六十七条 人民检察院审查批准逮捕、审查起诉未成年犯罪嫌疑人，应当同时依法监督侦查活动是否合法，发现有下列违法行为的，应当提出纠正意见；构成犯罪的，依法追究刑事责任：

（一）违法对未成年犯罪嫌疑人采取强制措施或者采取强制措施不当的；

（二）未依法实行对未成年犯罪嫌疑人与成年犯罪嫌疑人分别关押、管理的；

（三）对未成年犯罪嫌疑人采取刑事拘留、逮捕措施后，在法定时限内未进行讯问，或者未通知其家属的；

（四）讯问未成年犯罪嫌疑人或者询问未成年被害人、证人时，未依法通知其法定代理人或者合适成年人到场的；

（五）讯问或者询问女性未成年人时，没有女性检察人员参加；

（六）未依法告知未成年犯罪嫌疑人有权委托辩护人的；

（七）未依法通知法律援助机构指派律师为未成年犯罪嫌疑人提供辩护的；

（八）对未成年犯罪嫌疑人威胁、体罚、侮辱人格、游街示众，或者刑讯逼供、指供、诱供的；

（九）利用未成年人认知能力低而故意制造冤、假、错案的；

（十）对未成年被害人、证人以暴力、威胁、诱骗等非法手段收集证据或者侵害未成年被害人、证人的人格尊严及隐私权等合法权益的；

（十一）违反羁押和办案期限规定的；

（十二）已作出不批准逮捕、不起诉决定，公安机关不立即释放犯罪嫌疑人的；

（十三）在侦查中有其他侵害未成年人合法权益行为的。

第六十八条 对依法不应当公开审理的未成年人刑事案件公开审理的，人民检察院应当在开庭前提出纠正意见。

公诉人出庭支持公诉时，发现法庭审判有下列违反法律规定的诉讼程序的情形之一的，应当在休庭后及时向本院检察长报告，由人民检察院向人民法院提出纠正意见：

（一）开庭或者宣告判决时未通知未成年被告人的法定代理人到庭的；

（二）人民法院没有给聋、哑或者不通晓当地通用的语言文字的未成年被告人聘请或者指定翻译人员的；

（三）未成年被告人在审判时没有辩护人的；对未成年被告人及其法定代理人依照法律和有关规定拒绝辩护人为其辩护，合议庭未另行通知法律援助机构指派律师的；

（四）法庭未告知未成年被告人及其法定代理人依法享有的申请回避、辩护、提出新的证据、申请重新鉴定或者勘验、最后陈述、提出上诉等诉讼权利的；

（五）其他违反法律规定的诉讼程序的情形。

第六十九条 人民检察院发现有关机关对未成年人犯罪记录应当封存而未封存的，不应当允许查询而允许查询的或者不应当提供犯罪记录而提供的，应当依法提出纠正意见。

第七十条 人民检察院依法对未成年犯管教所实行驻所检察。在刑罚执行监督中，发现关押成年罪犯的监狱收押未成年罪犯的，未成年犯管教所违法收押成年罪犯的，或者对年满十八周岁时余刑在二年以上的罪犯留在未成年犯管教所执行剩余刑期的，应当依法提出纠正意见。

第七十一条 人民检察院在看守所检察中，发现没有对未成年犯罪嫌疑人、被告人与成年犯罪嫌疑人、被告人分别关押、管理或者对未成年犯留所执行刑罚的，应当依法提出纠正意见。

第七十二条 人民检察院应当加强对未成年犯管教所、看守所监管未成年罪犯活动的监督，依法保障未成年罪犯的合法权益，维护监管改造秩序和教学、劳动、生活秩序。

人民检察院配合未成年犯管教所、看守所加强对未成年罪犯的政治、法律、文化教育，促进依法、科学、文明监管。

第七十三条 人民检察院依法对未成年人的社区矫正进行监督，发现有下列情形之一的，应当依法向公安机关、人民法院、监狱、社区矫正机构等有关部门提出纠正意见：

（一）没有将未成年人的社区矫正与成年人分开进行的；

（二）对实行社区矫正的未成年人脱管、漏管或者没有落实帮教措施的；

（三）没有对未成年社区矫正人员给予身份保护，其矫正宣告公开进行，矫正档案未进行保密，公开或者传播其姓名、住所、照片等可能推断出该未成年人的其他资料以及矫正资料等情形的；

（四）未成年社区矫正人员的矫正小组没有熟悉青少年成长特点的人员参加的；

（五）没有针对未成年人的年龄、心理特点和身心发育需要等特殊情况采取相应的监督管理和教育矫正措施的；

（六）其他违法情形。

第七十四条 人民检察院依法对未成年犯的减刑、假释、暂予监外执行等活动实行监督。对符合减刑、假释、暂予监外执行法定条件的，应当建议执行机关向人民法院、监狱管理机关或者公安机关提请；发现提请或者裁定、决定不当的，应当依法提出纠正意见；对徇私舞弊减刑、假释、暂予监外执行等构成犯罪的，依法追究刑事责任。

第五章 未成年人案件的刑事申诉检察

第七十五条 人民检察院依法受理未成年人及其法定代理人提出的刑事申诉案件和国家赔偿案件。

人民检察院对未成年人刑事申诉案件和国家赔偿案件，应当指定专人及时办理。

第七十六条 人民检察院复查未成年人刑事申诉案件，应当直接听取未成年人及其法定代理人的陈述或者辩解，认真审核、查证与案件有关的证据和线索，查清案件事实，依法作出处理。

案件复查终结作出处理决定后，应当向未成年人及其法定代理人当面送达法律文书，做好释法说理和教育工作。

第七十七条 对已复查纠正的未成年人刑事申诉案件，应当配合有关部门做好善后工作。

第七十八条 人民检察院办理未成年人国家赔偿案件，应当充分听取未成年人及其法定代理人的意见，对于依法应当赔偿的案件，应当及时作出和执行赔偿决定。

第六章 附 则

第七十九条 本规定所称未成年人刑事案件，是指犯罪嫌疑人、被告人实施涉嫌犯罪行为时已满十四周岁、未满十八周岁的刑事案件，但在有关未成年人诉讼权利和体现对未成年人程序上特殊保护的条文中所称的未成年人，是指在诉讼过程中未满十八周岁的人。犯罪嫌疑人实施涉嫌犯罪行为时未满十八周岁，在诉讼过程中已满十八周岁的，人民检察院可以根据案件的具体情况适用本规定。

第八十条 实施犯罪行为的年龄，一律按公历的年、月、日计算。从周岁生日的第二天起，为已满××周岁。

第八十一条 未成年人刑事案件的法律文书和工作文书，应当注明未成年人的出生年月日、法定代理人或者到场的合适成年人、辩护人基本情况。

对未成年犯罪嫌疑人、被告人、未成年罪犯的有关情况和办案人员开展教育感化工作的情况，应当记录在卷，随案移送。

第八十二条 本规定由最高人民检察院负责解释。

第八十三条　本规定自发布之日起施行,最高人民检察院 2007 年 1 月 9 日发布的《人民检察院办理未成年人刑事案件的规定》同时废止。

<h2 style="text-align:center">最高人民法院关于加强新时代
未成年人审判工作的意见</h2>

· 2020 年 12 月 24 日
· 法发〔2020〕45 号

为深入贯彻落实习近平新时代中国特色社会主义思想,认真学习贯彻习近平法治思想,切实做好未成年人保护和犯罪预防工作,不断提升未成年人审判工作能力水平,促进完善中国特色社会主义少年司法制度,根据《中华人民共和国未成年人保护法》《中华人民共和国预防未成年人犯罪法》等相关法律法规,结合人民法院工作实际,就加强新时代未成年人审判工作提出如下意见。

一、提高政治站位,充分认识做好新时代未成年人审判工作的重大意义

1. 未成年人是国家的未来、民族的希望。近年来,随着经济社会发展,未成年人的成长环境出现新的特点。进入新时代,以习近平同志为核心的党中央更加重视未成年人的健康成长,社会各界对未成年人保护和犯罪预防问题更加关切。维护未成年人权益,预防和矫治未成年人犯罪,是人民法院的重要职责。加强新时代未成年人审判工作,是人民法院积极参与国家治理、有效回应社会关切的必然要求。

2. 未成年人审判工作只能加强、不能削弱。要站在保障亿万家庭幸福安宁、全面建设社会主义现代化国家、实现中华民族伟大复兴中国梦的高度,充分认识做好新时代未成年人审判工作的重大意义,强化使命担当,勇于改革创新,切实做好未成年人保护和犯罪预防工作。

3. 加强新时代未成年人审判工作,要坚持党对司法工作的绝对领导,坚定不移走中国特色社会主义法治道路,坚持以人民为中心的发展思想,坚持未成年人利益最大化原则,确保未成年人依法得到特殊、优先保护。对未成年人犯罪要坚持"教育、感化、挽救"方针和"教育为主、惩罚为辅"原则。

4. 对未成年人权益要坚持双向、全面保护。坚持双向保护,既依法保障未成年被告人的权益,又要依法保护未成年被害人的权益,对各类侵害未成年人的违法犯罪要依法严惩。坚持全面保护,既要加强对未成年人的刑事保护,又要加强对未成年人的民事、行政权益的保护,努力实现对未成年人权益的全方位保护。

二、深化综合审判改革,全面加强未成年人权益司法保护

5. 深化涉及未成年人案件综合审判改革,将与未成年人权益保护和犯罪预防关系密切的涉及未成年人的刑事、民事及行政诉讼案件纳入少年法庭受案范围。少年法庭包括专门审理涉及未成年人刑事、民事、行政案件的审判庭、合议庭、审判团队以及法官。

有条件的人民法院,可以根据未成年人案件审判工作需要,在机构数量限额内设立专门审判庭,审理涉及未成年人刑事、民事、行政案件。不具备单独设立未成年人案件审判机构条件的法院,应当指定专门的合议庭、审判团队或者法官审理涉及未成年人案件。

6. 被告人实施被指控的犯罪时不满十八周岁且人民法院立案时不满二十周岁的刑事案件,应当由少年法庭审理。

7. 下列刑事案件可以由少年法庭审理:
(1)人民法院立案时不满二十二周岁的在校学生犯罪案件;
(2)强奸、猥亵等性侵未成年人犯罪案件;
(3)杀害、伤害、绑架、拐卖、虐待、遗弃等严重侵犯未成年人人身权利的犯罪案件;
(4)上述刑事案件罪犯的减刑、假释、暂予监外执行、撤销缓刑等刑罚执行变更类案件;
(5)涉及未成年人,由少年法庭审理更为适宜的其他刑事案件。

未成年人与成年人共同犯罪案件,一般应当分案审理。

8. 下列民事案件由少年法庭审理:
(1)涉及未成年人抚养、监护、探望等事宜的婚姻家庭纠纷案件,以及适宜由少年法庭审理的离婚案件;
(2)一方或双方当事人为未成年人的人格权纠纷案件;
(3)侵权人为未成年人的侵权责任纠纷案件,以及被侵权人为未成年人,由少年法庭审理更为适宜的侵权责任纠纷案件;
(4)涉及未成年人的人身安全保护令案件;
(5)涉及未成年人权益保护的其他民事案件。

9. 当事人为未成年人的行政诉讼案件,有条件的法院,由少年法庭审理。

10. 人民法院审理涉及未成年人案件,应当根据案件情况开展好社会调查、社会观护、心理疏导、法庭教育、

家庭教育、司法救助、回访帮教等延伸工作,提升案件办理的法律效果和社会效果。

三、加强审判机制和组织建设,推进未成年人审判专业化发展

11. 坚持未成年人审判的专业化发展方向,加强未成年人审判工作的组织领导和业务指导,加强审判专业化、队伍职业化建设。

12. 大力推动未成年人审判与家事审判融合发展,更好维护未成年人合法权益,促进家庭和谐、社会安定,预防、矫治未成年人犯罪。未成年人审判与家事审判要在各自相对独立的基础上相互促进、协调发展。

13. 最高人民法院建立未成年人审判领导工作机制,加大对全国法院未成年人审判工作的组织领导、统筹协调、调查研究、业务指导。高级人民法院相应设立未成年人审判领导工作机制,中级人民法院和有条件的基层人民法院可以根据情况和需要,设立未成年人审判领导工作机制。

14. 地方各级人民法院要结合内设机构改革,落实《中华人民共和国未成年人保护法》《中华人民共和国预防未成年人犯罪法》关于应当确定专门机构或者指定专门人员办理涉及未成年人案件、负责预防未成年人犯罪工作的要求,充实未成年人审判工作力量,加强未成年人审判组织建设。

15. 探索通过对部分城区人民法庭改造或者加挂牌子的方式设立少年法庭,审理涉及未成年人的刑事、民事、行政案件,开展延伸帮教、法治宣传等工作。

16. 上级法院应当加强对辖区内下级法院未成年人审判组织建设工作的监督、指导和协调,实现未成年人审判工作的上下统一归口管理。

四、加强专业队伍建设,夯实未成年人审判工作基础

17. 各级人民法院应当高度重视未成年人审判队伍的培养和建设工作。要选用政治素质高、业务能力强、熟悉未成年人身心特点、热爱未成年人权益保护工作和善于做未成年人思想教育工作的法官负责审理涉及未成年人案件,采取措施保持未成年人审判队伍的稳定性。

18. 各级人民法院应当根据未成年人审判的工作特点和需要,为少年法庭配备专门的员额法官和司法辅助人员。加强法官及其他工作人员的业务培训,每年至少组织一次专题培训,不断提升、拓展未成年人审判队伍的司法能力。

19. 各级人民法院可以从共青团、妇联、关工委、工会、学校等组织的工作人员中依法选任人民陪审员,参与审理涉及未成年人案件。审理涉及未成年人案件的人民陪审员应当熟悉未成年人身心特点,具备一定的青少年教育学、心理学知识,并经过必要的业务培训。

20. 加强国际交流合作,拓展未成年人审判的国际视野,及时掌握未成年人审判的发展动态,提升新时代未成年人审判工作水平。

五、加强审判管理,推动未成年人审判工作实现新发展

21. 对涉及未成年人的案件实行专门统计。建立符合未成年人审判工作特点的司法统计指标体系,掌握分析涉及未成年人案件的规律,有针对性地制定和完善少年司法政策。

22. 对未成年人审判进行专门的绩效考核。要落实《中华人民共和国未成年人保护法》关于实行与未成年人保护工作相适应的评价考核标准的要求,将社会调查、心理疏导、法庭教育、延伸帮教、法治宣传、参与社会治安综合治理等工作纳入绩效考核范围,不能仅以办案数量进行考核。要科学评价少年法庭的业绩,调动、激励工作积极性。

23. 完善未成年人审判档案管理制度。将审判延伸、判后帮教、法治教育、犯罪记录封存等相关工作记录在案,相关材料订卷归档。

六、加强协作配合,增强未成年人权益保护和犯罪预防的工作合力

24. 加强与公安、检察、司法行政等部门的协作配合,健全完善"政法一条龙"工作机制,严厉打击侵害未成年人犯罪,有效预防、矫治未成年人违法犯罪,全面保护未成年人合法权益。

25. 加强与有关职能部门、社会组织和团体的协调合作,健全完善"社会一条龙"工作机制,加强未成年人审判社会支持体系建设。通过政府购买社会服务等方式,调动社会力量,推动未成年被害人救助、未成年罪犯安置帮教、未成年人民事权益保护等措施有效落实。

26. 加强法治宣传教育工作,特别是校园法治宣传。充分发挥法治副校长作用,通过法治进校园、组织模拟法庭、开设法治网课等活动,教育引导未成年人遵纪守法,增强自我保护的意识和能力,促进全社会更加关心关爱未成年人健康成长。

七、加强调查研究,总结推广先进经验和创新成果

27. 深化未成年人审判理论研究。充分发挥中国审判理论研究会少年审判专业委员会、最高人民法院少年司法研究基地作用,汇聚各方面智慧力量,加强新时代未成年人审判重大理论和实践问题研究,为有效指导司法

实践、进一步完善中国特色社会主义少年司法制度提供理论支持。

28. 加强调查研究工作。针对未成年人保护和犯罪预防的热点、难点问题,适时研究制定司法解释、司法政策或者发布指导性案例、典型案例,明确法律适用、政策把握,有效回应社会关切。

29. 加强司法建议工作。结合案件审判,针对未成年人保护和犯罪预防的薄弱环节,有针对性、建设性地提出完善制度、改进管理的建议,促进完善社会治理体系。

30. 认真总结、深入宣传未成年人审判工作经验和改革创新成果。各级人民法院要结合本地实际,在法律框架内积极探索有利于强化未成年人权益保护和犯罪预防的新机制、新方法。通过专题片、微电影、新闻发布会、法治节目访谈、典型案例、重大司法政策文件发布、优秀法官表彰等多种形式,强化未成年人审判工作宣传报道,培树未成年人审判工作先进典型。

最高人民检察院、中华全国妇女联合会、中国关心下一代工作委员会关于在办理涉未成年人案件中全面开展家庭教育指导工作的意见

· 2021年5月31日

近年来,未成年人保护和预防未成年人犯罪工作持续加强、成效明显,但性侵害、欺凌、虐待等侵害未成年人犯罪时有发生,未成年人犯罪低龄化等问题比较突出,成为社会关注的痛点和治理的难点。未成年人犯罪和遭受侵害有多方面原因,其中家庭因素的影响不容忽视。为强化家庭监护责任,提升家庭教育能力,切实维护未成年人权益,根据《未成年人保护法》《预防未成年人犯罪法》相关规定,现就在办理涉未成年人案件中全面开展家庭教育指导工作提出如下意见。

一、总体要求

(一)指导思想

坚持以习近平新时代中国特色社会主义思想为指导,全面贯彻党的十九大和十九届二中、三中、四中、五中全会精神,全面贯彻习近平法治思想,深入贯彻习近平总书记关于家庭教育的重要论述精神,以促进未成年人健康成长为出发点和落脚点,立足最有利于未成年人原则,建立健全涉未成年人案件家庭教育指导工作体系,强化家庭教育责任,提升家庭教育能力,为构建健康、文明、和谐的家庭教育环境提供有力支持和保障。

(二)基本原则

——坚持正确方向。全面贯彻党的教育方针,牢牢把握立德树人的根本任务,弘扬社会主义核心价值观和中华民族传统家庭美德,培养未成年人爱党爱国爱人民情怀,增强国家意识和社会责任感,确保家庭教育的正确方向。

——突出问题导向。注意发现总结涉未成年人案件家庭教育存在的主要问题,有针对性地引导父母或者其他监护人改善家庭教育方式。着力解决父母或者其他监护人主体意识不强、责任落实不到位,家庭教育方式不当、教育理念和方法欠缺,家庭成员法治意识淡薄等问题。

——遵循科学规律。尊重未成年人身心发展规律和家庭教育规律,着眼未成年人全面发展,引导父母或者其他监护人树立正确的人才观、教育观,运用科学的方法和正确的方式抚养教育未成年人。

——坚持标本兼治。既注重个别教育,对办案中发现明显存在问题的未成年人父母或者其他监护人进行及时、有效的家庭教育干预和指导;又着眼源头预防,探索建立常态化预防未成年人犯罪和受侵害家庭教育指导模式。

——坚持创新推动。鼓励家庭教育指导实践探索和理论创新,积极探索行之有效的工作方式方法,形成可复制的经验、模式,推动家庭教育指导和服务水平不断提高。

二、主要任务

各地要结合已有经验和本地实际,重点推动开展以下工作:

(一)涉案未成年人家庭教育指导。对于未成年人出现下列情形之一的,应当对其家庭教育情况进行评估,根据评估结果对未成年人的父母或其他监护人提出改进家庭教育意见,必要时可责令其接受家庭教育指导:1. 因犯罪情节轻微被人民检察院作出不起诉决定,或者被人民检察院依法作出附条件不起诉决定的;2. 被依法追究刑事责任或者因未达到刑事责任年龄不予刑事处罚的;3. 遭受父母或其他监护人侵害的;4. 其他应当接受家庭教育指导的。

(二)失管未成年人家庭教育指导。对办案中发现未成年人父母或者其他监护人存在监护教育不当或失管失教问题,尚未导致未成年人行为偏差或遭受侵害后果的,应当提供必要的家庭教育指导和帮助。特别是对于有特殊需求的家庭,如离异和重组家庭、父母长期分离家庭、收养家庭、农村留守未成年人家庭、强制戒毒人员家

庭、服刑人员家庭、残疾人家庭、曾遭受违法犯罪侵害未成年人的家庭等,更要加强家庭教育指导帮助。未成年人父母或者其他监护人主动提出指导需求的,应予支持。人员力量不能满足需要的,可以帮助链接专业资源提供个性化家庭教育指导服务。

(三)预防性家庭教育指导。未成年人违法犯罪多发地区、城市流动人口集中、城乡接合部、农村留守儿童集中等重点地区要结合办案广泛开展预防性家庭教育指导工作。通过家庭教育知识进社区、进家庭等活动,深入开展法治宣传和家庭教育宣传,提高父母及其他监护人的监护意识、监护能力和法治观念,营造民主、和谐、温暖的家庭氛围,预防未成年人违法犯罪和遭受侵害问题发生。各地可灵活运用线上直播、新媒体短视频等多种形式,以案释法,扩大家庭教育宣传的覆盖面。

三、工作内容

家庭教育指导内容包括但不限于以下方面:

1. 教育未成年人的父母或者其他监护人培养未成年人法律素养,提高守法意识和自我保护能力;

2. 帮助未成年人的父母或者其他监护人强化监护意识,履行家庭教育主体责任;

3. 帮助未成年人的父母或者其他监护人培养未成年人良好道德行为习惯,树立正确价值观;

4. 教导未成年人的父母或者其他监护人对未成年人采取有效的沟通方式;

5. 引导未成年人的父母或者其他监护人改变不当教育方式;

6. 指导未成年人的父母或者其他监护人重塑良好家庭关系,营造和谐家庭氛围;

7. 协助未成年人的父母或者其他监护人加强对未成年人的心理辅导,促进未成年人健全人格的养成。

四、工作机制

为确保在办理涉未成年人案件中开展家庭教育指导工作的质量和效果,各地要积极推动构建相关长效工作机制。

(一)建立工作衔接机制。各级检察机关、妇联、关工委要加强协作配合,充分发挥各自职能作用,建立家庭教育工作联动机制,共同做好家庭教育指导工作。检察机关在办理案件过程中要主动做好未成年人社会调查和监护状况评估,准确掌握家庭教育指导需求,启动强制家庭教育指导工作,并根据办案需要和具体需求,及时将有关情况通报给本地区妇联、关工委。各级妇联、关工委等群团组织要充分发挥自身优势,动员社会力量,为检察机关在办理涉未成年人案件中开展家庭教育提供社会支持,积极承接、提供或者协助、配合做好家庭教育指导工作。妇联要依托妇女之家、儿童之家等活动场所,为家庭教育指导、服务和宣传提供平台和支持。关工委要组织动员广大老干部、老战士、老专家、老教师、老模范等离退休老同志,协助做好家庭教育指导工作。

(二)完善人才培育机制。要加强家庭教育工作队伍建设,在开展家庭教育指导工作的同时,带动、发现、培养一批业务能力强、理论水平高的家庭教育工作力量。尤其要支持、培育社会力量参与家庭教育工作。通过委托服务、项目合作等多种方式,鼓励社会工作服务机构深入研究、积极开展教育行为矫正、亲子关系改善、家庭跟踪指导等专业工作,培养一支稳定、专业、可靠的专家型家庭教育指导社会力量。

(三)构建成果转化机制。要注意将家庭教育指导工作与罪错未成年人帮教、未成年被害人救助保护等工作有机结合。家庭教育改善成果要体现、运用于未成年人保护工作中。检察机关可探索将家庭教育评估结果作为支持撤销监护权诉讼、附条件不起诉的参考依据。同时,要加强对家庭教育指导实践经验的提炼总结,形成一批可复制、可推广的家庭教育指导工作模式,研发一批高水准、易推广、受欢迎的优质课程。

五、组织保障

(一)加强组织领导。各有关部门要充分认识开展涉未成年人案件家庭教育指导工作的重大意义,将其作为强化未成年人保护和维护社会和谐稳定的重要任务,落实工作责任,细化职责分工,及时研究解决困难问题,确保未成年人家庭教育指导工作顺利推进。

(二)加强沟通配合。各有关部门应建立沟通协调机制,通过设置联络员、召开联席会议等方式,互通信息、研判情况、总结经验,不断提升家庭教育指导工作实效。

(三)加强政策宣传。充分利用报纸、电台、电视、网络等新闻媒体,大力开展家庭教育政策宣传,引导社会大众充分认识家庭教育对未成年人成长成才的重要性,正确看待家庭教育的科学性、专业性,营造重视家庭教育,共护未成年人健康成长的良好氛围。

六、行政诉讼

(一) 综 合

最高人民法院关于审理行政许可案件若干问题的规定

- 2009年11月9日最高人民法院审判委员会第1476次会议通过
- 2009年12月14日最高人民法院公告公布
- 自2010年1月4日起施行
- 法释〔2009〕20号

为规范行政许可案件的审理,根据《中华人民共和国行政许可法》(以下简称行政许可法)、《中华人民共和国行政诉讼法》及其他有关法律规定,结合行政审判实际,对有关问题作如下规定:

第一条 公民、法人或者其他组织认为行政机关作出的行政许可决定以及相应的不作为,或者行政机关就行政许可的变更、延续、撤回、注销、撤销等事项作出的有关具体行政行为及其相应的不作为侵犯其合法权益,提起行政诉讼的,人民法院应当依法受理。

第二条 公民、法人或者其他组织认为行政机关未公开行政许可决定或者未提供行政许可监督检查记录侵犯其合法权益,提起行政诉讼的,人民法院应当依法受理。

第三条 公民、法人或者其他组织仅就行政许可过程中的告知补正申请材料、听证等通知行为提起行政诉讼的,人民法院不予受理,但导致许可程序对上述主体事实上终止的除外。

第四条 当事人不服行政许可决定提起诉讼的,以作出行政许可决定的机关为被告;行政许可依法须经上级行政机关批准,当事人对批准或者不批准行为不服一并提起诉讼的,以上级行政机关为共同被告;行政许可依法须经下级行政机关或者管理公共事务的组织初步审查并上报,当事人对不予初步审查或者不予上报不服提起诉讼的,以下级行政机关或者管理公共事务的组织为被告。

第五条 行政机关依据行政许可法第二十六条第二款规定统一办理行政许可的,当事人对行政许可行为不服提起诉讼,以对当事人作出具有实质影响的不利行为的机关为被告。

第六条 行政机关受理行政许可申请后,在法定期限内不予答复,公民、法人或者其他组织向人民法院起诉的,人民法院应当依法受理。

前款"法定期限"自行政许可申请受理之日起计算;以数据电文方式受理的,自数据电文进入行政机关指定的特定系统之日起计算;数据电文需要确认收讫的,自申请人收到行政机关的收讫确认之日起计算。

第七条 作为被诉行政许可行为基础的其他行政决定或者文书存在以下情形之一的,人民法院不予认可:

(一)明显缺乏事实根据;
(二)明显缺乏法律依据;
(三)超越职权;
(四)其他重大明显违法情形。

第八条 被告不提供或者无正当理由逾期提供证据的,与被诉行政许可行为有利害关系的第三人可以向人民法院提供;第三人对无法提供的证据,可以申请人民法院调取;人民法院在当事人无争议,但涉及国家利益、公共利益或者他人合法权益的情况下,也可以依职权调取证据。

第三人提供或者人民法院调取的证据能够证明行政许可行为合法的,人民法院应当判决驳回原告的诉讼请求。

第九条 人民法院审理行政许可案件,应当以申请人提出行政许可申请后实施的新的法律规范为依据;行政机关在旧的法律规范实施期间,无正当理由拖延审查行政许可申请至新的法律规范实施,适用新的法律规范不利于申请人的,以旧的法律规范为依据。

第十条 被诉准予行政许可决定违反当时的法律规范但符合新的法律规范的,判决确认该决定违法;准予行政许可决定不损害公共利益和利害关系人合法权益的,判决驳回原告的诉讼请求。

第十一条 人民法院审理不予行政许可决定案件,认为原告请求准予许可的理由成立,且被告没有裁量余地的,可以在判决理由中写明,并判决撤销不予许可决定,责令被告重新作出决定。

第十二条 被告无正当理由拒绝原告查阅行政许可决定及有关档案材料或者监督检查记录的，人民法院可以判决被告在法定或者合理期限内准予原告查阅。

第十三条 被告在实施行政许可过程中，与他人恶意串通共同违法侵犯原告合法权益的，应当承担连带赔偿责任；被告与他人违法侵犯原告合法权益的，应当根据其违法行为在损害发生过程和结果中所起作用等因素，确定被告的行政赔偿责任；被告已经依照法定程序履行审慎合理的审查职责，因他人行为导致行政许可决定违法的，不承担赔偿责任。

在行政许可案件中，当事人请求一并解决有关民事赔偿问题的，人民法院可以合并审理。

第十四条 行政机关依据行政许可法第八条第二款规定变更或者撤回已经生效的行政许可，公民、法人或者其他组织仅主张行政补偿的，应当先向行政机关提出申请；行政机关在法定期限或者合理期限内不予答复或者对行政机关作出的补偿决定不服的，可以依法提起行政诉讼。

第十五条 法律、法规、规章或者规范性文件对变更或者撤回行政许可的补偿标准未作规定的，一般在实际损失范围内确定补偿数额；行政许可属于行政许可法第十二条第(二)项规定情形的，一般按照实际投入的损失确定补偿数额。

第十六条 行政许可补偿案件的调解，参照最高人民法院《关于审理行政赔偿案件若干问题的规定》的有关规定办理。

第十七条 最高人民法院以前所作的司法解释凡与本规定不一致的，按本规定执行。

最高人民法院关于适用《中华人民共和国行政诉讼法》的解释

- 2017年11月13日最高人民法院审判委员会第1726次会议通过
- 2018年2月6日最高人民法院公告公布
- 自2018年2月8日起施行
- 法释〔2018〕1号

为正确适用《中华人民共和国行政诉讼法》(以下简称行诉讼法)，结合人民法院行政审判工作实际，制定本解释。

一、受案范围

第一条 公民、法人或者其他组织对行政机关及其工作人员的行政行为不服，依法提起诉讼的，属于人民法院行政诉讼的受案范围。

下列行为不属于人民法院行政诉讼的受案范围：

（一）公安、国家安全等机关依照刑事诉讼法的明确授权实施的行为；

（二）调解行为以及法律规定的仲裁行为；

（三）行政指导行为；

（四）驳回当事人对行政行为提起申诉的重复处理行为；

（五）行政机关作出的不产生外部法律效力的行为；

（六）行政机关为作出行政行为而实施的准备、论证、研究、层报、咨询等过程性行为；

（七）行政机关根据人民法院的生效裁判、协助执行通知书作出的执行行为，但行政机关扩大执行范围或者采取违法方式实施的除外；

（八）上级行政机关基于内部层级监督关系对下级行政机关作出的听取报告、执法检查、督促履责等行为；

（九）行政机关针对信访事项作出的登记、受理、交办、转送、复查、复核意见等行为；

（十）对公民、法人或者其他组织权利义务不产生实际影响的行为。

第二条 行政诉讼法第十三条第一项规定的"国家行为"，是指国务院、中央军事委员会、国防部、外交部等根据宪法和法律的授权，以国家的名义实施的有关国防和外交事务的行为，以及经宪法和法律授权的国家机关宣布紧急状态等行为。

行政诉讼法第十三条第二项规定的"具有普遍约束力的决定、命令"，是指行政机关针对不特定对象发布的能反复适用的规范性文件。

行政诉讼法第十三条第三项规定的"对行政机关工作人员的奖惩、任免等决定"，是指行政机关作出的涉及行政机关工作人员公务员权利义务的决定。

行政诉讼法第十三条第四项规定的"法律规定由行政机关最终裁决的行政行为"中的"法律"，是指全国人民代表大会及其常务委员会制定、通过的规范性文件。

二、管　辖

第三条 各级人民法院行政审判庭审理行政案件和审查行政机关申请执行其行政行为的案件。

专门人民法院、人民法庭不审理行政案件，也不审查和执行行政机关申请执行其行政行为的案件。铁路运输法院等专门人民法院审理行政案件,应当执行行政诉讼法第十八条第二款的规定。

第四条 立案后,受诉人民法院的管辖权不受当事人住所地改变、追加被告等事实和法律状态变更的影响。

第五条 有下列情形之一的,属于行政诉讼法第十五条第三项规定的"本辖区内重大、复杂的案件":

(一)社会影响重大的共同诉讼案件;

(二)涉外或者涉及香港特别行政区、澳门特别行政区、台湾地区的案件;

(三)其他重大、复杂案件。

第六条 当事人以案件重大复杂为由,认为有管辖权的基层人民法院不宜行使管辖权或者根据行政诉讼法第五十二条的规定,向中级人民法院起诉,中级人民法院应当根据不同情况在七日内分别作出以下处理:

(一)决定自行审理;

(二)指定本辖区其他基层人民法院管辖;

(三)书面告知当事人向有管辖权的基层人民法院起诉。

第七条 基层人民法院对其管辖的第一审行政案件,认为需要由中级人民法院审理或者指定管辖的,可以报请中级人民法院决定。中级人民法院应当根据不同情况在七日内分别作出以下处理:

(一)决定自行审理;

(二)指定本辖区其他基层人民法院管辖;

(三)决定由报请的人民法院审理。

第八条 行政诉讼法第十九条规定的"原告所在地",包括原告的户籍所在地、经常居住地和被限制人身自由地。

对行政机关基于同一事实,既采取限制公民人身自由的行政强制措施,又采取其他行政强制措施或者行政处罚不服的,由被告所在地或者原告所在地的人民法院管辖。

第九条 行政诉讼法第二十条规定的"因不动产提起的行政诉讼"是指因行政行为导致不动产物权变动而提起的诉讼。

不动产已登记的,以不动产登记簿记载的所在地为不动产所在地;不动产未登记的,以不动产实际所在地为不动产所在地。

第十条 人民法院受理案件后,被告提出管辖异议的,应当在收到起诉状副本之日起十五日内提出。

对当事人提出的管辖异议,人民法院应当进行审查。异议成立的,裁定将案件移送有管辖权的人民法院;异议不成立的,裁定驳回。

人民法院对管辖异议审查后确定有管辖权的,不因当事人增加或者变更诉讼请求等改变管辖,但违反级别管辖、专属管辖规定的除外。

第十一条 有下列情形之一的,人民法院不予审查:

(一)人民法院发回重审或者按第一审程序再审的案件,当事人提出管辖异议的;

(二)当事人在第一审程序中未按照法律规定的期限和形式提出管辖异议,在第二审程序中提出的。

三、诉讼参加人

第十二条 有下列情形之一的,属于行政诉讼法第二十五条第一款规定的"与行政行为有利害关系":

(一)被诉的行政行为涉及其相邻权或者公平竞争权的;

(二)在行政复议等行政程序中被追加为第三人的;

(三)要求行政机关依法追究加害人法律责任的;

(四)撤销或者变更行政行为涉及其合法权益的;

(五)为维护自身合法权益向行政机关投诉,具有处理投诉职责的行政机关作出或者未作出处理的;

(六)其他与行政行为有利害关系的情形。

第十三条 债权人以行政机关对债务人所作的行政行为损害债权实现为由提起行政诉讼的,人民法院应当告知其就民事争议提起民事诉讼,但行政机关作出行政行为时依法应予保护或者应予考虑的除外。

第十四条 行政诉讼法第二十五条第二款规定的"近亲属",包括配偶、父母、子女、兄弟姐妹、祖父母、外祖父母、孙子女、外孙子女和其他具有扶养、赡养关系的亲属。

公民因被限制人身自由而不能提起诉讼的,其近亲属可以依其口头或者书面委托以该公民的名义提起诉讼。近亲属起诉时无法与被限制人身自由的公民取得联系,近亲属可以先行起诉,并在诉讼中补充提交委托证明。

第十五条 合伙企业向人民法院提起诉讼的,应当以核准登记的字号为原告。未依法登记领取营业执照的个人合伙的全体合伙人为共同原告;全体合伙人可以推选代表人,被推选的代表人,应当由全体合伙人出具推选书。

个体工商户向人民法院提起诉讼的,以营业执照上登记的经营者为原告。有字号的,以营业执照上登记的字号为原告,并应当注明该字号经营者的基本信息。

第十六条　股份制企业的股东大会、股东会、董事会等认为行政机关作出的行政行为侵犯企业经营自主权的，可以企业名义提起诉讼。

联营企业、中外合资或者合作企业的联营、合资、合作各方，认为联营、合资、合作企业权益或者自己一方合法权益受行政行为侵害的，可以自己的名义提起诉讼。

非国有企业被行政机关注销、撤销、合并、强令兼并、出售、分立或者改变企业隶属关系的，该企业或者其法定代表人可以提起诉讼。

第十七条　事业单位、社会团体、基金会、社会服务机构等非营利法人的出资人、设立人认为行政行为损害法人合法权益的，可以自己的名义提起诉讼。

第十八条　业主委员会对于行政机关作出的涉及业主共有利益的行政行为，可以自己的名义提起诉讼。

业主委员会不起诉的，专有部分占建筑物总面积过半数或者占总户数过半数的业主可以提起诉讼。

第十九条　当事人不服经上级行政机关批准的行政行为，向人民法院提起诉讼的，以在对外发生法律效力的文书上署名的机关为被告。

第二十条　行政机关组建并赋予行政管理职能但不具有独立承担法律责任能力的机构，以自己的名义作出行政行为，当事人不服提起诉讼的，应当以组建该机构的行政机关为被告。

法律、法规或者规章授权行使行政职权的行政机关内设机构、派出机构或者其他组织，超出法定授权范围实施行政行为，当事人不服提起诉讼的，应当以实施该行为的机构或者组织为被告。

没有法律、法规或者规章规定，行政机关授权其内设机构、派出机构或者其他组织行使行政职权的，属于行政诉讼法第二十六条规定的委托。当事人不服提起诉讼的，应当以该行政机关为被告。

第二十一条　当事人对由国务院、省级人民政府批准设立的开发区管理机构作出的行政行为不服提起诉讼的，以该开发区管理机构为被告；对由国务院、省级人民政府批准设立的开发区管理机构所属职能部门作出的行政行为不服提起诉讼的，以其职能部门为被告；对其他开发区管理机构所属职能部门作出的行政行为不服提起诉讼的，以开发区管理机构为被告；开发区管理机构没有行政主体资格的，以设立该机构的地方人民政府为被告。

第二十二条　行政诉讼法第二十六条第二款规定的"复议机关改变原行政行为"，是指复议机关改变原行政行为的处理结果。复议机关改变原行政行为所认定的主要事实和证据、改变原行政行为所适用的规范依据，但未改变原行政行为处理结果的，视为复议机关维持原行政行为。

复议机关确认原行政行为无效，属于改变原行政行为。

复议机关确认原行政行为违法，属于改变原行政行为，但复议机关以违反法定程序为由确认原行政行为违法的除外。

第二十三条　行政机关被撤销或者职权变更，没有继续行使其职权的行政机关的，以其所属的人民政府为被告；实行垂直领导的，以垂直领导的上一级行政机关为被告。

第二十四条　当事人对村民委员会或者居民委员会依据法律、法规、规章的授权履行行政管理职责的行为不服提起诉讼的，以村民委员会或者居民委员会为被告。

当事人对村民委员会、居民委员会受行政机关委托作出的行为不服提起诉讼的，以委托的行政机关为被告。

当事人对高等学校等事业单位以及律师协会、注册会计师协会等行业协会依据法律、法规、规章的授权实施的行政行为不服提起诉讼的，以该事业单位、行业协会为被告。

当事人对高等学校等事业单位以及律师协会、注册会计师协会等行业协会受行政机关委托作出的行为不服提起诉讼的，以委托的行政机关为被告。

第二十五条　市、县级人民政府确定的房屋征收部门组织实施房屋征收与补偿工作过程中作出行政行为，被征收人不服提起诉讼的，以房屋征收部门为被告。

征收实施单位受房屋征收部门委托，在委托范围内从事的行为，被征收人不服提起诉讼的，应当以房屋征收部门为被告。

第二十六条　原告所起诉的被告不适格，人民法院应当告知原告变更被告；原告不同意变更的，裁定驳回起诉。

应当追加被告而原告不同意追加的，人民法院应当通知其以第三人的身份参加诉讼，但行政复议机关作共同被告的除外。

第二十七条　必须共同进行诉讼的当事人没有参加诉讼的，人民法院应当依法通知其参加；当事人也可以向人民法院申请参加。

人民法院应当对当事人提出的申请进行审查，申请理由不成立的，裁定驳回；申请理由成立的，书面通知其参加诉讼。

前款所称的必须共同进行诉讼,是指按照行政诉讼法第二十七条的规定,当事人一方或者双方为两人以上,因同一行政行为发生行政争议,人民法院必须合并审理的诉讼。

第二十八条 人民法院追加共同诉讼的当事人时,应当通知其他当事人。应当追加的原告,已明确表示放弃实体权利的,可不予追加;既不愿意参加诉讼,又不放弃实体权利的,应追加为第三人,其不参加诉讼,不能阻碍人民法院对案件的审理和裁判。

第二十九条 行政诉讼法第二十八条规定的"人数众多",一般指十人以上。

根据行政诉讼法第二十八条的规定,当事人一方人数众多的,由当事人推选代表人。当事人推选不出的,可以由人民法院在起诉的当事人中指定代表人。

行政诉讼法第二十八条规定的代表人为二至五人。代表人可以委托一至二人作为诉讼代理人。

第三十条 行政机关的同一行政行为涉及两个以上利害关系人,其中一部分利害关系人对行政行为不服提起诉讼,人民法院应当通知没有起诉的其他利害关系人作为第三人参加诉讼。

与行政案件处理结果有利害关系的第三人,可以申请参加诉讼,或者由人民法院通知其参加诉讼。人民法院判决其承担义务或者减损其权益的第三人,有权提出上诉或者申请再审。

行政诉讼法第二十九条规定的第三人,因不能归责于本人的事由未参加诉讼,但有证据证明发生法律效力的判决、裁定、调解书损害其合法权益的,可以依照行政诉讼法第九十条的规定,自知道或者应当知道其合法权益受到损害之日起六个月内,向上一级人民法院申请再审。

第三十一条 当事人委托诉讼代理人,应当向人民法院提交由委托人签名或者盖章的授权委托书。委托书应当载明委托事项和具体权限。公民在特殊情况下无法书面委托的,也可以由他人代书,并由自己捺印等方式确认,人民法院应当核实并记录在卷;被诉行政机关或者其他有义务协助的机关拒绝人民法院向被限制人身自由的公民核实的,视为委托成立。当事人解除或者变更委托的,应当书面报告人民法院。

第三十二条 依照行政诉讼法第三十一条第二款第二项规定,与当事人有合法劳动人事关系的职工,可以当事人工作人员的名义作为诉讼代理人。以当事人的工作人员身份参加诉讼活动,应当提交以下证据之一加以证明:

(一)缴纳社会保险记录凭证;
(二)领取工资凭证;
(三)其他能够证明其为当事人工作人员身份的证据。

第三十三条 根据行政诉讼法第三十一条第二款第三项规定,有关社会团体推荐公民担任诉讼代理人的,应当符合下列条件:

(一)社会团体属于依法登记设立或者依法免予登记设立的非营利性法人组织;
(二)被代理人属于该社会团体的成员,或者当事人一方住所地位于该社会团体的活动地域;
(三)代理事务属于该社会团体章程载明的业务范围;
(四)被推荐的公民是该社会团体的负责人或者与该社会团体有合法劳动人事关系的工作人员。

专利代理人经中华全国专利代理人协会推荐,可以在专利行政案件中担任诉讼代理人。

四、证 据

第三十四条 根据行政诉讼法第三十六条第一款的规定,被告申请延期提供证据的,应当在收到起诉状副本之日起十五日内以书面方式向人民法院提出。人民法院准许延期提供的,被告应当在正当事由消除后十五日内提供证据。逾期提供的,视为被诉行政行为没有相应的证据。

第三十五条 原告或者第三人应当在开庭审理前或者人民法院指定的交换证据清单之日提供证据。因正当事由申请延期提供证据的,经人民法院准许,可以在法庭调查中提供。逾期提供证据的,人民法院应当责令其说明理由;拒不说明理由或者理由不成立的,视为放弃举证权利。

原告或者第三人在第一审程序中无正当事由未提供而在第二审程序中提供的证据,人民法院不予接纳。

第三十六条 当事人申请延长举证期限,应当在举证期限届满前向人民法院提出书面申请。

申请理由成立的,人民法院应当准许,适当延长举证期限,并通知其他当事人。申请理由不成立的,人民法院不予准许,并通知申请人。

第三十七条 根据行政诉讼法第三十九条的规定,对当事人无争议,但涉及国家利益、公共利益或者他人合法权益的事实,人民法院可以责令当事人提供或者补充有关证据。

第三十八条 对于案情比较复杂或者证据数量较多

的案件，人民法院可以组织当事人在开庭前向对方出示或者交换证据，并将交换证据清单的情况记录在卷。

当事人在庭前证据交换过程中没有争议并记录在卷的证据，经审判人员在庭审中说明后，可以作为认定案件事实的依据。

第三十九条 当事人申请调查收集证据，但该证据与待证事实无关联、对证明待证事实无意义或者其他无调查收集必要的，人民法院不予准许。

第四十条 人民法院在证人出庭作证前应当告知其如实作证的义务以及作伪证的法律后果。

证人因履行出庭作证义务而支出的交通、住宿、就餐等必要费用以及误工损失，由败诉一方当事人承担。

第四十一条 有下列情形之一，原告或者第三人要求相关行政执法人员出庭说明的，人民法院可以准许：

（一）对现场笔录的合法性或者真实性有异议的；
（二）对扣押财产的品种或者数量有异议的；
（三）对检验的物品取样或者保管有异议的；
（四）对行政执法人员身份的合法性有异议的；
（五）需要出庭说明的其他情形。

第四十二条 能够反映案件真实情况、与待证事实相关联、来源和形式符合法律规定的证据，应当作为认定案件事实的根据。

第四十三条 有下列情形之一的，属于行政诉讼法第四十三条第三款规定的"以非法手段取得的证据"：

（一）严重违反法定程序收集的证据材料；
（二）以违反法律强制性规定的手段获取且侵害他人合法权益的证据材料；
（三）以利诱、欺诈、胁迫、暴力等手段获取的证据材料。

第四十四条 人民法院认为有必要的，可以要求当事人本人或者行政机关执法人员到庭，就案件有关事实接受询问。在询问之前，可以要求其签署保证书。

保证书应当载明据实陈述、如有虚假陈述愿意接受处罚等内容。当事人或者行政机关执法人员应当在保证书上签名或者捺印。

负有举证责任的当事人拒绝到庭、拒绝接受询问或者拒绝签署保证书，待证事实又欠缺其他证据加以佐证的，人民法院对其主张的事实不予认定。

第四十五条 被告有证据证明其在行政程序中依照法定程序要求原告或者第三人提供证据，原告或者第三人依法应当提供而没有提供，在诉讼程序中提供的证据，人民法院一般不予采纳。

第四十六条 原告或者第三人确有证据证明被告持有的证据对原告或者第三人有利的，可以在开庭审理前书面申请人民法院责令行政机关提交。

申请理由成立的，人民法院应当责令行政机关提交，因提交证据所产生的费用，由申请人预付。行政机关无正当理由拒不提交的，人民法院可以推定原告或者第三人基于该证据主张的事实成立。

持有证据的当事人以妨碍对方当事人使用为目的，毁灭有关证据或者实施其他致使证据不能使用行为的，人民法院可以推定对方当事人基于该证据主张的事实成立，并可依照行政诉讼法第五十九条规定处理。

第四十七条 根据行政诉讼法第三十八条第二款的规定，在行政赔偿、补偿案件中，因被告的原因导致原告无法就损害情况举证的，应当由被告就该损害情况承担举证责任。

对于各方主张损失的价值无法认定的，应当由负有举证责任的一方当事人申请鉴定，但法律、法规、规章规定行政机关在作出行政行为时依法应当评估或者鉴定的除外；负有举证责任的当事人拒绝申请鉴定的，由其承担不利的法律后果。

当事人的损失因客观原因无法鉴定的，人民法院应当结合当事人的主张和在案证据，遵循法官职业道德，运用逻辑推理和生活经验、生活常识等，酌情确定赔偿数额。

五、期间、送达

第四十八条 期间包括法定期间和人民法院指定的期间。

期间以时、日、月、年计算。期间开始的时和日，不计算在期间内。

期间届满的最后一日是节假日的，以节假日后的第一日为期间届满的日期。

期间不包括在途时间，诉讼文书在期满前交邮的，视为在期限内发送。

第四十九条 行政诉讼法第五十一条第二款规定的立案期限，因起诉状内容欠缺或者有其他错误通知原告限期补正的，从补正后递交人民法院的次日起算。由上级人民法院转交下级人民法院立案的案件，从受诉人民法院收到起诉状的次日起算。

第五十条 行政诉讼法第八十一条、第八十三条、第八十八条规定的审理期限，是指从立案之日起至裁判宣告、调解书送达之日止的期间，但公告期间、鉴定期间、调解期间、中止诉讼期间、审理当事人提出的管辖异议以及处理人民法院之间的管辖争议期间不应计算在内。

再审案件按照第一审程序或者第二审程序审理的，适用行政诉讼法第八十一条、第八十八条规定的审理期限。审理期限自再审立案的次日起算。

基层人民法院申请延长审理期限，应当直接报请高级人民法院批准，同时报中级人民法院备案。

第五十一条 人民法院可以要求当事人签署送达地址确认书，当事人确认的送达地址为人民法院法律文书的送达地址。

当事人同意电子送达的，应当提供并确认传真号、电子信箱等电子送达地址。

当事人送达地址发生变更的，应当及时书面告知受理案件的人民法院；未及时告知的，人民法院按原地址送达，视为依法送达。

人民法院可以通过国家邮政机构以法院专递方式进行送达。

第五十二条 人民法院可以在当事人住所地以外向当事人直接送达诉讼文书。当事人拒绝签署送达回证的，采用拍照、录像等方式记录送达过程即视为送达。审判人员、书记员应当在送达回证上注明送达情况并签名。

六、起诉与受理

第五十三条 人民法院对符合起诉条件的案件应当立案，依法保障当事人行使诉讼权利。

对当事人依法提起的诉讼，人民法院应当根据行政诉讼法第五十一条的规定接收起诉状。能够判断符合起诉条件的，应当场登记立案；当场不能判断是否符合起诉条件的，应当在接收起诉状后七日内决定是否立案；七日内仍不能作出判断的，应当先予立案。

第五十四条 依照行政诉讼法第四十九条的规定，公民、法人或者其他组织提起诉讼时应当提交以下起诉材料：

（一）原告的身份证明材料以及有效联系方式；

（二）被诉行政行为或者不作为存在的材料；

（三）原告与被诉行政行为具有利害关系的材料；

（四）人民法院认为需要提交的其他材料。

由法定代理人或者委托代理人代为起诉的，还应当在起诉状中写明或者在口头起诉时向人民法院说明法定代理人或者委托代理人的基本情况，并提交法定代理人或者委托代理人的身份证明和代理权限证明等材料。

第五十五条 依照行政诉讼法第五十一条的规定，人民法院应当就起诉状内容和材料是否完备以及是否符合行政诉讼法规定的起诉条件进行审查。

起诉状内容或者材料欠缺的，人民法院应当给予指导和释明，并一次性全面告知当事人需要补正的内容、补充的材料及期限。在指定期限内补正并符合起诉条件的，应当登记立案。当事人拒绝补正或者经补正仍不符合起诉条件的，退回起诉状并记录在册；坚持起诉的，裁定不予立案，并载明不予立案的理由。

第五十六条 法律、法规规定应当先申请复议，公民、法人或者其他组织未申请复议直接提起诉讼的，人民法院裁定不予立案。

依照行政诉讼法第四十五条的规定，复议机关不受理复议申请或者在法定期限内不作出复议决定，公民、法人或者其他组织不服，依法向人民法院提起诉讼的，人民法院应当依法立案。

第五十七条 法律、法规未规定行政复议为提起行政诉讼必经程序，公民、法人或者其他组织既提起诉讼又申请行政复议的，由先立案的机关管辖；同时立案的，由公民、法人或者其他组织选择。公民、法人或者其他组织已经申请行政复议，在法定复议期间内又向人民法院提起诉讼的，人民法院裁定不予立案。

第五十八条 法律、法规未规定行政复议为提起行政诉讼必经程序，公民、法人或者其他组织向复议机关申请行政复议后，又经复议机关同意撤回复议申请，在法定起诉期限内对原行政行为提起诉讼的，人民法院应当依法立案。

第五十九条 公民、法人或者其他组织向复议机关申请行政复议后，复议机关作出维持决定的，应当以复议机关和原行为机关为共同被告，并以复议决定送达时间确定起诉期限。

第六十条 人民法院裁定准许原告撤诉后，原告以同一事实和理由重新起诉的，人民法院不予立案。

准予撤诉的裁定确有错误，原告申请再审的，人民法院应当通过审判监督程序撤销原准予撤诉的裁定，重新对案件进行审理。

第六十一条 原告或者上诉人未按规定的期限预交案件受理费，又不提出缓交、减交、免交申请，或者提出申请未获批准的，按自动撤诉处理。在按撤诉处理后，原告或者上诉人在法定期限内再次起诉或者上诉，并依法解决诉讼费预交问题的，人民法院应予立案。

第六十二条 人民法院判决撤销行政机关的行政行为后，公民、法人或者其他组织对行政机关重新作出的行政行为不服向人民法院起诉的，人民法院应当依法立案。

第六十三条 行政机关作出行政行为时，没有制作或者没有送达法律文书，公民、法人或者其他组织只要能证明行政行为存在，并在法定期限内起诉的，人民法院应当依法立案。

第六十四条　行政机关作出行政行为时，未告知公民、法人或者其他组织起诉期限的，起诉期限从公民、法人或者其他组织知道或者应当知道起诉期限之日起计算，但从知道或者应当知道行政行为内容之日起最长不得超过一年。

复议决定未告知公民、法人或者其他组织起诉期限的，适用前款规定。

第六十五条　公民、法人或者其他组织不知道行政机关作出的行政行为内容的，其起诉期限从知道或者应当知道该行政行为内容之日起计算，但最长不得超过行政诉讼法第四十六条第二款规定的起诉期限。

第六十六条　公民、法人或者其他组织依照行政诉讼法第四十七条第一款的规定，对行政机关不履行法定职责提起诉讼的，应当在行政机关履行法定职责期限届满之日起六个月内提出。

第六十七条　原告提供被告的名称等信息足以使被告与其他行政机关相区别的，可以认定为行政诉讼法第四十九条第二项规定的"有明确的被告"。

起诉状列写被告信息不足以认定明确的被告的，人民法院可以告知原告补正；原告补正后仍不能确定明确的被告的，人民法院裁定不予立案。

第六十八条　行政诉讼法第四十九条第三项规定的"有具体的诉讼请求"是指：

（一）请求判决撤销或者变更行政行为；

（二）请求判决行政机关履行特定法定职责或者给付义务；

（三）请求判决确认行政行为违法；

（四）请求判决确认行政行为无效；

（五）请求判决行政机关予以赔偿或者补偿；

（六）请求解决行政协议争议；

（七）请求一并审查规章以下规范性文件；

（八）请求一并解决相关民事争议；

（九）其他诉讼请求。

当事人单独或者一并提起行政赔偿、补偿诉讼的，应当有具体的赔偿、补偿事项以及数额；请求一并审查规章以下规范性文件的，应当提供明确的文件名称或者审查对象；请求一并解决相关民事争议的，应当有具体的民事诉讼请求。

当事人未能正确表达诉讼请求的，人民法院应当要求其明确诉讼请求。

第六十九条　有下列情形之一，已经立案的，应当裁定驳回起诉：

（一）不符合行政诉讼法第四十九条规定的；

（二）超过法定起诉期限且无行政诉讼法第四十八条规定情形的；

（三）错列被告且拒绝变更的；

（四）未按照法律规定由法定代理人、指定代理人、代表人为诉讼行为的；

（五）未按照法律、法规规定先向行政机关申请复议的；

（六）重复起诉的；

（七）撤回起诉后无正当理由再行起诉的；

（八）行政行为对其合法权益明显不产生实际影响的；

（九）诉讼标的已为生效裁判或者调解书所羁束的；

（十）其他不符合法定起诉条件的情形。

前款所列情形可以补正或者更正的，人民法院应当指定期间责令补正或者更正；在指定期间已经补正或者更正的，应当依法审理。

人民法院经过阅卷、调查或者询问当事人，认为不需要开庭审理的，可以迳行裁定驳回起诉。

第七十条　起诉状副本送达被告后，原告提出新的诉讼请求的，人民法院不予准许，但有正当理由的除外。

七、审理与判决

第七十一条　人民法院适用普通程序审理案件，应当在开庭三日前用传票传唤当事人。对证人、鉴定人、勘验人、翻译人员，应当用通知书通知其到庭。当事人或者其他诉讼参与人在外地的，应当留有必要的在途时间。

第七十二条　有下列情形之一的，可以延期开庭审理：

（一）应当到庭的当事人和其他诉讼参与人有正当理由没有到庭的；

（二）当事人临时提出回避申请且无法及时作出决定的；

（三）需要通知新的证人到庭，调取新的证据，重新鉴定、勘验，或者需要补充调查的；

（四）其他应当延期的情形。

第七十三条　根据行政诉讼法第二十七条的规定，有下列情形之一的，人民法院可以决定合并审理：

（一）两个以上行政机关分别对同一事实作出行政

行为,公民、法人或者其他组织不服向同一人民法院起诉的;

(二)行政机关就同一事实对若干公民、法人或者其他组织分别作出行政行为,公民、法人或者其他组织不服分别向同一人民法院起诉的;

(三)在诉讼过程中,被告对原告作出新的行政行为,原告不服向同一人民法院起诉的;

(四)人民法院认为可以合并审理的其他情形。

第七十四条 当事人申请回避,应当说明理由,在案件开始审理时提出;回避事由在案件开始审理后知道的,应当在法庭辩论终结前提出。

被申请回避的人员,在人民法院作出是否回避的决定前,应当暂停参与本案的工作,但案件需要采取紧急措施的除外。

对当事人提出的回避申请,人民法院应当在三日内以口头或者书面形式作出决定。对当事人提出的明显不属于法定回避事由的申请,法庭可以依法当庭驳回。

申请人对驳回回避申请决定不服的,可以向作出决定的人民法院申请复议一次。复议期间,被申请回避的人员不停止参与本案的工作。对申请人的复议申请,人民法院应当在三日内作出复议决定,并通知复议申请人。

第七十五条 在一个审判程序中参与过本案审判工作的审判人员,不得再参与该案其他程序的审判。

发回重审的案件,在一审法院作出裁判后又进入第二审程序的,原第二审程序中合议庭组成人员不受前款规定的限制。

第七十六条 人民法院对于因一方当事人的行为或者其他原因,可能使行政行为或者人民法院生效裁判不能或者难以执行的案件,根据对方当事人的申请,可以裁定对其财产进行保全、责令其作出一定行为或者禁止其作出一定行为;当事人没有提出申请的,人民法院在必要时也可以裁定采取上述保全措施。

人民法院采取保全措施,可以责令申请人提供担保;申请人不提供担保的,裁定驳回申请。

人民法院接受申请后,对情况紧急的,必须在四十八小时内作出裁定;裁定采取保全措施的,应当立即开始执行。

当事人对保全的裁定不服的,可以申请复议;复议期间不停止裁定的执行。

第七十七条 利害关系人因情况紧急,不立即申请保全将会使其合法权益受到难以弥补的损害的,可以在提起诉讼前向被保全财产所在地、被申请人住所地或者对案件有管辖权的人民法院申请采取保全措施。申请人应当提供担保,不提供担保的,裁定驳回申请。

人民法院接受申请后,必须在四十八小时内作出裁定;裁定采取保全措施的,应当立即开始执行。

申请人在人民法院采取保全措施后三十日内不依法提起诉讼的,人民法院应当解除保全。

当事人对保全的裁定不服的,可以申请复议;复议期间不停止裁定的执行。

第七十八条 保全限于请求的范围,或者与本案有关的财物。

财产保全采取查封、扣押、冻结或者法律规定的其他方法。人民法院保全财产后,应当立即通知被保全人。

财产已被查封、冻结的,不得重复查封、冻结。

涉及财产的案件,被申请人提供担保的,人民法院应当裁定解除保全。

申请有错误的,申请人应当赔偿被申请人因保全所遭受的损失。

第七十九条 原告或者上诉人申请撤诉,人民法院裁定不予准许的,原告或者上诉人经传票传唤无正当理由拒不到庭,或者未经法庭许可中途退庭的,人民法院可以缺席判决。

第三人经传票传唤无正当理由拒不到庭,或者未经法庭许可中途退庭的,不发生阻止案件审理的效果。

根据行政诉讼法第五十八条的规定,被告经传票传唤无正当理由拒不到庭,或者未经法庭许可中途退庭的,人民法院可以按期开庭或者继续开庭审理,对到庭的当事人诉讼请求、双方的诉辩理由以及已经提交的证据及其他诉讼材料进行审理后,依法缺席判决。

第八十条 原告或者上诉人在庭审中明确拒绝陈述或者以其他方式拒绝陈述,导致庭审无法进行,经法庭释明法律后果后仍不陈述意见的,视为放弃陈述权利,由其承担不利的法律后果。

当事人申请撤诉或者依法可以按撤诉处理的案件,当事人有违反法律的行为需要依法处理的,人民法院可以不准许撤诉或者不按撤诉处理。

法庭辩论终结后原告申请撤诉,人民法院可以准许,但涉及到国家利益和社会公共利益的除外。

第八十一条 被告在一审期间改变被诉行政行为的,应当书面告知人民法院。

原告或者第三人对改变后的行政行为不服提起诉讼的,人民法院应当就改变后的行政行为进行审理。

被告改变原违法行政行为,原告仍要求确认原行政行为违法的，人民法院应当依法作出确认判决。

原告起诉被告不作为，在诉讼中被告作出行政行为，原告不撤诉，人民法院应当就不作为依法作出确认判决。

第八十二条 当事人之间恶意串通，企图通过诉讼等方式侵害国家利益、社会公共利益或者他人合法权益的，人民法院应当裁定驳回起诉或者判决驳回其请求，并根据情节轻重予以罚款、拘留；构成犯罪，依法追究刑事责任。

第八十三条 行政诉讼法第五十九条规定的罚款、拘留可以单独适用，也可以合并适用。

对同一妨害行政诉讼行为的罚款、拘留不得连续适用。发生新的妨害行政诉讼行为的，人民法院可以重新予以罚款、拘留。

第八十四条 人民法院审理行政诉讼法第六十条第一款规定的行政案件，认为法律关系明确、事实清楚，在征得当事人双方同意后，可以进行调解。

第八十五条 调解达成协议，人民法院应当制作调解书。调解书应当写明诉讼请求、案件的事实和调解结果。

调解书由审判人员、书记员署名，加盖人民法院印章，送达双方当事人。

调解书经双方当事人签收后，即具有法律效力。调解书生效日期根据最后收到调解书的当事人签收的日期确定。

第八十六条 人民法院审理行政案件，调解过程不公开，但当事人同意公开的除外。

经人民法院准许，第三人可以参加调解。人民法院认为有必要的，可以通知第三人参加调解。

调解协议内容不公开，但为保护国家利益、社会公共利益、他人合法权益，人民法院认为确有必要公开的除外。

当事人一方或者双方不愿调解、调解未达成协议的，人民法院应当及时判决。

当事人自行和解或者调解达成协议后，请求人民法院按照和解协议或者调解协议的内容制作判决书的，人民法院不予准许。

第八十七条 在诉讼过程中，有下列情形之一的，中止诉讼：

（一）原告死亡，须等待其近亲属表明是否参加诉讼的；

（二）原告丧失诉讼行为能力，尚未确定法定代理人的；

（三）作为一方当事人的行政机关、法人或者其他组织终止，尚未确定权利义务承受人的；

（四）一方当事人因不可抗力的事由不能参加诉讼的；

（五）案件涉及法律适用问题，需要送请有权机关作出解释或者确认的；

（六）案件的审判须以相关民事、刑事或者其他行政案件的审理结果为依据，而相关案件尚未审结的；

（七）其他应当中止诉讼的情形。

中止诉讼的原因消除后，恢复诉讼。

第八十八条 在诉讼过程中，有下列情形之一的，终结诉讼：

（一）原告死亡，没有近亲属或者近亲属放弃诉讼权利的；

（二）作为原告的法人或者其他组织终止后，其权利义务的承受人放弃诉讼权利的。

因本解释第八十七条第一款第一、二、三项原因中止诉讼满九十日仍无人继续诉讼的，裁定终结诉讼，但有特殊情况的除外。

第八十九条 复议决定改变原行政行为错误，人民法院判决撤销复议决定时，可以一并责令复议机关重新作出复议决定或者判决恢复原行政行为的法律效力。

第九十条 人民法院判决被告重新作出行政行为，被告重新作出的行政行为与原行政行为的结果相同，但主要事实或者主要理由有改变的，不属于行政诉讼法第七十一条规定的情形。

人民法院以违反法定程序为由，判决撤销被诉行政行为的，行政机关重新作出行政行为不受行政诉讼法第七十一条规定的限制。

行政机关以同一事实和理由重新作出与原行政行为基本相同的行政行为，人民法院应当根据行政诉讼法第七十条、第七十一条的规定判决撤销或者部分撤销，并根据行政诉讼法第九十六条的规定处理。

第九十一条 原告请求被告履行法定职责的理由成立，被告违法拒绝履行或者无正当理由逾期不予答复的，人民法院可以根据行政诉讼法第七十二条的规定，判决被告在一定期限内依法履行原告请求的法定职责；尚需被告调查或者裁量的，应当判决被告针对原告的请求重新作出处理。

第九十二条 原告申请被告依法履行支付抚恤金、最低生活保障待遇或者社会保险待遇等给付义务的理由成立，被告依法负有给付义务而拒绝或者拖延履行义务的,人民法院可以根据行政诉讼法第七十三条的规定,判决被告在一定期限内履行相应的给付义务。

第九十三条 原告请求被告履行法定职责或者依法履行支付抚恤金、最低生活保障待遇或者社会保险待遇等给付义务,原告未先向行政机关提出申请的,人民法院裁定驳回起诉。

人民法院经审理认为原告所请求履行的法定职责或者给付义务明显不属于行政机关权限范围的,可以裁定驳回起诉。

第九十四条 公民、法人或者其他组织起诉请求撤销行政行为,人民法院经审查认为行政行为无效的,应当作出确认无效的判决。

公民、法人或者其他组织起诉请求确认行政行为无效,人民法院审查认为行政行为不属于无效情形,经释明,原告请求撤销行政行为的,应当继续审理并依法作出相应判决;原告请求撤销行政行为但超过法定起诉期限的,裁定驳回起诉;原告拒绝变更诉讼请求的,判决驳回其诉讼请求。

第九十五条 人民法院经审理认为被诉行政行为违法或者无效,可能给原告造成损失,经释明,原告请求一并解决行政赔偿争议的,人民法院可以就赔偿事项进行调解;调解不成的,应当一并判决。人民法院也可以告知其就赔偿事项另行提起诉讼。

第九十六条 有下列情形之一,且对原告依法享有的听证、陈述、申辩等重要程序性权利不产生实质损害的,属于行政诉讼法第七十四条第一款第二项规定的"程序轻微违法":

(一)处理期限轻微违法;
(二)通知、送达等程序轻微违法;
(三)其他程序轻微违法的情形。

第九十七条 原告或者第三人的损失系由其自身过错和行政机关的违法行政行为共同造成的,人民法院应当依据各方行为与损害结果之间有无因果关系以及在损害发生和结果中作用力的大小,确定行政机关相应的赔偿责任。

第九十八条 因行政机关不履行、拖延履行法定职责,致使公民、法人或者其他组织的合法权益遭受损害的,人民法院应当判决行政机关承担行政赔偿责任。在确定赔偿数额时,应当考虑该不履行、拖延履行法定职责的行为在损害发生过程和结果中所起的作用等因素。

第九十九条 有下列情形之一的,属于行政诉讼法第七十五条规定的"重大且明显违法":

(一)行政行为实施主体不具有行政主体资格;
(二)减损权利或者增加义务的行政行为没有法律规范依据;
(三)行政行为的内容客观上不可能实施;
(四)其他重大且明显违法的情形。

第一百条 人民法院审理行政案件,适用最高人民法院司法解释的,应当在裁判文书中援引。

人民法院审理行政案件,可以在裁判文书中引用合法有效的规章及其他规范性文件。

第一百零一条 裁定适用于下列范围:

(一)不予立案;
(二)驳回起诉;
(三)管辖异议;
(四)终结诉讼;
(五)中止诉讼;
(六)移送或者指定管辖;
(七)诉讼期间停止行政行为的执行或者驳回停止执行的申请;
(八)财产保全;
(九)先予执行;
(十)准许或者不准许撤诉;
(十一)补正裁判文书中的笔误;
(十二)中止或者终结执行;
(十三)提审、指令再审或者发回重审;
(十四)准许或者不准许执行行政机关的行政行为;
(十五)其他需要裁定的事项。

对第一、二、三项裁定,当事人可以上诉。

裁定书应当写明裁定结果和作出该裁定的理由。裁定书由审判人员、书记员署名,加盖人民法院印章。口头裁定的,记入笔录。

第一百零二条 行政诉讼法第八十二条规定的行政案件中的"事实清楚",是指当事人对争议的事实陈述基本一致,并能提供相应的证据,无须人民法院调查收集证据即可查明事实;"权利义务关系明确",是指行政法律关系中权利和义务能够明确区分;"争议不大",是指当事人对行政行为的合法性、责任承担等没有实质分歧。

第一百零三条 适用简易程序审理的行政案件,人民法院可以用口头通知、电话、短信、传真、电子邮件等简便方式传唤当事人、通知证人、送达裁判文书以外的诉讼文书。

以简便方式送达的开庭通知,未经当事人确认或者没有其他证据证明当事人已经收到的,人民法院不得缺席判决。

第一百零四条 适用简易程序案件的举证期限由人民法院确定,也可以由当事人协商一致并经人民法院准许,但不得超过十五日。被告要求书面答辩的,人民法院可以确定合理的答辩期间。

人民法院应当将举证期限和开庭日期告知双方当事人,并向当事人说明逾期举证以及拒不到庭的法律后果,由双方当事人在笔录和开庭传票的送达回证上签名或者捺印。

当事人双方均表示同意立即开庭或者缩短举证期限、答辩期间的,人民法院可以立即开庭审理或者确定近期开庭。

第一百零五条 人民法院发现案情复杂,需要转为普通程序审理的,应当在审理期限届满前作出裁定并将合议庭组成人员及相关事项书面通知双方当事人。

案件转为普通程序审理的,审理期限自人民法院立案之日起计算。

第一百零六条 当事人就已经提起诉讼的事项在诉讼过程中或者裁判生效后再次起诉,同时具有下列情形的,构成重复起诉:

(一)后诉与前诉的当事人相同;

(二)后诉与前诉的诉讼标的相同;

(三)后诉与前诉的诉讼请求相同,或者后诉的诉讼请求被前诉裁判所包含。

第一百零七条 第一审人民法院作出判决和裁定后,当事人均提起上诉的,上诉各方均为上诉人。

诉讼当事人中的一部分人提出上诉,没有提出上诉的对方当事人为被上诉人,其他当事人依原审诉讼地位列明。

第一百零八条 当事人提出上诉,应当按照其他当事人或者诉讼代表人的人数提出上诉状副本。

原审人民法院收到上诉状,应当在五日内将上诉状副本发送其他当事人,对方当事人应当在收到上诉状副本之日起十五日内提出答辩状。

原审人民法院应当在收到答辩状之日起五日内将副本发送上诉人。对方当事人不提出答辩状的,不影响人民法院审理。

原审人民法院收到上诉状、答辩状,应当在五日内连同全部案卷和证据,报送第二审人民法院;已经预收的诉讼费用,一并报送。

第一百零九条 第二审人民法院经审理认为原审人民法院不予立案或者驳回起诉的裁定确有错误且当事人的起诉符合起诉条件的,应当裁定撤销原审人民法院的裁定,指令原审人民法院依法立案或者继续审理。

第二审人民法院裁定发回原审人民法院重新审理的行政案件,原审人民法院应当另行组成合议庭进行审理。

原审判决遗漏了必须参加诉讼的当事人或者诉讼请求的,第二审人民法院应当裁定撤销原审判决,发回重审。

原审判决遗漏行政赔偿请求,第二审人民法院经审查认为依法不应当予以赔偿的,应当判决驳回行政赔偿请求。

原审判决遗漏行政赔偿请求,第二审人民法院经审理认为依法应当予以赔偿的,在确认被诉行政行为违法的同时,可以就行政赔偿问题进行调解;调解不成的,应当就行政赔偿部分发回重审。

当事人在第二审期间提出行政赔偿请求的,第二审人民法院可以进行调解;调解不成的,应当告知当事人另行起诉。

第一百一十条 当事人向上一级人民法院申请再审,应当在判决、裁定或者调解书发生法律效力后六个月内提出。有下列情形之一的,自知道或者应当知道之日起六个月内提出:

(一)有新的证据,足以推翻原判决、裁定的;

(二)原判决、裁定认定事实的主要证据是伪造的;

(三)据以作出原判决、裁定的法律文书被撤销或者变更的;

(四)审判人员审理该案件时有贪污受贿、徇私舞弊、枉法裁判行为的。

第一百一十一条 当事人申请再审的,应当提交再审申请书等材料。人民法院认为有必要的,可以自收到再审申请书之日起五日内将再审申请书副本发送对方当事人。对方当事人应当自收到再审申请书副本之日起十五日内提交书面意见。人民法院可以要求申请人和对方当事人补充有关材料,询问有关事项。

第一百一十二条 人民法院应当自再审申请案件立案之日起六个月内审查,有特殊情况需要延长的,由本院院长批准。

第一百一十三条 人民法院根据审查再审申请案件的需要决定是否询问当事人;新的证据可能推翻原判决、裁定的,人民法院应当询问当事人。

第一百一十四条 审查再审申请期间,被申请人及原审其他当事人依法提出再审申请的,人民法院应当将其列为再审申请人,对其再审事由一并审查,审查期限重新计算。经审查,其中一方再审申请人主张的再审事由成立的,应当裁定再审。各方再审申请人主张的再审事由均不成立的,一并裁定驳回再审申请。

第一百一十五条 审查再审申请期间,再审申请人申请人民法院委托鉴定、勘验的,人民法院不予准许。

审查再审申请期间,再审申请人撤回再审申请的,是否准许,由人民法院裁定。

再审申请人经传票传唤,无正当理由拒不接受询问的,按撤回再审申请处理。

人民法院准许撤回再审申请或者按撤回再审申请处理后,再审申请人再次申请再审的,不予立案,但有行政诉讼法第九十一条第二项、第三项、第七项、第八项规定情形,自知道或者应当知道之日起六个月内提出的除外。

第一百一十六条 当事人主张的再审事由成立,且符合行政诉讼法和本解释规定的申请再审条件的,人民法院应当裁定再审。

当事人主张的再审事由不成立,或者当事人申请再审超过法定申请再审期限、超出法定再审事由范围等不符合行政诉讼法和本解释规定的申请再审条件的,人民法院应当裁定驳回再审申请。

第一百一十七条 有下列情形之一的,当事人可以向人民检察院申请抗诉或者检察建议:

(一)人民法院驳回再审申请的;

(二)人民法院逾期未对再审申请作出裁定的;

(三)再审判决、裁定有明显错误的。

人民法院基于抗诉或者检察建议作出再审判决、裁定后,当事人申请再审的,人民法院不予立案。

第一百一十八条 按照审判监督程序决定再审的案件,裁定中止原判决、裁定、调解书的执行,但支付抚恤金、最低生活保障费或者社会保险待遇的案件,可以不中止执行。

上级人民法院决定提审或者指令下级人民法院再审的,应当作出裁定,裁定应当写明中止原判决的执行;情况紧急的,可以将中止执行的裁定口头通知负责执行的人民法院或者作出生效判决、裁定的人民法院,但应当在口头通知后十日内发出裁定书。

第一百一十九条 人民法院按照审判监督程序再审的案件,发生法律效力的判决、裁定是由第一审法院作出的,按照第一审程序审理,所作的判决、裁定,当事人可以上诉;发生法律效力的判决、裁定是由第二审法院作出的,按照第二审程序审理,所作的判决、裁定,是发生法律效力的判决、裁定;上级人民法院按照审判监督程序提审的,按照第二审程序审理,所作的判决、裁定是发生法律效力的判决、裁定。

人民法院审理再审案件,应当另行组成合议庭。

第一百二十条 人民法院审理再审案件应当围绕再审请求和被诉行政行为合法性进行。当事人的再审请求超出原审诉讼请求,符合另案诉讼条件的,告知当事人可以另行起诉。

被申请人及原审其他当事人在庭审辩论结束前提出的再审请求,符合本解释规定的申请期限的,人民法院应当一并审理。

人民法院经再审,发现已经发生法律效力的判决、裁定损害国家利益、社会公共利益、他人合法权益的,应当一并审理。

第一百二十一条 再审审理期间,有下列情形之一的,裁定终结再审程序:

(一)再审申请人在再审期间撤回再审请求,人民法院准许的;

(二)再审申请人经传票传唤,无正当理由拒不到庭的,或者未经法庭许可中途退庭,按撤回再审请求处理的;

(三)人民检察院撤回抗诉的;

(四)其他应当终结再审程序的情形。

因人民检察院提出抗诉裁定再审的案件,申请抗诉的当事人有前款规定的情形,且不损害国家利益、社会公共利益或者他人合法权益的,人民法院裁定终结再审程序。

再审程序终结后,人民法院裁定中止执行的原生效判决自动恢复执行。

第一百二十二条 人民法院审理再审案件,认为原生效判决、裁定确有错误,在撤销原生效判决或者裁定的同时,可以对生效判决、裁定的内容作出相应裁判,也可以裁定撤销生效判决或者裁定,发回作出生效判决、裁定的人民法院重新审理。

第一百二十三条 人民法院审理二审案件和再审案件,对原审法院立案、不予立案或者驳回起诉错误的,应当分别情况作如下处理:

(一)第一审人民法院作出实体判决后,第二审人民法院认为不应当立案的,在撤销第一审人民法院判决的同时,可以迳行驳回起诉;

(二)第二审人民法院维持第一审人民法院不予立案裁定错误的,再审法院应当撤销第一审、第二审人民法院裁定,指令第一审人民法院受理;

（三）第二审人民法院维持第一审人民法院驳回起诉裁定错误的，再审法院应当撤销第一审、第二审人民法院裁定，指令第一审人民法院审理。

第一百二十四条 人民检察院提出抗诉的案件，接受抗诉的人民法院应当自收到抗诉书之日起三十日内作出再审的裁定；有行政诉讼法第九十一条第二、三项规定情形之一的，可以指令下一级人民法院再审，但经该下一级人民法院再审过的除外。

人民法院在审查抗诉材料期间，当事人之间已经达成和解协议的，人民法院可以建议人民检察院撤回抗诉。

第一百二十五条 人民检察院提出抗诉的案件，人民法院再审开庭时，应当在开庭三日前通知人民检察院派员出庭。

第一百二十六条 人民法院收到再审检察建议后，应当组成合议庭，在三个月内进行审查，发现原判决、裁定、调解书确有错误，需要再审的，依照行政诉讼法第九十二条规定裁定再审，并通知当事人；经审查，决定不予再审的，应当书面回复人民检察院。

第一百二十七条 人民法院审理因人民检察院抗诉或者检察建议裁定再审的案件，不受此前已经作出的驳回当事人再审申请裁定的限制。

八、行政机关负责人出庭应诉

第一百二十八条 行政诉讼法第三条第三款规定的行政机关负责人，包括行政机关的正职、副职负责人以及其他参与分管的负责人。

行政机关负责人出庭应诉的，可以另行委托一至二名诉讼代理人。行政机关负责人不能出庭的，应当委托行政机关相应的工作人员出庭，不得仅委托律师出庭。

第一百二十九条 涉及重大公共利益、社会高度关注或者可能引发群体性事件等案件以及人民法院书面建议行政机关负责人出庭的案件，被诉行政机关负责人应当出庭。

被诉行政机关负责人出庭应诉的，应当在当事人及其诉讼代理人基本情况、案件由来部分予以列明。

行政机关负责人有正当理由不能出庭应诉的，应当向人民法院提交情况说明，并加盖行政机关印章或者由该机关主要负责人签字认可。

行政机关拒绝说明理由的，不发生阻止案件审理的效果，人民法院可以向监察机关、上一级行政机关提出司法建议。

第一百三十条 行政诉讼法第三条第三款规定的"行政机关相应的工作人员"，包括该行政机关具有国家行政编制身份的工作人员以及其他依法履行公职的人员。

被诉行政行为是地方人民政府作出的，地方人民政府法制工作机构的工作人员，以及被诉行政行为具体承办机关工作人员，可以视为被诉人民政府相应的工作人员。

第一百三十一条 行政机关负责人出庭应诉的，应当向人民法院提交能够证明该行政机关负责人职务的材料。

行政机关委托相应的工作人员出庭应诉的，应当向人民法院提交加盖行政机关印章的授权委托书，并载明工作人员的姓名、职务和代理权限。

第一百三十二条 行政机关负责人和行政机关相应的工作人员均不出庭，仅委托律师出庭的或者人民法院书面建议行政机关负责人出庭应诉，行政机关负责人不出庭应诉的，人民法院应当记录在案和在裁判文书中载明，并可以建议有关机关依法作出处理。

九、复议机关作共同被告

第一百三十三条 行政诉讼法第二十六条第二款规定的"复议机关决定维持原行政行为"，包括复议机关驳回复议申请或者复议请求的情形，但以复议申请不符合受理条件为由驳回的除外。

第一百三十四条 复议机关决定维持原行政行为的，作出原行政行为的行政机关和复议机关是共同被告。原告只起诉作出原行政行为的行政机关或者复议机关的，人民法院应当告知原告追加被告。原告不同意追加的，人民法院应当将另一机关列为共同被告。

行政复议决定既有维持原行政行为内容，又有改变原行政行为内容或者不予受理申请内容的，作出原行政行为的行政机关和复议机关为共同被告。

复议机关作共同被告的案件，以作出原行政行为的行政机关确定案件的级别管辖。

第一百三十五条 复议机关决定维持原行政行为的，人民法院应当在审查原行政行为合法性的同时，一并审查复议决定的合法性。

作出原行政行为的行政机关和复议机关对原行政行为合法性共同承担举证责任，可以由其中一个机关实施举证行为。复议机关对复议决定的合法性承担举证责任。

复议机关作共同被告的案件，复议机关在复议程序中依法收集和补充的证据，可以作为人民法院认定复议决定和原行政行为合法的依据。

第一百三十六条 人民法院对原行政行为作出判决的同时，应当对复议决定一并作出相应判决。

人民法院依职权追加作出原行政行为的行政机关或者复议机关为共同被告，对原行政行为或者复议决定可以作出相应判决。

人民法院判决撤销原行政行为和复议决定的，可以判决作出原行政行为的行政机关重新作出行政行为。

人民法院判决作出原行政行为的行政机关履行法定职责或者给付义务的，应当同时判决撤销复议决定。

原行政行为合法、复议决定违法的，人民法院可以判决撤销复议决定或者确认复议决定违法，同时判决驳回原告针对原行政行为的诉讼请求。

原行政行为被撤销、确认违法或者无效，给原告造成损失的，应当由作出原行政行为的行政机关承担赔偿责任；因复议决定加重损害的，由复议机关对加重部分承担赔偿责任。

原行政行为不符合复议或者诉讼受案范围等受理条件，复议机关作出维持决定的，人民法院应当裁定一并驳回对原行政行为和复议决定的起诉。

十、相关民事争议的一并审理

第一百三十七条 公民、法人或者其他组织请求一并审理行政诉讼法第六十一条规定的相关民事争议，应当在第一审开庭审理前提出；有正当理由的，也可以在法庭调查中提出。

第一百三十八条 人民法院决定在行政诉讼中一并审理相关民事争议，或者案件当事人一致同意相关民事争议在行政诉讼中一并解决，人民法院准许的，由受理行政案件的人民法院管辖。

公民、法人或者其他组织请求一并审理相关民事争议，人民法院经审查发现行政案件已经超过起诉期限，民事案件尚未立案的，告知当事人另行提起民事诉讼；民事案件已经立案的，由原审判组织继续审理。

人民法院在审理行政案件中发现民事争议为解决行政争议的基础，当事人没有请求人民法院一并审理相关民事争议的，人民法院应当告知当事人依法申请一并解决民事争议。当事人就民事争议另行提起民事诉讼并已立案的，人民法院应当中止行政诉讼的审理。民事争议处理期间不计算在行政诉讼审理期限内。

第一百三十九条 有下列情形之一的，人民法院应当作出不予准许一并审理民事争议的决定，并告知当事人可以依法通过其他渠道主张权利：

（一）法律规定应当由行政机关先行处理的；

（二）违反民事诉讼法专属管辖规定或者协议管辖约定的；

（三）约定仲裁或者已经提起民事诉讼的；

（四）其他不宜一并审理民事争议的情形。

对不予准许的决定可以申请复议一次。

第一百四十条 人民法院在行政诉讼中一并审理相关民事争议的，民事争议应当单独立案，由同一审判组织审理。

人民法院审理行政机关对民事争议所作裁决的案件，一并审理民事争议的，不另行立案。

第一百四十一条 人民法院一并审理相关民事争议，适用民事法律规范的相关规定，法律另有规定的除外。

当事人在调解中对民事权益的处分，不能作为审查被诉行政行为合法性的根据。

第一百四十二条 对行政争议和民事争议应当分别裁判。

当事人仅对行政裁判或者民事裁判提出上诉的，未上诉的裁判在上诉期满后即发生法律效力。第一审人民法院应当将全部案卷一并移送第二审人民法院，由行政审判庭审理。第二审人民法院发现未上诉的生效裁判确有错误的，应当按照审判监督程序再审。

第一百四十三条 行政诉讼原告在宣判前申请撤诉的，是否准许由人民法院裁定。人民法院裁定准许行政诉讼原告撤诉，但其对已经提起的一并审理相关民事争议不撤诉的，人民法院应当继续审理。

第一百四十四条 人民法院一并审理相关民事争议，应当按行政案件、民事案件的标准分别收取诉讼费用。

十一、规范性文件的一并审查

第一百四十五条 公民、法人或者其他组织在对行政行为提起诉讼时一并请求对所依据的规范性文件审查的，由行政行为案件管辖法院一并审查。

第一百四十六条 公民、法人或者其他组织请求人民法院一并审查行政诉讼法第五十三条规定的规范性文件，应当在第一审开庭审理前提出；有正当理由的，也可以在法庭调查中提出。

第一百四十七条 人民法院在对规范性文件审查过程中，发现规范性文件可能不合法的，应当听取规范性文件制定机关的意见。

制定机关申请出庭陈述意见的，人民法院应当准许。

行政机关未陈述意见或者未提供相关证明材料的，

不能阻止人民法院对规范性文件进行审查。

第一百四十八条 人民法院对规范性文件进行一并审查时，可以从规范性文件制定机关是否超越权限或者违反法定程序、作出行政行为所依据的条款以及相关条款等方面进行。

有下列情形之一的，属于行政诉讼法第六十四条规定的"规范性文件不合法"：

（一）超越制定机关的法定职权或者超越法律、法规、规章的授权范围的；

（二）与法律、法规、规章等上位法的规定相抵触的；

（三）没有法律、法规、规章依据，违法增加公民、法人和其他组织义务或者减损公民、法人和其他组织合法权益的；

（四）未履行法定批准程序、公开发布程序，严重违反制定程序的；

（五）其他违反法律、法规以及规章规定的情形。

第一百四十九条 人民法院经审查认为行政行为所依据的规范性文件合法的，应当作为认定行政行为合法的依据；经审查认为规范性文件不合法的，不作为人民法院认定行政行为合法的依据，并在裁判理由中予以阐明。作出生效裁判的人民法院应当向规范性文件的制定机关提出处理建议，并可以抄送制定机关的同级人民政府、上一级行政机关、监察机关以及规范性文件的备案机关。

规范性文件不合法的，人民法院可以在裁判生效之日起三个月内，向规范性文件制定机关提出修改或者废止该规范性文件的司法建议。

规范性文件由多个部门联合制定的，人民法院可以向该规范性文件的主办机关或者共同上一级行政机关发送司法建议。

接收司法建议的行政机关应当在收到司法建议之日起六十日内予以书面答复。情况紧急的，人民法院可以建议制定机关或者其上一级行政机关立即停止执行该规范性文件。

第一百五十条 人民法院认为规范性文件不合法的，应当在裁判生效后报送上一级人民法院进行备案。涉及国务院部门、省级行政机关制定的规范性文件，司法建议还应当分别层报最高人民法院、高级人民法院备案。

第一百五十一条 各级人民法院院长对本院已经发生法律效力的判决、裁定，发现规范性文件合法性认定错误，认为需要再审的，应当提交审判委员会讨论。

最高人民法院对地方各级人民法院已经发生法律效力的判决、裁定，上级人民法院对下级人民法院已经发生法律效力的判决、裁定，发现规范性文件合法性认定错误的，有权提审或者指令下级人民法院再审。

十二、执 行

第一百五十二条 对发生法律效力的行政判决书、行政裁定书、行政赔偿判决书和行政调解书，负有义务的一方当事人拒绝履行的，对方当事人可以依法申请人民法院强制执行。

人民法院判决行政机关履行行政赔偿、行政补偿或者其他行政给付义务，行政机关拒不履行的，对方当事人可以依法向法院申请强制执行。

第一百五十三条 申请执行的期限为二年。申请执行时效的中止、中断，适用法律有关规定。

申请执行的期限从法律文书规定的履行期间最后一日起计算；法律文书规定分期履行的，从规定的每次履行期间的最后一日起计算；法律文书中没有规定履行期限的，从该法律文书送达当事人之日起计算。

逾期申请的，除有正当理由外，人民法院不予受理。

第一百五十四条 发生法律效力的行政判决书、行政裁定书、行政赔偿判决书和行政调解书，由第一审人民法院执行。

第一审人民法院认为情况特殊，需要由第二审人民法院执行的，可以报请第二审人民法院执行；第二审人民法院可以决定由其执行，也可以决定由第一审人民法院执行。

第一百五十五条 行政机关根据行政诉讼法第九十七条的规定申请执行其行政行为，应当具备以下条件：

（一）行政行为依法可以由人民法院执行；

（二）行政行为已经生效并具有可执行内容；

（三）申请人是作出该行政行为的行政机关或者法律、法规、规章授权的组织；

（四）被申请人是该行政行为所确定的义务人；

（五）被申请人在行政行为确定的期限内或者行政机关催告期限内未履行义务；

（六）申请人在法定期限内提出申请；

（七）被申请执行的行政案件属于受理执行申请的人民法院管辖。

行政机关申请人民法院执行，应当提交行政强制法第五十五条规定的相关材料。

人民法院对符合条件的申请，应当在五日内立案受理，并通知申请人；对不符合条件的申请，应当裁定不予受理。行政机关对不予受理裁定有异议，在十五日内向上一级人民法院申请复议的，上一级人民法院应当在收到复议申请之日起十五日内作出裁定。

第一百五十六条 没有强制执行权的行政机关申请人民法院强制执行其行政行为,应当自被执行人的法定起诉期限届满之日起三个月内提出。逾期申请的,除有正当理由外,人民法院不予受理。

第一百五十七条 行政机关申请人民法院强制执行其行政行为的,由申请人所在地的基层人民法院受理;执行对象为不动产的,由不动产所在地的基层人民法院受理。

基层人民法院认为执行确有困难的,可以报请上级人民法院执行;上级人民法院可以决定由其执行,也可以决定由下级人民法院执行。

第一百五十八条 行政机关根据法律的授权对平等主体之间民事争议作出裁决后,当事人在法定期限内不起诉又不履行,作出裁决的行政机关在申请执行的期限内未申请人民法院强制执行的,生效行政裁决确定的权利人或者其继承人、权利承受人在六个月内可以申请人民法院强制执行。

享有权利的公民、法人或者其他组织申请人民法院强制执行生效行政裁决,参照行政机关申请人民法院强制执行行政行为的规定。

第一百五十九条 行政机关或者行政行为确定的权利人申请人民法院强制执行前,有充分理由认为被执行人可能逃避执行的,可以申请人民法院采取财产保全措施。后者申请强制执行的,应当提供相应的财产担保。

第一百六十条 人民法院受理行政机关申请执行其行政行为的案件后,应当在七日内由行政审判庭对行政行为的合法性进行审查,并作出是否准予执行的裁定。

人民法院在作出裁定前发现行政行为明显违法并损害被执行人合法权益的,应当听取被执行人和行政机关的意见,并自受理之日起三十日内作出是否准予执行的裁定。

需要采取强制执行措施的,由本院负责强制执行非诉行政行为的机构执行。

第一百六十一条 被申请执行的行政行为有下列情形之一的,人民法院应当裁定不准予执行:

(一)实施主体不具有行政主体资格的;
(二)明显缺乏事实根据的;
(三)明显缺乏法律、法规依据的;
(四)其他明显违法并损害被执行人合法权益的情形。

行政机关对不准予执行的裁定有异议,在十五日内向上一级人民法院申请复议的,上一级人民法院应当收到复议申请之日起三十日内作出裁定。

十三、附 则

第一百六十二条 公民、法人或者其他组织对2015年5月1日之前作出的行政行为提起诉讼,请求确认行政行为无效的,人民法院不予立案。

第一百六十三条 本解释自2018年2月8日起施行。

本解释施行后,《最高人民法院关于执行〈中华人民共和国行政诉讼法〉若干问题的解释》(法释〔2000〕8号)、《最高人民法院关于适用〈中华人民共和国行政诉讼法〉若干问题的解释》(法释〔2015〕9号)同时废止。最高人民法院以前发布的司法解释与本解释不一致的,不再适用。

最高人民法院关于审理行政协议案件若干问题的规定

· 2019年11月12日最高人民法院审判委员会第1781次会议通过
· 2019年11月27日最高人民法院公告公布
· 自2020年1月1日起施行
· 法释〔2019〕17号

为依法公正、及时审理行政协议案件,根据《中华人民共和国行政诉讼法》等法律的规定,结合行政审判工作实际,制定本规定。

第一条 行政机关为了实现行政管理或者公共服务目标,与公民、法人或者其他组织协商订立的具有行政法上权利义务内容的协议,属于行政诉讼法第十二条第一款第十一项规定的行政协议。

第二条 公民、法人或者其他组织就下列行政协议提起行政诉讼的,人民法院应当依法受理:

(一)政府特许经营协议;
(二)土地、房屋等征收征用补偿协议;
(三)矿业权等国有自然资源使用权出让协议;
(四)政府投资的保障性住房的租赁、买卖等协议;
(五)符合本规定第一条规定的政府与社会资本合作协议;
(六)其他行政协议。

第三条 因行政机关订立的下列协议提起诉讼的,不属于人民法院行政诉讼的受案范围:

(一)行政机关之间因公务协助等事由而订立的协议;

(二)行政机关与其工作人员订立的劳动人事协议。

第四条 因行政协议的订立、履行、变更、终止等发生纠纷,公民、法人或者其他组织作为原告,以行政机关为被告提起行政诉讼的,人民法院应当依法受理。

因行政机关委托的组织订立的行政协议发生纠纷的,委托的行政机关是被告。

第五条 下列与行政协议有利害关系的公民、法人或者其他组织提起行政诉讼的,人民法院应当依法受理:

(一)参与招标、拍卖、挂牌等竞争性活动,认为行政机关应当依法与其订立行政协议但行政机关拒绝订立,或者认为行政机关与他人订立行政协议损害其合法权益的公民、法人或者其他组织;

(二)认为征收征用补偿协议损害其合法权益的被征收征用土地、房屋等不动产的用益物权人、公房承租人;

(三)其他认为行政协议的订立、履行、变更、终止等行为损害其合法权益的公民、法人或者其他组织。

第六条 人民法院受理行政协议案件后,被告就该协议的订立、履行、变更、终止等提起反诉的,人民法院不予准许。

第七条 当事人书面协议约定选择被告所在地、原告所在地、协议履行地、协议订立地、标的物所在地等与争议有实际联系地点的人民法院管辖的,人民法院从其约定,但违反级别管辖和专属管辖的除外。

第八条 公民、法人或者其他组织向人民法院提起民事诉讼,生效法律文书以涉案协议属于行政协议为由裁定不予立案或者驳回起诉,当事人又提起行政诉讼的,人民法院应当依法受理。

第九条 在行政协议案件中,行政诉讼法第四十九条第三项规定的"有具体的诉讼请求"是指:

(一)请求判决撤销行政机关变更、解除行政协议的行政行为,或者确认该行政行为违法;

(二)请求判决行政机关依法履行或者按照协议约定履行义务;

(三)请求判决确认行政协议的效力;

(四)请求判决行政机关依法或者按照约定订立行政协议;

(五)请求判决撤销、解除行政协议;

(六)请求判决行政机关赔偿或者补偿;

(七)其他有关行政协议的订立、履行、变更、终止等诉讼请求。

第十条 被告对于自己具有法定职权、履行法定程序、履行相应法定职责以及订立、履行、变更、解除行政协议等行为的合法性承担举证责任。

原告主张撤销、解除行政协议的,对撤销、解除协议的事由承担举证责任。

对行政协议是否履行发生争议的,由负有履行义务的当事人承担举证责任。

第十一条 人民法院审理行政协议案件,应当对被告订立、履行、变更、解除行政协议的行为是否具有法定职权、是否滥用职权、适用法律法规是否正确、是否遵守法定程序、是否明显不当、是否履行相应法定职责进行合法性审查。

原告认为被告未依法或者未按照约定履行行政协议的,人民法院应当针对其诉讼请求,对被告是否具有相应义务或者履行相应义务等进行审查。

第十二条 行政协议存在行政诉讼法第七十五条规定的重大且明显违法情形的,人民法院应当确认行政协议无效。

人民法院可以适用民事法律规范确认行政协议无效。

行政协议无效的原因在一审法庭辩论终结前消除的,人民法院可以确认行政协议有效。

第十三条 法律、行政法规规定应当经过其他机关批准等程序后生效的行政协议,在一审法庭辩论终结前未获得批准的,人民法院应当确认该协议未生效。

行政协议约定被告负有履行批准程序等义务而被告未履行,原告要求被告承担赔偿责任的,人民法院应予支持。

第十四条 原告认为行政协议存在胁迫、欺诈、重大误解、显失公平等情形而请求撤销,人民法院经审理认为符合法律规定可撤销情形的,可以依法判决撤销该协议。

第十五条 行政协议无效、被撤销或者确定不发生效力后,当事人因行政协议取得的财产,人民法院应当判决予以返还;不能返还的,判决折价补偿。

因被告的原因导致行政协议被确认无效或者被撤销,可以同时判决责令被告采取补救措施;给原告造成损失的,人民法院应当判决被告予以赔偿。

第十六条 在履行行政协议过程中,可能出现严重损害国家利益、社会公共利益的情形,被告作出变更、解除协议的行政行为后,原告请求撤销该行为,人民法院经审理认为该行为合法的,判决驳回原告诉讼请求;给原告造成损失的,判决被告予以补偿。

被告变更、解除行政协议的行政行为存在行政诉讼法第七十条规定情形的,人民法院判决撤销或者部分撤销,并可以责令被告重新作出行政行为。

被告变更、解除行政协议的行政行为违法，人民法院可以依据行政诉讼法第七十八条的规定判决被告继续履行协议、采取补救措施；给原告造成损失的，判决被告予以赔偿。

第十七条 原告请求解除行政协议，人民法院认为符合约定或者法定解除情形且不损害国家利益、社会公共利益和他人合法权益的，可以判决解除该协议。

第十八条 当事人依据民事法律规范的规定行使履行抗辩权的，人民法院应予支持。

第十九条 被告未依法履行、未按照约定履行行政协议，人民法院可以依据行政诉讼法第七十八条的规定，结合原告诉讼请求，判决被告继续履行，并明确继续履行的具体内容；被告无法履行或者继续履行无实际意义的，人民法院可以判决被告采取相应的补救措施；给原告造成损失的，判决被告予以赔偿。

原告要求按照约定的违约金条款或者定金条款予以赔偿的，人民法院应予支持。

第二十条 被告明确表示或者以自己的行为表明不履行行政协议，原告在履行期限届满之前向人民法院起诉请求其承担违约责任的，人民法院应予支持。

第二十一条 被告或者其他行政机关因国家利益、社会公共利益的需要依法行使行政职权，导致原告履行不能、履行费用明显增加或者遭受损失，原告请求判令被告给予补偿的，人民法院应予支持。

第二十二条 原告以被告违约为由请求人民法院判令其承担违约责任，人民法院经审理认为行政协议无效的，应当向原告释明，并根据原告变更后的诉讼请求判决确认行政协议无效；因被告的行为造成行政协议无效的，人民法院可以依法判决被告承担赔偿责任。原告经释明后拒绝变更诉讼请求的，人民法院可以判决驳回其诉讼请求。

第二十三条 人民法院审理行政协议案件，可以依法进行调解。

人民法院进行调解时，应当遵循自愿、合法原则，不得损害国家利益、社会公共利益和他人合法权益。

第二十四条 公民、法人或者其他组织未按照行政协议约定履行义务，经催告后不履行，行政机关可以作出要求其履行协议的书面决定。公民、法人或者其他组织收到书面决定后在法定期限内未申请行政复议或者提起行政诉讼，且仍不履行，协议内容具有可执行性的，行政机关可以向人民法院申请强制执行。

法律、行政法规规定行政机关对行政协议享有监督协议履行的职权，公民、法人或者其他组织未按照约定履行义务，经催告后不履行，行政机关可以依法作出处理决定。公民、法人或者其他组织在收到该处理决定后在法定期限内未申请行政复议或者提起行政诉讼，且仍不履行，协议内容具有可执行性的，行政机关可以向人民法院申请强制执行。

第二十五条 公民、法人或者其他组织对行政机关不依法履行、未按照约定履行行政协议提起诉讼的，诉讼时效参照民事法律规范确定；对行政机关变更、解除行政协议等行政行为提起诉讼的，起诉期限依照行政诉讼法及其司法解释确定。

第二十六条 行政协议约定仲裁条款的，人民法院应当确认该条款无效，但法律、行政法规或者我国缔结、参加的国际条约另有规定的除外。

第二十七条 人民法院审理行政协议案件，应当适用行政诉讼法的规定；行政诉讼法没有规定的，参照适用民事诉讼法的规定。

人民法院审理行政协议案件，可以参照适用民事法律规范关于民事合同的相关规定。

第二十八条 2015年5月1日后订立的行政协议发生纠纷的，适用行政诉讼法及本规定。

2015年5月1日前订立的行政协议发生纠纷的，适用当时的法律、行政法规及司法解释。

第二十九条 本规定自2020年1月1日起施行。最高人民法院以前发布的司法解释与本规定不一致的，适用本规定。

最高人民法院关于行政机关负责人出庭应诉若干问题的规定

- 2020年3月23日最高人民法院审判委员会第1797次会议通过
- 2020年6月22日最高人民法院公告公布
- 自2020年7月1日起施行
- 法释〔2020〕3号

为进一步规范行政机关负责人出庭应诉活动，根据《中华人民共和国行政诉讼法》等法律规定，结合人民法院行政审判工作实际，制定本规定。

第一条 行政诉讼法第三条第三款规定的被诉行政机关负责人应当出庭应诉，是指被诉行政机关负责人依法应当在第一审、第二审、再审等诉讼程序中出庭参加诉讼，行使诉讼权利，履行诉讼义务。

法律、法规、规章授权独立行使行政职权的行政机关内设机构、派出机构或者其他组织的负责人出庭应诉，适用本规定。

应当追加为被告而原告不同意追加，人民法院通知以第三人身份参加诉讼的行政机关，其负责人出庭应诉活动参照前款规定。

第二条 行政诉讼法第三条第三款规定的被诉行政机关负责人，包括行政机关的正职、副职负责人、参与分管被诉行政行为实施工作的副职级别的负责人以及其他参与分管的负责人。

被诉行政机关委托的组织或者下级行政机关的负责人，不能作为被诉行政机关负责人出庭。

第三条 有共同被告的行政案件，可以由共同被告协商确定行政机关负责人出庭应诉；也可以由人民法院确定。

第四条 对于涉及食品药品安全、生态环境和资源保护、公共卫生安全等重大公共利益，社会高度关注或者可能引发群体性事件等的案件，人民法院应当通知行政机关负责人出庭应诉。

有下列情形之一，需要行政机关负责人出庭的，人民法院可以通知行政机关负责人出庭应诉：

（一）被诉行政行为涉及公民、法人或者其他组织重大人身、财产权益的；

（二）行政公益诉讼；

（三）被诉行政机关的上级机关规范性文件要求行政机关负责人出庭应诉的；

（四）人民法院认为需要通知行政机关负责人出庭应诉的其他情形。

第五条 人民法院在向行政机关送达的权利义务告知书中，应当一并告知行政机关负责人出庭应诉的法定义务及相关法律后果等事项。

人民法院通知行政机关负责人出庭的，应当在开庭三日前送达出庭通知书，并告知行政机关负责人不出庭可能承担的不利法律后果。

行政机关在庭审前申请更换出庭应诉负责人且不影响正常开庭的，人民法院应当准许。

第六条 行政机关负责人出庭应诉的，应当于开庭前向人民法院提交出庭应诉负责人的身份证明。身份证明应当载明该负责人的姓名、职务等基本信息，并加盖行政机关印章。

人民法院应当对出庭应诉负责人的身份证明进行审查，经审查认为不符合条件，可以补正的，应当告知行政机关予以补正；不能补正或者补正可能影响正常开庭的，视为行政机关负责人未出庭应诉。

第七条 对于同一审级需要多次开庭的同一案件，行政机关负责人到庭参加一次庭审的，一般可以认定其已经履行出庭应诉义务，但人民法院通知行政机关负责人再次出庭的除外。

行政机关负责人在一个审理程序中出庭应诉，不免除其在其他审理程序出庭应诉的义务。

第八条 有下列情形之一的，属于行政诉讼法第三条第三款规定的行政机关负责人不能出庭的情形：

（一）不可抗力；

（二）意外事件；

（三）需要履行他人不能代替的公务；

（四）无法出庭的其他正当事由。

第九条 行政机关负责人有正当理由不能出庭的，应当提交相关证明材料，并加盖行政机关印章或者由该机关主要负责人签字认可。

人民法院应当对行政机关负责人不能出庭的理由以及证明材料进行审查。

行政机关负责人有正当理由不能出庭，行政机关申请延期开庭审理的，人民法院可以准许；人民法院也可以依职权决定延期开庭审理。

第十条 行政诉讼法第三条第三款规定的相应的工作人员，是指被诉行政机关中具体行使行政职权的工作人员。

行政机关委托行使行政职权的组织或者下级行政机关的工作人员，可以视为行政机关相应的工作人员。

人民法院应当参照本规定第六条第二款的规定，对行政机关相应的工作人员的身份证明进行审查。

第十一条 诉讼参与人参加诉讼活动，应当依法行使诉讼权利，履行诉讼义务，遵守法庭规则，自觉维护诉讼秩序。

行政机关负责人或者行政机关委托的相应工作人员在庭审过程中应当就案件情况进行陈述、答辩、提交证据、辩论、发表最后意见，对所依据的规范性文件进行解释说明。

行政机关负责人出庭应诉的，应当就实质性解决行政争议发表意见。

诉讼参与人和其他人以侮辱、谩骂、威胁等方式扰乱法庭秩序的，人民法院应当制止，并根据行政诉讼法第五十九条规定进行处理。

第十二条 有下列情形之一的，人民法院应当向监察机关、被诉行政机关的上一级行政机关提出司法建议：

（一）行政机关负责人未出庭应诉，且未说明理由或者理由不成立的；

（二）行政机关有正当理由申请延期开庭审理，人民法院准许后再次开庭审理时行政机关负责人仍未能出庭应诉，且无正当理由的；

（三）行政机关负责人和行政机关相应的工作人员均不出庭应诉的；

（四）行政机关负责人未经法庭许可中途退庭的；

（五）人民法院在庭审中要求行政机关负责人就有关问题进行解释或者说明，行政机关负责人拒绝解释或者说明，导致庭审无法进行的。

有前款情形之一的，人民法院应当记录在案并在裁判文书中载明。

第十三条 当事人对行政机关具有本规定第十二条第一款情形提出异议的，人民法院可以在庭审笔录中载明，不影响案件的正常审理。

原告以行政机关具有本规定第十二条第一款情形为由拒不到庭、未经法庭许可中途退庭的，人民法院可以按照撤诉处理。

原告以行政机关具有本规定第十二条第一款情形为由在庭审中明确拒绝陈述或者以其他方式拒绝陈述，导致庭审无法进行，经法庭释明法律后果后仍不陈述意见的，人民法院可以视为放弃陈述权利，由其承担相应的法律后果。

第十四条 人民法院可以通过适当形式将行政机关负责人出庭应诉情况向社会公开。

人民法院可以定期将辖区内行政机关负责人出庭应诉情况进行统计、分析、评价，向同级人民代表大会常务委员会报告，向同级人民政府进行通报。

第十五条 本规定自2020年7月1日起施行。

最高人民法院关于办理行政申请再审案件若干问题的规定

- 2021年3月1日最高人民法院审判委员会第1833次会议通过
- 2021年3月25日最高人民法院公告公布
- 自2021年4月1日起施行
- 法释〔2021〕6号

为切实保障当事人申请再审的权利，切实有效解决行政争议，结合人民法院行政审判工作实践，根据《中华人民共和国行政诉讼法》的规定，制定本解释。

第一条 当事人不服高级人民法院已经发生法律效力的判决、裁定，依照行政诉讼法第九十条的规定向最高人民法院申请再审的，最高人民法院应当依法审查，分别情况予以处理。

第二条 下列行政申请再审案件中，原判决、裁定适用法律、法规确有错误的，最高人民法院应当裁定再审：

（一）在全国具有普遍法律适用指导意义的案件；

（二）在全国范围内或者省、自治区、直辖市有重大影响的案件；

（三）跨省、自治区、直辖市的案件；

（四）重大涉外或者涉及香港特别行政区、澳门特别行政区、台湾地区的案件；

（五）涉及重大国家利益、社会公共利益的案件；

（六）经高级人民法院审判委员会讨论决定的案件；

（七）最高人民法院认为应当再审的其他案件。

第三条 行政申请再审案件有下列情形之一的，最高人民法院可以决定由作出生效判决、裁定的高级人民法院审查：

（一）案件基本事实不清、诉讼程序违法、遗漏诉讼请求的；

（二）再审申请人或者第三人人数众多的；

（三）由高级人民法院审查更适宜实质性化解行政争议的；

（四）最高人民法院认为可以由高级人民法院审查的其他情形。

第四条 已经发生法律效力的判决、裁定认定事实清楚，适用法律、法规正确，当事人主张的再审事由不成立的，最高人民法院可以迳行裁定驳回再审申请。

第五条 当事人不服人民法院再审判决、裁定的，可以依法向人民检察院申请抗诉或者检察建议。

第六条 本解释自2021年4月1日起施行。本解释施行后，最高人民法院此前作出的相关司法解释与本解释相抵触的，以本解释为准。

附件：1.中华人民共和国最高人民法院决定书（最高人民法院决定由高级人民法院审查用）（略）

2.中华人民共和国最高人民法院通知书（最高人民法院决定由高级人民法院审查时通知再审申请人用）（略）

3.中华人民共和国最高人民法院行政裁定书（最高人民法院迳行驳回再审申请用）（略）

(二) 受案范围

最高人民法院关于审理政府信息公开行政案件若干问题的规定

- 2010年12月13日最高人民法院审判委员会第1505次会议通过
- 2011年7月29日最高人民法院公告公布
- 自2011年8月13日起施行
- 法释〔2011〕17号

为正确审理政府信息公开行政案件，根据《中华人民共和国行政诉讼法》《中华人民共和国政府信息公开条例》等法律、行政法规的规定，结合行政审判实际，制定本规定。

第一条 公民、法人或者其他组织认为下列政府信息公开工作中的具体行政行为侵犯其合法权益，依法提起行政诉讼的，人民法院应当受理：

（一）向行政机关申请获取政府信息，行政机关拒绝提供或者逾期不予答复的；

（二）认为行政机关提供的政府信息不符合其在申请中要求的内容或者法律、法规规定的适当形式的；

（三）认为行政机关主动公开或者依他人申请公开政府信息侵犯其商业秘密、个人隐私的；

（四）认为行政机关提供的与其自身相关的政府信息记录不准确，要求该行政机关予以更正，该行政机关拒绝更正、逾期不予答复或者不予转送有权机关处理的；

（五）认为行政机关在政府信息公开工作中的其他具体行政行为侵犯其合法权益的。

公民、法人或者其他组织认为政府信息公开行政行为侵犯其合法权益造成损害的，可以一并或单独提起行政赔偿诉讼。

第二条 公民、法人或者其他组织对下列行为不服提起行政诉讼的，人民法院不予受理：

（一）因申请内容不明确，行政机关要求申请人作出更改、补充且对申请人权利义务不产生实际影响的告知行为；

（二）要求行政机关提供政府公报、报纸、杂志、书籍等公开出版物，行政机关予以拒绝的；

（三）要求行政机关为其制作、搜集政府信息，或者对若干政府信息进行汇总、分析、加工，行政机关予以拒绝的；

（四）行政程序中的当事人、利害关系人以政府信息公开名义申请查阅案卷材料，行政机关告知其应当按照相关法律、法规的规定办理的。

第三条 公民、法人或者其他组织认为行政机关不依法履行主动公开政府信息义务，直接向人民法院提起诉讼的，应当告知其先向行政机关申请获取相关政府信息。对行政机关的答复或者逾期不予答复不服的，可以向人民法院提起诉讼。

第四条 公民、法人或者其他组织对国务院部门、地方各级人民政府及县级以上地方人民政府部门依申请公开政府信息行政行为不服提起诉讼的，以作出答复的机关为被告；逾期未作出答复的，以受理申请的机关为被告。

公民、法人或者其他组织对主动公开政府信息行政行为不服提起诉讼的，以公开该政府信息的机关为被告。

公民、法人或者其他组织对法律、法规授权的具有管理公共事务职能的组织公开政府信息的行为不服提起诉讼的，以该组织为被告。

有下列情形之一的，应当以在对外发生法律效力的文书上署名的机关为被告：

（一）政府信息公开与否的答复依法报经有权机关批准的；

（二）政府信息是否可以公开系由国家保密行政管理部门或者省、自治区、直辖市保密行政管理部门确定的；

（三）行政机关在公开政府信息前与有关行政机关进行沟通、确认的。

第五条 被告拒绝向原告提供政府信息的，应当对拒绝的根据以及履行法定告知和说明理由义务的情况举证。

因公共利益决定公开涉及商业秘密、个人隐私政府信息的，被告应当对认定公共利益以及不公开可能对公共利益造成重大影响的理由进行举证和说明。

被告拒绝更正与原告相关的政府信息记录的，应当对拒绝的理由进行举证和说明。

被告能够证明政府信息涉及国家秘密，请求在诉讼中不予提交的，人民法院应当准许。

被告主张政府信息不存在，原告能够提供该政府信息系由被告制作或者保存的相关线索的，可以申请人民法院调取证据。

被告以政府信息与申请人自身生产、生活、科研等特殊需要无关为由不予提供的，人民法院可以要求原告对特殊需要事由作出说明。

原告起诉被告拒绝更正政府信息记录的，应当提供其向被告提出过更正申请以及政府信息与其自身相关且记录不准确的事实根据。

第六条 人民法院审理政府信息公开行政案件,应当视情采取适当的审理方式,以避免泄露涉及国家秘密、商业秘密、个人隐私或者法律规定的其他应当保密的政府信息。

第七条 政府信息由被告的档案机构或者档案工作人员保管的,适用《中华人民共和国政府信息公开条例》的规定。

政府信息已经移交各级国家档案馆的,依照有关档案管理的法律、行政法规和国家有关规定执行。

第八条 政府信息涉及国家秘密、商业秘密、个人隐私的,人民法院应当认定属于不予公开范围。

政府信息涉及商业秘密、个人隐私,但权利人同意公开,或者不公开可能对公共利益造成重大影响的,不受前款规定的限制。

第九条 被告对依法应当公开的政府信息拒绝或者部分拒绝公开的,人民法院应当撤销或者部分撤销被诉不予公开决定,并判决被告在一定期限内公开。尚需被告调查、裁量的,判决其在一定期限内重新答复。

被告提供的政府信息不符合申请人要求的内容或者法律、法规规定的适当形式的,人民法院应当判决被告按照申请人要求的内容或者法律、法规规定的适当形式提供。

人民法院经审理认为被告不予公开的政府信息内容可以作区分处理的,应当判决被告限期公开可以公开的内容。

被告依法应当更正而不更正与原告相关的政府信息记录的,人民法院应当判决被告在一定期限内更正。尚需被告调查、裁量的,判决其在一定期限内重新答复。被告无权更正的,判决其转送有权更正的行政机关处理。

第十条 被告对原告要求公开或者更正政府信息的申请无正当理由逾期不予答复的,人民法院应当判决被告在一定期限内答复。原告一并请求判决被告公开或者更正政府信息且理由成立的,参照第九条的规定处理。

第十一条 被告公开政府信息涉及原告商业秘密、个人隐私且不存在公共利益等法定事由的,人民法院应当判决确认公开政府信息的行为违法,并可以责令被告采取相应的补救措施;造成损害的,根据原告请求依法判决被告承担赔偿责任。政府信息尚未公开的,应当判决行政机关不得公开。

诉讼期间,原告申请停止公开涉及其商业秘密、个人隐私的政府信息,人民法院经审查认为公开该政府信息会造成难以弥补的损失,并且停止公开不损害公共利益的,可以依照《中华人民共和国行政诉讼法》第四十四条的规定,裁定暂时停止公开。

第十二条 有下列情形之一,被告已经履行法定告知或者说明理由义务的,人民法院应当判决驳回原告的诉讼请求:

(一)不属于政府信息、政府信息不存在、依法属于不予公开范围或者依法不属于被告公开的;

(二)申请公开的政府信息已经向公众公开,被告已经告知申请人获取该政府信息的方式和途径的;

(三)起诉被告逾期不予答复,理由不成立的;

(四)以政府信息侵犯其商业秘密、个人隐私为由反对公开,理由不成立的;

(五)要求被告更正与其自身相关的政府信息记录,理由不成立的;

(六)不能合理说明申请获取政府信息系根据自身生产、生活、科研等特殊需要,且被告据此不予提供的;

(七)无法按照申请人要求的形式提供政府信息,且被告已通过安排申请人查阅相关资料、提供复制件或者其他适当形式提供的;

(八)其他应当判决驳回诉讼请求的情形。

第十三条 最高人民法院以前所作的司法解释及规范性文件,凡与本规定不一致的,按本规定执行。

最高人民法院关于审理涉及农村集体土地行政案件若干问题的规定

- 2011年5月9日最高人民法院审判委员会第1522次会议通过
- 2011年8月7日最高人民法院公告公布
- 自2011年9月5日起施行
- 法释〔2011〕20号

为正确审理涉及农村集体土地的行政案件,根据《中华人民共和国物权法》、《中华人民共和国土地管理法》和《中华人民共和国行政诉讼法》等有关法律规定,结合行政审判实际,制定本规定。

第一条 农村集体土地的权利人或者利害关系人(以下简称土地权利人)认为行政机关作出的涉及农村集体土地的行政行为侵犯其合法权益,提起诉讼的,属于人民法院行政诉讼的受案范围。

第二条 土地登记机构根据人民法院生效裁判文书、协助执行通知书或者仲裁机构的法律文书办理的土地权属登记行为,土地权利人不服提起诉讼的,人民法院不予受理,但土地权利人认为登记内容与有关文书内容不一致的除外。

第三条 村民委员会或者农村集体经济组织对涉及农村集体土地的行政行为不起诉的,过半数的村民可以以集体经济组织名义提起诉讼。

农村集体经济组织成员全部转为城镇居民后,对涉及农村集体土地的行政行为不服,过半数的原集体经济组织成员可以提起诉讼。

第四条 土地使用权人或者实际使用人对行政机关作出涉及其使用或实际使用的集体土地的行政行为不服的,可以自己的名义提起诉讼。

第五条 土地权利人认为土地储备机构作出的行为侵犯其依法享有的农村集体土地所有权或使用权的,向人民法院提起诉讼的,应当以土地储备机构所隶属的土地管理部门为被告。

第六条 土地权利人认为乡级以上人民政府作出的土地确权决定侵犯其依法享有的农村集体土地所有权或者使用权,经复议后向人民法院提起诉讼的,人民法院应当依法受理。

法律、法规规定应当先申请行政复议的土地行政案件,复议机关作出不受理复议申请的决定或者以不符合受理条件为由驳回复议申请,复议申请人不服,应当以复议机关为被告向人民法院提起诉讼。

第七条 土地权利人认为行政机关作出的行政处罚、行政强制措施等行政行为侵犯其依法享有的农村集体土地所有权或者使用权,直接向人民法院提起诉讼的,人民法院应当依法受理。

第八条 土地权属登记(包括土地权属证书)在生效裁判和仲裁裁决中作为定案证据,利害关系人对该登记行为提起诉讼的,人民法院应当依法受理。

第九条 涉及农村集体土地的行政决定以公告方式送达的,起诉期限自公告确定的期限届满之日起计算。

第十条 土地权利人对土地管理部门组织实施过程中确定的土地补偿有异议,直接向人民法院提起诉讼的,人民法院不予受理,但应当告知土地权利人先申请行政机关裁决。

第十一条 土地权利人以土地管理部门超过两年对非法占地行为进行处罚违法,向人民法院起诉的,人民法院应当按照行政处罚法第二十九条第二款的规定处理。

第十二条 征收农村集体土地时涉及被征收土地上的房屋及其他不动产,土地权利人可以请求依照物权法第四十二条第二款的规定给予补偿的。

征收农村集体土地时就被征收土地上的房屋及其他不动产进行安置补偿,补偿安置时房屋所在地已纳入城市规划区,土地权利人请求参照执行国有土地上房屋征收补偿标准的,人民法院一般应予支持,但应当扣除已经取得的土地补偿费。

第十三条 在审理土地行政案件中,人民法院经当事人同意进行协调的期间,不计算在审理期限内。当事人不同意继续协商的,人民法院应当及时审理,并恢复计算审理期限。

第十四条 县级以上人民政府土地管理部门根据土地管理法实施条例第四十五条的规定,申请人民法院执行其作出的责令交出土地决定的,应当符合下列条件:

(一)征收土地方案已经有权机关依法批准;

(二)市、县人民政府和土地管理部门已经依照土地管理法和土地管理法实施条例规定的程序实施征地行为;

(三)被征收土地所有权人、使用人已经依法得到安置补偿或者无正当理由拒绝接受安置补偿,且拒不交出土地,已经影响到征收工作的正常进行;

(四)符合《最高人民法院关于执行〈中华人民共和国行政诉讼法〉若干问题的解释》第八十六条规定的条件。

人民法院对符合条件的申请,应当裁定予以受理,并通知申请人;对不符合条件的申请,应当裁定不予受理。

第十五条 最高人民法院以前所作的司法解释与本规定不一致的,以本规定为准。

最高人民法院关于对与证券交易所监管职能相关的诉讼案件管辖与受理问题的规定

- 2004年11月18日最高人民法院审判委员会第1333次会议通过
- 根据2020年12月23日最高人民法院审判委员会第1823次会议通过的《最高人民法院关于修改〈最高人民法院关于人民法院民事调解工作若干问题的规定〉等十九件民事诉讼类司法解释的决定》修正
- 2020年12月29日最高人民法院公告公布
- 该修正自2021年1月1日起施行
- 法释〔2020〕20号

为正确及时地管辖、受理与证券交易所监管职能相关的诉讼案件,特作出以下规定:

一、根据《中华人民共和国民事诉讼法》第三十七条和《中华人民共和国行政诉讼法》第二十三条的有关规定，指定上海证券交易所和深圳证券交易所所在地的中级人民法院分别管辖以上海证券交易所和深圳证券交易所为被告或第三人的与证券交易所监管职能相关的第一审民事和行政案件。

二、与证券交易所监管职能相关的诉讼案件包括：

（一）证券交易所根据《中华人民共和国公司法》《中华人民共和国证券法》《中华人民共和国证券投资基金法》《证券交易所管理办法》等法律、法规、规章的规定，对证券发行人及其相关人员、证券交易所会员及其相关人员、证券上市和交易活动做出处理决定引发的诉讼；

（二）证券交易所根据国务院证券监督管理机构的依法授权，对证券发行人及其相关人员、证券交易所会员及其相关人员、证券上市和交易活动做出处理决定引发的诉讼；

（三）证券交易所根据其章程、业务规则、业务合同的规定，对证券发行人及其相关人员、证券交易所会员及其相关人员、证券上市和交易活动做出处理决定引发的诉讼；

（四）证券交易所在履行监管职能过程中引发的其他诉讼。

三、投资者对证券交易所履行监管职责过程中对证券发行人及其相关人员、证券交易所会员及其相关人员、证券上市和交易活动做出的不直接涉及投资者利益的行为提起的诉讼，人民法院不予受理。

四、本规定自发布之日起施行。

最高人民法院关于行政案件案由的暂行规定

- 2020年12月25日
- 法发〔2020〕44号

为规范人民法院行政立案、审判、执行工作，正确适用法律，统一确定行政案件案由，根据《中华人民共和国行政诉讼法》及相关法律法规和司法解释的规定，结合行政审判工作实际，对行政案件案由规定如下：

一级案由
行政行为

二级、三级案由
（一）行政处罚
1. 警告
2. 通报批评
3. 罚款
4. 没收违法所得
5. 没收非法财物
6. 暂扣许可证件
7. 吊销许可证件
8. 降低资质等级
9. 责令关闭
10. 责令停产停业
11. 限制开展生产经营活动
12. 限制从业
13. 行政拘留
14. 不得申请行政许可
15. 责令限期拆除

（二）行政强制措施
16. 限制人身自由
17. 查封场所、设施或者财物
18. 扣押财物
19. 冻结存款、汇款
20. 冻结资金、证券
21. 强制隔离戒毒
22. 留置
23. 采取保护性约束措施

（三）行政强制执行
24. 加处罚款或者滞纳金
25. 划拨存款、汇款
26. 拍卖查封、扣押的场所、设施或者财物
27. 处理查封、扣押的场所、设施或者财物
28. 排除妨碍
29. 恢复原状
30. 代履行
31. 强制拆除房屋或者设施
32. 强制清除地上物

（四）行政许可
33. 工商登记
34. 社会团体登记
35. 颁发机动车驾驶证
36. 特许经营许可
37. 建设工程规划许可
38. 建筑工程施工许可
39. 矿产资源许可
40. 药品注册许可
41. 医疗器械许可
42. 执业资格许可

(五)行政征收或者征用
43.征收或者征用房屋
44.征收或者征用土地
45.征收或者征用动产
(六)行政登记
46.房屋所有权登记
47.集体土地所有权登记
48.森林、林木所有权登记
49.矿业权登记
50.土地承包经营权登记
51.建设用地使用权登记
52.宅基地使用权登记
53.海域使用权登记
54.水利工程登记
55.居住权登记
56.地役权登记
57.不动产抵押登记
58.动产抵押登记
59.质押登记
60.机动车所有权登记
61.船舶所有权登记
62.户籍登记
63.婚姻登记
64.收养登记
65.税务登记
(七)行政确认
66.基本养老保险资格或者待遇认定
67.基本医疗保险资格或者待遇认定
68.失业保险资格或者待遇认定
69.工伤保险资格或者待遇认定
70.生育保险资格或者待遇认定
71.最低生活保障资格或者待遇认定
72.确认保障性住房分配资格
73.颁发学位证书或者毕业证书
(八)行政给付
74.给付抚恤金
75.给付基本养老金
76.给付基本医疗保险金
77.给付失业保险金
78.给付工伤保险金
79.给付生育保险金
80.给付最低生活保障金

(九)行政允诺
81.兑现奖金
82.兑现优惠
(十)行政征缴
83.征缴税款
84.征缴社会抚养费
85.征缴社会保险费
86.征缴污水处理费
87.征缴防空地下室易地建设费
88.征缴水土保持补偿费
89.征缴土地闲置费
90.征缴土地复垦费
91.征缴耕地开垦费
(十一)行政奖励
92.授予荣誉称号
93.发放奖金
(十二)行政收费
94.证照费
95.车辆通行费
96.企业注册登记费
97.不动产登记费
98.船舶登记费
99.考试考务费
(十三)政府信息公开
(十四)行政批复
(十五)行政处理
100.责令退还非法占用土地
101.责令交还土地
102.责令改正
103.责令采取补救措施
104.责令停止建设
105.责令恢复原状
106.责令公开
107.责令召回
108.责令暂停生产
109.责令暂停销售
110.责令暂停使用
111.有偿收回国有土地使用权
112.退学决定
(十六)行政复议
113.不予受理行政复议申请决定
114.驳回行政复议申请决定

115. ××(行政行为)及行政复议
116. 改变原行政行为的行政复议决定
(十七)行政裁决
117. 土地、矿藏、水流、荒地或者滩涂权属确权
118. 林地、林木、山岭权属确权
119. 海域使用权确权
120. 草原权属确权
121. 水利工程权属确权
122. 企业资产性质确认
(十八)行政协议
123. 订立××(行政协议)
124. 单方变更××(行政协议)
125. 单方解除××(行政协议)
126. 不依法履行××(行政协议)
127. 未按约定履行××(行政协议)
128. ××(行政协议)行政补偿
129. ××(行政协议)行政赔偿
130. 撤销××(行政协议)
131. 解除××(行政协议)
132. 继续履行××(行政协议)
133. 确认××(行政协议)无效或有效
(十九)行政补偿
134. 房屋征收或者征用补偿
135. 土地征收或者征用补偿
136. 动产征收或者征用补偿
137. 撤回行政许可补偿
138. 收回国有土地使用权补偿
139. 规划变更补偿
140. 移民安置补偿
(二十)行政赔偿
(二十一)不履行××职责
(二十二)××(行政行为)公益诉讼

· 请示答复

最高人民法院行政审判庭关于公安机关未具法定立案搜查手续对公民进行住宅人身搜查被搜查人提起诉讼人民法院可否按行政案件受理问题的电话答复

· 1991年6月18日

四川省高级人民法院:

你院川法研〔1991〕22号请示收悉。经研究,同意请示中第一种意见。公安机关在侦破刑事案件中,对公民的住宅、人身进行搜查,属于刑事侦查措施。对于刑事侦查措施不服提起诉讼的,不属于行政诉讼调整范围。如果公安机关在采取上述措施时违反法定程序,可以向该公安机关或其上级机关及有关部门反映解决,人民法院不应作为行政案件受理。

附:四川省高级人民法院关于公安机关未具法定立案搜查手续对公民进行住宅人身搜查,被搜查人提起诉讼,人民法院可否按行政案件受理的请示(略)

最高人民法院行政审判庭关于纳税人仅对税务机关核定的收入额有异议而起诉的法院应否受理的答复

· 1992年1月18日
· 法行〔1992〕2号

新疆维吾尔自治区高级人民法院:

你院新法行〔1991〕48号请示收悉,经研究,答复如下:

根据《中华人民共和国税收征收管理暂行条例》第二十条规定,税务机关根据税收法规的规定和纳税人的经营情况,财务管理水平以及便于征收、管理的原则,具体确定税款征收方式。若纳税人在税务机关确定"定期定额"纳税方式后,既对核定的收入额有异议,又对确定的纳税额不服的,可以依据《中华人民共和国税收征收管理暂行条例》第四十条的规定,向人民法院起诉。如果纳税人仅对税务机关核定的收入额有异议向人民法院提起行政诉讼的,人民法院不宜受理。

最高人民法院关于不服政府或房地产行政主管部门对争执房屋的确权行为提起诉讼人民法院应作何种案件受理问题的函

· 1993年4月17日
· 法函〔1993〕33号

四川省高级人民法院:

你院川高法(1993)27号关于不服政府或房地产行政主管部门对争执房屋的确权行为提起诉讼,人民法院应作何种案件受理的请示收悉。经研究,答复如下:

当事人对人民政府或房地产行政主管部门关于房屋产权争议的确权决定不服而提起诉讼的,人民法院应作为行政案件受理。

最高人民法院关于当事人对行政机关作出的全民所有制工业企业分立的决定不服提起诉讼人民法院应作为何种行政案件受理问题的复函

- 1994年6月27日
- 法函〔1994〕34号

山西省高级人民法院：

你院(1994)晋法行字第14号请示收悉。经研究，我们认为，根据《中华人民共和国全民所有制工业企业法》第二条第二款、《全民所有制工业企业转换经营机制条例》第六条和《中华人民共和国行政诉讼法》第十一条第一款第(三)项的规定，当事人对行政机关强行作出的关于全民所有制工业企业分立的决定不服，依法向人民法院提起行政诉讼的，人民法院应作为"侵犯法律规定的经营自主权的"行政案件受理。

此复

最高人民法院关于对"当事人以卫生行政部门不履行法定职责为由提起行政诉讼人民法院应否受理"的答复

- 1995年6月14日
- 〔1995〕行他字第6号

安徽省高级人民法院：

你院(1994)皖行监字第06号请示报告收悉。经研究，答复如下：医疗事故鉴定委员会已作出不属于医疗事故的最终鉴定，卫生行政部门对医疗争议拒绝作出处理决定，当事人以不履行法定职责为由依法向人民法院提起行政诉讼，人民法院应予受理。

此复

最高人民法院关于不服计划生育管理部门采取的扣押财物、限制人身自由等强制措施而提起的诉讼人民法院应否受理问题的批复

- 1997年4月4日
- 法复〔1997〕3号

福建省高级人民法院：

你院〔1996〕闽行他字第3号请示收悉。经研究，答复如下：

根据《中华人民共和国行政诉讼法》第十一条第一款第(二)项的规定，当事人对计划生育管理部门采取的扣押财物、限制人身自由等强制措施不服依法提起行政诉讼的，人民法院应予受理。

此复

最高人民法院行政审判庭关于对当事人不服公安机关采取的留置措施提起的诉讼法院能否作为行政案件受理的答复

- 1997年10月29日
- 〔1997〕法行字第21号

安徽省高级人民法院：

你院〔1997〕皖行请字第03号请示报告收悉。

经研究，基本同意你院的第一种意见，即留置是公安机关行政管理职权的一种行政强制措施，属于《行政诉讼法》第十一条第一款第二项规定的人民法院行政诉讼受案范围。

最高人民法院行政审判庭关于拖欠社会保险基金纠纷是否由法院主管的答复

- 1998年3月25日

吉林省高级人民法院：

你院《关于拖欠社会保险基金纠纷是否应由法院主管问题的请示》收悉。经研究，现答复如下：

根据现行的有关法律法规规定，社会保险基金经办机构是法律法规授权的组织，依法收支、管理和运营社会保险基金，并负有使社会保险基金保值增值的责任。社会保险基金经办机构与用人单位因拖欠社会保险费而发生的纠纷，属于行政争议。用人单位认为社会保险基金经办机构在收支、管理和运营社会保险基金中的具体行政行为侵犯其合法权益，可依法申请行政复议或者提起行政诉讼；既不履行义务又不依法申请复议或者起诉的，社会保险基金经办机构可以依法通知银行扣缴或者申请人民法院强制执行。

最高人民法院关于劳动行政部门作出责令用人单位支付劳动者工资报酬、经济补偿和赔偿金的劳动监察指令书是否属于可申请法院强制执行的具体行政行为的答复

- 1998年5月17日
- 〔1998〕法行字第1号

广东省高级人民法院：

你院《关于如何处理〈劳动监察指令书〉问题的请示》收悉。经研究，原则同意你院意见，即：劳动行政部门作出责令用人单位支付劳动者工资报酬、经济补偿和赔偿金的劳动监察指令书，不属于可申请人民法院强制执行的具体行政行为，人民法院对此类案件不予受理。劳动行政部门作出责令用人单位支付劳动者工资报酬、经济补偿和赔偿金的行政处理决定书，当事人既不履行又不申请复议或者起诉的，劳动行政部门可以依法申请人民法院强制执行。

最高人民法院关于当事人不服教育行政部门对适龄儿童入学争议作出的处理决定可否提起行政诉讼的答复

- 1998年8月21日
- 〔1998〕法行字第7号

山东省高级人民法院：

你院《关于学校不接受适龄儿童入学是否可提起行政诉讼的请示》收悉。经研究认为：根据《教育法》第四十二条第（四）项和《未成年人保护法》第四十六条的规定，当事人不服教育行政部门对适龄儿童入学争议作出的行政处理决定，属于行政诉讼法第十一条第二款规定的受案范围，人民法院应当受理。

最高人民法院行政庭关于对行政机关作出的改变原具体行政行为的行政行为，当事人不服能否提起行政诉讼的电话答复

- 2000年11月15日
- 〔2000〕行他字第15号

甘肃省高级人民法院：

你院〔2000〕甘行终字第10号"关于周俊不服庆阳地区工商行政管理处理决定一案的请示报告"收悉。经研究，答复如下：依据《行政诉讼法》的有关规定，对行政机关作出的改变原具体行政行为的行政行为，当事人不服可以提起行政诉讼。

此复

最高人民法院关于教育行政主管部门出具介绍信的行为是否属于可诉具体行政行为请示的答复

- 2003年11月26日
- 〔2003〕行他字第17号

辽宁省高级人民法院：

你院《关于大连市教育局出具介绍信的行为是否具体行政行为的疑请报告》收悉。经研究，答复如下：

教育行政主管部门出具介绍信的行为对行政相对人的权利义务产生实际影响的，属于可诉的具体行政行为。

最高人民法院行政审判庭关于李彩莲、姜伟诉兰州市公安局违法使用武器及行政赔偿一案请示的电话答复

- 2005年12月29日
- 法〔2005〕行他字第3号

甘肃省高级人民法院：

你院〔2004〕甘行终字第117号《关于李彩莲、姜伟诉兰州市公安局违法使用武器及行政赔偿一案的法律适用问题请示》收悉。经研究，答复如下：

依据《最高人民法院关于执行〈中华人民共和国行政诉讼法〉若干问题的解释》第一条第二款第（二）项的规定，李彩莲、姜伟诉兰州市公安局违法使用武器及请求赔偿一案，不属于人民法院行政诉讼受案范围。

此复

附：甘肃省高级人民法院关于李彩莲、姜伟诉兰州市公安局违法使用武器及行政赔偿一案的请示（略）

（三）管　辖

最高人民法院关于国有资产产权
管理行政案件管辖问题的解释

- 2001年1月10日最高人民法院审判委员会第1156次会议通过
- 2001年2月16日最高人民法院公告公布
- 自2001年2月21日起施行
- 法释〔2001〕6号

为了正确适用《中华人民共和国行政诉讼法》第十七条、第十九条的规定，现对国有资产产权管理行政案件的管辖问题作出如下解释：

当事人因国有资产产权界定行为提起行政诉讼的，应当根据不同情况确定管辖法院。产权界定行为直接针对不动产作出的，由不动产所在地人民法院管辖。产权界定行为针对包含不动产在内的整体产权作出的，由最初作出产权界定的行政机关所在地人民法院管辖；经过复议的案件，复议机关改变原产权界定行为的，也可以由复议机关所在地人民法院管辖。

（四）诉讼参加人

最高人民法院关于审理涉及保险公司不正当竞争
行为的行政处罚案件时如何确定行政主体问题的复函

- 2003年12月10日
- 法函〔2003〕65号

湖南省高级人民法院：

你院湘高法〔2003〕124号《关于审理涉及保险公司不正当竞争行为的行政处罚案件如何确定监督检查主体的请示》收悉。经研究，答复如下：

经国务院批准、由国务院办公厅2003年7月7日印发的《中国保险监督管理委员会主要职责内设机构和人员编制规定》明确规定，中国保险监督管理委员会"依法对保险机构和保险从业人员的不正当竞争等违法、违规行为以及对非保险机构经营或变相经营保险业务进行调查、处罚"。这一规定与《中华人民共和国反不正当竞争法》的第三条第二款有关"县级以上人民政府工商行政管理部门对不正当竞争行为进行监督检查"的规定并不矛盾。人民法院在审理涉及保险机构不正当竞争行为的行政处罚案件时，应当以中国保险监督管理委员会作为有权进行调查、处罚的主体。

我院以前的规定与本答复不一致的，以本答复为准。

最高人民法院关于正确确定县级以上地方
人民政府行政诉讼被告资格若干问题的规定

- 2021年2月22日最高人民法院审判委员会第1832次会议通过
- 2021年3月25日最高人民法院公告公布
- 自2021年4月1日起施行
- 法释〔2021〕5号

为准确适用《中华人民共和国行政诉讼法》，依法正确确定县级以上地方人民政府的行政诉讼被告资格，结合人民法院行政审判工作实际，制定本解释。

第一条　法律、法规、规章规定属于县级以上地方人民政府职能部门的行政职权，县级以上地方人民政府通过听取报告、召开会议、组织研究、下发文件等方式进行指导，公民、法人或者其他组织不服县级以上地方人民政府的指导行为提起诉讼的，人民法院应当释明，告知其以具体实施行政行为的职能部门为被告。

第二条　县级以上地方人民政府根据城乡规划法的规定，责成有关职能部门对违法建筑实施强制拆除，公民、法人或者其他组织不服强制拆除行为提起诉讼，人民法院应当根据行政诉讼法第二十六条第一款的规定，以作出强制拆除决定的行政机关为被告；没有强制拆除决定书的，以具体实施强制拆除行为的职能部门为被告。

第三条　公民、法人或者其他组织对集体土地征收中强制拆除房屋等行为不服提起诉讼的，除有证据证明系县级以上地方人民政府具体实施外，人民法院应当根据行政诉讼法第二十六条第一款的规定，以作出强制拆除决定的行政机关为被告；没有强制拆除决定书的，以具体实施强制拆除等行为的行政机关为被告。

县级以上地方人民政府已经作出国有土地上房屋征收与补偿决定，公民、法人或者其他组织不服具体实施房屋征收与补偿工作中的强制拆除房屋等行为提起诉讼的，人民法院应当根据行政诉讼法第二十六条第一款的规定，以作出强制拆除决定的行政机关为被告；没有强制拆除决定书的，以县级以上地方人民政府确定的房屋征收部门为被告。

第四条　公民、法人或者其他组织向县级以上地方人民政府申请履行法定职责或者给付义务，法律、法规、规章规定该职责或者义务属于下级人民政府或者相应职能部门的行政职权，县级以上地方人民政府已经转送下级人民政府或者相应职能部门处理并告知申请人，申请人起诉要求履行法定职责或者给付义务的,以下级人民政府或者相应职能部门为被告。

第五条 县级以上地方人民政府确定的不动产登记机构或者其他实际履行该职责的职能部门按照《不动产登记暂行条例》的规定办理不动产登记,公民、法人或者其他组织不服提起诉讼的,以不动产登记机构或者实际履行该职责的职能部门为被告。

公民、法人或者其他组织对《不动产登记暂行条例》实施之前由县级以上地方人民政府作出的不动产登记行为不服提起诉讼的,以继续行使其职权的不动产登记机构或者实际履行该职责的职能部门为被告。

第六条 县级以上地方人民政府根据《中华人民共和国政府信息公开条例》的规定,指定具体机构负责政府信息公开日常工作,公民、法人或者其他组织对该指定机构以自己名义所作的政府信息公开行为不服提起诉讼的,以该指定机构为被告。

第七条 被诉行政行为不是县级以上地方人民政府作出,公民、法人或者其他组织以县级以上地方人民政府作为被告的,人民法院应当予以指导和释明,告知其向有管辖权的人民法院起诉;公民、法人或者其他组织经人民法院释明仍不变更的,人民法院可以裁定不予立案,也可以将案件移送有管辖权的人民法院。

第八条 本解释自2021年4月1日起施行。本解释施行后,最高人民法院此前作出的相关司法解释与本解释相抵触的,以本解释为准。

(五) 起诉与受理

最高人民法院对如何理解《最高人民法院关于执行〈中华人民共和国行政诉讼法〉若干问题的解释》第四十四条第一款第(十)项规定的请示的答复

- 2000年6月5日
- 法行〔2000〕13号

湖北省高级人民法院:

你院鄂高法〔2000〕93号《关于如何理解最高人民法院〈若干解释〉第四十四条第一款第(十)项规定的请示》收悉。经研究,答复如下:

行政诉讼的标的为人民法院生效判决书、裁定书和调解书所羁束的,人民法院应当依法裁定不予受理的;已经受理的,应当裁定驳回起诉。

最高人民法院关于适用《行政复议法》第三十条第一款有关问题的批复

- 2003年1月9日最高人民法院审判委员会第1263次会议通过
- 2003年2月25日最高人民法院公告公布
- 自2003年2月28日起施行
- 法释〔2003〕5号

山西省高级人民法院:

你院《关于适用〈行政复议法〉第三十条第一款有关问题的请示》收悉。经研究,答复如下:

根据《行政复议法》第三十条第一款的规定,公民、法人或者其他组织认为行政机关确认土地、矿藏、水流、森林、山岭、草原、荒地、滩涂、海域等自然资源的所有权或者使用权的具体行政行为,侵犯其已经依法取得的自然资源所有权或者使用权的,经行政复议后,才可以向人民法院提起行政诉讼,但法律另有规定的除外;对涉及自然资源所有权或者使用权的行政处罚、行政强制措施等其他具体行政行为提起行政诉讼的,不适用《行政复议法》第三十条第一款的规定。

此复

最高人民法院关于行政诉讼撤诉若干问题的规定

- 2007年12月17日最高人民法院审判委员会第1441次会议通过
- 2008年1月14日最高人民法院公告公布
- 自2008年2月1日起施行
- 法释〔2008〕2号

为妥善化解行政争议,依法审查行政诉讼中行政机关改变被诉具体行政行为及当事人申请撤诉的行为,根据《中华人民共和国行政诉讼法》制定本规定。

第一条 人民法院经审查认为被诉具体行政行为违法或者不当,可以在宣告判决或者裁定前,建议被告改变其所作的具体行政行为。

第二条 被告改变被诉具体行政行为,原告申请撤诉,符合下列条件的,人民法院应当裁定准许:

(一) 申请撤诉是当事人真实意思表示;

(二) 被告改变被诉具体行政行为,不违反法律、法规的禁止性规定,不超越或者放弃职权,不损害公共利益和他人合法权益;

(三) 被告已经改变或者决定改变被诉具体行政行

为,并书面告知人民法院;

(四)第三人无异议。

第三条 有下列情形之一的,属于行政诉讼法第五十一条规定的"被告改变其所作的具体行政行为":

(一)改变被诉具体行政行为所认定的主要事实和证据;

(二)改变被诉具体行政行为所适用的规范依据且对定性产生影响;

(三)撤销、部分撤销或者变更被诉具体行政行为处理结果。

第四条 有下列情形之一的,可以视为"被告改变其所作的具体行政行为":

(一)根据原告的请求依法履行法定职责;

(二)采取相应的补救、补偿等措施;

(三)在行政裁决案件中,书面认可原告与第三人达成的和解。

第五条 被告改变被诉具体行政行为,原告申请撤诉,有履行内容且履行完毕的,人民法院可以裁定准许撤诉;不能即时或者一次性履行的,人民法院可以裁定准许撤诉,也可以裁定中止审理。

第六条 准许撤诉裁定可以载明被告改变被诉具体行政行为的主要内容及履行情况,并可以根据案件具体情况,在裁定理由中明确被诉具体行政行为全部或者部分不再执行。

第七条 申请撤诉不符合法定条件,或者被告改变被诉具体行政行为后当事人不撤诉的,人民法院应当及时作出裁判。

第八条 第二审或者再审期间行政机关改变被诉具体行政行为,当事人申请撤回上诉或者再审申请的,参照本规定。

准许撤回上诉或者再审申请的裁定可以载明行政机关改变被诉具体行政行为的主要内容及履行情况,并可以根据案件具体情况,在裁定理由中明确被诉具体行政行为或者原裁判全部或者部分不再执行。

第九条 本院以前所作的司法解释及规范性文件,凡与本规定不一致的,按本规定执行。

• 请示答复

最高人民法院对《关于非诉执行案件中作为被执行人的法人终止,人民法院是否可以直接裁定变更被执行人的请示》的答复

· 2000年5月29日
· 法行〔2000〕16号

山东省高级人民法院:

你院鲁高法函〔1999〕62号《关于非诉执行案件中作为被执行人的法人终止,人民法院是否可以直接裁定变更被执行人的请示》收悉。经研究,答复如下:

人民法院在办理行政机关申请人民法院强制执行其具体行政行为的案件过程中,作为被执行人的法人出现分立、合并、兼并、合营等情况,原具体行政行为仍应执行的,人民法院应当通知申请机关变更被执行人。对变更后的被执行人,人民法院应当依法进行审查。

(六) 证 据

最高人民法院关于行政诉讼证据若干问题的规定

· 2002年6月4日最高人民法院审判委员会第1224次会议通过
· 2002年7月24日最高人民法院公告公布
· 自2002年10月1日起施行
· 法释〔2002〕21号

为准确认定案件事实,公正、及时地审理行政案件,根据《中华人民共和国行政诉讼法》(以下简称行政诉讼法)等有关法律规定,结合行政审判实际,制定本规定。

一、举证责任分配和举证期限

第一条 根据行政诉讼法第三十二条和第四十三条的规定,被告对作出的具体行政行为负有举证责任,应当在收到起诉状副本之日起10日内,提供据以作出被诉具体行政行为的全部证据和所依据的规范性文件。被告不提供或者无正当理由逾期提供证据的,视为被诉具体行政行为没有相应的证据。

被告因不可抗力或者客观上不能控制的其他正当事由,不能在前款规定的期限内提供证据的,应当在收到起诉状副本之日起10日内向人民法院提出延期提供证据的书面申请。人民法院准许延期提供的,被告应当在正当事由消除后10日内提供证据。逾期提供的,视为被诉具体行政行为没有相应的证据。

第二条 原告或者第三人提出其在行政程序中没有提出的反驳理由或者证据的,经人民法院准许,被告可以在第一审程序中补充相应的证据。

第三条 根据行政诉讼法第三十三条的规定,在诉讼过程中,被告及其诉讼代理人不得自行向原告和证人收集证据。

第四条 公民、法人或者其他组织向人民法院起诉时,应当提供其符合起诉条件的相应的证据材料。

在起诉被告不作为的案件中,原告应当提供其在行政程序中曾经提出申请的证据材料。但有下列情形的除外:

(一)被告应当依职权主动履行法定职责的;

(二)原告因被告受理申请的登记制度不完备等正当事由不能提供相关证据材料并能够作出合理说明的。

被告认为原告起诉超过法定期限的,由被告承担举证责任。

第五条 在行政赔偿诉讼中,原告应当对被诉具体行政行为造成损害的事实提供证据。

第六条 原告可以提供证明被诉具体行政行为违法的证据。原告提供的证据不成立的,不免除被告对被诉具体行政行为合法性的举证责任。

第七条 原告或者第三人应当在开庭审理前或者人民法院指定的交换证据之日提供证据。因正当事由申请延期提供证据的,经人民法院准许,可以在法庭调查中提供。逾期提供证据的,视为放弃举证权利。

原告或者第三人在第一审程序中无正当事由未提供而在第二审程序中提供的证据,人民法院不予接纳。

第八条 人民法院向当事人送达受理案件通知书或者应诉通知书时,应当告知其举证范围、举证期限和逾期提供证据的法律后果,并告知因正当事由不能按期提供证据时应当提出延期提供证据的申请。

第九条 根据行政诉讼法第三十四条第一款的规定,人民法院有权要求当事人提供或者补充证据。

对当事人无争议,但涉及国家利益、公共利益或者他人合法权益的事实,人民法院可以责令当事人提供或者补充有关证据。

二、提供证据的要求

第十条 根据行政诉讼法第三十一条第一款第(一)项的规定,当事人向人民法院提供书证的,应当符合下列要求:

(一)提供书证的原件。原本、正本和副本均属于书证的原件。提供原件确有困难的,可以提供与原件核对无误的复印件、照片、节录本;

(二)提供由有关部门保管的书证原件的复制件、影印件或者抄录件的,应当注明出处,经该部门核对无异后加盖其印章;

(三)提供报表、图纸、会计账册、专业技术资料、科技文献等书证的,应当附有说明材料;

(四)被告提供的被诉具体行政行为所依据的询问、陈述、谈话类笔录,应当有行政执法人员、被询问人、陈述人、谈话人签名或者盖章。

法律、法规、司法解释和规章对书证的制作形式另有规定的,从其规定。

第十一条 根据行政诉讼法第三十一条第一款第(二)项的规定,当事人向人民法院提供物证的,应当符合下列要求:

(一)提供原物。提供原物确有困难的,可以提供与原物核对无误的复制件或者证明该物证的照片、录像等其他证据;

(二)原物为数量较多的种类物的,提供其中的一部分。

第十二条 根据行政诉讼法第三十一条第一款第(三)项的规定,当事人向人民法院提供计算机数据或者录音、录像等视听资料的,应当符合下列要求:

(一)提供有关资料的原始载体。提供原始载体确有困难的,可以提供复制件;

(二)注明制作方法、制作时间、制作人和证明对象等;

(三)声音资料应当附有该声音内容的文字记录。

第十三条 根据行政诉讼法第三十一条第一款第(四)项的规定,当事人向人民法院提供证人证言的,应当符合下列要求:

(一)写明证人的姓名、年龄、性别、职业、住址等基本情况;

(二)有证人的签名,不能签名的,应当以盖章等方式证明;

(三)注明出具日期;

(四)附有居民身份证复印件等证明证人身份的文件。

第十四条 根据行政诉讼法第三十一条第一款第(六)项的规定,被告向人民法院提供的在行政程序中采用的鉴定结论,应当载明委托人和委托鉴定的事项、向鉴定部门提交的相关材料、鉴定的依据和使用的科学技术手段、鉴定部门和鉴定人鉴定资格的说明,并应有鉴定人的签名和鉴定部门的盖章。通过分析获得的鉴定结论，应当说明分析过程。

第十五条　根据行政诉讼法第三十一条第一款第（七）项的规定，被告向人民法院提供的现场笔录，应当载明时间、地点和事件等内容，并由执法人员和当事人签名。当事人拒绝签名或者不能签名的，应当注明原因。有其他人在现场的，可由其他人签名。

法律、法规和规章对现场笔录的制作形式另有规定的，从其规定。

第十六条　当事人向人民法院提供的在中华人民共和国领域外形成的证据，应当说明来源，经所在国公证机关证明，并经中华人民共和国驻该国使领馆认证，或者履行中华人民共和国与证据所在国订立的有关条约中规定的证明手续。

当事人提供的在中华人民共和国香港特别行政区、澳门特别行政区和台湾地区内形成的证据，应当具有按照有关规定办理的证明手续。

第十七条　当事人向人民法院提供外文书证或者外国语视听资料的，应当附有由具有翻译资质的机构翻译的或者其他翻译准确的中文译本，由翻译机构盖章或者翻译人员签名。

第十八条　证据涉及国家秘密、商业秘密或者个人隐私的，提供人应当作出明确标注，并向法庭说明，法庭予以审查确认。

第十九条　当事人应当对其提交的证据材料分类编号，对证据材料的来源、证明对象和内容作简要说明，签名或者盖章，注明提交日期。

第二十条　人民法院收到当事人提交的证据材料，应当出具收据，注明证据的名称、份数、页数、件数、种类等以及收到的时间，由经办人员签名或者盖章。

第二十一条　对于案情比较复杂或者证据数量较多的案件，人民法院可以组织当事人在开庭前向对方出示或者交换证据，并将交换证据的情况记录在卷。

三、调取和保全证据

第二十二条　根据行政诉讼法第三十四条第二款的规定，有下列情形之一的，人民法院有权向有关行政机关以及其他组织、公民调取证据：

（一）涉及国家利益、公共利益或者他人合法权益的事实认定的；

（二）涉及依职权追加当事人、中止诉讼、终结诉讼、回避等程序性事项的。

第二十三条　原告或者第三人不能自行收集，但能够提供确切线索的，可以申请人民法院调取下列证据材料：

（一）由国家有关部门保存而须由人民法院调取的证据材料；

（二）涉及国家秘密、商业秘密、个人隐私的证据材料；

（三）确因客观原因不能自行收集的其他证据材料。

人民法院不得为证明被诉具体行政行为的合法性，调取被告在作出具体行政行为时未收集的证据。

第二十四条　当事人申请人民法院调取证据的，应当在举证期限内提交调取证据申请书。

调取证据申请书应当写明下列内容：

（一）证据持有人的姓名或者名称、住址等基本情况；

（二）拟调取证据的内容；

（三）申请调取证据的原因及其要证明的案件事实。

第二十五条　人民法院对当事人调取证据的申请，经审查符合调取证据条件的，应当及时决定调取；不符合调取证据条件的，应当向当事人或者其诉讼代理人送达通知书，说明不准许调取的理由。当事人及其诉讼代理人可以在收到通知书之日起三日内向受理申请的人民法院书面申请复议一次。人民法院应当在收到复议申请之日起五日内作出答复。

人民法院根据当事人申请，经调取未能取得相应证据的，应当告知申请人并说明原因。

第二十六条　人民法院需要调取的证据在异地的，可以书面委托证据所在地人民法院调取。受托人民法院应当在收到委托书后，按照委托要求及时完成调取证据工作，送交委托人民法院。受托人民法院不能完成委托内容的，应当告知委托的人民法院并说明原因。

第二十七条　当事人根据行政诉讼法第三十六条的规定向人民法院申请保全证据的，应当在举证期限届满前以书面形式提出，并说明证据的名称和地点、保全的内容和范围、申请保全的理由等事项。

当事人申请保全证据的，人民法院可以要求其提供相应的担保。

法律、司法解释规定诉前保全证据的，依照其规定办理。

第二十八条　人民法院依照行政诉讼法第三十六条规定保全证据的，可以根据具体情况，采取查封、扣押、拍照、录音、录像、复制、鉴定、勘验、制作询问笔录等保全措施。

人民法院保全证据时,可以要求当事人或者其诉讼代理人到场。

第二十九条　原告或者第三人有证据或者有正当理由表明被告据以认定案件事实的鉴定结论可能有错误,在举证期限内书面申请重新鉴定的,人民法院应予准许。

第三十条　当事人对人民法院委托的鉴定部门作出的鉴定结论有异议申请重新鉴定,提出证据证明存在下列情形之一的,人民法院应予准许:
（一）鉴定部门或者鉴定人不具有相应的鉴定资格的;
（二）鉴定程序严重违法的;
（三）鉴定结论明显依据不足的;
（四）经过质证不能作为证据使用的其他情形。

对有缺陷的鉴定结论,可以通过补充鉴定、重新质证或者补充质证等方式解决。

第三十一条　对需要鉴定的事项负有举证责任的当事人,在举证期限内无正当理由不提出鉴定申请、不预交鉴定费用或者拒不提供相关材料,致使对案件争议的事实无法通过鉴定结论予以认定的,应当对该事实承担举证不能的法律后果。

第三十二条　人民法院对委托或者指定的鉴定部门出具的鉴定书,应当审查是否具有下列内容:
（一）鉴定的内容;
（二）鉴定时提交的相关材料;
（三）鉴定的依据和使用的科学技术手段;
（四）鉴定的过程;
（五）明确的鉴定结论;
（六）鉴定部门和鉴定人鉴定资格的说明;
（七）鉴定人及鉴定部门签名盖章。

前款内容欠缺或者鉴定结论不明确的,人民法院可以要求鉴定部门予以说明、补充鉴定或者重新鉴定。

第三十三条　人民法院可以依当事人申请或者依职权勘验现场。

勘验现场时,勘验人必须出示人民法院的证件,并邀请当地基层组织或者当事人所在单位派人参加。当事人或其成年亲属应当到场,拒不到场的,不影响勘验的进行,但应当在勘验笔录中说明情况。

第三十四条　审判人员应当制作勘验笔录,记载勘验的时间、地点、勘验人、在场人、勘验的经过和结果,由勘验人、当事人、在场人签名。

勘验现场时绘制的现场图,应当注明绘制的时间、方位、绘制人姓名和身份等内容。

当事人对勘验结论有异议的,可以在举证期限内申请重新勘验,是否准许由人民法院决定。

四、证据的对质辨认和核实

第三十五条　证据应当在法庭上出示,并经庭审质证。未经庭审质证的证据,不能作为定案的依据。

当事人在庭前证据交换过程中没有争议并记录在卷的证据,经审判人员在庭审中说明后,可以作为认定案件事实的依据。

第三十六条　经合法传唤,因被告无正当理由拒不到庭而需要依法缺席判决的,被告提供的证据不能作为定案的依据,但当事人在庭前交换证据中没有争议的证据除外。

第三十七条　涉及国家秘密、商业秘密和个人隐私或者法律规定的其他应当保密的证据,不得在开庭时公开质证。

第三十八条　当事人申请人民法院调取的证据,由申请调取证据的当事人在庭审中出示,并由当事人质证。

人民法院依职权调取的证据,由法庭出示,并可就调取该证据的情况进行说明,听取当事人意见。

第三十九条　当事人应当围绕证据的关联性、合法性和真实性,针对证据有无证明效力以及证明效力大小,进行质证。

经法庭准许,当事人及其代理人可以就证据问题相互发问,也可以向证人、鉴定人或者勘验人发问。

当事人及其代理人相互发问,或者向证人、鉴定人、勘验人发问时,发问的内容应当与案件事实有关联,不得采用引诱、威胁、侮辱等语言或者方式。

第四十条　对书证、物证和视听资料进行质证时,当事人应当出示证据的原件或者原物。但有下列情况之一的除外:
（一）出示原件或者原物确有困难并经法庭准许可以出示复制件或者复制品;
（二）原件或者原物已不存在,可以出示证明复制件、复制品与原件、原物一致的其他证据。

视听资料应当当庭播放或者显示,并由当事人进行质证。

第四十一条　凡是知道案件事实的人,都有出庭作证的义务。有下列情形之一的,经人民法院准许,当事人可以提交书面证言:
（一）当事人在行政程序或者庭前证据交换中对证人证言无异议的;
（二）证人因年迈体弱或者行动不便无法出庭的;

（三）证人因路途遥远、交通不便无法出庭的；

（四）证人因自然灾害等不可抗力或者其他意外事件无法出庭的；

（五）证人因其他特殊原因确实无法出庭的。

第四十二条 不能正确表达意志的人不能作证。

根据当事人申请，人民法院可以就证人能否正确表达意志进行审查或者交由有关部门鉴定。必要时，人民法院也可以依职权交由有关部门鉴定。

第四十三条 当事人申请证人出庭作证的，应当在举证期限届满前提出，并经人民法院许可。人民法院准许证人出庭作证的，应当在开庭审理前通知证人出庭作证。

当事人在庭审过程中要求证人出庭作证的，法庭可以根据审理案件的具体情况，决定是否准许以及是否延期审理。

第四十四条 有下列情形之一，原告或者第三人可以要求相关行政执法人员作为证人出庭作证：

（一）对现场笔录的合法性或者真实性有异议的；

（二）对扣押财产的品种或者数量有异议的；

（三）对检验的物品取样或者保管有异议的；

（四）对行政执法人员的身份的合法性有异议的；

（五）需要出庭作证的其他情形。

第四十五条 证人出庭作证时，应当出示证明其身份的证件。法庭应当告知其诚实作证的法律义务和作伪证的法律责任。

出庭作证的证人不得旁听案件的审理。法庭询问证人时，其他证人不得在场，但组织证人对质的除外。

第四十六条 证人应当陈述其亲历的具体事实。证人根据其经历所作的判断、推测或者评论，不能作为定案的依据。

第四十七条 当事人要求鉴定人出庭接受询问的，鉴定人应当出庭。鉴定人因正当事由不能出庭的，经法庭准许，可以不出庭，由当事人对其书面鉴定结论进行质证。

鉴定人不能出庭的正当事由，参照本规定第四十一条的规定。

对于出庭接受询问的鉴定人，法庭应当核实其身份、与当事人及案件的关系，并告知鉴定人如实说明鉴定情况的法律义务和故意作虚假说明的法律责任。

第四十八条 对被诉具体行政行为涉及的专门性问题，当事人可以向法庭申请由专业人员出庭进行说明，法庭也可以通知专业人员出庭说明。必要时，法庭可以组织专业人员进行对质。

当事人对出庭的专业人员是否具备相应专业知识、学历、资历等专业资格等有异议的，可以进行询问。由法庭决定其是否可以作为专业人员出庭。

专业人员可以对鉴定人进行询问。

第四十九条 法庭在质证过程中，对与案件没有关联的证据材料，应予排除并说明理由。

法庭在质证过程中，准许当事人补充证据的，对补充的证据仍应进行质证。

法庭对经过庭审质证的证据，除确有必要外，一般不再进行质证。

第五十条 在第二审程序中，对当事人依法提供的新的证据，法庭应当进行质证；当事人对第一审认定的证据仍有争议的，法庭也应当进行质证。

第五十一条 按照审判监督程序审理的案件，对当事人依法提供的新的证据，法庭应当进行质证；因原判决、裁定认定事实的证据不足而提起再审所涉及的主要证据，法庭也应当进行质证。

第五十二条 本规定第五十条和第五十一条中的"新的证据"是指以下证据：

（一）在一审程序中应当准予延期提供而未获准许的证据；

（二）当事人在一审程序中依法申请调取而未获准许或者未取得，人民法院在第二审程序中调取的证据；

（三）原告或者第三人提供的在举证期限届满后发现的证据。

五、证据的审核认定

第五十三条 人民法院裁判行政案件，应当以证据证明的案件事实为依据。

第五十四条 法庭应当对经过庭审质证的证据和无需质证的证据进行逐一审查和对全部证据综合审查，遵循法官职业道德，运用逻辑推理和生活经验，进行全面、客观和公正地分析判断，确定证据材料与案件事实之间的证明关系，排除不具有关联性的证据材料，准确认定案件事实。

第五十五条 法庭应当根据案件的具体情况，从以下方面审查证据的合法性：

（一）证据是否符合法定形式；

（二）证据的取得是否符合法律、法规、司法解释和规章的要求；

（三）是否有影响证据效力的其他违法情形。

第五十六条 法庭应当根据案件的具体情况，从以下方面审查证据的真实性：

（一）证据形成的原因；

（二）发现证据时的客观环境；

（三）证据是否为原件、原物,复制件、复制品与原件、原物是否相符;

（四）提供证据的人或者证人与当事人是否具有利害关系;

（五）影响证据真实性的其他因素。

第五十七条 下列证据材料不能作为定案依据:

（一）严重违反法定程序收集的证据材料;

（二）以偷拍、偷录、窃听等手段获取侵害他人合法权益的证据材料;

（三）以利诱、欺诈、胁迫、暴力等不正当手段获取的证据材料;

（四）当事人无正当事由超出举证期限提供的证据材料;

（五）在中华人民共和国领域以外或者在中华人民共和国香港特别行政区、澳门特别行政区和台湾地区形成的未办理法定证明手续的证据材料;

（六）当事人无正当理由拒不提供原件、原物,又无其他证据印证,且对方当事人不予认可的证据的复制件或者复制品;

（七）被当事人或者他人进行技术处理而无法辨明真伪的证据材料;

（八）不能正确表达意志的证人提供的证言;

（九）不具备合法性和真实性的其他证据材料。

第五十八条 以违反法律禁止性规定或者侵犯他人合法权益的方法取得的证据,不能作为认定案件事实的依据。

第五十九条 被告在行政程序中依照法定程序要求原告提供证据,原告依法应当提供而拒不提供,在诉讼程序中提供的证据,人民法院一般不予采纳。

第六十条 下列证据不能作为认定被诉具体行政行为合法的依据:

（一）被告及其诉讼代理人在作出具体行政行为后或者在诉讼程序中自行收集的证据;

（二）被告在行政程序中非法剥夺公民、法人或者其他组织依法享有的陈述、申辩或者听证权利所采用的证据;

（三）原告或者第三人在诉讼程序中提供的、被告在行政程序中未作为具体行政行为依据的证据。

第六十一条 复议机关在复议程序中收集和补充的证据,或者作出原具体行政行为的行政机关在复议程序中未向复议机关提交的证据,不能作为人民法院认定原具体行政行为合法的依据。

第六十二条 对被告在行政程序中采纳的鉴定结论,原告或者第三人提出证据证明有下列情形之一的,人民法院不予采纳:

（一）鉴定人不具备鉴定资格;

（二）鉴定程序严重违法;

（三）鉴定结论错误、不明确或者内容不完整。

第六十三条 证明同一事实的数个证据,其证明效力一般可以按照下列情形分别认定:

（一）国家机关以及其他职能部门依职权制作的公文文书优于其他书证;

（二）鉴定结论、现场笔录、勘验笔录、档案材料以及经过公证或者登记的书证优于其他书证、视听资料和证人证言;

（三）原件、原物优于复制件、复制品;

（四）法定鉴定部门的鉴定结论优于其他鉴定部门的鉴定结论;

（五）法庭主持勘验所制作的勘验笔录优于其他部门主持勘验所制作的勘验笔录;

（六）原始证据优于传来证据;

（七）其他证人证言优于与当事人有亲属关系或者其他密切关系的证人提供的对该当事人有利的证言;

（八）出庭作证的证人证言优于未出庭作证的证人证言;

（九）数个种类不同、内容一致的证据优于一个孤立的证据。

第六十四条 以有形载体固定或者显示的电子数据交换、电子邮件以及其他数据资料,其制作情况和真实性经对方当事人确认,或者以公证等其他有效方式予以证明的,与原件具有同等的证明效力。

第六十五条 在庭审中一方当事人或者其代理人在代理权限范围内对另一方当事人陈述的案件事实明确表示认可的,人民法院可以对该事实予以认定。但有相反证据足以推翻的除外。

第六十六条 在行政赔偿诉讼中,人民法院主持调解时当事人为达成调解协议而对案件事实的认可,不得在其后的诉讼中作为对其不利的证据。

第六十七条 在不受外力影响的情况下,一方当事人提供的证据,对方当事人明确表示认可的,可以认定该证据的证明效力;对方当事人予以否认,但不能提供充分的证据进行反驳的,可以综合全案情况审查认定该证据的证明效力。

第六十八条 下列事实法庭可以直接认定:

（一）众所周知的事实；
（二）自然规律及定理；
（三）按照法律规定推定的事实；
（四）已经依法证明的事实；
（五）根据日常生活经验法则推定的事实。

前款（一）、（三）、（四）、（五）项，当事人有相反证据足以推翻的除外。

第六十九条 原告确有证据证明被告持有的证据对原告有利，被告无正当事由拒不提供的，可以推定原告的主张成立。

第七十条 生效的人民法院裁判文书或者仲裁机构裁决文书确认的事实，可以作为定案依据。但是如果发现裁判文书或者裁决文书认定的事实有重大问题的，应当中止诉讼，通过法定程序予以纠正后恢复诉讼。

第七十一条 下列证据不能单独作为定案依据：
（一）未成年人所作的与其年龄和智力状况不相适应的证言；
（二）与一方当事人有亲属关系或者其他密切关系的证人所作的对该当事人有利的证言，或者与一方当事人有不利关系的证人所作的对该当事人不利的证言；
（三）应当出庭作证而无正当理由不出庭作证的证人证言；
（四）难以识别是否经过修改的视听资料；
（五）无法与原件、原物核对的复制件或者复制品；
（六）经一方当事人或者他人改动，对方当事人不予认可的证据材料；
（七）其他不能单独作为定案依据的证据材料。

第七十二条 庭审中经过质证的证据，能够当庭认定的，应当当庭认定；不能当庭认定的，应当在合议庭合议时认定。

人民法院应当在裁判文书中阐明证据是否采纳的理由。

第七十三条 法庭发现当庭认定的证据有误，可以按照下列方式纠正：
（一）庭审结束前发现错误的，应当重新进行认定；
（二）庭审结束后宣判前发现错误的，在裁判文书中予以更正并说明理由，也可以再次开庭予以认定；
（三）有新的证据材料可能推翻已认定证据的，应当再次开庭予以认定。

六、附 则

第七十四条 证人、鉴定人及其近亲属的人身和财产安全受法律保护。

人民法院应当对证人、鉴定人的住址和联系方式予以保密。

第七十五条 证人、鉴定人因出庭作证或者接受询问而支出的合理费用，由提供证人、鉴定人的一方当事人先行支付，由败诉一方当事人承担。

第七十六条 证人、鉴定人作伪证的，依照行政诉讼法第四十九条第一款第（二）项的规定追究其法律责任。

第七十七条 诉讼参与人或者其他人有对审判人员或者证人、鉴定人、勘验人及其近亲属实施威胁、侮辱、殴打、骚扰或者打击报复等妨碍行政诉讼行为的，依照行政诉讼法第四十九条第一款第（三）项、第（五）项或者第（六）项的规定追究其法律责任。

第七十八条 对应当协助调取证据的单位和个人，无正当理由拒不履行协助义务的，依照行政诉讼法第四十九条第一款第（五）项的规定追究其法律责任。

第七十九条 本院以前有关行政诉讼的司法解释与本规定不一致的，以本规定为准。

第八十条 本规定自2002年10月1日起施行。2002年10月1日尚未审结的一审、二审和再审行政案件不适用本规定。

本规定施行前已经审结的行政案件，当事人以违反本规定为由申请再审的，人民法院不予支持。

本规定施行后按照审判监督程序决定再审的行政案件，适用本规定。

（七）审理和判决

最高人民法院关于房地产管理机关能否撤销错误的注销抵押登记行为问题的批复

- 2003年10月14日最高人民法院审判委员会第1293次会议通过
- 2003年10月17日最高人民法院公告公布
- 自2003年11月20日起施行
- 法释〔2003〕17号

广西壮族自治区高级人民法院：

你院《关于首长机电设备贸易（香港）有限公司不服柳州市房产局注销抵押登记、吊销（1997）柳房他证字第0410号房屋他项权证并要求发还0410号房屋他项权证上诉一案的请示》收悉。经研究答复如下：

房地产管理机关可以撤销错误的注销抵押登记行为。此复

最高人民法院关于复议机关是否有权改变复议决定请示的答复

- 2004年4月5日
- 〔2004〕行他字第5号

贵州省高级人民法院：

你院〔2004〕黔高行终字第02号《关于吴睿铧诉贵阳市人民政府撤销复议决定一案适用法律的请示》收悉。经研究认为：行政复议机关认为自己作出的已经发生法律效力的复议决定有错误，有权自行改变。因行政机关改变或者撤销其原行政行为给当事人造成损害的，行政机关应该承担相应的责任。

此复

附：贵州省高级人民法院关于吴睿铧诉贵阳市人民政府撤销复议决定一案适用法律的请示（略）

最高人民法院关于行政申请再审案件立案程序的规定

- 2016年11月21日最高人民法院审判委员会第1700次会议通过
- 2017年10月13日最高人民法院公告公布
- 自2018年1月1日起施行
- 法释〔2017〕18号

为依法保障当事人申请再审权利，规范人民法院行政申请再审案件立案工作，根据《中华人民共和国行政诉讼法》等有关规定，结合审判工作实际，制定本规定。

第一条 再审申请应当符合以下条件：

（一）再审申请人是生效裁判文书列明的当事人，或者其他因不能归责于本人的事由未被裁判文书列为当事人，但与行政行为有利害关系的公民、法人或者其他组织；

（二）受理再审申请的法院是作出生效裁判的上一级人民法院；

（三）申请再审的裁判属于行政诉讼法第九十条规定的生效裁判；

（四）申请再审的事由属于行政诉讼法第九十一条规定的情形。

第二条 申请再审，有下列情形之一的，人民法院不予立案：

（一）再审申请被驳回后再次提出申请的；

（二）对再审判决、裁定提出申请的；

（三）在人民检察院对当事人的申请作出不予提出检察建议或者抗诉决定后又提出申请的；

前款第一项、第二项规定情形，人民法院应当告知当事人可以向人民检察院申请检察建议或者抗诉。

第三条 委托他人代为申请再审的，诉讼代理人应为下列人员：

（一）律师、基层法律服务工作者；

（二）当事人的近亲属或者工作人员；

（三）当事人所在社区、单位以及有关社会团体推荐的公民。

第四条 申请再审，应当提交下列材料：

（一）再审申请书，并按照被申请人及原审其他当事人的人数提交副本；

（二）再审申请人是自然人的，应当提交身份证明复印件；再审申请人是法人或者其他组织的，应当提交营业执照复印件、组织机构代码证书复印件、法定代表人或者主要负责人身份证明；法人或者其他组织不能提供组织机构代码证书复印件的，应当提交情况说明；

（三）委托他人代为申请再审的，应当提交授权委托书和代理人身份证明；

（四）原审判决书、裁定书、调解书，或者与原件核对无异的复印件；

（五）法律、法规规定需要提交的其他材料。

第五条 当事人申请再审，一般还应提交下列材料：

（一）一审起诉状复印件、二审上诉状复印件；

（二）在原审诉讼过程中提交的主要证据材料；

（三）支持再审申请事由和再审请求的证据材料；

（四）行政机关作出相关行政行为的证据材料；

（五）其向行政机关提出申请，但行政机关不作为的相关证据材料；

（六）认为需要提交的其他材料。

第六条 再审申请人提交再审申请书等材料时，应当填写送达地址确认书，并可同时附上相关材料的电子文本。

第七条 再审申请书应当载明下列事项：

（一）再审申请人、被申请人及原审其他当事人的基本情况。当事人是自然人的，应列明姓名、性别、出生日期、民族、住址及有效联系电话、通讯地址；当事人是法人或者其他组织的，应列明名称、住所地和法定代表人或者主要负责人的姓名、职务及有效联系电话、通讯地址；

（二）原审人民法院的名称，原审判决、裁定或者调解书的案号；

（三）具体的再审请求；

(四)申请再审的具体法定事由及事实、理由;
(五)受理再审申请的人民法院名称;
(六)再审申请人的签名、捺印或者盖章;
(七)递交再审申请书的日期。

第八条 再审申请人提交的再审申请书等材料符合上述要求的,人民法院应当出具《诉讼材料收取清单》,注明收到材料日期,并加盖专用收件章。《诉讼材料收取清单》一式两份,一份由人民法院入卷,一份由再审申请人留存。

第九条 再审申请人提出的再审申请不符合本规定的,人民法院应当当场告知再审申请人。

再审申请人提交的再审申请书等材料不符合要求的,人民法院应当将材料退回再审申请人,并一次性全面告知其在指定的合理期限内予以补正。再审申请人无正当理由逾期不予补正且仍坚持申请再审的,人民法院应当裁定驳回其再审申请。

人民法院不得因再审申请人未提交本规定第五条规定的相关材料,认定其提交的材料不符合要求。

第十条 对符合上述条件的再审申请,人民法院应当及时立案,并应自收到符合条件的再审申请书等材料之日起五日内向再审申请人发送受理通知书,同时向被申请人及原审其他当事人发送应诉通知书、再审申请书副本及送达地址确认书。

因通讯地址不详等原因,受理通知书、应诉通知书、再审申请书副本等材料未送达当事人的,不影响案件的审查。

被申请人可以在收到再审申请书副本之日起十五日内向人民法院提出书面答辩意见,被申请人未提出书面答辩意见的,不影响人民法院审查。

第十一条 再审申请人向原审人民法院申请再审或者越级申请再审的,原审人民法院或者有关上级人民法院应当告知其向作出生效裁判的人民法院的上一级法院提出。

第十二条 当事人申请再审,应当在判决、裁定、调解书发生法律效力后六个月内提出。

申请再审期间为人民法院向当事人送达裁判文书之日起至再审申请人向上一级人民法院申请再审之日止。

申请再审期间为不变期间,不适用中止、中断、延长的规定。

再审申请人对2015年5月1日行政诉讼法实施前已经发生法律效力的判决、裁定、调解书申请再审的,人民法院依据《最高人民法院关于执行〈中华人民共和国行政诉讼法〉若干问题的解释》第七十三条规定的2年确定申请再审的期间,但该期间在2015年10月31日尚未届满的,截止至2015年10月31日。

第十三条 人民法院认为再审申请不符合法定申请再审期间要求的,应当告知再审申请人。

再审申请人认为未超过法定期间的,人民法院可以要求其在十日内提交生效裁判文书的送达回证复印件或其他能够证明裁判文书实际生效日期的相应证据材料。再审申请人拒不提交上述证明材料或逾期未提交,或者提交的证据材料不足以证明申请再审未超过法定期间的,人民法院裁定驳回再审申请。

第十四条 再审申请人申请撤回再审申请,尚未立案的,人民法院退回已提交材料并记录在册;已经立案的,人民法院裁定是否准许撤回再审申请。人民法院准许撤回再审申请或者按撤回再审申请处理后,再审申请人再次申请再审的,人民法院不予立案,但有行政诉讼法第九十一条第二项、第三项、第七项、第八项规定等情形,自知道或者应当知道之日起六个月内提出的除外。

第十五条 本规定自2018年1月1日起施行,最高人民法院以前发布的有关规定与本规定不符的,按照本规定执行。

(八)执 行

最高人民法院关于办理申请人民法院强制执行国有土地上房屋征收补偿决定案件若干问题的规定

- 2012年2月27日最高人民法院审判委员会第1543次会议通过
- 2012年3月26日最高人民法院公告公布
- 自2012年4月10日起施行
- 法释〔2012〕4号

为依法正确办理市、县级人民政府申请人民法院强制执行国有土地上房屋征收补偿决定(以下简称征收补偿决定)案件,维护公共利益,保障被征收房屋所有权人的合法权益,根据《中华人民共和国行政诉讼法》、《中华人民共和国行政强制法》、《国有土地上房屋征收与补偿条例》(以下简称《条例》)等有关法律、行政法规规定,结合审判实际,制定本规定。

第一条 申请人民法院强制执行征收补偿决定案

件,由房屋所在地基层人民法院管辖,高级人民法院可以根据本地实际情况决定管辖法院。

第二条 申请机关向人民法院申请强制执行,除提供《条例》第二十八条规定的强制执行申请书及附具材料外,还应当提供下列材料:

(一)征收补偿决定及相关证据和所依据的规范性文件;

(二)征收补偿决定送达凭证、催告情况及房屋被征收人、直接利害关系人的意见;

(三)社会稳定风险评估材料;

(四)申请强制执行的房屋状况;

(五)被执行人的姓名或者名称、住址及与强制执行相关的财产状况等具体情况;

(六)法律、行政法规规定应当提交的其他材料。

强制执行申请书应当由申请机关负责人签名,加盖申请机关印章,并注明日期。

强制执行的申请应当自被执行人的法定起诉期限届满之日起三个月内提出;逾期申请的,除有正当理由外,人民法院不予受理。

第三条 人民法院认为强制执行的申请符合形式要件且材料齐全的,应当在接到申请后五日内立案受理,并通知申请机关;不符合形式要件或者材料不全的应当限期补正,并在最终补正的材料提供后五日内立案受理;不符合形式要件或者逾期无正当理由不补正材料的,裁定不予受理。

申请机关对不予受理的裁定有异议的,可以自收到裁定之日起十五日内向上一级人民法院申请复议,上一级人民法院应当自收到复议申请之日起十五日内作出裁定。

第四条 人民法院应当自立案之日起三十日内作出是否准予执行的裁定;有特殊情况需要延长审查期限的,由高级人民法院批准。

第五条 人民法院在审查期间,可以根据需要调取相关证据、询问当事人、组织听证或者进行现场调查。

第六条 征收补偿决定存在下列情形之一的,人民法院应当裁定不准予执行:

(一)明显缺乏事实根据;

(二)明显缺乏法律、法规依据;

(三)明显不符合公平补偿原则,严重损害被执行人合法权益,或者使被执行人基本生活、生产经营条件没有保障;

(四)明显违反行政目的,严重损害公共利益;

(五)严重违反法定程序或者正当程序;

(六)超越职权;

(七)法律、法规、规章等规定的其他不宜强制执行的情形。

人民法院裁定不准予执行的,应当说明理由,并在五日内将裁定送达申请机关。

第七条 申请机关对不准予执行的裁定有异议的,可以自收到裁定之日起十五日内向上一级人民法院申请复议,上一级人民法院应当自收到复议申请之日起三十日内作出裁定。

第八条 人民法院裁定准予执行的,应当在五日内将裁定送达申请机关和被执行人,并可以根据实际情况建议申请机关依法采取必要措施,保障征收与补偿活动顺利实施。

第九条 人民法院裁定准予执行的,一般由作出征收补偿决定的市、县级人民政府组织实施,也可以由人民法院执行。

第十条 《条例》施行前已依法取得房屋拆迁许可证的项目,人民法院裁定准予执行房屋拆迁裁决的,参照本规定第九条精神办理。

第十一条 最高人民法院以前所作的司法解释与本规定不一致的,按本规定执行。

最高人民法院关于违法的建筑物、构筑物、设施等强制拆除问题的批复

- 2013年3月25日最高人民法院审判委员会第1572次会议通过
- 2013年3月27日最高人民法院公告公布
- 自2013年4月3日起施行
- 法释[2013]5号

北京市高级人民法院:

根据行政强制法和城乡规划法有关规定精神,对涉及违反城乡规划法的违法建筑物、构筑物、设施等的强制拆除,法律已经授予行政机关强制执行权,人民法院不受理行政机关提出的非诉行政执行申请。

最高人民法院关于对林业行政机关依法作出具体行政行为申请人民法院强制执行问题的复函

- 1993年12月24日
- 根据2020年12月23日最高人民法院审判委员会第1823次会议通过的《最高人民法院关于修改〈最高人民法院关于人民法院扣押铁路运输货物若干问题的规定〉等十八件执行类司法解释的决定》修正
- 2020年12月29日最高人民法院公告公布
- 该修正自2021年1月1日起施行
- 法释〔2020〕21号

林业部：

你部林函策字（1993）308号函收悉，经研究，同意你部所提意见，即：林业主管部门依法作出的具体行政行为，自然人、法人或者非法人组织在法定期限内既不起诉又不履行的，林业主管部门依据行政诉讼法第九十七条的规定可以申请人民法院强制执行，人民法院应予受理。

• 司法政策

最高人民法院对《当事人对人民法院强制执行生效具体行政行为的案件提出申诉人民法院应如何受理和处理的请示》的答复

- 1995年8月22日
- 法行〔1995〕12号

吉林省高级人民法院：

你院《关于当事人对人民法院强制执行生效具体行政行为的案件提出申诉人民法院应如何受理和处理的请示》收悉。经研究认为：公民、法人和其他组织认为人民法院强制执行生效的具体行政行为违法，侵犯其合法权益，向人民法院提出申诉，人民法院可以作为申诉进行审查。人民法院的全部执行活动合法，而生效具体行政行为违法的，应转送作出具体行政行为的行政机关依法处理，并通知申诉人同该行政机关直接联系；人民法院采取的强制措施等违法，造成损害的，应依照国家赔偿法的有关规定办理。

（九）法律适用

最高人民法院行政审判庭关于部门规章之间规定不一致时应如何对待问题的复函

- 1991年10月16日
- 法行〔1991〕1号

新疆维吾尔自治区高级人民法院：

你院新法行〔1991〕35号《关于国务院几个部、局制定的有关规章之间不一致的几个问题的请示》收悉。经研究，答复如下：

皮山县供销社不服皮山县税务局行政处罚一案，法院应适用当事人行为发生时生效的法律规范进行处理。从你院请示报告中所反映的该案的基本情况看，1988年3月至5月间皮山县供销社实施转移收购棉花的升溢款的行为时，生效的法律文件只有商业部〔1986〕商棉字第1号《关于棉花收购、加工盈亏问题的批复》。国家物价局、国家技术监督局〔1988〕价检字743号文件，国家物价局、国家技术监督局、商业部、纺织部〔1990〕价检字250号文件，国家税务局国税发〔1990〕205号文件当时均未生效。因此，该案不存在国务院几个部、局制定的有关规章之间不一致的问题，请你院依照该案的具体情况自行处理。

此复

附：新疆维吾尔自治区高级人民法院关于国务院几个部、局制定的有关规章之间不一致的几个问题的请示（略）

最高人民法院关于审理房屋登记案件若干问题的规定

- 2010年8月2日最高人民法院审判委员会第1491次会议通过
- 2010年11月5日最高人民法院公告公布
- 自2010年11月18日起施行
- 法释〔2010〕15号

为正确审理房屋登记案件，根据《中华人民共和国物权法》、《中华人民共和国城市房地产管理法》、《中华人民共和国行政诉讼法》等有关法律规定，结合行政审判实际，制定本规定。

第一条 公民、法人或者其他组织对房屋登记机构的房屋登记行为以及与查询、复制登记资料等事项相关的行政行为或者相应的不作为不服，提起行政诉讼的，人民法院应当依法受理。

第二条 房屋登记机构根据人民法院、仲裁委员会的法律文书或者有权机关的协助执行通知书以及人民政府的征收决定办理的房屋登记行为，公民、法人或者其他组织不服提起行政诉讼的，人民法院不予受理，但公民、法人或者其他组织认为登记与有关文书内容不一致的除外。

房屋登记机构作出未改变登记内容的换发、补发权属证书、登记证明或者更新登记簿的行为，公民、法人或者其他组织不服提起行政诉讼的，人民法院不予受理。

房屋登记机构在行政诉讼法施行前作出的房屋登记行为，公民、法人或者其他组织不服提起行政诉讼的，人民法院不予受理。

第三条 公民、法人或者其他组织对房屋登记行为不服提起行政诉讼的，不受下列情形的影响：

（一）房屋灭失；

（二）房屋登记行为已被登记机构改变；

（三）生效法律文书将房屋权属证书、房屋登记簿或者房屋登记证明作为定案证据采用。

第四条 房屋登记机构为债务人办理房屋转移登记，债权人不服提起诉讼，符合下列情形之一的，人民法院应当依法受理：

（一）以房屋为标的物的债权已办理预告登记的；

（二）债权人为抵押权人且房屋转让未经其同意的；

（三）人民法院依债权人申请对房屋采取强制执行措施并已通知房屋登记机构的；

（四）房屋登记机构工作人员与债务人恶意串通的。

第五条 同一房屋多次转移登记，原房屋权利人、原利害关系人对首次转移登记行为提起行政诉讼的，人民法院应当依法受理。

原房屋权利人、原利害关系人对首次转移登记行为及后续转移登记行为一并提起行政诉讼的，人民法院应当依法受理；人民法院判决驳回原告就在先转移登记行为提出的诉讼请求，或者因保护善意第三人确认在先房屋登记行为违法的，应当裁定驳回原告对后续转移登记行为的起诉。

原房屋权利人、原利害关系人未就首次转移登记行为提起行政诉讼，对后续转移登记行为提起行政诉讼的，人民法院不予受理。

第六条 人民法院受理房屋登记行政案件后，应当通知没有起诉的下列利害关系人作为第三人参加行政诉讼：

（一）房屋登记簿上载明的权利人；

（二）被诉异议登记、更正登记、预告登记的权利人；

（三）人民法院能够确认的其他利害关系人。

第七条 房屋登记行政案件由房屋所在地人民法院管辖，但有下列情形之一的也可由被告所在地人民法院管辖：

（一）请求房屋登记机构履行房屋转移登记、查询、复制登记资料等职责的；

（二）对房屋登记机构收缴房产证行为提起行政诉讼的；

（三）对行政复议改变房屋登记行为提起行政诉讼的。

第八条 当事人以作为房屋登记行为基础的买卖、共有、赠与、抵押、婚姻、继承等民事法律关系无效或者应当撤销为由，对房屋登记行为提起行政诉讼的，人民法院应当告知当事人先行解决民事争议，民事争议处理期间不计算在行政诉讼起诉期限内；已经受理的，裁定中止诉讼。

第九条 被告对被诉房屋登记行为的合法性负举证责任。被告保管证据原件的，应当在法庭上出示。被告不保管原件的，应当提交与原件核对一致的复印件、复制件并作出说明。当事人对被告提交的上述证据提出异议的，应当提供相应的证据。

第十条 被诉房屋登记行为合法的，人民法院应当判决驳回原告的诉讼请求。

第十一条 被诉房屋登记行为涉及多个权利主体或者房屋可分，其中部分主体或者房屋的登记违法应予撤销，可以判决部分撤销。

被诉房屋登记行为违法，但该行为已被登记机构改变的，判决确认被诉行为违法。

被诉房屋登记行为违法，但判决撤销将给公共利益造成重大损失或者房屋已为第三人善意取得的，判决确认被诉行为违法，不撤销登记行为。

第十二条 申请人提供虚假材料办理房屋登记，给原告造成损害，房屋登记机构未尽合理审慎职责的，应当根据其过错程度及其在损害发生中所起作用承担相应的赔偿责任。

第十三条 房屋登记机构工作人员与第三人恶意串通违法登记，侵犯原告合法权益的，房屋登记机构与第三人承担连带赔偿责任。

第十四条 最高人民法院以前所作的相关的司法解释，凡与本规定不一致的，以本规定为准。

农村集体土地上的房屋登记行政案件参照本规定。

最高人民法院关于审理工伤
保险行政案件若干问题的规定

- 2014年4月21日最高人民法院审判委员会第1613次会议通过
- 2014年6月18日最高人民法院公告公布
- 自2014年9月1日起施行
- 法释〔2014〕9号

为正确审理工伤保险行政案件,根据《中华人民共和国社会保险法》《中华人民共和国劳动法》《中华人民共和国行政诉讼法》《工伤保险条例》及其他有关法律、行政法规规定,结合行政审判实际,制定本规定。

第一条 人民法院审理工伤认定行政案件,在认定是否存在《工伤保险条例》第十四条第(六)项"本人主要责任"、第十六条第(二)项"醉酒或者吸毒"和第十六条第(三)项"自残或者自杀"等情形时,应当以有权机构出具的事故责任认定书、结论性意见和人民法院生效裁判等法律文书为依据,但有相反证据足以推翻事故责任认定书和结论性意见的除外。

前述法律文书不存在或者内容不明确,社会保险行政部门就前款事实作出认定的,人民法院应当结合其提供的相关证据依法进行审查。

《工伤保险条例》第十六条第(一)项"故意犯罪"的认定,应当以刑事侦查机关、检察机关和审判机关的生效法律文书或者结论性意见为依据。

第二条 人民法院受理工伤认定行政案件后,发现原告或者第三人在提起行政诉讼前已经就是否存在劳动关系申请劳动仲裁或者提起民事诉讼的,应当中止行政案件的审理。

第三条 社会保险行政部门认定下列单位为承担工伤保险责任单位的,人民法院应予支持:

(一)职工与两个或两个以上单位建立劳动关系,工伤事故发生时,职工为之工作的单位为承担工伤保险责任的单位;

(二)劳务派遣单位派遣的职工在用工单位工作期间因工伤亡的,派遣单位为承担工伤保险责任的单位;

(三)单位指派到其他单位工作的职工因工伤亡的,指派单位为承担工伤保险责任的单位;

(四)用工单位违反法律、法规规定将承包业务转包给不具备用工主体资格的组织或者自然人,该组织或者自然人聘用的职工从事承包业务时因工伤亡的,用工单位为承担工伤保险责任的单位;

(五)个人挂靠其他单位对外经营,其聘用的人员因工伤亡的,被挂靠单位为承担工伤保险责任的单位。

前款第(四)、(五)项明确的承担工伤保险责任的单位承担赔偿责任或者社会保险经办机构从工伤保险基金支付工伤保险待遇后,有权向相关组织、单位和个人追偿。

第四条 社会保险行政部门认定下列情形为工伤的,人民法院应予支持:

(一)职工在工作时间和工作场所内受到伤害,用人单位或者社会保险行政部门没有证据证明是非工作原因导致的;

(二)职工参加用人单位组织或者受用人单位指派参加其他单位组织的活动受到伤害的;

(三)在工作时间内,职工来往于多个与其工作职责相关的工作场所之间的合理区域因工受到伤害的;

(四)其他与履行工作职责相关,在工作时间及合理区域内受到伤害的。

第五条 社会保险行政部门认定下列情形为"因工外出期间"的,人民法院应予支持:

(一)职工受用人单位指派或者因工作需要在工作场所以外从事与工作职责有关的活动期间;

(二)职工受用人单位指派外出学习或者开会期间;

(三)职工因工作需要的其他外出活动期间。

职工因工外出期间从事与工作或者受用人单位指派外出学习、开会无关的个人活动受到伤害,社会保险行政部门不认定为工伤的,人民法院应予支持。

第六条 对社会保险行政部门认定下列情形为"上下班途中"的,人民法院应予支持:

(一)在合理时间内往返于工作地与住所地、经常居住地、单位宿舍的合理路线的上下班途中;

(二)在合理时间内往返于工作地与配偶、父母、子女居住地的合理路线的上下班途中;

(三)从事属于日常工作生活所需要的活动,且在合理时间和合理路线的上下班途中;

(四)在合理时间内其他合理路线的上下班途中。

第七条 由于不属于职工或者其近亲属自身原因超过工伤认定申请期限的,被耽误的时间不计算在工伤认定申请期限内。

有下列情形之一耽误申请时间的,应当认定为不属于职工或者其近亲属自身原因:

(一)不可抗力;

(二)人身自由受到限制;

(三)属于用人单位原因;
(四)社会保险行政部门登记制度不完善;
(五)当事人对是否存在劳动关系申请仲裁、提起民事诉讼。

第八条 职工因第三人的原因受到伤害,社会保险行政部门以职工或者其近亲属已经对第三人提起民事诉讼或者获得民事赔偿为由,作出不予受理工伤认定申请或者不予认定工伤决定的,人民法院不予支持。

职工因第三人的原因受到伤害,社会保险行政部门已经作出工伤认定,职工或者其近亲属未对第三人提起民事诉讼或者尚未获得民事赔偿,起诉要求社会保险经办机构支付工伤保险待遇的,人民法院应予支持。

职工因第三人的原因导致工伤,社会保险经办机构以职工或者其近亲属已经对第三人提起民事诉讼为由,拒绝支付工伤保险待遇的,人民法院不予支持,但第三人已经支付的医疗费用除外。

第九条 因工伤认定申请人或者用人单位隐瞒有关情况或者提供虚假材料,导致工伤认定错误的,社会保险行政部门可以在诉讼中依法予以更正。

工伤认定依法更正后,原告不申请撤诉,社会保险行政部门在作出原工伤认定时有过错的,人民法院应当判决确认违法;社会保险行政部门无过错的,人民法院可以驳回原告诉讼请求。

第十条 最高人民法院以前颁布的司法解释与本规定不一致的,以本规定为准。

· 司法政策

最高人民法院关于审理行政案件适用法律规范问题的座谈会纪要

· 2004年5月18日
· 法发〔2004〕96号

行政审判涉及的法律规范层级和门类较多,立法法施行以后有关法律适用规则亦发生了很大变化,在法律适用中经常遇到如何识别法律依据、解决法律规范冲突等各种疑难问题。这些问题能否妥当地加以解决,直接影响行政审判的公正和效率。而且,随着我国法治水平的提高和适应加入世贸组织的需要,行政审判在解决法律规范冲突、维护法制统一中的作用越来越突出。为准确适用法律规范,确保行政案件的公正审理,维护国家法制的统一和尊严,促进依法行政,最高人民法院行政审判庭曾就审理行政案件适用法律规范的突出问题进行专题调研,并征求有关部门意见。2003年10月,最高人民法院在上海召开全国法院行政审判工作座谈会期间,就审理行政案件适用法律规范问题进行了专题座谈。与会人员在总结审判经验的基础上,根据立法法、行政诉讼法及其他有关法律规定,对一些带有普遍性的问题形成了共识。现将有关内容纪要如下:

一、关于行政案件的审判依据

根据行政诉讼法和立法法有关规定,人民法院审理行政案件,依据法律、行政法规、地方性法规、自治条例和单行条例,参照规章。在参照规章时,应当对规章的规定是否合法有效进行判断,对于合法有效的规章应当适用。根据立法法、行政法规制定程序条例和规章制定程序条例关于法律、行政法规和规章的解释的规定,全国人大常委会的法律解释,国务院或者国务院授权的部门公布的行政法规解释,人民法院作为审理行政案件的法律依据;规章制定机关作出的与规章具有同等效力的规章解释,人民法院审理行政案件时参照适用。

考虑建国后我国立法程序的沿革情况,现行有效的行政法规有以下三种类型:一是国务院制定并公布的行政法规;二是立法法施行以前,按照当时有效的行政法规制定程序,经国务院批准、由国务院部门公布的行政法规。但在立法法施行以后,经国务院批准、由国务院部门公布的规范性文件,不再属于行政法规;三是在清理行政法规时由国务院确认的其他行政法规。

行政审判实践中,经常涉及有关部门为指导法律执行或者实施行政措施而作出的具体应用解释和制定的其他规范性文件,主要是:国务院部门以及省、市、自治区和较大的市的人民政府或其主管部门对于具体应用法律、法规或规章作出的解释;县级以上人民政府及其主管部门制定发布的具有普遍约束力的决定、命令或其他规范性文件。行政机关往往将这些具体应用解释和其他规范性文件作为具体行政行为的直接依据。这些具体应用解释和规范性文件不是正式的法律渊源,对人民法院不具有法律规范意义上的约束力。但是,人民法院经审查认为被诉具体行政行为依据的具体应用解释和其他规范性文件合法、有效并合理、适当的,在认定被诉具体行政行为合法性时应承认其效力;人民法院可以在裁判理由中对具体应用解释和其他规范性文件是否合法、有效、合理或适当进行评述。

二、关于法律规范冲突的适用规则

调整同一对象的两个或者两个以上的法律规范因规

定不同的法律后果而产生冲突的,一般情况下应当按照立法法规定的上位法优于下位法、后法优于前法以及特别法优于一般法等法律适用规则,判断和选择所适用的法律规范。冲突规范所涉及的事项比较重大、有关机关对是否存在冲突有不同意见、应当优先适用的法律规范的合法有效性尚有疑问或者按照法律适用规则不能确定如何适用时,依据立法法规定的程序逐级送请有权机关裁决。

(一)下位法不符合上位法的判断和适用

下位法的规定不符合上位法的,人民法院原则上应当适用上位法。当前许多具体行政行为是依据下位法作出的,并未援引和适用上位法。在这种情况下,为维护法制统一,人民法院审查具体行政行为的合法性时,应当对下位法是否符合上位法一并进行判断。经判断下位法与上位法相抵触的,应当依据上位法认定被诉具体行政行为的合法性。从审判实践看,下位法不符合上位法的常见情形有:下位法缩小上位法规定的权利主体范围,或者违反上位法立法目的扩大上位法规定的权利主体范围;下位法限制或者剥夺上位法规定的权利,或者违反上位法立法目的扩大上位法规定的权利范围;下位法扩大行政主体或其职权范围;下位法延长上位法规定的履行法定职责期限;下位法以参照、准用等方式扩大或者限缩上位法规定的义务或者义务主体的范围、性质或者条件;下位法增设或者限缩违反上位法规定的适用条件;下位法扩大或者限缩上位法规定的给予行政处罚的行为、种类和幅度的范围;下位法改变上位法已规定的违法行为的性质;下位法超出上位法规定的强制措施的适用范围、种类和方式,以及增设或者限缩其适用条件;法规、规章或者其他规范文件设定不符合行政许可法规定的行政许可,或者增设违反上位法的行政许可条件;其他相抵触的情形。

法律、行政法规或者地方性法规修改后,其实施性规定未被明文废止的,人民法院在适用时应当区分下列情形:实施性规定与修改后的法律、行政法规或者地方性法规相抵触的,不予适用;因法律、行政法规或者地方性法规的修改,相应的实施性规定丧失依据而不能单独施行的,不予适用;实施性规定与修改后的法律、行政法规或者地方性法规不相抵触的,可以适用。

(二)特别规定与一般规定的适用关系

同一法律、行政法规、地方性法规、自治条例和单行条例、规章内的不同条文对相同事项有一般规定和特别规定的,优先适用特别规定。

法律之间、行政法规之间或者地方性法规之间对同一事项的新的一般规定与旧的特别规定不一致的,人民法院原则上应当按照下列情形适用:新的一般规定允许旧的特别规定继续适用的,适用旧的特别规定;新的一般规定废止旧的特别规定的,适用新的一般规定。不能确定新的一般规定是否允许旧的规定继续适用的,人民法院应当中止行政案件的审理,属于法律的,逐级上报最高人民法院送请全国人民代表大会常务委员会裁决;属于行政法规的,逐级上报最高人民法院送请国务院裁决;属于地方性法规的,由高级人民法院送请制定机关裁决。

(三)地方性法规与部门规章冲突的选择适用

地方性法规与部门规章之间对同一事项的规定不一致的,人民法院一般可以按照下列情形适用:

(1)法律或者行政法规授权部门规章作出实施性规定的,其规定优先适用;

(2)尚未制定法律、行政法规的,部门规章对于国务院决定、命令授权的事项,或者对于中央宏观调控的事项、需要全国统一的市场活动规则及对外贸易和外商投资等需要全国统一规定的事项作出的规定,应当优先适用;

(3)地方性法规根据法律或者行政法规的授权,根据本行政区域的实际情况作出的具体规定,应当优先适用;

(4)地方性法规对属于地方性事务的事项作出的规定,应当优先适用;

(5)尚未制定法律、行政法规的,地方性法规根据本行政区域的具体情况,对需要全国统一规定以外的事项作出的规定,应当优先适用;

(6)能够直接适用的其他情形。不能确定如何适用的,应当中止行政案件的审理,逐级上报最高人民法院按照立法法第八十六条第一款第(二)项的规定送请有权机关处理。

(四)规章冲突的选择适用

部门规章与地方政府规章之间对相同事项的规定不一致的,人民法院一般可以按照下列情形适用:

(1)法律或者行政法规授权部门规章作出实施性规定的,其规定优先适用;

(2)尚未制定法律、行政法规的,部门规章对于国务院决定、命令授权的事项,或者对属于中央宏观调控的事项、需要全国统一的市场活动规则及对外贸易和外商投资等事项作出的规定,应当优先适用;

(3)地方政府规章根据法律或者行政法规的授权,根据本行政区域的实际情况作出的具体规定,应当优先适用;

(4)地方政府规章对属于本行政区域的具体行政管

理事项作出的规定,应当优先适用;

(5)能够直接适用的其他情形。不能确定如何适用的,应当中止行政案件的审理,逐级上报最高人民法院送请国务院裁决。

国务院部门之间制定的规章对同一事项的规定不一致的,人民法院一般可以按照下列情形选择适用:

(1)适用与上位法不相抵触的部门规章规定;

(2)与上位法均不抵触的,优先适用根据专属职权制定的规章规定;

(3)两个以上的国务院部门就涉及其职权范围的事项联合制定的规章规定,优先于其中一个部门单独作出的规定;

(4)能够选择适用的其他情形。不能确定如何适用的,应当中止行政案件的审理,逐级上报最高人民法院送请国务院裁决。

国务院部门或者省、市、自治区人民政府制定的其他规范性文件对相同事项的规定不一致的,参照上列精神处理。

三、关于新旧法律规范的适用规则

根据行政审判中的普遍认识和做法,行政相对人的行为发生在新法施行以前,具体行政行为作出在新法施行以后,人民法院审查具体行政行为的合法性时,实体问题适用旧法规定,程序问题适用新法规定,但下列情形除外:

(一)法律、法规或规章另有规定的;

(二)适用新法对保护行政相对人的合法权益更为有利的;

(三)按照具体行政行为的性质应当适用新法的实体规定的。

四、关于法律规范具体应用解释问题

在裁判案件中解释法律规范,是人民法院适用法律的重要组成部分。人民法院对于所适用的法律规范,一般按照其通常语义进行解释;有专业上的特殊涵义的,该涵义优先;语义不清楚或者有歧义的,可以根据上下文和立法宗旨、目的和原则等确定其涵义。

法律规范在列举其适用的典型事项后,又以"等"、"其他"等词语进行表述的,属于不完全列举的例示性规定。以"等"、"其他"等概括性用语表示的事项,均为明文列举的事项以外的事项,且其所概括的情形应为与列举事项类似的事项。

人民法院在解释和适用法律时,应当妥善处理法律效果与社会效果的关系,既要严格适用法律规定和维护法律规定的严肃性,确保法律适用的确定性、统一性和连续性,又要注意与时俱进,注意办案的社会效果,避免刻板僵化地理解和适用法律条文,在法律适用中维护国家利益和社会公共利益。

(十)诉讼费用

最高人民法院关于受理行政赔偿案件是否收取诉讼费用的答复

· 1995 年 9 月 18 日
· 法函〔1995〕121 号

四川省高级人民法院:

你院川高法〔1995〕123 号《关于国家赔偿法实施后行政赔偿案件是否收取诉讼费用的请示》收悉。经研究,答复如下:

根据《中华人民共和国国家赔偿法》第三十四条的规定,人民法院受理行政赔偿案件,不得向当事人收取诉讼费用。

七、国家赔偿

(一) 综 合

最高人民法院关于人民法院执行《中华人民共和国国家赔偿法》几个问题的解释

- 1996年5月6日
- 法发〔1996〕15号

一、根据《中华人民共和国国家赔偿法》(以下简称赔偿法)第十七条第(二)项、第(三)项的规定,依照刑法第十四条、第十五条规定不负刑事责任的人和依照刑事诉讼法第十五条规定不追究刑事责任的人被羁押,国家不承担赔偿责任。但是对起诉后经人民法院判处拘役、有期徒刑、无期徒刑和死刑并已执行的上列人员,有权依法取得赔偿。判决确定前被羁押的日期依法不予赔偿。

二、依照赔偿法第三十一条的规定,人民法院在民事诉讼、行政诉讼过程中,违法采取对妨害诉讼的强制措施、保全措施或者对判决、裁定及其他生效法律文书执行错误,造成损害,具有以下情形之一的,适用刑事赔偿程序予以赔偿:

(一)错误实施司法拘留、罚款的;

(二)实施赔偿法第十五条第(四)项、第(五)项规定行为的;

(三)实施赔偿法第十六条第(一)项规定行为的。

人民法院审理的民事、经济、行政案件发生错判并已执行,依法应当执行回转的,或者当事人申请财产保全、先予执行,申请有错误造成财产损失依法应由申请人赔偿的,国家不承担赔偿责任。

三、公民、法人和其他组织申请人民法院依照赔偿法规定予以赔偿的案件,应当经过依法确认。未经依法确认的,赔偿请求人应当要求有关人民法院予以确认。被要求的人民法院由有关审判庭负责办理依法确认事宜,并应以人民法院的名义答复赔偿请求人。被要求的人民法院不予确认的,赔偿请求人有权申诉。

四、根据赔偿法第二十六条、第二十七条的规定,人民法院判处管制、有期徒刑缓刑、剥夺政治权利等刑罚的人被依法改判无罪的,国家不承担赔偿责任,但是,赔偿请求人在判决生效前被羁押的,依法有权取得赔偿。

五、根据赔偿法第十九条第四款"再审改判无罪的,作出原生效判决的人民法院为赔偿义务机关"的规定,原一审人民法院作出判决后,被告人没有上诉,人民检察院没有抗诉,判决发生法律效力的,原一审人民法院为赔偿义务机关;被告人上诉或者人民检察院抗诉,原二审人民法院维持一审判决或者对一审人民法院判决予以改判的,原二审人民法院为赔偿义务机关。

六、赔偿法第二十六条关于"侵犯公民人身自由的,每日的赔偿金按照国家上年度职工日平均工资计算"中规定的上年度,应为赔偿义务机关、复议机关或者人民法院赔偿委员会作出赔偿决定时的上年度;复议机关或者人民法院赔偿委员会决定维持原赔偿决定的,按作出原赔偿决定时的上年度执行。

国家上年度职工日平均工资数额,应当以职工年平均工资除以全年法定工作日数的方法计算。年平均工资以国家统计局公布的数字为准。

人民检察院国家赔偿工作规定

- 2010年11月22日
- 高检发〔2010〕29号

第一章 总 则

第一条 为了保障公民、法人和其他组织享有依法取得国家赔偿的权利,促进国家机关及其工作人员依法行使职权、公正执法,根据《中华人民共和国国家赔偿法》及有关法律,制定本规定。

第二条 人民检察院通过办理检察机关作为赔偿义务机关的刑事赔偿案件,并对人民法院赔偿委员会决定和行政赔偿诉讼依法履行法律监督职责,保障国家赔偿法的统一正确实施。

第三条 人民检察院国家赔偿工作办公室统一办理检察机关作为赔偿义务机关的刑事赔偿案件、对人民法院赔偿委员会决定提出重新审查意见的案件,以及对人民法院行政赔偿判决、裁定提出抗诉的案件。

人民检察院相关部门应当按照内部分工,协助国家赔偿工作办公室依法办理国家赔偿案件。

第四条 人民检察院国家赔偿工作应当坚持依法、公正、及时的原则。

第五条 上级人民检察院监督、指导下级人民检察院依法办理国家赔偿案件。上级人民检察院在办理国家赔偿案件时，对下级人民检察院作出的相关决定，有权撤销或者变更；发现下级人民检察院已办结的国家赔偿案件确有错误，有权指令下级人民检察院纠正。

赔偿请求人向上级人民检察院反映下级人民检察院在办理国家赔偿案件中存在违法行为的，上级人民检察院应当受理，并依法、及时处理。对依法应予赔偿而拒不赔偿，或者打击报复赔偿请求人的，应当依照有关规定追究相关领导和其他直接责任人员的责任。

第二章 立 案

第六条 赔偿请求人提出赔偿申请的，人民检察院应当受理，并接收下列材料：

（一）刑事赔偿申请书。刑事赔偿申请书应当载明受害人的基本情况、具体要求、事实根据和理由、申请的时间。赔偿请求人书写申请书确有困难的，可以委托他人代书；也可以口头申请。口头提出申请的，应当问明有关情况并制作笔录，由赔偿请求人签名或者盖章。

（二）赔偿请求人和代理人的身份证明材料。赔偿请求人不是受害人本人的，应当要求其说明与受害人的关系，并提供相应证明。赔偿请求人委托他人代理赔偿申请事项的，应当要求其提交授权委托书，以及代理人和被代理人身份证明原件。代理人为律师的，应当同时提供律师执业证及律师事务所介绍函。

（三）证明原案强制措施的法律文书。

（四）证明原案处理情况的法律文书。

（五）证明侵权行为造成损害及其程度的法律文书或者其他材料。

（六）赔偿请求人提供的其他相关材料。

赔偿请求人或者其代理人当面递交申请书或者其他申请材料的，人民检察院应当当场出具加盖本院专用印章并注明收讫日期的《接收赔偿申请材料清单》。申请材料不齐全的，应当当场或者在五日内一次性明确告知赔偿请求人需要补充的全部相关材料。

第七条 人民检察院收到赔偿申请后，国家赔偿工作办公室应当填写《受理赔偿申请登记表》。

第八条 同时符合下列各项条件的赔偿申请，应当立案：

（一）依照国家赔偿法第十七条第一项、第二项规定请求人身自由权赔偿的，已决定撤销案件、不起诉或者判决宣告无罪终止追究刑事责任；依照国家赔偿法第十七条第四项、第五项规定请求生命健康权赔偿的，有伤情、死亡证明；依照国家赔偿法第十八条第一项规定请求财产权赔偿的，刑事诉讼程序已经终结，但已查明该财产确与案件无关的除外；

（二）本院为赔偿义务机关；

（三）赔偿请求人具备国家赔偿法第六条规定的条件；

（四）在国家赔偿法第三十九条规定的请求赔偿时效内；

（五）请求赔偿的材料齐备。

第九条 对符合立案条件的赔偿申请，人民检察院应当立案，并在收到赔偿申请之日起五日内，将《刑事赔偿立案通知书》送达赔偿请求人。

立案应当经部门负责人批准。

第十条 对不符合立案条件的赔偿申请，应当分别下列不同情况予以处理：

（一）尚未决定撤销案件、不起诉或者判决宣告无罪终止追究刑事责任而请求人身自由权赔偿的，没有伤情、死亡证明而请求生命健康权赔偿的，刑事诉讼程序尚未终结而请求财产权赔偿的，告知赔偿请求人不符合立案条件，可在具备立案条件后再申请赔偿；

（二）不属于人民检察院赔偿的，告知赔偿请求人向负有赔偿义务的机关提出；

（三）本院不负有赔偿义务的，告知赔偿请求人向负有赔偿义务的人民检察院提出，或者移送负有赔偿义务的人民检察院，并通知赔偿请求人；

（四）赔偿请求人不具备国家赔偿法第六条规定条件的，告知赔偿请求人；

（五）对赔偿请求已过法定时效的，告知赔偿请求人已经丧失请求赔偿权。

对上列情况，均应当填写《审查刑事赔偿申请通知书》，并说明理由，在收到赔偿申请之日起五日内送达赔偿请求人。

第十一条 当事人、其他直接利害关系人或者其近亲属认为人民检察院扣押、冻结、保管、处理涉案款物侵犯自身合法权益或者有违法情形，向人民检察院投诉，并在刑事诉讼程序终结后又申请刑事赔偿的，尚未办结的投诉程序应当终止，负责办理投诉的部门应当将相关材料移交被请求赔偿的人民检察院国家赔偿工作办公室，依照刑事赔偿程序办理。

第三章　审查决定

第十二条　对已经立案的赔偿案件应当全面审查案件材料，必要时可以调取有关的案卷材料，也可以向原案件承办部门和承办人员等调查、核实有关情况，收集有关证据。原案件承办部门和承办人员应当协助、配合。

第十三条　对请求生命健康权赔偿的案件，人民检察院对是否存在违法侵权行为尚未处理认定的，国家赔偿工作办公室应当在立案后三日内将相关材料移送本院监察部门和渎职侵权检察部门，监察部门和渎职侵权检察部门应当在三十日内提出处理认定意见，移送国家赔偿工作办公室。

第十四条　审查赔偿案件，应当查明以下事项：

（一）是否存在国家赔偿法规定的损害行为和损害结果；

（二）损害是否为检察机关及其工作人员行使职权造成；

（三）侵权的起止时间和造成损害的程度；

（四）是否属于国家赔偿法第十九条规定的国家不承担赔偿责任的情形；

（五）其他需要查明的事项。

第十五条　人民检察院作出赔偿决定，应当充分听取赔偿请求人的意见，并制作笔录。

第十六条　对存在国家赔偿法规定的侵权损害事实，依法应当予以赔偿的，人民检察院可以与赔偿请求人就赔偿方式、赔偿项目和赔偿数额，依照国家赔偿法有关规定进行协商，并制作笔录。

人民检察院与赔偿请求人进行协商，应当坚持自愿、合法原则。禁止胁迫赔偿请求人放弃赔偿申请，禁止违反国家赔偿法规定进行协商。

第十七条　对审查终结的赔偿案件，应当制作赔偿案件审查终结报告，载明原案处理情况、赔偿请求人意见和协商情况，提出是否予以赔偿以及赔偿的方式、项目和数额等具体处理意见，经部门集体讨论、负责人审核后，报检察长决定。重大、复杂案件，由检察长提交检察委员会审议决定。

第十八条　审查赔偿案件，应当根据下列情形分别作出决定：

（一）请求赔偿的侵权事项事实清楚，应当予以赔偿的，依法作出赔偿的决定；

（二）请求赔偿的侵权事项事实不存在，或者不属于国家赔偿范围的，依法作出不予赔偿的决定。

第十九条　办理赔偿案件的人民检察院应当自收到赔偿申请之日起二个月内，作出是否赔偿的决定，制作《刑事赔偿决定书》，并自作出决定之日起十日内送达赔偿请求人。

人民检察院与赔偿请求人协商的，不论协商后是否达成一致意见，均应当制作《刑事赔偿决定书》。

人民检察院决定不予赔偿的，应当在《刑事赔偿决定书》中载明不予赔偿的理由。

第二十条　人民检察院送达刑事赔偿决定书，应当向赔偿请求人说明法律依据和事实证据情况，并告知赔偿请求人如对赔偿决定有异议，可以自收到决定书之日起三十日内向上一级人民检察院申请复议；如对赔偿决定没有异议，要求依照刑事赔偿决定书支付赔偿金的，应当提出支付赔偿金申请。

第四章　复　议

第二十一条　人民检察院在规定期限内未作出赔偿决定的，赔偿请求人可以自期限届满之日起三十日内向上一级人民检察院申请复议。

人民检察院作出不予赔偿决定的，或者赔偿请求人对赔偿的方式、项目、数额有异议的，赔偿请求人可以自收到人民检察院作出的赔偿或者不予赔偿决定之日起三十日内，向上一级人民检察院申请复议。

第二十二条　人民检察院收到复议申请后，应当及时进行审查，分别不同情况作出处理：

（一）对符合法定条件的复议申请，复议机关应当受理；

（二）对超过法定期间提出的，复议机关不予受理；

（三）对申请复议的材料不齐备的，告知赔偿请求人补充有关材料。

第二十三条　复议赔偿案件可以调取有关的案卷材料。对事实不清的，可以要求原承办案件的人民检察院补充调查，也可以自行调查。对损害事实及因果关系、重要证据有争议的，应当听取赔偿请求人和赔偿义务机关的意见。

第二十四条　对审查终结的复议案件，应当制作赔偿复议案件的审查终结报告，提出具体处理意见，经部门集体讨论、负责人审核，报检察长决定。重大、复杂案件，由检察长提交检察委员会审议决定。

第二十五条　复议赔偿案件，应当根据不同情形分别作出决定：

（一）原决定事实清楚，适用法律正确，赔偿方式、项目、数额适当的，予以维持；

（二）原决定认定事实或者适用法律错误的，予以纠

正、赔偿方式、项目、数额不当的,予以变更;

(三)赔偿义务机关逾期未作出决定的,依法作出决定。

第二十六条 人民检察院应当自收到复议申请之日起二个月内作出复议决定。

复议决定作出后,应当制作《刑事赔偿复议决定书》,并自作出决定之日起十日内直接送达赔偿义务机关和赔偿请求人。直接送达赔偿请求人有困难的,可以委托其所在地的人民检察院代为送达。

第二十七条 人民检察院送达刑事赔偿复议决定书,应当向赔偿请求人说明法律依据和事实证据情况,并告知赔偿请求人如对赔偿复议决定有异议,可以自收到复议决定之日起三十日内向复议机关所在地的同级人民法院赔偿委员会申请作出赔偿决定;如对赔偿复议决定没有异议,要求依照复议决定书支付赔偿金的,应当提出支付赔偿金申请。

第二十八条 人民检察院复议赔偿案件,实行一次复议制。

第五章 赔偿监督

第二十九条 赔偿请求人或者赔偿义务机关不服人民法院赔偿委员会作出的刑事赔偿决定或者民事、行政诉讼赔偿决定,以及人民法院行政赔偿判决、裁定,向人民检察院申诉的,人民检察院应当受理。

第三十条 最高人民检察院发现各级人民法院赔偿委员会作出的决定,上级人民检察院发现下级人民法院赔偿委员会作出的决定,具有下列情形之一的,应当自本院受理之日起三十日内立案:

(一)有新的证据,可能足以推翻原决定的;

(二)原决定认定事实的主要证据可能不足的;

(三)原决定适用法律可能错误的;

(四)违反程序规定、可能影响案件正确处理的;

(五)有证据证明审判人员在审理该案时有贪污受贿、徇私舞弊、枉法处理行为的。

下级人民检察院发现上级或者同级人民法院赔偿委员会作出的赔偿决定具有上列情形之一的,经检察长批准或者检察委员会审议决定后,层报有监督权的上级人民检察院审查。

第三十一条 人民检察院立案后,应当在五日内将《赔偿监督立案通知书》送达赔偿请求人和赔偿义务机关。

立案应当经部门负责人批准。

人民检察院决定不立案的,应当在五日内将《赔偿监督申请审查结果通知书》送达提出申诉的赔偿请求人或者赔偿义务机关。赔偿请求人或者赔偿义务机关不服的,可以向作出决定的人民检察院或者上一级人民检察院申诉。人民检察院应当在收到申诉之日起十日内予以答复。

第三十二条 对立案审查的案件,应当全面审查申诉材料和全部案卷。

具有下列情形之一的,可以进行补充调查:

(一)赔偿请求人由于客观原因不能自行收集的主要证据,向人民法院赔偿委员会提供了证据线索,人民法院未进行调查取证的;

(二)赔偿请求人和赔偿义务机关提供的证据互相矛盾,人民法院赔偿委员会未进行调查核实的;

(三)据以认定事实的主要证据可能是虚假、伪造的;

(四)审判人员在审理该案时可能有贪污受贿、徇私舞弊、枉法处理行为的。

对前款第一至三项规定情形的调查,由本院国家赔偿工作办公室或者指令下级人民检察院国家赔偿工作办公室进行。对第四项规定情形的调查,应当根据人民检察院内部业务分工,由本院主管部门或者指令下级人民检察院主管部门进行。

第三十三条 对审查终结的赔偿监督案件,应当制作赔偿监督案件审查终结报告,载明案件来源、原案处理情况、申诉理由、审查认定的事实,提出处理意见。经部门集体讨论、负责人审核,报检察长决定。重大、复杂案件,由检察长提交检察委员会讨论决定。

第三十四条 人民检察院审查终结的赔偿监督案件,具有下列情形之一的,应当依照国家赔偿法第三十条第三款的规定,向同级人民法院赔偿委员会提出重新审查意见:

(一)有新的证据,足以推翻原决定的;

(二)原决定认定事实的主要证据不足的;

(三)原决定适用法律错误的;

(四)违反程序规定、影响案件正确处理的;

(五)作出原决定的审判人员在审理该案时有贪污受贿、徇私舞弊、枉法处理行为的。

第三十五条 人民检察院向人民法院赔偿委员会提出重新审查意见的,应当制作《重新审查意见书》,载明案件来源、基本案情以及要求重新审查的理由、法律依据。

第三十六条 《重新审查意见书》副本应当在作出决定后十日内送达赔偿请求人和赔偿义务机关。

人民检察院立案后决定不提出重新审查意见的,应当在作出决定后十日内将《赔偿监督案件审查结果通知书》，送达赔偿请求人和赔偿义务机关。赔偿请求人或者赔偿义务机关不服的，可以向作出决定的人民检察院或者上一级人民检察院申诉。人民检察院应当在收到申诉之日起十日内予以答复。

第三十七条 对赔偿监督案件，人民检察院应当在立案后三个月内审查办结，并依法提出重新审查意见。属于特别重大、复杂的案件，经检察长批准，可以延长二个月。

第三十八条 人民检察院对人民法院行政赔偿判决、裁定提出抗诉，适用《人民检察院民事行政抗诉案件办案规则》等规定。

第六章 执 行

第三十九条 负有赔偿义务的人民检察院负责赔偿决定的执行。

支付赔偿金的，由国家赔偿工作办公室办理有关事宜；返还财产或者恢复原状的，由国家赔偿工作办公室通知原案件承办部门在二十日内执行，重大、复杂的案件，经检察长批准，可以延长十日。

第四十条 赔偿请求人凭生效的《刑事赔偿决定书》《刑事赔偿复议决定书》或者《人民法院赔偿委员会决定书》，向负有赔偿义务的人民检察院申请支付赔偿金。

支付赔偿金申请采取书面形式。赔偿请求人书写申请书确有困难的，可以委托他人代书；也可以口头申请，由负有赔偿义务的人民检察院记入笔录，并由赔偿请求人签名或者盖章。

第四十一条 负有赔偿义务的人民检察院应当自收到赔偿请求人支付赔偿金申请之日起七日内，依照预算管理权限向有关的财政部门提出支付申请。向赔偿请求人支付赔偿金，依照国务院制定的国家赔偿费用管理有关规定办理。

第四十二条 对有国家赔偿法第十七条规定的情形之一，致人精神损害的，负有赔偿义务的人民检察院应当在侵权行为影响的范围内，为受害人消除影响，恢复名誉、赔礼道歉；造成严重后果的，应当支付相应的精神损害抚慰金。

第七章 其他规定

第四十三条 人民检察院应当依照国家赔偿法的有关规定参与人民法院赔偿委员会审理工作。

第四十四条 人民检察院在办理外国公民、法人和其他组织请求中华人民共和国国家赔偿的案件时，案件办理机关应当查明赔偿请求人所属国是否对中华人民共和国公民、法人和其他组织要求该国国家赔偿的权利不予保护或者限制。

地方人民检察院需要查明涉外相关情况的，应当逐级层报，统一由最高人民检察院国际合作部门办理。

第四十五条 人民检察院在办理刑事赔偿案件时，发现检察机关原刑事案件处理决定确有错误，影响赔偿请求人依法取得赔偿的，应当由刑事申诉检察部门立案复查，提出审查处理意见，报检察长或者检察委员会决定。刑事复查案件应当在三十日内办结；办理刑事复查案件和刑事赔偿案件的合计时间不得超过法定赔偿办案期限。

人民检察院在办理本院为赔偿义务机关的案件时，改变原决定，可能导致不予赔偿的，应当报请上一级人民检察院批准。

对于犯罪嫌疑人没有违法犯罪行为的，或者犯罪事实并非犯罪嫌疑人所为的案件，人民检察院根据刑事诉讼法第一百四十二条第一款的规定作不起诉处理的，应当在刑事赔偿决定书或者复议决定书中直接说明该案不属于国家免责情形，依法作出予以赔偿的决定。

第四十六条 人民检察院在办理本院为赔偿义务机关的案件时或者作出赔偿决定以后，对于撤销案件、不起诉案件或者人民法院宣告无罪的案件，重新立案侦查、提起公诉、提出抗诉的，应当报请上一级人民检察院批准，正在办理的刑事赔偿案件应当中止办理。经人民法院终审判决有罪的，正在办理的刑事赔偿案件应当终结；已作出赔偿决定的，应当由作出赔偿决定的机关予以撤销，已支付的赔偿金应当追缴。

第四十七条 依照本规定作出的《刑事赔偿决定书》《刑事赔偿复议决定书》《重新审查意见书》均应当加盖人民检察院院印，并于十日内报上一级人民检察院备案。

第四十八条 人民检察院赔偿后，根据国家赔偿法第三十一条的规定，应当向有下列情形之一的检察人员追偿部分或者全部赔偿费用：

（一）刑讯逼供或者殴打、虐待等或者唆使、放纵他人殴打、虐待等造成公民身体伤害或者死亡的；

（二）违法使用武器、警械造成公民身体伤害或者死亡的；

（三）在处理案件中有贪污受贿、徇私舞弊、枉法追诉行为的。

对有前款规定情形的责任人员,人民检察院应当依照有关规定给予处分;构成犯罪的,应当依法追究刑事责任。

第四十九条 人民检察院办理国家赔偿案件、开展赔偿监督,不得向赔偿请求人或者赔偿义务机关收取任何费用。

第八章 附 则

第五十条 本规定自2010年12月1日起施行,2000年11月6日最高人民检察院第九届检察委员会第七十三次会议通过的《人民检察院刑事赔偿工作规定》同时废止。

第五十一条 本规定由最高人民检察院负责解释。

最高人民法院关于适用《中华人民共和国国家赔偿法》若干问题的解释(一)

- 2011年2月14日最高人民法院审判委员会第1511次会议通过
- 2011年2月28日最高人民法院公告公布
- 自2011年3月18日起施行
- 法释〔2011〕4号

为正确适用2010年4月29日第十一届全国人民代表大会常务委员会第十四次会议修正的《中华人民共和国国家赔偿法》,对人民法院处理国家赔偿案件中适用国家赔偿法的有关问题解释如下:

第一条 国家机关及其工作人员行使职权侵犯公民、法人和其他组织合法权益的行为发生在2010年12月1日以后,或者发生在2010年12月1日以前、持续至2010年12月1日以后的,适用修正的国家赔偿法。

第二条 国家机关及其工作人员行使职权侵犯公民、法人和其他组织合法权益的行为发生在2010年12月1日以前的,适用修正前的国家赔偿法,但有下列情形之一的,适用修正的国家赔偿法:

(一)2010年12月1日以前已经受理赔偿请求人的赔偿请求但尚未作出生效赔偿决定的;

(二)赔偿请求人在2010年12月1日以后提出赔偿请求的。

第三条 人民法院对2010年12月1日以前已经受理但尚未审结的国家赔偿确认案件,应当继续审理。

第四条 公民、法人和其他组织对行使侦查、检察、审判职权的机关以及看守所、监狱管理机关在2010年12月1日以前作出并已发生法律效力的不予确认职务行为违法的法律文书不服,未依照修正前的国家赔偿法规定提出申诉并经有权机关作出侵权确认结论,直接向人民法院赔偿委员会申请赔偿的,不予受理。

第五条 公民、法人和其他组织对在2010年12月1日以前发生法律效力的赔偿决定不服提出申诉的,人民法院审查处理时适用修正前的国家赔偿法;但是仅就修正的国家赔偿法增加的赔偿项目及标准提出申诉的,人民法院不予受理。

第六条 人民法院审查发现2010年12月1日以前发生法律效力的确认裁定、赔偿决定确有错误应当重新审查处理的,适用修正前的国家赔偿法。

第七条 赔偿请求人认为行使侦查、检察、审判职权的机关以及看守所、监狱管理机关及其工作人员在行使职权时有修正的国家赔偿法第十七条第(一)、(二)、(三)项、第十八条规定情形的,应当在刑事诉讼程序终结后提出赔偿请求,但下列情形除外:

(一)赔偿请求人有证据证明其与尚未终结的刑事案件无关的;

(二)刑事案件被害人依据刑事诉讼法第一百九十八条的规定,以财产未返还或者认为返还的财产受到损害而要求赔偿的。

第八条 赔偿请求人认为人民法院有修正的国家赔偿法第三十八条规定情形的,应当在民事、行政诉讼程序或者执行程序终结后提出赔偿请求,但人民法院已依法撤销对妨害诉讼采取的强制措施的情形除外。

第九条 赔偿请求人或者赔偿义务机关认为人民法院赔偿委员会作出的赔偿决定存在错误,依法向上一级人民法院赔偿委员会提出申诉的,不停止赔偿决定的执行;但人民法院赔偿委员会依据修正的国家赔偿法第三十条的规定决定重新审查的,可以决定中止原赔偿决定的执行。

第十条 人民检察院依据修正的国家赔偿法第三十条第三款的规定,对人民法院赔偿委员会在2010年12月1日以后作出的赔偿决定提出意见的,同级人民法院赔偿委员会应当决定重新审查,并可以决定中止原赔偿决定的执行。

第十一条 本解释自公布之日起施行。

最高人民法院关于人民法院赔偿委员会审理国家赔偿案件程序的规定

- 2011年2月28日最高人民法院审判委员会第1513次会议通过
- 2011年3月17日最高人民法院公告公布
- 自2011年3月22日起施行
- 法释〔2011〕6号

根据2010年4月29日修正的《中华人民共和国国家赔偿法》(以下简称国家赔偿法),结合国家赔偿工作实际,对人民法院赔偿委员会(以下简称赔偿委员会)审理国家赔偿案件的程序作如下规定:

第一条 赔偿请求人向赔偿委员会申请作出赔偿决定,应当递交赔偿申请书一式四份。赔偿请求人书写申请书确有困难的,可以口头申请。口头提出申请的,人民法院应当填写《申请赔偿登记表》,由赔偿请求人签名或者盖章。

第二条 赔偿请求人向赔偿委员会申请作出赔偿决定,应当提供以下法律文书和证明材料:

(一)赔偿义务机关作出的决定书;

(二)复议机关作出的复议决定书,但赔偿义务机关是人民法院的除外;

(三)赔偿义务机关或者复议机关逾期未作出决定的,应当提供赔偿义务机关对赔偿申请的收讫凭证等相关证明材料;

(四)行使侦查、检察、审判职权的机关在赔偿申请所涉案件的刑事诉讼程序、民事诉讼程序、行政诉讼程序、执行程序中作出的法律文书;

(五)赔偿义务机关职权行为侵犯赔偿请求人合法权益造成损害的证明材料;

(六)证明赔偿申请符合申请条件的其他材料。

第三条 赔偿委员会收到赔偿申请,经审查认为符合申请条件的,应当在七日内立案,并通知赔偿请求人、赔偿义务机关和复议机关;认为不符合申请条件的,应当在七日内决定不予受理;立案后发现不符合申请条件的,决定驳回申请。

前款规定的期限,自赔偿委员会收到赔偿申请之日起计算。申请材料不齐全的,赔偿委员会应当在五日内一次性告知赔偿请求人需要补正的全部内容,收到赔偿申请的时间应当自赔偿委员会收到补正材料之日起计算。

第四条 赔偿委员会应当在立案之日起五日内将赔偿申请书副本或者《申请赔偿登记表》副本送达赔偿义务机关和复议机关。

第五条 赔偿请求人可以委托一至二人作为代理人。律师、提出申请的公民的近亲属、有关的社会团体或者所在单位推荐的人、经赔偿委员会许可的其他公民,都可以被委托为代理人。

赔偿义务机关、复议机关可以委托本机关工作人员一至二人为代理人。

第六条 赔偿请求人、赔偿义务机关、复议机关委托他人代理,应当向赔偿委员会提交由委托人签名或者盖章的授权委托书。

授权委托书应当载明委托事项和权限。代理人代为承认、放弃、变更赔偿请求,应当有委托人的特别授权。

第七条 赔偿委员会审理赔偿案件,应当指定一名审判员负责具体承办。

负责具体承办赔偿案件的审判员应当查清事实并写出审理报告,提请赔偿委员会讨论决定。

赔偿委员会作赔偿决定,必须有三名以上审判员参加,按照少数服从多数的原则作出决定。

第八条 审判人员有下列情形之一的,应当回避,赔偿请求人和赔偿义务机关有权以书面或者口头方式申请其回避:

(一)是本案赔偿请求人的近亲属;

(二)是本案代理人的近亲属;

(三)与本案有利害关系;

(四)与本案有其他关系,可能影响对案件公正审理的。

前款规定,适用于书记员、翻译人员、鉴定人、勘验人。

第九条 赔偿委员会审理赔偿案件,可以组织赔偿义务机关与赔偿请求人就赔偿方式、赔偿项目和赔偿数额依照国家赔偿法第四章的规定进行协商。

第十条 组织协商应当遵循自愿和合法的原则。赔偿请求人、赔偿义务机关一方或者双方不愿协商,或者协商不成的,赔偿委员会应当及时作出决定。

第十一条 赔偿请求人和赔偿义务机关经协商达成协议的,赔偿委员会审查确认后应当制作国家赔偿决定书。

第十二条 赔偿请求人、赔偿义务机关对自己提出的主张或者反驳对方主张所依据的事实有责任提供证据加以证明。有国家赔偿法第二十六条第二款规定情形的,应当由赔偿义务机关提供证据。

没有证据或者证据不足以证明其事实主张的，由负有举证责任的一方承担不利后果。

第十三条 赔偿义务机关对其职权行为的合法性负有举证责任。

赔偿请求人可以提供证明职权行为违法的证据，但不因此免除赔偿义务机关对其职权行为合法性的举证责任。

第十四条 有下列情形之一的，赔偿委员会可以组织赔偿请求人和赔偿义务机关进行质证：

（一）对侵权事实、损害后果及因果关系争议较大的；

（二）对是否属于国家赔偿法第十九条规定的国家不承担赔偿责任的情形争议较大的；

（三）对赔偿方式、赔偿项目或者赔偿数额争议较大的；

（四）赔偿委员会认为应当质证的其他情形。

第十五条 赔偿委员会认为重大、疑难的案件，应报请院长提交审判委员会讨论决定。审判委员会的决定，赔偿委员会应当执行。

第十六条 赔偿委员会作出决定前，赔偿请求人撤回赔偿申请的，赔偿委员会应当依法审查并作出是否准许的决定。

第十七条 有下列情形之一的，赔偿委员会应当决定中止审理：

（一）赔偿请求人死亡，需要等待其继承人和其他有扶养关系的亲属表明是否参加赔偿案件处理的；

（二）赔偿请求人丧失行为能力，尚未确定法定代理人的；

（三）作为赔偿请求人的法人或者其他组织终止，尚未确定权利义务承受人的；

（四）赔偿请求人因不可抗拒的事由，在法定审限内不能参加赔偿案件处理的；

（五）宣告无罪的案件，人民法院决定再审或者人民检察院按照审判监督程序提出抗诉的；

（六）应当中止审理的其他情形。

中止审理的原因消除后，赔偿委员会应当及时恢复审理，并通知赔偿请求人、赔偿义务机关和复议机关。

第十八条 有下列情形之一的，赔偿委员会应当决定终结审理：

（一）赔偿请求人死亡，没有继承人和其他有扶养关系的亲属或者赔偿请求人的继承人和其他有扶养关系的亲属放弃要求赔偿权利的；

（二）作为赔偿请求人的法人或者其他组织终止后，其权利义务承受人放弃要求赔偿权利的；

（三）赔偿请求人据以申请赔偿的撤销案件决定、不起诉决定或者无罪判决被撤销的；

（四）应当终结审理的其他情形。

第十九条 赔偿委员会审理赔偿案件应当按照下列情形，分别作出决定：

（一）赔偿义务机关的决定或者复议机关的复议决定认定事实清楚，适用法律正确的，依法予以维持；

（二）赔偿义务机关的决定、复议机关的复议决定认定事实清楚，但适用法律错误的，依法重新决定；

（三）赔偿义务机关的决定、复议机关的复议决定认定事实不清、证据不足的，查清事实后依法重新决定；

（四）赔偿义务机关、复议机关逾期未作决定的，查清事实后依法作出决定。

第二十条 赔偿委员会审理赔偿案件作出决定，应当制作国家赔偿决定书，加盖人民法院印章。

第二十一条 国家赔偿决定书应当载明以下事项：

（一）赔偿请求人的基本情况，赔偿义务机关、复议机关的名称及其法定代表人；

（二）赔偿请求人申请事项及理由，赔偿义务机关的决定、复议机关的复议决定情况；

（三）赔偿委员会认定的事实及依据；

（四）决定的理由及法律依据；

（五）决定内容。

第二十二条 赔偿委员会作出的决定应当分别送达赔偿请求人、赔偿义务机关和复议机关。

第二十三条 人民法院办理本院为赔偿义务机关的国家赔偿案件参照本规定。

第二十四条 自本规定公布之日起，《人民法院赔偿委员会审理赔偿案件程序的暂行规定》即行废止；本规定施行前本院发布的司法解释与本规定不一致的，以本规定为准。

最高人民检察院关于适用修改后《中华人民共和国国家赔偿法》若干问题的意见

· 2011年4月25日
· 高检发刑申字〔2011〕3号

第十一届全国人民代表大会常务委员会第十四次会议于2010年4月29日通过的《关于修改〈中华人民共和国国家赔偿法〉的决定》，自2010年12月1日起施行。现就人民检察院处理国家赔偿案件中适用修改后国家赔偿法的若干问题提出以下意见：

一、人民检察院和人民检察院工作人员行使职权侵犯公民、法人和其他组织合法权益的行为发生在2010年12月1日以后的，适用修改后国家赔偿法的规定。

人民检察院和人民检察院工作人员行使职权侵犯公民、法人和其他组织合法权益的行为发生在2010年12月1日以前的，适用修改前国家赔偿法的规定，但在2010年12月1日以后提出赔偿请求的，或者在2010年12月1日以前提出赔偿请求但尚未作出生效赔偿决定的，适用修改后国家赔偿法的规定。

人民检察院和人民检察院工作人员行使职权侵犯公民、法人和其他组织合法权益的行为发生在2010年12月1日以前，持续至2010年12月1日以后的，适用修改后国家赔偿法的规定。

二、人民检察院在2010年12月1日以前受理但尚未办结的刑事赔偿确认案件，继续办理。办结后，对予以确认的，依法进入赔偿程序，适用修改后国家赔偿法的规定办理；对不服不予确认申诉的，适用修改前国家赔偿法的规定处理。

人民检察院在2010年12月1日以前已经作出决定并发生法律效力的刑事赔偿确认案件，赔偿请求人申诉或者原决定确有错误需要纠正的，适用修改前国家赔偿法的规定处理。

三、赔偿请求人不服人民检察院在2010年12月1日以前已经生效的刑事赔偿决定，向人民检察院申诉的，人民检察院适用修改前国家赔偿法的规定办理；赔偿请求人仅就修改后国家赔偿法增加的赔偿项目及标准提出申诉的，人民检察院不予受理。

四、赔偿请求人或者赔偿义务机关不服人民法院赔偿委员会在2010年12月1日以后作出的赔偿决定，向人民检察院申诉的，人民检察院应当依法受理，依照修改后国家赔偿法第三十条第三款的规定办理。

赔偿请求人或者赔偿义务机关不服人民法院赔偿委员会在2010年12月1日以前作出的赔偿决定，向人民检察院申诉的，不适用修改后国家赔偿法第三十条第三款的规定，人民检察院应当告知其依照法律规定向人民法院提出申诉。

五、人民检察院控告申诉检察部门、民事行政检察部门在2010年12月1日以后接到不服人民法院行政赔偿判决、裁定的申诉案件，以及不服人民法院赔偿委员会决定的申诉案件，应当移送本院国家赔偿工作办公室办理。

人民检察院民事行政检察部门在2010年12月1日以前已经受理，尚未办结的不服人民法院行政赔偿判决、裁定申诉案件，仍由民事行政检察部门办理。

六、本意见自公布之日起施行。

最高人民法院关于国家赔偿案件立案工作的规定

- 2011年12月26日最高人民法院审判委员会第1537次会议通过
- 2012年1月13日最高人民法院公告公布
- 自2012年2月15日起施行
- 法释〔2012〕1号

为保障公民、法人和其他组织依法行使请求国家赔偿的权利，保证人民法院及时、准确审查受理国家赔偿案件，根据《中华人民共和国国家赔偿法》及有关法律规定，现就人民法院国家赔偿案件立案工作规定如下：

第一条 本规定所称国家赔偿案件，是指国家赔偿法第十七条、第十八条、第二十一条、第三十八条规定的下列案件：

（一）违反刑事诉讼法的规定对公民采取拘留措施的，或者依照刑事诉讼法规定的条件和程序对公民采取拘留措施，但是拘留时间超过刑事诉讼法规定的时限，其后决定撤销案件、不起诉或者判决宣告无罪终止追究刑事责任的；

（二）对公民采取逮捕措施后，决定撤销案件、不起诉或者判决宣告无罪终止追究刑事责任的；

（三）二审改判无罪，以及二审发回重审后作无罪处理的；

（四）依照审判监督程序再审改判无罪，原判刑罚已经执行的；

（五）刑讯逼供或者以殴打、虐待等行为或者唆使、放纵他人以殴打、虐待等行为造成公民身体伤害或者死亡的；

（六）违法使用武器、警械造成公民身体伤害或者死亡的；

（七）在刑事诉讼过程中违法对财产采取查封、扣押、冻结、追缴等措施的；

（八）依照审判监督程序再审改判无罪，原判罚金、没收财产已经执行的；

（九）在民事诉讼、行政诉讼过程中，违法采取对妨害诉讼的强制措施、保全措施或者对判决、裁定及其他生效法律文书执行错误，造成损害的。

第二条 赔偿请求人向作为赔偿义务机关的人民法

院提出赔偿申请,或者依照国家赔偿法第二十四条、第二十五条的规定向人民法院赔偿委员会提出赔偿申请的,收到申请的人民法院根据本规定予以审查立案。

第三条 赔偿请求人当面递交赔偿申请的,收到申请的人民法院应当依照国家赔偿法第十二条的规定,当场出具加盖本院专用印章并注明收讫日期的书面凭证。

赔偿请求人以邮寄等形式提出赔偿申请的,收到申请的人民法院应当及时登记审查。

申请材料不齐全的,收到申请的人民法院应当在五日内一次性告知赔偿请求人需要补正的全部内容。收到申请的时间自人民法院收到补正材料之日起计算。

第四条 赔偿请求人向作为赔偿义务机关的人民法院提出赔偿申请,收到申请的人民法院经审查认为其申请符合下列条件的,应予立案:

(一)赔偿请求人具备法律规定的主体资格;
(二)本院是赔偿义务机关;
(三)有具体的申请事项和理由;
(四)属于本规定第一条规定的情形。

第五条 赔偿请求人对作为赔偿义务机关的人民法院作出的是否赔偿的决定不服,依照国家赔偿法第二十四条的规定向其上一级人民法院赔偿委员会提出赔偿申请,收到申请的人民法院经审查认为其申请符合下列条件的,应予立案:

(一)有赔偿义务机关作出的是否赔偿的决定书;
(二)符合法律规定的请求期间,因不可抗力或者其他障碍未能在法定期间行使请求权的情形除外。

第六条 作为赔偿义务机关的人民法院逾期未作出是否赔偿的决定,赔偿请求人依照国家赔偿法第二十四条的规定向其上一级人民法院赔偿委员会提出赔偿申请,收到申请的人民法院经审查认为其申请符合下列条件的,应予立案:

(一)赔偿请求人具备法律规定的主体资格;
(二)被申请的赔偿义务机关是法律规定的赔偿义务机关;
(三)有具体的申请事项和理由;
(四)属于本规定第一条规定的情形;
(五)有赔偿义务机关已经收到赔偿申请的收讫凭证或者相应证据;
(六)符合法律规定的请求期间,因不可抗力或者其他障碍未能在法定期间行使请求权的情形除外。

第七条 赔偿请求人对行使侦查、检察职权的机关以及看守所、监狱管理机关作出的决定不服,经向其上一级机关申请复议,对复议机关的复议决定仍不服,依照国家赔偿法第二十五条的规定向复议机关所在地的同级人民法院赔偿委员会提出赔偿申请,收到申请的人民法院经审查认为其申请符合下列条件的,应予立案:

(一)有复议机关的复议决定书;
(二)符合法律规定的请求期间,因不可抗力或者其他障碍未能在法定期间行使请求权的情形除外。

第八条 复议机关逾期未作出复议决定,赔偿请求人依照国家赔偿法第二十五条的规定向复议机关所在地的同级人民法院赔偿委员会提出赔偿申请,收到申请的人民法院经审查认为其申请符合下列条件的,应予立案:

(一)赔偿请求人具备法律规定的主体资格;
(二)被申请的赔偿义务机关、复议机关是法律规定的赔偿义务机关、复议机关;
(三)有具体的申请事项和理由;
(四)属于本规定第一条规定的情形;
(五)有赔偿义务机关、复议机关已经收到赔偿申请的收讫凭证或者相应证据;
(六)符合法律规定的请求期间,因不可抗力或者其他障碍未能在法定期间行使请求权的情形除外。

第九条 人民法院应当在收到申请之日起七日内决定是否立案。

决定立案的,人民法院应当在立案之日起五日内向赔偿请求人送达受理案件通知书。属于人民法院赔偿委员会审理的国家赔偿案件,还应当同时向赔偿义务机关、复议机关送达受理案件通知书、国家赔偿申请书或者《申请赔偿登记表》副本。

经审查不符合立案条件的,人民法院应当在七日内作出不予受理决定,并应当在作出决定之日起十日内送达赔偿请求人。

第十条 赔偿请求人对复议机关或者作为赔偿义务机关的人民法院作出的决定不予受理的文书不服,依照国家赔偿法第二十四条、第二十五条的规定向人民法院赔偿委员会提出赔偿申请,收到申请的人民法院可以依照本规定第六条、第八条予以审查立案。

经审查认为原不予受理错误的,人民法院赔偿委员会可以直接审查并作出决定,必要时也可以交由复议机关或者作为赔偿义务机关的人民法院作出决定。

第十一条 自本规定施行之日起,《最高人民法院关于刑事赔偿和非刑事司法赔偿案件立案工作的暂行规定(试行)》即行废止;本规定施行前本院发布的司法解释与本规定不一致的,以本规定为准。

关于司法赔偿案件案由的规定

- 2023年4月19日
- 法〔2023〕68号

为正确适用法律，统一确定案由，根据《中华人民共和国国家赔偿法》等法律规定，结合人民法院司法赔偿审判工作实际情况，对司法赔偿案件案由规定如下：

一、刑事赔偿

适用于赔偿请求人主张赔偿义务机关在行使刑事司法职权时侵犯人身权或者财产权的赔偿案件。

（一）人身自由损害刑事赔偿

适用于赔偿请求人主张赔偿义务机关在行使刑事司法职权时侵犯人身自由的赔偿案件。

1. 违法刑事拘留赔偿

适用于赔偿请求人主张赔偿义务机关违反刑事诉讼法规定的条件、程序或者时限采取拘留措施的赔偿案件。

2. 变相羁押赔偿

适用于赔偿请求人主张赔偿义务机关违反刑事诉讼法的规定指定居所监视居住或者超出法定时限连续传唤、拘传，实际已达到刑事拘留效果的赔偿案件。

3. 无罪逮捕赔偿

适用于赔偿请求人主张赔偿义务机关采取逮捕措施错误的赔偿案件。

4. 二审无罪赔偿

适用于赔偿请求人主张二审已改判无罪，赔偿义务机关此前作出一审有罪错判的赔偿案件。

5. 重审无罪赔偿

适用于赔偿请求人主张二审发回重审后已作无罪处理，赔偿义务机关此前作出一审有罪错判的赔偿案件。

6. 再审无罪赔偿

适用于赔偿请求人主张依照审判监督程序已再审改判无罪或者改判部分无罪，赔偿义务机关此前作出原生效有罪错判的赔偿案件。

（二）生命健康损害刑事赔偿

适用于赔偿请求人主张赔偿义务机关在行使刑事司法职权时侵犯生命健康的赔偿案件。

1. 刑讯逼供致伤、致死赔偿

适用于赔偿请求人主张赔偿义务机关刑讯逼供造成身体伤害或者死亡的赔偿案件。

2. 殴打、虐待致伤、致死赔偿

适用于赔偿请求人主张赔偿义务机关以殴打、虐待行为或者唆使、放纵他人以殴打、虐待行为造成身体伤害或者死亡的赔偿案件。

3. 怠于履行监管职责致伤、致死赔偿

适用于赔偿请求人主张赔偿义务机关未尽法定监管、救治职责，造成被羁押人身体伤害或者死亡的赔偿案件。

4. 违法使用武器、警械致伤、致死赔偿

适用于赔偿请求人主张赔偿义务机关违法使用武器、警械造成身体伤害或者死亡的赔偿案件。

（三）财产损害刑事赔偿

适用于赔偿请求人主张赔偿义务机关在行使刑事司法职权时侵犯财产权益的赔偿案件。

1. 刑事违法查封、扣押、冻结、追缴赔偿

适用于赔偿请求人主张赔偿义务机关在刑事诉讼过程中，违法对财产采取查封、扣押、冻结、追缴措施的赔偿案件。

2. 违法没收、拒不退还取保候审保证金赔偿

适用于赔偿请求人主张赔偿义务机关违法没收取保候审保证金、无正当理由对应当退还的取保候审保证金不予退还的赔偿案件。

3. 错判罚金、没收财产赔偿

适用于赔偿请求人主张原判罚金、没收财产执行后，依照审判监督程序已再审改判财产刑的赔偿案件。

二、非刑事司法赔偿

适用于赔偿请求人主张人民法院在民事、行政诉讼等非刑事司法活动中，侵犯人身权或者财产权的赔偿案件。

（四）违法采取对妨害诉讼的强制措施赔偿

适用于赔偿请求人主张人民法院在民事、行政诉讼中，违法采取对妨害诉讼的强制措施的赔偿案件。

1. 违法司法罚款赔偿

适用于赔偿请求人主张人民法院在民事、行政诉讼中，违法司法罚款的赔偿案件。

2. 违法司法拘留赔偿

适用于赔偿请求人主张人民法院在民事、行政诉讼中，违法司法拘留的赔偿案件。

（五）违法保全赔偿

适用于赔偿请求人主张人民法院在民事、行政诉讼中，违法采取或者违法解除保全措施的赔偿案件。

（六）违法先予执行赔偿

适用于赔偿请求人主张人民法院在民事、行政诉讼中，违法采取先予执行措施的赔偿案件。

(七)错误执行赔偿

适用于赔偿请求人主张人民法院对民事、行政判决、裁定以及其他生效法律文书执行错误的赔偿案件。

1. 无依据、超范围执行赔偿

适用于赔偿请求人主张人民法院执行未生效法律文书,或者超出生效法律文书确定的数额、范围执行的赔偿案件。

2. 违法执行损害案外人权益赔偿

适用于赔偿请求人主张人民法院违法执行案外人财产、未依法保护案外人优先受偿权等合法权益,或者对其他法院已经依法保全、执行的财产违法执行的赔偿案件。

3. 违法采取执行措施赔偿

适用于赔偿请求人主张人民法院违法采取查封、扣押、冻结、拍卖、变卖、以物抵债、交付等执行措施,或者在采取前述措施过程中存在未履行监管职责等过错的赔偿案件。

4. 违法采取执行强制措施赔偿

适用于赔偿请求人主张人民法院违法采取纳入失信被执行人名单、限制消费、限制出境、罚款、拘留等执行强制措施的赔偿案件。

5. 违法不执行、拖延执行赔偿

适用于赔偿请求人主张人民法院违法不执行、拖延执行或者应当依法恢复执行而不恢复的赔偿案件。

最高人民法院关于人民法院赔偿委员会适用质证程序审理国家赔偿案件的规定

- 2013年12月16日最高人民法院审判委员会第1600次会议通过
- 2013年12月19日最高人民法院公告公布
- 自2014年3月1日起施行
- 法释〔2013〕27号

为规范人民法院赔偿委员会(以下简称赔偿委员会)适用质证程序审理国家赔偿案件,根据《中华人民共和国国家赔偿法》等有关法律规定,结合国家赔偿工作实际,制定本规定。

第一条 赔偿委员会根据国家赔偿法第二十七条的规定,听取赔偿请求人、赔偿义务机关的陈述和申辩,进行质证的,适用本规定。

第二条 有下列情形之一,经书面审理不能解决的,赔偿委员会可以组织赔偿请求人和赔偿义务机关进行质证:

(一)对侵权事实、损害后果及因果关系有争议的;

(二)对是否属于国家赔偿法第十九条规定的国家不承担赔偿责任的情形有争议的;

(三)对赔偿方式、赔偿项目或者赔偿数额有争议的;

(四)赔偿委员会认为应当质证的其他情形。

第三条 除涉及国家秘密、个人隐私或者法律另有规定的以外,质证应当公开进行。

赔偿请求人或者赔偿义务机关申请不公开质证,对方同意的,赔偿委员会可以不公开质证。

第四条 赔偿请求人和赔偿义务机关在质证活动中的法律地位平等,有权委托代理人,提出回避申请,提供证据,申请查阅、复制本案质证材料,进行陈述、质询、申辩,并应当依法行使质证权利,遵守质证秩序。

第五条 赔偿请求人、赔偿义务机关对其主张的有利于自己的事实负举证责任,但法律、司法解释另有规定的除外。

没有证据或者证据不足以证明其事实主张的,由负有举证责任的一方承担不利后果。

第六条 下列事实需要证明的,由赔偿义务机关负举证责任:

(一)赔偿义务机关行为的合法性;

(二)赔偿义务机关无过错;

(三)因赔偿义务机关过错致使赔偿请求人不能证明的待证事实;

(四)赔偿义务机关行为与被羁押人在羁押期间死亡或者丧失行为能力不存在因果关系。

第七条 下列情形,由赔偿义务机关负举证责任:

(一)属于法定免责情形;

(二)赔偿请求超过法定时效;

(三)具有其他抗辩事由。

第八条 赔偿委员会认为必要时,可以通知复议机关参加质证,由复议机关对其作出复议决定的事实和法律依据进行说明。

第九条 赔偿请求人可以在举证期限内申请赔偿委员会调取下列证据:

(一)由国家有关部门保存,赔偿请求人及其委托代理人无权查阅调取的证据;

(二)涉及国家秘密、商业秘密、个人隐私的证据;

(三)赔偿请求人及其委托代理人因客观原因不能自行收集的其他证据。

赔偿请求人申请赔偿委员会调取证据,应当提供具体线索。

第十条 赔偿委员会有权要求赔偿请求人、赔偿义务机关提供或者补充证据。

涉及国家利益、社会公共利益或者他人合法权益的事实，或者涉及依职权追加质证参加人、中止审理、终结审理、回避等程序性事项的，赔偿委员会可以向有关单位和人员调查情况、收集证据。

第十一条 赔偿请求人、赔偿义务机关应当在收到受理案件通知书之日起十日内提供证据。赔偿请求人、赔偿义务机关确因客观事由不能在该期限内提供证据的，赔偿委员会可以根据其申请适当延长举证期限。

赔偿请求人、赔偿义务机关无正当理由逾期提供证据的，应当承担相应的不利后果。

第十二条 对于证据较多或者疑难复杂的案件，赔偿委员会可以组织赔偿请求人、赔偿义务机关在质证前交换证据，明确争议焦点，并将交换证据的情况记录在卷。

赔偿请求人、赔偿义务机关在证据交换过程中没有争议并记录在卷的证据，经审判员在质证中说明后，可以作为认定案件事实的依据。

第十三条 赔偿委员会应当指定审判员组织质证，并在质证三日前通知赔偿请求人、赔偿义务机关和其他质证参加人。必要时，赔偿委员会可以通知赔偿义务机关实施原职权行为的工作人员或者其他利害关系人到场接受询问。

赔偿委员会决定公开质证的，应当在质证三日前公告案由、赔偿请求人和赔偿义务机关的名称，以及质证的时间、地点。

第十四条 适用质证程序审理国家赔偿案件，未经质证的证据不得作为认定案件事实的依据，但法律、司法解释另有规定的除外。

第十五条 赔偿请求人、赔偿义务机关应围绕证据的关联性、真实性、合法性，针对证据有无证明力以及证明力大小，进行质证。

第十六条 质证开始前，由书记员查明质证参加人是否到场，宣布质证纪律。

质证开始时，由主持质证的审判员核对赔偿请求人、赔偿义务机关，宣布案由、宣布审判员、书记员名单，向赔偿请求人、赔偿义务机关告知质证权利义务以及询问是否申请回避。

第十七条 质证一般按照下列顺序进行：

（一）赔偿请求人、赔偿义务机关分别陈述，复议机关进行说明；

（二）审判员归纳争议焦点；

（三）赔偿请求人、赔偿义务机关分别出示证据，发表意见；

（四）询问参加质证的证人、鉴定人、勘验人；

（五）赔偿请求人、赔偿义务机关就争议的事项进行质询和辩论；

（六）审判员宣布赔偿请求人、赔偿义务机关认识一致的事实和证据；

（七）赔偿请求人、赔偿义务机关最后陈述意见。

第十八条 赔偿委员会根据赔偿请求人申请调取的证据，作为赔偿请求人提供的证据进行质证。

赔偿委员会依职权调取的证据应当在质证时出示，并就调取该证据的情况予以说明，听取赔偿请求人、赔偿义务机关的意见。

第十九条 赔偿请求人或者赔偿义务机关对对方主张的不利于自己的事实，在质证中明确表示承认的，对方无需举证；既未表示承认也未否认，经审判员询问并释明法律后果后，其仍不作明确表示的，视为对该项事实的承认。

赔偿请求人、赔偿义务机关委托代理人参加质证的，代理人在代理权限范围内的承认视为被代理人的承认，但参加质证的赔偿请求人、赔偿义务机关当场明确表示反对的除外；代理人超出代理权限范围的承认，参加质证的赔偿请求人、赔偿义务机关当场不作否认表示的，视为被代理人的承认。

上述承认违反法律禁止性规定，或者损害国家利益、社会公共利益、他人合法权益的，不发生自认的效力。

第二十条 下列事实无需举证证明：

（一）自然规律以及定理、定律；

（二）众所周知的事实；

（三）根据法律规定推定的事实；

（四）已经依法证明的事实；

（五）根据日常生活经验法则推定的事实。

前款（二）、（三）、（四）、（五）项，赔偿请求人、赔偿义务机关有相反证据否定其真实性的除外。

第二十一条 有证据证明赔偿义务机关持有证据无正当理由拒不提供的，赔偿委员会可以就待证事实作出有利于赔偿请求人的推定。

第二十二条 赔偿委员会应当依据法律规定，遵照法定程序，全面客观地审核证据，运用逻辑推理和日常生活经验，对证据的证明力进行独立、综合的审查判断。

第二十三条 书记员应当将质证的全部活动记入笔录。质证笔录由赔偿请求人、赔偿义务机关和其他质证参与人核对无误或者补正后签名或者盖章。拒绝签名或者盖章的，应当记明情况附卷，由审判员和书记员签名。

具备条件的，赔偿委员会可以对质证活动进行全程同步录音录像。

第二十四条 赔偿请求人、赔偿义务机关经通知无正当理由拒不参加质证或者未经许可中途退出质证的，视为放弃质证，赔偿委员会可以综合全案情况和对方意见认定案件事实。

第二十五条 有下列情形之一的，可以延期质证：

（一）赔偿请求人、赔偿义务机关因不可抗拒的事由不能参加质证的；

（二）赔偿请求人、赔偿义务机关临时提出回避申请，是否回避的决定不能在短时间内作出的；

（三）需要通知新的证人到场、调取新的证据，重新鉴定、勘验，或者补充调查的；

（四）其他应当延期的情形。

第二十六条 本规定自2014年3月1日起施行。本规定施行前本院发布的司法解释与本规定不一致的，以本规定为准。

最高人民法院关于人民法院赔偿委员会依照《中华人民共和国国家赔偿法》第三十条规定纠正原生效的赔偿委员会决定应如何适用人身自由赔偿标准问题的批复

· 2014年6月23日最高人民法院审判委员会第1621次会议通过
· 2014年6月30日最高人民法院公告公布
· 自2014年8月1日起施行
· 法释〔2014〕7号

吉林、山东、河南省高级人民法院：

关于人民法院赔偿委员会在赔偿申诉监督程序中如何适用人身自由赔偿标准问题，经研究，批复如下：

人民法院赔偿委员会依照《中华人民共和国国家赔偿法》第三十条规定纠正原生效的赔偿委员会决定时，原决定的错误系漏算部分侵犯人身自由天数的，应在维持原决定支付的人身自由赔偿金的同时，就漏算天数按照重新审查或者直接审查后作出决定时的上年度国家职工日平均工资标准计算相应的人身自由赔偿金；原决定的错误系未支持人身自由赔偿请求的，按照重新审查或者直接审查后作出决定时的上年度国家职工日平均工资标准计算人身自由赔偿金。

最高人民法院关于国家赔偿监督程序若干问题的规定

· 2017年2月27日最高人民法院审判委员会第1711次会议审议通过
· 2017年4月20日最高人民法院公告公布
· 自2017年5月1日起施行
· 法释〔2017〕9号

为了保障赔偿请求人和赔偿义务机关的申诉权，规范国家赔偿监督程序，根据《中华人民共和国国家赔偿法》及有关法律规定，结合国家赔偿工作实际，制定本规定。

第一条 依照国家赔偿法第三十条的规定，有下列情形之一的，适用本规定予以处理：

（一）赔偿请求人或者赔偿义务机关认为赔偿委员会生效决定确有错误，向上一级人民法院赔偿委员会提出申诉的；

（二）赔偿委员会生效决定违反国家赔偿法规定，经本院院长决定或者上级人民法院指令重新审理，以及上级人民法院决定直接审理的；

（三）最高人民检察院对各级人民法院赔偿委员会生效决定，上级人民检察院对下级人民法院赔偿委员会生效决定，发现违反国家赔偿法规定，向同级人民法院赔偿委员会提出重新审查意见的。

行政赔偿案件的审判监督依照行政诉讼法的相关规定执行。

第二条 赔偿请求人或者赔偿义务机关对赔偿委员会生效决定，认为确有错误的，可以向上一级人民法院赔偿委员会提出申诉。申诉审查期间，不停止生效决定的执行。

第三条 赔偿委员会决定生效后，赔偿请求人死亡或者其主体资格终止的，其权利义务承继者可以依法提出申诉。

赔偿请求人死亡，依法享有继承权的同一顺序继承人有数人时，其中一人或者部分人申诉的，申诉效力及于全体；但是申请撤回申诉或者放弃赔偿请求的，效力不及于未明确表示撤回申诉或者放弃赔偿请求的其他继承人。

赔偿义务机关被撤销或者职权变更的，继续行使其职权的机关可以依法提出申诉。

第四条 赔偿请求人、法定代理人可以委托一至二人作为代理人代为申诉。申诉代理人的范围包括：

（一）律师、基层法律服务工作者；
（二）赔偿请求人的近亲属或者工作人员；
（三）赔偿请求人所在社区、单位以及有关社会团体推荐的公民。

赔偿义务机关可以委托本机关工作人员、法律顾问、律师一至二人代为申诉。

第五条 赔偿请求人或者赔偿义务机关申诉，应当提交以下材料：

（一）申诉状。申诉状应当写明申诉人和被申诉人的基本信息，申诉的法定事由，以及具体的请求、事实和理由；书写申诉状确有困难的，可以口头申诉，由人民法院记入笔录。

（二）身份证明及授权文书。赔偿请求人申诉的，自然人应当提交身份证明，法人或者其他组织应当提交营业执照、组织机构代码证书、法定代表人或者主要负责人身份证明；赔偿义务机关申诉的，应当提交法定代表人或者主要负责人身份证明；委托他人申诉的，应当提交授权委托书和代理人身份证明。

（三）法律文书。即赔偿义务机关、复议机关及赔偿委员会作出的决定书等法律文书。

（四）其他相关材料。以有新的证据证明原决定认定的事实确有错误为由提出申诉的，应当同时提交相关证据材料。

申诉材料不符合前款规定的，人民法院应当一次性告知申诉人需要补正的全部内容及补正期限。补正期限一般为十五日，最长不超过一个月。申诉人对必要材料拒绝补正或者未能在规定期限内补正的，不予审查。收到申诉材料的时间自人民法院收到补正后的材料之日起计算。

第六条 申诉符合下列条件的，人民法院应当在收到申诉材料之日起七日内予以立案：

（一）申诉人具备本规定的主体资格；
（二）受理申诉的人民法院是作出生效决定的人民法院的上一级人民法院；
（三）提交的材料符合本规定第五条的要求。

申诉不符合上述规定的，人民法院不予受理并应当及时告知申诉人。

第七条 赔偿请求人或者赔偿义务机关申诉，有下列情形之一的，人民法院不予受理：

（一）赔偿委员会驳回申诉后，申诉人再次提出申诉的；
（二）赔偿请求人对作为赔偿义务机关的人民法院作出的决定不服，未在法定期限内向其上一级人民法院赔偿委员会申请作出赔偿决定，在赔偿义务机关的决定发生法律效力后直接向人民法院赔偿委员会提出申诉的；
（三）赔偿请求人、赔偿义务机关对最高人民法院赔偿委员会作出的决定不服提出申诉的；
（四）赔偿请求人对行使侦查、检察职权的机关以及看守所主管机关、监狱管理机关作出的决定，未在法定期限内向其上一级机关申请复议，或者申请复议后复议机关逾期未作出决定或者复议机关已作出复议决定，但赔偿请求人未在法定期限内向复议机关所在地的同级人民法院赔偿委员会申请作出赔偿决定，在赔偿义务机关、复议机关的相关决定生效后直接向人民法院赔偿委员会申诉的。

第八条 赔偿委员会对于立案受理的申诉案件，应当着重围绕申诉人的申诉事由进行审查。必要时，应当对原决定认定的事实、证据和适用法律进行全面审查。

第九条 赔偿委员会审查申诉案件采取书面审查的方式，根据需要可以听取申诉人和被申诉人的陈述和申辩。

第十条 赔偿委员会审查申诉案件，一般应当在三个月内作出处理，至迟不得超过六个月。有特殊情况需要延长的，由本院院长批准。

第十一条 有下列情形之一的，应当决定重新审理：

（一）有新的证据，足以推翻原决定的；
（二）原决定认定的基本事实缺乏证据证明的；
（三）原决定认定事实的主要证据是伪造的；
（四）原决定适用法律确有错误的；
（五）原决定遗漏赔偿请求，且确实违反国家赔偿法规定的；
（六）据以作出原决定的法律文书被撤销或者变更的；
（七）审判人员在审理该案时有贪污受贿、徇私舞弊、枉法裁判行为的；
（八）原审理程序违反法律规定，可能影响公正审理的。

第十二条 申诉人在申诉阶段提供新的证据，应当说明逾期提供的理由。

申诉人提供的新的证据，能够证明原决定认定的基本事实或者处理结果错误的，应当认定为本规定第十一条第一项规定的情形。

第十三条 赔偿委员会经审查，对申诉人的申诉按照下列情形分别处理：

（一）申诉人主张的重新审理事由成立，且符合国家赔偿法和本规定的申诉条件的,决定重新审理。重新审理包括上级人民法院赔偿委员会直接审理或者指令原审人民法院赔偿委员会重新审理。

(二)申诉人主张的重新审理事由不成立,或者不符合国家赔偿法和本规定的申诉条件的,书面驳回申诉。

(三)原决定不予受理或者驳回赔偿申请错误的,撤销原决定,指令原审人民法院赔偿委员会依法审理。

第十四条 人民法院院长发现本院赔偿委员会生效决定违反国家赔偿法规定,认为需要重新审理的,应当提交审判委员会讨论决定。

最高人民法院对各级人民法院赔偿委员会生效决定,上级人民法院对下级人民法院赔偿委员会生效决定,发现违反国家赔偿法规定的,有权决定直接审理或者指令下级人民法院赔偿委员会重新审理。

第十五条 最高人民检察院对各级人民法院赔偿委员会生效决定,上级人民检察院对下级人民法院赔偿委员会生效决定,向同级人民法院赔偿委员会提出重新审查意见的,同级人民法院赔偿委员会应当决定直接审理,并将决定书送达提出意见的人民检察院。

第十六条 赔偿委员会重新审理案件,适用国家赔偿法和相关司法解释关于赔偿委员会审理程序的规定;本规定依据国家赔偿法和相关法律对重新审理程序有特别规定的,适用本规定。

原审人民法院赔偿委员会重新审理案件,应当另行指定审判人员。

第十七条 决定重新审理的案件,可以根据案件情形中止原决定的执行。

第十八条 赔偿委员会重新审理案件,采取书面审理的方式,必要时可以向有关单位和人员调查情况、收集证据,听取申诉人、被申诉人或者赔偿请求人、赔偿义务机关的陈述和申辩。有本规定第十一条第一项、第三项情形,或者赔偿委员会认为确有必要的,可以组织申诉人、被申诉人或者赔偿请求人、赔偿义务机关公开质证。

对于人民检察院提出意见的案件,赔偿委员会组织质证时应当通知提出意见的人民检察院派员出席。

第十九条 赔偿委员会重新审理案件,应当对原决定认定的事实、证据和适用法律进行全面审理。

第二十条 赔偿委员会重新审理的案件,应当在两个月内依法作出决定。

第二十一条 案件经重新审理后,应当根据下列情形分别处理:

(一)原决定认定事实清楚、适用法律正确的,应当维持原决定;

(二)原决定认定事实、适用法律虽有瑕疵,但决定结果正确的,应当在决定中纠正瑕疵后予以维持;

(三)原决定认定事实、适用法律错误,导致决定结果错误的,应当撤销、变更、重新作出决定;

(四)原决定违反国家赔偿法规定,对不符合案件受理条件的赔偿申请进行实体处理的,应当撤销原决定,驳回赔偿申请;

(五)申诉人、被申诉人或者赔偿请求人、赔偿义务机关经协商达成协议的,赔偿委员会依法审查并确认后,应当撤销原决定,根据协议作出新决定。

第二十二条 赔偿委员会重新审理后作出的决定,应当及时送达申诉人、被申诉人或者赔偿请求人、赔偿义务机关和提出意见的人民检察院。

第二十三条 在申诉审查或者重新审理期间,有下列情形之一的,赔偿委员会应当决定中止审查或者审理:

(一)申诉人、被申诉人或者原赔偿请求人、原赔偿义务机关死亡或者终止,尚未确定权利义务承继者的;

(二)申诉人、被申诉人或者赔偿请求人丧失行为能力,尚未确定法定代理人的;

(三)宣告无罪的案件,人民法院决定再审或者人民检察院按照审判监督程序提出抗诉的;

(四)申诉人、被申诉人或者赔偿请求人、赔偿义务机关因不可抗拒的事由,在法定审限内不能参加案件处理的;

(五)其他应当中止的情形。

中止的原因消除后,赔偿委员会应当及时恢复审查或者审理,并通知申诉人、被申诉人或者赔偿请求人、赔偿义务机关和提出意见的人民检察院。

第二十四条 在申诉审查期间,有下列情形之一的,赔偿委员会应当决定终结审查:

(一)申诉人死亡或者终止,无权利义务承继者或者权利义务承继者声明放弃申诉的;

(二)据以申请赔偿的撤销案件决定、不起诉决定或者无罪判决被撤销的;

(三)其他应当终结的情形。

在重新审理期间,有上述情形或者人民检察院撤回意见的,赔偿委员会应当决定终结审理。

第二十五条 申诉人在申诉审查或者重新审理期间申请撤回申诉的,赔偿委员会应当依法审查并作出是否准许的决定。

赔偿委员会准许撤回申诉后,申诉人又重复申诉的,不予受理,但有本规定第十一条第一项、第三项、第六项、第七项规定情形,自知道或者应当知道该情形之日起六个月内提出的除外。

第二十六条 赔偿请求人在重新审理期间申请撤回赔偿申请的,赔偿委员会应当依法审查并作出是否准许的决定。准许撤回赔偿申请的,应当一并撤销原决定。

赔偿委员会准许撤回赔偿申请的决定送达后,赔偿请求人又重复申请国家赔偿的,不予受理。

第二十七条 本规定自2017年5月1日起施行。最高人民法院以前发布的司法解释和规范性文件,与本规定不一致的,以本规定为准。

最高人民法院关于审理国家赔偿案件确定精神损害赔偿责任适用法律若干问题的解释

- 2021年2月7日最高人民法院审判委员会第1831次会议通过
- 2021年3月24日最高人民法院公告公布
- 自2021年4月1日起施行
- 法释〔2021〕3号

为正确适用《中华人民共和国国家赔偿法》有关规定,合理确定精神损害赔偿责任,结合国家赔偿审判实际,制定本解释。

第一条 公民以人身权受到侵犯为由提出国家赔偿申请,依照国家赔偿法第三十五条的规定请求精神损害赔偿的,适用本解释。

法人或者非法人组织请求精神损害赔偿的,人民法院不予受理。

第二条 公民以人身权受到侵犯为由提出国家赔偿申请,未请求精神损害赔偿,或者未同时请求消除影响、恢复名誉、赔礼道歉以及精神损害抚慰金的,人民法院应当向其释明。经释明后不变更请求,案件审结后又基于同一侵权事实另行提出申请的,人民法院不予受理。

第三条 赔偿义务机关有国家赔偿法第三条、第十七条规定情形之一的,依法应当承担国家赔偿责任的,可以同时认定该侵权行为为致人精神损害。但是赔偿义务机关有证据证明该公民不存在精神损害,或者认定精神损害违背公序良俗的除外。

第四条 侵权行为致人精神损害的,应当为受害人消除影响、恢复名誉或者赔礼道歉;侵权行为致人精神损害并造成严重后果的,应当在支付精神损害抚慰金的同时,视案件具体情形,为受害人消除影响、恢复名誉或者赔礼道歉。

消除影响、恢复名誉与赔礼道歉,可以单独适用,也可以合并适用,并应当与侵权行为的具体方式和造成的影响范围相当。

第五条 人民法院可以根据案件具体情况,组织赔偿请求人与赔偿义务机关就消除影响、恢复名誉或者赔礼道歉的具体方式进行协商。

协商不成作出决定的,应当采用下列方式:

(一)在受害人住所地或者所在单位发布相关信息;
(二)在侵权行为直接影响范围内的媒体上予以报道;
(三)赔偿义务机关有关负责人向赔偿请求人赔礼道歉。

第六条 决定为受害人消除影响、恢复名誉或者赔礼道歉的,应当载入决定主文。

赔偿义务机关在决定作出前已为受害人消除影响、恢复名誉或者赔礼道歉,或者原侵权案件的纠正被媒体广泛报道,客观上已经起到消除影响、恢复名誉作用,且符合本解释规定的,可以在决定书中予以说明。

第七条 有下列情形之一的,可以认定为国家赔偿法第三十五条规定的"造成严重后果":

(一)无罪或者终止追究刑事责任的人被羁押六个月以上;
(二)受害人经鉴定为轻伤以上或者残疾;
(三)受害人经诊断、鉴定为精神障碍或者精神残疾,且与侵权行为存在关联;
(四)受害人名誉、荣誉、家庭、职业、教育等方面遭受严重损害,且与侵权行为存在关联。

受害人无罪被羁押十年以上;受害人死亡;受害人经鉴定为重伤或者残疾一至四级,且生活不能自理;受害人经诊断、鉴定为严重精神障碍或者精神残疾一至二级,生活不能自理,且与侵权行为存在关联的,可以认定为后果特别严重。

第八条 致人精神损害,造成严重后果的,精神损害抚慰金一般应当在国家赔偿法第三十三条、第三十四条规定的人身自由赔偿金、生命健康赔偿金总额的百分之五十以下(包括本数)酌定;后果特别严重,或者虽然不具有本解释第七条第二款规定情形,但是确有证据证明前述标准不足以抚慰,可以在百分之五十以上酌定。

第九条 精神损害抚慰金的具体数额,应当在兼顾社会发展整体水平的同时,参考下列因素合理确定:

(一)精神受到损害以及造成严重后果的情况;
(二)侵权行为的目的、手段、方式等具体情节;
(三)侵权机关及其工作人员的违法、过错程度、原因力比例；

（四）原错判罪名、刑罚轻重、羁押时间；

（五）受害人的职业、影响范围；

（六）纠错的事由以及过程；

（七）其他应当考虑的因素。

第十条 精神损害抚慰金的数额一般不少于一千元；数额在一千元以上的，以千为计数单位。

赔偿请求人请求的精神损害抚慰金少于一千元，且其请求事由符合本解释规定的造成严重后果情形，经释明不予变更的，按照其请求数额支付。

第十一条 受害人对损害事实和后果的发生或者扩大有过错的，可以根据其过错程度减少或者不予支付精神损害抚慰金。

第十二条 决定中载明的支付精神损害抚慰金及其他责任承担方式，赔偿义务机关应当履行。

第十三条 人民法院审理国家赔偿法第三十八条所涉侵犯公民人身权的国家赔偿案件，以及作为赔偿义务机关审查处理国家赔偿案件，涉及精神损害赔偿的，参照本解释规定。

第十四条 本解释自2021年4月1日起施行。本解释施行前的其他有关规定与本解释不一致的，以本解释为准。

（二）行政赔偿

最高人民法院关于被限制人身自由期间的工资已由单位补发国家是否还应支付被限制人身自由的赔偿金的批复

- 2000年1月26日
- 〔1999〕赔他字第21号

辽宁省高级人民法院：

你院1999年6月22日〔1999〕辽法委赔疑字第1号《关于被限制人身自由期间的工资已由单位补发，国家是否还应支付被限制人身自由的赔偿金的请示报告》收悉，经研究，答复如下：

国家赔偿是国家机关或国家机关工作人员违法行使职权侵犯公民、法人和其他组织的合法权益造成的损害进行的赔偿。国家赔偿与企业补偿是两种不同性质的补偿方式，不应混淆。根据国家赔偿法第十五条第（二）项规定，赔偿义务机关应作出赔偿决定。

此复

最高人民法院关于行政机关工作人员执行职务致人伤亡构成犯罪的赔偿诉讼程序问题的批复

- 2002年8月5日最高人民法院审判委员会第1236次会议通过
- 2002年8月23日最高人民法院公告公布
- 自2002年8月30日起施行
- 法释〔2002〕28号

山东省高级人民法院：

你院鲁高法函〔1998〕132号《关于对行政机关工作人员执行职务时致人伤、亡，法院以刑事附带民事判决赔偿损失后，受害人或其亲属能否再提起行政赔偿诉讼的请示》收悉。经研究，答复如下：

一、行政机关工作人员在执行职务中致人伤、亡已构成犯罪，受害人或其亲属提起刑事附带民事赔偿诉讼的，人民法院对民事赔偿诉讼请求不予受理。但应当告知其可以依据《中华人民共和国国家赔偿法》的有关规定向人民法院提起行政赔偿诉讼。

二、本批复公布以前发生的此类案件，人民法院已作刑事附带民事赔偿处理，受害人或其亲属再提起行政赔偿诉讼的，人民法院不予受理。

此复

最高人民法院关于审理行政赔偿案件若干问题的规定

- 2021年12月6日最高人民法院审判委员会第1855次会议通过
- 2022年3月20日最高人民法院公布
- 自2022年5月1日起施行
- 法释〔2022〕10号

为保护公民、法人和其他组织的合法权益，监督行政机关依法履行行政赔偿义务，确保人民法院公正、及时审理行政赔偿案件，实质化解行政赔偿争议，根据《中华人民共和国行政诉讼法》（以下简称行政诉讼法）《中华人民共和国国家赔偿法》（以下简称国家赔偿法）等法律规定，结合行政审判工作实际，制定本规定。

一、受案范围

第一条 国家赔偿法第三条、第四条规定的"其他违法行为"包括以下情形：

（一）不履行法定职责行为；

（二）行政机关及其工作人员在履行行政职责过程

中作出的不产生法律效果,但事实上损害公民、法人或者其他组织人身权、财产权等合法权益的行为。

第二条 依据行政诉讼法第一条、第十二条第一款第十二项和国家赔偿法第二条规定,公民、法人或者其他组织认为行政机关及其工作人员违法行使行政职权对其劳动权、相邻权等合法权益造成人身、财产损害的,可以依法提起行政赔偿诉讼。

第三条 赔偿请求人不服赔偿义务机关下列行为的,可以依法提起行政赔偿诉讼:
(一)确定赔偿方式、项目、数额的行政赔偿决定;
(二)不予赔偿决定;
(三)逾期不作出赔偿决定;
(四)其他有关行政赔偿的行为。

第四条 法律规定由行政机关最终裁决的行政行为被确认违法后,赔偿请求人可以单独提起行政赔偿诉讼。

第五条 公民、法人或者其他组织认为国防、外交等国家行为或者行政机关制定发布行政法规、规章或者具有普遍约束力的决定、命令侵犯其合法权益造成损害,向人民法院提起行政赔偿诉讼的,不属于人民法院行政赔偿诉讼的受案范围。

二、诉讼当事人

第六条 公民、法人或者其他组织一并提起行政赔偿诉讼中的当事人地位,按照其在行政诉讼中的地位确定,行政诉讼与行政赔偿诉讼当事人不一致的除外。

第七条 受害的公民死亡,其继承人和其他有扶养关系的人可以提起行政赔偿诉讼,并提供该公民死亡证明、赔偿请求人与死亡公民之间的关系证明。

受害的公民死亡,支付受害公民医疗费、丧葬费等合理费用的人可以依法提起行政赔偿诉讼。

有权提起行政赔偿诉讼的法人或者其他组织分立、合并、终止,承受其权利的法人或者其他组织可以依法提起行政赔偿诉讼。

第八条 两个以上行政机关共同实施侵权行政行为造成损害的,共同侵权行政机关为共同被告。赔偿请求人坚持对其中一个或者几个侵权机关提起行政赔偿诉讼,以被诉的机关为被告,未被起诉的机关追加为第三人。

第九条 原行政行为造成赔偿请求人损害,复议决定加重损害的,复议机关与原行政行为机关为共同被告。赔偿请求人坚持对作出原行政行为机关或者复议机关提起行政赔偿诉讼,以被诉的机关为被告,未被起诉的机关追加为第三人。

第十条 行政机关依据行政诉讼法第九十七条的规定申请人民法院强制执行其行政行为,因据以强制执行的行政行为违法而发生行政赔偿诉讼的,申请强制执行的行政机关为被告。

三、证据

第十一条 行政赔偿诉讼中,原告应当对行政行为造成的损害提供证据;因被告的原因导致原告无法举证的,由被告承担举证责任。

人民法院对于原告主张的生产和生活所必需物品的合理损失,应当予以支持;对于原告提出的超出生产和生活所必需的其他贵重物品、现金损失,可以结合案件相关证据予以认定。

第十二条 原告主张其被限制人身自由期间受到身体伤害,被告否认相关损害事实或者损害与违法行政行为存在因果关系的,被告应当提供相应的证据证明。

四、起诉与受理

第十三条 行政行为未被确认为违法,公民、法人或者其他组织提起行政赔偿诉讼的,人民法院应当视为提起行政诉讼时一并提起行政赔偿诉讼。

行政行为已被确认为违法,并符合下列条件的,公民、法人或者其他组织可以单独提起行政赔偿诉讼:
(一)原告具有行政赔偿请求资格;
(二)有明确的被告;
(三)有具体的赔偿请求和受损害的事实根据;
(四)赔偿义务机关已先行处理或者超过法定期限不予处理;
(五)属于人民法院行政赔偿诉讼的受案范围和受诉人民法院管辖;
(六)在法律规定的起诉期限内提起诉讼。

第十四条 原告提起行政诉讼时未一并提起行政赔偿诉讼,人民法院审查认为可能存在行政赔偿的,应当告知原告可以一并提起行政赔偿诉讼。

原告在第一审庭审终结前提起行政赔偿诉讼,符合起诉条件的,人民法院应当依法受理;原告在第一审庭审终结后、宣判前提起行政赔偿诉讼的,是否准许由人民法院决定。

原告在第二审程序或者再审程序中提出行政赔偿请求的,人民法院可以组织各方调解;调解不成的,告知其另行起诉。

第十五条 公民、法人或者其他组织应当自知道或者应当知道行政行为侵犯其合法权益之日起两年内,向赔偿义务机关申请行政赔偿。赔偿义务机关在收到赔偿申请之日起两个月内未作出赔偿决定的，公民、法人或者其他组织可以依照行政诉讼法有关规定提起行政赔偿诉讼。

第十六条 公民、法人或者其他组织提起行政诉讼时一并请求行政赔偿的，适用行政诉讼法有关起诉期限的规定。

第十七条 公民、法人或者其他组织仅对行政复议决定中的行政赔偿部分有异议，自复议决定书送达之日起十五日内提起行政赔偿诉讼的，人民法院应当依法受理。

行政机关作出有赔偿内容的行政复议决定时，未告知公民、法人或者其他组织起诉期限的，起诉期限从公民、法人或者其他组织知道或者应当知道起诉期限之日起计算，但从知道或者应当知道行政复议决定内容之日起最长不得超过一年。

第十八条 行政行为被有权机关依照法定程序撤销、变更、确认违法或无效，或者实施行政行为的行政机关工作人员因该行为被生效法律文书或监察机关政务处分确认为渎职、滥用职权的，属于本规定所称的行政行为被确认为违法的情形。

第十九条 公民、法人或者其他组织一并提起行政赔偿诉讼，人民法院经审查认为行政诉讼不符合起诉条件的，对一并提起的行政赔偿诉讼，裁定不予立案；已经立案的，裁定驳回起诉。

第二十条 在涉及行政许可、登记、征收、征用和行政机关对民事争议所作的裁决的行政案件中，原告提起行政赔偿诉讼的同时，有关当事人申请一并解决相关民事争议的，人民法院可以一并审理。

五、审理和判决

第二十一条 两个以上行政机关共同实施违法行政行为，或者行政机关及其工作人员与第三人恶意串通作出的违法行政行为，造成公民、法人或者其他组织人身权、财产权等合法权益实际损害的，应当承担连带赔偿责任。

一方承担连带赔偿责任后，对于超出其应当承担部分，可以向其他连带责任人追偿。

第二十二条 两个以上行政机关分别实施违法行政行为造成同一损害，每个行政机关的违法行政行为都足以造成全部损害的，各个行政机关承担连带赔偿责任。

两个以上行政机关分别实施违法行政行为造成同一损害的，人民法院应当根据其违法行政行为在损害发生和结果中的作用大小，确定各自承担相应的行政赔偿责任；难以确定责任大小的，平均承担责任。

第二十三条 由于第三人提供虚假材料，导致行政机关作出的行政行为违法，造成公民、法人或者其他组织损害的，人民法院应当根据违法行政行为在损害发生和结果中的作用大小，确定行政机关承担相应的行政赔偿责任；行政机关已经尽到审慎审查义务的，不承担行政赔偿责任。

第二十四条 由于第三人行为造成公民、法人或者其他组织损害的，应当由第三人依法承担侵权赔偿责任；第三人赔偿不足、无力承担赔偿责任或者下落不明，行政机关又未尽保护、监管、救助等法定义务的，人民法院应当根据行政机关未尽法定义务在损害发生和结果中的作用大小，确定其承担相应的行政赔偿责任。

第二十五条 由于不可抗力等客观原因造成公民、法人或者其他组织损害，行政机关不依法履行、拖延履行法定义务导致未能及时止损或者损害扩大的，人民法院应当根据行政机关不依法履行、拖延履行法定义务行为在损害发生和结果中的作用大小，确定其承担相应的行政赔偿责任。

第二十六条 有下列情形之一的，属于国家赔偿法第三十五条规定的"造成严重后果"：

（一）受害人被非法限制人身自由超过六个月；

（二）受害人经鉴定为轻伤以上或者残疾；

（三）受害人经诊断、鉴定为精神障碍或者精神残疾，且与违法行政行为存在关联；

（四）受害人名誉、荣誉、家庭、职业、教育等方面遭受严重损害，且与违法行政行为存在关联。

有下列情形之一的，可以认定为后果特别严重：

（一）受害人被限制人身自由十年以上；

（二）受害人死亡；

（三）受害人经鉴定为重伤或者残疾一至四级，且生活不能自理；

（四）受害人经诊断、鉴定为严重精神障碍或者精神残疾一至二级，生活不能自理，且与违法行政行为存在关联。

第二十七条 违法行政行为造成公民、法人或者其他组织财产损害，不能返还财产或者恢复原状的，按照损害发生时该财产的市场价格计算损失。市场价格无法确定，或者该价格不足以弥补公民、法人或者其他组织损失的，可以采用其他合理方式计算。

违法征收征用土地、房屋，人民法院判决给予被征收人的行政赔偿，不得少于被征收人依法应当获得的安置补偿权益。

第二十八条 下列损失属于国家赔偿法第三十六条第六项规定的"停产停业期间必要的经常性费用开支"：

（一）必要留守职工的工资；

（二）必须缴纳的税款、社会保险费；

（三）应当缴纳的水电费、保管费、仓储费、承包费；

（四）合理的房屋场地租金、设备租金、设备折旧费；

（五）维系停产停业期间运营所需的其他基本开支。

第二十九条 下列损失属于国家赔偿法第三十六条第八项规定的"直接损失"：

（一）存款利息、贷款利息、现金利息；

（二）机动车停运期间的营运损失；

（三）通过行政补偿程序依法应当获得的奖励、补贴等；

（四）对财产造成的其他实际损失。

第三十条 被告有国家赔偿法第三条规定情形之一，致人精神损害的，人民法院应当判决其在违法行政行为影响的范围内，为受害人消除影响、恢复名誉、赔礼道歉；消除影响、恢复名誉和赔礼道歉的履行方式，可以双方协商，协商不成的，人民法院应当责令被告以适当的方式履行。造成严重后果的，应当判决支付相应的精神损害抚慰金。

第三十一条 人民法院经过审理认为被告对公民、法人或者其他组织造成财产损害的，判决被告限期返还财产、恢复原状；无法返还财产、恢复原状的，判决被告限期支付赔偿金和相应的利息损失。

人民法院审理行政赔偿案件，可以对行政机关赔偿的方式、项目、标准等予以明确，赔偿内容确定的，应当作出具有赔偿金额等给付内容的判决；行政赔偿决定对赔偿数额的确定确有错误的，人民法院判决予以变更。

第三十二条 有下列情形之一的，人民法院判决驳回原告的行政赔偿请求：

（一）原告主张的损害没有事实根据的；

（二）原告主张的损害与违法行政行为没有因果关系的；

（三）原告的损失已经通过行政补偿等其他途径获得充分救济的；

（四）原告请求行政赔偿的理由不能成立的其他情形。

六、其 他

第三十三条 本规定自2022年5月1日起施行。《最高人民法院关于审理行政赔偿案件若干问题的规定》（法发〔1997〕10号）同时废止。

本规定实施前本院发布的司法解释与本规定不一致的，以本规定为准。

（三）刑事赔偿

最高人民法院、最高人民检察院关于办理刑事赔偿案件适用法律若干问题的解释

· 2015年12月14日最高人民法院审判委员会第1671次会议、2015年12月21日最高人民检察院第十二届检察委员会第46次会议通过

· 2015年12月28日最高人民法院、最高人民检察院公告公布

· 自2016年1月1日起施行

· 法释〔2015〕24号

根据国家赔偿法以及有关法律的规定，结合刑事赔偿工作实际，对办理刑事赔偿案件适用法律的若干问题解释如下：

第一条 赔偿请求人因行使侦查、检察、审判职权的机关以及看守所、监狱管理机关及其工作人员行使职权的行为侵犯其人身权、财产权而申请国家赔偿，具备国家赔偿法第十七条、第十八条规定情形的，属于本解释规定的刑事赔偿范围。

第二条 解除、撤销拘留或者逮捕措施后虽尚未撤销案件、作出不起诉决定或者判决宣告无罪，但是符合下列情形之一的，属于国家赔偿法第十七条第一项、第二项规定的终止追究刑事责任：

（一）办案机关决定对犯罪嫌疑人终止侦查的；

（二）解除、撤销取保候审、监视居住、拘留、逮捕措施后，办案机关超过一年未移送起诉、作出不起诉决定或者撤销案件的；

（三）取保候审、监视居住法定期限届满后，办案机关超过一年未移送起诉、作出不起诉决定或者撤销案件的；

（四）人民检察院撤回起诉超过三十日未作出不起诉决定的；

（五）人民法院决定按撤诉处理后超过三十日，人民检察院未作出不起诉决定的；

（六）人民法院准许刑事自诉案件自诉人撤诉的，或者人民法院决定对刑事自诉案件按撤诉处理的。

赔偿义务机关有证据证明尚未终止追究刑事责任，且经人民法院赔偿委员会审查属实的，应当决定驳回赔偿请求人的赔偿申请。

第三条 对财产采取查封、扣押、冻结、追缴等措施后,有下列情形之一,且办案机关未依法解除查封、扣押、冻结等措施或者返还财产的,属于国家赔偿法第十八条规定的侵犯财产权:

(一)赔偿请求人有证据证明财产与尚未终结的刑事案件无关,经审查属实的;

(二)终止侦查、撤销案件、不起诉、判决宣告无罪终止追究刑事责任的;

(三)采取取保候审、监视居住、拘留或者逮捕措施,在解除、撤销强制措施或者强制措施法定期限届满后超过一年未移送起诉、作出不起诉决定或者撤销案件的;

(四)未采取取保候审、监视居住、拘留或者逮捕措施,立案后超过两年未移送起诉、作出不起诉决定或者撤销案件的;

(五)人民检察院撤回起诉超过三十日未作出不起诉决定的;

(六)人民法院决定按撤诉处理后超过三十日,人民检察院未作出不起诉决定的;

(七)对生效裁决没有处理的财产或者对该财产违法进行其他处理的。

有前款第三项至六项规定情形之一,赔偿义务机关有证据证明尚未终止追究刑事责任,且经人民法院赔偿委员会审查属实的,应当决定驳回赔偿请求人的赔偿申请。

第四条 赔偿义务机关作出赔偿决定,应当依法告知赔偿请求人有权在三十日内向赔偿义务机关的上一级机关申请复议。赔偿义务机关未依法告知,赔偿请求人收到赔偿决定之日起两年内提出复议申请的,复议机关应当受理。

人民法院赔偿委员会处理赔偿申请,适用前款规定。

第五条 对公民采取刑事拘留措施后终止追究刑事责任,具有下列情形之一的,属于国家赔偿法第十七条第一项规定的违法刑事拘留:

(一)违反刑事诉讼法规定的条件采取拘留措施的;

(二)违反刑事诉讼法规定的程序采取拘留措施的;

(三)依照刑事诉讼法规定的条件和程序对公民采取拘留措施,但是拘留时间超过刑事诉讼法规定的时限。

违法刑事拘留的人身自由赔偿金自拘留之日起计算。

第六条 数罪并罚的案件经再审改判部分罪名不成立,监禁期限超出再审判决确定的刑期,公民对超期监禁申请国家赔偿的,应当决定予以赔偿。

第七条 根据国家赔偿法第十九条第二项、第三项的规定,依照刑法第十七条、第十八条规定不负刑事责任的人和依照刑事诉讼法第十五条、第一百七十三条第二款规定不追究刑事责任的人被羁押,国家不承担赔偿责任。但是,对起诉后经人民法院错判拘役、有期徒刑、无期徒刑并已执行的,人民法院应当对该判决确定后继续监禁期间侵犯公民人身自由权的情形予以赔偿。

第八条 赔偿义务机关主张依据国家赔偿法第十九条第一项、第五项规定的情形免除赔偿责任的,应当就该免责事由的成立承担举证责任。

第九条 受害的公民死亡,其继承人和其他有扶养关系的亲属有权申请国家赔偿。

依法享有继承权的同一顺序继承人有数人时,其中一人或者部分人作为赔偿请求人申请国家赔偿的,申请效力及于全体。

赔偿请求人为数人时,其中一人或者部分赔偿请求人非经全体同意,申请撤回或者放弃赔偿请求,效力不及于未明确表示撤回申请或者放弃赔偿请求的其他赔偿请求人。

第十条 看守所及其工作人员在行使职权时侵犯公民合法权益造成损害的,看守所的主管机关为赔偿义务机关。

第十一条 对公民采取拘留措施后又采取逮捕措施,国家承担赔偿责任的,作出逮捕决定的机关为赔偿义务机关。

第十二条 一审判决有罪,二审发回重审后具有下列情形之一的,属于国家赔偿法第二十一条第四款规定的重审无罪赔偿,作出一审有罪判决的人民法院为赔偿义务机关:

(一)原审人民法院改判无罪并已发生法律效力的;

(二)重审期间人民检察院作出不起诉决定的;

(三)人民检察院在重审期间撤回起诉超过三十日或者人民法院决定按撤诉处理超过三十日未作出不起诉决定的。

依照审判监督程序再审后作无罪处理的,作出原生效判决的人民法院为赔偿义务机关。

第十三条 医疗费赔偿根据医疗机构出具的医药费、治疗费、住院费等收款凭证,结合病历和诊断证明等相关证据确定。赔偿义务机关对治疗的必要性和合理性提出异议的,应当承担举证责任。

第十四条 护理费赔偿参照当地护工从事同等级别护理的劳务报酬标准计算,原则上按照一名护理人员的标准计算护理费;但医疗机构或者司法鉴定人有明确意见的,可以参照确定护理人数并赔偿相应的护理费。

护理期限应当计算至公民恢复生活自理能力时止。公民因残疾不能恢复生活自理能力的,可以根据其年龄、健康状况等因素确定合理的护理期限,一般不超过二十年。

第十五条 残疾生活辅助器具费赔偿按照普通适用器具的合理费用标准计算。伤情有特殊需要的,可以参照辅助器具配制机构的意见确定。

辅助器具的更换周期和赔偿期限参照配制机构的意见确定。

第十六条 误工减少收入的赔偿根据受害公民的误工时间和国家上年度职工日平均工资确定,最高为国家上年度职工年平均工资的五倍。

误工时间根据公民接受治疗的医疗机构出具的证明确定。公民因伤致残持续误工的,误工时间可以计算至作为赔偿依据的伤残等级鉴定确定前一日。

第十七条 造成公民身体伤残的赔偿,应当根据司法鉴定人的伤残等级鉴定确定公民丧失劳动能力的程度,并参照以下标准确定残疾赔偿金:

(一)按照国家规定的伤残等级确定公民为一级至四级伤残的,视为全部丧失劳动能力,残疾赔偿金幅度为国家上年度职工年平均工资的十倍至二十倍;

(二)按照国家规定的伤残等级确定公民为五级至十级伤残的,视为部分丧失劳动能力。五至六级的,残疾赔偿金幅度为国家上年度职工年平均工资的五倍至十倍;七至十级的,残疾赔偿金幅度为国家上年度职工年平均工资的五倍以下。

有扶养义务的公民部分丧失劳动能力的,残疾赔偿金可以根据伤残等级并参考被扶养人生活来源丧失的情况进行确定,最高不超过国家上年度职工年平均工资的二十倍。

第十八条 受害的公民全部丧失劳动能力的,对其扶养的无劳动能力人的生活费发放标准,参照作出赔偿决定时被扶养人住所地所属省级人民政府确定的最低生活保障标准执行。

能够确定扶养年限的,生活费可协商确定并一次性支付。不能确定扶养年限的,可按照二十年上限确定扶养年限并一次性支付生活费,被扶养人超过六十周岁的,年龄每增加一岁,扶养年限减少一年;被扶养人年龄超过确定扶养年限的,被扶养人可逐年领取生活费至死亡时止。

第十九条 侵犯公民、法人和其他组织的财产权造成损害的,应当依照国家赔偿法第三十六条的规定承担赔偿责任。

财产不能恢复原状或者灭失的,财产损失按照损失发生时的市场价格或者其他合理方式计算。

第二十条 返还执行的罚款或者罚金、追缴或者没收的金钱,解除冻结的汇款的,应当支付银行同期存款利息,利率参照赔偿义务机关作出赔偿决定时中国人民银行公布的人民币整存整取定期存款一年期基准利率确定,不计算复利。

复议机关或者人民法院赔偿委员会改变原赔偿决定,利率参照新作出决定时中国人民银行公布的人民币整存整取定期存款一年期基准利率确定。

计息期间自侵权行为发生时起算,至作出生效赔偿决定时止;但在生效赔偿决定作出前侵权行为停止的,计算至侵权行为停止时止。

被罚没、追缴的资金属于赔偿请求人在金融机构合法存款的,在存款合同存续期间,按照合同约定的利率计算利息。

第二十一条 国家赔偿法第三十三条、第三十四条规定的上年度,是指赔偿义务机关作出赔偿决定时的上一年度;复议机关或者人民法院赔偿委员会改变原赔偿决定,按照新作出决定时的上一年度国家职工平均工资标准计算人身自由赔偿金。

作出赔偿决定、复议决定时国家上一年度职工平均工资尚未公布的,以已经公布的最近年度职工平均工资为准。

第二十二条 下列赔偿决定、复议决定是发生法律效力的决定:

(一)超过国家赔偿法第二十四条规定的期限没有申请复议或者向上一级人民法院赔偿委员会申请国家赔偿的赔偿义务机关的决定;

(二)超过国家赔偿法第二十五条规定的期限没有向人民法院赔偿委员会申请国家赔偿的复议决定;

(三)人民法院赔偿委员会作出的赔偿决定。

发生法律效力的赔偿义务机关的决定和复议决定,与发生法律效力的赔偿委员会的赔偿决定具有同等法律效力,依法必须执行。

第二十三条 本解释自2016年1月1日起施行。本解释施行前最高人民法院、最高人民检察院发布的司法解释与本解释不一致的,以本解释为准。

(四)司法赔偿

最高人民法院关于限制出境是否属于国家赔偿范围的复函

- 2013年6月4日
- 〔2013〕赔他字第1号

江苏省高级人民法院：

你院(2012)苏法委赔字第1号《关于限制出境是否属于国家赔偿范围的请示》收悉。经研究认为，根据《中华人民共和国国家赔偿法》第三十八条的规定，人民法院在民事诉讼过程中违法采取限制出境措施的，属于国家赔偿范围。对于因违法采取限制出境措施造成当事人财产权的直接损失，可以给予赔偿。你院应针对常州市中级人民法院作出的(2007)常民一初字第78-1号民事决定是否构成违法采取限制出境的措施予以认定，并依法作出决定。

此复。

最高人民法院关于审理民事、行政诉讼中司法赔偿案件适用法律若干问题的解释

- 2016年2月15日最高人民法院审判委员会第1678次会议通过
- 2016年9月7日最高人民法院公告公布
- 自2016年10月1日起施行
- 法释〔2016〕20号

根据《中华人民共和国国家赔偿法》及有关法律规定，结合人民法院国家赔偿工作实际，现就人民法院赔偿委员会审理民事、行政诉讼中司法赔偿案件的若干法律适用问题解释如下：

第一条 人民法院在民事、行政诉讼过程中，违法采取对妨害诉讼的强制措施、保全措施、先予执行措施，或者对判决、裁定及其他生效法律文书执行错误，侵犯公民、法人和其他组织合法权益并造成损害的，赔偿请求人可以依法向人民法院申请赔偿。

第二条 违法采取对妨害诉讼的强制措施，包括以下情形：

(一)对没有实施妨害诉讼行为的人采取罚款或者拘留措施的；

(二)超过法律规定金额采取罚款措施的；

(三)超过法律规定期限采取拘留措施的；

(四)对同一妨害诉讼的行为重复采取罚款、拘留措施的；

(五)其他违法情形。

第三条 违法采取保全措施，包括以下情形：

(一)依法不应当采取保全措施而采取的；

(二)依法不应当解除保全措施而解除，或者依法应当解除保全措施而不解除的；

(三)明显超出诉讼请求的范围采取保全措施的，但保全财产为不可分割物且被保全人无其他财产或者其他财产不足以担保债权实现的除外；

(四)在给付特定物之诉中，对与案件无关的财物采取保全措施的；

(五)违法保全案外人财产的；

(六)对查封、扣押、冻结的财产不履行监管职责，造成被保全财产毁损、灭失的；

(七)对季节性商品或者鲜活、易腐烂变质以及其他不宜长期保存的物品采取保全措施，未及时处理或者违法处理，造成物品毁损或者严重贬值的；

(八)对不动产或者船舶、航空器和机动车等特定动产采取保全措施，未依法通知有关登记机构不予办理该保全财产的变更登记，造成该保全财产所有权被转移的；

(九)违法采取行为保全的；

(十)其他违法情形。

第四条 违法采取先予执行措施，包括以下情形：

(一)违反法律规定的条件和范围先予执行的；

(二)超出诉讼请求的范围先予执行的；

(三)其他违法情形。

第五条 对判决、裁定及其他生效法律文书执行错误，包括以下情形：

(一)执行未生效法律文书的；

(二)超出生效法律文书确定的数额和范围执行的；

(三)对已经发现的被执行人的财产，故意拖延执行或者不执行，导致被执行财产流失的；

(四)应当恢复执行而不恢复，导致被执行财产流失的；

(五)违法执行案外人财产的；

(六)违法将案件执行款物执行给其他当事人或者案外人的；

(七)违法对抵押物、质物或者留置物采取执行措施，致使抵押权人、质权人或者留置权人的优先受偿权无法实现的；

(八)对执行中查封、扣押、冻结的财产不履行监管

职责,造成财产毁损、灭失的;

(九)对季节性商品或者鲜活、易腐烂变质以及其他不宜长期保存的物品采取执行措施,未及时处理或者违法处理,造成物品毁损或者严重贬值的;

(十)对执行财产应当拍卖而未依法拍卖的,或者应当由资产评估机构评估而未依法评估,违法变卖或者以物抵债的;

(十一)其他错误情形。

第六条 人民法院工作人员在民事、行政诉讼过程中,有殴打、虐待或者唆使、放纵他人殴打、虐待等行为,以及违法使用武器、警械,造成公民身体伤害或者死亡的,适用国家赔偿法第十七条第四项、第五项的规定予以赔偿。

第七条 具有下列情形之一的,国家不承担赔偿责任:

(一)属于民事诉讼法第一百零五条、第一百零七条第二款和第二百三十三条规定情形的;

(二)申请执行人提供执行标的物错误的,但人民法院明知该标的物错误仍予以执行的除外;

(三)人民法院依法指定的保管人对查封、扣押、冻结的财产违法动用、隐匿、毁损、转移或者变卖的;

(四)人民法院工作人员与行使职权无关的个人行为的;

(五)因不可抗力、正当防卫和紧急避险造成损害后果的;

(六)依法不应由国家承担赔偿责任的其他情形。

第八条 因多种原因造成公民、法人和其他组织合法权益损害的,应当根据人民法院及其工作人员行使职权的行为对损害结果的发生或者扩大所起的作用等因素,合理确定赔偿金额。

第九条 受害人对损害结果的发生或者扩大也有过错的,应当根据其过错对损害结果的发生或者扩大所起的作用等因素,依法减轻国家赔偿责任。

第十条 公民、法人和其他组织的损失,已经在民事、行政诉讼过程中获得赔偿、补偿的,对该部分损失,国家不承担赔偿责任。

第十一条 人民法院及其工作人员在民事、行政诉讼过程中,具有本解释第二条、第六条规定情形,侵犯公民人身权的,应当依照国家赔偿法第三十三条、第三十四条的规定计算赔偿金。致人精神损害的,应当依照国家赔偿法第三十五条的规定,在侵权行为影响的范围内,为受害人消除影响、恢复名誉、赔礼道歉;造成严重后果的,还应当支付相应的精神损害抚慰金。

第十二条 人民法院及其工作人员在民事、行政诉讼过程中,具有本解释第二条至第五条规定情形,侵犯公民、法人和其他组织的财产权并造成损害的,应当依照国家赔偿法第三十六条的规定承担赔偿责任。

财产不能恢复原状或者灭失的,应当按照侵权行为发生时的市场价格计算损失;市场价格无法确定或者该价格不足以弥补受害人所受损失的,可以采用其他合理方式计算损失。

第十三条 人民法院及其工作人员对判决、裁定及其他生效法律文书执行错误,且对公民、法人或者其他组织的财产已经依照法定程序拍卖或者变卖的,应当给付拍卖或者变卖所得的价款。

人民法院违法拍卖,或者变卖价款明显低于财产价值的,应当依照本解释第十二条的规定支付相应的赔偿金。

第十四条 国家赔偿法第三十六条第六项规定的停产停业期间必要的经常性费用开支,是指法人、其他组织和个体工商户为维系停产停业期间运营所需的基本开支,包括留守职工工资、必须缴纳的税费、水电费、房屋场地租金、设备租金、设备折旧费等必要的经常性费用。

第十五条 国家赔偿法第三十六条第七项规定的银行同期存款利息,以作出生效赔偿决定时中国人民银行公布的一年期人民币整存整取定期存款基准利率计算,不计算复利。

应当返还的财产属于金融机构合法存款的,对存款合同存续期间的利息按照合同约定利率计算。

应当返还的财产系现金的,比照本条第一款规定支付利息。

第十六条 依照国家赔偿法第三十六条规定返还的财产系国家批准的金融机构贷款的,除贷款本金外,还应当支付该贷款借贷状态下的贷款利息。

第十七条 用益物权人、担保物权人、承租人或者其他合法占有使用财产的人,依据国家赔偿法第三十八条规定申请赔偿的,人民法院应当依照《最高人民法院关于国家赔偿案件立案工作的规定》予以审查立案。

第十八条 人民法院在民事、行政诉讼过程中,违法采取对妨害诉讼的强制措施、保全措施、先予执行措施,或者对判决、裁定及其他生效法律文书执行错误,系因上一级人民法院复议改变原裁决所致的,由该上一级人民法院作为赔偿义务机关。

第十九条 公民、法人或者其他组织依据国家赔偿法第三十八条规定申请赔偿的,应当在民事、行政诉讼程序或者执行程序终结后提出,但下列情形除外:

（一）人民法院已依法撤销对妨害诉讼的强制措施的；

（二）人民法院采取对妨害诉讼的强制措施，造成公民身体伤害或者死亡的；

（三）经诉讼程序依法确认不属于被保全人或者被执行人的财产，且无法在相关诉讼程序或者执行程序中予以补救的；

（四）人民法院生效法律文书已确认相关行为违法，且无法在相关诉讼程序或者执行程序中予以补救的；

（五）赔偿请求人有证据证明其请求与民事、行政诉讼程序或者执行程序无关的；

（六）其他情形。

赔偿请求人依据前款规定，在民事、行政诉讼程序或者执行程序终结后申请赔偿的，该诉讼程序或者执行程序期间不计入赔偿请求时效。

第二十条 人民法院赔偿委员会审理民事、行政诉讼中的司法赔偿案件，有下列情形之一的，相应期间不计入审理期限：

（一）需要向赔偿义务机关、有关人民法院或者其他国家机关调取案卷或者其他材料的；

（二）人民法院赔偿委员会委托鉴定、评估的。

第二十一条 人民法院赔偿委员会审理民事、行政诉讼中的司法赔偿案件，应当对人民法院及其工作人员行使职权的行为是否符合法律规定，赔偿请求人主张的损害事实是否存在，以及该职权行为与损害事实之间是否存在因果关系等事项一并予以审查。

第二十二条 本解释自 2016 年 10 月 1 日起施行。本解释施行前最高人民法院发布的司法解释与本解释不一致的，以本解释为准。

最高人民法院关于审理涉执行司法赔偿案件适用法律若干问题的解释

- 2021 年 12 月 20 日最高人民法院审判委员会第 1857 次会议通过
- 2022 年 2 月 8 日最高人民法院公告公布
- 自 2022 年 3 月 1 日起施行
- 法释〔2022〕3 号

为正确审理涉执行司法赔偿案件，保障公民、法人和其他组织的合法权益，根据《中华人民共和国国家赔偿法》等法律规定，结合人民法院国家赔偿审判和执行工作实际，制定本解释。

第一条 人民法院在执行判决、裁定及其他生效法律文书过程中，错误采取财产调查、控制、处置、交付、分配等执行措施或者罚款、拘留等强制措施，侵犯公民、法人和其他组织合法权益并造成损害，受害人依照国家赔偿法第三十八条规定申请赔偿的，适用本解释。

第二条 公民、法人和其他组织认为有下列错误执行行为造成损害申请赔偿的，人民法院应当依法受理：

（一）执行未生效法律文书，或者明显超出生效法律文书确定的数额和范围执行的；

（二）发现被执行人有可供执行的财产，但故意拖延执行、不执行，或者应当依法恢复执行而不恢复的；

（三）违法执行案外人财产，或者违法将案件执行款物交付给其他当事人、案外人的；

（四）对抵押、质押、留置、保留所有权等财产采取执行措施，未依法保护上述权利人优先受偿权等合法权益的；

（五）对其他人民法院已经依法采取保全或者执行措施的财产违法执行的；

（六）对执行中查封、扣押、冻结的财产故意不履行或者怠于履行监管职责的；

（七）对不宜长期保存或者易贬值的财产采取执行措施，未及时处理或者违法处理的；

（八）违法拍卖、变卖、以物抵债，或者依法应当评估而未评估，依法应当拍卖而未拍卖的；

（九）违法撤销拍卖、变卖或以物抵债的；

（十）违法采取纳入失信被执行人名单、限制消费、限制出境等措施的；

（十一）因违法或者过错采取执行措施或者强制措施的其他行为。

第三条 原债权人转让债权的，其基于债权申请国家赔偿的权利随之转移，但根据债权性质、当事人约定或者法律规定不得转让的除外。

第四条 人民法院将查封、扣押、冻结等事项委托其他人民法院执行的，公民、法人和其他组织认为错误执行行为造成损害申请赔偿的，委托法院为赔偿义务机关。

第五条 公民、法人和其他组织申请错误执行赔偿，应当在执行程序终结后提出，终结前提出的不予受理。但有下列情形之一，且无法在相关诉讼或者执行程序中予以补救的除外：

（一）罚款、拘留等强制措施已被依法撤销，或者实施过程中造成人身损害的；

（二）被执行的财产经诉讼程序依法确认不属于被执行人，或者人民法院生效法律文书已确认执行行为违法的；

（三）自立案执行之日起超过五年，且已裁定终结本次执行程序，被执行人已无可供执行财产的；

（四）在执行程序终结前可以申请赔偿的其他情形。

赔偿请求人依据前款规定，在执行程序终结后申请赔偿的，该执行程序期间不计入赔偿请求时效。

第六条 公民、法人和其他组织在执行异议、复议或者执行监督程序审查期间，就相关执行措施或者强制措施申请赔偿的，人民法院不予受理，已经受理的予以驳回，并告知其在上述程序终结后可以依照本解释第五条的规定依法提出赔偿申请。

公民、法人和其他组织在执行程序中未就相关执行措施、强制措施提出异议、申请复议或者申请执行监督，不影响其依法申请赔偿的权利。

第七条 经执行异议、复议或者执行监督程序作出的生效法律文书，对执行行为是否合法已有认定，该生效法律文书可以作为人民法院赔偿委员会认定执行行为合法性的根据。

赔偿请求人对执行行为的合法性提出相反主张，且提供相应证据予以证明的，人民法院赔偿委员会应当对执行行为进行合法性审查并作出认定。

第八条 根据当时有效的执行依据或者依法认定的基本事实作出的执行行为，不因下列情形而认定为错误执行：

（一）采取执行措施或者强制措施后，据以执行的判决、裁定及其他生效法律文书被撤销或者变更的；

（二）被执行人足以对抗执行的实体事由，系在执行措施完成后发生或者被依法确认的；

（三）案外人对执行标的享有足以排除执行的实体权利，系在执行措施完成后经法定程序确认的；

（四）人民法院作出准予执行行政行为的裁定并实施后，该行政行为被依法变更、撤销、确认违法或者确认无效的；

（五）根据财产登记采取执行措施后，该登记被依法确认错误的；

（六）执行依据或者基本事实嗣后改变的其他情形。

第九条 赔偿请求人应当对其主张的损害负举证责任。但因人民法院未列清单、列举不详等过错致使赔偿请求人无法就损害举证的，应当由人民法院对上述事实承担举证责任。

双方主张损害的价值无法认定的，应当由负有举证责任的一方申请鉴定。负有举证责任的一方拒绝申请鉴定的，由其承担不利的法律后果；无法鉴定的，人民法院赔偿委员会应当结合双方的主张和在案证据，运用逻辑推理、日常生活经验等进行判断。

第十条 被执行人因财产权被侵犯依照本解释第五条第一款规定申请赔偿，其债务尚未清偿的，获得的赔偿金应当首先用于清偿其债务。

第十一条 因错误执行取得不当利益且无法返还的，人民法院承担赔偿责任后，可以依据赔偿决定向取得不当利益的人追偿。

因错误执行致使生效法律文书无法执行，申请执行人获得国家赔偿后申请继续执行的，不予支持。人民法院承担赔偿责任后，可以依据赔偿决定向被执行人追偿。

第十二条 在执行过程中，因保管人或者第三人的行为侵犯公民、法人和其他组织合法权益并造成损害的，应当由保管人或者第三人承担责任。但人民法院未尽监管职责的，应当在其能够防止或者制止损害发生、扩大的范围内承担相应的赔偿责任，并可以依据赔偿决定向保管人或者第三人追偿。

第十三条 属于下列情形之一的，人民法院不承担赔偿责任：

（一）申请执行人提供财产线索错误的；

（二）执行措施系根据依法提供的担保而采取或者解除的；

（三）人民法院工作人员实施与行使职权无关的个人行为的；

（四）评估或者拍卖机构实施违法行为造成损害的；

（五）因不可抗力、正当防卫或者紧急避险造成损害的；

（六）依法不应由人民法院承担赔偿责任的其他情形。

前款情形中，人民法院有错误执行行为的，应当根据其在损害发生过程和结果中所起的作用承担相应的赔偿责任。

第十四条 错误执行造成公民、法人和其他组织利息、租金等实际损失的，适用国家赔偿法第三十六条第八项的规定予以赔偿。

第十五条 侵犯公民、法人和其他组织的财产权，按照错误执行行为发生时的市场价格不足以弥补受害人损失或者该价格无法确定的，可以采用下列方式计算损失：

（一）按照错误执行行为发生时的市场价格计算财产损失并支付利息，利息计算期间从错误执行行为实施之日起至赔偿决定作出之日止；

（二）错误执行行为发生时的市场价格无法确定，或者因时间跨度长、市场价格波动大等因素按照错误执行行为发生时的市场价格计算显失公平的，可以参照赔偿决定作出时同类财产市场价格计算；

（三）其他合理方式。

第十六条 错误执行造成受害人停产停业的，下列损失属于停产停业期间必要的经常性费用开支：

（一）必要留守职工工资；

（二）必须缴纳的税款、社会保险费；

（三）应当缴纳的水电费、保管费、仓储费、承包费；

（四）合理的房屋场地租金、设备租金、设备折旧费；

（五）维持停产停业期间运营所需的其他基本开支。

错误执行生产设备、用于营运的运输工具，致使受害人丧失唯一生活来源的，按照其实际损失予以赔偿。

第十七条 错误执行侵犯债权的，赔偿范围一般应当以债权标的额为限。债权受让人申请赔偿的，赔偿范围以其受让债权时支付的对价为限。

第十八条 违法采取保全措施的案件进入执行程序后，公民、法人和其他组织申请赔偿的，应当作为错误执行案件予以立案审查。

第十九条 审理违法采取妨害诉讼的强制措施、保全、先予执行赔偿案件，可以参照适用本解释。

第二十条 本解释自2022年3月1日起施行。施行前本院公布的司法解释与本解释不一致的，以本解释为准。

最高人民法院关于审理司法赔偿案件适用请求时效制度若干问题的解释

· 2023年4月3日最高人民法院审判委员会第1883次会议通过
· 2023年5月23日最高人民法院公告公布
· 自2023年6月1日起施行
· 法释〔2023〕2号

为正确适用国家赔偿请求时效制度的规定，保障赔偿请求人的合法权益，依照《中华人民共和国国家赔偿法》的规定，结合司法赔偿审判实践，制定本解释。

第一条 赔偿请求人向赔偿义务机关提出赔偿请求的时效期间为两年，自其知道或者应当知道国家机关及其工作人员行使职权时的行为侵犯其人身权、财产权之日起计算。

赔偿请求人知道上述侵权行为时，相关诉讼程序或者执行程序尚未终结的，请求时效期间自该诉讼程序或者执行程序终结之日起计算，但是本解释有特别规定的除外。

第二条 赔偿请求人以人身权受到侵犯为由，依照国家赔偿法第十七条第一项、第二项、第三项规定申请赔偿的，请求时效期间自其收到决定撤销案件、终止侦查、不起诉或者判决宣告无罪等终止追究刑事责任或者再审改判无罪的法律文书之日起计算。

办案机关未作出终止追究刑事责任的法律文书，但是符合《最高人民法院、最高人民检察院关于办理刑事赔偿案件适用法律若干问题的解释》第二条规定情形，赔偿请求人申请赔偿的，依法应当受理。

第三条 赔偿请求人以人身权受到侵犯为由，依照国家赔偿法第十七条第四项、第五项规定申请赔偿的，请求时效期间自其知道或者应当知道损害结果之日起计算；损害结果当时不能确定的，自损害结果确定之日起计算。

第四条 赔偿请求人以财产权受到侵犯为由，依照国家赔偿法第十八条第一项规定申请赔偿的，请求时效期间自其收到刑事诉讼程序或者执行程序终结的法律文书之日起计算，但是刑事诉讼程序或者执行程序终结之后办案机关对涉案财物尚未处理完毕的，请求时效期间自赔偿请求人知道或者应当知道其财产权受到侵犯之日起计算。

办案机关未作出刑事诉讼程序或者执行程序终结的法律文书，但是符合《最高人民法院、最高人民检察院关于办理刑事赔偿案件适用法律若干问题的解释》第三条规定情形，赔偿请求人申请赔偿的，依法应当受理。

赔偿请求人以财产权受到侵犯为由，依照国家赔偿法第十八条第二项规定申请赔偿的，请求时效期间自赔偿请求人收到生效再审刑事裁判文书之日起计算。

第五条 赔偿请求人以人身权或者财产权受到侵犯为由，依照国家赔偿法第三十八条规定申请赔偿的，请求时效期间自赔偿请求人收到民事、行政诉讼程序或者执行程序终结的法律文书之日起计算，但是下列情形除外：

（一）罚款、拘留等强制措施已被依法撤销的，请求时效期间自赔偿请求人收到撤销决定之日起计算；

（二）在民事、行政诉讼过程中，有殴打、虐待或者唆使、放纵他人殴打、虐待等行为，以及违法使用武器、警械，造成公民人身损害的，请求时效期间的计算适用本解释第三条的规定。

人民法院未作出民事、行政诉讼程序或者执行程序终结的法律文书，请求时效期间自赔偿请求人知道或者应当知道其人身权或者财产权受到侵犯之日起计算。

第六条 依照国家赔偿法第三十九条第一款规定,赔偿请求人被羁押等限制人身自由的期间,不计算在请求时效期间内。

赔偿请求人依照法律法规规定的程序向相关机关申请确认职权行为违法或者寻求救济的期间,不计算在请求时效期间内,但是相关机关已经明确告知赔偿请求人应当依法申请国家赔偿的除外。

第七条 依照国家赔偿法第三十九条第二款规定,在请求时效期间的最后六个月内,赔偿请求人因下列障碍之一,不能行使请求权的,请求时效中止:

(一)不可抗力;

(二)无民事行为能力人或者限制民事行为能力人没有法定代理人,或者法定代理人死亡、丧失民事行为能力、丧失代理权;

(三)其他导致不能行使请求权的障碍。

自中止时效的原因消除之日起满六个月,请求时效期间届满。

第八条 请求时效期间届满的,赔偿义务机关可以提出不予赔偿的抗辩。

请求时效期间届满,赔偿义务机关同意赔偿或者予以赔偿后,又以请求时效期间届满为由提出抗辩或者要求赔偿请求人返还赔偿金的,人民法院赔偿委员会不予支持。

第九条 赔偿义务机关以请求时效期间届满为由抗辩,应当在人民法院赔偿委员会作出国家赔偿决定前提出。

赔偿义务机关未按前款规定提出抗辩,又以请求时效期间届满为由申诉的,人民法院赔偿委员会不予支持。

第十条 人民法院赔偿委员会审理国家赔偿案件,不得主动适用请求时效的规定。

第十一条 请求时效期间起算的当日不计入,自下一日开始计算。

请求时效期间按照年、月计算,到期月的对应日为期间的最后一日;没有对应日的,月末日为期间的最后一日。

请求时效期间的最后一日是法定休假日的,以法定休假日结束的次日为期间的最后一日。

第十二条 本解释自 2023 年 6 月 1 日起施行。本解释施行后,案件尚在审理的,适用本解释;对本解释施行前已经作出生效赔偿决定的案件进行再审,不适用本解释。

第十三条 本院之前发布的司法解释与本解释不一致的,以本解释为准。

图书在版编目（CIP）数据

中华人民共和国最新司法解释全书：含司法文件：2024年版／中国法制出版社编．—北京：中国法制出版社，2024.3

（法律法规全书系列）

ISBN 978-7-5216-4148-6

Ⅰ.①中… Ⅱ.①中… Ⅲ.①法律解释-汇编-中国 Ⅳ.①D920.5

中国国家版本馆 CIP 数据核字（2024）第 031846 号

策划编辑：袁笋冰　　　　　　责任编辑：李槟红　　　　　　封面设计：李　宁

中华人民共和国最新司法解释全书：含司法文件：2024年版
ZHONGHUA RENMIN GONGHEGUO ZUIXIN SIFA JIESHI QUANSHU：HAN SIFA WENJIAN：2024 NIAN BAN

经销/新华书店
印刷/三河市紫恒印装有限公司
开本/787毫米×960毫米　16开　　　　　　　　　　　印张/ 60　字数/ 1721 千
版次/2024年3月第1版　　　　　　　　　　　　　　2024年3月第1次印刷

中国法制出版社出版

书号 ISBN 978-7-5216-4148-6　　　　　　　　　　　　定价：132.00元

北京市西城区西便门西里甲16号西便门办公区
邮政编码：100053　　　　　　　　　　　　　　　传真：010-63141600
网址：http://www.zgfzs.com　　　　　　　　　　编辑部电话：010-63141671
市场营销部电话：010-63141612　　　　　　　　　印务部电话：010-63141606

（如有印装质量问题，请与本社印务部联系。）